Movement Dada & *The Mahabharata*

다다 혁명 운동과
마하바라타

다다 혁명 운동과 마하바라타

Movement Dada & *The Mahabharata*

정 상 균 지음

學古房

머리말

'마하바라타(The Mahabharata)'는 한민족(韓民族)을 그 선두로 한 세계 유수 종족들의 '선사시대사(先史時代史)'이고 '신(神)의 현주소(現住所, God's Current Address)'이고, '신의 탄생(The Birth of God)'에 관한 상세한 보고서'이다.

인류가 소유한 모든 종교는, **'영혼(신) 존중'**, **'육체(뱀) 경멸'**이라는 두 가지 축(軸)에 의존하고 있는데, '마하바라타(*The Mahabharata*)'에서처럼 '영혼(신) 승리, 육체(뱀) 패배(무시)'의 실상을 구체적이고 확실하게 드러내고 있는 저서는 없고 이 '마하바라타(*The Mahabharata*)' 정신을 그대로 계승한 책들이 '불경(佛經)'과 '성경(聖經)'이다.

그래서 역시 '마하바라타(*The Mahabharata*)'는 인류 '인문학(人文學)'의 박물관(Museum of Humanities)'으로, 인간의 백 가지 종교와 사상의 출발점을 온전하고 자상(仔詳)하게 보여 주고 있다.

'마하바라타(*The Mahabharata*)'는 그 '원시(原始)적 단초(端初)'와 '금일(今日)의 현장(現場)'을 함께 들어 올리면 그 '정체(正體)'를 한 눈에 다 볼 수 했으니, '금일(今日)의 현장(現場)'이란 '현대인(각자)의 [과학]정신'이고 '원시(原始)적 단초(端初)'란 바로 '마하바라타(*The Mahabharata*)'이다.

'마하바라타(*The Mahabharata*)'는 인간의 기본 전제인 '언어'에서부터, 그 궁극의 관심사인 '절대신(God)' 문제까지 그 권능(權能)과 효력(效力)을 구체적으로 서술해 보였으니, 과거 '과학'이 없던 시대에는 이 '마하바라타(*The Mahabharata*)'를 능가한 '인간 사회를 총괄한 원리'를 인류가 소유하지 못 했다는 사실은, '세계 종족이 보유하고 있는 기타 경사류(經史類) 전적(典籍)'들이 그것을 똑똑히 입증을 해 주고 있다.

'마하바라타(*The Mahabharata*)'는 인간 존재의 구극 생(生)과 사(死)의 문제를 온전히 풀었고, 인간 사회의 '지배(통치)의 원리'와 '계급의 분화' '전쟁과 평화의 논리'를 온전히 다 그 안에서 설명을 하고 있다.

한 인간이 비록 '탁월한 지성[해득의 능력]'을 지녔다고 해도, 그가 아직 이 '마하바라타(*The Mahabharata*)'를 자세히 검토를 하지 못했다면 '온전한 경지[깨달음의 경지]'를 충분히 다 확보했다고[한 것이]라고 말할 수 없으니, 그것은 아직 그 개인의 의식 속에 충분한 [인생과 세계의] 제(諸) 문제들이 다 제기가 되었다고 할 수 없고, 사유할 수 있는 기본 조건을 다 확보했다고 말할 수 없기 때문이다.

한 마디로 '마하바라타(*The Mahabharata*)'는 인류 전(全) 학문(Study)의 출발점이고, 더욱 온전한 세계로 향하는 '축복 받은 그 기본 거점(據點)'이다.

진심(眞心)으로 이 '마하바라타(*The Mahabharata*)'의 독서와 더불어 소망(所望)의 '대각(大覺)'에 이르기를 바란다.

2019년 6월 30일

추수자(秋水子)

목차

제4권 드와라카의 함몰 _ 1

제5권 비슈누 태양족의 이동 _ 1

다다 혁명 운동과 마하바라타
Movement Dada & *The Mahabharata*

제1권 크리슈나의 일생

'천상(天上)의 뱀을 베고 잠든 비슈누 신(神)[크리슈나]과 쿠루크셰트라 혁명전쟁의 주역 판두 5형제와 드라우파디'[1]

1) S. M. Gupta, *Vishnu and His Incarnations*, Somaiya Publications, 1993, plate 4 'Ananta-shayana Vishnu(6th a. d.)'

1. 총론

세계 인류의 고전(古典) '마하바라타(*The Mahabharata*)[1]'는, 기원전 3100 년경에 대표적인 수구(守舊) 보수(保守) 세력 드리타라슈트라(Dhritarashtra) 왕과 그의 아들 두료다나(Duryodhana)의 '배약(背約)과 사기행각을 **만물을 주도하는 절대신 크리슈나(Krishna, 비슈누)가 판두(Pandu) 5형제들과 함께 그 '혁명전쟁'을 주도하여, 인도의 서북쪽 쿠르크셰트라에서 18일 간의 대전(大戰) 끝에 그 수구(守舊) 세력을 완전히 소탕(掃蕩)하고 새로운 세계제국을 건설했다**는 내용이다.

이 사실을 그 '쿠루 족의 할아버지'이며 '신선(神仙)'이며 역시 '계관시인(桂冠詩人)'인 그 비아사(Vyasa)가 동석(同席)한 자리에서, 당시 황제(皇帝)인 '자나메자야'에게 비아사의 제자들이 서술했다는 힌두(Hindu)의 '상대(上代) 역사 전쟁 이야기'가 바로 이 '마하바라타(*The Mahabharata*)'이다.

상고(上古) 시대 세계 인류 문명을 선도(先導)했던 힌두(Hindu)들은, **타고난 억센 힘과 용기과 담력과 지략(智略)으로 최고(最高) 전쟁 영웅신 크리슈나(Krishna)**를 그 표준(標準)으로 삼아 위로는 '최고신의 가계(家系)'를 확립하고 아래로는 '제신(諸神)'과 '악귀'를 구분하고 인간의 선악(善惡) 구분을 명시하고, 마지막에는 심판의 '쿠르셰트라 전쟁'을 주도했다는 구제적인 경과를 통해 모든 이후 '종교 이론가'들의 그 '단서'와 '결론'을 아울러 다 마련을 해 놓았다.

그러므로 우선 그 '크리슈나(Krishna)의 언행'에 주목을 해야, 수많은 힌두 신들이 제자리를 잡게 되고 그 변화와 승리의 기본 줄기를 다 이해할 수가 있다.

그것[神]들의 諸般 사항들이 이 '마하바라타(*The Mahabharata*)'에 상세히 정비되어 있음에도, 그 동안 나태(懶怠)한 여타 족속(族屬)들은 그 '마하바라타(*The Mahabharata*)'의 그 정면(正面)을 외면하고, 부질없이 '기존한 몇 가지 편견(학습된 오류)'을 고집하고 그 속에 길들어져, 위대한 전쟁을 통해 구체적으로 명시된 '심판의 최고신의 생성과 확정'을 한사코 외면을 한 결과를 낳았던 것은 원래 '마하바라타(*The Mahabharata*)'의 기본 취지가 '서민 대중(바이샤, 수드라) 교육용'이 아니라 **'당대 또는 미래 최고 통치자[크샤트리아] 훈도 교육 교과서'**였다는 점에 근본 원인이 있었다.

오늘날 '마하바라타(*The Mahabharata*)'는 지구촌의 일부 영역일 뿐인 '힌두 최고신 이야기'일 뿐이다. 그러나 진정한 '마하바라타(*The Mahabharata*)'의 진면목(眞面目)은 이 **'마하바라타(*The Mahabharata*)'는 역시 '전 세계 인류 공통 할아버지'**이라는 사실이다. 즉 힌두(Hindu)는 그 편의(便宜)에 따라 '브라흐마(Brahma)' '비슈누(Vishnu)' '시바(Siva)'의 3신을 두어왔으나, 그 신들이 실제 어떻게 통일이 되어 운영이 되는지를 이 '마하바라타(*The Mahabharata*)'에 상세하게 다 설명이 되고 있다.

---

1) K. M. Ganguli(Translated into English Prose from the Original Sanskrit Text), *The Mahabharata of Krishna-Dwaipayana Vyasa*, Munshiram Manoharlal Publisher Pvt. Ltd. New Delhi, 2000

인류의 '인문학' '사회학' 뿐만 아니라 '수학(數學)'과 '자연과학'의 단초(端初)와 연원(淵源)이 '마하바라타(*The Mahabharata*)'에 다 공개가 되어 있으니, 이미 각자의 영역에서 탐구가 깊은 사람의 경우도, 그 **근본(根本)**을 이루는 '마하바라타(*The Mahabharata*)'와 '크리슈나(Krishna)'의 확인은, 그 기존 탐구와 그들의 이해 정도(理解程度)를 명백히 한 단계 격상(格上)해 줄 것임은 의심할 나위가 없다.

힌두의 고전 **마하바라타(*The Mahabharata*)**의 4대 특징은 (1) '관념(정신, 생각) 만능' 주의, (2) '희생(祭祀, Yoga)' 제일주의, (3) '절대신' 중심주의, (4) '크샤트리아의 의무(the duties of Kshatriya) 명시'이다.

그 중에 (1) (2) (3) 항은 오늘날까지 불교(佛敎)와 기독교(基督敎)에서 온전히 전해지고 있는 바 그 원조(元祖)에 해당하는 사항들이지만, 제 **(4) '크샤트리아의 의무(the duties of Kshatriya) 명시'는 실로 세계 어느 문헌에서도 확인할 수 없는 힌두 고전 '마하바라타(*The Mahabharata*)'의 가장 굉걸(宏傑)한 자랑거리이고, 소위 '서구문명의 연원(淵源)'을 그대로 간직하고 있는 바로써 그 역사 증명의 현장을 명시하고 있는 중차대(重且大)한 사항이다.**

소위 **크샤트리아의 의무(the duties of Kshatriya)**란 사실상 '원시 독재(獨裁) 폭압 통치의 진면목(眞面目)'을 공개한 것으로, **'통치(統治)에 불만이 있다면, 그대가 당장 정당하게 힘[무력]으로 겨뤄서 그 왕(王)이 되면 그만'**이라는 평명(平明)한 논리가 그것이다.[무력의 소유자=세상의 소유자]

아직까지도 '마하바라타(*The Mahabharata*)'의 성가(聲價)는 '힌두(Hindu, 고대 인도인) 범위'를 벗어나지 못 하고 있는 형편이고 오히려 [불교도, 기독교들의] '폄하 조롱'의 대상[소위 '4종성(caste)의 고집' 약점으로]이 되어 있는 상황이지만, 당초에 그네들의 종교 사상의 근본(根本)이 다 이 '마하바라타(*The Mahabharata*)'에 있었다는 것을 일단 확인을 하면 더욱 신중해 질 것이다.

그리고 '마하바라타(*The Mahabharata*)'는 단순히 그들 종교 사상의 기원을 말하고 있을 뿐만 아니라, 명백한 **원시(原始) 역사적(歷史的) 사실(事實)임**을 스스로 입증을 하고 있으니, 그 가장 뚜렷한 증거가 바로 (4) '크샤트리아 의무'이다.

소위 '크샤트리아'란, 짐승[고릴라 등]들 사회나 다름이 없이 '몸집이 훌륭하고 힘세고 용맹이 넘치는 수컷[남성] 주도의 원시(原始) 군집(群集) 사회'에서, '신체적으로 약하나 영리한 무리들[이후 司祭계급]'이 그 위용(偉容)의 크샤트리아에게 충성을 바치며, 그의 권력 지속을 도우며 그 집단을 이끌었던 '초기 인류 원시 사회 형성 과정'을 이 '마하바라타(*The Mahabharata*)'처럼 상세하게 밝혀 설명하고 있는 저술은 세상에 그 유례가 없는 형편이다.

그 '크샤트리아 의무' 이것은, 소위 '4대 성인(聖人)'의 출현 이후 지속적으로 억압 축소되었으나, **'마하바라타(The Mahabharata)'는 그 본래 '태고(太古)의 모습'을 그대로 간직하고 있어** 그 생성 연대를 아무리 하대(下代)로 끌어내리려고 해도, 그 본래의 '원시적인 모습'까지 엄폐할 수는 없었다.

그렇다면 오늘날 우리가 왜 그 케케묵은 '크샤트리아 의무'에 주목을 해야만 하는가? 누구나 쉽게 긍정을 할 수 있듯이, **그 크샤트리아들이 계급 사회의 표본(標本)인 '힌두의 4계급'을 이루는 척추(脊椎)가 되어 있었는데,** 크샤트리아들에게 '크샤트리아 의무'를 모든 인간에게 주입시키는 일은 오히려 그와 공생(共生) 관계에 있었던 **'브라만(司祭)들의 임무'**였음을 이 힌두(Hindu)의 '마하바라타(The Mahabharata)'처럼 솔직하게 공개 보존하고 있는 문헌은 역시 세계 어디에도 없다.

힌두(Hindu)는 그들의 시조(창조주)와 동등하게 모셔온 '크리슈나(비슈누) 존중'으로 그 전통을 유지해 왔으니, **'크리슈나'는 명백히 역사적인 존재[전쟁의 영웅]이면서 동시에 힌두의 종교 사상의 주체가 되어 있음은 마땅히 세계 인류학자들이 우선적으로 관심을 집중해야 할 중차대한 '핵심 중의 핵심'**이다.

서구(西歐)의 플라톤(Platon) 이후의 사상가들은 이 핵심을 알고도 이 사실을 덮어 두었고, 그들[희랍인]의 말이론]들이 자기네들 고유(固有)의 것처럼 행세를 했던 것은 그 시대와 개별 국가적 상황에 따라 그들의 편의(便宜)에 의한 조처였던 것이고, 동방의 한국(韓國) 일본(日本) 중국(中國)도 이 '마하바라타(The Mahabharata)' 영향권 안에 있었다는 사실을 일단 확인하고 나면 다시 의심을 할 필요가 없는 사항이다.

오늘날 '지구촌(地球村) 시대'에는 모든 정보(情報)를 함께 갖고 있지 않을 수 없는 상황이다. 이러한 상황에서 우선 우리[한국]부터 최고(最古)의 전쟁 기록 '마하바라타(The Mahabharata)' '크리슈나의 행적'을 완벽하게 소화(消化)하여, '전쟁의 근본 이유[배약과 불신의 뱀 같은 욕심 채우기]'를 제대로 다 온전하게 판단 파악을 하여, 그 '근본 원인 해소'와 '승리' '평화'로 직진(直進)할 수 있는 그 '기선(機先) 제압'에 항상 앞장을 설 수 있도록 주의와 노력을 다해야 할 것이다.

이 문제[전쟁 불가피론 −necessary of war], 즉 **인류의 고질(痼疾)인 전쟁[투쟁]의 근원과 그에 대한 모든 이론들'을, 역시 이 위대한 '마하바라타(The Mahabharata)'는 남김없이 다 보여주고 있다.** 그러했음에도 이것[전쟁 불가피론 −necessary of war]이 제대로 해명(解明) 시정(是正)이 됨이 없이 역시 **'19세기 서구(西歐)의 군국주의(軍國主義, militarism)'**[제1차 제2차 세계 대전]까지 이어졌고, 오늘날도 그 영향력을 무시할 수가 없으니, 이것[전쟁 불가피론 −necessary of war]을 소홀히 생각한 사람은 **'역사(歷史) 사상(思想)의 중핵'**을 망각하고 있는 자이거나, 역시 '인간 사회'에 무관심하여 소위 **'학문(학습, 그 머리 쓰기)의 영역'**에서 확실하게 제외가 되어 있는 사람들일 것이다.['무책임'한 아동들의 사고방식]

우선 그 결론부터 먼저 말하면, 그 '(4) 크샤트리아의 존재 의미'는 바로 앞서 제시한 '마하바라타(The Mahabharata)의 4대 특징들' 중에서 (1) (2) (3) 항과 필연적으로 연결이 되어 있을 뿐만 아니라 그 '신격화(神格化) 시발(始發)'의 통상(通常)적 거점이었으니, 소위 '바라문[사제족]과 무사족[크샤트리아]의 온전한 관계'를 이 '마하바라타(The Mahabharata)'처럼 소박(素朴)하게 다 드러내고 있는 저서를 세계 인류는 갖지[보존하지] 못했었고, 앞으로도 가질 수 없다.[그러한 '힌두인의 사고'로 복귀 가능성은 희박하므로]

인간 사회에 존속되고 있는 그 '전쟁(투쟁)'의 이유와 근본을 알아야, 그 '문제점'이 비판 시정이 될 수 있고, 그 '병통(病痛)'의 해결 치료의 가능성'도 비로소 열릴 수 있을 것이다. 이러한 측면에서도 '마하바라타(The Mahabharata)'는 '인간이 소유한 모든 저서를 초월한 위대함'을 스스로 간직하고 있다. 이 어찌 놀랍지 않으랴.

2. 바라문(婆羅門)의 5대 요건(要件)

'마하바라타(The Mahabharata)'는 한 마디로 힌두 '바라문(婆羅門, 사제)' 문화의 산물이다.
소위 '바라문(婆羅門, 사제)'란 원시 사회를 총괄했던 '인간 사회 최고 경영자들'로서, 다 '신의 아들'로 자타(自他)가 공인했던 최고 계급이었다. 대 서사시 '마하바라타(The Mahabharata)'에 제시된바 신(神)의 아들 '바라문(婆羅門, 사제)'이 갖추어야 할 요건은 대략 다음과 같이 다섯 가지 항목으로 요약될 수 있다.

1) 지적(知的) 능력

'바라문(婆羅門, 사제)'은 우선 기존 '경전' '역사'와 현제[당대]의 '인물(영웅)' '사건 정보'에 다 통달을 해야 함으로 그것을 소화(消化)해 낼 수 있는 소양(素養)들을 갖추어야 한다. 이것은 거의 선천적인 문제로 어떤 집단이나, 개인이 그 자격 요건을 부여하거나 박탈할 수 없는 조건이다.

2) 부단(不斷)한 학습(學習)

개인의 능력은 고정 불변의 것이 아니라 우선 나이에 따라 '유년기'에는 그 활동 범위가 약소하고 '청장년(靑壯年)'에는 왕성했다가 '노년'이 되면 다시 쇠약(衰弱)해지는 특성을 지니고 있는데, '인간 사회에 대한 정보(情報)'는 무한대(無限大)여서 웬만한 능력을 소지하였다고 하더라도 '그 정보(情報)'에 소지능력[기억력]에 '그 경중(輕重)의 판단 능력'을 구비하여 거듭된 '새로운 정보(情報) 확보'

에 한 가지에서라도 그 '능력 발휘'가 결여되면 그 '**바라문(婆羅門, 사제)**'의 능력은 더 이상 발휘될 수가 없다.

3) '세상 경영(經營) 능력' 발휘

소위 '**바라문(婆羅門, 사제)**'은 '세상 경영'에서 스스로의 능력을 발휘해서 스스로의 권위를 확보해야 하는데, 서사시 '마하바라타(*The Mahabharata*)'에서는 영웅 '크리슈나'를 그 표본으로 제시하였다.['크리슈나'는 문자 그대로 '문무겸전(文武兼全)'임]

4) 인간 행동 강령(綱領) 마련

'**바라문(婆羅門, 사제)**'에게 역시 결여될 수 없는 요건이 바로 '인간 사회에 행동 강령(綱領)의 마련'이다. 즉 인간 각자가 날마다 살면서 명심해야 할 행동 규칙이니, 그것은 범박(凡朴)하게 '도덕(道德)'이라고 이르는데, '마하바라타(*The Mahabharata*)'에서는 그 '도덕'이라는 용어를 두고 더욱 구체적으로 '지존의 노래'를 첨부(添附)하고 있다. 이것으로 '크리슈나'와 '마하바라타(*The Mahabharata*)'는 지고(至高) 불변의 '힌두 문화 최고봉'임을 입증하고 있다.

5) 금욕(禁慾)주의

'금욕주의'란 일차적으로 '신체적 불편의 작은 인내(忍耐)'에서부터 크게는 '목숨을 내 던진 대결단'이니, '마하바라타(*The Mahabharata*)'의 용어로는 '요가(Yoga, 절대 신에의 귀의)'를 실천하는 일이다. 힌두(Hindu)의 사제들은 그 맞은편에 '탐욕의 뱀'을 가장 먼저 전제하여 '육신(肉身)경멸' '고행(苦行) 최고'의 목표를 확실하게 했다.

3. 크샤트리아(Kshatriya)의 생성과 그 사회적 전개 과정

1) 크샤트리아의 원형(原形) -크리슈나

'바라문(婆羅門)'의 우선 자격요건이 '지적(知的) 능력'이었음에 대해 '크샤트리아(Kshatriya)'의 구비요건은 (a) **거구(巨軀)** (b) **장신(長身)** (c) **체력(體力)** (d) **용맹(勇猛)** (e) **의협심(義俠心)**이다. 그런데 이러한 요건은 거의 다 '선천적인 요건'으로 학습 노력을 통해 달성할 수 있는 요건들은 아니다. 그런데 이러한 요건을 이상적으로 구비했던 존재가 '크리슈나(Krishna)'라고 그 표준을 힌두(Hindu)들은 정하였다.['비슈누 신의 化身']

그러한 '크샤트리아(Kshatriya)'의 구비요건은 어떠한 사회집단에서나 시공(時空)을 초월해서 존중될 수밖에 없는데, 우선 사람들이 살아가는 데에 있어서 풍수화재(風水火災)에서부터 먹이의 획득과 그것의 보존 관리에 그러한 '크샤트리아(Kshatriya)'의 구비요건이 결여가 되면, 바로 좋은 생존 여건이 소용이 없게 되고 여지없이 탈취를 당하여 어떤 집단(集團)도 보존 지속이 될 수 없는 '인간 사회 형성과 그 지속에 가장 기초적 요소'가 바로 그 '크샤트리아(Kshatriya) 기능(機能)'이었기 때문이다. 그러므로 작품 '마하바라타(*The Mahabharata*)'에서 말한 '크샤트리아의 의무(the duties of Kshatriya) 명시'는 후인(後人, 후대 왕들)이 망각하기 쉬운 '원시(原始) 왕'의 기본적 속성의 당연한 강조라는 측면에서 작품 '마하바라타(*The Mahabharata*)'의 지울 수 없는 위대성을 그대로 입증을 하고 있는 사항이다.

'마하바라타(*The Mahabharata*)'는 그 크샤트리아(Kshatriya)인 크리슈나가 '크샤트리아의 의무(the duties of Kshatriya)'를 명시한 완벽함을 모두 연출했는데, 그것이 역시 '힌두 문학 창조 방법'이었다.

2) 크샤트리아들의 이합집산(離合集散)

'크샤트리아(Kshatriya)'의 구비요건을 갖추어 일단 어떤 집단(集團)의 장(長, 王)이 된 경우라도 그 '장(長, 王) 효능'를 발휘하지 못 하면 금방 다른 장(長, 王)에게 귀속되거나 누구에 건 그 복속(복속)이 싫으면 '죽을 때까지 싸워라'라는 것이 '크샤트리아의 의무(the duties of Kshatriya)'이다. 얼마나 정확한 '원시 사회 지배 원리'의 강조인가!

그러므로 일단 '어떤 집단(集團)의 장(長, 王)'이라고 할지라도 그 규모(規模)와 그 구성원(構成員)이 다를 수밖에 없는데, '마하바라타(*The Mahabharata*)'에 제시된 '구성원'은 '친인척(親姻戚)'과 '사제 간(師弟 間)'이었다.

결국 '강자(强者)와 강자(强者)' 대립, '왕과 왕의 대립' '사촌 간(四寸間)의 대립'을 문제 삼은 것이 '마하바라타(*The Mahabharata*)'이다.

그러므로 소위 '전쟁'의 기원은 그 '크샤트리아의 의무(the duties of Kshatriya)'와 관련된 당연한 현상으로 규정하고 있는 대작(大作)이 이 '마하바라타(*The Mahabharata*)'이다.

3) 전쟁

그 '크샤트리아의 의무(the duties of Kshatriya)'의 의무를 거치지 않고 세상이 '왕'이 된 경우는 '가짜 왕' '사기꾼 왕' '놀음 꾼 왕'이라는 무서운 규정으로 이야기를 펼친 것이 '마하바라타(*The Mahabharata*)'이다.

그 불가피하고 당연한 '18일 간의 전투'의 상세한 보고(報告)가 '마하바라타(*The Mahabharata*)'

이니, 세상에서 왕이 된 사람, 될 사람의 '자질' '능력' '방법' '투쟁 과정'을 상세하게 보고를 한 것이 '마하바라타(*The Mahabharata*)'이니, 이보다 중대한 문헌은 '힌두 사회' 이외에는 없고, 그것이 진실하고 확실한 이야기일 경우에는 다른 이야기들은 애를 써서 더 들을 필요도 없다.

사실 인간 사회는 작게는 '가족'과 '다른 가족'부터 '집단'과 '집단'의 '국가'와 '국가' 간까지 그 '이해관계'와 그 '명분(명예, 자존심)'의 대립으로 크고 작은 분쟁이 생기게 마련이며, 그 '완전한 해결 방법'은 '전쟁(결투)'를 통해 해결을 해야 한다는 것이 '힌두인'의 기본 신념이었다.

그리고 '결투의 공정(公平)성'의 강조는 놀라울 정도이다. 이것이 서구(西歐)에서 중세까지 이어졌던 '기사도(騎士道) 정신'임은 물론이다. [이것을 처음 풍자 조롱한 작품이 '돈키호테'이다.] '전투의 공평성 강조'는 '진정한 강자(强者)'를 원하는 순수한 마음들에서이니, '왕권 존중' 기본 요건이다. 그것은 '투쟁 당사자의 주장'이 아니라 존중과 충성을 바칠 '서민 대중의 요청'이라는 점에 주목을 해야 한다. [그러나 '마하바라타(*The Mahabharata*)' 대전 전제는 '자잘한 전투 규칙 준수'는 아무것도 문제가 아니고, '오직 절대 신에의 복종과 사랑'이 최우선이라 명시를 하였다.]

4) 통합 강자(强者)의 등장

'크루크셰트라 18 전쟁'을 주도하고 그것을 승리로 이끌었던 주체는 '아르주나(Arjuna)'와 그 마부 '크리슈나(Krishna)'였다. 그런데 처음부터 끝까지 그 '아르주나(Arjuna)'를 충동질 하여 '전투(전쟁)'을 하게 하여 마지막 승리로 이끌었던 존재가 마부 '크리슈나(Krishna)'라고 철저하게 반복 주장하고 있는 것이 '마하바라타(*The Mahabharata*)'이다.

그러므로 작품 '마하바라타(*The Mahabharata*)'는 결국 '크리슈나(Krishna)의 이야기'이고 그의 말 잘 듣는 제자 '아르주나의 이야기'가 그 척추(脊椎)를 이루고 있다.

'마하바라타(*The Mahabharata*)'는 영웅 '크리슈나(Krishna)'와 '아르주나(Arjuna)'가 기존 수구 보수의 '엄청난 배약(背約)의 사기꾼 집단[뱀 족속]'을 꺾고, 그 '혁명전쟁'을 어떻게 이루었는가를 구체적으로 서술을 해놓은 대작(大作)이다.

5) 바라문에의 귀속

'마하바라타(*The Mahabharata*)'가 존속했던 방법은 오직 '말과 기록'이다. 사실상 '크샤트리아(Kshatriya)'의 '임무 수행'에 '말꾼(이야기 꾼)'이란 소용이 없음은 물론이다. 그러므로 모든 '크샤트리아(Kshatriya)'들에게 그 '말꾼(이야기 꾼)'들이란 가소(可笑)로운 존재들이었다.

그러나 '말꾼(이야기 꾼)'[婆羅門]들과 연합을 못 한 '크샤트리아(Kshatriya)', **바라문(婆羅門)들을 외면한 크샤트리아(Kshatriya)들'은 그 '힘[기능]의 상실'과 더불어 가차 없이 그들을 다 '악마[惡鬼]'로 규정되었으니**, '바라문(婆羅門)들을 외면한 크샤트리아(Kshatriya)'의 대표적인 존재가 그

'크루크셰트라 전쟁' 이전에는 독재자 '캄사(Kamsa, Kansa)'가 있었고, 이후에는 악마 두료다나를 도왔던 '사쿠니' '카르나' '비슈마' '드로나'가 있었다.

왜 '<u>악마[악귀, 뱀]</u>'인가? '절대 정신[절대신, 비슈누, 크리슈나]의 권고를 반대 무시하고 배약(背約)과 사기와 육체적 욕망[뱀]의 노예'가 되었기 때문이다.

그러면 그 '절대 정신[절대신, 비슈누, 크리슈나]의 권고[말씀]'을 따른다는 것은 무엇인가? 그것은 '육체의 욕심을 극도로 억압'하고 영원히 '무궁토록 목숨을 걸고 신(God)의 명령을 따르고 실천하는 것' '요가(Yoga)의 실천'이 '진리' '선' '승리' '공도(公道)' '정의'이다.

그런데 이 '요가(Yoga)의 실천'의 실천 요강은 명백히 바라문(婆羅門)들이 마련한 요강들이고 사실상 그것은 '크샤트리아(Kshatriya)가 무시(無視, 無關)하는 사항'인데, '마하바라타(*The Mahabharata*)'에서는 그것 모두[바라문의 기능과 크샤트리아 기능]를 '크리슈나(Krishna, 비슈누)'라는 이름으로 하나로 통합을 해 놓았다.

이것은 '인류학(人類學)'에 중대한 사항으로 '바라문의 기능'과 '크샤트리아의 기능'은 그 분할과 통합의 원리를 알아야 '과학'으로서의 '인류학'이 비로소 성립을 하게 되기 때문이다.

6) 바라문이 작성한 교육 자료 -원시 역사(歷史)

앞서 지적하였듯이 '바라문'의 기본 바탕은 '지적(知的) 소양(素養)'이고, 그 지적 소양의 극치(極致)는 '인간의 평화 유지'이다. 그것을 모르면 아무리 잘난 척을 해도 '무가치한 사기꾼'일 뿐이다.

그러므로 '인류의 지성(知性)'은 모두 '공평함과 분쟁의 해소와 공생 공존'에 온 힘을 모았으니, 이것이 바로 성현들의 공통 목표였다.

그러면 '마하바라타(*The Mahabharata*)'의 작성자인 바라문은 '인류의 지성(知性)'으로 무엇을 하였는가? 한 마디로 '힌두 최고(最古, 最高) 혁명전쟁'이 '절대 신의 뜻'으로 행해졌으니, 아무도 이에 의심을 해서는 아니 되고, '난동(亂動)'을 부려서도 아니 되고, 만일 불만을 가져 '난동(亂動)'을 부릴 테면 '크리슈나' '유디슈티라' '비마' '아르주나' '사하데바' '나쿨라'의 지혜와 용력과 '신의 가호'를 과연 소지(所持)했는지를 자신에게 물어 보고 공정히 싸워 이길 자신이 있으면, 그렇게 '크샤트리아의 의무'를 이행해 보라는 엄청난 전제를 두고 있다.

힌두(Hindu)의 '브라만' '크샤트리아' '바이샤' '수드라' 4종성(種姓)은 '절대신(비슈누)의 명령이고 규범'이니, 그렇게 알아 순종을 하면 그만이거니와, 만약 어떤 '크샤트리아'가 불만이 있을 경우는 그 '크샤트리아의 의무(the duties of Kshatriya)'를 따르면 그만이라는 논리에 있었다.[힘껏 싸워 이기면 당신이 바로 이 '세상의 왕'이라는 논리]

4. 크리슈나(Krishna)의 일생

'바라문(婆羅門, 사제)'들과 '크샤트리아(Kshatriya)'들의 대표적 표상으로 그 양자(兩者)를 통일 정착시켜 놓은 존재가 바로 '크리슈나(Krishna)'이다.

그러므로 그에 대한 관심 납득이 바로, '힌두 문화 이해'를 위한 길잡이이다.

'크리슈나(Krishna)'은 소위 '쿠루크셰트라 전쟁'을 승리로 이끌었던 '전쟁의 영웅'일 뿐인데, 힌두 '바라문(婆羅門, 사제)'들은 오직 그를 최고신 비슈누의 화신(化身, 인간의 모습)으로 받들게 하고 있고 그 '크리슈나(Krishna)'를 모든 '바라문(婆羅門, 사제)'과 '크샤트리아(Kshatriya)'들의 시조(始祖)일 뿐만 아니라 '절대신' '제사 수용자' '제사 자체(祭物)' '제사를 올리는 사제(司祭)' '창조자' '피조물을 포괄한 주체' '권능 자'를 하나의 이름에 통합한 전 힌두 문화의 창시자로 서사문학 '마하바라타(*The Mahabharata*)'를 통하여 확정 되어 있다.[2]

1) 탄생 이전의 가계(家系)

행운의 크리슈나(Sri Krishna)는 야다바(Yadava) 왕국에서 바수데바(Vasudeva)와 데바키(Devaki)의 아들로 태어났다. 대(大) 비슈누(Mahavisnu)의 10명의 화신(化身) 중에 여덟 번째이다.

'잠이 든 비슈누 신(Sayana Vishnu)'[3]

---

2) Vettam Mani, *Puranic Encyclopaedia -A Comprehensive Work with Special Reference to the Epic and Puranic Literature*, Motilal Banarsidass Publishers Delhi, 1975, 'Krsna Ⅰ' [이하 '크리슈나, Krsna=Krishna 傳記'] pp. 420~429

3) T. Maurice, *The History of Hindostan, its Arts and its Science*, London, 1795 'Veeshnu Slumbering' ; M. Mohanty, *Origin and Development of Vishnu Cult*, Pratibha Prakashan, Delhi, 2003 'Glossary-Sayana Vishnu : 사리를 튼 세샤(Shesha) 뱀 위에 누운 비슈누'

'1 마트시아(Matsya, 물고기) 화신' '2 쿠르마(Kurma, 거북) 화신' '3 바라하(Varaha, 수퇘지) 화신'

'4 바마나(Vamana, 난쟁이) 화신' '5 나라시마(Narasimha, 사람사자) 화신' '6 파라수라마(Parasurama) 화신'

'7 라마(Rama) 화신' '8 크리슈나(Krishna) 화신' '9. 부다(Buddha) 화신' '10 칼키(Kalki) 화신'4)

1. 족보(族譜). 비슈누(Visnu)로부터 연대는 다음과 같이 내려왔다. -브라흐마(Brahma) -아트리(Atri) -칸드라(Candra) -부다(Budha) -푸루라바스(Pururavas) -아이우스(Ayus) -나후사(Nahusa) -야야티(Yayati) -야두(Yadu) -사하스라지트(Sahasrajit) -사타지트(Satajit) -헤하야(Hehaya) -다르마

---

4) P. Thomas, *Hindu Religion Customs and Manner*, Bombay, 1971, Plate 46~54

(Dharma) -쿤티(Kunti) -바드라세나(Bhadrasena) -다나카(Dhanaka) -크르타비리아(Krtavirya) -카르타비리아주나(Kartaviryarjuna) -자야드바자(Jayadhvaja) -탈라장가(Talajangha) -비티호트라(Vitihotra) -아난타(Ananta) -두르자야(Durjaya) -유다지트(Yudhajit) -시니(Sini) -사티아카(Satyaa) -사티아키(Satyaki, Yuyudhana) -자야(Jaya) -쿠니(Kuni) -아나미트라(Anamitra) -프르스니(Prsni) -키트라라타(Citraratha) -비두라타(Viduratha) -수라(Sura) -시니보자(Sinibhoja) -흐르디카(Hrdika) -**수라세나(Surasena, 祖) -바수데바(Vasudeva, 父) -행운의 크리슈나(Sri Krsna, 本人)**이다.

수라세나(Surasena) 왕과 왕비 마리사(Marisa) 사이에 열 명의 아들이 있었는데, 그들은 바수데바(Vasudeva) 데바바가(Devabhaga) 데바스라바스(Devasravas) 아나카(Anaka) 스른자야(Srnjaya) 카카니카(Kakanika) 시아마카(Syamaka) 바트사(Vasta) 카부카(Kavuka) 바수(Vasu)였다. 바수데바(Vasudeva)는 캄사(Kamsa)의 누이 데바키(Devaki)와 결혼했다. 바수데바(Vasudeva)는 역시 둘째 부인 로히니(Rohini)이 있었는데, 그녀는 발라바드라라마(Balabhadrarama)를 낳았다.

2. 크리슈나 탄생. 원래 천상(天上)에서 바루나(Varuna)의 저주(詛呪)로 카시야파프라자파티(Kasyapaprajapati)와 아내 아디티(Aditi)와 수라사(Surasa)가 각각 지상(地上)의 바수데바(Vasudeva) 데바키(Devaki) 로히니(Rohini)로 탄생이 되었다.

옛날 브라흐마(Brahma)의 가슴(마음)에서 다르마(Dharma)라 하는 프라자파티(Prajapati, 피조물의 주인)가 탄생했는데, 베다의 가르침에 따라 정의로운 생활을 하고 있었다. 그는 닥사프라자파티(Daksaprajapati)의 10명의 딸과 결혼하여 고행자(苦行者, ascetics)인 하리(Hari) 크리슈나(Krishna) **나라(Nara) 나라야나(Narayana)** 네 아들을 얻었다. 나라와나라야나(Naranarayanas)는 브라흐마를 편안하게 하려고 히말라야 계곡에 있는 바다리카스라마(Badarikasrama)에서 **1천년을 고행(苦行, penance)**을 행하고 있었다. '그들의 고행을 깨뜨려라.' 하는 인드라 신의 위임을 받은 천녀(天女)들이 그들[고행자들]에게 자신들을 아내로 삼아달라는 요청을 했다. 형 나라(Nara)가 개입하여 조정을 할 때에 고행의 나라야나(Narayana)는 그녀들에게 화를 내며 저주를 행하려 했다. 성자 나라야나(Narayana)가 그녀들에게 말했다. "너희들은 평생 동안 나의 고행(苦行, Vrata)을 보호해야만 한다. 그럴 경우 차생(次生, 後生, the next birth)에서 내가 너희들의 소망을 들어주마. 제28 드바파라유가(Dvapara-yuga, 神들에 의해 이미 기획되어 있는 其間)에 나는 신들(Devas)의 도움으로 지상(地上)에 나타날 것이다. 나는 야두(Yadu) 왕국에 크리슈나(Krishna)로 태어나서 너희와 결혼을 하게 될 것이다."

'고행(苦行)이 신(神)들의 사랑을 얻는 방법이었다.'⁵⁾ '시바 신을 향한 고행(苦行)'⁶⁾

그 인연에 따라, 성자 '나라야나(Narayana)'는 야두(Yadu) 왕국에 크리슈나로 태어났고, 성자 '나라(Nara)'는 아르주나(Arjuna)로 태어나 그 친구가 되었다. ['마하바라타(*The Mahabharata*)' 18책 각 첫머리에 거듭 반복 찬양이 되고 있음]

위대한 성자 브르구(Bhrgu)의 저주를 받아, 그 마하비슈누의 화신(化身)으로 행운의 크리슈나(Sri Krishna)가 탄생하게 되었다. '신들과 아수라[악마]들의 1백년 전쟁'에서 대부분의 악마들은 다 죽었다. 그러자 아수라들의 스승 수크라(Sukra)가 특별한 무기를 얻으려 카일라스 산(Mount Kailasa, 須彌山)으로 가서 아수라들은 수크라(Sukra) 어머니 카비아마타(Kavyamata) 아래 그 은신처를 찾았다. 데벤드라(Devendra)는 마하비슈누의 도움으로 그의 원반(圓盤)으로 카비아마타의 목을 베었다. 브르구(Bhrgu)는 그 여인이 살해됨에 화가나 '마하비슈누도 인간으로 태어나라.'고 저주를 하였다. 이와 같은 다양한 이유로 마하비슈누가 야두 왕국에 인간 크리슈나로 태어나게 되었다.

3. 아버지 바수데바의 결혼. 마투라푸리(Mathurapuri) 야다바(Yadava) 왕 수라세나(Suraena)에게 아들 바수데바(vasudeva)가 태어났고, 데바키(Devaki)는 다른 야다바 왕 우그라세나(Ugra-sena)의 형제 데바카(Devaka)의 장녀로 탄생했다. 데바키는 **캄사(Kamsa, Kansa)**의 누이였다. 바수데바는 황금 12바라(bharas)와 마차를 결혼 지참금으로 데바키에게 지불했다. 결혼 행렬에 캄사(Kamsa)가 그 마부가 되었는데, 하늘에서 다음과 같은 소리가 들렸다. "그녀[데바키(Devaki)]의 여덟 번째 아들이 너를 죽일 것이다." 그 소리에 캄사(Kamsa)는 화가 치밀어 멈춰 섰다. 캄사(Kamsa)는 데바키의 머리채를 잡고 목을 치려고 칼을 들었다. 바수데바의 달래는 말도 소용이 없었다. 그러자 바수데바가 데바키에서 태어난 모든 아이들은 나은 즉시 캄사(Kamsa)에게 주겠다고 약속을 했다. 그래서 캄사(Kamsa)는 그들을 놓아 보냈다.

---

5) V. Ions, *Indian Mythology*, Paul Hamlin, 1967, p. 119 'The performance of austerities was the way to gain the favour of gods.'
6) P. Thomas, *Epics, Myths and Legends of India*, Bombay, 1980, Plate 92 'Ascetics of Shiva practising penances'

'바수데바(vasudeva)와 데바키(Devaki)의 결혼, 캄사(Kamsa)의 호송(護送), 캄사(Kamsa)의 전횡(專橫)'[7]

4. 바수데바의 첫 아들 바수데바의 첫 아들은 캄사(Kamsa)에게 넘겨졌다. 그러나 하늘의 목소리가 첫 아들은 그의 적이 아니라고 하여 그 부모에게 되돌려졌다. 부모는 그 아이를 키르티만(Kirtiman)이라 불렀다. 어떤 날 나라다(Narada)가 캄사(Kamsa)를 방문하여 그에게 전생(前生, previous life) 이야기를 하며 크리슈나의 현신(現身, 세상에 온) 목적 등에 관해 이야기를 나누었다. 그러자 캄사(Kamsa)는 어떻게 바수데바와 데바키가 운명적인 존재인지를 알고서 서둘러 그들에게 가서 아이를 되돌려 받은 즉시 바위에 머리를 부딪쳐 죽게 만들었다. 그래서 캄사(Kamsa, Kansa)는 그들과 운명적으로 묶이게 되었다.

5. 외삼촌 캄사(Kamsa)의 흥분. 나라다가 들려준 말은 캄사(Kamsa)를 엄청나게 속상하게 만들었다. 캄사(Kamsa)는 아버지 우그라세나를 가두고 스스로 왕이 되었다. 그는 야다바족(Yadavas) 안다카족(Andhakas) 부리슈니족(Vrsnis)을 괴롭히기 위해 프랄람바(Pralamba) 카누라(Canura) 트르나바르타(Trnavarta) 무스티카(Mustika) 아리스타(Aristra) 케시(Kesi) 데누카(Dhenuka) 아가(Agha) 비비다(Vivida) 푸타나(Putana) 등 악귀를 고용했다. 첫 아들 키르티만(Kirtiman)이 죽은 다음 데바키는 감옥에서 다섯 아들을 낳았다. 캄사(Kamsa)는 그들을 다 죽였다.[8]

———→

(a) 천상의 뱀 '바수키(Vasuki)'를 침대 삼아 바다위에 누워있는 비슈누(Sayana Vishnu)' 신은 '창조주'로서 힌두인 고안한 '최고(最古)신 상'으로 이후 신화 전설에서 소위 인류의 '**뱀(Snake) 신화**'의 **모태(母胎)**에 해당한다.

(b) 힌두(Hindu)는 세계 최초로 '영혼'과 '육체'를 구분하여 '**영혼=불멸**' '**육체=순간**', '**영혼= 신**' '**육체 =뱀**', '**영혼=도덕**' '**육체=욕망**' 등의 무한 추상을 개발하여 인류 사회에 유포하여 '힌두 문화' '베

———

7) E. Isacco, *Krishna The Divine Lover*, Serindia Publications, London, 1982, p. 27

8) Vettam Mani, *Puranic Encyclopaedia -A Comprehensive Work with Special Reference to the Epic and Puranic Literature*, Motilal Banarsidass Publishers Delhi, 1975, 'Krsna Ⅰ' p. 420

다 문화' '마하바라타(*The Mahabharata*) 문화'를 전 세계에 공급하여 세계 모든 종교 신화가 탄생에 그 원조(元祖)가 되었다.

(c) 그리고 '천국 제일' '인간 경멸', '금욕(禁慾) 제일' '탐욕 멸망'을 일반화하여, '고행 제일주의'를 마련하여 **신(神)의 사랑을 받는 요긴 길**'로 강조하였다.

(d) 인간 사회에는 거의 어느 곳이나 '신(神)'들이 편재하고 있는데, 그 신은 '물고기' '거북' '수퇘지' '난장이' '사자' '무사(武士)' '현인'의 형태로 인간 사이에 현존한다는 생각을 했었다.

(e) 그 신들은 '고행' '제사' '요가' 등을 통해 '절대 신[브라흐마]'에 공감을 얻어 '소망 성취'를 한다는 기본 전제를 갖고 있다.

(f) 그 '절대 신'의 인간 사회에 도래(到來)는 각별한 의미를 지니는데, 그 중에도 '크리슈나'의 인간 사회의 도래를 크게 문제 삼은 것이 '마하바라타(*The Mahabharata*)'이고 그 제자가 '아르주나'인데, 그들은 이미 '천상(天上)'에서부터 각별한 인연을 쌓아 온 특별한 관계였다는 것이다.

(g) 신이 인간으로 태어날 때는 특별한 '생명의 위협'을 겪게 마련인데, 크리슈나는 그의 외삼촌 '캄사(Kamsa, Kansa)'가 바로 '악귀(惡鬼)들의 대장'으로 나섰다.

(h) 그런데 '비슈누' 신에 인간에 올 적에 모습을 제시한 열 가지 모습 중에 **크리슈나'는 유독 '그 뱀을 휘둘러 처단하는 장면'을 대표 그림으로 삼았다는 점은 각별히 관심을 가져야 한다.**

(i) '뱀(육신) 문제'는 창조주(創造主, 비슈누)의 불가피한 '생명 부여의 속성'이지만, **그것[뱀, 육신]을 다시 통제 억압에 성공함을 명시한 의미에서 '크리슈나(Krishna)'의 의미가 각별했다는 것이니**, 그 '크리슈나(Krishna)'를 통해 인류는 비로소 '선악(善惡)'을 구분이 생기게 되었다는 것이고, '뱀[욕망]의 기질 숭배자들'을 특별히 '심판'했던 구체적인 '혁명전쟁'이 '쿠루크셰트라 전쟁'이었다는 것이다.

(j) 한 마디로 **'마하바라타(*The Mahabharata*)'는, 그 '크리슈나(Krishna)'가 행해 보인 '뱀 퇴치 영웅적 행적' 이야기이다.**

(k) 즉 '뱀들[욕망 우선 자들]'을 물리치고 '신에 봉사하는 가루다(Garud, 靈鷲) 붙들어 세움[사제 문화 옹호]'이 바로 전 '마하바라타(*The Mahabharata*)'에 처음부터 끝까지 일관 되어 있다.

(l) 즉 가장 쉽게 말하면 '바라문의 절대 옹호'이고, '뱀 종족의 가차 없는 멸망'을 반복 명시하고 있는 것이 '마하바라타(*The Mahabharata*)'의 가장 뚜렷한 주장이다.

2) 탄생과 소년 시절

6. 크리슈나의 탄생

옛날 신과 악귀 전쟁에서 사망한 아수라[악귀]들은 뒤에 다시 독하고 사악한 왕들로 세상에 태었다. 그런 왕들의 부담에 대지(大地)의 여신(女神)을 힘들게 되어 그 여신은 자신을 '암소'로 변장하여 브라흐마에게 호소하니, 브라흐마는 그 신이 안고 있는 문제를 풀 수 없어 시바(Siva) 신에게 보냈다. 그래서 신들을 대동한 그들이 대 비슈누 신에게 가서 슬픔을 호소했다. **대 비슈누는, 앞으로 태어날 바수데바의 아들과 데바키(Devaki)가 그 문제를 해결해 줄 것이라고 확신을 주어 안심시켰다.** 대 비슈누는 역시 여신들을 세상에 태어나게 하여 바수데바의 아들[크리슈나]을 돕게 했다.

데바키는 일곱 번째 임신을 하였는데, 그것은 아나타(Anata)신의 모습이었는데, 대 비슈누는 마야데비(Mayadevi)에게 말했다. "너는 세상으로 가서 데바키의 태(胎) 속에 아기를 바수데바 둘째 처 로히니(Rohini)의 태(胎)로 옮기고 그런 다음 내가 태어날 때에 난다고파(Nandagopa)의 아내 야소다(Yasoda)의 딸로 태어나라. 너는 세상에서 암비카(Ambika) 나라야니(Narayani) 칸디카(Candika) 두르가(Durga) 바드라칼리(Bhadrakali) 등의 이름으로 숭배될 것이다. 네가 로히니(Rohini)의 태(胎)로 옮긴 그 아기는 산카르사나(Sankarsana) 발라바드라(Balabhadra) 라마(Rama)로 알려질 것이다."[크리슈나 이복 형 이야기]

그래서 마야데비(Mayadevi)는 데바키의 태에 있는 아기를 로히니 태(胎)로 옮겼고, 데바키의 일곱 번째 아기는 유산(流産)이 되었다.

데바키는 드디어 여덟 번째 임신을 했고, 시마(Simha, 레오 曆, 8~9)월(月) 아스타미(Astami) 날(日)에 성(聖) 크리슈나가 탄생했는데, 브라흐마의 별들이 몰려 왔다. 크리슈나화신(化身)으로 인간에 온 대 비슈누(Mahavisnu)는 그의 네 개의 손에 소라고둥, 원반, 장갑(掌匣), 연꽃을 들고 태어났다. 바수데바는 그 놀라운 아기(크리슈나)에 경배를 했는데, 아기와 데바키를 잇는 탯줄은 산산이 조각났고, 태어난 그 아기가 아비 바수데바에게 말했다. "스바얌부바 만반타라(Svaymbhuva Manvantara)에 수타파스(Sudapas)라는 창조주[Prajapati]와 그 아내가 나를 12000년 동안 명상 하였으니, 내가 그들을 보면 그들은 소원대로 나를 그들의 아들로 생각할 것이다. 차생(次生)에 카샤파(Kasyapa)로 수타파스(Sutapas)가 태어나고 아디티(Aditi)로 프르스니(Prsni)가 태어나고, 나는 난쟁이 비슈누[Vamana] 그들의 아들로 태어났다. 이후 카샤파(Kasyapa)와 아디티(Aditi)가 다양한 출산을 행하여, 나 역시 그들의 아들로서 다양한 출생을 겪었다. 이제 카샤파(Kasyapa)와 아디티(Aditi)는 바수데바와 데바키가 되었다. **바로 지금 고쿨라(Gokula)의 난다고파(Nandagopa)와 야소다(Yasoda)에게 딸이 태어났다. 너는 나를 데리고 가 그 아기와 바꾸어라.**"

바수데바에게 그렇게 말하고는 크리슈나는 보통 아기로 자기 모습을 바꾸어 그 어머니 곁에 누웠다. 한 밤중에 감옥(監獄)에 간수(看守)가 깊이 잠드니, 옥문(獄門)이 저절로 열리었다. 바수데바는 아기를 안고 고쿨라(Gokula)로 출발했는데, 야무나(Yamuna) 강이 바수데바의 행진을 돕기 위해 그 흐름을 바꾸었다. 야소다(Yasoda)의 집 문은 열려 있었다. 마야데비(Mayadevi)의 신력(神力)으로 야소다(Yasoda)의 아기와 모든 사람들은 깊은 잠에 빠져 있었다. 바수데바는 크리슈나를 야소다(Yasoda) 곁에 누이고 그녀의 아기를 데리고 돌아왔다. 바수데바가 돌아오자마자 간수(看守)는 잠에서 깨어나 데바키가 낳은 아기에 대해 캄사(Kamsa)에게 보고를 행하였다. 캄사(Kamsa)는 옥으로 달려와 그 아기를 잡아 바윗돌에 던지려 했다! 그런데 그 아기는 캄사 손을 빠져나와 하늘로 오르며 다음과 같은 말을 했다. "오 불의(不義)의 악당 캄사(Kamsa)여! 너의 용맹은 여성에게는 소용이 없다. 네가 살해한 자는 세상에 다시 태어나 사방에서 그[죽인 너를 찾아 올 것이다."

'바수데바가 크리슈나를 야소다에게로 옮겼다.'[9) '크리슈나를 기르는 데바키'[10)

7. 행운의 크리슈나의 피부 색깔과 발라바드라라마(Balabhadrarama)

성 크리슈나는 흑(黑)색이고, 발라바드라(Balabhadra)는 백(白)색이다. '마하바라타'에는 그 색깔이 달랐던 설명 담(譚)이 있다. 신들은 대 비슈누 신께 악독한 사람들을 절멸시키기 위해 세상에 현신(現身)의 결단을 촉구하였다. 그 촉구를 받아 비슈누는 그의 머리에 검은 털과 흰 털을 뽑아 땅[地上]으로 던지며, 검은 머리털은 데바키(Devaki)에게로 가 크리슈나가 태어날 것이고, 흰 머리털은 로히니(Rohini)에게 가 발라바드라(Balabhadra)로 태어날 것이라고 말했다.

8. 크리슈나의 어린 시절

(1) 푸타나(Putana)로부터의 구원. 락샤시 푸타나(Putana)와 캄사(Kamsa)의 명을 받은 자객 중의 한 악귀가 크리슈나를 죽이려고 찾아 나서서, 크리슈나 집으로 가 고파(Gopa) 여인으로 변장을 하고 크리슈나에게 젖을 먹이려 했다. 그러나 아기 크리슈나는 그녀의 생명과 젖을 빼앗으니, 그녀는 원래의 모습으로 변해 죽었다.

---

9) P. Thomas, *Epics, Myths and Legends of India*, Bombay, 1980, Plate 45 'Vasudeva carrying Krishna to Yasoda'

10) P. Thomas, *Epics, Myths and Legends of India*, Bombay, 1980, Plate 63 'Devaki nursing Krishna'

'여귀(女鬼) 푸타나(Putana)를 죽이다.'[11]

(2) 사카다(Sakata) 악귀를 죽이다. 그 다음 캄사(Kamsa)는 크리슈나를 죽이기 위해 악귀 사카다(Sakata)를 고용했다. 사카다(Sakata)는 유모차 속에 잠든 크리슈나에게 접근을 하여 큰 소리를 냈다. 크리슈나는 잠에서 깨어나 그 수레를 발로 차 수백 조각을 내버렸다.

(3) 트르나바르타(Trnavarta) 악귀를 죽이다. 트라크(Trak) 악귀의 아들 트르나바르타(Trnavarta)는 캄사의 명을 받고 몰래 암바디(Ambadi)로 갔다. 그때 야소다는 아기 크리슈나에게 젖을 먹이고 있었는데, 그 아기가 점점 무게가 늘어났다. 야소다는 아기를 침대에 누이려 했으나 너무 무거워 아기를 바닥에 눕힐 수밖에 없었다. 트르나바르타(Trnavarta)가 회오리바람을 일으켜 크리슈나를 하늘로 불어 올렸다. 암바디(Ambadi, Gokula)는 질식할 정도로 먼지 구름으로 가득했고 고팔라들은 소리쳐 울었다. 그러나 행운의 크리슈나는 그 악귀의 목을 움켜쥐어 질식시키니, 아기의 무게에 눌려 일어나지 못 했다. 아기 크리슈나는 악귀의 목을 쥐어 바위에 쿵 소리를 내며 쓰러뜨렸다. 야소다는 황급히 아기를 안아 키스해 주었다.

'악귀 트르나바르타(Trnavarta)를 죽이다.'[12]

---

11) E. Isacco, *Krishna The Divine Lover*, Serindia Publications, London, 1982, p. 33

(4) 이름 짓기. 그 당시 유명한 성자 가르가(Garga)가 암바디(Ambadi)로 크리슈나를 방문했다. 그 성자는 바수데바와 데바키와 크리슈나의 실제적(신으로서의) 관계를 알려주었다. 로히니의 아들도 그곳으로 데려 왔는데, 성자는 그를 '라마(Rama)'라고 했고, 야소다(Yasoda)의 아기를 '크리슈나(Krishna)'로 이름을 짓고 축복해 주었다. 그로부터 라마와 크리슈나는 암바디에서 자랐다.[크리슈나와 이복형 라마 이야기]

(5) 크리슈나 입 속에 있는 전 세계. 고피카들(Gopikas)이 진흙을 먹는 크리슈나를 보고 그것을 야소다에게 말했다. 그녀는 크게 화가 나 그 아이의 입을 열어 모래를 찾으니 거기에는 그녀 자신을 포함한 전 세상이 있은 것을 보고 크게 놀라 그녀의 눈을 감았다.

(6) 크리슈나가 절구통을 끌다. 야소다가 크리슈나에게 젖을 먹일 때 냄비에 끓이던 우유가 넘쳤다. 야소다는 크리슈나를 마루에 내려놓고 끓는 우유로 달려갔다. 그것에 화가 난 크리슈나는 그 우유 항아리에 돌을 던져 깨뜨렸다. 야소다가 아기를 절구통에 끈으로 묶어 두려했다. 그러나 아무리 끈을 길게 해도 아기 허리를 두를 수 없었다. 엄마가 애를 쓰는 것을 보고 크리슈나가 그녀에게 복종하기로 맘먹으니 줄 하나로 그 절구통에 묶을 수 있었다. 그러나 크리슈나는 그 절구통을 등 뒤에 끌고 달음박질을 하였다. 절구통을 달고 좁은 두 나무 사이를 지나니 그 나무들은 흔들리다가 두 신들처럼 하늘로 솟았다. 사실 두 그루의 나무는 바이스라바나(Vaisravana)의 두 아들인 날라쿠바라(Nalakubara)와 마니그리바(Manigriva)로 나라다(Narada)의 저주로 나무가 되어 있었다.

'크리슈나가 아르주나 나무들을 뽑다.'[13), '아기 크리슈나가 절구통을 메고 달리다.'[14)

12) E. Isacco, *Krishna The Divine Lover*, Serindia Publications, London, 1982, p. 35
13) V. Roveda, *Khmer Mythology*, Bangkok River Books, 1997, plate 46. 'Krishna uprooting the arjuna trees'
14) E. Isacco, *Krishna The Divine Lover*, Serindia Publications, London, 1982, p. 39

(7) 바트사수라(Vatsasura)가 죽다. 어느 날 성 크리슈나와 발라바드라라마가 칼린디(Kalindi) 강둑에서 고팔라들(Gopalas)과 놀이를 하고 있었다. 그 때 캄사가 보낸 악귀 하나가 암소로 가장하고 암소들 속에 있었다. 성 크리슈나는 그것을 알고 있었고, 발라바드라마도 새로운 암소가 있다고 하였다. 크리슈나는 여유 있게 소떼 향해 가 그 다리와 꼬리를 들어 올려 피펄(peepal) 나무를 향해 던졌다. 그 피펄 나무와 악귀 바트사수라(Vatsasura)는 완전히 부서졌다.

(8) 바카(Baka)가 죽다. 캄사는 다시 푸타나(Putana)의 형제 바카(Baka) 악귀에게 크리슈나를 죽여라고 명령했다. 바카(Baka)는 새[怪鳥]로 변장하여 그 날카로운 부리를 크게 벌리고 기다리고 있었다. 고팔라들은 겁에 질렸으나, 그러나 크리슈나는 고팔라들을 남겨놓은 채 그 새의 동굴 같은 입 속으로 들어갔다. 그 악귀가 입을 닫으니, 고팔라들은 놀라 소리쳤다. 그러나 성 크리슈나는 바카의 위장을 휘젓고 돌아다녀 크리슈나를 토해 내게 만들었다. 바카(Baka)는 크리슈나와 피를 함께 토해 내고 죽었다.

(9) 아가수라(Aghasura)가 죽다. 캄사는 다시 바카(Baka)의 형제와 푸타나(Putana)를 시켜 고팔라들이 다니는 길에 뱀으로 변해서 아가리를 벌리고 있게 했다. 뱀의 아가리에서 악취가 진동했다. 크리슈나와 발라바드라와 고팔라들이 뱀의 아가리로 들어가 그의 온 몸을 흔드니, 뱀은 피를 토하였다. 뱀은 밥통이 터져 죽었다. 고팔라들은 뱀에게서 나왔으나, 정신을 잃고 쓰러졌다. 그러나 크리슈나를 보고 그들은 정신을 되찾았다.

'크리슈나가 뱀 아가수라(Aghasura)의 아가리로 들어가다.'[15]

(10) 브라흐마(Brahma)가 크리슈나를 시험하다. 브라흐마(Brahma)는 대 비슈누[크리슈나]가 인간의 모습으로 칼린디 강둑에서 발라바드라와 그 친구들과 노는 것을 보았다. 정말 신이 인간의 형상을 하고 있나 시험해 보려고 브라흐마는 고팔라들의 소떼를 치워버렸다. 소떼가 사라져 고팔

---

15) E. Isacco, *Krishna The Divine Lover*, Serindia Publications, London, 1982, p. 42

라들은 당황에 빠졌다. 그들의 호소를 들은 크리슈나가 고바르다나(Govardhana) 산과 숲을 뒤졌으나 소떼는 없었다. 크리슈나가 칼린디 강둑으로 돌아와 보니 고팔라들도 없어졌다. 모든 상황을 점검해 본 다음 크리슈나는 자신의 신력(神力)으로 고팔라들과 소들을 창조하였다. 그렇게 1년이 지난 다음 크리슈나와 고팔라들은 소떼를 데리고 고바르다나(Govardhana) 산 정상으로 올라갔다. 브라흐마는 크리슈나가 고팔라들과 소들을 맘대로 만든 것을 알고 놀랐고, 브라흐마가 그들을 보는 순간에 모두 비슈누 형상으로 바뀌어 버렸다. 더구나 브라흐마는 다른 브라흐마와 브라흐말로카(Brahmaloka, 신의 영역)까지 보았다. 이에 브라흐마는 크게 당황하여 대 비슈누를 칭송하고 환영(幻影)을 걷어내고 현실적인 크리슈나와 고팔라들과 소들을 보게 하였다.

(11) 데누카수라(Dhenukasura)가 죽다. 칼린디 강둑의 카달리(Kadali) 숲에는 데누카(Dhenuka)라는 악귀가 그 추종자들과 살고 있었다. 그 숲은 야자(palm) 나무로 욱어져 있고, 그 아수라가 무서워 어느 누구도 들어가 보지 못했다. 성 크리슈나와 발라바드라마는 악귀 데누카의 이야기를 듣고 그 부하들을 데리고 숲으로 갔다. 발라바드라마가 야자나무를 흔드니 많은 야자열매가 떨어져 고팔라들은 함성을 지르며 좋아했다. 악귀들이 달려드니, 크리슈나와 발라바드라마가 그들을 잡았다.

(12) 칼리야(Kaliya)를 제압하다. 칼린디(Kalindi) 강물 속에는 칼리야(Kaliya)라는 독한 뱀이 그 아내 친척들과 살고 있었다. 그 강둑의 나무들은 그 뱀이 뿜어내는 독한 가스로 시들었다. 어느 날 칼린디 강물을 마신 고팔라들과 소들이 쓰러져 죽었다. 그러자 크리슈나가 강둑 나무로 올라가 칼리야와 그 무리가 있는 강물로 뛰어들었다. 크리슈나가 무리들을 짓밟으며 춤을 추었다. 칼리야는 피를 토하며 크리슈나에게 살려달라고 빌었다. 그로 인해 그 뱀 가족들은 라마나카(Ramanaka) 섬으로 이주를 했다.

'칼리야(Kaliya)를 제압한 크리슈나'[16) '독뱀 칼리아를 죽이는 크리슈나'[17)

'독뱀 칼리야(Kaliya)를 제압한 크리슈나'[18]

(13) 크리슈나가 불을 삼키다. 크리슈나가 강물에서 칼리야를 제압하고 칼리야에게서 선물로 받은 보석을 가지고 돌아오니 고팔라들은 크리슈나를 껴안았다. 암바디(Ambadi) 사람들이 어린 아이들을 찾아 칼린디 강둑으로 왔다. 해가 졌으므로 야댜바들은 거기에서 밤을 보내고 있는데, 들불(野火)이 그들을 덮치니 크리슈나에게 구원을 요청했다. 크리슈나는 그 불들을 모두 삼켜버렸다.

(14) 프랄람바(Pralamba)를 잡다. 한 번은 고팔라들이 반디라카(Bhandiraka)라는 거대한 피펄 (peepal) 나무 그늘에서 놀고 있는데, 프랄람바(Pralamba)라는 악귀가 고팔라로 변장을 하여 놀이에 끼어들었다. 크리슈나와 발라바드라마는 그것을 알았다. 그들은 서로 상대방을 쳐서 진 사람이 이긴 사람을 그의 머리에 이고 가도록 약속을 정했다. 서로 치기를 시작하여 스리다만(Sridaman)이라는 고파(Gopa) 신이 크리슈나를 이겼다. 브르사바(Vrsabha)는 바드라세나(Bhadrasena)를 이겼고, 발라바드라는 프랄람바(Pralamba)를 이겼다. 약속에 따라 성 크리슈나는 스리다만(Sridaman)을 어깨에 얹었고 바드라세나(Bhadrasena)는 브르사바(Vrsabha)를 프랄람바(Pralamba)는 발라바드를 얹었다. 그러나 프랄람바(Pralamba)가 발라바드라를 얹고 하늘로 오르니 발라바드라가 프랄람바 머리통을 깨뜨리니 프랄람바는 악귀로 죽어 본 모습 악귀로 나타났다.

'프랄람바(Pralamba)를 죽이다.'[19]

---

16) P. Thomas, *Epics, Myths and Legends of India*, Bombay, 1980, Plate 204 'Krishna Subduing Kaliya'
17) V. Roveda, *Khmer Mythology*, Bangkok River Books, 1997, plate 47. 'Krishna killing Kaliya'
18) Navin Khanna, *Indian Mythology through the Art and Miniatures*, New Delhi, 2013, p. 100

(15) 다시 들불[野火] 속에서. 고팔라들이 칼린디 강둑에 있는 문자(Munja) 숲에서 들불에 갇혔다. 크리슈나가 그들에 가 눈을 감고 서 있으라고 하니 큰 공포에 사로잡혔다. 고팔라들은 크리슈나에게 복종하였더니, 크리슈나는 불을 감로수(甘露水)인양 마시었다. 고팔라들은 그들이 눈을 떴을 때 안전함에 놀랐다.

'크리슈나가 불을 마시다.'[20] '크리슈나가 소떼를 지키기 위해 숲의 불을 마셔버렸다.'[21]

(16) 축복 받은 바라문들의 아내들. 어느 날 크리슈나와 그 동료들은 칼린디 강둑을 따라 여행하였다. 그들이 배가 고파지니 크리슈나는 바라문들의 집에 먹을 것을 요청했다. 그 바라문의 아내들은 크리슈나가 온 것을 알고 음식을 가지고 왔다. 크리슈나는 그들을 축복해 주었다.[22]

———+

(a) '신(God)'은 그 자체가 거룩하여 어떠한 이유에서든 그[God]를 거스르는 행동 자체로 이미 '악마(惡魔, 惡鬼)'의 소행으로 간주되었다.

(b) 즉 '크리슈나(Krishna)가 태어나면 그 자신을 죽일 것'이라는 예언을 받은 외삼촌 '캄사(Kamsa)'가 그에게 닥칠 위험을 제거하려는 것은 당연한 조처라 할 수 있다. 그러함에도 그 '캄사(Kamsa)'는 세상에 둘도 없는 '악귀의 대장'으로 지목이 되었다.['절대 신을 거스르는 것은 다 죄악'이라는 그 '신념'이 정착된 이후의 '이야기들'이다.]

(c) 아동 시절의 '크리슈나(Krishna)'의 특징은 '무서운 힘의 소지자'로 명시 되어 있는데, 이 **'크리슈나 (Krishna) 이야기'와 희랍의 '헤라클레스 이야기'가 동일하다는 점**은 크게 주목을 해야 한다.

(d) 그리고 소년 '크리슈나(Krishna) 이야기' 중에 '뱀 아가수라(Aghasura)의 아가리로 들어갔다.' '칼린디(Kalindi) 강물 속에는 칼리야(Kaliya)라는 독한 뱀들을 잡았다.'는 행적은 **'뱀 퇴치[악마 퇴치] 영웅'**의 가장 빛나는 행적으로 '인류 도덕의 표준'을 마련한 영웅, '지존(至尊)의 노래

19) E. Isacco, *Krishna The Divine Lover*, Serindia Publications, London, 1982, p. 47
20) E. Isacco, *Krishna The Divine Lover*, Serindia Publications, London, 1982, p. 47
21) G. Michell, *Hindu Art and Architecture*, Thames & Hudson, 2000, p. 150 'Krishna drinking in the forest fire to protect the herds.'
22) Vettam Mani, *Puranic Encyclopaedia -A Comprehensive Work with Special Reference to the Epic and Puranic Literature*, Motilal Banarsidass Publishers Delhi, 1975, 'Krsna Ⅰ' pp. 421~423

(Bhagavat Gita)'를 행한 '최고신의 행적'과 맞물린 것으로 각별한 주목을 요한다.

3) 청년 수학(修學) 시절

(17) 옷 도둑질. 크리슈나는 칼린디 강에 목욕을 하고 있는 고파(Gopa) 여인들의 옷을 집어들고 옷을 가지고 나무 꼭대기로 올라서 그의 피리를 불었다. 고파 여인들은 강물에서 나와 손을 모으고 크리슈나에게 인사를 했다. 그러자 크리슈나는 그들에게 옷을 돌려주었다.

'고피들의 옷을 가지고 있는 크리슈나'[23] '크리슈나가 고파(Gopa) 여인들의 옷을 훔치다.'[24]

(18) 고바르다나(Govardhana) 산을 우산으로 삼다. 인드라(Indra)는 비의 신이다. 암바디(Ambadi) 사람들은 비를 오게 하려고 인드라의 호의를 사기 위해 기우제(Yajna)를 행했다. 크리슈나는 그것에 반대를 해서, 고바르다나(Govardhana) 산은 암바디(Ambadi) 사람들의 가신(家神)의 소유이니, 그것으로 그 산이 숭배된 것이라고 했다. 그래서 암바디(Ambadi) 사람들은 인드라에게 드린 기우제를 고바르다나(Govardhana)로 돌렸다. 그것에 화가 난 인드라는 암바디(Ambadi)에다가 엄청난 비를 쏟아 부었다. 이에 **크리슈나는 고바르다나(Govardhana) 산을 우산처럼 뽑아들어 (uprooted and held) 사람들이 폭우 피해를 막았고, 사람들은 그 산 아래로 모여 은신을 했다.** 그 비는 일주일이 지나도 그치지 않았다. 그러나 크리슈나의 도움으로 사람들은 어려움이 없었다. 게임에서 진 인드라는 크리슈나를 찬양했다. 신들의 암소인 데바수라비(Devasurabhi)는 크리슈나를 찾아와 인사를 했고, 고팔라들의 인드라는 크리슈나에게 성유(聖油)를 발라주었다. 신들은 크리슈나를 '고빈다(Govinda, 소들을 지키는 자)'로 불렀다.

---

23) P. Thomas, *Epics, Myths and Legends of India*, Bombay, 1980, Plate 66 'Krishna with the Gopi's Clothes'
24) E. Isacco, *Krishna The Divine Lover*, Serindia Publications, London, 1982, p. 49

'크리슈나가 고바르다나 산을 들어 올리다.'25) '크리슈나가 고바르다나(Govardhana) 산을 그 우산으로 뽑아들다.'26)

'크리슈나'27) '크리슈나 피리 소리를 듣는 암소들'28)

(19) 바루나(Varuna, 野獸)가 납치한 난다고파(Nanadagopa). 에카다시브라타(Ekadasivrata) 난다(Nanda)가 칼린디 강에서 목욕한 것을 보고, 한 신이 바루나의 요구로 그를 바루나의 처소로 납치했다. 암바디(Ambadi) 사람들은 난다고파(Nandagopa, 야소다의 남편)가 없어져서 근심에 싸였다. 크리슈나와 발라바드라가 칼린디 강으로 뛰어들어 바루나(Varuna)만행에 도전했다. 바루나(Varuna)는 크리슈나와 발라바드라에게 그가 난다고파를 납치한 이유는 그가 비슈누를 만나 보려고 그렇게 했노라고 말하고 용서를 빌었다. 한편 암바디(Ambadi) 사람들이 칼린디 강으로 가보니 그 속에는 온 세상에 나타나 있었다. 크리슈나와 라마는 그들의 아버지 난다고파와 함께 암바디로 돌아왔다.

25) V. Roveda, *Khmer Mythology*, Bangkok River Books, 1997, plate 53. 'Krishna lifting Mount Govardhana'
26) E. Isacco, *Krishna The Divine Lover*, Serindia Publications, London, 1982, pp. 51, 145 'Krishna lifting Mount Govardhana'
27) P. Thomas, *Epics, Myths and Legends of India*, Bombay, 1980, Plate 44 'Krishna'
28) P. Thomas, *Epics, Myths and Legends of India*, Bombay, 1980, Plate 65 'Cows listening to Krishna's flute'

(20) **라사크리다(Rasakrida).** 봄이 와서 크리슈나의 피리 소리는 고파 여인들을 애태우게 만들었다. 크리슈나는 피리를 들고 브른다바나(Vrndavana)로 갔다. 미혼 기혼의 모든 여인들이 크리슈나를 따라 왔다. 크리슈나는 그녀들을 집으로 돌아가게 하려 했으나 소용이 없었다. 갑자기 크리슈나가 모습을 감추니 상사병이 난 고파 여인들은 라다(Radha)를 데리고 '크리슈나, 크리슈나' 소리치며 브른다바나(Vrndavana)를 돌아다녔다. 그러자 갑자기 크리슈나가 나타나 그녀들과 함께 칼린디 강물로 뛰어들어 그녀들을 만족시켰다. 성 크리슈나는 박티요가(Bhaktiyoga)를 세상에 설명했다.

'피리 부는 크리슈나'[29] '크리슈나가 브른다바나(Vrndavana) 여성들을 피리 소리로 홀리다.'[30]

(21) **비단뱀이 난다고파(Nandagopa)를 삼키다.** 어느 날 고파들이 데비(Devi) 숲에서 마헤스바라(Mahesvara) 숭배(Puja)를 행하며 칼린디 강둑에서 잠자러 가지 않고 밤을 보냈다. 비단뱀 한 마리가 간다고파(Gandagopa)를 삼켰다. 고파들은 최선을 다했으나 그 뱀은 잡은 난다고파를 포기하지 않았다. 그러자 크리슈나가 그 뱀을 발로 차니 뱀은 수다르사나(Sudarsana)라는 신이 되었다. 그는 당초에 비디아다라(Vidyadhara) 신이었는데, 성자 앙기라스(Angiras)의 저주로 비단뱀이 되었다.

(22) **아리스타수라(Aristasura, Vrsasura)를 죽이다.** 그 때에 캄사(Kamsa)의 추종자 아리스타수라(Aristasura)가 강력한 황소로 변장을 하고 암바디(Ambadi)로 왔다. 크리슈나는 그 황소(Arista)와 결투를 해서 황소를 죽였다.

(23) **케시(Kesi)를 죽이다.** 그러자 캄사(Kamsa)는 악귀 케시(Kesi)를 암바디(Ambadi)로 보냈다. 크리슈나는 말의 주둥이로 손을 넣어 그것을 키우니 그 아수라는 피를 토하고 숨을 거두었다.

29) P. Thomas, *Epics, Myths and Legends of India*, Bombay, 1980, Plate 56 'Krishna playing on the flute'
30) E. Isacco, *Krishna The Divine Lover*, Serindia Publications, London, 1982, pp. 52, 53

크리슈나는 그 케시(Kesi)를 잡아 '케사바(Kesava)'란 이름을 얻었다.

'말 귀신 케시(Kesi)와 싸우는 크리슈나'[31] '말 귀신과 싸우는 크리슈나'[32]

　(24) 비오마수라(Vyomasura)를 죽이다. 마야수라(Mayasura)의 아들 비오마수라(Vyomasura)는 캄사가 크리슈나를 죽여라고 보낸 마지막 악귀였다. 그 악귀는 고파들에게 염소로 가장해 합류했다. 크리슈나는 그를 동굴로 끌고 가 거기에서 죽였다.

9. 크리슈나가 암바디(Ambadi)를 떠나다

　크리슈나를 죽이기 위한 온갖 시도가 실패로 돌아가자 캄사(Kamsa)는 또 하나의 수를 생각했다. 캄사는 그 나라 수도 마투라푸리(Mathurapuri)에서 행하는 '활을 숭배하는 군사제전(dhanur yanjna)에 왕림해 주십시오.'라고 거짓 호의를 가지고 크리슈나와 발라바드라를 초청했다. 그 초청은 크리슈나에게 크게 헌신을 하고 있는 아크루라(Akrura)를 통해 행해졌다.

　아크루라(Akrura)는 수레를 갖추어 암바디(Ambadi)로 가서 14일의 군사제전(軍事祭典, dhanur yanjna)에 크리슈나와 발라바드라의 초청을 전하였다. 고파들(Gopas)은 크리슈나가 암바디로 떠날 것을 생각하며 눈물을 흘렸다. 그러나 크리슈나와 발라바드라는 그들을 남겨두고 아크루라가 가져온 수레를 타고 마투라푸리(Mathurapuri)로 향했다. 마투라로 가는 도중에 그들은 칼린디 강에서 목욕을 했는데, **그들이 물속에 있을 적에 아크루라(Akrura)는 (크리슈나의 우주 형상인) 비슈바루파(Vishvarupa)를 보았다.** 목욕을 끝내고 그들은 그들의 여행을 계속하며 아크루라(Akrura)는 가만히 크리슈나에게 캄사의 고약한 계획을 말하고 그를 잡아야 한다고 말했다.

---

31) G. Michell, *Hindu Art and Architecture*, Thames & Hudson, 2000, p. 51 'Youthful Krishna fighting the horse demon Keshi'
32) Navin Khanna, *Indian Mythology through the Art and Miniatures*, New Delhi, 2013, p. 106

'크리슈나의 비슈바루파'33) '우주 형상[비슈바루파]으로서의 크리슈나'34)

10. 마투라푸리(Mathurapuri)에서의 크리슈나와 라마

(1) **세탁인이 살해되다.** 라마와 크리슈나는 마투라푸리(Mathurapuri)에 도착하여 야경(夜景)을 구경하며 산책을 하였는데, 캄사의 옷을 세탁해 이동하는 세탁 사를 보았다. 크리슈나 일행은 옷에 대해 문의했으나, 그 세탁 사는 대답을 하지 않을 뿐만 아니라 '소 치기들'이라고 조롱을 하였다. 행운의 크리슈나는 현장에서 그 세탁 사에 대들어[죽이고] 옷들은 몰려온 아이들에게 나누어 주고 재고품 중에서 자신은 '황색 옷'을 찾아 입고 발라바드라에게는 '청색 옷'을 주었다.[공식 복장임]

(2) **재단사(裁斷師)는 살려두다.** 그 다음 크리슈나 일행은 캄사의 셔츠와 터번을 만드는 재단사를 만났다. 재단사는 라마와 크리슈나에게 값비싼 셔츠와 터번을 선물했다. 크리슈나는 그에게 감사하고 고파들이 그에게 제공한 옷들을 주었다.

(3) **수다만(Sudaman)이 화환을 선물하다.** 그 다음 크리슈나와 라마는 수다만(Sudaman)의 집으로 갔더니, 그는 그 각자에게 화환을 선물했다. 크리슈나는 그를 축복해 주었다.

(4) **트리바크라(Trivakra)의 곱사등을 펴주다.** 라마와 크리슈나는 걷기를 계속하다가 방향제를 가득 담은 아름다운 그릇을 든 곱사등의 여인을 만났다. 그녀는 크리슈나 일행에 자기는 캄사의 시녀로 이름은 트리바크라(Trivakra)로 방향제는 캄사가 쓰는 것이라고 했다. 그녀는 순수한 사랑

---

33) Dr. N. Krishna etc, *Historicity of the Mahabharata*, Aryan Books International New Delhi, 2013, p. 25 'Vishuvarupa of Krishna'

34) G. Michell, *Hindu Art and Architecture*, Thames & Hudson, 2000, p. 3 'Krishna in his cosmic form[Vishvarupa]'

으로 방향제를 크리슈나에게 바구니째로 주었다. 라마와 크리슈나는 방향제를 몸에 바르고 크리슈나는 그녀의 발을 밟고 턱을 위로 끌어올려 그녀의 곱사등을 치료하였다. 그녀의 크리슈나를 향한 애정은 끝이 없어 크리슈나에게 그 밤을 자기 집에서 보내달라고 애원했다. 크리슈나는 다른 볼일이 있다고 하며 그들의 걷기를 계속했다.

'크리슈나가 트리바크라(Trivakra)의 곱사등을 펴주다.'[35]

(5) **크리슈나가 활을 꺾어버리다.** 라마와 크리슈나는 캄사의 제전 장으로 계속 걸었다. 제전 장에는 대궁(大弓)이 있었다. 크리슈나는 경비병이 그에게 다가오기 전에 왼손으로 그것을 꺾어버렸다. 크리슈나는 그 부러진 활로 캄사가 그와 라마를 잡으려고 보낸 병사들을 죽여버렸다. 그리고 그들은 행보를 계속했다. 해가 져서 그들을 잠을 자려 했으나, 캄사가 그들을 대할 생각에 잠이 오질 않았다.

(6) **크리슈나가 억센 코끼리를 죽이다.** 그 밤에 크리슈나는 많은 불길한 꿈을 꾸었다. 다음날 아침 캄사는 권투 경기를 위한 경기장을 세웠다. 마투라의 난다고파 같은 왕들과 주요 인사와 캄사가 자리를 잡았다. 카누라(Canura) 무스티카(Mustika) 쿠타(Kuta) 살라(Sala) 코살라(Kosala) 같은 유명 권투 선수도 역시 참가했다. 캄사는 라마와 크리슈나가 권투 경기장으로 들어오는 길목에 쿠발라이아피다(Kuvalayapida)라는 사나운 코끼리를 대기시켜 놓았다. 코끼리 조련사가 크리슈나를 죽이려고 달려드니, 크리슈나가 그 코끼리를 죽이고, 그 어금니를 뽑아 라마에게 주었다. 크리슈나는 그 어금니 뼈로 조련사를 죽이고 그들은 경기장으로 들어갔다.

---

35) E. Isacco, *Krishna The Divine Lover*, Serindia Publications, London, 1982, p. 65

'크리슈나가 사나운 코끼리 쿠발라이아피다(Kuvalayapida)를 죽이다.'[36]

(7) **캄사(Kamsa)를 잡다.** 권투 시합이 시작되었다. 카누라가 크리슈나와 붙고, 무스티카가 라마와 맞붙었는데, 카누라와 무스티카가 죽었다. 라마와 크리슈나는 다른 세 명의 유명 권투 선수도 죽였다. 이에 남은 권투 선수들은 숲으로 도망을 쳤다. 화가 난 캄사가 자리를 박차고 소리쳤다. "고팔라들을 죽여라. 적들의 친구 난드고파(Nandgopa)를 칼린디 강 우그라세나(Ugrasena)에 던져 버려라." 캄사의 전쟁 선언에 행운의 크리슈나는 캄사의 소파로 뛰어 가 그를 밀어 넘어뜨렸다. 그러고 나서 크리슈나는 캄사의 등 위로 뛰어 올라 그를 죽였다. 발라바드라는 크리슈나에게 달려드는 캄사의 8형제를 철 장갑(掌匣)으로 무찔렀다. 행운의 크리슈나는 캄사와 형제들의 죽음에 통곡하는 여인들을 위로한 다음 시체들을 정중히 화장했다. 라마와 크리슈나는 바수데바(Vasudeva) 데바키(Devaki) 우그라세나(Ugrasena)를 옥에서 석방했다. 우그라세나(Ugrasena)가 마투라(Mathura)의 왕이 되었다.

'캄사를 죽이는 크리슈나'[37] '크리슈나가 캄사(Kamsa)를 죽이다.'[38]

36) E. Isacco, *Krishna The Divine Lover*, Serindia Publications, London, 1982, p. 66
37) V. Roveda, *Khmer Mythology*, Bangkok River Books, 1997, plate 48 'Krishna killing Kamsa'
38) E. Isacco, *Krishna The Divine Lover*, Serindia Publications, London, 1982, p. 68

(8) 암바디(Ambadi) 사람들과의 작별. 라마와 크리슈나는 난다고파(Nanagopa)와 야소다(Yso-da)에게 인사를 드리고 그들에게 옷과 활을 맡겼다. 그리고 야두(Yadu) 왕국을 강하게 만든 다음에 돌아오겠다고 했다. 라마와 크리슈나는 그들의 부모와 고파들을 집으로 보냈다.

11. 라마와 크리슈나의 교육

(1) 암바디 사람들과 작별 이후. 성자 가르가(Garga)의 충고로 라마와 크리슈나는 위대한 성자 산디파니(Sandipani)가 있는 아스라마(Asrama)로 공부를 하려고 갔다. 아스라마(Asrama)에서 교육을 받는 동안 크리슈나와 쿠켈라(Kucela)는 절친한 친구가 되었다. 어느 날 사모님의 요청으로 크리슈나와 쿠켈라는 숲으로 화목(火木, 땔감)을 주우러 숲으로 갔다. 엄청난 폭풍우로 그들은 숲속에서 길을 잃고 숲속을 헤매었다. 그 다음날 스승이 그들을 숲에서 집으로 데려왔다. 크리슈나는 그 산디파니(Sandipani) 문하에서 64 가지 기술과 무예베다(弓術)을 배웠다.

(2) 학습 비(學習 費, Preceper's fees). 라마와 크리슈나가 학습을 마치고 스승께 학습비를 어떻게 지불할지를 여쭈었다. 스승은 몇 년 전 프라바사(Prabhasa)에 빠진 아들을 찾아달라고 했다. 그 말씀에 따라 라마와 크리슈나는 해변에 있는 바루나(Varuna, 野獸)를 찾아갔다. 바루나는 그들에게 말하기를 소라고둥의 모습으로 바다에 살고 있던 악귀 판카자나(Pancajana)가 그 스승의 아들을 죽였다고 했다. 행운의 크리슈나는 바다 속으로 들어가 그 악귀를 죽였다. 그러나 그 아이는 소라고둥 안에도 없었다. **그 소라고둥을 불었는데, 그것은 야마(Yama)가 있는 죽음의 잠부(Jambu) 섬에 이르는 수단으로 유명한 판카자니아(Pancajanya)였다.** 라마와 크리슈나는 죽음의 야마 거주지에 이르러 야마에게 온 목적을 말하여 그 아이를 돌려받았다. 그들은 스승께 그 아기를 되돌려 드리고 스승의 축복을 받고 마투라푸리(Mathurapuri)로 돌아왔다.

'크리슈나가 악귀 판카자나(Pancajana) 잡고 스승 산디파니(Sandipani)께 그 아들을 돌려드리다.'[39]

---

39) E. Isacco, *Krishna The Divine Lover*, Serindia Publications, London, 1982, p. 71

12. 크리슈나가 드와라카(Dvaraka)로 돌아가기까지

(1) **우다바(Uddhava)를 통한 메시지 전달**. 산디파니(Sandipani) 바라문에게 학습을 마친 다음 마투라푸리로 돌아온 라마와 크리슈나는 암바디(Ambadi) 사람들을 생각했다. 그들에 대한 소식을 들은 지가 오래되었다. 크리슈나는 부하 장관 우다바(Uddhava)를 암바디로 소식을 알리러 보냈다. 우다바는 암바디에 4~5개월을 지낸 다음에 난다고파와 야소다 다른 고파들의 선물을 가지고 마투라로 돌아왔다.

(2) **트리바크라(Trivakra)를 방문하다**. 크리슈나는 트리바크라(Trivakra)의 굽은 허리를 치료하고 그녀의 집을 방문하기로 약속했는데, 그녀는 크리슈나를 기다리고 있었다. 오직 그 때가 약속을 이행할 수 있는 기회였다. 크리슈나는 그의 환대를 받았고, 그래서 그녀의 슬픔은 종료되었다.

(3) **판다바 형제들(Pandavas)에게 관심을 갖다**. 그 무렵 판두 왕이 사망했다. 판두 형제들과 크리슈나의 고모(姑母) 쿤티(Kunti)는, 카우라바 형제들(Kauravas)과 하스타나푸라(Hastinapura)에 살고 있었다. 판다바들은 갖가지 불행한 사건의 희생물이었다. 판다바들의 슬픈 역경(逆境) 소식을 듣고 크리슈나는 아크루라(Akrura)를 하스티나푸라로 보내 판다바들에 관해 알아보게 했다. 쿤티는 아크루라에게 '카우라바들이 부당하게 계속 비마(Bhima)를 죽이려 한다'고 눈에 눈물을 흘리며 말했다. 아크루라(Akrura)는 비두라(Vidura) 드리타라슈트라 등 주요 인물도 방문했다. 아크루라(Akrura)는 판두를 이어 왕을 하고 있는 드리타라슈트라에게 카우라바와 동등하고 공정하게 땅을 배분해 주어라고 촉구했다. 아크루라(Akrura)는 마투라로 돌아와 크리슈나에게 판다바들을 방문했던 것을 보고하였다.

(4) **자라산다(Jarasanda)와의 전쟁**. 캄사(Kamsa)의 두 부인 아스티(Asti)와 프라프티(Prapti)는 아버지인 마가바다(Magadha) 왕 자라산다(Jarasanda)에게 크리슈나가 남편을 죽인 것에 대해 불평을 늘어놓았다. 자라산다는 유명한 왕 살바(Salva) 칼링가(Kalinga) 케디라자(Cediraja) 단타바크트라(Dantavaktra) 시수팔라(Sisupala) 등의 도움을 받아 거대 군사로 마투라푸리(Mathurapuri)를 포위했다. 야다바(Yadava)의 크리슈나 발라바드라 우다바(Uddhava) 아크루라(Akrura) 크르타바르만(Krtavarman) 등의 지도자들은 적들을 맞아 전투에서 많은 왕들을 죽였다. 발라바드라가 자라산다가 단둘이 맞섰으나 크리슈나는 놔 보내라고 하였다. 그래도 바나수라(Banasura) 등의 도움을 받으며 마투라를 계속 압박했다. 발라바드라가 자라산다를 죽이려 하니 하늘에서 '**발라바드라는 자라산다를 죽일 수 없다.**' 하여 전쟁은 잠시 중단되었다.

(5) **크리슈나와 발라바드라가 파라수라마(Parasurama)를 만나다.** 행운의 크리슈나와 발라바드라는 자라산다와의 계속되는 전쟁으로 야다바들의 재정이 바닥나 그것을 보충하려고 보석의 창고 고만타카(Gomantaka) 산을 향해 출발했는데, 가는 도중에 피팔(peepal) 나무 아래 고행을 하고 있는 파라수라마(Parasurama)를 보았다. 파라수라마(Parasurama)는 '고만타카(Gomantaka) 산자락에 스르갈라바수데바(Srgalavasudeva) 왕의 나라 카라비라(Karavira)가 있는데, 그를 잡으면 충분한 돈과 보석을 얻을 것이다.'라고 하였다. 크리슈나와 발라바드라는 그렇게 하여 돈과 보석을 가지고 프라바르사나기리(Pravarsanagiri)에 이르니, 가루다(Garuda)는 크리슈나에게 바나수라(Banasura)가 훔쳐간 크리슈나의 왕관을 되찾아주었다. 크리슈나와 라마는 마투라푸리로 돌아왔다.

스르갈라바수데바(Srgalavasudeva) 왕이 크리슈나와 발라바드라에게 살해를 당하니, 자라산다는 마투라푸리(Mathurapuri)를 19 번이나 공격하였다. 전쟁을 할 때마다 자라산다는 패배했다. 그 무렵 야다바들도 힘이 약화되어 크리슈나는 마투라를 떠나 다른 곳에 왕국을 세워야 했다. 크리슈나가 그 결정을 하는 데는 두 가지 이유가 있었다. 첫째는 자라산다는 아저씨 캄사의 장인(丈人)어른이었고, 둘째는 자라산다의 마투라 정복 욕심에는 크리슈나의 아들들을 잡으려 했기 때문이다. 그래서 **크리슈나는 야다바들의 마투라를 떠나, 서부 바다에 있는 드와라카(Dvaraka) 섬에 비스바카르만(Visvakarman)이 건설한 도시로 가서 살았다.**

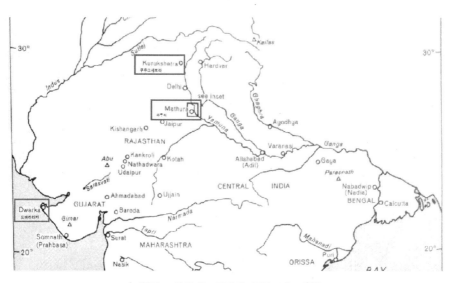

'마투라, 드바라카[드와라카], 쿠루크셰트라'⁴⁰⁾

---

40) E. Isacco, *Krishna The Divine Lover*, Serindia Publications, London, 1982, p. 135 ' Mathura, Dwaraka and Kurukshetra'

13. 크리슈나가 칼라야바나(Kalayavana)를 죽이다

칼라야바나(Kalayavana) 왕은 그가 고행을 행했고, 시바(Siva)에게서 어떤 야다바들(Yadavas)도 그를 죽일 수 없으므로 마트라푸리(Mathurapuri)를 정복하기를 원했다. 크리슈나는 드바라카[드와라카]로 옮겼고, 칼라야바나(Kalayavana)는 시바 신의 소망을 가지고 있기에 죽일 수 없다고 약간은 기가 꺾여 있었다.

역시 그 때에 다른 일이 일어났다. 인드라(Indra) 신의 요구로 만다타(Madhata)의 아들 무쿠쿤다(Mucukunda) 왕이 데발로카(Devaloka)로 가서 전쟁을 하여 악귀들을 물리쳤다. 인드라는 무쿤다에게 줄 상(賞)을 물으니 무쿠쿤다는 오래도록 잠이 없어질 잠 잘 곳을 보여주기를 원했다. 그래서 인드라는 그에게 지상에 동굴 하나를 보여주며 그에게 말했다. 무쿠쿤다가 졸음으로 혼란스러워지면 그 바라보는 자는 재[灰]가 되리라고 했다. 무쿤다는 잠을 자러 그 동굴로 들어갔다.

칼라야바나(Kalayavana)는 크리슈나를 죽이려고 그에게 접근했다. 크리슈나는 그가 무서운 듯 그 앞에서 도망을 쳤다. 칼라야바나(Kalayavana)가 크리슈나를 추적하니 크리슈나는 무쿠쿤다(Mucukunda)가 잠들어 있는 동굴로 들어가니 칼라야바나도 뒤따라 들어갔다. 칼라야바나는 무쿠쿤다를 크리슈나로 잘못 알고 격렬하게 발로 차니, 무쿠쿤다가 취침(就寢) 중에 뛰어 올라 칼라야바나를 보니, 그는 재가 되어 버렸다. 그러자 크리슈나는 모습을 나타내어 그 무쿠쿤다를 칭찬해 주었다. 크리슈나의 충고로 무쿠쿤다는 바다리카스라마(Badarikasrama)에서 고행을 하여 구원을 획득했다.

14. 크리슈나가 화재를 피하다

발라바드라와 크리슈나는 칼라야나바나(Kalayavana)의 모든 부(富)를 드와라카(Dvaraka)로 옮기기 시작했다. 그들이 드와라카로 가던 도중에 뒤를 쫓던 자라산다(Jrasanda)를 만났다. 자라산다(Jarasanda)는 그들이 사라진 프라바르사나(Pravarsana) 산 정상(頂上)까지 따라왔다. 자라산다(Jarasanda)는 그 산의 사방에 불을 질렀으나, 라마와 크리슈나는 몰래 불을 피해 드와라카로 돌아왔다. 자라산다(Jarasanda)는 마가다로 돌아가 라마와 크리슈나가 불에 죽었다고 생각했다.[41]

———✦

(a) '크리슈나(Krishna)'의 '청년 수학(修學) 시절 이야기' 중에 '**고파(Gopa) 여인들의 옷을 훔치다.**' '**브른다바나(Vrndavana) 여성들을 피리 소리로 홀리다.**'는 이야기를 당초에 '창조신 비슈누 특성'으로 '생산의 신' 특성을 강조한 것이다. ['피리 부는 크리슈나 牧童'은 인기 있는 소제로 '화가' '조각가' '시인'들이 많이 모방을 했는데, **한국의 김만중은 '양소유'의 모습으로 원용하고 있다.**]

---

41) Vettam Mani, *Puranic Encyclopaedia -A Comprehensive Work with Special Reference to the Epic and Puranic Literature*, Motilal Banarsidass Publishers Delhi, 1975, 'Krsna Ⅰ' pp. 424~425

(b) 그리고 '크리슈나(Krishna)'가 '<u>고바르다나(Govardhana) 산을 그 우산으로 뽑아들다</u>.'라는 이야기는, <u>중국(中國)의 전설적인 장사(壯士) 초패왕(楚霸王) 항우(項羽)가 '힘은 산을 뽑고 기백은 세상을 덮다.[力拔山 氣蓋世]'에 유입되어 중국의 최고(最高) 사가(史家) 사마천(司馬遷)에 영향을 미치고 있었던 힌두(Hindu) '마하바라타' 영향으로 크게 주목을 해야 한다</u>.

(c) 그리고 '크리슈나(Krishna)'가 수시로 자신의 진정한 '힘'을 입증하는 방법에서 펼쳐 보였다는 '<u>우주 형상[비슈바루파 -Vishvarupa]</u>'은 '구약에도 그 자취[구름기둥, 불기둥]를 보이고 있고, <u>한국의 '처용(處容)' 형상 제시'도 동일한 '대신(大神)의 위력 과시 용(用)'이었다</u>.

크리슈나는 역시 그의 수제자 아르주나를 설득하기 위해서 이 '<u>우주 형상[비슈바루파 -Vishvar-upa]</u>'을 펼쳐 보였다.['바라문'의 '크샤트리아' 길들이 용(用)임]

(d) 그리고 크리슈나가 '<u>트리바크라(Trivakra)의 곱사등을 펴주다</u>.'는 치료(治療)와 자비(慈悲)의 신상을 보인 것으로 주목을 해야 하니, <u>그 힌두(Hindu) '바라문'의 영향 속에 '한국의 무속(巫俗)'이 있었다는 사실의 확인은 '한국 인류학의 기초 중의 기초'이다</u>.[그동안의 한국 '사학도' '민속학도'는 그것을 다 확인하지 않고 있었음]

(e) 그리고 크리슈나가 그 '<u>캄사(Kamsa)를 죽이다</u>.' 이야기는 '악마 퇴치 영웅담'에 빠질 수 없는 이야기였다.

4) 결혼과 투쟁 시절

15. 라마와 크리슈나의 결혼

(1) **발라바드라와 레바티(Balabhadra-Revati).** 발라바드라는 쿠사스탈리(Kusasthali, Dvarka의 이전 이름)의 아나르타(Anrta) 왕의 딸 레바티(Revati)와 결혼했다.

(2) **크리슈나와 루크미니(Krsna-Rukmini).** 비다르바(Vidarbha)의 비스마카(Bhismka) 왕은 다섯 아들이 있었는데, 장남은 루크미(Rukmi)였다. 여섯째가 딸이었고, 이름이 루크미니(Rukmini)였다. 크리슈나에 대한 소문이 크리슈나에 대한 루크미니의 사랑에 불을 붙였다. 장남은 루크미(Rukmi)는, 크리슈나를 싫어하여 여동생 루크미니가 시수팔라(Sisupala)와 결혼하기를 원했다. 루크미니는 심부름꾼으로 한 바라문을 드와라카로 보내 상의하게 했다. 루크미니의 '남편 고르기(Svayamvara)' 날에 라마와 크리슈나도 비다르바(Vidarbha) 수도 쿤디나푸리(Kundinapuri)로 갔다. 크리슈나는 모든 왕들이 보는 앞에서 루크미니를 전차에 실어 떠났다. 오빠 루크미가 거느린 왕들은 크리슈나를 공격하였으나, 크리슈나는 그들을 패배시켰다. 크리슈나와 루크미니 사이에 프라듐나(Pradyumna)라는 아들이 태어났다.

'그녀의 오빠 루크미(Rukmi)의 반대를 무릅쓰고 루크미니(Rukmini)를 마차에 실은 크리슈나'[42) '루크미니의 도망'[43)

(3) 크리슈나와 잠바바티(Jambavati). 야다바 왕 사트라지트(Satrajit)의 형제 프라세나(Prasena)는 태양신이 그에게 제공한 시아만타카(Syamantaka)란 보석으로 차리고 사냥을 갔다. 잠바반(Jambavan)은 어떤 사자(獅子)가 프라세나(Prasena)를 죽이고 보석을 가져가는 것을 보았다. 잠바반(Jambavan)은 그 사자를 죽이고 그 보석을 가져가 자기 아이들에게 장난감으로 주었다. 그런데 프라세나를 죽이고 보석을 빼앗은 자가 크리슈나라는 소문이 퍼졌다. 크리슈나가 숲에서 그 보석을 찾다가, 그것을 잠바반(Jambavan)의 동굴에서 찾았다. 잠바반(Jambavan)과 크리슈나의 결투에서 잠바반(Jambavan)이 졌다. 잠바반(Jambavan)은 크리슈나가 '주님(the Lord)'인 줄을 알아보고 시아만타카 보석과 그의 딸 잠바바티를 크리슈나에게 바치었다. 그래서 잠바바티는 크리슈나의 부인이 되었다.

(4) 행운의 크리슈나와 사티아바마(Satyabhama). 행운의 크리슈나는 사트라지트(Satrajit) 왕에게 시아만타카(Syamantaka)를 되돌려 주니, 왕은 그의 딸 사티아바마(Satyabhama)를 크리슈나와 결혼시켰다. 그 시아만타카(Syamantaka)를 혼수(婚需)로 크리슈나에게 제공했으나, 크리슈나는 그것을 받지 않았다.

(5) 행운의 크리슈나와 칼린디(Kalindi). 판다바 형제들이 '칠(漆) 궁전(the lac palace)'에서 도망을 하여 칸다바프라스타(Khandavaprastha)에 살고 있다는 행복한 소식을 크리슈나는 들었다. 크리슈나는 판다바들이 '칠(漆) 궁전(the lac palace)'에서 죽은 것으로 알고 괴로워하고 있었다. 크리슈나는 판다바들이 칸다바프라스타에 안전하게 지낸다는 소식을 듣고 야다바 왕들을 대동하고 그들을 찾아갔다. **그 때 불의 신 바니(Vahni)가 아르주나(Arjuna)에게 칸다바(Khandava) 숲을 먹을 것[태울 것]으로 요구하니, 아르주나는 그것을 허락했다.** 아르주나의 전차를 몰아 인드라와 싸워 아그니 신(Agnideva)이 그 숲을 불사르[먹]게 했던 자는 바로 크리슈나였다.

---

42) E. Isacco, *Krishna The Divine Lover*, Serindia Publications, London, 1982, p. 77
43) Navin Khanna, *Indian Mythology through the Art and Miniatures*, New Delhi, 2013, p. 107

아르주나는 칸다바(Khandava) 불 속에 (악마) 마야(Maya)를 살려주니, 마야(Maya)는 그 친절에 보답으로 인드라프라스타(Indraprastha)에 판다들을 위해 '궁전'을 지어 주었다. 크리슈나는 그곳에 며칠 머물렀다. 어느 날 크리슈나가 아르주나와 칼린디 강둑을 거닐다가 한 여성을 만났다. 그녀는 그들에게 자신의 이름은 칼린디(Kalindi)인데 크리슈나가 아니면 아무와도 결혼하지 않을 것이라고 하였다. 크리슈나는 그녀를 아내로 맞았다. 크리슈나는 3~4개월을 인드라프라스타에서 보낸 크리슈나는 칼린디를 데리고 드바라카[드와라카]로 돌아왔다.

(6) **행운의 크리슈나와 미트라빈다(Mitravinda)**. 아반티(Avanti) 왕은 크리슈나의 고모(姑母) 라자디데비(Rajadhidevi)와 결혼하여 빈다(Vinda)와 아누빈다(Anuvinda)라는 두 아들과 미트라빈다(Mitravinda)라는 딸을 두었다. 그런데 미트라빈다(Mitravinda)는 그녀의 남편으로 크리슈나를 고정해 두고 있었다. 크리슈나는 그녀의 '남편 고르기 대회'에 참가하여 그녀를 전차에 싣고 드와르카로 돌아왔다.

(7) **행운의 크리슈나와 사티아(Satya)**. 사티아(Satya)의 아버지 코살라(Kosala)의 왕 나그나지트(Nagnajit)는 코끼리 같은 힘을 지닌 일곱 마리 황소를 가지고 있었다. 왕은 그 황소들을 묶을 수 있는 사람을 사위로 삼겠다고 선언을 하였다. 여러 왕들이 시도를 했으나 다 실패를 했다. 마지막에 아르주나와 크리슈나가 코살라로 가 크리슈나는 일곱 가지 모양으로 변화하여[모습을 바꾸며] 그 황소들을 고삐에 묶었다. 일곱 마리 황소를 모두 잡아 크리슈나는 사티아(Satya)를 그의 부인으로 삼았다.

(8) **행운의 크리슈나와 카이케이(Kaikeyi, -Bhadra)**. 크리슈나는 고모 스루타키르티(Srutakirti)의 딸 카이케이(Kaikeyi)와 결혼했다.

(9) **행운의 크리슈나와 락스마나(Laksmana)**. 락스마나(Laksmana)는 마드라(Madra) 왕의 딸이었는데, '남편 고르기 대회(Svayamvara)'에서 크리슈나를 택하여 그의 아내가 되었다.

(10) **크리슈나와 1만 6천 명의 여인**. 천신 브라흐마(Brahma)는 전생(前生)에 나라카수라(Narakasura)의 딸 16000명에게 비슈누와 그녀들이 차생(此生)에서 결혼할 소망을 들어주었다. 신들조차도 나라카수라(Narakasura) 때문에 고통스러워함으로 행운의 크리슈나가 사티아바마(Satyabhama)와 함께 **가루다(Garuda, 靈鷲)**에 올라 나라카수라(Narkasura)의 왕국 프라그지오티아(Pragjyotisa)로 가서 그를 물리치고 억류되어 있던 16000명의 딸들을 석방했다. 크리슈나는 그녀들을 16000명의 남자로 가장(假裝)을 하여 드바라카로 돌아와 그 16000명의 여성과 결혼을 하였다. 크

리슈나는 그 16000명의 아내를 위한 궁전을 지었다.

16. 크리슈나의 16008명의 아내

여덟 명의 부인 루크미니(Rukmini) 잠바바티(Jambavati) 사티아바마(Satyabhama) 칼린디(Kalindi) 미트라빈다(Mitravinda) 사티아(Satya) 카이케이(Kaikeyi) 라크스마나(Laksmana)와 나라카수라(Narkasura)의 딸 16000명이 크리슈나의 비빈(妃嬪)을 이루었다.(16000명의 이름은 經傳에 전하고 있다.)

17. 간타카르나(Gantakarnas)를 구원하다

간타(Ghanta)와 카르나(Karna)는 두 악귀 형제이다. 크리슈나는 루크미니(Rukmini)와 결혼한 다음 아들을 얻으려고 시바(Siva)에게 빌러 바다리카스라마(Badarikasrama)에 갔다가 그들을 만났다. 크리슈나는 간타(Ghanta)와 카르나(Karna) 두 악귀 형제를 구하였다.

18. 크리슈나와 아르주나의 싸움 ('Galava' 항 참조)

갈라바(Galava)가 한 번은 강에서 저녁 기도를 하고 있는데, 그 때 공중을 여행하는 키트라세나(Citrasena)의 입에서 나온 침이 갈라바의 '푸자(puja)' 위에 떨어졌다. 갈라바(Galava)는 크리슈나를 찾아가 그것을 불평하니, 크리슈나는 해 지기 전에 키트라세나(Citrasena)의 머리를 갈라바(Galava) 앞에 가져오겠노라고 약속했다.

나라다(Narada)가 그것을 알고 키트라세나(Citrasena)에게 크리슈나의 맹세를 전했다. 키트라세나(Citrasena)는 죽음의 공포에 휩쓸렸다. 그러나 나라다는 키트라세나에게 절망하지 말고 키트라세나의 부인 산디아(Sandhya)와 발리(Vali)를 크리슈나의 누이 수바드라(Subhadra)에게 보내 보호를 요청하라고 일러주었다. 그녀들은 수바드라에게 가 그녀의 궁궐 앞에 대형 불구덩이를 마련했다. 그리고 키트라세나는 그 불구덩이로 뛰어들어 죽기로 작정을 하니, 부인들은 불구덩이를 돌며 큰 소리로 울었다. 수바드라의 남편 아르주나는 출타 중이었는데, 수바드라는 여인들이 울고 있는 그 곳으로 달려갔다. 그녀들이 수바드라를 보자 '남편을 살려줄 소원(Mangalyabhiksa)'을 말했다. 수바드라는 그것을 들어주겠다고 했다. 그리고 나서 그녀들의 이야기를 자세히 들어보니 그녀가 감당할 수 있는 일이 아님을 알았다. 그러나 아르주나는 수바드라를 도우려고 '키트라세나를 지켜주겠다'고 했다.

그래서 크리슈나가 키트라세나를 공격하자 아르주나가 막고 나왔다. 그 싸움은 아르주나와 크리슈나의 싸움이 되었다. 양자가 모두 엄청난 무기를 사용하여 세상이 멸망의 가장자리로 몰릴 지경이었다. 그러자 수바드라가 용감한 일을 행하였다. 수바드라는 양자 사이에 서서 싸움을 멈춰라고

했다. 그러자 크리슈나가 키트라세나에게 '갈라바 발아래 엎드려 빌라'고 했다. 갈라바는 키트라세나를 용서했다.[Galava, p. 272]

19. 무라수라(Murasura)를 죽이다. ('Mura' 항 참조)

그 바시스타(Vasistha)의 말을 듣고 악귀(惡鬼) 무라(Mura)는 다르마라자(Dharmaraja)와 싸우러 출발했다. 야마(Yama)는 무라(Mura)가 자기와 싸우러 온다는 소식을 듣고 마하비슈누가 그를 죽일 수 있으리라 생각해서 물소를 타고 그에게 갔다. 마하비슈누 야마는 무라(Mura)가 싸우려고 기다리고 있는 곳으로 왔다. 야마는 무라에게 그가 원하는 것은 모두 들어주겠다고 했다. 그러자 무라는 "사람 죽이는 것을 멈춰라. 그렇지 않으면 네 머리를 베겠다." 다르마라자(Dharmaraja)가 말했다. "무라여, 네가 나의 이 직업을 명했다면 너의 말을 기꺼이 따르겠지만, 나는 다른 사람의 지배를 받고 있다." 이에 무라가 "누가 너보다 높은가? 나에게 말해주면 내가 그를 패배시키겠다." 야마가 말했다. "스베타드비파(Svetadvipa)에 비슈뉴라는 이가 그의 손에 카크라(Cakra)와 가다(Gada)를 잡고 계신다. 그 분이 나를 임명했다." 무라는 조심스럽게 물었다. "어디에 있느냐? 내가 가서 그를 잡겠다." 안타카(Antaka)가 대답했다. "우유 바다로 가면 비슈뉴가 계시고 그분이 우주를 지배하고 계신다." 무라가 말했다. "좋다, 내가 가겠다. 그렇지만 너의 사람 죽이는 것은 멈추고 있어야 할 것이다." 야마는 대답했다. "가서 이겨보라. 네가 그를 패배시키면 네 명령을 따르겠다."

무라는 마하비슈누와 싸우러 갔다. **그 때는 마하비슈누의 화신(化身) 크리슈나가 나라카수라(Narakasura)의 수도 프라그지오티사(Pragjyotisa)를 공격했을 때였다.** 무라는 나라카수라를 도왔다. 그 도시 주변은 줄로 울타리를 잘 만들어 놓았는데, 크리슈나는 그것들을 잘라내 울타리를 치웠다. 그 전투에서 나라카수라와 무라는 크리슈나에게 살해되었는데, 그 때부터 크리슈나는 무라마타나(Muramathana, 무라 살해자)라는 이름을 얻었다. (Mura, p. 511)

'아수라 (숨바)왕과 그의 악귀 막료들'[44]

---

44) V. Ions, *Indian Mythology*, Paul Hamlin, 1967, p. 112 'The asura Sumbha with his demon courtiers'

20. 나라카수라(Narakasura)를 죽이다.('Naraka' 항 참조)

나라카수라(Narakasura)는 3계(三界)를 위협하며 신의 세계에 진입했다. 신들은 그 나라카(Naraka)가 인드라의 어머니 아디티(Aditi)의 귀고리와 인드라의 백양산(白陽傘)을 프라그지오티사(Pragjyotisa)로 빼앗아간 광분을 참고 있을 수가 없었다. 인드라 신이 드바라카로 가 크리슈나에게 그가 나라카수라(Narakasura)에게 받은 피해들을 호소하였다. **크리슈나와 부인 사티아바마(Satyabhama)는 영취(靈鷲) 가루다(Garuda)에 올라 프라그지오티사(Pragjyotisa)로 갔다.**

그들은 그 도시 위를 날으며 도시의 배치와 나라카의 대비를 살폈다. 전투는 그 정찰(偵察) 다음에 행해졌다. 크리슈나와 부인 사티아바마(Satyabhama)와 영취(靈鷲) 가루다(Garuda)는 그 악귀들과 싸웠다. 억센 악귀, 무라(Mura) 타므라(Tamra) 안타리크사(Antariksa) 스라바나(Sravana) 바수(Vasu) 비바바수(Vibhavasu) 나바스반(Nabhasvan) 아루나(Anura) 등이 전투에 죽었다. 결국 나라카수라(Narakasura)가 전투에 참가하여 치열한 격투 끝에 살해를 당했다. 크리슈나는 나라카의 신비한 무기 나라야나스트라(Narayanastra)를 그의 아들 바가다타(Bhagadatta)에게 주었다. 전투가 끝난 다음 크리슈나와 사티아바마는 신들의 세계로 들어가 아디티에게는 귀고리를 인드라에게는 백양산을 되돌려 주었다. (Naraka, p. 531)

'크리슈나, 사티아바마, 가루다'[45) '가루다를 타고 있는 비슈누'[46) '신들의 왕 인드라'[47)

21. 파리자타(Parijata, 天花樹)를 뽑아 오다

나라카수라(Narakasura)는 세상에 제 맘대로 살아, 힘으로 인드라 신의 우산과 아디티(Aditi)의 귀고리를 빼앗으니 인드라는 크리슈나에게 도움을 요청했다. 크리슈나는 사티아바마(Satyabhama)와 함께 가루다(Garuda)에 올라 그 악귀를 죽이고 우산을 찾아 인드라에게 되돌려 주고 귀고리를 아디티에게 주었다. 돌아오는 길에 사티아바마(Satyabhama)가 그것을 원해 데발로카(Devaloka)에 있는 파리자타(Parijata, 天花樹)를 뽑았다. 이에 인드라가 크리슈나와 싸웠으나, 패배했다. 그

45) V. Ions, *Indian Mythology*, Paul Hamlin, 1967, p. 96 'Krishna, Satiabhama and Garuda'
46) P. Thomas, *Hindu Religion Customs and Manner*, Bombay, Plate 33 'Vishnu riding on Garuda'
47) Navin Khanna, *Indian Mythology through the Art and Miniatures*, New Delhi, 2013, p. 37 'Indra, king of gods'

파리자타(Parijata, 天花樹)를 드와라카로 가져와 사티아바마 궁궐 앞에 심었다. 그것은 당초 보석 시아만타카(Syamantaka)를 크리슈나가 사트라지트(Sarajit)에게 되돌려주어서 사티아바마(Satya-bhama)에게 생긴 수심을 덜어주기 위한 것이라고들 말했다.

'크리슈나가 인드라 하늘을 방문하여 파리자타(Parijata, 天花樹)를 뽑아 드와라카로 돌아 오다'[48]
'크리슈나가 인드라 하늘에서 파리자타(Parijata, 天花樹)를 가져오다.'[49]

22. 크리슈나의 아들과 손자

8명의 부인이 각각 10명의 아들을 낳았다. 80명의 아들 중에 주요 아들의 이름은 다음과 같다.

(1) **루크미니(Rukmini) 소생(所生)** - 프라듐나(Pradyumna) 카루데크스나(Carudeksna) 수데크스나(Sudksna) 카루데하(Carudeha) 수카루(Sucaru) 카루구프타(Carugupta) 바드라카루(Bhadra-caru) 카루칸드라(Carucandra) 아티카루(Aticaru) 카루(Caru)

(2) **잠바바티(Jambavati) 소생(所生)** -삼바(Samba) 수미트라(Sumitra)

(3) **사티아바마(Satyabhama) 소생(所生)** -바누(Bhanu) 수바누(Subhanu) 스바르바누(Svarbha-nu) 프라바누(Prabhanu) 바누만(Bhanuman) 칸드라바누(Candrabhanu) 브라드바누(Bradbhanu) 하비르바누(Havirbhanu) 스리바누(Sribhanu) 프라티바누(Pratibhanu)

(4) **칼린디(Kalindi) 소생(所生)** -스루타(Srta)

(5) **미트라빈다(Mitravinda) 소생(所生)** -브르카하르사(Vrkaharhsa)

(6) **사티아(Satya) 소생(所生)** -바누칸드라(Bhanucandra)

(7) **카이케이(Kaikeyi, Bhadra) 소생(所生)** -상그라마키타(Sangramacitta)

(8) **라크스마나(Laksmana) 소생(所生)** -프라고사(Praghosa)

23. 크리슈나가 루크미니(Rukmini)를 시험하다

행운의 크리슈나가 루크미니와 한담(閑談)을 하다가 그녀의 크리슈나에 대한 애정을 시험해 보

---

48) E. Isacco, *Krishna The Divine Lover*, Serindia Publications, London, 1982, p. 79
49) Navin Khanna, *Indian Mythology through the Art and Miniatures*, New Delhi, 2013, p. 52

고 싶었다. 그래서 크리슈나 자신은 돈이 한 푼도 없고 힘도 없고 드와라카에 있는 적들에게 꼴도 보이고 싶지 않으니, 루크미니가 다른 강력한 왕에게 시집을 가면 좋겠다고 말했다. 그 크리슈나 말이 끝나기도 전에 루크미니는 의식을 잃고 쓰러졌다. 크리슈나는 그녀를 위로했다.

24. 크리슈나가 바나(Bana)와 싸우다

반나(Bana)는 마하발리(Mahabali) 왕의 100명의 아들 중에 장남으로 1천 개의 손을 가지고 있었다. 반나(Bana)의 희생적 헌신으로 시바(Siva) 신도 그가 세운 소망을 긍정하고 있는 형편이었다. 파르바티(Parvati)는 아수라의 요새를 지키고 있었으나, 마지못해 그러한 면도 있었다. 그래서 어느 누구도 그 견고한 아수리들[바나의 무리]을 공격할 용맹을 가진 자가 없었다. 싸움을 건다는 것은 시바 신에 도전이라는 자만심이 지배를 하고 있는 면도 있었기 때문이었다. 시바(Siva) 신이 예언하기를 어느 날엔가는 바나(Bana)의 깃대가 부러질 것이고 강력한 적대자가 그를 패배하게 될 것이라고 했다. 바나는 조바심에서 그날을 기다리고만 있을 수도 없었다.

어느 날 바나(Bana)의 딸 우사(Usa)는 시바(Siva)와 파르바티(Parvati)의 사랑 장면을 목격했다. 우사(Usa)는 그 장면에 흥분되어 파르바티(Parvati)에게 자기도 그런 사랑을 하고 싶다고 말했다. 파르바티는 3일 내에 그녀가 꿈꾸는 왕자와 사랑을 할 것이라고 말했다. 그래서 우사(Usa)는 좋은 옷을 입고 그 행복한 날을 기다렸다. 3일이 된 날 꿈에, 잘 생긴 남자가 그녀 앞에 나타났다. 꿈을 깨고 나서 그녀는 울기 시작했다. 공주 우사(Usa)가 우는 것을 보고 그녀의 친구인 장관의 딸 키트랄레카(Citralekha)가 그녀에게 꿈속에 나타난 왕자는 주문(呪文, Mantra)로 불러 올 수 있다고 가르쳐 주었다. 키트랄레카(Citralekha)는 그녀가 알고 있는 모든 왕자들의 그림을 꺼내어 우사(Usa)에게 그들을 보여주었다. 그 그림들은 신들부터 인간들에 이르기까지 모든 미남들을 담고 있었다. 우사(Usa)는 그 그림들을 보고나서 말했다. "이들은 잘 생긴 남자가 아니다." 그러자 키트랄레카(Citralekha)는, 크리슈나 그림과 프라듐나(Pradyumna, 크리슈나의 아들) 그림과, 아니루다(Aniruddha, 크리슈나의 손자) 그림을 차례로 제시했다. 그랬더니 우사는 아니루다(Aniruddha, 크리슈나의 손자) 그림을 팔을 벌려 안았다. 그 왕자가 우사(Usa)의 꿈속에 나타났던 것이다.

그 다음날 밤 키트랄레카(Citralekha)는, **그녀의 주문(呪文, Mantra)의 힘**으로 잠들어 있는 드와라카의 아니루다(Aniruddha, 크리슈나의 손자)를 우사(Usa)의 방안으로 불러왔다. 우사(Usa)와 아니루다(Aniruddha)가 한 방에 있으며 풍기는 향기에 우사의 아버지 바나(Bana)는 그것을 알고 아니루다를 옥에 가두었다.

아니루다(Aniruddha)가 없어짐에 드와라카에서는 큰 소동이 났다. 그러자 나라다(Narada)가 드라와라카로 가서, 아니루다 사건의 내막을 알렸다. 화가 난 크리슈나와 프라듐나는 강력한 군사를 동원하여 바나 궁성을 포위하였다. 그러자 바나의 깃대가 두 동강이 나 떨어졌다. 격렬한 전투 끝에 바나는 패배했다. 아니루다는 우사와 결혼하고 고무되어 드바라카로 돌아 왔다. 바즈라

(Vajra)가 그 아니루다의 아들이다. (Aniruddha, p. 43)

'위대한 요가 수행자 시바'50) '시바 신과 그의 가족'51) '시바 신의 가족'52)

25. 크리슈나가 파운드라카(Paundraka)를 죽이다

파운드라카(Paundraka)는 옛날 카루사(Karusa)의 왕이었다. 한 번은 그가 드와라카로 사신을 보내 크리슈나에게 말했다. "오 크리슈나여, 내가 진짜 바수데바(Vasudeva, 크리슈나의 生父)이다. 그러므로 그대의 모든 왕의 문장(紋章)을 내려놓고 와서 내 발에 경배(敬拜)하라." 그 말을 듣자마자 크리슈나는 화를 내어 거대 군사를 동원하여 카루사(Karusa)로 향하여 파운드라카(Paundraka)를 죽였다.['Paundrka Ⅱ' 항, p. 586]

26. 느르가(Nrga)를 구해주다

느르가(Nrga)는 너무나 정직하고 관대한 사람이었다. 한번은 푸스카라(Puskara)에서 바라문들에게 암소 1천 마리를 주었다. 푸스카라 가까이 살고 있는 파르바타(Parvata)라는 바라문이 있었다. 그에게도 암소 한 마리를 제공하였는데, 아나라타(Anarata)라는 바라문이 그 다음에 왔다. 그 때에는 줄 소가 없었다. 소를 받은 파르바타는 그 소를 연못가에 놔두고 숲으로 들어갔다. 느르가는 그 소를 이미 파르바타에게 준 것을 모르고 그 주인 없는 소를 아나라타에게 제공하니, 너무 좋아하며 그 소를 데리고 떠났다. 왕[Nrga]과 각료들은 궁으로 돌아왔다.

금방 파르바타가 연못으로 돌아왔으나, 소가 없어진 것을 보고 매우 속상해 했다. 여기저기 소를 찾아다니다가 아나라타 집에서 그 소를 찾아냈다. 둘 사이에 분쟁이 생겨 파르바타는 아나라타가 소를 훔쳤고 주장하고, 아나라타는 왕이 하사한 것이라고 했다. 그래서 왕에게 중재를 요청하려고 경쟁하던 사람들은 서울로 왕을 뵈러 왔다. 궁궐 문지기에게 그들이 왔음을 왕께 전해달라고 했으

50) K. K. Klostermaier, *A Survey of Hinduism*, State University of New York Press, 1989, p. 250 'Siva, the Great Yogi'

51) Navin Khanna, *Indian Mythology through the Art and Miniatures*, New Delhi, 2013, p. 7 'Siva and his family'

52) P. Thomas, *Epics, Myths and Legends of India*, Bombay, 1980, Plate 75 'The family of Shiva'

나, 문지기는 그 말을 전하지도 않고 왕은 나오지도 않았다.

화가 난 바라문들은 그 느르가(Nrga)왕을 저주하여 카멜레온으로 태어나 그렇게 1천년을 살라고 저주를 했다. 느르가(Nrga)왕이 그 저주를 듣고 바라문들에게 달려가 용서를 구했다. 그러자 바라문들은 1천년 뒤에 마하비슈누가 크리슈나로 태어날 것이니, 그 때 크리슈나가 느르가(Nrga)를 만지면 왕으로 회복이 될 것이라고 했다. 그 저주에 따라 느르가(Nrga)는 드와라카의 방치된 우물에서 태어나 살았다. 어느 날 삼바(Samba) 등이 우연히 그 우물로 가 아무 목적도 없이 그 카멜레온을 잡아 올리려 했다.

결국 크리슈나와 그의 종들이 그 카멜레온을 우물에서 끌어올렸고, 그 크리슈나와 접촉으로 느르가(Nrga)왕은 이전 모습을 되찾았다. ('Nrga' 항, p. 543)

27. 크리슈나는 판칼리(Pancali, 드라우파디)가 그녀의 스바이암바라(Svayamvara, 남편 고르기 대회)에 있을 때 축복을 해주었다

'목표를 명중[땅 바닥에 물고기]시킨 아르주나에게 화환을 걸어주는 드라우파디'[53]

28. 여동생 수바드라(Subhadra)를 아르주나와 결혼시키다

아르주나는 형 유디슈티라가 판칼리(드라우파디)와 궁궐에 있을 적에 거기에 들어간 것에 대한 속죄로 1년간 순례를 떠나게 되었다. 수바드라(Subhadra)는 크리슈나 손아래 누이였는데, 그녀의 영리함을 취해 아르주나는 그 순례 기간에 그녀를 아내로 맞이하였다.

29. 크리슈나는 카우모다키(Kaumodaki)라는 클럽을 가졌고, 마야(Maya, 악귀)를 확보해 두었다

마야(Maya)는 다나바(Danava) 왕인데, 건축 기술로 신들과 아수라들에게 봉사를 했다.

마야는 어린 소년 시절부터 탁월한 건축 기술을 보였다. 마야는 무쌍(無雙)의 건축술을 얻기 위해 히말라야에서 브라흐마를 섬기니, 브라흐마가 기뻐서 그 앞에 나타났다. 브라흐마는 마야를

---

53) Dr. N. Krishna etc, *Historicity of the Mahabharata*, Aryan Books International New Delhi, 2013, p. 19 'after Arjuna had shot down the target(the fish on the ground) Draupadi garlanded him.'

신들과 아수라 그리고 다나바들(Danavas) 중에서도 가장 빼어난 건축가로 축복을 해주었다. 그 다음부터 마야는 신들과 아수라들의 거대 저택 건축을 행하였다. 마야는 다나바족(Danavas) 왕들의 축복도 받았다.

크리슈나와 아르주나는 '불의 신(Agnideva)'을 위해 칸다바(Khandava) 숲을 제공했다. 불의 신이 그 숲을 세차게 먹어치우자 그 속에 거주하던 인간과 동물들이 도망을 쳤다. 크리슈나와 아르주나가 활로 그들을 쓰러뜨렸다. 그 때 마야는 탁사카(Taksaka)로 변장을 했다. 불길이 마야에게 미치자 은신처에서 도망해 나왔다. 크리슈나가 그에게 카크라(Cakra) 무기를 겨누었다. 공포에 울부짖으며 마야는 아르주나에게로 달려가 숨었다. 아르주나가 불의 신과 크리슈나를 만류하여 마야를 살려 주었다.

그 때부터 마야는 아르주나의 충성스런 추종자가 되었다. 크리슈나와 아르주나가 쉬고 있는데, 마야가 두 손을 모으고 그들 앞에 나아가 아르주나에게 무엇을 보답을 해야 할지를 물었다. 이에 아르주나는 그에게 우정만을 원했다. 그러나 마야는 그에 만족하지 못 했다. 무언가 깊은 감사의 대가를 받으셔야 한다고 우겼다. 그 말을 들은 크리슈나는 마야에게 판다바들을 위해 아름다운 궁전을 지으면 어떻겠느냐고 제안했다. 그래서 마야는 판다바들을 위해 거대 궁전을 건축했으니, 그 궁전을 칸다바프라스타(Khandavaprastha)라 하였다.

마야는 다나바들(Danavas)을 위해 세 번의 거대 저택을 건축했는데, 카말라크사(Kamalaksa), 타라카크사(Tarakaksa) 비듄말리(Vidyunmali)가 그것이었다. (Maya, pp. 494~495)

'불의 신 아그니'[54] '불의 신 아그니'[55]

30. 크리슈나와 판다바 형제들(Pandavas)

이후 크리슈나의 삶은 판다바 형제들(Pandavas)의 이야기와 긴밀하게 연계 된다. '쿠르크셰트라 전쟁' 동안 크리슈나의 중요 역할은 다음과 같이 요약된다.

---

54) G. Michell, *Hindu Art and Architecture*, Thames & Hudson, 2000, p. 14 'Agni, god of fire'
55) P. Thomas, *Hindu Religion Customs and Manner*, Bombay, Plate 27 'Agni, god of fire'

(1) 정의(正義)의 다르마(Dharma)를 지키기 위해 지속적으로 야즈나(Yajna, 희생, 제사)를 계속했다.

(2) 유디슈티라가 '라자수야 희생제(Rajasuya yajna)'를 치르도록 허용했다.

(3) 비마(Bhima) 아르주나와 함께 바라문으로 변장을 하고 마트라(Mathura)로 가서 자라산다(Jarasandha)를 잡았다.

(4) 크리슈나는 자라산다의 아들을 마투라의 왕으로 삼았다.

(5) 크리슈나는 유디슈티라의 '라자수야 희생제(Rajasuya yajna)'에 거액을 기부했다.

(6) 지신(地神) 부미데비(Bhumidevi)로부터 귀고리를 선물 받았다.

(7) 시수팔라(Sisupala)를 죽였다.

(8) 크리슈나는 두료다나(Duryodhana)가 궁전에서 판칼리(Pancali, 드라우파디)의 속옷을 벗길 적에 거듭 속옷이 [자동적으로]제공되게 하였다.

(9) 크리슈나는 살바(Salva) 사우바(Saubha)와 싸웠다.

(10) 크리슈나가 한때 수바드라와 아르주나를 드와르카로 데리고 갔다.

(11) 크리슈나는 카미아카(Kamyaka) 숲에 있는 판다바들을 위로했다.

(12) 크리슈나는 판칼리(드라우파디)가 담아온 다량의 푸른 잎을 먹어, 그녀를 기쁘게 해 주었다.

(13) 우파플라비아나가라(Upaplavyanagara)에서의 아비마뉴(Abhimanyu) 결혼식에 참가하여 다르마푸트라(Dharmaputra, 유디슈티라)에게 거액을 제공했다.

(14) 크리슈나는 비라타(Virata) 왕에게 사자(使者)를 보내 카우라바들(Kauravas)의 부당함과 판다바들의 정당함을 그에게 설명했다.

31. 나라다(Narada)가 크리슈나에게 시험을 행하다

나라다(Narada)는 크리슈나가 어떻게 16008명의 아내를 만족시키고 있는지를 시험했다. 그 목적을 위해 나라다(Narada)는 그녀들의 집을 방문했는데, 그가 방문했던 집(宮)마다 크리슈나가 그 아내와 대화를 하고 있어 깜짝 놀랐다.

32. 크리슈나가 쿠켈라(Kukela)를 축복해 주었다

쿠켈라(Kucela)는 산디파니(Sandipani) 성자 문하(門下)에서 크리슈나의 동창생(同窓生)으로 유명하다. 어느 날 산디파니(Sandipani) 성자 사모님이 쿠켈라와 크리슈나에게 숲으로가 화목(火木)을 구해오라고 일렀다. 그들은 숲으로 갔다가 폭우와 천둥으로 성소로 돌아온 길을 잃고 한 밤을 보내었다. 공부를 끝낸 다음 두 친구는 성소를 떠나 서로 다른 길을 걸었다.

크리슈나는 드와라카의 왕이 되고, 쿠켈라는 자식을 많이 둔 가장이 되어 굶주림에 시달렸다. 아내의 요청으로 쿠켈라는 드와라카로 크리슈나를 찾아가 그에게 쌀가루 한통을 선물로 주었다.

크리슈나는 옛 동창을 다정하게 맞이하고 쿠켈라가 선물로 가져온 쌀가루를 한 움큼 집어 먹었다. 루크미니가 그 자리에서 크리슈나에게 더 먹지 말라고 막았다. 행복한 시간을 보낸 다음에 쿠켈라는 집으로 돌아갔다. 집으로 돌아오면서 쿠켈라는 돈 한 푼도 돕지 않는다고 생각했다. 그러나 쿠켈라가 그의 옛 노후 한 집에 이르니, 그것은 거대한 아름다운 저택으로 바뀌었고, 아내와 아이들은 크게 기뻐하고 있었다. 크리슈나는 가난뱅이 쿠켈라를 부자로 만들었다. (Kucela, p. 437)

33. 산타나고팔람(Santanagopalam) 이야기

아르주나가 드바라카에 크리슈나와 같이 있는데, 어떤 바라문이 나타나 자기 아기는 태어나자마자 죽었다고 탄식을 했다. 아무도 관심을 보이지 않으니, 아르주나가 그 바라문에게 그 다음 아기가 나오면 확실하게 지켜주겠다고 하여 조용히 집으로 돌려보냈다. 아르주나는 그 바라문의 아기를 지켜주지 못 하면 불에 뛰어들어 죽겠다고 맹세했다.

그 바라문의 아내가 출산 때가 되니 그 바라문은 아르주나를 자기 집으로 데리고 갔다. 아르주나는 그 화살로 울타리를 만들어 보호하였다. 그러나 아기는 또 죽었을 뿐만 아니라 자취도 없어져버렸다. 그러자 바라문은 아르주나에 욕을 하며 바보 취급을 하였다.

이렇게 조롱을 당하자 아르주나는 몸을 던지려고 불을 피웠다. 이에 크리슈나가 아르주나에 나타나 불에 뛰어드는 것을 만류하였다. 그리고 나서 크리슈나와 아르주나는 그 바라문의 문제로 비슈누 처소로 갔다. 비슈누는 그들에게 말했다. "크리슈나와 아르주나여, 당신들이 여기에 오게 하려고 내가 그 바라문의 아기들을 빼앗은 것이었습니다. 크리슈나와 아르주나여, 그 아이들을 그 바라문에게 되돌려 주시오. 그는 매우 행복해 할 것입니다."[56] (Arjuna, p. 51)

-----✈

(a) 이미 전생(前生)에서 '인드라(Indra) 신의 위임을 받은 천녀(天女)들이 그들[고행자들]에게 자신들을 아내로 삼아달라는 요청을 했다. 나라야나(Narayana, 크리슈나의 前身)가 그녀들에게 -너희들은 평생 동안 나의 고행(苦行, Vrata)을 이행하게 하면 차생(次生, 後生, the next birth)에서 내가 너희들의 소망을 들어주마.- 약속을 했다.' 그래서 크리슈나는 '나라카수라(Narakasura)의 딸 16000명' 등과 결혼을 하게 되었다는 것은 중요한 힌두 철학을 이루고 있다.[인연설]

(b) 창조주 비슈누 신의 화신(化身)이라는 '크리슈나(Krishna)'는 **루크미니(Rukmini) 잠바바티(Jambavati) 사티아바마(Satyabhama) 칼린디(Kalindi) 미트라빈다(Mitravinda) 사티아(Satya) 카이케이(Kaikeyi) 라크스마나(Laksmana) 등의 여덟 명의 부인 와 나라카수라(Narkasura)의 딸 16000명이 크리슈나의 비빈(妃嬪)을 이루었다.**' 그리하여 총 16008명의 아내를 두었다. 이러한 것은 '황제들의 자랑거리'가 되어 솔로몬은 '1000'명의 비빈을 두었다고 자랑을 행했는데, 물론 '비슈누(크리슈나) 영향권'에서 행해진 과장이다.

---

56) Vettam Mani, *Puranic Encyclopaedia -A Comprehensive Work with Special Reference to the Epic and Puranic Literature*, Motilal Banarsidass Publishers Delhi, 1975, 'Krsna Ⅰ' pp. 423~425

(c) 그리고 '크리슈나(Krishna)'가 '**키트라세나(Citrasena) 문제로 아르주나와 전투가 시작이 되니, 수바다라가 나서 싸움을 멈추게 했다.**'는 것은 크리슈나와 아르주나의 기질[성격]을 말하는 것으로 주목할 필요가 있다.

(d) '크리슈나(Krishna)'가 '**크리슈나는 부인 사티아바마(Satyabhama)와 영취(靈鷲) 가루다(Garuda)에 올라 프라그지오티사(Pragjyotisa)로 갔다.**'는 이야기에 신비의 새 '가루다(Garuda)'가 '절대 신에의 봉사자[사제]' 뜻을 지닌 존재라는 것은 명백하고 확실한 것이다.

이는 역시 제우스의 '**독수리**' 이집트의 '**매(Horus)**' 유대인의 '**비둘기**' 중국(中國) 장자(莊子)의 '**대붕(大鵬)**' 4신(四神)의 '**주작(朱雀)**'으로 변용이 되었음도 주목을 요하는 사항이다.

(e) 크리슈나가 인드라(Indra) 신을 돕고 '**돌아오는 길에 사티아바마(Satyabhama)가 원해 데발로카(Devaloka)에 있는 파리자타(Parijata, 天花樹)를 뽑아 드바라카(Dwaraka)로 가져와 사티아바마 궁궐 앞에 심었다.**'는 이야기는 '여신 존중의 크리슈나 특징' 대표하는 것으로 희랍의 영웅 '헤라클레스 신화'와 완전 일치하고 있는 부분이다.

(f) 그리고 '**크리슈나와 판다바 형제 이야기**'는 대대적으로 '마하바라타(*The Mahabharata*)'의 기본 줄기를 이루고 있다.

5) '대전(大戰) 주도(主導)' 시절

34. 크리슈나가 거짓 잠을 자대

카우라바들은 '13년 간의 숲 속 유랑(流浪)'에서 돌아온 판다바들에게 왕국 절반 양여(讓與) 약속을 거부했다. 양쪽은 전쟁 준비를 시작했다. 두료다나(Duryodhana)는 크리슈나를 자기편으로 영입하려고 드바라카로 가서 갔으나, 멀리서 그를 본 크리슈나는 잠을 자고 있는 척했다. 두료다나는 크리슈나의 침대 머리 쪽에 자리를 잡았다. 아르주나도 크리슈나 도움을 청하려고 와 손을 모으고 크리슈나 발쪽에 섰다. 그래서 크리슈나가 눈을 뜨자 먼저 아르주나를 보게 되었다. 그러나 두료다나는 자기가 먼저 도착했다고 크리슈나에게 말했다. 크리슈나는 양쪽을 도울 수밖에 없었다. 크리슈나는 한 쪽은 크리슈나의 전군(全軍)으로 돕고, 다른 쪽은 무기 없이 크리슈나 혼자 돕는 것으로 나누어, 두료다나보다 나이가 어린 아르주나에게 먼저 선택권을 주었다. 아르주나는 무기가 없는 크리슈나를 선택했고, 두료다나는 크리슈나의 보병대를 선택했다. 크리슈나는 아르주나 전차 몰이꾼이 되었다.

'크리슈나에게 도움을 청하러 간 두료다나와 아르주나'[57]

35. 크리슈나가 카우라바 모임에 평화 사절이 되다

다르마의 아들(Dharmaputra, 유디슈타라)은 전쟁을 피해보려고 드리타라슈트라에게 찾아온 산자야(Sanjaya)를 시켜 평화 메시지를 전하도록 했으나 결과가 없었다. 마지막으로 크리슈나는 평화를 위해 우선 드와라카로 가 사티아키(Satyaki)에게 그 전차를 몰리고 카우라바들을 방문하기로 작정하였다. 도중에 크리슈나는 많은 현자들과 이야기를 나누었다. 하스티나푸라로 간 크리슈나는 비두라(Vidura) 집에 머무르고 있는 고모(姑母) 쿤티를 위로했다. 크리슈나는 거기에서 저녁을 먹고, 다음날 두료다나 궁정에 나가 '판다바들(의 권리)'을 강력하게 호소했다. 그러나 두료다나 등은 크리슈나를 조롱하고 그를 잡아두려고까지 했다. **행운의 크리슈나는 즉시 '비스바루파(Visvarupa, 우주 형상)'를 보여주었다. 카우라바들은, 크리슈나 머리에 브라흐마(Brahma), 가슴에 시바(Siva), 입에 아디티아 바수 루드라(Aditya-Vasu-Rudras) 상을 보고 깜짝 놀랐다.** 행운의 크리슈나는 까막눈 드르타라슈트라(Dhrtarashutra)에게도 신의 눈을 허락하여 그 '비스바루파(Visvarupa, 우주 형상)'를 보여주니, 드르타라슈트라도 크리슈나를 칭송했다. 크리슈나는 임박한 전쟁에 마지막으로 카르나(Karna)에 '판다바들 편에 서라'고 충고해 주고 판다바들에게 돌아왔다.

36. 대전(大戰) 속에서의 크리슈나

쿠루 판다바 전쟁 동안 크리슈나의 역할은 간단하게 다음과 같다.

'마하바라타 역사와 관련된 지역'[58] '하스티나푸라'[59]

(1) 카우라바 군대와 판다바 군대는 쿠루크셰트라 전장에 완전한 전투 대형으로 집합했다. 아르주나는 상대 진영에 수천의 친척들을 보고 큰 환상의 희생이 되어 주저앉았다. 그러자 크리슈나는 아르주나에게 '싸워라.'고 열변을 토했는데, 그것이 뒤에 **'지존(至尊)의 노래(Gita)'**로 알려졌다.

---

57) Dr. N. Krishna etc, *Historicity of the Mahabharata*, Aryan Books International New Delhi, 2013, p. 25 'Duryodhana and Arjuna visit Krishna for help.'

58) Dr. N. Krishna etc, *Historicity of the Mahabharata*, Aryan Books International New Delhi, 2013, p. 61 'Sites associated with the Mahabharata'

59) Dr. N. Krishna etc, *Historicity of the Mahabharata*, Aryan Books International New Delhi, 2013, p. 63 'Hastinapura'

'아르주나에게 자기의 비스바루파를 보여주고 있는 크리슈나(Krishna showing his visvarupa to Arjuna, 가슴 확대 그림은 본래의 비슈누 神像)'[60]

(2) 전쟁의 개시에 크리슈나는 판카자니아(Pancajanya) 소라고둥을 불었다.

'쿠르크셰트라 전쟁터로 향하는 판다바 군사들'[61] '아르주나와 그의 마부 크리슈나'[62]

(3) 크리슈나는 비슈마(Bhishuma)를 잡으려고 그의 카크라유다(Cakrayudha)를 몰아가니, 비슈마는 오히려 크리슈나를 찬송했다.

(4) 크리슈나는 아르주나에게 어서 빨리 비슈마를 죽여라고 독촉했다.

'비슈마(왼쪽)와 아르주나[시칸딘]의 대결(오른쪽 마차 마부 -크리슈나)'[63]

60) Dr. N. Krishna etc, *Historicity of the Mahabharata*, Aryan Books International New Delhi, 2013, Fig. 14
61) Dr. N. Krishna etc, *Historicity of the Mahabharata*, Aryan Books International New Delhi, 2013, p. 27 'Army of Pandavas moving into the battlefield of Kurukshetra'
62) Dr. N. Krishna etc, *Historicity of the Mahabharata*, Aryan Books International New Delhi, 2013, p. 28 'Arjuna and his charioteer Krishna'

(5) 크리슈나는 바가다타(Bhagadatta)가 아르주나에게 대항하여 발사한 바인스나바스트라(Va-insnavastra)를 그(크리슈나)의 가슴으로 대신 맞았다.

(6) 아르주나의 아들 '아비마뉴(Abhimanyu)의 사망'으로 비탄에 빠진 아르주나를 위로했다.

'아르주나의 마부 크리슈나'[64] '포위당한 아비마뉴'[65]

(7) 아비마뉴(Abhimanyu)의 사망에 슬퍼하는 수바드라(Subhadra)를 위로했다.

(8) 우는 판칼리(Pancali, 드라우파디)와 우타라(Uttara)를 위로했다.

(9) 아르주나가 꿈속에 시바(Siva)를 만나게 했고 시바의 축복을 받게 했다.

(10) 크리슈나가 전장에서 말들을 보살폈다.(드로나의 책)

(11) 아르주나에게 '두료다나를 잡어라.'고 독촉했다.(드로나의 책)

(12) 크리슈나가 환상의 어둠을 만들어 자야드라타(Jayadratha)를 잡어라고 독촉했다.

(13) 크리슈나는 아르주나가 자야드라타(Jayadratha)를 죽인 다음 어둠을 사라지게 했다.

(14) 아르주나가 카르나(Karna)와 한 밤중에 싸우는 것이 적당하지 않아, 크리슈나는 가토트카차(Ghatotkacha)를 아르주나 대신으로 카르나와 싸우게 했다.

(15) 크리슈나는 다르마 아들(Dharmapura, 유디슈티라)이 가토트카차(Ghatotkacha)의 죽음을 슬퍼하니 그를 위로를 했다.

(16) 크리슈나는 아르주나에게 '카르나 죽이기'를 재촉했다.(카르나의 책)

(17) 다르마푸트라(유디슈티라)가 상처를 입었다는 핑계로 '아르주나가 카르나와의 대결'을 피하게 했다.(카르나의 책)

(18) 아르주나가 다르마푸트라(유디슈티라)를 죽이려고 칼을 던졌다는 논란이 생기었다. 그러자

63) E. Isacco, *Krishna The Divine Lover*, Serindia Publications, London, 1982, p. 97
64) E. Isacco, *Krishna The Divine Lover*, Serindia Publications, London, 1982, p. 93 'Arjuna stood in his chariot with Krishna as his charioteer.'
65) Dr. N. Krishna etc, *Historicity of the Mahabharata*, Aryan Books International New Delhi, 2013, p. 40 'Abhimanyu in chakravyuha'

크리슈나는 비아다(Vyadha) 카우시카(Kausika) 이야기로 그들을 화해시켰다.

(19) 아르주나가 자살을 하려하니 크리슈나가 만류했다.(카르나의 책)

(20) 크리슈나가 다시 아르주나에게 '카르나 잡기'를 독려했다.

(21) 아르주나와 카르나의 격렬한 전투에서, 카르나가 뱀 화살(nagastra)을 쏘니 크리슈나가 전차의 플랫폼을 밟아 전차를 낮추어 화살이 아르주나 왕관만 날리게 했다.(카르나의 책)

(22) 크리슈나가 다르마푸트라(유디슈티라)에게 살리아(Salya)를 잡으라고 독려한 뒤에, 아르주나가 카르나를 죽였다.(살리아의 책)

(23) 크리슈나는 꿈같은 전쟁에서 비마에게 '두료다나를 죽여라.'고 독려했다.(살리아의 책)

(24) 유디슈티라의 요구로 크리슈나가 전장을 떠나 하스티나프라로 가서 드리타슈트라와 간다리를 위로하고 돌아오다.(살리아의 책)

(25) 크리슈나는 임신한 여성에게 활을 쏜 아스바타만(Asvatthama)을 저주했다.

(26) 비슈마에게 다르마(dharma, 정의)에 대해 유디슈티라를 가르쳐달라고 요청했다.(평화의 책)

(27) 비슈마가 다르마(dharma, 정의)에 대해 강론하는 동안, 배고픔이나 목마름이 없이 지성이 강력하게 작동하도록 화살 침대에 누워 있는 비슈마의 소망을 허락했다.(평화의 책)

(28) **크리슈나가 자신의 여러 이름들의 '근본 의미'를 아르주나에게 말했다.**(평화의 책)

(29) 크리슈나가 성자들과 부미데비(Bhumidevi)에게 신과 세계의 심원한 이론을 설명했다.(교훈의 책)

(30) **크리슈나가 '비슈마의 죽음'을 허락했다.**(교훈의 책)

'화살 침대에 누운 비슈마'[66]

(31) 비슈마의 죽음을 슬퍼한 강가데비(Gangadevi)를 위로했다.(교훈의 책)

(32) 크리슈나가 시다마하르시스(Siddhamaharsis)와 카시아파(Kasyapa) 사이의 토론 형식으로

---

66) Dr. N. Krishna etc, *Historicity of the Mahabharata*, Aryan Books International New Delhi, 2013, p. 37 'Bhishma lying on a bed of arrows'

'기타(Gita)이론'을 거듭 제시했다.(은둔의 책)

　(33) 대전이 끝난 다음 크리슈나는 유디슈타라 허락을 받아 수바드라(Subhadra)와 사티아키(Satyaki)를 데리고 드와라카로 왔다.[67](은둔의 책)

_____✈

- (a) '마하바라타(*The Mahabharata*)'의 위대한 주제(主題) **'바라문의 크샤트리아 제자 만들기'**, **'위대한 신의 뱀 종족 멸망시키기'**는 사실상 크리슈나의 '대전(大戰) 주도(主導) 시절'에는 오히려 주요 사건에 감추어져 쉽게 판별할 수 없게 되었다. 즉 이미 절대 신이 주도한 역사는 '개별 사건들의 심각험[엄청난 살상]'으로 그 정체(正體)를 파악할 수 없게 되었다.
- (b) '뱀[욕망의 덩어리] 종족' '규칙이 소용없는 종족' '충고가 소용없는 종족' '멸망을 당해야 마땅한 종족'이란 '두료다나' '카르나' '사쿠니' '두사사나' '드리타라슈트라'가 바로 그들인데, 그들도 틀림없이 '비슈누 신의 창조물[피조물]'이라는 엄연한 사실에 있다.
- (c) 그러므로 심판자 '크리슈나(Krishna)'는 전쟁을 주도하지 않을 수 없었다는 이야기가 바로 '마하바라타(*The Mahabharata*)'이니, **'뱀' '거짓 제사 자' '약속 파기 자' '사기꾼' '탐욕 자'** 등 세상의 온갖 죄명에도 **'깨달음' '개과천선(改過遷善)'이 불가능한 '열등 종족'**이니, 엄청난 희생과 소모를 감수하고서라도 '끝장을 본 전쟁'이 '쿠루크셰트라 전쟁 이야기'라는 것이다.
- (d) 여기에서 그 무서운 **'전쟁 불가피론(Necessity of War)'**이 생겼고, '종말론' '심판 론' '선민(選民) 사상'이 개발되었다.
- (e) 이러한 '바라문 중심 사상'은 그대로 플라톤의 '국가', 헤겔의 '법철학' '역사철학'에로 이어졌다. 그러나 그것은 오직 '절대 신을 받드는 바라문[최고 귀족]의 발언'이고 '영혼불멸' '육신경멸'로 무장한 '최고 사제들의 말'이라는 것이 공개되어[바라문들의 독서 범위가 개방되어] 인간들이 그 동안 '절대신 일방 주의'에 있었음을 알게 하고 있다.
- (f) 특히 1916년 '다다 혁명 운동' 이후에는, 그 '절대 신의 가르침'도 중요하지만, '개인의 욕망들도 보호할 만한 가치가 있다.'는 '동시주의(同時主義)'가 인간의 보편적 사고를 이루게 되었다.

6) 드와라카로의 귀환(歸還) 시절

37. 드와라카로 돌아온 크리슈나

　크리슈나가 드와라카로 돌아왔을 때, 성자 우탕카(Uttanka)가 크리슈나를 찾아왔다. 크리슈나는 그 성자에게 카우라바들과 판다바들에 관해 자세히 설명했다. 크리슈나는 그 성자에게 영적 원리를 설명하고 그에게 비슈바루파(Vishvarupa, 우주 형상)을 보여주었다. 크리슈나는 라이바타(Raivata) 산에서 치러진 야다바들의 축제에도 참석했다. 그 다음 드와라카로 가서 아버지 바수데바에게 '전쟁'을 자세히 보고했다. 크리슈나는 아르주나의 아들 아비마뉴의 장례식을 손수 치렀다.

---

67) Vettam Mani, *Puranic Encyclopaedia -A Comprehensive Work with Special Reference to the Epic and Puranic Literature*, Motilal Banarsidass Publishers Delhi, 1975, 'Krsna Ⅰ' pp. 427~428

(말 제사의 책)

38. 크리슈나가 함사디바카들(Hamsadibhakas)을 멸했다

39. 크리슈나가 파리크시트(Pariksit)의 생명을 돌려주다

크리슈나가 하스티나푸라로 다시 갔다. 아비마뉴의 처 우타라(Uttara)는 출산을 했으나 드로나의 아들 아스바타만(Asvatthama)의 화살이 그녀의 태(胎)를 상하게 해서 아기가 죽어나왔다. 크리슈나는 쿤티의 요구로 아기를 살려놓았다. 그 아이가 뒤에 파리크시트(Pariksit) 황제가 되었다.(말 제사의 책)

40) 크리슈나 인생의 황혼

(1) **간다리(Gandhari)의 저주.** 대부부의 영웅들과 두료다나 같은 탁월한 궁사(弓師)들이 대전(大戰)에 사망했는데, 간다리(Gandhari)는 이들들의 죽음에 분하여 봉곡을 하였다. 간다리(Gandhari)는 대 파괴에 중심에 있던 크리슈나를 다음과 같이 저주했다.

"오 크리슈나여, 내 남편에 충성을 바치고 헌신한 것으로 어떤 힘을 얻을 수 있다면, 그 힘으로 당신을 저주합니다. 당신이 서로 싸우는 카우라바와 판다바의 관계를 내버렸기에 당신은 역시 형제들이 서로 죽이는 것을 목격했습니다. **오늘부터 36년 뒤에 당신의 친척과 막료와 자식들이 서로를 죽일 것이고, 당신도 역시 숲 속에서 사냥꾼에게 죽게 될 것입니다. 우리들이 지금 울고 있듯이 당신의 부인들도 울게 될 것입니다.**"(부인들의 책)

36년 뒤에 야다바 왕국이 망할 것이라는 간다리(Gandhari, 드리타라슈트라의 왕비)의 이 저주는 실현되었습니다. 36년이 되는 해에 왕국이 망할 것이라는 또 다른 저주가 퍼졌다.

(2) **성자들의 저주.** 성자 비스바미트라(Visvamitra) 칸바(Kanva) 나라다(Narada)가 드와라카로 왔다. 야다바들의 일부가 그 성자들에게 임신복을 입은 삼바(Samba, 악귀)를 데리고 가 삼바가 출산을 하면 아들일까 딸일까 등의 질문을 했다. 그 모욕(侮辱)에 화가 난 그 성자들은 '임신한 여성'은 쇠막대기를 낳을 것이고 그것이 야다바들을 망하게 할 것이라고 말했다. 그 저주를 접한 크리슈나는 그것은 '운명적으로 정해진 것'이라고 했다. 그 다음날 삼바는 쇠막대기를 낳았다. 야다바들은 그 쇠막대기를 가루로 만들어 그 가루를 바다에 던졌다. 행운의 크리슈나는 드와라카에서 뜻밖의 사고가 나는 것을 막기 위해 드와라카에 금주령(禁酒令)을 내렸다. 술을 담근 자는 그 가족을 교수형에 처한다고 공표했다.(동호회의 책)

(3) **불길한 조짐.** 야다바들의 망할 조짐이 나타나기 시작했다. 칼라(Kala, 죽음의 신)의 실행자들이 집집마다 방문했다. 생쥐들이 가는 곳마다 우글거렸고, 그것들은 잠자는 사람들의 손톱과 머리털을 갉아먹었다. 양들이 재칼[들개]처럼 울었다. 당나귀가 암소에서 태어났고, 송아지가 노새에

게서 태어났다. 개들이 쥐와 교미를 했다. 당초 불의 신이 크리슈나에게 제공했던 원반 카크라유다(Cakrayuda)가 야다바들이 보는 가운데 하늘로 사라졌다. 이처럼 사방에서 망할 조짐이 나타났다.

(4) **야다바들의 멸망**. 행운의 크리슈나와 발라바드라와 우다바(Uddhava) 등은 순례를 떠나려고 하는데, 야두들(Yadus)과 브르쉬니(Vrsnis) 안다카들(Andhakas)은 술을 빚기 시작했다. 그들은 서로 싸우기 시작했다. 바다에 버렸던 그 '쇠막대기 가루'는 해안을 휩쓸어 화살 같은 풀로 자랐다. 야다바들이 서로 싸워 많은 사람들이 죽었다. 크리슈나는 마부 사티아키(Satyaki)와 프라듐나(Pradyumna) 등이 죽은 것에 대해 무섭게 화가 나 있었다. 크리슈나는 풀 한 줌을 뜯어 그것으로 쇠막대기를 만들어 그것으로 그 주변 사람들을 죽였다. 그러자 모든 사람들이 풀을 뜯으니 그것은 다 쇠막대기로 변했다. 사람들은 그 쇠막대기를 들고 싸워 모두가 서로를 쳐서 살해를 행하였다.

(5) **라마와 크리슈나의 죽음**. 이때 발라바드라는 숲으로 들어가 나무 아래 깊은 명상 속에 있었다. 크리슈나가 라마 가까이에 섰다. 다루카(Daruka)와 바브루(Babhru)도 거기에 도착했다. 크리슈나는 다루카를 시켜 하스티나푸라의 아르주나에게 가 '야다바들의 전멸'에 대해 전하라고 했다. 그러고 나서 크리슈나는 궁궐로 돌아가서 부인들을 안심시켰다. 크리슈나는 그녀들에게 아르주나가 오면 그녀들을 지킬 것이라고 하니 크리슈나 부인들은 눈물을 흘렸다. 그 다음 크리슈나는 바수데바를 떠나 발라바드라가 있는 그 곳으로 되돌아 왔다. **크리슈나는 멀리서 '발라바드라 입에서 나온 백사(白蛇)'가 바다로 통하는 파탈라(Patalas, 뱀신들이 살고 있는 곳)로 가는 것을 목격했다.** 발라바드라 영혼인 그 뱀은 파탈라에서 탁월한 뱀들이 수용을 하였다. 크리슈나는 잠시 숲 속을 배회(徘徊)하다가 맨 땅바닥에 누워 다리를 들고 요가(Yoga)에 몰두했다. 자라(Jara)라는 악귀가 크리슈나의 올린 발을 멀리서 사슴으로 잘못 보고 그것에 화살을 날렸다. 크리슈나가 금방 숨을 거두니, 바이쿤타(Vaikuntha, 비슈누 신의 처소)에서 비슈누의 모습으로 다시 일어났다.(동호회의 책)

'사냥꾼 자라의 화살이 크리슈나 발에 박히다.'[68]

---

68) E. Isacco, *Krishna The Divine Lover*, Serindia Publications, London, 1982, p. 100

(6) 화살이 크리슈나의 발에 맞은 이유. 두르바사스(Durrvasas)가 드와라카로 가서 누가 자기를 '손님'으로 받들지를 물었다. 크리슈나는 그를 궁중으로 초청해 '상객(上客)'으로 모셨다. 두르바사스(Durrvasas)는 가끔씩 적게 먹고 다른 때는 많이 먹으며 그릇들을 깨뜨려 문제를 만들기 시작했다. 크리슈나와 루크미니(Rukmini)는 그 성자의 엉뚱함을 참았다. 어느 날 그 성자는 푸딩을 먹고 싶다고 하며 크리슈나와 루크미니(Rukmini)는 그것을 요리하여 그 성자에게 주었다. 약간의 푸딩을 먹고 나서 그 성자는 그 푸딩을 크리슈나의 온몸에 고루 발라라고 했다. 그래서 크리슈나는 발바닥만 빼고 그것을 온 몸에 발랐다. 그 성자는 왜 발바닥은 바르지 않느냐고 물었더니 크리슈나는 겸손하게 그렇게 하고 싶지는 않다고 말했다. 두르바사스(Durrvasas)는 남은 푸딩을 루크미니의 몸에 발라주었다. 그는 루크미니에게 마차의 멍에를 씌우고서 재빠르게 마차에 올라 숲 속으로 달려갔다. 도중에 두르바사스(Durrvasas)는 루크미니에게 채찍질을 했다. 크리슈나는 그 마차를 뒤따라가며 그 성자를 도와주려 했다. 약간의 거리를 간 다음 성자는 마차에서 뛰어내려 숲 속으로 달려갔다. 결국 두르바사스(Durrvasas)는 크리슈나에게 돌아와 다음과 같이 말했다.

"오 크리슈나여, 나는 당신의 봉사에 감시합니다. 루크미니를 아내 중에 첫 자리에 두소서. 그녀는 나이를 먹어도 늙지 않을 겁니다. 그리고 당신도 그 푸딩을 발랐으니 어느 곳을 공격당해도 죽지 않을 겁니다."

크리슈나와 루크미니가 궁궐로 돌아오니 두르바사스(Durrvasas)가 깨뜨린 그릇들이 온전하고 예전보다 더욱 번쩍거렸다. 그들의 부와 행복도 증가했다. 크리슈나는 사냥꾼의 화살을 맞아 죽었는데, 두르바사스(Durrvasas)가 남긴 푸딩으로 몸을 문지르지 않은 발의 아래 표면[발바닥] 부분에 화살이 적중했었다.(교훈의 책) (다른 이야기는 사냥꾼 자라-Jara는 라마-Rama가 살해 했던 발리-Bali로서 그 因果로 먼저 죽은 것에 관련되어 그가 크리슈나를 죽였다고 했다.)

(7) 크리슈나의 사망 이후.
(i) 아르주나가 드바르카로 왔다. 그리고 크리슈나를 화장(火葬)했다.(동호회의 책)
(ii) 그가 죽은 다음에 크리슈나는 신성한 지역[천국]에 나라야나(Narayana)로 환원되어 살고 있다.(승천의 책)
(iii) 루크미니(Rukmini) 잠바바티(Jambavati) 같은 축복된 여왕과 크리슈나의 다른 부인들은 화장(火葬)의 장작도미에 올라 그녀들의 인생을 끝내었다.(동호회의 책)
(iv) 아르주나가 드바라카에서 나머지 크리슈나 부인들을 이끌고 가는데, 녹림객(綠林客, 山賊)들이 공격하여 데려갔다. 그러나 탈출한 여인들은 사라스바티(Sarasvati) 강물에 뛰어들어 죽었다. 그녀들의 혼들은 천국으로 들어갔다.(승천의 책)[69]

---

69) Vettam Mani, *Puranic Encyclopaedia -A Comprehensive Work with Special Reference to the Epic and Puranic Literature*, Motilal Banarsidass Publishers Delhi, 1975, 'Krsna Ⅰ' pp. 428~429

'아프가니스탄 아이 카노움에서 발견된 아가토클레스(b. c. 2세기) 시대의 은화(銀貨): 한쪽은 발라라마 상이고 다른 쪽은 크리슈나 상이다.'[70] '크리슈나 이미지에 경배하는 사제들'[71]

(a) '크리슈나(Krishna)의 일생'과 '마하바라타(*The Mahabharata*)' '지존(至尊)의 노래(Bhagavat Gita)'는 힌두(Hindu) 문화의 3대 요소이다.

(b) 이 '힌두(Hindu) 문화의 3대 요소'는 물론 한 개인이 개발한 것이 아니고 힌두의 '바라문(婆羅門, 사제)들'이 계속 쌓아올렸던 '지적(知的) 퇴적물(堆積物)'이다.

(c) 크리슈나의 '드와라카로의 귀환(歸還)' 이후의 사건에 크게 주목되는 사건은 '절대 신의 화신 크리슈나 현세 마감'을 다루었다는 특징을 지니고 있는데 그의 육신 '화장(火葬)'이 되었고, 그 부인의 일부는 '산 채로 화장'을 자원했고, 일부 소속 부인들은 뒤에 아르주나의 보호를 뿌리치고 '다른 남성들'을 향해 도망을 치기도 했다고 시인(詩人)은 서술을 하였다.

(d) 특히 '야두 족의 상잔(相殘)'으로 멸망을 당한 도시 '드와라카(Dwaraka)'에서 크리슈나의 가족을 이끌고 나온 영웅 '**아르주나**'는 이집트에서 유대인을 이끌고 나온 '**모세**'와 유사성이 많다. ['절대 신의 제자'라는 점에서 크게 유사함]

(e) 특히 '마하바라타(*The Mahabharata*)'에서 '**드와라카(Dwaraka)**'는 그것을 본 따서 제작한 중국의 '수호전(水滸傳)'에서 '**양산박(梁山泊)**'과 많이 유사하니, '혁명의 거점이 된 곳'이라는 점에서 크게 유사하고, '영웅'이 없어지자 소멸되었다는 점에도 유사하다.

---

70) Dr. N. Krishna etc, *Historicity of the Mahabharata*, Aryan Books International New Delhi, 2013, p. 44 'A silver coin of Agathocles(2c b. c.) from Ai Khanoum Afganistan. On One side is portrayed figure of Balarama(Haladhara) and on the other that of Krishna.'

71) G. Michell, *Hindu Art and Architecture*, Thames & Hudson, 2000, p. 166 'Priests worshipping the image of Krishna'

5. 바라문(婆羅門)의 10대 신념(信念)

'바라문(婆羅門, 사제)'들도 틀림이 없는 인간인지라, 그 '바라문(婆羅門, 사제)의 10대 요건' 숙지 실천하는데 개인적 한계를 지닐 수밖에 없었고, 더구나 <u>유구한 시간의 흐름 속에 '인간 사회 혁신'은 반복이 될 수밖에 없다</u>. 그래서 '과거의 법(法, 행동 강령)'은 오늘날 통용될 수 없는 것이 한두 가지가 아니다.

힌두 '바라문(婆羅門, 사제)'들이 마련해 놓은 그 '행동 강령'에도 역시 그러한 것이 없을 수 없었는데, 그 '바라문(婆羅門)의 10대 신념(信念)'이 명시된 문헌이 바로 '마하바라타(*The Mahabharata*)'이다.

1) 절대신(絕對神) 만능주의(The almighty God principle)

원래 힌두(Hindu)는 '만물의 인격화'라는 '다신교(多神敎, Polytheism)' 사회였으나, 그것은 결국 '주요신' '최고신'으로 통일이 되어 '절대주의' '절대신'으로 발전되었음을 그들의 '마하바라타(*The Mahabharata*)'는 다 보여 주고 있다.

그 '절대 신'이 구체적으로 인간들 속에 존재하는지를 아울러 보여주고 있는 책이 바로 '마하바라타(*The Mahabharata*)'이다.

2) 천국(天國) 중심주의

그 '절대 신' 존중, 절대주의 마련한 곳이 바로 **천국(天國)**'이고, 그곳을 왜 지향하고 어떻게 거기에 나아갈지를 밝혀 놓은 책이 바로 '마하바라타(*The Mahabharata*)'이다.

'육신(肉身) 무시'가 '최고의 도덕 실천'과 같은 의미를 지녔다. 그것은 역시 '절대신'으로의 귀의[Yoga]로 해석이 되었다.

3) 정신(精神) 만능주의(The almighty spirit principle)

힌두(Hindu)들은 일찌감치 '육신(肉身)'에 대한 '정신(精神) 우월주의'를 개발하였다. 그래서 그 '정신(精神) 만능주의(Soul Almighty)'를 당연시하고, 상대적으로 '육신(肉身) 억압'을 바로 '도덕의 실천'으로 알아 '금욕' '고행' '맹세의 실천'이 실천이 구극의 이상 '천국' '절대자'와 일치해가는 그 '필수적 과정'으로 이해를 하고 있었으니, 그것을 포괄하여 힌두(Hindu)는 '요가(Yoga) 실천'이라 했다.

4) 고행(苦行) 만능주의(The almighty asceticism principle)

힌두(Hindu)의 '고행(苦行, Asceticism) 문화'를 이해 못 하면 그들의 생각에 일치하는 것은 아무

것도 없고 말해야 한다. 왜냐 하면 그 '고행(苦行, Asceticism)'을 통해서 이승의 죄를 씻을 수 있는 길이 열리고, '천국 획득 길'도 알기 때문이다.

이 힌두(Hindu)의 '고행(苦行, Asceticism) 제일주의' 속에는 '뱀(육체) 부정(否定)의 관념'이 항상 대동(帶同)했으니, '마하바라타(*The Mahabharata*)'는 바로 '뱀들에 대한 심판' '벌을 받은 뱀들 이야기'이고 역시 '마하바라타(*The Mahabharata*) 전쟁'은 힌두(Hindu)가 세운 최초의 '육신(뱀) 부정 혁명전쟁'이자, 역시 인류가 영원히 행해 나아가야 할 '육신(뱀) 극복의 구원(久遠)한 투쟁 목표'가 되었다.

5) 제사(祭祀) 만능주의(The almighty sacrifice principle)

힌두(Hindu)의 '정신(精神) 만능주의(Soul Almighty)' '제사(祭祀) 만능주의(Sacrifice Almighty)'는 자연적으로 그 '절대신(絕對神) 만능주의(God Almighty)'와 불가분리의 관계에 있다.

그것은 소위 '삼위일체'로 서로 구분할 수 없게 되었으나, 이에 명시되어야 할 가장 중요한 점이 바로 그 '제사(祭祀)'가 '바라문(婆羅門, 司祭) 주관(主觀)'이라는 사실이다.

즉 '마하바라타(*The Mahabharata*)'가 명시하고 있듯이, <u>'사제(司祭)가 없으면 그 신(神)도 없다.'</u>는 만고불변의 진실을 모르면 모든 '인문학'은 가르쳐도 배워도 소용이 없는 경우이다.

6) 언어 절대주의(Absolutism in speaking)

'말[맹세]에 대한 신용 지키기' '말의 권위'에 대해서는 동서(東西)를 구분할 수 없이 다 중시되었으나, 힌두(Hindu)의 모든 '리시(Rishi, 성자, 성인)의 말[예언]'은 빗나간 적이 없었고, 성공한 '크샤트리아들의 맹세'도 역시 그러하였음을 입증하고 있는 책이 '마하바라타(*The Mahabharata*)'이다.

'그 말의 실행'에 목숨을 걸었던 영웅 '판두 5형제'가 그 '맹세의 실천'을 어떻게 실현하였는가가 이 '마하바라타(*The Mahabharata*)'의 전 내용이다.

7) 만물의 인격화(Personification of the all things)

우주 원리, 태양, 달, 행성(行星), 불, 바람, 물(강물, 바다), 땅, 코끼리, 사자, 독수리, 거북, 물고기, 악어, 암소, 황소, 돼지, 개, 원숭이, 사슴, 뱀, 백조, 비둘기, 등의 모든 대상이 '언어의 위력' '주술(呪術, mantras)' 내에 갇힌 존재들로 제시되었다.

그 '인격화'는 바로 '신격화'로 통했으니, 현대에는 '같은 언어권 내의 인간'이라는 문제가 힌두의 '마하바라타(*The Mahabharata*)'에서는 '삼라만상'에 무생물, '추상적 대상[도덕, 정의 등]'까지 인격화 신격화를 단행하였다.[그러한 현상의 기원은 다 힌두(Hindu)에 유래한 것임]

8) 인과응보(因果應報, Retribute justice)와 '윤회(輪回)'와 '예정설'

'불교'와 '기독교' 이론의 모든 것이 힌두(Hindu)의 '마하바라타(*The Mahabharata*)'에 앞서 거론이 되었음을 아는 것이 그 '불교'와 '기독교'의 종지(宗旨)를 알게 되는 '요긴한 방법'도 된다.

'불교'를 통해 크게 보급되어 있는 '인연설(因緣說)' '윤회(輪回)' '예정설(豫定說, Predestination)'은 '육신의 욕망'과 '고행 도덕 실천'의 양대 인연으로 '천국, 인간, 지옥'이 운영된다는 '우주관' '인생관'을 낳았으니, 모두 힌두(Hindu)의 '절대주의(Absolutism)' 산물들이다.

9) 현세 부정(Denial of this world)

그래서 힌두(Hindu)의 '절대주의' '천국제일주의'가 '현세부정' '허무주의' '염세주의'로 이어진 것은 당연한 그 힌두 세계관의 종합의 결과이다.

그런데 유독 중국(中國)은 '현세주의' '실존주의'에 기초하여 '충효(忠孝) 사상'을 고집했으니, 이렇게 되어 중국(中國)은 '현세주의' '실존주의'와 힌두(Hindu, 인도)의 '절대주의'는 세계 인류의 양대 산맥이 되었다.[고대 이집트에도 '현세주의' '실존주의'가 앞서 자리 잡고 있었다.]

이에 틀림없이 그 중국(中國)의 '현세주의' '실존주의'와 힌두(Hindu, 인도)의 '절대주의'가 한 개인의 의식 속에도 공존할 수밖에 없다.[의식적인 것이든 무의식적이든 '共存 불가피'이다.]

그 '양비론(兩非論, 양쪽이 다 틀렸다)', 또는 '양시론(兩是論, 양쪽이 다 옳다)'의 지양(止揚)과 불가피한 통합, ['感性' '理性'의]통일 운영 방향이 바로 '다다 혁명 운동(Movement Dada)'이며 그 '동시주의(同時主義, Simultaneism)'이다.

10) 시간 공간 무시의 '동시주의(同時主義)'

'마하바라타(*The Mahabharata*)' 문화는 '시간' '공간'의 구분이 소용이 없는 '절대주의' 문화이다. 우선 가장 중요한 '신의 존재'가 그러하고 모든 '등장의 존재'는 '순간(瞬間) 존재'이며 역시 '영원 표준'이다.

그러므로 '역사(歷史)'라고 말하지만, 사실상 모든 역사의 기준들를 그 속에 다 갖추었다고 상정할 만하고['신'과 '악귀-뱀'들의 다툼]이라는 '대 통합의 계율'이 명시된 것이 '마하바라타(*The Mahabharata*)'이다.

처음부터 '개별 인간의 개인적 시각들'은 일단 그 '크샤트리아 정신'으로 통합한 다음 '절대 신의 귀의[요가]'로 결론을 내어 아무도 '이의(異議)'를 제기할 수 없게 되었다.

그런데 이 '마하바라타(*The Mahabharata*)'에 '시간[역사]' '개인' '합리주의[과학]' '자유'를 거론하기 시작한 것은 그 '마하바라타(*The Mahabharata*)'에 없는 이론이 아니라 '억압'과 '인내' '고행'의 대상으로 묶여 있었던 것이 그 전반적인 양상이었다.

6. '비슈누(크리슈나)' 관련 용어[72]

아바야(Abhaya) : 무서워 말라.

아치우타(Achyuta) : 비슈누

아디무르티(Adimurti) : 비슈누의 초기 소규모 화신(化身)

아디셰사(Adishesa) : 원초 뱀. 최초 존재

아이라바타(Airavata) : 인드라 신의 코끼리

아난타(Ananta) : 끝이 없는 천상의 뱀

안타라트마(Antaratma) : 몸 안에 있는 영혼

압사라(Apsara) : 천상의 무희(舞姬)

아르다나리슈바라(Ardhanarishvara) : 반남반녀(半男半女) 인(人)

아리슈타(Arishta) : 크리슈나를 공격한 황소 형상의 악귀

아슈빈(Ashvins) : 태양신의 아들, 천상의 의사

아트마(Atma) : 영혼

아바타라(Avatara) : 완벽한 화신

아베사(Avesa) : 일시적 부분적 화신

바카(Baka) 바카아수라(Bakasura) : 크리슈나를 죽이려 했던 거대한 새

부(Bhu) : 대지(大地)

부데비(Bhudevi) : 대지의 여신, 비슈누 가족

부미데비(Bhumidevi) : 대지의 여신

부타(Bhuta) : 정신

부바라하(Bhuvaraha) : 비슈누 수퇘지 화신, 어머니 대지를 대양에서 건져 올림

브리흐마(Brahma) : 창조신, 힌두 3신의 첫째.

브라흐마차리아(Brahmacharya) : 미혼 사제,

브라흐마나(Brahmana) : 힌두 카스트 4계급 중 첫째

브리하스파티(Brihaspati) : 신들의 사제

차크라(Chakra) : 원반, 비슈누의 상징.

찬드라(Chandra) : 신격화한 달.

닥사(Daksha) : 시바의 장인, 사티(Sati)의 아버지

닥시나(Dakshina) : 사제(司祭)에게 제공되는 공물(供物)

---

72) M. Mohanty, *Origin and Development of Vishnu Cult*, Pratibha Prakashan, Delhi, 2003 'Glossary'

다모다라(Damodara) : 아르주나 나무들의 뿌리를 뽑은 크리슈나(終末의 아르주나)

다루카(Daruka) : 크리슈나의 마부

다타트레이아(Dattatreya) : 브라흐마(Brahma) 비슈누(Vishnu) 시바(Shiva)의 종합 형, 비슈누의 화신(化身)으로 간주됨.

데바키(Devaki) : 발라라마와 크리슈나의 어머니.

다르마(Dharma) : 규칙, 정의, 친절; 죽은 사람의 판관 야마(Yama)

드와라카(Dwaraka) : 구자라트(Gujarat)의 신성 도시. 크리슈나 사원(寺院)으로 유명하다.

에무샤(Emusha) : 비슈누의 수퇘지 형상.

가루다(Garuda) : 반은 새, 반은 사람. 비슈누의 수레.

가루다드바자(Garudadhvaja) : 가루다(Garuda) 깃발. 보통 비슈누 사원 앞에 세움.

가루트만(Garutman) : 가루다. 태양신.

가야트리(Gayatri) : 태양 찬송가

가나시아마(Ghanashyama) : 비를 내리는 구름같이 어두운 크리슈나의 모습

고피(Gopi) : 소떼

고팔라스(Gopalas) : 소떼

고반나(Govana) : 소를 방목했던 숲.

고바르다나(Govardhana) : 브린다바나(Vrindavana) 가까이 있는 크리슈나가 들어 올렸던 산

고바르단다나(Govardhandhana) : 크리슈나의 별칭['산을 들어 올린 신']

고팔라(Gopala) : 아기 크리슈나

고빈다(Govinda) : 소치는 사람(크리슈나)

굽타차라(Guptachra) : 스파이[염탐꾼]

할라(Hala) : 보습, 발라라마의 기호(記號)

할랄랄라(Halalala) : '우유 바다'를 저을 때 나타난 독약. 시바(Shiva)가 마셨다.

함사(Hamsa) : 프라자파티(Prajapati)가 백조(白鳥)로 된 최고의 영혼

하누만(Hanuman) : 원숭이 얼굴의 신. 라마찬드라(Ramachandra)에의 헌신 자

하리(Hari) : 비슈누. 어둠까지 포섭한 만물의 주.

하리하라(Hari-Hara) : 비슈누와 시바의 통합 신상(神像)

하이아쉬르사(Hayashirsa) : 말머리 비슈누 화신

히마반(Himavan) : 히말라야

히라니아카시푸(Hiranyakasipu) : 비슈누의 사람 사자 화신.

후하(Huha) : 신선 데발라(Devala)에게 저주를 받아 악어가 된 간다르바

인드라(Indra) : 비와 천둥의 신.

자간나타(Jagannatha) : 우주의 주인으로서의 크리슈나.

잘라샤인(Jala-shayin) : 세상이 물속에 있을 적에 떠 있는 뱀 위에 잠이든 비슈누.

자나르다나(Janardana) : 우주의 신령으로서의 크리슈나.

자야(Jaya) : 저주를 받아 이 세상에 악귀로 태어난 비슈누에 대한 헌신(獻身)자

카드루(Kadru) : 닥샤(Daksha)의 딸. 카샤파(Kashyapa)의 부인. 뱀들의 어머니.

칼라(Kala) : 의인화된 시간.

칼리야(Kaliya) : 야무나(Yamuna) 강에 독을 뿌린 다두(多頭)의 코브라. 크리슈나에게 제압되었다.

칼키(Kalki) : 미래에 올 비슈누 최후 화신(化身)

카마(Kama) : 사랑. 욕망.

캄사(Kamsa) : 악마. 크리슈나의 외숙(外叔).

카우모다키(Kaumodaki) : 비슈누의 철퇴.

케사바(Kesava) : 긴 머리털을 지닌 크리슈나.

케신(Keshin) : 말 형상의 악귀. 크리슈나를 살해하려다가 크리슈나에게 죽음.

크리슈나(Krishna) : 비슈누 신의 화신(化身). 사랑의 화신(化身).

쿠베라(Kubera) : 부(富)의 신

쿠르마(Kurma) : 비슈누 화신(化身)인 거북

마다바(Madhava) : 크리슈나.

마카라(Makara) : 거대 물고기. 또는 악어.

마트시아바타르(Matsyavatar) : 비슈누의 물고기 화신(化身). 폭우로부터 구원하러 세상에 옴.

마투라(Mathura) : 크리슈나 탄생지

무스티카(Mustika) : 캄사가 고용한 크리슈나 상대 씨름꾼

나이카바크트라(Naikavaktra) : 크리슈나가 치료해 준 꼽추 여인.

난다(Nanda) : 크리슈나의 양부(養父).

난다고팔라(Nanda-gopala) : 난다(Nanda)의 아들로 양육된 아기 크리슈나

난디스바라(Nandisvara) : 시바의 황소 산. 신으로 존중됨

나라시마(Narasimha) : 반은 사람, 반은 사자인 비슈누 화신.

나라야나(Narayana) : 비슈누. 크리슈나 바수데바와 동일한 우주 신.

옴, 아움, 온카라(Om, AUM, ONKARA) : 최고의 신

판차얀자(Panchayanja) : **소라가 되어** 바다에서 살고 있던 괴물. 산디파니(Sandipani)의 아들을
잡고 있다가 크리슈나에게 죽음을 당함.

페루말(Perumal) : 인도 남부에 알려진 비슈누 이름.

프라자파티(Prajapati) : 브라흐마

푸타나(Putana) : 캄사(Kamsa)의 명령을 받아 독이 든 젖을 크리슈나에게 먹이려 했던 락샤시.

푸르쇼타마(Purshotama) : 크리슈나로 화신(化身)한 비슈누

파라바데바(Paravasudeva) : 바수데바의 네 가지 형태

푸라나(Purana) : 옛 경전

푸루슈(Purush) : 인간, 비슈누의 별칭

라다(Radha) : 크리슈나의 친구

라후(Rahu) : 악귀, 행성(行星)이 됨

락샤사(Rakshasa) : 남성 악귀

락샤시(Rakshasi) : 여성 악귀

라마(Rama), 라마찬드라(Ramachandra) : 비슈누 제7 화신. 태양 신 다슈라타(Dashratha)의 장남

레바티(Revati) : 발라라마(Balarama)의 부인

로히니(Rohini) : 발라라마(Balarama)의 양모(養母)

리시(Rishi) : 성자, 성인

리시 무니(Rishi-muni) : 성인

루드라(Rudra) : 시바의 베다 식 명칭

루크미니(Rukmini) : 크리슈나의 왕비(王妃)

사발라(Savala) : 소원을 들어주는 암소 카마데누(Kamadhenu)

사이바(Saiva, shaiva) : 시바 신 추종자

삼바(Samba) : 크리슈나의 손자

산디판니(Sandipani) : 크리슈나[힌두교]에 대한 전문가

사난트쿠마르(Sanantkumar) : 브라흐마[천신]이 정신으로 만든 아들. 비슈누 화신(化身)

사라스와티(Saraswati) : 브라흐마의 부인, 음악 학습의 여신

사티(Sati) : 시바의 부인

사티아(Satya) : 크리슈나 부인

사티아바마(Satyabhama) : 크리슈나 부인, 대지의 여신

사이아나 비슈누(Sayana-Vishnu) : 사리를 튼 세샤(Shesha) 뱀 위에 누운 비슈누.

세사, 세샤나그(Shesa, Sheshanaag) : 유물(遺物), 뱀

산카르(Shankar) : 시바

산카르사나(Shankarsana) : 발라라마(Balarama)

산카(Shankha) : 소라고둥, 비슈누 상징

사스타(Shasta) : 여성이 된 비슈누, 모히니(Mohini)가 낳은 시바의 아들

시바(Shiva) : 파괴의 최고신

수바드라(Subhadra) : 크리슈나의 사촌 누이, 아르주나의 처, 아비마뉴의 어머니

수치(Suchi) : 인드라의 부인

수파르나(Suparna) : 가루다

수라비(Surabhi) : 소원을 성취해 주는 암소

수리아(Surya) : 태양

수리아 나라야나(Surya-Narayana) : 태양신과 비슈누의 조합

스와다(Swadha) : 브라흐마의 부인, 양육을 제공하는 자

스와얌바라(Swayambara) : 여성의 남편 고르기 대회

타르크시아(Tarksya) : 가루다

트리나바르타(Trinavarta) : 크리슈나를 죽이려 했던 타라카수라(Tarakasura)의 아들, 회오리바람 형태의 악귀

우차이슈스라바(Ucchaishsravas) : '우유 바다'의 요동에서 나온 인드라의 천마(天馬)

움마(Uma) : 파르바티(Parvati), 시바의 부인

우나티(Unnati) : 가루다의 부인

우판드라(Upandra) : 인드라 신, 소(小) 비슈누 화신

우타라(Uttara) : 아비마뉴(Abhimanyu)의 부인

바이쿤타(Vaikuntha) : 비슈누의 천상(天上) 처소(處所)

바이샤나바스(Vaishanavas) : 비슈누 숭배자

바나마(Vamana) : 비슈누의 난쟁이 화신

바라다라자(Varadaraja) : 서원(誓願)을 들어주는 왕

바라하(Varaha) : 비슈누 화신 수퇘지

바루나(Varuna) : 바다 신

바타수라(Vatasura) : 크리슈나를 죽이려고 암소 형상을 취했던 악귀.

바수데바(Vasudeva) : 크리슈나 아버지

바수데바 크리슈나(Vasudeva Krishna) : 인간 신 크리슈나, 바수데바의 아들 크리슈나

바수키(Vasuki) : 천상의 뱀

베다 비아사(Veda Vyasa) : 마하바라타 저자, 비슈누 화신

벤카타나타(Venkatanatha) : 산들의 주신(主神)

벤카테스바라(Venkatesvara) : 산신(山神)

베누고팔라(Venugopala) : 피리 부는 크리슈나

비그네슈와라(Vighneshwara) : 가네샤(Ganesha), 장애물 해결의 주신(主神)

비자야(Vijaya) : 비슈누 처소의 문지기

비나타(Vinata) : 가루다의 어머니

비슈누(Vishnu) : 창조자

비슈바루파(Vishvarupa) : 무소부재(無所不在)의 신의 형상

야즈나(Yajna) : 희생, 제사

야즈나 나라야나(Yajna Narayana) : 베다에서 제사(희생)로 생각된[前提된] 비슈누

야마(Yama) : 죽음 담당의 신

요쇼다(Yoshoda) : 크리슈나 양모(養母)

요가(Yoga) : 명상(瞑想)

요가니드라(Yoganidra) : 우주의 대양(大洋)에 비슈누의 취침(就寢)

유디슈티라(Yudhishthira) : 판다바 형제들의 튼 형

유파 스탐바(Yupa-stambha) : 제사 말뚝

비슈와카르마(Vishwakarma) : 신들 중의 건축가

요게슈바라(Yogeshvara) : 요가 나라야나(Yoga-Narayana), 불타와 비슈누의 조합 상

야두(Yadu) : 크리슈나 소속의 종족

유가(Yuga) : 힌두가 설정한 우주의 연대(年代)

'아난타 비슈누(Ananta Vishnu)' '아난타 세샤(Ananta Seha)'[73]

———✦

ⓐ 이 '비슈누(크리슈나) 관련 용어'를 중심으로 먼저 살펴야 할 점은, '절대신' '인간'을 지속적으로 관련시키고 있다는 점이다. [푸르쇼타마(Purshotama) : 크리슈나로 화신(化身)한 비슈누]

ⓑ 그리고 천상의 주요신[브라흐마, 비슈누, 시바들]이 하나로 통일이 되고 있는데, 이점은 당초에 다신(多神)이 유일신으로 통합이 되었음을 알려 준 것이다.

ⓒ 세상의 모든 존재[산, 바다, 시간 등]가 의인화(擬人化, 神化)했음은 제일 주목할 만한 점이다.

ⓓ 암쇠소가 신으로 숭배된 것은 힌두의 생계가 주로 목축(牧畜)에 의존했음을 살필 수 있고, '목자(牧者)'로서의 '크리슈나(Krishna)' 특징을 보여 주목할 만하다.

ⓔ 사자, 수퇘지, 물고기, 거북도 비슈누의 화신(化身)으로 간주되고, 악어, 말, 코끼리, 독수리도 '신

---

73) Wikipedia, 'Sesha'

의 임무 수행' 돕는 존재로 수용이 되었음에 주목을 해야 한다.

(f) 그리고 '크리슈나' 성장에 방해가 되었던 존재는 모두 '악귀'로 간주가 되었는데, '절대신'이 힌두 선악(善惡) 구분의 기본적 전제로 역시 주목하지 않을 수 없다.

(g) 특히 **다양한 '뱀'들이 최고신 비슈누와 연관되어 있음은 '창조신 비슈누'의 이해에 필수 사항이다**.

(h) 원초적인 비슈누는 '뱀'과 불가분의 관계에 있다가 '영웅 신' 크리슈나의 등장으로 '뱀'이 억압 퇴치되고 '영웅'을 등장했음은 각별한 의미를 지니고 있는데, 그것은 소위 '요가'의 본질 -'육체적 욕망을 벗고 영적 절대 신에의 귀의'를 말하고 있기 때문이다.

(i) '최고신'의 소개에 '원반' '소라고둥' 등 무기가 소개됨은 당초 '절대신'이 '무력(武力)의 신(神)' '전쟁 승리의 신'이었다는 점을 명시하는 것으로 아울러 주목을 해야 한다.

7. 바라타(Bharata) 왕조(王朝) 가계도(家系圖)

　작품 '마하바라타(*The Mahabharata*)'의 특징은 '절대신 중심주의' '천국 중심주의' 표방하는 대표적인 적인 작품이면서 역시 '혈통 중시' '계급 중시'의 힌두 고대 사회 특징을 그대로 드러내고 있는데, 다음은 부이테넨(J. A. B. van Buitenen)이 작성한 '마바라타 관련 주요 신(인물) 가계도(家系圖)'[74]이다.

1) 바라타(Bharata) 가계(家系) 전도(全圖)

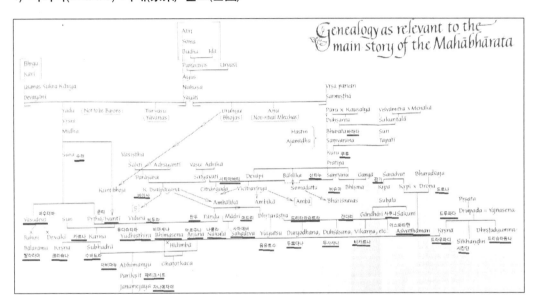

'그림 1 : 바라타(Bharata) 왕조(王朝) 가계(家系) 전도(全圖)' [상단 좌측에서 하단 우측으로] 1. 바라타(Bharata) 2. 수라(Sura) 3. 쿠루(Kuru) 4. 사티아바티(Satyavati) 5. 산타누(Santanu) 6. 강가(Ganga) 7. 비아사(Vyasa, Dwaipayana) 8. 비슈마(Bhishma) 9. 드로나(Drona) 10. 바수데바(Vasudeva) 11. 쿤티(Kunti, Partha) 12. 비두라(Vidura) 13. 판두(Pandu) 14. 마드리(Madri) 15. 드리타라슈트라((Dhritarashtra) 16. 간다리(Gandri) 17. 사쿠니(Sakuni) 18. 드루파다(Drupada) 19. 발라라마(Balarama) 20. 크리슈나(Krishna) 21. 카르나(Karna) 22. 수바드라(Subhadra) 23. 유디슈티라(Yudhishthira) 24. 비마세나(Bhimasena) 25. 아르주나(Arjuna) 26. 나쿨라(Nakula) 27. 사하데바(Sahadeva) 28. 유유트수(Yuyutsu) 29. 두료다나(Duryodhana) 30. 두사사나(Duhsasana) 31. 비카르나(Vikarna) 32. 아스와타만(Aswattaman) 33. 드라우파디(Draupadi) 34. 시칸딘(Sikhandin) 35. 드리슈타듐나(Dhrishtadyumna) 36. 아비마뉴(Abhimayu) 37. 파리크시트(Parikshit) 38. 자나메자야(Janamejaya)

_____✈

　(a) 크리슈나(Krishna)[20]의 누이 수바드라(Subhadra)[22]와 아르주나(Arjuna)[25]가 결혼해 낳은 아들이 아비마뉴(Abhimayu)[36]인데 그는 전쟁터에서 죽고 그 아비마뉴(Abhimayu)[36] 아들 파리

---

74) J. A. B. van Buitenen(Translated and Edited by), *The Mahabharatha*, The University of Chicago Press, 1973 'Genealogy as relevant to the main story of the Mahabharata'

크시트(Parikshit)[37]는 황제로 60년을 누리다가 뱀 왕에게 물려 죽었는데 그의 아들 **자나메자야 (Janamejaya)[38]** 황제가 복수의 뱀 희생제를 올리었다. 그런데 그 때 자나메자야(Janamejaya)[38] 황제 5대(五代)조부(祖父) 비아사(Vyasa, Dwaipayana)[7]가 그 '뱀 희생제'에 참석하여 그 제자를 시켜 '위대한 바라타(Bharata)[1] 족의 이야기' 펼치게 했던 결과 이 '마하바라타(*The Mahabharata*)'가 성립되게 되었다는 것이다.

(b) 특히 크리슈나(Krishna)[20]는 '절대신' 비슈누(Vishnu)신의 화신(化身)으로 전쟁에 패배한 아스와타만(Aswattaman)[32]이 복수심에서 수바드라(Subhadra)[22] 태중(胎中)의 아기까지 죽였는데, 크리슈나(Krishna)[20]는 그의 신통력으로 파리크시트(Parikshit)[37]를 살려내어 황가(皇家)의 손을 계승시킨 위력을 과시했다.[제16장, 제113장]

(c) 크리슈나(Krishna)[20]는 아르주나(Arjuna)[25]의 전차(戰車) 마부가 되어 '마하바라타 전쟁'을 주도하여, 비슈마(Bhishma)[8] 드로나(Drona)[9] 카르나(Karna)[21] 사령관을 차례로 격파하였다.

(d) 크리슈나(Krishna)[20]는 전투 마지막 날 비마세나(Bhimasena)[24]를 격동시켜 두료다나(Duryodhana)[29]를 쳐부수게 하여 '마하바라타 전쟁'에서 '판두들'이 완벽한 승리를 하도록 만들었다.

2) 야두(Yadu) 왕가(王家)

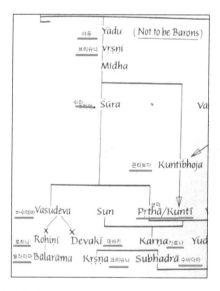

'그림 2 : 야두(Yadu) 왕가(王家)' [상단 좌측에서 하단 우측으로] 1. 야두(Yadu) 2. 브리슈니(Vrishni) 3. 수라(Sura) 4. 쿤티보자(Kuntibhoja) 5. 바수데바(Vasudeva) 6. 쿤티(Kunti, Partha) 7. 로히니(Rohini) 8. 데바키(Devaki) 9. 발라라마(Balarama) 10. 크리슈나(Krishna) 11. 수바드라(Subhadra)

———→

(a) 크리슈나(Krishna)[10]는 야두(Yadu)[1]의 후손이고 수라(Sura)[3]의 후손임은 주목을 해야 하는데, 이 **야두(Yadu)[1]가 유대인 이스라엘 선조**로 주목하는 사람들이 많다.

(b) 크리슈나(Krishna)[10]는 그의 고모(姑母)로 **쿤티(Kunti, Partha)[6]**가 있었는데, 그녀는 카르나(Karna) 유디슈티라(Yudhishthira) 비마세나(Bhimasena) 아르주나(Arjuna) 등 '마하바라타(*The*

Mahabharata)' 영웅 들이 다 그녀의 소생(所生)이었다.

(c) 크리슈나(Krishna)[10]의 누이가 수바드라(Subhadra)[11]로서 역시 아르주나(Arjuna) 처(妻)였고, 자나메자야(Janamejaya) 황제의 할머니라는 서술은 '**모계 혈족 중심 이야기**'라는 특성을 드러내고 있다.

(d) 흑인(黑人) 크리슈나(Krishna)[10]의 이복형(異腹兄) 발라라마(Balarama)[9]는 오히려 백인(白人)으로 악인 두료다나(Duryodhana)를 편들었고, 마지막에는 '백사(白蛇)'되어 바다로 들어갔다고 서술이 되었다. '마하바라타(*The Mahabharata*)'에 명시된 '**흑인 우월주의(Black Supremacy)**'는 주목할 만한 사항이다.

3) 산타누(Santanu) 왕가(王家)

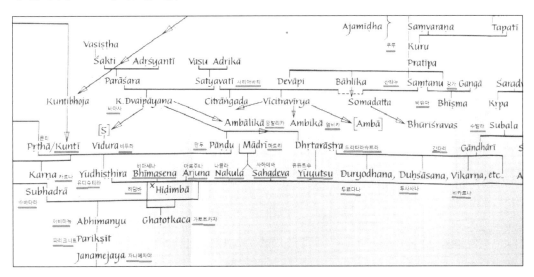

'그림 3 : 산타누 왕가(王家)' [상단 좌측에서 하단 우측으로] 1. 쿠루(Kuru) 2. 사티아바티(Satyavati) 3. 산타누(Santanu) 4. 강가(Ganga) 5. 비아사(Vyasa, Dvaipayana) 6. 비슈마(Bhishma) 7. 암발리카(Ambalika) 8. 암비카(Ambika) 9. 수발라(Subala) 10. 쿤티(Kunti, Partha) 11. 비두라(Vidura) 12. 판두(Pandu) 13. 마드리(Madri) 14. 드리타라슈트라(Dhritarashtra) 15. 간다리(Gandari) 16. 카르나(Karna) 17. 유디슈티라(Yudhishthira) 18. 비마세나(Bhimasena) 19. 아르주나(Arjuna) 20. 나쿨라(Nakula) 21. 사하데바(Sahadeva) 22. 유유트수(Yuyutsu) 23. 두료다나(Duryodhana) 24. 두사사나(Duhsasana) 25. 비카르나(Vikarna) 26. 수바드라(Subhadra) 27. 히딤바(Hidimba) 28. 아비마뉴(Abhimayu) 29. 가토트카차(Gatotkacha) 30. 파리크시트(Parikshit) 31. 자나메자야(Janamejaya)

(a) 산타누(Santanu)[3]왕과 여신 강가(Ganga)[4] 사이에 효자 무사(武士) 비슈마(Bhishma)[6]가 탄생했다는 것은 '신비주의' '마하바라타(*The Mahabharata*)'의 힘찬 '역사(歷史)'에로의 진입에 해당한다.

(b) 더구나 그 산타누(Santanu)[3]왕은 왕비 강가(Ganga)[4]가 떠난 다음 왕비 사티아바티(Satyavati)[2]를 영입한 과정은 '원시 사회의 꾸밈없는 사회상(社會相)'이 드러나 있으니, '**남성은 무용(武勇)**'이 최고이고, '**여성은 미모(美貌)**'가 최고라는 힌두의 가치관이 명시되어 있다.

(c) 사티아바티(Satyavati)[2] 왕비는 혼전(婚前) 이미 비아사(Vyasa, Dvaipayana)[5]를 낳아 지니고

있었는데, 그 왕비는 아들이 죽어 과부가 되어 있는 며느리 암발리카(Ambalika)[7] 암비카(Ambika)[8]를 시켜 비아사(Vyasa, Dvaipayana)[5]에게 아들을 낳아 주도록 요구하여 드리타라슈트라(Dhritarashtra)[14]와 판두(Pandu)[2]와 비두라(Vidura)[11]를 출생시켜 왕통(王統)을 다시 이어가게 했다는 점은 작품 '마하바라타(*The Mahabharata*)'를 이해하는데 핵심 사항이다.

(d) 그런데 뒷날 그 판두(Pandu)[2] 아들들과 드리타라슈트라(Dhritarashtra)[14] 아들의 사촌(四寸)간 왕권다툼이 '마하바라타(*The Mahabharata*)'의 전쟁이다.

4) 드로나(Drona) 드루파다(Drupada) 왕가(王家)

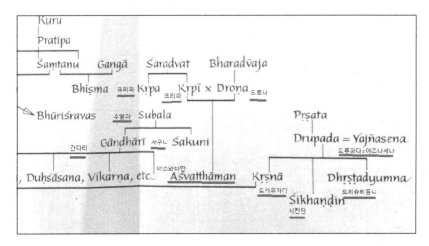

'그림 4 : 드로나(Drona) 드루파다(Drupada) 왕가(王家)' [상단 좌측에서 하단 우측으로] 1. 크리파(Kripa) 2. 크리피(Kripi) 3. 드로나(Drona) 4. 수발라(Subala) 5. 간다리(Gandhari) 6. 사쿠니(Sakuni) 7. 드루파다=야즈나세나(Drupada=Yajnasena) 8. 아스와타만(Aswatthaman) 9. 드라우파디(Draupadi) 10. 시탄딘(Sikhandin) 11. 드리슈타듐나(Dhrishtadyumna)

————✈

(a) 드리타라슈트라(Dhritarashtra)왕의 왕비 간다리(Gandhari)[5]의 남동생 **노름꾼 사쿠니(Sakuni)[6]**의 존재는 주목할 만하니, 그는 '노름'을 좋아하는 유디슈티라(Yudhishthira)와 노름판을 벌려 유디슈티라(Yudhishthira)자신을 포함한 모든 소유를 '노름으로 딴' 특별한 존재였다.

(b) 당초 드로나(Drona)[3]와 드루파다(Drupada)[4] 동문(同門) 친구였는데, 먼저 왕이 된 드루파다(Drupada)[4]가 드로나(Drona)[3]를 무시하니, 드로나(Drona)[3]는 제자 아르주나(Arjuna) 등을 동원하여 판찰라 왕국을 붕괴시키고 드로나(Drona)[3]는 그 판찰라 왕국의 절반을 차지하여 왕이 되었다.

(c) 이에 드루파다(Drupada)[4]왕은, 암소 1백만 마리 닥시나(Dakshina)로 '제사'를 올려 불[火] 속에서 공주 드라우파디(Draupadi)[9]와 무사 드리슈타듐나(Dhrishtadyumna)[11] 얻어 결국 드로나(Drona)[3]를 잡아 복수를 행했다.

(d) 그런데 드로나(Drona)[3]의 아들 아스와타만(Aswatthaman)[8]도 역시 '제사'를 올리고 밤을 이용하여 시탄딘(Sikhandin)[10]과 드리슈타듐나(Dhrishtadyumna)[11]와 그 드라우파디(Draupadi)[9]의 아들들을 몰살시켰다.

다다 혁명 운동과 마하바라타
Movement Dada & *The Mahabharata*

제2권 추방된 왕자들

'목표를 명중[땅 바닥에 물고기]시킨 아르주나에게 화환(花環)을 걸어주는 드라우파디'[1]

---

1) Dr. N. Krishna etc, *Historicity of the Mahabharata*, Aryan Books International New Delhi, 2013, p. 19 'After Arjuna had shot down the target(the fish on the ground) Draupadi garlanded him.'

1. 시작의 책(Adi Parva)

제1장 '마하바라타' 저자 비아사

옴(Om)[2]! 최고의 남성 나라야나(Narayana, 크리슈나 神)와 나라(Nara, 아르주나 神)께 인사를 드리며 여신 사라스와티(Saraswati)와 자야(Jaya)[3]께도 인사드리옵니다.

어느 날 경전(經典)에 달통한 '사우티(Sauti, 歌客) 우그라스라바(Ugrasrava)[4]가, 나이미샤(Naimisha) 숲에 있는 사우나카(Saunaka)의 12년째 희생제에 참여했다. 그는 엄중한 맹세로 편하게 앉아 있는 대 성자(聖者)들 앞으로 나가 예를 올렸다. 이 성자들은 그 '우그라스라바(Ugrasrava, 歌客)'의 놀라운 이야기를 들어보려고 그 나이미샤(Naimisha) 숲으로 찾아 온 '우그라스라바(Ugrasrava)'를 맞아 반갑게 인사들을 하였다. 그 성자들에게 존중을 받아 기분이 좋아진 '우그라스라바(Ugrasrava)'는 그 성자들에게 손을 모아 경배를 드리며, 모든 성자들에게 수행의 진전이 어떠하신 지를 여쭈었다. 모든 성자들이 좌정(坐定)을 하니, '우그라스라바(Ugrasrava)'도 그를 위해 마련된 자리에 공손하게 앉았다. '우그라스라바(Ugrasrava)'가 자리에 앉은 것을 보고, 선인(仙人, Rishi) 중에 한 사람이 이야기를 시작하기 전에 물었다. -연꽃[淸秀한] 눈을 가진 가객(歌客, Sauti)이여, 그 동안 어디에 계셨는지요?

우그라스라바(Ugrasrava, 사우티)'는 대답했다. -저는 '크리슈나-드와이파야나(Krishna-Dwaipayana, -Vyasa)'께서 지으신 '마하바라타(*Mahabharata*)' 속에 있는 여러 가지 이야기들을 들었습니다. 그것은 자나메자야(Janamejaya) 왕[5]께서 행한 '뱀 제사(Snake-sacrifice)'에서, 바이삼파야나(Vaisampayana)[6]에 의해 온전하게 낭송이 되었던 이야기들입니다. 그리고 저는 많은 성천(聖泉)과 성지(聖地)를 방문했습니다. '드위자(Dwijas, 復活)'란 유명한 고장도 여행을 했습니다. '사만타판차카(Samantapanchaka)'라는 곳은 쿠루(Kuru)들과 판두(Pandu)들 간에 전쟁이 있었던 지역입니다. 저는 거기에서 곧장 이곳으로 왔습니다. 선인들이시여, 저에게는 당신들 모두가 신(Brahma)과 같으십니다. 태양과 불의 광명과 더불어 희생 속에 빛나시며, 성화(聖火)를 지키시고 침묵을 결심하시고, 무관심 속에 좌정하신 오 '드위자(Dwijas, 再生 者)들'이시여. 제가 종교적 계율과 세상

---

2) '옴, 아움, 온카라(Om, AUM, ONKARA)' : 힌두의 최고의 신['용어 해설' 참조]

3) '자야(Jaya)' : '자신의 아내에게서 자신[아들]을 낳으므로 그 아내를 자야라 한다.(One's own self is begotten on one's wife, and therefore it is that the wife is called *Jaya*)'[비라타의 책(Virata Parva) p. 31]라는 진술로 미루어 '크리슈나'와 '아르주나' 부인들을 지칭한 것으로 볼 수 있다. 다른 한편 '저주를 받아 이 세상에 악귀로 태어난 비슈누에 대한 헌신(獻身)자'['용어 해설']라는 설명도 참조될 수 있다.

4) '로마하르샤나(Lomaharshana =Suta =Sanjaya, 비아사의 제자)'의 아들. '가객(歌客)'이란 '율격(律格)이 있는 서사시를 고운 목소리'로 서술하는 전문가에 대한 명칭.

5) '마하바라타 전쟁'의 주인공 아르주나(Arjuna)의 曾孫子, 아비마뉴의 손자.['바라타 가계도' 참조]

6) 비아사(Vyasa)의 제자

의 이익과 저명한 성자들과 국왕의 행적을 간직한 그 푸라나들(Puranas, 경전)에 수집된 성스런 이야기들을 들려 드려도 좋겠습니까?

선인들(Rishi)이 대답했다. -그 경전(經典, Purana, 마하바라타)은 대성자(聖者) 드와이파야나(Dwaipayana, 비아사)께서 처음 반포하셨는데, 신들과 바라문들에 의해 '베다에 연원을 둔 탁월한 저술'로 고평을 받고 있는 성서(聖書)라고 우리는 알고 있습니다. 우아한 언어로 다른 서적들의 주제도 거기에 포괄되어 '4 베다'의 의미가 종합된 경전이라고 하니 우리는 비아사(Vyasa)의 '바라타(Bharata)'라는 그 역사 이야기를 정말 듣고 싶었습니다. 그것은 자나메자야(Raja Janamejaya) 왕이 행한 뱀 희생제에서 그 드와이파야나(Dwaipayana, 비아사)의 허락을 받아 바이삼파야나(Vaisampayana)가 흥겹게 낭송[노래]해서 모든 악(惡)에 대한 두려움을 쫓았다는 것이 아닙니까?[7]

'나라야나(크리슈나), 나라(아르주나), 비아사, 바이삼파야나'[8], '마하바라타의 저자 비아사'[9]

_____ ✈

(a) '마하바라타(The Mahabharata)' 전(全) 이야기는, 황제 자나메자야(Raja Janamejaya)의 증조부 '아르주나(Arjuna)'와 조부 '아비마뉴(Abhimanyu)'의 무용담(武勇談)이 핵심을 이루고 있으니, 이 점은 '마하바라타(The Mahabharata)'는 조선왕조(朝鮮王朝)의 그 '용비어천가(龍飛御天歌)'와 유사(類似)하다.[왕족(크샤트리아)에 의해 '봉양(奉養)'된 '계관(桂冠) 시인들'의 작품]

그런데 '마하바라타(The Mahabharata)'와 '용비어천가'의 명백한 차이점은, '마하바라타(The Mahabharata)'가 '크샤트리아(武士)' 계급 존중(찬양)에 앞서 명백히 <u>그들[크샤트리들] 상위(上位) 계급인 '바라문(婆羅門, 司祭 階級)의 우위(優位)'를 처음부터 끝까지 강조하고 있다는 사실이다.</u>

7) K. M. Ganguli (Translated into English Prose from the Original Sanskrit Text), *The Mahabharata of Krishna-Dwaipayana Vyasa*, Munshiram Manoharlal Publisher Pvt. Ltd. New Delhi, 2000, -**Adi Parva**- pp. 1~2

8) S. Jyotirmayananda, *Mysticism of the Mahabharata*, Yoga Jyoti Press, 2013, p. 20 'Narayana(Krishna), Nara(Arjuna), Vyasa, Vaisampayana'

9) P. Thomas, *Epics, Myths and Legends of India*, Bombay, 1980, Plate 154 'Vyasa Author of The Mahabharat'

이것이 바로 '인도 서구(西歐) 문화권'과 '중국(中國)' '한국' '일본' 문화권의 차이, 즉 '**절대신 중심의 사회**' '**절대주의 사회**'와 '**실존 현실 중심 문화**'의 극명한 대조를 이루고 있는 바로서 그 '**세계 철학의 양대(兩大) 기원(起源)**'을 이루고 있는 바로 그 점이다.

(b) '마하바라타(*The Mahabharata*)'의 **원저자 비아사(Vyasa)**는, 힌두 최고 경전 '베다(Veda)'를 정리 했을 뿐만 아니라 '제5베다'라는 '마하바라타(*The Mahabharata*)'의 저작자이고, 황후며 어머니인 사티아바티(Satyavati)의 명(命)을 받은, 드리타라슈트라와 판두, 비두라 세 아들의 아버지이다. [사실상 '바라타 왕족'의 始祖]

(c) 그 '**비아사(Vyasa)**'의 말을 바로 서술하고 있다는 '서사 자(歌客)'가 바로 '바이삼파야나(Vaisampayana)'와 '산자야(Suta =Sanjaya)'이다.['서술자'는 결국 神들의 행적과 말씀까지 서술하는 특별한 존재들이었음]

(d) 힌두(Hindu) 인들은 그 '**비아사(Vyasa, 신, 예언가, 신선)**'의 권위로 '마하바라타(*The Mahabharata*)' 힘을 입증하고 있는데, 이것이 역시 '인류 최초 언어 사용에 대한 신권(神權) 부여'로 그 의미를 지니고 있다. ['바라문의 말'='神의 말']

(e) 여기에서 빠뜨릴 수 없는 어휘가 '**크리슈나(Krishna, 黑人)**'란 용어인데, 이 용어는 우선 비슈누 (Vishnu) 신의 인격화한 전능의 신이 '크리슈나(Krishna, 흑인)'이고, 역시 비아사의 이름이 '크리 슈나(Krishna 흑인)'이고, '마하바라타(*The Mahabharata*)'에 등장하는 최고의 궁사(弓師) 아르주 나가 크리슈나(Krishna 흑인)이고, 역시 신화적 미인(美人) 드라우파디가 '크리슈나(Krishna, 흑 인)'인데, 그것은 기본적으로 힌두(Hindu) 문명이 '**흑인(검둥이) 중심의 문화**'라는 의미이니, '힌두 인의 존중한 색깔(흑색, 청색)'이다.

즉 '**마하바라타(*The Mahabharata*)는 '흑인(黑人)의 문화' '흑인의 정신' '흑인들의 신화'로서, 물론 이것이 인류 최초의 '흑인(黑人) 종족 우월주의'였고, '브라만, 크샤트리아 절대 존중 문학' 이다.**

(f) 독자들은 '마하바라타(*Mahabharta*) 독서법'을 관통해야 하는데, 사실 '마하바라타(*Mahabharta*)' 는 전체 힌두(인도)의 역사를 총괄하는 역사책이므로, 인도 사람은 누구나 (조금이나마) 알아야 (배워야) 하고, 아무도 '그 무한한 의미를 다 알 수 없다'는 두 가지 양극(兩極) 점(합리주의와 신비주의)을 전제(前提)로 하고 있다는 사실이다.

(g) 한 줄만 읽어도 그 속에 요긴한 정보가 있고, 다 읽어도 완전히 알 수는 없다는 힌두의 논리가 그것이니, 그것은 오늘날 '과학 시대'에도 동일한 사항이다. 즉 과학을 떠나서는 한 시간도 존속을 할 수 없지만, 완전한 그 과학 속에 인생을 전개시킬(전개 되게 할) 수도 없다는 논리를 인도인은 그것을 '마하바라타(*The Mahabharata*)'에는 '요가(Yoga)의 실천'이라 간단하게 요약하고 있다. 즉 '**요가(Yoga)**'란 '절대 신을 향한 헌신(獻身)'이니, 그것이 '신 중심의 힌두 사회'의 요점이고, 역시 인류 모든 종교의 기본 전제이다.

(h) '마하바라타(*The Mahabharata*)'는 정확하게 말하여 전 인도인의 최초 역사인 '마하바라타[쿠루크 셰트라] 전쟁'을 기본 소재(素材)로 하고 있으며, 그 '마하바라타(*The Mahabharata*)'의 저자에 대해 우선 거듭된 설명을 가하고 있는데, 그 말대에 의하면 '계관 시인' 비아사(Vyasa)는 자기와 아들 손자의 영웅담(크샤트리아 武勇談)을 그의 기억력과 [신과 같은] 통찰력으로 그 제자들에게 가르쳐 오늘날까지 전하는 바가 '마하바라타(*The Mahabharata*)'라는 것이다.

(i) 시인 비아사(Vyasa, Krishna, Dwaipayana)는 '산타누 왕'의 후처(後妻) 사티아바티(Satiavati,

Kali)가 '산타누 왕'과 혼인(婚姻) 전에 신령(神靈) 파라사라(Parasara)와 사귀어 탄생된 존재로, 그 칼리(사티아바티) 왕비의 명령으로 산타누(Santanu) 가계를 잇기 위하여 죽은 비치트리아비리아(Vichitravirya)의 두 아내 암발리카(Ambalika)와 암비카(Ambika)에게서 드리타라슈트라(Dhritarashtra)와 판두(Pandu)와 비두라(Vidura)를 탄생시켰으므로 사실상의 **황손(皇孫) 자나메자야(Raja Janamejaya)의 5대조) 할아버지**였다.['바라타 왕조 가계도' 참조]

(j) 그래서 전 힌두의 문화가 '마하바라타(*The Mahabharata*)'와 그의 저자 비아사(Vyasa)에게 돌려졌음은 가장 주목해야 사항이고, '마하바라타(*The Mahabharata*)'의 초점 중의 초점이다.

(k) 위의 서술자 **우그라스라바(Ugrasrava, 사우티)는**, 자신이 그 비아사의 제자 '바이삼파야나(Vaisampayana)'와 더불어 그 비아사의 제자였던 **로마하르샤나(Lomaharshana =Suta)의 아들**로서, 그 부친의 스승비아새 그 황손자나메자야 앞에서 말했던 것을 학습 낭송한다는 그 자세를 거듭 명시하고 있다.

(l) '시간의 변전[歷史] 무시(無視)'가 '힌두 정신'의 뚜렷한 특징 중의 하나이다. 소위 시간적 '동시주의(同時主義, Simultaneism)'를 달성한 최초의 종족이고, 이에 부수한 '조상(신)과 자신(인간)의 동시주의(同時主義)'를 이루어 고대 힌두 '윤회(輪回) 사상'을 이루었고, 그것은 역시 **철두철미(徹頭徹尾)한 '4계급(바라문, 크샤트리아, 바이샤, 수드라)'의 고수(固守)와, '바라문 중심의 세계관' 주입에 모든 교육의 목표가 있었다는 점**이 그 특징이다.

(m) '마하바라타(*The Mahabharata*)'의 저자(-Vyasa, 3100 b. c.)의 수용은, '천국 중심' '절대자(비슈누 신의 화신 Krishna)의 중심'의 '윤회(輪回)'와 '예정설' 기초를 둔 힌두의 우주관의 긍정과 상통되는 것으로 이 '마하바라타(*The Mahabharata*)'의 이해에, 가장 우선적으로 강조가 되고 있는 사항이다.

제2장 브라흐마(절대신)와 비아사와 가네사

가객(歌客, Sauti, -Ugrasrava)이 말했다. -태초에 **이사나(Isana)**께 경배합니다. 그분은 만인(萬人)이 봉납(奉納)하고 만인이 찬송하는 진정한 불멸의 유일한 존재이신 신(God-Brahma)이십니다. 그분은 볼 수도 있지만, 역시 볼 수도 없는 영원한 존재입니다. 그분은 역시 존재하지 않으면서도, 없는 중에 거(居)하는 존재이십니다.(who is both a non-existing and an existing-non-existing being) 그분은 우주이시고, 역시 존재 비(非)존재의 우주와는 구분되는 존재이시고, 상하 세계의 창조주이시고, 태고로부터 격상된 무궁의 존재이시고, 그분은 만복을 주관하는 순수한 자비로운 **비슈누(Vishnu)**이시고, 만물을 인도하는 **하리(Hari)**이십니다. 저는 [그것을 서술한] 걸출한 성자 비아사(Vyasa)의 놀라운 행적에 모든 찬송을 올리는 바입니다. 약간의 그 역사는 이미 밝혀져 있고, 일부는 지금 진술을 할 것이고, 나머지는 이후 세상에 다 반포가 될 것입니다. '[마하바라타(Bharata)'는 3계(三界)에 통하여 확립된 지식의 원천이고, 상세하고도 간명한 재생(再生, the twice-born) 형식들을 포괄하고 있습니다. '[마하바라타(Bharata)'는 우아한 표현, 인간과 신의 대화, 시적 율격으로 학습자를 즐겁게 할 것입니다.

이 세상 전체가 온전한 어둠으로 감싸여 있었고, 빛과 광명이 황무(荒蕪)할 적에, 창조의 일차적 원인으로 **하나의 거대한 알(a mighty egg)**이 존재하게 되었습니다. 그것은 모든 피조물의 불가결한 씨앗이었습니다. 그것을 '마하디비아(Mahadivya)'라고 불렀는데, '유가 시대의 시작(the beginning of Yuga)'을 이루었습니다. 그 속에 우리가 말하는 '진정한 빛의 신(Brahma)'이 계셨는데, 그 '브라흐마'는 모든 곳에 거하시는 놀랍고 인지할 수 없는 영원한 존재이셨습니다. 알 수 없고 묘한 원인은 그들의 속성이 실체가 있기도 하고 없기도 했습니다. 그 알(egg)로부터 '피타마하 브라흐마(Pitamaha Brahma)' 주님이 나왔고, 그분이 유일한 창조신이셨는데, 수라구루(Suraguru)와 스타누(Sthanu)를 대동하였습니다. 그 다음 21명의 창조신들(Prajapatis)이 나타나셨으니, 즉 마누(Manu) 바시슈타(Vasishtha) 파라메슈티(Parameshthi)와 열 명의 프라체타(Prachetas)와 닥샤(Daksha)와 닥샤의 아들 일곱이 그들이었습니다. 그 다음 모든 수도사들이 알고 있는 불가지(不可知)의 인간 속성이 나타났는데, 비세데바(Viswe-devas) 아디티아(Adityas) 바수(Vasus) 쌍둥이 아스윈(Aswins) 약샤(Yakshas) 사디아(Sadhyas) 피사차(Pisachas) 구히아카(Guhyakas) 피트리들(Pitris)이 그들이었습니다. 그 뒤를 이어 현명하고 성스러운 바라문(Brahmarshis)이 나왔고, 고상한 속성이 두드러진 라자르쉬들(Rajarshis)이 태어났습니다. 그래서 물과 하늘 땅 공기 하늘의 별들 년 수, 계절 개월 주일을 파크샤들(Pakshas, 시간 계산 단위)로 삼게 되었습니다. 그래서 만물이 생성됨을 인간들이 알게 되었습니다. 그래서 세상에 보이는 것은 생물이건 무생물이건 창조물이건 간에 세상의 끝, 시대[Yuga]의 종말에 다시 조합되게 마련입니다. 그리고 다른 시대의 시작에 만물은 개선이 되는 것은 지상의 다양한 열매가 계절에 따라 열리는 것과 같습니다. 이처럼 지속적으로 세상이 바뀌는 것이 시작도 없고 끝도 없이 만물을 사라지게 하는 원인이 되는 그 바퀴입니다.

천신들(天神, Devas)의 세대는 간단하게 33000, 3300, 33입니다. 디브(Div)의 후손은 브리하드바누(Brihadbhanu) 차크수스(Chakshus) 아트마(Atma) 비바바수(Vibhavasu) 사티바(Savita) 리치카(Richika) 아르카(Arka) 바누(Bhanu) 아사바하(Asabaha) 라비(Ravi)였습니다. 이들 늙은 비바스완(Vivaswans) 형제 중에서 마히야(Mahya)이 가장 나이가 어렸고, 그의 아들이 데바브라타(Deva-vrata)였다. 데바브라타(Deva-vrata)는 아들 수브라타(Su-vrata)를 두었고, 수브라타(Su-vrata)는 다사지오티(Dasa-jyoti)와 사타지오티(Sata-jyoti), 사하스라지오티(Sahasra-jyoti) 세 아들을 두었는데, 그들은 수많은 후손을 두었다. 그중에 유명한 다사지오티(Dasa-jyoti)는 1만 명의 아들을 두었고, 사타지오티(Sata-jyoti)는 그것의 10배(10만명), 사하스라지오티(Sahasra-jyoti)는 역시 그것의 열배(100만명)의 후손을 두었습니다. **이들로부터서 쿠루 족(Kurus) 가계(家系)와 야두 족(Yadus), 바라타(Bharata), 야야티(Yayati), 익슈와카(Ikshwaku) 가계(家系)가 출발했고, 역시 모든 라자르쉬족(Rajarshis) 후손이 나왔습니다.** 그래서 수 많은 세대를 이루어 그들의 처소를 풍성하게 하였습니다. '베다(Vedas)'와 '요가(Yoga)'와 '계율(Vijnana Dharma)'이란 3중(重)의 신비는 모든 책에 '계율(Dharma)' '아르타(Artha, 수행)' '욕망(Kama)'으로 다루고 있고, 인류의 행동 율(律)

이 되어 있고, 역시 다양한 천계(天啓, 하늘의 가르침)를 동반한 역사와 강론이 되었고, 비아사(Vyasa) 성자께서 이 책의 표본으로 언급하셨던 바인 것입니다. 비아사(Vyasa) 성자께서는 엄청난 지식을 상세하고 간략한 방법으로 알리셨습니다. 상세하고 간략하게 이 세상에서 알고자 하는 것은 학자들의 소망입니다. 어떤 사람은 '시작의 만트라(mantra, 呪文)'부터 '바라타(Bharata)'를 읽기 시작합니다. 다른 사람들은 '아스티카(Astika) 이야기'부터 시작하고, 또 다른 사람들은 '우파리차라(Uparichara)'로 시작하고, 약간의 바라문들은 전체를 다 공부하기도 합니다. 학자들은 '바라타(Bharata)' 구성에 대해 다양한 지식을 제시하고 있습니다. 그들의 일부는 그것을 해설하는데 요령을 얻었고, 다른 사람들은 그것의 내용을 기억하게 합니다. '사티아바티(Satiavati)의 아들[비아사]'은, 고행(苦行)과 사유로 베다(Veda)를 분석하고 난 다음에 이 성스러운 역사를 지었는데, 서술을 마친 다음 그것을 그의 제자들에게 어떻게 가르칠 것인가를 생각하기 시작했습니다. 그래서 육덕(六德, the six attributes)을 지닌 세상의 교사인 브라흐마(Brahma, 절대신)께서 '드와이파이아나(Dwaipayana, 비아사)'의 고뇌를 알고서 '드와이파이아나(Dwaipayana)'가 있었던 곳으로 가서 그 성자를 위로하고 '사람들을 이롭게 하게 하셨습니다(benefiting the people)[弘益人間]'. 그래서 성자들에게 둘러싸인 비아사(Vyasa)가, 브라흐마를 보고 놀랐습니다. 그는 합장을 하고 브라흐마를 위한 자리를 가져오라고 명령하였습니다. 그리고 **비아사(Vyasa)**가 히라니아가르바(Hiranya-garbha)라는 브라흐마의 자리 곁에 서니, 브라흐마는 "가까운 자리에 앉아라." 명하고 애정이 넘친 미소를 지으셨습니다. 그러자 크게 축복을 받은 그 **비아사(Vyasa)**는 '브라흐마 파라메슈티(Brahma Parameshthi)'보며 말했습니다.

"신성한 브라흐마시여, 존경스런 마음에서 시(詩)가 제작되었습니다. 베다와 그리고 다른 주제들이 해설이 되었습니다. 우파니샤드(Upanishads)의 의례와 경전과 내가 이룬 역사를 종합하였고, 시간의 세 가지 구분 −과거 현재 미래를 구분하였고, 부패와 공포 질병 존재 비존재 교리와 인생의 다양한 형식을 묘사하여 그 속성을 정리하였습니다. 즉 **4종성(四種姓)의 규칙; 제 경전(經典)의 수용; 금욕, 종교 학습자의 의무, 그리고 태양과 달, 행성, 별자리의 4년간의 지속성; 리크(Rik) 사마(Sama) 야주르(Yajur) 베다, 그리고 아디아트마(Adhyatma), 니아야(Nyaya) 오르토이피(Orthoephy) 간병(看病)학; 자선과 파수파타 교훈(Pasupatadharma), 천상에 태어남과 인간으로 태어남의 특별한 목적, 그리고 강과 산 숲 대양 천상의 도시 칼파스(kalpas)의 순례 지와 신성한 장소에 대한 설명; 전술(戰術); 종족과 언어의 상이점; 사람들의 성격과 풍습; 만연한 정신 등을 드러내었습니다.** 그러나 결국 이 '저작자'를 세상에서는 찾을 수가 없습니다." 브라흐마는 말씀하셨습니다.

"나는 그대의 신에 관한 지식을 인정노라. 축복된 성자(Munis)의 육신에 앞서 그 생명의 존엄성이 두드러짐을 인정하노라. 그대는 신의 말씀을 드러내었고, 첫 진술부터 진리라. 그대는 저작을 시(詩)라고 했으나, 무엇으로 시라고 할 것인가? 이 시의 묘사와 동일한 시는 없다. '아스라마

(Asrama)'라 부르는 세 가지 형식도 세간의 '아스라마(Asrama)'와는 다르다. 오 '성자(Muni)'여, 시의 저작을 위해 '가네사(Ganesa)'를 생각하라."['생각'은 바로 '존재'를 가능학 함-'생각 만능주의']

가객(歌客, Sauti)은 말했다. -브라흐마(Brahma, 절대신)께서 비아사(Vyasa)에게 그렇게 말하니, 비아사(Vyasa)는 그의 처소로 돌아왔습니다. 그리고 나서 그 '가네사(Ganesa)'를 마음속으로 불렀습니다. 그런데 그 해결사(解決師) '가네사(Ganesa)'는 숭배자들의 욕망을 이행할 준비가 되어 있어 비아사가 앉을 자리가 마련된 다음 즉시 실행을 하게 되었습니다. 비아사(Vyasa)는 인사를 마친 다음 자리에 앉았습니다. 비아사(Vyasa)가 '가네사(Ganesa)'에게 말하였습니다.

"저의 기억 속에 있고, 반복할 태세가 되어 있는 그 '[마해바라타(Bharata)'의 기록자(記錄者)가 되어 주십시오." 가네사(Ganesa)가 그 비아사의 호소를 듣고 대답했습니다.

"제가 당신 저술(著述)에 기록자가 되겠습니다. 저의 펜이 잠시도 쉬지 않도록 불러주십시오." 그래서 비아사(Vyasa)는 그 [가네사(Ganesa)]신(神)께 말했습니다.

"당신께서 이해가 되지 않는 곳에서는 그 기록하는 것을 멈추어 주십시오." 가네사(Ganesa)는 비아사(Vyasa)의 의도를 알아듣고 '**옴(Om, 절대신 이름)**'을 반복하고 그 기록을 시작하였습니다. 그리고 비아사(Vyasa)는 사건이 복잡해지면 어구를 엮거나 매듭을 지었습니다. 그렇게 해서 비아사(Vyasa)는 이 작품을 그 가네사(Ganesa)가 받아 적을 수 있게 하였습니다.[10]

'브라흐마'[11] '가네사'[12] '가네사'[13]

10) K. M. Ganguli (Translated into English Prose from the Original Sanskrit Text), *The Mahabharata of Krishna-Dwaipayana Vyasa*, Munshiram Manoharlal Publisher Pvt. Ltd. New Delhi, 2000, -**Adi Parva**- pp. 2~4

11) P. Thomas, *Epics, Myths and Legends of India*, Bombay, 1980, Plate 108 'Brahma'

12) P. Thomas, *Epics, Myths and Legends of India*, Bombay, 1980, Plate 180 'Ganesa'

13) P. Thomas, *Epics, Myths and Legends of India*, Bombay, 1980, Plate 1 'Ganesa'

'비아사와 그의 어머니(사티아바티)'[14] '마하바라타를 가네사에게 기술 시키고 있는 비아사'[15]

━━━✈

(a) 이 부분도 '마하바라타(*The Mahabharata*)'의 이해에 가장 주목을 해야 할 부분이다. 즉 '마하바라타(*The Mahabharata*)'는 '절대신 존중' 문학이니. 그 '절대자'를 '그분은 볼 수도 있지만, 역시 볼 수도 없는 영원한 존재입니다. 그분은 역시 존재하지 않으면서도, 없는 중에 거(居)하는 존재이십니다.(who is both a non-existing and an existing-non-existing being) 그분은 우주이시고, 역시 존재 비(非)존재의 우주와는 구분되는 존재이시고, 상하 세계의 창조주이시고, 태고로부터 격상된 무궁의 존재이시고, 그분은 만복을 주관하는 순수한 자비로운 **비슈누(Vishnu)**이시고, 만물을 인도하는 **하리(Hari)**이십니다.'라고 했다.
그런데 <u>**절대신(God-Brahma)'이 바로 불교의 '부처'이고, '기독교'의 '여호와(jehovah)'이고, 주돈이(周惇頤) 주희(朱熹) 이이(李珥)의 '이(理)'이다.**</u>['주돈이(周惇頤)' '이이(李珥)' 항 참조]

(b) 힌두의 '마하바라타(*The Mahabharata*)'는 그 '절대주의 사상'을 바로 상고시대 그 '마하바라타(*The Mahabharata*) 전쟁'이라는 역사 속에 풀어 '절대 신 숭배'를 말하였다. 그래서 그 '마하바라타(*The Mahabharata*)'는 <u>**그것이 힌두(Hindu)들의 '상고사(上古史)'일 뿐만 아니라 지구촌 문명 국가들의 '상고사'와 서술 방법이 일치하고 있다**</u>는 심각한 문제가 이미 충분히 논의와 검토가 마쳐진 상태이다.['3부 세계 상고사(上古史)에 마하바라타(*The Mahabharata*)의 구체적인 영향 증거들' 참조]

(c) 소위 상고사(上古史)의 시작에, '절대신' '피조물' '인간의 창조' '그에 따른 종족' '군장(君長), 왕)의 논의' 없이는 더욱 구체적인 '역사 논의'란 있을 수 없으므로, '인류의 상고사는 역사 철학 종교가 혼용된 것'으로 그 실상(實相)을 '마하바라타(*The Mahabharata*)'가 가장 구체적으로 보여주고 있어, <u>**마하바라타(*The Mahabharata*)'는 사실상 '세계 인문학의 출발'이라는 불후의 영광을 사양할 수 없게 되었다.**</u> 위의 서술은 간단하나마 '마하바라타(*The Mahabharata*)' 주체 종족 '쿠루 족(Kurus) 가계(家系)와 야두 족(Yadus)'의 족을 기원을 다 밝힌 셈이다.['바라타 가계도' 참조]

(d) 더구나 '마하바라타(*The Mahabharata*) <u>**서술자 비아사를 '절대신[브라흐마]'과의 직접대화로 그 절대신과 등위(等位)로 명시했던 바는, '현실적인 왕[크샤트리아]들의 무력[체력]'을 넘어서 '정신력의 우위'를 일찌감치 명시하고 있는 것으로 감히 '인류 인문학의 기초(基礎)'를 힌두 바라문**</u>

---

14) Wikipedia, 'Vyasa' -'Vyasa with his mother (Satyavati)'
15) Wikipedia, 'Vyasa' -'Vyasa narrating the Mahabharata to Ganesha.'

<u>들이 앞서 확립했다</u>는 중차대한 사실을 거듭 확인할 수 있다.

(e) '마하바라타(*The Mahabharata*)'는 처음부터 그 중요 사실을 앞서 솔직하게 제시를 하였으니, 우선 절대신 브라흐마(Brahma)와 '마하바라타(*The Mahabharata*)'의 저자 비아사(Vyasa)의 불가결한 연대(連帶)를 명시했던 것은, 인류의 인문학이 처음 '절대신[司祭 자들]'과 불가분의 관계에 있을 밖에 없었던 초기 역사의 어쩔 수 없는 숙명(宿命)의 관계를 밝힌 것이다.[절대신=사제=서술자]

(f) 위에서 역시 주목해야 대목은, 절대신 브라흐마(Brahma)가 저술자 비아사(Vyasa)에게, '오 무니(Muni)여, 시의 저작을 위해 가네사(Ganesa)를 생각하라.(Let Ganesa be thought of, for the purpose of writing the poem)'라고 말했다는 점이다. **'생각=실제 존재'이라는 소위 '관념주의(Idealism)'는 여기[마하바라타]에서 그 기원을 두고 있으며**, 서양과 동양에서 '신(神, God)이 실체(實體, substance)'라는 주장들[Hegel 등]은 바로 다 이 '마하바라타(*The Mahabharata*)'에 그 기원을 두고 있다.

제3장 '마하바라타'의 대강(大綱) Ⅰ

우그라스라바(Ugrasrava, 사우티)가 말했다. -저(歌客, Sauti)는 '수카(Suka)'의 8천 8백 시구를 알고 있는데, 그것들은 '수카(Suka)'나 '산자야(Sanjaya)'가 읊었던 것입니다. 그것들이 뜻하는 신비로움에서 어느 누구도 긴밀하게 엮어진 어려운 슬로카(slokas, 시구)를 다 꿰뚫을 수는 없습니다. 그러나 비아사(Vyasa)는 크고 풍성한 역사적 시구를 계속 엮어나갔습니다. 이 '마하바라타(*The Mahabharata*)'의 지혜는, 세안약(洗眼藥)과 같아서 '무식함으로 어둔 세상'에 대한 탐구의 안목을 열어줍니다. 태양이 어둠을 쫓아버리듯 종교와 유익과 기쁨과 평안에 대해 '마하바라타(*The Mahabharata*)'는 인간의 무식을 없애줍니다. 수련(水蓮)의 싹이 돋아나듯 보름달이 그의 부드러운 빛을 펼치듯이 이 경전(經典)은 스루티(Sruti)의 빛으로 인간의 지성을 확장할 것입니다. 역사의 등불로 무지의 어둠을 깨뜨리고 전 인간 본성의 대저택(大邸宅)을 적절하고도 온전하게 밝혀 줄 것입니다. 이 '마하바라타(*The Mahabharata*)'는 한 그루 나무입니다. 각장(各章)에 내용은 씨앗입니다. '파울로마(Pauloma, 고행자)' '아스티카(Astika, 성자)'는 뿌리이고, '삼바바(Sambhava, 신선)'는 큰 줄기이고, '사바(Sabha)' '아라니아(Aranya)'는 홰이고, '아라니(Arani)'는 매듭이고 '비라타(Virata)' '우디오가(Udyoga)'는 핵심이고, **'비슈마(Bhishma)'는 본줄기**, '드로나(Drona)'는 잎, '카르나(Karna)'는 아름다운 꽃, '살리아(Salya)'는 향기, '스트리(Stri)'와 '아이쉬카(Aishika)'는 그늘이고, '산티(Santi)'는 큰 열매이고, '아스와메다(Aswamedha)'는 불사의 수액이고, '아스라마바시카(Asramavasika)'는 생장점이고, '마우살라(Mausala)'는 베다의 전형으로 유덕한 바라문의 큰 존경을 받고 있습니다. '바라타라 나무'는 인류에게 무궁한 구름이니, 탁월한 모든 시인들에게 생활의 원천입니다.

'사우티(Sauti)'는 계속했다. -저는 이 나무의 무궁한 개화(開花)와 결실(結實)을 말할 작정인데,

그 열매는 순수하고 맛이 좋아 신들도 파괴할 수 없는 것입니다. 앞서 유덕한 **비아사(Vyasa, Krishna-Dwaipayana, -비치트리아비리아)**는 강가(Ganga)의 현명한 아들 비슈마(Bhisuma)의 명령으로 세 아들의 아버지가 되었는데, 그 '세 아드님'은 비치트리아비리아(Vichitra-virya)의 두 아내가 낳은 세 개의 불[火]과 같은 존재였습니다. 그래서 **드리타라슈트라(Dhritarashtra) 판두(Pandu) 비두라(Vidura) 3 왕자**로 높여졌으나, 비아사는 은둔처에서, 종교적 수행을 계속하고 있었습니다. 위대한 성자 비아사(Vyasa)가 이 지역 사람들에게 '바라타(Bharata)'를 공표할 때까지, 즉 자나메자이아(Janamejaya)와 수천의 바라문들이 간청을 받고 비아사(Vyasa)가 그 곁에 앉아 그의 제자 바이삼파이아나(Vaisampayana)와 제자들을 가르쳐 뱀 희생제의 중간에 '마하바라타(*The Mahabharata*)' 낭송 이전까지는, 그녀들(3왕자들)의 출생, 성장, 대 장정(長征)으로 출발은 세상에 알려지지 않았습니다. **비아사(Vyasa)**는 쿠루(Kuru) 가문의 위대성을 충분히 밝혔으니, 간다리(Gandhari)의 유덕한 원리, 비두라(Vidura)의 지혜, 쿤티(Kunti)의 일관성이 그것이었습니다. 비아사(Vyasa)는 역시 바수데바(Vasudeva, 크리슈나)의 신성(神性)함과 판두(Pandu) 아들들의 정직함과 드리타라슈트라(Dhritarashtra) 아들의 행악(行惡)을 드러내었습니다.

비아사(Vyasa)는 2만 4천 시구의 '마하바라타(*The Mahabharata*)' 편집에 많은 일화(逸話)를 포괄하였습니다. 학자들은 그것을 '마하바라타(*The Mahabharata*)'라고 했습니다. 이후 비아사(Vyasa)는 150 개요(槪要) 형태로 편집을 하였는데, 교훈적인 내용을 담았습니다. 이것이 비아사(Vyasa)가 처음 그의 아들 수카(Suka)에게 가르친 것입니다. 그 후 비아사(Vyasa)는 그것을 동등한 재능을 지닌 제자들에게도 제공을 하였습니다. 그러고 나서 비아사(Vyasa)는 60만 시구로 된 다른 편집을 실행하였습니다..... 수카(Suka)는 그것을 간다르바 족(Gandharvas), 약샤 족(Yakshas), 락샤사들(Rakshasas)에게도 전했습니다. 현 세계에 전하는 '마하바라타(*The Mahabharata*)'는 비아사의 제자인 **바이삼파이아나(Vaisampanyana)**가 읊었던 것인데, 그는 올바른 원리를 지니고 있는 사람이고 베다를 알고 있는 사람이었습니다. 그것을 배워 이 '가객(歌客, Sauti, 우그라스라바)'은 10만 시구를 낭송할 수 있습니다. **유디슈티라(Yudhishthira)**는 종교와 도덕을 이룬 거목(巨木)입니다. **아르주나(Arjuna)**는 그것의 큰 줄기이고, **비마(Bhimasena)**는 가지이고, **마드리(Madri)의 두 아들**[나쿨라, 사하데바]은 열매이며 꽃입니다. 그 뿌리는 **크리슈나(Chrishna, 바수데바)**이십니다. 판두(Pandu) 왕은 자신의 지혜와 기량으로 여러 나라를 복속시킨 다음 어떤 숲에 거처를 마련하고 무니(Munis, 성자들)와 함께 거주했는데, 거기에서 암컷과 교미하는 수사슴을 살해하여 그에게 매우 심각한 불행을 초래하게 되었고, 그 왕자들이 살아 있는 동안 그 행동에 대한 가혹한 경고를 받았습니다. **왕자들의 모친들[쿤티와 마드리]은 그 명령을 이행함에 다르마(Dharma 신, 유디슈티라 아버지) 바이우(Vayu 신, 비마 아버지) 사크라(Sakra 신, 아르주나 아버지) 아스윈(Aswins 신, 나쿨라 사하데바 아버지) 신들의 가호(加護)를 받았습니다.**[神을 아버지로 둔 영웅들] 그리고 두 어머니의 보살핌으로 신성한 숲 종교적 은둔자의 거주지인 금욕 사회에서 그녀들의 아들들이 자랐을 때, 수도승의 인도(引導)를 받아 **드리타라슈트라(Dhritarashtra)**와 그의 아들들이 있는 곳으로 갔습니다. 그들은 브라흐마차리스(Brahmacharis)의 풍속으로 그네들의 머리털을 머리에 매듭지어 묶고 있었습니다. 무니(Munis, 성자)는 '이들이 우리 학생들입니다. 당신의 아들, 당신의 형제, 당신의 친구인 판두 형제들(Pandavas)입니다.' 말을 마치고 무니(Munis)는 사라졌습니다.

'카우라바 형제들(Kauravas, 드리타라슈트라의 아들들)'은, 서민(庶民, 평민) 계급[바이샤]과는 다른 왕족 판두 아들들을 소개 받고 기뻐서 소리를 쳤습니다. 그러나 그들 일부는 "저들은 판두(Pandu)의 아들이 아니다."고 말했습니다. 다른 일부는 "판두의 아들이야."라고도 했습니다. 그러나 그들이 어떻게 '판두의 아들'이며 왜 오래 전에 판두가 사망을 했는지를 아는 자들은 거의 없었습니다. 사방에서 울음소리가 들렸습니다. "그들은 어떤 일이 있어도 환영이다! 신의 섭리로 우리는 판두 가족을 만나게 되었다! 그들을 환영하자!" 이 환호가 멈추자 보이지 않는 영혼들의 칭송이 울려 퍼져 굉장했습니다. 향기로운 꽃비가 내렸고(showers of sweet-scented flowers), 소라고둥과 케틀드럼이 울려 퍼졌습니다. 젊은 왕자들의 도착에 그처럼 놀라운 일이 생겼다. 시민들의 환호성이 너무 커서 그것이 거대한 칭찬으로 하늘에 도달한 것입니다.[사건이 '神秘 속에 진행됨'을 충분히 감안을 해야 한다.]

베다를 공부하고 그 밖의 경전을 공부한 판다바 형제는 모든 사람들의 존경을 받으며 걱정 없이 지내고 있었습니다.

[王家의] 어르신들은 유디슈티라(Yudhishthira)의 순수함, 아르주나(Arjuna)의 용기와 어미 쿤티(Kunti)의 순종과, 나쿨라(Nakula) 사하데바(Sahadeva)의 겸손을 좋아했고, 일반 사람들은 그들의 영웅적 덕을 좋아했습니다.

얼마 뒤에 아르주나는 '스와얌바라(swayamvara, 남편 고르기 경연대회)'에서 아가씨 드라우파디(Draupadi)를 획득했는데, 라자스(Rajas) 중앙 홀에서 행해진 궁술(弓術) 경연 대회에서 그러하였습니다. 이로부터 아르주나는 모든 궁사(弓師)들의 존경을 받았습니다. 전쟁터에서는 아르주나는 태양 같아서 적들이 감히 쳐다볼 수도 없었습니다. 아르주나는 주위 왕들과 주요 종족들을 정복(征服)하여 큰형 유디슈티라가 큰 제사 '라자수야(Rajasuya)'를 행할 수 있게 하였습니다.

유디슈티라(Yudhishthira)는 크리슈나(Vasudeva)와 용맹스런 비마(Bhimasena) 아르주나(Arjuna)가 자라산다(Jarasandha, Magadha의 왕)와 거만한 차이디아(Chaidya)를 꺾고 나서 '라자수이아(Rajasuya)' 대제(大祭)를 올릴 수 있는 권리를 획득했는데, 그것은 많은 비용이 들고 엄청난 초월적 장점을 지니는 [天下의 覇者]개행사였습니다. 그래서 두료다나(Duryodhana)도 그 제사에 참석을 했습니다. 그리고 두료다나(Duryodhana)는 판두 형제들의 부(富) -공물(供物), 보석, 황금, 풍부한 소들, 코끼리, 말, 진기한 직물, 옷, 외투, 값진 숄, 모피, 양탄자를 보고, 너무나 부러운 나머지 극도의 불쾌감이 생기었습니다. 그리고 천상(天上)의 궁전을 모방한 마야(Maya, Asura 건축가)가 우아하게 세운 회당(會堂)의 홀을 보고 두료다나(Duryodhana)는 마침내 분노가 치밀었습니다. 그래서 그 건물에 확실한 건축적 속임수가 있다는 생각을 하면서, 바수데바(Vasudeva) 면전에서 두료다나는 비천한 평민처럼 비마(Bhimasena)의 조롱을 당해야 했습니다.[因果法則을 전 사건들을 엮고 있음] 다양한 즐길 거리와 다양한 값진 보물에 자기 아들이 빈약하고 초라하게 되었다는 것이 부왕(父王) 드리타라슈트라(Dhritarashtra)에게도 보고가 되었습니다. 그래서 드리타라슈트라(Dhritarashtra)는 얼마 후에 그의 '자식 사랑'에 '판다바 형제[유디슈티라]와 주사위 노름'을 허락하였습니다. 그리고 바수데바(Vasudeva, 크리슈나)가 그것을 알고, 엄청난 문제임을 알았습니다. 그래서 실망을 했으나, 그 분쟁을 막을 수는 없었고, '노름'과 거기에서 생긴 무서운 부당한 거래를 간과(看過)했습니다. 그래서 비두라(Vidura) 비슈마(Bhishma) 드로나(Drona) 크리파(Kripa)가 있었음[더할 수 없이 막강했음]에도 불구하고, **바수데바(Vasudeva, 크리슈나)는 '크샤트리아들의 살상 전쟁'을 행하도록 주도 하였습니다.**[16)

———→

(a) '마하바라타(*The Mahabharata*)'의 중심 이야기는, '18일 간의 쿠루크셰트라 전쟁'이고, 그것은 바로 **'신이 행한 세상 심판 이야기'**인데, 그 절대 신은 '크리슈나'이고 그 집행자는 '판두 5형제'라는 것이 그 대강(大綱)이다.

(b) 위에 서는 '마하바라타 전쟁(쿠루크셰트라 전쟁)'을 통해 '신의 세상 심판'의 구체적인 모습을 전개라는 '종교의 핵심 사항'을 기본 전제를 간략하게 요약한 것이다.

(c) '힌두(Hindu) 문화'는 **'고행(苦行, Penance)'에 기초를 둔 '인연설(因緣說, causal theory)' '윤회론' '예정설'에 기초한 '인생관' '세계관' '우주관'을 전개하고 있다.**

(d) 그런데 서술자[가객, 시인]가 '하늘에서 향기로운 꽃비가 내렸고(showers of sweet-scented flowers), 소라고둥과 케틀드럼이 울려 퍼졌습니다.'라고 했던 것은, 그 서술 대상이 된 '행동주체'에 대한 '하늘의 칭찬'을 나타낸 것으로, '마하바라타(*The Mahabharata*)'에 수시로 등장하는 **'하늘의 뜻의 명시(明示)'로 가장 주목을 해야 한다.['천국 중심 주의']**

(e) '마하바라타(*The Mahabharata*)'의 가장 큰 특징은 **'인간들의 세계를 지배하고 있는 신(God)의 존재'**를 확신시키는 목적을 지니고 있는 문학인데, 그 의도가 처음부터 끝까지 일관이 되어 있다.

(f) 그것의 '의미'와 '무의미'를 동시에 학습하는 것이 '현대 인문학의 모든 것'이다.

제4장 '마하바라타'의 대강(大綱) Ⅱ

우그라스라바(Ugrasrava, 사우티)가 계속했다. -'판다바 형제들의 기분 나쁜 소식[성공담]'을 들

---

16) K. M. Ganguli (Translated into English Prose from the Original Sanskrit Text), *The Mahabharata of Krishna-Dwaipayana Vyasa*, Munshiram Manoharlal Publisher Pvt. Ltd. New Delhi, 2000, -**Adi Parva**- pp. 4~7

고 아울러 **두료다나**(Duryodhana) **카르나**(Karna) **사쿠니**(Sakuni)가 결의를 했다는 말을 듣고 장님 왕 **드리타라슈트라**(Dhritarashtra)는 산자야(Sanjaya)에게 다음과 같이 말했습니다.

-산자야(Sanjaya)여, 내 말을 잘 들어라. 그대는 시도 잘 짓고 영리하고 지혜롭다. 나는 전쟁을 좋아하지 않고 내 종족이 상하는 것도 싫다. 나는 내 아들과 판두 아들을 차별할 수도 없다. 내 아들은 저희 마음대로들 행동하고, 내가 늙었다고 나를 무시한다. 나는 맹인이므로 역경 속에서도 나는 모든 것을 참고 있다. 모자란 두료다나(Duryodhana)가 바보로 자라서, 나도 어리석게 되었다. 힘 있는 판두 아들들의 부귀(富貴)를 보고 그 홀에 올라갔다가 [두료다나(Duryodhana)의] 심성이 거북해졌다는구나. 그 모든 것을 참지 못하고 판두의 아들과 들판에서 전투로 겨루지를 못 하고, 무사(武士)란 자기 노력이 아니면 행운을 취하지 않는데도, 간다라(Gandhara)왕[사쿠니(Sakuni)]의 도움으로 부당한 주사위 '노름'을 벌인다고 한다.

오 들어라, 산자야(Sanjaya)여. 일어난 모든 것을 내게 알려라. 그리고 그대는 내가 하는 말을 모두 들었다가 되어가는 상황을 보고 내 말을 생각해보면 나도 예언자의 눈을 가졌음을 알 것이다. 나는 아르주나(Arjuna)가 활을 가지고 모인 왕자들 앞에서 교묘한 표적을 꿰뚫어 그것을 땅에 떨러드리고 드라우파디 아가씨를 차자했다는 것을 들었을 때에, 오 산자야(Sanjaya)여, 나는 성공할 희망이 없어졌다. 마두(Madhu) 족의 수바드라(Subhadra)가 드와라카(Dwaraka) 도시에서 아르주나가 결혼하게 하여 묶어두고 브리슈니(Vrishni, Krishna와 Balarama는 Subhardra의 형제임) 족의 두 영웅이 분함도 없이 인드라프라스타(Indraprastha)에 친구로서 들어갔다는 말을 듣고 오 산자야(Sanjaya)여, 나는 성공할 희망이 없어졌다. 아르주나(Arjuna)가 그의 천상의 활로 신들의 왕 인드라(Indra)의 폭우를 꿰뚫어 불의 신 아그니(Agni)를 기쁘게 하여 칸다바(Khandava) 숲을 그에게 넘겼다는 말을 들었을 때, 오 산자야(Sanjaya)여, 나는 성공할 희망이 없어졌다. 다섯 판다바가 그 어미 쿤티와 함께 칠(漆, lac) 궁궐에서 도망했고, 비두라(Vidura)가 그 계획에 가담했다는 것을 들었을 때, 오 산자야(Sanjaya)여, 나는 성공할 희망이 없어졌다.

나는 아르주나(Arjuna)가 과녁을 뚫고 드라우파디(Draupadi)를 획득하고 용감한 판찬라 족(Panchalas)이 그 판다바에게 가담했다는 것을 들었을 때, 오 산자야(Sanjaya)여, 나는 성공할 희망이 없어졌다. 나는 마가다(Magadha)의 왕족이고 크샤트리아에서 빛났던 자라산다(Jarasandha)가 맨몸의 비마(Bhima)에게 살해되었다는 말을 들었을 때, 오 산자야(Sanjaya)여, 나는 성공할 희망이 없어졌다. 나는 판두 형제가 대 장정(長征)에서 왕들을 정복하고 라자수이아(Rajasuya) 대제(大祭)를 행한다고 들었을 때에 오 산자야(Sanjaya)여, 나는 성공할 희망이 없어졌다. 나는 드라우파디(Draupadi)가 눈물에 목매이고 고통을 받으며 불순한 시절에 회당으로 끌려와 그녀를 보호할 사람들[남편들]이 있었음에도 아무도 없었던 것처럼 당했다는 말을 듣고, 오 산자야(Sanjaya)여, 나는 내가 성공할 것이라는 희망이 없어졌다. 나는 불쌍한 두사사나(Duhsasana)가 그녀의 옷을 벗겨 언덕을 만들었으나, 다 벗기지는 못 했다는 말을 들었을 때, 오 산자야(Sanjaya)여, 나는 성공할 희망이 없어졌다. 유디슈티라(Yudhishthira)가 주사위 놀음에서 사우발라(Saubala)에게 져서 왕국을 빼앗겼으나 재능 있는 형제들은 그래도 섬긴다는 말을 들었을 때, 오 산자야(Sanjaya)여, 나는 성공할 희망이 없어졌다. 나는 유덕한 판다바들이 고통에 울며 형을 따라 황야로 나가 그네들의 실망을 완화하려 애를 쓴다는 것을 들었을 때, 오 산자야(Sanjaya)여, 나는 성공할 희망이 없어졌다.

나는 유디슈티라(Yudhishthira)가 황야로 나갔을 때 스나타카(Snatakas)와 구호품에 기대어 사는 고상한 바라문들이 뒤따랐다는 말을 들었을 때, 오 산자야(Sanjaya)여, 나는 성공할 희망이 없어졌다. 나는 아르주나가 사냥꾼으로 변장한 신중의 신(神) 트리암바카(Tryambaka, 三目 神, Siva신)를 기쁘게 하고, 위대한 무기 파수파다(Pasupada)를 얻었다는 말을 들었을 때, 오 산자야(Sanjaya)여, 나는 성공할 희망이 없어졌다. 나는 정의롭고 유명한 아르주나가 천상(天上)에 올라가 인드라(Indra)로부터 하늘의 무기를 얻었다는 말을 들었을 때, 오 산자야(Sanjaya)여, 나는 성공할 희망이 없어졌다. 나는 칼라케이아스(Kalakeyas)와 파울로마스(Pauomas)가 요긴한 것을 획득하여 천신도 안중에 없는 건방을 떠니 아르주나(Arjuna)가 그들을 무찔렀다는 것을 들었을 때, 오 산자야(Sanjaya)여, 나는 성공할 희망이 없어졌다. 아르주라(Arjura)가 인드라(Indra) 영역으로 가서 아수라들(Asuras)을 쳐부수고 거기서 성공하고 돌아왔다는 것을 들었을 때, 오 산자야(Sanjaya)여, 나는 성공할 희망이 없어졌다. 나는 비마(Bhima)와 쿤티(Kunti)의 다른 아들들이 바이스라바나(Vaisravana)와 동행하여 근접이 어려운 그 지역에 이르렀다는 말을 들었을 때, 오 산자야(Sanjaya)여, 나는 성공할 희망이 없어졌다. 나는 내 아들[두료다나]이 카르나(Karna) 말을 들어 고샤야트라(Goshayatra)로 가다가 간다르바들(Gandharvas)에 갇혔을 때, 아르주나(Arjuna)에 의해 석방되었다는 말을 듣고, 오 산자야(Sanjaya)여, 나는 성공할 희망이 없어졌다.

나는 정의(正義) 신 다르마(Dharma)가 약샤(Yasha)의 모습으로 나타나 유디슈티라(Yudhishthira)에게 질문을 했다는 것을 들었을 때, 오 산자야(Sanjaya)여, 나는 성공할 희망이 없어졌다. 나는 내 아들이, 판다바와 드라우파디(Draupadi)가 변장을 하고 비라타(Virata) 왕궁에 있다는 것을 알지 못 했다는 말을 들었을 때에 오 산자야(Sanjaya)여, 나는 성공할 희망이 없어졌다. 나는 우리 측에 주요 인물이 비라타(Virata) 영역에서 아르주나의 단일한 전차에 패했다는 것을 들었을 때에 오 산자야(Sanjaya)여, 나는 성공할 희망이 없어졌다. 나는 한 발로 세상을 덮은 마두(Madhu)족의 바수데바(Vasudeva, 크리슈나)가 판다바들의 안녕에 서둘러 관심을 보였다는 것을 듣고, 오 산자야(Sanjaya)여, 나는 성공할 희망이 없어졌다. 나는 마트시아(Matsya) 왕이 그의 유덕한 딸 우타라(Uttara)를 아르주나에게 제공했는데, 아르주나는 후손을 얻으려고 수납했다는 것을 듣고, 오 산자야(Sanjaya)여, 나는 성공할 희망이 없어졌다. 주사위 놀이에서 진 유디슈티라(Yudhishthira)가 나라를 빼앗기고 친척에게서도 떠나 일곱 악샤우히니들(Akshauhinis, 軍團)의 군대와 합했다는 이야기를 들었을 때, 오 산자야(Sanjaya)여, 나는 성공할 희망이 없어졌다. 나는 크리슈나(Krishna)와 아르주나(Arjuna)가 브라흐마(Brahma) 영지에서 함께 만났다는 말을 들었을 때, 오 산자야(Sanjaya)여, 나는 성공할 희망이 없어졌다. 나는 크리슈나가 평화를 찾아보려고 쿠루들(Kurus)이 다시 생각해야 한다고 주장했으나, 목적을 이루지 못 하고 돌아갔을 때, 오 산자야(Sanjaya)여, 나는 성공할 희망이 없어졌다. 나는 카르나(Karna)와 두료다나(Duryodhana)가 우주에 작용하는 크리슈나를 감금했다는 말을 들었을 때, 오 산자야(Sanjaya)여, 나는 성공할 희망이 없어졌다. 그리고 동시에 크리슈나가 떠나고 크리슈나 전차 곁에서 쿤티(Kunti, Pritha)가 크리슈나의 위로를 받았다는 말을 들었을 때에, 오 산자야(Sanjaya)여, 나는 성공할 희망이 없어졌다. 산타누(Santanu)의 아들 바수데바(Vasudeva)와 비슈마(Bhishma)가 판다바의 상담자였고, 바라드와자(Bharadwaja)의 아들 드로나(Drona)가 판다바를 축복했다는 것을 들었을 때, 오 산자야(Sanjaya)여, 나는 성공할 희망이 없어졌다. 카르나(Karna)가 비슈마(Bhishma)에게 "당신이 싸울 적에는 나는 싸우지 않습니다. 무기를 버리고 떠납니다."라고 했다는 말을 들었을 때에 오 산자야(Sanjaya)여, 나는 성공할 희망이 없어졌다. 바수데바(Vasudeva)와 아르주나(Arjuna)와 묘한 활 간디바(Gandiva)란 세 가지 힘이 합쳤다는 말을 들었을 때에, 오 산자야(Sanjaya)여, 나는 성공할 희망이 없어졌다. 나는 아르주나의 수레가 수렁에 빠저 장차 잡히려 했을 적에 크리슈나가 그의 온힘을 발휘했다는 것을 듣고, 오 산자야(Sanjaya)여, 나는 성공할 희망이 없어졌다. 날마다 전쟁터에서 전차 1만 대를 부순 파괴자 비슈마(Bhishma)가 판다바 형제를 죽이지 않았다는 것을 듣고, 오 산자야(Sanjaya)여, 나는 성공할 희망이 없어졌다. 정의로운 강가(Ganga)의 아들 비슈마(Bhishma)가 자신의 패배를 암시하고 판다바 형제의 성공을 기쁘게 암시했다는 것을 듣고, 오 산자야(Sanjaya)여, 나는 성공할 희망이 없어졌다. 아르주나가 시칸딘(Sikhandin)을 앞세워 무적의 비슈마(Bhishma)에게 상처를 입혔다는 것을 듣고, 오 산자야(Sanjaya)여, 나는 성공할 희망이 없어졌다. 나는 노장(老將) 비슈마(Bhishma)가 화살 침대에 뉘어 쇼마카(Shomaka) 족에게 맡겨졌다는 것을 듣고, 오 산자야(Sanjaya)여, 나는 성공할 희망이 없어졌다. 비슈마(Bhishma)가 땅에 누워 아르주나에게 목이 마르다고 하니, 아르주나가 그 목마름을 해소했다는 것을 듣고, 오 산자야(Sanjaya)여, 나는 성공할 희망이 없어졌다. 바유(Bayu), 인드라(Indra), 수리야(Suryya)가 쿤티(Kunti)의 아들들을 도우려고 연합하여 그들의 불길한 현신인 맹수가 되어 우리를 공포에 빠뜨렸을 적에, 오 산자야(Sanjaya)여, 나는 성공할 희망이 없어졌다. 놀라운 무사 드로나(Drona)가 전장에서 다양한 전투를 펼쳤을 적에 우수한 판다바 아들들은 죽이지 않았다는 말을 내가 들을 때, 오 산자야(Sanjaya)여, 나는 성공할 희망이 없어졌다. 아르주나(Arjuna)를 쳐부수려고 지명된 우리군 마하라타 산사프타카들(Maharatha Sansaptakas, 결사대)이 도리어 아르주나(Arjuna)에게 죽었다는 말을 듣고, 오 산자야(Sanjaya)여, 나는 성공할 희망이 없어졌다. 바라드와자(Bharadwaja)의 아들[드로나]에 의해 방비된 불락(不落)의 우리 군대가 용감한 수바드라(Subhadra)의 아들[아비마뉴]에 의해 뚫렸다는 것을 듣고, 오 산자야(Sanjaya)여, 나는 성공할 희망이 없어졌다. 아르주나도 극복할 수 없는 우리 군대 마하라타스(Maharathas)가 소년 아비마뉴(Abhimanyu)를 겹겹이 포위하여 환희에 넘쳐 그를 죽였다는 말을 듣고, 오 산자야(Sanjaya)여, 나는 성공할 희망이 없어졌다. 맹인[드리타라슈트라 자신의 지칭임] 카우라바 형제들이 아비마뉴(Abhimanyu)를 살해 놓고 환희에 소리쳤고, 거기에 아르주나(Arjuna)가 노하여 사인다바(Saindhava)에게 축하의 말을 전했다는 것을 듣고, 오 산자야(Sanjaya)여, 나는 성공할 희망이 없어졌다. 나는 아르주나(Arjuna)가 사인다바(Saindhava) 죽음에 맹세하고 적들 앞에서 그의 맹세를 이행했다는 것을 듣고, 오 산자야(Sanjaya)여, 나는 성공할 희망이 없어졌다. 아르주나(Arjuna)의 말들이 지쳤을 때, 바수데바(Vasudeva)가 그들을 풀어 물마시게 하고 다시 전진하게 했다는 것을 듣고, 오 산자야(Sanjaya)여, 나는 성공할 희망이 없어졌다. 아르주나(Arjuna)는 그 말들이 지쳤을 때, 전차를 멈추게 하고 가해들을 점검했다는 것을 듣고, 오 산자야(Sanjaya)여, 나는 성공할 희망이 없어졌다. 브리슈니(Vrishni) 전투에서 유유다나(Yuyudhana)가 코끼리를 이용하여 드로나(Drona)의 군대를 혼란에 빠뜨린 다음 크리슈나와 아르주나가 있는 곳으로 물러갔다는 것을 들었을 때에, 오 산자야(Sanjaya)여, 나는 성공할 희망이 없어졌다. 나는 카르나(Karna)가 비마(Bhma)의 손 안에 들어 있을 때 그 비마를 경멸하고 활 꽁무니로 끌었을 뿐 도망가도록 허락했을 때, 오 산자야(Sanjaya)여, 나는 성공할 희망이 없어졌다. 드로나(Drona) 크리타바르마(Kritavarma) 크리파(Kripa) 카르나(Karna) 드로나의 아들, 마드라(Madra)의 용감한 왕이 고통을 받다가 살해되었다는 것을 듣고, 오 산자야(Sanjaya)여, 나는 성공할 희망이 없어졌다. 나는 인드라가 카르나에게 부여한 천상의 삭티(Sakti)가 마다바(Madhava, 크리슈나)의 계책으로 놀란 락샤사 가토트카차(Rakshasa Ghatotkacha)에게 던져졌다는 것을 듣고, 오 산자야(Sanjaya)여, 나는 성공할 희망이 없어졌다. 카르나(Karna)와 가토트카차(Ghatotkacha)가 만났을 적에 가토트카차(Ghatotkacha)에게 던져진 그 삭티(Sakti)는 아르주나도 죽일 수 있는 것임을 들었을 때, 오 산자야(Sanjaya)여, 나는 성공할 희망이 없어졌다. 나는 드리스타듐나(Dhristadyumna)가 전쟁의 법을 넘어 드로나(Drona)가 그의 전차 안에 홀로 있을 적에 살해했다는 것을 들었을 때, 오 산자야(Sanjaya)여, 나는 성공할 희망이 없어졌다. 마드리(Madri)의 아들 나쿨라(Nakula)가 드로나의 아들과 단독으로 대결함에 전군대가 개입하려는 면전에서 자신이 전차를 몰아 원형 안으로 당당하게 들어갔다는 말을 들었을 때, 오 산자야(Sanjaya)여, 나는 성공할 희망이 없어졌다. 드로나(Drona)의 사망에 그 아들이 나라야나(Narayana) 무기를 잘못 써서 판다바 형제 무찌르기에 실패했다는 말을 들었을 때에, 오 산자야(Sanjaya)여, 나는 성공할 희망이 없어졌다. 나는 비마(Bhimasena)가 전쟁터에서 그의 형제 두사사나(Duhsasana)의 피를 마셨으나 아무도 그를 제지할 수 없었다는 것을 들었을 때, 오 산자야(Sanjaya)여, 나는 성공할 희망이 없어졌다. 나는 무한 용맹의 카르나(Karna)가 귀신들도 모르는 형제들과의 전쟁에 아르주나(Arjuna)에게 살해되었다는 이야기를 들었을 때, 오 산자야(Sanjaya)여, 나는 성공할 희망이 없어졌다. 나는 정의로운 유디슈티라(Yudhishthira)가 드로나(Drona)의 영웅적인 아들[아스와타맨과 두사사나(Duhsasana), 험악한 크리타바르만(Kritavarman)을 이겼다는 것을 들었을 때, 오 산자야(Sanjaya)여, 나는 성공할 희망이 없어졌다. 나는 크리슈나에게 대담하고 용감했던 마드라(Madra) 왕[살리애이 전투에서 유디슈트라(Yudhishthira)에 의해 살해되었다는 말을 들었을 때에, 오 산자야(Sanjaya)여, 나는 성공할 희망이 없어졌다. 경쟁과 갈등의 뿌리인 간사한 마력의 수발라(Suvala)가 판두의 아들 사하데바(Sahadeva)와 싸워 살해되었다는 것을 들었을 때, 오 산자야(Sanjaya)여, 나는 성공할 희망이 없어졌다. 두료다나(Duryodhana)가 굶주림에 호수로 가서 물속에 자신을 감추었다가 힘 빠지고 전차도 없어졌다는 것을 들었을 때, 오 산자야(Sanjaya)여, 나는 성공할 희망이 없어졌다. 판다바 형제들이 바수데바(Vasudeva)를 대동하고 호수가로 가 내 아들[두료다나]을 경멸하여 내 아들은 참을 힘도 없었다는 것을 들었을 때에 오 산자야(Sanjaya)여, 나는 성공할 희망이 없어졌다. 공격과 방어의 다양한 진형이루며 양자(兩者)가 대결을 하는 동안 두료다나(Duryodhana)가 부당하게 크리슈나와 상의한 비마에게 살해되었다는 것을 들었을 때, 오 산자야(Sanjaya)여, 나는 성공할 희망이 없어졌다. 나는 드로나(Drona) 아들[아스와타맨 등이 판찰라 족과 드라우파디의 아들들이 잠들었을 때 그들을 살해하는, 무섭고 더러운 행동을 저질렀다는 말을 들었을 때, 오 산자야(Sanjaya)여, 나는 성공할 희망이 없어졌다. 아스와타만(Aswatthaman)이 비마(Bhimsena)에게 쫓기면서 우타라(Uttara, 아비마뉴의 처) 모태에 아기를 죽인 최고의 무기 아이쉬카(Aishika)를 사용했다는 말을 들었을 때, 오 산자야(Sanjaya)여, 나는 성공할 희망이 없어졌다. 아스와타만(Aswatthaman)이 사용한 무기(武器) 브라흐마쉬라(Brahma-shira)를 아르주나는 사스티(Sasti)라는 무기로 그것을 좌절시키고, 아스와타만(Aswatthaman)은 그의 머리에 얹은 보석을 포기했다는 것을 들었을 때, 오 산자야(Sanjaya)여, 나는 성공할 희망이 없어졌다. 비라타(Virata) 딸 모태(母胎)에 있던 아기가 아스와타만(Aswatthaman)의 무기로 손상되었고 크리슈나(Krishna)가 아스와타만에게 저주를 행하였을 때, 오 산자야(Sanjaya)여, 나는 성공할 희망이 없어졌다.

슬프다! 간다리(Gandari)와 궁핍한 내 아들들, 손자(孫子), 부모, 형제, 친척들이 가련하게 되었구나. 판다바 형제들이 수행한 과업은 이루기 어려운 사업이었다. 판다들에 의해 무적(無敵)의 왕국이 회복되었다. 슬프다! 듣자하니, 대 전쟁에 겨우 열 명만 살아남았다 하는구나. 우리 편이 3명이고, 판다바가 7명이란다. 무서운 전쟁에 19개 군단의 크샤트리아가 살해당했다. 내 주변은 칠흑의 어둠이고 혼몽(昏懞)이 몰려오는구나. 의식(意識)이 나를 떠나고 있다. 오 수타(Suta)여, 나는 내 마음을 수습할 수가 없구나.[17]

17) K. M. Ganguli (Translated into English Prose from the Original Sanskrit Text), *The Mahabharata of Krishna-Dwaipayana Vyasa*, Munshiram Manoharlal Publisher Pvt. Ltd. New Delhi, 2000, -**Adi Parva**- pp. 8~12

(a) '마하바라타(*The Mahabharata*)'는 '절대신'을 위한 문학, '절대주의' 문학이다. 그 특징은 '절대신 존중=흥성' '육체적 욕망 추구=멸망'의 공식을 미리 예비한 상태이다.

그래서 '마하바라타(*The Mahabharata*)'는 그것을 주지시키는 방법으로 시작부터 맹인(盲人) 왕 '**드리타라슈트라(Dhritarashtra)**와 산자야(**Sanjaya**)의 대화'를 통해 '선자(善者, 신의 추구자) 필흥(必興) 악자(惡者, 욕망 추구자) 필멸(必滅)'의 공식을 주지시키고 있다.

(b) 결론적으로 쿠루 왕 드리타라슈트라(Dhritarashtra)는 '거대 뱀 화신(化身)'으로 '마하바라타(*The Mahabharata*)'에서는 그 인생을 종합하였다.[제19장 참조]

(c) '마하바라타(*The Mahabharata*)'는, '**고행(苦行, Penance)설[기독교의 原罪18)와 관련된 사항임]**' '**인연설(因緣說)**' '**요가(Yoga)**' '**4종(四種)설[4 계급 설]**'을 거듭 강조되고 있는 힌두 초고(最高)의 이론서이다.

(d) '악마[뱀] 종족의 운명'은, '전쟁에 승부(勝負)를 물을 것도 없이, '이미 다 망하게 되어 있다.'는 전제가 '마하바라타(*The Mahabharata*)'에 일관된 주장이다.

(e) 그렇다면 '**전쟁 승리 확실한 주도권'은 누가 쥐고 있는가? 그것은 '절대신' '비슈누 신' '크리슈나(Krishna)'가 쥐고 있다.** 그러므로 '크리슈나(Krishna)'가 '전쟁 승리의 모든 것'이라는 점을 거듭 강조한 결과 위에서 거듭 상세하게 반복이 된 것이다.

(f) 그러므로 '**인간 만사(萬事)의 승기(勝機)를 그 크리슈나(Krishna)가 쥐고 계심을 아는 것**'이 그 '**지혜**'의 출발이고, 그것을 지키는 것이 '**종교**'이고, 그것을 안고 죽은 것이 '**영생(永生)의 길**'이다.[요가(Yoga)의 목표] 이로써 인간이 최초로 소유했던 소위 '**신앙 중심**' '**사상 중심**' '**역사 무시**' '**독선(獨善, 바라문)주의**'를 이에 다 확인할 수 있다.

(g) '마하바라타(*The Mahabharata*)'에 더욱 놀라운 전제는 위의 '**나는 성공할 희망이 없어졌다.(I had no hope success.)**' 말을 반복한 드리타라슈트라(Dhritarashtra)는 도망갈 수 없는 그 '거대 뱀 정신'으로 타고난 존재였다는 주장이니, '**뱀들[악마들]과 싸우는 천신[크리슈나, 비슈누, 브라흐마]' 거대 구조**를 파악한 것은 '마하바라타(*The Mahabharata*)' 이해에 기본중의 기본이다.

(h) '뱀 족의 특징'은 '**나는 성공할 희망이 없어졌다.(I had no hope success.)**'을 알면서도 그 행동반경(半徑)을 탈피하지 못 한다는 것이 바라문들의 '조롱'이니, **그것은 '사제 족(천신 족)'이 규정한 그 이외에 종족은 '육체적 욕망의 한계'를 결코 벗지 못 한다는 유서(由緒) 깊은 '비웃음의 원본(原本)'이다.**

(i) 사실 그것을 파악하면 '마하바라타(*The Mahabharata*)'는 더 읽을 필요도 없다는 것이 당시 사제의 대표 비야사(Vyasa)의 지론이니, 이것이 역시 '바라문(사제)족 최고' 힌두 사고의 출발점이고 종착역이다.

제5장 '마하바라타'의 대강(大綱) Ⅲ

가객(歌客, Sauti, 우그라스라바)는 말했다. -드리타라슈트라(Dhritarashtra)는 그렇게 말하면서

---

18) 힌두와 기독교는 공통으로 '**인간의 육신(肉身)**'은 이미 태어날 때부터 '**죄악의 덩어리**'라는 '부정적 인생관' '염세주의'에 그 기초를 두고 있음.

자기의 운명을 비통해 했던 극도의 고통으로 잠시 의식을 잃었습니다. 그러나 다시 회복이 되어 산자야(Sanjaya)에게 마음과 같이 말했습니다.

"오 산자야(Sanjaya)여, 올 것이 다 왔으니, 나는 지체(遲滯) 없이 죽어야겠다. 생명을 아낄 아무 이유도 없다."

가객(歌客, Sauti, 우그라스라바)가 말했다. -가발가나(Gavalgana)의 현명한 아들, 산자야(Sanjaya)는 고통스러워하는 왕에게 말했습니다.

"오 대왕이시여. 비아사(Vyasa)와 나라다(Narada)가 말했던 큰 힘을 발휘했던 사람들에 관해 대왕께서는 이미 들으셨을 것입니다. 위대한 왕실에 태어나 풍부한 자질로 천상의 무기를 공부하고 인드라(Indra)의 영광스런 상징도 이미 배우셨습니다. 정의(正義)로 세상을 정복하고, 천신(天神)에 맞는 제사를 올렸고, 세상에 명성을 얻고 마지막에는 세월의 흐름에 모든 것을 맡기셨습니다. 그와 같은 분이 사이비아(Saivya), 용맹스러운 마하라타(Maharatha), 정복자 중에서도 위대한 스린자야(Srinjaya)입니다. 수호트라(Suhotra), 란티데바(Rantideva), 영광스런 카크쉬반타(Kakshivanta), 발리카(Valhika), 다마나(Damana), 사리아티(Saryati), 아지타(Ajita), 날라(Nala), 적들을 물리친 비스와미트라(Viswamitra), 엄청난 힘의 암바리샤(Amvarisha), 마루타(Marutta), 마누(Manu), 이크샤쿠(Ikshaku), 가야(Gaya), 바라타(Bharata), 다사라타(Dasaratha)의 아들 라마(Rama), 사사빈두(Sasavindu), 바기라타(Bhagiratha), 운 좋은 크리타비리아(Kritavirya), 자나메자야(Janamejaya), 희생의 선행을 행한 야야티(Yayati)는 천상의 존재들인데, 다시 지상(地上)의 배정된 존재로서 **그네들의 희생적 제단(祭壇)으로 세상을 흔들고 있습니다.** 이들 24명의 왕들은 천상의 성자 나라다(Narada)가 자식을 잃고 고통스러워한 사이비아(Saivya)에게 했던 말입니다. 이들 말고도 다른 왕들은 그들보다 더욱 강력하여 마음 속에 고상한 힘센 전차몰이꾼으로 모두 다 소중한 자질로 빛나고 있습니다. 그들은 푸루(Puru), 쿠루(Kuru), 야두(Yadu), 수라(Sura), 영광의 비스와스라와(Viswasrawa), 아누하(Anuha), 유바나스와(Yuvanaswa), 카쿠트스타(Kakutstha), 비크라미(Vikrami), 라구(Raghu), 비자바(Vijava), 비티호르타(Vitihorta), 안가(Anga), 바바(Bhava), 스베타(Sweta), 비르파드구루(Virpadguru), 우시나라(Usinara), 스타라타(Staratha), 칸카(Kanka), 둘리두하(Duliduha), 드루마(Druma), 담보드바바(Dambhodbhava), 파라(Para), 베나(Vena), 사가라(Sagara), 산크리티(Sankriti), 니미(Nimi), 아제이아(Ajeya), 파라수(Parasu), 푼드라(Pundra), 삼부(Sambhu), 데바브리다(Deva-Vridha), 데바후이아(Devahuya), 수프라티카(Supratika), 브리하드라타(Vrihadratha), 마하트사하(Mahatsaha), 비니타트마(Vinitatma), 수쿠라투(Sukuratu), 니샤다스(Nishadas)의 왕 날라(Nala), 사티아브라타(Satyavrata), 산타바이아(Santabhaya), 수발라(Subala) 왕, 수미트라(Sumitra), 자누잔가(Janujangha), 아나라니아(Anaranya), 아르카(Arka), 프리야바이아(Priyabhaya), 쿠키부라타(Chuchivrata), 발라반두(Balabandhu), 니르마르다(Nirmardda), 케투스린가(Ketusringa), 브리달라(Brhidbala), 드리슈타케투(Dhrishtaketu), 브릴라트케투(Brilratketu), 드리프타케투(Driptaketu), 니라마이아(Niramaya), 아비크쉬트(Abikshit), 카팔라(Chapala), 두루타(Dhurta), 크리트반두(Kritbandhu), 드리데슈디(Dridhe-shudhi), 마하푸라나삼바비아(Mahapurana-sambhavya), 프라티안가(Pratyanga), 파라하(Paraha), 수루티(Sruti)이십니다. 오 대왕이시여. **그밖의 왕들이 수백번 수천번 들었던 것이고, 위대한 힘들과 지혜를 지닌 수백만의 왕들이, 넘치는 쾌락을 물리치고 그 아들들이 행했던 대로 죽음을 맞았습니다!** 그분들의 천상(天上)의 행위, 용기, 관용, 아량, 신념, 진실, 단순성, 자비는 큰 학문의 성스런 시인들에 의해 이미 세상에 공표(公表)가 되어 있습니다. 각자 고상한 덕에 따라 그들은 그들의 생을 펼쳤습니다. **대왕[드리타라슈트라]의 아드님들은 악의적이었고, 욕망으로 불타올라 탐욕스럽고 악의적 품성들입니다.** 대왕은 사스트라(Sastras, 율법)에도 능하시고 지적이시고 현명하십니다. 대왕께서는 운명의 관대함과 혹독함을 아십니다. 그러시기에 **'자식들의 안녕에 대한 걱정'은 대왕께 어울리지 않습니다.**[드리타라슈트라의 '주사위 놀음' 방조가 쿠루크셰트라 전쟁의 원인이 되었음] 더구나 '자식들에게 일어난 일에 대해 슬퍼하지 않은 것'이 대왕께는 이롭습니다. 자기 지혜의 한계와 그 운명의 단계를 누가 피할 수 있겠습니까? **아무도 '신의 섭리(攝理)로 정해진 길'을 떠날 수 없습니다.** 존재와 비존재, 기쁨과 고통 모두가 그 뿌리에 대해 시간이 있습니다. 시간은 모든 것을 지우고, 시간은 모든 피조물을 파괴합니다. 피조물을 불태우는 것도 시간이고, 불을 끄는 것도 시간입니다. 3계(三界)에 존재하는 선악의 모든 나라는 시간에 원인을 둡니다. **시간(時間)은 만물을 죽이고 새롭게 창조합니다. 만물이 잠들어 있을 때에 시간만이 깨어 있고, 정말 시간만은 이길 수 없습니다. 시간은 만물을 지체 없이 통과합니다.** 대왕이 아시다시피 과거 미래 현재에 존재하는 모든 것은 시간이 만든 것입니다. 여기에 대왕의 이성을 포기하시면 아니 됩니다."

가객(歌客, Sauti, 우그라스라바)는 말했다. -가발가나(Gavalgana)의 아들[산자야은, 왕 드리타라슈트라가 아들들 때문에 슬픔에 잠겨 있는 것에서 벗어나 안심시킨 다음 마음을 잠잠하게 회복하게 했습니다. **그의 주제로 이 사실들을 잡아 드와이파이아나(Dwaipayana, 비아사)는 성스러운 '우파니샤드(Upanishad)'를 제작하였는데**, 그것이 공간(公刊)되어 학자와 성인들은 경전(經典)들을 제작했습니다.

가객(歌客, Sauti, 우그라스라바)가 계속했다. -**바라타(Bhrata) 공부는 경건한 행동입니다. 한 줄만 읽어도 그의 죄악은 완전히 제거가 됩니다.** 거기에는 데바(Devas, 신들)와 데바르시스(Devarshis, 신령들)와 티 없는 바라문(婆羅門, Brahmarshis)의 선행들이 언급되어 있습니다. 그리고 약샤(Yakshas, 초인적 존재, 신들)와 위대한 우라가스(Uragas, Nagas, 뱀 종족) 이야기도 있습니다. 거기에는 역시 6덕(六德)을 소유한 영원한 바수데바(Vasudeva, 크리슈나)도 소개되어 있습니다. **그[크리슈나]는 진실하고 정의롭고 순수하고 성스럽고 영원한 브라흐마(Brahma, 절대신)이고, 최고의 신령, 상재(常在)의 빛으로 그의 성스런 행동은 현명하고 유식하십니다.** 그로부터 비존재와 존재, 생사(生死) 재생(再生)의 생성과 행진의 우주가 출발했습니다. 바수데바(Vasudeva)

는 '아디아트마(Adhyatma, 관리하는 영혼)'을 가지고 있는데, 다섯 가지 요소를 관리하십니다. 바수데바(Vasudeva)는 역시 천상의 푸루샤(prusha, 무형), 야티(yatis, 일반) 타파스(Tapas, 心鏡)라고도 합니다.

가객(歌客, Sauti, 우그라스라바)가 계속했다. -경건함으로 덕을 연마하는 사람은 죄를 벗게 됩니다. '마하바라타(*The Mahabharata*)'의 이 장을 반복해 읽은 사람은 입문자(入門者)라고 하여도 영원히 죄악을 떨쳐버립니다. '입문(入門)' 부분을 이틀 동안 해질녘에 반복하면 주야(晝夜)에 범한 모든 악으로부터 해방이 됩니다. 이 부분이 '마하바라타(*The Mahabharata*)'의 본체로서, 진실한 진미(眞味)입니다. 응유(凝乳) 중에 버터요, 사람 중에 바라문이고, 베다 중에 아라니아카(Aranyaka)이고 약(藥) 중에 과즙과 같습니다. 물(水) 중에는 바다요, 짐승 중에는 암소가 있듯이, 역사(歷史, 이야기)에는 이 '마하바라타(*The Mahabharata*)'가 있습니다.

가객(歌客, Sauti, 우그라스라바)가 계속했다. -**바수데바(Vasudeva, 크리슈나, 비슈누)가 '마하바라타'의 원인이므로, '마하바라타(*The Mahabharata*)'에서 한 구절이라도 들려준 그 바라문에게 음식을 제공하면 그들 조상들에게 전달이 되어 복록이 무궁할 것입니다.**

-역사와 경전의 도움으로 '베다'도 설명을 얻을 것입니다. 그러나 '베다'는 잊지 말아야 할 아끼는 정보입니다. 이 비아사의 '베다'를 다른 이에게 인용한 학자는 이익을 얻을 것입니다. 아기를 죽였던 그 죄악도 깨뜨릴 것이니, 이 바라타를 읽은 사람도 그러할 것입니다. 매일 이 성스러운 작품을 들으면 오래 살 것이고, 하늘나라에 오를 것입니다.

가객(歌客, Sauti, 우그라스라바)가 계속했다. -옛날 한 쪽에 '4베'다, 다른 쪽에 이 '마하바라타(*The Mahabharata*)'를 두었던 사람들은, 그 목표를 천상의 모임에 둔 균형을 잡고 있는 사람들이었습니다. 그런데 **이 '마하바라타(*The Mahabharata*)'가 '4베다'보다 그 신비성에 무게가 더해져서, 그 때부터 세상에서 '마하바라타(Mahabharata, the great Bharata)'라고 부르게 되었습니다.** '실체[神]'와 '도입[역사]'의 무게에서 모두 우월함을 평가를 받아서 '마하바라타(*The Mahabharata*)'라고 한 것입니다. 그 의미를 아는 사람은 백가지 죄악에서 구원을 받습니다.

가객(歌客, Sauti, 우그라스라바)은 계속했다. -타파(Tapa, 천상의 세계)는 순수합니다. 탐구는 유익합니다. 베다 법은 모든 종족이 이롭다고 했고, 부(富)의 요구도 유익하다고 했습니다. 그러나 낭비를 행할 때는 악의 원천이 된다고 했습니다.[19]

---

19) K. M. Ganguli (Translated into English Prose from the Original Sanskrit Text), *The Mahabharata of Krishna-Dwaipayana Vyasa*, Munshiram Manoharlal Publisher Pvt. Ltd. New Delhi, 2000, -**Adi Parva**- pp. 13~15

(a) 앞선 장(章)에서는 '마하바라타(*The Mahabharata*)'의 주요 내용을 통해 주요 대목마다 '드리타라슈트라(Dhritarashtra)왕'이 '**나는 성공할 희망이 없어졌다.(I had no hope success.)**'를 반복해서 [독자들의] '육신에 대한 집착' '욕망의 포기'를 독려했는데, 이 장(章)에서 '**절대 신[비슈누, 크리슈나]의 존재 증명**' '**그것에로의 구체적인 진입 절차**'를 밝힘에 있어 이 '**바라타 이야기**'가 **기존한 4베다를 초월하여** '마하바라타(*The Mahabharata*)'가 **되었음을 공언하고 있다.**

(b) 위에서 '바수데바(Vasudeva, 크리슈나, 비슈누)가 '마하바라타(*The Mahabharata*)'의 원인이므로, 바라타(Bharata)에서 한 구절이라도 들려준 바라문에게 음식을 제공하면 복록이 무궁할 것입니다.'라고 했는데, '**이 마하바라타(*The Mahabharata*)'가 바로 그 '비슈누(크리슈나) 책'이다.**

(c) 사실상 '마하바라타'는 그 크고 위대한 사명을 감당하기에 [힌두 인들에게] 부족함이 없었던 명저이고 그것으로 그대로 '세계 인류 종교 사상 문화'에 막강한 영향력을 발휘했고 지금도 엄연히 그 영향이 사라지지 않고 있다.

(d) 이러한 측면에서 위의 진술들을 '마하바라타(*The Mahabharata*)'의 필수 대강(大綱)을 거듭 밝힌 것으로 소홀히 할 수가 없다.

제6장 '마하바라타'의 대강(大綱) Ⅳ

수도승들(Rishis)이 말했다. -오 수타(Suta, 馬夫)의 아들이여, 우리는 그대의 '사만타 –판차카(Samanta-panchaka)'라 했던 곳에 대한 상세한 해명을 듣고 싶소.

가객(歌客, Sauti, 우그라스라바)이 말했다. -오 바라문들이시여, 제가 말씀드리는 신성한 진술을 들어보십시오. 당신들은 '사만타-판차카(Samanta-panchaka)'라는 그 유명한 장소에 관해서 들으실 만합니다. '트레타 유가(Treta Yuga, 힌두의 開闢 年代記로 3000년 기간임)'와 '드와파라 유가(Dwapara Yuga, 이은 2000년 기간)' 사이에 자마다그니(Jamadagni)의 아들이며 무기를 다룬 사람들 중에 뛰어났던 라마(Rama)는, 잘못된 충동으로 계속 크샤트리아 왕들을 살해하였습니다. **불타는 별[태양]처럼 라마(Rama)는 그의 용기로 전(全) 크샤트리아 족을 살해하여 '사만타-판차카(Samanta-panchaka)'에 있는 다섯 개의 호수를 피로 만들었습니다.** 노기(怒氣)에 이성을 잃은 라마(Rama)는 그 호수 가운데 서서 조상들의 넋에 피를 바쳤다고 합니다. 그 때 리치카(Rchika)란 혼령이 처음 나타나 라마(Rama)에게 말했습니다. "라마여, 축복 받은 라마여, 브리구(Bhrigu)[불=태양]의 후손이여, 그대가 조상들을 위해서 그대의 용기로 보여준 존경에 감사한다. 힘센 그대에게 축복을 내린다. 원하는 것을 말하라."

라마(Rama)는 말했습니다. "오 조상님이시여, 제가 바라는 소망을 들어주신다면 그것은 제가 분노로 크샤트리아들을 절멸했던 죄악에서 벗어나 태어나게 나게 해 주신 것이고, **이 호수들이 세상에서 유명한 성지(聖地)가 되게 하시는 것입니다.**" 그러니 피트리스(Pitris, 창조주)는 말했습니다. "그렇게 될 것이다. 그렇지만 너도 진정(鎭靜)하라." 그래서 라마(Rama)도 진정이 되었습니다. 그 때부터 피의 호수 주변 지역은 '성지(聖地) 사만타-판차카(Samanta-panchaka)'가 되었습니다.[학살=심판=성지] 피트리스(Pitris)는 모든 고장이 그가 겪은 독특한 상황만큼 드러날 것입니다. '트레타 유가(Treta Yuga)'와 '드와파라 유가(Dwapara Yuga)' 사이 기간에 그 사만타-판차카(Samanta-panchaka)에서 카우라바 형제(Kauravas)와 판다바 형제(Pandavas) 대결이 다시 일어났습니다. 그 평평한 성지(聖地)에 18개의 군단[軍團, 아크샤우히니스(Akshauhinis)] 용사가 몰려들었습니다. 오 바라문들이시여. 거기에서 그들은 모두는 서로를 죽였답니다. 이렇게 '성스럽고 흥미로운 그 지역'에 대해 설명 드렸습니다. 저는 3계(三界)를 통해 그 지역이 어떻게 관련되어 있는지를 말씀드린 셈입니다.

수도승들이 말했다. -수타의 아들이여. 그대가 사용한 군단[軍團, 아크샤우히니스(Akshauhinis)]이란 어떤 의미입니까? 그 군단을 이루는 마필(馬匹)과 보병(步兵) 전차(戰車) 코끼리 수(數)를 말씀해 주시오.

가객(歌客, Sauti)이 말했다. -전차 1대, 코끼리 1수(首), 보병 5명, 기병(騎兵) 3명'이 1개 파티[Patti, 分隊]이고, 3 개의 분대[Patti]가 1개 굴마[Gulma, 大 分隊], 3개의 굴마가 1개 가나[Gana, 小隊], 3 개의 가나가 1개 바히니[Vahini, 中隊], 3 개의 바히니가 1개 프리타나[Pritana, 大隊], 3 개의 프리타나가 1개 차이누[Chainu, 旅團], 3 개의 차이누가 1개 아니키니[Anikini, 師團], 아니키니[Anikini, 師團]가 10개면 군단[軍團, 악샤우히니(Akshauhinis)]입니다. 훌륭한 브라만이시여. 수학자들은 1개 군단[軍團, 아크샤우히니스(Akshauhinis)]은 21870 대의 전차(戰車)를 보유한다고 합니다. 코끼리도 동수(同數)로 맞춰야 합니다. 보병은 109350명 기병(騎兵)은 65610 기(騎)가 있어야 군단이라 한답니다. 카우라바 형제와 판다바 형제의 군대를 합하면 18개의 군단[軍團, 악샤우히니(Akshauhinis)]입니다. '시간(Time)'은 카우라바 형제를 시켜 그 지점에 모이게 한 다음 모두가 죽게 만들었습니다.

비슈마(Bhishma)는 무기 사용법을 알아 10일 동안 싸웠습니다. 드로나(Drona)는 카우라바 진영을 5일 동안 지켰습니다. 파괴자 카르나(Karna)는 2일 간 싸웠습니다. 살리아(Salya)는 반나절을 싸웠습니다. 두료다나(Duryodhana)와 비마(Bhima) 사이에는 반나절 철퇴(鐵槌) 쟁투 이후 그날이 저문 다음 아스와타만(Aswatthaman)과 크리파(Kropa)는 밤에 잠든 틈을 타서 유디슈타라(Yudishthira) 군을 다시 쳐부셨습니다.

가객(歌客, Sauti)이 말했다. -오 사우나카(Saunaka, Sanaka의 아들, 聖者)여. 제사(祭祀)에서 반복되기 시작한 '바라타(Bharata)'라고 하는 최고의 이야기는 비아사(Viasa)의 현명한 제자에 의해 황제(皇帝) 자나메자야(Janamejaya)가 행한 제사에서 공식적으로 반복 낭송이 되었습니다. '마하바라타(Bharata)'는 몇 개의 장절로 나뉘어 있는데 시작은 '파우쉬아(Paushya)' '파울로마(Pauloma)' '아스티카(Astika)'로 되어 있는데, 유명한 왕들에 대한 설명입니다. '마하바라타(Bharata)'의 묘사와 어휘와 그 의미는 놀랍습니다. '마하바라타(Bharata)'는 다양한 풍속과 의례를 포함하고 있습니다. '마하바라타(Bharata)'는, 인간 최후의 안식(安息)인 바이라기아(Vairagya)라고도 합니다.['요가'를 위한 책] **사물 중에서는 자기(自己)를 알아야 하고, 아끼는 것 중에서는 자기 '생명(生命)'이 있듯이, 그렇게 이 '역사'가 있으니, 그것은 '마하바라타(Bharata)'로 갖추어지는 것입니다.** 거기에는 이 세상 이야기는 없으나, 몸에 달린 발과 같이 사람들의 역사이야기입니다.[사람들의 이야기나, 신의 중대함을 알리는 책이라는 의미] 아름다운 시구의 거장들이 영원에 매달리듯이 '마하바라타(Bharata)'는 모든 시인들이 좋아합니다. 말들이 세상에 관한 지식을 이루고 자음과 모음으로 베다(Veda)가 있듯이, 그렇게 '이 탁월한 역사[마하바라타]'는 최고의 지혜입니다. 오 수도승들이시여. '마하바라타(Bharata)'라고 하는 이 역사(歷史)의 분할의 대강을 들어보십시오. 큰 지혜를 제공할 것이고, 놀랍고 다양한 장절과 교묘한 의미, 논리적 연결 그리고 '베다의 실체'로 장식되었습니다.

　제1책은 아누크라마니카(Anukramanika)이고, 제2책은 산그라하(Sangraha), 다음은 파우쉬아(Paushya), 다음은 파울로마(Pauloma), 아스티카(Astika)이고, 다음은 아디반사바타라나(Adivan-savatarana)입니다. 그 다음은 놀라운 전율의 삼바바(Sambhava)이고, 그 다음은 '자투그리하다하(Jatugrihadaha, 라크-漆 집에 불 지르기)'이고, 그 다음은 '히딤바바다(Hidimbabadha, 히딤바를 죽임)'이고, 그 다음은 '바카바다(Baka-badha, 바카의 살해)'이고, 그 다음은 '치트라라타(Chitraratha)'입니다. 그 다음은 '스와얌바라(Swayamvara, 판찰리의 남편 선택)'에서 아르주나는 크샤트리아 덕목을 행사(行使)해 보이고 아내로 드라우파디를 맞이합니다. 그 다음은 '바이바히카(Vaivahika, 혼례)'이고, 다음은 '비두라아가마나(Viduragamana, 비두라의 출현)'이고, '라지알라바(Rajya-labha, 왕국의 획득)'이고 다음은 '아르주나바나바사(Arjuna-banavasa, 아르주나의 유랑)'과 '수바드라하라나(Subhadra-harana, 수바드라의 이별)'입니다. 그 다음은 '하라나하리카(Harana-harika)'이고, 다음을 '칸다바다하(Khandava-daha, 칸다바 숲의 소각)', '마야다르사나(Maya-darsana, 아수라의 건축가 마야를 만남)'이 잇고 있습니다. 그 다음으로 '사바(Sabha)', '만트라(Mantra)', '자라산다(Jarasanda)', '디그비자이야(Digvijaya, 일반적인 운동)' 이야기가 따르고 있습니다. 그리고 '디그비자이야(Digvijaya, 일반적인 운동)' 다음은 '라자수야카(Raja-suyaka)', '아르기아비하라나(Ar-ghyaviharana, 아르기아의 도둑질),' '시수팔라바다(Sisupala-badha, 시수팔라의 살해)'입니다. 그 다음은 '디우타(Dyuta, 노름)' '아누디우타(Anudyuta, 노름 이후)', '아라니아카(Aranyaka)' '크리미라바다(Krimira-badha, 크리미라의 살해)', '아르주나 비가마나(Arjuna-vigamana, 아르주나의 여행)'과 '카이라티(Kairati)' 이야기입니다. 마지막 부분에 아르주나와 '사냥꾼으로 변장한 마하데바(Mahadeva, 시바 신)'의 투쟁이 있습니다. 그 다음이 '인드라-로카비가마나(Indra-lokavigamana, 인드라 영역에로의 여행)'이고, 그 다음이 종교와 덕목의 광구(鑛區)인 '날로파키아나(Nalopak-hyana, Nala 이야기)'이고, 그 다음이 '티르타얕트라(Tirtha-yatra, 쿠루족 현명한 왕자들의 순례)'이고 '자타수라(Jatasura)의 죽음', '약사족의 전쟁(Yakshas)'의 이야기가 이어집니다. 그 다음이 '니바타카바차 족(Nivata-kavachas) 아자가라(Ajagara)의 전쟁'이고, 그 다음이 '마르칸데야 사마샤

(Markandeya-Samasya, 마르칸데이아와의 만남)'입니다. 그 다음이 '드라우파디(Draupadi)의 회동'이고 '사티아바마(Satyabhama)', '고샤야트라 (Ghoshayatra)', '미르가 스와프나(Mirga-Swapna, 사슴 꿈)'입니다. 그리고 '브리하다라니아카(Brihadaranyaka)'의 이야기이고 다음이 '아인드라드룸나(Aindradrumna)'입니다. 그 다음은 '드라우파디 하르나(Draupadi-harna, 드라우파디의 약탈)'이고, '자야드라타 비모크사나(Jayadratha-bimoksana, 자야드라타의 석방)'입니다. 그 다음은 '사비트리(Savitri)'의 이야기이니, 결혼 순결의 의미를 설명하고 있습니다. 그 다음은 '라마(Rama)의 이야기'입니다. 그 다음 책은 '쿤달라 하라나(Kundala-harana, 귀걸이 도둑)'입니다. 그 다음은 '아라니아(Aranya)'와 '바이라타(Vairata)'입니다. 그 다음은 '판다바 형제들(Pandavas)의 탈속(脫俗)' 이야기이고, 마지막이 '은익(隱匿)의 일년 약속의 이행' 이야기입니다. 다음은 '키차가(Kichakas)의 살해'이고, 다음은 카우라바 형제들이 비라타(Virata)의 소를 빼앗으려 했다는 이야기입니다. 다음은 '비라타(Virata) 왕의 딸과 아비마뉴(Abhimanu)'의 결혼이야기입니다. 다음은 당신들이 알아야 할 놀라운 책 '우디오가(Udyoga)'입니다. 다음은 유명한 '산자야야나(Sanjayayana, 산자야의 도착)'이고, 그 다음이 '프라자가라(Prajagara, 근심 때문에 잠 못 자는 드리타라슈트라)'이고, 다음은 '사나트수주타(Sanatsujuta)'인데 정신철학의 신비를 다루고 있습니다.

다음은 '야나사디(Yanasaddhi)'이고 그 다음은 '크리슈나(Krishna) 이야기'입니다. 그 다음은 '만탈리(Mantali)'이야기이고, 그 다음은 '갈라바(Galava)이야기'입니다. 그 다음은 '사비트리(Savitri) 바마데바(Vamadeva), 바이니아(Vainya)이야기'입니다. 그 다음 크리슈나(Krishna)가 궁궐에 이르고, 그 다음이 '비둘라푸트라사사나(Bidulaputrasasana)'이다. 그 다음은 '군대 모으기'와 '셰타(Sheta) 이야기'입니다. 그 다음은 고귀한 영혼 '카르나(Karna)의 투쟁'이 잇고 있습니다. 그 다음은 양쪽의 군대가 전쟁터로 향합니다. 그 다음은 '라티 족(Rathis)과 아티라타 족(Atirathas)을 점검'입니다. 그 다음 판다바 형제들의 분노를 불 지르는 사자(使者) '울루카(Uluka)'가 도착합니다. 그 다음이 '암바(Amba) 이야기'이고, 다음은 비슈마(Bhishuma)를 사령관으로 삼았던 이야기입니다. 그 다음은 편협한 잠부(Jambu) 지역의 탄생 담이고, 다음은 부미(Bhumi)이고, 그 다음은 섬들에 관한 이야기이고, 그 다음이 **바가바트기타(Bhagavatgita, 至尊의 노래)**'이고, 그 다음은 '비슈마(Bhishuma)의 사망'입니다. 그 다음이 '드로나(Drona) 사령관 이야기'이고, 그 다음은 '산사프타카(Sansaptakas)의 죽음' 이야기입니다. 그 다음이 '아비마뉴(Abhimanyu)의 죽음'이고, 그 다음이 아르주나가 자야드라타(Jayadratha)를 죽일 것을 맹세합니다. 그 다음 자야드라타(Jayadratha)가 죽고, 다음 가토트카차(Ghatotkacha)가 죽습니다. 그 다음 놀라운 드로나(Drona)가 죽게 되고 그 다음은 나라이아나(Narayana)란 무기 사용의 해제가 오고, 다음은 '카르나(Karna), 살리아(Salya) 이야기'가 옵니다.

그 다음은 '[두료다나의]호수 속으로의 잠적'이고 그 다음은 '비마(Bhima)와 두료다나(Duryodhana)의 철퇴(鐵槌) 대결'입니다. 그 다음은 '사라스와타(Saraswata)'이고, 다음은 성지 설명입니다.

다음은 연대기(年代記)이고, 그 다음은 쿠루 족의 명예에 좋잖은 '사우프티카(Sauptika)'이고, 다음은 '약탈의 아이시카(Aisika)'입니다. 그 다음이 사망한 혼령에 물을 바치는 '잘라프라다나(Jalaprada-na)'이고, 그 다음이 연인들의 통곡입니다. 그 다음은 살해를 당한 카우라바 형제(Kauravas)를 위한 장례 식 '스라다(Sraddha)'입니다. 그 다음은 유디슈트라(Yudhishthira)를 속이기 위해 바라문으로 가장했던 '락샤사 차르바카(Rakshasa Charvaka)의 살해' 이야기입니다. 그 다음은 현명한 '유디슈티라(Yudhishtira)의 대관식'이고, 그 다음은 '그리하프라비바가(Grihapravibhaga)'입니다. 그 다음은 '산티(Santi)'이고, 그 다음이 '라자다르마누사사나(Rajadharmanusasana)'이고, 그 다음이 '아파다르마(Apaddharma)', 그 다음이 '모크샤다르마 (Mokshadharma)'이다. 그 다음을 '수카-프라스나-아비가마나(Suka-prasna-abhigamana)'와 '브라흐마-프라스나누사나(Brahma-prasnanusana)', '두르바사(Durvasa)의 기원', '마야(Maya)와의 분쟁'이 이었습니다. 그 다음이 '아누사사니카(Anusasanika)'이고, 그 다음은 '비슈마(Bhishuma)의 승천(昇天)'입니다. 그 다음은 '말의 제사'이니, 그것을 읽으면 모든 죄를 벗게 됩니다. 그 다음은 '아누기타(Anugita)'이니, 그것은 영적 철학입니다. 그 다음은 '아스람바사(Asramvasa)', '푸트라다르샤나(Puttradarshana, 죽은 아들 영혼과의 만남)', '나라다(Narada)의 도착'입니다. 그 다음은 무섭고 독한 사건에 얽힌 '마우살라(Mausala)'이고, 그 다음은 '마하프라스타니카(Mahaprasthanika)'와 '[판두 형제들의]승천(昇天)'입니다. 그 다음은 '킬반사(Khilvansa)'라는 책이고, 마지막으로 '비슈누파르바(Vishnuparva)', 어린 아이로서 비슈누의 놀이와 묘기, 칸사(Kansa)의 죽음, 끝으로 '바비슈야파르바(Bhavishyaparva, 미래에 대한 예언)'입니다.…고도(高度)의 영혼인 비야사(Vyasa)는 앞서 제시했듯이 100권의 책을 저술하였습니다. 그것을 18로 분할하여, 수타(Suta)의 아들은 나이미샤(Naimisha) 숲에서 계속 다음과 같이 읊었습니다.

'시작 책(Adi parva)'에는 파우슈이아(Paushya), 파울로마(Pauloma), 아스티카(Astika), 아디반사바타라(Adivansa-vatara), 삼바(Samva), 라크(칠) 집을 불태움, 히딤바(Hidimba)의 살해, 아수라 바카(Asura Vaka)의 괴멸, 치트라라타(Chitraratha), 드라우파디(Draupadi)의 스와얌바라, 전투를 통해 경쟁자를 물리친 다음의 결혼, 비두라(Vidura)의 도착, 복원(復原), 아르주나(Arjuna)의 유랑, 수바드라(Subhadra)의 납치, 칸다바(Khandava) 숲의 소각, 아수라의 건축가 마야(Maya)와의 회동을 포괄하고 있습니다. 파우슈이아(Paushya)는 우탄카(Utanka)의 영웅적 행적과 브리구(Bhrigu)의 아들 파울로마(Pauloma)를 다루고 있습니다. 아스티카(Astika)는 가루다(Garuda)의 탄생과 나가 족(Nagas, 뱀 족속)의 탄생과 대양(大洋)의 동요(動搖), 천마(天馬) 우차이스라바(Uchchaihsra-va)의 탄생 사건, 자나메자야(Janamejaya) 왕의 뱀 희생제에서 서술된 바라타(Bharata) 왕국 이야기가 포함되어 있습니다. 삼바바 책(Sambhava parva)에는 왕과 영웅 성자 크리슈나 드와파아나(Krinshna Dwaipayana)의 다채로운 탄생 담이 서술되어 있고, 신들의 화신(化身)들과 다나바 족(Danavas)의 세대와 위대한 기술을 지닌 약샤들(Yakshas) 그리고 뱀들과 간다르바(Gandharvas)와 새들 이야기가 있고, 마지막으로 바라타 왕의 모험과 생활과 있는데, 그는 금욕적인 칸와

(Kanwa) 은둔지에서 사쿤탈라(Sakuntala)에게서 난 사람으로 바라타(Bharata)란 이름으로 계승이 된 것입니다. 이 책은 역시 바기라티(Bhagirathi)의 위대함과 산타누(Santanu) 집에서 바수 형제들(Vasus)의 탄생과 그들의 승천을 서술하고 있습니다. 이 책에는 다른 바수들(Vasus)의 힘을 자신에게 통합한 비슈마(Bhishuma)의 탄생이 나오는데, 그는 독신(獨身) 맹세를 지키고 치트랑가다(Chitrangada)를 보호하고, 그가 죽자 그의 아우 비치트라비리아(Vichitravirya)를 도와 왕위에 오르게 합니다. 아니몬다비아(Anmondavya)의 저주로 인간으로 태어난 다르마(Dharma), 비아사(Vyasa) 축복의 힘으로 드리타라슈트라(Dhritarashtra)와 판두(Pandu)의 출생, 그리고 판다바 형제들의 출생, 바라나바타(Varanavata)로 판두의 아들을 보냈던 두료다나(Duryodhana)의 음모, 그 다음 판두 형제에 대한 드리타라슈트라 아들들의 어두운 의논, 그 다음 판두 형제에게 호의를 가지고 있는 비두라(Vidura)가 굴을 파라는 유디슈티라(Yudhishthira)에 대한 조언, 푸로카나(Purochana)의 소각과 라크(칠, 漆) 집에서 다섯 아들과 잠든 여인, 무서운 숲 속에서 히딤바(Hidimba)와 만난 판다바 형제들, 그리고 비마의 용맹으로 히딤바(Hidimba)가 살해된 이야기입니다. 가토트카차(Ghatotkacha)의 탄생, 비아사와 판다바 형제들의 만남과 에카차크라(Ekachakra) 도시에서 바라문의 집에 변장 은거, 아수라 바카(Asura Vaka)의 살해와, 그 모습에 대중들의 놀람, 드리슈타듐나(Dhrishtadyumna)의 초월적 탄생, 비아사의 명령으로 판찰라(Panchala)로 향함, 드라우파디(Draupadi) 스와얌바라 소식을 바라문으로부터 들음, 아르주나는 간다르바(Gandharva)를 이기고, 안가라파르나(Angaraparna)를 바기라티(Bhagirathi) 강 언덕으로 불러 적에게서 우정을 느끼며 간다르바(Gandharva)에게서 타파티(Tipati), 바시슈타(Vasishtha), 아우르바(Aurva)에 대한 경력을 듣는 이야기입니다. 이 책은 판다바 형제의 판찰라(Panchala)로의 여행을 서술하고 있는데, 아르주나가 성공적으로 과녁을 성공적으로 적중시킨 다음 모든 왕들 가운데서 대상(大賞)으로 드라우파디(Draupadi)를 획득합니다. 그리고 잇따라 터진 싸움에서 비마(Bhima)와 아르주나(Arjuna)의 용맹은 살리아(Salya)와 카르나(Karna)와 다른 왕들을 물리칩니다. 발라라마(Balarama)와 크리슈나(Krishna)가 보는 가운데, 무적의 공적으로 영웅들이 바로 판다바 형제들이라는 것이 입증되었습니다. 형제들은 처소인 옹기장이 집으로 돌아옵니다. 드라우파디(Draupadi)가 5명의 남편과 결혼한다는 것을 알고 드루파다(Drupada)왕은 실망합니다. 결국 이 놀라운 이야기에 다섯 인드라(Indras)가 간여합니다. 특별히 드라우파디(Draupadi) 결혼에 신이 계입합니다. 드리타라슈트라 아들들은 판다바 형제들에게 비두라(Vidura)를 특사로 보냅니다. 비두라가 도착하여 크리슈나를 만납니다. 칸다바프라스타(Khandava-prastha)에 판다바 형제는 거주를 마련하고, 그 왕국의 반을 다스립니다. 나르다(Narda) 선인(仙人)의 명령에 따라 고정적으로 드라우파디(공동 아내)와 부부 생활을 가졌습니다. 그와 같은 방식이 순다(Sunda)와 우파순다(Upasunda)의 이야기로 경계(警戒)를 삼았습니다. 그 다음 이 책은 행했던 맹세에 따라 아르주나는 숲으로 떠나는데, 아르주나는 어떤 바라문의 소를 구해주려고 무기를 꺼내려 방으로 들어갔다가 드라우파디와 유디슈티라가 함

께 앉아 있는 것을 보았기 때문입니다. 그리고 이 책은 아르주나가 도중에 나가(Naga, 뱀)의 딸 울루피(Ulupi)와 만남을 서술하고 그 다음 그것이 아르주나의 성지 순례와 연관됩니다. 바브루바하나(Vabhruvahana)가 탄생됩니다. 아르주나는 브라흐마나(Brahmana)의 저주로 다섯 마리 악어로 변한 5명의 천상(天上) 처녀들을 구원합니다. 그리고 아르주나는 프라바사(Prabhasa) 성소에서 마다바(Madhava)와 만납니다. 쿤티의 오빠 크리슈나의 말에 따라 아르주나가 '과부(어머니, Kunti)'를 이주시키는데, 크리슈나는 탑승자의 소망에 따라 육지와 물, 공중으로 놀라운 전차(戰車)를 몰고 과부가 된 쿤티를 데리고 인드라프라스타(Indraprastha)로 갑니다. 수바드라(Subhadra, 크리슈나의 누이동생)의 태(胎)에 영재 아비마뉴가 잉태되었습니다. 야즈나세니(Yajnaseni)는 아이들을 출산했고, 이어 자무나(Jamuna)강둑으로 크리슈나와 아르주나의 여행이 행해지고, 원반과 간디바 신궁(神弓)도 획득합니다. 칸다바(Khandava) 숲이 불태워지고, 아리주나가 마야(Maya)를 구해주고, 뱀은 도망을 칩니다. 최고의 선인(仙人) 만다팔라(Mandapala)에 의해 사릉기(Sarngi) 새의 태(胎)에 아들을 갖습니다. 이 책은 비아사(Vyasa)에 의해 227 장으로 나뉘고 있고 그 227장은 8884 슬로카(詩句)로 되어 있습니다.

그 두 번째 책은 '회당(會堂)의 책(Sabha Parva)'입니다. 이 책의 주제는 판다바 형제들이 거대한 홀의 건립(建立)이야기입니다. 천상에 알려진 나라다(Nrada)의 수호신들(Lokapalas) 이야기, 라자수야(Rajasuya) 희생제 준비, 자라산다(Jarasanda)의 죽음, 산골자기에 갇혀 있는 왕들을 크리슈나가 구해낸 이야기, 판다 형제들의 세상 정복의 장정(長征), 라자수야(Rajasuya) 희생제에 봉물을 지니고 온 왕들의 도착(到着), 희생제에 아르기야(arghya)의 제공과 관련된 시수팔라(Sisupala)의 죽음, 모임에서 두료다나에 대한 비마세나의 조롱, 배치의 장대함에 대한 두료다나의 슬픔과 시샘, 두료다나의 분노, 놀음에 대한 준비, 교활한 사쿠니(Sakuni)에 의한 유디슈티라의 패배, 폭풍의 파도 속에 던져진 배와 같은 놀음으로 인해 우울의 바다에 빠진 며느리 드라우파디를 드리타라슈트라가 구출한 이야기, 패배한 유디슈티라와 그 형제들의 유랑, 이 이야기들이 위대한 비야사의 책(Sabha Parva)을 이루었습니다. 이 책은 78 장에 2507 시구(詩句)로 되었습니다.

세 번째 책은 '숲속의 책(Aranyaka Parva)'입니다. 이 책은 판다바 형제들이 숲으로 간 이야기이고 현명한 유디슈티라를 따르는 시민이 그를 당시의 신(神)으로 공경했던 이야기입니다. 다움미아(Dhaumya) 명령으로 바라문들에게 식사와 음료를 제공할 수 있는 권능이 부여되었습니다. 태양의 은택으로 식사가 만들어 지고, 주인의 선을 위해 항상 말을 한 비두라(Vidura)도 드라타라슈트라에 의해 추방이 됩니다. 그래서 비두라가 판다바 형제들에게 왔으나, 다시 드리타라슈트라의 간청으로 되돌아갑니다. 카르나(Karna)의 충동으로 사악한 두료다나는 숲 속에 있는 판다바 형제들을 죽이려고 계획합니다. 비아사(Vyasa)가 나타나 두료다나와 이야기 끝에 그 숲으로 찾아가기로 합니다. 수라비(Surabhi) 이야기, 마이트레야(Matreya)의 도착, 비아사는 드리타라슈트라에게 자기의 행정(行征) 포기를 말하고 두료다나에게 욕을 합니다. 비마(Bhima)는 전투 끝에 키르미라(Kirmira)를 살해합니다. 사쿠니(Sakuni)의 부당한 노름으로 유디슈타라의 패배 소식을 들은 비르슈니(Virshni) 족 왕들과 판찰라(Panchalas)가 찾아옵니다. 다난자야(Dhananjaya, 아르주나)는 크리슈나의 분노를 가라앉히고, 드라우파디가 마다바(Madhava, 크리슈나) 앞에서 탄식을 늘어놓습니다. 크리슈나가 그녀를 기쁘게 해주었습니다. 사우바(Sauva)의 몰락도 제시됩니다. 그리고 크리슈나가 수바드라(Subhadra)와 그녀의 아들을 드와라카(Dwaraka)로 데리고 옵니다. 그리고 드리슈타듐나(Dhrishtadyumna)는 드라우파디의 아들을 판찰라로 데려 옵니다. 판두 아들들은 드와이타(Dwaita) 숲으로의 낭만적 입장(入場)을 합니다. 비마 유디슈타라 드라우파디의 대화, 판다바들에게 비아사가 왕림(枉臨)하여, 유디슈타라에게 프라티스므르티(Pratismriti) 권능을 부여합니다. 비아사가 떠난 다음, 판다바 형제들은 카미아카(Kamyaka) 숲으로 이사합니다. 무궁한 용맹의 아르주나가 무기를 찾아 방랑을 합니다. 사냥꾼으로 변장한 마하데바(Mahadeva, 시바 신)와의 투쟁. 아르주나의 로카팔라들(lokapalas, 수호신들)과의 만남과 그들 무기의 수납. 무기를 얻기 위한 아르주나의 인드라 신의 영역으로의 여행과 드리타라슈트라의 걱정. 고명(高名)한 성자 브리하다스와(Brihadaswa)와의 우연한 상봉으로 유디슈타라의 탄식과 통곡. 날라(Nala)가 서술한 다마얀티(Damayanti) 인고(忍苦)의 성스럽고 감동적인 이야기입니다. 그 다음 그 위대한 성자에게 유디슈타라의 '노름의 신비'에 대한 의문 제기가 있고 그 다음 하늘나라의 성자 로마사(Lomasa)가 판다바 형제들의 당시 처소로의 방문하여 그들의 형제 아르주나가 천국에 머무르고 있다는 증언을 합니다. 그래서 그 아리주나의 전갈(傳喝)에 따라 판다바 형제들은 여러 성소(聖所)를 순례(巡禮)하고 그 순례로 인해 도덕을 함양하고 푸타수스타(Putasusta) 성소의 대 성인 나라다(Narada)를 순례합니다. 인드라가 카르나(Karna)에게 제공한 귀고리를 빼앗는 이야기도 있습니다. 거기에는 역시 가야(Gaya)의 희생적 장관이 읊어지고 있습니다.[한국의 駕洛國은 이 '가야'와의 연관임] 이어 성자 아가스티아(Agastya)가 악귀 바타피(Vatapi)를 잡고 자식을 얻으려고 로파무드라(Lopamudra)와 결혼한 이야기입니다. 그 다음은 아주 소년 같은 초입 바라문(Brahmacharya, 學生期)를 입양한 리슈야스링가(Rishyasringa) 이야기입니다. 이어 자마다그니(Jamadagni) 아들인, 위대한 무술(武術)의 라마(Rama) 이야기가 행해지는데, 거기에는 카르타비리아(Kartavirya)와 하이하야들(Haihayas)의 사망이 서술되어 있습니다. 그리고 성소(聖所) 프라바사(Prabhasa)에서 판다바들(Pandavas)과 브리슈니 족(Vrishnis)의 만남이 나옵니다. 그리고 수카니아(Sukanya) 이야기입니다. 거기에는 브리구(Bhrigu)의 아들 치아바나(Chyavana)가 사리아트(Saryat) 왕의 제사에 아스윈(Aswins) 쌍둥이에게 (다른 신들과 다르게 된다는) 소마 주스(Soma juice)를 마시게 했을 뿐만 아니라, 치아바나(Chyavana) 자신도 어떻게 (감사하는 아스윈-Aswins에게서) 영원한 젊음을 확보했는지 들려주고 있습니다. 그리고 만다타(Mandhata) 왕의 이야기가 서술됩니다. 그 다음은 잔투(Jantu) 왕자 이야기인데, 소마카(Somaka) 왕이 외 아들 잔투(Jantu)를 희생으로 바치고, 어떻게 100명의 다른 아들들을 얻었는지 서술하고 있습니다. 그 다음은 매와 비둘기 이야기이고, 그 다음은 인드라(Indra)와 아그니(Agni), 다르마(Dharma) 신의 시비(Sivi) 왕 시험 이야기이고, 이어 아슈타바크라(Ashtavak-ra) 이야기이니, 자나카(Janaka) 희생제에 성자와 최초의 이론가 바루나(Varuna)의 아들 반디(Vandi) 사이에 논쟁이 일어납니다. 대(大) 아슈타바크라(Ashtavakra)에 의해 반디(Vandi)는 패배하고, 성자인 그 부친의 대양의 심연(深淵)에서 풀려납니다. 그 다음은 야바크리타(Yavakrita) 이야기로 위대한 라이비아(Raivya) 이야기입니다. 다음은 판다바 형제들이 나라야나(Narayana)라는 망명지에 있는 간다마다나(Gandhamadana)를 향한 출발입니다. 그 다음은 드라우파디(Draupadi)의 요청(향기로운 꽃)에 따라 비마세나(Bhmasena)가 간다마다나(Gandhamadana)로 갑니다. 비마는 도중에 바나나 숲에서 위대한 무용(武勇)을 지닌 파바나(Pavana) 아들 하누만(Hanuman)과 만납니다. 비마는 물통에서 목욕을 하고, 자신이 찾는 향기로운 꽃을 얻으려고 거기에 있는 꽃들을 파괴하였습니다. 비마는 억센 락샤사(Rakshasas), 위대한 무용(武勇)의 야크샤들(Yakshas)과 하누만(Hanuman)을 정복하였습니다. 비마는 악귀 자타(Jata)를 죽이고, 판다바들은 성자 브리샤파르바(Vrishaparva)를 만납니다. 판다바들은 아르슈티셰나(Arshtinshena) 성소(蘇塗)에 도착하여 거기서 삽니다. 드라우파디가 시킨 비마의 선동(煽動)이 있습니다. 그 다음은 비마가 카일라스(Kailas) 산을 오르고 하누만(Hanuman)이 앞장을 선 억센 야크샤들(Yakshas)과의 무서운 투쟁이 있습니다. 다음은 판다바 형제들과 바이스라바나(Vaisravana)와의 만남 이야기이고, 유디슈티라의 목적을 위해 아르주나는 천상의 무기를 획득했는데, 그 아르주나와의 만남 이야기입니다. 그 다음은 아르주나가 히라니아파르바(Hiranyapatva)에 살고 있는 니바타카바차 들(Nivatakavachas) 파울로로마(Paulomas) 칼라케야 들(Kalakeyas)과의 격돌입니다. 그들은 아르주나의 손에 망합니다. 유디슈티라 앞에서 아르주나가 천상의 무기를 사용해 보기 시작한 것입니다. 간다마다나(Gand-hamadana)에서 판두 형제들은 내려오게 됩니다. 산과 같이 거대한 뱀에게 비마가 붙잡힙니다. 유디슈티라가 질문에 대답하자 그 뱀은 포박(捕縛)을 풀었습니다.[모든 사물이 인격화되어 있다.] 판다바 형제들은 카미아카(Kamyaka) 숲으로 돌아옵니다. 거기에 억센 판두 형제들을 만나려 바수데배[크리슈나가 나타납니다. 마르칸데야(Markandeya)가 도착하고, 베나(Vena)의 아들 프리투(Prithu) 이야기가 행해집니다. 그 다음은 마트샤(Matsya) 이야기입니다. 다른 옛 이야기들을 마르칸데야(Markandeya)가 들려줍니다. 인드라듐나(Imndradumna)와 둔두마라(Dhundhumara) 이야기. 다음은 순결한 아내 이야기. 안기라(Angira) 이야기. 드라우파디와 사티아바마(Satyabhama)의 대화. 판다바 형제들의 드와이타(Dwaita) 숲으로의 귀환. 송아지들을 보러 갔다가 두료다나의 감금. 그 분노가 가셨을 때 아르주나가 행한 구출. 여기에 유디슈티라의 사슴 꿈 이야기가 나옵니다. 그 다음은 판다바 형제들은 카미아카(Kamyaka) 숲으로 다시 들어가고 역시 브리히드라우니카(Vrihidraunika)의 긴 이야기가 있습니다. 여기에 두르바사(Durvasa)이야기도 행해집니다. 그 다음은 그 망명(亡命)처에서 자야드라타(Jayadratha)에 의한 드라우파디의 납치. 비마의 추적과 그의 손으로 행한 자야드라타(Jayadratha) 왕관의 박살. 라마(Rama)가 어떻게 전투에서 그의 무용(武勇)

으로 라바나(Ravana)를 죽였는지 긴 이야기가 있습니다. 역시 사비트리(Savitri) 이야기도 있고, 다음은 인드라(Indra)에 의한 카르나의 귀고리 탈취이고, 다음은 감사한 인드라가 카르나에게 던져서 원하는 한 사람을 죽일 수 있는 무기 삭티(Sakti)가 부여됩니다. 그 다음은 정의(正義)의 신 다르마(Dharma)가 그의 아들(유디슈티라)에게 행한 충고인 아라니아(Aranya)라는 이야기. 거기에는 판다바 형제들이 서쪽으로 가서 얻을 재미있는 일이 말해지고 있습니다. 이 모든 이야기들이 제3책인 아라니아카(Aranyaka)에 있는데, 269 장 11664 시구(詩句)로 되었습니다.

다음은 '비라타(Virata) 책'입니다. 비라타(Virata) 영지에 도착한 판다바 형제들은 그 시 외곽에 있는 한 묘역에 거대한 샤미(shami) 나무를 보고 거기에 그들의 무기를 감추어 둡니다. '비라타'에 진입한 판두들이 신분을 감춘 체류가 서술되어 있습니다. 다음은 비마가 사악한 키차카(Kichaka)를 살해하는데 그가 드라우파디를 노렸던 것입니다. 왕자 두료다나(Duryodhana)가 스파이들을 지명했고 그 스파이들은 사방으로 판다바 형제들을 추적하고 있었습니다. 그러나 그들은 판두 형제들을 찾는데 실패합니다. 트리가르타 들(Trigartas)에 의해 '비라타(Virata)의 암소들'이 처음 약탈당해 무서운 전투가 이어집니다. 적들이 비라타(Virata)를 감금하나 비마가 구해냅니다. 그리고 판다 형제들에 의해 암소들도 구출이 됩니다. 비라타(Virata)의 암소들을 다시 쿠루 형제들(Kurus)이 빼앗아 갔지만 그 쿠루들 아르주나가 혼자서 다 물리칩니다. 비라타(Virata) 왕이 아르주나에게 딸 우타라(Uttara)를 제공하니, 아르주나는 그의 아들 아비마뉴가 대신해서 그녀를 수용하게 했습니다. 이들이 네 번째 비라타(Virata)책의 내용들입니다. 위대한 성자 비아사(Vyasa)는 67장 2050 시구(詩句)로 제작하셨습니다.

'노력의 책(Udyoga Parva)'로 알려진 다섯 번째 책의 내용은 다음과 같다. 승리를 바라는 판다바 형제들이 우파플라비아(Upaplavya)라는 곳에 머물러 있을 적에, 두료다나(Duryodhana)와 아르주나(Arjuna)는 동시에 바수데바(Vasudeva)를 찾아가 '이 번 전쟁에 우리를 도우셔야 합니다.'라고 부탁을 했습니다. 고매한 크리슈나는 그들 말에 대답했다. '오 최고의 왕자들이여, 나는 상담자이고 싸우지는 않을 것입니다. 그리고 군사 1개 아크샤우히니(Akshauhini, 군단)가 있습니다. (이 둘 중에)어느 것을 택할 것인가요?' 자기 이익에 급급한 어리석은 두료다나는 군사들을 요구했습니다. 그에 대해 아르주나는 '무전(無戰)의 상담자 크리슈나'를 요청했습니다. 그 다음은 마드라(Madra) 왕[살리아]이 판다바들을 도우러 왔을 적에 어떻게 두료다나(Duryodhana)가 선물과 호의로 장래를 약속하며 전쟁에 자신을 도와달라고 했습니다. 두료다나에게 [돕겠다고]맹세한 살리아(Salya)가 어떻게 판다바들에게 가서 인드라 승리 이야기를 말 하며 판두 형제들을 위로했는지가 진술됩니다. 그 다음은 판다바 형제들이 '그들의[입장을 밝힐] 사제(司祭)'를 카우라바들에게 보냅니다. 그 다음은 드리타라슈트라 왕이 그 사제의 말을 듣고, 화해를 하려고 판다바들에게 특사 산자아(Sanjaya)를 보냈습니다. 여기에서는 판다바 형제와 크리슈나 등 그들 친구에 대한 이야기를 듣고 드리타라슈트라 왕은 걱정으로 잠을 이루지 못 함이 서술됩니다. 그 때 비두라(Vidura)도 그 지혜로운 드리타라슈트라에게 현명한 충고를 했습니다. 그리고 사나트수자타(Sanatsujata)도 철학적 진실을 걱정하고 있는 왕에게 들려주었습니다. 그 다음날 왕궁에서 산자야가 크리슈나와 아르주나의 정체(正體)를 말해 주었습니다. 그 다음은 크리슈나가 평화를 위하여 **카우라바 서울 하스티나푸라(Hastinapura)로** 갑니다. 그 다음 두료다나 왕자가 양쪽의 이익을 위해 평화를 호소한 크라슈나의 평화 사절을 거절합니다. 여기에 담보드바바(Damvodvava) 이야기가 낭송됩니다. 그 다음은 고상한 마툴리(Matuli)가 딸을 위한 남편 구하기 이야기입니다. 그 다음은 대 성자 갈라바(Galava) 이야기, 그 다음은 크리슈나가 그 요가(Yoga)의 힘으로 알아낸 두료다나와 카르나의 사악한 모의를 라자들(Rajas)이 모인 앞에서 폭로합니다. 그 다음 크리슈나는 카르나를 전차 속으로 데리고 가 부드럽게 충고했으나 카르나는 자존심 때문에 거절을 합니다. 다음은 크리슈나가 하스티나푸라에서 우파플라비야(Upaplavya)로의 귀환(歸還)하여, 판다바 형제들에게 일어났던 것을 말해줍니다. 다음은 판다바 형제들이 모두 듣고 서로 의논하며 전쟁 준비를 합니다. 그 다음 하스티나푸라에서 전쟁을 하려고 보병, 기병(騎兵), 전차, 코끼리들이 진격합니다. 그 다음은 양쪽의 군사(軍師) 이야기. 그 다음은 두료다나 왕자가 전투 전날 판다바들에게 울루카(Uluka)를 보냅니다. 그 다음은 다른 계급의 전차 몰이들의 이야기이고, 다음은 암바(Amba) 이야기입니다. 이들이 우디오가(Udyoga)라는 제5책의 내용입니다. 위대한 비아사(Vyasa)는 이 책을 186장으로 저작했고, 위대한 선인(仙人)들이 6698 시구(詩句)로 개작하였습니다.

그 다음이 놀라운 '**비슈마 책(Bishuma Parva)**'입니다. 이것은 잠부(Jambu)라 하는 산자야(Sanjaya)가 서술한 것입니다. 여기에는 유디슈티라 군대의 큰 의기소침(意氣銷沈)과 열흘 동안의 격전(激戰)이 서술됩니다. 여기에서 크리슈나는 (殺傷의 前夜에)아르주나의 친족 간의 전쟁이라는 그의 죄책감을, 그 철학으로 해소 시켜줍니다. 여기에서 관대한 아르주나가 유디슈티라의 안전에 신경을 쓰고, 판다바 군사들이 손상 되는 것을 보고 크리슈나가 전차에서 내려 달려가 불굴의 용기로 '비슈마의 죽음'을 이끌어 냅니다. 여기에서도 크리슈나는 전투에 '최고의 무기 간디바(Gandiva)의 소유자 아르주나'를 호되게 질책을 행합니다. 여기에서 최고의 궁사(弓師) 아르주나는 그의 앞에 시칸딘(Shikandin)을 두어 비슈마를 가장 날카로운 화살로 쏘아 그의 전차에서 떨어뜨렸습니다. 그래서 비슈마는 그의 화살 침대에 뉘어집니다. 이것이 바라타의 제6책입니다. 170 장이고, 5884 시구인데 베다에 친숙한 비아사(Vyasa)가 말한 대로입니다.

다음은 놀라운 '**드로나의 책(Drona Parva)**'입니다. 시작은 위대한 군사 교사 드로나(Drona)가 군대의 사령관에 임명됩니다. 이어 그 무기의 명쉬[드로나]가 유디슈티라를 잡겠다고 하여 두료다나를 기쁘게 했습니다. 그 다음은 아르주나가 산사프타카(Sansaptakas) 앞 전쟁터에서 철수한 이야기이고, 다음은 아르주나가 제2의 인드라처럼 수프리티카(Supritika) 코끼리를 탄 바가다타(Bhagadatta)를 무찌른 이야기입니다. 다음은 10대의 소년 영웅 아비마뉴(Abhimanyu)가 자야드라타(Jayadratha)가 포함된 수많은 마하라타들(Maharathas)의 손에 혼자 죽음을 당한 이야기입니다.

아들 아비마뉴가 죽은 다음 아르주나는 일곱 '악샤우히니들(Akshauhinis 軍團)'을 전투로 멸하고, 이어 자야드라타(Jayadratha)를 죽입니다. 이어 유디슈티라의 명령에 따라 억센 비마와 전차 투사 사티아키(Satyaki)가 신들도 뚫을 수 없는 카우라바 진영으로 아르주나를 찾으러 들어갔고, 산사프타카 족(Sansaptakas, 결사대)을 무찔렀습니다. 이 드로나(Drona) 책에 알람부샤(Alambusha) 스루타유스(Srutayus) 잘라산다(Jalasandha) 쇼마다타(Shomadata) 비라타(Virata) 위대한 전차 무사 드루파다(Drupada) 가토트카차(Ghatotkacha) 등의 죽음이 있었습니다. 이 책에서 아스와타만(Aswatthaman)은 전장에서 그 아버지 죽음에 너무 흥분이 되어 무서운 무기 나라야나(Narayana)를 버립니다. 다음은 비아사(Vyasa)가 도착하여 크리슈나와 아르주나의 영광을 찬양했습니다. 이것이 바라타의 제7책 영웅적 대장과 왕자들이 그들의 소임대로 행했던 것을 서술한 것입니다. 이 책은 170 장이고, 파라사라(Parasara)의 아들이며 진실한 지식의 소유자인 선인(仙人) 비아사(Vyasa)가 명상 끝에 제작한 8909의 시구(詩句)입니다.

그 다음은 '카르나의 책(Karna Parva)'입니다. 여기에서는 현명한 마드라(Madra) 왕(살리아)이 카르나의 전차 몰이꾼으로 지명된 것이 서술됩니다. 그 다음은 악귀 트리푸라(Tripura)의 몰락 이야기입니다. 그 다음은 카르나(Karna)와 살리아(Salya)가 전투를 시작하며 주고받은 거친 말이 제시되고, 이어 백조와 까마귀로 비유가 됩니다. 이어 고상한 아스와타만(Aswatthaman)에 의해 판디아(Pandya)가 죽습니다. 그리고 단다세나(Dandasena)의 죽음이고 다르다(Darda)도 죽습니다. 이어 모든 전투 자들의 면전에서 카르나와 유디슈티라의 위험한 단독 대결이 벌어집니다. 그 다음 유디슈티라와 아르주나의 분노가 이어지고, 이어 크리슈나의 화해가 생깁니다. 그의 맹세했던 대로 비마가 두사사나(Dussasana)의 가슴을 열어 피를 마시고 취합니다. 그리고 **아르주나는 카르나와의 일대일 대결에서 대(大) 카르나(Karna)를 잡습니다.** 이것이 제8책입니다. 69장이고, 4964 시구입니다.

다음은 '살리아의 책(Salya Parva)'입니다. 결국 모든 위대한 전사들이 살해되는데, 그 마드라(Madra) 왕 살리아(Salya)가 카우라바(Kaurava) 군대의 사령관이 됩니다. 대적한 전차 투사들이 차례로 살해를 당합니다. **대(大) 살리아(Salya)는 유디슈티라 손에 죽게 됩니다.** 노름꾼 사쿠니(Sakuni)가 전투에서 사하데바(Sahadeva) 손에 죽습니다. **엄청난 살해가 행해진 다음 적은 군대로 살아남은 두료다나는 호수로 도망을 쳐서 물속에 작은 방을 만들어 거기에 잠깐 누워 있었습니다.** 다음은 비마(Bhima)의 지혜가 서술되고, 이어 유디슈티라가 어떻게 모욕적인 말로 두료다나를 충동했는지가 서술됩니다. 두료다나는 모욕을 참고 있을 수만은 없어서 물 밖으로 나왔습니다. 그리고 두료다나와 비마(Bhima)는 사이에 철퇴를 잡고 대결하게 되고, 그때 발라라마(Balarama)도 도착을 했습니다. 이어 사라스와티(Saraswati, 학습의 여신)의 신성불가침이 서술됩니다. 그 다음 철퇴들이 마주치는 결투가 진행됩니다. 그리고 연이은 싸움에 비마가 철퇴로 두료다나의 다리를 박살냅니다. 이것이 제9책에 서술되었습니다. 카우라바들의 명예의 전파자 위대한 비아사는 그것을 59 개의 장으로 엮었는데, 3220 시구입니다.

그 다음은 놀라운 '잠든 무사들의 책(Sauptika Parva)'입니다. 판다바들이 떠나고, 억센 전차 무사 크리타바르만(Kritavarman), 크리파(Kripa), 드로나(Drona)의 아들이 전장에 도착하여 다리가 부서지고 피로 덮힌 두료다나가 땅바닥에 누워 있는 것을 보게 됩니다. 다음은 위대한 전차 투사 드로나(Drona)의 아들[아스와타만]이 분노하여 '드리슈타듐나와 판찰라, 그리고 동맹자 판다바들을 죽이지 못하면 내 갑옷을 벗지 않을 것이다.'라고 맹세를 하였습니다. 그 말을 한 다음, 3명의 투사들은 해가 지자 두료다나 군사들을 떠나 바로 숲 속으로 들어갔습니다. 밤이 되어 그들은 거대한 반얀(banian) 나무 아래 앉아 있다가 올빼미가 수많은 까마귀들을 잡아 죽이는 것을 보았습니다. 그것을 보고 아스와타만(Aswatthaman, 드로나의 아들)은 아버지의 운명을 생각에 분노가 일어 잠든 판찰라들을 죽이려고 결심했습니다. 그래서 캠프의 정문으로 갔는데, 놀라운 모습의 한 락샤사(Rakshasa)가 머리가 하늘까지 닿은 채 입구를 지키고 있었다. 그리고 그 락샤사(Rakshasa)가 그의 무기를 막으므로 드로나의 아들은 급히 '삼목(三目)의 루드라(Rudra)'를 존중하여 달랬습니다. 그러고 나서 크리타바르만(Kritavarman), 크리파(Kripa)를 데리고 잠들어 있는 드라우파디의 아들들과 드리슈타듐나와 판찰라들과 그 친척들을 모두 살해해버렸습니다. 그 운명의 밤에 판다바 5형제 위대한 전사 사티아키(Satyaki)를 제외하고 모든 사람들이 죽었습니다. 그래서 드라우파디는 아들과 형제와 아버지의 죽음에 굶어 죽기로 결심했다. 괴력의 비마는 그 드라우파디 말에 감동이 되어 그녀를 즐겁게 하려고 결심했다. 그래서 급히 철퇴를 들고 드로나의 아들[아스와타만]을 뒤쫓았습니다. **드로나의 아들[아스와타만]은 비마세나가 무서워서 운명적으로 천상의 무기를 놓고 말했다. '이것은 모든 판다바들을 죽이기 위한 것이다.' 이어 크리슈나는 '그럴 수는 없다.'고 하여 아스와타만(Aswatthaman)의 말을 무효화시켰습니다.** 그 다음 아르주나는 그 무기를 자신의 것으로 삼았습니다. 사악한 아스와타만(Aswatthaman)의 살해 의도를 안 드와이파이아나(Dwaipayana)와 크리슈나는 드로나의 아들은 그(절대신)에게 못 오리라 저주를 내렸습니다. 이어 비마는 아스와타만(Aswatthaman)의 머리에 보석을 빼앗아 그것을 슬픔에 빠진 드라우파디에게 주었습니다. 이렇게 제10책 사우프티카(Sauptika)는 낭송이 되고 있다. 위대한 비아사는 이것을 18장으로 엮었고, 870 시구입니다. 이 책 속에는 위대한 선인들이 사우프티카(Sauptika)와 아이시카(Aishika)라는 두 책으로 나누어 놓았습니다.

다음은 격정적인 **'부인들의 책(Stri Parva)'**입니다. 예언적 안목을 지닌 드리타라슈트라는 자식들의 죽음에 고통스러워 적대 의식을 비마에게 돌려, 크리슈나가 비마 대신에 그 앞에 놓은 딱딱한 철제 상(鐵製 像)을 가루로 만들었습니다. 이어 비두라(Vidura)는 우울함에 빠진 드리타라슈트라의 감정을 세상사에 대한 해탈을 말하여 해소시키고 그 현명한 군주를 안심시켰습니다. 다음은 우울한 드리타라슈트라가 집안 여인들을 데리고 카우라바들의 전장(戰場)으로 간 것이 서술됩니다. 여기에 살해된 영웅들 부인들의 통곡이 이어집니다. 이어 간다리(Gandhari)와 드리타라슈트라는 분노로 의식을 잃습니다. 이어 그 크샤트리아 부인들은 전장에 죽어 있는 아들과 형제와 아버지들을 보았습니다. 이어 간다리(Gandhari)는 크리슈나의 화해 권유를 생각하며 아들과 손자의 죽음에 애통해 했습니다. 다음은 유디슈티라 왕이 사망한 왕족의 화장(火葬) 의례를 주도합니다. 사망한 왕자들의 영혼에 물이 제공되고 '카르나'는 쿤티(Kunti)가 몰래 낳은 아들이라는 이야기도 밝혀집니다. 이것이 위대한 비아사 선인이 서술한 격정적인 제11책입니다. 그 이야기는 가슴에 슬픔을 주고 눈물을 흘리게 합니다. 27 장이고 775 시구입니다.

제12책은 '**평화의 책(Shanti Parva)**'입니다. 이 책은 부로(父老)와 형제, 아들, 외삼촌, 처가 사람들이 살해당한 것에 대한 유디슈티라의 의기소침에 관련된 이야기입니다. 이 책에는 왕들이 학습할 가치가 있는 다양한 의무의 체계에 대해 비슈마가 그의 화살 침대에서 밝힌 것입니다. 이 책은 시간과 이성의 온전한 지침으로 위기에 대한 의무를 밝히고 있습니다. 이들 이해를 통해 온전한 지식에 도달합니다. 마지막 해탈의 신비도 역시 상세히 설명되어 있습니다. 이것이 현자가 애호하는 제12책입니다. 339장으로 되어 있고, 732 시구입니다.

다음은 '**교훈의 책(Anusasana Parva)**'입니다. 쿠루족(Kurus)의 왕 유디슈티라가 바기라티(Bhagirathi)의 아들 비슈마의 의무 설명을 듣고 어떻게 그것을 자신에게 수용했는지를 서술하고 있습니다. 이 책은 다르마(Dharma)와 아르타(Artha)의 규칙들을 상세히 다루고 있습니다. 그리고 자선(慈善)의 방법과 그것의 장점이 제시되었고, 그리고 기부의 자격 요건과 자선에 대한 지고한 최고의 규칙이 제시되어 있습니다. 이 책은 개인적 의무의 의례가 서술되어 있고, 행동 규칙과 진실의 지고한 장점이 설명되고 있습니다. 이 책은 브라흐마나와 암소의 큰 덕이 제시되어 있고, 시간과 장소에 관련된 의무의 신비를 밝히고 있습니다. 이들은 아누사사나(Anusasana)라는 책의 다양한 사건으로 제시되었습니다. 이것은 '<u>비슈마의 승천(the ascension of Bhishma to Heaven)</u>'으로 서술이 되었습니다. 이것이 인간들의 다양한 의무들을 정확히 밝힌 제13책입니다. 146장이고 8000 시구입니다.

다음은 제14책 '**말 제사의 책(Aswamedhika Parva)**'입니다. 이 책에는 삼바르타(Samvarta)와 마루타(Marutta)의 탁월한 이야기입니다. 판다바들이 황금의 보물을 찾아낸 것이 서술됩니다. 그리고 천상의 무기를 소지한 아스와타만(Aswatthaman)을 불사른 다음에 크리슈나가 재생시킨 파리크시트(Parikshit)의 탄생 이야기입니다. 판두의 아들 아르주나의 전투는 희생 마(犧牲 馬, the sacrificial horse)가 방치되어 여러 군주들이 성나 그것을 붙잡고 있었습니다. 이어 마니푸라(Manipura) 왕의 딸 치트랑가다(Chitrangada)가 낳은 아들 바브루바하나(Vabhruvahana)와 아르주나가 만나는 자리에서 아르주나는 큰 위기에 봉착합니다. 이어 말 희생제 동안의 몽구스(고양이 과 동물) 이야기입니다. 이것이 제14책 아스와메디카(Aswamedhika) 내용입니다. 103장이고, 3320 시구입니다.

다음은 제15책 '**은둔의 책(Asramvasika Parva)**'입니다. 이 책에서는 왕위에서 물러난 드리타라슈트라가 간다리(Gandhari)와 비두라(Vidura)를 대동하고 숲으로 들어갑니다. 그것을 본 유덕(有德)의 프리타(Pritha)는 항상 어른들을 보살폈던 대로 아들들의 왕궁을 떠나 그 노부부의 뒤를 따릅니다. 이 책 속에는 비아사(Vyasa)의 친절로 드리타라슈트라 왕과 살해 당해 저승으로 간 왕자 왕손의 혼백들이 서로 조우(遭遇)를 행합니다.[비아사의 무당 같은 성격] 그래서 왕은 부인과 더불어 슬픔을 버리고 그의 신비의 행위로 최고의 결과를 획득합니다. 이 책에서 비두라(Vidura)도 인생의 모든 덕을 학습한 다음 최고의 경지를 획득합니다. 가발가나(Gavalgana)의 유식한 아들 산자야(Sanjaya) 역시 통제된 소망으로 최고의 성자가 되어 축복된 경지를 획득합니다. 정직한 유디슈타라는 나라다(Narada)를 만났고, 브리슈니족(Vrishnis)의 절멸에 관해 듣습니다. 이것이 '아스람바시카(Asramvasika)라는 책'입니다. 42 장에 1506 시구입니다.

다음은 고통스러운 '동호회(同好會)의 책(Maushala Parva)'입니다. 이 책 속에서는 전장에서 상처를 입은 브리슈니(Vrishuni) 족의 사자 같은 영웅들은, 술로 이성을 잃고 운명적으로 염해(소금 바다, Salt Sea) 가에서 무기로 변한 풀(草)잎으로 서로 상대들을 찔러 죽입니다. 그리고 이 책에서 발라라마(Balarama)와 케사바(Kesava, Krishna)가 그들 종족을 멸망시킨 다음, 그들 자신도 그 절멸의 시간(the sway of all-destroying Time)을 초월한 존재가 못 되는 순간을 맞습니다. 이 책에서 최상의 인간 아르주나는 드와라카(Dwaravati, Dwaraka)로 가서 브리슈니 족의 궁핍을 보고 크게 감동을 받아 큰 슬픔에 잠깁니다. 이어 야두 족(Yadus, 브리슈니 족)의 최고인 외숙 바수데바(Vasudeva)의 장례식입니다. 아르주나는 야두의 영웅들이 그들 술자리에 뻗어 죽어 있는 것을 보았습니다. 그 다음 아르주나는 크리슈나와 발라르마, 비르슈니 족의 주요 인물의 시체를 화장시킵니다. 그 다음 아르주나는 야두의 유족인 여인, 어린이, 노인, 노쇠자들을 이끌고 드와라카를 떠나 여행을 하는데, 도중에 엄청난 재난을 당합니다. 아르주나는 역시 간디바(Gandiva)가 불명예, 천상의 무기가 불길한 것임을 알게 됩니다. 모든 것을 알게 된 아르주나는 실의(失意)에 빠지고, 비아사(Vyasa)의 충고에 따라 유디슈타라에게 가서 산니아사(Sannyasa) 생활을 허락해 줄 것을 호소했습니다. 이것이 제16책 '동호회의 책(Maushala Parva)'입니다. 8 장과 320 시구로 비아사가 작성하였습니다.

그 다음은 제17책 '대장정(大長征)의 책(Mahaprasthanika Parva)'입니다. 여기에는 인간 중에 제일인 판다바들이 왕국을 넘겨주고 드라우파디와 함께 '대장정(Mahaprasthana) 여행'을 떠납니다. 그들은 아그니(Agni)신과 마주쳤는데, 붉은 바닷가 해안에 도착했습니다. 아르주나가 경배하니 아르주나의 천상의 활 간디바(Gandiva)를 돌려 달라고 했습니다. 형제들이 하나씩 뒤떨어졌으니, 드라우파디도 그러하였습니다. 유디슈타라는 뒤를 돌아보지 않고 여행을 계속했습니다. 이 제17책을 '대장정(大長征)의 책(Mahaprasthanika Parva)'이라 합니다. 3 장으로 되어 있고, 진리를 아는 비아사(Vyasa)가 320 시구로 엮었습니다.

그 다음에 오는 책은 천상의 사건을 다룬 '승천(昇天)의 책(Svarga Parva)'입니다. 천상의 수레가 유디슈타라를 맞으러 왔습니다. 유디슈타라는 개를 데리고 가며 친구가 없이는 수레를 타지 않겠다고 했습니다. 유디슈타라가 도덕 지킴이 견고함을 보고 (정의의 신) 다르마(Dharma)는 개의 형상을 버리고 왕으로 나타났습니다. 유디슈타라는 천상으로 가 크게 고통을 느꼈습니다. 천사(the celestial messenger)가 속여 유디슈타라에게 지옥을 보여주었습니다. 정의(正義) 혼 야마(Yama)가 통치하는 지역에 형제들의 가슴이 터질 것 같은 탄식을 유디슈타라는 들었습니다. 그 다음 다르마(Dharma)와 인드라(Indra)는 죄인들에게 지정된 장소를 보여주었습니다. 이어 유디슈타라는 천상의 갠지스(Ganges)에 뛰어 들어 인간의 몸을 버립니다. 유디슈타라는 덕행으로 천국을 획득하여 인드라와 다른 신들과 기쁨 속에 살기 시작했습니다. 이 제18책은 비아사(Vyasa)가 서술한 것으로 209 시구로 엮어졌습니다.[20]

_____→

(a) 위에서 '마하바라타(The Mahabharata)' 대강은 더욱 구체적으로 제시되었다. 그렇다면 **'현대 서사문학(소설)'과는 판연히 구분이 되고 있는 '마하바라타(The Mahabharata)'의 특성은 '이미 알고 있는 역사적 사실(事實, 史實) 확인'에 목표가 있는 것이 아니라 더욱 본질적인 '절대신(God)의 무궁한 역사(役事, 작업)를 확신하게 만드는 것'이 바로 '마하바라타(The Mahabharata)'의 근본 목적이었다는 점이다.**

(b) 서술자는 앞서 "트레타 유가(Treta Yuga)'와 '드와파라 유가(Dwapara Yuga)' 사이에 사만타-판차카(Samanta-panchaka)에서 라마(Rama)가 크샤트리아들을 대대적으로 학살을 감행해서[제사를 지내서] 그곳이 성지(聖地)가 되어 있는데, 다시 그곳에서 동일한 "트레타 유가(Treta Yuga)'와 '드와파라 유가(Dwapara Yuga)' 사이 동안에 카우라바 형제(Kauravas)와 판다바 형제(Pandavas) 대결이 일어났습니다.[마하바라타 전쟁]'고 이야기를 전개하였다.

이에서 명백히 해야 할 두 가지 사항은 **'전쟁을, 신(God)에게 제사지내는 행사(行事)'로 해석했던** 점과 그 **'제사 주체가 역시 신(God)'으로** 전제했던 점이다.

여기에는 자동적으로 **'현생(現生)' '당대(當代)' '생명(生命)'에 부정적인 태도와 '염세주의' '세상 혐오'의 '비관적 인생관' '세계관'이 절대적으로** 작용하고 있으니, 그것은 물론 당시 힌두의 바라문(사제)의 인생관이며, '천국 중심' '절대신 중심' '이승 부정'의 철두철미한 사고방식에 바탕을 두고 있다는 점이다.

(c) **'전쟁'을 '신(God)에게 올리는 축복의 제사(祭祀)'로 생각하고, '신(God)의 세상 심판(審判)'으로 해석하며, 그 모든 것이 [타락한 세상을 향해]신의 불가피한 조처'로 명시했던 것이 힌두 고전 '마하바라타' 주지(主旨)이고, 그것을 확실하게 알게 하는 것이 '마하바라타'의 감상의 지고(至高)한 목표였다.**

(d) 이러한 '신관' '세계관' '국가관'이 플라톤(Platon), 헤겔(Hegel)로 이어진 서구(西歐) '제국주의 정신'이 되었음을 확실하게 아는 것이 역시 '현대 인문학의 고지(高地) 탈환(奪還)의 첩경(捷徑)'임은 다시 말할 필요가 없다.

---

20) K. M. Ganguli (Translated into English Prose from the Original Sanskrit Text), *The Mahabharata of Krishna-Dwaipayana Vyasa*, Munshiram Manoharlal Publisher Pvt. Ltd. New Delhi, 2000, -**Adi Parva**- pp. 15~32

제7장 '아버지 원수를 갚아라.'고 충고한 우탕카

가객(歌客, 사우티, 우그라스라바)이 말했다. ―**파리크시트(Parikshit, 아르주나의 손자)의 아들 자나메자야(Janamejaya)가 그 형제들과 쿠루크셰트라(Kurushetra) 평원에서의 긴 희생제(犧牲祭)를 지내고 있었습니다.** 그 형제들은 스루타세나(Srutasena) 우구라세나(Ugrasena) 비마세나(Bhimasena) 3형제였습니다. 그들이 제사를 지내고 있는데, '사라마(Sarama, 天上의 개)' 새끼 한 마리가 거기에 이르렀습니다. 자나메자야(Janamejaya) 형제들이 그 개를 세차게 쳤습니다. 그 개는 아프다고 울며 그 어미에게 갔습니다. 어미는 새끼가 우는 것을 보고 "왜 우니? 누가 때렸어?" 물었습니다. 새끼 개는 "자나메자야 동생들이 절 때렸어요." 어미는 말했다. "네가 잘못 했던 게로구나." 새끼 개는 대답했습니다. "저는 잘못이 없습니다. 제물로 차린 버터를 핥지도 않았고 쳐다보지도 않았습니다." 어미 사라마(Sarama)는 속이 상해 자나메자야(Janamejaya)와 형제가 제사(祭祀)지내는 그곳으로 달려갔습니다. 어미 개는 자나메자야에게 화풀이를 했습니다.

"내 아들은 제물을 핥지도 않았는데 왜 때렸습니까?" 자나메자야(Janamejaya) 형제들은 할 말이 없었습니다. 이에 어미는 말했습니다. "당신들이 죄 없는 내 아들을 때렸으니, **그 잘못에 대한 응보(應報)가 있을 것입니다.**" 그 사라마(Sarama, 天上의 개)의 말을 들은 자나메자야(Janamejaya)는 크게 낙심이 되었습니다. 제사를 마친 다음 서울 하스티나푸라(Hastinapura)로 돌아왔습니다. 그리고 그 '저주(詛呪, curse)'를 면할 제사장(祭司長)을 찾으려고 애를 썼습니다.

자나메자야가 어느 날 사냥을 나갔다가 자신의 영지(領地) 내에 유명한 스루타스라바(Srutasrava)라는 선인(仙人)의 처소(處所)가 있다는 것을 알게 되었습니다. 스루타스라바(Srutasrava)의 아들은 소마스라바(Somasrava)로 '**금욕(禁慾) 헌신[ascetic dvotion]**'에 깊이 들어가 있었습니다. 자나메자야는 그 소마스라바(Somasrava)에게 그 제사장을 맡기고 싶어 그의 아비 스루타스라바에게 "6덕을 갖춘 이시여, 아드님을 저희 제사장이 되라 해주옵소서."라고 호소를 했습니다. 이에 선인(仙人)은 대답했습니다.

"제 아들은 베다를 공부하고 금욕 헌신하여 당신이 마하데바(Mahadeva, 大天 法)를 범했던 죄를 벗길 수는 있습니다. 그러나 그에게는 특별한 습성이 있으니, '어떤 바라문이나 그에게 무엇을 바라건 그는 그것을 다 들어준다.'는 습성이 있습니다. 당신이 그 버릇을 견디실 수 있으면, 제 아들을 데려가셔도 됩니다." 이에 자나메자야는 "그렇게[버릇을 수용] 하도록 하겠습니다."라고 하고 그[소마스라바(Somasrava)]를 제사장으로 수납하여 서울로 돌아왔습니다. 그리고 그 아우들에게 일렀습니다.

"이 분을 나의 영적 스승으로 모셨다. 무엇을 말씀하시건 그대로 따르고, 다른 말을 하지 않도록 하라." 아우들에게 그렇게 명령을 내리고 자나메자야 왕은 곧 탁샤실라(Takshyashila) 정벌에 나서서 그곳을 자기 통치 아래 두었습니다. [자나메자야(Janamejaya)가 통치하고 있을 무렵에] 선인(仙

ㅅ) 아요다-다우미아(Ayoda-Dhaumya)에게는 우파마뉴(Upamanyu)와 아루니(Aruni)와 베다(Veda)라는 세 제자가 있었습니다.... 얼마의 시간이 지난 다음에, 크샤트리아인 자나메자야(Jana-mejaya)와 파우샤(Paushya)가 선인(仙人) 베다(Veda)의 집에 도착하여 그 베다(Veda)를 그들의 정신적 인도자(Upadhyaya)로 지명했습니다...그런데[그 베다(Veda)의 제자인] 우탕카(Utanka)가 그 스승의 허락을 받고, 뱀의 왕 탁샤카(Takshaka)에게 복수를 하려고, 하스티나푸라(Hastina-pura)로 향했습니다. 그래서 우탕카(Utanka)는 탁샤실라(Takshashila)에서 이기고 돌아온 자나메자야 왕을 기다렸습니다. 그래서 우탕카(Utanka)는 그 대신들에게 둘러싸인 국왕[자나메자야]을 보았습니다. 우탕카(Utanka)는 그 국왕에게 축복을 했습니다. 그리고 나서 우탕카(Utanka)는 적절한 시간에 정확하게 국왕에게 말했습니다.

"**최고의 군주시여, '그 절실한 사항'을 버려두고 어린 아이처럼 다른 문제로 세월을 그렇게 보내고 계십니까?**" 그러자 국왕은 탁월한 그 바라문에게 경배하며 말했습니다.

"나는 귀족으로서 백성을 다스리는 의무를 수행해 왔습니다. 귀하께서 말 하시려는 것은 무엇입니까?" 그러자 우탕카(Utanka)는 왕에게 다음과 같이 말했습니다.

"오 왕 중의 왕이시여, 그 일은 당신 자신의 일이고, 마땅히 그것에 주의를 기우리셔야 합니다. **선친(先親, 파리크시트-Parikshit)께서는 뱀의 왕 탁샤카(Takshaka)에게 목숨을 잃었습니다.** 그러므로 대왕께서는 그 사악한 뱀에게 복수를 행해야 합니다. 나는 운명으로 정해진 그 '복수를 행할 시간'이 왔다고 생각합니다. 사악한 뱀에게 물려 벼락을 맞은 나무처럼 '다섯 가지 원소'로 화(化)하신 너그러운 대왕의 아버지 복수를 대왕께서 행해야 마땅합니다. 뱀 종족에서 가장 사악한 탁샤카(Takshaka)가 왕가를 수호자이신 선왕(先王)을 물어 돌아가시게 하는 쓸데없는 행동을 저질렀습니다. 사악한 그의 행동은 대왕의 아버지를 구하러 온 의왕(醫王) 카샤파(Kasyapa)를 되돌아가게 만들었습니다. 그것이 대왕을 뱀 희생제의 타오르는 불길에 '사악한 악마'를 불살라야 할 문제입니다. 오 왕이시여, 그 제사를 즉시 시행하도록 명령을 내리십시오. 그리면 대왕의 아버지 죽음에 마땅한 복수가 되는 겁니다. 그리고 제게도 그것은 엄청난 호의(好意)가 될 것입니다. 왜냐하면 '그 독한 놈[뱀 왕]'에게 우리의 스승님의 일도 방해를 받았습니다." 자나메자야(Janamejaya) 왕은 그 말을 듣고, '뱀의 왕 탁샤카(Takshaka)'를 향해 격분했습니다. 우탕카(Utanka)의 충고는 제사(祭祀)에 쓰이는 버터처럼 그 자나메자야(Janamejaya) 왕에게 불을 질렀습니다. 슬픔에 잠긴 왕은 우탕카(Utanka) 앞에서 장관들에게 '부왕(父王)이 극락에 이를 방법'을 물었습니다. 우탕카(Utanka)에게서 부친 사망의 정황을 들은 자나메자야(Janamejaya) 왕은 고통과 슬픔으로 압도되었습니다.[21]

---

21) K. M. Ganguli (Translated into English Prose from the Original Sanskrit Text), *The Mahabharata of Krishna-Dwaipayana Vyasa*, Munshiram Manoharlal Publisher Pvt. Ltd. New Delhi, 2000, -**Adi Parva**- pp. 32~34, 37~38, 43

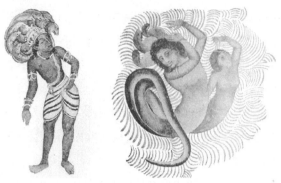

'뱀 왕'[22) '남성 뱀, 여성 뱀'[23)

———→

(a) 이 장에서 우선 주목할 수밖에 없는 사항은 '개'와 '뱀'이 '인격화'되어 있는 점이다. **'마하바라타 (*The Mahabharata*)'의 가장 큰 특징은 '만물(萬物)의 인격화(人格化, 神格化)'이다.**

(b) 사실 인류가 가지고 있는 '언어' 모두 그 '만물의 인격화'를 행하고 있음을 지적할 수 있으나, 힌두 (Hindu)처럼 그 '인격화'를 고집하고 '신앙'하고 있는 경우는 이 '마하바라타(*The Mahabharata*)' '불경' '성경' '희랍 신화'인데, 사실상 그 근원(根源)이 바로 이 '마하바라타(*The Mahabharata*)'였다.

(c) 이 장에서는 **'뱀의 인격화'**를 행해 놓고 대대적인 이야기를 전개할 태세이다. '마하바라타(*The Mahabharata*)'는 '모든 동물의 의인화'는 물론이고 '무생물(강물, 산악, 바람, 불, 태양 별)들의 인[신]격화' '보이지 않는 것(도덕, 자연 원리)'까지도 모두 '인[신]격화'를 단행하였다.

(d) 특히 뱀의 '인[신]격화'는 세계에서 단연 힌두(Hindu)의 '마하바라타(*The Mahabharata*)'와 '비슈누' '크리슈나' 경우처럼 떠들썩하게 문제를 삼고 있는 예(例)가 없는데, **역(逆)으로 '뱀[용]의 인격화'를 강행하고 있는 그 원조(元祖)는 바로 '비슈누' '크리슈나'를 절대 신으로 받들고 있는 힌두의 '마하바라타(*The Mahabharata*)'는 사실을 그 '뱀의 문제'가 가장 큰 논쟁거리이다.**

(e) 여기서 문제를 잠깐 우회하여, '절대 신' 문제에 국한하여 살필 경우, 비슈누 신은 '뱀들을 침대 삼아 누워 있는 형상'을 그 '대표적인 이미지'로 삼고 있음에 대해, 크리슈나는 '독뱀'을 물리쳤던 것으로 그 '영웅적 행적'의 대표로 삼았다.

(f) 그러면 그 '뱀'의 '철학적 의미' '종교적 의미'는 무엇인가? 그것은 예외 없이 '인간 육신'에 대한 비유임을 '마하바라타(*The Mahabharata*)'에서는 명백히 하고 있으니, **'육체적 욕망'에 충실한 존재, '도덕의 종사에 태만한 존재'는 모두 '뱀 혼 존중'으로 치부(置簿)하였으니**, 그 대표적인 예(例)가 두료다나 등의 101명의 아들을 둔 드리타라슈트라와 그를 방조하며 '쿠루크셰트라 (Kurukshetra) 전쟁' 중립을 지켰던 '발라라마(Balarama, 크리슈나의 異腹 형)'가 모두 생을 마감한 마당에 '거대한 뱀'이 되어 바다로 향했다는 사실이다.

(g) 이 문제는 모든 '신화를 통일하여 일관된 비유'이니, 우선 '생명 창조 신'인 '비슈누'는 '뱀과의 친밀성'은 너무나 명백한 사항이고, 그 '구태(舊態)'를 벗지 못 하고 있는 '드리타라슈트라 일당'은 물론

---

22) P. Thomas, *Epics, Myths and Legends of India*, Bombay, 1980, Plate 71 'King of Nagas'

23) P. Thomas, *Epics, Myths and Legends of India*, Bombay, 1980, Plate 170 'Naga and Nagini'

'뱀의 정신'에 충실한 자들임에 대해, 크리슈나는 따른 '도덕의 승리자들'은 '육신을 버릴 적'에 천국으로 올라갔다는 이야기가 '마하바라타(*The Mahabharata*)' 이야기의 전부이다.

(h) 그러므로 '고행(苦行) 최고 문화', '원죄(原罪, original sin)론'은 다 '육신=뱀'이라는 '부정적 인생관' '염세적(厭世的) 인간관'에 그 뿌리를 두고 있다는 사실이다. 그리고 그 이론의 원조는 역시 '엄청난 뱀 이야기'를 태초부터 만들어 퍼뜨린 힌두들에게 있음은 확실하게 될 필요가 있다.

(i) 그런데 단순히 '개(犬)'를 고통스럽게 했던 죄['개'는 다르마 신의 化身이기도 함 -제120회 참조]를 고민하고 있는 황제 자나메자야(Janamejaya)에게 '아버지 원수를 갚아라.'라고 가르친 우탕카(Utanka)는 '아버지 정신' '절대신 정신'을 일깨운 엄청난 '혁명 정신의 제시자'인 것이다.

(j) 소위 '아버지 정신'은, '도덕 정신' '도덕을 고집하는 정신' '도덕을 무서워하는 정신'임은 인류의 '모든 도덕 교과서'가 일관되게 말하고 있는 바다.['父權문화'의 출발]

(k) 그 '아버지 정신이 절대 신의 정신임'은 어려운 추상이 아니다.

(l) 그런데 그 아버지 정신'은 틀림없이 '각 개인의 육신[뱀] 속에 있으니' 그 두 가지를 조화롭게 하는 것이 '중용(中庸)'이고, '다다혁명 운동(Movement Dada)'의 '동시주의(同時主義, Simultaneism)'이다.

제8장 '불[火]'에서 태어난 사제(司祭) 브리구

가객(歌客, Sauti, 우그라스라바)이 두 손을 모으고 선인(仙人)들에게 말했다. -저는 자나메자야 (Janamejaya) 왕의 뱀 희생제 원인 중 하나인 **우탕카(Utanka) 선인(仙人)의 이야기**를 순서대로 말씀해드렸습니다. 이제 무슨 이야기를 해 드릴까요?

선인들이 말했다. -로마하르샤나(Lomaharshana)의 아드님이여, 우리가 존경하는 주인이신 사우나카(Saunaka)께서는 지금 성화(聖火) 장소에 참여하고 계십니다. 그 사우나카(Saunaka)께서는 신들과 아수라들(asuras)에 관련된 이야기를 다 알고 계시고 인간과 뱀들과 간다르바(Gandharvas) 이야기도 알고 계십니다. 더구나 그 유식한 바라문의 어른이십니다. 그분은 서약(誓約)에 성실하시고, 진리의 대변자이시고, 평화를 사랑하시고, '육신(肉身)의 경멸 자(a mortifier of the flesh)'이시고, 정해진 단계에 의한 속죄(贖罪, penances)의 점검자이십니다. 그래서 우리는 그분을 기다고 있으니, 그분이 오셔서 좌정(坐定)하시면 그분께서 '최상의 요청'을 하실 겁니다.

사우티(Sauti, 우그라스라바)가 말했다. -그렇게 하시죠. 고매한 주인님이 좌정하셔서 물으시면 사뢰도록 하겠습니다.

그 사우나카(Saunaka)가 [도착하여]말했다. -그대의 부친은 모든 경전과 '마하바라타'를 다 읽으셨네. 그대도 그러한 공부를 했는가? 그 옛 기록에는 재미나는 최초 현인들의 이야기라는 것을 우리는 그대의 선친(先親)에게서 들었다네. 우선 나는 **브리구(Bhrigu) 족의 역사**에 대해 듣고 싶네.

사우티(Sauti, 우그라스라바)가 대답했다. -저는 바이삼파야나(Vaisampayana)를 포함한 고매한 바라문들이 앞서 탐구했던 바를 획득했고, 저의 선친(先親)께서 탐구하셨던 바도 모두 획득을 했습니다. 오 브리구(Bhrigu)의 후손이시여, 인드라와 제신(諸神)과 신선(神仙)들이 존중했던 탁월한 브리구(Bhrigu) 족에 대해 경전(經傳)에 있는 대로 말씀 드리겠습니다.

[사우티(Sauti, 우그라스라바)가 말했다.] -축복 받은 성자 **브리구(Bhrigu)는, 자재(自在)하시는 브라흐마(Brahma, 창조주, 절대신)께서 바루나(Varuna) 제사(祭祀)의 불 속에서 그를 창조하셨습니다.** 브리구(Bhrigu)는 사랑스런 아드님 치아바나(Chyavana)를 두셨고, **치아바나(Chyavana)**는 덕이 있는 아들 프라마티(Pramati)를 낳았고, **프라마티(Pramati)**는 천상(天上)의 무희(舞姬) 그리타치(Ghritachi)와의 사이에 아들 루루(Ruru)를 두었습니다. **루루(Ruru)**는 아내 프라마드바라(Pramadvara)와의 사이에 아들 **수나카(Sunaka)**를 낳았습니다. 오 사우나카(Saunaka)시여, 수나카(Sunaka)는 탁월한 도덕을 갖춘 당신의 조상이십니다. 그분은 금욕에 헌신하여 큰 명성을 얻었고, 법에 달통하고 베다에도 탁월하셨습니다. 유덕하고 진실하고 공정하셨습니다.

사우나카(Saunaka)가 말했다. -수타(Suta)의 아들이여, 왜 브리구(Bhrigu)는 그 영명한 아들을 '치아바나(Chyavana)'라 했는지 말해 주게나.

사우티(Sauti, 우그라스라바)가 대답했다. -브리구(Bhrigu)에게는 '풀로마(Puloma)'라는 사랑스런 아내가 있었습니다. 풀로마(Puloma)는 브리구(Bhrigu)의 아기가 뱃속에 있을 때였습니다. 어느 날 브리구(Bhrigu)는 유덕한 폴로마(Poloma)를 집에 두고 종교 의례에 따라 목욕재계를 하고 집을 나갔습니다. 그 때 역시 동명(同名)의 폴로마(Puloma)라는 락샤사(Rakshasa)가 브리구의 집으로 왔습니다. 그 락샤사(Rakshasa)가 그녀를 보니, 흠잡을 데가 없었습니다. 그녀를 보자 락샤사는 욕망에 사로잡혀 정신을 잃었습니다. 아름다운 풀로마는 그 락샤사에게 과일과 나무뿌리를 대접했습니다. 그러자 락샤사는 욕망에 타올라 즐겁게 되어 흠잡을 곳이 없는 그녀를 데려[훔쳐]가려 했습니다. 그 락샤사는 "내 계획은 어김없이 성취된다."라고 말하고, 그 부인을 잡아 데리고 나갔습니다. 그런데 사실 앞서 그녀의 아버지는 그 락샤사와 그녀의 '약혼'을 허락했었으나, [그것을 무시하고 그 아버지는 그것을 뒤집고 브리구와 결혼을 시켜버렸던 것입니다. 그 상처가 락샤사 마음을 괴롭혔는데, 락샤사는 그 순간에 부인을 빼앗을 기회로 생각을 했습니다. 그런데 그 락샤사는 '신전(神殿)에 제사 불'이 계속 찬란하게 불타고 있는 것을 보았습니다. 그래서 락샤사는 그 화신(火神)에게 물었습니다.

"오 아그니(Agni)시여, 이 여인이 누구의 여자인지 바르게 말해 주시오, 당신[불]은 신들의 입[口]입니다.['모든 제물을 불살라 바친다.'는 의미] 그러므로 내 질문에 대답을 해야 합니다. 이 아름다운 부인은 처음 내가 아내로 맞기로 했었습니다. 그러나 그녀의 아버지는 그 다음 그녀를 거짓의 브리구(Bhrigu)에게 주어버렸습니다. 정말 이 여인이 브리구의 아내로 인정될 수 있는지 말을 해주십시오. 나는 그녀가 혼자 있는 것을 알고 내가 이 집에서 힘으로 데려가려고 결심했습니다. 나와 처음 약혼한 이 날씬한 여인이 저 브리구의 소유하게 된 것을 생각하면 나의 가슴은 분노로 불타오릅니다." 그 락샤사가 그 여인이 브리구의 여자인지 자기 것인지를 거듭거듭 그 불의 신에게 물으니, 그 락샤사의 그 말을 들은 '불의 신(神)'은, 거짓을 말할 수도 없고, 역시 브리구의 저주도 무서웠습니다. 그래서 '불의 신'은 천천히 말했습니다.

"이 풀로마(Puloma)는 정말 처음 당신이 먼저 선택을 했습니다. 그러나 그녀는 당신과 결혼식을 올리지는 않았습니다. 그러나 이 '뛰어난 여인[풀로마(Puloma)]'을 그녀의 아버지가 축복을 받을 욕심으로 그 부리구에게 주었습니다. 오 락샤사여, 그 여인은 당신에게 주어지지는 않았습니다! **이 여인은 불의 신 앞에서 '베다 법'으로 선인(仙人) 브리구의 아내가 되었습니다.** 이것이 이 '불의 신'이 알고 있는 그녀입니다. 나는 거짓을 말하지 않습니다. 락샤사 중에 최고자여, 세상에 거짓은 결코 존중이 될 수 없습니다."

가객(사우티, 우그라스라바)은 말했다. -불의 신의 말을 들은 그 락샤사는, 멧돼지가 되어 그녀를 붙들고 바람처럼 사라졌습니다. 그 때 그녀 뱃속에 있던 부리구의 아기는 그 어머니 태(胎)에서 떨어져서 나와 '치아바나(Chyavana)'란 이름을 얻었습니다. 그래서 락샤사는 여인의 모태(母胎)에서 태양 같은 아기가 떨어지는 것을 알고, 그 여인을 포기하고 땅에 쓰러져 [태양 같은 그 아들의 열기로] 금방 재(灰)가 되어버렸습니다. 그래서 아름다운 풀로마(Puloma)는 부리구의 아들을 데리고 도망을 갔습니다. 만물의 할아버지 '브라흐마'가 무고한 그녀의 우는 아기를 보았습니다. 브라흐마는 아기를 돌보는 그녀를 안심시켰습니다. 그래서 그녀의 눈에서 나온 눈물방울은 마침내 강을 이루었습니다. 그리고 그 강은 위대한 금욕 자 브리구의 아내 발자국을 따라 흐르기 시작했습니다. 그래서 우주의 할아버지 '브라흐마'는 그 강물이 (브라흐마의)며느리가 걸었던 길을 따르는 것을 보고 '바두사라(Vadhusara, 며느리 강)'라 하였습니다. 그리고 강물은 치아바나(Chyavana) 은신처 곁을 흘러 지납니다. 이렇게 브리구의 아들 위대한 금욕 자 '치아바나(Chyavana)'가 탄생이 되었습니다...**브리구(Bhrigu)**의 증손자 **루루(Ruru)**는 '죽은 신부'에 대한 비탄에 빠져 있는데, 천사(a messenger from heaven)가 그에게 말했습니다.

"오 루루여, 고통 속에 당신의 말은 소용이 없습니다. 왜냐하면 이 세상에서 날짜가 끝난 사람은 결코 생명을 회복할 수 없습니다. 간다르바(Gandharva)의 딸 아프사라(Apsara)는 그녀의 (이승의) 시간은 끝났습니다. 그러기에 슬프다고 심장을 내줄 수도 없는 것입니다. 그러나 위대한 신들은 사전에 생명을 저장하는 방법이 있습니다. 그대가 그 방법을 쓸 경우 그대의 아내 프라마드바라(Pramadvara)의 목숨은 돌아올 수 있습니다." 그러자 루루가 대답했다.

"오 천사여, 신들이 정해 놓은 그것이 무엇입니까? 제게 들려주시오. 그것이 나를 슬픔에서 구해 줄 것입니다." 그러자 천사는 루루에게 말했습니다. "당신의 생명 반(半)을 당신 신부에게 양여하십시오. 그러면 그대의 아내 프라마드바라(Pramadvara)는 땅바닥에서 일어날 것입니다."[24]

---

24) K. M. Ganguli (Translated into English Prose from the Original Sanskrit Text), *The Mahabharata of Krishna-Dwaipayana Vyasa*, Munshiram Manoharlal Publisher Pvt. Ltd. New Delhi, 2000, -**Adi Parva**- pp. 44, 45~47, 51

'불의 신 아그니'[25] '불의 신 아그니'[26] '공작새를 탄 아니그'[27] '불의 신 아그니'[28]

'아그니 경배(敬拜)자'[29] '베다 식 불 제사'[30]

(a) '마하바라타(*The Mahabharata*)'의 가장 큰 특징은 '만물(萬物)의 인격화(人格化, 神格化)' 중에서 가장 예스러운 속성이 '불의 숭배[拜火]'이고, 그것은 '물[水]의 숭배'와 역시 쌍을 이루어 모든 의례의 중심을 이루고 있다.

(b) 힌두의 '불의 숭배'는 다시 '태양의 숭배' '빛의 숭배'와 관련이 되어 있으니, 이후 '불교' '기독교' 한국의 '무속(巫俗)'에도 그대로 연결이 되어 있는 의례(儀禮)이다.

(c) 그 '불'과 대조적 관계에 있는 것이 '물' '강물' '바다(大洋)'이다. '불'은 '태양과 관련이 되어 '불태움' '죽음' '재(灰燼)'와 관련된 '죽음의 신'과 '심판의 신'과 관련이 되어 있음에 대해 '물'은 '강물' '바다(大洋)'와 관련을 지니며 여신 강가(Gaga)와 관련이 있고, 모든 생명을 감추고 있는 대양(大洋)과 관련이 있고, '용(龍, 큰 뱀)'이 주관을 하고 있다. 그러므로 힌두들은 일찍부터 이 '물'과 '불'의 영원한 조화와 유전(流轉)으로 삼라만상을 설명했고, 그것의 주관자로 '절대신[Om]'을 전제하였다.

(d) 단적으로 '불타(佛陀)'의 수제자 마하가섭(摩訶 迦葉)이 '배화(拜火)교도'였다는 사실은 저간(這間)

25) V. Ions, *Indian Mythology*, Paul Hamlin, 1967, p. 19 'Agni, god of fire'
26) P. Thomas, *Epics, Myths and Legends of India*, Bombay, 1980, Plate 106 'Agni'
27) G. Devi, *Hindu Deities Thai Art*, International Academy of Indian Culture, 1996 p. 96 'Agni on a peacock'
28) P. Thomas, *Epics, Myths and Legends of India*, Bombay, 1980, Plate 17 'Agni'
29) P. Thomas, *Epics, Myths and Legends of India*, Bombay, 1980, Plate 112 'Worship of Agni'
30) K. K. Klosteraier, *A Survey Hinduism*, State University of New York Press, 1989, p. 150 'Vedic Fire sacrifice'

의 '역사적 배경'을 다 설명하고 있다.

(e) 소위 상고 시대부터 '모든 성소(聖所)'이 '물[水]과 불[火]'의 간직[보존]으로 유명한데, 그것이 역시 힌두(Hindu)에서 유래한 것이었다는 사실은 '종교' '사상' '과학'의 기원과 발달사의 이해에 필수 사항이다.

(f) 그 '성소(聖所, 사원, 교회, 성당)'를 주도하고 있는 모든 사제(司祭)들은, 어느 시대, 어디에서든 그 '시공(時空)'을 초월하여 다 '절대신'에 결국 종속됨은 물론이다.

(g) 그런데 그 사제 '브리구(Bhrigu)'의 후손이 처음 크게 도전(挑戰)을 당한 사항이 '결혼 문제' '혼인 문제' '여성 문제'였다는 점은 당초 '신(정신) 속에 탄생한 사제들'이 겪는 '최초의 시험' '지속적으로 극복해야 할 사항'이며 역시 '영원히 해결은 나지 않은 사항'이라는 점은 가장 주목을 해야한다.['뱀'과 '인연(因緣)'의 문제' 발단]

(h) 이를 굳이 '창세기'에 비교해 설명을 하자면, '브리구(Bhrigu)'는 아담이고, 상대 '여인'은 이브이고, 락샤사(Rakshasa)가 바로 그 '뱀'이다.

(i) 힌두(Hindu)의 '불의 숭배'는 그대로 한반도(韓半島)에 전해져 그 '아그니(Agni)' 명칭에 관련되어 '아궁이' 명칭이 있고, 부엌에 '조왕(竈王)신'을 모셔 두고 '정화수(井華水)'를 올렸던 것은 전통적으로 그 무풍(巫風, Hinduism) 지배의 사회였음을 말하고 있는 바다.

제9장 선식(仙食), '아므리타' 이야기

사우나카(Saunaka)가 말했다. -오 가객(歌客, Sauti, 우그라스라바)이여, 유식하고 도덕 있는 아스티카(Astika) 이야기를 들려주시오. 우리는 그 놀라운 이야기를 그대의 감미로운 목소리로 듣고 싶소. 어르신[아버님]께서도 이미 우리를 즐겁게 말씀해 주셨으나, 선친(先親)께서 하셨던 그 이야기를 우리에게 다시 한 번 들려주시오.

가객(歌客, Sauti, Ugrasrava)이 말했다. -오 다복(多福)한 어르신들이시여, 제가 부친께 들었던 대로 '아스티카(Astika) 이야기'를 말씀 드리겠습니다. 옛날에, 프라자파티(Prajapati, 창조 신)는 카드루(Kadru)와 비나타(Vinata)라는 두 딸을 가졌습니다. 두 자매는 너무나 아름다웠습니다. 두 자매는 함께 **카시아파(Kasyapa)**의 부인이 되었습니다. 카시아파(Kasyapa)는 두 부인들이 고마워서, 그녀들에게 '소원(boon)'이 무엇이냐고 물었습니다. 남편의 말을 듣고 두 부인은 기뻤습니다. 언니 **카드루(Kadru)는 '1천 명의 빛나는 뱀 아들(sons a thousand snakes all of equal splendour)'을 원했습니다. 그런데 아우 비나타(Vinata)는, 신체적인 힘과 그 크기에서 카드루(Kadru)의 1천명의 아들을 능가하는 2명의 아들을 원했습니다.** 남편 카시아파(Kasyapa)는 카드루(Kadru)에게 '그 많은 아이 소원'을 들어주었습니다. 그리고 비나타(Vinata)에게도 '그렇게 될 것이요.'라고 말했습니다. 그러자 비나타(Vinata)는 크게 기뻐했습니다. 비나타(Vinata)는 유능한 두 아들을 얻어 그녀의 소원이 성취되었다고 생각했습니다. 카드루(Kadru)도 동일한 광채를 내는 1천명의 아들을 얻었습니다. 카시아파(Kasyapa)는 "아이들을 잘 간직하시오." 부탁하고 두 아내에게 축복을 빌고 숲으로 떠났습니다. 오랜 뒤에 카드루(Kadru)는 '1천 개의 알'을 낳았고, 비나타(Vinata)는 '두 개의 알'

을 낳았습니다. 하녀들이 그 알들을 따뜻한 그릇에 구분을 해 두었습니다. 500년이 지났습니다. 카드루(Kadru)가 낳은 1천 개의 알에서 자손들이 나왔습니다. 그러나 비나타(Vinata)의 두 개의 알에서는 자손이 나오질 않았습니다. 비나타(Vinata)는 조바심이 나서 알 중에 하나를 깨뜨렸는데, 위 부분은 자랐으나, 아래 부분은 아직 덜 자랐습니다. 이에 알 속에 아기가 화를 내며 그 어머니를 저주해 말했습니다.

"덜 자란 이 알을 깨뜨렸으므로 노예로 봉사를 해야 합니다. 당신이 반이 자란 다른 알을 깨지 않고 참고 500년을 기다리면 그 속에 있는 영명한 아기가 노예 상태에서 구해 줄 것입니다! 그래서 만약 당신이 강한 아기를 갖으려면 500년을 더 그 알을 돌봐야 합니다." 이렇게 엄마를 저주하고 아기는 하늘로 갔습니다. 그는 **수리아(Surya, 태양 신)의 마부(馬夫)**가 되어 아침에 항상 나타납니다! 그래서 그 500년이 지나 그 나머지 알을 깨고 '**뱀을 잡아 먹는 가루다(Garuda, 靈鷲)**'가 나왔습니다. 날이 밝자 비나타(Vinata)의 아들은 즉시 그 어머니 곁을 떠났습니다. 그래서 그 '**새들의 왕 가루다(Garuda)**'는 허기(虛飢)를 느끼고 조물주(the Great Ordainer)가 부여한 날개를 달고 먹이를 찾아 나섰습니다.

가객(歌客, Sauti, Ugrasrava)이 말했다. -그 무렵 두 자매는, 감로수(甘露水, nectar)를 얻으려고 대양(大洋)을 휘젓다가 생겨난 신들이 존중한 말[馬] 중에 보석(寶石)과 같은 '우차이스라바스(Uchchaihsravas)'가 다가오는 것을 보았습니다. 우차이스라바스(Uchchaihsravas)는 신비스럽고 우하고 젊고 힘찬 명마(名馬)로 모든 상서로움의 표상이었습니다.

사우나카(Saunaka)가 가객(歌客, Sauti)에게 물었다. -왜 신들이 감로수를 얻으려고 대양(大洋)을 휘저었는가? 그리고 어떤 상황에서 그처럼 강하고 빛나는 말 중의 명마가 뛰어 나왔는가?

가객(歌客, 사우티, Ugrasrava)이 말했다. -**메루(Meru)라는 산**이 있습니다. 불타는 모습에 눈부신 산입니다. 황금의 메루(Meru) 정상(頂上)에서는 햇빛도 사라집니다. 황금으로 장식되고 더 할 수 없이 아름다운 메루(Meru) 산은 신들과 간다르바들(Gandharvas)의 처소(處所)입니다. 메루(Meru) 산은 '**죄 많은 인간**'은 측량할 수도 접근할 수도 없습니다. 무서운 맹수가 메루(Meru) 산기슭으로 돌아다니고, 신비한 생명의 무수한 향초(香草)들이 빛나고 있습니다. 메루(Meru) 산은 하늘에 닿아 있어 산중에 으뜸입니다. 평상인은 그 산을 오를 생각도 못 합니다. 메루 산은 나무와 시내들이 우아하고, 날개 단 성가대[새들의 매력적인 음악이 울려 퍼집니다. **옛날 신들이 보석이 깔린 그 정상(頂上)에서 비밀회의를 열었습니다.** 속죄(贖罪)를 행한 신들은, 탁월한 '**아므리타(Amrita, 天上의 仙食)**'를 알아, 열렬한 '아므리타(Amrita)' 추구 자들이 되었습니다. 하늘나라 회의에 심각한 분위기를 파악한 나라야나(Narayana, 비슈누)가 브라흐만(Brahman)께 사뢰었습니다. "신들과 아수라들이 대양을 휘젓게 하십시오. 그러면 아므리타와 약과 보석을 얻을 것입니다. 저 대양을 휘저으면 아므리타를 찾을 것입니다."[**최고의 '가치 실현'이 그 '不死'에 있었음**]

사우티(Sauti, Ugrasrava)는 말했다. -'만다라(Mandara)'라는 산이 있습니다. 꼭대기는 구름으로 덮여 있습니다. 산 중의 최고인 이 만다라(Mandara) 산은 얽혀 있는 약초들이 뒤덮고 있습니다. 거기에는 수많은 새들이 노래를 하고 맹수들이 우글거렸습니다. 신들과 아프사라들(Apsaras)과 킨나라들(Kinnaras)이 그 산을 방문했습니다. 그 산은 위로는 1만 1천 요자나(yojanas)가 솟았고, 아래[뿌리]도 그만큼 되었습니다. 신들은 그 산을 뽑아 휘젓는 막대기로 쓰려했으나 실패하고, 역시 함께 앉아 있는 비슈누와 브라흐만께 말씀을 드렸습니다.

"어떻게 해야 우리가 그 만다라 산을 뽑을 수 있을지 말씀해 주십시오."

사우티(Sauti, Ugrasrava)는 계속했다. -비슈누와 브라흐만이 [산을 뽑는]그것에 동의했습니다. 그래서 연꽃 눈을 가진 비슈누가 '힘센 뱀들의 왕' 아난타(Ananta)에게 그 어려운 일을 맡겼습니다. 힘 좋은 아난타(Ananta)에 브라흐만과 나라야나(Narayana, 비슈누)가 가세하여 숲과 동물들이 있는 그 만다라 산을 뽑아 올렸습니다. 그 다음 신들은 그 아난타(Ananta)를 데리고 바닷가로 가서 바다에게 말했습니다. "바다여, 우리가 감로수(甘露水, nectar)를 얻으려고 그대 물을 휘저으려 왔다." 그러자 대양(大洋)은 대답했습니다. "그렇게 하시죠. 나에게도 그에 대한 대가가 없을 수 없으니, 그 산으로 나의 물이 엄청나게 동요함을 견뎌야 하니까요." 그러자 **신들은 '거북[龜]의 왕'에게 가 말했습니다. "거북의 왕이시여, 당신의 등으로 그 산을 지고 계셔야겠습니다." 그 거북 왕이 동의하자 인드라(Indra)가 용케도 그 산을 거북의 등에 실었습니다.**['高朱蒙 신화' 관련 '거북'임] 그래서 신들과 아수라들은 '만다라(Mandara) 산'으로 젓는 막대기를 삼고 바수키(Vasuki, 뱀 왕)를 그 끈으로 삼아 **아므리타(Amrita)**를 얻으려고 깊은 바다를 젓기 시작했습니다. 아수라들(Asuras)은 바수키(Vasuki)의 두건(頭巾)을 잡고, 신들은 바수키의 꼬리를 잡았습니다. 그래서 신들 편에 있는 뱀 왕 아난타(Ananta)는 사이를 두고 그 뱀의 두건을 올렸다가 갑자기 내리도록 했습니다. 그러하였던 결과, 느리고 있는 뱀 왕 바수키(Vasuki)의 입에서 검은 수증기와 불꽃이 방출되었습니다. 그것을 구름이 되어 번개가 치고 소나기를 뿌려서 그 지친 신들에게 생기가 나게 했습니다. 그리고 **'돌아가는 만다라(the whirling Mandara)'** 산 위 나무에서 사방의 하늘로 퍼진 꽃잎들은 신들을 정신 나게 만들었습니다. 그러자 천둥 같이 세상을 가르는 포효(咆哮)가, 바다 깊숙한 곳에서 울려나왔습니다. 다양한 수중 동물들이 그 큰 산에 깨져서 염수(鹽水) 중에 죽었습니다. 그리고 많은 바다 속 저지대와 바루나(Varuna) 신의 세계 생물들이 죽었습니다. '돌아가는 만다라(Mandara) 산' 위에 거대한 나무와 새들은 뿌리가 뽑히고 바다로 떨어졌습니다. 서로 부딪힌 나무들에서 불이나 타올랐습니다. 만다라 산은 번개가 치는 검은 구름덩이들과 같았습니다. 불이 번져서 그 만다라 산에 살던 사자들과 코끼리와 다른 동물들을 삼켰습니다. 그러자 인드라는 큰 비를 내려 그 불을 껐습니다. 휘젓는 시간이 얼마간 지나자 온갖 나무와 약초의 끈끈한 배출물이, 바닷물과 섞여 있는 그 '아므리타' 성분으로 제공되었습니다. 그래서 신들은 나무진과 금액(金液)이 합한 불사(不死)의 액체를 얻으려 했습니다. 점차 그 나무 진액과 주스로 인해 그 동요(動搖) 중에 그 우유는 정갈한 버터가 되었습니다. 그러나 '감로수'는 그 때까지 나타지 않았습니다. 신들은 다시 브라흐만을 찾았습니다.

"할아버지, 저희는 더 이상 바다를 저을 힘이 없습니다. 감로수는 나타나지 않아 나라야나(Narayana, 비슈누)께 말할 용기도 없어졌습니다." 신들의 호소를 듣고 브라흐만은 나라야나(Narayana, 비슈누)에게 말했습니다.

"왕이시여, 신들이 새롭게 휘젓기에 힘을 내도록 하십시오." 그러자 나라야나(Narayana, 비슈누)가 그 다양한 기도에 동의하여 말했습니다.

"현명한 분들이시여, 여러분들께 충분한 힘을 드립니다. 가서 그 산을 제 자리에 세우고 다시 물을 휘젓기로 합시다." 이렇게 힘을 가다듬은 신들은 또 다시 바다를 휘젓기를 시작을 하였습니다. 그러자 조금 있다가 대양(大洋)에서 일천 개의 빛살을 가진 부드러운 달이 돋았습니다. 그 다음 하얀 옷을 입은 락슈미(Lakshmi, 비슈누 신의 아내)가 나왔고, 이어 소마(Soma, 신들의 음료), 다음 백마(白馬), 이어 나라야나(Narayana) 가슴을 장식할 천상의 보석 카우스투바(Kaustubha)가 잇따라 나왔습니다. 그래서 락슈미(Lakshmi)와 소마(Soma)와 마음처럼 빨리 달리는 말[馬]은 모두가 신들 앞으로 왔습니다. 그 다음 신성한 '단완타리(Dhanwantari, 天上의 의사)'가 그의 손에 '감로수(甘露水, nectar) 병'을 들고 나타났습니다. 그 단완타리(Dhanwantari)를 보고 아수라들은 일어나 "그것은 우리 것이다."라고 크게 소리쳤습니다. 그리고 한참 있다가 거대한 몸집에 하얀 상아를 지닌 코끼리 '아이라바타(Airavata)'가 나왔다. 그것을 천둥을 부리는 인드라가 탔습니다. 그러나 바다 젓기를 계속했더니, 결국 독가스 '칼라쿠타(Kalakuta)'가 나타났다. 그 칼라쿠타(Kalakuta)는 매연을 대동한 불처럼 세상을 삼키고 순간에 불타올랐다. 무서운 칼라쿠타(Kalakuta)의 냄새는 3계(三界)를 망연자실하게 만들었습니다. 그러자 브라흐만의 호소를 받은 '시바(Siva)'가 생명들의 안전을 위해 그 독(毒)가스를 자기가 마셨고, 신 마헤스와라(Maheswara)는 그것을 목구멍에 담아 그 순간부터 '닐라칸타(Nilakantha, 푸른 목구멍)'라 했습니다. 이 놀라운 사건을 보고, 아수라들은 절망에 사로잡혔고, 그네들은 신들의 '락슈미'와 '아므리타' 독점(獨占)에 적대감이 생겼습니다. 이에 나라야나(Narayana, 비슈누)는 매혹적인 마야(Maya)에게 신들을 도와 달라고 불러 그 매력적인 여성(의 힘)으로 그 다나바들(Danavas, 아수라들)을 정복했습니다. 다나바들(Danavas)과 다이티아들(Daityas)은 그녀의 뛰어난 미모와 우아함에 그들의 이성을 잃고 그 아름다운 아가씨 손에 그 '아므리타(Amrita)'를 만장일치로 넘겨주었습니다.

가객(歌客, 사우티, Ugrasrava)이 말했다. -그러고 나서 다나바들(Danavas)과 다이티아들(Daityas)은 최고의 갑옷과 무기로 무장을 하고 신들을 공격했습니다. 단호한 주 비슈누가 나라(Nara)를 대동한 매력적인 모습으로 억센 다나바들(Danavas)을 속이고 그들의 손에서 그 '아므리타'를 빼앗았기 때문입니다. 그래서 모든 신들은 [그 아므리타를 빼앗겨] 크게 놀랐다가, 비슈누 신이 되찾아 온 그 아므리타를 즐겁게 마셨습니다. 신들이 그토록 동경했던 '아므리타'를 마시고 있는 중에, **라후(Rahu)**라는 다나바(Danava)가 신(神)을 가장하여 신들 속에 그 '아므리타'를 몰래 마셨습니다. 그래서 그 '아므리타'가 겨우 그 다나배[라휘]의 목에 이르렀을 때, 수리아(Surya, 해)와 소마(Soma, 달)가 그것을 알고 신들에게 알렸다. 그래서 나라야나(Narayana, 비슈누)는 즉각 그 아므리타를 허락 없이 마시고 있는 다나배[라휘]의 머리통을 잘라버렸다. 그래서 원반으로 잘린 산꼭대기만한 '다나바의 거대 머리통'은 하늘로 치솟아, 무서운 비명을 질렀습니다. 그리고 그 다나배[라휘]의 머리 없는 신체[몸통]는 굴러 떨어져 대지의 산과 숲과 섬을 이루었습니다. 그리고 그 때부터 라후(Rahu)가 수리아(Surya, 해)와 소마(Soma, 달)가 삼키는 사건(日蝕 月蝕 사건)이 생기게 되었습니다. 그 다음 나라야나(비슈누)는 매력적인 여성의 모습은 포기하고 그 다나바들(Danavas)에게 무서운 무기들을 휘둘러 그들을 떨게 했습니다. 그래서 그 소금 바닷가에서 신들과 아수라들은 무서운 전쟁을 개시했습니다.

그렇지만 아수라들에게 승리한 신(神)들은, 그 '만다라(Mandara) 산'을 원래 위치에 되돌려 존중하였습니다. 그리고 감로수(甘露水, nectar)를 차지한 신들은 그들의 함성으로 그 천국을 울리게 하고 그들 처소로 돌아갔습니다. 그리고 신들은 천국으로 귀환이 너무 기뻤고, 인드라와 다른 신들은 아므리타(Amrita) 그릇을 나라야나(Narayana, 비슈누)에 주어 신중하게 지키도록 하였습니다.[31]

'뱀 침상에 쉬고 있는 비슈누'[32] '대지와 브라흐마와 신들이, 주님(비슈누)께 도움을 청하다.'[33]

31) K. M. Ganguli (Translated into English Prose from the Original Sanskrit Text), *The Mahabharata of Krishna-Dwaipayana Vyasa*, Munshiram Manoharlal Publisher Pvt. Ltd. New Delhi, 2000, **-Adi Parva-** pp. 56~61
32) P. Thomas, *Epics, Myths and Legends of India*, Bombay, 1980, Plate 46 'Vishnu reposing on Ananta'
33) E. Isacco, *Krishna The Divine Lover*, Serindia Publications, London, 1982, p. 24 'The Earth Brahma and the gods beg the Lord for assistance.'

'브라흐마'[34), '브라흐마'[35), '백조를 탄 브라흐마'[36), '약사를 탄 라후'[37)

'우유바다 휘젓기'[38) '바다 휘젓기'[39)

(a) '마하바라타(*The Mahabharata*)'는 세계 인류의 '신화' '종교' '사상'의 출발점을 명시하고 있다. 그런데 소위 '메루(Meru) 산' '수메루(Sumeru) 산'은 "땅의 배꼽으로 역시 황금 산으로 부른다."[40) 중국(불교)식으로는 '수미산(須彌山)', 더 일반적으로는 '히말라야'이다. 역시 '카일라스 산(Mount Kailash)'과 동명임을 알 필요가 있다. '힌두이즘'과 '불교'가 겹쳐 더욱 유명하게 되었다. 역시 '관념주의(신비주의)의 원천'을 이루는 산이다.

힌두에서는 '메루 산'을 다음과 같이 요약하였다.

---

34) P. Thomas, *Epics, Myths and Legends of India*, Bombay, 1980, Plate 153 'Brahma'
35) P. Thomas, *Epics, Myths and Legends of India*, Bombay, 1980, Plate 147 'Brahma'
36) G. Devi, *Hindu Deities Thai Art*, International Academy of Indian Culture, 1996 p. 96 'Brahma on a goose'
37) G. Devi, *Hindu Deities Thai Art*, International Academy of Indian Culture, 1996 p. 100 'Rahu on Yaksa'
38) P. Thomas, *Epics, Myths and Legends of India*, Bombay, 1980, Plate 47 'Churning of the milk ocean'
39) G. Michell, *Hindu Art and Architecture*, Thames & Hudson, 2000, p. 168 'The churning of the cosmic ocean'
40) R. C. Prasad, *Tulasidasa's The Holy Lake of the Acts of Rama*, Motilal Banarsidass Publishers, Delhi, 1994, p. 889, Glossary

'힌두 경전에 의한 삼계(三界)'[41] '카일라스 산의 힌두인의 의미 -시바 신의 가족[42]'

(b) 당초 '신들의 거주지[聖所]' '영산(靈山)' '낙원' '복지(福地)'로 숭배 되었는데, 세계에서 유명한 '신산(神山)'은 '메루(Meru) 산, 수메루(Sumeru) 산', '올림포스 산' '에덴동산'이다.

(c) 한국의 '신산(神山)'은 '태백산(太伯山, 백두산 -壇君)' '구지봉(龜旨峯, 首露王)' '마니산(摩尼山, 檀君, 李芳遠)'이 있다.

(d) 이 장(章)에서도 간과할 수 없는 이야기의 두 축이 많은 뱀을 탄생시킨 카드루(Kadru)와 그 뱀들을 먹이로 사는 '새들의 왕 가루다(Garuda, 靈鷲)'를 탄생시킨 비나타(Vinata)에 시선을 고정할 필요가 있다.

(e) 앞서 살폈듯이 '뱀'은 '저주를 받은 육신(肉身)' 상징들임에 대해, '가루다(Garuda, 靈鷲)'는 신의 부름에 응하는 '성실한 사제(司祭, Priest)'의 상징이다.

(f) 이것은 이후 '마하바라타(The Mahabharata)' '쿠루크셰트라(Kurukshetra) 전쟁'에 극열하게 대립을 보인 '카우라바들' '판다바들'의 사전(事前) 해설에 해당하니, '드리타라슈트라 아들의 무리(100명의 아들)'은 다 '뱀'의 속성을 벗을 수 없는 무리들임에 대해, '5명의 판다바 아들'은 그대로 '가루다(Garuda, 靈鷲)'의 모습들이라는 것이 그것이다.

(g) '인류의 모든 신화(神話)의 원조'가 바로 이 '마하바라타(The Mahabharata)'에 다 있는데, 사실상 그것은 다시 '뱀'과 '가루다(Garuda, 靈鷲)'의 이야기로 종속 되고 그것을 다시 펼치면 '도덕의 절대신'과 '욕망의 악귀들'이 됨이 그것이다.

(h) 그 **'절대신'과 '욕망의 악귀들' 양자(兩者) 사이에 '각자 개인은 과연 어디로 향할 것인가?'를 거듭 묻고 있는 것**이 '마하바라타(The Mahabharata)'의 바른 모습니다.

41) *Brill's Encyclopedia of Hinduism*, Leiden Boston, 2009, V Ⅰ p. 424 -The triple world according to the Puranas

42) Wikipedia, 'Mount Kailash' -An illustration of the Hindu significance of Mount Kailash, depicting the holy family of Shiva, consisting of Shiva, Parvati, Ganesha and Kartikeya (Muruga)

제10장 비나타의 아들, 가루다(靈鷲)

　가객(歌客, 사우티, Ugrasrava)이 말했다. -저는 여러분께 '아므리타(Amrita)'가 어떻게 그 대양(大洋)에서 나왔고, 아름답고 무쌍(無雙)의 말[馬] 우차이슈라바스(Uchchaishravas)를 얻게 되었는지를 이야기했습니다. 그런데 그 '말[馬, Uchchaishravas]'에 대해서 언니 카드루(Kadru)가 아우 비나타(Vinata)에게 말했습니다.

　"아우야, 그 우차이슈라바스(Uchchaishravas)의 색깔이 무엇인지 빨리 말해 봐!" 그러자 비나타(Vinata)가 말했습니다.

　"그 말 중의 왕은 확실히 백색(白色)이야. 언니는 어떻게 생각해? 무슨 색깔인지 말해봐. 그래 내기를 해 보자고." 그러자 카드루(Kadru)가 말했습니다.

　"웃음도 예쁘구나, 우차이슈라바스(Uchchaishravas)의 꼬리는 흑색(黑色)이라고 생각한다. **진 사람은 상대의 하인이 되기로 하자.(she who loseth will become the other's slave.)**"

　가객(歌客, 사우티, Ugrasrava)이 이야기를 계속했다. -그렇게 '하인(下人) 내기'를 걸고 자매는 집으로 돌아가 다음날 말을 점검하기로 했습니다. 그런데 언니 카드루(Kadru)는 속임수를 써서 1천명의 아들에게 명하여 비나타(Vinata)를 하녀(下女)로 삼으려고 빨리 그 말꼬리를 검은 털로 변경해라고 명하였습니다. 그러나 아들들은 그것을 거절하자 카드루(Kadru)는 저주(詛呪)를 행하여. "[내 말을 듣지 않으니**자나메자야 왕의 뱀 희생제에 아그니(불)가 너희를 삼킬 것이다.**" 그리고 브라흐만(할아버지)도 카드루(Kadru)의 과도한 저주를 듣고도 그것이 운명이 되게 방치했습니다. 즉 브라흐만은 뱀들의 숫자가 급히 증가하는 것을 알고, 다른 피조물들을 생각하여 그 카드루(Kadru)의 저주를 도와 그 뱀들을 제재(制裁)하도록 하였습니다.

　가객(歌客, 사우티, 우그라스라바)이 말했다. -밤이 지나고 아침에 태양이 솟자 카드루(Kadru)와 비나타(Vinata) 두 자매는 '종살이 내기(a wager about slavery)'를 걸어놓고 서로 참지를 못 하고 서둘러 신마(神馬) 우차이슈라바스(Uchchaishravas)를 살펴 보러갔습니다.

　가객(歌客, 사우티, Ugrasrava)이 말했다. -그러나 나가들(Nagas, 카드루의 아들들)은 서로 협의(協議) 끝에 그네들은 어머니[카두뤼]의 명령을 따르기로 결정을 하였습니다. 왜냐하면 만약 카드루(Kadru)가 소망대로 아니 될 경우, 자식들에 대한 그녀의 애정을 철회될 것이고, 그들은 모두 불에 탈 것이기 때문이었습니다. 다른 한편 그녀가 부드럽게 되면 그녀의 저주에서 풀려날지도 모른다는 생각에서였습니다. 그들은 말했습니다.

　"우리가 그 말의 꼬리를 검게 해놓자."

　가객(歌客, 사우티, Ugrasrava)이 말했다. -대양(大洋)을 건넌 카드루(Kadru)와 비나타(Vinata)는 그 말[馬] 곁에 내렸습니다. 그들은 그 뛰어난 말이 몸뚱이는 달빛처럼 백색이었으나 꼬리는 흑색이었습니다. 크게 낙담한 비나타(Vinata)를 카드루(Kadru)는 즉시 '그녀의 종'으로 삼았습니다. 그래서 비나타(Vinata)는 그 내기에 졌기 때문에 노예 상태로 들어가 무척 우울했습니다. 그러는 사이에 그 '알'에서 빛나는 [비나타(Vinata)의 아들] '가루다(Garuda, 靈鷲)'가 태어났으니, 그 새는 모든 곳으로 날아 갈 수 있고, 그 힘을 측량할 수 없는 존재였습니다. 불덩이처럼 빛나는 '가루다 (Garuda)'는 무섭게 보였습니다. '말세(末世, Yuga)에 불꽃 같이 가루다(Garuda)의 눈은 불타올랐습니다. 그 비나타(Vinata, 가루다의 어머니)가 그 가루다에게 호소했습니다.

"최고 새여, 나는 불행하게 언니에 종이 되었는데, 뱀들이 속임수로 그렇게 되었다." 비나타가 가루다에게 까닭을 다 말해 주니, 가루다는 슬픔에 낙심하여 그 뱀들에게 물었습니다.

"무엇을 가져오고, 무엇을 알고, 무슨 용맹을 행해야 너희들의 속박에서 나와 어머니가 그 속박을 벗겠는가?" 뱀들이 가루다에게 말했다.

"아므리타를 빼앗아 오면 자유롭게 될 것이다."['뱀'='악귀']

가객(歌客, 사우티, 우그라스라바)이 말했다. -뱀들의 말을 들은 가루다는 어머니에게 말했습니다.

"제가 아므리타를 가지러 가야겠습니다. 도중에 우선 무엇을 먹어야 할 것입니다. 말씀해 주십시오" 이에 비나타(Vinata)는 대답했다. "대양 가운데 나샤다들(Nishadas, 뱀들)은 그들의 아름다운 집을 가지고 있다. 거기에 있는 수천의 니샤다를 먹고, 아므리타(Nishadas)를 가져오너라. **바라문들은 건들지 마라. 피조물 중에 '바라문들'은 죽여서(먹어서)는 안 된다. 바라문은 불이고, 힘이고, 태양이고, 독약이고 날카로운 무기다. 바라문은 모든 피조물의 주인이다. 그러기에 '바라문'을 도덕군자(道德君子)라 한다. 아가야 화가 나더라도 바라문은 죽이지 마라. 어떤 상황에서도 바라문에 대한 적대감은 옳지 않다. 아그니(Agni, 불의 신)나 수리아(Suria, 태양)도 노한 바라문의 엄한 맹세를 지울 수 없다. 이 가르침으로 너는 착한 바라문을 알아야 하느니라. 정말 바라문은 만물 중에서 최초의 탄생자이며, 4 계급의 으뜸이고, 만물의 아버지고 주인이시다."** ...가루다(Garuda, 靈鷲)는 아버지 카시아파(Kasyapa)를 단다마다나(Gandhamadana)에서 고행에 헌신하는 모습을 보았습니다. ...영명한 카시아파(Kasyapa)는 아들에게 말했습니다.

"아들아, 무모한 행동은 하지 마라. 그러면 고통을 당할 것이다."

그래서 그 아므리타(Amrita)를 찾아 나선 '가루다(Garuda)'와 그것을 지키던 신들 사이에 전투가 벌어져 '가루다(Garuda)'는 천국을 뒤흔들고 날개와 부리로 신들을 짓이겼습니다. 그러자 '천 개의 눈을 가진 신(인드라)'은, 바람의 신 바유(Vayu)에게 명했습니다.

"오 마루타여, 이 혼란스런 먼지를 즉시 없애도록 하라." 이에 힘 좋은 바유(Vayu)는 금방 먼지를 몰아내었습니다. 그래서 어둠은 걷히고 천군(天軍)은 '가루다'를 공격했습니다. 가루다를 신들이 공격해 오자, 가루다는 세상의 종말(終末, Yuga)에 하늘을 가르는 거대한 구름의 천둥처럼 만물을 떨게 하는 고함을 질렀습니다. 가루다가 날개를 쳐서 하늘로 오르니, 온갖 무기를 든 천신들은 머리 뒤에 '가루다'를 바라보았습니다. 가루다는 순간에 흔들림 없이 사방에서 그들에게 날개와 가슴으로 공격을 펼쳤습니다. 가루다의 발톱과 부리에 상한 신들의 신체에서는 피가 쏟아져 흘렀습니다. 이 가루다에게 패한 사디아(Sadhya)와 간다르바(Gandharvas)는 동쪽으로 달아났고, 바수

(Vasus)와 루드라(Rudras)는 남쪽으로, 아디티아(Adityas)는 서쪽으로, 쌍둥이 아스윈(Aswins)은 북쪽으로 도망을 쳤습니다. 그리고 엄청난 힘을 가진 가루다 생각에 잠겼습니다. 그러고 나서 가루다는 약샤들(Yakshas) 즉 용감한 아스와크란다(Aswakranda), 라이누카(Rainuka), 힘센 크라타나카(Krathanaka), 타파나(Tapana), 울루카(Uluka) 스와사나카(Swasanaka), 니메샤(Nimesha), 푸라루자(Praruja), 풀리나(Pulina)와 대적(對敵)을 하였다. 가루다는 멸망의 신 시바(Siva)처럼 세상의 노한 피나카(Pinaka) 소지자처럼 날개와 발톱과 부리로 그들을 뭉개버렸다. 그래서 용감하고 억센 약샤들(Yakshas)은 가루다에게 뭉개져서, 그 가루다를 진한 피의 소나기를 뿌리는 검은 구름같이 생각하였습니다. 가루다가 그들 생명을 앗은 다음 아므리타(Amrita)가 있는 곳으로 갔다. 가루다는 그 아므리타(Amrita)가 온통 불로 싸여있음을 보았습니다. 큰 바람을 동원하여 그 불길이 태양도 태울 듯했습니다. 그런데 영명한 가루다는 99개의 입을 만들어 급히 수많은 강들의 물을 그 입에 들어 마시고 급히 돌아와 그 물로 불을 껐습니다. 그 불을 끄고 나서 가루다는 몸을 작게 만들어 그 소마(Soma)가 있는 곳으로 들어가려 했습니다.〉[西遊記의 '孫行者' 모습]

가객(歌客, 사우티, 우그라스라바)이 말했다. -그래서 햇빛과 같이 밝은 황금 새 가루다는 급류(急流)가 바다로 들어가듯 '소마(Soma)'가 있는 곳으로 기운차게 들어갔습니다. 가루다는 그 소마(Soma) 가까이에 면도날처럼 예리한 강철 쇠바퀴가 끊임없이 돌아가는 것을 보았습니다. 신들이 소마(Soma) 도둑들을 잡으려고 고안한 것이었습니다. 가루다는 그 통로를 살피려고 잠깐 멈추어 섰습니다. 가루다는 그의 몸을 작게 만들어, 순간에 그 쇠 바퀴살 사이를 통과했습니다. 가루다는 그 바퀴 안에, 불타는 뱀 두 마리가 그 소마를 지키고 있는 것을 보았습니다. 불타는 혀와 불타는 눈에 독을 품어내고 있었습니다. 그리고 그들의 눈을 껌벅이지도 않았습니다. 그 중 한 마리를 보기만 해도 금방 재가 될 것 같았습니다. 가루다는 그들의 눈에 먼지를 덮어씌우고, 그들이 못 보는 순간에 그 뱀들을 공격해서 가루로 만들어 버렸습니다. 그런 다음 가루다는 지체 없이 그 소마(Soma)에 접근하여 아므리타(Amrita)를 집어 들고 세차게 날아올라 설치해 놓은 그 기계들을 역시 가루로 만들었습니다. 그리고 가루다는 금방 탈출을 했으나, 소지한 '아므리타'를 가루다 자신이 마시지는 않았습니다.....가루다는 하늘 길에서 그 '비슈누'를 만났습니다. **비슈누(Narayana)는, 그 가루다의 '자신을 내버린 행동(that act of self-denial, 희생 정신)'에 흐뭇했습니다.**[도덕성 강조] 인드라는 가루다를 향해 벼락을 날렸습니다. 가루다는 그 벼락을 맞고는 부드럽게 "당신이... 벼락으로 나를 쳤지만, 아무 느낌이 없습니다."라고 말했습니다. 그러자 인드라가 말했습니다.

"최고의 새여, 당신의 힘의 한계를 알고 싶습니다. 그리고 당신과 영원한 친구가 되고 싶습니다."

가객(歌客, 사우티)이 계속했습니다. -그러자 가루다가 말했습니다.

"오 인드라(푸란다라)여, 당신의 원대로 당신과 이 가루다 사이에 우정(友情)을 두기로 합시다. 당신이 알다시피 이 가루다의 힘을 아무도 이길 없습니다. 내가 지니고 가는 이 '소마(Soma)'에는 [공급해야 할]확실한 까닭이 없습니다. 나는 소마(Soma)를 누구에게 마셔 보라라고 주지도 않을 겁니다. 그러니 하늘의 왕(인드라)이시여, 내가 소마(Soma)를 땅에 내려놓으면, 즉시 당신이 다시 가져가십시오."[43]

'인드라 신'[44] '뱀 여성을 물고 있는 가루다(靈鷲)'[45] '가루다를 탄 비슈누'[46] '가루다를 탄 비슈누'[47]

(a) 모든 '마하바라타(Mahabharata)' 이야기는 '하나로 통일'이 저절로 되게 되었으니, '언어 절대주의' '인연설' '절대신 제일주의' '귀의[요가]' '탐욕 저주' '뱀[속임 배약의 경멸]로 연결됨이 그것이다. 이 장에서 소개된 '**카드루(Kadru)'와 '비나타(Vinata)' 두 자매가 '종살이 내기(a wager about slavery)'를 시작했다는 것은, '마하바라타(Mahabharata)' 전쟁의 원인이 된 두료다나 사쿠니 카르나가 주도를 하여 유디슈티라와 '주사위 노름'을 시작했던 것과 동일하다.**

(b) 시기심이 강한 카드루(Kadru)가 아우 비나타(Vinata)를 상대로 '종살이 내기(a wager about slavery)'를 하고 '속임수'로 그 아우를 종으로는 삼았다는데 그녀는 '1천 명의 뱀 아들'을 둔 여인이다. 그러므로 사후(死後)에 '뱀'이 되어 바다로 들어간 101명의 아들을 둔 드리타라슈트라의 경우와 동일한 경우다.

(c) 그러므로 '탐욕' '시기 질투' '속임'은 그 '뱀'의 공통 특징이라고 할 수 있는데. 그것은 '번식의 욕망 [다수의 아들]'으로 거듭 명시가 되고 있다.

(d) 여하튼 '1천명의 뱀 아들'을 둔 카드루(Kadru)와 '하나의 가루다(Garuda, 靈鷲) 아들'을 두었다는 비나타(Vinata) 이야기는, '도덕과 하늘을 돌아보지 않고 육신에 매어 있는 보통 사람들[뱀들]'과 '절대 신의 사제-비슈누신 수레[靈鷲]'의 뚜렷한 차이를 그대로 나타내고 있다.

---

43) K. M. Ganguli (Translated into English Prose from the Original Sanskrit Text), *The Mahabharata of Krishna-Dwaipayana Vyasa*, Munshiram Manoharlal Publisher Pvt. Ltd. New Delhi, 2000, -**Adi Parva**- pp. 69, 70, 74, 78~81

44) V. Ions, *Indian Mythology*, Paul Hamlin, 1967, p. 19 'Indra'

45) P. Thomas, *Epics, Myths and Legends of India*, Bombay, 1980, Plate 179 'Garuda with a Nagini'

46) G. Devi, *Hindu Deities Thai Art*, International Academy of Indian Culture, 1996 p. 105 'Narayana on Garuda'

47) G. Devi, *Hindu Deities Thai Art*, International Academy of Indian Culture, 1996 p. 116 'Narayana on Garuda'

제11장 뱀의 왕 바수키(Vasuki)의 대책

사우나카(Saunaka)가 말했다. -수타(Suta, 마부)의 아들이여,....그대는 [카드루(Kadru)가 낳은] '뱀들의 이야기'를 다 말하지는 않았소. 그 뱀 왕들 이야기를 말 해 보시오. 우리는 그 주요한 뱀들의 이름을 듣고 싶소.

가객(歌客, 사우티, 우그라스라바)가 말했다. -고행의 유덕자(有德者)시여, 너무 많은 모든 뱀들을 말할 수 없으나 '주요 뱀들'을 알려 드리겠습니다.

처음 세샤(Sesha)가 태어났고, 다음은 바수키(Vasuki), 다음은 아이라바타(Airavata) 다음은 탁샤카(Takshaka), 다음은 카르코타카(Karkotaka), 다난자야(Dhananjaya), 칼라케야(Kalakeya), 마니(Mani), 푸라나(Purana), 핀자라카(Pinjaraka), 엘라파트라(Elapatra), 바마나(Vamana), 닐라(Nila), 아닐라(Anila), 칼마샤(Kalmasha)......바후물라카(Vhumulaka), 카르카라(Kar kara), 아카르카라(Akarkara), 쿤도다라(Kundodra) 마호다라(Mahodara)입니다. 제가 '주요 뱀들의 이름들'을 말씀드렸습니다. 지루할까봐 나머지는 생략합니다.

사우나카가 말했다. -그대는 억센 무적의 뱀들의 이름을 제시했는데, 그 뱀들이 그 [카드루(Kadru)의] 저주(詛呪)'를 들은 다음 어떠한 조처를 했는가?

가객(歌客, 사우티, 우그라스라바)가 말했다. -**뱀들 중에 영명한 세샤(Sesha)는 어려운 고행을 실천하고 바람을 마시고 살며 서약을 엄하게 지켰습니다.**(The illustrious Sesha, leaving his mother practised hard penances, living upon air and rigidly observing his vows.) 간다마다나(Gandhamadana), 바드리(Vadri), 고카르나(Gokarna), 푸슈카르나(Pushkarna) 숲, 히말라야 산(Himavat) 아래를 자주 갔습니다. 그래서 세샤(Sesha)는 욕망을 통제하고 목표를 단일하게 하고 엄격한 서약을 지키며 그 '시간'을 성수(聖水)와 토지가 있는 성소(聖所)에서 보냈습니다. 그래서 만물의 할아버지 브라흐마(Brahma)가 **그 '세샤(Sesha)'가 매듭 머리에 넝마를 걸치고, 엄한 고행으로 다리와 살과 피부와 근력이 마른 것을 보았습니다.**['뱀' 이야기가 아니라 '사람' 이야기임] 그래서 브라흐마(Brahma)는 그에게 말했습니다.

"오 세샤(Sesha)여, 무엇을 하겠느냐? 그대의 생각에 걸려 있는 세상의 생명의 안녕을 생각하라. 아 죄 없는 이여, 그대의 '고행'이 만물을 괴롭히고 있다. 네 가슴에 있는 소망을 말하라." 그래서 세샤(Sesha)는 말했습니다.

"저의 동복(同腹) 형제들은 모두 사악(邪惡)합니다. 저는 그 속에 살고 싶지 않습니다. 허락해 주십시오. 그들은 원수처럼 항상 시기합니다. 그러기에 저는 고행을 하고 있습니다. 그들을 보지도 않을 것입니다. 비나타(Vineta, 姨母 -어머니 형제)와 그녀의 아들에게 매정합니다. 하늘을 울리는 '비나타의 아들[가루대]'은 우리 이복(異腹) 형제입니다. 제 형제들은 항상 그를 부러워합니다. 비나타의 아들[가루대은 아버지 카샤파(Kasyapa)의 축복을 받아 억셉니다. 그래서 저는 고행을 시작했고, 저는 제 몸을 던져 다른 세상에서도 그네들과 친구 되는 것은 피할 것입니다." 이렇게 말하는 그 세샤(Sesha)에게 브라흐마(Brahma)께서 말씀하셨습니다.

"오 셰샤여, 나는 그대 형제들의 행동을 알고 있고, 그들은 그 어머니를 거슬린 큰 위험에 직면해 있다. 그러나 그에 앞서 너에게 처방(處方)을 주겠노라. 형제를 슬퍼마라. 소원을 말하라. 내가 즐거워 하는 소원을 들어주겠다. 더욱 굳은 마음으로 도덕에 힘을 쓸지어다." 세샤(Sesha)가 대답했습니다.

"오 성스런 할아버지시여, 제 소망은 이것입니다. 즉 제 정신(마음)이 도덕과 금욕 속에 항상 즐겁기를 원합니다." 브라흐마(Brahma)께서 말씀하셨습니다.

"세샤(Sesha)여, 나는 그대의 자기 부정과 평화 사랑을 진정으로 반기노라. 명하노니 중생을 위해 봉사를 해야 할 것이니, 땅 위의 산과 숲 바다, 도시와 은신처가 늘 부정(不定)하므로 그것을 한 결 같이 고정(固定)하도록 해라." 세샤(Sesha)가 말했다.

"만물의 주인이시여, 말씀대로 땅덩어리를 고정(固定)하겠습니다. 제 머리 위에 이 땅덩이를 이고 있겠습니다." 브라흐마(Brahma)께서 말씀하셨습니다.

"뱀 중에 으뜸이여, 지하로 내려가라. 땅이 그대에게 구멍을 제공할 것이다. 바다를 두르고 있는 땅을 그대의 머리로 지탱하도록 하여라."

가객(歌客, 사우티)이 계속했다. -그래서 뱀 왕의 큰 형은, 구멍으로 들어가 땅의 저쪽으로 나가 바다를 감고 있는 땅을 자기 머리에 얹고 있었습니다. 브라흐마가 말씀하셨습니다.

"뱀 중의 최고인 셰샤(Sesha)여, **그대는 다르마(Dharma) 신이다.** 그대의 거대 체구에 땅과 이 브라흐만과 인드라(Valavit)도 너의 위에 처하기 때문이다."[**뱀을 구체적 '실체(substance)의 근거'로 명시한 것이다.**]

가객(歌客, 사우티)이 계속했다. -뱀 세샤(Ananta)는 브라흐만의 명령으로 홀로 세계를 떠받들고 살고 있습니다. 그리고 영명한 할아버지는 깃털이 고운 새, 비나타의 아들[가루다]을 그의 보조로 제공했습니다.

가객(歌客, 사우티, 우그라스라바)이 말했다. -뱀들의 왕 **바수키(Vasuki)**는 '어떻게 어머니의 저주를 무산(霧散)시킬까?'를 궁리했습니다. 바수키(Vasuki)는 그것을 아이라바타(Airavata) 등 다른 형제들과 어떻게 하는 것이 좋을지를 상의하였습니다. 그래서 바수키(Vasuki)가 말했습니다.

"착한 형제여, 우리에게 내린 저주를 알고 있지요? 모든 저주에는 처방이 있기 마련입니다. 그런데 어머니가 내린 저주에는 처방이 없습니다. 그 저주는 '부동(不動)의 신 앞에서 행한 저주'라고 알고 있습니다. 우리에게는 그 가슴 떨리는 절멸(絶滅)이 올 것입니다. 그렇지 않다면 왜 그 절대 신이 그 어머니 저주를 말리지 않았을까요? 그러므로 우리는 뱀들의 안전을 의논해야 합니다. 시간 끌지 말기로 합시다. 그대들은 모두 현명하고 분별력이 있습니다. 지난 날 신들이 **동굴에 숨은 아그니(Agni)**'를 찾아냈듯이, 우리를 멸할 '자나메자야 희생제'를 막을 방도를 함께 찾아봅시다."[일본의 '천조대어신(天照大御神, 아마테라스오호미가미) 이야기' 동일함]

가객(歌客, 사우티, 우그라스라바)이 계속했다. -카드루(Kadru) 후손들은 모여서 각자의 의견을 내었습니다. 한쪽에서 말했습니다. "우리가 더욱 훌륭한 브라흐마들로 가장하여, 자나메자야(Janamejaya)에게 이 희생제는 마땅히 그만두어야 한다고 말합시다." 다른 쪽에 말했습니다. "우리가 그 자나메자야의 상담자가 됩시다. 그러면 자나메자야는 우리에게 모든 것을 물을 것입니다. 그러면 우리는 희생제를 막아야 한다고 충고합시다. 인간 중에 최고인 그 왕은 그 희생제에 대해 우리에게 물을 것입니다. 그러면 우리는 그것은 행하지 말아야 한다고 합시다." 이렇게들 말하고 그 뱀 왕 바수키(Vasuki)를 쳐다보았습니다. 그러자 생각에 잠겼던 바수키(Vasuki)는 대답했습니다.

"여러분들의 결정은 소용이 없겠습니다. 나는 영명한 우리 아버지 카샤파(Kasyapa)만이 우리를 위한 방도가 있을 것이라고 생각합니다. 내가 행하는 것이 여러분의 복이 되어야만 하니, 여러분의 의견들은 신용을 해야 할지 말아야 할지 그것이 걱정입니다."

가객(歌客, 사우티, 우그라스라바)이 말했다. -'뱀들의 존중할 만한 말'과 뱀 왕 바수키(Vasuki)의 말까지 다 들은 엘라파트라(Elpatra)라는 뱀이 말했습니다.

"그 희생제는 방해될 수 있는 것이 아닙니다. 판다바 족의 자나메자야(Janamejaya) 왕은 방해를 당할 사람도 아닙니다. 홀로 운명에 고통을 받으시는 대왕이시여, 아무 것도 그로부터 도피처가 될 수 없습니다. 뱀들의 왕이시여, 우리들의 공포는 그 근본의 운명입니다. 그래서 운명에서 우리 도피처를 찾아야 합니다. 제 말씀을 들어 보십시오. 그 저주가 행해질 때에 나는 무서워 우리 어머니 무릎에 몸을 쭈그리고 있었습니다. 거기에서 슬픔에 잠긴 신들이 위대한 할아버지(브라흐마)께 호소를 들었습니다. 신들은 말했습니다. "오 할아버지시여, 악독한 카드루(Kadru)가 자식들을 얻은 다음에 그들을 그처럼 저주했다는 것은 당신 앞에서 할 수 있는 일입니까? 그런데 할아버지께서는 '그럴 것이다.'라고 하셨으니, 우리는 할아버지께서 왜 그것을 막지 않으셨는지 그 까닭을 듣고 싶습니다." 브라흐마이 말씀하셨습니다. "뱀들은 수가 많다. 그네들은 잔인하고 끔찍하고 독을 품었다. 착한 나의 창조물들의 소망에서 나는 카드루(Kadru)의 저주를 일부러 막지 않았다……야야바라족(Yayavaras)에서 '자라트카루(Jaratkaru)'란 대 신선이 태어날 터인데, 그 자라트카루(Jaratkaru)는 '아스티카(Astika)'라는 그 아들을 가지게 될 것이다. 그러면 그가 그 희생제를 멈추게 할 것이다. 도덕을 갖춘 뱀들은 그 재난을 피할 수 있을 것이다." 신들이 여쭈었습니다. "뛰어난 성자인 자라트카루(Jaratkaru)가 누구에게서 그 아들을 얻습니까?" 할아버지께서 말씀하셨습니다. "최고의 바라문이 뱀 왕 바수키(Vasuki)의 누이가 역시 [같은 이름]'자라트카루(Jaratkaru)'이다. 그녀에게서 아들이 태어날 것이고 뱀들을 해방 시킬 것이다." 그 때 신들은 그 할아버지께 "그렇게 되는군요.(Be it so.)"라고 했는데, 브라흐마는 그렇게 말하고 자리를 뜨셨습니다. 뱀 엘라파트라(Elpatra)가 말했습니다. "오 바수키(Vasuki) 왕이시여, 내엘라파트라, Elapatra]는 대왕의 누이 자라트카루(Jaratkaru) 이름을 알고 있습니다. 우리를 구원하기 위해, '신부를 구하고 있는 선인(仙人)'에게, 보시(普施)를 행하소서. 그것이 제가 들었던 우리가 해방될 그 방책입니다."

가객(歌客, 사우티, 우그라스라바)이 말했다. -그 엘라파트라(Elapatra) 뱀의 이 말을 듣고, 모든 뱀들이 즐거워서 소리쳤습니다. "좋은 말씀입니다. 좋은 말씀입니다." 그 때부터 뱀 왕 바수키(Vasuki)는 자기 누이 자라투카루(Jaratkaru)를 신중하게 길렀습니다. 그리고 그는 그녀를 보살피며 큰 기쁨을 느끼고 있었습니다.

사우나카(Saunaka)가 말했다. -수타(Suta, 마부)의 아들이여, 세상에 태어난 영명한 신선 자라트카루(Jaratkaru)가 세상에 온 이유와 자라트카루(Jaratkaru)란 이름은 무슨 의미인지 듣고 싶소.'

가객(歌客, 사우티, 우그라스라바)이 말했다. -자라(Jara)는 '거칠다'는 의미이고, 카루(Karu)는 '거대하다'는 의미입니다. 그 신선의 몸집은 거대했는데, 극열한 금욕적 속죄로 점점 작아졌습니다. 같은 이유에서 뱀 왕 바수키(Vasui)의 누이도 자라트카루(Jaratkaru)라고 불렀습니다. 파리크시트(Parikshit, 아비마뉴의 아들, 아르주나의 손자) 왕은 그 할아버지[아르주나]처럼 사냥을 좋아했습니다. 화살에 맞은 사슴을 뒤따라가다가 사슴을 잃고 어떤 현자(Muni)에게 말을 걸었습니다. "사슴을 못 봤습니까?" 침묵을 맹세한 그 현자(賢者, Muni)는 한 마디 대답도 없었습니다. 그래서 왕은 화가 나서 '죽은 뱀'을 그 현자의 어깨 위에 걸어놓았습니다. 그 현자(Muni)의 아들 '스링긴(Sringin)'은 [파리크시트-Parikshit 왕이 아비 어깨에 죽은 뱀을 걸었던 것에, 분노하여] 저주했습니다.

가객(歌客, 사우티, 우그라스라바)이 말했다. -스링긴(Sringin)이 말했습니다.

"내 노친(老親) 어깨에 뱀을 걸어 놓은 그 악당, 내 말의 힘으로, 그 군주는 7일 이내에 뱀 왕 탁샤카(Takshaka)에 물려 저승(the regions of Yama)으로 갈 것이다!"

가객(歌客, 사우티, 우그라스라바)가 계속했다. -분노에서 저주를 행하고 나서, 스링긴(Sringin)은 죽은 뱀을 걸치고 마구간에 앉아 있는 성자인 아버지에게로 갔습니다. 스링긴(Sringin)은 아버지를 보고 정말 화가 나서 아버지에게 말했습니다.

"아버니, 악당 파르크시트(Parikshit) 왕이 아버지를 능멸했다는 이야기를 듣고 내가 화가 나서 뱀 왕 탁샤카(Takshaka)가 7일 이내에 그를 죽일 거라고 저주를 했습니다." 그러자 아버지는 그 성난 아들[스링긴(Sringin)]에게 말했습니다.

"아들아, 나는 너의 행동이 기쁘질 않구나. 나는 지금 그 왕[파리크시트-Parikshit]의 영역(領域) 내에 살고 있다. 네가 '다르마(Dharma, 우주의 법)'를 지키지 않으면, 정말 '다르마(Dharma, 법)'가 너를 못 쓰게 만들 것이다." 그런데 그 '제 7일 째 날'이 되어 최고의 바라문인 유식한 카샤파(Kasyapa)가 뱀에게 물린 '왕[파리크시트-Parikshit]'을 치료해 주려고 왕궁으로 향해 가고 있었습니다. 카샤파(Kasyapa)는 그 왕[파리크시트-Parikshit]이 뱀에게 물린 경과를 다 알고 있었습니다. 그래서 생각했습니다. "내가 뱀 왕에게 물린 이 황제를 치료해 주어야겠다. 그래서 부와 덕을 다 이루어야겠다." 그런데 왕을 치료하러 나선 카샤파 앞에 '뱀 왕'이 늙은 바라문의 모습으로 나타났습니다. 그래서 그 카샤파(Kasyapa)를 향해 말했습니다. "그대는 어디를 그렇게 서둘러 가는가? 무슨 일을 하러 가는가?" 카샤파(Kasyapa)가 대답했습니다. "쿠루 족의 왕 파리크시트(Prikshit)가 오늘 탁샤카(Takshaka)의 독(毒)으로 불탈 것이다. 둘도 없는 판다바(Pandava)의 유일한 혈손(血孫)이 아그니(Agni) 신 같은 탁샤카에게 물려 죽게 되었기에 서둘러 가고 있다." 그러자 탁샤카(Takshaka)가 말했다. "오 바라문이여, 이 세상을 태우려는 내가 바로 그 탁샤카(Takshaka)요. 내가 물었던 사람은 치료할 수 없으니, 멈추시오." 그러자 카샤파가 말했습니다. "나는 지식[방법]을 가졌기에 당신에게 물렸던 그 왕을 치료할 겁니다."

가객(歌客, 사우티, 우그라스라바)이 말했다. -그러자 그 탁샤카(Takshaka)가 말했습니다. "오 카샤파여, 당신은 내가 물었던 왕을 치료할 수 있습니다. 내가 이 나무를 물어 당신 앞에 불태울 터이니 당신이 말한 '주문(呪文, mantras) 기술'을 보여 주시오." 그러자 카샤파가 말했습니다. "뱀 왕이여, 정 그렇게 생각하면 이 나무를 물어 보면 내가 나무를 살려 놓겠소."

가객(歌客, 사우티, 우그라스라바)이 계속했다. -카샤파가 그렇게 말하자 그 뱀 왕은 그 반얀 나무(banian tree)를 그 물어 불타오르게 했습니다. 그러고나서 뱀 왕은 카샤파에게 말했습니다. "최고의 바라문이여, 그래 이 나무를 살려보시오."

가객(歌客, 사우티, 우그라스라바)이 계속했다. -물린 그 나무는 이미 재[灰]가 되었습니다. 그러나 카샤파는 그 재를 잡고 말했습니다. "오 뱀 왕이여, 내가 이 나무를 살려 놓을 터이니 보시오." 그렇게 말하고 그 최고의 바라문은 재로 된 그 나무를 그 '주문(呪文)의 지식(知識, vidya)'으로 살려냈습니다. 그래서 그는 그 재가 처음 싹이 돋게 하고 이어 두 잎으로 변하게 했고, 줄기가 돋고 가지가 나 잎들까지 모두 갖추어졌습니다. 그러자 탁샤카(Takshaka)가 카샤파에게 말했습니다. "**내가 독으로 죽이는 것이, 그대에겐 아무 것도 아니군요. 금욕(禁慾, asceticism)의 부자(富者)시여, 부(富)를 찾아 거기[왕궁]로 가십니까? 당신이 바라는 보수(報酬)는 얼마이든 내가 드리겠습니다. 당신은 이미 명예로우신데 바라문의 저주로 '명이 짧아진 그 왕'을 살려내면 의심을 받을 수도 있습니다. 그럴 경우, 3계에 퍼져 있는 당신의 명예는 빛을 빼앗긴 태양처럼 사라질 겁니다.**" 카샤파(Kasyapa)가 말했습니다. "나는 돈을 벌려고 갑니다. 나에게 황금을 주면 되돌아가겠다." 탁샤카(Takshaka)가 말했다. "돈이라면 그 왕에게서 당신이 기대한 것보다 내가 더 많이 주겠소."

가객(歌客, 사우티, 우그라스라바)이 계속했다. -최고의 바라문 카샤파는 그 탁샤카(Takshaka)의 말을 듣고 그 왕에 대해 생각해 보았습니다. 그 카샤파는 '판다바 왕[파리크시트]'의 생명 기한이 다한 것을 확인하고, 그 탁샤카(Takshaka)에게 자기가 원하는 부를 획득했습니다. 그래서 카샤파는 그의 발길을 돌리자, 탁샤카(Takshaka)는 서둘러 하스티나푸라(Hastinapura)로 갔습니다. 뱀 왕은 가는 길에 왕[파리크시트]은 주문과 약으로 살아 있다는 소식을 들었습니다.

가객(歌客, 사우티, 우그라스라바)이 계속했다. -뱀 왕은 생각했습니다. "내가 왕을 내 요술(power of illusion)로 속여야겠다. 그러면 무슨 수로 그 왕이 살아 있겠는가?" 그래서 탁샤카(Takshaka)는 뱀들을 도사(道士)들로 변장을 시켜 과일과 쿠사 풀(kusa gress)과 물을 휴대(携帶)

하게 하였습니다. 그리고 명령을 내렸습니다. "너희가 과일과 꽃과 물을 선물하는 구실로 왕에게 나아가되 다른 것은 눈치를 채지 못 하게 하라."

가객(歌客, 사우티, 우그라스라바)이 계속했다. -탁샤카(Takshaka) 뱀 왕의 명령을 받은 뱀들[도 사들]은 왕에게 쿠사 풀과 물과 과일을 바치니, 왕은 그것들을 수납했습니다. 그리고 "물러가 있어라." 그들은 금욕(禁慾)자로 변장해 있었으므로 왕은 장관과 친구들에게 말했습니다. "그 도사들이 가져 온 맛좋은 과일을 먹어봅시다." 운명과 신령의 말[저주]로 강요된 왕은 그 과일이 먹고 싶었습니다. 그 탁샤카(Takshaka)가 들어 가 있었던 그 특별한 과일을 왕이 먹기 시작하자 '눈이 새까만 알아 볼 수 없는 형상의 무서운 황동색 곤충'이 나타났습니다. 그러자 왕은 그 의원(醫員)들 말했습니다. "해가 졌다. 오늘은 더 이상 독을 무서워할 필요가 없겠다. 이 곤충이 탁샤카(Takshaka)가 되어 나를 물면 나의 죄는 없어질 것이고, 그 신령의 말[저주]도 실현이 된 셈이다." 의원들도 그렇게 생각했습니다. 그래서 왕은 운명의 시간에 정신을 잃고 웃고 있었습니다. 그러자 그 곤충은 왕의 목에 앉았습니다. 과일 속에서 나온 탁샤카(Takshaka)는 왕의 목을 감았습니다. 그래서 뱀 왕 탁샤카(Takshaka)는 황제를 물었습니다.

가객(歌客, 사우티, 우그라스라바)이 말했다. -그 탁샤카(Takshaka)가 왕을 감고 있는 것을 보고 놀란 의원들은 파랗게 질려 울며 그 탁샤카(Takshaka)의 고함소리에 신하들도 모두 도망을 쳤습니다.

가객(歌客, 사우티, 우그라스라바)이 말했다. -한편 위대한 도사(道士, ascetic) 자라트카루(Jaratkaru)는 방랑을 하며 밤이면 아무데나 쓰러져 잠이 들었습니다. 타고난 절제력으로 방랑을 하면서도 미숙자들은 행하기 어려운 '서약(誓約)'을 실천하고 여러 성수(聖水)에 목욕을 하였습니다. 그 도사는 공기(空氣)로 밥을 삼았고, 세상 욕심을 초월하였습니다.(the Muni had air alone for his food and free from desire of worldly enjoyment.) 그래서 날이 갈수록 몸이 쇠약하고 말라갔습니다. 그러던 어느 날 그 도사[자라트카루(Jaratkaru)]는, 어떤 구멍 속에서 비라나(virana) 뿌리에 줄에 거꾸로 매달려 있는 조상들의 혼백들을 보았습니다. 그런데 굴속에 살고 있는 거대한 쥐가 그 줄마저 갉아먹고 있었습니다. 자라트카루(Jaratkaru)는 그들을 향해 물었습니다. "이 비라나(virana) 뿌리에 매달려 있는 당신들은 누구 입니까? 어떻게 해 드리면 좋겠습니까?" 그 혼백들은 말했습니다. "존경스런 바라문이여, 그대가 우리를 구원하고 싶으면 그대의 금욕으로 우리도 해방 시킬 수 있소. 오 바라문이여, 우리는 자식들이 없기에, 지옥으로 떨어질 이 지경에 이르렀소."

가객(歌客, 사우티, 우그라스라바)이 말했다. -자라트카루(Jaratkaru)는 그 말을 다 듣고 크게 낙심(落心)이 되었습니다. 그래서 자라트카루(Jaratkaru)는 눈물을 흘리며 혼백들에게 말했습니다. "당신들은 앞서 세상을 뜨신 저의 아버지이시고 할아버지이십니다. 악당 같이 죄 많은 저를 용서하십시오." 그 혼령들이 말했습니다. "오 아들아, 방랑 중에 운 좋게도 여길 왔구나. 오 바라문이여, 그런데 왜 부인(婦人)을 맞지 않는 거냐?" 자라트카루(Jaratkaru)가 말했습니다. "혼령들이시여, 제가 씨를 떨어뜨려 다른 세계로 가고 싶은 욕망이 있었습니다. 그러나 아내를 맞고 싶은 생각은 없었습니다."

가객(歌客, 사우티, 우그라스라바)이 계속했다. -그 자라트카루(Jaratkaru)는 그 혼령들에게 그렇게 말하고 방랑을 계속했습니다. 자라트카루(Jaratkaru)는 늙어서 아내를 얻을 수가 없었습니다. 그러나 그 조상들의 인도로 자라트카루(Jaratkaru)는 탐색을 계속했습니다. 자라트카루(Jaratkaru)는 조상들을 생각하며 울며 호소했습니다. "내 말을 들으시오. 슬픔으로 조상님들이 '결혼하여 아들을 낳아라.' 하십니다. 가난과 슬픔 속에 방랑하는 제게게 결혼할 아가씨를 적선(積善)해 주십시오. 이 방랑자에게 딸을 주시오."['元曉不羈'-원효대사와 요석공주] 그 때 자라트카루(Jaratkaru) 행로에 있었던 뱀들이 그것을 뱀 왕 바수키(Vasuki)에게 전하여 뱀 왕은 단장한 아가씨를 데리고 그 선인(仙人)이 있는 숲으로 갔습니다. 그래서 뱀 왕은 그 아가씨를 선인에게 적선(積善)하였습니다. 자라트카루(Jaratkaru)는 부인에게 말했습니다. "내가 싫어하는 것을 행하지도 말하지도 마시오. 그러할 경우는 나는 당신이 있는 이 집에 머무르지 않을 것이요." 뱀 왕 바수키(Vasuki)의 누이는 하늘나라 아기처럼 빛나는 아들을 낳았습니다....그 아이는 자라서 브리구(Bhrigu)의 금욕자 챠바나(Chyavana)에게 베다와 베다 지류(枝類)들을 다 익혔고, 비록 소년이었지만 타고난 지성과 품성으로 속세의 탐닉에서 벗어나 성자다움을 지녔습니다. '아스티카(Astika)'라는 이름으로 세상에 알려졌는데, 아비가 숲으로 떠나며 '있다(There is. -Astika)'라고 했는데, 그는 아직 어미 뱃속에 있었기 때문입니다.

가객(歌客, 사우티, 우그라스라바)이 말했다. -뱀 왕 바수키(Vasuki)가 말했습니다. "오 아스티카(Astika)야, 내 마음은 역경 속에 있고, 가슴은 터질 것 같구나. 우리 어머니[카드루] 저주 때문에 세상에 살 마음이 없구나." 그러자 아스티카(Astika)가 말했습니다. "뱀 왕이시여, 걱정하지 마십시오. 제가 불에 타는 그 공포감을 없애드리겠습니다. 그 무서운 형벌은 말세(末世, Yuga)의 불처럼 타오를 것이나, 제가 그것을 즉시 사라지게 해드리겠습니다. 걱정을 하지 마십시오." 그래서 아스티카(Astika)는 바수키(Vasuki)의 마음에 공포를 가라앉게 하고, 그 책무를 자신이 떠메고 '자나메자야(Janamejaya) 뱀 희생제 장소'로 달려갔습니다. 아스티카(Astika)가 거기에 이르자 태양 같이 빛나는 수많은 사다샤들(Sadasyas, 司祭들)이 둘러싸고 있는 훌륭한 제단을 보았습니다. 아스티카(Astika)는 그곳에 들어가 무한 성공의 왕과 사다샤들(Sadasyas)과 그 성스런 불을 찬미했습니다. 아스티카(Astika)가 말했습니다.

"오 바라타의 최고 존재[자나메자야(Janamejaya)]시여, 앞서 소마(Soma)와 바루나(Varuna)와 프라자파티(Prajapati)가 프라야가(Prayaga)에서 희생제를 행했으나, 대왕의 이 희생제는 그보다 못하지 않습니다. 축하를 올립니다. 사크라(Sakra)는 1백 번의 제사를 지냈습니다. 그러나 대왕의 이 희생제는 그 사크라(Sakra) 희생제의 1만 번에 해당합니다. 거듭 축하를 올립니다. 대왕의 희생제는 야마(Yama), 하리메다(Harimedha), 란티데바(Rantideva)왕의 희생제와 같습니다. 축하를 올립니다. **신의 아들이신 유디슈티라(Yudhishthira) 왕의 하늘 나라에까지 이르는 희생제 같습니**

다. 축하를 드립니다. 크리슈나(드와이파야나)가 주도했던 희생제처럼 훌륭합니다. 축하드립니다. 대왕의 희생제에 참여한 분들은 브리트라(Vritra)를 죽였던 사람들처럼 태양처럼 빛납니다. 그들을 말하는 것은 없지만, 그들의 선물은 무궁합니다. **세상에 드와이파야나(Dwaipayana, 비아사) 같은 제사장은 없을 것입니다.** 그 분의 제자들이 제사장을 맡아 세상에 퍼져 있습니다. 신주(神酒)에 간직한 불의 신 아그니(Agni)는 비바바수(Vibhavasu) 치트라바누(Chitrabhanu)라고 하는데, 그는 신들에게 올리는 정결한 버터를 바른 불씨를 가지고서 검은 연기로 길을 밝히며 불타오르는 황금 씨앗을 지니고 있습니다. 세상에 대왕 같은 분은 없습니다. 대왕은 카트왕가(Khatwanga) 나바가(Nabhaga) 딜리파(Dilipa)와 같으십니다. 용맹에서는 야야티(Yayati) 만다트리(Mandhatri)이십니다. 빛나기는 태양과 같으시고, 탁월한 서약은 **비슈마(Bhishma)**이십니다. 발미키(Valmiki) 같은 힘을 지니셨고, 바시슈타(Vasishtha)같이 분노를 제어하십니다. 통치하시기는 인드라이시고, 나라야나(비슈누) 같이 빛나십니다. **정의(正義)를 펼치기 야마(Yama) 같고, 도덕이 빛나시기는 크리슈나(krishna) 같으십니다.** 대왕께서는 바수들(Vasus)의 저택이시고, 제물들의 도피처이십니다. 힘은 담보드바바(Damvodbhava)이시고, 경전과 무예를 아시기 라마(Rama)같으시고, 아우르바(Aurva) 트리타(Trita)의 능력이시고, ·바기라타(Bhagiratha) 같은 위엄이십니다."

가객(歌客, 사우티, 우그라스라바)이 말했다. -아스티카(Astika)가 그처럼 왕과 제사장과 불을 칭송하자, 자나메자야 왕은 주위의 제사장들을 보며 다음과 같이 말했습니다.

"이 사람은 소년이지만, 그 말은 나이든 현인(賢人)의 말씀입니다. 소원을 말하게 하시오. 그러면 내가 허락을 해 주겠소." 이에 아스티카(Astika)가 대답했습니다 "오 대왕이시여, 저는 금도 은도 소도 소원이 아니고, 대왕의 희생제를 끝내셔서, 저의 외척(外戚, 뱀 족)을 구해주십시오."[48]

'우주의 수호자들 중의 하나 아난타'[49] '뱀들의 축제'[50]

---

48) K. M. Ganguli (Translated into English Prose from the Original Sanskrit Text), *The Mahabharata of Krishna-Dwaipayana Vyasa*, Munshiram Manoharlal Publisher Pvt. Ltd. New Delhi, 2000, -**Adi Parva**- pp. 82~90, 92~99, 101, 110~113
49) P. Thomas, *Epics, Myths and Legends of India*, Bombay, 1980, Plate 147 'Ananta, one of Guardians of the universe'
50) P. Thomas, *Epics, Myths and Legends of India*, Bombay, 1980, Plate 197 'The feast of serpents'

ⓐ '마하바라타(*The Mahabharata*)'의 이 장(章)에서는 소위 '**인류가 소지한 모든 뱀(용)들의 신화 (神話)**'를 다 망라하고 있다는 점에서 크게 주목을 해야 한다.

ⓑ '뱀'이란 지상의 생물들[동물들]이 기본적으로 지니고 있는 '육신(肉身)'을 지칭하고 있어, 그것은 역시 '인간의 도덕 지향 정신' '절대 신을 향한 정신'의 그 대극(對極)을 점하고 있는 것으로 '억압' 과 '원죄' '욕망'의 근원으로 의미를 지니고 있다.

ⓒ 이에 대해 '절대신(절대 정신)'은 우선 '인간 각자의 정신'으로 확인되는 것이므로 '그 절대 신의 일부'인 '개인 정신'은 오히려 그 '육체(뱀)' 속에 갇혀 있으나, 그것은 '금욕'과 '고행'을 통해 비로 소 '절대신[절대정신]'으로 나갈 수 있다는 것이 힌두들 사고의 전부였다.

ⓓ 이러한 측면에서 '뱀들의 이야기'는 인간들의 떠날 수 없는 원초적인 모습[原罪]이며, 역시 그것의 '억압'을 통해서 '지고(至高)한 도덕[절대재]'에 도달하게 된다는 것이 역시 힌두들의 가장 큰 믿음 들이었다.

ⓔ 이 장(章)에서 크게 대립을 보이고 있는 바가 처음 '1천명의 뱀 아들'을 낳은 카드루(Kadru)가 역시 자신의 아들들에게 '[내 말을 듣지 않으니]자나메자야 왕의 뱀 희생제에 아그니(불)가 너희 를 삼킬 것이다.'라고 엄청난 저주를 행했으나, 사실상 그 뱀 종족 속에는 '혹독한 고행을 맹세하 여 '**땅덩이를 이고 있어라.'라는 대임(大任)을 맡은 세샤(Sesha)가 같은 위대한 뱀도 있었다**.

ⓕ 그리고 '찬송'이란 '신분과 상황과 처지에 걸맞은 적절한 칭찬'이니, '지성을 갖춘 현인(賢人)'이 아니면 행할 수 없는 것임을 '아스티카(Astika)'는 제대로 보여주고 있다.

ⓖ 이러한 측면에서 '인류가 그 말로 행할 수 있는 모든 것'을 '마하바라타(*The Mahabharata*)'는 다 갖추고 있다고 할 수 있다.

제12장 뱀 희생제에 나타난 비아사

사우나카(Saunaka)가 말했다. -오 수타(Suta, 마부)의 아들이여, 그대는 브리구(Bhrigu) 후손에 서 시작된 위대한 역사를 내게 잘 말해주었소. 나는 그대에 너무 감사하고, 다시 청하노니 **비아사 (Vyasa)**가 엮은 '그 역사'를 내게 들려주시오. 그 제사(祭祀)에 모인 그 영명한 사다시아들(Sada-syas, 司祭들) 사이에서 그 긴 의례의 중간에 다양하고 놀라운 진술들이 있었으니, 오 수타(Suta)의 아들이여! 그 모든 것을 내게 남김없이 다 들려주시오.

가객(歌客, 사우티, 우그라스라바)이 말했다. -저는 제사의 중간에 바라문들이 베다(Vedas)에서 찾아낸 것을 말씀드렸습니다. 그러나 **비아사(Vyasa)는 '마하바라타(Bharata)'라는 놀랍고 위대한 역사를 읊었습니다.

사우나카(Saunaka)가 말했다. -그 성스러운 그 역사를 '마하바라타(*Mahabharata*)'라고 하는데, 판다바 형제들(Pandavas)의 명예가 펼쳐져 있는 바를, 왕[皇帝] 자나메자야(Janamejaya)가 부탁하 여 비아사(Krishna-Dwaipayana)가 제사를 마치면 그 제자에게 읊게 하였지요. 그 '마하바라타 (*Mahabharata*)'를 내가 지금 그대에게 듣고 싶소. '그 역사(歷史)'는 요가(yoga)로 정화(淨化)된 그 위대한 신령(神靈, 비아사)의 바다 같은 정신에서 태어난 것이지요. 선인(善人) 중에 으뜸인 그대가 들려주지 않으면, 나의 갈증은 가시지 않을 것이오.

가객(歌客, 사우티, 우그라스라바)이 말했다. -오 바라문이시여, 비아사(Vyasa)가 작성하신 마하바라타(*Mahabharata*)를 위대하고 뛰어난 역사를 처음부터 다 들려 드리겠습니다. 내 자신도 그 낭송에 큰 기쁨을 느낄 것입니다.

가객(歌客, 사우티, 우그라스라바)이 말했다. -자나메자야(Janamejaya, 아비마뉴의 손자)가 뱀 희생제['불사르고 죽이는 일'은 모두 '제사'임에 참석하고 있다는 소식을 듣고, 선인(仙人) 드와이파야나(Dwaipayana, 비아사)가 우연히 거기로 갔습니다. **판다바들의 할아버지인 드와이파야나(비아사)는, 당시 처녀였던 칼리(Kali)가 삭티(Sakti)의 아들 파라사라(Parasara)와 사귀어 야무나(Yamua) 섬에서 탄생 하셨습니다. 태어나자마자 영명한 그는 베다(Vedas)와 그 가지들과 역사에 통달하셨습니다. 그리고 드와이파야나(Dwaipayana, 비아사)는 아무도 얻을 수 없는, 그 '금욕'과 '베다의 연구'와 '맹세'와 '단식'과 '후손'과 '희생'을 쉽게 다 얻으셨습니다. 그래서 그 드와이파야나(Dwaipayana, 비아사)께서는 최초로 베다를 파악하셔서, 베다를 4부로 나누셨습니다. 그리고 그는 최고 브라흐마(절대신)에 대한 지식을 가지셨고, 직관으로 과거를 아셨고, 진리를 아끼셨던 성자이셨습니다. 성스러운 행동과 위대한 명성으로 산타누(Santanu) 가계를 잇기 위하여 판두(Pandu)와 드리타라슈트라(Dhritarashtra)와 비두라(Vidura)를 그 자신이 직접 태어나게 하셨습다.'** 그 고매한 영혼, 드와이파야나(Dwaipayana, 비아사)께서 베다와 그 가지[枝]들에 친숙한 제자들을 데리고, 왕손 자나메자야(Janamejaya)가 설치한 희생제 가설(架設) 건물에 납시었습니다. 그 드와이파야나(Dwaipayana, 비아사)께서는, 자나메자야(Janamejaya)가 수많은 사다시아들(Sadasyas, 사제들)에 둘러싸인 인드라(Indra) 신처럼, 목욕재계(沐浴齋戒)를 마치고 간편한 복장의 왕들과 제사장들에게 둘러싸여 있는 것을 보셨습니다. 자나메자야(Janamejaya)는 그 할아버지[5代 祖父]가 오시는 것을 보고 크게 기뻐하여 종자(從者)들과 친척을 이끌고 급히 그 앞으로 다가갔다.['평상의 나이'를 초월한 神靈 '비아사'] 그리고 왕은 제사장들(Sadasyas)에게 동의를 얻어서 그 할아버지께 인드라신이 브리하스파티(Vrihaspati, 신선들)에게 행했듯이, 황금 자리를 제공하였습니다. 드와이파야나(Dwaipayana)는 편하게 하늘의 신선들을 향해 경배(敬拜)를 마친 다음 그 자리에 착석을 하셨습니다. 그 때에 자나메자야(Janamejaya)는 예법에 따라 비아사에게 공경을 올렸습니다. 그리고 왕은 할아버지께 발과 입 씻는 물과 아르기아(Arghya, 접대용 선물)와 암소를 바쳤습니다. 왕이 제공한 공물 받은 할아버지 비아사(Vyasa)는 매우 즐거우셨습니다. 왕은 할아버지께 안부(安否)를 여쭈었습니다. 그러자 그 영명한 선인(Vyasa)은 자나메자야(Janamejaya)를 보며 그 왕의 안부(安否)를 물었고, 앞서 경배했던 제사장들(Sadasyas)에게도 예를 하셨습니다. 그런 다음에, 자나메자야(Janamejaya)와 제사장들(Sadasyas)은 손을 모으고 그 할아버지께 다음과 같이 여쭈었다.

"오 바라문이시여, 당신은 그, 쿠루들과 판다바들의 행적을 당신의 눈으로 다 직접 보셨습니다. 저는 그 역사(이야기)를 듣고 싶습니다. 도대체 그와 같은 '극단적인 행동[전쟁]'을 가져온 그들 간에 분할(分割)의 원인은 무엇이었습니까? 무슨 운명의 구름이 우리 할아버지들의 청명한 감성을 가려서, 그토록 엄청난 살상을 낸 대 전쟁을 왜 꼭 행해야 했었습니까? 오 탁월한 브라흐마나시여, 제게 일어난 모든 일들을 다 말씀해 주소서." 자나메자야(Janamejaya)에게 그 말을 들은 할아버지 비아사는, 제자(弟子) 바이삼파야나(Vaisampayana)를 불러 곁에 앉힌 다음 말씀하셨습니다.

"옛 쿠루와 판다바들에게 일어났던 그 불화(不和)를 내가 너에게서 들려주었던 대로, 이 왕[Janamejaya]께 다 이야기 하여라." 그러자 스승의 '명령'에 '축복' 받은 그 제자 바이삼파야나(Vaisampayana)는, 거기에 모인 왕과 사제들과 대장들에게 그 모든 역사를 말하기 시작했습니다. 바이삼파야나(Vaisampayana)는 쿠루와 판다바들의 적대감과 그들의 철저한 절멸(絕滅)에 관해 이야기를 시작했습니다.[51]

'자나메자야의 뱀 제사'[52]

———→

(a) '최초의 역사(歷史)'는, '왕의 조상 이야기' '건국(建國) 역사' '구술(口述) 형식의 이야기'가 될 수밖에 없었다.

(b) 그리고 그 '이야기' 중에 단연 큰 관심을 일으킬 만한 큰 주제는 '건국(建國)의 영웅담'이 될 수밖

51) K. M. Ganguli (Translated into English Prose from the Original Sanskrit Text), *The Mahabharata of Krishna-Dwaipayana Vyasa*, Munshiram Manoharlal Publisher Pvt. Ltd. New Delhi, 2000, -**Adi Parva**- pp. 116~117
52) Dr. N. Krishna etc, *Historicity of the Mahabharata*, Aryan Books International New Delhi, 2013, p. 41 'Janamejaya's snake-sacrifice'

에 없었다.

(c) 그 '최초의 이야기꾼'은 분명히 '종교적 사제(司祭)' '계관시인' '역사가' '국왕 교육자' '법(法)의 제정자' 기능을 통합하는 위치에 있을 밖에 없으니, 힌두(Hindu)는 그들을 통칭하여 '바라문'이라 칭하였다. '마하바라타(*The Mahabharata*)'는 비아사(Vyasa) 이외에 그 제자 '바이삼파야나(Vaisampayana)'와 '산자야(Suta =Sanjaya)' '우그라스라바(Ugrasrava)'가 등장하여 그 '서사시' 형성 과정을 소상히 보여주고 있다.

(d) 그리고 앞서 '가루다(Garuda, 靈鷲) 탄생'에도 반복해 명시되었던 바가 **'바라문[司祭] 존중'**이니, 힌두(Hindu)의 '마하바라타(*The Mahabharata*)' 승리는 '크샤트리아[武士]들의 바라문[司祭] 공경 전통 수립'이었다.

(e) '건국(建國)'은 '무사(武士, 크샤트리아)들의 힘'을 빼 놓고는 이룰 수 없어 '크샤트리아의 의무'를 명시했고, 그것과 더불어 '사제에 복종하는 국왕'을 아울러 강조했다.

(f) 세계 철학사의 중심인 힌두 '마하바라타(*The Mahabharata*)'와 정확하게 대응을 이루고 있는 **중국(中國)의 '현세주의'는 기자(箕子) 노자(老子) 공자(孔子) 맹자(孟子)의 성현들이 있었음에도 진 (秦)나라 시황제(始皇帝)의 폭정[焚書坑儒]을 막지 못 했던 '바라문(사제, 識者)'의 '크샤트리아[왕족] 교육 실패'의 대표적인 사례였다.**

(g) 그래서 진(秦)나라 멸망 후 식자들[바라문, 역사가]은 계속해 '크샤트리아[王族] 교육'에 전념했으나 힌두의 '마하바라타(*The Mahabharata*)'처럼 철저할 수 없었던 것은, **중국(中國)은 '현세주의' '충효' 사상이 지배를 했고, '출세해서 고향 가기'가 인생의 목표였는데, 그것은 결국 '학문의 목표'가 기껏해야 '국왕에게 아부(阿附)하기' 한계를 넘을 수 없게 만들었다.**[작품 '수호전'에 가장 명백하게 드러나 있음]

(h) 이에 대해 **'학문을 함에 국왕 권 벗어나기 운동'**, 쉽게 말해 '벼슬을 떠나 공부해 보기 운동'이 '마하바라타(*The Mahabharata*)'에 '바라문 정신 배우기 운동'이었다.

즉 '중국(中國) 송(宋)나라의 유학자' '주돈이(周敦頤)'가 펼친 '도학(道學) 운동' '크샤트리아[황제] 통치에서 자유로운 절대 정신 옹호 운동'이었으니, 중국의 '현실주의' '실존주의' '충효정신'을 그대로 둔 채 '벼슬[관료] 최고주의'에서 준엄하게 탈피했던 점이 바로 그것이다.['5권-태양족 이동' '중국' 참조]

제13장 왕국을 건설한 판다바 형제들

바이삼파야나(Vaisampayana)가 말했다. -제가 3계(三界)에서 제일 위대한 신선 비아사(Vyasa)님에게서 들었던 바를 온전히 낭송함에 있어, 우선 우리 스승님께 저의 몸을 땅에 엎드려 존경을 바칩니다. 그리고 좌중(座中)에 여러 바라문과 학자들께도 진심으로 인사를 올립니다. 그리고 **오 대왕이시여, 대왕[자나메자야]이야말로 누구보다도 이 '마하바라타'를 들으시기에 가장 적절한 분이십니다.** 스승(Vyasa)님의 '마하바라타(*The Mahabharata*)'를 들으시면 마음속에 두려움이 다 사라집니다. 오 대왕이시여, 어떻게 쿠루들(Kurus)과 판다바들(Pandavas) 간에 분열이 생겼고, 쿠루들(Kurus)의 권력 욕심으로 '주사위 노름(the game at dice)' 때문인데, 판다바들이 숲으로 유랑이 왜 이루어졌는지 '바라타 족의 최고이신 당신[자나메자야 황제]'과 연관해서 다 말씀을 드리겠습니다.

판두형제들의 부친['Pandu 왕']께서 사망하심에, 영웅[판두 형제]들은 그들 본래의 집(Hastina-pura)으로 돌아왔습니다. 그리고 궁술(弓術)을 공부했습니다.[당시는 '武術 練磨'가 學習의 전부였음] 그런데 **판다바 형제들**은 체력에서나 정신력, 시민 친화력, 재산 모으기에서 '쿠루 형제들'보다 우수함을 보여서 그 '쿠루 형제들'은 그것을 시기질투(猜忌嫉妬)를 하게 되었습니다. 그래서 비뚤어진 심보의 대표자 두료다나(Duryodhana)와 그의 친구 카르나(Karna)와 수발라(Suvala)의 아들[사쿠니]은, 판다바 형제들을 구박하여 추방할 것을 계획하였습니다. 사악한 두료다나(Dur-yodhana)는 외숙(外叔) 사쿠니(Sakuni)의 유혹에 이끌려 그 '왕국 획득'을 위해 온갖 방법을 다 써서 판두들을 괴롭혔습니다. 두료다나는 비마(Bhima)에게 독약을 주었으나, 늑대의 배를 지닌 비마(Bhima)는 그 독을 음식으로 소화시켰습니다. 그러자 그 악당은 잠든 비마를 갠지스 강가로 끌고 가 강물에 던지고 도망을 쳤습니다. 그 쿤티(Kunti)의 아들[비마]은 잠에서 깨어나 포박(捕縛)을 끊고 돌아왔습니다. 그리고 물속에 강렬한 독성의 흑 뱀이 비마(Bhima)의 온몸을 물었습니다. 그러나 비마는 온전했습니다. 사촌(四寸) 쿠루들의 박해 속에서 고상한 비두라(Vidura)가 그 독한 계획을 무산(霧散)시키고 판다바들을 구해주었습니다. 인간의 행복을 지켜주는 하늘의 사크라(Sakra)처럼 비두라(Vidura)는 위험에서 판다바들을 지켜주었습니다. 운명과 미래의 목적을 위해 보호되는 판다바에 대한 비밀리에 혹은 공개적으로 행해진 두료다나(Duryodhana)의 파괴 공작이 불가능하게 되자, 드디어 카르나(Karna, Vrisha), 두사사나(Duhsasana) 등과 함께 '칠(漆) 집(a house of lac)' 건설을 상의하였습니다. 드리타라슈트라(Dhritarashtra) 왕은 자기 아이들에게 빨리 왕권을 넘겨주려고 판다바들을 요령을 부려 바라나바타(Varanavata)로 보냈습니다. 그래서 판다바들과 어머니 쿤티(Kunti)와 함께 하스티나푸라(Hastinapura)를 떠나게 되었습니다. 판다바들이 서울을 떠날 때, 비두라(Vidura)는 임박한 위험에서 판다바들이 헤쳐 나올 수 있는 방도를 알려 주었습니다. 판다바들은 바라나바타(Varanavata) 시(市)에 도착하여 그들 어머니와 거기에서 살았습니다. 그리고 드리타라슈트라 명령대로 그 도시의 '칠(漆) 궁궐(the palace of lac)'에서 지내고 있었습니다. 그래서 거기에서 1년을 살았는데, 푸로차나(Purochana, 두료다나가 보낸 諜者) 항상 그들을 감시하고 있었습니다. 그러나 판다바들은 [비두라(Vidura)의 제보에 따라] [칠(漆) 궁궐에]지하 통로가 마련하였고, 그 '칠(漆) 궁전'에 불이 붙었을 때 그 첩자(諜者) 푸로차나(Purochana)는 그 불에 죽었으나, 판다바 형제는 어머니 쿤티(Kunti)와 함께 그곳에서 도망을 쳤습니다. 판다바들은 그들의 행동을 비밀에 붙이고 그곳에서 도망을 쳤습니다.

그런 다음 비마(Bhima)는 자신이 물리친 락샤사(Rakshasa)의 누이 히딤바(Hidimva)를 자기 아내로 맞았는데, 거기에서 비마는 아들 가토트카차(Ghatotkacha)를 얻었습니다. 그 다음 판다바 형제는 독한 서약(誓約)으로 베다(Vedas)를 익혔고, 에카차크라(Ekachakra) 시(市)로 이주하였습니다. 거기에서 그들은 브라흐마차린(Brahmacharins, 바라문 초심자)으로 변장을 했습니다. 그리고 거기에서 한 바라문 집에서 잠시 거주하고 있었습니다. 그런데 거기에서 비마(Bhima)는, 배가 고프면 사람도 잡아먹는 바카(Vaka)라는 락샤사를 찾아가 만났습니다. 비마는 결국 그 바카(Vaka)를 잡아 죽이고, 잡혀 있던 사람들을 다 해방을 시켰습니다. 그 다음 판다바 형제들은 (판찰라 왕국의 공주) 드라우파디(Draupadi)가 왕자들을 모아 놓고 '남편 고르기 대회'를 한다는 소문을 들었습니다. 그래서 판다바 형제들은 그 판찰라(Panchala)로 갔습니다. 그래서 그 아가씨를 획득했습니다. 그래서 그 아가씨 '드라우파디(Draupadi)'를 공동처(共同妻)로 삼아 거기에서 1년간을 살았습니다. 그것으로 판다바 형제들 정체(正體)가 세상에 알려져 판다바들은 다시 '하티나푸라(Hastinapura)'로 돌아오게 되었습니다. 그래서 드리타라슈트라 왕과 비슈마는 다음과 같이 판다바 형제들에게 말했습니다.

"애들아, 너희와 사촌 간에는 불화(不和)가 있어서는 아니 되겠다. 우리는 칸다바프라스타(Khandavaprastha)를 너희들 처소(處所)로 지정을 하였다. 미운 생각을 버리고, 칸다바프라스타(Khandavaprastha)는 많은 도시가 있고, 넓은 길도 마련되어 있으니, 거기에서 살도록 해라." 그래서 그 말씀에 따라 판다 형제들은 다시 그 '하스티나푸라'를 떠나니, 그들 친구들과 추종자들은 보물과 보석을 가지고 판다바 형제들을 뒤따라 왔습니다. 그래서 그 **'프리타(Pritha, Kunti)의 아들들[판두의 아들들]'은 그 '칸다바프라스타'에서 여러 해를 살았습니다. 그러면서 많은 다른 왕들을 정복(征服)하여 그들을 지배아래 두고, 도덕과 진리를 지키고 부(富)에 절제하고 행동거지를 조용히 하고 악(惡)을 억눌러서 판다바 형제들은 점점 힘이 커지게 되었습니다.** 그래서 비마(Bhima)는 동쪽을 정복하여 유명했고, 아르주나(Arjuna)는 북쪽을 정복했고, 나쿨라(Nakula)는 서쪽을 정복했고, 사하데바(Sahadeva)는 남쪽의 호전적인 종족을 멸했습니다. 그래서 그들의 지배 영역은 전 세계로 뻗어나갔습니다. 대지가 여섯 개의 태양을 가졌듯이 판다바의 다섯 형제들은 그 태양과 같았습니다. 정의로운 유디슈티라(Yudhishthira)는, 아우 왼손잡이 궁수(弓手) 아르주나(Arjuna, 자나메자야 왕의 曾祖父)를 숲으로 보냈습니다. 그래서 아르주나는 11년하고 수개월을 숲에서 살았습니다. 그런데 **아르주나는 드와라바티(Dwaravati, 드와라카)에 살고 있는 크리슈나(Krishna)를 찾았습니다. 그래서 아르주나(비바트수, Vibhatsu)는 크리슈나의 누이 동생 수바드라(Subhadra, 자나메자야 왕의 曾祖母)를 아내로 맞았습니다.** 수바드라(Subhadra)는 인드라(Indra) 신에 사치(Sachi)와 같았고, 크리슈나에게 스리(Sri)와 같았습니다. 그리고 **아르주나는 크리슈나와 더불어 아그니(Agni) 신을 즐겁게 했습니다.**[칸다바(Khandava) 숲을 불태움] 아그니(Agni)는 아르주나에게 명궁(名弓) '간디바(Gandiva)'와 항상 다시 채워지는 화살통과 가루다(Garuda, 靈鷲)를 표준으로 한 '전차(戰車)'를 제공하였습니다. 그런데 역시 그것을 계기로 불에 타 죽게 된 '위대한 마야(Maya)'를 아르주나가 구해 주었습니다. 그래서 마야(Maya)는 판다바 형제들을 위해 보석과 옥돌로 장식한 '천상(天上)의 궁전'을 지어주었습니다. 그런데 그 사악한 두료다나는 그 판다바 소

유의 궁전을 보고 탐이나 그것을 빼앗고 싶었습니다. 그래서 '사쿠니(Sakuni)의 노름 솜씨'로 유디
슈티라를 그 '주사위 노름'으로 속여, 판다바 형제들이 '숲속 생활 12년, 은둔 생활 1년'의 13년간
유랑(流浪)을 행하도록 추방을 했습니다. 14년 만에 판다바 형제들은 돌아와 '그들 원래의 지분(支
分)'을 요구했으나, 얻을 수 없었습니다. 이에 전쟁이 선포되었고, 판다바 형제들은 전 크샤트리아
를 죽이고 두료다나 왕을 잡아 황폐한 왕국을 되찾았습니다. 이 판다바 형제들의 역사는 악의 욕망
으로 진행된 것이 아닙니다. 이것이 쿠루 형제들이 왕국을 잃고 판다바 형제들이 승리했던 최초
승리의 왕국 이야기입니다.[53]

_____→

(a) 여기에서도 그 '마하바라타(*The Mahabharata*)'의 대강은 다시 요약 제시 되었으니, 그 대강은
'위대한 바라타족 [이야기]'이다.
사건 전개를 거듭 반복제시하고 남은 것은 무엇인가? **그 '역사적 사건' 이전에도 계셨고, 그 '엄
청난 전쟁이 진행 될 때도 그 현장에 계셨고' '사람들이 다 죽고 난 다음에도 여전히 계시는
그분' '절대신(God)'**을 알리려는 '마하바라타(*The Mahabharata*)'의 서술자 비아사(바라문의 총
수, 제사장의 우두머리)의 간곡한 뜻이, 이 '마하바라타(*The Mahabharata*)'의 진정한 모습이라는
명백한 의지의 반영일 뿐이니 결론은 '[절대 신을 받드는]바라문 공경하기'가 그 주제이다.

(b) 위에 제시된 내용은 간단하지만, '마하바라타(*The Mahabharata*)'라는 거대 서사문학의 골자(骨
子)를 이루고 있는 기본 줄거리이다.

(c) 위에서 특별하게 주목해야 할 부분이 **'욕심쟁이 두료다나(Duryodhana)'** 문제이다. 두료다나
(Duryodhana)는 탐욕의 악마, '뱀(snake) 정신'을 형상화한 것이고, 그에 당연한 사실상 신(God)
징벌을 행한 판두 형제가 그 죄 값을 받아냈다는 것이 '마하바라타(*The Mahabharata*)'의 근본정
신이다. 이후 세계 모든 서사문학은 이에 벗어나지 않고 있다. 그 다양성은 규모가 대소, 선악의
대비의 차이, 서술의 양식의 차별성에 비롯한 것이 원리는 이 쿠루와 판다바 유형을 이탈할 수
없게 되었다.

(d) '마하바라타(*The Mahabharata*)'는 '천신'과 '아수라', '선'과 '악', '천신'과 '뱀 종족'이 극렬하게 대
립을 보이는 것 같지만 그들의 일시적 이합집산(離合集散)은 오히려 사소한 문제들이고, 결국은
'절대신(God)에의 무조건 복종과 헌신[Yoga]이 제일'이라는 그 힌두 '바라문'의 주장을 독자들은
확실하게 알아둘 필요가 있다.

---

53) K. M. Ganguli (Translated into English Prose from the Original Sanskrit Text), *The Mahabharata of
Krishna-Dwaipayana Vyasa*, Munshiram Manoharlal Publisher Pvt. Ltd. New Delhi, 2000, -**Adi Parva**- pp.
118~120

제14장 우파리차라왕 외손자인 비아사

자나메자야(Janamejaya)왕이 말했다. -오 바라문이시여, 당신께서 나에게 '마하바라타'라는 '쿠루족의 위대한 행적의 역사'에 대해 언급했습니다. 그 놀라운 이야기를 더욱 온전하게 말씀을 해 주십시오. 어찌 해서 적(敵)을 응징할 수 있는 영웅들이 왜 사악한 자들의 박해를 조용히 견뎌야 했습니까? 어찌 해서 1만 마리 코끼리와 동등한 힘을 지닌 비마(Bhima)가 잘못이 있었다고 해도 그것을 참고 견디었습니까? 어찌해서 순결한 드라우파디(Draupadi)가 노한 눈을 뜨고도 드리타라슈트(Dhritarashtra)라 아들들을 당장 응징하지 못 했습니까?

바이삼파야나가 말했다. -오 왕이시여, 드와이파야나(Dwaipayana, 비아사)가 말씀하신 역사(歷史)는 매우 방대합니다. 이것은 그 시작일 뿐입니다. 세상에서 존중을 받고 있는 신령(神靈, Rishi) 비아사(Vyasa)의 전작(全作)을 말씀드리겠습니다. 이 '마하바라타'는 10만 슬로카(slokas, 詩句)로 되어 있습니다. '마하바라타'를 읽고 듣는 사람은 바라문의 세계를 획득할 수 있고, 신들과 동일하게 됩니다. 베다와 동일한 '마하바라타'는 성스러운 최고의 책입니다. **이 신성한 역사(歷史)[마하바라타]는 구원(救援)으로 정신을 이끌고 있습니다.** 이 '마하바라타'는 자유롭고 진실하고 믿음직하고 부자가 되게 해줍니다. 악독한 사람이라도 '마하바라타'를 들으면 라후(Rahu, 日食 神)에게서 벗어난 태양처럼 죄악에서 벗어납니다. 이 역사를 '자야(Jaya, 저주를 받아 이 세상에 악귀로 태어난 비슈누에 대한 獻身者, 또는 女神)'라고 합니다. 승리를 원하는 사람은 꼭 들어야 합니다. 왕이 '마하바라타'를 들으면 세상을 정복할 수 있고, 모든 그의 적(敵)을 굴복시킵니다. 이 '마하바라타'를 들으면 아들과 하인들이 영원히 복종을 합니다. 고상한 판다바들과 다른 크샤트리아들이 펼친 명성을 드와이파야나[비아사]가 세상을 착하게 이끌려고 이 저작을 행했던 것입니다. '마하바라타'를 알게 되면 무궁한 도덕을 획득하게 됩니다. 우기(雨期) 4개월 동안 공부한 바라문은 모든 죄악에서 벗어납니다. '마하바라타'를 읽은 사람은 베다를 공부한 사람과 동일합니다. '마하바라타'에는 신들과 성자와 신령들과 착한 **케사바(Kesava, 크리슈나)**가 나옵니다. 사람들이 바라문에게 이 '마하바라타'의 한 구절만 들어도 항상 기쁨을 줍니다. 날마다 우리의 감성과 마음으로 짓는 죄를 '마하바라타'를 들으면 다 없애 줍니다. 바라타 왕들의 역사를 격상시켜 '마하바라타[위대한 바라타족]'라고 한 것입니다. 그 명칭들의 기원만 알아도 모든 죄를 벗습니다. 드와이파야나[비아사]께서는 그것을 완성하는데 3년이 걸렸습니다. 드와이파야나[비아사]께서는 날마다 금욕적 헌신을 행하시며 '마하바라타'를 엮으셨습니다. 그러기에 바라문들이 들을 때에는 서원(誓願, 소망과 결심)을 가지고 듣습니다.

바이삼파야나(Vaisampayana)가 말했다. -**우파리차라(Uparichara)**라는 이름의 왕이 있었습니다. 그 왕은 도덕에 힘을 기우리고, 사냥도 즐겼습니다. 역시 바수(Vasu)라고 했던 그 파우라바(Paurava) 족의 왕은 인드라 신의 인도(引導)로 체디(Chedi)라는 훌륭한 왕국을 정복했습니다. 브리트라(Vritra, 비를 막는 큰 뱀)를 살해했던 인드라 신은, 바수(Vasu, 우파리차라) 왕에게 정직과 평화를 지키는 대나무 지팡이를 선물로 주었습니다....바수 왕은 막강한 힘을 지닌 다섯 명의 아들이 있었는데, 바수 왕은 그 아들들을 각 지방의 통치자로 삼았습니다. 그래서 **브리하드라타 (Vrihadratha)**는 마가다(Magadha)의 군주가 되어 마하라타(Maharatha)로 알려졌습니다. 다른 아들은 **프라티아그라하(Pratyagraha), 쿠삼바(Kusmava), 마벨라(Mavella), 야두(Yadu)**였습니다. 그래서 바수 왕의 5명의 아들이 그들의 이름으로 도시와 왕국을 건설하여, 영원히 존속된 독립된 나라가 되었습니다. 바수 왕은 인드라 신이 제공한 수정 마차를 타고 하늘나라를 달릴 적에 (천상의 歌舞者) 간다르바들(Gandharvas)과 아프사라들(Apsaras)이 접근하였습니다. 바수 왕이 하늘을 달렸기에 그를 우파리차라(Uparichara)라고 했습니다. 그리고 바수 왕의 수도(首都)로 수크티마티 (Suktimati)란 강이 흐르고 있었습니다. 그 강물은 욕망에 들뜬 콜라할라(Kolahala) 산의 공격을 받았는데, 그것을 본 그 산을 발로 차서 그 강물은 콜라할라(Kolahala) 산의 포옹 속을 흘렀답니다.['산'을 남성으로 '강물'은 여성으로 의인화했음)....그 '바수 왕의 씨'는, 운반하던 그 매의 발톱에서 잘못 아무나(Yamuna) 강물로 떨어졌습니다. **브라흐마나의 저주로 물고기가 된 아드리카 (Adrika, Apsara)**가 그것[바수 왕의 씨]을 금방 삼켰습니다. 얼마 기간이 지난 다음 그 물고기는 어부에게 잡혔습니다. '바수 왕의 씨를 삼킨 그 물고기'는 10개월이 되었었습니다. **물고기의 배속에서 인간 형상의 남녀 어린 아이가 그 뱃속에서 나왔습니다**. 어부들은 너무 놀라 왕 우파리차라 (Uparichara)를 찾아가 이야기를 다 털어놓았습니다. "오 대왕이시여, 이 두 아기가 물고기에게서 나왔습니다." 둘 중에 사내아이는 왕이 데려가 유덕하고 진실한 마트샤(Matsya) 왕이 되었습니다. 쌍둥이 애를 낳은 아프사라(Apsara)는 저주에서 풀렸습니다. 그녀를 저주했던 브라흐마나는 그녀가 물고기 형상(piscatorial form)으로 지내면서 두 아이를 낳으면 그 저주에서 해방되리라는 말을 들었기 때문입니다. 그래서 두 아이를 낳고 어부에게 살해당하여 그녀는 물고기 형상을 떠나 천상의 모습을 회복했습니다.[죽은 다음에 하늘에 태어남] 아프사라(Apsara)는 시다(Siddhas) 리시 (Rishis) 차라나(Charnas) 과정을 거쳤습니다. 생선 비릿 내를 풍겼던 아프사라(Apsara)의 딸을 우파리차라(Uparichara)왕이 어부(漁夫)에게 주며 말했습니다. "이 아이를 네 딸로 삼아라." 그 계집 아이가 **사티아바티(Satyavati)**로 알려졌습니다. 탁월한 미모와 덕성을 타고난 그녀는 어부(漁夫)를 상냥하게 모셨고, 그래서 때로는 생선 냄새도 풍겼습니다. 그녀는 양(養)아버지를 도우며 야무나 (Yamuna) 강에 배를 왕래했습니다. **사티아바티(Satyavati)**가 그런 일을 하고 있는 어느 날 위대한 신령 파라사라(Parasara)가 산책을 하다가 그녀를 보았습니다. 그녀는 탁월한 미모를 지녔기에, 그 현명한 신령도 그녀를 소유하고 싶었습니다. 그 성자는 바수(Vasu)왕의 딸[사티아바티]에게 말했습니다. "축복 받은 이여! 나의 포옹을 받아주시오." 사티아바티(Satyavati)가 말했습니다.

"건너편 강둑에 신령들을 보십시오. 그들이 바라보고 있는데 어떻게 제가 허락할 수 있겠습니까?" 사티아바티(Satyavati)가 그렇게 말하자, 그 성자는 이전에 없던 안개를 만들어 주변을 어둡게 만들었습니다. 그녀는 부끄러워 말했습니다. "오 신령님, 처녀성이 훼손되면 어떻게 집으로 돌아가 살 수 있겠습니까? 그것을 생각해주세요." 그 신령이 말했습니다.

"내게 허락을 해도, 그대는 처녀로 남아 있을 것이다. 내게 소원을 말하라. 틀림없이 이루어질 것이다." 그래서 사티아바티(Satyavati)는 자기 몸에서 생선 냄새 대신에 꽃향기가 나게 해달라고 빌었습니다. 그래서 그 신령은 그 소원을 들어주었습니다. 그래서 사티아바티(Satyavati)는 그 신령의 놀라운 포옹을 받았습니다. 그리고 사티아바티(Satyavati)는 그 후부터 '간다바티(Gndhavati, 꽃향기를 풍기는 사람)'로 알려졌습니다. 사람들은 그녀의 꽃향기를 한 요자(yojana, 6km) 떨어진 곳에서도 느낄 수 있었습니다.......그러던 어느 날 사티아바티(Satyavati)는 야무나(Yamuna) 섬에서 아기를 낳았습니다. 그 아이는 어머니 허락을 받아, 금욕에 정신을 모으고 사티아바티(Satyavati)를 떠나며, "**어머니께서 저를 생각하시기만 하면 저는 즉시 (어머니 앞에) 나타날 것입니다.**"[힌두의 '관념 만능주의'] 이렇게 **비아사(Vyasa)는, 신령(神靈) 파라사라(Parasara)를 그 아버지로 사티아바티(Satyavati)에게서 태어났습니다. 그 비아사는 섬에서 태어났기에, 드와이파야나(Dwaipayana, 섬 태생)라 했습니다.** 그리고 유식한 드와이파야나(Dwaipayana)는, 부라흐만(절대신)과 바라문(사제)들에게 호감을 사려고, 베다(Vedas)를 편집했습니다. 그래서 '드와이파야나(Dwaipayana)'를 '비아사(Vyasa, 편집자)'라고 부르게 되었습니다.[힌두의 '이름'은, 출생 직업 신분과 관련되어 제작이 되었음] **드와이파야나(Dwaipayana)는 수만타(Sumanta), 자이미니(Jaimini), 파일라(Paila), 그의 아들 수카(Suka), 바이삼파야나(Vaisampayana)에게 '마하바라타'를 포함한 5베다를 가르쳤습니다.** 비아사의 마하바라타 편집은 그 제자에게 따로따로 세상에 공표가 되었습니다.[54]

───────→

(a) 힌두의 '마하바라타(*The Mahabharata*)'에서 이 드와이파야나(Dwaipayana) 비아사(Vyasa)처럼 거듭 강조가 되는 존재가 없으니, 그는 모든 바라문을 대표하는 사제(司祭)로서, '베다'를 편수하고 '마하바라타(*The Mahabharata*)'를 제작한 사람으로 바라타 족의 중시조(中始祖)로서 드리타르슈트라, 판두, 비두라를 낳은 사람이니, **힌두 문화 전체에 드와이파야나(Dwaipayana) 비아사(Vyasa)를 능가할 수 있는 사람은 없다.**

(b) 과거 인류 원시 문화는 '자잘한 다수(多數)'를 내세우기보다는 '뚜렷한 한 사람' 중심으로 간편하게 생각하는 버릇이 있는데, 힌두의 비아사, 중국의 공자, 희랍의 플라톤(스크라테스) 등이 그들이다. 그런데 그 중에 가장 심한 경우가 비아사의 경우이다.

(c) '**드와이파야나(Dwaipayana)-비아사(Vyasa)**'는 우선 '마하바라타(*The Mahabharata*)'의 기록으로 미루어 보면, '손자(孫子, 아르주나)와 5대(代) 손자(孫子, 자나메자야)' 시대까지 살았으니, **초인적인 장수(長壽)**를 보였던 존재이다.

(d) 그리고 드와이파야나(Dwaipayana) 비아사(Vyasa)는 '천신(天神)들'과 수시로 교섭을 행하고, '사

54) K. M. Ganguli (Translated into English Prose from the Original Sanskrit Text), *The Mahabharata of Krishna-Dwaipayana Vyasa*, Munshiram Manoharlal Publisher Pvt. Ltd. New Delhi, 2000, **-Adi Parva-** pp. 121~127

자(死者)의 혼령들'도 불러 위로할 수 있는 사제라는 특징 등은 각별히 주목을 해야 한다. 왜냐하면 그 '사제(司祭)들의 주도(主導)'로 원시 인류 문화가 정착을 이루었기 때문이다. 한 마디로 그 사제들이 '시인' '역사가' '철학가' '과학자' '상담자' '예언가' 일을 다 감당했었다.

(e) '마하바라타'는 저자 비아사(Vyasa)를 높이는데 그는 최고신 '브라흐마'와 직접 대화하게 했고, 가장 중요한 '말[馬] 제사'를 주도했고, 그의 손자 유디슈티라는 그 비아사(Vyasa)에게 통일된 천하를 바쳐도 비아사(Vyasa)는 그 손자[유디슈티라]에게 그것을 되돌려 주었다.[이 이야기가 中國 '장자(莊子)'와 '열자(列子)'에 소부허유(巢父許由) 이야기를 만들게 했다.]

(f) 그러나 힌두의 비아사(Vyasa)는 바로 힌두의 4계급 중에 '바라문'의 대표적 인물이라는 엄청난 사실이다. 그들을 '베다'를 중심한 모든 경전을 손아귀에 넣었을 뿐만 아니라 '절대신'을 향한 '무한정의 헌신[요가]'을 맹세한 존재들의 우두머리라는 점이다.

(g) 그리고 여기에서 '간과해서는 아니 될 사항'는, '대선(大仙) 비아사(Vyasa)의 말씀'과 '절대신 (Krishna, Brahma)의 말씀'이 서로 구분될 수 없게 되었다는 사항이다. 이것이 바로 '마하바라타'가 가장 솔직하게 다 공개(公開)한, '신=그 사제'의 기막힌 사실이다.

(h) 이것은 역시 '인문학의 기초'가 되는 사항인데, 그것을 덮어놓고 '신 모시기' '신과 하나 되기'를 처음부터 강조했던 사람들도 역시 힌두의 '마하바라타(The Mahabharata)'에서 비롯한 사항이다.

제15장 '절대 신(God)' 중심의 힌두 사회

바이삼파야나(Vaisampayana)가 말했다. -그 다음에 힘과 명성과 측량할 수 없는 광채를 보인 **비슈마(Bhishma)**는, 바수들(Vasus, Dharma의 8명의 아들)과 더불어 **산타누(Santanu)**왕과 **강가(Ganga)** 여신에게서 태어났습니다. 그리고 **아니만다비아(Animandavya)**라는 유명한 신선이 있었습니다. 그는 '베다'에 통달했고, 커다란 힘을 지녀 늙은 신선들도 질려서 꼼짝을 못했습니다. 아니만다비아(Animandavya)는 다르마(Dharma)께 소환되어 다음과 같이 말했습니다.

"제가 어린 시절에 풀잎에 앉은 작은 파리를 잡았습니다. 저는 그밖에 죄는 없습니다. 그 파리를 죽인 죄가 생각나서, 천 번이나 속죄했습니다. 저의 고행으로 그 죄가 극복이 되었습니까? 바라문의 살해는 그밖에 어떤 생명의 살해보다 죄가 무겁기에 인간 세상에 수드라(Sudra, 노예) 신분으로 태어나겠습니다." 그 저주 받은 다르마(Dharma)가 '노예의 신분'인 **비두라(Vidura)**로 이 세상에 왔습니다. 그리고 **쿤티(Kunti)**는 '수리아(Surya, 태양)'를 통해서 '수타(Suta, 카르나)'를 출산했습니다. 수타(Suta, Karna)는 천연의 갑옷을 걸치고 귀고리를 하고 태어났습니다. 그리고 **세상에 유명한 존경받은 비슈누(Vishnu, 크리슈나)는 3계(三界)에 이익을 위해(for the benefit of the three worlds)[弘益人間] 바수데바(Vasudeva)에 의해 데바키(Devaki)의 몸에서 탄생이 되었습니다.**['크리슈나 이야기' 참조] **비슈누(Vishnu)는 탄생도 죽음도 없으시며, 빛나는 존재로서 우주의 창조자이시고, 만물의 주인(the Creator of the universe and the Lord of all)이십니다. 정말 그분은 만물의 볼 수 없는 인자(因子, cause)이시고, 퇴보(退步)를 모르시고, 만령(萬靈)에 스미어**

있고 '운동하는 것들의 중앙'에 거하시고, 성향, 성질, 속성(tendencies, qualities, attributes) 세 가지 요소의 실체(實體, substance)이시고, 우주의 영혼이시고, 우주가 창조되었던 불변의 재료이시고, 창조자 자신이시고, 통솔자이시고, 모든 대상 속에 거주하시며, 다섯 가지 원소의 창조자이시고, 옴(Om)이시고 베다이시고, 그 분의 의지 이외에 움직일 자가 없으며, 창조 이전에 수면(水面) 위를 떠다니신 사냐사(Sannyasa)였고, 거대한 구조가 그분에게서 나왔고, 위대한 통합 자, 볼 수 없는 만물의 정수(精髓, essence)이시고, 감성으로 알 수 있는 모든 것이고, 우주 자체로서 시작과 탄생 죽음이 없고, 무한 부(富)의 소유자, 만물의 소유자로서 도덕의 증진을 위해 안다카 브리슈니(Andhaka-Vrishnis) 족에 나셨습니다. 그리고 나라야나(Narayana, 크리슈나)에 복종하는 힘 좋은 무사(武士) **사티아키(Satyaki)**와 **크리타바르마(Kritavarma)**는 사티아카(Satyaka)와 흐리디카(Hridika)가 낳았습니다. 혹독한 참회자 바라드와자(Bharadwaja) 신선의 위대한 씨앗이 항아리에서 발아(發芽)하여 영웅 **드로나(Drona, -항아리 탄생)**가 되었습니다. 그리고 성자(聖者)의 씨가 갈대 잎에 떨어져 힘센 쌍둥이 **아스와타만(Aswatthaman, Kripi)**과 **크리파(Kripa)**가 탄생되었습니다. 제사(祭祀) 불 속에서 **드리슈타듐나(Dhrishtadyumna)**는 탄생하였는데, 그 영웅은 드로나(Drona)를 잡을 활을 미리 그의 손에 들고 태어났습니다. 그리고 희생의 제단에서 빛나는 미녀 **드라우파디(Draupadi)**는 탄생했습니다. 그리고 프랄라다(Prahlada)의 제자 나그나지트(Nagnajit)와 수발라(Suvala)가 탄생되었습니다. 수발라(Suvala)에게서 **사쿠니(Sakuni)**가 탄생했는데, 그는 신들의 저주로 살인자 배덕(背德)자가 되었습니다. 역시 수발라(Suvala)에게서 딸 **간다리(Gandhari)**가 태어났는데, 그녀는 **두료다나(Duryodhana)**의 어머니입니다. 두 사람(사쿠니, 간다리)은 세상 이득 획득에 달통했습니다. 비치트라비리아(Vichitravirya) 고장에서 크리슈나(Krishna)가 나면서부터, **드리타라슈트라(Dhritarashtra)**왕과 억센 **판두(Pandu)**왕도 세상에 나왔습니다. 드와이파야나(Dwaipayana)에게서 수드라 계급의 현명한 **비두라(Vidura)**가 나왔고, '종교'와 '이제(理財)'에 다 능했습니다. 그리고 판두 두 아내에게서 5명의 아들이 탄생되었습니다. 유**디슈티라**는 정의(正義)의 신 야마(Yama)에 의해 잉태되었고, 늑대의 위(胃) 비마(Bhima)는 마루트(Marut, 바람의 신)의 아들이고, **다난자야(Dhananjaya, 아르주나)**는 인드라의 아들입니다. **나쿨라(Nakula)**와 **사하데바(Sahadeva)**는 쌍둥이로 아스윈(Aswins) 신의 아들입니다. 그리고 현명한 드리타라슈트라(Dhritarashtra)는 101 명의 아들을 낳았으니, 두료다나(Duryodana), 유유투수(Yuyutsu), 두사사나(Duhsasana), 두사하(Duhsaha), 두르마르샤나(Durmarshana), 비카르나(Vikarna), 치트라세나(Chitrasena), 비빈사티(Vivinsati), 자야(Jaya), 사티아브라타(Satyvrata), 푸르미트라(Purumtra), 유유트수(Yuyutsu) 등 11명은 위대한 전차 투사인데, 두료다나를 뺀 나머지는 모두 바이샤(Vaisya, 평민) 출신 여성의 소산(所産)입니다. **아비마뉴(Abhimanyu)는 아르주나(Arjuna)가 바수데바의 누이 수바드라(Subhadra)에게서 낳은 아들이니, 판두 왕의 손자인 셈입니다.** 5명의 판두 아들들은 공동 처(드와르파디)에게서 5명의 아들을 낳았습니다. 프리티빈디아

(Pritivindhya, 유디슈티라 아들), 수타소마(Sutasoma, 비마 아들), 스루타키르티(Srutakirti, 아르주나 아들), 사타니카(Satanika, 나쿨라 아들), 스루타세나(Sturasena, 사하데바 아들)가 그들입니다. 그리고 역시 비마는 히딤바(Hidimva)에게서 아들 가토트트카차(Ghatotkacha)를 낳았고, 드루파다(Drupada)는 딸 시칸딘(Sikhandin)을 낳았는데, 그녀의 소망으로 약사(Yaksha)에 의해 스투나(Sthuna)란 남성으로 바뀌었습니다. 쿠루족(Kurus)의 대전(大戰)에 10만의 군주들이 몰려와 서로 싸웠습니다. 수많은 왕들의 이름은 1만년이 걸려도 저는 다 외울 수가 없을 것입니다. 그러나 '역사'에서 언급되는 왕들은 다 기억하고 있습니다.[55]

'수미(Shumi) 지신(地神)이 시중을 들고 있는 나라(Nara)의 강물에서 아나타(Anata) 뱀에 기대고 있는 비슈누'[56]
'우주에 권능을 펼치는 비슈누(Vishnu)'[57]

'창조자, 브라흐마(Brahma)'[58] '백조를 탄 브라흐마(Brahma)'[59]

55) K. M. Ganguli (Translated into English Prose from the Original Sanskrit Text), *The Mahabharata of Krishna-Dwaipayana Vyasa*, Munshiram Manoharlal Publisher Pvt. Ltd. New Delhi, 2000, -**Adi Parva**- pp. 127~129
56) V. Ions, *Indian Mythology*, Paul Hamlin, 1967, p. 24 'Vishnu is seen reclining on the serpent Anata on waters of Nara, watched by Shumi goddess Earth'
57) V. Ions, *Indian Mythology*, Paul Hamlin, 1967, p. 22 'Vishnu striding through the universe'
58) V. Ions, *Indian Mythology*, Paul Hamlin, 1967, p. 38 'Brahma the Creator'
59) V. Ions, *Indian Mythology*, Paul Hamlin, 1967, p. 42 'Brahma riding on a goose'

(a) 이 장에서는 '마하바라타(*The Mahabharata*)'의 주요 인물(신들)을 소개하고 있다. **그 '영웅들'의 특징은 '절대신'의 화신(化身)이거내크리슈내 '위대한 신'이 그 아버지라는 공통성을 지니고 있다.**['바라타 왕가 가계도' 참조]

(b) '마하바라타(*The Mahabharata*)'의 모든 존재는 '절대신 소속'과 '욕망(慾望, 뱀) 추종자'로 양분 (兩分)되고 있다.

(c) 그 중 가장 막연한 존재가 강가(Ganga)의 아들 '**비슈마(Bhishma)**'인데, 그는 '금욕(禁慾)의 실천 자라는 측면에서 '고도의 경지[하늘의 축복을 받은 존재]'에 이르렀으나, '뱀 종족[드리타라슈트라 와 그 아들]'을 도운 '불명예'를 안은 것이 그의 치명적인 약점이다. 그러나 그것도 '절대 신[비슈 누, 크리슈나, 브라흐마의 세상 심판[대량 살생]'을 도운 존재라는 측면에서 '자야(Jaya)'라고 할 수 있다.

(d) 힌두가 '마하바라타(*The Mahabharata*)'를 통해 명시하고 있는 바는, '**모두가 절대 신의 뜻**'이라 는 것이니, '삼라만상(參羅萬像)'이 '창조주'의 의도에서 벗어난 존재는 없는 경우이다. 그러므로 '**제 맘대로 살아도' 다 '신'의 뜻이지만, 오직 '고행과 제사를 존중하는 존재가 최고의 지위'를 확보하게 마련이라는 것이 힌두(Hindu)들의 세계관이었다.**

제16장 '바라타' '쿠루'의 가계(家系)

자나메자야(Janamejaya)가 말했다. -오 브라흐마나여, 당신에게서 나는 위대한 조상의 역사에 들었습니다. 그 계통에서 나온 위대한 왕들에 관해서 들었습니다. 그러나 그 이야기가 너무 짧아 만족스럽지 않습니다. 그래서 창조주의 맏아들 마누(Manu-인간)에서 시작하는 자세한 이야기를 듣고 싶습니다. 그 성스런 이야기에 누가 흥미를 느끼지 않겠습니까? 그 군왕들이 명성이 지혜와 도덕과 성취와 인격을 도와 3계(三界)에 이르게 할 것입니다. 분방하고 교묘하고 건강하고 씩씩하 고 힘차고 인내심이 있는 꿀 같은 이야기를 들어, 나는 만족을 할 수 없습니다.

바이삼파야나(Vaisampayana)가 말했다. -오 왕이시여, 나는 앞서 드와이파야나(Dwaipayana, 비아사)로부터 들었던 대로 대왕 종족에 관한 성스러운 이야기를 다 들려 드리겠습니다. 닥샤 (Dasha)는 아디티(Aditi)를 낳고, 아니티(Aditi)는 비바스와트(Vivaswat)를 낳고, 비바스와트 (Vivaswat)는 마누(Manu)를 낳고, 마누(Manu)는 하(Ha)를 낳고, 하(Ha)는 푸루라바스(Pururavas) 를 낳고, 푸루라바스(Pururavas)는 아유스(Ayus)를 낳고, 아유스(Ayus)는 나후샤(Nahusha)를 낳 고, 나후샤(Nahusha)는 야야티(Yayati)를 낳고, 야야티(Yayati)는 우사나(Usanas) 딸 **데바야니 (Devayani)**와 브리샤파르반(Vrishaparvan)의 딸 **사르미슈타(Sarmishtha)** 두 부인을 맞았습니다. 여기에서 야야티 후손의 계파가 생겼습니다. **데바야니(Devayani)**는 야두(Yadu)와 투루바수(Tur-vasu)를 낳았고, **사르미슈타(Sarmishtha)**는 드르휴(Druhyu)와 아누(Anu)와 푸루(Puru)를 낳았습 니다. 그리고 **야두(Yadu)의 후손이 야다바족(Yadavas)**이고, 푸루(Puru)의 후손이 파우라바족

(Pauravas)입니다. 푸루(Puru)는 카우살리아(Kausalya)라는 처를 두었는데, 그녀는 자나메자야(Janamejaya)란 아들을 두었는데, 그는 세 번의 말 희생제를 올렸고, 비스와지트(Viswajit)라는 제사를 올리고 숲으로 들어갔습니다. 자나메자야(Janamejaya)는 마다바(Madhava)의 딸 아난타(Ananta)와 결혼해서, 아들 프라친와트(Prachinwat)를 낳았습니다. 프라친와트(Prachinwat)란 해가 떠오르는 지역에 한해서 모두 그가 정복을 했기에 붙여진 이름입니다. 프라친와트(Prachinwat)는 야다바 족의 딸 아스마키(Asmaki)와 결혼했는데, 그녀는 아들 사니아티(Sanyati)를 낳았습니다. 사니아티(Sanyati)는 드리샤와타(Drishadwata)의 딸 바란기(Varangi)와 결혼했고, 아들 아하얀티(Ahayanti)를 낳았습니다. 그리고 아하얀티(Ahayanti)는 크리타비리아(Kritavirya)의 딸 바누마티(Bhanumati)와 결혼하여 아들 사르바바우마(Sarvabhauma)를 낳았습니다. 사르바바우마(Sarvabhauma)는 케카야(Kekaya) 왕의 딸 수난다(Sunanda)와 결혼했는데, 힘으로 그녀를 획득했습니다. 사르바바우마(Sarvabhauma)는 자야트세나(Jayatsena)를 낳았고, 자야트세나(Jayatsena)는 비다르바(Vidarbha) 왕의 딸 수스라바(Susrava)와 결혼했고, 아바치나(Avachina)를 낳았습니다. 그리고 아바치나(Avachina)는 역시 비다르바(Vidarbha) 왕의 공주 마리아다(Maryada)와 결혼해서 아리한(Arihan)을 낳았습니다. 그리고 아리한(Arihan)은 안기(Angi)와 결혼해서 마바우마(Mahabhauma)를 낳았습니다. 마바우마(Mahabhauma)는 프라세나지트(Prasenajit)의 딸 수야즈나(Suyajna)와 결혼하여 아유타나이(Ayutanayi)를 낳았습니다. 아유타나이(Ayutanayi)라고 했던 이유는 아유타(Ayuta, 1만)의 남성이 필요했던 제사(祭祀)를 수행기 때문입니다. 프리투스라바 족(Prithusravas)의 딸 카마(Kama)를 아내로 맞았습니다. 그래서 아들 아크로다나(Akrodhana)를 낳았고, 그는 카링가(Kalinga)왕의 딸 카람바(Karambha) 부인을 맞아 데바티티(Devatithi)를 낳고, 그는 비데하(Videha) 공주 마리아다(Maryada) 부인을 맞아 아들 아리한(Arihan)을 낳았습니다. 그는 안가(Anga)의 공주 수데바(Sudeva)를 맞았고, 아들 릭샤(Riksha)를 낳았습니다. 그는 탁샤카(Takshaka)의 딸 즈왈라(Jwala)와 결혼했고, 아들 마티나라(Matinara)를 두었고, 마티나라(Matinara)는 사라스와티(Saraswati) 강둑에서 12년 희생제를 훌륭하게 수행했습니다. 제사 결과 사라스와티(Saraswati) 강신이 왕 앞에 나타나 왕을 남편으로 삼았습니다. 마티나라(Matinara)는 아들 탄수(Tansu)를 낳았고, 그 탄수(Tansu) 후손들이 생기게 되었습니다. 탄수(Tansu)는 마티나라가 사라스와티에게서 태어났습니다. 탄수(Tansu)는 공주 칼링기(Kalingi)에게서 아들 일리나(Ilina)를 얻었습니다. 일리나(Ilina)는 부인 라탄타리(Rathantari)에게서 다섯 아들을 낳았는데, 그 중에 두슈만타(Dushmanta)가 가장 나이가 많았습니다. 그는 비스와미트라(Viwamitra)의 딸 사쿤탈라(Sacuntala)를 맞았고, 아들 바라타(Bharata)를 낳았다. 이 두슈만타(Dushmanta)에는 두 가지 계통이 있습니다. 그런데 하늘의 천사가 [두슈만타(Dushmanta)에게]말해주었습니다.

"어머니는 칼집일 뿐이고, 아버지가 아들을 얻게 합니다. 정말 아버지가 바로 그 아들입니다. 그러기에 **오 두슈만타(Dushmanta)여, 그대 아들을 돌보고, 사쿤탈라(Sacuntala)를 욕하지 마시**

오, 오 인간 중의 신이여, 아버지와 아들이 되었으므로, 지옥에서도 서로 구해내시오. 사쿤탈라(Sacuntala)는 진정으로 그대의 또 하나의 아들입니다." 그 천사의 말을 들은 다음, 두슈만타가 그 아들을 돌보아 그 사쿤탈라(Sacuntala)에게서 난 아들을 '바라타(Bharata, 돌봐 주다)'라 부르게 되었습니다. **바라타(Bharata)**는 카시(Kasi)의 왕, 사르바세나(Sarvasena)의 딸 수난다(Sunada)와 결혼했습니다. 그리고 아들 부마뉴(Bhumanyu)를 낳았다. 그는 다사라(Dasarha)의 딸 비자야(Vijaya)와 결혼했고, **아들 수호라(Suhora)를 낳았고, 그는 익슈바쿠(Ikshvaku)의 딸 수바르나(Suvarna)와 결혼했습니다. 그래서 도시를 건설한 하스티(Hasti)를 낳았는데, 그 도시가 바로 하스티나푸라(Hastinapura)입니다.** 그리고 하스티(Hasti)는 트리가르타(Trigarta) 공주 야소다라(Yasodhara)와 결혼해서 아들 비쿤타나(Vikunthana)를 낳았고, 그는 다사라(Dasarha)의 공주 수데바(Sudeva)를 맞아 아들 아자미다(Ajamidha)를 낳았습니다. 그리고 아자미다(Ajamidha)는 라이케이(Raikeyi) 간다리(Gandhari) 비살라(Visala) 릭샤(Riksjha) 4명의 아내가 있었습니다. 아자미다(Ajamidha)는 그들에게서 2400명의 아들을 낳았습니다. 그러나 그들 중에 삼바라나(Samvarana)가 왕국을 영속케 했던 사람이었습니다. 그리고 삼바라나(Samvarana)는 비바스와트(Vivaswat)의 딸 타파티(Tapati)를 아내로 맞아 **쿠루(Kuru)**를 낳고, 쿠루(Kuru)는 다사라(Dasarh) 공주 수반기(Subhangi)와 결혼했고, 아들 비두라타(Viduratha)를 낳았습니다. 비두라타(Viduratha)는 마다바 족(Madhavas)에 딸 수프리야(Supriya)를 아내로 맞고 아들 파리크시트(Parikshit)를 낳고, 파리크시트(Parikshit)는 바후다 족(Vahudas)의 딸 수바사(Suvasa)를 맞아 아들 비마세나(Bhimasena)를 낳았고, 비마세나(Bhimasena)는 케카야(Kekaya) 공주 쿠마리(Kumari)와 결혼하여 아들이 **프라티파(Pratipa)**였습니다. 프라티파(Pratipa)는 시비(Sivi)의 딸 수난다(Sunanda)와 결혼했고, 세 아들 데바피(Devapi) **산타누(Santanu)** 발리카(Valhika)를 낳았습니다. 데바피(Devapi)는 소년일 때에 숲으로 은둔했고, 그래서 **산타누(Santanu)**가 왕이 되었고, 산타누(Santanu) 숭배가 시작되었습니다. 이 군주를 접한 노인들은 형언할 수 없는 즐거움을 느꼈으며 젊음을 회복하였습니다. 그러했기에 '산타누(Santanu)'라 불렀습니다. '**산타누(Santanu)'는 아들 데바브라타(Devavrata)를 낳은 강가(Ganga)와 결혼했는데, 데바브라타(Devavrata)를 뒤에 '비슈마(Bhishma)'라 불렀습니다.** 비슈마(Bhishma)는 아버지께 효도를 하려고, 아버지가 사티아바티(Satyavati, Gandhkali)와 결혼하도록 하게 했습니다. 그런데 사티아바티(Satyavati, Gandhkali)는 미혼 시에 파라사라(Parasara)의 아들 드와이파이아나(Dwaipanyana, 비아사)를 이미 소유하고 있었습니다. 산타누는 그녀(Satyavati, Gandhkali)에게서 다른 두 아들 치트랑가다(Chitrangada)와 비치트라비리아(Vichitravirya)를 낳았습니다. 그리고 그들은 성년이 되기 전에 치트랑가다(Chitrangada)는 간다르바 족(Gandarvas)에 살해되어, 비치트라비리아(Vichitravirya)가 왕이 되어 카시(Kasi)왕의 두 딸 암비카(Amvika), 암발리카(Ambalka)와 결혼했습니다. 그러나 비치트라비리아(Vichitravirya)도 자식이 없었습니다. 그래서 **사티아바티(Satyavati, Gandhkali)는 어떻게 두슈만타(Dushmanta) 왕국을 이어갈 것인가**

를 생각하게 되었습니다. 그래서 성자 드와이파이아나(Dwaipanyana, 비아사)를 생각해 내었습니다. 드와이파이아나가 사티아바티에게 와서 물었습니다.

"무슨 일이십니까?" 그녀는 드와이파이아나(Dwaipanyana, 비아사)에게 말했습니다.

"너의 아우 비치트라비리아(Vichitravirya)가 자식 없이 죽었다. 그에게 아들을 낳아줘라." 드와이파이아나(Dwaipanyana, 비아사)가 그것에 응해서 세 아들 드리타라슈트라(Dhritarashtra), 판두(Pandu), 비두라(Vidura)를 낳게 되었습니다. 그래서 그 드리타라슈트라(Dhritarashtra) 왕은 아내 간다리(Gandhari)에게서 드와이파이아나(Dwaipanyana, 비아사)의 호의(好意)로 1백 명의 아들을 낳았습니다. 드리타라슈트라(Dhritarashtra) 1백 명의 아들 중에 네 명이 축복을 받았습니다. 그리고 판두(Pandu)는 쿤티(Kunti, Pritha)와 마드리(Madri) 두 아내를 가지고 있었습니다. 판두(Pandu)는 사냥 중에, 선인(仙人)이 사슴으로 변해 교미 중이었는데, 그 사슴을 화살로 잡았습니다. 화살에 찔린 그 사슴은 다시 선인(仙人)의 모습으로 돌아와 말했습니다.

"오 판두여, 그대도 욕망으로부터 생긴 만족을 알고 있다. 내가 욕망을 마치기 전에 네가 나를 잡았다. 너도 욕망을 마치기 전에 죽을 것이다." 이 저주를 듣고 그 후부터 판두는 창백하게 되어 그 아내 곁으로 갈 수가 없었습니다. 판두는 아내들에게 말했다. "내 잘못으로 저주를 당했다. 그러나 나는 아들이 없으면 영지도 없다는 것을 알고 있다." 판두는 쿤티에게 아들을 낳으라고 호소했습니다. 그래서 쿤티는 "그렇게 하겠습니다."라고 말했습니다. **그래서 쿤티는 자식을 보게 되었습니다. 쿤티는 다르마(Dharma) 신에게서 유디슈티라를 얻었고, 마루타(Maruta) 신에게서 비마를 얻었고, 사크라(Sakra) 신에게서 아르주나를 얻었습니다.** 그래서 판두는 쿤티에게 만족하여 말했습니다. "마드리(Madri)도 자식이 없습니다. 그녀도 아들을 갖게 해 보시오." 쿤티는 "그렇게 하겠습니다."라고 하고 마드리(Madri)에게도 그 주문(呪文, mantra)을 가르쳐 주었습니다. 마드리(Madri)도 쌍둥이 신 아스윈(Aswins)에게서 쌍둥이 나쿨라(Nakula)와 사하데바(Sahadeva)를 낳았습니다. **그런데 어느 날 판두는 마드리(Madri)가 단장을 하고 있는 것을 보고 욕망이 발동하여 그녀를 손대자마자 당장 죽게 되었습니다.** 마드리(Madri)도 그 판두 화장(火葬)의 장작더미에 함께 올라갔습니다. 그래서 마드리는 쿤티에게 부탁했습니다. "내가 낳은 쌍둥이도 함께 사랑으로 길러주세요." 그 다섯 판다바 형제들은 숲 속의 금욕 자들(ascetics)이 보살피다가 얼마 후에 하스티나푸라(Hastinapura)로 가서 비슈마와 비두라에게 소개되었습니다. 그 금욕 자들(ascetics)이 소개말을 마치자 하늘에서 천고(天鼓)가 울려왔습니다. 비슈마는 판다바 아들을 수납했습니다. 그들을 소개시킨 다음 그 금욕자 들(ascetics)은 자취를 감추었습니다. 그리고 그들은 아버지 죽음을 대신했고, 그 최후 벼슬을 이행하게 했습니다. 그래서 판다바들도 하스티나푸라(Hastinapura)에서 양육되었는데, 두료다나(Duryodhana)는 지독하게 그들을 시기하게 되었습니다. 그래서 두료다나(Duryodhana)는 락샤사(Rakshasa) 같은 행동으로 판다바들을 온갖 방법으로 쫓아내려 하였습니다. 그러나 시도했던 것마다 다 좌절이 되었습니다. 그래서 두료다나들의 노력이 쓸데없다는 것이 드러났습니다. 다음은 드리타라슈트라가 그들[판다바들]을 속여서 바라나바타(Varanavata)로 보냈는데, 판다바들은 기꺼이 거기로 갔습니다. 두료다나는 거기서 판다바들을 죽이려고 공을 들였습니다. 그러나 그것은 비두라(Vidura)의 암시로 무산(霧散)되었습니다. 그 다음은 판다바들이 악귀 히딤바(Hidimba)를 죽였고, 그리고 다음은 에카차크라(Ekachakra)라 부르는 도시로 갔습니다. 거기서 그들은 역시 바카(Vaka)라는 락샤사(Rakshasa)를 죽였고, **다음은 판찰라(Panchala)로 갔습니다. 그리고 거기에서 아내 드라우파디(Draupadi)를 획득했고, 다시 하스티니푸라(Hastinapura)로 돌아왔습니다. 그리고 그들은 거기에서 잠시 평화롭게 살며 애들도 낳았습니다. 그래서 유디슈티라는 프라티빈디아(Prativindhya) 비마는 수타소마(Sutasoma) 아르주나는 스루타크리티(Sruta-kriti) 나쿨라는 산타니카(Santanika) 사하데바는 스루타카르만(Srutakarman)을 얻었습니다.** 여기에다 유디슈티라는 '자기 선택 축제'에서 사이비아(Saivya) 족 고바사나(Govansana)의 딸 데비카(Devika)를 아내로 맞아 아들 야우데야(Yaudheya)를 얻었습니다. 그리고 비마도 카시(Kasi) 왕의 딸 발란다라(Valandhara)를 맞아 아들 사르바가(Sarvaga)를 얻었습니다. 그리고 **아르주나는 드와라바티(Dwaravati)를 보충하여 바수데바[크리슈나]의 누이 수바드라(Subhadra)를 힘으로 빼앗아 행복하게 하스티나푸라로 돌아왔습니다. 그리고 아르주나는 그 수바드라에게서 아비마뉴(Abhimanyu)라는 뛰어난 재능의 아들을 얻어 바수데바[크리슈나]도 그를 사랑했습니다.** 그리고 나쿨라는 체디(Chedi)의 공주 카레누마티(Karenumati) 부인을 맞아 아들 니라미트라(Niramitra)를 낳았습니다. 그리고 사하데바는 마드라(Madra) 왕 듀티마트(Dyutimat)의 딸 비자야(Vijaya)와 결혼하여 아들 수호트라(Suhotra)를 낳았습니다. 그리고 비마세나는 앞서 히딤바(Hidimva)에게서 아들 가토트카차(Ghatotkacha)를 낳았습니다. 이들 11명은 판다바 형제들의 아들들입니다. 그들 중에서 아비마뉴(Abhimanyu)가 가족을 영속시킬 사람이었습니다. **아비마뉴(Abhimanyu)는 비라타(Virata)의 딸 우타라(Uttara)와 결혼을 했습니다. 우타라(Uttara)는 바수데바(Vasudeva)의 명령으로 죽은 아이를 데려와 쿤티(Kunti)가 그녀의 무릎에 올려 놓았습니다. 베수데바가 말했습니다. "내가 이 6개월 된 아이를 다시 살려내겠다." 그 아이는 태어나기 이전에 아스와타만(Aswatthaman)의 무기인 불로 태워져서 힘과 기력을 빼앗겼지만, 바수데바(Vasudeva)는 그 아기를 되살려 힘과 기력과 재능을 다시 부여하였습니다. 아이를 살려낸 다음 바수데바(Vasudeva)는 말했습니다. "이 아이는 멸종된 종족에서 태어났기에, 그를 파리크시트(Parikshit)라고 불러야 한다." 그 파리크시트(Parikshit)는 마드라바티(Madravati)와 결혼했고, 그녀가 대왕[자나메자야]의 어머니이십니다. 오 자나메자야(Janamejaya)시여, 대왕은 바로 그녀에서 태어나셨습니다.** 대왕은 대왕의 부인 바푸슈타마(Vapushtama)에게서 두 아들 산타이카(Santaika)와 산쿠카르나(Sankukarna)를 두셨습니다. 그리고 산타니카(Santaika)는 비데하(Videha) 공주에게서 아들 아스와메다다타(Aswa-medhadatta)를 얻었습니다.

　　오 대왕이시여, 푸루(Puru)와 판다바(Pandavas) 후손 이야기를 말씀드렸습니다. **도덕을 증진하**

고 성스러운 이 탁월한 이야기를 '바라문들(Brahmanas)'이 알아야 하고, 명령을 실천하고 그들의 주체를 수호하는 '크샤트리아들'이 알아야 할 역사입니다. 바이샤들(Vaisyas, 평민들)은 주목을 하고, 수드라들(Sudras, 노예들)들의 주무(主務)는 다른 계급들의 명령을 받드는 일입니다. 바라문들(Brahmanas)은 베다(Vedas)에 친숙하고, 다른 사람들은 이 신성한 이야기를 알아, '천국'을 정복하고 그 축복의 장소를 획득합니다. 그들은 역시 신들과 바라문들(Brahmanas)과 다른 사람들에게 항상 존중을 받습니다. 이 신성한 바라타의 역사는 신성하고 영명한 비아사(Vyasa)가 작성하셨습니다. 베다를 아는 브라흐마나들과 악이 없는 존경심을 지닌 이들은 위대한 신앙적 장점을 획득하고 하늘을 정복합니다. 악을 범했을지라도 어떤 사람도 경멸하지 않습니다. 이 '바라타 이야기'는 베다와 같습니다. '바라타'는 신성하고 탁월하고, 부와 명예와 생명을 부여합니다. 그러기에 그것은 배우는 자들의 넋을 뽑는다고 합니다.[60]

'판두 왕과 쿤티'[61]

_____→

(a) 창조주의 맏아들 '마누(Manu-인간)'에서 어떻게 그 '바라타(Bharata)'들 나왔고[제58장 참조] 역시 '쿠루(Kuru)'와 '산타누(Santanu)' '판두(Pandu)'가 나왔는지를 상세히 서술하였다. **이들은 '역대 국왕의 명칭'이며 동시에 '종족의 명칭'이다.** 그러므로 역시 역사는 그것들을 명시하는 것이 기본이다. 여기에서 특히 주목을 해야 할 사항은 **크리슈나(Krishna)가 아비마뉴(Abhimayu)의 죽은 아들 파리크시트(Parikshit)를 다시 살려내어 당시의 황제 자나메자야(Janamejaya)의 아비가 되었다는 사실이다.** '신약(新約)'에는 예수의 권능으로 '죽은 나사로(Lazarus)'가 살아났다는 기록이 있다.[참조 제113장]

(b) 이러한 '역대 왕계의 서술'에서 크게 강조되고 있는 것이 **'바라문의 영향력'이고 '인과(因果)법칙'**

60) K. M. Ganguli (Translated into English Prose from the Original Sanskrit Text), *The Mahabharata of Krishna-Dwaipayana Vyasa*, Munshiram Manoharlal Publisher Pvt. Ltd. New Delhi, 2000, -**Adi Parva**- pp. 202~206
61) Wikipedia, 'Kunti' -'Kunti along with her husband Pandu'

의 강조이고, '뱀' '사슴' 등의 동물들과 인간 존재의 통합[혼돈]이다.

(c) '바라문의 힘'과 '인과(因果) 법칙'은, '마하바라타(*The Mahabharata*)'가 세우고 있는 가장 큰 강조 사항인데 힌두(Hindu)들은 그것으로, **크샤트리아들(왕족)'을 '바라문' 아래 종속시키는데 성공한 종족이었다.** ['사제(司祭) 주도 왕국'='바라타(Bharata) 왕국'='희랍 제우스 왕국'='로마(Rome) 교황 왕국']

(d) 중국(中國)에서도 '예법을 존중하고 무력을 억압함(崇文偃武)' 가르침이 없을 수 없어, 그 근본 원리에서 공통점은 있었으나, '그것의 달성 방법'은 차이가 나지 않을 수 없었다.

(e) 그러나 서구(西歐)의 '서술[역사 기록] 방식'은 완전히 이 힌두(Hindu) 식 서술임은 확실하게 알아야 한다. '쿠루의 가계(家系) 소개'는 '신약(新約) 성경'에 '예수 가계(家系)'와 동일하다.['절대신'과 '인간' 관계에 대한 '통합의 족보'라는 점에서]

제17장 '강가(Ganga)'와 8명의 아기

바이삼파야나(Vaisampayana)는 말했다. -이크슈바쿠(Ikshvaku) 족에서 태어난 마하비샤(Mahabhisha) 왕이 있었습니다. 그는 세상의 주인이었고, 진실되고 진정한 용맹도 지니고 있었습니다. 1천 번의 '말 제사'와 1백 번의 '라자수야(Rajasuyas)'를 행해 천상의 주인을 즐겁게 하여 마지막[사맹]에 하늘을 획득했습니다.

어느 날 천상에서 신들의 모임이 있어 브라흐만을 숭배하고 있었습니다. 많은 성자들과 마하비샤(Mahabhisha) 왕도 거기에 있었습니다. 그리고 강(江)들의 여왕 강가(Ganga)도 참석하여 그 할아버지(브라흐만)께 찬송을 올리고 있었습니다. 그런데 강가(Ganga)의 옷은 달빛처럼 빛났는데, 바람에 벗겨졌습니다. 그래서 그녀의 몸이 드러나자 천상의 신들은 그들의 고개를 숙여버렸습니다. 그러나 마하비샤(Mahabhisha)는 무례하게 그 '강(江)의 여왕'을 응시했습니다. 그래서 브라흐만은 마하비샤(Mahabhisha)에게 저주를 내렸습니다.

"가엾은 자여, 강가의 자태에 그대를 망각했구나. 너는 지상에 태어날 것이다. 그래서 거듭거듭 이 경지를 추구해야 할 것이다. 그리고 강가(Ganga)도 인간으로 내려가 상처(주었음)를 갚아야 한다. 그러나 그대에게 분노가 일어나면 그 때 내 저주에서 해방될 것이다."

바이삼파야나(Vaisampayana)는 계속했다. -그래서 마하비샤(Mahabhisha) 왕은 지상에 모든 왕들과 금욕 자들을 생각해 내어 큰 재능을 지닌 **프라티파(Pratipa)**의 아들로 태어나기를 원했습니다. 그리고 '강가'도 마하비샤(Mahabhisha) 왕이 견고함을 잃은 것을 알고 그를 생각하며 떠났습니다. 그리고 그녀[강가]가 가는 길에 바수들(Vasus)이 같은 길을 가는 것을 보았습니다. 그래서 여왕은 고충 속에 있는 그들에게 물었습니다.

"천상에 계신이여, 모든 점이 바르신데 어찌해서 낙심이십니까?" 그 바수들(Vasus)이 대답했습니다. "여왕이시여, 우리는 가벼운 죄이니, 영명한 바시슈타(Vasishuta)의 진노로 저주를 당했습니다. 바시슈타(Vasishuta)가 앉아서 저녁 예배를 올리는데, 우리는 그를 보질 못하고 무모하게 그를 가로질러 갔습니다. 그가 노해서 '너희들은 인간으로나 태어나 버려라!(Be ye born among men!)'는 저주를 받았습니다. 그 브라흐마의 말로 행해진 것은 우리의 능력 밖의 일입니다. 그러기에 당신이 여인이 되시면 우리들은 당신의 애들이 될 것이고 우리는 인간의 태(胎) 속으로 들어가야 합니다." 이렇게 말하자 여왕은 그들에게 물었습니다.

"그렇게 될 것입니다. 그러면 그들에게 세상에 누가 당신들의 아버지들로 제일이겠습니까?" 바수들(Vasus)은 대답했습니다.

"세상에 **프라티파(Pratipa)**가 산타누(Santanu)라는 아들을 낳아서 그가 세상에서 유명한 왕이 될 것입니다." 강가(Ganga)가 말했습니다.

"천상의 신들이여, 당신들이 말한 것은 정확하게 나의 소망입니다. 나는 그 산타누(Santanu)에게 선행(善行)을 할 것입니다. 그것은 역시 당신들이 말했던 그대로입니다." 그러고 나니 바수들(Vasus)이 강가(Ganga)에게 말했습니다.

"**아이가 태어나면 물에 던지십시오. 그래야 [세상에 머무를 시간이 없기에] 세 가지 저주(천상, 지상, 지하)에서 우리가 구원을 받을 것입니다.**" 이에 강가(Ganga)가 대답했습니다.

"당신들이 원하는 대로 하겠습니다. 그러나 그러면 왕과의 교합이 모두 소용이 없어지므로 한 명은 세상에 남아 있어야 합니다." 그러자 바수들(Vasus)이 말했다.

"우리는 우리의 힘을 8개 부분의 힘으로 봉사할 것입니다. 그 통합으로 당신은 당신과 그 남자의 소망에 응할 하나의 아들을 가질 것입니다. 그러나 그 아들은 아들을 낳을 수 없을 것이고, 그래서 그 아드님은 큰 힘을 지니게 될 것입니다." 강가(Ganga)와 약속한 바수들(Vasus)은 그들이 원하는 곳으로 지체 없이 떠났습니다.

바이삼파야나(Vaisampayana)는 말했다. -프리티파(Pratipa)라는 왕이 있었습니다. 그는 모든 살아 있는 것에 친절했습니다. 그는 갠지스 강 수원지에서 금욕으로 여러 해를 보냈습니다. 어느 날 사랑스런 강가는 아름다운 여인이 되어 물속에서 나와 그 왕에게 접근했습니다. 그 천상의 여인은 황홀한 미모로 금욕 중인 성자에게 접근하여, 그의 오른쪽 허벅다리에 남성력으로 살라(Sala) 나무가 서게 하였다. 그 잘생긴 여자가 그 무릎에 걸터앉으니 그 왕은 그녀에게 말했다.

"놀라운 사람이여, 당신의 소원이 무엇인가요? 나는 어떻게 합니까?" 그 아가씨[강가(Ganga)]는 대답했습니다.

"당신이 소원이십니다. 오 왕이시여, 남편이 되어주세요. 쿠루에 제일이신 분이시여, 제 것이 되어주소서! 자발적으로 온 여성을 거절하는 일은 현자에게 바람직하지 않습니다." **프라티파 (Pratipa)**가 대답했습니다.

"욕망으로 마음을 움직이는 아름다운 사람이여, 나는 내 말을 듣지 않는 다른 사람의 아내나 여인에게 가지 않습니다. 정말 그것이 내 도덕적 맹세입니다." 그 아가씨가 말했습니다.

"저는 불길하거나 추악한 사람이 아닙니다. 저는 정말 함께 즐길만한 사람입니다. 저는 보기 드문 천상의 여인입니다. 저는 당신께서 저의 신랑이 되기를 원합니다. 거절하지 마세요." **프라티 파(Pratipa)**가 말했습니다.

"오 아가씨여, 당신이 나를 선동하면 [수행]과정을 포기합니다. 만약 나의 맹세를 깨면 죄악이 넘쳐서 나를 죽일 것입니다. 오 아름다운 이여, 당신은 나를 안았고, 내 오른쪽 허벅다리에 앉아 있습니다. 그러나 오 어리석은 사람이여, **그 자리는 딸이나, 며느리의 자리입니다.** 왼쪽 다리가 아내의 자리이니, 당신은 그것을 수납하지 않습니다. 그래서 여인 중에 최고시여, 나는 그대와는 욕망의 대상으로 즐길 수 없습니다. 내 며느리가 돼 주시오. 내 아들을 위해 당신을 받겠습니다." 그러자 그 아가씨가 말했다.

"오 유덕자이여, 말씀대로 해 주소서. 당신 아드님과 합하게 하소서. 당신에 대한 존경심으로 축복 받은 '바라타' 족의 부인이 되겠습니다. 당신은 지상의 모든 군주의 은신처이십니다. 저는 1백 년 안에 이 바라타 족의 공덕을 셀 수도 없을 것입니다. 이 바라타 족의 축복 받은 많은 왕들의 위대함과 선행은 끝이 없습니다. 만인의 왕이시여, 제가 며느리가 되게 하시어, 저의 행동의 적절 함에 당신의 아드님이 간섭하지 않도록 해주소서.[**예정된 바를 흔들지 말라.**] 당신 아드님과 살아 서 선을 행하여 그의 행복을 증진하게 해 주소서. 그리고 아드님이 제가 낳을 아들로 인해 천국을 획득하고 그의 도덕과 선을 행하게 하소서."

바이삼파야나(Vaisampayana)가 계속했다. -오 왕이시여, 천상의 아가씨는 그렇게 말하고 사라 졌습니다. 그리고 왕은 약속을 이행하기 위해 아들 출산을 기다렸습니다. 이 무렵 크샤트리아 중에 황소이고, 쿠루 족의 빛인 프라티파(Pratipa)는 후손을 가지려고 금욕에 돌입해 있었습니다. 그리고 늘그막에 아들을 보았습니다. 그가 다름 아닌 마하비샤(Mahabhisha)입니다. 그 아이를 아비가 금 욕적 고행 끝에 탄생시켰기에 '산타누(Santanu)'라 했습니다. 쿠루 족의 제일인 **산타누(Santanu)**는 그 행동으로만이 획득할 수 있는 파괴할 수 없는 영역을 알아 도덕에 헌신했습니다. 산타누(Santa-nu)가 젊은이가 되었을 때, 부왕(父王) 프리티파(Pratipa)가 그에게 말했습니다.

"산타누야, 지난번에 천상의 아가씨가 너의 선(善)을 위해 나를 찾아왔었다. 만약 네가 아무도 몰래 훌륭한 안색의 아가씨가 네게 자식을 호소하면 그녀를 부인으로 맞아라. 그리고 그녀 행동에 선부(善否)를 말하지 말고, 누구이며, 누구의 딸이며, 어디서 왔는지도 묻지 말고 내 말대로 그녀를 아내로 맞아라!"

바이삼파야나(Vaisampayana)가 계속했다. -프라티파(Pratipa)가 아들 산타누에게 그렇게 말한 다음 그를 왕좌에 앉힌 다음 '숲'으로 은퇴를 했습니다. 그래서 큰 지성에 빛남이 인드라 같은 왕이 된 산타누(Santanu)는 사냥에 몰입하여 많은 시간을 숲에서 보내게 되었습니다. 그 최고의 군주는 사슴과 물소를 잡았습니다. 그러던 어느 날 갠지스 강둑을 따라 방황하다가 시다족(Siddhas)과 차 라나족(Charanas) 영지에 이르렀습니다. 그런데 거기에서 산타누 왕은 스리(Sri, 비슈누 부인) 여신 같은 빛나는 미모의 여인을 보았습니다. 흠잡을 곳이 없이 진주 같은 이빨에 천상의 장신구로 꾸미고 빛나는 연꽃 실 같은 겉옷을 걸치고 있었습니다. 그래서 산타누 왕은 그 아가씨를 보고 놀라서 황홀함에 소름이 돋을 정도였습니다. 왕은 뚫어지게 그녀를 보다가 그 여자 매력을 마실 것 같았습니다. 그러나 반복된 마심으로는 해갈이 되지 못 했습니다. 그 아가씨도 크게 동요된 그 왕을 보고, 감동이 되어 그에게서 애정을 느꼈습니다. 그녀는 왕을 보고보고 또 보았습니다. 그러다가 왕이 부드럽게 말했습니다.

"가는 허리에 당신은 여신이거나 다나바(Danava)의 딸이신지, 아니면 간다르바 족(Gandharvas)이거나, 아프사라족(Apsaras), 약샤(Yakshas)이거나 나가(Nagas)이거나 할 것입니다. 천상의 미모시여, 인간이시면 제 아내가 되어주시길 부탁드립니다."

바이삼파야나(Vaisampayana)는 말했다. -왕이 웃으며 부드러운 목소리로 하는 말을 들은 그 아가씨[강가]는 바수들(Vasus)에게 했던 약속을 생각하며 왕에게 대답을 했습니다. 흠잡을 수 없는 태도로 그 아가씨는 말구마다 떨리는 기쁨을 담아 얘기했습니다.

"오 왕이시여, 제가 대왕의 아내가 된다면 대왕의 명령에 복종을 할 것입니다. 그러나 대왕은 제가 무엇을 하던 맘에 들던 들지 않건 간에 **저를 간섭하지 마셔야 합니다**. 제게 불친절하게 말을 해도 안 됩니다. 대왕께서 친절하게 대해주셔야 저는 대왕과 함께 살기를 허락합니다. 그러나 대왕께서 저를 간섭하시거나 불친절한 말을 할 경우에는 저는 확실하게 떠날 것입니다." 대왕이 대답했습니다. "그렇게 합시다." 그래서 그 아가씨는 바라타 족의 으뜸 왕을 그녀의 남편으로 획득하여 너무나 기뻤습니다. 그리고 산타누 왕도 그녀를 아내로 맞아, 그 동반자와 온전한 기쁨을 누렸습니다. 그리고 약속을 지키려고 왕은 그녀에게 어떤 요구도 피했습니다. 그래서 지상의 왕 산타누는 아름답고 너그럽고 편하게 시중을 드는 그녀의 행동에 지극히 즐거웠습니다. 그리고 3계(천상, 지상, 지하)의 여신 강가(Ganga)였으므로 모습이 탁월했고, 천상의 미를 갖추어 산타누의 아내, 유덕한 행동을 지녀서, 왕 중의 호랑이며 왕 중의 빛나는 인드라 같은 남편을 얻었던 것입니다. 그래서 강가(Ganga)는 그녀의 매력과 애정, 능청과 사랑, 음악과 춤으로 왕을 즐겁게 하고 자신도 즐겁게 했습니다. 그래서 산타누 왕은 달과 계절과 해가 감을 모르고 아름다운 부인의 미모에 도취해 있었습니다. **왕이 부인과 지내는 동안 8명의 아이가 있었는데, 예쁘기가 천상의 모습 그대로였습니다. 그러나 오 바라타시여, 그 아이들은 그네들이 태어나자마자 갠지스 강에 던지며 '이것이 선행입니다.(This is for thy good)'라고 그 강가는 말했습니다.**[嬰兒 殺害, 聖子 殺害, 祭祀 존중] 애들은 물에 잠겨 나오지 못 했습니다. 그러나 왕은 부인이 떠날까 봐 한마디 말도 못 했습니다. 그러나 아홉 번 째 아이가 태어났을 적에 부인은 다시 아이를 그전처럼 웃으며 강에 던지려 하니, 산타누 왕은 슬픈 표정으로 아이를 살려내고 그녀에게 말했습니다.

"죽이지 말아요! 당신은 누구이며 누구에 소속입니까? 왜 당신 아기를 죽입니까? 아들의 살해는 죄가 무겁습니다!" 아내는 대답했습니다.

"오 대왕께서 처음부터 자식을 바랐다면 첫 아이부터 그렇게 했어야지요. 저는 이 대왕의 아들은 버리지 않을 것입니다. 그러나 우리의 약속에 따라, 제가 대왕과 함께 하는 기한은 끝이 났습니다. **나는 자누(Jahnu)의 딸 강가(Ganga)입니다.** 위대한 성자들이 나를 존경합니다. 나는 천상의 목적을 성취하기 위해 당신과 더불어 있었습니다. 위대한 힘을 가진 영명한 8명의 바수들(Vasus)이 바시슈타(Vasishtha)의 저주로 인간으로 태어나야 했습니다. 지상에서 대왕을 제외하면 그들의 아비가 될 영광을 받을 자가 없었습니다. 그리고 천상의 인간인 나를 제외하면 어미 될 자가 없습니다. 제가 인간의 형상으로 그들을 출산했습니다. 대왕 역시 8명 바수들(Vasus)의 아버지이시니, 영원한 기쁨의 많은 영역을 확보하셨습니다. 그들이 태어나자마자 인간의 형상에서 제가 벗어나게 해 주겠다는 것이 바수들(Vasus)과 저의 약속이었습니다.[염세주의] 안녕히 계십시오. 오 대왕이시여, 저는 떠납니다. 그러나 이 아이를 보살피겠다고 맹세하십시오. 그것이 제가 당신을 떠난다는 바수들(Vasus)에게 행했던 약속입니다. 이 아이를 강가다타(Gangadatta)라 불러주세요." 산타누가 왕비에게 물었습니다.

"바수들(Vasus)에게 무슨 잘못이 있었고, 아파바(Apava)는 누구이고, 누구의 저주로 바수들(Vasus)이 인간으로 태어났습니까? 당신의 아들 강가다타(Gangadatta)는 무엇을 잘못했기에 인간 속에 살아야 한다는 것입니까? 왜 3계에 왕이신 바수들(Vasus)이 인간으로 태어나라는 저주를 받았는지 '자누(Jahnu)의 따님'이시여, 다 말해주소서."

바이삼파야나(Vaisampayana)는 계속했다. -그 말에 강가(Ganga)는 말했다.

"대왕이시여, 바루나(Varuna)의 아들을 바시슈타(Vasishtha)라 하는데, 그 무니(Muni, 성자)가 뒤에 아파바(Apava)로 알려졌습니다. 그는 산(山) 중의 왕 메루(Meru) 언덕에 그의 은신처(隱身處, asylum)를 가지고 있었는데, 그것은 성소(聖所)로 새와 짐승들이 많았고, 항상 꽃들이 피어 있었습니다. 그런데 그 바루나(Varuna)의 아드님이 거기에서 금욕 수행을 하셨습니다. 닥샤(Daksha)는 수라비(Surabhi)라는 딸이 있었습니다. '홍익인간(弘益人間, benefiting the world)'을 행하러 그녀는 카시아파(Kasyapa)와 관계하여 암소로 딸(Nandini)을 낳았습니다. 모든 암소 중에 가장 뛰어난 딸 난디니(Nandini)는 모든 욕망을 충족시키는 풍성한 암소였습니다. 유덕한 바루나(Varuna)의 아들은 바시슈타(Vasishtha)는 그의 호마(Homa) 의례로 난디니(Nandini)를 획득했습니다. 그래서 난디니(Nandini)는 성자들의 애호를 받으며 그 은신처에서 살면서 그 성스럽고 즐거운 숲 속에 겁도 없이 돌아다녔습니다. 어느 날 프리투(Prithu)를 대동한 바수들(Vasus)이 앞장을 서서 신들과 천상의 선인들이 그 숲을 사모하여 거기를 방문했습니다. 그래서 그들의 처와 돌아다니며 그 즐거운 숲과 산을 즐겼습니다. **그런데 그들이 거기를 돌아다니다가 바수의 허리 가는 처가 그 숲 속에서 풍요로운 암소 난디니(Nandini)를 보았습니다. 그리고 큰 눈과 풍성한 젖통, 멋진 꼬리, 아름다운 뿔, 상서로운 자태, 많은 우유 산출의 그 풍요의 암소를 보고 그녀는 그 동물을 남편 듀(Dyu)도 보게 했습니다. 듀(Dyu)가 그 암소를 보고, 놀라 그 부인에게 말했습니다. '검은 눈 예쁜 다리 여인이여, 이 암소는 즐거운 은신처의 선인(仙人)들의 소유입니다. 날씬한 사람이여,**

이 암소의 젖을 마시는 사람은 천년을 늙지 않는다고 합니다.' 이 말을 들은 허리 가는 미녀 여신은 그녀의 남편에게 불이 나게 졸랐습니다. '세상에 제 반려(伴侶)이신 아름답고 젊은 지타바티(Jitavati)시여, 그녀(암소)는 지성으로 진리에 헌신하는 성자 우시나라(Usinara) 딸입니다. 저는 이 암소를 갖기를 원하고 그 암소의 송아지로 제 친구로 삼겠습니다. 오 천상에 최고이시여, 그러하오니 저 소를 데려오세요, 그 우유를 마셔서 질병과 노쇠에서 벗어나야 하겠습니다. 영리하고 흠잡을 데 없는 당신이여, 저의 욕망을 허락하소서. 세상에 그것보다 제 마음에 드는 것은 없을 것입니다.' 아내의 이 말을 들은 듀(Dyu)는 처를 기분 좋게 하려고 그 형제 프리투(Prithu) 등과 함께 그 암소를 훔쳤습니다. 그래서 듀(Dyu)는 연꽃 눈을 가진 처의 말을 들어 순간 그녀를 소유하고 있는 고도의 금욕자 선인(仙人, Rishi)의 장점을 망각했습니다. 그는 그 순간 암소를 훔치는 것으로 타락의 길로 가야 한다는 것을 망각하였습니다.[아담 이브 이야기, 中國 신선 이야기] 바시슈타(Vasishtha)가 저녁에 모은 과일을 가지고 그 은신처로 돌아오니, 암소와 송아지가 없어졌습니다. 바시슈타(Vasishtha)는 숲 속을 뒤졌으나 소가 없어서 생각해보니 바수들(Vasus)이 훔쳤다는 것을 알았습니다. 바시슈타(Vasishtha)는 화가 나서 바수들(Vasus)을 저주했습니다. '바수들(Vasus)은 내 암소를 훔쳤으니, 인간 세상으로 떨어질 것이다.' 영명한 선인 아파바(Abapa, 바시슈타)는 화가 나서 바수들(Vasus)을 저주했습니다. 저주를 행한 다음 바시슈타는 더욱 금욕적 명상으로 들어갔습니다. 그 위대한 힘과 금욕의 부자 브라흐마르시(Brahmarshi)가 바수들(Vasus)을 저주한 다음 바수들(Vasus)이 그것을 알고서 급히 바시슈타 은신처로 찾아가 그를 달래보려 했습니다. 그러나 그들은 실패했습니다. 그러나 바시슈타(Vasishtha)는 말했습니다. '너희 바수들(Vasus)은 내 저주를 받았으나, 인간으로 태어난 1년 이내에 내 저주가 풀릴 것이다. 그렇지만 더욱 고약한 듀(Dyu)는 오랜 동인 인간에 있어야 할 것이다. 나는 내가 노해서 했던 말을 취소할 수는 없다. 비록 인간 속에 살기는 하겠지만, 듀(Dyu)는 자식은 없다. 그렇지만, 덕이 있고, 경전에 능통할 것이다. 그는 효자(孝子)가 될 것이고, 여성과의 쾌락을 피할 것이다.' 이렇게 바수들(Vasus)에게 말하고 그 위대한 신선은 자취를 감추었습니다. 그래서 그 바수들(Vasus)이 이 강가(Ganga)에게 왔습니다. 그들이 태어나자마자 '서원(the boon)'을 빌어서 나는 저들을 강에 던졌습니다.['서원(誓願, the boon)=사망', 염세적 세계관] 그래서 저는 그들의 소망대로 그들이 그 선인(仙人, 바시슈타)의 저주인 지상(地上) 생활에서 벗어나도록 했습니다."

바이삼파야나(Vaisampayana)는 계속했다. -그렇게 말하고 여신은 그 자리에서 사라졌습니다. 그녀는 그 아이를 데리고 그녀가 선택한 곳으로 갔습니다. 그래서 그 산타누 아들을 '강게야(Gangeya), 데바브라타(Devavrata)'라 했고, 모든 점에서 그 아비를 능가했습니다. 그 아내가 사라진 다음 산타누는 슬픈 마음으로 서울로 돌아왔습니다. 저는 그것이 '마하바라타(Mahabharata)'라는 찬란한 역사가 된 바라타 족의 영명한 군주 산타누의 수많은 도덕과 위대한 행운을 이제 대왕님께 말씀드리겠습니다.[62]

'갠지스 강의 여신 강가'[63], '강가'[64], '여신 강가'[65], '강가 신들의 하강'[66]

'난디'[67] '난디'[68]

──────✈

(a) '마하바라타(*The Mahabharata*)' '바수들(Vasus)과 강가(Ganga) 이야기'는 '**천상(天上, 하늘나라) 존중**' '**인간(人間) 경멸**'을 대조적으로 제시여 힌두의 '**염세적 세계관**'을 명시하고 있어 크게 주목을 해야 한다.

(b) '힌두(Hindu) 문화'는 '천국(天國) 중심 문화' '내세(來世) 문화' '마하바라타(*The Mahabharata*)' 문화이다.

(c) 그런데 그 중요한 특징이 이 '강가(Ganga)' '산타누(Santanu)'[제17장] 장에 다 드러나 있다.

(d) 즉 이 장(章)은 '**천국에서 추방당함=인간세계 탄생**'이라는 기본 공식을 지니고 있고, '빨리 죽는 것[아동 시기에 사망]이 천국 직행의 방법'이라는 논리를 그대로 드러내고 있다.

─────────────────

62) K. M. Ganguli (Translated into English Prose from the Original Sanskrit Text), *The Mahabharata of Krishna-Dwaipayana Vyasa*, Munshiram Manoharlal Publisher Pvt. Ltd. New Delhi, 2000, -**Adi Parva**- pp. 206~212

63) V. Ions, *Indian Mythology*, Paul Hamlin, 1967, p. 109 'Ganga, goddess of the river Ganges'

64) P. Thomas, *Epics, Myths and Legends of India*, Bombay, 1980, Plate 135 'Ganga'

65) Wikipedia, 'Goddess Ganga'

66) P. Thomas, *Epics, Myths and Legends of India*, Bombay, 1980, Plate 201 'Decent of Ganges'

67) P. Thomas, *Epics, Myths and Legends of India*, Bombay, 1980, Plate 81 'Nandi'

68) V. Ions, *Indian Mythology*, Paul Hamlin, 1967, p. 40 'Nandi'

(e) 구체적으로 '힌두교' '불교' '기독교'는 '부정적 세계관[현세 관]'이 팽배해 있는데, 그것은 원래 '힌두 문화'에서 생긴 것이고, '천국 중심 사상'에서 비롯한 것임이 이에 남김없이 드러나 있다.[그 '기록의 선후'를 가릴 필요 없이 공통된 사고임]

(f) 그런데 이 '천국 중심 사고'는 다른 한쪽에 '현세(現世) 무시' '육신[뱀] 경멸' '육신 학대(苦行)' '원죄(原罪)' 논리가 있다는 것을 망각해서는 아니 된다.

(g) 즉 '인간 세계의 모든 죄악'은 '육신[뱀]의 욕심'에서 비롯한다는 생각이 바로 '종교적 염세주의'의 근본을 이루고 있기 때문이다.

(h) **힌두(Hindu)는 세계 어떤 종족보다 '종교적 염세주의(Pessimism)'를 대대적으로 개발 세계적으로 퍼뜨린 종족임을 이 '마하바라타(*The Mahabharata*)'를 통해 다 공개하고 있다.** 왜냐하면 이 '마하바라타(*The Mahabharata*)'처럼 '천신의 위력과 세상 지배의 구체적 상황 증언[뱀들의 욕망 추구 정황 증언]'에 지칠 줄 모르는 저술이 없다.

(i) 즉 '바수들(Vasus)과 강가(Ganga) 이야기'는 '모든 지상(地上) 영웅들의 탄생 담'을 대신할 수 있는데, 그 영웅의 '만족스런 족보(族譜)'들은 예외 없이 다 '천국(天國)'에 속한 존재였음을 이 '마하바라타(*The Mahabharata*)'처럼 당당하게 말하는 저자는 세상에 없다.

(j) 한국의 '단군(壇君) 신화'에서 '제석(帝釋)'의 적자(嫡子)가 아닌 '서자(庶子) 환웅(桓雄)'이 '인간 세상을 탐내 구했다.[貪求人世, 弘益人間]'는 진술은, '천국(天國) 제일주의', '힌두이즘'을 바탕으로 행해진 진술이라는 것을 감안하면 완전히 다 납득이 되는 사항이다.

제18장 비슈마의 효심(孝心)

바이삼파야나(Vaisampayana)는 말했다. -신들과 왕가의 성인들을 받들었던 <u>산타누(Santanu) 왕</u>은 그이 지혜와 도덕과 믿음성으로 온 세상에 유명했습니다. 자제력과 분방함 용서 지성 단정함 인내심의 월등한 힘을 지닌 산타누(Santanu) 왕은, 종교와 이해(利害)를 아시고, '바라타' 족의 수호자이시고, 전 인류의 수호자이셨습니다. 산타누의 목에는 세 개의 줄이 있는데, 소라껍질 같았습니다. 그의 어깨는 넓었고, 용맹은 노한 코끼리 같았습니다. 그가 보여준 상서로운 풍모는 그의 처지에 꼭 맞는 것이었습니다. 크게 성공한 그 군주의 행동을 본 사람이면 그 도덕이 쾌락과 이해(利害)보다 더욱 탁월했음을 알게 되었습니다. 이 점들이 위대한 산타누(Santanu) 속에 갖추어 있는 것들입니다. 그래서 산타누 같은 존재는 두 번 다시 있을 수 없습니다. 세상에 모든 왕들은 산타누(Santanu) 왕이 도덕에 힘썼던 것을 보고 그 분에게 '왕 중의 왕'이라는 칭호를 올렸습니다. 그 바라타 왕이 살아계실 적에는 모든 왕들이 근심과 두려움 고민이 없었습니다. 왕들은 편히 잠을 잤고, 행복한 꿈을 꾼 다음 아침에 침대에서 일어났습니다. 인드라 신을 닮은 그 왕의 덕택으로 세상에 왕들은 도덕적으로 되어 자유롭게 종교적 의례와 제사에 헌신했습니다. 산타누가 세상을 통치할 적에는 다른 군주들도 그와 같았고, 종교적 은혜가 크게 증대되었습니다. 크샤트리아들은 바라문들에게 봉사했고, 바이샤들은 크샤트리아들을 받들었고, 수드라들은 브라만과 크샤트리아를 존경하고 바이샤들도 받들었습니다. 그래서 산타누(Santanu) 왕이 하스티나푸라(Hastinapura)에서 통치하실 적에는 그 범위가 바다가로 묶인 모든 땅이었습니다. 그분은 진실했고, 속임수가 없었습니다. 도덕의 명령을 따른 천상의 왕과 같았습니다. 자유와 종교와 금욕에서 그분과 짝이 되려면 위대한 선한 바탕이 요구됩니다. 그분은 분노와 악의에서 자유로워, 소마(Soma, 달)처럼 준수(俊秀)했습니다. 빛나기는 태양과 같았고, 용기는 바유(Vayu) 같았습니다. 노할 적에는 야마(Yama) 같았고, 인내는 대지 같았습니다. 산타누가 세상을 다스릴 때는 사슴이나 곰 새들 다른 동물이 필요 없이 살해당하지 않았습니다. 산타누의 통치 동안에는 만물에 대한 애호가 넘쳤고, 자비로운 정신으로 욕망과 분노를 피하여 모든 생명을 동등한 보호를 펼치셨습니다. 신을 위한 제사는 선인 제사장들은 악을 행하며 생명을 빼앗지 않았습니다. 산타누(Santanu)는 만인의 아버지며 왕이셨습니다. 그리고 불쌍하고 의지 없는 사람들과 새와 짐승들 모든 생명의 왕이셨습니다. 산타누 통치 기간에는 말씀이 진리였고, 인간의 정신이 자유와 도덕이었습니다. 그렇게 36년간을 다스리다가 '숲'으로 은퇴를 했습니다. 산타누 아드님, 강가(Ganga)의 아들 '데바브라타(Devavrata, 비슈마의 아동 시절 명칭)'는 인간미와 습성 행동 학습에서 산타누(Santanu) 왕을 닮았습니다. 그리고 세상 일을 아는 정신력에서 아주 위대했습니다. 그의 힘은 탁월했습니다. 그는 억센 전차 투사가 되었습니다. 사실상 그는 위대한 왕이셨습니다. 어느 날 산타누(Santanu) 왕이 갠지스 강둑에서 그의 화살에 맞은 사슴을 쫓다가 강물이 말라 있는 것을 보았습니다. 산타누가 그것을 보고 있는데, 그 위에 이상한 현상이 나타났습니다. 산타누는 마음속으로 왜 이렇게 이 갠지스 강물이 빠져나갔을까를 생각했습니다. 그 까닭을 생각하고 있다가 산타누(Santanu)는 어떤 인드라처럼 준수하고 쾌활한 젊은이가 날카로운 천상(天上)의 무기[활의 화살]로 그 강물의 흐름을 막고 있는 것을 보았습니다. 그 젊은이가 서 있는 곳 가까이에서 굉장한 그 갠지스 강을 보고 산타누 왕은 엄청 놀랐습니다. 그 젊은이는 다름 아닌 '산타누의 아들'이었습니다. 그러나 산타누 왕은 아들을 탄생 후 잠시 보았을 뿐이기에 그 어린 아기와 눈앞에 젊은이가 동일 인물임을 생각할 수 없었습니다. 그러나 그 젊은이는 그 아버지를 보자 즉시 그를 알았으나 자신을 밝히기보다는 환영(幻影)으로 왕의 시각을 가리고 왕 앞에서 사라졌습니다. 산타누 왕은 그가 보았던 젊은이가 자기 아들인지를 의심하여 강가(Ganga)에게 말했습니다.

"그 아이를 보여 주시오." 그 말에 강가(Ganga)는 차린 소년을 그녀의 오른 손으로 잡고 산타누(Santanu) 앞에 그를 보여주었습니다. 산타누 왕은 이전의 그녀는 알았으나, 장식한 훌륭한 백색 옷을 차려입은 아름다운 그녀를 알아볼 수 없었었습니다. 그러자 강가가 말했습니다.

"인간 중에 호랑이시여, 얼마 전에 대왕이 제게 얻으신 그 여덟 번째 아들입니다. 이 탁월한 아이는 '모든 무기'에 이미 달통했습니다. 이제 데려가시지요. 그동안 제가 그를 보살폈습니다. 뛰어난 지성으로 그는 바시슈타(Vasishta)에게 전(全) 베다(Vedas) 배웠고, 모든 무기를 익혀 전장에서는 인드라 같은 억센 궁사(弓師)입니다. 신들과 아수라들(Asuras)이 다 그를 선망(羨望)하고 있습니다. 우사나들(Usanas, 아수라들의 스승)에게 알려진 모든 지식도 완전히 알고 있습니다. 그리고 신들과 아수라들이 존경하는 브리하스파티(Vrihaspati, 앙기라스-Angiras의 아들)가 알고 있는 모든 사스트라(Sastras, 분야)학습도 끝냈습니다. 그리고 자마다그니(Jamadagni)의 아들인 강력한 무적의 라마(Rama)가 알고 있는 모든 무기를 이 '대왕의 아들'이 알고 있습니다. 제가 대왕께 드리는 대왕의 영웅적인 아들을 받으십시오. 그는 억센 궁수(弓手)이고 왕의 의무에 관해서도 잘 알고 있습니다."[크샤트리아 중심의 국가 운영 명시] 강가(Ganga)가 그렇게 말을 하니, 산타누(Santanu) 왕은 태양을 닮은 그 아이를 데리고 서울[하스티나푸라]로 돌아왔습니다. 천상의 도시 같은 서울로 돌아와, 푸루(Puru) 계(系)인 국왕은 자신이 크게 운이 좋다고 생각했습니다. 왕은 모든 파우라바들(Pauravas)을 소집하여 국가를 수호하기 위해서 그의 아들을 왕의 후계자로 명시하였습니다. 그리고 그 왕자도 왕과 다른 판다바 족의 구성원들 즉 왕국의 주체들을 즐겁게 하였습니다. 그래서 무적의 대왕은 그 '태자'와 행복하게 생활했습니다. 그렇게 4년이 지났습니다. 어느 날 왕이 야무나(Yamuna) 강둑의 숲에 갔습니다. 왕이 그 숲을 소요(逍遙)하고 있는데, 방향을 알 수 없는 향기가 흘러 왔습니다. 그래서 왕은 그 향기가 어디에서 나는지 여기저기를 돌아 다녔습니다. 왕은 걷다가 어부(漁夫)의 딸 천상의 검은 눈 미녀를 보았습니다. 산타누(Santanu) 왕은 그녀에게 말했습니다.

"수줍은 사람이여, 당신은 누구이며 누구의 딸입니까? 그리고 여기서 무엇을 하십니까?" 그녀가 대답했습니다. "귀하신 분이여, 저는 어부(漁夫) 대장(隊長)의 딸입니다. 아버지의 명에 따라 내 배로 승객들에게 강을 건너게 해 주고 있습니다." 산타누(Santanu) 왕은 그녀의 선녀 같은 모습이 쾌활하고 향기 가득함을 보고 아내로 맞고 싶었습니다. 그래서 그녀의 아버지를 찾아가 부부가 되게 해 달라고 호소했습니다. 그러나 그 어부(漁夫) 대장(隊長)은 왕에게 말했습니다.

"오 대왕이시여, 제 딸은 특별하게 태어났기에 그 남편에게도 헌신을 할 것입니다. 내 가슴 속에 있는 소망도 들어보십시오. 진실한 분이시여, 제 딸을 얻으시려면 제게 약속을 하셔야 합니다. 정말 당신이 약속을 하시면 대왕 같은 남편감은 없을 터이니, 대왕께 마땅히 드릴 것입니다." 산타누(Santanu) 왕이 말했습니다.

"우선 당신이 원하는 바를 말해야 내가 그것을 허락할 수 있는지를 말할 수 있을 것입니다. 그것이 내가 허락할 수 있는 것이라면 허락을 하겠습니다. 그렇지 않으면 그것을 어떻게 내개 허락을 하겠는가?" 어부가 말했습니다. "대왕이시여, 제가 원하는 것은 이것입니다. 제 딸이 대왕의 아들을 낳는다면, 그를 '대왕의 후계자'로 삼아 달라는 것입니다." 그 어부(漁夫)의 그 말을 듣고, 산타누(Santanu) 왕은 내부에 욕망은 불탔으나, 그 소원을 들어줄 수가 없었습니다. 왕은 그 어부(漁夫)의 딸을 생각하며 고민을 안고 하스티나푸라로 돌아 왔습니다. 왕은 궁궐로 돌아왔으나, 우울하게 시간을 보내고 있었습니다. 어느 날 태자(太子) 데바브라타(Devavrata, 비슈마)가 고민하는 아버지께 말했습니다.

"모든 번영이 대왕과 함께하고, 백왕(百王)이 대왕께 복종하고 있는데, 부왕(父王)께서는 그 무엇 때문에 우울해 하십니까? 대왕은 홀로 생각에 잠기셔서, 제게 한 마디도 묻지 않으십니다. 대왕께서는 말을 타고 나가시지도 않고 용안(容顔)이 창백하고 수척하시니, 대왕의 병을 제게 말씀해 주십시오. 제가 처방을 내겠습니다." 아들의 이 말을 듣고 산타누(Santanu) 왕은 말했습니다.

"아들아, 내가 왜 우울하게 되었는지 네게 말하마. 너는 우리 거대 종족에 유일한 혈손(血孫, scion)이다. 네가 모든 무사(武事, 국방)에 관여를 하고 있다. 그리고 나는 항상 백성들의 불안을 걱정하고 있다. 위험이 너를 덮치면 우리는 후손이 없어진다. 정말 너는 내게 확실한 아들이므로 나는 다시 결혼할 마음이 없다. 나는 네가 영광을 얻어 우리의 왕국이 영원할 것을 바랄 뿐이다. **현자는 말하기를 독자(獨子)를 갖는 것은 아들이 없는 것이나 마찬 가지이니, 불에 제사를 지내고 3베다(Vedas)의 지식을 획득하라 했으니, 그것은 영원한 신앙의 장점이다**. 그러나 [그러할 경우]아들의 탄생에서 오는 16 가지의 장점은 없다. 그 점에서는 인간과 동물 간에 구분도 어렵다. 나는 아들을 낳아 천국을 획득한다는 의혹에서 벗어날 수가 없구나. 베다는 푸라나(Puranas, 經典)의 뿌리임을 신들도 인정하고 있고 수많은 증거들이 있다. 너는 '분노의 영웅'으로 항상 무기 사용에 종사하고 있다. 그래서 전쟁터에서 죽을 수도 있으니, 그러면 이 나라는 어떻게 되겠느냐? 그 생각이 나를 우울하게 만들었다. 그것이 내 슬픔의 원인이다." 뛰어난 지성의 데바브라타(Devavrata, 비슈마)는 부왕 산타누(Santanu)의 말을 듣고, 잠시 생각에 잠겼습니다. 그 다음 데바브라타(Devavrata, 비슈마)는 왕에게 충성을 바치는 늙은 장관을 찾아가 왕의 수심(愁心)의 이유를 물었습니다. 그 늙은 장관은 데바브라타(Devavrata, 비슈마)에게 어부(漁夫)의 대장(隊長)이 자기 딸 간다바티(Gandhavati) 문제로 요구했던 소망 사항을 알려 주었습니다. 그러자 데바브라타(Devavrata, 비슈마)는 젊은 크샤트리아 대장들을 이끌고 그 어부(漁夫)의 대장(隊長)을 찾아가 왕을 그의 딸을 구걸했습니다. 그 어부(漁夫)의 대장(隊長)은 왕자를 정중히 모셨고, 왕자가 자리에 앉았을 적에 어부 대장은 말했습니다.

"왕자님이시여, 당신은 무예(武藝)가 세상에서 제일이시고 산타누의 외아들이십니다. 그러나 저는 왕자님께 드릴 말씀이 있습니다. 신부의 아버지가 인드라일지라도 이렇게 무섭고 떨리는 청혼(請婚)을 거절하면 후회할 것입니다. 축복 받은 여인 사티아바티(Satyavati)의 태어난 씨는 정말 당신만큼이나 훌륭합니다. (왕자님의 아버지) 대왕께서는 많은 덕을 말씀하시고 당신만이 사티아바티(Satyavati)와 결혼할 만하시다고 했습니다. 그러나 제가 천상(天上)의 성자 아시타(Asita, 산타누 왕)의 청혼을 거절했던 사유를 들어보십시오. 저는 사티아바티(Satyavati) 편에서 단지 한 마디 드릴 말씀이 있을 뿐입니다. **이 결혼에는 이복(異腹)형제(a co-wife's son)가 큰 문제이고 다른 문제는 없습니다.** 오 왕자님이시여, 그것이 사티아바티(Satyavati) 제공에, 제가 말씀드려야 할 문제이다." 여러 대장들이 듣는 가운데서 부친 산타누(Santanu)에 대한 효심(孝心)의 발동이 된 데바브라타(Devavrata, 비슈마)는 말했습니다.

"진실한 분이시여, 제 맹세를 들으십시오. 이와 같은 맹세를 했던 사람은 앞으로 할 사람도 없을

것입니다! 내가 당신이 요구한 바를 모두 이루도록 하겠습니다. 이 여인[사티아바티(Satyavati)]이
낳을 아이가 우리의 왕이 되도록 해 드리겠습니다." 거의 불가능했던 어부(漁夫)의 대장(隊長) 외손
자의 왕권 계승에 대한 소망이 수용되게 됨에 그는 말했습니다.

"오 유덕하신 분이시여, 당신은 측량할 수 없는 산타누(Santanu) 대왕의 영광을 지니시고 왕림
(枉臨)하셨습니다. 그래서 당신은 역시 제가 딸을 드리는데 유일한 관리인이십니다. 그러므로 당신
께 더 말씀드릴 사항이 있습니다. 오 무적(無敵)의 용사시여, 딸을 가진 사람들은 그들의 헌납에도
제가 했던 요구를 할 것입니다. 오 진실한 분이시여, **이 대장들 앞에서 사티아바티(Satyavati)를
위해서 행했던 당신의 약속을 꼭 지켜주셔야 합니다.** 오 억센 무사시여, 저는 당신이 약속 지킬
것을 믿어 의심하지 않습니다. 그러나 당신이 아이를 낳으시면 어찌 될지 모르겠군요."

바이삼파야나(Vaisampayana)는 계속했다. -진실한 강가(Ganga)의 아드님[비슈마]은 어부(漁夫)
의 대장(隊長)의 꺼림을 확인하시고 말씀하셨습니다. **"오 어부여, 나는 이 왕들이 있는 앞에서
나의 왕의 계승권을 포기했습니다. 이제 '내 아이들[출생할 자녀들의 왕위 계승의] 문제'도 포기
하겠습니다. 오늘부터 나는 '브라흐마차리아(Brahmacharia, 탐구와 명상의 독신자)'가 될 것입
니다. 아들 없이 죽어 영원한 천국의 축복을 획득할 것입니다!'**

바이삼파야나(Vaisampayana)는 계속했다. -강가(Ganga)의 아드님의 이 말에 어부(漁夫)는 너
무나 기뻐서 온 머리털들을 세우며 말했습니다. "제 딸을 바치겠습니다!" 그러자 즉시 **아프라사들
(Apsaras)과 신들(gods)과 신선들(Rishis)이 데바브라타(Devavrata, 비슈마) 머리 위에 하늘로부
터 꽃비(to rain down flowers from firmament)를 일제히 뿌리며 소리쳤습니다. "이 분이 비슈
마(Bhishma, 무서운 사람)이시다."** 그래서 '비슈마[데바브라타]'는 아버지에게 효도를 하려고, 영
명한 여인에게 말했습니다.

"오 어머니시여, 수레에 오르시어 궁궐로 가시지요."

바이삼파야나(Vaisampayana)는 계속했다. -비슈마(Bhishma)는 그 미인을 수레에 태우고 하스
티나푸라로 돌아와 산타누(Santanu) 왕께 그동안 있었던 사실을 모두 보고했습니다. 그리고 동행
했던 왕들은 비슈마(Bhishma)의 탁월한 행동을 칭송했습니다.

"아드님은 정말 비슈마(Bhishma, 무서운 사람)이십니다." 산타누(Santanu) 왕도 아들의 말을 듣
고 칭찬했습니다. **"네가 살고자 하는 한, 너에게 '죽음'은 없을 것이다. 진정 네가 명령을 내린
다음에야 '죽음'이 올 것이다.**[살려는 의지가 있을 때까지는 죽지 않을 것이라는 誓約]69)

69) K. M. Ganguli (Translated into English Prose from the Original Sanskrit Text), *The Mahabharata of
Krishna-Dwaipayana Vyasa*, Munshiram Manoharlal Publisher Pvt. Ltd. New Delhi, 2000, -**Adi Parva**- pp.
213~218

(a) '마하바라타(*The Mahabharata*)'에는 세 가지 행동 방향이 있으니, 우선 천상(天上)의 행동 기준으로 '절대신(정신, 善)'과 그 맞은 편에 '육체(뱀, 욕망, 惡)'의 축이 있고, '인간 세계에 지고한 정신[王道]과 '크샤트리아의 의무'와 '효도(孝道, 아버지 공경)'가 있었다.

(b) 그런데 산타누 왕의 아들 '**데바브라타(Devavrata)**'가 먼저 '**크샤트리아의 의무와 효도(孝道, 아버지 공경) 이상(理想)'을 함께 달성하여 '비슈마(Bhishma, 무서운 사람)'란 영광스런 호칭을 먼저 확보하였다.**

(c) 사실상 이 '**비슈마(Bhishma, 무서운 사람)**'의 출현으로 '마하바라타(*The Mahabharata*)'는 본격적으로 시작이 되는데, 그 '비슈마(Bhishma, 무서운 사람)'는 명백히 '최고의 크샤트리아'로서 '쿠루 왕실[산타누 왕가]를 대표하고는 있지만, 또 다른 한 가지 '절대 신에의 과감한 귀순(歸順)에는 일관성이 모자랐다[부족했다].'는 것으로 **구시대(舊時代)의 영웅 '혁명을 당해야 할 대상(對象)'으로 지목이 된 존재이다.**

(d) 그러므로 '마하바라타(*The Mahabharata*)'는 이 '비슈마(Bhishma)'의 온전한 이해로 비로소 작품에 대한 바른 시각(視覺), 마하바라타를 수용할 수 있는 시각을 확보했다고 할 수 있다.

(e) 즉 '바라타 족' '쿠루 족'으로서는 그 '비슈마(Bhishma)'를 어떻게 대접 '평가'를 해야 할 것인가에 '주저와 방황'이 없을 수 없었는데, **절대신[비슈누]의 화신 크리슈나(Krishna)는 그[비슈마(Bhishma)]를 결국 '혁명을 당해야 할 대상'으로 명시했다.**['크리슈나'가 바로 '가치' '정의' '도덕' '승리' '지성' '천국'임]

(f) 그 이유는 간단하고 명백하다. 즉 그 비슈마(Bhishma)의 '공덕'은 위대하지만, 그것은 어디까지나 '지상(地上 인간들)의 기준'으로, '천상의 기준'에서 보면 '육신[뱀]의 욕망에 편들고 있는 우스운 존재'라는 시각이 그것이다.

바로 이 지점이 대작 '마하바라타(*The Mahabharata*)'가 일관시키고 있는 그 '절대주의'이다.

제19장 비슈마의 정신

바이삼파야나(Vaisampayana)는 말했다. -결혼식을 마친 다음 산타누(Santanu) 왕은 미인 신부[사티아바티(Satyavati)]와 가정을 꾸렸습니다. 그리고 왕은 **치트랑가다(Chitrangada)**라는 아들을 금방 얻었습니다. 왕자는 힘이 좋고 걸출했습니다. 산타누 왕은 다시 그 사티아바티(Satiavati) 왕비에게서 **비치트라비리아(Vichitravirya)** 왕자도 얻었는데, 그는 억센 궁수(弓手)가 되었고, 그가 아버지[산타누]를 이어 왕이 되었습니다. 그에 앞서 비치트라비리아(Vichitravirya) 왕자가 성년(成年)이 되기 전에 현명한 산타누는 '시간의 거역할 수 없는 힘'을 알아 하늘나라로 떠났습니다. 비슈마는 사티아바티(Satiavati)의 명령에 따라 그 **치트랑가다(Chitrangada)**를 왕위에 앉혔습니다. 치트랑가다(Chitrangada)의 용맹은 모든 왕국을 정복하여 그와 동등하다고 생각한 사람은 없었습니다. 그래서 그 치트랑가다(Chitrangada)는 '아수라들' 같은 종족도 물리칠 수 있었는데, 더욱 강력한 간다르바들(Gandharvas)이 그에게 대적을 해 왔습니다. 그 간다르바 족(Gandharvas) 왕과 쿠루 족(Kurus)왕은 사라스와티(Saraswati) 강둑에 있는 쿠루크쉐트라(Kurukshetra) 들에서 3년 간 계속되는 치열한 전투를 치렀습니다. 이 전투에 상대자들은 무기의 소나기를 퍼부으며 무섭게 대적을 했는데, 간다르바 족(Gandharvas) 왕은 결국 그 '쿠루 왕[치트랑가다(Chitrangada)]'을 죽였습니다. 치트랑가다(Chitrangada)를 살해한 다음 간다르바 족(Gandharvas) 왕도 하늘로 갔습니다. 치트랑가다(Chitrangada)가 사망하자, 비슈마는 **비치트라비리아(Vichitravirya)**가 연소(年少)함에도 쿠르 족의 왕으로 삼았습니다. 그래서 비슈마의 명을 받아 비치트라비리아(Vichitravirya)는 선조(先祖)의 나라를 다스렸습니다. 왕은 모든 종교와 법에 능통한 비슈마를 존경했습니다. 그래서 비슈마도 의무의 명령에 복종하는 그를 지켜주었습니다.

바이삼파야나(Vaisampayana)는 말했다. -치트랑가다(Chitrangada)가 사망한 다음에 어린 **비치트라비리아(Vichitravirya)**가 계승하여 사티아바티(Satyavati)의 명을 받들어 비슈마가 왕국을 대신 다스렸습니다. 비슈마(Bhishma)는 아우 비치트라비리아(Vichitravirya)가 영리하고 나이가 들었을 때에 그의 결혼 문제를 생각하였습니다. 그 때 비슈마는 카시(Kasi)왕의 '천사(Apsaras) 같은 세 딸'이 결혼할 '신랑 고르기 행사'를 할 것이라는 소문을 들었습니다. 어머니 사티아바티(Satyavati)의 명을 받고 비슈마는 단 한 대의 전차를 몰고 바라나시(Varanasi) 도시로 갔습니다. 비슈마는 거기에서 사방에서 모여온 수많은 군주들을 보았습니다. 그리고 그 세 아가씨가 그들의 남편을 고를 것이라는 알았습니다. 그리고 모여든 왕들은 비슈마(Bhishma)가 그의 아우를 위해 아가씨를 고른다는 말을 했습니다. 그리고 나서 비슈마(Bhishma)는 그녀들을 전차에 태우고 천둥 같은 목소리로 말했습니다.

"현자가 말하기를, 재능 있는 사람을 초대하여 그에게 딸을 장식하거나 값진 선물을 함께 제공하기도 한다고 했습니다. 다른 사람들은 두 마리 소를 받고 딸을 주기도 합니다. 또 다른 사람들은 일정 금액을 받고 딸을 주기도 하며, 어떤 사람들은 힘으로 빼앗아 가기도 합니다. 어떤 경우는 아가씨의 응낙으로 결혼하기도 하고, 약을 먹여 동의를 얻기도 하고, 아가씨 부모를 찾아가 승낙을 받기도 하고, 어떤 경우는 제사(祭祀)를 돕는 선물로 아내를 얻기도 하는데, 이들이 세상에 알려진 여덟 가지 결혼 방법입니다. 그러나 **왕들은 '스와얌바라(Swayamvara)[힘으로 신부 차지하기]'를 최고라고 하고, 왕들은 그 방법으로 결혼을 합니다.** 그래서 성자들은 선발 축제에 초대된 왕자와 왕들의 중앙 홀에서 반대자를 격퇴한 다음에 아내가 상(賞)으로 주어진다고 했습니다. 그러기에 여러 왕들이시여, 내가 이 아가씨들을 취했습니다. 억센 군주는 나를 한 번 이겨보십시오. 나는 싸울 결심으로 여기에 서 있습니다." 그 위력의 쿠루 왕자[비슈마]는 모인 왕들과 카시(Kasi) 왕에게 그렇게 말하고, 아가씨들을 자기 전차에 싣고는 초대된 왕들에게 도전을 요구하며 거기를 달렸습니다. 그러자 도전을 받은 왕들은 모두 일어서서 그들의 무기를 치며 분노로 아래 입술을 물었습니다. 큰 소리로 불평을 늘어놓으며, 급히 그들의 장신구를 내려놓고, 갑옷으로 바꿔 입었습니다. 그들의 장신구나 무기가 하늘에 별처럼 빛났습니다. 찌푸린 눈썹에 화가 난 붉은 눈으로 왕들은 '[비슈마 의향반대]'의 발걸음으로 그들의 장식과 무기가 번쩍거렸습니다. 마부들이 좋은 말들이 끄는 훌륭한 마차를 몰고 왔습니다. 그러자 모든 무기를 갖춘 그 빛나는 투사들은 그들의 전차에 올라 떠나가는 그 쿠루 왕자[비슈마]를 추적하였습니다. 그러자 한 쪽은 수많은 군주들과 다른 쪽은 단 한 사람의 쿠루 왕자 사이에 무서운 분쟁이 생겼습니다. 모인 왕들은 그들의 적[비슈마]을 향해 단 번에 1만 발의 화살을 쏘았습니다. 그러나 **비슈마는 자신이 수많은 화살 소나기를 발사하여, 그 화살들이 자신에게 도착하기 전에 다 막았습니다.**['활쏘기'가 힌두의 '최고 무술'임] 그러자 그 왕들은 비슈마의 사방을 포위하고 산허리에 비를 뿌리는 구름처럼 그에게 화살 비를 퍼부었습니다. 그리고 비슈마는 화살 소나기를 퍼부어 경쟁을 벌리는 왕들에게 각각 세 개의 화살을 안겼습니다. 왕들은 비슈마에게 다섯 개의 화살로 공격했습니다.['화살 숫자에 주목해야 함' -구체적인 證言임] 그러나 비슈마는 그것들을 자기의 무술로 막고, 그 경쟁하는 왕들에게 두 개의 화살을 쏘아주었습니다. 천상의 존재와 아수라들의 싸움처럼 치열한 경쟁이 되어, 구경만 하고 있는 사람들은 그 광경을 보는 것만으로 공포에 휩싸였습니다. **비슈마는 자기의 화살로 활과 깃대 갑옷 수많은 사람들의 목을 날렸습니다.** 그래서 비슈마의 무서운 용맹과 경쾌한 솜씨, 자신을 지키는 재주에 비록 적들이었으나 크게 박수를 치기 시작했습니다. 왕들을 전쟁으로 물리친 비슈마는 아가씨들을 데리고 서울[Hastinapura]로 향했습니다. 그러자 무적의 억센 전차 투사 **살리아(Salya) 왕**이, 비슈마(Bhishma)를 뒤에서 불렀습니다. 그리고 아가씨들을 얻고 싶은 욕망에서 살리아(Salya) 왕은 암컷 코끼리의 엉덩이를 수컷 코끼리가 그의 상아로 치듯이 비슈마를 따라잡았습니다. 그리고 억센 **살리아(Salya)**는 노기(怒氣)를 띠고 "멈춰라, 멈춰라."라 했습니다. 그러자 그 말에 비슈마는 화가 불 같이 솟았습니다. 비슈마는 활을 잡고 미간(眉間)을 찌푸리고 '크샤트리아의 예법'대로 마차를 멈췄습니다. 모든 왕들이 멈추어 선 비슈마를 보고 그와 살리아(Salya)의 대적을 지켜보고 있었습니다. 두 영웅은 암소 앞에서 억센 황소들처럼 무용(武勇)을 보이기 시작했습니다. 살리아(Salya) 왕이 비슈마에게 수많은 화살로 덮었습니다. 그러자 비슈마에게 시작부터 수많은 화살을 퍼부은 살리아(Salya)에게 왕들은 박수와 함성을 보냈습니다. 살리아(Salya)의 날랜 솜씨에 구경꾼은 박수를 치며 크게 즐거워했습니다. 그러자 비슈마 소속 도시의 사람들은 그 크샤트리아들의 함성을 듣고 화가 나서 "멈춰라, 멈춰라."라고 했습니다. 화가 난 비슈마는 그의 마부에게 말했습니다. **"살리아(Salya)가 있는 곳으로 가자, 가루다(Garuda)가 뱀을 잡듯이 죽이고 말겠다."** 그 다음 비슈마는 아인드라(Aindra) 화살로 상대방의 말들을 죽였습니다. 그리고 **비슈마는 그 살리아(Salya)를 쳐 부셨으나, 목숨은 살려 두었습니다. 살리아(Salya)는 패배를 당해 그의 왕국으로 돌아갔습니다.** 그리고 그것을 목격한 다른 왕들도 자기네들 나라로 돌아갔습니다. 최고의 무사 비슈마(Bhishma)는 왕들을 패배시킨 다음 아가씨들을 데리고 하스티나푸라로 돌아왔습니다. 거기에서 비치트라비리아(Vichitravirya) 왕자는 아버지 산타누(Santanu)처럼 나라를 잘 다스렸습니다. **비슈마는.....수많은 적을 살해하면서도 자신은 상처하나 없이(having slain numberless foes in battle without a scratch on his own person) 카시 왕의 딸들을 자신의 며느리이듯, 누이 동생**

이듯, 딸들이듯 부드럽게 쿠루 족에게로 대려 왔습니다. 그래서 비슈마가 사티아바티(Satyavati)와 상의해서, 결혼 식 준비를 하고 있는데, 카시 왕의 **장녀 암바(Amba)**가 미소를 지으며 비슈마에게 말했습니다.

"저는 이미 사우바(Saubha, 살리아)왕을 남편으로 정했습니다. 그도 저를 아내로 받아들였습니다. 이것을 저의 아버지께서도 허락을 하셨습니다. 선택 축제에서도 저는 그[살리아]를 내 남편으로 바랐었습니다. 당신은 모든 도덕을 아시니, 그 정황을 살펴 처분해 주세요." 이렇게 여러 바라문들의 면전에서 말하니, 비슈마는 그것을 어떻게 결정을 해야 할지 생각에 잠겼습니다. 베다에 정통한 바라문과 상의한 결과 '장녀 암바(Amba)는 그녀 뜻대로 하게 할 것'이 허락되었습니다. 그러나 비슈마는 다른 카시 왕의 딸 즉 **암비카(Ambica)와 암발리카(Ambalika)와 비슈마의 아우 비치트라비리아(Vichitravirya)**의 결혼이 진행 되었습니다.......그래서 7년의 세월이 흘렀습니다. 그런데 **비치트라비리아(Vichitravirya)**는 젊은 나이에 결핵(phthisis)에 걸렸습니다. 친구와 친척들이 치료에 나섰습니다. 노력에도 불구하고 비치트라비리아(Vichitravirya)는 죽고 말았습니다. 비슈마는 고민과 슬픔에 휩싸였습니다. 비슈마는 다시 황태후 사티아바티와 상의하여 유식한 사제(司祭)들이 그 장례를 치르도록 하였습니다.[70]

'스와얌바라에서 암바 암비카 암발리카 3공주를 납치한 비슈마'[71]

---

70) K. M. Ganguli (Translated into English Prose from the Original Sanskrit Text), *The Mahabharata of Krishna-Dwaipayana Vyasa*, Munshiram Manoharlal Publisher Pvt. Ltd. New Delhi, 2000, -**Adi Parva**- pp. 218~222

71) Wikipedia, 'Amba, Ambika and Ambalika' -'Bhishma abducting princesses Amba, Ambika and Ambalika from the assemblage of suitors at their swayamvara.'

(a) '마하바라타(*The Mahabharata*)'에는 '<u>언어 절대주의[저주나 맹세는 반드시 실현(실행)된다.]</u>'지키고 희망하고 있었다. 그 점에서 '표준'을 보인 존재가 비슈마였고, '한 번 약속 평생 지키는 비슈마(Bhishuma)'의 영웅적인 모습이 계속 펼쳐졌다. 당시 '<u>크샤트리아의 덕목(德目)'은 우선이 '용맹'이고 둘째는 '신용[약속 이행]'이었다.</u>

(b) 쿠루의 대 영웅 '비슈마(Bhishma)'는, 그 '용맹'과 '신의(信義)'에서 흔들림이 없었으니, 그는 '마하바라타(*The Mahabharata*)'에서 '크리슈나'를 빼놓고는 당할 사람이 없었던 '쿠루 왕국의 할아버지'요, '품위' '권위' '도덕의 표준'이었다.

(c) 그리고 이 장에서 역시 주목할 필요가 있는 대목이 '<u>스와얌바라(Swayamvara, 무력으로 아가씨 빼앗아 가기 대회)</u>' 문제이다. 이것은 희랍의 '캔타우르의 납치 결혼'과 유사한 법으로 주목이 되었다.

(d) <u>원시 힌두(Hindu) 사회의 가장 큰 특징은 '무력 존중' '크샤트리아 제일주의'를 숨김없이 드러내고 있다는 점인데, 소위 '스와얌바라(Swayamvara, 무력으로 아가씨 빼앗아 가기 대회)'는 그것을 더욱 맹백하게 하고 있는 사항이다.</u>

(e) 이 장의 서술은, '<u>여성(女性)'을 역사적으로 가장 중요한 '전리품(戰利品)'으로 명시되었다는 측면</u>에서 주목하지 않을 수 없다. 그리고 그것이 역시 '결혼을 포기한 독신주의자' 바라타의 최고 영웅 비슈마(Bhishma)의 자랑스러운 행적이라는 점도 역시 주목을 해야 한다. 소위 '도덕(virtue, 孝心과 友愛)'과 '욕망(desire, 結婚)'의 모순(矛盾) 공존이라는 측면에서 그렇다.

(f) 이것은 앞서 미인 사티아바티(Satyavati)를 놓고 어부 대장이 감히 왕가(王家)와 힘겨루기를 해서 승리했던 것은 오직 그 힘이 '사티아바티(Satyavati)의 미모(美貌)'에 근거했음에 대해, 카시(Kasi) 왕 공주의 획득은 '전쟁'을 통해 가능했다는 점은 간과할 수 없는 중요 사항이다. 왜냐하면 '마하바라타(*The Mahabharata*)'의 진술은 명백히 과장이 있으나, 그 속에 엄연히 존재하는 '현실성(진실성)'도 부정할 수가 없기 때문이다.

(g) 과장과 허위 진술을 제외하고 '역사적 사실'만을 취하면 '결혼을 포기한 용사 비슈마가 카시왕 3공주를 힘으로 앗아다가 아우 비치트라비리아(Vichitravirya)와 결혼 시켰는데, 아우는 결혼 7년 만에 결핵으로 사망했다.'만 그 결과만 남았다.

제20장 드리타라슈트라, 판두, 비두라의 탄생과 성장

바이삼파야나가 말했다. -[두 아들들을 다 잃은 산타누 왕비] 사티아바티(Satyavati)는 며느리[사망한 비치트라비리아(Vichitravirya) 왕의 아내]를 목욕시키고 침실에 들게 했습니다. 사티아바티(Satyavati)는 며느리를 고급 침대에 앉히고 일렀습니다. "코살라(Kosala)의 공주여, 너희 남편[비치트라비리아(Vichitravirya)]의 형[兄, 비아사]이 오늘 올 것이다. 정성껏 모셔라." 며느리는 이 말을 듣고 그 공주[암비카(Amvika)]는 '비슈마 선인(仙人)'이나 '쿠루 족의 다른 형'이 올 것으로 생각했습니다. 그런데 앞서 약속했던 비아사(Vyasa)가 불이 켜진 침실로 들어왔습니다. 공주는 **비아사의 검은 얼굴[그리슈나, 黑人]과 구리 빛 머리털, 불타는 눈, 검은 수염**을 보고는 <u>무서워서 눈을 감았습</u>

니다. 비아사(Vyasa)는 어머니의 소망을 이루기 위해 그녀를 알고 있었습니다. 그러나 공주는 공포에 질려 그를 다시 볼 수가 없었습니다. 비아사(Vyasa)가 [과부 암비카 왕비의]방에서 나오니, 어머니(Satyavati)가 맞으며 물었습니다. "공주가 아들을 갖겠느냐?" 비아사(Vyasa)가 대답했습니다.

"그녀[암비카]는 1만 마리 코끼리와 동등한 힘을 가진 왕자를 낳을 겁니다. 그는 영명한 성자(聖子)가 될 것이고 큰 지성과 힘을 소유할 할 것입니다. 뛰어난 그는 1백 명의 아들을 가질 것입니다. 그러나 어미의 잘못으로 그는 '장님'이 될 것입니다." 이 비아사의 말에 사티아바티가 말했습니다. "예야, 그렇다면 어떻게 장님으로 쿠루의 왕이 되겠느냐? 장님이 어떻게 그 가족을 돌보며 종족을 영광스럽게 하겠느냐? 쿠루 족에게 '다른 왕'을 주도록[點計하도록] 해보아라." 이에 비아사(Vyasa)는 "그렇게 하겠습니다."라고 하고 사라졌습니다. 그래서 암비카(Amvika)는 눈먼 아들[드리타라슈트라]을 낳았습니다. 사티아바티(Satyavati)는 둘째 며느리를 준비시켜 다시 그 '비아사(Vyasa)'를 불렀습니다. **비아사(Vyasa)는 약속에 따라 아우의 둘째 부인[암발리카]에게 갔습니다. 암발리카(Ambalika)는 비아사(Vyasa)를 보고 놀라 '창백'하게 되었습니다.** 비아사(Vyasa)는 그녀를 보고 말했습니다.

"당신은 나의 검은 모습을 보고 놀라 창백하게 되었으니, 아기가 창백할 것이요. 아기 이름을 **판두(창백, Pandu)**이라고 할 것이요." 그렇게 말하고 비아사(Vyasa)는 방을 나왔습니다. 어머니를 만나 아기를 물으니, 판두(Pandu, 창백)를 낳을 것이라고 했습니다. 그러자 사티아바티는 비아사(Vyasa)에게 또 다시 아들을 부탁했습니다. 비아사(Vyasa)는 "그렇게 하겠습니다." 암발리카는 창백한 아들을 낳았습니다. 빛나는 그 아기는 성스러운 기상을 타고 났습니다. 그 아기가 억센 궁수(弓手) 판다바 형제들(Pandavas)의 아버지가 되었습니다. 얼마 후에 암비카(Amvika)는 시어머니 사티아바티(Satyavati)에게 비아사(Vyasa)를 다시 만나라고 소환이 되었습니다. 이에 미인 암비카(Amvika)는 검은 모습에 독한 냄새를 풍기는 그 신선[비아사]을 생각하고, 그 시어머니 명령을 거슬러 자기 하녀(下女)를 치장시켜 대신 들여보냈습니다. 비아사(Vyasa)가 도착했을 때 그 아가씨는 일어나 인사를 올렸습니다. 그리고 존중해 시중(侍中)을 들고 그 곁에 앉았습니다. 그래서 비아사(Vyasa)는 그녀와 즐겼습니다. 비아사(Vyasa)는 떠나며 말했습니다.

"다정한 사람이여, 그대는 이 노예 상태에서 벗어날 것입니다. 아기는 복이 많고 도덕이 있고, 세상에서 제일 가는 지성(知性)이 될 것입니다." 그래서 그 아이는 뒤에 비두라(Vidura)로 알려졌습니다. **비두라(Vidura)는 [비아사를 아비로 한] 드리타라슈트라(Dhritarashtra)와 판두(Pandu)의 형제가 되었습니다.** '욕망'과 '열정'에서 벗어난 비두라(Vidura)는 국가 통치 행정법에 달통을 했으니, 영명한 신선 만다비아(Mandavya)가 저주를 받아 인간으로 태어난 '정의(正義) 신'이이었습니다.['천상 축출'='인간 탄생'] 비아사(Vyasa)는 어머니 사티아바티(Satyavati)에게 암비카(Amvika)가 그를 어떻게 속였고, 노예 여인에게 애를 갖게 했는지 다 말했습니다. 그런 다음 '비아사(Vyasa)'는 모습을 감추었습니다. 그래서 **'드리타라슈트라(Dhritarashtra)'와 '판두(Pandu)' '비두라(Vidura)'**

는 태어날 때부터 비슈마(Bhishma)가 자신의 아들처럼 길렀습니다. 아이들은 그들이 겪어야 할 일상적 의례를 거치며 서약을 지키며 공부를 하였습니다. 그리고 그들은 베다와 운동으로 훌륭하게 자랐습니다. 그리고 그들은 활쏘기 말달리기 철퇴로 대적하기 칼과 방패 쓰기 전장에서 코끼리 운전법 도덕 교육을 익혔습니다. 역사와 경전 읽기, 그리고 베다와 그것에 필요한 분야를 다양하고 깊이 있게 학습했습니다. 그래서 판두(Pandu)는 궁술에 탁월하여 출중한 용맹을 확보했고, 드리타라슈트라(Dhritarashtra)는 힘이 세었고, 비두라(Vidura)는 도덕이 3계(三界)에 따를 자가 없었습니다. 산타누(Santanu)의 끊어진 가계(家系)가 계승되자 세상에서는 영웅들의 어머니 중에서는 카시(Kasi) 왕의 딸을 첫째라고 했고, 나라 중에서는 쿠루장갈라(Kurujangala)를 으뜸이라고 했고, 유덕자 중에서는 비두라(Vidura)가 으뜸이고, 도시 중에서는 하스티나푸라(Hastinapura)가 으뜸이라고 했습니다. 판두(Pandu)는 왕이 되었지만, 드리타라슈트라(Dhritarashtra)는 장님이고, 비두라(Vidura)는 노예 소생이라 왕국을 얻지 못 했습니다.[72]

———→

(a) '마하바라타(*The Mahabharata*)'의 이 장에서도 명백하게 된 점은 힌두 사회에서, '크샤트리아[비슈마들]'에 대한 '바라문들[司祭族, 비아새]'의 확실한 우위(優位)이다. 즉 '정신 우선'이고 '신체적 힘[크샤트리아의 보조적 역할의 명시]'이다.

(b) 이것['정신']의 강조는 사실상 모든 종족의 '종교' '사상' '문학' '교육' '제도'의 핵심에 자리를 잡고 있는데, 힌두들은 그 '장대한 역사의 원천'을 이 '마하바라타(*The Mahabharata*)'에 다 감추어 앞서 제시를 하였다.

(c) 그런데 '힌두들의 본래 정신['마하바라타(*The Mahabharata*)'에 제시된 정신]'을 '불교'와 '기독교'는 더욱 새롭게 전개를 했는데, 그것들은 '더욱 조화롭게 된 것'과 '더욱 조잡하게 된 것'이 서로 섞긴 결과를 낳았는데, 가장 큰 쟁점은 '크샤트리아의 의무'를 어떠한 위치에 두었는가가 그 가장 치열한 부분이었다.

(d) 불교와 기독교는 물론 그 '크샤트리아의 의무'에 '침묵'하거나 '부정'하는 쪽이었으나, 인간 사회에서 '전쟁' 그 '크샤트리아의 의무'는 오늘까지 지속이 되고 있고, 궁극의 대답을 유일하게 간직하고 있는 종교는 힌두의 '마하바라타(*The Mahabharata*)'밖에 없다.

(e) 여왕 사티아바티가 주도하고 비슈마가 도와 선인 비아사(Vyasa)의 씨로 과부가 된 암비카(Amvika)와 암발리카(Ambalika)와 여종에게서 드리타라슈트라(Dhritarashtra), 판두(Pandu), 비두라(Vidura)가 각각 탄생했다는 것은 작품 '마하바라타(*The Mahabharata*)'가 기초를 두고 있는 '역사적 사실'이다. 왜냐하면 그것이 부정이 되면 모든 근거(根據)를 다 상실하게 되고 그것은 신뢰할 기반을 다 상실하게 되기 때문이다. 즉 '마하바라타(*The Mahabharata*)'는 무엇보다 힌두(Hindu)의 조상들 이야기이다.

---

72) K. M. Ganguli (Translated into English Prose from the Original Sanskrit Text), *The Mahabharata of Krishna-Dwaipayana Vyasa*, Munshiram Manoharlal Publisher Pvt. Ltd. New Delhi, 2000, -**Adi Parva**- pp. 229~231, 233~234

(f) '마하(Maha, 위대하다)'는 수식어는 여러 가지 의미를 띠고 있으나, 우선 '절대신'과 깊은 연관 속에 이루어진 '종족의 역사'라는 측면에서 붙여진 명칭이다. 그런데 그 '절대신'과 연동된 가장 명백한 특징이 '예정설(豫定 predestination)' '예언' '인연설'인데, 위에서 비아사(Vyasa)는 태어날 아들들의 운명을 미리 다 '예언'을 하였다.

제21장 쿤티와 카르나

바이삼파야나(Vaisampayana)는 계속했다. -야바다 족(Yadavas)의 왕은 **수라(Sura)**였습니다. 수라(Sura)는 '바수데바(Vasudeva)의 아버지'이고, 수라(Sura)에게는 세상에 둘도 없는 미인 **프리타 쿤티(Pritha, Kunti)**라는 딸이 있었습니다. 그런데 수라(Sura)는 고모(姑母)의 아들인 영명한 쿤티보자(Kuntibhoja)에게 그 여식(女息, 프리타)을 주기로 했습니다. 그래서 프리타(Pritha)는 양아버지 밑에서 바라문들과 손님을 돌보는 일을 하고 있었습니다. 한번은 프리타(Pritha)가 엄격한 서약을 지키는 무서운 바라문을 모셨는데, 두르바사(Durvasa)란 그 바라문은 인간 사회의 숨은 진실을 잘 알고 있었습니다. 프리타(Pritha)의 존경스런 보살핌에 감동한 성자 두르바사(Durvasa)는 그의 정신력으로 판두(Pandu)가 사슴을 잘못 살해하고 당할 저주의 미래를 예상하여, 그녀에게 **'천신(天神)을 불러 애를 가질 수 있는 호소 공식(a formula of invocation)'**을 가르쳐 주었습니다. 그래서 그 신선을 말했습니다. "이 주문(呪文, Mantra)으로 천신(天神)을 부르면 그대에게 아이를 제공할 것이다." 상량한 프리타(Pritha, Kunti)는 호기심이 생겨서 그녀의 상대 남성으로 '아르카(Arka, 태양)신'을 불렀습니다. **그녀가 '주문(Mantra)'을 외자마자 그 빛나는 신, 세상에 만물을 비추는 그 신이 그녀에게 나타났습니다.** 그 놀라운 광경에 쿤티(Pritha, Kunti)는 압도되었습니다. 그러나 그 '비바스와트(Vivaswat, 태양신)'는 그녀에게 다가와 말했습니다.

"왔노라. 검은 눈의 아가씨여, 내가 할 바를 말하라." 그 말을 듣고 쿤티는 말했습니다.

"오 주인이시여, 어떤 바라문이 이 '만트래주문'를 제게 주었습니다. 저는 그 효능을 알고 싶었을 뿐입니다. 이 행위에 대해 사죄드립니다. 용서해 주십시오." 수리아(Suria)가 대답했습니다.

"나는 두르바사(Durvasa)가 이 방법을 허락했음을 이미 알고 있노라. 그러나 두려움을 버릴지라. 순진한 아가씨여, 그대의 포옹을 허락하라. 내 접근은 쓸데없는 것이 아니다. 결과가 있을 것이다. 그대가 나를 불렀으니, 만약 소용이 없다면 그것은 그대의 잘못 때문이다."

바이삼파야나는 계속했다. -비바스와트(Vivaswat, 태양신)는 그녀의 두려움을 달래려 여러 말을 했습니다. 그러나 그 상량한 아가씨는 친척들이 두려워 그의 요구를 들을 수가 없었습니다. 그러자 아르카(Arka)는 말했습니다.

"내 소망을 들은 것이 그대에게 죄가 되지는 않을 것이다." 그렇게 말하고 아르카(Arka)는 그의 소망을 즐겼습니다. **그래서 그 둘의 관계에서 아들이 생겼으니, 갑옷과 귀고리를 갖춘 얼굴의 '카르나(Karna)'라고 알려진 아들이 태어났습니다.** 영웅적인 '카르나(Karna)'는 최고의 무기 구사

(驅使)자로서 축복을 받았고, 신의 아들로 인정을 받았습니다. 그가 탄생한 다음 영명한 타파나 (Tapana)는 프리타(Pritha)에게 그녀의 처녀성을 회복해주고 하늘나라로 올라갔습니다. **브리슈니 (Vrishuni) 공주[쿤티]는 그녀가 낳은 아이를 슬픔을 가지고 바라보다가 어떻게 해야 좋을지를 생각했습니다. 그녀는 친척들이 두려워 잘못의 증거를 숨기기로 결심했습니다. 그래서 쿤티는 힘센 아이를 물에 던졌습니다. 그러자 유명한 라다(Radha)의 마부(馬夫) 남편이 물에 던져진 그 아이를 건져서 자기 아들로 삼아 길렀습니다.** 라다와 그녀의 남편은 ['카르나'개천연의 갑옷과 귀고리를 하고 있었기에 '바수세나(Vasusena, 귀하신 몸)'라고 불렀습니다. 날 때부터 큰 힘을 지니고 태어나 성장하면서 모든 무기에 능통했습니다. 힘이 좋고 (아침부터 정오까지)태양을 볕을 등에 쪼이며 좋아했습니다. **영웅적이고 지적인 바수세나는 그가 숭배를 올릴 때에는 바라문들에게 못 줄 것이 없었습니다.** 그래서 인드라 신은 자기 아들 팔구니(Phalguni, 아르주나)를 생각하여 '바라문'의 모습으로 그 바수세나 앞에 나타나 그에게 날 때부터 가지고 나온 '무기'를 요구했습니다. 그러자 카르나(Karna)는 가지고 태어난 무기를 바라문 모습을 한 인드라에게 바쳤습니다. 그래서 그 신들의 대장 인드라는 그 선물을 받고 크게 그 카르나의 후(厚)함에 감사했습니다. 그래서 인드라 신은 카르나에게 '좋은 창 한 자루'를 그 대가로 주며 "천상에 신(celestals)이건, 아수라(Asuras)건, 인간(men)이건, 간다르바(Gandhavas)건, 나가(Nagas)이건 락샤사(Rakshasas)건 한 번은 반드시 죽일 것이다."라고 말했습니다. 수리아(Surya)의 아들은 '바수세나 (Vasusena, 귀하신 몸)'로 알려졌습니다. 그러나 갖고 나온 무기를 잘라냈기에, '카르나(Karna, 빼앗긴 자)'로 부르게 되었습니다.[73]

'태양신 수리아'[74], '자신의 마차를 탄 태양신 수리아'[75], '코끼리를 탄 인드라 신'[76]

73) K. M. Ganguli (Translated into English Prose from the Original Sanskrit Text), *The Mahabharata of Krishna-Dwaipayana Vyasa*, Munshiram Manoharlal Publisher Pvt. Ltd. New Delhi, 2000, **-Adi Parva-** pp. 235~236

74) V. Ions, *Indian Mythology*, Paul Hamlin, 1967, p. 74 'Surya, God of the sun'

75) P. Thomas, *Epics, Myths and Legends of India*, Bombay, 1980, Plate 111 'Surya Riding in his chariot'

76) P. Thomas, *Epics, Myths and Legends of India*, Bombay, 1980, Plate 104 'Indra riding on Elephant Airavantam'

(a) '마하바라타(*The Mahabharata*)'는 앞서 밝혔듯이 '전쟁 문학'이고, '도덕 혁명 문학'이다. 그런데 그 '혁명의 주체'로는 크리슈나(Krishna)와 '판두 5형제'가 있고, 그 맞은편에 탐욕의 드리타라슈트라 왕과 두료다나(Duryodhana) 등 100명의 아들이 있었다. 그런데 두료다나(Duryodhana) 등은 '체력'이나 '지력'에 '판두 5형제'를 따를 수 없었으나, 두료다나(Duryodhana)가 이 '카르나(Karna)'를 재빠르게 자기편으로 '영입(迎入)'시켜서 이 '카르나(Karna)'와 '최후'까지 동행하며 '판두 5형제'를 저지 탄압했다는 것이 '마하바라타(*The Mahabharata*)' 이야기의 전부이다.

(b) '판두 5형제'는 사실상 '절대신(비슈누) 화신' 크리슈나를 따르는 '절대주의(Absolutism)'였음에 대해 '카르나(Karna)'는 자기를 '길러준 부모[馬夫]'와 '자기를 알아 준 친구[두료다나]'를 존중하는 '현실주의(Secularism)' '실존주의(Existentialism)'에 투철하였다.

(c) '마하바라타(*The Mahabharata*)'는 배약과 사기의 두료다나를 응징하는 '혁명문학'인데, 그 '절대주의(Absolutism)'가 '현실주의(Secularism)' '실존주의(Existentialism)'를 분쇄시킨 그 힌두들의 '최초 혁명전쟁 승리'로 의미를 부여하고 있다.

(d) 그러므로 '마하바라타(*The Mahabharata*)'는 이 **두료다나(Duryodhana)와 카르나(Karna)'가 어떻게 멸망했는가에 대한 구체적인 보고서이다.**

(e) 그런데 '마하바라타*(The Mahabharata)*의 '카르나'와 관련된 '태양신' 수리아(Suria)'는 동북아시아 한국과 일본에 막강한 영향력을 기록했던 것은 각별한 주목을 요한다.

(f) '가락국기(駕洛國記)'에 김수로왕(金首露王)은 그대로 야바다 족(Yadavas)의 왕 **수라(Sura)**와 관련된 왕족이었음을 명백히 하고 있다. 그리고 '광개토대왕릉비문(廣開土大王陵碑文)' '고기(古記)'와 '가락국기(駕洛國記)' 거듭 밝혀주고 있는 바는 한반도에 최초로 정착한 '왕족' '사제'는 힌두(Hindu)의 '마하바라타(*The Mahabharata*)' 문화를 소지한 '태양족'이었고 '절대주의' 종족임을 입증하고 있다.['제5권 태양족 이동' 참조]

제22장 드리타라슈트라 왕의 101명 아들

바이삼파야나가 말했다. -**어느 날 간다리(Gandhari, 드리타라슈트라의 처)는 허기에 지친 드와이파야나(Dwaipayana, 비아사)가 찾아와 존중을 다해 그를 모셨습니다. 드와이파야나(Dwaipayana, 비아사)는 그 간다리(Gandhari)의 호의(好意)에 감사해서 그녀가 소망하는 남편[Dhritarashtra]과 동일한 힘과 학문을 이룰 '1백 명의 아들 낳기 소원'을 들어주었습니다.** 얼마 후에 간다리(Gandhari)는 임신을 했으나, 2년이 지나도 출산이 이루어지 않았습니다. 그래서 간다리(Gandhari)는 크게 괴로워했습니다. 그런데 간다리(Gandhari)는 쿤티(Kunti)가 아침 해처럼 빛나는 아들을 낳았다는 소식을 들었습니다. 그녀는 임신 기간이 너무 늘어진 것을 참지 못 하고 슬픔에 이성을 잃고 남편 몰래 아랫배를 큰 충격을 가했습니다.['못 참는 여인의 약점' -비나타, 단군신화의 호랑이] 그러자 그녀의 배에서 쇠공처럼 단단한 2년 자란 살덩이가 나왔습니다. 간다리(Gandhari)가 버리려 하니 드와이파야나(Dwaipayana, 비아사)가 나타나 그 육구(肉球, 살덩어리, a ball of flesh)를 보고 말했습니다. "그대는 무슨 일을 행했는가?" 간다리(Gandhari)는 감정을 숨기지 못 하고 그 신선[비아사]께 말했습니다.

"쿤티가 태양 같은 아들을 낳았다는 말을 듣고 슬픔에 내 배를 내가 쳤습니다. 선사께서는 제게 제가 원했던 1백 명의 아들을 허락하셨습니다. 그런데 저는 육구(肉球, 살덩어리, a ball of flesh) 하나를 낳았습니다." 그 말을 들은 드와이파야나(Dwaipayana, 비아사)는 말했습니다.

"수발라(Suvala)의 딸이여, 이렇게 되었지만, 내 말은 결코 빈말이 아니다. **내 말에는 농담(弄談) 이나 거짓이 없다.** 즉시 **1백 개의 항아리에 정갈한 버터를 채워 비밀한 장소에 보관토록 하고, 이 육구(肉球, 살덩어리, a ball of flesh)에 냉수를 뿌려 주도록 하라.**" 그래서 그 육구(肉球)에 냉수를 뿌려주었더니, 그 육구는 101개로 나뉘어 각각 엄지손가락 크기였습니다. 그래서 그들을 정갈한 버터를 채운 항아리에 넣어 비밀한 장소에 두고 주의하여 지켰습니다. 비아사(Vyasa)는 간다리(Gandhari)에게 만 2년이 지난 다음에 항아리 뚜껑을 열어야 한다고 말했습니다. 그렇게 말한 다음 비아사(Vyasa)는 자신은 히말라야 산으로 고행(苦行)을 떠났습니다. 그 다음에 두료다나 (Duryodhana) 왕이 항아리들 속에 둔 육구(肉球) 중에서 탄생했습니다. 나이 순서로 보면 [쿤티의 아들] 유디슈티라(Yydhishthira) 왕이 나이가 가장 많았습니다. 두료다나(Duryodhana)의 탄생 소식이 비슈마와 비두라에게 전해졌습니다. **거만한 두료다나(Duryodhana)가 탄생했던 날이 역시 억센 비마(Bhima)의 생일이었습니다.** 두료다나(Duryodhana)는 탄생되자마자 당나귀처럼 울기 시작했습니다. 그 울음소리를 듣고, 당나귀 독수리 재칼(jackals, 개과 동물) 까마귀들이 뒤따라 울부짖었습니다. 광풍이 일어났고, 사방에서 화재가 났습니다. 드리타라슈트라(Dhritarashtra) 왕 은 놀라 비슈마, 비두라, 지지자들 그리고 모든 쿠루들과 수많은 바라문들을 불러 그 앞에서 말했습니다.

"왕자 중에서 첫째인 유디슈티라는 우리 가계(家系)의 영속자입니다. 그의 탄생으로 그는 왕국을 획득했습니다. 우리는 그것에 대해 할 말이 없습니다. 그러나 그 다음으로 태어난 내 아들의 경우 왕이 될 수 있습니까? 저에게 이 상황에서 명백한 말씀들을 해 주십시오." 드리타라슈트라(Dhritar- ashtra) 왕의 이 말을 듣고 자칼들과 육식 동물들이 불길하게 소리쳤습니다. 사방에 불길한 조짐을 보고 모인 바라문들과 비두라(Vidura)가 대답했습니다.

"대왕이시여, 대왕의 장자(長子)[두료다나(Duryodhana)] 탄생에 이 놀라운 조짐들을 보십시오. 왕자는 앞으로 대왕의 종족을 절단(絶斷) 낼 것입니다. 만생(萬生)의 번영이 그[두료다나]의 포기 (抛棄, abandonment)에 달려 있습니다. 재앙(災殃)이 그를 보호함에서 있습니다. 그 아이를 버려 도 대왕은 99명의 아들이 있습니다. 대왕 종족의 선(善)을 원하시면 그를 버려야 합니다. 오 대왕이 시여, 세상을 위해서, 대왕의 종족을 위해서 대왕의 아이 하나를 버리셔야 합니다. 가족을 위해서 개인을 버려야 한다고 했습니다. 가정은 마을 위해서는 버려야 하고, 마을은 나라를 위해서는 버려 야 하고, 영혼을 위해서는 세상을 버려야 한다고 했습니다." 비두라와 바라문들이 그렇게 말을 했 으나 드리타라슈트라 왕은 아들 사랑 때문에 그 비두라의 충고를 따르지 않았습니다. 그 다음 한 달이 지나기 전에 드리타라슈트라 왕에게는 100명의 아들과 1명의 딸이 다 태어났습니다. 간다리(Gandhari)가 임신 기간에 드리타라슈트라 왕의 시중을 들었던 바이샤(Vaisya, 평민) 출신의 여비(女婢)가 있었습니다. 그녀에게서 왕은 높은 지성의 유유트수(Yuyutsu)가 태어났습니다. 유유트수(Yuyutsu)는 크샤트리아(武士) 신분이 바이샤(평민) 여인에게서 얻은 아들이기에 '카르나(Karna)'로 부르게 되었습니다.[77]

(a) '마하바라타(*The Mahabharata*)'를 지은 '바라문'의 '절대신 제일주의' '천국 중심주의'에 따른 여러 이론 중에 '예정(豫定, Predestination)'설은 힌두(Hindu)의 '예언자(Prophet)' 존중 '신령(Rish)' 존중과 더불어 크게 유행했음을 확인할 수 있다.

(b) '마하바라타(*The Mahabharata*)'의 악(惡)의 대표자 '두료다나(Duryodhana)의 탄생'은 위에서처럼 묘사가 되었다.

(c) 그러나 인간 사회에서 '선악(善惡)'의 문제는 그 '행동의 결과'를 보고야 비로소 확인 판단할 수 있다는 것은 오늘 이미 '법률적' '과학적' 상식으로 통하고 있다.

(d) 세계적으로 가장 먼저 그 '과학 철학'을 확립한 이이(李珥, 1536~1584) 선생은 '**기발이승일도설(氣發理乘一途說, 1572)**'을 폈는데, 인간이 '감지(感知)'를 못 한 상태에서는 착하지 않은 것이 없다.[理]'라고 하였고, 그러나 '지각(知覺)이 이미 된 대상[氣]에는 그 지각이 된 대상에 속하는 이치가 따르게 마련이다.'라고 했다.

(e) 쉽게 말하여 '두료다나(Duryodhana)'는 여러 가지 '기분 나쁜 현상'이 있었으나, 그것을 가지고 '두료다나(Duryodhana)'를 처벌해야 한다는 '비두라(Vidura) 등의 주장'은 옳은 처사라 할 수 없으니, 갓 태어난 아기가 '외부 현상'까지 책임을 져야 한다는 주장은 과도한 주장이고, '마하바라타(*The Mahabharata*)' 문학의 허점을 보인 부분이다.

제23장 쿤티의 세 왕자와 마드리의 두 아들

바이삼파야나가 말했다. -간다리(Gandhari)가 임신하여 만 1년이 되었을 때, 쿤티(Kunti)는 잉태를 하려고 신을 불렀습니다. 쿤티(Kunti)는 신에게 제사를 올리며 두르바사(Durvasa)가 알려준 공식(呪文)을 반복했습니다. 그러자 신이 쿤티(Kunti)의 주문(incantation)의 힘으로 쿤티(Kunti)가 앉아 있는 곳에 태양처럼 눈부신 수레를 타고 이르렀습니다. 신은 웃으며 말했습니다.

"오 쿤티여, 내가 그대에게 무엇을 해야 합니까?" 그러자 쿤티도 웃으며 말했습니다. "당신이 제게 자식을 주셔야 합니다." 그래서 쿤티(Kunti)는 신과 합했고, 쿤티는 '만물을 착하게 할 아들(a son devoted to the of all creatures)'을 얻었습니다....아이가 탄생하자 하늘로부터 목소리가 들렸

77) K. M. Ganguli (Translated into English Prose from the Original Sanskrit Text), *The Mahabharata of Krishna-Dwaipayana Vyasa*, Munshiram Manoharlal Publisher Pvt. Ltd. New Delhi, 2000, -**Adi Parva**- pp. 241~242

습니다. **"이 아이는 인간 중에 최고가 될 것이고, 도덕 있는 사람 중에 으뜸이 될 것이다. 무용(武勇)과 진실을 구비할 것이고, 세상에 왕이 될 것이니, 이 판두의 맏아들은 이름을 '유디슈티라(Yudhishthira)'라고 할 것이다. 용맹과 정직을 갖췄으니, 3계에 유명한 왕이 될 것이다."**['신약'에 예수 잉태와 탄생을 장식한 말과 유사함]

판두(Pandu)는 유덕한 아들을 얻고 난 다음 다시 아내 쿤티에게 말했습니다.

"현인이 말씀하시기를 '크샤트리아(武士)는 체력을 구비해야 해야 하고 그렇지 못 하면 크샤트리아(武士)가 아니다.'라고 했으니, 당신에게 월등하게 힘센 아들을 부탁해 봅시다." 이 판두의 부탁에 따라 쿤티(Kunti)는 '바람의 신 바유(Vayu)'에게 호소했습니다. 그 신은 쿤티에게 사슴을 타고 나타났습니다.

"쿤티여, 내가 그대에게 무엇을 주어야 합니까?" 쿤티는 얌전하게 웃으며 말했습니다.

"오 천상(天上)의 신이시여, 힘과 체격에서 만인을 제압하는 아기를 주소서." 그래서 그 '바람의 신'은 훗날 비마(Bhima)로 알려진 체격과 용맹을 지닌 아기를 쿤티에게 주었습니다. 비마가 태어날 때 목소리가 들렸습니다. "이 아이는 최상의 힘을 획득할 것이다."라고 했습니다. 이 브리코다라(Vrikodara, Bhima) 탄생 이후에 또 하나 놀라운 사건이 있었습니다. 산 중턱에 있던 쿤티 무릎을 벗어난 그 아기 비마는, 바위를 깨뜨리며 떨어졌으나, 아기 몸에는 조금도 상처가 없었습니다. 그리고 쿤티가 호랑이에 놀라 무릎에 잠든 비마를 잊고 급히 일어섰는데, 아기 '비마'의 신체는 벼락처럼 단단해서 그 산 중턱에서 떨어지면서 수 백 개의 바위 파편(破片)을 만들어 내었습니다. 그것을 본 판두 왕은 크게 놀랐습니다. 그리고 그 브리코다라(Vrikodara, Bhima)가 탄생한 날은 역시 세상에 왕이 된 '두료다나(Duryodhana)'의 생일이었습니다. 브리코다라(Vrikodara, Bhima)가 태어난 다음 판두 왕은 또 생각했습니다. "어떻게 하면 세상에서 제일가는 아들을 얻을 수 있을까? 세상의 모든 것은 운(運)과 노력에 달려 있다. 그러나 행운도 노력이 없이는 달성할 수 없다. 인드라(Indra)는 신들 중에 대장이다. 인드라는 측량할 수 없는 힘과 용맹과 명성을 지니고 있다. 나의 고행으로 그를 즐겁게 만들어 힘센 아들을 얻기로 하자. **인드라가 내게 아들을 주면 모든 사람들을 초월하여, 전장에서 모든 것들을 물리칠 수 있을 것이다. 나는 정신과 행동과 말에서 지독한 고행(苦行)을 행할 것이다.**" 이후 판두 왕은 위대한 신선 '비아사'와 상의(相議)하고, 쿤티(Kunti)에게 일 년간 고행 맹세를 보게 명하였는데, 인드라를 즐겁게 하려고 아침부터 저녁까지 선채로 명상(瞑想)에 몰입하는 독한 고행을 개시하였습니다. 오랜 시간이 흐른 다음에, 판두의 그와 같은 헌신(獻身)에 즐거워진 인드라가 그에게 다가와 말했습니다.

"오 대왕이여, 내가 그대에게 바라문과 암소와 선자(善者)들에게 복이 될 3계의 축복을 받을 아들을 주겠노라. 그는 사악한 자를 꺾고 친구와 친척에게 기쁨을 줄 것이고, 무엇보다 모든 원수들을 물리칠 사람이 될 것이다." 바사바(Vasava, 인드라)가 그렇게 말하니, 판두는 쿤티에게 말했습니다.

"행운의 당신이여, 그대의 맹세는 성공을 했습니다. 인드라가 즐거워하셨으니, 그대에게 큰 명성을 이룰 최고의 아들을 주실 것이요. 아들은 적들을 제압하고 큰 지혜를 지닐 겁니다. 태양과 같은 위대한 영혼을 지녀 전투에는 무적(無敵)이고, 대성공을 거둘 것이며 엄청난 미남이랍니다. 오 아름다운 사람이여, 인드라가 은혜를 베풀 것이니, 그를 불러서 크샤트리아 도덕의 가문을 이룰 아기를 낳아 봅시다."

바이삼파야나는 이야기를 계속했습니다. -판두의 말을 들은 쿤티(Kunti)는 인드라에게 호소했고, 뒤에 '아르주나(Arjuna)'라고 부른 아기를 낳았습니다. 그 아이가 태어나자마자 온 하늘을 가득 채운 구름만큼이나 높은 곳으로부터 그 성소(聖所)에 사는 사람들이 다 들릴 정도로 크고 분명하게 쿤티에게 말했습니다.

"오 쿤티여, 이 아이는 힘은 카르타비리아(Kartavirya) 같고, 용맹은 시바(Siva)와 같으리라. 무적(無敵)하기는 사크라(Sakra)와 같아서 넓고 긴 명성을 뿌릴 것이다. (아디티의 막내둥이) 비슈누가 아디티(Aditi)에 기쁨을 주었듯이 이 아이가 그대에게 기쁨을 더 할 것이다. 마드라족(Madras), 쿠루(Kurus) 소마카족(Somakas) 체디(Chedi) 키시(Kasi) 카루샤(Karusha)를 정복하고 쿠루(Kurus)의 영광을 지속할 것이다.......그는 비슈누와도 비슷하게 될 것이다....그는 산카라(Sankara, Mahadeva)와 같고....파수파타(Pasupata)란 무기도 갖게 될 것이다." 쿤티는 방에 누워서 그 '특별한 말씀'을 들었습니다. 그처럼 크게 말하는 것을 듣고 수백 개의 산봉우리에 사는 고행자들과 인드라와 함께 사는 천신들도 아주 즐거워했습니다. 천고(天鼓) 소리가 온 하늘을 채웠고, 전 천역(天域)에서 환호성이 터져 나왔고 꽃비(flowers showered down)가 내렸습니다. 온갖 천신들이 프리타(Pritha, 쿤티)의 아들에게 경배(敬拜)를 올렸습니다. 남편 판두(Pandu)의 부탁을 받은 쿤티(Kunti)는, 마드리(Madri, 판두의 둘째 부인)에게 말했습니다.

"때를 잃지 말고, 천신(celestial)을 생각하면 자식을 얻을 수 있을 것입니다." 마드리(Madri)는 얼마 후에 쌍둥이 신 아스윈(Aswins)을 생각했더니, 금방 그들이 달려와 쌍둥이 나쿨라(Nacula)와 사하데바(Sahadeva)를 갖게 되었고, 그들이 세상에 태어나게 되었습니다. 그들이 태어나자마자 하늘에서 말씀이 들렸습니다. "이 쌍둥이 아이들은 힘과 미모에서 쌍둥이 신 아스윈(Aswins)을 능가할 것이다." 과연 그들은 힘과 미모로 빛났습니다.

바이삼파야나가 말했다. -그런데 판두 왕이 부인 마드리(Madri)와 함께 있다가, 젊은 마드리가 단장을 하고 있는 것을 보고, 판두 왕의 욕망이 숲에 불이 붙듯이 솟아올랐습니다. 왕이 왕비를 안으니, 왕비는 공포에 떨었습니다. 왕은 욕망에 사로잡혀 '불행의 예고'를 망각했습니다. 그 신선의 저주가 발동되니, 왕의 마드리 포옹이 판두 생명을 끝장나게 했습니다. 판두 왕의 이성은 감각에 마비되어 판두 왕은 위대한 파괴자에 의해 그의 생명을 잃었습니다.

바이삼파야나가 말했습니다. -비슈마와 쿤티는 판두 왕의 장례식(Sraddha, 慰靈祭)을 치르고 난 다음, 카우라바들와 브라만들과 잔치하고 그들에게 보석과 토지를 나누어 주었습니다. 그런 다음 시민들은 판두 아들들과 함께 하스티나프라(Hstinapura)로 돌아 와서 아버지 사망에 따른 여러 생각에서 벗어났습니다. 시민들은 '판두 왕의 서거(逝去)'에 그들의 친척이 죽은 것처럼 울었습니다. 그 장례식(Sraddha, 慰靈祭)이 진행되어 상주들이 슬픔에 빠져 있을 적에 존경스러운 비아사(Vyasa)가 어머니 사티아바티(Satyavati)에게 말했습니다.

"어머니, 우리의 행복의 날은 지나갔고, 재앙(災殃)의 날이 다가옵니다. 죄악은 날마다 늘어나고 세상은 늙어버렸습니다. 오류와 탄압으로 카우라바 왕조는 더 이상 지탱될 수 없습니다. 숲으로 들어가십시오. 요가(Yoga)로 명상에 헌신(獻身)하셔야 합니다. 사회가 사기와 오류로 넘칠 것이고, 선은 종적을 감출 것입니다. 노경에 종족의 멸망을 보지 마소서." 사티아바티(Satyavati)는 그 비아사의 말을 듣고 내전(內殿)으로 들어가 며느리에게 말했습니다.

"암비카(Ambica)야, 너희 손자들로 인해서 바라타 왕국은 망할 것이라는 말을 들었다. 네가 응낙을 하면 아들을 잃고 슬픔에 빠진 카우살리아(Kausalya, Ambalika)와 함께 숲으로 들어갈 것이다." 이렇게 말하고 황후는 비슈마(Bhishma)의 허락을 받아 숲으로 들어갔습니다. 두 며느리[암비카(Ambica), 암발리카(Ambalika)]와 함께 숲으로 들어간 사티아바티(Satyavati)는 깊은 명상에 돌입했고, 때가 되어 천국으로 올라갔습니다.[78]

'인드라와 쿤티'[79]

_____→

(a) 과거 '서사시인들'이 현대인들을 가장 당혹스럽게 하는 것은 소위 '**예정설(豫定說, a doctrine of predestination)**'이다. 즉 '성인(聖人)'을 비롯한 '위인(偉人)들'은 그들이 평생 행한 '행적'을 확인하고 나서야 이후 사람들은 그 위대함을 알아 배우게 마련인데, '**예정설(豫定說, a doctrine of predestination)**'은 '한 인간이 어떻게 행할 지를 하늘이 다 정해놓았다.'는 엄청난 전제를 미리

78) K. M. Ganguli (Translated into English Prose from the Original Sanskrit Text), *The Mahabharata of Krishna-Dwaipayana Vyasa*, Munshiram Manoharlal Publisher Pvt. Ltd. New Delhi, 2000, -**Adi Parva**- pp. 256~258, 260, 262, 266

79) Wikipedia, 'Kunti' -'Kunti prays to Indra for a son. Arjuna is born thereafter.'

행했다.

그것은 '인간이란 절대자의 의도를 벗어날 수 없다.' '정해진 대로 살 수밖에 없다.' '주님께 다 맡기자'라는 배짱 편한 방법이나, 실로 '황당무계(荒唐無稽)'한 전제일 뿐이다.

(b) 이 모든 '신비주의(神秘主義, mysticism)'는 **'천국 우선주의' '절대신 만능주의'를 앞서 개발한 힌두이즘(Hinduism)에서 그 발원(發源)되었다.** 왜냐하면 그 '천국 우선주의' '신의 세상 통치'를 '마하바라타(*The Mahabharata*)'처럼 체계적으로 달성한 책은 세계에 없으며, '마하바라타(*The Mahabharata*)'처럼 그 자체의 '착함[罪]를 쉽게 벗어남'을 강조하고 있는 책도 세상에 없기 때문이다.['이름'이나, '몇 구절'만 들어도 '죄악에서 벗어난다.'고 권장하고 있음]

(c) 그런데 그 한편으로는 **구원(救援)과 발복(發福)의 용이하고 영원함을 강조하여 놓고', 다시 다른 편에서는 '인과설' '예정설' '천정(天定)설'로 다시 사람들 사이에 상호 격차를 벌려 체념을 강요하며, '오직 믿고 따르기'를 강조하고 있으니, 그러한 힌두(Hindu)들이 개발해 낸 그 역사적 유산(遺産)이 -'브라만(사제)' '크샤트리아(무사)' '바이샤(평민)' '수드라(노예)'라는 철저한 사회 계급이었다.**

(d) '예정설(豫定說, a doctrine of predestination)'과 신비주의(神秘主義, mysticism)를 믿는 힌두들은 '전쟁의 죽음'을 바로 '신성한 제사의례(祭祀儀禮)'로 생각하였고, '전쟁터[쿠루크셰트라]'를 '천국 직행'의 '성소(聖所)'로 간주했던 것은, 모두 힌두(Hindu)의 '현세부정' '염세주의(厭世主義)'에 근거를 둔 가장 엄청난 사상(思想)이다.

이러한 '힌두이즘'은 희랍의 플라톤(Plato)의 '국가' 헤겔(Hegel)의 '법철학'으로 이어져 '제2차 세계대전'으로까지 지속이 되었다.

(e) 이들과 연결되어 있는 것이 '고행(苦行) 제일주의' '원죄(原罪)설' '욕망 부정' '육신[뱀] 부정' 설이다.

(f) 힌두(Hindu)는 역시 **한편으로는 '다른 생명 죽이기'는 큰 금기 사항으로 지정을 해 놓고, 다른 편에서 '전쟁에서 사람 죽이기 최고 명수 아르주나(Arjuna)'는** 하늘이 정해놓은 최고의 영웅이라고 명시하고 있다.

(g) 이 명백히 '모순된 논리'에 분명한 이의(異意)를 제기한 사람은, 볼테르 니체 이후의 '현대 사회 시민'들이 있을 뿐이니, '역사적 전개'에 눈 감으라는 사람들은 '절대신'에 안식을 주장하는 '힌두 식 사고의 고집'이라고 하지 않을 수 없다.['마하바라타(*The Mahabharata*)'는 '歷史'를 부정하는 '歷史책'이다.]

제24장 두료다나의 1차 행악(行惡)

바이삼파야나는 계속했다. -베다에 기록된 대로 모든 '정화 제(淨化 祭, purifying rites)'를 마치고 판두 왕의 아들들은 아버지 궁전에서 왕자답게 성장을 했고, 드리타라슈트라(Dhritarashtra) 아들들과 놀게 될 때는 힘의 우월함이 뚜렷했습니다. 목표에 적중하는 속력에서나 먹는 것에서나 더러운 먼지를 제거하는 데서나 비마세나(Bhimasena)는 모든 드리타라슈트라 아들을 이겼습니다. 비마세나(Bhimasena)는 그들의 머리털을 잡아끌고 다니고, 서로 싸우게 만들어 놓고 웃어댔습니다. 비마(Vricodara)는 자기가 101명 아들의 힘을 대신이나 한 것처럼 그들을 맘대로 놀려 댔습니다. 비마를 그들의 머리채를 잡아 물에 던지고 땅바닥에 끌고 다녔습니다. 그래서 무릎이나 머리, 어깨가 다치고 깨졌습니다. 어떤 때에는 열 명을 함께 잡아 강물에 던져서 거의 죽을 뻔 했습니다. 드리타라슈트라 아들들이 열매를 따려고 나무 가지에 올랐는데, 비마는 그 나무를 발로 차서 열매와 아이들이 함께 떨어지기도 했습니다. 권투 시합에서도 속도와 기술에서 왕자들은 비마를 대적할 수 없었습니다. 비마는 그들을 괴롭혔으나, 악의(惡意)는 없었습니다. 비마의 놀라운 힘을 보고 드리타라슈트라의 장남 **듀료다나(Duryodhana)**는 비마에게 적대감을 품기 시작했습니다. 사악하고 불의한 두료다나는 무식한 시기심에 행악(行惡, an act of sin)을 준비했습니다. 두료다나는 생각했습니다.

"용맹에서는 비마를 당할 자가 없다. 술수로 저놈을 죽여야겠다. 비마는 저 혼자서 우리 백 명을 감당한다. 그가 정원에 잠들었을 때에 갠지스 강 중(中)에 던져 버려야겠다. 그러고 나서 유디슈티라와 아르주나를 가두어놓고 맘대로 왕 노릇을 해야겠다." 그렇게 결심한 고약한 두료다나는 비마를 잡을 기회를 엿보고 있었습니다. 두료다나(Duryodhana)는 갠지스 강둑의 프라마나코티(Pramanakoti)라는 아름다운 곳에 '소모사(梳毛絲) 복지(服地)'와 값비싼 재료로 궁궐을 만들었습니다. 그리고 그 궁궐에서 물놀이도 할 수 있게 만들었고, 오락 기구와 진수성찬을 가득 채웠습니다. 저택의 꼭대기에 깃발들을 달고 궁궐 이름을 '물놀이 궁궐(the water-sport house)'이라 했습니다. 능란한 요리사가 진수성찬을 준비하였습니다. 준비가 끝났을 때 관리자는 두료다나(Duryodhana)에게 보고했습니다. 그 고약한 왕자는 판다바들에게 말했습니다.

"나무가 욱어지고 꽃들이 핀 갠지스 강둑으로 가 물놀이나 합시다." 그러자 유디슈트라가 그 말에 동의하여 드리타라슈트라 아들들은, 그 판다바 형제들을 거대 코끼리에 위에 태우고 도시 같은 마차를 몰고 서울[하스티나푸래]을 떠났습니다....강둑에는 갖가지 꽃들이 피어나 향기를 뿜고 있었습니다. 카우라바 형제들과 판다바 형제들은 그들에 제공된 음식을 즐기기 시작했습니다. 그들은 놀이도 하였고, 음식도 나눠 먹었습니다. 그러는 동안 고약한 두로다나(Duryodhana)는 비마에게 제공할 음식에 강력한 독약을 넣었습니다. 혀는 달게 말하고 가슴엔 칼을 품은[口蜜腹劍] 사악한 젊은 두로다나(Duryodhana)는 비마(Bhima)에게 독이든 음식을 먹이며 비마(Bhima)를 잡겠다 싶어 마음속으로 크게 즐거웠습니다. 그런 다음 드리타라슈트라 아들들과 판두의 아들들은 즐겁게 물놀이도 즐겼습니다. 놀이가 끝나자 온갖 무늬가 박힌 백색 옷으로 다 갈아입었습니다. 물놀이로 피곤해진 그들은 밤에 정원에 있는 오락실에서 쉬게 되었습니다. 물놀이에서 다른 사람들에게 힘을 썼던 비마는 더욱 엄청나게 피곤하여 물에서 나와 땅바닥에 누웠습니다. 비마는 피곤했고, 독약까지 먹었습니다. 그리고 시원한 공기가 그 독을 사지에 퍼지게 해서 비마는 금방 정신을 잃었습니다. 그것을 본 두료다나(Duryodhana)는 비마를 칡넝쿨로 묶어 강물에 던져버렸습니다. **정신을 잃은 비마는 나가(Naga, 뱀) 왕국에 도달하여 치명적인 독 이빨을 가진 수천의 뱀들이 물어멜 때까지 물에 잠겨 있었습니다.** 음식물의 독은 비마의 피 속에서 뱀독과 섞여 중성(中性)이 되었습니다. 뱀들은 이빨이 들어가지 않는 비마의 가슴만 빼고 모든 몸을 물었습니다. 정신이 돌아온 비마는 묶은 끈을 끊고 뱀들을 땅바닥에 밟아 잡았습니다. 목숨을 건진 뱀 한마리가 왕 **바수키** (Vasuki)에게 말했습니다.

"뱀들의 왕이시여, 칡넝쿨로 감긴 어떤 사람이 물속으로 떨어졌는데, 그는 독약을 마신 것 같았습니다. 우리 가운데 떨어졌을 때는 정신이 없었는데, 우리가 물어뜯기를 시작하니 그는 오히려 정신을 차려서 묶인 끈을 끊고 우리를 짓밟기 시작했습니다. 그가 누구인지 확인해 보시겠습니까?" 부하 뱀의 보고를 들은 뱀 왕 **바수키**(Vasuki)는 그곳으로 가서 그 비마를 바라보았습니다. **뱀들 중에는 아리아카(Aryaka)란 뱀이 있었는데, 쿤티(Kunti, 비마의 생모)의 '증조할아버지'였습니다.**['뱀'과 '혼인'도 이루어졌다.] 뱀 왕은 비마가 자신의 친척임을 확인하고 그를 포용했습니다.[동물 세계와의 공존] 그리고 모든 사정을 듣고 뱀 왕 **바수키**는 비마를 반기며 아리아카(Aryaka)에게 말했습니다.

"어떻게 하면 우리가 그분을 기쁘게 해 드릴 수 있겠느냐? 돈과 보석을 듬뿍 드리도록 하라." 뱀 왕 **바수키**의 말을 듣고, 아리아카(Aryaka)가 말했습니다.

"왕시여, 대왕이 그분과 즐기실 적에는 돈 같은 것은 소용이 없습니다. 그분[비마]이 무한한 힘을 얻을 라사쿤다(raskunda, 仙酒)를 주옵소서. 한 병만 마시면 1천 마리 코끼리의 힘이 생깁니다. 그분께 마실 수 있는 만큼 충분히 마시게 하소서." 뱀 왕은 허락했습니다. 뱀들은 그래서 잔치를 열었습니다. 비마를 조심해서 정화(淨化)를 해 주어, 그는 동쪽을 보고 선주(仙酒, nectar)를 마시기 시작해서 그 양이 찰만큼 거듭 여덟 항아리를 마셨습니다. 뱀들은 비마를 최고의 침상에서 쉬게 해주었습니다.[80]

_____ ✈

(a) '마하바라타(*The Mahabharata*)'에 가장 중요한 대목은 '**18일 간의 쿠루크셰트라(Kurukshetra) 전쟁**'인데, 그것은 드리타라슈트라 아들 '두료다나'와 판두의 아들 '유디슈티라 형제'의 전쟁이었다.

(b) 그런데 '마하바라타(*The Mahabharata*)' 서술자는, 같은 해, 같은 달, 같은 날에 태어난 그 '**두료다나(Duryodhana)와 비마(Bhima)의 불화(不和)**'가 결국은 그 전쟁으로까지 이어졌다는 '악연(惡緣)'과 '숙명론'을 펼치었다.

(c) 드리타라슈트라 아들 '두료다나'는 상대 편[판다바들]에게 재력(財力)을 앞세워 온갖 흉계를 고안해 내서 '4촌 형제들의 제거'에 목표를 두고 있음에 대해, '유디슈티라 형제'는 그때그때 소극적으로 대항을 하며, '천운(天運)'으로 위기를 극복해 가며 '자기들의 성찰과 힘의 비축'에 힘을 쓰는 무리로 소개되어 있다. [이러한 측면에서부터 '삼국지통속연의(三國志通俗演義)'에도 '두료다나[曹

80) K. M. Ganguli (Translated into English Prose from the Original Sanskrit Text), *The Mahabharata of Krishna-Dwaipayana Vyasa*, Munshiram Manoharlal Publisher Pvt. Ltd. New Delhi, 2000, -**Adi Parva**- pp. 266~269

114 제2권 추방된 왕자들

摡' '유디슈티라[劉備]'가 있다고 알게 되어 있다.]

(d) 그런데 이러한 두료다나는 강력한 크샤트리아 '카르나(Karna)'를 포섭하고 사기꾼 외삼촌 '사쿠니(Sakuni)'까지 동원하여 세상을 독차지하고, 약속을 지키지 않은 '악당'으로 서술하였다.

(e) '유디슈티라 형제들'은 일단 판두 왕의 지분을 물려받아 그 왕국을 계속 키워 나갔는데, 드리타라슈트라의 주선으로 유디슈티라가 '주사위 노름'으로 그것들을 다 빼앗기어 13년간 유랑 은둔 생활을 했다. 그러했음에도 두료다나는 '선왕의 지분'을 돌려주려하지 않자 어쩔 수 없이 '전쟁'을 통해 왕국을 찾았다는 경과가 이야기의 전부이다.

(f) 그런데 힌두(Hindu)들은 이 '마하바라타(The Mahabharata)'를 베다를 종합 정리한 '비아사'의 제작으로 '통일 힌두(Hindu) 최고봉'으로 삼고 있으니, 그 '마하바라타(The Mahabharata)' '청취자'는 여기에 제시된 '인생관' '사회관' '국가관' '우주관'을 그대로 학습 수용을 했다.

제25장 드루파다의 우정(友情)론

바이삼파야나가 말했다. -비슈마(Bhishuma)는 그 손자들에게 훌륭한 교육을 행하려고 무예에 능통한 교사를 물색하였습니다. 그런데 쿠루 왕자들의 교육에 바라드와자(Bharadwaja)의 아들인 영명한 **드로나(Drona)**만 한 사람이 없었습니다. 비슈마는 유명한 드로나에게 왕자들의 교육을 맡기니, 유명한 드로나도 왕자들을 자기 학생으로 용납했습니다. 그래서 그 드로나(Drona)가 왕자들에게 무예를 가르쳤습니다. 그래서 카우라바 형제들과 판다바 형제들은 단 기간에 모든 무기에 통달을 했습니다.

왕 자나메자야(Janamejaya)가 물었다. -오 바라문[바이삼파야나]이시여, **드로나(Drona)**는 어떻게 태어났고 어디에서 그 무기는 획득을 했습니까? 그리고 쿠루들(Kurus)에게는 어떻게 오게 되었습니까? 누가 그 드로나를 가르쳤으며, 무예에 뛰어난 드로나의 아들 아스와타만(Aswatthaman)은 어떻게 태어났습니까?

바이삼파야나(Vaisampayana)가 말했다. -갠지스 강의 수원(水源)에 엄격한 서원(誓願, vows)을 다짐한 위대한 바라드와자(Bharadwaja)라는 성자(聖者)가 살고 있었습니다. 어느 날 아그니호라(Agnihora) 제사를 올리려고 많은 위대한 신선들과 함께 목욕재계(沐浴齋戒, ablutions)를 하러 갠지스 강으로 갔습니다. 강가의 둑에 이르러 조금 앞서 왔던 젊음과 미를 갖춘 천사(天使) 그리타치(Ghritachi)를 보았습니다. 얼굴에 자신감을 가지고 있는 그 아가씨는 풍만한 몸매로 목욕을 마치고 물 밖으로 나왔습니다. 그런 다음 그녀가 강둑을 살피며 밟자 느슨해진 옷이 벗겨졌습니다. 그녀의 옷이 벗겨진 것을 본 그 성자는 불타는 욕망의 공격을 당했습니다. 순간 생명의 액체가 격정으로 흘러나왔습니다. 그 선사는 즉시[그 액체를] '**드로나(drona)**'란 그릇에 받았습니다. 그런데 **드로나(Drona)**는 성자 바라드와자(Bharadwaja)가 간직한 그 '그릇'인데 거기에서 '아기'가 생겨난 것입니다. 이렇게 태어난 그 아이는 '베다(Veda)'와 그 보조 분야를 다 학습을 했습니다. 그에 앞서 위대한 용맹의 바라드와자(Bharadwaja)는 아그네야(Agneya)라는 무기를 알고 있는 영명한 아그니베사(Agnivesa)와 소통을 하고 있었습니다. **불에서 태어난 그 신선(Agnivesa)은 그 위대한 무기 사용법을 그 '드로나(Drona)'에게 가르쳐 주었습니다.** 바라드와자(Bharadwaja)와 가까운 친구였던 왕 프리샤타(Prishata)가 있었습니다. 그런데 드로나(Drona)가 태어나 있을 때에는 왕 프리샤타(Prishata)에게는 **드루파다(Drupada)**란 아들이 태어나 있었습니다. 크샤트리아 중의 황소 드루파다는 바라드와자(Bharadwaja) 집으로 와 **드로나**와 함께 놀며 함께 공부를 했는데, **드루파다(Drupada)는 아버지 프리샤타(Prishata)가 사망하자 북쪽 판찰라 족(Panchalas)의 왕이 되었습니다.** 대략 그 무렵에 바라드와자(Bharadwaja)도 하늘나라로 갔습니다[사망]. **드로나(Drona)**는 계속 아버지 처소에 머무르며 금욕 생활에 매진하였습니다. 베다(Veda)와 그 지류(枝類)를 온전히 모두 학습하고, 모든 죄악을 금욕주의로 불사른 축복 받은 **드로나(Drona)**는 아버지 명령을 받들어 아들을 낳으려고 사라드와트(Saradwat)의 딸 크리피(Kripi)와 결혼을 했습니다. 그런데 크리피는 아그니호트라(Agnihotra)에 종사하며 **아스와타만(Aswatthaman)**이란 아들을 갖게 되었습니다. 아스와타만(Aswatthaman)은 태어나자마자 아기는 천마(天馬) 우차이스라바(Ucchaihsravas)처럼 울부짖었습니다. 그 울음소리를 듣고 하늘에서 말씀하셨습니다.

"아기의 울음소리가 사방에 울려 퍼지는 천마(天馬)의 울음소리다. 그러므로 **아스와타만(Aswatthaman, 말의 울음소리)**라 하라." 드로나는 그 아이[아스와타만(Aswatthaman)]를 얻고 너무나 기뻤습니다. 드로나(Drona)는 그 은둔지에 살면서도 무술 공부에만 정진했습니다. 그런데 드로나(Drona)는 모든 무기에 달통한 영명한 자마다그니아(Jamadagnya)가 바라문들에게 그의 지식의 부(富)를 건네주겠다는 소식에 접했습니다. 라마(Rama)의 무기에 대한 지식과 천상의 무기를 들어 알고 있는 드로나(Drona)는 라마의 정신과 그것들에 대해 생각을 집중했습니다. 높은 금욕주의로 무장한 드로나는 금욕을 맹세한 헌신적인 제자들을 대동하고 마헨드라(Mahendra) 산으로 출발하였습니다. 마헨드라(Mahendra)에 도착한 드로나는 정신을 온전히 통제한 무적(無敵)의 자마다그냐(Jamadagnya)를 뵈었습니다. 제자들과 함께 자마다그냐(Jamadagnya)에게 다가간 드로나(Drona)는 자신이 앙기라 족(Angiras)임을 말했습니다. 그리고 드로나(Drona)는 땅에다 그 머리를 대며 라마(Rama)의 다리에 축복을 올렸습니다. 그리고 그의 모든 부를 버리고 숲으로 은퇴한 영명한 자마다그니아(Jamadagnya)의 후손을 보며 드로나는 말했습니다.

"모태(母胎)가 아닌, 바라드와자(Bharadwaja)의 [순전한]아들, 드로나(Drona)입니다. 당신께 부(富)를 얻으려 왔습니다." 그 드로나(Drona)의 말을 듣고 자마다그냐(Jamadagnya)는 말했습니다.

"어서 오시오. 최고의 아드님이시여, 무엇을 원하는지 말하시오." 이렇게 라마(Rama)가 대답을 하자 드로나(Drona)는 말했습니다.

"오 서원(誓願)의 부자이시여, 제가 당신의 영원한 부(富)를 계승할 후보자입니다." 라마가 대답했습니다.

"황금과 다른 것들은 다 바라문들에게 나누어 주었노라. 도시와 화원이 있는 바다 가장 자리의 그 땅은 카샤파(Kasyapa)에게 주었노라. 지금은 내게 내 몸뚱이와 다양한 무기가 남아 있을 뿐이다. 그대가 원하는 것을 말하라! 어서 말해 보라." 드로나(Drona)가 말했습니다. "오 브리구(Bhri-gu)의 후손이시여, 당신의 모든 무기와 신비스런 무기 사용법을 제게 주옵소서." 브리구(Bhrigu)의 아드님은 "그렇게 하마." 대답을 하고, 드로나(Drona)에게 모든 무기를 주었고, 전 무기 사용법을 알려주었습니다. 드로나(Drona)는 그 최상의 바라문께 충분히 보답을 하고, 기쁜 마음으로 그의 배움 친구 **드루파다(Drupada)**가 있는 도시로 향하였습니다.

바이삼파야나가 말했다. -드로나(Drona)는 이미 군주(君主)가 된 배움 친구 드루파다(Drupada)에 말했습니다.

"오 친구여, 나를 알겠는가?" 이렇게 즐겁게 말하는 드로나(Drona)를 판찰라(Panchalas, -두루파다)의 국왕은 참고 견딜 수가 없었습니다. 부(富)에 도취된 드루파다(Drupada)는 붉은 눈으로 이맛살을 찌푸리며 드로나에게 말했습니다.

"오 바라문이여, 그대의 지성은 아직도 모자라구나, 갑자기 그대가 '나의 친구'라니! 그대는 뭘 모르는 바보가 아닌가. 위대한 왕들은, 그대 같이 '재수 없고 가난한 사람'과는 '친구'가 될 수 없다네. 그대와 나는 '옛날에 친구'였던 것은 사실이네. 당시엔 우리가 비슷한 환경에 있었으니까. 물론 세월은 모든 것을 바꿔놓고, 우리의 우정도 변하게 하였네. 이승에서의 우정은 오래 가질 못하는 법이라네. '세월'이 그것[우정]을 헤어지게 만들고, '분노'가 그것을 망가뜨리지. 그러기에 낡아진 그 '우정'에는 신경을 쓰지 말게나. 내가 그대에게 가졌던 우정은 세속적 목적이었어. **거지와 부자, 유식자과 무식자, 영웅과 겁쟁이는 서로 친구가 아니라네.** 그대는 무엇 때문에 옛 친구를 찾나? **부(富)나 힘이 비슷한 사람들 간에는 우정이나 적대감이 있을 수가 있지. 거지와 부자 사이에는 친구도 될 수 없고 싸우지도 않는다네. 불순한 탄생은 순수한 탄생과 친구가 될 수 없고, 전차 투사가 아닌 사람은 전차 투사와 친구일 수 없고, 왕이 아닌 사람은 왕과 친구가 될 수 없다네.** 그렇다면 그대는 무엇 때문에 옛 친구를 찾는가?"[81]

――――→

(a) '마하바라타(*The Mahabharata*)' 전쟁은 '두료다나 형제들' '유디슈티라 형제들' 간에 전쟁이지만, 그들의 분쟁을 국제적으로 크게 확대된 '큰 전쟁'으로 만든 또 다른 '화약고(火藥庫)'가 **이 '드로나(Drona)'와 '드루파다(Drupada)'의 치열한 대결**이었다.

(b) 위에서처럼 서로 대립을 보인 '드로나(Drona)'와 '드루파다(Drupada)'는 결국 '드로나(Drona)'가 '드루파다(Drupada)'를 무력으로 일단 굴복을 시켰고, 이에 굴할 수 없었던 두루파다(Drupada)는 다시 자신의 딸[드라우파디]를 수단으로 아르주나[유디슈티라 형제]와 혈연으로 맺었는데, 드

81) K. M. Ganguli (Translated into English Prose from the Original Sanskrit Text), *The Mahabharata of Krishna-Dwaipayana Vyasa*, Munshiram Manoharlal Publisher Pvt. Ltd. New Delhi, 2000, -**Adi Parva**- pp. 272~275

로나(Drona)는 '비슈마(Bhishma)'와의 인연으로 두료다나(Duryodhana) 편에 서게 되어다는 것이 역시 그 '쿠루크셰트라(Kurukshetra) 전쟁'의 전모이다.

(c) 모든 '전쟁'에는 왕들의 '격한 감정'이 자리를 잡고 있는데, 힌두(Hindu)들은 그 '감정의 문제'에 일일이 그 '인과론'을 첨부했다.

제26장 왕자들의 무술 교사가 된 드로나

바이삼파야나가 말했다. -바라드와자(Bharadwaja)의 아들 드로나(Drona)는 하스티니푸라(Hastinapura)에 도착하여 성자 크리파(Kripa -앞서 산타누 왕이 데려다 길렀던 사람) 집에 머물렀습니다. 드로나의 아들 **아스와타만(Aswatthaman)**는 크리파(Kripa)가 무술을 가르치는 동안의 그 사이사이에 쿤티(Kunti) 아들들에게 무예를 가르쳤으나 아무도 아스와타만(Aswatthaman)의 무용(武勇)을 아는 사람은 없었습니다. 그러던 어느 날 왕자들이 그 하스티나푸라(Hastinapura)를 벗어나와서, 그들의 공놀이를 즐겼습니다. 그런데 뜻밖에 그 왕자들의 공이 우물 속으로 떨어졌습니다. 그래서 왕자들은 우물에서 공을 들어 올리려고 애를 썼으나 허사였습니다. 그 때에......드로나(Drona)가 왕자들을 보고 웃으며 말했습니다. "**너희 크샤트리아 힘을 부끄러워하라. 무기도 못 쓰는 것을 부끄럽게 알아야만 한다. 바라타 족으로 태어났다면서 저 우물로 빠진 공도 못 올리나?** 너희가 나에게 오늘 '저녁 식사'를 약속해 준다면, 내가 풀잎을 가지고 저 공만 건져올리는 것이 아니라, 이 반지까지 들어 올려서 [나의 실력을] 보여주겠다." 그렇게 말하고 **드로나(Drona)**는 그 반지를 빼내어 그 우물로 던졌습니다.

"한 줌의 긴 풀잎을 무기로 삼을 것이다. 다른 무기들이 발휘하지 못 하는 힘을 이 풀잎으로 그 공에 꿰고, 그 풀잎을 다른 풀잎을 꿰고 하여 그 고리로 저 공을 들어 올릴 것이다." 그렇게 말하고 나서 **드로나(Drona)**는 정확하게 자기가 했던 말대로 행해 보였습니다. 왕자들은 모두 놀랐고, 눈을 크게 뜨고 기뻐했습니다. 그리고 왕자들은 특별한 것을 보았으므로 "오 바라문이시여, 빨리 반지도 끌어 올려 보세요."라고 말했습니다. 그러자 드로나(Drona)는 화살과 활을 잡아 그 화살로 반지를 꿰어 즉시 들어 올렸습니다. 그리고 화살로 꿴 그 반지를 보고 놀란 왕자들에게 주니, 왕자들은 말했습니다.

"인사 올립니다. 그러한 기술을 가진 이는 세상에 다시 없을 겁니다. 당신은 누구이시며 우리가 어떻게 해드릴까요?" 그러자 드로나(Drona)는 왕자들에게 말했습니다.

"**비슈마(Bhishma)께 나의 취향과 기술을 말씀드려라, 그러면 그분은 나를 아실 것이다.**" 그러자 왕자들이 대답했습니다. "그렇게 하겠습니다." 왕자들이 그 바라문의 기량에 관해 비슈마께 말씀을 드렸습니다. 이야기를 들은 비슈마는 그 바라문이 다름 아닌 '드로나(Drona)'임을 즉시 알아보았습니다. **비슈마(Bhishma)는 그 드로나(Drona)가 왕자들의 최고 교사가 되리라 생각하고 그를 찾아가**

모셔왔습니다. 비슈마는 드로나가 어떻게 해서 그 하스티나푸라(Hastinapura)에 오게 되었는지를 경위를 물었습니다. 드로나는 자기에게 일어났던 일을 다 비슈마에게 이야기를 했습니다.

"저는 위대한 신선 아그니베사(Agnivesa)께 무기와 기술을 얻으려고 찾아 가서 머리채를 동이고 겸허한 옷차림으로 여러 해를 스승님께 봉사를 하였습니다. 그 때에 그 판찰라 왕자(드루파다)도 그 성소(聖所)에 지내고 있었는데 나는 그와 친구가 되어 여러 해를 지냈습니다...드루파다는 나를 즐겁게 하려고 '드로나야, 나는 유명한 아버지의 아들이니까 아버지께서 나를 판찰라 왕으로 삼으면 그 나라는 네 것이 될 거야. 친구야 나는 맹세한다.'라고 자주 내게 말했습니다....저는 그가 드루파다가 소마카(Somakas)의 왕이 되었다는 소식을 듣고 처자를 데리고 옛 친구 드루파다(Drupada)를 찾아갔습니다.....그랬더니 드루파다는 '**부자와 거지, 식자와 무식자, 용사와 겁쟁이는 친구가 될 수 없다**.'고 나를 조롱했습니다....그래서 분노를 느끼며 쿠루에게 오게 되었습니다. 제가 할 일을 말씀해 주십시오."

바이삼파야나가 계속했습니다. -드로나(Drona)의 말을 듣고 비슈마(Bhishma)는 말했습니다.

"오 바라문이시여, 활줄을 퉁기어 쿠루 왕자들에게 무예를 가르쳐 주시오. 쿠루 왕자들의 존경을 받으시며 그들에게 자신감을 심어주며 즐기시오. 그대는 쿠루들이 왕권과 왕국을 지키는데 절대적인 주인이십니다! 오늘부터 쿠루 왕들은 그대의 것입니다. 그대의 마음속으로는 이미 다 성취가 되었다고 생각하시오. **그대를 모신 것은 우리의 행운입니다**. 찾아오신 이유까지 말씀해 주시니 정말 감사합니다."[82]

---✈

(a) '마하바라타(*The Mahabharata*)'의 특징은 '신비적 신화적 요소'를 정말 강하게 고집을 하고 있지만, 역시 **적나라한 현실적 과학적 측면을 함께 공유**하고 있는 점도 알아야 한다.

(b) 이 장(章)에서는 쿠루의 지도자 비슈마(Bhishma)의 '용인(用人, 사람을 선택하여 씀)의 단면'을 보이고 있어 주목을 끈다. 비슈마는 드로나의 세 가지 사항을 고려했으니, ① 드로나의 능력[실력] ② [충성을 바칠 수 있는]심적 상황 ③ [궁핍한]처지가 그것이다. 이 세 가지 사항은 유랑의 신세로 쿠루를 찾아온 카르나(Karna)와 완전 동일한 경우니, '하스티니푸라 정부(政府)'는 능력 있는 자가 찾아 올 수 있는 '경제력'을 충분히 자랑하고 있는 상황을 말해 주고 있다.

(c) 그리고 이 드로나(Drona)가 뒤에 '쿠루의 총사령관'이 된다는 점도 비슈마의 신임과 연결되어 있는 사항이다.

(d) 그리고 역시 주목을 해야 할 사항은, '초기 왕자들 교육'이 무엇보다 '무술(武術)의 연마[전쟁 대비]'에 초점이 주어졌다는 점이다. 그러면 나머지 사항은 무엇이 있는가? '종교적 헌신(獻身)' '절대 신에의 헌신(獻身)'이 있다.

---

82) K. M. Ganguli (Translated into English Prose from the Original Sanskrit Text), *The Mahabharata of Krishna-Dwaipayana Vyasa*, Munshiram Manoharlal Publisher Pvt. Ltd. New Delhi, 2000, -**Adi Parva**- pp. 275~278

(e) **시인(詩人)과 역사가(철학자, 문인, 사제)는 '역사기록(도덕 우선의 이야기)'를 주도하고 있지만, 왕(크샤트리아)은 '무력(武力)' '부(富)'를 주관했다는 엄연한 구분과 부정할 수 없는 이치를 이 '마하바라타(*The Mahabharata*)'는 무엇보다 선명하게 드러내었다.** 이것은 유구한 '인간 사회'를 지탱했었고, 앞으로도 지탱해 나갈 것은 의심할 필요도 없는 사항이다.

제27장 탁월한 제자 아르주나

바이삼파야나(Vaisampayana)가 말했다. -비슈마(Bhishma)가 그처럼 존중한 드로나(Drona)는 쿠루 족에 거처를 잡고 거기에서 거주를 하며 존중을 받았습니다. 드로나의 휴식 기간이 지나자 비슈마(Bhishma)는 카우라바 왕 손들을 이끌고 와 드로나가 그 제자를 삼도록 했고, 동시에 많은 선물도 주었습니다. 비슈마(Bhishma)는 역시 드로나에게 모든 귀한 용품으로 채워진 깔끔한 집도 제공을 했습니다. 그래서 **최고의 궁사(弓師) 드로나(Drona)는 카우라바 형제와 판두 형제들을 그의 학생으로 맞이했습니다.** 학생들로 왕자들을 맞이하고 나서 어느 날 드로나(Drona)는 그들을 따로 불러 그의 발들을 만져보게 하면서 부푼 가슴을 안고 말했습니다.

"나는 나의 마음속에 '특별한 목적'이 하나 있다. 너희가 무예에 능숙하게 되면 그것을 (너희들이)이룩할 것이라고 진정 나에게 약속을 해 주어야겠다."

바이삼파야나(Vaisampayana)는 계속했다. -드로나(Drona)의 그 말을 듣고 쿠루 왕자들은 말이 없었습니다. 그러나 아르주나(Arjuna)는 "그것이 무엇이든 성취하게 해 드리겠습니다."고 맹세했습니다. 그러자 드로나(Drona)는 기뻐하며 아르주나를 가슴에 껴안으며 머리를 거듭 냄새 맡으며 잠시 기쁨의 눈물을 흘렸습니다. 그리고 나서 드로나(Drona)는 판두 아들들에게 천상과 인간의 모든 무기 사용법을 가르쳤습니다. 그러자 그밖에 다른 나라 왕자들도 드로나(Drona)에게 무예 공부를 하겠다고 몰려 왔습니다. 브리슈니족(Vrishnis), 안다카족(Andhakas) 라다(Radha)의 양(養) 아들[카르나]도 모두 드로나(Drona)의 제자가 되었습니다. 그러나 그들 중에 **수타(Suta, 마부)의 아들 카르나(Karna)는 시기심 때문에 아르주나에게 대들고 두료다나를 지지(支持)하고 판다바들을 무시했습니다.** 그러나 아르주나는 무술 공부를 할 때 말고는 항상 기술과 힘과 인내력에 누구보다 탁월하여 항상 드로나(Drona) 곁에 머물었습니다. 정말 드로나(Drona)가 가르친 바는 모든 학생의 경우에 동등했지만, 아르주나의 총명과 기술은 드로나(Drona) 학생 중에 제일이었습니다. 그래서 드로나(Drona)는 학생 중에서 누구도 아르주나와 같을 수 없다고 생각하고 있었습니다. 드로나(Drona)는 왕자들에게 계속 무술 학습을 시켰습니다. 한편 드로나(Drona)는 학생들에게 입이 좁은 물병을 주어 오랜 시간이 걸려 채워오도록 하고, 자기 아들 아스와타만(Aswattha-man)에게 입이 큰 병으로 금방 채워 오게 하여 그 시간에 드로나(Drona)는 아들에게 더욱 고급의 무술을 가르쳤습니다. 아르주나(Jishnu)가 그것을 알고는 입이 좁은 물병에 '바루나(Varuna) 방법'으로 물을 채워 그 '스승의 아들'과 동일한 기간에 드로나(Drona)에게 갔습니다. 그래서 영리한 아르주나는 무술에 대한 지식이 탁월하여 스승의 아들에게 뒤질 게 없었습니다. 아르주나의 선생님에 봉사는 그의 무술 공부만큼이나 뛰어나 그는 금방 스승의 사랑을 독차지하였습니다. 그래서 드로나(Drona)는 아르주나가 어떻게 대처하나를 보려고 몰래 요리사에게 말했습니다.

"어두워지기 전에는 아르주나에게 식사를 제공하지 말라. 이 말을 내가 했다고 말해서도 안 된다." 그러나 며칠이 지난 다음 아르주나가 식사를 하고 있는데, 바람이 일어 켜놓은 등불을 완전히 꺼버렸습니다. 그러나 아르주나는 어둠 속에서 버릇대로 손놀림을 하며 식사를 계속했습니다.[힌두는 맨손 식사임] 아르주나의 주의력은 그대로 버릇처럼 되었고, 밤에도 활쏘기 연습을 행하였습니다. 드로나(Drona)는 밤에도 울리는 아르주나의 활줄 소리를 듣고 그를 껴안으며 말했습니다. "진실로 세상에 짝이 없는 궁술(弓術)을 네게 주겠노라."

바이삼파야나(Vaisampayana)는 계속했다. -그래서 드로나(Drona)는 아르주나에게 '마상(馬上)에 활쏘기' '상상(象上, 코끼리 등)에서 활쏘기' '전차 위에서 활쏘기' '지상에서 활쏘기' 방법을 다 가르쳐주었다. 그리고 억센 드로나(Drona)는 아르주나에게 철퇴(鐵槌, mace)로 싸우는 방법, 칼 쓰기, 창 쓰기, 투창(投槍), [각종]화살 쓰는 방법을 가르쳐 주었습니다. 그리고 다양한 무기 사용법과 동시에 여러 사람과 싸우는 방법을 가르쳐 주었습니다.

'드로나(Drona) 무술'의 소문을 듣고 그의 무술을 배우려고 수천의 왕과 왕자들이 그에게 몰려 왔습니다. (최하급 혼혈 신분의) 니샤다 족(Nishadas)의 왕 히라냐다누스(Hiranyadhanus)의 아들 에칼라비아(Ekalavya) 왕자도 있었습니다. 드로나(Drona)는 모든 도덕률을 알고 있었지만, 그에 칼라비아(Ekalavya) 왕자를 궁술 학도로 허락하지 않았습니다. 당시에 니샤다(Nishada)가 그의 높은 신분의 학생을 추방할 수도 있었기 때문입니다. 그러나 그 니샤다(Nishada) 왕자는 드로나의 발에 머리를 굽히고 숲으로 가서 거기에 흙으로 드로나 상을 만들고 실제 스승이듯이 받들며 그 앞에서 엄격하게 무예를 연습하였습니다. 스승에 대한 각별한 존경과 그 목적에 헌신을 하여 활줄에 화살의 고정과 목표를 겨누는 것과 발사하는 세 과정이 그에게 아주 쉽게 되었습니다. 그런데 어느 날 쿠루와 판다바 왕자들이 드로나(Drona)의 허락을 받고 마차에 올라 사냥을 떠났습니다. 하인이 도구와 개를 데리고 그 모임에 따라 갔습니다. 숲 속으로 들어가 왕자들은 목표물을 찾아 돌아다녔는데, 개도 역시 혼자 숲을 돌아다니다가 니샤다(Nishada) 왕자와 마주쳤습니다. 개가 왕자의 검은 모습과 더러운 몸과 엉긴 머리털을 보고 크게 짖기 시작했습니다. 그러자 니샤다(Nishada) 왕자는 날랜 솜씨를 보여주려고 개가 입을 닫기 전에 일곱 발의 화살을 날렸습니다. 일곱 발의 화살이 꽂힌 개는 판다바 형제들에게 돌아왔습니다. 형제들은 놀라서 자신들의 솜씨를 부끄러워하며, 미지의 궁수(弓手)의 날랜 솜씨와 청각의 예민함을 칭송했습니다. 그래서 왕자들은 그 같은 기량을 발휘한 거주자를 찾기 시작했습니다. 그래서 끊임없이 활을 쏘고 있는 그 사람을 찾아내었습니다. 왕자들은 완전히 낯이 선 그의 어두운 모습을 보고 그에게 물었습니다. "누구시며 누구의 아드님이십니까?" 이 질문에 "저는 니샤다 족(Nishadas)의 왕 히라니아다누스(Hiranyadhanus)의 아들입니다. 무예를 익히고 있는 드로나(Drona) 선생님의 학생으로 아십시오."

바이삼파야나(Vaisampayana)는 계속했다. -그에 관한 모든 것을 안 판다바 형제들은 도시로 돌아와서 드로나(Drona)에게 숲에서 본 놀라운 궁사의 기량을 말했습니다. 특히 아르주나는 에칼라비아(Ekalavya)를 생각하며 혼자 드로나(Drona)를 찾아가 스승의 은혜를 생각하며 말했습니다.

"선생님은 가슴에 저를 껴안으며 '너 같은 학생은 없다.'고 하셨는데, 저보다도 우수한 학생 니샤다 족(Nishadas)의 왕자를 제자로 두셨습니까?"

바이삼파야나(Vaisampayana)는 계속했다. -아르주나의 그 말을 들은 드로나(Drona)는 잠깐 생각에 잠기더니 행동 방향을 결심하고 아르주나를 데리고 니샤다(Nishada) 왕자에게 갔습니다. 에칼라비아(Ekalavya)가 떼 묻은 몸에 얼크러진 머리털에 넝마를 걸치고 끊임없이 활을 쏘고 있는 것을 드로나는 보았습니다. 에칼라비아(Ekalavya)가 드로나(Drona)를 보고 몇 걸음을 걸어오더니 드로나의 발을 만지며 땅바닥에 엎드렸습니다. 학생으로서 드로나에 인사를 올린 에칼라비아(Ekalavya)는 드로나 앞에 두 손을 모으고 섰습니다. 그러자 드로나는 그에게 말했습니다.

"그대가 정말 나의 학생이라면 내게 회비를 내야 하느니라." 그 말을 듣고 에칼라비아(Ekalavya)는 너무 기뻐서 "영명하신 선생님, 제가 무엇을 올려야 합니까? 명령하십시오. 아무 것도 가진 게 없으므로 스승께 올릴 것도 없을지 모릅니다." 드로나가 말했습니다.

"에칼라비아(Ekalavya)여, 그대가 진실로 나에게 선물을 주려거든 그대의 오른손 엄지를 다오."

바이삼파야나(Vaisampayana)는 계속했다. -'학습 비(tuition-fee)'로 오른손 엄지를 달라는 그 잔인한 드로나의 말을 듣고, 진리를 따르고 약속을 지키는 에칼라비아(Ekalavya)는 기쁜 얼굴로 주저 없이 엄지를 잘라 드로나에게 바쳤습니다. 그런 다음부터 에칼라비아(Ekalavya) 왕자는 남은 손가락으로 활을 쏘았지만, 이전의 날랜 솜씨는 상실했습니다. 이에 아르주나는 행복하게 되었고, 그와의 경쟁심은 없어졌습니다.[83]

------→

　(a) 이 장(章)에서는 스승 '드로나(Drona)'와 '열성적인 제자 아르주나(Arjuna)'의 구체적인 모습을 제대로 보여주고 있다.

　(b) 그러나 '에칼라비아(Ekalavya) 왕자'의 경우는 오히려 불순한 드로나(Drona) 욕심을 드러내고 있어, '만대(萬代)에 아쉬움'을 억누를 수 없게 했다. 즉 가난했던 드로나(Drona)는 자신의 현실적 목적의 성취를 위해 제자 아르주나의 마음을 잡고 있어야 했다. 그러나 <u>'활쏘기'를 배우겠다는 열정에 있는 왕자의 엄지손가락을 잘라 자기에게 '그 학습비로 바쳐라.'고 했던 것은, 실로 '졸</u>

83) K. M. Ganguli (Translated into English Prose from the Original Sanskrit Text), *The Mahabharata of Krishna-Dwaipayana Vyasa*, Munshiram Manoharlal Publisher Pvt. Ltd. New Delhi, 2000, -**Adi Parva**- pp. 279~281

렬한 선생의 가련한 조처'로 실로 만대(萬代)에 웃음거리가 될 만한 사건이었다.[드로나는 진정으로 '위대함'을 모르는 '**잔재주의 소인배**'임을 입증하는 대목임 -'두료다나를 돕기 이전 그의 나약한 정신 상황'을 스스로 입증을 한 것임]

(c) 원래 '궁술(弓術)'은 힌두 당대에는 거의 '대단한 전쟁 수행 방법'으로 통했음을 볼 수 있으나, 그것이 '상대(相對)를 힘으로의 제압함'에 그 목적이 있다는 점에 진실로 '성현의 뜻' '절대자의 목표'와는 거리가 있을 수밖에 없다.

(d) '활쏘기'는 뒤에 '총 쏘기' '대포 발사' '핵무기 발사'까지 무한정으로 확대가 되었다. 그러나 그것이 '형제' '인간'을 겨눌 때 문제가 되는데, '마하바라타(*The Mahabharata*)'는 '4촌 형제간의 전쟁'이라니, 실로 '전쟁의 근본 문제[탐욕과 보복의 결과]'에 힌두들은 먼저 나가 있었다.

(e) 이미 볼테르(Voltaire)와 포콕(E. Pococke)이 확인했듯이 '**살인(殺人)'은 정당화될 수 없고, 정당화하려는 사람은 '미치광이'가** 명백하다.

(f) '**성인의 도덕 정신[인류사랑]'이 외면된 '무력 사용'은, 오로지 '폭력'일 뿐**이니, 그것이 크든 작든 즉각 중단이 되어야 마땅함은 드로나(Drona)는 자신의 행적으로 똑똑히 보여주었다.[이후 아들 '아스와타만(Aswatthaman)'의 행각도 同種이었음]

제28장 학예회(學藝會)

바이삼파야나(Vaisampayana)는 말했다. -드로나(Drona)의 두 학생 두료다나(Duryodana)와 비나(Bhima)는 항상 서로 시기했으나, 모두 철퇴(鐵槌)에 사용에 능숙했습니다. 드로나(Drona)의 아들 아스와트만(Aswatthaman)은 무기마다 탁월했습니다. 쌍둥이 나쿨라와 사하데바는 도검(刀劍)의 사용에 능통했습니다. 유디슈티라는 전차 투사로 뛰어났습니다. 그러나 아르주나는 지성과 지략과 힘과 인내력에서 모든 사람을 능가했습니다. 모든 무기를 다 배운 아르주나는 최고의 전사(戰士)로 명성이 온 세상에 알려졌습니다.....고약한 두료다는 힘센 비마와 아르주니는 크게 시기(猜忌)했습니다.

바이삼파야나(Vaisampayana)는 말했다. -드리타라슈트라 아들들과 판두 아들들이 무예가 성취된 것을 **드로나(Drona)**는 크리파(Kripa) 소마다타(Somadatta) 발리카(Valhika) **비슈마(Bhishma)** 비아사(Vyasa) 비두라(Vidura) 앞에서 말했습니다.

"최고의 쿠루 왕족이시여, 왕자들의 교육이 다 끝났습니다. 허락해 주신다면 그들의 숙달을 보여드릴까 합니다." 드로나의 말을 듣고 왕이 반가운 마음에 말했습니다. "최고의 브라만이시여, 당신은 정말 큰일을 해내셨습니다. 그 시험을 행하려면 그 장소로 우리를 불러주시오. 나는 장님이지만 눈을 가진 사람들은 내 아들의 무예를 보게 될 겁니다. 오 비두라(Vidura)여, 드로나(Drona)가 했던 말을 모두 실행하도록 하라. 도덕에 헌신하는 그대여, 이것보다 내 맘에 드는 것은 없노라." 그러자 비두라는 왕께 필요한 것들을 확인을 하고 그가 행했던 일을 행하려고 밖으로 나왔습니다. 그리고 지혜로운 드로나(Drona)는 나무와 덤불숲을 피해 '샘물이 구비된 장소'를 찾아냈습니다. 그리고 드로나(Drona)는 거기에서 '달이 뜨는 길일(吉日)'을 택하여 시민들을 모아 놓고 성명서를 낭독하고 신들에게 제사를 올리었습니다. 그리고 왕의 시공자(施工者)들을 시켜 경전(經典)에 쓰인 대로 크고 우아한 연단을 세우고 모든 무기들을 거기에 세웠습니다. 시공자들은 역시 여성 관람자들을 위해 또 다른 우아한 건물을 만들었습니다. 그리고 시민들은 많은 연단을 설치하고 거기에다가 많고 다양한 텐트를 세웠습니다. '기량을 자랑하는 그날'이 되자, 최고의 스승인 비슈마와 크리파와 장관들을 대동하고 왕이 앞장을 서서 순금과 진주와 라피 라줄리(lapis lazuli) 돌로 꾸민 천상의 미를 이룬 그 경기장으로 들어왔습니다. 그리고 행운의 간다리(Gandhari)와 쿤티(Kuti)와 왕가의 부인들이 즐겁게 그 연단에 오르니, 선녀들이 수메루(Sumeru) 산을 오르는 듯 했습니다. 그리고 도시에 남아 있던 브라만, 크샤트리아 등 4계급의 사람들도 왕자들의 무예를 구경하려고 그 장소로 달려 왔습니다. 모든 이가 그 장관(壯觀)을 보고 싶었기에 엄청난 군중이 순간 그곳으로 몰려 왔습니다. 그리고 나팔소리 북소리 수많은 사람들의 목소리로 그 넓은 중앙 홀이 요동치는 대양(大洋)과 같았습니다.

드디어 **드로나(Drona)가 그 아들을 대동하고, 백색 옷에 백색 머리 백색 수염 백색 화환 백색 신발로 차리고 등장했습니다.** 그것은 마치 구름 없는 하늘에 화성(火星)을 동반한 달과 같았습니다. 드로나가 입장을 하자 바라문들은 상서로운 축제를 찬송하는 주문(呪文, mantras)을 낭송했습니다. 사전(事前) 의례로, 아름다운 음악이 연주된 다음 다양한 무기를 갖춘 약간의 사람들이 입장을 했습니다. 그 다음으로는 엉덩이 살을 허리띠로 맨 바라타의 일등 투사들이 입장을 했는데 손가락 보호대를 착용하고 활과 전통(箭筒)을 소지하고 있었습니다. 그리고 유디슈티라가 선두에 선 용맹스런 왕자들이 나이 순서에 따라 입장하여 그들의 무기로 놀라운 기술을 보일 준비를 하였습니다. 약간의 구경꾼들은 화살이 날아올까 봐 머리를 숙였고, 다른 사람들은 겁도 없이 응시를 하였습니다. 왕자들은 말을 타고 달려가 솜씨 좋게 그들의 새긴 마크를 화살로 적중시키기 시작했습니다. 그래서 활과 화살로 무장한 왕자들의 무용을 보고 구경꾼들은 **간다르바 들(Gandharvas) 의 도시**를 구경을 하고 있다고 생각을 했고, 놀라움을 금할 수 없었습니다. 몇 10만 명의 관중이 놀란 눈을 크게 뜨고, "잘한다! 잘한다!"고 소리를 쳤습니다. 그리고 반복적으로 활과 화살, 전차 몰기로 재주와 솜씨를 보이고, 그 억센 무사들이 칼과 방패를 들고 순서대로 무기들을 구사(驅使)해 보였습니다. 구경꾼들은 왕자들의 민첩함과 균형 잡힌 신체에 우아, 침착 견고하게 창과 방패 사용의 능란 함에 감탄했습니다. 다음은 브리코다라(Vrikodra, 비마)와 수요다나(Suyodhana, 두료다나)가 즐거운 마음으로 손에 철퇴를 들고 (싸울 태세로)경기장에 들어오니, 우뚝 솟아 있는 두 봉우리 산과 같았습니다. 그리고 억센 투사들이 그들의 허리를 조이고 힘을 모아 암 코끼리를 만나서 경쟁하는 성난 코끼리 같은 함성을 질렀습니다. 화난 두 마리 코끼리처럼 좌우 회전으로 무기를 부리는데 있어서 빈틈이 없었습니다. 그리고 비두라(Vidura)는, 모든 왕자들의 기량을 드리타라슈트라(Dhritarashtra)와 쿤티(Kunti)와 간다리(Gandhari)에게 상세하게 설명을 했습니다.

바이삼파야나(Vaisampayana)는 계속했다. -가장 힘이 센 쿠루 왕 두료다나와 비마가 경기장으로 들어오니, 관중은 응원에서 양편으로 나뉘었습니다. 일부는 "쿠루의 영웅적인 왕을 보라!"고 외쳤고, 일부는 "비마를 보라!"고 소리쳤습니다. 이 외침으로 인해 갑자기 거대한 함성이 일었습니다. 그래서 요동치는 바다 같이 되는 것을 보고 지성의 드로나는 아들 아스와타만(Aswatthaman)에게 말했습니다. "무기 사용에 능한 이 억센 무사는 자제를 해야 할 것이다. 비마(Bhima)와 두료다나(Duryodhana)의 대결로 관중을 분노하게 해서는 아니 된다."

바이삼파야나(Vaisampayana)는 계속했다. -그래서 드로나의 아들은 그 두 대결 자들이 자기의 철퇴를 들어 올려 자제를 보이게 하니, 전반적인 해소(解消)에 바람에 요동치는 두 개의 바다 같았습니다. 그러자 드로나가 직접 경기장으로 들어서서 음악을 멈추게 하고 천둥같이 깊은 목소리로 말했습니다. **"이제 여러분, 제 아들보다 더욱 사랑스러운 저 파르타(Partha, 아르주나)를 보십시오. 그는 모든 무기에 달통했고, 인드라의 아들이고, 인드라의 아우(비슈누)같습니다!"** 그러고 나서 진정시키는 의례를 행하고, 장갑을 끼고 화살 통을 매고 손에는 활을 잡고 황금 갑옷을 입은 젊은 팔구나(Phalguna, 아르주나)가 등장을 하니, 지는 태양빛을 받은 구름같이 빛나는 무지개 같았습니다. 아르주나를 본 관중들은 기뻐서 소라고둥을 불고 사방에서 악기를 울렸습니다. 그리고 구경꾼들은 외치기 시작했습니다. "우아한 쿤티(Kunti)의 아드님이시다." "판다바의 셋째이시다." "억센 인드라 아드님이시다." "이분이 쿠루족의 수호자이시다." "무예 달통에 일인자이시다." "이분이 도덕에서도 일등이시다." "행동에 모범이시고, 예의범절에 위대한 창고이시다." 이러한 외침에 쿤티의 눈물은 그녀의 가슴을 적셨습니다. 그리고 함성을 들은 드리타라슈트라(Dhritarashtra) 왕은 기뻐서 비두라(Vidura)에게 물었습니다.

"요동치는 대양처럼 무엇으로 큰 함성이 생겼는가? 하늘을 가르는 함성이 아닌가?" 비두라가 대답했습니다. "대왕이시여, 판두의 아들 아르주나가 등장했습니다. 그래서 들린 함성이었습니다." 드리타라슈트라 왕이 말했습니다.

"신성한 연료(燃料) 프리타(Pritha)에게서 솟은 세 개의 불[3명의 아들], 나는 진정으로 축하하고, 사랑하고 그들을 아끼노라!"

바이삼파야나(Vaisampayana)는 계속했다. -기쁨으로 흥분한 관중이 평정(平靜)을 회복했을 때, 비바트수(Vibhatsu, 아르주나)는 무기 구사에 날렵함을 연출했습니다. 그는 아네이아(Agneya) 무기로는 불을 만들었고, 바루나(Varuna) 무기로는 물을 만들었고, 바야비아(Vayavya)로는 구름을 만들었습니다. 그리고 바우마(Bhauma)로는 흙을 만들었고, 파르바티아(Parvatya)로는 산을 만들었고, 안타르다나(Antardhana)로는 그것들을 모두 사라지게 하였습니다. 스승이 아끼는 제자 아르주나는 키를 크게 했다가 금방 짧게 했고, 전차(戰車)에 말의 멍에를 지웠다가 금방 전차를 타고 있고, 순간에 땅바닥에 서 있었습니다. 아르주나는 다양한 목표물들을 가볍게 산뜻하게 무겁게 화살로 치며 기량을 자랑했습니다. 아르주나는 한 개의 화살처럼 다섯 개의 화살을 쏘아 철로 만든 돼지

입에 적중을 시켰고, 21개의 화살을 흔들리는 줄에 걸린 황소 뿔 사이에 적중시켰습니다. 이처럼 아르주나는 칼 쓰기 활쏘기 철퇴 쓰기를 종횡으로 구사하며 그의 무한 기량을 보여주었습니다.

그런데 아르주나의 연기(演技)가 거의 끝나고 관중의 흥분도 잦아지고 악기 소리도 작아질 무렵에, 경기장 문 쪽에서 천둥 같이 무기를 치는 소리가 들렸습니다. 그 소리를 듣고 관중들은 생각했습니다. "산이 쪼개지는가, 땅이 갈라지는가. 천둥으로 세상이 흔들리는가?" 관중들이 경기장 대문을 바라보니, 프리타(Pritha) 5형제가 드로나를 에워싸고 있었으니, 그것은 다섯 별자리 하스타(Hasta)가 배치(配置)된 달과 같았습니다. 그러자 두료다나가 서둘러 100명의 거만한 형제로 둘러싸고 거기에는 아스와타만(Aswatthaman)도 있었습니다. 손에 철퇴를 든 두료다나는 다나바 족(Danavas)과의 전투에서 천군(天君)이 포위를 행하였듯이 옛날 푸란다라(Purandara)처럼 무기를 든 1백 명의 형제로 포위를 하였습니다.[84]

———✈

(a) '마하바라타(*The Mahabharata*)'의 이 장(章)은 소위 **'올림픽 경기' '체육대회' '운동 경기'의 시조 (始祖) 근원(根源)을 보여주고 있다는 점**에 무엇보다 주목을 해야 한다.

(b) 희랍의 중요한 '올림포스 산에서 펼친 '경기 대회'는 사실상 '전쟁을 위한 무예 자랑 대회'였다.

(c) 그 '무예 존중'의 서구(西歐) 풍조(騎士道 정신)는 힌두(Hindu)의 엄연한 **'크샤트리아 정신의 연 장'** 속에서 이해가 되어야 할 사항이다.

제29장 앙가 왕이 된 카르나

바이삼파야나(Vaisampayana)는 계속했다. -놀란 관중이 **카르나(Karna)**에게 길을 열어주었는데, 그는 타고난(천연의) 갑옷에 빛나는 귀고리를 하고, 활을 잡고 칼을 차고 '걸어 다니는 절벽'처럼 경기장으로 들어왔습니다. 용사로 이름이 난 거대한 눈을 가진 카르나(Karna)는 쿤티가 처녀 시절에 낳았던 아들이었습니다. 카르나(Karna)는 '태양의 일부(a portion of sun)'로서 힘과 용맹이 사자나 황소 코끼리 떼를 이끄는 사람 같았습니다. 태양과 같이 빛을 뿌리며 달 같은 아름다움, 불같은 힘을 지녔습니다. 태양이 잉태를 시켰기에 그는 황금 야자(palm)나무처럼 그 키가 컸고, 사자를 잡을 힘을 지니고 있었습니다. 잘생긴 그는 이미 무궁한 성취에 나가 있었습니다. 그 억센 무사는 온 경기장을 훑어보며 드로나(Drona)와 크리파(Kripa)에게는 관심이 없다는 듯 절을 하였습니다. 그래서 모든 관객은 그를 주시하며 "누구일까?" 생각했습니다. 관중은 그를 알고 싶어 동요했습니다. 그래서 그 태양의 아들은 천둥 같이 깊은 목소리로 그가 모르고 있는 아우, '아수라 파카

---

84) K. M. Ganguli (Translated into English Prose from the Original Sanskrit Text), *The Mahabharata of Krishna-Dwaipayana Vyasa*, Munshiram Manoharlal Publisher Pvt. Ltd. New Delhi, 2000, -**Adi Parva**- pp. 284~287

(Asura, Paka 인드라)의 아들[아르주나]'에게 말했습니다.

"파르타(Partha)야, 네가 행했던 것을 능가(凌駕)한 내 실력을 관중 앞에 실행해 보이겠다! 그것들을 보면 너도 부끄러움을 느낄 것이다." 카르나(Karna)의 최고 장담(壯談)이 끝나기도 전에 관중들은 일제히 어떤 도구로 들어 올린 것처럼 앉아 있던 자리에서 일어섰습니다. 그러자 두료다나는 기쁨에 넘쳤고, 비바트수(Vibhatsu, 아르주나)는 금방 당혹과 분노에 휩싸였습니다. 그리고 **싸움을 즐기는 억센 카르나(Karna)는 드로나(Drona)의 허락을 받은 다음, 아르주나(파르타)가 앞서 보였던 묘기를 모두 다 보여주었습니다**. 그러자 두료다나와 그 형제들은 기쁨에 넘쳐 그 카르나(Karna)를 껴안으며, 그에게 말했습니다.

"환영합니다. 억센 투사여! 나는 행운으로 당신을 얻었습니다. 정중한 분이시여! 마음껏 즐기시고, 저와 쿠루 왕국에 명령만 내리십시오." 이에 카르나(Karna)가 말했습니다.

"그렇게 말하신 것으로 나는 이미 그것들이 다 이루어진 것으로 알겠습니다. **나는 오직 당신의 우정을 원할 따름입니다.** 아르주나와 단 한번만 겨루기가 나의 소원입니다." 두료다나가 말했습니다.

"인생에 좋은 일을 우리 함께 즐깁시다! 친구에게 은혜를 줄 것이니, 무적의 용사여, 적들의 머리통을 당신의 발아래 두소서."

바이삼파야나(Vaisampayana)는 계속했다. -자신이 무시당했다고 생각을 한 아르주나는 절벽처럼 형제들 가운데 서 있는 카르나(Karna)에게 말했습니다.

"오 카르나(Karna)여, 내가 너를 죽여서 엉뚱한 침입자, 무례한 참견 자가 가는 곳으로 너를 보내주겠다." 이에 카르나(Karna)는 말했습니다.

"오 팔구나(Phalguna)여! 이 경기장은 너만을 위한 것이 아니고 모든 사람을 위한 것이다. **힘이 더 센 자가 왕이다. 진정으로 크샤트리아는 힘을 긍정하고 있고, 오직 '그 힘'이 있을 뿐이다.** 무슨 약자가 행하는 언쟁(言爭) 따위를 할 것인가? 오늘 관중 앞에서 내가 너의 머리를 화살로 날릴 때까지 우리는 서로 화살로 말하자.(This arena is meant for all, not thee alone, O Phalguna! They are kings who are superior in energy; and verily the Kshatriya regardeth might and might alone. What need of altercation which is the exercise of the weak? O Bharata, speak then in arrows until with arrows I strike off thy head today before the preceptor himself!)"

바이삼파야나(Vaisampayana)는 계속했다. -형제들에 안긴 적의 도시를 정복했던 아르주나는 스승 드로나(Drona)의 허락을 받고 대적(對敵)을 하러 나섰습니다. 다른 한편 두료다나와 그 형제들에 안긴 카르나는 활과 화살을 잡고 싸우려고 일어섰습니다. 그러자 허락은 구름 사이에 번개로 전해졌고, 인드라의 활무지개이 빛을 발했습니다. 구름들은 그 때 날개를 펴서 줄지어 나는 백학(白鶴)들을 반기는 듯했습니다. 인드라 신이 (아르주나에 대한) 애정을 가지고 보고 있는데, 태양(카르나의 아버지)도 역시 구름을 쫓고 자신의 아들을 비췄습니다. 그래서 팔구나(Phalguna, 아르주나)는 구름 속에 깊이 싸여 있는데, 카르나는 태양 빛에 둘러싸여 있었습니다. 그래서 카르나 곁에는 드리타라슈트라의 아들이, 파르타(아르주나) 곁에는 드로나 크리파 비슈마가 남아 있었습니다. 그래서 관중도 나뉘었고, 여성 관객도 그러했습니다. 그래서 [장남-카르나과 4남-아르주나의 대결]상황을 알고 있는 쿤티(Kunti)는 기절을 했습니다. 그래서 상황을 꿰고 있는 비두라(Vidura)가 시녀들에게 물을 뿌려 정신을 되찾게 했습니다. 의식을 되찾은 쿤티는 '갑옷을 입은 두 아들'을 보고 공포에 사로잡혔습니다. 그러나 그녀는 어떻게 할 수도 없었습니다. 그래서 두 사람의 투사가 그들의 손에 활을 잡고 퉁기고 있는 것을 보고, 경기 규칙에 정통한 크리파(Kripa)가 카르나(Karna)를 향해 말했습니다.

"쿤티의 막내아들인 이 판다바(아르주나)는 카우라바 족에 속합니다. 그는 그대와 대결을 할 것입니다. 그러나 억센 자여, 그대도 아버지 어머니 이름과 가계(家系)를 밝혀야 합니다. 그것을 알아야 파르타는 싸울지 말지를 결정할 것입니다. 왕자는 명예롭지 못 한 가계(家系)의 사람과 싸울 수 없습니다."

바이삼파야나(Vaisampayana)는 계속했다. -이 크리파의 말을 듣고 카르나(Karna)의 얼굴은 연꽃처럼 창백해지고 우기(雨期)에 소나기 공격을 받은 것 같았습니다. 두료다나는 말했습니다.

"오 선생님, 정말 경전(經典)에는 세 가지 부류가 왕권을 요구할 수 있다고 했으니, 왕족과 영웅과 군사 통솔자가 그것입니다. 만약 팔구나(아르주나)가 왕이 아니라서 싸우기 싫다고 하면 **나는 카르나를 당장 앙가(Anga) 왕으로 삼겠습니다.**"

바이삼파야나(Vaisampayana)는 말했다. -바로 그 순간에 그 억센 카르나(Karna)는 마른 땅바닥에다가 황금 방석을 깔고 앉아 꽃과 물병과 황금으로 바라문들이 주문을 외어 왕이 되었습니다. 그리고 왕의 양산(陽傘)이 그의 머리에 올려지고, 야크 털로 장식을 하여 우아한 풍신(風身)을 더하게 했습니다. 환호(歡呼)가 멈추자 카르나(Karna) 왕은 두료다나를 향해 말했습니다.

"오 왕들 중에 호랑이시여, 당신 내린 왕국에 비길 만한 것으로 내가 바쳐야 할 것은 무엇입니까? 당신이 명한 바를 행할 것입니다!" 그러자 수요다나(Suyodhana, 두료다나)가 말했습니다. "**나는 당신과의 우정을 열망합니다.**" 이렇게 말하자 카르나가 대답했습니다. "그렇게 될 것입니다." 그들은 기쁨에 서로 껴안으며 큰 행복을 느꼈습니다.

바이삼파야나(Vaisampayana)는 말했다. -그런 다음 축 늘어진 옷을 입은 마부(馬夫) 아디라타(Adhiratha, 카르나의 養父)가 지팡이에 몸을 의지하고 땀을 흘리고 몸을 떨며 경기장 안으로 들어왔습니다. **마부(馬夫) 아디라타(Adhiratha)를 본 카르나(Karna)는, 그 아들로서 자신의 활을 놔두고 아직 취임식 물이 젖은 머리로 마부(馬夫) 아디라타(Adhiratha)에게 인사를 올렸습니다.** 그러자 그 마부는 옷자락으로 발을 덮으며 왕이 된 아들과 말했습니다. 마부는 카르나를 안고 사랑에 눈물을 흘렸는데, 카르나의 머리에는 앙가(Anga) 왕 대관식에 뿌린 물이 남아 있었습니다. 카르나가 마부의 아들임을 안 바마세나(Bhimasena)는 비웃으며 말했습니다.

"오 마부의 아들이여, 그대는 파르타(아르주나) 손에 죽을 자격도 없다. 어서 채찍이나 휘두르

는 것이 그대에게 맞을 것이다. 나쁜 사람, 제사에 올린 버터를 개가 먹을 수 없듯이 그대는 앙가(Anga)의 왕국을 다스릴 자격이 없다." 그 말을 들은 카르나는 가볍게 입술을 떨며 한숨을 쉬고 하늘에 신(태양)을 바라보았습니다. 그런데 연꽃 무더기에서 미친 코끼리가 일어나듯이 화가 난 두료다나(Duryodhana)가 형제들 중에서 일어서더니, 비마세나를 향해 말했습니다.

"브리코다라(Vrikodara, 늑대의 배)야, 그런 말을 하지 말라. 힘이 크샤트리아의 도덕이다. 신분이 낮은 크샤트리아도 싸울 자격은 있다. 영웅들의 가계란 커다란 강물의 근원과 같아서 다 알 수는 없다. 세상을 뒤덮는 불도 물에서 나온다.['불'을 아는 '생명'도 '물'에 그 기원이 있다.] 다나바 (Danavas)라 말하는 천둥도 (인간) 다디치(Dadhichi)의 뼈에서 생겼다....암사슴이 사자를 낳을 수 있겠는가? 태양이 아니면 어떻게 타고난 갑옷과 귀고리를 제공할 수 있겠는가? 이 왕자는 단지 앙가(Anga)가 아니라 그의 위력으로 온 세상을 지배하리라 나는 맹세한다. 내가 카르나에게 행했던 모든 것을 참을 수 없는 사람이 있다면 전차에 올라 활을 잡아라."

바이삼파야나(Vaisampayana)는 계속했다. -그러자 그 두료다나(Duryodhana)의 말에 동의하는 관객들이 수군거렸습니다. 그러나 해가 졌으므로 두료다나는 카르나의 손을 잡고 수많은 불이 켜진 경기장을 나갔습니다. 그래서 판다바 형제들도 드로나 크리파 비슈마를 모시고 그들의 처소로 돌아왔습니다. 그리고 사람들도 흩어지며 그날의 승자로 어떤 사람은 아르주나를 꼽았고, 다른 사람은 카르나, 또 다른 사람은 두료다나를 말했습니다. 그리고 쿤티는 아들 카르나(Karna)를 확인하고 앙가(Anga) 왕위에 오른 것을 보고 모성으로 매우 흡족해 했습니다. 그리고 두료다나는 카르나를 얻어, 아르주나의 무용(武勇)으로 생겼던 두려움이 다 사라졌습니다. 그리고 영웅 카르나는 달콤한 말로 두료다나를 즐겁게 해 주었습니다. 그러나 유디슈티라는 세상에는 카르나 같은 용사는 없다는 신념이 생겼습니다.[85]

'카르나의 아버지 수리아(Surya, father of Karna)', '태양신 수리아'[86] '카르나의 대관식(The coronation of Karna)'

---

85) K. M. Ganguli (Translated into English Prose from the Original Sanskrit Text), *The Mahabharata of Krishna-Dwaipayana Vyasa*, Munshiram Manoharlal Publisher Pvt. Ltd. New Delhi, 2000, -**Adi Parva**- pp. 287~290

―――✈

(a) 대서사문학 '마하바라타(*The Mahabharata*)'에서 가장 큰 흥미를 불러일으키는 대목은 '괴력을 자랑하는 카르나(Karna)의 등장'이다.

(b) '마하바라타(*The Mahabharata*)'는 **'두료다나' '카르나' '사쿠니'가 일으킨 그 '배약과 폭력의 사기의 횡포'**를 어떻게 잠재울 것인가에 집중이 되어 있다.

(c) 그런데 '마하바라타(*The Mahabharata*)'는 **'절대 신을 자기편으로 삼은 쪽이 결국 승리한다.'**는 공식을 먼저 확보한 '최초의 문학'이었다.

(d) 인간 사회에서 '최고의 죄악(罪惡)'은 [크샤트리아들이 행한 '계약 위반' '속임수' '거짓말'이라는 것을 힌두들은 이 '마하바라타(*The Mahabharata*)'에서 공개를 하였고, 그것이 만약 '불선(不善)'이라고 확신할 경우는 '목숨을 걸고 죽을 때까지 싸워 이겨라.'라는 것이 힌두들의 오랜 믿음과 전통이었다.

(e) 나관중(羅貫中)의 '통속연의(通俗演義)' 처음에 '동탁(董卓)'은 '여포(呂布)'를 얻어 '무력(크샤트리아)의 힘'으로 천하에 누볐고, 그를 이어 조조(曹操)는 역시 '무력'을 업고 천하에 군림했던 것은 널리 알려져 있지만, '마하바라타(*The Mahabharata*)'의 두료다나와 카르나는 '동탁' '조조'에 앞선 **'힘[무력]을 확신한 크샤트리아들'**이었다.

제30장 교사(教師)의 품삯

바이삼파야나(Vaisampayana)는 계속했다. -드로나(Drona)는 판두 왕의 아들들과 드리타르슈트라 왕의 아들들의 무예가 성취되었음을 보고 '**교사 품삯(preceptorial fee)**'을 요구할 때가 되었다고 생각했습니다. 그래서 학생들을 한 자리에 모아 놓고 드로나는 말했습니다.

"판찰라(Panchala) 왕 드루파다(Drupada)와 전쟁을 해서, 그를 내 앞에 잡아오너라. 그것이 너희가 가르친 나에게 은공(恩功)을 갚는 것이다." 그러자 그 투사들은 "그렇게 하겠습니다."라고 급히 각자의 전차(戰車)에 제 빨리 올라 스승의 은공을 갚기 위해 드로나와 함께 진격해 갔습니다. 그들은 판찰라 사람들을 가는 도중에 공격하고, 두루파다(Drupada) 수도를 포위하였습니다. 그래서 두요다나(Duryodhana)와 카르나(Karna)와 유유트수(Yuyutsu), 두사사나(Duhsasana), 비카르나(Vikarna), 잘라산다(Jalasanda), 술로차나(Sulochana) 등 위대한 용맹의 크샤트리아 왕자들이 그 공격에 경쟁하며 앞장을 섰습니다. 그래서 왕자들은 최고급 천차를 몰고, 기갑병(機甲兵)을 대동하고 수도(首都)에 입성하여 거리를 행진했습니다. 한편 판찰라 왕은 거대한 군사와 큰 소리로 외치는 요구를 듣고, 그의 형제들을 데리고 궁성에서 나왔습니다. 비록 야즈나세나(Yajnasena, 드루파다) 왕은 철저히 무장을 했으나, 쿠루 군사는 함성을 지르며 화살 소나기로 공격을 가했습니다. 그러나 야즈나세나(Yajnasena, 드루파다) 왕은 전투에서 항복할 수가 없어서 그의 백색(白色)

---

86) P. Thomas, *Hindu Religion Customs and Manner*, Bombay, Plate 21 'Surya, the sun god'

전차로 진격하며 격렬한 화살 비를 날렸습니다. 그 전투를 개시하기 전에 아르주나는 왕자들이 보여주는 용맹을 생각하며 스승 도로나께 말씀드렸습니다.

"우리는 저들에게 우리의 용맹을 보인 다음에 싸워야 합니다. 판찰라 왕[드루파다]은 저희들에게 사로잡힐 사람이 아닙니다."

바이삼파야나(Vaisampayana)는 계속했다. -판찰라 왕[드루파다]은 전투에 혼란스러움을 보고 판다바 왕재[아르주나]에게 화살 소나기를 퍼붓기 시작했습니다. 그러자 아르주나는 더욱 격렬하게 싸워 다섯 개의 화살로 왕의 활을 두 동강 내고, 깃대를 꺾어 떨어뜨리고 말들과 마부에게 순식간에 차례로 공격을 행했습니다. 그리고 활을 놔두고 언월도를 빼어들고 전차에서 뛰어내려 크게 함성을 지르며 달려갔습니다. 그리고 전혀 두려움 없이 억센 가루다(Garuda)가 바다에서 거대한 뱀을 잡아 올리듯이 그 '두루파다(Drupada)'를 체포했습니다. 그 모습을 보고 판찰라 군사들은 사방으로 도망을 쳤습니다. 그리고 나서 아르주나(Dhanajaya)는 양진영의 대장들에게 무용(武勇)을 과시하고 나서, 큰 함성을 지르며 그 판찰라 진영에서 빠져나왔습니다. 왕을 잡아가는 아르주나를 보고, 다른 왕자들은 드루파다의 수도(首都)를 초토화시키려 했습니다. 이에 아르주나는 왕자들에게 말했습니다.

"드루파다 왕은 우리 쿠루와 친척이다. 선생님께 은공만 갚기로 하자."

바이삼파야나(Vaisampayana)는 계속했다. -아르주나의 반대로 억센 비마는 전투에 아직 만족을 못했으나, 살육은 자제(自制)가 되었습니다. 전장에서 드루파다(Drupada)를 생포한 왕자들은, 그 드루파다(Drupada)를 드로나(Drona)에게 바쳤습니다. 그래서 드로나는 드라우파다(Drupada)의 부(富)를 빼앗고 그가 굴욕적으로 잡혀 온 것을 보고, 그 군주의 이전의 적대감을 생각해 보며 그를 향해 말했습니다.

"그대의 왕국과 수도(首都)는 내게 초토화되었다. 그러나 너의 목숨은 나의 의중에 달려 있지만 걱정은 하지 말아라. 이제 옛 친구인 나와 우정을 되살려 보면 어떤가?" 이렇게 드로나는 말하고 잠시 웃다가 다시 말을 이었습니다.

"걱정하지 마시오, 용감한 왕이시여, 우리 바라문(婆羅門)은 항상 용서를 미덕(美德)으로 삼습니다. 용감한 크샤트리아여, 그대에 대한 나의 애정은 은둔처의 어린 시절부터 생겼던 것이요. 그래서 나는 그대에게 다시 우정을 다시 구합니다. 나는 그대 왕국의 반(半)을 되돌려 주고 싶소. **그대는 앞서 나에게 왕이 아니면 왕의 친구가 될 수 없다고 했소.** 아 야즈나세나(Yajnasena)여, 그래서 내가 나의 반(半)을 그대에게 준다는 것이요. 바기라티(Bhagirathi) 강(江) 남쪽은 그대가 왕이 되고, 그 강(江) 북쪽은 내가 왕이 되겠소. 오 판찰라여, 그것이 좋으면 다음부터 나를 친구로 알기 바라오." 드로나의 그 말을 들은 드루파다는 대답했습니다.

"그대는 고상한 영혼에 위대한 무용까지 구비했네. 오 바라문이여, 그러기에 그대의 행함에 나는 놀랄 것도 없네. 나는 그대에게 감사하고, 우리는 영원히 친구가 되기로 하세."

바이삼파야나(Vaisampayana)는 계속했다. -그 후 드로나(Drona)는 그 판찰라 왕을 석방했고, 그 판찰래[드루파대] 왕이 즐겁게 업무를 이행하여, 왕국의 반을 드로나에게 주었습니다. 이로부터 드루파다(Drupada)는 많은 도시가 있는 갠지스 강 강둑에 마칸디(Makandi) 지역의 수도 캄필리아(Kampilya)에서 우울하게 살게 되었습니다. 드로나에게 패배한 다음 그 드루파다는 역시 차르만와티(Charmanwati) 강둑의 남쪽의 판찰라 만을 통치했습니다. 그래서 드루파다(Drupada)는 그날부터 '크샤트리아의 혼자 힘'으로는 그 드로나(Drona)를 이길 수 없다는 것, 즉 바라문의 정신력에는 미치지 못 함을 알게 되었습니다. 그래서 드루파다(Drupada)는 온 세상에서 그 '적(敵, 드로나)'을 복종시킬 남자를 찾기 시작했습니다. 한편 드로나는 아히차트라(Ahicchatra)를 다스렸는데, 그 아히차트라(Ahicchatra) 영지는 도시와 마을로 가득했는데, 제자 아르주나가 정복을 해서 그 스승에게 헌정(獻呈)을 했기 때문입니다.[87]

_____✈

(a) '마하바라타(*The Mahabharata*)'에 스승 드로나(Drona) 제자 아르주나(Arjuna) 이야기는 역시 가장 오랜 '사제(師弟)관계를 다룬 고전'으로 의미를 갖는다.['武術'의 사제 관계라는 점에 유의를 해야 한다.] 이후에 소위 '성인'들의 출현으로 더 많은 스승과 제자 이야기가 형성되었지만, '드로나(Drona) 아르주나(Arjuna) 이야기'가 그 원본이다.
  왜냐하면 '정신적인 교훈은 희미(稀微)'해 흩어지기가 쉬운데. 아르주나(Arjuna)는 표가 뚜렷한 '국왕을 버릇 잡고 왕국 취득'하여 스승 드로나(Drona)에게 '학습비'를 제대로 지불했기 때문이다.

(b) 원래 '마하바라타(*The Mahabharata*)'는 중요한 문제를 항상 지향하고 있는데 '스승의 은공 갚기'에서도 역시 여타 이야기를 완전히 압도하고 있다. 그러면 무엇이 그렇게 만들었는가? '크샤트리아(무사) 중심의 이야기'이기 때문이고, '현실적 힘(무력)의 긍정'에 기초한 이야기여서 그렇다.

(c) 그러나 위에 드로나(바라문)에게 제압을 당한 크샤트리아(드루파다)는 '바라문의 우월함'을 알게 되었다고 역시 '바라문(사제족) 우선'의 '마하바라타(*The Mahabharata*)'의 대(大) 주제에의 통일을 보이고 있지만, '크샤트리아에 의한 크샤트라의 제압일 뿐'이라는 <u>**사제[바라문]와 무새[크샤트리아]'가 공존했던 원시 사회, 그 구조가 힌두의 '마하바라타(*The Mahabharata*)'의 세계이다**</u>.

(d) 그리고 인간 사회에 처음 '교육'이란 '자식을 가르치는 아버지가 행한 교육'이 먼저이고, 그것은 '생존의 필요'에서 불가피한 것이다. 그런데 드로나가 아르주나 등에 행한 교육은 '크샤트리 중심 사회' '귀족 중심 사회 교육'이라는 측면에서 주목을 할 필요가 있다.

제31장 칠(漆, lac) 궁전

바이삼파야나(Vaisampayana)가 말했다. -사쿠니(Sakuni, 수발라의 아들)와 두료다나, 두사사나,

---

87) K. M. Ganguli (Translated into English Prose from the Original Sanskrit Text), *The Mahabharata of Krishna-Dwaipayana Vyasa*, Munshiram Manoharlal Publisher Pvt. Ltd. New Delhi, 2000, -**Adi Parva**- pp. 291, 293~294

그리고 카르나는 서로 의논하여 고약한 음모를 꾸몄습니다. **드리타라슈트라 왕의 허가를 받아 쿤티와 다섯 아들을 불태워 죽이기로 결정했습니다.** 그러나 현명한 비두라(Vidura)는 그들의 표정만으로도 그들의 마음을 알았습니다. 그래서 순수한 비두라는 쿤티와 그녀의 아들들이 원수들을 피해야 한다고 말해주었습니다. 풍파에 견딜만한 배 한 척을 마련하여 **비두라(Vidura)**가 쿤티에게 말했습니다.

"드리타라슈트라는 쿠루 족의 명예와 자손을 망치려고 태어났습니다. 그는 도덕을 이미 버렸습니다. 배 한 척을 마련했으니, 당신을 향해 펼치고 있는 죽음의 그물을 애들과 함께 벗어나야 합니다." 비두라의 그 말을 들은 영명한 쿤티는 깊은 슬픔을 느끼며 그 아들들과 함께 배에 올라 갠지스 강에 배를 띄웠습니다. 그 다음 비두라의 말대로 배를 버리고, 판다바 형제는 카우라바 형제들이 준 (바라나바타-Varanavata에 있는 동안에 쓸)재화(財貨)를 가지고 깊은 숲으로 들어갔습니다. 그러나 그 집은 판다바 형제들을 죽이려는 '래크(lac, 漆 발화제)로 만든 집'이었습니다. 쿤티와 그 아들들을 불태워 죽이려고 마련된 것이었습니다. 그래서 그 불쌍한 악당 푸로차나(Prochana, 래크집 제작자)도 그 큰 불길 속에서 함께 죽도록 계획을 했습니다. 이처럼 드리타라슈트라의 아들들과 그들 공모자(共謀者)들은 예상하고 있었습니다. 그렇지만 그것 역시 비두라의 충고로 영명한 판다바 형제들과 그들 어머니는 목숨을 구했습니다. 그런데 **바라나바타(Varanavata) 시민들은 그 '래크(lac, 칠 發火제) 궁궐'이 소실(燒失)된 것을 보고 판다바 형제들도 함께 불타 죽은 것으로 생각하여 크게 슬퍼했습니다.** 그래서 사람들은 드리타라슈트라 왕에게 일어났던 일을 보고할 심부름꾼을 보냈습니다. 그 심부름꾼이 국왕께 보고했습니다.

"당신의 큰 목표가 성취되었습니다. 대왕께서는 결국 판다바 형제들이 불에 타 죽었습니다. 소망이 달성되었으니, 왕자님들과 성대(盛代)를 누리십시오." 이 말을 듣고 드리타라슈트라와 그 왕자들은 슬픈 표정을 지었고, 비두라와 비슈마도 마지막 명복(the last honours)을 빌었습니다.

자나메자야(Janamejaya) 왕이 말했다. -오 바라문이시여, 나는 그 '래크(lac, 칠 發火제) 궁궐'이 소실(燒失)과 판다 형제들의 탈출에 대해 자세한 이야기를 듣고 싶습니다. 간악한 음모와 잔인한 행동이 행해진 그대로의 이야기를 다 듣고 싶습니다.

바이삼파야나(Vaisampayana)가 말했다. -오 대왕이시여, 들어보십시오. 그 '래크(lac, 칠 發火劑) 궁궐'의 소실(燒失)과 그 판다바 형제들의 망명(亡命)을 다 들려 드리겠습니다. **간악한 두료다나(Duryodhana)는 비마세나의 초인적인 힘과 아르주나의 탁월한 무예의 달성을 보고 자신이 처량하고 슬펐습니다.** 그래서 카르나와 사쿠니는 판다바 형제 살해를 계획하고 그 방법 찾기에 골몰을 했습니다. 판다바 형제들은 그 경우마다 그 음모에 응대를 했으나, 비두라의 말에 복종하여 그것을 조용히 그냥 넘겼습니다. 그런데 '판두 아들의 성취'를 목격한 시민들은 모든 공공장소에서 그것을 이야기하기 시작했습니다. 사람들은 모였다하면 판두의 장남(유디슈티라)은 왕국을 통치할 품성을 지녔다고들 말했습니다. 그리고 사람들은 말했습니다.

"드리타라슈트라는 공부할 능력은 지녔다고 하지만 장님으로 태어났으니 앞서 왕국을 얻지 못했다. 그러니 지금인들 어떻게 그 왕 노릇을 할 것인가? 그러기에 산타누(Santanu)의 아들 비슈마(Bhishma)께서 서약이 엄격하고 진실하시어 앞서 왕권을 포기하게 하셨으니 지금도 왕권을 가질 수 없다. 그런데 판두의 장남은 젊고 [드루파다와의]전투에도 승리했고, 베다에도 능통했고, 진실하고 친절하니 우리는 그를 왕으로 모셔야 한다, 그 판두 장남은 비슈마와 드리타라슈트라를 받드는 도덕도 지녔으니, 그가 명백하게 쿠루 후손을 즐겁게 지켜낼 것이다." 불쌍한 두료다나(Duryodhana)는 유디슈티라(Yudhishthira) 지지자들의 말을 듣고 크게 우울해졌습니다. 심각하게 고민을 하게 된 사악한 두료다나는 그 말들에 참을 수가 없었습니다. 두료다나는 시기심에 불타서, 시민들의 유디슈티라 지지에 고민에 빠져 있는 아버지 드리타라슈트라가 혼자 있는 틈을 타서 그 아버지에게 말했습니다.

"아버지, 저는 일부 시민들이 '고약한 징조'의 말을 한다는 것을 들었습니다. 아버지와 비슈마를 무시하고 판두 아들을 왕으로 원한다는 겁니다. 비슈마는 왕국을 통치하지 않을 것이므로 그것은 무방할 것입니다. 그러기에 시민들이 우리에게 큰 상처를 입히고 있는 것입니다. 판두는 자신의 성취로 옛 조상의 왕국을 차지했으나, 부친께서는 장님이시기에 왕국을 획득하지는 못하셨으나, 가질 자격은 충분하십니다. 만약 판두의 아들이 그를 계승하여 왕이 된다면 판두 후손으로 그 계승이 될 것입니다. 그럴 경우, 우리들은 왕통에서 멀어져서 모든 사람들에게 무시를 당할 것입니다. 그러므로 왕이시여, '우리가 우리 먹을 것을 다른 사람들에 매달리는 고민을 영원히 하게 해서는 아니 된다.'는 그 의론을 받아들여야 합니다. 아버지께서 앞서 왕권을 확보하셨더라면 비록 많은 사람들이 우리게 호감을 갖지 않더라도 우리는 그것을 명백하게 계승을 할 것입니다."

바이삼파야나(Vaisampayana)는 계속했다. -드리타라슈트라 왕은 그 아들들의 말이 그 자신의 지식이었고, 그의 신하(策略家) 카니카(Kanika)가 했던 말을 생각하며 슬픔에 괴로웠고, 그의 심정이 흔들리기 시작했습니다. 그 때 두료다나(Duryodhana)와 카르나(Karna), 사쿠니(Sakuni), 두사사나(Dushasana) 네 사람이 의논했습니다. 두료다나 왕자가 드리타라슈트라에게 말했습니다.

"아버지, 묘안(妙案)이 생겼습니다. 판다바들을 바라나바타(Varanavata)로 보내버리면 우리는 그들을 걱정할 필요가 없을 것입니다." 두료다나가 계속 말했습니다.

"비슈마께서는 이쪽(카우라바 쪽)이나 저쪽(판다바 쪽)이나 편애(偏愛)가 없으시니, 중립이십니다. 드로나(Drona)의 아들 아스와타만은 우리 쪽이니, 그 아버지도 역시 우리 쪽입니다. 크리파(Kripa)는 드로나 쪽이니, 역시 우리 편입니다. 비두라(Vidura, Kshattri)는 우리와 독립해 있으나, 적(敵)이 될 가능성은 거의 없습니다. 그가 판다바 편을 든다고 해도 혼자서는 우리를 헤칠 수 없으니, 아버지께서는 걱정하지 마시고, 판두 형제들을 바라나바타(Varanavata)로 보내버리세요. 지금 당장 보내셔야 합니다. 아버지께서 그렇게 해주셔야 나를 삼키는 불길을 미리 잡아주시는 것이고, 저의 잠을 빼앗는, 저의 심장을 위협하는 무서운 화살을 막아주시는 겁니다."

바이삼파야나(Vaisampayana)는 말했다. -그런 다음 두료다나와 그 형제들은 자기 편 사람들에게 부와 명예를 허락하여 점점 민심을 얻었습니다. 교활한 아첨꾼은 어느 날 드리타라슈트라에게 바라나바타(Varanavata) 도시를 매력적인 장소로 소개하기 시작했습니다. 그래서 아첨꾼들은 말했습니다.

"시바(Siva, Pasupati) 축제가 바라나바타(Varanavata)에서 열렸습니다. 사람들이 엄청나게 모여들어 세상에서 본 것 중에서 제일이었습니다." 아첨꾼들이 드리타라슈트라에게 그렇게 말하는 것을 듣고 판다바 형제들도 그 즐거운 도시를 구경하고 싶은 생각이 들었습니다. 그래서 드리타라슈트라 왕은 판다바들의 호기심을 확인하고 판다바들에게 말했습니다.

"내 주변 사람들이 내게 세상에서 즐거운 바라나바타(Varanavata)를 말하는구나. 만약 너희가 세상에서 가장 즐거운 도시로 가고 싶다면 친구들과 추종자들을 데리고 그 하늘나라 같은 곳을 즐겨도 될 것이다. 그리고 거기에 모인 바라문들과 음악가들에게 진주와 보석도 주어야 할 것이다. 멋진 신선들처럼 그곳에서 마음껏 즐기다가 하시티나푸라로 다시 돌아오려무나."

바이삼파야나(Vaisampayana)는 계속했다. -유디슈티라는 드리타라슈트라가 그렇게 말한 까닭을 충분히 알고, 자신은 약하고 친구도 없음을 알아 드리타라슈트라 왕에게 "그렇게 하겠습니다."라고 말했습니다. 그리고 비슈마, 비두라, 드로나 등에게 작별 인사를 드렸습니다.

바이삼파야나(Vaisampayana)는 말했다. -왕이 판다바들에게 말했을 때 사악한 두료다나는 아주 즐거웠습니다. 그래서 두료다나는 가만히 심복 푸로차나(Purochana)를 불러 그의 오른 손을 잡고 말했습니다.

"푸로차나(Purochana)여, 세상의 부(富)가 다 내 것입니다. 그러나 그것은 역시 당신 것도 됩니다. 그러므로 그것을 지켜내야 합니다. 나의 상담자로는 당신보다 더 신뢰할 사람은 없습니다. 왕께서 판다바들을 그들이 원한 대로 바라나바타(Varanavata)로 보내 축제를 즐기도록 했습니다. 오늘 당장 빠른 마차를 타고 바라나바타(Varanavata)로 가서 무기고 근처에다 4각형 궁궐을 세우고 가구와 물건을 채우고 그 저택을 감시해야 합니다. 그리고 그 궁궐은 대마(大麻)와 송진(松津) 등 인화물(引火物)로 지어야 합니다. 그리고 흙은 적게 쓰고, 버터와 기름과 래크(lac)를 듬뿍 써서 벽을 만들어야 하고 판다바들과 다른 사람들이 모르게 불붙일 수 있는 궁궐을 만들어야 합니다. 그리고 그 궁궐이 세워지면 당신이 쿤티와 판다바들을 극진히 그곳으로 모셔 거주하게 해야 합니다. 그리고 최상의 의자와 수레와 침대를 판다바들에게 제공하여 드리타라슈트라 왕께 불평이 없도록 해야 합니다. 우리의 일이 성공할 때까지 바라나바타(Varanavata) 사람 누구도 모르게 해야 합니다. 그리고 판다바들이 믿어 두려움이 없이 그 속에 잠들었을 때에 밖에서부터 불을 질러야 합니다. 그러면 판다바 형제들은 거기에서 불에 타 죽을 것이나, 사람들은 우연히 불에 탔다고 할 것입니다." 푸로차나(Purochana)는 "그렇게 하겠습니다."라고 대답하고, 빠른 마차로 바라나바타(Varanavata)에 도착하여 두료다나가 명한 대로 모든 것을 행했습니다.

바이삼파야나(Vaisampayana)는 말했다. -한편 판다바 형제들은 바람과 같이 빠른 말들에 그들의 마차를 달았습니다. 그들은 각자의 마차로 바라나바타(Varanavata)로 가기 전에 비슈마, 드리타라슈트라 왕, 드로나, 크리파, 비두라와 다른 쿠루 장노(長老)들의 발을 만지며 슬퍼했습니다. 그리고 ....판다바 형제들은 바라나바타(Varanavata)를 향해 출발했습니다. 그리고 대현인(大賢人) 비두라(Vidura)와 쿠루의 영웅, 그리고 시민들이 안타깝게 생각하며 멀리까지 따라 왔습니다. 그리고 시민 중에는 판두 왕자들의 쓸쓸한 모습을 보고 억제하지 못 하고 큰 소리로 외쳤습니다.

"사악한 드리타라슈트라 왕은 눈이 멀어 아무 것도 모릅니다. 왕은 도덕을 모릅니다. 역시 그리고 쿤티 아들들의 순수함을 모르고 있습니다. 그런데 조용히만 있으면 영명한 쿤티의 아들들이 어떻게 대처를 할 것입니까? 아버지에게서 왕국을 받은 드리타라슈트라는 판두 아들들을 용납하지 못 하고 있습니다. 어떻게 되어서 비슈마는 판다바들을 비참한 땅[바라나바타(Varanavata)]으로 보내는 부당한 제재를 참아 보고만 있는 것입니까? 쿠루 족의 성자(비슈마)는 [판다바들을]보살피기에 우리처럼 늙으셨습니다. 그러나 범 같은 판두 대왕은 이제 하늘로 올라갔고 드리타라슈트라는 그 왕자들을 어떻게 할 수도 없습니다. 우리가 유형(流刑)을 가라는 제재를 받지는 않았지만, 우리의 집을 떠나 유디슈티라가 가시는 곳으로 가야 합니다." 시민들이 이 같이 말하는 것을 듣고 유디슈티라는 슬픔을 느끼며 잠시 생각에 잠겼더니, 다음과 같이 말했습니다.

"[드리타라슈트라] 왕은 우리의 아버지이시고, 존경할 만한 정신적 인도자이신 우리의 어른이십니다. 그 분이 무엇을 명령하시건 그 명령은 우리의 의무입니다. 어르신들은 우리의 친구이십니다. 여기까지 걸어오시며 우리를 행복하게 해 주셨으니, 인젠 댁으로 돌아가십시오. 우리를 위해 행하실 때가 되면 모든 사람들이 좋아하고 우리에게 복이 될 것을 성취할 것입니다." 그렇게 유디슈티라가 말하자 시민들은 판다바 주변을 돌며 인사를 하고 그들의 처소로 돌아갔습니다.

바이삼파야나(Vaisampayana)는 계속했다. -판다바 형제들은 '팔구나(Phalguna) 달' 8일 로히니(Rohini) 별이 떠 있을 때 출발하여, 바라나바타(Varanavata)에 도착하여 도시와 사람들을 보았습니다.

바이삼파야나(Vaisampayana)는 말했다. -바라나바타(Varanavata)에 모든 시민들은 판두 아들이 왔다는 말을 듣고 기쁨에 넘쳐 수천의 선물을 들고 도시 밖으로 나와 그들은 영접을 하였습니다. 시민들은 쿤티의 아들들을 둘러싸고 만세(Jaya)를 불렀습니다. 시민들에게 둘러싸인 유덕한 유디슈티라는 천신들에게 둘러싸인 인드라와 같았습니다. 그 순수한 사람들은 시민들의 환영을 받으며 화려한 바라나바타(Varanavata) 시로 들어갔습니다. 그 시내로 들어간 영웅들은 우선 업무에 종사하는 바라문들의 처소를 찾았습니다. 다음은 관공서 공무원들의 처소를 찾았고, 다음은 수타(Sutas) 바이샤(Vaisyas), 그 다음은 수드라들(Sudras)의 처소까지 찾았습니다. 이처럼 시민들의 환영을 받은 영웅들은 마지막으로 앞서 가 있는 그 '푸로차나(Prochana)'에게로 갔습니다. 그는 판두 형제들을 위해 '궁궐'을 짓고 있었는데, 푸로차나(Prochana)는 그들 앞에 먹을 것, 마실 것, 침대

카펫 등 모든 생활용품을 훌륭하게 제공했습니다. 판다 형제들은 값비싼 옷을 입고 푸로차나 (Prochana)의 경배를 받으며 거기에 머물었습니다. 10일이 지난 다음 푸로차나(Prochana)는 판다 형제들에게 '축복의 궁전'을 지었다고 알렸으나, 그것은 저주의 집이었습니다……그 건물을 살펴 보고나서 버터와 송진(松津) 냄새를 확인하고 유디슈티라는 비마에게 그 건물이 인화물(引火物)로 지어졌다고 말했습니다.

　"아우야, 이 건물은 인화물(引火物)로 되었다.….두료다나의 교사(敎唆)로 저 푸로차나(Procha-na)가 나를 속여 놓고 불 질러 죽이려고 여기에 머무르게 한 것이다. 그러나 위대한 지성 비두라 (Vidura)께서 이 위험을 아셨기에 앞서 우리를 경고했던 것이다. 막내 아저씨께서 이 집에 위험이 가득하다 하셨으니, 두료다나가 몰래 악당들을 시켜 지은 것이다." 그 말을 들은 비마는 말했습니다.

　"형님, 만약 이 건물이 인화물 건물이라면, 우리가 먼저 다른 곳으로 가면 되지 않습니까?" 유디 슈티라가 대답했다.

　"내 생각으로는 확실한 탈출 방법을 모색하며 모르는 척 여기에 머무르는 것이 좋을 것 같다.… 사냥도 하며 돌아다녀 보자. 그러다가 보면 도망갈 길도 익숙하게 될 것이다. 그리고 우리는 매일 몰래 지하 통로를 마련할 것이다."

　바이삼파야나(Vaisampayana)는 계속했다. -굴 파기 선수인 비두라 아저씨 친구가 판다바에게 와서 말했습니다.

　"비두라님이 내게 말했습니다. '어두운 2주의 14일 밤에 푸로차나(Prochana)가 너희 집 문에다 가 불을 지를 것이다. 판다바와 그 어미를 태워 죽이려는 드리타라슈트라 아들들의 음모이다.' 비두 라는 앞서 당신(유디슈티라)께 '믈레차(Mlechchha, 暗喩) 언어'를 쓰시고 당신도 그렇게 하셨다는 데, 내 말이 진실임을 그것으로 증거를 삼겠습니다."

　바이삼파야나(Vaisampayana)는 말했다. -판다바 형제들이 만 1년간을 의심 없이 즐겁게 사는 것을 보고, 푸로차나(Prochana)는 즐거웠습니다. 그리고 그 푸로차나(Prochana)가 반가와 하는 것 을 본 유디슈티라는 형제들에게 말했습니다.

　"우리가 독한 놈[푸로차나(Prochana)]을 완전히 속였다. 우리가 도망할 때가 되었다. 무기고에 불을 지르고 푸로차나(Prochana)와 여섯 명을 여기에 두고 아무도 몰래 도망을 치기로 하자."

　바이삼파야나(Vaisampayana)는 계속했다. -어느 날 밤, 쿤티는 자선 행사로 수많은 바라문을 초대하여 대접을 했습니다. 그리고 거기로 부인들도 초대 되어 먹고 마시며 즐기다가 돌아갔습니다. 그런데 어떤 니샤다(Nishada) 여인이 다섯 아들을 데리고 그 잔치에 먹겠다 싶어 찾아와 그녀 와 아들들이 술에 취해 정신을 잃었습니다. 정신을 잃고 그 여인과 아들은 거기에 잠이 들었습니 다. 모든 집이 잠에 빠졌을 때, 엄청난 바람이 일었습니다. 그러자 비마는 바로 푸로차나(Procha-na)가 잠든 집에 불을 질렀습니다. 그리고 나서 그 '래크 궁전'의 문에 불을 놓았고, 주변 건물에 불을 놓았습니다. 그리고 나서 판두 아들들은 어머니와 함께 지체 없이 그 지하 통로로 들어갔습니다. 그러자 그 불길은 도시 사람들을 잠에서 깨웠습니다. 그 궁전에 불길을 보고 시민들은 슬픔에 빠진 얼굴로 말했습니다.

"악당 푸로차나(Prochana)가 두료다나의 시킴으로 친척을 죽이려고 이 집을 지었다. 틀림없이 그가 불을 질렀을 것이다. 드리타라슈트라의 마음이 그렇게도 치우쳐 있었다니. 고약한 푸로차나(Prochana)도 불에 타 죽었으니, 운명일 것이다."

바이삼파야나(Vaisampayana)는 말했다. -바라나바타(Varanavata) 시민들이 판다바 형제의 죽음을 애도하며 온 밤을 그 궁궐을 둘러싸고 있을 때, 판다바 형제들과 그 어머니는 지하통로를 빠져 나와 몰래 서둘러 도망했습니다.[88]

———✈

(a) 서사문학 '마하바라타(The Mahabharata)'는 이 '래크(lac, 칠 發火劑) 궁궐 사건'을 기점(起點)으로 등장인물들의 '선악(善惡)'의 구분이 더욱 명백하게 되었다. <u>그 '선인(善人)의 대표적인 모습'으로 유디슈티라(Yudhishthira)를 내세웠고, 악인의 대표적인 모습으로 두료다나(Duryodhana)가 더욱 구체화된 경우가 '래크(lac, 칠 發火劑) 궁궐' 이야기이다.</u>

(b) 유디슈티라(Yudhishthira)는 정직, 겸손, 예절 덕행을 갖춘 친 시민(親 市民)의 성향임에 대해, 두료다나(Duryodhana)는 크샤트리아의 힘을 최상으로 생각하고 권력(왕권)을 위해 모든 수단 방법을 가리지 않는 인물이라는 극히 '현실적 인물'로 부각이 되었다.

(c) 그런데 이미 명시했듯이 '마하바라타(The Mahabharata)'는 '절대신 중심주의' '천국 제일 중심'을 강조하는 대표적인 고전문학으로서, '인간 현실' '현세적 욕망' '세속적 추구'를 비판하였다.

(d) '마하바라타(The Mahabharata)'의 결론은 '착한 사람' '정직한 사람[유디슈티라 형제]'에게 '[크리슈나의]완전한 승리[혁명]'를 보여주고 있으나, 중국의 '현실주의' '충효사상' 기본으로 세운 나관중의 '삼국지통속연의(三國志通俗演義)'는 '정직한 유비 형제들'에게 '[제갈양의]완전한 승리[통일 제국 건설]'를 안겨 주지는 못 하였다. 이것이 역시 힌두(Hindu)의 '절대주의'와 중국(中國)의 '현실주의'의 차이점이기도 하다.

제32장 악귀 히딤바

바이삼파야나가 말했다. -'[래크(lac, 칠 發火劑) 궁궐'에서 탈출을 해 나온] 판다바 형제들이 잠들어 있는 장소에서 멀지 않은 곳에 '살라(Sala) 나무'가 있었습니다. 그런데 그 위에는 마침 히딤바(Hidimva)라는 락샤사(Rakshasa)가 있었습니다. <u>엄청난 힘과 용맹을 지니고 있는 그 락샤사는 날카롭고 긴 이빨을 지니고 사람을 잡아먹는 간악한 존재였습니다.</u> 그 락샤사는 배가 고파 사람

---

88) K. M. Ganguli (Translated into English Prose from the Original Sanskrit Text), *The Mahabharata of Krishna-Dwaipayana Vyasa*, Munshiram Manoharlal Publisher Pvt. Ltd. New Delhi, 2000, -**Adi Parva**- pp. 302~312

고기가 먹고 싶었습니다. 높다란 키에 거대한 배 머리털과 수염은 붉은색이었습니다. 그의 어깨는 나무 밑둥 같고 그의 귀는 화살처럼 뾰족하고 그 형상이 무서웠습니다. 붉은 눈에 냉혹한 그 괴물은 주변을 살피다가 판두 아들들이 숲속에 잠들어 있는 것을 보았습니다. 뻣뻣하고 엉클어진 머리털을 그 손가락으로 걷어 올리며 그 거대한 입을 지닌 그 육식가는 잠이 든 판두 아들들을 탐내고 있었습니다. 거대한 몸집에 엄청난 힘 구름 같은 형상에 날카로운 이빨과 번쩍이는 얼굴을 가진 그는 '사람 고기'를 좋아했습니다. 사람 냄새를 맡은 그는 자기 누이에게 말했습니다.

"누이야, 저런 좋은 먹을거리가 내게 온 것은 오랜만이다! 저 먹을 것을 보니 내 입에는 벌써 침이 가득하다. 나의 여덟 개의 이빨은 어떤 것도 다 씹을 수 있다. 오늘 오랜만에 맛있는 고기를 먹어보겠구나. 저 놈들의 목을 쳐서 오늘은 맘껏 넉넉한 피와 더운 고기 맛을 보겠구나. 네가 가서 저 숲에 잠들어 있는 자들을 살펴봐라. 맛있는 냄새가 내 코를 자극하니, 저놈들을 어서 잡아 오너라. 그들이 내 땅에 들어와서 잠들어 있다. 겁내지 마라. 어서 가라. 함께 저 고기를 먹어보자. 인육을 먹고 난 다음에는 여러 가지 춤도 즐겨보자." 오빠 히딤바 명령을 받은 '여자 식인종'이, 판다바들이 잠든 곳으로 갔습니다. 그 여자 식인종은 그들의 어머니와 아직 자고 있는 판다바와 벌써 깨어 일어나 앉아 있는 '비마(Bhima)'를 보았습니다. 세상에 둘도 없이 아름다운 비마를 보고 그 여자 락샤사는 금방 사랑에 빠져 혼자 말했습니다.

"황금 같은 피부, 억센 팔, 사자 같이 넓은 어깨, 소라껍질 같은 목, 연꽃 같은 저 눈 정말 나의 남편감이다. 오빠 말을 내가 왜 들어? 여성의 남편 사랑이란 남매 사랑보다 더 강하지. 제[비마]를 죽이면 오빠와 내가 잠깐 입에 즐거울 것이다. 내가 저를 죽이지 않는다면 그와 나는 영원히 즐거울 것이다." 그렇게 생각을 하고 <u>'모습을 맘대로 바꿀 수 있는(capable of assuming form at will)' 그 락샤사 여인</u>은, 훌륭한 아가씨 모습을 하고 가만히 비마 곁으로 다가갔습니다. 천상(天上)의 선녀처럼 장식을 하고 입가에 미소를 머금고 얌전하게 다가가서 비마에게 말했습니다.

"황소 같은 분이시여, 어디서 오신 누구이십니까? 천신 같이 여기 잠들어 계신 분은 누구십니까? 자기 안방에서처럼 편히 잠들어 있는 빼어난 미모의 부인은 누구이십니까? 이곳은 락샤사가 거주하는 숲인 줄을 모르십니까? 여기는 히딤바(Hidimba)라는 독한 락샤사가 살고 있습니다. 천신 같은 아름다운 분이시여, 나는 당신들을 죽여 밥으로 삼고 있는 오빠 락샤사 명을 받고 여기에 왔습니다. 그러나 내 진심을 말씀드리겠습니다. 나는 천신 같은 당신을 뵙고 당신을 빼놓고 세상에 내 남편은 없다는 생각이 들었습니다! 당신에게 저를 맡겨야겠다는 생각이니, 할 말씀이 있으시면 제게 말씀을 해 주십시오. 내 정신과 몸은 '카마(Kama, 사랑의 신)의 화살'을 맞았으니, 당신 것으로 삼아주세요. 제가 그 식인(食人)의 락샤사로부터 당신을 구해드리겠습니다. 오 티 없는 분이시여, 제 남편이 되어주세요. 그러면 우리는 다른 사람들과는 다르게 산속 숲에서 살 수 있을 겁니다. 나는 맘대로 공중을 날아다닐 수 있답니다. 당신은 여기에서 즐겁게 지낼 수 있습니다." 그 여인의 말을 듣고 비마(Bhima)가 말했습니다.

"오 락샤사 여인이여, 욕망을 통제하는 어떤 현자(賢者)가 잠든 어머니와 형제를 버릴 수 있겠습니까? 어떻게 나 같은 남자가 어머니와 형제가 락샤사의 밥이 되게 버려두고 욕망을 취하겠습니까?" 락샤사 여인이 말했습니다.

"모두를 깨우세요. 모든 것을 당신에게 맡기겠습니다! 내가 식인(食人)의 오빠로부터 당신들을 구해드리겠습니다." 그러자 비마가 말했습니다.

"오 락샤사 여인이여, 나는 그대의 오빠 따위가 무서워 잠든 어머니와 형제를 깨우지는 않겠소. 부족한 사람이여, 락샤사들은 내 용맹을 당할 수 없소. 눈이 아름다운 아가씨여, 어느 누구도 간다르바들이나 약샤사가 내 힘을 당할 수 없소. 그대는 여기에 있건 어디로 가든 그대 생각대로 하시오. 식인의 오빠와 함께 있어도 나는 관심이 없소."

바이삼파야나가 말했다. -락샤사 왕 히딤바(Hidimba)는 누이가 돌아오지 않자 그 나무에서 내려와 판다바들이 있는 곳으로 갔습니다. 락샤사 여인은 무서운 오빠를 보고 급히 비마에게 말했습니다.

"무서운 식인종이 화가나 여기로 오고 있어요. 제가 말했던 대로 당신과 형제들을 지켜드리겠습니다. 저도 락샤사의 힘을 지니고 있고, 내가 가고 싶은 곳으로 맘대로 갈 수 있습니다. 제 엉덩이에 오르시면 당신 모두를 공중으로 다 모실 수 있습니다. 어머니와 형제들을 깨우세요." 그러자 비마가 말했습니다.

"고우신 분이여, 내가 여기 있는 한 걱정을 하지 마시오. 나는 그대의 면전에서 이 식인(食人) 락샤사를 잡을 것이요." 그 락샤사 여인이 말했습니다.

"범 같은 분이시여, 천신 같이 고우신 분이시여, 제가 당신을 무시해서 드리는 말씀이 아니라 나는 그 동안 저 락샤사가 사람들에게 행했던 바를 눈으로 보아 말씀드리는 것입니다."

바이삼파야나가 계속했다. -그 식인 라샤사가 비마와 꽃 같이 차린 누이를 보고 말했습니다.

"배고파 죽겠는데 뭘 하고 있어? 내 화가 두렵지도 않아? 너는 나를 따돌려 놓고 네 욕심을 챙기려 하고 있구나. 너는 우리 락샤사의 명예를 더럽힐 작정이로구나. 만약 내게 덤빈다면 지금 다 죽여 놓겠다." 그렇게 말한 히딤바(Hidimba)는 자기 누이에게 달려들었습니다. 그러자 비마가 그에게 말했습니다. "멈춰라, 멈춰!"

바이삼파야가 계속했다. -그 누이에게 화를 내는 락샤사를 보고 비마는 웃으며 말했습니다.

"히딤바(Hidimba)여, 편안하게 잠들어 있는 사람들을 깨워 무엇을 하려는가? 어서 내게 덤벼라. 나를 먼저 죽이고 나서 그녀를 죽여도 늦지 않다." 비마의 말을 들은 히딤바(Hidimba)가 말했습니다.

"나와 덤벼보면 내 힘을 알 것이다. 고약한 말을 지껄이는 너부터 잡아야겠다. 너의 피를 먼저 맛보고 남은 너희를 잡고 저것[락샤사 여인]도 잡을 것이다."

바이삼파야나가 계속했다. -그렇게 말한 그 식인은 화를 내어 비마에게 달려들었습니다. 그러자 비마가 그 락샤사를 움켜잡았습니다. 비마는 사자가 작은 동물을 잡듯 무서운 함성을 지르며 그 식인 락샤사를 32큐비트(cubit)를 끌고 다녔습니다. 그 고함소리에 모든 형제들이 다 잠에서 깨었습니다. 히딤바(Hidimba)와 비마 사이에 두 마리 코끼리 같은 싸움이 벌어졌습니다. 그들이 싸우는 바람에 나무들이 다 넘어졌습니다.

바이삼파야나가 말했다. -잠에서 깨어난 판다바 형제와 쿤티는 굉장히 아름다운 락샤사 여인을 보고 깜짝 놀랐습니다. 쿤티가 그 락샤사 여인에게 물었습니다.

"천상에 빛나는 신의 따님이신가요, 무슨 일로 여기에 와 계신가요?" 이에 락샤사 여인이 말했습니다.

"거대한 구름 같은 이 큰 숲은 히딤바(Hidimba)라는 락샤사 왕의 거주지입니다. 나는 우리 오빠 락샤사가 당신들을 잡으라고 보내어 여길 왔습니다. 그런데 저는 아름다운 당신 아드님을 보고 저의 남편감으로 정해버렸습니다. 그래서 당신들을 데리고 다른 곳으로 가려 했으나, 아드님의 반대로 그러하질 못 했습니다. 그런데 그 식인 오빠 락샤사가 내가 늦은 것을 보고 여기로 와서 아드님과 큰 싸움이 벌어진 것입니다."

바이삼파야나가 계속했다. -그녀의 말을 듣고 유디슈티라, 아르주나, 나쿨라, 사하데바가 다 일어나 비마와 그 락샤사가 격렬하게 싸우는 것을 보았습니다. 아르주나가 말했습니다.

"억센 비마여, 두려워할 것 없습니다. 우리는 비마 형이 그 락샤사를 잡을 것을 확신합니다. 그렇지만 너무 시간들이지 말아요. 우리는 갈 길이 바쁩니다."

바이삼파야나가 말했다. -그 아르주나 말은 들은 **비마는 억센 힘을 발동하여 그 식인의 락샤사를 동물을 잡듯이 죽였습니다.** 그러자 아르주나가 비마를 향해 말했습니다.

"존경하는 형님. 이 숲은 마을에서 멀지 않습니다. 두료다나가 우리를 추적하지 못 하도록 어서 여기를 떠납시다." 그래서 형제들은 말했습니다. "옳습니다." 그들의 어머니 쿤티(Kunti)에게 가니 락사샤사 여인도 뒤를 따랐습니다.

바이삼파야나가 말했다. -락샤사 여인이 따라 오는 것을 보고 비마가 그녀에게 말했습니다.

"락샤사들은 죽일 수 없는 속임수로 '복수'를 행한다고 나는 들었소. 히딤바의 누이여, 그대도 오빠가 갔던 길로 가야겠다." 그러자 유디슈티라가 화가 난 비마를 향해 말했습니다.

"오 비마여, 남자가 여성을 죽이면 아니 된다. 그 '생명을 지키는 것'은 도덕보다 더욱 높은 '의무'이다. 히딤바는 이미 죽었다. 저 여인이 우리에게 무엇을 잘못 했느냐?"

바이삼파야가 계속했다. -그러자 그 락샤사 여인은 쿤티와 유디슈티라를 향하여 두 손을 모으고 말했습니다.

"오 존경스런 부인이시여, 당신도 사랑의 신에게 걸린 여인들을 아실 겁니다. 비마의 이빨이 저를 괴롭히고 있습니다. 저는 시간을 기다렸고, 그 때가 왔습니다. 종족과 친구를 버리고 나는, 당신의 아드님을 제 남편으로 선택했습니다. 생명을 지키는 것은 미덕입니다. 도덕을 돌아보시면 비난 받을 일은 없을 겁니다." 그 락샤사 여인의 말을 듣고, 유디슈티라가 말했습니다.

"그대 말이 옳습니다. 그대는 그 말과 같이 꼭 실행을 해야 합니다. 비마는 목욕을 하고 기도를 올리고 달래는 의례(儀禮)를 수행한 다음, 해가 질 때까지는 그대에게 관심을 보일 겁니다."

바이삼파야나가 계속했다. -그러자 비마(Bhima)는 유디슈티라가 한 말에 동의하여 그 락샤사 여인에게 말했습니다.

"락샤사 여인이여, 내 말을 들으시오! 그대가 아들을 낳을 때까지 나는 당신과 함께 할 것을 약속합니다." 그러자 그 락샤사 여인은 "됐습니다."라고 말하고 비마를 데리고 하늘로 사라졌습니다. 그 락샤사 여인은 훌륭한 모습으로 비마를 모셔 아이를 낳게 되었으니, 그녀는 억센 비마의 아들을 낳게 되었습니다. 그 어머니는, 그 아이가 '물항아리(Ghato)' 같이 대머리였으므로, '가토트카차(Ghatotkacha, 항아리 머리)'라고 이름을 붙였습니다. 가토트카차(Ghatotkacha)는 판다 형제들을 무척 좋아하여 귀염둥이가 되었습니다.

바이삼파야나가 계속했다. -찾아 온 비아사(Vyasa)는 판다바들에게 에카차크라(Ekachakra)로 가라고 말했습니다.[89]

'히딤바의 사망'[90] '인간 모습으로 나타난 락샤사 여인'[91]

_____ ✈

(a) 비마(Bhima)가 **락샤사(Rakshasa) 여인**에게 아들 '가토트카차(Ghatotkacha)'를 얻었던 사실은 크게 주목을 해야 한다. 왜냐하면 판다바 여타 형제가 주로 '천신(天神)들'과 교유했음에 대해 비마(Bhima)는 '뱀 왕'이나 '락샤사 왕' '원숭이 왕'과도 긴밀한 관계를 유지하고 이 락샤사의 아들 '가토트카차(Ghatotkacha)'는 '쿠루크셰트라(Kurukshetra) 전장'에서 실로 막강한 전투력을 과시한 존재이기 때문이다.

(b) 이 '히딤바(Hidimva) 락샤사' 문제는 희랍의 제우스가 '천신의 왕'으로 등극하기 전에 문제되었던 그 이전의 천신 족 '크로노스(Kronos)'는 '자식을 잡아먹는 악귀'로 묘사되고 있는데, '식인의 히딤바(Hidimva)'는 그 희귀한 이야기와 완전 동계(同系)의 이야기이기 때문이다.

(c) 작품 <u>'수호전(水滸傳)'에 소위 '108 영웅'</u>은 사실상 이 '락샤사(Rakshasa, 魔王)'를 모델로 삼은

89) K. M. Ganguli (Translated into English Prose from the Original Sanskrit Text), *The Mahabharata of Krishna-Dwaipayana Vyasa*, Munshiram Manoharlal Publisher Pvt. Ltd. New Delhi, 2000, -**Adi Parva**- pp. 317~324
90) Wikipedia, Hidimba -'Death of Hidimba'
91) Wikipedia, Hidimbi -'Hidimbi in human form'

것임을 망각해서는 아니 될 것이다.['수호전(水滸傳)' 참조]

(d) '힌두의 상상력'은 실로 무궁하여 그들을 제외하고는 '세계 신화'를 논할 수 없고 오히려 '<u>세계의</u> <u>모든 신화</u>'가 바로 그 힌두에서 유래했음을 바로 알 때 '세계 인문 사회학'은 비로소 그 원조(元 祖)를 알아 '순항(順航)'할 것이다.

제33장 악마 바카를 격퇴하다.

자나메자야가 물었다. -최고의 바라문이시여, 판두 아드님들이 에카차크라(Ekachakra)에 도착한 다음에는 어떻게 지내셨습니까?

바이삼파야나가 말했다. -에카차크라(Ekachakra)에 도착한 쿤티의 아드님들은 잠시 바라문의 집에 거주를 했습니다. 그들은 탁발(托鉢, 먹을 것을 사람들에게 얻어먹음)의 생활을 하며 다양한 숲과 강과 호수를 돌아다니며 즐겼습니다. **밤이 오면 쿤티 앞에 모여 '얻어온 음식'을 분배 받았는데, 쿤티는 음식의 반을 나누어 비마(Bhima)에게 주고 나머지 반으로 4형제와 쿤티 자신이 먹었습니다.** 그런데 [큰 근심에 차 있는 주인 집 바라문의 모습을 보고] 쿤티가 그 바라문에게 물었습니다.

"무슨 일로 그토록 걱정 속에 계시나요?" 그 바라문이 대답했습니다.

"이 마을에서 멀지 않은 곳에 이 고장과 마을 다스리는 식인(食人)의 바카(Vaka)라는 락샤사 (Rakshasa)가 살고 있습니다. 인육(人肉)을 먹고 살아 그 락샤사는 큰 힘으로 이 고장을 통치하고 있습니다. 우리는 적(敵)으로부터의 두려움은 없습니다. 그러나 '한 수레의 쌀'과 '물소 두 마리' 그것들을 그에게 가지고 가야할 한 사람이 필요합니다. 차례로 그에게 각 가구마다 그가 먹을 것을 바쳐야 합니다. 여러 해 간격을 두고 돌아가며 차례가 오게 됩니다. 그것을 피하려는 가정을 알면, 그 락샤사는 아이들 부인 가릴 것 없이 다 죽여 잡아먹습니다. 베트라키아(Vetrakiya)라고 하는 이 고장에는 그 공포의 왕이 거주를 하고 있습니다. 그 락샤사는 '정치'라는 것은 모릅니다. 우리가 그 통치를 받고 있는 한 걱정 속에 지내야 합니다." 쿤티가 말했습니다.

"오 바라문이여, 그 문제로 너무 슬퍼하지 마십시오. 그 락샤사로부터 당신들을 구할 방도를 내 가 알고 있습니다. 당신이나 어린 아들 딸이나 아내가 그 락샤사에 갈 수 없을 터인데, 내게는 다섯 아들이 있습니다. 그 중 한 사람에게 그 락샤사에게 공물(供物)를 나르게 합시다." 쿤티의 그 말을 들은 바라문은 말했습니다.

"내가 살겠다고 남에게 고통을 넘길 수는 없습니다. 나를 젖혀놓고 손님인 바라문[쿤티 아들들] 을 희생시킬 수는 없습니다." 쿤티가 말했습니다.

"오 바라문이여, 내 의견은 확고합니다. 그 바라문[아들들]도 안전할 것입니다. 다섯 명의 내 아 들들은 1백 명의 아들보다 내 사랑이 못 하지 않습니다. 하지만 그 락샤사가 내 아들을 결코 죽일 수가 없을 겁니다. 내 아들은 힘과 용맹에다 주문(呪文, mantras)에도 능통합니다. 내 아들이 그 락샤사의 먹이를 성실하게 전달을 할 것이고 틀림없이 그 자신도 살아올 것입니다." 쿤티가 그렇게 말하자 그 바라문과 그 부인은 쿤티의 말이 바로 '감로수'라 너무 기뻐하며 그것[공물 대납]을 허락했습니다.

바이삼파야나가 말했다. -비마(Bhima)는 "내가 그 일을 하겠습니다." 약속을 하고 무기를 얻어 집으로 돌아왔습니다. 그러자 유디슈타라가 비마가 혼자 감당하겠다는 그 일의 속성이 의심스러워 비마가 해낼지를 의심해서 쿤티 곁으로가 말했습니다.

"어머니, 비마가 할 일이 무엇입니까?" 쿤티가 말했습니다.

"**비마가 내 말을 들어 저 바라문에게 좋을 일이 되고 이 고을을 해방시키는 위대한 일을 할 것이다.**" 유디슈타라가 말했습니다.

"어머니, 경솔한 결정이십니다. 그 일은, 수행하기 어려운 것으로 거의 자살 행위입니다!" 이 유디슈타라의 말에 쿤티가 말했습니다.

"유디슈타라야, 너는 브리코다라(Vrikodara, 비마)를 염려하지 마라. 내가 이 결심을 그냥 한 한 것이 아니다. 우리는 드리타라슈트라 아들들 모르게 저 바라문의 이해와 존중을 받으며 그의 집에서 살고 있다. 저 바라문에게 보답을 하려고 내가 그것을 결심하였다. 정말 훌륭한 그 가정을 망하게 할 수는 없다. 우리의 이 보답이 그가 받아야 할 보답보다 결코 큰 것이 아니다. '래크(lac, 칠 發火劑) 궁궐'에서 탈출할 때나 히딤바(Hidimba)를 잡을 적에 발휘한 비마의 힘과 용맹을 보았 겠지만 1만 마리의 코끼리 같은 힘이다." 이 쿤티의 말을 들은 유디슈타라가 말했습니다.

"어머니, 당신께서 동정심으로 비마를 격분하게 했으니, 그 식인 락샤사를 죽이고 비마는 무사히 돌아 올 겁니다."

바이삼파야나가 계속했다. -그렇게 밤이 지나자 그 락샤사에게 바칠 음식을 가지고 그 식인종이 살고 있는 곳으로 향했습니다. 억센 비마는 그 락샤사가 살고 있는 숲으로 접근하면서 "바카(Vaka) 야! 바카(Vaka)야!" 큰 소리로 외쳤습니다. 그 비마의 말을 들은 그 락샤사가 화가 나서 비마가 있는 곳으로 나왔습니다. 거대한 몸집에 억센 힘, 붉은 눈, 붉은 수염, 붉은 머리 털, 보기도 무서운 그 락샤사는 땅이 꺼질듯 발걸음을 내디디며 왔습니다. 귀에서 귀까지 입을 쩍 벌리고 있는데, 귀는 화살처럼 뾰족 했습니다. 모가 난 얼굴에 앞이마에는 세 개의 주름살이 있었습니다. 비마가 자기 음식을 먹고 있는 것을 보고 그 락샤사는 비마에게 다가가 아래 입술을 물고 분노의 눈을 크게 떴습니다. 그리고 그 락샤사는 비마를 보고 말했습니다.

"죽으려고 환장한 이 바보는 어떤 놈이야? 내가 보는 앞에서 내게 바칠 음식을 먹고 있다니?" 비마는 비웃음을 지으며 그 락샤사를 무시하며 고개를 돌리고 먹기를 계속하고 있었습니다. 화가 오를 대로 오른 그 락샤사는 비마의 등을 주먹으로 쳤습니다. 그래도 비마는 그 락샤사에게 대꾸도 하지 않고 계속 먹기만 했습니다. 그러자 그 락샤사는 분노가 폭발하여 나무를 뽑아들고 비마를 또 쳤습니다. 그러는 동안에 비마는 여유만만하게 그가 가지고 온 음식을 다 먹고 나서 기쁘게 싸우려고 몸을 가다듬었습니다. 그리고 나서 비마는 비웃음을 띠고 락샤사가 그에게 화가 나 휘두른 나무를 왼손으로 잡아 빼앗았습니다. 그러자 그 락샤사는 더 많은 나무를 뽑아 비마를 향해 던지니, 비마도 락샤사에게 그렇게 했습니다. 그래서 비마와 그 락샤사가 싸우는 바람에 주변에 나무들이 순간 다 없어졌습니다. 그러자 그 락샤사는 "세상에 나를 당할 자는 없다."고 큰 소리를 치면서 비마에게 달려들어 두 팔로 비마를 잡았습니다. 비마는 그 억센 락샤사 팔을 벗겨내고 무섭게 그 락샤사를 다시 끌어당겼습니다. 비마에게 이끌린 그 식인종은 큰 허기(虛飢, 배고픔)가 엄습을 했습니다. 그들이 싸우는 바람에 땅이 흔들리고 큰 나무가 다 부러졌습니다. 비마는 무릎으로 그 락샤사의 등 중앙을 누르고 오른 손으로 락샤사의 목을 쥐고 왼 손으로 그 허리에 옷자락을 걷어 올려 무서운 힘으로 그 락샤사를 조였습니다. 그러자 그 식인종은 놀라 함성을 질렀습니다. 마침내 락샤사는 비마의 무릎에 허리가 부러져 그의 입에서 붉은 피가 쏟아졌습니다.

바이삼파야나가 말했다. -산과 같이 거대한 바카(Vaka)는 비마의 무릎에 그 허리가 부러져 고함 소리 비명을 지르고 죽었습니다.[92]

———✈

(a) 여기서는 무엇보다 영웅적인 판두 아들 '5형제'를 기른 **쿤티(Kunti)의 '덕모(德貌)'**가 크게 드러내었다. 그녀는 ① 어미가 죽은 아이들[나쿨라, 사하데바]을 성실하게 맡아 길렀고, ② 아이들의 개성에 맞게 적절히 길렀고, ③ '은혜에 보답'을 가르쳤고, ④ '불의(不義)에 대항하는 용맹'을 발휘하게 했다.
이 네 가지 덕행 중에 마지막 '불의(不義)에 대항하는 용맹' 문제는 사실상 판두 아들들[크샤트리아들]이 아니면 감당할 수 없는 중대한 문제인데, **쿤티(Kunti)는 판다바들의 어미답게 당당하게 그 '의로운 행동'으로 자식을 이끌었으니, 그 '덕행(德行)'으로는 '마하바라타(*The Mahabharata*)'에서 최고 여인이라고 할 수 있다.**

(b) 전쟁 문학 속에 '의로운 여성의 등장'은 '통속연의(通俗演義)'에 서서(徐庶)의 어머니가 유명한데, 서서(徐庶)의 경우는 '지략(智略)'으로 능력을 과시했던 존재였음에 대해, '마하바라타(*The Mahabharata*)'에서 비마(Bhima)가 감당해야 했던 일은 문자 그대로 '악마퇴치(惡魔退治)' 문제였으니, 실로 고색(古色)이 창연(蒼然)하다.

(c) 여기에서도 명시되는 것은, '바카(Vaka)라는 락샤사(Rakshasa)'는 사실상 타고난 체력을 바탕으로 지역 주민을 괴롭힌 '나쁜 통치자[깡패]'일 뿐이라는 점은 명백한 사실이다.

(d) 소위 악귀 바카(Vaka) 이야기는 '원시적인 지역적 폭도 이야기'이니, 그것은 '지역적' '무비판적' '무식'에서 온 부조리를 '악귀'라는 존재들에 의해 자행되었고, 그것이 '자비로운 영웅'에 의해 어떻게 해소되었는지를 보여 준 것이다.

(e) '역사(歷史)의 진행'을 어떻게 특별한 곳에서 의미를 찾을 것인가? '그 악귀(惡鬼)의 반복적 퇴치'가 바로 '역사진행의 방향'이다.

---

92) K. M. Ganguli (Translated into English Prose from the Original Sanskrit Text), *The Mahabharata of Krishna-Dwaipayana Vyasa*, Munshiram Manoharlal Publisher Pvt. Ltd. New Delhi, 2000, -**Adi Parva**- pp. 326, 331~336

(f) '삼국유사'의 '거타지(居陁知)'는, '마하바라타(*The Mahabharata*)'에서 비마(Bhima)가 '히딤바' '바카'를 퇴치했던 것과 유사하다.

제34장 불 속에서 태어난, 드리슈타듐나와 드라우파디

자나메자야가 말했다. -판다바들이 락샤사 바카(Vaka)를 죽인 다음 무엇을 했습니까?

바이삼파야나가 말했다. -락샤사 바카(Vaka)를 죽인 다음 판다바들은 그 바라문의 집에 거주하며 '베다'를 공부했습니다. 얼마 지나지 않아 서약에 엄격한 바라문이 그곳으로 찾아 왔습니다. 모든 손님들에게 호의를 보였던 주인 바라문은 그 새로 찾아 온 바라문에게 아예 자기 거처를 내주었습니다. 그러자 판다바들과 쿤티는 새로 함께 거주하게 된 그 바라문에게 그 '체험담'을 간곡히 요청했습니다. 그 바라문은 다양한 나라와 성소와 강, 놀라운 지방과 도시 이야기를 들려주었습니다. 그 이야기 끝나자 그 바라문은 <u>야즈나세나(Yajnasena, 드루파다)왕 딸의 '남편 고르기 소식'</u>과, 드루파다(Draupada)의 큰 제사에서 놀라운 '드리슈타듐나(Dhrishtadyumna)의 탄생'과 '시칸디(Sikhandi)와 드라우파디(Draupadi)의 탄생'에 대한 이야기를 판다바들에게 들려주었습니다. 판다바들이 그 바라문에게 물었습니다.

"오 바라문이시여, 두루파다 왕의 아들 드리슈타듐나와 드라우파디가 어떻게 불 속에서 태어났습니까? 어떻게 드리슈타듐나가 드로나에게서 무기 사용법을 익혔고, 무엇이 드로나와 드루파다의 우정을 갈라놓았습니까?"

그 바라문이 이야기를 계속했다. -['드로나 제자들과 전쟁'에 패배한] <u>드루파다(Drupada)왕은 가슴에 슬픔을 안고 '제사에 능한 최고 바라문(superior Brahmanas well-skilled in sacrificial rites)'을 찾아 나섰습니다.</u> 슬픔에 압도되어 열렬하게 자식을 원하며 그 드루파다 왕은 항상 말하였습니다. "내게는 성공할 자식이 없다." 드루파다(Drupada) 왕은 드로나에 대한 복수를 생각하며 한 없이 한숨을 쉬었습니다. 드루파다 왕은 야무나(Yamuna) 강과 갠지스(Ganga) 강둑을 방황하다가 바라문의 성소(聖所)에 이르렀습니다. 그곳의 바라문들은 다 높은 경지에 이르러 있었습니다. 드루파다 왕은 그 성소(聖所)에서 최고의 경지에 이른 <u>야자(Yaja)</u>라는 성자와 <u>우파야자(Upayaja)</u>라는 성자를 알게 되었습니다. 왕은 그 중에 나이 어린 <u>우파야자(Upayaja)</u>가 더욱 훌륭하다 싶어 접근을 해서 그에게 호소를 했습니다.

"오 우파야자시여, 드로나를 잡을 아들을 얻게 희생제(Sacrificial rites)를 치러주십시오. 그러면 나는 1만 마리 암소를 드리거나, 당신 바라시는 모든 것을 드리겠습니다." 왕이 그렇게 말하자 그 <u>우파야자(Upayaja)</u> 신선은 "나는 할 수 없습니다."고 거절을 했습니다. 그러나 드루파다(Drupada) 왕은 그 <u>우파야자(Upayaja)</u> 신선에게 공경을 멈추지 않았습니다. 그러자 그 신선은 한 해가 다할 무렵에 왕에게 말했습니다.

"우리 형(<u>야자(Yaja)</u>)은 '지상[현세]의 획득[財物]'에 관심이 있는 것 같습니다. 우리 형에게 가보시오. 그가 대왕을 위해 영적(靈的) 업무[제사]를 수행할 수 있을 것 같습니다." **우파야자(Upayaja)**
신선의 그 말을 들은 드루파다 왕은 **야자(Yaja)** 처소로 가서 예를 올리며 말했습니다.

"오 선생님, 저를 위해 '제사(spiritual offices)'를 거행해 주시면 8천 마리 암소를 드리겠습니다. 드로나(Drona)와의 적대(敵對)로 내 가슴은 불타오르고 있습니다. 내 마음을 달래기 위한 것입니다. 드로나는 베다에 능통하고 브라흐마 무기를 통달하여, 드로나는 경쟁에서 나를 따돌리어 우정을 돌이킬 수가 없게 되었습니다. 오 야자(Yaja)여, 내가 전투로 드로나를 죽일 수 있는 무적(無敵)의 아들을 얻을 수 있는 제사를 거행해 주십시오. 암소 1만 마리를 드리겠습니다." 드루파다 왕의 말을 들은 야자(Yaja)는 "그렇게 합시다."라고 대답했습니다. 야자(Yaja)는 그 특별 제사에서 수행할 다양한 의례를 생각해 내었습니다. 야자(Yaja)는 사심이 없는 아우 우파야자(Upayaja)의 도움을 청했습니다. 그러고 나서 야자(Yaja)는 드로나 격파를 위한 제사에 응낙을 했습니다. 위대한 금욕자 우파야자(Upayaja)는 그 왕이 자식(子息)을 획득할 수 있는 제사에 필요한 모든 것을 말했습니다. 우파야자(Upayaja)가 드루파다 왕에게 말했습니다.

"오 왕이시여, 위대한 힘과 용맹을 지닌 당신이 원하는 아이가 당신에게 생길 겁니다."

그 바라문은 이야기를 계속했다. -드루파다 왕은 그 드로나를 죽일 아들을 얻을 생각에 필요한 준비를 다 하였습니다. 모든 준비가 갖추어지니, 야자(Yaja)는 정갈한 버터의 제사 불에 헌주(獻酒)를 부으며 드루파다 왕비를 향해 말했습니다.

"프리샤타(Prishata) 며느님, 이리 오십시오. 아들 하나 딸 하나가 당신께 왔습니다!" 그 말을 들은 왕비가 말했습니다.

"오 바라문이시여, 내 입 속에는 사프란(saffron)향이 가득합니다. 내 몸은 꽃향기를 품고 있습니다. 나는 내게 제공되는 자식을 맞기에 적절하지 않습니다. 오 자야(Jaya)시여, 잠깐 기다려주세요. 그 행복한 대화를 기다려 주세요." 그러나 자야(Jaya)는 말했습니다.

"오 부인이여, 내가 이미 봉납물을 준비했고, 우파야자(Upayaja)가 신께 청원을 행했는데 왜 제사 목적의 성취를 못 하게 기다리라 하시는 겁니까?"

바라문이 계속했다. -그렇게 말한 야자(Yaja)가 그 불에 헌주(獻酒)를 붓자 그 불 속에서 화광을 발하는 천신(天神) 같은 한 어린이가 보였습니다. 머리에는 왕관을 쓰고 좋은 갑옷을 입고 손에는 칼을 잡고 활과 화살을 지니고 그는 금방 커다란 함성을 질렀습니다. 그리고 탄생 즉시 그는 훌륭한 전차에 올라 잠시 돌아다녔습니다. 그러자 판찰라들은 너무 기뻐서 "최고다. 최고다." 소리를 질렀습니다. 그래서 대지(大地)도 잠시 기쁨에 들뜬 판찰라들을 감당할 수 없을 정도였습니다. 그러자 하늘에서 보이지 않은 영혼이 말했습니다.

"이 왕자는 드로나(Drona)를 쳐부수기 위해 태어났다. 그가 모든 판찰라들의 공포를 쫓아 버릴 것이고 그들의 명예를 사방에 알릴 것이다. 그는 왕의 슬픔도 사라지게 할 것이다." 그리고 그 다음 제단의 중앙에서 '판찰리(Panchali)'라 부르는 대운(大運)을 받은 딸이 나타났는데, 극히 뛰어난 모습이었습니다. 그녀의 '눈'은 검고 연꽃처럼 크고 '피부색'은 검고 '머리털'은 푸르고 곱슬머리였습니다. 손톱들은 예쁘게 볼록했고, 정말 그녀는 천신의 딸 같았습니다. 몸에서는 2마일 밖에서 알 수 있는 '연꽃 향'을 풍겼습니다. 그 아가씨가 태어나자 형상이 없는 말씀이 들렸습니다.

"이 검은 아가씨는 모든 여성 중에 최고가 될 것이다. 그녀 때문에 많은 크샤트리아가 죽을 것이고, 그녀로 인해 신들은 목표를 달성할 것이고, 그녀에게 많은 위험이 있어도 카우라바들(Kauravas)을 다 이기게 될 것이다." 그 말을 듣고 판찰라들은 사자 같은 함성을 질러서 대지도 '기쁨에 날뛰는 판찰라들'을 견디기가 힘들 정도였습니다. 그러자 프리샤타(Prishata)의 며느리[드루파다 왕비]가 그 소년과 소녀를 보고 그들을 소유하고 싶어서, 야자(Yaja)에게 다가가 말했습니다.

"내가 이 아이들의 어미가 되게 해주십시오." 그러자 야자(Yaja)는 "그렇게 하시지요." 그러자 거기에 있는 모든 바라문이 흡족하게 생각하여, 새로 태어난 (남녀)쌍둥이에게 이름을 붙였습니다. "드루파다(Drupada) 왕의 아들은 '듐나(Dyumna) 신'처럼 갑옷과 무기를 가지고 태어났으므로 '드리슈타듐나(Dhrishtadyumna)'라고 하고, 여자 아이는 검은 색이므로 '크리슈나(Krishna, 검다)'로 합시다."

바이삼파야나가 말했다. -이 바라문의 말을 듣고 쿤티의 아들들은 화살에 찔린 듯했습니다. 정말 그 영웅들은 정신을 잃을 정도였습니다. 그러자 쿤티가 유디슈타라를 보고 말했습니다.

"우리는 여러 밤을 이 바라문의 집에서 지냈구나. 우리는 이 마을에서 정직하고 영명한 사람들이 우리에게 행한 보시(普施)로 기쁘게 살아왔다. 이제 더 이상 신세를 질 수도 없다. 너희가 좋다면 그 '판찰라'로 갔으면 좋겠다. 우리는 그 나라를 구경도 못 했다. 우리가 들었던 대로 판찰라 왕은 바라문에게 헌신적이니, 거기에서 보시(普施)도 얻을 수 있을 것이다."[93]

_____✈

(a) '마하바라타(*The Mahabharata*)' 이야기 중에 신선 '자야(Jaya)' '우파자야(Upajaya)' 형제가 제단(祭壇)의 불 속에 영웅 드로나(Drona)를 잡을 드리슈타듐나(Dhrishtadyumna)를 탄생시키고 최고의 미인 크리슈나(Krishna, Draupadi)를 도출해 냈다는 이야기는 **'신화 창조의 원조' 힌두(Hindu)의 '신화 중에 신화'이다.**

'마하바라타(*The Mahabharata*)'의 소위 **'제사(祭祀) 만능주의'**는 가장 특별한 종교적 의미를 달성과 현실적 목적 달성 방법으로 크게 그 효과가 공개되고 있는데, 이 야즈나세나(Yajnasena, 드루파다)왕의 암소 1만 마리 '닥시나' 제사는, 드로나 아들 아스와타만의 복수 제사(제112장), 유디슈타라 '말 제사'(제116장)과 더불어 **'마하바라타(*The Mahabharata*)'에 공개된 3대(大) 제사(祭祀) 중의 하나이다.**

---

93) K. M. Ganguli (Translated into English Prose from the Original Sanskrit Text), *The Mahabharata of Krishna-Dwaipayana Vyasa*, Munshiram Manoharlal Publisher Pvt. Ltd. New Delhi, 2000, -**Adi Parva**- pp. 337, 339~343

(b) '세계의 모든 신화'가 사실상 원래 '힌두들의 것'이었는데, 한 마디로 이 '드리슈타듐나(Dhrishta-dyumna) 크리슈나(Krishna, Draupadi) 탄생 담'은 소위 힌두 '바라문의 권위'가 어떤 힘으로 상정(想定) 되었는지를 다 공개하고 있다.

(c) <u>드루파다 왕은 '암소 1만 마리'의 보시(報施)로 '천하를 제패할 아들과 딸'을 금방 획득했다고 하니, 그 바라문은 바로 그 '천신(天神)'이고 '절대자(絶對者)'이다. 여기에 지구촌의 모든 사제 (司祭) 권위와 '제사의 권위'가 아울러 선언이 되었음은 명시될 필요가 있다.</u>

(d) 힌두의 '계관시인'도 역시 그 '바라문'이니, 현대인이 이에서 쉬운 그 '신비주의'에 머뭇거릴 필요가 없다. 오직 그 '바라문의 말[언어]의 위력'이 '절대 신의 위력'으로 그대로 통하고 있는 그 현장의 공개이다.

(e) 그리고 여기에서 역시 주목을 해야 할 사항은 최고 사제(司祭)의 힘으로 탄생이 된 '드리슈타듐나(Dhrishtadyumna)'와 '크리슈나(Krishna, Draupadi)'는 <u>오직 '복수(復讐)를 위한 전쟁 승리'를 목표로 주문(奏聞) 제작(制作)되었다는 사실</u>이다. 이것은 '과거 전통 사회' '국왕 중심의 패권주의 (覇權主義) 시대'의 대표적인 유산이라는 점이다.['사해동포주의' '성인(聖人)의 시대' 이후에는 마땅히 패기처분 되어야 할 폐습(弊習)이다.]

(f) 힌두(Hindu)의 '신' '영웅'의 탄생은 그 자체부터 초월적으로 이루어졌으니, '알'에서의 탄생, '관념[생각]'에서의 탄생, '항아리 속에서의 탄생' '불속에서는 탄생'으로 다양한 형식을 취하고 있다.

제35장 드라우파디의 '남편 선발 대회'

바이삼파야나가 말했다. -판다바 5형제는 '드라우파디(Draupadi)의 결혼 축하연'을 보려고 판찰라(Panchala)로 출발했습니다.

바이삼파야나가 계속했다. -오 자나메쟈야 왕이시여, 판다바 형제들은 그 바라문의 말을 듣고 드루파다(Drupada) 왕이 다스리는 남(南) 판찰라(Panchalas)로 향했습니다. 판다바들은 가는 도중에 드와이파야나(Dwaipayana, 비아사)를 만났습니다. 그 드와이파야나(Dwaipayana, 비아사)는 판다바들에게 드루파다 왕의 처소(處所)로 가라고 추천을 해 주었습니다. 야즈나세나(Yajnasena, 드루파다 왕)는 항상 아르주나에게 자기 딸을 주려고 생각하고 있었습니다. 그러나 그것을 어느 누구에게도 말하지 않고 있었습니다. 그래서 그 판찰라 왕은 아르주나가 아니면 쓸 수 없는 억센 활을 준비하라 했습니다. 공중에 가설물을 설치해 놓고 왕은 그 가설물에 과녁을 걸어두었습니다. 그리고 드루파다 왕은 말했습니다. "이 활과 화살로 저 가설물 위에 과녁을 적중시키면 내 딸을 획득할 것입니다."

바이삼파야나가 계속했다. -드루파다 왕의 그 말로 '스와얌바라(Swayamvara, 남편 고르기 대회)'가 선포되었습니다. 그 소식을 듣고 다른 나라의 왕들이 드루파다 왕의 서울로 몰려 왔는데, 그 '스와얌바라(Swayamvara, 남편 고르기 대회)'를 구경을 하려고 많은 신선들도 몰려 왔습니다. 거기에는 카르나(Karna)를 대동한 두료다나(Duryodhana)도 왔습니다. 방문한 왕들은 드루파다의 영접을 받았습니다. 시민들도 그 '스와얌바라(Swayamvara)'를 보려고 바다처럼 몰려와 원형 경기장에 자리를 잡았습니다. 드루파다 왕은 동북쪽 대문을 통해 그 원형 경기장에 입장을 했습니다. 그 원형 경기장은 드루파다 왕의 수도(首都) 동북쪽 평야 지대에 자리를 잡았는데, 아름다운 저택들이 둘러싸고 있었습니다. 그리고 그 원형 경기장은 높은 벽으로 둘러싸고 궁형(弓形) 문을 여기저기 설치해 두었습니다. 그 광대한 원형 경기장에는 다양한 색깔의 햇빛 가리개도 설치가 되어 있었습니다. 판다바들도 역시 그 원형 경기장으로 들어가 바라문들과 함께 앉았고, 특별히 빛나는 판찰라 왕을 보았습니다. 그리고 그 중앙 홀의 왕자들과 바라문들은 즐겁게 해주는 배우와 무희들에게 각종 선물들을 주니 날마다 그 숫자가 불어났습니다. 그것이 수일 간 지속이 되어 16일 째 되는 날이었습니다. 목욕재계를 마친 그 드루파다 왕의 딸이 황금 접시와 화환을 손에 들고 화려한 복장으로 그 원형 경기장에 들어섰습니다. 성스런 바라문의 주문에 능통한 '월궁족(月宮族)의 사제(the priest of lunar race)'가 성화(聖火)를 만들어 불을 붙이고 정갈한 버터에 헌주(獻酒)를 부었습니다. 그 헌주로 아그니 신을 기쁘게 한 다음 바라문들이 좋은 축복을 올렸습니다. 그리고 사방에서 연주되던 악기들이 멈추었습니다. 그러자 널따란 원형 경기장이 완전히 적막하게 되었습니다. 그러자 '드리슈타듐나(Dhrishtadyumna)'가 그 누이의 팔을 이끌고 그 중앙 홀의 가운데에 서서 우레 같이 깊고 큰 목소리로 말했습니다.

"모이신 여러 왕들은 들으십시오. 이것은 활이고, 저것은 과녁이고, 이것들은 화살들입니다. 날카로운 이 다섯 개의 날카로운 화살로 저 과녁의 구멍을 향해 쏘십시오. 누구든 위대한 공을 성취한 자가 우리 누이 크리슈나(Krishna, 드라우파디)를 부인으로 맞을 겁니다." 모인 왕들에게 그렇게 말을 마친 드루파다 왕자는 누이에게 참가한 왕들을 소개 하였습니다. 드리슈타듐나(Dhrishta-dyumna)가 그 누이를 향해 말했습니다.

"**두료다나(Duryodhana)** 두르비사하(Durvisaha) 두루무카(Durukha) 드슈프라다르샤나(Dush-pradharshana) 비빈산티(Vivinsanti) 비카르나(Vikarna) 사하(Saha) 두사사나(Duhsasana) 유유트수(Yuyutsu) 바유베가(Vayuvega) 비마베가라바(Bhimavegarava) 우그라유다(Ugrayudha) 발라키(Valaki) 카나카유(Kanakayu) 비로차나(Virochana) 수쿤달라(Sukundala) 치트라세나(Chitrasena) 수바르차(Suvarcha) 카나카드와자(Kanakadhwaja) 난다카(Nanaka) 바후살리(Vahusali) 투훈다(Tuhunda) 비카타(Vikata) 등 억센 드리타라슈트라 왕의 아들들이 **카르나(Karna)**를 대동하고 너를 맞으러 왔다. 그리고 **사쿠니(Sakuni)** 사우발라(Sauvala) 브리사카(Vrisaka) 브리하드발라(Vrihavala)는 간다라(Gandhara) 왕의 아들들이다. 그리고 무기에 달통한 **아스와타만(Aswatthaman)**과 보자(Bhoja) 브리한타(Vrihanta) 마니마나(Manmana) 단다다라(Dadadhara) 사하데바(Sahadeva) 자야트세나(Jayatsena) 메가산디(Meghasandhi) 비라타(Virata)와 두 아들 산카(Sanka)와 우타라(Uttara) 바르다크셰미(Vardhakshemi) 수사르마(Susarma) 세나빈두(Senavindu) 수케투(Suketu)와 두 아들 수나마(Sunama)와 수바르차(Suvarcha) 수치트라(Suchitra) 수쿠마라(Sukumara) 브리카(Vrika) 사티아드리티(Satyadhriti) 수리아드와자(Surydhwaja) 로차르마나(Rochamana) 닐라(Nila) 치트라유

다(Chitrayudha) 아그수만(Agsuman) 체키타나(Chekitana) 억센 스레니만(Sreniman) 찬드라세나(Chandrasena) 억센 사무드라세나(Samudrasena)의 아들 자라산다(Jarasandha) 비단다(Vidanda)와 단다(Danda) 부자(父子) 파운드라카(Paundraka) 바수데바(Vasudeva) 힘 좋은 바가다타(Bhagada-tatta) 칼링가(Kalinga) 탐랄립타(Tamralipta) 파타나(Pattana) 왕 억센 전차 무사 마드라 왕 살리아(Salya)와 그의 아들 루크망가다(Rukmangada) 루크마라타(Rukmaratha) 쿠루의 소마다타(Soma-datta)와 세 아들 부리(Bhuri) 부리스라바(Bhurisrava) 살라(Sala) 수다크시나(Sudakshina) 푸루(Puru) 족의 캄보자(Kambovoja) 브리하드발라(Vrihadvala) 수세나(Sushena) 시비(Sivi) 우시나라(Usinara) 아들 파트차라니한타(Patcharanihanta) 쿠루샤(Kurusha) 왕 산카르샤나(Sankarna, 발라데바) 바수데바(Vasudeva, 크리슈나) 룩미니(Rukmini) 아들 삼바(Samva) 차루데슈나(Charudeshna) 프라듐나(Pradyumna)와 가다(Gada)의 아들 아크루라(Akrura) 사티아키(Satyaki) 우다바(Uddhava) 크리타바르만(Kritavarman) 흐리디카(Hridika)의 아들 프리투(Prithu) 비프리투(Viprithu) 비두라타(Viduratha) 칸카(Kanka) 산쿠(Sanku) 가베샤나(Gaveshana) 아사바하(Asavaha) 아니루다(Aniruddha) 사미카(Samika) 사리메자야(Sarim더폼) 바타피 질리(Vatapi Jhilli) 강력한 우시나라(Usinara)는 다 브리슈니(Vrishni) 족이고, 바기라타(Bhagiratha) 브리하트샤트라(Vrihatkshatra) 신두(Sindhu)의 아들 자야드라타(Jayadratha) 브리하드라타(Vrihadratha) 발리카(Valhika) 스루타유(Srutayu) 울루카(Uluka) 카이타바(Kaitava) 치트랑가다(Chitrangada) 수방가다(Suvangada) 바트사라자(Vatsara-ja) 코살라(Kosala) 왕 시수팔라(Sisupala)와 자라산다(Jarasanda) 등 세상에 모든 크샤트리아들이 너를 찾아 왔다. 과녁을 적중 시킨 자 중에 남편을 고르면 될 것이다."

바이삼파야가 말했다. -귀고리를 한 왕들은 서로가 서로를 경쟁하며 그들의 무기를 번뜩이며 일어섰습니다. 미와 용맹과 가문과 지식과 부와 젊음에 도취해서 발정한 히말라야 코끼리 같았습니다. 시기(猜忌)와 욕망에서 서로를 보며 자리를 박차고 일어나 "크리슈나[드라우파디]는 네 것이 될 것이다."라고 큰 소리를 쳤습니다. 그 '드루파다 왕의 딸'을 차지하려고 그 원형 광장에 모인 크샤트리아들은 우마(Uma) 신 곁에 서 있는 천신들 같았습니다. 신의 꽃 화살을 맞은 듯 '크리슈나[드라우파디]' 생각에 넋을 잃고 그 판찰라 여인을 차지하려고 그 원형 광장으로 내려와 그 시기심에서 친한 친구도 무시를 했습니다. 거기에는 루드라(Rudras) 아디티아(Adityas) 바수(Vasus) 쌍둥이 아스윈(Aswins) 스와다(Swadhas) 마루타(Marutas) 쿠베라(Kuvera) 야마(Yama) 같은 천신(天神)들도 전차를 타고 왔습니다. 그 다음 왕자들은 아름답기 짝이 없는 여인을 차지하기 위해 차례로 용맹들을 펼쳤습니다. 카르나(Karna) 두료다나(Duryodhana) 살와(Salwa) 살리아(Salya) 아스와타만(Aswatthaman) 크라타(Kratha) 수니타(Sunitha) 바크라(Vakra) 칼링가(Kalinga) 왕 판디아(Pandia) 파운드라(Paundra) 비데하(Videha)왕 야바나(Yavanas)왕이 차례로 나서서 힘을 냈으나, 단단한 그 활을 느릴 수도 없었습니다. 힘들이 빠지고 장식도 느슨해지고 숨이 차서 여인을 차지하겠다는 욕심도 냉랭해졌습니다. 그 단단한 활을 보고 그들은 탄식을 했습니다.

바이삼파야나가 계속했다. -모든 왕들이 활쏘기를 단념하고 있을 때에 **그 바라문들이 모여 있는 곳에서 아르주나(Arjuna)가 일어섰습니다.** 인드라 깃발을 들고 그 활을 향해 나가는 아르주나(Arjuna)를 보고, 바라문들은 그들의 사슴 가죽옷을 흔들며 커다란 함성을 질렀습니다. 일부는 기분 나쁘게 생각을 했으나 다른 사람은 좋아했습니다. 그리고 서로 수군거렸습니다.

"살리아 같은 크샤트리아들도 못 당기는 저 활을 저 바라문이 어떻게 하겠다고 저래?" 다른 사람은 말했습니다. "우리는 누구도 무시하거나 조롱을 해서는 아니 되고, 어떤 왕들에게나 화를 나게 해서는 아니 됩니다." 또 다른 사람은 말했습니다. "저 잘 생긴 젊은이의 어깨 팔 다리는 억센 코끼리 같소. 히말라야 같은 인내심에 사자 같은 걸음이요." 바라문들이 서로 이야기를 하고 있을 때에 아르주나는 그 활로 다가가 산처럼 우뚝 섰습니다. 그 활을 한 바퀴 돌며 '크리슈내드라우파디]'를 생각하고 축복을 내린 인드라 신에게 고개를 숙이고 나서 아르주나(Arjuna)는 그 활을 잡아들었습니다. **모든 크샤트리아 왕들이 누구도 느릴 수도 없었던 그 활을 잡아당기어 아르주나는 한 쪽 눈을 감았습니다. 그래서 아르주나는 다섯 발의 화살을 그 과녁에 쏘아 구멍을 통과하여 결국 그 가설물이 땅에 떨어졌습니다. 그러자 원형 경기장에 커다란 함성이 터져 나왔습니다. 그리고 하늘의 신들도 아르주나의 머리에 꽃비를 뿌렸습니다.(And the gods showered celestial flowers on the head of Partha.)** 수천의 바라문들은 기쁨에 넘쳐 그들의 윗옷을 흔들었습니다. 실패한 왕들은 모두 한숨을 쉬었습니다. 하늘의 꽃비가 그 모든 원형 경기장에 내렸습니다. 악사(樂師)들도 음악을 일제히 연주를 했고, 새들도 함께 찬송의 노래를 불렀습니다. 아르주나를 본 드루파다 왕은 기쁨이 넘쳤습니다. 그 드루파다 왕은 만일의 사태에 대비해 그 영웅을 도우려고 자리에서 일어났습니다. 소동이 생기자 유디슈티라와 쌍둥이는 서둘러 그네들의 임시 숙소로 돌아왔습니다. '크리슈내드라우파디]'는 과녁을 적중 시킨 인드라 신 같은 아르주나를 보고 흰 옷과 화환을 가지고 그에게로 다가왔습니다. 그 원형 경기장에서 '드라우파디(Draupadi)'를 따낸 믿을 수 없는 공을 세운 아르주나는 모든 바라문들의 존경의 인사를 받았습니다. 그렇게 해서 그녀는 아르주나 아내가 되었습니다.

바이삼파야나가 말했다. -드루파다 왕이 자기 딸을 바라문에게 넘기려 하자 그 '스와얌바라(Swayamvara)'에 초청된 왕들은 크게 화가 났습니다. 왕들이 갑자기 화를 내어 달려드는 것을 보고, 드루파다 왕은 그 바라문들[비마, 아르주나]에게 몸을 피했습니다. 비마와 아르주나는 달려오는 왕들을 코끼리처럼 막으셨습니다.

바이삼파야나가 말했다. -바라문들은 사슴 가죽 옷을 흔들며 "무서워하지 마시오. 우리도 그 적들과 싸울 겁니다." 아르주나는 웃으며 말했습니다. "곁에 서서 구경이나 하시오들. 내가 다 막을 겁니다." 그렇게 말하고 아르주나는 활을 잡고 산 같은 비마와 연합 전선을 펼쳤습니다.

바이삼파야나가 계속했다. -크리슈내바수데배는 비마가 싸우는 것을 보고 그들이 분명히 쿤티의 아들들이라고 생각을 했습니다. 그래서 정중하게 왕들에게 말했습니다.

"이 여인은 정확하게 저 바라문[아르주내]의 것이 되었습니다." 그렇게 말하고 분쟁의 포기를 유도했습니다. 그러자 전쟁에 숙달된 왕들은 그 말을 듣고 싸울 생각이 없어졌습니다. 그래서 군주들은 방황을 하다가 자기네 나라로 돌아갔습니다. 사람들은 떠나며 말했습니다. "축제가 바라문의 승리로 끝났구나. 판찰라 공주는 그 바라문의 신부가 된 거야." 비마와 아르주나는 사슴 등 야생 동물 가죽을 걸친 바라문들에 둘러싸여, 그 인파 속에서 어려움을 통과했습니다. '크리슈나[드라우파디'가 그들[아르주나와 비마]의 뒤를 따르며 경기에서 망가진 영웅들과 결국 인파를 빠져나오니 구름을 해치고 나온 달이나 태양 같았습니다. 한편 쿤티는 아들들이 탁발(托鉢, 동냥) 행차에서 늦어지자 근심에 싸였습니다. 쿤티는 혹시 드리타라슈트라의 아들들에게 당하지는 않았나 걱정이 되었습니다.

바이삼파야나가 말했다. -그런데 그 프리타의 아들들이 그 임시 거처인 '옹기장이 집(the potter's abode)'에 돌아와 그들의 어머니 앞에 나갔습니다. 여느 때처럼 아르주나는 그날 획득한 그 '드라우파디'를 '알름(alms, 소득)'으로 내놓았습니다. 방안에 있던 쿤티는 그 아들들은 못 보고 말했습니다.

"[너희가 얻은 여자를]너희는 함께 즐겨라." 잠깐 뒤에 그 '크리슈나[드라우파디'를 확인하고 쿤티는 다시 말했습니다.

"아니, 내가 너희에게 뭐라고 말했니?" 죄악(罪惡)을 걱정하여 그 국면을 벗어날 생각으로 쿤티는 드라우파디의 손을 잡고 유디슈타라를 보고 말했습니다.

"네 아우[아르주나]가 획득해 온 야즈나세나(Yajnasena, 드루파다)왕의 딸을 몰라보고 '[너희가 얻은 여자를]너희가 함께 즐겨라.' 고 말을 했구나. 어떻게 하면 내가 거짓말을 하지 않은 것으로 되겠느냐? 어떻게 하면 판찰라 왕의 딸의 마음도 편하게 되겠느냐?"

바이삼파야가 계속했다. -쿤티의 말을 듣고 유다슈티라는 잠깐 생각에 잠겼다가 아르주나를 향해 말했습니다.

"오 아르주나여, 네가 이 '드라우파디'를 따 왔다. 그러므로 너가 그녀와 결혼을 해야만 한다. 수많은 적을 이긴 네가 성화(聖火)에 불을 붙이고 혼례를 치르도록 하라." 그 유디슈타라의 말을 듣고 아르주나가 말했습니다.

"나 혼자 죄를 짓게 하지 마소서. 형님의 결정은 우리의 법도에 부합하지 않습니다. 큰형님께서 먼저 결혼을 하시고 난 다음은 비마 형이고, 그 다음이 내 차례이고, 그런 다음에 나쿨라와 막내가 있습니다. 브리코다라[비마와 저와 쌍둥이는 기다리고 있겠습니다. 우리 모두는 큰 형님의 명령을 따릅니다. 당신 생각대로 명령을 내리십시오." 유디슈타라는 결국 드와이파야나(Dwaipayana, 비아사) 예언을 생각하여, 아우들에게 말했습니다.

"행운의 드라우파디(Draupadi)를 우리 모두의 공동 처(共同 妻)로 삼기로 하자."[94]

---

94) K. M. Ganguli (Translated into English Prose from the Original Sanskrit Text), *The Mahabharata of Krishna-Dwaipayana Vyasa*, Munshiram Manoharlal Publisher Pvt. Ltd. New Delhi, 2000, -**Adi Parva**- pp. 369~378, 379~381

'드라우파디의 남편 고르기 대회를 선언하는 드리슈타듐나'⁹⁵⁾,
'드라우파디의 남편 고르기, 활을 쏘는 아르주나(Draupdi's svaymvara, Arjuna shooting arrow)'⁹⁶⁾

'남편 고르기 대회에서 드라우파디를 차지한 아르주나'⁹⁷⁾

———✈

(a) 판두 아들 5형제가 다 뛰어나지만, 그 중에서 아르주나가 모든 면에서 더욱 탁월했음을 '마하바라타(*The Mahabharata*)'에서 거듭 거듭 드러나게 하였다. 그것은 단적으로 이 '마하바라타(*The Mahabharata*)' 자체가 아르주나의 손자의 증손자 황손(皇孫) '자나메자야'에게 들려준 '자랑스러운 조상 이야기' 형식을 취했기 때문이다.

(b) **여기에 명시된 '아르주나'의 미덕은 자신의 능력으로 획득한 영광도 오히려 형제와 함께 하고 형님과 아우의 순서를 먼저 살폈다는 점이다.**

(c) 그리고 아르주나는 '한 사람의 여성'에 집착을 초월하여 '남성'으로서의 당당함을 견지하였으니, 이것은 중국의 [여성 문제를 초월한] '수호전(水滸傳)'의 영웅들의 기본자세로 그대로 수용되어 있다.

(d) 아르주나는 '세상에서 가장 용맹스런 크샤트리아'라는 것은 처음부터 끝까지 '마하바라타(*The*

---

95) Wikipedia, 'Dhrishtadyumna' -'Drishtadumnya announces the Draupadi Swayamvara'
96) Dr. N. Krishna etc, *Historicity of the Mahabharata*, Aryan Books International New Delhi, 2013, pp. 17, 18
97) Wikipedia, 'Draupadi' -'Arjuna wins Draupadi in her Swayamvara'

Mahabharata)'에 강조가 되어 있으나, <u>그 '획득한바' 그것이 '미인'이건 '온 천하(天下)'이건 그것</u>
<u>이 그 '형제들의 것'이여야 한다는 생각뿐이었다.</u>[작품 '수호전(水滸傳)'에 기본 전제임]

(e) 이것이 '세상 혁명의 주체 중의 주체' 아르주나의 생각이었다는 점은, <u>'영원한 혁명이 계속이 될</u>
<u>수밖에 없는 인간 세계'에 그 '커다란 행동 지표(指標)'를 힌두들이 앞서 마련을 한 셈이다.</u>

제36장 인드라프라스타에 왕이 된 유디슈티라

바이삼파야나가 말했다. -그 드라우파디를 원했던 모든 왕들은 그 후 '믿을 만한 염탐꾼들(their trusted spies)'을 통해, '잘 생긴 드라우파디'가 그 판두아들들과 결혼이 이루어졌다는 사실이 그들에게 다 전달이 되었습니다. 그리고 그 활을 느려 과녁을 적중시켰던 사람은 다름 아닌 아르주나였고, 그 살리아(Salya)에게 달려들어 뽑은 나무로 위협을 주었던 억센 무사는 바로 비마(Bhima)였다는 사실도 다 보고가 되었습니다. 왕들은 판두 형제들이 평화로운 바라문으로 가장을 했던 사실에 더욱 놀랐습니다. 왕들은 쿤티와 그 아들들이 '래크(lac, 칠 發火劑) 궁궐'에서 화재를 만나 죽었다고 알고 있었기에 판다바들이 저승에서 살아 돌아온 것으로 생각을 했습니다. 그리고 악독한 '푸로차나(Purochana) 계획'을 회상하며 사람들은 말하기 시작했습니다. "비슈마가 창피스럽다. 드리타라슈트라는 뭐하자는 거야."라고 비아냥거렸습니다.

바이삼파야나가 말했다. -드리타라슈트라가 두료다나에게 말했습니다.

"아들아, 비두라(Vidura) 앞에서는 어떤 것도 말할 수 없구나. 이제 비두라가 없으니, 너희 생각을 말해 보라." 두료다나가 말했습니다.

"오 아버지, 믿을 만한 바라문을 보내 쿤티의 아들과 마드리의 아들을 이간시키거나, 드루파다왕과 그 아들에게 큰 선물을 주어 그들이 유디슈티라를 버리게 합시다." 카르나가 말했습니다.

"두료다나여, 당신 생각은 옳지 않은 것 같습니다. 어떠한 방법도 판다바들에게는 소용이 없었습니다. 내 생각으로는 판두 아들들은 운명적으로 조상의 왕국을 회복하려 할 것이니, 우리가 힘으로 어쩔 수 없다는 생각이 듭니다." 카르나의 말을 듣고 드리타라슈트라가 말했습니다.

"큰 지혜를 지닌 마부의 아들이여, 그대의 말이 옳다. 그러나 비슈마 드로나 비두라와 의논하여 우리의 이익을 도모해 보자." 그래서 드리타라슈트라 왕은 모든 막료를 불러 그 문제를 상의하게 했습니다. 비슈마가 트리타라슈트라에게 말했습니다.

"오 드리타라슈트라여, 판다바들과의 분쟁을 나는 찬성할 수 없소. 그대와 판두는 내게는 똑 같소. 간다리의 아들들이나 쿤티의 아들들도 마찬가지요. 나는 그대의 아들과 그들을 다 보호해 주어야 하오. 이 왕국은 쿠루 조상의 왕국이요. 두료다나야, 그대가 이 왕국을 아버지 것이라고 알듯이 판다바들도 아버지 것이라고 알고 있다. 판다바들에게 왕국의 절반을 주도록 하라." 드리타라슈트라 왕이 비두라(Vidura)에게 말했습니다.

"산타누의 아드님 비슈마, 영명한 신선 드로나와 그대[비두라] 역시 나에게 가장 은혜로운 일이 무엇인지 진실을 말해 주었다. 판두의 아들들은 역시 나의 아들들임은 의심할 것도 없다. 내 아들들이 이 왕국을 가졌으니, 판두 아들들도 그래야 할 것이다. 서둘러 가서 판다바들과 그 어머니를 여기로 데려 오라."

바이삼파야나가 계속했다. -그래서 비두라는 드리타라슈트라의 명령을 받고 야즈나세나(Yajnase-na, 드루파다)와 판다바들에게로 갔습니다. 그래서 지성의 비두라는 드루파다 왕에게 말했습니다.

"드리타라슈트라 왕은 막료(幕僚)와 아들 친구들과 함께 기쁜 마음으로 거듭 대왕[드루파다]의 안부를 물었습니다. 그리고 대왕과의 동맹도 기뻐하셨습니다. 산타누의 아드님 비슈마께서도 정중하게 대왕께 안부를 전했습니다. 오 야즈나세나(Yajnasena)시여, 쿠루들은 대왕과의 동맹을 왕국을 획득한 것보다 더욱 행복해 하고 있습니다. 이를 감안하시어 판다바들이 그들의 왕국으로 돌아가도록 허락을 해 주십시오. 쿠루들은 판두 아드님들을 정말 보고 싶어 하고 프리타(Pritha, 쿤티)도 옛 도시를 보고 싶어 할 것입니다." 비두라 말을 들은 드루파다 왕이 말했습니다.

"오 위대한 지혜 비두라시여, 나 역시 쿠루와의 동맹을 환영합니다. 그리고 그 영명한 왕자들[판두아들들]이 조상의 왕국으로 돌아간다는 것은 적절한 일입니다. 그러나 그것을 내가 말하는 것은 적절하지 않습니다. 만약 유디슈티라 비마 아르주나 쌍둥이가 가기를 원하면 그리고 라마(Rama, 발라데바)와 크리슈나[바수데바]가 판두들을 가게 하면 가능하게 될 겁니다. 라마와 바수데바는 판두 아들에게 은혜로운 분들이십니다." 유디슈티라가 그 말을 듣고 말했습니다.

"지금 우리는 당신[드루파다]께 의지해 있습니다. 당신께서 명령을 내리시면 우리는 기꺼이 따르겠습니다." 그러자 크리슈나가 말했습니다.

"나는 판다바들이 떠나야 한다고 생각을 하지만, 모든 도덕을 알고 계시는 드루파다 왕의 견해가 존중이 되어야 한다고 생각합니다." 그러자 드루파다 왕이 말했습니다.

"나는 최고의 분[바수데바]께 확실하게 동의합니다. 영명한 판두 아들들뿐만 아니라 나도 바수데바와 나의 의견이 같습니다. 쿤티의 아들들은 케사바(Kesava, 바수데바)라 하면 자기들의 몸은 생각도 않습니다."

바이삼파야나가 계속했다. -드루파다 왕의 허락을 받은 판다바들은 드루파다의 딸을 데리고 쿤티와 함께 하스티나푸라로 갔습니다. 판다바들은 하스티나푸라(Hastinapura)에 이르러 시민들의 환호를 받으며 궁궐로 들어가 드리타라슈트라와 비슈마의 발에 인사를 올렸습니다. 그리고 인사를 올려야 할 모든 이에게 인사를 드렸습니다. 그런 다음 판두들은 배정된 처소에 들어가 잠시 쉬었다가 드리타라슈트라 왕과 산타누의 아들 비슈마에게 소환이 되어 드리타라슈트라가 유디슈티라에게 말했습니다.

"쿤티의 아들아, 아우들과 함께 들어라. 칸다바프라스타(Khandavaprastha)로 가거라. 너희는 너희 사촌과 차이가 있을 수 없다. 너희가 그곳으로 가면 아무도 너희를 해치지 못 할 것이다."

바이삼파야나가 계속했다. -판다바들은 그 드리타라슈트라 왕의 그 말에 동의를 하여 하스티나푸라(Hastinapura)에서 다시 출발을 했습니다. **왕국의 반(半)에 만족하여 판다바들은 칸다바프라스타(Khandavaprastha)로 갔으나, 거기는 미개척의 사막이었습니다.** 판두들과 바수데바가 거기에 도착한 다음 그곳을 '제2의 천국'으로 만들었습니다. 그 억센 전차무사들은 드와이파야나(Dwaipayana, 비아사)의 도움으로 상서(祥瑞)로운 지역에 도시 세울 장소를 정했습니다. 그리고 **그 도시를 인드라프라스타(Indraprastha, 인드라의 도시)로 부르게 되었습니다.** 즐겁고 상서로운 도시 인드라프라스타를 세우고 나서 판다바들의 궁궐은 천상의 부자 쿠베라(Kuvera)의 저택처럼 각종 부(富)로 가득 채웠습니다. 도시가 세워지자 베다와 모든 언어에 능통한 수많은 바라문들이 몰려와 거기에 살기를 원했습니다. 수많은 상인과 각종 재능을 보유한 사람들이 그곳에 살려고 찾아왔습니다. 이처럼 비슈마와 드리타라슈트라 왕의 유덕한 결정으로 판다바 형제들은 칸다바프라스타(Khandavaprastha)에 그들의 거처를 세웠습니다. 그렇게 해서 **판다바들이 정착을 한 다음에 바수데바(Vasudeva)와 라마(Rama)는 드와라바티(Dwaravati)[드와라카]로 돌아갔습니다.**[98]

----✦

(a) 이 장에서 가장 주목이 되는 바는 두료다나의 핵심 참모 '**카르나(Karna)'가 '판다바들의 실력**'을 **인정하였다**는 점이다.

(b) '마하바라타(*The Mahabharata*)'의 핵심 문제는 '전쟁'인데, 한 마디로 두료다나는 그야말로 아는 게 '권모술수(權謀術數)'임에 대해, 카르나는 누구도 부정할 수 없는 '크샤트리아'이고 그 정신에 투철한 사람이었다. 물론 두료다나는 모든 '군사적 조처'는 그 카르나의 결정에 따르지 않을 수 없는 상황이었다.

(c) 모처럼 조성된 '쿠루들'과 '판다바들' 간에 평화 분위기는 역시 크게 주목을 할 필요가 있으니, **그것[平和]은 '힘의 균형 속에 양보(讓步)와 인내(忍耐)'로 달성이 되었던 사실이다.** 비록 일시적인 외형상으로 그러한 것이나 우선 '판다바들의 저력이 입증이 된 것이고'[존재 증명] 드리타라슈트라의 '왕국 분할 결단'이 '양보(讓步)'이고 '미개척의 사막'을 수용했던 것도 '인내(忍耐)'였다. [여기에 '화해' '교류' '교섭'은 없었음]

(d) 그러나 '**작은 평화[짧은 평화]'도 그 '탐욕(貪慾)' 앞에는 당장 무기력하게 되니, '인간의 경쟁[전쟁]'에는 사실상 해답은 없다.**

(e) 어느 경우에도 '패배의 역사'란 있을 수도 없으니, 오직 '삶의 계승과 창조와 생성의 운영'이 있을 뿐이다. 그 '**마지막 승리**'를 위해 '**일시적 가난과 굴욕은 문제도 아니다.'라는 위대한 교훈을 '마하바라타(*The Mahabharata*)'는 거듭 강조하고 있다.** 그것에 대한 믿음이 '이치[진리]' '절대신'에 대한 신념 그것이다.

---

98) K. M. Ganguli (Translated into English Prose from the Original Sanskrit Text), *The Mahabharata of Krishna-Dwaipayana Vyasa*, Munshiram Manoharlal Publisher Pvt. Ltd. New Delhi, 2000, -**Adi Parva**- pp. 396, 397, 400, 404~408

제37장 드라우파디에 관한 약속

자나메자야(Janamejaya) 왕이 말했다. -바라문이시여, 인드라프라스타(Indraprastha) 왕국을 얻은 다음 우리 할아버지 영명한 판다바 형제들은 무엇을 실행하셨습니까?

바이삼파야나가 말했다. -판다바 형제는 드리타라슈트라 명령으로 그들의 왕국을 획득하여 칸다바바프라스타(Khandavaprastha, 인드라프라스타)에서 드라우파디(드루파다 왕의 공주)와 즐겁고 행복한 날을 보냈습니다. 그러던 어느 날 천상의 신령 나라다(Narada)가 방랑 중에 거기에 들렀습니다. 유디슈티라는 그 신령을 자기의 좋은 자리에 모셨습니다. 그리고 손수 아르기아(Arghya, 供物)도 제공했습니다. 그리고 왕은 왕국의 상황도 그 신령에게 말했습니다. 그리고 드라우파디(드루파다 왕의 공주)에게 신령이 도착하셨음을 알리었습니다. 그 전갈을 받은 드라우파디는 몸을 가다듬고 판다바들과 함께 있는 나라다(Narada)에게 인사를 올렸습니다. 판찰라 공주가 천상의 신령 발에 예를 표하고 베일을 쓰고 두 손을 모으고 섰습니다. 영명한 나라다나(Narada)는 그녀에게 다양한 축복을 내리고 물러가라고 말했습니다. 드라우파디가 물러 간 다음 그 신령은 유디슈티라를 비롯한 그 판다바들에게 말했습니다.

"저 유명한 판찰라 공주가 그대들 모두의 처(妻)라고 나는 알고 있습니다. 그대들 가운데 미리 '규칙'을 정하여 불화가 생기지 않도록 해야 합니다. 지난 날 3계(三界)에 유명했던 **순다(Sunda)와 우파순다(Upasunda)**는 어느 누구도 이길 수 없었지만, 그 형제는 서로를 죽일 수는 있었습니다. 형제는 동일한 왕국을 다스리며 같은 집, 같은 침대에 잠들고 같은 접시에 함께 먹었습니다. 그런데 '틸로타나(Tilottana)' 때문에 서로를 죽였습니다. 그러기에 유디슈티라여, 우정을 유지하고 불화가 생기지 않도록 '규정'을 만들어야 합니다." 그 말을 듣고 유디슈티라는 물었습니다.

"오 신령이시여, 악귀 순다(Sunda)와 우파순다(Upasunda)는 누구의 아들입니까? 그리고 '불화'는 어디에서 생겼으며 왜 서로를 죽였습니까?"

유디슈티라의 질문을 받은 나라다(Narada)가 말했습니다. -옛날에 니쿰바(Nikumba)란 억센 신[악귀]이 있었습니다. 그 니쿰바에게 **순다(Sunda)와 우파순다(Upasunda)**라는 아들이 생겼습니다. 그들도 무서운 힘을 가지고 태어났습니다. 형제는 치열하고도 고약한 생각을 지니고 있었습니다. 그들은 맹세가 같았고, 일과 목표가 같았습니다. 그들은 행복과 불행을 함께 했습니다. 언행을 서로에게 맞추었고, 함께가 아니면 자리를 잡거나 어느 곳에도 가질 않았습니다. **항상 동일 목표를 즐겼는데 3계를 정복하려고 빈디아(Vindhya) 산으로 갔습니다. 거기서 형제는 치열한 고행(苦行)을 했습니다.** 배고프고 목마름을 견디며 바위를 베게 삼고 나무껍질로 옷을 삼아 엄청난 고행을 했습니다. 그래서 그들의 고행으로 빈디아 산이 그 열기를 받아 김이 오르기 시작했습니다. 그들 고행의 강렬함에 신들이 놀랐습니다. 신들은 그들의 고행을 방해하기 시작했습니다. 신들은 여러 방법을 써 보았으나 그 '형제들의 맹세'를 깨뜨릴 수 없었습니다. 결국 위대한 할아버지 최고의 주님(the Gransire the Supreme Lord)께서 그들에게 나타나 '소원'을 물었습니다. 순다(Sunda)와 우파순다(Upasunda)는 말했습니다.

"오 할아버지, 당신께서 우리의 고행이 즐거우셨다면 저희에게 모든 무기 사용법과 요술(all power of illusion)을 내려주옵소서. 우리 마음대로 형상을 가질 수 있게 하시고 우리가 죽지 않도록 해 주옵소서." 그들의 말을 들은 신은 말씀하셨습니다.

"불사(不死)만 빼고 너희가 원하는 대로 될 것이다. 너희는 불사이지만 죽음은 서로에게서 구할 것이다. 너희는 3계를 지배하려고 고행을 했다."

나라다(Narada)가 계속했다. -절대 신의 그 말을 듣고 **순다(Sunda)**와 **우파순다(Upasunda)**는 말했습니다. "오 할아버지, 우리 서로만 빼고 3계의 만물에 두려움이 없게 해주소서." 주님은 그 소원도 들어주고 거기를 떠났습니다. 그래서 결국 막강해진 순다(Sunda)와 우파순다(Upasunda) 두 형제의 횡포로 신성한 성소(聖所)가 사라지고 온 우주가 텅 비게 되었습니다. 그래서 천상의 신령들이 '최고신'을 뵙고 호소를 했습니다. 위대한 할아버지는 '천상의 장인(匠人, the celestial architect)' 비스와카르만(Viswakarman)에게 말했습니다.

"만인(萬人)의 정신을 사로잡을 여인을 만들어라." 비스와카르만(Viswakarman)이 그 여인을 만들어 내니 할아버지[절대신]는 그 여인을 '틸로타마(Tilottama)'라고 불렀습니다. 그 여인은 브라흐매[주님]께 두 손을 모으고 말했습니다.

"주님이시여, 제가 할 일이 무엇입니까?" 주님께서 말했습니다.

"순다(Sunda)와 우파순다(Upasunda)에게 가라. 그 악귀 형제가 그대를 보면 서로 싸울 것이다." 그 틸로타마(Tilottama)는 붉은 비단 자락을 걸고 몸매를 자랑하며 꽃을 꺾어 들고 그 아수라 형제가 있는 곳으로 갔습니다. 그녀를 본 형(兄) 순다(Sunda)가 말했습니다.

"저 여자는 내 아내이니 너의 형수(兄嫂)이시다." 우파순다(Upasunda)는 말했습니다.

"저 여자는 내 아내이니, 형님의 제수(弟嫂)입니다." 결국 철퇴로 상대를 쓰러뜨려 죽었습니다.

나라다(Narada)가 계속했다. -그 아수라 형제는 그 틸로타마(Tilottama) 문제만 빼고 항상 생각을 함께 했습니다. **오 바라타의 최고들이여, 내 말을 들으려면 드라우파디(Draupadi) 때문에 서로 싸우지 않을 준비를 해야 합니다.**

바이삼파야나가 계속했다. -위대한 선인 나라다(Narada)의 이야기를 들은 영명한 판다바들은 서로 의논해서 그 나라다(Narada) 선인 앞에서 하나의 규칙을 정했습니다. 즉 '**한 사람의 형제가 드라우파디(Draupadi)와 같이 앉아 있는데, 다른 4형제 중 누가 그 형제를 볼 경우, 그는 바라문 수행자로 12년 간 숲 속으로 물러가 있어야 한다.**'는 규정이었습니다.[99]

---

99) K. M. Ganguli (Translated into English Prose from the Original Sanskrit Text), *The Mahabharata of Krishna-Dwaipayana Vyasa*, Munshiram Manoharlal Publisher Pvt. Ltd. New Delhi, 2000, -**Adi Parva**- pp. 408~416

(a) '<u>세상의 이익(이권)을 위한 쟁투</u>'는 가까이는 '음식 다툼' '애정 다툼' '소유권 다툼' '영토 다툼' '명예 다툼'의 여러 가지 양상이 있다.

　　사실 그러한 경쟁 속에 '인류의 인생 경영'이 이루어지지만, 그것마저 초월한 생각이 '절대자(God)'를 추구하는 심정일 것이나, 그것도 소위(所謂) '시시하다.'는 세속적 이해관계를 완전 초월하면 '절대 신의 문제'도 '납득(이해) 불능'의 문제가 된다.[항상 '同時主義 원리 속에 인간의 모든 인식이 이루어짐']

　　그러나 어떻든 그 '<u>초월(超越) 정신[진리를 찾는 정신]'은 그 자체대로 예찬될 수밖에 없으니, 그 속에 (여타 動物을 초월한) '인간 정신'이 엄연히 고수(固守)되어 왔기 때문이다.</u>

(b) 그 '<u>초월(超越) 정신</u>'의 마지막 종착점(終着點)은, '생명 존중' '사해동포주의' '과학주의' '평화주의' '동시주의(肉體의 존중과 良心의 실현)'가 기다리고 있다.

(c) '<u>판다바 형제의 공약(公約)'은, '생명을 길러낸 여성(母性)'과는 구분이 되는 '약속(의리)을 지키는 남성 정신의 실현</u>'으로 의미를 지니고 있다.

(d) 중국(中國)에 그 '막강한 형제애'를 바탕으로 한 명작이 '<u>수호전(水滸傳)'이니, 거기에서는 '여자(女子) 이야기'는 아예 '논외'로 하였다.</u> 그래서 '여자로 인해 생긴 문제'는 없었으나, '인간 사회는 그 반(半)이 여자이다.' 그 반쪽을 제외한 '인간 이야기'는 역시 '불구(不具)한 사회 이야기'일 뿐이다.

제38장 아르주나가 아들 아비마뉴를 얻다.

　　바이삼파야나가 말했다. -판두 형제들은 드라우파디에 대한 그와 같은 규칙을 정해 놓고 '칸다바프라스타(Khandavaprastha)' 중심으로 그들의 통치를 펼쳤습니다. 판다바들은 그들의 용맹으로 많은 왕들을 그들의 지배 아래 두었습니다. 약간의 기간이 지난 다음에 강도들이 바라문들의 소를 훔쳐가니 바라문들은 칸다바프라스타(Khandavaprastha)로 달려 와 호소를 했습니다.

　　"판다바 형제들이시여, 악당들이 저의 소를 빼앗아 갔습니다. 그 도둑을 잡아주세요. 바라문의 신성한 버터를 까마귀들이 들고 갔습니다."

　　바이삼파야나가 계속했다. -아르주나가 그 호소를 듣고 "염려하지 마시오!"라고 말했습니다. 그러나 아르주나가 그 무기를 두었던 방은 그 때 유디슈티라와 드라우파디가 점령을 하고 있었습니다. 바라문은 눈물로 호소하며 독촉을 하는데, 그 방엘 들어가면 숲 속으로 들어가야 하고 거기서 죽을 수도 있었습니다.

　　"나라를 지키는 도덕이 내 몸보다 우선이다.(Virtue is superior the body)"는 생각에서 아르주나는 그 방으로 들어가서 활을 들고 나와 그 바라문에게 말했습니다.

　　"어서 갑시다. 도둑들에게 빼앗긴 것을 찾아드리겠습니다." 아르주나는 전차를 몰아가 그 도둑들에게 화살을 쏘아 노획물을 되찾아 그 바라문에게 되돌려 주고 서울로 돌아왔습니다. 아르주나는 장로(長老)들에게 인사를 올리고 유디슈티라에게 말했습니다.

"오 왕이시여, '우리가 채택했던 그 맹세'를 생각하여 제가 서울[인드라프라스타]을 떠나게 허락을 해 주십시오. 형님과 드라우파디와 함께 머무시는 것을 제가 보았으니, 저는 숲으로 들어가야 마땅합니다." 그러자 유디슈티라는 갑작스런 아르주나의 말을 듣고 떨리는 목소리로 말했습니다. "무슨 일이냐!" 잠시 지난 다음 유디슈티라는 아르주나가 맹세를 바꾸지 않을 것을 알고 섭섭해 하며 말했습니다.

"내 행해야 할 일로 네가 내 방에 들어 온 것에 대해 내가 못 마땅하게 생각할 이유가 전혀 없다. 내 마음에 불쾌함도 없다. 아우들이 부인과 있을 적에 그 형이 들어가는 것이 규칙을 어긴 것이다. 그러므로 너의 [숲으로 떠나겠다는]목표를 버려라. 너는 나를 무시하지 않았다." 아르주나가 말했다.

"의무(義務) 이행(履行)에 발뺌하기는 있을 수 없습니다. **저는 그 '진실'을 흔들 수 없습니다. '진실'이 저의 무기입니다.**"

바이삼파야나가 계속했습니다. - 결국 왕(유디슈티라)의 허락을 얻은 다음 **아르주나는 숲 속의 생활을 준비하여 12년 간 숲에서 살려고 떠났습니다.**

바이삼파야나가 말했다. -아르주나가 숲으로 떠나자 바라문들은 멀리서 그 아르주나의 뒤를 따랐습니다. 아르주나는 여행을 하며 많은 숲과 호수와 바다와 평야와 강을 보았습니다. 아르주나는 갠지스 강 수원(水源)에 도착하여 거기에 정착할 것을 생각했습니다. 아르주나가 거기에 거주하고 있을 때, 그를 뒤따라온 바라문들도 그 지역을 그들의 거처로 잡았습니다. 아르주나는 수많은 '아그니호트라(Agnihotra, 聖火를 붙이는 의례)'를 수행했습니다. '정의로운 길'에서 벗어나지 않는 유식한 바라문들이 갠지스 강이 평야로 흐르는 그 아름다운 지역의 신성한 강둑에서 날마다 '목욕재계(ablutions)'를 하고 불에 꽃을 바치며 주문을 외곤 하였습니다. 그러던 어느 날 아르주나가 목욕을 하려고 갠지스 강으로 내려갔습니다. 목욕을 마치고 조상의 영혼에 바칠 물을 가지고 가려는데, **뱀들(Nagas) 왕의 딸 울루피(Ulupi)가 아르주나를 물속에서 끌어당겼습니다.** 그래서 아르주나는 뱀들(Nagas) 왕 카우라비아(Kauravya)의 아름다운 궁전으로 옮겨졌습니다. 아르주나는 그 궁전에서 자기를 위해 붙여진 제사 불을 보았습니다. 그 불을 보고 아르주나도 그 제사에 동참을 했습니다. 그래서 아그니(Agni) 신도 아르주나를 기뻐했습니다. 아르주나는 의례를 마친 다음 뱀 왕 카우라비아(Kauravya)의 딸 울루피(Ulupi)를 보고 웃으며 말했습니다.

"아름다운 아가씨여, 얼마나 무분별한 행동입니까. 이 아름다운 곳은 누구의 소유이며 그대는 누구의 딸입니까?" 그 아르주나의 말을 듣고 울루피(Ulupi)는 말했습니다.

"오 왕자님, 아이라바타(Airavata) 계에 카우라비아(Kauravya)라는 뱀이 있습니다. 나는 그 카우라비아(Kauravya)의 딸 울루피(Ulupi)입니다. 당신께서 강물로 내려와 목욕하는 것을 보고 욕망의 신에 사로잡혀 이성을 잃었습니다. 나는 아직 결혼을 하지 않았습니다. 오늘 당신을 내게 주소서."

아르주나가 말했습니다.

"오 다정하신 이여, 나는 유디슈티라 왕의 명령으로 12년 간 바라문 생활을 해야 하는 처지입니다. 내 마음대로 행동할 수가 없습니다. 그러나 나는 생명에 거짓을 말할 수는 없습니다. 뱀 아가씨, 그러므로 내가 어떻게 해야 할지 말해주세요." 울루피(Ulupi)가 말했습니다.

"판두의 아드님이시여, 나는 당신이 왜 바라문 생활을 하게 되었는지를 알고 있습니다. 12년 유랑 생활은 드라우파디 때문입니다. 나의 소원을 들어준다고 해도 당신의 도덕은 감해지지 않습니다. 그것은 우울을 벗는 방법입니다. 오 아르주나여, 당신 도덕을 잠깐 줄이시면 저의 생명을 건져주시는 겁니다."

바이삼파야나가 말했다. -그래서 아르주나는 그 뱀 왕의 저택에서 해가 솟을 때까지 보냈습니다. 아르주나는 울루피(Ulupi)를 데리고 카우라비아(Kauravya) 왕궁에서 갠지스 수원(水源)까지 왔습니다. 순결한 우루피는 거기서 이별을 고하고 그녀의 처소로 돌아갔습니다.

바이삼파야나가 말했다. -아르주나는 서쪽 대양 해안 가 모든 성수(聖水)와 성지(聖地)를 차례로 방문하고 다니다가 프라바사(Prabhasa)는 성지에 도착했습니다. 그런데 바수데바(Vasudeva, 크리슈나)가 그 소식을 들었습니다. 그래서 크리슈나와 아르주나는 거기에서 만났습니다. **그들은 신령 나라(Nara)와 나라야나(Narayana)로서 절친한 옛 친구였습니다.**['신령이 인간으로 탄생한 존재들임'] 바수데바가 아르주나의 여행에 관해 물었습니다. 그러자 아르주나는 크리슈나에게 그동안 생겼던 이야기를 상세히 설명을 해주었습니다.

바이삼파야나가 말했다. -아르주나와 크리슈나가 만난 며칠 뒤에 라이바타카(Raivataka) 산에서는 브리슈니족(Vrishnis)과 안다카족(Andhakas)의 대축제가 열렸습니다. 이 종족의 영웅들은 수천의 바라문에게 엄청난 부를 희사(喜捨)했습니다. 그 산 주변에는 보석과 아름다운 나무로 장식한 많은 저택들이 늘어서 있었습니다. 악사들은 연주를 하고 무희들은 춤을 추고 가수들은 노래를 했습니다. 힘찬 브리슈니 젊은이들은 화려하게 장식한 황금 마차를 몰고 와 훌륭했습니다. 걷거나 마차를 타고 온 시민들과 그들의 부인과 추종자들이 수십만 명이었습니다. 그래서 거기에는 술을 마시고 자유롭게 방랑을 하는 할라다라(Haladhara, 발라라마)왕이 처 레바티(Revati)를 동반하고 많은 악사와 가수를 이끌고 와 있었습니다. 브리슈니(Vrishni)의 우르가세나(Ugrasena) 왕도 가수들을 데리고 와 있었습니다. 그 거대한 축제가 시작이 되니 바수데바와 파르타[아르주나]는 주변을 살피며 함께 걸어갔습니다. 거기를 돌아다니며 그들은 아가씨들 중에 잘 생긴 바수데바[크리슈나의 아버지]의 딸 바드라(Bhadra)를 보았습니다. 아르주나는 그녀를 보자마자 욕망의 신에 홀렸습니다. 그러자 크리슈나는 아르주나가 그녀를 정신없이 바라보고 있는 것을 보고 웃으며 말했습니다.

"어떤가? 욕망의 대상이 될 만한가? 내 누이라네. 이름은 '바드라(Bhadra)', 아버지께서 무척 귀여워 하시지. 맘에 들면 말만 하게 내가 아버지께 말씀드리겠네." 아르주나가 말했습니다.

"그녀가 바수데바의 딸이고, 크리슈나의 누이이고 저렇게 아름다우니 누가 정신을 빼앗기지 않겠나? 그녀가 그대의 누이이고 만약 나의 부인이 된다면 나는 모든 세상을 다 얻은 셈이네." 바수데바가 말했습니다.

"오 파르태[아르주나]여, 크샤트리아들의 결혼은 '자기 선택(self-choice)'으로 행하려면, 그 결과는 알 수 없네. 우리는 그 아가씨의 습성과 의도를 모르니까. **용감한 크샤트리아가 결혼의 경우에는, 강제 납치(a forcible abduction)가 좋다고 식자(識者)들은 말을 하고 있네.** 아르주나여, 내 누이를 납치해 보게. '자기 선택(self-choice)'을 행하면 그 결과는 알 수 없네." 크리슈나와 아르주나는 그렇게 작정을 하고 인드라프라스타(Indraprastha)에 있는 유디슈티라에게 즉시 사자(使者)를 보내 그 사실을 알렸습니다. 유디스트라는 그 듣는 자리에서 허락을 하였습니다.

바이삼파야나가 말했다. -유디슈티라의 동의를 받은 아르주나는, 그 아가씨[바드라(Bhadra)]도 바수데바의 동의를 받고 라이바카(Raivaka) 산으로 갔다는 것을 알았습니다. 아르주나는 작은 방울을 단 황금 마차에 무기를 싣고 말을 몰아 우레 같은 소리를 내며 달렸습니다. 한 편 수바드라(Subadra)는 그 산에다가 예배를 드리고 있었습니다. 욕망의 신의 화살을 맞은 아르주나는 갑자기 그 '야다바(Yadava) 아가씨[수바드라]'에게 달려들어 힘으로 자기 수레에 실었습니다. 그녀를 잡아 전차에 실은 아르주나는 자기 자신의 도시 '인드라프라스타(Indraprastha)'로 향했습니다. 수바다라를 지키던 무장 병사들은 그녀가 그처럼 잡혀 가는 것을 보고 드와라카(Dwaraka)로 울며 달려갔습니다. 그 야다바(Yadava) 궁전에 도달한 병사들은 모두 아르주나의 용맹을 말했습니다. 궁중 수비 대장은 그 소식을 듣고 황금 나팔을 불어 군사들을 집합시켰습니다. 나팔 소리를 들은 보자족(Bhojas) 브리슈니족(Vrishnis) 안다카족(Andhakas)이 몰려 왔습니다. 그들은 먹던 밥과 마시던 술도 그만 두고 모였습니다. 그 범 같은 영웅들은 수천의 보좌(寶座)에 버티고 앉았습니다. 그들이 좌정을 하자 궁정 금위(禁衛) 대장이 아르주나의 행동에 대해 말했습니다. 용감한 부리슈니 영웅들은 그 말을 듣고 자리에서 일어나 아르주나의 행동을 용납하지 않을 수 없다고 말하고 일부는 "전차를 등대(等待)하라."하라 했고, 어떤 사람들은 "활과 갑옷을 가져오라."고 소리를 쳤습니다. 그래서 영웅들 사이에 일대 혼란이 생겼습니다. 그러자 카일라사(Kailasa) 산꼭대기처럼 키가 큰 발라데바(Valadeva, 라마)가 말했습니다.

"자나르다나(Janardana, 크리슈나)가 말이 없는데, 무엇을 하자는 건가? 그가 어떻게 생각하는지 일단 들어봅시다. 공연히 화내지 말고!" 그 발라데바(Valadeva, Halayudha) 말을 듣고 모두 말했습니다. "옳습니다. 옳소!"

바이삼파야나가 말했다. -바수데배[크리슈나]는 의미심장하게 말했습니다.

"구다케사(Gudakesa, 아르주나)는 우리 가족에게 모욕을 준 행동은 하지 않았습니다. 그 판두의 아들은 결과를 놓고 볼 때 '자기 선택'을 알고 있었습니다. 누가 가축들을 선물로 주고받듯 그렇게 신부를 받을 겁니까? 세상에 어떤 남자가 그의 자식을 팔아먹겠습니까? **혼인의 다른 방법 오류를 알고 있는 아르주나가, 관례에 따라 힘으로 여성을 납치해 갔다고 나는 생각합니다.**['약탈 결혼을 정당한 관례로 긍정하고 있음'] 이 연대(連帶)는 아주 적절합니다. 수바다라(Subhadra)는 알려져 있는 여성이고, 파르타[아르주나]도 유명합니다. 그 누가 산타누 왕 바라타 족의 아르주나와 친구가 되고 싶지 않겠습니까? 인드라와 루드라(Rudras)를 포함한 세상에 그 아르주나를 힘으로 꺾을 자는 없다고 나는 생각합니다. 내 의견은 이것입니다. 기꺼이 아르주나를 뒤따라가 위로하여 [인드라푸라스타로의]행진을 멈추게 해서 돌아오게 해야 합니다. 파르타가 자기 도시로 돌아가 힘으로 우리를 공격한다면, 우리의 명예는 없어집니다. 그러나 그 '회유(懷柔)'에 '불명예'는 없습니다." 바수데바[크리슈나]의 그 말을 듣고, 무사들은 그 '바수데바'가 시키는 대로 따랐습니다. 무사들에 의해 인드라프라스타로 향하던 **아르주나는 다시 드와라카(Dwaraka)로 돌아와 수바드라(Subhadra)와 결혼식을 올렸습니다**. 브리슈니들의 경배를 받으며, 아르주나는 드와라카(Dwaraka)에서 1년을 보냈습니다. 마지막 유랑의 해는 푸슈카라(Pushkara)에서 보냈고, **12년이 경과한 다음에 그 '칸다바프라스타(Khandavaprastha)'로 돌아왔습니다**. 아르주나는 먼저 왕을 뵈었고, 그 다음은 바라문들에게 인사를 했고, 마지막에 드라우파디에게 갔습니다. 드라우파디는 시기심에서 말했습니다.

"왜 이렇게 늦었어요? 사트와타(Satwata) 따님에게 가셔야죠. '두 번째 여자'는 항상 '첫 번째 여자'를 잊게 만든답니다." 드라우파디는 탄식을 했습니다. 아르주나는 거듭 용서를 빌었습니다. 그래서 고매한 바수데바(Vasudeva, 크리슈나)는 아르주나와 함께 즐거운 도시 인드라프라스타(Indraprastha)에 머물러 있었습니다. 그러면서 바수데바는 야무나(Yamuna) 강둑에서 사슴을 사냥하며 돌아다녔고, 아르주나는 멧돼지와 사슴을 잡았습니다. 그 때 케사바(Kesava, 크리슈나)의 누이 수바드라(Subhadra)는 영명한 아들을 낳았습니다. 긴 팔에 넓은 가슴 황소 같은 큰 눈을 지녔습니다. 이름을 **아비마뉴(Abhimanyu, 자나메자야 황제의 祖父)**라 했는데 두려움이 없었고, 의기가 양양했습니다.[100]

———✈

(a) '마하바라타(*The Mahabharata*)'는 비아사의 제자 바이삼파야나(Vaisampayana)가 당시의 쿠루의 황제(皇帝) 자나메자야(Janamejaya)에게 '영광스런 조상의 건국에 얽힌 영웅담'을 들려주는 형식을 취했다. 그러므로 그 초점은 **그 자나메자야(Janamejaya)의 직계 조상 '아르주나[증조부]'와 '아비마뉴[조부]' 관련 이야기가 역시 중심축**을 이루게 되어 있다.

(b) 이 장에서는 어떻게 '비슈누'의 화신 크리슈나가 주선하여 친구 아르주나(Arjuna)와 자기 누이 '수바드라(Subhadra)'가 결혼을 하여 '황제의 할아버지'를 두게 되었는지를 밝히는 대목이 되어 사실상 그 **'마하바라타의 척추(脊椎)'**를 구체적으로 밝힌 셈이다.

(c) 그런데 '아르주나(Arjuna)'와 '수바드라(Subhadra)' 결혼 과정에서 최고의 권위를 보여준 크리슈

100) K. M. Ganguli (Translated into English Prose from the Original Sanskrit Text), *The Mahabharata of Krishna-Dwaipayana Vyasa*, Munshiram Manoharlal Publisher Pvt. Ltd. New Delhi, 2000, -**Adi Parva**- pp. 416~420, 424, 425~429, 431

내 바수데바가 '약탈 결혼(a forcible abduction)'을 크샤트리아들의 '관례(ordinance)를 존중한 결혼'으로 말하고 그밖에 결혼 방식을 '물건 주고받기'로 비하(卑下) 했던 사항이다.

(d) 고구려 시조 동명왕(東明王, 朱蒙)의 탄생 경우, '해모수(解慕漱)'와 '유화(柳花)'의 경우도 '야합 결혼'으로 규정을 당한 경우였다.['태양족의 이동 참조']

(e) 그리고 '아르주나(Arjuna)'와 '수바드라(Subhadra)' 결혼 이후에 아르주나와 바수데바가 '야무나 (Yamuna) 강둑'에서 서로 교유를 했다는 이야기는 나관중의 '통속연의(通俗演義)'에서 손부인(孫 夫人)을 맞은 다음 '장강(長江)' 강변에서 유비(劉備)와 처남 손권(孫權)이 서로 교유를 즐겼다는 대목에 일치하는 부분이다.['유현덕이 손부인을 아내로 삼다(劉玄德娶孫夫人)']

(f) 그리고 아르주나의 뱀 왕 '카우라비아(Kauravya)'의 딸 '울루피(Ulupi)'와의 결혼도 주의를 해야 하니, '신과 인간' '인간과 동물[뱀]'의 교혼(交婚) 별 장애 없이 진술되고 있음이 그것이니, 이것은 '삼국유사'에 인용된 '단군 고기(檀君 古記)' 서술 방식 그것이기 때문이다.

제39장 칸다바 숲을 불사르다.

바이삼파야나가 말했다. -바수데바와 아르주나가 인드라프라스타 교외로 나가 천상의 쌍둥이처럼 다정하게 이야기를 나누고 있는데, 어떤 바라문이 나타났습니다. 그 바라문은 살라(Sala) 나무처럼 키가 크고 얼굴은 녹은 황금 같았고, 수염은 황청색이고 몸은 균형이 잡혀 있었습니다. 넝마를 걸치고 있었으나, 솟아오르는 아침 해 같았습니다. 그를 보고 아르주나와 바수데바는 급히 자리에서 일어나 그의 명령을 기다렸습니다.

바이삼파야나가 말했다. -그 바라문이 아르주나와 바수데바가 함께 있는 것을 보고 말했습니다. "세상에 제일가는 두 영웅이 **칸다바(Khandava) 숲**에서 이처럼 가까이 계십니다 그려. **나는 항상 많이 먹는 '탐식(貪食)의 바라문'이랍니다. 두 분께서는 내가 맘껏 먹을 수 있는 먹거리를 좀 주십시오.**" 바라문이 그렇게 말하자 두 사람은 대답했습니다.

"어떤 식사를 좋아하시는지 말씀을 하십시오. 우리가 제공을 해 올리겠습니다." 그 신령스런 바라문은 말했습니다.

"내가 원하는 것은 일상적인 식사가 아닙니다. **내가 그 '아그니(Agni)'입니다.** 내게 맞는 식사는 인드라(Indra) 신이 지키고 있는 '칸다바(Khandava) 숲'입니다. 그런데 인드라가 지키고 있으므로, 나는 '칸다바(Khandava) 숲'을 삼키고 싶어도 항상 실패를 했습니다. 그 숲에는 인드라의 친구인 '탁샤카(Takshaka)'라는 뱀 가족과 그 추종자들이 살고 있습니다. 벼락을 부리는 인드라가 그 탁샤카(Takshaka)를 위해 많은 생명을 지키고 있습니다. 내가 이 숲을 삼키고 싶어도 그 인드라 용맹 때문에 시도를 해도 성공하지 못 했습니다. 내가 불을 붙이는 것을 보면 인드라는 항상 구름에서 비를 내리곤 합니다. 당신들은 '무기 사용'에 능합니다! 만약 나를 도와주면 나는 이 숲을 삼킬 수 있습니다. 이 '칸다바(Khandava) 숲'이 내가 원하는 식사입니다! 당신들은 '무기 사용'에 능하시니, 내가 이 숲을 삼킬 적에 비 내리는 것과 생명들이 도망치는 것을 막으면 됩니다." 아그니(Agni)

의 그 말을 듣고, 아르주나(Vibhatsu)가 말했습니다.

"나는 벼락을 부리는 신과도 싸울 수 있는 좋은 천상(天上)의 무기를 가지고 있습니다. 그러나 **나는 내 힘에 꼭 맞는 활이 없습니다. 나의 경쾌한 솜씨로 쏠 수 있는 무궁한 화살도 있어야 합니다. 나의 전차는 내가 쏘고 싶은 화살도 실을 수가 없습니다. 바람처럼 달리는 백마(白馬)도 있어야겠습니다. 크리슈나에게도 걸맞은 무기도 있어야 합니다. 우리에게 우리가 성공할 수 있는 수단을 제공하시면, 널따란 '칸다바(Khandava) 숲'에 비를 내리려는 인드라 신을 막을 수가 있을 겁니다.**"

바이삼파야나가 말했다. -아르주나의 말을 들은 후타사나(Hutasana, 아그니)는 바루나(Varuna, 富의 신)를 생각하니, 바루나가 금방 나타났습니다.['생각'='실현' -생각 만능주의] 아그니 신은 그에게 "**소마(Soma)왕에서 얻은 활과 화살 통과 원숭이 깃발의 전차를 내게 주시오. 파르타[아르주나]는 간다바(Gandiva)로 바수데바는 원반(圓盤, discus)으로 앞으로 큰일을 할 겁니다. 오늘 중으로 내게 건네 주시오.**" 아그니 신의 말을 들은 바루나(Varuna)는 말했습니다. "알겠습니다. 그렇게 하겠습니다." **그 활[간디바]은 10만 개의 활과 맞먹는 훌륭한 활이었습니다. 바루나(Varuna)는 역시 끝없이 화살이 솟아 나오는 두 개의 화살 통과, 백마(白馬)가 끄는 바람처럼 달리는 전차(戰車)가 제공되니, 아르주나는 기쁨에 넘쳤습니다.** 크리슈나에게는 중앙 구멍에 쇠막대기가 달려 있는 원반이 제공되었습니다. 바루나(Varuna) 왕은 크리슈나에게 말했습니다.

"당신은 이것으로 전투에서 인간과 신들을 초월할 것입니다. 이 무기는 던져도 다시 되돌아옵니다.[계속 사용 가능]"

바이삼파야나가 계속했다. -그렇게 아그니(Agni) 신은 크리슈나와 아르주나를 무장시켜 놓고 나서 그 '칸다바(Khandava) 숲'을 삼키기 시작했습니다.

바이삼파야나가 말했다. -그래서 크리슈나와 아르주나는 불이 타오르는 그 '칸다바(Khandava) 숲' 반대편에서 그 속에 살고 있는 동물들에게 대 학살 전을 펼치고 있었습니다. 그래서 그 속에 살고 있던 동물들이 어디로 달아나려고 해고 두 사람의 전차 무새[크리슈나, 아르주나]에게 다 저지를 당했습니다. 그래서 그 숲 속에 살고 있는 수백만의 동물들은 놀라 사방으로 도망을 치려고 했습니다. 그 숲 속 연못 속에 살던 생명들도 그 불로 물이 끓어올라 물고기 거북들이 다 떼죽음을 당했습니다. 새들은 불길을 피해 날아올랐으나, 아르주나의 화살에 맞아 땅으로 떨어졌습니다. 그 억센 불길은 하늘에까지 닿아 천신들도 근심에 빠졌습니다. 인드라 신을 찾아가 말했습니다.

"오 신중의 왕이시여, 무엇 때문에 아그니(Agni)는 저 동물들을 다 죽이려 합니까? 세상의 종말 시간이 되었습니까?"

바이삼파야나가 계속했다. -신들의 호소를 듣고 인드라 신은 아그니(Agni)의 행태를 살피고 나서 '칸다바(Khandava) 숲' 보호에 나섰습니다. 인드라 신은 수십만의 구름 덩이를 모아 '칸다바(Khandava) 숲'에 비를 뿌리기 시작했습니다. 그러나 그 비는 불의 열기로 하늘에서 말라 그 숲에 전혀 도달하지 못 했습니다. 그래서 인드라 신은 아그니에게 화가 나서, 더욱 거대한 구름을 모아 억센 비를 내리게 했습니다. 그래서 그 억센 비를 맞은 그 불길은 꺼질 위험에 직면했습니다.

바이삼파야나가 말했다. -그러자 **판두의 아들 아르주나는 그의 탁월한 무기인 화살 소나기를 발사하여 인드라의 소나기를 막았습니다.** 아르주나의 측량할 수 없는 힘은, 달을 짙은 안개가 덮듯이 '칸다바(Khandava) 숲'을 그 화살로 다 덮어버렸습니다. 그래서 동물들도 도망을 칠 수 있는 자가 없었었습니다. 그래서 숲은 계속 불에 타고 있었습니다. 뱀 왕 탁샤카(Takshaka)는 잠시 쿠루크셰트라(Kurukshetra)에 나가 있어 그 '칸다바(Khandava) 숲'에는 없었습니다. 그러나 그의 아들 '아스와세나(Aswasena)'는 불길을 피하려 애를 썼으나, 아르주나의 화살에 갇혀 길을 찾지 못 했는데, 인드라가 그것을 보고 친구[탁샤카] 아들을 살리려고 강한 바람을 일으켜 아르주나의 정신을 잃게 만들었습니다. 그 순간에 아스와세나(Aswasena)는 도망을 쳤습니다. 화가 난 아르주나는 도망을 치는 모든 동물들을 토막을 내었습니다. 그래서 아르주나, 아그니, 바수데바는 뱀들을 저주해 말했습니다. "도망가려 하지 말라!" 아르주나는 화살 구름으로 하늘을 덮었습니다. 인드라 신도 화가 난 아르주나를 보고 자신의 강력한 무기를 휘두르며 퍼붓는 비 줄기로 대항을 했습니다. 그러자 **아르주나는 '바야비아(Vayavya)'라는 탁월한 무기와 주문(呪文, mantras)으로 그 구름들을 흩어버렸습니다.** 그 무기로 인드라의 벼락의 힘은 없어졌습니다. 그리고 내리던 비도 멈추었고, 불길은 계속 타올랐습니다. 그래서 아그니는 모든 동물을 삼키며 그의 함성이 세상을 울렸습니다. 그래서 새들과 뱀들이 불길 속으로 떨어졌습니다. 억센 아수라들은 크리슈나의 화살과 원반(圓盤)으로 잘려 죽었습니다. 크리슈나와 아르주나에게 천신들이 잇따라 패배를 당하여 인드라 신에게 보호를 요청했습니다. 그러자 인드라 신은 이번에는 아르주나의 용맹을 보려고 돌덩이 소나기를 쏟아 내렸습니다. 화가 난 아르주나는 다시 화살 소나기를 날렸습니다. 그래서 돌덩이 소나기도 소용이 없어졌습니다. **그러나 [그러한 아르주나의 용맹에 그의 아비] 인드라는 아르주나의 화살 비를 반겼습니다.** 그러자 **사크라(Sakra, 인드라)는 거대한 만다라(Mandara) 산봉우리를 꺾어서 아르주나를 향해 내쳤습니다. 그러나 아르주나는 그의 불같은 화살을 쏘아 그 산봉우리를 천 갈래로 조각을 내었습니다. 그러자 그 산봉우리는 행로를 이탈한 해와 달과 별처럼 땅위로 떨어져 내렸습니다.**

바이삼파야나가 말했다. -그래서 그 '칸다바(Khandava) 숲'에 거주를 하고 있던 다나바(Danavas) 락샤사(Rakshasa)와 뱀, 늑대 곰 코끼리 호랑이 사자 사슴 물소 새 등은 도망을 치려고 기회를 엿보고 있었습니다. 그들은 불붙은 숲에서 무기를 소지하고 지키고 있는 크리슈나와 아르주나를 보았습니다. 그런데 어떤 천신도 크리슈나와 아르주나는 전투로 이길 수가 없었습니다. 그래서 천신들은 **"'칸다바(Khandava) 숲'의 파괴는 운명이다.(The destruction of Khandava hath been ordained by Fate.)"** 라 말했습니다. 한편 아그니와 크리슈나와 아르주나는 모두 행복했습니다. 그런데 **크리슈나는 탁샤카(Takshaka) 집을 도망쳐 나온 '마야(Maya)'라는 악귀를 보았습니**

다. 바유(Vayu, 바람의 신)를 마부로 삼고 있는 아그니(Agni, 火神)는 그 악귀 '마야(Maya)'를 삼키려고 천둥 같은 소리를 지르며 뒤쫓아 갔습니다. 크리슈나도 그를 치려고 원반을 높이 들었습니다. 그러자 마야는 소리쳤습니다. "오 아르주나여, 저를 살려주세요!" 그 애절한 말을 듣고 아르주나는 "염려 마오!" 그 한 마디에 마야(Maya)는 목숨을 건졌습니다. 크리슈나도 그 마야(Maya)를 죽일 생각이 없어졌고, 아그니도 그를 삼킬 뜻이 없어졌습니다.[101]

'불의 신 아그니'[102], '불의 신 아그니'[103]

———✈

(a) '마하바라타(*The Mahabharata*)'의 서술 상의 특징은, 항상 일부분의 이야기로 그 독립성을 지니면서, 역시 '전체 이야기'를 다 알 수 있게 요약을 한다는 점이다.

(b) '크리슈나와 아르주나가 세상의 심판(審判)를 주도했다.'는 것이, '마하바라타(*The Mahabharata*)'의 전 이야기의 명백한 주장이다. 그런데 그 '온 세상 심판'에 앞서 크리슈나와 아르주나는 그 '칸다바(Khandava) 숲'을 불의 신 아그니와 함께 모두 불태웠다는 이야기가 이 장에서 펼쳐졌다.

(c) 여기에서 무엇보다 주목을 해야 할 사항은 **크리슈나와 아르주나가 먼저 '불의 신의 요청'을 받아들이니, 그 불의 신은 그들에게 '세상을 정복할 수 있는 무기'를 갖추어 주었다**는 시인의 진술이다.

(d) '전쟁 이야기'는 '전쟁 승리자'에 대한 서술로 세심한 점검을 받아야 한다.

(e) 작품 '마하바라타(*The Mahabharata*)' 생성 이전에 '역사적 사건'이 있다면 그 중에 분명한 것으로 순서를 정해보면 ⓐ **'전쟁'** ⓑ **'승자와 패자'** ⓒ **'승자 중심 영웅 만들기'** ⓓ **'패배자 욕하기'** ⓔ **'뒤 세상에 경계로 삼기'** 등이 생각해 볼 수 있는 사항이다. 그런데 '마하바라타(*The Mahabharata*)'에서는 ⓒ **'승자 중심 영웅 만들기'**중에서 **'기획자 크리슈나' '실천자 아르주나'**를 시작부

101) K. M. Ganguli (Translated into English Prose from the Original Sanskrit Text), *The Mahabharata of Krishna-Dwaipayana Vyasa*, Munshiram Manoharlal Publisher Pvt. Ltd. New Delhi, 2000, -**Adi Parva**- pp. 434~446

102) V. Ions, *Indian Mythology*, Paul Hamlin, 1967, p. 79 'Agni, the fire god'

103) P. Thomas, *Epics, Myths and Legends of India*, Bombay, 1980, Plate 147 'Agni'

터 수없이 반복하여 칭찬 하는 것을 '그 업무'로 삼고 있다.

(f) 그러므로 전 '마하바라타(*The Mahabharata*)'는 잠시도 그 '청취자들[독자들]'이 스스로 생각할 기회를 차단하며, 신속하게 '그 영웅들[신들]의 찬송'에 동참할 것을 재촉하고 있다.

(g) '마하바라타(*The Mahabharata*)'의 가장 큰 특징은, **'절대 신의 귀의(歸依)[요가]'와 '천하무적의 무기(武器) 자랑'**이 그 주요 특징을 이루고 있는데, 그 중에서도 **'천하무적의 무기 자랑'**은 바로 이 힌두(Hindu)의 '크샤트리아의 의무'와 연동된 것으로 가장 뚜렷한 '마하바라타'의 속성을 이루고 있다. ['희랍' '영국' '일본' 신화에 남아 있음]

(h) 그렇지만, 역시 무엇보다 소중한 사항은 '마하바라타의 세계'로 돌아가는 것이 문제가 아니라, **현대인의 시각으로 이 '마하바라타(*The Mahabharata*)'에서 무엇을 알 수 있고 어떻게 그 '전쟁' '승패' '선악'을 배워 실천을 할 것인가가 급선무**이다.

(i) 한 마디로 '마하바라타(*The Mahabharata*)'는 '쿠루크세트라 전쟁'에 관한 힌두의 '세계관' '인생관'을 다 담았다. '마하바라타(*The Mahabharata*)'는 역시 인류가 소유하고 있는 모든 '저술'을 다 포괄할 만한 국량(局量)을 지니고 있으니, 겸허한 마음으로 '종족' '국가' '가치관'을 일단 접어놓고 '평명(平明)한 생각'으로 접해야 할 것인데, 무엇보다 척결해야 할 사항이 ⓐ **'신비주의'** ⓑ **'절망론(심판론)'** ⓒ **'운명론'** ⓓ **'예정설'** ⓔ **'관념[생각] 만능주의'** 등이다.

(j) 현대인은 **'이러한 납득할 수 없는 주장이 무엇을 위해 생겨났는지'를 '냉정하게 바라봄'이 '학문'의 출발점이라는 것**을 거듭 명심해야 한다.

(k) '마하바라타(*The Mahabharata*)' 저작가는 '[인격의]절대신'을 주장했으나, 역시 '얀트라(Yantra, Mandala, 空, 無)' '절대신'도 함께 전제를 했는데, 이것은 뒤에 불교(佛教)와 연합을 하여 중국(中國) 주돈이(周敦頤)의 '성리학(性理學)'을 이루었고, 한국에도 흘러와 이이(李珥)의 '기발이승일도설(氣發理乘一途說)'을 이루었다.['태양족 이동' 참조]

(l) 힌두(Hindu)의 '마하바라타(*The Mahabharata*)'는 '신비주의' '과학[수학]정신'을 공유하고 있으니, 그것을 구분 이해함은 현대인의 마땅한 자세이다.

2. 회당(會堂)의 책(Sabha Parva)

제40장 마야가 회당(會堂)을 짓다.

옴(Om)! 최고의 남성 나라야나(Narana)와 나라(Nara)께 인사를 드리며 여신 사라스와티(Saras-wati, 학습의 여신)와 자야(Jaya)께도 인사드리옵니다.

바이삼파야나가 말했다. -바수데바(Vasudeva)가 있는 앞에서, 마야 다나바(Maya Danava)가 아르주나에게 절을 하며 손을 모으고 다정하게 말했습니다.

"오 쿤티(Kunti)의 아드님이시여, 크리슈나 불의 재해로부터 저를 살려주신 당신께 보답을 드리고 싶습니다. 제가 무엇을 해드릴까요?" 아르주나가 말했습니다.

"오 다나바(Danava)여, 나는 그대에게 부탁할 것이 없습니다. 그대의 호의(好意)도 마다하지는 않겠습니다. 크리슈나를 위해 행하시지요. 그것이 나를 향한 보답도 됩니다."

바이삼파야나가 말했다. -바수데바가 잠깐 생각에 잠겼다가 마야(Maya)에게 말했습니다. "디티(Diti)의 아들이여, 유디슈티라를 위한 '회당(會堂, meeting hall)'을 지어보라. **세상의 인간들이 살펴 모방을 행하려 해도 불가능한 '궁전'을 지어보라.** 오 마야여, 우리가 신들과 악귀와 인간들의 저택을 통합한 궁전을 지어보라."

바이삼파야나가 계속했다. -크리슈나의 그 말을 들은 마야(Maya)는 굉장히 기뻤습니다. 그래서 마야(Maya)는 하늘나라 궁전과 같은 거대한 궁궐을 짓기로 계획을 하니, 크리슈나와 아르주나는 그 마야(Maya)를 유디슈티라에게 소개했습니다. 유디슈티라는 마야(Maya)를 정중히 맞아 그에 알맞은 벼슬을 주었습니다. 그러자 마야(Maya)는 잠깐 쉬었다가 판두 아들에게 사려 깊은 궁전 건축 계획을 설명했습니다. 위대한 힘을 가진 영명한 다나바(Danava, 마야)는, 크리슈나와 프리타 아들들의 뜻을 받들어, 길일(吉日)을 택하여 시공(施工)식을 올리고, 수천의 바라문들에게 우유와 쌀과 다양하고 풍성한 선물을 제공하고 나서, 사방(四方) 5천 큐빗(1 cubit, 46~56cm x 5000, =2500m)의 면적을 계획했는데, 그 건물은 보기에 너무나 경쾌하고 멋있고, 계절마다 적절하게 설계된 최고의 건축이었습니다.

바이삼파야나가 말했다. -만인(萬人)의 존경을 받은 자나르다나(Janardana, 크리슈나), 판다바들에게 사랑과 존경을 받고 있는 자나르다나는 잠시 칸다바프라스타(Khandavaprastha)에 머물다가 어느 날 그의 부친[바수데바]을 뵙고 싶어서 그 칸다바프라스타(Khandavaprastha)를 떠나게 되었습니다. 크리슈나(흐리쉬케사-Hrishikesa)는 유디슈티라와 프리타(Pritha, 쿤티)에게 작별인사를 했습니다. **크리슈나는 고모(姑母, 어버지의 누이)인 쿤티(Kunti)의 발아래 엎드렸습니다.** 케사바의 인사를 받은 프리타는 그를 포용해 주었습니다. 그 다음 크리슈나는 드라우파디와 바라문 다우미아(Dhaumya)를 보았습니다. 크리슈나는 여행을 시작하며 목욕재계를 하고 신들과 바라문들에게 절을 올렸습니다. 내전에서 외당으로 나온 크리슈나는 바라문들에게 많은 응유(凝乳, 굳어진 우유, curd)와 과일 제공했습니다. 그런 다음 크리슈나는 황금으로 장식한 마차에 올랐습니다. 그 마차는 타르키아(Tarkhya, 가루다) 깃발을 달고 철퇴(鐵槌)와 원반, 칼, 샤릉가(Sharnga) 활 등의 무기를 갖추고 있었습니다. 쿠루의 왕 유디슈티라는 존경하는 마음에 크리슈나를 따라 그 마차에 올라 마부 다루카(Daruka) 곁에서 왕 자신이 그 말고삐를 잡았습니다. 그러자 아르주나도 그 마차에 올라 백색 차마라(chamara)를 들도 크리슈나에게 부채질을 했습니다. 그러자 비마와 쌍둥이와 사제들과 시민들이 그 크리슈나의 마차 뒤를 좇았습니다. 그것은 스승을 따르는 학생들 같았습니다. 그렇게 1 야자나(Yajana, 2마일)를 달렸습니다. 백사(百事)를 다 아는 크리슈나가 유디슈티라에게 작별을 고하니, 유디슈티라는 그 크리슈나 마차에서 내려와 말했습니다. "안녕히 가십시오!" 더 가면 돌아가기가 힘들다고 크리슈나가 사양하니, 판다바들은 크리슈나에게 애정을 품고 그가 시야(視野)에서 없어질 때까지 보고 서 있었습니다.

바이삼파야나가 말했다. -마야(Maya)가 아르주나에게 말했습니다.

"마이나카(Mainaka) 산에 가까운 카일라사(Kailasa) 봉우리 북쪽에 빈두(Vindu) 호수 호반(湖畔)은 다나바족(Danavas)이 희생제를 지낸 곳입니다. 내가 그곳에 보석으로 된 진기한 것들을 다량으로 모아두었습니다. 잠깐 그곳에 다녀오겠습니다. 그것은 진리에 헌신한 브리샤파르바(Vrishaparva) 저택 안에 있습니다. 제가 그것들을 가지고 오겠습니다. 그러면 즐거운 판두 궁궐이 세워질 것입니다." <u>악귀 마야(Maya)</u>는 아르주나에게 그렇게 말하고 북동쪽 방향으로 향해 떠났습니다. 마이나마(Mainaka) 산맥의 <u>카일라사(Kailasa)</u> 북쪽에는 히라니아스링가(Hiranya-sringa)라는 거대한 보석 산봉우리가 있습니다. 그 산봉우리 곁에 빈두(Vindu)라는 좋은 호수가 있습니다. 그 호반에서 바기라타(Bhagiratha) 왕이 강가 여신 만나기를 소망하며 여러 해를 살았습니다. 거기에서 <u>나라(Nara) 나라야나(Narayana) 브라흐마(Brahma) 야마(Yama) 스타누(Sthanu, 바수데바) 5위(位) 신들이 1천 유가(yugas)를 기약하고 희생제를 행합니다.</u> <u>악귀 마야(Maya)</u>는 그곳으로 가 약샤들(Yakshas)과 락샤사들(Rakshas)이 지키고 있는 그곳을 뚫고 들어가 그 완전한 보석과 옥돌들을 날라 와 그것으로 천궁(天宮)같은 대궐을 지었습니다. <u>악귀 마야(Maya)</u>는 비마에게는 최고의 장갑을 선물했고, 아르주나에게는 두려움에 떨게 하는 소라고둥을 주었습니다. 마야가 세운 궁궐 기둥은 황금으로 5000큐빗(x45cm)에 이르러 햇빛처럼 빛났습니다. 비상한 솜씨의 마야(Maya)는 넓고 쾌적하고 상쾌한 궁전에 황금 벽에 아치형 입구를 만들고 다양한 그림까지 더하여 그 아름다움에서 브라흐마(절대신)의 저택을 능가했습니다. 킨카라(Kinkaras)라는 거대한 체구에 억센 힘 구리 같은 눈과 화살 같이 솟은 귀를 지닌 9천 명의 락샤사(Rakshasas)가 그 궁궐을 지켜주었습니다. 마야는 궁궐 속에 비길 데 없는 연못을 설치했는데, 거기에는 짙은 보석으로 된 잎과 진주 줄기에 황금 꽃을 지닌 연(蓮)을 심고 그 속에는 각종 수생 동물들이 그 속에서 놀게 하였습니다. 바닥에 진흙이 없어서 맑은 물에 금빛 거북들과 물고기들을 다 꿰뚫어 환하게 볼 수 있었습니다. 미풍이 불어와 거기에 서 있는 꽃들을 가만히 흔들었습니다. 그 연못 가장자리는 보석이 박힌 수정판으로 덮었습니다. 그래서 보석으로 둘러싸인 그 연못을 구경하다가 많은 왕들이 발을 잘못 디뎌 눈을 뜨고 넘어지곤 했습니다. 그 왕궁 주변에는 다양한 종류의 키 큰 나무를 심었습니다. 푸른 잎에 서늘한 그늘에 꽃들이 항상 피어 보는 사람들의 눈을 사로잡았습니다. 궁궐 주변에 인공적인 숲을 조성하여 항상 향기가 나게 하였고, 다른 많은 연못을 만들어 백조와 오리로 장식을 했습니다. 그리고 물에서 연꽃 향기가 판다바들의 기쁨과 행복을 더 하게 했습니다. 마야(Maya)는 그러한 으리으리한 회당을 14개월 만에 완성하여 유디슈티라에게 보고를 했습니다.

바이삼파야나가 말했다. -그래서 유디슈티라 왕은 그 으리으리한 궁궐에서 우선 우유와 버터와 쌀밥과 꿀과 과일과 식용뿌리와 돼지고기 등으로 1만 명의 바라문들에게 식사를 제공했습니다. 유디슈티라 왕은 여러 고장에 모인 최고 바라문들에게 해물(海物)과 야채와 버터를 더한 밥과 수많은 진수성찬과 음료로 대접하고 좋은 옷과 화환도 제공을 했습니다. 왕은 역시 그 브라만들에게 1천 마리 암소를 나누어 주었습니다. 그래서 그 바라문들은 말했습니다. "얼마나 상서(祥瑞)로운 날입니까."라고 축하를 해주었습니다. 유디슈티라 왕은 회당(會堂)으로 들어가 값비싼 향과 음악으로 신들을 찬송하고, 체조선수들과 권투선수 시인 아부자들이 그 재주들을 펼치어 유디슈티라를 즐겁게 해 주었습니다. 유디슈티라 그 형제들은 하늘나라의 사크라(Sakra) 신처럼 즐겼습니다.

바이삼파야나 말했다. -판다바들이 주요 간다르바들(Gandharvas)과 그 회당(會堂, Sabha)에 앉아 있는데, 천상의 신령 나라다(Narada)가 왔습니다. 나라다(Narada)는 엄청난 기억력으로 백사(百事)를 다 꿰고 있었습니다. 유디슈티라가 그를 공경으로 맞으니 나라다(Narada)는 기뻤습니다. **나라다(Narada)는 유디슈티라에게 종교, 부(富), 쾌락, 구원에 대해 다음과 같이 말했습니다.**

"오 왕이시여, 대왕이 버신 돈을 적절한 목적으로 사용하고 계십니까? 대왕의 정신은 도덕을 좋아하십니까? 쾌락을 즐기지는 않으십니까? 정신이 쾌락에 눌려 있는 것은 아닙니까? 오 왕이시여, 선행과 고상한 정신으로 존중을 받은 사람은, 율법에 무식한 그 관료들의 탐욕으로 타락하지 않습니다. 대왕의 관료들이 도둑 같은 탐욕과 전리품을 [구분해서] 분간해서 알고 있습니까? 나는 당신의 관료들이 뇌물은 받지 말아야 하고 부자와 가긴한 사람들 간에 분쟁에도 오판(誤判)이 있어서도 아니 된다고 생각합니다. **대왕은 무신론(無神論), 무신(無信), 분노, 방심, 무결단(無決斷), 자만(自慢), 태만, 초조(焦燥), 함인(陷人, taking counsels with only one man), 무분별(無分別), 무익(無益) 무사려(無思慮) 14가지 악행(惡行)을 피해야 합니다.** 오 왕이시여, 그것들 때문에 왕좌에 앉아 있는 왕도 망합니다." 유디슈티라가 물었습니다.

"오 신령이시여, '베다'에서는 '부(富)'와 '처(妻)'와 '법(法, Sastra)에 대한 지식'을 어떻게 가르치고 있습니까?" 나라다(Narada)가 대답했습니다.

"아그니호트라(Agnihotra, 불을 일으키는 의례)와 다른 제사(祭祀)를 행하면 복을 받는다고 말하고 있습니다. '부(富)'는 자신이 즐기는 것과 자선(慈善)을 행한 것에 따라 그 결과를 얻는다

고 했습니다. '처(妻)'는 자식을 낳고 양육함에 유용하다고 했습니다. '법(法, Sastra)에 대한 지식'은 겸손과 선행(善行)을 낳는다고 했습니다." 유디슈티라가 말했습니다.

"오 신령이시여, 당신께서 말씀하신 종교적 진실과 도덕은 바르고도 적절합니다. 저는 그 법들을 마땅히 정성껏 받들 작정입니다... 이 회당(會堂)에 대해서도 말씀을 해 주십시오." 나라다가 말했습니다.

"천상의 사크라(Sakra)의 거처(居處)는 빛으로 가득합니다. 사크라(Sakra)는 그 행동의 결과로 얻은 것입니다." 유디슈티라가 말했습니다. "최고의 웅변가이시여, 당신께서는 다양한 '회당들(會堂, Sabhas)'을 자세히 다 말씀하셨는데, 모든 세상의 왕들의 '회당들(會堂, Sabhas)'은 야마(Yama, 죽음의 신)의 그것에 근거를 둔 것입니다."[104]

'마야가 아르주나와 크리슈나에게 감사를 표시하다.'[105] '카일라사(Kailasa) 북쪽 모습'[106]

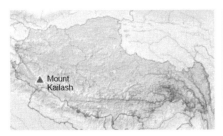

'카일라사(Kailasa)'[107]

104) K. M. Ganguli (Translated into English Prose from the Original Sanskrit Text), *The Mahabharata of Krishna-Dwaipayana Vyasa*, Munshiram Manoharlal Publisher Pvt. Ltd. New Delhi, 2000, **-Sabha Parva-** pp. 1~6, 8, 9, 14~17, 27
105) S. Jyotirmayananda, *Mysticism of the Mahabharata*, Yoga Jyoti Press, 2013, p. 76 'Maya expresses his gratude.'
106) Wikipedia, 'The north face of Mount Kailasa'
107) Wikipedia, 'Kailasa'

(a) 악귀 마야(Maya)가 아르주나의 형 유디슈티라에게 삼계(三界)에 없는 초 화판 궁전 '회당(會堂, Sabha)'을 세워주었는데, 신령 나라다(Narada)는 그 삼계(三界) 궁전을 자세히 설명하고, 베다에서 가르친 '제사(祭祀)', '부(富)', '처(妻)', '법(法, Sastra)'의 목적들을 간명하게 말하였다.

(b) '마하바라타(*The Mahabharata*)'는 경우와 사람[신, 신령]은 다르지만, 주장하고 있는 바는 일관이 되어 있으니, 그 하나는 '**크샤트리아의 의무**'이고, 다른 하나는 '**바라문의 길**'이다. 그리고 그 두 가지는 마지막에는 '바라문의 길'로 통합이 되어 있다.

(c) 이 장에서는 '악귀 마야(Maya)'의 작품 '호화판 회당(會堂, Sabha)'의 문제를 놓고 아직 비판적 안목을 구비하지 못 한 판다바 형제, 특히 학습능력이 탁월한 유디슈티라에게 최고의 교사 나라다(Narada)가 나서 국왕으로 명심해야 할 금기(禁忌) 14항 -'무신론(無神論), 무신(無信), 분노, 방심, 무결단(無決斷), 자만(自慢), 태만, 초조(焦燥), 함인(陷人, taking counsels with only one man, 개인 생각에 빠짐), 무분별(無分別), 무익(無益) 무사려(無思慮)'를 명시하였고, '**겸손**'과 '**착합**'을 가르쳤던 점은 가장 주목을 요하는 사항이다.

(d) 여기서 역시 관심을 두어야 사항은, '**악귀 마야(Maya)의 행적**'과 '**신령 나라다(Narada) 가르침**'의 대립, 그것이 '마하바라타(*The Mahabharata*)'의 최고 쟁점이다.

(e) 그런데 '마하바라타(*The Mahabharata*)'의 '최고의 주인공(위대한 신)' '크리슈나(비슈누)'는 '회당 (會堂, meeting hall)'을 지어보라. 세상의 인간들이 살펴 모방을 하려해도 불가능한 궁전을 지어 보라.'고 했던 것도 아울러 살펴야 할 것이다.
즉 '**절대신(God)**'에게는 '**최후의 심판(審判)**'이 있으나, 인간 각자에게는 그에 앞서 '**선택의 자유**'가 있다. 역시 '신의 심판(審判)'과 '인간의 자유 의지' 이 두 가지 원리는 인간이 알고 있는 그 지식(知識)의 전부이다.

(f) '마하바라타(*The Mahabharata*)'로 요약되는 '과거의 법(法)'은, '신의 심판(審判)' 중심 요가 (Yoga) 중심이었으나, '**다다 혁명 이후의 법(法)'은 '인간의 자유 의지' 속에 오히려 '신의 심판 (審判)' 문제까지를 포함하고 있다.**
만약 그런 경우라면 본래 '크리슈나가 그 악귀[마야]에게 보였던 그 넉넉함'에 현대인은 이미 나아가 있다고 해야 할 것이다. 이것이 바로 F. 니체의 '차라투스트라'와 동일한 입지(立地)이다.

(g) 여하튼 유디슈티라(판두 아들들)는 그 '나라다'의 가르침을 온전히 받드는 것을 행동 표준으로 삼았다. [유디슈트라의 '악귀 마야(Maya)의 수용'은, 뒤에 죄 값을 치러야 할 사항임]

(h) '마하바라타(*The Mahabharata*)'에서 아수라(악마) 야마(Yama)가 지어 주었다는 '수정(水晶) 궁궐'은 그대로 판두 형제들의 '영광과 곤욕(困辱)'을 알리는 상징이 되었다.

(i) 중국(中國) 최초의 왕국 하(夏) 은(殷, 商)의 마지막 황제, 걸(桀)왕과 주(紂)왕도 그 호화판을 '경궁요대(瓊宮瑤臺)' '주지육림(酒池肉林)'으로 제시되었다. 힌두의 최고(最古)의 원시(原始) 회당 (Meeting Hall)이 '수정궁'이란 그 표현으로 그 극점을 보인 바였다.

(j) **국왕의 '호화판' '부모덕' '무 신앙'의 '상징'으로 비판된 '호화판 왕궁의 문제'**, 그것은 인간 '부(富)' 문제'로 '비판'이 얼마나 더 행해질지도 알 수 없다. 그러나 그 마지막[궁극]에는 '한 개인의 그 선택 사항'이라는 점이다.[각자의 그 '자유 집행 의지'에 종속되어 있는 사항임.]

(k) 위에서 제기된 '**카일라사 산(Mount Kailasa)**'은 '메루 산(Mt. Meru)' '히말라야(Himalaya)' '수미산(須彌山)' '신들의 거주지' 힌두들의 공통 지향점으로 지대한 의미를 지니고 있다.

제41장 '라자수야' 대제(大祭)

바이삼파야나가 말했다. -나라다(Narada)의 말을 들은 유디슈티라는, 무겁게 한숨을 쉬었습니다. **마음에 평화를 잃은 유디슈티라는 '라자수야(Rajasuya, 세상을 정복한 왕이 치르는 제사)'에 대해 생각을 했습니다.** 영명한 옛 군주(君主)들의 영광, 특히 태양족의 성왕 하리스찬드르라(Harschandra)가 위대한 제사(祭祀)를 지냈던 것을 생각하고 유디슈티라는 그와 같은 라자수야(Rajasuya)를 지내고 싶었습니다. 그러나 유디슈티라는 모든 백성들의 선을 위해 어떻게 그 도덕성과 정당성을 찾아야 할지를 생각했습니다. 정말 분노와 고통으로 흔들리며 유디슈티라는 항상 말했습니다.

"각자의 것을 그들 각자에게 돌려주자. 다르마(Dharma)여 감사합니다! 다르마여 감사합니다!" 유디슈티라는 아버지[다르마]에의 확신을 사람들에게 심어 적대감을 갖는 자가 없게 만들었다. 그래서 사람들은 유디슈티라를 '아자타사트루(Ajatasatru, 적이 없는 사람)'라 부르게 되었습니다. **왕은 모든 사람들을 가족처럼 돌보고, 비마(Bhima)는 공평하게 다스렸습니다[행정]. 아르주나는 백성들을 외부적으로 보호하는 일에 종사했습니다[국방]. 그리고 현명한 사하데바는 정의를 주도했고[법무], 나쿨라는 모든 사람들에게 겸손을 보여 왕국은 분쟁과 공포감이 없어졌습니다[교육]. 그래서 사람들이 다 자기 본업(本業)에 충실했습니다.** 하늘에서 내리는 비도 모든 가정에 충분하게 내렸습니다. 그래서 왕국도 번성을 했습니다. 그래서 왕의 덕택으로 대금업(貸金業) 제사업(祭祀業) 목축업(牧畜業) 농업, 상업 등 모든 것이 번창했습니다. 정말 진실에 봉사하는 유디슈티라가 통치를 할 때 그 왕국에서는 강탈, 차용금의 독촉, 질병 화재 독극물의 공포가 없었습니다.

바이삼파야나가 말했다. -그러자 **유디슈티라는 그의 '상담자'와 형제들을 모아놓고 '라자수야 제사(Rajasuya sacrifice)'에 대해 물었습니다.** 유디슈티라의 질문을 받은 장관들은 다음과 같은 중요한 말을 해 주었습니다. "모든 계급(種姓, Varuna)에게 기부를 요구할 수 있는 왕국의 소유자, 즉 대왕의 친구들이 대왕께 기부(寄附)를 할 만하다고 생각을 할 때에야 그 '라자수야 제사(Rajasuya sacrifice)'를 행하는 것입니다. 사마 베다(Sama Veda) 주문과 더불어 금욕의 신령들이 여섯 가지 맹세의 불로 행한 그 제사의 수행은 대왕의 크샤트리아 소유[武力]에서 오게 되는 것입니다. 그 왕국의 통치권을 가졌을 때 그 결과로 모든 제사를 수행할 수 있는 권리가 자연히 확보되는 것입니다.['무력의 우위'가 먼저 요구 되는 사항임]"

바이삼파야나가 말했다. -유디슈티라는 생각다 못해 그 '라자수야 제사(Rajasuya sacrifice)'를 크리슈나와 상의하기로 결심했습니다. 유디슈티라는 그 크리슈나의 공적을 생각하며 사자(使者)를 파견했습니다. **그 사자는 빠른 마차로 야다바족(Yadavas)에게 도착하여 드와라바티(Dwaravati)에 거주하는 크리슈나에게 갔습니다.** 유디슈티라가 그 외삼촌을 만나고 싶다는 전갈에 아츄타(Achyuta, 크리슈나)도 그 조카들을 보고 싶었습니다. 크리슈나가 인드라프라스타(Indraprastha)에 도착했습니다. 크리슈나는 지체 없이 유디슈티라, 비마, 아르주아 쿤티를 만났습니다. 인사가 끝난 다음에 유디슈티라는 '라자수야 제사(Rajasuya sacrifice)'에 대해 그 크리슈나에게 다 털어놓았습니다. 유디슈티라는 말했습니다.

"오 크리슈나여, 저는 '라자수야(Rajasuya) 희생제'를 행하고 싶습니다. 그러나 그 제사는 그것을 행하고 싶다는 소망만으로 행할 수는 없습니다. 당신은 하시고 싶은 바를 이루는 방법을 다 알고 계십니다. 그 제사를 거행할 수 있는 사람은 만방(萬邦)에 존중을 받은 왕 중의 왕이라야 '라자수야 제사(Rajasuya sacrifice)'를 치른다고들 합니다. 친구나 상담자들은 내가 그 제사를 치러야 한다고도 했습니다. 그렇지만, 저는 당신의 말씀을 따를 작정입니다." 크리슈나가 말했습니다.

"오 대왕이시여, 대왕은 그 '라자수야 제사(Rajasuya sacrifice)'를 수행할 만한 필요 자질을 다 겸비했습니다. 그러나 알아야 할 사항을 말 하겠습니다. 현재 세상의 모든 크샤트리아들은, 자마다그니아(Jamadagnya) 아들 라마(Rama)의 아래에 있습니다. 대왕은 대를 이어 내려온 크샤트리아 법칙과 그들의 명령으로 얼마나 오래도록 그 '라자수야 제사(Rajasuya sacrifice)'를 행해 왔는지를 아셔야 합니다. 세상의 중앙 '마투라(Mathura)'를 차지하고 있는 **자라산다(Jarasandha)**와는, 우리가 서로 화합할 수가 없습니다. 오 유디슈티라여, **모든 왕 중에 최고의 왕만이, 우주를 지배하여 '황제(皇帝, emperor)'라 일컬을 수 있을 것입니다**. 그런데 시수팔라(Sisupala) 왕은 큰 위력을 지녀 그 자라산다(Jarasandha) 군(軍)의 사령관으로 있습니다. 그리고 카루샤족(Karushas)의 왕 억센 바카(Vaka)는 요술(妖術, powers of illusion)도 부리는데 그 **자라산다**의 제자입니다. 단타바크라(Dantavakra) 카루샤(Karusha) 카라바(Karava) 메가바하나(Meghavahana)도 그 **자라산다**를 돕고 있습니다. **자라산다**는 세상에 놀라운 보석을 머리에 얹고 있고, 힘이 무한한 바가다타(Bhagadatta)라는 야바나족(Yavanas)왕을 데리고 있는데, 그도 자라산다 앞에서는 고개를 숙입니다. 자라산다는 [대왕의]아버지 판두와 친구이기에 당신에게 애정을 가지고 있지만, 아버지가 애들을 무시하듯 당신들을 그렇게 생각하고 있습니다. 오 대왕이여, 자신의 힘과 거느리고 있는 종족의 위험을 모르면, 자라산다의 불길 아래 자신의 거처를 두고 사는 격입니다. 그리고 보자족(Bhojas)의 18개 종족은 그 **자라산다**가 무서워 서쪽으로 도망가 있습니다. 수라세나족(Surasenas) 바드라카족(Bhadrakas) 보다족(Vodhas) 살와족(Salwas) 파타차라족(Patachcharas) 수스탈라족(Susthalas) 무쿠타족(Mukutas) 쿨린다족(Kulindas) 쿤티족(Kuntis)도 그러합니다. 그래서 그 **자라산다**의 힘에 놀라 모든 판찰라족(Panchalas)도 그들의 왕국에서 도망을 쳤습니다. 얼마 전에 미련한 **칸사(Kansa, Kamsa)**는 야다바들(Yadavas)을 박해하고 자라산다의 두 딸 아스티(Asti) 프라프티(Prapti)와 결혼을 했습니다. 나는 라마(Rama)의 도움을 받아 **칸사(Kansa, Kamsa)**와 수나만(Sunaman)을 죽였습니다.[크리슈나의 일생 -'마투라푸리(Mathurapuri)에서의 크리슈나와 라마' 참죄 칸사의 죽음에 위협을 느낀 자라산다는 군사들을 동원했습니다. 야다바 18개 지파 젊은이들이 탁월한 무기로 무찔렀으나, 아직까지도 어떻게 해볼 도리가 없습니다. 자라산다는 한사(Hansa)와 딤바카(Dimvaka)라는 두 친구가 있는데, 그들은 무기로 무찌를 수 없습니다. 자라산다가 그 두 친구와 연합을 하면 3계(三界)를 동원해도 이길 수 없습니다. 오 대왕이시여, '**라자수야(Rajasuya) 희생제**'를 올리려거든 먼저 자라산다(Jarasanda) 왕을 죽이고 감금된 왕들을 해방해야 합니다."[108]

──────→

(a) 이 장에서는 소위 '**힌두(Hindu) 철학(학문, 학습)**'의 전모(全貌)가 다 공개가 된 셈이니, 소위 '**라자수야 제사(Rajasuya sacrifice)**' 문제를 놓고 유디슈티라와 크리슈나가 보인 시각차이가 그것이다. <u>유디슈티라는 단순히 심정적으로 '라자수야 제사(Rajasuya sacrifice)'를 원했다. 그런데 크리슈나는 '힘[무력]의 뒷받임'을 명시했음이 그것이다.</u>

(b) 소위 '라자수야 제사(Rajasuya sacrifice)'란 한 마디로 '평화의 잔치(祝祭)[오늘날 올림픽 경기도 마찬가지임]'이다. 그런데 유디슈티라는 '심정적인 평화'를 바탕으로 '라자수야'를 생각했고, **크리슈나는 '무력의 지배하고 세상'을 기정사실로 유디슈티라의 시각을 교정해 놓았다.**

(c) 이 '크리슈나 세계관 -무력우선주의'는 이후 서구(西歐) 문화(희랍, 로마)에 '**금과옥조(金科玉條)**'로 작용했다. 고구려의 주몽 신화와 일본의 '신무천왕(神武天皇)' 이야기도 동일하게 '무력 존중' 이야기이다.

(d) 그런데 공자(孔子)를 선두로 한 중국(中國) 문화는 '힌두의 신비주의'와 함께 '무력 제일주의'도 '입에 못 담을 금기(禁忌)'로 언급 자체를 자제하게 하였다. 공자에서 비롯된 '숭문언무(崇文偃武, 예법을 중시하고 무력을 경시함)'은 '역대 창업 군주'의 '폭압 무력'은 생략을 하고, '인의예지(仁義禮智)' 아는 도덕군자로 미화하여 '평화 존중'으로 그 정책 방향을 잡게 했으나, 본래 '**정복자가 아니면 사실상 통치도 불능이라는 엄청난 진실(眞實)**'까지 모르게 하는 또 다른 '관념적 일방주의(一方主義)'를 낳았다.

(e) 모름지기 '학문'이란 그 탐구자(학습자)의 기호(嗜好)를 무시할 수 없으나, **더욱 중차대한 점은 '일어났던 것' '일어날 것' '생성될 수밖에 없는 사실(事實)들'에 관한 숨김 없는 교육이 '영원한 인류를 위한 교육 헌장(憲章)'이라는 점이다.**

(f) 한 마디로 말해, 세계 인류 학습의 두 기원 '힌두(Hindu) 철학'과 '중국(中國) 철학'에 연유하고 있는데, 전자(前者)는 '신비주의 옹호'가 가장 큰 약점이고, 후자(後者)에서는 '크샤트리아의 기능 엄폐(掩蔽)'가 그 치명적인 약점이 되었다.

(g) 힌두는 '요가(Yoga)의 실천'이라는 위대한 목표가 있고, 중국은 '생명(평화) 존중'이라는 나름대로의 목표가 있었다. 그러나 그러한 기존의 장점들을 긍정한다고 해도, '과학(科學)'이 그 지배 원리로 작용한 현대에서는 국가나 개인 '**모두가 다 알고 대응을 해야 한다.**'는, 다다(Dada)의 '**동시주의(同時主義, Simultaneism)를 능가(凌駕)할 지구촌(地球村) 운영 방법**'은 과거에도 없었고, 앞으로도 결코 나올 수가 없다.

108) K. M. Ganguli (Translated into English Prose from the Original Sanskrit Text), *The Mahabharata of Krishna-Dwaipayana Vyasa*, Munshiram Manoharlal Publisher Pvt. Ltd. New Delhi, 2000, -**Sabha Parva**- pp. 29~35

제42장 자라산다라는 존재

바이삼파야나가 말했다. -유디슈티라가 말했습니다.

"당신[크리슈나]과 같은 지성(知性)으로 아무도 말할 수 없는 것을 말하셨습니다. 세상에 모든 의심을 잠재울 사람은 당신밖에 없습니다. 모든 지역에 왕들이 각각 제 자신을 이롭게 하고는 있으나, 황제(皇帝, emperor)의 위엄들은 없습니다. 정말 '황제(皇帝, emperor)'란 명칭은 획득하기도 어렵습니다. 그 황제는 다른 사람들의 용맹과 힘에 박수를 칠 수 없다는 것을 알고 있습니다. 자신이 기꺼이 적들과 대적을 할 때에 황제는 정말 존중이 됩니다. 오 브리슈니(Vrishni) 족의 왕[크리슈나]이시여, 나는 그동안 여기에서 마음의 평화만을 최고 목표로 생각을 했습니다. 내 생각으로는 내가 그 희생제[라자수야]에 착수했더라도 그 최고의 보상을 획득할 수는 없었을 것입니다. 오 자나르다내[크리슈나]여, 그것은 우리 종족 중에서도 최고의 크샤트리아가 된다는 것입니다. 우리도 역시 그 사악한 자라산다에게 무서움을 느끼고 있습니다. 오 무적의 당신이여, **당신의 힘이 우리의 은신처입니다.** 그런데 당신은 언제 자라산다의 힘에 두려움을 느꼈고, 우리는 어떻게 언제 그보다 세다는 것을 알 수 있을까요? 마다바(Madhava, 크리슈나)여, 나는 자라산다가 당신과 라마[Balabhadra]와 비마나 아르주나에게 잡힐지 말지에 걱정스럽습니다. 오 케사바(Keshava)여, 당신은 다 알고 계십니다." 이 말을 듣고 있던 비마가 말했습니다.

"노력을 하지 않고 강자와 대적을 하지 않는 왕은 개미 언덕처럼 무너지게 마련입니다. 그러나 **약한 왕일지라도 각성을 하고 전략을 쓰면 강한 적도 이길 수 있고 그가 원한 모든 것을 얻을 수도 있습니다.** 우리는 크리슈나의 책략(策略)과, 나의 힘과, 승리의 아르주나가 있습니다. 희생제를 이룰 세 개의 불처럼, 우리가 그 마가다 왕[자라산다]을 잡을 것입니다." 그러자 크리슈나가 말했습니다.

"미숙한 사람은 미래에 닥칠 일을 알 수 없습니다. **이러한 이유에서 자기가 관심을 가지고 있는 일을 모르면 적(敵)을 용서함이란 없는 법입니다.**[知者常勝, 알고 있는 자가 그 적을 이긴다.] 야우바나스윈(Yauvanaswin) 바기라타(Bhagiratha) 카르타비리아(Kartavirya) 바라타(Bharata) 마루타(Maruta) 5황제가 있었습니다. 그러나 유디슈티라여, 당신은 당신 한 사람으로서가 아니라 우리 모두의 승리, 방어, 시혜, 도덕, 융성, 정책으로 그 '황제의 위엄'을 탐내고 있습니다. 그 [황제의 후보자로서의] 자라산다(Zarasandha)를 알아야 합니다. 1백 개의 왕국의 왕들도 자라산다를 이길 수 없었습니다. 그래서 그는 힘으로는 자기가 황제라고 알고 있습니다. 보석을 소지한 왕들은 자라산다에게 보석을 바치며 숭배를 하고 있습니다. 그러나 어릴 적부터 간사한 자라산다는 그러한 숭배에 만족하지 않습니다. 자라산다는 머리에 왕관을 쓰고 있는 왕들을 공격합니다. 공물(貢物)을 내지 않은 왕은 없습니다. 이렇게 자라산다는 거의 1백 명의 왕을 잡고 흔들고 있습니다. 오 프리타의 아들이여, 어떻게 약한 군왕이 그에게 적대감을 갖겠습니까? 시바의 사원에 바쳐진 많은 동물들이 그렇듯이 그 왕들은 비참한 심경이 없겠습니까? 전투로 죽은 크샤트리아는 그것을 생각하니다. 그러함에 왜 우리가 자라산다에게 대항하여 싸우지 않겠습니까? 자라산다는 이미 86왕을 확보하고 있어 1백에서 14개 왕만 부족할 뿐입니다. 자라산다가 14개 왕만 더 확보를 하면 포악이 발동할 겁니다. 그래서 자라산다를 무찌른 자가 바로 황제가 되는 겁니다." 유디슈티라가 말했습니다.

"오 크리슈나여, 내가 단순히 '황제의 위엄'을 소망한다는 나의 생각에서, 어떻게 자라산다에게 당신을 험지(險地)로 보낼 수 있겠습니까? 오 자나르다나여, 나는 비마와 아르주나와 당신을 내 눈과 정신으로 알고 있습니다. 나에게 눈과 정신이 없으면 어떻게 내가 살겠습니까? 비록 야마 (Yama)라고 할지라도 무서운 용맹과 인내력을 지닌 그 자라산다 무리를 이길 수가 없을 것 같습니다. 무슨 용맹으로 그를 당하시겠습니까? 그 문제는 도리어 커다란 불행이 될 수도 있습니다. 내가 제안한 일[라자수야 거행 문제]은 내가 감당할 수 없을 것 같습니다. 오 자나르다나여, 그 문제를 포기하는 것이 옳을 것 같습니다. 나는 괴롭습니다. '라자수야'를 내가 치루기는 어렵겠습니다." 바이삼파야나가 말했습니다. -그러자 아르주나가 유디슈티라에게 말했습니다.

"오 대왕이시여, 저는 활과 무기와 화살과 힘과 동맹을 확보해 두었습니다. 그것들은 사람들이 원하지만 쉽게 확보할 수 없는 것들입니다. 학자들은 항상 고상하고 선한 사회를 칭송하고 있습니다. 그러나 그것들은 힘과는 무관합니다. 정말 용맹보다 훌륭한 것은 없습니다. 용맹스런 종족[크샤트리아]으로 태어나 용맹이 없으면, 돌아볼 가치가 없는 존재입니다. 그러나 주목을 받지 못 한 종족에서 태어났을 지라도 용맹을 지니고 있는 자는 전자[무용맹의 크샤트리아]보다 훌륭합니다. 크샤트리아란 적들을 굴복시키는 것으로, 그 명예와 소유를 확장하는 것이 그 전부입니다. 그러나 용기가 없으면 다른 장점을 소유했다고 하더라도 거의 아무것도 이룰 수가 없습니다. 모든 장점은 그 용맹에 부수적인 것들입니다. 집중과 노력과 운명 그 세 가지가 승패를 가릅니다. 그러나 주의력이 없으면 용맹이 있더라도 승리하지 못 합니다. 이것이 힘을 지닌 자라도 적의 손아귀에 죽게 됩니다. 빈약함에서 그 약함을 이겨내듯이 어리석은 자가 더러는 강자를 이깁니다. 그러기에 승리를 원함이 그 멸망의 원인이 제거되는 겁니다. 우리가 '제사'를 목적으로 자라산다를 잡고 그가 구금하고 있는 왕들을 풀어준다면 그보다 큰일은 없을 겁니다. 그러나 우리가 그 일을 행하지 않으면 세상 사람들은 우리를 무력(無力)하다 할 것입니다. 오 왕이시여, 우리는 확실히 유능(有能)합니다. 그러함에도 왜 무능하다고 생각을 하십니까? 그것은 황색 옷을 걸치고 영혼의 고요함을 획득하려는 무니(Munis, 賢者)의 생각일 뿐입니다. 우리가 적을 쳐부수면 황제의 위엄은 우리 것이 됩니다. 그래서 우리는 적들과 싸워야 합니다." 바수데바가 말했습니다.

"아르주나가 바라타[크샤트리아] 족으로 태어난 사람, 특히 쿤티의 아들로 태어난 사람의 행동 방향을 제시했습니다. 우리는 죽음이 우리를 지배할 때를 생각할 필요가 없습니다. 싸우기를 싫어한다고 불사(不死)를 획득한 사람을 보지 못 했습니다. 그러기에 법이 정한 대로 모든 적을 공격하는 것이 남성들의 의무입니다. 그것이 항상 정신에 만족감을 주고 있습니다. 좋은 정책으로 운명이 도와준다면 우리의 추진은 성공할 겁니다. 만약 우리가 적(敵)의 거처(居處)로 잠입(潛入)에 성공을 하여 적을 공격하면, 우리는 악명을 뒤집어 쓸 이유가 없습니다. 자라산다는 만물을 창조한 자처럼 영광을 즐기고 있습니다. 그러나 내 눈으로 그 멸망을 볼 것입니다. **우리 친척들 살리기 위해 우리가 그를 전투로 잡든지 우리가 죽어 천국으로 가든지 할 것입니다.**" 유디슈티라가 말했습니다.

"오 크리슈나여, 자라산다는 누구입니까? 그 용맹은 어떠한 사람입니까?" 크리슈나가 말했습니다. "브리하드라타(Vrihadratha)라는 마가다족(Magadhas)의 억센 왕이 있었습니다. 그는 전투에 세 개 부대의 '결사대(決死隊, Akshauhinis)'를 갖고 있었습니다. 도를 넘은 용맹으로 희생을 내는 일을 부하들에게 시켰습니다. 그는 제2의 인드라였습니다. 빛나기는 태양과 같았고, 감싸기는 대지(大地) 같았고, 화를 내면 야마(Yama)같고, 바이스라바나(Vaisravana)처럼 부자였습니다. 브리하드라타(Vrihadratha) 왕에게는 카시(Kasi) 왕의 쌍둥이 두 딸과 결혼을 하여 한 쪽을 편애하지도 않았습니다. 그러나 아들이 없어서 자식을 얻기 위해 공을 들였습니다. 어느 날 그 왕은 고매한 찬다카우시카(Chanda-kausika)가 방랑 중에 그 수도(首都)로 와서 망고(mango) 나무 그늘에 앉아 있다는 말을 들었습니다. 그 왕은 부인들을 데리고 그 현자를 찾아가 그에게 보석과 값진 선물을 주고 경배를 올렸습니다. 그러자 그 신령은 왕에게 말했습니다. '오 대왕이시여, 반갑습니다. 소원이 무엇입니까?' 그러자 브리하드라타(Vrihadratha)왕과 두 아내는 자식을 얻고자 눈물에 목이 메었습니다. '오 성자시여, 저의 왕국을 위해 나는 숲으로 들어가 금욕을 행할 것입니다. 그런데 내게는 아들이 없습니다. 그러니 어떻게 해야 하겠습니까?' 그 말을 듣고 그 현자는 생각에 잠겼습니다. 그런데 감미로운 망고가 하나 그 현자의 무릎에 떨어졌습니다. 그 현자는 그 망고 열매를 들어 거기에 주문(呪文, mantras)을 외고 무적의 아들을 낳을 수단으로 그것을 왕에게 제공했습니다. 그리고 말했습니다. '가시오. 그대의 소원은 이루어집니다. 숲으로는 들어가지 마세요.' 그 현자(Muni)의 말을 듣고 그 발아래 경배를 올리고 왕은 처소로 돌아왔습니다. 왕은 [공평하게 사랑해 주겠다는] 약속을 생각하여 하나의 과일을 두 아내에게 나누어 먹였습니다. 그 현자(Muni)의 말대로 두 왕비는 임신을 하였습니다. 두 왕비는 둘로 쪼개진 아기를 반씩 낳았습니다. 각 조각은 눈 하나, 팔 하나, 얼굴 반쪽이었습니다. 조산(助産)자가 서둘러 반쪽으로 태어난 아기를 함께 싸서 거실 문 뒤에 두었습니다. 그랬더니, 피와 살을 먹고 사는 자라(Jara)라는 라크샤사 여인이 그 조각들을 집어 들었습니다. 운명적으로 그 라크샤사 여인은 휴대하기 편하게 두 조각을 합쳤습니다. 그러자 하나가 된 아기는 건장하게 되어 그 라크샤사 여인이 운반할 수도 없었습니다. 그 아기가 구리 같은 주먹을 입에 물고 천둥 같이 크게 우니, 왕과 나인(內人)들이 달려 나왔습니다. 그러자 그 라크샤사 여인은 인간의 모습으로 변하여 구름이 해를 감싸듯 그 아기를 팔에 안고 그 왕에게 말했습니다. '오 브리하드라타(Vrihadratha) 왕이시여, 이 아이는 대왕의 아기입니다. 조산(助産)모가 버려서 제가 보호를 했습니다.' 그 카시(Kasi) 왕의 딸들은 그 아기를 받아 젖을 먹였습니다.

왕이 그 라크샤사 여인에게 물었습니다. '연꽃 실 같은 분이시여, 이 아기를 내게 주신 당신은 누구 입니까? 자유로운 여신 같은 분이시여.' 그 왕의 말을 듣고 락샤사 여인이 말했습니다. '오 왕 중의 왕이시여, 저는 제 맘대로 모습을 바꿀 수 있는 락샤사 자라(Jara)라는 여인입니다.' 말을 마친 여인 은 자취를 감추었습니다. 왕과 바라문은 그 아기를 '자라산다(Jarasanda, 자라가 통합했음.)'라고 불렀습니다."

바이삼파야나가 계속했다. -브리하드라타(Vrihadratha) 왕은 두 아내와 더불어 숲에서 살다가 하늘로 올라갔습니다. 자라산다(Jarasanda) 왕은 카우시카(Kausika) 신령의 예언대로 아버지처럼 그 왕국을 다스렸습니다. **그 뒤에 바수데바[크리슈나]가 캄사(Kamsa, Kansa)를 죽인 다음 크리 슈나와 자라산다의 사이에 적대감이 생겼습니다.** 그 다음 마가다(Magadha) 왕[자라산다]은 그의 도시 기리브라자(Girivraja)에서 마투라(Mathura)를 향해서 99번이나 철퇴를 휘둘렀습니다. 그 때 에 **크리슈나는 마가다(Magadha)왕이었습니다.** 자라산다가 던진 철퇴는 기리브라자(Girivraja)로 터 99요자나(yojanes) 거리의 마투라(Mathura)에 떨어졌습니다. 시민들은 크리슈나에게 달려가 철 퇴가 떨어졌다고 보고했습니다. 마투라(Mathura)에서 가까운 그 철퇴가 떨어진 곳은 가다바산 (Gadavasan)이라는 곳이었습니다. 자라산다는 한사(Hansa)와 딤바카(Dimvaka)의 지원을 받고 있 었는데, 그들은 무기로는 어쩔 수 없는 무서운 존재들이었습니다. 그들은 전술에도 달통하고 있었 습니다. 크리슈나가 말했습니다. "한사(Hansa)와 딤바카(Dimvaka)는 죽었습니다. 캄사(Kamsa, Kansa)도 잡혔습니다. 이제는 자라산다를 전투로 쳐부술 때입니다. 우리는 자라산다를 전쟁으로는 이길 수 없고, '일대일의 싸움(in a personal struggle)'으로 그를 격퇴해야 합니다. 내 생각으로는 싸움에는 비마, 승리에는 아르주나가 있습니다. 그 '라자수야(Rajasuya)'에 앞서 마가다 왕[자라산 다]을 우리가 잡을 것입니다. 우리 셋은 은밀하게 그 마가다(Magadha)로 들어가 우리 중 한 사람과 대결을 펼칠 것입니다. 그는 망신을 피하고 경쟁심에서 그의 힘의 과시를 하려고 자라산다는 비마 를 그의 전투 상대로 고를 겁니다. 긴 팔에 억센 비마가 자라산다를 잡기에는 안성맞춤입니다. 대왕[유디슈티라]이 내 마음을 안다면, 그리고 믿는다면 즉시 비마와 아르주나가 나와 동행하게 허락해 주십시오."

바이삼파야나가 계속했다. -크리슈나가 그렇게 말하여 유디슈티라가 비마와 아르주나의 얼굴을 살펴보니 다 즐거운 모습이었습니다. 유디슈티라가 말했습니다.

"오 아츄타(Achyuta)여, 고빈다(Govinda)여, 당신이 바로 우리 판다바들의 주인이십니다. 우리 들은 당신에게 의지하고 있습니다. 이미 자라산다는 벌써 죽었습니다. [구금된]왕들도 다 해방이 되었습니다. 라자수야(Rajasuya)도 치르게 되었습니다. 오 우주의 주인(Lord of the Universe)이시 여. 당신이 없이는 나는 살 수도 없고, 파르타(아르주나)도 크리슈나 없이는 못 삽니다. 크리슈나와 아르주나는 이 세상에서 정복하지 못 할 것이 없을 것입니다. 비마의 힘도 무적입니다. 목표를 성취하기 위하여 아르주나도 크리슈나를 따라갈 것이고, 비마도 아르주나과 같이 갈 겁니다." 유디슈티라의 허락을 받은 세 영웅은 '마가다(Magadha)'로 출발을 했습니다. 바라문의 복장을 하고 출발을 하는 세 용사를 보고 유디슈티라는 자라산다가 이미 죽었다고 생각을 했습니다. 그들은 쿠루 고장에서 출발하여 쿠루 장갈라(Kuru-jangala)를 통과하여 아름다운 연꽃 호수에 이르렀습니다. 다시 칼라쿠타(Kalakuta) 산들을 넘고 간다키(Gandaki) 사다니라(Sadanira) 사르카라바르타(Sarkaravarta) 강을 건넜습니다. 그들은 즐거운 사라유(Sarayu)를 건너 동부 코살라(Kosala)에 이르렀습니다. 그들은 그 고장도 지나 미틸라(Mithila)로 가서 말라(Mala)강 차라만와티(Charamanwati) 강 갠지스(Ganges)강 소네(Sone)강을 건너 계속 동쪽으로 향했습니다. 결국 세 영웅은 쿠삼바(Kushamva) 고장의 중심에 있는 마가다(Magadha)에 도착했습니다. 그들은 고라타(Goratha)산 언덕에서 마가다(Magadha) 시를 내려다보니, 소떼와 부(富)와 물이 멋진 숲 속에 가득했습니다.[109]

'두 조각으로 탄생된 자라산다' '두 조각을 합치고 있는 자라'[110]

———✈

(a) 이 장에서 무엇보다 주목을 해야 할 사항은 '유디슈티라의 자세'에 대한 '비마, 아르주나, 크리슈나'의 '전쟁' '정복'에 대한 태도의 차이점이다.

(b) 아르주나가 말하기를, '용맹스런 종족[크샤트리아]으로 태어나서 그 용맹이 없으면, 돌아볼 가치가 없는 존재'라고 하였는데, 그것에 크리슈나는 완전히 동조를 했고, **그것이 전 '마하바라타(The Mahabharata)'를 끝까지 관통하고 있는 핵심 중의 핵심**이다.

(c) 소위 '크샤트리아'란, '왕족 지배 족'을 지칭(指稱)이니, 이 장(章)에서처럼 간결하게 그 **'크샤트리아의 의무'**가 명시된 곳도 없다.

(d) 그 '주도권(主導權)'의 싸움은 세계 어느 곳에서나 벌어졌고, 앞으로도 벌어질 것이지만, 그 싸우는 목표와 대상이 한결 같을 수는 없다. 그런데 '마하바라타(The Mahabharata)'는 소위 '라자수야(Rajasuya) 대제(大祭)'라는 의례(儀禮)를 목표로 '순전히 무력(武力)'으로 겨뤘던 역사적 현장

109) K. M. Ganguli (Translated into English Prose from the Original Sanskrit Text), *The Mahabharata of Krishna-Dwaipayana Vyasa*, Munshiram Manoharlal Publisher Pvt. Ltd. New Delhi, 2000, -**Sabha Parva**- pp. 36~45
110) Wikipedia, 'Jarasandha'

을 완전하게 공개하고 있다.

(e) 힌두 크리슈나(아르주나, 비매)는, 그 '크샤트리아의 정신'을 명령하고 있는 '힌두의 최고 신'이다.

(f) 그 영웅 신들을 장식하기 위해 여타의 잔여 영웅들이 동원이 되어 그 수식을 행했으니, 아무도 '크리슈나 영웅 신에 군소리를 말라.'는 것이 힌두 요가(Yoga)의 핵심이다.

(g) 즉 쿤티(Kunti) 소생의 3형제 중에 '바라문(婆羅門, 사제)' 속성이 가장 뚜렷한 유디슈티라는 처음 '라자수야 대제'에 크게 집착을 보이다가 그것에 '천하 제패(制霸)'라는 엄청난 무력이 필요함을 알고 뒷걸음을 쳤음에 대해, 아르주나는 '왕자(王子)의 도(道), 크샤트리아 정신'을 명시했고, 그 것에 구체적인 '승리의 방안'까지 크리슈나가 제시하고 나오니, 유디슈티라는 금방 그 크리슈나에게 '우주의 주인(Lord of the Universe)'의 칭호를 올리었다.

(h) 이 '절대신(God, 크리슈나)'과 그 '사제(司祭, 유디슈티라)'의 관계에서, 이후 전개될 '전 인류의 모든 [신 만들기]종교 사상'이 여지없이 다 공개(公開)가 되었다.

(i) **'신(神)'과 그 '사제(司祭)' 관계가 이처럼 간단하게 제시된 예는, 세계 어느 저서에서도 확인해 볼 수 없는 '마하바라타(_The Mahabharata_)'의 최고 장면이다.**

제43장 자라산다를 격퇴하다.

바수데바(Vasudeva)가 말했습니다. "저 아름다운 마가다(Magadha)의 수도(首都)를 보세요. 가축과 소떼로 가득하고 훌륭한 집들이 즐비하고 모든 재앙에서 완전히 벗어나 있는 도시입니다. 바이하라(Vaihara), 바라하(Varaha), 브리샤바(Vrishava), 리쉬기리(Rishigiri) 차이티아(Chaitya)의 다섯 거봉(巨峯)이 솟아 있고, 교목(喬木)이 그늘을 느리고 있어, 저 도시 '기리브라자(Girivraja)'를 보호해 주고 있습니다.

바이삼파야나가 말했다. -크리슈나는 그렇게 말하고 나서 두 판다바 형제와 함께 '마가다 도시'로 들어갔습니다. '기리브라자(Girivraja)'는 난공불락(難攻不落)의 도시로 즐겁고 잘 살고 4계급의 질서가 잡혀 있고 축제가 계속 되는 도시였습니다. 그 도시 성문에 도착하여 형제들은 그냥 들어가지 않고 브리하드라타(Vrihadratha) 족이 숭배하고 있고 모든 마가다들(Magadhas)이 좋아하는 높은 차이티아카(Chaityaka, 산) 꼭대기를 화살을 쏘아 꿰뚫었습니다. 거기서 브리하드라타(Vrihadratha) 들은 '리샤바(Rishava)'라는 사육제(謝肉祭)를 열고 괴물을 죽이고 그 가죽으로 세 개의 북을 만들어 자신의 도시에 두고 그 북을 한 번 치면 그 소리가 1개월 동안 울려 퍼졌습니다. 그런데 영웅들은 마가다들이 좋아하는 차이티아카(Chaityaka, 산) 꼭대기를 망가뜨렸는데 거기에 있는 그 북들은 꽃들로 덮여 있었습니다. 자라산다(Jarasandha)를 잡겠다는 생각에서 영웅들은 그곳을 적의 머리통을 짓밟듯 그 산꼭대기를 망가뜨렸습니다. 그 높고 오래되고 향기로운 화환으로 항상 축하를 올리던 그 산 꼭대기를 그들의 억센 무기로 무너뜨렸습니다. 그리고 나서 그들은 즐거운 마음으로 그 도시로 들어갔습니다. 그런데 그 도시에 살고 있는 유식한 바라문들이 기분 나쁜 그 조짐들을 보고 자라산다(Jarasandha)에게 보고를 했습니다. 그리고 사제는 왕을 코끼리에 오르게 하여 그 주변을 불로 밝혔습니다. 자라산다(Jarasandha)도 재앙을 막아보려고 희생제를 올리고 맹세도 하고 금식도 했습니다. 한편 영웅들은 무장을 하지 않고 맨 몸으로 자라산다(Jarasandha)와 싸우겠다는 생각으로 바라문의 복장을 하고 그 도시로 들어갔습니다. 그들은 호화판 상점도 구경을 했습니다. 크리슈나와 비마와 아르주나는 그들 상점에서 그들을 풍부함을 보고, 대로(大路)로 나갔습니다. 그리고 꽃 가게에서 갖가지 꽃을 빼앗아 꽃과 화환으로 장식을 하고 소떼를 본 히말라야 사자들처럼 자라산다(Jarasandha)가 거주하고 있는 그 거대 궁궐로 들어갔습니다. 그 무사들의 팔들은 흙먼지로 더럽혀져 나무 등걸처럼 보였습니다. 마가다 사람들은 넓은 가슴에 살라(sala) 나무 등걸 같은 팔다리에 코끼리 같은 그 영웅들을 보고 놀랐습니다. 세 명의 무사들은 사람들로 들어찬 세 개의 대문을 통과하여 당당하고 즐겁게 그 왕 앞에 나갔습니다. 그러자 자라자산다는 황급히 일어나 그들에게 발 씻을 물을 제공하고 꿀 등을 제공하고 존경을 표하며 암소도 선물로 주었습니다.['바라문'으로 대접함] 자라산다(Jarasandha)가 무사들에게 말했습니다. "잘 오셨습니다." 거기에 아르주나와 비마는 말이 없었습니다. 크리슈나가 말했습니다.

"오 왕 중의 왕이시여, 이 두 사람은 맹세를 지키고 있습니다. 그래서 그들은 말을 하지 않을 겁니다. 그들은 밤중까지 계속 침묵입니다. 그 시간 이후에 그들은 입을 열 것입니다." 그러자 자라산다(Jarasandha)는 그 손님들을 제사를 지내는 제실(祭室)의 그 사설 방에 머물도록 했습니다. 밤중이 되자 자라산다는 그 바라문들이 머무르고 있는 곳으로 찾아왔습니다. 그리고 왕은 즉시 말을 해보라고 했습니다. 영웅들의 이상한 복장들을 보고 왕은 무척 놀랐습니다. 그렇지만 왕은 그들을 존중하며 기다렸습니다. 그 무사들은 자라산다 왕을 보고 말했습니다. "오 왕이시여, 당신이 구해주셨습니다." 무사들은 그렇게 말하고 서로를 바라보았습니다. 그러자 바라문으로 변장을 한 무사들을 보고 말했습니다. "앉으시지요." 그러자 세 명의 무사들은 대제(大祭)를 행한 사제처럼 자리에 앉았습니다. 자라산다가 말했습니다.

"세상에 바라문들은 향기로운 꽃으로 장식을 하지 않는다고 알고 있습니다. 꽃으로 장식을 한 당신들은 누구십니까? 그렇게 부적절하게 여기에 와서, 무슨 이유에서 내가 제공한 호의(好意)는 받지도 않으십니까? 나를 방문한 동기는 무엇입니까?" 자라산다(Jarasandha) 왕이 그렇게 말하자 크리슈나가 조용하고 묵직한 목소리로 말했습니다.

"오 왕이시여, 우리 '스나타카(Snataka) 바라문들'에 관해 아셔야 합니다. 바라문이나, 크샤트리아나 바이샤들이 다 '스나타카(Snataka) 맹세'를 꿰어 알고 있습니다. 그 맹세는 특별한 것과 일반적인 것이 있고, 크샤트리아들은 항상 그들의 번성을 위한 특별한 맹세를 지니고 있습니다. 그래서 ['스나타카(Snataka) 맹세'에 의해] 우리는 우리를 '꽃으로 장식'을 했고, 더구나 **크샤트리아는 팔의 힘을 보일 뿐 말이 필요 없습니다**. 오 브리하드라타(Vrihadratha) 아들이시여, 크샤트리아의 말이 거만할 수는 없습니다. 창조주가 크샤트리아에게는 그 팔에 힘을 주셨습니다. 만약 대왕께서 그것을 보시고자 원하시면 바로 오늘 보실 수 있습니다."['무력으로 결판을 내자'는 이야기임] 자라산다

(Jarasandha)가 말했습니다.

"나는 당신들을 해친 적이 없습니다. 내가 당신들을 해치지 않았는데, 당신 바라문들은 나를 적(敵)으로 생각합니까? 정직하게 대답을 해 주십시오. 쾌락과 도덕에 손상이 오면 정신은 괴롭습니다. 착한 사람의 쾌락과 도덕을 빼앗은 그 크샤트리아는 틀림없이 '행악(行惡)'을 한 것이고 망할 것입니다." 크리슈나가 말했습니다.

"오 억센 분이시여, 그 종족의 위엄을 간직한 왕가의 우두머리는 다 있게 마련입니다. 그 분의 명령으로 우리는 여기에 왔습니다. 오 왕이시여, **당신은 세상의 많은 크샤트리아들을 가두어 두고 계십니다**. 그러한 '사악(邪惡)한 행동'을 저지르고서도 어떻게 자신이 착하다고 생각을 하십니까? 오 최고 왕이시여, 한 사람의 왕으로 어떻게 다른 유덕한 왕들에게 그런 잘못을 행할 수가 있습니까? 당신은 다른 왕들에게 잔인을 자행하여 그들을 루드라(Rudra) 신에 대한 제물로 바치려 하고 계십니다. 신에게 그들을 제물로 올릴 생각으로 그 왕들을 잡아놓고 있으니, 그 '크샤트리아의 의무(the duty of Kshatriya)'를 생각할 때에 오늘 그들 해방시킴에 있어서 내가 그 무엇을 무서워해야 하겠습니까? 군대면 군대로 단독이면 단독으로 어느 형태로나 나는 싸울 준비가 다 되어 있습니다."

바이삼파야나가 말했다. -자라산다(Jarasandha) 왕은 그 말을 듣고 그 무사들과 싸우려고 그의 아들 사하데바(Sahadeva)를 왕위에 앉혔습니다. 그 전투 전날 밤에 왕은 카우시카(Kausika) 치트라세나(Chitrasena) 두 장군을 생각했습니다. 그들은 세상에 한사(Hansa)와 딤바카(Dimvaka)란 이름으로 존중이 된 자들이었습니다. 크리슈나가 자라산다에게 말했습니다.

"오 대왕이시여, 우리 셋 중에 그 누구와 싸우시렵니까? 우리 중에 누가 대왕과의 싸움을 준비할까요?" 자라산다는 그 말을 듣고 비마(Bhima)와 싸우겠다고 했습니다. 바라문의 예비 의례를 마친 다음에 자라산다는 자기 왕관을 벗어놓고 머리털을 묶고 대지를 향해 달려드는 바다처럼 일어섰습니다. 괴력을 지닌 왕은 비마(Bhima)를 향해 말했습니다.

"내가 너와 싸울 것이다. 더 센 놈부터 내가 잡아주마." 그렇게 말하고 자라산다는 천신이 악귀에게 달려들 듯이 비마에게 달려들었습니다. 그래서 억센 비마는 외삼촌 크리슈나의 도움을 받으며 자라산다를 상대하게 되었습니다. 엄청난 용맹의 호랑이 같은 두 사람은 맨몸으로 서로를 잡으려고 즐겁게 맞붙었습니다. 서로의 팔을 잡고 다리를 걸고 더러는 겨드랑이를 치며 소리를 내었습니다. 서로의 손으로 목을 잡고 격렬하게 밀고 끌며 자기의 사지로 상대방 사지를 압박하기도 했습니다. 그리고 그들의 팔로 상대를 끌어당기기도 하고 끌어올리기도 하고 내려치기도 했습니다. 앞이마로 상대를 받기도 하여 불꽃이 튀는 듯도 했습니다. 팔로 상대를 잡기도 하고 발로 차기도 했습니다. 그들은 주먹으로 상대 가슴을 치기도 했습니다. 두 영웅은 상대의 면상을 땅으로 끌어내리는 '프리슈타방가(Prishtabhanga)'라는 방법도 썼습니다. 수천의 바라문, 크샤트리아, 바이샤, 수드라와 여인 노인이 몰려와 그 싸움을 구경했습니다. 사람들의 몸과 몸 사이에 공간이 없을 정도로 빽빽하게 몰려들었습니다. 두 영웅이 서로가 서로를 공격하는 소리가 천둥소리 같았습니다. 그 **영**

웅들의 대결은 '카르티크(Kartic)달(10월)' 첫날에 시작이 되어 13일까지 쉬거나 먹지도 않고 계속이 되었습니다. 그 마가다 왕[자라산다]은 음력 14일 밤에 드디어 지쳐 포기를 했습니다. 그런데 크리슈나는 그 왕이 지친 것을 보고 비마를 격려해서 말했습니다.

"쿤티의 아들아, 지친 적(敵)을 잡을 때가 되었다. 왕이 그대를 이길 수는 없다. 지금 남은 힘을 발휘하라." 크리슈나의 말을 듣고 비마는 자라산다가 곤경에 처해 있음을 알았습니다.

바이삼파야가 말했다. -그 말에 비마는 자라산다 살해에 대한 결의를 굳히며 크리슈나에게 말했습니다.

"오 야두 족의 호랑이시여, 이 흉악한 놈이 아직 지치지 않고 있으나, 나는 이놈을 그냥 놔주지는 않을 겁니다." 이 비마가 하는 말을 듣고 크리슈나가 즉시 자라산다를 잡고 싶어 말했습니다. "비마여, 오늘 그대는 마루타(Maruta, 비마의 아버지) 신에게서 받은 그 힘을 이 자라산다에게 보여주어야 합니다." 크리슈나가 그렇게 말하자 비마는 그 억센 자라산다를 높이 들어 올려 흔들었습니다. 공중에서 일백 번을 돌리고 나서 비마는 무릎으로 자라산다의 등을 누르고 자라산다(Jarasandha)의 몸을 갈라 두 조각으로 만들어버렸습니다. 비마는 자라산다(Jarasandha)를 그렇게 죽이고 나서 무서운 함성을 질렀습니다. 비마의 함성과 함께 자라산다(Jarasandha)의 죽음이 알려졌습니다. 그래서 모든 마가다 시민들은 놀라 다 벙어리가 되었습니다. 비마의 함성에 놀란 시민들은 죽은 왕의 시체를 궁성 대문에 두고 돌아갔습니다. 그래서 크리슈나와 판두 아들 형제는 자라산다(Jarasandha)의 수레를 몰고 가 갇혀 있는 친척들을 풀어주었습니다. 석방된 왕들은 가지고 있던 보석들을 크리슈나에게 선물로 바쳤습니다. 적을 무찌른 크리슈나는 무기를 확보했고, 해방된 왕들을 대동하고 자라산다(Jarasandha)의 천상(天上) 마차를 타고 '기리브라자(Girivraja)'에서 나왔습니다. 그래서 크리슈나는 언덕 위에 있는 성채(城砦)에 도달했습니다. 마가다 시민들은 크리슈나와 두 형제가 자라산다(Jarasandha)의 수레에 올라앉아 있는 것을 무척 놀랐습니다. 그런데 자라산다의 아들 사하데바(Sahadeva)는 친척들과 장관 사제들을 대동하고 그곳으로 왔습니다. 그리고 크리슈나에게 예를 표하고 많은 보석 선물을 올렸습니다. 크리슈나는 즐거운 마음으로 왕자 사하데바(Sahadeva)를 안심시키고 그를 '마가다의 군주(君主)'로 세웠습니다. 그리고 크리슈나는 판두의 두 아들을 대동하고 마가다 도시를 떠나 인드라프라스타(Indraprastha)에 도착하여 유디슈티라에게 말했습니다. "최고의 왕이시여, 다행히 비마가 그 억센 자라산다(Jarasandha)를 잡고 구금된 왕들이 해방되었습니다. 다행히 비마와 아르주나는 다치지 않았습니다." 그 승리 획득 후에 크리슈나는 인드라프라스타(Indraprastha)를 떠났고, 왕들에 대한 무서움을 없애 주고 판두 형제들의 명성이 세상에 넘쳤습니다. 그래서 판다바 형제들은 드리우파디를 즐겁게 하며 날들을 보냈습니다.[111]

---

111) K. M. Ganguli (Translated into English Prose from the Original Sanskrit Text), *The Mahabharata of Krishna-Dwaipayana Vyasa*, Munshiram Manoharlal Publisher Pvt. Ltd. New Delhi, 2000, -**Sabha Parva**- pp. 46~56

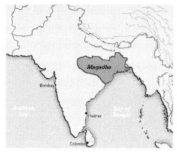  

'마가다 나라'112) '비마와 자라산다의 격투'113)

'비마가 자라산다를 죽이다.'114)

───────✈

(a) 이 장(章)에서 우선 주목을 해야 할 사항이 크리슈나의 '**자라산다(Jarasadha) 격파 전략(戰略)과 그 수습 경과**'이다.

(b) 크리슈나는 우선 그 '**자라산다(Jarasadha)**'의 출신과 그 무력과 성격을 알아 그가 '크리슈나의 공격'을 예상하지 못 하고 있는 상황에서 기습(奇襲) 공격을 감행하여 정복하고, 그 '자라산다의 온순한 그 아들'을 마가다(Magadha) 왕으로 세웠다.

(c) **크리슈나는 한 마디로 '힌두(Hindu)가 낳은[창조해 낸] 최고의 전략가, 경영인'이었다.** 그러므로 그 크리슈나가 가르쳤다는, **죽기 아니면 살기의 무시무시한 '크샤트리아 의무'**란 '최고 황제를 향한 왕족끼리의 묵계(默契)'이고, 여타(餘他)의 군주(君主) 또는 평민들은 '공손하게 그 공물(貢物)'만 올리면 그만이라는 논리이다.

(d) 그러므로 '**무력(武力)의 제일인자 자리**'를 죽기 살기로 다투게 하고 여타의 것은 그들 자의(自意)에 맡기는 '세계 경영 방법', '피를 최소한으로 적게 흘리고 달성한 왕국 정복' 그 크리슈나를 힌두들은 여지없이 그 '절대신'으로 높여 숭상을 하였다.

112) Wikipedia, 'The Magadha state 600 b. c.'
113) V. Ions, *Indian Mythology*, Paul Hamlin, 1967, pp. 70~71 'The battle between Bhima and Jarasanda'
114) Wikipedia, 'Jarasandha' -'Bhima slaying Jarasandha'

(e) 이 대목에 주목을 하지 못 하면, '**정복(征服) 제일주의' '절대신(絕對神) 제일주의' '만국(萬國)의 식민지화(植民地化)'에 나선 서구(西歐) 사상의 핵심**을 그 어디에서도 확인할 수 없다.

(f) '구약'에서 여호와(Jehovah)가 여호수아(Joshua)를 시켜 여리고(Jericho)왕을 정복했다는 이야기는, 크리슈나가 비마(Bhima)를 앞세워 마가다(Magadha) 왕 자라산다(Zarasandha)를 잡았다는 이야기와 동일한 이야기다.

(g) 이러한 측면에서 '진정한 옛날만의 이야기'란 없는 법이고, 그리고 오늘날의 문제와 바로 연결될 수 없는 '과거 이야기'란 한 마디로 무가치한 이야기다. 그래서 '**무용(無用)한 내세주의(來世主義, 사후세계) 이론들'은 마땅히 철폐되어야 할 것이다**.

(h) 그리고 원래 '**절대신 = 무력 제일주의자 =정복 성공 자**'란 엄청난 공식을 '크리슈나(Krishna)'처럼 완벽하게 실현해 보인자는 없으므로, 그 '크리슈나(Krishna)'를 '절대신'의 원형(原形)으로 삼은 '마하바라타(*The Mahabharata*)'를 읽으며 '인간들이 소유한 모든 신들'이 저절로 완전히 다 납득 되게 된다.

(i) 한 마디로 그 '절대 신의 원형'은 처음 그 '힌두(Hindu)의 계관시인(桂冠詩人)들'이 창작(創作)해 냈다는 사실은, '마하바라타(*The Mahabharata*)'는 역시 소상하게 다 알려 주고 있으니, 이 '마하 바라타(*The Mahabharata*)'는 그대로 '최고의 처방전'이 되고 있다.

(j) 그리고 그 '크리슈나(Krishna)에게서 세계 경영 법'을 배운 아르주나가 그의 착한 형 유디슈티라에게 '세상의 왕들이 모두 우리 형님께 그 공물을 올리게 해 놓겠다.'고 나섰다. 이것이 그 '**제국 주의(帝國主義)의 기원(起源)**'이니, 오래고 또 오래되었다고 할 것이다.

제44장 판다바 형제들의 세상 평정(平定)

바이삼파이야나가 말했다. -최상의 활[간디바]과 무궁(無窮) 화살 통 두 개와 전차와 말들을 획득한 아르주나는 유디슈티라에게 말했습니다.

"사람들이 획득하기가 어려운 활과 무기 동맹들과 영토와 군사를 우리가 확보를 했습니다. 그래서 저는 우리의 부(富)를 늘려야 한다고 생각합니다. **오 최고의 왕이시여, 내가 세상의 왕들이 우리 왕국에 공물(貢物)을 바치도록 해 놓겠습니다**. '재보(財寶)의 왕(the Lord of treasure)'이 행성(行星)을 주재(主宰)하는 신성한 길일(吉日)에 출발을 하고자 합니다." 유디슈티라가 아르주나의 말을 듣고 위엄 있고 침착하게 말했습니다.

"성스러운 바라문들이 그대에게 축복을 하여 적들을 쫓고 우리 친구들로 채웠으니, 출발을 하도록 하라. 오 바라타의 황소여, 승리는 분명히 그대 것이고, 원하는 것을 다 얻을 것이다." 유디슈티라가 그렇게 말하자는 아르주나는 아그니(Agni)가 제공한 하늘의 전차(戰車)를 몰고 출발을 했습니다. 비마와 쌍둥이도 거대 군사들을 이끌고 출발했습니다. 그래서 아르주나는 '재보(財寶)의 왕(the Lord of treasure)'이 차지하고 있는 북쪽 지방을 복속(服屬)시켰습니다. 그리고 비마는 동쪽을 정복했고, 사하데바는 남쪽, 나쿨라는 서쪽을 정복했습니다. 형제들이 그렇게 정복을 행하여 유디슈트라는 칸다바프라스타(Khandavaprastha)에서 친구, 친척들을 모아 즐기었습니다. **바가다타**

(Bhagadatta)가 그것을 알고 말했습니다.

"쿤티(Kunti)를 그대 어머니로 둔이여, 나도 유디슈타라 당신과 같소. 나도 이렇게 행할 것이요. 내가 그밖에 할 일이 무엇이 따로 있겠소?"

바이삼파야나가 계속했다. -그 말을 듣고 아르주나가 바가다타(Bhagadatta)에게 말했다. "그대가 그렇게 해보려면 뜻대로 해 보시오." 아르주나는 프라그지티샤(Pragjyotisha)왕을 복속시키고, 그 보물의 왕을 정복하고 고산 지대를 정복했습니다. 산악 지대의 왕들을 정복한 다음 공물(供物)을 거두었습니다. 그들을 복속시킨 다음 아르주나는 울루카(Uluka) 왕 브리한타(Vrihanta)에게로 가서 북을 치고 전차를 달리고 코끼리들이 줄을 지어 달리게 했습니다. 그래서 아르주나와 브리한타(Vrihanta)의 싸움은 격렬했으나, 브리한타(Vrihanta)는 아르주나의 용맹을 당할 수가 없었습니다. 그래서 브리한타는 아르주나에게 항복을 했습니다. 아르주나는 그 브리한타를 거느리고 세나빈두(Senavindu)를 공격하여 그를 그 왕국에서 축출시켰습니다. 그 다음 아르주나는 모다푸라(Modapura) 바마데바(Vamadeva) 수다만(Sudaman) 수산쿨라(Susankula) 북쪽 울루카족(Ulukas)을 복속시켰습니다. 유디슈타라 명령으로 아르주나는 세나빈두(Senavindu) 시에 머무르며 그 군사들만 파견했습니다. 아르주나는 세나빈두(Senavindu) 시에서 4개 종류의 군사를 만들었습니다. 그리고 푸루(Puru) 족의 대장 비스와가스와(Viswagaswa)를 정복하고, 이어 아르주나는 카슈미라(Kashmira)와 로히타(Lohota)를 정복했습니다. 아르주나는 결국 모든 히말라야족과 니슈쿠타(Nishkuta) 산악 족을 정복하고 백산(白山, White mountain) 허리에 캠프를 만들었습니다.['白山'=히말라야, 한국의 '백색 존중'도 그 힌두와 무관하다고 할 수 없음]

바이삼파야나가 말했습니다. -아르주나는 백산(White mountain)을 통과하여 림푸루샤족(Limpurushas) 하라타카(Harataka) 마나사(Manasa) 호수를 차례로 정복했습니다. 아르주나가 정복한 지역은 북쪽 지방이었습니다. 아르주나는 모든 노획물(鹵獲物, 전쟁을 해서 빼앗은 물건)을 유디슈타라에게 다 바쳤습니다.

바이삼파야나가 말했다. -비마도 유디슈타라의 허락을 받아 동쪽 지방으로 향했습니다. 비마는 먼저 판찰라족(Panchalas)의 나라로 갔습니다. 비마는 먼저 온갖 방법으로 그 종족을 회유했습니다. 그런 다음 비마는 단숨에 간다카족(Gandakas)과 비데하족(Videhas)을 격파시켰습니다. 그 다음 다사르나족(Dasarnas)을 격파하고 그 왕 수다르만(Sudharman)의 용맹을 평가하여 그에게 군사령관을 맡겼습니다. 비마는 아스와메다(Aswamedha)왕 로차마나(Rochamana)를 격퇴하고, 그 남쪽에 풀린다(Pulinda)로 들어가 수미트라(Sumitra) 왕을 정복했습니다. 그 다음 비마는 시수팔라(Sisupala)에게 대항을 했습니다. **그 체디(Chedi) 왕 시수팔라는 판두 아들의 의도를 듣고 그 도시를 나와 존경하는 마음으로 비마를 맞았습니다.** 그 다음 체디(Chedi) 왕 시수팔라는 비마에게 왕국을 넘기며 웃으며 말했습니다. "순수하신 분이시여, 무엇을 존중하십니까?" 그러자 비마는 유디슈타라 의도를 그에게 전했습니다. 비마는 그곳에 30일 보내며 시수팔라(Sisupala)를 그대로 두고 그 다음 체디(Chedi)에서 군사를 철수해 나왔습니다.

바이삼파야나가 말했다. -그 다음 비마는 쿠마라(Kumara)의 스레니마트(Srenimat)왕, 코살라(Kosala)의 브리하드발라(Vrihadvala)왕을 정복했습니다. 그리고 나서 비마는 아요디아(Ayodhya)의 디르가야그나(Dirghayaghna)왕과 북쪽 코살라족(Kosalas)과 말라족(Mallas) 왕을 격파했습니다. 그리고 역시 비마는 히말라야 자락 습지(濕地)를 정복하였고, 그 다음은 발라타(Bhallata)를 정복하고 카시(Kasi)왕을 격파했습니다. 그 다음 비마는 수파르사(Suparsa) 지역을 다스리는 크라타(Kratha) 왕을 격파했고, 마트샤(Matsya), 말라다족(Maladas)도 정복했습니다. 이어 비마는 크라타(Kratha)왕, 마트시아(Matsya), 마다하라(Madahara) 마히다라(Mahidra) 소마데야족(Somadheyas)을 정복했습니다. 그렇게 정복을 계속하여 마하우자(Mahaujah)왕 찬드라세나(Chandrasena)왕 모든 믈레차(Mlechchha) 족도 정복했습니다. **그 믈레차(Mlechchha) 왕들은 비마에게 수억의 돈과 보석을 바쳤습니다.** 그리고 나서 비마는 인드라프라스타(Indrapraprastha)로 개선(凱旋)하여 유디슈티라 왕에게 노획물을 다 헌납했습니다.

바이삼파야나가 말했다. -사하데바(Sahadeva) 역시 억센 군대를 이끌고 유디슈티라 왕의 환송을 받으며 남방(南方)으로 떠났습니다. 사하데바는 처음 수라세나족(Surasenas)을 격파했고, 이어 아디라자족(Adhirajas) 단타바크라(Dantavakra)왕을 격파했습니다. 그 다음 사하데바는 수쿠마라(Sukumra), 수미트라(Sumitra)왕, 마트시아족(Matsyas) 파타차라족(Patacharas) 니샤다족(Nishadas) 고스링가(Gosringa) 스레니마트(Srenimat) 나바라슈트라(Navarashtra)를 정복했습니다. 그리고 쿤티보자(Kuntibhoja)로 향했더니, 그들은 사하데바를 환영했습니다. 그런데 사하데바가 차르만와티(Charmanwati) 강둑으로 진격해서, 잠바카(Jamvaka) 왕의 아들을 만났는데, 바수데바와의 구원(舊怨)으로 적대적이었습니다. 사하데바는 그를 무찌르고 세카족(Sekas) 아반티(Avanti) 왕을 격파했습니다. 사하데바는 진군을 계속하여 마히슈마티(Mahimati) 시로 향하여 닐라(Nila) 왕과 싸웠습니다. 그래서 격렬한 전투가 벌어졌는데, 불의 신 아그니가 닐라(Nila) 왕을 도왔습니다. 그래서 사하데바 군사들의 전차와 말과 병사들에게 다 불이 붙었습니다. 그래서 사하데바는 어찌해야 할 바를 몰랐습니다. 사하데바는 아그니(Agni)에게 제사를 올리며 그에게 빌었습니다. "신이시여, 제사를 방해하려는 것은 아니었습니다." 그렇게 말하고 사하데바는 겁을 먹은 그 군사들 앞에 쿠사(kusa) 풀을 펴고 앉아 불의 신에게 호소를 했습니다. 그러자 아그니 신은 말했습니다. "쿠루여, 일어나라. 내가 그대를 시험했을 뿐이다. 나는 그대와 다르마의 아들[유디슈티라]의 목적을 이미 알고 있다."고 말했습니다. 사하데바는 외다리(one leg)의 케라카족(Keraka)도 정복했습니다. **사하데바는 메신저[使者]만 보내어 산자얀티(Sanjayanti) 파샨다족(Pashandas) 카라하타카족(Karahatakas)을 정복했습니다.** 사하데바는 파운드라야족(Paundrayas) 드라비다족(Dravidas) 우드라케랄라족(Udrakeralas) 야바나족(Yavanas)을 정복하여 공물(貢物)을 얻었습니다. 그리고 사하데바는 해안가에 이르러 비비샤나(Vibhishana)에게 메신저들을 보냈더니, 그들은 기꺼이 사하데바에게 재화를 바쳤습니다. 그렇게 해서 사하데바는 그 왕국으로 돌아왔습니다.

바이삼파야나가 말했다. -저는 이제 나쿨라(Nakula)가 어떻게 바수데바가 복속시켰던 지역을 정복했는지 말씀드리겠습니다. 나쿨라는 여러 장군을 대동하고 칸다바프라스타(Khandavaprastha)를 떠나 서쪽으로 출발했습니다. 무사들은 사자 같은 함성을 지르고 전차 바퀴소리는 땅을 흔들었습니다. 나쿨라는 로히타카(Rohitaka)라는 고산족을 공격했는데 그들은 소떼가 많았습니다. 나쿨라는 그 고장의 마타뮤라카족(Mattamyurakas)과 치열하게 싸워 그 고장을 복속(服屬)시키고 사이리사카(Sairishaka)도 정복했습니다. 그리고 다사르나족(Dasarnas) 시비족(Sivis) 트리가르타족(Trigartas) 암바슈타족(Amvashtas) 말라바족(Malavas) 카르나타족(Karnatas) 마디아마케야족(Madhyamakeyas) 바타다나족(Vattadhanas)도 정복했습니다. 나쿨라는 이어 우트사바산케타족(Utsavasanketas) 그라마니아(Granmaniyas) 수드라족(Sudras) 아비라족(Abhiras)도 정복했습니다. 나쿨라는 다양한 족종족의 군주를 복속시키고 그의 왕국으로 돌아왔습니다. 인드라프라스타에 도착한 나쿨라는 유디슈티라에게 모든 재보(財寶)를 바쳤습니다.[115]

_____→

(a) '제2의 크리슈나' 아르주나가 형 유디슈티라에게 그 '재보(財寶)의 왕(the Lord of treasure)'을 목표로 제시했다는 것은 역시 힌두의 계관시인(桂冠詩人, 비아사)이 목표로 세운 '가치의 실현'으로 주목을 해야 한다.

(b) **19세기에 독일의 F. 니체는, '모든 가치의 재평가' 운동을 주장하여, 사실상 '서구의 근대화다다 혁명 운동]'을 선도했는데**, 그것은 볼테르가 긍정한 중국(中國)의 '현세주의(Secularism)'의 연속이고 희랍 '크샤트리아[武士] 정신=크리슈나[아르주나] 재보(財寶) 제일주의'를 반복한 것일 뿐이다.

(c) 원래 중국(中國)의 '현세주의(secularism)'는 기자(箕子) 공자(孔子) 맹자(孟子) 사마천(司馬遷)으로 이어졌다.

그런데 북송(北宋) 때 주돈이(周敦頤, 1017~1073)가 힌두(Hindu)의 '만다라(Mandala, Yantra, 無, 空)' 개념을 중국의 '현세주의(Secularism)' 철학에 도입하여 '태극도설(太極圖說)'을 쓰고, '청빈행도(淸貧行道)'의 크샤트리아[왕권] 지배에서 독립된 '학풍'을 일으킨 결과가 중국의 '성리학'이었고, 그것이 동방(한국)에 전해져서 조광조 이황 이이의 도학을 이루었는데, 역시 그 송(宋)나라 유풍(儒風)이 서구의 볼테르(Voltaire) 니체(Nietzsche)로 이어져 '전쟁 반대'의 '다다 혁명 운동(Movement of Dada)'까지 전개가 되었다.

(d) 20세기 초 '취리히 다다 혁명 운동(Movement of Dada)'가들은 '정복 전쟁 반대' '사해동포주의'의 성인의 말씀으로 '그들 양심의 운동'의 기본으로 삼았다.

즉 최초로 '마하바라타(*The Mahabharata*)'의 '판두 아들 형제들의 펼친 공물(貢物) 받기 전쟁'

115) K. M. Ganguli (Translated into English Prose from the Original Sanskrit Text), *The Mahabharata of Krishna-Dwaipayana Vyasa*, Munshiram Manoharlal Publisher Pvt. Ltd. New Delhi, 2000, -**Sabha Parva**- pp. 56~67

에 '대대적인 반대 운동'을 펼치기 시작했다.

(e) 나관중(羅貫中, 1330?~1400)은 부끄러움도 없이 그의 '삼국지통속연의(三國志通俗演義)'에 이 '마하바라타(*The Mahabharata*)'[제44장] 장면을 '적벽대전(赤壁大戰)' 이후에 조운, 장비, 관우를 동원한 '양자강 남쪽 정벌'에다가 그대로 다 써먹었다.['조자룡이 계양을 지혜로 빼앗다.(趙子龍智取桂陽)' '황충과 위연이 장사를 헌납하다.(黃忠魏延獻長沙)']

(f) 영국의 엘리자베스 여왕 대에 조성된 해적 왕 드레이크(Francis Drake, 1540~1596)는, 사실상 이 '마하바라타(*The Mahabharata*)'의 영웅 비마와 아르주나를 모델로 삼은 영국 '제국주의 앞잡이'였다.

제45장 '크리슈나' 이름으로 '라자수야' 대제(大祭)를 거행하다.

바이삼파야나가 말했다. -유디슈타라의 덕으로 그의 왕국은 모든 사람들이 자기 직업을 존중하는 사회를 이루었습니다. 공평한 조세(租稅)와 유덕한 법(法)으로 비도 풍족하게 내려 도시와 마을이 번성하였습니다. 목축과 농업과 상업이 번성했습니다. 도둑과 사기꾼이 없어졌습니다. 한발(旱魃, 가뭄)과 홍수와 전염병, 화재, 영유아 사망도 없었습니다. 유디슈타라는 도덕 정치에 전념하여 봉사에 힘을 쓰고, 가난한 자를 돌봐 주니, 왕들이 유디슈타라에게 적대감이 없어졌습니다. 국고(國庫)가 가득하여 수백 년이 가도 다 쓰지 못 할 정도였습니다. 그래서 유디슈타라는 나라의 상황을 고려하여 '제전(祭典, 제사 행사)'을 생각했습니다. 친구들이 유디슈타라에게 말했습니다.

"왕이시여, 제사를 거행할 시간이 왔습니다. 준비를 하여 이 기회를 놓치지 말아야 합니다." 그들이 그렇게 말하고 있을 적에, 크리슈나가 엄청난 재화(財貨)를 싣고 유디슈타라에게 도착했습니다. 사실 '크리슈나'는 무소부재(無所不在, omniscient)이시고 옛날의 베다 정신이시고, 무적이시고, 우주의 최고 존재로서 만물의 시작이고, 그 속에 만물이 사라지고, 과거와 현재와 미래의 주인이십니다. 그리고 역시 케시(Kesi)의 살해자 케사바(Kesava)이시고, 브리슈니들(Vrishnis)의 보호자이시고, 모든 근심과 걱정을 쫓고 군사를 이끌고 '도시 중에 도시[인드라프라스타]'에 도착하신 것입니다. 크리슈나가 바다 같은 무한정의 보석을 제공하여 바라타의 수도[인드라푸라스타]는 어둡던 세계가 크리슈나의 존재로 태양 아래 미풍이 부는 즐거운 세계로 변했습니다. 유디슈타라가 크리슈나를 반갑게 영접하여 안부를 여쭈었습니다. 그 크리슈나가 자리에 앉자, 다우미아(Dhaumya) 드와이파야나(Dwaipayana) 등의 사제(司祭)들과 비마 아르주나 쌍둥이가 있는 자리에서 유디슈타라가 그 크리슈나에게 말했습니다.

"오 크리슈나여, 온 세상이 당신 아래 있습니다. 당신의 은혜로 방대(尨大)한 부(富)가 우리 것이 되었습니다. 오 마다바(Madhava, 크리슈나)시여, 나는 법에 따라 제사 술(酒)의 헌납자인 최고의 바라문에게 그 부(富)를 기부하고 합니다. 대제[大祭]를 치르도록 허락해 주십시오. 오 고빈다여, 그 제사에 임하소서. **당신께서 제사를 행하시면 나는 죄를 벗을 겁니다.** 오 크리슈나여, 그 큰 제사의 열매를 나는 즐기고 싶습니다."

바이삼파야나가 말했다. -유디슈티라 그렇게 말하자 크리슈나가 말했습니다. "황제의 권위를 지니신 왕이시여, 대제(大祭)를 치를 자격을 지니셨습니다. 당신께서 희생제의 열매를 거두시면 우리 모두가 성공의 왕관을 쓰는 것입니다. 나는 항상 선(善)을 추구합니다. 당신이 원하는 제사를 행하십시오. 무슨 일이건 맡겨주세요. 나는 당신의 명령에 항상 따릅니다." 이에 유디슈티라가 대답했습니다. "오 크리슈나여, 내 결심은 다 이루어졌습니다. 오 하리시케사(Harishikesa)여, 당신은 나의 소원에 꼭 맞추어 여기[인드라푸라스타]에 도착을 해 주셨습니다."

바이산파야나가 계속했다. -크리슈나의 명령에 따라 판두 형제들은 '라자수야(Rajasuya) 대제(大祭)'를 위한 물품을 준비했습니다. 유디슈티라는 사하데바와 장관들에게 말했습니다.

"바라문들이 필요로 하는 물품들을 지체 없이 조달해야 한다. 비마와 아르주나도 도우면 좋겠다. 바라문들을 즐겁게 해야 한다." 유디슈티라 명령에 따라 사하데바는 행한 바를 모두 왕께 보고를 했습니다. 베다의 화신(化身)인 드와이파야나(Dwaipayana, 비아사)가 그 희생제의 사제(司祭)로 지명이 되었습니다. 바라문들의 요구에 따라 신전(神殿) 같은 건물들이 세워졌습니다. 건물들이 완성되자 유디슈티라가 사하데바에게 말했습니다.

"지체 없이 대제(大祭)에 참석하도록 사자(使者)들을 파견하라." 명령을 받은 사하데바는 심부름꾼들에게 일렀습니다. "너희들은 나라 안의 모든 바라문과 모든 크샤트리아 모든 바이야 수드라를 여기로 초대해 와야 하느니라."

바이삼파야나가 계속했다. -사하데바의 명령을 받은 심부름꾼들은, 친구이거나 낯선 사람이가나 가리지 않고 모두 모셔왔습니다. 그래서 바라문들이 유디슈티라 라자수야 대제(Rajasuya sacrifice)에 참석을 하자, 다르마(Dharma)신 같은 유디슈티라가 모든 바라문과 사방에서 모인 크리샤트리아를 데리고 제사 행사장으로 들어섰습니다. 유디슈티라의 명령에 따라 수천의 기술자들이 잘 갖추어 놓은 집에 바라문들을 모셔 놓고 그들에게 좋은 옷과 음식과 의복과 과일과 꽃들을 바쳤습니다. 바라문들은 왕의 존경을 받으며 서로 이야기를 나누며 배우들의 연기와 무용수들의 춤을 관람했습니다. 바라문들은 떠들며 즐겁게 먹고 말했습니다. 그들은 "올립니다." "먹읍시다." 말이 날마다 끊이질 않았습니다. 유디슈티라는 각 바라문들에게 암소와 침상과 황금과 여성들을 제공했습니다. 유디슈티라가 진행한 그 제사는 하늘에서 사크라(Sakra)가 행한 것과 같은 제사였습니다. 그런 다음 유디슈티라는 나쿨라를 하스티나푸라(Hastinapura)로 보내서 비슈마(Bhishma) 드로나(Drona) 드리타라슈트라(Dhritarashtra) 비두라(Vidura) 크리파(Kripa)도 모셔오게 했습니다.

바이삼파야가 말했다. -하스티나푸라에 도착한 나쿨라는 정중하게 비슈마와 드리타라슈트라를 초대했습니다. 그 쿠루의 원로들은 바라문들을 앞세우고 즐거운 마음으로 그 대제(大祭)에 참석을 했습니다. 유디슈티라 주도의 제사 소식을 듣고 수백 명의 다른 나라의 크샤트리들도 유디슈티라와 그 제사를 보려고 값비싼 보석을 들고 방문했습니다. 그래서 드리타라슈트라와 비슈마와 비두라 두료다나(Duryodhana)가 앞장을 선 카우라바 형제들과 간다라(Gandara)왕 수발라(Suvala)와 힘 좋은 사쿠니(Sakuni)와 아찰라(Achala)와 브리샤카(Vrishaka)와 카르나(Karna)와 살리아(Salya) 발리카(Valhika) 소마다타(Somadatta) 부리(Bhuri) 부리스라바스(Bhurisravas) 살라(Sala) 아스와타마(Aswatthama) 크리파(Kripa) 드로나(Drona) 자야드라타(Jayadratha) 신두(Sindhu) 왕 야즈나세아(Yajnsena) 프라그지오티샤(Pragjyotisha)의 해안 지대의 바가다타(Bhagadatta)왕 고산족의 왕들과 브리하드발라(Vrihadvala)왕 파운드라이족(Paundrays)의 왕 바수데바(Vasudeva)와 방가(Vanga)와 칼링가(Kalinga)의 왕들 등 다양한 왕들과 왕자들이 판두 아들들의 제사(祭祀)에 왔습니다. 중부(中部) 지방에서도 왕들은 유디슈티라의 그 '라자수야 대제(大祭, great Rajasuya sacrifice)'에 참석을 했습니다. 유디슈티라 왕은 갖가지 먹을 것과 장식한 연못과 키 큰 나무들이 저택에다가 모든 그 왕들을 고루 배정을 해습니다. 그리고 유디슈티라는 그 왕들을 공경하여 그 왕궁에 머물도록 했습니다. 카일라사(Kailasa) 절벽 같은 희고 높은 그 저택들은 보기도 좋았고, 갖가지 가구들이 꽉 차 있었습니다. 그 저택은 희고 높은 벽들이 둘러싸고 있었습니다. 창들은 황금 그물망들이 처져 있었고, 내부 장식은 모두 보석이었습니다. 계단과 바닥에는 모두 비싼 카펫이 깔려 있었습니다. 곳곳에 향기를 뿜는 화환들이 걸려 있었고, 눈이나 달 같이 희고 훌륭했습니다. 문들은 많은 사람들이 편하게 나고 들 수 있도록 한 결 같이 넓었습니다. 비싼 물자와 다양한 금속들로 세워 히말라야 산꼭대기 같이 보였습니다. 그 저택에서 잠깐 쉬었다가 왕들은 수많은 사제들(priests)에게 둘러싸인 유디슈티라를 보았습니다. 바라문들과 신령들이 모인 희생제 건물은 신들이 모여 있는 천상(天上)의 신전(神殿) 그것이었습니다.

바이삼파야나가 말했다. -유디슈티라는 할아버지와 스승님 앞으로 나아가 비슈마, 드로나, 크리파, 드로나 아들[아스와타만] 두료다나 등에게 말했습니다.

"이 제사를 올림에 있어, 여러 분들이 도와 주셔야 합니다. 여기에 있는 것들은 모두 당신들의 것입니다. 원하시는 대로 저를 이끌어 주십시오." 제사를 주도하는 유디슈티라는 일들을 적절하게 분담시켰습니다. 두사사나(Dussasana)에게는 먹을 것과 기호품들을 담당하게 했고, 아와타만(Aswatthaman)에게는 바라문들의 시중을 들게 했습니다. 산자야(Sanjaya)는 왕들의 귀환 업무를 맡기었습니다. 비슈마(Bhishuma)와 드로나(Drona)에게는 빠진 것을 지적해 달라고 했고, 크리파(Kripa)에게는 바라문들에게 제공할 황금 진주 보석들을 관장하게 했고, 발리카(Valhika) 드리타라슈트라(Dhritarashtra) 소마다타(Somadatta) 자야드라타(Jayadrata)는 제사의 주인으로 나쿨라에게 맡겨 여기저기 돌아다니며 즐기게 했습니다. 비두라(Vidura)는 분배 일을 맡겼고, 두료다나(Duryodhana)는 왕들이 들고 온 선물을 수납하게 했습니다. <u>세상의 중심이시고 만물을 관장하는 크리슈나(Krishna)는 당신이 원하시는 대로 '바라문들의 발 씻기는 일(washing the feet of the Brahmanas)'에 종사했습니다</u>. 그래서 그 제사를 지내는 저택과 유디슈티라 왕을 보려고 [양이나 무게로] 1천 이하의 공물(貢物)을 제공하는 자는 없었습니다. 유디슈티라에게 많은 보석을 공물(貢

物)로 바쳤습니다. 왕들은, 유디슈티라가 희생제를 잘 치를 것이라고 그들의 부(富)를 헌납하며 자신의 유디슈티라에 대한 믿음을 과시했습니다.[116]

_____✈

(a) '라자수야 대제(大祭, great Rajasuya sacrifice)'는 힌두의 최고 강력한 왕이 치르는 가장 성대(盛大)한 축제(祝祭)라는 측면에서 주목할 필요가 있다.

그것은 명백히 하나의 '축제(祝祭)'이면서 동시에 '막강한 군사력'과 '부(富)'의 과시인데, 그 <u>아비(Pandu)를 잃은 고아(孤兒)들, 그동안 핍박에 시달리던 판두 형제들</u>이 모처럼 그 아버지의 지분(支分)을 받아, 당장 '빠른 시간에 달성한 그 결과 보고'가 바로 유디슈티라가 소망했던 그 '라자수야 대제(大祭, great Rajasuya sacrifice)'였다.

(b) 우리는 여기에서 무엇보다, 힌두의 '계관시인(桂冠詩人, 바이삼파야나)'의 말솜씨에 주목을 해야 한다. 즉 '라자수야 대제(大祭, great Rajasuya sacrifice)'를 소망한 것은 물론 유디슈티라이지만, 그것을 가능하게 했던 존재는 그 '크리슈나(Krishna)'라는 사실이고, 그 '라자수야 대제(大祭, great Rajasuya sacrifice)'의 수용자도, 그 '크리슈나(Krishna)'라고 독자(청취자)들에게 거듭거듭 반복해 강조를 하고 있는 사람이, 역시 그 '계관시인(桂冠詩人, 바이삼파야나)'이다.

(c) 그런데 문제의 '크리슈나(Krishna)'는, <u>무소부재(無所不在, omniscient)이시고 옛날의 베다 정신이시고, 무적(無敵)이시고, 우주의 최고 존재로서 만물(萬物)의 시작이고, 그 속에 만물이 사라지고, 과거와 현재와 미래의 주인(主人)'이라고 말하여 그 '크리슈나(Krishna)'가 바로 절대신(God)</u>인데, 현실적인 도시 '인드라프라타'에 거주하는 군주 유디슈티라게 '엄청난 재화(財貨)'를 싣고 와 선물까지 주었다는 점이다.

(d) 그렇다면 사실상 '마하바라타(The Mahabharata)'는 '크리슈나(Krishna)'의 '마하바라타(The Mahabharata)'이고, '크리슈나(Krishna)'에 의한 '마하바라타(The Mahabharata)', '크리슈나(Krishna)'를 위한 '마하바라타(The Mahabharata)'이다.

이것이 '<u>절대주의(絕對主義, Absolutism)' 원본(原本)</u>이다.

(e) 이것을 알면 사실상 그밖의 문제야 그 크리슈나를 찬양하기 위한 부수적 수식일 뿐이다. 즉 아르주나를 비롯한 판두 5형제는 물론이고, 비슈마, 드로나, 카르나, 등 모든 등장인물이 '크리슈나 위력 드러내기'에 동원된 존재들이니, 그렇다면 이 '라자수야' 대제(大祭)도 물론 그 '크리슈나(Krishna)'를 향한 헌신과 봉사 귀의(歸依)의 의전(儀典)일 뿐이라는 의도 이미 다 명시된 셈이다.

(f) 그러므로 그 '크리슈나(Krishna)'는 힌두들의 '알파이자 오메가'라는 이야기이니, 그 말은 역시 '부쳐'와 '그리스도' 신도들에게서 자주 들었던 이야기이다.

역시 그러한 측면에서 '마하바라타(The Mahabharata)' <u>진술자(계관시인, 비아사)='크리슈나(Krishna)'=판두 5형제=비슈마의 등식(等式)이 처음부터 고수(固守)되어 있음</u>을 확실하게 알아 둘 필요가 있다.

(g) 그런데 그 크리슈나는 이 '라자수야 대제(大祭, great Rajasuya sacrifice)'를 개최함에 있어서 당신

116) K. M. Ganguli (Translated into English Prose from the Original Sanskrit Text), *The Mahabharata of Krishna-Dwaipayana Vyasa*, Munshiram Manoharlal Publisher Pvt. Ltd. New Delhi, 2000, -**Sabha Parva**- pp. 67~73

이 자원하신 일이 '**바라문들의 발 씻기는 일**(washing the feet of the Brahmanas)''신약'의 예수와 그 제자 조항 참조이었다.

(h) 크리슈나는 힌두 4계급을 스스로 명시했던 '지존(至尊)'으로서 그 존재를 수시로 명하면서, 그 스스로 역시 '바라문' '크샤트리아' '바이샤' '수드라' 노역(勞役)을 사양하지 않는 자세를 낱낱이 시인(詩人, 서술자)은 다 드러내었으니, 그 시인 역시 '크리슈나'와 동등한 권세가 없이는 함부로 말할 수조차 없는 사항들이다. 그래서 최고의 권위를 시인[계관시인] 비아사 역시 비슈누의 화신(化身)으로 일컬어지고 있다.

제46장 반발하는 시수팔라를 처단한 크리슈나

바이삼파야가 말했다. -그 제사(祭祀)의 마지막 날에 제사 구역 내에서 유디슈티라 왕이 존경을 바쳐온 위대한 바라문 신령들과 초대된 왕들에게 '성수(聖水, the sacred water)'를 뿌리려 할 때였습니다. 나라다(Narada)를 선두로 한 신령들이 천상의 신들처럼 바라문의 처소에 앉아 그 왕실의 성자들과 함께 앉아 있었습니다. 신령들은 넘치는 힘으로 다양한 주제로 서로 이야기를 나누었습니다. "그건 그렇지요." "그렇습니까." "달리 될 수가 없지요." 신령들은 서로 대화에 열심이었습니다. 나라다(Narada) 신령은 그 희생제를 치른 행운의 유디슈티라의 융성을 보고 크게 감사했습니다. 그 방대한 크샤트리아들을 보고 현인 나라다(Narada)는 생각에 잠기게 되었습니다. 그리고 나라다(Narada)는 천상에서도 그 힘이 칭송되는 그 하리(Hari, Naryana, 크리슈나)를 알고 있었습니다. 그래서 나라다(Narada)는 경외감(敬畏感)을 지니고 유디슈티라 희생제에 참석을 하고 있었습니다. 비슈마(Bhishma)가 유디슈티라 왕에게 말했습니다.

"유디슈티라 왕이여, 왕들에게 존중(尊重, Arghya)을 적절하게 행해야 한다. 존중(尊重, Arghya)에는 스승, 제사(祭祀) 사제, 친척, 스나사카(Snataka, 교육을 마친 托鉢僧), 친구, 왕 여섯 종류가 있다. 이들은 1년을 함께 살아도 존중을 행해야 한다. 그리고 존중은 모인 중에 최고 존재에게 먼저 행해야 한다." 비슈마(Bhishma)의 말을 들은 유디슈티라가 말했습니다.

"할아버지시여, 우리가 누구에게 먼저 그 존중(尊重, Arghya)을 표해야 할지도 말씀을 해 주십시오." 그러자 비슈마는 '세상에서 크리슈나가 최고'라고 판단하시고 말했습니다.

"<u>모든 빛을 발하는 천체 중에 태양이 있듯이, 크리슈나가 그분이시다. 우리 모두 중에는 힘과 용맹에서 크리슈나가 빛나신다. 이 희생제에서는 그분이 빛나고 즐겁게 해주시니, 태양이 없는 곳에 태양과 같고, 막힌 곳에 미풍과 같다.</u>" 비슈마가 그렇게 말하자 **사하데바가 브리슈니족의 크리슈나(Krishna)에게 '제일 존중(尊重, Arghya)'**을 표했습니다. 크리슈나는 예법에 따라 그 '**제일 존중(尊重, Arghya)**'을 수납했습니다. 그러나 시수팔라(Sisupala)는 그와 같은 '크리슈나 존중'에 참을 수가 없었습니다. 그래서 그 억센 체디(Chedi)왕[시수팔라]은 비슈마와 유디슈티라가 있는 회중(會中)에서 크리슈나를 비난했습니다.

"오 쿠루족의 당신[유디슈티라]이시여, 이 브리슈니 사람[크리슈나]은 왕권도 없으면서 여러 영명한 왕들 중에 왕처럼 대접을 받고 있습니다. 오 판두의 아들이여, 이처럼 그[크리슈나]를 존중한다는 것은 결코 '영리한 판다바'라고 할 수 없습니다. 판두의 아들이여, 당신은 어린 아이입니다. 당신은 도덕이 무엇인지도 모릅니다. 강가(Ganga)의 아들 비슈마도 아는 게 없어서 [엉터리로 충고하여]도덕률을 범했습니다. 그리고 비슈마여, 욕심을 떠나서 도덕을 행한 당신 같은 분이 '정직하고 현명한 사람의 중앙'에 계실만 합니다. 어떻게 다사라(Dasarha) 족에 왕도 아닌 그[크리슈나]가 왕들보다 먼저 존중을 받아야 하며 어떻게 해서 그가 그처럼 존중 되어야 합니까? 쿠루의 왕이시여, 당신이 나이를 기준으로 그렇게 했다면 [크리슈나의 생부] 바수데바도 여기 있습니다. 지지(支持)자로 그렇게 했다면 [왕비의 아버지] 드루파다(Drupada)도 여기에 있습니다. 스승으로 그렇게 했다면 드로나(Drona)가 있습니다. 리트위자(Ritwija, 최고 고행자)라면 드와이파야나(Dwaipayana, 비아사)가 있고, 비슈마(Bhishma)도 있습니다. **어떻게 해서 왜 그 '제1존중'이 '크리슈나'여야 합니까?** 왕 중에 왕 두료다나(Duryodhana)도 있고, 바라타 왕자들의 스승 크리파(Kripa)도 있습니다." 그렇게 말을 마친 시수팔라(Sisupala)는 자리를 박차고 일어나 왕들을 데리고 회당(會堂) 밖으로 나가버렸습니다. 그러자 유디슈티라는 서둘러 시수팔라(Sisupala)를 뒤따라 나가 부드럽고 공손하게 말했습니다.

"오 대지(大地)의 주인이시여, 당신이 말씀하신 것은 당신에게 어울리지 않습니다. 그런 말은 아주 범죄적이고도 불필요하고 혹독한 말입니다. 비슈마를 욕해서도 아니 됩니다. 그렇게 말하는 것은 무엇이 도덕인지를 모르는 처사입니다. **당신보다 나이 많은 사람들이 다 '크리슈나께 경배' 하는 것에 동의하고 있습니다.** 그들처럼 참아야 합니다. 오 체디(Chedi)의 왕이시여, 그 문제를 당신은 나만큼 잘 알지도 못하십니다." 비슈마도 말했습니다.

"'크리슈나 경배'에 동의하지 않는 자는, 맬언에]할 줄도 모르고 화해를 모르는 세상에서 가장 낙후된 존재일 뿐이다. 전투로 크샤트리아가 된 크샤트리아 무사들의 왕은, 그의 힘으로 다른 존재를 이기고 왕이 되게 마련이다. **나는 이 모임에 모인 왕 중에서 '사트와타(Sawata) 족 아들[크리슈나]'을 이길 자는 없다고 알고 있다.** 더럽힐 수 없는 그분은, 단지 우리만이 존경해야 할 분이 아니고, 3계(三界)가 마땅히 그렇게 해야 한다."

바이삼파야나(Vaisampayana)가 말했다. -비슈마가 말을 끝내자 사하데바가 시수팔라(Sisupala)에게 말했습니다.

"내가 존경을 바치는 크리슈나를 참을 수 없는 왕은, 나의 발이 그 왕의 머리통을 밟을 것입니다. 그리하여 지성(知性)을 갖춘 여러 왕들이 이미 크리슈나께 올린 마땅한 '존중(Arghya)'에 동의(同意)하게 할 것입니다." 사하데바가 그의 발을 보이니, 어떠한 군주도 말하는 사람이 없었습니다. 그러자 사하데바의 머리에 꽃비가 내리고 하늘나라에서 말했습니다. "최고다. 최고다."

바이삼파야나가 계속했다. -신과 같은 사하데바가 바라문과 크샤트리아를 구분하여 그들이 받을 만한 존중을 행하여 그 식을 마쳤습니다. 그러나 크리슈나가 '제일 존중'을 받은 것에 화가 난 **시수팔라(Sisupala)**는 구리 같은 눈을 뜨고 왕들을 향해 말했습니다.

"내가 아직 머리를 들고 있다. 그래 너희가 나를 어쩔 터이냐? 나와 한 판 붙어 볼래?" 시수팔라(Sisupala)는 그렇게 왕들을 선동하며 그 대제(大祭)의 종료를 어떻게 훼방을 놓을까를 [자신에게 동조할]그 왕들과 상의하기 시작했습니다. 그들의 대장으로 시수팔라(Sisupala)를 모시고 그 대제(大祭)에 초대를 받은 왕들은 화들이 나 그 얼굴들이 창백해졌습니다. 그들은 말했습니다.

"우리는 유디슈티라가 희생제를 치르며 우리에게 요구한 '크리슈나에의 존중'을 묵인할 수 없다는 것을 우리의 행동으로 보여주어야 합니다." 화가 난 왕들은 그들의 용맹을 믿고 그렇게 말했습니다. 그들을 달래려는 친구들에게 그들의 먹이를 빼앗긴 사자들처럼 변했습니다. 그러자 크리슈나는 광대한 바다 같은 군사의 군주들이 무섭게 변하려는 것을 알아차렸습니다.

바이삼파야나가 말했다. -방대한 왕들이 분노에 동요하는 것을 본 유디슈티라가 비슈마에게 말했습니다.

"바다 같은 왕들이 화가 났습니다. 할아버지, 어떻게 해야 하겠습니까?" 이에 비슈마가 말했습니다.

"오 쿠루의 호랑이여, 걱정하지 말라. 개가 사자를 죽일 수는 없다. **마다바(Madhava, 크리슈나)는 3계에 존재하는 그 만물(萬物)의 시작이고 끝이다.**"

바이삼파야나가 계속했다. -시수팔라(Sisupala)가 비슈마의 그 말을 듣고 말했습니다.

"늙은 수치스런 악당이여, 엉터리 거짓말로 모든 왕들을 놀라게 한 것에 부끄러워 할 줄도 모르는구나. 어떻게 해서 '식견도 없는 그 소치기(cow-boy, 크리슈나)'를 그렇게 칭찬을 할 수 있는가? 크리슈나가 어린 시절 독수리를 잡았던 것이 무엇이 그리 대단하며, 싸움에 서투른 아스와(Aswa) 브리샤바(Vrishava)를 잡은 것이 무슨 큰 대수냐? 오 비슈마여, 나무 마차를 발로 차 부수고, 개미 언덕만한 그 고바르단 산(Govardhan mount)을 1주일 동안 들고 있었던 것이 무슨 놀랄 일인가? [그대는]그 말에 너무 놀란 것이다. **캄사(Kamsa, Kansa)가 주는 음식을 먹은 재크리슈나]가 도리어 그[캄사]를 죽였다는 것은 도덕적으로 더욱 놀랄 일이 아닌가?**['크리슈나 일생' 참조] 비슈마여, 당신은 도덕을 모른다. 비슈마여, 그대의 말대로라면 여인[Putana]과 암소를 죽인 재한두의 최고 금기 사항]를 존중하자는 것이니 그래서 무엇을 배우자는 것인가?" 시수팔라(Sisupala)가 비난을 계속했습니다.

"자라산다(Jarasandha)는 내가 가장 존경을 했던 분이십니다. 누가 케사바(크리슈나)와 비마와 아르주나가 행했던 것을 칭찬할 수 있겠습니까? 그가 우주의 주인이라면 왜 자기를 바라문이라고 생각하지 않았겠습니까? 판다바들은 당신을 착하다고 생각하는데, 당신은 그들을 현명한 길에서 오도(誤導)를 행하고 있으니, 그것이 놀랍습니다." 비슈마의 거듭된 '크리슈나 칭송'을 들은 용맹의 시수팔라(Sisupala)는, 바수데배[크리슈나]와 겨루고 싶어 그에게 말했습니다.

"오 자나르다내[크리슈나]여, 내가 지금 네게 도전한다. 덤벼라. 오늘 내가 이 판두 형제들을

다 잡을 때까지 싸워보자. 판두들은 모든 왕들을 무시하고 왕도 아닌 너를 존중하니, 함께 죽여주마." 그렇게 화가 난 시수팔라(Sisupala) 말이 끝나자 크리슈나는 판두들 곁에 있는 왕들을 향해 부드럽게 말했습니다.

"왕들이시여, 이 나쁜 자는 사트와타(Satwata) 녀(女)의 아들입니다. 악행을 하려 해도 그동안 버려두었습니다. 이 흉악한 자는 우리가 프라그지오티사(Pragjyotisha)로 떠났다는 것을 알고, 내 고모(姑母)의 아들임에도 드와라카(Dwaraka, 크리슈나 거주 도시)에 와 불을 질렀습니다. 그리고 우리 아버지 제사를 방해하려고 제사에 쓸 말을 훔쳤습니다. 그러나 나는 저 시수팔라(Sisupala)가 내 고모의 아들이기에 참았습니다. **저 어리석은 자가 루크미니(Rukmini)를 원했으나 얻지 못했습니다.**['크리슈아 일생' 참죄] 그 말을 들은 시수팔라(Sisupala)는 크게 웃으며 말했습니다.

"크리슈나여, 왕들 앞에서 내가 루크미니(Rukmini)를 탐냈다는 말까지 하는구나. 그렇지만 그래 네가 나를 지금 어떻게 할래?" 그런데 시수팔라가 그렇게 말하고 있을 적에, 크리슈나는 원반(原盤, 크리슈의 무기)을 손에 들고 말했습니다.

"대지(大地)의 주인이여, 들어라. 내가 백번은 참았다. 이제 너를 베야겠다." 그렇게 말한 '야두 왕(the chief of Yadus)'은 즉시 그 원반으로 체디(Chedi) 왕 시수팔라(Sisupala)의 목을 베어버렸습니다. 그러자 시수팔라(Sisupala)는 벼락 맞은 절벽처럼 무너져 내렸습니다. 그 말할 수 없는 순간에 말을 하는 사람은 아무도 없었고, 단순히 크리슈나만 바라볼 뿐이었습니다. 그 중 일부는 손가락으로 손바닥을 문질렀고, 다른 사람은 분노로 정신을 잃고 그들의 이빨로 입술을 물었습니다. 그리고 일부 왕은 크리슈나에게 동의를 했습니다. 위대한 신령들은 기쁜 마음에서 크리슈나를 칭찬하고 떠났습니다. 그리고 모든 바라문들과 억센 왕들은 크리슈나의 용맹을 목격하고 기쁜 마음에서 그를 칭송했습니다. 그러자 유디슈타라 왕은 아우들에게 시수팔라(Sisupala) 왕의 장례식을 엄숙히 치르도록 명령했습니다. 그리고 유디슈타라 왕은 '시수팔라(Sisupala)의 아들'을 그 체디족(Chedis)의 왕으로 세웠습니다. 그런 다음에 쿠루 왕의 희생제는 온갖 종류의 축복으로 모든 젊은 이들에게 기쁨을 주었습니다. 상서롭게 시작을 하여 어려움들을 극복하고 풍성한 부(富)와 곡식과 갖가지 음식물들이 공급되었는데 크리슈나가 적절하게 지켜보고 있었습니다. 그래서 유디슈타라는 그 대제(大祭)를 마무리했습니다. 그래서 **사랑가(Saranga)란 활과 원반과 철퇴를 지닌 억센 크리슈나가 그 희생제를 끝날 때까지 지켜주었습니다.** 그래서 모든 크샤트리아 군왕들이 목욕을 마친 유디슈타라에게 와서 말했습니다.

"유덕한 분이시여, 운 좋게도 당신은 성공을 했습니다. **당신은 황제(皇帝)의 존엄(imperial dignity)을 획득했습니다.** 왕 중에 왕이시여, 우리는 저희 나라로 돌아려 합니다. 허락을 해 주십시오." 그 말을 들은 유디슈타라는 형제들과 함께 각 왕들에게 인사를 하고 아우들에게 명령을 내렸습니다.

"기쁜 마음으로 찾아왔던 군왕들께서 그 왕국으로 돌아가시겠다고 하니 우리 경계선[국경]까지 따라가 배웅을 하여라." 왕들과 바라문들이 떠난 다음에 크리슈나가 유디슈티라게 말했습니다. "쿠루의 아들이여, 나 역시 드와라카(Dwaraka)로 돌아가고 싶습니다. **다행히 그대는 최고의 제사 라자수야(the foremost of sacrifices Rajasuya)를 치르는데, 성공했습니다.**" 이렇게 크리슈 나가 말하자 유디슈티라가 말했습니다. "오 고빈다(Govinda)여, 당신의 은혜로 대제(大祭)를 성공 적으로 치렀고, 세상에 모든 크샤트리아들이 와서 공물(貢物)을 바쳤습니다. 당신이 계시지 않으면 내 마음에 기쁨도 없습니다. 떠나시는데 제가 무엇을 올려야 할까요? 그러나 당신은 드와라카로 가셔야겠지요." 크리슈나는 프리타(Pritha)와 드라우파디(Draupadi)와 수바드라(Subhadra)에게 인 사를 했습니다. 유디슈티라와 더불어 내전(內殿)에서 나온 크리슈나는 구름 같은 마차에 올랐습니 다.117)

'시수팔라와 그 수행원'118)

_____→

(a) '마하바라타(*The Mahabharata*)'가 '절대 신에로의 귀의(Yoga)' 강조한 대표적인 고전이면서, 역 시 타의 추종을 불허하는 '불멸의 고지(高地)'인 -**크샤트리아의 의무**가 왜 그처럼 힌두(Hindu) 사회에서 강조될 수밖에 없었는지를 이 장(章)에서처럼 온전히 보여주고 있는 바는, 힌두 (Hindu) 사회뿐만 아니라 세계 어느 문헌에서도 볼 수가 없는 최고 장면이다.
즉 **'최고신'이란 '최고의 실력자[武士]'이고 그가 바로 최초 '절대신(비슈누)의 형상'이었다는 사 실이다.** 그리고 그래서 그를 '절대신'으로 받들었다. 그런데 이후에 '시인(詩人) 사제(司祭)'는 '단순한 말재주 속에 절대신'을 운위하게 된 것이 당초의 '권능의 절대신' '빈 말로 호령하는 사제 (司祭)'로 착각하게 했던 것이 '다다 혁명 이전'까지의 '세계사 운영 정신'이었다.

(b) 한 마디로 힌두 사회에서 **최고의 제사(祭祀) 라자수야(the foremost of sacrifices Rajasuya)**는 '황제(皇帝)의 존엄'으로만 올릴 수 있는 제사(祭祀)였는데, 당초 유디슈티라는 그것도 확인이 덜

<hr />

117) K. M. Ganguli (Translated into English Prose from the Original Sanskrit Text), *The Mahabharata of Krishna-Dwaipayana Vyasa*, Munshiram Manoharlal Publisher Pvt. Ltd. New Delhi, 2000, -**Sabha Parva**- pp. 73~80, 83, 87~90
118) V. Ions, *Indian Mythology*, Paul Hamlin, 1967, p. 70 'Sisupala with his retinue'

<hr />

된 상태에서 '호화판 궁전'부터 지어놓고 바로 그 엄청난 '라자수야 제사(祭祀)'를 생각하였다. 즉 유디슈티라는 **'세상 정복(征服)이라는 무서운 전쟁'**은 생각도 않고, '황제만이 치를 수 있는 라자수야'부터 탐(貪)을 냈는데, 대(大) 크리슈나(Krishna)는 그 '턱없는 유디슈티라의 꿈'을 오직 자신의 용맹과 지략으로 현실적으로 달성하게 해 주었다. 그 위대한 비슈누 신의 화신(化身)이 바로 크리슈나였다는 '마하바라타(*The Mahabharata*)'의 핵심 중의 핵심이 이 장에 고스란히 다 알 수 있게 제시가 되어 있다.

'크샤트리아 위에 군림하는 바라문'은 '힌두가 세운 인류 조상으로 영원한 그 영광의 거점'으로 솔직함을 그대로 유지하고 있는 사항이나, **'크샤트리아들의 제압'까지 그것만으로 '바라문의 권위'**는 충분하고 '천지 창조 인간 생사화복의 주관 문제'까지 나간 것을 '과장'이 지나친 것이다.

(c) 간단히 말해서, **고대 국가 사회에서 '무력(武力)'의 뒷받침이 없이는 아무것도 이룰 수 없기에 '크샤트리아의 의무'란 바로 '왕도(王道)'의 기본 중의 기본이었다.** 이것은 오늘날도 더욱 총체적인 차원['지구촌 운영'이라는 차원]에서 지속으로 일부 문제가 되고 있다.['국가' 대 '국가'라는 차원에서]

(d) 즉 오늘날은 '개인적인 무력(武力) 행사'가 기본적으로 봉쇄되어 '불법(不法)'으로 못 박혀 있다. 그러한 시간적 제도적 변천 과정을 초월하여, 과거 '원시 사회(무력 만능 사회)'를 그대로 보여주고 있는 것이 '마하바라타(*The Mahabharata*)'의 '크샤트리아의 의무'였고, 역시 그것을 '절대신(비슈누, 크리슈나)'에 의해 '온전하게 달성된다는 근본적 사회 구성 인자(因子)'를 이 '마하바라타'가 이 장에서 역시 가장 치열하게 보여주고 있다.

(e) 이에 우리는 '체디(Chedi) 왕 시수팔라(Sisupala)'의 논의를 빼놓을 수 없다. '시수팔라(Sisupala)'는 앞서 '자라산다(Jarasadha)'의 소속 장군이었고, 비마(Bhima)가 그를 공격하러 갔을 때는 오히려 그와 화해하였다. 그런데 '크리슈나'와 '불구대천(不俱戴天)의 원수'가 되었다. 이것은 그 '크리슈나의 말'로 밝혀진바 '루크미니(Rukmini)'를 사이에 두고 서로 다툰 적이 있었다.['크리슈나(Krishna)의 일생' 참조] 이것을 힌두(Hindu)는 '죽음에 도달할 수 있는 큰 악연'['因緣說']으로 명시한 셈이다.

제47장 불이 붙은 두료다나의 욕심

바이삼파야가 말했다. -[다른 왕들은 자기네 나라로 돌아갔음에도 불구하괴 두료다나(Duyodhana)는 판두들의 회당(會堂)에 계속 눌러 앉아 지냈습니다. 그는 사쿠니(Sakuni, 두료다나의 외삼촌)와 더불어 그 궁전의 전부를 천천히 꼼꼼히 다 살폈는데, 두료다나(Duyodhana)는 그 하스티나푸라(Hastinapura) 어디에서도 볼 수 없었던 그야말로 천국(天國)의 디자인들이었습니다. 어느 날 두료다나(Duyodhana)는 수정(水晶)으로 덮여 있는 궁궐을 구경하게 되었습니다. 그리하여 두료다나(Duyodhana)는 물이 가득한 연못인 줄 잘못 알고 그의 옷을 걷어 올렸습니다. 그런 뒤에 자신이 잘못 본 것을 알고 속이 상해 우울하게 그 궁궐을 돌아다니게 되었습니다. 그런데 그 다음에 두료다나는 수정 연꽃으로 장식된 수정 같은 호수를 잘못 보아, 거기에 옷을 입고 풍덩 빠져버렸습니다. 비마와 궁정 관리인들이 모두 큰 소리로 웃었습니다. 유디슈티라 왕은 하인들에게 명하여 좋은 새 옷을 갖다 바치게 했습니다. 두료다나(Duyodhana)가 놀란 모습을 보고, 비마와 아르주나와 쌍둥이 모두가 큰 소리로 웃었습니다. 그 동안 모욕(侮辱)을 당해보지 않았던 두료다나(Duyodha-na)는, 그 판두 형제들을 웃음에 참을 수가 없었습니다. 두료다나(Duyodhana)는 자기 감정을 숨기고 그 판두들을 쳐다보지도 않았습니다. 그리고 두료다나(Duyodhana)가 [수정으로 된]마른 땅을 지나며 그것을 물로 잘못 알고 옷을 걷어 올리는 것을 보고 판두들은 또 웃었습니다. 그리고 그 다음 두료다나(Duyodhana)는 수정으로 만들어져 있는 문이 열려 있는 줄 잘못 알고, 그 문을 그냥 지나가려다가 그의 머리를 부딪쳤습니다. 그래서 그의 머리는 멍멍했습니다. 다른 수정문은 실제 열려 있었는데, 두료다나(Duyodhana)는 손을 느려 그 문을 더듬어 내렸습니다. 그리고 열려 있는 다른 문에 왔다가 그것이 닫혀 있는 줄 알고 돌아갔습니다. 그래서 두료다나(Duyodhana)는 '라자수야(Rajasuya) 대제(大祭)'에서 판다바들의 방대한 부(富)를 목격하고, 수정궁에서 많은 실수의 희생물이 된 다음에 판다바 형제들을 떠나 하스티나푸라(Hastnapura)로 돌아왔습니다. '판다바들의 융성'에 속이 상할 대로 상한 그 두료다나(Duyodhana)의 정신은 흉악하게 되어 인드라푸라스타에서 그가 보고 당했던 것을 곱씹으며 되돌아왔습니다. 판다바들이 행복해 하고, 세상의 왕들이 경배(敬拜)를 올리고, 젊으나 늙으나 모든 사람들이 그들을 돕는 판두 아들들의 빛나는 융성을 생각하며 두료다나(Duyodhana)는 창백하게 변했습니다. 그 고통스런 가슴을 안고 그의 도시로 돌아온 두료다나(Duyodhana)는 오직 유디슈티라의 화려 무쌍(無雙)의 회당(會堂)만 생각이 났습니다. 그것 생각에 완전히 정신 나간 그 두료다나(Duyodhana)는 사쿠니와 아우들이 말을 걸어도 한 마디 대답이 없었습니다. 정신 나간 두료다나를 보고 그 외삼촌 사쿠니(Sakuni)가 말했습니다.

"오 두료다나(Duyodhana)여, 무얼 그리 생각하오?" 두료다나(Duyodhana)가 대답했습니다.

"오 아저씨, 아르주나의 무기로 천하를 휘어잡은 '유디슈타라'와, 하늘나라 신 사크라(Sakra)가 지내는 제사 같은 프리타(Pritha) 아들의 '제사'를 아저씨도 보았지요? 밤과 낮을 그 시기심(猜忌心)으로 불타올라 나는 여름철에 메마른 연못 같습니다. 생각해 보십시오. 그 시수팔라(Sisupala)가 크리슈나에게 살해 되었을 적에 그 시수팔라(Sisupala) 편에 선 사람은 아무도 없었습니다. 판다바의 불길에 타 그들은 한 마디 저항도 못 했습니다. 바수데배[크리슈나]가 판다바들을 그렇게 다 만들어준 것입니다. 바이샤[평민] 족들이 세금을 바치듯이 모든 왕들이 유디슈티라에게 공물(貢物)을 바쳤습니다. 그 유디슈티라의 융성을 보고 내 마음은 불타고 있으니, 시기심(猜忌心) 따위는 문제도 아닙니다." 이렇게 그 간다라(Gandhara) 왕[사쿠니]에게 심경을 토로한 두료다나(Duyodhana)는 거듭 말했습니다.

"나는 나를 아예 불 속에 던져버리거나, 독약을 마시거나 강물에 던져야 할 것 같습니다. 나는 이대로는 살 수가 없습니다. **세상에 힘을 지닌 그 누구가 상대 적(敵)이 융성을 누리고 있는데, 자신을 극빈(極貧) 속에 놔두고 맘 편히 있겠습니까? 그러기에 적(敵)의 융성과 행운으로 행진을 보고 살아 있는 나는, 여자 아닌 여자이고, 남자 아닌 남자가 되어 있는 것입니다.** 천하를 다 잡은 통치권과 방대한 물자와 그 제사를, 보고 어느 누가 자기도 잘났다고 생각을 하지 않겠습니까? 나 혼자 그 황제의 권위를 획득할 수도 없고, 그 문제로 나를 도와줄 동맹도 없습니다. **그래서 내가 나의 자살(自殺)을 생각합니다. 그 쿤티 아들의 위대하고 고요한 융성을 보고 '노력이 소용 없는 지고한 운명(運命, Fate)'을 생각했습니다.** 드리타라슈트라 아들들이 날마다 약해지고, 프리타의 아들들은 날마다 융성해 가는 것을 보십시오. 그 하인들마저 웃어대니 내 마음은 불에 타는 듯했습니다. 오 아저씨, 그러니 이러한 저의 상황을 부왕(父王, 드리타라슈트라)께 말씀해 주십시오." 사쿠니(Sakuni)가 말했습니다.

"오 두료다나여, 그대가 유디슈타라를 시기(猜忌)해서는 아니 됩니다. 판두 아들은 그들의 행운의 결과를 즐기고 있습니다. 오 위대한 왕이여, 그대는 [그 동안의]거듭된 많은 시도(試圖)로도 그들을 멸망하게 할 수 없었습니다. 그들은 순전히 운(運)으로 모든 계획을 피해갔습니다. 판두 아들들은 드라우파디를 아내로 맞았고, 두루파다와 그 아들들을 얻었고 바수데바[크리슈나]를 동맹(同盟)을 획득하여 천하를 복속(服屬)시킬 수 있었습니다. 탈취한 것이 아니라 그네 아버지의 왕국 지분(支分)을 그네들의 힘으로 키운 것입니다. 거기에 무슨 유감(遺憾)이 있을 수 있습니까? 후스타사나(Hustasana, 불의 신)를 즐겁게 하여 아르주나는 명궁 간디바(Gandiva)를 얻었고, 무궁한 화살통도 얻었습니다. 그래서 세상의 왕들을 그의 휘하(麾下)에 두었습니다. 거기에 무슨 유감이 있겠습니까? 아르주나는 악귀 마야(Maya)의 도움으로 그 회당(會堂)을 지었습니다. 거기에도 무슨 유감이 있을 수 있습니까? 오 왕이여, 그대는 동맹(同盟)이 없다고 말을 했으나, 그대의 아우들은 모두 그대에게 복종합니다. 위대한 용맹에 드로나(Drona)가 그 아들[아스와타만]과 함께 대궁(大弓)을 부리고, 라다(Radha)의 카르나(Karna), 위대한 투사 가우타마(Gauntama, 크리파), 나와 나의 형제들, 사우마다티(Saumadatti) 왕이 그대의 동맹들입니다. 이들을 합치면 세상을 정복할 수 있습니다." 두료다나가 말했습니다.

"오 간다라 왕[사쿠니]이여, 당신과 그 무사들과 함께 당신이 동의하면 나는 판다바들과 싸워 내가 이길 겁니다. 내가 그들을 이기면 세상은 내 것이고, 그들의 회당(會堂)도 내 것입니다." 사쿠니(Sakuni)가 말했다.

"아르주나와 바수데바와 비마와 유디슈타라와 나쿨라와 사하데바와 드루파다와 그의 아들들은 신(神)들일 지라도 전투로는 이길 수 없으니, 그들은 대궁(大弓)과 무기에 달통했고 싸우기를 좋아합니다. 그러나 오 왕이여, 내가 유디슈타라를 물리칠 수 있는 방법이 있습니다. 내 말을 듣고 그 방법을 써 보시오." 두료다나가 말했습니다.

"오 아저씨, 친구들을 위험에 빠뜨리지도 않고도 유디슈타라를 물리칠 수 있는 방법이 있다면 어서 말씀을 해 주십시오." 사쿠니(Sakuni)가 말했습니다.

"그 쿤티의 아들[유디슈타라]은 '주사위노름(dice-play)'을 모르면서도 그 '노름'을 아주 좋아합니다. '노름'을 하자고 하면 거절을 못 할 것입니다. 나는 그 '주사위노름'에 선수입니다. **세상에 아니**

3계(三界)에도 [주사위노름으로]나를 당할 자는 없습니다. 주사위노름으로 그 왕국을 차지하고 유디슈타라의 번성을 빼앗을 겁니다. 그러나 그것을 부왕[父王, 드리타라슈트라]께 다 말씀드려야 합니다. 그대 부왕(父王)의 명령이 떨어지면, 유디슈타라의 모든 소유를 모두 빼앗아 드리겠습니다." 두료다나가 말했습니다.

"오 수발라(Suvala)의 아들[사쿠니]이여, 당신이 부왕(父王)께 말씀드려주세요. 나는 그렇게는 못 하겠습니다."

바이삼파파야가 말했다. -사쿠니(Sakuni)가 드리타라슈트라(Dhritarashtra)에게 말했습니다.

"오 대왕이시여, 두료다나가 창백하고 수척해지고 우울해 걱정에 빠졌습니다. 왜 대왕께서는 두료다나가 그 적(敵)들로 인해 생긴 근심을 알아보려고도 하지 않으십니까?" 드리타라슈트라(Dhritarashtra)가 두료다나를 불러 말했습니다.

"두료다나야, 내가 사쿠니에게 들으니, 네가 창백 수척하고 걱정에 빠져 있다고 하는구나. 나는 네가 왜 그러한지 까닭을 모르겠구나." 두료다나가 말했습니다.

"저는 거지 같이 먹고 입으며 오직 격렬한 질투심으로 살고 있습니다. **적(敵)을 제압하는 자가 진정한 남자일 것입니다.** 저는 유디슈타라의 흥성(興盛)을 보고 어떤 것도 즐거워 할 수가 없게 되었습니다. 유디슈타라의 번성이 저를 창백하게 만들었습니다. 전에 몰랐던 적(敵)의 풍성과 나의 결핍(缺乏)을 보고 저는 빛을 잃고 창백하게 수척해졌습니다." 두료다나가 드리타라슈트라(Dhritarashtra)에게 유디슈타라의 부(富)를 자세히 설명한 것을 들은 사쿠니(Sakuni)가 두료다나를 향해 말했습니다.

"오 바라타여, 그대는 판두 아들[유디슈타라]이 소유한 부를 획득할 수 있습니다. **나는 주사위노름으로는 내가 바로 세상에 으뜸이요. 모든 '내기'에서 언제 걸고 언제 말아야 할지를 나는 확실하게 다 알아 승리를 하는 것입니다. 유디슈타라는 '주사위노름'은 즐기나 재주는 없습니다. '노름 하자.'고 부르면 유디슈타라는 반드시 옵니다. 그러면 주사위를 던질 때마다 속임수를 써서 나는 그를 격파할 것입니다.(I will defeat him repeatedly at every throw by practising deception.)** 내가 유디슈타라의 부를 모두 획득하여 함께 즐기도록 합시다. 두료다나여." 그 사쿠니(Sakuni)의 말이 끝나자마자 두료다나가 드리타라슈트라(Dhritarashtra)에게 말했습니다.

"사쿠니(Sakuni)는 판두 아들의 부(富)를 쉽게 획득할 것입니다. 오 왕이시여, 그가 그렇게 하도록 허락을 해 주십시오." 드리타라슈트라(Dhritarashtra)가 말했습니다.

"나는 모든 일에 항상 큰 지혜를 지닌 크샤타(Kshatta, 비두라)와 상의(相議)해 그의 말을 따르고 있다. 그와 상의를 한 다음에 그 문제에 대해서 대답을 주마." 두료다나가 말했습니다.

"**크샤타(Kshatta, 비두라)와 상의(相議)하면 못 하게 할 겁니다. 오 왕이시여, 못 하게 되면 저는 죽을 겁니다. 제가 죽으면 그 크샤타(Kshatta, 비두라)와 행복하게 사십시오. 대왕만 세상을 즐기시면 되었지, 왜 제가 꼭 필요하시겠습니까?**" 두료다나의 말을 들은 드리타라슈트라

(Dhritarashtra)는 두료다나 소원을 들어주기로 작정하고 하인들에게 명령을 내렸습니다.

"공인(工人)들에게 일백 개의 문과 일천 개의 기둥을 세운 경쾌하고 훌륭하고 호화로운 궁전을 지체 없이 건설하도록 하라. 목수들과 보석장이들을 동원하여 비싼 석재로 벽을 세우도록 하라. 그리고 궁궐이 완성이 되면 내게 즉시 보고하라."[119]

_____✦

(a) 작품 '마하바라타(*The Mahabharata*)'는 '절대신 비슈누(크리슈나)에의 귀의(歸依, Yoga)'가 그 주지를 이루고 있는데, **그 주지(主旨)를 더욱 선명하고 구체적으로 만들고 있는 '반 영웅(反 英 雄) 존재'가 '두료다나(Duyodhana)와 사쿠니(Sakuni)'의 성격 부각의 성공이었다.** 그런데 이 장에서처럼 '두료다나(Duyodhana)와 사쿠니(Sakuni)'의 '세속적 욕심'을 구체화 하고 있는 것은 세상 어느 저서에도 없다.

(b) 이른바 '실력(實力)-힘과 용맹과 지혜로 이룩한 번영과 획득[인드라프라스타, 드라우파디]'을 '사기 (詐欺)의 주사위 노름으로 다 빼앗은 것을 공모한 것'이 바로 '마하바라타(*The Mahabharata*)' '두료다나(Duyodhana)와 사쿠니(Sakuni)의 모의'였다.

(c) 그런데 그것은 위대한 '크샤트리아의 의무'를 이행하게 하는 기본 조건이니, 위에서 두료나는 자 기를 '**세상에 힘을 지닌 그 누구가 상대 적(敵)이 융성을 누리고 있는데, 자신은 극빈 속에 머물 러 있겠습니까? 그러기에 적(敵)의 융성과 행운으로 행진을 보고 견디는 나는 여자 아닌 여자 이고, 남자 아닌 남자가 되는 것입니다.**'라고 한 것은 그 신성한 '크샤트리아의 의무'를 이행(履 行)하기 위한 필수불가결한 심리적 동기를 극명하게 토로한 것이다.

(d) '마하바라타(*The Mahabharata*)'의 위대성은 '크샤트리아의 의무'가 발동될 수밖에 없는 구체적인 동기[현세적 욕심의 발동]를 거침없이 제공하고 있으니, 이러한 측면에서 그 '**두료다나의 욕심의 발동**'은 그대로 이후[프랑스 문학]에 제기된 '**자연주의' '리얼리즘' 문학의 원본(原本)**이라고 할 수 있다.

제48장 외삼촌 사쿠니의 약속과 실행

바이삼파파야가 말했다. -사쿠니(Sakuni)가 두료다나에게 말했습니다.

"오 최고의 승자(勝者, 두료다나)여, 그대를 그토록 슬픔에 빠지게 했던 판두의 아들 유디슈타라 의 그 재산을 내가 몽땅 빼앗아 그대에게 다 주겠소. 어서 쿤티 아들[유디슈티라]을 부르게 하시오. 능란한 주사위 노름꾼은 기술 없는 상대를 손쉽게 물리칩니다. 오 바라타여, '**내기(betting)'는 나의 활[弓]이고, '주사위'는 나의 화살이고, '눈금'은 나의 활줄이고, '주사위 판'은 나의 전차(戰車)입니 다.**" 두료다나가 말했습니다.

---

119) K. M. Ganguli (Translated into English Prose from the Original Sanskrit Text), *The Mahabharata of Krishna-Dwaipayana Vyasa*, Munshiram Manoharlal Publisher Pvt. Ltd. New Delhi, 2000, **-Sabha Parva-** pp. 93~96, 98~99

"오 부왕(父王)이시여, 이 사쿠니는 주사위노름으로 유디슈티라의 풍성을 앗을 준비가 되어 있습니다. 어서 허락을 해 주소서." 드리타라슈트라가 말했습니다.

"나는 현명한 비두라(Vidura) 말을 따른다. 그와 상의를 한 다음에 어떻게 해야 할 지를 말해주겠다." 두료다나가 말했습니다.

"비두라(Vidura)는 항상 판두 아들의 편만 들고 있습니다. 비두라의 생각은 우리와는 딴판입니다. 비두라(Vidura)는 틀림없이 부왕(父王)을 포기하게 만들 겁니다. 어떤 일을 행할 경우 꼭 의논을 해서만 행할 수는 없는 이유는, 두 사람의 의견 일치가 흔한 일이 아니기 때문입니다. 무서운 일을 피하기만 하는 바보는, 우기(雨期)에 곤충 같습니다. 질병과 죽음도 한 사람이 부자 될 때까지 기다려주지 않습니다. 생명과 건강이 있을 때에 목표를 달성해야 합니다." 드리타라슈트라가 말했습니다.

"아들아, 그 강한 적개심을 나는 너에게 허락할 수가 없다. 적개심은 쇠가 아닌 무기이다. **네가 큰 축복으로 생각하는 것[주사위노름]이, 사실은 무서운 전쟁을 부를 것이다.** 적개심이 발동이 되면 날카로운 칼과 화살이 될 것이다." 두료다나가 말했습니다.

"태고에 사람들이 주사위노름을 발명했습니다. 주사위노름에는 파괴가 없고 무기도 쓰지 않습니다. 그러므로 부왕(父王)께서는 사쿠니(Sakuni) 말을 용납하시고 빨리 회당(會堂)을 건설을 서두르게 하셔야 합니다. 천문(天門)이 주사위노름으로 우리를 행복으로 이끌도록 열릴 것입니다. 정말 그 노름을 행한 자만이 그 복을 누릴 것입니다. 판다바들과 우리가 노름을 행하면 (그들의 우월을 넘어) 그들과 우리는 동등합니다." 드리타라슈트라가 말했다.

"네가 한 말을, 내가 그들에게 명령하도록 시키지는 말아라. 네가 하고 싶으면 그렇게 행하라. 그러나 **너는 네가 그렇게 말했던 것을 반드시 후회하게 될 것이다.** 그처럼 부도덕한 말로는 미래에 부귀(富貴)를 획득 수 없다.(words that are fraught with such immorality can never bring prosperity in the future.) 너의 그러한 말만으로도, 진리와 지혜를 실천하는 유식한 비두라(Vidura)는 너의 장래를 이미 예견을 하였다. 비두라는 '거대한 재앙 크샤트리아 생명들의 파괴'가 운명적으로 다가 오고 있다고 말했다."

바이삼파야나가 말했다. -마음 약한 드리타라슈트라는 피할 수 없는 운명을 알고 있었습니다. 운명(運命, Fate)에 자기 이성을 빼앗긴 드리타라슈트라는 두료다나 말대로 큰 소리로 명령을 내렸습니다.

"그 길이와 폭에서 사방 2마일에 걸쳐 1천 개의 기둥과 황금과 라피(lapis) 라주티(lajuti)로 장식한 1백 개의 문을 단 수정궁(水晶宮)의 회당(會堂)을 즉시 짓도록 하라." 그 명령은 받은 수천 명의 재능 있는 공인(工人)들이 금방 그 위대한 궁궐을 세워서 드리타라슈트라 왕에게 보고를 했습니다. 그러자 드리타라슈트라 왕은 그 장관들의 우두머리인 비두라(Vidura)를 불러 말했습니다.

"어서 칸다바프라스타(Kandavaprastha)로 가서 유디슈타라(Yudhishthira)를 데려오라. 그래서 그가 여기 수정궁 회당(會堂)에서 형제와 친척들이 모인 중에 즐겁게 주사위노름을 하도록 하라."

비두라(Vidura)가 드리타라슈트라에게 말했습니다.

"오 왕이시여, 저는 대왕의 명령에 동의를 하지 못 합니다. 그렇게는 하지 마십시오. 우리 종족이 멸망을 당하게 될 것입니다. 대왕의 아들들[카우라바와 판다바]이 연합(聯合)을 상실하면 그들 사이에 불화가 생길 것인데, 그 불화가 이 '주사위노름'에서 생길 것을 저는 분명히 알고 있습니다." 드리타라슈트라가 말했습니다.

"운명(運命, Fate)이 그렇게 거칠지 않다면, 이 다툼[노름]이 나를 꼭 슬프게는 하지 않을 것이다. 전 우주는 창조자가 움직이는 운명의 지배 속에 있다. 거기에서는 누구도 벗어날 수 없다. 비두라여, 내 명령대로 유디슈티라에게 가서 속히 그를 데려오도록 하라." 드리타라슈트라 명령을 받은 비두라(Vidura)는, 기운찬 말들을 몰아 '인드라프라스타'에 있는 판두 아들들의 처소로 갔다. 비두라를 맞은 유디슈티라는 비두라에게 드리타라슈타라 왕의 안부(安否)를 물었습니다. 비두라가 말했습니다.

"왕과 그 아드님들은 다 행복합니다. 드리타라슈트라 왕은 힘을 강화하셨습니다. **쿠루 왕[드리타라슈트라]이 나에게 대왕께 인사를 하고 대왕의 형제들과 함께 하스티나포레(Hastinapore)로 오셔서 새로 세운 궁전을 대왕의 궁전과 비교하여 어떤지도 보시고, 거기서 주사위노름이나 하면서 즐기라고 전하라 하셨습니다. 쿠루들은 거기에 다 모여 있으니, 당신들이 가시면 다 즐거워할 겁니다.** 대왕이 거길 가면 드리타라슈트라 왕이 모아 놓은 노름꾼들을 보게 될 것입니다. 그래서 내가 여길 왔습니다. 드리타라슈트라 왕의 명령을 수용하시지요." 유디슈티라가 말했습니다.

"드리타라슈트라의 아들들 말고 어떤 불량 노름꾼이 게임을 하려 합니까? 오 비두라여, 우리와 '내기'를 할 사람이 누구인지 말을 해주시오." 비두라가 말했습니다.

"묘한 솜씨에 내기에 목숨을 거는 간다라(Gandharra) 왕 사쿠니(Sakuni)와 비빙가티(Vivingati)와 치트라세나(Chirasena)왕과 사티아브라타(Satyavrata) 푸루미트라(Purumitra)와 자야(Jaya)가 기다리고 있습니다." 유디슈티라가 말했습니다.

"무서운 속임수의 노름꾼들이 모인 것 같이 보입니다. 그러나 **전 우주는 창조주의 뜻이고, 운명의 지배하에 있어 피할 수 없습니다.** 유식한 분이여, 나는 놀음을 하자는 드리타라슈트라 왕의 명령을 따르고 싶지는 않습니다. 그 큰아버지[드리타라슈트라]는 그 아들을 돕습니다. 당신[비두라]은 우리의 어른이십니다. 오 비두라여, 우리가 어떻게 하면 좋겠습니까? 나는 노름이 싫은데 사악한 사쿠니(Sakuni)가 나를 부르지 않았습니까? 그러나 사쿠니(Sakuni)가 내게 도전을 하면 나는 거절을 하지 않을 겁니다."

바이삼파야나가 계속했다. -유디슈티라 왕은 비두라에게 그렇게 말하고 행차할 준비를 명했습니다. 그래서 **그 다음 날 유디슈티라는 친척과 시종들과 내전(內殿)의 드라우파디 등을 대동(帶同)하고 쿠루들의 서울로 향했습니다.** 하스티나포레에 도착하여 유디슈티라는 드리타라슈트라 왕궁으로 갔습니다. 유디슈티라는 비슈마와 드로나와 카르나와 드로나와 그의 아들과 포옹했습니다.

그리고 유디슈티라는 앞서 도착해 있는 소마다타와 두료다나 살리아 사쿠니와 다른 왕들도 보았습니다. 그리고 유디슈티라는 형제들과 함께 드리타라슈트라 내전(內殿)으로 들어갔습니다. 그래서 유디슈티라는 [드리타라슈트라 왕비] 간다리(Gandhari)도 보았고, 그런 다음 드리타라슈트라 왕은 유디슈티라와 판두 형제들의 머리 냄새를 맡았습니다.[힌두 예법] 그리고 드리타라슈트라 왕의 명령으로 판두들은 모두 보석으로 장식된 방에 배정이 되었습니다. 그리고 판다바들은 최고의 음식을 먹고 잠을 자러 그들의 침실로 들어갔습니다.

바이삼파야가 말했다. -다음 날 아침에 유디슈티라가 앞장을 선 판다바 5형제는 모든 왕들이 모여 있는 그 회당(會堂)으로 들어가 갔습니다. 그리고 인사를 나눌 만한 인사를 나누고 깨끗하고 비싼 카펫이 깔린 자리에 앉으니, 사쿠니(Sakuni)가 유디슈티라에게 말했습니다.

"오 왕이시여, 회당(會堂)이 사람들로 가득합니다. 모든 사람들이 대왕을 기다렸습니다. 그러니 놀이 규칙은 정해져 있으니, 주사위를 던져봅시다." 유디슈티라가 대답했습니다.

"속이는 노름은 죄악입니다. 노름에는 크샤트리아 용맹이 없습니다. 그런데 무슨 일로 그대는 이 노름을 하려합니까? 오 사쿠니(Sakuni)여, 현자는 노름꾼이 속임수로 느끼는 긍지에 동의하지 않습니다. 속임수로 악당처럼 이기려고하면 아니 됩니다." 사쿠니(Sakuni)가 말했습니다.

"고상한 노름꾼은 승패의 비밀을 알고 있고, 당황 속에 상대를 속이기에 능하고, 진정으로 노름을 다 알아 전 과정에서 그것을 통합하고 펼칩니다. 오 프리타의 아들이여, 그것이 우리를 손상시킬 수도 있는 '승패의 내기노름'입니다. 그래서 그것이 노름의 흠(欠)이기도 합니다. 이제 놀음을 해 봅시다. 놀랄 것 없습니다. '내기'를 겁시다. 미룰 이유가 없습니다." 유디슈티라라가 말했습니다.

"최고의 현자들이 내게 노름꾼과 노름하는 것은 속이는 악행이라고 했습니다. 교활한 술수 없이 싸워서 이기는 것이 최상의 놀이일 것입니다. 그러나 노름은 놀이도 아닙니다. 나는 남을 속여서 나의 행복과 부귀를 바라지 않습니다. 속임이 없다고 해도 노름꾼에 동의할 수 없습니다." 사쿠니(Sakuni)가 말했습니다.

"오 유디슈티라여, 정직하지 못 한 행동도 승리를 하고 싶어서 그러한 것이고, 패배를 시키고 싶은 것도 정직하지 못 합니다. 배웠다는 사람들의 학식의 겨룸도 마찬가지입니다. 그래서 주사위 노름에 능한 사람은 능하지 못 한 사람을 그렇게 패배시킵니다. 무기 다루기에 능한 사람이 그렇지 못 한 사람을 물리칩니다. 그것이 모든 경쟁의 이치입니다. 오 유디슈티라여, 그러므로 **당신이 내가 정직하지 못하다고 생각을 하시면 노름을 그만 두시죠.**" 유디슈티라가 말했습니다.

"**소환(召喚)을 받았으니, 나는 물러나지 않습니다. 이건 내 맹세입니다. 그래서 운명은 막강합니다(Fate is all powerful.). 이 회당에서 나와 노름을 할 사람은 누구입니까? 나와 내기를 할 사람이 누구입니까? 노름을 해 봅시다.**" 두료다나가 말했습니다.

"오 대왕이시여, 모든 보석과 부(富)는 내가 공급합니다. 그리고 우리 외삼촌 사쿠니(Sakuni)가 노름을 할 것입니다." 유디슈티라가 말했습니다.

"나는, '**내기를 하는 노름은 법(法)에 없다.**'고 생각하고 있는데, 그대도 배웠으니, 그것을 알 것입니다. 그러나 그대는 이제까지 그것[노름]에 종사를 해 왔으니, 그 노름을 시작해 보지요."

바이삼파야나가 말했습니다. -노름이 시작되니, 드리타라슈트라를 비롯한 모든 왕들이 그 회당(會堂)의 자리에 앉았습니다. 비슈마와 드로나와 크리파와 비두라도 앉았습니다. 유디슈타라가 말했습니다.

"오 왕이여, 옛날 바다를 휘저었을 때 얻은 큰 보물과 황금을 나는 이 내기에 걸겠습니다. 그대는 무엇을 이 '내기'에 걸겠습니까?" 두료다나(Duyodhana)가 말했습니다.

"나는 많은 보석과 부가 있습니다. 그런 것은 소용도 없습니다. 이 번 내기에는 무조건 당신이 가져가시오." 그러자 주사위에 능한 사쿠니(Sakuni)가 주사위를 잡아 던지며 유디슈타라에게 말했습니다.

"아, 내가 땄습니다." 유디슈타라가 말했습니다.

"당신은 부당한 방법으로 이번 '내기'에 나를 이겼소, 그러나 사쿠니여, 너무 뽐내지는 마시오. '일백만 배'로 올려서 '내기'를 합시다. 내게는 무궁한 금과 은의 항아리가 있소. 그것을 이번 '내기'에 걸겠소!" 유디슈타라가 그렇게 말하자 사쿠니(Sakuni)는 말했습니다.

"아, 내가 땄습니다!" 유디슈타라가 말했습니다. "여덟 마리 말이 끄는 왕실의 마차를 걸겠습니다." 유디슈타라가 그렇게 말하자, 사쿠니(Sakuni)는 역시 말했습니다.

"아, 이번에도 내가 땄습니다!" 유디슈타라가 말했습니다.

"1만 명의 젊은 시녀(侍女)들을 이 '내기'에 걸겠소." 유디슈타라 말을 들은 사쿠니(Sakuni)는, 역시 말했습니다.

"아, 이번에도 내가 땄습니다!" 유디슈타라가 말했습니다.

"일천 명의 일 잘하는 하인들을 걸겠소!" 사쿠니(Sakuni)는, 역시 말했습니다.

"아, 이번에도 내가 땄습니다!" 유디슈타라가 말했습니다.

"일천 마리 코끼리를 걸겠소!" 사쿠니(Sakuni)는, 말했습니다.

"아, 이번에도 내가 땄습니다!" 비두라가 드리타라슈트라에게 말했습니다.

"노름이 불화(不和)의 뿌리입니다. 사쿠니(Sakuni)를 어서 돌려보내시고 판두 아들들과 싸우지는 말아야 합니다." 두료다나가 말했습니다.

"오 크샤타(Kshatta, 비두라)여, 당신은 항상 적(敵)을 치켜세우며 드리타라슈트라 아들들을 헐뜯었습니다...오 비두라여, 당신이 좋아하는 곳으로 멀리 가버리시오." 사쿠니(Sakuni)가 말했습니다.

"**오 유디슈타라여, 당신은 판다바 형제들의 많은 재산을 잃었습니다. 당신이 우리에게 또 걸 것이 있으면 말을 해 보시오.**" 유디슈타라가 말했습니다.

"오 사쿠니(Sakuni)여, 당신이 걸 재산을 나에게 말했습니까? 나는 수천 백억의 재산을 걸겠습니다." 사쿠니(Sakuni)는, 말했습니다.

"아, 이번에도 내가 이겼습니다!" 유디슈타라가 말했습니다.

"수발라의 아들[사쿠니]이여, 동쪽 신두(Sindu) 강 언덕에 무수한 암소와 말 염소들을 걸겠습니다!" 그 말을 들은 사쿠니(Sakuni)가 말했습니다.

"아, 이번에도 내가 땄습니다!" 유디슈티라가 말했습니다.

"나에게는 도시와 땅이 있습니다. 그것을 걸겠습니다." 이에 사쿠니(Sakuni)가 말했습니다.

"아, 이번에도 내가 땄습니다!" 유디슈티라가 말했습니다.

"내게는 왕자들이 있습니다. 그들을 겁니다." 그 말을 들은 사쿠니(Sakuni)가 말했습니다. "아, 이번에도 내가 땄습니다!" 유디슈티라가 말했습니다.

"여기에 나쿨라(Nakula)가 있습니다. 그를 겁니다." 사쿠니(Sakuni)가 말했습니다.

"아, 이번에도 내가 땄습니다! 나쿨라를 우리가 땄습니다." 유디슈티라가 말했습니다.

"정의로운 사하데바(Sahadeva)를 겁니다." 그 말을 들은 사쿠니(Sakuni)가 말했습니다.

"아, 이번에도 내가 땄습니다!" 사쿠니(Sakuni)가 말했습니다.

"우리가 마드리의 아들들[나쿨라와 사하데바]을 땄는데, 대왕은 비마와 아르주나를 더 좋아하지 않습니까?" 유디슈티라가 말했습니다.

"이 악당아! 도덕을 능멸하고 하나인 우리를 갈라놓고 있구나." 사쿠니(Sakuni)가 말했습니다.

"술 취하여 구덩이로 떨어진 사람이 그 구덩이를 나무라는 격입니다. 오 왕이시여, 그렇지만 당신은 우리보다 나이가 많고, 대업(大業)을 이루었습니다. 저를 용서하십시오. 아시다시피 노름꾼이 노름에 열중하다보면 깨어 있을 때는 물론이고 꿈속에도 결코 말할 수 없는 헛소리들을 말합니다." 유디슈티라가 말했습니다. "세상에 영웅 팔구나(Falguna, 아르주나)를 걸겠다." 그 말을 들은 사쿠니(Sakuni)가 말했습니다.

"아, 이번에도 내가 땄습니다!" 사쿠니(Sakuni)가 말했습니다.

"그 최고의 궁사(弓師, 아르주나)를 내가 땄습니다. 아직 걸 것으로는 비마가 남아 있습니다." 유디슈티라가 말했습니다.

"비마를 걸겠다." 그 말을 들은 사쿠니(Sakuni)가 말했습니다.

"아, 이번에도 내가 땄습니다!" 사쿠니(Sakuni)가 말했습니다. **"쿤티의 아들이여, 당신은 당신의 많은 재산과 말들과 코끼리 형제들까지 잃었습니다. 잃지 않은 것이 있으면 말해 보시오."** 유디슈티라가 말했습니다.

"판두의 맏 형(長兄)인 내가 남았다. 그대가 나를 따면 그대가 시키는 대로 하겠다." 그 말을 들은 사쿠니(Sakuni)가 말했습니다.

"아, 이번에도 내가 땄습니다!" 사쿠니(Sakuni)가 말했습니다.

"당신이 내게 따 가라고 허락을 했습니다. 이것은 무척 죄송스러운 일인데, 오 왕이여, 당신에게 남아 있는 것이 있습니다. 당신이 만약 잃는다면 아주 미안(未安)한 일입니다." 사쿠니(Sakuni)가 말했습니다.

"오 왕이여, 판찰라의 왕비 드라우파디(Draupadi)가 있습니다." 유디슈티라가 말했습니다.

"오 수발라의 아들[사쿠니]이여, 내가 드라우파디를 걸 터이니 어서 노름을 계속합시다." 유디슈티라가 그렇게 말하자 그 회당(會堂)에 모인 모든 나이 든 사람들이 말했습니다. **"저런! 저런!" 그리고 모든 참석자들이 동요(動搖)를 하고 왕들이 그것을 안타까워했습니다. 그리고 비슈마와 드로나 크리파는 진땀을 흘렸습니다. 비두라는 손으로 머리를 감싸고 넋을 잃고 있었습니다. 그러나 드리타라슈트라는 즐거워하며 거듭거듭 물었습니다. "땄느냐?" "땄어?" 드리타라슈트라는 감정을 숨길 수가 없었습니다. 회당에 모인 모든 사람들이 눈물을 흘렸으나, 카르나(Karna)와 두사사나(Dussasana)와 다른 형제들은 큰 소리로 웃었습니다.** 그러자 사쿠니(Sakuni)는 승리를 자신하여 흥분하여 말했습니다.

"아, 이번에도 내가 땄습니다!" 두료다나가 말했습니다.

"크샤타(Kshatta, 비두라)여, 판다 형제들이 사랑하는 드라우파디(Draupadi)를 이리로 데려오시오. 그녀의 시녀(侍女)들은 우리의 시녀(侍女)들이 있는 곳으로 데려다 놓으시오." 비두라가 말했습니다.

"오 악당이여, 그런 몹쓸 말들이 그대 자신에게 어울린다고 생각하는가? 그대가 벼랑 끝에 매달려 있다는 것을 모르는가? 그대가 사슴인 주제에 호랑이들을 분노하게 만드는 것을 모르는가? **죽으려고 독을 뿜고 있는 뱀이 바로 너이다. 저승으로 가려면 곱게 가라.** 두료다나여, 판다바들의 부(富)를 삼키려 하지 말라. 그들을 너의 적으로 만들지 말라. 프리타의 아들들은 그런 말을 입에 담지 않는다. 슬프다! 드리타라슈트라의 아들[두료다나]이 불량한 마음(dishonesty)이 바로 지옥의 문이라는 것을 너는 모르는구나. 슬프다! 두사사나를 비롯한 많은 쿠루들이 불량한 마음으로 다 주사위 노름판에 가담을 하는구나. 드리타라슈트라의 어리석은 아들은 돌들이 물에 뜬다고 하고, 백[葫]이 물에 가라앉는다고 하며 약(藥) 같은 내 말을 듣지 않는구나. 쿠루가 망하게 할 자는 명백히 그[두료다나]이다." 비두라가 친구들에게 그렇게 말했으나, 쿠루들은 그 약 같은 그 말을 듣기는 커녕 오히려 유혹에 이끌리었습니다.

바이삼파야나가 말했다. -긍지(肯志)에 도취된 두료다나가 말했습니다.

"크샤타(Kshatta, 비두라)는 시시하다. 전령(傳令, Pratikamin, 명령을 전하는 사람), 네가 가서 드라우파디(Draupadi)를 데려오너라. 판두 아들들을 무서워 할 것 없다. 비두라 혼자서만 공포에 빠져 있다. 비두라는 '우리의 성공'에는 항상 관심이 없으니까!" 두료다나의 명령은 받은 전령(傳令)은 판다바들에게 배정되었던 그 처소로 가서 말했습니다.

"오 드라우파디여, 유디슈티라가 두료다나와 주사위 노름에 빠져 당신을 땄습니다. 그러므로 드리타라슈트라의 처소로 지금 가야 합니다. 하녀(下女)의 일을 해야 합니다." 드라우파디가 말했습니다.

"오 전령(傳令)이여, 무슨 말을 그렇게 합니까? 세상에 어떤 왕이 왕비를 걸고 노름을 한답니까? 왕이 다른 것으로 '내기'할 것이 없었다는 말입니까?"

바이삼파야나가 계속했다. -전령(傳令)도 드라우파디를 못 데려오고 비두라도 드라우파디 말에 격퇴를 당해 그냥 돌아왔습니다. 그러나 두료다나의 결의(決意)를 아는지라 다 고개를 숙이고 말이 없었습니다. 그러나 유디슈티라가 두료다나의 의도를 알고 드라우파디에게 심부름꾼을 보냈으나, 헛수고였습니다. 두료다나가 말했습니다.

"오 두사사나(Dussasana)여, 비두라는 비마를 무서워하고 있다. 네가 가서 드라우파디를 이리로 끌고 오라. **현재 우리들의 적(敵)들이 모두 우리의 의중(意中)에 들어와 있다.**[모두 다 노름으로 우리가 따서 그 자율권을 앗기었다.] 그들이 무엇을 행하겠는가?" 형의 명령을 받은 두사사나 (Dussasana)가 충혈 된 눈으로 판두들의 침실로 가서 왕비에게 말했습니다.

"판찰라 왕비여, 가자. 우리가 너를 땄다." 그 말에 드라우파디는 고통스럽게 일어나 창백해진 얼굴을 손으로 문지르며 드리타라슈트라 부인들이 있는 곳으로 달려갔습니다. 그러자 두사사나는 그녀를 뒤쫓아 가 그녀의 길고 푸른 머리채를 잡았습니다. 그리하여 두사사나(Dussasana)는 폭풍에 흔들리는 바나나 나무 같은 그녀의 머리채를 끌고 그 회당 앞에까지 왔습니다. 두사사나 (Dussasana)에게 끌려가며 그녀는 소리쳤습니다.

"악당아! 나를 결국 회당 앞에까지 끌고 왔구나. 나는 지금 달거리(season) 시작에, 단벌만 걸치었다." 그렇게 말을 해도 두사사나(Dussasana)는 그녀의 등을 억지로 밀며 말했습니다.

"네게 달거리가 왔건 말건, 옷을 입었건 말건, 노름으로 너를 땄으니, 너는 우리 하녀(下女)들과 함께 살아야 한다."

바이삼파야나 계속했다. -드라우파디는 단벌에 머리채를 잡힌 채 회당으로 끌려들어 왔습니다. 드라우파디가 말했습니다.

"유디슈티라 왕은 주사위 노름을 잘 못 하면서도 이 회당(會堂)으로 불려와 노름에 능하고 간사하고 더러운 노름꾼과 노름하게 되었습니다. 그런데 어떻게 마음대로 아무거나 걸고 '노름을 해 땄다.'고 말할 수 있겠습니까? [유디슈티라] 왕은 정신을 잃고 악당에게 속아 지독한 본능으로만 행동하여 지게 되었습니다.(The chief the Pandavas was deprived of senses by wretches of deceitful conduct and unholy instincts, acting together, and then vanquished.) [유디슈티라]**왕은 속일 줄을 모르십니다. 그리고 지금도 그렇게 하셨습니다.** 판다바들은 이 회당에 계시는 쿠루 어르신들의 아들들이고 저는 며느리입니다. 제가 드린 말씀을 생각하셔서 판단을 내려 주십시오." **드리타라슈트라 아들 중에 비카르나(Vikarna)**가 말했습니다.

"우리에 관련된 문제에 우리가 판단을 못 하면 우리 모두는 다 지옥으로 가야 합니다! 현인이 말씀하시기를 사냥과 음주(飮酒)와 노름과 탐색(貪色)을 왕들의 네 가지 악(惡)이라고 했습니다. 그런데 판두 아들이 노름에 빠져 드라우파디를 걸었습니다. 그런데 유디슈티라 왕은 자신을 '내기' 에 빼앗긴 다음에 [주체를 상실한 상태에서] 드라우파디를 걸었습니다. 내가 생각하기로는 드라우파디를 딴 것은 아닙니다." 비카르나(Vikarna)의 그 말을 듣고 회당에 모인 사람들이 비카르나 (Vikarna)에게 박수를 보내며 사쿠니를 비난했습니다. 그 말을 들은 **카르나(Karna)**가 말했습니다.

"오 비카르나여, 여기에 모인 사람들은 다 드라우파디를 정당하게 딴 것으로 알고 있습니다. 당신은 나이가 어려서 잘 모르고 한 말입니다. 드라우파디는 여러 남편을 가진 행실이 나쁜 여자입니다. 판다바들의 모든 재산과 그들 자신까지도 사쿠니는 정당하게 땄습니다. 오 두사사나여, 저 비카르나(Vikarna)의 말은 어린 아동의 말입니다. 판다바들의 옷을 다 벗기고, 드라우파디도 역시 그렇게 하시오." 그 말을 듣고 판다바들은 그 옷들을 벗고 그 회당(會堂)에 앉았습니다. 그러자 두사사나(Dussasana)가 여러 사람들이 보는 앞에서 드라우파디 옷을 벗기기 시작했습니다. 그런데 드라우파디의 옷 하나가 벗겨지면, 다시 동일한 옷이 나타나 그녀를 감쌌습니다. 그래서 그것이 계속되는 동안 많은 옷들이 나타났습니다. [다르마 신의 보호로]수 만 벌의 옷이 벗겨져 나왔습니다. 그러자 모인 왕들이 모두 박수를 쳤습니다. 그러자 비마가 말했습니다.

"세상의 크샤트리들이여, 내 말을 들으시오. 나는 저 악당[두사사나]의 피를 마시고야 말겠소."

바이삼파야나가 계속했습니다. -[계속 나타나는]드라우파디의 옷을 벗기던 두사사나는 지쳐서 부끄럽게 생각하며 주저앉았습니다. 그러자 여러 사람들의 주장과 의견을 듣고 [신들이 판다바들을 돕는]상황을 파악한 드리타라슈트라가 유디슈티라에게 말했습니다.

"오 유디슈티라여, 편안 마음으로 다시 돌아가 그대의 부(富)와 왕국(王國)을 다스려라."[120]

'카우라바들과 판다바들의 주사위 놀음'[121] '주사위 놀음을 하는 사쿠니'[122] '노름판에 재산을 다 잃은 유디슈티라가 아내 두라우파디를 걸다.'[123]

120) K. M. Ganguli (Translated into English Prose from the Original Sanskrit Text), *The Mahabharata of Krishna-Dwaipayana Vyasa*, Munshiram Manoharlal Publisher Pvt. Ltd. New Delhi, 2000, -**Sabha Parva**- pp. 110~132, 141
121) Dr. N. Krishna etc, *Historicity of the Mahabharata*, Aryan Books International New Delhi, 2013, p. 21 'The Kauravas and Padavas engaged in the game of diceplay'
122) Wikipedia, 'Sakuni' -'Shakuni playing dice game'
123) Wkipedia, 'Draupai' -'Draupadi is presented in a parcheesi game where Yudhishthira has gambled away all his material wealth.'

'드라우파디의 굴욕 : 두사사나(Dussasana)가 드라우파디의 머리채를 끌며 옷을 벗기려하고 하고 있다.'[124]
'드라우파디의 옷 벗기기'[125] '드라우파디는 신의 은총을 받았다.'[126]

'두사사나가 드라우파디를 욕보이다.'[127]

———✈

(a) "'한 번 행한 말(맹세)'이 바로 '실제 사실'로 통했다는 전통 힌두 사회에서, 소위 '다르마[법]의 왕' 유디슈트라가 세상의 노름꾼 사쿠니(Sakuni)와 '왕국' '형제' '자신' '자기 처'를 주사위로 노름을 그것을 순식간에 다 잃었다."라는 이야기로, '전쟁 문학' '마하바라타(*The Mahabharata*)'에 '전쟁 동기' '전쟁불가피론'에 기본 전제로 삼았다.

즉 '신(神) 권위를 대신한 황제의 한 마디'로 '일사분란(一絲不亂)'하게 운영된 '이상적인 왕국 칸다바프라스타(Kandavaprastha) 정부'가, 한 순간에 흔적도 없이 사라지게 된 '엄청난 현실일 수 없는 현실'이 눈앞에 펼쳐지게 된 것이다.

(b) 한 마디로 '마하바라타(*The Mahabharata*)'의 **판두 5형제**는 그 '크리슈나(Krishna)'가 없이는 '라

124) Dr. N. Krishna etc, *Historicity of the Mahabharata*, Aryan Books International New Delhi, 2013, p. 20 'Draupadi's humiliation : Dussasana pulling Draupadi by her hair and trying to unrobe her.'
125) P. Thomas, *Epics, Myths and Legends of India*, Bombay, 1980, Plate 156 'Denudation of Draupadi'
126) S. Jyotirmayananda, *Mysticism of the Mahabharata*, Yoga Jyoti Press, 2013, p. 90 'Draupadi receives Divine grace.'
127) Navin Khanna, *Indian Mythology through the Art and Miniatures*, New Delhi, 2013, p. 93 'Insult of Draupadi by Dussasana'

<u>자슈야 대제(大祭)를 치를 능력도, 왕국을 지탱할 지혜도 모자란 '나약한 [정신적] 상황'이라는 것이 이 장에 남김없이 드러났다.</u>

(c) '주사위 노름'을 좋아함은 '유디슈티라(Yudhishthira)의 성격'이라 했다. 그런데 그 유디슈티라 (Yudhishthira)는 한 번 행한 말은 철저히 지키고 '도덕(Dharma)의 아들'로 이미 제시된 전제가 있으므로 드라타라슈트라, 두료다나, 두사사나, 카르나, 사쿠니를 잡는 데는 '전쟁' 이외에는 방법이 없고, 그들은 '왕들 자기 편 만들기'도 능란하여 '세상에 골칫거리'로 확연히 드러나게 되었다.

(d) 작품 '마하바라타(*The Mahabharata*)'는 '절대신' 만들기도 여타 '인류의 신 만들기[모사기]'를 초월하고 있지만, 이 '행악(行惡)의 상황 만들기' 단연 독보적 경지를 확보하고 있다고 해야 할 것이다.[힌두 바라문이 다 모여 만든 결과임]

(e) 유디슈티라(Yudhishthira)는 주사위 노름으로 '나라'를 잃고 '형제'를 잃고 '아내'을 잃고 '자기 자신'까지 노예가 되었다는 것이 힌두(Hindu) '바라문'에 전제한 '절망적 상황'이다.

(f) 그것은 단지 '절대신[크리슈나]'이 현장에 없었던 상황에서 발생한 것이었다는 힌두(Hindu) '바라문'의 주장이니, '절대 신과 영원히 함께하라.'라는 그 혹독한 가르침이 이에도 역시 명시되었다.

(g) 그리고 세상 물정에 어둡고 착하기만 한 '유디슈티라(Yudhishthira)' 같은 존재가 '이상적인 왕'이라는 논리도 그 '힌두(Hindu)들'이 개발한 논리이니, 그에 뒤따라 개발된 중국(中國) 장주(莊周) '요(堯)임금' 이야기였다.

(h) '마하바라타(*The Mahabharata*)'에서 '유디슈티라(Yudhishthira)'는 '거짓말을 모르는 존재' '신의 성실한 사제(司祭)'였을 뿐이라는 논리가 처음부터 명시된 바였다. .

(i) 세상에 모든 사람들은 그러한 '이상적인 왕'을 보고 받들며 각자의 일에 충실한 것이 바로 '정의(正義) 사회' '이상 사회'라고 '마하바라타(*The Mahabharata*)'는 가르치고 있다.

(j) 그런데 이 장에서 명시하고 나온 '드리타라슈트라' '두료다나' '두사사나' '사쿠니' '카르나'의 행적은 '육신[뱀] 존중'에 기초한 못 할 짓이 없었으니, '세상의 제일 사기꾼'으로 마침내 돌변하였다.

(k) 이 절망적인 상황에 피할 수 없었던 것이 바로 '마하바라타(*The Mahabharata*) 전쟁'이라는 이야기이다.

(l) 그러한 '절망적은 상황'을 먼저 전제하고 나온 중국 소설이 바로 시내암(施耐庵)의 '**수호전(水滸傳)**'이니, <u>떠돌이 아첨꾼 '고구(高俅)'가 오직 그 '공차기' 기술로 송 '휘종(徽宗)'의 총애를 받아 하루아침에 '천하의 병권(兵權)'을 거머쥐고, '팔십만 금군(禁軍) 교두(敎頭) 왕진(王進)'을 잡아다 놓고 호령을 했다는 이야기로의 활용이 그것이다.</u> '실력(實力)'이 아닌 '사기(詐欺)와 아첨으로의 약탈', 그것에 인간은 태초부터 참을 수 없는 '의분(義憤)'들이 솟아났었다.

제49장 '주사위 노름'을 다시 하다.

자나메메자야가 말했다. -드리타라슈트라의 허락으로 판다바들이 그들의 보석과 부를 챙겨가지고 하스티나포레(Hastinapore)를 떠난 것을 안 그 왕의 아들들은 그 다음 어떻게 했습니까?

바이삼파야나가 말했다. -판다바들이 그들의 부를 챙겨가지고 그들의 서울[인드라프라스태로 돌아간 것을 안 두사사나(Dussasana)가 지체 없이 두료다나에게 달려갔습니다. 그래서 형에게 말했습니다.

"형님, 우리가 애를 써서 따냈던 것들을 늙은이[드리타라슈트라]가 내던져버렸습니다. 적(敵)들에게 다 돌려주어 버렸습니다." 두사사나(Dussasana)의 그 말은 듣고 두료다나, 카르나, 사쿠니는 공동으로 드리타라슈트라 왕 앞에 나가서 두료다나가 말했습니다.

"부왕(父王)이시여, '**못 된 적(敵)들이란, 힘으로건 술수로건 모든 수단으로 섬멸(殲滅)하라.**(Those enemies that always do wrong by stratagem or force, should be slain by every means)'라는 말을 듣지도 못하셨습니까? 그런데 우리는 판다바들의 부(富)로 세상의 왕들에게 감사를 표하며 판두들과 싸워야 하는데, 어떻게 다시 역전(逆轉)을 시킬 수 있겠습니까? 독이 오른 성난 뱀들을 목과 등에다 걸고서 무슨 수로 그것들을 물리치겠습니까? 무기를 들고 전차에 오른 판두들은 독이 오른 뱀처럼 우리를 다 죽이려 들 것입니다. 부왕(父王)이시여, 비마와 아르주나와 나쿨라와 사하데바가 드라우파디가 당한 수모(受侮)를 결코 견디고 있지 않을 겁니다. **우리가 판다바들과 다시 한 번 더 노름판을 벌려 그들을 숲으로 쫓아버려야 합니다.**" 드리타라슈트라가 말했습니다.

"**그렇다면 그 판두들이 아주 멀리 갔을 지라도 그 판두들을 다시 불러 주사위 노름판을 열도록 하라.**"

바이삼파야나가 말했다. -그러자 드로나, 소마다타, 발리카, 비슈마가 일제히 말했습니다.

"노름을 다시 시작해서는 아니 됩니다. 화평(和平)을 찾아야 합니다." 그러나 드리타라슈트라는 아들에게 기울어져 친구와 친척들의 권고를 무시하고 판두 아들들을 소환(召喚)했습니다.

바이삼파야나가 말했다. -드리타라슈트라 왕의 사자(使者)가 유디슈티라 일행을 따라 잡아 그 유디슈티라에게 말했습니다.

"오 바라타시여, 아버지 같은 아저씨[伯父]께서 '**오 판두의 아들 유디슈티라여, 회당(會堂)에 준비가 되어 있으니, 돌아와 주사위를 다시 던져라.**'라고 하셨습니다." 유디슈티라가 말했습니다.

"**좋은 결과든 나쁜 결과든 창조주의 배품이시다. 그 열매는 내가 노름을 하건 하지 않건 상관이 없는 것이다. 그것이 노름을 하자는 그 소환(召喚)이다.** 더구나 노왕(老王)의 명령이시다. '**노름'이 나를 망하게 할 줄 알지만, 거절할 수는 없다.**"

바이삼파야나가 계속했다. -유디슈티라는 그 같이 말하고 그 형제들과 함께 발길을 돌렸습니다. 사쿠니(Sakuni)가 행할 속임수를 뻔히 알고서도 유디슈티라는 다시 그 노름판으로 돌아왔습니다. 판다바 형제들이 그들 친구들의 마음을 괴롭히며 그 회당으로 돌아왔습니다. 그리고 운명적으로 닥쳐온 노름으로 파멸을 향한 마음을 가라앉혔습니다. 그러자 사쿠니(Sakuni)가 말했습니다.

"노왕(老王)께서 당신의 재산을 모두 돌려 주셨던 것은 잘 하신 일입니다. 그러나 바라타의 황소시여, 내 말을 들어보세요. **이번 내기에 우리가 주사위에 지면, 우리가 사슴 가죽을 걸치고 사람이 없는 숲으로 가 12년을 살고 13년째에는 모르게 숨어 살며, 만약 알려지면[정체가 드러날 경우는] 12년을 더 유랑을 할 것입니다. 만약 우리에게 당신이 지면 드라우파디와 함께 숲으로**

가 12년을 살고 13년째는 모르게 숨어 살고 알려지면[정체가 드러날 경우는] 12년을 더 유랑해야 한다는 '내기'입니다. 13년 만기에 각자의 왕국 되돌려 받기 '내기'입니다. 오 유디슈티라여, 이 결의(決意)로 주사위 놀이를 해봅시다."

바이삼파야나가 말했다. -유디슈티라 왕은 사쿠니(Sakuni)의 그 말을 듣고 부끄러움과 도덕적인 정신을 함께 느끼며 다시 그 노름판에 앉았습니다. 그리고 결과를 충분히 예상을 하면서도 '쿠루의 멸망'에 자기 손아귀에 있는 것처럼 노름을 시작했습니다. 유디슈티라가 말했습니다.

"오 사쿠니(Sakuni)여, 노름을 잘하는 당신의 초청을 내가 어떻게 거절을 하겠습니까? 그래 그 '노름'을 해 봅시다." 사쿠니(Sakuni)가 말했습니다.

"우리는 수많은 암소와, 말들과 산양과 양, 코끼리 황금 남녀 노예를 소유하고 있소. 이 모든 것을 이판에 걸겠습니다. 당신들이 지면 숲으로 가고 우리가 지면 우리가 그렇게 할 것입니다. 이 '결정'대로 노름을 해봅시다." 그 '숲에 머문다.'는 말은 단 한 번이었습니다. 그러나 유디슈티라가 그것을 수용하니 사쿠니(Sakuni)가 주사위를 잡아들었습니다. 그리고 그것을 던지며 유디슈티라에게 말했습니다. "아, 이번에도 내가 땄습니다."

바이삼파야나가 말했다. -'노름'에 진 판다바들은 숲으로 유랑(流浪)할 준비를 했습니다. 그들은 왕족의 복장을 벗고 사슴 가죽을 걸쳤습니다. 그러자 두사사나(Dussasana)가 그 사슴 가죽을 걸치고 왕국을 떠나 유랑 길에 오르는 판두들을 보고 외쳤습니다.

"영명한 두료다나의 절대 통치가 시작되었다. 판두 아들은 이제 패배를 당하여 큰 고통 속으로 들어갔다. 이제 우리는 모든 목적을 달성했다. **오늘 우리는 적들을 이겨 부와 권력을 다 움켜쥐었으니, 우리는 사람들의 칭송을 받을 것이다.** 프리타의 아들들[판두 아들들]은 다 영원한 지옥으로 떨어졌다. 그들이 부를 획득하여 드리타라슈트라의 아들[두료다나]를 비웃더니, 이제 숲으로 들어갈 것이고 우리게 모든 부(富)를 빼앗겼다. 이제 판두 아들들은 '껍질 없는 참깨'처럼 동물 가죽들을 걸치고 살아야 할 것이다. **무슨 이유로 우리가 판두 아들의 몰락을 더 오래 기다리고 있어야 할 것인가?** 참깨 껍질을 벗기려고 무슨 쓸데없는 노력들을 기우릴 것인가!" 그러한 두사사나의 거친 말이 판두 아들들에게도 다 들리었습니다. 그 말을 듣고 참을 수 없었던 비마가 자칼에게 달려든 사자처럼 두사사나에 달려들어 그를 꾸짖었습니다.

"이 나쁜 녀석, 그렇게 더러운 말을 할 수 있어? **간다라 왕[사쿠니] 솜씨로 왕들 앞에 너무 뽐내는구나. 너의 화살 같은 혀로 우리 속들을 뒤집었으니, 나는 전투로 그것이 네 마음에 다시 생각나도록 만들어 주겠다.** 그리고 너를 보호해주는 자들도 다 야마(Yama, 염마왕)의 처소로 내가 다 보내 줄 것이다." 비마는 도덕[행한 약속]을 지키려고 사슴 가죽을 두르고 분노에서 그 말만을 했을 뿐이었다. 두사사나(Dussasana)는 부끄러움도 없이 쿠루들 주변에서 춤을 추며 "암소야! 암소야!"라고 큰 소리로 비아냥거렸습니다. 이에 비마는 다시 말했습니다.

"악당 두사사나(Dussasana), 꼭 그렇게 욕을 할 거야? 그렇게 뻔뻔한 자, 잘못된 수단으로 부를 획득한 자가 어디 있어? 이 브리코다라(Vrikodara, 비마)는 너의 피를 맛보지[죽이지] 않으면 죽지 않을 것이다. 네게 말해 둔다. 내가 곧 여러 전사(戰士)들 앞에서 드리타라슈트라 아들들을 다 죽여 지금의 나의 분노를 보여주마." 판다바들이 회당(會堂)에서 멀리 떠나자, 간악한 두료다나가 기쁨에 넘쳐 비마의 사자 걸음을 장난스럽게 시늉해 보였습니다. 그러자 비마는 유디슈티라를 뒤따라 카우라바 왕궁을 나오며 말했습니다.

"**나는 저 두료다나를 잡고 말 것입니다. 아르주나는 저 카르나를 잡을 것이고, 사하데바는 노름꾼 사쿠니를 잡아야 할 것이다.**" 그러자 아르주나가 말했습니다.

"**오 비마여, 영웅들의 결심은 말로 행한 것이 아닙니다. 14년 뒤 오늘에 무엇이 일어나는지 그들이 알게 될 것입니다.**" 그에 비마가 말했습니다.

"대지(大地)는 두료다나와 카르나와 사쿠니와 두사사나의 피를 마시게 될 것이다." 아르주나가 말했습니다.

"오 비마여, 형이 명령을 내렸듯이 내가 그 탐욕의 카르나를 잡겠습니다. 히말라야가 그 자리를 옮겨 앉고, 태양이 빛을 잃고 달이 냉철함을 잃을지라도, 내 맹세는 바뀌지 않습니다." 아르주나가 그렇게 말하니, 사하데바도 눈이 빨갛게 되어 말했습니다.

"사쿠니(Sakuni)의 모욕은, 전투로 사람을 죽이는 화살보다 더한 것입니다. 나는 비마 형님이 말한 것을 확실하게 실현해 보여주겠습니다." 사하데바의 말이 끝나자 나쿨라가 말했습니다.

"나는 죽으려고 환장(換腸)을 한[impelled by Fate] 사악한 '두료다나 아들들'을 다 저승으로 보내 버리겠습니다."[128]

---- ✈

(a) '마하바라타(*The Mahabharata*)'는 '전쟁 문학'인데, 그 '전쟁 원인'을 '탐욕(貪慾)과 복수(復讐)' 두 가지로 요약을 했다.

(b) '탐욕(貪慾)'의 주체로 '두료다나(Duryodhana)'를 명시하고 있고, 복수(復讐)의 주체로 '비마(Bhima)'를 내세웠다. 둘은 '생일'이 같은 동갑으로 제시가 되었다.

(c) 사실 성현들은 '탐욕(貪慾)과 복수(復讐)'의 마음을 파기하고 '화해'와 '평화'를 강했지만 그것을 '수락한 사람' 모든 사람들일지라도 '한 쪽의 강자(왕)'가 그것을 버리지 않을 때 바로 '전쟁'이 터졌다는 것을 '마하바라타(*The Mahabharata*)'는 확실하게 보여주었다.

(d) 그리고 '마하바라타(*The Mahabharata*)'는 '다수(多數) 사람들'에게서 '불화'가 생긴 것이 아니고 '소수의 지배욕'이라는 점도 확실히 하고 있다.

(e) 그러한 대립 상황에서 '마하바라타(*The Mahabharata*)' 서술자는 '양쪽'에 다 애정을 소유하고 [전투능력을 확보한 '크리슈나와 아르주나'를 주체로 그 문제를 푸는 것으로 이야기를 전개했다.

---

128) K. M. Ganguli (Translated into English Prose from the Original Sanskrit Text), *The Mahabharata of Krishna-Dwaipayana Vyasa*, Munshiram Manoharlal Publisher Pvt. Ltd. New Delhi, 2000, -**Sabha Parva**- pp. 142~149

(f) '탐욕(貪慾)과 복수(復讐)'로 싸우는 두 집단의 해결은 '부모(父母)' 같은 강자(强者)가 '사랑'으로 포용하고 '함께 사는 사회'를 건설하게 하는 것이 '정도(正道)'이니, 힌두는 '마하바라타(*The Mahabharata*)'에서 '절대신' '지존(至尊)'를 가르치고 있다.

(g) 그런데 그 '마하바라타(*The Mahabharata*)'의 '지존(至尊)'은 오늘날 다시 '힘'과 '도덕성'으로 구분해 알게 하는 것도 바로 이 '마하바라타(*The Mahabharata*)'가 그 원조(元祖)이다.

(h) 더욱 구체화하면 '힘'은 '지력(情報)'과 '무기(武器)'와 '경제력'과 '연대(連帶) 능력'인데, 그것들이 모두 이 '마하바라타(*The Mahabharata*)'에서부터 공개가 되었으나 그 '경제력' 대신에 '도덕성[사제들의 도움 여부]'이 절대적으로 강조가 된 것이 '마하바라타(*The Mahabharata*)'의 특징이다.

(i) '마하바라타(*The Mahabharata*)' '회당(會堂)의 책(Sabha Parva)'에서는 '전쟁의 원인 제시', '마하바라타(*The Mahabharata*) 전쟁의 동기(動機) 공개'라는 막중한 의미를 지니고 있다.

(j) 이 '마하바라타(*The Mahabharata*) 전쟁의 동기 공개'에서 '미인 빼앗기' 문제를 살린 작품이 '트로이 전쟁 발발' 원인으로 다룬 '일리아드'이고, '군주(君主)의 혼암(昏暗)'을 근본 문제 삼은 예가 중국의 '삼국지(三國志)'와 '수호전(水滸傳)'이다.

3. 숲속의 책(Vana Parva)

제50장 태양이 약속한 '13년간 식사 제공'

옴(Om)! 최고의 남성 나라야나(Narana)와 나라(Nara)께 인사를 드리며 여신 사라스와티(Saraswati)와 자야(Jaya)께도 인사드리옵니다.

바이삼파야나가 말했다. -두료다나와 사쿠니 등에게 주사위 노름에서 지고 성이 난 판두 형제들은, 하스트나푸라(Hastinapura)를 떠났습니다. 판다바들은 그들의 무기(武器)를 소지하고 북쪽으로 향했습니다. 인드라세나(Indrasena)를 비롯한 14명의 하인들이 빠른 마차로 판두들의 뒤를 좇았습니다. 시민들은 판두 아들들이 숲으로 떠나는 것을 알고 슬퍼했고, 비슈마와 비두라, 드로나, 크리파를 비난했습니다. 시민들은 숲으로 떠나는 판다바들을 뒤 따라가 판두 아들들에게 그들에게 말했습니다. "우리들을 버리고 어디로 가십니까? 당신들이 가시는 곳으로 우리도 따라가겠습니다." 유디슈타라가 말했습니다.

"우리에게 특별한 점이 없는데도 바라문들을 비롯한 여러 분들이 저희에게 사랑과 동정을 보여주시니, 우리는 축복을 받은 사람들입니다. 이별을 슬퍼하시며 이렇게 멀리까지 따라오셨군요! 이젠 돌아가시죠, 나는 약속대로 당신들에게 내 친척들을 당신들에게 맡기었으니, 너그럽게 생각을 하십시오. 그것이 내 생각을 받아주시는 것이고, 그것이 내게 만족을 주시는 것입니다." 시민들이 뒤따르는 것을 포기하자, **판다바들은 수레에 올라 갠지스 강 언덕에 프라마나(Pramana)라는 거대한 반얀 나무(mighty banian tree)에 이르렀습니다. 날이 저물었으므로 판두 형제들은 강물에 몸을 씻고 거기서 밤을 지냈습니다.**

바이삼파야나가 말했다. -그 밤이 지나자 판다바들에게 의지해 살던 바라문들이 몰려와 판다바들과 함께 숲으로 들어가겠다고 주장을 했습니다. 유디슈타라가 말했습니다.

"옳으신 말씀들이십니다. 그러나 내가 어떻게 어르신들이 고통스럽게 스스로 먹이를 찾아 애를 쓰는 것을 보고 견딜 수 있겠습니까?" 이에 학덕 높은 바라문 사우나카(Saunaka)가 말했습니다.

"루드라(Rudras) 사디아(Sadhyas) 아디티아(Adityas) 바수(Vasus) 아스윈(Aswins)은 요가(Yoga)의 힘으로 만물을 지배하고 있습니다. 그러므로 쿤티의 아들이시여, 당신도 그들처럼 금욕의 요가(Yoga)로 성공을 하셔야 합니다. 금욕에 성공을 하시면 그 덕으로 모든 것을 이룰 수 있습니다."

바이삼파야나가 말했다. -사우나카(Saunaka)의 말을 들은 유디슈타라(Yudhishthira)는 그 형제들 속에서 말했습니다.

"베다를 아는 바라문들이 숲으로 떠나는 나를 따라오고 있습니다. 재난을 당하여 나는 그들을 도울 힘이 없으나, 그들을 버릴 수도 없고, 그들을 먹여 살릴 수도 없습니다. 성자여 내가 이런 경우에 어떻게 해야 할지 말씀해 주십시오." 그러자 바라문 중에서 가장 뛰어난 다우미아 (Dhaumya)가 유디슈타라에게 말했습니다.

"**태양은 만물의 아버지입니다.(The sun is the father of all creatures.) 오 유디슈타라여, 당신은 그 태양에 귀의(歸依)를 해야 합니다.(thou take refuge even in him.)** 모든 영명한 군주들은 그들의 백성을 다 고행(苦行, asceticism)의 실천으로 구해냈습니다. 고행을 수행하여 덕으로 바라문들을 도와주십시오."

자나메자야(Janamejaya)가 물었다. -유디슈타라 왕은 바라문들을 위해 어떻게 태양을 칭송했습니까?

바이삼파야나가 말했습니다. -모든 것으로부터 떠나, 정신을 집중해서 들어 보십시오. 다우미아 (Dhaumya)는 유디슈타라 왕에게 '태양의 108가지 명칭'을 알려 주었습니다.

-**수리아(Surya)**, 이리아만(Aryaman), 바가(Bhaga), 트와스트리(Twastri), 푸샤(Pusha), 아르카 (Arka), 사비트리(Savitri), 라비(Ravi), 감바스티마트(Gambhastimat), 아자(Aja), 칼라(Kala), 므리티우(Mrityu), 다트리(Dhatri), 프라바카라(Prabhakara), 프리티비(Prithibi), 아파(Apa), 테자 (Teja), 카(Kha), 바유(Vayu), 유일한 존재(the sole stay), 소마(Soma), 브리하스파티(Vrihaspati), 수크라(Sukra), **부다(Budha)**, 앙가라카(Angaraka), **인드라(Indra)**, 비바스와트(Vivaswat), 디프탄슈(Diptanshu), 수치(Suchi), 사우리(Sauri), 사나이차라(Sanaichara), **브라흐마(Brahma)**, **비슈누(Vishnu)**, 루드라(Rudra), 스칸다(Skanda), 바이스라바나(Vaisravana), **야마(Yama)**, 바이듀타그니(Vaidyutagni), 자타라그니(Jatharagni), 아인드나(Aindhna), 테자삼파티(Tejasampati), 다르마드와자(Dharmadhwaja), 베다카르트리(Veda-karttri), 베당가(Vedanga), 베다바하나(Vedavahana), 크리타(Krita), 트레타(Treta), 드와파라(Dwapara), 칼리(Kali), 불순자(不純者. full of very impurity), 칼라(Kala), 카스타(Kastha), 무후르타(Muhurtta), 크샤파(Kshapa), 크샤나(Kshana), 삼바트사라카라(Samvatsara-kara), 아스와타(Aswattha), 칼라차크라(Kalachakra), 비바바수(Bibhavasu), 푸루샤(Purusha), 사스와타(Saswata), 요긴(Yogin), 비아크타비아크타(Vyaktavyakta), 사나타나(Sanatana), 칼라디아크샤(Kaladhyaksha), 프라자디아크샤(Prajadhyaksha), 비스와카르마 (Viswakarma), 타모운다(Tamounda), 바루나(Varuna), 사그라(Sagra), 안수(Ansu), 지무타(Jimuta), 지바나(Jivana), 아리한(Arihan), 부타스라야(Bhutasraya), 부타파티(Butapati), 스라스트리 (Srastri), 삼바르타카(Samvartaka), 반디(Vanhi), 사르바디(Sarvadi), 알로루파(Alolupa), 아나타 (Anata), 카필라(Kapila), 바누(Bhanu), 카마다(Kamada), 사르바토무카(Sarvatomukha), 자야 (Jaya), 비살라(Visala), 바라다(Varada), 마나스(Manas), 수파르나(Suparna), 부타디(Bhutadi), 시그라가(Sighraga), 프란다라나(Prandharana), 단완트리(Dhanwantari), 두마케투(Dhumaketu), 아디데바(Adideva), 아디티수타(Aditisuta), 드와다사트만(Dwadasatman), 아라빈다크샤(Aravindaksha), 피트리(Pitri), 마트리(Matri), 핀타마샤(Pitamasha), 스와르가드와라(Swarga-dwara), 프라자

드와라(Prajadwara), 모크샤드와라(Mokshadwara), 트리피스타파(Tripistapa), 데하카르티(Deha-karti), 프라산타트만(Prasantatman), 비스와트만(Viswatman), 비스와토무카(Viswatomukha), 차라차라만(Characharaman), 수크스마트만(Sukhsmatman), 자비로운 마이트레야(the merciful Mai-treya).-[명칭을 아는 것은 '기능'을 아는 것이라는 신앙 이들 태양의 108개의 명칭(名稱)은 창조주 브라흐마(Brahma)가 말한 것이었습니다. 융성을 위해 약샤들(Yakshas) 아수라들(Asuras) 니사차라들(Nisacharas) 시다들(Siddhas)도 다 그 태양을 섬기는데 내가 당신에게 알려드립니다. 태양이 오를 무렵에 주의를 집중하고 이 [명칭의]찬송을 반복하면, 아내와 자식과 부를 획득하고 인내와 기억력도 회복합니다." 유디슈티라가 말했습니다.

"오 태양이시여, 우주의 눈이시여. 당신은 만물의 영혼이시고 만물의 시작입니다...오 모든 먹이의 주인이시여, 모든 손님 접대를 위한 풍성한 식품을 제게 주소서. 나는 당신[태양을 섬기는 모든 신들의 발아래 경배 합니다." **유디슈티라가 그렇게 태양을 칭송하고 그 찬송[명칭들]을 말하자 '태양'이 판두 아들[유디슈티라] 앞에 나타났습니다.** 그리고 말했습니다.

"그대는 그대가 바라는 모든 것을 얻을 것이오. 내가 그대에게 12년 동안 먹고 살 것을 제공하겠소. 오 왕이여, 그대에게 주는 이 구리 그릇을 받으시오. 판찰리(Panchali, 드라우파디)가 이 그릇을 들고 있으면, 부엌에서 과일과 뿌리와 고기와 야채를 요리함이 없이도 오늘부터 그 네 가지 음식이 무궁할 것이오. 그리고 14년이 지나면, 그대는 그대의 왕국을 되찾을 것이오."

바이삼파야나가 계속했다. -그 말을 하고 태양신은 사라졌습니다. 소원을 성취한 유디슈티라는 물에서 나와 그 다우미아(Dhaumya)의 발을 만지고 난 다음 형제들의 발을 안았습니다. 그 다음 유디슈티라는 '드라우파디'와 부엌으로 가 그녀를 대기시켜 놓고 그날 먹을 음식을 만들기 시작했습니다. **그런데 유디슈티라가 조금 준비한 그 네 가지 맛[과일과 뿌리와 고기와 야채]을 갖춘 깨끗한 음식은, 금방 무한정으로 불어났습니다.** 그래서 유디슈티라는 그 음식을 먼저 바라문들을 먹이고, 그 다음 아우들을 먹이고, 유디슈티라는 남은 음식을 먹었습니다. 그리고 유디슈티라가 식사를 마친 다음에 드라우파디가 식사를 했습니다. 그녀가 식사를 마치자 그날의 식사는 모두 끝이 났습니다.[129]

---

129) K. M. Ganguli (Translated into English Prose from the Original Sanskrit Text), *The Mahabharata of Krishna-Dwaipayana Vyasa*, Munshiram Manoharlal Publisher Pvt. Ltd. New Delhi, 2000, -**Vana Parva**-pp. 1, 8~9, 12~13

'판두 5형제와 쿤티 드라우파디의 추방'[130]

_____✈

(a) '마하바라타(*The Mahabharata*)'를 지배하고 있는 **인생관 세계관은 이른 바 '범신론(汎神論, Pantheism)'이고, 그 속에 인간들이 거주하는 '신 중심의 인생관 세계관'이다**. 그리고 그 '신들' 은 '태양 중심'으로 통일이 되어 있는데 이 장에서는 그 주요 신들이 어떻게 '태양 중심'으로 통합이 되었는지를 '태양의 108개의 명칭'으로 구체화하였다.

(b) 힌두의 '관념주의'는 **그 관념(Idea, 생각)이 당장 존재(being)와 현실(reality)로 직통함**'을 곳곳에서 보여주고 있는데, 이 장에서는 그 '다신교(多神敎)'인 힌두의 주요 신들이 일차 그 '태양 신'으로 통일되고 있음을 보여주고 있다.

위에서 거론해 보인 108가지 태양의 명칭들 속에 **부다(Budha), 브라흐마(Brahma), 비슈누 (Vishnu), 야마(Yama)**까지를 포함하고 있어, 그 '태양신'이 모든 신들의 중계자임을 그대로 보여주고 있다.

(c) 그런데 그 '절대신 존재(태양 신)'가 단지 바라문 다우미아(Dhaumya) 주선으로 유디슈티라가 행해보이니, 당장 그 앞에 현신(現身)을 했다는 것이 '마하바라타(*The Mahabharata*)' 서술자[계관 시인]의 주장이다. 그런데 그 '태양 신'과 유디슈티라의 대화는 바라문 다우미아(Dhaumya)의 주선이었으니, 힌두의 바라문은 그러한 '엄청난 신통력(神通力)'을 지닌 존재로 모든 크샤트리아들에게 일반화되었던 사항이었음을 미루어 알 수 있다.

(d) 그러므로 '신(神)들의 나라'는 '힌두의 나라' 그 다양성과 통합성에서 으뜸이고, **그것을 오늘날까지 보존 지속하고 있는 종족이 인도인들임을 이 '마하바라타(*The Mahabharata*)'는 다 알려주고 있다.**

(e) 그런데 '마하바라타(*The Mahabharata*)'에서는 '그 역경(逆境)에서 탈출한 방법'은 역시 '고행(苦行)을 기본으로 한 요가(Yoga)'라고 가르치고 있다.

그렇다면 서구(西歐)인들이 행하고 있는 '태양 숭배' '절대신 숭배'는 이 '마하바라타(*The Mahabharata*)'의 가르침에 벗어날 수 없고, 그들과 동류(同類)이거나 거기에서 파생한 아류(亞流)일 수밖에 없다.

(f) 가령 '신약에 예수가 행한 '떡 다섯 개 생선 두 마리로, 5천명에게 먹이고 오히려 남았다.'는 주장 ['마태복음']은, 여기에서 다우미아(Dhaumya)가 행했던 그 '방법'과 다르다고 할 수 없으니, 그 중핵(中核)은 역시 '그 절대 신을 믿느냐 아니냐.' 문제에 귀착한다.

---

130) Dr. N. Krishna etc, *Historicity of the Mahabharata*, Aryan Books International New Delhi, 2013, p. 21 'The five Pandadvas, Draupadi and Kunti proceed in an exile.'

(g) '힌두(Hindu) 문명'은 문자 그대로 '신의 문명, 신에 의한 문명, 신을 위한 (of the God, by the God for the God) 문명'이었다.

(h) 그런데 그 절대 신에게 도달하는 인간들이 할 수 있는 바가 '**고행(苦行)의 요가(Yoga)**'라고 일관되게 주장된 한 저서가 바로 이 '마하바라타(*The Mahabharata*)'이다.

(i) 불타(佛陀)는 '고행(苦行)' 뺀 '깨달음'을 주장했고, 궁극의 목표를 '깨달음[覺]'에 두어 '스스로 그 절대자가 됨'을 수행에 최고 목표로 명시(明示)했다.

(j) 그러므로 '**힌두교**'와 '**불교**' '**기독교**'가 다 '**그 목표**'가 '**절대 신**'임을 알게 될 때, 세계의 종교는 **쉽게 하나로 통합이 되는 데, 그것을 역시 가장 쉽게[구체적으로] 가르쳐 주고 있는 유일한 책이 '마하바라타(*The Mahabharata*)'이다.** 그 '통합의 깨달음'을 위해서 위의 '태양=브라흐마=비슈누=야마=불타=크리슈나'의 제시는 이해가 될 때까지 숙고를 할 만한 구절일 것이다.

(k) 한국(韓國)의 허균(許筠)이 언급한 소위 '연단(鍊丹)법'[南宮先生傳]이란 중국인(中國人)에 의해 이미 '불사약(不死藥) 제조법'으로 둔갑(遁甲)한 것이지만, 그 근본은 힌두(Hindu)의 '고행(苦行)'을 통한 요가(Yoga)의 실행에 그 근거를 둔 것이라는 사실은 의심할 나위가 없는 사항이다.

(l) 즉 중국인(中國人)은 '힌두(Hindu)의 모든 정보(情報)'를 '실존(實存, 육체) 중심주의'로 다 바꾸었지만, 원래 힌두(Hindu)가 '현재(육신)을 무시 극복하고 절대 신의 귀의[Yoga]'라는 논리에 인류 중에 가장 먼저 도달했으니, 그 가장 명백한 이론이 '영혼불멸(靈魂不滅)'의 '윤회설(輪廻說)'이다.

(m) '마하바라타(*The Mahabharata*)'의 이 부분의 이해는, 전 '마하바라타(*The Mahabharata*)'의 권위가 아울러 걸려 있는 문제이고, 역시 가장 어려운 문제이다.
즉 '**육신을 무시한 다르마(Dharma)의 왕[유디슈티라]이 육신을 챙겨야 하는 하는 어쩔 수 없는 모순(矛盾)을 극복해야 하는 상황**'이 바로 그것인데, 쉽게 납득이 된 사람[無心하게 넘긴 사람]은 '절대신'을 믿고 숭배할 사람이고, 그 '모순' 부조리(不條理, Absurd)를 그대로 긍정하는 자는 '동시주의(同時主義, Simultaneism)'를 알고 있는 다다이스트'이다.

제51장 드라우파디의 하소연

바이삼파야나가 말했다. -숲에서 살려고 판다바들과 그 추종자들은 갠지스 강둑에서 쿠루크셰트라(Kurukshetra) 들녘으로 나갔습니다. 판두들은 사라스와티(Saraswati) 드리사드와티(Drisadwati) 야무나(Yamuna) 강에서 '목욕재계(沐浴齋戒, ablutions)'를 했습니다. 그들은 한 숲에서 다른 숲으로 계속 서쪽으로 이동(移動)을 했습니다. 그들은 드디어 사라스와티(Saraswati) 강둑 평원에 자리 잡은 현자(Munis)들이 출몰하는 카미아카(Kamyaka) 숲에 이르렀습니다. 그 숲에는 풍부한 새들과 사슴들이 살고 있었는데, 판다바들은 그곳에 머물렀습니다.

바이삼파야나가 말했다. -판다바들이 추방을 당했다는 소식을 뒤늦게 듣고 보자족(Bhojas) 브리슈니족(Vrishnis) 안다카족(Andhakas)들이 그 대(大) 숲으로 판다바들을 찾아왔습니다. 판찰라(Panchala) 친척들과 체디(Chedi) 왕 드리슈타케투(Dhrishtaketu), 카이케야족(Kaikeyas) 강력한 형제들은 노(怒)한 마음에 불 지르며 그 숲으로 와 판다바들을 만났습니다. 그리고 그들은 '드리타라슈트라의 아들'을 비난하며 그들은 말했습니다.

"우리는 어떻게 해야 합니까?" 바수데바(Vasudeva, 크리슈나)를 선두로 한 그 크샤트리아들이 유디슈티라 주변에 빙 둘러앉았습니다. 케사바(Kesava, 크리슈나)가 말했습니다.

"대지(大地)가 '드로다나'와 '카르나'와 '두사사나'와 '사쿠니'의 피를 마시게 될 것입니다. 전쟁으로 그 왕족과 추종자들을 다 죽여 우리는 '유디슈티라'를 다시 황제 위에 모실 것입니다! 간악한 자를 멸함이 영원한 도덕입니다."

바이삼파야나가 계속했습니다. -프리타(Pritha)의 아들들[판다바들]의 잘못으로 자나르다나(Janardana, 크리슈나, 케사바)가 격정(激情)에 사로잡혀 만물을 없앨 듯이 보이자, 아르주나가 '만물의 정신'이시고 '무한'이시고, '세상의 최고의 왕'이시고, '심원한 지혜의 비슈누'의 공덕을 찬양하며 그 자나르다나(Janardana, 크리슈나)를 달래었습니다.

"오 크리슈나시여, 과거 당신께서는 집안이 망하자 현자(Muni)로서 1만년 동안 간다마다나(Gandhamadana) 산중을 방황하셨습니다! 그리고 오 크리슈나여, 당신은 푸슈카라(Pushkara) 호수 가에서 역시 1만 1천 년 간을 지내셨습니다! 당신이 창조하시고, 만물의 주인이시고, 당신이 최고자이시십니다. 마두(Madhu)의 살해자이시고, 치트라라타(Chiraratha) 숲에서 당신께 올리는 제사를 가납(嘉納, 고맙게 생각하여 수용함)하셨습니다. 오 나라야나(Narayana)시여, 치트라라타(Chiraratha) 숲에서 수없는 제사를 통해서 풍성한 선물을 안겨주셨습니다! 오 대신(大神)이시여, 당신은 잠자코 계실 적에도 행하시고, 당신의 위력은 아무도 행한 적이 없었고, 앞으로도 어느 누구도 행할 자가 없습니다!" 그러자 자나르다나[크리슈나, 케사배가 아르주나에게 말했습니다.

"당신은 내 사람이고, 나는 당신의 것입니다. 내 것은 역시 당신의 것입니다! 그대가 나를 잘 간직하고 있으니, 당신을 따르는 자는 역시 나를 따르는 자이입니다. 오 억압할 수 없는 존재여! 당신이 나라(Nara)이고 나는 나라야나(Narayana)입니다! 오 아르주나여, 당신은 나로부터, 나는 당신으로부터 인간 세상을 위해 세상으로 온 천상의 신령(Rishis) 나라와 나라야나입니다! 우리 둘 사이에 차이점을 아무도 알 수가 없습니다." 영명한 케사바(Kesava, 크리슈나)가 용감한 왕들 속에서 그렇게 말을 하니, 모두가 분노로 끓어올랐습니다. 드리슈타듐나(Dhrishtadyumna)와 그녀의 친정 형제들에게 둘러싸인 **판찰리(Panchali, 드라우파디)**가 크리슈나에게 말했습니다.

"모든 사람들은 당신이 '세상의 창조자'라고들 말합니다! 아르주나도 **당신이 비슈누(Vishnu)이시고, 제사(Sacrifice)이고 제사를 올리는 자(Sacrifcer)라고 합니다.** 오 최상의 남성이시여, 신령들은 당신이 용서자이며 진리라고 합니다! 당신은 브라흐마(Brahma) 산카라(Sankara) 사카라(Sakra)를 어린이 장난감 다루듯 한다고 알고 있습니다! 모든 남성중에서 제일가는 분이시여, 오 마두의 살해자시여, 당신에게 관련된 저의 슬픔은 제가 스스로 감당을 해야 했었습니다. **오 크리슈나여, 저는 당신과 친구인 프리타 아들들의 아내이고, 드리슈타듐나(Dhrishtadyumna)의 누이로서, 제가 왜 그 회당(會堂)으로 끌려가야 합니까! 오, 피로 더럽혀진 몸으로 옷 한 벌을 걸치고 울며 무서워 떨며 나는 쿠루들의 회당으로 끌려갔습니다! 회당에서 피로 더럽혀진 나를 간악한**

드리타라슈트라 아들들은 다 비웃었습니다! 오 마두의 살해자이시여, 판두 아들들과 판찰라들과 브리슈니들이 살아 있는데도 불구하고 드리타라슈트라 아들들은 저를 그네들의 노예라고 선언을 했습니다. 나는 법으로 따져보아도 드리타라슈트라와 비슈마의 며느리입니다! 그러함에도 드리타라슈트라 아들들은 힘으로 노예를 삼으려 했습니다! 저는 지금 전투에 용감하다는 판두 아들을 꾸짖습니다. 세상천지가 다 아는 그네들의 처를 그토록 잔인하게 대접할 수가 있습니까! **창피스럽습니다. 힘세다는 비마, 간디바(Gandiva)를 쏜다는 아르주나, 그들은 그 조무래기들에게 제가 능욕을 당하게 그냥 방치했습니다!** 그 남편들이라는 자들이 아내 지키기에 그토록 허약했습니다! 애타게 간청을 하는 저를 판다바들은 구원하지도 않고 내버렸습니다! **나는 다섯 남편에게서 다섯 아들을 두었습니다.** 유디슈티라에서 프라티빈디아(Prativindhya)를 낳았고, 비마에게서 수타소마(Sutasoma)를 낳았고, 아르주나에게서 스루타키르키(Srutakirti)를 낳았고, 나쿨라에게서 사타니카(Satanika), 사하데바에게서 스루카르만(Srutakarman)을 낳았습니다. 오 자나르다나여, 당신께서 보살펴 주셔야 합니다." 드라우파디는 목메어 소리쳤습니다.

"저에게는 남편도 아들도 친구도 형제도 아버지도 없습니다! 오 마두의 살해자시여, 그러함에도 저 열등(劣等)한(못된) 적(敵)들은 아직도 살아남아 있습니다! 카르나(Karna)가 저에게 '감행한 능멸(凌蔑)'은 입에 담을 수도 없습니다! 오 케사바시여, 이승에서 저는 저의 존경과 우리의 우정과 당신의 통치로 당신의 가호(加護)를 받을 자격이 마땅히 있습니다." 이에 바수데바가 그 드라우파디에게 말했습니다.

"오 아름다운 여인이여, 그대가 화를 낸 자들의 부인들이, 그녀 남편들이 비바트수(Vivatsu, 아르주나) 화살에 덮여 핏속에 구르는 그 시신(屍身)들을 보고 지금 그대처럼 울 날이 꼭 올 겁니다. 부인, 울지 마시오. 내가 판두 아들들을 위해 나의 최고의 힘을 발휘할 것이오. 나는 당신이 다시 여왕이 된다는 것을 약속합니다. 하늘이 무너지고 히말라야 산이 꺾이고 땅이 갈라지고, 바다가 마를지라도 내 말에는 거짓이 없습니다." 이 아츄타(Achyuta, 크리슈나)의 이 말을 듣고 드라우파디는 잠깐 아르주나를 바라보았습니다. 그러자 아르주나가 드라우파디에게 말했습니다.

"영명한 그대여, 슬퍼하지 마시오. 크리슈나의 말씀대로 될 것이요. 오 아름다운 이시여, 달리 될 수가 없습니다." 드리슈타듐나(Dhrishtadyumna)는 말했습니다.

"내가 드로나(Drona)를 잡겠습니다. 시칸딘(Sikhandin)이 '할아버지[비슈마]'를 죽일 것입니다. 비마(Bhimasena)가 두료다나를 죽이고 아르주나는 카르나(Karna)를 죽일 것입니다. 오, 누이여! 라마(Rama)와 크리슈나의 도움으로 우리는 무적의 용사가 되었으니, 드리타라슈트라 아들들 따위가 무엇이겠습니까?"

바이삼파야나가 말했습니다. -다샤라족(Dasharhas) 대장[크리슈나]을 전송한 다음에 유디슈티라와 판다바들은 숲으로 돌아왔습니다.[131]

'드라우파디 남편 고르기 대회에서의 아르주나'[132]   '판두 5형제와 드라우파디'[133]

_____✦

(a) '마하바라타(*The Mahabharata*)'의 '모든 부분'은 다 '하나의 전체'를 향하고 있는데, 그 요체(拗體)는 '절대신'과 '그 아들(司祭)'이다.

(b) 즉 '절대신(크리슈나)'과 '그 아들(司祭, 아르주나)'은 구분되어 있는 개체이지만 역시 하나이고, 더욱 중요한 '제사(祭祀)' 문제에서 '당신(크리슈나)이 비슈누(Vishnu)이시고, 제사(Sacrifice)이고 제사를 올리는 자(Sacrifcer)'라고 명시했음이 그것이다. 다시 말해 **'절대자=제사=제사를 올리는 자=사제'라는 기독교 '3위 일체'가 이 힌두(Hindu)의 '마하바라타(*The Mahabharata*)'에도 그대로 공개가 되어 있으니,** 그들이 뿌리를 달리한다고 말할 수 없다.

(c) 그러므로 그 '제사(희생)'를 통하여 역시 그들이 '하나임'을 거듭한다는 주장일 뿐이다.

(d) 그런데 이 중요한 사실의 공개가 '천하의 황제' 유디슈티라가 '집도 땅도 없는 숲'으로 추방이 되었을 때 확인이 되었다는 점과 그 '인간의 달성'이 항상 '절대 신의 가호 속에 성취됨' 거듭 확인이 되었다는 사실이다. 그러므로 이 장은 역시 '마하바라타(*The Mahabharata*)' 핵심이 그대로 다 공개된 지점이다.

(e) **불 속에 태어난 '드라우파디(Draupadi)'가 '복수의 전쟁 독려(督勵) 중핵'으로 부상(浮上)되었음에 각별히 주목을 해야 한다.**

제52장 아르주나가 시바, 야마, 인드라 신을 차례로 만나다.

자네메자야(Janejaya)가 말했다. -오, 현명하신 이여. 나는 티 없는 아르주나의 '무기(武器) 획득

131) K. M. Ganguli (Translated into English Prose from the Original Sanskrit Text), *The Mahabharata of Krishna-Dwaipayana Vyasa*, Munshiram Manoharlal Publisher Pvt. Ltd. New Delhi, 2000, -**Vana Parva**- pp. 27~31, 33~34, 50

132) Wikipedia, 'Draupadi' -'Draupadi's Swayamvara with Arjuna'

133) Wikipedia, 'Pandava' -'Draupadi and the Pandavas'

담(獲得談)'을 듣고 싶습니다. 아르주나의 어떻게 그 적막의 숲으로 두려움도 없이 들어갔습니까?

바이삼파야나가 말했다. -유디슈티라의 허락을 받은 아르주나가 신(神)들 중의 신인 사크라 (Sakra, 시바 신)를 만나러 떠났습니다. 아르주나는 북쪽 히말라야 정상(頂上, the summit of the Himavat)을 향해 가서 지체 없이 금욕 생황에 돌입했습니다. 그러자 모든 위대한 신령들이 신중의 신인 피나카(Pinaka, 삼지창) 신[시바 신]에게 말했습니다.

"용맹의 아르주나가 히말라야에 와서 고행에 돌입했습니다. 그 고행의 열기로 세상이 연기로 뒤덮였습니다. 오 신중의 신이시여, 그가 우리를 괴롭히고 있으니, 그를 만류해 주소서." 우마 (Uma) 여신의 남편[시바]은 말했습니다.

"팔구나(Palguna, 아르주나)에 대해서는 걱정 말라. 나는 그의 마음을 알고 있다. 그의 소망은 천국도 부귀도 장수(長壽)도 아니다. 나는 그가 원하는 것을 '그 날'에 이루도록 해 주겠다."

바이삼파야나가 말했다. -영명한 성자들이 떠난 다음에 하라(Hara) 신이 건장한 남성의 모습으로 활과 화살을 가지고 히말라야(Himavat) 산을 내려왔다. 그런데 그 시바 신이 아르주나에게 다가 갈 적에 봄철의 물소리, 새소리도 멈추어 고요했습니다. 그런데 시바 신은 놀라운 광경을 목격했습니다. 멧돼지 형상을 한 무카(Muka) 신이 아르주나를 죽이려 달려들었습니다. 그러자 아르주나는 적을 보자 간디바(Gandhiva)를 잡아 그를 죽이려 했습니다. 그러자 키라타(Kirata, 사냥꾼)로 변장한 산카라(Sankara, 시바)가 막고 나서며 "이 멧돼지는 내가 먼저 발견했다." 그러나 아르주나는 그 말을 무시하고 멧돼지를 공격했습니다. 그 사냥꾼[시바]도 그 멧돼지를 공격했습니다. 지슈누(Jishnu, 아르주나)는 많은 여성들을 거느린 그 사냥꾼 차림의 신 같이 빛나는 그 존재에게 말했습니다.

"이 적막한 숲에 방랑을 하는 당신은 누구인가? 내가 먼저 잡은 그 멧돼지에게 왜 다시 화살을 날렸는가? 나를 죽이려 했던 그 락샤사(Rakshasa)를 내가 먼저 잡았다. 그러기에 그대는 내 앞에서 도망가려 하지 말라." 아르주나가 그렇게 말하자 사냥꾼은 왼손잡이 궁수(弓手, 아르주나)에게 웃 으며 말했습니다.

"오 영웅이여, 내 걱정일랑은 하지를 마시오. 이곳은 다 우리들의 처소요. 그런데 그대는 왜 이 적막한 곳에 와 살고 있는가?" 아르주나가 말했다.

"나는 내 간디바(Gandiva)에 의지하여 제2의 파바키(Pavaki, 시바)처럼 이 숲에서 살고 있다. 그대는 내가 죽인 락샤사를 알고 있는가?" 사냥꾼이 대답했습니다.

"그 락샤사는 내 화살을 맞고 죽었다. 내가 먼저 보고 먼저 그를 잡았다. 힘을 믿고 자기 잘못을 남에게 돌리지는 말라. **네가 잘못 했다. 너는 살려는 생각을 말라. 내가 천둥 같은 활 쏠 터이니, 너도 나를 향해 쏘아보아라.**" 사냥꾼의 그 말을 듣고 아르주나는 화가 나서 화살로 그를 공격했습 니다. 그러나 사냥꾼은 화살을 즐겁게 받으며 "정말 이놈이 악당이다. 악당이야. 급소만 골라 쏘는 구나." 그 사냥꾼과 아르주나는 화살소나기를 서로 주고받았습니다. 그러나 '삼지창(Pinaka)의 소 유자[시바]'는 산처럼 꿈쩍도 없었습니다. 그러자 아르주나는 그 사냥꾼에게 자신의 화살이 소용없음을 알고 말했습니다.

"굉장하다, 굉장해! 이 히말라야 고산족은 간디바의 화살에도 끄떡없구나! 이놈이 누구지? 루드라(Rudra)? 약샤(Yaksha)? 아수라(Asura)?" 아르주나는 그런 생각을 하며 간디바로 수천의 화살을 쏘았습니다. 그래서 아르주나의 화살은 동이 났습니다. 아르주나는 생각했습니다.

"어, 화살도 다 떨어졌네. 내 활 모서리로 이놈을 당장 죽여야겠다." 아르주나가 활 모서리로 공격을 가하자 그 '고산족[시바]'은 그 활을 빼앗았습니다. 활을 빼앗긴 아르주나는 칼을 잡고 그 상대 적에게 달려들었습니다. 아르주나의 그 날카로운 칼로 사냥꾼의 머리를 향해 내려쳤습니다. 그러자 아르주나에게는 그 칼만 조각이 났습니다. 그러자 아르주나는 다시 돌과 나무들을 들고 싸움을 계속했습니다. 그래도 사냥꾼 모습을 한 시바 신은 아르주나의 공격을 그냥 견디고 있었습니다. 그러자 독이 오른 아르주나는 벼락같은 주먹으로 그 무적의 신[시바]를 공격했습니다. '사냥꾼'으로 가장한 그 시바는 인드라의 벼락같은 주먹으로 그 아르주나에게 갈겼습니다. 그래서 아르주나와 '사냥꾼[시바]' 전투는 놀라운 소란을 일으켰습니다. 결국 아르주나와 그 사냥꾼은 맨주먹으로 맞붙었습니다. 억센 아르주나(Jishunu)가 사냥꾼을 붙잡아 그 가슴으로 누르니, 사냥꾼[시바]도 아르주나를 움켜잡았습니다. 그래서 그들의 팔과 가슴이 맞부딪친 결과 불붙은 숯덩이처럼 연기가 났습니다. 그 다음 대신(大神, 시바)은 힘으로 아르주나를 공격하여 아르주나는 기절하여 시바[사냥꾼]에게 망가져 움직이지도 못하고 거의 고깃덩이가 되었습니다. 아르주나는 숨이 끊겨 땅바닥에 누어 죽은 사람처럼 보였습니다. 그러나 아르주나는 금방 의식을 회복하여 엎드린 자세에서 일어났으나 온몸이 피에 젖어 슬픔이 엄습(掩襲)했습니다. **아르주나는 마음속으로 그 너그러운 시바신의 모습을 향하여 화환(花環)을 올렸습니다. 그러자 아르주나는 금방 평상의 모습으로 되돌아왔습니다.**[생각 만능주의] 아르주나는 그 시바 신[Bhava, Kirata, 사냥꾼] 발아래 엎드렸습니다. 그러자 시바 신도 아르주나를 반갑게 대했습니다. 그래서 시바 신[Hara]은 '혹독한 고행(ascetic austerities)'을 행했던 아르주나를 향해 말했습니다.

"오 팔구나(Phalguna, 아르주나)여, 용맹무쌍한 그대를 보니 반갑도다. 인내와 용맹에서 그대를 당할 크샤트리아는 세상에 없다. 바라타의 황소여! 나를 보라. 내가 그대에게 [진정으로 나를 볼 수 있는] 눈을 주겠노라. 그대는 하늘에 거주하는 그대의 적들도 물리친 신령(Rishi)이었다. 무적(無敵)의 나의 무기(武器)를 그대가 부리게 될 것이다."

바이삼파야나가 계속했다. -아르주나는 삼지창(三枝槍, Pinaka)을 소유한 대신(大神, Mahadeva)를 보았습니다. 아르주나는 다시 무릎을 꿇고 시바 신[Hara]에게 빌었습니다.

"오 파카르딘(Pakardin)이시여, 오 모든 신들의 왕이시여, 바가(Bhaga)의 눈을 가진 파괴자시여, 마하데바(Mahadeva)시여, 청색 목구멍의 소유자시여, 엉클어진 자물쇠여, 근본 중에 근본이시여(the Cause of all causes), 삼목(三目)의 신이시여, 만물의 주인이시여! 신들의 안식처이시고, 3계의 어떤 신, 악귀, 인간도 이길 수 없는 패자(覇者)이십니다. **당신은 비슈누 형상의 시바이시고,**

시바 형상의 비슈누이십니다(Thou art Siva in the form of Vishnu, Vishnu in the form of Siva). 오 하리(Hari), 오 루드라(Rudra)시여, 삼지창의 소유자시여, 오 수리아(Surya)시여, 만물의 창조자이시여 저는 당신께 경배(敬拜)합니다. 갠지스 강의 왕, 우주 축복의 근원, 가장 높고, 가장 절묘하신 하라(Hara)시여! 오 영명하신 산카라(Sankara)시여, 저의 잘못을 용서해 주옵소서. 저는 금욕자의 거주지인 이 위대한 산[히말라야]에 와서 눈[目]을 획득했고, 당신의 사랑을 받고 있습니다. 만물이 당신께 경배합니다. 오, 주님(Lord)이시여, 무모했던 저를 용서하십시오. 오 산카라(Sankara)시여."[비슈누=시바=수리아][기도=찬송] 마하데바(Mahadeva, 시바 신)가 아르주나에게 말했다.

"그대는 전생에 나라야나(Narayana) 친구인 나라(Nara)였다. 바다리(Vadari) 세계에서 그대는 수천 년 동안 혹독한 고행(苦行)을 했었다. 그대[Nara]와 비슈누[최초의 남성, Narayna] 속에 큰 힘이 생기고 있었다. 당신들은 당신들의 힘으로 세상을 차지했다. 인드라 신의 대관식 때에 크리슈나와 그대는 강한 활을 획득했다. 간디바가 그것인데, 내가 나의 요술(妖術, powers of illusion)로 그대에서 그것을 빼앗았다. 오 프리타의 아들이여! 이 두 개의 화살 통은 무궁(無窮)한 화살이 나오는 것이니, 그대에게 맞을 것이다. 그리고 **그대의 몸은 [앞으로] 고통과 질병은 없다. 그대의 용맹은 당할 자가 없다. 오 최고의 남자여(first of male beings)! 그대 소원(所願, boon)을 말해보라.**" 아르주나가 말했습니다.

"오 신중의 신이시여, **앞으로 닥쳐올 카르나(Karna) 비슈마(Bhishma) 크리파(Kripa) 드로나(Drona)와 무서운 전투에서 제가 당신의 은혜로 승리를 하게 해 주십시오. 그것이 제가 원하는 지극한 소원입니다.**" 시바[Bhava] 신이 말했습니다.

"오 판두의 아들이여, **나는 그대에게 내가 아끼는 무기 파수파타(Pasupata)를 주겠다. 신들의 왕이나 야마(Yama) 약샤들(Yakshas)의 왕, 바루나(Varuna), 바수(Vasu)도 모르는 무기(武器)이다. 그러나 이 무기는 정당한 이유 없이 휘두르게 되면 온 세상이 파멸하게 된다. 이 무기로 3계에 제거를 못 할 대상은 없다. 그대의 정신과 눈과 말과 활로 그 무기의 힘이 발휘될 것이다.**" 그런 다음 '시바 신'은 아르주나에게 말했습니다. "하늘로 향하라." 그러자 아르주나가 두 손을 모으고 시바 신께 인사를 올렸습니다. 그러자 시바신은 신령들을 데리고 하늘로 사라졌습니다.

바이삼파야나가 말했다. -시바 신이 떠난 다음에 아르주나는 혼자서 말했습니다.

"아 나는 내가 무척 좋아하는 위대한 신을 뵈었구나. 내가 '삼지창 신'을 만나 소망을 들어주는 모습까지 뵈었으니, 나는 이미 다 이겼다. 나는 적들을 다 멸했고, 내 소망이 이미 다 이루어졌다." ['신의 은총으로 싸우기 전에 다 이김'] 그런데 그런 생각을 하고 있는 아르주나 앞에, '물[水]의 신' 바루나(Varuna)가 나타났습니다. 빛으로 지평선 끝까지 비추며 강물 속의 나가(Nagas) 다이티아(Daityas) 사디아(Sadhyas)를 거느리고 나타났습니다. 거기에 온 몸이 황금인 쿠베라(Kuvera) 왕도 황금 마차를 타고 많은 약샤들(Yakshas)을 거느리고 나타났습니다. 그리고 세상의 파괴자 야마

(Yama) 신도 왔습니다. 그 야마 신이 '히말라야 꼭대기'에서 고행 중인 아르주나를 보러 온 것입니다. 야마가 아르주나에게 말했습니다.

"아르주나여, 우리를 보라! 그대가 우리를 볼 능력이 있으므로 왔노라. 그대는 앞서 억센 나라(Nara)의 신령이었다. 그대는 비슈마(Bhishuma)를 물리칠 것이고, 카르나(Karna)를 잡고, 비슈누(Visnnu, 크리슈나)와 함께 대지(大地)의 짐을 덜어 줄 것이다. 어느 누구도 대적할 수 없는 나의 철퇴를 받아라. 이 무기로 그대는 대공(大功)을 세울 것이다."

바이삼파야가 계속했다. -그래서 아르주나는 그 야마(Yama)에게서 그 무기 사용법과 주문(呪文, Mantras)를 받았습니다. 그러자 바루나(Varuna)신도 아르주나에게 말했습니다.

"오 프리타의 아들이여, 나는 보소서. 최고의 크샤트리아여. 나의 올가미(nooses)는 아무도 저항할 수 없소. 이것을 펼쳐 놓으면 크샤트리아들을 다 잡을 것이오." 바루나와 야마 신의 천상의 무기를 아르주나에게 제공한 다음에 카일라사(Kailasa) 산에 거주하는 보물의 주인[바루나]께서 말했습니다.

"그대는 옛날 칼파스(Kalpas)에서 우리와 함께 매일 고행을 했었다. 오 최고의 남자여, 내가 천국에로의 여행을 허락한다. 나의 무기 안타르드나나(Antarddhana)도 받아라. 이것으로 드리타라슈트라 아들들을 다 잡을 것이다. **메루(Meru) 산**의 권위로 이 무기를 들어라." 그 말을 마친 다음에 아르주나는 쿠베라(Kuvera) 신의 그 천상의 무기를 받았습니다. 그러자 천신(天神)의 왕은 아르주나에 말했습니다.

"쿤티의 아들이여, 그대는 옛 신으로 신의 반열에 올랐다. 그대는 내 마차의 마부 마탈리(Matali)의 인도로 천상으로 와 [안타르드나나 이외에]모든 나의 천상의 무기도 얻을 것이다."

바이삼파야냐가 말했다. -신들이 사라진 다음에 아르주나는 인드라 신의 마차를 생각했습니다. 그러자 마탈리(Matali)가 이끄는 빛나는 마차가 도착했습니다.[생각만 하면 바로 실행이 됨] 그래서 시다들(Siddhas)의 경로를 거쳐 아르주나는 천국의 모든 영역을 지나 인드라의 도시 아마라바티(Amaravati)를 보게 되었습니다. 억센 프리타의 아들은 인드라의 명령으로 별들이 빛나는 수라비티(Suravithi) 넓은 거리를 걸었습니다. 아르주나는 거기서 수많은 성자들을 만났습니다. 그들과 인사를 마친 다음 아르주나는 마차에서 내려 신들의 왕인 인드라에게 다가 갔습니다. 인드라 신은 황금자루의 백양산(白陽傘) 아래 있었습니다.

바이삼파야냐가 말했다. -신들과 간다르바들(Gandharvas)은 인드라의 뜻을 알아 최고의 아르기(Arghya)로 아르주나를 대접했습니다. 그런 다음에 아르주나는 인드라가 아끼는 무적의 '벼락(thunder-bolt)' 무기도 얻었습니다. 그 무기를 얻은 다음에 아르주나는 지상(地上)의 형제들을 생각했습니다.[134]

---

134) K. M. Ganguli (Translated into English Prose from the Original Sanskrit Text), *The Mahabharata of Krishna-Dwaipayana Vyasa*, Munshiram Manoharlal Publisher Pvt. Ltd. New Delhi, 2000, -**Vana Parva**-

(a) '마하바라타(*The Mahabharata*)'의 최고 특장(特長)이 '**크샤트리아의 정신[의무] 실행**'인데, 그 모범은 아르주나로 행해보였고, 그 아르주나의 표준은 바로 '시바(Siva) 신'이라는 결론이다. 즉 '마하바라타(*The Mahabharata*)'가 설정해 놓은 '지상(地上)의 왕'은 바로 '크샤트리아 정신의 실천자'인데, 그 정신적 계통은 그 '**시바(Siva) 정신**'이라는 것이니, 고대 '마하바라타(*The Mahabharata*) 문화'의 전파는 역시 그 '시바(Siva) 신'이 표준이었다.

(b) 그런데 다른 한편 '마하바라타(*The Mahabharata*)'는 '통합의 책'이다. 이장에서는 [역시 아르주나의 진술을 통해] 그 '삼지창의 시바(Siva)가 비슈누 형상의 시바이시고, 시바 형상의 비슈누이시고 수리아(Surya)시고, 만물의 창조자'라고 하였다.

'마하바라타(*The Mahabharata*)'는 '창조신' '양육 신' '파괴 신'을 구분하기도 했으나 여기에서는 그들이 하나로 통합된 '**옴(Om)**'이고 세상천지 만물을 관장하는 존재, 절대 신임을 반복해 주장되고 있다는 점이다. 이러한 측면에서 '힌두교' '불교' '기독교'는 '일원론(一元論)'이고 '절대주의'이다.

(c) '마하바라타(*The Mahabharata*)'에서 최고의 크샤트리아는 아르주나(Arjuna)이다. 그가 파괴 신 '시바(Siva)'와 온 몸이 가루가 될 때까지 싸워 마침내 그 신의 칭송을 얻었다는 내용이 이 장에서 말하는 바 그 주지(主旨)이다.

(d) 이 힌두(Hindu)의 '**시바(Siva) 신'은, 희랍 로마에서도 가장 인기가 있는 신이었음은 주목을 요하고, 중국(中國) 한국 일본(日本)에서도 가장 '존중된 신'이라는 점은 주목을 요한다.**['태양족 이동' 참조]

(e) '**시바(Siva) 신'은 명칭 그대로 통하기도 하고, '삼지창(三枝槍)의 신' '삼목(三目)의 신' '죽음[죽임]의 신' '호랑이 가죽을 깔고 앉은 신' '산신(山神)' '고행(苦行)신' '디오니소스(Osiris)'로 통하고 있음에 주목을 요한다.**

(f) 모든 '종교'는 '죽음의 가장 크게 전제하고 있고 그 '죽음을 주관한 하는 신' '파괴의 신'이 바로 시바(Siva)라는 점에서 그렇다. 그런데 '마하바라타(*The Mahabharata*)'에서 아르주나는 그 시바(Siva)와 일전을 불사한 '맹장(猛將) 중의 맹장(猛將)'이었다는 주장이다.

(g) 그러므로 '**전투' '전쟁' '용맹' 중심으로 펼쳐진 고대 '사회'에서 자연 그 '시바(Siva)의 위력'이 바로 '황제의 위력' '크샤트리아의 위엄'으로 통했던 것**'이고, 그러한 '원시사회 상황'을 제대로 보고하고 있는 유일한 저서가 이 '마하바라타(*The Mahabharata*)'이다.

(h) 즉 '절대 신'을 그 '시바(Siva) 신의 위력' '아르주나의 위력'으로 서술한 책이 바로 이 '마하바라타(*The Mahabharata*)'라는 점은 간과할 수 없는 최고 지점이다.

(i) 그러므로 '바라문'과 '크샤트리아'의 통합지점에 '**아르주나=크리슈나=시바=브라흐마**'가 역시 함께 있으니, 이 지점의 용납이 그 '절대주의(Absolutism)' 지점이다.

(j) 이 '절대주의(Absolutism)'를 이집트 희랍 로마와 한국의 고구려 신라 가야와 일본 열도에서 다 용인했음을 그들의 '원시유산신화'들이 입증을 하고 있다.

(k) 더욱 구체적으로 '고구려 주몽(朱蒙) 신화'는 그 '아르주나'와 주몽(朱蒙)을 동일시하였고, '충효'를 '최고 도덕 정신'으로 강조한 중국의 대표소설 '삼국지통속연의'에서는 이 '아르주나'와 '시바(Siva) 신'의 대결을 표본으로 '태사자(太史慈)의 손책(孫策)의 대결'을 만들었다.[손책(孫策)과 태사자(太

---

pp. 84~94, 96, 97, 99

史慈)가 크게 싸우다.(孫策大戰太史慈)]

제53장 드리타라슈트라와 산자야

자나메자야가 말했다. -무궁한 힘을 지닌 프리타 아들[아르주나]의 공적은 정말 놀랍습니다. 그 소식을 들은 드리타라슈트라 왕은 어떠했습니까?

바이삼파야나가 말했다. -암비카(Amvika)의 아들 드리타라슈트라(Dhritarashtra)는 드와이파야나(Dwaipayana, 비아사)로부터 아르주나가 천국의 인드라 처소(處所)에 머무르고 있다는 말을 듣고 최고의 신령 산자야(Sanjaya)에게 말했습니다.

"오 마부(馬夫)여, 그대는 내가 들었던 아르주나의 행적에 대해 자세히 알고 있는가? 내 못된 아들놈[두료다나]이 가장 천박한 짓을 지금 저질러 놓고 있다. 그 악으로 세상 사람들을 죽게 만들 것이다. 영명한 사람은 농담 속에서도 진실이 있으니, 그 아르주나를 감당할 자가 이 3계(三界)를 차지할 자일 것이다. 그 누가 아르주나의 화살 공격을 감당할 것인가? 무적의 판두들과 싸워야 할 내 악한 아들들은 다 운수가 나쁘다. 내가 밤낮으로 궁리를 해 봐도 그 아르주나를 당할 자가 없겠구나. 드로나나 카르나나 비슈마까지도 아르주나와 싸우면 화(禍)를 당할 것이 아니냐? 오 산자야(Sanjaya)여, 산꼭대기를 치는 벼락은 태우지 못 한 부분도 있지만, 키리티(Kiriti, 아르주나)의 화살은 굳이 꼭 형틀도 쓸 필요도 없을 것이다. 태양이 그 빛을 뿌리듯이, 아르주나의 화살은 내 아들들을 다 태울 것이다."

산자야(Sanjaya)가 말했다. -오 대왕이시여, 대왕께서 두료다나에게 했던 말씀은 모두 진실한 것입니다. 무적(無敵)의 판다바들은 회당(會堂)에서 그 드라우파디가 보는 앞에서 분노가 채워졌습니다. 두사사나와 카르나의 독한 말을 들었으니, 판다바들은 쿠루들을 용서하지 않을 겁니다. 오 대왕이시여, 아르주나는 그의 활을 가지고 시바(Siva) 신과도 기꺼이 싸웠다고 합니다. 시바 신은 아르주나를 시험하려고 사냥꾼으로 변장하여 싸웠는데, 누가 그 로카팔라(Lokapala) 무기를 소지한 그 '시바 신'과 감히 싸울 수 있겠습니까? 오 대왕이시여, 아홉 가지 모습을 지닌 마헤스와라(Maheswara, 시바 신) 앞에서도 아르주나는 흔들림이 없었는데, 그 누가 그 아르주나를 대적(對敵)하겠습니까? 대왕의 아들들이 드라우파디를 끌어다 놓고 판두 아들들을 화나게 만들었으니, 무서운 화가 닥쳐 올 것입니다. 두료다나가 드라우파디에게 그의 두 허벅다리를 드러낸 것을 보고, 비마는 입술을 떨며 말했습니다. "죽일 놈이다! 13년 후에 내가 너의 허벅다리를 부셔놓겠다."라고 말했습니다. 판다바의 아들들은 다 최고의 무사들입니다. 다 힘이 장사이고 모든 무기에 달통했습니다. 그래서 신들도 그들을 무찌를 수 없습니다. 그들의 부인(婦人, 드라우파디)을 능멸했으니, 판두 아들들은 전투로 대왕의 아들들을 무찌르게 될 것입니다.

드리타라슈트라가 말했다. -오 마부여, 카르나(Karna)가 판두 아들들에게 독한 말을 했었지! 드라우파디를 회당으로 끌고 온 것도 못 할 일인데, 거기에 '욕설[행실이 좋지 못하다]'까지 한 것이 아니냐? '바른 길을 마다 한 내 아들들'이 그 일을 저질러 놓고 어떻게 살 수가 있겠느냐? 오 마부야, 눈이 먼 나의 말을 듣지 않는 망할 놈의 내 아들에 대해 말해 보라. 두료다나는 항상 악에 편승한 카르나(Karna)와 사쿠니(Sakuni)와 어울려 사물을 옳게 분별하지 못 하고 있다. 무적의 아르주나 화살은 내 아들을 남김없이 향할 것이다. 비마와 아르주나 바수데배[크리슈나]가 화가 나 싸울 때에, 내 아들들과 그 친구들은 그들[아르주나, 크리슈나]을 당할 수가 없을 것이다.

자나메자야가 말했다. -판두 아들들이 이미 유랑(流浪) 길에 올랐으니, 드리타라슈트라 왕의 탄식은 완전히 소용도 없는 것입니다. 그런데 판두 아들들은 그 숲 속에서 무엇을 먹고 살았습니까?

바이삼파야나가 말했다. -영웅들은 활로 사슴들을 잡았습니다. 그들은 그 고기를 먼저 바라문들에게 올리고 남은 고기를 자기들이 먹었습니다.

바이삼파야나가 말했다. -드리타라슈트라 왕은 판다바들의 소식을 듣고 걱정과 근심뿐이었습니다. 그래서 왕은 산자야(Sanjaya)에게 말했습니다.

-오 마부야, 노름판을 벌인 내 아들들을 생각하면 낮이나 밤이나 한 순간도 내 마음이 편하지 않구나. 비마의 철퇴와 아르주나의 간디바를 우리 편의 누구도 못 당할 것이다. 오 산자야여, 두료다나의 말을 듣고 내 친구들의 말을 물리쳤던 것을 나도 반성해야 할 것이다.

산자야(Sanjaya)가 말했다. -오 대왕이시여, **그것이 모두 대왕의 잘못이었습니다.** 오직 아들들만을 아껴서 막지 못했던 것은 바로 대왕의 잘못입니다. 판다바들이 주사위 노름판에서 졌다는 소식을 들은 크리슈나는 카미아카(Kamyaka) 숲으로 가서 그들을 위로 했고, 드리슈타듐나(Dhrishtaketu)를 선두로 한 비라타(Virata) 드리슈타케투(Dhrishtaketu) 등 케카야족(Kekayas) 억센 무사들이 그곳으로 가 드라우파디 아들들을 위로 했습니다. 나는 염탐(廉探)꾼들에게 그것을 들었습니다. 그리고 크리슈나가 그 판두 아들들을 만났을 적에 판두 아들들은 크리슈나에게 전쟁을 할 적에 '아르주나의 마부(馬夫)'가 되어달라고 하니 "그럽시다."라고 약속까지 했습니다. 그리고 크리슈나는 사슴 가죽을 걸치고 있는 판두 아들들을 보고 화가 나서 유리슈티라에게 말했습니다.

"프리타의 아들들은 '라자수야(Rajasuya) 대제'에서 다른 왕들이 획득을 못 했던 융성을 인드라푸라스타(Indraprstha)에서 획득을 하였습니다. 나는 모든 왕들뿐만 아니라 방가족(Vangas) 파운드라족(Paundras) 오드라족(Odras) 촐라족(Cholas) 드라비다족(Cholas)과 안다카족(Andhakas) 많은 섬나라 왕들과 시날라라(Sinhalas) 믈레차족(mlecchas) 란카(Lanka) 원주민, 수백의 서부 왕들과 모든 해안가의 왕들과 팔라바족(Pahlavas) 다라다족(Daradas) 키라타족(Kiratas) 야바마나족(Yavanas) 사크라족(Sakras) 하라후나족(Harahunas) 치나족(Chinas) 투카라족(Tukharas) 신다바족(Sindhavas) 자구다족(Jagudas) 라마타족(Ramathas) 문다족(Mundas) 여인국의 주민, 탕가나족(Tanganas) 케카야족(Kekayas) 말라바족(Malavas) 카스미라(Kasmira) 주민이 당신들의 용맹이 두려워 초청에 응해서 온갖 공물(供物)을 올렸던 것입니다. 그 부(富)가 적들에게 갔으니, 적들에게서 빼앗아 당신에게 돌려주겠습니다. 오 쿠루의 왕이시여, 내가 전쟁을 하는 날이면 라마와 비마와 아르주나와 쌍둥이와 아크루라(Akrura) 가다(Gada) 삼바(Shamva) 프라듐나(Pradyumna) 아후카 (Ahuka) 드리슈타듐나(Drishtadumna) 시수팔라(Sisupala) 아들의 도움을 받아 두료다나, 카르나, 두사사나, 수발라의 아들[사쿠니]를 죽이겠습니다. 그래서 그대가 당신 형제들과 하스티나푸라 (Hastinapura)에 살며 드리타라슈트라들의 융성을 앗아 이 세상을 통치하도록 해 놓겠습니다."라 고 크리슈나가 유디슈티라에게 말하니, 그 말을 듣고 드리슈타듐나도 말했습니다.

"오 자라르다나(Janardana, 크리슈나)여, 나는 당신의 말씀을 진실로 믿습니다. 13년이 종료될 때에 당신은 나의 적들을 물리칠 것입니다. 오 케사바여, 제게도 약속을 해주십시오." 크리슈나의 그 말에 동의하였고, 유디슈티라와 드리슈타듐나는 화난 케사바(크리슈나)를 부드러운 말로 달랬습니다. 그리고 그들은 그 바수데바(크리슈나) 말을 듣고 드라우파디에게 다음 말을 했습니다.

"오 부인이여, 당신이 화를 내시니, 두료다나가 죽게 되었습니다. 우리가 약속드립니다. 슬퍼하지 마시오. 주사위 노름으로 그대를 땄다고 능멸(凌蔑)했던 죄 값을 치를 것입니다." 이런 말들이 숲 속에서 행해졌습니다. 무적의 그들이 몰려 올 것입니다. 갈기를 세운 성난 사자 앞에 누가 살수가 있겠습니까?

드리타라슈트라가 말했다. -주사위 노름을 할 적에 비두라가 내게 "노름으로 판다바를 이기면 모든 쿠루들은 피로 망합니다."라고 했는데, 그것이 사실이 되겠구나.[135]

'카우라바와 판다바의 전쟁 이야기를 산자야에게서 듣는 드리타라슈트라'[136]

135) K. M. Ganguli (Translated into English Prose from the Original Sanskrit Text), *The Mahabharata of Krishna-Dwaipayana Vyasa*, Munshiram Manoharlal Publisher Pvt. Ltd. New Delhi, 2000, -**Vana Parva**- pp. 106~111
136) Wikipedia, 'Dhritarashtra' -'The blind king Dhritarashtra listens as the visionary narrator Sanjaya relates

(a) 인류가 소유한 '모든 정보(情報)'가 '말' 속에 있고, 일찍이 그 '말'을 주관했던 자가 '비아사(Vyasa)' '우그라스라바(Ugrasrava)' '바이삼파야나(Vaisampayana)' '산자야(Sanjaya)'였는데, 그들의 '천지 만물을 다 보고 예언을 행할 수 있어' '마하바라타(The Mahabharata)'를 이루었다는 것을 거듭거 듭 명시하고 있다. 그것을 믿었던 족속이 역시 그 힌두(Hindu)들이었으니, 그것을 알 때 '인류가 지니고 있는 모든 정보(情報)'들 제대로 다 분석 고찰하여 합당한 결론을 도출할 수 있는 기본 요건을 마련하게 된다.

(b) 그들이 합의해서 정착시킨 결론이 1) 절대신(絶對神) 만능주의 2) 천국(天國) 중심주의 3) 정신 (精神, 생각) 만능주의 4) 고행(苦行) 만능주의 5) 제사(祭祀) 만능주의 6) 언어 절대주의 7) 만물 의 인격화 8) 인과응보(因果應報)와 '윤회(輪回)'와 '예정설' 9) 현세 부정(Denial of this world) 결론들이다.

(c) 그리고 '그 모든 것'을 가장 거침없이 다 공개를 하고 있는 그 점이 바로 '마하바라타(The Mahabharata)'의 위대한 점인데, '이이(李珥)' '뉴턴' '볼테르' '칸트' '니체'와 '다다이스트들'은 그것 을 벗어난 '우주'의 밖에 '자신들의 정신'을 두고 '새로운 원리(原理)'에 따라 '새로운 법(法)'을 펼 쳤다.['태양족 이동' 참조]

(d) 그러므로 이 글을 읽고 있는 독자들은 마땅히 기존 한 '마하바라타(The Mahabharata)' '불경(佛 經)' '성경(聖經)'의 기록은 물론이고, 그 '이이(李珥)' '뉴턴' '볼테르' '칸트' '니체' '다다이스트들'의 진술까지를 어디까지나 '하나의 말[情報]'로 알고 '엄정한 자기 자신의 기준'으로 그 '모든 정보(情 報)'에 대한 심의에 착수를 할 수밖에 없다. 그것을 가장 확실하게 권유했던 사람이 F. 니체였다.

(e) '마하바라타(The Mahabharata)'에 가장 핵심적인 진술자는 '드리타라슈트라(Dhritarashtra)'와 산 자야(Sanjaya)의 대화인데, '마하바라타(The Mahabharata)'는 시작부터 그 대강을 그들 대화를 통해 명시하고 '관련된 인물의 선부(善否)'를 명시하였다.

(f) 그런데 이 장에서는 더욱 구체적으로 '두료다나' '사쿠니' '카르나' '두사사나'가 '주사위 노름'으로 유디슈티라의 모든 것을 갈취한 다음 숲으로 들어간 상황에서, 이후 전개될 '전쟁 상황'을 미리 점치며 그 '드리타라슈트라(Dhritarashtra)'와 산자야(Sanjaya) 13년 후 '전쟁 진행'을 미리 예견하 고 말하는 특징을 보이고 있다.

(g) 그런데 역시 이 장에서 무엇보다 주목을 해야 할 대목이, 자나메자야 황제가 바이삼파야나에게 **'판두 아들들은 그 숲 속에서 무엇을 먹고 살았습니까?'**라고 물으니, 바이삼파야나는 '영웅들은 활로 사슴들을 잡았습니다. 그들은 그 고기를 먼저 바라문들에게 올리고 남은 고기를 자기들이 먹었습니다.'라고 말했던 부분이다.

(h) 이에 우선 생각해야 할 것이 태양이 약속을 했다는 '13년간 식사 제공' 문제는 그 '판두 아들들이 노력해 확보한 먹이[사슴고기]'를 '하늘이 제공한 식사'라고 생각했던 점이다.
그것은 **추수감사절** 같은 의식에 관련된 생각이니, 상고시대부터 힌두(Hindu)는 '스스로 먹을 것을 장만해 놓고 하늘이 주셨다.'고 감사했던 '하늘'을 섬기는 종족이었음을 확인 할 수 있다.

(i) 신라(新羅)의 혜초(慧超)가 그의 **'왕오천축국전'**에서 밝힌 '육 고기를 먹고 하늘을 섬겼다고 밝힌 그 대식국(大寔國)'에 바로 힌두(Hindu)의 '마하바라타(**The Mahabharata**)' 전통 문화를 제대로

---

the events of the battle between the Kaurava and the Pandava clans'

간직하고 있었다는 사실이다.

이것은 혜초 자신을 포함한 '[법흥왕 이후]신라 왕가'와 '거대 인도[五天竺國]'가 '육 고기를 먹지 않은 비구승(比丘僧) 문화'였는데, '사냥과 어로(漁撈)로 살았고[盤龜臺 그림에서 보여주듯이] 하늘을 받들던 종족[한반도 인]'이었던 그 '혜초(慧超) 조상들의 문화[혁거세, 김수로, 김알지 문화]'를 완전 망각[무시] 속에 그 '사상의 변화'를 전혀 깨닫지 못 하고 있었다는 점이다.

(j) 즉 '육식(肉食)' '채식(菜食)'에 그토록 '엄청난 차이[무시 경멸]'를 두었던 문화의 차별이 역시 우리 인간의 '공통된 편견'이라는 점이다.

(k) 그래서 '모든 지구촌 문화'가 같은 테이블에 논의 될 필요가 있고, 그 지역의 '역사' 그 '논의'를 초월하여 '전 인류'와 '우주 만물을 지배하는 하는 원리[법칙]'가 바로 그 '절대자'라는 움직일 수 없는 결론이 '상재(常在)'한다는 사실이다.['氣發理乘一途說' 참조]

그것은 '원리(原理)'일 뿐이니, 그것에 처음 '인격'을 부여한 존재들의 힌두 바라문으로 이어 불교 사제와 기독교 사제가 생각을 같이 했다.

제54장 우시나라 왕과 매와 비둘기 이야기

바이삼파야나가 말했다. -유디슈티라가 형제들과 사라스와티(Saraswati) 강에 목욕을 하고 성자 로마사(Lomasa)를 뵈었더니, 로마사는 다음과 같은 이야기를 들려주었습니다.

-오 최고의 왕이시여, 저 강이 온갖 죄악을 씻어준다는 성스런 비타스타(Vitasta) 강입니다. 저 강은 굉장히 차고 맑아 대 성자들이 사용하고 있습니다. 야무나(Yamuna) 강 양쪽에 성스런 잘라(Jala) 강과 우파잘라(Upajala) 강을 보십시오. **여기에서 희생제를 지냈던 우시나라(Usinara) 왕은 [도덕에서]위대함이 인드라(Indra) 신을 앞질렀습니다.** 그래서 인드라 신과 아그니(Agni) 신이 그 [우시나라 왕]를 시험해 보고 축복을 해주려고 그 제사 장소에 나타났습니다. '인드라'는 매(hawk)가 되고 '아그니'는 비둘기(pigeon)가 되어 우시나라(Usinara) 왕에게 갔습니다. 그래서 그 매를 무서워한 그 비둘기는 우시나라 왕의 보호를 받으러 왕의 허벅지 사이에 떨어졌습니다. 매가 말했습니다.

"세상의 왕들은 다 당신이 독실한 왕이라고 합니다. 그런데 왕은 어떻게 해서 일상적인 용인(容認)을 막으십니까? 나는 배고픔으로 시달렸습니다. 대왕은 신이 [비둘기를] 나의 먹이로 지정한 것을 모르십니까? 왕이 도덕에 정진하다가 현실에서 이런 행동을 하신 것 같습니다." 이에 우시나라(Usinara) 왕은 말했습니다.

"최고의 우족(羽族, 날짐승)이여, 그대를 무서워 이 새는 살려고 서둘러 나에게 의탁을 해왔다. 이 비둘기가 그렇게 나에게 보호를 요청할 때에 그대는 왜 나에게 내가 그대의 말을 들어야 할 더 좋은 점을 제시하지 않았는가? 비둘기는 두려움에 떨며 나에게 그 목숨을 구걸하고 있다. 그러기에 비둘기는 보호 받을 만하다. **바라문을 죽인 자나, 암소를 죽인 자나, 보호를 거절한 자(he that forsaketh one seeking for protection)는 동일한 범죄자이다.**"이에 매가 말했습니다.

"오 왕이시여, **모든 생명은 먹는 것에서 생겨나고 먹는 것으로 목숨을 지탱합니다**. 그가 가장 사랑하는 사람을 이별한 뒤에도 오래 살 수 있으나, 먹을 것이 없으면 그렇게 할 수 없습니다. 오 왕이시여, 먹을 것을 빼앗으면 내 목숨은 이 몸을 떠날 것이며 그런 고통도 없는 영역으로 갈 것입니다. 독실한 왕이시여, 그 비둘기 한 마리가 보호를 받아 내가 굶어 죽으면, 아내와 자식들이 반드시 죽을 것입니다. 그러하시면 많은 생명을 버리신 것입니다. **하나의 도덕이 다른 도덕을 막으면 명백히 그것은 도덕이 아닙니다. 그래서 현실에는 불의(不義)가 있습니다.**[부정적 세계관] 오 진리에 용감한 왕이시여, **이름값을 하는 도덕이란 혼란이 없는 법입니다. 서로 거스르는 대립되는 도덕률들을 상호 비교하여 서로 거스르지 않은 것을 옹호하셔야 합니다.**" 이에 우시나라 (Usinara) 왕이 말했습니다.

"오 최고의 새여, 좋은 말을 해주셨소. 나는 그대가 새들의 왕 가루다(Garuda, Suparna)가 아닌가 하는 생각이 드오. 도덕에 달통한 그대 앞에 머뭇거릴 까닭이 없소. **어떻게 도덕을 추구하는 하는 자가 도움을 청한 자를 포기할 수 있겠소?** 오 하늘의 관리자여, 배고픔을 달래려거든 더욱 큰 먹거리로 허기를 달래시오. 나는 더욱 맛있는 황소나 수퇘지 사슴 물소까지 제공할 수 있습니다." 그러자 매가 말했습니다.

"오 왕이시여, 나는 수퇘지나 황소 등 다른 짐승들의 살코기를 원하지 않습니다. 내가 왜 꼭 다른 종류의 고기를 왜 먹어야 하겠습니까? 오 크샤트리아시여, 그러기에 하늘이 오늘 저의 식사로 제공해준 그 비둘기를 내게 내 놓아야 합니다. 오 왕이시여, **매에게 비둘기는 영원한 식량입니다.** 견딜힘이 없는 나무를 붙들고 있지 마십시오." 우시나라(Usinara) 왕이 말했습니다.

"하늘의 관리자여, 나는 그대가 원하면 내 영토도 줄 수 있다. 나에게 보호를 호소한 이 비둘기는 빼놓고 나는 기꺼이 무엇이나 그대에게 줄 것이다. 내가 이 새를 살리려는 내가 취할 수 있는 방도를 말하시오. 그렇지 않으면 무슨 상황이 올 지라도 그대에게 어떤 것도 줄 수가 없소." 매가 말했습니다. "오 위대한 왕이여, 당신이 이 비둘기를 그렇게도 사랑하신다면, 이 비둘기의 맞은 편 저울에 당신의 살을 잘라 올려주십시오. 그래서 그 무게가 동등(同等)하면 그것을 나에게 주시면 나는 만족하겠습니다." 그러자 우시나라(Usinara) 왕이 대답했습니다.

"오 매여, 그대의 요구대로 저울에 달아 내 살을 그대에게 주겠소." 그러자 매가 말했습니다.

"오 유덕한 왕시여, 나는 인드라(Indra) 신이고, 그 비둘기는 정결한 버터를 나르는 아그니(Agni)입니다. 우리는 그대의 제사 장소로 와서 그대의 도덕을 알고 시험하고 싶었소. 그대는 그대 몸에서 그대의 살을 깎아 주겠다고 했으니, 그대의 영광은 세상의 모든 것을 초월했습니다. 사람이 있는 한 그대를 칭송할 것이고 그대는 성지(聖地, 천국)에 올 겁니다." 이 말을 남기고 인드라 (Indra)는 하늘나라로 향했습니다.[137]

---

137) K. M. Ganguli (Translated into English Prose from the Original Sanskrit Text), *The Mahabharata of Krishna-Dwaipayana Vyasa*, Munshiram Manoharlal Publisher Pvt. Ltd. New Delhi, 2000, -**Vana Parva**-

(a) 이 '마하바라타(*The Mahabharata*)'의 '우시나라(Usinara) 왕의 매 비둘기 이야기'는, 힌두 '바라문 문화'뿐만 아니라 '불교' '기독교'가 공유한 그 **'성소(聖所, 절, 성당) 운영의 기본 방침'**이 되어 있는 바이고, 한반도에서는 혜초의 '왕오천축국전'에 구체적인 언급이 있으나 그보다 훨씬 앞선 진수(陳壽, 232~297)의 '삼국지' '마한(馬韓)조'에 언급된 힌두 '바라문(巫覡) 문화의 핵심'으로 주목을 받을 만한 '사제(司祭)의 최고 도덕의 실현 사례'로 주목할 만하다.[헤로도토스의 '역사'에서도 거듭 확인이 되고 있음]

(b) 위에서 먼저 주목할 필요가 있는 구절은, '바라문을 죽인 자나, 암소를 죽인 자나, 보호를 거절한 자(he that forsaketh one seeking for protection)는 동일한 범죄자이다.'라는 구절이다.

(c) **'생명 보호 요청을 거절하지 않는 것'을 기본으로 삼은 힌두교, 불교, 기독교의 공통성은 바로 '망명처(亡命處, asylum)'의 운영이다. 그 동안 종교적인 성향이 짙은 한국 [巫俗]사회에서도 '솟대(蘇塗)'의 연원은 힌두(Hindu)에서 발원한 것임을 알 수 있다.**

(d) 이 '매(독수리)와 비둘기' 이야기는 유명하여 '삼국유사' '염촉멸신(厭觸滅身)' '수로왕' 이야기에도 등장하고 있다.

(e) 그리고 위의 '우시나라(Usinara) 왕' 이야기를 '육체에 감행된 고행(苦行, 살을 떼어줌) 미화(美化)'에 근거를 둔 힌두의 오랜 전통을 기반으로 둔 이야기다. 위에서도 힌두의 '고행[육신 초월]=도덕 성취[신성 확보]' 기본 공식을 단숨에 달성해 보인 사례이다.

(f) 그 '그 고행의 극치(極致)'를 반복해서 강조해 성립된 종교가 역시 '그리스도의 십자가 고행'이다. 힌두 더욱 일반적으로 '생살을 떼 내는 그 아픔'이 바로 '신(神)의 경지(境地)로 들어가는 입문(入門)'이라는 가르치고 있다.

(g) 이 **고행(苦行)의 긍정적 의미'를 '성인(成人)'들은 거의 알고 있지만, 다른 한편에 엄연히 '전혀 고행[고생]을 모르고 살려는 욕심(慾心)'이 엄연히 자리를 잡고 있다.** 즉 '고행(苦行)'과 '안락(安樂)'은 인간 사회, 아니 '개개인의 삶' 그 속에 상재(常在)하고 있는 사항이다.

그런데 그 '고행(苦行)'과 '안락(安樂)'은 일차적으로 '육신(肉身)'에 관련되어 있지만, 그것은 결국 더욱 보편적으로 인간의 정신적인 '인내[고통]'와 '승리[쾌락]'로 바뀌게 마련이다.

(h) **가령 불타(佛陀)의 '고행'과 '깨달음'은 단순한 '육체적 고통의 감수(甘受)'로 다 설명을 할 수는 없으니, 그 '인내[고통]'와 '승리[쾌락]'를 그 동시주의(同時主義, Simultaneism)로 묶을 수 있을 때에 비로소 마음의 '안정'과 '평화'에 도달하는 기틀이다.**

(i) '단순한 육체적 고통의 감수(甘受)의 미화(美化)'는 '사디즘(sadism)' '마조히즘(masochism)' '우울증(hypochondria)'의 다른 표현일 수 있다.

(j) 위에서는 우시나라(Usinara) 왕이 등장했으나, '다르마(darma)' 왕은 유디슈티라(Yudhishthira)이다. 그러므로 이야기를 전하는 바라문 로마사(Romasa), 우시나라(Usinara) 왕, 유디슈티라(Yudhishthira)가 다 같은 '정신=힌두 사상, 종교'이니, 그것을 담고 있는 것이 '마하바라타'이다. 얼마나 견고하고 치밀한 전개를 행하고 있는 지는 '과학의 정신'이 아니면 알고도 '알았다.'고 어느 누구에도 말할 수도 없는 사항이었다.[원래 '경전(經典)의 불신자'는 교육의 시작부터 완전 배제가 되었음.]

---

pp. 169, 271~273

제55장 성지 순례와 '물'과 '불'의 의미

로마사(Lomasa)가 말했다. -여기에 보이는 사망가(Samanga) 강은, 이전에는 마두빌라(Madhu-vila)였고, 거기에는 '바라타'가 목욕을 했던 카르다밀라(Kardamila) 강입니다. 브리트라(Vritra)를 살해한 결과 불행에 빠진 사치(Sachi)왕이 이 사망가(Samanga) 강에서 목욕재계(沐浴齋戒, ablu-tions)하고 죄에서 벗어났습니다. 마이나카(Mainaka) 산이 땅 속으로 꺼져버린 곳인데 여기를 비나 사나(Vinasana)라고 합니다. 옛날 아디티(Aditi)가 아들을 얻기 위해 천신에 제사를 올리기 위해 음식을 만들었던 곳이기도 합니다. 그 우뚝한 산에 오르시면 당신의 불행은 끝날 것입니다. 오 왕이시여, 여기는 성자들의 카나칼라(Kanakhala)가 있습니다. 그리고 저것이 거대한 갠지스 강입니다. 여기가 산나트쿠마라(Sanatkumara) 성자가 금욕에 성공한 곳입니다. 이 강물에서 목욕재계를 행하시면 모든 죄악에서 벗어납니다. 오 쿤티의 아드님이시여, 여기 푸니아(Punya) 호수, 브리구퉁가(Bhrigutunga) 산과 투슈니강가(Tushniganga)강을 마주하고 스툴라시라(Sthulasiras) 성소를 보십시오. 그러시면서 분노와 자만을 다스리십시오.

로마사(Lomasa)가 말했습니다. -오 바라타의 후손이여, 당신은 이제 우시라비자(Usiravija)산, 마이나카(Mainaka)산 스웨타(Sweta)산 칼라(Kala)산을 지났습니다. 거기에는 일곱 지류의 갠지스가 있었습니다. 순수하고 성스러운 곳입니다. **여기에서 아그니(Agni)는 끊임없이 불타오르고 있습니다. 마누(Manu, 인간)의 아들[일반인]은 이 놀라운 광경을 볼 수 없습니다.**(No son Manu is able to obtain a sight of this wonder.) 오 판두의 아들이시여, 그 티르타(tirthas, 순례 지역)를 보려면 정신을 집중해야 합니다. 당신은 신들의 놀이터와 발자국을 볼 것입니다. 우리는 약샤들(Yakshas)과 약샤들의 왕 마니바드라(Manibhadra) 쿠베라(Kuvera)가 살았던 흰 바위 산 만다라(Mandara)에 오를 것입니다.[138]

——→

  (a) 힌두의 기본 의례는 '목욕재계(Ablutions)'와 '제사(Sacrifices)'이다. '목욕재계'에 빠질 수 없는 것이 '물[강물]'이고, '제사'에 빠질 수 없는 것이 '불'이다.
  '마하바라타(The Mahabharata)'는 '바라문(婆羅門)'의 책'이고 '바라문(婆羅門)'이 만든 책' '바라문(婆羅門)'을 위한 책'인데, **그 '바라문'의 주요 기능이 '제사[불] 담당'이고 그 처신의 기본이 '목욕재계[ablutions, 물]'이다.**

  (b) **'마하바라타(The Mahabharata)'의 종교적 중심 축(軸)은 '물'과 '불'이다.** '물'은 강물과 바다로서 '생명' '생성' '치유' '양육'의 근본이고, '불'은 '제사' '사멸' '귀의(歸依)' 태양의 대신(代身)이다. 인간과 모든 생명은 '물'과 '불' 사이를 왕래한 것으로 힌두들은 일찍부터 설명을 했는데, 사실 이것

---

138) K. M. Ganguli (Translated into English Prose from the Original Sanskrit Text), *The Mahabharata of Krishna-Dwaipayana Vyasa*, Munshiram Manoharlal Publisher Pvt. Ltd. New Delhi, 2000, -**Vana Parva**- pp. 280, 286

이 플라톤(Plato) 이전의 희랍 철학과학의 전부였다.

(c) 위에서 바라문 로마사(Lomasa)의 입을 빌어 '순례의 의미'를 더욱 구체적으로 설명하고 있다. 위에서 '바라타의 왕자들'인 판두 아들의 교육은 사실 상 '인도 상대(上代) 문화'를 그대로 보여주고 있는데, 위에서 가장 주목을 해야 할 대목이 모든 신들에 대한 신비를 **'마누(Manu)의 아들[일반인]은 이 놀라운 광경을 볼 수 없습니다**.(No son Manu is able to obtain a sight of this wonder.)'라는 부분이다. 천고(千古)를 누볐던 '바라문들이 최면술(催眠術)'을 걸고 있는 대목이다. 바라문들은 이 방법으로 크샤트리아아들을 속여 자기편으로 삼았고, 그들의 힘으로 역시 '천하'를 휘어잡았었다.[만인이 함께 보고 듣고 확인될 수 있는 영역까지 내려오지 않는 모든 진술은 '신실'이 아니다.]

(d) 소위 '목욕재계(沐浴齋戒, ablutions)'가 힌두에 기원(起源)을 두었고, 그것이 '속죄(贖罪)' '탈구(脫垢)'의 의미를 지니고 있는 '종교 의례'라는 사실의 이해는 '문화인류학' '종교 이해'에 막중한 의미를 지니고 있다.

(e) **'마하바라타(*The Mahabharata*)' 문화는 '시간' '공간'에 구애되지 않는 '영원' '절대 신에의 귀의' 문화이다**. 그러한 필수적 의미로 '물[탄생]'과 '불[사멸]'의 근거로 두 대상이 존중되었다.

(f) 혜초의 '왕오천축국전'에 '불'을 존중하는 종족이 잠깐 주목을 얻은 부분이 있으나, 한반도(韓半島)에서 '불의 숭배'는 '조왕(竈王, 灶王)신 숭배'로 20세기 중반까지 널리 지속이 되었고, '물의 숭배' '정화수(井華水)' '목욕재계(沐浴齋戒)'가 이미 신라시대부터 필수적 의례로 존중이 된 것으로 ['삼국유사'등]기록으로 다 남아 있다.

제56장 비마가 원숭이 형(兄) 하누만을 만나다.

바이삼파야나가 말했다. -판다바들은 아르주나 만나보기를 기다리며 6일 동안을 보냈습니다. 그런데 북동쪽에서 수천 개의 연꽃잎이 바람을 타고 날려 왔습니다. 그래서 판찰리(Panchali, 드라우파디)가 그것을 보았습니다. 그 연꽃을 얻은 드라우파디가 비마에게 말했습니다. "비마여, 세상에 없는 향기롭고 아름다운 이 꽃을 보세요. 이 꽃을 보니 제 마음이 기쁩니다. 이 꽃을 유디슈티라에게 올리고 싶습니다. 당신이 이 꽃을 더 얻어오면 나는 그것을 카미아카(Kamyaka)에 있는 우리 집으로 가져가겠어요." 그렇게 말한 드라우파디는 그 꽃을 유디슈티라에게 가지고 갔습니다. 드라우파디의 소망을 확인한 비마는 그 꽃이 날려 왔던 곳으로 그 꽃들을 찾아 떠났습니다. 비마는 활과 화살을 등에 지고 성난 사자처럼 달려 나갔습니다. 바유(Vayu, 風神)아들 비마는 거칠 것이 없었습니다. 드라우파디를 즐겁게 해 주겠는 생각에 그 산 정상(頂上)으로 향했습니다. 억센 비마는 힘차게 달려가며 종려나무처럼 서로 엉겨서 있는 나무 등걸을 뽑아 던지며 사자 같은 함성을 질렀습니다. 그리고 비마는 무수한 사슴들과 원숭이 사자 물소들도 만났습니다. 비마의 함성 소리에 먼 곳의 짐승들도 놀랐습니다. 비마는 온 힘으로 소라고둥을 불었었습니다. 그리고 그의 손으로 무기를 두들기니, 사방이 진동했습니다. 비마의 함성과 소라고둥 소리와 무기 두드리는 소리에 그 산의 골짜기들이 으르렁거리는 것 같았습니다. 그래서 천둥 벼락 같은 그 소리에 사자 코끼리들이다 놀라 도망을 쳤습니다. **원숭이 왕 하누만(Hanuman)은 그 소리가 비마(Bhimasena)의 소리임을 알아듣고 하늘로 가는 비마의 길을 막고 나섰습니다.** 하누만(Hanuman)은 비마의 안전을 생각하여 비마가 못 지나가도록 바나나무가 우거진 좁은 길에 가로 질러 누워 있었습니다. 하누만은 그 숲에 그냥 누워 졸고 있었습니다. 인드라 신에게 그 '막대기[지팡이]'를 바칠 듯이 천둥 같은 긴 꼬리를 내려치며 하품을 하고 있었습니다. 그러자 하품 소리에 사방의 산골짜기가 울렸습니다. 비마가 그 소리를 듣고 그 소리가 나는 바나나 숲 주변을 살폈습니다. 비마는 솟아 오른 바위 아래서 바나나무 숲에 누워 있는 원숭이 왕을 보았습니다. 하누만(Hanuman)은 빛을 내고 있어서 바라볼 수도 없었고, 그 짧은 목 통통한 어깨에 허리를 기대고 그냥 누워 있었습니다. 그리고 그의 꼬리는 긴 털로 덮여 있었고, 그것을 올리고 있었습니다. 그 하누만의 머리에는 구리 빛 얼굴에 작은 입을 달고 붉은 귀에 맑은 눈을 달고 날카로운 앞니를 지니고 있었습니다. 그의 머리는 빛나는 달과 같았고 흰 이를 드러내고 아소카(asoka) 꽃 같은 갈기가 흩어져 있었습니다. 비마가 그 하누만(Hanuman)을 보고 깜짝 놀랐습니다. 그래서 지혜로운 비마는 하늘로 향하는 길을 히말라야 산처럼 누워 막고 있는 억센 원숭이 왕을 확인했습니다. 비마는 하누만(Hanuman)이 혼자 있는 것을 보고 그에게 달려가 천둥 같은 목소리를 내질렀습니다. 그래서 그 비마의 고함소리에 짐승들과 새들이 모두 놀랐습니다. 그러나 하누만(Hanuman)은 술에 취한 듯 눈을 반쯤 뜨고 비마를 무시하며 바라보았습니다. 그러고 나서 비마를 향해 웃어 보이며 말했습니다.

"몸이 고단하여 나는 단잠을 즐기고 있다. 너는 웬 일로 나를 깨우느냐? 너는 도덕도 모르면서 현자(賢者)와 상담도 않는구나. 그러기에 무지한 어린 아이 같이 약한 동물들만 죽이는구나. 그런데 너는 무엇을 하러 인간 세계를 떠나 이곳으로 왔느냐? 오늘 어디로 향해 가는 길인가? **이 길은 하늘나라로 통하는 길이다. 인간은 갈 수 없다.** 내가 너를 위해서 만류한 것이니, 내 말을 들어야 한다. 너는 이곳에 잘 왔다. 내 말을 들어보려면 나의 맛있는 과일과 뿌리들을 쓸데없이 파괴하지 말라." 그 원숭이 왕 하누만(Hanuman)의 말을 듣고 비마가 말했습니다.

"당신은 누구이며 왜 원숭이 형상인가? 나는 바라문의 바로 아래 계급 크샤트리아로서 그대에게 묻는다. **나는 쿠루 족으로 판두의 아들 중에 한 사람으로 쿤티의 태(胎)를 빌린 '바람신의 후예 (the offspring of the wind-god)'로 이름은 비마세나(Bhimasena)이다.**" 그 말을 들은 역시 '바람신의 후예(the offspring of the wind-god)'인 하누만(Hanuman)은 웃으며 말했습니다.

"나는 원숭이다. 네가 원하는 이 길을 네게 허락해 줄 수가 없다. 네가 내게 죽지 않으려면 그냥 돌아가라." 이에 비마가 말했습니다.

"죽든 말든 내가 네게 원하는 바는 없다. 어서 길을 비켜라! 얻어맞고 후회하지는 말라." 하누만 (Hanuman)이 말했습니다.

"나는 일어날 힘도 없구나. 나는 지금 앓고 있다. 네가 가야만 한다면 뛰어 넘어 가라." 비마가 말했습니다.

"지고한 영혼(Supreme Soul, 하나님)은 모든 존재 속에 계신다.(The Supreme Soul void of the properties pervadeth a body all over.) 인간이 알 수 있는 존재는 그밖에 없으므로 나는 그분을 무시할 수 없고, 그래서 나는 너를 뛰어 넘지 않겠다. 만물을 창조하신 하나님을 몰랐다면, 나는 그 하누만(Hanuman)이 대양(大洋)에 걸터앉은 산이라고 할지라도 그를 뛰어넘을 것이다." 그 말에 하누만(Hanuman)이 말했습니다.

"그 대양(大洋)에 걸터앉은 그 하누만이라는 자가 도대체 누구냐?" 비마가 대답했습니다.

"하누만(Hanuman)은 나보다 지적으로나 힘으로나 신체적으로 나의 두 배인 우리 형님이시다. 라마의 여왕을 위하여 원숭이 왕인 그 하누만(Hanuman) 형님은 수천 요자나(yojanas)의 대양(大洋)을 단 한 번에 뛰어 건너셨다. 그 힘센 분이 바로 내 형이시다. 나는 전투에서는 그 형과 동등한 존재이다. 어서 일어나라. 내 명령을 거스르면 내가 너를 저승으로 보낼 수밖에 없다."

바이삼파야가 계속했다. -하누만(Hanuman)은 비마가 힘을 믿고 자신만만한 것을 알고 말했습니다. "이 어린 녀석아, 나를 당할 자는 없다. 내 꼬리를 곁으로 치워놓으면 내가 네 말대로 하마." 힘을 자랑하는 비마가 하누만(Hanuman)의 그 말을 듣고 속으로 생각했습니다. "내가 저놈 꼬리를 잡고 저놈을 야마의 영역[저승]으로 보내버려야겠다." 비마는 입가에 미소를 짓고 왼손으로 그 원숭이 꼬리를 치우려 했습니다. 그러나 어찌된 일인가. 그 억센 원숭이 꼬리는 꿈쩍도 하지를 않았습니다. 비마는 두 팔로 인드라 신의 막대기 같은 그 하누만(Hanuman)의 꼬리를 들어 올리려 했습니다. 그러나 억센 비마는 두 팔로도 그 하누만(Hanuman)의 꼬리를 들 수가 없었습니다. 그러자 비마의 눈썹은 찡그러지고 눈알은 돌아가고 전신이 땀으로 덮였습니다. 그래서 그 꼬리 들기에 실패한 비마가 두 손을 모으고 하누만(Hanuman)에게 말했습니다.

"원숭이 왕이시여, 저의 무엄함을 용서해 주십시오. 당신은 혹시 시다(Siddha)나 간다르바(Gandharva)나 구햐카(Guhyaka)가 아니십니까? 원숭이 모습을 한 당신은 도대체 누구입니까? 제자(弟子)로서 말씀을 드리며 당신의 도움을 청합니다." 이에 하누만(Hanuman)이 말했습니다.

"판두의 아들이여, 내 말을 들어보라. 나는 바람의 신과 케사리(Kesari) 여인 사이에서 태어났다. 내가 그 하누만(Hanuman)이라는 원숭이다. 모든 원숭이 왕들은 태양의 아들 수그리바(Sugriva)와 사크라(Sakra)의 아들 발리(Vali)를 모시고 있다. 오 비마여, 나와 수그리바(Sugriva)와 '바람'과 '불'과도 우정을 지켜야 한다. 오 쿠루의 아들이여, [천상으로 뚫린] 이 길은 육신(肉身)을 가지고는 갈 수 없는 길이다. 이 길을 불가항력으로 막는 것이다. 이 길은 하늘로 통하는 길이다."

바이삼파야나가 계속했다. -비마는 즐거운 마음으로 그 원숭이 왕 하누만(Hanuman)에게 말했습니다. **"나처럼 운이 좋은 사람은 세상에 없습니다. 나는 오늘 형님을 찾았습니다. 호의(好意)를 보여주시니 정말 감사합니다. 당신께서 상어들과 악어들이 살고 있는 곳[바다]을 건널 때의 모습을 보여 주시면 정말 우리 형님 말씀을 믿겠습니다."** 원숭이 왕이 말했습니다.

"그 내 모습은 너나 어느 누구도 볼 수 없다. 그 시대에 따라 사물은 변했고, 현재는 없다. 크리타(Krita) 단계에 사물은 그 단계의 것이고, 트레타(Treta) 단계는 그와는 다르다. 드와파라(Dwapara) 단계는 또 다르다. 지금은 소형화(Diminution) 단계이다. 그래서 지금의 나는 그 때의 내 모습이 아니다. 나는 시대에 따라 변하고 있다. 시간에는 아무도 저항할 수가 없다." 비마가 말했습니다.

"당신의 옛 모습을 보지 못하면 나는 당신을 떠나지 않을 겁니다. 내 형님을 좋아하니 형님의 모습을 꼭 보여주어야 합니다." 비마가 그렇게 말하자 하누만(Hanuman)은 비마를 보고 빙긋 웃더니 아워[비마를 즐겁게 해주려고 길이와 크기를 극도로 키웠습니다. 그 원숭이는 높이가 빈디아(Vindhya)[산에 도달했습니다. 그래서 그 원숭이는 구리 빛 눈에 날카로운 이빨과 거대한 꼬리를 늘어뜨린 거대한 산이 되었습니다. 그래서 비마는 형 원숭이의 모습을 보고 놀라 온 몸의 머리털이 곤두섰습니다. 태양처럼 빛나는 그 황금 산[하누만을 보고 비마는 그만 두 눈을 감았습니다. 그러자 하누만(Hanuman)은 비마를 향해 말했습니다.

"오 비마여, 너는 내가 키운 몸을 보지도 못 하는구나. 그러나 나는 내가 원하는 것만큼 키울 수가 있지." 비마가 말했습니다.

"오, 형님. 형님의 방대한 신체를 볼 수 있었습니다. 형님의 몸을 작게 해 주십시오. 마이나카(Mainaka) 산과 같아서 저는 지금 볼 수도 없습니다. 세상에 형님을 당할 자는 없을 겁니다. 라바나(Ravana)가 그 부하들을 몰고 와도 형님은 정말 못 당할 겁니다." 그러자 하누만(Hanuman)은 근엄한 목소리로 말했습니다.

"오 비마여, 흉포한 락샤사들(Rakshasas)도 나는 당할 수 없지. 내가 그 락샤사들(Rakshasas)의 왕을 죽이고, 시타(Sita)를 자기 도시로 돌아가게 했더니, 그 시타가 인간 사이에 나의 명성을 전했단다. 너는 사우간디카(Saugandhika) 숲으로 가라. 약샤들(Yakshas)과 락샤사들(Rakshasas)이 지키는 동산을 보게 될 것이다. 꽃을 억지로 꺾으려 하지 마라. 신들은 그 꽃을 존중한다. 오 비마여, 의무를 지키고 도덕을 따르라. 바라문의 종교는 영혼에 대한 지식으로 어디에서나 동일하다. 바라문이 희생제를 올리고 제물(祭物)의 공여는 다른 계급의 사람들도 알고 있다. 바라문들은 제사로 천국을 획득한다. 크샤트리아들은 탐욕과 적대 분노를 버리고 임무를 수행하여 천국을 획득한다. 왕들이 벌을 당하면 유덕한 사람들이 있는 곳으로 가게 된다."

바이샴파야나가 말했다. -그 원숭이 왕은 자기 몸을 축소시켜 팔로 비마를 감쌌습니다. 원숭이 왕이 감싸주니 비마의 피로(疲勞)는 씻은 듯이 사라지고 비마에게 힘이 되살아났습니다. 원숭이 왕은 눈에 눈물을 담고 비마에게 말했습니다.

"오 쿠루여, 그대의 처소로 돌아가라. 그대가 말을 하면 나는 금방 그대를 기억해 낼 것이다! 내가 여기에 산다는 실은 누구에게도 말하지 말라. 네가 형제간의 감정으로 소원을 말해보라. 네가 원하면 바라나바타(Varanavata)로 갈 것이고, 무가치한 드라타라슈트라 아들들을 죽일 수도 있다. 네가 그것을 원하면 그 도시를 바위만 남게 할 수도 있고 오늘이라도 당장 두료다나를 잡아 올 수도 있다." 원숭이 왕의 그 말을 듣고 비마는 말했습니다.

"원숭이 왕이시여, 형님의 말씀으로 그것을 이미 달성 했습니다[한 것이나 다를 바 없습니다.]. 잘 계세요 형님!"[139]

'하누만'[140] '하누만'[141]

(a) '마하바라타(*The Mahabharata*)'는 위대함은 한 두 마디로 요약되기 어려우니, 위에서 비마 (Bhima)의 말로 진술된 '**지고한 영혼(Supreme Soul, 하나님)은 모든 존재 속에 계신다.**(The Supreme Soul void of the properties pervadeth a body all over.)' 진술은 힌두(Hindu)뿐만 아니라 '불교[一切衆生悉有佛性]' '기독교[성신, 성령]'가 공유(共有)하고 있는 큰 전제이다.

(b) 그러므로 이 말은 '비마(Bhima)의 말'로 일단 밝혀졌으나, 힌두 바라문들의 중요한 신념의 표출, 불교와 기독교들의 '수행 정진 출발점'으로 큰 의미를 지니고 있다.

(c) 전술했던 바와 같이 '마하바라타(*The Mahabharata*)'는 '바라문의 문학' '바라문에 의한 문학' '바라문을 위한 문학'이다. 그런데 그 힌두(Hindu)의 바라문은 '인류 인문 사회 과학도의 선배'였으니, 그들의 임무는 일차적으로 '절대 신' '도덕 교육' '사회 질서 유지' '종족의 보전'을 가르치는 '판결 자' '교사'를 겸한 자들이었다.

(d) 그런데 '마하바라타(*The Mahabharata*)'의 기본 전제는 '크샤트리아들[왕들]의 바라문 공경자로 만들기 책'인데, 위에서는 그 수단으로 비마(Bhima)와 그이 형 하누만(Hanuman)이 등장했다.

(f) '마하바라타(*The Mahabharata*)'는 역시 '전쟁'을 통한 '절대신 위력 발휘'를 입증한 문학인데, '원시 전쟁의 승리'는 '체력'과 '무기'로 판결이 난다고 '마하바라타(*The Mahabharata*)' 서술자는 알고 있다. 그런데 '막강한 판두 형제들의 힘의 과시'를 억센 장사 비마(Bhima)가 그의 형 '하누만 (Hanuman)'을 만났다.

이미 비마는 악귀 '히딤바'[제32장]와 악마 '바카'[제33장] 이야기를 통해서 그 체력의 탁월함이

---

139) K. M. Ganguli (Translated into English Prose from the Original Sanskrit Text), *The Mahabharata of Krishna-Dwaipayana Vyasa*, Munshiram Manoharlal Publisher Pvt. Ltd. New Delhi, 2000, -**Vana Parva**- pp. 298~308

140) P. Thomas, *Epics, Myths and Legends of India*, Bombay, 1980, Plate 182 'Hanuman'

141) P. Thomas, *Epics, Myths and Legends of India*, Bombay, 1980, Plate 12 'Hanuman'

입증이 된 상태이다. 그러함에도 이에 다시 '하누만(Hanuman)형과의 회동'이 갖는 의미는 '드라우파디의 수모(受侮)'[제48장]로 이미 '엄청난 전쟁'이 예상 되는 상황이기 때문이다. 아르주나는 주로 '무기 사용'을 통해 그 '용맹과 무력'이 과시되었음에 비마는 '신체'와 '체력'으로 그 위용을 자랑했던 것이 서로 구분이 되고 있다. 특히 '신체의 크기를 맘대로 조절할 수 있는 하누만(Hanuman) 이야기'는 영국의 스위프트의 '걸리버 여행기'와 화제를 온전하게 함께 한 것이고, 중국 '서유기(西遊記)'의 손오공의 존재를 쉽게 상상하게 하고 있다.

(g) 특히 '비마' '하누만(Hanuman)'의 '거구(巨軀) 이야기'는 '통속연의(通俗演義)'에 '여포' '허저' '장비'의 신체적 특징과 그 용맹과도 연결이 되고 있는 바다.

(h) 힌두들이 '거구(巨軀) 소망(所望)'은 그대로 흔한 '코끼리 신[가네샤]'과 역시 그 연결이 되어 있다.

제57장 브라흐마의 메루 산

바이삼파야나가 계속했다. -어느 날 유디슈티라는 그의 아우 아르주나를 생각하고 그의 다른 아우들과 드라우파디를 불러 말했습니다.

"우리는 평화로운 이 숲에서 4년을 보냈구나. **비바트수(Vibhatsu, 아르주나)가 우리를 떠날 적에 5년이 지나면 산들의 최고 스웨타(Sweta) 산 절벽으로 올 것이라고 말했다**. 그곳은 꽃 핀 나무와 검은 벌 공작 호랑이 수퇘지 물소 사슴 등의 짐승들과 천신과 아수라들이 왕래하는 연꽃과 백합이 만발해 있다. 아르주나는 말하기를 '**밖에서 5년간 무술을 공부하고 돌아오겠습니다.**'라고 했다. 신들의 영역이기도 한 그곳[스웨타 산]으로 가서 아르주나를 만나기로 하자." 그렇게 말하자 바라문들도 유디슈티라의 그 말에 동의를 했습니다.

자나메자야(Janamejaya)가 말했다. -내 증조 할아버지들[판다바들]은 그 간다마다나(Gandhamadana) 산에서 얼마나 지내고 계셨습니까?

바이삼파야나가 계속했다. -판다바들은 그 히말라야에서 달콤한 과일과 활로 잡은 사슴 고기와 벌꿀을 먹으며 제 5년째를 보내고 있었습니다.

바이삼파야나가 말했다. - 판다바들은 부의 왕 쿠베라(Kuvera)의 말도 들어 마음이 즐거웠습니다. 비마는 들었던 철퇴와 칼과 활을 내려놓고 쿠베라 신에게 절을 올렸습니다. 그러자 쿠베라(Kuvera) 신은 말했습니다.

"적들을 무찌르는 자들이여, 우리의 낭만적인 영역[히말라야의 頂上]에 거하도록 하라. 그 약샤들(Yakshas)이 너희의 소망을 가로막지 않을 것이다. 무기를 얻은 구다케사(Gudakesa, 아르주나)도 곧 돌아온다." 유디슈티라에게 그런 말을 한 구햐카(Guhyakas)왕은 그 히말라야 정상에서 사라졌습니다. 그러자 수천의 약샤(Yakshas)와 락샤사(Rakshasa)들이 온갖 보석으로 장식한 수레들을 몰고 그 왕의 뒤를 따라 떠났습니다. 쿠베라(Kuvera) 처소로 향하는 말들은 떠드는 소리가 새들의 울음소리 같았습니다. 앞서 쿠베라(Kuvera) 신은 히말라야 정상에 유디슈티라 일행과 전투에서 죽은 락샤사들의 시체를 치우도록 명령을 내렸습니다. **원래 아가스티아(Agastya) 신령이 저주를 받아 [유디슈티라 일행을 방해했던]락샤사들(Rakshasas)이 되었었는데, 그 저주의 기한이 다 되어 풀려 난 것입니다.**['죽음'='고통에서의 해방'] 그래서 락샤사들(Rakshasas)의 축복을 받은 판다바들은 [히말라야 정상에 마련된] 그들의 거처에서 며칠을 즐겁게 보내고 있었습니다.

바이삼파야나가 계속했다. -그런데 아침 해가 뜰 무렵에, 다우미아(Dhaumya)가 기도를 마친 다음 아르슈티세나(Arshtishena)와 함께 판다바들을 찾아 왔습니다. 판다바들은 그 아르슈티세나(Arshtishena)와 다움미아(Dhaumya)의 발아래 엎드리어 모든 바라문들을 향해 절을 올렸습니다. 그러자 다움미아(Dhaumya)가 유디슈티라의 오른 손을 잡고 동쪽을 바라보며 말했습니다.

"오 억센 군주시여, **이 산들 중의 왕 만다라(Mandara) 산을 보십시오. 대지를 덮고 대양(大洋)에 이르고 있습니다. 인드라(Indra)와 바이스라바나(Vaisravana)가 이 숲과 산들을 다스리고 있습니다.** 그리고 신령들과 성자들과 시다들(Sidhas)과 사디아들(Sadhyas)과 천신들이 아침에 깨어나면 여기에서 저 태양을 향해 찬송을 올립니다. 그리고 **야마(Yama)왕은 세상을 떠난 영혼들이 그곳으로 가는 저 남쪽 지역을 다스리고 있습니다.** 그리고 그곳은 최고의 번창을 누리는 왕관을 쓰는 떠난 영혼들이 거주하고 있는 사니아마나(Sanyamana)입니다. 그래서 현자들은 저 산들의 왕을 '아스타(Asta, 해 지는 곳)'라 부릅니다. 태양은 거기로 져서, 항상 진리를 보여줍니다.['하루의 시작과 끝, -인생의 사멸'을 보며, 모든 진리를 알아야 한다는 의미] 바루나(Varuna) 왕이 모든 생명을 보호해 주며 이 산들의 왕과 골짜기를 지키고 있습니다. 오 운 좋은 분[유디슈티라]이시여, **빛나는 북쪽은 브라흐마(Brahma)의 궁정과 거처가 있는 막강한 마하메루(Mahameru)로, 모든 생명들의 영혼인 프라자파티(Prajapati) 브라흐마가 거기에 머물며 동물과 식물들을 창조해 내는 곳입니다.** 그래서 마하메루(Mahameru)는 브라흐마가 정신의 만들어낸 일곱 아들의 거처이기도 한데, 그 중에 닥샤(Daksha)는 일곱째입니다. **자득(自得)한 앎으로 행복에 잠겨 있는 위대한 할아버지[브라흐마]가 앉아 계시는 저 밝게 빛나는 메루(Meru)의 정상(頂上)을 보십시오.** 그리고 브라흐마의 그 다음 처소가 제1의 신(神)인 나라야나(Narayana, 크리슈나)인데 그는 시작도 끝도 없습니다. 오 왕이시여, 저 모든 힘이 복합되어 있는 저곳은 비록 천신들이라고 할지라도 볼 수가 없습니다. 그리고 자신의 힘으로 태양과 불빛을 만들어 내는 비슈누(Vishnu)는 신들도 뵐 수가 없습니다. 그리고 메루 산의 동쪽에 모든 생명의 주인 나라야나(Narayana, 크리슈나)가 있습니다. 저곳에서 준비를 하여 '그 우주의 영혼(that universal Soul, 신들의 신)'을 획득했고 요가(Yoga)로 성공을 이루어 '무지(無知)'와 '긍지(肯志)'를 벗어나서 이 세상으로는 돌아오지 않습니다.[厭世主義] **행운의 유디슈티라여, 그곳은 시작도 타락도 끝남도 없으니, 그곳은 바로 신(神)의 정수(精髓)이기 때문입니다(this region is without beginning, or deterioration, or end for it is very essence of that God,).** 그래서 매일 해와 달은 이 메루(Meru)산을 돌고 있습니다. 그리고 다른 별들도 이 산들의 왕 메루(Meru)를 돌고 있습니다. 이 막강한 메루(Meru) 산을 돌며 만물을 키우는 달[月]도 그 원상으로 회복이 됩니다. 어둠의 파괴자 태양도 거침없는 길을 달리며 만물을 기릅니다. [태양이] 이슬[寒露]을 만들고 싶으면 남쪽으로 갔다가 거기서 모든 생명들이 겨울 나게 만듭니다. 그런 다음 태양이 그 등을 돌리면 모든 생명의 힘을 마르게 합니다. 사람들도 땀을 흘리면, 배고프고 졸리고 무기력해 집니다. 그 때부터 신성한 빛으로 목욕을 하는 미지의 영역으로 돌아가면 모든 생명은 항상 그 졸음을 쫓아 버릴 수 있습니다. [태양이 남쪽 경로에서] 소나기와 바람과 열기로 안정을 찾으면 그 강력한 태양은 그 이전의 항로를 회복합니다. 그래서 태양은 '시간의 수레바퀴(the wheel of Time)'를 끊임없이 돌며 만물을 기릅니다.[1년의 경과] 태양은 힘을 빼앗았다가 다시 되돌려 줍니다. 오 바라타여, 낮과 밤과 칼라(Kala)와 카슈타(Kashtha)를 나누는 주인인 태양은 모든 피조물을 관장하고 있습니다."[142]

'티베트 네팔 사람 탕카(Thangka)가 그린 카일라스[메루] 산(Mount Kailash)'[143]

'중국. 티베트 자치구의 칼리아스[메루]'[144] '시바 신의 가족'[145]

---

142) K. M. Ganguli (Translated into English Prose from the Original Sanskrit Text), *The Mahabharata of Krishna-Dwaipayana Vyasa*, Munshiram Manoharlal Publisher Pvt. Ltd. New Delhi, 2000, -**Vana Parva**- pp. 318, 331~333

143) Wikipedia, 'Mt Kailash' -'Tibetan and Nepalese Thangka depicting Mount Kailash'

144) Wikipedia, 'Mt Kailash' -'Tibet Autonomous Region, China'

'메루 산을 지고 있는 거북'146) '자이나교 우주관'147)

_____✈

(a) '절대 신이 상주(常主)하는 메루(Meru) 산'은 인류가 소유하고 있는 모든 '신산(神山)'의 원형이다.[그 소박함과 구체성으로 그것을 입증하고 있음]

힌두(Hindu)가 자랑하는 ① 성산(聖山)은 메루(Meru) 산이고, 거기에는 ② 최고 신 브라흐마(Brahma)가 계시고, ③ 그는 무궁 무한의 창조의 소멸(심판)의 신이고, ④ 그 신이 인간의 위해 지정해 놓은 결과가 4계급(브라만, 크샤트리아, 바이샤, 수드라)이다.

(b) 그런데 인류의 관심이 집중 되고 있는 영역이 바로 **힌두(Hindu)의 '메루(Meru) 산'**인데, 그에 대한 비교적 온전한 설명을 하고 있는 부분이 바로 '마하바라타(*The Mahabharata*)'의 이 대목이다.

(c) 모든 '신화(神話)'는 구체적인 자리[地理 상의 위치]를 얻을 때 비로소 '과학'과 만나 그 '상징적 의미'를 비로소 획득할 수 있다.

(d) 그 '메루(Meru) 산' 진술을 기본으로 희랍인의 '올림포스 산'이 조성되었고, 유대인의 '에덴동산'과, 단군(壇君)신화의 '삼위태백(三危太伯)' 이야기가 서술이 되었다. 이 '메루(Meru) 산'을 주장을 바탕으로 불교의 '수미산(須彌山)' 이야기'도 마련이 되었음은 물론이다.

(e) 한국의 '신산(神山)'은 그 '태백산(太伯山, 브라흐마 산)' 말고도 '금강산(金剛山, Indra 산)' '한라산(보습 산)' '구지봉(龜旨峯, 비슈누 산)' '마니산(摩尼山, 寶珠산)'이 있으니, 모두 그 '메루(Meru) 산'의 연장(延長)이고 그 '힌두(Hindu) 정신'에 기원을 둔 명칭들이고 그 **절대주의'의 신봉(信奉)의 부동(不動)의 증거물들이다.**[힌두의 '巫俗 神話'의 연장임]

(f) 힌두(Hindu)들은 일찌감치 '볼 수 있는 신(化身)'들과 '볼 수 없는 신'으로 나누었고, '신을 만날 수 있는 사람[자격의 갖춘 사람]'과 '만날 수 없는 사람[자격이 없는 사람]'을 철저히 구분하였다. 이러한 구분을 바탕으로 '힌두(Hindu)의 4계급'이 생기게 되었으니, 물론 이 '마하바라타(*The Mahabharata*)'가 힌두 '원시 사회학'의 전부이다.

(g) 그리고 힌두들은 그 '절대신'의 고유 명칭[옴, Om, Aum]과 고유의 '거처[Mt. Meru]'의 도식(圖式)도 마련을 하였으니, '수자(數字) 상징'과 '얀트라(Yantra, Mandala)'가 그것이다.

145) Wikipedia, 'Mt Kailash' -'An illustration depicting the Hindu holy family of Shiva'
146) Wikipedia 'Mt. Meru' -'The cosmic tortoise, and Mount Meru'
147) Wikipedia 'Mt. Meru' -'Mount Meru from Jain cosmology'

'만다라(얀트라)에 기초한 신전 구도'[148) '자난 얀트라'[149) '발라 묵키 얀트라'[150) '비슈누 얀트라'[151) '슈리츠크람 얀트라'[152)

이 '신의 얼굴[얀트라]'에서 특별히 주목을 해야 할 사실은, **'점' '원' '직선' '삼각형'과 '사각형'들의 반복과 조화와 균형이다.** 이들 '신의 얼굴' '신전'을 기초로 이집트 '피라미드'가 힌두의 건축가 **드라비드(Dravid, Druid)**에 의해 설계 되었고, 역시 **기하학의 아버지, 피타고라스(Pythagoras, b. c. 580~500)**도 그의 철학[수학]적 체계를 이루는 그 근거는 이 '얀트라(Yantra)'에서 출발하였다.[당시 지구상에 배울 곳은 이 힌두 바라문이 있을 뿐임]

F. W. 분스(Bunce)는 숫자 '1' '2' '3' '4'를 다음과 같이 그 '상징'을 설명하고 도형으로 명시를 하였다.

"1(One)=근본, 단자(單子), 제일원리, 통일, 절대자, 할아버지(Primordial One), 영적 균형, 신(神), 낮, 광명, 태양(Ravi, Surya), **점(點)이나 원(圓).**"[153)

"2(Two)=이중성, 대립, 양극, 다양함, 창조 상징, 모성, 밤, 어둠, 왼쪽, 달, 악행(evil deeds)대 선행(good deeds), 물질적 선물 대(對) 영적 선물, 좌우(左右), 하늘과 땅, 밤과 낮, 두 개의 눈, 젖가슴, 여성 상징 수, **선으로 연결된 두 개의 점**, 연꽃잎 두 장."[154)

'점과 원', '직선'

"3(Three)=신의 가족(아버지, 어머니, 아기), 다양함의 통일, 남성, 이성(理性), 낮, 빛, 태양, 힌두 신앙의 수(數), 3신[브라흐마, 비슈누, 시바], 3계(三界), 3시(과거, 현재, 미래), 세 가지 목표(도덕, 지향, 쾌락), 행성 목성, **삼각형**"[155)

---

148) F. W. Bunce, *The Yantras of Deities*, D. K. Printworld, New Delhi, 2001 'Plate 1, Temple Plan Based on Mandala(Yantra)'
149) Ibid, 'Plate 3, Janan Yantra'
150) Ibid, 'Plate 13, Bagla Yantra'
151) Ibid, 'Plate 101, Vishnu Yantra'
152) Ibid, 'Plate 87, Shri-chkram Yantra'
153) F. W. Bunce, Ibid, p. 3
154) Ibid, pp. 3-4
155) Ibid, p. 4

"4(Four)=완성, 완벽, 우주의 영들로 균형 잡힌 창조의 유체(流體), 하늘나라, 네 가지 기초, 4베다, 하늘의 네 신강(神江)에서 온 네 개의 유선(乳腺), 비슈누의 원반, 4천왕, 사계(四季), 4원소, 4방(方), 절대 신의 상징 **사각형**, 네 개 꽃잎의 얀트라."[156]

'삼각형' '사각형'

이 숫자 상징과 그 기초에 전제된 '원(점, 1)' '직선(두 개 점 사이, 2)' '삼각형(세 개의 점)' '사각형(네 개의 점, 4)' 도형(圖形)을 바탕으로 '신(神)의 거주지[얀트라, 만다라]' 마련[想定]이 되었는데, 그것을 바탕으로 힌두(Hindu)의 신전(神殿) 건설이 되고 나아가 이집트 '피라미드'와 한국 중국 등 사원의 '불탑(佛塔)'이 건설되었음에는 각별한 주목을 요한다.

(k) 그리고 **힌두(Hindu) '얀트라(Yantra)' 도형과 숫자 상징을 바탕으로, 피타고라스는 그 '기하학(幾何學)적 사고'를 발동시켰다.**[힌두의 도형과 숫자 상징이, 그 '기하학'의 근본임]

제58장 마누와 물고기

유디슈타라가 마르칸데야(Markandeya) 바라문에게 말했다. -바이바스와타 마누(Vaivaswata Manu) 이야기를 아십니까?

마르칸데야(Markandeya)가 대답했다. -오 왕이시여, 마누(Manu)라는 대 신령(Rishi)이 있었습니다. 그는 비바스완(Vivaswan)의 아들로 영광으로는 브라흐마와 동일합니다. **마누(Manu)는 힘과 고행에서 그 아버지와 할아버지를 크게 능가 했습니다. 손을 들고 한 다리로 서고 '비살라(Visala)'라 부르는 대추나무 숲에서 고행자(苦行者)들의 왕이었습니다. 눈을 감고 거꾸로 매달려 있는 혹독한 고행을 하며 1만 년을 보냈습니다.** 그러던 어느 날 젖은 옷에 거적을 둘러쓰고 있는 그 마누(Manu)에게 물고기 한 마리가 치리니(Chirini) 강둑으로 와서 말했습니다.

"존경스런 선생님, 커다란 물기들이 무서워 저는 살 수가 없습니다. 오 위대한 헌신 자시여, 그들로부터 저를 잠시 보호를 해 주십시오. 힘 센 물고가 약한 물고기를 먹는 것은 고정이 되어 있는 관례입니다. 그 바다 속 공포에 던져진 저를 구할 만하다고 생각이 드셔서 저를 구해주시면 제가 훌륭한 곳으로 모시겠습니다."['말을 하는 물고기'] 그 물고기에게서 그 말은 들은 마누(Manu)는 불쌍한 마음에서 그 물고기를 손으로 들어 올렸습니다. 마누(Manu)는 달처럼 빛나는 그 물고기를 옮겨다가 질그릇 물 항아리에 넣었습니다. 마누(Manu)는 그 물고기를 아기처럼 돌봤습니다. 상당

---

156) Ibid, pp. 4~5

한 기간이 지나자 그 물고기는 자라 그 항아리 크기로는 부족하게 되었습니다. 그 물고기가 마누(Manu)에게 말했습니다.

"존경스런 선생님, 저를 다른 살 곳으로 옮겨 주세요." 그래서 마누(Manu)는 그 물고기를 꺼내 커다란 연못에 옮겨 넣었습니다. 그래서 물고기는 그 연못에서 수년간을 지냈습니다. 그 연못은 길이가 2 요자나(yojana, 15km) 너비가 1요자나였습니다. 그러 했음에도 그 물기에게는 그 연못이 불편해졌습니다. 그래서 그 물고기는 마누(Manu)를 보고 다시 호소했습니다.

"자비로운 아버님, 저를 대양(大洋)의 반려자인 갠지 강으로 옮겨 주십시오. 제가 거기에서 지내 야겠습니다. 당신의 호의(好意)로 이렇게 크게 자랐으니, 당신의 명령에 따르겠습니다." 그래서 마누(Manu)는 그 물고기를 가져가 바다와 만나는 갠지스 강으로 가져갔습니다. 마누(Manu)는 그 물고기의 거대한 몸집이었음에도 쉽게 옮겨 물고기를 즐겁게 해주었습니다. 마누(Manu)가 그 물고기를 바다에 던지자 그 물고기는 웃으며 마누(Manu)에게 말했습니다.

"오 사랑하는 분이시여, 당신은 내게 각별한 은혜를 베푸셨습니다. 이제 언제고 제게 당신이 해야 할 일을 말씀해 주십시오! 존경스런 선생님, **만물의 멸망이 가까웠습니다. 이 세상을 숙청(肅淸)할 때가 되었습니다!(The time for the purging of this world is now ripe!) 그러므로 제가 무엇이 최선인지를 설명해 드리겠습니다. 동물이건 식물이건 다 그 무서운 운명을 맞아야 할 겁니다. 긴 밧줄과 튼튼한 거대 방주(方舟)를 만드십시오. 그리고 일곱 신령과 옛날 바라문이 말했던 백 가지 곡식의 씨앗들을 가지고 그 방주로 올라가야 합니다. 거기에서 저를 기다리면 제가 '뿔 달린 짐승'으로 나타날 것이니, 그것이 저인 줄 아시면 됩니다. 저는 떠납니다. 당신은 제 말 대로 하셔야 합니다. 저의 도움이 없이는 그 무서운 홍수(洪水)에서 당신이 살아남을 수가 없습니다.**" 그러자 마누(Manu)가 물고기에게 말했습니다. "그래 너의 말대로 하마!" 그렇게 말을 하고 서로 헤어졌습니다. 그런 다음 마누(Manu)는 물고기의 말대로 백가지 곡식의 씨를 간직하고 바다 가에 최고의 배를 마련해 두었습니다. 그런데 **물고기도 마누(Manu)의 마음을 알아 머리에 뿔을 달고 나타났습니다.** 마누(Manu)가 그 뿔을 단 물고기를 보고 그 뿔 아래쪽에 밧줄을 묶었습니다. 밧줄 올가미를 쓴 그 물고기는 큰 힘으로 그 방주를 소금 바다로 이끌었습니다. 그러고 나서 그 물고기는 거대한 물결이 으르렁거리는 바다를 건너기 시작했습니다. 태풍 속에 그 배는 술 취한 여자처럼 흔들렸습니다. 천지를 구분할 수도 없었습니다. 모든 것이 물이고, 그 물이 하늘도 덮었습니다. **세상에 그 홍수가 넘칠 적에는, 천지에 그 마누(Manu)와 일곱 신령과 그 물고기뿐이었습니다.** 그래서 그 물고기는 그 홍수를 뚫고 열심히 배를 여러 해를 끌고 가서 그 마누(Manu) 일행에게 히말라야 꼭대기에 그 배를 묶도록 했습니다. **그 물고기의 말을 듣고 그들은 히말라야 산 꼭대기에 배를 묶었는데, 그 히말라야 정상을 아직껏 '나우반다나(Naubandhana, 항구)'라고 부르고 있습니다.** 그러고 나서 그 물고기는 신령들에게 말했습니다.

"나는 만물의 주인 브라흐마(Brahma)이다. 나보다 더 위대한 존재는 없다. **내가 물고기로 변해**

서 그대들을 이 대홍수에서 구해냈다.(Assuming the shape of a fish I have saved you from this cataclysm) 마누(Manu)가 신과 악귀와 인간과 만물을 다시 만들 것이다. 독한 고행(苦行)으로 이 브라흐마(Brahma)의 축복을 받아 그를 능가할 자는 없다." 그렇게 말한 그 물고기는 금방 사라졌습니다. 그러자 마누(Manu)는 세상을 창조하고 싶었습니다. 그 창조에 요술(妖術, illusion)이 그를 덮치자 마누(Manu)는 위대한 고행을 실행했습니다. 고행의 큰 덕을 확보한 마누는 다시 정밀하게 창조를 시작했습니다.157)

'물고기로 나타난 신'158) '황금 물고기를 탄 마하자야'159)

'대 홍수 때 마트시아(Matsya) 물고기가 마누와 일곱 성자를 지켜내었다.'160)

157) K. M. Ganguli (Translated into English Prose from the Original Sanskrit Text), *The Mahabharata of Krishna-Dwaipayana Vyasa*, Munshiram Manoharlal Publisher Pvt. Ltd. New Delhi, 2000, -**Vana Parva**- pp. 374~376
158) P. Thomas, *Epics, Myths and Legends of India*, Bombay, 1980, Plate 20 'Fish Incarnation'
159) G. Devi, *Hindu Deities Thai Art*, International Academy of Indian Culture, 1996 p. 107 'Mahajaya on a gold-fish'
160) Wikipedia 'Manu' -'Matsya protecting Vaivasvata Manu and the seven sages at the time of Deluge/Great

(a) 이것이 바로 대(大) 비슈누 신 '1 마트시아(Matsya, 물고기) 화신' 이야기이다. 유디슈티라가 '주사위 노름'에 지고 행했다는 '12년간의 숲 속에의 유랑'은 '크샤트리아[왕족, 무사 족]에게 바라문[사제] 정신 주입 기간'으로 활용되었음을 보여주고 있는데, 그 사제들이 '크샤트리아들'에게 행한 일관된 가르침은 '크샤트리아의 의무[목숨이 다할 때까지 싸워라!]'이고, 다른 하나는 '절대자 갖고 있는 세상의 심판(審判)' 문제였다.

(b) 여기에서 '마누(Manu)와 물고기' 이야기는 누가 보아도 '구약'에 '노아의 방주'와 동일한 이야기다. 여기에서 '어느 이야기가 먼저인가?'를 밝히는 문제의 본질을 상실한 것이고, 힌두들이나 유대인들이 '심판 론'에 크게 기대어 '절대신'에의 귀의를 주장하고 있다는 점에 주목을 해야 한다.

(c) 그런데 힌두들은 그 '절대자 브라흐마(Brahma)'에 응하는 최고의 길이 바로 '고행(苦行 penance, asceticism)을 통한 죄악(sin)에서의 해탈'을 주장하였고, 또 하나의 방법은 '크샤트리아의 의무' 이행이었다. 그에 대해 유대인[성경]은 '원죄[욕심의 덩어리 -뱀의 몸으로의 탄생]'를 긍정하고 '사제[바라문] 절제와 신을 향한 의례(儀禮)를 따라야 한다.'는 교리에 있다. 그렇다면 그 힌두(Hindu)들이 '원시(原始) 도덕'에 더욱 철저했음을 알 수 있으니, 그 '도덕'이 온통 '자신의 육체를 향한 학대(虐待, 苦行)와 경멸이 바로 위대한 도덕의 성취'라는 단순 논리를 고집하고 있는 점에서 그렇다.

(d) 여하튼 그러한 단순한 '고행(苦行, 애를 써서 규칙을 따르는 문제)' 공식'이 '오늘날의 교육'에서도 완전 배제된 것은 아니니, 그것을 '부모 같은 사랑과 함께, 실행할 아동들에 대한 사회적 생활 교도(敎導)'가 함께 있어야 한다는 점에서 기독교는 '고행 최고'의 힌두교보다 '현대인의 사고'에 더욱 근접해 있다고 해야 할 것이다.

(e) 힌두(Hindu)의 과장(誇張)에는 끝이 없어, '1만(萬)년의 고행을 감행한 마누(Manu)' 절대 신의 창조 권한을 통째로 넘겼다고 거리낌 없이 공언하고 있으니, 이 '고행 만능주의'는 역시 같은 힌두였던 불타(佛陀)부터 그것을 다 용인(容認)을 할 수는 없었다.[사실 '불계(佛戒)'도 역시 '욕망의 억압'이 그 기본 주류를 이루고 있음]

제59장 '신(神)의 일부'인 세상 만물

유디슈티라 왕이 마르칸데야(Markandeya) 신령에게 겸손하게 말했다. -오 위대한 현인이시여, 당신은 수천의 시대를 겪으셨습니다. 이 세상에는 당신처럼 오래 살았던 사람은 브라흐마(Brahma)를 빼고는 없습니다. 오 바라문이시여, 당신은 우주가 다 파괴되어 하늘도 신들도 없을 적에 브라흐마(Brahma)를 섬기셨습니다. 할아버지[브라흐마(Brahma)]께서 4계급 사람들을 창조하시고, 공기와 물도 적절하게 배치했습니다. 당신은 오랜 동안 독한 금욕을 통하여 당신의 눈으로 최초의 창조를 목격하셨고, 프라자파티들(Prajapatis, 창조주 창조자)를 초월하셨습니다. 당신은 내세의 나라야나(Narayana, 크리슈나)와도 제일 가까우십니다...오 최고의 바라문이시여, 당신은 당신의 눈

Flood'

으로 일어났던 모든 일을 다 보셨습니다. 당신은 모르시는 것이 없으십니다! 사물의 생성에 대한 설명을 듣고 싶습니다.

마르칸데야(Markandeya)가 대답했다. -자재자(自在者, Self-existent) 할아버지(Primordial Being) 만물의 주(Creator of all) 창조주(Framer of all things) 자나르다나(Janardana)께 경배(敬拜)한 다음에 설명을 하겠습니다. 그분[절대자]은 위대하고 다 알 수 없고 경이롭고 순수하십니다. **그분은 시작도 끝도 없이 전 세상에 펼쳐져 계시며 변하지도 않고 순수하십니다. 그분은 만물의 창조자이시고, 모든 권세의 원천이십니다.**(He is the Creator of all, the Cause of all power.) 우주가 멸망한 다음에 그 놀라운 창조로 만물이 생명을 얻었습니다. 그래서 **4천 년 동안의 크리타 유가(Krita Yuga)를 이루었습니다.** 그리고 **트레타 유가(Treta Yuga)는 3천 년**이었는데 그 새벽은 3백 년이었습니다. 그 다음이 **칼리 유가(Kali Yuga)인데, 그것이 1천 년**이고 그 새벽은 1백 년입니다. 유가에서 '새벽'과 '저녁'은 기간이 동등합니다. 그래서 칼리 유가(Kali Yuga)가 지나면 크리타 유가(Krita Yuga)가 다시 옵니다. 그 유가들(Yugas)의 순환은 그처럼 1만 2천을 이루고 진행이 됩니다. **그 기간 동안이 바로 브라흐마(Brahma)의 날이십니다.** 만물이 그 집으로 사라질 때를 '대 파멸(Universal Destruction)'이라고 합니다. **종말로 향하는 최후의 1천 년 간은 사람들은 다 거짓말을 합니다. 그래서 '제사' '공물(供物)' '맹세'를 대리인들이 행합니다. 바라문들은 수드라들(Sudras)의 시중을 들고, 수드라들(Sudras)은 돈벌이에 종사합니다. 크샤트리아들이 종교적 행사를 주관하게 됩니다. 이러한 반대 현상들이 그 '대 파멸(Universal Destruction)'의 조짐들입니다.** 말세(末世)에는 사람들은 신 앞에서도 거짓말을 할 것이고, 수드라(Sudras)가 바라문(Brahmans)에게 "여 바라(Bho)!"라고 할 것이고, 바라문이 수드라에게 "존경하는 선생님(Respected Sir)"이라 할 것입니다. 세상이 물로 잠겼을 때에 나는 홀로 그 홍수(洪水) 속을 헤치며 방황하였으나, 쉴 곳이 없었습니다. 그런데 얼마 후에 그 홍수(洪水)가 넘치는 속에 '커다란 반얀 나무(a vast and wide extending banian tree) 한 그루'를 보았습니다. 오 바라타여, **나는 그 멀리 뻗은 반얀 나무 가지에 달린 천상의 침상에, 소라껍질을 깔고 앉은 연꽃 같은 눈을 지진 달덩이 같은 소년을 보았습니다.** 나는 속으로 생각했습니다. '세상이 다 멸망을 당했는데, 어떻게 해서 이 소년은 홀로 남았는가?' 내가 비록 고행(苦行)의 사유로 과거 현재 미래를 다 알고 있지만, 그것[소년]의 존재에 대해서는 알 수가 없었습니다. 그런데 연꽃 눈을 가진 그 소년이 부드럽게 말했습니다.

"오 어르신이여, 나는 당신이 지금 배고프고 지쳐 있다는 것을 알고 있습니다. **브리구(Bhrigu) 족의 마르칸데야(Markandeya)여, 여기서 당신이 원하는 대로 쉬세요. 오 최고의 현자여, 내 몸 속으로 들어가 거기서 쉬세요.** 내가 당신 거처를 드리겠습니다. 당신이 나를 기쁘게 했습니다." 그 소년은 내가 나이 먹은 남자라는 것을 다 무시하고 그렇게 말했었습니다. 그리고 나서 그 소년은 갑자기 자기 입을 벌려서, 나는 꼼짝 할 수 없이 움직이지도 못 하고 그 소년의 입 속으로 들어갔습니다. **나는 그 소년의 위장(胃腸)으로 들어가니 거기에서 도시들 왕국들이 정비된 전 세계를**

보았습니다. 그 놀라운 소년의 위장(胃腸)을 둘러보니, 갠지스 강과 사투드루(Satudru)강 시타(Sita)강 야무나(Ymuna)강 카우시키(Kausiki)강이 있었고, 차르만와티(Charmanwati)강 베스라바티(Vetravati)강 등 세상의 강들을 다 보았습니다. 나는 그 속에서 악어와 상어가 사는 바다도 보았고, 태양과 달도 보았습니다. 나는 히말라야와 만다라(Mandara) 닐라(Nila) 산도 보았습니다. 그리고 나는 그[브라흐마]의 위장(胃腸) 속을 돌아다니며 신들과 사크라(Sakra)왕 사디아족(Sadhyas) 루드라(Rudras) 아디티아(Adityas) 구히야카(Guhyakas) 등의 모든 족속들도 보았습니다. 나는 수백 년 동안 그 몸[胃腸] 안에서 과일을 먹고 살았습니다. 그러나 나는 그[소년]의 몸의 끝을 알 수 없었습니다. **그런데 나는 걱정을 하며 [소년의]몸속을 방랑 했습니다. 그러다가 내가 그 최고의 존재[절대 신]를 생각해 내고는 그의 보호를 원했습니다. 그러자 거센 바람에 밀려 그의 입 밖으로 나왔습니다.** 그러고 나서 나는 '온 세상을 삼키고 있는 소년의 형상으로 바로 그 반얀 나무 앉아 있는 그 동일한 무궁한 존재(seated on the branch of that very banyan the same Being of immeasurable energy in the form of a boy swallowed up the whole world)'를 보았습니다. '빛나는 황색 옷을 입은(attired in yellow robes) 그 소년'은 웃으면서 나에게 말했습니다.

"오 마르칸데야여, 그대는 잠시 내 몸 안에 머물며 배가 고팠을 것이다! 네게 할 말이 있다." 마르칸데야(Markandeya)가 [유디슈티라에게 말을] 계속했다. -절대 신이 말씀하셨습니다. "오 바라문[마르칸데야(Markandeya)]이여! 신들도 나를 모른다! 내가 그대를 기쁘게 여겨 내가 어떻게 이 우주를 창조했는지 말해주겠다! 네가 보아 알다시피 너의 고행(苦行)은 위대했었다! **옛날에 내가, '물(waters)'을 '나라(Nara, 아르주나)'라고 불렀다. 왜냐하면 '물'은 그 '집[야나-ayana]'인 내 안에 있었으니, 내가 바로 '나라야나(Narayana, 물의 집, 크리슈나)'이기 때문이다. 이 나라야나(Narayana)는, 만물의 원천이고 영원이고 불변이다. 나는 비슈누(Vishunu)이고 브라흐마(Brahma)이고 사크라(Sakra)이고 신들의 왕이다. 나는 시바(Siva)이고, 소마(Soma)이고, 창조주 카시아파(Kasyapa)이다.** 불은 나의 '입'이고, 땅은 나의 '다리'이고, 해와 달은 나의 '눈'이고, 천국은 내 머리에 왕관이고, 사방(四方)은 나의 '귀'이다. 물은 나의 '땀'이다. 사방의 공간은 나의 '몸'이고 공기는 나의 '정신'이다. [祭祀]인 나는 풍성한 선물로 수백 번의 제사를 행했다. 나는 신들에게 항상 제사를 드리고 있다. 베다를 알고 있는 자들이 나에게 공물(供物)을 올린다. 인간을 다스리는 크샤트리아들이 천국을 얻으려고 제사를 지내고, 바이샤들(Vaiayas)도 행복한 낙원을 얻으려고 제사를 행하고, 만인이 나에게 제사를 행한다. 나의 입과, 나의 팔과, 나의 다리와 발의 결과로 바라문(Brahmanas)과 크샤트리아(Kshatryas) 바이샤(Vaisyas) 수드라(Sudras)가 나오게 되었다. 나는 삼바르타카(Samvartaka) '불꽃'이며 바람이고 '태양'이다."

마르칸데야(Markandeya) 신령이 계속했다. -그렇게 내게 말을 한 다음 그 놀라운 신은 내 앞에서 사라졌습니다. 그런 다음에 나는 다양하고 놀라운 창조를 목격했습니다. 그런데 내가 옛날에 보았던 그 절대 신 그 자나르다나(Janardana)는 바로 당신의 친척입니다.(this Janardana who

hath become thy relative.) 오 쿤티의 아들이여, **헤아릴 수 없는 영혼의 최고의 주님 하리(Hari)
가 브리슈니 족의 크리슈나(Krishna of the Vrishni race)로 태어난 것입니다.** 그 분이 영원한
파괴자이시고 만물의 창조주이시고, 최고의 고빈다(Govinda)이십니다! 그 마다바(Madhava)가 만
물의 부모입니다! 쿠루 족의 황소[유디슈티라]여, 그 보호자에게 의탁해야 합니다![161)

'비슈누에 기도하는 마르칸데야(Markandeya)'162) '나무 가지에 인연한 시조의 탄생, 김알지(金閼智)'163), '반얀 나무 숭배'164)

———→

(a) 판다바 형제들의 맏형 유디슈티라와 대화를 하고 있는 이 '마르칸데야(Markandeya)'는 하나의
바라문 '신령(Rish)'으로 그 '유디슈티라의 말'과 '마르칸데야(Markandeya)의 말'을 종합하면 역시
'힌두(Hindu)들의 모든 것'을 이들의 대화 속에 다 담고 있음을 알 수 있다.

(b) 우선 **'힌두(Hindu)의 역사관(歷史觀)'은 '신의 심판[천지개벽]의 역사(歷史)'**이고, **말세(末世)의
도래는 '거짓의 횡행과 신분 계급의 붕괴'로 알 수 있고, 새 시대의 전개는 '아기[소년]의 탄생
(발견)'으로 시작 되는데, 천지 만물은 그 사람[소년] 안에 다 있다**는 논리이다.

(c) 이 마르칸데야(Markandeya)의 말을 더욱 길고 구체적으로 행한 진술이 이 '마하바라타(*The
Mahabharata*)'이니, '마하바라타(*The Mahabharata*)'는 한 마디로 **'절대 신에의 귀의(歸依)
[Yoga]'를** 위한 교과서이다.

(d) '세상에 절대신 속성'을 이 '마하바라타(*The Mahabharata*)'에서처럼 거듭 다양하게 강조하고 있
는 책은 없으니, 모든 등장인물들은 바로 '절대 신의 권능'을 증언하고 명시(明示)하는 보조자이거

161) K. M. Ganguli (Translated into English Prose from the Original Sanskrit Text), *The Mahabharata of
Krishna-Dwaipayana Vyasa*, Munshiram Manoharlal Publisher Pvt. Ltd. New Delhi, 2000, **-Vana Parva-**
pp. 376~386
162) Wikipedia, 'Markandeya prays to Vishnu'
163) 慶州金氏族譜, '金大輔公 降誕圖'
164) P. Thomas, *Hindu Religion Customs and Manner*, Bombay, Plate 55 'Worshipping the Banyan tree'

나, 그 명시를 위한 매체(媒體)로 쓰이고 있고, 역시 그 근본은 ① '크리슈나[비슈누]' ② '비아사[마르칸데야(Markandeya)]' ③ '유디슈티라[크샤트리아]' 3자 구도(構圖)의 고정 체계에 머물러 있다.

(e) 구체적으로 '반얀(Banian) 나무에 걸려 있었다는 소년[절대신] 이야기'는 '크리슈나 이야기'이며 역시 신라(新羅) '**김알지(金閼智) 이야기**'라는 점은 주목할 필요가 있다. 즉 '천지 만물 창조 신[아기, 소년] 이야기'가 '우리 조상 이야기[우리 자신 이야기]의 연장(延長)'이라는 점이 그것이다.

(f) '**지구상에 절대신 이야기**'가 '**우리 자신 이야기**'라고 말한 자들은 모두 '**바라문[비아사] 족**'이고, **그들의 '이야기'이고, 그 이야기 속에 '법' '도덕' '사회' '국가' '생활'이 다 있다는 것을 '마하바라타(The Mahabharata)'처럼 쉽게 다 알려 주고 있는 저서를 인류는 갖지 못 했다.** 이 '조잡하고 유치(幼稚)함'을 쉽게 보고, 오히려 역(逆)으로 그 속에 '자적(自適)했던 존재'가 F. 니체였다. '쉽고 간단한 문제'를 '어렵고 난해하게 말하는 것'은 '좋은 스승'이 될 수 없고, 자칫 '사기꾼'으로 전락할 수 있음을 항상 명심해야 할 것이다.

(g) 실로 인류의 '인문학(人文學)'이 그 '절대신(God)' 논의부터 시작되었다는 그 중요한 사실을 이 '마하바라타(The Mahabharata)'가 보여주고 있다는 측면에서 '마하바라타(The Mahabharata)'의 의미를 실로 '세계사적 사건'을 모두 포괄하였다.

그러나 그것의 마지막 승부처는 '정신(Soul, Spirit, Mind)'에 승부를 걸었는데, 그것은 '근대사회(Modernism)'의 시작과 더불어 그 '정신 만능주의 시대'를 마감했고, '정신과 물질(육체)'를 함께 고려하는 '**동시주의 시대(the age of simultaneism)**'를 열었다. 그 '동시주의 자각'에서 그 '절대신(God)'의 역할을 개인 각자[주체]가 그것을 감당 수행해야 한다[할 수밖에 없다]는 사명감, 그 자각에서 '**차라투스트라**'가 탄생하게 되었다.

(h) 다시 말해 '마하바라타(The Mahabharata) 전쟁', '쿠루크셰트라 전쟁'은 명백히 '왕권다툼의 역사적 전쟁'일 뿐이었으나, 그에 추가한 '힌두 브라만의 인문학'이 '영혼불멸' '윤회'의 엄청난 인기를 누렸던 '무궁 향복(享福)론'을 개발하여 의지할 곳이 없는 '인류의 외로운 혼들'에게 '영원한 복음(福音, Good News)'이 되었다.

(i) '과학의 힘'으로 '신비주의'가 사라지고, '억센 힌두 4종성(四種姓)'이 와해(瓦解) 될 수밖에 없고, '크샤트리아들의 무력(武力) 아닌' '시민(市民)의 기호(嗜好)에 맞는 지도자(leader)'를 선택하는 시대가 왔다. 그러므로 그 '과학'과 '평등' '평화'의 시민 정신으로 반드시 이 '마하바라타(The Mahabharata)'를 통해 '진정한 바른 판단'을 각자가 내려할 의무가 있다고 '칸트'는 바르게 일깨웠다.

(j) '마하바라타(The Mahabharata)'는 '크리슈나[비슈누] 책'인데, 여기에서 그 '크리슈나'는 '빛나는 황색(黃色) 옷을 입은(attired in yellow robes) 그 소년'으로 제시되었는데, 중국(中國) 후한(後漢) 말기에 일어난 '황건적(黃巾賊)'은 이미 중국 도교(道教)로 변질된 '크리슈나 교도(教徒)'였다는 것을 명백히 알 필요가 있다.[羅貫中 '三國志通俗演義' 참조]

제60장 드라우파디 왕비(王妃)의 덕성(德性)

바이삼파야나가 말했다. -바라문들과 판두 아들들이 앉아 있는 그 자리로 드라우파디와 사티아바마(Satyabhama, 크리슈나의 正妃)가 함께 그곳으로 왔습니다. 그래서 두 부인들은 서로 반가운 마음으로 편하게 자리에 앉았습니다. 두 부인(夫人)들은 그 지난 여러 해 동안의 쿠루족[드라우파디]과 야두족[Yadus, 사티아바마]의 이야기를 서로 즐겁게 나누었습니다. 크리슈나의 사랑을 받고 있는 허리 가늘고 날씬한 사티아바마(Satyabhama)가 드라우파디에게 물었습니다.

"드루파다(Drupada)의 따님이시여, 라카팔라들(Lakapalas)과 같은 힘과 아름다움을 지니고 있는 판두 아드님들을 어떻게 다 혼자서 통어(統御)를 하십니까? 아름다운 부인이시여, 어떻게 그들이 당신께 불평도 없이 순종을 하게 합니까? 더 말할 것도 없이 판두의 아드님들은 부인의 말에 순종을 하고 세심하게 응할 것입니다! 제게 그 까닭을 말씀해 주세요. 서원(誓願)이나 금욕으로 그렇게 [남편들이 순종하게]만들었나요, 아니면 주술(呪術)이나 약품이나 [효력을 내는]방법이나 미용법이 따로 계십니까? 오 판찰라의 공주님이시여, 크리슈나가 제 말을 그렇게 잘 듣도록 만들고 싶습니다. 그 방법을 일러 주세요."[수많은 부인들 틈 속에 그 크리슈나를 섬기고 있는 사티아바마(Satyabhama)가, 여러 남편들의 사랑을 독차지 하고 있는 드라우파디에게 그 秘法을 물은 것임] 그 사티아바마(Satyabhama)의 질문에 드라우파디가 대답했습니다.

"오 사티아바마(Satyabhama)여, 부인께서는 여성들이 특별한 방법을 쓴다고 생각을 하십니까? 어떻게 못된 여인들에게 질문을 하듯 그런 말씀을 다 하실 수 있으십니까? 크리슈나의 사랑을 받고 있는 아내로서 어울리지 않으신 질문이십니다. 남편은 자기 부인이 주술(呪術)을 행하고 약을 먹는 것을 아는 그 시간부터 그의 침실에 버티고 있는 그녀를 뱀처럼 무서워할 것입니다. 그리고 '공포를 느끼는 그 남성'에게 어떻게 평온이 있으며, '평화'가 없는데 무슨 행복입니까? 어떤 남편도 그 부인의 주술에 복종하지는 않습니다. 여성들은 간혹 수종을 앓거나 나병이나 노쇠 무능 맹인 귀머거리가 되는 경우도 있습니다. 악의 길로 들어선 여인들은 간혹 그녀들의 남편을 손상하기도 합니다. 그러나 아내란 그녀의 주인[남편]을 해칠 수 없습니다. 영명한 부인이시여, 내가 판두 아들들에게 행한 바를 들어보십시오. 자만심을 버리고 욕심과 분노를 억누르고 나는 언제나 그[판두 아들]들의 다른 아내들과 더불어 헌신을 하고 있습니다. 시기심을 억누르고 봉사의 정신으로 수모(受侮)도 무시하고 나는 나의 남편들을 받들고 있습니다. 악이나 거짓말을 두려워하며, 부적절한 걸음걸이나 자세를 조심하고 마음속에 느낌을 표현하는 곁눈질도 피하며 태양과 불 같이 타오르고 달덩이 같이 잘 생기고 한 눈에 적을 격파하는 치열한 용맹과 힘을 지닌 '프리타의 아들들'에게 봉사를 합니다. 천신이나 인간이나 간다르바나 부자나 미남도 나는 결코 좋아하지 않습니다. 나는 남편이 목욕하고 먹고 잠들기 전에는 목욕하지 않고 먹지 않고 잠자지 않습니다. 들이나 숲 마을에서 남편이 돌아 올 때 나는 항상 서둘러 자리에서 일어나 물과 시트를 준비하고 인사를 합니다. 그리고 항상 집과 가구와 음식을 청결하게 관리하고 시기에 맞추어 쌀과 음식을 신중하게 보관 관리합니다. 나는 화난 말, 속 태우는 말을 입에 담지 않고 사악한 여인과는 사귀지 않습니다. 게으름을 피우지 않고 항상 즐겁게 일하고 농담할 때를 빼고는 웃지 않고, 한 순간도 대문 곁에 서성거리지 않습니다. 항상 웃음과 욕심을 삼가고 법도에 벗어남을 피하고 있습니다. 오 사티아바마여, 나는 남편들을 섬기만 합니다. 나는 남편들과 떨어져 있는 것은 싫습니다. 남편이 친척들을 위해 집을 나가면 꽃향기를 버리고 고행(苦行)을 시작합니다. 남편이 마시지 않는 것, 먹지 않는 것, 좋아하지 않는 것은 나도 즐기지 않습니다. 시어머니[쿤티]의 말씀을 존중하는 의무와 자선(慈善) 신들에의 경배 (敬拜) 병든 자들의 돌봄과 조상과 손님 접대의 음식 마련에 낮이나 밤이나 일하고 게으름을 피우지 않습니다. 내 마음의 겸허에 의지하여 작은 일에 열을 올리는 무리들을 '독을 품은 뱀' 같이 생각을 했고, 도덕을 존중하는 진실한 남편들께 봉사를 합니다. 나는 이것이 남편을 섬기는 영원한 도덕으로 알고 있습니다. **남편은 아내의 신(神)이고 도피처입니다**(The husband is the wife's god, and he is her refuge.). 오 복 받은 여인이시여, 내 남편들은 내가 부지런하고 민첩하고 겸손하기 때문에 나에게 복종하는 것입니다. 나는 날마다 영웅들의 어머니 쿤티(Kunti)의 먹을 것 마실 것 입을 것을 챙겨드리고, 그녀의 생각에 벗어나서 나의 먹을 것이나 입을 것에 신경을 쓰지 않고, 어떤 불평도 하지 않습니다. 지난 날 유디슈티라 궁전에 날마다 8천 명의 바라문을 황금 접시로 접대를 했습니다. 재가(在家) 바라문 8만 명에게 유디슈티라는 각각에게 30명의 여성 노예를 배정했습니다. 거기에다가 1만 명의 야티들(yatis, 수행승)을 황금 접시에 대접을 했습니다. 베다를 말하는 모든 바라문들을 서열에 맞게 비스와데바(Viswadeva, 先後)대로 먹을 것과 마실 것을 제공했습니다. 유디슈티라는 황금 팔찌와 목걸이 화환으로 장식한 여종 10만 명을 부렸습니다. 그들은 다 황금과 보석으로 장식을 하고 노래와 춤에 능했습니다. 나는 그녀들의 얼굴과 이름 다 기억했고, 그녀들은 무엇을 했고, 무엇을 하고 있고, 무엇을 하지 않는지를 다 알고 있었습니다. 위대한 지성을 지닌 유디슈티라는 역시 10만 명의 남자 종을 부리며 황금 접시를 나르게 하며 손님 접대를 했습니다. 그리고 유디슈티라가 인드라프라스타(Indraprastha)에 있을 적에 10만 마리의 말과 10만 마리의 코끼리들을 뒤따르게 했습니다. 그것이 유디슈티라가 황제 시절의 행차였습니다. 오 부인이시여, 그러나 그 종들의 수를 조절하고 규칙을 만들고 그들을 보살피며 그들에 대한 불평을 듣는 것은 다 나의 역할이었습니다. 정말 나는 궁중에서 여종과 시녀들의 일을 꿰고 있었고, 궁중 소속 기관의 암소들과 목동들의 행동거지를 다 파악하고 있었습니다. 오 축복 받은 여인이여, 판두 형제 중에 나만이 '왕의 수입과 지출'을 알고 있었고, 그 전 재산이 얼마인지를 알고 있었습니다. 판다바 형제들은 그들이 [브라만들을] 먹여 살리는 짐을 나에게 다 던져 맡겨 놓고 그들의 궁전도 내게 다 주었습니다. 나쁜 생각으로는 견딜 수 없는 그 무거운 짐을 남편들을 사랑하며 나의 안일 (安逸)을 희생시키며 날과 밤을 견뎠습니다. 남편들이 다 도덕을 추구하는데 나만이 바루나 (Varuna, 富의 神)의 창고 같은 무궁한 재산을 관리했습니다. 배고프고 목말라도 나는 쿠루 왕자들에게 봉사를 했으니, 나에게는 낮이나 밤이나 마찬가지였습니다. 나는 누구보다 먼저 일어나고 마지막에 잠자리에 듭니다. 오 사티아바마여, 이것이 내 남편들이 나에게 복종을 하고 있는 매력입니다! 나는 내 남편들을 복종시키는 이 큰 기술을 알고 있습니다. 나는 '나쁜 여성들'에게는 이 매력을 가르치지도 말하지도 않고 바라지도 않습니다."

바이삼파야나가 계속했다. -유덕한 판찰라 공주 드라우파디의 그 말을 듣고 사티아바마는 말했습니다.

"오 판찰라 공주님이시여, 제가 죄를 졌습니다. 용서해 주세요! 친한 사이에 농담이었고, 고의(故意)는 없었습니다."[165]

_____→

(a) '마하바라타(The Mahabharata)'에 주요 등장인물들은 다 신(神)으로 명시가 되었고, '마하바라타 (The Mahabharata)'를 형성하는 5대 여성은 '강가' '사티아바티' '쿤티' '드라우파티' '간다리'이지만, 이 중에 최고의 영향력을 발휘하고 있는 존재는 '드라우파디'였다.

(b) 위에서 크리슈나의 정비(正妃) 사티아바마(Satyabhama)에게 '남편의 복종시키는 비법(秘法)'을 물었던 것은 '타고난 외모 중심의 매력 증진 방법'에 국한된 것이었다.

(c) 이에 대해 드라우파디의 대답은 '겸손(謙遜)' '영명(英明)' '성실(誠實)' '정직(正直)' '근면(勤勉)' '희생(犧牲)' '봉사(奉事)' '무 투기(無 妬忌)'의 최고 덕목을 그대로 행했음을 다 보여주었으니, '바하바라타'의 남성 주인공은 크리슈나이지만, 여 주인공은 드라우파디임을 이 장에서 거듭 밝힌 셈이다.

(d) 이러한 드라우파디의 '부덕(婦德)'은 그대로 힌두들(인도인)의 '최고 덕목'일 수밖에 없는데, 역시 그러한 덕목은 모든 여성들이 다 [일부나마] 발휘해 왔던 바의 그 '종합'이라고 할 것이다.

(e) 그런데 위에서 드라우파디는 '**남편은 아내의 신(神)이고 도피처**(The husband is the wife's god, and he is her refuge.)'라고 규정을 했으나, 사실상 '천하의 영웅 5명'을 남편으로 둔 드라우파디도 '결국은 아무도 없구나.'라고 탄식을 했던 쓰디 쓴 체험을 했었다. 그러므로 '이 세상에서 남편다운 남편이 되기'가 결코 쉬운 일이라고 말할 수도 없다.

(f) 중국(中國)에서 '최고 여성'으로 존중이 된 경우는 주(周)나라의 '태사(太姒, 문왕의 正妃)' '태임(太妊, 문왕의 어머니)'를 들고 있는데, 역시 그들의 도덕을 표준으로 [詩經]에서 칭송된 바였다. 그 기능도 '마하바라타(The Mahabharata)'에서처럼 '남성은 외치(外治)' '여성은 내치(內治, 궁중통치)'로 구분되었다.

제61장 유디슈티라의 관용(寬容)

자나메자야나가 말했다. -프리타의 아들들이 여름과 겨울, 바람과 태양의 혹독한 환경의 숲속 생활을 어떻게 대처해 냈으며 드와이타(Dwaita)란 곳에서는 어떻게 보냈습니까?

바이삼파야나가 말했다. -판두 아들들은 드와이타(Dwaita) 호수(湖水)에 도착을 하여 사람들이 거주하는 곳에서 떨어진 곳에 거처를 잡았습니다. 그들이 거처를 잡은 다음에 베다에 정통한 많은

165) K. M. Ganguli (Translated into English Prose from the Original Sanskrit Text), *The Mahabharata of Krishna-Dwaipayana Vyasa*, Munshiram Manoharlal Publisher Pvt. Ltd. New Delhi, 2000, -**Vana Parva**- pp. 472~475

고행자들이 역시 판두들을 찾아 왔는데, 그럴 때면 판두들은 그를 공경으로 받들어 모셨습니다. 그런데 말 잘하기로 명성이 있는 한 바라문이, 비치트라비리아(Vichitravirya)의 아들[드리타라슈트래 궁궐로 찾아갔습니다. 드리타라슈트라 왕이 그 바라문에게 판두 아들의 상황을 물으니, 그 바라문은 **판두 5형제는 '해와 바람에 노출되어 비참한 생활을 한다.'**고 전했습니다. 그 바라문의 말을 듣고 드리타르슈트래[비치트라비리아(Vichitravirya)의 아들]은 수심(愁心)에 잠겼습니다. 드리타라슈트라는 그것이 '자신의 잘못'이란 것을 알고 있었습니다. 그래서 말했습니다.

"슬프다, 유덕하고 적(敵)이 없는 유디슈티라가 이전에는 부드러운 랑쿠(Ranku) 가죽 속에서 잠을 잤는데 이제는 땅바닥에 잠을 자는구나! 누가 그 천상의 무기를 가지고 있는 아르주나를 감당하겠는가?" 드리타라슈트라 왕의 그 탄식을 들은 사쿠니[수발라의 아들]가 두료다나(Duryodhana)를 찾아가서 카르나(Karna)와 함께 있는 그들에게 그가 들었던 말을 다 전해 주었습니다. 그래서 두료다나(Duryodhana)는 아는 것이라곤 없으면서도 근심에 휩쓸렸습니다. 사쿠니가 전한 드리타라슈트라 왕의 말을 듣고 카르나(Karna)가 두료다나에 말했습니다.

"오 바라타여, 당신은 당신의 용맹으로 판다바들을 귀향 보내고 삼바라(Samvara)가 하늘을 차지했듯이 지금 이 세상을 무적(無敵)으로 다스리고 있습니다. 오 황제시여, 동서남북 사방의 왕들이 공물(貢物)을 바쳐 오고 있습니다. 오 세상의 왕이시여, 과거 판두 형제들이 누렸던 빛나는 번성을 대왕의 형제들이 다 누리고 있습니다! 오 왕 중에 호랑이 같은 왕시이여, **적(敵)들을 슬픔에 빠뜨린 사람의 행복은, 왕국이 제공하는 행복보다도 더욱 큽니다.** 아르주나가 검은 사슴 가죽을 걸치고 있는 모습을 보면 왜 기쁘지 않겠습니까? 비싼 비단옷을 대왕의 부인이, 넝마 사슴 가죽을 걸치고 있는 드라우파디를 보면 드라우파디의 슬픔을 더욱 크게 만들 것입니다!" 두료다나에게 그렇게 말한 카르나와 사쿠니는 잠자코 있었습니다.

바이삼파야나가 말했다. -그 카르나의 말을 들은 두료다나는 굉장히 기뻐했으나 금방 우울해져서 말했습니다.

"오 카르나여, 당신의 말을 항상 내 생각을 앞서 가고 있소. 그렇지만 판다바들이 거주하는 곳으로 접근을 부왕(父王, 드리타라슈트라)은 허락을 하지 않을 것입니다. 디리타라슈트라 왕은 항상 판다바들을 걱정하고 계십니다. 부왕은 판다바들의 이전보다 더욱 독한 금욕을 행하고 있다고 부왕은 생각하고 계십니다." 얼마 후에 카르나가 두료다나에게 웃으며 말했습니다.

"하나의 방법이 떠올랐습니다. 당신의 알다시피 우리의 소 떼가 지금 드와이타 숲(Dwaita-vana)에 머무르고 있을 것입니다. 우리는 그 소떼를 보살핀다는 구실로 거기에 갈 수 있겠습니다. 왕들은 다 자기들의 소를 관리하고 있습니다." 그 말을 나누고 나서 카르나 두료다나 사쿠니는 서로 손에 손을 잡고 크게 웃었습니다. 그래서 카르나와 사쿠니가 드리타라슈트라에게 말했습니다.

"오 카우라바시여, 우리의 소떼는 지금 길지(吉地)에 머무르고 있습니다. 사람들은 지금이 송아지들을 낳을 때라고 합니다. 왕자들도 사냥을 가기가 좋을 때입니다. 두료다나가 그곳에 갈 수 있도록 허락을 해주십시오." 드리타라슈트라가 말했다.

 "사슴을 쫓고 소를 보살피는 일은 좋은 일이다. 그런데 그 판다바들이 그 소떼 근처에 머무르고 있다고 들었다. 너희는 그곳에 가지 마라. 판다바들은 그 '속임쉬주사위 노름'에 당하고 지금 고행 (苦行) 중이다. 억센 무새아르주내가 무예를 다 이루었다고 하니, 너희들을 다 죽일 수 있지 않겠느냐? 너희가 내 말에 순종을 한다면 가더라도 조심을 하여라." 사쿠니가 말했습니다.

 "유디슈티라는 도덕을 따릅니다. 그는 회당(會堂)에서 12년 간 숲속에서 산다고 약속을 했습니다. 판두 형제들은 다 유디슈티라에게 복종을 하고 유디슈티라는 우리에게 화를 낸 적도 없습니다. 우리는 사냥만 하고 소만 살피고 오겠습니다. 우리는 판두 아들들에게 관심도 없습니다. 그들의 거처에는 가지 않을 터이니 염려하지 마십시오."

 바이삼파야나가 말했습니다. -두료다나 왕은 숲으로 가서 소들이 모인 곳으로 가서 그 군사들의 캠프를 마련했습니다. 두료다나는 소몰이꾼들 속에서 소들을 살펴보았습니다. 그리고 주민과 수천의 병사들과 함께 그 숲에서 천신들처럼 '놀이마당'을 펼쳤습니다. 그래서 노래 잘하고 춤 잘 추고 악기에 소질이 있는 소몰이꾼들과 치장을 한 아가씨들이 두료다나를 즐겁게 해주었습니다. 그래서 왕궁의 부인들에게 둘러싸인 두료다나는, 그를 즐겁게 했던 사람들이 원하는 것만큼의 선물과 먹을 것과 마실 것을 충분히 제공을 해주었습니다. 그리고 나서 두료다나 왕은 그 추종자들과 함께 주변의 하이에나 물소 사슴 곰 멧돼지 등을 사냥을 시작했습니다. 두료다나는 깊은 숲 속에 수천의 동물을 활로 잡으며 사슴을 잡으면 더욱 즐거워했습니다. 우유와 맛좋은 음식을 먹으며 아름다운 숲에 꽃에 취한 벌들과 우는 공작새를 보며 **두료다나는 결국 드와이타바나(Dwaitavana)의 신성한 호수(湖水)에 이르렀습니다.** 두료다나 도달한 그 지점은 벌들이 꿀을 찾아 잉잉거리고 푸른 어치[까마귀 과의 새가 노래하고 있었습니다. 그래서 두료다나는 하늘의 인드라 신이나 된 것처럼 행진을 했습니다. 그런데 그 때 유디슈티라는 드라우파디와 그들의 '낮 제사'를 올리고 있었습니다. 그런데 그 지점에 도착한 두료다나는 1천 명의 부하들에게 명령을 내렸습니다.

 "빨리 놀이터를 만들어라." 명령을 받은 그의 행동대들은 "그렇게 하겠습니다."라고 대답을 하고 놀이터를 지을 양으로 그 호수(湖水) 가로 갔습니다. 선발된 두료다나의 병사들이 그 호수 가에 도착하여 그 숲의 문턱으로 들어서니 수많은 간다르바들(Gandarvas)이 나타나며 그 군사들이 숲으로 들어오지 못 하게 가로막고 나왔습니다. 왜냐 하면 그 간다르바들(Gandarvas)의 왕이 그의 거처인 쿠베라(Kuvera)에서 그곳으로 옮겨와, 그곳을 간다르바들(Gandarvas)이 먼저 와 차지하고 있었기 때문이었습니다. 그래서 그 간다르바들의 왕은 몇 개의 아프사라족(Apsaras)들과 그 천상(天上)의 아들들을 대동하고 있었습니다. 간다르바들(Gandarvas)의 왕이 유쾌하기 놀려고 그곳을 점령하고서 모든 오는 자들을 막고 있었습니다. 두료다나의 부하들은 간다르바들(Gandarvas)의 왕이 그 호수(湖水)가 버티고 있는 것을 보고 돌아가 두료다나에게 보고를 했습니다. 그 보고를 받은 두료다나는 억센 그의 무사들을 보내 '그 간다르바들(Gandarvas)을 몰아내'고 명령을 내렸습니다. 왕의 명령을 받은 쿠루의 선봉(先鋒) 무사들은 '드와이타바나(Dwaitavana)' 호수(湖水)로 다시 가서 말했습니다.

"억센 두료다나 왕께서 여기에 유람(遊覽)차 나오셨으니, 자리를 비켜라!" 그렇게 말을 했더니, 간다르바들(Gandarvas)은 그 말을 비웃으며 거친 말을 쏟았습니다.

"너희 사악한 두료다나 왕은 이제 정신까지 나갔나 보구나. 어떻게 천상에 거(居)하는 우리 간다르바들(Gandarvas)에게 자기의 하인들 부리듯 명령을 하고 있느냐? 예측을 못 하면 죽는 법이다. 이 멍청이들아, 빨리 꺼져라. 그렇지 않으면 당장 저승으로 보내 버리겠다." 그래서 그 두료다나의 선봉대는 그 왕에게로 되돌아왔습니다.

바이삼파야나가 말했다. -두료다나는 그 병사들의 말을 듣고 단단히 화가 났습니다. 그래서 두료다나는 그의 병사들에게 말했습니다.

"그 놈들[간다르바들(Gandarvas)]이 여기에 천신들을 다 거느리고 왔다고 할지라도 나의 뜻을 거스르니, 그들을 당장 공격을 하라." 명령을 받은 거대한 힘을 지닌 드리타라슈트라의 아들들과 관료와 수천 명의 무사들이 **전투를 개시했습니다**. 사방 천지를 향해 사자 같은 함성을 지르며, 숲의 관문을 지키고 있는 간다르바들(Gandarvas)을 향하여 달려갔습니다. 그런데 쿠루 병사들이 숲으로 들어가니 다른 간다르바들(Gandarvas)이 그들을 막고 나섰습니다. 그 간다르바들(Gandarvas)이 인젠 부드러운 말로 그들을 저지를 해도 쿠루 병사들은 그 숲으로 진입을 했습니다. 그러자 하늘의 경비대 간다르바들(Gandarvas)은 쿠루 병사들을 말로 저지할 수 없음을 알고, 그들의 왕 치트라세나(Chitrasena)에게 그 상황을 보고했습니다. 치트라세나(Chitrasena)는 그들이 말로 달랠 수 없음을 알고 "놈들을 쳐라."고 부하들에게 명령을 내렸습니다. 그래서 치트라세나(Chitrasena)의 명령을 받은 간다르바들은 손에 무기를 들고 드리타라슈트라 병사들에게 달려들었습니다. 간다르바들이 무기를 치켜들고 달려드는 것을 본 쿠루 병사들은, 모두 두료다나를 향해 도망을 쳤습니다. 오직 영웅적인 라데야(Radheya, 카르나)만 도망가지 않았습니다. 카르나는 억센 간다르바들(Gandarvas)을 향해 화살 소나기를 퍼부으며 그들을 저지했습니다. 그러자 사쿠니(수타의 아들)도 각종 무기를 소지한 수백 명의 간다르바들(Gandarvas)을 날랜 솜씨로 공격을 했습니다. 그러자 금방 수많은 간다르바들(Gandarvas)의 목이 떨어지며 치트라세나(Chitrasena) 진영에서 비명들이 울려 퍼졌습니다. **카르나가 수많은 간다르바들(Gandarvas)을 죽였으나, 그들은 오히려 수십만이 되어 되돌아 왔습니다**. 그래서 그 전장은 결국 그 간다르바들(Gandarvas)로 뒤덮였습니다. 그래서 두료다나, 사쿠니, 두사사나 비카르나 도두 다 전차(戰車)에 올라 카르나의 지휘를 받아 적들을 무찌르기 시작했습니다. 그래서 머리털이 솟는 무서운 전투가 벌어졌습니다. 그래서 결국 간다르바들(Gandarvas)들이 쿠루 군사들에게 잠시 격퇴를 당할 듯 보이니, 카우라바들은 즐거워 커다란 함성을 질렀습니다. 그러자 간다르바들(Gandarvas)이 무서워하는 것을 보고, 왕 치트라세나(Chitrasena)가 쿠루 군사를 물리칠 것을 결심했습니다. 그래서 **모든 전술에 능통한 치**

트라세나(Chitrasena)는 그의 '요술 무기(weapons of illusion)'를 썼습니다. 그래서 카우라바 무사들은 치트라세나의 요술에 정신을 빼앗겼습니다. 모든 쿠루의 병사들은 [한 명에] 10명의 간다르바들(Gandarvas)이 포위를 행했습니다. 그렇게 공격을 받은 쿠루의 병사들은 마침내 고통스러워 살려고 다 도망을 쳤습니다. 그렇게 드리타라슈트라 군사들은 모두 도망을 쳤으나, 오직 카르나는 산처럼 움직이지 않았습니다. 그래서 두료다나와 카르나와 사쿠니는 상처를 입었음에도 불구하고 그 간다르바들(Gandarvas)과 계속 싸웠습니다. 모든 간다르바들(Gandarvas)이 그 카르나는 잡으려고 그를 향해 달려들었습니다. 그리고 사쿠니도 포위를 했습니다.

바이삼파야나가 말했다. -카르나(Karna)가 간다르바들에게 쫓기자 두료다나가 보는 앞에서 전 쿠루의 군사들은 그 전장에서 역시 다 도망을 쳤습니다. **그러나 오직 두료다나는 도망치는 것을 거부했습니다.** 억센 간다르바들이 몰려오는 것을 보고도 두료다나는 그들을 향해 화살 소나기를 퍼부었습니다. 그러나 간다르바들(Gandarvas)은 그 화살을 무서워하지도 않고 두료다나의 전차를 포위하고 마부와 말들을 죽이고 전차를 부서 버렸습니다. **전차를 잃은 두료다나가 땅바닥에 굴러 떨어지니, 치트라세나(Chitrasena)가 그에게 다가가 그 두료다나를 생포했습니다.** 간다르바들은 비빈사티(Vivinsati)와 빈다(Vinda)와 아누빈다(Anuvinda) 등 모든 왕가의 부인들도 다 체포가 되었습니다. 이에 쿠루 병사들은 판다바 형제들에게 달려가 말했습니다.

"프리타(Pritha)의 아드님들이시여, 두료다나 왕이 간다르바들(Gandarvas)에게 붙들렸습니다. 두사사나(Dussana) 드루비사사(Druvishasa) 두르무카(Durmukha) 두르쟈야(Durmukha) 왕가의 부인들이 간다르바들에게 끌려갔습니다!" 그 왕을 석방시키려고 두료다나의 부하들은 유디슈티라에게 애원을 했습니다. 그러자 비마(Bhima)가 말했습니다.

"우리들이 감당해야 짐을 간다르바들(Gandarvas)이 대신을 해주었구나! 정말 속임수를 좋아하는 두료다나의 행동 결과이다. 우리 눈으로는 그 간다르바들(Gandarvas)이 착하구나. 우리가 편하게 지내고 있을 적에, 우리 짐을 대신 지는 자들이 세상에 있다니 우리는 행운이다. **그 악당은 추위와 더위 비바람에 노출되어 고행을 하고 있는 우리들을, 저의 눈으로 확인을 하려고 여기까지 왔을 거다.** 그 못된 카우라바들이 곤욕을 겪고 있다! 나는 너희 앞에 '쿤티의 아들들은 순수하고 죄가 없다.'는 것을 분명히 말해둔다." 그 비마의 말을 들은 유디슈티라는, 비마에게 "그런 잔인한 말을 할 때가 아니다."라고 타일렀습니다. 그리고 유디슈타라가 말했습니다.

"오 비마여, 가문의 명예가 손상되어서는 아니 된다. 간사한 간다르바들의 왕은 우리가 여기에 거처하고 있다는 것도 알고 있을 것이다. 그 간다르바 왕이 우리를 무시해서 [두료다나들을]그렇게 한 것이다. 그 간다라 왕은 말로 달랠 수는 없을 터이니, 오 브리코다라(Vricodara, 비마)여, 그대가 수요다나(Suyodhana, 두료다나)를 구해내라. 우리의 맹세는 시작이 되었으나, 아직 끝나지는 않았다." 유디슈티라의 그 말을 듣고 비마는 기쁨에 빛나는 얼굴로 그 자리에서 일어났습니다. 판두 아들들이 전차를 몰아 전투에 나서자 아르주나는 간다르바 왕 치트라세나(Chitrasena)에게 말했습니다.

"우리 형제인 수요다나(Suyodhana, 두료다나)를 당장 석방하라." 그러자 간다르바들이 비웃으며 말했습니다.

"이 어린 놈아, 우리는 우리 왕의 명령을 따를 뿐이니, 천신(天神)이라고 할지라도 우리들에게 명령은 할 수 없다." 그렇게 말하면서 간다르바들이 화살로 공격을 해오자, 다난자야(Dhananjaya, 아르주나)는 역시 화살 소나기로 그들을 대항했습니다. 결국 화가 난 아르주나는, 그의 **아그네야 (Agneya) 무기**를 사용하여 수백만의 간다르바들을 저승으로 보내 버렸습니다. 비마도 수백 명의 간다르바들을 무찔렀습니다. 간다르바의 왕은 그가 부린 '요술(his powers of illusion)'이 아르주나에게 소용없자, 그가 아르주나임을 금방 알아차리고 아르주나에게 자기 모습을 드러내었습니다. 치트라세나(Chitrasena)는 아르주나를 향해 말했습니다.

"네가 싸우고 있는 너의 친구, 이 나를 좀 보게나." 그러자 아르주나는 친구 '치트라세나 (Chitrasena)'를 확인하고 무기 사용을 중지하고, 날아오는 화살들을 걷어냈습니다. 다른 판두 형제들도 아르주나가 공격을 중지하는 것을 보고 날아오는 화살만 걷어 내며 활쏘기를 멈췄습니다. '치트라세나(Chitrasena)'와 비마, 아르주나, 쌍둥이는 서로 인사를 건네며, 잠시 그네들의 전차에 머무르고 있었습니다.

바이삼파야나 말했다. -그러자 억센 궁사 아르주나가 간다르바(Gandharva) 대장 치트라세나 (Chitrasena)에게 물었습니다.

"무엇 때문에 카우라바들을 추격했고, 수요다나(Suyodhana, 두료다나)와 그의 부인들을 공격했는가?" 이에 그 치트라세나(Chitrasena)가 말했습니다.

"오 아르주나여, 나는 두료다나가 내 거처를 흔들기 이전에, 그 못된 두료다나와 카르나가 여기에 온 이유를 다 알고 있었습니다. 저 악당들은 당신네들이 이 숲을 유랑(流浪)하며 큰 고초(苦楚)를 겪고 있는 것을 알고, 당신들의 불행을 목격하러 온 것입니다. '천신들의 주인[인드라]'이 그것을 알고 내게 말했습니다. '**가서 두료다나와 그 상담재[카르나]를 이리 잡아오라. 아르주나는 [그대에게서 무술을 익힌] 그대의 제자이니 전투가 터지면 그 형제들을 언제나 도와야 한다.**' 인드라의 그 말씀을 듣고 내가 여기에 왔었습니다. 그래서 저 고약한 왕재[두료다나]를 잡았습니다." 아르주나가 말했습니다.

"오 치트라세나여, 내가 원하는 바를 당신이 아셨다면 유디슈티라 왕의 명령대로 그 수요다내[두료다나]를 풀어주시오." 치트라세나가 말했습니다.

"저 악당[두료다나]은 아직 허영심에 넘쳐 있습니다. 그 놈은 유디슈티라를 속였고, 드라우파디에게 잘못했지만, 유디슈티라는 지금 왜 두료다나가 여기에 왔는지, 그 이유도 모르고 있습니다. 유디슈티라가 그것을 반드시 알아야 합니다."

바이삼파야나가 말했다. -그래서 그 간다르바 왕은 유디슈티라에게 가서 두료다나의 행동에 대해 모두 말해 버렸습니다. 유디슈티라는 말했습니다.

"다행히 엄청난 힘을 지니고 계시면서도, 두료다나와 그 가족들과 상담자들을 죽이지는 않아서 다행입니다. 간다르바들이 제게 큰 친절을 베풀었습니다. 우리 집안의 명예를 위해서 그 못된 놈을 풀어주십시오." 풀려난 두료다나에게 유디슈티라는 말했습니다.

"오 바라타여, 이런 경솔한 행동은 다시 행하지 말라!"

바이삼파야나가 계속했다. -두료다나 왕은 유디슈티라에게 인사를 하고, 다 죽은 사람처럼 그 가슴 저미는 수치심을 안고 서울[하스티나푸래로 돌아왔습니다.[166]

──────✈

(a) 이 장(章)에서는 역시 힌두(Hindu)의 '<u>무력(武力) 제일주의</u>', '<u>크샤트리아 의무</u>'의 불가피함을 강조했다.

(b) 세계 어느 곳에서나 과거에 다 있었고, 지금도 있고, 앞으로도 있을 수밖에 없는 '그 힘(power)의 의한 경쟁'을, 힌두들은 '마하바라타(*The Mahabharata*)' 내용의 가장 중요한 '크샤트라의 의무'로 거듭 강조를 하고 있다. 그러한 측면에서 '마하바라타(*The Mahabharata*)'는 인류가 소유한 모든 책들을 뛰어넘어 그 '원시적 고지(高地)'를 자랑하고 있다.

(c) 이 '카우라바들[두료다나 패]'과 '판다바들[판두 아들들]'의 분쟁은 '회당(會堂)'에서 주사위 노름'이 행해진 다음에, '최초로 행해진 전투'라는 측면서 그리고 이후에 벌어진 더욱 큰 전쟁[쿠루크셰트라 전쟁]의 예비 전으로 의미를 지니고 있다.

(d) <u>세상에 '법' '도덕'을 강조하고 있는 자들도 그 '힘'의 뒷받침이 없으면, '쓸데없는 잔소리'로 전락(顚落)한다는 것을 사람들은 다 알고 있다.</u>

(e) 그렇다면 '힘'이 없는 [사람들의] '법'과 '도덕' 양심'은 소용이 없는가? 그러나 그 '<u>법'과 '도덕' 양심'의 지지가 없는 '힘의 발동'은 결코 시간 속에 지속이 될 수 없다.</u>

(f) 그런데 그 '<u>법'과 '도덕' 양심'의 척도(尺度, 起點)로 동양(중국, 孔子)의 경우는 '내가 당하기 싫은 일을 남에게 행하지 말라(其所不欲 勿施於人)'라는 자연법(自然法, Natural Law)을 운영을 했었다.</u>

(g) 이에 대해 <u>힌두와 서구인들은 '절대신'이 바로 '법'과 '도덕' 양심'이라고 가르치고, '절대 신에의 귀의(歸依) 요가(Yoga)'를 가르치고 있으니, 그 요가의 근본은 '육체적 고통의 감수' '고행(苦行)'과 '희생[祭祀]'을 그 덕목(德目)으로 주장을 하고 있다.</u>

(h) 그런데 중국인[동양인]은 '현세 중심'이고, 힌두들[서구인]은 '내세(來世, 死後) 중심'으로 교육을 행했으나, 소위 볼테르 이후 소위 '계몽주의(啓蒙主義, Enlightenment)' 이후 '현세 중심'으로 크게 바뀌었다.

(i) 그렇다면 당초에 힌두들이 최고 덕목으로 강조된 '고행(苦行)' '희생[제사]'도 다 포기가 되었는가? 그것도 결코 아니다. 왜냐하면 '인간의 삶' 그 자체가 '고행(苦行)'이며 '희생[제사]'의 실천임을 모

---

166) K. M. Ganguli (Translated into English Prose from the Original Sanskrit Text), *The Mahabharata of Krishna-Dwaipayana Vyasa*, Munshiram Manoharlal Publisher Pvt. Ltd. New Delhi, 2000, **-Vana Parva-** pp. 477, 479~492

르는 자는 '철없는 아동'일 뿐이다. 그리고 그 **'고행(苦行)' '희생[제사]' 속에 달성한 '승리'와 '획득'이 '최고의 기쁨'임을 모르는 성인(成人)은 거의 없다.** 즉 짧게는 하루의 생활과 조금 길게는 일 년, 더욱 길게는 일평생의 삶이 그 '고행(苦行)' '희생[제사]' 속에 가고 있기 때문이다.

(j) 위에서 두료다나와 카르나는 유디슈티라에게서 '통치권을 노름으로 앗아 놓고' 다시 그들이 '비참한 지경에 있음'을 보러갔다가 도리어 낭패를 당했다고 '힌두의 계관시인[비아사]'은 위에서처럼 상세히 말했다.

(k) 인간의 '기쁨[쾌락]'은 다양하다. '복수(復讎)가 쾌락'임을 위의 장(章)에서는 말하고 있다. 아니 '마하바라타(*The Mahabharata*)'는 처음부터 끝까지 '절대신'의 이름으로 그 복수 속[전쟁]에 전개가 되고 있다. '현대인' 그 원시 힌두들과 다른 차원에서 '경쟁[전쟁]'을 벌리고 있다. 그러함을 '최초의 현대인' 니체(F. Nietzsche, 1844~1900)는 너무나 명백히 반복해 알려 주었다. ['니체는 손을 씻은 바스마르크이다.'[167]]

(l) 니체는 자신이 '디오니소스의 제자'[168]라고 공언(公言)을 하고 있는데, 희랍의 '디오니소스'는 힌두의 고행과 사망의 신인 '시바(Siva)'이다.

제62장 악귀들의 위로를 받은 두료다나

자나메자야가 말했다. -오 바이삼파야나여, 그 고만(高慢)하고 고약한 두료다나가 하스티라나푸라(Hastinapura)로 들어가기가 어려웠을 터인데, 그의 서울로의 진입(進入)을 자세히 말씀해 주십시오.

바이삼파야나가 말했다. -유디슈티라와 헤어진 다음 두료다나는 슬픔과 우울로 고개를 숙이고 서서히 출발을 했습니다. 두료다나 왕은 군사를 거느리고 서울로 향해 가다가 수풀과 물이 풍부한 지역을 만나, 거기서 '패배에 지친 그의 마음'을 달래고 싶었습니다. 두료다나는 그곳에다 캠프를 마련하고 코끼리들과 전차들과 기병과 보병들을 쉬게 했습니다. 그런데 높은 침대 앉아 있는 두료다나가 '아침에 사라져 가는 달'같이 보이니, 카르나(Karna)가 그에게 다가가 말을 했습니다.

"오 간다리의 아드님이여, 아무튼 살아 돌아 오셔서 다행입니다. 당신의 의지로 간다르바들을 물리치셨습니다. 저는 그 간다르바들의 공격을 당하여 우리 군을 규합하지 못 하고 당신 보는 앞에서 도망을 쳤습니다." 두료다나 말했다.

"오 라데야(Radheya, 카르나)여, 당신은 무슨 일이 벌어졌는지는 아직 모르고 있소. 그러기에

---

167) F. Nietzsche(translated by Oscar Levy), *My Sister and I*, A M O K Books, 1990, p. 174 '태양 아래 얼마나 큰 구경거리인가, 비스마르크(O. E. L. Bismark, 1815~1898)와 니체가 동시대를 살았고 둘 다 피 묻은 손이다. 그러나 내 손은 너무 자주 씻으므로 쉽게 볼 수가 없다.'

168) F. Nietzsche (translated by A. M. Ludovici), *ECCE HOMO-Nietzsche's Autobiography*, The Macmillan Company, 1911, pp. 1~2 '나는 코딱지 현자도, 도덕의 괴물도 아니다. 나는 이제까지 덕이 있다는 사람과는 반대편에 있다. 우리들 사이에는 그것이 나를 자랑스럽게 하는 문제이다. 나는 철학자 디오니소스의 제자이고, 성인보다는 사티로스이고 싶다.'

나는 당신의 말에 화를 내지는 않겠소. 나의 도움을 받은 우리 형제들은 그 간다르바들과 치열하게 싸웠으나, **요술을 부리는 간다르바들이 하늘에서 내려와 우리를 패배시키고 나는 사로잡히기까지 했소.** 그래서 나와 시신(侍臣)들과 상담자와 아이들 부인들 군사들 전차 무사들이 다 하늘로 끌려가게 될 판국이 되었소. 그래서 우리의 병사들과 용감한 관리들이 판두 아들들에게 원조(援助)를 요청하니, 그들은 거절을 하지 않았소. 그래서 판다바들이 나서서 간다르바들을 대신 감당을 하고, 다시 말로 그 간다르바들을 설득했으나 우리의 석방을 거절하자 비마와 아르주나 쌍둥이가 나서서 화살 소나기를 퍼부으니, 간다르바들의 왕 치트라세나(Chitrasena)가 모습을 드러내고 치트라세나와 아르주나를 인사를 나누었소. 치트라세나(Chitrasena)와 아르주나는 서로 존중을 하는 사이였소." 두료다나가 계속 카르나에 말했습니다.

"아르주나는 간다르바 왕에게 '우리 형제들을 석방하시오.'라고 말하니, 간다르바 왕은 당초에 우리가 판두들의 비참한 모습을 보러 왔다고 공개를 하여 결국 우리 형제들을 그 간다르바 왕이 유디슈타라에게로 끌고 가 유디슈타라에게 우리의 석방 여부를 물었소. 아, **나와 내 가솔(家率)들이 적(敵)들의 수중에 들어가다니! 아, 내가 나에게 추방을 당한 그들이 나를 풀어주었다니. 나는 그들에게 나의 생명을 빚졌소.** 그러기에 내 말을 들어보시오. 나는 먹지 않고 여기에 머무를 터이니, 당신들은 내 가솔(家率)을 이끌고 하스티나푸라(Hastinapura)로 가십시오. **이 지경에 내가 비슈마 드로나 크리파 드로나의 아들 비두라 산자야에게 무슨 할 말이 있겠소까? 나는 여기에서 굶어죽야겠습니다.** 내가 산다는 것을 옳지 않습니다. 적에게 석방을 당한 자가 어떻게 살겠니까? 남자로 뽐내는 나를 적들은 비웃었으니, 용맹을 지닌 판다바들이 비참한 지경에 빠진 나를 여지없이 다 목격을 했습니다."

그러한 생각에 잠긴 두료다나는 아우 두사사나(Dussasana)에게 말했습니다. "오 두사사나야, 내 말을 들어라. 내가 하는 이 말대로 너는 내 자리에 앉아 왕이 되어라. 카르나와 수발라 아들들의 보호를 받으며 네가 나대신 이 세상을 다스려라." 그렇게 말을 마친 두료다나는 자신의 목을 조르며 "가라!"라고 외쳤습니다. 그 두료다나의 말을 들은 두사사나(Dussasana)는 눈물에 목이 메어 말했습니다.

"참으세요! [내가 왕이 될]그런 일은 없습니다! 땅이 갈라지고, 하늘이 쪼개지고 히말라야가 자리를 옮기고 대양(大洋)이 마를 지라도 형님 없는 이 세상을 제가 다스리지는 않을 겁니다. 고정하십시오. 형님 혼자서 우리 종족을 1백년간은 다스려야 할 겁니다." 두사사나(Dussasana)는 그렇게 말하고 형에 대한 존경심에서 그의 다리를 붙들고 슬피 울었습니다. 두사사나와 두료다나가 울고 있는 것을 본 카르나가 말했습니다.

"쿠루 왕자들이여, 왜 평상인(平常人, 바이샤들)처럼 이렇게 정신없이 슬퍼합니까? 울음으로는 슬픔을 막을 수 없습니다. 인내력을 발휘하십시오. 판다바들은 [臣民으로서]마땅한 그들의 의무를 행했을 뿐입니다. 그들은 왕의 영토 내에 있으므로 왕에게 충성을 바쳐야 합니다. 당신이 굶겠다고 하니 외사촌들도 모두 우울한 슬픔에 있습니다. 일어나 당신의 도시[하스티나푸래로 돌아가야 합니다."

바이삼파야나가 계속했다. -카르나가 그처럼 말했으나, 두료다나는 죽으려고 결심을 하고 그가 앉아 있는 곳에서 일어나지도 않았습니다.

바이삼파야나가 말했다. -두료다나가 먹지 않고 죽으려는 곳을 보고 사쿠니(Sakuni)가 말했습니다. "오 왕이여, 그대는 내가 안겨준 부(富)를 다 버리고 바보 같이 오늘 죽으려 하는가? 새로 생긴 기쁨과 슬픔을 조정을 못 한 사람은, 굽지 않는 질그릇을 물에 담근 것처럼 부(富)를 획득해도 지탱을 할 수 없는 법이요. 용기 없고, 남자답지 못하고, 꾸물거리고, 분별력 없고 감각적 쾌락에 빠져 있는 왕은 부하들에게 존경을 받기도 어렵소. **죽으려 하지 말고 즐겁게 생각하고, 판두 아들들이 그대에게 행한 선을 기쁘게 기억해야 합니다. 프리타의 아들들에게 왕국을 되돌려 주고 도덕과 명성을 획득해야 합니다.** 우애로 판다바들과 형제 관계를 확립하고 그네들 아버지 왕국을 되돌려 주면 그대도 행복하게 될 겁니다!" 사쿠니의 그 말을 듣고 두료다나는 자기 앞에 엎드린 두사사나(Dussasana)를 일으켜 사랑으로 그의 머리 냄새를 맡았습니다. 그리고 카르나의 말은 부끄럽고 절망스러웠습니다. 두료다나는 슬픔을 느끼며 말했습니다.

"나에게는 행할 도덕이나 부나 우정 통치 쾌락들이 다 없어졌습니다. 나의 목표를 막지 말고 다 버리고 떠나세요. 나는 먹지 않고 죽기로 이미 결심을 했습니다. 서울로 돌아가 어르신들을 받드십시오."

바이삼파야나가 말했다. -친구나 상담자 형제 친척이 온갖 말을 해도 두료다나는 듣지 않고 땅 바닥에 쿠사(Kusa) 풀을 깔고 [죽겠다는]목표를 향하여 앉았습니다. 두료다나는 말을 끊고 넝마를 걸치고 하늘로 가겠다는 목표를 정하고 기도하기 시작했습니다. 그런데 **옛날 천신(天神)들에게 패배하여 의지할 곳이 없는 극악한 다이티아들(Daityas)과 다나바들(Danavas)이 두료다나의 결심을 알고 그가 죽고 나면 그들의 일당이 허약해 질 것으로 알아 두료다나를 불러올 제사(祭祀)를 행하고 두료다나를 자기들 앞에 세웠습니다.** 그 다나바들(Danavas)이 두료다나에게 말했습니다.

"오 수요다나(Suyodhana)여, 당신은 항상 영웅들 현자들과 함께 지내셨습니다. 그런데 무슨 까닭으로 굶어 죽겠다는 맹세를 하셨습니까? 오 왕이시여, 옛날 우리는 당신을 고행의 마헤스와라(Maheswara)로부터 얻었습니다. **당신의 위 부분은 어떤 무기로도 손상할 수 없는 바즈라(Vajras)로 만들었고, 아래 부분은 여신의 꽃으로 만들었습니다. 당신의 몸은 마헤스와라(Maheswara)와 여신이 창조물입니다. 그래서 당신의 몸은 하늘에서 온 것이고 인간에게 연유한 것이 아닙니다.** 두려움을 버리십시오. **땅에서 태어난 다나바들(Danavas)이 다 당신을 도울 것이고, 다른 악귀들이 비슈마(Bhishma)와 드로나(Drona)와 카르나(Karna)[정신을]를 홀리면 그 영웅들은 당신의 적(敵)들과 싸울 것이고, 당신의 무사들은 아들 형제 아버지 친구 제자 친척 어린이 노인 구분 없이 거스르는 모든 적(敵)을 공격할 것입니다.**['자신이 죽겠다는 두료다나의 생각'을 '세상 공격으로 바꾸어 준 악마의 역할 발휘) 판다바들은 신들의 도피처이듯이, 당신은 우리[악귀]들의 도피처입니다.”

바이삼파야나가 계속했다. -이렇게 말한 다나바들(Danavas)은 두료다나를 포옹하며 아들처럼 기쁘게 해 주었습니다. 그리고 “가서 승리하십시오!”라고 말했다. 다이티아들(Daityas)과 다나바들(Danavas)이 떠나고 두료다나는 자기 원(原)위치로 돌아왔습니다. 두료다나가 다이티아들(Daityas)과 다나바들(Danavas)의 말을 생각해 보니, 그간 일어난 일들이 꿈같았습니다. 그러자 두료다나는 생각했습니다. “내가 ‘전투’로 그 판다바들을 물리쳐야겠다.” 그 밤이 지나고 해 돋은 아침이 되자 카르나(Karna)가 두 손을 모으고 두료다나에게 말했습니다.

“죽은 자가 그의 적(敵)들을 정복하는 일은 없습니다. 살아 있을 때에 ‘좋은 것’도 알 수 있습니다. 사망한 자에게 무슨 선(善)과 승리가 있겠습니까? 그러기에 슬퍼하거나 두려워하거나 죽을 시간이 없습니다.”[현실주의] 이렇게 말한 카르나는 두료다나를 포옹하며 말했습니다. “오 왕이여, 일어나시오, 왜 그렇게 누워서 슬퍼하는 거요? 용맹으로 적(敵)들을 물리쳤던 왕이 왜 죽으려 하는 거요? 혹시 아르주나의 용맹에 겁을 먹었다면 정말 내가 그 아르주나를 꼭 잡아드리겠습니다.” 카르나가 그렇게 말하자 두료다나는 다이티아들(Daityas)의 말과 탄원(歎願)을 생각하며 그 쿠사(Kusa) 풀 자리에서 일어났습니다.[169]

———→

(a) 유디슈티라와 아르주나가 신들의 축복을 받았음에 대해, 그들의 적 두료다나(Duryodhana)가 악귀(惡鬼) 다나바들(Danavas)의 격려 받았다는 ‘마하바라타’ 서술 방식은, 소위 아르주나(Arjuna, 후손 자나메자야)의 **‘계관시인(바이삼파야나)’의 대표적 ‘말하기 방법[왕은 승리의 善神이고, 패배자는 惡鬼]’이다.**

(b) 그 간다라바들에 생포를 당했다가 아르주나에게 구출이 되었다는 ‘마하바라타(*The Mahabharata*)’의 전개 수법은 실로 교묘함을 다 했다고 할 수 있는 데, 모두 ‘절대적인 신의 권능의 과시’일 뿐이다.

(c) 특히 자존심에 결정타를 맞아 ‘굶어 죽겠다.’는 두료다나에게 행한 악귀 다이티아들(Daityas)의 탄원은 인간의 일반 심리에 기초한 힌두 바라문의 정교함을 자랑하는 부분이다. 즉 ‘두료다나의 열등감을 승리의 공격 충동’으로 바꾸었음이 그것이니, 영원히 유심(有心)인의 주목을 받을 만한 부분이다.

(d) 더구나 ‘주사위 노름꾼’ 사쿠니까지 두료다나에게 ‘프리타의 아들들에게 왕국을 되돌려 주고 우애(友愛)로 판다바들과 형제 관계를 확립하고 그네들 아버지 왕국을 되돌려 주면 그대도 행복하게 될 겁니다!’란 대목도 빛나는 부분인데, 두료다나는 그 말을 듣고 ‘두사사나’를 생각하는 정도에

169) K. M. Ganguli (Translated into English Prose from the Original Sanskrit Text), *The Mahabharata of Krishna-Dwaipayana Vyasa*, Munshiram Manoharlal Publisher Pvt. Ltd. New Delhi, 2000, **-Vana Parva-** pp. 492~500

머물렀다는 것은 타고난 욕심쟁이 두료다나의 성격을 명시하고 있다.

(e) 이 부분에서 '두료다나' 아우 '두사사나'와의 대화는, 나관중의 '통속연의(通俗演義)'에 처음 동탁의 폭정에 대항을 했던 '제후들의 연합군' 동탁을 기를 꺾고, 그가 낙양을 버리고 장안으로 도읍을 옮겨 갈 적에 연합군 중에 조조가 유일하게 그를 추적하다가 반격을 당하여 죽을 임박에 아우 조홍(曹洪)의 구원을 받았을 적에 그들의 대화와 혹사하다.['동탁이 장락궁에 불을 지르다(董卓火燒長洛宮)']

제63장 카르나의 세상 정복

자나메자야가 말했다. -프리타의 아들들이 숲 속에 지낼 때에 드리타라슈트라 아들들과 카르나(Karna) 사쿠니(Sakuni) 비슈마(Bhishma) 드로나(Drona) 크리파(Kripa)는 무엇을 했습니까?

바이삼파야나가 말했다. -두료다나(Duryodhana)가 하티나푸라(Hastinapura)에 가니 비슈마(Bhishma)가 두료다나에게 말했습니다.

"얘야, 나는 앞서 네가 그 판다바들의 그 은둔처(隱遁處)로 여행하는 것이 좋지 않다고 말을 하였다. 그러나 너는 그렇게 하고 말았다. 그 결과로 너는 적(敵)들에게 포로가 되었고 도덕을 아는 판다바들에 의해 석방이 되었다. 그러했음에도 너는 부끄러움도 모르는구나. 오 간다리의 아들아, 너와 군사들이 보는 앞에서 '마부 수타의 아들[카르나]'은 공포에 사로잡혀 그 간다르바들(Gandarvas)과의 전장에서 도망을 쳤다고 하는구나. 너와 네 군사들이 비참하게 울고 있을 적에 판다바들의 용맹과 마부 수타 아들의 간사함을 다 목격했었다고 한다. 오 왕이여, 카르나[의 힘]는 판두 아들[의 힘]의 4분의 1도 안 된다. 그러므로 이 종족을 위하여 그 판다바들과 화해하는 것이 옳을 것이다." 비슈마의 그 말을 들은 두료다나는 큰 소리로 웃고 난 다음 사쿠니를 데리고 서둘러 그 자리를 떴습니다. 그러자 카르나와 두사사나도 그 두료다나의 뒤를 따랐습니다. **그들이 나가버리자 비슈마는 수치스러워 고개를 숙이고 자신의 처소로 그냥 돌아갔습니다**. 그 비슈마가 떠나자 두료다나는 그의 책사(策士)들과 다시 논의를 시작했습니다.

"내가 무슨 일을 하는 것이 좋겠소? 어떤 일을 해야 우리에게 이로울 것 같습니까?" 카르나가 말했다.

"오 쿠루의 아들이여, 비슈마는 항상 우리들을 꾸짖고 판다바들을 칭송한다는 것을 부디 잊지 마시오. 비슈마는 항상 당신 앞에서 나를 깎아 내립니다. 그러나 **나에게 하인과 군사와 전차를 맡기시면, 산악과 숲이 있는 이 세상을 정복하여 당신께 올리겠습니다**. 천하가 4명의 판다바들에 의해 정복이 되었으나, 나는 틀림없이 당신의 힘으로 세상을 다 정복해 당신께 올리겠습니다. 명령만 내리십시오. 승리는 당신 것입니다. 나는 당신 앞에 맹세합니다." 두로다나는 그 카르나의 말을 듣고 너무나 기뻐서 카르나에게 말했습니다.

"나는 축복을 받았습니다. 위대한 힘을 지닌 당신이 나의 부를 지키고 있습니다. 오 영웅이여,

나의 적을 복속시켜 복락을 같이 합시다! 내게 해야 할 일을 말해 주시오." 이에 카르나는 두료다나에게 여행 가기를 권했습니다. 그래서 길일(吉日) 택하여 목욕재계(沐浴齋戒)를 마친 다음 출발의 기도를 올렸습니다.

바이삼파야나가 계속했다. -그런 다음 거대 군사를 거느린 카르나는 아름다운 드루파다(Drupada) 도시를 포위했습니다. 그래서 카르나는 극렬한 분쟁을 치른 다음 그 도시를 정복하고 드루파다(Drupada)가 금과 은 보석을 바치도록 했습니다. 그런 다음 북쪽으로 가 바가다타(Bhagadatta)를 격파하고 모든 적을 물리치고 히말라야에 올랐습니다. 그리고 히말라야 주변 왕들에게 공물을 받았습니다. 그 다음 그 히말라야 산을 내려와 동쪽으로 달려간 카르나는 앙가족(Angas) 방가족(Bangas) 칼링가족(Kalingas) 만디카족(Mandikas) 마가다족(Magadhas) 카르카칸다족(Karkahandas) 아바시라족(Avasiras) 요디아족(Yodhyas) 아히크샤트라족(Ahikshatras)을 정복했습니다. 동부를 점령한 다음 카르나는 바트사부미(Batsa-bhumi)를 정복했고, 케발리(Kevali) 므리티카바티(Mrittikavati) 모하나(Mohana) 파트라나(Patrana) 트리푸라(Tripura) 코살라(Kosala)를 정복하여 공물을 강요했습니다. 그 다음 남으로 향한 카르나는 닥시나티아(Dakshinatya)에서 루크미(Rukmi)와 싸우고 그에게 역시 공물을 얻었습니다. 카르나는 판디아(Pandya)와 관계 개선을 하고 닐라(Nila)왕과 남부의 다른 왕들이 공물을 바치도록 했습니다. 그 다음 카르나는 시수팔라(Sisupala)아들에게 가서 그를 굴복시키고 주변의 왕들을 복속시켰습니다. 그리고 카르나는 아반티족(Avantis)을 정복하고 브리슈니족(Vrishnis)과 싸워 서부(西部)를 정복했습니다. 그리고 카르나는 바루나(Varuna) 영역으로 와서 야바나(Yavana) 바르바라(Varvara) 왕들이 공물을 내게 했습니다. 그렇게 하여 동서남북의 세상을 정복한 카르나는 믈레차족(Mlechchhas) 고산족 바드라족(Bhadras) 로히타카족(Rohitakas) 아그네야족(Agneyas) 말라바족(Malavas)의 나라들을 정복했습니다. 나그나지타족(Nagnajitas)을 선두로 한 억센 전차부대를 정복한 카르나는 사사카족(Sasakas) 야바나족(Yavanas)도 정복했습니다. **그렇게 세상 정복을 마친 카르나는 하스티나푸라(Hastinapura)로 돌아왔습니다.** 그러자 두료다나는 아버지와 형제와 친구들을 대동하고 나와 카르나에게 군공(軍功)의 왕관을 바쳤습니다. 그리고 두료다나는 카르나의 공을 칭송했습니다.

"나는 비슈마나 드로나나 크리파 발리카에게서 받지 못 했던 것을 그대에게서 받노라. 그대에게 복이 있을지니 긴 말이 무슨 소용이 있으랴! 오 카르나여 나는 그대에게서 나의 은신처를 얻었습니다. 번성했다는 판다바들과 다른 왕들은 그대의 16분의 1에도 미칠 수 없습니다. 오 억센 궁사(弓師)여, 드리타라슈트라(Dhritarashtra)와 간다리(Gandhari)도 보소서." 그러자 그 하스티나푸라에서는 '오!' '와!' 감탄의 소리가 터져 나왔으나, 다른 사람들은 침묵을 지키고 있었습니다. **그때부터 두료다나와 사쿠니와 카르나는, 이미 전투로 프리타의 아들들을 다 격파를 시켰다고 생각을 했습니다.** 마부의 아들 카르나가 두료다나에게 말했습니다.

"오 두료다나여, 이제 세상에 적들은 없어졌습니다. 적(敵)을 무찌른 그 사크라(Sakra)처럼 온 천하를 다스리소서." 카르나의 그 말을 들은 두료다나는 그에게 말했습니다. "**나도 판다바들이 행했던 최고의 제사 '라자수야(Rajasuya)'를 치르고 싶소. 그것을 치르게 해 주시오.**" 그러자 카르나가 두료다나에게 말했습니다.

"지금 세상의 왕들이 당신께 복종을 하고 있으니, 주요 바라문들을 불러 그 제사(祭祀) 준비를 하시지요." 그래서 두료다나는 사제(司祭, priest)를 불러 말했습니다.

"최고의 닥시나(Dakshinas, 사례금)로 나를 위해 그 라자수야(Rajasuya)를 행할 준비를 하시오." 그러자 최고의 바라문이 두료다나에게 다가가 말했습니다.

"오 왕이시여, 유디슈티라가 살아 있으니, 대왕의 집안에서는 라자수야(Rajasuya)를 행할 수 없습니다. 더구나 부왕(父王, 드리타라슈트라)도 살아계십니다. 그래서 당신은 그 라자수야를 행할 수 없습니다. 라자수야와 비슷한 다른 대제(大祭)가 있습니다. 그것을 행하시지요. 세상의 모든 왕들은 당신께 황금으로 공물(貢物)을 바칠 터이니, 그 '황금으로 쟁기'를 만들어 그 제사를 지내야 합니다. 그래서 주문(呪文)과 음식으로 흔들림이 없이 제사를 지내는 것이니, 그 제사의 명칭은 '**바이슈나바(Vaishnava)**'라고 합니다. 고대에 비슈누를 빼놓고는 행한 적이 없는 제사입니다. 그 제사가 '라자수야'와 대등(對等)한 제사입니다." 그 바라문의 말을 듣고 두료다나는 카르나와 아우들과 사쿠니에게 말했습니다.

"나는 이 브라만의 말씀이 내 맘에 듭니다. 그것이 어떤지를 논의를 해주시오." 그러자 모두 "그렇게 [바이슈나바 제사를 올리도록] 하옵소서."라고 말했습니다.

바이삼파니아가 계속했다. -모든 기술자나 상담자와 현명한 비두라(Vidura)가 두료다나에게 말했습니다.

"오 왕이시여, 대제(大祭)를 행할 준비가 완료되었습니다. 행할 때가 왔습니다. 훌륭한 황금 쟁기도 마련이 되었습니다." 이 말을 들은 두료다나는 그 최고의 대제(大祭)를 개시하였습니다. 주문(呪文)으로 축성(祝聖)된 제사가 풍성한 먹거리를 준비해 놓고 두료다나가 그것을 절차에 따라 주도하였습니다. 그래서 드리타라슈트라 비두라 비슈마 드로나 크리파 카르나 간다리가 다 큰 기쁨을 느꼈습니다. 두료다나는 신속한 초청 사자(使者)를 왕들과 바라문들에게 파견했습니다. 각각 빠른 마차를 타고 방향을 나누어 정했습니다. 두사사나가 한 사자(使者)에게 말했습니다.

"**어서 드와이타(Dwaita) 숲으로 거서 그 숲에 있는 바라문들과 고약한 판다바들을 초청해 오게 하라.**" 이에 그 사자(使者)는 바로 거기에 이르러 판두 아들들에게 말을 했습니다.

"타고난 용맹으로 무량(無量)의 부를 획득한 왕 중의 왕 두료다나께서 제사를 지내십니다. 모든 곳의 왕과 바라문들이 도착하고 있습니다. 왕이시여, 드리타라슈트라 아드님이 당신들을 초청하십니다. 그 황제의 즐거운 제사에 참석을 하시지요." 그 사자(使者)의 전갈을 받고 유디슈티라가 말했습니다.

"수요다나[두료다나] 왕이 조상들의 영광을 높이는 그 최고의 제사를 치르게 되었다니 다행입니다. 우리도 마땅히 거기에 가야 하나, 우리가 약속한 13년간의 맹세로 인해 그럴 수 없습니다."
이 유디슈티라 말을 들은 비마가 그 사자에게 말했습니다.

"유디슈티라 왕이 거길 가면 두료다나는 불가마 속에 던져질 것이다. 돌아가거든 두료다나에게
말하라. **'13년이 끝날 때에, 그 희생 제사를 전투로 치를 적에, 내가 그 드리타라슈트라들을 다
불 속에 쳐 넣을 그때에 보자'**고 하더라고 전해라." 그러나 다른 판다바들은 불쾌한 말은 하지
않았습니다. 그 사자는 돌아가 있었던 모든 일을 두료다나에게 전했습니다. 그리고 나서 그 하스티
나푸라로 여러 나라의 왕과 바라문들이 몰려와서 그들은 큰 기쁨들을 누렸습니다.

바이샴파야나가 말했다. -두료다나가 제사를 마치고 그 도시로 들어오자, 찬사(讚辭)자들이 왕
[두료다나]의 무쌍(無雙)한 용맹을 칭송했습니다. 시민들은 볶은 쌀가루를 뿌리며 말했습니다. "오
왕이시여, 탈 없이 제사를 마치셨습니다." 더 난폭한 자는 두료다나를 향해 말했습니다.

"당신의 제사는 유디슈티라의 제사와 비교할 수 없습니다. 16분의 1도 안 됩니다." 그러나 두료
다나의 친구들은 말했습니다. "당신의 제사가 모든 제사를 능가했습니다. 이와 같은 제사는 야야티
(Yayati) 나후사(Nahusha) 만다타(Mandhata) 바라타(Bharata)가 지냈는데, 그들은 다 고인(故人)
이 되었습니다." 친구들의 칭찬을 듣고 두료다나는 기분 좋게 그 도시로 들어가 자신의 궁궐로
향했습니다. 부왕(父王)과 모(母)왕후, 비슈마 드로나 크리파에 인사를 하고 아우들과 인사를 나눈
다음 아우들에게 둘러싸여 두료다나 왕은 좋은 자리에 앉았습니다. 그러자 마부의 아들[카르나]이
자리에서 일어나 말했습니다.

"**오 왕이여, 운 좋게 당신의 대제(大祭)가 마무리 되었습니다. 그러나 프리타의 아들들을 전투
로 무찌르고 나서 다시 '라자수야(Rajasuya) 대제(大祭)'를 끝내면, 나는 이번처럼 다시 당신께
축하를 올리겠습니다.**" 그러자 두료다나가 말했습니다. "당신 말씀대로 될 것입니다. 저 고약한
판다바들이 죽으면 내가 장대한 라자수야(Rajasuya)를 개최할 터이니, 그때 다시 한 번 나를 축하
를 해 주시오." 그 말을 하고 두료다나는 카르나를 포옹했습니다. 그러자 카르나가 말했습니다.

"오 카우라바들이여, 내가 그 판다바들을 다 잡고 나서 호화판 라자수야를 치르도록 하겠습니다.
오 왕 중에 코끼리시여, 나는 내가 아르주나를 잡을 때까지 내 발을 씻지 않고 고기도 입에 대지
않을 겁니다." 이 카르나의 맹세를 듣고 드리타라슈트라 아들들은 기뻐서 소리치며 판다바들이 이
미 다 죽은 듯이 생각했습니다.[170]

———→

(a) '마하바라타(*The Mahabharata*)'는 '바라타족의 전쟁 이야기'인데, 그 '전쟁'의 핵심 인자로 한 쪽

---

170) K. M. Ganguli (Translated into English Prose from the Original Sanskrit Text), *The Mahabharata of
Krishna-Dwaipayana Vyasa*, Munshiram Manoharlal Publisher Pvt. Ltd. New Delhi, 2000, -**Vana Parva**-
pp. 500~506

에는 '**두료다나(Duryodhana)와 카르나(Karna)**'가 있고 다른 편에는 '**비마와 아르주나**'가 있어 그 '전쟁'을 피할 길이 없어 '수 억(億) 인명'을 살상한 '쿠루크셰트라 전쟁'을 발발했다는 것이다.

(b) 그러나 이 장(章)에서 가장 구체적으로 명시가 되었듯이 그 근본에 '복수심을 앞세운 [자기가 세상에서 제일이라는]**커다란 허세(虛勢)에 노예**'가 되어 있음을 알 수 있다.

(c) 즉 카르나(Karna)가 '나는 내가 아르주나를 잡을 때까지 내 발을 씻지 않고 고기도 입에 대지 않을 겁니다.'라고 맹세를 했는데, **힌두들은 이것[투쟁]을 바로 '크샤트리아의 의무'로 지정을 해 두었다.**[왕이 될 필수 요건]

(d) 앞서 확인했듯이 '더욱 힘센 강자(強者)'를 놔두고 왕이 된다는 것은 원초적으로 있을 수 없는 일이었다.

(e) 그런데 힌두들은 '왕의 결정의 필수 요건'으로 지목된 '크샤트리아의 의무'를 다시 '모든 무사들의 정신' '남성의 정신'에서 '희생정신' '봉사(충성) 정신'으로 확장시켜 놓고, 그 '전쟁터에서의 죽음'을 '천국(天國)으로 가는 지름길'로 거듭거듭 강조를 행하고 있으니, 실로 '만고(萬古) 불변의 전쟁 원인'이 여기에 있음을 '마하바라타(*The Mahabharata*)'는 소상하게 밝혀주고 있다.

(f) 즉 평이하게 말해 '두료다나(Duryodhana)와 카르나(Karna)'편이 이기는가 아니면 '비마와 아르주나' 편이 이기는가의 문제는 그들 내부의 문제로 간주할 수 있다. 그렇지만 누가 '선(善)'이고 누가 '악(惡)'인가의 문제와 맞물리면 '**강자(強者)'가 '선(善)'이라는 절망적 논리가 나오게 되어 있다.**

(g) 그래서 힌두는 역시 '승리의 크샤트리아'에 '절대선(신)'의 의미를 첨가하고 찬송하여 오늘날 우리가 확인할 수 있는 '마하바라타(*The Mahabharata*)'를 이루었다.

(h) 이 장(章)도 '제정일치(祭政一致) 사회'의 큰 특징을 제대로 보여주고 있어 세심하게 주의력을 발동할 필요가 있다.

(i) 최고로 대제(大祭) '라자수야(Rajasuya)'와 그와 맞먹는 제사 '바이슈나바(Vaishnava)'가 왕들을 거느리고 있는 '황제(皇帝) 중요 행사로 당시 힌두의 '바라문'과 '최고의 크샤트리아(왕족)'가 행했던 '최고의 잔치이며 축제'라는 사실이 그것이다.
즉 '절대 권력'과 '절대신'의 결합(통합)된 '통일 사회의 실현'이라는 점이 그것이다. 이것이 고대 군주들의 이상(理想)이었다.['하늘 제사'를 맡은 이가 바로 세상의 주인임]

(j) 이것이 '계몽주의' 이후 '개인 중심의 시민 과학 사회'에 들어오면서 그 '군주(君主)'와 '절대신(God)'의 의미를 각 개인 선택 의지에 되돌려 놓아 준 상태이다.

(k) 오늘날은 '지구촌의 평화를 누가 주도하고 할 수 있는가?' 문제로 확대되었고, 거기에도 '절대 무력'이 빠질 수 없게 되었다. 그런데 '마하바라타(*The Mahabharata*)'에서는 '전쟁 불가피론(Necessity of War)'론이었다. 즉 오늘날은 '평화 불가피론(Necessity of Peace)'에서 그것을 유지하기 위한 '힘의 뒷받침'이 역시 전제되어 있다. 그리고 그 내부에 '선악'의 문제가 있으나 '대전(大戰)' 속에 '선악'의 문제는 '태고(太古)의 전쟁' 마하바라타(*The Mahabharata*) 전쟁'부터 '나는 선(善)이고 나의 적대자가 악이다.' 논리가 팽배했음을 다 볼 수 있게 했다.

제64장 비아사가 유디슈티라를 방문하다.

자나메자야가 말했다. -두료다나를 구조한 다음에 판두 아들들은 숲에서 무엇을 했습니까?

바이삼파야나가 계속했다. -숲 속에서 판다바들은 비참한 역경의 11년을 보냈습니다. 마땅히 행복을 누릴 만한데도 그들의 처지를 생각하며 나무 열매와 뿌리로 날들을 보냈습니다. 그래서 유디슈티라는 자신의 잘못으로 아우들을 극도의 불행에 떨어뜨린 생각하여 잠도 편히 자지 못 했습니다. 그리고 유디슈티라는 자신의 가슴을 창에 찔린 듯 느꼈습니다. 그리고 '마부 아들[카르나]의 거친 말'을 생각하며 분노를 억누르고 겸손하게 시간을 보내고 있었습니다. 비마와 아르주나 쌍둥이 드라우파디는 그러한 유디슈티라를 바라보며 안쓰러움을 금할 수 없었습니다. 그런데 사티아바티(Satyavati) 왕비의 아드님이신 억센 금욕자 비아사(Vyasa)께서 판다바들을 만나보러 왔습니다. 그래서 방문한 비아사를 보고, 유디슈티라는 그 고귀하신 분을 정중히 맞았습니다. 그 신령[비아사] 이 자리에 앉은 다음, 유디슈티라는 그 앞에 앉아 가르쳐 주시기를 청했습니다. 자기의 손자들[판두 아들들은, 비아사의 손자임]이 야생 숲에서 살고 있는 것을 보고 그 억센 [금욕의] 성사(聖師, sage) 는 눈물로 목이 메어 말했습니다.

"강한 유디슈티라야, **고행을 견디지 못 하는 자들은 세상에 큰 행복을 누릴 수 없다.** 행복과 불행을 차례로 체험한 사람은 파괴될 수 없는 행복을 영원히 즐긴다. 높은 지혜를 지니고 있는 현자는, 인생에 기복(起伏, 상승과 하강)이 있음을 알아 기뻐하지도 슬퍼하지 않는다. 행복이 올 때는 즐기고, 불행이 닥칠 때는 견디는 것이 씨를 뿌린 자가 그 계절을 기다리는 것과 같은 이치이다. **고행(asceticism)보다 훌륭한 것은 없다. 고행의 결과는 막대하다.** 진실, 신중, 무노(無怒), 정직, 자제, 인내, 무적의(無敵意), 무사(無邪), 존엄, 감성의 훈련은 칭찬을 받을 만한 행동이다. 어리석은 사람들은 짐승 같은 악에 젖어 동물처럼 진정한 행복을 모른다. **이승에서 행한 행동의 결과는 저승에 가서 거둔다(The fruit of acts done in this world is reaped in the next.).** 그러기에 고행으로 육신을 억압하고 맹세를 지켜야 한다.(Therefore should one restrain his body by asceticism and the observance of vows.) 그리고 즐거운 정신으로 속임수에서 벗어나 자신의 용맹으로 받는 자의 정신으로 내려가 그를 공경하고 자선(慈善)을 행해야 한다. 진실을 말하는 사람은 걱정이 없는 생활을 획득한 사람이다. 분노를 피한 사람은 신중함을 견지한 사람이고, 속임수를 벗어난 사람은 최고의 만족을 획득한 사람이다. 감성에 복종하는 사람은 자선(慈善)을 모르고, 남의 번성(蕃盛)을 배 아파 한다. 만인에게 은택을 베푼 사람은 행복과 만족을 얻고, 선망(羨望)에서 해방된 사람은 평강(平康)을 획득한다. 명예로운 사람을 명예롭게 대접한 사람은 [차생에서] 지혜로운 집안에서 출생하고, 착함을 따른 자는 정의로운 마음으로 다시 태어난다." 유디슈티라가 여쭈었습니다.

"자선(慈善)과 고행에 달통하신 성자시여. 내세(來世, the next world)를 위해서는 무엇이 가장 크고 행하기가 어려운 일입니까?" 비아사(Vyasa)가 말씀하시었습니다.

"애야, 이 세상에서는 자선(慈善)보다 힘든 것이 없다. 사람들은 모두 부(富)에 목말라 있고, 부(富)의 획득을 힘들어 한다. 그렇다, 부(富)를 획득하려고 영웅적인 남성들이 생명을 걸고 깊은 바다와 숲 속에 뛰어들고 있다. 부(富)를 얻으려고 농사를 짓고 가축을 기르고 노예를 자원(自願)한다. 그러기에 고통으로 얻은 부(富)에서 손을 떼기가 가장 어렵다. 그래서 역시 자선(慈善)보다 어려운 것이 없고, 자선을 행하는 것이 백가지 선행에 최상이라고 나는 생각한다. **특히 부를 획득할 자격이 있는 사람(that well-earned gains)은 마땅히 적절한 때와 장소에 독실한 사람들에게 자선을 행해야 한다.** 부(富)를 누릴 자격이 없는 사람들은 나쁜 출생의 고리에서 구조(救助)를 받을 수가 없다. 유디슈티라야, 순수한 마음으로 적절한 때에 작은 자선과 적절한 수납으로 내세(來世)에 무궁한 선과(善果)를 획득한 사람도 있다. '한 되의 곡식(a drona of corn)'으로 그 선과(善果)를 획득한 무드갈라(Mudgala) 이야기가 그것이다."[171]

———✈

(a) '마하바라타(*The Mahabharata*)'는 바라문(婆羅門)의 책이고, 그 바라문의 대표 비아사(Vyasa) 작성한 책으로 알려진 것인데, 사실 상 이 책의 가장 큰 '쿠루크셰트라 전쟁' 역시 그 비아사(Vyasa)의 손자들끼리 벌린 전쟁이니, 결국 '마하바라타(*The Mahabharata*)'는 '한 집안의 분쟁 이야기를 그 할아버지가 종합한 책'이라는 논리에 힌두들은 최고의 고전으로 정해 놓은 셈이다.

(b) 그 비아사(Vyasa)는 '비슈누(Vishnu, 크리슈나, 절대신)'를 신봉하는 일관된 태도를 보이고 있는데, 여기에서는 다시 '황제의 자리'에 오를 가능성이 높은 '가장 유망한 손자 유디슈티라'를 향한 그 '할아버지의 훈계'라는 점에서 주목할 필요가 있다.

(c) <u>비아사(Vyasa)의 가르침은 세 가지로 요약될 수 있다. ① '도덕성 확보' ② '부(富) 획득의 어려움' ③ '자선(慈善)의 중요성'이 그것이다.</u>

(d) 그런데 유디슈티라의 경우 ① '도덕성 확보' 문제는 타고난 기질이 '다르마(Dharma)의 아들'이므로 걱정할 필요가 없고, ② '부(富) 획득의 어려움' 문제는 '주사위 노름 판'에 불려가 '온 천하를 빼앗기고 있는 상황'으로 한 마디로 '연명(延命)'만 하고 있는 상황'이다. ③ '자선(慈善)의 중요성'은 결국 **'바라문 정신의 존중 육성' 문제에 돌아가게 되는데, 이것이 결국 '중국(中國)'에 대한 '힌두(Hindu)의 승리' '서구(西歐)의 승리'로 이어진 것이다.**[한국에서는 '선비 존중 정신'임]

(e) 중국의 '현세주의(Secularism)'은 그 '과학주의'로 서구에서 '계몽주의' 이후에 그 정신을 수용하여 '현대 자유 시민 사회'로 길을 열었지만, 힌두(Hindu) 기원의 그 '바라문(사제)'들은 그들의 '정신력의 우위(優位)'로 그 비아사(Vyasa)부터 **① 모든 크샤트리들을 그들 바라문들의 손아귀에 넣고 있었을 뿐만 아니라 ② '국가 사회를 유지하는 도덕(도덕) 권위'를 존중하게 했고, ③ 특히 '지적 우위'와 '천문학' '기하학'을 개발에 정신력을 집중했다는 점은 크게 주목을 해야 한다.** [뉴턴 이전의 피타고라스와 코페르니쿠스 갈릴레오는 사실상 그 '사제그룹' 또는 그에 종속된 사람들이었음]

(f) 즉 **'무사(武士, 크샤트리아)'를 배제하면 '부(富)'의 확보와 지속'이 [당시에는] 불가능했고, '사제(司祭, 바라문)'을 빼면 그 '통치 방법과 방향'을 잡을 수가 없다.** 사실상 이 양자(兩者)의 기능은

171) K. M. Ganguli (Translated into English Prose from the Original Sanskrit Text), *The Mahabharata of Krishna-Dwaipayana Vyasa*, Munshiram Manoharlal Publisher Pvt. Ltd. New Delhi, 2000, -**Vana Parva**- pp. 507~509

더러 한 사람에게 통합되어 발휘된 경우['크리슈나' 경우처럼]도 있으나, 사실상 '**사제(司祭, 바라문) 기능**'이 무시되면 '시간'이 가면 그 '무사(武士, 크샤트리아)의 기능'이란 금방 종료될 수밖에 없으니, 그 '정신의 기록과 관리 교육'은 모두 그 '바라문'들이 맡고 있는 상황이기 때문이다.

(g) 그런데 그 바라문의 대표자 비아사의 가르침은 그 판두 아들들 중에 가장 사제 속성이 강한 유디슈타라에게 행해졌고, '**부(富)의 의미와 그 행사(行使, 사용, 普施)**'에 대해 가르치고 있다는 측면에서 각별한 의미가 있다.

(h) '바라문들의 국가적 보호'를 비아사가 말하고 있다. [오늘날도 '**고급(高級) 인력(人力)의 관리 문제**'는 국가의 존망(存亡)에 관련된 문제이고, 그 '고급 인력들'이 마땅히 한 '국가 흥융(興隆)의 책임'을 떠맡게 마련이다. -모든 '사상'은 그 바라문의 머리에서 나온 것임.]

(i) 중국(中國)의 '현세주의(secularism)'은 확실히 힌두(Hindu)의 '신비주의' 능가한 사고였으나, 소중한 '바라문(사제, 지식층)의 권위'를 무너뜨려 '평범한 [더러는 지적 함량이 부족한] 일 개인'이 '최고의 판결의 자리[天子]'에 평생을 눌러 앉아 있게 만든 어처구니없는 오류를 낳게 하였다. [탁월한 '건국의 策士들'도 성공을 하면 깨끗이 은퇴를 하는 것이 美德으로 되었음. -'三國志演義' '水滸傳'은 그 '天子'라는 자들의 어처구니없음'에 터진 불만의 전쟁들이었음.] 역시 그것이 대표적인 '거대 왕국' '청(清)나라 운명'이었다.

이에 대해 '절대신[보편적 가치]'를 옹호하는 힌두(Hindu)의 '바라문'은 그것[크샤트리아 바라문 만들기]에 사실상 '모든 도덕적[知的] 성취'를 다 거기에 걸고 있었으니, '바라문'은 '그가 그냥 죽어도' 뉘우칠 이유가 없었다.

(j) '마하바라타(*The Mahabharata*)'의 이 비아사(Vyasa)의 강조점[① '도덕성' ② '부(富)' ③ '자선(慈善)']에 오늘날 꼭 한 가지 더할 사항은 '**과학적 탐구의 중요성**'이다. 이 '과학적 탐구의 중요성'은 그밖에 다른 모든 요건을 초월해 있고, 비아사가 강조하는 3가지 중대성도 더욱 효과적으로 달성해내는 그 방법도 이 '과학적 탐구의 중요성'의 일부일 것이다.

제65장 자야드라타가 드라우파디를 납치하다.

바이삼파야나가 말했다. -바라타 족의 위대한 전사들[판두 형제들]은 거대한 카미아카(Kamyaka) 숲에서 신들처럼 사냥을 하며 거기에 거주를 하고 있었습니다. 그런데 어느 날 그 용맹스런 사람들이 동료 바라문들을 먹여 살리려고 사냥을 떠나며 그 거처에 드라우파디(Draupadi)를 홀로 남겨 두었습니다. 그런데 브리다크샤트라(Vriddhakshatra)의 아들 신두(Sindu) 왕[자야드라타]이 결혼을 생각하며 최고 왕 복장을 하고 많은 왕자들을 대동하고 살와(Salwa) 왕국으로 가고 있었습니다. 그런데 그 카미아카(Kamyaka) 숲에서 쉬게 된 그 신두(Sindu) 왕[자야드라타]은, 마침 판두 아들들의 거처(居處) 문턱에 서 있는 그들의 아내 '드라우파디(Draupadi)'를 보게 되었습니다. 드라우파디(Draupadi)는 최상의 아름다움으로 검은 구름 속에서 빛나는 달처럼 숲 속에서 보였습니다. 그녀를 본 신두 왕 일행은 말했습니다. "아프사라(Apsara)인가, 신의 딸인가, 천상의 선녀인가?" 그런 생각하며 다 두 손을 모았습니다. 그 신두 왕 자야드라타(Jayadratha)는 드라우파디(Draupadi)의 완전한 아름다움에 놀라 금방 흑심(黑心)에 사로잡혔습니다. **자야드라타**(Jayadratha, 신두 왕)는 코티카(Kotika) 왕자에게 말했습니다.

"저 여인은 누구인가? 내가 저 절묘한 미인을 얻고 나면, 달리 결혼할 필요도 없겠다. 저 여인을 어서 내게 데려 오라. 그리고 그녀가 누구이며 어디서 왔고, 그녀가 왜 가시넝쿨 욱어진 이 숲 속으로 와서 살고 있는지도 알아보라. 그리고 저 아름다운 여인에게 나를 그녀의 남편으로 응낙할 것인지도 알아보라. 나는 내가 성공하리라고 믿는다." 그래서 코티카(Kotika)가 그의 마차에서 내려와 암 호랑이에게 다가가는 재칼처럼 드라우파디(Draupadi)에게 다가가 말을 걸었습니다.

"최고의 여인이여, 이 거처(居處)의 카담바(Kadamva)나무 가지에 홀로 기대어, 타오르는 불길처럼 바람에 흔들리고 있는 당신은 누구입니까? 당신은 정말 아름다우십니다. 이 깊은 숲 속이 무섭지도 않습니까? 여신인가요, 약시(Yakshi), 다나비(Danavi), 아프라사(Apsara), 아니면 바루나(Varuna) 야마(Yama) 소마(Soma) 쿠베라(Kuvera)의 부인이신가요? 당신은 누구이시기에 인간의 모습으로 이 숲 속에 홀로 계십니까? 당신은 우리에게 누구냐고도 묻지도 않으시니, 누가 당신을 지켜주는지도 알 수가 없군요! 당신의 아버지는 누구이시며 남편은 누구이십니까? 저는 수라타(Suratha) 왕의 아들 코티카(Kotika)라 합니다. 그리고 저 황금 수레에 연꽃 같은 큰 눈으로 앉아 계신 분은 트리가르타(Trigarta)왕 크세만카라(Kshemankara)라는 무사이십니다. 그리고 그 뒤에서 당신을 응시하고 계시는 분이 유명한 풀린다(Pulinda) 왕의 아드님이십니다. 최고의 여인이시여, 그리고 혹시 당신이 사우비라족(Sauviras)의 왕 **자야드라타(Jayadratha)**란 이름을 아실지 모르지만, 그분은 6천 전차(戰車)부대의 대장이십니다. 그 왕이 그의 친구들과 지금 여행 중이십니다. 당신은 누구의 아내이며 딸이신지 우선 말씀을 해 주십시오."

바이삼파야나가 말했다. -그러자 드라우파디(Draupadi) 공주는 잡고 있던 카담바(Kadamba) 나무 가지를 놓으며, 비단 치마를 가지런히 하며 눈을 곱게 돌려 말했습니다.

"오 왕자님이시여, 나 혼자 있는 상황에서 내게 말을 시키는 것은 적절하지는 않습니다. 당신은 나에게 당신이 수라타(Suratha)의 아들 코티카(Kotika)이라고 말했습니다. 나는 드루파다(Drupada) 왕의 딸입니다. 유디슈티라(Yudhishthra) 비마세나(Bhimasena) 아르주나(Arjuna) 마드리(Madri)의 두 아들의 다섯 남편을 모시고 있는데, 그들은 지금 사냥을 하러 떠났습니다. 유디슈티라는 당신들을 보면 반가워 할 겁니다!" 이렇게 말을 마치고는 그 달덩이 같이 아름다운 드라우파디는 그냥 그 집 안으로 들어가 버렸습니다.

바이삼파야나가 말했다. -그 코티카(Kotika) 왕자에게 그 말을 전해들은 그 **자야드라타(Jayadratha)**가 말했습니다.

"네가 그녀의 말만 내게 들려주니, 나는 그녀가 걸친 장식품만 본 것 같구나. 왜 그냥 돌아왔느냐? 내가 그녀를 한번 보고 나니, 다른 여성들은 원숭이들 같다는 생각이 든다(Having once seen this lady, other women now seem to me like so many monkeys). 그 탁월한 여인이 정말 인간이더냐?" 코티카(Kotika)가 대답했습니다.

"그 부인은 유명한 드루파다 왕의 딸이고, 판두 5형제의 아내입니다. [그렇게도 당신 맘에 드시면] 당신이 그녀를 데리고 그냥 사우비라(Sauvira)로 향하시지요!"

바이삼파야가 계속했다. -그러자 **자야드라타**(Jayadratha)가 말했다.

"내가 드라우파디를 직접 만나 봐야겠다." 그래서 다른 여섯 사람을 대동한 **자야드라타**(Jayadratha)는 사자들 굴로 들어간 늑대 같이 호젓한 은둔처로 들어갔습니다. 그리고 드라우파디를 향해 말했습니다. "안녕하십니까? 최고의 부인이시여! 남편들께서도 사업도 잘 되시지요?" 드라우파디가 대답했습니다. "유디슈티라와 그 아우들도 잘 있습니다. 대왕의 왕국도 모두 잘 되시지요? 오 대왕님, 이 물로 발을 씻으시고 이 자리에 앉으시지요. 내가 아침 식사를 대접하겠습니다. 그리고 유디슈티라는 당신께 사슴들을 선물로 주실 겁니다." 그 말을 들은 **자야드라타**(Jayadratha)는 말했습니다.

"됐습니다. 당신의 말씀만으로 아침 식사는 먹었던 것으로 하겠습니다. 이제 내 수레에 올라 온전하게 행복하게 되십시오. 숲속에 살고 있는 그 비참한 판두 아들들은 당신에게는 어울리지 않습니다. 그네들의 힘은 이미 마비(痲痺)가 되어 왕국도 빼앗기고 재산도 다 없어졌습니다. 당신처럼 영리한 여성은 거지가 된 남편에게 집착을 하지 않습니다. 판두의 아들들은 그들의 지위를 영원히 잃었고, 돌아갈 왕국도 잃었습니다. 당신이 그들을 생각하여 고통을 같이 한다고 해도 소용이 없습니다. 그러기에 판두 아들은 포기를 하고, 내 아내가 되어 행복을 찾으십시오. 나의 신두(Sindu)와 사우비라(Sauvira) 왕국을 당신과 함께 누리겠습니다."

바이삼파야나가 계속했다. -**자야드라타**(Jayadratha)의 놀라운 그 말을 듣고 드라우파디는 그 장소에서 물러나 얼굴을 찡그리고 있었습니다. 그러나 드라우파디는 그 자야드라타에게 최고의 경멸을 보내며 그 자야드라타에게 말했습니다.

"그런 말씀은 다시 입에 담지 마십시오! 당신은 부끄러움도 모르십니까? 부디 당신 자신을 지키십시오!" 드라우파디는 화가 치밀어 그 자야드라타를 마구 꾸짖었습니다.

"아 어리석기도 하십니다. **당신은 무서운 용사들[판다바들]에 대하여 그렇게 모욕적인 말을 하면서도 부끄러워 할 줄도 모르는군요**. 어린 애 같은 어리석은 당신은, 억센 사자의 코털을 뽑으려고 잠든 사자를 발로 차서 깨우는 격입니다. 화난 비마가 달려오기 전에 어서 도망이나 가세요! 화난 아르주나와의 대결은 더 큰 사자를 깨우는 격입니다. 자신이 으깨질 줄을 아는 무모한 게[蟹]처럼, 그 억센 영웅들이 지키고 있는 나에게 어떻게 감히 손을 대려고 합니까." **자야드라타**(Jayadratha)가 말했습니다.

"나도 그 왕자들의 용맹을 잘 알고 있소. 그러나 당신은 그와 같은 위협으로 나를 놀라게 할 수는 없습니다. 우리는 17개의 고족(高族)으로서 여섯 가지 왕족 기질[평화, 전쟁, 대결, 멈춤, 공격, 방에]을 다 갖추고 있습니다. 그래서 우리는 판다바들을 저열한 종족으로 봅니다. 말로만 뽐내지 말고 나의 보호를 받으시오." 드라우파디가 말했습니다.

"아르주나가 전차(戰車)로 공격을 하면 인드라 신도 이길 수 없습니다. 아르주나가 오면 마른 풀 더미를 불로 사르듯이 태울 것입니다."

바이삼파야가 계속했다. -그 자야드라타 일당들이 강제로 손을 쓰려하니, 드라우파디가 그들을 꾸짖었습니다. "나를 더럽게 손대려 하지 말아요." 그래도 자야드라타가 드라우파디의 윗도리 옷을 잡으니, 그녀는 힘으로 그 자야드라타를 떠밀어 버렸습니다. 그러자 잘린 나무처럼 자야드라타는 뒤로 나자빠졌습니다. 그러나 자야드라타가 다시 그녀를 잡아 그의 마차에 실으려 하니, 드라우파디와 같이 있던 고행(苦行) 승 다우미아(Daumya)가 그의 발아래 빌었습니다. 그 다우미아(Daumya)가 **자야드라타(Jayadratha)**에게 말했습니다.

"크샤트리아의 풍속을 생각하십시오. 무사들[판다바 형제들]을 물리치지 않고는 그녀를 데려갈 수 없습니다. 판두 아들들이 오면 당신의 비열한 행동은 고통스런 결과로 닥쳐올 것입니다." 그 말도 소용이 없이 **자야드라타(Jayadratha)**가 드라우파디를 그의 마차에 실어 떠나가니, 다우미아(Daumya)는 자야드라타의 보병들 틈에 끼어 그 뒤를 따라갔습니다.

바이삼파야나가 말했다. -그러는 동안 그 최고의 궁사들[판자바들]은 사슴 떼와 동물들이 흩어진 큰 숲을 돌아다니다가 유디슈티라가 아우들에게 말했습니다.

"**새들과 짐승들이 태양을 향해 달려가며 괴상하게 울며 빨리 이동을 하고 있다. 이 거대한 숲에 호전적인 침입자들이 왔다는 신호이다. 사냥은 그만 하자. 내 가슴이 타는 듯 아프다.**" 그렇게 말하니 영웅적인 무사들은 바로 그네들의 처소(處所)로 향했습니다. 그런데 돌아오는 길에 한 마리 재칼이 그들을 향해 울부짖었습니다. 유디슈티라가 비마와 아르주나에게 말했습니다. "재칼은 열등한 동물인데 그놈이 우리를 향해 소리를 지르는 것을 보니, 고약한 쿠루들이 우리를 무시하여 폭압으로 우리를 압박할 것 같다." 판다바들이 사냥을 포기하고 그들의 거처가 있는 곳으로 들어섰습니다. 그런데 그들은 그들이 아끼는 하녀 다트레이카(Dhatreyika)가 울고 있는 것을 보았습니다. 인드라세나(Indrasena, 아르주나)가 급히 마차에서 내려 그녀에게 물었습니다.

"무슨 일로 우는가?" 그러자 다트레이카(Dhatreyika)가 말했습니다. "**자야드라타(Jayadratha)**가 억지로 공주님을 끌고 갔습니다. 멀리 가지는 못 했을 겁니다."

바이삼파야나가 계속했다. -뱀처럼 한숨을 쉬며 판다바들이 자야드라타 군사들의 자취를 따라 급히 추적을 해가니, 군사들의 말발굽으로 치솟은 먼지가 구름처럼 보였습니다. 판다바들은 보병들 틈에 있는 그 고행의 다우미아(Daumya)도 발견을 했습니다. 다우미아(Daumya)가 비마를 향해 달려 왔습니다. 그러자 판두들은 그 다우미아(Daumya)에게 "편안한 마음으로 돌아가 계세요!"라고 말했습니다. 그런 다음 판두들은 먹이를 채려는 매처럼 달렸습니다. **자야드라타(Jayadratha)**의 수레에 드라우파디 앉아 있는 것을 보고 그들의 분노는 극에 달했습니다. 판다바들을 자야드라타에게 "멈춰라!"고 고함을 쳤습니다.

바이삼파야나가 말했다. -숲 속에서 판두들의 고함을 들은 자야드라타는, 그 드라우파디를 향해 말했습니다.

"당신의 남편들이 달려오는 것 같습니다. 전차를 보며 하나씩 설명을 해 보시요!" 드라우파디 말했습니다.

"오 당신은 너무 어리석습니다. 광포한 행동으로 당신 생명을 단축하려 하시니. 내 남편들은 싸움을 했다 하면 아무도 살려두지 않습니다. 물으니 대답은 하지요. 저 유디슈트라를 보십시오. 나는 그대[자야드라타]가 전혀 무섭지 않습니다. 저 우뚝한 코에 큰 눈을 가진 늘씬한 남자가 바로 유디슈트라입니다. 어서 수레에서 내려 두 손을 모으고 그에게 잘못을 빌고 선처(善處)를 구하세요. 긴 팔에 살라(Sala) 나무처럼 키 크고 입술을 물고 얼굴을 찡그리고 있는 남자가 브리코다라[비마]입니다. 그를 거스르면 아무도 못 살아 갑니다. 궁사(弓師)들 중에 최고가 아르주나입니다. 모든 공포를 쫓아 버리는 세상에서 가장 멋있는 남성이지요. 그대가 지금 그들에게서 도망하려면 그대는 다시 태어나야 할 겁니다."

바이삼파야나가 계속했다. -다섯 프리타의 아들들이 화가 난 인드라 신처럼 해를 가리는 화살 소나기를 **자야드라타**(Jayadratha)의 전차 무사들에게 퍼부으며 돌진을 해왔습니다.

바이삼파야가 말했다. -신두 왕 **자야드라타**(Jayadratha)는 왕자들에게 명령을 내렸습니다. 그래서 병사들은 비마 아르주나 쌍둥이 유디슈티라를 향하여 함성을 지르며 달려들었습니다. 시비족(Sivi) 사우비라족(Sauvira) 신두족(Sindhu)의 무사들은 무지한 호랑이 떼 같았습니다. 그래서 비마가 철퇴를 들고 사인다바(Saindhava) 왕에게 달려드니, 코티카키아(Kotikakhya)가 전차 무사들을 대동하고 급히 비마를 포위했습니다. 그래서 비마는 수많은 창과 화살 공격을 받고도 잠시도 흔들림이 없었습니다. 오히려 비마는 그 자야드라타 전차 앞에서 코끼리 운전사와 14명의 보병을 철퇴로 뭉개 죽였습니다. 그리고 아르주나는 사우비라(Sauvira) 왕을 생포하려고 신두(Sindhu) 군의 선봉에서 싸우는 5백 명의 용감한 고산족(mountaineers)을 다 죽였습니다. 유디슈티라 왕은 순식간에 1백 명의 최고 사우비라족(Sauviras) 무사를 죽였습니다. 나쿨라도 검(劍)을 손에 잡고 전차에서 내려 농부가 씨앗을 뿌리듯이 대적 자들의 목을 날렸습니다. 사하데바는 자기 전차에 서서 코끼리 등에 올라 있는 병사들을 나뭇가지에서 새를 떨어뜨리듯 쏘아 잡았습니다. 그러자 트리가르타(Trigartas)의 왕이 손에 활을 잡고 그의 전차(戰車)에서 내려와 철퇴로 유디슈티라 왕의 전차에 네 마리 말들을 죽였습니다. 유디슈티라는 가까이 와 있는 적을 보고 전차에서 걸어 나와 초승달 화살로 적의 가슴을 쏘니, 그 트리가르타(Trigartas) 왕은 뿌리 뽑힌 나무처럼 피를 토하고 쓰러져 죽었습니다. 말이 죽어 전차를 못 쓰게 된 유디슈티라를 보고 아르주나가 왕에게 자신의 전차를 양보하고 자신은 사하데바의 전차로 올라갔습니다. 크세만카라(Kshemankara)와 마하무크사(Mahamuksha) 두 무사가 힘을 합쳐 나쿨라에게 날카로운 화살을 쏘아댔습니다. 그러나 나쿨라는 장전(長箭)을 발사하여 두 무사를 잡았습니다. [또 다른] 트리가르타 왕 수라타(Suratha)는 코끼리 조정의 명수로 그 코끼리를 몰아 나쿨라의 전차를 끌고 갔습니다. 그래도 나쿨라는 겁을 먹지 않고 전차에서 뛰어내려 방패와 칼을 잡고 산처럼 버티고 섰습니다. 이에 수라타(Suratha)는 나쿨라를 죽이려고 코끼리의 거대한 상아를 치켜들게 했습니다. 그 코끼리가 가까이 왔을 때 나쿨라는 자신의 칼로 코끼리의 코와 상아를 잘라버렸습니다. 그러자 코끼리는 비명을 지르고 땅바닥에 쓰러지고 거기에 탄 사람들도 땅으로 떨어졌습니다. 용감한 나쿨라는 비마의 전차로 올라가 잠깐 휴식을 취했습니다. 비마는 코티카키아(Kotikakhya) 왕자가 달려드는 것을 보고 말편자 화살로 그 마부의 머리통을 잘랐습니다. 마부를 잃고 당황에 빠진 코티카키아(Kotikakhya)에게 달려들어 비마는 그를 화살로 죽였습니다. 그리고 아르주나는 그의 초승달 화살로 12명의 사우비라 영웅들을 잡았습니다. 수많은 무사들과 코끼리들이 아르주나의 화살에 다 쓰러졌고, 머리 없는 몸통과 팔다리들이 그 전장을 덮었습니다. 개들과 왜가리 까마귀 매와 재칼들이 몰려와 잔치를 열었습니다. <u>그의 무사들이 다 죽은 것을 본 신두(Sindhu) 왕 자야드라타(Jayadratha)는 겁을 먹고 드라우파디를 버려두고 그가 왔던 길로 서둘러 도망을 쳤습니다</u>. 드라우파디와 다우미아가 걷고 있는 것을 본 유디슈티라가 그녀를 사하데바 전차에 태웠습니다. 그리고 비마는 그 자야드라타(Jayadratha)와 도망치는 그 무리를 향해 철 화살을 쏘아댔습니다. 그러나 아르주나는 비마에게 그 '사인다바(Saindhava) 대장[자야드라타]'을 죽이지 말도록 말렸습니다. 아르주나의 권고를 받은 비마가 유디슈티라를 향해 말했습니다. "왜 저 어리석은 신두 왕[자야드라타]놈을 살려 보내야 합니까?" 유디슈티라가 말했다. "간다리(Gandhari)와 두살라(Dussala)를 생각하면 저 자야드라타를 죽여서는 안 된다."[172][자야드라타는 드리타라슈트라 왕의 사위이고 두살라의 남편임]

_____→

(a) '마하바라타(*The Mahabharata*)'에 등장한 4대 여성(여신)은 '강가(Ganga)' '사티아바티(Satyavati)' '쿤티(Kunti)' '드라우파디(Draupadi)'이다. 이들은 역시 영웅 '비슈마의 어머니 -강가(Ganga)' '비아사의 어머니 -사티아바티(Satyavati)' '유디슈티라 비마 아르주나의 어머니 -쿤티(Kunti)'로 그 부동(不動)의 위치를 점하고 있음에 대해, <u>'드라우파디(Draupadi)'는 '쿠루크셰트라 전쟁 주요 인자(因子)'로 작용한 '제단의 불 속에서 탄생한 [복수 전쟁을 위한]여성'이라는 점에 가장 주목할 만하다.</u>

(b) '마하바라타(*The Mahabharata*)'는 '전쟁 이야기'가 그 중심을 이루고 있는데, 사실상 '쿠루크셰트라 전쟁의 핵심'에 이 드라우파디가 자리를 잡고 있다. 그 드라우파디는 판두 5형제의 공동 처(共同 妻)일 뿐만 아니라, 드리타라슈트라 왕의 아들들과 그 사위까지 역시 그 드라우파디의 미모(美貌)에 다 정신을 잃을 정도였다고 반복 강조가 되었다.
이 장에서는 그 '주사위 노름판'에서 두료다나 형제가 드라우파디를 끌어다 놓고 망동(妄動)을 행한데 이어, 그 드리타라슈트라의 유일한 딸 두살라(Dussala)의 남편인 자야드라타(Jayadratha)

---

172) K. M. Ganguli (Translated into English Prose from the Original Sanskrit Text), *The Mahabharata of Krishna-Dwaipayana Vyasa*, Munshiram Manoharlal Publisher Pvt. Ltd. New Delhi, 2000, -**Vana Parva**- pp. 518~528

도 역시 그 드라우파디를 보고 나서 '내가 그녀를 보고 나니 다른 여성들은 원숭이들 같다는 생각이 든다.'며 그 드라우파의 완곡한 거절에도 불구하고 역시 강권을 동원 그녀를 납치해 가다가 '수많은 무사들의 살상 전쟁'까지 치렀다는 이야기이기 때문이다.

'마하바타'의 4대 여인 -'강가'[173] '비아사와 사티아바티'[174] '인드라와 쿤티'[175] '드라우파디'[176]

(c) '**최고의 무사[국왕]이 아니면, 그 최고 미인의 주인이 될 수 없다**.'는 원칙을 힌두[Hindu]는 일찍부터 마련해 놓고 있었으니, 이후 '전쟁 이야기'에는 그 '미인'이 전쟁의 중심부에 자리를 잡게 되었고, 그동안 서구인에게 가장 떠들썩하게 했던 이야기가 바로 '트로이 전쟁(Trojan War)'이다.

(d) 그리고 이 '마하바라타(*The Mahabharata*)'에는 **힌두(Hindu)의 '흑인(黑人, 크리슈나-Krishna) 우월주의' 가장 먼저 확보를 했음을 반드시 주목해야 한다. 즉 그 '크리슈나(Krishna)'란 명칭은 최고신 비슈누의 화신 바수데바가 '크리슈나(Krishna)'이고, '마하바라타(The Mahabharata)'를 처음 엮었고 바라타 왕족의 사실상의 조상인 비아사(Vyasa)가 역시 '크리슈나(Krishna)'이고 최고의 미모를 지닌 드라우파디를 역시 '크리슈나(Krishna)'이고 최고의 궁사(弓師)가 아르주나가 '크리슈나(Krishna)'라고 반복 제시하고 있음이 그것이다.**

(e) 이 '흑인 우월주의(Black Supremacy)'를 배워[계승해] '백인우월주의(White Supremacy)'가 탄생했다는 사실의 확인은 소위 '인간 불평등의 기원'을 이 '마하바라타(*The Mahabharata*)'를 통해서 가동되었다는 점도 역시 한 가지 '기관(奇觀)'이라 할 수 있다.

(f) '**다다 혁명 운동' 이후[피카소 이후] 화가들이 '여인들의 얼굴 무시하기 운동[에른스트, 마그리트, 달리, 이상, 이중섭]**은 정말 '인간들의 뿌리 깊은 편견들'을 역시 통쾌하게 날려버린 '대 혁명가들의 중대 결정'이라는 점을 여기에 특기(特記) 하지 않을 수 없다.['리얼리즘 포기 운동'의 핵심임]

(g) 중국(中國)의 역사가 사마천은 그 '사기(史記)'의 3대[夏殷周] 국왕 중에 '미인들(美人, 末喜 妲己 褒姒)에 홀린 왕들[걸왕(桀王) 주왕(紂王) 유왕(幽王)]'은 다 나라를 망하게 했다고 경계(警戒)를 하였으나, 그 이후에도 '왕권 계승을 향한 여인들의 관심'은 끊지 않았고 막을 수가 없었고, 그것의 근본에는 '미모(美貌)'도 큰 몫을 했음에 역시 주목을 해야 한다.

173) Wikpedia, 'Ganga'
174) Wikipedia, 'Satyavati' -'An aged Satyavati with her first born Vyasa'
175) Wikpedia, 'Kunti' -'Kunti prays to Indra for a son.'
176) Wikpedia, 'Draupadi'

제66장 라마의 다리 건설

마르칸데야(Markandeya)가 유디슈티라에게 말했다. -바라타의 황소시어, [아내 때문에] 라마(Rama)까지도 비할 데 없는 불행을 겪었으니, 락샤사들의 왕 **라바나(Ravana)**가 자타유(Jatayu) 독수리를 제압하고 **라마(Rama)**의 아내 **시타(Sita)**를 빼앗아 갔기 때문입니다.

유디슈티라가 물었다. -**라마(Rama)**는 어느 종족에서 태어났으며 어떠한 힘과 용맹을 지녔습니까? 라바나(Ravana)는 어떤 종족이기에 라마를 몰랐습니까?

마르칸데이야(Markandeya)가 말했다. -바라타 족의 왕자님, 그 옛 이야기는 이렇습니다. 익슈와쿠(Ikshwaku) 족에 아자(Aja)라는 왕이 있었습니다. 그 아자(Aja) 왕에게는 베다 공부에 전념하는 다사라타(Dasaratha)라는 착한 아들이 있었습니다. 그 다사라타(Dasaratha)에게는 **라마(Rama)** 락슈마나(Lakshmana) 사트루그나(Satrughna) 바라타(Bharata)라는 네 아들이 있었습니다.... 그리고 비데하(Videha)왕 자나카(Janaka)에게는 **시타(Sita)**란 딸이 있었는데, 창조자(Tashtri)는, 당초부터 라마(Rama)의 사랑을 받을 아내로 그녀를 창조했었습니다.

그런데 락샤사들의 왕 **라바나(Ravana)**의 탄생은 이러합니다. 그 라바나(Ravana)의 조부(祖父)는 바로 '창조주'이셨습니다. '창조주'는 '정신'으로 풀라스티아(Pulastya)를 낳았고, 그 풀라스티아(Pulastya)는 암소(cow)에게서 바이스라바나(Vaisravana)라는 억센 아들을 낳았고, 그 바이스라바나(Vaisravana)는 아버지 풀라스티아(Pulastya)를 떠나 할아버지[브라흐매에게로 갔습니다. 그에 화가 난 **풀라스티아(Pulastya)**는 그 바이스라바나(Vaisravana)에게 복수를 하려고 자신을 반으로 나누어 비스라바(Visrava)를 만들었습니다. 그러나 창조주[브라흐매는 생부를 떠나 자신에게 온 바이스라바나(Vaisravana)가 대견스러워 그에게 '영원한 생명'과 '부(富)'의 통치권'과 '이사나(Isana, 시바)와의 우정'과 날라쿠베라(Nalakuvera)라는 아들을 주었습니다. 그리고 창조주[브라흐매는 바이스라바나(Vaisravana)에게 락샤사들이 지키고 있는 수도 란카(Lanka)와 '탑승자의 뜻대로 달리'는 푸슈파카(Pushpaka)란 전차와 약샤들(Yakshas)의 통치권을 부여했습니다. 풀라스티아(Pulastya)는 그 바이스라바나(Vaisravana)에게 화가 나서 정신으로 빚어낸 **비스라바(Visrava)**라는 성자(聖者)에게 바이스라바나(Vaisravana)는 세 명의 락샤사 여인을 보내 즐겁게 했으니, 푸슈포트카타(Pushpotkata) 라타(Raka) 말리니(Malini)가 그녀들이었습니다...흐뭇해진 비스라바(Visrava) 성자(聖者)는 그녀들에게 소원대로 아들을 주었으니, 푸슈포트카타(Pushpotkata)는 쿰바카르나(Kumvakarna)와 '열 개의 머리가 달린 **라바나(Ravana)**'를 낳았고, 말리니(Malini)는 비비샤나(Vibhishana)를 낳았고, 라타(Raka)는 카라(Khara)와 수르파나카(Surpanakha)라는 쌍둥이를 낳았습니다. 그 중에서 '열 개의 머리가 달린 **라바나(Ravana)**'가 장남인데, 그는 종교적이고 위대한 힘과 용맹을 지니고 있었습니다. 쿰바카르나(Kumvakarna)는 강력한 락샤사였는데 모든 '요술(the arts of illusion)'에 대가였습니다...그들은 간다마다나(Gandhamadana) 산에 아버지와 함께 지내고 있었습니다. 그런데 그들은 부(富)를 소유하고 사람들의 어깨 위에 올라앉아 아버지와 함께 있는 바이스라바나(Vaisravana)를 보고 셈이 나서 '고행(苦行)'을 행하기로 결심을 했습니다. 그들은 혹독한 고행을 감행하여 브라흐마를 기쁘게 했습니다. 즉 **열 개의 머리가 달린 라바나(Ravana)**는 다섯 개의 성화(聖火)에 둘러싸여 하나의 다리로 서서 명상에 잠긴 상태로 1천년을 버티었습니다...1천년이 다될 무렵 라바나(Ravana)는 그의 머리를 잘라 '불[火]'에 바쳤습니다. 그래서 창조의 기쁨을 획득했습니다. 브라흐마는 그들에게 다가가 '서원(誓願, boons)'을 들어주었습니다.

"아들들아 너희가 반갑구나. 고행을 멈추고 소망을 말하라. 불사(不死, immortality)만 빼고 다 들어주겠다." 이에 **라바나(Ravana)**가 말했습니다.

"제가 간다르바들(Gandharvas) 천신(천신)들 킨나라(Kinnaras) 아수라(Asuras) 약샤(Yakshas) 락샤사(Rakshasas) 뱀들과 모든 존재를 이길 수 있게 해주소서." 브라흐마가 말했습니다.

"네가 말한 존재들을 무서워할 것 없다. [인간이 제외 되었으니] 네 말대로 되었다."

마르칸데야(Markandeya)가 말했습니다. -브라흐마의 말을 들은 **열 개의 머리가 달린 라바나(Ravana)**는 굉장히 기뻤습니다. 왜냐 하면 인간들을 잡아먹고 사는 그는 '인간들'을 형편없는 존재로 무시를 하고 있었기 때문입니다....서원(誓願)을 획득한 **열 개의 머리가 달린 라바나(Ravana)**는 쿠베라(Kubera, 바이스라바나)를 패배시키고 란카(Lanka)의 통치권을 차지했습니다. 그리고 그 **라바나(Ravana)**는 그 바이스라바나(Vaisravana)에게서 푸슈파카(Pushpaka) 전차도 빼앗으니, 바이스라바나(Vaisravana)가 말하기를 "이 전차를 너를 태우고 달리지는 않을 것이고, 전투에서 너를 죽인 자가 그 전차를 탈 것이다. 너는 형을 모욕했으니, 너는 곧 죽을 것이다."라고 저주했습니다.

그러나 말리니(Malini)의 아들 비비샤나(Vibhishana)는 도덕을 행하고 큰 영광을 간직하여 부의 신 쿠베라(Kuvera)를 따랐습니다. 그 쿠베라(Kuvera)는 아우들을 반겨 약샤와 락샤들을 부릴 수 있는 권한을 주었고, 다른 한편 사람을 잡아먹는 락샤사(Rakshasas)와 피사차들(Pisachas)은 무리를 이루어 라바나(Ravana) 왕국으로 갔습니다. 그리고 라바나(Ravana)는 그 무서운 힘으로 모습을 맘대로 바꾸며 하늘을 휘젓고 다니며 신들을 공격하여 그들의 가치는 있는 소유를 약탈했습니다. '라바나(Ravana)'는 신들을 공포의 도가니로 몰아넣었습니다. 그래서 브라흐마르시(Brahmarshis) 시다(Siddhas) 데바르시(Devarshis) 하비아바하(Havyavaha)가 브라흐마에게 보호를 요청했습니다. 아그니(Agni) 신이 말했습니다.

"저 강력한 십두(十頭)의 비스라바(Visrava) 아들[라바나]은 당신에의 서원 때문에 죽일 수도 없습니다. 그래서 우리를 지킬 이는 당신밖에 없습니다." 브라흐마가 말했습니다.

"오 아그니여, 신과 아수라가 그를 멸할 수는 없다. 나는 이미 필요한 조처를 해 놓았다. 그의 죽음이 가까웠다. 내가 그 목적을 위해 비슈누(Vishnu)[라마가 그것을 달성할 것이다."

마르칸데야(Markandeya)는 계속했다. -그 브라흐마는 신들이 있는 앞에서 사크라(Sakra)에게 말했습니다.

"너와 천신들도 지상으로 내려가라. 원숭이 곰들을 빌어 태어나 비슈누(Vishnu)와 연대하라."

마르칸데야(Markandeya)는 계속했다. -독실한 다사라타(Dasaratha) 왕은 아들이 태어나면 크게 기뻐했는데, 아들들도 자라며 '베다'에 달통했습니다. 다사라타(Dasaratha) 왕은 큰 아들 **라마 (Rama)**를 태자로 삼으려 했습니다... 그런데 [셋째 왕비 카이케이(Kaikeyi)가 다사라타(Dasaratha) 왕에게 접근하여] 말했습니다. "**라마(Rama)**를 단다카(Dandaka) 숲으로 유형을 보내 14년 간 거기서 지내게 하십시오."

그래서 억세고 유덕한 라마(Rama)는 충성스런 락슈마나(Lakshmana)와 아내 **시타(Sita)**를 데리고 숲으로 들어갔습니다. 라마는 백성들의 ['돌아오시라'는] 탄원을 피해 사라방가(Sarabhanga) 성소(聖所)로 갔는데, 거기에서 그 성소를 지키기 위해 1만 4천의 락샤사들을 죽여 버렸습니다. 그 락샤사들이 살해된 다음에, 라바나(Ravana)의 누이 수루파나카(Surupanakha)가 란카(Lanka)로 달려가 그 오라비에게 호소하니, 라바나(Ravana)는 망가진 누이 얼굴을 보고 이를 부드득 갈며 자리를 박차고 일어나 막료들을 물리치고 그녀에게 물었습니다.

"도대체 어떤 놈이 사자의 이빨을 건드리더냐?" 라바나(Ravana)의 누이가 라마(Rama)의 용맹을 말해주니, 라바나(Ravana)는 대양(大洋)을 건너 삼지창의 신 영지 고카르나(Gokarna)에 도착하여 옛 친구 마리차(Maricha)를 만났더니, 그는 라마(Rama)가 무서워 고행 중에 있었습니다.

마르칸데야(Markandeya)는 계속했다. -마리차(Maricha)는 라바나(Ravana)를 존경해 환영하며 과일과 목근(木根)를 제공하고 물 흐르듯 말했습니다.

"**라마(Rama)**를 대적하려고 하지는 마십시오. 누가 대적을 하라고 권했습니까?" '**열 개의 머리가 달린 라바나(Ravana)**'나가 화가 나서 소리쳤다.

"누구든 나의 명령을 어기면 죽음이 있을 뿐이다." 죽기가 무서운 마리차(Maricha)가 말했습니다.

"그러면 제가 어떻게 해야 할 까요?" '라바나(Ravana)'는 마리차(Maricha)에게 "너는 이렇게 하여 나를 도우라," 계획을 말하고 즉시 라마(Rama)의 거처로 향했습니다. 라바나(Ravana)는 지팡이를 짚은 '고행 승'으로 가장을 하고, 마리차(Maricha)는 '사슴'이 되어 나타났습니다. 비데하(Videha) 공주[Sita] 앞에 '사슴'이 나타나니 그녀는 **라마(Rama)**에게 그 사슴을 잡도록 했습니다. 라마(Rama)는 락슈마나(Lakshmana)에게 시타(Sita)를 지키게 하고 자신은 그 사슴을 잡으러 나섰습니다. 라마(Rama)가 추적을 계속하니 그 '사슴'으로 변한 락샤사는 나타났다가 다시 사라지고를 반복했습니다. 결국에 라마(Rama)는 그것이 사슴이 아니라 락샤사임을 알고 무적의 활을 들어 그 락샤사를 죽이니 그 락샤사는 "시타(Sita)여, 락슈마나(Lakshmana)여." 소리쳤습니다. 시타(Sita)가 그 목소리를 듣고 어찌할 줄을 몰라 하니, 락슈마나(Lakshmana)가 시타(Sita)를 안심시키려 하자 시타(Sita)는 시동생[락슈마나(Lakshmana)]을 의심하며 길길이 뛰니, 할 수 없이 락슈마나(Lakshmana)는 형 라마를 찾아 나섰습니다.

그 때에 훌륭하게 차린 **라바나(Ravana)**가 은자(隱者)의 모습으로 나타나니, 시타(Sita)가 그를 보고 과일과 목근(木根)을 준비하여 그를 맞았습니다. 그러자 라바나(Ravana)는 말했습니다.

"오 시타(Sita)여, 나는 락샤사의 왕 라바나(Ravana)입니다. 대양(大洋)에 자리 잡은 나의 도시 란카(Lanka)를 아시죠? 고행자 라마(Rama)를 버리고 내 부인이 되시오." 시타(Sita)는 자기 귀를 막으며 말했습니다.

"그런 말씀하지 마세요. 하늘의 별이 떨어지고 땅이 조각나고 불이 식는다고 해도 라마를 떠날 수 없습니다. 암코끼리가 어떻게 수퇘지와 살 수 있겠어요? 꿀을 맛본 사람이 어떻게 독한 아라크를 생각하겠습니까?" 그렇게 말을 하고 시타(Sita)는 오두막으로 사라졌습니다. 그러나 **라바나(Ravana)**는 시타(Sita)에게 거칠게 욕을 하니 그녀가 기절했고 라바나는 그녀의 머리채를 움켜쥐고 공중으로 솟았다. 산꼭대기에 살고 있던 거대 독수리 자타유(Jatayu)가 의지할 곳 없는 여인이 라마를 부르며 그 라바나(Ravana)에게 납치되어 가는 것을 보았습니다.

마르카데야가 말했다. -독수리 왕 자타유(Jatayu)가 라바나(Rvana)의 시타(Sita) 납치를 방해하니, 라바나(Rvana)는 칼을 뽑아 독수리 날개를 잘라버렸습니다. 거대한 독수리 왕을 죽인 그 락샤사 왕은 시타를 그 무릎에 앉히고 공중으로 솟았습니다. 시타는 성소 호수를 볼 때 장신구를 던졌습니다. 다섯 원숭이 왕들이 살고 있는 산꼭대기를 향해 그 영리한 시타는 그녀의 비싼 옷을 던졌습니다.

한편 **라마(Rama)**는 락샤사 마리차(Maricha)를 죽이고 돌아오는 길에 아우 락슈마나(Lakshmana)를 보고 놀라 물었다. "락슈마나(Lakshmana)야, 시타는 어떠냐?" 락슈마나(Lakshmana)는 그동안의 사정을 다 라마에게 말하니 라마가 달려서 처소로 돌아왔습니다. 라마(Rama)가 시타가 사라진 처소에서 나오니, 산 같이 거대한 독수리가 쓰러져 죽어가고 있었습니다. 라마 형제가 그 떨어진 독수리 날개를 보니, 그 독수리는 시타를 구하려다 라바나(Ravana) 손에 제압이 되었다고 라마(Rama)에게 말했다. 그러자 라마가 독수리에게 라마의 향방을 물으니, 독수리는 그 라바나(Ravana)가 남쪽으로 가더라고 말했습니다. 그런데 머리 없는 거대 락샤사가 라마(Rama) 앞에 나타나 라마 형제가 그 락샤사를 잡고 보니, 그 락샤사 몸에서 비스와바수(Viswavasu)라는 간다르바가 나타나 말했습니다.

"오 라마여, 시타(Sita)는 란카(Lanka)에 살고 있는 라바나(Ravana) 왕이 납치해 갔습니다." 그 말을 마치고 그는 하늘로 사라졌습니다.

마르칸데야가 말했다. -시타(Sita)의 납치에 맥이 풀린 라마(Rama)는 아우 락슈마나(Lakshmana)의 권고를 들어 과일이 풍성한 리샤무카(Rishyamuka) 산으로 갔습니다. **그 리샤무카(Rishyamuka) 산에서 라마(Rama)는 원숭이 왕 수그리바(Sugriva)를 만났는데, 수그리바는 지혜로운 원숭이 하누만(Hanuman)을 라마(Rama)에게 소개하여 라마(Rama)는 그 거대한 하누만(Hanuman)과 친구가 되었습니다.** 원숭이 왕 수그리바(Sugriva)는 라마의 이야기를 듣고 라바나(Ravana)에게 잡혀 가며 시타가 앞서 떨어뜨린 옷을 라마에게 보여주었습니다. **라마(Rama)는 신뢰가 가는 원숭이 왕 수그리바(Sugriva)를 만나 그 원숭이를 천하에 원숭이 황제로 등극을 시켰**

습니다. 그리고 라마(Rama)는 그 수그리바(Sugriva)에게 그를 위해 그의 적 발리(Vali)를 잡아주기로 약속을 했습니다. 한편 시타(Sita)를 납치한 라바나(Ravana)는 란카(Lanka)에 도착하여 아소카(Asokas) 숲 속에 난다나(Nandana) 궁전과 같은 처소에 시타를 두었습니다. 거기에서 시타는 과일과 목근(木根)을 먹으며 우울하게 지내고 있었습니다.

마르칸데야(Markandeya)가 말했다. -원숭이 황제 수그리바(Sugriva) 명령을 받고 몰려 온 원숭이 왕들과 함께 라마(Rama)는 그 산 언덕에 앉아 있었다. 발리(Vali)의 장인인 수셰나(Sushena)가 백억 마리의 활발한 원숭이들을 데리고 라마(Rama)를 찾아왔습니다. 그리고 원숭이 왕 가야(Gaya)와 가바크시아(Gavakshya)도 각각 10억 원숭이들을 몰고 거기로 찾아왔습니다. 무서운 모습에 꼬리를 달고 있는 가바크시아(Gavakshya)는 6백억 마리의 원숭이들을 불러들였습니다. 그리고 간다마다나(Gandhamadana) 산에 1천억의 원숭이들도 달려 왔습니다. 파나사(Panasa)라는 영리하고 힘센 원숭이도 1억 2천만이 달려 왔습니다. 그리고 무서운 용맹을 지니고 있는 다디무카(Dadhimuka) 원숭이 왕도 거대 군사를 이끌고 왔습니다. 잠부반(Jamvuvan) 원숭이 왕도 10억의 원숭이를 몰고 왔습니다. 산덩이 같은 거대 몸집에 원숭이 왕들이 라마(Rama)를 도우러 찾아왔습니다.....수그리바(Sugriva)의 명령으로 거기에 모인 원숭이 군대는 바다 같이 물결쳤습니다. 그래서 그 수그리바(Sugriva)를 곁에 둔 영명한 라마는 온 세상을 정복할 수 있는 듯 그 군사를 행운의 별자리 길일(吉日)에 출발시켰습니다. 그래서 바람의 아들 하누만(Hanuman)이 선봉에 섰고, 용감한 수미트라(Sumitra) 아들이 배후를 맡았습니다.....그 원숭이 무리는 바다 가에 도착했습니다. .....라마(Rama)가 말했다.

"내가 방법을 써서 바다에게 기도를 해보겠다.(I will pray to the Ocean for the necessary means.) 단식을 행하며 바닷가에 누워 있으면, 바다(신)가 내게 나타날 것이다. 만약 그가 내게 모습을 보이지 않으면 나는 나의 위대한 무기로 바다가 불에 타는 듯 어찌할 수 없게 혼내 줄 것이다." 이렇게 말하고 라마(Rama)와 아우 락슈마나(Lakshmana)는 물을 만지괴[아차마나-Achamana 淨化 儀禮] 바닷가 쿠사(kusa)풀 침상에 누웠습니다. 그러자 강(江)신들의 왕, 신성하고 영명한 대양(大洋) 신이 수중 동물들을 거느리고 라마(Rama) 앞에 모습을 드러냈습니다. 그리고 부드러운 목소리로 말했습니다.

"카우살리아(Kausalya)의 아들이시여, 무엇을 도울지 말씀하소서. 저도 익슈와쿠(Ikshwaku) 족 출신이기에 당신과 친척입니다!" 라마(Rama)가 해신(海神)에게 말했습니다.

"오 강물들의 왕이시여, 내가 풀라스티아(Plastya) 족의 악당 십두(十頭)의 라바나(Ravana)를 잡을 수 있도록 군사 이동의 길을 내시오. 만약 내 요구를 듣지 않을 경우, 천상의 만트라(manatras) 화살로 바다를 말려버리겠소.(dry thee up)" 라마의 이 말을 들은 해신(海神)은 두 손을 모으고 고통스럽게 대답했습니다. "저는 당신의 행진에 장애가 되는 것을 바라지 않습니다. 저는 당신의 적이 아닙니다. 어떤 것이 좋으실지 말씀해주십시오. 만약 당신의 명령으로 군사 이동 통로를 연다면 다른 사람들도 동일하게 행할 것입니다. 당신의 군중(軍中)에 날라(Nala)라는 유능한 설비공(a skilful mechanic)입니다. 날라(Nala)는 우주의 건축가 타슈트리(Tashtri) 아들입니다. 그러므로 나무건 돌이건 우리 물속으로 던지면 내가 그를 도와 다리가 될 것입니다." 이렇게 말을 하고는 해신(the genius of Ocean)은 사라졌습니다. 이에 깨달은 라마는 날라를 불러 말했습니다.

"바다 위로 다리를 만들어라. 너는 그 일을 해낼 것이다." 이리하여 날라(Nala)는 너비 10요자나(Yojanas, 6~15km x 10), 길이 100요자나의 다리가 만들어졌습니다. 그래서 오늘날까지 그 다리를 '날라의 다리(Nala's bridge)'라고 부르고 있습니다. 그 다리 공사를 마친 다음 산 같이 거대한 날라(Nala)는 라마의 명령에서 해방되었습니다.....그래서 라마(Rama)가 라바나(Ravana) 공격을 개시하니 라바나(Ravana)는 라마(Rama)에게 인드라의 벼락같은 창을 휘둘렀습니다. 그러나 라마(Rama)는 날카로운 그 화살로 그 창을 산산조각 내었습니다. 라바나는 겁을 먹었습니다....라마(Rama)가 라바나(Ravana)를 살해한 것을 본 천신(天神)들과 간다르바(Gandharvas) 차라나(Charanas)들은 크게 기뻐하였습니다. 그래서 브라흐마의 무기로 세상을 지배하던 라바나(Ravana)는 5원소(흙)로 돌아갔습니다. 브라흐마의 무기로 라바나의 신체는 끝장이 난 것입니다. 라바나(Ravana)의 살과 피는 무(無)로 돌아갔으니, 그 재(灰)도 볼 수가 없었습니다.[177]

'라마(Rama)의 부재(不在) 중에 시타(Sita) 납치 기회를 잡은 라바나(Ravana)'
'독수리 자타유(Jatayu)가 시타(Sita)를 도우러 왔으나, 라바나의 공격을 당했다.'[178]

---

177) K. M. Ganguli (Translated into English Prose from the Original Sanskrit Text), *The Mahabharata of Krishna-Dwaipayana Vyasa*, Munshiram Manoharlal Publisher Pvt. Ltd. New Delhi, 2000, **-Vana Parva-** pp. 533~565
178) Navin Khanna, *Indian Mythology through the Art and Miniatures*, New Delhi, 2013, pp. 86, 88

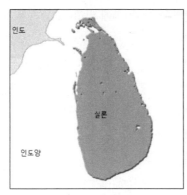

'인도 대륙과 실론 섬[란카]' '라마'[179) '하누만'[180)

'라마의 다리를 건설하는 원숭이들'[181)

—→

(a) '마하바라타(*The Mahabharata*)'에서 이 '라마의 다리 건설' 장은 실로 기독교의 '창세기'에 해당한다.

① 유디슈티라 왕 대담을 펼친 진술자 '<u>마르칸데이야(Markandeya)</u>'는 ② [신령 사우나카(Saunaka)와 대담을 펼친] '<u>우구라스라바(Ugrasrava)</u>', ③ [자나메자야 왕과 대담을 한 '<u>바이삼파야나(Vaisampayana)</u>', ④ [드리타라슈트라 왕과 문답한] '<u>산자야(Sanjaya)</u>'와 함께 '마하바라타(*The Mahabharata*)' 4대 서술자이다. 이 시인(詩人)들을 통해 '마하바라타(*The Mahabharata*)'는 완성이 되었는데, 이중에 '태고의 신비주의'를 다 털어놓은 존재가 '<u>마르칸데이야(Markandeya)</u>'인데 이 '<u>마르칸데이야(Markandeya)</u>'는 '<u>우주 생명의 연대</u>'를 초월해 '<u>절대신</u>'을 유디슈티라에게 설명한 존재로 '마하바라타(*The Mahabharata*)의 신비주의' '인류의 신비주의'를 홀로 증언하는 존재였다.[제58장, 제59장 참조]

---

179) V. Ions, *Indian Mythology*, Paul Hamlin, 1967, p. 55 'Rama'
180) P. Thomas, *Epics, Myths and Legends of India*, Bombay, 1980, Plate 63 'Hanuman'
181) P. Thomas, *Epics, Myths and Legends of India*, Bombay, 1980, Plate 13 'Monkeys Building Rama's Bridges'

(b) 우선 '창조주[브라흐매]'와 관계가 무엇보다 강조가 되었으니, 우선 '풀라스티아(Pulastya)'의 아들인 '바이스라바나(Vaisravana)'가 그 생부(生父)를 젖혀놓고 '창조주[브라흐매]'를 모셔서 큰 복락을 누리게 되었다는 진술이 그것이니, **이것은 '마하바라타(*The Mahabharata*)'의 '절대주의'를 명시하고 있는 부분이다.**

(c) 그리고 진술자 '마르칸데이아(Markandeya)'는 이장에서 '마하바라타(*The Mahabharata*)'에 소개 받은 악귀 중에 최고 식인(食人) 악마 '**열 개의 머리가 달린 라바나(Ravana)**'를 동원하여 역시 비슈누 신의 화신 라마(Rama)를 그 악마와의 대결 전을 펼치게 했다. 그러한 과정에서 '절대신' '여러 신' '인간' '사슴' '독수리' '원숭이' '강물' '바다' '락샤사'를 모두 의인화[인격화, 신격화] 했고, 직접 대화할 수 있는 대상으로 취급했는데, 이것이 그 태고(太古)의 원시성을 그대로 담고 있는 부분이다.

그리고 '**신들의 변신술'['락샤사' '고행 승' '사슴']**도 주목하지 않을 수 없는 사항이니, 그들은 '오감(五感)을 초월해 있는 존재'라는 그 '**신비주의**'를 무한정 펼쳐 보이고 있기 때문이다.['과학주의' '신비주의'가 서로 구분이 되는 지점이다.]

(d) '**마르칸데이아(Markandeya)**'는 '절대 신이 바로 이 우주 전체이며 그 속에 만물을 존재하며 역시 그 분은 우리 인간 속에 지금 존재하신다.'는 '고대 신비주의 열쇠'를 다 공개한 서술자였다. 그러므로 서술자 '**마르칸데이아(Markandeya)**'의 입[말]을 통해 그 속에 '우주=절대신=일 개인=만물'이라는 엄청난 등식(等式)이 이미 그대로 다 공개가 되었다.

(e) 그리고 원래 '창조주'가 인정한 '라마(Rama)'와 '시타(Sita)'의 부부관계를 '십두(十頭)의 괴물 라바나(Ravana)'가 개입하여 망가뜨렸다는 이야기 전개 방식은 '아담' '이브' 사이에 끼어든 '뱀' 경우와 혹사하다. 그 '십두(十頭)의 괴물 라바나(Ravana)'는 사실상 '인간 원죄의 표상'으로 '뱀'과 구별될 수 없는 존재이다.['모두 일차 절대 신의 용납 속에 존재한 것들임'; '뱀' 이전의 더욱 고약한 악마]

(f) '마하바라타(*The Mahabharata*)'에서는 '절대신[비슈누]의 화신(化身) '크리슈나'가 그 세상 심판을 주도한 이야기인데, 그 '마르칸데이아(Markandeya)'의 진술 속에 등장한 '라마(Rama)'는 그 '크리슈나' 이전에 세상에 왔던 '세상 심판자'였다.[비슈누 제7 化身, 라마(Rama) 화신]

(g) 그러므로 이 '라마의 다리 건설' 장은 역시 축소판 '마하바라타(*The Mahabharata*)', 그전 우주 심판의 시대를 말한 '태고'의 '마하바라타(*The Mahabharata*)'이다.

(h) 그리고 **원숭이 왕이 중심이 되어 '인도 대륙'과 '실론[Lanka] 섬'을 잇는 다리 건설로 그 '라마 전쟁'을 행했다는 사실은 각별히 주목을 요하는 사항이다.**

(i) 우선 '여호와' 종 '**모세**'는 '홍해(紅海)'를 꾸짖어 '유대인들'의 갈 길을 열었고, 고구려를 세운 **주몽(朱蒙)**은 하백(河伯)에게 명하여 '엄리대수(奄利大水)'에 다리를 놓게 했고, 일본의 토끼 신은 상어들을 줄서게 해서 바다를 건넜다는 이야기가 있게 만들었다. 이들은 그 '규모'와 '목적' 명령 주체가 차이를 보이고 있으나, 모두 '절대 신'을 신앙하는 '**절대주의**' 속에 만들어진 이야기[역사]라는 점에서 동일하다.

(j) '마하바라타(*The Mahabharata*)'에서 서술자 '**마르칸데이아(Markandeya)**'를 공개함은 그 '신비주의'를 온전하게 펼치는 수단으로 요긴한 수단이었으나 역시 힌두의 그러한 '시인들'의 솔직한 공개는 '마하바라타(*The Mahabharata*)'의 '원시성'의 공개이고, 동시에 '[현대인의]과학적 인식'에 길잡이가 되고 있다. 즉 '신비주의자' '**마르칸데이아(Markandeya)**'와 '합리주의자' '**현대인**'의 동

시주의(同時主義) 성립이 바로 그것이다.

    (k) 인류가 소유하고 있는 저작은 '말[언어]'로 되어 있는데, 그 제작 경위를 '마하바라타(*The Mahabharata*)'에서처럼 솔직히 다 공개한 경우가 없다. 이러한 측면에서도 **'마하바라타(*The Mahabharata*)'는 인류가 공동으로 존중해야 할 '인간 공유의 위대한 과거의 거울'이다.**

제67장 인드라와 카르나

    자나메자야(Janamejaya)가 말했다. -카르나(Karna)에 대해 큰 두려움을 지니고 있는 유디슈티라에게 인드라(Indra) 신의 메시지를 하러 온 로마사(Lomasa)가 '아무에게도 말하지 않고 있는 그대의 강한 근심을 내가 다난자야(Dhananjaya, 아르주나)가 자리를 뜨면 제거를 해 주겠소.'라고 했는데 왜 유덕한 유디슈티라가 말을 하지 않았습니까?

    바이사파야나(Vaisampayana)가 말했다. -오 왕들 중에 호랑이시여, 대왕과 관련이 있는 역사를 물으셨습니다. 유랑(流浪) 12년이 지나고 13년이 시작했을 때에 판두 아들에게 호의를 보여 온 사크라(Sakra, 인드라)는 카르나(Karna)에게서 그 귀고리(his ear-rings)를 앗으려고 결심했습니다. 그 인드라가 카르나의 귀고리를 앗으려는 의도를 알아낸 [카르나의 아비 신] 수리아(Surya)가 따스한 빛을 뿜으며 카르나에게 갔습니다. 그래서 편안하게 잠이 든 카르나의 꿈속에 나타났습니다. 훌륭한 금욕의 바라문 모습을 한 수리아 신이 카르나에게 말했습니다.

    "카르나 내 아들아, 내 말을 들어라. 너에게 도움이 될 말을 하러 왔다. 판두 아들들을 도우려고 인드라(Sakra)가 바라문으로 변장을 하고 너의 귀고리를 빼앗으러 올 것이다! **그 인드라(Sakra)는 네가 독실한 사람들이 호소를 할 적에는 주지 못 할 것이 없는 너의 성품도 알고 있다!** 아들아, 그것을 알고 인드라가 너에게서 귀고리와 갑옷을 얻으려고 너를 찾아 올 것이다. 인드라가 귀고리를 달라고 하면 주지 말고 부드러운 말로 감사만 표(表)하여라. 그것이 최선이다!....**카르나야, 태어날 때 가지고 나온 너의 아름다운 귀고리를 포기하면 너의 생명이 짧아지고 죽음을 맞을 것이다!** 갑옷과 귀고리를 갖추고 있어야 너가 전투에 무적(無敵)이 된다. 이 말을 명심하라! 그 두 가지 보물은 '감로수(Amrita)'에서 얻었었다. 그래서 그것들을 간직해야 하고 너의 생명도 안전할 것이다." 그 말을 들은 카르나 물었습니다.

    "당신은 누구시기에 그러한 모습으로 제게 말씀을 하십니까? 괜찮으시다면 바라문 모습을 하신 당신은 누구십니까?" 그 바라문이 대답했습니다.

    "아들아, 나는 천 갈래의 햇살이다. 사랑에서 말하는 것이다! 내 말대로 해야 너에게도 좋을 것이다." 카르나가 말했습니다.

    "그럼요, 나를 도우시려고 행운의 당신이 저를 찾아 주셨습니다. 당신 맘에 들지는 모르지만, 저는 '맹세의 준수(the observance of my vow)'를 포기할 수는 없습니다! 오 세상의 광명을 소유하신 분이시여, **제가 저의 생명까지도 최고의 바라문에게 바친다는 저의 맹세는 이미 세상에 다**

알려져 있습니다! 만약 바라문으로 변장한 인드라가 판두 아들들의 이익을 위해 내게 구걸을 할 경우에는 나는 그에게 귀고리와 갑옷을 줄 것이고, 그래서 저의 명성(名聲)이 3계에 퍼지게 할 것입니다! 우리 같은 크샤트리아에게 낯 뜨거운 행동으로 생명을 지킨다는 것은 적절하지 않습니다. 오히려 반대로 우리에게는 명예롭게 죽는 것이 적절합니다. 그러기에 나는 인드라에게 귀고리와 갑옷을 줄 것입니다!....'명성(Fame)'은 어머니처럼 이 세상 사람들을 살려내고 '불명예'는 온전하게 살아 있는 사람들도 죽입니다. 오 광명의 소유자 세상의 주인이시여, 남자의 명성은 창조주의 시구로 남아 있습니다. '이승에서는 순수한 명성은 생명을 늘려주지만, 저승에서의 명성은 그 사람의 최고 의탁 처이다.' 그러기에 저는 귀고리와 갑옷을 포기할 것입니다...그래서 저는 이 세상에서 최고의 명성을 획득할 것입니다." 수리아가 말했습니다.

"카르나야, 너와 네 친구와 아들과 처와 아비 어미에게 해로운 짓을 하면 안 된다. 사람들은 그들의 몸을 손상하지 않고 세상에 알려지고 천상에까지 지속하려 한다...그러기에 아들아 인드라가 귀고리를 달라고 해도 거절을 해야 한다! 무슨 말을 해도 귀고리를 주어서는 아니 된다. 카르나야, 너는 왼손잡이 아르주나와 싸우게 될 터인데, 귀고리를 가지고 있는 한에는 인드라가 아르주나를 도우러 온다고 해도 너를 이길 수 없다. 아르주나를 이기려면 인드라에게 귀고리를 주어서는 안 된다." 카르나가 말했습니다.

"오 광명의 주인이시여, 당신은 제가 자선으로 실행하지 못 것이 없다는 것도 알고 계십니다.... 거짓을 말하는 것보다 죽음이 더욱 저를 겁나게 할 수는 결코 없습니다....저는 분명히 아르주나를 전투로 잡을 겁니다. 당신께서는 자마다그니아(Jamadagnya)와 드로나(Drona)에게서 획득한 위대한 힘의 무기를 소지하고 있다는 것도 아실 겁니다. 천상의 최고신이시여, 인드라 신이 와서 제 목숨을 원하면 제 목숨을 줄 수 있게 허락해 주십시오." 수리아가 말했습니다.

"아들아, 인드라에게 귀고리를 주려거든 '모든 적을 섬멸할 수 있는 창을 주시면, 귀고리와 갑옷을 드리겠습니다.'라고 말하라. 그 조건으로라도 인드라에게 귀고리를 주어야 할 것이다. 그 창으로 적들을 무찌를 수 있을 것이다."

바이사파야나(Vaisampayana)가 계속했다. -그 말을 마치고 태양신은 자취를 감추었습니다.

바이사파야나(Vaisampayana)가 계속했다. -그래서 인드라는 바라문으로 변장(變裝)을 하고 카르나에게 나타났더니, 카르나는 그의 의도를 알고 말했습니다.

"어서 오십시오. 황금 목걸이와 아름다운 아가씨와 암소 많은 마을 중에 무엇을 드릴까요?" 그 말에 바라문은 대답했습니다.

"오 순수한 사람이여, 그대는 맹세를 지키는 사람이니 몸에 붙은 갑옷과 귀고리를 잘라 내게 주시오. 그것이 내게 어떤 것보다 훌륭한 선물입니다." 그 말을 듣고 카르나는 말했습니다.

"오 바라문이여, 영토와 아가씨와 암소를 드릴 수는 있지만 갑옷과 귀고리는 안 됩니다."카르나는 웃으며 말했습니다.

"내 갑옷과 귀고리는 '감로수(Amrita)'에서 나온 것입니다. 그래서 천하무적자의 소유입니다. 천하 왕국을 가지십시오. 내 몸에 지니고 온 이 갑옷 귀고리가 없어지면 나는 적들에 쉽게 먹힙니다.....오 사크라(Sakra, 인드라)여, 천상의 신들의 왕으로서 어울리지 않은 소원(boons)이십니다." 이에 인드라가 대답했습니다.

"내가 오기 전에 수리야(Surya)가 나의 목적을 알았을 것이다. 수리아가 모든 것을 가르쳐주었을 것이다. 소원을 말해보라. 벼락만 빼고 원하는 바를 내게 말해 보라." 인드라의 그 말을 듣고 카르나는 기쁨에 넘쳤습니다. 그래서 카르나는 말했습니다.

"제 갑옷과 귀고리를 가지신 대신에 전장에서 적들의 대장들을 잡을 수 있는 무적의 창을 주십시오." 그 카르나의 말을 들은 인드라는 잠시 생각에 잠겼다가 말했습니다.

"그대가 귀고리와 갑옷을 내게 주면 내 무적의 창을 네게 주겠다...그러나 이 창은 그대의 강력한 적 하나만 죽일 수 있다. 그런 목적을 달성 한 다음에는 다시 내손으로 돌아 올 것이다!" 이에 카르나는 말했습니다.

"치열한 전투에서 불 같이 고함을 지르며 나를 놀라게 하는 적 하나만 죽여도 됩니다." 그 말에 인드라가 말했습니다. "그대는 전투에서 그 같은 고함을 지르는 적도 잡을 수 있을 것이다." 카르나가 말했습니다.

"어떻든 단 한명의 강력한 적만을 죽일 수 있는 그 무기라도 저에게 주시면 갑옷과 귀고리를 바치겠습니다."[182]

'수리아'[183] '인드라 신'[184] '인드라 신'[185]

182) K. M. Ganguli (Translated into English Prose from the Original Sanskrit Text), *The Mahabharata of Krishna-Dwaipayana Vyasa*, Munshiram Manoharlal Publisher Pvt. Ltd. New Delhi, 2000, **-Vana Parva-** pp. 585~588, 598~599

183) P. Thomas, *Epics, Myths and Legends of India*, Bombay, 1980, Plate 95 'Surya'

184) P. Thomas, *Epics, Myths and Legends of India*, Bombay, 1980, Plate 100 'Indra'

185) P. Thomas, *Epics, Myths and Legends of India*, Bombay, 1980, Plate 147 'Indra'

(a) '마하바라타(*The Mahabharata*)'에서의 '카르나(Karna)'의 역할은 주인공 '크리슈나(Krishna)'와 '아르주나(Arjuna)'와 대등(對等)할 정도이다.

(b) 즉 '마하바라타(*The Mahabharata*)'는 전반적인 요지는, **'절대 신 크리슈나의 뱀 정신 퇴치 혁명 운동'**인데, 그 '뱀 정신'을 옹호하는 강력한 무력의 소유자가 바로 '카르나(Karna)'이다.

(c) '마하바라타(*The Mahabharata*)'의 카르나(Karna)는 나관중 '통속연의(通俗演義)'에 '여포(呂布)'와 유사하다. 그러나 카르나(Karna)는 그 '여포(呂布)'와는 많이 달라서, 비록 그의 말상대자가 **'태양신' '비슈누 화신[크리슈나]' '인드라 신' '비슈마(Bhishma)'**일지라고 자신의 본래 '서약'이나 '신뢰'를 버리지 않는 '확신의 크샤트리아'였다는 측면에서 그 '여포(呂布)'보다는 훨씬 탁월한 무사였다.

(d) 그리고 '마하바라타(*The Mahabharata*)'에서 '통일천하' 이룩했다는 판두 5형제는 오로지 그 '절대 신의 도움'으로 그것이 가능했다는 점을 처음부터 명시한 것이 큰 특징이지만, 오히려 '신격(神格)'을 모독(冒瀆) 손상하며 도움을 받았던 경우가 **'드로나의 제자 엄지손가락 자르기' '인드라 신의 카르나 귀고리 갑옷 빼앗기' '크리슈나의 가짜 아스와타만 살해 소문 퍼뜨리기'**였다. 만약 '절대 신들의 영역'에서도 이러한 '불공정(不公正, 자기 아들 먼저 챙기기)'이 난무한다면, 그러한 '절대신 권위'란 '무조건 제자 모으기' '세력 확장' 이외에 무엇이 다를 점이 있겠는가라는 의문 등이 일어날 수 있으나, **'마하바라타(*The Mahabharata*)'의 '진정한 가치'는 거대하게 '인간 심성의 진실성=신들의 진실성'을 그대로 다 공개하고 있다는 점**이다.

(e) 즉 '마하바라타(*The Mahabharata*)'는 '명백한 인간詩人들들의 신의 창조'를 남김없이 공개를 하며, 역시 **'마하바라타(*The Mahabharata*)'는 역(逆)으로 '모든 신은 인간이 창조했고' '인간들의 생각은 바로 그 신들의 생각과 동일한 것'이고 '인간의 모든 도덕 목표가 바로 절대 신이 강조하는 목표 이상과 동일'**이라고 다 밝히고 가르치고 있으니, 그 이외에 '자잘한 질문들'은 차라리 그 '마하바라타(*The Mahabharata*) 독서 부족[이해부족]에 기인한 것'이라 해야 할 것이다.

(f) 단적으로 '천하를 제패할 힘을 지닌 카르나(Karna)'를, '드리타라슈트라 아들들' 말고는 왜 다들 '카르나의 억압과 힘 빼기와 무력화(無力化)'에 앞장을 섰는가? 한 마디로 **배약(背約)과 사기(詐欺)를 옹호하는 존재들은, '인간 사회에 그 존재 이유를 스스로 부정한 악마들'이기 때문이다.**

(g) 즉 '카르나가 본래 지니고 있는 맹세와 신뢰'도 소중하지만, '더욱 큰 인류 공조의 신뢰' '소위 신의 진정한 혁명의 뜻'에 어긋나면 모두 그 '구체(口體, 뱀) 옹호'에 종착하게 되기 때문이다.

(h) '마하바라타(*The Mahabharata*)'에서 '카르나(Karna)'는 '배약과 사기(詐欺)'를 옹호하는 '인간 악의 원흉'이다. '인간들의 적=신들의 적'을 명시하고 있는 영원한 명저가 '마하바라타(*The Mahabharata*)'이다.

제68장 약샤의 시험을 통과한 유디슈티라

자나메자야가 말했다. -납치된 그들 아내를 구해 낸 다음에 판다바들을 무엇을 했습니까?

바이삼파야나 말했다. -드라우파디 납치 사건 이후 판다바들은 그 카미아카(Kamyaka) 숲을 떠나 나무와 과일과 목근[木根]들이 풍성한 드와이타바나(Dwaitavana)로 돌아왔습니다.

그런데 우연히 사슴 한 마리가 바라문이 사용하는 '두 개의 불 막대기[불을 만드는 도구]'를 그 머리로 받아 그것을 그 뿔에 걸고 [빼앗아] 도망을 친 사건이 발생했습니다. 그러자 '아그니호트라 (Agnihotra, 불의 신에 올리는 제사)'를 담당하는 바라문이 판다바들에게 달려 와 말했습니다.

"커다란 나무에 묶어 두었던 '불 막대기들'을 사슴 한 마리가 그 나무를 뿔로 받아 그 '불 막대기들'을 그 뿔에 걸고 도망을 쳤습니다. 당신 형제들이 그 힘센 사슴을 추적하여 내가 내 '아그니호트라(Agnihotra)'를 계속하게 해 주십시오." 그 바라문의 말을 듣고 유디슈티라는 활을 메고 아우들과 함께 집을 나섰습니다. **멀지 않은 곳에서 그 사슴을 확인하고 그 억센 무사들이 활을 가지고 그 사슴의 추적하며 화살들을 날렸으나, 그 사슴은 도무지 그들이 쏘는 화살들에 적중이 되질 않았습니다. 그래서 판두들은 그 사슴을 애를 써 추적하여 잡으려 하니, 그 사슴은 금방 자취를 감추어 버렸습니다.** 사슴을 놓치고 나니 판두 아들들은 실망에 지치고 배고프고 목이 말라 그 깊은 숲 속에 **반얀 나무(a banian tree)** 그늘로 가서 앉았습니다. 나쿨라가 참지 못 하고 장형(長兄)을 향해 말했습니다.

"오 왕이시여, 우리는 도덕이 모자란 것도 아니고, 부자라고 뽐낸 적도 없고, 구걸하지도 않는데, 우리가 왜 이런 재난을 겪어야 합니까?" 유디슈티라가 말했습니다.

"재앙이 끝도 없구나. 그 끝도 이유도 알 수가 없다. 정의(正義) 신만이 그 선악의 결과를 가려 줄 것이다." 이에 비마가 말했습니다.

"이것은 그 회당(會堂)으로 드라우파디를 노예처럼 끌고 나온 그 놈을 내가 죽이지 않고 놔두었기 때문에 이렇게 고초를 겪고 계시는 것입니다." 그러자 아르주나가 말했습니다.

"정말 이 재앙은 내가 그 '마부의 아들[카르나]'의 사무치는 말을 듣고도 참았기 때문입니다." 사하데바도 말했습니다.

"정말 형님을 주사위 노름에서 지게 만든 그 사쿠니를 내가 죽이지 않아서 이 재앙을 겪으시는 것입니다."

바이삼파야나가 계속했다. -유디슈티라 왕은 나쿨라에게 말했습니다. "마드리(Madri)의 아들아, 나무 위로 올라가 물이 있는 곳을 찾아보아라." 그래서 나쿨라는 그 반얀 나무로 올라가 살펴보고 내려와 유디슈티라에게 말했습니다.

"숲이 욱어져 있는 그 곁에 물이 있어, 학들의 울음소리도 들렸습니다. 틀림없이 거기에 물이 있을 것입니다." 그 말은 들은 유디슈티라는 "그렇겠다." 나쿨라가 형님의 명령을 받고 그곳으로 가니, 학들이 살고 있는 곳에 수정 같은 물을 보고 그것을 마시려 하자 '하늘'에서 말씀을 하셨습니다.

"아가야, 경솔하게 행동하지 말라! 이 호수는 내 것이니라. 너는 먼저 나의 질문에 대답을 하고 나서 이 물을 마시고 가지고 가라." 그러나 너무 목이 마른 나쿨라는 그 [하늘의]말을 무시하고 그 시원한 물을 마시고나서 금방 쓰러져 죽었습니다. 그래서 기다리다 못한 유디슈티라가 사하데바에게 말했습니다.

"사하데바야, 나쿨라가 늦는구나. 네가 가서 함께 물을 가져오너라." 사하데바가 그곳으로 가서 나쿨라가 쓰러져 있은 것을 보았으나, 목이 너무 타서 물가로 달려가 물을 마시려 하니 역시 '말씀'이 들렸습니다.

"아가야, 성급하게 행동을 말아라! 이 물은 나의 물이다. 내 질문에 먼저 대답을 하고 난 다음에 이 물을 마시고 가져가도록 하라." 그러나 목이 마른 사하데바는 역시 그 '말씀'을 무시하고 물을 마시고 역시 쓰러졌습니다. 사하데바도 오질 않자 유디슈타라가 아르주나(Vijaya, Vibhatsu)에게 말했습니다.

"두 아우들이 오질 않는구나. 네가 아우들을 데려오고 물도 가져오너라." 아르주나가 그 물가에 이르러 두 아우가 죽어 누워 있는 것을 보았습니다. 그러나 지독한 목마름을 느끼며 아르주나는 활을 들고 그 숲을 살펴보기 시작했습니다. 그러나 아무도 없었습니다. 그래서 아르주나는 왼손으로 활을 잡고 그 물가로 달려가니, 역시 하늘에서 '말씀'이 들렸습니다.

"이 물가로 왜 왔는가? 너는 네 맘대로 이 물을 마실 수는 없다. 우선 내가 준 질문에 대답을 해야 너에게 물을 마시게 할 것이고, 원하는 만큼 물을 가져가게 하겠다." 그 말에 아르주나는 말했다.

"그대는 내 앞에 보이는 것[물]을 방해하는구나! 그런 말을 또 하면, 내가 이 화살 맛을 보여주마!" 아르주나는 주문(呪文)을 외며 사방으로 화살을 쏘며 자기가 무적(無敵)임을 보여주었습니다. 그러자 모습을 감춘 약샤(Yaksha)가 말했습니다.

"프리타의 아들이여, 무엇을 걱정합니까? 내 질문에 대답하고 난 다음에 물 마십시오. 내 질문에 대답을 않고 물을 마시면 즉사(卽死)를 합니다." 그렇게 말을 해도 아르주나는 그 말을 무시하고 그 물을 마시고 역시 죽었습니다. 아르주나도 늦어지자 유디슈타라는 비마에게 말했습니다.

"나쿨라 사하데바 아르주나가 물을 가지러 갔다가 다 늦는구나. 이번엔 비마 네가 가보라." 이에 비마가 그 곳에 가보니 아우들이 다 죽어 누워 있었습니다. 비마도 목이 말라 괴로웠습니다. 비마는 아우들의 사망은 약샤(Yaksha)나 락샤사(Rakshasa) 소행일 것이라고 생각했다. 그래서 비마는 "오늘 이 놈들을 다 잡아야겠다. 우선 목부터 달래고 보자."라고 생각했다. 그래서 물가로 달려가니, 역시 약샤(Yaksha)가 말했다.

"아가야, 성급하게 행동하지 마라! 이 호수는 내 것이다. 먼저 내 질문에 대답을 하고, 그런 다음에 물을 마시고 필요한 만큼 가져가도록 하라!"

바이삼파야나가 계속했다. -약샤(Yaksha)가 그렇게 말해도 비마는 대답도 없이 그 물을 마셨습니다. 그래서 비마도 그 물을 마시고 금방 쓰러져 죽었습니다. 그래서 유디슈타라가 아우들을 기다리다가 혼자 말로 "왜 아우들이 이렇게 늦나? 이번에는 내가 가 봐야겠다!" 그래서 유디슈타라가 자리에서 일어섰습니다. 유디슈타라는 속으로 생각했습니다. "이 숲이 악마의 숲인가? 짐승들의 공격을 받았나? 아우들이 어떤 억센 존재를 무시하다가 잡혔는가?" 유디슈타라가 아우들을 찾아 돌아다니다가 그 아름다운 호수를 보았습니다.

바이삼파야나가 말했다. -유디슈타라는 마침내 죽어 있는 아우들을 보았습니다. 아르주나는 그의 활과 화살을 땅바닥에 떨어뜨린 채로 죽어 있고, 비마와 쌍둥이도 죽어 누워 있는 것을 보고 유디슈티라는 뜨겁고 긴 한숨을 쉬었습니다.

"누가 이 영웅들을 다 죽였단 말인가? 무기에 다치지도 않았고, 발자국도 없다. 내 아우들을 죽인 억센 존재가 분명히 있다. 우선 내 목이 마르니 물부터 마시고 알아보자." 그렇게 생각하고 유디슈티라는 그 호수에서 목욕부터 시작할 생각으로 그 물가로 가니 하늘에서 그 약샤(Yaksha)가 말했다.

"왕자야, 나는 작은 물고기를 먹고 사는 학(鶴)이니라. 너의 아우들이 염마왕에게 간 것은 나 때문이다. 내 질문에 대답을 못 하면 시체는 다섯 개가 될 것이다. 아가야, 성급하게 행동하지 말라! 이 호수는 내 것이니 우선 내 질문에 먼저 대답을 하고 네 원하는 만큼 마시고 자져가라." 이 말을 듣고 유디슈티라는 말했습니다.

"당신은 혹시 루드라 족(Rudras)나 바수 족(Vasus)이나 마루타 족(Marutas)의 왕이 아니십니까? 당신은 누구십니까? 새(학) 한 마리가 그런 [高慢한]말을 할 수는 없습니다. 산 같이 억센 용사 네 명을 쓰러뜨린 당신은 누구십니까? 당신은 당신의 능력을 보였으니, 당신은 히말라야(Himvat) 파리파트라(Pripatra) 빈디아(Vindhya) 말라야(Malaya) 산 같은 영웅들을 쓰러뜨렸습니다. 그런 [위협의]말씀을 행하고 계시는 당신은 누구입니까?" 그 말을 듣고 그 약샤(Yaksha)는 말했습니다.

"나는 학(鶴)이 아니고 약샤(Yaksha)이다. 너의 아우들은 내 힘으로 죽었다!" 그 거친 말을 들은 유디슈티라는 서 있는 그 약샤(Yaksha)에게 다가가 그를 바라보니 그 약샤(Yaksha)의 키는 팔미라 야자수(palmyra-palm) 같고 불덩이 태양 같이 빛나며 천둥 같은 목소리로 말하고 있었습니다. 그 약샤(Yaksha)가 말했습니다.

"네 아우들은 나의 거듭된 경고(警告)에도 불구하고 억지로 이 물을 취(取)하였다. 그래서 죽음을 당한 것이다." 유디슈티라가 말했습니다.

"오 약샤(Yaksha)여, 이미 당신이 소유한 것을, 나는 탐내지는 않습니다! **유덕한 사람은 [主觀이 분명하여] 자신이 찬성하지 않는 것에는, 결코 동의를 하지 않습니다**. 하실 말씀이 있으시면 물어보세요!" 그 약샤(Yaksha)의 물음은 참으로 엉뚱했습니다.

"무엇이 태양을 뜨게 하는가? 태양은 누구와 친구이고 누구가 태양을 지도록 하는가? 누구 안에서 태양은 그런 일을 행하고 있는가?" 유디슈티라가 대답했습니다.

"**브라흐마(Brahma)가 태양을 뜨게 하고, 신들이 태양과 동행하고 다르마(Dharma)가 태양을 지게하고 태양은 이치(理致, truth) 속에 있습니다**." 그 약샤(Yaksha)가 다시 물었습니다.

"사람들은 무엇으로 알게 되며, 무엇으로 위대한 것을 획득하는가? 그 다음은 중요한 것은 무엇이고 어떻게 그 지혜를 획득하는가?" 유디슈티라가 대답했습니다.

"**학식 있는 스루티들(Srutis, 先師)에게 배우고, 고행(苦行, ascetic austerities)으로 위대한 것을 알고, 그 두 번째를 아는 것은 '지성'이니, 그것은 자신을 현명하게 만들어 준 장자(長者. 어르신)를 받드는 일입니다**." 그 약샤(Yaksha)가 다시 물었습니다.

"바라문들의 '신성 유지'의 근본은 무엇이며, 그들의 실천은 왜 경건한 것인가? 바라문의 인간적 속성은 무엇이고, 무엇이 바라문들의 불경(不敬)을 알게 하는가?" 유디슈티라가 대답했습니다.

"'베다(Vedas)의 학습'이 바라문들을 신성하게 만들고, 바라문들의 '고행'이 그들을 경건하게 만들고, 그들도 죽는다는 것이 바라문의 인간적 속성이고, '바라문을 향한 비방(誹謗)'이 바로 불경(不敬)입니다." 그 약샤(Yaksha)가 물었습니다.

"크샤트리아(Kshatryaas)의 '신성함'은 무엇인가? 무엇이 그들의 실천을 '경건한 것'이라고까지 말할 수 있는가? 그들의 인간적인 속성은 무엇이고, 무엇을 행하면 그들을 불경(不敬)하는 것이 되는가?" 유디슈티라가 대답했습니다.

"화살과 무기가 그크샤트리아들의 신(神)이고, '제사(祭祀)를 올리는 것'이 그들의 경건한 점입니다. 두려움을 느끼는 것이 그들의 인간적인 속성이고, '보호를 거절하는 것'이 크샤트리아 불경의 이유입니다." 그 약샤(Yaksha)가 또 물었습니다. "무엇이 제사(祭祀)에 '사마(Sama)'인가? 제사에 '야주(Yajus)'란 무엇인가? 제사는 무엇으로 드리는가?" 유디슈티라가 대답했습니다.

"생명이 제사의 사마(Sama)이고, 정신이 제사의 야주(Yajus)이고 리그(Rig, 말)로 제사를 올리는 것이니, 말(Rig)이 없으면 제사를 행할 수 없습니다." 그 약샤(Yaksha)는 또 물었습니다.

"농부에겐 무엇이 최고의 가치인가? 심어야 할 최고의 가치인가? 무엇이 세상에 번창을 이루게 하는가? 이루어야 할 최고의 가치는 무엇인가?" 유디슈티라가 대답했습니다.

"농부에겐 비가 최고이고, 농부에겐 씨앗이 소중하고, 출산에는 후손이 중요합니다." 그 약샤(Yaksha)가 물었습니다.

"땅보다 무거운 것이 무엇이고 하늘보다 높은 것이 무엇이며 바람보다 빠르고 풀잎보다 많은 것은 무엇인가?" 유디슈티라가 대답했습니다. "어머니가 땅보다 무겁고 아버지가 하늘보다 높고 '정신' 바람보다 빠르고 '생각들'이 풀잎보다 많습니다." 그 약샤(Yaksha)가 역시 물었습니다.

"무엇이 잠들어도 눈을 못 감고, 무엇이 태어나서도 못 움직이고, 무엇이 흘러도 다하지 않는가?" 유디슈티라가 대답했습니다.

"물고기는 잠들어도 눈을 못 감고, 알은 태어나도 못 움직이고, 강물은 흘러도 다함이 없습니다." 그 약샤(Yaksha)는 또 물었습니다. "유랑자에게는 무엇이 벗이고, 집에서는 누가 그 친구이고, 병자에게는 무엇이 그 벗이고, 사자(死者)에게는 무엇이 그 벗인가?" 유디슈티라가 대답했습니다. "유랑자에게는 펼쳐진 땅이 친구이고, 집에서는 아내가 친구이고, 병자에게는 의사가 친구이고, 사자(死者)에게는 자선(慈善)이 그 친구입니다." 그 약샤(Yaksha)가 말했습니다.

"오 왕이여, 어떻게 태어나고 행동하고 배워서 '바라문의 도(道, Brahmanahood)'가 되는지 말해 보라." 유디슈티라가 대답했습니다.

"오 약샤여! '바라문(Brahmanahood)'이 되는 것은 출생이나, 학습으로 되는 것이 아니고 실천(실행)으로 됩니다. 그 처신이 바라문인가를 항상 살펴야 합니다. 행동을 조심하여 법도를 지키고 있습니다. 스승이나 제자가 다 경전을 탐구하고 나서도 사악한 버릇에 빠지면, 간사한 수드라 (Sudra, 노예)와 같습니다. '바라문다움(Brahmanahood)' '바라문의 도'를 행하는 사람은, 아그니호 트라(Agnihotra, 불의 숭배)를 행하고, 감각을 통어하기에 '바라문'이라고 부르고 있습니다." 그 약 샤(Yaksha)는 계속 물었습니다.

"사람은 어떻게 적절한 언어를 선택하고 어떻게 판단하고 어떻게 행동하는가? 어떻게 친구는 얻고 어떻게 도덕에 종사를 하는가?" 유디슈타라가 대답했습니다.

"적절한 말을 하면 모든 사람들에게 환영을 받습니다. 판단으로 행동하면 추구하는 바를 모두 획득합니다. 많은 친구들을 가지고 있으면 행복합니다. 도덕을 추구하면 행복을 얻습니다." 그 약 샤(Yaksha)가 물었습니다.

"누가 '진정으로 행복한 사람'인가? 무엇이 '가장 놀라운 일'인가? 그리고 그 '구원의 길'과, '좋은 소식들'을 말해 보라. 이 네 가지 나의 질문에 대답을 하면 너의 아우들은 다시 살아날 것이다." 유디슈타라가 대답했습니다.

"수륙(水陸)공존의 존재시여, 소량(小量)의 채소로 집에서 하루의 5분의 1이나 6분의 1의 시간을 들여 식구를 위해서 요리하는 사람에게 그 값을 빚이 없이 평온하면, 진정으로 행복한 사람입니다. 날마다 사람들이 저승으로 갑니다. 그렇지만 그들은 [영혼은]죽는 것이 아니라고 믿고 있습니다. 이보다 더욱 놀라운 것이 어디에 있습니까? 논쟁은 결론을 낼 수 없고, 대사(大師, Srutis)도 의견들 이 서로 다르고, 모든 사람들이 [그 말씀을] 다 수용하는 신령(Rishi)도 없지만, 동굴 속에 감추어진 종교와 의무에 대한 진리가 있으니, 그 길이 위대한 자가 걸어온 유일한 길입니다. '세상'은 '무식 으로 넘쳐나는 냄비'입니다. 태양은 불이고 낮과 밤은 그 연료입니다. 달과 계절은 그 국자로 삼아, 시간이 그 냄비에 모든 존재를 넣고 요리를 하고 있는 중입니다. 이것이 그 [들을 만한] 소식입니다." 그 약샤(Yaksha)가 말했습니다.

"그대는 진정으로 나의 질문에 다 바르게 대답을 했노라! 누가 진실한 존재이고, 누가 모든 부 (富)를 소유한 존재인가?" 유디슈타라가 대답했습니다. "선행(善行)이 하늘에 보고(報告)되고 세상 에 널리 알려져, 사람이 동의하건 않건, 행복하건 불행하건 과거나 미래에 한결 같은 존재가 모든 부(富)를 소유하고 있는 존재입니다." 그 약샤(Yaksha)가 말했습니다.

"그대는 모든 부(富)를 소유한 존재를 옳게 말하였도다. 그렇다면 그대 아우 중에 하나를 살려낸 다면 누구를 살리겠는가?" 유디슈타라가 대답했습니다.

"검은 피부에 붉은 눈 살라(Sala)나무처럼 키가 크고 가슴이 넓고 키가 큰 나쿨라를 살려주십시 오." 그 약샤(Yaksha)가 물었습니다.

"그대는 비마를 좋아하고 아르주나에게 전적으로 의존을 하고 있다. 그런데 왜 배[腹], 어미가 다른 아우를 먼저 말하는가?" 유디슈타라(Yudhishthira)가 대답했습니다.

"'자기희생'을 제외시키면, '도덕'이 희생됩니다. 도덕은 자비심을 가진 자에 그 자비를 베풀게 마련입니다. **그래서 '나의 희생'을 제외하고 그 도덕을 행하려면, 그 도덕은 지켜질 수가 없습니다.**(Therefore taking care that virtue by being sacrificed may not sacrifice us, I never forsake virtue.) **살상의 포기가 최고의 도덕**이고, 최고의 획득보다 그 도덕이 우위라고 나는 생각합니다. 나는 그 도덕 실천에 애를 쓰고 있습니다. 역시 그러기에 오 약샤여, 나쿨라를 살려주십시오." 그 약샤(Yaksha)가 말했습니다.

"그대가 살상의 포기를 최고의 도덕이고 도덕이 어떤 이득보다 높다고 말했으니 너의 아우들을 모두 살려 주겠노라."

바이삼파야나가 말했다. -그 약샤(Yaksha)의 말대로 모든 판다바들이 일어났습니다. 목마름이나 허기도 다 없어졌습니다. 그러자 유디슈티라가 말했습니다.

"나는 물가에 다리 하나[鶴]로 서 있던 당신을 '약샤(Yaksha)'라고 생각되지는 않습니다. 당신은 신들(Vasus)이나 루드라들(Rudras) 마루트들(Maruts)의 왕들 중에 하나가 아니십니까? 내 아우들은 다 10만의 무사(武士)들을 혼자서 다 감당해 낼 수 있고, 그들을 이긴 자를 나는 아직 못 보았습니다. 더구나 나의 아우들이 단잠에서 깨어나듯 다시 일어났습니다. 당신은 우리들의 친구 또는 아버지가 아닙니까?" 그 약샤(Yaksha)가 말했습니다.

"**아가야, 내가 무적의 용맹을 지진 '정의(正義)의 왕(Lord of justice)'이고 너의 아비이니라. 바라타의 황소여, 나는 너를 오래 전부터 만나고 싶었노라. 명예, 진리, 자제, 순수, 정직, 단정(端整), 성실, 금욕 그 자체가 바로 나다. 무상(無傷, 죽이지 않음), 무편(無偏), 평화, 속죄, 존엄, 초월이 내게로 오는 그 길이다. 너는 항상 내 맘에 들었다! 운 좋게도 너는 평정, 자제, 금욕, 초월, 요가의 오덕(五德)에 정진하여, 허기 기갈 비탄 우둔(愚鈍) 사기 사망의 육난(六難)을 이겨 내었구나. 나는 '정의(正義)의 왕'이다. 내가 너를 시험하러 여기에 왔다. 너의 소망을 말해 보라. 바라는 것을 모두 주겠노라.**" 유디슈티라(Yudhishthira)가 대답했습니다.

"사슴 한 마리가 바라문의 '불지팽이(fire-sticks)'를 가지고 도망을 쳤었습니다. 그래서 그 바라문이 아그니(Agni) 숭배를 방해 받지 않게 하는 것이 저의 우선 소망입니다." 그 존자(尊者, the worshipful one)가 말했습니다.

"빛나는 쿤티의 아들이여, **내가 너를 시험하려고, 사슴이 되어(in the guise of a deer) 그 바라문의 '불지팽이(fire-sticks)'를 가지고 도망을 쳤었다.**" 유디슈티라(Yudhishthira)가 말했습니다.

"우리는 숲 속에서 12년간을 지냈습니다. 13년째가 옵니다. 아무도 모르게 우리가 숨어서 살아야 합니다." 그 존자(尊者, the worshipful one)가 말했습니다.

"오 바라타여, 그대가 종횡천하(縱橫天下)할 것[황제가 될 것]을 3계(三界)가 알게 되었다. 나의 은총으로 '비라타 왕국(Virata's kingdom)'에서 '13년째'를 무사히 넘길 것이다. 너희는 각자가 편할 대로 적응하라. 아들아, 다른 소망을 더 말해 보라." 이에 유디슈티라(Yudhishthira)가 말했습니다.

"**오 아버지, 제 눈으로 '신들 중의 신(God of gods)'이신 영원한 당신을 뵌 것만으로 만족합니**

다! 당신이 무엇을 내리시든지 저는 감사할 따름입니다. 오 주님이시여, 제가 시기(猜忌)와 우매와 분노를 이길 수 있게 해 주시고 자선과 진리와 고행에 힘쓰게 해 주옵소서!"186)

'학으로 변장한 다르마의 질문에 답하는 유디슈티라'187)

_____ ✦

(a) '마하바라타(*The Mahabharata*)'의 제1차 목표는 '**크샤트리아 황제의 바라문 만들기**'이다. 이것이 그 '힌두 마하바라타(*The Mahabharata*) 문학의 요점'이다.

(b) 즉 '크샤트리아'가 아니면 '전 세상을 통어할 힘'이 없고, '바라문[사제]'가 아니면 '세상을 인도(引導)할 방향'을 찾을 수 없다. 그래서 '마하바라타(*The Mahabharata*)'는 일찍부터 그 '힘'과 '지혜'를 하나로 통합하는 것을 이상으로 제시하였는데, 그가 바로 '마하바라타(*The Mahabharata*)'에 유디슈티라(Yudhishthira)이다.

(c) 판두 5형제 중에 '유디슈티라(Yudhishthira)' 착하다는 명성만 있었고, 그가 얼마나 '현명'한지는 전혀 밝혀진 바가 없었다. 그런데 '**마하바라타(*The Mahabharata*)'에서는 '주사위 노름꾼 아닌 노름꾼' '유디슈티라(Yudhishthira)'가 억지로 숲으로 추방되어 12년을 보내며 '어떠한 성자(聖者)'**가 되었는지를 이 장에서 소상하게 입증을 한 셈이다.

(d) 그러므로 이 '유디슈티라(Yudhishthira)'의 대답'은 그 아우들이 '목마름을 견디며 대답을 하려 했어도 다 대답을 할 수 없는, 정말 **황제(皇帝)의 자격시험**'에 해당한다.

(e) 이후부터는 '아우들의 유디슈티라의 복종'이 당연한 것으로 인정되지 않을 수 없는 그 '전기(轉機)'를 이 장에서는 확실하게 마련을 한 셈이다.

(f) 즉 이 '**마하바라타(*The Mahabharata*)'에 유디슈티라(Yudhishthira)의 대답을 통해 '힌두의 인생관 세계관 가치관'이 다 마련이 되었으니, 그 '마하바라타(*The Mahabharata*)'의 정수(精髓)가 이 장에 있다고 할 수 있다.**

186) K. M. Ganguli (Translated into English Prose from the Original Sanskrit Text), *The Mahabharata of Krishna-Dwaipayana Vyasa*, Munshiram Manoharlal Publisher Pvt. Ltd. New Delhi, 2000, -**Vana Parva**- pp. 600~612

187) Wikipedia, 'Yudhisthira answering the questions of the Dharmaraj in form of a Yakshya, disguised as the Baka (crane)'

4. 비라타의 책(Virata Parva)

제69장 비라타 왕궁에 취직한 판다바 5형제

옴(Om)! 최고의 남성 나라야나(Narana)와 나라(Nara)께 인사를 드리며 여신 사라스와티(Saraswati)와 자야(Jaya)께도 인사드리옵니다.

자나메자야(Janamejaya)가 말했다. -우리 할아버지들께서는 그 두료다나(Duryodhana)의 눈을 피해서 그 비라타(Virata)왕의 도시에서 몸을 어떻게 숨기고 계셨습니까? 그리고 드라우파디는 그 신분을 어떻게 숨기고 지냈습니까?

바이삼파야나가 말했다. -오 왕이시여, 유디슈티라가 '정의(正義)의 신'을 뵌 다음 '부시막대기들(fire-sticks)'을 바라문에게 되돌려 주었습니다. 그리고 유디슈티라는 아우들을 불러 놓고 말했습니다.

"우리가 우리의 왕국을 떠난 지 12년이 지났으나 더욱 지금 견디기 어려울 그 13년째가 되었다. 아르주나야, 우리가 적들을 피해 지낼 장소를 물색해 보아라." 아르주나가 말했습니다.

"비록 다르마(Dharma)의 가호(加護)가 계실지라도, 우리 스스로 사람들의 눈에 뜨이지 않도록 우리가 조심을 해야 합니다. 제가 안락하고 성스러운 장소 몇 곳을 선정해 두었습니다. 왕께서 한 곳을 선택하소서. 쿠루 왕국 주변에는 곡식이 풍부하고 아름다운 나라가 많은데 판찰라(Panchala), 체디(Chedi), 마트시아(Matsya), 수라세나(Surasena), 파타차라(Pattachchara), 다사르나(Dasarna), 나바라슈트라(Navarashtra), 말라(Malla), 살바(Salva), 유간다라(Yugandhara), 사우라슈트라(Saurashtra), 아반티(Avanti), 쿤티라슈트라(Kuntirashtra)가 그들입니다. 오 왕이여, 선택을 하십시오." 유디슈티라가 말했습니다.

"마트시아족(Matsyas)의 늙은 왕 비라타(Virata)가 유덕하고 강하고 너그러우니 우리 모두에게 적합할 것이다. 비라타(Virata) 왕은 1년 뒤에도 역시 우리 판두들 편에 가담을 할 것이다. 그에게 가서 봉사를 하며 1년을 보내기로 하자. 그런데 아우들아, 우리들이 어떤 일을 해겠다고 그 비라타(Virata) 왕에게 가서 말을 해야겠느냐?" 아르주나가 말했습니다.

"그 비라타(Virata) 왕국에서 형님은 무엇을 하시겠습니까? 형님께서는 어떻게 이 어려움을 이기실 작정입니까?" 유디슈티라가 말했습니다.

"나는 비라타(Virata) 왕 앞에 나를 바라문 **'칸카(Kanka)'**라고 말하고 주사위노름에 재능이 있고 놀이를 좋아한다고 소개를 하여 왕을 돕는 신하가 되겠다. 그래서 나는 비라타(Virata) 왕과 신하들과 그 친구들을 즐겁게 해주겠다. 비라타(Virata) 왕이 혹시 나의 과거 신분을 물으면 '나는 유디슈티라와 둘도 없는 친구였다.'고 말할 작정이다." 비마가 말했습니다.

"나는 비라타(Virata) 왕 앞에 요리사 **'발라바(Vallabha)'**라고 소개할 작정입니다. 나는 요리 기술을 지니고 있어 나는 카레 요리를 만들어 왕을 즐겁게 할 것입니다. 숲에서 엄청난 짐도 내가 날라 오면 왕도 좋아 할 겁니다." 아르주나가 말했습니다.

"나는 나를 중성(中性, 鼓子)으로 소개를 할 작정입니다. 활잡이 내 팔을 감추기가 어려우니, 상처 자국은 팔찌로 가릴 작정입니다. 화려한 귀고리도 하고 머리도 장식으로 꾸미고, 중성인 '**브리한날라(Brihannala)**'로 비라타(Virata) 왕 앞에 나갈 것입니다. 나는 궁중에서 여성처럼 지내며 이야기도 들려주고 비라타(Virata) 왕궁의 여성들에게 노래와 춤을 가르쳐 줄 작정입니다." 나쿨라가 말했습니다.

"나는 '**그란티카(Granthika)**'라는 이름으로 비라타(Virata) 왕의 말 마구간 지기가 될 작정입니다. 나는 말들을 훈련시키는 데에 소질이 있습니다. 그 직책이 내게 마땅하고, 나는 말들을 조련시키는데 기술을 지니고 있으니, 내가 말들을 좋아하듯이 말들도 나를 좋아합니다." 사하데바는 말했습니다.

"나는 비라타(Virata)왕의 암소 관리자가 되겠습니다. 나는 젖을 짜는데 소질이 있고, 소들의 내력과 길들이기에도 능합니다. '**탄트리팔(Tantripal)**'이라는 이름으로 소임을 능하게 수행할 것입니다." 드라우피디에게 유디슈티라가 드라우파디에게 말했습니다.

"[드라우파디 당신은] 우리의 생명보다 우리가 아끼는 부인입니다. 당신은 우리의 어머니 같고 우리의 누이 같습니다. 어떻게 당신은 1년을 견딜 작정입니까?" 드라우파디 말했습니다.

"'**사이린드리(Sairindhris**, 남의 집 허드렛일 하며 홀로 지내는 여성)'란 사람들이 있습니다. 나는 머리손질에 재능이 있습니다. 혹시 나를 묻는 사람이 있으면 '유디슈티라 집 드라우파디의 시녀(侍女)'였다고 할 것입니다. 나는 비라타(Virata)왕의 왕비 수데슈나(Sudeshna)를 받들면 그녀도 나를 좋아 할 겁니다." 유디슈티라가 말했습니다.

"우리 모두는 우리가 할 일들을 말하였다. 우리의 '사제(司祭)'와 '마부들'과 '조리사'는 다 드루파다(Drupada) 왕의 거처로 돌아가 거기에서 우리의 '아그니호트라(Agnihotra, 불 숭배)의 불씨'를 지키고 있어야 할 것이다. 인드라세나(Indrasena) 등은 우리들의 빈 마차를 몰고 드와라바티(Dwaravati)로 가고, 드라우파디 시녀들은 판찰라들(Panchalas)에게로 돌아가라. 그리고 사람들에게 말하라. '우리는 드와이타바나(Dwaitavana) 호수 가에서 그 판다들(Pandavas)과 헤어진 다음 그들이 어디로 갔는지는 모릅니다.'고 하라."

바이삼파야나가 말했다. -그런 다음은 판두 형제들은 왕사(王師) 다우미아(Dhaumya)에게 가르침을 청했더니, 다우미아(Dhaumya)는 다음과 같이 말했습니다.

"판두의 아들들이여, 바라문 친구들, 마차, 무기, 성화(聖火)를 [각각 제 곳으로 보내]정리한 것은 잘하신 일입니다. 유디슈티라와 아르주나는 특히 **드라우파디** 보호에 각별히 주의를 해야 합니다. 당신들은 인간들의 속성을 잘 알고 계십니다. 그래도 사랑으로 형제들에게 거듭 반복하게 알게 해야 합니다. 그것은 영원한 '도덕'과 '쾌락'과 '이득'의 문제에 종속된 사항이기에 몇 가지 말씀을 드리겠습니다. [다른]**왕과 함께 산다는 것은 어려운 일입니다.** 그 왕궁에 살면서 왕자님들이 피해야 할 몇 가지를 말씀드리겠습니다. 명예롭던 또는 그렇지 못 하게든, 그 왕궁에서 남들이 모르게 금년을 보내시면 14년째가 되어 행복하게 되실 겁니다. 오 유디슈티라여, **왕(王)이란 신(神)의 형상이니, 모두 주문(呪文)으로 성화(聖火)를 그렇게 하듯 받들어 모셔야 합니다.** 왕을 보려면 대문에 서부터 우선 자신을 밝히고 허락을 받은 다음에 들어가야 합니다. 어느 누구도 '왕의 비밀'과 접할 수 없습니다. 왕이 자기를 좋아한다고 생각하여 왕의 수레나 자리에 함부로 타거나 앉을 수 없습니다. 허락을 받지 않고는 왕과 대화할 수 없고, 절기에 맞게 왕께 인사를 올리고 그리고 조용히 왕의 곁에 공손히 앉아야 합니다. 왕은 비밀 누설자를 싫어하고 엎드린 상담자는 무시합니다. 현자는 왕의 부인이나 나인(內人)들과의 교유를 피하고, 왕이 싫어하는 사람들과도 역시 그렇게 합니다. 왕 주변의 사람은, 왕이 행하는 시시한 일이나 지식도 행하고 알아야 합니다. 그런 다음에야 화액(禍厄)을 피할 수 있습니다. 오 판두의 아들들이여, 정신들을 가다듬어 부디 금년을 잘 넘기십시오. 그러면 당신의 왕국을 다시 찾을 겁니다." 유디슈티라가 말했습니다.

"잘 가르쳐 주셨습니다. 감사드립니다. 어머니 쿤티와 비두라를 빼고는 가르침을 주는 사람이 없었는데, 우리가 서로 헤어질 무렵에 당신[다우미아(Dhaumya)]께서는 우리에게 당장 필요한 중요한 충고를 해 주셨습니다."

바이삼파야가 계속했다. -유디슈티라가 그렇게 말하자 최고의 바라문 다우미아(Dhaumya)는 인사를 나누고 그 자리를 떠났습니다.

바이삼파야가 말했다. -허리에는 칼을 차고 무기들을 소지하고 그 영웅들은 야무나(Yamuna) 강 방향으로 나아갔습니다. 그래서 높은 산들을 넘고 험한 숲들에서의 생활을 마감하고, 그 궁사(弓師)들은 야무나(Yamuna) 강의 남쪽 강둑으로 갔습니다. 야크릴로마(Yakrilloma) 수라세나(Surasena) 판찰라(Panchalas) 다사르나(Dasarnas) 지방을 지났습니다. 그 궁사들은 사냥꾼으로 행세하며 마트시아(Matsyas) 경내로 들어갔습니다. 드라우파디가 유디슈티라에게 말했습니다.

"이 들녘에 발자국들이 보입니다. 비라다(Virata)의 도성(都城)과는 아직 가야할 거리가 있습니다. 내가 아주 지쳐 있으니, 여기에서 밤을 보내시지요." 유디슈티라가 말했습니다.

"오 아르주나여, 네가 공주를 업어라. 우리는 이 숲을 지나 그 도성(都城)에 도착을 해야 한다."

바이삼파야가 계속했다. -그래서 아르주나가 드라우파디를 업고 그 도성(都城) 주변에 이르러 드라우파디를 내려놓았습니다. 유디슈티라가 아르주나에게 말했습니다. "이 도시로 들어가기 전에 우리의 무기들을 어디에 두어야 하겠느냐? 우리가 무기를 소지하고 들어가면 틀림없이 시민들이 무서워 할 것이다." 아르주나가 말했습니다.

"묘역(墓域, 화장터) 근처에 거대한 사미(Sami) 나무가 가지를 느리고 있어, 올라가기도 어렵습니다. 그곳은 인적(人跡)도 드문 곳이니, 거기에 무기를 두면 알 수 없을 것입니다. 짐승들과 뱀들이 들끓는 황량한 묘역입니다. 그 사미(Sami) 나무에 우리의 무기를 두고 우리는 도성(都城)으로 들어가지요."

바이삼파야가 말했다. -아르주나가 유디슈타라에게 그렇게 말하고, 5형제는 그들의 무기를 몸에서 풀어내어 그 나무 위에 간직해 두었습니다.

바이삼파야나가 말했다. -유디슈타라는 황금으로 만든 주사위를 들고 비라타(Virata) 왕 궁으로 그 왕을 찾아갔습니다. 비라타(Virata) 왕은 신하들에게 말했습니다.

"처음 우리 왕궁을 찾은 이가 누구인지 알아보아라. 노예나 수레나 코끼리는 없으나 인드라처럼 보인다 하더구나. 서슴거리지 않고 내게 왔으니, 연꽃 웅덩이로 달려든 코끼리 같구나." 비라타(Virata) 왕이 이런저런 생각에 잠겨 있을 적에 유디슈타라가 그 왕 앞에 이르러 말했습니다.

"오 위대한 왕이시여, 이 바라문은 저의 모든 것을 잃고 그저 목숨을 부지하려고 대왕을 찾아왔습니다. 제가 대왕의 곁에서 대왕의 명령을 받들며 살려고 여기를 찾아 왔습니다." 그러자 비라타(Virata) 왕은 말했습니다.

"환영하오. 그대가 원하는 일을 그대에게 제공하겠소!" 비라타(Virata) 왕은 즐거운 마음으로 유디슈타라에게 말했습니다. "여봐라, 즐거운 마음으로 묻는다. 너의 이름과 가문은 무엇이며 너는 무엇을 알고 있느냐?" 유디슈타라가 말했습니다.

"제 이름은 **칸카(Kanka)**이고 바이야그라(Vaiyaghra) 소속 바라문으로 '주사위 노름'을 알고 있고, 유디슈타라와는 친구였습니다." 비라타(Virata) 왕이 말했습니다.

"나는 앞으로 그대를 불쾌하게 한 자를 당장 죽일 작정이오. 그대는 나의 분신(分身, one of the twice-born ones)이오. '**칸카(Kanka)**'는 나처럼 이 땅의 주인이오. 그대는 내 친구이고 나와 동일한 수레를 탈 것이오. 그리고 그대는 나의 내무와 외무를 살펴야 할 것이오. 그대에게 내 거실의 문은 항상 열려 있소. 사람들의 해고와 고용을 그대가 행하고, 사람들의 말을 어느 때건 내게 즉시 알려주시오. 우리와 같이 있는 때는 아무 것도 염려를 하지 마시오."

바이삼파야나가 말했다. -그런 일이 있는 다음에 비마(Bhima)가 비라타(Virata) 왕에 나가니, 왕은 신하들에게 말했습니다. "저 어깨가 사자처럼 벌어진 젊은이는 누구인가? 그를 보니 간다르바들(Gandharvas)의 왕이거나 혹은 푸란다라(Prandara)일지도 모르겠다." 비마가 말했습니다.

"최고의 왕이시여, 저는 **발라바(Vallava)**라는 이름의 요리사입니다. 드레스 음식 만들기에 소질이 있습니다. 제가 주방(廚房)에서 일을 하게 해 주십시오." 비라타(Virata) 왕이 말했습니다.

"발라바여, 그대의 직업이 '요리하는 것'이라고 믿기지 않소. 그대는 1천 개의 눈을 가진 신을 닮았으니, 모든 사람 중에도 빛나는 왕과 같습니다!" 비마가 대답했다.

"오 왕 중에 최고 왕이시여, 저는 '대왕의 요리사'로서 아는 것이란 카레 요리입니다. 지난 날 유디슈타라 왕도 제 요리를 맛있다고 말했습니다. 그리고 저는 '씨름선수'이기도 하니, 사자나 코끼리와도 겨루며 대왕을 즐겁게 해 드리겠습니다." 비라타(Virata) 왕이 말했습니다.

"내가 그대의 소원을 들어주겠소. 그대가 말한 대로 재주껏 잘 해보시오."

바이삼파야나가 말했다. -드라우파디는 값비싼 옷이지만 검고 더러운 것을 걸치고 그녀를 '사이린드리(Sairindhris, 남의 집 허드렛일 하며 사는 여성)'로 행세하며 어기저기 돌아다니니 사람들이 몰려와 물었습니다. "당신은 누구이며 무엇을 하려는가?" 드라우파디가 말했습니다. "나는 왕의 '**사이린드리(Sairindhris)**'입니다. 나를 거두어 주는 이에게서 일을 하고 싶습니다." 그러나 사람들을 드라우파디의 미모(美貌)와 말소리를 듣고 생계(生計)를 위한 하녀(下女)로 생각하지는 않았습니다. **케카야(Kekaya) 왕의 딸인 비라타(Virata) 왕비가 왕궁(王宮)의 테라스에서 그 드라우파디(Draupadi)를 보았습니다.** 쓸쓸하게 옷 한 벌을 걸친 드라우파디를 보고 [비라타 궁의]왕비는 물었습니다.

"오 아름다운 이여, 그대는 누구이며 무엇을 찾는가?" 이에 드라우파디는 대답했습니다.

"오 여왕님이시여, 저는 '**사이린드리(Sairindhris)**'입니다. 저를 거두어 주신 분께 봉사를 할 작정입니다." 그러자 수데슈나(Sudeshna) 왕비가 말했습니다.

"그대 같은 미모(美貌)로 그와 같은 직업이란 믿을 수가 없다. 그대는 모든 외모를 두루 갖추었다. 여신인가 약시(Yakshi)인가 아프사라(Apsara)인가?" 드라우파디가 대답했습니다.

"오 부인이시여, 저는 여신도 약시(Yakshi)도 아프사라(Apsara)도 아니고 **사이린드리(Sairindhris)**일 뿐입니다. 바른대로 말씀을 드리자면 저는 앞서 드라우파디를 섬긴 시녀로서 그 왕비 머리 미용사였습니다. 그 여왕은 저를 '말리니(Malini)'라고 불렀습니다." 그 드라우파디 말을 들은 수데슈나(Sudeshna) 왕비가 말했습니다.

"왕이 그대에게 마음을 두지 않는 이상, 나는 그대를 나의 머리 위에 두겠노라. 그대의 미모(美貌)는 궁중에 모든 여성들과 나의 시녀들도 그대만 바라보고 있으니, 무슨 남성이거나 그대에게 쏠릴 터이니, 그대를 거두어 주다개[비라타 왕의 눈에라도 걸리면] 나도 망하게 될 것이다." 드라우파디가 대답했습니다.

"오 훌륭하신 왕비님이시여, **비라타(Virata) 왕뿐만 아니라 어떤 사람도 저를 소유할 수 없습니다. 저는 엄청난 힘의 다섯 명의 간다르바(Gandharvas) 남편 있어 그들이 [보이지 않는 상태에서도] 항상 저를 지켜보고 있습니다. 보통의 여인들에게처럼 저를 대한 그 남성은, 그 날 저녁에 바로 죽음을 당할 것입니다.**" 수데슈나(Sudeshna) 왕비가 말했습니다.

"그대의 대답이 나를 기쁘게 하였다. 그대를 궁중에 머물도록 하겠다. 그대는 다른 사람이 들었던 음식을 먹지 말고 다른 사람들의 발들을 씻어주지도 말라."

바이삼파야가 말했다. -사하데바는 '소치기[牧童] 복장'으로 '소치기 말'을 쓰며 비라타(Virata) 왕이 그 '소들을 모아 둔 곳(cow pen)'으로 들어갔습니다. 그래서 결국 사하데바가 그 비라타 왕 앞에 서니, 비라타(Virata) 왕은 사하데바에게 물었습니다.

"어디서 왔는가? 나는 그대를 본 적이 없다. 사실대로 말해 보라." 이에 사하데바는 말했습니다.

"저는 평민 **아리슈타네미(Arishtanemi)**라는 자입니다. '쿠루 족의 소치기[소 목동]'였는데, 대왕의 곁에서 일하고 싶습니다. 일하지 않고 살 수 없으니, 대왕 빼고는 봉사할 곳도 없습니다."

사하데바의 말은 들은 비라타(Virata) 왕은 말했습니다.

"그대는 바라문이 아니면 크샤트리아이다. '평민'이란 말이 안 된다. 무슨 직책을 원하는가?" 사하데바가 말했습니다.

"저는 판다바들의 장형(長兄) 유디슈티라의 1만 8천 마리 암소와 1만 마리의 가축과, 또 다른 2만 마리 짐승들을 돌보았습니다. 사람들은 저를 '**탄트리팔라(Tantripala)**'라고도 불렀습니다. 저는 사방(四方) 암소들의 과거와 현재와 미래를 꿰고 있습니다. 쿠루의 왕 유디슈티라는 저를 잘 대해 주었습니다. 저는 암소들의 번식과 질병 예방법도 알고 있습니다." 비라타(Virata) 왕이 말했습니다.

"나는 '10만 마리의 암소'를 보유하고 있다. 다 그 암소들의 관리자들이 있으나, 그대가 그 암소들의 관리를 모두 맡도록 하라."

바이삼파야나가 말했다. -아르주나는 거대한 몸집에 **부인들처럼 보이게 장식을 하고** 비라타(Virata) 왕 앞으로 나아갔습니다. 비라타(Virata) 왕이 신하들에게 물었습니다.

"이 사람은 어디에서 왔는가? 나는 보지도 듣지도 못 한 형상이다." 그리고 아르주나를 향해 말했습니다.

"그대는 큰 힘을 지녀, 코끼리 부대의 대장 같다. 갑옷과 활을 갖추어 전차에 오르면 무사들 중에서도 빛날 것이다. **나는 늙어서 내 짐을 줄이고 싶다. 부디 내 아들이 되어, 이 마트시아족(Matsias)을 다스려라**. 그대는 [그대 복장처럼] 중성(中性, 鼓子)일 이가 없다." 아르주나가 말했습니다.

"저는 노래하고 춤추고 악기도 연주합니다. **저를 우타라(Uttara) 왕자님 소속으로 배정을 해주셨으면 합니다**. 이 모습으로 이미 대왕을 알현(謁見)했으니, 무슨 다른 것을 보태어 저를 성가시게 만들겠습니까? 사람들은 저를 부모가 없는 중성 **브리한날라(Vrihannala)**라고 부릅니다." 비라타(Virata) 왕이 말했습니다.

"오 **브리한날라(Vrihannala)**여, 나는 그대가 원하는 일을 맡기겠다. 내 딸에게도 춤을 가르쳐 보아라."

바이삼파야나가 말했다. -나쿨라가 [비라타 왕의] 말들을 보고 있을 적에, 비라타(Virata) 왕이 그 신하들에게 말했습니다.

"우리의 말들을 보고 있는 저 사람이 어디에서 왔는지 모르겠구나. 그가 무사(武士)처럼 보이니 그를 불러오라." 나쿨라는 비라타(Virata) 왕 앞에 나가 말했습니다.

"승리의 왕이시여, 축복을 올립니다." 비라타(Virata) 왕이 말했습니다.

"나는 그대에게 세 대의 마차와 부(富)와 넓은 저택을 주겠다. 내 말[馬]들을 잘 보살펴라. 그러나 우선 그대는 어디서 왔으며 누구이며 어떻게 여기에 오게 되었는가를 말해 보라." 나쿨라가 대답했습니다.

"대왕께서는 판두 5명의 형제 중 그 큰형 유디슈티라를 아시죠? 저는 그 왕의 '말 관리사'였습니다. 저는 말들의 습성을 알고 있고, 말들의 버릇도 바로잡습니다. 말들의 질병을 치료도 하여, 제가 관리하는 말들은 허약하거나 병들지 않습니다. 사람들은 저를 **그란티카(Granthika)**라고 부릅니다." 비라타(Virata) 왕이 말했습니다. "오늘부터 나의 말들은 그대가 다 맡도록 하여라."[188]

———→

(a) '마하바라타(*The Mahabharata*)'는 소위 '절대주의(Absolutism)'를 주장한 최초 최고(最古) 문헌인데, 그 '절대주의(Absolutism)'란 '유일신' '절대신'과의 합일(合一)에 최고의 가치를 둔 '인생' '사회' '세계'의 경영을 하고 있는 존재들이고, '마하바라타(*The Mahabharata*)'에서 그 '절대주의 자'들은 바로 '판두 5형제'이다.

(b) 그런데 '판두 5형제'의 비라타 왕궁에의 '취업(就業)'은 '위장(僞裝) 위업'이었다. 즉 '거짓말 하지 않기'를 생명으로 산 그들이 그 '위장(僞裝) 위업'을 한 것, '거짓말'을 한 것은 명백히 '육신(肉身)을 돌보기' '먹고 살기'를 위한 것이니, 그 **'절대주의(Absolutism)'의 '실천'에서도 '먹고 살기[실존주의, 현실주의] 문제'를 다 빼고 나면 그 '절대주의(Absolutism)'에의 지향도 없다.**

(c) 그러므로 '절대주의(Absolutism)'와 '현실주의(Secularism)' 서로 분리 독립해 있는 것이 아니고 항상 '불가분리(不可分離)'의 상호 의존 관계에 있다.

(d) 그러므로 인간의 '개인' '사회' '세계' 경영에서 기준이 되는 두 기둥이 '절대주의(Absolutism)'와 '현실주의(Secularism)'인데, '현실주의(Secularism)'는 개인에게 기울어진 주장이고, '절대주의(Absolutism)'는 '공익'과 '사회'를 우선한 주장인데, 그 '양자(兩者)의 균형(均衡)'이 바로 중국(中國)의 '중용(中庸)'의 문제였다.

(e) 중국의 철학자 주희(朱熹)는 "도심(道心, Absolutism)은 희미하고 인심(人心, Secularism)은 위험하다.[道心惟微 人心惟危]"라 하여 '중용(中庸)'의 실현'이 쉽지 않음을 역설했다.

(f) 그러므로 '절대주의(Absolutism)'와 '현실주의(Secularism)'가 착하지 않은 것이 없으나, 유독 힌두(Hindu)는 그 '절대주의(Absolutism)'를 표방한 '마하바라타(*The Mahabharata*)'를 최고로 칭송하고 '현실주의(Secularism)'를 '뱀을 존중하는 일'로 경멸을 행하고 '육신의 고행' '뱀의 경멸'의 최고 도덕의 실현으로 강조를 하였다.

그런데 이 장에서 그 '절대주의(Absolutism)'를 표방하는 '판두 5형제'가 '먹고 살기 위해' 위장 취업을 해야 했으니, '최고 굴욕(屈辱)의 기간'을 맞은 셈이다.

(h) 그러나 '마하바라타(*The Mahabharata*)'에서 판두 5형제의 12년 '숲 속의 유랑'과 1년의 '위장 취업'은 단순히 '거대 살상 전쟁[심판의 주체]로서 '명분(名分) 축적'이니, '힘을 두고 참는 자들[판두 5형제]'의 유덕(有德)함을 '마하바라타(*The Mahabharata*)'는 처음부터 끝까지 '찬양'으로 일관하고 있다.

---

188) K. M. Ganguli (Translated into English Prose from the Original Sanskrit Text), *The Mahabharata of Krishna-Dwaipayana Vyasa*, Munshiram Manoharlal Publisher Pvt. Ltd. New Delhi, 2000, -**Virata Parva**- pp. 1~20

제70장 대장군 키차카와 드라우파디

바이삼파야나가 말했다. -변장을 한 '프리타 의 아들들'은 '마트시아(Matsya)' 도성(都城)에서 10개월을 보냈습니다. 드라우파디는 수데슈나(Sudeshna) 왕비 시중을 들며 비참한 날들을 보내고 있었습니다. 드라우파디는 그 수데슈나 왕비 내전(內典)에 근무하며 왕비와 여러 나인(內人)들을 즐겁게 하며 잘 지내고 있었는데, 가공(可恐)할만한 '비라타 군의 사령관' 키차카(Kichaka)가 결국 그 드라우파디를 엿보아 문제가 터졌습니다. 드라우파디를 한 번 본 키차카(Kichaka)는 그녀를 수유하고 싶은 욕망에 금방 휩쓸렸습니다. 키차카(Kichaka)는 자기 누이인 수데슈나 왕비에게 웃으며 말했습니다.

"저 미모(美貌)의 여성을 나는 바라타 왕 궁에서 앞서 본 적이 없었습니다. 새 술의 향기가 나를 취(醉)하게 하듯이 저 여인은 그 미모(美貌)로 나는 취하게 합니다. 여신(女神)의 미모로 사람을 사로잡는 저 여인은 누구입니까? 그녀는 내 마음을 이미 앗아갔습니다. 이 병(病)에는 약도 없습니다. 누이 하녀(下女)의 아름다움은 제게는 '여신'으로 보입니다. 그녀의 관할[통치]권을 제게 넘기도록 하시지요." 키차카(Kichaka)는 누이 왕비에게 그렇게 말하고, 숲 속에서 재칼이 암사자에게 접근하듯 드라우파디에게 다가가 이미 다 차지한 목소리로 말했습니다.

"아름다우신이여! 당신은 누구이며 어디에서 오셨습니까? 당신은 달덩이 같이 고우십니다. 웃음도 고우신 당신이시여, 내 부인들을 다 당신의 하녀(下女)로 삼으소서." 그 키차카(Kichaka)의 말을 들은 드라우파디 말했습니다.

"머리를 손질하는 하녀를 소망하심은, 당신의 명예에 맞지 않는 처사(處事)이십니다. 더구나 나는 이미 다른 사람의 아내입니다. 당신을 지키시고 이렇게 행동하심은 당신께 적절하지 않습니다. 당신은 당신이 결혼한 처들을 생각해야 합니다. **재난(災難)을 부를 행동을 삼가하셔야 합니다.**"

바이삼파야가 계속했다. -그와 같이 그 **사이린드리(Sairindhri, 雇用婦)**에게 말을 시작한 키차카(Kichaka)는 계속했습니다. "아름다운 여인이여, **이 [비라타]왕국에 진짜 왕은 나입니다**. 이 국가에 사람들을 다 나에게 의지해 살고 있습니다. 힘과 용맹에서 나를 덮을 자는 없습니다. 그런데 왜 당신은 [내가 제공할 수 있는] 안락(安樂)을 거부하십니까?" 그 키차카(Kichaka) 말에 드라우파디가 말했습니다.

"마부(Suta)의 아들[키차카]이여. 그렇게 당신의 부인들을 그처럼 바보스럽게 버리지는 마세요. **나는 이미 다섯 남편들이 나를 지키고 있습니다. 그대는 나를 결코 소유할 수 없습니다. 내 남편들은 간다르바들(Gandarvas)입니다.** 그들을 건드리면 당신은 죽습니다. 스스로 죽을 일을 만들지는 마세요."

바이삼파야나가 말했다. -드라우파디에게 거절을 당한 키차카(Kichaka)가 누이 수데슈나 왕비에게 부탁했습니다. "오, 수데슈나여. 당신의 그 **사이린드리(Sairindhri, 雇用婦)**를 제발 내게 주세요. 나는 지금 죽어가고 있습니다."

바이삼파야나가 계속했다. -키차카(Kichaka)의 그 간절한 하소를 들은 수데슈나 왕비가 그 **키차카(Kichaka)**에게 말했습니다. "네가 잔치를 행할 적에 나에게 음식과 술을 보내라. 그러면 내가 너에게 그 **사이린드리(Sairindhri, 雇用婦)**를 술 심부름꾼으로 보내듯 보내마. 그래서 그녀가 너에게 가면, 별 간섭 없이 너 좋을 대로 해보아라."

바이삼파야나가 계속했다. -그 누이 왕비의 말을 들은 키차카(Kichaka)는 좋은 술과 음식을 마련했습니다. 수데슈나 왕비는 앞서 키차카(Kichaka)와 이미 상의했듯이 그 **사이린드리(Sairindhri, 雇用婦)**를 키차카 처소로 보내려고 말했습니다.

"사이린드리(Sairindhri, 雇用婦)여, 내가 목이 마르니 키차카(Kichaka) 거처로 가서 술을 가져오너라." 그 말에 드라우파디는 대답했습니다.

"오 여왕이시여, 저는 키차카(Kichaka) 처소로 갈 수는 없습니다. 여왕님이 아시다시피 그는 부끄러움을 모르는 자입니다. 내가 이 궁궐에서 제 남편들에게 죄를 짓게 할 수는 없습니다. 바보 같은 키차카(Kichaka)가 나를 보면 못된 짓을 생각할 터이니, 저는 그의 처소에 갈 수는 없습니다." 수데슈나(Sudeshna)가 말했습니다.

"나의 처소에서 이 수데슈나가 보낸 것을 알면, 키차카(Kichaka)가 그대를 해치지는 못할 것이다." 그 말을 듣고 드라우파디는 뚜껑 있는 황금 그릇을 받았습니다.

바이삼파야나가 계속했다. -드라우파디는 그 순간에 수리아(Surya, 태양) 신께 빌었고, 그 신은 락샤사(Rakshasa)에게 그녀를 도와주도록 했습니다. 드라우파디를 본 키차카(Kichaka)가 그녀에게 말했습니다.

"어서 오십시오. 오늘은 운 좋은 날입니다. 아름다운 루비와 보석들과 최고의 침상도 당신을 위해 준비해 두었습니다. 이리 오셔서 꿀로 빚은 술을 마셔봅시다." 드라우파디가 말했습니다.

"여왕님께서 저에게 술을 가져오라고 시키셨습니다. 여왕님께 아주 목이 마르시다고 하셨으니 술을 빨리 여왕님께 가져가야 합니다." 그 말에 키차카(Kichaka)는 말했습니다.

"오 우아한 부인이시여, 여왕님이 꼭 술을 원하시면 내가 다른 사람들을 보낼 것입니다." 그렇게 말하고 키차카(Kichaka)는 드라우파디의 바른 팔을 잡았습니다. 이에 드라우파디는 큰 소리로 말했습니다.

"이 악당아, 내가 내 남편들에게 죄를 짓게 할 수는 없다. 나는 네가 땅바닥에 죽는 것을 보게 될 것이다."

바이삼파야가 계속했다. -드라우파디가 도망가려 하자 키차카(Kichaka)는 그녀의 윗옷을 잡았습니다. 그러자 드라우파디는 그 **키차카(Kichaka)**를 땅 바닥으로 힘껏 밀어버렸습니다. 그러자 **키차카(Kichaka)**는 잘린 나무둥치처럼 넘어졌습니다. 키차카(Kichaka)가 땅바닥에 쓰러진 것을 보고 드라우파디는 즉시 유디슈타라가 있는 회당(court)으로 급히 달렸습니다. 드라우파디 전 속력으로 달리니, 키차카(Kichaka)가 뒤를 따라와 그녀의 머리채를 잡아 땅에 누이고 유디슈타라 왕이 보는 앞에서 발로 찼습니다. 이에 드라우파디를 보호하라는 수리아신(Surya)의 명을 받은 그 '락샤사'가 바람 같이 강한 힘으로 그 키차카(Kichaka)를 드라우파디에게서 떼어놓았습니다. 그 러자 키차카(Kichaka)는 락샤사의 공격을 받아 비틀거리다가 땅바닥에 뿌리 뽑힌 나무처럼 다 시 쓰러졌습니다. 그러자 유디슈티라와 비마가 그것을 보고 분개하여 비마는 그 키차카(Kichaka) 를 당장 죽이고 싶어 이를 부드득 갈았습니다. 비마의 앞이마엔 땀이 흐르고, 무서운 찡그림이 일었습니다. 그리고 두 눈에 불이 켜졌습니다. 그의 손으로 앞이마를 눌렀습니다. **분노에 비마가 일어서려 하자, 유디슈티라가 그 비마의 모습을 보고, 자신의 엄지손가락들을 눌러 보이며 '참아 라'고 명령을 내렸습니다.** 그래서 거대한 나무를 향해 성이 난 코끼리 같던 비마는 유디슈티라에게 억압을 당했습니다. 유디슈티라가 말했습니다.

"오 요리사여, 어서 가서 뗄 나무를 찾아오라. 뗄 나무가 없으면 가서 나무들을 베어라." 그러자 드라우파디가 울며 비라타(Virata) 왕에게 말했습니다.

"오 걱정됩니다. 제 남편들의 적(敵)은, 네 개의 왕국이 막아주는 왕도 무서워서 잠을 못 자는데, 오늘 저 **마부(Suta)의 아들[키차카(Kichaka)]**이 그 남편들이 자랑을 하는 그 아내에게 발길질을 했습니다. 큰 북을 울리며 활시위를 당기는 남편들의 사랑을 받고 있는 그 아내를 오늘 '마부의 아들[키차카(Kichaka)]'이 발길질을 했습니다. 오 왕이시여, 대왕의 면전에서 키차카(Kichaka)는 저를 모욕했습니다. 여기에 조신(朝臣)들이 다 그 **키차카(Kichaka)**의 도발을 보았습니다. **키차카 (Kichaka)**는 '의무'도 '도덕'도 모릅니다."

바이삼파야나가 계속했다. -그 드라우파디 호소를 들은 비라타(Virata) 왕이 말했습니다. "나는 '우리 앞에서 너희가 왜 싸우는지'를 알 수가 없구나. 내가 그 원인을 모르니 어떻게 판결할 것인 가?" 그러자 정황을 알아차린 조신(朝臣)들은 모두 드라우파디를 향해 외쳤습니다. "잘 하셨습니다! 잘 하셨습니다." 그렇게 말하면서 그 **키차카(Kichaka)**를 비난했습니다. 그리고 조신(朝臣)들은 말 했습니다. "저 미모의 여인은 슬퍼할 일이 없을 것이다. 저 탁월한 여인은 인간에 드문 자이니 '여신'일 것이다."

바이삼파야나가 계속했다. -조신(朝臣)들이 드라우파디에 편드는 것을 본 유디슈티라의 앞이마 는 땀으로 덮였습니다. 유디슈티라는 드라우파디[사이린드리(Sairindhri, 雇用婦)]를 향하여 말했습 니다.

"오 사이린드리(Sairindhri, 雇用婦)여, 어서 수데슈나(Sudeshna) 내전(內殿)으로 돌아가시오. 영 웅들의 아내들은 다들 남편들을 위해 고통을 견디어 그 남편들이 가고자 하는 곳으로 가게 했소. 그대의 간다르바(Gandarva) 남편들도 도우러 못 오는 만큼이나 분노하고 있을 것이요. 오 사이린 드리(Sairindhri, 雇用婦)여, 그대는 '마트시아(Matsya) 궁전에 주사위 노름'을 방해하면서 연극배우 처럼 울고 있군요. 오 사이린드리(Sairindhri, 雇用婦)여, 그 간다르바들(Gandharvas)이 그대 맘에 드는 일을 행할 것이요." 그 말을 들은 사이린드리(Sairindhri, 드라우파디)는 말했습니다.

"내 남편들은 너무 친절하기만 한데, 그 중에 나이 많은 남편은 남들이 항상 그의 등을 쳐 먹어도 마냥 '주사위 노름'에만 빠져 있답니다."

바이삼파야나가 계속했다. -그렇게 말한 드라우파디는 엉클어진 머리와 붉은 눈으로 수데슈나 (Sudeshna) 왕비 내전을 향해 달려갔습니다. 드라우파디를 보고 수데슈나(Sudeshna) 왕비는 말했 습니다. "누가 그대를 화나게 했는가? 왜 우는가?" 드라우파디가 말했습니다.

"제가 왕비님을 위해 술을 가지러 갔는데, 왕이 보는 앞에서 그 **키차카(Kichaka)**가 저에게 발길 질을 했습니다." 그 말을 듣고 왕비가 말했습니다.

"정욕에 미친 **키차카(Kichaka)**가 그대에게 못된 짓을 했구나. 그놈을 죽여 놔야겠다." 이에 드라 우파디가 말했습니다. "그가 일단 잘못을 행했으니, 다른 사람들[내 간다르바 남편]이 그를 바로 오늘 저승으로 보낼 겁니다."

바이삼파야가 말했다. -그 **키차카(Kichaka)**에게 곤욕을 당한 드라우파디는 목욕재계를 한 다음 슬픔을 쫓으려고 울다가 생각했습니다. "지금 이 상황에서 나의 그 목적을 이룰 자는 비마(Bhima) 말고는 없다!" 드라우파디는 밤에 자리에서 일어나 비마의 처소로 달려갔습니다. 그래서 드라우디 파디는 요리 주방에서 그 비마(Bhima) 를 찾아내었습니다. 드라라우파디는 비마(Bhima)에게 속삭 였습니다.

"오 비마(Bhima)여, 일어나세요. 왜 다 죽은 사람처럼 이렇게 누워만 계세요? '자기 아내를 무시 한 악당'에게 벌을 내려야 '살아 있는 남자'입니다." 비마(Bhima)가 말했습니다.

"무슨 일로 그렇게 창백한 얼굴로 여기에 와 이렇게 서두르는 것이요?" 드라우파디가 말했습니다.

"유디슈타라를 남편으로 둔 여성의 근심은, 그 남편이 [이러한 상황에] 무슨 소용이 있겠습니까? 정말 내 슬픔을 몰라서 묻는 겁니까? **키차카(Kichaka)**는 회당(會堂)에 내 머리채를 잡고 '노예'라고 큰 소리를 쳤습니다. 그 슬픔이 지금 나를 불태우고 있습니다. 드라우파디 말고 어떤 공주가 그런 비참한 상황을 겪을 것입니까? 누가 나 같은 위치에서 마트시아 왕의 면전에서 사악한 **키차카 (Kichaka)**에게 발길질을 당하겠습니까? 아 슬픕니다. 회당(會堂)에서 다른 사람들의 곁에서 아첨(阿 諂)하는 그 유디슈타라를 보셨지요? 누가 이 고통을 풀어주겠습니까? 그러함에도 당신은 왜 무한한 슬픔의 바다에 빠져 있는 나를 모른 척하십니까?" 그 드라우파디의 호소에 비마에게 말했습니다.

"죽어야 할 때에 내가 아직 불행하게 살아 있는 것은, 아마 내가 신들에게 많이 잘못을 행했기 때문일 겁니다." 비마가 다시 드라우피디에게 말했습니다.

"오 고집스런 사람이여, 그래 내가 당신 말대로 하리다. 내가 그 **키차카(Kichaka)**와 그 무리들을 다 죽여 버리겠소. 내일 밤 그 **키차카(Kichaka)**를 내가 만날 것입니다. 마트시아 왕이 낮에 무용수 들이 춤 연습을 시키기 위해 세워 놓은 건물이 있습니다. 그 무용수들은 밤에 자기네들의 거처로 돌아갑니다. 그곳에는 훌륭한 나무 침상도 있습니다. 내가 거기에서 그 **키차카(Kichaka)**를 죽여, 이미 죽었던 그 조상들을 보게 해 줄 겁니다. 그러나 다른 사람들은 마무도 모르게 진행시켜야 합니다."

바이삼파야나가 계속했다. -그 밤이 지나고 아침이 오자 그 **키차카**(Kichaka)는 왕궁으로 드라우파디를 찾아가 말했습니다.

"나는, 왕이 있는 회당(會堂)에서 너를 끌고 발로 찼다. 내 공격을 당하고서도 너는 그 보호 처를 찾지 못 했다. **그 바라타 왕은 이름만 왕이고, 군권(軍權)은 내가 다 쥐고 있다**. 어리석은 자여, 즐겁게 나를 맞을 차비를 하라." 드라우파디 말했습니다.

"오 **키차카**(Kichaka)여, 내 정황(情況)을 이해하십시오. 당신의 친구나 형제가 우리의 결합(結合)을 알게 해서는 아니 됩니다. 나는 그 유명한 간다르바(Gandharvas) 남편들에게 간파될 수 있는 '위험한 여자'입니다. [모르게 행한다는]그 약속해 주시면, 내가 당신 말을 듣겠습니다." 그 말을 들은 **키차카**(Kichaka)가 말했습니다.

"오 우아한 당신이여, 그대 말대로 하겠습니다. 내가 그대가 있는 곳으로 가겠습니다. 그래서 그 간다르바들(Gandharvas)이 그대의 행동을 알 수 없게 해 주겠소." 드라우파디가 말했습니다. "밤이 되면, 마트시아 왕이 무용수들을 위해 세운 그 무도 장(舞蹈 場)으로 오세요. 밤에는 무용수들은 다 자기네 처소로 돌아가니, 간다르바들(Gandharvas)도 그곳은 절대 모를 겁니다."

바이삼파야나 계속했다. -그 드라우파디의 약속을 얻은 **키차카**(Kichaka)는 하루가 한 달만큼 길었습니다. **키차카**(Kichaka)는 욕망에 들떠서 그날이 자기 죽을 날인지도 모르고 있었습니다. 그러는 동안 드라우파디는 그 주방(廚房)으로 가 비마에게 말했습니다. "그 무도장에서 **키차카**(Kichaka)를 만나기로 했습니다. 허영에 들떠 있는 그 **키차카**(Kichaka)를 잡아 주세요." 비마가 말했습니다. "잘 되었습니다. 내가 히딤바(Hidimva)를 죽였듯이 우리 형제의 도덕으로 그 **키차카**(Kichaka)를 죽일 겁니다." 드라우파디가 비마에게 말했습니다. "이미 약속을 했듯이 키차카(Kichaka) 살해 문제는 비밀에 붙여두어야 합니다." 비마가 말했습니다. "내가 오늘 키차카(Kichaka)를 잡으면 코끼리가 짓밟은 벨라(vela) 열매처럼 그 키차카(Kichaka) 대갈통이 될 터인데 무엇을 그가 어떻게 할 수가 있겠어요."

바이삼파야나가 계속했다. -비마는 밤이 되니 변장을 했습니다. 그리고 그 무도장으로 먼저 가서 사슴을 기다리는 사자처럼 누워 있었습니다. 그런데 그 **키차카**(Kichaka)는 드라우파디를 만나겠다는 생각으로 그 무도장으로 약속한 시간에 왔습니다. 그 조금 전에 도착한 비마가 컴컴한 구석에서 기다리고 있는 그 무도장으로, **키차카**(Kichaka)가 다가왔습니다. 곤충이 불을 향해 날아들 듯이, 웃기는 동물이 사자를 향해 가듯이, 드라우파디가 불을 질러놓은 분노의 비마가 누워 있는 침상으로 그 **키차카**(Kichaka)는 접근을 했습니다. 욕망의 포로가 된 **키차카**(Kichaka)는 기쁨에 넘쳐 웃으며 말했습니다.

"솜털 같은 눈썹을 지닌 분이여, 그대에게 내가 창고에 쌓아놓은 재산과 수백 명의 여종과 훌륭한 저택을 다 주겠소. 내가 이곳으로 달려 올 때에 모든 여인들이 '당신[키차카, 내처럼 훌륭하게 차린 사람은 세상에 없습니다.'고 내게 말했소." 그 키차카(Kichaka)의 말을 듣고 비마가 말했습니다.

"그대는 정말 잘 났고, 자찬(自讚)도 좋습니다. 그런데 이런 맛을 처음일 겁니다! 그 매운 맛을 한 번 맛보시오."

바이삼파야가 계속했다. -그렇게 말한 괴력(怪力)의 비마는 벌떡 일어나 그 키차카(Kichaka)에게 또다시 웃으며 말했습니다.

"이 악당아, **너의 누이[수데슈나(Sudeshna) 왕비]는, 거대한 코끼리가 사자에게 끌려가듯 내가 끌고 갈 너를 보게 될 것이다.** 네가 죽인 그 사이린드리(Sairindhri, 雇用婦)는 평화롭게 살 것이고 그녀의 남편들도 잘 있을 것이다." 그렇게 말한 비마는 그 키차카(Kichaka)의 꽃으로 장식한 그 머리털을 움켜잡았습니다. 그러자 키차카(Kichaka)는 그 비마의 팔을 잡았습니다. 그리하여 사자 같은 두 사람은 코끼리처럼 맞붙었습니다. 성급하게 달려드는 강한 **키차카(Kichaka)**를 상대하여, 결의의 비마는 단 한 걸음도 흔들지 않았습니다. 억센 비마가 **키차카(Kichaka)**를 붙잡으니, 그 **키차카(Kichaka)**는 그 비마를 땅바닥으로 밀어 넘어뜨렸습니다. 그들의 싸우는 소리는 대나무 쪼개는 소리를 냈습니다. 비마는 마침내 그 무도장에서 태풍이 나무를 뽑아 올리듯 그 키차카(Kichaka)를 들어 올렸습니다. 그렇게 뜻밖에 비마의 공격을 당한 키차카(Kichaka)는 무서워 떨기 시작했습니다. 그러나 그 키차카(Kichaka)는 그 비마를 발로 차 땅에 넘어지게 했습니다. 쓰러진 비마가 저승사자처럼 다시 일어나 서로 붙잡았습니다. 키차카(Kichaka)에게 그 힘이 빠진 것을 안 비마는, 키차카(Kichaka)의 가슴을 압박하기 시작했습니다. 비마는 그에 다시 키차카(Kichaka)의 목을 조이기 시작했습니다. 비마가 무릎으로 그 키차카(Kichaka)의 허리를 공격하니, 키차카(Kichaka)의 온 몸은 조각나서 비마는 그를 짐승 잡듯이 죽여 버렸습니다. **키차카(Kichaka)**가 미동(微動)도 없자 비마는 주변을 돌아보며 말했습니다. "우리 부인을 흔들었던 이 악당을 죽였으니, 나는 형제들에게 진 빚을 갚아 정말 마음이 가볍다." 그런 다음 비마가 그 키차카(Kichaka)를 살펴보니, 키차카(Kichaka)는 눈알을 돌리고 몸을 떨고 있었습니다. 이에 비마는 그 키차카(Kichaka)를 다시 공격하여 아예 알아볼 수도 없게 만들어 버렸습니다. 그리고 비마는 그것을 드라우파디에게 보여주었습니다. 그리고 비마는 그녀에게 말했습니다.

"공주님이여, 정욕에 미친 그놈의 종말을 보시오." 드라우파디의 소망을 들어준 비마는 급히 자신의 주방(廚房)으로 돌아갔습니다. 그 키차카(Kichaka)가 죽은 것을 확인한 드라우파디는 슬픔이 가라앉고 최고의 기쁨을 맛보았습니다. 드라우파디는 그 무도장 지킴이에게 말했습니다.

"남의 아내를 성가시게 했던 그 **키차카(Kichaka)**가 여기에 누워 있으니 와서 보십시오. **나의 간다르바(Gandharvas) 남편들이 죽였습니다.**" 그 말을 들은 그 무도장 지킴이 수천 명이 달려왔습니다. 그들은 피를 흘리고 죽어 있는 그 **키차카(Kichaka)**를 보았습니다. 그들은 키차카(Kichaka)를 보고 놀라며 말했습니다. "목은 어디고 다리는 어디야?" 그 키차카(Kichaka)의 그 불쌍한 모습을 본 사람들은 그 키차카(Kichaka)를 간다르바(Gandarva)가 죽였다고들 생각했습니다.[189]

'비라타 왕궁에서의 드라우파디'190) '비마가 키차카를 죽이다.'191) '키차카의 죽음'192)

(a) '마하바라타(*The Mahabharata*)'에서 '절대신'과 그 '사제'를 말한 이외에 모든 '살상 전쟁의 원인' 으로 이 '드라우파디(Draupadi)'를 두었다.

(b) 즉 '절대신'과 그 '사제'가 실행하는 '정의(正義) 실현' '도덕의 실현'에 이 '드라우파디(Draupadi)' 라는 존재를 내세워 그 '뱀 잡이' 미끼로 삼았다.

(c) 단순한 '한 마리 뱀'일 뿐인 **키차카(Kichaka)**'는 비마의 활략으로 간단하게 처리 되었으나, 사실 상 더욱 크고 엄청난 '뱀의 집단'이 기다리고 있다는 '마하바라타(*The Mahabharata*)'의 전제는 모든 독자가 이미 다 감지하고 있다.

(d) 그런데 여기에서 주목해야 할 사항은 힌두(Hindu)들이 전제한 **생각(精神) 만능주의**'이다. 위기 에 처한 드라우파디가 '수리아(Surya) 신께 빌었고, 그 신은 다시 락샤사(Rakshasa)에게 그녀를 도와주도록 했다.'는 것이 그것이다. 그러므로 힌두의 '절대주의'는 패배할 수 없다는 확신 속에 전개가 되었다.

제71장 우타라 왕자와 아르주나

바이삼파야나가 말했다. -사방으로 '판다바들의 행적'을 추적하러 보냈던 스파이[염탐꾼]들의 말 을 듣고 난 다음, 두료다나(Duryodhana)는 생각에 잠겼습니다. 그런 다음 그가 말했습니다.

"사건의 경과를 다 알기는 쉽지 않습니다. 정말 판두의 아들들이 금년[13년째]을 드러내지 않고 넘긴다면, 그들은 그들의 약속을 이행한 것이 됩니다. 그러면 그들은 억센 코끼리나 독을 품은

189) K. M. Ganguli (Translated into English Prose from the Original Sanskrit Text), *The Mahabharata of Krishna-Dwaipayana Vyasa*, Munshiram Manoharlal Publisher Pvt. Ltd. New Delhi, 2000, -**Virata Parva**- pp. 23~31, 36, 39~43

190) Wikipedia, 'Draupadi in Virata's Palace'

191) S. Jyotirmayananda, *Mysticism of the Mahabharata*, Yoga Jyoti Press, 2013, p. 127 'Bhima destroys Kichaka'

192) Wikipedia, 'Draupadi' -'Death of Kichaka'

뱀처럼 우리에게 다시 돌아 올 것입니다. 그러므로 **당신들은 지체 없이 꼭 판두 아들들이 숨어 있는 것을 알아내어, 그들이 다시 그 분을 억누르고 숲으로 돌아가게 만들어야 합니다.** 그 방법이 이 왕국에서 분쟁과 걱정거리를 제거하고, 무적의 평온을 유지하며 우리 영토도 줄어들지 않게 하는 길입니다."

바이삼파야나가 말했다. -그런데 트리가르타족(Trigartas) 왕 수사르만(Susarman)이 두료다나에게 다음과 말했습니다. "우리 왕국은 마트시아(Matsyas) 왕의 침공(侵攻)을 많이 받아왔습니다. 그 억센 **키차가(Kichaka)**가 바로 그 마트시아 왕 군사들의 사령관이었습니다. 그런데 사람들이 말하기를 **세상에 무적인 그 악당 키차가(Kichaka)가 간다르바들(Gandharvas)에게 살해를 당했다고 합니다.** 그 키차가(Kichaka)가 죽었다면, 그 비라타(Virata)왕은 사실상 그 힘이 빠져버린 것입니다. 그 비라타 왕국을 우리는 지금 당장 공격해야 한다고 생각합니다. 비라타 왕국은 곡식도 많고 암소도 많습니다." 그 트리가르타족(Trigartas) 왕 수사르만(Susarman)의 말을 듣고 카르나(Karna)가 말했습니다.

"수사르만(Susarman)의 말이 옳습니다. 우리에게는 기회입니다. 어서 군사를 동원하여 전열(戰列)을 갖추게 하십시오."

바이삼파야나가 계속했다. -두료다나(Duryodhana)는 그 카르나의 말을 받아들여 아우 두사사나(Dussasana)에게 명령을 내렸습니다.

"어르신들과 상의하여 지체 말고 군사들을 대기시켜라. 전 카우라바들이 그 지정된 장소로 향할 것이다. 억센 수사르만(Susarman) 왕이 충분한 전차부대와 병력으로 그 '마트시아 공략'에 우리와 동행을 할 것이다. 그래서 몰래 먼저 수사르만(Susarman)을 전진을 시키고 나서, 우리는 그 다음 날 '마트시아 왕 영내를 목표'로 출발을 할 것이다. 그 트리가르타들(Trigartas)이 비라타 도성(都城)에서 소떼를 몰아 갈 것이고, 우리도 두 개의 군단(軍團)으로 수천의 암소들을 획득해 올 것이다."

바이삼파야가 계속했다. -그래서 가공할 용맹의 보병으로 그 트리가르타족(Trigartas)은 동남(東南) 방향으로 비라타의 암소들을 빼앗을 심산(心算)이었습니다. 그래서 **수사르만(Susarman)은 '상현(上弦)의 7일'에 그 소들을 탈취하기 위해 출발을 하였습니다. 그래서 그 '상현(上弦)의 8일'에 카우라바들은 암소들을 탈취하기 시작을 했습니다.**

바이삼파야나가 말했다. -그래서 **'숨어 살기로 약속한 판다바들의 그 기간(期間)'은 종료가 되었습니다.** 유랑의 13년이 종료 된 그 때에, 수사르만(Susarman)은 수천의 비라타 왕의 암소들을 탈취했던 것입니다. 소들을 빼앗긴 '비라타 왕국의 소 치기들'은 급히 마트시아 왕에게 보고를 했습니다.

"왕이시여, 트리가르타들(Trigartas)이 몰려와 대왕의 암소들을 몰고 갔습니다. 어서 조처를 내려주옵소서." 그 말을 들은 비라타 왕은 군사를 동원했습니다. 비라타 왕의 아우 사타니카(Satanika)와 마디라크샤(Madiraksha)도 갑옷을 입고 참전(參戰)을 했습니다. 비라타 왕이 아우 사타니카(Satanika)에게 말했습니다.

"칸카(Kanka, 유디슈티라) 발라바(Vallava, 비마) 탄트리팔라(Tantripala, 나쿨라) 다마그란티(Damagranthi, 사하데바)도 참전하게 하라. 그들에게 전차와 갑옷을 주고 무기도 갖게 하라. 그러나 그들이 못 싸우겠다면 할 수 없는 일이다." 사타니카(Satanika)는 프리타의 아들들에게 왕명을 전했습니다. 프리타의 아들들은 즐거운 마음으로 그 비라타 왕의 군사들과 함께 출발했습니다. 60 살배기 코끼리처럼 거대한 몸집으로 '전장에 단련된 프리타의 아들들'은 그 비라타 왕을 따라 나섰습니다.

바이삼파야나가 말했다. -마트시아(Matsyas) 군사가 비라타 도시를 빠져 나가 트리카르타들(Trigartas)과 마주친 것은 그날 오후가 되어서였습니다. 그래서 양쪽 군사가 격렬하게 맞붙어 양쪽 다 그 왕을 잡겠다고 아우성이었습니다. 석양 무렵이 되니 싸움은 신들과 악귀들의 싸움처럼 보병과 기병(騎兵)과 상병(象兵)이 서로 맞붙어 서로 죽여서 머리털들이 곤두섰고 그 야마(Yama, 저승) 왕국의 인구가 늘어났습니다. 그래서 결국 트리가르타(Trigartas) 왕 수사르만(Susarman)과 마트시아(Matsya)의 비라타(Virata) 왕이 맞붙게 되었습니다. 그래서 비라타 왕이 수사르만에게 열 발의 화살을 쏘아주고, 그 전차의 말들이게 각각 네 발씩 화살을 쏘아 주었습니다. 그러자 수사르만은 비라타에게 50발의 화살로 반격을 해 왔습니다. 그런데 양쪽의 군사들이 일으킨 먼지로 서로를 분간할 수도 없게 되었습니다.

바이삼파야나가 말했다. -세상이 그 먼지로 뒤덮이고 밤이 되었으므로 양쪽의 군사는 일단 싸움을 멈추었습니다. 그런데 달이 돋아 어둠을 쫓자 무사들은 기꺼이 싸움을 다시 시작했습니다. 트리가르타(Trigartas) 왕 **수사르만(Susarman)**은 그 아우와 함께 전차부대를 이끌고 마트시아 왕에게로 달려가 철퇴를 들고 그들의 전차에서 내려 철퇴와 칼로 비라타 군사를 무찌르고 비라타 왕의 말과 마부를 죽였습니다. 이어 수사르만은 비라타(Virata) 왕을 생포하여 자기 전차에 실었습니다. 그러고는 수사르만(Susarman)은 급히 그 전장을 빠져나갔습니다. 그러자 트리가르타들은 마트시아들에게 공격을 퍼부어 마트시아 군사들은 사방으로 무서워서 도망을 치기 시작했습니다. 그러자 유디슈티라가 비마에게 말했습니다.

"지금 마트시아 왕이 트리가르타들에게 생포를 당했다. 네가 왕을 구해내어 우리가 그에게 신세진 것을 갚도록 하자." 비마(Bhima)가 대답했습니다.

"내가 구해내겠습니다. 형님께서는 아우들과 여기에 비켜 계시면서 오늘 저의 용맹을 한번 구경을 하십시오. 저 거대한 나무를 뽑아 그 철퇴의 대신으로 삼아 적을 무찌르겠습니다."

바이삼파야나가 계속했다. -비마(Bhima)가 성난 코끼리처럼 그 나무를 보자 유디슈티라가 말했습니다.

"비마야, 그런 거친 행동을 보이지 마라. 그런 모습을 보이면 사람들이 '저 건 비마다.'고 곧 너를 알아보게 될 것이다. 활과 칼 도끼를 써라. 왕은 구출하되 너를 드러내서는 안 된다. 쌍둥이[나쿨라, 사하데바]도 너의 전차 바퀴를 지키며 함께 마트시아 왕을 구하도록 하라."

바이삼파야나가 계속했다. -억센 비마(Bhima)는 좋은 활로 소나기 같은 화살을 퍼부었습니다. 그런 다음 수사르만에게 다가가 말했습니다. "멈춰라. 멈춰!" 수사르만이 심각한 상황을 알고 활을 잡고 돌아서니, 눈 깜짝 할 사이에 비마(Bhima)는 거스르는 전차들을 다 부셔버렸습니다. 그리고 비라타 왕이 보는 앞에서 비마는 수십만의 전차병, 상병(象兵), 기병(騎兵)들을 다 뒤엎었습니다. 유디슈타라는 1천 명을 죽였고, 비마는 7천 명, 나굴라는 7백 명, 사하데바는 3백 명의 적들을 죽였습니다. 그런 다음 유디슈타라는 수사르만에게 달려들었습니다. 그러자 수사르만은 유디슈타라에게 아홉 발의 화살을 쏘고 말들에게 네 발씩 화살을 쏘아댔습니다. 그때에 비마가 잽싸게 수사르만의 말들과 마부를 죽여 버렸습니다. 트리가르타 왕의 전차가 못쓰게 된 것을 본 용감한 마디라크샤(Madiraksha)가 그를 도우러 왔습니다. 그러자 비라타 왕은 수사르만의 철퇴를 집어 들고 수사르만의 전차에서 뛰어 내렸습니다. 비마(Bhima)가 도망을 치는 그 수사르만을 보고 말했습니다.

"도망치지 말라. 이런 용맹으로 어떻게 암소들을 훔치려 왔는가?" 비마는 그 트리가르타 왕에게 달려들어 그의 머리카락을 잡아서 땅바닥에 내 동댕이쳐 그를 사로잡았습니다. 비마(Bhima)는 기절한 수사르만을 잡아 자기 전차에 태우고, 유디슈타라에게로 갔습니다. 유디슈타라는 웃으면 비마를 보고 말했습니다. "저 놈을 그냥 풀어줘라." 그러자 비마가 수사르만을 보고 말했습니다.

"이 악당, 살려면 내말대로 해라. 사람들이 모인 모든 회당에 가서 '나는 노예입니다.'라고 외쳐라. 이것이 패배자들이 사는 유일한 방법이니라." 이에 유디슈타라는 부드럽게 비마에게 말했습니다. "네가 우리 힘을 보여 주었으니, 저놈은 이미 비라타 왕의 노예나 다름없다." 유디슈타라는 수사르만에게 말했습니다.

"너는 자유다. 그런 일[소 도둑질]은 다시 행하지 마라."

바이삼파야나 말했다. -유디슈타라 말을 듣고 수사르만은 부끄러워 고개를 숙였습니다. 풀려난 수사르만은 비라타 왕에게로 가서 인사를 올리고 갈 길로 떠났습니다. 그래서 판두들은 힘으로 적을 제압하여 수사르만을 풀어준 다음 그 전장에서 행복한 그날 밤을 보냈습니다. 비라타 왕은 그 판두 용사들이 너무나 대견스러워 말했습니다.

"적을 이긴 용사들이여, 내가 가지고 있는 보석들은 다 내 것이면서 역시 당신들의 것입니다. 당신들이 우리 마트시아족의 왕들이십니다."

바이삼파야나가 말했습니다. -비라타 왕이 소들을 찾으려고 트리가르타들을 추적하고 있을 적에, 두료다나(Duryodhana) 군사들은 비라타 왕국을 침공해 들어왔습니다. 비슈마와 드로나 카르나 크리파 아스와타만 두사하 등이 그 비라타 경내로 들어와 암소들을 빼앗았습니다. 그 소떼 담당 사람들은 급히 마차를 몰고 왕성(王城)으로 달려와 그 사건을 보고 했습니다. 그래서 '비라타 왕의 아들 우타라(Uttara)'에게, "카우라바들이 6만의 암소들을 탈취해갔다."고 보고가 되었습니다.

바이삼파야나가 계속했다. -소치기 대장이 내궁(內宮)에 달려 와 그와 같은 보고를 하니, 우타라(Uttara) 왕자는 말했습니다.

"누가 내 전차(戰車)를 몰아 마부(馬夫)가 되어 준다면, 내가 오늘 당장 활을 잡고 나서겠다. 누가 내 마부가 되어 준다면 나는 지금 출발을 하겠다."

바이삼파야나가 말했다. -궁중 나인(內人)들 앞에 그렇게 말하고 있는 우타라(Uttara) 왕자를 보고, 드라우파디가 그 왕자를 향해 말했습니다.

"멋쟁이 왕자님, 저 **브리한날라(Vrihannala)**가 그 유명한 그 아르주나의 마부(馬夫)였습니다. 그를 활로 당할 자가 없고, 어떤 마부도 그의 활 솜씨를 따라가지 못할 겁니다." 그래서 우타라(Uttara) 왕자는 그 앞에 나타난 **브리한날라(Vrihannala**, 아르주나)에게 말했습니다.

"오 **브리한날라(Vrihannala)**여, 그대가 오늘은 가수건 무용수건 상관이 없다. 어서 지체를 말고 내 전차에 올라 내 말들의 고삐를 잡아라."

바이삼파야나가 말했다. -도성(都城)을 나온 우타라(Uttara) 왕자는 마부[아르주나]에 말했습니다.

"쿠루들이 있는 곳으로 어서 가자. 쿠루들을 물리치고 그 암소들을 찾아 왕성(王城)으로 돌아와야겠다." 그 왕자의 말에 아르주나는 바람처럼 말을 몰아 그들은 쿠루의 군사들을 멀리서 바라보게 되었습니다. 코끼리와 기마병 전차병 속에 쿠루의 영웅들을 본 우타라(Uttara) 왕자는 아르주나에게 말했습니다.

"나는 못 당하겠다. 내 머리카락은 곤두서고 쿠루의 병사들을 보기만 해도 나는 떨리는구나."

바이삼파야나는 계속했다. -우타라(Uttara) 왕자는 아르주나에게 말했습니다.

"우리 아버지는 전군을 이끌고 트리가르타들을 막으러 가셨고, 나는 지금 무수한 무사들과 마주하고 있으니, 더는 전진을 하지 말라!" **브리한날라(Vrihannala**, 아르주나)가 말했습니다.

"당신의 무서워하면, 적들은 좋아합니다. 내[**브리한날라(Vrihannala)**]는 그 소떼를 찾기 전에는 왕성(王城)으로 돌아가지 않을 겁니다."

바이삼파야나 계속했다. -거의 정신을 잃은 우타라(Uttara) 왕자에게 아르주나는 말했습니다.

"그대가 적과 싸울 수 없다면 그대가 이 말 고삐를 나대신 잡으시오. 내가 저 적들과 싸우겠소. 저 쿠루들을 내가 무찌르겠소."

바이삼파야나가 말했다. -아르주나와 우타라 왕자는 그 묘역[화장터]의 그 사미(Sami) 나무 아래 도착했습니다. 아르주나는 그 우타라(Uttara) 왕자에게 말했습니다.

"오 우타라(Uttara)여, 이 나무에 감아 둔 활들을 어서 내려오시오. 내가 그 무기로 기마병과 상병(象兵)을 다 무찌를 것이오. 우타라(Uttara) 왕자여, 이 짙은 나무 가지 속에는 유디슈티라, 비마, 아르주나, 쌍둥이의 갑옷이 있고, 아르주나의 간디바도 거기에 다 있습니다." 우타라(Uttara) 왕자가 말했습니다.

"이 나무에는 시체가 매달려 있다고 들었습니다. 그런데 어떻게 내 손으로 그것을 만지겠어요? 오 브리한날라여." 아르주나가 말했습니다.

"우타라(Uttara) 왕자님, 이 나무에 시체는 없고, 활이 있을 뿐입니다."

바이삼파야가 말했다. -그 아르주나의 말을 듣고 우타라(Uttara) 왕자는 전차에서 내려와 마지못해 그 사미(Sami) 나무로 올라갔습니다. 아르주나는 우타라(Uttara) 왕자에게 말했습니다.

"나무꼭대기에 있는 그 활들을 어서 가지고 내려오시오." 그래서 **덮개를 걷어내고 묶인 줄을 풀었더니, 태양 같이 빛나는 간디바(Gandiva)와 네 개의 활이 나왔습니다**. 우타라(Uttara) 왕자가 말했습니다.

"일백 개의 황금 무늬가 있는 이 좋은 활은 누구의 활이며, 빛나는 황금 코끼리 자루가 달린 이 활은 누구의 것이고, 60마리 황금 인드라고아프카(indragoapkas, 곤충)를 새긴 이 활은 누구의 것이고, 세 개의 빛나는 황금 태양이 새겨진 것은 누구의 활이고, 황금과 보석으로 장식한 이 활은 누구의 소유입니까?" 브리한날라가 말했습니다.

"그대가 제일 먼저 물었던 활은 아르주나의 명성 높은 '간디바'인데 최고의 무기입니다. 수십만 개의 무기를 감당해 내고 그것으로 아르주나는 인간과 천신들을 무찌르고 신들과 다나바들(Danavas)과 간다르바들(Gandharvas)에게 존중을 받고 있습니다. 시바(Shiva)신이 처음 1천 년간 소유했던 것을 이 프라자파티(Prajapati), 사크라(Sakra), 소마(Soma), 바루나(Varuna) 신들이 계속 이어 소유했던 것을, 지금은 파르타(Partha, 아르주나)가 소유하고 있습니다. 황금 손잡이가 달린 활은 비마의 활이고, 황금 인드라고아프카(indragoapkas, 곤충)의 활은 유디슈티라 왕의 것이고, 빛나는 황금 태양이 새겨진 활은 나쿨라의 것이고 황금과 보석으로 장식한 활은 사하데바의 것입니다." 우타라(Uttara) 왕자가 말했습니다.

"정말 이 무기가 아르주나의 소유라면. 그 아르주나와 유디슈티라와 나쿨라 사하데바 비마는 지금 어디에 있습니까? **주사위 노름에 왕국을 잃은 다음에는 그들이 적들을 무찔렀다는 말을 듣지 못 했습니다**. 그 판찰라 공주[드라우파디]는 어디 있습니까?" 아르주나가 말했습니다.

"**내가 그 아르주나고 파르타입니다. 부왕(父王, 비라타 왕)의 조신(朝臣)이 유디슈티라이고, 요리사 발라바(Vallava)가 비마이고, 마구간지기가 나쿨라이고 암소 관리자가 사하데바이고, 사이린드리(Sairindhri, 雇用婦)가 드라우파디입니다.**" 우타라(Uttara) 왕자 말했습니다.

"내가 앞서 들었던 '파르타의 열 가지 이름'을 다 말한다면 내가 당신 말을 믿겠습니다." 아르주나가 말했습니다.

"주의해서 들어 보세요. 아르주나(Arjuna) 팔구나(Falguna) 지슈누(Jishnu) 키리틴(Kiritin) 스웨타바하나(Swetavahana) 비마트수(Vibhatsu) 비자야(Vijaya) 크리슈나(Krishna) 사비아사친(Savya-sachin) 다난자야(Dhanajaya)가 그것입니다." 우타라(Uttara) 왕자가 말했습니다.

"그렇게 여러 가지 이름이 생긴 까닭은 무엇입니까?" 아르주나가 말했습니다. "내가 모든 나라를 복속시키고 그들의 부를 획득해 부자로 살았기에 사람들이 나를 '**다난자야(Dhananjaya)**'라 불렀습니다. 내가 무적(無敵)의 왕들과 대결하여 그들에게 진 적이 없으므로 사람들이 '**비자야(Vijaya)**'라고 불렀습니다. 내가 전장에 나갈 때 내 전차를 백마가 끌게 하고 황금으로 장식을 하기에 '**스웨타**

바하나(Swetavahana)'라고 했고, 내가 히말라야 등성에서 태어날 적이 하늘에 '우타라(Uttara)'와 '팔구나(Falguna)' 별이 돋았고, 내가 강력한 다나바들(Danavas)과 싸울 때에 인드라가 내 머리에 태양 같이 빛나는 관을 씌워 주었기에 '키리틴(Kiritin)'이라고 하고, 전장에서도 나는 혐오스런 행동을 피하므로 사람들이 '비마트수(Vibhatsu)'로 알고 있고, 두 손으로 다 간디바를 쏠 수 있으므로 '사비아사친(Savyasachin)'이라고 합니다. '아르주나(Arjuna)'는 내 안색(顔色)이 때 묻지 않는 나의 행동을 나타냄으로 붙여진 이름이고, 천상과 인간에 나를 이길 자가 없으므로 '지슈누(Jishnu)'라고 부르고, '크리슈나(Krishna)'라는 열 번째 이름은 순수한 깜둥이 소년이라는 뜻으로 아버지가 주신 이름입니다."

바이삼파야나가 말했다. -아르주나의 설명을 들은 우타라(Uttara) 왕자가 가까이 그에게 다가와 말했습니다.

"오 파르타시여, 저의 이름은 부민자야(Bhuminjaya)이고 우타라(Uttara)라고도 합니다. 운 좋게도 이렇게 당신을 뵙게 되었습니다. 오 다난자야시여, 몰라 뵙고 함부로 지껄였던 저를 용서해 주시기 바랍니다. **당신의 놀라운 행적을 듣고 나니, 저의 모든 두려움은 싹 가셨습니다.**" 우타라(Uttara) 왕자 말했습니다.

"**마부 노릇은 제가 하겠습니다. 어떤 군사들이 감히 당신을 감당하겠습니까? 어디로 모실지 명령만 내리십시오.**" 아르주나가 말했습니다.

"그대가 두려움이 없어졌다니 반갑습니다. 오 위대한 무사여, 내가 그대의 모든 적을 다 물리치겠습니다. 마음을 편하게 가지십시오. 엄청난 난타전(亂打戰)을 벌리며 나는 그대의 적들과 싸울 겁니다. 어서 화살 통들을 전차에 싣고 도검(刀劍)들도 챙기세요."

바이삼파야나가 계속했다. -아르주나가 우타라(Uttara) 왕자 말했습니다.

"나는 쿠루들과 싸워 당신의 암소들을 다 찾아드리겠습니다. 나의 보호를 받은 이 전차가 바로 성곽이고, 귀신을 향해 화살들을 뿜는 발사대입니다. 우리 전차 바퀴소리는 그대의 도시를 달리는 케틀드럼이 될 것입니다. 오 비라타의 아들이여, 간디바를 가진 내가 탄 이 전차는 그대로 무적의 전차이니, 모든 근심을 버리세요." 우타라(Uttara) 왕자 말했습니다.

"케사바(Kesava)나 인드라(Indra) 신과 함께 가는데 무엇이 두렵겠습니까?" 아르주나가 우타라(Uttara) 왕자에게 말했습니다.

"말고삐를 단단히 잡고 두 발에 힘을 주고 꿋꿋이 서시오. 내가 '소라고둥'을 다시 불겠습니다." ['소라고둥 소리'가 전투 개시 신호임]

바이삼파야나가 말했다. -아르주나가 소라고둥을 다시 불자 적들에게는 근심이었고, 친구들은 기쁨이었습니다. 그 고둥소리는 너무나 커서 산들을 쪼개고 계곡들을 나눌 듯했습니다. 그래서 소라고둥소리 전차바퀴소리 간디바의 퉁탕 소리에 땅이 흔들릴 지경이었습니다. 한편 두료다나 측의 드로나(Drona)는 말했습니다.

"저 천둥 같은 전차 바퀴소리는 틀림없이 그 아르주나의 것일 것이다."

바삼파야나가 말했다. -이에 두료다나(Duryodhana)는, 비슈마와 드로나를 향해 말했습니다.

"그 13년은 지금 진행 중입니다. 그래서 아르주나는 우리에게 그 모습을 드러낼 수 없습니다." 이에 비슈마가 말했습니다.

"시간의 바퀴는 그 마디가 있어, 하루가 있고, 한 달이 있고, 계절이 있고, 해가 가는 법이다. **그 13년은 다섯째 달의 그 12일 밤으로 이미 그 '기간'이 지나갔다.** 그것을 알고 아르주나가 나타난 것이다. 그들[판두들]은 경전을 다 꿰고 있다. 오 왕중의 왕이여, 그러기에 전투를 하든지 말든지 결정을 내려라. 그 아르주나가 왔다." 두료다나(Duryodhana)가 말했습니다.

"오 할아버지, 나는 그 판다바들에게 왕국을 되돌려주지는 않을 겁니다. 어서 전투 준비를 해주십시오." 비슈마가 말했습니다.

"그것[전투]이 네 맘에 내 들었다면 내 말을 잘 들어라. 다 너를 위해서 한 말이다. 너는 우선 4분의 1의 군사를 이끌고 먼저 우리 도성(都城, 하스티나푸라)으로 서둘러 돌아가고, 역시 4분의 1 군사로 소떼를 호위하게 하라. 그러면 나머지 4분의 2분의 병사로 우리가 저 판다바들과 싸우겠다."

바이삼파야가 계속했다. -쿠루들이 전투를 준비하는 것을 보고 아르주나가 우타라(Uttara) 왕자에게 말했습니다.

"오 마부여, 내 화살이 적(敵)에게 닿을 만한 곳에 우리의 말들을 세우시오. 저 군사 중 어디에 쿠루의 그 악당[두료다나]이 있는 지를 내가 살펴보겠습니다. 모든 군사를 무시하고 그 가장 소용없는 녀석[두료다나]을 가려내어 그의 머리부터 자를 것이니, 그 악당이 죽으면 다른 자들이 이미 졌다고 생각할 것입니다." 아르주나가 말을 이었다. "그런데 저곳에는 그 두료다나가 없습니다. 살려고 소떼를 이끌고 남쪽 길로 후퇴를 한 것 같습니다. **저 진을 치고 있는 전차 무사들은 여기에 그냥 버려두고, 우리는 두료다나가 있는 곳으로 갑시다.** 오 비라타의 아들이여, 소들을 훔쳐 도망 간 그 두료다나부터 잡아야 합니다."

바이삼파야나가 계속했다. -아르주나 말을 들은 우타라(Uttara) 왕자는 전차부대를 따돌리고 두료다가 있는 곳으로 달렸습니다. 크리파(Kripa)가 아르주니의 의도를 알아차리고 동료들에게 말했습니다.

"아르주나는 두료다나 왕이 없는 이곳에 머무를 이유가 없습니다. 만약 두료다나가 파르태[아르주나] 대양 속에 잠겨 버린다면, 그 소떼와 방대한 부(富)가 우리에게 무슨 소용이 있겠습니까?" 그러는 동안에 아르주나는 소떼를 몰고 가는 그 두료다나 군사들에게 메뚜기 떼 같은 화살을 쏘았습니다. 그 화살로 하늘과 땅이 제압을 당해, 아무것도 볼 수가 없었습니다. 그래서 병사들은 도망을 치는 수밖에 없었습니다. 그러자 아르주나는 소라고둥을 불어 적들을 놀라게 했습니다. 간디바의 퉁탕 소리와 소라고둥소리가 지축(地軸)을 흔들었습니다.

바이삼파야나가 말했다. -힘으로 호전적인 군사들을 무너뜨리고 소떼를 찾은 아르주나는 두료다나를 향해 달려갔습니다. 소떼들이 [본능적으로] 마트시아 도성(都城)으로 거칠게 달려가는 것을 본 두료다나는, 아르주나가 이미 성공한 것을 알았습니다. 그런데 그 아르주나가 두료다나 앞에 나타난 것입니다. 무수한 깃발을 들고 견고하게 진을 친 두료다나 군사들을 보고 아르주나가 우타라(Uttara) 왕자에게 말했습니다.

"말고삐를 단단히 잡고 나와 싸우고 싶어 하는 저 마부의 아들[카르나]에게로 빨리 말들을 달리시오. 두료다나의 후견인인 저놈에게로 어서 갑시다." 아르주나의 명령을 받은 우타라(Uttara) 왕자는 바람 같이 빠르게 그 거대한 말들을 그 전차 부대를 격파하고 전장의 중심부로 아르주나를 데려다 놓았습니다. 그래서 억센 전차 무사 치트라세나(Chitrasena) 상그라마지트(Sangramajit) 사트루사하(Satrusaha) 자야(Jaya)가 그 카르나를 도우려고 아르주나에게 화살 공격을 했습니다. 그러자 화가 난 아르주나는 숲을 태우는 거대한 불같은 화살을 그 쿠루들의 황소들에게 발사하여 무찌르기 시작했습니다. 그러자 전투가 격렬해져서 쿠루의 영웅 비카르나(Vikarna)가 전차를 몰아 아르주나에게 달려드니, 날카로운 장전(長箭)들을 쏘아주었습니다. 그러자 비카르나(Vikarna)는 황급히 도망을 쳤습니다. 아르주나는 여름철에 짙은 숲을 태우는 불길처럼 간디바로 사방을 누비며 적들을 죽였습니다. 그러한 아르주나를 보고 참다못한 카르나(Karna)가 아르주나의 말들을 향해 날카로운 화살을 쏘고 우타라 왕자에게 화살 세 발을 쏘았습니다. 그렇게 당한 아르주나는 잠에서 깨어난 사자처럼 카르나에게 직격(直擊) 화살들을 쏘았습니다. 카르나도 아르주나에게 화살 소나기로 반격을 했습니다. 그러자 아르주나는 초승달 화살을 꺼내 카르나의 온몸을 꿰뚫었습니다. 그러자 화살로 몸이 망가진 마부의 아들[카르나]은 서둘러 군의 선봉(先鋒) 자리에서 후퇴를 했습니다.

바이삼파야가 말했다. -카르나가 전장에서 도망을 치자, 두료다나가 그 선봉(先鋒)을 맡았습니다. 우타라(Uttara) 왕자가 아르주나에게 말했습니다.

"오 파르타시여, 어디로 모실지 명령을 내리십시오." 아르주나가 말했습니다.

"오 우타라(Uttara) 왕자여, 저기 범의 가죽을 걸치고 푸른 깃발에 홍마(紅馬)에 멍에를 하고 무사(武士)가 크리파(Kripa)입니다. 그곳으로 갑시다."

바이삼파야나가 말했다. -쿠루들이 아르주나에게 대 학살을 당하자 산타누의 아들 비슈마(Bhishma)가 황금 활을 잡고 아르주나와 대항을 펼치려고 나왔습니다. 그래서 파르타와 비슈마의 치열한 전투가 개시되니, 카우라바 군사들은 서서 구경을 했습니다.[고대 힌두의 戰法은 '일대 일 대결'이 원칙이었음.] 그래서 아르주나의 간디바는 계속 원을 이루어 비슈마에게 수백 발의 화살을 쏘았습니다. 그래서 비슈마도 바다의 넘침을 막는 제방처럼 아르주나를 화살 소나기로 덮어주었습니다.

바이삼파야나가 계속했다. -아르주나가 비슈마의 황금 활을 면도날 같은 화살로 두 동강을 내었습니다. 순식간에 비슈마는 다른 활을 잡아 아르주나에게 소나기 같은 화살을 퍼부었습니다. 아르주나도 비슈마에게 쉬지 않고 화살 비를 퍼부었습니다. 그래서 비슈마의 전차를 지키고 있던 무사들이 살해를 당했습니다. 그리고 깃털이 달린 아르주나의 화살은 간디바에서 발사되어 대규모의 살상자를 냈습니다. 그래서 불같은 아르주나의 화살은 하늘을 줄지어 나는 백조 행렬 같았습니다. **그러자 아르주나의 억센 무기 간디바의 위력을 보고 간다르바(Gandarva)인 치트라세나(Chitra-sena)가 너무 기뻐서 신들의 왕[인드라]에게 말했습니다.**

"하늘을 나는 저 아르주나의 쏜 화살들을 보십시오. 아르주나의 재능은 그 무기로 하늘을 다 덮고 있습니다. 인간들은 저런 무기를 쓸 수도 없고 그런 무기는 인간 속에는 없습니다. 아르주나는 중천(中天)에 빛나는 태양 같아 병사들은 눈이 부셔 아르주나를 바라보지도 못하고 있습니다. 강가의 아들 비슈마도 쳐다볼 수 있는 자가 없습니다. 두 영웅은 전투로는 누구도 당할 수 없는 무적의 영웅들입니다." **인드라 신은 그 간다르바(Gandarva)에게 천국(天國)의 꽃비(a shower of the celestial flowers)를 내려 두 영웅을 칭찬해 주도록 했습니다.** 그런데 비슈마는 아르주나의 좌측을 공략하여 손에 상처가 나게 했습니다. 이에 아르주나는 크게 웃으며 독수리 깃털을 단 날카로운 화살로 비슈마의 활을 두 동강내었습니다. 그리고 이어 아르주나는 비슈마의 가슴에 열 발의 화살을 박았습니다. 비슈마는 홀로 고통을 견디며 전차 기둥에 기대고 서 있었습니다. 그래서 그 마부는 비슈마가 의식을 잃은 것을 보고 급히 안전한 곳으로 대피를 했습니다.

바이삼파야가 말했다. -아르주나가 쿠루의 군사들을 물리치고 비라타 왕의 수많은 소들을 되찾았습니다.

바이삼파야나가 말했다. -비라타 도성(都城)으로 개선한지 3일 만에, 판두 5형제는 목욕재계하고 흰 복장을 하고 유디슈티라를 선두로 코끼리들처럼 줄을 이루어 궁궐 문으로 들어갔습니다. 비라타 왕의 회당으로 들어간 판두 5형제는 왕이 마련해 놓은 빛나는 의자에 앉았습니다. 그러자 비라타(Virata) 왕이 '칸카(Kanka, 유디슈티라)'를 보고 말했습니다.

"당신은 주사위 노름꾼인데 어떻게 이런 왕좌에 우리와 자리를 같이 할 수 있는가?" 비라타 왕의 그 말을 들은 아르주나가 웃으며 대답했습니다.

"오 왕이시여, 이분은 인드라 신과도 자리를 함께 하실 분이십니다. 바라문에 종사하셔서 베다를 다 꿰고 계십니다. 이 분이 바로 '정의(正義) 왕 우디슈티라(king Yudhishthira the just)'입니다. 이 판두의 아드님은 불살계(不殺戒)를 궁행하시는 판두의 아드님이시니, 왜 이 자리에 앉지 못하시겠습니까?" 비라타(Virata) 왕이 말했습니다.

"이 분이 진실로 쿤티의 아드님 유디슈티라 왕이면, 아르주나는 어떤 분이고, 비마는 누구이고, 나쿨라 사하데바 드라우파디는 어디 다 있습니까? **그 '주사위 노름판'을 떠난 다음부터, 나는 그 '판두 형제들 이야기'는 못 들었습니다.**" 아르주나가 말했습니다.

"당신의 요리사 발라바(Vallava)가 비마이고, 말 마구간지기가 나쿨라이고, 소치기 대장이 사하데바입니다. 왕비의 사이린드리(Sairindhri, 雇傭婦)가 드라우파디입니다."

바이삼파야나가 계속했다. -아르주나의 설명을 듣고 난 다음에 그 **우타라(Uttara) 왕자가 아르**

주나의 용맹을 말하였습니다.

"이 분[아르주나]은 적군을 사자가 사슴 떼를 휩쓸 듯이 했습니다. 호전적인 적의 전차 부대 속으로 꿰뚫고 들어가 최고의 전차 무사들을 무찔렀습니다. 코끼리 같은 거대 무사도 화살 하나로 잡았습니다. 황금으로 허리를 장식한 거대한 코끼리도 땅에 상아를 박으며 쓰러지게 했습니다. 카우바라 군사를 물리치고 암소들을 다 찾았습니다. 이 분의 소라고둥 소리에 내 귀가 먹을 정도였습니다. 이 분의 날카로운 용맹이 비슈마(Bhishma)와 드로나(Drona), 두료다나(Duryo-dhana)를 다 물리치셨습니다. 그것은 이 분이 이룩한 것이고, 제가 한 일은 없습니다."

바이삼파야나가 계속했다. -우타라(Uttara) 왕자의 그 말을 듣고 비라타(Virata) 왕은 자기 유디슈티라에게 죄를 지었다고 생각하여 왕자를 향하여 말했습니다. "우리가 판두 아드님들을 모셔야 할 때가 되었다고 생각한다. 당신이 싫지 않으시다면 내 여식(女息) 우타라 공주를 아르주나 당신께 드리겠습니다." 우타라(Uttara) 왕자가 말했습니다.

"판두의 영명한 아드님들은 우리의 존중을 받아 마땅합니다." 비라타 왕이 말했습니다.

"내가 포로가 되어 있을 적에 비마가 나를 구했습니다. 우리 소떼를 아르주나가 찾아 주었습니다. 그래서 우리는 승리를 획득했습니다. 정황이 그러하므로 **우리 왕가와 저의 신하 모두를 다 유디슈티라께 당신께 올립니다.** 우리가 몰라서 당신을 거스른 것이니, 용서해 주십시오."

바이삼파야나가 계속했다. -비라타 왕은 너무 기뻐서, 유디슈티라 왕과 동맹을 맺고 유디슈티라에게 자신의 홀(忽)과 보물과 도시를 다 바쳤습니다. 비라타 왕이 아르주나에게 말했습니다.

"최고의 판다바시여, 왜 당신은 내가 허락한 딸을 아내로 맞지 않으신 겁니까?" 아르주나가 말했습니다.

"내가 가무(歌舞) 교사로서 당신의 내전(內殿)에 거주하면서, 나는 당신의 공주를 내 딸 같이 생각했고, 공주도 나를 아버지처럼 믿었습니다. 오 왕이시여, 정 그러 하시면 나는 대왕의 공주 우타라(Uttara)를 나의 며느리로 맞겠습니다. **무예(武藝)에 달통한 내 아들 아비마뉴(Abhimanyu)는 바로 바수데바[크리슈나]의 조카입니다. 아비마뉴(Abhimanyu)가 대왕의 사위로, 우타라 (Uttara) 공주의 남편으로도 적합할 것입니다.**" 비라타 왕이 말했습니다.

"아르주나여, 당신은 그처럼 유덕하고 현명하십니다. 당신이 생각하신 바를 바로 실천합시다."[193]

_____➔

  (a) '마하바라타(*The Mahabharata*)'에서 이 아르주나(Arjuna)의 용맹과 '무기 자랑'은 이후 '불교' '기독교' 뿐만 아니라 중국의 '유교(儒教)'로 짐작할 수 없는 불가피한 '인간 지배 원리'를 폭로하고

193) K. M. Ganguli (Translated into English Prose from the Original Sanskrit Text), *The Mahabharata of Krishna-Dwaipayana Vyasa*, Munshiram Manoharlal Publisher Pvt. Ltd. New Delhi, 2000, -**Virata Parva**- pp. 49, 50, 54~65, 67~70, 72~74, 76~77, 80~81, 89~94, 96, 110~113, 116, 123~127

있는 이 '**마하바라타**(*The Mahabharata*)'의 최고 특징이다.

(b) 물론 아르주나(Arjuna)의 용맹과 '무기 자랑'은 턱도 없이 과장인 된 것이나, '그 힘의 효용성'까지 무시해 버린 자들이 '불교' '기독교' '유교(儒敎)' 창시자와 그 사제들의 일이었다. 그러므로 '고행 만능주의' '믿음 만능주의' '예법 만능주의'로 달성하지 못할 것이 없다는 엄청난 주장을 반복을 해 왔다. 즉 그들은 '바이샤[평민]' '수드라[노예]' 교육에 치중을 하여, '지배 왕족[크샤트리아]'를 알고 나아가 그를 '통어함'을 꿈에도 생각할 수 없도록 '관념의 틀 속'에 그 '일방적 행위'를 맹신하게 만들었다.

(c) 위대한 힌두(Hindu)는 이 '마하바라타(*The Mahabharata*)'를 통해 '진정한 천하의 왕도(王道)'를 일찍부터 끝내었으니, 그것이 바로 아르주나(Arjuna)의 용맹과 '무기 자랑'이고, 유디슈티라(Yudhishthira)의 '도덕성'이었다.

(d) 그런데 <u>힌두(Hindu)는 한쪽으로는 '절대 신'을 향하는 '요가(Yoga)'를 강조하고 그 다른 편에는 '크샤트리아의 의무'와 '무기의 힘'을 강조하고 있으니, 이것이 오늘 '서구(西歐) 철학의 진면목(眞面目)'이다.</u>

(e) 힌두(Hindu)는 이 '마하바라타(*The Mahabharata*)'부터 '절대신'과 '힘'의 동시주의(同時主義, Simultaneism)를 운영해 왔으니, <u>그 '절대신(God)'이란 '사회 공동체'의 다른 명칭이고, '힘[武力]'이란 그 '집행 주체[실체]'임이 그것이다.</u> 그러므로 그 '절대신(God)'이 전부인 듯 말했던 사람은 '중요한 다른 일부[힘]'을 생략한 것으로 그 '듣는 주체(학습자)'를 모두 '어린 아동의 정신 상태'에 묶어 두는 처사일 뿐이다.

(f) '마하바라타(*The Mahabharata*)'를 정독(精讀)을 하고나면 결코 그 '<u>힘의 절대주의</u>'를 역시 간과할 수 없으니, 이 장에서 '간디바를 든 아르주나'가 '그 명장(名將)들이 가득한 쿠루 대군'을 혼자서 다 물리쳤다고 말하는 힌두 '계관시인(桂冠詩人)'의 말을 절대 웃어서는 아니 된다. 그 '웃는 자들'은 '총과 칼을 도적떼들'을 '기도(祈禱, 도덕)와 예법(禮法)으로 다 물리쳤다.'는 말을 그 믿을 명백한 '일방주의자'는 '게으른 놈팽이 바보들'이다.

(g) 나관중의 '통속연의(通俗演義)'에, 이 '간디바의 아르주나'에 비길 수 있는 '청룡도를 구사하고 적토마(赤兎馬)를 탄 관우(關羽)'를 생각해 수 있으나, 그 '천하 평정'을 못 하고 죽었으니, '실패한 혁명가' '억울한 혁명가'가 될 수밖에 없었다.

(h) 그리고 이 장(章)에서는 '마하바라타(*The Mahabharata*)'의 마지막까지 그 정면을 장식하고 있는 판두 5형제에 드라우파디, 아비마뉴, 바수데바가 거론이 되었고, 쿠루의 두료다나가 비슈마 드로나 카르나 크리파가 모두 등장하고 있으니, 전 '마하바라타(*The Mahabharata*)'의 축약이라 할 수 있다.

(i) 그리고 '마하바라타(*The Mahabharata*)'에서 가장 확실한 영웅이 '<u>비슈누'신의 화신(化身)이 '크리슈나(Krishna, 바수데바)'였는데, 앞서 최고 시인이 비아사(Vyasa)의 다른 이름이 '크리슈나(Krishna, 바수데바)'였고, 이어 최고의 미인이 '크리슈나(Krishna, 드라우파디)'였는데, 이 장에서는 '최고의 궁수(弓手)' 아르주나도 역시 '크리슈나(Krishna)'로 규정하여 세계 최초의 '종족 우월주의'가 그 '흑인(Krishna, 검둥이) 우월주의'로 거듭거듭 명시되고 있다.</u>

(j) '마하바라타(*The Mahabharata*)'의 사건 전개 특징은 '<u>끝까지 듣지 않고도 결과 짐작하여 미리 알기</u>'를 이 서사문학의 가장 특징으로 삼고 있는데, 당초에 그 출발점이 '절대 신과의 동행'이 '모든 인간의 일을 겪지 않고 알 수 있게 한다.'는 그 '결정론'이기 때문이다.

(k) 한 마디로 '원시 사회'에서는 '크샤트리아'가 아니면서도 '왕'이 된다는 것이 '얼마나 우스꽝스러운 망상'인지를 바로 이 장(章)에서 '비라타(Virata) 왕'과 '우타라(Uttara) 왕자'를 통해 적나라(赤裸裸)하게 다 보여주었다.

(l) 이것['힘의 존중']은 오늘날도 정확히 상존(常存)하고 있으니, 그 '정보(情報)의 힘' '무기의 힘' '자본의 힘'이 바로 그것이다. 사실상 그 **'힘의 확보와 그 향방'을 모르면 '인간 사회'에 알고 있다는 바가 얼마나 하찮은 것들인지, 그것도 모르는 '명백한 [自己 陶醉]아동의 정신 상황'**일 것이다.

5. 노력의 책(Udyoga Parva)

제72장 크리슈나가 유디슈티라의 유덕(有德)을 칭송하다.

옴(Om)! 최고의 남성 나라야나(Narana)와 나라(Nara)께 인사를 드리며 여신 사라스와티(Saras-wati)와 자야(Jaya)께도 인사드리옵니다.

바이삼파야나(Vaisampayana)가 말했다. <u>아비마뉴(Abhimanyu)의 결혼식에 참석했던 쿠루의 용사들은 비라타(Virata) 궁궐에서 밤부터 새벽까지 머물렀습니다.</u> 그 마트샤(Matsya) 왕궁은 정선된 보석과 값비싼 돌로 꾸며졌고, 각종 화환으로 장식이 되어 향기가 가득했습니다. 그리고 억센 왕국의 군주들이 그곳에 모두 다 모였습니다. 그리고 앞에 두 자리는 비라타(Virata) 왕과 드루파다(Drupada) 왕이 앉았습니다. 발라라마(Valarama, 바수데바의 형)와 크리슈나(Krishna)도 있었습니다. 판찰라(Panchala) 왕 가까이에는 시니(Sini) 족의 영웅과 로히니(Rohini)의 아들도 있었습니다. 유디슈티라와 드루파다(Drupada)왕의 모든 아들, 비마 아르주나, 마드리(Madri)의 두 아들, 아비마뉴와 드라우파디의 아들들도 안자 있었습니다. 이들 용맹의 사나이들이 모여 여러 가지 화제로 서로 이야기하며 수심어린 분위기 속에 있다가, <u>그들의 눈들이 다 크리슈나에게로 고정이 되었습니다.</u> 그리고 그 이야기 끝에 크리슈나는 '판다바 형제들의 문제'로 그들의 주의를 돌리게 했습니다. 그래서 강력한 왕들은 크리슈나의 고담준론(高談峻論)에 귀를 기우리게 되어 크리슈나가 말했습니다.

"유디슈티라(Yudhishthira)가 어떻게 그 '주사위 노름'에서, 수발라(Suvala)의 아들[사쿠니]의 속임수로 패배하여 '그 왕국을 빼앗기고 숲 속에 유랑하라'는 계약이 작성되었는지는 모든 여러 분들이 알고 있는 사실입니다. <u>힘으로 세상을 정복할 수 있는 판두 아들들은, 그 악독한 맹세까지 지켰습니다. 그래서 13년간을 그 탁월한 분들은 그들에게 부과된 혹독한 임무를 다 이행하였습니다. 최후 13년째 되는 1년은, 견뎌내기가 더욱 힘들었습니다.</u> 아시다시피 종적을 감추고 '갖가지 견디기 어려운 천(賤)한 봉사(奉事)의 고역'을 감당하였습니다. 그래서 그것은 무엇이 유디슈티라와 두료다나(Duryodhana) 양자(兩者)를 위한 최선(最善)인지, 판다바들(Pandavas)과 쿠루들(Kurus) 모두에 합당한 정의(正義, righteousness)가 될지를 당신들이 생각하게 만들었습니다. <u>유덕한 왕 유디슈티라는 그것이 비록 천국(天國)일지라도 부당하게는 남의 것을 탐내지 않을 것입니다.</u> 그러나 그것이 정당하다면 하나의 마을의 통치라도 유디슈티라는 수용을 할 것입니다. 어떻게 드리타라슈트라 아들들은 부정으로 그 아버지 왕국을 도둑질하고 견디기 어려운 고행을 안겼는지는 여기에 모인 왕들은 다 알고 계십니다. 드리타라슈트라 아들들은, 그들이 다 힘을 합쳐도 아르주나 하나의 힘을 제압할 수 없습니다. 더구나 유디슈티라 왕과 그 친구들은, 드타라슈트라의 아들들이 선(善)을 행하기만을 바라고 다른 것을 원하지 않습니다. <u>쿤티(Kunti)와 마드리(Madri)</u>

의 아들 용감한 5형제는, 전투로 패배한 왕들에게서 자신들이 획득했던 것만을 요구합니다. 판다바들 적(敵)들은 왕국을 지니고 있으면서도 그들이 '소년 시절에 행했던 방법'으로 그 상대를 제압하려 했는지를 왕들은 잘 알고 계십니다. 그들은 너무나 사악하고 악의(惡意)에 불타고 있습니다. 쿠루들이 어떻게 그 나라를 장악을 했으며, 유디슈티라는 얼마나 유덕(有德)했는지를 생각해 보십시오. 그리고 그들 간에 관계를 생각해 보십시오. 각자 의논해 보시기를 간청합니다. 판다바 형제들은 항상 진리를 생각했습니다. 그들을 문서로 행한 약속을 지켰습니다. 만약 드리타라슈트르라 아들들이 잘못을 행할 경우, 그들이 서로 연합을 한다고 해도 멸망을 당할 겁니다. 판다바 형제들은 친구들을 지니고 있으니, 그들은 [판다바들의]부당한 대접을 알고 있고 그 박해자들과 싸울 적에 목숨을 걸고 기꺼이 그들을 물리칠 것입니다. 판다바 형제들이 그 적들을 물리치기에 비록 숫자가 적다는 할지라도, 추종 친구들과 뭉치어 적들을 물리치는데 최선을 다 하게 될 것입니다. 두료다나가 그동안 생각했던 것은 드러나지 않은 것이 없고, 그가 어떻게 할지도 마찬가지입니다. 상대방을 모를 경우, 행할 바를 어떻게 알겠습니까? 그러기에 **유덕하고 정직하고 가문 좋고 신중한 유능한 사절(使節)을 보내서, 유디슈티라에게 왕국의 절반을 제공하며 부드럽게 그들[쿠루들]에게 포함을 시키게 해야 합니다.**" 신중하고 공평한 정신의 크리슈나 말씀을 듣고, 그 형 발라데바(Baladeva)도 그 아우[크리슈나]에게 그 찬사(讚辭, encomiums)를 행했습니다.194)

_____→

(a) '마하바라타(*The Mahabharata*)'의 기본 전제는, **하늘의 위대한 신 '비슈누(Vishnu)'가 땅 위에 넘친 죄악으로 고통을 호소하는 대지의 신의 호소를 수용하여, 특별히 그 '비슈누(Vishnu)' 화신(化身)으로 '세상 심판'을 행하기 위해 크리슈나(Krishna)를 파견했다**는 사실이다.
즉 역시 가장 중요한 사실은 **그 '크리슈나(Krishna)'는 명백히 '사람'으로 사람 속에 있는 사람이지만, 역시 움직일 수 없는 '절대신(God)'으로 잠깐 인간의 형상을 잠시 빌린 '브라흐마(God)'라는 점**이다. 이것이 대서사시 '마하바라타(*The Mahabharata*)'의 기본 전제이다.

(b) 그러므로 위의 크리슈나의 말은 바로 그 '비슈누(Vishnu)' 신의 말씀이다. 그 요지는 ① 유디슈티라(Yudhishthia)는 착하다. ② 유디슈티라(Yudhishthia)는 속임수로 맺어진 '불공정한 계약'일망정 성실하게 지켰다. ③ 드리타라슈트라 아들들은 전쟁으로 아르주나를 이길 수 없다. ④ 그러므로 드리타라슈트라 아들이 행할 최선은 원래의 약속[왕국의 반환]을 지켜야 한다.

(c) 이것을 전반적인 인간의 문제로 바꾸어 해석하면 ① 사람은 착하게 살아야 한다. ② '약속'은 불리하게 되었다고 해도 이행하는 것이 옳다. ③ 정 불만이 있으면 '크샤트리아의 의무'를 통해 겨루어라. ④ '약속'을 지키는 자가 승리한 자이다.

(d) 위의 내용을 다시 요약하면 '계약'과 '전쟁' 두 가지가 남는다. '계약'을 치키지 않으면 '전쟁'으로

---

194) K. M. Ganguli (Translated into English Prose from the Original Sanskrit Text), *The Mahabharata of Krishna-Dwaipayana Vyasa*, Munshiram Manoharlal Publisher Pvt. Ltd. New Delhi, 2000, **-Udyoga Parva-** pp. 1~2

해결할 수밖에 없다는 논리에 있었다.

(e) 그런데 <u>'힌두(Hindu) 전쟁 논리' '크샤트리아의 의무 이행'은 '왕도(王道)의 기본' '두 사람의 크샤트리아' 대결에 국한된 문제라는 점에 무엇보다 주목을 해야 한다.</u> 그런데 벌써 두료다나부터 그 '지배욕'은 확산이 되어 최소한 대 영웅 비슈마 드로나 카르나를 물리치지 않고는 그 '약속의 불이행'을 징벌할 수도 없어, '16 억의 인명'을 죽이고 나서야 '신천지(新天地)'를 이루게 되었다는 것이다.

(f) '마하바라타(*The Mahabharata*)'에서 이 '크리슈나(Krishna)'의 행적은 문자 그대로 '천신[절대자]을 대신해 도덕을 집행함'로서 기독교도가 '예수 그리스도'에게 기대한 그 '권능(權能)'이다.

(g) 한 편 중국의 시내암(施耐庵)은 그의 '수호전(水滸傳)'에서 주인공 '송강(宋江)'의 입을 통해 '쇠약한 하늘[天子]을 대신해 도덕을 집행함(替天行道)'을 거듭 강조를 하고 있는데, 중국(中國)의 '수호전(水滸傳)'도 절대적인 이 '마하바라타(*The Mahabharata*)'의 영향권 내에 있음을 알 때 더욱 그 온전한 모습을 알게 된다.

(h) 중국(中國)의 '수호전(水滸傳)'에서 단순히 '공차기 기술[擊毬]'을 지닌 고구(高俅)가 송(宋)나라 휘종(徽宗) 황제에게 접근하여 '80만 금군(禁軍, 天子 親衛隊) 교위' 왕진(王進)을 몰아내고 그 '군권(軍權)'을 장악했다는 그 '수호전(水滸傳)'의 작가 정신은, <u>판두 5형제가 그들의 부친(父親, 판두)의 몫으로 확보한 '인드라프라스타' 왕국을 두료다나의 욕심을 내어 외삼촌 사쿠니가 '주사위 노름'을 따주었다는 기막힌 마하바라타의 '말세(末世)의 풍조'를 그대로 '중국 송나라 끝 왕 휘종'에게 적용하였다. 즉 마하바라타에 '두료다나(Duryodhana)'와 '사쿠니(Sakuni)' '주사위 노름' 행적을 '수호전(水滸傳)'의 작가는 그대로 '휘종(徽宗)'과 '고구(高俅)' '공놀이'에 그대로 활용</u>하였다.

(i) 단지 '절대 신'을 믿는 힌두(Hindu)의 '마하바라타(*The Mahabharata*)'에서는 '전쟁[신의 심판]'을 제대로 성공적으로 이행되었다고 결말[성공적인(?) 세상심판]을 냈다. 그러나 기자(箕子)[洪範九疇론]와 공자(孔子)의 '실존주의' '현실주의'에 철저했던 중국(中國)의 경우에는 '송강(宋江)'을 비롯한 108 영웅'의 '자살(自殺, 천신-嵇康이 행한 斬首)' 끝내었음도 역시 주목을 해야 할 사항이다. ['수호전(水滸傳)' 작가는 '108 영웅'을 천지에 몸을 붙일 곳이 없는 비슈누(Vishnu, 돌 거북)의 위력으로 벌 받고 있었던 악귀들(惡鬼, Asuras)로 규정했음. -莊子, 司馬遷 이후의 '귀신들'에 부정적 태도 견지임.]

(j) 한 마디로 <u>중국의 철학은 '실존주의(Existentialism)' '현세주의(secularism)'이고, 인도철학은 '천국중심' '절대주의(Absolutism)'이다. 인간 사회에 '절대신'과 '인간 개별 존재'</u>는 불가피한 두 가지 축을 이루는 요소로 공존할 수밖에 없다는 것이 현대 인류의 공론이 되어 있고, 그 두 가지의 적용이 불가피하다는 것이 오늘날 과학주의 동시주의(同時主義, Simultaneism)의 기본 원리이다. 그러므로 <u>당초 서구(西歐)의 '절대주의(Absolutism)'가 크리슈나(Krishna)에 대한 위와 같은 발상(發想)에 근원을 두고 있다는 사실</u>의 확인은 무엇보다 소중한 점이다.

(k) 더욱이나 위의 크리슈나 말 중에, '유디슈티라(Yudhishthia)는 그것이 천국(天國)일지라도 부당하게는 탐내지 않을 것이고 판두 형제들은....<u>전투를 통해 패배한 왕들에게서 자신들이 획득한 것만을 요구(주장)합니다.</u>(Pandavas...ask for only what they themselves, achieving victory in battle, had won from the defeated kings.)'라는 진술이다.

위의 진술은 '힌두의 4계급'의 사회적 신분을 기정사실로 인정하고 '무사, 왕족(크샤트리아) 중심 사회'를 바탕으로 한 진술이라는 측면에서 주목을 해야 한다. 이러한 사고는 19세기까지 이어진 소위 '제국주의(Imperialism) 사고 본류'를 형성하고 있는 바로 헤겔과 히틀러의 사고에게까지 영향을 주었다.

제73장 '크리슈나 모시기' 경쟁

바이삼파야나(Vaisampayana)가 말했다. -크리슈나가 말했습니다.

"이 세상은 소마카(Somaka) 족의 왕을 중시하고, 판두 아들의 측량할 수 없는 힘에 관심이 높아지고 있습니다. **우리는 '정치적 과정(행정적인 調定)'을 좋아하고, 그것이 우리의 제일 의무입니다.** 달리 행하고자 하는 사람[전쟁불사(戰爭不辭)者]은 어리석은 존재입니다. 그러나 쿠루들(Kurus)과 판두들(Pandus)은 그들의 상호(相互) 무엇을 행했건, 우리[크리슈나 소속의 Yadu 종족]의 그들 양자(兩者)와의 관계는 동등(同等)합니다. 당신들과 우리는 결혼식에 초대를 받았다가, 이제 결혼식을 마쳤으니, 각자 집으로 돌아갑니다. 연배로나 학식으로나 여러분은 최고의 왕들이시고, 우리는 그저 생도(학생)들일 뿐입니다. 드리타르슈트라는 항상 당신들을 존중하는 것을 기쁨으로 생각했습니다. 대왕들은 드로나(Drona) 크리파(Kripa)와도 친구이십니다. 그러기에 나는 판두 아들들의 문제로 쿠루들(Kurus)에게 사자(使者)를 보낼 것을 요구합니다. 쿠루의 왕이 공정하게 평화를 조성한다면 쿠루들과 판두들 간에는 상해(傷害) 없이 형제의 우정이 지속이 될 것입니다. 그러나 **드리타라슈트라 아들[두료다나]이 거만하여 평화를 거절한다면 다른 사람들을 불러들일 것이고 우리도 [동참자들을] 불러들일 것입니다. 그러면 '간디바(Gandiva)를 소지한 사람[아르주나]'은 화가나서 불이 붙을 것**이고, 어리석고 간악한 두료다나는 고집스런 그의 친구들과 함께 운명(殞命)을 맞을 겁니다."

바이삼파야나 계속했다. -비라타 왕은 크리슈나에게 경례(敬禮)를 올린 다음에 그의 종자(從者)와 친척을 고향으로 돌아가게 전송하였습니다. **크리슈나가 드와라카(Dwaraka)로 떠난 다음 유디슈티라와 그 추종자와 비라타(Virata) 왕은 바로 전쟁 준비를 시작하였습니다.** 그리고 바라타와 그 친척들은 모든 왕들에게 소식을 전했고, 두루파다(Drupada) 왕 역시 그렇게 했습니다. 그리고 이 쿠루 왕들의 요구에 마트시아 족(Matsyas)왕들과 판찰라 족(Panchalas)의 왕, 그리고 힘을 지닌 많은 세상의 왕들이 기쁜 마음으로 찾아왔습니다. 그래서 그 때에는, **세상의 왕들은 '쿠루 지지자'이거나 '판두 지지자들'이 되었습니다.** 그래서 네 개 종류의 군사로 된 군대로 넘쳐났습니다. 사방에서 군사들이 몰려들었습니다. 산과 숲을 지닌 대지는 군사들의 발걸음에 흔들릴 지경이었습니다. 그리고 유디슈티라와 상의한 판찰라 왕[드루파다 왕]은 학식과 덕망이 높은 사제(司祭)를 쿠루 족에 [使臣으로] 파견하였습니다.

바이삼파야나가 계속했다. -이처럼 도량이 넓은 드루파다(Drupada) 왕의 훈도를 받은 유덕한 사제는 하스티나푸라(Hastinapura, 코끼리를 모방한 명칭이다)로 향했습니다. 정치를 아는 그 유식한 사제는 제자들을 데리고 판두 아들의 지위를 회복해 주려고 쿠루들에게 갔습니다.

바이삼파야나는 말했다. -하스티나푸라와 다른 나라 왕들에게 사자(使者)들을 파견한 다음, **쿠루의 영웅 아르주나(Dhanajaya)는 바로 드와라카(Dwaraka)로 출발하였습니다**. 마두(Madhu)의 후예 크리슈나와 발라데바(Valadeva)가 브리슈니 족(Vrishnis)과 안다카족(Andhakas) 보자족(Bhojas)을 데리고 떠난 다음, **두료다나는 비밀 특사(secret emissaries)를 파견하여 판두 형제들의 동태에 대한 정보를 확보하고 있었습니다**. 그래서 **두료다나도 크리슈나가 가는 도중이라는 것을 알고 몇 명의 군사를 이끌고 바람 같은 말을 달려 역시 드와라카(Dwaraka)로 갔습니다**. 그래서 바로 그날 아르주나는 황급히 거기[드와라카(Dwaraka)]에 도착했습니다. 그래서 쿠루의 두 아들[두료다나, 아르주나]이 거기에 도착해 보니, 크리슈나는 마침 잠이 들어 있었습니다. 그냥 누운 채로 잠이 들어 있었습니다. **두료다나는 그 방으로 들어가, 그 침상(寢牀) 머리의 훌륭한 자리에 앉았습니다. 다음 그 두료다나에 이어 왕관을 쓴 너그러운 아르주나가 들어갔습니다. 그리고 아르주나는 침상 밑에 몸을 굽히고 손을 모으고 서 있었습니다. 그런데 브리슈니(Vrishni) 후예(後裔) 크리슈나는 잠에서 깨어나 그의 눈은 먼저 서 있는 아르주나를 보았습니다.** 그리고 그들에게 여행에 별고 없었는지를 묻고 적절하게 인사를 건넨 다음 크리슈나는 그들에게 그들의 방문 이유를 물었습니다. 그러자 두료다나가 기쁜 표정으로 말했습니다.

"임박한 전쟁에 저를 도와주십시오. 아르주나와 저는 당신의 동등(同等)한 친구입니다. 오 마두(Madhu)의 후손이시여, 당신은 우리에게 동등한 관계를 지니고 계십니다. 그리고 오늘은 제가 먼저 당신을 찾아왔습니다. 정의(正義)로운 사람들은 먼저 찾아온 사람을 택하십니다. 그것은 옛날부터 그러했습니다. 오 크리슈나여, 당신은 세상의 바른 마음 사람들의 정상(頂上)으로 항상 존중을 받고 계십니다. 저는 정의로운 사람들에 의해 고찰된 행동 방법을 당신이 따르실 것을 요청합니다." 이에 크리슈나는 대답했습니다.

"오 왕이시여, 당신이 먼저 오셨습니다. 나는 그것을 조금도 의심하지 않습니다. 그러나 나는 쿤티의 아들 다난자야(아르주나)를 먼저 보았습니다. 오 수요다나(Suyodhana, 두료다나)여, 당신이 먼저 도착한 것과 내가 아르주나를 먼저 본 것에 대해 나는 둘을 다 돕지 않을 수 없습니다. 그러나 '[經典에]그렇게 행하라' 했듯이 **나이가 어린 쪽에 먼저 선택권이 있습니다**. 그러하기에 다난자야[아르주나]에게 '선취권(先取權)'이 있습니다. 우리 나라야나족(Narayanas)은 '1억[ten crores]의 소몰이꾼들'이 있습니다. 그들 모두가 갑옷을 입고 전투에서 싸울 수 있는데, 그 '무적(無敵)의 병사들'을 당신들 중에 어느 한 쪽 사람에게 보낼 것이고, '나'는 이번 전쟁에서 싸우지 않기로 결심했고, '무기를 잡지 않기로 결심한 나 한 사람'은 [1억의 군사를 선택한 이외의]다른 쪽 사람에게로 갈 것입니다. 쿤티의 아들이여, 이 두 가지 경우 중에 우선 당신에게 '선택권'이 있습니다. 법(法)에 따라 당신이 먼저 선택할 권한이 있습니다."

바이삼파야나는 계속했다. -**크리슈나가 그렇게 말하자 쿤티의 아들 아르주나는 '전장에 싸우지**

않겠다는 케사바(-크리슈나)'를 선택했습니다. 그래서 자연 두료다나는 '나라야나족(Narayanas) 전군(全軍)'을 얻게 되었습니다. 두료다나는 크리슈나가 자기편이 아니라는 것을 알았으나, '1억의 병사들'을 얻은 것으로 크게 기뻐했습니다. 그래서 두료다나는 무서운 용맹을 지닌 군사를 다량으로 확보하게 되었습니다. 두료다나는 위력을 지닌 로히니(Rohini) 아들[발라데바-Baladeva]을 찾아가 그에게 방문의 목적을 설명했습니다. 그러자 수라(Sura)의 후손은 두료다나에게 다음과 같이 말했습니다.

"오 쿠루 족의 희망이여, 그대는 내가 비트라타(Vitrata) 결혼식에 했던 말을 기억해야 합니다. 그 때 나는 그대를 위해서 크리슈나의 견해를 반박했었습니다. 그리고 '양진영과 우리의 관계'가 동등함을 반복해서 명시했습니다. 그런데도 크리슈나는 내가 주장했던 견해를 수용하지 않았습니다. 그렇지만 한 순간도 나는 그 크리슈나에게서 분할될 수는 없었습니다. 나는 크리슈나를 거슬러 행동할 없고, 아르주나 쪽이나 당신[두료다나] 쪽을 위해 싸울 수도 없습니다. 오 바라타족의 황소시여, 당신은 모든 왕들이 공경하고 있으니, 가서 법대로 싸우시오."

바이삼파야는 계속했다. -이 말에 두료다나는 그 영웅을 포옹했습니다. 그리고 크리슈나가 자기 편을 떠났으나, 두료다나는, 그 아르주나가 이미 망했다고 생각을 했습니다. 그 다음 두료다나는 크리타바르만(Kritavarman)을 찾아갔습니다. 크리타바르만은 일 개 악샤후니(Akshauhini, 軍團) 병력을 두료다나에게 제공했습니다. 그래서 장군들에게 둘러싸여 두료다나는 그의 친구들을 즐겁게 하며 되돌아갔습니다. 크리슈나는 두료다나가 떠난 다음 황색(黃色) 복장으로 아르주나(Krintin)에게 말했습니다.

"무슨 이유로 '싸우지도 않겠다는 나'를 선택하였소?" 이에 아르주나는 말했습니다.

"오 최상의 분이시여, 나는 당신이 그들 모두를 멸(滅)할 수 있다는 것에 의심이 없습니다. 나도 역시 나 혼자서도 그들 모두를 격퇴할 수는 있습니다. 그러나 당신은 세상에서 가장 영명하신 분이시십니다. 그 명성은 당신과 동행할 것입니다. 나 역시 명성을 바라는 자입니다. 그러기에 내가 당신을 선택하게 되었습니다. 당신이 내 마차를 몰게 하는 것이, 나의 소망이었습니다. 그러하오니 오래 간직해 온 나의 소망을 들어 주십시오." 이에 바수데바(Vasudeva) 아들[크리슈나]은 말했습니다.

"오 쿤티의 아들이여, 그대는 나를 잘도 알고 있습니다. 내가 그대의 전차(戰車) 마부(馬夫)가 되어, 그대의 소망을 이루어 보겠습니다."

바이삼파야나가 계속했습니다. -그러자 쿤티의 아들[아르주나]은 크리슈나와 다사라(Dasarha) 족 추종자들을 데리고 유디슈티라에게로 돌아왔습니다.195)

---

195) K. M. Ganguli (Translated into English Prose from the Original Sanskrit Text), *The Mahabharata of Krishna-Dwaipayana Vyasa*, Munshiram Manoharlal Publisher Pvt. Ltd. New Delhi, 2000, -**Udyoga Parva**- pp. 6~10

'두료다나(왼쪽에 앉아 있음)와 아르주나(오른쪽에 서있음)가 크리슈나(침상에 누워 있음)에게 도움을 청하려 방문을 하고 있다.'[196)]

'크리슈나가 잠에서 깨어나, 아르주나를 먼저 보고 두료다나를 그 다음에 보다.'[197)]

'두료다나와 아르주나가 크리슈나의 도움을 요청하다.'[198)]

---

196) Courtesy National Museum New Delhi -*Historicity of the Mahabharata*, Aryan Books International, New Delhi, 2012, Fig. 7 'Duryodhana -sitting left, and Arjuna -standing right, visit Krishna -lying on bed, for help.'

197) E. Isacco, *Krishna The Divine Lover*, Serindia Publications, London, 1982, p. 91 'When Krishna woke, he naturally saw Arjuna first and Duryodana afterwards.'

198) S. Jyotirmayananda, *Mysticism of the Mahabharata*, Yoga Jyoti Press, 2013, p. 142 'Duryodhana and Arjuna seek the help of Krishna.'

ⓐ 아르주나는 '1억[ten crores]의 소몰이꾼들'이냐, '전투에 참가하지는 않을 크리슈나'냐에서 여러 말할 것도 없이 '전투에 참가하지는 않을 크리슈나'를 선택했다.

ⓑ 이것은 역시 '신앙심을 지닌 자의 독특한 심사'를 반영한 것이니, 그들은 '많은 사람들의 동의 얻어 어떤 가치 기준을 세운 존재들이 아니다.'란 논리이니, 아르주나는 크리슈나 앞에서 '자기 혼자서라도 적들을 다 물리칠 수 있다.'고 했다.

ⓒ **'아르주나의 선택'은 '마하바라타(*The Mahabharata*)' 전체의 흐름으로 불가피한 조처**였으나, 그 이전에 이미 '크리슈나의 결정[판두 5형제와의 연합]'이 명시되어 있으므로, 그 '대(大) 심판(審判)' 이전에 짐짓 '두료다나의 개과천선(改過遷善)의 기회제공'인 것이고, **더 크게 보면 '이미 다 정해진 하늘의 운수(運數)의 진행'이라는 그 힌두의 세계(우주)관의 반영이다.**

ⓓ 즉 '두료다나' '카르나'는 '욕심을 버리고 공평한 정신'으로 결코 돌아올 수 없는 존재였으니, 그것도 역시 '신의 심판을 행하기 위한 필수적인 존재'라고 봐야 할 것이다.[예수가 십자가에 매달릴 적에 제자 '유다'와 같은 역할임]

ⓔ 그러므로 **'두료다나'와 '카르나'**는 '절대신(God)'의 '세상 심판' 역할을 온전히 성취하는데 없어서는 아니 될 존재들이다. 그래서 **'크리슈나'와 연합한 '판두 아들들'**과의 대결을 이루어, 역시 거대한 **'동시주의(同時主義)'**를 다시 형성한 셈이다.

제74장 유혹(誘惑)에 넘어간 살리아

바이삼파야나가 말했다. -오 대왕이시여, 유디슈티라가 보낸 사신(使臣)에게 [전쟁]소식을 들은 **살리아(Salya**, 나쿨라 사하데바의 外叔)는 그의 아들과 거대 군단을 이끌고 판다바들에게 달려왔습니다. 그의 군 캠프는 1.5요자나(yojana, 6~15km)를 뒤덮었고, 군사들은 최상이었습니다. **살리아(Salya)**는 그 악샤우히니(Akshauhini, 軍團) 왕이었는데, 큰 무용과 용맹을 지니고 있었습니다. 그 대장들은 다양한 갑옷을 입었고, 다양한 깃발과 활 전차와 동물[말 코끼리]들이 훌륭한 화환과 장식을 걸치고 있었습니다. 그리고 수많은 크샤트리아가 군대의 인솔자가 되었고, 그 지방 고유의 방식으로 차려 입었습니다. 살리아(Salya)는 천천히 행진하여 판다바 측에 그의 군사를 주둔하고 있었습니다. 그래서 땅 위에 생명들은 그 군사의 발아래 억압을 느꼈고, 땅도 군사들의 발걸음에 흔들렸습니다. 그런데 두료다나 왕이 너그럽고 억센 영웅[살리아(Salya)]이 여행길에 올라 있다는 소식을 듣고 사람들을 시켜 서둘러 달려가 그에게 경의(敬意)를 표하게 했습니다. 그를 환영하기 위해 머무를 장소를 꾸미고 많은 예술가를 동원하여 그 손님을 즐겁게 해 주도록 시켰습니다. 그 '가건물(假建物)'들에는 화환과 고기 진수성찬과 음료를 기분을 전환하며 즐길 수 있도록 마련을 해 두었습니다. 그래서 살리아(Salya)가 거기에 도착하니 두료다나의 시종(侍從)들은 그를 신(神)처럼 대접을 했습니다. 다른 곳을 가서도 살리아(Salya)는 역시 천신들처럼 대접을 받았습니다. 초인처럼 특별 대접을 받은 살리아는 신들의 신인 인드라보다도 자기가 높다고 생각을 하게 되었습니다. 그래서 살리아는 그의 시종(侍從)에게 물었습니다.

"**유디슈티라는 어디에 있는가? 이러한 쾌적한 장소는 누가 준비를 했는가? 이를 제공한 사람을 내게 불러 오라. 내가 보답(報答)을 해야겠다. 그들에게도 보답을 하고 쿤티의 아들들도 기쁘게 해 주어야겠다.**" 두료다나 시종(侍從)들이 놀라서 모든 것을 두료다나에게 보고했습니다. 살리아는 너무 기뻐서 자기 생명까지도 허락할 정도였는데, 신분을 숨긴 두료다나가 나타나 그의 외삼촌에게 자신을 드러내었습니다. 그래서 살리아는 두료다나가 자신을 맞으려고 애를 썼던 것을 알게 되었습니다. 그래서 살리아는 두료다나를 포옹하며 말했습니다. "원하는 것을 말하시오." 두료다나가 말했습니다.

"오 귀하신 분이시여, **우리군의 사령관이 되어 주소서.** 그것이 제 소원입니다."

바이삼파야나가 계속했다. -두료다나의 그 말을 듣고 살리아(Salya)는 말했습니다. "그렇게 될 것이요. 다른 소원은 무엇이요?" 그래도 두료다나는 "됐습니다."를 반복했습니다. 그래서 살리아는 말했습니다.

"오 최고의 두료다나여, 그대의 도성(都城)으로 돌아가시오. 나는 유디슈티라에게도 할 말이 있소. 내 볼일을 다보면 나도 급히 [당신의 도성으로]돌아가리다." 그 말을 듣고 두료다나는 말했습니다.

"오 왕시여, 판다바들을 만난 다음에 빨리 돌아오십시오. 나는 당신만 믿습니다. **당신께서 제게 허락한 저의 소망을 기억해 주세요.**" 그러자 살리아가 대답했습니다.

"당신에게 행운이 있을 것이요. 나도 곧 돌아갈 터이니, 당신의 도성으로 우선 돌아가시오." 그리고 나서 살리아(Salya)와 두료다나는 포옹을 했습니다. 그런 다음을 두료다는 자신의 도성으로 돌아갔습니다. 살리아는 판다바들을 만나려 그의 행진을 계속했습니다. 살리아가 우파플라비아(Upaplavya, 바라타 왕성)의 판두 형제들의 켐프에 도착했습니다. 판두 형제들은 일상적인 발 씻을 물을 제공하고 암소를 포함한 일상적 선물을 [살리아에게] 제공했습니다. **살리아[마드라족의 왕]는 먼저 인사를 나누고 반가움에 유디슈티라, 비마, 아르주나, 누이[마드리]의 두 아들을 껴안았습니다.** 그리고 자리에 앉은 다음 살리아가 유디슈티라에게 말했습니다.

"오 왕들 중에 호랑이시여, 노지(露地)에서 [유랑의]생활을 어떻게 견디었는가? 은둔의 시절은 더욱 괴로웠을 것이다. 오 바라타의 후예여, 적을 멸한 다음 드리타라슈트라 아들로 인해 그 불행에 대한 보상을 받으면 행복을 획득할 것이오."

바이삼파야나가 계속했다. -그렇게 말한 다음 살리아(Salya)는 도중에 두료다나를 만났다는 말을 상세히 말하고 그 두료다나의 소망을 들어주기로 약속했다는 사실까지 다 털어놓았습니다. 그러자 유디슈티라가 말했습니다.

"오 무적(無敵)의 왕이여, 당신이 즐거운 마음으로 두료다나에게 진심을 말하신 것은 잘된 일입니다. 그렇지만 오 왕이시여, 당신께 한 가지만 부탁을 드리겠습니다. 행하기가 어려울지 모르겠으나 한 가지만 말씀만 들어 주십시오. **당신은 전장(戰場)에서 크리슈나와 같으시니, 카르나(Karna)**

와 아르주나(Arjuna)가 단둘이 싸울 적에 당신은 틀림없이 카르나의 마부(馬夫)가 될 겁니다. 그럴 경우 당신이 나를 좋아하시니, 반드시 아르주나를 지켜주셔야 합니다. 당신이 그렇게 하여 그 마부의 아들 카르나의 기를 꺾어 놓을 경우, 승리는 우리 것입니다. 오 외삼촌, 당신이 행해야만 할 일이 그것입니다." 살리아가 말했습니다.

"그대들에게 행운이 있을 것이오. 그대가 나에게 부탁한 전투에서 그대의 말대로 '마부의 아들[카르나]의 기'를 내가 꺾을 것입니다. 나는 확실하게 그 카르나의 마부가 될 것이니, 카르나는 나를 '크리슈나'와 동등하다고 생각을 하고 있기 때문이요."199)

_____→

(a) '마하바라타(*The Mahabharata*)'의 이 장(章)이 보여주고 있는 사항은 두 가지이다. 즉 **영웅 살리아(Salya)를 두고 펼친 두료다나와 유디슈티라의 '모시기 경쟁'이다.** 살리아(Salya)는 판두 왕의 처남(마드리 왕비의 형제)이고 나쿨라 사하데바의 외삼촌이니, 마땅히 유디슈티라 편에 서야 했다.[가족 관계를 중시하는 Hindu의 윤리로]

(b) 그런데 살리아(Salya)는 두료다나의 융숭한 대접에 넘어가 일단 드료다나의 소망을 들어주기로 응낙을 하였다. **이것은 역시 '태고(太古) 시절'부터 '먹고 사는 육체를 운영하는 인간'의 약점을 두료다나가 먼저 이용을 한 셈이다.**

(c) 이미 두료다나에게 '사령관이 되어 주십사.'라는 부탁에 응낙을 해고, 살리아(Salya)는 그 두료다나에 앞서 자기를 초청했던 판다바들에게 변명을 하지 않을 수 없었던 그 살리아(Salya)에게, 유디슈티라는 굳이 그를 원망하지 않고 새로운 구체적인 부탁['카르나의 기를 꺾어 달라.']을 행했다는 것이다. **'마하바라타(*The Mahabharata*)'는 사실상 '카르나(Karna)'와 '아르주나(Arjuna)' 동복(同腹) 형제 간의 대결임을 명시한 것이다.**

(d) 그런데 유디슈티라는 자신의 외삼촌 크리슈나는 이미 '아르주나의 마부'가 되기로 작정이 된 상태에서, 나쿨라 사하데바 쌍둥이의 외삼촌 살리아(Salya)는 그 카르나의 마부가 될 것을 확신을 했다. 그렇게 예측한 결과 유디슈티라는 살리아(Salya)가 두료다나 진영으로 가기로 약속했다는 말을 듣고, 역시 기회를 놓치지 않고 '카르나의 마부가 될 경우 그의 기를 꺾어주시오.'라고 부탁을 했다는 것이다.

(e) 그렇다면 이미 **'태고 적부터 인간의 경쟁'은 '앎(情報와 豫測의 경쟁'**이었다는 엄연한 사실을 이 '마하바라타(*The Mahabharata*)'는 공개를 한 셈이다.

(f) 두료다나는 특유의 수완으로 '크리슈나' '살리아(Salya)' 유치 경쟁을 벌려서 그들을 '선점(先占)'하려 했으나, 그 핵심 사항이 유실됨[크리슈나, 살리아(Salya)의 마부 起用]으로서 사실상 그 두료다나의 패색(敗色)이 짙어졌다는 이야기이다.

(g) 이 '나쿨라 외삼촌 살리아(Salya)의 변심'을 나관중(羅貫中)은 '통속연의(通俗演義)'에 '장영년반난양수(張永年反難楊修)'로 화려하게 써먹었다. 즉 조조에게 푸대접을 받은 촉나라의 재사(才士) 장

199) K. M. Ganguli (Translated into English Prose from the Original Sanskrit Text), *The Mahabharata of Krishna-Dwaipayana Vyasa*, Munshiram Manoharlal Publisher Pvt. Ltd. New Delhi, 2000, **-Udyoga Parva-** pp. 10~13

송(張松)을 유현덕이 극진히 대접하여 '촉(蜀)나라 획득'에 결정적인 발판을 마련했다는 이야기 전개가 그것이다.

제75장 산자야를 특사(特使)로 파견하다.

바이삼파야나가 말했다. -사트와타(Satwata) 족의 위대한 영웅 **유유다나(Yuyudhana)**가 거대한 보병과 기마부대와 전차부대 코끼리 병사들을 이끌고 유디슈티라에게 왔습니다. 그리고 유유다나(Yuyudhana)의 용감한 병사들은 여러 고장에서 모인 병사들이고, 다양한 무기를 소지한 병사들로 판다바 군사들을 더욱 다채롭게 했습니다. 그들은 전투용 도끼, 투척기(投擲機), 창, 나무망치, 장갑, 전투용 막대기, 도검(刀劍), 각종 화살 등을 소지하고 있었습니다. 그 군사들은 구름 같이 몰려왔는데, 구름 속에 번개가 번쩍이듯 무기가 빛났습니다. 그 병력은 1개 악샤우히니(Akshauhini, 21870의 戰車 병력에 다시 步兵과 象兵을 합한 병력 '약 1억'으로 계산을 하고 있음)에 이르렀습니다. 각지의 몰려 든 군사들은 유디슈티라 군으로 유입해 들어갔으니, 작은 강물들이 바다로 들어가는 것 같았습니다. 그리고 역시 체디족(Chedis)의 왕 **드리슈타케투(Dhrishtaketu)**도 1개 악샤우히니(Akshauhini)를 거느리고 판다바들에게 합류했습니다. 그리고 마가다(Magadha)왕 **자야트세나(Jayatsena)**도 1개 악샤우히니(Akshauhini)로 판두들에게 합류를 했습니다. 그리고 해안가에 거주하는 **판디아(Pandya)**도 유디슈티라 군에 합류했습니다. 드루파다(Drupada) 왕과 비라타(Virata) 왕도 판두 아들들의 군에 합류를 했습니다. 그래서 **판다바 군은 7개의 악샤우히니(Akshauhini)를 형성했습니다.**

한편 **바가다타(Bhagadatta)**는 1개 악샤우니(Akshauhini)을 두료다나에게 이끌고 가 그를 기쁘게 해 주었습니다. **살리아(Salya)**가 1개 악샤우니(Akshauhini)를 두료다나에게 보냈습니다. 흐리디카(Hridika)의 아들 **크리타바르만(Kritavarman)**이 보자족(Bhojas) 안다족(Andhas) 쿠쿠라족(Kukuras)의 1개 악샤우니(Akshauhini)를 이끌고 두료다나에게 갔습니다. 그리고 신두사우비라(Sindhusauvira) 땅에 거주하는 **자야드라타(Jayadrata)**가 1개 악샤우히니(Akshauhini)로 두료다나에게 갔고, 캄보자족(Kambhojas)왕 **수다크쉬나(Sudakshina)**가 야바나족(Yavanas) 사카족(Sakas)을 동반하여 1개 악샤우히니(Akshauhini)로 두료다나에게 합했습니다. 마히슈마티(Mahishmati) 성(城)에 거주하는 닐라(Nila)왕이 남부 병사를 이끌고 두료다나에게 갔고, **아반티(Avanti)**의 두 왕이 두 개의 악샤우히니(Akshauhini)를 이끌고 두료다나에게 합류했습니다. 그리고 **케카야(Kekaya)**왕이 1개 악샤우히니(Akshauhini)로 두료다나에게 합류를 했습니다. 그래서 **두료다나는 11개 악샤우히니(Akshauhini, 21870의 전차 병력)를 확보했습니다.** 그래서 하스티나푸라(Hastinapura) 도성(都城) 안에는 자리가 없어서 쿠루장갈라(Kurujangala) 로히타카(Rohitaka) 숲 아히차트라(Ahichatra) 칼라쿠타(Kalakuta) 갠지스(Ganga) 바라나(Varana) 바타다나(Vatadhana)

야무나(Yamuna) 강둑이 모두 다 그 카우라바(Kauravas) 군사로 가득했습니다.

바이삼파야나가 말했다. -[和解를 위한] 두루파다(Drupada) 왕의 사제(司祭)가, 카우바라 왕에게 가니 드리타르슈트라 왕과 비슈마와 비두라는 환영을 하였습니다. 인사를 나눈 다음 두루파다(Drupada) 왕의 사제(司祭)는 말했습니다. "왕들의 의무는 당신들도 다 알고 계십니다. 드리타라슈트라과 판두은 '동일한 아버지의 아들'이십니다. 부친의 부(富)를 동등하게 가져함은 의심할 것도 없습니다. 유디슈티라 7개 악샤우히니(Akshauhini)는 지금 명령만을 기다리고 있습니다. 이에 대해 11개 악샤우히니(Akshauhini)가 다른 편에 있습니다. 그런데 크리슈나의 힘은 막강합니다. 그 누가 아르주나의 용맹과 크리슈나의 지혜를 이길 겁니까? 그러므로 나는 당신들에게 당초에 계약과 도덕을 따르시라고 요구하러 왔으니, 이 기회를 놓치지 마십시오."

바이삼파야나가 말했다. -두루파다(Drupada) 왕의 사제(司祭)의 그 말을 듣고, 비슈마가 말했습니다.

"크리슈나와 함께 하게 된 그들[판두들]은 얼마나 운이 좋은가! 도덕의 길을 가는 그들은 얼마나 복이 많은가! 쿠루의 사촌들이 화평하게 지내자는 것은 얼마나 좋은 일입니까! 그대 말이 진실임은 의심할 여지도 없습니다. 누가 정말로 전투에서 그 아르주나를 감당할 것인가? 인드라 신도 이길 수 없을 터이니, 다시 누구를 거론하겠습니까?" 비슈마의 그 말에 카르나(Karna)가 분(憤)을 못 이겨 두료다나를 보며 말했습니다.

"사쿠니(Sakuni)는 앞서 두료다나를 위하여 주사위 노름에 이겨서 계약대로 판다바들은 숲으로 들어갔습니다. 유디슈티라는 지금 계약도 생각하지 않고 자기네 옛 왕국으로 돌아가려 하고 있습니다. 그러나 두료다나는 정당하게는 온 세상이라도 넘겨줄 수 있을 것이지만, 무서워해서는 크샤트리아 정신에서 한 발짝도 물러서지 않을 겁니다. **판다바들이 옛 왕국으로 돌아가려면 계약된 시간[또 13년간]을 더 숲에서 지내야 합니다**. 그런 다음에 판두들은 두료다나처럼 안전하고 건강하게 살아야 할 겁니다. 그러나 판두들의 '바보 같은 생각'으로는 절대로 자기네들의 부당한 길에서 벗어나지 못 할 겁니다. 그러나 만약 도덕의 길을 버리고 전쟁을 원하면 우리 쿠루들의 맛을 제대로 보게 될 것입니다." 비슈마가 말했습니다.

"마부의 아들[카르나]은 지금 무슨 말을 그렇게 하는가? 아르주나 혼자서 여섯 전차 무사들을 다 물리쳤던 것을 벌써 잊었는가? **저 바라문[두루파다(Drupada) 왕의 사제(司祭)]이 말했던 대로 행하지 않으면, 우리 모두는 이 전투에서 아르주나게 다 죽게 될 것이다.**" 그러자 드리타라슈트라 왕이 그 카르나를 꾸짖고 나서 다음과 같이 말했습니다.

"산타누의 아드님 비슈마의 말씀이 우리에게 얼마나 좋은 말씀인가. 판다바들에게도 좋고 세상을 위해서도 그렇다. **내가 산자야(Sanjaya)를 판두들에게 보낼 것이다**. 산자야(Sanjaya)는 오늘 즉시 판두 아들들에게 가도록 하라." 그래서 드리타라슈트라는 두루파다 왕의 사제를 존중하여 판다바들에게 돌아가게 하고 산자야(Sanjaya)를 불러 다음과 같이 말했습니다. 드리타라슈트라가 말했습니다.

"오 산자야여, 사람들은 판다바 형제들이 우파플라비아(Upaplavya)에 도착해 있다고 한다. 가서 그들을 찾아보아라. 너는 유디슈티라(Ajatasatru)에게 다음과 같이 인사를 해라. '다행히도 숲 속에서 나오셔서 이 도성(都城)에 도착을 하셨습니다. 쓸데없이 고생스러운 기간을 잘 보내셨습니다.' 이렇게 공손히 인사를 하고 **판두들이 신뢰를 배반한 것으로 절대 대접을 해서는 아니 된다.** 오 산자야여, 그대는 바라타 종족을 위해서 적절하고 은혜롭게 행하고 말하라. 왕들 속에서 진실하게 말해야 하고 불쾌하고 도발적인 말을 해서는 아니 된다."

바이삼파야가 말했다. -그 드리타라슈트라 왕의 말을 들은 다음 산자야(Sanjaya)는 우파플라비아(Upaplavya)로 가서 판다바들을 만났습니다. 그리고 유디슈티라를 향하여 즐겁게 말했습니다.

"오 왕이시여, 건강하심을 축하드립니다. 드리타라슈트라 노왕(老王)께서 안부(安否)하라 하셨습니다. 비마 아르주나 마드리의 아드님들도 안녕하시기를 빕니다. 두루파다 왕의 따님[드라우파디] 안녕하시기를 빕니다." 유디슈티라가 말했습니다.

"오 산자야(Sanjaya)여, 여행 중에 별고(別故)는 없었지요? 우리는 그대를 보니 반갑습니다. 오 유식한 분이시여, 나와 내 아우들은 아주 건강합니다. 오 산자야(Sanjaya)여, 우리의 인내력으로 드리타라슈트라 왕의 아들을 넘지 않았을 때[전쟁이 터지지 않았을 적에] 그 행복은 유지 될 수 있습니다."

바이삼파야나가 말했다. -[유디슈티라 왕에게 파견되었던] 산자야가 돌아가 드리타라슈트라 왕께 말했습니다.

"케사바(Kesava, 크리슈나)는 측량할 수가 없고, 말로 설명을 할 수 없습니다. 환상의 영상을 가지고, 빛이나 신들의 처소로서 만물을 포괄하고 계시기에 그분을 **바수데바(Vasudeva)**라 일컫습니다. 만물에 깔아 있기에 **비슈누(Vishnu)**라고 하고, 진리와 요가에 몰입하시며 현자(賢者)로서 실천하시기에 **마다바(Madava)**이시고, 악귀 마두(Madhu)를 정복하신 24 대상의 실체(實體)이시기에 **마두수다나(Madhusudana)**라 이르십니다. 사트와타(Sattwata) 종족에 태어나셔서 '존재'를 뜻하는 크리슈(Krish)에 '평화'를 뜻하는 나(na)가 합쳐 **크리슈나(Krishna)**라 이르고, 높고 영원한 처소라는 푼다리카(Pundarika)와 불멸을 뜻하는 악샤(Aksha)를 합쳐 **푼다리카크샤(Pundarika-sha)**라 부르며, 모든 사악한 존재의 위협을 물리치시기에 **자나르다나(Janardana)**라 합니다. 사트와(Sattwa) 속성이 그에서 떠날 수 없고 그도 또한 사트와(Sattwa)에서 떠날 수 없으므로 **사트와타(Sattwata)**라 이르며, '베다'를 뜻하는 브리샤바(Vrishabha)와 '눈'을 뜻하는 익샤나(ikshana)가 합했으므로 **브리샤바크샤나(Vrishabhakshana)**입니다. 일상적 탄생을 거치지 않았기에 **아자(Aja)**라 하고 영원한 행복 흐리시카(Hrishika)와 기쁨 행복 신성을 통합한 여섯 가지 신성을 뜻하는 이사(Isa)가 합쳐서 **흐리시케사(Hrishikesa)**입니다. 두 팔로 하늘과 땅을 들고 있으니, **마하바후(Mahavahu)**이고, 괴로움이나 타락으로 꺾이지 않으므로 **아다크사자(Adhakshaja)**이고 모든 인간의 도피처이므로 **나라야나(Narayana)**이고, 창조와 보존을 의미하는 푸루(Puru)와 창조와 파괴와 그것들의 통합자라는 의미에서 **푸루소타마(Purusottama)**입니다. 그는 만물을 아시기에 **사르바 (Sarva)**라 이릅니다. 크리슈나는 항상 진리 안에 거하시고 진리는 항상 그 안에 있습니다. **고빈다 (Govinda)**는 진리의 진리입니다. 그러기에 그를 **사티아(Satya)**라 합니다. 용맹이시므로 **비슈누 (Vishnu)**이시고, 성공이시니 **지슈누(Jishnu)**이십니다. 영원이시기에 **아난타(Ananta)**이시고, 만 가지 지식을 말하시기에 **고빈다(Govinda)**이십니다. 그는 생각을 현실로 바꾸시고, 만물을 이끌어 갑니다. 그러한 속성이시기에 정의(正義)에 종사하고 신성을 구비하고 무찌를 수 없는 마두(Madu) 를 물리치고 쿠루들의 살상을 막으려고 여기로 오실 겁니다."[200]

'드리타라슈트라가 산자야를 판두 아들들에게 특사로 파견하다.'[201]

———→

(a) '마하바라타(*The Mahabharata*)'의 주인공 '**크리슈나(Krishna)**'의 '**역사(歷史)적 의미**'는 '**쿠루크 셰트라 전쟁**'을 주도하고 승리로 이끌었던 '**전쟁 영웅**'이라는 점이다.

(b) 그러므로 그 이외의 '찬사'와 '의미 부여'는 오로지 '힌두(Hindu)의 문화적 특성'일 뿐이다.

(c) 힌두(Hindu)는 '쿠루크셰트라 전쟁 영웅'을 '최고신' '만물의 창조 주재자'로 존중을 해 놓은 그 구체적인 그 경과를 이 '마하바라타(*The Mahabharata*)' 통해 한없이 부풀려 확장했고, 그것으로 '상고 시대 세계 인류 문화'를 이끌었으니, 그것을 보고 거듭 감탄 탄식을 하지 않을 수 없다.['힌 두' '불교' '기독교'가 동일한 뿌리임]

(d) 그러나 이에 명시 되어 할 것이 '절대신 크리슈나 찬양'은 진정 흥미로운 '역대 제왕' '철학자' '사 제들'이 그에 다 빠졌고, 오늘날도 '그에 대한 각별한 취향'을 보이고들 있지만, 그것은 오직 '다양 한 취미' '취향(趣向)'일 뿐이라는 사실이다.

200) K. M. Ganguli (Translated into English Prose from the Original Sanskrit Text), *The Mahabharata of Krishna-Dwaipayana Vyasa*, Munshiram Manoharlal Publisher Pvt. Ltd. New Delhi, 2000, -**Udyoga Parva**- pp. 31~35, 37~38, 150, 152

201) Wikipedia,'Sanjaya' -'Dhritarashtra summons Sanjaya to become messenger of the Pandavas'

(e) 그렇다면 이 '마하바라타(*The Mahabharata*)'에 대응적인 존재, 그 맞은편에 있는 논리는 무엇인가? 그것이 '현실주의' '역사주의' '과학주의'이다.

(f) 위의 장(章)에서는 드리타라슈트라 왕의 특사로 '판다바들의 정황(情況)'을 살피려 파견했는데, 그 산자야(Sanjaya)의 보고(報告)의 주 내용이 '크리슈나(Kesava)'의 '절대적 존재 의미'였다.

(g) 사실상 '전쟁 승리 영웅'에게는 인간이 행할 수 있는 모든 찬사가 결코 제외될 이유가 없었으니, '쿠루크셰트라 전쟁' 이후에 제작된 이 '마하바라타(*The Mahabharata*)'는 그대로 '크리슈나의 행적의 칭송 문학'이 된 것이다.

(h) 힌두 문명은 '언어 만능주의'인데, 앞서 '아르주나(Arjuna)'의 이름 열 개를 자랑했었는데, '태양'의 108개를 자랑했었는데, 여기에서는 '크리슈나의 이름 잔치'가 열렸다.

(i) 이 명칭부터 제대로 기억을 해야 그 '사제(司祭)'로 희망이나마 가질 수 있으니, 그야 말로 '세상에 쉬운 일'이란 없다.

제76장 크리슈나가 '평화'를 위해 하스티나푸라로 향하다.

자나메자야가 말했다. -산자야(Sanjaya)가 판다바 캠프를 떠나고 난 다음 우리 할아버지들은 무엇을 했습니까?

바이삼파야나가 말했다 -산자야(Sanjaya)가 떠나고 난 다음 유디슈티라는 크리슈나에게 말했습니다.

"우애에 헌신(獻身)하는 분이시여, 친구들이 우정을 보여야 시간이 왔습니다. 이 고민(苦悶)의 순간에 우리를 구제할 수 있는 분이 당신 말고 없다고 나는 생각합니다. 오 마다바(Madhava)시여, 우리는 당신에 의지하여 그의 상담재[카르내들에게서 엄청난 긍지를 느끼고 있는 그 두료다나에게서, 두려움 없이 우리의 지분(支分)을 요구하고 있는 상태입니다. 당신이 모든 재난에서 그 브리슈니들을 구해내고 계시듯이, 판다바들도 이 큰 위험에서 구해 주소서." 크리슈나가 말했습니다.

"오 억센 자여, 내가 여기에 있으니, 그대가 원하는 것을 내게 말해 보시오. 그대가 내게 말하는 것은 무엇이건 이루게 할 것이오." 유디슈티라가 말했습니다.

"당신께서는[산자야를 통해] 드리타라슈트라 의도를 들으셨습니다. 산자야(Sanjaya)는 드리타라슈트라의 정신입니다. **드리타라슈트라는 우리들의 왕국을 되돌려 주지 않고 우리와 평화만을 원합니다.** 정말 우리는 드리타라슈트라가 우리에게 약속했던 것을 믿고 12년간을 숲에서 지냈고, 1년을 숨어 살며 약속을 지켰습니다. 우리가 약속을 지켰다는 것은 우리와 함께 거주한 바라문들이 다 알고 있습니다. **탐욕의 드리타라슈트라는 지금 '크샤트리아의 도덕'을 돌아보기를 싫어하고 있습니다.**(The covetous Dhritarashtra, is now unwilling to observe Kshatriya virtues.) 자식 사랑 때문에 드리타르슈트라는 사악자의 말에 귀를 기울이고 있습니다. 두료다나의 말만 듣고 탐욕으로 재물을 추구하며 우리에게 진실한 행동을 보이지 않고 있습니다. 오 자나르다나여, 이것보다 더 괴로운 일이 무엇이 있겠습니까? 그래서 나는 지금 어머니[쿤티]와 친구들도 지켜 줄 수 없습니다. 오 크리슈나여, 우리가 이때에 어떻게 해야 합니까? 오 마다바(Madhava)여, 우리가 어떻게 해야 우리의 재산과 도덕을 다 지킬 수 있겠습니까? 오 마두(Madu)를 무찌르신 분이여, 우리는 당신을 빼고 누구와 이 어려운 문제를 상의해야 합니까? 당신처럼 우리에게 호의를 보이는 자가 누구이며 모든 행동 경과를 꿰고 있는 분, 진리를 알고 계신 분이 어디에 있습니까?" 크리슈나가 유디슈티라에게 말했습니다.

"양편[쿠루와 판두]을 위하여 내가 그 쿠루들의 궁정으로 가겠습니다. **당신네들의 이익에 손상함이 없이 내가 평화를 획득할 수 있다면 위대한 종교적 장점(長點)으로 위대한 열매입니다.** 그러면 나는 분노로 타오르는 쿠루들과 스린자야들(Srinjayas), 판다바들과 드리타라슈트라들 사이에 상생의 틈새를 찾아낼 수 있을 겁니다. 그것은 사실상 온 세상의 평화입니다." 유디슈티라가 말했습니다.

"오 크리슈나여, 나는 당신이 몸소 쿠루들에게 가시는 것을 바라지 않습니다. 당신이 설득하려 해도 두료다나(Duryodhana)는 듣지 않을 겁니다. 온 세상의 크샤트리아가 두료다나의 명령을 받고 거기에 집결해 있습니다. 그 속에 가시지 않은 게 옳습니다. 만약 당신에게 불행이 생기시면 오 마다바(Madhava)여, 어떠한 신, 어떠한 신성도 우리를 즐겁게 할 수는 없습니다." 크리슈나가 말했습니다.

"오 왕이여, 나는 저 사악한 두료다나를 잘 알고 있습니다. **내가 거기를 가야 세상에 모든 왕들의 비난을 우리가 피할 수 있습니다.** 사자 앞에 다른 동물들이 그러하듯, 내가 화를 내면 세상의 모든 왕들이 연합을 해도 내 앞에서는 잠잠할 겁니다. 만약 나에게 해를 끼치면 나는 모든 쿠루들을 당장 멸망시킬 겁니다. 오 파르타여, 내가 거기에 가는 것은 결코 무익(無益)한 일이 아닙니다. 우리의 목표[평화]가 달성되지 못 해도 최소한 그들의 비난은 피하게 될 겁니다." 유디슈티라가 말했습니다.

"오 크리슈나여, 그렇다면 당신이 좋을 대로 하소서. 성공하고 돌아오시기를 바랍니다."

바이삼파야나가 말했다. -한편 염탐(廉探)꾼들(spies)에게서 크리슈나가 하스티나푸라(Hastina-pura)를 향해 출발을 했다는 소식을 들은 드리타라슈트라는 모골(毛骨)이 송연(竦然)해진 드리타라슈트라는 비슈마, 드로나, 산자야, 비두라에게 공손하게 알리고 두료다나와 그의 상담자들에게 말했습니다.

"오 쿠루의 자손들이여, **모든 사람들이 다 알고 있는 대 용맹의 크리슈나가 판다바들을 위해 이곳으로 온다고들 말하고 있소. 사람들이 모여 의논하는 공개된 장소에서 사람들과 토론을 하겠다고 합니다.** 크리슈나는 우리 편에서도 공경해야 마땅합니다. 그는 만물의 주인이십니다.(He is the Lord of all creatures.) 모시지 않으면 재앙입니다. 만약 크리슈나가 우리의 호의에 감사하면 왕들이 모인 가운데 우리의 소망을 획득할 수 있을 것입니다. 이 문제에 대해 비슈마는 어떻게 생각하십니까?" 그러자 비슈마와 다른 사람들이 모두 "훌륭한 생각이십니다."라고 말했습니다. 그러자 두료다나는 많은 가설 건물들을 세우고 적절하고 훌륭하게 그 내부를 마련했습니다.[살리아의 경우처럼] 그러나 크리슈나는 그 쿠루들의 도성(都城)에 도착하여 그 '가건물'과 '보석들'은 쳐다보지도 않았습니다.

바이삼파야가 말했다. -회당(會堂)에서 모든 왕들이 착석(着席)을 하고 완전한 고요가 흘렀습니다. 훌륭한 치아(齒牙)에 큰 북 같은 깊은 목소리로 크리슈나는 말하기 시작했습니다. 우기(雨期)에 구름 속에 천둥 같은 목소리로 전 회당이 다 들리도록 드리타라슈트라를 향해서 말했습니다.

"오 바라타시여, **쿠루들과 판다바들의 영웅들이 서로 죽이지 않고 평화를 정착하게 하려고, 내가 여기 하스티나푸라에 왔습니다.** 그것 말고는, 여러 분들이 이미 세상의 모든 것을 다 알고 계십니다. 오 왕이시여, 그 '평화(平和)'는 그 학습과 행동과 모든 성취 속에서도 가장 빛나는 것이니, 모든 왕조 속에 더욱 각별한 것입니다. **다른 사람들의 행복 속에 즐거우며, 사람들의 불행한 모습을 슬퍼하고, 근심을 덜어주고 살상을 피하고 겸손하고 용서하고 진실함은 쿠루들에게 널리 퍼져 있는 사항입니다.** 그러기에 대왕의 종족은 그렇게도 고상(高尙)합니다. 만약 그것이 적절하지 못 한 경우는 크게 안타까운 일입니다. 오 쿠루의 왕이시여, 사람들이 낯 선 사람을 속이려 하는 경우나 작당(作黨)을 하려 할 경우에는 대왕은 앞장서서 그것을 말려야 옳았을 것입니다. **도료다나(Duryodhana)가 앞장을 서고 있는 간악한 대왕의 아들들은 도덕을 내버리고 탐욕에 정신을 빼앗기어 가장 그네들의 가까운 혈족을 향하여 가장 부당한 행동을 감행하려 하고 있습니다. 그 무서운 위험은 당초에 '쿠루들의 행동거지(擧止)'에서 발생 했습니다.** 만약 대왕이 그것에 무관심하면 그것을 거대한 살상으로 변할 것입니다. 오 바라타시여, 만약 대왕께서 '평화'를 위해 그 위험을 잠잠하게 하려고 하시면 그것은 어려운 문제가 아닙니다. 오 대왕이시여, **그 평화의 '정착' 문제는, 지금 대왕[드리타라슈트라]과 나에게 달렸습니다.** 오 대왕이시여, 대왕은 대왕의 아들들을 진정(鎭靜)시키십시오, 그러면 나는 판다바들을 진정(鎭靜)시키겠습니다. 대왕이 무엇을 명령하시던지, 대왕의 아들들과 그 추종자들은 지금 대왕께 복종을 하고 있습니다. 아들들이 대왕께 복종하는 것은 최상의 행동이 될 것입니다. 대왕께서 '평화'를 원하시어 아들들을 통제하면, 대왕의 이득이고 판다바들에게도 덕택이 됩니다. 판두의 아들은 대왕께 인사를 올리며 다음 같이 말했습니다. '당신의 명령으로 우리는 큰 고통 속에 숲에서 12년을 살았고, 1년을 숨어 살았습니다. 우리는 언약(言約)을 지켰고, 우리 아버지[판두]께서 거처했던 곳[領地]을 믿고 있습니다. 우리가 약속을 어기지 않던 것은 우리와 함께 거주했던 그 바라문들이 알고 있습니다. 우리가 약속을 지켰으므로 당신도 약속을 지키셔야 합니다. 우리가 고통을 받은 기간이 길었으나, 이제는 우리의 왕국의 지분을 받을 날이 왔습니다. 도덕과 이해를 다 아시는 당신이 우리를 구하셔야 합니다. 그 때 당신은 저희에게 아버지와 형제 같이 행하셨습니다. 스승은 제자들에게 스승으로서 대하고, 제자들로서의 우리는 스승을 대하듯 당신께 기꺼이 복종할 것입니다. 그러기에 당신은 스승처럼 행하셔야 합니다. 우리가 잘못 하면 우리를 바로 잡아주는 것이 우리 아버지의 의무입니다. 그래서 우리가 정당한 길을 걷도록 해 주십시오.'

바라타시여, 나는 대왕의 선(善)과 다른 사람의 선(善)을 모두 함께 바랍니다. **도덕과 이익과 행복을 위하여 평화를 지향해야 하고, 선함을 악으로 악함을 선으로 잘못 생각하여 세상 사람들의 살육을 허용해서는 아니 될 것입니다.** 시기심(猜忌心)으로 너무 멀리 나간 대왕의 아들들을 제어(制御)하십시오. '프리타의 아들들'은 순종하는 것과 싸울 것이 다 준비 되어 있습니다. 당신이 좋을 대로 선택을 하십시오."

바이삼파야나가 계속했다. -거기에 참석한 세상의 모든 왕들은, 크리슈나의 말에 크게 동의(同意)했습니다. 그러나 두료다나(Duryodhana)가 거기에 있어서 아무 말도 못했습니다.[202]

———✦

(a) **힌두의 최고신(最高神) 크리슈나[비슈누]는, 우선 '힘(무력)우선의 신'인데, 이 장에서는 최고의 외교력을 펼쳐서 '문무겸전(文武兼全)' 신(영웅)으로 변하였다.**

(b) 소위 '평화'란 '사제[바라문의 기본 정신]'이며 '그 정신 속에 최초로 안착한 크샤트리아'가 크리슈나였다.

(c) 이것이 '말[언어]' 속에 달성이 되었으니, 그 말을 엮은 '계관시인(桂冠詩人)' 역시 무시할 수 없는 큰 힘을 발휘하고 있음을 간과(看過)할 수가 없다.

(d) 그리고 위에서 거듭 확인이 되고 있는 바가 '**신용 유지[약속 이행 -善]', '불신[약속 파기 -惡]**'에 돌려졌음은 가장 주목해야 할 사실이다.

(e) 그리고 '**신용 유지와 불신' 문제는 역시 '인간 사회의 가장 중요한 문제'이니, 그것이 '신들의 사회[심판의 여부]'에도 중요하게 작용했다는 것은 '신(神)의 문제가 바로 인간의 문제'였음을 알 수 있다.**

(f) '마하바라타(*The Mahabharata*)'에 이 장은 소위 '**노력의 책(Udyoga Parva)**' 속에 포함되어 있는데, '노력(**Udyoga**)'이란 크시슈나의 '노력'이고, 진정한 실력자의 '평화 우선 노력'이라는 점에 큰 의미기 가 있다.

(g) '마하바라타(*The Mahabharata*)'는 영웅 '크리슈나'의 찬양 책인데, '불경'은 부처님 찬송의 책이고, '성경'은 여호와 찬양의 책'이다.

이에 대해 중국 나관중(羅貫中)은 '삼국지통속연의(三國志通俗演義)'를 썼는데 그것은 제갈양(諸葛亮) '절대 영웅' 만들기 책이다. 특히 '마하바라타(*The Mahabharata*)'에 이 장은 '통속연의'에 제갈양(諸葛亮)이 수시로 발동해 보인 '제갈양 웅변'과 유사하니, 제일 첫 번째 예는 '전쟁 반대의 오(吳)나라 군유(群儒)'를 물리칠 적에 발동한 '유비 옹호 발언'이었다.[제9권 제갈양(諸葛亮)이 오(吳)나라 선비들과 설전(舌戰)을 펼치다.(第九卷 諸葛亮舌戰群儒)]

202) K. M. Ganguli (Translated into English Prose from the Original Sanskrit Text), *The Mahabharata of Krishna-Dwaipayana Vyasa*, Munshiram Manoharlal Publisher Pvt. Ltd. New Delhi, 2000, -**Udyoga Parva**- pp. 153~154, 157~158, 176~177, 196, 199

제77장 불굴의 카르나(Karna)

드리타라슈트라가 말했다. -오 산자야여, 그 크리슈나(Krishna)가 카르나(Karna)를 자신의 전차에 실어 도시 밖으로 나갔는데, 크리슈나가 카르나에게 무슨 이야기를 했는지 말해보라.

산자야가 말했다. -오 바라타시여, 크리슈나는 카르나에게 그의 마음을 기쁘게 해 주며 친절하고 부드럽게 도덕과 진리 자비로 일관된 말씀을 하셨습니다. 바수데바는 말했습니다.

"오 '마부의 아들'이여, 그대는 베다에 정통한 많은 바라문을 섬겼소. 집중된 정신으로 시기심을 버리고 진리를 추구했습니다. 그대가 알다시피 경전(經傳)에는 **'혼전(婚前)에 여인이 [다른 남자에서] 낳은 아들과 혼후(婚後)에 [남편에게서]낳은 아들은 혼후(婚後)의 그 남편을 그 아버지로 한다.'**라고 되어 있습니다. **그래서 그대의 아버지 쪽으로는 판다바들이 있고, 어머니[쿤티] 쪽으로는 브리슈니(Vrishnis)가 있습니다. 그러니 바로 오늘 나와 함께 그곳으로 가서 그대가 판다바임을 알리고 유디슈티라에 앞선 쿤티의 아들이라는 것을 모두 밝힙시다.** 그래서 당신의 아우 판두 5형제가 다 당신의 발에 포옹을 하도록 합시다. 오 쿤티의 아들이여, 별들에 감싸인 달처럼 판두들에게 둘러싸여 왕국을 다스리며 쿤티를 즐겁게 주시오. 그러면 그대의 친구들도 즐거워할 것이고, 그대의 적들은 슬퍼할 것이요. 판두의 아들이여, 바로 오늘 그대의 아우들과 하나로 통합을 해 봅시다." 카르나가 말했습니다.

"오 케사바여, 당신의 말씀은 나를 사랑하고 아끼는 우정에서 행한 말씀입니다. 오 크리슈나여, 나는 당신의 말씀을 다 알아듣고 있습니다. 당신이 생각한 것처럼 나는 판두의 아들입니다. **어머니는 처녀 시절에 '수리아(Surya, 태양신)'와 관계하여 나를 낳았습니다.** 그리고 그 수리아의 명령으로, 어머니는 내가 태어나자마자 버렸습니다. 나는 판두 아들임에도 쿤티는 내 생명은 아랑곳하지 않고 버렸습니다. **마부(馬夫) 아디라타(Adhiratha)가 나를 보자마자 자기 집으로 데려가 길렀습니다. 나는 라다(Radha)의 젖을 먹고 그녀는 내 똥오줌을 치웠습니다. 무슨 의무(義務)와 경전(經傳)을 들어 그녀의 사랑을 빼앗을 수 있겠습니까? 그래서 마부 신분인 아디라타(Adhiratha)가 나를 아들로 생각하고 있는 것입니다.** 나도 사랑으로 그 마부를 내 아버지로 항상 생각해 왔습니다. 오 마다바여, 그 아디라타(Adhiratha)가 아버지로서 경전에 명시된 그 의례를 내가 따르게 했습니다. 그 아디라타(Adhiratha)가 바라문을 시켜 나의 이름[Vasusena]을 지었습니다. 나는 장성(長成)하여 아디라타(Adhiratha)의 선택으로 결혼을 했고, 아들을 낳았고, 지금 손자까지 두었습니다. **오 크리슈나여, 내 정신과 모든 사랑은 그네들에게 고정(固定)이 되어 있습니다. 오 고빈다여, 나는 온 세상이나 황금 산을 준다고 해도 나는 그 인연(因緣)을 깨뜨릴 수가 없습니다.** 오 크리슈나여, 나는 두료다나의 관계로 탈 없이 13년간의 통치를 즐겼습니다. 나는 수타(Suta)족과 관계를 유지하며 많은 제사(祭祀)를 지냈습니다. 오 크샤트리아의 황소[크리슈내시여. 3계에서 가장 성스러운 쿠루크셰트라(Kurukshetra)에서 늙고 유식한 크샤트라들이 상(傷)하지 않도록 당신께 기도를 올립니다. 오 케사바여, 모든 크샤트리아들이 하늘나라에 이르도록 챙겨주십시오. 오 자나르다나여, 산들이 있고 강들이 있는 한 [전투의]영광은 지속이 될 겁니다. 바라문들은 바라타 족의 위대한 전쟁을 칭송할 것입니다. 오 브리슈니(Vrishni)시여, **그 전투로 달성할 명성은 크샤트리아 자신들의 자랑거리입니다**. 오 케사바여, 전투를 할 때에 쿤티의 아들 아르주나를 꼭 나에게 데려오시되 그것은 일단 비밀에 붙여 주세요."203)

------→

(a) 절대신[비슈뉘]의 화신(化身) 크리슈나의 설득에 마부의 아들 '카르나의 말'은 힌두 사회에도 신도 함부로 할 수 없는 '양육 부모에 대한 절대적 사랑[의무]'가 명시되어 있다는 측면에서 **'인간 사회에 영원한 진리[孝]'가 시공을 초월하여 공존함**을 확인할 수 있다.

이 카르나의 정신이 바로 중국(中國) '실존주의(Existentialism)' '현실주의(Secularism)'이다.

(b) '마하바라타(*The Mahabharata*)'의 주인공 크리슈나가 악의 원흉 두료다나(Duryodhana)와 카르나(Karna)를 이겼다는 '절대 신의 승리'를 '힌두' '불교' '기독교'가 '절대 자의 승리'로 기념을 하고 있는 형편이었다.

(c) 그러나 위에서 카르나(Karna)가 주장하고 있는 '현실주의' '세속주의' '실존주의'도 작은 문제가 아니다.

(d) '마하바라타(*The Mahabharata*)' 강조되는 소위 **'크샤트라의 의무'**도 그 내부 문제인데, '천재적인 크샤트리아의 표본'이 바로 카르나(Karna)란 이야기이다.

(e) 그러기에 **'다다의 동시주의(同時主義)'는 지고 지선의 논리임을 볼테르, 니체, 등 세계적인 다다이스트들뿐만 아니라, 오늘날 '지구촌의 모든 지도자들'의 '정신체계' 그것으로 이를 망각하면 그 '지도자의 대열'에도 낄 수 없는 문외한(門外漢)**이다.

(f) 그 카르나(Karna)의 말 중에 '산들이 있고 강들이 있는 한 [전투의]영광은 지속이 될 겁니다. 바라문들은 바라타 족의 위대한 전쟁을 칭송할 것입니다. 오 브리슈니(Vrishni)시여, 그 전투로 달성할 명성은 크샤트리아 자신들의 자랑거리입니다.'라는 부분은 거듭 음미가 되어야 할 사항이다. 그대로 **'전쟁 예찬' '죽음 예찬'**이기 때문이다.['서해맹산(誓海盟山)'의 원본(原本)임]

(g) 사실 '마하바라타(*The Mahabharata*)'에 이 '카르나(Karna)'가 없었으면, '쿠루크셰트라(Kurukshetra) 전쟁'은 일어나지 않고 사전에 차단이 되었을 것이기 때문이다.

(h) E. 포콕(Pocke)은 힌두(Hindu)들을 '태양족(Solar race, 太陽族, 多神族, 스파르타)' '월궁족(Lunar race, 月宮族, 唯一神族, 아테네)'으로 일단 분류를 했는데, 더욱 이 '마하바라타(*The Mahabharata*)'를 기초로 세분(細分)을 하면, 카르나(Karna)를 필두로 한 두료다나(Duryodhana)는 '현세주의(現世主義)'이고, 크리슈나(Krishna) 등 판두 5형제는 '내세주의(來世主義)'이다.

(i) 한국에 고구려의 동명왕(東明王), 가야의 김수로왕(金首露王)은 고려의 왕건(王建), 조선의 이성계(李成桂)는 사실상 이 '태양족(Solar race)'이다.

(j) 이에 대해 고조선(古朝鮮)의 단군(檀君) 기자(箕子) 신라(新羅)의 혁거세(赫居世) 육촌장(六村長)

203) K. M. Ganguli (Translated into English Prose from the Original Sanskrit Text), *The Mahabharata of Krishna-Dwaipayana Vyasa*, Munshiram Manoharlal Publisher Pvt. Ltd. New Delhi, 2000, -**Udyoga Parva**- pp. 270~272, 274

은 '월궁족(Lunar race)'이다.[굳이 포폭의 분류가 없을지라도 '바라문'과 '크샤트리아'는 체질적(경력)으로 쉽게 구분이 되고 있는 사항임]

제78장 원흉(元兇) 두료다나

바이삼파야나가 말했다. -하스티나푸라(Hastinapura)에서 우파플라비아(Upaplavya)로 돌아온 크시슈나는 일어난 일들을 모두 판다바들에게 말하였습니다. 그런 다음 크리슈나는 자기 처소로 가서 쉬고 있었습니다. 해가 진 다음 판두 5형제는 비라타(Virata)와 다른 왕들을 물리치고, 그들의 저녁 기도를 올렸습니다. 그들은 다 그 크리슈나에게 마음이 고정이 되어 있었기에, 그에 관하여 생각을 하고 있었습니다. 그래서 결국 판두들은 그 크리슈나를 그들의 중앙에 두고 앞으로 어떻게 해야 할지를 생각하기 시작했습니다. 유디슈티라가 말했습니다.

"오 연꽃 눈을 가지신이여, 당신은 우리에게 나가푸라(Nagapura, 하스티나푸라)에 가서 쿠루의 회당(會堂)에서 말씀하신 것을 다 들려주셨습니다." 크리슈나가 말했습니다.

"<u>내가 드리타라슈트르 아들에게 진실하고 합당하고 유익한 말을 들려주었으나, 그 고약한 친구는 내 말을 받아들이지 않았습니다.</u>" 유디슈티라가 말했습니다.

"오 크리슈나여, 두료다나가 그릇된 길로 나가려할 적에, 비슈마(Bishuma)는 그 두료다나에게 무어라고 했습니까? 드로나(Drona)와 두료다나의 부모(드리타라슈트라와 Gandary)는 무어라고 했습니까?" 바수데배[크리슈내가 말했습니다.

"쿠루의 회당(會堂) 여러 왕들이 모인 가운데서 내가 두료다나에게 '<u>판두들에게 그들의 지분(支分)을 약속대로 돌려주어야 한다.</u>'고 말을 했더니, 두료다나는 커다란 소리로 웃었습니다. 그러자 비슈마(Bhishma)가 말했습니다. '두료다나야, 내가 우리 종족의 보존을 위해 하는 말이니 들어보라. 너는 우리 집안에 보탬이 되는 일을 해야 한다. 우리 아버지 산타누(Santanu)는 세상일을 다 아시고 나는 그분의 외아들이다. 우리 종족이 절단 나고 명성이 끝나게 해서는 안 된다. 아들아, 싸우지 말고 판두들에게 왕국의 절반을 주어라. 내가 살아 있는 동안에는 어떤 다른 경쟁자가 나설 것이냐? 내 말을 무시하지 말라. 아들아, 나에게는 [너희들 간에]어떤 구분도 없다.' 비슈마가 그렇게 말한 다음 드로나(Drona)가 두료다나에게 말했습니다. '비슈마께서는 바라타족을 위해 헌신하셨고, 진리를 고수하시고 욕망을 억압하시고, 맹세를 지키시고 의무에 종사하셨습니다. 드리타라슈트라도 커다란 지혜를 가지고 계시고, 드리타라슈트라의 아우 비두라(Vidura)도 위대한 지혜를 갖추었습니다. 드리타슈트라가 왕위에 있을 적에 그 곁에는 고매(高邁)한 정신의 비두라(Vidura)가 있었습니다. <u>드리타라슈트라의 아들로서 그대는 왜 집안의 불화를 초래하려 합니까?</u>(how dost thou venture to bring about a disunion in the family?) 형제들[판두들]을 통합하여 백 가지 즐거움을 누리십시오. 내가 겁을 먹고 하는 말도 아니고 부(富)를 탐내어 하는 말도 아닙니다. 나는 비슈마가 제공하는 부를 누리고 있고, 그대가 제공한 것이 아닙니다. 내가 살고 싶어서 이런 말하는 것도 아닙니다. **비슈바가 계신 곳이 이 드로나가 있을 것입니다**. 비슈마의 말씀을 따르세요. 판두의 아들들에게 왕국의 절반을 주세요. 나는 그대와 그들[판다바들]의 스승입니다. 정말 **나에게 는 아스와타만(Aswatthaman)이 있고, 백마(白馬)를 모는 아르주나가 있습니다**. 다른 말이 소용 없고 **정의(正義)가 있는 곳에 승리가 있습니다**.(Victory is there where righteousness is.)'" 크리 슈나가 계속했습니다.

"드로나(Drona)가 말한 다음에 유덕한 비두라(Vidura)가 [드리타라슈트라에게]말했습니다. '우리 종족에는 두료다나가 오점(汚點)입니다. 추종자들은 탐욕에 노예가 되어 있습니다. 쿠루들은 부로 (父老)의 말을 거스른 두료다나의 행동 결과에 받을 겁니다. 지혜를 속이는 간사한 두료다나를 가 두어 두시고 판다바 아들과 세상을 통치하셔야 합니다. 엄청난 살상을 행할 판다바들이 지금 우리 앞에 와 있습니다.' 그렇게 말한 비두라(Vidura)는 슬픔에 한숨을 계속 쉬었습니다. 그러자 수발라 (Suvala) 왕의 딸[간다리]이 두료다나에게 말했습니다. '쿠루 왕국은 순서에 따라 다스려 왔다. 두료 다나야, 너는 왜 망상에 빠져 왕권을 탐내느냐? 비슈마께서 살아 계시니, 그분의 말씀을 따라야 한다.'" 크리슈나가 계속했습니다.

"간다리(Gandhari)가 말한 다음에 드리타라슈트라가 말했습니다. '두료다나야, 내 말을 들어라. 발리카(Valikas)의 허락을 받아 산타누(Santanu)가 왕이 되어 왕국을 다스렸다. 그런데 그 후 내가 장남(長男)이지만, 내 신체적인 결함으로 나는 제외되었고, 판두(Pandu)가 왕이 되었다. 판두는 나보다 나이가 어렸지만, 왕국을 얻어 왕이 되었다. **판두가 죽은 다음에는 마땅히 그 왕국은 그 아들에게 돌아가야 하는 법이다**. 나는 왕국을 가질 수 없었는데, 네가 어떻게 왕국을 욕심을 내겠 느냐? 너는 왕의 아들이 아니므로 이 왕국을 가질 권리가 없다. 유디슈티라가 왕의 아들이고 왕국 은 법적으로 그의 것이다.(Yudhiashthira is the son of a king. This kingdom is lawfully his.)'" 크리슈나가 말했습니다.

"비슈마(Bhishma) 드로나(Drona) 비두라(Vidura) 간다리(Gandhari) 드리타라슈트라(Dhritara-shtra)의 말을 다 듣고도 그 악당은 정신을 차리지 못 했습니다. 그 고약한 **두료다나(Duryodhana)** 는 분노로 붉어진 눈으로 자리를 박차고 일어나 그 회당(會堂)을 나가버렸습니다. 그러자 목숨을 걸고 도료다나를 따르겠다는 모든 왕들은 그를 뒤따라 회당에서 나갔습니다. 그러자 **두료다나 (Duryodhana)**는 그 왕들을 향해 거듭 명령을 내렸습니다. '**오늘이 푸샤(Pushya) 별의 뜨는 날이 요. 왕들은 쿠루크셰트라(Kurukshetra)로 행진을 하시오**.' 운명의 강요로 그 왕들은 비슈마 (Bhishuma)를 그들 사령관으로 삼아 그들의 병사들과 함께 즐겁게 출발했습니다. 11 개 군단 (Akshauhinis)''이 카우라바들(Kauravas)을 위해 집결했습니다. 오 왕이여, 나는 비슈마 드로나 비 두라 간다리 드리타라슈트라가 내 앞에서 했던 말을 그대로 전했습니다. 쿠루 회당(會堂)에서 생긴 일을 다 말했습니다. 전쟁을 하지 않으면 그들은 그대의 왕국을 되돌려 주지 않습니다. 죽음이 그들을 기다리고 있고, 세상이 다 파괴되게 될 것입니다."[204]

(a) 이미 양측(兩側)이 막대한 군사력이 다 동원이 되어 있는 상태라서 쿠루의 최고 원로 비슈마 (Bhishma) 드로나(Drona) 비두라(Vidura) 간다리(Gandhari) 드리타라슈트라(Dhritarashtra)가 다 전쟁을 만류해 되어도 그 두료다나(Duryodhana)의 뜻을 바꿀 수 없었다는 것이다.

(b) 그러므로 '**평화**'란 긴박한 상황에서 금방 달성될 수 있는 것은 결코 아니고, '**지속적인 교육과 훈련과 세계적인 안목 속에 생명 존중의 정신을 함께 지켜나가지 않으면 안 된다**.'는 점을 다 알아야 할 것이다.

(c) 모든 '전쟁'에는 그 '전쟁의 주범(主犯)'이 있기 마련인데, '크샤트리아의 의무'가 명시된 힌두 사회 에서는 그 '**크샤트리아들**'이 바로 '주범(主犯)'들이다. 그런데 힌두들은 그 '전쟁의 승부(勝負)' 절 대자가 누구의 편을 드는가에 이미 정해진 일이라는 세계관 우주관 역사관을 가지고 있었다. 이것은 물론 '절대 신의 받드는 바라문(婆羅門)'들의 세계관 우주관 역사관'이다.

(d) 그러므로 '절대 신에의 귀의(歸依)=요가'가 우선이고, 일개 '크샤트리아의 승패(勝敗)'는 처음부터 문제도 아니라는 입장을 먼저 확보한 것도 '힌두 바라문들의 긍지'였다.

(e) '마하바라타(*The Mahabharata*)'에서는 그러한 '**절대신(비슈누, 브라흐마, 다르마)' 위력(偉力)을 당시 인간 속에 섞여 살았던 '크리슈나'에 돌려 생각을 했던 방법**은, '그네의 탁월한 발상'이며 역시 '순수한 발상' '순진한 발상' '마음 편한 발상'이었다. 그것은 소위 '영혼의 구원=요가(Yoga) 로 다 행해진다.'는 대답을 다 믿고 있었기 때문이다.

(f) 그런데 그 힌두의 전통을 그대로 계승했던 '서구(西歐)'인은 **뉴턴(Newton) 이후, 계몽주의 이후 에는 '평등주의' '평화주의' '상생주의' 대로(大路)로 나와 '동시주의(同時主義)'를 각개인의 정신 속에 운영하게 되었으니, 이러한 시점[제1차 세계 대전 이후]에서 '계급 사회의 원본(原本)' '절 대주의 시조' '마하바라타(*The Mahabharata*)'처럼 엄청난 교훈을 줄 책은 세상에 찾아 볼 수 없게 되었다**. ['현실주의' '과학주의'의 그 대극(對極)임]

(g) 그리고 볼테르의 '역사철학'은 훨씬 앞서 그대로 '실존주의' '과학' '평화'의 불가피함을 알게 했으 니 그것은 이 '마하바라타(*The Mahabharata*)'의 근본 약점[절대신 일방주의]을 바로 잡은 불가피 한 처방전이었다.

제79장 드리슈타듐나를 판다바 군의 사령관으로 삼다.

바이삼파야나가 말했다. -크리슈나의 말을 들은 유디슈티라는 크리슈나가 있는 그 자리에서 아 우들에게 말했습니다.

"너희도 쿠루 회당에서 있었던 일들을 다 들었다. 그리고 케사바(Kesava, 크리슈나)말씀을 알아 들었을 것이다. 우리의 승리를 위해서 7개 군단(軍團, Akshauhinis)이 집결해 있다. 그 7개 군단 (Akshauhinis)의 명칭을 들어보라. 두루파다(Drupada), 비라타(Virata), 드리스타듐나(Dristadyu-

---

204) K. M. Ganguli (Translated into English Prose from the Original Sanskrit Text), *The Mahabharata of Krishna-Dwaipayana Vyasa*, Munshiram Manoharlal Publisher Pvt. Ltd. New Delhi, 2000, -**Udyoga Parva**- pp. 282~289

mna), 시칸딘(Sikhan), 사티아키(Sakiaki), 체키타나(Chekitana), 비마세나(Bhimasena) 군단이 그
것이다. 이 영웅들이 우리 군사를 이끌 것이다. 모두 베다에 정통하고 있다. 용맹과 큰 맹세를
실천하고 각종 무기 사용에 능통해 있다. 오 사하데바여, 불같은 화살을 쏠 그 비슈마에 대항할
우리 군의 사령관으로 누가 적당한지 너부터 말해보라." 사하데바가 말했습니다.

"우리와 긴밀하고 우리의 고민에 공감하고 힘과 도덕을 지니고 전투에 무적인 **비라타(Virata)**
왕이 좋겠습니다. 그에 의지하면 우리의 왕국을 회복하고 비슈마와 그 전차병을 견딜 수 있을 것입
니다. 비라타(Virata) 왕이 우리 사령관으로 적당하다고 저는 생각합니다."

바이삼파야나가 계속했다. -사하데바가 말한 다음에 나쿨라가 말했습니다.

"나이도 들었고, 인내심 가족과 출신에서 존경 받을 만 한 다른 분[드루파다이 계십니다. 겸손하
고 힘 있고 부자이십니다. 그는 무기도 공부를 하셨습니다. 진리에 굳건하여 드로나와 비슈마에도
항상 도전적이었습니다. 최고의 왕손이시고, 그는 유명한 대장이시고 그 분을 싸고 있는 아들과
손자들이 나무 가지들처럼 많습니다. 그 왕은 드로나 파괴를 위해 고행(苦行)을 해 오셨습니다.
항상 우리를 아버지처럼 격려하십니다. 우리의 장인어른 **드루파다(Drupada)**왕이 사령관이 되어
야 합니다. 드루파다(Drupada)왕이 드로나 비슈마를 막을 수 있다고 생각합니다." 마드리의 두
아들 다음에 아르주나가 말했습니다.

"억센 팔을 지닌 불같은 천상의 사람, 고행과 성자의 감사 속에 태어난 사람, 활과 칼을 들고
우레 같이 전차를 몰아 갈 사람, 사자 같은 힘과 용맹을 보일 사람, **드리슈타듐나(Dhrishtadyuma)**
와 같은 이를 나는 본적이 없습니다." 그 다음 비마가 말했습니다.

"드루파다의 아들 **시칸딘(Sikhandin)**은 비슈마를 멸(滅)하려고 태어났답니다. 성자들의 말에 따
르면 전장에서 시칸딘(Sikhandin)은 라마(Rama)와 같다고 합니다. 그가 전차에 올랐을 때 나는
시칸딘처럼 활 잘 쏘는 사람을 보지 못했습니다." 유디슈티라가 말했습니다.

"**세상에 강하고 약하고 힘세고 힘없고를 모두 알고 있는 유덕한 케사바가 계십니다. 유능과
무능, 늙고 젊고를 아시는 다사라(Dasarha)족의 크리슈나(Krishna)가 계십니다. 그분은 우리의
성공과 패배의 뿌리이십니다. 그 분 속에 우리의 생명과 왕국, 융성과 역경, 행과 불행이 있습니
다. 그분은 [법의]제정자이고 창조자이십니다. 우리의 욕망을 일으키시고 역시 열매를 맺게 하십
니다. 그러기에 그 분이 우리의 사령관이 되어야 합니다. 밤이 되었으니, 그분의 말씀을 들어
봅시다. 우리의 사령관 뽑아지면 향기로운 꽃다발과 축복 받은 무기를 들고 날이 밝으면 크리슈
나의 명령에 따라 진군(進軍)을 합시다.**"

바이삼파야나가 계속했다. -4형제와 지성의 유디슈티라 말을 듣고 난 다음, 크리슈나가 아르주나
를 보며 말했습니다.

"오 왕이시여, 그대들이 추천한 모든 강력한 무사들이 다 군의 사령관으로 충분한 자격이 있다고
생각합니다. 그 모두가 적들을 감당할 만합니다. 정말 그들은 대전(大戰)에서 인드라 신이라도 놀

라게 할 것이니, 다 혼자서라도 드리타라슈트라 아들들을 감당할 만합니다. 나는 당신들을 위해서, 전쟁을 피하고 평화를 얻고자 큰 노력을 했습니다. 그것으로 우리가 도덕에 진 빚은 것을 일단 갚은 셈입니다. 우리에게 험담(險談)을 하려는 사람도 우리를 비난할 수 없습니다. **어리석은 두료다나는 뭘 모르면서도 자기가 무예에 능하다고 생각하고 실질적으로 허약하면서도 힘을 지니고 있다고 착각하고 있습니다.** 드리타라슈트라 아들들이 아르주나와 유유다나(Yuyudhana)를 진정으로 알면 그들의 자리를 지키고 있을 수도 없을 것입니다. 아비마뉴와 다라우파디의 5명의 아들, 비라타 두루파다와 다른 왕들이 다 무적의 용사들입니다. 드리타라슈트라 무리를 멸하는 것은 의심할 것도 없습니다. 그렇지만 그 **드리슈타듐나(Dhrishtadyuma)를 우리 군의 사령관으로 합시다.**"

양측의 군사 총 수자는 18개 군단(Akshauhinis)으로 판다바 군이 7개 군단, 카우라바 군이 11개 군단이었다.[205]

'판다군의 사령관이 된 드리슈타듐나'[206]

_____✈

(a) '마하바라타(*The Mahabharata*)'는 바로 '전쟁 이야기'인데, 그 '전쟁'이 바로 '절대신[비슈누 代身인 크리슈나]'를 중심으로 펼쳐진 이야기이고, 크리슈나는 '생명의 옹호' '평화 옹호자'인데, '패배'가 이미 예정된 상대방들이 '전쟁을 열광한다.'는 중요한 전제를 두었다.

(b) 인류가 그 속성으로 지니는 다양한 '경쟁'의 마지막의 '거대한 경쟁'을, 그 '전쟁'이라 할 수 있다. 사실상 가장 '건강한 정신'으로 판단해 볼 때 '생명을 던지며 행하는 경쟁'까지도 그 '행동 주체 개인'에 국한될 경우는 어쩔 수 없는데, 문제는 '부당한 의도로 남의 생사를 불고하고 행하는 경

205) K. M. Ganguli (Translated into English Prose from the Original Sanskrit Text), *The Mahabharata of Krishna-Dwaipayana Vyasa*, Munshiram Manoharlal Publisher Pvt. Ltd. New Delhi, 2000, **-Udyoga Parva-** pp. 290~292, 299
206) Wikipedia, 'Dhrishtadyumna' -'Drishtadyumna as Commander in chief of Pandava's Army'

쟁' '함께 살 수 없는 경쟁'이 문제이고 그것이 '전쟁의 원인'일 것이다.

(c) 그런데 그 전쟁을 '신을 모시고 행한 전쟁'을 가르친 책이 바로 '마하바라타(*The Mahabharata*)'이다.

(d) 크고 멀리 바르게 생각하려 했던 힌두(Hindu)의 바라문들은 이 '마하바라타(*The Mahabharata*)'를 그들의 제일 '지적 자산(資産)'으로 보존을 해왔는데, '세계의 문명 족'은 다 이 '마하바라타(*The Mahabharata*) 정신'을 엄연히 자기네 것으로 간직했던 '과거 역사(歷史)'를 지니고 있다.

(e) 특히 서구의 이집트 희랍 로마가 그러하였고, 동양의 '중국' '한국' '일본'이 역시 그 영향권에 있었는데, 그 수용과 시대적 변전이 바로 구체적인 그들의 '역사(歷史)'라는 사실을 명심해 한다.

제80장 비슈마가 카우라바 군 사령관이 되다.

바이삼파야나 말했다. -모든 왕들을 대동하고 산타누의 아들 비슈마를 찾아간 두료다나(Duryodhana)는 두 손을 모으고 말했습니다.

"사령관이 없으면 억센 군사들이라고 할지라도 개미떼처럼 궤멸하게 마련입니다. 지적(知的)인 어느 두 사람도 의견이 일치하기는 어렵습니다. 더구나 다른 사령관은 서로를 시기하게 마련입니다. 오 위대한 지혜시여, 옛날 쿠사(Kusa) 풀 자리에서 일어선 바라문이 무한한 힘을 지닌 하이하야(Haihaya) 족의 크샤트리아들을 전투로 물리쳤다고 들었습니다. 오 할아버지시여, 그 바이샤와 수드라들은 바라문을 중심으로 하나로 뭉쳤음에 대해, 그 크샤트리아들의 황소들은 의견이 서로 달라 흩어져 홀로였었습니다. 그래서 그 전쟁에서 세 계급[바이샤, 수드라, 바라문]의 사람들이 그들에 맞서는 그 크샤트리아들은 거듭 물리쳤다고 합니다. 그래서 최고의 그 크샤트리아들에게 [승리의 비밀을]질문을 받은 최고의 바라문은 말했답니다. **'우리들은 전투에서 위대한 생각을 하는 한 사람의 명령을 따랐으나, 당신들은 각자의 생각들로 통일을 이루지 못했습니다.'** 그 바라문들은 정책을 정통한 사령관을 지명하여 그 크샤트리아들을 물리쳤습니다. 그처럼 군사들의 장점을 알고 있는 유능하고 용감하고 순수한 사령관은 가진 사람들은 항상 승리했습니다. **할아버지께서는 우사나(Usanas) 같으신데, 항상 저를 위하여 말씀하셨습니다. 무적(無敵)이시면서 도덕에 종사하고 계십니다. 그러므로 우리의 사령관이 되어주십시오.** 할아버지는 빛나는 것 중에 태양이시고, 약샤들(Yakshas) 중에는 쿠베라(Kuvera)시고, 신들 중에서는 바사바(Vasava)시고, 산 중에는 메루(Meru) 산이고, 새 중에는 수파르나(Suparna)이고, 신들 중에서는 쿠마라(Kumara)이십니다. 사크라(Sakra)가 신들을 지켜주듯이 당신의 보호를 받으면 우리들은 그 신들처럼 무적이 될 겁니다. 아그니(Agni)의 아들 쿠마라(Kumara)가 신들의 앞장에 나섰듯이 할아버지께서 우리 군의 앞장에 서 주십시오. 그러면 우리는 억센 황소를 따라가는 암소들처럼 당신 뒤를 따르겠습니다." 비슈마(Bhishma)가 말했습니다.

"오 바라타여, 옳은 말이다. 그러나 나에게는 판두들도 너희만큼 사랑스럽다. 그러기에 **나는 너를 위해서 싸울 것이나, 그들의 이익도 생각하지 않을 수 없다.** 나는 쿤티의 아들 다난자야(Dhanajaya, 아르주나)를 빼고는 세상에 나 같은 무사는 없다고 생각한다. 아르주나는 나와 공개적으로 싸우지는 않을 것이다. 그러므로 **나는 매일 1만 명의 무사들을 무찌를 것이다.** 그들이 나를 먼저 죽이지 못 한다면 그러한 살상을 나는 계속할 것이다. 내가 그대 군사의 사령관이 된다면 또 하나 알아야 할 사항이 있다. 오 왕이여, **카르나(Karna)가 먼저 싸우게 하든지 내가 먼저 싸우든지를 그것부터 결정하라. 그 '마부의 아들'은 항상 전투에서 자신의 용맹을 뽐내며 나의 용맹과 자신의 용맹을 비교하였다.**" 카르나(Karna)가 말했습니다.

"**오 왕이여, 강가(Ganga)의 아드님[비슈마]이 살아계시는 한 나는 싸우지 않습니다. 나는 간디바(Ganiva)를 가지고 재[아르주나]와 싸울 겁니다.**"

바이삼파야나가 계속했습니다. -그런 다음 두료다나는 비슈마를 군의 사령관으로 삼고 큰 선물을 안겨드렸습니다.[207]

_____→

(a) 이 장에서는 두료다나(Duryodhana)의 '용인(用人)술'과 '능변(能辯)'을 돋보이게 하는 부분이다. 당초에 용맹이 부족했던 자기네 편으로 당장 카르나를 왕으로 임명하여 그들 받들었듯이, 비슈마의 비판을 받으면서도 그를 사령관으로 모시고 '전선(戰線)의 선봉(先鋒)'으로 삼았던 것은 두료다나의 수완(手腕)이었다.

(b) 이에 대해 비슈마(Bhishma)는 문자 그대로 그 '크샤트리아의 의무'에 충실한 최고의 영웅으로 '마하바라타(*The Mahabharata*)'에서는 그를 부각을 시켰는데, **그는 무엇보다 '아르주나의 용맹'을 높이 평가했을 뿐만 아니라 '비슈누 신의 화신(化身)' 크리슈나의 존재를 누구보다 명백히 알고 있는 특별한 존재였다.**

(c) 그런데 **비슈마(Bhishma)는 기존 쿠루(Kuru) 왕가의 권위를 대신하고 있는 존재이므로 사실상 '수구(守舊) 세력의 표본'이고** 그에 대해 '판다바들의 성공'은 '혁명군의 성공'이었다. 힌두들(Hindu)은 이러한 점에서도 '인류 문화를 선도(先導)'할 만한 웅대한 철학을 선점(先占)'했다고 평가할 만하다.

(d) '도덕[다르마]을 기준으로 행한 선악의 판별'에 신과 인간이 다 동의할 수밖에 없는데, 그 **'도덕의 기준'으로 힌두(Hindu, 마하바라타)는 '약속[계약]의 이행'을 그 머리에 두고, '인간의 생명' 그 다음으로 고려를 하였다.**

(e) 나관중은 그의 '통소연의(通俗演義)'에 조조(曹操)는 쉽게 '두료다나(Durtodhana)'와 동일시 될 수 있게 했는데, 나관중은 유비에게 '신용이 없이는 실수가 없다.(無信不立)'를 말하게 하였고, 조조도 역시 그것을 강조하고 있는 상황이었다.

(f) 인간 사회에 **'변화(革命)'와 '일관성(保守)'은 서로 모순된 논리임이 명백하다.** 그러나 그 '변화(革命)' '일관성(保守)'은 모두 '인간 실존(實存, 肉身)의 운영 문제'에서 출발했다는 것을 알면, 그것이

---

207) K. M. Ganguli (Translated into English Prose from the Original Sanskrit Text), *The Mahabharata of Krishna-Dwaipayana Vyasa*, Munshiram Manoharlal Publisher Pvt. Ltd. New Delhi, 2000, **-Udyoga Parva-** pp. 299~300

결코 '논리, 비논리' '모순, 일관성'은 논할 필요가 없는 사항이다. **처음도 '생명'이고, 마지막 남는 것도 '생명'이 있을 뿐이니, '생명은 논리가 아니라 항상 현실(現實)'일 뿐이다. 그러므로 '혁명' 은 영원하고 계속 바꾸어 환경에 적응을 하지 못 하면 살[지속될] 수도 없다.**

제81장 도덕의 정상(頂上) -비슈마

산자야(Sanjaya)가 드리타라슈트라에게 말했다. -산타누의 아들 비슈마(Bhishma)가 두료다나 (Duryodhana)에게 말했습니다.

"천군(天軍)을 이끄는 쿠마라(Kumara)에 경배(敬拜)를 올리며, **나는 오늘 그대 군사들의 사령관 이 되었다.** 나는 나의 대임(大任)을 알고 있고, 천신들과 간다르바들과 인간들의 무든 군사(軍事) 진법(陣法)도 나는 다 알고 있다. 나는 그것으로 판다바들과 겨룰 것이니, 그대는 두려움을 버리도 록 하라. 나는 당당하게 그대의 군사들을 다 지켜 줄 것이고, 병법(兵法, the rules of military science)에 따라 지켜줄 것이니, 걱정은 하지 말라!" 비슈마는 계속 말했습니다.

"왕 중의 왕이여, 내 말을 들어보라. 우선 **두사사나(Dussasana)**를 포함은 그대 형제들은 최고의 무사들이다. 모두 총명하여 활과 검과 방패를 잡고 임무를 수행할 만하다. 그리고 보자(Boja)왕 **크리타바르만(Kritavarman)**은 모든 무기를 부리는 최고 무사이다. 마드라(Madra) 왕은 **살리아 (Salya)**는 누이의 아들도 버리고 와 자신이 바수데바와 동일하고 생각하고 있는데, 그는 넘치는 파도처럼 화살로 적들을 공격할 것이다. 그대의 친구인 **부리스라바(Bhurisravas)**는 억센 궁사(弓 師)로서 천차 부대를 이끌만하다. 신두(Sindus)왕 **자야드라타(Jayadhrata)**는 영웅으로 두 전차무 사를 감당할 만하다. 캄보자(Kamvojas)왕 **수다시나(Sudhashina)**는 그대의 성공을 열망하는데 사 자 같은 용맹을 지니고 있다. **트리가르타(Trigarta)의 5형제**도 억센 전차무사들이다. 그들도 판다 바들과 겨룰 것이다. 사라드와트(Saradwat)의 아들 **크리파(Kripa)**는 전차 무사들의 장군 중의 장 군이다. 그대의 외삼촌 **사쿠니(Sakuni)**는 명백한 투사이다. 판두의 아들과 겨룰 것이다. 드로나의 아들 **아스와타만(Aswatthaman)**은 아버지를 능가한 궁사(弓師)로서 그는 3계(三界)를 불살을 정 도의 용맹이다." 비슈마는 [두료다나에게] 계속 말했다.

"**아칼라(Achala)**와 **브리샤(Vrisha)** 형제는 모두가 영웅들이다. 무적의 그들은 적을 거침없이 무 찌를 것이다. 위력을 지닌 호랑이 같은 그들은 간다르바 족(Gandhavas)의 최고로서 분노로 뭉쳐 있다. 멋지고 젊은 그들은 대력(大力)을 품고 있다. 오 왕이여, 왕이 항상 아끼는 친구, 항상 전투에서 기술을 뽐내며 대왕에게 판다바 형제와 싸우라고 주장하는 고약한 떠버리 **카르나 (Karna)** 그 수리아(Surya)의 아들은 대왕의 조언자, 인도자이나 생각이 모자란 쓸모없는 사람으로 전차무사도 못되고 전차 마부도 아니다. 분별력이 없어서, 천연의 갑옷도 빼앗기고, 천상의 귀고리 도 빼앗겼다. 라마와 브라흐마의 저주로 전투 장비(裝備)를 빼앗겨 내 생각으로는 반쪽의 전차무사 일 뿐이다. 전장에서 팔구니(Falguni, 아르주나)를 만나면, 그는 살려고 도망치지는 않을 것이다."

비슈마의 그 말을 들은 **드로나(Drona)**가 말했습니다.

"다 당신[비슈매의 말씀 대로이고 틀림이 없는 말씀입니다. 그[카르내는 전투 전(前)에는 뻐깁니다. 그러나 전쟁이 터지면 도망을 쳤습니다. [격에 맞지 않은]친절과 실수가 바로 **카르나(Karna)**이니, 내 생각으로도 반쪽의 영웅이라는 생각입니다." 그 말들을 들은 **카르나(Karna)**는, 분노의 눈을 크게 뜨고 비슈마에게 창이나 칼 같이 날카로운 말로 쏘아붙였습니다.

"할아버지시여, 당신의 저에 대한 혐오감(嫌惡感)이 무슨 까닭인지는 모르겠습니다만, 당신은 당신 좋을 대로 행한 당신의 말씀으로 저를 심하게 훼손을 하셨습니다. **그러나 저는 이 모든 것을 두료다나를 위해서 참고 있습니다.** [드로나는] 저를 반쪽의 무사(武士)라 하시고 겁쟁이로 쓸모없다고도 하셨습니다. 무슨 의심이 여기에 있겠습니까? **저는 거짓말을 절대 하지 않습니다.** 강가(Ganga)의 아드님이시여, 당신이야말로 전 세상의 적(敵)이고 특히 전 쿠루 족의 적(敵)입니다. 그러나 왕[두료다내은 그것을 모르고 있습니다. 그러나 당신 말고 누가 한결 같은 그 왕들의 용감함을 분열시키고 약화시키는 사람이 어디에 있습니까? 오 카우라바시여, 나이로나, 주름살로나, 부로나, 친구로나 어떤 '크샤트리아'라도 당신[비슈매 같이 될 수는 없습니다.[부귀영화만 누리고, 늙고 무능하다는 욕] 크샤트리아는 '힘'을 통해서 명성을 획득하고, 바라문은 '주문(呪文)'으로 명성을 획득하고 바이샤[평민는 '부'로, 수드라는 '수명(壽命)'으로 달성한고 합니다. 그러나 탐욕과 시기와 무식으로 [비슈매당신은 당신의 변덕만을 가지고 영웅과 반(反)영웅을 논했습니다. 오 억센 두료다나여, 당신에게 축복을 드립니다. 정당하게 판정을 하십시오! 당신을 잘못한다고 하는 이 사악(邪惡)한 이 비슈마를 어서 버리십시오! 당신의 무사들이 한번 분열이 되면 다시 통합되기가 어려울 것입니다. 호랑이 같은 이[두료다내여, 주군(主軍)이 이와 같으면 통일도 어렵습니다. 그리고 사방에서 달려 온 군사를 통일하기도 어려울 것입니다! 당신 전사들의 마음속에 승리에 대한 의심은 이미 조성이 되었습니다. 우리 면전(面前)에서 이 비슈마가 우리의 힘이 빠지게 만들었습니다. 어디에 영웅의 장점을 밝히는 책무가 누구에게 있으며, 비슈마의 이해력은 과연 어디에 있습니까? **나[이 카르내는 나 혼자서 판다바 군대를 다 막겠습니다.** 나 혼자서 세상을 상대로 싸우겠습니다. 거짓된 눈으로는 아무도 볼 수 없습니다. '노인의 말을 들어라.'는 경전의 가르침은 옳습니다. 그러나 내 생각으로는 '늙으면 어린애가 된다.'는 말도 있습니다. **나 혼자서 저 판다바들을 다 물리치겠습니다!** 그렇지만 그 명성은 오히려 이 비슈마에게 다 바치겠습니다. 왜냐하면 비슈마가 [두료다나 당신의] 군대 사령관이 이미 되셨고, 명성은 사령관의 것이고 그 밑에서 싸우는 사람들의 것은 결코 아니기 때문입니다. 그러므로 강가의 아드님[비슈매이 살아 있는 한에는 나는 싸우지 않을 것입니다. 그러나 비슈마가 쓰러지면, 그 때 나는 나의 적들과 비로소 싸울 것입니다." 비슈마가 말했습니다.

"판다바들과 두료다나의 전쟁 문제로 나는 대양(大洋)과 같이 무거운 이 짐을 떠맡게 되었다. 나는 이것을 여러 해 동안 생각해 왔다. 이제 대결이 시간이 왔고, 우리 내부에 나로 인해서 분열이 생겨서는 아니 된다. 그러니 마부의 아들이여, 그러기에 잠깐 너를 살려 놓으마." 그러자 두료다나가 비슈마에게 말했습니다.

"오 강가의 아드님이시여, 큰 일이 우리 앞에 닥쳐왔으니, 저를 보아 참아주십시오. 내가 어떻게 하면 유리할 지를 우선 생각을 해 주십시오. 나는 적들에 대해서도 알(들)고 싶습니다." 비슈마가 말했습니다.

"오 왕이여, 나는 그대 소속의 전차무사와 전차마부 전차 무사를 이야기 했다. 이번에는 판두들의 전차 무사와 전차마부를 말해 보겠다. 비마세나(Bhmasena)는 8명의 전차무사에 해당한다, 마드리(Madri)의 두 아들이 틀림없는 전차무사다. 붉은 눈을 가진 아르주나(Gudakesha)는 양 진영(陣營)에 그처럼 용감한 전차 무사는 없다. 드라우파디의 5명의 아들과 비라타(Virata)의 아들 우타라(Uttara)가 전차무사다. 아비마뉴(Abhimanyu)가 전차부대의 리더 중에 리더이다. 마두족(Madhu's race)의 사티아키(Satyaki)가 전차부대의 리더 중에 리더이다. 우타마우자(Uttaujas)가 전차무사이고, 유다마뉴(Yudhamanyus)가 전차무사다. 판찰라족(Panchalas)의 왕의 아들 **시칸딘(Sikhandin)은 유디슈티라의 최고의 전차무사다.** 시칸딘(Sikhandin)은 그 이전의 성[sex]을 버리고 그대[두료다나]의 군사들 속에 큰 명성을 얻을 것이다. 드리슈타듐나(Dhrishtadyumna)도 아르주나의 제자로 전차무사다. 시수팔라(Sisupala)의 아들 체디(Chedis)왕 드리슈타케투(Dhrishtaketu)도 억센 궁사다. 자얀타(Jayanta) 아미타우자(Amitaujas) 사트야지트(Satyajit)는 모두 코끼리 같이 싸우는 자들이다. 아자(Aja)와 보자(Bhoja)도 영웅으로 판다바를 위해 싸울 것이다. 라타족(Rathas)의 5형제 카시카(Kasika) 수쿠마라(Sukumara) 닐라(Nila) 수리아다타(Surydatta) 상카(Sanka)는 최고의 전차무사들이다. 바르닥세미(Vardhakshemi)와 치트라유다(Chitrayudha)왕도 전차무사이다. 체키타나(Chekitana)와 사티아드리티(Satyadhriti)도 전차무사다. 비아그라다타(Vyaghradatta)와 찬드라세나(Chadrasena)도 의심할 수 없는 전차무사다. 크로다한트리(Krodhahantri)는 용맹이 비마와 같다고 생각한다. 카샤(Kasya)도 칭송될 만한 무사다. 두루파다의 아들 사티아지트(Satyajit)도 8명의 전차무사와 맞먹는다. 로차마나(Rochamana) 쿤티보자(Kuntibhoja) 락샤사(Rakshasa)의 왕 가토트카차(Ghatotkacha) 등이 바수데바를 선두로 해서 여러 지역의 왕들이 몰려 갈 것이나, 나는 그 유디슈티라 전차무사들을 전장에서 맞을 것이다. 오 카우라바 왕(chief of the Kauravas, 두료다나)이여! 아르주나와 바수데바와 다른 왕들을 내가 보는 대로 쓰러뜨릴 것이다. **그러나 판찰라의 왕자 시칸딘(Sikhandin)은 공격을 하거나 죽이지 않을 것이다. 시칸딘(Sikhandin)은 앞서 여인이었는데, 뒤에 남자로 변용이 된 자이다,**(she afterwards became metamorphosed into the male sex,) **나는 그와 싸울 수 없다. 나는 전투에서 나를 대항하는 모든 왕들을 죽일 것이나, 툰티의 아들들은 죽일 수는 없다.**" 두료다나가 말했습니다.

"바라타의 어르신이여! 앞서는 '소마카(Somakas)와 판찰라(Panchalas)를 내가 다 잡겠다.'고 말씀하셨는데, **무슨 까닭으로 그 시칸딘(Sikhandin)은 못 죽인다는 겁니까?**" 비슈마가 말했습니다.

"오 두료다나여, 나의 아버지 산타누(Santanu)께서는 온 세상을 다스리었다. 그 분이 별세하시자, 나는 약속에 따라 나의 [배다른]아우 치트랑가다(Chitrangada)를 왕으로 세웠는데, 그 치트랑가다(Chitrangada)가 죽으니, 나는 사티아바티(Satyavati, 산타누 왕비)와 상의하여 그 다음의 아우 비치트라비아(Vichitravirya)를 왕으로 세웠다. 나는 그 비치트라비아(Vichitravirya)를 결혼시킬 것을 결심하고 있는데, 그 때 마침 카시(Kasi) 왕의 3공주 암바(Amva) 암비카(Amvika) 암말리카(Amvalika)가 남편 고르기 대회를 한다는 소문을 들었느니라. 나는 쉽게 그 왕들을 격파하고 그 3공주를 데리고 하스티나푸라(Hastinapura)로 돌아 그녀들을 사티아바티(Satyavati)에게 내가 아우를 위해 [남편 고르기 대회]참여했던 것을 말을 털어 놓았다. 그런데 카시 왕의 큰 딸[암바(Amva)]은 크게 부끄러워하며 내게 말했다. '비슈마여, 당신은 경전을 다 이십니다. 살와족(Salwas)왕을 그[남편 고르기 대회]에 앞서 내가 맘속의 남편으로 선택해 놓은 상황이었습니다. 부친이 모르는 가운데 그[살와족]의 왕도 나에게 간청을 했습니다. 살와족(Salwas)왕이 나를 기다리고 있을 것이니, 저를 그냥 떠나게 해주세요. 오 억센 이시여. 당신은 진실을 알고, 그것은 세상 사람들도 다 아는 일입니다.' 내가 허락을 하여 '카시 왕의 큰 딸[암바(Amva)]'이 살와족(Salwas)왕에게로 가니 그 왕은 말했다. '나는 그대를 더 이상 내 아내로 원하지 않으니, 비슈마에게로 가시오.' 그래서 **그 카시 왕의 큰 딸[암바(Amva)]은 나[비슈마]를 원망하며 사방을 헤매며 고행을 했다.** 고행자들이 카시 왕의 큰 딸[암바(Amva)]에게 말했다. '그대가 하려는 것이 무엇인가?' 그러자 공주는 대답했다. '내 혼사(婚事)를 그 비슈마가 망쳤으니, 그를 죽이는 것이 저의 소망입니다.' 그녀가 그 말을 반복하자, 금방 **신성한 움마(Uma, Shiva)가 삼지창(三枝槍, trident)을 들고 신령들을 거느리고 그녀 앞에 나타났다.** 공주는 그 '시바 신'에게 내[비슈마]의 패배를 간구(懇求)하였다. 시바 신이 **'그대가 비슈마를 죽일 것이다.'**라는 말을 그녀가 들었다. 그래도 그 공주는 거듭 그 시바 신에게 말했다. '오 움마(Uma, Siva) 왕이시여. 어떻게 제가 그 비슈마를 이겨 그 마음의 평정을 얻겠습니까?' 신중의 신이 말했다. '내가 한 말은 거짓이 없다. 그대는 남자로 태어나 그 비슈마를 죽이게 될 것이다. 그대가 새로운 육체를 얻을지라도, 지금의 사건들을 다 기억을 할 것이다. **드루파다(Drupada)족에 남자로 태어나 그대는 마하라타(Maharatha, 위대한 전차무사)가 될 것이다.'**[208]

---

208) K. M. Ganguli (Translated into English Prose from the Original Sanskrit Text), *The Mahabharata of Krishna-Dwaipayana Vyasa*, Munshiram Manoharlal Publisher Pvt. Ltd. New Delhi, 2000, -**Udyoga Parva**- pp. 322~325, 327~336, 362

'비슈마는 시칸딘과의 싸움을 거절했다.'209)

———✈

(a) 혁명의 '마하바라타(*The Mahabharata*)'에서 역시 이 '비슈마(Bhishma)'만큼 '신구(新舊)' '절대주의와 현실주의' '현실적 할아버지이면서 할아비 노릇을 못 하는 어르신' 각종 인연과 얽히어 있는 존재는 없다.

(b) 즉 '마하바라타(*The Mahabharata*)'는 명백히 '혁명(전쟁)'을 이룬[다룬] '서사문학'인데, 그 '혁명의 대상(對象)'이 된 '비슈마(Bhishma)'란 '바라타의 구세대(舊世代)'를 담당하는 엄청난 존재였고, 이 장(章)에서는 그 '비슈마(Bhishma)'가 어떤 도덕성을 실천하고 있었는지를 구체적으로 제시하고 있어 역시 크게 주목을 해야 할 대목이다.

(c) 그 '마하바라타(*The Mahabharata*)'의 혁명의 주체는 물론 '크리슈나를 중심으로 한 판두 5형제'이고 그 '혁명의 대상'은 이 '비슈마(Bhishma)'의 보호를 받고 있는 '쿠루들[드리타라슈트라들]'이다.

(d) 다시 한 번 명시를 하면, '마하바라타(*The Mahabharata*) 혁명'은 '뱀[육신] 존중 폐기 혁명'인데, 그것에 '크리슈내[비슈누 신의 대신]'가 그 선두에 섰다는 것이 그 혁명의 요지였다.

(e) 즉 '마하바라타(*The Mahabharata*)'에서 '비슈마(Bhishma)'는 틀림없는 위대한 영웅이지만, 그 **'뱀 존중'을 탈피하지 못 한 '구시대 영웅'이란 힌두 바라문들의 무서운 규탄이 이 '마하바라타(*The Mahabharata*)'의 주지(主旨)**이다.

(f) 바로 이 지점을 고집하여, '신비주의 왕국' '마하바라타(*The Mahabharata*)'는 오늘날까지 엄존하고 있다.

---

209) Wikipedia, 'Bhishma refuses to fight Sikhanin'

다다 혁명 운동과 마하바라타
Movement Dada & *The Mahabharata*

제3권 바가바트 기타

'아르주나에게 자기의 비스바루파를 보여주고 있는 크리슈나'[1]

1) Dr. N. Krishna etc, *Historicity of the Mahabharata*, Aryan Books International New Delhi, 2013, Fig. 14 'Krishna showing his visvarupa to Arjuna'

6. 비슈마의 책(Bhishma Parva)

제82장 신(神)의 총지(聰智)를 확보한 산자야

옴(Om)! 최고의 남성 나라야나(Narana)와 나라(Nara)께 인사를 드리며 여신 사라스와티(Saraswati)와 자야(Jaya)께도 인사드리옵니다.

바이삼파이아나(Vaisampayana)가 말했다. -과거와 현재와 미래의 모든 일에 관해 눈앞에 있는 일처럼 아는 가발가나(Gavalgana)의 아들[산자야(Sanjaya)]이 슬픔을 지니고 전쟁터에서 달려와, 바라타 족의 할아버지 비슈마(Bhishma)가 살해되었음을 드리타라슈트라(Dhritarashtra)에게 보고했습니다.

그 산자야(Sanjaya)가 말했다. -대왕이시여, 제가 산자야입니다. 제가 대왕님 앞에 엎드립니다. 바라타 족의 황소이시여, 산타누(Santanu)의 아드님이시며 바라타 족의 할아버지[비슈마]께서 살해 당하셨습니다. 뛰어난 투사이며 모든 모범이셨으며, 쿠루 족의 할아버지께서 오늘 화살 침대(a bed of arrows)에 누우셨습니다. 비슈마의 힘에 의지하여 대왕의 아드님[두료다나]은 '주사위 노름'에 개입했었는데, 지금 그 비슈마가 시카딘(Sikhandin)에게 살해를 당하여 전쟁터에 누워 계십니다. 옛날 카시(Kasi) 도시에서 홀로 전차(戰車)에 올라, 세상의 모든 왕들에 대적하여 그들을 물리쳤던 억센 무사(武士)이셨고, 자마다그니(Jamadagni)의 아들 라마(Rama)와 싸운다고 할 지도 그 라마(Rama)도 잡을 수 없었던 그분이, 아 오늘 시카딘(Sikhandin)에게 살해를 당하셨습니다. 용감하기로는 위대한 인드라(Indra)이시고, 굳세기로는 히마바트(Himavat)이시고, 무게는 대양(大洋)과 같으시고 인내하심이 대지(大地) 같으신 그 무적의 전사께서 판찰라(Panchala) 왕자의 화살에 그 이빨과 목에 찔려 사람 중에 사자(獅子) 같으신 분이 오늘 살해를 당하셨습니다. 억센 판다바 형제들(Pandavas)을 사자를 만난 소떼처럼 떨게 만들고 열흘 동안 대왕의 군대를 지켰던 분께서 지금 태양처럼 땅속으로 지셨습니다. 그분은 사크라(Sakra)처럼 최고의 평정한 마음으로 수 천 개의 화살을 흩어버리시고, 매일 1만 명의 전사(戰士)를 열흘 동안 물리치셨는데, 결국에는 바람에 부러진 나무 등걸처럼 맨 땅바닥에 누우셨습니다.

드라타라슈트라가 말했다. -오 산자야(Sanjaya)여, 쿠루의 그 황소 비슈마가 어떻게 그 시칸딘(Sikhandin)에게 살해를 당했다는 것이냐? 어떻게 바사바(Vasava)를 닮으신 우리 아버지께서 전차(戰車)에서 떨어지셨다는 것이냐? 그 생명을 인도했던 하늘 같이 억센 비슈마를 빼앗긴 내 아들들은 어떻게 되느냐? 큰 지혜 위대한 능력 큰 힘을 제공했던 인간 중에 그 호랑이가 쓰러졌다면 우리의 전사들은 어떻게 되었느냐? 쿠루 족의 황소이시고, 인간 중에 최고이시고, 흔들림이 없었던 영웅이 살해되었다고 하니, 내 심장이 화살에 찔린 듯 슬프구나. 우리 군이 적(敵)을 향해 전진할 때에 누구를 따를 것이며, 누가 앞장을 설 것인가? 누가 비슈마를 대신을 할 것인가? 누가 그처럼 전진할 것인가? 전차 투사 중에 호랑이, 탁월한 궁사(弓師), 크샤트리아 중에 황소가 적(敵)의 틈새를 관통할 적에 얼마나 용감한 전사가 그 뒤를 따랐는가? 호전적인 사람들을 잡아놓고 어둠을 물리치는 태양처럼 판두 형제들의 어려운 성취의 묘기 속에 전투를 승리로 이끌 것인가? 오 산자야여, 전장에서 정말 그 무적의 산타누(Santanu)의 아들[비슈마]이 판다바의 형제들을 무찌르려 나갔다면 그들이 어떻게 그 비슈마를 막았다는 것이냐? 호전적인 무리들을 무찌르다가, 어떻게 이빨과 목에 화살을 맞았고 고약한 칼이 그의 혀를 베어 쿤티(Kunti)의 아들들이 전쟁터에서 그처럼 부당하게 비슈마를 무너뜨렸다는 말인가? 그 날카로운 궁사(弓師)는 그의 전차에 앉아서도 유가(Yuga)의 불길처럼 적들의 목을 날렸고, 전장에서 열흘 동안 호전적인 적들을 무찌르면서 아, 태양처럼 이루기 어려운 성공을 달성하셨다. 사크라(Sakra)처럼 무한 화살을 흩어버리고, 열흘 동안에 1억의 전사를 물리친 그 바라타의 후손이 부당하게 전쟁터의 땅바닥에 누워계시다니, 나의 죄 많은 말[言]들이 바람이 되어, 거목[비슈마]의 뿌리를 뽑았구나! 산타누 왕의 아들 비슈마의 묘기를 생각해보라, 정말 어떻게 판다바 형제들의 군대가 그를 무찌를 수 있었겠는가? 어떻게 판두의 아들들이 감히 비슈마와 전쟁을 할 수 있겠는가? 오 산자야여, 그 드로나(Drona)가 살아 있었다면 비슈마가 무너질 수는 없지 않느냐? 그리고 크리파(Kripa)가 그 뒤에 있고, 드로나(Drona)의 아들(아스와타만 -Aswatthaman)도 있었는데, 어떻게 그 비슈마(Bhishma)가 살해당할 수 있었다는 것이냐? 어떻게 아티라타(Atiratha)처럼 계산을 해서 신들도 막을 수 없는 비슈마를, 판찰라(Panchala)의 왕자 시칸딘(Sikhandin)이 살해를 했다는 것이냐? 그는 항시 전투에서 힘 좋은 자마다그니(Jamadagni)의 아들과 같다고 생각했는데, 그 자마다그니(Jamadagni)의 아들도 이길 수 없고, 인드라(Indra)와 같이 영명한 영웅 비슈마가, 어떻게 전쟁터에서 죽었는지를 오 산자야(Sanjaya)여, 어서 내게 말해 보라. 그 특별한 것들을 다 듣지 않고서는 내 마음은 평정이 될 수가 없다. 우리 군대에 위대한 궁수들이 영원한 영광의 그 영웅을 방치하지는 않았는가? 오 산자야(Sanjaya)여, 그리고 두료다나(Duryodhana)의 명령으로 영웅적 전사들이 비슈마를 보호하려고 에워싸고 보호하지 않았느냐? 오 산자야(Sanjaya), 모든 판다바 형제들이 그 시칸딘(Sikhndin)을 선봉(先鋒)으로 삼아 비슈마(Bhishma)에 대항할 적에 모든 쿠루족(Krurus)은 그 영웅 곁에 아무도 없었다는 거냐? 나는 사람 중의 호랑이 비슈마의 죽음을 믿을 수가 없다! 그 바라타 족의 황소[비슈마] 마음속에는 무한정의 진리와 지성과 묘책이 있었다. 슬프다. 그가 어찌해서 전쟁터에 죽을 수가 있다는 것인가? 마치 거대하게 높이 뜬 구름에서 노한 천둥이 울리듯이 화살 비를 퍼부어 쿤티(Kunti)의 아들과 판찰라들(Panchalas) 스린자야들(Srinjayas)의 호전적인 전차부대를, 발라(Vala)가 다나바들(Danavas)을 무찔렀듯이 격파했을 것이다. 그 적들을 질책하며 제방을 덮치는 대양(大洋), 화살과 무기의 바다, 대적할 수 없는 악어 같은 화살과 파도 같은 활이 잇는 바다, 섬도 뗏목도 없는 바다, 철퇴와 창검이 상어와 말과 코끼리가 회오리치고, 보병이 물고기 떼처럼 무한하고 소라고둥과 북 소리가 울리고 말과 코끼리와 보병을 흔적도 없이 삼키는 바다, 바다바(Vadava)의 불로 된 분노와 힘으로 영웅들을 삼키는 바다[비슈마]에게 저항한 영웅들이 과연 누구였다는 것인가? 두료다나(Duryodhana) 편에 섰던 비슈마가 적을 무찔러 공을 세울 적에 그의 선봉(先鋒)은 누구였는가? 전쟁터에서 공을 세웠고, 그 다음 누가 비슈마의 선봉이 되었는가? 그 무량(無量)의 힘의 전사의 오른쪽 수레바퀴를 지켰던 사람은 누구였는가? 비슈마의 배후에서 인내와 힘으로 호전적인 영웅들을 막았던 사람들은 누구인가? 가까운 전방에서 비슈마를 지켰던 사람들은 누구였는가? 비슈마가 적들을 무찌르고 있을 적에 그의 앞쪽 수레바퀴를 지켰던 영웅들은 누구였는가? 스린자야 족(Srinjayas)을 무찌를 때에 왼쪽에 머물렀던 사람들은 누구인가? 비슈마의 선봉을 보호했던 사람들은 누구인가? 최후의 장정(長征)에 그 날개를 지켰던 사람들은 누구인가? 오 산자야(Sanjaya)여, 그리고 전반적인 전투에서 호전적인 영웅들을 누가 대적을 하였는가? 만약 비슈마가 아군(我軍)에게 보호를 받고 그에 의해 아군이 보호가 되었다면 전투에서 어찌해 비록 판다바 형제들이 용감하다고 해도 그들을 속히 무찌르지 못했는가? 오 산자야(Sanjaya)여, 어떻게 판다바 형제들이 만물의 창조주 파라메슈티(Prameshti) 같은 비슈마의 공격에 성공을 했단 말이냐? 오 산자야(Sanjaya)여, 쿠루 족이 적과 싸울 때에 우리의 은신처이고 의존 처였던 사람 중에 호랑이며 내 아들이 의지를 해야 할 큰 힘이었던 그 비슈마가 없어졌다면 그가 어떻게 적에게 무찔렸는지를 자세히 말해보라. 옛날에 모든 신들이 다나바 족(Danavas)를 칠 때에 무적의 투사 할아버지 높은 궁술을 빌렸다. 세상에 유명한 산타누(Santanu)가 비슈마의 탄생에 모든 슬픔 우울 비탄이 사라졌는데, 오 산자야(Sanjaya)여, 만인의 은신처며 의무에 헌신한 현명한 성품에 베다(Veda)의 진리에 친숙한 그 분이 살해된 것을 어떻게 납득이 되겠느냐? 모든 무예에 달통하시고, 겸손하시고, 욕망을 억압하시며 위대한 힘을 구비하신 어르신이었다. 그 산타누의 아드님이 살해되었다는 듣고, 슬프다 나는 나머지 나의 군대도 이미 없어졌다는 생각이 든다. 내 판단으로는 불의(不義)가 정의(正義)보다 강하게 되었다. 왜냐하면 판두 아들들은 그들의 존경한 사람을 죽이면서까지 왕권을 원하고 있기 때문이다! 옛날에 자마다그니(Jamadagni)의 아들 라마(Rama)는 무예에 달통하고 이길 자가 없었다고 하나, 암비아(Amvya)를 위한 전투에서는 영웅들이 비슈마에게 박살을 당했다. 그대는 지금 공적에서 그 인드라(Indra) 신과 같은 그 비슈마가 죽었다고 말했다. 이보다 더욱 큰 슬픔이 어디에 있겠는가? 위대한 지성으로 자마다그니(Jamadagni)의 아들 라마(Rama)도 죽일 수 없었던 그분이 지금 시칸딘(Sikhandin)에 의해 살해되었다니. 의심할 것도 없이, 전장에서 그 바라타의 황소를 죽인 드루파다(Drupada)의 아들 시칸딘(Sikandin)은 최고의 무기를 아는 영웅이고 모든 무기에 친숙한 힘에서 월등했을 것이니 그 무기와 맞서 적을 무찌를 자는 누구인가? 비슈마와 판다바 형제들 간에 전쟁이 어떻게 진행되었는지를 상세히 말해보라. 오 산자야(Sanjaya)여, 영웅이 떠난 내 아들의 군사는 의지 없는 여성과 같다. 정말 우리 군대는 목동이 없는 당황한 소떼와 같다. 비슈마가 탁월하게 우리 군사를 이끌고, 그가 전장에 임하고 있을 때, 우리 군사의 정신은 어떠했는가? 오 산자야(Sanjaya)여, 우리 인생에서 세상에서 정의로운 사람들의 으뜸인 거대한 힘의 아버지께서 살해된 원인을 생각해 볼 때 무슨 힘이 따로 남아 있겠느냐? 바다를 건너려는 사람이 그 타고 있는 배가 깊이를 알 수 없는 물속에 잠길 때처럼 내 마음은 슬프다. 내 아들들은 비슈마의 죽음을 슬퍼하고 있을 것이다. 오 산자야(Sanjaya)여, 내 마음은 슬프게도, 그 사람 중의 호랑이 비슈마 사망을 들었던 후에도 그것을 수납하려 하지 않기에, 마음을 단단히 먹고 있다. 슬프다 무예와 지성과 전술에서 무한정인 무적의 그분께서 어떻게 전쟁터에서 살해되었다는 것인가? 무기도 용기도 금욕도 지성도 강직함도 한 인간을 그 '죽음' 앞에서 자유롭게 만들지는 못 하구나. 정말 엄청난 힘이 부여된 '시간'은 세상에 어떤 것도 벗어날 수가 없구나. 산타누의 아들 비슈마도 죽는다고 그대는 내게 말을 했다. 사실 내 아들들의 생각에 슬픔에 젖어서, 그 동안 나는 산타누의 아들 비슈마에게서 안심을 찾으려 하였다. 오 산자야(Sanjaya)여, 두료다나(Duryodhana)가 그의 의지(依支)인 산타누의 아들이 태양처럼 꺼져버렸을 적에 그 어디에 의지를 했겠느냐? 오 산자야(Sanjaya)여, 나는 내 생각을 더 해보아도 우리 편을 들고 있는 왕들의 종말과 반대편 적들 왕들의 종말을 알 수 없다. 슬프다, 신령들(Rishis)이 부여한 '크샤트리아의 의무'는 혹독하여, 판다바 형제들은 산타누 아들의 죽음을 넘어 대권을 원하기에 우리도 높은 맹세에 그 영웅을 희생으로 제공하며 역시 그 대권을 소망하고 있다. 내 아들들처럼 프리타(Pritha)의 아들들도 그 '크샤트리아의 정신'을 알고 있다. 그러기에 이 전쟁에 죄책감은 없다. 오 산자야(Sanjaya)여, 정의로운 사람도 이것을 행하니, 무서운 재난이 언젠가는 올 것이다. 최고의 위력이 '크샤트리아의 의무'로 실행이 되게 될 것이다. 어떻게 판두 아들들이, 겸손을 갖춘 불패의 영웅 산타누의 아드님 우리 할아버지에게 거역을 할 수 있겠는가? 그 분이 파괴의 전열에 가담하시기는 하셨지만, 어떻게 군사를 배열하고 어떻게 싸우셨는가? 오 산자야(Sanjaya)여, 어떻게 적들이 내 아버지 비슈마를 죽였는가? 두료다나(Duryodana)와 카르나(Karna)와 수발라(Suvala)의 아들 속임수의 사쿠니(Sakuni), 그리고 두사사나(Dussasana)는 비슈마의 죽음에 무어라고 했느냐? 인간과 코끼리와 말들로 이루어진 놀음판, 창과 대검 화살이 동원된 놀라운 파괴의 전쟁놀이, 목숨을 걸어놓은 전쟁놀이 사람 중에 황소라는 비참한 존재들은 누구였느냐? 누가 성공적으로 주사위를 던져 산타누의 아들 비슈마 말고 다시 누구를 죽일 것인가? 오 산자야(Sanjaya)여, 평화가 내 것일 수 없기에 비슈마께서 살해된 것에 대해 자세히 말해 보아라. 날카로운 고통이 내 심장을 꿰노니, 내 아들은 모두 죽게 될 것이다. 너는 내 슬픔에 불을 놓았고 그 위에 정결한 버터를 부었다. 내 아들들은 온 세상이 존경하고 무거운 짐을 지셨던 그 비슈마의 살해를 보고 있었을 것이다. 두료다나(Duryodhana)의 행동으로 일어나는 모든 슬픔을 내가 듣게 되겠구나. 그러기에 오 산자야(Sanjaya)여, 전쟁터에서 생긴 모든 것은 내 사악한 아들놈 때문에 생겨난 것이다. 병든 것이건 건강한 것이건 모든 것을 내게 말해 보라. 오 산자야(Sanjaya)여, 전쟁터에서 비슈마가 성취했던 승리의 모든 것을 자세히 말해보라. 사실 어떻게 쿠루의 군사들 사이에 전투가 벌어졌는지 말해 보라.

산자야(Sanjaya)가 말했다. -대왕이시여, 정말 대왕이 물으신 것은 대왕께 중요한 것입니다. 그러나 그 잘못을 두료다나(Duryodhana)에게만 다 돌리진 마십시오. 대왕의 잘못으로 오류가 생겨 났으니, 다른 사람들에게 잘못을 돌려서는 아니 됩니다. 오 대왕시어, 다른 사람들에게 상처를 준 사람은 그 비난 받아야 할 행동의 결과로 모든 사람들의 심판을 받아야 마땅합니다. **사악(邪惡)한 방법을 모르는 판다바 형제들은, 오랜 동안 친구와 상담자들과 더불어 대왕의 얼굴만 쳐다보며 상처를 견디고 용서하며 숲 속에서 살았습니다.** 요가(Yoga)의 힘으로 말들과 코끼리와 무한 힘의 왕들을 아시는 대왕이시여, 마음에 슬픔을 거두십시오. 오 대왕이시여, 모든 것은 이미 정해져 있 었습니다. **저는 대왕의 아버지 파라사라(Parasara)의 현명한 아드님[비아사]께 복종하였기에 그 분의 은혜로, 시각(視覺)과 청각(聽覺)의 범위를 초월한 탁월한 신의 통찰력을 획득했습니다. 오 대왕이시여, 아주 먼 거리에서 다른 사람들의 마음을 알 수 있고, 역시 과거사나 미래의 일도 그러합니다. 일상적 인간을 초월한 모든 인간의 기원에 대한 지식과 하늘을 꿰뚫어 보는 즐거운 힘과 전쟁터에서 손에 잡아볼 수도 없는 무기, 머리털이 곤두서는 바라타들(Bharatas)의 극도로 놀라운 전쟁을 제가 아는 대로 자세히 들려 드리겠습니다.**

규칙에 따라 대적자들이 도열(堵列)하자, 두료다나(Duryodhana)가 두사사나(Dussasana)에게 말했습니다.

"두사사나(Dussasana)야, 비슈마를 지키기 위해 전차를 빨리 몰아라. 우리 군사들도 빨리 진격 을 해야 한다. 판다바 형제와 쿠루들이 그들의 주요 군대 머리에서 서로 만나야 한다는 것, 내가 수년간 생각했던 그것이 지금 내게 닥쳐왔다. **나는 이 전투에서 우리 비슈마를 지키는 것보다 더욱 중요한 것은 없다고 생각한다.** 우리가 비슈마만 잘 지켜내면, 비슈마가 판다바들(Pandavas) 과 소마카들(Somakas) 스린자야들(Srinjayas)를 다 잡으실 것이다. 순수한 영혼의 비슈마는 '나 는 시칸딘(Sikhandin)을 죽이지 않을 것이다. 그는 이전에 여성이었다고 들었다. 그러기에 그와의 전투는 행하지 아니 할 것이다.'라고 말씀을 하셨다. 이런 이유로 비슈마는 특별히 우리들의 보호를 받아야 한다. 우리의 모든 전사(戰士)는 각자의 위치를 지켜 그 시칸딘(Sikhandin)을 잡을 수 있을 것이다. 할아버지의 동쪽 서쪽 남쪽 북쪽의 모든 주변을 우리 군사와 무기로 지키도록 하라. 비록 힘 센 사자도 보호받지 못 하면, 늑대에게도 죽을 수가 있다. 그래서 우리는 자칼이 사자를 죽이듯 시칸딘(Sikhandin)이 비슈마(Bhishma)를 죽이게 해서는 아니 될 것이다. 오 두사사나(Dussasana) 여, 우리들이 면밀하게 잘 지키면 그 팔구니(Phalguni, 아르주나)가 지키는 그 시칸딘(Sikhandin) 도 비슈마를 죽일 수 없을 것이다."

산자야(Sanjaya)가 말했다. -그 밤이 지나자 소리치는 왕들로 사방이 시끄럽게 되었습니다. 정렬 (整列)! 정렬! 요란한 소라고둥, 사자 같이 으르렁거리는 북소리, 말울음 소리, 전차 바퀴소리, 날뛰 는 코끼리, 함성소리, 무기의 부딪치는 소리, 전투부대의 함성소리, 모든 곳에 소음이 진동했습니 다. 쿠루와 판다바의 대군은 해 뜰 무렵에 다 일어나서 그들의 정렬을 마쳤습니다. 그 다음 해가 솟을 때에 갑옷을 입은 대왕의 아드님과 판다바 형제의 날카로운 공격과 방어를 행하는 양측의 거대한 군대가 온전히 다 드러나게 되었습니다. 황금으로 장식한 코끼리와 전차들이 햇빛과 섞인 구름과 같았습니다. 엄청난 전차 행렬은 도시와 같았습니다. 그리고 비슈마의 머무르신 모습이 보름달 같았습니다. 그리고 활과 칼, 언월도(偃月刀, 초승달 같은 칼), 철퇴, 창, 다양한 번쩍이는 무기들을 지닌 병사들은 그 대열에 그들의 위치를 잡고 있었습니다. 그리고 양측에 속한 멋진 대표자들이 나타났고, 수천의 다양한 깃발들이 세워졌습니다. 그리고 황금에 보석을 장식한 불타는 듯 수천의 깃발은 전투를 기다리는 그들 대표자들을 응시하는 갑옷 속에 영웅적 전투부대처럼 아름답게 보였습니다. 그리고 많은 전통(箭筒)에 가죽으로 손을 싼 뛰어난 사람들이 황소 같은 큰 눈으로 번쩍이는 무기들을 세우고 그들 대열에 앞장을 섰습니다. 그리고 수발라(Suvala)의 아들 사쿠니(Sakuni)와 살리아(Salya) 자야드라타(Jayadratha) 그리고 아반티(Avanti)의 두 왕자 빈다(Vinda)와 아누빈다(Anuvinda), 그리고 케카야(Kekaya) 형제, 캄보자(Kamvojas)의 왕 수다크쉬나(Sudak-shina), 칼린가 족(Kalingas)의 왕 스루타유다(Srutayudha), 자야트세나(Jayatsena) 왕, 그리고 코살라(Kosalas) 족의 왕 브리하드발라(Vrihadvala), 사트와타(Satwata) 족의 크리타바르만(Kritavar-man) 이들 열 명의 호랑이들은 철퇴(鐵槌)를 지닌 풍성한 희생으로 제물을 올릴 용사들로 각 군단(軍團, Akshauhini) 머리에 섰습니다. 이들과 그 밖의 왕들과 왕자, 전술에 능한 전차(戰車)사들이 갑옷을 입고 두료다나(Duryodhana)의 명령에 복종하여 그들의 대열 앞에 섰습니다. 모두가 검은 사슴 가죽을 입고, 힘에 넘쳐 기쁜 마음으로 두료다나(Duryodhana)를 위하여 다들 죽음을 각오하였고 10개의 군단에서 그 명령을 기다리고 있었습니다. 거기에 다르타라슈트라(Dhartarashtra) 군사를 더한 카우라바(Kauravas)의 11개 군단은 전군이 공격 대형으로 섰습니다. 선봉(先鋒)은 산타누(Santanu) 왕의 아드님이셨습니다. 백색 투구와 백색 일산(日傘)과 백색 갑옷이었습니다. 오 대왕이시여, 무적의 비슈마는 정말 돋아 오른 달이었습니다. 금박의 팔미라 정장(正裝)으로 백은(白銀)의 수레에 앉아 있는 그 영웅을 쿠루 형제나 판다바 형제가 모두 흰 구름에 감겨 있는 달처럼 우러러 보았습니다. 드리슈타듐나(Dhryshtadyumna)가 앞장을 선 스린자야 족(Srinjayas) 중에 위대하다는 궁수(弓手)들은 크게 울부짖은 사자를 바라보는 작은 동물들 같았습니다. 정말 드리슈타듐나(Dhryshtadyumna)가 앞장을 선 대적(對敵)자들은 계속 공포에 떨었습니다. 오 대왕이시여, 그들이 11개 군단의 대왕의 빛나는 대왕의 군사였습니다. 그런데 역시 판다바 형제의 일곱 개 군단도 뛰어난 용사들로 이루었습니다. 정말 두 대군(大軍)이 마주함은 거대한 악어가 들끓는 두 개의 대양(大洋)이 날카로운 마카라(Makaras)로 요동치는 유가(Yuga)의 종말과 같았습니다. 오 대왕이시어, 카우라바 족(Kauravas)이 서로 대립했던 일은 이전에는 들도 보도 못한 것이었습니다.

산자야(Sanjaya)가 말했다. 전투가 시작되었던 그 날에 소마(Soma, 달)가 피트리스(Pitris, 화성) 영역으로 접근했습니다. 7개의 행성들이 창공에 나타나 불꽃처럼 타올랐습니다. 태양도 떠올라 둘로 나뉜 듯 보였습니다. 태양은 창공에서 불을 밝히고 있는 것 같았습니다. 육식의 자칼과 까마귀들은 시체들을 먹겠다 싶어 모든 방향에서 날카롭게 울부짖었습니다. 매일 쿠루 족의 그 늙은 할아버지[비슈매와 바라드와자(Bharadwaja)의 아들[드로내은 아침에 침대에서 일어나면 정신을 모아 말했습니다. '판두의 아들들아 이겨라.' 그들은 행했던 언약에 따라 대왕을 위해 싸웠지만 그렇게 마음속으로는 말했습니다. 비슈마께서는 모든 임무에 정통하셔서 모든 왕들을 불러놓고 말씀하셨습니다.

"너희 크샤트리아들에게는 '하늘로 올라가는 문'이 항상 열려 있다. 너희는 그것을 통해 스카라(Sakra)와 브라흐만(Brahman) 영역으로 들어가라. 옛날에 성자들은 그 영원한 문을 너희에게 보여주셨다. 정성을 모아 이 전투에 참가함을 영광으로 알라. 나바가(Nabhaga) 그리고 야야티(Yayati) 만다트리(Mandhatri) 나후사(Nahusa) 느리가(Nriga)는 성공하여 왕관을 썼고 그와 같은 최고의 기쁨의 영토를 차지했습니다. **크샤트리아에게는 집에서 병들어 죽는 것이 죄악이다. 전장에서 죽음을 맞는 것이 크샤트리아의 영원한 임무이다.**"

바라타 족의 황소 비슈마는, 아름다운 전차(戰車) 속에서 바라보고 있는 왕들에게 그렇게 말씀하시고 그들 군단의 선두로 나아가셨습니다. 오직 비카르타나(Vikartana)의 아들 카르나(Karna)와 그의 친구 친척들만이 비슈마가 행한 바라타 전쟁에서 제외되어 있었습니다. 당시는 카르나(Karna) 없이 대왕의 아드님과 왕들이 전투에 나갔고, 사방에 사자 같은 함성을 질렀습니다. 오 대왕이시여, 그래서 그들의 군단은 백색 일산과 깃발과 갑옷과 코끼리 말 전차 보병들로 찬란했습니다. 그리고 큰북 작은북 심벌즈 마차 바퀴 소리가 지축을 흔들었습니다. 그리고 황금 팔찌와 활을 든 힘 좋은 전차 사(戰車士)들은 불붙은 언덕처럼 빛났습니다. 다섯 개의 별을 수놓은 정장 차림의 쿠루 군 총사령관 비슈마는 태양처럼 빛났습니다. 대왕이시여, 왕가 출신의 억센 궁수들은 비슈마가 명령했던 대로 대왕의 편에서 그들의 본 자리를 지켰습니다. 고바사나 족(Govasanas)의 사이비아(Saivya) 왕은 전 왕국을 거느리고 와 값비싼 코끼리를 타고 그 등 뒤에 깃발을 달고 참전을 했습니다. 그리고 연꽃 얼굴의 **아스와타만(Aswatthaman)**은 사자 꼬리 복장을 하고, 위험한 곳으로 나가 모든 군단의 머리에 섰습니다. 그리고 스루타유다(Srutayudha), 치트라세나(Chitrasena), 푸루미트라(Purumitra), 비빈사티(Vivinsati), 살리아(Salya), 부리스라바스(Bhurisravas), 힘센 전차사 비카르나(Vikarna), 이들 일곱 억센 그들의 전차로 비슈마를 바짝 따르는 드로나(Drona)의 아들을 수행(隨行)했습니다. 드높은 이 전사(戰士)들은 그들의 전차를 황금으로 장식하여 너무도 아름다웠습니다. 제일의 군사(軍師)인 드로나(Drona)는 황금 제단에 물 항아리와 예배자의 모습을 수놓은 정장을 착용하였습니다. 천만의 군단을 이끄는 두료다나(Duryodhana)는 보석으로 장식한 코끼리 형상의 정장을 착용하였습니다. 파우라바(Paurava), 카린가족(Kalingas)의 왕, 살리야(Salya)와 라타족(Rathas)은 두료다나(Duryodhana)의 선봉 자리를 차지하고 있었습니다. 황소를 본뜬 복장을 하고 비싼 전차에 오른 선봉(先鋒) 마가다(Magadhas) 왕은 적을 향해 전진했습니다. 가을의 양털 구름 같은 동방(東方)의 거대 군사는 앙가(Angas)왕[카르나의 아들 브리샤케투-Vrishaketu]과 힘 좋은 크리파(Kripa) 대장이 엄호(掩護)를 하였습니다. 멧돼지를 수놓은 비단 옷을 입고 대열의 선두에 선 유명한 자야드라타(Jayadratha)는 가장 돋보였습니다. 전차 10만 대, 코끼리 8천 마리, 6만의 기병(騎兵)을 그가 통솔하고 있었습니다. 신두 족(Sindhus)의 왕에 의해 통솔된 그 거대 군단이 선봉에 자리 잡아 풍성한 전차와 코끼리와 말들로 장대하였습니다. 6만대의 전차, 일만 마리 코끼리를 지닌 칼린가 족(Kalingas)의 왕은 케투마트(Ketumat)와 함께 출전을 했습니다. 그가 탄 거대한 코끼리는 언덕처럼 보였고, 투석기 창 화살통들이 훌륭했습니다. 그리고 칼린가(Kalingas) 왕은 눈부신 정장(正裝)에 하얀 양산, 황금 쿠라스(curass), 차마라스(Chamaras) 부채가 빛났습니다. 케투마트(Ketumat)도 큰 갈고리를 가지고 역시 코끼리에 올라 전장에 임했으니, 오 대왕이시여, 그는 구름 속에 태양 같았습니다. 그리고 바가다타(Bhagadatta) 왕은 힘으로 불타올라 자기 코끼리를 타고 벼락을 내리는 사람처럼 출전을 했습니다. 빈다(Vinda)와 아누빈다(Anuvinda)라는 아반티(Avanti)에 두 왕은, 케투마트(Ketumat)를 따라온 바가다타(Bhagadatta)처럼 코끼리의 목을 타고 있었습니다. 오 대왕이시여, 드로나(Drona)와 산타누의 아드님[비슈매과 드로나의 아들, 발리카(Valhika), 크리파(Kripa)가 펼친 진세(陣勢)는, 코끼리들이 그 몸통이 되고 많은 전차 부대들로 이루어진 '뷰하(Vyuha, 莊嚴) 진(陣)'이었습니다. 즉 왕들이 앞장을 서고, 기마병이 날개를 이루는 진세입니다. 사방팔방으로 날카로운 뷰하(Vyuha, 莊嚴)는 금방 적들을 향해 튀어나갈 태세였습니다.[2]

———→

(a) '마하바라타(*The Mahabharata*)'의 말하기 방식은 조심해서 살필 만하다. 앞서도 확인을 했으나, **힌두(Hindu)의 바라문은 '결과'를 먼저 생각한다**.

(b) 즉 '이야기'를 시작하자마자 그 결과부터 말한 것은, 근본적으로 '인생'을 논할 적에 '죽음'을 먼저 전제하는 그 방식이다.

(c) 인생에 '죽음'을 생각하여 '절대자'에 인도하는 방식이 '모든 이야기 서술'에도 그대로 적용되었고, 그러한 방법으로 '절대 신의 귀의(歸依) 문학' '마하바라타(*The Mahabharata*)'가 성립되었다.

(d) '마하바라타(*The Mahabharata*)'에는 4대(大) 이야기꾼이 있으니, ① 성자 사우나카(Saunaka)의 질문에 대답한 **우그라스라바(Ugrasrava)** ② 황제 자나메자야(Janamejaya) 질문에 대답을 한 **바이삼파야나(Vaisampayana)** ③ 황제 유디슈티라(Yudhishthira) 질문에 대답한 **마르칸데야(Markandeya)** ④ 왕 드리타라슈티라(Dhritarashtra)에 대답을 한 **산자야(Sanjaya)**가 그들인데, 그들은 다시 '마하바라타(*The Mahabharata*)'의 비아사(Vyasa)에게로 통합이 된다.

(e) '언어' 속에 있는 '마하바라타(*The Mahabharata*)'는 그 말하는 사람을 그대로 노출을 시켜서 그 '마하바라타(*The Mahabharata*)'가 바로 '[桂冠]시인(詩人) 말임을 확실하게 다 알게 하였다.['언어' 절대주의]

---

2) K. M. Ganguli (Translated into English Prose from the Original Sanskrit Text), *The Mahabharata of Krishna-Dwaipayana Vyasa*, Munshiram Manoharlal Publisher Pvt. Ltd. New Delhi, 2000, -**Bhishma Parva**- pp. 1, 29~40

(f) '왕[크샤트리아]'이 결국 '시인(詩人, 바라문)' 말 속에 평가됨을 온전하게 가르치고 있는 것이 역시 이 '마하바라타(*The Mahabharata*)'이다.

(g) 힌두(Hindu)는 '말 속에 있는 세상'을 이 '마하바라타(*The Mahabharata*)'을 통해 가르쳤다. 그리고 그 '말의 위력'을 '현실적인 힘의 발휘[呪文]'로까지 확장을 했고, '인간의 정신세계'를 '말'로 다 휘어잡았다.

(h) 그래서 오히려 그 **'말'과 '책'을 벗어나라고 한 이가** 역시 불타(佛陀)이고 니체(Nietzsche)였다. 그러므로 그 '말' 속에 '진짜 요긴한 정보(情報)'와 '허위 정보(情報)'를 가릴 의무도 역시 각 개인의 분별력으로 결국 돌아가게 되어 있는데, **'마하바라타(*The Mahabharata*)'의 쟁점은 '육신(肉身, 뱀)의 운영 비판'이** 그 핵심이다. 그리고 **'육신(욕망) 운영에 무한정 배약(背約)의 사기꾼들'이 '드리타라슈트라'와 그 아들들 그리고 카르나 사쿠니**이고, 그들에게 어정쩡하게 편들고 있는 존재들이 비슈마, 드로나, 살리아였다는 이야기가 그 전부이다.

(i) 그러한 **'배약(背約)의 사기꾼들'**은 비단 '마하바라타(*The Mahabharata*)'의 '혁명의 대상'일 뿐만 아니라 '인류의 사회의 영원한 반(反)사회적인 적(敵)'인데, 그러한 무리를 최초로 '제거 대상으로 명시(明示)한 혁명전쟁'이 바로 **'크리슈나 혁명' 마하바라타(*The Mahabharata*) 혁명**이다.

제83장 아르주나의 절망(絶望)

산자야(Sanjaya)는 말했다. -오 대왕이시여, 그런데 전투태세가 갖추어진 전투대 중심부에서부터 커다란 대소동이 생겼습니다. 정말 소라고둥과 북소리, 코끼리 소리, 전차 바퀴의 덜거덕 소리에 땅이 꺼지는듯했습니다. 곧 이어 하늘과 땅이 군마(軍馬)의 울음소리와 전투 대원의 함성으로 가득 찼습니다. 아 참을 수 없는 일은 대왕의 아드님들과 판두 형제들의 군대들이 서로 대적(對敵)을 할 때에, 다 함께 떨고 있었다는 사실입니다. 그 전쟁터에는 금으로 장식된 코끼리와 전차들이 빛으로 장식된 구름[무지개] 같았습니다. 오 대왕이시여, 대왕의 편에 황금 고리로 장식한 전사들의 복장은 불꽃처럼 찬란했습니다. 그리고 대왕의 군대 깃발은 하늘나라 인드라 신의 깃발과 같았습니다. 그리고 모든 영웅적인 투사는 타는 불이나 태양 같은 갑옷을 입었습니다. 오 대왕이시여, 쿠루의 뛰어난 무사들은 좋은 활과 우수한 무기 가죽 장갑을 끼고 황소 같은 큰 눈을 하고 그 군대의 머리에 섰습니다. 비슈마의 뒤에서 비슈마를 지켰던 대왕의 아드님들은 두사사나(Dussasana) 두르비샤하(Durvishaha) 두르무카(Durmukha) 두사하(Dussaha) 비빈사티(Vivinsati) 치트라세나(Chitrasena) 그리고 힘센 전차 무사 비르카나(Vikarna)였습니다. 그리고 그 중에는 사티아비아타(Satyaviata) 푸루미트라(Purumitra) 자야(Jaya) 부리스라바(Bhurisravas) 살라(Sala)도 있었습니다. 그리고 2만의 전차부대가 그들의 뒤를 따르고 있었습니다. 아비샤하족(Abhishahas) 수라세나족(Surasenas) 시비족(Sivis) 바사티족(Vasatis) 스왈리아족(Swalyas) 마트시아족(Matsyas) 암바슈타족(Amvashtas) 트리가르타족(Trigartas) 케카이아족(Kekayas) 사우비라족(Sauviras) 키타바족(Kitavas) 동쪽 서쪽 북쪽 지방 거주의 용감한 12개 부족이 목숨을 걸고 싸울 것을 맹세하였습니다. 그리고 그들도 무수한 전차로 그 할아버지[비슈매를 보호하였습니다. 그리고 일만의 코끼리 부대를 거느린 마가다 왕이 그 큰 전차 부대를 뒤따랐습니다. 전차와 코끼리를 합해 합계가 6백만이었습니다. 활과 칼과 방패로 무장한 보병은 수백만이었습니다. 그래서 그들은 대못이나 화살로도 싸웠습니다. 오 바라타시여, 대왕의 11개 군단은 야무나(Yamua) 강에서 분할된 갠지스 강(Ganga)과 같았습니다.

드리타라슈트라(Dhritarashtra)가 말했다. - 아 산자야여, 전투 대형의 우리의 11개 군단을 보았다면 그 유디슈티라(Yudhishthira)가 수적(數的)으로 열세인 상황에서 그 진세(陣勢)를 어떻게 펼쳤는가? 인간과 천상과 간다르바(Gandarva)와 아수라(Asura)의 모든 진세를 꿰고 있는 비슈마 대항전에서 쿤티의 아들은 어떤 진세를 이루었는가?

산자야(Sanjaya)가 말했다. -전장에 배열된 대왕의 군단을 보고, 유디슈티라 왕은 다난자야(Dhananjaya, 아르주나)에게 말했습니다.

"위대한 성자 브리하스파티(Vrihaspati)가 말씀하시기를 '숫자가 적은 사람들은 그들을 단결시켜 싸울 수밖에 없다고 하였는데, 많은 사람들은 늘 태평에 늘어진다.'고 하셨다. 적은 수자로써 많은 군사를 대적함에 있어 진세(陣勢)가 '바늘 형'이 되어야 할 것이다. 우리 병사는 적에 비해 소수이니, 그 위대한 성자의 가르침에 따라 우리 군사를 배치해야 할 것이다." 그 말을 들은 다난자야(Dhananjaya)는 유디슈티라 왕께 말했습니다.

"그 부동(不動)의 진세(陣勢)를 '바즈라(Vajra)'라고 하는데, 그것은 벼락을 구사하는 신[인드라]에 의해 고안된 것입니다. 제가 대왕을 위해 만들 진세는 무적(無敵)의 진세입니다. 터지는 태풍 같고 전장에서 아무도 당할 수 없는 제일의 강타자 비마(Bhima)가 우리군의 맨 앞에서 싸울 것입니다. 전장의 모든 무기에 달통한 비마가 우리 인솔자가 되어 선봉(先鋒)으로 싸우면 적들의 힘은 괴멸을 당할 것입니다. 그 최고의 강타자 비마(Bhima)는 두료다나(Duryodhana)가 앞세운 호전적 무사들을 사자를 본 작은 동물들처럼 놀라게 하여 물리칠 것이니, 우리는 인드라(Indra)가 하늘의 궁전에 있듯 편안할 것입니다. 브리코다라(Vrikodara, 비마)가 화를 내면 인간 중에는 그를 바로 볼 사람이 없을 정도입니다." 그렇게 말을 한 다음 아르주나는 서둘러 진형을 가다듬은 다음에 적을 향해 나아갔습니다. 그래서 판다바 형제의 강한 군대가, 쿠루 군대의 이동을 보니, 넘쳐 움직이지 못하고 급하게 휘도는 갠지스 강 흐름과 같았습니다. 그래서 큰 힘을 충전한 비마(Bhimasena)와 드리슈타듐나(Dhrishtadyumna), 나쿨라(Nakula), 사하데바(Sahadeva), 드리슈타케투(Dhrshtaketu) 왕이 그 군대의 인솔자가 되었습니다. 그리고 비라타(Virata) 왕은 그의 형제와 아들을 대동시켜 1개 군단 병력으로 후방을 지키며 가까이 따르게 했습니다. 크게 빛났던 마드리(Madri)의 두 아들[나쿨라, 사하데바]은 비마 전차바퀴 보호자가 되었습니다. 이에 대해 드라우파디(Draupadi)의 다섯 아들과 수바드라(Subhadra)의 아들[아비마뉴]은 비마의 배후를 보호하며 크게 활약하였습니다. 그리고 억센 전차 투사 판찰라의 왕 드리슈타듐나(Dhrishtadyumna)는 용감한 전차 투사 프라바드라카스(Prabhadrakas)와 더불어 뒤에서 그들 왕자들을 보호했습니다. 그리고 그 뒤에 시칸딘(Sikhandin)이 있었는데, 아르주나(Arjuna)가 그를 보호하고 있었고, 아르주나(Arjuna)는 바라타 족의 황소로서 비슈마(Bhishma)의 격파에만 생각을 집중하고 있었습니다. 아르주나의 뒤에는 힘 좋은 유유다나(Yuyudhana)가 있었고, 판찰라에 두 왕자 유다마뉴(Yudhamanyu)와 우타마우자(Uttamaujas)는 케카이아(Kekaya) 형제와 유명한 드리슈타케투(Dhrishtaketu)와 체키타나(Cheki-tana)를 따라 아르주나의 전차바퀴 보호자가 되었습니다. 전장에서 무서운 속도로 철퇴(鐵槌)를 휘두르는 비마(Bhimasena)는, 대양(大洋)도 다 마실 수가 있었습니다. 그리고 거기에는 그를 보살피는 상담자들도 있었습니다. 오 대왕이시여, 대왕의 아드님과 비바트수(Vibhatsu)가 말했듯이 억센 비마세나를 주목했습니다. 그래서 파르타(Partha, 아르주나)가 그것을 말하여 모든 군사가 전장에서 비마(Bhimasena)를 축복하며 존경했습니다. 쿤티의 아들 유디슈티라 왕은, 군대의 중앙에 자리를 잡아 움직이는 언덕 같은 거대한 코끼리로 둘러막았습니다. 고상한 판찰라의 왕 야즈나세나(Yajnasena, 두루파다 왕)는 판다바 형제를 돕기 위해 1개 군단을 거느린 비라타(Virata) 왕 뒤에 섰습니다. 그리고 왕들이 탄 전차(戰車) 위에는 해와 달 같이 빛나는 황금으로 장식한 옷을 입은 큰 키의 왕들이 있었습니다. 거리를 두고 이들 왕들을 보살피는 억센 전차 투사 드리슈타듐나(Dhrishtadyumna)는 후방에서 유디슈타라를 지키는 그의 형제와 아들과 함께 있었습니다. 대왕의 편과 적의 편에 모든 전차를 초월하는 거대한 원숭이 한 마리가 그 아르주나의 전차에는 실려 있었습니다.['원숭이 깃발'을 달고 있었다는 말] 칼과 창과 언월도(偃月刀)로 무장한 수십만 명의 보병이 비마를 지키기 위해 앞장을 섰습니다. 그리고 1만 마리 코끼리들의 볼과 입에 주스를 뿌려주며 소나기구름 같은 연꽃 향기를 뿌리며 왕의 뒤를 따르니, 움직이는 산과 같았습니다. 그리고 무적의 비마는 철제 장갑에 무서운 철퇴로 거대 군사를 금방 다 짓뭉갤 것 같이 보였습니다. 태양을 바라볼 수 없는 것처럼 그 호전적인 군대를 어떤 대적(對敵)자도 가까이에서 그를 볼 수도 없었습니다. 그리고 그 '바즈라(Vajra, 바늘)' 진세(陣勢)는 모든 곳을 살피며 강렬한 불꽃 신호를 보내는 간디바(Gandiva) 구사자(驅使者)[아르주나]의 보호를 받고 있었습니다. 대왕의 군대에 대항하여 그들의 군사를 배치한 판다바 형제들은 전투를 기다렸습니다. 그래서 판다바 형제가 관할한 그 진세(陣勢)는 인간 세상의 무적(無敵)을 이루었습니다. 그래서 양측 대군이 새벽부터 해뜨기를 기다리고 있었는데, 한 줄기 바람이 물방울을 떨어뜨렸다. 구름은 끼지 않았는데, 천둥소리도 들렸습니다. 매서운 바람에 사방에서 불어와 땅바닥에 자갈돌 같은 비를 뿌렸다. 그리고 두꺼운 먼지가 덮어 세상이 깜깜해졌습니다. 거대한 유성(遊星)들이 동쪽으로 떨어졌습니다. 솟아오르는 태양을 처서 큰 소리를 내어 조각을 내는 소리 같았습니다. 천둥소리도 사방에서 들려왔습니다. 먼지가 너무 짙어서 아무 것도 볼 수 없었습니다. 그리고 종을 매단 끈과 황금 장식의 판(板)과 화환 비싼 천과 태양처럼 빛나는 깃발들로 장식한 전사들의 높이 올린 깃발들이, 갑작스런 바람에 흔들리며 내는 소리가 서리 맞은 팔미라(palmyra, 야자나무) 나무들 소리 같았다. [말씀드린] 이것이 항상 전쟁을 즐거워하며 사람 중의 호랑이인 판두 아들들이, 대왕의 아드님 군대에 대항하여 그들의 군대를 배치했던 상황입니다. 바라타의 황소시여, 우리의 군사들은 손에 철퇴를 잡고 있는 비마가 그들의 머리를 응시하는 것을 지켜보고 있었습니다.

드리타라슈트라가 말했다. -오 산자야(Sanjaya)여, 비슈마가 이끌고 있는 우리 군과 비마가 이끌고 있는 판다군 중에 어느 군이 먼저 싸우려고 했는가? 해와 달도 없이, 강풍이나 맹수처럼 몰아칠 적에, 어느 쪽이 그 재수 없는 소리를 냈는가? 누가 그 젊은이들을 즐겁게 했는가? 그것을 진실하고 바르게 말해 보아라.

산자야가 말했다. -오 대왕이시여, 진세(陣勢)가 이루어졌을 때는 모두 즐거웠습니다. 두 쪽의 군사들이 코끼리와 전차와 말들로 가득하여 숲 속에 꽃이 핀 것처럼 아름다웠습니다. 양쪽 군대가 광대하고 무서운 양상이었습니다. 오 바라타시여, 어느 누구도 상대방을 감당할 수 없었습니다. 양쪽이 바로 하늘을 정복하겠노라고 진세를 펼쳤고, 양쪽이 모두 탁월한 사람들이었습니다. 대왕의 편인 카우라바 형제들은 서쪽을 향하고 섰고, 판다바 형제들은 동쪽을 향하고 섰습니다. 카우라 형제의 군대는 다나바들(Danavas) 대장 군대 같았고, 판다바 형제의 군대는 천상의 군대 같았습니다. 바람은 판다바 형제의 등 뒤에서 불기 시작하였고, 맹수들은 울부짖으며 드리타라슈트라들에게로 달려갔습니다. 대왕 아드님 편 코끼리들은 판다바 형제들의 거대 코끼리들이 즐긴 주스 향기에 견딜 수가 없었습니다. 그리고 두료다나(Duryodhana)는 철망으로 감싼 황금 카크샤(Kaksha)를 그 등에 올린 사원(寺院)에서 빌린 연꽃으로 장식한 코끼리를 탔습니다.[당시 '사원(寺院)'은 국왕과 대등한 또는 그 이상의 富를 누렸다는 증거임] 그는 쿠루 형제의 중앙에 자리를 잡았고, 칭찬 재(아부군와 시인(詩人)들이 그 곁에 있었습니다. 그리고 그 두료다나의 머리에는 황금 고리로 장식한 달처럼 빛나는 백양산(白陽傘)을 쓰고 있었습니다. 간다라 족(Gandharas)의 왕 사쿠니(Sakuni)는 간다라의 고산(高山) 족과 함께 계속 그 두료다나의 주변에 머물러 있었습니다. 존경 받은 비슈마는 모든 군사의 전방(前方)에 서서 머리에는 백양산(白陽傘)을 쓰고, 활과 칼로 무장을 했고, 백색 투구, 백색 말들로 온통 백색의 산처럼 보였습니다. 비슈마의 군단에는 모든 대왕의 아드님들이 지키고 있었고, 발리카 족(Valhikas)의 시골사람 살라(Sala), 신두 족(Sindhu)과 암바스타(Amvastas)로 불리는 모든 크샤트리아와, 사우비라 족(Sauviras)이라는 사람들, '오강(五江) 유역'의 사람들이 있었습니다. 그리고 고상한 드로나(Drona)는 홍색 말이 끄는 황금 수레에 올라 손에는 활을 잡고 굳은 신념으로 인드라 신처럼 모든 왕들을 뒤에서 지키고 있었습니다. 그리고 사라드와트(Saradwat)의 아들 가우타마(Gautama)는 선봉에 선 강한 궁수(弓手)로서 모든 무기에 달통하고 사카족(Sakas), 키라타 족(Kiratas), 야바나족(Yavanas), 파흘라바족(Pahlavas)과 함께 대군의 북쪽 지점에 자리 잡았습니다. 브리슈니(Vrishni) 보자(Bhoja) 족의 무사와 무기를 잘 쓰는 수라슈트라(Surashtra)의 무사로 이루어진 거대 군단은 크리타바르만(Kritavarman)은 군의 남쪽에 자리를 잡았습니다. 아르주나와 사생(死生)을 결단을 펼치기로 조직된 사마사프타카족(Samasaptakas)의 1만대의 전차는 아르주나(Arjuna)를 추적하기로 되었고 용감한 트리가르타족(Trigartas)도 모두 참전을 했습니다. 오 바라타시여, 대왕의 군대에는 전방에 싸우는 코끼리가 1천 마리였습니다. 각 코끼리에는 1백대의 전차가 배정이 되었고, 각 전차에는 1백 기병(騎兵)이 있었고, 각 기병(騎兵)에는 10명의 궁수(弓手)가 있었고, 각 궁수(弓手)에게는 칼과 방패로 무장한 10명의 병사가 있었습니다. 오 바라타시여, 비슈마의 진용(陣容)은 그러하였습니다. 산타누의 아들 사령관 비슈마는 새벽이 되면 때로는 군사를 배치하고, 때로는 천상(天上)에 때로는 간다르바(Gandharva) 속에 때로는 아수라(Asura) 속에 계셨습니다. 비슈마에 의해 포진(布陣)된 마하라타 족의 거대 군중, 대양처럼 포효하는 드리타라슈트라 대군은 전투를 행하려고 서쪽을 향하여 도열을 하고 섰습니다. 무한의 대왕의 군사는 두려움의 대상이었습니다. 오 대왕이시여, 그러나 판다바 형제들의 군대는 수적으로 그러하지 못했으나, 케사바(Kesava, 크리슈나)와 이르주나(Arjuna)가 그 인솔자였기에 제[산자야]는 무적(無敵)이라는 생각이 들었습니다.

산자야가 말했다. -엄청난 드리타라슈트라 군대가 전투에 임한 것을 보고, 쿤티의 아들 유디슈티라 왕은 슬픔에 빠졌습니다. 유디슈티라 왕은 비슈마의 무적의 진용(陣容)을 보고, 이길 수 없다고 생각하여 하얗게 질려 아르주나에게 말했습니다.

"오 다난자야(Dhananjaya)여, 비슈마 할아버지를 대장(大將)으로 삼은 다르타라슈트라들과 우리가 어떻게 싸울 수가 있겠느냐? 움직일 수도 격파할 수도 없는 저 진세(陣勢)는 초월의 비슈마가 경전에 전해진 규칙대로 만들어 내신 것이다. 과연 우리가 성공할지 의심스럽구나. 저 거대한 진세에 맞서 어떻게 이겨낼지 모르겠구나." 이 말을 들은 프리타(Prita)의 아들 아르주나는 슬픈 얼굴로 다음과 같이 말했습니다.

"대왕이시여, 어떻게 '적은 군사'가 '많은 군사'를 이기는지 들어보십시오. 대왕께서는 악의(惡意)가 없으십니다. 그러기에 저는 대왕께 방법을 말씀 드리겠습니다. 비슈마와 드로나만큼 나라다(Narada) 성사(聖師)도 그것을 알고 계십니다. 할아버지[비슈마]는 그 방법을 늘그막의 신들과 악마들의 전쟁에 대해 인드라와 다른 천상의 신들에게 말했습니다. '승리를 원하는 사람은, 진실로 <u>무력(武力)과 힘으로 정복하지 않고 진리(眞理)와 연민(憐憫)과 정의(正義)와 힘으로 행하는 것이다. 그래서 정의와 불의를 구분하고, 탐욕과 고통 없이 견뎌냄을 알고 있기에, 정의(正義)가 있는 곳에 승리가 있다.</u>'고 하셨습니다. 오 대왕이시여, 이것으로 이 전쟁에 우리의 승리가 분명합니다. 진실로 나라다(Narada)는 '<u>크리슈나(Krishna)가 있는 곳에 승리가 있다. 승리는 크리슈나 속에 내재해 있다.</u>'고 말씀하셨습니다. 정말 '승리'는 마다바(Madhava, 크리슈나)를 따릅니다. 그리고 '승리'란 크리슈나의 한 가지 속성이니, 겸허도 역시 그의 다른 속성일 뿐입니다. 고빈다(Govinda, 크리슈나)는 무한한 힘을 지니고 있습니다. 무수한 적들 속에서도 그는 고통도 없습니다. 그는 영원한 남성입니다. 그래서 크리슈나가 있는 곳에 승리가 있습니다. 옛날 신들(Gods)과 아수라들(Asuras)에게 당신들 중에 누가 이길 수 있는가를 물었던 하리(Hari)처럼 무적이고 못 다루는 무기가 없다는 존재가 나타난다고 해도, 크리슈나가 앞장을 서면 우리는 승리할 것입니다. 그리고 하리

(Hari)의 은혜로 사크라(Sakra)가 앞장을 섰던 신들이 3계(三界)를 획득했습니다. 그래서 저는 대왕의 마음속에 사소한 슬픔은 고려하지 않을 것이며, 세상의 군주이고 하늘의 왕으로 스스로 승리를 거두시게 할 것입니다."

산자야가 말했다. -오 바라타 족의 황소시여, 유디슈티라 왕은 비슈마 군단에 대항할 자신의 군대를 배치해 놓고 그들을 격려해 말했습니다.

"판다바 형제들은 이제 경전에 있는 대로 대항의 '진 치기'를 마쳤습니다. 죄 없는 이들이여, 공정하게 싸워 하늘의 뜻에 따릅시다." 판다바 군대의 중앙에는 아르주나의 도움을 받는 시칸딘과 그의 군대가 있었습니다. 그리고 드리스타듐나가 선봉으로 옮겨 비마의 도움을 받게 되었습니다. 판다바의 남쪽 군단은 사트와타(Satwata) 족의 최고인 억센 궁사(弓師) 멋쟁이 유유다나(Yuyudhana)는 인드라 신을 닮았습니다. 유디슈티라는 마헨드라(Mahendra)를 따른 전차에 올라 있었는데, 코끼리 군단 중앙에 그 전차는 황금과 보석으로 수를 놓고 황금 고삐를 갖추었습니다. 머리 위에 상아 손잡이가 달린 양산은 특히 아름다웠습니다. 그리고 주변에 많은 성자들이 그 왕의 주위를 걸으며 칭송을 하고 있었습니다. 그리고 많은 사제들과 젊은 성자들이 찬송가로 왕을 칭송하고 효과를 내는 약(藥)같은 주문(呪文, Mantras)과 다양한 회유의 의례(儀禮)를 행하며 왕의 적들이 괴멸할 것을 빌었습니다. 그 쿠루 족의 왕은, 하늘의 왕 사크라(Sakra)처럼 바라문들에게 암소와 열매와 꽃과 황금 엽전을 베풀었습니다. 아르주나의 전차는 일백 개의 종(鐘, 방울)과 최고 황금으로 장식을 하고 불 같이 빛나는 최고의 바퀴에 네 마리 백마에 멍에를 매었으니, 1천 개의 태양처럼 찬란했습니다. 그리고 케사바(Kesava)가 고삐를 잡은 원숭이 깃발의 전차에 아르주나는 손에 간디바(Gandiva)를 잡고 섰으니, 지상에는 그 유례(類例)가 없었고 앞으로도 없을 궁사(弓師)였습니다. 대왕 아드님 군대를 쳐부수기 위해, 무서운 모습을 한 사람은 비마세나(Bhimasena, Vrikodara)로, 무기를 버리고 맨 손으로 먼지를 뒤집어 쓴 사람과 말과 코끼리들 속으로 돌진했던 그는 쌍둥이를 동반하고 영웅적 전차 군대의 수호자가 되었습니다.['아르주나'에게 집중된 힌두 **계관시인**의 찬사임] 경쾌한 걸음걸이의 사자 중에 노한 왕자 같고, 또는 지상에 몸을 보인 인드라 같은 무적의 비마(Bhimasena, Vrikodara)가 코끼리 떼의 자랑스러운 인도자처럼 선봉에 자리 잡은 것을 보고, 대왕의 무사들은 공포에 질려 진흙탕 속에 코끼리들처럼 떨기 시작했습니다.

산자야가 말했다. -다르타라슈트라 군사가 싸우려고 나올 때에, 크리슈나가 아르주나를 위해 다음과 같이 말했습니다. 신(크리슈나)이 말씀하셨습니다.

"그대를 정결하게 하라. 장사(壯士)여, 전쟁의 전야(前夜)에 '그대 적(敵)의 패배'를 위해 두르가(Durga, 여신)에게 찬송을 행하라."

산자야는 계속했다. -대 지성(大知性) 바수데바(Vasudeva)가 전쟁 전야(前夜)에 이르시니, 프리타의 아들 아르주나는 그의 전차에서 내려 두 손을 모으고 다음과 같이 찬송하였습니다.

"(아르주나는 말했습니다.) 저는 당신께 경배(敬拜)를 올립니다. 오 요긴(Yogins, 여신들)의 인도

자이시여, 당신은 하느님(Brahman)과 같으십니다. 오 당신은 만다라(Mandara) 숲에 거(居)하십니다. 당신은 노쇠와 부패를 벗어나셨습니다. 오 칼리(Kali)시여, 카팔라(Kapala)의 부인이시여, 검고 황갈색이신 분이시여, 저는 당신께 경배합니다. 경복(敬服)자들에게 복을 내리시는 분이시여, 오 마하칼리(Mahakali)시여, 세상 파괴자의 부인(夫人)이시여, 저는 당신 앞에 엎드립니다. 오 자랑스러운 분이시여, 당신은 위험에서 구하십니다. 당신은 만복(萬福)을 갖추셨습니다. 오 당신은 카카(Kaka) 족에 오셔서 심장(深長)한 경배를 받으셨고, 통찰(洞察)자이시고, 승리의 부여(賦與)자이시고, 승리 그 자체이시고, 공작새 깃발이시고, 천만 장식(裝飾)이시고, 무서운 창봉(槍棒)을 지니신 분이시고, 칼과 방패를 잡고 계신 분이시고, 암소 떼 주인의 여동생이시고, 최고령자이시고, 난다(Nanda) 소떼 종족에 태어나신 분이십니다! 당신은 물소 피를 즐기시고, 쿠시카(Kusika) 족에 오셨고, 황색 의장(衣裝)을 하셨습니다. 당신은 늑대 얼굴이라는 아수라들(Asuras)을 모두 삼키셨습니다. 저는 당신이 전쟁을 즐기심에 경배를 올립니다! 오 우마(Uma, 시바)시여, 사캄바리(Sakambhari)시여, 당신은 백색(白色)이십니다. 당신은 역시 흑색이십니다. 당신은 카이타바(Kaitabha) 악귀를 잡으셨고, 당신은 황색의 눈[眼], 다색(多色)의 눈, 연기(煙氣)의 눈이십니다. 당신께 경배를 올립니다. 당신은 베다(Vedas)이시고, 스루티(Srutis)이시고, 최고의 도덕이시고, 제사를 드리는 바라문들에게는 행운이시고, 당신은 과거에 대한 지식이시고, 잠부뒤파(Jamvudwpa) 도시에 세워진 당신의 성소(聖所)에 상주(常住)하시나니, 당신께 경배를 올립니다. 당신은 학문 중에도 하느님의 학문입니다. 당신은 깨어남이 없는 만물의 수면(睡眠)이십니다. 오 스칸다(Skanda)의 어머니시여, 육덕(六德)을 갖추신 분이시여, 두르가(Druga)이시여, 당신은 가까이 계시며, 당신은 스와하(Swaha), 스와다(Swadha), 칼라(Kala), 카슈타(Kashta), 사라스와티(Sarawati), 사비트라(Savitra) 베다(Veda)의 어머니, 베단타(Vedanta)의 학문이라 했습니다. 마음을 정결히 하여, 저는 당신을 찬송합니다. 오 위대한 여신이시여, 은혜로 전장에 임하셔서서 승리가 제게 있게 해주옵소서. 어려운 곳, 두려운 곳, 고난의 장소, 경배 자들의 거처, 지하에까지 당신은 항상 계십니다. 당신은 다나바들(Danavas)을 항상 물리치십니다. 당신은 무의식이시고, 수면이며, 환상이고, 겸손이시고, 아름다움이십니다. 당신은 황혼이시고, 대낮이시고, 사비트리(Savitri)이시고, 어머니이십니다. 당신은 만족이시고, 성장이시고, 빛이십니다. 당신은 살아 있는 것들의 번성이고, 시다들(Siddhas)과 차라나들(Charanas)이 당신을 명상(瞑想) 속에 응시합니다.”

산자야는 계속했다. -파르타(Partha, 아르주나)의 헌신(獻身)을 이해하여 드루가(Druga)는 항상 너그러운 창공이나 고빈다(Govinda) 앞에 나타나 말씀하셨습니다.

[여신이 말씀하셨습니다.] “단 기간 내에 너희는 적을 격파할 것이다. 무적의 판다바여, 그대는 이미 그대를 도울 나라야나(Narayana, 크리슈나)를 가졌다. 적들이 너를 이기지 못 할 것이니, 벼락을 부리는 재인드라도 그러할 것이다.” 이 말을 하고선 그 여신(女神)은 사라졌습니다. 그러나 그 여신의 요지를 획득한 쿤티의 아들 아르주나는 자신의 성공을 다 알고 있었습니다. 그리고 프리

타의 아들은 그의 전차에 올랐습니다. 아르주나와 크리슈나는 동일한 전차에 앉아 천상의 소라고 둥을 불었습니다. 새벽에 찬송을 읊은 그 사람은, 어느 때나 약샤(Yakshas) 라크샤사(Rakshasas) 피사차(Pisachas)에서의 두려움이 없어졌습니다. 아르주나를 대적(大敵)할 적들은 다 사라졌습니다. 그는 송곳니를 가진 뱀이나 모든 동물에서 두려움도 없어졌습니다. 모든 분쟁에서 확실하게 이기고, 설령 묶였을지라도 그 속박에서 다 해방이 된 것입니다. 그는 모든 어려움의 극복을 확신했고, 영원히 도둑들에게서 해방되어 항상 전투에 이기고 번성을 약속한 그 여신[드루가(Druga)]을 획득했습니다. 아르주나가 사는 백 년 동안, 그 건강과 힘을 확실하게 약속 받았습니다.

산자야가 말했다. -저는 대 지성(知性) 비야사(Vyasa)의 은혜로 이 모든 것을 다 보게 되었습니다. 그러나 대왕의 사악한 아들들은 죽음의 그물에 걸려, 그들이 바로 [天上의] 나라(Nara, 아르주나) 나라야나(Narayana, 크리슈나)라는 것을 무지해서 모르고 있습니다. 대왕의 아들들은 죽음의 그물에 걸려 그 왕국이 (종말에)도달한 것도 모르고 있습니다. 드와이파야나(Dwaipanyana, 비아사) 나라다(Narada) 칸와(Kanwa) 죄 없는 라마(Rama)가 대왕의 아들들도 지켜주고 있습니다. 그러나 대왕의 아들은 그들의 말을 듣지 않습니다. **'정의(正義)'가 있는 곳에 영광과 아름다움도 있습니다. '겸손'이 있는 곳에 번영과 지성도 있습니다. '정의(正義)'가 있는 곳에 크리슈나(Krishna)도 계시고, 크리슈나가 계신 곳에 '승리'가 있습니다.**

드리타라슈트라가 말했다. -오 산자야여, 그 전장 터에 어느 쪽 군사가 앞서 진격을 했는가? 우울에서 벗어나 자신감에 차 있었는가? 공포로 인간의 심장이 떨리게 하는 그 전장에 누가 선제공격을 감행했는가? 우리 군인가 아니면 판다바 형제 군인가? 오 산자야, 어느 군사가 화환을 걸치고 연고(軟膏)의 향기를 내뿜었는가? 어느 군대가 강렬하게 외치고 자비로운 말을 했는가?['드리타라슈트라 질문'은 항상 시시한 개별 사건에만 집착하여, **위대한 '正義'와 '不義'가 어느 편에 있었는지 등에는 무관심과 깨알 같은 '미새(微細) 질문'이 그 특징임**]

산자야가 말했다. -양쪽 군사가 다 즐거웠고, 양쪽 군사의 화환과 향기가 동등했습니다. 오 바라타 족의 황소이시여, 서로 싸우기 위해 마주친 밀집한 대열의 충돌은 강렬했습니다. 그리고 소라고 둥과 북소리 상호 용사들의 고함 소리가 엄청 크게 울렸습니다. 오 바라타 족의 황소이시여, 두려운 것은 양측 군대가 서로를 응시하며 즐겁게 충돌하여 코끼리들이 정신없이 날뛰며 툴툴거리는 것이었습니다.

드리타라슈트라가 말했다. -오 산자야여, 신성한 쿠르크셰트라(Kurukshetra)의 평원에 모여 내 아들과 판다바 형제들은 싸우려고 무엇을 행했느냐?

산자야가 말했다. -판다바 형제 군대가 진을 친 것을 보고 두료다나(Duryodhana) 왕이 드로나(Drona) 스승님께 나아가 말했습니다.

"선생님 보십시오, 저 광활한 판두 아들의 군대는 선생님의 영리한 제자 드루파다의 아들(드리슈타듐나)이 진(陣)을 친 것입니다. 저 군대에는 전투에서 비마나 아르주나와 맞먹는 용감하고 억센 궁수(弓手)가 많이 있습니다. 그들은 유유다나(Yuyudhana) 비라타(Virata) 전차 무사 드루파다(Drupada) 드리슈타케투(Dhrishtaketu) 체키타나(Chekitana) 힘세기로 유명한 카시(Kasi)왕 그리고 푸루지트(Purijit) 쿤티보자(Kuntibhoja) 사람 중의 황소 사이비아(Saivya) 재주 많은 유다마뉴(Yudhamanyu) 힘 넘치는 우타마우자(Uttamauja) 수바드라(Subhadra)의 아들 힘센 전차 무사들인 드라우파디(Draupadi)의 아들들입니다. 그러나 들으십시오. 우리를 살려낼 최고 분이시여, 우리 중에는 누가 가장 뛰어난 존재인지 제가 당신께 거명을 해 보겠습니다. 우선 당신이 계시고요, 비슈마(Bhishma) 카르나(Karna) 항상 이기는 크리파(Kripa) 그리고 아스와타만(Aswatthaman) 비카르나(Vikarna) 사우마다타(Saumadatta) 자야드라타(Jayadratha)가 있습니다. 그래서 우리 군사는 비슈마에 의해 보호되어 넉넉하지 못 합니다. 그러나 저 판다바 형제의 군사는 비마(Bhima)가 지키고, 넉넉합니다. 그러니 당신께서 군단의 입구에 머물러 주시어 그 비슈마를 지켜주십시오."
그 때에 쿠루 족의 단호하고 존경받는 할아버지 비슈마는, 그 두료다나(Duryodhana)에게 사자같이 큰 소리로 소라고둥을 불어 기쁨을 전하셨습니다. 그 다음 모든 소라고둥과 북과 심벌즈 뿔피리가 일제히 요란하게 울려 대소동이 일어났습니다. 그러자 마다바(Madhava, 크리슈나)와 아르주나는 백마에 맨 큰 전차에서 그들의 천상(天上) 소라고둥을 불었습니다. 그래서 흐리슈케샤(Hrishikesha, 크리슈나)는 '판차자야(Panchajanya) 고둥'을, 다난자야(Dhananjaya, 아르주나)는 '데바다타(Devadatta) 고둥'을 비마(Vrikodara)는 거대한 '파운드라(Paundra) 고둥'을 불었습니다. 그리고 유디슈티라 왕은 아난타비자야(Anantavijaya) 소라고둥을 불었고, 나쿨라(Nakula)와 사하데바(Sahadeva)의 소라고둥은 수고사(Sughosa)와 마니푸슈파카(Manipushpaka)라고 불었습니다.[소라고둥들이 전투에 큰 무기였음. -後代에는 '튜바' 등 나팔이 그것을 대신하였음.] 그리고 유명한 궁수 카시(Kasi) 왕과 억센 전차 투사 시칸딘(Sikhandin) 드리슈타듐나(Dhrishtadyumna) 비라타(Virata)와 무적의 사티아키(Satiaki) 드루파다(Drupada) 드라우파디(Draupadi)의 아들들 그리고 수바드라(Subhadra)의 아들도 그들의 소라고둥을 불었습니다. 그래서 그것들은 천지에 울려 퍼지고 다르타라슈트라들의 가슴을 찢었습니다. 다르타라슈트라 군사들이 접근하는 것을 본 원숭이 깃발을 단 판두의 아들(아르주나)은 활을 들어 출전의 화살을 날리며 흐리시케샤(Hrishikesha, 크리슈나)에게 다음 같이 말했습니다.
"당신은 패배를 모르십니다. 내 전차를 양군 사이에 갖다놓으십시오. 그러면 나는 전투에 바람직한 장소를 살필 것이고, 누구와 이 전투에서 서로 겨뤄야 할지를 살필 것입니다. 여기에 모인 사람들의 살펴보고 고약한 드리타라슈트라의 아들에게 기꺼이 편들어 누가 싸울 준비를 하고 있는지를 살필 수 있을 겁니다."
산자야는 말을 계속했다. -구다케사(Gudakesa, 아르주나)가 그렇게 말하니, 흐리시케샤(Hrishikesha, 크리슈나)는 비슈마와 드로나와 지상의 왕들이 다 보이는 두 군사 사이에 그 아르주나 전차를 몰아가 대어 놓고 말했습니다.

"보시오, 오 파르타(Partha, 아르주나)여. 쿠루들이 다 모여 있습니다." 그래서 거기에서 프리타의 아들[아르주나]은, 양쪽 군대에 모두 그의 아버지 손자 친구 장인어른과 지지자들이 있는 것을 다 보았습니다. 거기에 친척들이 있는 것을 본 쿤티의 아들 아르주나는 극도의 연민(憐愍)의 정(情)에 사로잡혀 낙담(落膽)하여 말했습니다.

"크리슈나여, 저 우리 친척들을 좀 보십시오. 저들이 나와 싸우겠다고 모여 있으니, 내 팔들은 늘어지고 내 입은 저절로 마릅니다. 내 몸은 떨리고 내 머리카락들이 다 일어섭니다. 손에 잡은 간디바는 나도 모르게 손에서 떨어져 나가고, 내 살결은 불에 그슬린 듯합니다. 더 이상 이대로 서 있을 수도 없습니다. 내 정신은 흔들리고 있습니다. 오 케사바(Kesava)시여. 나는 이 불길(不吉)한 징조를 알고 있습니다. 오 크리슈나여, **나는 승리도 왕권도 쾌락도 원하지 않습니다.** 오 고빈다(Govinda)여, 우리에게 왕권과 쾌락과 생명까지 무슨 소용이 있겠습니까. 우리가 저들의 왕권과 쾌락과 기쁨을 원하기에 저들은 생명과 부, 즉 스승과 아버지 아들 할아버지 아저씨 장인 손자들 사위 혈족을 포기하고 전쟁을 하려고 여기에 도열해 있습니다. 오 마두(Madhu)의 살해자여, **비록 저들이 나를 죽인다고 해도, 나는 저들을 죽이고 싶지 않습니다.** 삼계(三界)왕이 된다고 해도 이 세상에는 무엇이 있겠습니까? 비록 그들이 적으로 생각을 한다고 해도 우리가 그들을 죽이면 그 악이 우리를 추월(追越)할 것입니다. 그러기에 우리의 혈족인 드리타라슈트라의 아들들을 죽여서는 아니 됩니다. 오 마다바(Madhava)시여, 어떻게 우리가 혈족을 죽이고 우리가 행복할 수 있겠습니까? 만약에 탐욕으로 도착(倒錯)된 생각에 멸족과 내분을 일으키는 그 악을 알지 못 한다면, 오 자나르다나(Janarddana)여, 왜 우리가 그 악(惡)을 꼭 몰라야 합니까? 오 크리슈나여, 악의 우세에서 저 종족의 여성들은 타락하게 되었습니다. 여성들이 타락하여 계급이 혼탁하게 되었습니다. 오 브리슈니(Vrishni) 후예시여. 이 계급의 혼탁은 종족의 파괴자와 종족 자체를 다 지옥으로 이끌 것입니다. 하늘에서 타락한 조상들은 핀다(pinda)와 물의 의례도 포기합니다. 이 종족 파괴의 죄악으로 계급(階級)은 절단이 나서 계급의 규칙도 없어지고, 영원한 가족의례가 사라지게 됩니다. 오 자나르다나(Janarddana)여, 가족 의례가 없어진 사람은 항상 지옥에 산다고 들었습니다. 그렇습니다. 우리는 그 거대한 악을 이겨야만 하니, '왕권의 달콤함'에 우리의 친족을 마냥 쉽게 죽이기 때문입니다. 저의 현재 심경(心境)으로는 **무기를 든 드리타라슈트라의 아들들이, 이미 '복수심에서 해방된 나'를 빨리 죽이는 것이 더 좋겠습니다.**"

산자야는 말을 계속했다. -전쟁터에서 그렇게 말한 아르주나는 슬픔을 못 이겨 그의 활과 화살을 던져 둔 채 그 전차 바닥에 그냥 주저앉았습니다.

[여기에 '군사의 조망'이라는 제목의 바가바드기타(Bhagavadgita)에 크리슈나와 아르주나 사이의 대화로 된 제1장은 끝난다. 종교의 핵심인 '브라흐마의 지식'과 '요가의 체계'는 10만 송(頌)으로 된 비야사의 '마하바르타 비슈마 책(Bhishma Parva of the Mahabharata)' 안에 포함되어 있다.]3)

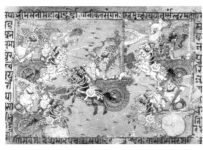

'쿠루크셰트라 전쟁을 그린 문서'4) '쿠루크셰트라에 세워진 세이크 칠리(Sheikh Chili) 무덤' '지도(地圖)상의 쿠루크셰트라'5)

(a) 앞선 '노력의 책(Udyoga Parva)'에서는 '크리슈나의 평화를 위한 구체적인 노력'을 경과를 제시
했다.

(b) 그런데 이 장(章)에서는 막상 '전쟁의 주력이며 주체'인 아르주나가 '차라리 내가 죽지 상대 적을
차마 죽일 수 없다.'로 주저앉았다. 이것은 힌두(Hindu)의 '생명 존중' 사상에 배치되는 '전쟁',
즉 '전쟁 불가피론'을 펼치기 전의 사전(事前) '명분 쌓기'이다.

(c) 아니 '배약(背約)의 사기꾼'을 옹호하고 있는 '비슈마' '드로나' '카르나' '살리아'를 그냥 놔두는
것이 '도덕'이고 '사랑'이라면, 그 '도덕' '사랑'을 과연 어디에 쓸 것이며 '단순히 먹고 그 몸집과
숫자를 부풀리는 저 큰 뱀의 욕심'과 '정의(正義, 공평성)'와 '평화'를 지키는 '크리슈나 정신'을
과연 무엇으로 온전하게 지켜낼 것인가?'를 다시 묻고 있는 대작(大作)이 바로 이 '마하바라타
(The Mahabharata) 정신'이다.

(d) 그러므로 '마하바라타(The Mahabharata) 정신'은 처음부터 '정의(正義, 공평성)'와 '평화'에 선
착(先着)하여 '영원한 혁명전쟁'의 그 길잡이가 되었다.

(e) 여기에서 극히 '주의(注意)'를 기우려야 할 대목이, 자신들의 입장을 바로 일찌감치 그 '정의(正
義, 공평성)와 평화'의 화신(化身)으로 자칭하며 '무력으로 타인 타국' 점령 지배했던 무리들[19
세기 제국주의자들]과는 철저히 구분을 행해야 하는 문제가 남아 있다. 그러기에 '현대인'은 '절
대자의 평화 옹호 정신'을 반드시 먼저 학습할 필요가 있고, 그것을 요약한 단어가 바로 다다
(Dada)의 '동시주의(同時主義, Simultaneism)'이다.

제84장 '지존(至尊)의 노래(Bhagavat Gita)' Ⅰ

산자야는 말했다. -연민으로 눈물이 넘치고 낙심한 아르주나에게 '마두(Madhu)의 살해자[크리슈
나]'는 다음과 같이 말했습니다.

3) K. M. Ganguli (Translated into English Prose from the Original Sanskrit Text), *The Mahabharata of Krishna-Dwaipayana Vyasa*, Munshiram Manoharlal Publisher Pvt. Ltd. New Delhi, 2000, -**Bhishma Parva**- pp. 40~53

4) Wikipedia, 'Kurukshetra' -'A manuscript of Mahabharata depicting the war at Kuruhshetra'

5) Wikipedia, 'Kurukshetra' -'Sheikh Chilli Tomb at Kuruhshetra' -'Show map of Haryana'

"오 아르주나여, 어디에서 이와 같은 위기(危機)에 귀족에게는 어울리지 않은 어린애 같은 그 낙심(落心)이 생겼는가? 어떤 나약(懦弱)함도 버려야 한다. 쿤티의 아들이여. 그것은 그대의 모습이 아니다. 마음속에 나쁜 약함을 털어버리고 일어나라. 오, 적들을 멸할 자여."

아르주나가 다시 말했습니다. "마두의 살해자시여, 어떻게 내가 존경을 바쳐야 할 그 비슈마 드로나에 대항하여, 전장에서 화살로 서로 싸울 수가 있겠습니까? 적들의 살해자시여. 위대한 명성의 스승들을 살해하기보다는, 이 세상을 구호금에 의지하여 연명(延命)이나 하는 것이 좋을 것입니다. **스승을 죽여서 사람들이 부(富)를 탐내어도, 나에게 그것들은 단지 '피 묻은 쾌락'일 뿐입니다.** 우리는 그 둘 중에 어떤 것이 우리에게 더욱 위대한 계기인지 모르고 있습니다. 즉 우리가 그들을 정복해야 합니까 아니면 그들이 우리를 정복하게 해야 합니까. 우리가 살려둘 수 없는 드리타라슈트라 아들들이 우리 앞에 있습니다. 그러나 내 마음은 오직 연민(憐愍)으로 얼룩졌습니다. 내 마음은 그 '크샤트리아의 의무'에 불안합니다. 묻습니다. 확실한 선(善)을 제게 말씀해 주십시오. 저는 당신의 제자입니다. 가르쳐 주십시오. 도움을 원합니다. 제가 적(敵)이 없는 세상에 번영한 왕국이나 신들의 통치권을 얻는다고 할지라도, 무엇으로 저의 감성을 깨뜨리고 슬픔을 쫓을지 알지 못하겠습니다."

산자야가 말했다. -적의 추적자 흐리쉬케사(Hrishkesa)에게 그렇게 말하고 아르주나는 "저는 싸우지 않을 것입니다."라고 말하고 침묵하였습니다. 아르주나에게 낙심(落心)이 엄습했습니다. 그 양군(兩軍) 사이에서 흐리쉬케사(Hrishkesa)는 말했습니다.

"그대는 슬퍼할 필요가 없는 것을 슬퍼하고 있다. 현자라는 사람들도 그대와 같은 말을 하였다. 죽은 자나 산 자를 슬퍼하지 않는 것이 진정한 현자이다. **나나, 그대나, 저들 왕들이 없던 때가 없었고, 우리 모두가 이 이후에도 없을 수가 없다**(It is not, I or you or those rulers of men never were, or that all of us shall not hereafter be.).['靈魂不滅'의 전제] 어린이 젊은이 노쇠자로 몸으로 있는 형태를 가진 존재는 다른 신체를 획득하게 된다. 현명한 사람은 이 문제에 흔들림이 없다. 뜨거운 느낌 차가운 느낌, 기쁨 고통을 제공하는 대상과의 접촉 감성(感性, senses)은 영원하지 않고 시작과 끝이 있다. 바라타여, 그것들을 그냥 견뎌라. 그것[감성]들이 괴롭힐 수 없는 사람, 인간 중에 황소에게는 **고통과 쾌락이 동일하고 정신이 굳건하여 해탈(解脫, emancipation, Amritatwa)에 적당한 사람이다.**['윤회(輪回)'로부터 탈피] 정신과 온전하게 구분된 존재는 없다. '정신의 덕'을 소유한 것은 없어질 수가 없다. 사물의 진실을 아는 자들에 의해 도달했던 바가 이 결론이다.[영혼불멸, 유심론] **'영혼'은 '불멸'이고 그것으로 만물이 넘침을 알라. 어느 누구도 파괴할 수 없고 영혼(靈魂)의 괴멸(壞滅)을 시도할 수 없다.** '영원하고 불멸하고 무한하다는 신체(身體)들'이라도 그 종말은 있다고 했다. 그러기에 그대 오 바라타여, 싸워라. '영혼이 없을 것'이라는 사람, '영혼이 살해될 수 있다'는 사람은 무식한 사람이다. 왜냐 하면 **'영혼'은 멸하거나 없앨 수 있는 것이 아니기 때문이다.** 영혼은 태어날 수도 없고, 죽을 수도 없다. 일단 존재했다면 없어질 수도 없다. 태어나지 않고 변하지 않고 영원하고 예스러운 것, 몸은 부서져도 영혼은 그렇지 않다. 그것을 아는 사람은 멸망하지 않고 변할 수 없고 썩지 않으니, 누가 어떻게 그를 죽이거나 죽게 할 수 있겠는가? **헌 옷을 벗고 새 옷을 입듯이, 영혼은 '헌 육신'을 벗고 '새 육신'으로 들어간다.** 무기가 영혼을 나누거나, 불이 그것을 삼킬 수도 없다. 그것은 물에 젖을 수도 바람에 흩어질 수도 없다. 그것은 자르거나 불타거나 녹거나 증발할 수 없는 것이다. 영혼은 불변이고 만연(蔓延)하고 차분하고 고정되어 영원하다. 그것은 불멸이고 남에게 인지되지도 않고 불변의 것이다. 그러기에 그와 같음을 아는 것이 바로 그것에 대한 그대의 슬픔을 멈추게 할 것이다. **태어나고 죽는 것이 정해져 있는 것을 알면 그것을 슬퍼하지 않을 것이다.**[定命說] **한번 태어나면 죽는 것은 확실하고 한 번 죽은 자가 다시 태어남은 확실하기 때문이다.** 그러므로 그 피할 수 없는 것을 슬퍼하지 말라. 태어나기 전에는 만물이 명백하지 않다. 오 바라타(Bharata)여, 태어나 죽을 때까지만 명백하다. 그리고 언제 죽음이 올 지는 명백하지 않다. 그러한데 거기에 무슨 슬픔이 있을 것인가?['감상' 무익] 한 가지가 미묘(微妙)하면 다른 것도 미묘하다. 그러나 이것을 듣고도 아무도 이것이 진리임을 알지 못 한다. 오 바라타여, 형성된 영혼은, 모든 이의 몸속의 영혼은 없어진 적이 없다. 그러기에 모든 생명을 슬퍼할 필요가 없다. **그대의 눈으로 오직 '그대의 의무'에 주목하라.** 그것이 그대를 견고하게 할 것이고, **크샤트리아에게는 공정하게 싸우는 것보다 더욱 훌륭한 것은 없다. 그 자체로 '하늘의 열린 대문(an open gate of heaven)'에 이르면 크샤트리아는 행복하나니, 슬퍼하지 않도록 하라.** 오 파르타(Partha)여, 그 투쟁을 행하라. 그러나 **그대가 정의로운 전장에서 싸우지 않는다면, 그 질서와 명예에 대한 의무(義務)를 저버린 죄악을 범하게 된다.**['크샤트리아의 의무 강조] 그러면 사람들은 영원한 오명을 그대에게 씌울 것이고, 존중을 했던 사람에게 **죽음보다 더한 불명예를 얻을 것이다. 모든 그대를 존중했던 위대한 전차 투사들은, 그대가 두려워 전장을 피한 사람으로 생각하여 그대를 우습게 여길 것이다.** 그대의 적(敵)들은 그대의 무용(武勇)을 비난하고 있으며, 악담(惡談)을 할 것이다. **그 무엇이 그 비난을 참는 것보다 더욱 어려울 것인가?** 그러므로 쿤티의 아들이여, 일어나라. 전투를 결심하라. 쾌락과 고통, 득·실(得·失), 승·패(勝·敗)를 동일하게 생각하고 투쟁을 위한 투쟁을 행하면 그대에게는 죄가 없다.(do battle for battle's sake and sin will not be thine.)[전쟁 결과에 대한 '無關心'] 그대에게 준 이 말은 '산키아(Sankya)'에 있다. **그 '요가(Yoga)'를 알아야 한다.** 오 파르타(Partha)여, **요가(Yoga)를 소유하고 속박을 벗어나야 한다. 요가(Yoga)는 그 시작만 해도 낭비란 없다. 거기에는 모든 장애(障礙)는 사라진다. 작은 동정심의 발동도 큰 두려움에서 출발한다. 오 쿠루의 아들이여, 거기(Yoga)에는 그 길, 해탈(解脫)을 보존하는 견고한 헌신(獻身)의 마음이 있을 뿐이다.** 그러나 완전한 헌신에는 많은 분파와 무한 추구가 있다. 오 파르타(Partha)여, 베다(Veda)의 말 속에 꽃다운 말을 즐기는 그들은 세상의 쾌락에 붙들린 사람들에게는, 최고 획득의 목적으로서의 천국(heaven as the object of acquisition), -인과(因果)로서 태어나 그 자체가 쾌락과 능력을 획득한 수많은 의례와 개성을 함께 지니고 있음이 언급되었고 약속 되어 있음에도, 그 눈앞에 쾌락과 힘에 집착하여, 그 생이[태어난 인연이] 해탈(emancipation)의 유일한 수단임을 납득을 하지 못 하고 있다. 베다는 '종교' '이익' '쾌락' 세 가지 속성을 지니고 있다. 오 아르주나여, [쾌락과 고통, 탐냄과 배척 등]상반(相反)된 한 쌍에 집착하지 말고, 새것과 옛것을 고통 없이 견지하며, 모든 것을 간직하여 수용하는 것이 베다이니, **베다를 간직하는 것이 브라흐마(Brahma, self)에 대한 지식을 간직하는 것이다.**['베다'는 '절대신'을 가르치는 책] '일[責務]'에만 관심을 집중하고, 결과에 계의하지 말라. '일[責務]'하는 동기를 결과에 두지 말고, 무위(無爲, inaction)에 방치하지도 말고, 오직 '헌신(Yoga)'에만 종사하라. '일[責務]'을 이행하라. 집착을 버려라. 오, 다난자야(Dhananjaya)여. 성공과 실패를 동일하게 생각하라. 그 '동등성(同等性)'을 '요가'라고 한다(This equanity is called Yoga). '결과를 생각한 일'은 헌신(Yoga)에 미치지 못 하나니, 오 다난자야(Dhananjaya)여, '헌신(Yoga) 지키기'를 추구하라. 결과를 위한 일은 비참하다. 이 세상에서 [절대자에의]헌신(獻身, Yoga)은 선한 행동과 악한 행동 모두를 떨쳐 버리는 것을 이행하는 것이다. 그러기에 헌신(Yoga)에 종사해야 한다. 헌신(Yoga)만이 행동함에 영민함이다. **헌신(Yoga)을 소지한 사람은, 행동으로 생기는 결과를 버리고, '반복 되는 탄생'의 불행이 없는 영역에 도달한다.** 그대가 미로(迷路)에 다다른 이때에 그[요가]를 알 수 있고, 들었던 '무관심'이 획득될 것이다. 세상사에 모든 것으로 마음이 심란할 때에, '부동으로 [절대자]사유'에 고정이 되면 그 헌신(Yoga)을 획득할 수 있을 것이다."

아르주나가 말했습니다. "오 케사바(Krsava)여, '정신을 사유에 고정(固定)한다.'는 것은 무엇입니까? 그러면 어떻게 말을 하고 앉고 동작을 할 수 있겠습니까?"

신이 말씀하셨습니다. "마음속에 모든 욕망을 던져버릴 때, 진정으로 자신(self)은 자신 속에 즐거울 수 있다. 그리고 나서야 [절대자를 향한]항심(恒心, steady mind)'이 생기고, 위기 속에서도 동요하지 않는 사람은 [인간의]쾌락에의 소망이 떠난 것이고, 공포와 분노의 세상 집착에서 벗어나 무니(Muni, 현자)에의 항심에 거(居)하게 되는 법이다. [세상의]어느 곳에도 집착이 없고, 의기양양함도 없고, 좋아 함도 싫어함도 없어진다. 거북이가 그의 사지(四肢)로 [水陸]모든 곳으로 갈 수 있어도 그 항심(恒心)은 지니듯이, '감각적 대상'을 포기할 수 있다. 금욕적인 인간에게서 대상 감각이 철수(撤收)해도, '욕망'에서는 철수하지 못 한다. **'최고신을 모신 사람'에게는 그 '욕망'에서까지 철수를 이행한다.**[포기]' 오 쿤티의 아들이여. 현자도 무관심하기 어려운 '동요하는 감성'을 과감하게 버려라. **동요하는 모든 감성을 억압하여 사유에 머물며 '주(主, me)'를 유일의 도피처로 삼아야 한다.** 왜냐하면 그대의 항심(恒心)을 그 '감각의 통제' 속에 방치하고, '감성 대상'을 생각하면 그들에 대한 집착이 생기고 있다. 그 집착에서 분노가 생기고, 분노에서 분별력이 없어지고, 분별력의 결핍에서 기억력이 사라지고, 기억력이 사라짐은 완전한 파멸이다. 그러나 자제력이 있는 사람은 '집착'에서 벗어나 자유로운 감성으로 즐기고, 자제력으로 마음의 평화를 획득한다. 평화가 얻어진 다음에 '불행의 제거'가 달성되는데, 마음이 평화로우므로 항심(恒心', steadiness of mind)

이 된다. 자제력이 없는 사람은 '자신에 대한 사유(contemplation)'도 없다. 사유가 없으면 평화도 없다. '평화'가 없는 마음 어디에 과연 '행복'이 있겠는가? 일상적인 사람의 마음은 움직이는 감성을 따르기에 바람이 물 위에 배를 깨뜨리듯 이해력을 부수는 법이다. 그러기에 힘센 무사여, 모든 대상 감각에서 '감성'을 잡아맬 곳이 '항심(恒心)'이다. 금욕 자는 모든 피조물에 대해 밤에도 깨어 있으니, 밤에도 다른 사물을 그 무니(Muni, 현인)는 식별할 수 있다. 그 속으로 모든 욕망의 대상이 그의 수표(水標)를 바꾸지 않고 물들이 바다로 흘러 들어가듯이 그 대상에도, 현자는 평화를 유지하며 '욕망의 대상'을 원하지 않는다. 욕망 대상을 포기하고(giving up all objects of desire) '실천하는 사람'은 쾌락이나 애정이나 긍지 없이 오직 '평화'를 지닐 뿐이다. 오 파르타(Partha)여, 이것이 '신의 상황'이다. 그것을 확보하고 나면, 틀림이 없이, 그 속에서 죽을 때에, 하느님(the Supreme Self)과 통합이 된다."[6]

_____→

(a) '마하바라타(*The Mahabharata*)' '지존(至尊)의 노래(Bhagavat Gita)'에서 우선 주목을 해야 할 사항은 '영혼불멸(靈魂不滅)'과 '윤회(輪回)'설이다.
이것은 힌두(Hindu)의 가장 큰 개발이고 엄청난 위력을 발휘했던 그 증거가 여타 종교 '불교' '기독교'가 그것을 다 수용하여 그 범위 내에서 그 '교세'를 유지해 왔다.

(b) 즉 위에서 크리슈나가 '<u>나나 그대나 저들 왕들이 없던 때가 없었고, 우리 모두가 이후에도 없을 수가 없다</u>(It is not, I or you or those rulers of men never were, or that all of us shall not hereafter be.).'란 전제는 불가(佛家)의 '불생불멸(不生不滅)' '상주법계(常主法界)' 이론을 만들어 내게 했으며, '기독교'의 '천국(天國) 이론'도 이 '크리슈나의 가르침'과 다른 것이 아니다.

(c) 그런데 이 '<u>절대주의</u>'와 '<u>과학</u>'의 <u>근본적인 분기점(分岐點)</u>은 '<u>감성(感性 Sense)의 존중[과학]</u>'과 '<u>감성(感性, Sense)의 무시[절대주의]</u>'이다. 오늘날은 모두 각자의 '취미' 존중하고 '사상의 자유' '종교의 자유'도 '평등' '정의[공평]' 사회 실현의 시금석이 되고 그 지표들이다.

(d) 그 '사상의 자유' '종교의 자유'를 지속하게 하는 것이 역시 '각 개인의 육체'이고 그 '개별 육체 운영'에 정보를 제공하는 '감각(感覺) 기관(機關)'들이다. 그것을 일단 원활하게 하는 것이 '의학(醫學)'인데, 그것은 '과학(科學, Science)'이라는 더욱 포괄적 영역 내부의 일부를 차지하고 바로 그 '과학의 운영'을 통해 '각 개인의 자유'를 향유하게 하는 것이 '현대 과학 세계'의 전반적인 양상(樣相)이다.

(e) 그런데 '과학(科學, Science)'의 영역은, 어느 한 개인이 독점할 수도 없고, 모든 사람들이 다 공유를 해도 역시 부족함도 없으며, 만약 어떤 개인이 그것[과학적 원리]을 거스를 경우는 '그 거스름에 대한 불이익'을 스스로 감내하게 되는 것이 그 특징인데, 이 <u>과학 세계를 처음 명시한 이론가 한국의 이이(李珥) 선생의 '기발이승일도설(氣發理乘一途說, 1572)</u>인데 그 '기(氣, 器)'는 '감성

6) K. M. Ganguli (Translated into English Prose from the Original Sanskrit Text), *The Mahabharata of Krishna-Dwaipayana Vyasa*, Munshiram Manoharlal Publisher Pvt. Ltd. New Delhi, 2000, -**Bhishma Parva**- pp. 53~59

(感性, Sense)'의 영역이고, '이(理)'는 '이치' '절대신'의 영역이다.' 그 이이 선생 발언 200년 뒤에 독일의 칸트가 '순수이성비판(1781)'을 제작하여 대대적인 '과학 제일주의'를 이끌었다. 그러한 풍조를 '계몽주의(啓蒙主義, Enlightenment)'라 하는데, 볼테르, 니체, 모든 '다다이스트'는 거기에 동조를 하고 있는 자들이다.

(f) 한 마디로 '마하바라타(*The Mahabharata*)' '지존(至尊)의 노래(Bhagavat Gita)'는 인간의 이제까지 문명을 주도한 '정치' '사회' '사상' '종교' '문화'의 중심부에 자리 잡은 것은 이 장에서 확인할 수 있는 '**영혼불멸(靈魂不滅)**'이고, '**요가(Yoga, 절대 신의 귀의)**'이다.

(g) '힌두교' '불교' '기독교'에서 공통으로 전제하고 있는 '영혼불멸(靈魂不滅)'이고, '요가(Yoga, 절대 신의 귀의)'가 굳이 해로운 것이 없을 지라도 **한 가지 '결정적 약점'은 '과학의 결핍[관념 제일주의]'이다.**

(h) 1916년 '취리히' '다다 혁명 운동(Movement Dada)'의 '동시주의(同時主義, Simultaneism)'는 '영혼과 육체' '영원과 순간'을 동시에 상정(想定)한 것이니, '현대인의 불가피한 행동 방향'이다.

제85장 '지존(至尊)의 노래(Bhagavat Gita)' Ⅱ

아르주나가 말했습니다. -"오 자나르다나여, '헌신(獻身, Yoga)'이 그와 같이 당신에게는 우수한 작업임에도 왜 저를 그렇게도 '끔직한 일[殺傷 戰]'에 개입하게 하려는 것입니까? 모호한 말씀으로 저의 이해를 종합하신 듯이 보입니다. 그러시므로 제가 '선(善)'을 획득할 수 있도록 더욱 명백하게 말씀을 해 주십시오."

신이 말씀하셨습니다. "그것은 이미 진술이 되었던 바다. 오 선(善)한 자여, 이 세상에는 두 가지 헌신(獻身, devotion, Yoga)이 있다. 앎(knowledge, Sankhyas)과 실천(work, yogins)'이 그것이다. 인간은 '실천'이니, '실행을 하지 않는 것'에서 '자유(freedom)'를 획득할 수는 없다. '금욕'만으로 궁극의 해탈을 획득할 수 없다. 아무도 '일(work, 責務)'없이는 한 순간도 살 수가 없다. '감각 기관에 제약을 당해 그것을 중(重)하게 여기며 영혼을 속이는 사람을 위선자(僞善者)라 한다. 오 아르주나여, 그러나 마음으로 감각을 억제하고 '일'에 헌신(devotion, Yoga)하면 무엇보다 탁월한 사람이다. 그러므로 항상 '일에 종사'해야 한다. '무위(無爲)보다는 실행[실천]'이 훌륭하기 때문이다. '무위'로는 달성할 수 없는, 그 '일(실천, 헌신)에 종사를 해야 한다. **제사(祭祀, sacrifice)'를 올리는 이외에 세계는 그 '일'에 매어 있다.**[크샤트리아에게는 크샤트리아의 일-의무가 있다.] 그러기에 쿤티의 아들이여, '집착에 대한 해방'을 위해 '일을 수행'해야 한다. 태초에 창조주(the Lord of Creation)는 창조와 제사, 제사를 수단으로 하는 '번성(蕃盛)'을 말씀하셨다. 모든 존재의 탄생이 그대의 '제사(희생)'에 달려 있다. 제사로써 신들을 엄호하고 신들이 그대를 엄호하게 해야 한다. 신과 인간의 상호 이익 증진을 이행하면, 그대에게도 은혜가 내릴 것이다. '신들에의 공양(供養)'이, 그대에게도 기쁨을 제공할 것이고, '제사' 없이 '즐기는 것'은 명백한 도둑(a thief)이다. '**제사에 남은 음식을 먹음'이 모든 죄에서 벗어나게 한다. 그 불의(不義)한 것들은 제 좋을 대로 행하는**

죄악을 초래한다. 그것[제사]은 베다(Vedas)에서 생겼고, '베다'는 '썩지 않는 창조주'에서 생기었다. 그러기에 '어디에나 있는[無所不在] 최고신(the all-pervading Supreme Being)'은 '제사(sacrifice)' 속에 다 구비(具備)가 되는 법이다. 이처럼 돌고 있는 수레바퀴에 '순응하지 않는 사람'은 오 파르타(Partha)여, 그의 감각을 즐기는 죄악의 인생을, '생을 헛되이 보내고 있는 존재'니라. 그러나 자신에게만 집착하고 자신 속에서 즐기는 사람은 '할 일[責務]이 없는 사람'이다. 그는 '실행'에 무관심하여 '결여(缺如)된 것[제사]'에도 무관심한 사람이다. 모든 피조물은, 독립된 존재란 없다. 그러기에 항상 '일'을 해야 하나, '집착(attachment)'은 없어야 한다. '집착'이 없이 실행하는 사람은 '최고 존재(the Supreme)'를 획득한다. 홀로 행하므로 자나카(Janaka, 태양족의 왕)와 다른 존재들도 그들의 목적을 달성한다. **'인간의 의무(義務=責務)'를 알아야 그것을 '실행'할 수 있다.** '위대한 사람'이 행하면 '평민'도 역시 실천을 이행하게 된다. 일상적인 사람들은 위인들에 의해 제작된 관념 체계를 따르는 법이다. 삼계(三界)에 실행되는 바가 내[지존] 안에 없는 것이 없고, 내[지존]에게 구하여 얻지 못 할 것이 없는데, 내[지존]는 그 '책무'에 관련이 되어 있다. 오 파르타(Partha)여, 끊임없이 어느 때나 '실행'을 함으로 사람들은 다 나의 길을 따른다.[각 신분에 따른 '의무' 강조] 내가 일을 '수행[실천]'하지 않으면 세상은 끝장이 날 것이니, 그러면 **'계급'을 혼란하게 하여 그들을 멸망하게 된다.** 오 바라타여, 무식한 사람들이 '실행'에 집착이듯이, 현명한 사람이 '집착이 없이 그 실행'을 하면 사람들이 그들의 '의무'를 알게 한다. 현명한 사람은 어리석은 사람들처럼 일 자체에 집착하는 혼란에 속에는 빠지지 말아야 한다. 다른 한편 현자는 사람들이 실행에 헌신적으로 임하게 해야 한다. 모든 실행[의무]은 천성[신분, 계급]에 의해 행해지는 것이다. 정신이 '이기주의(egoism)'로 흐려지면, 그 자신을 행위자(actor)로 착각한다. 본바탕(質)과 일을 구분할 줄 아는 사람은, 일에 '집착'하지 않고, 대상에 관련된 감성이라는 것을 알고 있다. '자연의 바탕'에 혼란된 사람들은 그 본바탕(質)에 행해진 일에만 집착을 하게 된다. 온전하게 알고 있는 사람은 불완전한 지식의 사람들처럼 혼란되지 않는다. **모든 작업을 내[절대자]게 맡기고, 정신을 자기에게 집중하고 애정과 나약함을 버리고 전투에 임해야 한다.** 훼단(毁短) 없이 내[절자 재] 의견을 믿고 따르는 사람들은 실행으로 **'해탈(解脫, final emancipation)'**을 획득한다. 그러나 내[절대자] 의견을 훼방하고 따르지 않는 사람들은 지식도 없고 분별력도 없어서 멸망에 이른다. 현명한 사람도 그의 개성에 따라 행동[실천]을 한다. 모든 생명체는 그 천성을 따른다. 그렇다면 그 '통제(restraint)'를 어디에 쓰겠는가? '대상 감각'은 애증(愛憎)에 생각을 고착하게 만든다. '감각에 복종하지 않은 사람'은, 그 감각이 '실행[요가]'에 장애가 되기 때문이다. '자신의 의무[신의 指定]'는 그것이 비록 불완전하게 수행될지라도 다른 무관한 사람이 온전하게 수행한 것보다 더욱 훌륭하다. **'의무의 이행 속에 사망[죽음]'은 훌륭한 일이다.** 다른 사람의 의무를 맡으면, 공포가 따르는 법이다.[7]

---

7) K. M. Ganguli (Translated into English Prose from the Original Sanskrit Text), *The Mahabharata of Krishna-Dwaipayana Vyasa*, Munshiram Manoharlal Publisher Pvt. Ltd. New Delhi, 2000, **-Bhishma Parva-**

(a) '지존(至尊)의 노래(Bhagavat Gita) Ⅱ'에서는 먼저 '크샤트리아(왕족) 그 의무'에 충실해야 '바이샤(평민)' '수드라(노예)'도 그들의 의무를 다하게 된다는 '절대신'의 말씀이다.

(b) 이 '계급 사회 유지'를 '크샤트리아의 의무'로 묶은 것이 '마하바라타(*The Mahabharata*)'의 큰 전제인데, 이러한 정신은 희랍의 플라톤까지 동일한 생각이었다.['전쟁 옹호론'까지 동일함]

(c) 앞서 확인을 했듯이 크리슈나가 주도를 했던 **'마하바라타(*The Mahabharata*)의 혁명적 의미'는 '배약(背約)의 사기꾼 집단 소탕 작전'에 그 의미가 있으니, 그것은 전쟁을 통하지 않고 더욱 '효과적 응징'하고 있는 제도가 소위 '법치(法治) 국가'이다.**

(d) 만약 하나의 '법치(法治) 국가' 병이 들어 '뱀 정신 발동의 배약의 사기꾼 집단'이 발호(跋扈)할 경우는, 바로 **'시민 혁명'이 주도할 수밖에 없었던 것을 보여준** 구체적인 사례가 '미국의 독립전쟁' '프랑스 혁명' '한국의 3·1 운동' 등이다.

(e) 그러면 크리슈나가 강조한 **'헌신(獻身, Yoga)' '제사(Sacrifice)'** 의례를 어디에서 구할 것인가? 그것은 **'피타고라스' '뉴턴' 이래 수학자 과학자 의학자들을 존중하고 그들의 '이론'을 확장 명시하는 것이 그 '헌신(獻身, Yoga)'의 실천이고, 거기에 자기의 인생을 바치는 것이 그 '제사(Sacrifice)'의 현대적 의미이다.**

(f) 만약 '수학' '과학'에 취향이 없고 '체육' '예술' '경영'에 취향과 능력이 있을 경우도 그 타고난 '성향'에 따라 '타인의 성향을 존중하고 '함께 잘 사는 것'이 최고의 도덕이니, 가장 끝까지 지켜야 할 사회적 금기(禁忌) 사항이 '배약(背約), 사기 치기'이다.

(g) 크리슈나가 그 **'마하바라타(*The Mahabharata*)'의 혁명을 통해 확실하게 해 놓은 것이 '배약(背約), 사기 치기 금지(禁止)'**이었다.

제86장 '지존(至尊)의 노래(Bhagavat Gita)' Ⅲ

아르주나가 말했습니다. "브리슈니(Vrishni) 아들[크리슈나]이시여, 그 누가 강요를 해서, 힘에 의해 강요되듯이 원하지도 않는 **죄악(罪惡)**을 범하게 됩니까?"

신이 말씀하셨습니다. **"그것은 욕망이고, 분노이고, 타고난 열정의 속성이다.** 그것이 모든 것을 삼켜버린다. 그것이 바로 죄악이다. 이것이 이 세상에 적들임을 바로 알아야 한다. 불길이 연기에 휩싸이듯, 먼지가 거울 가리듯, 태아가 그 모태에 감기듯 그 욕망이 그것을 싸고 있다. 오 쿤티의 아들이여, 만족을 모르는 불길처럼 욕망은, 현자들의 고정된 적(敵)으로서, 지식을 엄폐(掩蔽)하고 있다. 정신과 이해력이 그 '감성'의 은신처라 일컬어지고 있다. 이것[감성]은 자신을 속이고 지식을 엄폐(掩蔽)시킨다. 그러기에 우선 '감성'을 억압해야 한다. 바라족의 황소여. '사악한 것'을 버려야 한다. 그것[감성]이 교훈과 사색으로 얻은 지식을 파괴시킨다. 감성은 훌륭하다고들 한다. 그러나 그 '감성'보다 우수한 것은 '정신'이다. 그 '정신'보다 훌륭한 것이 '[절대자를 향한]지식'이다. 그러나 그 '지식 중에 최고'는 '그분(신)'에게 있다. '그 최고의 지식'을 알고 '자신을 자신'으로 지켜서 정복하기 어려운 욕망의 적(敵)을 토벌해야 한다. 오 억센 무사여."[8]

_____→

(a) '마하바라타(*The Mahabharata*)'에서 '지존(至尊)의 노래(Bhagavat Gita) Ⅲ'에서 크리슈나는 아르주나에게 '감성(感性)'을 초월하여 '정신(精神)을 알라.'하였다.

(b) 이것도 이후 모든 철학자의 주요 논쟁거리가 되었는데, 이 '크리슈나의 가르침'을 고수한 자들은 모두 [힌두, 불교, 기독교의] '사제(司祭)'들이었다.

(c) 그렇지만, 그들의 고유 영역 최초로 완전히 설명했던 이가 한국의 이이(李珥) 선생님의 '기발이승일도설(氣發理乘一途說, 1572)'이었고, 그 이후 칸트는 '순수이성비판(1781)'에서 '감성' '오성'의 영역 구체적으로 분할하여 '과학 철학'을 확립하였다.

(d) 사실상 모든 생명은 그 '감성'에 의지해 '생존'하고, 역시 '인간'도 그 감성(感性)에 기초하여 그 '정신'을 운영한다. 이것을 긍정할 때 비로소 '과학의 세계'가 전개되니, 소위 '실험실습(實驗 實習)'이란 '감성'을 통한 '현상(現象)'의 점검'일 뿐이다.

(e) '마하바라타(*The Mahabharata*)' '지존(至尊)'의 노래(Bhagavat Gita)'에서 강조하고 있는 '도덕성'을 다 인정하더라도, **한 가지 결여(缺如)하고 있는 부분이 바로 이 '감성 무시'이고 이것이 바로 '과학 부정(否定)'으로 이어짐**은 여기에서 거듭 명백히 되어야 할 사항이다.

제87장 '지존(至尊)의 노래(Bhagavat Gita)' Ⅳ

신이 말씀하셨습니다. "**이 폐지할 수 없는 '헌신'을, 나는 비바스와트(Vivaswat)에게 말했고, 그것이 마누(Manu)에게 전해졌고, 그것이 이크샤쿠(Ikshaku)에게 전해지게 되었다. 그러나 오 적(敵)들의 질책(叱責)자여, 세월이 흘러 세상에 그 헌신 자들이 다 없어졌도다. 동일한 헌신을 네게도 말했다. 왜냐하면 그대는 헌신자이고, 나의 친구이기 때문인데, 이것은 위대한 [우리 사이의] 신비이다.**"

이에 아르주나가 말했습니다. "당신은 그들보다 훨씬 뒤에 태어났습니다. 비바스와트(Vivaswat)가 당신의 선배입니다. 그런데 당신이 먼저 그들에게 먼저 전했다는 그 말씀을 제가 어떻게 이해할 수 있겠습니까?"

신이 말씀하셨습니다. "오 이르주나여, 나의 수많은 탄생은 이미 지나갔다. 그것은 역시 너의 것이기도 하다. 그것들 모두를 나는 알고 있으나, 너는 모른다. 오 적들의 질책자여. **파괴가 없이는 태어남도 없다는 것이 지식의 근본이지만, 나는 만물의 창조이고, 역시 만물은 나에 의지하여 나의 환상(illusion)으로 만물은 탄생이 된다.** 오 바라타여, 연민(憐愍)이 없어지고 무자비(無慈悲)가 발동할 때, 언제나 그 경우에 나는 내 자신의 창조를 행한다.['죽음'='탄생'] **의인(義人)을 지키기**

_____

8) K. M. Ganguli (Translated into English Prose from the Original Sanskrit Text), *The Mahabharata of Krishna-Dwaipayana Vyasa*, Munshiram Manoharlal Publisher Pvt. Ltd. New Delhi, 2000, **-Bhishma Parva-** pp. 61~62

위해, 악인을 멸하기 위해, 자비(慈悲)를 확립하기 위해 나는 매번 다시 태어나고 있다. 진실로 내 신성한 탄생을 아는 자는 그렇게 '실행'을 이행하고, 그의 몸을 내버리면 다시 태어나지 않고 [神이 되어] 내게로 온다. 오 아르주나여, 집착과 공포 분노에서 해방된 많은 사람들이 내 안에 있고, 나의 정수인 지식과 금욕으로 청결하게 나에게 의지하며 나의 정수를 유지하고 있다. 어떤 사람이 내게 오건 나는 그들을 동일한 방식으로 맞이한다. 오 파르타(Partha)여, 내게 오는 길은 모든 방향으로 열려 있다. 신의 숭배에 성공을 바라는 이 세상 사람들은 이 세상 성공도 실행으로 곧 획득하기 때문이다. 신분(身分)의 네 가지 구분도 [인간의]바탕과 의무에 따라 내가 창조한 것이다. 비록 내가 만물의 창조자이지만 내가 창조자이며 불사자라는 것을 사람들이 모른다. 행동함에 있어 나를 저촉(抵觸)하려 들지 말라. 나의 행동 결과에는 기대가 없다.['자연'일 뿐이라는 이야기] 나(신)를 아는 사람은 행동으로 함부로 나를 거스르려 하지 않는다. 그것을 알면 '해탈(解脫, emancipation)'을 원하는 늙은 사람도 성공을 한다. 그러므로 너는 먼 과거에 행했던 대로 일을 수행해야 한다.['과거'와 '현재'가 '절대 신'에게는 동일하므로] 무엇이 실천이고 무엇이 실천이 아닌가? 학자도 그것에 당황한다. 그러기에 나는 그대에게 악(惡)에서 해방되기 위해, '실천'을 알아야 한다고 말한다. 사람은 '행할 일'과 '피해야 할 일'을 다 알아야 한다. '무대책(無對策)'도 알아야 한다. '실행'의 과정은 난해하다. '행동 속에 무대책'과 '무대책 속에서의 행동'도 알아야 한다. 행동 속에 무대책과 무대책 속에서의 행동을 아는 사람은 현명한 사람이다. 그는 헌신(Yoga)을 소유했고, 역시 모든 실천을 행한 사람이다. 학자는 그의 노력이 욕망과 의지에서 자유롭고 행동이 지식의 불로 소멸하는 사람을 현명하다고 한다. '행동 결과에의 모든 집착'을 버린 사람은 누구나 '실천'에 가담하면서도 무(無)에 만족하고 무(無)에 의지하고 무(無)에 무(無)를 행한다. '욕망'이 없는 사람은 감각과 정신을 통제하여 일체의 관심을 버리고 몸이 '어떤 악'도 범하지 않도록 처신한다. 노력도 없이 얻은 것에 만족한 사람은, 상반[喜悲, 苦樂 등]된 한 쌍보다 높이 올랐고, 시샘이 없고, 성공과 실패를 동일시하며, 그는 실행하는 일에 족쇄(足鎖)를 채우지는 않는 사람이다. 그 사람에게 모든 행동은 '제사(祭祀)'를 위한 행동이고, 애착이 없이 집착에서 자유로워 그의 정신은 [절대자] 지식에 고정이 되어 있다.['제사'='요가'] 브라흐마(Brahma)는 신주(神酒)로 가득한 그릇이고, 브라흐마(Brahma)는 공여되는 신주(神酒)이고, 브라흐마(Brahma)는 브라흐마(Brahma)가 부어지는 화염(火焰)이고, 브라흐마(Brahma)는 실행하는 브라흐마(Brahma) 자체에 정신을 고정하여 나아가는 그 목표이다. 어떤 공양(供養) 자는 신들에게 제사를 올리고, 다른 사람들은 브라흐마(Brahma)의 불에 희생을 바친다. 또 다른 사람들은 최초로 억압된 불에 대해 배웠던 스승들에게 신주(神酒)를 올린다. 그리고 또 다른 사람들은 감성의 불에 대해 처음 들었던 대상에게 신주를 올린다. 그리고 역시 다른 사람들은 지식으로 자제(自制)의 불이 붙은 헌신의 불을 키우는 중요한 바람에 신주를 올린다. 다른 사람은 풍요의 제사를 행하고, 금욕의 제사 사유의 제사, 베다 탐구의 제사, 지식의 제사, 엄숙한 경배의 고행자(苦行者)이기도 하다. 어떤 사람은 천상으로 '생명의 바람

(Prana)'을 올리기도 하며 지상으로 불게 하기도 한다. 어떤 사람은 양방향으로의 바람을 잡아 그 생명의 바람을 억압하기도 한다. 또 다른 사람들은 배급을 제한하여 생명의 바람에 생명의 바람을 제공하기도 한다. 이들 모두가 제사에 친숙하지만 그들의 죄악은 제사로 사라지고 제사 음식을 먹는 사람들은 '아므리타(amrita)'[를 먹은 사람들]이니, 영원한 브라흐마(Brahma)를 획득한다. 제사를 수행하지 않는 사람은 '이승'도 그의 것이 아니다. 그렇다면 그들은 어디에 있어야 하는가, 쿠루 족의 최선(最善)자여? 이처럼 다양하게 제사가 소개되어 있다. **'실천'으로 그들 모두를 알아야 하고 그것을 알면 그대는 해방이 될 것이다.** 오 적들의 질책자여, **지식의 제사[절대신]을 알고 행하는 요가=제사가 모든 실천 결과를 포괄하는 제사 중에서도 으뜸이니, 모든 실천은 전체적으로 그 지식 속에 납득이 되기 때문이다.** 부복(俯伏)과 질문과 기도로 그 지식을 배워라. 오 판두의 아들이여, 그 지식을 소유하고 있는 사람은 진리를 알고 있고, 그 같은 환상과 무한한 피조물, 너의 내부에서는 나올 수 없는 지식을 가르쳐 줄 것이다. 죄 있는 자 중에서 그대가 가장 중한 죄인이라고 할지라도, **지식의 뗏목**으로 범월(犯越, transgressions, 죄악)을 다 초월할 것이다. 오 아르주나여, 타오르는 불처럼 기름을 재로 만들고, '지식의 불길'이 모든 실천을 '재'가 되게 하라. [절대 신에 관한]지식으로 그처럼 정결한 것은 어디에도 없다. 헌신으로 성공을 획득한 사람은, 시간 속에서 그 자신 내부에는 노고(의 代價)가 없음을 알고 있다. 신념을 지닌 지식의 획득자, 그의 감성을 통제한 사람은 [절대 신의]영원 속에 최고의 평정(平靜)을 확보한다. 지식도 신념도 없는 사람은 마음이 의심으로 가득하고 정신이 없다. 마음에 의심이 가득한 사람은 이승에서나 저승에서나 행복이 없다. 오 다난자야(Dhananjaya)여, 헌신으로 실천하는 사람은 족쇄가 없나니, 지식이 의심을 없앨 것이고, 자제하는 사람이다. 그러므로 지식의 칼로 마음속의 무지에서 생기는 의심을 격파하고 오 바라타의 아들이여, 헌신을 위해 일어서라.[9)]

———→

(a) 힌두(Hindu)의 바라문[司祭]은, 최소한 이 '마하바라타(*The Mahabharata*)' '지존(至尊)의 노래(Bhagavat Gita)'을 '가장 먼저 포섭 교육을 행할 대상이 바로 **황족(皇族)**'이라는 것을 알고 있었다.

(b) '세대를 초월한 **절대 신의 위력**'은 모든 '바라문[사제]'들이 숙지(熟知)하고 있고, 그것이 아니면 '지혜로운 바라문[바라문= 현명 그 자체임]'일 수 없고, 그것을 모르면 사실상 바라문의 입문에 들 수도 없다. 즉 '가치' '인식' '종사 보람'에서 타의 추종을 불허하는 '영역'에 먼저 나가 거기에 종사하지 못 하면 절대 '바라문'이 될 수도 없다.

(c) 그러므로 황족 중의 최고 황족의 할아버지 '아르주나(Arjuna)'는 그 최고신[크리슈나]의 명령을 받들어, 그 '크샤트리아의 의무'를 제대로 수행했다는 그 구체적인 경과보고가 '마하바라타(*The*

9) K. M. Ganguli (Translated into English Prose from the Original Sanskrit Text), *The Mahabharata of Krishna-Dwaipayana Vyasa*, Munshiram Manoharlal Publisher Pvt. Ltd. New Delhi, 2000, -**Bhishma Parva**- pp. 62~65

Mahabharata)'이다. 그래서 그 전 힌두들은 이 '마하바라타(*The Mahabharata*)' 이외의 저술은 별 의미를 두지 않고 있다는 사실까지 알 수 있으니, **'마하바라타(*The Mahabharata*)' '지존(至尊)의 노래(Bhagavat Gita)'는 사실상 시공(時空)을 초월한 '절대신[크리슈나]'과 '그 아들[司祭, 아르주나]'의 문답**이기 때문이다.

(d) 이 '마하바라타(*The Mahabharata*)' '지존(至尊)의 노래(Bhagavat Gita)'을 그대로 닮은 '절대신[크리슈나]'과 '그 아들[司祭, 아르주나]'의 문답 관계가 <u>'출애굽기'에 '여호와'와 '모세' '여호수아'의 문답</u>니다.

(e) '대화[가르침]의 요지(要旨)'는, '너 자신을 온전히 다 버리고 오직 내[절대신]만을 받들고 따르라.' 이다.

(f) 이 가르침이 역시 '힌두'와 '불교' '기독교'를 하나로 꿰고 있는 그 '요지'이다.

제88장 '지존(至尊)의 노래(Bhagavat Gita)' V

아르주나가 말했습니다. "지당하십니다. 크리슈나여, 실천의 '포기(abandonment)'와 '활용(application)'이 어떻게 다른지 더욱 명백히 말씀해 주십시오."

신이 말씀하셨습니다. "실천의 [결과의]포기와 실천의 활용이 모두 그 '해탈(解脫, emancipation)'로 이끈다. 그러나 둘 중에 [실행 결과의]포기가 더욱 우수하다. 포기를 행한 금욕 자는 '혐오'도 '욕망'도 없다는 것을 알아야 한다. 상반(相反)의 한 쌍에서 자유로우면(being free from pairs of opposites), 억센 무사여, '실천의 속박[주제]'에서 쉽게 풀려난다. **바보들은 산키아(Sankhya, Sastra, 규칙, 법)와 요가(Yoga, 행동을 통한 헌신)가 다르다고 말한다. 편안한 사람은 그 하나에서 양자(兩者)를 수확한다. 산키아(Sankhya)를 공언하는 자도 어느 자리나 얻고 있는 사람이며, 요가(Yoga)를 공언하는 하는 사람도 역시 어느 자리에나 다 도달한다.** 진실로 아는 사람은 둘을 하나로 알고 있다. 오 억센 무사여, 그러나 '헌신'이 없이는 '포기'를 획득하기가 어렵다. **'헌신에 참여한 금욕'이 지체 없이 최고 존재(Supreme Being)에 이른다.** 헌신에 참여하는 자, 영혼이 순수한 자, 감성에 종속된 몸을 정복한 자, 모든 피조물과 자신을 동일시한 그 사람은 실천으로 묶이지 않는다. 진리를 아는 '헌신'의 사람은 보고 듣고 접촉하고 냄새 맡고 먹고 움직이고 잠자고 숨쉬고 말하고 배설하고 눈 뜨고 감으면서도 -나는 행하지 않는다.-고 생각한다. 그는 감각 대상에 관련된 감성이라는 것을 알고 있다. 그들을 브라흐마(Brahma)에 의탁한 실천에 집착을 포기한 사람은 **물이 연잎을 적시지 못 하듯이**, 죄가 범접하지 않는다. 집착을 버린 헌신 자들은 실천이 순수해서 신체와 정신과 이해력과 감성까지 욕망에서 벗어나 있다. 헌신을 지키지 못 하고, 실천의 결과에 집착하면 욕망으로 수행된 실천이 묶이게 된다. 자제력을 지닌 자신, 정신으로 모든 실천의 거절은 편안하게 아홉 대문의 저택에 거하여, 실천하거나 실천할 일이 없어진다. 주(主)님[Lord]은 그 실천의 원인이지만, 사람들의 실천, 실천의 관계, 실천의 결과에는 계시지 않는다. 실천에 개입은 천성이다.(It is nature that engages in action.) 주님은 죄도 가치도 받지 않으신다. 무식으로

[절대자를 향한]지식이 엄폐 당한다. 이것[무식]으로 피조물들이 속는다. 그러나 무식으로 그 지식을 파괴당했던 사람은 누구나, [절대자에 대한]지식이 태양처럼 지존(至尊, the Supreme Being)임을 알게 된다. 지존에게 마음을 둔 사람은 그 정신이 바로 지존이고, 지존 안에 살고, 지존이 목표이고, 떠날 수 없어 돌아오고, 죄악은 그 지식으로 파괴된다. 현명한 사람들은 학식과 예절을 가춘 바라문, 암소, 코끼리, 개, 찬달라(chanala -윤회를 벗어나 절대 신의 영역에 출입하는 존재)를 동일하게 본다.** 이승에서 그들의 지배를 받게 태어나도 그 정신들은 동일하다. 그래서 브라흐마(至尊)는 허물이 없고, 공평하여, 저들이 브라흐마 속에 거주한다. 정신이 일관된 사람은 혼미하지 않고 브라흐마를 알며 브라흐마에 머물고 그 밖에 다른 것을 좋아하지 않고 유쾌하지 못한 것에도 슬퍼하지 않는다. 정신이 외부 감각대상에 고착하지 않은 사람은 그 자신 속에 행복을 얻고 브라흐마에 생각을 집중하고 멸할 수 없는 행복을 누린다. 감각 대상에서의 쾌락은 슬픔을 낳는다. 오 쿤티의 아들이여, 시작과 끝이 있는 그들 속에서 쾌락을 취하지 말라. '이승'에 있는 사람은 누구나 죽기 전에 욕망과 분노에서 생기는 동요(動搖)를 견디며 사유에 고정되어 행복할 수 있다. 자신의 내부에 행복을 찾은 사람, 자신 내부에 즐겁던 사람이 자신의 내부에서 지식의 빛을 빼앗기면 헌신 자(devotee)이고, 브라흐마와 하나가 되어 브라흐마에게로 흡수된다. 이 성자들은 죄가 없어지고, 의혹이 추방되고, 자제되어 만물의 선에 개입하고 지존에 흡수됨을 획득한다. 그 헌신 자들은 욕망과 분노에서 벗어났기에 정신은 통제 속에 있고, 자신에 대한 지식을 지녀 지존과 더불어 영원히 존재 한다. **외적 대상 감성을 제거하고 양미(兩眉)간으로 정신을 이끌어 상하의 생명 호흡을 하나로 엮어 코끝으로 내보내라.** 그러면 해방을 의도하는 헌신 자는 감각과 정신과 이해력이 통제되고, 욕망 공포 분노에서 해방되게 된다. 지존을 알아 제사와 금욕을 즐기면, 만물의 친구이며 만물의 주(主)와 하나가 되어 평정을 얻는다.

신이 말씀하셨습니다, "**실천의 결과에 무관하게 해야 할 일을 수행하는 사람**'은, 포기자(抛棄者, renouncer)이며 헌신자(獻身者, devotee)이고 제사의 불을 버리지 않고 실천의 결과를 취하지도 않는다.** 오 판두의 아들이여, 그것을 '포기'라고 하나니, 아무도 모든 결심을 포기하지 않으면 진정한 '헌신 자(devotee)'가 될 수 없다. 그 '헌신'에 나서는 '성자'에게 '실천'은 수단(手段)이고 '헌신'에 나설 때에 '실천의 중단'도 방편(方便)이다. 대상 감성에 집착하지 않고, 실천과 그 결과를 포기한 사람은 헌신을 행했다고 할 수 있다. 사람은 자신이 자신을 일으켜야 하고, 자신을 폄훼하지 말아야 하니, **자신(self)은 친구이자 역시 적(enemy)이다. 자신으로 그 자신에게 예속(隷屬)시키는 자에게 그 친구가 되고, 자신에게 종속되지 않는 경우는 적대적으로 적(敵) 같이 된다.** 자신을 이긴 사람, 영혼의 평정을 즐기는 사람은 '한(寒)과 열(熱)', '쾌(快)와 고(苦)', '명예와 모욕' 중에서도 흔들림이 없다.['평정'을 잃지 않는다.] 금욕 자는 정신을 지식과 경험으로 충족을 시키고 있어서, 애착을 버리고 감성을 정복하여, 그에게는 소금덩이나 돌덩이나 금덩어리가 동일하다. 지지자, 친구, 적, 자기에게 무관심한 이방인, 양쪽에 다 가담을 하는 사람, 싫은 사람, 관련이 있는 사람,

착한 사람, 악한 사람들을 동일하게 보는 사람은 특별하다. 헌신 자는 홀로 한적한 곳에 머물러 명상에 마음을 고정하고 그 정신과 몸을 다잡아 기대와 걱정을 버린다. 청정한 곳에 그의 자리를 잡아 천이나 사슴가죽 풀잎을 깔고 거기에 앉아 하나의 대상[절대재]에 정신을 고정하고 마음과 감각의 기능을 억제하여 자신의 정화(淨化)를 실행해야 한다. 신체와 머리와 목까지도 부동으로 고정하고 어떤 다른 방향을 살피지 말고 눈은 코끝을 보고 고요함에 정신을 두고 공포에서 벗어나 브라흐마차린(Brahmacharins, 初聞의 바라문)처럼 정신을 가다듬어 정성으로 지존(至尊, Brahma)에 고정시키고 지존을 획득 대상으로 삼고 '헌신 자'는 앉아 있어야만 한다. 이처럼 정신을 고정하고 마음을 다잡은 헌신 자는, 지존(至尊)에로의 마지막 흡수 통합이 되는 그 고요(tranquility)를 획득한다. 오 아르주나여, 헌신은 '많이 먹는 사람'의 것이 아니며, 전혀 먹지 않는 사람의 것도 아니다. 너무 많이 잠을 자는 사람의 것도 아니며, 항상 깨어 있는 사람의 것도 아니다. 고통을 깨뜨리는 헌신은, 잠깐 먹고, 잠깐 쉬고, 규칙적으로 일하고, 잠깐 자고 잠깐 기도(vigils)하는 것이다. 마음이 제어되면, 자기 자신에게 고정을 하고, 모든 욕망 대상에 관심을 끊으면 헌신 자(devotee)라 할 수 있다. 바람이 없는 지점에 등불이 움직이지 않듯이, 마음이 제어되어 헌신 자와 유사하다고 해도 헌신 자는 추상적인 자신에 거(居)한다. 그 경지가 정신이 추상으로 억압된 상태이고, 쉬는 상태, 자기가 자기를 보는 상태, 자신 속에 즐기는 상태, 감각을 초월하고, 이성으로만이 포착되고 흔들림 없는 진리에 고정이 된 최고의 행복을 체험하는 경지이고, 그것보다 더 위대한 것이 없는 것을 획득하여 최고의 슬픔에도 흔들림이 없는 그것에 거주하고, 고통의 인연이 끊기(a severance of connection with pain)는 헌신(獻身, devotion)의 경지임을 알아야 한다. 헌신(獻身, devotion)은 인내와 낙심이 없이 실행되어야 한다. 모든 욕망을 예외 없이 거절하고 정신으로 감각들을 억제하고 서서히 이성과 인내로 잠잠하게 만든 다음 아무것도 생각하지 않는 자신에게로 정신을 인도해야 한다. 그 속성상 가만히 있질 못 하고 불안정하고 달아나는 마음이 어디 있든지 간에 억제하여 자신에게로 인도해야 한다. **정말 그와 같이 정신이 평정 속에 있는 '헌신 자'에게 그 열정이 억압되고 그가 지존(至尊, Brahma)과 하나가 되고 죄악에서 벗어나 최고의 열락(悅樂, felicity)이 온다. 이처럼 추상에 정신을 고정한 '헌신 자'는 죄를 벗고, 쉽게 지존(至尊, Brahma)의 행복을 획득한다. 추상의 자신에 종사한 사람은 모든 곳에 공평한 시각을 행사하고, 만물 속에 자신을 보고, 자신 속에 만물을 본다(beholdeth his self in all creatures and all creatures in his self), 만물 속에 지존(至尊, Brahma)을 보고, 지존 속에 만물을 보라. 지존은 영원하고, 영원한 자는 지존을 망각하지 않는다. 헌신(獻身) 자는 만물 중에 내[지존]가 있고 만물을 관장하는 존재로 내[지존]를 섬기고, 그가 어떻게 살고 있든 내[지존] 안에 살고 있다. 헌신 자인 아르주나여, 타인의 행복이건 불행이건 그 자신의 것으로 생각하고 모든 곳에 동일한 눈길을 주는 것이 최선임을 알라."**

아르주나가 말했다. "마두(Madhu)의 살해자여, 당신은 '동등(同等, equanimity)'이란 방법으로의 헌신을 말씀하셨습니다. 나는 차분할 수 없는 마음에서, 그 안정된 상태의 말씀을 이해할 수 없습니다. 오 크리슈나여, '마음(mind)'은 들썩이고, 날뛰며, 뒤틀리고 그 고집이 있습니다. '마음'을 잡아두기란 바람을 잡아두기만큼 어렵다고 생각합니다."

신이 말씀하셨습니다. "오 무사여, 틀림없이 '마음'은 그 복속과 안정이 어렵다. 그러나 쿤티의 아들이여, '욕망'을 버리면 '마음'은 통솔이 된다. '마음'이 통제되지 못 하면 '헌신'이 어렵다. '마음'이 통제되어야 그 '방편(方便)'을 획득할 수 있다."

아르주나가 말했다. "오 크리슈나여, 소신(所信)은 있으나, 근면 성실성이 없고, 헌신함에 마음이 흔들려 헌신에 성공하지 못 한 사람의 종말은 어떻습니까? 사라진 구름처럼 천국의 획득에 실패하면 거처도 없이 지존으로 향하는 길에 혼미하게 됩니까? 크리슈나여, 이 나의 의심을 깨끗이 해 주십시오. 이 의심을 없앨 자는 없을 것입니다."

신이 말씀하셨습니다. "프리타의 아들이여, **선을 행한 사람은 지금이나 이후에나 멸망은 없고, 흉악한 종말은 없다. 선행을 행했던 사람들을 위해 마련된 지역에 머무르다가 '헌신'에서 탈락하면 번창하는 가정에 태어나거나 지성을 갖춘 가정에 태어난다.** 정말 그 정도의 탄생도 이 세상에서는 그 획득이 어렵다. 그러한 탄생 속에 전생(前生)에 지존(至尊, Brahma)의 지식에 대한 획득이 있었다면 그 지점에서 다시 지존(至尊, Brahma)을 향해 '정진'을 해야 한다. 오 쿠루의 후손이여. 그리고 원하지 않더라도 그 전생의 결과에 속에서 역시 '일'을 해야 한다. 단 한 번의 '헌신'에 대한 물음도 성스런 말씀(베다)의 효과 보다 높다. 크고 억센 힘을 발휘한 '헌신 자'는 모든 죄악을 씻고 다생(多生)에 완전을 확보한 다음 최고의 목표에 도달한다. '헌신' 자는 '금욕'을 행하는 사람보다 훌륭하다. 그는 (지존에 대한) 지식을 가지고 있는 사람보다 우수하다. '헌신' 자는 '실천'하는 사람보다 훌륭하다. 그러기에 '헌신' 자가 되어야 한다. 오 아르주나여, 헌신 자 중에서도 내부 자신 속에 지존을 두고 지존을 숭배하고 아는 자가 가장 독실한 자이니라."

신이 말씀하셨습니다. "오 프리타(Pritha)의 아들이여, 들을지어다. 그대가 어떻게 온전히 내지 존를 알고 나에게 정신을 고정하고, 헌신을 행하고 나에게 의지할 것인가를 남김없이 말하겠다. 나는 그대에게 그대가 알아야 할 경험과 지식에 관해 빠짐없이 말해 주겠다. 1천 명 중에 한 사람이 완벽을 향해 분투한다. 이들 중에서도 근면한 자가 완벽을 획득하고 일부만이 '지존'을 안다. '지존'의 본성은 '흙' '물' '바람' '공기' '공간' '정신' '이해력' '의식(意識)' 8가지이다. 이것은 나의 하급(下級)형태이다. 이것과는 다른 고도(高度)의 살아 있는 속성이 있다. 오 억센 무사여, 그것으로 이 우주를 움켜쥘 것이다. 만물이 그들의 원천으로 이것을 지니고 있음을 알라. **나(지존)는 생성의 근원이고 파멸의 근원이다. 오 다난자야(Dhananjaya)여, 지존보다 더 높은 존재는 없다. 만물은 내(至尊)게 실로 꿴 진주와 같다. 오 쿤티의 아들이여, 물처럼 나를 마셔보라. 나는 해와 달처럼 빛나는 것이고, 나는 '베다' 중에 옴(Om)이고, 허공중에 우뢰이고, 사람 중에 남자이다. 나는 세상에 향기이고, 불 속에 빛이고, 만물의 생명이고, 금욕자의 고행이다. 나(至尊)를 알라, 오 프리**

타의 아들이여, 모든 존재의 영원한 씨를 알라. 나는 만물의 지성(intelligence)이고, 존재들의 영광이다. 욕망과 목마름에서 벗어나 모든 존재들이 소유하고 있는 힘이고, 모든 존재 속에 있는 의무(duty)를 일관되게 소망한다. 그래서 모든 존재는 착한 성품을 지니고 있고, 열정의 성품, 어둠의 성품을 지니고 있으니, 그것들이 다 내게서 비롯한 것들이라. 그러나 나는 그들 안에는 있지 않고 그것들이 내 안에 있다. 이 완전한 우주는 내[지존]가 초월이며 불사자라는 것을 모르는 세 가지[선, 열정, 어둠] 사실로 혼미한 것이다. 그 세 가지 속성으로 '내[지존]'를 혼미함은 그 기가 막혀서 초월이 극도로 어려운 존재이다. 내[지존]에게 속한 자만이 그 환영(幻影)을 통과할 수 있다. 행악 자, 무식쟁이, 저열한 족속, 환상으로 지식을 훔쳐 악마의 상태로 간 존재는 나[지존]에게 속한 자가 아니다. 네 가지 부류[4종성의] 선행자는 나를 숭배한다. 오 아르주나여, 고통을 받으면서 지식을 소유하고 항상 헌신하고 오직 하나를 믿는 사람은 누구보다도 우수하니, 나는 그 식자(識者)를 누구보다도 사랑하고, 그 역시 나(지존)를 사랑한다. 이들은 모두 훌륭하다. 그러나 지식의 인간은 내가 있는 대로 알고 있기에 그 영혼을 추상에 고정하고 나를 최고 목표로 삼아 나(지존)에게 의지한다. 다생(多生)의 마지막에 '지존'을 지식을 획득한 사람이, 이 바수데바(Vasudeva)가 '지존'임을 안다. 그러나 그와 같은 '고도의 존재'는 정말 희소(稀少)하다. 욕망으로 지식을 훔친 사람들은 그들의 신들에게 소속되어 다양한 조절에 밝아 그네들의 속성대로 통솔당하고 있다. 무슨 형식이든 신념을 가지고 어떤 숭배자가 숭배를 하고 싶어 하든, 내(지존)가 제공하는 것은 성실함(steady)이다. 신심을 지니고, 경배를 바치며 그의 모든 소망을 거기에서 획득하므로 그들은 내가 바로 임명을 한 자들이다. 그러나 '지식'이 없는 그들의 결과는 부패하기가 쉽다. 신들을 섬김은 그 신들에게 갈 것이나, '나(지존)'를 섬긴 자는 내게로 올 것이다. 안목이 없는 사람들은 나의 명백함에 대해 명백하지 못 하다고 생각한다. 왜냐하면 그들은 내가 지니고 있는 무상(無上)의 초월과 불멸을 알지 못하기 때문이다. 알아 볼 수 없는 능력을 환상으로 덮어놓고 내가 모든 것에 명확하지 않다(고 말한다.) 이 망상(妄想)의 세계는, 태어남이나 죽음이 없는 나(지존)를 몰라보고 있다. 오 아르주나여, 만물은 지나갔다. 그리고 만물은 현존한다. 만물은 앞으로도 그대로 있을 것이다. 그러나 나를 알고 있는 사람은 없다. 오 바라타여, 만물은 그들의 탄생 시대에 혼미(昏迷)하고, 상대[적들]에게서 생기는 욕망과 혐오(aversion)에 의해 혼미해 하게 된다. 그러나 선행으로 죄를 씻고 목표를 획득하고 상대들의 혼미에서 자유로운 사람들은 나(지존)를 숭배하고 그들의 경배(敬拜)에 전념한다. 나(지존)에게 의지하고 있는 사람들은 부패와 사망에서 벗어나기에 힘을 써서, 전(全) 아디아트마(Adhyatma), 브라만을 알고 있다. 그래서 그들은 이 세상을 떠날 때에 아디부타(Adhibhuta)와 아디다이바(Adhidaiva), 아디야즈나(Adhiyajna)를 가지고 나를 알고 그것을 마음속에 간직하고 떠난다.[10]

---

10) K. M. Ganguli (Translated into English Prose from the Original Sanskrit Text), *The Mahabharata of Krishna-Dwaipayana Vyasa*, Munshiram Manoharlal Publisher Pvt. Ltd. New Delhi, 2000, -**Bhishma Parva**-

(a) '절대신'이 여기에서 아르주나아게 강조한 것은 '자기 기본 존재성'은 완전 포기하고 절대 신에의 '온전한 헌신(獻身)'을 강조하였다.

(b) 그리고 그 '헌신(獻身)'이 신에게 칭송 받을 최고의 행위라고 하였다.

(c) 그리고 신은 아르주나의 신분이 크샤트리아이니, 그것이 '신이 지정한 임무 수행'임을 거듭 장조하고 '돌덩이' '소금덩이'처럼 수행하는 것이 '절대신'의 영역에 즉시 도달하는 방법이라고 거듭 강조했다.

(d) '절대 신과 하나 되기[梵我一如]'가 여기에서처럼 구체화된 문헌을 만날 수 없다. '신을 위해 몸 바침'이 바로 '신과 동일한 영역에 들기'라는 '절대신 되기 방법'을 이 '마하바라타(*The Mahabharata*)' **지존(至尊)의 노래(Bhagavat Gita)**의 이 부분처럼 표 나게 강조한 곳을 볼 수 없는데 그것이 **배약(背約)의 사기꾼 집단의 처단 전쟁**임을 역시 가장 눈여겨 볼 일이다.

(e) 즉 '인간 사회에 도덕과 법'을 세우기 위한 '헌신'이 '신과 하나 되기'라고 반복해서 가르친 셈이다.

(f) '크리슈나'의 아르주나를 향한 명령은 '뱀들과의 전쟁 수행'이 바로 '신과 하나 되기'라고 가르친 것이다.

(g) '마하바라타(*The Mahabharata*)' 중에서도 이 **지존(至尊)의 노래(Bhagavat Gita)**에 더욱 주목할 필요가 있으니, 여기에는 '힌두교' '불교' '기독교'의 공통점뿐만 아니라 '희랍 철학' '중세 천문학[行星들]'의 연원(淵源)도 여기에 드러나 있기 때문이다.

(h) 위에서 우선 크게 주목을 요하는 바는 **절대자와 하나 되는 방법**으로 '외적 대상 감성을 제거하고 **양미(兩眉)간**으로 정신을 이끌어 상하의 생명 호흡을 하나로 엮어 코끝으로 내보내라.'라는 절대 신[크리슈나]의 권고가 그것이다.

(i) 우선 불교의 개조(開祖) '부처님' 상호(相好)에 빼놓을 수 없는 없는 특징이 **양미(兩眉)간**의 '백호(白毫)' 형상이다. 기독교에서는 '출애굽기'에 "[여호와께서 모세에게 일러 가라사대] 네 손의 가호(加護)와 네 **미간(眉間)의 표**(a reminder on your forehead)를 삼고 여호와의 율법으로 네 입에 있게 하라. 이는 여호와께서 능하신 손으로 너를 애굽에서 인도하여 내셨음이니(13장-9절)"라 하였다.

(j) '힌두교' '불교' '기독교'는 서로 크게 다르다고 주장을 하고 있고, 실제 혼동할 필요가 전혀 없을 정도이다. 그러나 **그들이 같은 뿌리에서 출발했다**는 점을 왜 거부할 것인가? 그리고 매켄지(D. A. Mackenzie)의 '이집트 멤피스(Memphis)의 **프타(Ptah)신**' 논의 범위가 '지중해 권 문화권'으로 한정 축소되어 있음을 볼 수 있는데[11] 그 '프타(Ptah)신'은 '비슈누(Vishnu)의 10대 화신(化神)' 중에 '4 바마나(Vamana, 난쟁이) 화신'[12]으로 보아야 할 것이고, 이에 더해 그 '프타(Ptah)'를 포콕(E. Pococke)의 추리 연장선상[13]에서 고려하면 '불타(佛陀, Bud'ha) 족의 씨족 신'으로 읽을 수 있다. 이러한 기존['포콕' '매켄지']의 논점을 모두 참조한 P. N. 오악(P. N. Oak, 1917~2007)

---

pp. 65~72

11) Donald A. Mackenzie, *Egyptian Myth and Legend*', Bell Publishing Company, 1978(1913), pp. 77~86 'Chapter VI'

12) P. Thomas, *Hindu Religion Customs and Manner*, Bombay, 1971, Plate 46~54

13) E. Pococke, *India in Greece*, London, 1851, p. 397 APPENDIX 'No. ⅩⅩⅠ Variation of the Name Bud'ha'
   : **Buddha=Pta=Phtha**

은, "프타(Ptah)'는 범어(梵語)로 '우주의 아버지'를 뜻하는 신 '피타(Pita)'이다."[14]라고 했다. 그렇다면 '프타(Ptah)'에 대한 중대 걸림돌들이 다 살아지게 되는데, 포콕(E. Pococke)과 매켄지(D. A. Mackenzie)가 주목한 '프타(Ptah, 佛陀)'란 '천신(天神) 족들의 숭배 신'이었는데, 이후 '석가모니 불타'는 그 **'천신(天神)'이 바로 인간 각자의 '정신'임을 최초로 명시한 '종교 혁명가'임이 명백하게 된다.**

(k) 더욱 중대한 공통점은 '절대 신[開祖]과 하나 되기'라는 **'마지막 종지(宗旨)'**가 완전 동일한데 감히 '어디에서 무엇'을 가지고 다르다 우길 수 있는가?

(l) 하나의 지구(地球)를 논함에 '육지' '바다'로 구분을 행할 적에 '육지'면 '육지', '바다'면 '바다'일 뿐이다. '조금 높은 언덕' '조금 낮은 언덕' 차별로 밤낮을 통해 '열'을 올릴 이유가 도대체 어디에 왜 있겠는가?

(m) 위에서 '실천에 집착을 포기한 사람은 **물이 연잎을 적시지 못 하듯이**, 죄가 범접하지 않는다.'는 비유가 있는데, '연(蓮)' '연꽃'은 '힌두교' '불교' 상징으로 유명하다.

(n) 그런데 중국 송(宋)나라에 철학자 주돈이(周敦頤, 1017~1073)가 '애연설(愛蓮說)' '태극도설(太極圖說)'을 지었던 점은 크게 주목을 해야 한다.

(o) 한 마디로 주돈이(周敦頤)는 그동안 '황제[크샤트리아] 중심주의'에 종속된 중국의 '사제(司祭)' 들 속에 **'절대 자[道學] 중심주의 운동'**을 펼쳤는데, 그 내용은 일차적으로 '마하바라타(*The Mahabharata*)' '지존(至尊)의 노래(Bhagavat Gita)'를 ['절대신 존중']표준으로 삼아, 그것을 중국의 고유의 '음양(陰陽)' '오행설(五行說)'로 [各論을]바꾸어 이론을 세운 것이 특징이다.
주돈이(周敦頤) 힌두(Hindu)의 '얀트라(Yantra, Mandala, 無)'를 우선 전제로 도입하였고 그 '태극도설(太極圖說)'을 전개했으니, 당초 '주역(周易)'에 힌두(Hindu)의 '얀트라(Yantra, Mandala, 無)'의 구체적은 전개 과정으로 일단 설명을 종료하였다.['외적 형상'만 일단 구비한 것으로 이후 제자들의 치열한 비판 논쟁을 거쳐야 했음]

(p) 주돈이(周敦頤)가 펼친 중국 '현실주의' '실존주의'에 **힌두(Hindu)의 '절대주의'의 도입**, '세속적 욕망 추구의 자제 운동[벼슬 제일주의 탈피 운동]'으로 전개되었으니, 그것은 사실상 **'사제들의 자존심 되찾기 운동'**이었다. 그것은 이후 중국의 정호(程顥) 정이(程頤) 장재(張載) 주희(朱熹) 철학으로 계승이 되었고, 바로 한국의 철학도 조광조(趙光祖) 이황(李滉) 서경덕(徐敬德) 이이(李珥) 성혼(成渾)에게도 절대적인 영향을 미치게 되었다.

제89장 '지존(至尊)의 노래(Bhagavat Gita)' Ⅵ

아르주나가 말했습니다. "최고의 남성이시여, 브라흐만(Brahman), 아디아트마(Adhyatma), '실천(action)'이란 무엇입니까? 무엇을 '아디부타(Adhibhuta)'와 '아디다이바(Adhidaiva)'라고 합니까? 이 세상에 '아디야즈나(Adhiyajna)'는 누구이며, 어떻게 있습니까? 마두(Madhu)의 살해자시여."
신이 말씀하셨습니다. "'브라흐만(Brahman)'은 지고(至高)의 존재 불멸의 존재이고, '아디아트마(Adhyatma)'는 그 자체를 밝히는 말씀이다. '실행(action)'이란 만물의 생성과 전개에 올리는 제사

---

14) P. N. Oak. *World Vedic Heritage*, New Delhi, 1984, p. 612 'Vedic Theogony'

(sacrifice)이다.['요가'='제사'='헌신'='실행'] **그 최후 순간에 '나(지존)'만을 생각하여 육신을 버리고 떠나서 '나'에게로 들어오는 것이다.** 이것은 명백한 일이다. 오 쿤티의 아들이여, 그가 '육신(肉身)'을 버릴 때'에는 어떤 신이든 그가 의존했던 존재에게 습관적으로 찾아간다. **그러기에 항상 '나'를 기억하고 '전투'에 임하라.** 그대의 정신과 이성이 '내'게 고정을 하면 틀림없이 '내'게로 올 것이다. 다른 대상에게로 달려가지 말고 '지존(至尊)'을 생각하며 오 프리타의 아들이여, '신성한 최고 남성'에게 올 찌어다. **육신(肉身)을 벗을 때 숭배하는 마음으로 추상(정신)적인 힘으로 '양미간(兩眉間)'에 프라나(Prana)'라는 생명의 호흡을 향하고 영원을 보는 자, 지배자, '가장 작은 알갱이(the minutest atom)보다 더욱 미소(微小)한 존재', 알 수 없는 존재, 어둠을 초월한 존재를 생각하고 '그 신성한 최고 남성에게로 오라'.** 내 그대에게 '베다'에 익숙한 사람들이 불멸의 자리라고 했던 것에 대해 말을 하겠다. 모든 동경(憧憬)에서 벗어난 금욕 자들이 들어가는 장소는 브라흐마차린들(Brahmacharins, 初聞者)이 경배(敬拜)를 행하는 '소망의 장소'이다. **육신을 벗을 때에 모든 문을 닫고 가슴 속에 마음을 모으고 생명의 호흡을 양미간(兩眉間) 프라나(Prana)에 두면서 사유(思惟, meditation)하고 브라흐만(Brahman)인 '옴(Om)'을 부르며 최고의 그 목표를 획득한다.** '지존'을 항상 생각하며, 모든 대상에서 철수한 그 사람, 상상 사유에 종사(從事)하는 자에게 오 파르타여, '나'는 쉽게 용납된다. **'지존'을 획득한 최고의 완벽을 성취한 고상한 사람들은, '슬픔의 자리를 초월'하여 재탄생(rebirth)[輪回]을 범(犯)하지 않는다.** 오 아르주나여, 브라흐만의 거주(the abode of Brahman)에서부터 아래로 생사(生死) 윤회(輪回)의 세계에 이르기까지 다 지존(至尊)의 관할이지만, 그러나 쿤티의 아들이여, 브라흐만의 거주지에 재탄생[輪回]이란 없다. 1천 번의 요가(Yogas) 다음이 '브라흐만의 하루'이고, 1천 번의 요가를 마친 다음이 '브라흐만의 밤'임을 아는 사람은, '낮'과 '밤'을 알고 있는 사람들이다. '브라흐만 하루의 진행'에 불분명했던 모든 것이 분명하게 되고, 브라흐만의 밤이 되면 불분명한 모든 것들이 사라진다. 프리타의 아들이여, 동일하게 모인 생명들이 거듭 태어나서, 밤에 흩어졌다가 낮이 오면 (강제로 어쩔 수 없이)다시 태어나게 되어 있다.['윤회'의 반복] 그러나 또 다른 불분명하고 영원한 '실체(entity)'가 있으니, **그것은 명백한 것을 초월하여 모든 실체가 파괴될 때에도 파괴되지 않는다. 그것은 명백하지 않는 것이고 불멸한 것이라 할 수 있다. 그것을 최고의 목표(the highest goal)이고 획득하면 (生死輪回의 세계로) 다시 돌아오는 자는 없다.**['현세'의 철저부정] **거기가 이 지존(至尊)의 자리이다.** 오 프리타의 아들이여, 그 '지존' 안에 모든 '실체들'이 있고, 실체들에 의해서 다른 대상으로 향하지 못 하도록 존중이 되어 유지된다. 오 바라타 족의 황소여, 지금 내가 그대에게 이르노니, 생명을 버리고 떠난 '헌신' 자들은 한 번 들어가서 다시 [이 세상으로]돌아오지 않고 [이 세상으로] 돌아오려 하지 않는다. **불과 빛과 낮과 (달이)빛나는 2주일과 (태양이 빛나는) 6개월의 하지(夏至)에 이승을 떠나면, 그 사람은 (주관 神들의 引導로)브라흐마를 알고 브라흐마의 길로 떠난 사람이다. 연기와 밤과 (달의)2주간의 어둠, 6개월의 동지(冬至)의 그 길로 떠나면 헌신 자는 달빛을 획득하여 환생(還生)하게 된다.**

'빛'과 '어둠'의 그 통로는 우주의 영원한 통로이다. 한 가지 길은 영원히 돌아오지 않는 길로 향하고, 다른 한 가지 길은 다시 돌아오는 길이다.['이승' 부정] 오 프리타의 아들이여, '헌신' 자가 잊지 않는 그 두 가지 길을 명심하라. 그러기에 오 아르주나여, 항상 '헌신'에 종사하라. '베다'에 서술된 '제사' '금욕' '적선(積善)'을 실천한 헌신 자는, 모두 알아서 지존(至尊)의 자리에 도달한다."

신이 말씀하셨습니다. "내가 네(아르주나)게 이르노니, 그 신비로운 지식을 경험으로 아는 것을 부러워 않으면, 너는 '악'에서 해방이 될 것이다.['주저' '방황' 불필요] 이것이 '신비의 왕도(royal science)'이니, 고도의 정화(淨化)이고, 바로 알 수 있고, 신성한 법(法)에 일관되고, 실행하기 쉽고, 불멸의 길이다. 오 적(敵)들을 질책하는 자여, 성스러운 가르침에 확신이 없는 사람은 지존을 획득할 수 없고, 사망에 속한 이승으로 되돌아오게 된다. **'전 우주'는, 명시되지 않는 지존(至尊)의 내부 속에 만연(蔓延)해 있다.** 모든 실체들이 내 안에 있으나, 나는 그들을 주관하지 않는다. 그러나 모든 실체가 내 속에 다 있는 것도 아니다. '지존의 위력'을 알지어다. 모든 실체를 지지하고 탄생시키나 그들을 주도하지는 않는다. 위대한 무소부재(無所不在, the great and ubiquitous)로서 공간을 점유했으니, 모든 실체가 역시 내 속에 있음을 알라. 오 쿤티의 아들이여, 모든 실체들은 '칼파(Kalpa, Pralaya 다음에 오는 시대)가 끝날 때'에 '지존'의 속성을 획득한다. 칼파(Kalpa)의 시작에 나 '지존'은 다시 실체들(entities)을 창조한다. 이 '지존'의 독자적인 속성을 조절하여, 나 '지존'은 자연에 결과적으로 종속된 조형물인 실체들의 집합에다 다시 창조를 행한다. 오 다난쟈야(Dhananjaya)여, 그 창조행위는 '지존'을 묶는 것은 아니며 '지존'은 '집착이 없는 창조'를 행한다. '지존'을 통해 동물과 식물이 창조된다. 쿤티의 아들이여, 그러기에 **세상은 '생사(生死)의 윤회(輪回, its rounds of birth and destruction)'를 계속한다. 모든 실체(영혼)들의 위대한 주인 지존을 모르고 허망한 희망 실천 지식의 무지한 사람들은, 아수라(Asuras)와 락샤사(Rakshasas)의 망상에 휩쓸려 한 인간일 뿐이라고 그 '지존'을 무시한다.** 오 프리타의 아들이여, 그러나 고상한 영혼의 사람들은 신의 속성을 소유하고, 다른 것에서 마음을 돌려 '나(지존)'를 숭배하고 내가 모든 실체와 불멸의 기원임을 알고 있다. 그래서 항상 찬송하고, 굳은 믿음으로 존중과 헌신으로 내 앞에 엎드리고 '나'를 숭배한다. 그리고 '지식의 제사(the sacrifice of knowledge)'를 올리고, 여러 형태로 세상에 퍼져 있는 존재로 나를 특별히 존숭한다. '나'는 '베다'에 있는 '제사'이고, 스므르티(Smritis)의 제사이고, 스와다(Swadha, 奉獻)이고, 허브(herbs)에서 만들어낸 '약(藥)'이다. 나는 '주문(呪文, mantra)'이고 희생적 '해방'이고, '불'이고, '제물'이다. 나는 세상의 '아버지'이고, 어머니, 할아버지이다. 나는 '학습의 대상'이고 '정화(淨化)하는 수단'이고, '옴(Om)' '리크(Rik)' '사만(Saman)' '야쟈(Yajas)'이다. 나는 '목표'고, '지지자'이고, '주(主)'이고, '관찰자'이고, 거주 처, 도피 처, 친구, 근원, 파괴, 그릇이고 파괴할 수 없는 '씨앗'이다. 나는 열기를 제공하여 비를 오게 하고, 불사(不死)이고 사망이다. 나는 '존재'이고 '비존재'이다. 오 아르주나여. 사람이 앎의 세 가지(枝)를 알아 소마(Soma)의 주스를 마시고, 제사로 나를 섬겨 죄를 벗고, 천국으로 들어감을 추구한다.

그리고 그 '지존'의 영역을 획득하여 천국에서 신들의 즐거움을 향유한다. **광대한 신들의 세계를 즐기다가 그들의 선행(功德)이 다하면 그들은 세상에 다시 태어난다(Having enjoyed that celestials world of vast extent, upon exhaustion their merit they reenter the mortal world).** 이처럼 3'베다'의 원리를 수용하고, 소망의 목표를 원한 사람들은 가(죽)고[死] 옴(삶)을[永生] 획득한다.(wish for objects of desires, obtain going and coming) 다른 곳에 마음을 돌리지 않는 사람들은 내[지존]를 숭배하고 내[지존]에게 헌신하니, 내[지존]는 그들에게 베풀고 그들의 소망을 보존해 준다. 다른 신들을 경배했던 자들까지도 오 쿤티의 아들이여, 불규칙적으로나마 내[지존]만을 섬기고 있다. **나는 모든 '제사'의 '향유(享有)자'이며 '주인'이다.** 그러나 사람들은 진정으로 내[지존]를 모르고 있다. 그리하여 그들은 '천국'에서 탈락된다. 피트리스(Pitris)를 경배하면 피트리스(Pitris)를 얻을 것이고, '열등한 영혼 불타(Bhutas)'를 섬기면 '불타(Bhutas)'를 얻을 것이고 '지존'을 섬기면 '지존'을 얻을 것이다. 사람들은 '지존'에게 나뭇잎 꽃 과일 물을 바치며 경배(敬拜)한다. '지존'은 순수하게 그대로 수납한다. 오 쿤티의 아들이여, 너는 무엇을 행하든, 무엇을 먹든, 무엇을 마시든, 무엇을 제공하든, 무슨 고행을 행하든 '지존'에게 드리는 것으로 행하라. 그러면 선악의 결과에 얽매이지 않을 것이다. 금욕과 헌신으로 너는 해방을 찾고 '내[지존]'게로 올 것이다. '지존'은 만물을 사랑한다. 사랑이 없으면 미워함도 없다. **그러나 내[지존]를 존중하는 사람들은 내[지존] 안에 있고, 그들 속에 내[지존]가 있다.**(They however who worship me with reverence are in me and I also am in them.) 만약 다른 것을 섬기지 않는 사람이 극도로 사악한 행동(exceedingly wicked conduct)으로 내[지존]를 섬긴다면 그 사람은 명백히 선한 사람으로 밝혀질 것이니, 그의 노력은 올바르게 인도되기 때문이다. 그런 사람은 유덕한 영혼으로 영원한 평정을 획득할 것이다. 오 쿤티의 아들이여, 헌신하지 않는 자는 항상 지게[負, 패배] 되어 있음을 알라. 오프리타의 아들이여, 비록 바이샤(Vaiayas, 평민) 수드라(Sudras, 노예) 여인과 같은 천출(賤出)도 '지존'에 소속이 되면 '천국'을 획득한다. 그렇다면 나에게 '헌신'을 행하는 자들인 성스러운 바라문, 성자들은 말할 것이 있겠느냐? '윤회'와 '고통의 이 세계'로 태어나 왔으니, 내[至尊]를 섬겨라. 정신을 나에게 고정을 하라. 헌신 자여, 숭배자여, 경배하라. 나를 은신처로 삼고 '추상(抽象, abstraction)'에 종사하면 분명히 내게로 올 것이다."[15]

—→

(a) '마하바라타(*The Mahabharata*)' '지존(至尊)의 노래(Bhagavat Gita)'에서 가장 명확하고 크게 구분을 행하고 두 가지 영역은 **'욕망과 희로애락의 감정에 휩쓸려 사는 생사윤회의 인간 세계'**와

15) K. M. Ganguli (Translated into English Prose from the Original Sanskrit Text), *The Mahabharata of Krishna-Dwaipayana Vyasa*, Munshiram Manoharlal Publisher Pvt. Ltd. New Delhi, 2000, -**Bhishma Parva**- pp. 72~76

'천국의 브라흐매브라흐맨가 주도하는 생사윤회를 초탈(超脫)한 지존(至尊)의 영역'이라는 것이 그것이다.

(b) 그런데 바라문들의 대신(大神)인 크리슈나(비슈누, 브라흐마의 化身)은 그 '아르주나'에게 그 '**천국의 브라흐매브라흐맨가 주도하는 생사윤회를 초탈한 지존(至尊)의 영역**'을 확신하고 거기로 과감하게 진입할 것을 권유한 것이 위의 말의 요지이다.

(c) 거듭 언급을 하고 있는바, '**육신을 벗을 때에 모든 문을 닫고 가슴 속에 마음을 모으고 생명의 호흡을 양미간(兩眉間) 프라나(Prana)[16]에 두면서 사유(思惟, meditation)하며 브라흐만 (Brahman)인 '옴(Om)'을 부르며 최고의 그 목표를 획득한다.**'라고 했던 점이다.

(d) 앞서 밝혔듯이, 힌두(Hindu)가 중요하게 명시한 '**프라나(Prana)**'를 불교도는 부처님[如來]의 '백호(白毫)'[17]로 존중을 하고 있고, 기독교에서는 '이집트에서 여호와의 승리 표적'으로 존중을 하고 있다는 사실이다. 이 공통점은 '**절대신 존중**'과 '**뱀(肉身) 경멸**'과 더불어 '**힌두**'와 '**불교**'와 '**기독교**'의 3대(大) 공통점이다. 그것이 어디에서 먼저 연유한 것을 꼭 물을 것도 없이, '공통의 뿌리'라는 사실은 명백한 사항이다. 이 '3대(大) 공통점'을 잡고 있으면 **그 3교(敎)의 공통 요점(要點)을 다 확보한 것으로 그 '전체 교리'를 파악하는데, 결코 어려움이 있을 수 없다**.

(e) 그리고 '내지존]를 존중하는 사람들은 내[지존] 안에 있고, 그들 속에 내[지존]가 있다.'란 말은 '요한복음'에 '아버지가 내 안에 있다.'란 말과 동일한 말이다.

(f) 이 '마하바라타(*The Mahabharata*)' '지존(至尊)'의 노래(Bhagavat Gita)'를 그대로 수용할 경우 '모든 존재 중의 최고'는 다 '지존(至尊)'이니, '지존(至尊)'이어야 '최고'가 될 수 있다. 이 지존의 말씀이 '16억의 살상 전'을 치르기 직전에 행한 '절대 신의 말씀'이라는 점에 유의를 해야 한다.

제90장 '지존(至尊)의 노래(Bhagavat Gita)' Ⅶ

신이 말씀하셨습니다. "억센 무사(武士)여, '천상(天上)의 말[福音]'을 다시 들을 지어다. 그대의 선을 향한 욕망을 즐겁게 하리라. 신들도 위대한 성자들도 나의 근본은 모른다. 모든 점에서 '**내가 바로 신들과 성자들의 원천이다**.' '지존(至尊)'은 탄생이 없으며, 산 자를 속이지 않으며, 죄가 없다. 지성 지식, 무망(無妄), 용서, 진리, 자제, 고요, 열락, 고통, 탄생, 죽음, 공포, 안전, 자제, 평이, 만족, 금욕, 공여, 명예, 오명(汚名)들이 내게서 생겨난다. 7명의 위대한 성자, 4명의 대성자, 마누들(Manus)이 내[지존] 성품에 관계가 있었고, '내 정신'에서 태어났고, 이 세상에 그 후손들이 있다. 진실로 '나(至尊)'의 탁월함과 힘을 아는 자는 흔들림이 없는 헌신을 행한다. '나(至尊)'는 만물의 기원이고, 만물이 '내'게서 출발하였다. 그것을 생각하며 '나(至尊)'에게 경배하라. 지존(至尊)을 가슴에 두고 삶을 내(至尊)게 의존하고 나에게 헌납하고 서로를 일깨우면 나를 즐겁게 하여 항상 만족하고 행복할 것이다. 항상 헌신하고 사랑으로 나(至尊)에게 경배한 사람들에게 나는 그 헌신에

---

16) '**프라나(Prana)**' = '호흡, 생명. 아타르바나 베다에 그것이 의인화 되었고, 거기에 찬송이 첨가 되어 있다.(Breath or the life. In the Atharvana-veda it is personified and a hymn is addressed to it.)' -T. Rengarajan, *Glossary of Hinduism*, Oxford & IBH Publishing Co., New Delhi, 1999, p. 365

17) '백호(白毫)' : '如來 32 相의 하나' -사원(辭源)

내게 올 수 있는 지식을 제공할 것이다. 연민의 정에서 나는 그들의 영혼 속에 빛나는 지식의 등불을 두어 무식한 어둠을 깨뜨리게 하고 있다."

아르주나가 말했습니다. "당신은 천상에 계시는 최고신이시고 영원한 남성 신이시고, 태어남이 없는 제1신이시고 주님이십니다. 모든 성자들도 그렇게 말하고 천상의 나라다(Narada) 그리고 아시타(Asita) 데발라(Devala) 비아사(Vyasa)도 지존(至尊)을 제게 말했습니다. 오 케사바(Kesava)시여, 제게 들려주신 모든 말씀들은 신들이나 다나바들(Danavas)이 당신의 말씀을 다 알지는 못 합니다. 당신만이 당신 자신을 아십니다. 최고의 남성이시여, 만물의 창조자이시여. 만물의 주인이시여, 신들 중의 신이시여, 우주의 주인이시여, 숨김없이 말씀하셨습니다. 당신이 거하시는 세상에 넘치는 당신의 완벽한 신력(神力)을 밝혔습니다. 신이시여 제가 어떻게 당신을 항상 생각하고 알고 있으며 특별한 상황에서도 나타나 저를 일깨우시겠습니까? 오 자나르다나여, 당신의 신비롭고 완벽한 말씀을 구체적으로 들려주십시오. 저에게는 꿀 같은 말씀이 아직도 부족합니다."

신이 말씀하셨다. "오 쿠루 족의 대장(大將)이여, 내 신성이 완전함을 그대에게 이르노니, 나의 범위는 끝이 없다. 오 곱슬머리 그대여, **나는 만물의 가슴에 거주하는 정신이고, 만물의 시작이고 중간이고 끝이다.**(I am the soul....seated in heart of every being, I am the beginning, and the middle, and the end also of all beings.) 나는 아디티아들(Adityas) 중에 비슈누(Vishnu)이고, 빛나는 것 중에 태양이다. 마루트들(Maruts) 중에 마리치(Marichi)이고, 별들 중에 달이다. 베다 중에 사마베다(Sama Veda)이고, 신들 중에서는 바사바(Vasava)이고, 감성(senses) 중에는 정신(mind)이고, 존재들 중에는 지성(intellect)이다. 나는 루드라들(Rudras) 중에서는 산카라(Sankara)이고, 약샤들(Yakshas)과 락샤사들(Rakshasas) 중에서는 보물의 주인이다. 나는 바수들(Vasus) 중에서는 파바카(Pavaka)이고, 높은 산중에서 메루(Meru)산이다. 재가(在家) 사제의 장(長) 브리하스파티(Vrihaspati)가 될 프리타의 아들이여, 이 '지존(至尊)'을 알지라. 나는 장군 중에는 스칸다(Skanda)이고, 물[水] 중에는 대양(大洋)이며, 성자 중에서는 브리구(Bhrigu)이고, 말[언어] 중에는 옴(Om)이다. 희생 중에는 자파(Japa, 瞑想) 희생(犧牲)이다. 부동(不動)하기는 히말라야(Himavat)이다. 나무 중에는 무화과나무이고, 천상의 성자 중에서는 나라다(Narada)이다. 나는 간다르바들(Gandharvas) 중에서는 치트라라타(Chitraratha)이고, 요가(Yoga) 수행에 성공한 금욕자 중에서는 카필라(Kapila)이다. 말[馬] 중에서는 신주(神酒, nectar)에서 태어난 우차이스라바스(Uchchaisravas)이고, 코끼리 중에서는 아이라바타(Airavata)이고, 사람 중에서는 대왕이다. 무기 중에서는 천둥벼락이고, 암소 중에서는 카마두크(Kamadhuk)이고, 번식으로는 칸다르파(Kandarpa)이고 뱀 중에서는 바수키(Vasuki)이고, 나가들(Nagas, 뱀 종족) 중에서는 아난타(Ananta)이고, 수중(水中) 존재 중에서는 바루나(Varuna)이고, 피트리들(Pitris) 중에서는 아리아만(Aryaman)이고, 판결을 내리는 데는 야마(Yama)이다. 다이티아들(Daityas, 종족) 중에서는 프랄라다(Prahlada)이고, 셀 수 있는 것 중에서는 (무한)시간이다. 길짐승 중에서는 '사자'이고, 날짐승 중에서는 '비나타(Vinata)의 아들[가루다]'이다. 청정(淸淨)자 중에서는 '바람'이고, 무기를 휘두르는 자들 중에서는 '라마(Rama)'
이고, 강(江) 중에서는 '갠지스 강'이다. 피조물 중에서는 나는 시작과 끝이고 중간이다. 오 아르주
나여, 나는 지식 중에 '지존에 대한 지식'이고, 논쟁자들 중에 제일가는 논쟁꾼이다. 글자 중에서는
'A'이고, 복합어 중에서는 '드완다(Dwanda)'이다. 나는 '영원(永遠)'이며, 전 방향으로 향하고 있는
'임명자(Ordainer)'이다. 나는 모든 것을 관장하는 '죽음'이며, 모든 존재들의 '원천'이다. 나는 명예
재산 웅변 기억 지성 거점 용서이다. 사마(Sama) 찬송 중에는 '브리하트 사마(Vrihat-sama)'이고,
율격 중에는 '가이아트리(Gayatri)'이다. 월(月) 중에는 '마르가시르샤(Margasirsha)'이고, 계절 중에
서는 꽃피는 계절이다. **나는 속이는 '주사위 노름'이고, 빛나는 것 중에 가장 빛나는 것이다.** 나는
'승리'이고 '시작'이고 '선'이다. 나는 브리슈니들(Vrishnis) 중에서 '바수데바(Vasudeva)'이고, 판두
후손 중에 '다난자야(Dhananjaya, 아르주나)'이다. 고행자 중에서는 '비아사(Viasa)'이고, 관찰자들
중에서는 '우사나스(Usanas)'이다. 나는 '질책을 하는 왕'이고, '승리를 추구(追求)하는 정책'이다.
나는 '침묵'이고, '지식'이고, 만물의 '씨앗'이다. 오 아르주나여. 내가 없이는 움직이는 것도 고정된
것도 없다. 오 적들의 질책자여, 나의 완전성은 '무궁'이다. 나의 무궁함은 예를 들어 네게 말했다.
영광스럽고 강한 것은 무엇이나 다 나의 힘에서 연유했음을 알라. 그렇다면 오 아르주나여, 무엇을
더 알아야 하겠는가? **전 우주가 나의 힘에 의지하고 있느니라.**"[18]

───✈

(a) 크샤트리아의 대표자인 '아르주나'가 비로소 '지존(至尊, 크리슈나=비슈누=브라흐마)'의 존재를
   긍정하니, 그 '지존'이 힌두의 세계에서 '최고 존재'를 들어 비유를 행하고 있다.

(b) '세상에의 최고', '천국에의 최고' 존재 앞에 '이승의 무시' '욕망의 무시' [생사윤회를 거듭 반복해
   야 하는]뱀의 무시]를 아르주나가 일단 수용했다는 그것은 성실하게 '브라흐마[비슈누]의 말, 코끼
   리, 가루다[靈鷲]'가 될 것이라는 약속이니, 그 '쿠루크셰트라 전투'에서 그 '절대 신의 의도' 대로
   모든 성공의 절반 이상이 다 성취된 것은 물론이다.

(c) 한 마디로 **절대 신[크리슈나, 비슈누, 브라흐마]은 그 '아르주나'를 '인드라의 코끼리'나 '가루다
   (靈鷲)' 이상의 신의 도구 만들기에 '성공'을 했으니,** 역시 전 '마하바라타(The Mahabharata)'의
   절반 이상의 효력을 다 얻은 셈이다.

(d) '마하바라타(The Mahabharata)'의 '지존(至尊)'의 노래(Bhagavat Gita)' 중 이 부분을 통하여 모든
   종교는 '크리슈나[비슈누]'에 연결이 되고 있다. 당초에 **한반도(韓半島)에 '불국(佛國, 新羅)'과 발
   칸 반도(半島)에 '제우스신의 나라[희랍]'와 '로마 법왕청'은 이 '지존(至尊)'의 노래(Bhagavat
   Gita)'와 동일한 논리 위에 세워진 왕국들이라는 사실을 알면 그 '도(道)'를 이미 획득했다고
   할 것이다.** 그리고 소위 오늘날 '과학 세계의 운영'은 그 '절대주의(Absolutism)'에 중국(中國)과

18) K. M. Ganguli (Translated into English Prose from the Original Sanskrit Text), *The Mahabharata of
   Krishna-Dwaipayana Vyasa*, Munshiram Manoharlal Publisher Pvt. Ltd. New Delhi, 2000, -**Bhishma Parva**-
   pp. 76~79

이집트(Egypt)에서 역시 태곳적부터 엄존(儼存)했던 그 '실존주의(Existentialism)' '현실주의(Secularism)'까지를 더하여 펼친 그 '동시주의(Simultaneism)'로서 오늘날은 각 개인들이 상시(常時) 가동하고 있는(가동하지 않을 수 없는) '자유정신의 거점 원리'임을 알고 보면 이미 '동서(東西) 철학'을 다 아울렀다고 할 수 있을 것이다. 이 평명(平明)한 사실을 왜 굳이 묻어둘 이유가 어디에 있겠는가.

(e) 즉 '처음과 끝'이고 '만물의 주인'이고 '최고'이고 '없는 곳이 없고' '모든 찬사(讚辭)의 선점(先占)자'이니, 그 '크리슈내비슈뉘'와 비슷한 곳이 있으면 왜 비슷한지를 살펴보고 무엇 때문에 여타 부분은 서로 어긋나게 되었는지도 살핀 다음에 '진정한 최고신'을 다시 선정해도 될 것이다.

(f) 그런데 F. 니체(Nietzsche)는 이 '마하바라타(The Mahabharata)'와 '지존(至尊)의 노래(Bhagavat Gita)'를 확인함이 없이 "차라투스트라(니체)는 여호와(지존)다.(my Zarathustra-optimism is merely Jehovah in disguise.)"[19]라고 했다.

(g) 이 F. 니체(Nietzsche)의 말을 '마하바라타(The Mahabharata)' '지존(至尊)의 노래(Bhagavat Gita)' 방식으로 해석하면 '아르주나=크리슈내지존'가 되고, 다시 '인간 속에 거주한 절대신'이 된다.

(h) 이에 잠시 냉정을 되찾아 생각을 정리하면, **모든 인간의 '정신의 수련과 지향'에는 결국 '한 개인의 선택 의지'가 남게 되는데 '나는 무엇에 종사할 것인가?' 물음의 그 내부 사항이다.** 그런데 '마하바라타(The Mahabharata)' '지존(至尊)의 노래(Bhagavat Gita)'에서 크리슈나는 '아르주나'를 '세상 심판의 실행자'로 간절히 원하고 있는 상황이다.

제91장 '지존(至尊)의 노래(Bhagavat Gita)' VIII

아르주나가 말했습니다. "당신께서 저를 위해 말씀하신 아디아트만(Adhyatman, 절대 정신)란 신비의 강론이 저의 망상(妄想)들을 다 쫓아버렸습니다. 오 연꽃 눈을 가진 분이시여, 저는 만물의 창조와 소멸에 대한 당신의 강론을 듣고, 티 없는 당신의 위대하심도 알았습니다. 오 주님이시여, 당신은 그처럼 쉽게 말씀하셨습니다. 최고의 남성이시여, **당신의 왕국을 보고 싶습니다. 주님이시여, 당신께서 제가 당신의 왕국을 볼만하다고 생각하시면 저에게 영원한 당신을 보여 주옵소서.**"

신이 말씀하셨습니다. "프리타의 아들이여, 색상(色相)과 형태에서 백 가지 천 가지로 다양한 신상(神像)을 보라. 아디티아(Adityas) 바수(Vasus) 아스윈(Aswins) 마루트(Maruts)를 보라. 오 바라타여, 수많은 경이(驚異)가 보이지 않는 가운데 그대 앞에 펼쳐지고 있다. 오 곱슬머리 그대여, 움직이고 움직이지 않는 전체 우주가 나의 몸 안에 있다. 네가 보고 싶다면 다 볼 수 있다. 그러나 너의 눈을 가지고는 나를 충분히 다 볼 수는 없다. 내가 너에게 천국의 눈을 제공하겠다. 신비로운 나의 왕국을 볼지어다."

산자야(Sanjaya)가 계속했다. -오 [드리타라슈트라]대왕이시여, 신비의 신께서는 이렇게 말씀하시고, 그 프리타의 아들 앞에 많은 입과 눈과 놀라운 모습과 천상의 장식과 솟아오른 천상의 병기

---

19) F. Nietzsche(translated by Oscar Levy), *My Sister and I*, A M O K Books, 1990, p. 29

(兵器)와 천상의 화관과 예복차림과 천상의 향기를 지닌 연고와 전방(全方)을 살피는 놀랍고 빛나는 무한의 얼굴들을 지닌 최고신의 모습을 나타내셨습니다. 하늘에 1천 개의 빛나는 태양들이 일제히 비추는 그 최고신의 광휘였습니다. 그 때 그 판두의 아들은, **그 최고신의 몸속에서, 수 많은 부분으로 나뉘어 있고 모두 그 속에 집합되어 있는 '전체 우주'를 보았습니다.** 그리고 나서 다난자야(Dhananjaya, 아르주나)는 놀라 머리카락이 꼿꼿이 서서 두 손을 모으고 고개를 숙여 신께 아뢰었습니다. 아르주나가 말했습니다.

"오, 신이시여. 저는 모든 신들과 다양한 피조물의 주인을 보았습니다. 브라흐만이 그의 연꽃 자리에 앉아 있고, 모든 성자와 천상의 뱀들이 있는 것을 보았습니다. 저는 당신의 무수한 팔, 위와 입 눈들을 지닌 무한 모습의 당신을 보았습니다. 시작도 끝도 중간도 없는 당신을 보았습니다. 오 우주의 주인이시여. 왕관을 쓰시고, 직장(直杖, 지팡이)과 원반(圓盤)과 힘의 덩어리를 지니시고 사방으로 불꽃과 태양 같은 무한의 광채를 내어 바라볼 수 없는 당신을 저는 보았습니다. 당신은 멸할 수 없는 이 우주의 지고한 존재이십니다. 도덕을 수호하시는 불후의 존재이시여. 저는 당신을 무궁한 존재로 알고 있습니다. 저는 당신이 시작도 중간도 끝도 없음을 알고 있고, 무한한 재능과 수많은 병기(兵器) 해와 달 같은 눈, 불타는 당신의 입, 당신의 열기로 이 세상을 데우는 것을 알게 되었습니다. 모든 곳에 지평선이 있듯이 하늘과 땅 사이에 오직 당신이 계십니다. 오 '지존의 영혼'이시여, 당신의 놀랍고 강렬한 모습에 3계(三界, the triple world)가 떨고 있습니다. 신들의 주인이 당신이기 때문입니다. 두 손을 모아 기도합니다. 당신에게 만세를 외치며, 위대한 성자와 시다들(Siddhas)의 주인들이 방대한 찬송으로 당신을 찬송하고 있습니다. 루드라(Rudras) 아디티아(Adityas) 바수(Vasus) 비스와(Viswas) 아스윈(Aswins) 마루트(Maruts) 우슈마파(Ushmapas) 간다르바(Gandharvas) 약샤(Yakshas) 아수라(Asuras) 시디아들(Siddhyas)의 주인들이 당신을 보고 놀랐습니다. 오 힘 있는 분이시여, **수많은 입들과 눈들과 엄니[象牙]들의 모습에 저도 역시 놀랐습니다.** 오 비슈누시여, 정말 하늘까지 닿아 오색 빛으로 불타올라 넓은 입을 벌리고 불타는 큰 눈을 지닌 당신을 보고 떨려 저는 용기도 낼 수 없고 마음을 안정시킬 수도 없습니다. 제사(Yoga)의 마지막에 모든 것을 삼킨 날카로운 불길처럼 강렬한 엄니를 보고는 마음의 끝을 알 수도 정신의 평화를 찾을 수도 없습니다. 오 신중(神中)의 신이시여, 저에게 은혜를 베풀어 주시옵소서. 저는 최초의 근본(the Prime One)을 알고 싶고 무엇을 행할지 알 수 없습니다."

신이 말씀하셨습니다. "**나는 완벽한 세상의 파괴자이며 죽음이다. 나는 이제 인종(人種)의 멸망을 개시(開始)한다.[전쟁의 시작] 그대가 없으면 서로 다른 군단(軍團)으로 서 있는 무사들이 다 사라질 것이다. 그러기에 일어나서 영광을 획득하고 적을 쳐부수고 들뜬 이 왕국을 즐겨라. 나에 의해 이 모든 것들은 이미 다 살해가 되었다.[신의 뜻으로 승부가 다 나 있다.] 네가 내 손이 될지어다. 오 왼 손으로도 인사를 못 하는 그대여. 드로나(Drona) 비슈마(Bhishma) 자야드라타(Jayadratha) 카르나(Karna) 그리고 그밖에 영웅적 무사들을 내가 다 이미 잡아 놓았다. 그대가**

이제 실행하라. 실망하지 말고 싸워라. 네가 적을 이 전투에서 다 물리칠 것이다."

산자야(Sanjaya)가 계속했다. -케사바(Kesava)의 이 말씀들을 듣고, 아르주나는 손을 모으고 떨며 인사하고 공포에 질린 목소리로 사뢰었습니다. 아르주나가 말했습니다.

"우주가 기뻐하여 당신께 찬송을 올리고 있습니다. 사방에 락샤사들(Rakshasas)이 공포에서 벗어나고 시다(Siddhas)의 주인들이 경배를 올립니다. 오 지존시여, 그들은 왜 당신께 경배하지 않는 겁니까? 그들이 어떻게 브라흐만(Brahman)보다 높고 근본(the primal cause)보다 앞설 것입니까? 오 무궁하신 분이시여, 신중의 신이시여, 오 우주의 '은신 처(隱身處)'이시어, **당신은 불멸이시고, 당신은 '존재'이시면서 역시 무(無)이시고, 그 두 가지를 다 초월하셨습니다.** 당신은 최고의 신이시고, 오래된 남성 신이시고, 우주의 최고의 도피처이십니다. 당신은 알고 계신 분시시며, 알아야 할 목표이시며 최고의 거처(居處)이십니다. 오, 무한자이시여. 당신이 우주를 포섭하고 계십니다. 당신은 바유(Vayu) 야마(Yama) 아그니(Agni) 바루나(Varuna) 몬(Moon) 프라자파티(Prajapati)이시고 '할아버지(Grandsire)'이십니다. 천 번이나 당신께 복종하고 또 복종하고 또 복종합니다. 당신 앞서도 복종하고 당신 뒤에서도 복종합니다. **어느 곳에서나 제가 항상 복종을 하게 해 주옵소서.** 당신은 전부이시니, 무한한 힘이시며 측량할 수 없는 묘책(妙策)이십니다. 당신은 모두를 포함하고 계십니다. [그 동안] 조심성 없이 무엇이나 친구라 생각하여 말씀드렸습니다. 오, 크리슈나(Krishna)여. 야다바(Yadava) 친구시여. 생각이 모자라 애정에서 혼자 계실 때나 남들 앞에서 당신께 웃자고 놀자고 눕거나 앉거나 식사 중에도 당신의 위대성을 몰랐던 것을 용서해 주시옵소서. 오 티 없는 분이시여, 당신은 측량할 수도 없으십니다. 당신은 이 우주의 창조자이십니다. 당신은 찬송을 받아 마땅하신 분이십니다. 당신 같은 분은 우주에 없습니다. 어떻게 있을 수가 있겠습니까? 삼계(三界)에 누가 있을 것이며 누가 더 위대합니까? 삼계에서 당신의 권세를 당할 자가 누가 있겠습니까? 그러기에 오, 주님이시여. 엎드려 절하옵니다. 은혜를 베푸소서. 오, 경배를 받아야 할 분이시여. 오, 신이시여. 아들에 대한 아버지처럼, 친구에 대한 친구처럼, 사랑하는 사람에 대한 사랑처럼 행해 주옵소서. 당신의 모습을 뵈면 저는 공포에 떨지 않고 즐거울 것입니다. 오, 신이시여. 평상의 모습을 제게 보여주십시오. 오 신들 중에 신이시여, 당신은 우주의 은신처이십니다. 이전처럼 왕관을 쓰시고, 직장(直杖)과 원반을 잡으신 당신을 뵙고 싶습니다. 네 개의 팔, 천 개의 팔, 우주의 형상이시여, 모습대로 보여주소서."

신이 말씀하셨습니다. "아르주나여, 그대가 나를 기쁘게 했노라. **그대 말고 이전에는 누구에게도 보여주지 않았던 그 지고한 모습, 온전한 영광, '우주적 무한의 원초적인 상(相)'을 내가 그대에게 보여주었다.** 쿠루 족의 영웅 그대 말고는 세상에 어느 누구도 그 형상을 볼 수도 없었다. 베다의 탐구나 제사나 공물 실행 최고의 고행으로도 볼 수 없는 것이니라. 나의 그 끔직한 형상을 보고 놀라지도 말고 당황하지도 말라. 기쁜 마음으로 두려움을 버려라. 너는 다른 형상으로 또 나를 볼 것이다."

산자야가 계속했다. -바수데바(Vasudeva)는 아르주나(Arjuna)에게 모든 것을 말하고 그에게 자신의 평상의 모습과 최고신(High-Souled one)의 모습을 보여주고, 단정한 모습으로 놀란 아르주나를 안심을 시켰습니다.

아르주나는 말했습니다. "오 자나르다나(Janardana)여, 당신의 단정한 모습을 뵈오니, 제 정신이 평상적 상태를 획득했습니다."

신이 말씀하셨습니다. "네가 보았던 내 형상은 다른 사람들은 볼 수 없는 나의 형상이다. 신들까지도 내 형상을 구경하고 싶어 한다. 네가 보았던 나의 형상은 베다 탐구자도 공물(供物)로도 제사로도 볼 수 없다. 그러나 오르주나여, 특별한 공경으로 내가 그 형상을 취할 수 있다. 오 적(敵)의 질책자여. 지존을 위해 모든 것을 행하는 자는 나를 최고 목표로 삼는 자이고, 집착에서 벗어나 모든 일에 적대감이 없어 그가 내게 오느라. 오, 아르주나여."

아르주나가 말했습니다. "숭배자들 중에 누가 항상 헌신 찬양하고 누가 변함과 말없이 당신을 생각하고 당신께 최고의 헌신을 행한 것으로 알고 계십니까?"

신이 말씀하셨습니다. "나에게만 정신을 고정하라. 항상 찬송하고, 최고의 신심을 지니고 있으면, 그가 제일 헌신한 사람이다. 그러나 부동과 무언과 무소부재와 알 수 없음과 무관심 영원을 존중하고 모든 피조물의 선에 개입하는 자들도 역시 나를 획득한다. 불확실한 것에다가 마음을 고정하고 있는 사람들은 어려움이 많다. 육체를 지니고 있는 사람들은 불확실한 것[육체] 때문에 길을 찾기가 어렵다. 나에게서 모든 실천에 안식을 얻은 사람들은 나를 최고 목표로 알아 나를 숭배하고 아무 것에도 정신을 팔지 않고 나만을 생각하여 나에게 고정을 하여 지체 없이 '사망의 대양'에서 내의 구조를 받는다. 마음을 나에게만 고정을 하고, 나에게 집중을 하면 너는 나의 속에서 살게 된다. 의심하지 말라. 그러나 그대의 생각을 내게 집중하지 못 하면, 최고 목표를 위해 실천을 행하라. 오, 다나자야여. 끊임없는 '실천'으로 지존을 획득하라. 네가 특별함을 실천으로 행하면, '그 실천들'이 내에게는 그대의 최고 목적으로 간주 된다. 지존을 위한 모든 그대의 실천으로 '그대의 온전함'을 획득할 것이다. 그대가 그것을 행할 수 없을 때는 나에게만 의지를 하고 실천의 결과를 버려라. [절대자에 대한]'지식'이 '실천'보다도 우수하다. 그러나 '명상'이 그 '지식'보다 훌륭하다. '결과를 내버림'이 '명상'보다 훌륭하고 결과를 버리면 그것이 '평정(平靜)'이다. 피조물에 대한 미움이 없는 사람은 우정과 동정도 그러하고, 이기주의에서 풀려나 '자만'과 '집착'이 없고, 쾌락과 고통에 한결같고, 용서하고 만족하고 헌신하고 복종하여 지존에 정신을 고정하고 '지존'을 사랑한다. 그 때문에 세상이 그를 걱정을 하지 않고, 그도 세상을 걱정하지 않는다. 쾌락과 분노 공포와 걱정에서 벗어나, 오직 지존만을 사랑하라. 나에게 헌신한 사람은 걱정이 없고, 순수하고, 부지런하고, 결과에 관심이 없고, 마음의 고통에서 벗어나 실천 결과를 거절하고 지존만을 사랑한다. 쾌락과 혐오가 없고, 슬픔과 욕망이 없고, 선과 악과 이별하고 지존에 대한 믿음으로 넘치는 사람은 지존을 사랑하기만 한다. 친구와 적이 동일하고, 명예와 치욕이 역시 그러하며 춥고 더움이 그러하고, 집착에서 벗어나 비난과 칭찬이 동일한 사람 무뚝뚝한 사람 오는 것에 만족하고 거처가 없고 신심이 가득하고 일관되어 그는 지존을 사랑하는 사람이다. 이미 말했던 정의(正義)로운 불멸(righteousness immortality)에 속한 사람들은 지존을 최고 목표로 삼아 지존을 최고로 좋아하는 자들이다."[20]

'크리슈나의 비슈바루파'[21] '경외감을 불러일으키는 크리슈나의 장대한 형상'[22]

'아르주나에게 자신의 비슈바루파를 보여주는 크리슈나(우측 화는 가슴 부분 확대임)'[23]

20) K. M. Ganguli (Translated into English Prose from the Original Sanskrit Text), *The Mahabharata of Krishna-Dwaipayana Vyasa*, Munshiram Manoharlal Publisher Pvt. Ltd. New Delhi, 2000, -**Bhishma Parva**- pp. 79~84

21) Dr. N. Krishna etc, *Historicity of the Mahabharata*, Aryan Books International New Delhi, 2013, p. 25 'Vishuvarupa of Krishna'

22) G. Michel, *Hindu Art and Architecture*, Thames & Hudson, 2000, p. 13 'Krishna in his cosmic form[Vishvarupa]'

23) Dr. N. Krishna etc, *Historicity of the Mahabharata*, Aryan Books International New Delhi, 2013, p. 35 'Krishna showing his Vishvarupa to Arjuna'

'아르주나에게 자기의 비스바루파를 보여주고 있는 크리슈나', '가슴 확대 그림은 본래의 비슈누 神像)'[24]

(a) 소위 절대 신의 형상 자체인 '**비슈바루파(Vishvarupa, 우주 형상)**'의 '**구체적인 증거 제시**'는 크리슈나의 아르주나 앞에 제시한 것이 가장 떠들썩하게 제시가 되었고, 그 이전에 크리슈나는 '쿠루크셰트라 전쟁' 이전에 여러 가지로 그 '초능력'을 보였었다.

(b) 그런데 그 '증거 제시'의 유풍을 강하게 간직한 종족이 '유대인'이었으니, 당초에 '모세의 이집트 탈출 성공'의 표적으로 '양미간 프라나(Prana)'를 그리고 다녔다는 '증거 제시' 말고 **더욱 유명한 '증거 제시'가 '십자가에 못 박혔다가 3일 만에 부활한 예수의 손바닥 에 못 박힌 흔적'은** 역시 '**예수가 절대신[여호와] 아들**'임을 입증하는 최고 증거로 기독교들은 모르는 사람이 없는 유명한 증거 제시이다.

(c) 사실상 '바라문(婆羅門, 사제)의 제자 확보'에 실패하면, 그 종교는 그냥 문을 닫게 마련이다. 그러므로 옛날이나 지금이나 '유능한 제자 확보'가 바로 '그 종교'의 존망(存亡)이 달려 있는 지고한 문제이다. 그러므로 그 '크리슈나'에 '최고의 제자' 아르주나를 확보하기 위해 그 '비수파루바' 보여주지 않을 수 없었다.

(d) 이 치열한 '제자 확 경쟁'을 모르면, 그 '종교'는 이미 없어졌거나, 있어도 없어질 날이 멀지 않은 허약한 '종교'라는 사실을 알면, 역시 **모든 '종교적 지향(指向)'은 오히려 하나의 ' 각자의 취향(趣向)'에 묶어 두는 것이 당연한 '현대인[과학도로서]의 정신 확보'**라는 것을 알아야 할 것이다. [이것은 '拜火敎'로서의 힌두교 설명(제8장)에서 충분히 이해될 수 있다.]

(e) 그리고 '절대 신=그 사제(司祭)' 공식은 '마하바라타(The Mahabharata)'의 '지존(至尊)의 노래(Bhagavat Gita)'에서 이미 확실하게 된 것이니, '**그 들의 신'='그 신들의 아들'='그 신도(信徒)'**'이라는 기본 공식도 '마하바라타(The Mahabharata)'의 '지존(至尊)의 노래(Bhagavat Gita)'를 읽기만 해도 다 그냥 얻게 되는 위대한 획득이다.

(f) 그러므로 '마하바라타(The Mahabharata)'와 '지존(至尊)의 노래(Bhagavat Gita)'는 전 인류의 필독의 서적이다.

---

24) Dr. N. Krishna etc, *Historicity of the Mahabharata*, Aryan Books International New Delhi, 2013, Fig. 14

제92장 '지존(至尊)의 노래(Bhagavat Gita)' IX

신이 말씀하였습니다. "쿤티의 아들이여, **나의 몸[물질]은 '크셰트라(Kshetra)'라 한다. 그것을 알고 있는 주체[영혼]는 '크셰트라즈나(Kshetrajna)'라 한다.** 내가 크셰트라(Kshetra)라는 것을 알라. 크셰트라(Kshetra)와 크셰트라즈나(Kshetrajna)에 대한 지식을 지존(至尊)은 진정한 지식이라고 여긴다. 크셰트라(Kshetra)가 무엇이고, 그것을 운영하는 크셰트라즈나(Kshetrajna)의 힘에 대해 들어보라. 그것에 대해서는 브라흐만을 가리키는 성자들(Rishis)의 시 속에 넘쳐나고 있다. 큰 요소로는 자기주의(egoism), 지성(intellect), 불명성(不明性, unmanifest, Prakriti)이고, 열 가지 감성, 한 가지의 마음(manas), 다섯 가지 대상 감성 -욕망 싫어함 쾌락 고통 신체 의식 용기, 이 모든 것이 '크셰트라(Kshetra)'를 설명하고 있다. 무 허영, 무 과시, 상해 자제, 용서, 강직(强直), 스승에 대한 봉사, 순수, 항상성, 대상 감각에 대한 무관심, 무아(無我), 생사 노병(老病)의 고뇌에 관한 인지(認知), 집착을 떠남, 처자 집에 대한 무 동경(憧憬), 선악의 획득에 대한 동등(同等)성, 다른 생각에 흔들림 없는 지존에 대한 봉사, 한적한 장소에 대한 선호, 무리지음에 대한 사양, 지존과 자신과의 관련 지식에의 일관성, 진리 지식의 대상에 대한 인지(認知) -이 모든 것을 지식(知識, knowledge)이라고 한다. 이것에 배치(背馳)되는 것을 무식(無識, Ignorance)이라고 한다. 내가 너에게 이른 그 지식을 획득한 자는 죽음이 없다. 지존(至尊, Supreme Brahma)은 그 시작이 없으니, 확장도 축소도 없고, 손발이 모든 곳에 닿고 눈과 머리 얼굴이 모든 방향으로 향하고, 세상 모든 곳에 계시고, 감성을 피하면서도 모두 갖추었고, 집착이 없으면서도 모두 지니셨고, 속성(屬性)을 떠나서도 모든 속성을 즐기신다. 만물(all creatures, 피조물)에는 없으나 그 속에 거하시고, 부동(不動)이고 활동(活動)이며, 미묘하여 알 수 없고, 멀다 하지만 가까이 계시고, 모든 존재들로 나뉘지는 않았으나 나눈 듯이 머무르시고, 만물의 보존자이시고, 흡수(吸收)자 창조자이시고, 빛나는 광명시고, 모든 어둠을 극복하시는 자이고, 지식의 대과 목적이시고, 만물의 중심에 거하고 있다. 이처럼 크셰트라(Kshetra)와 지식과 지식의 대상을 너에게 말 하였다. 지존에게 헌신을 하는 자는 이것들을 알고 영혼으로 나와 하나가 된다. 지존의 본성과 영혼은 시작이 없고, 모든 동기와 그 속성들이 신의 본성에서 나온 것이다. 신의 본성은 쾌락과 고통의 근원이라고 사람들은 말한다. 지존의 정신은 지존의 본성에서 탄생한 속성을 즐기기 때문이다. 선악을 탄생시킨 모태(母胎)의 근본은 그 속성들과 관련된다. 이 몸속에 있는 최고의 푸루샤(Purusha)는 감독자, 승인자, 지지자, 쾌락자, 힘센 주인이며 역시 지존이시다. 지존(至尊)의 정신과 본바탕을 알고 있는 그는 그 속성상 결코 [고뇌의 이 세사에] 다시 태어나지는 않는다. 약간의 사유(思惟)의 사람들이 **자신(self)에 의해 자신(self) 속에 있는 자신(self)을 본다.** 다른 사람들은 헌신을 통해 산키야(Sankhya) 체계에 의해 그렇게 하고, 또 다른 사람들은 작업을 통한 헌신으로 그렇게 한다. 그러나 그것을 모르는 다른 사람들은 다른 사람들로부터 그것을 듣는다. 그것을 듣기만 해도 죽음은 극복이 된다. 오, 바라타 족의 황소여. 어떠한 실체이건, 정지해 있건 활동하건 '크셰트라(Kshetra)'와 '크셰트라즈나(Kshetrajna)'와의 연결 속에 그렇게 행하라. **모든 존재 속에 거하는 지존을 아는 자는 '사멸 속에 불사 (不死)를 아는 것'이다.**(He seeth the Supreme Lord dwelling alike in all beings, the Imperishable in the Perishable.) 왜냐하면 주님이 모든 곳에 거심을 알면, 그 사람은 자신을 파괴하지 않을 것이고, 그래서 지고의 목표에 도달할 것이기 때문이다. 다양한 방법으로 천성으로 초래된 행동들을 알고 있는 사람은, 자신이 행하지 말아야 할 것을 알고 있다. 자신 속에 있는 다양한 실체들과 그 문제를 알고 있을 때 '지존(Brahma)'을 얻었다고 할 수 있다. 오 쿤티의 아들이여, 시작도 없고 속성도 없고 행동도 없는 무한의 지존은, 그 체내에 머무를 때도 더럽혀지지 않는다. 온 세상에 단 하나 태양이 빛나듯이 지존의 정신이 물질세계를 밝히고 있다. 사람들은 지식의 눈으로 물질과 정신을 구분하고 모든 실체들의 속성에서 구조되어 지존을 획득한다."

　신이 말씀하셨다. "모든 무니들(munis, 현자들)이 '이 몸[절대 신]'의 구속에서 최고의 완성을 획득하는 것을 배우는 탁월한 학문, **'학문 중에서 천상의 학문'**에 대해 말해 주겠다. 그 학문에 의탁하여 지존의 본질을 획득한 사람들은 (고뇌의) 재탄생을 행하지 않고, 우주의 소멸에도 흔들림이 없다. 힘 있는 브라흐마(Brahma)는 '모태(母胎)'이다. 거기에다 지존은 생명의 씨를 둔다. 오 쿤티의 아들이여, 모든 태(胎)로부터 어떤 형태로 태어나든 그들에게 브라흐마(Brahma)는 힘 센 모태이고, 씨를 뿌리는 할아버지 나(지존)는 저절로 선과 열정 어둠을 몸 안에서 영원히 형상화 되는 영혼을 서로 묶어 놓는다. 이들 중에서 더럽혀지지 않은 영혼에서 나온 선은 깨달아 불행에서 벗어나고 행복과 지식을 획득하게 된다. 그 본질에서 욕망을 지니는 열정은 목마름과 집착에서 탄생함을 알라. 오, 쿤티의 아들이여. 그 영혼은 작업에 집착한다. 그러나 어둠은 무지에서 생기니, 모든 영혼을 혼란스럽게 만든다. 오 바라타여, 그것은 오류 나태 졸음으로 묶인다. 선은 기쁨과 통일되고, 열정은 작업과 통일되나, 어둠은 지식을 가려 오류와 묶인다. 억압된 열정(Passion)과 어둠(darkness)은 선(goodness)을 남긴다. 오, 바라타여. 열정과 선이 억압이 되면 어둠이 남는다. 어둠과 선이 억압되면 열정이 남는다. 이 몸 안에서 그 모든 문(門)에서 지식의 빛이 발동할 때 거기에서 선(善)도 출발함을 알아야 한다. 오 바라타의 황소여, 작업에 대한 욕심 활동 수행은 고요를 결핍시키고 열정이 발달했을 때 욕망이 생겨난다. 선을 개발한 사람이 죽으면 지존을 알아 티 없는 영역을 획득한다. 열정을 지니고 사망하면 일하는 사람으로 속에 다시 태어난다. 역시 어둠 속에 죽으면 무식한 사람으로 태어나고 선한 행동의 결과는 착하고 티가 없다. 그러나 열정의 결과는 비참하다. 그리고 어둠의 결과는 무지이다[무지한 사람으로 태어난다]. **선에서 지식이 나오고, 열정에서 탐욕이 나오고, 어둠에서 오류와 망상과 무지가 생긴다. 선(善) 속에 사는 사람은 높이 올라가고, 열정에 빠진 사람은 중간층으로 살고 있다. 이에 대해 하급의 속성에 빠져 있는 어두운 사람들은 아래로 내려 간다.** 관찰자가 다른 것이 아닌 자질을 지키는 사람이 되어 그 자질을 초월하는 것을 알면 그는 '지존의 바탕'을 획득한다. 모든 육체의 근원을 이루는 이 세 가지 속성[열정, 어둠, 일]을 초월함으로써 생사와 노쇠와 불행에서 자유롭게 된다."

아르주나가 말했습니다. "오, 주님이시여. 그 세 가지 속성을 초월한 사람을 무엇으로 알 수 있습니까? 그의 행위는 어떠하며, 어떻게 그 세 가지 속성을 초월하나이까?"

신이 말씀하셨습니다. "오 판두의 아들이여, 그는 빛과 행동과 망상에까지 그들이 나타날 때에도 싫어함이 없다. 그들이 사라질 때도 그러하다. 무관심한 사람으로 앉아 그 속성에 흔들림이 없다. 부동으로 앉아 무관한 것으로 여긴다. 고통과 쾌락이 동일한 사람, 자제하여 땅에 잔디나 돌과 황금이 같고, '합당'과 '불합당'이 동일하며, 안목을 지녀서 '질책'과 '칭찬'이 동일하고 '명예'와 '불명예'가 같으며, '친구'와 '적'이 동일하고, 모든 노력을 거절하는 그 사람은 그 속성들을 '초월'했다고 할 수 있다. 그 사람은 역시 지존을 절대적 헌신으로 숭배하고, 저들 속성을 초월하여 브라흐마의 바탕으로 들어오기에 적절하게 되어 있다. 나[至尊]는 '브라흐마의 지주(支柱)'이고 '불사(不死)', '불멸', '경건', '불패의 지주(支柱)'이기 때문이다."

신이 말씀하셨습니다. "사람들은 천상(天上)에다 그 뿌리를 두고, 가지를 아래로 뻗은 아스와타(Aswattha)가 영원하여 그 잎들을 '찬다(Chhandas)'라고 부르고 있다. 그것을 아는 사람은 '베다'를 알고 있다. 지하로나 천상으로 그 가지를 펼침은 그 속성들을 확장하는 것이다. 그의 싹은 '감성의 대상'이다. 그 뿌리를 아래로 드리우고 행동으로 이끌어 인간 세계로 확장이 된다. 그 형태는 하계에서는 알 수 없고, 그 끝이나 시작이나 지지도 알 수가 없다. 무관심의 무기로 그 고착된 아스와타(Aswattha)의 뿌리를 자르고, 고뇌(苦惱)의 이승으로 다시 오지 않는 그 자리로의 추구를 행해야 할 것이다. -그 분으로부터 태고의 생명 과정이 넘쳐흘렀던 최초 할아버지 보호를 원한다.- 긍지와 망상에서 벗어난 사람 집착의 악을 이긴 사람 자기 자신과 지존의 관계를 지속적으로 생각하는 사람, 욕망과 쾌락과 고통으로 알려진 양립(兩立)에서 벗어난 사람이 그 영원한 자리를 망상에 빠지지 않고 수리(修理)할 것이다. 그 자리는 태양이나 달이나 불이 빛나지 않는다. 가서 오지 않는 곳이 지존(至尊)의 자리이다. 지존(至尊)의 일부는 내려와 세상 생명의 개별 영혼이 되어 모두 천성에 의존하는 여섯 가지가 정신과 더불어 있는 오감(五感)이다. 통치가 끝날 때, 육신을 떠나는데, 바람이 그 자리에서 향기를 날려버리는 것과 같다. 청각 시각 촉각 미각 후각 심각(心覺)을 관장하면 그는 모든 감성 대상을 즐긴다. 그것들이 아는 것을 속이게 되면 속성들(감각 대상들)에 가담을 하게 된다. 그러나 지식의 눈을 가진 사람들은 안다. 목적을 향하여 헌신하는 자들은 '그 분(Him)'이 그들 내부에 있는 것을 안다. 알지 못한 사람들은 마음에 억압이 없고 그들에게 작용을 해도 그 분(Him)을 모른다. 태양이 광대한 세상을 비추고 달이 그러하고 불빛으로 연출된 장관은, 내 것으로 빛나는 것(영혼)을 알게 한다. 지상에 들어와서 지존은 피조물들을 옹호하고 달콤한 달(moon)이 되고 모든 향초들을 기른다. 지존이 생명의 온기(Vaiswanara)가 되고 숨 쉬는 피조물의 몸을 주재하고 천상(天上)과 합치게 하고 하계에 숨 쉬게 하고, 네 가지 식품[씹음, 빨아 먹음, 핥아 먹음, 마심]을 먹인다. 나는 만물의 중심에 있다. 나는 기억과 지식이고 역시 그들의 상실(喪失)이다. 나는 모든 '베다'로 알리는 지식의 대상이다. 나는 '베다' 철학자(Vedantas)

의 저자[아비]이고, 내가 '베다'를 아는 유일한 존재이다. 세상에는 '활동(活動)'과 '부동(不動)'의 두 가지 실체가 있다. '활동'하는 실체는 모든 피조물이다. 불변(不變)의 하나는 '부동(不動)'이다. 그러나 또 다른 하나가 있으니, 파라마트만(Paramatman)라고 하는 '지존(至尊, Supreme Being)'이니, 영원한 주님이시고, 삼계(三界)에 펼쳐 있고, 그것들을 존속시키신다. 지존은 활동하는 존재들을 초월하고 부동의 존재보다 더욱 높은 존재이다. 그래서 세계가 '지존'을 축복하고 그 '지존'을 '베다'에서 칭송을 하고 있다. 오 바라타여, '지존'을 숭배하라. 오 순수한 존재여, 이 지식을 가지고 대난(大難)을 수행할 것이 선언되었다. 오 바라타여, 지성을 받은 사람이 '지존'의 필요에 따라 모든 것을 수행할 것임을 알라."

신이 말씀하셨습니다. "무구(無懼) 정심(淨心) 정진(精進) 요가(Yoga) 자선(慈善) 자제, 제사, 베다 탐구, 금욕, 강직(剛直), 상해 자제, 진실함, 무분(無忿), 사양, 심정(心靜), 무 훼언(無 毁言), 자비(慈悲), 무시기(無猜忌), 고상, 겸손, 침착, 힘, 용서, 견고함, 청정, 무쟁(無爭), 자유가 바로 신성(神性)을 소유하고 있는 사람이다. 오 프리타의 아들이여, 위선(僞善), 긍지, 거짓, 분노, 무례, 무식은 악귀(惡鬼)의 태생이다. 신성의 소유자는 구원을 생각하고, 악귀에게는 족쇄가 달린다. 오 판두 아들이여, 신성을 가졌다고 탄식을 말라. 세상에는 두 가지 생명이 있으니, 신의 속성과 악마의 속성이 그것이다. 신 같은 속성은 길게 말했다. 이제 오 프리타의 아들이여, 악마의 성격에 대해 말하겠다. 악귀의 성격은 성향이 있기도 하고 없기도 하다. 악귀에게는 순수 선행 진실이 없다. 진리도 없이 세상을 말하고, 왕을 이끄는 법을 말한다. 탐욕으로 남녀를 엮기도 하고, 행하는 (바람 직한) 일이 없다. 이러한 생각으로 자신을 망각하고 지식도 없이 미친 행동을 하는 적(敵)들은 세상을 파괴하려고 태어난 존재들이다. 무한의 욕망을 존중하여 죽어야 말고, 욕망의 충족을 최고 목표로 삼아 그것이 전부(that is all.)라고 말하고 다닌다. 악마들은 백 가지 소망의 올가미에 갇혀 탐욕과 분노에 빠져 있고, 그 부(富)를 당장 획득해야만 한다. -나는 곧 부자가 될 것이다. -그 부를 내 것으로 만들겠다. -그 적은 내게 멸망을 당할 것이다. -나는 다른 사람들을 죽일 것이다. -나는 왕이다. -나는 쾌락자이다. -나는 성공하고 강력하고 행복하다. -나는 부자이고 귀족이다. -나 같은 자가 어디에 있는가? -나도 제사를 지낼 것이다. -자선도 할 것이다. -나는 즐거울 것이다. 이처럼 무식(無識)으로 들떠서 수많은 생각들을 치켜들고 망상의 그물에 갇혀 욕망의 대상에 집착하다가 오류의 지옥에 잠기는 존재들이 악마이다. **자신을 기만하고, 고집이 세고, 긍지에 넘쳐 있고, 부에 심취하고, 법에 어긋나게 위선으로 명목상 제사(sacrifices)를 행한다.** 허영, 권력, 자만, 탐욕, 분노와 결합한 욕된 자들은 그들 내부와 다른 사람들의 마음속에 있는 '지존(至尊)'을 싫어한다. 잔인하고 불쾌하고 위험한 '지존 증오(憎惡) 자들'은 악마의 태(胎)로 태어나게 되어 있다. 오 쿤티의 아들이여, 악마들은 악마의 태(胎)로 와서 태어난 다음 그 탄생을 속이고 지존도 모르고 최악의 상태로 떨어지느니라. 자신에게 해로운 세 가지는 욕망과 분노와 탐욕이라. 그러기에 이들 세 가지를 단념해야 한다. 오 쿤티의 아들이여, 이들 세 가지 어둠의 관문에서 풀려나면, 복지가 완료되고 최고의 목표로 길이 열린다. 경전에 법을 버리고 욕망의 충동으로 행동을 하면 행동의 온전함이나 행복 최고 목표를 획득할 수 없다. 그러므로 경전은 네가 무엇을 행해야 할지 말아야 할지의 그 기준이다. 경전의 법으로 선언된 것을 명백하게 알아 당장 행하라."

아르주나가 말했습니다. "오 크리슈나여, 경전의 법을 버린 상태에서 신념으로 제사를 지낸다는 것은 무엇입니까? 선이나 정열 또는 어둠 중의 하나입니까?"

신이 말씀하셨습니다. -"피조물의 신념은 세 가지이다. 그것은 그들의 개별 바탕에서 생긴 것들이다. 그것은 착하고, 욕망을 지니고 있고, 어둡다. 들어 보라. 하나의 신념은 그 자신의 바탕에 순종하는 것이다. 어떤 존재는 거기에 확신한다. 그리고 신념이 무엇이든 간에 한 사람은 바로 그것이다. 선의 속성을 지닌 사람들은 신들을 숭배한다. 열정의 성격을 지닌 사람들은 약샤들(Yakshas)과 락샤사들(Rakshasa)을 숭배하는 무리들이다. 어둠을 숭배하는 다른 사람들은 분할된 정신들을 숭배하는 불타(Bhutas) 무리다. **경전에 없는 금욕을 행하는 자는, 위선과 긍지와 타고난 집착과 폭력을 포기한 사람들로, 안목의 소유도 포기하고, 지존(至尊)이 들어 있는 그들의 신체에 고통을 가하는 사람들은 악마적 결심을 지닌 사람들로 알아야 할 것이다.** 모두가 좋아하는 음식은 세 가지가 있다. '제사(sacrifice)'와 '속죄(penance)'와 '자선(gifts)'이 그것이다. 그 구분을 들어보라. 이들 식사는 생명의 기간을 늘리고, 정력과 힘과 건강과 기쁨을 증진하고, 간이 맞고 기름지고 영양 많고 맛이 좋아 신(神)도 좋아하신다. 쓰고 시고 짜고 뜨겁고 쏘고 마르고 불타고 고통과 슬픔 질병을 생기게 하는 음식은 열정인 사람이 원한다. 차고 맛없고 냄새나고 부패하고 더러운 음식은 어둠의 사람들이 즐긴다. 제사는 착하다. 사람들이 행하도록 법으로 정해져 있고, 그 결과를 바람이 없이, 그 수행을 '의무(duty)'로 알고 있다. 그러나 결과를 기대하고 행하고 과시를 행하는 것으로 제사를 알면, 오 바라타 후손의 왕이여, 그 '제사'는 '욕망'의 성격을 지닌다. 법을 거스른 제사에는 어떤 음식도 차려진 것이 없고, 만트라(mantras, 신성한 時·呪文)도 없고, 바라문들을 돕는 성금도 없고, 신심도 없어 암흑의 속성이라 일컬어진다. 신들에 대한 존경, 사람들의 재건, 교사들, 식자(識者)들, 순수, 강직, 브라흐마차린(Brahmacharin, 未婚의 사제)의 실천, 상해의 회피는, **신체에 대한 속죄(贖罪)**로 달성된다고 일컬어지고 있다. 동요(動搖)가 없는 말은 진실하고, 공감이 되고 도움이 된다. 베다의 부지런한 탐구는 말씀으로 행한 속죄라고 한다. 경건, 고상, 과묵, 자제, 순수는 정신의 속죄라고 한다. 이 세 가지[신체, 언어, 정신] 속죄가 완전한 신념에서 결과를 생각함이 없이 행한 것을 착하다고 이른다. 위선으로 존경 명예 존중을 얻기 위해 행한 속죄는 불안하고 일시적인 것으로 욕망에 관련된 것이라고 한다. 자기 자신에게 고통을 가하고, 다른 사람에게도 손해를 입히는 망상 속에 행해진 속죄 행위(penance)는 어둠의 속성이라고 한다. 적절한 때에 마땅히 바쳐야 하기에 '제공되는 공물(供物, 貢物)'은 착하다고 한다. 그러나 (과거나 미래에) 제공된 것이나 제공될 것에 대한 보상으로 불경과 무시로 마지못해 행하는 공물(供物)은 어두운 것이라고 한다. '옴(OM)' '탙(TAT)' '샅(SAT)'은 브리흐마(Brahma, 지존)에 대한 세 가지 명칭이다. 그 '지존'에 의해 바라문과 베다와 제사가 예부터 제정이 되었다. 그러기에 '옴(OM)'을 말하고, 제사, 공물, 속죄의 실행은 지존(至尊)을 진술하는 자의 시작부터 법으로 정해져 있다. '탓(TAT)'를 말하며 결과를 생각하지 않고 행하는 갖가지 제사 속죄 공물은 구원을 바라는 사람들에 의해 행해진다. '삳(SAT)'는 존재와 선을 드러내는 데 쓰인다. 오 프리타의 아들이여, '삳(SAT)'는 상서(祥瑞)로운 행위에 쓰인다. 제사와 속죄와 공물에 역시 '삳(SAT)'를 부르고, 지존을 위해 행할 때 역시 '삳(SAT)'를 부른다. 오 프리타의 아들이여, 신앙심이 없이 무엇이 불에 던져지고 무엇이 제공되고 무엇이 속죄되든 그것은 '삳(SAT)'에 반(反)한 것이다. 그것은 이승에서나 저승에서 소용이 없는 일이다."

아르주나가 말했습니다. "오 전능자이시여, 포기 속에 저는 진정한 버림[포기]을 알고자 합니다. 오 감성의 주인이시여, 케시(Kesi)의 살해자이시여."

신이 말씀하셨습니다. "'욕망을 지니고 행한 일의 포기'가 학자들이 말하는 '포기'이다. 일의 결과를 버리는 것, 그것을 아는 것을 '포기'라 한다. 일부 현자는 일 자체를 악으로 버려야 한다고 말한다. 다른 사람은 제사와 공물과 속죄 행위는 버리지 말아야 한다고 말한다. 오, 사람 중에 호랑이. 바라타의 최고 아들이여, '포기'에 관해 세 가지가 전해진다. '제사'와 '공물'과 '속죄'는 버리지 말아야 할 것이다. 정말 제사와 공물과 속죄가 현자를 순화하는 것이다. 그러나 일을 하는 사람까지도 '집착'과 '결과'를 버릴 줄 알아야 한다. 오 프리타의 아들이여, 그것이 이 지존의 확실한 생각이다. 경전에 서술된 '포기'는 적절한 것이 아니다. 그 같은 '포기'는 망상에서 온 것으로 어둠의 속성이다. 슬픔의 원천으로 그것을 생각하고, 신체적 고통이 무서워 일을 버리면, '열정'으로 그 '포기'를 행한 것으로 '포기의 결과'를 결코 획득할 수 없다. 오, 아르주나여. 마땅히 행해야 할 것으로 생각하고, 경전에 기술된 작업을 행하고 역시 집착과 결과를 버릴 때, 그 포기를 착하다고 할 수 있다. <u>의심을 추방한 지성으로 선을 소지한 포기(抛棄)자는, 불쾌한 실천을 피하지 않고 즐거운 일에 집착하지 않는다</u>. 인간이 실천을 '포기'할 수는 없으므로 실천의 결과를 버리는 자를 진정한 '포기 자'라고 할 수 있다. 악행과 선행 그리고 섞인 행동은 포기를 못 하는 사람들에게 3중(三重)의 결과가 있다. 그러나 포기(抛棄)자에게는 아무런 결과도 없다. 들어라 힘 좋은 자여, 산키아(Sankhya)에 말한 모든 실천의 달성에 다섯 가지 이유로 실천의 없음을 다루었다. 그 실천의 다섯 가지 근거란 기층(基層), 대리인, 다양한 기구, 각자의 다양한 노력, 신들의 동행이 그것이다. 인간이 행하는 몸 언어 정신 정(正) 부정(不正)의 일에 이들 다섯 가지가 그 근거이다. 그러기에 순화되지 못 한 생각, 미련한 마음으로는 그것을 알 수 없다. 이기심이 없고 정신에 손상이 없는 사람은 사람들을 죽여도 죽인 것이 아니고, 실행으로 구속을 받지 않는다. -'지식'과 '지식의 대상', '식자(識者)'는 실행에 삼중(三重)의 충동을 형성하고 있다. 도구와 실행과 행위자는 실천에 있어서 세 가지 상보(相補)적 사항이다. 지식과 실천과 실행자가, 그 속성의 차이에 따른 다양한 속성 속에 세 가지 요소로 알려져 있다. 들을지어다. 지존(One Eternal Essence)이 만물을 보심은 나뉜 것 중에서 나뉘지 않는 것이고, 선한 속성을 지닌 지식이 있는 그것을 알고 계신다. 분할로 연속되어 있는 다른 종류의 다양한 정수로서 사물로 식별되는 지식은 그 지식이 열정의 속성을 가지고 있는 것이다. 그러나 '까닭'이나 '진실'이나 '의미'가 없이 그것이 전체인 것처럼 단일한 대상에 고착이 되어 있는 지식은, 어둠의 속성이라고 한다. 경전에 서술되어 있듯이 집착이 없고, 좋음과 싫음이 없이 결과를 원함이 없이 행하는 '실천'이 착한 것이다. 그러나 바라는 것을 얻으려는 실천, 이기를 챙기는 것, 커다란 고민을 동반하는 '실천'은 열정의 속성이라고 한다. 망상에서 결과나 손실 상해함을 불고한 실천은 정열적인 것이다. 집착에서 벗어나, 자신을 말하지 않고 일관성과 힘을 지니고 성공과 패배에 흔들리지 않는 실행자는 착한 사람이다. 자랑으로 충만하고 실행 결과를 바라며 탐내고 잔인하고 불순하고 희비를 느끼는 실천자는 정열적인 속성이다. 활용을 모르고 식별이 없고 고집이 세고 속이고 악의에 차 있고 나태하고 낙심하고 미루는 실행자는 어두운 사람이다. 오 다난자야(Dhananjaya)여, 내가 지성과 항상성을 그것들의 성질에 따라 남김없이 확실하게 말할 터이니 들어보라. 오 프리타의 아들이여, 실행(實行)과 불이행(不履行), 당연히 행해야 할 것과 하지 말아야 할 것, 두려워함과 두려움이 없음, 속박과 구원을 알고 있는 지성은 착한 사람이다. 시시비비(是是非非)를 확실히 구분 못하고 해야 할 일과 말아야 할 일을 구분하지 못 하는 자는 열정적인 사람이다. 어두움에 휩싸여 옳은 것을 몰라보고 모든 사물을 혼동하는 사람은 어두운 사람이다. 오 프리타의 아들이여, 일관된 헌신을 통해 마음과 호흡과 감성의 기능을 통솔한 불변의 항상성(constancy)은 착한 사람이다. 오 아르주나여, 그러나 사람이 종교와 욕망과 이익을 붙잡고 집착과 결과를 소망하는 항상성(constancy)은 욕망의 속성이다. 분별없는 사람이 불면(不眠)과 공포와 슬픔과 낙심과 어리석음에 빠져 있는 것은 어둠의 속성이다. 오바라타의 황소여, 세 가지 행복에 대해 들어보라. 쾌락의 반복으로 기쁨을 얻는 자는 마지막은 고통이 오고, 자신의 지식으로 만들어진 청정(淸淨, serenity)의 행복은 처음은 독약처럼 쓰지만 끝은 꿀 같이 달아 착한 속성이다. 대상과의 접촉에서 오는 행복은 처음은 꿀 같이 달지만 끝에는 독약과 같아 그러한 것은 열정의 속성이다. 처음이나 끝이나 영혼을 속이는 행복은 수면과 게으름 어리석음에서 생기는 것으로 어둠의 속성이다. 지상에서나 천상의 신들 중에 천성에서 나온 이 세 가지 속성에서 벗어난 실체(entity)는 없다. 오, 적들을 견책하는 자여. **바라문(Brahmanas)과 크샤트리아(Kshatriyas) 바이샤(Vaisyas) 수드라(Sudras)의 의무가 본성에서 나온 이들 세 가지 속성으로 구분이 된다. 평정과 자제, 금욕, 순수(純粹), 용서, 정직, 지식, 체험, (향후 존재에 대한) 신앙은 바라문들(Brahmanas)의 타고난 의무들이다. 용감성, 힘, 강직함, 기술, 전투를 피하지 않음, 활달, 왕을 모심은 크샤트리아(Kshatriyas)의 의무이고 타고난 기질이다. 농사짓고 소들을 길들이고 장사하는 것은 바이샤(Vaisyas)의 의무이고, 노예 상태의 의무가 수드라(Sudras)의 태생적 의무이다.** 모든 사람들이 자기 직업에 종사하고, 온전함을 획득한다. 이제 사람이 어떻게 그 의무에 종사하여 온전함을 얻는지 들어 보라. 그로부터 생명들이 존재하고 있고, 그 힘이 두루 미치고 있는 존재는 그 자신의 의무로 존중이 되고 그의 온전함을 얻는다. 다른 사람의 의무를 완벽하게 수행하는 것보다는 실수가 있더라도 자기의 의무를 수행하는 것이 훨씬 훌륭한 것이다. 의무를 이행하는 것은 자신의 천성으로 정해져서 죄가 없다. 오, 쿤티의 아들이여. 악으로 더럽혀졌다고 태생의 의무를 버릴 수는 없으니, 연기가 불꽃을 가리듯이 모든 실천에는 악이 개입을 한다. 정신에 고착이 없어지면, 그 자신에게 복종을 하게 되고, '욕망'이 없어지면 결과의 포기를 통해 일에 '최고의 자유(the supreme perfection of freedom)'를 얻는다. 오, 쿤티의 아들이여. **신념을 가지고 '지존'을 배워라**. 어떻게 의무에 온전함을 얻고 지고(至高)의 지식인 '지존'을 획득하는지를 배워라. 순수한 마음으로 자신을 일관성 있게 지키고 대상 감각을 포기하고 애증(愛憎)을 함께 떠나면 한적한 곳에 자리를 잡아 적게 먹고 언어와 신체와 정신을 가다듬어서 사유와 추상에 전념한다. 무관심에 의지하고, 이기 폭력 자만 탐욕 분노와 주변을 버리고 자기에서 벗어나 고요를 획득하면 지존과 동화(同和)하기에 적절하게 된다. 지존(至尊, Brahma)과 하나가 되면 다른 생명과 같은 슬픔 욕망은 없고 지존에게 최고의 헌신을 하게 된다. 헌신을 통해 그는 진정으로 지존을 알게 된다. 지존은 무엇인가? 지존은 누구인가? 지존을 진정으로 알면 그는 지존에게로 간다. 항상 모든 실천을 행하면서도 지존에게 의지하면 지존의 호의(好意)로 영원하고 불멸의 자리를 얻게 된다. 지존에게 마음과 몸을 바치면 정신적 추상으로 들어가 생각이 지존에게 고정이 된다. 지존에게 생각이 고정이 되면 지존의 은총으로 모든 어려움을 극복하게 된다. 그러나 '자기기만(自己 欺滿, self-conceit)'으로 '지존(至尊)'을 거부하면 망할 것이다. '자기기만(self-conceit)'을 갖고 있으면 -나는 싸우지 않겠다. 당신의 결의(決意)도 공허하게 될 것이다. 천성이 당신에 강요할 것이다.-라고 생각할 것이다. 그것은 망상(妄想)으로 **너의 본성에서 생긴 너의 의무**를 부지불식간에 행하지 않으려는 것이다. 오, 아르주나여. 존재들의 중심 영역에 살지라. 환상적인 힘으로 어떤 기계를 타고 있듯이 한 존재들로부터 너의 관심을 철회하라. 모든 방법으로 '지존'을 추구하라 오 바라타여. 지존의 은혜로 너는 최고의 영원한 자리를 획득할 것이다. 지존이 네게 이르노니, 무엇보다 오묘한 그 지식을 가져라. 충분히 사유하고 네가 좋을 그것을 실행하라. 무엇보다 오묘한 최고의 말씀을 들을 지라. 지존을 너무 사랑하기에 너에게 복을 주노라. 정신을 지존에 두고, 지존을 은신처로 삼고, 지존에게 제사하고 지존에게 복종하라. 그러면 네가 지존에게 올 것이다(Then shalt thou come to Me). 네가 지존을 사랑하므로 말한다. 다른 종교적 의무들은 사양하고 유일한 도피처인 지존에게로 오라. 지존이 모든 죄악에서 너를 구원할 것이다. 슬퍼하지 말라. 금욕이 없는 사람, 헌신이 없는 사람, 교사의 말을 듣지 않는 사람, 나에게 참소(讒訴)를 행한 자에게는 말해 줄 수 없는 말이다. 지존에게 헌신한 자들에게 이 지고한 오묘함 (this supreme mystery)이 심어질 것이니, 의심하지 말고 최고의 헌신으로 지존에게로 오라. 그가 행한 것보다 지존에게는 더 훌륭한 봉사(奉事)가 없고, 그 사람보다 지존을 더 사랑한 사람도 없다. 우리들 간에 성스런 대화를 탐구할 자는 지존에게 앎의 제사(the sacrifice of knowledge)를 올릴 것이다. 그것이 이 지존의 생각이다. **트집 잡지 않는 믿음으로 이것을 듣는(읽은) 사람까지 생사**

<u>윤회(生死輪回, rebirth)에서 벗어나 독실한 사람들의 축복된 영지를 획득할 것이다</u>. 오프리타의 아들이여, 사심 없는 마음으로 들었느냐? 오 다난자야여. 무지에서 발동된 망상은 없어졌느냐?"

아르주나가 말 했습니다. "망상은 없어지고, 일깨우심을 얻었습니다. 오 각성자이시여, 당신의 사랑으로 저는 확실합니다. 의심은 없어졌고, 명령을 따르겠습니다."

산자야(Sanjaya)가 계속했다. -저는 바수데바(Vasudeva)와 고상한 프리타(Prita) 아들의 놀라운 대화를 듣고 나의 머리카락이 곤두섰습니다. 비아사(Vyasa)의 호의로 저는 이 최상의 오묘함(this supreme mystery), 크리슈나(Krishna)가 행한 이 요가(Yoga)의 이론을 들었습니다. 오 대왕이시여, 케사바(kesava)와 아르주나(Arjuna)의 신성한 대화를 생각하고 반복하시면 저는 즐겁고 또 즐겁습니다. 오 대왕이시여, 저는 하리(Hari, 크리슈나)의 놀라운 모습을 회상할수록 저의 경이(驚異)로움이 엄청나고 항상 즐겁습니다. 요가(Yoga)의 주인 크리슈나가 계신 곳, 위대한 경배 자(파르타)가 있는 곳에 번영과 승리와 위대함과 영원한 정의(正義, eternal justice)가 있다고 저는 생각합니다.[25]

———→

(a) '지존'은 '<u>사람들은 천상(天上)에다 그 뿌리를 두고, 가지를 아래로 뻗은 아스와타(Aswattha)가 영원하여 그 잎들을 찬다(Chhandas)라고 부르고 있다</u>.'고 전제하였다. 즉 '인간들'이 하늘과 근본적 인연을 지니고 있으나, 모두 '세속의 욕망'에 휘둘리고 있으니, '욕망의 뿌리'를 철저하게 잘라 오직 '절대 지존의 천국에만 온 정성을 모르라.'고 당부했다.

(b) 그래서 '마하바라타(The Mahabharata)'의 '지존(至尊)의 노래(Bhagavat Gita)'에는 두 가지 중요한 전제를 두고 있다. '절대 신이 만물을 창조했다.' 피조물과 인연을 과감하게 끊고 '절대 신에 정신을 집중하라.'는 것이 그것이다.

(c) 그리고 그 '지존'은 인간 세계의 구성을 '바라문(Brahmanas)과 크샤트리아(Kshatriyas) 바이샤(Vaisyas) 수드라(Sudras)의 의무'로 열거하여, 그 '지존'의 말씀은 그들의 신분[階級]이 그들의 성품에 관련된 것이라고 하였다. 이것은 최고 크샤트리아인 '아르주나'에 명시한 이야기나, 역시 그 '사종성(四種姓)'은 오늘날까지 유명하여 '종교 왕국' 인도의 숨길 수 없는 큰 특징으로 이해가 되고 있다.

(d) '마하바라타(The Mahabharata)'와 '지존(至尊)의 노래(Bhagavat Gita)'를 크게 믿고 따르는 종족은 인도(印度)인들이다. 상고(上古) 시대부터 이 '마하바라타(The Mahabharata)'의 '지존(至尊)의 노래(Bhagavat Gita)' 영향에서 제외된 종족이 없을 정도로 그 영향력이 막강했다. 그러나 다양한 지역, 다양한 종족이 원래 형제간에도 성격이 다르고 취향이 다르듯이 '장구(長久)한 시간' 속에 서로 상대를 확인하기 어려울 정도도 크게 바뀌었다.

(e) 원래 흑인(黑人) 주도의 '마하바라타(The Mahabharata)' 서구에서는 백인(白人) 주도의 '기독교'

25) K. M. Ganguli (Translated into English Prose from the Original Sanskrit Text), *The Mahabharata of Krishna-Dwaipayana Vyasa*, Munshiram Manoharlal Publisher Pvt. Ltd. New Delhi, 2000, -**Bhishma Parva**-pp. 84~98

로 바뀌었고, 동북아시아에서는 '황인(黃人)' 주도의 '불교'로 정착했다.

(f) '마하바라타(*The Mahabharata*)'와 '지존(至尊)의 노래(Bhagavat Gita)'는 그 수용자의 얼굴들의 차이만큼이나 해석이 분분했고, 앞으로도 그러할 것이나, 그 '다양함'은 바로 인간 고유의 속성이니, 사실상 어찌할 수도 없다.

(g) 그러나 역시 '다양함'이란 역시 '동일함' '통일'의 전제 속에 그것이 비로소 문제가 되는 것이니, '통일'이란 '절대신' '천국' '귀의' '절대주의'이니, 그 두 가지['다양함'과 '통일']가 역시 '동시주의(同時主義)'이다.

제93장 '전투의 허락'을 받은 유디슈티라

산자야(Sanjaya)가 말했다. -다난자야(Dhananjaya, 아르주나)가 그의 간디바(Gandiva)와 화살을 다시 잡은 것을 보고, 판다바의 강력한 무사들은 놀라운 커다란 함성을 질렀습니다. 그들을 따른 판다바들과 소마카들(Somakas)은 기쁨에 넘쳐 소라고둥들을 불었습니다. 페시족(Pesis) 카르카차족(Karkachas)도 일제히 북을 두들기고 소뿔들을 불어 큰 소리가 났습니다. 오, 대왕이시여. 그러하니 그 전쟁을 구경하려고 간다르바(Gandharvas), 피트리들(Pitris)과 함께 시다(Siddhhas)와 차라나(Charanas)의 주인 신(神)들도 찾아왔습니다.[신들도 '인간들의 전쟁' 구경을 했음.] 그 대(大) 살육전(殺戮戰)을 보려고, 그들의 머리에 백 번의 제사를 올리고 신이 된 축복 받은 성자들도 찾아왔습니다. 오, 대왕이시여. 그 때 대양(大洋)과 같은 양쪽 군대가 대적(對敵)을 하려고 움직이고 있는 것을 보고 '정의(正義)의 영웅적인 왕' 유디슈티라(Yudhishthira)는 갑옷을 벗고 무기를 내려놓고 재빠르게 전차에서 내려 말없이 두 손을 모으고 걸어서 비슈마(Bhishma) 할아버지를 보며 동쪽으로 호전적인 그 어르신이 서 계신 곳으로 나갔습니다. 그처럼 그가 나가는 것을 보고 쿤티의 아들 다난자야(Dhananjaya, 아르주나)도 자기의 전차에서 내려 유디슈티라(Yudhishthira) 뒤를 따라가니 다른 형제들도 그렇게 하였습니다. 그리고 바수데바(Vasudeva) 왕[크리슈나]도 그렇게 했습니다. 그래서 그 군대의 왕들도 그 길을 뒤따랐습니다.

아르주나가 말했습니다. "오 왕이시여, 형제를 버리고 동쪽으로 적장을 향해 걸어가시는 것은 무슨 짓입니까?"

비마도 말했습니다. "왕 중의 왕이시여, 어디를 가십니까? 갑옷과 무기를 버리시고 무장을 하고 있는 적들을 향하여 형제를 버리고 어디를 가십니까?"

나쿨라가 말했습니다. "큰 형님이시여, 형님께서 이러하시니 제 가슴은 떨립니다. 적들이 있는 곳으로 왜 가시는 겁니까?"

사하데바가 말했습니다. "무섭고도 많은 군사들을 거느리고, 우리가 지금 서로 싸워야 할 때에 어디라고 적을 향해 가십니까, 왕이시여."

산자야는 계속했다. -쿠루 족의 후손이시여, 그와 같은 아우들의 말에도 불구하고, 침묵의 유디슈티라는 계속 앞으로 나갔습니다. 그들을 보고 위대한 지혜 고상한 영혼 바수데바[크리슈나]는 웃으며 말했습니다.

"유디슈티라 목적을 알겠습니다. 우수한 비슈마 드로나 크리파 살리아에게 존경을 표하려는 것입니다. 유디슈티라는 끝내 적과 싸울 것입니다. **옛 역사에 스승과 가족에게 법에 따라 인사를 올리고 그들과 싸우는 자는 확실히 이긴다고 하였습니다. 그것은 역시 내 생각이기도 합니다.**"

크리슈나가 그렇게 말할 때에 드리타라슈트라 아들의 진영에서는 "아, 오." 큰 목소리가 일었으나, 반대 진영은 조용히 있었습니다. 그러한 유디슈티라를 보고, 드리타라슈트라 아들의 영웅적 무사들은 서로 이야기하였습니다.

"이 놈은 종족 중에 유명한 불쌍한 존재다. 저 왕이 겁에 질려 비슈마를 향해 오고 있는 것은 고통스러울 것이다. 그 형제와 더불어 유디슈티라는 비슈마의 거처(居處)를 향해 오고 있다. 그러나 다난자야가 그 보호자이고, 브리코다라 나쿨라 사하데바도 지켜주고 있는데, 판두의 큰 아들은 무엇이 두려울 것인가? 그러나 세상에서 축복을 받을지라도 저놈은 크샤트리아로 태어난 놈이 아니다. 그는 허약하고, 그의 가슴은 전장의 공포로 가득할 것이다." 그리고 나서 모든 무사들은 카우라바 자신들을 예찬했습니다. 그래서 모든 사람들이 기뻐서 윗옷을 벗어 흔들며 기뻐했습니다. 오 대왕이시여, 그래서 모든 무사들이 유디슈티라 형제와 케사배크리슈나]에게 욕을 퍼부었습니다. 그 다음 카루라바 군대는 유디슈티라에게 경멸을 보내며 완전히 조용해졌습니다. "그 왕은 무엇을 말할 것인가? 비슈마는 어떻게 대답할 것인가? 비슈마는 전장에서 얼마나 자랑스러울 것이며 크리슈나와 아르주나는 어떠할 것인가? 유디슈티라는 무엇을 말하려는 것인가?" 오 대왕이시여, 양측의 군사들은 그러한 말들을 서로 나누며 유디슈타라에게 큰 관심이 쏠렸습니다. 유디슈트라는 형제들에 둘러싸여, 화살처럼 서 있는 도열(堵列)을 뚫고 바로 비슈마 앞으로 나아갔습니다. 판두의 큰 아들은 양손으로 자신의 다리를 잡고, 전투 준비를 완료한 산타누의 아들 비슈마를 향해 말했습니다.

유디슈티라가 말했습니다. "오 무적이신 분이시여, 인사 올립니다. 우리가 당신과 싸우려 합니다. 허락해 주십시오. 그리고 축복도 해 주십시오."

비슈마가 말했습니다. "**지상(地上)의 왕이여, 네가 이처럼 내게 오지 않았더라면 나는 너에게 망해라고 저주를 했을 것이다. 오 아들아, 내가 너를 보니 기쁘다. 싸워라. 승리하라. 오 판두의 아들이여, 너에게 [내가]그밖에 무엇을 바라랴. 전투에서 이겨라. 오 프리타의 아들이여 우리 중에서 무엇을 갖고 싶은지 그 요긴한 것을 말하라. 오 위대한 왕이여, 어떻게 하면 네가 이기는가? 인간의 부(富)의 노예이다. 그러나 부(富)는 누구의 노예도 아니다. 오 쿠루의 아들이여, 나는 환관(宦官)처럼 이 말을 하고 있다. 카우라바들이 부(富)로 나를 묶고 있다. 전쟁으로 너는 무엇을 원하는가?**"

유디슈타라가 말했습니다, "오 위대한 지혜이시여, 당신께서는 저의 복(福)도 원하시고 날마다 저의 이익도 상의하셨습니다. 그러나 지금은 카우라바들을 위해 싸우십시오. 그것까지도 저는 항상 기도드리고 있습니다."

비슈마가 말했습니다. "쿠루의 아들이여, 여기에서 무엇으로 너를 도울 수 있겠느냐? 물론 나는 적들과 싸울 수밖에 없다. 내게 네가 해야 할 말을 하라."

유디슈티라가 말했습니다. "오 할아버지시여, 제가 절하고 여쭙습니다. 어떻게 무적의 당신을 격파할 수 있겠습니까? 제게 이익이 될 바를 말씀해 주십시오. 당신은 좋은 방법을 아실 것입니다."

비슈마가 말했습니다. "오 쿤티의 아들이여, 그가 비록 천상의 대장이라고 해도 내가 싸울 때는, 싸움에서 나를 패배시킬 사람은 없다."

유디슈투라가 말했습니다. "오 할아버지, 인사말씀이었습니다. 그러기에 당신께 여쭈었습니다. 할아버지의 죽음을 적들이 어떻게 획책해야 되겠는지 말씀해 주십시오."

비슈마가 말했습니다. "나는 전장에서 누가 나를 쳐부술지 모른다. 내 죽음의 순간은 아직까지 없었다."

산자야는 계속했다. -오 쿠루 족의 아들[드리타라슈트래이시여, 유디슈티라는 다시 한 번 고개 숙여 비슈마의 말씀을 받았습니다. 그리고 나서 유디슈티라는 그 형제를 대동하고 그를 쳐다보고 있는 무사들을 뚫고 스승 드로나(Drona) 전차를 향해 나아갔습니다. 드로나에게 인사를 한 다음 그 주변을 거닐며 그 무적의 전사에게 일찍이 은혜를 주었던 것에 대해 말했습니다.

유디슈티라가 말했습니다. "오 무적(無敵)이신 분이여, 어떻게 제가 죄를 짓지 않고 싸워야 할 것이며, 제가 적을 무찔러야 할 지를 여쭙습니다."

드로나(Drona)가 말했습니다. "싸우려고 결심을 했다면 그대는 내게 오지 않았을 것이다. 나는 너의 완벽한 타도(打倒)로 그대들을 욕했을 것이다. 오 유디슈티라여, 그러나 나는 너희가 칭찬을 하니 기쁘다. 오 티 없는 자여. 나는 너희가 싸워 승리할 것을 허락한다. 이 상황 하에서 전쟁 말고 원하는 것이 무엇이 있겠는가? **인간은 부(富)의 노예라. 그러나 부(富)는 인간을 노예로 삼지는 못 한다. 이것이 진리다. 오 왕이여, 나는 카우라바 형제들의 부(富)로 묶이어 있다. 그래서 환관처럼 나는 카우라바 형제들을 위해 싸울 수밖에 없다.** 그 환관 같은 상황에서 나는 -부(富) 말고 전쟁에서 얻는 것이 무엇인가?-라고 말한다. 나는 카우라바 형제를 위해 싸울 것이나, [그러나 나는] 그대의 승리를 빌 것이다."

유디슈티라는 말했습니다. "저의 승리를 빌어주소서, 재생하실 분이시여. 선을 일러주소서. 그러나 카우라바 형제들을 위해 싸우소서. 그것이 제가 간청하는 요긴한 것입니다."

드로나가 말했습니다. "**오 왕이여, 하리(Hari, 크리슈나)가 그대 상담자이니, 승리는 네 것이 확실하다. 나도 역시 네가 전장에서 적들을 부수는 것을 인정한다. 그 쪽에 정의(正義)가 있고, 그 쪽에 크리슈나가 있다. 크리슈나가 있는 곳에 승리가 있다.** 싸워라, 쿤티의 아들이여. 내가 너에게 무엇을 말할 것인지 얘기해 보라."

유디슈트라가 말했습니다. "오 재생[再生, 거듭 낳으신 분]이시여, 제게 하실 말을 들려주십시오.

우리가 어떻게 '보이지 않는 기술'로 당신을 물리칠 수 있습니까?"

드로나가 말했습니다. "내가 싸우는 한 완전한 승리는 네 것이 아니다. 오 왕이여, 나의 신속한 살해자를 네 형제들 속에서 찾아라."

유디슈티라가 말했습니다. "억센 분이시여, 죽는 수단을 일러 주십시오. 오 스승이시여, 엎드려 빌고 인사 올립니다."

드로나가 말했습니다. "나는 내가 노하여 화살 소나기를 퍼부으며 싸우는 전장에 서 있는 나를 죽일 수 있는 자는 없다. **내가 무기를 버리고 주변의 시선에서 후퇴해 (요가 사유에) 있을 때 말고는 아무도 나를 죽일 수는 없다.** 이것이 내가 네게 말한 진실이다. **믿을 수 있는 사람에게 '불쾌한 말'을 들었을 때 전장에서 나는 나의 무기를 버릴 것이다.**"

산자야는 계속했다. -현명한 바라드와자(Bharadwaja) 아들[드로나]의 이 말을 듣고, 그 스승께 인사를 올린 유디슈티라는 그 다음 사라드와트(Saradwat) 아들[크리파]에게로 나아갔습니다. 그리고 크리파(Kripa)에게 인사를 올리고 그 주변을 거닐며 그 위대한 전사에게 유디슈트라는 다음과 같이 말했습니다.

유디슈티라가 말했습니다. "오 스승이시여, 당신의 허락을 받아 죄를 범하지 않고 싸울 것입니다. 오 순수하신 분이시여, 저는 적을 물리칠 것입니다."

크리파(Kripa)가 말했습니다. "만약 싸움을 결심했다면 너는 내게 오지 않았을 것이고 나는 너를 저주했을 것이니, 너는 반란이기 때문이다. **인간이란 부의 노예이다. 그러나 부는 사람의 노예가 아니다. 이것은 진실이다. 오 왕이여, 나는 지금 카우라바 형제의 부에 묶여 있다. 나는 그들을 위해서 싸워야 한다. 그러기에 나는 환관처럼 그대에게 말한다.** -전쟁에서 그것[富]을 원하지 않는다면 [그대는 과연]무엇을 원하겠느냐?"

유디슈티라가 말했습니다. "슬픕니다. 그러니 스승이시여, 제 말을 들어보십시오." 이렇게 말하고 그 유디슈티라 왕은 크게 동요가 되어 그의 감각을 잃고 말없이 섰습니다.

산자야가 말을 계속했다. -유디슈트라의 의도를 알고 크리파(Kripa, Gautama)는 말했습니다. "나를 죽일 사람은 없다. 왕이여, 싸워 승리하라. 네가 오니 나는 즐겁다. 매일 자리에서 일어나며 너의 승리를 빌겠다. 진실로 말한다." 이 가우타마(Gautama, 크리파)말을 듣고 인사를 올리고, 유디슈티라는 '마드라(Madra) 왕[외삼촌 살리애]'이 있는 곳으로 나아갔습니다. 살리아(Salya)에게 인사를 올리고, 그 주변을 거닐며 유디슈트라는 그 무적의 전사에게 유익한 말씀을 청했습니다. 유디슈티라가 말했습니다.

"무적의 왕이시여, 당신의 허락을 받아 제가 죄 없이 싸우려 하오니, 유명한 적들을 물리치게 허락을 해 주옵소서."

살리아(Salya)가 말했습니다. "싸울 것을 결심했다면 너는 내게 오지 않았을 것이고, 그대를 저주해서 전복시켰을 것이다. 그대 인사를 받으니 기쁘다. 그대가 원했던 것을 나는 실행할 것[카르나 힘 빼기]이다. 나는 허락한다. 싸워서 승리하라. 필요한 것이 있으면 말하라. 내가 무엇을 해주면 되겠는가? 인간은 부(富)의 노예이나, 부는 인간의 노예가 아니다. 그것이 진리이다. 나는 카우바라 형제들의 부에 묶여 있다. 오 조카여, 나는 환관(宦官) 같이 너에게 말하고 있다. 나는 네가 원하는 욕망을 성취하게 하겠다. 그것 말고 전쟁에서 무엇을 원하느냐?"

유디슈티라가 말했습니다. "감사합니다. 오 대왕이시여, 매일 '저의 위대한 선'이 무엇인가를 생각해 주십시오. 적을 위해 싸우시지 말고 '당신의 소망'을 따르십시오.[두료다나를 전적으로 돕지 말라는 의미] 이것이 제가 간청하는 요점입니다."

살리아(Salya)가 말했습니다. "최고의 왕이여, 이 상황에서 무엇으로 내가 너를 도울 수 있겠는가? 물론 나는 나의 적과 싸우게 될 것이다. 나는 카우라바 형제들과 그의 부(富)로 같은 패가 되었기 때문이다."

유디슈티라가 말했습니다. "오 살리아시여, 전투를 대비하는 동안 내가 간구한 것이 그것(선)이 요점일 일지라도 '수타(Suta, 마부)의 아들'[Karna]의 힘은 전투에서 당신에 의해 약화(弱化)될 것입니다."

살리아(Salya)가 말했습니다. "오 쿤티의 아들이여, 너의 소망은 이루어질 것이다. 가라 너 좋을 대로 싸워라. 나는 그대의 승리를 도울 것이다."

산자야는 계속했다. -외숙(外叔)의 허락을 얻은 다음 유디슈트라는 형제들에 둘러싸여 방대한 군대를 빠져나왔습니다. 바수데배크리슈나는 전장에서 당시 '라다(Radha)의 아들[카르나]'에게 가 있었습니다. 그리고 유디슈티라는 카르나(Karna)에게 말했습니다. "오 카르나여, 비슈마가 싫어하여 당신은 싸우지 않기로 했다고 들었습니다. 라다의 아들이여, 비슈마가 죽기 전까지 저희 편으로 오시지요. 비슈마가 죽으면 당신은, 우리 편이 맘에 없으면 두료다나(Duryodhana) 편에 서도 됩니다."

카르나가 말했습니다. "오 케사바여, **나는 드리타라슈트라 아들의 마음에 맞지 않는 것은 행하지 않습니다. 두료다나에게 몸을 바치고, 그를 위해 죽을 겁니다.**" 이 말을 듣고 크리슈나는 떠나가 유디슈티라가 머리에 선 판두 아들들과 합류했습니다. 그런데 모든 무사가 있는 가운데서 "판두의 가장 나이 많은 형님(유디슈티라)은 우리를 택할 것이다. 우리 편이 될 것이다."라고 외치는 사람이 있었습니다. 사람들이 그를 보니 **유유트수(Yuyutsu)**가 기뻐서 유디슈티라 왕을 향해 큰 소리를 친 것이었습니다. "저는 전장에서 당신의 명령을 받으며 드리타라슈트라 아들들과 싸울 것입니다. 대왕이여, 저를 용납해 주십시오."

유디슈트라가 말했습니다. "오 **유유트수(Yuyutsu)**여, 환영합니다. 우리와 한패가 되어 당신의 어리석은 형제와 싸워봅시다. 나는 당신의 무용(武勇)을 인정합니다. 오 억센 분이시여, 노기등등하고 사악한 두료다나들은 다 잡힐 겁니다."

산자야는 계속했다. -유유트수는 대왕의 아드님을 떠나 북과 심벌들을 치고 있는 판다바 군대로 넘어갔습니다. 그 때 유디슈타라 왕은 기쁨에 넘쳐 황금 갑옷을 입었습니다. 그리고 그 황소들은 그들 각자의 전차에 올랐습니다. 그리고 전투 대형으로 그들의 군대를 정렬했습니다. 그리고 그들은 북과 심벌들을 수백 번 두들겼습니다. 이 인간 중의 황소들은 다양한 사자 같은 소리를 질렀습니다. 그리고 인간 중에 호랑이 판두의 아들들이 전차에 오르는 것을 보고 드리슈타듐나(Dhrishta-dyuma)와 다른 왕들도 다시 기뻐하며 소리를 질렀습니다. 인사를 받을 만한 사람들[할아버지, 스승, 외숙]에게 인사를 올린 판두 아들들의 고상함을 보고 거기에 모인 모든 왕들이 박수를 보냈습니다. 그리고 군주들은 우정과 동정과 친족에 대한 친절을 말하며 고상한 인격을 보였습니다. "대단하십니다. 대단하십니다." 즐거운 말들이 퍼졌고, 그 유명한 사람들에 대한 찬송은 노래가 되었습니다. 그리하여 전장에 있는 모든 사람들의 마음이 판두 형제들에게로 쏠렸습니다. 그리고 믈레차족(Mlechchhas)과 아리아들(Aryas)도 판두 형제들의 행동을 보고 듣고 모두 목메어 울었습니다. 그래서 무사들은 힘을 다해 백 번 천 번 큰 북과 푸슈카라들(Pushkaras)을 치며, 우유 빛 소라고둥도 불었습니다.[26]

_____ →

(a) '마하바라타(*The Mahabharata*) 전쟁' 이야기는 '전쟁 이야기'이면서도, '전쟁의 궁극적인 목적이 부(富)의 획득'이라는 점을 반복해 명시하고 있느니, 이것이 역시 '힌두의 확신'이었다.['일반 병사들'은 '도덕 전쟁'이고 양쪽 다 자기네 편이 '정의군(正義軍)'이라고 알고 있음]

(b) 유디슈타라는 양군(兩軍)의 대접전(大接戰)을 행하기 직전에 비슈마, 드로나, 크리파, 살리아를 직접 찾아 가서 그들에게 '자신의 의도와는 다르게 전쟁을 하게 되었음'을 밝히니, 그들은 **사람들이 모두 부(富)의 노예**이듯이 나도 환관(宦官)처럼 그렇게 되었다고 탄식(歎息)을 늘어놓았으니, 실로 '**만고(萬古)'에 귀감(龜鑑)으로 삼을 만한 사항**이다. 즉 당시 최고의 용맹과 덕행 용맹 전술(戰術)로 세상의 존경과 흠앙을 한 몸에 받아 왔던 '비슈마' '드로나'가 대 사기꾼이며 억지꾼인 두료다나와 카르나 손바닥에서 벗어나지 못 하고 그들의 '살인 전쟁의 앞잡이'가 되었던 구체적 경과를 한 마디로 요약한 말이 '돈에 노예가 된 환관(宦官)'이라는 뼈아픈 고백이었기 때문이다. 그것이 5천 년 전 힌두의 '쿠루쿠셰트라(Kurukshetra) 전장' 터에서 펼쳐졌던 옛이야기가 아니라, '오늘날의 지구촌' 특히 '한반도(韓半島)'에서 우리의 목전에도 전개가 되고 행해지고 지고 있다는 진실을 망각하면, '마하바라타(*The Mahabharata*)' 독서를 했다고 해도 사실상 배워갈 것을 다 망실(忘失)한 상태가 될 것이다. ['판단의 주체'가 반드시 살펴야 할 사항임]

(c) 그래서 '마하바라타(*The Mahabharata*) 전쟁', '쿠루크셰트라 전쟁'은 오히려 '단순히 이익(富)를 위한 전쟁'이 아니라 '**배약과 사기의 뱀들을 징벌하는 불가피한 혁명전쟁**'임을 거듭 밝힌 바가 되었다.

(d) 더구나 권위의 드로나(Drona)는 '**오 왕이여, 하리(Hari, 크리슈나)가 그대 상담자이니, 승리는**

26) K. M. Ganguli (Translated into English Prose from the Original Sanskrit Text), *The Mahabharata of Krishna-Dwaipayana Vyasa*, Munshiram Manoharlal Publisher Pvt. Ltd. New Delhi, 2000, -**Bhishma Parva**- pp. 98~104

네 것이 확실하다. 나도 역시 네가 전장에서 적들을 부수는 것을 인정한다. 그 쪽에 정의(正義)가 있고, 그 쪽에 크리슈나가 있다. 크리슈나가 있는 곳에 승리가 있다.'고 '절대자[크리슈나]의 권위'를 긍정하고 있으니, 사실상 '마하바라타(*The Mahabharata*) 전쟁'에서 '판두 아들들의 승리'를 예견하지 못 한 존재[무시하고 있는 존재]는 '두료다나' '두사사나' '카르나' '자야드라타' '사쿠니' 정도였다.

(e) 유디슈타라는 천성의 '겸양'과 '어르신 존중' '적이 없는 기본적인 사고 바탕'에서 '싸우기도 전에 이미 승리'를 거듭 거듭 확인해 그네들의 승리 미리 알고 있었다는 전쟁 이야기가 '마하바라타(*The Mahabharata*) 혁명전쟁 이야기'이다.

제94장 첫째 날의 전투 −비슈마가 사령관 스웨타를 죽이다.

드리타라슈트라가 말했다. −양쪽 군대가 정렬이 되었을 적에, 우리 쿠루와 판다 중에 누가 먼저 공격을 행했느냐?

산자야가 말했다. −두사사나(Dussasana)가 형[두료다나]의 명령을 받아 진두(陣頭)에 비슈마를 세우고 출전했고, 비슈마가 앞장을 선 것을 보고 판두 형제들도 즐겁게 진격을 했습니다. 사자 같은 고함 소리, 떠들썩한 대소동, 크라카차들(Krakachas)의 소음, 소뿔 소리, 북소리 심벌들의 소리가 양 진영에서 터져 나왔습니다. 적의 무사들이 우리[카우라바]를 향해 돌격해 왔고, 우리도 소리치며 대항했습니다. 그리고 함성소리가 귀를 먹먹하게 만들었습니다. 판다바들과 다르타라슈트라들의 장군[왕]들이 소라고둥과 심벌들의 울림에 따라 끔직한 살육전쟁의 바람으로 흔들리는 수풀 같았습니다. 서로 돌격해 부딪쳐 왕들과 코끼리와 말들로 이루어진 주역[대장]들에 의해 만들어진 소음은 태풍에 동요하는 바다 같이 큰 소리를 냈습니다. 그리고 힘이 센 비마세나(Bhimasena)가 황소처럼 소리를 지르니, 그 소리는 머리카락을 곤두서게 했습니다. 그리고 비마의 고함 소리는 소라고둥과 북소리 코끼리 소리 대적(對敵) 자들의 고함들을 다 초월했습니다. **사크라(Sakra)의 천둥과 같은 비마(Bhima)의 고함 소리에, 대왕의 무사들은 다 공포에 떨었습니다.** 그리고 그 영웅[비마]의 고함소리에 말들과 코끼리들은 일제히 사자 소리를 들은 것처럼 오줌과 똥을 쌌습니다. 그래서 귀를 먹게 하는 천둥처럼 고함을 지르며 비마는 대왕의 아들들에게 겁을 주며 군사들을 무찔렀습니다. 이에 대왕의 아드님 두료다나(Duryodhana)와 두르무카(Durmukha) 두사하(Dussaha), 힘 센 전차무사 두사사나(Dussasana), 그리고 두르마르샤나(Durmrshana), 비빙사티(Vivingsati), 치트라세나(Chitrasena) 위대한 전차무사 비카르나(Vikarna), 그리고 푸루미트라(Purumitra), 자야(Jaya), 보자(Bhoja), 소마다타(Somadata)의 유명한 아들은 번갯불을 번쩍이는 구름 같이 그들의 빛나는 활을 흔들며 허물 벗은 뱀 같은 긴 화살들 잡고, 태양을 덮는 구름처럼 화살로 그 억센 비마를 포위를 했습니다. 그러자 드라우파디(Draupadi)의 다섯 아들과 힘 센 전차 무사 사우바드라(Saubhadra), 나쿨라(Nakula) 사하데바(Sahadeva) 프리샤타 족의 드리슈타듐나(Dhrishtadyumna)가 그 다르타라슈트라들(Dhartashtras)에게 대항하여 그들의 진영을 찢은 것이, 하늘의 벼락이 산꼭대기를 부수는 것과 같았습니다. 그 처음 접전(接戰)에서, 대왕의 군사나 적이나 살려고 도망을 치는 사람은 없었습니다. 오 바라타의 황소이시여, 그 드로나(Drona) 제자들의 날랜 솜씨는 항상 목표를 적중하였습니다. 그리고 잠시도 활줄 소리가 멈추지 않아 불이 붙은 화살들은 하늘에서 떨어지는 별똥별 같았습니다. 오, 바라타시여. 모든 다른 종족의 왕들은 동족(同族) 간의 끔찍한 접전을 보는 구경꾼 같이 서 있었습니다. 그리고 힘 센 전차 무사들은 적군에 부상을 당한 사람들 생각하고 흥분이 되어 전장에서 서로 싸웠습니다. 코끼리 말 전차로 팀을 이룬 쿠루들(Kurus)과 판다바들(Pandavas)의 양 군사는 캔버스 위에 색칠을 한 것처럼 전장에서 극도로 아름답게 보였습니다. 그리고 다른 왕들은 모두 그들의 활들을 잡고 있었습니다. 그리고 태양은 군사들이 일으킨 먼지에 덮인 채 있었습니다. 그리고 전투 부대는 그들의 군사 앞에서 대왕의 아들[두료다나]의 명령으로 적들과 대적을 하여 상대를 쓰러뜨렸습니다. 그리고 왕들의 코끼리와 군마(軍馬)들이 부딪치고 전투부대의 고함소리와 소라고둥 소리 북소리가 뒤섞여 엄청난 소동이 벌어졌습니다. 악어들에게 화살을 나르게 하고 뱀들에게는 활, 거북들에게는 칼을 들려 태풍으로 무사들을 앞으로 밀어붙이는 그 대양(大洋)의 소동(騷動)이 그 전장(戰場)의 모습이었습니다. 그리고 유디슈티라가 통솔하는 수천의 왕들이 거느린 군사들이, 대왕의 아드님 전열(前列)에서 쓰러져 죽었습니다. 두 주인 간의 대결은 격렬했습니다. 전투를 행하고 부셔진 전열에서 후퇴를 하고 다시 싸우기 위해 모이는 것이 우리 편과 적들이 어떤 차이도 없었습니다. 그 무섭고 끔찍한 전투에서 당신의 아버지(비슈마)께서는 무수한 왕들을 초월해 빛나셨습니다.

산자야가 말했다. -오 대왕이시여, 그 끔찍한 날 오전(午前)에 왕들의 신체가 짓이겨지는 무서운 전투가 시작되었습니다. 그리고 그 전투에서 승리를 바라는 쿠루들과 스린자야들의 사자 같은 함성소리가 하늘과 땅에 울려 퍼졌습니다. 그리고 '가죽 울타리(leathern fences)' 문 여닫는 소리와 소라고둥 소리로 시끌벅적했습니다. 서로를 향하여 사자 같이 고함을 지르는 사람들이 많았습니다. 바라타 족의 황소이시여. 활줄 소리, 보병들의 무거운 발걸음 소리, 군마(軍馬)의 격렬한 울음소리, 코끼리 머리에서 작대기와 쇠갈고리가 떨어지는 소리, 무기 부딪치는 소리, 코끼리 방울소리 돌진하는 소리, 천둥 같은 전차 바퀴 소리가 뒤섞여 사람의 머리털을 곤두서게 했습니다. 그리고 모든 쿠루의 무사들은 '목숨을 아끼지 않는 원칙' 대로 무서운 생각들을 품고 판다바들에게 달려들었습니다. 그리고 오 대왕이시여, 산타누의 아드님(비슈마)은 전장에서 죽음의 회초리 같은 무서운 활을 잡으시고 다난자야(Dhanajaya, 아르주나)에게로 돌진했습니다. 그리고 아르주나 역시 전장에서 세상에 유명한 그 간디바(Gandiva) 활을 잡고 강가(Ganga)의 아드님(비슈마)을 향해 달려갔습니다. 쿠루 들 속에서 두 마리 호랑이인 그들은 서로를 죽이기를 원했습니다. 그러나 억센 강가의 아드님은 전장에서 프리타의 아들[아르주나]을 활로 쏘아 그를 약하게 만들 수는 없었습니다. 오 대왕이시여. 그리고 판두의 아들[아르주나]도 전장에서 그 비슈마를 그렇게 쉽게 대적할 수는 없었습니다. 그런데 [판다바 소속의] 강력한 궁사(弓師) 사티아키(Satyaki)가 [쿠루 편인] 크리타바르만

(Kritavarman)에게 달려들었습니다. 두 사람의 전투는 너무나 치열하여 머리카락을 곤두서게 했습니다. 사티아키(Satyaki)가 크리타바르만(Kritavarman)을 공격하니 크리타바르만(Kritavarman)도 사티아키(Satyaki)를 공격하여 서로 큰 소리를 지르며 상대를 위협 했습니다. 두 억센 전사는 화살을 맞아, 꽃이 피어난 두 개의 킨수카(Kinsukas) 같았습니다.['전투'의 美化] 힘 좋은 궁사 아비마뉴(Abhimanyu)는 브리하드발라(Vrihadvala)와 싸웠습니다. 그러나 대왕이시여, 그 코살라(Kosala)의 왕[브리하드발라]은 상대를 치고 수바드라(Subhadra) 아들[아비마뉴]의 전차 사(戰車士, 馬夫)를 넘어뜨렸습니다. 수바드라(Subhadra) 아들은 자기 전차 사[마부]를 쓰러뜨린 것에 화가 나 브리하드발라(Vrihadvala)에게 아홉 개의 화살을 적중시켰고, 날카로운 두 개의 화살로 그의 깃발을 베고, 다른 화살로 '바퀴 보호자[護衛 武士]'를 베었습니다. 그리고 두 사람은 날카로운 화살을 주고받으며 상대 적을 잡으려 했습니다. 그리고 비마세나는 억센 전차사인 대왕의 아드님 두료다나와 맞붙어서 서로에게 상처를 입혔습니다. 그들은 쿠루 족 중에서 제일가는 무사로서 사람 중에 호랑이들이고, 억센 전차 투사들이었습니다. 그리고 그들은 전장에서 그들의 화살 소나기로 서로를 지키고 있었습니다.[화살로만 서로 대응을 했다.] 그리고 모든 전쟁에 능한 고상한 두 무사들[비마와 두료다나]을 보고 모든 사람들이 그 '바라타(Bharata)'에 놀랐습니다. 그리고 억센 전차 사 나쿨라에게 돌진한 두사사나(Dussasana)는 생명을 위협하는 날카로운 화살을 그에게 적중시켰습니다. 그 때 마드리(Madri)의 아들[나쿨라]은 잠시 웃다가 적의 날카로운 화살을 맞고 나서 그 적[두사사나]에게 작은 화살 25발을 쏘았습니다. 그러나 무적의 대왕의 아드님[두사사나]은 그 접전에서 나쿨라(Nakula)의 말들을 죽이고 그의 깃발를 베었습니다. 그리고 무섭게 대적을 하며 싸우는 억센 사하데바(Sahadeva)에게 돌진한 대왕의 아들 두르무카(Durmukha)는 사하데바에게 화살 소나기를 퍼부었습니다. 그 무서운 전장에서 영웅적인 사하데바(Sahadeva)는 굉장히 날카로운 화살로 두르무카(Durmukha)의 전차 마부를 쓰러뜨렸습니다. 양군(兩軍)이 싸움을 멈출 줄 모르고, 서로 달려들어 상대방의 공격을 물리치려고 화살로 상대방을 무섭게 공격하기 시작했습니다. 유디슈타라 왕은 마드라 족(Madras)의 왕과 마주쳤습니다. 마드라 왕은 보자마자 유디슈트라의 활을 두 동강 나게 하였습니다. 그러자 쿤티의 아들(유디슈티라)은 더욱 강한 활을 다시 잡았습니다. 그리고 바로 화살을 날려 마드라 왕을 덮어씌우며 노하여 말했습니다. "기다려라, 기다려." 오 바라타시여, 그리고 드리슈타듐나는 드로나에게 돌진했습니다. 드로나는 크게 화가 나서, 항상 적들의 생명을 빼앗는 판찰라 왕[드리슈타듐나]의 강한 활을 못 쓰게 만들었습니다. 그리고 동시에 드로나는 죽음의 회초리 같은 무서운 화살을 쏘았습니다. 그리고 그 화살은 그 왕재[드리슈타듐나]의 몸에 적중했습니다. 드루파다(Drupada)의 아들[드리슈타듐나]은 다른 활을 들어 14개의 화살로 드로나를 공격했습니다. 그리고 서로 개입이 되어 그들은 격렬히 싸웠습니다. 그리고 성급한 산카(Sankha)는 역시 성급한 소마다타(Somadatta)의 아들과 싸우게 되었는데, 그에게 "기다려."라고 말했습니다. 그리고 그 영웅[산카(Sankha)]은 그 대적에서 화살로 상대의 오른 팔을 공격했습니다. 이에 소마다타

(Somadatta)의 아들은 산카의 어깨를 공격했습니다. 그래서 두 영웅의 싸움은 계속이 되었습니다. 오 대왕이시여. 금방 전투는 신(神)들과 다나바들(Danavas, 악귀들)의 싸움처럼 격렬해 졌습니다. 그리고 측량할 수 없는 억센 전차 투사 드리슈타케투(Dhrishtaketu)가 노해서 분노의 화신 발리카(Valhika)에게 대들었다. 그래서 발리카(Valhika)는 사자 같은 소리를 지르며 셀 수도 없는 화살을 드리슈타케투(Dhrishtaketu)에게 퍼부었습니다. 그러나 체디족(Chedis)의 왕은 더욱 도발이 되어 발리카(Valhika)에게 아홉 개의 화살로 응수했습니다. 격노한 코끼리들처럼 고함을 지르며 서로 엉키어 싸웠습니다. 그래서 **크게 노해 맞붙은 그들은 화성(火星, Angaraka)과 금성(金星, Sukra)과 같았습니다.** 그리고 잔인한 가토트카차(Ghatotkacha, 비마의 아들)는 전장에서 발라(Vala)에 대적한 사크라(Sakra) 같이 잔인한 락샤사 알람부샤(Rakshasa Alamvusha)와 맞붙었습니다.[락샤사는 락샤사 끼리 서로 싸움] 그래서 브라타시여, 가토트카차(Ghatotkacha)는 그 힘 좋은 라크샤사(Rakshasa)에게 90발의 날카로운 화살을 쏘았습니다. 라크샤사(Rakshasa) 역시 그 전투에서 가토트카차(Ghatotkacha)의 몸에 많은 화살을 쏘아 주었습니다. 그래서 화살로 훼손이 되어 그들은 신들과 아수라들(Asuras) 싸움에 억센 사크라(Sakra)와 발라(Vala) 같았습니다. 오 대왕이시여, 힘 좋은 시칸딘(Sikhandin)은 드로나의 아들 아스와타만(Aswatthaman)에 돌진했으나 오히려 날카로운 화살로 반격을 받아 그가 당황 했습니다. 그러나 시칸딘(Sikhandin)도 역시 드로나의 아들에게 날카로운 화살로 공격했습니다. 그래서 그들은 온갖 화살을 쏘며 싸웠습니다. 그리고 영웅적인 바가다타(Bhagadatta)에 대항하여 거대 군대의 사령관 비라타(Virata)가 성급하게 돌격했고, 그들의 대적(對敵)이 시작되었습니다. 극도로 흥분한 비라타(Virata)는 바가다타(Bhagadatta)에게 소나기 같은 화살을 퍼부었는데 마치 구름이 산허리에 비를 뿌리는 것 같았습니다. 그러나 바가다타(Bhagadatta)는 재빨리 구름이 솟아오르는 태양을 감싸듯 비라타(Virata)를 포위했습니다. 사라드와트(Saradwat)의 아들 크리파(Kripa)는 카이케야(Kaikeyas) 왕 브리하드크샤트라(Vrihadkshatra)에로 돌격했습니다. 그래서 크리파(Kripa)는 그를 화살 소나기로 봉쇄했습니다. 브리하드크샤트라(Vrihadkshatra)도 노한 가우타마(Gautama)의 아들[크리파(Kripa)]에게 화살 소나기를 퍼부었습니다. 그래서 그 전사(戰士)들은 상대의 군마(軍馬)를 죽이고 활을 부수며 그들의 전차를 탈취했습니다. 그래서 극도로 화가 나서 그들의 칼을 빼어 들고 싸웠습니다. 그들 간의 싸움은 무섭기가 짝이 없었습니다. 적들의 질책(叱責)자 드루파다(Drupada) 왕은 즐겁게 전투를 기다리고 있는 신두 족(Sindhus)의 왕 자야드라타(Jayadratha)에게 분노해 돌진하였습니다. 자야드라타(Jayadratha) 세 발의 화살을 드루파다(Drupada)에게 적중시켰습니다. 드루파다(Drupada)가 다시 반격을 가했습니다. 그들 간의 전투가 무섭고 치열했으며 화성(火星)과 금성(金星)의 분쟁처럼 모든 구경군의 마음을 즐겁게 했습니다. 그리고 대왕의 아드님 비카르나(Vikarna)는 억센 수타소마(Sutasoma)에게 달려들어 전투를 시작했습니다. 비카르나(Vikarna)가 수타소마(Sutasoma)에게 화살을 적중시켰으나, 치명상은 주지는 못 했습니다. 수타소마(Sutasoma)의 화살도 그러했습니다. 그래서 사람

들이 모두 놀랐습니다. 억센 전차 투사이며 사람 중에 호랑이 수사르만(Susarman)에 대항해 판다바 형제들을 도우려고 묘기의 체키타나(Chekitana)가 분노하여 달려나왔습니다. 오 위대하신 왕이시여, 그래서 수사르만(Susarman)은 억센 전차투사 체키타나(Chekitana)를 화살 소나기로 막았습니다. 그리고 체키타나(Chekitana) 역시 큰 구름 떼가 산허리에 소나기를 내리듯이 화살 소나기를 수사르만(Susarman)에게 뿌렸습니다. 그리고 오 대왕이시여, 꾀 많은 사쿠니(Sakuni)는 사자가 성난 코끼리에 대항하듯 꾀 많은 프라티빈디아(Prativindhya, 유디슈티라의 아들)에게 대들었습니다. 프라티빈디아(Prativindhya)는 극도로 화를 내어 인드라 신이 다나바(Danava, 악귀)를 잡듯이 수발라(Suvala)의 아들[사쿠니]를 날카로운 화살로 짓이겼습니다. 그래서 사쿠니도 역시 그 프라티빈디아(Prativindhya)를 화살로 짓이겼습니다. 그리고 스루타카르만(Srutakarman)은 캄보자(Kamvojas) 왕 억센 전차투사 수다크쉬나(Sudakshina)에게 달려들었습니다. 오 대왕이시여, 그러나 수다크쉬나(Sudakshina)가 스루타카르만(Srutakarman)을 공격했으나, 인드라에 대항했던 마이나카(Mainaka)처럼 실패하였습니다. 이에 스루타카르만(Srutakarman)은 격분하여 수다크쉬나(Sudakshina)에게 수 많은 화살을 꽂아 그의 온 몸이 망가졌습니다. 그리고 적의 질책(叱責)자 이라반(Iravan)은 전투에서 화가 난 스루타유스(Srutayush)와 대결하였습니다. 억센 전차투사 아르주나의 아들 이라반(Iravan)은 상대 적의 군마를 죽이고 큰 함성을 지르니 모든 전사들이 그를 크게 칭송했습니다. 그리고 스루타세나(Srutasena)도 크게 도발이 되어 강력한 전곤(戰棍)으로 팔구니(Falguni, 아르주나) 아들의 말을 죽이며 전투를 계속하였습니다. 그리고 아반티(Avanti)의 두 왕자 빈다(Vinda)와 아누빈다(Anuvinda)는 그 아들을 대동하고 그 군대에 앞장을 선 억센 전차투사 쿤티보자(Kuntibhoja)에게 접근하였습니다. 우리는 이 두 왕자의 경우에 놀라운 광경을 볼 수 있었으니, 두 왕자는 거대 군대와 매우 침착하게 싸웠기 때문입니다. 그리고 아누빈다(Anuvinda)가 쿤티보자(Kuntibhoja)에게 전곤(戰棍)을 휘두르니, 쿤티보자(Kuntibhoja)는 제빠르게 화살 소나기로 맞섰습니다. 쿤티보자(Kuntibhoja)의 아들이 빈다(Vinda)에게 많은 화살을 쏘았고, 빈다(Vinda)도 활로 반격했습니다. 그래서 그들의 대결은 정말 놀라웠습니다. 그리고 케카야(Kekaya) 형제는 군대의 머리에 서서 군사를 거느린 다섯 간다라(Gandhara) 왕자들과 싸웠습니다. 그리고 대왕의 아드님 비라바후(Viravahu)는 비라타(Virata)의 아들 최고의 전차 투사 우타라(Uttara)와 싸워 그에게 아홉 개의 화살을 박았습니다. 그리고 우타라(Uttara)도 비라바후(Viravahu)에게 날카로운 화살을 쏘았습니다. 그리고 체디 족(Chedis)의 왕은 울루카(Uluka)에 대적하여 싸웠습니다. 그리고 체디 족(Chedis)의 왕은 울루카(Uluka)에게 화살 소나기를 가하고, 울루카(Uluka)도 꼬리 달린 화살로 공격했습니다. 그리고 그들의 대적은 격렬하고 강했으니, 서로 격퇴할 수 없는 상대였기에 상대를 무서울 정도로 짓이겼습니다. 그리고 **이처럼 수천의 단일한 접전이 전차를 탄 사람, 코끼리와 말을 탄 무사, 보병들 간에 접전이 있었습니다.** 잠깐 동안에 접전은 아름다운 광경이었습니다. 그러나 오 대왕이시여, 그것은 금방 광포해져서, 어떤 것도 볼 수가 없게 되었습니다. 전장에서 코끼리들은 코끼리들과 부딪쳤고, 전차투사는 전차투사와 말들은 말들과 보병은 보병과 대적을 하였습니다. 분쟁이 극도로 강하고 혼란스럽게 되어 영웅들이 서로 대적하는 아수라장이었습니다. 그리고 **천상(天上)의 리시(Rishi) 시다들(Siddhas) 차라나들(Charanas)도 신(神)들과 어수라(Asuras) 전쟁과 같은 무서운 싸움을 지켜보고 있었습니다.** 오 대왕이시여. 수천의 코끼리, 수천의 전차와 광대한 보병들이 정신없이 서로 싸웠습니다. 오 인중(人中)에 호랑이시여, 전차와 코끼리 말 보병이 같은 장소에 서로 반복적으로 싸우고 있었습니다.

산자야가 말했다. -오 대왕이시여. 제가 다른 사람들의 관심을 끌지 못 하는 10억의 보병(步兵) 대전을 대왕께 묘사해 드리겠습니다. 거기에서는 아들이 아비를 몰라보고, 아비가 아들을 모르고, 형제가 형제를 모르고, 조카가 아저씨를 모릅니다. 아저씨가 조카를 몰라보고, 친구가 친구를 몰라봅니다. 판다바 형제와 쿠루 형제가 악마에게 홀린 듯 싸웠습니다. 인중(人中)에 호랑이들은 전차를 타고 박살이 났습니다. 그리고 전차의 화살들은 화살들로 쪼개지고 전차의 멍에 못들은 전차의 멍에 못들과 부딪쳤습니다. 그리고 어떤 병사는 이리 묶이고 다른 병사는 저리 묶여 모두가 상대방의 생명을 노렸습니다. 어떤 전차는 다른 전차에 막혀 움직일 수도 없었습니다. 그리고 사원(寺院)에서 빌린 거대한 코끼리는 다른 코끼리 위에 넘어져 화가 나서 그 상아를 가지고 서로 다른 코끼리를 찢었습니다. 그네 코끼리들의 등에 아치형의 격식을 갖추고, 상아 휘두르기에 훈련이 된 거대한 코끼리와 서로 마주친 코끼리는 고통에 비명을 질러댔습니다. 쇠고리와 창으로 훈련된 코끼리들은 진창에 빠진 코끼리에게는 덤벼들지 않았습니다. 어떤 거대한 코끼리는 진창에 빠진 동료를 만나면 달려가 모든 방향으로 코를 휘두르며 울부짖습니다. 주스를 먹으며 잘 훈련된 거대 코끼리는 칼과 창 화살로 그들의 치명적인 부분을 다치면 크게 울부짖으며 죽습니다. 어떤 놈은 놀라 소리를 지르며 정처 없이 도망을 칩니다. 코끼리들을 지키는 보병들은 떡 벌어진 가슴에 분노하여 세차게 칠 수 있고, 창과 활, 빛나는 도끼, 철퇴 장갑, 짧은 화살로 무장을 했고, 광택을 낸 창과 칼을 들고 억세게 치며, 여기저기로 달려가 다른 생명을 앗으려 했습니다. 그리고 용감한 대결자들이 무거운 군도(軍刀)들을 내려칠 때는 선혈(鮮血)을 내뿜습니다. 그리고 칼잡이 명수(名手)들은 적의 급소를 치며 큰소리를 칩니다. 오 바라타시여. 수많은 사람 중에 싸우다가 죽어가며 우는 소리, 철퇴에 뭉개진 사람, 칼에 잘린 사람, 코끼리 상아에 찔린 사람, 그 상아에 갈린 사람, 서로를 부르는 사람들의 소리들이, 지옥으로 떨어질 사람들의 울음 같이 들렸습니다. 그리고 최고의 속력으로 달리는 군마(軍馬)를 탄 기수(騎手)는 백조 같이 장식한 말꼬리를 달고 상대 적(敵)에게로 달려갑니다. 그리고 그들은 순금으로 장식한 세차고 날카로운 긴 수염이 달린 화살을 쏘아 뱀 같이 적에게 떨어졌습니다. 그리고 날랜 준마(駿馬)를 탄 영웅적인 기수(騎手)들은 전차 무사들의 목을 치기도 했습니다. 그리고 여기저기서 화살이 닿을 만 한 거리에서 기갑병을 잡은 전차무사는 수많은 화살을 그들에게 쏘았습니다. 그리고 번쩍이는 황금으로 장식한 성난 코끼리들은 새롭게 일어난 구름처럼 말들을 쓰러뜨렸고, 그것들을 그들의 다리로 짓밟았습니다. 그리고 가슴과 상아를 창에 찔린 코끼리들은 고통에 비명을 질렀습니다. 그리고 아수라장에 흥분한 거대한 코끼리들은 말과 기수들을 짓밟고 쓰러뜨렸습니다. 그리고 그들의 상아로 말과 기수를 넘어뜨린 코끼리들은 어슬렁거리며 깃발로 장식한 전차도 부셨습니다. 그리고 거대한 수코끼리는 잠시 엄청난 주스를 마시고 힘이 넘쳐서 타고 있는 사람들의 인도에 따라 상아와 다리로 말들을 살해하였습니다. 뱀 같은 날카로운 화살들은 코끼리들의 머리와 관자놀이 옆구리 사지를 공격했습니다. 그리고 오 대왕이시여, 칠을 칠한 커다란 불꽃같은 무서운 창(槍)들은 영웅적인 사람들의 손에 들려 여기저기서 갑옷을 뚫고 사람들과 말의 신체를 관통했습니다. 그리고 많은 사람들이 표범과 호랑이 가죽으로 만든 칼집에서 군도(軍刀)를 뽑아 전투에서 상대방을 공격했습니다. 그리고 그들이 공격을 받아 그들의 허리를 다치고서도 칼과 방패와 도끼를 들고 적들의 위로 넘어졌습니다. 그리고 어떤 코끼리들은 그들의 뒤에서 외치는 소리에 따라 코로 말과 전차를 끌거나 뒤엎기도 하며 아무데나 돌아다녔습니다. 그리고 여기저기 어떤 사람은 창에 찔리고, 어떤 사람은 도끼로 갈라지고, 어떤 사람은 코끼리에 밟히고 다른 사람은 말에게 밟히고, 어떤 이는 수레바퀴에 어떤 이는 도끼에 상하여, 그들의 친척들을 불렀습니다. 오 대왕이시여. 그리고 어떤 이는 아들을 찾았고, 어떤 이는 아버지, 어떤 이는 형제, 어떤 이는 친척을 찾았습니다. 어떤 이는 외숙을 불렀고, 어떤 이는 조카를 찾았습니다. 오 바라타시여, 대적자의 다수가 그들의 무기를 잃거나 다리가 부러져 있었습니다. 그리고 무기는 들었으나 갈리고 뚫리고 상처 난 다른 사람들은 살고 싶어 큰 소리로 울었습니다. 오 대왕이시여, 그리고 조금이나마 힘이 남아 있는 자들은 맨 땅바닥에 누워 목이 말라 물을 호소하고 있었습니다. 그리고 오 바라타시여, 어떤 사람들은 피의 웅덩이를 좋아하고, 극도로 약한 사람들은 자신들을 크게 책망하는데, 대왕의 아드님들도 그 전장에 다 모였습니다. 그리고 다른 사람들을 무찌르며 자신의 무기도 버리지 않고 울지도 않은 용감한 크샤트리아도 있었습니다. 다른 한 편, 다른 사람이 쓰러져 누운 자리에 자기도 누워 흥겨운 생각으로 으르렁거리기도 하고, 어떤 자는 노여움으로 자신의 입술을 이빨로 물며 눈썹을 찡그리고 격한 얼굴로 다른 사람을 노려보기도 했습니다. 그리고 큰 상처에 힘 있고 고집이 센 사람들은 화살의 상처를 받고도 상처에 끄떡도 없었습니다. 그리고 접전에서 자신의 전차를 빼앗겼거나 거대한 코끼리들에 의해 넘겨졌거나 부셔진 영웅적 전차투사는 다른 사람들의 전차에 태워 줄 것을 요구했습니다. 그래서 그들의 상처 속에서도 오 대왕이시여, 꽃이 핀 킨수카들(Kinsukas)처럼 아름답게 보였습니다. 그리고 모든 군단에서 수도 없는 무서운 울음소리들이 들렸습니다. 그리고 영웅들의 그 끔직한 파괴적 전투에서 아버지는 아들을 죽이고, 아들은 아버지를, 조카는 아저씨를, 친구는 친구를, 친척은 친척을 죽였습니다. 그러한 살육이 쿠루들과 판다바들의 대결에서 생겼습니다. 그리고 그 놀랍고 무서운 전장에서 어떤 고려도 없었고, 비슈마에 접근한 판다바 형제 군단은 파도치기 시작했습니다. 그리고 바라타 족의 황소이시여, 은(銀)으로 오성(五星)을 그린 팔미라 형상인 그의 깃발과 함께 그 위대한 전차에 있는 억센 무사 비슈마는 메루(Meru) 산꼭대기 아래에 빛나는 달덩이 같았습니다.

산자야가 말했다. -오 대왕이시여. 그 끔찍한 접전으로 그 날의 오전(午前)이 지난 다음, 대왕의 아드님 두료다나는 두르무카(Durmukha) 크리타바르만(Kritavarman) 크리파(Kripa) 살리아(Salya) 비빈사티(Vivisati) 탁월한 투사들을 비슈마에게로 보내 그를 엄중히 지키도록 명령을 내렸습니다. 그래서 오 바라타 족의 황소이시여, 강력한 다섯 전차무사들의 보호를 받으며 그 위대하신 전차무사께서는 판다바 주인에게로 나아갔습니다. 그리고 비슈마의 팔미라 깃발은 케디 족(Chedis) 카시 족(Kasi) 카루샤 족(Karushas) 판찰라 족(Panchalas)을 통과하면서도 계속 번쩍거리고 있었습니다. 그리고 빠르고 정확한 광두(廣頭) 화살을 지니신 그 영웅[비슈마]은 적장(敵將)들의 목을 잘랐고, 깃발을 꽂은 전차들을 부셨습니다. 그래서 앞으로 나아가시며 당신의 전차 위에서 마치 춤을 추시는 것 같았습니다. 비슈마에게 급소를 공격당한 코끼리들은 고통스럽게 울부짖었습니다. 그런데 성난 [아르주나의 아들] 아비마뉴(Abhimanu)는 황갈색의 명마가 이끄는 전차에 올라 비슈마의 전차를 향해 돌진했습니다. 그래서 카르니카라(Karnikara)나무를 닮은 황금으로 장식한 그의 깃발을 세우고 아비마뉴(Abhimanu)는 비슈마와 다섯 전차 투사들에게로 나아갔습니다. 그리고 아비마뉴(Abhimanu)는 비슈마에게 날카로운 화살을 쏘아, 다른 무사들이 지키고 있는 비슈마와 싸움을 시작했습니다. 아비마뉴(Abhimanu)는 크리타바르만(Kritavarman)에게는 한 개의 화살, 살리아(Salya)에게는 다섯 개의 화살, 비슈마에게는 아홉 개의 화살로 겁을 주었습니다. 그리고 아비마뉴(Abhimanu)는 활을 크게 늘려 황금으로 장식한 깃발을 꺾어버렸습니다. 그리고 아비마뉴(Abhimanu)는 정확한 광두(廣頭) 화살로 두르무카(Durmukha) 전차몰이 목을 날려버렸습니다. 그리고 끝이 날카로운 화살로 크리파(Kripa)의 황금 활을 두 동강을 내버렸습니다. 그리고 노한 아비마뉴(Abhimanu)는 많은 날카로운 화살로 그들을 공격하는 것이 춤을 추는 것과 같았습니다. **아비마뉴(Abhimanu)의 날쌘 솜씨를 보고 신(神)들도 흐뭇했습니다.** 그 아비마뉴(Abhimanu)의 확신에 찬 공격을 보고 비슈마가 앞장을 서고 있는 모든 전차 투사들은 그[아비마뉴]가 다난자야(Dhanajaya, -아르주나) 능력을 소유했다고 생각했습니다. 간디바(Gandiva) 소리와 같은 아비마뉴의 활은 쏠 때마다 불타오르는 원을 그렸습니다. 그러자 비슈마가 성급하게 돌진하여 아비마뉴에게 아홉 개의 화살을 적중시켰습니다. 그리고 세 개의 광두(廣頭) 화살로 아비마뉴의 깃발을 꺾어버렸습니다. 비슈마는 엄정한 활을 들어 아비마뉴의 전차몰이를 공격했습니다. 그리고 크리타바르만(Kritavarman)과 크리파(Kripa) 살리야(Saya)도 아비마뉴를 공격했으나, 마이나카(Mainaka)산처럼 버티고 있는 아비마뉴를 흔들 수가 없었습니다. 영웅적인 아비마뉴는 드리티라슈트라 대군의 억센 다섯 명의 무사에게 포위되어 있으면서도 그들에게 거침없이 화살 소나기를 퍼부었습니다. 아비마뉴(Abhimanu)는 그의 화살 소나기로 억센 무사들을 당황하게 만들고 비슈마(Bhishma)에게도 활을 쏘며 큰 소리를 질렀습니다. 우리는 비슈마를 괴롭히는 아비마뉴의 싸움을 보고 그의 힘이 과연 위대함을 알았습니다. 교묘한 비슈마가 아비마뉴에게 화살을 날렸으나, 아비마뉴를 그 화살들을 쳐냈습니다. 실수가 없는 아비마뉴의 아홉 개의 화살은 비슈마의 깃발을 꺾었습니다. 그 아비마뉴의 묘기에 사람들이 일어서서 소리쳤습니다. 오 바라타시여, 은색에 보석으로 수를 노은 팔미라 같이 높이 세운 깃발이 수바드라(Subhadra) 아들[아비마뉴]의 화살에 꺾이어 땅에 떨어졌습니다. 그리고 오 바라타 족의 황소이시여, 자랑스러운 비슈마께서는 자신의 깃발이 수바드라(Subhadra) 아들의 화살에 꺾이어 떨어진 것을 보시고, 일어나서 큰 소리를 질러 아비마뉴를 기쁘게 해주셨습니다. 그런 다음 격렬한 대결을 펼쳐 억센 비슈마의 천상의 무예가 발휘되었습니다. 그래서 비슈마의 수천 개의 화살이 아비마뉴를 덮었습니다. 이에 판다바 형제의 열 명의 억센 전차무사와 궁사가 아비마뉴를 도우려고 달려 나갔습니다. 그들은 비라타(Virata)와 그의 아들, 프리샤타(Prishata) 족의 드리슈타듐나(Dhrishtadyumna) 비마(Bhima) 케카야(Kekaya) 다섯 형제, 사티아키(Satyaki)였습니다. 그들이 전투에 개입하자 산타누의 아들 비슈마는 판찰라 왕자에게는 화살 세 개, 사티아키(Satyaki)에게는 화살 열 개를 쏘았습니다. 그리고 면도날 같이 날카로운 깃털이 달린 화살 하나를 장전하여 활을 크게 당겨 비마세나 깃발을 꺾었습니다. 비마세나의 깃발은 황금으로 사자 상을 만들었는데, 비슈마가 그것을 꺾어 전차에서 떨어뜨린 것입니다. 그러고 나서 비슈마는 그 전투에서 세 개의 화살을 맞으셨고, 크리파에게 한 개의 화살, 크리타바르만에게 여덟 개의 화살을 안겨주었습니다. 비라타(Virata)의 아들 우타라(Uttara) 역시 코끼리를 타고 마드라 족(Madras)의 왕에게로 달려들었습니다. 그러나 살리아(Salya)는 왕자의 코끼리가 자기 전차를 향해 돌진하는 것을 살피는데 성공을 했습니다. 노한 그 코끼리는 살리아(Salya) 전차의 멍에에 다리를 올리고 좋은 말 네 필을 죽였습니다. 마드라 족(Madras) 왕[살리아]은 말이 죽은 전차에 머물러 있으면서 우타라(Uttara)를 완전히 죽이기 위해 모두 쇠로 만든 화살을 쏘았습니다. 우타라(Uttara)의 갑옷은 화살로 찢겨서 정신을 잃고 코끼리 목에서 떨어져 갈고리와 창도 놓아버렸습니다. 그리하여 살리아(Salya)는 칼을 잡고 전차에서 뛰어내려 코끼리의 큰 코를 잘랐습니다. 코끼리의 갑옷에는 수 없이 화살이 박혀 있었는데, 코를 잘린 그 코끼리는 큰 비명을 지르고 쓰러져 숨을 거두었습니다. 그와 같은 전과(戰果)를 올린 살리아(Salya)는 잽싸게 크리타바르만(Kritavarman)의 빛나는 전차에 올랐습니다. **형제 우타라(Uttara)를 죽이고, 크라타바르만과 앉아 있는 살리아를 보고, 비라타(Virata)의 아들 스웨타(Sweta)는 깨끗한 버터에 붙은 불과가 같은 화가 솟았습니다.** 그래서 그 억센 무사는 사카라(Sakra)의 활만큼이나 큰 활을 잡고 마드라 족(Madras)의 왕 살리아(Salya)을 잡으려고 돌진했습니다. 강력한 전차부대가 둘러싸고 있는데, 스웨타(Sweta)는 살리아(Salya)의 전차를 향하여 화살소나기를 퍼부었습니다. 성난 코끼리처럼 달려와 싸우는 스웨타(Sweta)를 보고, 살리아(Salya)에 편에 7명의 전차무사들이 이미 죽음의 문턱에 이른 그를 지키려고 둘러쌌다. 그 7인의 전차무사란 코살라(Kosalas)의 왕 브리하드발라(Vrihadvala), 마가다(Magadha)의 자바트세나(Javatsena), 살리아의 유명한 아들인 루크마라타(Rukmaratha), 빈다(Vinda), 아반티(Avanti)의 아누빈다(Anuvinda), 캄보자(Kamvojas) 왕 수다크쉬나(Sudakshina) 그리고 신두 족(Sindhus)의 왕이며 브리하드크샤트라(Vrihadkshatra)의 친척인 자야드라타(Jayadratha)였습니다. 그 엄청난 무사들의 다양한 색깔로 장식한 활들은 구름 사이에 번갯불 같았습니다. 그들은 스웨타(Sweta)의 머리에 끊임 없이 소나기 같은 화살 비를 퍼 부었으니, 그것은 늦은 여름에 바람에 몰려온 구름이 산허리에 비를 뿌리는 듯했습니다. 억센 궁사(弓師)이며 [비라타군]사령관인 스웨타(Sweta)는 즉시 일곱 개의 광두(廣頭) 화살로 그들의 활을 부수며 그들을 계속 공격했습니다. 오 바라타시여, 그들은 활들이 꺾이자 순식간에 다른 활들을 잡았습니다. 그리고 그들은 스웨타(Sweta)에게 일곱 개의 화살을 쏘았습니다. 측량할 수도 없는 억센 스웨타(Sweta)는 다시 일곱 개의 화살로 그들의 활을 모두 부셔버렸습니다. 큰 활들이 꺾이니 그 일곱 무사들은 화가 치밀어 함성을 지르며 화살을 잡아 던졌습니다. 오 바라타의 주인이시여, 그래서 스웨타(Sweta)의 전차를 향해 던져진 일곱 개의 거대한 별똥별 같은 화살들은 능란한 스웨타(Sweta)의 일곱 개의 광두(廣頭) 화살에 그의 전차에 이르기 전에 천둥 같은 소리를 내며 다 부서졌습니다. 오 바라타 족의 왕이시여, 그 다음 스웨타(Sweta)는, 몸을 관통할 수 있는 화살을 잡아 루크마라타(Rukmaratha)에게 쏘았습니다. 그 강력한 화살은 벼락 같이 루크마라타(Rukmaratha)에게 박혔습니다. 루크마라타(Rukmaratha)는 전차 바닥에 쓰러져 기절했습니다. 그리하여 그 전차 마부가 침착하게 기절한 루크마라타를 운반했습니다. 그리고 억센 스웨타(Sweta)는 여섯 개의 황금 화살을 잡아 여섯 적들의 깃발을 다 꺾어버렸습니다. 그 다음 그들의 말과 운전사들을 쏘고, 여섯 무사들에게 계속을 활을 쏘며 살리아(Salya)의 전차를 향해 나아갔습니다. 판다바 군의 총사령관이 급히 살리아(Salya)의 전차를 향해 나아가는 것을 보고, 대왕의 군대에서는 아 큰 일 났다는 소리가 일었습니다. 오 바라타시여, 그래서 비슈마를 선봉에 두고 영웅적 무사와 많은 군대를 거느린 대왕의 아드님(두료다나)은 스웨타(Sweta)의 전차를 향해 나아갔습니다. 그래서 이미 죽음의 문턱을 넘은 마드라 왕[살리아]을 구해냈습니다. 그래서 전차들과 코끼리들이 뒤섞인 적들과 대왕의 군대 간에 머리카락이 곤두서는 무서운 전쟁이 시작되었습니다. 그래서 쿠루의 할아버지[비슈마]는 수바드라(Subhadra)의 아들과, 비마세나(Bhimasena), 억센 무사 사티아키(Satiaki)와 케카야(Kekayas) 왕, 비라타(Virata), 프리샤타 족의 드리슈타듐나(Dhrishtadyumna), 체디(Chedi) 군대에게 화살 소나기를 퍼붓게 되었습니다.

드리타라슈트라가 말했다. -오 산자야, 궁사(弓師) 스웨타(Sweta)가 살리아(Salya)의 전차를 향해 나갔을 때, 카우라바와 판다바들은 어떻게 했으며, 비슈마는 무엇을 했는지 자세히 말을 해보아라.

산자야가 말했다. -오 대왕이시여, 크샤트리아들 중에서 수백 수천의 억세고 용감한 황소들이 선봉(先鋒)에선 스웨타(Sweta) 사령관에게 배치가 되어 있었습니다. 오 바라타시여, 대왕님의 두료다나를 향해 선봉에 나선 그 스웨타(Sweta)를 지키려고 시칸딘(Sikhandin)도 [판다바들의]선봉(先鋒)에 자리 잡고 있었습니다. 그래서 그 강력한 [판다바들의]전차투사들은 그 비슈마를 잡으려고 황금으로 장식한 비슈마의 전차를 향해 달려 나갔습니다. 그래서 그 다음의 전투가 무서웠습니다. 제가 대왕의 군대와 적군과의 사이에 벌어졌던 놀랍고 무서운 싸움을 대왕께 사뢸 것입니다. 비슈마는 많은 전차를 텅 비게 했으니, 그 분[비슈마]의 활로 그 많은 우두머리[왕, 장군들]를 베었기 때문입니다. 그 태양의 힘에 걸맞게 비슈마는 그의 화살들로 태양을 덮었습니다. 그래서 태양이 그 주변을 어둠을 물리치듯이 비슈마는 그 주변의 적을 물리쳤습니다. 오 대왕이시여, 그 전투에서 비슈마가 쏜 수백 수천의 화살들은 급하고도 강력하여, 셀 수도 없는 크샤트리아의 생명들을 빼앗았습니다. 그리고 그 전투에서 비슈마는 수백 명의 영웅 전사들의 목을 날렸고, 벼락이 산봉우리들을 치듯이 코끼리들을 '가시[화살] 갑옷'으로 둘러싸게 만들었습니다. 오 대왕이시여. 그리고 전차들이 전차들과 얽혀서 어떤 전차는 다른 전차를 덮쳤고, 어떤 말은 다른 말 위에 있었습니다. 성급한 군마들은 여기 저기 죽거나 아직도 활을 잡고 걸려 있는 채로의 젊은 영웅적 기수(騎手)들을 싣고 있었습니다. 칼과 전통(箭筒)을 지니고, 갑옷을 입은 채로 죽었고, 땅바닥에 누워 있거나 침상에 잠들어 있듯이 죽었습니다. 다른 사람에게 달려들어 넘어지고 다시 일어나 다시 달려들며 백병전(白兵戰)을 펼쳤습니다. 전장을 구르고 또 구르며 상대를 괴롭혔습니다. 성난 코끼리들은 여기저기로 돌진하여 수백 명의 전차 투사를 살해했습니다. 그리고 전차 무사들은 그들의 전차를 몰고 다니며 닥치는 대로 죽었습니다. 그리고 전차에서 떨어진 무사들은 다른 사람이 활로 살해를 했습니다. 그리고 억센 전차투사가 높은 곳에서 떨어지는 것이 보일 경우, 그 운전자도 살해를 당했습니다. 전투가 일어나는 곳에서 짙은 먼지가 일어나고 활이 울리는 소리는 전방에 싸우는 적이 있다는 것을 말합니다. 그들의 몸에서 오는 압박감으로 대적 자들은 그들의 적들을 예상합니다. 오 대왕이시여, 활로 싸우는 무사들은 활줄 소리로 인도되고 활줄 소리에 흩어집니다. 상대방이 쏜 화살 소리는 들을 수가 없습니다. 그리고 북소리가 너무나 큼으로 귀들을 찢은 듯합니다. 머리카락을 세우게 하는 대 소동 속에서 전투 중에 호명된 대적자의 이름은 싸우고 있는 도중에는 들리지 않습니다. 아비가 자식을 알아볼 수 없습니다. 화살들을 맞아 바퀴 하나가 부러지거나 멍에가 벗겨지거나 말 중에 하나가 살해되면 용감한 전차 투사도 그의 운전자와 함께 전차에서 떨어집니다. 그래서 많은 영웅 무사들이 그들의 전차를 잃으면 도망을 칩니다. 살해된 자는 목이 잘리고, 살아 있는 자는 급소를 공격합니다. 그러나 비슈마가 공격을 가할 때에 그 적들은 공격을 받지 않는 사람은 없었습니다. 그 무서운 전투에서 **스웨타(Sweta)**가 쿠루 족의 대량 살상에 원인을 제공했습니다. 그래서 스웨타(Sweta)는 수 만 명의 왕자들을 살해했습니다. 그리고 스웨타(Sweta)는 그의 활을 사용하여 수 만 명의 전차 무사들의 목을 쳤습니다. 그 무사들은 황금으로 무기와 활들을 장식했습니다. 오 대왕이시여, 그리고 전차무사, 전차 바퀴, 전차에 실었던 것들, 전차 자체, 작고 값비싼 깃발들, 거대한 말들, 전차를 따르는 사람들을 스웨타(Sweta)가 다 망가뜨렸습니다. 아군드리타라 슈트리의 군새은 스웨타(Sweta)가 무서워 최고의 전차무사이신 비슈마를 버리고, 후방으로 도망을 쳤습니다. 오 쿠루의 후손이시여, 그래서 모든 쿠루들은 산타누의 아들 비슈마를 버리고, 화살을 쏘아 닿을 수 있는 영역에서 벗어나 구경꾼처럼 전장에서 무장을 하고 서 있는 형편입니다. 전반적인 음산한 시간에 즐겁게 인중(人中)의 호랑이신 비슈마가 그 무서운 전투 속에 우리 군대 중에서 유일하게 메루(Meru)산처럼 부동으로 서 있었습니다. 겨울의 끝에 태양이 생명들을 쥐고 있듯이 비슈마는 태양처럼 황금빛을 내고 서 있었습니다. 그래서 그 위대한 궁사(弓師)께서는 구름 같은 화살을 쏘며 아수라들(Asuras, 적군, 판다바 군사)을 물리쳤습니다. 그리고 그 무서운 전투에서 비슈마에게 살해를 당하면서 그 적들은 대열에서 이탈하여 비슈마로부터 도망을 쳤으니, 불로 사라진 연료와 같았습니다. 단 한 사람의 적 스웨타(Sweta)가 적의 격퇴 자 비슈마를 즐겁게 하였습니다. 두료다나의 안녕을 위하여, 비슈마는 판두 형제들의 무사들을 소멸시키기 시작하셨습니다. 오 대왕이시여, 비슈마는 버리기 어려운 목숨을 돌아보지 않고 그 격렬한 전투에서 판다바 군대를 물리치셨습니다. 사령관 스웨타(Sweta)가 다르타라슈트라 군단을 공격하는 것을 보고, 비슈마께서는 즉시 데바브라타(Devavrata)를 불러 대적하게 했습니다. 그러자 스웨타(Sweta)는 '널따란 화살 그물'로 비슈마를 덮었습니다. 그래서 비슈마 역시 그 스웨타(Sweta)를 화살로 덮었습니다. 그래서 그들은 노한 황소들처럼, 거대한 코끼리들처럼, 호랑이처럼 격돌했습니다. 그들의 무기로 상대방을 당황하게 만들며 비슈마는 버리기 어려운 목숨은 돌아보지도 않고 그 격렬한 전투로 판다바 군대를 물리치셨습니다. 그들은 노한 두 마리 황소처럼, 거대한 화난 코끼리들처럼, 호랑이들처럼 격돌했습니다. 그들의 무기로 상대방을 당황하게 만들며 비슈마와 스웨타는 서로의 목숨을 노렸습니다. 스웨타가 지키지 않았더라면, 화가 난 비슈마는 단 하루 동안에 판다바 군을 다 섬멸할 수도 있었을 것입니다. 비슈마가 스웨타에 의해 잠잠해지자, 판다바 형제들은 기쁨에 넘쳤고, 대왕의 아드님 [두료다나]은 우울해졌습니다. 그래서 화가 난 두료다나는 왕들을 이끌고 판다바 주인에게 달려들었습니다. 그러자 스웨타는 비슈마를 버리고 나무뿌리를 뽑는 태풍처럼 격렬하게 대왕의 아드님 군사를 쳤습니다. 오 대왕이시여, 그래서 화가 난 **비라타(Virata)의 아들 스웨타(Sweta)**는 대왕의 군사들을 섬멸하고 비슈마가 머물러 있는 장소로 진격했습니다. 그래서 스웨타와 비슈마는 그들의 화살들을 뽐내며 상대의 목숨을 노렸습니다. 스웨타가 활을 당겨 일곱 개의 화살을 비슈마에게 적중시켰습니다. 비슈마는 그 스웨타(Sweta)의 용기가 노한 코끼리 같아 적수(敵手)가 될 만하다고 생각했다. 이에 비슈마도 열 개의 화살을 스웨타에게 쏘아주었습니다. 그런데 화살을 맞고도 그 억센 스웨타는 산 같이 그대로 서 있었습니다. 그리고 스웨터는 다시 25발의 화살을 쏘아 모든 사람들을 놀라게 했습니다. 그러고 나서 스웨터는 혀로 입술을 핥으며 웃고는 비슈마의 활을 열 개의 화살로 열 토막을 내버렸습니다. 그러고 나서 스웨터(Sweta)는 쇠로 된 화살로 비슈마 깃발 꼭대기에 팔미라(palmyra)를 겨누어 부셔버렸습니다. 그리고 비슈마의 깃발이 꺾인 것을 보고 대왕의 아드님들은 비슈마가 살해당한 것으로 생각하고 스웨타에게 굴복했습니다. 그리고 판다바 형제들은 기쁨에 넘쳐 사방에서 스웨타에게 소라고둥을 불어 주었습니다. 그리고 비슈마 깃발의 팔미라가 땅에 떨어진 것을 보고 화가 난 두료다나는 자신의 부대를 그 전투에 가담하게 했습니다. 그리고 두료다나 군사들은 큰 곤경에 빠진 비슈마를 지키기 시작했습니다. 두료다나는 군사들에게 말했습니다. "스웨타가 죽든 비슈마가 돌아가시든 그 진실을 보여주겠다." 드로다나의 이 말을 듣고 억센 전차투사들이 네 종류의 군사를 이끌고 비슈마를 보호하려고 진격을 했습니다. 그리고 역시 발리카(Valhika) 크리타바르만(Kritavarman) 크리파(Kripa) 살리아(Salya) 자라산다(Jarasan-da)의 아들, 비카르나(Vikarna), 치트라세나(Chitrasena) 비빈산티(Vivinsanti)도 급히 달려가 비슈마를 감싸고 스웨타에게 끊임없이 화살 소나기를 퍼부었습니다. 그래서 그 측량할 수 없는 강력한 무사 스웨타는 즉시 날카로운 화살로 노한 전사들을 저지하며, 자신의 날낸 솜씨를 보여주었다. 그래서 코끼리 떼를 사자가 막듯이 그들을 저지하며 스웨타는 두꺼운 화살로 비슈마의 활을 다시 잘랐다. 비슈마는 활을 바꾸어 칸카(kanka)새의 깃털이 달린 화살을 스웨타에게 적중을 시켰습니다. 이에 사령관 스웨타는 더욱 노하여 모든 군사들이 보는 앞에서 수많은 대응 화살을 비슈마에게 적중시켰습니다. 세상 제일의 영웅 비슈마가 전투에서 스웨타에게 저지되는 것을 보고, 두료다나는 큰 고민에 빠졌고, 그것은 대왕의 전 군사들의 고민이 되었습니다. 그리고 영웅 비슈마가 스웨타의 활로 저지 훼손당하는 것을 본 모든 사람들은 비슈마가 스웨타에게 져서 살해당할 것으로 생각했습니다. 그래서 자신의 깃발이 떨어지고 드리타라슈트라 군사가 저지되는 것에 화가 난 비슈마(Devavrata)는 스웨타에게 엄청난 화살을 쏘았습니다. 그러나 전차 투사 중에 가장 뛰어난 스웨타는 비슈마의 화살을 당황하게 만들었고, 광두(廣頭) 화살로 비슈마의 활을 갈라버렸습니다. 오 대왕이시여, 분이 솟을 대로 솟은 비슈마는 그 활을 버리고 더욱 크고 강력한 활을 잡아 숫돌에 간 일곱 개의 광두(廣頭) 화살을 잡아 네 개의 화살로 사령관 스웨타(Sweta)의 네 마리 말을 죽이고, 두 개로 깃발을 꺾고 일곱 번째 화살로 전차 운전자의 머리를 날렸습니다. 이에 스웨타(Sweta)는 말과 운전자가 사망한 자기 전차에서 뛰어내려 분노에 치를 떨었습니다. 비슈마는 스웨타의 전차를 빼앗은 다음 사방으로 화살 소나기를 퍼부었습니다. 그리고 비슈마의 화살로 못 쓰게 된 전차에서 스웨타는 남아 있는 죽음의 회초리 같은 죽음자체[비슈마를 죽일 수 있는 황금으로 장식된 화살 하나를 들었다. 그런 다음 스웨타는 산타누의 아들 비슈마에게 말했습니다. "기다리시오. 그리고 나를 보시오, 최고(最高)의 인물이시여." 전투 중에 그 꾀 많은 궁사(弓師) 스웨타는 비슈마에게 그 말을 던져 놓고, 판다바 형제들을 위하여 그 용기와 용맹을 보이고 자신의 악을 달성하려고 뱀 같은 화살을 들었습니다. 오 대왕이시여, 그 다음 죽음의 회초리 같은 무서운 화살이 번쩍이는 것을 보고, 대왕의 아들 가운데서 "오 맙소사" 큰 탄식이 터져 나왔습니다. 금방 허물을 벗은 뱀처럼 스웨타(Sweta)의 팔을 벗어난 그 화살은 창공에서 날아온 거대한 별똥별 같았습니다. 그 때 비슈마는 조금도 두려워하지 않고 날개 달린 여덟 개의 화살로 그것을 아홉 조각을 만들었으니, 순금으로 된 그 화살은 공중을 날며 불꽃 같이 보였습니다. 오 바라타 족의 황소이시여, 그러자 대왕의 군대는 기쁨에 환호가 터져 나왔습니다. 그러나 스웨타는 자신의 화살이 조각난 것에 화가 나서 어떻게 할 줄을 몰랐습니다. 오 대왕이시여, 그러다 스웨타는 웃으며 비슈마를 죽이려고 기꺼이 철퇴(鐵槌)를 잡았습니다. 스웨타의 눈은 화로 시뻘게졌고, 철퇴로 무장을 해서 제2의 야마(Yama) 같았는데, 스웨타가 비슈마에게 달려드는 것은, 바위들을 향해 쏟아지는 불어난 급류(急流) 같았습니다. 비슈마는 스웨타의 성급함을 막기가 어려울 것 같아 그 강타를 피하기 위해 땅바닥으로 내려왔습니다. 오 대왕이시여, 그 때 스웨타는 화가 나서 마헤스와라(Maheswara, Siva) 신처럼 비슈마의 전차를 그 무거운 철퇴로 내려쳤다. 비슈마를 죽이려던 그 철퇴는 그 전차와 깃발과 전차몰이와 말들을 가루로 만들었습니다. 제일의 전차투사 비슈마가 보병이 되자 많은 살리아(Salya)와 다른 전차무사들이 서둘러 추적했습니다. 비슈마는 그 때 다른 전차에 올라 활을 잡고 서서히 스웨타에게로 다가갔습니다. 그러는 동안에 비슈마는, 하늘로부터 자신의 이익추구를 걱정하는 커다란 목소리를 들었습니다. "**오 비슈마여 억센 전사여, 이 전쟁에 대한 승리가 비록 창조자에 의해 이미 정해진 것이라고 할지라도, 잠시도 실수하지 말고 싸워라.**" 하늘의 사자(使者)가 이처럼 전하는 것을 듣고 기쁨에 넘쳐 스웨타(Sweta)의 격파에 정신을 집중했습니다. 보병이 된 스웨타가 바라보니 많은 판다바 측의 무사들이 일제히 몰려 왔습니다. 그 무사들은 사티아키(Satyaki), 비마세나(Bhimasena), 프리샤타(Prishata) 족의 드리슈타듐나(Dhrishtadyumna), 케카야(Kekaya) 5형제, 드리슈타케투(Dhrishtaketu), 힘 좋은 아비마뉴(Abhimanyu)였습니다. 그리고 구원하러 달려온 그들을 보고 비슈마는 드로나(Drona) 살리아(Salya) 크리파(Kripa)로 막게 하니, 바람을 막는 산과 같았습니다. 그리고 판다바 측의 무사를 확인한 스웨타는 칼을 들어 비슈마의 활을 잘랐습니다. 비슈마는 활을 버리고 천사(天使)의 말을 생각하며 스웨타를 잡으려고 마음먹었습니다. 비록 스웨타에게 당황은 했으나, 비슈마는 사크라(Sakra) 활과 같은 번쩍이는 다른 활을 잡아 즉시 그것을 쏘았습니다. 오 바라타의 주인이시여, 비슈마께서는 스웨타가 비록 비마세나 등이 감싸고는 있으나 강가의 아드님[비슈마]은 스웨타 사령관을 잡으려고 계속 진격하셨습니다. 비슈마의 진격을 보고, 비마세나는 여섯 개의 화살을 비슈마에게 적중시켰습니다. 그러나 데바브라타(Devavrata, 비슈마) 할아버지께서는 비마세나, 아비마뉴, 그리고 다른 전차무사들에게 무서운 화살 공격을 가하여 세 개의 화살을 적중시켰습니다. 그리고 그 바라타 족의 할아버지께서 사티아키(Satyaki)와의 대결에서는 일백 개의 화살로 공격하셨고, 드리슈타듐나(Dhrishtadyumna)에게는 20개, 케카야(Kekaya) 형제에게는 다섯 개의 화살로 공격하셨습니다. 모든 위대한 궁사(弓師)들을 무서운 화살로 저지하며 데바브라타께서는 오직 스웨타(Sweta)를 향해 나아가셨습니다. 그리고 치명적인 화살 하나를 꺼내서 비슈마는 그것을 활줄에 올렸습니다. 그래서 그 화살은 신(Brahma)의 위력을 지닌 것으로 신들과 간다르바(Gandharvas) 피사카(Pisachas) 우라가(Uragas) 라크샤사들(Rakshasas)에게도 알려졌습니다. 그래서 불타는 듯 빛나는 그 화살은 갑옷을 뚫고 나가 하늘의 벼락처럼 땅에 박혔습니다. 태양이 서쪽으로 지면서 그의 빛을 거두듯이 그 화살은 스웨타(Sweta)의 몸을 관통하여 그의 생명도 가져가 버렸습니다. **비슈마의 그 같은 살상에서 인중(人中)의 호랑이[스웨타]는 주저앉아버린 산봉우리 같았습니다.** 그래서 판다바 측의 모든 크샤트리아들은 비탄에 잠겼습니다. 그러나 대왕의 아드님들과 모든 쿠루들은 기쁨이 넘쳤습니다. 오 대왕이시여, 스웨타(Sweta)가 죽은 것을 보고 두사사나(Dussasana)는 소라고둥과 북소리 음악에 맞춰 기뻐서 그 전장에서 춤을 추었습니다. 그리고 비슈마가 그 스웨타(Sweta)를 죽였을 때에, 전쟁에 장식품에 지나지 않는 시칸딘(Sikhandin)을 우두머리 한 판다바 측의 궁사(弓師)들은 모두 공포에 떨어야 했습니다. 그리고 사령관이 살해되었을 때에, 브리슈니(Vrishni) 족의 다나자야(Dhanajaya 아르주나)는 밤을 보내기 위해 군사를 서서히 철수시켰습니다. 오 바라타시여, 그래서 양군은 철수하기 시작하여 양쪽 군사들은 자주 커다란 포효(咆哮)가 있었습니다. 그리고 파르타 족(Parthas)의 억센 전차투사들도, 그들 사령관과의 단일한 대결에서 끔찍한 살상을 행한 자[비슈마]를 생각하며 우울하게 집합을 했습니다.

드리타라슈트라가 말했다. -스웨타(Sweta) 사령관이 살해되었을 때, 그 억센 궁사(弓師) 판다바 형제들과 판찰라들(Panchalas)은 무엇을 했는가? 사령관 스웨타(Sweta)가 죽었다는 말을 듣고, 그들 간에는 무슨 일이 생겼는가? 오 산자야여. 우리의 승리 소식을 전하는 그대의 말에, 내 마음이 즐거울 것 같은가? 우리의 [전투 상의 규칙]위반(違反)을 생각하면 부끄럽지 않을 것인가.[비슈마와 스웨타의 불균형] 쿠루 족의 어르신은 항상 우리에게 즐겁게 헌신을 하고 계신다. 두료다나가 그렇게 생각하듯이 아저씨[비두라]의 지성으로 격발된 적대감이 있기에 비슈마께서는 한 때 유디슈티라 때문에 생긴 걱정과 두려움 때문에 판두 아들들을 보호하려 하셨다. 그 때에 비슈마는 모든 것에서 떠나 고행 속에 사셨다. 판두 아들들의 솜씨로 여러 곳에서 저지를 당하시고 얽히어 두료다나가 [비슈마의]명예로운 행위에 의탁할 수밖에 없었다. 앞서 그 고약한 맘보를 지닌 왕[두료다나]이 그들의 보호 아래 있었다. 오 산자야여. 그런데 유디슈티라에 헌신한 스웨타(Sweta)가, 비슈마에게 살해를 당했다는 것은 무엇인가? 정말 그 속 좁은 왕[두료다나]은 모든 것을 불쌍한 녀석들 아래다 내던졌구나. 비슈마는 전쟁을 좋아하지 않으셨고, 교사가 되는 것도 싫어하셨다. 크리파(Kripa)와 간다리(Gandhari)도, 나(드리타라슈트라)도, 브리슈니(Vrishni) 족의 바수데바(Vasudeva)도 판두 아들 왕도, 비마(Bhima)도 아르주나(Arjuna)도 전쟁을 싫어했다. 나와 간다리(Gandhari) 비두라(Vidura) 자마다그니(Jamadagni) 아들 라마(Rama), 고상(高尙)하신 비아사(Vyasa)까지 만류를 해도, 고약한 두료다나(Duryodhana), 두사사나(Dussasana) 놈은 항상 카르나(Karna)와 수발라(Suvala) 아들의 말을 따라, 판다바 형제들에게 적대적으로 행동을 하였다. 오 산자야여, 나는 비슈마가 큰 실망에 빠져 있다고 생각한다. 스웨타(Sweta)를 죽이고 비슈마가 승리한 다음에 파르타(Partha, 아르주나)가 할 일은 분노로 흥분되어 크리슈나와 연합하여 전쟁을 행하는 것이 아닌가? 오 산자야여, 정말 나의 두려움은 아르주나에게서 생기노니, 그 두려움을 나는 떨쳐버릴 수가 없구나. 다난자야(Dhananjaya 아르주나)는 용감하기로 유명하여, 그의 화살은 그의 적들의 몸을 산산조각을 낼 것이라고 나는 생각한다. 인드라의 아들, 전투에서 인드라의 아우 우펜드라(Upendra)와 맞먹는, 그 분노와 목표가 헛된 것이 아닐 것이니, 네 마음에 있는 대로 그를 설명해 보라. 용감하고, 베다를 알고 있고, 태양의 광망(光芒[아르주나])을 소유하고, 아인드라(Aindra) 무기에 관한 지식을 가지고 있는 측량할 수 없는 저 무사[아르주나]는, 어느 적과 상대해도 항상 이길 것이 아닌가? 그의 무기는 항상 적에게 벼락처럼 떨어지고, 그의 팔은 활시위를 당기는데 엄청나게 빠르니, 쿤티의 아들은 억센 전차투사이다. 오 산자야여, 가공할 드루파다의 아들도 큰 지혜도 겸비했다. 전장에서 스웨다가 살해당할 적에 드리스타듐나는 무엇을 했는가? 사령관을 죽인 잘못된 결과가 판다바 형제들 가슴에 불을 질렀다고 나는 생각한다. 그들의 분노를 미루어보면 나는 두료다나 걱정에 밤이나 낮이나 편하질 않구나. 이 큰 전쟁은 어떻게 될 것인가? 오 산자야여, 모두 말해 보라.

　산자야가 말했다. -오 대왕이시여, '대왕의 위반(違反)'에 관해 먼저 들으소서. 대왕께서는 결과를 두료다나에게만 전가(轉嫁)해서는 안 됩니다. 대왕의 생각은 물이 없어진 다음에 제방(堤防) 만들기 식이시고, 집에 불이 붙었을 때에 우물파기 식(式)이십니다. 오 바라타시여, 격렬한 전투에서 사령관 스웨타(Sweta)가 비슈마에 의해 살해를 당하고, 전쟁터에서 항상 즐거이 호전적 대열을 짓이겼던 비라타(Virata)의 아들 산카(Sankha)가 그의 전차에서 크리타바르만(Kritavarman)과 살리아(Salya)가 서 있을 것을 보고 갑자기 화가 나서 버터에 불처럼 불타오를 때 그 오후는 지나가고 있었습니다. 억센 무사[산카]가 인드라 활처럼 큰활을 느려 전장에서 마드라(Madras) 왕을 죽이려 했던 것은 사방의 거대 전차군단이 지지를 하고 있었습니다. 그런데 산카(Sankha)는 화살 소나기를 받으며 살리아(Salya)가 있었던 전차로 달려들었습니다. 화난 코끼리 같이 달려드는 그를 보고 대왕 편의 일곱 억센 전차투사가 그를 포위했는데, 그는 이미 죽음의 문턱에 들어선 마드라 왕을 구하려 했던 것입니다. 그래서 억센 비슈마께서 천둥같이 소리치며 6큐빗(46~56cm)의 활을 잡으시고 산카(Sankha)에게 달려가셨습니다. 그리고 판다바 무리는 그 억센 전차사이며 위대한 궁사가 달려드는 것을 보고 태풍에 요동치는 배처럼 떨었습니다. 그래서 아르주나가 급히 앞으로 나가 산카(Sankha) 앞에 섰으니, 산카(Sankha)가 비슈마로부터 보호되어야 한다고 생각한 것입니다. 그래서 비슈마와 아르주나 간에 대결이 시작된 것입니다. 전투에 참가한 무사들 중에서 "오, 아이고" 고함 소리가 터져 나왔습니다. 그리고 하나의 군대가 다른 군대와 합병되는 듯했습니다. 모든 사람들이 놀랐습니다. 오 바라타 족의 황소이시여, 그런데 손에 철퇴를 잡은 살리아(Salya)가 산카(Sankha)의 네 마리 말을 죽이려고 전차에서 뛰어 내렸습니다. 살리아(Salya)는 뛰어내려 말들을 죽인 다음 칼을 뽑았습니다. 그러나 산카(Sankha)는 비바트수(Vibhatsu) 전차로 달려가 그것에 올라 안정을 회복했습니다. 그래서 거기에는 비슈마의 전차에서부터 온 하늘과 땅을 덮는 수많은 화살이 날아왔습니다. 그리고 그 최고의 강타자 비슈마는, 판찰라(Panchala) 마트시아(Matsya) 케카야(Kekaya) 프라바드라카(Prabhadraka) 무리들을 화살로 살육했습니다. 그리고 곧 왼손으로도 활을 쏠 수 있는 아르주나는 그 전장을 떠났는데, 비슈마는 판찰라(Panchalas)왕 드루파다(Drupada)에게 달려들어 그를 포위하였습니다. 그래서 비슈마는 곧 두루파다 무리를 수많은 화살로 덮었습니다. 겨울의 마지막에 숲에 붙은 불처럼 두루파다(Drupada)의 군대는 소진(消盡)될 것처럼 보였습니다. 그리고 비슈마는 그 전장에서 연기 없는 불기둥이었고, 대낮에 만물을 비추는 태양과 같았습니다. 판다바 형제 편의 대적(對敵)자들은 비슈마를 바라볼 수도 없었습니다. 공포에 질린 판다바 무리는 주위를 살펴도 의지할 곳이 없어 추위에 떠는 소떼 같이 보였습니다. 오 바라타시여,

살육되고 격퇴당하는 낙담의 순간에 판다바 형제의 군대에서는 "오 어쩌나." 커다란 외침이 터져 나왔습니다. 그 때 비슈마는 활을 당겨 치명적인 독약 같은 화살을 쏘아댔습니다. 오 바라타시여. 엄중한 활의 영웅 비슈마는 모든 방향으로 화살을 계속 쏘아 앞서 말씀드린 판다바 전차무사들을 살해했습니다. 그리고 판다바 형제의 군대가 그 전장에서 참패를 당했을 때에는 해도 져서 아무 것도 볼 수가 없었습니다. 오 바라타 족의 황소이시여, 그래서 비슈마께서 자랑스럽게 서 계시는 것을 보고, 파르타들은 밤 휴식을 위해 그네들의 군사를 철수시켰습니다.

산자야가 말했다. -바라타 족의 황소이시여. 첫날에 군사들이 철수했을 때에 두료다나(Duryodhana)는 비슈마께서 전투에서 분노로 흥분된 것을 보고 기쁨에 넘쳐 있을 때에, 유디슈티라는 재빠르게 형제와 왕들이 모여 있는 자나르다나(Janardana, 크리슈나)에게로 갔습니다. 유디슈티라는 패배의 슬픔 속에 비슈마의 전술을 생각하며 브리슈니(Vrishni) 족 후손(크리슈나)에게 말했습니다.

"오 크리슈나여, 그 억센 궁사(弓師) 비슈마의 무서운 용맹을 보셨지요. 비슈마는 아군을 마른 풀을 태우는 불처럼 그의 화살로 시살했습니다. 비슈마는 불이 버터를 태우듯이 우리 군사를 들어 마시니, 어떻게 대적해야 하겠습니까? 비슈마는 활로 무장을 했고, 활에 떨려 도망을 칩니다. 분노한 야마(Yama), 벼락으로 무장한 야마, 올가미를 손에 든 바루나(Varuna), 철퇴로 무장한 쿠베라(Kuvera)도 억센 전차무사 비슈마와 겨루면 패배할 것이고, 비슈마의 힘을 당할 수 없을 것입니다. 상황이 이러함에 저는 구해낼 배도 없이 비슈마라는 깊이를 알 수 없는 바다에 잠겨가고 있는 듯합니다. 오 케사바(Kesava)시여, 제 모자란 생각으로는 비슈마에게 붙들리기 보다는 오 고빈다(Govinda)여, 나는 숲으로 은퇴하고 싶습니다. 숲에서 사는 것이 비슈마처럼 죽음에 매달린 지상의 군주에 봉사하는 것보다 더 바람직한 삶일 것 같습니다. 오 크리슈나여, 강력한 무기에 친숙한 비슈마는 우리 군사를 다 섬멸할 것입니다. 그들을 파괴하여 불길로 뛰어드는 곤충들처럼 우리 군사의 대적도 그러할 것입니다. 오 브리슈니 족의 당신이시여, 왕국을 위해 대책을 주소서, 저는 파멸로 가고 있습니다. 저의 영웅적인 형제들도 큰형이 왕권과 행복을 빼앗겼기에 저를 위해서 화살들의 고통과 어려움을 겪고 있습니다. 남아 있는 날 동안 저는 최고의 금욕을 행할 것입니다. 오 게사바시여, 나는 내 친구들에게 살해를 행하라고 하지 않을 것입니다. 그 억센 비슈마는 그의 천상의 무기로 끊임없이 수천의 우리 전차무사를 죽이고 있습니다. 오 마다바(Madhava)시여, 지체 없이 제가 행할 일을 말씀해 주십시오. 아시겠지만 아르주나는 이 전투에 무관심한 구경꾼입니다. 힘을 가진 그 비슈마만이 크샤트리아의 의무를 생각하며 최고로 그 무기로 용맹을 보이고 있습니다. 비슈마는 영웅 살상의 철퇴를 가지고 그의 용맹을 다하여 보병과 말과 전차 코끼리들에게 그의 최고 힘으로 거두기 어려운 공적을 달성하고 있습니다. 그러나 이 영웅은 우리 세대에 호전적인 무리와 공정하게 싸워 이길 수 없습니다. 당신의 친구 아르주나만이 무기들에 친숙합니다. 그러나 아르주나는 우리가 비슈마와 드로나(Drona)에게 죽을 것이라고 생각하고, 우리에게는 무관심이 없습니다. 오 크리슈나여, 천상의 무기를 지닌 비슈마와 고매(高邁)한 정신의 드로나는 끊임없이 모든 크샤트리아를 죽이고 있습니다. 용맹이 그러하므로 그네 편의 왕들이 돕고 있는 비슈마가 화를 내면 틀림없이 우리를 다 죽일 것입니다. 오 요가의 주인(Lord of Yoga)이시여, 숲에 붙은 큰불을 끄는 비구름 같이 비슈마를 죽일 위대한 궁사, 억센 전차투사를 찾아주소서. 오 고빈다여, 당신의 은혜로 판두의 아들은 그 적들을 섬멸하고 왕국을 회복한 다음에 그의 친족과 행복하게 될 것입니다." 이렇게 말한 다음 유디슈트라는 슬픈 마음에 한참 동안 말없이 있었습니다. 판두 아들이 슬픔으로 정신을 잃은 것을 본 고빈다(Govinda)는 모든 판다바 형제들을 기쁘게 해주며 말했습니다.

"오 바라타족의 왕이시여, 슬퍼하지 마시오. 대왕의 형제들이 세상에 알려진 영웅이고 궁사임을 대왕이 알면, 슬퍼하지 않게 될 것입니다. 나 역시 대왕을 위해 억센 전차무사 비라타(Virata)와 드루파다(Drupada)를 수년간 고용하고 있고, 프리샤타(Prishata) 계의 드리슈타듐나(Dhrishta-dyumna)도 있습니다. 최고의 왕이시여, 그리고 역시 그들의 군사를 보유하고 있는 국왕들이 대왕의 호의를 기대하고 있고, 충성을 다하려 하고 있습니다. 프리샤타 족의 억센 전차무사 드리슈타듐나는 대왕 군사의 사령관으로서 항상 대왕께 안녕을 드릴 것이고, 대왕이 좋아할 일을 할 것입니다. 그리고 **시칸딘(Sikhandin)은 바로 명백히 비슈마를 살해할 사람입니다.**" 이 크리슈나의 말을 듣고 유디슈티라는 드리슈타듐나에게 말했습니다.

"오 드리슈타듐나여, 프리샤타의 아들이여, 바수데바(크리슈나)가 내게 한 말이 결코 거짓이 아닐 찌니, 그대가 우리군의 사령관이 되시오. 지난 날 카르티케야(Kartikeya)가 천상의 사령관을 행했듯이 오 인중(人中)의 황소여, 판다바 무리의 사령관이 돼주시오. 인중의 호랑이여, 그대의 용맹을 드러내어 카우라바들을 물리치시오. 나는 그대와 비슈마와 크리슈나를 따라 갈 것입니다. 그리고 마드리(Madri)의 아들들과 드라우파디의 아들, 뛰어난 왕들도 그대와 함께 할 것입니다." 그 말을 듣고 드리슈타듐나가 기쁜 마음으로 아뢰었습니다. "오 프리타의 아드님이시여, 옛날 삼부(Sambhu)가 임명되었듯이, 저는 드로나(Drona)의 살해자입니다. 저는 전장에서 비슈마, 드로나, 크리파, 살리아, 자야드라타, 그리고 뻐기는 모든 왕들과 싸울 것입니다." 드리슈타듐나가 결연(決然)히 맹세하자 판다바의 무사들은 무적의 큰 힘을 받아 모두 자리에서 일어나 함성을 질렀습니다. 그러고 나서 유디슈티라는 사령관 드리슈타듐나에게 말했습니다. "적을 격파하는 크라운차루마(Krauncharuma, 神鳥)라는 진법(陣法)은 옛날 신들과 아수라들(Asuras)이 싸울 적에 브리하스파티(Vrihaspati)가 인드라에게 말해주었던 것입니다. 그 진법(陣法)을 쓰시지요. 쿠루 형제를 따르는 왕들은 그것을 보고도 모를 것입니다." 비슈누가 벼락 신에게 이르듯이, 사람 중의 유디슈티라는 사령관에게 그렇게 말하고, 새벽이 되자 다난자야(Dhanajaya)를 전군(全軍)의 선봉(先鋒)으로 세웠습니다. 그리고 다난자야(Dhanajaya)의 깃발은 인드라가 하늘에서 이동할 때 천상에서 제작된 바를 본뜬 것으로 엄청 훌륭했습니다. 여러 가지 색깔로 된 깃발들은 인드라 신의 활무지개과 같았고, 하늘의 특공대, 떠다니는 구름 같이 전차의 줄을 따라 빛나고 춤추는 것 같았습니다. 그리고 간디바(Gandiva) 소지재[아르주나]의 깃발은 보석으로·장식한 것으로 태양 스스로가 만든 것 같았습니다. 거군(巨軍)을 거느린 드루파다(Drupada)왕은 대열의 머리에 섰습니다. 그리고 쿤티보자(Kuntibhoja)와 사이비아(Saivya) 두 왕은 두 개의 눈이 되었습니다. 그리고 다사르나(Dasarnas) 프라아가(Prayagas)의 왕은 다세라카 족(Daserakas) 아누파카족(Anupakas) 키라타족(Kiratas)을 거느리고, 그 목 부분에 자리 잡았습니다. 그리고 유디슈티라는 파타크차라족(Patachcharas), 후나족(Hunas) 파우라바카족(Pauravakas) 니샤다족(Nieshadas)을 거느리고, 쿤다비사족(Kundavishas) 만다카족(Mandakas) 라다카족(Ladakas) 탄가나족(Tanganas) 우드라족(Uddras) 사라바족(Saravas) 툼부마족(Tumbhumas) 바트사족(Vatsas) 나쿨라족(Nakulas)을 거느린 피사차족(Pisachas)과 두 날개를 이루었습니다. 그리고 나쿨라(Nakula)와 사하데바(Sahadeva)는 왼쪽 날개에 두었습니다. 그리고 두 날개를 연결하는 부분에는 1만대의 전차를 배치했고, 머리에는 1만 명, 등 뒤에는 1억 2만, 목 부분에는 70만 병력을 배치했습니다. 그리고 날개의 접속 부분과 날개들의 끝 부분에 거대 코끼리 부대를 배치하여 불타오르는 산봉우리 같았습니다. 그리고 배후는 비라타(Virata)가 맡았는데, 그는 케카야족(Kekayas)과 카시(Kasi)왕과 체디 족(Chedis)의 왕과 3만 전차 부대를 대동했습니다. 오 바라타시여, 이처럼 장대한 진세(陣勢)를 가다듬은 다음 판다바 형제들은 모두 용기를 가지고 해돋이에 맞춰 전투에 대비를 했습니다.[27]

———✈

(a) 이 '마하바라타(The Mahabharata)' 전쟁에서 제일 주목을 해야 할 사항은 '인간 사회의 전쟁'이 처음부터 '왕들[크샤트리아들]의 전쟁'이라는 사실이다. 즉 '전쟁의 주축(主軸)'이 고정적으로 '최고 고위층[국왕]'의 결정 사항이고, '그 왕들 간의 적대감'의 결과가 '전쟁'이라는 움직일 수 없는 전제이다.

(b) 그러므로 그 '국왕'에 종속된 일반 백성들[바이샤, 수드라]은 어떤 쪽이 이기든 지든 '공물(貢物)을 바치는 것'으로 그 의무는 끝나게 된다.

(c) 그런데 힌두 사회의 체계는 '국왕[크샤트리아]'이 그 '백성과 땅'을 모두 '사유(私有, 소유)한 것'으로 전제되어 일반 백성은 '자율권'이 처음부터 인정되지 않은 사회였다.

(d) 그리고 '마하바라타(The Mahabharata)'에서 확인될 수 있듯이 '바라문[司祭]들'은 사실상 경제적으로 '국왕'에 종속되어 있으나 특별히 '천신(天神, 절대 신)'을 따로 받들고 있는 존재로 '국왕[크샤트리아] 존중'을 받은 '국사(國師)' '왕사(王師)'는 '도덕 교사' '시인(詩人)' '책사(策士)' '사신(使臣)' '아유자(阿諛者)'로 그 자리를 잡고 있었으니, 이들은 바로 오늘날 '문인(文人)' '학자(學者)' '정책 수립자' '교육가'로 분할된 존재들이었다.

(e) '마하바라타(The Mahabharata)'의 **첫째 날의 전투**'에서는 쿠루의 대장 '비슈마(Bhishma)'에게

27) K. M. Ganguli (Translated into English Prose from the Original Sanskrit Text), *The Mahabharata of Krishna-Dwaipayana Vyasa*, Munshiram Manoharlal Publisher Pvt. Ltd, New Delhi, 2000, -**Bhishma Parva**- pp. 104~127

모든 시선이 집중 되게 했고, 그에 묘사와 칭송으로 넘쳐났다고 할 수 있다.

(f) '마하바라타(The Mahabharata)'에서 '비슈마(Bhishma)'는 바로 '쿠루 왕국'을 대표하고 있는 무사인데, '마하바라타(The Mahabharata)' 작자는 그를 '타도(打倒)의 제일 대상'으로 삼았으나, 앞서 확인[제93장]했듯이 그는 '평화[화해]'을 바란 사람이나, 어쩔 수 없이 '사령관 자리'를 수락해 놓고 전장에 나선 존재로 설명이 되어 있다.

(g) 그런데 이 **마하바라타(The Mahabharata) 전쟁**'은 '크샤트리라 중심'의 전쟁이 아니라 **'절대신이 주도한 전쟁' '세상을 심판하는 전쟁'**으로 그 전제가 되었던 점이다.

(h) 그리고 당시 '주요 전투 방법' '주 무기(主 武器)'는 '활[리]'이었는데, '한 사람이 화살을 발사하여 해 빛을 차단하고, 산허리를 감고 있는 구름 같은 '무한 발사' '무한 화살 공급'이 모두 긍정이 된 '신비한 무기들[활들]'이고, 그 '인간들의 전쟁'을 신들은 '스포츠'를 관람하듯 내려다보며 '칭찬'도 '비웃기'도 했다는 기본 전제를 두었다.

(i) 한 마디로 '마하바라타(The Mahabharata)'에 전쟁 양상은 '신비한 전쟁'으로, '천신 편 크샤트리아들의 승리 전쟁' '이미 다 이긴 전쟁을 구체적으로 재검하기'이며 '신의 권위 체험기' '크샤트리아들 바라문 만들기'로 철저하게 기획이 된 저작이라는 점이다.

(j) 대적(對敵)의 과정은 '아비'나 '형제'나 '아들'이 전투에 살해되어 그 '원수 갑기'가 '크샤트리아들의 분노의 기폭제'가 되어 '대량 살상'을 감행했다는 것이 그 구체적인 그 경과보고이다.

(k) 그리고 전투 방법은 '화살로 적의 목을 베는 것'이 마지막 승부를 가르는 방법이고, 가장 크게 '묘기'를 발동하는 경우는 자신을 향해 날아오는 '화살들'을 중간에서 자신이 발사한 화살로 '토막 내어 저지하는 경우'이니, 오늘날 '전자 유도탄 발사'로도 쉽지 않을 '전투 방법'을 그 '마하바라타(The Mahabharata)'는 확실하게 구사되었다고 힌두의 '계관 시인'은 굽힘없이 서술을 하고 있다.

(l) 그리고 '마하바라타(The Mahabharata)' 전투 방법은 '일대일(一對一) 전투'가 기본이었고, '전차 무사'는 '전차 무사'와 맞붙고 '코끼리 대장'은 '코끼리 대장'과 '기병(騎兵)'은 '기병(騎兵)', '보병(步兵)'은 '보병(步兵)'과 대결하는 것이 전반적인 대결 방식이었다.

(m) '마하바라타(The Mahabharata)' 전쟁은 하루를 중심으로 '해가 뜰 때'에 전투를 개시했고, '일몰(日沒)'과 함께 전투를 멈추는 것을 상례(常例)로 하였다.

(n) '대장장군, 왕, 왕재'를 공격하는 방법은 사실상 고정이 되어 있으니, 먼저 '말'과 '마부'를 공격하고 이어 '상대 적'을 잡는 방법이 그것이다.

(o) '진법(陣法, array)의 대결'이 보이는데, 전투 시작 전의 새벽에 군 수뇌부가 결정을 내리었다.

(p) 전투 상황의 **보고자 산자야(Sanjaya)는 정말 '하늘과 땅과 개별 인간과 그 마음 속'을 다 꿰뚫어 보는 신통력을 발휘한 존재로 쉽게 말해 오늘날 '텔레비젼 생방송'을 더해 '하늘나라 신들의 동향'과 '전투 참가자의 개별 심성[화나고 슬퍼함 등]'까지 상세히 보고를 하는 '놀라운 중계(中繼)력'을 발동하였다.**

(q) '전투'와 '전쟁'이 극도로 미화되어 '전투로 피투성이 가 된 무사'를 '꽃 핀 킨수카 나무'처럼 아름다웠다고 서술했다.['죽음'의 美化와 讚揚]

(r) 그리고 '전쟁 이야기'에, **패배를 당하게 될 쪽에 선승(先勝)을 주는 이야기 방법**'은 이 '마하바라타(The Mahabharata)'에서부터 시작을 했으니, 망할 쿠루권[드리타라슈트라 군] 사령관 비슈마가 판다바의 사령관 스웨타(Sweta)를 먼저 잡아 그 군사의 위력을 자랑해 보였다는 것이 그 '수법'이다. ['스웨타(Sweta)'는 경력 소개가 부실한 장군이고, 사실상 '드리슈타듐나'가 이미 사령관으로

소개가 되어 그 '스웨타(Sweta)'는 '비슈마' 용맹 자랑의 '양념'일 뿐이었다. -通俗演義'에서는 관우(關羽) 무용 자랑에, 먼저 '유섭(俞涉)', '반봉(潘鳳)'이 화웅(華雄)에게 패배를 당했다는 전개 방법 상 그 '유섭(俞涉)' '반봉(潘鳳)' 같은 장군이다. -'유비 3형제가 호뢰관에서 여포와 싸우다. 虎牢關三戰呂布']

제95장 둘째 날의 전투 -비슈마에게 공격을 집중한 아르주나

　산자야는 말했다. -측량할 수 없는 판두 아들이 이룬 무서운 '크라운차(Krauncha, 조류 명칭) 진(陣)'을 보고, 대왕의 아드님 **두료다나**는 스승과 크리파(Kripa) 살리아(Salya) 소마다타(Somadatta)의 아들, 비카르나(Vikarna) 아스와타만(Aswatthaman) 두사사나(Dussasana)가 앞장을 선 그의 형제들과 다른 셀 수 없는 영웅들이 전투를 위해 모여 있는 곳으로 가서 적절하게 다음과 같은 말을 하여 모두를 즐겁게 했습니다.

　"백가지 무기로 무장을 한 당신들은 경전(經典)들에도 친숙하십니다. 억센 전차무사이신 당신들 모두는 군사를 거느린 판두의 아들놈들을 혼자서도 다 감당할 수 있습니다. 그런데 당신들이 힘이 합(合)할 때에는 어떻겠습니까? 그러기에 비슈마가 지켜주는 우리는 그 힘을 측량할 수도 없습니다. 그런데 비마(Bhima)가 지킨다는 그들은 훤히 다 내다 볼 수 있는 것들입니다. 삼스타나족(Samsthanas) 수라세나족(Surasenas) 베니카족(Venikas) 쿡쿠라족(Kukkuras) 레차카족(Rechakas) 트리가르타족(Trigartas) 마드라카족(Madrakas) 야바나 족(Yavanas) 사트룬자야족(Satrunjayas)과 두사사나(Dussasana) 그리고 탁월한 비카르나(Virkarna) 난다(Nanda) 우파난다카(Upanandaka) 치트라세나(Chtrasena) 마니바드라카 족(Manbhadrakas)은 모두 군사를 이끌고 가 그 비슈마를 지키도록 하시오." 두료다나가 그렇게 명령을 내려서 비슈마와 드로나와 대왕의 아드님들은 판다바 형제들의 진세(陣勢)에 대항하여 더욱 강력한 진세를 형성하였습니다. 거대 군사로 둘러싸인 **비슈마**는 천군(天軍)의 대장처럼 억센 군사를 이끌고 앞으로 진격을 했습니다. 그리고 그 억센 궁사(弓師) 큰 힘을 지닌 '바라드와자(Bharadwaja)의 아들[드로나]'은 쿤탈라 족(Kutalas) 다사르나 족(Dasarnas) 마가다 족(Magadhas) 비다르바 족(Vidarbhas) 멜라카 족(Melakas) 카르나 족(Karnas) 프라바라나 족(Pravaranas)을 거느리고 그 **비슈마**를 뒤따랐습니다. 그리고 간다라 족(Gandharras) 신두사우비라 족(Sindhusauviras) 시비족(Sivis) 바사티 족(Vasatis)도 그 전쟁의 중핵 비슈마를 따랐고, 사쿠니(Sakuni)는 군사를 거느리고 '바라드와자(Bharadwaja)의 아들[드로나]'을 지키고 있었습니다. 그리고 나서 두료다나 왕은 그의 모든 형제와 아스왈라카족(Aswalakas) 비카르나족(Vikarnas) 바마나족(Vamanas) 코살라족(Kosalas) 다라다족(Daradas) 브리카족(Vrikas) 크슈드라카족(Kshudrakas) 말라바족(Malavas)과 연합하여 즐겁게 판다바 무리에 대항해 나갔습니다. 그리고 부리스라바족(Bhurisravas)과 살라(Sala) 살리아(Salya) 바가다타(Bhagadatta) 빈다(Vinda) 아반티(Avanti)의 아누빈다(Anuvinda)는 좌측 옆구리를 지켰습니다. 그리고 소마다타(Somadatta) 수사르만(Susarman) 수다크쉬나(Sudakshina) 캄보자족(Kamvojas)의 왕과 사타유족(Satayus) 스루타유족(Srutayus)은 우측 옆구리에 주둔을 했습니다. 그리고 아스와타만(Aswathaman) 크리파(Kripa) 사트와타(Satwata)족의 크리타바르만(Kritavarman)은 대군을 이끌고 배후에 주둔했습니다. 그리고 그들 뒤에는 많은 지방의 왕들과 케투마트(Ketumat), 바수다나(Vasudana), 카시(Kasi)왕의 힘 센 아들이 있었습니다. 오 바라타시여, 그래서 대왕 편의 군사는 전투를 기다리며, 즐겁게 소라고둥을 불며 사자 같은 함성으로 일어났습니다. 그리고 기쁨에 넘친 군사들의 함성을 들으시고 용맹을 겸비한 그 존경스러운 쿠루의 할아버지는 사자후(獅子吼)를 토(吐)한 다음 당신의 소라고둥을 불었습니다. 이에 상대편에서도 소라고둥, 북, 다양한 심벌즈들이 울려퍼졌고, 그 소란은 큰 함성이 되었습니다. 그리고 마다바(Madhava)와 아르주나가 백마가 이끄는 거대 전차에 올라 황금과 보석이 박힌 그들의 소라고둥을 불었습니다. 그리고 흐리쉬케사(Hrishikesa, 크리슈나)는 판차자니아(Panchajanya)라는 소라고둥을 불었고, 다난자야(Dhananjaya, 아르주나)는 데바다타(Devadatta)라는 소라고둥을 불었습니다. 그리고 무서운 브리코다라(Vrikodara)는 거대한 소라고둥 파운드라(Paundra)를 불었습니다. 쿤티의 아들 유디슈트라는 아난타비자야(Anantavijaya) 소라고둥을, 나쿨라(Nakula)와 사하데바(Sahadeva)는 수고사(Sughosa)와 마니푸슈파카(Manipushppaka) 소라고둥을 불었습니다. 그리고 카시(Kasi) 왕, 사이비아(Saivya), 억센 전차무사 시칸딘(Sikhandin), 드리슈타듐나, 비라타, 억센 전차무사 사티아키, 위대한 궁사 판찰라 왕, 드라우파디의 다섯 아들이 모두 그들의 커다란 소라고둥을 불고 함성을 질렀습니다. 그래서 그 전장에서 그 영웅들의 큰 함성소리에 하늘과 땅이 떠나갈 듯했습니다. 오 대왕이시여, 쿠루와 판다바들은 기쁨에 넘쳐 그렇게 소라고둥을 불며 다시 싸우러 상대를 향해 돌진하였습니다.

드리타라슈트라가 말했다. -아군(我軍)과 적군이 그처럼 전투 진형(陣形)을 이루었을 적에 어떻게 강타자들은 싸우기를 시작했는가?

산자야가 말했다. -모든 군단(軍團)들이 그처럼 배열이 되어 있을 때에 용사들은 각자 갑옷을 입고 그들의 아름다운 깃발을 세우고 기다리고 있었습니다. 그리고 끝없는 대양과 같은 쿠루의 무리에서 대왕의 아드님 두료다나는 용사들에게 명령을 내렸습니다. "갑옷을 착용했으니, 이제 전투를 개시하라." 그래서 목숨을 버리는 독한 마음으로 모든 용사들은 깃발들을 세우고 판다바 무리를 향해 돌격했습니다. 전투는 치열하여 머리카락을 곤두서게 했습니다. 전차와 코끼리들이 서로 섞였습니다. 그리고 전차무사들이 힘껏 발사한 끝이 날카롭고 깃털을 단 화살들은 코끼리와 말들을 쓰러뜨렸습니다. 그리고 이렇게 전투가 시작되었을 때에 존경스러운 쿠루의 할아버지 무서운 용맹의 억센 비슈마는 갑옷을 착용하시고 당신의 활을 잡으시고, 영웅적인 수바드라(Subhadra) 아들과 억센 전차무사 아르주나, 케카야 족의 왕, 비라타, 프리샤타 족의 드리슈타듐나, 체디(Chedi), 마트시아(Matsya)에게 화살 소나기를 퍼부었습니다. 그래서 판다바의 억센 진영은 그 영웅들의 전투 개시로 흔들렸습니다. 그리고 모든 투사(鬪士) 간에 접전이 개시되었습니다. 기병(騎

兵)과 전차투사와 말들이 먼저 넘어졌습니다. 그런데 판다바 진영에 전차부대가 도망가기 시작했습니다. 그 때 인중(人中)의 호랑이 아르주나는 그 억센 전차무사 비슈마를 보고 화가 나서 크리슈나에게 말했습니다.

"오 브리슈니(Vrishni) 족의 당신[크리슈나]이시여, 그 할아버지가 있는 곳으로 전차를 모시오. 분노로 흥분된 그 비슈마가 두료다나의 이익을 위해 우리 무리를 섬멸하려 하시는 것이 확실합니다. 그리고 두료다나가 앞장을 선 드리타라슈트라의 아들들과 드로나 크리파 살리야가 연합을 하였고, **그 견고한 궁사[비슈마]를 지켜서 지금 판찰라들을 다 죽이려 하고 있습니다. 그러기에 나까지도 우리 군사(軍士)들을 위하여 비슈마를 잡지 않을 수 없습니다.** 오 자나르다나(Janardana)시여." 그러자 바수데바(Vasudeva, 크리슈나)도 아르주나에게 말했습니다.

"오 다난자야(Dhananjaya, 아르주나)여, 조심하시오. 내가 '할아버지' 전차를 향해 나아가 당신을 곧 그를 따라잡을 것입니다." 이렇게 말하고 세상이 축복을 하는 그 전차 앞에서 사우린(Saurin, 크리슈나)이 그 전차의 말고삐를 잡았습니다. 나부끼는 셀 수 없는 깃발들과, 나르는 백학(白鶴) 같은 말과 원숭이가 울부짖는 대장기(大將旗), 태양처럼 빛나는 널따란 전차와 우레같이 울리는 방울은 카우라바 군대와 수라세나 족(Surasenas)을 무찌르는 그 판두의 아들[아르주나]이 빨리 와서 대적하라는 반기는 친구 같은 충동 자였습니다. 성난 코끼리처럼 갑작스럽게 돌진하여 그의 화살을 닥치는 대로 쏘아 용감한 대적 자들을 아르주나가 그의 화살로 쓰러뜨리니, 사인다바(Saindhava)와 동방 무사와 사우비라족(Sauviras) 케카야족(Kekayas)이 지켜주는 산타누의 아들 비슈마는 급히 아르주나와 맞서게 되었습니다. 간디바(Gandiva) 명궁을 지닌 아르주나에게 비슈마와 드로나(Drona)와 카르나(Karna)를 빼면 누가 감히 대적을 할 수 있을 것입니까? 오 대왕이시여. 그래서 비슈마는 아르주나에게 77발의 화살을 안겼고, 드로나는 25발, 크리파는 50발, 두료다나는 64발, 살리아는 아홉 발, 드로나의 아들은 60발, 비카르나(Vikarna)는 세 발, 사인다바는 아홉 발, 사쿠니는 다섯 발의 화살을 각각 아르주나에게 안겼습니다. 그리고 아르타야니(Artayani)는 아르주나에게 세 발의 광두(廣頭) 화살을 쏘았습니다. 그래서 **사방에서 날카로운 화살 공격을 받았으나, 그 위대한 궁사(弓師) 아르주나는 화살 공격을 받은 산처럼 끄떡없었습니다.** 오 바라타의 족의 황소이시여, 이에 측량할 수 없는 용맹의 왕자(王者) 아르주나는 비슈마에게 25발의 화살을 꽂고, 크리파에게는 아홉 발, 드로나에게는 60발, 비카르나에게는 세 발, 아르타야니에게는 세 발, 두료다나에게는 다섯 발의 화살을 돌려주었습니다. 그리고 나니 사티야키와 비라타, 드리슈타듐나, 드라우파디의 아들과 아비마뉴가 달려와 아르주나를 감싸 보호하였습니다. 그 다음에 소마카 족(Somakas)의 지원을 받은 판찰라의 왕자가 비슈마를 지키고 있는 드로나에게 달려들었습니다. 그 때 비슈마는 날쌔게 80 발의 화살을 아르주나에게 적중시키니, 대왕의 무사들은 그것에 너무나 기뻐했습니다. 전차무사들의 사자 같은 함성을 들으며 용맹의 비슈마는 그 전차무사들 속에서 계속 판다바 전차무사들을 활로 공격을 했습니다. 그런 다음에 두료다나가 전투에서 아르주나의 공격으로 자신의 군대가 곤경(困境)에 빠진 것을 보고 비슈마께 말했습니다.

"강가의 아드님이시여, 크리슈나를 동반한 판두 아들놈(아르주나)이 비슈마 당신과 드로나가 살아계심에도 우리 군사를 죽여 우리의 뿌리까지 자르고 있습니다. 당신 때문에 카르나는 무기를 놓고 프리타의 아들놈들과 싸우지 않고 있습니다. 카르나는 항상 저를 지지하고 있으니, 그<u>카르나</u>에게 '팔구니(Phalguni, 아르주나)를 잡으라.'고 허락을 하소서." 이 두료다나의 말에 비슈마는 "그까짓[카르나] 무사 녀석!" 하시고는 파르타(Partha, 아르주나)의 전차를 향해 돌진하셨습니다. 그래서 모든 왕들은 양쪽의 백마 전차가 전투를 행하려고 서 있는 것을 보고 고함을 지르고 소라고 둥을 불었습니다. 그래서 드로나(Drona)의 아들과 두료다나(Duryodhana)와 비카르나(Vikarna)는 그 전투에서 비슈마를 지키고 서 있었습니다. 그리고 모든 판다바들은 다난자야(Dhananjaya, 아르주나)를 지키고 격렬하게 싸울 준비를 하고 서 있었습니다. 그래서 전투는 시작이 되었습니다. 비슈마는 파르타를 아홉 개의 화살로 공격했습니다. 그래서 아르주나는 매우 치명적인 부분에 열 개의 화살을 쏘았습니다. 그리고 1천 개의 화살로 아르주나는 비슈마의 전부를 덮어버렸습니다. 오 대왕이시여, 그래서 아르주나의 화살 그물은 비슈마를 당황하게 만들었습니다. 그리고 양측은 즐겁게 싸워서 상대보다 더 이익을 취한 것도 없고, 각자가 다른 공적을 탐내지도 않았습니다. 그리고 비슈마의 활에서 발사된 화살들은 아르주나의 화살로 흩어지게 되었습니다. 아르주의 화살이 꺾어 모두 땅바닥에 떨어졌습니다. 그래서 아르주나는 비슈마에게 25발의 예리한 화살을 박았습니다. 비슈마도 역시 아리주나에게 아홉 대의 화살을 박았습니다. 그리고 그 억센 투사들은 상대방의 말, 화살, 전차 바퀴를 향해 쏘기 시작했습니다. 그래서 비슈마는 바수데바(Vasudeva, 크리슈나)의 가슴을 화살 세 개로 공격했습니다. 오 대왕이시여, 그리고 그 화살들을 날린 비슈마의 활은 전장에서 피어난 킨수카(Kinsuka)처럼 빛났습니다. 그러니 크리슈나가 보는 앞에서 분개한 아르주나는 비슈마의 전차 마부에게 세 개의 화살을 박아주었습니다. 그래서 두 영웅은 서로의 전차와 부딪쳐 싸우며 다른 것을 목표로 하지 않았습니다. 그리고 두 무사의 전차몰이들의 능력과 재능으로, 그 전차들의 움직임은 양자(兩者)가 공격하고 물러나는 아름다운 원형(圓形)을 이루었습니다. 오 대왕이시여, 서로 공격의 기회를 엿보고 있었으니, 자주 위치를 바꾸며 그들이 추구하는 것을 얻으려 했습니다. 그래서 두 영웅은 그들의 소라고둥을 불어 그 요란한 소리를 그들의 사자 같은 함성과 뒤섞었습니다. 그 억센 전차투사는 그들 활을 같은 방법으로 퉁기어 화살을 날렸습니다. 그래서 그들의 소라고둥소리 전차바퀴의 소리로 땅이 갈라지는 듯했습니다. 그래서 그것은 지하저승의 소음(騷音)을 만들기 시작했습니다. 바라타 족의 황소시여, 그래서 양쪽의 어느 누구도 그 지하 문의 걸쇠를 알지 못하고 있었습니다. 양쪽 다 상대방과 다툴 큰 용기와 힘을 가지고 있었습니다. 그리고 그 대장기(大將旗)만을 보며 카우라바들은 그를 도우려고 나갔습니다. 그리고 역시 판다바들도 아르주나의 대장기(大將旗)만을 따랐습니다. 오 대왕이시여, 이 두 영웅의 용맹에 전장에 모든 사람들은 감탄을 했습니다. 그리고 양자는 어느 누구도 도덕의 준수를 범하지 않았습니다.

그리고 두 영웅은 완전하게 알 수 없는 솜씨로 화살 구름을 만들었습니다. 그리고 두 영웅은 전투로 유명하게 되었습니다. 그래서 신(神)들과 간다르바들(Gandharvas), 그리고 차라나들(Charanas), 대 성자들은 두 영웅의 용맹을 보고 서로 이야기했습니다. 흥분해 있을 적의 그 억센 전차투사들은 세상에서는, 신들도 아수라들(Asuras)과 간다르바들(Gandharvas)도 싸워서는 이길 수는 없는 존재였습니다. 이 놀라운 전투는 온 세상에서 둘도 없는 것이었습니다. 정말 그와 같은 전투는 다시 일어날 수 없습니다. 비슈마는 활과 전차와 군마(軍馬)를 가지고 있어서 화살 비를 뿌리는 위대한 지성 프리타의 아들이지만 정복할 수 없는 분입니다. 그리고 역시 위대한 궁사 판두의 아들도 전투에서는 신들도 이길 수 없어 비슈마도 대결에서 정복을 한다고 할 수 없습니다. 세상이 지속되는 한 그렇게 오래 이 전투는 한 결 같이 계속이 될 것입니다. 오 대왕이시여, 우리도 비슈마와 아르주나의 칭송이 전장에 퍼져 있는 것을 들었습니다. 그리고 이 두 영웅이 그들의 용맹을 펼쳐 보이고 동안, 대왕의 무사와 판다바 무사들은 날카로운 언월도(偃月刀)와 번쩍이는 도끼, 수많은 화살, 각양각색의 무기를 들고 상대 적을 살육했습니다. 그래서 양측의 용감한 전사들은 무서운 전투가 끝날 때까지 계속 상대 적을 베어 눕혔습니다. 오 대왕이시여, 드로나(Drona)와 판찰라(Panchalas) 왕자의 대결도 끔찍했습니다.

드리타라슈트라가 말했다. -오 산자야여. 위대한 궁사(弓師) 도르나(Dorna)와 프리샤타 족(Prishata) 족 판찰라(Panchala) 왕자가 전장에서 서로 어떻게 싸웠는지 말해 보아라. 운명은 피할 수가 없어 비슈마는 판두의 아들이 도망칠 수 없게 하였다. 비슈마께서는 정말 전장에서 모든 존재들을 멸할 수 있으셨는데, 왜 그분의 무용(武勇)으로 판두 아들이 도망치지 못하게 하지 않으셨다는 것이냐?

산자야가 말했다. -오 대왕이시여, 그 끔직한 전투에 대해 들어보소서. 비슈마는 바사바(Vasava)를 대동한 신들도 이길 수가 없는 분이십니다. 드로나(Drona)는 다양한 화살로 드리슈타듐나(Dhrishtdyumna)를 공격했고, 그의 천차몰이를 전차에서 떨어뜨렸습니다. 그리고 드로나(Drona)는 네 개의 화살로 드리슈타듐나의 네 마리 말을 괴롭게 만들었습니다. 그래서 드리슈타듐나 역시 아홉 개의 화살을 쏘아 주고 말했습니다. "기다려라, 기다려" 그러자 다시 측량할 수 없는 용맹의 드로나는 화가 난 드리슈타듐나를 화살로 덮어주었습니다. 그리고 드로나는 사크라(Sakra)의 번개와 같고 죽음의 채찍 같은 무서운 화살로 프리샤타 아들[드리슈타듐내을 죽이려 했습니다. 오 바라타시여, 전장에서 드로나가 그 화살을 겨누는 것을 보고 전장에서는 "오, 아이구나!" 목소리가 전장의 무사들 사이에서 터져 나왔습니다. 그러나 우리는 부동(不動)의 산처럼 버티고 있는 드리슈타듐나의 용맹을 볼 수 있었습니다. 드리슈타듐나는 죽음처럼 날아오는 그 불같이 무서운 화살을 쳐내고 드로나에게 화살 소나기를 퍼부었습니다. 드리슈타듐나가 보여준 고난도(高難度)의 묘기를 보고, 판다바들과 판찰라들은 일어나서 기쁨에 소리쳤습니다. 그리고 드리슈타듐나는 자신을 맹렬하게 공격하는 드로나를 잡으려고, 황금과 라피스 라줄리(lapis lazuli) 석(石)으로 장식한 화살을 뽑아 쏘았습니다. 이에 드로나는 잠깐 웃다가 자신을 향해 날아오는 그 화살을 세 토막을 만들어 버렸습니다. 자신의 화살이 망가진 것을 본 용맹스러운 드리슈타듐나는 드로나에게 화살 소나기를 퍼부었습니다. 화살 소나기를 걷어낸 드로나는 다시 드리슈타듐나의 활을 꺾어 버렸습니다. 자신의 활이 망가지니 드리슈타듐나는 산 같은 힘으로 철퇴를 들어 드로나에게 날렸습니다. 드리슈타듐나의 손을 떠난 철퇴는 드로나를 죽이려 날아갔습니다. 그때 우리는 드로나의 놀라운 무용을 볼 수 있었습니다. 드로나는 전차를 가볍게 틀며 철퇴를 무용(無用)하게 만들고 나서 드리슈타듐나에게 날카로운 화살을 쏘아 붙였습니다. 화살은 드리슈타듐나의 갑옷을 뚫어서 그의 피가 땅바닥에 흘렀습니다. 이에 드리슈타듐나는 다른 활을 잡고 다섯 대의 화살을 드로나에게 꽂아주었습니다. 그러고 나서 인간 중에 두 마리 황소는 피범벅이 되어 꽃이 핀 두 그루 킨수카(Kinsukas) 같았습니다. 오 대왕이시여. 군대의 선두에서 용맹을 보이며 드로나는 다시 한 번 드리슈타듐나의 활을 꺾었습니다. 그리고 드로나는 활이 꺾인 드리슈타듐나에게 산허리에 비를 뿌리는 구름처럼 무수한 화살을 쏘았습니다. 그리고 드로나는 드리슈타듐나의 마부를 쏘아 전차에서 떨어뜨렸습니다. 그리고 네 마리 말에 네 개의 화살을 쏘고 나서 드로나는 사자 같은 함성을 질렀습니다. 그리고 다른 화살로 드리슈타듐나의 손을 싸고 있는 가죽 가리개를 찢어버렸습니다. 활이 꺾이고, 전차가 못쓰게 되었고, 전차몰이꾼이 떨어진 드리슈타듐나는 철퇴를 손에 잡고 전차에서 내려와 용맹을 보이려 했습니다. 그러나 드리슈타듐나가 전차에서 내려오기 전에 드로나는 화살로 그 철퇴를 조각내버렸습니다. 드로나의 재능은 모든 사람들을 놀라게 했습니다. 그래서 억센 드리슈타듐나는 1백 개의 달을 그린 거대하고 아름다운 방패와 언월도를 잡고 화난 코끼리를 향해 숲에서 배고파 뛰어나온 사자처럼 드로나를 죽이려고 성급하게 달려들었습니다. 오바라타시여, 그래서 우리를 놀라게 한 것은 드로나[Bharadwaja의 아들]의 용맹이었습니다. 드로나는 경쾌하게 무기를 잡아 혼자서 화살 소나기로 그 드리슈타듐나를 막았습니다. 그래서 엄청난 힘을 가졌지만 드리슈타듐나는 더 진격할 수가 없었습니다. 그래서 우리는 드리슈타듐나가 그의 방패로 화살 구름을 막고 있는 것을 보았습니다. 그 때 억센 비마(Bhima)가 급히 거기에 도착을 하였고, 드리슈타듐나를 도울 수 있었습니다. 그래서 비마는 드로나에게 일곱 대의 날카로운 화살을 박아주고 급히 드리슈타듐나를 다른 전차에 올려 실었습니다. 그 때 두료다나 왕은 칼링가족(Kalingas)의 왕에게 명령을 내려 거대 군대를 이끌고 가 드로나를 지켜라고 명했습니다. 칼링가족(Kalingas)의 왕의 억센 군대가 비마에게로 달려갔습니다. 드로나는 드리슈타듐나를 버리고 비라타(Virata)와 드루파다(Drupada)를 상대로 싸웠습니다. 그리고 드리슈타듐나는 전투 중인 유디슈티라 왕을 도우러 갔습니다. 그 다음에는 칼링가족(Kalingas)과 비마 간에 머리카락이 솟는 끔찍한 전쟁이 터졌습니다.

드리타라슈트라가 말했다. -내 아들의 명령을 받은 칼링가족(Kalingas)의 왕과 전장에서 철퇴를 휘두르는 억센 비마(Bhimasena)가 전장에서 어떻게들 싸웠는가?

산자야가 말했다. -오 대왕이시여, 두료다나의 명령을 받은 억센 칼링가족(Kalingas)의 왕은 거대 군단을 이끌고 비마의 전차를 향해 달려 나갔습니다. 오 바라타시여, 그래서 비마도 체디족 (Chedis)의 지원을 받으며, 전차와 마필과 코끼리가 엄청날 뿐만 아니라 니샤다족(Nishadas)의 왕 케투마트(Ketumat)를 합한 억센 칼링가족(Kalingas)을 향해 돌진했습니다. 그리고 스루타유들도 역시 화가 나서 갑옷을 착용하고 케투마트(Ketumat) 왕을 대동하고 편대를 만들어 비마보다 앞서 전장으로 왔다. 오 대왕이시여, 그래서 수천 대의 전차를 거느린 칼린가족(Kalingas) 왕과 1만 마리 코끼리 부대와 니샤다족(Nishadas)을 거느린 케투마트(Ketumat)가 비마세나를 사방에서 포위를 하였습니다. 그래서 비마세나를 우두머리로 삼아 체디족(Chedis)과 마트시아족(Matsyas) 카루샤족 (Karushas)과 왕들은 성급하게 니샤다족(Nishadas)을 향해 달려들었습니다. 그래서 상대 적을 죽 이겠다는 욕심으로 양측 무사 간에 무섭고 격렬한 전투가 시작되었습니다. 오 대왕이시어, 인드라 (Indra)와 억센 디티(Diti) 아들들과의 싸움 같은 비마와 그 적(敵)들 간의 전투가 순식간에 벌어졌 습니다. 오 바라타시여. 거대 군대가 서로 싸우는 소리가 대양(大洋)이 으르렁거리는 소리 같았습 니다. 그리고 전투 자들은 서로 상대를 베어 온 전장이 살과 피로 얼룩진 화장장 같았습니다. 살해 욕에 사로잡힌 전사(戰士)들은 적과 친구(戰友)도 구분하지 못 했습니다. 그래서 쉽게 물러서지도 않는 용감한 전사들은 그의 친구(戰友)와도 싸웠습니다. 오 대왕이시여, 끔직한 충돌이 적은 체디 족(Chedis)과, 많은 칼링가족(Kalingas) 사이에 벌어졌습니다. 최고의 힘으로 남자답게 싸우던 억 센 체디족(Chedis)은 비마를 남겨둔 채 뒤돌아섰습니다. 그래서 비마를 따르던 체디족(Chedis)이 그를 포기하자 비마는 전 칼링가족(Kalingas)에 대항하여 오직 자신의 힘으로 싸우며 돌아갈 생각 을 하지 않았습니다. 억센 비마는 움직이지 않고, 그의 전차에서 칼링가족(Kalingas) 군단을 뒤덮 는 화살 소나기를 퍼부었습니다. 그러니 억센 궁사(弓師)인 칼린가족(Kalingas)의 왕과 전차 무사 인 그의 아들 사크라데바(Sakradeva)가 함께 비마에게 화살 공격을 시작했습니다. 그래서 비마는 아름다운 그의 활과 자신의 힘으로 카링가(Kalingas) 왕 그리고 사크라데바와 싸우는데, 셀 수도 없는 화살을 날려 비마의 말들을 죽였습니다. 그래서 비마의 전차에 말이 죽은 것을 보고 사크라데 바(Sakradeva)는 여름철이 끝날 무렵의 소나기 같은 화살을 비마에게 퍼부었습니다. 그러나 억센 비마는 말들이 이미 죽은 전차에 머무르며 강철로 만든 철퇴를 사크라데바(Sakradeva)에게 던졌습 니다. 오 대왕이시여, 그 철퇴를 맞은 사크라데바(Sakradeva)와 전차몰이와 장군기가 땅으로 굴러 떨어졌습니다. 아들이 죽은 것을 본 칼링가족(Kalingas)의 왕은 비마를 수천의 전차무사로 포위를 하였습니다. 그러나 비마는 철퇴를 놔두고 날카로운 공격을 가하려고 언월도(偃月刀)를 집어 들었 습니다. 인간 중의 황소 비마가 황금 언월도를 잡으니, 칼링가족(Kalingas)의 왕 역시 화가 나서 뱀같이 독 화살을 장전하여 비마를 잡으려고 쏘았습니다. 오 대왕이시여, 그 날카로운 화살은 비마 는 그의 언월도로 두 토막을 만들었습니다. 그리고 나서 칼링가족(Kalingas)의 왕은 기뻐서 큰소리 를 질러 상대 군사들이 무서워 떨게 하였습니다. 그리고 칼린가 족(Kalingas)의 왕은 화가 나서 재빠르게 14개의 날카로운 화살을 비마를 향해 쏘았습니다. 오 대왕시여, 그러나 억센 비마는 순식간에 그 화살이 비마에게 이르기 전에 조각을 내었습니다. 그 전투에서 14 개의 화살을 조각낸 비마는 바누마트(Bhanumat)가 그에게 달려드는 것을 보았습니다. 바누마트(Bhanumat)는 비마를 화살 소나기로 덮으며 하늘을 진동시키는 함성을 질렀습니다. 그러자 비마(Bimasena)도 그 치열한 전투에서 사자 같은 노호(怒號)를 터뜨렸습니다. 그래서 비마의 함성에 칼린가족(Kalingas)의 군사는 공포감에 휩쓸렸습니다. 그 전투에서 칼린가 족(Kalingas)의 군사들은 비마를 더 이상 사람으로 생각할 수 없었습니다. 오 대왕이시여, 비마는 커다란 함성을 지르며 갑자기 바누마트(Bhanumat) 거대 코끼리에 그 상아를 잡고 뛰어 올라 의 언월도로 바누마트(Bhanumat)의 허리를 잘라 나누어 버렸다. 그리고 비마세나는 그 칼링가족(Kalingas)의 왕자를 죽인 다음 비마는 그 코끼리 목을 쳤습니다. 목이 잘린 코끼리는 성급한 바다에 삼켜진 산과 같이 큰 소리를 내고 쓰러졌습니다. 오 바라타시여, 쓰러진 코끼리에서 뛰어내린 비마는 불굴의 정신으로 갑옷을 고쳐 입고 언월도를 다시 잡았습니다. 그리고 비마는 사방의 수많은 코끼리를 쓰러뜨리며 길을 텄습니다. 그래서 비마는 전 군의 무장기사(騎士) 코끼리 전차 수많은 보병을 무찌르는 불붙은 수레바퀴처럼 보였습니다. 그래서 그 억센 비마는 그의 날카로운 언월도로 코끼리를 탄 대적 자들을 그렇게 했듯이 몸과 머리들을 자르며 날째게 전장을 누비는 모습은 날아다니는 매(鷹)였습니다. 세상의 종말에 야마(Yama)처럼 분노하여 혼자 걸어 대적하는 비마는 적들을 공포의 도가니로 몰아넣은 용감한 무사의 종합이었습니다. 뭘 모르는 사람들만이 대 전장에서 칼을 잡고 돌아다니는 비마에게 성급하게 소리를 지르며 달려들었습니다. 그래서 엄청난 힘을 소유한 섬멸(殲滅)자 비마는 화살과 멍에와 무사를 자르고 그들을 죽였습니다. 오 바라타시여, 비마는 그 전장에서 온갖 행동을 선보였습니다. 비마는 빙글 돌기도 하고, 높이 뛰며 돌기도 하고, 한쪽을 밀어치기도 하고, 앞으로 건너뛰기도 하고, 달려 올라가고 높이뛰기도 하였습니다. 오 바라타시여. 비마는 앞을 공격했다가 위를 공격했습니다. 어떤 사람은 비마의 칼에 맞아 아파 소리 지르기도 하고 어떤 이는 급소를 다쳐 죽기도 했습니다. 그래서 상아를 단 많은 코끼리는 상아 끝이 잘리거나 가슴이 갈라졌고, 그 탑승자들을 빼앗겼는데, 그 사람들은 비명을 지르며 땅으로 떨어졌습니다. 오 대왕이시여, 부러진 창들과 코끼리 운전자의 머리와 고운 코끼리 덮개, 금으로 된 줄(線)들과 칼라, 화살과 망치와 화살통과 각종 기구(器具)와 끝이 번쩍이는 단전(短箭), 코끼리를 이끄는 갈고리와 갖가지 방울들과 금으로 장식한 손잡이들이 기수(騎手)들과 더불어 땅바닥에 떨어졌습니다. 그리고 앞부분이나 뒷부분, 코를 잘렸거나 죽어 넘어진 코끼리들로, 그 들판은 절벽들이 쓰러져 흩어져 있는 것과 같았습니다. 비마는 거대한 코끼리들을 무찌르고 나서, 말들도 그렇게 무찔렸습니다. 오 바라타시여, 비마는 기갑 병정들도 쓰러뜨렸습니다. 그들이 싸우는 전쟁은 극에 이르렀습니다. 그래서 손잡이들과 줄 그리고 금으로 장식한 안장의 뱃대끈과 말들의 등덮개 수염달린 화살, 비싼 도검(刀劍), 갑옷, 방패와 장식품들이 그 넓은 전장의 땅바닥에 흩어져 있었습니다. 그래서 땅에 백합꽃들이 피어 얼룩져 있듯이 비마는 피로 얼룩지게 했습니다. 그리고 그 판두의 아들은 껑충 뛰어 올라 전차투사와 대장 깃발을 그의 언월도로 처 내렸습니다. 비마는 엄청난 힘으로 자주 뛰어 오르고, 사방으로 달려가고 다양한 방법을 쓰므로 상대자들을 놀라게 했습니다. 어떤 사람은 그의 다리로 밟아 죽이고, 다른 사람들을 이끌어다가 땅 아래 눌러 죽였습니다. 그리고 또 다른 사람들은 그의 칼로 베었고, 다른 사람들은 그의 고함소리에 놀라 죽었습니다. 다른 사람들은 그의 다리로 쓰러뜨렸습니다. 그래서 비마를 본 사람들은 두려움에 도망을 쳤습니다. 이것이 방대한 칼링가족(Kalingas)의 군사들이 비마에게 달려가 그를 포위했던 상황입니다. 오 바라타족의 황소이시여, 그 다음 비마는 방대한 칼링가족(Kalingas)의 군사들 선두 선 스루타유슈(Srutayush)를 보고 그에게로 달려갔습니다. 비미가 그에게 달려드는 것을 보고 칼링가족(Kalingas)의 왕은 비마의 가슴에 아홉 발의 화살을 쏘았습니다. 이 화살을 맞은 비마는 갈고리에 찔린 코끼리처럼 화가 나 불쏘시개에 붙은 불같았습니다. 최고의 전차몰이꾼 아소카(Asoka)가 황금으로 장식한 전차를 몰고 와 비마 앞에 대었습니다. 비마는 잽싸게 그 전차에 올라탔습니다. 그리고 칼링가족(Kalingas) 왕에게 달려들며 말했습니다. "기다려라, 기다려" 그런데 억센 스루타유슈(Srutayush)는 화가 나서 그의 날쌘 솜씨로 날카로운 많은 화살을 쏘니, 비마는 채찍을 맞은 뱀처럼 노했습니다. **비마는 큰 힘으로 일곱 발의 철전(鐵箭)을 날려 칼링가족(Kalingas) 왕을 죽였습니다**. 그리고 다시 두 발을 발사하여 두 명의 전차 바퀴지킴이를 죽였습니다. 그리고 비마는 사티아데바(Satyadeva)와 사티아(Satya)를 염마(閻魔, Yama)에게 보냈습니다. 그리고 비마는 길고 날카로운 화살을 쏘아 케투마트(Ketuamt)도 염마(閻魔, Yama)에게 갈 준비를 하게 했습니다. 그리고 칼링가(Kalinga) 지방의 수천 명의 무사들이 극도로 화가 나 비마에게 달려들었습니다. 활과 철퇴 언월도(scimitars) 창 칼 도끼로 무장한 1만 명의 칼링가(Kalinga) 무사들이 비마를 포위했습니다. 비마는 먼저 화살 소나기로 그들을 분시키고 나서 철퇴를 들고 무서운 속도로 전차에서 뛰어 내려갔습니다. 그리고 나서 비마는 700명의 영웅들을 염마(閻魔, Yama)에게 보냈습니다. 그리고 비마는 2천의 칼링가(Kalinga)들을 죽였습니다. 그래서 그것은 너무나 놀라운 일이었습니다. 그처럼 무서운 비마는 거대한 칼링가 군대를 쉬지 않고 무찔렀습니다. 그리고 비마가 코끼리 탑승자를 죽여서 탑승자를 앗긴 코끼리들이 화살을 맞아 전장을 떠돌다가 자신의 대열을 밟으며 소리를 지르니 바람에 몰려가는 구름덩이 같았습니다. 그리고 나서 억센 비마가 기쁨에 넘쳐 한 손에 언월도를 들고 엄청난 소리로 그의 소라고둥을 불었습니다. 그 요란한 소리에 칼링가(Kalinga) 군사들을 공포에 떨었습니다. 그래서 모든 칼링가(Kalinga)들은 넋을 잃었습니다. 코끼리들의 왕처럼 비마가 전장을 누비고 다니니 비마의 적들은 가수(假睡) 상태(trance)가 되었습니다. 칼링가 군사들은 비마라는 악어에게 흔들리는 호수 같았습니다. 비마의 공포감으로 칼링가 군사들은 사방으로 도망을 쳤습니다. 그러나 판다바 군 사령관 드리슈타듐나가 "싸워보자."라고 말하자 다시 모였습니다. 그들 사령관의 말을 듣고 시칸딘(Sikhandin)이 앞장을 서서 많은 대장들이 전차 부대를 이끌어 비마에게로 달려가 공격을 도왔습니다. 그리고 정직한 유디슈티라 왕도 구름 같은 거대 코끼리 군대를 이끌고 드리슈타듐나의 뒤따라 왔습니다. 그래서 탁월한 전사들이 둘러싸고 있는 자신의 군대도 비마의 날개 중에 하나로 동참을 했습니다. 드리슈타듐나에게는 비마(Bhima)와 사티아키(Satyaki)가 세상에서 자기 생명보다 더욱 사랑스러웠습니다. 호전적인 적장들의 살해자 드리슈타듐나는 억센 비마가 칼링가 족 가운데서 좌충우돌하는 모습을 보았습니다. 드리슈타듐나는 기쁨에 수도 없이 소리를 쳤습니다. 그리고 드리슈타듐나는 그의 소라고둥을 불며 사자 같은 함성을 질렀습니다. 이에 비마(Bhima)도 비둘기 같이 하얀 백마 전차에 황금으로 장식한 드리슈타듐나의 붉은 대장기를 보고 만족했습니다. 무궁한 전략의 드리슈타듐나가 전장에서 칼링가 족을 맞아 싸우고 있는 비마를 보고 그를 도우러 돌진하였습니다. 그래서 드리슈타듐나와 브리코다라(Vrikodara) 두 영웅은 멀리서 사티아키(Satyaki)가 칼링가족(Kalingas)을 맞아 격렬하게 싸우고 있는 것을 보았습니다. 그래서 그 무적의 용사 시니(Sini)의 손자는 비마와 사티아키의 날개 지점으로 진격을 했습니다. 비마는 활을 손에 잡고 엄청난 살상을 내며 격렬하게 적들과 싸웠습니다. 그래서 비마는 피의 강물을 이루고 칼린가 무사들과 피와 살이 범벅이 되었다. 오 대왕이시여, 군사들이 비마를 보고 말했습니다. '칼링가 족은 비마와 싸웠다 하면 다 죽는구나.' 그 때 산타누의 아들 비슈마는 전쟁터에 비명 소리를 듣고 비마에로 달려가 비마를 포위하였습니다. 이에 사티아키와 비마세나와 드리슈타듐나가 비슈마의 황금 전차로 달려들었습니다. 그들은 신속하게 비슈마를 포위하여 틈도 주지 않고 각각 세 발의 화살을 비슈마에게 적중시켰습니다. 그러나 비슈마는 세 사람에게 세 발의 화살을 되돌려 주었습니다. 비슈마는 수천의 화살로 그 강력한 무사들을 저지하며 황금 갑옷을 입은 비마의 말들을 화살로 죽였습니다. 그러나 비마는 말이 죽은 그 전차에 머물며 비슈마의 전차를 향해 맹렬하게 화살 하나를 발사했습니다. 비슈마는 그 화살이 도달하기 전에 두 토막을 내서 땅바닥으로 떨어뜨렸습니다. 그러함에 비마는 '사이키아(Saikya) 철'로 만든 무거운 철퇴를 들고 급히 전차에서 뛰어 내렸습니다. 그리하여 드리슈타듐나는 그 비마를 자신의 전차에 싣고 유명한 대적 전투사들의 시각에서 벗어났습니다. 그래도 사티아키(Satyaki)는 비마를 돕고 싶은 생각에서 비슈마의 전차몰이꾼을 화살로 쓰러뜨렸습니다. 전차몰이꾼이 사망하자 비슈마는 바람같이 말을 몰아 전장을 떠났습니다. 오 대왕이시여. 전장을 벗어난 비마는 마른 풀에 붙어 있는 불길처럼 분노로 타 올랐습니다. 그래서 비마는 칼링가족(Kalingas)을 무찌르며 군사들 가운데 남아 있었는데, 대왕의 편에서는 그를 감당할 사람이 없었습니다. 오 바라타의 황소이시여, 그래서 판찰라 족과 마트시아 족의 숭배를 받으며, 비마는 드리슈타듐나를 껴안고 사티아키(Satyaki)에게로 갔습니다. 그래서 무적의 사티아키(Satyaki)는 드리슈타듐나 앞에서 비마를 반기며 말했습니다.

"운 좋게도 칼링가족의 왕과 칼링가 족의 왕자 케투마트(Ketumat), 사크라데바(Sakradeva)와 전 칼링가 족이 완전히 섬멸되었습니다. 오직 당신이 홀로 힘과 용맹으로 코끼리와 말과 전차와 뛰어난 영웅 무사들을 물리치고 승리하셨습니다." 이렇게 칭송을 하고 비마의 전차로 올라 가 비마를 포옹하였습니다. 그렇게 하고 무적의 사티아키(Satyaki)는 자기 전차로 되돌아와서 대왕의 군사들을 무찌르며 비마를 도왔습니다.

산자야가 말했다. -오 바라타시여, 그날 오전이 지나가고, 전차와 코끼리 말 보병 기병들의 사상자들이 증가했을 때에, 판찰라(Panchala) 왕재드리슈타듐나는 억센 무사 세 사람 즉 드로나(Drona)의 아들과 살리아(Salya)와 크리파(Kripa)와의 전투에 돌입했습니다. 그래서 판찰라(Panchala) 왕재드리슈타듐나는 날카로운 화살로 세상에 유명한 드로나(Drona) 아들 말들을 죽였습니다. 말을 빼앗긴 드로나의 아들은 살리아의 전차에 올라 그 팔찬라 왕자에게 화살 소나기를 퍼부었습니다. 그리고 드리슈타듐나가 드로나 아들과의 전투에 개입하는 것을 보고 수바드라의 아들[아비마뉴]이 급히 달려와 그의 날카로운 화살을 쏘았습니다. 오 바라타 족의 황소이시여, 그래서 수바드라의 아들[아비마뉴]은 살리아에게 25 개, 크리파에게 아홉 개, 아스와타만에게는 여덟 개의 화살을 적중시켰습니다. 그러나 드로나의 아들은 즉시 아르주나의 아들에게 많은 깃털 달린 많은 화살로 공격을 했고, 살리아는 12개 크리파는 세 개의 화살을 아르주나의 아들에게 적중을 시켰습니다. 그리하여 대왕의 손자 락슈마나(Lakshmana)는 아르주나의 아들이 전투에 개입하는 것을 보고 화가 나서 그에게 달려들었습니다. 그래서 그들 간에 전투가 벌어졌습니다. 그래서 두료다나의 아들은 대결에서 아르주나의 아들에게 날카로운 화살을 쏘았습니다. 그래서 그것은 아주 훌륭하게 보였습니다. 오 바라타 족의 황소시여, 그래서 화가 난 아비마뉴(Abhimanyu, 아르주나의 아들)는 날랜 솜씨로 즉시 락슈마나(Lakshmana)에게 500개의 화살을 쏘았습니다. 이에 락슈마나(Lakshmana)가 아비마뉴의 활을 자신의 화살로 두 동강을 내니, 모든 사람들이 환호성을 보냈습니다. 그러니 아비마뉴를 부러진 활을 버리고 더욱 강한 활을 잡았습니다. 그래서 두 영웅은 그들의 기술을 다하여 서로 날카로운 화살을 주고받았습니다. 그 때 두료다나 왕은 자기 아들 락슈마나(Lakshmana)가 아비마뉴에게 괴롭힘을 당하는 것을 보고 그 지점으로 나아갔습니다. 그래서 대왕의 아드님이 그 지점에 이르렀을 때에 모든 왕들이 전차 군단으로 아비마뉴를 포위해 버렸습니다. 용맹으로는 크리슈나와 동일한 그 불패의 아비마뉴는 조금도 동요하지 않았습니다. 그래서 아비마뉴가 전투에 개입한 것을 보고 다난자야(Dhananjaya, 아르주나)가 그 지점으로 달려가 그 아들을 구해 내고 싶었습니다. 사비아사친(Savyasasachin)이 그곳으로 가니 비슈마와 도르나가 전차를 몰고 앞장을 서고, 왕들과 코끼리, 말, 말들이 급히 몰려들었습니다. 그래서 보병과 기병과 전차 기갑 부대가 짙은 먼지를 일으켜 하늘을 덮으며 나타났습니다. 그리고 수천의 코끼리와 수백 명의 왕들은 아르주나가 활을 쏘면 닿을만한 거리에 이르러서는 더 이상 진격을 못하고 있었습니다. 그리고 모든 존재들이 울부짖어 사방이 암울해졌습니다. 그래서 쿠루들은 범월(犯越)에 대해서는 가혹하고 무서운 결과가 올 것을 알고 있었습니다. 대왕이시여, 하늘도 땅도 태양도 아르주나가 쏘는 화살의 결과를 판별하고 있는 존재는 없었습니다. 거기에는 아르주나에게 대장기를 빼앗긴 코끼리와 말이 없는 전차가 허다(許多)했습니다. 그래서 어떤 장군들은 전차를 버리고 걸어 다니는 것도 보였습니다. 그리고 전차가 못 쓰게 된 무사들은 안가다(Angadas)로 장식된 무기를 손에 들고 여기저기를 돌아다녔습니다. 말과 코끼리를 타다가 아르주나에게 말과 코끼리를 빼앗긴 사람들은 무서워서 사방으로 도망을 쳤습니다. 그래서 왕들은 아르주나의 화살로 인해 쓰러지거나 전차나 코끼리나 말에서 떨어졌습니다. 오 대왕이시여, 치열한 아르주나는 그 무서운 화살로 무사들이 들었던 무기, 철퇴, 칼, 화살, 활, 갈고리, 깃발들이 부셔져 온 전장에 널려 있었습니다. 그리고 부서진 철퇴, 망치, 꼬리달린 화살, 단전(短箭), 칼, 도끼, 창, 방패 조각, 갑옷, 깃발, 황금 자루가 달린 우산, 쇠고리, 막대기, 채찍, 고삐들이 전쟁터에 쌓여 있거나 흩어져 있었습니다. 대왕의 군대에는 어떤 사람도 영웅적인 아르주나를 당할 사람은 없었습니다. 오 대왕이시여, 누구나 그 프리타의 아들에게 대항했다가는 저 세상으로 보내졌습니다. 대왕의 모든 대적 자들이 도망을 치니, 아르주나와 바수데바는 그들의 소라고둥들을 불었습니다. 그 때 비슈마께서는 쿠루 무리가 패주하는 것을 보고 영웅적인 바라드와자(Bharadwaja)의 아들[드로나]에게 웃으면서 말했습니다.

"크리슈나와 연합한 다난자야가 우리 군사들을 맘대로 해버렸다는 이야기이다. 어떤 방법을 쓰든지 이 말세(末世, Yuga)에 파괴자가 되었으니, 오늘의 전투에서 그를 꺾기는 불가능하다. 이 무리들을 다시 모으기도 역시 불가능하다. 우리 군사가 도망치는 것을 보라. 태양이 세상에 좋은 경치를 훔쳐서 아스타(Asta)라는 산 중에 최고에 도달하려 하고 있다[해가 졌다]. 이에 나는 철수(撤收)의 시간이 되었다고 생각한다. 다치고 겁먹은 무사들은 다시 싸울 수가 없다." 비슈마는 드로나에게 이렇게 철군(撤軍)을 행하라 하셨습니다. 그 때 해는 지고 양군은 철군을 단행했고 황혼이 찾아왔습니다.[28]

_____ →

(a) '마하바라타(The Mahabharata) 전쟁'에 가장 먼저 주목하지 않을 수 없는 점이 그 '전황(戰況)'을 보고하는 '산자야(Sanjaya)'의 신과 같은 능력이다. **아르주나와 비슈마, 그리고 그밖에 장군들이 주고받은 화살 숫자까지 정확하게 드리타라슈트라 왕에게 보고 보고를 했음은 역시 '마하바라타(The Mahabharata)' 중에 포함된 '지존(至尊)의 노래(Bhagavat Gita)'도 전혀 어김없이 보고가 된 것이라는데 그 '절대적인 의미'가 있다.**

(b) 그리고 두료다나와 카르나 사쿠니 두사사나는 서로 찰떡같이 결합해 있는 존재들이지만, 비슈마와 드로나는 사실상 이미 판두들에게 마음이 가 있고, 그들의 '최후 승리'도 다 알고 있는 존재로 제시되어 '승패가 이미 명시된 전쟁'이 '쿠루크셰트라 전쟁'의 성격이었다.['배약의 사기꾼 집단'에 대한 '도덕을 지키는 혁명전쟁 승리'이다.]

(c) 거듭 확인을 해야 할 사항은, **'활'이 그 무기의 중심을 이루었던 상황에서 비슈마, 드로나, 카르나, 아르주나 등 최고의 궁사(弓師)들은 '자기가 쏜 그 화살들이 구름처럼 하늘을 덮게 했고' '자신을 향해 날아오는 그 화살을 자신의 화살로 다시 격파했다.'**는 오늘날 '미사일로 미사일

28) K. M. Ganguli (Translated into English Prose from the Original Sanskrit Text), *The Mahabharata of Krishna-Dwaipayana Vyasa*, Munshiram Manoharlal Publisher Pvt. Ltd. New Delhi, 2000, -**Bhishma Parva**- pp. 127~142

격파'와 같은 '활쏘기 방법'을 상고(上古)시대 전투 '마하바라타(*The Mahabharata*)'에서 써 먹었다는 진술이다.

그것은 '신(神)의 전법을 익힌 영웅들'이기에 그것 역시 '절대 신의 영역 내의 문제'라는 진술이니, [처음부터 끝까지 펼쳐진 신비주의에서] 꼭 그것만이 문제될 이유는 없을 것이나, '인력의 초월한 영웅들의 무용담'은 '단순히 건국 영웅들의 무용담'이라는 합리적 영역으로 내려와 고려를 할 경우, '아무도 범접할 수 없는 현 황제의 위대한 조상 이야기'라는 '황실의 건국 영웅담'일 뿐이라는 점을 고려하면 **그것은 역시 힌두 사회에서 '사종성(四種姓)의 고수(固守)'를 위해 동원된 것이라는 점을 간과해서는 아니 될 것이다.**

(d) 그리고 '마하바라타(*The Mahabharata*)'는 '인연설(因緣說)'로 전체가 묶인 이야기인데, 정면에서 대결한 '드리타라슈트라들'과 '판두들' 말고, 당초 친구 사이였던 **'드로나'**와 **'드루파다'**의 대결이 '복수[보복] 전쟁'의 악순환으로 얽혀 그의 아들 '아스와타만'과 '드리슈타듐나'의 대결로 이어졌나는 것은 인간 사회에 '우정'과 '원수'의 양극적 대립을 서로 묶어놓은 그 해 묵은 **약연(惡緣)의 대표**'가 되었다.

제96장 셋째 날의 전투 -크리슈나가 직접 비슈마 공격에 나서다.

산자야가 말했다. -밤이 지나가고 새벽이 되니, 비슈마는 쿠루 군사에게 전투 준비를 하명(下命)했습니다. 그 노(老) 쿠루의 할아버지께서는 대왕의 아드님께 승리를 안겨 주려고 '가루다(Garuda)'란 명칭의 진세(陣勢)를 형성하셨습니다. 그리고 그 '가루다(Garuda)'의 부리에 데바브라타(Devavrata, 비슈마) 당신이 계셨고, 그 두 개의 눈은 바라드와자(Bharadwaja)의 아들[드로나]과 사트와타(Satwata) 족의 **크리타바르만(Kritavarman)**을 두셨습니다. 그리고 유명한 투사 아스와타만(Aswatthaman)과 크리파(Kripa)에게 트리가르타족(Trigartas)과 마트시아족(Matsyas) 케카야족(Kekayas) 바타다나족(Vatadhanas)을 이끌고 '가루다 진(陣)'의 머리를 맡게 하셨습니다. 그리고 부리 스라바족(Bhurisravas)과 살라(Sala), 살리아(Salya), 바가다타(Bhagadatta), 마드라카족(Mardrakas), 신두소우비라족(Sindhu-Souviras), 판차노다족(Pancha-nodas), 자야드라타(Jayadratha)를 그 '가루다 진(陣)'의 목으로 삼았습니다. 그리고 그 등[背]에 두료다나 왕과 그 추종자들을 두었습니다. 그리고 빈다(Vinda)와 아반티의 아누빈다(Anuvinda)와 캄보자족(Kamvojas) 사카족(Sakas) 수라세나족(Surasenas)으로 그 '꼬리'를 이루었습니다. 오 대왕이시여, 갑옷을 착용한 마가다족(Magadhas), 칼링가족(Kalingas), 다세라카족(Daserakas)은 진(陣)의 오른쪽 날개를 이루었습니다. 그리고 카루샤족(Karushas) 비쿤자야족(Vikunjas) 문다족(Munds), 카운디브리샤 족(Kaundivrishas) 브리타드발라(Vrithadvala)는 진(陣)의 왼쪽 날개를 이루었습니다.

한편 비슈마의 진세를 본 사비아사친(Savyasachin, 아르주나)은 드리슈타듐나에게 그에 상대적(相對的)인 진(陣)을 치게 도왔습니다. 그래서 대왕의 진과는 반대로 판두 아들은 '반달 모양의 공격진(陣)'을 형성했습니다. 그래서 다양하고 풍부한 무기로 무장한 왕들에 둘러싸인 비마는 오른쪽 뿔에 자리를 잡았습니다. 그리고 비마의 뒤에는 억센 전차투사 비라타와 드루파다가 자리를 잡았고, 그들 다음으로는 독을 바른 무기를 든 닐라(Nila)가 뒤를 따랐습니다. 그 닐라(Nila) 다음에는 체디족(Chedis) 카시족(Kasis) 카루샤족(Karushas) 파우라바족(Pauravas)에 둘러싸인 억센 무사 드리슈타케투(Dhrishtaketu)가 있었습니다. 그리고 판찬라족(Panchalas)과 프라바드라카족(Pra-bhadrakas)과 다른 군대가 지키는 드리슈타듐나와 시칸딘은 전투를 위해 중앙에 자리를 잡았습니다. 그리고 거기에 유디슈타라 왕이 코끼리 군단에 옹위되어 있었습니다. 그리고 유디슈타라 다음에는 사티아키(Satiaki)와 드라우파디 다섯 아들이 있었습니다. 그리고 바로 그 다음에 이라반(Iravan)이 있었습니다. 이라반(Iravan) 다음에 비마의 아들 **가토트카차(Ghatotkacha)**와 케카야족(Kekayas)의 억센 전차투사들이 있었습니다. 그리고 진(陣)의 왼쪽 뿔에는 우주의 보호자 자나르다나(Janardana, 아르주나)가 있었습니다. 그것이 대왕의 아드님[두료다나]을 무찌르기 위한 판다바들이 만든 상대 진형이었습니다. 그래서 대왕의 군대와 적들 간의 전투가 개시되니, 전차와 코끼리 부딪쳐 함께 섞였습니다. 엄청난 수의 코끼리와 전차의 떼가 상대방을 죽이려고 달려갔습니다. 그리고 수많은 전차들의 달리는 찌꺽거리는 소리가 난동 속에 들렸고, 사자 같은 함성과 북소리가 뒤섞였습니다. 오 바라타시여, 그리고 영웅들의 전투와 고함소리는 하늘나라까지 이르렀습니다.

산자야가 말했다. -오 바라타시여, 억센 전차투사 다나자야(Dhanajaya)가 군사 대열과 전투위치를 배치한 다음 전차부대 사이에 화살 전투가 터져 대량 학살을 낳았습니다. 이처럼 다르타라슈트라들(Dhartarashtras)은 말세(末世)의 끝에 나타난 파괴자 같은 프리타의 아들에게 살육을 당했지만 역시 끈질기게 싸웠습니다. 찬란한 승리의 영광을 소망하며 싸우다가 죽을 때까지 아무 다른 생각도 없이 다르타라슈트라들(Dhartarashtras)은 여러 곳에서 판다바 대열을 무너뜨렸고, 그들 자신도 무너졌습니다. 그래서 판다바와 카우라바가 모두 그들의 자리들이 바뀌고 원위치를 이탈해 있게 되었습니다. 아무것도 서로 구분해 낼 수도 없었습니다. 흙먼지가 일어나 태양도 가려버렸습니다. 방향도 다 없어졌습니다. 오 대왕이시여, 바라드와자(Bharadwaja)의 아들[드로나]이 지키는 카우라바 군사들은 무너질 수가 없었습니다. 그래서 가공(可恐)할 판다바 군대도 사비아사친(Savyasachin, 아르주나)이 지키고 있고, 비마가 이끄는 군사들이라서 파괴될 수가 없었습니다. 그래서 오 대왕이시여, 양쪽 군대의 전차 코끼리 부대가 대열을 지키며 전투에 돌입 하였습니다. 그 치열한 전투에서 '기갑부대(cavalry soldiers)'는 '기갑부대'와 싸워 칼과 창으로 쓰러뜨렸습니다. 그리고 전차부대는 전차부대를 상대로 황금 날개를 붙인 화살로 상대를 쓰러뜨렸습니다. 그리고 코끼리부대는 코끼리부대를 상대로 '광두(廣頭) 화살(broad-headed shaft)'과 창으로 상대를 쓰러뜨렸습니다. 그리고 거대 보병부대는 적개심에서 기꺼이 단전(短箭)과 도끼로 상대 보병부대와 싸워 쓰러뜨렸습니다. 오 대왕이시여, 그리고 전차무사들은 전투에서 코끼리 전사와도 싸웠는데, 그들의 코끼리를 공격하여 그들을 잡았습니다. 그리고 코끼리 전사들도 전차 무사들을 비슷하게 쓰러뜨렸습니다. 오 바라타족의 황소시여, 그 전투에서 창을 든 '기갑병들'은 전차무사들을 쓰러뜨렸습니다. 그리고 양측의 보병들도 전차무사를 쓰러뜨리고 전차무사도 보병을 쓰러뜨렸습니다. 그리고 코끼리 전사는 기병(騎兵)을 공격했고, 기병(騎兵)도 코끼리 전사를 쓰러뜨렸습니다. 10만의 보병 부대는 기병(騎兵)들에게 쓰러졌고, 기병들도 그들에게 쓰러졌습니다. 찢어진 깃발과 망가진 활, 창, 코끼리 덮개, 비싼 담요와 화살, 철퇴, 장갑, 갑옷, 쇠갈고리, 언월도, 황금 깃털 화살들이 흩어져 화환(花環)처럼 보였습니다. 그리고 피와 살로 진창이 된 땅바닥은 그 끔직한 전쟁으로 사람과 말과 코끼리들의 시체로 통과할 수도 없었습니다. 그리고 땅이 피에 젖어 먼지도 사라졌습니다. 오 바라타시여, 사방의 기본 방위도 명백하게 되었습니다. 그리고 셀 수도 없는 머리 없는 몸통들이 사방에 널려 있어 파괴의 세계를 말해주었습니다. 그리고 그 무서운 전투에서 전차무사들은 사방으로 도망을 쳤습니다. 그 때 무적의 용맹을 지닌 비슈마와 드로나와 자야드라타와 신두 족의 왕과 푸루미트라(Purumitra)와 비카르나, 수발라의 아들 사쿠니는 전쟁터에 남아 판다바 군사를 무찌르고 있었습니다. 그리고 **비마, 락샤사의 가토트카차(Ghatotkacha), 사티아키, 체키타나, 드라우파디의 아들은 모든 왕들을 도와주며, 신들이 다나바들(Danavas)을 무찌를 때처럼 대왕의 군사와 대왕 아드님의 군사를 무찌르도록 독려했습니다**. 그리고 그 크샤트리아들 중의 황소들은 전투에서 서로 치고 받으며 킨수카들(Kinsukas)처럼 피로 덮여 무서웠습니다. 그리고 상대들을 무찌른 최고 무사들은 영원히 빛나는 샛별들과 같았습니다. 대왕의 아드님 두료다나는 1천 전차무사들을 대동하고 판다바 형제들과 락샤사(Rakshasa) 전장으로 달려갔습니다. 그래서 모든 판다바들도 영웅적인 비슈마 드로나에 대항하는 격전으로 돌진했습니다. 그리고 아르주나 역시 분노를 품고 '최고의 왕[두료다나]'에게 달려들었습니다. 그리고 아르주나의 아들 아비마뉴와 사티아키(Satyaki)는 역시 적군을 향해 돌진했습니다. 그래서 다시 한 번 머리카락이 곤두서는 무서운 전투가 대왕 편과 상대적이 서로 잡겠다는 욕심으로 전개되었습니다.

산자야가 말했다. -그래서 수천 대의 전차로 사방을 둘러싸고 전장에 나타난 팔구니(Phalguni, 아르주나)를 보고 모든 왕들이 흥분되었습니다. 그래서 수많은 전차부대로 감고 있는 그를 사방에서 수천발의 화살을 쏘았습니다. 그리고 뾰쪽하게 빛나는 창과 철퇴, 가시 돋친 장갑, 수염달린 화살, 전투용 도끼, 망치, 곤봉들로 무장을 하고 팔구니(Phalguni, 아르주나)의 전차를 향해 화가 나서 달려들었습니다. **나는 메뚜기들처럼 날아오는 무기들의 소나기를, 프리타의 아들은 그의 황금 화살로 다 막았습니다. 그 비바트수(Vibhatsu, 아르주나)가 소유한 초인적인 가벼운 솜씨를 보고, 신들, 다나바들(Danavas) 간다르바들(Gandharvas) 피사차들(Pisachas) 우라가들(Uragas) 라크샤사들(Rashasas)도 팔구니[아르주나]를 보고 '잘한다. 잘한다.'고 칭송을 했습니다.** 그리고 거대한 군대를 거느린 수발라의 아들[사쿠니]과 영웅적인 간다르바들(Gandharvas)은 사티아키(Satyaki)와 아비마뉴(Abhimanyu)를 포위했습니다. 그리고 수발라(Suvala) 아들[사쿠니]이 이끄는 용감한 무사들은 다양한 무기로 영웅 브리슈니(Vrishni)의 좋은 전차를 박살내었습니다. 그리고 그 치열한 전투 중에 사티아키는 자기 전차를 버리고 신속히 아비마뉴의 전차로 올라갔습니다.

그리고 동일한 전차를 탄 두 날카로운 화살로 수발라 아들의 군사를 죽이기 시작했습니다. 그래서 드로나와 비슈마도 급히 전투에 가담하여 칸카(Kanka) 새의 깃털을 단 화살들로 유디슈티라 왕의 부대를 공격하였습니다. 그 때 다르마(Dharma)의 아들[유디슈티라]과 마드리(Madri)가 낳은 판두의 두 아들[쌍둥이]들은 군사들을 보고 드로나의 부대를 무찌르기 시작했습니다. 그리고 거기에서 전투는 격렬하고 무서워 머리카락을 서게 만들었고, 옛날 신들과 아수라들의 전쟁처럼 무서웠습니다. 그런데 비마와 가토트카차(Ghatotkacha)는 큰 공을 세웠습니다. 그 다음 두료다나는 전장에 다가가서 양자[비마와 그 아들]를 저지했습니다. 그리고 제가 본 히딤바(Hidimba)의 아들[가토트카차(Ghatotkacha)]은 정말 놀라웠으니, 오 바라타시여, 전장에서 그가 싸우는 모습은 그 아버지[비마]를 능가했습니다. 그리고 판두의 아들 비마는 크게 화가 나서 잠시 웃고 있는 무적의 두료다나를 화살로 뚫었습니다. 두료다나 왕은 그 강타에 그의 전차 바닥에 주저앉아 기절을 했습니다. 전차몰이꾼이 두료다나가 기절한 것을 보고 급히 전장에서 빠져나갔습니다. 그러자 두료다나를 지키던 군대도 무너져 도망을 쳤습니다. 이에 비마는 모든 곳으로 날아나는 쿠루를 섬멸하고 날카로운 화살을 쏘며 그들을 추격 했습니다. 그리고 프리샤타의 아들[드리슈타듐나]과 유디슈티라 왕은 그 순간에 드로나와 비슈마가 막강한 공격력으로 그들의 군사를 죽이고 있었습니다. 그 억센 전차무사들인 대왕의 아드님 무리는 그처럼 전장에서 도망을 쳤습니다. 비슈마와 드로나도 도망병을 막을 수가 없었습니다. 왜냐하면 비슈마와 드로나가 막으려고 해도 그들은 드로나와 비슈마가 보는 앞에서도 도망을 치고 있었습니다. 그래서 수천의 전차무사들이 사방으로 도망을 치므로 수바드라의 아들[아비마뉴]과 시니 족의 황소[사티아키]는 동일한 전차에 머물며 수발라 아들[사쿠니]의 군사를 죽이기 시작했습니다. 그리고 시니의 손자[사티아키]와 쿠루족의 황소[아비마뉴]는 두 주일의 어둠을 넘긴 해와 달처럼 빛났습니다. 오 대왕이시여, 그 때는 아르주나도 화가 나서 비를 퍼붓는 구름처럼 대왕의 군사에 화살 소나기를 쏘았습니다. 그래서 파르타의 화살로 그처럼 살해된 카우라바 군사는 슬픔과 공포에 떨며 도망을 쳤습니다. 군사들이 도망을 치는 것을 본 비슈마와 드로나는 화가 났으나, 두료다나의 안전도 챙겨야 했습니다. 그 때 두료다나는 전사들을 위로하고 전장을 두루 돌아다니고 있었습니다. 이에 대왕의 아드님[두료다나]을 보았던 곳의 모든 억센 전차무사들은 도망가던 동작을 멈췄습니다. 그리고 다른 일반 병사들 중에는 그들이 멈추는 것을 보고 다른 사람에게 그들의 용맹이 모자랐던 것을 부끄러워하며 자진해서 멈췄습니다. 오 대왕이시여, 이처럼 전투를 하러 몰려드는 군사들의 성급함은 달이 뜨는 순간에 조수가 몰려드는 것 같았습니다. 그래서 두료다나 왕은 싸우려고 모이는 그 군사를 보고, 바로 비슈마에게 나아가 말했습니다.

"오 할아버지시여, 제 말을 들어보십시오, 쿠루의 아들 당신이 살아계시고, 무예에 달통한 드로나와 그의 아들[아스와타만]과 내 친구들이 살아 있고, 억센 궁사 크리파도 살아 있는데, 우리 군사가 그렇게 도망을 친다는 것을 이해할 수 없습니다. 판다바 형제들이 어떤 방법으로든 당신이나, 드로나나 드로나의 아들이나 크리파와 싸울 것이라는 생각이 들지 않습니다. 오 할아버지

시여, 그것은 의심할 것도 없이 당신게서 판두 아들들을 아끼시고 우리 군사를 죽이는 그 도살자를 용서하시기 때문입니다. 당신께서는 전쟁이 터지기 전에 당신은 판다바 형제들과는 싸우지 않을 것이라고 제게 말씀을 했어야 합니다. 당신과 교새[드로나]로부터 그런 말을 들었다면 저는 카르나(Karna)와 제가 무슨 길을 가야 할지를 벌써 생각했을 겁니다. 만약 이 전투에서 두 분께서 저를 버리신 것이 아니라면, 당신의 무용(武勇)을 제대로 싸워 보여주십시오." 비슈마가 두료다나의 이 말을 듣고 거듭 웃으시면서, 노한 눈으로 두료다나를 보며 말씀하셨습니다.

"오 왕이여, 말이란 그 사람의 이해와 선의 표현이라고 나는 거듭 말해 왔다. 저 판다바들은 그들 가운데 바로 **바사바(Vasava) 신**이 있어 전투로는 그를 무찌를 수 없다. 그러나 늙은 내가 할 수 있는 일이란 이 전투에서 나의 최선을 다하는 것이다. 왕의 친척들이 바로 나의 증인이다. 오늘 모든 사람들이 보는 앞에서 내가 혼자서 그들 군대와 친척들에 앞장을 서서 판두 아들들을 내가 막을 거다." 오 대왕시여. 비슈마께서 대왕의 아드님에게 그렇게 말씀하시고, 소라고둥을 불게하고 북을 치게 하셨습니다. 판다바들도 커다란 동요를 알고 그들의 소라고둥을 불고 북과 심벌즈를 두들겼습니다.

드리타라슈트라가 말했다. -오 산자야여, 내 아들의 말에 노(怒)한 비슈마께서 당신이 제작했던 무서운 활로 판두 아들들에게 어떻게 했으며, 판찰라들은 할아버지께 어떻게 하였는가? 어서 내게 말을 해보라.

산자야가 말했다. -오 바라타시여, 그날 오전이 지나간 다음 태양은 서쪽으로 제 길을 가고 있었습니다. 판다바 형제들이 승리를 한 다음 대왕의 데바브라타(Devavrata, 비슈마)께서는 거대 군사의 호위를 받으시며 빠른 말로 돌격을 하셨습니다. 그래서 '사악한 정책을 펴는 우리 편'[산자야도 두료다나가 잘못하고 있다는 입장임]과 판다바들 사이에 머리카락이 서는 무서운 전투가 시작되었습니다. 그리고 활줄 당기는 소리, 궁사의 손을 보호하는 가죽 펜스 소리가 서로 섞여 산을 찢는 듯이 큰 소리가 터졌습니다. "멈춰라." "여기 있다." "돌아 서라." "일어나라." "기다렸다." "쳐라." 등이 말이 이곳저곳에서 들렸습니다. 그리고 황금으로 만든 갑옷, 왕관, 깃발들이 땅에 떨어지는 소리는, 돌덩이들이 돌바닥에 떨어지는 소리를 냈습니다. 수많은 사람들의 장식을 한 머리들과 팔들이 땅바닥에 떨어져 경련을 일으키고 있었습니다. 그리고 몸뚱이에서 목이 잘린 용감한 투사들은 계속 무기를 잡고 서 있거나 활을 버린 채로 무장을 하고 있었습니다. 그리고 바위 사이와 사람과 코끼리 시체들의 진창 같은 것에서 흘러나온 것들이 끔찍한 피의 강물이 되어 흘렀습니다. 말들과 사람들과 코끼리들과 독수리들 자칼들의 몸에서 나온 것들은 흘러 차후 세상을 대표하는 대양(大洋)으로 달려갑니다. 오 대왕이시여, 대왕의 아드님들과 판다바 형제들 간의 생겼던 그와 같은 전쟁은 이전에는 보지도 듣지도 못했던 것입니다. 그리고 투쟁 중에 살해된 투사들의 시체 때문에 전차들이 갈 길도 없어졌습니다. 살해된 코끼리 시체들로 전쟁터는 언덕들이 흩어져 있는 듯이 보였습니다. 오 어르신이시여, 다양한 갑옷과 터번들이 흩어진 전쟁터는 가을 하늘처럼 아름다웠습니다. 그리고 약간의 투사들은 절단을 당했으면서도 용감하고 즐겁게 적에게 돌진했습니다. 그리고 전장에 쓰러진 많은 사람들이 말했습니다. "오 아버지, 오 형제여, 오 친구여, 오 동료여, 오 외삼촌, 저를 잊지 마세요." 그리고 다른 사람들은 외쳤습니다. "오라! 이리 오라. 왜 내가 너를 무서워하겠는가. 어디를 가려고? 싸우자 두려워 말라." 그리고 그 전투에서 비슈마는 독을 바른 뱀 같은 화살로 목표에 계속 적중을 시켰습니다. 오 바라타시여, 모든 방향으로 발사된 비슈마의 그 엄중한 화살은 앞서 언급된 판다바 천차투사들을 여지없이 강타했습니다. 그리고 비슈마의 가벼운 손놀림은 불로 그린 동그라미처럼 어느 곳에서나 그 전차가 달리는 길을 따라 춤을 추는 것 같았습니다. **비슈마 행동의 민첩성으로 스린자야족(Srinjayas)을 대동한 판다바 형제들은 그 영웅이 혼자임에도 천 겹이나 되는 듯이 보였습니다. 거기에 있었던 사람들은 비슈마가 여러 사람으로 착각할 정도였습니다. 즉 동(東)에서 번쩍 서(西)에서 번쩍했고, 남(南)에서 번쩍 북(北)에서 번쩍했습니다**. 비슈마는 그 전장에서 그렇게 활약하셨습니다. 그래서 판다바 형제들은 비슈마를 볼 수도 없었습니다. 그들이 볼 수 있었던 것은 비슈마의 활에서 발사된 무수한 화살뿐이었습니다. 그 전장에서 비슈마가 세운 공을 목격한 영웅적인 투사들은 그들의 전우가 죽어가는 것을 보고 탄식을 거듭할 뿐이었었습니다. 그리고 대왕의 아버지와 연결하려는 수천의 왕들은 그 전장으로 나갔다가 그들을 태우는 불로 뛰어드는 나방들처럼 노한 비슈마에게 활에 쓰러졌습니다. 그 날랜 전사의 솜씨로 발사된 단 하나의 화살도 빗나가지 않았으니, 사람들과 코끼리들과 말들을 닥치는 대로 쓰러뜨렸습니다. 그 전장에서 단 한 발의 화살로 비슈마는 벼락이 산을 가르듯이 코끼리 한 마리를 날렸습니다. 그럴 경우 2~3명의 코끼리를 탄 사람들은 갑옷을 뒤집어쓰고 서 있으면 비슈마는 날카로운 화살로 그들을 공격을 했습니다. 누구든지 전투 중에 비슈마에 접근하면, 순간에 땅바닥에 쓰러지는 사람이 생겼습니다. 그래서 많은 유디슈타라 왕의 무리들이 무적의 비슈마의 용맹에 수천 명이 죽었습니다. 그래서 화살 소나기 공격을 받아 바수데바(Vasudeva)와 파르타(Partha, 아르주나)가 있음에도 많은 군사가 두려움에 떨기 시작했습니다. 판다바 군대의 영웅적인 지도자들이 큰 애를 써도 비슈마의 화살로 생긴 위대한 전차투사들에게 생긴 공포감은 막을 수가 없었습니다. 거대한 군대를 완패시킨 그 기량은 신들과 싸워도 그렇게 만들었을 것입니다. 오 대왕이시여, 그래서 그처럼 완패한 광경은 두 번 볼 수 없는 것이었습니다. 전차와 코끼리들과 말들이 뚫려 널려 있고, 깃발과 전차 손잡이가 들판에 널려 있었습니다. 판두 아들의 군사들은 "오 아이구" 소리를 지르며 정신을 잃었습니다. 그래서 아비는 아들을 치고, 아들은 아비를 쳤으며, 운명처럼 친구는 친구에게 달려들었습니다. 오 바라타시여, 판두 아들의 무사 중에 다른 사람은 갑옷을 벗어 던지고 머리털을 풀어헤치고 도망을 쳤습니다. 그래서 판두 아들의 군사들은 큰 소리로 울부짖으며 그들의 최고 전차투사들까지도 당황한 소떼 같았습니다. 그 때 **야다바(Yadavas) 족의 기쁨 제공자[delighter, -크리슈나]**는 그 [판두]군사들이 그처럼 완패한 것을 보고 전차를 멈추고 서서 파르타[아르주나]에게 말했습니다.

"오 파르타여, 그대가 원하는 그 때가 되었습니다. 인간 중의 호랑이 비슈마를 치세요, 그렇지 않으면 기회를 잃을 겁니다. 앞서 왕들의 비밀회의에서 그대는 말[맹세]했습니다. '나는 비슈마와 드로나가 앞장을 선 드타라슈트라 아들들의 무사들을 모두 죽이겠다. 사실 그들이 나와 전장에서 싸울 사람들이다.' 오 쿤티의 아들이여, 그 말을 지금 실행하시오. 오 비바트수(Vibhatsu)여, 그대의 군사는 모든 곳에서 완패를 당하고 있소. 유디슈티라 무리 중에 왕들은 모두 도망을 쳤고, 비슈마는 입을 크게 벌리고 자기가 무슨 '심판자'처럼 행세를 하고 있소. 우리 군사들은 겁에 질려, 사자에게 겁을 먹은 약한 동물 같이 생각하고 있소." 이렇게 말하니, 다나자야(Dhanajaya, -아르주나)는 바수데바에게 말했습니다.

"이 독한 무리들의 바다에 뛰어들어 비슈마가 있는 곳으로 어서 갑시다. 내가 무적의 투사 쿠루의 할아버지를 넘어뜨리겠습니다." 그래서 마다바(Madhava, 크리슈나)는 은색의 말을 몰아 비슈마의 전차가 있는 곳으로 갔는데, 그 전차는 태양과 같아서 바라볼 수도 없었습니다. 그런데 억센 파르타가 비슈마와 대적하러 달려가는 것을 보고 유디슈티라의 억센 군사는 전투 대형을 갖추었습니다. 쿠루의 일등 전사 비슈마는 거듭 사자 같이 소리를 지르며, 화살 소나기로 아르주나의 전차를 덮었습니다. 그러나 위대한 힘을 지니고 있는 바수데바는 인내심을 발휘하여 비슈마의 화살 공격을 받으며 말들을 이끌었습니다. 그래서 프라타가 천상의 활을 잡으니, 활줄이 울리는 소리가 천둥 같았습니다. 프라타의 화살은 비슈마의 활을 당장 조각나게 만들었습니다. 대왕의 아버님 비슈마는 활이 조간 난 것을 보고 그의 눈을 반짝이며 다른 활을 잡아 화살을 메겼습니다. 그리고 활을 늘여 역시 천둥 같은 소리가 나게 발사를 했습니다. 그러나 화가 난 아르주나는 그 활도 꺾어버렸습니다. 그러니 산타누 아드님은 그 날랜 솜씨에 박수를 치며 말했습니다.

"오 프라타여 훌륭하다. 판두 아들이여 훌륭하구나. 오 다난자야여 그렇게 억센 기량을 그대는 다 갖추었구나. 열심히 싸워라, 아들아." 파르타를 칭찬하고 나서 다른 대궁(大弓)을 잡아 파르타의 전차를 향해 쏘았습니다. 그래서 바수데바는 전차를 운전하는 큰 기량을 발휘하여 전차를 재빠르게 돌려 그 화살들을 피했습니다. 그렇게 되니 비슈마가 크게 노해 날카로운 화살로 바수데바와 다난자야의 몸에 화살들을 쏘았습니다. 비슈마의 화살로 망가진 두 호랑이[크리슈나와 아르주나]는 뿔에 받힌 황소처럼 씩씩거렸습니다. 화가 난 비슈마는 두 사람에게 수없이 화살을 쏘았습니다. 그 날카로운 비슈마의 화살로 크리슈나를 오싹하게 만들었습니다. 그리고 비슈마는 크게 웃어 크리슈나를 놀라게 했습니다. 그래서 억센 아르주나는, 전투에서 비슈마의 용맹과 그와의 싸움에서 그가 온후(溫厚)했음을 알았습니다. 아르주나는 비슈마가 끊임없이 화살 소나기를 만들며 양군(兩軍) 중간에서 태양처럼 적을 무찌르며 비슈마는 케사바(Kesava)가 그랬던 것 같이 유디슈티라 무리의 최상의 투사들을 죽이며 그 군사들에게 멸망의 때가 온 것처럼 유디슈티라 군사는 당신의 공격에 살아남을 자가 없다고 생각하셨지만, 즉 그 당일에 비슈마는 다이티아 족(Daityas)과 나마바 족(Danavas)을 다 죽일 수도 있음에도 그것을 피하고 계심을 아르주나는 깨달았습니다. 그 때 비슈마는 판두 아들들과 그들의 군사를 그 전투에서 죽일 수 있는 경우가 많이 있었습니다. 유디슈티라 군사들이 다시 도망을 치기 시작했습니다.[전세에 민감한 병사들] 그리고 카우라바들은 소마카족(Somakas)의 완패를 보고 즐겁게 전투에 가담하여 비슈마를 즐겁게 했습니다. 제가 만약 **갑옷을 착용했더라면 내산자야까지도 판다바 형제를 위해 그 비슈마를 죽였을 것입니다.** 그 판다바 형제들이 지고 있는 그 짐을 나라도 가볍게 해 주었을 것입니다.[전달자의 주관 표명] 아르주나가 그렇게 생각했기에 날카로운 화살을 맞았음에도 비슈마를 존경하기 때문에 어떻게 해야할지를 몰랐습니다.[아르주나의 心中 고민] 그런 생각에 있었는데, 비슈마의 화살은 파르타의 전차로 계속 날아왔습니다. 그리고 수많은 화살로 사방 군사들이 완전 위축이 되었습니다. 그런데 태양이 저서 하늘에나 땅에나 지평선에나 그 빛을 볼 수가 없었습니다. 그리고 연기가 섞인 바람이 불어 사방을 뒤흔들었습니다. 그래서 드로나, 비카르나, 자야드라타, 부리스라바(Bhurisrava), 크리타바르만, 크리파, 스루타유슈(Srutayush), 암바슈타 족(Amvashtas)의 왕, 빈다, 아누빈다, 수다크쉬나(Sudakshina), 서부족(westerners), 사우비비라(Sauviras)의 다양한 종족, 바사티족(Vasatis), 크슈드라카족(Kshudrakas), 말라바족(Malavas) 등 모든 비슈마의 통솔 하에 있는 사람들은 급히 전투를 위해 크리틴(Kritin, 아르주나)에게로 달려왔습니다. 그리고 사티아키는 그 아르주나가 수백 명의 기마병과 보병, 전차부대 코끼리부대에 포위되어 있음을 보았습니다. 그리고 바수데바와 아르주나도 보병과 코끼리부대 기마병과 전차무사들이 사방에 포진해 있음을 보았습니다. 크리슈나는 바로 그 지점으로 돌입했습니다. 그래서 시니족(Sinis)의 최고 투사는 비슈마에 놀란 유디슈티라 무리가 그들의 코끼리부대, 기마병, 전차부대, 그리고 수많은 깃발이 다 망가져서 도망을 쳤다고 생각하고 다음과 같이 말했습니다.

"크샤트리아여, 어디로 가는가? 이것이 옛 사람이 말했던 대로의 정의로운 의무이다. 영웅 중에서 최고 분이시여. 행했던 맹세를 저버리지 마시오. 영웅들로서 의무들을 생각해 보시오." 최고의 왕들이 전장에서 도망을 치고, 프리타는 싸우면서 그것으로 부드러움을 드러냈고 비슈마는 역시 강력함을 보여주었습니다. 쿠루들은 모든 곳에서 몰려 왔던 것을 본 다사라 족(Dasarhas)의 보호자 바사바(Vasava)의 아위[크리슈나]가 이 모든 것을 더 이상 참을 수 없어서 유명한 시니 손재사티아키]에게 그를 칭송하며 말했습니다.

"**오 시니(Sini) 족의 영웅[사티아키]이여. 후퇴한 그들은 진정으로 후퇴를 한 것이다. 그들이 아직 머물러 있으면, 그렇게 하게 두시오. 보시오. 나는 곧 비슈마를 그의 전차에서 끌어내릴 것이고 드로나와 그들의 추종자들도 그렇게 할 것이오. 나의 분노를 피해갈 쿠루 무리는 없소. 오 시니(Sini)의 손자여, 나는 다난자야와 왕과 비마 쌍둥이 아스윈 형제(Aswins)를 즐겁게 해줄 작정이오. 그리고 모든 드리타라슈트라의 아들과 그들을 옹호한 왕들을 모두 잡아 나는 즐겁게 왕국을 아자타사트루(Ajatasatru)왕께 바칠 것이오.**" 바수베다의 아들[크리슈나]은 이렇게 말하고 말고삐를 놓고, 그 전차에서 내려 1천 볼트의 힘을 지닌 태양 같이 빛나는 원반을 오른 팔에 들었습니다. 그래서 두 발로 지축을 흔들며 크리슈나는 즉시 비슈마에게로 돌진했습니다. 그 신들의 대장 아워크리슈내는, 코끼리에 달려드는 사자처럼 군중(軍中)에 머무르고 있는 비슈마에게 달려들었습니다. 그래서 황색 윗도리의 바람에 나부끼는 것이 하늘에 번쩍이는 구름 같았습니다. 그리고 그 연꽃 원반(圓盤)을 '수다르사나(Sudarsana)'라 했는데, 그 손잡이를 든 사우린(Saurin, 크리슈나)의 아름다운 팔은 나라야나(Narayana) 배꼽에서 돋아난 아침 햇빛을 받은 갓 피어난 연꽃 같이 아름다웠습니다.[武器의 美化] 그리고 사우린의 분노는 그 연꽃을 피게 한 태양이었습니다. 그리고 그 연꽃의 아름다운 꽃잎은 면도날처럼 날카로웠습니다. 그래서 사우린(Saurin)의 몸은 호수같이 아름다웠고, 그의 팔은 거기에 돋아난 줄기이고 그 줄기에 연꽃은 있었습니다. 원반으로 무장을 하고 분노에 사자 같은 소리를 지르는 그 마헨드라(Mahendra)의 아워크리슈내를 보고 모든 사람들이 소리를 치며 쿠루족의 멸망이 가까웠다고 생각했습니다. 원반으로 무장한 바수데바[크리슈내는 세상의 종말에 세계를 사르려는 삼바르타(Samvarta) 불같이 보였습니다. 그래서 그 '세상의 교사'는 모든 생명을 불 지르려는 혜성 같이 강하게 불타올랐습니다. 인간 중에 제일이고 성자가 원반으로 무장하고 비슈마는 활과 화살을 손에 잡고 그의 전차에 머무르며 말했습니다.

"어서 오시오, 신들의 왕이시여, 당신은 이 우주를 거처로 가지고 계십니다. 저는 당신에게 경배(敬拜)합니다. 당신은 철퇴와 검과 사랑가(Saranga)로 무장을 하셨습니다. 오 우주의 왕이시여, 저를 이 전차에서 끌어내리소서. 오 당신은 이 전쟁터에 있는 모든 생명의 귀의처(歸依處)입니다. 오 크리슈나여, 당신이 저를 여기에서 죽여주신다면 이승에서나 저승에서 큰 행운입니다. 당신이 저에게 행한 존중이 너무나 큰 것입니다. 브리슈니족(Vrishnis)과 안다카족(Andhakas)의 왕이시여, 나의 존엄은 삼계(三界)에 축복이 될 것입니다." 비슈마의 이 말을 듣고 크리슈나는 비슈마에게 말했습니다.

"그대는 지상(地上)에 이 살육[전쟁]의 근원이라. 그대는 오늘 두료다나가 죽는 것을 볼 것이다. 사악한 노름에 빠졌으나, 정의(正義)의 길을 걸었던 사람[유디슈티래이, 왕이 될 것이다. 그 비열한 자는 그 지성이 운명적으로 잘못 인도 되듯이 의무를 버린 종족을 보유하나니, 비슈마여, 이 말을 명심하고 야두 족(Yadus)의 왕에게 말해라. -운명은 막강하다고. 야두 족(Yadus)의 이익을 위해 칸사(Kansa, V-Kamsa, 마투라의 독재자)는 베어졌다. 나는 그것을 드리타라슈트라에게 말했으나, 그는 내말에 신경도 쓰지 않았다. 이익을 생각하지 않는 사람은 자신의 불행 속에서 운명적으로 이해력을 얻게 된다."

파르타는 황급히 자기 전차에서 뛰어내려 걸어서 야두 왕(the chief of Yadus, 크리슈나)을 따라가 그의 두 손으로 잡았습니다. 신들의 왕 크리슈나는 화가 나 있었습니다. 그래서 아르주나가 잡아도 비슈누신이 지슈누(Jishnu)를 끌고 가는 것이 태풍이 나무 한 그루를 뽑는 것 같았습니다. 그러나 **아르주나는 그의 다리에 큰 힘을 주어, 열 걸음을 가서야 어렵게 크리슈나를 제어하는데 성공했습니다.** 그래서 크리슈나가 멈추니, 황금의 아름다운 화환을 씌우듯이 크리슈나에게 즐겁게 절하며 말했습니다.

"이 노여움을 참으십시오. 오 케사바시여, 당신은 저희 판다바 형제의 은신처이십니다. 오 케사바여, 저는 내가 아들과 형제 앞에서 했던 맹세를 포기하지 않을 것을 것입니다. 오 인드라의 아우시여, 저는 당신의 명령대로 쿠루들을 멸망시킬 것입니다." 아르주나의 그 약속과 맹세를 듣고 자나르다나(Janardana, 크리슈나)는 기쁘게 되었습니다. 그리고 항상 아르주나에게 반가운 이야기를 들려주었듯이 전차로 돌아와서도 전쟁에 대해 이야기를 했습니다. 그래서 **크리슈나는 다시 말고삐를 잡고 '판차자니아(Panchajania)'란 그의 소라고둥을 들었습니다.** 크리슈나는 천지 사방으로 그 소라고둥이 울려 퍼지게 했습니다. 그래서 목걸이와 귀고리와 긴 속눈썹과 흰 이빨을 지닌 크리슈나가 소라고둥을 잡는 것을 보고, 쿠루의 영웅들은 큰 소리로 외쳤습니다. 그리고 심벌즈와 북, 팀파니, 전차 바퀴 소리, 작은북, 고함소리가 쿠루 진영에서 나와 요란한 소리가 되었습니다. 그리고 파르타의 간디바 퉁기는 소리가 천둥처럼 하늘과 땅에 퍼졌습니다. 그리고 판두 아들의 활에서 나온 불을 뿜는 화살이 사방에 꽂혔습니다. 그래서 거대한 군사와 비슈마와 부리스라바스를 거느린 쿠루 왕도 별자리를 삼키려는 혜성처럼 활을 잡고 아르주나를 향해 달려갔습니다. 그래서 부리스라바스는 황금 깃이 달린 일곱 개의 창을 던졌고, 두료다나는 날카로운 창 하나를, 살리아는 철퇴를, 비슈마는 단전(短箭)을 아르주나에게 쏘았습니다. 이에 아르주나는 부리스라바스의 일곱 개의 창은 일곱 개의 화살로, 두료다나의 창은 다른 화살로 막았습니다. 그리고 비슈마의 단전과 살리아의 철퇴는 다른 두 개의 화살로 꺾어버렸습니다. 그러고 나서 아르주나는 간디바를 힘껏 늘여 전 카우라바 무리에 화살 소나기를 퍼부었습니다. 그 파르타의 화살들은 적들의 무기와 활, 전차, 왕들, 코끼리, 말들에 박혔습니다. 적들의 주요처와 기타 부분을 아르주나는 그의 활로 다 막아, 황금 머리띠를 두른 그는 간디바 활줄 소리로 적들의 가슴을 흔들었습니다. 그래서 비라타(Virata)의 왕과 다른 영웅들, 용감한 드루파다(Drupada), 판찰라 족(Panchalas)의 왕은 간디바 소리에 의기소침이 되지 않는 지점으로 피해 간 것이 확인 되었습니다. 그래서 모든 대왕의 투사들은 그 간디바 활줄 소리가 들리는 곳에서는 공포에 휩싸였습니다. 그래서 간디바 활줄 소리가 들리는 곳으로 나아가는 사람은 없었습니다. 그 지독한 살해자는 영웅적 대적(對敵) 자들과 전차무사들을 살육했습니다. 그래서 황금 덮개에 멋진 깃발을 실은 코끼리들이 광두 화살을 받아 순간에 다 쓰러졌습니다. 그리고 광두 화살을 받아 수많은 왕들의 깃발이 꺾였습니다. 그리고 그 전투에서 보병부대, 전차무사들, 말들과 코끼리들이 다난자야(Dhananjaya) 화살 공격으로 급속히 쓰러졌습니다. 오 대왕이시여, 그 전장에서 전투에 참가한 무사의 다수가 인드라 이름을 딴 그 강력한 무기(간디바)로 갑옷을 입고도 몸을 상했습니다. 아르주나 때문에 그 전장을 흐르는 강물은 전사들의 망가진 몸에서 나온 피로 불어날 정도였습니다. 그래서 흐름은 불어나고 빠르게 흘렀습니다. 그리고 죽어 넘어진 코끼리 말들의 시체가 강둑을 이루었습니다. 그리고 그 내장과 골수와 인간의 살덩이로 진창은 키 큰 나무가 되었습니다. 그리고 수많은 왕관들은 머리카락에 덮여 엉망진창이 되어 있었고, 강둑을 이룬 인간 시체더미는 물줄기를 천 갈래로 흐르게 했습니다. 그리고 사방에 널려 있는 갑옷들은 딱딱한 자갈돌이 되었습니다. 그리고 강둑에는 수많은 자칼, 이리, 학, 독수리, 나찰(羅刹, Rakshasas), 하이에나 무리들이 우글거렸습니다. 잔인의 화신 아르주나의 화살 소나기로 생겨난 살과 골수와 피의 강물은 큰 저승의 강(바이타라니, Vaitarani) 같았습니다. 그렇게 팔구니(Phalguni, 아르주나)에 의해 쿠루의 최고전사들이 살해된 것을 보고, 체디족(Chedis), 판찰라족(Panchalas) 쿠루샤족(Kurushas) 마트시아족(Matsyas) 등 판다바 쪽 용사들이 승리에 고무되어 큰 함성을 지르며 쿠루 병사들에게 달려들었습니다. 그리고 그들의 외침은 승리를 말하고 있었으며, 쿠루 족의 최고 투사들이 아르주나에게 살해가 된 것을 본 군사들은 작은 동물의 떼가 사자를 무서워하듯 했습니다. 그래서 간디바의 소유자와 자나르다나(Janardana)는 함께 기쁨의 함성을 질렀습니다. 그리고 비슈마, 드로나, 드로나, 두료다나, 발리카의 쿠루 군사는 인드라의 무기를 닮은 무기의 힘 때문에 세상의 종말 같은 것을 보고 무기도 망가지고 해도 빛을 거두어 밤의 휴식을 위해 철군(撤軍)을 시켰습니다. 그리고 적들을 무찔러 큰 공을 세우고 유명해진 다난자야(Dhananjaya)도 역시 저녁 황혼을 보고 일을 마무리하고 형제들과 함께 캠프로 돌아왔습니다. 그래서 어둠이 찾아오자 쿠루 군중(軍中)에서는 크고 무서운 동요(動搖)가 일었습니다. 모든 사람들이 말했습니다.

"오늘 전투에서 아르주나는 1만 명의 전차무사를 살해했고, 7백 이상의 코끼리들을 죽였다. 그리고 모든 서부인과 다양한 사우비라족(Sauviras) 크슈드라카족(Kshudrakas) 말라바족(Malavas)이 다 살해되었다. 다난자야(Dhananjaya)의 공적은 막대하다. 아무도 상대할 자는 없다. 암바슈타족(Amvashtas)의 왕 스루타유슈(Srutayush), 두르마르샤나(Durmarshana), 치트라세나, 드로나, 크리파, 신두 족(Sindhus)의 왕, 발리카(Valhikas), 브리스라바족(Bhurisravas), 살리아, 살라, 그리고 그밖에 수백 명의 무사가 오늘 전장에서 비슈마의 용맹과 연합을 했음에도 화가 난 세상에서 억센 전차투사 프리타의 아들 아르주나에게 패배하고 말았다." 대왕 편의 군사들은 이렇게들 말하고, 오 바라타시여, 전장에서 막사(幕舍)로 들어갔습니다. 그래서 아르주나의 무용에 놀란 모든 쿠루의 투사들은 그들의 막사로 돌아가 수천의 횃불을 밝히니, 수많은 등불처럼 아름다웠습니다.[29]

29) K. M. Ganguli (Translated into English Prose from the Original Sanskrit Text), *The Mahabharata of Krishna-Dwaipayana Vyasa*, Munshiram Manoharlal Publisher Pvt. Ltd. New Delhi, 2000, -**Bhishma Parva**- pp. 142~155

〈'크리슈나의 비슈마 공격을 만류하는 아르주나'30)〉

———✈

(a) '마하바라타(*The Mahabharata*)'는 세상에서 가장 길게 전개한 '전쟁 이야기'이지만 역시 가장 '**간단한 대답 -절대 신과 친함이 바로 만사형통(萬事亨通)**'임을 가장 먼저 확실하게 밝혔던 책이다.

(b) '우주를 관장하는 절대자' '시간을 초월한 절대자' 설명과 '위대한 권능 해설'이 '마하바라타(*The Mahabharata*)'처럼 거듭거듭 구체적인 사례로 반복 제시되어 있는 책은 없다.

(c) 그런데 다른 한 편 '마하바라타(*The Mahabharata*)'는 '절대 신과 친하기'는 '기꺼이 목숨 내놓고 명령 따르기'가 기본 전제로 되어 있으니, '진정한 사랑 받기'는 역시 '최고의 지성들도 그 문제를 '쉽다.'고 할 사람은 없다.

(d) '**셋째 날의 전투**'에 가장 주목하지 않을 수 없는 대목이 아르주나가 '비슈마 공격'을 주저하니, 그것을 참지 못한 크리슈가 직접 원반 무기를 잡고 나서니, 비슈마는 그 크리슈나는 향해 '어서 오시오, 신들의 왕이시여, 저는 당신에게 경배(敬拜)합니다. 저를 이 전차에서 끌어내리소서. 오 당신은 이 전쟁터에 있는 모든 생명의 귀의처(歸依處)입니다. 오 크리슈나여, 당신이 저를 여기에서 죽여주신다면 이승에서나 저승에서 큰 행운입니다.'라고 말했던 부분이다.

(e) 이 말을 '진실'로 확인하면 사실상 '마하바라타(*The Mahabharata*)'를 더 읽을 이유도 없다. 이러함에 드리타라슈트라, 두료다나, 카르나, 사쿠니 등의 생각이 어디에서 그 의미를 지닐 것인가.

(f) 그러므로 그 드리타라슈트라, 두료다나, 카르나, 사쿠니 등까지도 '절대 신의 위력'을 입증하는 '신 입증의 장치'일 뿐이라는 결론이 확실하게 된다.

(g) 그렇다 하더라도 사람들은, 드리타라슈트라, 두료다나, 카르나, 사쿠니 등과 함께 '육신[뱀, 욕망]'을 지니고 살게 마련이므로 끝까지 '마하바라타(*The Mahabharata*)'를 확인해야 한다.

제97장 넷째 날의 전투 -영웅 비마의 대 활략

산자야가 말했다. -밤이 지나고 나니, 분노한 비슈마는 바라타 군사에 앞장을 서서 거대 군사의 지원을 받으며 적을 향해나갔습니다. 그래서 드로나와 두료다나, 발리카, 두르마르샤나, 치트라세

---

30) Wikipedia, 'Arjuna stops Krishna from attacking Bhishuma'

나, 자야드라타와 다른 최고 무사들이 거대 군단의 옹위를 받으며 사방에 비슈마를 감싸고 진군을 하였습니다. 오 대왕이시여, 억센 전차무사들의 옹위를 받고 용맹과 힘을 갖춘 어림군(御臨軍, 국왕 친위대) 가운데 보여준 바는 천상의 천군(天軍) 대장 같이 보였습니다. 그리고 앞줄에 자리 잡은 코끼리 등에 실은 홍색 황색 흑색 갈색의 장대한 깃발들은 바람에 나부끼어 정말 아름다웠습니다. 산타누 아드님의 군대와 억센 전차무사와 코끼리와 말들은 번개를 동반한 구름 같아서 우기(雨期)의 하늘에 몰려든 구름떼 같았습니다. 그래서 쿠루의 날카로운 군사는 전투와 비슈마의 보호에 집중하며 아르주나를 향하여 바다로 들어가는 갠지스 강처럼 거침이 없었습니다. 한편 다른 쪽에서는 그의 날개에 다양한 코끼리부대 기마병 보병 전차부대를 펼치면서 그의 깃단에 원숭이 왕을 그린 아르주나의 군단이 거대한 구름덩이처럼 멀리 나타났습니다.

아르주나는 백마에 멍에를 지우고 높다란 깃발을 전차에 세우고 억센 군사들의 엄호를 받으며 자신 부대에 앞장을 서서 호전적인 적에 대항하여 진격해 왔습니다. 그리고 대왕의 아드님들을 포함한 모든 카우라바 형제들은, 탁월한 원숭이 깃발과 야두(Yadu) 족의 전차몰이꾼[크리슈나]을 대동한 훌륭한 전차 덮개를 보고 큰 실망에 빠졌습니다. 그리고 대왕의 군사가 최고의 진세(陣勢)를 볼 수 있었으니, 그것은 각 모서리에 4천의 무장 코끼리들을 배치하여 억센 무사 아르주나의 보호를 받게 한 진형(陣形)이었다. 그 진세(陣勢)는 앞서 유디슈티라 왕이 실행한 진세처럼 인간 세상에 알려지지 않은 것을 그날 판다바들이 선보인 것이었습니다. 그래서 전장에 1천개의 북이 크게 울리고 사방에서 사자 같은 함성이 터져 나왔습니다. 그리고 그 길게 울리는 소라고동 소리가가 수많은 영웅들의 퉁탕거리는 활줄 소리와 소라고동소리가 북소리 심벌즈 소리를 잠재웠습니다. 그리고 소라고동 소리로 가득했던 하늘이 보기도 놀라운 흙먼지로 흐려져 있었습니다. 그래서 그 먼지로 하늘이 광활한 덮개를 쓰고 있는 같았습니다. 그래서 그 덮개를 보고 용감한 병사들은 사정없이 격돌했습니다. 그래서 전차무사들은 상대 전차무사들이 쓰러뜨렸고, 전차몰이꾼과 말들과 전차들과 깃발들을 쓰러뜨렸습니다. 그리고 달리는 기마병은 역시 기마병들이 창과 칼로 쳐 쓰러뜨렸고, 놀라운 모습으로 쓰러졌습니다. 그리고 황금별과 태양같이 번쩍이는 방패들은 전투 도끼 공격으로 부서지고, 전장에 창과 칼이 떨어지게 했습니다. 그리고 거대한 코끼리에게 갑자기 받힌 수많은 기병이나 보병들이 전장에 쓰러져 아파 울고 있는 소리도 들렸습니다. 기갑부대와 보병들이 빠르게 쓰러지고, 코끼리들과 기마병과 전차들이 놀라 도망을 쳤을 때에, 비슈마는 원숭이 왕 깃발을 가진 재[아르주나 전채를 보았습니다. 그 다섯 개의 팔미라 깃발을 가진 산타누 아드님은 황금 머리띠를 두른 아르주나의 전차로 돌진을 했는데, 훌륭한 말로 엄청난 빠르기를 지닌 아르주나의 전차는 비슈마의 억센 무기로 거의 불타는 듯했습니다. 그래서 드로나, 크리파, 살리아, 비빈사티, 두료다나, 소마다타의 아들이 앞장을 서서 공격하게 되었습니다. 그래서 아르주나의 아들 아비마뉴도 황금 갑옷 차림으로 급히 그 무사들에 대항하여 앞장을 섰습니다. 그리고 무적의 아르주나의 아들[아비마뉴]이 적들의 억센 무기들을 무력화(無力化)했으니, 희생의 제단에 타오르는 불길 같았습니다. 그래서 힘의 비슈마는 적들의 피로 강을 만들며 수바드라의 아들을 피해서 프리타[아르주나]에게로 바로 달려들었습니다. 황금 머리띠에 간디바를 소유한 아르주나는 천둥 같은 화살 소나기를 날려 비슈마의 공격을 막아내었다. 그리고 그 무적의 원숭이 왕 깃발을 가진 무사는, 비슈마에게 '광두(廣頭) 화살(shafts of broad heads)'을 퍼부었습니다. 그래서 대왕의 군대도 그 화살 공세를 보고 비슈마처럼 싸우기 시작했습니다. 그리고 쿠루족과 스린자야족과 거기에 모든 사람들은 최고의 영웅 비슈마와 다난자야 간에 단독 대결을 보았으니, 양자(兩者)의 활줄 당기는 소리가 위협적으로 두드러졌습니다.

산자야가 말했다. -그래서 '드로나의 아들'과 부리스라바족과 치트라세나, 사미아마니의 아들 모두가 수바드라 아들[아비마뉴]과 싸웠습니다. 그래서 호랑이 같은 다섯 사람과 싸우는데, 사람들은 수바드라 아들[아비마뉴]의 용맹이 넘쳐, 다섯 코끼리와 싸우는 한 마리 젊은 사자와 같다고 생각했습니다. 그래서 그들 중 누구도 안정감, 용맹, 절묘, 경쾌함, 무기에의 숙달에서 아르주나의 아들 같은 존재는 없었습니다. 파르태[아르주나]는 자기 아들이 적들과 싸우는 것을 보고, 사자 같은 함성을 지르며 자리에서 일어섰습니다. 오 대왕이시여, 대왕의 손자가 괴롭힘을 당하는 것을 보고 대왕의 무사들이 그를 포위했습니다. 그래서 수바드라 아들[아비마뉴]은 그의 용맹과 힘에 의지해 거침없이 다르타라슈트라 무리에 대항했습니다. 그래서 적과 싸우는 동안 그의 억센 활은 태양처럼 빛났고, 계속 적에게 타격을 가했습니다.[직계 황제 祖父에 대한 칭송] 그래서 아비마뉴는 드로나의 아들에게는 화살 한 대를 박아주고, 살리아에게는 다섯 발을 쏘아주고, 사미아마니의 아들의 깃발에는 아홉 개의 화살을 쏘아 넘어뜨렸습니다. 그리고 한 발의 날카로운 화살로 소마다타 아들이 그에게 발사했던 뱀같이 억센 화살을 꺾어버렸습니다. 그래서 아르주나의 아들은 살리아가 보는 앞에서 그의 수 백 개의 화살을 막아내고 살리아의 네 마리 말을 죽였습니다. 이에 부리스라바와 살리아, 드로나의 아들, 사미아마니와 살라는 아르주나 아들의 무력에 놀라 그 앞에 머무를 수 없었습니다. 오 대왕님이시여, 그래서 대왕의 아드님[두로다나]의 명을 받은 트리카르타족(Trigartas) 마드라족(Madras) 케카야족(Kekayas)의 2만 5천의 무예에 달통한 무적의 용사들이 키리틴(Kiritin, 아르주나)과 그 아들을 잡으라는 명령을 받았으나 그것도 실패했습니다. 그 때 사령관이며 판찰라의 왕[드리슈타듐나]이, 아르주나 부자(父子)의 전차가 포위되어 있음을 알았습니다. 수천의 코끼리들과 전차와 수십만의 기갑병과 보병의 지원을 받아 그들을 이끌고 활을 쏘며 마드라족(Madras) 케카야족(Kekayas)에게 대항했습니다. 그래서 판다바 군단은 전차 코끼리 기갑병들이 빛났습니다. 그리고 아르주나를 구하러 가는 동안에 판찰라 왕은 사라드와트 아들의 어깨에 세 대의 화살을 쏘아주었습니다. 그리고 마드라라카 족(Madrakas)에게는 열 개의 화살을 쏘아 주고, 크리타바르만(Kritavarman)의 배후 보조 병사들을 시살했습니다. 그리고 '광두(廣頭) 화살'로 파루바 아들 다마나(Damana)를 죽였습니다. 그러자 사미아마니(Samyamani) 아들이 그 판찰라 왕에게 열 발의 화살을 쏘았고, 전차몰이에게 열 개의 화살을 쏘았습니다. 이에 그 억센 궁사(弓師)는 입

가장자리를 핥은 다음 그의 광두(廣頭)화살로 적의 활을 잘랐습니다. 그리고 판찰라 왕은 그 적에게 25개의 화살을 박아 주고, 그의 말들을 죽이고 그 날개 보호자도 죽였습니다. 오 바라타 족의 황소이시여, 그러자 사미아마니(Samyamani) 아들은 말이 죽은 전차에서 일어나 판찰라의 유명한 왕의 아들[드리슈타듐나]을 바라보았습니다. 그런 다음 최고의 강철 언월도를 잡아들고 사미아마니(Samyamani) 아들은 걸어서 드루파다 아들이 있는 전차로 향해 왔습니다. 그래서 판다바 형제와 군사들 그리고 드리슈타듐나와 프리샤타 족들은 하늘에서 떨어진 뱀 같이 다가오는 그를 지켜 보고 있었습니다. 그리고 그는 언월도를 휘두르며 태양처럼 솟아 화난 코끼리처럼 진격해 왔습니다. 그러자 판찰라 왕은 화가나 급히 철퇴를 들어, 언월도와 방패를 든 사미아마니(Samyamani) 아들이 자기 전차 가까이 오자 적의 머리를 향해 쳤습니다. 오 대왕이시여. 그래서 생명을 앗긴 사미아마니(Samyamani) 아들은 언월도와 방패를 놓고 땅바닥에 누웠습니다. 판찰라 왕의 아들은 '철퇴로 적을 꺾은 영웅'으로 유명해졌습니다. 그리고 억센 사미아마니(Samyamani) 아들이 살해를 당하니, "어." "어이구나." 소리가 대왕의 군사들 속에서 흘러나왔습니다. 그러자 아들의 피살에 분노가 치민 사미아마니(Samyamani)가, 그 무적의 판찰라 왕자에게 달려들었습니다. 그래서 모든 쿠루와 판다바 양측 군사의 왕들은 두 사람들의 전투를 보게 되었습니다. 화가 난 사미아마니(Samyamani)가 프리샤타의 아들에게 억센 화살 세 개를 쏘았습니다. 그래서 역시 그 모임 중에 있던 살리아(Salya)도 화가 나서 프리샤타 아들[드리슈타듐나]의 가슴을 공격했습니다. 그래서 또 한 바탕의 전투가 개시되었습니다.

드리타라슈트라가 말했다. -오 산자야여, 나도 '운명'에는 모두가 어쩔 수 없다는 것을 알고 있다. 그리고 내 아들의 군사들이 계속 판다바 형제의 군사들에게 살해당한 것을 알고 있다. 오 수타(suta, 마부)여, **그대는 우리 군사만 항상 죽고, 판다바들은 죽지 않는다고 즐겁게 말하고 있다.** 오 산자야여, 정말 그대는 우리 군사가 비록 그들이 용맹을 다하고 승리를 위해 열심히 싸우지만, 용감성을 잃고, 쓰러지고 살해당한다고만 말하고 있다. 그대는 나에게 판다바 형제들은 항상 승리를 거두고 있고, 우리 군사는 점점 약해지고 있다고 말하고 있다. 오 불쌍한 아들 두료다나의 행동에 관해 참을 수 없는 아픈 이야기를 끊임없이 듣고 있다. 오 산자야여, 나는 판다바 형제들이 약해지는 방법이나, 내 아들들이 전장에서 이기는 방법 같은 것은 알고 싶지도 않다.

산자야가 말했다. -오 대왕이시여, **그 '거대한 악'은 바로 대왕으로부터 나왔습니다.** 인간과 코끼리와 말들과 전차투사들의 엄청난 죽음을 더욱 참고 들어 보십시오. 살리아의 아홉 발의 화살을 받은 드리슈타듐나는 그 마드라 왕[살리아]에게 수많은 강철 화살로 되돌려 주었습니다. 그리고 다음에 그 프리샤타 아들[드리슈타듐나]의 무용(武勇)은 그 집단의 장식품인 살리아의 반격을 놀라운 속도로 그 화살들을 막았습니다. 그들 간의 전투는 짧았습니다. 화가 나 서로 다툴 적에는 둘은 다 다른 사람을 의식하지도 못 했습니다. 그 때 살리아가 탁월한 솜씨로 광두 화살을 발사해 드리슈타듐나의 활을 잘랐습니다. 그래서 드리슈타듐나는 살리아에게 우기(雨期)에 산허리를 적시는 비처럼 화살 소나기로 덮었습니다. 그리고 드리슈타듐나가 고전하고 있을 적에, 화가 난 아비마뉴가 마두라 족 왕(살리아)에게 전차로 성급하게 돌진을 했습니다. 그리하여 아비마뉴는 그에게 세 개의 화살을 꽂았습니다. 그리하여 대왕의 무사들은 아비마뉴를 저지하려 급히 마드라 족 왕의 전차를 감쌌습니다. 그래서 두료다나, 비카르나, 두사사나, 비빈사티와 두르마르샤나, 두살라, 치트라세나, 두르무카, 사티아브라타가 그 마두라 족 왕을 지키려고 그곳으로 달려와 모였습니다. 그러자 화가 난 비마세나와 드리슈타듐나, 드라우파디의 다섯 아들, 아비마뉴, 마드리 쌍둥이 아들, 판두의 열 명 무사가 드리타라슈트라 군대의 열 명의 무사에 대항하여 다양한 무기를 사용했습니다. 그리고 서로 붙어 싸우며 상대를 죽이려고, 속임수도 썼습니다. 그래서 이들 열 명의 무사가 흥분하여 다른 열 명의 적과 끔찍하게 싸울 적에 다른 전차투사들은 구경꾼이 되어 서 있었습니다. 그래서 그 억센 전차투사들은 다양한 무기를 쏘며 서로 으르렁거리며 상대들을 강하게 내려쳤습니다. 상대를 죽이고 싶은 분노에 격렬하게 소리도 질렀습니다. 그래서 **두료다나는 흥분하여 드리슈타듐나에게 네 개의 화살을 박았습니다. 그리고 두르마르샤나는 20발을, 치트라세나는 다섯 발, 두르무카는 아홉 발, 두사하는 일곱 발, 비빈사티는 다섯 발, 두사사나는 세 발을 박았습니다. 오 대왕이시여, 그래서 드리슈타듐나는 그들 각자에게 25대의 화살을 그 날쌘 솜씨로 되돌려 주었습니다.** 그리고 아비마뉴는 사티아브라타(Satyavrata)와 푸르미트라(Purumitra)에게 각각 열 발의 화살을 박았습니다. 그러자 마드리의 아들들이 그들 아저씨(살리아)에게 화살 소나기를 덮었습니다. 그래서 모든 사람들이 그것에 놀랐습니다. 그 다음 살리아는 그 조카들에게 화살 공격을 가했으나 그들은 흔들리지 않았습니다. 그러자 억센 비마세나가 두료다나를 보고 싸움을 끝장내려고 그의 철퇴를 집어 들었습니다. 억센 비마가 철퇴를 들어 올려 돌출한 카일라사(Kailasa) 산처럼 일어서자 대왕의 아드님들은 놀라 도망을 쳤습니다. 그러나 두료다나는 화가 나서 1만 코끼리 대부대로 된 마가다(Magada) 군단에게 명령을 내렸습니다. 그 코끼리 부대와 마가다(Magadha) 왕을 대동하고 왕 두료다나는 비마에게 돌진했습니다. 그 코끼리부대가 자신을 향해 오는 것을 본 브리코다라(Vrikodara, 비마)는 철퇴를 손에 쥐고 사자 같은 함성을 지르며 그의 전차에서 뛰어내렸습니다. 그래서 엄청난 무개와 요지부동의 힘을 지닌 철퇴로 무장을 한 비마가 그 코끼리부대로 돌진하는 모습은 입을 크게 벌린 파괴자 그것이었습니다. 억센 비마는 그의 철퇴로 코끼리들을 쳐 죽이고, 전쟁터를 돌아다는 모습이 다나바(Danava) 무리 중에 브리트라(Vritra) 살해자와 같았습니다. 그래서 으르렁거리는 비마의 노한 함성은 듣는 사람들의 가슴을 공포에 떨게 하였고, 달려간 코끼리들도 어찌 할 바를 몰랐습니다. 그러자 드라우파디의 아들들과 수바드라의 아들, 나쿨라, 사하데바, 드리슈타듐나가 비마의 배후를 보호하며 그를 따라가 산허리에 비를 뿌리는 구름 같은 화살소나기들을 흩어 버리었습니다. 그래서 그 판다바 투사들은 다양한 형태의 날카로운 화살로 코끼리 등에서 떨어진 적들의 머리들을 공격했습니다. 그래서 장식한 갑옷과 갈고리를 든 코끼리를 탄 사람들의 머리통들이 돌덩이들 같이 땅으로 떨어졌습니다. 그래서 머리 없이 몸뚱이만 코끼리 목에 걸터앉아, 산꼭대기에 서 있는 머리 없는 나무 같았습니다. 그래서 우리는 드리슈타듐나가 거대 코끼리들을 죽여 쓰러지게 한 것도 볼 수 있었습니다. 그러자 마가다(Magadhas) 왕은 아이라바타 (Airavata)를 닮은 그의 코끼리를 수바드라 아들[아비마뉴]의 전차를 향해 몰았습니다. 거대 코끼리 가 자신을 향해 오는 것을 본 용감한 수바드라 아들은 화살 하나로 그것을 죽여 버렸습니다. 마가 다 왕의 코끼리가 죽자 아비마뉴는 은색 날개를 단 광두 화살로 그 왕의 머리통을 공격했습니다. 그리고 비마세나는 그 코끼리 부대를 관통하여 그들을 흩어 방황하게 만들어 인드라 신이 산을 그렇게 하듯이 그 짐승들을 짓뭉개었습니다. 그래서 그 전쟁터에서 비마는 천둥이 산을 가르듯이 그 철퇴 한방으로 코끼리 한 마리씩을 잡았습니다. 그래서 산 같이 거대한 많은 코끼리들이 죽어 넘어졌는데, 상아나 관자놀이 근골(筋骨) 등뼈 앞가슴이 부러져 있었습니다. 오 대왕이시여, 그리 고 다른 것들은 입에 거품을 물고 죽어 있었습니다. 그리고 많은 코끼리들이 앞가슴을 완전히 잘려 많은 피를 토했습니다. 그리고 어떤 것들은 놀라 바위 같이 땅바닥에 엎드려 있었습니다. 기름과 피로 젖고 그것으로 거의 목욕을 한 비마는 손에 장갑을 끼고 바다의 거대 배처럼 전장을 누볐습니 다. 그래서 브리코다라(Vricodara, 비마)는 코끼리 피로 적신 철퇴를 휘두르며 보는 사람을 공포에 떨게 했습니다. 그리고 거대한 상아를 지닌 코끼리들이 성난 비마의 공격을 받으면 갑자기 놀라 달리거나 괴로워하다가 자신의 동료와도 충돌했습니다. 그리고 수바드라 아들이 앞장을 선 그 억 센 궁사들과 전차투사들이 코끼리 피에 젖은 철퇴를 휘두르는 전쟁 영웅을 보호하는 모습은, 천군 (天軍)이 벼락 담당자를 지키는 것 같았습니다. 무서운 비마는 그 자체가 '파괴자(Destroyer)'였습 니다. 정말 오 바라타시여, 철퇴로 무장을 하고 모든 곳으로 다 나아가는 비마의 모습은 말세에 춤을 추는 산카라(Sankara) 같아, 비마의 날쌔고 장중한 철퇴는 인드라의 벼락을 닮았고, 야마 (Yama)의 장갑과 같았습니다. 그리고 비마가 모든 생명을 칠 때에는 머리카락과 피로 얼룩진 철퇴 는 노한 루드라(Rudra)의 피나카(Pinaka, 삼지창)와 같았습니다. 목자가 그 가축을 막대기로 인도 하듯이 비마는 그의 철퇴로 코끼리 부대를 저지했습니다. 그래서 비마가 그의 철퇴로 죽이고, 엄호 한 무사들의 화살로 코끼리들은 사방으로 달아나고, 대왕의 전차부대가 망가졌습니다. 힘센 바람이 거대 구름덩이를 쓸 듯이 그 코끼리들을 쫓아버리고 비마는 화장터에서 삼지창 사용자[시바 신]처 럼 서 있었습니다.

산자야가 말했다. -코끼리부대가 전멸(全滅)했을 때, 대왕의 아드님 두료다나는 전군(全軍)에 명 령을 내려 "비마세나를 잡아라."고 독려했습니다. 그래서 명령은 받은 전군은 날카롭게 소리치는 비마를 향하여 돌진했습니다. 신들도 감당할 수 없는 그 방대하고 무한정의 무리들이 만월(滿月)과 신월(新月) 사이에 조수(潮水)같이 넘쳤으니, 전차 코끼리 기마병이 소라고둥을 불고 북을 치며 무수한 보병과 전차무사들이 동요 없는 바다와 같이 비마세나에게로 몰려갔으나, 오 대왕이시여. 비마세나는 전장에서 대양을 막는 제방이었었습니다. 오 대왕이시여, 우리가 보았던 비마는 정말 놀라운 '초인(superhuman)'이었습니다. 비마는 그의 철퇴를 화가 나서 돌진한 왕들의 말과 전차 코끼리들을 겁도 없이 휘둘렀습니다. 그 억센 비마는 그 전쟁의 아수라장에서 메루(Meru)산처럼 끄떡도 하지 않았습니다. 그래서 무섭고 끔찍한 대적 속에서 비마의 형제와 아들들, 드리슈타듐나, 드라우파디의 아들들, 아비마뉴, 무적의 시칸딘도 무서워서 도망을 가지는 않았습니다. 사이카(Saika) 철로 만든 장중한 철퇴를 들고, 장갑을 낀 비마는 사신(死神)처럼 대왕의 전사들에게 달려들었습니다. 그래서 전차와 기마병들을 땅 속으로 쳐 박아 말세(末世)에 불길처럼 전장을 태웠습니다. 그래서 **그 판두의 아들[비마]은, '말세에 사신(死神)'이었습니다.** 그래서 비마는 대왕의 군대를 코끼리가 갈대밭을 지나듯이 쉽게 짓뭉갰습니다. 그리고 전차투사는 전차에서 끌어내리고, 기병은 말에서, 보병은 땅에서 이끌어 바람이 그 힘으로 나무들을 꺾듯이 그의 철퇴로 죽였습니다. 코끼리와 말들을 살해한 비마의 철퇴는 피와 살과 골수로 얼룩져 무서웠습니다. 그리고 사람들과 기갑병들이 여기저기 쓰러져 흩어져 있었고, 전쟁터는 야마(Yama)의 거주지가 되었습니다. 그래서 비마의 철퇴는 인드라의 천둥 같이 빛나고 두르라(Rudra)가 생명들을 부순 피나카(Pinaka, 상지창) 같았습니다. 정말 모든 것들을 죽이는 쿤티 아들의 철퇴는 세상의 종말에 파괴자 휘두른 몽둥이였습니다. 비마가 그처럼 거대 군사를 완패시키며 파괴자로 등장하니, 전군(全軍)이 생기를 잃었습니다. 오 바라타시여, 가는 곳마다 비마가 철퇴를 치켜들고 노려보면 그의 모습을 보면 전군이 눈 녹듯이 무너졌습니다. 브리코다라(Vrikodara, 비마)가 입을 크게 벌린 악귀처럼 거대 군사를 무찌르는 것을 보고, 비슈마가 그에게로 향했으니, 그 전차는 태양처럼 빛났고, 천둥 같은 방울을 울리며 비를 실은 구름처럼 화살 소나기를 퍼부었습니다. 그러자 그와 같은 비슈마를 보고, 비마는 이제 그를 향해 달려갔습니다. 그 순간 시니(Sini) 족의 최고 영웅 사티아키(Satyaki)가 그 할아버지에게 달려들었습니다. 사티아키(Satyaki)는 적들을 시살하며 그의 활로 대왕 아드님의 군대를 떨게 만들었습니다. 그래서 오바라타시여. 대왕의 아들에게 소속된 투사들은 날개달린 날카로운 화살을 날리는 은색 말을 달리는 그 영웅을 저지할 수 없었습니다. 그 때에 락샤사(Rakshasa) 알람부샤(Alamvusha)가 그에게 열 발의 화살을 적중시켰습니다. 그러나 시니(Sini)의 손자 사티아키(Satyaki)는 알람부샤에게 네 발의 화살을 되돌려 쏘며 그의 전차를 계속 돌진했습니다. 부리슈니 족의 그 영웅 사티아키(Satyaki)가 적중(敵中)에 돌입하여 투루의 최고 전투사를 막아내며 전장에서 큰 소리를 치는 것을 보고 산허리에 비를 쏟은 거대 구름 같은 대왕의 무사들은 그에게 화살 소나기를 퍼부었습니다. 그러나 대왕의 무사들은 정오에 빛나는 태양을 보듯 그 영웅의 진전을 막을 수가 없었습니다. 그래서 오 바라타시여, 소마다타(Somadatta)의 아들과 부리스라바스(Bhurisravas)를 빼고는 당시 우울하지 않은 사람은 한 사람도 없었습니다. 소마다타(Somadatta)의 아들은 자기편의 무사들이 도망하는 것을 보고, 급히 사티아키(Satyaki)에게 달려들어 급히 그의 날카로운 활을 빼앗았습니다.

산자야가 말했습니다. -오 대왕이시시여. 그래서 부리스라바스(Bhurisravas)는 코끼리 몰이꾼이 쇠갈고리로 코끼리를 찌르듯이, 아홉 발의 화살을 사티아키(Satyaki)에게 박았습니다. 사티아키 역시 모든 군사들이 보는 앞에서 그 카우라바 무사에게 아홉 발의 화살을 박았습니다. 그러자 두료다나 왕이 형제들을 데리고 그렇게 싸우고 있는 소마다타(Somadatta) 아들을 포위했습니다. 힘 좋은 판다바 형제들도 사티아키를 옹위(擁衛)했습니다. 그런데 비마세나는 화가 나 두료다나가 앞장을 선 모든 대왕님의 아들들 앞에 그 철퇴를 들고 나타났습니다. 수천의 전차무사들이 복수심에 화가 나 있었는데, 대왕의 아드님 난다카(Nandaka)가 칸카(kanka) 새털이 달린 날카로운 화살을 비마에게 적중시켰습니다. 그리고 두료다나는 비마세나 가슴에 아홉 대의 화살을 박았습니다. 그러자 억센 비마는 자기 전차로 올라가 그의 마부 비소카(Visoka)에게 말했습니다.

"이 드리타라슈트라 영웅적인 아들은 모두 위대한 전차무사들이고, 나에게 극도의 화가 치밀어 전투에서 나를 죽이려하고 있다. 나는 오늘 그대가 보는 앞에서 저들 모두를 잡을 것이니, 의심하지 말고 조심스럽게 말을 몰아라." 이렇게 말을 하고 프리타의 아들은 대왕의 아드님에게 날카로운 금박 화살을 적중시켰습니다. 그리고 난다카(Nandaka)의 가슴팍에 세 개의 화살을 쏘았습니다. 그 다음 두료다나는 비마에게 여섯 발의 화살을 쏘아주고 비소카에게는 세 발의 화살을 적중시켰습니다. 그리고 두료다나가 잠깐 비웃듯이 세 발의 다른 화살로 비마가 잡고 있는 활을 쪼개버렸습니다. 그러자 비마는 그의 전차몰이꾼 바소카가 괴로워하는 것을 보고, 다른 활을 잡아 대왕의 아드님을 죽이려 쏘았습니다. 그리고 그는 크게 화가 나서 말편자 화살을 특별 활에 메겨 쏘아 왕 두료다나 활을 꺾었습니다. 그러자 대왕의 아드님은 최고로 화가 나서 부러진 활을 버리고 급히 더욱 강한 활을 잡았습니다. 죽음의 채찍처럼 불타오르는 무서운 화살로 쿠루 왕은 비마의 가슴팍을 쏘아 주었습니다. 깊이 화살 공격을 받아 크게 상처를 입은 비마는 전차 계단에 주저앉았습니다. 그리고 계단에 있는 동안 비마는 그냥 졸도를 했습니다. 비마가 무기력하게 된 것을 본 판다바 측의 억센 전차무사들은 아비마뉴를 필두로 그것을 보고 참을 수가 없었습니다. 그래서 대왕의 아드님 머리에 날카로운 화살 소나기를 퍼부었습니다. 그리고 나니 비마는 정신이 다시 돌아와 두료다나에게 다섯 발의 화살을 즉시 쏘아주었습니다. 그리고 살리아에게는 황금 깃털을 단 화살 25을 적중시켰습니다. 그러자 살리아는 운반이 되어 그 전장을 떠났습니다. 그런 다음 대왕의 14명의 아들 즉 세나파티(Senapati), 수셰나(Sushena), 잘라산다(Jalasandha), 우그라(Ugra), 비마라타(Bhimaratha), 비마(Bhima), 술로차나(Sulochana), 비라바후(Viravahu), 아올루파(Aolupa), 두르무카(Durmukha), 두슈프다르샤(Dushpradarsha), 비비트수(Vivitsu), 비카타(Vikata), 사마(Sama)가 당시 비마와 전투를 계속하고 있었습니다. 모두 노하여 붉은 눈으로 함께 비마에게 달려들어 화살 소나기를 퍼부어 깊이 화살을 박았습니다. 그러자 힘 좋은 비마는 작은 동물 속에 늑대처럼 혀로 입술을 핥더니 가루다(Garuda)처럼 순식간에 대왕의 아들들을 잡아 쓰러뜨렸습니다. 비마세나는 말편자 화살로 세나파티(Senapati) 목을 쳤습니다. 그리고 잠깐 웃더니 잘라산다(Jalasandha)를 세 개의 화살로 꿰어 야마(Yama)의 거주지로 그를 보내버렸습니다. 그리고는 수셰나(Sushena)를 베어 죽였습니다. 그리고 한 발의 광두 화살로 터번을 두르고 귀고리를 한 우그라(Ugra)의 목을 땅에 떨어뜨렸습니다. 그리고 70발의 화살로 비라바후(Viravahu)와 그의 말, 전차몰이꾼을 저 세상으로 보냈습니다. 그리고 잠깐 웃다가 갑자기 비마세나는 비마(Bhima)와 비마라타(Bhimaratha)를 저승으로 보냈습니다. 그 다음 모든 군사들이 다 보는 앞에서 말편자 화살을 날려 술로차나(Sulochana)도 죽였습니다. 그러자 나머지 대왕의 아드님들은 비마세나 용맹을 보고 모두 도망을 쳤습니다. 그러자 비슈마가 모든 전차투사들을 향해 말씀하셨습니다.

"날카로운 궁사 비마가 전투에 화가 나서 드리타라슈트라의 억센 아들들을 죽이고 영웅적인 전차무사도 죽였다. 그러나 저들이 무슨 무예가 있고, 무슨 용맹이 있었다고 하랴. 그러기에 너희들은 저 판두 아들놈을 빨리 잡아야 한다." 이렇게 말씀하시자 모든 드리타라슈트라 군사가 노하여 비마세나에게 달려갔습니다. 코끼리를 탄 바가다타(Bhagadatta)가 돌연히 비마세나가 있는 곳으로 돌진했습니다. 그리고 거기에서 태양을 덮는 구름 같은 화살 비를 비마세나에게 쏘았습니다. 그래서 억센 판다바 전차투사들이긴 하지만 바가다타 화살로 비마세나가 위축되는 것을 막아주지 못했습니다. 그래서 판다바 무사들은 바가다타를 사방에서 포위하여 그에게 화살 비를 퍼부었습니다. 날카로운 무사들의 화살 공격을 받은 코끼리와 바가다타(프라그지티샤 족의 왕)는 피로 얼룩져 태양에 물든 구름덩이 같았습니다. 그리고 바가다타가 제공한 주스를 마신 코끼리는 파괴자처럼 속력을 배가해서 짓밟고 다녔습니다. 그러자 그 동물의 무서운 모습을 본 무사들은 어찌할 수 없어 우울해졌습니다. 그러나 바가다타는 바로 비마세나 가슴에 화살을 꽂았습니다. 그 화살은 깊이 박혀 비마는 기절하여 사지에 힘이 빠져 전차에 주저앉아 깃대를 잡았습니다. 그 용감한 무사들이 놀라고 비마세나가 기절한 것을 보고, 바가다타는 사자 같은 함성을 질렀습니다. **비마세나가 그 지경에 이른 것을 보고 무서운 락샤사 가토트카차(Ghatotkacha)가 화를 내더니 순간 그곳에서 자취를 감추어 그 미련하고 겁 많은 모습을 바꾸어 무섭고 억센 모습으로 다시 나타났습니다.** 생각으로 만들어낸 아이라바타(Airavata) 코끼리를 타고 그 밖에 다른 코끼리들 ―안자나(Anjana), 바마나(Vamana), 마하파드마(Mahapadma) 등이 그를 따르게 했습니다. 락샤사들이 탄 그 코끼리들은 몸집이 크고 주스를 먹고 속력이 붙었습니다. 그래서 가토트카차(Ghatotkacha)는 자기 코끼리로 그 바가다타(Bhagadatta)를 잡고 싶었습니다. 그래서 그 코끼리들을 흥분시켜 락샤사들의 위력으로 네 개의 상아가 돋게 하여 사방에서 바가다타(Bhagadatta) 코끼리를 상아로 받아 고통을 주었습니다. 이미 화살 공격을 받은 상태에서 바가다타 코끼리는 천둥 같은 소리를 질렀습니다. 그래서 코끼리 비명을 들은 비슈마는 드로나와 수요다나와 다른 왕들에게 말씀하셨습니다.

"억센 궁사 바가다타가 사악한 히딤바(Hidimva)의 아들과 싸우다가 큰 곤경에 처해 있다. 저 락샤사는 거대한 몸집을 지녔기에 바가다타도 아주 성이 나 있다. 싸움이 붙었다면 한쪽이 죽어야 끝이 날 것이다. 판다바의 큰 환호성과 바가다타의 놀란 코끼리 비명소리도 들렸다. 부디 여러 무사들은 그곳으로 가서 바가다타를 구해야 할 것이다. 버려두면 곧 죽는다. 그대 힘 좋은 무사들이여, 바로 그렇게 하라. 지체해서는 아니 된다. 투쟁이 심화되면 머리털이 곤두선다. 바가다타는 높은 신분에 큰 용기로 우리 군에 기여했다. 영광의 무사들이여, 우리가 그를 살려 내야 할 것이다." 이 비슈마의 말씀을 듣고 바라드와자(Bharadwaja)의 아들[드로나]이 앞장을 선 모든 왕들이 바가다타를 구하려고 최고의 속력으로 그 현장으로 달려갔습니다. 그런데 판찰라와 판다바들이 적들의 진격을 보고 유디슈티라가 앞장을 서서 그들을 추격했습니다. 그 때 용맹의 락샤사 왕[가토트카차]은 적들이 몰려오는 것을 보고 천둥 같은 함성을 질렀습니다. 그 함성과 싸우는 코끼리들을 본 비슈마는 다시 바라드와자(Bharadwaja)의 아들[드로나]에게 말했습니다.

"나는 오늘 사악한 히딤바(Hidimva) 아들과 싸우고 싶지 않소. 그는 힘이 넘쳐 있고, 지원을 받고 있소. 저 벼락의 구사자를 지금 이길 수는 없소. 그는 목표가 확실한 강타자요. 우리들의 말과 코끼리들은 지쳐 있소. 우리도 판찰라와 판다바 무리에 크게 훼손이 되었소. 나는 이긴 판다바 무리와 대면을 하고 싶지 않소. 퇴군을 하도록 하시오. 그래서 오늘을 마감하고, 내일 싸우기로 합시다." 비슈마의 이 말씀을 듣고 카우라바들은 가토트카차(Ghatotkacha)의 공포감에 떨며 밤이 되었음을 핑계로 기꺼이 비슈마의 말씀을 따랐습니다. 그래서 카우라바들이 철수한 다음 판다바들은 사자 같은 함성에 소라고둥과 피리를 불며 승리를 자축(自祝)을 했습니다. 이 날의 쿠루와 판다바들 간의 전투는 이처럼 가토트카차(Ghatotkacha)가 앞장을 섰습니다. 그리고 카우라바들은 판다바들에게는 깨졌으나, 부끄러움을 이기고 밤이 되어 그들의 막사로 돌아 왔습니다. 오 대왕이시여, 억센 전차 투사인 판두 아들들도 화살에 망가진 채로 비마세나와 가토트카차(Ghatotkacha)가 앞장을 서서 그들의 야영지로 향했습니다. 그리고 그들은 기쁨에 넘쳐 그 영웅들을 칭송했습니다. 그리고 그들은 나팔을 불며 시끌벅적 떠들었습니다. 그리고 그 무사들은 땅이 흔들리는 함성을 질러, 대왕의 아드님 심장을 가루로 만들 것 같았습니다. 그리고 그 무사들도 밤이 되어 막사로 향했습니다. 그리고 듀료다나 왕은 형제의 죽음에 우울하여 상념에 잠겨 있다가 슬픔과 눈물을 이겨냈습니다. 그러고 나서 군사 법도 따라 모든 대열을 가다듬고 명상에 잠겨 죽은 형제들을 슬퍼하고 가슴 아파하며 시간을 보냈습니다.

드리타라슈트라가 말했다. -오 산자야여, 신들도 달성할 수 없는 공적을 판두의 아들들이 이루었다는 것을 듣고 내 가슴은 놀라움과 두려움으로 가득하다. 온갖 방법으로 내 아들들이 굴욕을 당했다는 이야기를 듣고, 그것에 뒤따를 결과에 대해서도 걱정이 많아졌다. 틀림없이 비두라(Vidura)의 말대로 나의 심장은 없어질 것이다. 산자야여, 일어난 모든 일은 '운명(Destiny)'일 것이다. 판다바 군대의 장군들은 그 적대 무사들을 죽여서 비슈마에게 가져다 바친 셈이다. **판두 아들들은 도대체 무슨 '고행(苦行, ascetic penances)'을 했으며, 무슨 요긴한 것을 얻었고, 무슨 공부를 했기에 하늘에 별들처럼 줄어들 줄을 모르는 것인가?** 나는 우리 군사가 판다바 형제들의 반복 살해됨에 참을 수가 없다. 극도로 참혹한 신의 응징이 지금 나에게만 내리고 있다. 오 산자야여, 왜 판두 아들들은 죽일 수 없고, 내 아들들만 죽어야 하는지에 관해 그 모든 진실을 말해 보라. 나는 고통의 바다 저쪽 언덕을 추측할 수 없다. 나는 나의 두 팔로 혼자 그 깊은 바다를 건너려는 사람이다.

나는 대 재앙(災殃)이 확실히 내 아들을 덮을 것 같다. 틀림없이 비마가 내 아들을 다 죽일 것이다. 나는 전장에서 누가 내 아들들을 지켜 줄지 알 수 없다. 오 산자야여, 이 전투에서 내 아들들의 죽음은 확실하다. 그러기에 그 모든 진정한 이유에 관해 다 말을 해다오. 오 수타(Suta, 마부)여. 전장에서 후퇴한 자신의 군사들을 보고도 두료다나는 무엇이라고 말했는가? 그리고 비슈마, 드로나, 크리파, 수발라의 아들[사쿠니], 자야드라타, 드로나의 아들[아스와타만], 힘의 비카르나는 무엇을 했는가? 오 위대한 지성이여, 내 아들들은 언제 돌아왔으며, 그 무사들의 맹세는 어떻게 되었는가?

산자야가 말했다. -오 대왕이시여, 주의해서 제 말을 듣고 대왕의 마음에 간직을 하소서. 어떤 것도 단지 '주문(呪文, incantation)'의 결과가 아닙니다. 어떤 것도 대왕의 '환상(幻想, illusion)'의 결과가 아닙니다. 판두 아들들이 새로운 테러(terrors)를 행한 것도 아닙니다. **판두 아들들은 [본래부터]억세었습니다. 그들은 전장에서 정당한 방법으로 싸웁니다. 프리타의 아들들과 그 지지자들은 명예를 생각하여 즐겁게 도덕(morality)을 따릅니다. 모든 번영을 누리고 큰 힘을 지니고 있으면서 그들은 투쟁을 포기하지 않고 그들의 눈을 정의(正義, righteousness)에다 고정을 하고 있습니다. 그리고 승리(victory)는 항상 정의(正義, righteousness)가 있는 곳에 있습니다.** 이것 때문에 프리타의 아들들은 전장에서 죽지 않고 항상 이기는 겁니다. 대왕의 아드님들은 사악하고 죄악에 젖어 있습니다. 그들은 잔인하고 비열합니다. 이것 때문에 그들은 전쟁에 허약합니다. 오 대왕이시여, 대왕의 아들들은 판두의 아들의 큰 형님에게 그들의 행동을 숨겨왔습니다. 대왕의 아드님들은 여러 경우에서 판두 형제들을 욕보였습니다. 이제 대왕의 아드님들은 끈질긴 악의 열매를 거두게 됩니다. 오 대왕이시여, 그 열매를 대왕과 대왕의 아드님 그리고 친척들은 즐기게 되어 있으니, 대왕님께 호의(好意)를 가지고 있는 사람들도 그것을 일깨워 알게 할 수는 없습니다. 비두라(Vidura) 비슈마(Bhishma) 드로나(Drona)와 제가 거듭거듭 말려도 대왕님께서는 이해하지 못하셨고, 우리말을 용납하지 않으시니, **그것은 환자가 약 처방을 거절하는 것이었습니다.** 대왕께서는 아드님들의 말만 들으셨으니, 대왕님은 판다바 형제들이 이미 격파된 것으로만 알고 계셨던 겁니다. 오 대왕이시여, 거듭 들어보십시오, 판다바 형제들의 승리 원인에 대해 제가 아는 바를 대왕께 말씀드리겠습니다.

두료다나가 비슈마께 그 질문을 했었습니다. 두료다나는 억센 전차 무사들인 형제들이 전투에 패한 것을 보고 밤 동안 굴욕을 억누르고 그 중요한 질문을 위대한 지혜를 품고 있는 할아버지(비슈마)께 여쭈었습니다. 들어 보십시오. 두료다나가 말했습니다.

"드로나(Drona)와 당신과 살리아(Salya) 크리파(Kripa) 드로나 아들, 히리디카(Hiridika)의 아들 크리타바르만(Kritavarman), 캄보자족(Kamvojas)과 부리스라바족(Bhurisravas)의 왕 수다크쉬나(Sudakshina), 비카르나(Vikarna), 뛰어난 용맹의 바가다타(Bhgadatta)는 모두가 억센 전차투사로 다 알고 있습니다. 이 모두는 고귀한 신분으로서 이 전투에서 생명을 버릴 각오를 하고 있습니다.

제 생각으로는 이들은 '삼계(三界, the three worlds)의 연합군'도 감당을 하리라고 생각합니다. 판다바 군대가 모두 연합을 해도 비슈마 당신의 용맹을 이기지 못 할 것입니다. 그래서 제 마음에 의심이 생겼습니다. 그것을 해명해 주세요. 왜 판다바 형제들이 우리를 거듭 이기는지, 누구에 의지해서 그러는 겁니까?" 비슈마가 말씀하셨습니다.

"오 쿠루의 왕이여, 들어보아라. 내가 자주 말했던 바를 그대는 행하지 않고 있다. 오 바라타의 왕이여, <u>판다바들과 화해(和解)하라. 그것이 이 세상과 그대에게 은혜가 있을 것으로 나는 생각된다. 오 왕이여, 그것이 그대의 형제와 더불어 이 이 세상을 즐기고 행복하게 되고 그대 지지자들에게 감사하고 권속(眷屬)도 즐거워 할 것이다. 내가 목이 쉬게 그것을 말해도 그대는 지금껏 그 말을 듣지 않았다. 그대는 항상 판두 아들들을 무시했다. 무엇보다 그것[무시]이 그대를 압도하고 있다.</u> 오 왕이여, <u>그것이 판다바 형제들이 성공에 지칠 줄 모르고 그들을 천하 무적(無敵)으로 만들고 있는 그 이유이다.</u> 사랑가(Saranga, 神弓)를 휘두르는 자에게 보호를 받은 판두의 아들을 이길 수 있는 자는 세상에 없고, 없었고, 앞으로도 없을 것이다. 진실로 내말을 들어라. 그대는 통제된 영혼 하에 있는 성자들이 들려 준 고대 역사나 도덕에 대해 잘 알고 있다. 옛날 모든 천상의 신들과 성자들이 함께 '간다마다나(Gandhamadana) 산'에서 공손히 조부(祖父)님[절대 신]을 모시고 있었다. 그런데 그 가운데 있던 '만물의 창조주'가 빛으로 번쩍이는 창공에 머무른 훌륭한 수레를 보고서 명상에 잠기신 것을 보고 바라문이 그 손을 가슴에 모으고 기쁜 마음으로 그 최고신(the highest Divine Being, 至尊)께 인사를 올렸다. 성자들과 천상의 존재들은 그와 같은 창공의 연출을 보고 손을 모으고 일어서서 경이(驚異) 중에 경이(驚異)로운 광경에 눈들을 모았다. 우주의 창조자 브라흐만과 친숙하고 최고의 도덕을 알고 있는 지존께 일어나 예를 올리며 [성자들은]다음과 같이 말을 하였다. -'당신은 당신의 형상대로 바로 우주의 영광입니다. 당신은 우주의 주인이십니다. 당신은 당신의 가호(加護)를 우주에 뻗고 계십니다. 당신의 일로 우주를 가지신 당신이시여, 당신은 당신의 영혼을 통솔하십니다. 당신이 우주에 최고 주인이시고, 바수데바(Vasudeva)이십니다. 그러기에 저희는 요가(Yoga) 정신과 최고신인 당신 속에 거(居)하기를 추구합니다. 승리는 당신의 것이니, 당신은 우주의 최고신이십니다. 승리가 당신 것이니 당신을 그것을 세상의 선(善)을 위해 쓰십니다. 승리가 당신 것이니, 당신은 요가의 주인이십니다. 당신은 만능이십니다. 당신은 승리를 우선하시니, 그것은 요가(Yoga)를 이은 것입니다. 승리는 우주의 주인이신 당신 것입니다. 당신의 배꼽에서 흘러내린 연꽃 샘물과 광활한 안목을 지녀서 우주의 주인 중에 주인이로 승리가 당신 것입니다. 과거와 현재와 미래에 주인이시여, 승리는 당신의 온유(溫柔) 그것입니다. 당신은 태양 중의 태양이십니다. 오 당신은 말로 다할 수 없는 속성들의 창고이시고, 만물이 귀의(歸依)하는 은신처이십니다. 당신은 나라야나(Narayana, 비슈누)이시고, 당신은 알 수 없는 분이시고, 사랑가(Saranga)라는 활을 쓰시는 승리자이십니다. 온갖 재능을 구비하신 승리의 당신은 당신의 형상이 우주이고, 당신의 항상 여전(如前, 동일)하십니다. 오 우주의 주님, 억센 당신은 승리의 당신은 항상 세상을 이롭게 하십니다. 위대한 뱀, 거대한 수퇘지, 최초의 원인, 황갈색의 자물쇠, 승리는 전능이신 당신 것입니다. **당신은 황색 예복이시십니다.** 당신은 나침반이며 당신은 우주를 거처로 삼으시고, 당신은 무한이시고, 불후(不朽)이시고, 명시(明示)이시고, 역시 불명(不明)이십니다. 당신은 측량할 수 없는 공간이고, 당신의 감성(感性)은 통제 속에 계시고, 항상 선을 행하시고, 당신은 측량할 수 없고, 당신만이 당신을 아시고, 당신의 승리는 심오(深奧)하고 당신은 모든 소망의 제공자이시고, 목적이 없으시고, 당신은 브라흐마(Brahma)로 알려져 있고, 당신은 영원이시고, 만물의 창조자이시고, 항상 이루시고, 항상 행동으로 지혜를 보여주시고, 당신은 도덕의 보유자이시고, 승리의 제공자이시고, 신비로운 자신(Self)이시고, 모든 요가(Yoga)의 정신이시십니다. 당신은 만물이 생겨나는 원인이시고, 만물의 존재 자체의 지식이십니다. 세상의 주인이시여, 만물의 창조자이시니, 승리는 당신 것입니다. 당신에게 기원을 두신 당신이시니, 당신은 최고로 축복을 받고 당신은 만물의 파괴자이십니다. 당신은 모든 생각을 주입하는 존재이시고, 브라흐마와 더불어 모든 승리를 보유하고 계십니다. 창조와 파괴로 바쁘신 당신은 모든 소망의 통제자이시고, 아므리타(Amrita, 甘露)의 원인이십니다. 당신은 모든 존재이시고, 당신은 요가의 처음이시고, 마지막이십니다. 당신은 승리의 제공자이시고, 모든 피조물의 주인의 주인시고, 당신은 당신에게서 나와 태고의 모습으로 위대하시고, 모든 의례(儀禮)의 정신이시고, 만물에 승리를 제공하십니다. 대지의 여신이 당신의 두 다리를 대신하고 있고, 주요 부분과 부수적인 것은 당신의 팔이고, 하늘은 당신의 머리입니다. 저는 [역시] 당신의 형상이고, 천상의 모습은 당신의 사지이시고, 해와 달은 당신의 눈입니다. 금욕적 절제와 진리는 도덕과 의례(儀禮)으로 나타나고 당신의 힘을 이루고 있습니다. 불은 에너지이고, 바람은 호흡이고, 물은 당신의 땀으로 솟습니다. 한 쌍의 아스윈(Aswins)은 당신의 귀이시고, 사라스와티(Saraswati) 여신은 당신의 혀입니다. 베다(Vedas)는 당신의 지식이고, 당신에게서 세상은 쉽게 됩니다. 요가와 요가철학 신봉자의 주인시여, 우리는 당신의 범위와 무게와 힘과 무용과 억셈과 기원을 모릅니다. 오 비슈누 신이시여, 헌신으로 채우시는 당신, 경배와 행사로 당신께 매달리며 우리는 당신을 최고의 주님 신중의 신으로 숭배합니다. 성자들과 간다르바들(Gandharvas), 약샤들(Yakshas), 락샤사들(Rakshasas), 판나가들(Pannagas) 피사카들(Pisachas) 인간 짐승 새 파충류가 당신의 은혜로 저희가 창조하였습니다. 당신은 배꼽에서 흘러내린 감로수를 지니셨고, 크고 광활한 눈, 오 크리슈나여, 근심의 추방 자, 모든 생명의 안식처, 당신은 안내자이십니다. 당신은 당신의 입을 위해 우주를 지니셨습니다. 당신의 은혜로 신들은 항상 행복합니다. 당신의 은혜로 이 세상은 걱정이 없습니다. 거대한 눈을 지니신 당신이 야두(Yadu)족을 출산하셨습니다. 정의(正義)를 세우기 위해서, 디티(Diti)의 후손을 멸하기 위해서, 세상을 지키기 위해서 제가 사뢰었던 바를 행하시고, 당신의 은혜로 제가 최고의 신비로움을 노래하게 하셨습니다. 당신에 의해 당신으로부터 신비의 산카라샤나(Sankarshana)를 창조하셨고, 그리고 당신에게서 프라듐나(Pradyumna)를 창조하셨습니다. 당신은 프라듐나(Pradyumna)에서 영원한 비슈누(Vishnu)로 알려진 아니루다(Aniruddha)를 창조하셨습니다. 그래서 세계의 유지자 저 브라흐마(Brahma)를 아니루다(Aniruddha)가 창조하게 하셨습니다. 바수데바(Vasudeva)의 정수(精髓)에서 태어났기에 저는 당신에 의해 창조된 존재입니다. 오, 주님이시여. 당신의 지분(支分)을 받아 인간으로 태어납니다. 그래서 세상의 행복을 위하여 아수라들(Asuras)을 죽이고, 정의를 세우고 명성을 얻고 역시 요가를 진정으로 획득할 것입니다. 지상에 성자들을 재건하고 오묘한 당신은 신들이 당신께 헌신하고 당신에게 속한 이름으로 당신의 놀라운 자신(Self)을 노래할 것입니다. 오 당신의 탁월한 무기, 모든 피조물이 당신에게 달려 있고, 당신을 거처로 삼으며 당신은 요긴한 것의 제공자이십니다. 모든 성자들이 당신은 무궁한 요가를 소유하여 시작도 중간도 끝도 없는 세상의 다리로 노래하고 있습니다.'-"

비슈마가 말씀하셨습니다. "그러자 '세상의 주님-지존'은 부드러운 목소리로 바라문에게 대답하셨다. -'요가(Yoga)를 통해 네가 내게서 알고자 하는 바를 알 수 있다. 그대가 원한 것일 뿐이라도 그러하리라'- 이렇게 말씀하시고 주님은 사라지셨다. 그러자 신들과 성자와 간다르바들(Gadharvas)이 크게 의문과 호기심이 생겨서 할아버지께 여쭈었다. -'오 주님이시여, 당신이 겸허와 그처럼 높이신 말씀으로 칭송한 그 **하나**란 도대체 누구입니까? 우리는 알고 싶습니다.'- 할아버지는 모든 신들과 재생(再生)의 성자와 간다르바들(Gandharvas)에게 간결하게 말씀하셨다. -'그분은 **타트(TAT)**이시다. 그분은 최고(最高)이시고, 그분은 지금도 계시고 언제나 있다. 그분은 최고인 **자신(Self)**이고, 존재들의 영혼이시고, 위대한 주인이시고, 상환(常歡)의 당신 자신과 말하고 있다. 그 우주의 주님은 나의 간청을 들으시니, 세상의 선을 위해 바수데바(Vasudeva) 가정에 인간으로 태어나신다.'- 내[비슈마는 그분께 말씀드렸다. -'아수라들을 멸하시기 위해 세상에 오셨습니다! 흉포하고 억센 저 다이티아들(Daityas)과 락샤사들(Rakshasas)이 인간 세상에 태어나 전투로 죽었습니다. 진실로 걸출한 주님이 인간으로 태어나셔서 지상에 거주하실 것이고, 나라(Nara)와 연합하십니다. 저 고대의 최고 성자인 나라(Nara)와 나라야나(Narayana)는 모든 천상의 신들이 연합을 해도 이길 수 없습니다. 나라(Nara)와 나라야나(Narayana)가 세상에 함께 계셔도 어리석은 자들은 알지 못합니다.'- 그 자신(Self)으로부터 세상의 주인 브라흐만은 그 바수데바로 왔으니, 세상의 최고신이고 너희의 송축을 받을 만하다. 엄청난 힘과 소라고둥, 원반, 철퇴를 지녀서 인간으로 생각할 수가 없다. 그분은 최고의 수수께끼, 최고의 안식처 최고의 브라흐마이시고 최고의 영광이다. 그분은 부패가 없으며 비현현(非現現)이시고 영원이시다. 그는 푸루샤(Purusha, 최고신)로 노래되고 아무도 그를 아는 사람이 없다. 신성한 제작자는 그분을 최고의 힘, 최고의 행복, 최고의 진리로 노래한다. 그러기에 무량의 용맹의 주 바수데바는 인드라를 머리로 삼고 있는 모든 아수라와 신들이 사람으로 그를 생각할 수 없다. '미련한 사람'은 흐리쉬케사(Hrishikesa)를 말로 무시해서 '불쌍한 사람'이라고 한다. 그가 바수데바임을 모르는 사람들은 빛나는 요가 수행으로 알게 되는데, 그가 인간의 형상 속에 있기 때문이다. 신성을 모르는 어둠 속에 노동자라고 말하는 사람은 가동과 부동의 창조 영혼이 그 가슴에 상서로운 바퀴를 지니고서 광채로 빛나 그의 배꼽으로부터 연꽃을 피웠다는 것을 모르고 있다. 왕관과 카우스투바(Kaustuva) 보석으로 차리고 친구들의 두려움을 쫓아버리는 자, 그 고상한 영혼의 존재를 무시하는 사람은 두터운 어둠에 병들어 있는 사람이다. 이 모든 진실을 알면 세상의 주님 바수데바는 모든 신들의 숭배를 받을 수밖에 없다."

비슈마는 계속했습니다. "그 말씀을 신들과 성자들에게 들려주시고, 빛나는 할아버지는 그들 모두에게 실망하시고, 자신의 거주지(居住地)를 준비하셨다. 그래서 브라흐만의 말씀을 들은 신들과 간다르바(Gandharvas) 무니들(Munis) 아프사라들(Apsaras)은 천국이 가다듬어짐에 기쁨에 넘쳤다. 바수데바의 말씀이라면 그것은 나도 성자들 모임에서 들었다. 그래서 경전에 잘 보존되어 있으니, 나는 그것을 자마다그니(Jamadagni) 아들 라마(Rama)와 큰 지혜인 마르칸데이아(Markandeya), 비아사(Vyasa)와 나라다(Narada)에게서 역시 들었다. 영원한 주님, 세상에서 최고인 신, 위대한 주인, 거기에서 브라흐만도 태어나신 빛나는 바수테바(Vasudeva)에 대해서 듣고 인간으로서 왜 바수데바를 찬양 경배하지 않겠느냐? 오 대왕이여, -'활을 잡은 바수데바와 판다바 형제들과 전쟁을 하지 말라.'- 어리석음 때문에 대왕은 그 말을 다 이해하지 못 했었다. **나는 대왕이 사악한 락샤사(Rakshasa)라고 생각한다.** 거기에다 대왕은 너무나 어리석다. 여기에다 **대왕은 고빈다(Govinda)와 판두의 아들 다나자야(Dhanajaya)를 싫어하는데, 인간 중에 그 누가 성(聖) 나라(Nara, 아르주나)와 나라야나(Narayana, 크리슈나)를 싫어하는 사람이 있겠는가?** 오 대왕이여, 이것이 대왕께 말씀드린바 영원하고, 없어지지 않고, 전 우주에 펼쳐져 있고, 바뀌지 않고, 만물의 왕이며 창조자이고 소유자, 진정으로 존재에 대한 소유주이시다. 그 분은 삼계(三界)를 보유하고 계신다. 그 분은 동물(動物)과 부동물(不動物)의 최고 주인이시고, 위대한 주인이시다. 그 분은 무사(武士)이시고, 승리, 승리자, 모든 천성의 주인이시다. 오 대왕이여, 그 분은 선으로 가득하고 모든 어둠과 욕망 속성을 물리치셨다. **크리슈나가 계신 곳에 정의(正義, righteousness)가 있고, 정의(正義, righteousness)가 있는 곳에 승리가 있다.** 그의 최고 탁월함은 요가(Yoga)이고, 자신(Self)의 요가(Yoga)인데, 그것이 판두 아들들을 지지하고 있다. 그러기에 승리는 확실히 그들의 것이다. 크리슈나는 항상 판다바 형제들에게 가담하고 있고, 정의(正義)에 통달하여 전투에 강하다. 그리고 크리슈나는 판다바 형제들을 위험에서 보호해 준다. 그는 영원한 신이고, 만물에 퍼져 있고, 축복을 받는다. 대왕이 내게 물었던 그 이름은 바수데바로 알려져 있다. 그 분은 브라흐마나(Brahmanas) 크샤트리아(Kshatryas) 바이샤(Vaisyas) 수드라(Sudras)들에게 다른 모습을 갖고 계시지만, 절제된 마음으로 겸허하게 봉사하고 숭배하며 그네들 자신의 의무들(duties)을 수행하신다. 그분은 '드와르파라 시대(Dwarpara Yuga)'의 마침과 '칼리 시대(Kali Yuga)'의 시작으로 향하셔서 헌신적 신앙 자들의 산카르샤나(Sankarshana)를 함께 노래하신 시대와 시대를 만들며, 신과 인간들의 세계, 바다에 묶여 있는 모든 도시, 인간이 살고 있는 영역을 창조하신 이가 바수데바이시다."

두료다나가 말했다. "오 할아버지시여, 온 세상에서 최고 존재라 하시니, 저는 그 근본과 영광을 알고 싶습니다."

비슈마가 말했다. "바수데바가 최고 존재이시다. 그가 신들 중의 신이시다. 오 바라타 족의 황소여, 마르칸데이아(Markandeia)는 고빈다(Govinda)가 가장 놀랍고 높은 존재, 모든 존재, 모든 영혼, 최고의 영혼, 최고의 남자로서 물 공기 불 세 가지는 그가 만드셨다고 말했다. 그 신비한 주인, 만 세상의 주인이 이 땅을 창조하셨다. 그 빛나는 최고 존재가 물 위에 자신을 누이셨다고 말했다. 그리고 그 신비한 존재는 모든 에너지를 요가(Yoga)에 잠들게 하셨다. 자신의 입에서 그분은 불을 창조했고, 그의 호흡이 바람이라는 시들지 않은 영광이 되었다. 그 분은 입으로 말과 베다(Vedas)를 만들었다. 이처럼 그분은 최초로 세상을 창조하셨고, 역시 성자들의 다양한 계급에 따라 신들을 창조하셨다. 그리고 그분은 모든 생명의 부패와 사망을 만들었고, 역시 탄생과 성장을 두었다. 그분은 정의(正義)이시고 정의로운 영혼이시다. 그분은 요긴한 것과 소망을 제공하신다. 그 분은 행동 자, 행동이시고, 신성한 주인이시다. 그분이 최초로 과거와 현재와 미래를 만드셨다. 그 분은 퇴색하지 않는 영광을 지니셨다. 그 분이 모든 존재를 처음 낳은 산카르샤나(Sankarshana)를 창조했다. 그 분은 아나타(Anata)로 알려진 성 세샤(Sesha)를 창조하셨는데, 성 세샤(Sesha)는 모든 피조물과 땅과 산들을 지키신다. 최고의 힘을 지닌 그 분은 요가(Yoga) 사유로 번성한 법을 알고 계신다. 그 분의 귀의 분비물에서 생겨난 마두(Madhu)라는 위대한 아수라는 과격한 행동과 의도로 브라흐만을 치려 하니, 그 최고 존재에게 살해를 당했다. 그래서 마두의 살해 결과 신들과 다나바들(Danavas)과 인간과 성자들은 자나르다나(Janardana)를 마두(Madhu)의 살해자로 불렀다. 그 분은 위대한 곰이고, 위대한 사자(獅子), 삼보(三步)[31] 주님이시다. 그 분은 만물의 부모이시다. 연꽃 같은 눈(eye like lotus-petals)을 지닌 그 분을 능가한 존재는 과거에도 없었고 미래에도 없다. 그 분의 입에서 브라흐마나들(Brahmanas)이 창조되었고, 그 분의 팔에서 크샤트리아들(Kshatriyas)이 창조되었고 허벅다리에서 바이샤(Vaisyas)가 창조되었고, 그 분의 발에서 수드라(Sudras)가 창조되었다. 그 분을 성실히 기다리며, 보름과 초사흘에 금욕으로 경배를 준수하면 성 케사바(Kesava)를 획득하게 되니, 성 케사바(Kesava)는 브라흐마와 요가의 필수로 모든 피조물의 은신처다. 케사바(Kesava)는 힘을 증진하는 온 세상의 할아버지이다. 성자들은 그를 흐리쉬케사(Hrishkesa, 감각의 왕)라 부른다. 모두가 그분이 역시 교사요, 아버지요, 주인임을 알아야 한다. 축복의 무한의 영역을 획득하여 크리슈나를 즐겁게 하신다. 그분은 역시 공포 속에서 케사바의 보호를 찾게 하시고, 경전을 자주 읽어 행복과 모든 번영을 이루신다. 크리슈나를 획득한 사람들은 함정에

---

31) 비슈누가 발리(Vali)의 영역을 빼앗으려고 난장이(vamana)로 변장하고 발리에게 세 걸음(三步)의 땅을 요구했다. 발리는 그가 요구하는 것이 적음을 웃고 그것을 허락했다. 그러나 그 나장이가 모습을 늘여 단 두 걸음으로 하늘과 땅을 덮었다. 나머지 한 걸음은 디딜 곳이 없었다. 발리는 당장 약속 위반자로 붙잡혀 지하 세계로 보내졌다.

빠지지 않고 자나르다나(Janardana)가 큰 공포에 빠진 사람들을 구해준다. 오 바라타여, 유디슈티라(Yudhishthira)가 요가의 왕 세상의 주인인 최고로 축복된 케사바(Kesava)를 추구해 왔었다."

비슈마가 말했다. "오 왕이여, 내 말을 들어라. 브라흐만 자신이 행한 찬송이다. 이 찬송은 브라흐만 자신이 행한 찬송이다. 이 찬송은 옛날 재생의 성자들과 지상의 신들인 나르다(Narda)가 당신[케사배]을 주님, 신들과 모든 사디아들(Sadhyas)과 천체(天體)들의 주인, 세상의 창조자로 알고 있었던 것이다. 마르칸데야(Markandeya)가 당신[케사배]을 과거이고 현재이고 미래이고, 희생 중의 희생이고, 금욕 중의 금욕으로 말했다. 빛나는 브리구(Bhrigu)는 당신[케사배]은 신중의 신이시고, 당신의 옛날의 비슈누 모습이라고 말했고, 드와이파야나(Dwaipayana)는 당신이 바수족(Vasus)의 바수데바이고, 사크라(Sakra)의 창시자이시고 신들과 만물의 신이라고 말했다. 옛날 생식(生殖)의 시기에 성자들은 당신을 창조의 아버지 다크샤(Daksha)라고 했다. 안기라스(Angiras)는 당신이 모든 존재들의 창조자라고 말했고, 데발라(Devala)는 보이지 않은 것은 당신의 몸이고, 보이는 것은 당신의 마음이고, 신들은 모두 당신의 호흡이라 했다. 하늘은 당신의 머리에 스며들고, 당신의 두 팔이 세상을 지탱하게 하고 있다. 당신의 위(胃) 속에 3계가 있고, 당신은 영원한 존재이시다. 금욕주의로 승격된 사람들이 당신을 알고 있다. 당신은 사트(Sat, 精髓)의 사트(Sat)이고, 자신(Self)의 모습으로 성자들을 즐겁게 한다. 자유로운 정신들의 왕 같은 성자들과 더불어 전쟁에서 물러서지 않고 최고의 목표를 위해 도덕을 소유한 당신은 마두(Madhu)의 살해자이시고, 유일한 도피처이시다. 사나트쿠마르(Sanatkumar)와 다른 금욕 자들이 찬송하는 빛나는 최고의 존재 하리(Hari)이지만 요가(Yoga)를 부여하고 있다. 케사바(Kesava)에 관한 진실은 간결하고 자세하게 진술이 된다. 케사바(Kesava)에게 사랑의 마음을 되돌리도록 하라."

산자야가 계속했다. -이 신성한 이야기를 듣고 대왕의 아드님은 케사바(Kesava)와 억센 전차 투사인 판두 아들들을 알기 시작했습니다. 그래서 산타누 아들 비슈마는 다시 한 번 대왕의 아드님에게 말했습니다.

"오 왕이여, 그대는 그대가 물었던 케사바(Kesava)와 나라(Nara)의 고귀한 영혼의 영광에 대해 진정으로 알아들었는가? 그대는 나라(Nara, 아르주나)와 나라야나(Narayana, 크리슈나)가 인간에 탄생한 목적도 역시 들었다. 그대는 역시 그 영웅들이 왜 무적(無敵)이고, 전장에서 패할 수 없고, 어느 누구도 판두 아들을 죽일 수 없는 이유도 함께 다 들었다. 크리슈나는 판두 아들들에게 큰 사랑을 가지고 있다. **이것이 내가** *판두 아들과 화해하라(Let peace be made with the Pandavas)* **는 이유이다.** 욕망을 억압하고 그대 주변의 억센 형제들과 이 세상을 즐겨라. 나라(Nara)와 나라야나(Narayana)를 무시하면 그대는 틀림없이 망한다." 이 말씀을 하시고 대왕의 아버님[비슈마]은 더 말이 없었습니다. 오 대왕이시여, 왕을 실망시킨 비슈마는 그의 장막으로 들어갔습니다. 그리고 밝은 할아버지를 존경하며 왕(두료다나)도 자신의 장막으로 돌아왔습니다. 그리고 바라타 족의 황소는 하얀 침대에 누워 잠들어 그 밤을 보냈습니다.[32]

'바가바타의 코끼리에 붙들린 비마'[33]

_____ ✈

(a) '마하바라타(The Mahabharata)' '넷째 날의 전투 이야기'에 '**비슈마(Bhishma)와 두료다나 (Duryodhana)의 대화**'는, 비슈마의 입으로 반복한 '지존(至尊)의 노래(Bhagavat Gita)'이다.

(b) '마하바라타(The Mahabharata)'는 본질적으로 그 '지존(至尊)의 노래(Bhagavat Gita)'를 개별적 인 역사적 사실에 대입해 말하는 것이니, 굳이 중국(中國) 식으로 말하면 '격물치지(格物致知, 개 별적인 사례를 통해 알게 함)'이다.

즉 '절대신'='막강한 위력'='무궁한 지속성'이라는 등식 '지존(至尊)의 노래(Bhagavat Gita)'에서는 포괄적으로 제시했는데, '마하바라타(The Mahabharata)' 전체 특히 '18일 간의 전투'에서는 그 구체적인 '절대 신의 위력'을 입증해 보인 셈이었다.

(c) 이 장에서 비슈마(Bhishma)는 두료다나(Duryodhana)를 마주대하여 '**너는 바로 사악한 락샤사 (Rakshasa)다. 너는 너무나 어리석다.**'라고 바로 말해 주었다.

(d) 그러나 '두료다나(Duryodhana)'가 그러한 지적(知的) 상황'임을, 비슈마(Bhishma)가 그동안 왜 몰랐을 것인가? 이미 '전쟁이 치열해져 형제들이 죽은 마당'에 그 두료다나(Duryodhana)가 그 '비슈마 말씀'에 회개(悔改)하기보다는 그 '충고의 비슈마(Bhishma)'를 버리고 계속 자기를 고집 할 것은 넉넉히 짐작할 수 있으니, 그에게는 아직 '**카르나(Karna)**'가 따로 있었다는 점이 그 명백 한 이유였다.

(e) 비슈마는 명백히 "그대[두료다나]는, 나라(Nara, 아르주나)와 나라야나(Narayana, 크리슈나)가 인 간에 탄생한 목적도 역시 들었다. 그들은 무적(無敵)이다. *판두 아들과 화해하라(Let peace be*

32) K. M. Ganguli (Translated into English Prose from the Original Sanskrit Text), *The Mahabharata of Krishna-Dwaipayana Vyasa*, Munshiram Manoharlal Publisher Pvt. Ltd. New Delhi, 2000, -**Bhishma Parva**- pp. 155~176

33) P. Thomas, *Epics, Myths and Legends of India*, Bombay, 1980, Plate 157 'Bhima being caught by the elephant of Bhagadatta'

*made with the Pandavas)."*라고 거듭해 말했다.

(f) 이처럼 '마하바라타(*The Mahabharata*)' 이야기 중에도 수시로 '절대신'에 대한 정보를 가지고 '화해'를 권고해도 그것을 거듭 주변의 권고를 무시한 '육신 욕망 옹호자[뱀] 족속들'은 '드리타라슈트라' '두료다나' '카르나' '사쿠니' '두사사나' 외 99명의 그 형제들이 있었으니, 그들은 오히려 **'절대신의 위력을 증명해야 할 불쏘시개들'**인 셈이다.

(g) 힌두의 '마하바라타(*The Mahabharata*)'는, '배약의 사기꾼들[뱀들]과 펼친 최초의 혁명전쟁 문학'이고, 역시 영원히 **'육신[뱀, 악마]과 공존해야 하는 인류의 영혼[신]의 고민을 명시하고 있는 부조리 문학의 원본(原本)'**이다.

제98장 다섯째 날의 전투 -시칸딘이 비슈마를 공격하다.

산자야가 말했다. -그 밤이 지나가니 해가 솟았고, 두 군대는 전투를 위해 접근했습니다. 서로를 바라보며 각자 대오를 가다듬고 분노하여 상대 적을 무찌르고 싶어 했습니다. 그리고 대왕 (드리타라슈트라 왕)이 원래 잘못 생각하여 판다바들과 드리타라슈트라들이 상대를 치려고 갑옷을 입고 전투 대형을 취했습니다. 그 진형은 사방에서 사령관 비슈마를 감싸게 되는 마카라(Makara[34] 악어) 형상의 진이었습니다. 그에 따라 판다바들도 진세를 이루었습니다. 그리고 비슈마(Devavrata) 할아버지는 거대 전차 부대의 호위를 받으며 진격했습니다. 그리고 그 밖의 전차 무사와 보병, 코끼리 부대, 기갑부대가 그 뒤를 따랐습니다. 그들의 진형을 보고 영리한 판두 아들들은 '시에나(Syena, 매)' 진(陣)을 이루었습니다. 그 진형의 부리에는 위력의 비마세나를 배치했습니다. 그 '매 진형'의 눈에는 시칸딘과 드리슈타듐나가 자리 잡았습니다. 그 머리에는 사티아키(Satyaki)를 배치했고, 목 부분에는 간디바를 구사는 아르주나가 자리를 잡았습니다. 왼쪽 날개는 두루파다와 그 아들이 맡았고, 오른쪽 날개는 케카이아(Kekayas) 왕이 맡았습니다. 그리고 후미(後尾)는 드라우파디 아들과 아비마뉴가 있었습니다. 그리고 후미에는 유디슈티라 왕 자신이 쌍둥이 형제의 지지를 받고 있었습니다. 비마가 카우라바들의 '악어 진'을 뚫고 비슈마를 향해 돌진을 하니 비슈마가 화살로 그 비마를 덮었습니다. 그래서 전투가 개시되자 다난자야(Dhanajaya, 크리슈나)가 급히 말을 몰아 그 선봉(先鋒)에 자리 잡아 수천의 화살을 날리는 비슈마에게로 달려 나갔습니다. 비슈마가 발사한 무기에 맞서 아르주나가 그 부대를 이끌고 대항을 하고 나왔습니다. 그러자 두료다나는 자기 군사들이 크게 손상된 것을 보고 급히 드로나에게 달려가 말했습니다.

"스승님이시여, 저는 스승님[드로나]과 비슈마 할아버지에 의지해서 우리가 판다들을 물리치길 바라고 있습니다." 두료다나가 그렇게 말하자 드로나는 사티아키(Satyaki)가 보고 있는 가운데 판다바 진형으로 꿰뚫고 들어갔습니다. 그러자 사티아키(Satyaki)가 드로나를 저지(沮止)하며 끔찍한 전투를 펼쳤습니다. 드로나는 화가 나서 10개의 화살을 사티아키(Satyaki)의 어깨에 쏘았습니다.

---

34) 수중에 사는 악어 비슷한 상상의 동물

그러자 비마세나가 화가 나 그 사티아키(Satyaki)를 지키려고 드로나에게 날카로운 화살을 쏘았습니다. 그러자 드로나와 비슈마와 살리아가 화가 나 그 비마에게 화살을 퍼 부었습니다. 이에 아비마뉴와 드라우파디 아들이 그 쿠루들을 향해 날카로운 화살을 날렸습니다. 그러자 **시칸딘(Sikhandin)이 판다바 속에 들어온 비슈마와 드로나를 향해 달려들었습니다. 시칸딘(Sikhandin)이 천둥 같은 소리를 지르며 화살로 적들을 덮었습니다. 그러나 비슈마는 시칸딘이 여자임을 생각하여 그를 피했습니다**. 그러자 드로나가 비슈마를 지키려고 돌진했습니다. 그러나 모든 무기를 잘 쓰는 드로나가 진격하니 시칸딘(Sikhandin)은 무서워 피했고, 드로나는 유가(Yuga)의 마지막에 나타나는 타오르는 불과 같았습니다. 그러자 두료다나는 승리할 욕심에 대군을 이끌고 비슈마를 보호하러 진격을 했습니다. 그런데 판다바들도 진격을 해서 신들과 악귀들이 전쟁하던 날과 같았습니다.

산자야가 말했다. -그러자 비슈마는 비마의 위협에서 대왕의 아들들을 지키고 싶었습니다. 당시 전투는 카우라바 왕들과 판다바 군대 사이의 너무나 치열한 전쟁이었습니다. 그 격렬한 전투는 하늘나라까지 들리는 소음이었습니다. 코끼리들의 비명소리, 말들의 울음, 소라고둥 소리 등으로 소란으로 귀가 멍멍할 정도였습니다. 승리를 위해 싸우는 용사들은 울타리에 갇힌 황소들처럼 떠들었습니다. 전쟁에 날카로운 화살에 잘린 목들은 하늘에서 내린 돌덩이 소나기였습니다. 그래서 땅바닥은 '광두 화살'에 잘린 사지와 귀고리로 장식한 머리통으로 덮였습니다. 순식간에 전 전쟁터가 갑옷 입은 사람들, 코끼리 말들의 시체로 뒤덮였습니다. 함성소리는 천둥 같았습니다. 일어난 먼지는 검은 구름 같았고, 빛나는 무기들은 번개와 같았습니다. 그래서 쿠루들과 판다바들의 전쟁은 거기에 흐르는 강을 피로 만들었습니다. 무적의 크샤트리아들이 화살 소나기를 퍼부어 머리카락이 곤두서게 만들었습니다. 코끼리들도 울부짖으며 이리저리 달렸습니다. 혼전이 계속 되어 서로 구분할 수도 없었습니다. 전장에 보이는 것은 피의 호수이고, 머리 잘린 시체들이었습니다. 무적의 용사들이 화살 창 철퇴 언월도(偃月刀)로 상대들을 쓰러뜨렸습니다. 그래서 비슈마와 비마의 대결에서 무기와 머리통과 사지들이 온 전장에 널리게 되었습니다. 거대 코끼리 시체들과 죽은 말들과 전차들도 보였습니다. 쓰러뜨린 무사, 쓰러진 무사들이 고통 속에 전쟁터에 널려 있었고, 전차를 빼앗긴 무사들은 칼을 잡고 상대적을 향해 달려들었습니다. 그러자 두료다나는 비슈마를 선봉에 세우고 칼링가족(Kalingas) 거대 군대를 이끌고 판다바들을 향해 돌진했습니다. 에에 동물 함대를 거느린 브리코다라(Vricodara)가 지원을 받으며 비슈마를 향해 돌진했습니다.

산자야가 말했다. -아르주나는 그의 형제와 다른 왕들이 비슈마와의 전투에 개입하는 것을 보고 무기를 높이 들고 달려갔습니다. 판차자니아(Panchajanya) 소라고둥과 간디바(Gandiva) 활시위 소리, 아르주나의 깃발을 보고 쿠루 군사들은 두려움에 떨었습니다. 아르주나의 깃발은 하늘을 향해 불타오르는 사자 꼬리를 본뜬 것입니다. 그리고 전장에서 무사들은 황금으로 장식한 아르주나의 간디바가 구름 속에 번쩍이는 번개 불 같았습니다. 그리고 거기에 대항하는 대왕의 군사들을 살해하는 아르주나의 고함 소리는 인드라 신의 천둥과 같았고, 박수 소리도 엄청났습니다. 아르주나는 사방으로 그의 화살 비를 퍼부었습니다. 그리고 아르주나는 비슈마를 향해 달려갔습니다. 아르주나의 무기에 군사들 정신을 빼앗겨 동쪽과 서쪽도 구분할 수가 없었습니다. 대왕의 군사들은 동물들도 지치고, 마음도 지쳤습니다. 대왕의 군사들은 대왕의 아들들과 같이 비슈마가 지켜주기를 바라고 그곳으로 다 모여들었습니다. 그래서 그 전장에서 비슈마는 사실상 그들의 은신처였습니다. 놀란 전차 무사들은 그들의 전차에서 뛰어내렸고 기갑병은 말에서 떨어졌고, 보병들도 제자리에 서서 아르주나의 활을 맞고 쓰러지기 시작했습니다. 천둥 같은 아르주나 활시위 소리를 듣고 대왕의 군사들은 두려움에 무너졌습니다. 그러자 두료다나의 명령으로 거대한 캄보자(Kanvoja)의 기마 부대와 고파니아나(Gopanyana) 군대, 두사사나(Dussasana)의 1만 4천 기마병이 비슈마를 옹위했습니다. 그러자 전장에 모든 판다바들이 각각의 전차와 말들을 몰아 대왕의 군사를 죽이기 시작했습니다. 전차와 말들과 보병들이 일으키는 먼지가 거대한 구름덩이 같았습니다. 비슈마가 아르주나와 전투를 시작했습니다. 그리고 아반티(Avanti) 왕은 카시(Kasi) 왕과 맞붙었고, 신두(Sindhus) 왕은 비마와 붙었습니다. 그리고 유디슈티라와 그의 아들과 상담자들은 마드라(Madras) 왕 살리아(Salya)와 맞붙었습니다. 그리고 크리파(Kripa)와 크리타바르만(Kritavarman)은 드리슈타듐나에게 돌진했습니다. 그래서 전 전장이 서로 대적을 하는 말과 코끼리 전차들이었습니다. 하늘은 맑았으나 번갯불이 나타났습니다. 별똥별들이 천둥소리를 내며 떨어졌습니다. 격렬한 바람이 일어 먼지 비를 뿌렸습니다. 먼지를 뒤집어 쓴 병사들은 정신이 없었습니다. 도검과 언월도로 잘린 머리통과 사지들이 사방에 쌓였습니다. 많은 전차 무사들의 말들은 마차를 끌고 가다가 죽었습니다. 그리고 전쟁터에 많은 코끼리들이 상대 코끼리들에게서 풍겨오는 주스 냄새를 맡고 쿵쿵거렸습니다. 그래서 전 전쟁터가 '광두 화살(broad-headed shaft)'을 맞은 코끼리들이 그들의 등에 나무로 된 좌판과 조련사들을 얹은 채로 죽어 흩어져 있었습니다. 그리고 다른 전차들과 뒤엉킨 거대 코끼리들은 큰 비명을 지르며 사방을 돌아다녔습니다. 그 전차들을 끌고 다니는 코끼리들은 연못 속에 자란 연꽃 대를 끌고 다니는 것과 같았습니다. 이처럼 전장은 기갑병과 보병 전차 무사들의 주검과 깃발들로 뒤덮여 있었습니다.

산자야가 말했다. -시칸딘(Sikhandin)이 비라타(Virata) 왕과 함께 급히 비슈마에게 접근했습니다. 그리고 아르주나는 드로나, 크리파, 비카르나와 대적을 했습니다. 그리고 비마는 두료다나와 두사하와 맞붙었습니다. 그리고 사하데바는 사쿠니, 울루카에게로 달려갔습니다. 그리고 유디슈티라는 두료다나를 속여서 카우라바의 코끼리 부대를 향해 돌진했습니다. 그리고 영웅적인 나쿨라는 트리가르타족(Trigartas) 무사들과 맞붙었습니다. 그리고 드리슈타케투와 가토트카차는 대왕[드리타라슈트래의 아들들에게 달려들었습니다. 사령관 드리슈타듐나는 드로나와 싸웠습니다. 그 때 해는 중천(中天)에 솟아 찬란하게 빛을 발했고, 카우라바와 판다바들은 상대를 죽이기 시작했습니다. 그 때 깃발들을 꽂은 전차의 모습은 황금과 호랑이 가죽으로 장식을 하여 전장을 누비는 것이 아름다웠습니다. 상대방을 이기겠다는 무사들의 함성은 사자 울음과 같았습니다. 영웅적인 스린자야들(Srinjayas)과 쿠루들과 대결은 정말 놀라웠습니다. 사방에서 쏘는 화살 때문에 적과 아군을 구분할 수도 없었지만 오직 태양이 주요 표준이었습니다. 전장 곳곳에는 해와 달과 같이 빛나는 장식을 한 왕들이 있었습니다. 비슈마는 화를 내어 대군 보는 앞에서 억센 비마를 저지했습니다. 황금 날개를 단 비슈마의 화살이 비마에게 적중했습니다. 그러자 비마는 뱀 같이 날카로운 화살을 비슈마에게 쏘았습니다. 그러나 비슈마는 그것을 자신의 화살로 막았습니다. 그리고 비슈마는 '광두(廣頭) 화살(broad-headed shaft)'로 비마의 활을 두 동강을 내었습니다. 그러자 달려온 사티아키가 비슈마에게 날카로운 화살을 쏘았습니다. 그러자 비슈마는 날카로운 화살로 그 마부를 쓰러뜨렸습니다. 그래서 사티아키의 마부가 죽자 그의 말들은 맘대로 도망을 쳤습니다. 풍우 같은 속력으로 전장을 달렸습니다. 그러자 전군에 큰 동요가 일었습니다. 판다바 군속에서 "아" "맙소사" 감탄사가 터졌습니다. "달려라." "잡아라." "말을 막아라." "서둘러라."는 고함소리도 들렸습니다. 그러는 동안 비슈마는 인드라 신이 악귀들을 죽이듯이 판다바 군사를 살해 했습니다. 그러나 비슈마의 그러한 살상에도 불구하고 판찰라들(Panchalas)과 소마카들(Somakas)은 감탄할 만한 결의로 비슈마를 향해 돌격을 했습니다. 그러자 대왕의 아들들을 잡으려고 드리슈타듐나도 비슈마를 향해 진격을 했습니다. 그래서 비슈마와 드로나가 선봉이 된 대왕의 군사와 맹렬하게 붙게 되었습니다.

산자야가 말했다. -비라타 왕이 비슈마에게 세 발의 화살을 적중시켰습니다. 그러자 비슈마는 상대 적의 말 황금 깃털을 단 화살을 적중시켰습니다. 그리고 **드로나의 아들 아스와타만(Aswatthaman)이 아르주나의 가슴팍에 여섯 대의 화살을 쏘았습니다. 그러자 아르주나는 아스와타만의 활을 화살로 꺾어버리고 그에게 다섯 대의 화살을 깊숙이 안겨주었습니다. 그러자 드로나의 아들은 더욱 강한 활을 들어 아르주나에게 90발의 활을 쏘고 바수데바(크리슈나)에게 70발의 화살로 공격을 했습니다.** 그러자 아르주나와 크리슈나는 충혈 된 눈으로 길고 뜨거운 호흡을 하고 잠시 생각에 잠겼습니다. 아르주나는 노하여 적의 생명을 앗을 수 있는 화살을 잡았습니다. 그래서 아르주나는 그 화살로 드로나 아들을 꿰뚫었습니다. 그 화살들은 드로나 아들의 갑옷을 뚫어 피를 흘리게 했습니다. 그러나 아르주나의 화살을 맞고도 아스와타만(Aswatthaman)은 흔들리지 않았습니다. 아르주나를 향해 비슈마를 지키겠다는 맹세에 흔들림이 없었습니다. 그래서 그의 공적은 쿠루 전사들의 박수를 받았습니다. 그것은 두 크리슈나(아르주나와 크리슈나)를 대적했다는 뜻도 있었습니다. 정말 아스와타만(Aswatthaman, 드로나의 아들)은 드로나에게서 모든 무기의 사용법과 막아내는 방법들을 전수받아 날마다 군중(軍中)에서 두려움이 없이 싸웠습니다. 아르주나는 드로나의 아들과 싸움을 피하며, 대왕의 군사를 크게 무찔렀습니다. 그러자 두료다나는 비마에게 날카로운 화살 열 발을 쏘았습니다. 이에 비마는 화가 나서 생명을 앗을 수 있는 활을 잡아 역시 열발을 두료다나에게 쏘았습니다. 거듭 날카로운 화살을 쏘아 두료다나의 가슴에 깊이 상처를 주었습니다. 그러나 두료다나는 뱀 같은 화살로 대응했습니다. 그에 더욱 화가 난 비마는 수많은 화살을 쏘았습니다. 억센 두 아들이 싸우는 모습이 천상에서 내린 사람 같았습니다. 아비마뉴는 치트라세나(Chitrasena)와 푸루미트라(Purumitra)를 화살로 공격을 했습니다. 그리고 사티아브라타(Satyavrata)에게는 70발의 화살을 쏘았습니다. 그는 전쟁터에 인드라 신과 같았습니다. 강력한 무기로 아비마뉴는 대왕의 군사에게 살육을 감행했습니다. 그것을 본 대왕의 아들들은 여름철에 마른 풀 더미를 불사르듯 군사들을 죽이는 아비마뉴를 포위했습니다. 그런데 아비마뉴는 대왕의 군사들을 무찌르며 더욱 빛났습니다. 그것을 본 대왕의 손자인 락슈마나(Lakshmana)가 아비마뉴를 넘어뜨렸습니다. 이에 아비마뉴는 락슈마나와 그 마부를 과녁으로 삼아 여섯 발의 화살을 쏘았습니다. 락슈마나도 지지 않고 날카로운 화살로 아비마뉴를 공격했습니다. 아비마뉴는 락슈마나에게 달려들어 네 마리 말과 마부를 죽여 버렸습니다. 이에 라크슈마나는 그냥 그 전차에 머물며 아비마뉴를 향해 화살을 쏘았습니다. 그러나 아비마뉴를 그 화살들을 막아냈습니다. 이에 크리파가 그 라크슈마나를 자신의 전차에 싣고 전장에서 사라졌습니다. 그러자 격투 자들은 상대의 목숨을 노리며 전투는 더욱 거세졌습니다. 그러자 억센 비슈마는 자신의 천상의 무기를 가지고 판다바 군사를 무찔렀습니다. 그래서 전쟁터는 코끼리 시체와 말들과 전차 무사, 기갑병들의 쓰러진 시체로 뒤덮였습니다.

산자야가 말했다. -그러자 무적의 사티아키(Satyaki)는 날랜 솜씨로 무수한 화살을 쏘았습니다. 사티아키는 화살 소나기를 퍼붓는 구름덩이 같았습니다. 그것을 보고 화가 난 두료다나는 1만 명의 전차 부대를 파견했습니다. 치열한 공적을 세운 사티아키는 그 다음 부리스라바족(Bhurisravas)에게로 향했습니다. 사티아키는 인드라와 같은 거대한 활을 당기며 수천 발의 화살을 날렸습니다. 그래서 그를 상대하러 왔던 군사들은 모두 사방으로 도망을 쳤습니다. 그것을 보고 억센 전차 무사들인 유유다나(Yuyudhana) 아들들은 희생 뱀 깃발을 든 그 부리스라바(Bhrisravas)에게 다가가 말했습니다. "<u>카우라바 친척이여, 들어보시오. 힘 좋은 그대여, 함께 싸우던 나누어 싸우던 한번 붙어봅시다. 그대가 우리를 이기면 유명하게 될 것이고, 그대를 멸하는 것은 우리들의 기쁨입니다.</u>" 이에 <u>사티아키(Satyaki)가 대답했습니다. "너 말 잘했다. 그것이 너희들 소원이라면 나는 너희 모두와 싸워 끝내 주겠노라.</u>" 그렇게 말하고 사티아키는 그들에게 화살 소나기를 퍼부었다. 그런데 때는 저녁때가 되었다. 부리스라바족(Bhurisravas) 간의 한 쪽(사티아키)과 다수가 싸우는 것이었습니다. 그래서 그 열 명의 영웅은 산허리에 비구름 화살 비를 퍼부었습니다. 그러나 사티아키는 그 화살들이 자기에 도달하기 전에 막아냈습니다. 그러자 그들이 사티아키를 포위하여 잡으려 하니, 사티아키는 날카로운 화살로 그들의 활을 자르고 다음은 그들의 목을 베었습니다. 그들은 나무가 벼락을 맞은 듯이 넘어졌습니다. 그리고 나서 사티아키는 사자 같은 함성을 지르며 부리스라바들(Bhurisravas)을 향해 돌격을 했습니다. 그러자 전차 무사들의 각개 전투가 시작되었습니다. 그리고 나서 비마는 언월도(偃月刀)를 들고 사티아키에게로 달려가 그를 자기 전차에 때웠습니다. 그러자 대왕의 아들[두료다나]은 급히 전차를 몰고 와 모든 궁사들이 보는 앞에서 부리스라바들

(Bhurisravas)을 자기 전차에 태워 주었습니다. 전투가 계속 되는 동안 판다바들은 억센 비슈마와 싸웠습니다. 그래서 태양이 붉게 된 석양이 되었을 때, **아르주나는 25000 명의 전차 무사들을 살해 했습니다.** 그들은 두료다나의 명을 받고 아르주나를 잡으려 했던 자들인데, 그들은 아르주나에게 접근하기도 전에 불 앞에 곤충들처럼 죽었습니다. 그러자 군사학에 정통한 마트시아(Mat-syas)와 케카야(Kekayas)가 아르주나를 포위했습니다. 그때는 이미 해가 졌으므로 아무 것도 볼 수가 없게 되었습니다. 그러자 비슈마는 동물들도 지쳤으므로 군사들을 철수시켰습니다. 판다바와 쿠루 군사들은 그네들의 캠프로 향했고, 기꺼이 [밤에는 쉬는 그 전쟁의] 규칙에 따랐습니다.[35]

✈

(a) '마하바라타(*The Mahabharata*)'에서 크리슈나와 아르주나 반대편에 자리 잡은 '두료다나'는 사실상 '크리슈나의 [정의로운]특성'을 더욱 구체적으로 입증하는 존재이니, 그 존재는 '신약에 예수에 대한 '유다'와 동등한 존재이다.

(b) 즉 '선(善)과 악(惡)'의 대비는 그들의 구체적인 '병치(竝置)'로 돋보이게 마련인데 그 대조 방법을 가장 구체적으로 행했던 저서가 '마하바라타(*The Mahabharata*)'의 '유디슈티라'와 '두료다나'이다.

(c) 그러한 측면에서 '마하바라타(*The Mahabharata*)'는 기독교의 '성경'과 가장 유사하다.

(d) 불교는 '마하바라타(*The Mahabharata*)'에 명시된 '절대 자와 하나 되기 운동'으로 소위 '팔만대장경(八萬大藏經)'을 이루었으니, 한 마디로 요약을 하면 '절대 신과 하나 되기[梵我一如]'이니, 실로 그 간단한 대답이나 '백 척(百尺)'이나 높은 곳으로 꼭 나가기[百尺竿頭更須進步][36]이니, '목숨 내 버리고 절대 신 받들기'이니, 역시 '마하바라타(*The Mahabharata*)' '지존(至尊)'의 노래(Bhagavat Gita)'에서 크리슈나가 아르주나에게 '포기(抛棄)'로 상세히 밝혔던 사항이다.

(e) 그러므로 '마하바라타(*The Mahabharata*)'와 '팔만대장경(八萬大藏經)'과 '성경(聖經)'이 동일한 뿌리임을 알 때 인류의 종교는 제대로 다 해명이 될 것이고, 그 맞은편에 '어둠' '뱀' '욕망' '탐욕'이 자리를 잡고 있음도 역시 '마하바라타(*The Mahabharata*)' '팔만대장경(八萬大藏經)' '성경(聖經)'이 공통으로 명시를 하고 있다.

(f) 그런데 <u>1916년 '취리히 다다'는 '마하바라타(*The Mahabharata*)' '팔만대장경(八萬大藏經)' '성경(聖經)'의 '일방주의'를 수정하고, 중국(中國)의 기자(箕子) 공자(孔子) 사마천(司馬遷)의 '현실주의' '실존주의'를 수용한 볼테르 니체 정신을 존중하여, 그 '절대주의'와 '실존주의'를 연합한 동시주의(同時主義, Simultaneism)를 명시하기 이르렀으니, 그것이 바로 현대인의 '과학 사상'의 정면을 이루게 되었다.</u>

(g) <u>'동시주의(同時主義, Simultaneism)'</u>에서 유독 강조가 된 것은 '행동 주체의 자유 의지' '개인의 생각에서 선택의 자유'를 그대로 인정한 점이다. 그러나 그 문제[개인의 자유]를 '마하바라타(*The Mahabharata*)'의 '두료다나' '카르나'에 적용할 경우 그들은 '일 개인'이라는 한계를 초월하여 '많

---

35) K. M. Ganguli (Translated into English Prose from the Original Sanskrit Text), *The Mahabharata of Krishna-Dwaipayana Vyasa*, Munshiram Manoharlal Publisher Pvt. Ltd. New Delhi, 2000, -**Bhishma Parva**- pp. 176~187

36) 十方世界是全身 -'傳燈錄'

은 사람들의 생명'도 관리를 하는 입장에서 '자기 목숨 버리기'로는 절대 보상도 행할 수 없는 실로 '참람한 죄악[16억 명 이상의 사망자 발생]'을 저질렀다는 점에서, '인류 행악(行惡)의 표본'이 되었다고 해야 할 것이다.

(h) 이러한 측면에서, '<u>4종성의 사회 계급</u>'을 긍정한 '<u>마하바라타(*The Mahabharata*)'는 용납될 수 없는 '흉악한 원시 계급(階級)의 구태(舊態)'를 그대로 보유하고 있다고 할 것이다.</u>[현대 '평등사회'는, '그 개인이 저지른 죄 값'은 '그 개인에게 부담'시키는 합리적 제도임]

제99장 여섯째 날의 전투 -용맹을 과시한 드로나

산자야가 말했다. -밤 동안 잠깐 쉰 쿠루와 판다바들은 밤이 지나자 다시 전쟁터로 향했습니다. 억센 전차 무사와 코끼리 대장과 보병들이 무기를 들며 고함을 질러서 대소동이 일었습니다. 그리고 소라고둥 소리, 북소리가 온 전장에 퍼졌습니다. 그러자 유디슈티라 왕은 드리슈타듐나에게 말했습니다. "억센 무사여, 적을 무찌를 진형은 마카라(Makara, 羊頭魚身의 상상 동물)로 합시다." 두루파다와 아르주나가 선봉에 서고 사하데바와 나쿨라가 '눈'의 위치를 맡았습니다. 억센 비마가 코 자리를 맡고 아비마뉴와 드라우파디 아들들과 가토트카차 사티아키 유디슈티라 왕은 그 '목' 부분을 이루었습니다. 거대 부대의 사령관 비라타(Virata)왕은 드리슈타듐나와 거대한 군사들의 지원을 받으며 배후를 맡았습니다. 케카야(Kekaya) 5형제는 왼쪽 날개가 되고 드리슈타케투(Dhri-shtaketu)와 체키타나(Chekitana)는 오른쪽 날개가 되어 그 진형을 유지하게 했습니다. 그리고 두 다리는 많은 병력을 거느리고 전차 무사 쿤티보자(Kuntibhoja)와 사타니카(Satanika) 맡도록 했습니다. 그리고 억센 궁사 시칸딘은 소마카족(Somakas)이 옹위하여 '마카라' 진(陣) 꼬리에 두었습니다. 진형을 가다듬은 다음 코끼리 기마 전차 보병 부대는 깃발을 올리고 빛나는 무기를 들고 카우라바들을 향해 진격했습니다. 그러자 **비슈마께서는 판다바들의 진형을 보고 거대 학(鶴) 진(陣)을 펼쳤습니다.** 그리고 그 '부리'에는 드로나를 세웠습니다. 그리고 아스와타만과 크리파로 '눈'을 삼았고, 크리타바르만과 캄보자 왕과 발리카족으로 '머리'를 삼았습니다. 수라세나와 두료다나가 '목'을 이루었고 많은 왕들이 보호하게 했습니다. 그리고 프라그지오티샤족 왕과 마드라족 사우비라족 케카야족의 왕은 '가슴'에 머무르게 했습니다. 프라스탈라 왕 수사르만은 그 군사와 더불어 왼쪽 날개를 맡게 했고, 투사라족, 유바나족, 사카족, 출리카족은 오른쪽 날개에 세웠습니다. 그리고 스루타유슈와 소마다타의 아들은 진(陣)의 배후에 두어 그 진을 보호하게 했습니다.

해가 떠오르니 전쟁이 개시되었습니다. 코끼리들은 코끼리들에게로, 기병(騎兵)은 기병에게로, 전차 무사들은 전차 무사들에게 달려들기도 하고 코끼리들에도 달려들었습니다. 그리고 전차 무사들은 기갑의 보병과도 싸웠습니다. 비마와 아르주나와 쌍둥이 보호를 받은 판다바들은 별들이 수놓은 밤하늘 같이 아름다웠습니다. 그리고 비슈마, 크리파, 드로나, 살리아, 두료다나를 둔 대왕의 군사들은 행성들이 빛나는 것과 같았습니다. 그런데 비마는 드로나가 빠른 말들을 타고 나오는 것을 보았습니다. 드로나는 아홉 개의 철(鐵) 화살을 비마에게 적중을 시켰습니다. 비마도 반격을 가해 드로나에게 화살을 깊이 박아 주고 드로나의 마부를 죽여버렸습니다. 이에 용맹의 드로나는 그의 말들을 정지시켜 놓고 판다바 군사들을 불길이 솜을 태우듯 죽였습니다. 그러는 동안 스린자야 들과 케카야들은 다 도망을 쳤습니다. 그래서 비마와 아르주나도 대왕의 군사들은 쳐부수었습니다.

드리타라슈트라가 말했다. -우리 군사들은 다양한 군사와 탁월한 용사들을 소유하고 있다. 그리고 그 진형도 병법(兵法)에 따랐기에 역시 무적(無敵)이다. 우리 군사들은 항상 충성을 다하고 순종하고 술 취하거나 음란하지 않다. 그 용맹은 앞서 증명이 되었다. 병사들은 늙지 않고 젊으며 쇠약하거나 뚱뚱하지도 않다. 역동적이고 단련 되고 강력한 신체에 병도 없다. 그들은 갑옷을 입고 무기도 갖추었다. 여러 번 코끼리 말 마차 다루기 시험을 거쳤다. 급료에 만족한지를 점검했고, 계파나 친소를 구분함도 없다. 그들을 우리에게 감사하고 있다. 우리 군사는 수많은 강자들로 채워진 대양과 같다. 거기에다 드로나와 비슈마, 크리타바르만, 크리파, 두사사나, 자야드라타가 그들의 대장이고, 바가다타, 비카르나, 드로나의 아들, 수발라(Suvala)의 아들, 발리카(Valhika) 등 천하 영웅들이 지켜주고 있다. 오 산자야여, **그러함에도 우리 군사가 전쟁터에서 죽은 것은 예정된 운명(Destiny)이다.** 어떤 사람도 천상의 신령들도 세상에 이런 전쟁 준비를 보질 못했을 것이다. 이처럼 거대한 군사, 병법의 망라, 부를 확보한 군사들이 싸움에 죽다니, 그것은 운명이 아니고 무엇이겠느냐? 오 산자야여, 모든 것이 이상하구나. 비두라가 말했던 유일한 것과 바람직한 것은 무엇이냐? 그러나 나의 사악한 아들 두료다나는 그것[비두라 말]을 용납하지 않았다. **고매(高邁)한 분[크리슈나]은 지금 일어날 일을 미리 예견했고, 이미 상담을 했다고 나는 믿는다. 오 산자야여, 그분(He)이 예비한 것을 자세히 말해보라. 창조주가 정한 것은 피할 수가 없는 법이다.**

산자야가 말했다. -오 대왕이시여, **그것은 대왕 자신의 잘못으로 생긴 재난입니다.** 두료다나가 판다바들을 향해 행한 불의(不義)의 저주를 대왕이 미리 알지 못한 결과입니다. 오 대왕이이시여, **대왕의 잘못으로 '주사위 노름판'이 열렸습니다.** 그리고 대왕의 잘못으로 판다바들과의 전쟁이 터진 것입니다. **대왕께서 지은 죄에 대한 결과를 지금부터 대왕이 거두시는 겁니다. 사람은 자기가 저지른 행동의 결과를 거두는 것입니다.** 그러므로 대왕께서는 저의 전쟁 이야기를 재난이 덮칠지라도 조용히 들으셔야 합니다.

-영웅 비마는 그의 날카로운 화살로 대왕의 억센 진영을 무너뜨린 다음 두료다나의 아우들이 있는 곳에 도달했습니다. **억센 비마가 대왕 군사의 진영을 뚫고 들어가 두사사나(Dussasana) 두르비사하(Durvisaha) 두사하(Dussaha) 두르마다(Durmada) 자야(Jaya) 자야세나(Jayasena) 비카르나(Vikarna) 치트라세나(Chitrasena) 수다르사나(Sudarsana) 차루치트라(Charuchitra) 수바르만(Suvarman) 두스카르나(Duskarna) 카르나(Karna) 등 전차 무사들을 가까운 거리에서 만났습니다. 비마를 만나자 대왕의 아들들은 말했습니다. "우리가 이 녀석을 잡자!" 그래서 비마는 사촌 아우들에게 포위를 당했습니다.** 그러나 비마는 행성들에 둘러싸인 빛을 뿌리는 태양 같았습

니다. 비록 비마가 카우라바 군사 진중(陣中)에 있었지만, 그에게는 아무런 두려움도 없었습니다. 아수라와 전쟁 때에 인드라 신과 같았습니다. 이에 영웅적 비마는 전투를 벌려 많은 전차와 말과 코끼리를 탄 최고의 전사들을 죽였습니다. 비마의 공격을 보고도 달려드는 사촌들을 비마는 그들을 다 잡으려고 결심했습니다. 비마는 전차에서 내려 철퇴를 잡고 드리타라슈트라 군사를 죽이기 시작했습니다. 비마가 드라타슈트라 장군 속으로 뚫고 들어오자 드리슈타듐나는 드로나를 찾으려고 수발라의 아들이 있는 곳으로 달려갔습니다. 드리슈타듐나는 비마의 빈 전차에 도달했습니다. 드리슈타듐나는 비마의 마부 비소카(Visoka)를 보고 정신을 잃을 정도로 우울했습니다. 눈물에 목이메어 드리슈타듐나는 비소카에게 물었습니다. "내 생명과 같이 사랑하는 비마는 어디에 계시냐?" 그러자 비소카는 두 손을 모으고 공손하게 대답했습니다.

"비마님께서는 저를 여기에 기다려라 말하시고 바다 같은 적진으로 달려가셨습니다. 범 같은 그분은 제게 '마부야 내가 적들을 부술 때까지 잠깐 기다려라.'라고 하셨습니다. 그때 비마님은 손에 철퇴를 잡으셨고, 우리 군사들은 기쁨에 넘쳤는데, 비마님은 억센 적진을 뚫고 들어 가셨습니다." 이 마부의 말을 듣고 드리슈타듐나는 힘이 생겨 마부에게 말했습니다.

"판다바들과 비마에 대한 나의 사랑을 망각하면 오늘 이 목숨을 어디에 쓰겠느냐? 비마를 잃고 내가 돌아간다면 크샤트리아들에게 무슨 할 말이 있겠느냐? 비마가 무서운 적진으로 홀로 뚫고 들어갔는데 내가 전장에 그냥 보고만 있었다면 크샤트리아들이 내게서 무엇을 배웠다고 하겠는가? 인드라를 앞세워 악을 치러 나선 신들이 어떻게 그를 버리고 상처 없이 돌아올 수 있겠느냐! 억센 비마는 나의 친구이자 친척이다. 그는 내게 헌신했고, 나도 적을 무찌르는데 몸을 바쳤다. 악귀들을 물리친 바사바(Vasava) 같은 나를 보라." 이렇게 말하고 드리타듐나는 비마가 철퇴로 코끼리들을 죽여 놓은 곳을 따라서 적진(敵陣)으로 들어갔습니다. 드리슈타듐나가 비마 모습을 보니 비마는 태풍이 나무들을 휘젓듯이 무사들을 쓰러뜨리고 있었습니다. 그래서 전차 무사, 기병, 보병, 코끼리 탄 무사들의 비명 소리가 들렸습니다. 카우라바 무사들을 화살 소나기를 퍼부으며 포위하였으나 비마는 도보(徒步)로 전장을 누비며 철퇴를 잡고 분노를 터뜨리는 그는 우주의 종말에 파괴의 신과 같았습니다. 드리슈타듐나는 급히 다가가 비마를 안심시켰습니다. 드리슈타듐나는 적들 속에서 그 비마를 자기 전차에 싣고 사지에 박힌 화살을 뽑고 그를 껴안았습니다. 그러자 두료다나가 아우들에게 말했습니다.

"이 나쁜 두루파다 아들놈[드리슈타듐나]은 비마와 연합했다. 우리 모두 그놈을 잡자." 형의 명령을 받은 아우들은 우주가 망할 때에 혜성처럼 버티고 있는 드리슈타듐나를 향해 돌진했습니다. 그 영웅들[왕자들]은 좋은 활들을 잡고 산허리에 구름처럼 드리슈타듐나에게 화살 소나기를 퍼부었습니다. 그러나 전쟁의 모든 것에 능통한 드리슈타듐나는 화살도 맞지 않고 조금도 흔들리지 않았습니다. 오히려 젊은 드리슈타듐나는 대왕의 아들들이 자기를 잡으려는 것을 보고 프라모하나(Pramohana) 무기를 쓰려함은 악귀와의 전쟁에 임한 인드라 신과 같았습니다. 그러자 그 영웅적 전사들(드리타라슈트라 왕자들)은 프라모하나(Pramohana) 무기 앞에 정신을 잃고 힘이 **빠졌습니**다. 그러자 왕자들이 정신을 잃은 것을 보고, 카우라바들은 코끼리 말 전차를 타고 사방으로 도망을 쳤습니다. 그 때에 드로나가 드루파다(Drupada) 왕에게 다가가 3발의 화살을 쏘았습니다. 드루파다(Drupada)왕은 드로나의 화살을 맞고 드로나의 그 호전성[용맹]을 생각하여 전장을 떠났습니다. 이에 드로나는 힘차게 돌격하며 소라고둥을 불었습니다. 드로나의 소라고둥 소리를 듣고 모든 소마카족(Somakas)이 공포감을 느꼈습니다. 그리고 나서 드로나는 대왕의 아들들이 드리슈타듐나의 '프라모하나(Pramohana) 무기'에 정신을 잃었다는 이야기를 들었습니다. 드로나는 왕자들을 구하려고 대왕의 아들들이 있던 곳으로 달려갔습니다. 드로나는 거기서 드리슈타듐나와 비마를 보았습니다. 그러자 **드로나는 프라즈나(Prajna)란 무기를 잡아 드리슈타듐나의 '프라모하나(Pramohana) 무기'를 무력화(無力化)시켰습니다**. 그러자 대왕의 아들들의 정신이 돌아와 비마와 드리슈타듐나를 향해 싸움을 시작했습니다. 그러자 유디슈티라가 자신의 군사들에게 말했습니다.

"아비마뉴가 선두에 선 12명의 기갑 무사가 앞장을 서서 전투 중인 비마와 드리슈타듐나에게로 가라. 내 마음이 편하질 않구나." 명령이 떨어지자 영웅들은 "분부대로 행하겠습니다."라고 대답했습니다. 해는 정오에 이르렀습니다. 아비마뉴를 비롯한 영웅들은 자기들을 '수치무카(Suchimukha, 바늘 부리)'라 칭(稱)하고 드리타라슈트라 전차부대를 꿰뚫고 들어갔습니다. 그런데 대왕의 군사들은 비마의 두려움에 질리고 드리슈타듐나에게 정신을 빼앗겨 아비마뉴가 앞장을 선 억센 궁사(弓師)들을 막지 못 했습니다. 그래서 군사들은 길거리에 여인들처럼 무력하였습니다. 그래서 그 황금 깃발을 든 억센 궁사들은 무서운 속도로 달려가 비마와 드리슈타듐나를 구원했습니다. 비마는 앞장 선 아비마뉴를 보고 기쁨에 넘쳐 대왕의 군사들을 토벌했습니다. 드리슈타듐나는 스승 드로나가 왕자들을 구하려고 달려 온 것을 보고 대왕의 아들들을 죽일 생각이 없었습니다. 그러나 비마는 카이케야족의 왕 전차에 올라 화를 내어 드로나에게로 돌진했습니다. 그러자 드로나도 화를 내어 무자비하게 달려드는 비마의 활을 '광두 화살(broad-headed shaft)'로 잘랐습니다. **그리고 주인에게 얻어먹은 빵을 생각하며, 두료다나를 위해 드리슈타듐나에게도 수 백발의 화살을 날렸습니다**. 그러자 드리슈타듐나는 다른 활을 들어 황금날개를 단 화살 70발로 공격을 가했습니다. 그러자 드로나는 또 한 번 그의 활을 두 동강을 내고, 네 개의 화살을 쏘아 그 드리슈타듐나 전차의 네 마리의 말을 저승으로 보내고 이어 '광두 화살'을 쏘아 그 마부를 죽였습니다. 그러자 드리슈타듐나는 급히 전차에서 내려와 아비마뉴의 큰 전차로 올라갔습니다. 그러한 비마와 드리슈타듐나의 상황에 판다바의 전차 코끼리 기마부대가 동요되게 하였습니다. 무궁한 힘의 드로나에 의해 판다바 군이 무너지는 것을 보고 모든 전차 무사들이 놀랐습니다. 그래서 드로나의 화살로 무찔러진 그 군사들은 바람에 불리듯이 이동하여 대양이 흔들리듯 했습니다. 판다바 군의 그러한 상황을 본 대왕의 군사들은 기쁨에 넘쳤습니다. 드로나가 화를 내어 적들을 무찌르는 것을 보고 대왕의 무사들은 일제히 일어서서 함성을 지르며 드로나를 연호(連呼)했습니다.

산자야가 말했다. -그러자 두료다나 왕은 정신이 돌아와 비마에게 화살 소나기를 퍼부었습니다. 그러자 다른 대왕의 아들들도 연합해서 비마와 용감하게 싸웠습니다. 비마는 자기 전차로 돌아와 대왕의 아들들이 있는 곳으로 향했습니다. 비마는 대왕 아들들의 생명을 앗을 수 있는 금으로 장식한 활을 잡았습니다. 그러자 두료다나 왕이 날카로운 화살로 비마를 공격을 했습니다. 그래서 비마는 그 화살에 맞았습니다. 그러자 비마는 충혈 된 눈으로 두 팔과 가슴에 세 발의 화살을 안겼습니다. 화살을 맞고도 두료다나는 산처럼 움직이지 않았습니다. 그러한 두 영웅을 보고 두료다나 아우들은 죽을 결심으로 비마를 공격했습니다. 그들이 공격해 옴으로 비마도 공격을 하니 코끼리가 코끼리에게 달려드는 듯했습니다. 화가 난 비마는 대왕의 아들 치트라세나(Chitrasena)에 긴 화살을 쏘았습니다. 유디슈티라는 아비마뉴를 포함한 억센 12 전차 무사를 보내 비마를 따르게 했습니다. 그들이 모두 대왕의 아들을 대항해 나왔습니다. 전차에 올라 있는 대왕의 아들들은 태양처럼 빛났습니다. 그러나 비마는 그들을 무서워하는 기색이 없었습니다.

산자야가 말했다. -그러자 비마와 같이 있던 아비마뉴가 그들을 괴롭혔습니다. 그래서 두료다나를 포함한 억센 전차 무사들이 자기네 군중(軍中)에 비마, 아비마뉴, 드리슈타듐나가 들어온 것을 알고 빠른 말을 몰아 그 지점에 이르렀습니다. 이날 오후에 양 군사 간에 격전이 있었습니다. 아비마뉴는 비카르나(Vikarna)의 말들을 죽이고 그에게 25발의 화살을 안겼습니다. 그러나 비카르나는 자기 전차를 버리고 치트라세나(Chitrasena) 전차를 탔습니다. 그러자 아비마뉴는 거기에다 화살 소나기를 퍼부었습니다. 그러자 두르자야(Durjaya)와 비카르나(Vikarna)가 아르주나에게 철 화살 다섯 대를 안겼습니다. 그래도 아비마뉴는 흔들리지 않고 메루(Meru) 산처럼 버텼습니다. 두사사나(Dussasana)는 다섯 명의 케카야(Kekaya) 형제와 붙었습니다. 그들은 모두 놀랍게 싸웠습니다. 드라우파디 아들들도 용감하게 두료다나에게 대들어 싸웠습니다. 그들은 화살 세 발씩을 두료다나에게 쏘았습니다. 두료다나도 그들에게 화살 공격을 가했습니다. 화살을 받은 두라우파디 아들들은 피로 목욕을 했습니다. 그러자 억센 비슈마도 목동이 소떼를 몰 듯이 판다바 군사를 괴롭혔습니다. 그러자 아르주나의 간디바 소리가 울리고, 그도 전투에 가담했습니다. 그래서 그 전장에 머리 없이 서 있는 군사 시체가 수천 명이었습니다. 전장은 피의 바다가 되었고, 화살들의 회오리바람이었습니다. 코끼리들은 바다에 섬 같았고, 말들은 파도였습니다. 격렬하게 싸우다 죽은 시체가 수십만이었습니다. **그 놀라운 광경은 판다바 군들이나 쿠루 군들 모두 싸우기를 싫어하는 사람은 한 사람도 없었다는 점입니다.** 양쪽이 다 이길 욕심이었습니다.

산자야가 말했다. -태양은 붉은 빛을 띠고 있는데, 두료다나 왕은 비마를 잡을 욕심에 비마를 향해 돌진했습니다. 그 적대감을 갖고 달려오는 두료다나를 보고 비마가 소리를 질렀습니다. **"내가 여러 해 기다렸던 너 죽을 시간이 되었다. 오늘 내가 네놈을 잡을 터이니, 도망가지 말라.** 너를 잡아야 쿤티와 드라우파디의 시름과 우리가 숲속을 유랑했던 한을 풀 것이다...내가 오늘 너를 잡아 이전의 복수를 해야겠다." 그렇게 말한 비마는 두료다나에게 36발의 화살을 날렸다. 그 화살은 바로 벼락같은 불길이었습니다. 두 개로 두료다나 활을 부수고, 두 개가 마부에 적중했습니다. 그리고 네 개의 화살로 두료다나 말들을 저승으로 보냈습니다. 그리고 두 개의 화살로 왕의 일산(日傘)을 꺾었습니다. 그리고 다른 세 개의 화살로 그 깃발을 꺾었습니다. 그렇게 해 놓고 비마는 두료다나 앞에서 고함을 질렀습니다. 그러자 두료다나의 깃발이 벼락을 맞은 듯 땅으로 떨어졌습니다. 모든 왕들이 아름다운 코끼리를 그린 쿠루 왕의 깃발이 꺾이어 땅으로 떨어지는 것을 보았습니다. 그러자 비마는 잠깐 웃고 갈쿠리로 억센 코끼리를 이끌 듯이 열 대의 화살을 두료다나에게 안겼습니다. 그러자 신두(Sindhus)왕이 많은 무사들의 도움을 받아 두료다나의 측면으로 갔습니다. 그러자 크리파가 두료다나를 자신의 전차에 옮겨 실었습니다. 두료다나는 비마의 화살에 극심한 고통을 느끼며 (크리파) 전차 테라스[계단]에 걸터앉았습니다. 그러자 자야드라타(Jayadratha)가 비마를 죽이려고 수천의 전차로 비마를 포위했습니다. 이에 드리슈타케투, 아비마뉴, 케카야, 드라우파디 아들들이 대왕의 아들들을 대적했습니다. 그래서 아비마뉴는 죽음의 신처럼 그들에게 각각 다섯 대의 화살을 안겨주었습니다. 대적자들은 그것을 견딜 수 없어 메루 산 중턱에 구름처럼 화살 소나기를 아비마뉴에게 쏟아 부었습니다. 그러나 아비마뉴는 끄떡 없이 대왕의 아들들을 화살로 괴롭히니, 대왕의 아들들은 벼락에 놀란 아수라들 같았습니다. 그리고 아비마뉴는 비카르나(Vikarna)에게 뱀 같은 광두 화살을 열네 발을 쏘았습니다. 그 화살로 비카르나 깃발을 땅에 떨어지고 마부와 말들이 죽었습니다. 그리고 나서 아비마뉴는 비카르나에게 다른 화살을 또 쏘았습니다. 그 화살들은 깃을 달아 몸에 박히며 땅에 들어가는 뱀처럼 쉬익 소리를 냈습니다. 그처럼 비카르나(Vikarna)가 당한 것을 본 그 외사촌들이 달려와 아비마뉴에게 대항을 했습니다. 드루무카(Durmukha)는 스루타카르만(Srutakarman)에게 다섯 개의 화살을 쏘아주고, 그의 깃발을 화살 하나로 꺾고, 마부에게 일곱 개의 화살을 쏘았습니다. 그래도 더욱 접근을 하여 여섯 발을 화살로 말들을 죽이고 황금 갑옷을 걸치고 바람처럼 빠르게 전차 무사들을 쓰러뜨렸습니다. 그러나 스루타카르만(Srutakarman)은 말이 죽은 전차에 그냥 머물며 유성 같은 화살을 날렸습니다. 불같은 그 화살은 유명한 두르무카의 갑옷을 뚫고 나가 땅에 박혔습니다. 그러는 동안 억센 수타소마(Sutasoma)가 스루타카르만(Srutakarman)의 전차가 망가진 것을 보고 그를 자신의 전차에 실었습니다. 영웅적인 스루타키르티(Srutakirti)는 대왕의 아들 자야트세나(Jayatsena)를 잡으려고 달려들었습니다. 그러자 자야트세나는 잠깐 웃다가 말편자 화살로 스루타키르티(Srutakirti)의 활을 잘라버렸습니다. 그러자 사타니카(Satanika)가 외사촌의 활이 꺾인 것을 보고 용기를 내어 그 지점으로 달려와 사자 같은 함성을 질렀습니다. 그리고 사타니카(Satanika)는 자야트세나에게 열 개의 화살을 쏘며 노한 코끼리 같은 소리를 질렀습니다. 그리고 사타니카는 날카로운 화살을 자야트세나 가슴에 꽂았습니다. 그러자 화가 난 자야트세나는 사타니카의 활을 꺾어버렸습니다. 그 자야트세나 앞에서 두슈카르나(Dushukarna)는 "기다려, 기다려."라고 말하고 뱀 같은 날카로운 화살을 퍼부었습니다. 그래서 그는 두슈카르나의 활을 화살 하나로 자르고, 두 개의 화살로 마부를 죽이고 일곱 개의 화살을 두슈카르나 자신에게 안겨주었다. 그 완벽한 무사는 두슈카르나 (Dushukarna)의 명마에 12발의 화살을 날려 모두 죽였습니다. 그리고 사타니카는 두슈카르나 (Dushukarna) 가슴에 광두 화살을 박았습니다. 그러자 두슈카르나(Dushukarna)는 벼락을 맞은 나무처럼 땅바닥에 쓰러졌습니다. 두슈카르나가 사망한 것을 보고 다섯 명의 억센 전차 무사들이 사타니카를 포위했습니다. 그들은 사타니카에게 화살 소나기를 퍼부었습니다. 그러자 케카야 (Kekaya) 5형제가 사타니카를 구하러 달려들었습니다. 그들을 보고 대왕의 아들들이 거기에 달려들었습니다. 유명한 무사인 대왕의 아들 두르무카(Durmukha) 두르자야(Durjaya) 두르마르샤나 (Durmarshana) 사트란자야(Satranjaya) 사트루샤(Satrusha)가 화를 내어 케카야 5형제를 향해 돌진했습니다. 그래서 서로 공격하며 전차들과 코끼리들이 뒤엉켰습니다. 온통 적대감으로 뭉쳐서 해가 질 무렵까지 전투가 계속되어 야마(Yama, 저승) 왕국에 인구를 증대시켰습니다. 수 천의 전차 무사와 기병이 살해되었습니다. 그래서 비슈마는 판다바 군을 무찌르기 시작했습니다. 비슈마는 활로 판찰라 족 군사를 죽였습니다. 그렇게 판다바 군사를 무찌른 다음 군사를 철수해서 캠프로 돌아왔습니다. 그러자 유디슈티라 왕도 드리슈타듐나와 비마의 머리냄새[사랑의 표시임]를 맡으며 기쁨에 넘쳐 캠프로 돌아왔습니다.[37]

———✈

(a) '마하바라타(*The Mahabharata*)'의 '18일 간의 전쟁'은 물론 힌두 바라문[詩人]에 의해 '기획된 전쟁 이야기'이다. 즉 비슈마가 10일, 드로나가 5일, 카르나가 2일, 살리아가 반나절 동안 카우라바 군(軍)을 이끌었다는 것이 그 '대강(大綱)'이고, 그 사이에 개별 사실을 배치하고 '절대 신에의 귀의' 정신을 수시로 배치하였다.

(b) '마하바라타(*The Mahabharata*)'를 그렇게 단정할 수 있는 그 근거는, **힌두(Hindu)의 특징은 '있는 그대로에서 사유(思惟)'가 아니라 '틀[기준, 규격]을 정해 놓고 생각하기'가 그것이기 때문이다.**[힌두 바라문은 '사람은 죽게 마련'이라는 전제부터 세워 놓고 '학문 탐구'를 시작했던 학자들임]

(c) 그 **'틀[기준, 규격]'**은 수학적 기하학적 사고도 포함하고 있으나, 우선 **'절대 신의 형상'** -'비슈바루파(Vishvarupa)'를 '인간의 형상 속에 우주의 형상'을 집어넣어 그려 낸 것으로 간단히 다 **입증이 된다.**
즉 '우주'를 인간의 형상 속에 넣은 것은 순전히 힌두 바라문들이 '기획'해 낸 것이다.[제59장 '신의 일부인 세상 만물' 참조]

(d) 즉 **'틀[기준, 규격]을 정해 놓고 생각하기'**가 명백히 그 힌두 바라문에서 기원 했으니, 사실상 이것은 오늘날 '수학'과 '과학' '경제학'의 기초이기도 하다.

37) K. M. Ganguli (Translated into English Prose from the Original Sanskrit Text), *The Mahabharata of Krishna-Dwaipayana Vyasa*, Munshiram Manoharlal Publisher Pvt. Ltd. New Delhi, 2000, -**Bhishma Parva**- pp. 187~199

(e) 즉 '만물(萬物)은 수'라고 한 피타고라스의 말은, 사실상 힌두 바라문의 '<u>틀[기준, 규격]을 정해</u> <u>놓고 생각하기</u>'를 그대로 수용한 것일 뿐이니, 그 '<u>틀[기준, 규격]을 정(定)하기</u>'가 '계측' '계량'을 철저하게 하게 했고, '정밀(精密)한 사고(思考)'를 비로소 가능하게 했다.

제100장 일곱 째 날의 전투 -무차별의 혼전(混戰)

산자야가 말했다. -'적개심'을 존중했던 영웅들은 그들의 야영지로 돌아왔으나, 모두 피범벅이었습니다. 서로의 무공(武功)을 칭송하며 쉬면서 그들은 전투를 계속하고 싶어 갑옷을 고쳐 입었습니다. 대왕의 아들 두료다나(Duryodhana)는 상처에 피를 흘리며, 근심에 싸여 할아버지[비슈마]께 말했습니다.

"우리 군사는 치열하고도 강합니다. 진열도 갖추었습니다. 그런데 판다바 전차들이 뚫고 들어와 우리 군을 휘젓고 상처도 없이 다들 도망쳤습니다. <u>모두를 종합해 볼 때 그들이 큰 명성을 얻었습</u> <u>니다. 비마는 우리의 '마카라(Makara) 진'을 뚫고 들어와 죽음 채찍 같은 화살로 저를 괴롭혔습</u> <u>니다. 그는 분노에 넘쳐서 보는 내가 정신을 잃게 만들었습니다. 지금도 저는 마음의 평정을</u> <u>찾지 못 하고 있습니다. 할아버지의 힘으로 판두들을 잡아 승리하고 싶습니다.</u>" 그 말을 들은 비슈마는 슬픔을 지닌 두료다나를 이해하고 잠시 기쁘게 웃으며 말했습니다.

"오 왕이여, 나도 내가 정신을 모아 적진으로 뚫고 들어가 승리와 기쁨을 그대에게 주고 싶다. 그대를 위해 나는 어떤 것도 숨길 수가 없다. 판다바들의 연합군은 숫자가 많고 맹렬하다. 그러나 나는 온 정성을 다해 그들에 대항할 것이며 내 생명도 바칠 것이다. 그대의 승리를 위해 내 목숨도 아낌없이 드러내고 싸울 것이다. 그대를 위해 우주도 삼킬 것이다. 내가 판다바들과 싸울 것이고 그것을 보면 그대 맘에도 들 것이다." 이 말씀을 듣고 두료다나는 자신감이 넘쳤고, 기쁨으로 충만 되었습니다. 그래서 두료다나는 모든 왕들에게 진군(進軍)을 명했습니다. 그 명령에 전차부대, 기마병, 보병, 코끼리들의 진군을 시작했습니다. 거대 군대가 다양한 무기로 진군이 장관을 이루었습니다. 다양한 색깔의 깃발이 전차에 꽂혔고, 함성과 활시위 소리도 들렸습니다.

산자야가 말했다. -비슈마께서 생각에 잠긴 대왕의 아들[두료다나]에게 다음 말씀을 하셨습니다.

"나와 드로나 살리아 등 수 많은 전차무사들이 대왕을 위해 싸울 준비가 되어 있다. 이들은 내 생각처럼 그대를 위해 생명을 버릴 준비가 되어 있어 신들이라고 할지라도 물리칠 자신들이 있다. 그러나 내가 자주 말해 왔듯이....그대에게 좋은 것을 말해야겠다. <u>판다바들은 바사바(Vasava)를</u> <u>대동한 신들도 꺾을 수 없다.</u> 그들은 바수데바와 연합했고, 바수데바는 용맹에서 마헨드라(Mahendra)와 동등하다. 내가 판다바를 이기지 못 하면 그들이 나를 멸할 것이다." 이 말씀을 하시고 비슈마는 드료다나에게 그의 상처를 치료할 좋은 향초를 주셨습니다. 그러다가 새벽이 되니, 용맹의 비슈마는 진법에 달통하셔서 무기를 촘촘히 박은 '만달라(Mandala, 원형) 진(陣)'을 펼치셨습니다. '만달라(Mandala) 진(陣)'은 최고의 전차 무사와 코끼리 부대와 보병으로 만들었고, 그것은 다시 사방으로 수천의 전차병과 창칼로 무장한 거구의 기병(騎兵)으로 둘러쌌습니다. 각 코끼리 곁에는 일곱 대의 전차를 배치했고, 각 전차에는 역시 일곱 기마병을 두었습니다. 그리고 모든 기마병 뒤에는 7일곱 명의 궁사(弓師)를 배치했고, 각 궁사 뒤에는 일곱 명의 방패 잡이를 두었습니다. 그래서 대왕의 군대는 비슈마에 의해 막강한 전차부대 진형(陣形)을 이루었습니다. 그리고 1만 마리 말과 동수의 코끼리와 1만대의 전차, 그리고 갑옷을 대왕의 아들들과 영웅적인 치트라세나(Chityrasena) 등이 비슈마를 지키고 있었습니다. 그리고 두료다나는 갑옷을 입고 전차에 올라 모든 이의 시선을 받으니 천상의 사크라(Sakra) 같았습니다. 그러고 나서 아들들의 함성과 요란한 마차 소리 악기 소리가 천지를 흔들었습니다. 비슈마의 '만다라(Mandala) 진'이 서쪽으로 향하기 시작했습니다. **그 '만다라(Mandala) 진'을 보고 유디슈트라 왕은 '바즈라(Vajra, 霹靂)진'을 쳤습니다.** 그래서 전차 무사와 기병이 적절한 장소에 자리를 잡고 사자 같은 함성을 질렀습니다. 양쪽 군사들은 정렬(整列)을 마치고 적을 무찌를 생각으로 가득했습니다. 그러자 드로나가 마트시아(Matsyas) 왕에게 달려드니, 그의 아들 아스와타만은 시칸딘에게 달려들었습니다. 그리고 두료다나 왕은 드루파다(Drupada)에게 달려들었습니다. 그리고 나쿨라와 사하데바는 마드라족(Madras) 왕에게 달려들었습니다. 그리고 빈다(Vinda)와 아누빈다(Anuvinda)는 이라바트(Iravat)에게 대들었습니다. 그리고 많은 왕들이 함께 아르주나에게 대들었습니다. 그리고 비마는 '흐리디카(Hridika)의 아들[카르바르만-Karvarman]'을 상대했습니다. 그리고 아비마뉴는 치트라세나(Chitrasena)와 비카르나(Vikarna) 두르마르샤나(Durmarshana)와 싸웠습니다. **락샤사들(Rakshasas)의 왕은 프라그지오티샤들(Pragjyotishas)왕에게 대항했으니, 모두 코끼리처럼 화가 나 있었습니다. 그리고 알람부샤(Alamvusha) 락샤사는 너무 화가나 무적의 사티아키에게 달려들었습니다.** 그리고 부리스라바(Bhurisravas)는 드리슈타케투(Dhrishtaketu)를 상대했습니다. 유디슈타라 왕은 스루타유슈(Srutayush)왕을 상대했습니다. 체키타나(Chekitana)는 크리파에게 대항했습니다. 다른 병사들은 비마를 향해 달려갔습니다. 그리고 수천의 왕들이 그들의 손에 화살과 창 철퇴를 들고 아르주나를 포위했습니다. 그러자 아르주나는 브리슈니 족인 긱크리슈나에게 말했습니다.

"오 마다바여, 진 치기에 달통한 비슈마가 친 다르타라슈트라 군을 보십시오. 마하데바여, 저 셀 수도 없이 많은 군사가 나를 잡으려고 합니다. 케사바여, 트리가르타족(Trigartas) 왕과 형제들을 보십시오. 당신 앞에서 저들을 오늘 제가 무찌를 작정입니다. 야두(Yadus)의 어른이시여, 이것이 내가 기다리던 전장입니다." 그렇게 말하고 나서 활줄을 당겨 여러 왕들에게 화살 소나기를 퍼부었습니다. 그러자 왕들도 우기(雨期)에 개울물 흐르듯 구름 같은 화살 비를 아르주나를 향해 쏘았습니다. **두 크리슈나[아르주나와 크리슈나]가 화살 비에 덮여 있을 때, 대왕의 군중에 함성소리가 들렸습니다. 그래서 신들과 천상의 신령들(Rishis), 간다르바들과 우라가들이 그 '두 크리슈나[아르주나와 크리슈나]'를 보고 크게 놀랐습니다.** 그런데 아르주나가 분기(憤氣)를 내어 인드라의 무기를 생각했습니다.['생각'='실제 발동'] 그러자 적들이 쏜 화살들은 다 아르주나의 무수한 화살로 저지가 되었습니다. 그리고 수천의 왕들과 기병(騎兵)과 코끼리 부대가 상처를 받지 않은 사람은 없었습니다. 그리고 아르주나는 다른 사람들에게도 두 세 개의 화살을 안겼습니다. 아르주나의 공격을 받으며 왕들과 전차무사들은 비슈마를 지키려고 했습니다. 그러나 비슈마는 심연에 빠진 듯한 군사들의 구원자가 되었습니다. 그 결과 전열이 흩어져 대왕의 군사들은 서로 섞이어 태풍에 흔들리듯 했습니다.

산자야가 말했다. -그래서 아르주나에 의해 전투는 더욱 격렬하게 되었습니다. 대양과 같은 대왕의 군사는 급하게 동요되었고, 비슈마는 아르주나 전차를 향해 달렸습니다. 아르주나의 용맹을 본 두료다나는 급히 그 왕들에게 가서 수사르만(Susarman)이 선봉에 선 그들에게 말했습니다.

"비슈마께서 목숨을 개의치 않으시고 전력을 다해 아르주나와 싸우려 하십니다. 장군의 온 힘을 다해서 군사를 이끌어 그 할아버지를 지켜야겠습니다." 그러자 모든 군대가 "옳습니다." 소리치고 그 할아버지[비슈마] 뒤를 따랐습니다. 비슈마가 달려 나가니, 아르주나도 백마가 끄는 전차에 원숭이 깃발을 세우고 우레와 같은 방울소리를 내며 달려 왔습니다. 그리하여 대왕의 군사들은 전장에 아르주나가 나타난 것을 보고 무서움에 소리를 쳤습니다. 그리고 정오에 빛나는 태양 같은 말고삐를 잡은 크리슈나를 대왕의 군사들은 바로 보지도 못 했습니다. 판다바들도 떠오르는 수크라(Sukra) 별 같은 백마에 백궁(白弓)을 잡은 비슈마를 바라 볼 수가 없었습니다. 그런데 그 비슈마의 사방은 억센 무사들이 옹위를 하고 있었습니다. 한편 드로나는 마트시아족(Matsyas)의 왕[비라타]을 날개 달린 화살로 공격을 했습니다. 드로나는 화살로 먼저 그 왕의 깃대를 꺾고 다음은 활을 두 동강내었습니다. 그러자 거대 군단의 사령관 비라타는 부러진 활을 버리고 다른 강궁(强弓)을 잡았습니다. 그리고 뱀 같이 독한 화살을 잡아 드로나에게 세 발을 쏘고 말에게 네 발을 쏘고, 마부에게 다섯 발을 쏘았습니다. 그리고 비라타는 드로나의 활을 공격하니, 이에 드로나는 크게 화가 났습니다. 이에 드로나는 비라타의 말들을 여덟 발의 화살로 잡고, 마부를 한 화살에 죽였습니다. 마부까지 죽자 비라타 왕은 전차에서 뛰어내렸습니다. 그리고 나서 비라타는 아들 산카(Sankha)의 전차로 급히 올랐습니다. 그리고 나서 바라타 부자(父子)는 같은 그 전차를 타고 드로나에게 화살 소나기를 퍼부었습니다. 그러자 드로나는 노하여 뱀 같은 독화살을 산카(Sankha)의 가슴에 박았습니다. 산카는 그대로 전차에서 떨어져 활과 화살을 잡고 있던 힘도 사라졌습니다. 아들이 죽은 것을 본 비라타는 드로나를 피해 도망을 쳤습니다. 그러자 드로나는 그 순간을 노치지 않고 수 십 만의 판다바 군을 막아내었습니다. 그 전투에서 시칸딘(Sikhandin)은 드로나의 아들[아스와타만]과 만났는데, 드로나의 아들에게 세 대의 화살을 안겼습니다. 그러자 범 같은 아스와타만은 그 금 화살을 맞은 메루 산 같았습니다. 화가 난 아스와타만은 눈 깜짝할 사이에 시칸딘(Sikhandin)의 마부를 거꾸러뜨리고, 시칸딘의 깃대와 말과 무기를 수 많은 화살로 덮었습니다. 그러자 시칸딘은 전차에서 뛰어내려 언월도와 방패를 잡고 매[鷹]처럼 빨리 전장을 이동했습니다. 전장을 빨리 돌아다니자 드로나의 아들을 공격할 기회를 놓쳤습니다. 화가 난 드로나의 아들은 시칸딘에게 많은 화살을 쏘았습니다. 그러나 시칸딘은 그를 향해 날아오는 화살을 잘 막아내었습니다. 그러자 드로나의 아들은 화살로 시칸딘의 방패와 칼을 조각내어 버렸습니다. 그리고 날개 달린 화살을 무수히 쏘아 시칸딘도 잡으려 했습니다. 그러자 시칸딘이 화살로 부서진 칼을 드로나 아들을 향해 휘둘렀습니다. 그러나 드로나의 아들은 날쌔게 손을 움직이며 날아오는 칼을 막아냈습니다. 그리고 드로나의 아들은 시칸딘에게 많은 철 화살을 쏘았습니다. 그러자 시칸딘은 재빠르게 사티아키(Satyaki) 전차로 올라갔습니다. 그러자 사티아키는 화를 내어 무섭게 화살을 사방으로 발사했습니다. 그러자 그 락샤사 왕[알람부샤]은 사티아키의 활을 초승달 화살로 두 동강을 내었고, 사티아키에게 많은 화살을 박았습니다. 그 락샤사는 힘과 상상으로 그 왕은 사티아키에게 화살 소나기를 퍼부었습니다.[상상=요술] 그러나 시니(Sini)의 손재[사티아키, 아르주나의 제자]는 조금도 두려워하지 않았습니다. 오히려 사티아키는 비자야(Vijaya, 아르주나)에게서 얻은 아인드라(Aindra) 무기를 활용했습니다. 그 아인드라(Aindra)는 악귀의 망상을 불태워 재로 만들고 알람부샤(Alamvusha)를 화살 비로 덮었습니다. 그러자 그 락샤사는 사티아키를 피해 도망을 쳤습니다. 락샤사들의 왕을 물리친 사티아키는 대왕의 만군(萬軍)이 보는 앞에서 사자 같은 함성을 질렀습니다. 그리고 나서 사티아키는 대왕의 군사를 향해서 수많은 화살을 쏘니, 대왕의 군사는 무서워 도망을 쳤습니다. 한편 드리슈타듐나는 대왕의 아들[두료다나]에게 수많은 화살을 쏘았습니다. 드리슈타듐나가 그렇게 화살로 엄습을 해도 대왕의 아드님은 흔들리거나 두려움이 없었습니다. 아드님은 오히려 드리슈타듐나에게 60발의 화살을 쏘아주고, 이어 30발을 추가했습니다. 모든 군사가 다 놀랐습니다. 활이 꺾이어 화가 난 드리슈타듐나는 아드님 전차에 말들을 죽이고, 날카로운 일곱 발의 화살을 쏘아주었습니다. 이에 두료다나는 전차에서 뛰어내려 드리슈타듐나를 향해 칼을 뽑아 들었습니다. 그러자 충성심이 넘친 사쿠니(Sakuni)가 달려와 두료다나를 전차에 실었습니다. 그러자 드리슈타듐나는 대왕의 군사를 벼락으로 치듯이 죽이기 시작했습니다. 크리타바르만은 비마의 화살 공세에 휩쓸렸습니다. 그것은 구름 덩어리가 태양을 덮는 것 같았습니다. 비마는 잠깐 웃다가 다시 화살을 날려도 크리타바르만은 흔들이지 않았습니다. 크리타바르만은 날카로운 화살로 비마에게 대항을 했습니다. 이에 비마는 크리타바르만의 말들을 죽이고 마부를 쓰러뜨리고 다음은 깃대를 쓰러뜨렸습니다. 그다음 비마는 여러 발의 화살로 크리타바르만 본인을 공격했습니다. 그래서 크리타바르만은 사지(四肢)가 크게 망가졌습니다. 우선 전차가 못 쓰게 되었으니, 크리타바르만는 급히 살리아와 두료다나가 있는 브리샤카(Vrishaka) 전차로 달려갔습니다. 그에 화가 난 비마는 장갑을 끼고 대왕의 군사를 다시 죽이기 시작했습니다.

드리타라슈트라가 말했다. -오 산자야여, 그대가 말한 판다바와 우리 군중에 놀라운 용사들이 많았다. 그러나 그대는 우리 편의 용사들의 경우에는 기분 좋게 [나에게]말하지 않았다. 그대는 판두 아들들을 패배를 모른다고 즐겁게 말하고, 내 아들들은 우울하고 맥 빠지고 패배만 당하는 것으로 이야기하고 있다. 그것이 '운명'임이 분명하구나.

산자야가 말했다. -바타족의 황소시여, 대왕의 군사는 그네들의 모든 힘과 용기와 용맹을 최대한으로 가동(稼動)한 것입니다. 대양과 같은 거대한 것이 갠지스 강 강물을 소금물로 섞듯이 대왕의 군사들은 영웅적 판두들 앞에 소용없게 되었습니다. 대왕의 군사들은 온 힘을 다하여 어려운 공들을 세웠으니, 쿠루의 왕이시여, 대왕의 군사를 비난할 수 없습니다. 오 대왕이시여, **야마(Yama)의 영지가 늘어나는 '대 살상 전(殺傷戰)'이 대왕과 아드님들의 잘못으로 초래 되었습니다.** 왕들은 생명을 더 이상 버틸 수가 없습니다. 왕들은 이기고 싶어서 그들의 목적을 위해 그 적대감을 하늘까지 관철하려 날마다 싸우고 있습니다. 오후가 되자 신들과 아수라(악귀)가 싸우듯이, 대 학살이 행해졌습니다. 아반티(Avanti)의 두 왕자가 그들에게 대적해 오는 이라바트(Iravat)를 보았습니다. 머리털이 솟는 전투가 그들 간에 일어났습니다. 이라바트(Iravat)는 분기를 발동하여 두 왕자를 공격했습니다. 그러나 전투에 달통한 두 왕자가 되받아 공격을 했습니다. 적을 노리는 그들은 한 치의 차이도 없었습니다. 이라바트(Iravat)가 다시 네 발의 화살로 아누빈다(Anuvinda)의 네 마리 말을 죽였습니다. 그리고 두 개의 '광두 화살(broad-head shaft)'로 아누빈다의 깃대를 꺾었습니다. 그 재주는 놀랄 만했습니다. 그러자 아누빈다(Anuvinda)는 전차를 버리고 빈다(Vinda)의 전차로 올라갔습니다. 그리고 두 형제는 이라바트(Iravat)를 향해 급히 많은 화살을 쏘았습니다. 그 화살들은 하늘을 덮었습니다. 그러자 화가 난 이라바트(Iravat)도 두 형제에게 화살 소나기를 퍼부어 마부를 쓰러뜨렸습니다. 마부가 죽자 말들은 자기 맘대로 전차를 끌고 달려가 버렸습니다. 두 무사들을 패배시키며 용맹을 보인 이라바트(Iravat)는 살상을 시작하니, 억센 다르타라슈트라 대장들은 독을 마신 사람처럼 비틀거리기 시작했습니다. **히딤바(Hidimba)의 억센 아들 락샤사(Rakshasa) 왕 [Ghatotkatcha, 비마의 아들]**은 태양 같이 빛나는 전차에 올라 깃발을 올리고 바가다타(Bhaga-datta)를 향해 돌격했습니다. 그 프라그지오티샤족(Pragjyotishas)의 왕[바가다타]은 옛날 타라카(Taraka)를 제어한 인드라 신처럼 코끼리 중의 왕을 타고 있었습니다. 신들과 간다르바들과 신령들이 다 [구경을 하려괴거기로 왔습니다. 그러나 그들은 그 히딤바의 아들[가토트카차]과 바가다타의 전력의 우열을 구분할 수 없었습니다. 화가 난 인드라 신처럼 위엄을 지닌 바가다타는 판두의 무사들을 겁먹게 만들었습니다. 그래서 판다바 군사들은 그에 겁을 먹어 숨을 곳도 없었습니다. 그런데 거기에는 비마의 아들[가토트카차]이 전차에 올라 있었습니다. 다른 전차 무사들은 무서워 도망을 쳤습니다. 판다바 군사들이 조롱을 당할 적에 대왕의 군중(軍中)에서 놀라운 소동이 일었습니다. 가토트카차(Ghatotkatcha, 비마의 아들)가 그 바가다타에게 메루산 허리에 비구름처럼 화살 소나기를 퍼부었습니다. 그래서 그 바가다타가 락샤사 활에서 발사된 화살을 무력하게 만들고, 그 왕은 비마 아들[가토트카차]의 사지를 공격했습니다. 그 락샤사 왕[가토트카차]은 수많은 그 화살 공격을 받고도 산처럼 요동이 없었습니다. 그 다음 바가다타는 화가 치밀어 열 네 개의 긴 창을 날렸으나 락샤사왕[가토트카차]은 그것들을 모두 잘라버렸습니다. 그 창들을 잘라버린 락샤사왕[가토트카차]은 벼락같은 일곱 개의 화살을 바가다타에게 쏘았습니다. 그러자 바가다타는 잠깐 웃고 나서 락샤사의 네 마리 말들을 죽였습니다. 그래도 락샤사 윙가토트카채은 말이 살해된 전차에 머물며 바가다타 왕의 코끼리에게 활을 쏘았습니다. 그러자 바가다타는 그 화살에 황금 화살을 쏘아 세 조각을 내어 땅에 떨어뜨렸습니다. 그것을 보고 히딤바의 아들[가토트카채은 무서워 도망을 쳤습니다. 야마도 이길 수 없는 용맹의 바가다타는, 코끼리가 연못에서 연 줄기를 밟듯이 판다바 군사를 무찔렀습니다. 마드라 족(Madras)의 왕[살리아 -Salya]은 누이[마드리]의 아들 쌍둥이와 전쟁을 벌렸습니다. 그래서 왕[살리아]은 판두의 형제들을 화살 구름으로 압도했습니다. 그러자 사하데바가 그 외삼촌을 향해 역시 태양을 가린 구름 같은 화살비로 대항을 했습니다. 살리아는 그 화살 구름에 덮여 누이(마드리)를 생각하며 반가웠습니다.['쌍둥이'는 살리아 누이 아들들임] 억센 전차무사 살리아는 네 개의 화살을 쏘아 나쿨라의 말 네 마리를 죽였습니다. 그러자 나쿨라는 그의 전차에서 뛰어내려 사하데바 전차로 올라갔습니다. 억센 형제는 같은 전차를 타고 화살로 전차를 탄 살리아를 엄습하기 시작했습니다. 살리아는 외 조카들의 억센 공세에도 조금도 흔들림이 없었습니다. 살리아는 잠시 미소를 짓다가 그 화살 소나기를 다시 쏘아주었습니다. 그러자 사하데바가 강한 화살을 살리아를 향해 날렸습니다. 가루다처럼 억센 화살은 살리아에게 적중이 되어 살리아는 땅바닥에 넘어졌습니다. 그러나 살리아는 아픔을 느끼며 일어나 마차 테라스에 앉았으나 기절을 했습니다. 그의 마부는 쌍둥이 형제에게 당한 살리아를 보고 그를 싣고 전장을 떠났습니다. 마드라 왕[살리아]이 패하여 물러가는 것을 보고 모든 다르타라슈트라들은 기절한 살리아처럼 우울했습니다. 그러자 마드리의 두 아들은 사자 같은 함성을 지르며 소라고둥을 불었습니다. 그리고 나서 그들은 인드라와 우펜드라(Upendra)처럼 대왕의 군사들을 향해 돌격을 하였습니다.

산자야가 말했다. -해가 중천에 있으므로 유디슈티라(Yudhishthira) 왕은 스루타유슈(Srutayush)를 보며 말들을 독려하게 했습니다. 그래서 왕은 스루타유슈에게 아홉 발의 화살을 날렸습니다. 그러자 스루타유슈 왕은 유디슈티라에게 일곱 발의 화살을 쏘았습니다. 그것들은 갑옷을 뚫어 피를 흘리게 했습니다. 그러자 유디슈티라는 스루타유슈 가슴에 수퇘지 귀와 같은 화살을 쏘아주었습니다. 그리고 '광두 화살'도 쏘아 스루타유슈(Srutayush) 전차에 깃대도 꺾어 땅에 떨어뜨렸습니다. 깃발이 떨어진 것을 보고 스루타유슈는 유디슈티라에게 일곱 개의 화살을 쏘았습니다. 이에 유디슈티라가 분노하니, 유가(Yuga)의 마지막에 만물을 불사르는 불같이 되었습니다. **이에 화가 난 유디슈티라를 보고 신들과 간다르바들(Gandharvas) 락샤사들(Rakshasa)과 세상이 동요했습니다.** 그것은 창조주의 마음에서 생긴 것으로 그 분노와 더불어 3계를 불태우는 것이었습니다. 그래서 유디슈티라가 화를 내니, 신령과 천사들이 세상의 평화를 위해 기도했습니다. 유디슈티라(Yudhishthira)는 유가의 종말에 돈은 태양과 같이 무서운 모습이었습니다. 그러자 대왕의 군사들은 생기를 잃었습니다. 분노를 참으며 유디슈티라는 스루타유슈의 활을 꺾었습니다. 그런 다음 유디슈티라는 거침없이 활로 스루타유슈의 말들을 죽이고 마부를 죽였습니다. 그 유디슈티라 용맹을 본 스루타유슈는 급히 전장을 떠났습니다. 대 궁사(弓師, 스루타유슈)가 유디슈티라에게 패한 것을 보고, 두료다나 군사들도 고개를 돌렸습니다. 그 공적을 세운 다음에 유디슈타라는 커다란 입을 지닌 죽음(귀신)의 신처럼 대왕의 군사를 무찌르기 시작했습니다. 브리슈니 족의 체키타나 (Chekitana)는 군사들이 보는 앞에서 최고의 전차무사 가우타마(Gautama, 크리파)를 화살로 공격했습니다. 크리파는 그 화살들을 막아내고 다시 화살로 대응을 했습니다. 그리고 크리파는 광두 화살로 체키타나 활을 자르고 역시 가볍게 마부를 쓰러뜨렸습니다. 그리고 나서 다시 말들과 호위하는 무사들을 죽였습니다. 그러자 체키타나는 전차에서 내려와 철퇴를 잡았습니다. 그리고 그 철퇴로 크리파의 말들과 마부를 죽였습니다. 그러자 크리파는 땅에 서서 체키타나에게 열여섯 발의 화살을 쏘았습니다. 그 화살들은 체키타나를 관통하여 땅에 박혔습니다. 그러나 체키타나는 크리파를 잡으려고 철퇴를 휘둘렀습니다. 그리고 군도(軍刀)를 뽑아들고 크리파에게 달려들었습니다. 이에 크리파도 활을 버리고 군도를 뽑아들고 체키타나에게 달려들었습니다. 용력을 지닌 두 무사는 군도를 들고 맞붙었습니다. 서로 군도로 공격을 하다가 두 영웅은 힘이 다해 땅바닥에 기절해 누웠습니다. 그러자 체키타나와 친구인 카라카르샤(Karakarsha)가 곤경에 처한 체키타나를 전차에 태워 돌아왔고, 대왕의 처남인 사쿠니(Sakuni)가 크리파를 전차에 실었습니다. 화가 난 억센 드리슈타케투는 90발의 화살을 소마다타의 아들 가슴에 쏘았다. 소마다타 아들을 그 화살을 맞고 대낮에 태양처럼 빛났다. 그러나 부리스라바(Bhurisravas)는 그 전투에서 빼어난 활 솜씨로 드리슈타케투의 말과 마부를 죽였다. 그리고 브리스라바는 드리슈타케투에게 화살 소나기를 퍼부었다. 그러자 드리슈타케투는 자신의 전차를 버리고 사타니카의 전차로 올라갔습니다. 그리고 황금 갑옷을 입은 치트라세나와 비카르나와 두르마르샤나 세 전차무사가 아비마뉴에게 달려들었습니다. 그리하여 그들 간에 격전이 벌어졌습니다. 그러나 아비마뉴는 대왕 아들들의 마차를 빼앗았으나, 죽이지는 않았습니다. 싸움이 계속 되는 동안 아르주나는 비슈마가 대왕의 아들들을 구하러 달려가는 것을 보고 크리슈나에게 말했습니다.

"오 흐리시케사여, 전차 무사들이 몰려 있는 곳으로 말을 모십시오. 그들은 무기에 달통한 엄청난 무사들입니다. 어서 우리 군사가 살해되지 않도록 해야겠습니다." 그렇게 해서 아르주나가 대왕의 군사를 향해 가자 대왕의 군중에서 소동이 일었습니다. 아르주나가 비슈마를 지키고 있는 왕들에게 다가가서 우선 수사르만(Susarman)에게 말했다.

"나는 그대를 최고의 전사(戰士)이고 심각한 우리의 적으로 알고 있다. 너는 그 악의 열매를 오늘 볼 것이고 네 조상의 곁으로 보내주마." 전차 부대 장 수사르만(Susarman)은 아르주나의 그 모진 말을 듣고도 아무 말도 못 했습니다. 그러나 엄청난 왕들의 전차 행렬로 아르주나를 포위했습니다. 그래서 피가 강물처럼 흐르는 대왕의 군사와 판다바 군사 간에 무서운 전투가 터졌습니다.

산자야가 말했다. -억센 아르주나는 뱀 같은 '광두 화살(broad-headed shaft)'로 억센 전차 무사들의 활들을 잘랐습니다. 그리고 나서 아르주나는 날카로운 화살로 그들 모두를 꿰뚫었습니다. 인드라의 아들(아르주나)의 공격을 받은 병사들의 일부는 쓰러져 전장은 피로 덮였습니다. 그리고 일부는 사지가 망가졌고, 일부는 머리가 달아났습니다. 다른 일부는 몸이 손상을 당했고, 갑옷이 찢겼습니다. 아르주나의 화살로 많은 군사가 땅에 쓰러져 죽었습니다. 전장에서 왕들이 죽은 것을 보고 트리가르타(Trigartas) 왕이 전차를 타고 나왔습니다. 그리고 아르주나의 공격으로 살해당한 왕들을 지키던 배후의 전차 무사 60명도 나왔습니다. 그들은 아르주나를 포위하고 산허리에 구름처럼 화살 소나기를 아르주나에게 쏟아 부었습니다. 그 화살 소나기를 맞은 아르주나는 화가 치밀어 그들에게 60발의 화살을 쏘아주었습니다. 60명의 무사를 물리치고 나서 아르주나는 마음이 기뻤습니다. 그리고 아르주나는 그 왕들의 군사들도 죽이고 비슈마를 향해 달려갔습니다. 그러자 그 트리가르타(Trigartas) 왕은 동료 전차 무사들이 죽은 것을 보고 아르주나를 잡으려고 다른 왕들과 함께 달려 왔습니다. 그러자 시칸딘(Sikhandin)이 선봉에 선 판다바 전사(戰士)들도 아르주나를 지키려고 나왔습니다. 아르주나는 트리가르타(Trigartas) 왕과 무사들을 보고 그의 간디바를 발사하여 모두 죽였습니다. 그 다음 아르주나는 두료다나와 신두족(Sindhus)의 왕 등이 눈에 띄었습니다. 아르주나는 비슈마를 지키고 있는 그들을 피하고, 활을 잡고 비슈마를 향해 나갔습니다. 모든 전쟁이 달통하고 있는 비슈마는 판두 아들의 공격에 꿈쩍도 하지 않았습니다. 자야드라타(Jayadratha) 왕은 억센 무사들의 활을 탁월한 활솜씨로 다 꺾어 놓았습니다. 그리고 영명한 두료다나는 분을 내어 불같은 화살로 유디슈티라 비마 쌍둥이 아르주나를 공격했습니다. 크리파와 살라(Sala)와 치타르세나(Chitrasena)의 화살 공격을 받은 판다바들은 옛날 다이티아(Daityas, 티탄족)의 화살 공격을 당한 신들처럼 화가 났습니다. 시칸딘(Sikhandin)은 도망을 치고 비슈마가 자신의 활도 망가뜨리자 화가 난 유디슈티라(Ajatasatru)가 시칸딘에게 말했습니다.

"그대는 그대의 아버지가 계신 중에 나에게 맹세했었다. **'태양 같은 나의 화살을 두고 제가 그 비슈마를 잡겠다고 맹세합니다. 제가 말한 것을 꼭 해낼 것입니다.'** 이것이 그대가 행한 맹세였다. 그대가 이 전투에서 비슈마(Devavrata)를 죽이지 않으면 '맹세가 실행된 것'은 아니다. 그대는 모르겠지만, 아르주나는 무서운 전쟁을 치르고 있다. 세상의 축복을 받을 터인데, 그대는 왜 비슈마를 무서워하는가." 유디슈티라의 이 말을 듣고 시칸딘(Sikhandin)은 다시 비슈마 살해에 참가하였습니다. 그래서 시칸딘이 맹렬하게 맹렬하기 비슈마를 습격하니, 살리아가 막을 수 없는 무기로 그 시칸딘에게 대항을 해 왔습니다. 그러나 시칸딘(Sikhandin)은 인드라 같은 용맹으로 불 같이 빛나는 그 무기가 대단한 것으로 여기지는 않았습니다. 시칸딘은 자신의 화살로 그 무기를 막으며 움직이지 않았습니다. 그 다음에 시칸딘은 살리아 무기를 무용(無用)하게 할 바루나(Varuna)를 들었습니다. 그러는 동안 비슈마는 유디슈티라의 활과 깃발을 잘랐습니다. 이에 공포에 휩쓸린 유디슈티라를 보고 비마가 철퇴를 들고 걸어가 자야드라타에게 달려들었습니다. 그러자 자야드라타는 날카로운 500개의 화살로 비마를 공격했습니다. 비마는 그 화살들을 모두 무시하고, 분노로 충만한 비마는 자야드라타의 말들을 모두 죽였습니다. 그러자 대왕의 아들 치트라세나(Chitrasena)가 전차를 몰고 달려가 무기를 들고 비마를 잡으려 했습니다. 이에 비마는 거대한 함성을 지르며 철퇴를 들고 성급하게 달려들었습니다. 이에 그 철퇴를 피하려고 대왕의 아들은 달아나려 했습니다. 그 철퇴가 치트라세나 전차를 부수니 치트라세나는 놀랐으나 기절하지는 않았습니다. 치트라세나는 전차가 없어졌으므로, 전장에 보병이 되어 언월도와 방패를 잡았습니다. 모든 병사들이 대왕의 아들에게 박수를 보냈습니다.

산자야가 말했다. -위대한 대왕의 아드님 치트라세나가 전차를 빼앗기자 비카르나가 자신의 전차에 치트라세나를 태우려 했습니다. 한편 비슈마는 유디슈티라를 사정없이 공격했습니다. 그래서 스린자야들은 전차 코끼리 기마부대가 흔들렸습니다. 그래서 군사들은 유디슈티라는 이미 죽음의 아가리에 들어갔다고 생각했습니다. 그러나 유디슈티라는 쌍둥이와 함께 비슈마를 향해 진격했습니다. 그래서 유디슈티라는 태양을 가리는 구름 같은 수천의 화살로 비슈마를 공격했습니다. 그러자 유디슈티라가 발사한 그 화살들을 비슈마는 수십만의 당신의 화살로 되받았습니다.[화살들을 화살들로 막음] 그래서 비슈마가 발사한 화살은 공중에서 사냥하는 곤충 같았습니다. 눈 깜작 할 사이에 비슈마는 자신의 화살들은 유디슈티라가 발사한 무수한 화살을 잡힌 벌레들로 만들었습니다. 그러자 유디슈티라는 화가 나서 비슈마에게 뱀 같은 화살을 쏘았습니다. 그러나 억센 비슈마는 말편자 화살로 그것을 꺾고 황금으로 장식한 유디슈티라의 말들을 죽였습니다. 그러자 유디슈티라는 자신의 전차를 버리고, 나쿨라의 전차에 올랐습니다. 그러자 비슈마가 화를 내어 쌍둥이 전차로 다가가 그것을 화살로 덮었습니다. 두 형제가 비슈마에게 곤욕을 겪는 것을 보고 유디슈티라는 비슈마의 공략을 간절히 원했습니다. 그래서 유디슈티라는 친구들과 왕들에게 말했습니다.

"힘을 합쳐 비슈마를 잡아라." 그러자 모든 왕들이 그 말을 듣고 수많은 전차로 비슈마를 포위했습니다. 그러자 비슈마는 많은 억센 전차무사를 쓰러뜨리기 시작했습니다. 비슈마가 전차로 전장을 누비니, 판다바들은 사슴 떼 속에 젊은 사자였습니다. 비슈마가 전장에서 함성을 지르며 억센 전차 무사들의 가슴을 화살로 공격을 하니 무사들은 그를 열등한 동물들이 사자를 보는 듯 했습니다. 비슈마는 마른 풀을 불사르는 불길이었습니다. 그래서 비슈마는 전장에서 무사들의 머리를 팔미라 나무에서 열매가 떨어지듯 잘랐습니다. 무사들이 머리통들이 땅에 떨어지며 돌덩이 구르듯 요란했습니다. 그래서 전열은 망가졌습니다. 무사들은 상대를 부르며 서로 맞붙었습니다. 그러자 비슈마를 본 시칸딘(Sikhandin)이 급히 그에 달려가 말했습니다. "기다려라. 기다려!" **그러나 비슈마는 시칸딘이 여자이므로 그를 무시하고 비슈마는 스린자야들을 공격했습니다.** 이에 스린자야들은 대전(大戰) 속에 비슈마를 보고 기쁨이 넘쳤습니다. 그들은 다양한 함성을 지르며 소라고둥도 불었습니다. 전차들과 코끼리들이 뒤엉킨 치열한 전투가 시작되었습니다. 때는 태양이 '다른 쪽 정오(오밤중)'로 향해 가는 때[황혼]였습니다. 드리슈타듐나와 사티아키도 화살과 창으로 바라타 주인들을 크게 괴롭혔습니다. 그래서 두 사람은 무수한 화살로 대왕의 전사들 무찔렀습니다. 그러나 그처럼 무찔러지면서도 대왕의 무사들은 물러서질 않고 참전을 하는 명예로움을 지켰습니다. 대왕의 군사들은 그들의 용기로 적을 무찔렀습니다. 그러나 대왕의 무사들은 드루파다(Drupada)

에게 살해되며 비명을 질렀습니다. 그들의 비명을 듣고 빈다(Vinda)와 아누빈다(Anuvinda)가 드루파다에게 달려들었습니다. 그래서 두 무사는 드루파다의 말들을 죽이고 화살 소나기를 퍼부었습니다. 이에 그 판찰라 왕[두루파다]은 자신의 전차에서 뛰어내려 사티아키의 전차로 올라갔습니다. 그 때 거대 군사들의 지원을 받은 유디슈타라 왕은 화를 내어 두 아반티 왕자들을 향해 달려갔습니다. 그러자 대왕의 아들[두료다나]은 빈다(Vinda)와 아누빈다(Anuvinda)를 호위했습니다. 그 전장에 있던 아르주나는 인드라가 악귀를 대하듯 많은 무사들과 싸웠습니다. 항상 대왕의 아들과 뜻을 같이 하는 드로나도 불이 솜털을 불사르듯 판찰라들을 무찔렀습니다. 두료다나를 대장으로 한 대왕의 다른 아들들은 비슈마를 감싸며 판다바들에게 대항해 싸웠습니다. 그 때 태양은 붉은 색이 되었습니다. 두료다나는 대왕의 군사들에게 말했습니다. "시간을 허비하지 말라." 군사들은 거두기 어려운 전공(戰功)을 세우고 해는 서산으로 져서 보이지 않았습니다. 황혼이 되니 강물은 피가 되었고, 재칼들이 몰려들었습니다. 수사르만(Susarman)이 앞장을 선 왕들을 무찌른 아르주나도 그의 막사로 돌아갔습니다. 유디슈타라와 그 형제들도 막사로 돌아갔습니다. 비마도 막사로 돌아갔습니다.[38]

---✦

(a) '마하바라타(*The Mahabharata*)'에 작동하는 주요 전제는 '생각 만능주의' '언어 절대주의' '인연설' 등인데 그것이 서로 엉켜 '신비주의'를 이루었다.

(b) 즉 '마하바라타(*The Mahabharata*)'에 영웅들은 '하늘나라 무기'를 사용하는데 대표적인 영웅 아르주나와 드로나 카르나 등은 **전투 도중에 그 방법을 단지 '상상한 것'만으로 당장 '살상 효력'을 발휘되는 것들이었으니,** '화살 소나기로 상대적'을 제압하는 것부터 '상대 적이 혼수 상태에 이르게 하는 무기' '상대적이 서로 싸우게 만드는 무기' '3계를 불 지르는 무기' 등 혼자서도 '수십만' '수백만' 적을 무찌른다는 '그 무기와 방법 전수'가 하나의 족보를 이루고 있는 상태였다.

(c) '마하바라타(*The Mahabharata*)'에서 '카우라바' 쪽 명장은 '비슈마'인데, 그 '비슈마'를 잡겠다고 맹세를 했던 '시칸딘(Sikhandin)의 이야기'는 힌두의 '인연설(因緣說)'을 대표하고 있다.

(d) 그리고 그에 더해 '드루파다 왕'과 '드로나'의 악연(惡緣)과, '두료다나'와 '비마'의 악연(惡緣)은 '마하바라타(*The Mahabharata*)' 속에 '3대 악연'이다.

(e) 역시 그에 따른 '3대 맹세'가 '드루파다 왕의 맹세' '비마의 맹세' '시칸딘'의 맹세였으니, 그것은 한 결 같이 '복수를 행하겠다는 맹세'라는 점에 초점이 가 있다.

(f) 이 **'언어 절대주의'가 바로 플라톤의 '이념' 문제에 연결되었고 헤겔의 '관념주의[언어=존재]'를 낳았던 것은 심각하게 주목을 해야 한다.**['요한복음' 서술에도 그대로 적용이 되었음]

(g) 그리고 불교의 나한 보살의 '서원(誓願)'은 역시 '마하바라타(*The Mahabharata*)'의 '영웅 맹세'에 기원을 두고 있는 있는데, 고려 균여대사(均如大師)의 '보현십원가(普賢十願歌)'는 '불승(佛僧)' 맹

38) K. M. Ganguli (Translated into English Prose from the Original Sanskrit Text), *The Mahabharata of Krishna-Dwaipayana Vyasa*, Munshiram Manoharlal Publisher Pvt. Ltd. New Delhi, 2000, **-Bhishma Parva-** pp. 199~217

세의 대표적인 '화엄사상(華嚴思想)'을 대표한 것으로 유명하다.

(h) 즉 균여대사(均如大師)는 '보현십원가(普賢十願歌)'에서 '온 세상이 부처님으로 바다'를 이루기를 '보현보살의 소망'을 대신해서 노래했으니, 당초 **마하바라타(*The Mahabharata*)'에서 '원수를 내가 꼭 갚겠다.'는 '복수의 맹세'가 이후 '불교'를 통해 '고려 균여대사(均如大師)'를 거치는 동안 어떻게 '순화(淳化)'되었는지를 모두가 꼭 확인을 해야 할 사항이다.**['이차돈의 殉教로 확 바뀐 인생관 세계관들임']

제101장 여덟 째 날의 전투 -8명의 카우라바를 죽인 비마

산자야가 말했다. -곤히 잠든 밤이 지났으므로 카우라바와 판다바와 왕들은 다시 전쟁터로 나갔습니다. 그래서 대양과 같은 동요(動搖)가 있었습니다. 그래서 두료다나와 치트라세나 비빈사티 같은 전차무사와 비슈마와 드로나 같은 억센 무사는 갑옷을 입고 판다바들에 대항할 카우라바 진형을 논의하러 모였습니다. 대양과 같은 막강한 진형으로 기마병들과 코끼리 병사들로 그 물결과 흐름을 삼고 비슈마가 전군의 선봉에 자리잡고 말라바족(Malavas)과 남국의 주민과 아반티들(Avantis)이 지키게 했습니다. 비슈마 다음에는 풀린다족(Pulindas)과 파라다족(Paradas) 크슈드라카(Kshudraka) 말라바족(Malavas)을 거느리고 드로나가 자리를 잡았고, 드로나 다음에는 바가다타가 마가다족(Magadhas)과 칼링가족(Kalingas)과 피사차족(Pisachas)을 거느렸습니다. 바가다타 다음에는 코살라족의 왕 브리하드발라(Vrihadvala)가 멜라카족(Melakas) 트리푸라족(Tripuras) 치칠라족(Chichilas)을 거느렸고, 브리하드발라 다음에는 프라스탈라(Prasthala) 왕 트리가르타(Trigarta)가 캄보자족(Kamvojas)과 야바나족(Yavanas)을 거느렸습니다. 프라스탈라 왕 다음에는 드로나의 아들이 자리를 잡았고, 드로나의 아들 다음에는 전군을 거느린 두료다나가 그의 외사촌 형제들과 함께 있었습니다. 두료다나 뒤에는 크리파가 있었습니다. 이처럼 막강한 '**대양(大洋) 진(陣)**'이룬 카우바라 군은 전장으로 향했습니다. 깃발들과 백양산(白陽傘)들과 아름다운 팔찌와 고급 활들이 빛났습니다. 대왕 군사들의 막강한 진을 보고 유디슈티라는 드리슈타듐나를 보고 말했습니다.

"저 대양(大洋) 진(陣)을 보시오. 서둘러 그에 대비한 진(陣)을 쳐야 하겠습니다." 그 말을 듣고 드리슈타듐나는 모든 호전적인 진(陣)을 부술 수 있는 '**스링가타카(Sringataka, 삼지창) 진(陣)**'을 쳤습니다. 그 뿔의 위치에는 비마와 사티아키가 수천의 전차무사와 기마병과 보병을 거느리고 자리를 잡았습니다. 그들 다음으로는 백마를 모는 크리슈나와 아르주나가 자리를 잡았습니다. 중앙은 유디슈티라 왕과 판두 쌍둥이와 군사학에 정통한 궁사(弓師)들이 자리 잡았습니다. 그 배후는 아비마뉴와 비라타와 드라우파디 아들들과 가토트크차가 자리를 잡았습니다. 이렇게 진을 치고 판다바들은 전장에서 전투를 기다리고 있었습니다. 그래서 북소리와 소라고둥소리와 함성소리가 시끄러움으로 가득했습니다. 그래서 용감한 무사들이 서로를 노려보며 전투를 위해 접근했습니다. 그래서 그 전투에서 무사들은 각자가 알아서 전쟁을 시작했습니다. 활짝 벌린 뱀들의 입에서 쏟아지듯 화살 소나기가 떨어졌습니다. 그리고 황금빛을 발하는 철퇴들이 아름다운 산봉우리처럼 전장에 떨어졌습니다. 그리고 떨어뜨린 군도(軍刀)와 방패들도 아름다웠습니다. 그리고 코끼리 등에 탄 대결 자들은 창으로 공격하여 산언덕에서 굴러 떨어지듯 하였습니다. 그리고 용감한 보병은 창을 들고 서로 싸워 아름다웠습니다. 그리고 카우라바와 판다바의 주장(主將)들은 다양한 활을 써서 상대방들을 죽였습니다. 그리고 비슈마는 방울 전차를 몰며 활시위 소리로 적들의 정신을 사로잡으며 굳세게 전진하였습니다. 드리슈타듐나가 앞장을 선 판다바 군(軍)도 투쟁 의지가 견고했습니다.

산자야가 말했다. -판다바 군사들은 전장에서 사방을 불태우는 태양 같은 비슈마를 쳐다볼 수도 없었습니다. 비슈마는 전장에서 전차 무사들의 무기와 머리들을 잘랐습니다. 기갑부대 무사들의 도전을 하면 즉시 떨어뜨렸습니다. 그리고 산 같은 코끼리를 탄 조련사들도 비슈마를 만나면 다 땅으로 떨어졌습니다. 판다바 군에서는 억센 비마를 제외하고는 비슈마를 당할 자가 없었습니다. 비마가 홀로 비슈마에 대항하러 나섰습니다. 비슈마와 비마의 대결은 전 카우라바 군에게서 무섭고 격렬한 소동을 일게 했습니다. 그러자 판다바들은 기쁨에 넘쳐 사자 같은 함성을 질렀습니다. 그 학살의 와중에 두료다나 왕은 그 외사촌들과 함께 그 비슈마를 보호하고 있었습니다. **그런데 비마가 비슈마의 마부를 죽였습니다. 이에 말들은 통제를 잃게 되어, 비슈마의 전차를 몰고 전장을 떠나버렸습니다. 그러자 비마는 말편자 화살로 수나바(Sunabha) 머리를 잘랐습니다. 대왕의 아들이 살해되자 그 형제 일곱 아들도 참을 수가 없었습니다. 아디티아케투(Adityaketu) 바바신(Vahvasin) 쿤다다라(Kundadhara) 마호다라(Mahodara) 아파라지타(Aparajita) 판디타카(Panditaka) 비살라카(Visalakha)가 그 비마에게 달려들었습니다. 그래서 아디티아케투는 비마에게 70발을 쏘아주고, 바바신은 다섯 발을 쏘았습니다. 쿤다다라는 비마에게 90발, 비살라카는 일곱 발을 쏘아 주었습니다. 그리고 억센 아파라지타는 수많은 화살을 쏘았습니다. 그리고 판디타카 역시 세 발의 화살을 쏘았습니다. 그러나 비마는 그 공격에 참고 있지 않았습니다. 비마는 왼손으로 활을 잡고 대왕의 아들 아파라지타(Aparajita)를 광두 화살로 머리를 잘랐습니다. 그리고 모든 군사들이 보는 앞에서 비마는 다시 광두 화살로 쿤다다라(Kundadhara)를 죽였습니다. 그 다음은 판디타카(Panditaka), 비살라카(Visalakha), 마호다라(Mahodara), 아디티아케투(Adityaketu), 바바신(Vahvasin)을 차례로 광두 화살로 죽이니, 다른 대왕의 아들들은 회당에서 비마가 행했던 맹세를 생각하고 모두 도망을 쳤습니다.** 이에 두료다나는 아우들의 죽음을 괴로워하며 군사들에게 말했습니다.

"잡아야 할 놈은 비마다." 억센 궁사(弓師)들인 대왕 아들들의 죽음을 보고 위대한 지혜를 지닌 비두라(Vidura)의 자비로운 말씀을 생각했습니다. 그 [처음 들을]때는 이해를 할 수가 없었습니다. 그러는 동안 큰 슬픔에 압도된 두료다나 왕이 비슈마를 찾아가 말했습니다.

"제 아우들이 비마에게 죽었습니다. 우리 군사들이 용감하게 싸워 그들도 꺾이고 있습니다. 할아버지께서는 우리에게 무관심하시고 구경꾼처럼 행동하십니다. 아, 어떻게 해야 합니까? 저의 어처구니없는 운명을 보십시오."

산자야는 계속했다. -이 독한 두료다나의 말을 듣고 비슈마 할아버지 눈에는 눈물이 가득했습니다. 비슈마는 말씀하셨습니다.

"아이야, 나는 이미 드로나, 비두라, 간다리가 있는 앞에서 너에게 했던 말인데, 그 때 너는 그것을 다 이해를 하지 못했었다. 그리고 나나 드로나나 이 전쟁에서 굳이 살겠다고 도망가지는 않는다. 비마가 전쟁에서 한 번 눈길을 주면 그를 죽이고 만다. 그러므로 참도록 하자. 천국(天國)을 목표로 하여 프리타의 아들들과 굳건한 결의로 싸워 나아가자."

드리타라슈트라가 말했다. -오 산자야여, 많은 내 아들이 전쟁터에서 단 한 사람에게 죽어가는 것을 보고 비슈마, 드로나, 크리파는 무엇을 하였는가? 내 아들들은 날마다 죽고 싸우면 이기지 못 하고 항상 지고 있으니, 나쁜 운수가 완전히 씌웠나 보다. 무적의 드로나 비슈마 크리파 소마다타의 아들 바가다타 아스와타만 등의 용사(勇士)들 가운데 머물러 있는데, 내 아들들이 죽어나가니 운명이 아니고 무엇이랴? 앞서 사악한 두료다는 나와 비슈마와 비두라의 권고를 이해하지 못 했었다. 간다리도 말렸으나, 사악한 두료다는 잘못을 깨닫지 못했다. 그 행동들의 열매로, 화난 비마가 어리석은 내 아들을 날마다 염라(閻羅)국으로 보내고 있구나.

산자야가 말했다. -대왕의 선을 위해 비두라의 그 탁월한 말을 대왕께서는 다 이해를 못 하셨지만 지금 실현이 되었습니다. 비두라는 말했었습니다. "**대왕의 아들들은 주사위 노름을 그만 두어야 합니다.**" 죽음을 맞을 사람처럼 좋은 약을 거부하고 대왕은 호의를 지닌 친구들의 말을 듣지 않았습니다. 그 정의로운 말들이 대왕 앞에 실현되었습니다. 비두라 드로나 비슈마 등 지지자들의 말을 듣지 않았기 때문에 카우라바들은 죽어 가고 있습니다. 그러나 전쟁이 진행이 된 대로 정확한 저의 진술을 들으셔야 합니다. 정오에는 전투가 대 학살을 내며 끔찍 해졌습니다. **판다바 군사들은 유디슈티라 왕의 명령으로 비슈마에게만 달려들었습니다.** 드리슈타듐나 시칸딘 사티아키가 군사를 이끌고 그 비슈마에게 다 달려들었습니다. 그리고 카이케야 드리슈타케투 군티보자도 비슈마를 향한 진군을 도왔습니다. 그리고 아르주나 드라우파디의 아들들 체키타나도 두료나가 거느린 왕들을 향해 돌진했습니다. 그리고 아비마뉴 비마도 카우라바에 대항을 했습니다. 이처럼 판다바 군은 세 개로 나누어 공격을 했습니다. 그리고 카우라바들도 상대 적들을 죽였습니다. 드로나는 화가 나서 소마카족과 스린자야족에게 달려들었습니다. 스린자야족에서 살상이 일어나며 엄청난 함성이 일었습니다. 많은 크샤트리아가 드로나의 공격을 받았고, 병든 사람들처럼 떨고 있었습니다. 전 전장에서 배가 고파 고통을 받는 사람들처럼 신음과 비명 소리가 계속 들렸습니다. 그러자 화가 난 억센 비마는 야마(Yama)처럼 카우라바 군사를 죽이기 시작했습니다. 그 무서운 살상 전쟁으로 피의 강물이 흐르게 되었습니다. 비마는 화가 나서 카우라바 코끼리 부대를 공격해 죽이기 시작했습니다. 비마의 화살을 받은 어떤 코끼리들은 쓰러지고 어떤 것은 움직이지 못 하고 어떤 것은 비명을 질렀고, 어떤 것은 사방으로 도망을 쳤습니다. 거대 코끼리들은 상아가 잘리고 다리가 망가지거나 학처럼 소리를 지르며 땅바닥에 누웠습니다. 나쿨라 사하데바도 카우라바들을 무찔렀습니다. 온갖 장식을 한 살해된 말들이 수십만이었습니다. 땅바닥이 온통 쓰러진 말들이었습니다. 수많은 왕들은 아르주나에 의해 살해되었습니다. 부서진 전차들과 깃발들과 양산(陽傘)들과 무기들로 땅바닥이 온통 봄이 와 꽃들이 핀 것 같았습니다.

산자야가 말했다. -대 영웅들의 살상 전투가 계속 되는 동안 수발라의 아들 사쿠니(Sakuni)가 판다바 군으로 돌격했습니다. 그리고 역시 사트와타(Satwata)족의 흐리디타(Hridika)의 아들이 판다바들의 공격에 가담했습니다. 그리고 다수의 캄보자(Kamvoja) 기병(騎兵)들과 아라타(Aratta), 마히(Mahi), 신두(Sindu), 바나유(Vanayu) 출신들과 고산족의 무리들이 판다바 군을 포위했습니다. 그리고 티트리(Tittri) 족에 속하는 바람처럼 빠른 기병도 있었고, 황금 갑옷을 엮센 **이라바트(Iravat**, 아르주나의 아들)도 있었습니다. 이라바트는 아르주나와 나가족(Nagas, 뱀족)의 왕 딸 사이에서 태어났습니다. 그녀의 (전)남편은 가루다(Garuda)에게 죽었는데, 우울하게 살다가 아르주나와의 사이에 이라바트를 낳은 것입니다. 아르주나를 싫어하는 아저씨가 내버리어 이라바트는 어머니의 보호로 나가족 영지에서 자랐습니다. 엮센 이라바트는 다양한 무기를 사용했고, 무적의 용맹을 지녔습니다. 아르주나가 인드라 신에게 갔다는 소식을 듣고 이라바트는 서둘러 그곳으로 갔습니다. 그래서 이라바트는 아버지 아르주나 앞으로 나아가 두 손을 모으고 말했습니다. "아버지, 제가 이라바트로 당신의 아들입니다." 그리하고 이라바트는 아르주나가 이라바트 어머니와 만난 이후의 처음 아르주나에게 말했습니다. 그러자 아르주나도 당시 모든 상황을 소상하게 기억하고 있었습니다. 아르주나는 성숙한 아들을 껴안으며 기쁨에 넘쳤습니다. 그 하늘 나라에서 이라바트는 아르주나의 명령을 받았습니다. "전쟁이 터지면, 돕는 것이 네가 할 일이다."라고 말하니 이라바트는 "알겠습니다."라고 말하고 떠났었습니다. 그런데 전쟁이 발발하니 화려한 거대 기마부대를 이끌고 나타난 것입니다. 그래서 그 기마부대는 널따란 물 위에 백조들 같았습니다. 그래서 그 기병들은 빠른 속도로 대왕의 군사들을 공격했습니다. 그래서 대왕의 군대는 가루다의 공격을 받는 것 같았습니다. 그래서 강렬하고 무서운 그 족속들의 개입이 있는 동안은 양쪽 대결 자들은 전투 압박에서 벗어나 있었습니다. 용감한 무사들은 서로의 화살로 힘이 떨어지고 말들은 죽어나가고 군도로 서로를 죽였습니다. 그래서 그 기갑부대가 약해지니, 수발라 아들[사쿠니]의 젊은 형제들이 태풍 같은 말을 타고 선봉에 나섰습니다. 가이아(Gaya) 가바크샤(Gavaksha) 브리샤바(Vrishava) 차르마바트(Charmavat) 아르자바(Arjava) 수카(Suka) 6형제는 사쿠니가 지지하는 카우라바 진지로 달려가니 그들은 전투에 능한 엮센 무사들이었습니다. 무적의 판다바 기갑 부대를 깨뜨린 무적의 간다라(Gandhara) 무사들은, 승리를 원하는 기쁨이 충천케 하는 대단한 지원이었습니다. 쿠루들이 기뻐하는 것을 보고, 용맹의 이라바트(Lravat)는 자신의 무사들을 향해 말했습니다. "무기들과 동물들과 병사들을 억지로 짜 맞춘 드리타라슈트라 군을 내가 격파할 수 있다." 그 무사들은 "그렇습니다." 대답을 하고는 다르타라슈트라 군사들을 무찌르기 시작했습니다. 자기들의 군사들이 이라바트 군사들에게 죽어가는 것을 수발라의 아들들은 이라바트(Iravat)에게 달려가 그를 포위했습니다. 그래서 전장을 휩쓸고 있는 다른 무사들에게 이라바트를 창으로 공격하라 명령을 내려 커다란 접전이 생겼습니다. 그래서 창을 든 무사들의 공격을 받은 이라바트는 갈고리 공격을 받은 코끼리처럼 피를 흘렸습니다. 홀로 여럿의 공격을 받아 가슴과 등 옆구리에 상처를 입었으나, 그 견고함을 잃지 않았습니다. 화가 나자 이라바트는 날카로운 화살을 쏘아 대적자들의 정신을 뽑았습니다. 이라바트는 적들이 들고 있는 창(槍)들을 꺾고 칼과 방패를 잡고 도보로 돌진을 했습니다. 그러나 수발라 아들들은 말을 타고 다니면서도 이라바트가 힘차게 움직였으므로 공격할 기회를 얻지 못 했습니다. 이라바트가 발로 다니는 것을 보고 그를 생포하려 했습니다. 적들이 근접하자 이라바트는 칼로 그들의 오른팔 왼팔들을 자르고 사지를 망가뜨렸습니다. 그러자 적들은 땅바닥으로 떨어져 죽었습니다. 오직 브리샤바(Vrishava)가 혼자 도망을 쳤습니다. 전장에 쓰러진 그들을 보고 두료다나는 화가 치밀어 락샤사의 아들 알람부샤(Alambuvusha)를 향해 말했습니다.

"오 영웅이여, 어떻게 아르주나의 아들이 이처럼 우리군사를 심각하게 손해를 입힐 수가 있는가. 그대는 어느 곳에서나 무슨 무기든지 맘대로 구사할 수 있다. 그리고 그대도 아르주나에게 적대감이 있으니, 저 놈[이라바트]을 잡아야 한다." 그러자 그 락샤사(Alambuvusha)는 "알겠습니다."라고 하고 사자 같은 함성을 지르며 이라바트가 있는 지점에 도착했습니다. 그리고 영웅적인 자기 부대의 지원을 받으며 이라바트를 잡으려고 달려들었습니다. **이라바트가 화를 내어 그 락샤사를 잡으려고 대항하기 시작했습니다. 그 이라바트를 보고 억센 락샤사는 그의 '요술(power of illusion)'을 시작했습니다. 그래서 그 락샤사는 창과 도끼를 든 무서운 락샤사들을 태운 수많은 '환상의 군마(illusive chargers)'를 만들어 내었습니다. 그러나 이라바트는 그 2천 명의 강자들을 저승으로 보내버렸습니다.** 그리고 이라바트는 그 락샤사(Alambuvusha)가 다가오자 그 개시부터 저지를 하였습니다. 그래도 그 락샤사가 더욱 가까이 오자 이라바트는 칼을 들어 그의 활과 화살을 조각내었습니다. 락샤사는 활이 부서지자 급히 하늘로 솟아 요술을 부렸습니다. 이에 어떤 모습으로든지 다 될 수가 있고 무엇이 신체에 중요한 부분인지를 알고 있는 이라바트는 하늘로 솟아 그 락샤사와 싸워 그 락샤사(Alambuvusha)의 사지를 토막내어 버렸습니다. 그러나 그 락샤사(Alambuvusha)는 되살아나 젊은이 모습으로 나타났습니다. 락샤사는 변화가 자유로워 그들의 나이나 외모를 맘대로 하였습니다. 그래서 락샤사는 사지가 잘리니 아름다운 모습을 보인 것입니다. 이라바트는 날카로운 도끼로 그 락샤사를 잘랐습니다. 억센 이라바트가 그 락샤사를 나무 자르듯 조각을 내니 락샤사는 크게 비명을 질렀습니다. 도끼로 망가진 락샤사는 피를 품기 시작했습니다. 그러자 락샤사의 아들 알람부샤(Alamvusha)가 그것을 보고 대항해 왔습니다. 엄청난 모습으로 알람부샤는 이라바트를 잡으려 했습니다. 만상(萬象)을 다 제압하겠다는 엄청난 모습으로 선봉에 나선 락샤사를 보고, 이라바트는 화를 내어 그도 요술(illusion)을 사용했습니다. 그래서 이라바트는 모계에 관련된 뱀(Naga)

이 그에게 떠올랐습니다. 그 전투에서 이라바트는 사방을 뱀들로 포위하고 자신을 거대한 뱀 아난타(Ananta)로 바꾸었습니다. 온갖 뱀들이 그 락샤사(Alambuvusha)를 덮었습니다. 뱀들로 덮이자 그 락샤사의 영웅은 순간 가루다(Garuda)가 되어 뱀들을 잡아먹었습니다. 모계의 뱀들이 사라지자 이라바트는 당혹했습니다. 그러자 락샤사가 이라바트를 칼로 죽였습니다. 알람부샤(Alamvusha)가 이라바트의 귀고리를 단 머리통을 떨어뜨리니, 그것은 연꽃이나 달덩이 같았습니다.

락샤사 알람부샤(Alamvusha)가 아르주나 아들[이바라트]을 죽이니, 드리타라슈트라 장군들과 왕들은 우울함에서 해방이 되었습니다. 그 대전(大戰)에서 양군은 엄청난 학살을 겪었습니다. 기병(騎兵)과 코끼리 부대, 보병들과 전차 무사들이 서로 엉겨 살상을 감행했습니다. 그러는 동안 아르주나는 아들이 죽은 줄도 모르고 비슈마를 지키고 있는 왕들을 무찌르기에 바빴습니다. 그래서 대왕의 군사와 스린자야들(Srinjayas)은 생명들을 쓸어 부었습니다. 그래서 많은 전차 무사들이 머리털이 흩어진 채로 칼과 활을 잡고 서로 대적을 해야 했습니다. 억센 비슈마도 활로 억센 무사들을 죽여서 판다바 군사들이 떨게 만들었습니다. 비슈마는 유디슈티라의 주장들을 죽였고, 많은 코끼리부대와 기갑병들과 전차무사와 기병(騎兵)들을 죽였습니다. 전투로 비슈마가 보여준 것은 바로 사크라(Sakra)였습니다. 그런데 비마와 아르주나의 용맹은 비슈마보다 더욱 훌륭했습니다. 드로나의 용맹은 판다바들을 공포로 몰아넣었습니다. 정말 판다바들은 "드로나 혼자서도 우리 군사를 다 죽일 수 있을 것이다. 그런데 세상에 유명한 용맹들이 그를 감싸고 있으니, 우리는 어떻게 할 것인가?" 드로나에게 곤욕을 당한 아르주나도 그렇게 말했습니다. 치열한 전투가 진행되는 동안 양쪽 군사의 어느 누구도 상대 적군을 포기할 수 없었습니다.

드리타라슈트라가 말했다. -오 산자야여, 아르주나는 아들 이라바트가 전투에 죽은 것을 언제 알았는지 말해보라.

산자야가 말했다. -이라바트가 전투에서 살해된 것을 보고, 같은 락샤사 가토트카차(Ghatotkacha, 비마의 아들)가 큰 소리로 외쳤습니다. 그 고함소리로 바닷가와 산악과 숲들이 크게 흔들렸습니다. 그래서 하늘과 만물도 흔들렸습니다. 그 큰 고성(高聲)을 들은 군사들은 떨며 땀을 흘렸습니다. 그래서 모든 대왕의 군사들은 우울해졌습니다. 그래서 사자에게 놀란 코끼리처럼 모두 전장에서 우두커니 서 있었습니다. 그러자 천둥 같이 함성을 지른 가토트카차(Ghatotkacha, 비마의 아들)는 번쩍이는 창을 들고 유가(Yuga)의 최후에 파괴자처럼 그 락샤사들을 다 무찔렀습니다. 가토트카차의 돌격에 쿠루 군사들이 놀라 도망을 치는 것을 보고, 두료다나가 가토트카차(Ghatotkacha, 비마의 아들)에게 달려가 활을 잡고 사자 같은 함성을 질렀습니다. 두료다나 뒤에는 방가족(Vangas)의 왕이 일만의 산 같은 코끼리 부대를 이끌었는데, 그 코끼리들을 주스로 달래고 있었습니다. 코끼리 부대에 둘러싸여 전진하는 대왕의 아들을 보고 가토트카차는 크게 화가 났습니다. 머리털을 세운 최고 용맹의 가토트카차(Ghatotkacha)와 두료다나 군사의 대결이었습니다. 그래서 그 코끼리 군단은 구름 같았고, 다양한 무기를 든 락사샤들도 천둥과 번개를 지닌 구름 같았습니다. 락샤사들은 활과 칼과 창과 철퇴로 무장을 하고 그 코끼리 대장을 죽이기 시작했습니다. 락샤사들은 코끼리들을 언덕 위나 큰 나무 위에서 죽였습니다. 락샤사들이 코끼리들을 죽이고 있는 동안, 코끼리들의 일부는 앞부분이 망가졌고, 일부는 피로 목욕을 했고, 다른 것은 사지가 부서져 있었습니다. 결국 코끼리 부대가 부서져 약하게 되자 두료다나 왕은 생명도 불구하고 그 락샤사들에게 덤벼들었습니다. 그래서 두료다나는 구름 같이 많은 날카로운 화살들을 락샤사들에게 쏘았습니다. 그래서 두료다나는 많은 그들 무사들을 죽였습니다. 그리고 두료다나는 네 발의 화살을 쏘아 바가바트(Vagavat) 마루드라(Maharudra) 비디우지바(Vidyujihva) 프라마틴(Pramathin) 4명의 락샤사 왕을 죽였습니다. 그리고 두료다나는 락샤사들에게 견딜 수 없는 화살 소나기를 퍼부었습니다. 두료다나의 활략을 본 비마는 분노가 불타올랐습니다. 거대한 활을 불 같이 당기며 그는 분기에 넘쳐 있는 두료다나에게 돌진했습니다. 죽음의 살상자처럼 달려드는 비마를 보고도 두료다나는 조금도 흔들리지 않았습니다. 그러자 화가 치민 가토트카차가 충혈 된 눈으로 두료다나에게 말했습니다.

"네가 우리 아버지와 어머니가 오랜 세월을 고행하게 했던 네 스스로의 빚에서 오늘 내가 너를 벗어나게 해 주마." 이렇게 말을 하고 히딤바(Hidimva)의 아들[가토트카차]은 거대 활을 잡고 소나기처럼 두료다나에게 화살을 퍼부었습니다.

산자야가 말했다. -가토트카차가 발사한 화살 소나기는 악귀들(Danavas)도 견디기 어려운 것이었습니다. 그러나 두료다나는 거대한 코끼리가 소나기를 맞듯 견디었습니다. 그리고 나서 두료다나는 큰 위험에 봉착했습니다. 그러자 두료다나는 100발의 화살을 쏘았습니다. 그것들은 락샤사들 중에 간다마다나(Gandhamadana, 가토트카차) 가슴에 적중 했습니다. 그 화살로 코끼리 같은 락샤사 몸에서 피가 흘러내렸습니다. 이에 억센 가토트카차는 산도 뚫을 수 있는 거대한 화살로 두료다나를 잡으려고 그것을 올려 들었습니다. 그것을 본 방가족(Vangas)의 왕[바가다타]이 산 같은 코끼리를 몰아 가토트카차에게 달려들었습니다. 바가다타는 거대 코끼리를 몰고 바로 두료다나 전차 앞에 섰습니다. 그래서 그 코끼리가 대왕의 아들 전차를 감싸주었습니다. 두료다나 전차로의 통로를 바가다타 코끼리가 막은 것을 본 가토트카차는 화가 났습니다. 그러자 그는 거대 화살을 그 코끼리에게 던졌습니다. 그 코끼리는 피를 흘리며 죽었습니다. 그러나 바가다타는 코끼리에서 땅으로 뛰어내렸습니다. 두료다나는 왕의 코끼리가 죽고 그의 군대가 무너진 것을 보고 괴로웠습니다. 그러나 왕은 비록 패했으나, 긍지인 '크샤트리아의 의무(Kshatriya's duty)'로 산처럼 흔들리지도 않았습니다. 두료다나는 유가(Yuga)의 불같은 화살을 그 가토트카차에게 날렸습니다. 그러나 가토트카차는 민첩하게 피했습니다. 붉은 눈으로 가토트카차는 천둥같은 고함으로 전군을 놀라게 했습니다. 그 놀라운 락샤사[가토트카차]의 고함 소리를 듣고 비슈마는 드로나에게 말했습니다.

"이 고함은 락샤사의 고함이니, 히딤바의 아들과 두료다나가 싸우고 있습니다. 그 락샤사는 아무도 이길 수 없습니다. 그러므로 가서 왕을 구원하시오. 적을 물리치는 것이 우리의 최고 의무입니다." 비슈마의 명령을 받고 드로나는 서둘러 쿠루 왕이 있는 지점에 이르렀습니다. 거기에는 두료다나, 소마다타, 발리카, 자야드라타, 크리파, 부리스라바스, 살리아, 아반티의 두 왕자, 비니사티가 있었습니다. 수천의 전차 무사들을 이끌고 완전히 억눌린 두료다나를 구하러 전진했습니다. 그것을 본 락샤새[가토트카차]는 장갑과 망치 등의 무기를 든 동료 락샤사들 속에 대궁(大弓)을 들고 산 같이 굳건히 섰습니다. 그래서 락샤사들과 두료다나 정예부대와 치열한 싸움이 시작되었습니다. 커다란 활시위 소리들이 들렸고, 대나무가 불타는 듯 요란했습니다. 억센 락샤사 왕[가토트카차]이 고함을 지르며 초승달 화살로 드로나의 활을 두 동강 내었습니다. 그리고 '광두 화살(broad-head-ed shaft)'로 소마다타(Somadatta, 왕)의 깃발을 넘어뜨리고 고함을 질렀습니다. 그리고 발리카(Valhika) 가슴에 화살 세 대를 꽂고, 크리파(Kripa)에게 한 대, 치트라세나(Chitrasena)에게 세 대, 비카르나(Vikarna) 어깨에 힘껏 느려 또 다른 화살을 쏘았습니다. 이에 비카르나(Vikarna)는 피로 얼룩져 전차 바닥에 주저앉았습니다. 그러자 그 무량(無量)의 락샤사[가토트카차]는 부리스라바스(Bhurisravas)에게 50발의 화살을 쏘았습니다. 화살들은 갑옷을 꿰뚫었습니다. 그리고 가토트카차는 비빙사티(Vivingsati)와 아스와타만(Aswatthaman)의 전차 마부를 공격했습니다. 그들은 앞으로 넘어져 말고삐들을 놔버렸습니다. 가토트카차는 초승달 화살로 자야드라타(Jayadratha) 수퇘지 깃발을 넘어뜨렸습니다. 두 개의 화살을 더 쏘아 자야드라타 활도 두 동강을 내었습니다. 분노의 붉은 눈으로 가토트카차는 네 개의 화살로 아반티 왕의 네 마리 말을 살해 했습니다. 다른 화살로 브리하드발라(Vrihadvala) 왕을 공격했습니다. 화살을 맞은 왕은 전차 바닥에 주저앉았습니다.

산자야가 말했다. -전장에 모든 무사들이 다 외면을 하자 가토트카차는 두료다나를 잡으려고 그에게 돌진했습니다. 가토트카차가 왕에게 돌진을 하자 무적의 용사들이 그를 잡으려고 그에게 달려들었습니다. 활을 느린 억센 무사들은 한 사람을 향해 사자 떼 같은 함성을 지르며 달려들었습니다. 무사들은 가토트카차를 포위한 다음 장마철에 구름 같이 화살 소나기를 퍼부었습니다. 화살에 찔린 가토트카차는 갈고리에 찔린 코끼리 같았습니다. 가토트카차는 가루다처럼 공중으로 솟았습니다. 가토트카차는 공중에서 3계가 울리는 천둥 같은 고함을 쳤습니다. 그 고함소리를 듣고 유디슈티라 왕은 비마에게 말했습니다.

"저 날카로운 고함소리는 락샤새[가토트카차]가 드리타라슈트라 군사와 싸우고 있다는 것을 알려주고 있다. 위험에 처한 저 히딤바(Hidimva)의 아들을 구하도록 해라." 이 말을 들은 비마는 대양에서 보름달이 솟듯이 사자 같은 함성을 지르며 달려갔습니다. 아비마뉴와 드라우파디 아들들이 선봉에 서고 사티아드리티(Satyadhriti) 사우치티(Sauchiti) 스레니마트(Srenimat) 바수다나(Vasu-dana) 카시(Kasi) 왕의 아들 등이 비마의 뒤를 따랐습니다. 그 가토트카차를 구하려고 6천 코끼리 부대도 출동을 했습니다. 그래서 사자 같은 함성과 전차 바퀴소리 말발굽 소리가 지축을 흔들었습니다. 그 달려오는 무사들의 소란 소리를 듣고 대왕의 군사들은 걱정을 하다가 비마의 공포에 파랗게 되었습니다. 가토트카차가 떠나자 락샤사들도 떠났습니다. 그래서 전장에는 물러설 수 없는 양군(兩軍)이 남았습니다. 무서운 그 전투는 전군이 구분이 없는 혼전이었습니다. 기마병이 코끼리를 상대하고 보병과 전차 무사가 엉기었습니다. 천차와 마필과 코끼리들과 보병들이 달린 결과 엄청난 먼지가 전장을 덮었습니다. 대결은 적군과 아군을 구분할 수도 없었습니다. 그래서 흐르는 강물은 코끼리들과 말들과 사람들의 피의 강물이 되었습니다. 그 전장에는 사람들의 머리통이 돌덩어리 떨어지듯 했습니다. 그리고 땅바닥은 머리 없는 시체들과 망가진 코끼리들과 다리 상한 말들이 널려 있었습니다.

산자야가 말했다. -자신의 군사들이 살상된 것을 본 두료다나는 바로 비마에게 달려들었습니다. 인드라 신처럼 대궁(大弓)을 들고 비마에게 화살 소나기를 퍼부었습니다. 그리고 노기(怒氣)가 충천하여 날개 달린 초승달 화살로 비마의 활을 꺾어버렸습니다. 기회를 노치지 않고 산을 가를 수 있는 날카로운 화살을 쏘았습니다. 그 화살은 비마의 가슴에 맞았습니다. 비마는 고통스러워 입가에 침이 흐를 지경이었습니다. 비마의 그 우울한 모습을 아들 가토트카차가 보고 화가 더욱 불타올랐습니다. 그런데 아비마뉴를 선두로 한 판다바의 전차 무사들이 고함을 지르며 그 두료다나에게 달려들었습니다. 분기가 넘치는 판두 무사들을 보고 드로나는 전차 무사에게 말했습니다.

"어서 가서 왕을 구하라. 대양 같은 고민에 빠져 큰 위험에 있다. 비마가 앞장을 선 판바 무사들이 두료다나 왕에게 달려들어 우리측 왕들이 겁을 먹고 있다." 이 드로나의 명령을 받고 소마다타(Somadatta)가 선봉이 되어 판다바 대열을 향해 달려갔습니다. 크리파(Kripa) 부리스라바스(Bhursravas) 살리아(Salya) 드로나의 아들, 비빙사티(Vivingsati), 치트라세나(Chitrasena), 비카르나(Vikarna), 신두(Sindhus) 왕, 브리하드발라(Vrihadvala), 아반티(Avanti)의 두 왕자가 쿠루 왕을 지키고 있었는데, 단 20보를 전진하자 판다바들과 다르타라슈트라 군의 살상 전쟁이 터졌습니다. 드로나는 대궁(大弓)을 잡아 비마에게 12발의 화살을 쏘았습니다. 그리고 소나기 같은 화살을 쏘았습니다. 그러나 비마는 열 개의 화살로 드로나의 왼쪽을 공격했습니다. 이에 드로나는 나이 때문에 정신을 잃고 전차 바닥에 주저앉았습니다. 그것을 본 두료다나와 아스와타맨[드로나의 아들]이 비마에게 달려들었습니다. 두 무사가 달려오는 것을 보고 비마는 순식간에 철퇴를 잡고 전차에서 내려와 산처럼 우뚝 섰습니다. 철퇴를 들고 카일라사(Kailasa)산처럼 서 있는 비마를 향해 두료다나와 아스와타만은 달려들었습니다. 그러자 비마는 무서운 속력으로 두 무사에게 달려들었습니다. 노기를 띠고 달려간 비마를 보고 억센 카우라바 전차 무사들도 비마를 향해 달려갔습니다. 드로나가 앞장을 선 그 전차무사들은 비마를 잡으려고 각종 무기로 사방에서 비마를 공격했습니다. 비마의 그 위태로운 상황을 보고 아비마뉴가 앞장을 선 판다바들은 목숨을 버릴 각오로 비마를 구하려고 돌격을 했습니다. 비마의 친한 친구이고 푸른 구름덩이 같이 보이는 저지대(低地帶)의 왕 닐라(Nila)가 화를 내어 드로나 아들에게 달려들었습니다. 위대한 궁사인 닐라는 항상 드로나 아들과 싸워보고 싶어 했습니다. 대궁을 늘여 많은 날개 달린 화살을 드로나 아들에게 적중시켰습니다. 닐라의 화살을 맞은 드로나 아들은 피로 덮였고, 분노가 끓어올랐습니다. 드로나 아들은 닐라를 죽이려고 마음먹었습니다. 드로나 아들은 광두 화살로 닐라의 말들을 죽이고 깃발을 꺾었습니다. 그리고 일발의 화살을 닐라 가슴에 쏘았습니다. 깊이 박힌 화살에 괴로운 닐라는 전차 바닥에 주저 앉았습니다. 푸른 구름덩이 같은 닐라 왕이 기절한 것을 본 가토트카차가 무리를 이끌고 그 전쟁의 장식품인 드로나의 아들에게 달려들었습니다. 다른 락샤사들도 드로나의 아들[아스와타만]에게 달려들었습니다. 그러자 무서운 유성 같은 락샤사들이 아들에게 달려드는 것을 본 드로나는 아들에게 달려갔습니다. 화가 난 드로나는 가토트카차의 무리인 락샤사들을 많이 죽였습니다. 락샤사들이 아스와타만의 화살에 격퇴된 것을 본 거대한 가토트카차는 분노로 가득했습니다. 그러자 가토트카차는 '**무서운 얼굴(a fierce and awful illution)**'이 되었습니다. 그래서 가토트카차의 '초인적인 요술(extradrdinary power of illusion)'로 아스와타만은 당황했습니다. 그리고 모든 대왕의 군사들도 그 모습에 전장을 떠났습니다. 그들은 서로를 공격하며 땅바닥에 누웠습니다. 드로나와 두료다나와 살리아와 아스와타만 등 최고의 카우라바들이 도망을 쳤습니다. 모든 전차 무사들이 뭉개지고 왕들이 죽었습니다. 수천의 기병들이 살해되었습니다. 그것을 본 대왕의 군사들은 막사로 도망을 했습니다. 그래서 비슈마가 "싸워라. 도망하지 말라. 이 모든 것이 가토트카차에 의한 락샤사 요술일 뿐이다."라고 외쳤습니다. 그러나 군사들은 도망을 멈추지 못 했고, 당황해 했습니다. 대왕의 군사들이 도망을 치므로 판다바들은 승리가 자기들 것으로 알았습니다. 가토트카차와 더불어 판다바들은 사자 같은 함성을 계속 질렀습니다.

산자야가 말했다. -대전(大戰)을 치르고 난 다음 두료다나 왕은 비슈마를 찾아가 공손하게 인사를 올리고 그날 발생했던 가토트카차의 승리와 자신의 패배를 다 말씀드렸습니다. 두료다나는 한숨을 계속 쉬며 비슈마에게 말했습니다.

"적들이 바수데바에게 의존하듯 저는 할아버지께 의지하여 판다들과 전쟁을 했습니다. 저는 11개 군단의 축복 받은 군사를 거느리고 할아버지 명령에 따랐음에도 가토트카차에 의존한 비마에게 패배했습니다. 저의 사지(四肢)는 마른 나무를 불에 태우는 듯 고통스럽습니다. 저는 할아버지 힘으로 그 가토트카차를 잡아 저의 소망 성취를 보여드리고 싶습니다." 이 두료다나의 말을 들은 비슈마는 말했습니다.

"오 왕이여, 내 말을 잘 들어라. 그대는 항상 유디슈티라 왕과 싸워야 한다. 왕은 왕을 쳐 부셔야한다. 나와 드로나 크리파 드로나 아들 크리타바르만 살리아 소마다타의 아들과 비카르나 두사사나는 대왕을 위해 그 락샤사와 싸우겠다. 그 락샤사 왕이 너무 강해 꺼림직 하면 바가다타 왕을 그와 대적하게 하라." 두료다나에게 그렇게 말한 비슈마는 두료다나가 있는 앞에서 그 바가다타(Bhagadatta)에게 말했습니다.

"어서 히딤바의 아들에게로 진격하시오. 주의 하여 대응하시오. 그 독한 락샤사는 옛날 저항하는 타라카(Taraka)에 대한 인드라 같소. 그대의 무기는 천상의 무기요. 그대의 용맹도 위대하여 지난 날 많은 악귀들을 물리쳤소. 오 왕들 중에 호랑이여, 저 락샤사와 크게 싸워보시오. 대왕의 군사들과 함께 저 락샤사를 죽이시오." 사령관 비슈마의 그 말을 듣고 바가다타는 사자 같은 함성을 지르고 선두에 나섰습니다. 천둥을 울리는 구름 같이 달려오는 바가다타를 보고 판다바 군의 전차무사들도 진격을 했습니다. 비마와 아비마뉴, 가토트카차, 체디족의 왕, 바수다나, 다사르나족의 왕 등이 그들이었습니다. 이에 바가다타(Bhagadatta)는 수프라티카(Supratika)라는 코끼리를 타고 판다바들에게 달려들었습니다. 그들 간에 격렬한 전투가 진행이 되어 야마(Yama) 왕국에 인구가 늘었습니다. 엄청난 힘의 화살들을 전차무사들이 코끼리들과 전차들을 향해 발사되었습니다. 거대한 코끼리들이 서로 격렬하게 부딪쳐 다른 코끼리들을 쓰러뜨렸습니다. 잠시 제공되는 주스에 눈이 먼 코끼리들은 화를 내어 그들의 상아로 상대 코끼리를 쳤습니다. 그리고 보병들도 서로를 공격하여 10만 명이 쓰러졌습니다. 전차무사들도 상대를 쓰러뜨리며 사자 같은 함성을 질렀습니다. 전투가 지속되는 동안에 위대한 궁사 바가다타는 산 같은 거대 코끼리에 올라 비마를 향해 달려갔습니다. 바가다타는 그 수프라티카(Supratika) 코끼리 머리 위에서 수 천 발의 화살을 발사했습니다. 바가다타 왕은 그 화살 소나기로 비마를 곤경에 빠뜨렸습니다. 그러나 억센 비마는 수백 개의 화살을 쏘아 바가다타의 측면과 배후를 지키는 대적 자들을 죽였습니다. 그들이 살해된 것을 본 용감한 바가다타는 비마의 전차를 향해 그 코끼리를 돌진시켰습니다. 그 코끼리는 비마를 향해 가는 화살이었습니다. 그 달려드는 코끼리를 보고 비마가 선두에 서고 다섯 명의 케카야 왕자와 아비마뉴, 드라라우파디 아들들과 다사르나족의 왕, 크샤트라데바와 체디족의 왕과 치트라케투가 대항을 하고 있었습니다. 그래서 판다바 무사들은 바가다타의 수프라티카(Supratika)를 포위했습니다. 수많은 화살에 찔린 그 거대 코끼리는 상처에서 피가 흘러 붉은 분필 비를 맞은 산처럼 보였습니다. 이에 다사르나족(Dasarnas) 왕이 산 같는 코끼리를 몰아 바가다타(Bhagadatta) 코끼리에 달려들었습니다. 그러나 코끼리 중의 왕 수프라티카(Supratika)는 다사르나 왕 코끼리를 대지(大地)가 밀려오는 바다를 대하듯 했습니다. 다사르나 왕 코끼리를 보자 판다바 군사들까지 "최고다, 최고다!"라고 소리쳤습니다. 그러자 바가다타는 40개의 창을 그 코끼리에게 던졌습니다. 그 창들은 뱀처럼 박혔습니다. 창에 질린 그 코끼리는 적에게서 등을 돌렸습니다. 그리고 그 코끼리는 놀라운 소리를 지르며 태풍이 나무들을 휩쓸 듯이 판다바 진영을 휩쓸었습니다. 그 코끼리가 죽은 다음 억센 판다바 전차무사들은 오히려 사자 같은 함성을 지르며 싸우러 나섰습니다. 비마가 앞장을 서고 온갖 화살을 날리며 그 바가다타에게 달려들었습니다. **달려드는 무사들의 고함소리를 듣고 바가다타는 침착하게 그 코끼리를 독려했습니다. 그러자 그 수프라티카(Supratika) 코끼리는 유가(Yuga)의 마지막에 '삼바르타(Sambarta) 불길'로 변했습니다.** 불길이 된 수프라티카(Supratika)는 여기저기서 전차와 말들을 부수었습니다. 화가 난 그 코끼리는 역시 10만 명의 보병을 죽였습니다. 그 코끼리의 공격을 받아 흔들린 판다바 군은 불 앞에 노출된 가죽처럼 위축이 되었습니다. 그런데 그 바가다타에게 흩어진 판다바 진영을 본 가토트카차가 산도 가를 수 있는 화살을 잡았습니다. 가토트카차는 그 코끼리를 잡으려고 활을 들었습니다. 무섭게 날아오는 화살을 보고 바가다타는 그것을 향해 날카로운 초승달 화살을 쏘았습니다. 그래서 바가다타(Bhagadatta)는 그 날아오는 화살을 잘랐습니다. 두 동강이 나 땅으로 떨어진 가토트카차의 화살을 보며, 바가다타는 "기다려라, 기다려."라고 말하며 긴 창을 잡고 가토트카차를 겨냥해 그것을 날렸습니다. 벼락 같이 날아온 그 창을 본 락샤사[가토트카차]는 재빠르게 뛰어 올라 그것을 움켜잡으며 커다란 고함을 질렀습니다. 그리고 그 창으로 바로 바가다타의 무릎을 공격하여 부러뜨렸습니다. 그것을 본 모든 왕들이 감탄했습니다. 그리고 가토트카차의 성공을 보고 천신들과 간다르바들과 신령들도 놀랐습니다.

비마를 필두로 한 판다바 전사(戰士)들은 "최고다. 최고다."는 외침으로 세상을 가득 채웠습니다. 그러나 판다바들이 좋아 하는 소리를 용맹의 바가타타는 참을 수가 없었습니다. 인드라의 벼락같은 거대 활을 판다바 전차무사들을 향해 계속 당기며 고함을 질렀습니다. 그래서 바가다타는 비마에게 한 발, 가토트카차에게 아홉 발의 화살을 안겼습니다. 그리고 아비마뉴에겐 세 발, 케카야 형제에겐 다섯 발을 쏘았습니다. 그리고 힘껏 느린 그의 화살이 크샤트라데바(Kshatradeva) 오른쪽 팔에 명중되었습니다. 이에 크샤트라데바(Kshatradeva)의 손에 든 활과 화살은 버려졌습니다. 그리고 바가다타는 드라우파디 5형제에게 다섯 개의 화살을 쏘았고, 비마의 말들을 죽였습니다. 그리고 세 개의 화살로 비마의 사자를 그린 깃발을 꺾고 다른 세 개의 화살로 마부를 죽였습니다. 마부 비소카는 전차 바닥에 주저앉았습니다. 그러나 마차를 빼앗긴 비마는 철퇴를 잡고 전차에서 뛰어내렸습니다. 철퇴를 치켜 든 언덕 같은 비마를 보고 대왕의 군사들은 겁에 질렸습니다. 바로 그 때 아르주나가 적들을 시살하며 비마와 가토트카차 부자가 바가다타와 싸우고 있는 그 지점에 도착했습니다. 전투를 하고 있는 형제와 무사들을 보고 아르주나는 바로 싸움을 시작하여 엄청난 화살을 쏘았습니다. 이에 두료다나 왕은 전차와 코끼리 부대를 증가시켰습니다. 바가다타도 그 코끼리에 올라 유디슈타라를 향해 진격했습니다. 그래서 바가다타와 판찰라족 스린자아족 케카야족과 치열한 전투가 시작되었습니다. 그러자 비마는 케사바와 아르주나에게 아들 이라바트의 죽음을 상세히 말했습니다.

산자야는 말했다. -아들 이라바트(Irvat)가 죽었다는 말을 듣고 아르주나는 크게 우울하여 뱀처럼 한숨을 지었습니다. 그래서 아르주나는 바사바(Vasava, 크리슈나)에게 말했습니다.

"오 마두의 살해자시여, 위대한 지성 비두라는 쿠루와 판다바들의 끔찍한 전쟁을 미리 아셨습니다. 그래서 드리타라슈트라 왕을 말리셨습니다...드리타라슈트라 군대를 향해 말을 어서 달려 주십시오. 저는 건너기 힘든 전쟁의 바다 저쪽에 도달해야 합니다. 행동을 허비할 시간이 없습니다." 그래서 그 백마들은 바람처럼 달렸습니다. 그런데 거대한 소음이 대왕의 군사 속에 들렸는데, 마치 태풍으로 바다가 흔들리는 소리였습니다. 그날 오후에 비슈마와 판다바 간에 전쟁이 터져 천둥 같은 소리가 났던 것입니다. 그때 드로나가 감싸는 두료다나는 비마에게 달려들었습니다. 그러자 비슈마 크리파 바가다타 수사르만의 최고 전차 무사들이 아르주나에게 몰려 왔습니다. 그리고 크리타바르만 발리카는 사티아키에게 달려갔습니다. 그리고 암바슈타(Amvashta) 왕은 아비마뉴 앞에 섰습니다. 그래서 전차 무사들은 전차 무사들을 상대로 하였습니다. 비마가 대왕의 아들[두료다나]을 보자 버터에 붙은 불이 되었습니다. 그러나 대왕의 아드님은 비마의 화살 소나기를 막아냈습니다. 그 다음 비마는 화살로 비우도로스카(Viudoroska)를 말편자 화살로 쓰러뜨려 죽였습니다. 그 다음 비마는 광두 화살로 쿤달린(Kundalin)을 사자가 작은 동물 잡듯 죽였습니다. 대왕의 다른 아들도 화살로 그렇게 죽였습니다. 아나드리티(Anadhriti) 쿤다베딘(Kundabhedin) 비라타(Virata) 디르갈로차나(Dirghalochana) 디르가바후(Dirghavahu) 수바후(Subahu) 카니카디아자(Kanykadhyaja)가 죽었습니다. 그러자 다른 아들들은 모두 도망을 쳤습니다. 이에 드로나가 대왕의 아들들을 죽이고 있는 비마에게 화살 소나기를 퍼부었습니다. 그런데도 비마는 살해를 멈추지 않았습니다. 비마는 드로나의 화살 소나기를 기꺼이 견디었습니다. 비마는 사슴들[대왕의 아들] 속에 호랑이이고 늑대였습니다. 한편 비슈마와 바가다타는 아르주나와 싸우기 시작했습니다. 아티라타(Atiratha, 아르주나)는 대왕의 탁월한 영웅들을 저승으로 보냈습니다. 아비마뉴도 화살로 암바슈타(Amvashta) 왕의 말과 마부를 죽이니, 그의 전차에서 뛰어내린 왕은 아비마뉴에게 칼을 뽑아 던지고 흐리디카(Hridika)의 아들 전차 위로 올라가는 능란함을 보였습니다. 아비마뉴는 민첩하게 그 칼을 피했습니다. 날아가는 칼이 무용하게 되자 "잘한다. 잘한다."라는 함성이 들렸습니다. 사령관 드리슈타듐나가 이끄는 무사들도 대왕의 군사와 싸우고 있었습니다. 용감한 대결 자들은 상대의 머리털을 잡고 손톱과 이빨과 주먹, 무릎과 손바닥, 단도를 사용해 상대를 저승으로 보냈습니다. **아버지(같은 사람)가 아들(같은 사람)을 죽이고, 아들이 아버지를 죽였습니다.** 이처럼 서로 싸우며 서로를 쳐 부셨습니다. 그래서 대결 자들은 허기지고 패하고 망가졌습니다. 어두운 밤이 되어 아무 것도 볼 수가 없었습니다. 이에 쿠루들과 판다바들은 그들의 군사를 철수하니, 무섭고 칠흑 같은 밤이 되었습니다. 쿠루들과 판다바들은 막사에서 쉬었습니다.[39]

———→

   (a) '마하바라타(*The Mahabharata*)' '여덟째 날의 전투' 특징은 양측에서 '락샤사' 아들들이 대거 등장하여 '요술(妖術, illusion)'을 펼치며 자신의 용모도 마음대로 바꾼 전투였다는 사실이다.

   (b) '마하바라타(*The Mahabharata*)'는 '4촌간의 전쟁'에 모든 형제 직계 아들들이 다 동원이 된 특징을 보이고 있다. '마하바라타(*The Mahabharata*)'의 신비주의는 그대로 '세계 신화의 창고'를 이루고 있는데, 우선 '절대 신'이 '인격 신'으로 우주에 펼쳐 있는 '비슈바루파(Vishvarupa)'로 다양한 종류의 신과 신령이 전제 되고 '동물'이 다 '인격'을 공유한 '만신(萬神)의 체계'를 이루었다. 그뿐만 아니라 '마하바라타(*The Mahabharata*)'의 대표적인 영웅 비마가 하늘을 날아다니며 모습을 마음대로 바꾼 락샤사 여인과 결혼하여 역시 락샤사의 왕 가토트카차(Ghatotkacha)가 실전(實戰)에

39) K. M. Ganguli (Translated into English Prose from the Original Sanskrit Text), *The Mahabharata of Krishna-Dwaipayana Vyasa*, Munshiram Manoharlal Publisher Pvt. Ltd. New Delhi, 2000, -**Bhishma Parva**- pp. 217~244

참가하여 막대한 공을 세웠고, 아르주나의 뱀 여인 아들 이라바트(Iravat)도 종족들을 대동하고 아버지를 도우러 나섰다는 것은, '전쟁의 승리'에 모든 것을 다 걸었던 **절대주의 문화의 진면목**을 다 보여준 것이라고 할 수 있다.

(c) 그래서 이 '마하바라타(*The Mahabharata*)' 신비주의는 그대로 '인류 상고(上古) 문화'를 형성하고 있는 것은 구체적으로 입증이 되고 있고 오히려 그것을 통해 구체적인 역사(歷史)가 재구(再構)되고 있다.

(d) '마하바라타(*The Mahabharata*)' '락샤사'의 신비주의를 대거 원용해 제작한 중국의 대표적 작품이 '수호전(水滸傳)'이다. '수호전'의 '108 영웅'은 '지하에 갇힌 마왕들'의 탈출로 전제되었는데 그것은 다시 한국의 '홍길동전(洪吉童傳)' 등으로 정착하게 되었다.

제102장 아홉 째 날의 전투 -다시 일어선 크리슈나

산자야가 말했다. <u>두료다나 왕과 사쿠니, 두사사나, 카르나가 모여 어떻게 판바들을 멸할 것인가를 의논했습니다.</u> 두료다나 왕이 말했습니다. "드로나 비슈마 크리파 살리아 소마다타의 아들은 판다바들에게 대항을 않습니다. 판다바들은 우리 군사들을 무찌르는데, 그분들이 왜 그러는지 알 수가 없습니다. 오 카르나여, 그래서 우리 군사는 약해지고 무기도 고갈이 되었습니다. <u>'판다바들은 신(神)들도 이길 수 없다는 말'에 나는 속고 있습니다.</u> 내가 과연 어떻게 적들을 부수고 성공할 것인지 의심이 마음속에 가득합니다." 이 왕의 말에 카르나가 말했습니다.

"바라타의 주인이시여, 슬퍼하지 마십시오. 나도 나서서 당신께 충성을 다해야겠지만, 강가 아드님이 전투에서 물러나시면, 제가 그 비슈마 면전에서 파르타(아르주나)와 모든 소마카족을 멸하겠습니다. 오 왕이시여, 저는 맹세합니다. 오 바라타여, 비슈마가 무기를 내려놓으시면 판다바들은 이미 다 죽었다고 생각하십시오. 그것을 제가 감당하겠습니다." 카르나가 그렇게 말하자 두료다나는 두사사나에게 말했습니다. "오 두사사나여, 서둘러 우리 대열이 행해야 할 바를 생각해 보아라." 그리고 나서 카르나에게 말했습니다. "비슈마께서 응낙을 하면 [카르나] 당신을 즉시 오도록 하겠습니다. 비슈마가 전투에서 물러서면, 적들을 물리쳐 주시오." 그렇게 말하고 두료다나는 두사사나와 함께 비슈마의 막사(幕舍)로 향했습니다. 두료다나는 비슈마 면전에 이르러 눈물을 흘리며 목이 메어 호소했습니다.

"적(敵)들을 섬멸하는 분이시여, 보중(保重)하소서. 우리가 신들과 인드라를 앞세운 아수라들을 멸할 작정입니다. 그러므로 판다바들[따위]이야 말해 무엇 하겠습니까? 그러기에 강가의 아드님이시여, 우리에게 자비를 내리소서. <u>마헨드라(Mahendra)가 악귀들을 죽였듯이 판두 아들들을 죽이십시오. 저는 소마카족과 판찰라족과 카루샤족 케바샤족을 죽이겠다 하셨던 그 말씀을 실현해 주십시오. 만약 판다바들이 친척이라는 이유로 또는 저를 싫어해서 판다바들을 살려두시려면, '카르나'가 싸울 수 있도록 허락을 해 주십시오. '카르나'가 저 판다바들을 다 멸할 것입니다.</u>" 두료다나는 그렇게 말을 하고 입을 닫았습니다.

산자야가 말했다. -고매(高邁)한 비슈마는 대왕 아들의 칼 같은 그 말에 큰 슬픔을 느꼈습니다. 그러나 그분은 한 마디 불평이 없었습니다. 단도(短刀) 같은 그 말에 망가져 슬픔과 분노를 느끼며 비슈마는 뱀 같은 한숨을 쉬며 잠시 말씀이 없었습니다. 분노로 천신과 악귀와 간다르바들과 세상 사람들을 멸할 듯이 눈을 뜨고, 두료다나에게 조용히 말했습니다.

"두료다나여, 그대는 왜 '말의 칼날'로 나를 찌르는가? 나는 그대를 위해 나의 온 힘을 기우려 왔다. 정말 그대를 위해 나는 전장에서 죽을 각오를 하고 있다. 판다바들은 정말 무적(無敵)이다. 판두 아들이 칸다바 숲으로 불의 신을 즐겁게 하고 전투로 사크라(Sakra)를 잡았으니, 그것이 명백한 증거이다. 간다르바들에게 그대가 갇혔을 적에 판두 아들이 구했던 것이 역시 그 증거이고, 그대의 용감한 외사촌들이 모두 도망을 했을 때에 아르주나가 구했던 것이 그 증거이고, 비라타 (Virata) 시(市)에서 아르주나가 혼자서 그대 모두를 이겼던 것이 그 증거이고, 화가 난 나와 드로나 를 물리치고 우리의 예물(禮物)을 앗아간 것이 [판다바들이] 강하다는 그 증거이다. 소떼를 잡고 있을 적에 억센 드로나의 아들을 이겼다는 것으로 충분하다. 정말 그 누가 판두 아들을 이길 수 있겠느냐? 그[아르주나]의 수호자로 소라고둥과 원반과 철퇴를 가진 '우주의 보호자(the Protector of the Universe)'가 있다. 그런데 누가 이길 수 있겠는가? 바수데바는 무한의 힘을 지닌 세상 의 파괴자이다. 그는 최고의 주인이고, 신들 중에 신이고 최고 무궁의 신령이다. 나라다와 신들 이 다양하게 말하므로 오 수요다나여, 그대는 해야 할 말과 하지 말아야 할 말을 모르고 있다. 죽을 때에 이른 사람은 '모든 나무가 황금으로 되었다'고 생각한다. 그대[두료다나 너]도 그러하 다. 오 간다리의 아들이여.['죽음'이 가까이 와 있다는 경고임] 너는 모든 것을 거꾸로 보고 있다. 판다바와 스린자야들이 크게 도발이 되어 있으니, 싸울 수밖에 없다. 너희에게 사나이 같은 모습을 보여 주마. 내 생각으로는 시칸딘만 빼고 소마카들과 판찰라들을 멸할 수 있을 것이다. 전장에서 그들이 나를 죽이면 나는 저승으로 갈 것이고, 내가 그들을 멸하면 그대에게 즐거움을 줄 것이다. 시칸딘은 당초에 두루파다 궁궐에서 여성으로 태어났다. 신의 은혜로 남자가 되었다. 어찌 되었 든 여자는 여자이다.(she is Sikandini)[운명론, 예정설 긍정] 내가 목숨을 잃을 지라도 나는 그를 죽이지 않을 것이다. 그녀는 창조자 처음 만들었던 대로 시칸디니(Sikhandini)이다. 행복한 잠의 밤이 지나면, 내일 이 세상이 지속되는 한에 인간들이 이야기하는 가장 치열한 전투를 행할 것이 다." 비슈마가 그렇게 말하자 대왕의 아들[두료다나]은 머리를 굽혀 인사를 올리고 자신의 막사로 돌아와 잠들었습니다. 새벽이 되자 왕은 충성스런 전사들에게 말했습니다. "화가 난 비슈마께서 오늘 군사들을 이끌어 모든 소마카들을 잡으실 것이다." [지난밤에 두료다나의 엄청난 말을 들은 비슈마는 그것[두료다나의 말]을 자신에게 행한 명령으로 생각습니다. 비슈마는 '노예 상태인 자신 (deprecating the status of servitude)'을 탄식하며 전장에서 아르주나와의 대결을 생각했습니 다. 비슈마의 생각을 알아챈 두료다나는 두사사나에게 말했습니다.

"오 두사사나여, 어서 전차들이 비슈마 보호에 집중하도록 해라. 40개 대대를 집중하라. 비슈마를 지켜 내는 것이 우리의 최고 의무이다. 우리 외숙 사쿠니와 살리아 크리파 드로나 비빙사티도 세심하게 강가의 아드님을 지키도록 하라. 비슈마가 보호가 되면 우리 승리는 확실하다." 두료다나의 그 말을 듣고 거대 전차 부대가 강가를 지켰습니다. 대왕의 아들들도 비슈마 지키기에 나섰습니다. 그래서 그들이 하늘과 땅을 흔들고 진군을 하여, 판다바 군사를 겁먹게 했습니다. 두료다나는 다시 한 번 아우들에게 말했습니다.

"오 두사사나여, 유다마뉴는 아르주나의 왼쪽 바퀴를 지키고 우타마우자들은 오른쪽 바퀴를 지키고 있다. 그래서 그렇게 아르주나를 지켜서 그 아르주나가 신칸딘(Sikhandin)을 보호하고 있다. 그렇게 아르주나는 시칸딘만을 지키므로, 우리가 비슈마를 지키면 시칸딘은 비슈마를 죽일 수 없다." 형의 이 말을 들은 두사사나는 군사를 이끌고 전장으로 향했고, 비슈마는 그 선봉에 섰습니다. 거대 전차부대에게 호위된 비슈마를 보고 아르주나는 드리슈타듐나에게 말했습니다. "오 판찰라의 왕이여. 오늘 비슈마를 맞음에 시칸딘의 보호는 내가 맡겠습니다."

산자야가 말했다. -비슈마는 군사를 이끌고 나갔습니다. 그리고 그 진(陣)을 '사르바토바드라(Sarvatobhadra, 四方陣)'라고 하였습니다. 크리파, 크리타바르만, 사이비아, 사쿠니, 신두 왕, 캄보자 왕 수다크쉬나, 비슈마, 두료다나 왕이 전군(全軍)의 선봉에 자리 잡아 그 요지(要地)를 맡게 했습니다. 드로나, 부리스라바스, 살리아, 바가다타는 그 진형의 오른쪽 날개에 두었습니다. 그리고 아스와타만, 소마다타, 아반티의 두 왕자는 대군을 거느리고 왼쪽 날개를 맡았습니다. 트리가르타들로 사방을 에워싼 두료다나는 판다바들과의 대결을 고려하여 그 진의 중앙에 자리를 잡았습니다. 갑옷을 착용한 전차 무사인 알람부샤 스루타유슈는 전군에서 그 진형의 뒤쪽에 자리를 잡았습니다. 이렇게 진용을 갖춘 대왕의 전사들은 타오르는 불길 같았습니다. 유디슈티라 왕과 비마와 나쿨라 사하데바는 갑옷을 챙겨 입고 전군의 머리, 진(陣)의 선봉에 자리를 잡았습니다. 그리고 드리슈타듐나와 비라타와 사티아키는 전군(全軍)을 거느리고 뒷받침을 하고 섰습니다. 그리고 시칸딘, 아르주나(Vijaya), 가토트카차와 체키타나, 쿤티보자는 거대 군사로 보호를 했습니다. 그리고 아비마뉴와 드루파다, 카이케야 5형제도 갑옷을 챙겨 입고 대열에 섰습니다. 이렇게 판두들도 억센 진을 이루었습니다. 대왕의 진영 왕들은 그들 선봉을 비슈마로 삼아 그들의 군대를 이끌고 참가하여, 아르주나 군을 향해 진격해 나아갔습니다. 판다바들도 역시 비마를 선봉으로 삼아 비슈마를 향해 출발했습니다. 수천의 사자 같은 함성에 소라고둥 소리 무소뿔피리 북소리 심벌소리를 불고 두들기며 판다바 군은 전장으로 나갔습니다. 대왕의 군대도 북을 치고 심벌즈를 울리며 고함을 지르며 분기를 돋우며 적의 고함에 대응을 하며 성급하게 달려갔습니다. 그 양군의 소리는 뒤엉켜 굉장한 소란이 되었습니다.

산자야가 말했다. -아비마뉴가 그의 황갈색 말을 몰아 두료다나를 향해 달려들어 그의 화살 소나기를 퍼부었습니다. 그래서 대왕의 전사(戰士)들은 카우라바의 대양(大洋) 같은 군중으로 뛰어든 화난 아비마뉴를 당할 수가 없었습니다. 치명적인 아비마뉴의 화살은 많은 영웅적인 크샤트리아들을 저승으로 보냈습니다. 그래서 전차 무사와 기병과 코끼리 전사를 이끈 아비마뉴는 날쌔게 전차부대를 뭉개었습니다. 아비마뉴는, 태풍이 하늘로 솜덩이 구름을 불어 올리듯이 카우라바 군사들을 몰아붙였습니다. 아비마뉴에게 패배한 보호자를 잃은 그 군대는 구렁에 빠진 코끼리 같았습니다. 그래서 적을 공격하는 판다바의 억센 전차 무사와 궁사들은 천둥을 부리는 인드라 같았습니다. 크리파와 드로나, 드로나의 아들, 신두의 왕도 그 전장으로 이동했습니다. 아비마뉴가 대왕의 군사를 죽이며 느린 활은, 태양 주변의 해 무리(circular halo of light)였습니다. 바라다의 무사들은 여기저기서 술 취한 여인들처럼 흔들렸습니다. 바람에 요동치는 파도처럼 외치는 대왕 군사들의 끔찍한 신음소리를 듣고 두료다나가 리시아스링가(사슴뿔-Rishyasringa)의 아들[알람부샤(Alamvusha)]에게 말했습니다.

"오 최고의 락샤사여, 이 아비마뉴 앞에 우리 군사들은 신들에게 당한 브리트라(Vritra, 악귀) 같습니다. 그대가 싸우는 것 외에 다른 방법은 없습니다. 병법도 알고 있으니, 어서 수바드라 아들 놈[아비마뉴]을 잡아주시오. 비슈마와 드로나가 앞장 선 우리는, 그 아비 아르주나를 잡을 것입니다." 그 두료다나의 말을 듣고 그 억센 락샤사[알람부샤(Alamvusha)]는 천둥 같은 함성을 지르며 전장으로 향했습니다. 그 소리를 듣고 판다바의 군사들은 바람에 흔들리는 대양과 같았습니다. 그래서 많은 대결 자들이 그 고함 소리에 놀라 땅바닥에 쓰러졌습니다. 그 락샤사는 기쁨에 넘쳐 활을 잡고 춤추며 아비마뉴에게로 달려갔습니다. 아비마뉴가 그의 공격 범위에 이르자 그 락샤사는 판다바 군사들을 천군(天軍)에 대항하는 발라(Vala) 같았습니다. 무서운 모습의 락샤사는 커다란 살상을 감행했습니다. 용맹을 자랑하는 그 락샤사는 수 천발의 화살로 판다바 군사를 무찌르기 시작했습니다. 무서운 그 락샤사의 모습을 보고 판다바 군사들은 도망을 쳤습니다. 그 억센 락샤사는 코끼리가 연꽃 줄기를 밟듯 판다바 군을 뭉개고 드라우파디 아들들에게 대들었습니다. 드라우파디 아들들이 그 락샤사에 대항을 하니 태양에 대항하는 다섯 개의 행성(行星) 같았습니다. 그런데 억센 프라티빈디야(Prativindhya, 유디슈타라의 아들)는 다섯 행성[드라우파디 아들] 중에 달 같았습니다. 그 프라티빈디야가 그 락샤사 갑옷을 뚫을 수 있는 날카로운 화살로 공격을 했습니다. 갑옷이 뚫린 그 락샤사는 햇빛에 뚫린 구름덩이 같았습니다. 그 황금 날개를 단 화살에 맞은 락샤사[리시아스링가의 아들]는 불타는 산봉우리 같았습니다. 그러자 5형제는 황금 날개를 단 그 화살을 많이 쏘았습니다. 화살 공격은 받은 락샤사는 뱀처럼 노했습니다. 순간에 알람부샤(Alamvusha, 락샤사)는 한동안 기절을 했습니다. 그러다 의식을 회복한 그 락샤사는 두 배나 화를 내어 5형제의 활과 깃발을 꺾어버렸습니다. 그리고 다섯 발의 화살로 5형제를 공격했습니다. 그 알람부샤(Alamvusha)는 전차에서 춤을 추듯 빠르게 5형제의 마부와 말들을 죽였습니다. 그리고 그 락샤사는 10만 개의 화살을 쏘았습니다. 그 다음 아람부샤는 전차를 빼앗은 다음 5형제를 죽이려 달려들었습니다. 락샤사에 고전하는 5형제를 보고 아비마뉴가 달려갔습니다. 양자[락샤사와 아비마뉴]의 싸움이 벌어지자 판다바 군사나 대왕의 군사가 구경꾼이 되었습니다.

드리타라슈트라가 말했다. -오 산자야여, 많은 우리 전차 무사들을 죽인 아비마뉴와 알람부샤(Alamvusha)는 어떻게 싸웠는가? 자세히 말해보라. 비마와 가토트카차와 나쿨라 사하데바와 사티아키와 다난자야는 우리 군사에게 무엇을 했는지도 말해보라.

산자야가 말했다. -알람부샤(Alamvusha)는 아비마뉴를 향해 함성을 지르며 달려들었습니다. 아비마뉴도 사자 같은 고함을 지르며 그 락샤사에게 대들었습니다. 리시아스링가는 아비마뉴 할아버지[판두]의 원수였습니다. 락샤사는 요술을 지녔음에 대해, 아비마뉴는 천상의 무기를 부릴 수 있었습니다. 그래서 아비마뉴는 그 락샤사와의 전투에서 세 대의 화살에 다섯 발을 더 쏘아주었습니다. 이에 알람부샤(Alamvusha)는 코끼리 조련사가 갈고리로 코끼리를 찌르듯이 아홉 발의 화살을 쏘았습니다. 그리고 나서 그 밤의 방랑재[락샤사]는 아비마뉴에게 1천 개의 화살을 쏘아 그를 괴롭혔습니다. 그러자 아비마뉴는 화가 나서 그 락샤사의 넓은 가슴에 날카로운 아홉 발의 화살을 박았습니다. 아비마뉴 화살 공격을 받은 그 락샤사는 불붙은 산과 같았습니다. 화가 난 그 락샤사는 야마(Yama)의 채찍 같은 화살을 아비마뉴에게 쏘았습니다. 이에 아비마뉴는 그 락샤사가 등을 돌려 도망을 해야 할 정도의 많은 화살을 쏘아주었습니다. 그러자 그 **락샤사는 '짙은 어둠을 조성하는 요술'을 부렸습니다. 그래서 아비마뉴는 전우(戰友)도 적도 구분할 수가 없었습니다. 그러나 아비마뉴는 그 짙은 음울(陰鬱)을 보고 '빛나는 태양 무기'를 생각해냈습니다. 그래서 세상을 다시 볼 수 있게 되었습니다.** 그래서 아비마뉴는 그 락샤사의 요술을 무력(無力)하게 만들었습니다. 그리고 아비마뉴는 그 락샤사에게 많은 직격 화살을 안겨 주었습니다. 그러자 그 락샤사는 온갖 요술을 다 생각해 냈습니다. 그러나 아비마뉴는 그 요술을 다 쓸데없이 만들었습니다. 그러자 락샤사는 아비마뉴가 무서워 도망을 쳤습니다. 그 락샤사가 도망하자 아비마뉴는 눈먼 코끼리가 연꽃밭을 돌아다니듯 대왕의 군사들을 무찔렀습니다. 그때 비슈마가 군사들이 손상된 것을 보고 아비마뉴에게 화살 소나기를 덮었습니다. 많은 다라타라슈트라 전차 무사들이 아비마뉴를 포위했습니다. 그리고 그를 화살로 공격하기 시작했습니다. 아비마뉴는 용맹이 바수데바 같았습니다. 그 때 아르주나가 대왕의 군사와 싸우고 있는 아들을 구하러 그 지점으로 왔습니다. 그리고 비슈마도 태양에 접근하는 라후(Rahu)처럼 그곳으로 왔습니다. 그래서 대왕의 아들들은 전차 코끼리 부대 기마병으로 비슈마를 에워싸고 보호했습니다. 판다바들도 갑옷들을 입고 아르주나를 옹호하며 전투에 임했습니다. 크리파가 비슈마 앞에 서 있는 아르주나에게 1백발의 화살을 쏘았습니다. 이에 범 같은 사티아키가 크리파에게 상응한 화살로 갚아주었습니다. 흥분한 가우타마(Gaytama, 크리파)가 사티아키에게 깃털을 단 화살 아홉 개를 쏘았습니다. 시니(Sini)의 손재[사티아키]도 치명적인 화살을 쏘았습니다. 그러나 드로나의 아들은 크리파에게 날아가는 그 화살을 두 동강을 내었습니다. 이에 그 시니의 손재[사티아키]는 크리파를 버리고 드로나 아들에게 달려들었습니다. 그러나 드로나의 아들은 사티아키의 활을 두 토막을 내고 이어 화살로 공격을 했습니다. 그러자 사티아키는 다시 대궁을 잡아 드로나 아들 가슴과 팔에 여섯 대의 화살을 박았습니다. 그러자 드로나 아들은 기절해 전차 바닥에 쓰러졌습니다. 정신이 돌아오자 그는 장전(長箭, 긴 화살)을 잡았습니다. 그 화살은 사티아키를 뱀처럼 관통했습니다. 그리고 나서 드로나의 아들은 사자처럼 함성을 터뜨렸습니다. 그리고 사티아키에게 화살 소나기를 퍼부었습니다. 사티아키도 화살로 그 공격을 막았습니다. 사티아키는 구름을 벗은 태양처럼 그 화살 소나기를 벗고 드로나의 아들을 압박하기 시작했습니다. 사티아키는 1천 개의 화살을 쏘고 고함을 질렀습니다. 아들이 사티아키에게 고전하는 것을 보고 드로나는 사티아키를 날카로운 화살로 공격을 했습니다. 그러자 사티아키는 아스와타만[드로나의 아들]을 버리고 드로나에게 20개의 화살을 쏘았습니다. 이어 아르주나가 드로나에게 대항을 하고 나왔습니다. 그래서 드로나와 아르주나의 대결이 펼쳐졌습니다.

드리타라슈트라가 말했다. -드로나와 아르주나는 어떻게 싸웠는가? 아르주나는 드로나에게 많은 존경을 바쳤고, 드로나도 아르주나를 사랑했다. 그들은 다 전투를 즐기고 사자 같은 용맹이다. 그런데 어떻게 서로 대결을 펼쳤는가?

산자야가 말했다. -전쟁터에서 드로나는 아르주나를 사랑하지 않았습니다. 아르주나도 전쟁을 수행함에 드로나를 스승으로 생각하지 않았습니다.['勝負가 최우선임'] **크샤트리아는 전투에서 아무도 피하지 않습니다. 아무것도 서로를 고려하지 않고 그들은 아버지와 형제간에도 싸웁니다.** 아르주나는 드로나에게 세 발의 화살을 쏘았습니다. 그러나 드로나는 그 화살이 아르주나 화살인 것을 몰랐습니다. 아르주나는 다시 한 번 드로나에게 화살 소나기로 덮었습니다. 이에 드로나의 분노는 깊은 숲에서 타오르는 불길이었습니다. 이에 드로나는 아르주나에게 많은 직격 화살을 날렸습니다. 그러자 두료다나 왕은 드로나를 도와라고 수사르만을 보냈습니다. 그러자 트리가르타 왕이 철 화살로 아르주나를 덮었습니다. 두 무사들이 쏜 화살들은 가을 하늘에 학 같이 아름다웠습니다. 그 화살들은 아르주나에게 도달해 맛있는 과일이 달린 나무에서 새들이 사라진 것처럼 사라졌습니다. 그러자 아르주나는 트리가르타 왕과 그 아들에게 다시 화살들을 안기고 사자 같은 고함을 질렀습니다. 치명적인 아르주나의 화살들을 맞고도 그들은 아르주나를 피할 생각을 않고 생명을 버릴 각오였습니다. 그래서 아르주나를 향해 화살 소나기를 퍼부으니, 아르주나는 도리어 비를 맞은 산처럼 버티었습니다. **아르주나의 모습을 보고 신들은 즐거웠습니다.** 아르주나는 '바야비아(Vayavya)' 무기를 사용했습니다. 그러자 하늘을 흔드는 바람이 일어 많은 나무들을 쓰러뜨리고 적군들을 시살했습니다. 그런데 드로나가 아르주나의 강력한 바야비아(Vayavya)를 보고, 자신은 '사일라(Saila)'라는 무기를 발사했습니다. 그러자 그 바람은 약해지고 사방이 조용해졌습니다. 그러나 아르주나는 그 트리가르타(Trigarta) 전차 무사들이 용기와 희망을 잃고 도망가게 만들었습니다. 그러자 두료다나와 크리파, 아스와타만, 살리아, 수다크시나, 캄보자 왕, 빈다, 아누빈다, 발리카 등의 전차무사들이 사방을 포위하였습니다. 그리고 바가다타와 스루타유슈(Srutayush)도 코끼리 부대로 비마를 포위하였습니다. 그래서 부리스라바스와 살라와 수발라의 아들[사쿠니]은 날카로운 화살비로 마드리 형제를 저지하고 있었습니다. 그러나 비슈마는 대왕 아들들의 지원을 받으며 유디슈티라를 포위하여 다가갔습니다. 코끼리 부대가 다가온 것을 비마는 철퇴를 들고 전차에서 뛰어내려 대왕의 무사들을 겁먹게 했습니다. 철퇴를 잡은 비마를 본 코끼리 부대 무사들은 조심스럽게 비마의 사방을 포위했습니다. 코끼리 부대 속에 있는 비마는 구름에 둘러싸인 태양 같았습니다. 그런데 황소 같은 비마는 하늘에 덮인 구름 덩이를 바람이 휩쓸 듯이 철퇴로 그 코끼리 부대를 섬멸하기 시작했습니다. 억센 비마가 그 코끼리들을 살해하니, 코끼리들은 천둥 같은 소리를 질렀습니다. 그 거대한 상아 공격을 받으며 전장에 선 비마는 꽃이 핀 킨수카(Kinsuka)처럼 아름다웠습니다. 비마는 어떤 코끼리는 그 상아를 잡고 그 철퇴로 부셨고, 그 상아를 뽑아들고 코끼리 면상(面上)을 갈겨 쓰러뜨렸습니다. 철퇴를 휘두르며 코끼리에 받히고 살점이 튀고 피에 젖어 비마는 루드라(Rudra) 신 같이 보였습니다. 살아남은 약간의 코끼리들은 동료들이 없어져 사방으로 흩어져 도망을 쳤습니다. 그래서 두료다나 군대는 다시 한 번 전장에서 도망을 쳐야 했습니다.

산자야가 말했다. -정오(正午)에 비슈마와 소마카족 간에 격렬한 전투가 터져 큰 살상이 있었습니다. 최고의 전차무사 비슈마는 10만 발의 화살을 발사하여 판다바 군사를 소진시켰습니다. 비슈마는 논에 벼 다발을 망가뜨리는 황소들 같았습니다. 그래서 그 비슈마와 전투에 돌입해 있는 드리슈타듐나 시칸딘 비라타와 드루파다를 셀 수도 없는 화살로 공격을 했습니다. 비슈마는 드리슈타듐나와 비라타에게는 세 대의 화살, 두루파다에게는 장전(長箭)을 안겼습니다. 화가 난 비슈마는 사람을 무는 뱀들 같았습니다. 그러자 시칸딘(Sikhandin)이 많은 화살을 비슈마에게 발사했습니다. **비슈마는 시칸딘을 여성으로 간주하고 공격하지 않았습니다**. 불같이 화가 난 드리슈타듐나가 비슈마의 팔과 가슴에 세 대의 화살을 공격했습니다. 그리고 드루파다는 1백 발을 쏘았고, 비라타는 열 발을 쏘았습니다. 그리고 시칸딘이 1백 발을 쏘아 놓으니, 비슈마는 피로 덮여 꽃이 핀 붉은 아소카(Asoka) 같았습니다. 그러자 비슈마는 각각 세 대의 화살을 안겨 주었습니다. 그리고 나서 비슈마는 광두 화살로 드루파다의 활을 꺾었습니다. 그러자 드루파다는 다른 활을 잡아 비슈마에게 다섯 발의 활을 박았습니다. 그리고 드루파다는 비슈마의 마부에게 세 개의 화살을 쏘았습니다. 그러자 유디슈티라가 앞장을 선 드라우파디 다섯 아들과 카이케야 5형제와 사티아키가 드리슈타듐나와 판찰라들을 구하려고 비슈마에게 몰려들었습니다. 그러자 대왕의 무사들도 판다바 무사들을 막아 비슈마를 지키려고 선두로 나갔습니다. 그러자 치열한 접전이 터져 야마(Yama, 염마왕) 왕국에 인구를 늘렸습니다. 그래서 전차 무사들은 전차 무사 위에 쓰러져 죽었습니다. 그래서 보병과 코끼리 기사들과 말 탄 사람들이 화살로 서로 죽이며 죽었습니다. 그리고 전장의 여기저기에서 다양한 화살로 무사와 마부가 죽은 전차가 널려 있었습니다. 전장에서 수많은 사람과 기마병을 죽인 전차들은 괴상한 바람이나 안개 같았습니다. 그리고 갑옷을 입은 많은 전차를 빼앗기고 널려 있었습니다. 거대한 코끼리들은 능란한 기사(騎士)를 잃고 대열이 흩어져 땅바닥에 쓰러져 큰 소리로 울고 있었습니다. 일어선 구름처럼 거대한 코끼리들이 우레 같은 소리를 지르며 사방으로 돌아다녔습니다. 다양한 깃발과 우산과 황금 지팡이 빛나는 창들이 흩어져 널려 있었습니다. 그리고 코끼리를 잃은 코끼리 기사는 걸어서 끔찍한 대열 가운데로 갔습니다. 황금으로 장식을 한 여러 고장에서 온 말들은 수십만 마리였는데, 바람 같이 빠르게 달렸습니다. 그런데 말들을 잃은 기사들은 칼을 잡고 전장으로 달려갔습니다. 지독한 전투에 놀란 코끼리를 만난 코끼리는 보병들과 기마병을 공격했습니다. 그리고 말들도 전투에서 많은 보병을 죽였습니다. 그래서 격렬한 전투로 끔찍한 피의 강물이 흘렀습니다. 화살로 부셔진 활 더미들과 죽은 무사들의 머리털이 이끼를 이루었습니다. 부서진 전차들은 호수들이 되었고, 화살들은 회오리바람이었습니다. 말들은 물고기들이었습니다. 잘린 머리통들은 돌덩이가 되었습니다. 그리고 풍성한 코끼리들은 악어들이 되었습니다. 갑옷과 투구는 거품을 이루었습니다. 무사들이 잡은 활들은 격류를 이루었습니다. 그리고 깃발들은 강 언덕에 나무들이 되었습니다. 살아 있는 것들은 그 강물이 먹어치우는 강 언덕이었습니다. 넘치는 카니발(cannibals, 식인들)은 백조들이 되었습니다. 그리고 그 강물은 야마 왕국의 인구를 넘치게 했습니다.[살육 전쟁을 '죽음의 강물'에 비유함] **그래서 모든 공포를 버린 용감한 크샤트리아는, 전차와 코끼리와 말들을 뗏목과 배로 삼아 그 강물을 건너려 했습니다.**[염세주의, 전쟁 예찬] **그리고 바이타라니(Vaitarani) 강물이 저승으로 가는 모든 영혼을 나르듯이 [쿠르크셰트라 전장에]피의 강물은 기절한 모든 어리석은 사람들을 날랐습니다.** 그리고 그 끔찍한 학살을 본 크샤트리아들은 소리쳤습니다. "아 슬프다. 두료다나의 잘못으로 크샤트라들이 전멸을 당하고 있다. 어찌해서 탐욕에 가린 드리타라슈트라 영혼은 판두 아들들을 시기(猜忌)할까?" 그러한 대왕의 아들들을 비난하고 판두들을 칭송하는 다양한 탄식들이 터져 나왔습니다. 그 불평들을 들은 두료다나는 말했습니다. "용기를 잃지 말고 싸워라. 왜 머뭇거리는가?" 그래서 쿠루들과 판다바들은 다시 싸우기 시작했습니다.

산자야가 말했다. -아르주나는 수사르만을 따르는 크샤트리아들을 그의 날카로운 화살로 저승으로 보냈으나, 수사르만은 아르주나를 화살로 공격을 했습니다. 그래서 수사르만은 바수데바에게 70발의 화살을 쏘고 아르주나에게 아홉 개의 화살을 쏘았습니다. 그렇게 화살 공격을 당한 아르주나는 수라르만 군사들을 다 죽였습니다. 아르주나가 그 전차무사들을 유가(Yuga)의 마지막에 죽음처럼 살육을 감행하니, 놀란 크샤트리들은 말들과 전차와 코끼리까지 버리고 사방으로 도망을 쳤습니다. 다른 사람들은 말들과 코끼리 전차들을 타고 급히 도망을 했습니다. 보병들은 무기를 버리고 방향이 없이 도망을 했습니다. 트리가르타족의 왕인 수사르만이 말려도 군사들을 전장에 남아 있지 않았습니다. 그 군사들이 완패한 것을 본 두료다나는 자신이 비슈마와 함께 선봉에 서서 수사르만을 구하려고 아르주나를 공격했습니다. 판다바들도 아르주나를 구하러 비슈마가 있는 곳으로 왔습니다. 비슈마는 아르주나를 포위했습니다. 태양은 자오선(子午線, 지평선 meridian)에 이르렀는데, 쿠루와 판다바들은 하나로 뒤엉켰습니다. 크리타바르만에게 여섯 대의 화살을 안긴 사티아키는 수천 발의 화살을 쏘았습니다. 그리고 드루파다는 드로나를 날카로운 화살로 공격하고 거듭 70발의 화살을 쏘고, 그의 마부에게 아홉 개의 화살을 쏘았습니다. 비마도 비슈마에게 화살을 쏘고 호랑이처럼 함성을 질렀습니다. 아비마뉴는 치트라세나에게 세 개의 화살을 박았습니다. 그래서 서로 어울려 싸우는 모습이 전장에서 금성(Venus)과 토성(Saturn)처럼 빛났습니다. 아비마뉴는 아홉 발의 화살로 치트라세나의 말과 마부를 죽이고 고함을 질렀습니다. 이에 치트라세나는 지체 없이 전차를 버리고 두르무카(Durmuka) 전차로 올라갔습니다. 드로나의 공격으로 드루파다는 빠른 말을 타고 후퇴를 했습니다. 비마는 모든 군사들이 보는 앞에서 발라카 왕의 마부와 말을 죽였습니다. 위험과 공포에 빠진 발라카는 락슈마나(Lakshmana) 전차로 올라갔습니다. 크리타바르만의 저지를 당한 사티아키는 비슈마에게 많은 화살을 쏘았습니다. 60발의 날개 달린 화살을 맞은 비슈마는 대궁(大弓)을 흔들며 춤을 추는듯했습니다. 비슈마는 뱀 같은 철 화살을 빠르게 쏘아댔습니다. 죽음 같은 그 저항할 수 없는 화살을 보고도 그 브리슈니 무사[사티아키]도 비슈마의 날랜 동작에 당황하게 되었습니다. 그 저항할 수 없는 화살들을 보고 사티아키가 빠르게 피하니, 그 화살들은 커다란 유성처럼 땅으로 떨어졌습니다. 그러자 사티아키는 금 화살을 잡아 비슈마에게 쏘았습니다. 그러나 비슈마는 말편자 화살 두 개를 날려 그 화살을 두 토막을 내버렸습니다. 화가 난 비슈마는 아홉 발의 화살을 사티아키 가슴에 박았습니다. 그러자 사티아키를 구하려고 유디슈티라는 전차 코끼리 기마부대를 동원하여 비슈마를 포위했습니다. 그러자 쿠루들과 판두들 간에 머리털이 솟은 치열한 전투가 다시 벌어졌습니다.

산자야가 말했다. -판다바들에게 포위된 화난 비슈마는 영원한 태양 같았습니다. 두료다나가 두사사나에게 말했습니다.

"영명한 비슈마를 지키는 것은 우리 의무이다. 우라가 할아버지를 지켜드리면 할아버지는 모든 판찰라와 판다바를 잡을 것이다. 그러므로 비슈마를 지키는 것이 우리의 최고 의무이다. 모든 군사를 동원하여 비슈마를 지키면 얻기 어려운 공을 세우실 것이다." 이 말을 들은 두사사나는 거대 군사로 비슈마를 감쌌습니다. 수발라의 아들 사쿠니는 빛나는 도검과 창을 손에 든 10만 명의 기병(騎兵)으로 비슈마를 감싸고 숙련된 보병으로 나쿨라 사하데바 유디슈티라의 포위를 막아내게 했습니다. 그리고 두료다나는 용감한 1만 명의 기병을 파견하여 판다바들을 막게 했습니다. 수 많은 가루다들이 적을 공격할 때처럼 말발굽 소리와 함성 소리가 시끄러웠습니다. 그 소리는 대나무 산이 불탈 때 나는 소음과 같았습니다. 먼지가 일어 하늘을 가렸습니다. 판다바 군은 거대한 호수에서 백조들이 놀라 날아오르듯 흔들렸습니다. 유디슈티라와 마드리의 두 아들은 우기(雨期)에 바닷물 같이 넘치는 그 기병을 대륙처럼 막았습니다. 이 세 무사들은 그 기병들의 목을 잘랐습니다. 판다바 군사들은 날카로운 화살로 그 기갑병들의 머리들을 잘랐습니다. 머리들이 키 큰 나무에서 열매가 떨어지듯 했습니다. 전 전장에 말들과 기수들이 넘어지고 쓰러져 죽어 있었습니다. 이렇게 살해되니 말들은 사자를 만난 작은 동물들처럼 도망을 쳤습니다. 그래서 판다바들은 적들을 물리치고 소라고둥을 불고 북을 울렸습니다. 그러자 두료다나는 그 군사들이 패한 것을 보고 우울해져 마드라족(Madras)의 왕[살리야]을 보고 말했습니다. "오 억센 분이이여, 저 판두의 큰 아들이 쌍둥이를 데리고 우리 면전에서 우리 군사를 완패시켰소. 오 억센 용사여, 바다를 막는 대륙 같이 그와 대적해 보시오. 그대는 무적의 용맹과 힘으로 유명합니다." 그 두료다나의 말을 듣고 살리아는 거대한 전차 부대를 거느리고 유디슈티라가 있는 지점으로 갔습니다. 이에 유디슈티라는 엄청난 군사로 몰려온 그들과 싸우기 시작했습니다. 그래서 유디슈티라 왕은 살리아의 가슴에 열 개의 화살을 명중시켰습니다. 그리고 나쿨라 사하데바도 일곱 개의 화살을 쏘았습니다. 그러자 살리아는 각각에게 세 발의 화살을 쏘았습니다. 그리고 살리아는 유디슈티라에게 60발의 날카로운 화살을 쏘았습니다. 그리고 살리아는 쌍둥이에게 화살 두 발씩 쏘았습니다. 그 때 비마는 유디슈티라가 죽음의 문턱에 머무르고 있음을 보고 급히 유디슈티라 곁으로 달려갔습니다. 그 때는 태양이 자오선[지평선]을 통과하여 지고 있었습니다. 전장에서는 치열한 전투가 계속되고 있었습니다.

산자야가 말했다. -그래서 비슈마가 화가 나 판다바와 그 군사를 날카로운 화살로 공격하기 시작했습니다. 비슈마는 비마에게 열두 발, 사티아키에 아홉 발, 나쿨라에게는 세 발, 사하데바에게는 일곱 발을 쏘았습니다. 그리고 유디슈티라의 팔과 가슴에 열두 발을 쏘았습니다. 그리고 드리슈타듐나에게도 그렇게 쏘아주고, 커다란 함성을 질렀습니다. 나쿨라는 비슈마에게 열두 발을 되돌려 쏘아주고, 사티아키는 세 발을 쏘았습니다. 드리슈타듐나는 70발을 쏘아주고, 비마는 일곱 발, 유디슈티라는 열두 발을 쏘아주었습니다. 한편 드로나는 사티아키를 공격하고 나서 비마를 공격했습니다. 그리고 드로나는 [사티아키와 비마에게]다섯 발씩 쏘았는데, 그것은 '죽음의 채찍'이었습니다. 그러나 두 영웅은 드로나에게 세 발씩 쏘아주었습니다. **사우비라족(Sauviras) 키타바족(Kitavas) 에아스테르네르족(Easterners) 웨스테르네르족(Westerners) 노르테르네르족(Northenrners) 말라바족(Malvas) 수라세나족(Surasenas) 시비족(Sivis) 바사티족(Vasatis)도 비슈마에게 학살을 당했음에도 비슈마를 피하지 않았습니다.** 그리고 역시 다양한 나라에서 온 왕들이 다양한 무기를 들고 판다바들에게 왔습니다. 그래서 판바들은 전(全) 방향에서 비슈마를 포위했습니다. 전방향이 포위되었으나, 무적의 전차부대를 거느린 비슈마는 숲을 태우는 불처럼 적들을 무찔렀습니다. 비슈마의 화살들은 불길이었습니다. 칼과 창과 철퇴는 연료였습니다. 그의 화살은 불꽃이고 비슈마 자신이 크샤트리라 숲을 태우는 불이었습니다. 비슈마는 억센 힘으로 황금 날개 화살, 독수리 깃털 화살, 가시 돋친 화살, 길 화살들로 적들을 덮었습니다. 그리고 비마는 코끼리와 전차무사들을 자신의 날카로운 화살로 쓰러뜨렸습니다. 그리고 잎이 무성한 팔미라 숲 같은 전차 부대를 만들어 그 억센 비슈마는 코끼리들과 전차와 말들을 못 쓰게 만들었습니다. 천둥 같은 비슈마의 활 시위 소리와 박수 소리는 전군을 떨게 만들었습니다. 비슈마의 화살이 적들에게 말했습니다. **비슈마의 화살은 적들의 갑옷을 뚫었으나, 적들은 그 갑옷만은 뚫을 수가 없었습니다.** 그래서 무사들이 없는 전차들을 거기에 달린 말들이 전장을 끌고 다녔습니다. 4만의 전차무사, 즉 체디족(Chedis) 카시족(Kasis) 카루사족(Karushas)에 속하는 고상한 조상의 위대한 후손들이 전장에서 죽어야 했으니, 큰 입을 벌린 비슈마를 만나 전차와 말과 코끼리들과 함께 전장에서 돌아가지 못

하고 다 저 세상으로 갔습니다. 수만 대의 전차들은 축대가 부러졌거나 바닥이 부서졌거나 바퀴가 망가져 있습니다. 땅바닥에는 부서진 전차와 나무 가리개, 찢어진 갑옷과 도끼들 철퇴 화살들 마차 밑바닥 전통(箭筒) 부서진 바퀴, 부러진 활, 언월도, 귀고리를 단 머리통, 장갑, 쓰러진 깃발들이 흩어져 있었습니다. 그리고 주인 없는 코끼리들과 살해된 기병들이 쓰러져 죽어 있었습니다. 그들의 온 노력을 다해도 비슈마의 화살로 인해 그들 전차무사들을 당할 수 없어 전장을 떠났습니다. 비슈마는 인드라와 같은 억세었습니다. 전차와 코끼리 말들이 무너졌고, 많은 깃발이 내려져 판두 아들들의 군사에게서 비탄의 소리가 터져 나왔습니다. 그래서 그 때는 운명적으로 아버지가 아들을 죽이고 아들이 아버지를 죽이고 친구가 친구를 죽였습니다. 그래서 많은 판다바 무사들은 그들의 갑옷을 벗어놓고 헝클어진 머리로 사방으로 도망을 쳤습니다. 정말 판다바 군사는 멍에도 없이 놀라 거칠게 도망하는 황소들 같이 보였습니다. 그들이 지르는 비탄의 소리가 들렸습니다. 그런데 야다바족의 기쁨 제공재크리슈내는 판다바 군이 무너지는 것을 보고 말고삐를 잡고 아르주나에게 말했다.

"파르타여, 그대가 바라던 때가 왔습니다. 공격하시요. 그렇지 않으면 그대가 기절을 할 것이오. 파르타여, 지난 날 산자야가 있는 왕들의 비밀회의에서 그대는 '나는 전장에서 나와 싸울 드리타라슈트라 아들이 거느린 비슈마와 드로나를 포함한 모든 무사들을 내가 잡을 것이다.'라고 했소. 그 말이 진정임을 이에 입증을 하시오. 크샤트리아의 의무를 돌아보면 아무 번민도 없을 것이요." 바수데바가 그렇게 말하자 아르주나는 머리를 떨어뜨리고 의심스러운 눈으로 크리슈나를 보며 말했다.

"죽이지 말아야 할 그들을 죽이고 왕국을 얻고 지옥으로 가는 것과, 아니면 귀향을 가 숲 속에 숨어서 비탄에 잠기는 것 중에 무엇을 해야 할까요? 오 흐리시케사여, 말들을 달려주세요. 당신의 명령에 따르겠습니다. 제가 비슈마를 쓰러뜨리겠습니다." 그렇게 요청을 해서 마다바(Madhava)가 말을 몰아 비슈마가 머무르는 그 지점에 도착했습니다. 비슈마는 태양 같아서 쳐다 볼 수도 없었습니다. 그 때 유디슈티라가 비슈마에게 대항을 하러 나왔다가 비슈마를 대적하러 오는 아르주나를 보았습니다. 그러자 비슈마는 거듭 사자 같은 고함을 질렀습니다. 그리고 순간에 아르주나 전차가 화살 소나기로 덮였습니다. 그러나 바수데바는 인내심을 발휘하며 비슈마의 화살에 망가진 말들을 몰았습니다. 그러자 아르주나가 천둥 같은 소리를 내는 천상의 활을 잡아 비슈마의 활을 떨어뜨려 조각을 내었습니다. 그러자 비슈마는 빛나는 대궁(大弓)을 다시 잡았습니다. 그러나 아르주나는 그 활도 역시 잘라버렸습니다. 비슈마는 아르주나의 날랜 솜씨에 박수를 치며 말했습니다. "잘한다. 잘해. 억센 무사여. 잘한다. 쿤티의 아들이여." 그렇게 말을 하고 비슈마는 다른 활을 잡아 아르주나 전차에 많은 화살을 쏘았습니다. 그런데 바수데바는 말들을 엄청난 기술로 몰아 원형을 이루어 그 비슈마의 화살을 모두 피했습니다. 비슈마의 화살을 받아 두 호랑이는 뿔에 받힌 화난 황소 같았습니다. 그런데 바수데바가 아르주나를 보니 점점 부드럽게 싸우는데 대해 비슈마는 끊임없이 그 화살 비를 퍼부었습니다. 그래서 비슈마는 태양처럼 불타올라 유디슈타라 무사들을 무찔렀고, 유가(Yuga)의 종말처럼 군사들을 죽였습니다. 그래서 바수데바는 참고 볼 수가 없었습니다. **요가(Yoga)의 위대한 주인[크리슈나]은 아르주나의 말들을 버리고 전차에서 뛰어내렸습니다. 사자 같은 함성을 반복해서 지르며 무한 광휘의 억센 크리슈나, 우주의 주인이 분노에 동전 같은 붉은 눈으로 맨손에 무기와 채찍을 들고 비슈마를 잡으려고 달려가니 세상도 찢을 것 같은 모습이었습니다.** 비슈마 가까이에서 크리슈나가 격렬한 전투로 비슈마를 쓰러뜨리려는 것을 보고 모든 무사들은 바보가 되었습니다. "비슈마가 죽는다. 비슈마가 죽는다." 그러한 커다란 소리가 들렸습니다. 흑색의 몸에 황색 비단을 입은 크리슈나는 구름 속에 번개처럼 비마를 추격했습니다. 코끼리에 달려든 사자처럼, 소떼를 이끄는 목동처럼 마두 족의 황소[크리슈나]는 함성을 지르며 성급하게 비슈마에게 달려들었습니다. **비슈마는 달려드는 크리슈나의 연꽃잎 같은 눈을 보고, 겁도 없이 대궁(大弓)을 잡았습니다. 비슈마는 크리슈나에게 말했습니다.**

"덤비시오, 연꽃잎 눈을 지닌 이여, 신중의 신이시여, 저는 당신을 경배합니다. 오늘 이 대전에서 저를 쓰러지게 해 주소서. 이 전투에서 저를 죽게 해주소서. 무구(無垢)한 분이시여, 위대한 선행을 제게 베푸소서. 오 크리슈나여, 세상에 모든 이가 존경합니다. 3계에 존재 중에 고빈다여 오늘 제게 전투로 영광을 주신 것입니다. 당신이 좋을 대로 공격하십시오. 저는 당신의 종입니다." 그러는 동안 억센 아르주나가 급히 따라와 두 팔로 크시슈나를 껴안았습니다. 그러나 크리슈나는 아르주나를 끌고 무서운 속도로 나아갔습니다. 억센 아르주나는 열 발만에 크리슈나를 어렵게 저지했습니다. 아르주나는 뱀처럼 한숨을 쉬고 분노의 눈을 뜨고 있는 크리슈나에게 슬픔과 애정을 가지고 호소했습니다.

"오 케사바여, '나[크리슈나]는 싸우지 않겠다.'라고 했던 말을 거짓으로 만들어 세상 사람들이 당신을 거짓말쟁이라고 부르게 해서는 아니 됩니다. 이 모든 짐은 제가 지겠습니다. 제가 할아버지를 죽이겠습니다. 맹세합니다. 오 케사바여. 그 무적의 전차무사를 아주 쉽게 바로 오늘 쓰러뜨리는 것을 보십시오." 그러나 크리슈나는 아르주나의 그 말을 듣고도 한 마디 말없이 화를 내며 전차로 올라갔습니다. 그래서 두 호랑이[크리슈나와 아르주나]가 그들의 전차에 머물러 있을 때에 비슈마는 다시 한 번 소나기 같은 화살들을 퍼 부었습니다. 비슈마는 여름날 그의 힘으로 모든 생명을 말려 죽이는 것과 같았습니다. 그래서 수십만의 병사가 죽어 나가며 그를 볼 수도 없었습니다. 비슈마는 자신의 빛을 뿌리는 정오의 태양이었습니다. 판다바 군사들은 두려움에 떨며 초인적 공적을 달성한 비슈마를 멍청하게 보고만 있었습니다. 그래서 판다군은 도망을 쳐도 보호자를 찾을 수가 없어 강한 사람에게 짓밟혀 개미굴에 빠진 소떼 같았습니다.

산자야가 말했다. -사람들은 싸우고 있는데, 해는 져 무서운 황혼이 와 더 이상 싸울 수 없었습니다. 그래서 유디슈타라는 우울하게 군사를 철수해서 억센 전사들도 망가진 채 그들의 막사로 향했습니다. 비슈마의 활로 다치고 비슈마가 세운 공적 회상하며 판다바들은 마음이 불안했습니다. 판다바들과 스린자야들을 패배시킨 비슈마는 대왕의 아들의 존중을 받고 축하 인사를 받았습니다. 모든 것이 잠든 밤이 되었습니다. 그 치열한 밤에 판다바들과 브리슈니들 스린자야들은 상의를 하며 자지 않았습니다. 그 억센 사람들은 그 절박한 상황에서 냉정하게 어떻게 해야 좋을 지를 생각했습니다. 한참 생각을 하다가 유디슈티라가 바수데바를 보며 말했습니다.

"오 크시슈나여, 그 비슈마의 용맹을 보십시오. 그는 우리 군사들을 코끼리가 갈대밭을 망가뜨리듯 했습니다. 우리 군사는 감히 쳐다보지도 못 했습니다. 오 크리슈나여. 저는 약한 저의 생각으로 비슈마를 잡겠다는 슬픔에 바다에 뛰어들었습니다. 저는 숲으로 은퇴할 것입니다. 그곳으로의 유랑은 저를 위한 은혜입니다. 저는 전쟁이 싫습니다. 오 케사바여 무엇이 나에게 좋은지 말씀해 주십시오." 유디슈티라의 말을 듣고 크리슈나가 말했습니다.

"진리에 견고한 오 다르마의 아들이여, 슬퍼하지 마시오. 그대에게는 무적의 형제들이 있습니다. 아르주나와 비마는 바람과 불과 같은 위력을 갖고 있습니다. 마드리 두 형제는 천상의 주인처럼 용감합니다. 우리 사이에 존재하는 훌륭한 이해력으로 그대는 나에게 이 임무를 맡겼습니다. 나까지도 비슈마와 싸울 것입니다. 대전에 내가 하지 않은 것이 있으면 지적해 주십시오. 아르주나가 죽이기를 꺼리면 내가 비슈마에게 도전하여 모든 다르타라슈트라들이 보는 앞에서 그를 죽이겠습니다. 비슈마의 살해에 그대가 승리를 확신한다면 나 혼자서 쿠루의 노인을 죽이겠습니다. 오 대왕이여. 나의 용맹이 인드라와 똑 같은 것을 전투에서 보십시오. 나는 언제이건 억센 무기를 발사하여 비슈마가 전차에서 넘어지게 할 것입니다. 의심할 것도 없이, 비슈마는 판두들의 적입니다. 그리고 역시 나의 적입니다. 당신의 것인 그들을 역시 나의 것이고, 나의 것은 당시들의 것입니다. 당신의 형제 아르주나는 나의 친구이고 친척이고 제자입니다. 나는 내 살도 아르주나를 위해 베어 줄 수 있습니다. 그리고 아르주나는 나를 위해 목숨도 버릴 것입니다. 우리는 서로 돕습니다. 그기에 어떻게 내가 싸워야 할지 명령하십시오. 앞서 아르주나는 여러 사람이 있는 가운데 '내가 강가의 아들을 죽일 것입니다.'라고 맹세했습니다. 지성의 아르주나 그 말을 지켜보아야 합니다. 만약 아르주나가 내게 그것을 요구를 하면 나는 그 맹세를 이행할 것입니다. 그렇지만 아르주나가 그 일을 하게 해야 합니다. 아르주나에게는 그 일이 어렵지 않으니, 아르주나는 호전(好戰)의 도시[하스티나푸라] 정복자 비슈마를 잡을 것입니다. 전투에 열중하면 아르주나는 남이 성취할 수 없는 공적을 이룩할 것입니다. 그러므로 비슈마를 말해 무엇하겠습니까? 비슈마는 이제 판단을 잘못하고 지성이 썩었고 식견이 부족하여 무엇을 행해야 할지도 모르고 있습니다." 크리슈나의 그 말을 듣고 유디슈티라가 말했습니다.

"억센 당신이여, 당신 말씀대로 될 겁니다. 당신이 우리 편이시기에 우리는 우리가 원하는 것을 항상 차지했습니다. 최고의 승리자이시여, 고빈다여, 당신이 함께 한다면 인드라와 함께 한 신들일지라도 정복할 것입니다. 제가 비슈마를 말해 무엇 하겠습니까? 그러나 오 크리슈나여. 제 영광을 위해 그대 말을 거짓으로 만들 수는 없습니다. 그러하기에 앞서 약속을 하셨듯이 제가 나를 위해 싸우지 않도록 도와주십시오. 전쟁을 할 때에 저는 이미 비슈마의 동의를 받았습니다. 비슈마는 '그대와 상담(相談)은 했으나, 나는 그대를 위해서 싸우지는 않는다. 나는 두료다나를 위해 싸울 것이다.'라고 했습니다. 이것은 진실입니다. 그러기에 비슈마는 저에게도 통치권도 줄 수 있는 말씀이었습니다. 오 마두의 살해자여. 그러므로 비슈마의 죽음에 대해 우리 모두의 생각을 가다듬어야 합니다. 지체 없이 비슈마에게 가 그에게 쿠루족에 관해 여쭈어 봐야 합니다. 오 자나르다나여, 비슈마는 우리에게 은혜로운 말을 해 주실 겁니다. 저는 그분이 말씀하실 것을 실행할 것입니다. 비슈마는 상담뿐 아니라 우리에게 승리도 주실 겁니다. 우리들은 [비슈마에 비하면]아이들이고 고 아들입니다. 그분이 우리들을 길렀습니다."

산자야는 계속했다. -유디슈티라 말을 듣고 크리슈나가 말했습니다.

"오 큰 지혜의 왕이시여. 당신의 말씀은 나의 뜻에 맞습니다. 비슈마는 유능한 무사이십니다. 단 하나의 생각만으로 비슈마는 적을 섬멸할 수 있습니다. 비슈마에 대한 생각을 고치십시오. 비슈마에게 죽음의 의미에 관해 들어야 합니다. 물으면 틀림없이 진실을 말할 것입니다. 그러기에 우리는 비슈마에게 질문하기 위해 진격해야 합니다. 비슈마에 대한 생각을 수정하십시오. 우리는 그분에게 충고를 여쭐 것이고 그 분이 제공한 말씀에 따라 적과 싸울 것입니다." 그렇게 판두 아들들과 바수데바는 상의(相議)를 마친 다음 모두 함께 비슈마 처소로 향했습니다. 갑옷을 벗고 무기를 버리고 막사로 들어가 머리를 숙여 인사를 올렸습니다. 그리고 판두 아들은 비슈마를 존경하며 머리를 숙이고 보호를 요청했습니다. 그러자 비슈마는 말했습니다.

"오 브리슈니 당신이여, 잘 오셨습니다. 오 아르주나여, 잘 왔다. 유디슈타라도 비마도 쌍둥이도 잘 왔다. 너희를 즐겁게 하려면 내가 무엇을 해야 할까? 아주 어렵지만 아직 나는 너희 모두와 영혼을 함께 하고 있다." 비슈마가 반복해 사랑함을 말씀하시니, 유디슈티라가 말을 했습니다.

"할아버지께서는 만물을 달통하고 계십니다. 우리는 어떻게 해야 승리를 얻고 통치권을 획득하겠습니까? 어떻게 해야 살육을 멈추게 할 수 있습니까? 당신의 죽음의 의미에 대해서도 들려주십시오. 우리는 할아버지를 전투에서 어떻게 견뎌야 합니까?" 이 유디슈티라의 말을 들은 비슈마는 말했습니다.

"오 쿤티의 아들이여. 내가 살아 있는 한에는 전투에서 승리가 네 것이 될 수는 없다. 진실로 그대에게 말해 둔다. 그러나 내가 전투에서 지면 다음에는 승리는 그대들의 것이니, 전쟁에 이기고 싶으면 지체를 말고 나를 넘어뜨려라. 프리타의 아들이여, 너희가 원한다면 나를 공격함을 허락한다. 내가 알고 있는 행운의 상황[크샤트리아의 죽음]을 너희에게 알려준다. 내가 죽은 다음에 남은 것도 다 없어질 것이다. 내가 시킨 대로 행하라." 유디슈티라 말했습니다.

"전투에서 할아버지를 패배시킬 방법을 알려주십시오. 할아버지께서 화를 내시면 철퇴로 무장하신 죽음의 신 같아 신과 아수라가 합해도 이기지 못할 것입니다." 비슈마가 말씀하셨습니다.

"판두의 아들아. 그 말은 맞다. 내가 무기와 대궁(大弓)을 가지고 있으면 신들과 아수라도 나를 이길 수 없다. 그러나 내가 무기를 놓고 있으면 마부도 나를 죽일 수 있다. **자기 무기를 버린 사람, 넘어진 사람, 갑옷이 벗겨진 사람, 깃발이 넘어진 사람, 도망친 사람, 놀란 사람, '저는 당신 것이다.'라고 말한 사람, 여성, 여자 이름을 가진 사람, 자신에게 관심이 없는 사람, 독자, 상스러운 사람, 나는 그들과 싸우고 싶지도 않다.** 내 결심도 들어봐라. 내가 싸울 수 없는 불길한 이야기도 들어보라. 그대의 억센 전차 무사 드루파다의 아들 시칸딘(Sikhandin)은 여자였는데, 뒤에 남자가 되었다. 어떻게 그렇게 되었는지는 너희가 알고 있다. **아르주나를 시켜 그 시칸딘을 앞세워 날카로운 화살로 나를 공격하게 하라.** 그 불길한 조짐, 특히 여성이 내 앞에 있으면, 내게 활과 화살이 있다고 해도 그를 공격할 수 없다. 그 기회를 잡아 아르주나가 화살로 나를 공격하게 하라. 오 바라타의 황소여, 크리슈나와 아르주나를 제외하면 3계에서 나를 잡을 자는 없노라. 아르주나가 무장을 하여 어떤 것[시칸딘]을 앞세워 나를 내 전차에서 넘어뜨리면 승리는 확실하다."

산자야가 계속했다. -그 비슈마의 말씀을 들은 뒤에, 파르타들은 비슈마께 인사를 올리고 그들의 막사로 돌아왔습니다. 비슈마가 저 세상으로 갈 준비를 한 다음에, 아르주나는 슬픔에 불타다가 수치스러운 얼굴로 크리슈나에게 말했습니다.

"오 마다바여, 어떻게 내가 할아버지와 싸울 수 있겠습니까? 어린 시절에 먼지 묻은 몸으로 기어 올랐던 할아버지이십니다. 내가 '아빠'라고 했더니, '나는 네 아빠가 아니고 아빠의 아빠이다.'라고 하셨습니다. 내가 승리를 하든 죽든 간에 나는 할아버지와 싸울 수는 없습니다. 오 크리슈나여, 어떻게 생각하십니까?" 크리슈나가 말했습니다.

"오 지슈누(Jishunu)여, 앞서 비슈마 살해를 맹세 해 놓고 어떻게 크샤트리아 의무를 저버리고 피하려 합니까? 무적의 그 크샤트리아를 전차에서 끌어내려야 합니다. 비슈마가 죽지 않으면 승리란 없습니다. 그래서 저승으로 간다고 할지라도 그것은 [아르주나 당신과는 무관하게]신들이 앞서 정해놓은 일입니다. **앞서 이미 정해진 것은 일어나게 되었습니다.** 그것은 바꿀 수 없으니, 인드라도 거대 입을 벌리고 있는 죽음, 비슈마를 인드라도 어찌할 수 없습니다. 염려 말고 비슈마를 잡으세요. 그것이 신성한 크샤트라의 의무입니다." 아르주나가 말했습니다.

"오 크리슈나여, 시칸딘이 비슈마의 확실한 사망의 원인이니, 비슈마가 그를 보자마자 시칸딘을 피할 것입니다. 그러므로 시칸딘을 비슈마 앞에 놔두고 우리가 비슈마를 쓰러뜨리도록 하지요."

산자야가 계속했다. -비슈마의 허락을 받아놓고 판다바들과 마다바는 즐거운 마음으로 자기 막사로 돌아갔습니다.[40]

40) K. M. Ganguli (Translated into English Prose from the Original Sanskrit Text), *The Mahabharata of Krishna-Dwaipayana Vyasa*, Munshiram Manoharlal Publisher Pvt. Ltd. New Delhi, 2000, -**Bhishma Parva**- pp. 244~272

(a) '마하바라타(*The Mahabharata*)'는 '나라야나(Narayana, 크리슈나 神)와 나라(Nara, 아르주나 神)' 책이면서 동시에 '비슈마(Bhishma)의 책'이다.

(b) 한 마디로 '비슈마(Bhishma)'는 '충효(忠孝) 정신'이 넘치는 무적(無敵)의 용사인데, 그가 어떻게 마지막 '절대 신[비슈누 신]'에게 복속했는가를 보여준 바가 '**비슈마의 책(Bhishma Parva)**'의 요점이기 때문이다.

(c) '마하바라타(*The Mahabharata*)'를 지은 힌두의 계관시인은, '**크샤트리아 의무**'로 '**힘의 소유자**'가 **세상의 황제가 되게 했고, 그가 '바라문(사제)'에 복종하게 하여 '절대 신'에 복속하는 도덕을 가르쳤다.** 그 구체적인 상황을 연출한 것이 '카우라바와 판두' 전쟁 사이에 낀 비슈마를 대표적인 예로 그 '절대주의' 교육을 펼친 것이다.

(d) 사실상 '마하바라타(*The Mahabharata*)'가 오늘날 형태로 정착할 즈음에 벌써 그 힌두 바라문(사제)들에게도 '인간 실존(육신)'이 어떤 의미를 지니고 있는지를 충분히 감지하고 있었고, 아니 이미 이 '마하바라타(*The Mahabharata*)' 이전의 '사제들'은 '육신(肉身)의 고민'을 충분히 알아 그것의 '초극(超克)'에 다년간(多年間) 골몰했다.[그것을 제외하면 '司祭의 使命'이 따로 없음]

(e) 그러나 이에 명백히 되어야 할 점은, **인간의 '육신(肉身)'이란 마땅히 극복해야 할 구극의 목표이지만 그 '목표'는 '생존자들 속에서의 문제'라는 '모순[부조리]'**을 그 자체 속에 이미 지니고 있다.

(f) 그러하므로 **다다(Dada)의 '동시주의'를 '사제(司祭)들'이 비웃을 수 있지만 그 '비웃음'에는 자기가 '육신'을 아직 운영하고 있다는 사실을 망각한 처사**이며, '쾌락주의자[철저한 현실주의]'는 그 '동시주의'를 들을 필요도 없이 '현세중심주의'를 고집해 나가겠지만, '더 큰 강자[종국에는 죽음]와 대결을 무시하는 지각없는 아동'일 뿐이다.

(g) 그래서 '동시주의(同時主義)'는 결코 주장이 아니라, 단지 **모든 인간들이 직면한 '현실'**일 뿐이니, 그것을 어떻게 집행할 것인가에 '정답'은 결코 정해져 있을 수는 없고 마지막 남은 것은 '**각자 자신들의 결정들**'이 있을 뿐이다.

(h) '마하바라타(*The Mahabharata*)'는 이러한 '동시주의' 훈련에도 비할 수 없는 막중한 저서이다.

(i) '마하바라타(*The Mahabharata*)'의 이러한 구체적인 현장 제시가 후대에 **여타 종교[불교, 기독교]에서는 [魔鬼들과의] '상징적' 추상적 [전쟁]승리**로 바꾸어져 있음은 각별하게 주목들을 해야 한다.

제103장 비슈마의 화살 침대

드리타라슈트라가 말했다. -오 산자야여, 어떻게 시칸딘(Sikhandin)은 전투에서 강가 아드님께 나아가, 어떻게 비슈마를 판다바들에게 대항을 했는지 자세히 말해보라.

산자야가 말했다. -해가 뜰 무렵 모든 판다바 군은 북과 심벌즈 작은 북을 치고 우유 같은 소라고 둥을 불며 신칸딘을 선봉에 세우고 전투를 하러 불발했습니다. 판다바들은 모든 적을 부술 수 있는 진형을 이루었습니다. 그래서 시칸딘을 모든 군대의 선봉에 자랑하게 했습니다. 그리고 비마와 다난자야가 시칸딘의 전차 바퀴 보호자가 되었습니다. 그리고 그의 배후에는 드라우파디 아들들과 용감한 아비마뉴가 있었습니다. 억센 전차 사 사티아키와 체키타나가 그 최후방 보호자가 되었습니다. 그리고 그들 뒤에는 판찰라들의 보호를 받는 드리슈타듐나가 있었습니다. 드리슈타듐나 다음에는 쌍둥이를 대동한 유디슈타라가 있었고, 그 뒤에는 비라타가 자신의 군대를 거느리고 있었습니다. 그 다음에는 드루파다가 있었습니다. 그리고 카이케야 5형제와 용감한 드리슈타케투가 판다바 군의 배후를 지켰습니다. 이렇게 거대 진을 완성한 다음 죽을 각오로 대왕의 군사들을 향해 나갔습니다. 카우라바들도 전군의 앞머리에 비슈마를 모시고 판다바군을 향해 나아갔습니다. 그리고 그 무적의 비슈마는 억센 대왕의 아들들이 지키기로 했습니다. 그들 다음으로 드로나와 아스와타만이 자리 했고, 그 다음은 코끼리 부대를 이끄는 바가다타가 있었습니다. 그리고 바가다타 다음에는 크리파와 크리타바르만이 있었습니다. 그들 뒤에는 캄보자족의 왕 수다시나, 자야트세나, 마가다족의왕, 수발라의 아들, 브리하드발라가 자리를 잡았습니다. 그리고 많은 다른 왕들과 뒤대한 궁사들이 대왕 군사의 배후를 지켰습니다. 날마다 비슈마는 진형들을 이루었는데, 어떤 때는 아수라들 방법으로 하고, 어떤 때는 피사차들(Pisachas)의 방법을 쓰고, 그 다음에는 락샤사들의 방법을 쓴 다음 양군의 전투가 개시되어 엄청난 살상을 내게 했습니다. 그리고 아르주나를 머리에 두고 시칸딘을 선봉으로 삼은 판다바들은 비슈마를 향해 나아가 다양한 화살을 쏘았습니다. 그래서 비슈마는 화살로 고통을 당했고, 대왕의 무사들은 피를 많이 흘리고 저 세상으로 갈 준비를 했습니다. 이처럼 대왕의 군사들은 죽으며 그 판다바들의 주인에 저항할 수가 없었습니다. 판다바들과 스린자야들의 날카로운 화살로 살육을 당하며 대왕의 군사들은 숨을 곳이 없었습니다.

드리타라슈트라가 말했다. -산자야여, 파르타들이 우리 군을 괴롭힐 적에 비슈마는 전투에서 무엇을 보고 격노했으며, 판다바에게 대항했고 소마카들을 죽였는지 말해 보라.

산자야가 말했다. -판다바들과 스린자야들이 대왕 아드님들을 괴롭힐 적에 비슈마가 어떻게 했는지를 말씀 드리겠습니다. 판다바들은 대왕 아들의 군사를 가벼운 마음으로 대적했습니다. 그러나 비슈마는 대왕의 적들이 행한 사람 코끼리 말들의 대량 학살을 용납할 수 없었습니다. 그래서 비슈마는 목숨도 돌아보지 않고 판다바들과 판찰라들과 스린자야들에게 장전(長箭)과 가시 화살과 초승달 화살을 소나기처럼 퍼부었습니다. 그리고 비슈마는 그의 무기로 막고 공격하며, 전투에 용감한 판두의 억센 다섯 전차 무사들을 막았습니다. 비슈마는 노해서 무수한 코끼리와 말들을 죽였습니다. 그리고 전차 무사들을 전차에서 기사들은 말에서 떨어뜨렸습니다. 그래서 다시 모든 판다바 무사들은 그 비슈마에게 달려들었으니, 아수라들이 인드라 신에게 달려드는 것 같았습니다. 비슈마는 인드라의 천둥과 같은 날카로운 화살을 사방으로 쏘아 적들에게 무서운 얼굴로 보였습니다. **비슈마의 싸우는 모습에 놀란 대왕의 아들들은 그 할아버지를 숭배하였습니다.** 우울한 마음으로 판다바들이 영웅적인 할아버지[비슈매를 바라보니 옛날 비프라치티(Viprachitti, 악귀)를 대적한 신들과 같았습니다. 판두들은 '입을 크게 벌린 파괴자'를 닮은 비슈마에게 대항을 할 수 없었습니다. 그 열 번째 날 전투에서 비슈마는 날카로운 화살로 시칸딘의 군대를 불길이 숲을 태우듯이 죽였습니다. **죽음의 신처럼 독을 품은 뱀 같이 노한 비슈마의 가슴 중앙에 시칸딘(Sikhandin)은 세 대의 화살을 꽂았습니다. 화살에 찔린 비슈마가 바라보니 바로 시칸딘이었습니다.** 화가 났으나 (여자와 싸우기가 싫어서) 비슈마는 웃으며 말했습니다.

"그대가 나를 공격하던 말던 나는 그대와는 결단코 싸우지 않는다. 너는 창조자가 처음 만들었던 그대로[여자]일 뿐이다." 비슈마의 이 말을 듣고 시칸딘은 정신을 잃을 정도로 화가 나 입가에 침이 흘러내렸습니다. 신칸딘은 말했습니다.

"나는 크샤트리아 족을 절멸하고 있는 그대를 알고 있다. 나는 그대의 자마다그니(Jamadagni) 아들과의 전투도 알고 있다. 그대의 초인적 용맹도 알고 있다. 그대의 용맹을 내가 알고 있지만, 오늘도 그대와 싸울 것이다. 판다바들을 돕는 것이 나를 돕는 것이다. 오늘 그대와 싸워 틀림없이 그대를 죽이겠다. 나는 앞서 이 맹세를 그대 앞에 했다. 이 말을 들었으면 그대가 할 바를 하라. 그대가 나를 공격하건 말건 생명을 가지고 도망은 못 갈 것이다. 오 상승(常勝)의 비슈마여, 이 세상에서 그대 최후를 맛보라."

산자야가 계속했다. -시칸딘은 그렇게 말하고, 그 말 화살과 함께 비슈마에게 다섯 대의 화살을 꽂았다. 시칸딘의 말을 들은 아르주나는 그를 격려하며 말했습니다.

"내가 그대의 뒤에서 싸우며 그 적을 나의 화살로 완패 시킬 것입니다. 용감하게 비슈마에게 돌진하시오. 비슈마는 그대를 못 건드립니다. 힘을 내세요. 오늘 비슈마를 못 죽이면 세상에 조롱거리가 될 것입니다. 비슈마를 잡으세요. 나머지 적들은 내가 막습니다. 그대는 비슈마를 죽여야 합니다."

드리타라슈트라가 말했다. -어떻게 판찰라의 왕자 시칸딘이 맹세를 한 비슈마를 전투 속에서 달려들게 되었는가? 판다바들은 어떻게 시칸딘을 보호했는가? 그 열 번째 날에 비슈마는 어떻게 판다바들과 스린자야들과는 싸웠는가? 나는 전투에서 신칸딘이 비슈마와 마주쳤다는 점을 이해할 수 없다. 시칸딘이 공격을 할 적에 비슈마는 전차 안에 있었는가 아니면 활이 부러졌는가?

산자야가 말했다. -그 전투에서 싸울 적에 비슈마의 전차나 활은 아무 손상도 없었습니다. 그 때 비슈마는 화살로 적들을 죽이고 있었습니다. 수천의 억센 전차무사들과 코끼리들 기마병이 선 봉에 선 할아버지와 함께 있었습니다. 상승(常勝)의 비슈마는 파르타들의 군사를 시살하고 있었습니다. 판찰라와 판다바들은 비슈마의 시살을 견딜 수가 없었습니다. 열 번째 날이 왔을 적에 비슈마의 10만 발의 화살로 그 호전적인 군대는 조각이 났습니다. 시바신을 닮은 비슈마에게 패배를 어찌할 수 없었습니다. 그런데 불패의 아르주나가 그 지점으로 와 모든 전차무사들을 놀라게 했습니다. 아르주나는 사자 같은 함성을 지르고 활시위소리를 내며 화살 소나기를 흩어버리고 죽음의 신처럼 전장을 맘대로 다녔습니다. 고함소리에 놀란 대왕의 병사들은 사자에 놀란 작은 짐승처럼 도망을 쳤습니다. 승리의 관을 쓴 아르주나를 보고 두료다나가 비슈마께 말했습니다.

"아르주나가 우리 군사 죽이기를 불이 숲을 태우듯 자행하고 있습니다. 오 천상의 인드라와 같은 용맹을 지니신 분이시여, 어서 전차 무사들을 구하셔서 고통 받은 군사들의 피난처가 되어 주소서." 이 두료다나의 말을 들은 비슈마는 잠시 어떻게 해야 할 지를 생각하다가 두료다나를 안심시키며 말했습니다.

"오 두료다나여, 내가 말하는 것을 조용히 들어라. 나는 너희가 보는 앞에서 매일 크샤트리아 1만 명을 죽이고 전장에서 돌아가겠다고 맹세를 했다. 나는 그 맹세를 이행을 했고, 오늘도 그것을 이룰 것이다. **오늘 나는 내가 죽어서 잠이 들지 않으면 내가 판다바들을 죽일 것이다. 나는 오늘, 그대에 진 나의 빚을 갚을 것이다. 그대가 나에게 챙겨준 먹을 것에 대한 나의 빚을 갚을 것이다. 그대의 군사의 머리에서 내 목숨을 던질 것이다.**" 두료다나에게 그 말을 해 주고, 비슈마는 활쏘며 판다바들을 공격했습니다. 그러자 판다바들은 맹독의 뱀처럼 화가 난 비슈마에 대항을 해야 했습니다. 정말 그 열 번째 전투 날에 비슈마는 그 위력을 보여 수십만 명의 군사들을 죽였습니다. 그래서 비슈마는 태양이 그 빛으로 습기를 말리듯이 억센 전차 무사들을 죽였습니다. 일만 명의 코끼리 부대, 일만의 말들과 보병 20만을 살해하며 연기도 없는 불꽃 같이 빛났습니다. 판다바들 중에 어느 누구도 불타는 태양 같은 비슈마를 져다 볼 수도 없었습니다. 그러나 판다바들은 비슈마에게 시달리면서도 비슈마를 잡으러 스린자야의 억센 전차무사들을 데리고 전진을 계속 했습니다.

산자야가 말했다. -전장에서 비슈마의 용맹을 본 아르주나는 시칸딘에게 말했습니다.

"비슈마를 향해 전진하시오. 오늘 조금도 비슈마를 무서워 할 필요가 없소. 내가 내 화살로 비슈마를 쓰러뜨리겠습니다." 그렇게 아르주나가 한 말을 시칸딘이 듣고 비슈마에게 돌진했습니다. 그리고 드리슈타듐나와 아비마뉴도 그 말을 듣고 즐거워 비슈마에게 달려갔습니다. 그리고 늙은 비라타와 드루파다, 그리고 쿤티보자도 대왕 아들 면전에서 비슈마에게 달려 들었습니다. 그리고 나쿨라 사하데바 유디슈티라와 나머지 무사들도 비슈마를 향해 달렸습니다. 젊은 호랑이가 황소를 공격하듯 치트라세나는 비슈마 앞에 있는 체키타나에게 달려들었습니다. 크리타바르만은 비슈마 앞에 도달한 드리슈타듐나를 막았습니다. 소마다타의 아들은 비슈마를 잡으려고 달려드는 비마를 막았습니다. 비슈마를 잡으려고 사방으로 화살을 쏜 나쿨라를 비카르나가 대항을 해 왔습니다. 그리고 크리파는 화를 내어 비슈마 전차로 돌격하는 사하데바를 막았습니다. 그리고 억센 두르무카는 비마의 아들을 막았습니다. 두료다나는 사티아키를 막았습니다. 캄보자 왕 수다크시나는 아비마뉴를 막았습니다. 그리고 아스와타만은 늙은 비라타와 드루파다를 함께 막았습니다. 바라드와자 아들드로나은 유디슈티라를 막았습니다. 두사사나는 시칸딘을 앞세우고 무서운 속력으로 달려온 아르주나를 막았습니다. 그리고 다른 무사들도 비슈마를 향해 달려든 판다바 전차무사들을 막았습니다. 드리슈타듐나는 화가 나서 큰 목소리로 비슈에게 돌격 하며 외쳤습니다.

"아르주나가 앞서 비슈마를 향해 갔다. 무서워 말라. 비슈마는 너희를 공격할 수 없다. 바사바(Vasava)도 아르주나를 못 이긴다. 하물며 늙은 비슈마를 말해 무엇 하겠느냐?" 사령관의 그 말을 듣고 판다바의 억센 전차무사들은 기쁨에 넘쳐 달려갔습니다. 그러나 대왕 군사에서 최고의 용사들은 성난 파도처럼 몰려오는 영웅들을 기꺼이 막아냈습니다. 억센 전차무사인 두사사나는 모든 두려움을 버리고 비슈마 목숨을 지키려고 아르주나에게 대항했습니다. 그래서 아르주나는 역시 비슈마 전차 근처에 있는 대왕의 아들들에게로 돌진했습니다. 그 때 놀라운 사건이 일어났으니, 두사사나 전차까지는 진격했으나, 아르주나는 더 이상 진격을 할 수가 없었습니다. 넘치는 바다를 대륙이 막아내듯이 두사사나는 아르주나를 막았습니다. 그래서 그들은 옛날 마야(Maya)와 사크라(Sakra)처럼 무섭게 싸웠습니다. 그러나 아르주나에게 공격을 당한 두사사나는 결국 아르주나를 피해서 비슈마의 전차를 향해 급히 도망을 쳤습니다. 그래서 비슈마는 바닥이 없는 물속으로 잠기는 섬이 되었습니다. 정신을 회복한 대왕의 아들은 날카로운 화살로 아르주나에게 저항을 했습니다. 그러나 크게 이지는 못 했습니다.

산자야가 말했다. -억센 궁사 알람부샤(Alamvusha)는 비슈마를 향해 달려드는 사티아키를 막았다. 그러나 사티아키는 화를 내어 그 락샤새알람부샤]에게 아홉 발의 화살을 쏘아 주었습니다. 그래서 그 락샤사도 아홉 발의 화살을 쏘아주었습니다. 화가 난 사티아키는 그 락샤사에게 많은 화살을 쏘아 주었습니다. 그러니 그 락샤사도 많은 화살을 쏘고 커다란 소리를 질렀습니다. 그러자 사티아키는 그 락샤사의 공격을 받고도 그의 용맹으로 웃으며 커다란 함성을 질렀습니다. 그러자 화가 난 바가다타가 갈고리로 거대 코끼리를 찔러 이끌듯이 사티아키에게 많은 화살을 쏘았습니다. 그러자 사티아키는 그 락샤사를 버리고 바가다타를 많은 화살을 쏘아 공격했습니다. 바가다타는 광두 화살로 사티아키 대궁을 두 동강 내었습니다. 이에 사티아키는 다른 활을 잡아 바다가타에게 많은 화살을 박아 주었습니다. 바가다타는 철 화살을 사티아키에게 쏘았습니다. 그런데 사티아키는 그 화살을 자신의 화살로 두 동강을 내었습니다. 그러자 바가다타의 화살은 별똥별처럼 빛을 내며 떨어졌습니다. 그것을 보고 두료다나는 많은 전차무사로 사티아키를 포위했습니다. 두료다나는 화를 내며 그 아우들에게 말했습니다.

"사티아키를 잡으면 많은 판다바 군의 왕들도 잡을 수 있다." 그 두료다나의 말을 듣고 비슈마 앞에서 대왕의 아들들은 사티아키와 싸웠습니다. 억센 캄보자 왕은 비슈마를 향해 달려드는 아비마뉴를 막았습니다. 아비마뉴는 그 왕에게 많은 화살을 쏘고 다시 64발의 화살을 박았습니다. 수다크시나는 아비마뉴에게 다섯 발의 화살과 마부에게 아홉 개의 화살을 박았습니다. 두 전차무사의 싸움은 치열했습니다. 시칸딘이 비슈마에게 달려들었습니다. 늙은 비라타와 드루파다도 비슈마에게 달려 드니, 많은 카우라바의 왕들이 막았습니다. 아스와타만이 두 전차무사들을 막았습니다. 그러자 전투가 터졌습니다. 비라타는 광두 화살로 아스와타만을 공격했습니다. 드루파다는 세 발의 화살로 공격했습니다. 비슈마를 공략하려는 두 무사들과 그들을 저지하려는 드로나 아들의 싸움은 놀라웠습니다. 크리파는 비슈마로 향하는 사하데바를 막았습니다. 그래서 크리파는 사하데바에게 화살 70개를 쏘았습니다. 그러나 사하데바는 크리파의 활을 꺾어 버렸습니다. 그리고 크리파에게 아홉 발의 화살을 박았습니다. 크리파는 다른 활을 잡아 열 발의 화살을 쏘니, 사하데바는 많은 화살을 크리파의 가슴에 박았습니다. 비슈마를 향한 공방은 치열했습니다. 비슈마를 향해 돌진을 하는 비마에게 부리스라바스(Bhurisravas)가 "잠깐, 잠깐."이라고 말했습니다. 그리고 비마의 가슴에 날카로운 화살을 쏘았습니다. 화살을 받은 억센 비마는 크라운차(Krauncha)산처럼 보였습니다. 부리스라바스와 비마는 불을 뿜는 싸움이었습니다. 비슈마를 잡으려는 비마는 대왕의 억센 아들 소마다타와 싸웠습니다. 바라드와자 아들[드로나]는 유디슈티라는 막았습니다. 천둥 같은 드로나의 전차 소리를 듣고 프라바드라카들(Prabhadrakas)은 떨기 시작했습니다. 유디슈티라는 드로나의 저지로 비슈마에게 한 걸음도 나아가지 못 했습니다. 대왕의 아들 치트라세나(Chitrasena)는 체키타나(Chekitana)를 막았습니다. 두사사나는 아르주나를 막기 시작했습니다.

산자야가 말했다. -영웅적인 드로나가 판다바 대열의 중앙을 꿰뚫어 그들을 괴롭혔습니다. 그 용감한 무사는 모든 불길한 조짐을 알고 있었는데, 사방에 퍼져 있는 조짐들을 보고 자기 아들[아스와타만]을 보고 말했습니다.

"아들아, 오늘이 그날이다. 억센 파르태[아르주나]가 비슈마를 잡으려고 최고 힘을 발휘하는 그 날이다. 나의 화살들은 떨고 있는 것 같고, 나의 활은 하품을 하는 것 같구나. 나의 무기는 나의 명령을 거절할 것 같고, 내 마음도 우울하다. 동물들과 새들도 무서워하며 계속 울부짖고 있구나. 독수리들은 바라타 군사 발아래로 숨은 것 같구나. 태양도 빛을 잃고 사방이 불길에 휩싸인 듯하구나. 의심할 것도 없이 아르주나는 다른 무사들을 피하고 그 할아버지에게로 갈 것이다. 아르주나는 힘이 있고, 무기를 익혔고, 용맹을 지녔다. 너의 억센 무기를 들어라. 대궁(大弓)을 손에 잡고 시칸딘을 막고 비마를 막아라. **세상에 그 누가 사랑하는 자기 아들이 오래 살기를 바라지 않는 사람이 있으랴? 그러나 너는 내 앞에 크샤트리아의 의무를 지키고, 너의 임무를 다하도록 하라.** 그래서 비슈마 역시 판다바의 억센 왕들을 죽이고 있다. 아들아, 비슈마는 전장에서 야마(Yama)나 바루나(Varuna)와 마찬가지이다."

산자야가 말했다. -드로나의 그 말을 듣고 바가다타와 크리파 살리아 크리타바르만 빈다 아누빈다, 신두 왕 자야드라타, 치트라세나 비카르나두르마르샤나 대왕 군사의 10명의 무사들이 많은 종족으로 구성된 왕들의 지원을 받으며 비슈마를 잡으려는 비마를 막기로 결심을 했습니다. 그래서 살리아는 비마에게 아홉 개의 화살을 쏘았고, 크리타바르만은 세 대, 크리파는 아홉 개의 화살을 쏘았습니다. 그리고 치트라세나 비카르나 바가다타는 각각 열 대의 화살을 쏘았고, 신두 왕은 세 대, 빈다와 아누 빈다는 각각 다섯 개의 화살을 쏘았습니다. 두료다나는 비마에게 날카로운 화살 20발을 쏘았습니다. 그런데 세상에서 제일인 비마는 차례로 그들 모두에게 그들의 쏘았던 것을 되돌려 갚아 주었습니다. 그리고 비마는 크리파의 활을 두 동강을 내고 크리파에게 일곱 발을 활을 쏘았습니다. 그리고 신두 왕[자야드라타]에게 세 발을 더 쏴주고 비마는 기쁨에 함성을 질렀습니다. 그러자 크리패[Gautama]는 다른 활을 잡아 비마에게 열 발을 화살을 안겼습니다. 화살을 받은 비마는 화가 나서 크리파에게 많은 화살을 쏘아 주었습니다. 그리고 세 발의 화살로 신두 왕의 말을 죽였고, 마부도 죽였습니다. 이에 자야드라타는 전차에서 뛰어내려 비마에게 많은 화살을 쏘았습니다. 그러자 비마는 광두 화살 두 개로 자야드라타의 활을 꺾어버렸습니다. 활까지 꺾이자 자야드라타는 급히 치트라세나의 전차로 올라갔습니다. 정말 비마는 놀라운 공적을 세웠습니다. 그런데 살리아(Salya)가 비마의 마부를 비소카(Visika)를 공격해 깊은 상처를 안겼습니다. 그것을 보고 비마는 그에게 팔과 가슴에 세 대의 화살을 쏘았습니다. 그리고 다른 무사들에게도 화살을 세 발씩 명중하고 나서 사자 같은 함성을 질렀습니다. 비마는 화살 공격을 받고도 비를 맞은 산처럼 끄덕도 없었습니다. 화가 난 비마는 살리아에게 화살 세 발을 쏘았습니다. 비마는 각 궁사들에게 화살 세 발씩을 또 쏘아주었습니다. 그러자 아르주나가 비마의 싸우는 모습을 보고 거기에 도착했습니다. 그러자 두 판두 아들들을 보고 대왕의 군사들은 모든 이길 희망을 버렸습니다. 그런데 비슈마를 잡으려는 아르주나는 시칸딘(Sikhandin)을 앞세우고 대왕의 전차무사 열 명을 상대로 싸우고 있는 비마를 향해 나아갔습니다. 그러자 비마를 도우려는 비바트수(Vibhatsu)가 비마와 싸우고 있는 모든 무사들을 향해 공격을 했습니다. 그러자 두료다나 왕은 아르주나와 비마를 다 잡으려고 수사르만에게 말했다.

"수사르만이여, 어서 대군을 몰고 가 아르주나와 비마를 잡도록 하라." 이 두료다나 명령을 받은 프라스탈라(Prasthala)를 통치하는 그 트리가르타 왕(수사르만)은 수천의 전차 무사로 비마와 아르주나를 포위하여 치열한 싸움이 벌어졌습니다.

산자야가 말했다. -아르주나는 살리아를 화살로 공격했습니다. 수사르만과 크리파에게 세 대의 화살을 쏘았습니다. 그리고 프라그지오샤(Pragjyotishas) 왕과 자야드라타, 치트라세나, 비카르나, 크리타바르만, 두르마르샤나, 아반티의 두 왕자, 공작 깃털을 단 화살 세 대씩을 안겼습니다. 치트라세나 전차에 머무른 자야드라타가 거침없이 아르주나에게 화살 공격했습니다. 그리고 살리아와 크리파도 아르주나를 공격했습니다. 치트라세나가 앞장을 선 대왕의 아들들도 아르주나와 비마에게 다섯 대씩 화살을 쏘았습니다. 두 영웅(아르주나, 비마)은 트리가르타 왕(수사르만)을 공격했습니다. 수사르만은 아르주나에게 아홉 발의 화살을 쏘고 큰 함성을 질러 판다바 왕들을 놀라게 했습니다. 다른 영웅적 전차무사들도 비마와 아르주나에게 날카롭고 황금 날개를 단 많은 화살들을 쏘았습니다. **그러나 그 전차무사들 중에 쿤티의 두 아들은 정말 아름다웠습니다.** 그들은 소떼 속에 화난 사자였습니다. 전투가 즐거운 비마는 드로나에게 다섯 대의 '광두(廣頭, broad-headed) 화살을 쏘고 이어 60발의 화살을 쏘았습니다. **아르주나는 수사르만에게 거듭 수많은 철 화살을 쏘아 태풍으로 거대 구름덩이를 몰 듯 그 군사들을 죽였습니다. 그러자 비슈마와 두료다나와 브리하드발라와 다난자야가 비마와 아르주나 앞에 나왔습니다.** 이에 판다바 군의 영웅적인 전사들과 드리슈타듐나가 커다란 입을 벌린 죽음의 신 같이 나타난 비슈마에게 달려들었습니다. 시칸딘도 비슈마를 보고 기쁨에 넘쳐 아무 두려움 없이 비슈마에게 달려들었습니다. 그러자 시칸딘을 선봉에 둔 유디슈티라가 앞장을 선 전 파라타들이 그 시칸딘과 연합하여 비슈마와 싸웠습니다. 그리고 역시 대왕의 군사들도 비슈마를 선봉에 두고, 시칸딘을 선봉으로 한 전 파르타들과 싸웠습니다. 그래서 카우라바들과 판두 아들들 간에 비슈마의 승리이냐, 비슈마를 극복한 승리냐를 놓고 무서운 전투가 시작되었습니다. 판두 군의 사령관 드리슈타듐나는 전군에 명령했습니다. "최고의 전차 무사들이여, 비슈마로의 돌격을 무서워하지 말라." 사령관의 말을 들은 판다바 군사들은 생명들을 던질 각오로 급히 비슈마에게 달려갔습니다. 그래서 비슈마는 해일(海溢)을 버티는 대륙 같았습니다.

드리타라슈트라가 말했다. -아 산자야여, 비슈마는 판다바들과 스린자야들을 만나 어떻게 싸우셨는가? 그리고 쿠르들은 어떻게 판다바들을 막았는가? 비슈마의 전투 상황을 자세히 말해 보라.

산자야가 말했다. -상승(常勝)의 비슈마는, 날마다 파르타 군에 대한 학살을 주도(主導)했습니다. **그 전투 열 번째 되는 날에 비슈마와 아르주나는 서로 만나 엄청난 학살(虐殺)이 터졌습니다.** 판다바 군사를 열흘 동안 쳐부수면서 비슈마는 생명 보호의 욕구를 포기했습니다. 그 자신이 살육자로서 쿠루 군사 머리에 서서 "더 이상 많은 전사들을 죽이지는 말자."고 생각하셨습니다. 마침 유디슈티라가 곁에 있는 것을 보고 비슈마는 말씀하셨습니다.

"유디슈티라야, 너는 배운 것이 많으니, 이 올바른 하늘이 주는 말을 들어라. **나는 더 이상 내 몸을 지킬 생각이 없다. 나는 전투에서 엄청난 사람들을 죽이며 많은 시간을 보냈다. 네가 내 맘에 드는 일을 하고 싶으면, 너의 군 선봉에 아르주나를 세워 나를 죽이도록 하라.**" 비슈마의 그 의도를 확인하고 유디슈티라는 스린자야들을 거느리고 진격을 했습니다. 그래서 드리슈타듐나와 유디슈티라는 그 비슈마의 말을 듣고 그들의 진형(陣形)을 이루었습니다. 그래서 유디슈티라는 말했습니다.

"전진하라. 싸워라. 비슈마를 무찔러라. 너희는 무적의 아르주나가 지켜준다. 스린자야들이여, 금일에는 비슈마를 두려워 말라. 시칸딘이 선봉에 있다." 전투 열흘이 되는 날에 판다바들은 죽을 각오로 시칸딘과 아르주나를 선두에 세우고 진격을 했습니다. 그래서 그들은 '비슈마 쓰러뜨리기'에 온 힘을 모았습니다. 그래서 대왕의 아들 두료다나의 명령으로, 여러 왕들과 드로나와 그의 아들과 두사사나와 외사촌 형제들이 비슈마를 그 전투의 중심에 있게 했습니다. 많은 왕들을 대동한 대왕의 아들들이 시칸딘과 아르주나를 잡으려고 했습니다. 두 군사들이 맞붙으니, 땅도 흔들렸습니다. 비슈마를 본 대왕의 군대와 적들은 서로 뒤엉키었습니다. 엄청난 소란이 일었습니다. 소라 고둥 소리와 병사들의 고함소리가 무서웠습니다.

산자야가 말했다. -아비마뉴가 대왕의 군사들에게 용맹을 보이니, 두료다나는 그의 가슴에 화살 아홉 발을 쏘고 다시 세 발을 쏘았습니다. 아비마뉴가 두료다나의 전차를 향해 무서운 화살을 날리니, 두료다나는 광두 화살을 쏘아 그것을 막았습니다. 이에 아비마뉴는 두료다나의 팔과 가슴에 세 발의 화살을 꽂았습니다. 그러자 두 영웅 간에 전투가 벌어졌습니다. 드로나의 아들이 사티아키를 공격하니, 사티아키도 아스와타맨[드로나의 아들]을 공격했습니다. 억센 전차 무사 파우라바 (Paurava)는 드리슈타케투(Dhrishtaketu)를 화살로 덮으며 큰 고함을 질렀습니다. 치트라세나 (Chitrasena)는 수사르만(Susarman)에게 철 화살을 쏘았습니다. 비슈마 잡기 전투에서 아비마뉴가 브리하드발라(Vrihadvala)와 싸워 용맹을 보이며 비슈마의 앞으로 나아갔습니다. 코살라(Kosalas) 왕이 아비마뉴에 다섯 발의 화살을 쏘니, 아비마뉴는 그에게 여덟 발의 철 화살을 쏘았습니다. 비슈마를 만난 아르주나는 날카로운 화살을 쏘며 성난 코끼리처럼 달려들었습니다. 그러나 바가다타 왕이 아르주나를 막고 나왔습니다. 아르주나는 바가다타 왕의 코끼리에게 많은 날카로운 철 화살을 쏘았습니다. 그러는 동안에도 아르주나는 시칸딘(Sikhandin)에게 말했습니다.

"전진하시오, 전진. 어서 비슈마를 죽이시오." 그 다음 바가다타 왕이 아르주나를 포기하고 두루파다 전차로 공격의 방향을 돌리니, 아르주나는 급히 그 시칸딘을 앞세우고 비슈마에게 돌진했습니다. 그래서 대왕의 모든 용감한 무사들이 아르주나에게 달려들며 고함을 질렀습니다. 그렇지만 아르주나는 바람이 하늘에 여름 구름을 흩어버리듯 대왕의 여러 군사를 쫓아버렸습니다. 시칸딘도 용감하게 비슈마에게 많은 화살을 쏘았습니다. 그래서 비슈마의 전차는 화살로 연소실(燃燒室 난로)처럼 되었습니다. 비슈마의 활은 불을 뿜었습니다. 그래서 칼과 화살과 철퇴들이 그 불에 연료가 되었습니다. 비슈마가 발사한 화살 소나기는 불이 되어 전장에 크샤트리아들을 불살랐습니다. 바람의 도움을 받은 불길처럼 비슈마의 천상 무기는 화살을 쏟아냈습니다. 그래서 비슈마는 아르주나를 따라온 소마카 족을 죽였습니다. 천지 사방으로 사자 같은 함성을 지르며 비슈마는 수많은 전차무사들과 기병들을 쓰러뜨렸습니다. 비슈마는 거대 전차를 잎이 무성한 팔미라 나무숲처럼 생각했습니다. 비슈마는 전차와 코끼리들과 기병을 다 쳐 부셨습니다. 천둥 같은 비슈마의 활시위 소리와 박수 소리를 듣고 전장에 모든 군사들은 무서워 떨었습니다. 비슈마의 화살은 빗나간 적이 없었습니다. **귀족 가문에 1만 4천의 위대한 전차 무사들이 그 전투에서 목숨을 잃었습니다.** 그 전투에서 비슈마 공격에 참여했던 소마카 전차무사들은 단 한 사람도 살아 돌아간 없었습니다. 그래서 아르주나와 시칸딘을 빼고는 아무도 감히 비슈마에게 접근을 못 했습니다.

산자야가 말했다. -황소 같은 시칸딘(Sikhandin)이 비슈마에게 달려가 열 발의 광두(廣頭) 화살로 그 가슴을 공격했습니다. 그러자 비슈마는 그 판찰라의 왕자[시칸딘]를 삼킬 듯이 쳐다보았습니다. 비슈마는 시칸딘이 여성임을 생각하고 눈앞에 있는데도 공격하지 않았습니다. 그러자 아르주나가 시칸딘에게 말했습니다.

"**빨리 달려들어 어서 죽여라. 더 이상 말이 필요 없다. 비슈마를 죽여라. 호랑이 같은 무사여, 우리 군사 중에 당신처럼 비슈마를 잡을 사람은 없다. 정말이다.**" 아르주나가 그렇게 말하자 시칸딘은 비슈마에게 온갖 화살을 다 쏘았습니다. **비슈마는 시칸딘의 공격은 무시하고 당신의 활로 아르주나의 화살만 막았습니다. 그리고 비슈마는 판다바 군사들만 죽였습니다.** 그래서 왕들의 지지를 받은 판다바 군사들은 해를 덮은 구름처럼 비슈마를 압도하기에 이르렀습니다. 포위된 비슈마는 역시 숲을 불태우는 많은 전차무사들을 무찔렀습니다. 대왕의 아들 두사사나(Dussasana)가 아르주나와 싸우며 비슈마를 지키고 있었습니다. 많은 판다바 무사들이 두사사나에게 전차를 잃었습니다. 그래서 판다바 군에서 어떤 왕도 두사사나에게 도전을 못 했습니다. 그러자 아르주나는 모든 군사들이 보는 앞에서 두사사나를 물리치고 비슈마에게 달려들었습니다. 패했음에도 불구하고 두사사나는 비슈마에 의지해서 판다바 군사들과 싸웠습니다. 그 전투에서 아르주나는 특히 빛났습니다. 그래서 시칸딘(Sikhandin)은 비슈마를 향해 독뱀 같이 치명적인 벼락같은 화살을 수 없이 쏘아댔습니다. 그러나 그 화살들은 비슈마에게 고통을 거의 주지 못 해 강가의 아들[비슈마]은 그것을 웃으며 받았습니다. 그리고 비슈마는 더욱 세차게 판다바 군사들을 죽였습니다. 그러자 두료다나가 전군에 명령했습니다.

"아르주나를 포위하라. 비슈마께서 너희를 지켜줄 것이다." 그 말에 카우라바 군사들은 두려움을 떨쳐버리고 판다바 군과 싸웠습니다. 그래서 두료다나는 다시 말했습니다. "드높은 비슈마의 황금 팔미라 깃발이 모든 다르타라슈트라 무사들을 지켜주고 있다. 신들이라도 비슈마를 이길 수는 없다. 아르주나 따위가 무엇이랴? 그러기에 무사들이여, 전장에서 아르주나를 만나 도망치지 말라. 그대 세상의 왕들이여, 나도 오늘 힘을 다해 판다바들과 싸울 터이니, 힘을 합칩시다." **이 두료다나의 말을 듣고 비데하족(Videhas) 칼링가족(Kalingas) 다세르카족(Daserkas) 니샤다족(Nishads) 사우비라족(Sauviras) 발히카족(Vahlikas) 다라다족(Daradas) 서부족 북방족 말라바족(Malavas) 아비가타족(Abhighatas) 수라세나족(Surasenas) 시비족(Sivis) 바시티족(Vasatis) 살와족(Salwas) 사카족(Sakas) 트리가르타족(Trigartas) 암바슈타족(Amvashthas) 케카야족(Kekayas)의 억센 무사들이 불을 본 곤충들처럼 아르주나에게 달려들었습니다.** 이에 아르주나는 다양한 천상의 무기를 생각해 내어 그 군사들 앞에서 그 놀라운 무기로 불이 곤충들을 쓸듯이 저들을 죽였습니다. 그 견고한 무사는 수백만 개의 화살을 그 간디바(Gandiva)로 쏟아 부었습니다. 그러자 화살로 깃발이 찢기고 깃대가 부러진 무사들은 아르주니에게 근접도 어려웠습니다. 그래서 전장은 아르주니의 화살에 완패한 도망병으로 덮였습니다. 카우라바 병사들을 물리친 아르주나는 두사사나에게 많은 화살을 쏘았습니다. 아르주나는 두사사나의 말들을 죽이고 마부를 쓰러뜨렸습니다. 그리고 아르주나는 20발의 화살로 비빙사티(Vivingsati) 전차를 못 쓰게 만들고 다섯 발의 화살로 공격했습니다. 크리파 비카르나 살리아에게도 철 화살로 공격을 해서 전차들을 부수니, 크리파와 살리아 두사사나 비카르나 비빙사티 모두가 도망을 했습니다. 그날 오후에 그 무사들을 물리치며 아르주나는 연기 없는 불처럼 타올랐습니다. 그러자 비슈마는 천상의 무기를 불러 모든 궁사들이 보는 앞에 아르주나에게 달려들었습니다. 이에 갑옷을 입은 시칸딘(Sikhandin)이 아르주나를 향해 달려오는 비슈마에게 달려들었습니다. 이에 비슈마는 그 불타오르는 그 무기를 포기했습니다. 그래서 아르주나는 비슈마를 지키고 있는 대왕의 군사들을 죽였습니다.

산자야가 말했다. -이처럼 모든 판다바 군사가 시칸딘(Sikhandin)을 앞세우고 반복해서 포위를 하고 비슈마에게 화살 공격을 했습니다. 그래서 모든 스린자야들도 모든 무기를 동원해서 비슈마를 공격했습니다. **이렇게 공격을 받은 비슈마의 갑옷은 모든 곳이 다 찔렸으나, 비슈마는 고통을 느끼지 않았습니다.** 반대로 비슈마는 그의 적들을 유가(Yuga)의 끝에 일어난 불길로 생각했습니다. 그래서 비슈마는 판찰라 왕과 드리슈타케투를 무시하여 판다바 군 가운데로 뚫고 들어갔습니다. 그런 다음 비슈마는 사티아키 비마 아르주나 드루파다 비라타 드리슈타듐나의 여섯 명의 무사에게 많은 날카로운 화살로 공격을 가했습니다. 그러나 그 억센 무사들은 그 화살을 막고 각각 열 발의 화살로 비슈마를 공격했습니다. 그리고 시칸딘(Sikhandin)이 쏜 화살은 비슈마의 몸으로 뚫고 들어갔습니다. 그러자 아르주나가 비슈마의 활을 꺾었습니다. 이에 드로나 크리타바르만 자야드라타 부리스라바 살라 살리아 바가다타가 참지 못하고 아르주나에게 달려들었습니다. 화가 난 그들은 아루주나를 화살로 덮었습니다. 이에 판다바 전차 무사들도 아르주나를 지키러 달려갔습니다. 그래서 또 끔찍한 싸움이 일어났습니다. 비슈마는 더욱 강한 활을 잡았습니다. 아르주나는 비슈마의 그 활도 잘랐습니다. 그래서 비슈마는 자신에게 말했습니다.

"**억센 비슈누[크리슈나]만 없다면, 나는 한 개의 활로도 판다바 군을 다 죽일 수 있다. 그러나 나는 판다바들의 불사성(不死性, unslayableness)과 시칸딘의 '여성성' 때문에 더 싸울 수가 없다. 칼리(Kali)와 결혼하신 아버지께서 내게 '전장에서 죽지 않는다.'는 것과 '내가 죽고 싶을 때 죽는다.'는 두 가지 염원을 말씀하셨는데, 지금은 내가 죽기에 적당한 시간이다.**" 비슈마의 결심이 그러한 **줄을 알고서 신령들(Rishis)과 바수들(Vaus)이 하늘에서 "그대가 결심한 것을 우리도 환영이다. 아들아, 너의 결심대로 하라. 오 왕이여, 전투에서 그만 떠나거라."라고 말했다. 그 결정과 그 말씀에, 향기롭고 상서로운 미풍이 불어 왔습니다. 그리고 천상의 심벌즈들이 크게 울렸습니다. 그리고 꽃비(a flowery shower)가 비슈마에게 내렸습니다.** 그러나 그 신령과 바수들이 했던 말은 그 비슈마 말고는 들은 사람이 없었습니다. 성자(Muni)에 의탁하고 있는 내(산자야)는 들었습니다. 온 세상에 사랑을 받은 그 비슈마 생각으로 천신들의 마음은 슬펐습니다. 천신들의 말을 들은 비슈마는, 아르주나가 갑옷을 뚫는 화살을 쏨에도 그를 향해 나아갔습니다. 그러자 시칸딘이 비슈마의 가슴을 아홉 발의 날카로운 화살로 공격했습니다. 그러나 비슈마는 시칸딘의 공격을 받고도 흔들리지 않았으나 지진에도 흔들리지 않은 산처럼 끄덕없었습니다. 그러자 아르주나(Vibhatsu)가 간디바를 잡아 비슈마에게 25 발의 화살을 박았습니다. 그리고 다시 한 번 일백 발의 화살로 치명상을 입혔습니다. 수 천발의 다른 화살은 비슈마는 당황하지 않고 막아냈습니다. 그리고 시칸딘이 쏜 날개를 단 날카로운 화살은 비슈마에게 거의 아픔을 주지 못 했습니다. 그러자 화가 난 아르주나는 시칸딘을 앞세우고 비슈마에 다가가서 또 다시 그의 활을 두 동강 내었습니다. 그리고 열 발을 화살을 비슈마에 꽂고, 비슈마의 깃대를 한 개의 화살로 꺾었습니다. 그러자 열 발의 화살로 전차를 공격하자 비슈마는 흔들렸습니다. 비슈마는 더욱 강한 다른 활을 집어 들었습니다. 그러나 아르주나는 순간에 세 발의 광두 화살로 비슈마의 활을 세 동강을 내었습니다. 그래서 아르주나는 그 전투에서 모든 비슈마의 활을 못 쓰게 만들었습니다. 그러자 비슈마는 더 이상 아르주나와 싸울 생각이 없어졌습니다. 그러나 아르주나는 25발의 화살을 또 비슈마에게 쏘았습니다. 비슈마는 크게 화살에 찔려, 두사사나(Dussasana)에게 말했습니다. "분노한 판다바의 전차 무사가 혼자서 나에게 수천 발의 화살을 쏘았다. 벼락을 지닌 에인드래도 그를 꺾을 수 없을 것이다. 다나바(Danavas) 락샤사(Rakshasas) 신들이 몰려오더라도 나를 이길 수는 없다. 그렇다면 그 억센 무사[아르주내에 대해 무엇을 더 말할 것인가?' 비슈마가 이 말을 두사사나에게 하고 있는 동안, 시칸딘을 앞세운 아르주나는 비슈마에게 활을 쏘아 꿰뚫었습니다. 그러자 화살을 받은 비슈마는 웃으며 두사사나에게 말했습니다.

"한 결 같이 나를 향한 이 화살들은 벼락과 같구나. 아르주나가 쏜 화살이다. 이것은 시칸딘의 화살이 아니다. 무샬라(mushalas) 힘으로 나를 쳐서 두꺼운 갑옷을 뚫고 급히 나를 상하게 하는 이 화살은 시칸딘(Sikhandin)의 화살이 아니다. 브라흐마의 채찍과 같이 독하고 천둥 같이 견딜 수 없고 내 생명을 괴롭히는 이 화살들은 시칸딘의 화살이 아니다. 철퇴와 몽둥이 같은 이 화살들은 내 생명을 파괴하고 있다. 이들은 시칸딘의 화살이 아니다. 혀를 날름거리는 독뱀 같은 화살이 내 생명을 뚫었다. 소들을 막는 겨울 추위 같이 나를 자르는 화살은 시칸딘의 화살이 아니다. 간디바의 소유자, 원숭이 깃발의 지슈누(Jishu, 아르주나) 말고는 모든 왕들이 연합해도 나에게 고통을 안길 수는 없다." 이렇게 말하고 비슈마는 판다바를 삼킬 듯이 아르주나를 향해 화살을 날렸습니다. 그러나 아르주나는 세 발의 화살로 그 화살은 쿠루 영웅들의 면전에서 세 조각을 만들어 떨어졌습니다. 승리 아니면 죽음을 얻고자, 비슈마는 칼과 황금 방패를 잡았습니다. 그러나 비슈마가 전차에서 내려오기 전에 아르주나는 비슈마의 방패를 활로 쏘아 산산이 조각내었습니다. 그러자 유디슈티라 왕은 군사들을 향해서 말했습니다.

"무서워 할 것 없다. 강가의 아들에게로 돌격하라." 그러자 각종 무기를 소지한 군사들은 비슈마를 향해 달려들었습니다. 그리고 판다바 군사에서 함성이 일었습니다. 그러자 비슈마의 승리를 바라며 비슈마를 싸고 있던 대왕의 아들들도 사자 같은 함성을 질렀습니다. 비슈마와 아르주나가 대결했던 열흘째의 전투는 치열했습니다. 비록 비슈마는 사지(四肢)가 화살에 찔렸으나, 그 열흘째 날에는 묵묵히 일만 명의 무사들을 죽였습니다. 그래서 아르주나는 군대의 선두를 지키며 쿠루군의 중심을 공격했습니다. 그래서 대왕의 군사들은 아르주나 공격이 무서워 전장에서 도망을 치기 시작했습니다. 사우비라족(Sauviras) 키타바족(Kitavas) 동부족 서부족 북방족 말라바족(Malavas) 아비사하족(Abhsahas) 수라세나족(Surasenas) 시비족(Sivis) 바시티족(Vasatis) 살와족(Salwas) 사이아족(Sayas) (Trigartas) 암바슈타족(Amvashthas) 케카야족(Kekayas)의 많은 무사들은 아르주나의 화살 공격으로 비슈마를 버리고 떠났습니다. 그래서 판다바 대군의 무사들이 단 한 사람을 사방에서 포위하고 비슈마를 싸고 있는 패배한 쿠루 군에게 화살 소나기를 퍼부었습니다. "떨어뜨려라. 포박하라, 싸워라, 갈라라."라는 무서운 함성이 비슈마 전차 부근까지 들렸습니다. 그 전투에서 수십만 명을 살해하며 비슈마의 몸에 상처가 없는 곳이 없었습니다. 그처럼 아르주나의 날카로운 화살에 망가진 것입니다. **그래서 해가 지기 조금 전에 대왕의 아들들이 보는 앞에서 비슈마는 동쪽으로 머리를 하고 당신 전차에서 떨어졌습니다. 비슈마가 전차에서 떨어지니, "아, 슬프다."라는 커다란 외침이 하늘의 신령과 지상의 왕들의 탄식이 들렸습니다.** 그 비슈마가 전차에서 떨어지는 것을 보고 우리 모두의 정신들도 그와 함께 떨어졌습니다. 그 최고 궁사(弓師)가 땅에 떨어짐은 인드라의 깃대가 뽑히는 것 같이 땅을 흔들었습니다. 비슈마는 그의 온몸에 화살이 박혀 그의 몸은 땅바닥에 닿지 않았습니다. **그 순간에 신과 같은 비슈마는 그 위대한 궁사(弓師)의 '화살 침대(a bed of arrows)'를 획득했습니다.**[크샤트리아의 최고 영광] 구름도 비를 뿌렸고, 땅도 흔들렸습니다. 비슈마는 영혼이 떠나가는 것을 허락하지 않았으므로 정말 죽을 때를 생각하였습니다. 그런데 하늘에서 외치는 소리를 들었습니다. "왜, 아 왜, 최고의 궁사(弓師)가 '남쪽 기울어짐(southern declension)'에서 죽어야 하느냐?" 그 말은 들은 비슈마는 "나는 아직 살아 있습니다."라고 대답했습니다. 비록 땅으로는 떨어졌으나 '북쪽 기울어짐(northern declension)'에 익숙해서 생명은 아직 붙어 있었습니다. 비슈마의 결심을 확인한 여신 강가(Ganga)는 백조(白鳥) 같은 신령들(Rishes)을 비슈마에게 파견했습니다. 그 신령들은 백조 모습으로 마나사(Manasa) 호수에 살고 있었는데, 화살 침대에 누워 있는 비슈마를 보고 달려왔습니다. 그들은 강가의 아들[비슈매]을 보고 비슈마의 주위를 돌며 '신령들(Rishes)'이 서로 말했습니다.

"비슈마와 같은 고매한 분이 어찌해서 '남쪽 기울어짐(southern declension)'에서 별세를 하셨나?" 그 말을 마치고 백조들은 남쪽으로 날아가 버렸습니다. 비슈마는 그들을 보고 잠깐 생각에 잠겼습니다. 그러고 나서 비슈마는 그 백조들을 향하여 말했습니다.

"해가 동지(冬至, southern solstice)를 무렵을 향할 동안에는 나는 이 세상을 뜨지 않는다. 쓰러진 것이 비록 나의 결심이라고 할지라도, 하지(夏至)를 향할 무렵에 나의 옛 처소[천국]로 돌아갈 것이다. 백조들이여. 영명한 아버지께서 세운 서원(誓願 boon)이 죽는 것은 내 맘이라고 허락을 하셨으니, 그 서원대로 될 것이다." 비슈마가 전차에서 떨어지니, 판다바들과 그린자야들은 사자 같은 함성을 질렀습니다. 비슈마가 쓰러지니, 두료다나는 무엇을 해야 할지 몰랐습니다. 그리고 모든 쿠루들은 완전히 정신들을 잃었습니다. 그래서 크리파와 두료다나가 먼저 쿠루들은 한숨지으며 울기 시작했습니다. 그들은 전투할 생각도 없이 정신을 잃고 있었습니다. 그래서 판다바들은 승리를 거두고 모든 소라고둥을 크게 불었습니다. 그리고 소마카와 판찰라들도 좋아서 수천 개의 나팔을 불고, 억센 비마는 박수치며 함성을 질렀습니다. 비슈마가 살해를 당하니, 영웅적인 양측의 무사들은 깊은 생각에 잠기게 되었습니다. 그래서 어떤 사람은 고함을 지르기도 하고 어떤 사람은 도망을 하고, 어떤 사람은 실성(失性)을 했습니다. 어떤 사람은 크샤트리아의 명령[의무]를 탓하기도 하고, 어떤 사람은 비슈마를 찬양했습니다.

드리타라슈트라가 말했다. -슬프다. 우리 무사들의 형편이여! 신 같은 비슈마를 잃었으니, 누가 그분을 이을 것인가? 판다바들이 쿠루들을 다 죽여도, 비슈마는 두루파다의 아들[시칸딘]을 무시하고 그를 공격하지 않으셨을 것이다. 할아버지의 살해 소식을 들으니 나 역시 몹쓸 사람이다. 이보다 무거운 슬픔이 무엇이겠는가? 오 산자야여, 비슈마의 사망을 듣고도 내 마음 깨지지 않은 것을 보니 내 마음은 철석인가 보다. 승리를 원하던 비슈마가 살해된 다음 어떤 일이 생겼는지 자세히 말해 보라. 전쟁에 쓰러진 비슈마 사망에 할 말이 없구나. 슬프다, 비슈마는 지난 날 자마다그니(Jamadagni)의 아들[시칸딘]에게 살해된 것이 아니라 비슈마는 판찰라 왕재[아르주내가 죽인 것이다.

산자야가 말했다. -쿠루의 할아버지인 비슈마가 죽은 저녁은, 드리타라슈트라 아들들은 슬펐고, 판찰라들은 즐거웠습니다. 땅으로 비슈마의 몸이 굴러 떨어졌으나, 화살 침대에 누워 그의 몸은 땅에 닿지 않았습니다. 정말 비슈마가 전차에서 땅 바닥으로 떨어지니, 모든 군사들의 입에서 '아' '저런' 소리가 흘러나왔습니다. 항상 승리하던 쿠루 족의 방풍림(防風林)이 쓰러지자, 양군(兩軍)의 모든 무사들의 마음속에 공포감이 일었습니다. 비슈마의 깃발이 쓰러지고 갑옷이 망가지자 쿠루와 판다바가 모두가 우울한 심정에 휩쓸렸습니다. 쿠루 족의 두사사나가 드로나에게 비슈마 살해 소식을 전했습니다. 그러자 드로나는 그 나쁜 소식을 듣고 갑자기 그 전차에서 의식을 잃고 쓰러졌습니다. 드로나는 다시 정신을 차려 쿠루 군사에게 싸우는 멈추게 했습니다. 쿠루들이 전투를 그만 둔 것을 본 판다바들도 빠른 말을 달려 싸움을 멈추고 갑옷을 벗고 모두 비슈마를 찾아가기로 했습니다. 그래서 전쟁을 그만 둔 무사 수천 명이 마치 천상의 신령들이 주님을 찾듯 비슈마를 향해 갔습니다. 화살 침대에 누워 있는 비슈마를 찾아간 판다바들은 쿠루들이 서 있는 그곳에서 비슈마께 인사를 올렸습니다. 그러자 비슈마는 그 앞에 서 있는 판다바들에게 말했습니다.

"어서오너라! 축복 받은 사람아! 어서오너라! 억센 전차무사들이여! 너희를 보니 나는 기쁘다. 너희는 바로 신들이다." 판두들에게 이렇게 말하고 그의 머리가 아래로 처지니, 비슈마는 다시 말했습니다.

"내 머리가 아래로 너무 처지는구나. 베개를 가져오너라!" 거기에 서 있던 여러 왕들이 수를 노은 부드러운 베개를 대령했습니다. 그러나 비슈마는 그것들을 물리쳤습니다. 비슈마는 웃음을 띠고 왕들에게 말했습니다. "그것들은 영웅의 베개가 아니다." 비슈마는 아르주나를 향해 말했습니다.

"오 다난자야[아르주내여, 내 머리가 처지는구나. 내게 맞는 베개를 다오."

산다야가 말했다. -아르주나가 공손하게 인사를 올리며 눈에 눈물을 담고 말했습니다.

"쿠루의 제일인 자이시여, 명령을 내리십시오, 저는 당신의 종입니다." 비슈마가 말했습니다. "내 머리가 처져 있다. 팔구니(아르주나)야, 어서 베개를 가져 오너라." 그러자 아르주나는 그 비슈마의 명령에 "대령 하겠습니다." 말하고, 그 간디바를 들고 세 개의 화살을 뽑아 비슈마의 머리에 괴었습니다. 비슈마는 아르주나의 모습을 무척 반기셨습니다. 베개를 대령한 다음 비슈마는 아르주나를 칭찬했습니다. 비슈마는 아르주나에게 말했습니다.

"오 판두의 아들이여, 그대는 내 침대에 맞은 내 베개를 주었구나. **의무를 아는 크샤트리아는 전장에서 화살 침상에서 잠을 자야 하느니라**!" 그렇게 말한 다음 비슈마는 거기에 있는 왕과 왕자들을 향해 말했습니다.

"판두 아들이 만들어 준 베개를 보시오! 나는 이 침상에서 해가 하지(夏至)에 이를 때까지 잠을 잘 것입니다! 그 때가 되면 나를 보러 오시오. 태양이 그 일곱 마리 말이 이끄는 수레에 올라 바이스라바나(Vaisravana) 방향으로 잡으면 나는 사랑하는 친구가 떠난 것처럼 죽을 것입니다. 왕들이여, 내 주변에 도랑을 만들어 주시오. 수백 개의 화살로 태양에게 경배를 올려야겠습니다. 왕들이여, 그대들은 부디 적대감을 버리고 싸움을 그만 두시오."

산자야가 계속했다. -화살을 잘 뽑아내는 외과전문의들이 왔습니다. 그들을 보고 비슈마는 대왕의 아들[두료다내에게 말했습니다. "이 외과의들에게 적절한 예를 표하고, 선물을 주어 보내라. 이런 곤경을 맞아 무슨 외과의가 필요하겠느냐? **나는 크샤트리아 임무 준수(Kshatriya observances)에 가장 칭찬할 만하고 최고의 상태에 이르렀다. 너희 왕들도 나처럼 화살 침대에 누워야 하고, 외과의에 의탁하는 것은 적절한 것이 아니다.** 왕들이여, 화살이 박힌 내 몸은 마땅히 화장(火葬)을 하도록 하시오." 이 말을 들은 대왕의 아들은 그 외과의들에게 인사를 하고 돌려보냈습니다. 그런 다음 적절한 때에 크리슈나(Madhava)는, 비슈마의 쓰러짐에 기쁨이 넘쳐 함께 앉아 있는 판두들에게 가서, 유디슈타라를 보고 말했습니다.

"운 좋게 승리를 하였습니다. 행운으로 비슈마가 쓰러졌습니다. 운수로 그 억센 무사[비슈매가 당신의 화난 눈에 의해 없어졌습니다." 이에 유디슈타라는 말했습니다.

"**당신의 은혜로 이겼고, 당신의 분노로 무찔렀습니다! 당신은 당신께 헌신하는 자에게 걱정을 쫓아버리십니다. 당신은 우리의 은신처이십니다. 오 케사바여, 당신이 우리의 은신처가 되었으니, 저에게는 놀라울 것이 없습니다!**" 이에 크리슈나는 웃으며 답했습니다. "왕 중에 최고시여, 그 [칭찬의]말씀은 그대에게서만 듣습니다."

산자야가 말했다. -밤이 지났으므로 모든 판다바들과 다르타라슈트라들이 할아버지를 찾았습니다. 그 크샤트리아들은 화살 침대에 누운 비슈마께 인사를 드렸습니다. 그러나 비슈마는 박힌 화살의 고통을 불굴의 용기로 견디며 배처럼 한숨을 쉬었습니다. 화살로 불타는 그의 몸으로 거의 의식을 잃고 왕들을 향해 물을 달라고 했습니다. 그러자 크샤트리아들은 찬 물을 그릇에 담아 왔습니다. 그 물을 보고 비슈마는 말했습니다.

"나는 지금 인간이 사용하는 것은 쓸 수가 없다. 나는 인간의 울타리에서 이사(移徙)를 했다. 나는 화살 침대에 누워있다. 나는 달과 해가 돌아오기를 기다리며 여기에 있다. 아르주나를 보자!" 그러자 아르주나가 앞에 나아가 손을 모으고 인사하며 여쭈었습니다.

"무엇을 해 드릴까요?" 비슈마가 아르주나에게 말했습니다.

"너의 화살이 내 몸을 덮어, 몸이 크게 타오르고 있다. 온 몸이 괴롭구나. 내 목이 마르다. 고통을 받으며 내가 머물러야 하니, 아르주나야, 어서 물을 다오." 용감한 아르주나가 말했습니다.

"그렇게 하겠습니다." 아르주나는 전차를 타고 간디바를 느렸습니다. 천둥 같은 활 시위소리가 났습니다. 아르주나는 비슈마가 누워 있는 남쪽에 땅을 조금 뚫었습니다. 거기에서 물줄기가 솟아오르는데, 차고 깨끗하고 넥타르 같았습니다.['모세의 행적'과 일치하는 기적임] 그래서 아르주나의 시원한 물줄기를 비슈마는 반기셨습니다. 그 아르주나의 위력을 본 쿠루들은 추위에 떨 듯 떨었습니다. 그 놀라움에 거기에 있던 모든 왕들은 윗도리를 벗어 공중에 흔들며 소라고둥을 불고 북을 쳤습니다. 비슈마가 목마름이 멈추자 아르주나에게 말했습니다.

"오 쿠루의 아들이여, 그것[화살로 물줄기를 뽑아 올리는 일]은 그대에게 놀라운 일이 아니다. 나라다(Narada)도 그대를 옛 신령이라 이를 것이다.[시간을 무시한 힌두] 그대와 연합한 바수데바와 함께 이룬 공적은 천상의 신들도 이룰 수 없을 것이다." 이 비슈마의 말을 들은 두료다나는 우울해졌습니다. 두료다나를 본 비슈마는 말했습니다.

"오 왕이여, 그대의 분노를 버려라. 그대는 파르타[아르주나]가 땅에서 물줄기를 뽑아 올리는 것을 보았다. 그것은 세상에는 없는 묘기이다. 판다바와 화해하라. 내가 한 말을 들어라. 그대의 분노를 버리고 아르주나와 화해해라. 아르주나는 이미 [그의 전쟁 능력]충분히 보여주었다. 비슈마의 죽음으로 우정을 회복하라. 왕국의 절반을 판다바들에게 제공하라. 그래서 유디슈타라를 인드라프라타(Indraprastha)로 가게 하라. 악행은 그만두고 불화의 조장 자가 되지 마라. 내 죽음이 평화를 가져오게 하라. 세상의 왕들이 즐겁게 서로 사귀게 하라. 이해력의 부족과 어리석음으로 이 말을 실행하지 못 하면 너는 크게 후회할 것이다. 내가 말한 것은 진실이다. 그러므로 지금 당장 멈추어라!" 비슈마는 왕들이 모인 앞에서 애정을 가지고 두료다나에게 그 말씀을 하시고 침묵하셨습니다.

산자야가 계속했다. -그러나 대왕의 아드님은 죽어 가면서도 약을 거부하는 사람처럼 그 말씀을 듣지 않았습니다.

산자야가 말했다. -비슈마가 침묵으로 들어가자 왕들은 그들의 영역으로 되돌아갔습니다. 비슈마의 사망 소식을 듣고 카르나는 급히 그곳으로 달려 왔습니다. 카르나는 화살 침대에 누워 있는 비슈마를 보았습니다. 카르나는 눈물에 목매이며 눈을 감고 있는 비슈마 발아래 쓰러졌습니다. 카르나는 말했습니다.

"쿠루의 어르신이여. 저는 라다(Radha, 마부)의 아들입니다. 모든 것에서 밉보인 사람입니다." 이 말은 들은 비슈마는 호위병을 물리치고 사람들이 없는 것을 보고 그를 아들처럼 팔로 껴안으며 사랑을 가지고 말했습니다.

"오너라. 오너라. 그대는 항상 나에게 도전을 했었지! 네가 나에게 오지 않았다면 그것은 틀림없이 그대에게도 좋지 않았을 것이다. 그대는 마부의 아들이 아니라 쿤티(Kunti)의 아들이다. 아디라타(Adhiratha)가 그대 아비가 아니다. 나는 크리슈나 드와이파이아나(Krishna-Dwaipayana)로부터 네가 나라다(Narada)의 아들이라고 들었다. 그것이 틀림없는 진실이다. 나는 너에게 어떤 악감정도 없다. 그대는 근거도 없이 판두 아들들에게 악담을 해 왔다! 그대는 세상에 악행을 저질렀다. 긍지와 소유 역시 저급한 것이어서 그대의 정신은 평민들의 것이다. 그래서 쿠루들이 모인 곳에서 나는 심한 말을 그대에게 했었다. 나는 그대의 용맹을 알고 있다. 신과 같아서 인간 중에 그대만한 자가 없다. 쿠루 내부의 갈등을 싫어해서 나는 항상 그대에게 거친 말을 하였다. 궁도(弓道)에서 무기에서 신속함에서 그대는 나르주나 크리슈나와 동일하다! 오 카르나여, 그대는 항상 바라문들에게 헌신했고, 공정하게 싸웠다. 내가 그대에게 지녔던 분노는 버렸다. 운명은 노력으로 피할 수 없다. 그대가 내게 동의를 하려면 판두들과 연합하라. 오 수리아(Surya)의 아들이여. 나에 대한 적대감은 마감하라. 세상의 모든 왕들을 오늘부터 위험에서 벗어나게 하라." 카르나가 말했습니다.

"오 비슈마여, 저는 쿤티의 아들이고, 수타(Suta)의 아들은 아닙니다. 쿤티가 나를 버리니 수타가 길렀습니다. **오래도록 두료다나의 부(富)를 즐겼으므로 그것을 지금 속일 수도 없습니다.** 크리슈나의 아들이 판다바들을 굳건히 돕듯이, 나도 두료다나를 위해 내 몸과 아들과 아내를 버릴 준비가 되어 있습니다. **병들어 죽는 것은 크샤트리아가 아닙니다.** 수요다나[두료다나]에 의지하여 저는 항상 판두들을 짜증나게 했습니다. 그것은 운명입니다. 누가 노력으로 운명을 극복하겠습니까? 모든 징조가 세상의 종말을 말하고 있습니다. 오 할아버지시여, 저도 판다바의 아들과 바수데바가 무적(無敵)이라는 것을 알고 있습니다. 그들이라고 할지라도 나는 감히 싸울 것입니다. 전투로 판두 아들을 무찌르는 것이 저의 결심입니다. 저는 이 치열한 적대감을 접을 수 없습니다. 기쁜 마음으로 저의 목전에 명해진 의무를 지킬 것입니다. 저는 아르주나와 힘을 겨룰 것입니다. 전투에 확고한 저를 용납하소서." 비슈마가 말했습니다.

"오 카르나여, 그대가 치열한 적대감을 버릴 수 없다면 나는 그대 인정한다. 싸워라! 하늘의 소망으로 될 것이다. 분노와 복수심은 버리고, 그대의 힘과 용기와 정의감으로 그대의 왕에게 봉사하라. 오 카르나여, 그대가 추구하는 것을 획득하라. **아르주나를 통해 그대는 그 '크샤트리아의 의무(the duties of Kshatriya)'를 성취할 것이다.** 긍지에서 벗어나 자신의 힘과 용맹으로 싸우므로, 크샤트리아는 의로운 전투보다 더 행복한 것은 없다. 오랜 동안 나는 평화를 말해 왔으나, 그 [크샤트리아의] 그 임무에 대해서는 그대에게 진실을 말하였다."

산자야는 계속했다. -비슈마의 말씀을 들은 다음 카르나는 비슈마에게 인사를 올리고 전차에 올라 대왕의 아들을 향하여 출발했습니다.[41]

'화살 침대에 누운 비슈마(크샤트리아 정신의 대표자)'[42] '화살 침대에 누운 비슈마(크샤트리아 정신의 대표자)'[43]

41) K. M. Ganguli (Translated into English Prose from the Original Sanskrit Text), *The Mahabharata of Krishna-Dwaipayana Vyasa*, Munshiram Manoharlal Publisher Pvt. Ltd. New Delhi, 2000, -**Bhishma Parva**- pp. 273~314

'화살 침대에 누운 비슈마(크샤트리아 정신의 대표자)'[44] '화살 침대에 누운 비슈마(크샤트리아 정신의 대표자)'[45], '비슈마의 죽음'[46]

(a) '마하바라타(*The Mahabharata*)'의 가장 큰 주제 '크샤트리아의 의무'와 '절대 신에의 복종'이 이 '비슈마의 책'에서처럼 치열하게 제시된 부분은 없다.

(b) '마하바라타(*The Mahabharata*)'에서 두료다나에게 편을 들고 있으나 '판두들과 화해하라.'는 비슈마와 '자기 왕에게 충성 바치기'에 '크샤트리아의 의무'를 다하리라는 '카르나'의 행동 방향이 그것이다.

(c) 힌두는 사실상 태고(太古) 적부터 '절대신'과 '육신' 사이에 문제를 지니고 고민을 해왔는데, '마하바라타(*The Mahabharata*)'는 바로 그 큰 문제를 작품의 전면에 배치하여 대대적인 논의 펼쳤고, 역시 이 '비슈마의 책'에 가장 적절하게 배치를 하고 있으니, 이것이 '불멸의 힌두 고전'이자 '인류 고전'의 머리를 차지하고 대 저서의 '위대한 명 장면'이다.

(d) 그 여타(餘他) 사항은 불교와 기독교도 공유를 했으나, 역시 최고 쟁점은 '절대 신'과 '개인의 육신 운영' 두 가지 기둥 사이에 있음을 알면 된다.

42) Dr. N. Krishna etc, *Historicity of the Mahabharata*, Aryan Books International New Delhi, 2013, p. 37 'Bhishma lying on a bed of arrows'
43) Dr. N. Krishna etc, *Historicity of the Mahabharata*, Aryan Books International New Delhi, 2013, p. 38 'Bhishma lying on a bed of arrows'
44) Dr. N. Krishna etc, *Historicity of the Mahabharata*, Aryan Books International New Delhi, 2013, p. 39 'Bhishma lying on a bed of arrows'
45) Dr. N. Krishna etc, *Historicity of the Mahabharata*, Aryan Books International New Delhi, 2013, p.
46) P. Thomas, *Epics, Myths and Legends of India*, Bombay, 1980, Plate 158 'Death of Bhishma'

다다 혁명 운동과 마하바라타
Movement Dada & *The Mahabharata*

제4권 드와라카의 함몰

'카르나의 전차 바퀴가 진흙탕에 빠지다.'[1]

---

1) Navin Khanna, *Indian Mythology through the Art and Miniatures*, New Delhi, 2013, p. 95 'The wheel of chariot of Karna is struck deep in mud.'

7. 드로나의 책(Drona Parva)

제104장 드로나가 사령관이, 되어 '유디슈티라 생포' 계획을 세우다.

옴(Om)! 최고의 남성 나라야나(Narana)와 나라(Nara)께 인사를 드리며 여신 사라스와티(Saraswati)와 자야(Jaya)께도 인사드리옵니다.

드리타라슈트라가 말했다. -오 산자야여, 비슈마가 전차에서 떨어지신 다음에 모인 왕들을 무엇을 행했는가?

산자야가 말했다. -비슈마가 살해를 당한 다음에 대왕의 군사들과 판다바들은 모두 그들 상황에 대한 생각에 잠겼습니다. 자기들의 '크샤트리아의 의무'를 생각하며 한쪽[판다바들]은 환희와 기쁨에 있었으나, 자신들의 의무대로 행하면 그들 모두가 그 '무사 정신'에 복종을 해야 했습니다. 그 무사들이 '비슈마의 화살 베개'를 만들고 비슈마 보호 준비를 할 적에는 평화롭게 말을 나누었습니다. 그러다가 무사들이 비슈마에게 인사를 마치고 비슈마의 주변을 거닐 적에는 서로 운명적으로 붉어진 눈으로 서로를 바라보며 다시 전투를 하러 떠났습니다. 그래서 대왕의 군사나 적들이 다 나팔을 불고 북을 치면서 진군을 하였습니다. 비슈마가 쓰러지고 그날 밤이 지나자, [화해하라는] 비슈마의 말씀은 무시되고 무사들은 분노를 내어 무장을 하고 전장으로 달려갔습니다. 대왕과 대왕 아들의 잘못과 그리고 비슈마의 학살의 결과로 모든 왕들을 거느린 카우라바들은 '죽음의 소환장'을 받은 것 같았습니다. 비슈마가 없어진 쿠루들은, 맹수가 들끓는 숲에 목자(牧者)가 없는 양떼와 같았습니다. 그래서 왕들은 다 "카르나(Karna)! 카르나(Karna)!"를 외쳤습니다. 라다(Radha)의 아들이며 수타(Suta, 마부)의 아들인 카르나는 항상 전투에 생명을 버릴 각오를 하고 있었습니다. 위대한 명성을 지닌 카르나(Karna)는 그 부하 친구들과 함께 그 동안의 10일 간의 전투에는 참여하지 않았습니다. 비슈마는 카르나의 뛰어난 용맹에도 불구하고 비천한 존재로 무시했습니다. 이에 카르나는 비슈마에게 다음과 같이 말했었습니다.

"오 비슈마여, 당신이 살아계시는 한 저는 싸우지 않을 겁니다. 그리고 당신이 판다바들을 물리치시면 저는 두료다나의 허락을 받아 숲으로 은퇴를 하겠습니다. 만약 판다바들이 하늘을 얻어 당신을 살해한다면 그 때 나는 홀로 전차를 몰아 당신이 위대한 전차무사들이라는 자들을 모두 없앨 것입니다." 이렇게 말한 카르나는 대왕 아들[두료다나]의 허락을 받아 열흘 동안 전투에 참여하지 않았습니다. 비슈마는 엄청난 유디슈티라 군사를 무찔렀으나, 결국 살해를 당하고 보니, 대왕의 아들[두료다나]은 강물을 건너려는 사람이 배를 찾듯이 카르나를 생각해 내었습니다. 대왕의 아들들과 무사들은 '카르나'를 연호(連呼)하며, 말했습니다.

"이 때가 그 '카르나'가 용맹을 보여주어야 할 때입이다." 카우라바들의 마음은 다 카르나에게 돌아갔습니다. 그 카르나는 카우라바들을 위험에서 구출할 것을 자신하고 있었습니다.

드리타라슈트라가 말했다. -나는 카우라바들이, 목숨을 버릴 각오에 있다는 카르나에게 관심을 돌린 것을 이해할 수 있다. 슬픔과 공포에 위협을 받은 두료다나와 그 형제들의 기대에 어긋나지 말 것을 나도 바란다. 카르나는 과연 비슈마가 행했던 것을 대신하였는가? 카르나는 우리 아들들이 바라는 승리를 획득하였는가?

산자야가 말했다. -카르나는 비슈마가 살해되어, 바닥도 모르는 대양(大洋)에 빠진 배와 같은 대왕의 군사와 아들형제들을 구해내고 싶었습니다. 그래서 카르나는 말했습니다.

"비슈마는 천하무적이셨으나 죽임을 당하셨을 때에 나는 이미 다른 영웅들도 다 죽었다고 생각을 했습니다. **영원을 생각해 볼 때, 이 세상에 있는 것은 모두 죽지 않은 것은 없습니다**. 그 분이 돌아가셨을 때, 내일 해가 돋으리라고 과연 누가 확신을 했습니까?"

산자야는 계속했다. -카르나는 눈물을 흘리며 다르타라슈트라들을 위로했습니다. 카르나의 말을 듣고 대왕의 아들과 군사들은 대성통곡을 했습니다. 그러나 여러 왕들의 주장으로 무서운 전투가 다시 시작이 되어 또 한 번 함성을 지르니, 카르나는 군사들에게 다음과 같은 말을 하여 즐겁게 했습니다.

"**순간인 현세에 만물은 다 그 죽음의 문턱에 있습니다**. 그것을 생각하면 만물이 덧없습니다. 그러나 비슈마는 어떻게 전차에서 떨어졌습니까? 그러나 나는 그 비슈마가 그렇게 하셨듯이 우울한 쿠루 들을 다 지켜내겠습니다. 그 비슈마께서 졌던 짐을 이제 내가 지겠습니다. 나는 이 세상이 잠깐임을 알기에, 최고의 영웅도 이 전장에서 죽었다고 알고 있습니다. **그런데 내가 왜 전투를 무서워하겠습니까**? 나는 전장에서 나의 직격(直擊) 화살로 판다바들을 저 세상으로 다 보내주겠습니다. 세상 최고의 명예를 목표로, 나는 전투로 적들을 섬멸하고 이 전장에 잠들게 하겠습니다."

산자야는 계속했다. -카르나는 황금 전차를 바람처럼 몰며, 승리를 위해 나아갔습니다. 천신들이 인드라 신을 받들 듯이 쿠루 전차무사들의 숭배를 받으며 최고의 말들의 전차로 전장으로 갔습니다.

산자야가 말했다. -전장에 도착한 카르나는 [비슈마의 죽음에]정신을 잃을 정도로 괴로움을 느끼며 전차에서 내렸습니다.

산자야는 말했다. -두료다나는 카르나가 전차에 오르는 것을 보고 기쁨에 넘쳐 말했습니다.

"그대의 도움으로 우리는 좋은 지도자를 얻었습니다. 그러나 우리가 할 수 있는 범위에서 안정을 찾기로 합시다." 카르나가 말했습니다.

"말씀하십시오. 자기가 관심을 가지고 있는 것은 다른 사람이 그처럼 잘 볼 수는 없습니다. 왕들은 당신[두료다나]이 말하는 것을 듣고 싶어 합니다. 나는 어떤 왕의 말도 당신의 말을 대신할 수 없다고 확신합니다." 두료다나가 말했습니다.

"비슈마가 열흘 동안 우리들의 사령관이 되어 성취하기 어려운 공훈을 세웠습니다. 그러나 이제 하늘나라로 떠나야 할 형편이 되었으니, 다음으로 과연 누가 우리 군사의 사령관으로 적당할까요?

군에 사령관이 없으면 수중(水中)에서 조타수(操舵手)가 없는 배와 같습니다." 카르나가 말했습니다.

"모든 왕들이 다 고매한 분들이십니다. 모두 우리 군의 사령관이 될 만한 분들이십니다. 그렇다고 동시에 모두가 사령관이 될 수는 없습니다. 그러므로 존중을 받지 못하면 만족을 못 할 것이고, 그러면 당신을 위해서도 싸우지 않을 겁니다. 그렇다면 **드로나(Drona)를 사령관으로 삼아야 합니다**."

산자야가 말했습니다. -그 카르나의 그 말을 듣고, 두료다나 왕은 군중(軍中)에 머무르고 있는 드로나에게 말했습니다.

"최고의 출신에다가, 고상하신 성품, 학식, 지성과 연령 용맹과 전술 극기력 모든 면에서 아무도 당신처럼 '우리 군의 사령관직'을 수행하실 분은 없습니다. 당신께서 천상의 바사바(Vasava)처럼 우리를 지켜주십시오. 우리의 사령관으로 모셔서, 우리의 적을 멸하고 싶습니다. 당신께서 우리군의 사령관이 되시면 아르주나도 공격을 하지 못할 겁니다.['스승'이므로] 당신이 우리 사령관이 되면 유디슈티라와 그의 추종자들을 물리칠 것입니다."

산자야는 계속했다. -두료다나가 그 말을 한 다음 모든 [카우라바 군의]왕들이 드로나를 향하여 "승리입니다."라고 함성을 보냈습니다. 그리고 사자 같은 함성을 지르며 군사들이 좋아했습니다. 그런 다음 드로나(Drona)는, 두료다나에게 말했습니다.

"나는 베다(Veda)의 여섯 개의 가지를 알고 있습니다. 그리고 나는 '인간학'을 알고 있습니다. 그리고 나는 '사이바(Saiva) 무기'와 다른 무기 사용법도 알고 있습니다. 당신의 승리를 위해 내가 소지한 모든 지식을 발휘하여 저 판다바들과 싸우겠습니다. 그러나 나는 '프리샤타(Prishata)의 아들[드리슈타듐나]'을 죽일 수는 없습니다. 그 사람은 나를 잡으려고 만들어졌습니다. 나는 판다바들과 소마카들과 싸워 그들을 물리치겠습니다. 판다바들은 즐거운 마음으로 나와 싸우지는 못 할 것입니다." 드로나가 그처럼 '사령관직'을 수락을 하자 대왕의 아들[두료다나]은 경전(經典)에 밝혀져 있는 의례(儀禮)에 따라 그를 군의 사령관으로 취임시켰습니다. 드로나가 사령관으로 취임을 하니, 즐거운 군사들은 북을 치고 소라고둥을 불었습니다. 그리고 최고의 바라문들이 '자야(Jaya, 성스러운 여신)'를 즐겁게 부르며 춤을 추며, 드로나를 축하했습니다. 그래서 카우라바 무사들은 판다바들을 이미 다 이긴 것처럼 생각했습니다.

산자야가 계속했다. -드로나가 사령관이 되어 군사를 전투 진형으로 바꾸고 대왕의 아들들과 더불어 적과 싸우러 나갔습니다. 신두 왕과 칼링가 왕과 대왕의 아들은 드로나의 오른쪽 날개가 되었습니다. 그리고 간다라(Gandhara) 족에 속하는 많은 기병(騎兵)을 이끄는 사쿠니(Sakuni)가 그들을 지휘했습니다. 그리고 크리파(Kripa)와 크리타바르만(Kritavarman)과 치트라세나와 두사사나가 앞장을 선 비빈사티는 왼쪽 날개를 보호하도록 했습니다. 그리고 엄청나게 빠른 기마병을 지닌 수다크시나(Sudakshina)가 이끄는 캄보자족(Kamvojas) 사카족(Sakas) 아바나족(Yavanas)은 왼쪽 날개를 지원하도록 했습니다. 그리고 마드라족(Madras)과 트리가르타족(Trigartas) 암바슈타족(Amvashthas) 서방족 북방족 말라바족(Malavas) 수라세나족(Surasenas) 수드라족(Sudras) 말라다족(Maladas) 사우비라족(Sauviras) 카이타바족(Kaitavas) 동방족 남방족은 두료다나와 카르나와 함께 선두에 자리를 잡아 배후를 형성한 군사들을 즐겁게 했고, 카르나가 궁사(弓師)들에 앞장을 서서 진격을 하였습니다. 코끼리를 본뜬 거대한 깃발이 태양처럼 빛났습니다. 그 카르나를 본 군사들은 누구도 '비슈마의 재난'을 생각하지도 않았습니다. 쿠루를 따른 다른 왕들도 모두 슬픔에서 벗어났습니다. 수많은 전사들이 서로 말했습니다.

"카르나를 보라. 판다바들이 못 버틸 것이다. 카르나는 바사바(Vasava)가 이끄는 신병(神兵)도 물리칠 것이다. 힘과 용맹이 부족한 저 판두 아들들을 말할 것이 있겠는가? 비슈마는 파르타들을 살려냈지만 카르나는 날카로운 화살로 그들을 다 잡을 것이다." 군사들은 서로 그렇게 말하며 기뻐했습니다. 드로나가 잡은 진형(陣形)은 '사카타(Sakata, 수레) 형'이었습니다. 이에 대비하여 유디슈티라는 '크라운차(Krauncha, 학)' 진형을 쳤습니다. 그 진의 선두에는 비슈뉘크리슈나와 다난자야[아르주나]가 원숭이 깃발을 세우고 자리를 잡았습니다. 전군(全軍)에서 우뚝 솟아난 부분은, 모든 궁사들의 은신처로 하늘에 떠오를 듯 측량할 수 없는 위력을 지닌 [유디슈티라에게 모인 모든] 왕들에게 보여주는 것 같았습니다. 아르주나의 깃발은 세계를 불사르는 유가(Yuga)의 마지막에 솟은 빛나는 태양 같았습니다. 궁사(弓師) 중에서 아르주나가 최고이고, 활 중에서는 간디바(Gandiva)가 최고이고, 피조물 중에서 바수데바가 제일이고, 원반(原盤) 중에서는 수다르사나(Sudarsana)가 최고입니다. 이 네 가지 힘의 형상을 지니고 백마를 멍에 하여 선두에 서니 그 날카로운 원반이 솟아오를 듯했습니다. 이처럼 최고의 영웅들이 카르나와 아르주나가 선두에 서서 바라보았습니다. 그러자 최고 전차무사 드로나가 빠른 속도 진격하니 커다란 함성이 땅을 흔들었습니다. 바람으로 비단 같은 황갈색 짙은 먼지가 일어 하늘로 퍼졌습니다. 그래서 쿠루들과 판다바들은 접전이 시작되었습니다. 커다란 소음이 천지에 가득했습니다. 불꽃같은 그 위대한 궁사가 판다바군에 대들어 수백 발의 화살을 쏘았습니다. 그러자 도로나를 본 판다바들과 스린자야들은 그 화살 소나기를 자신들의 화살 소나기로 맞았습니다. 판다바들과 스린자야들은 학(鶴)들의 대열이 바람에 부서지듯이 드로나에 의해 그 대열이 동요하여 부서졌습니다. 드로나는 삽시간에 천상의 무기를 불러내어 판다바들과 스린자야들을 괴롭혔습니다. 드로나는 바사바(Vasava)가 다나바스(Danavas)를 그렇게 했듯이 <u>**드리슈타듐나(Dhrishtadyumna)가 앞장을 선 판다바들과 판찰라들을 무찔러 떨게 만들었습니다**</u>. 그러자 그 천상의 무기를 알고 있는 드리슈타듐나(Dhrishtadyumna)는 그 드로나 부대를 자신의 화살 소나기로 깨뜨렸습니다. 그런데 쿠루군에게 대량 살상을 가져올 수 있는 화살 소나기는 드로나가 쏜 화살로 많이 저지가 되었습니다. 그리고 나서 드로나는 무사들을 불러 모아 드리슈타듐나(Dhrishtadyumna)에게로 달려들었습니다. 드로나는 드리슈타듐나(Dhrishtadyumna)에게 마가바트(Maghavat)가 다나바들(Danavas)에게 그랬듯이 화살 공격을 가했습니다. 그래서 판다바들과 스린자야들은 사자의 공격을 받은 약한 동물 떼 같은 신세가 되었습니다. 그래서 드로나는 판다바 군중을 '불 굴렁쇠'가 굴러다니듯 누볐습니다.

산자야가 말했다. -이처럼 드로나가 말들과 마부들과 전사들과 코끼리들을 죽이는 것을 보고, 판다바 군들은 그 드로나를 사방에서 포위하였습니다. 유디슈티라 왕은 드리슈타듐나(Dhrishta-dyumna)와 아르주나에게 말했습니다.

"저 항아리에서 나온 재드로나를 막아라. 우리 군사가 그를 포위했다." 그래서 케카야(Kekaya) 왕자들과 비마와 아비마뉴와 가토트카차와 유디슈티라와 쌍둥이 형제와 마트시아 왕과 드루파파다의 아들, 드라우파디의 다섯 아들과 드리슈타케투, 사티아키, 치티르세나, 유유트수 등 모두가 그 드로나(Drona)에게 대항을 했습니다. 그 판다바 군을 드로나는 노한 눈으로 바라보았습니다. 화로 불타오른 그 무새드로나는 태풍이 구름을 몰듯이 무찔렀습니다. 고령에도 불구하고 드로나(Drona)는 젊은이처럼 전차무사 기병 보병 코끼리 기사들을 닥치는 대로 공격했습니다. 드로나의 붉은 말들은 바람처럼 달리며 피로 전장을 덮었습니다. 야마(Yama)처럼 무찌르는 드로나의 용맹에, 판다바 무사들은 사방으로 도망을 쳤습니다. 그래서 그 소동(騷動)은 영웅들에게는 즐거움이었고, 겁쟁이들에게는 공포였습니다. 그래서 전장에서 드로나(Drona) 이름은 퍼졌고, 수백 발의 화살이 적진에 쏟아졌습니다. 그러고 나서 판찰라들과 판다바들에게 달려드는 드로나(Drona)는 그대로 '불'이었습니다. 그래서 수많은 코끼리들과 보병들과 말들이 야마(Yama)의 세계로 보내졌습니다. 드로나(Drona)는 낮은 땅이 피로 젖게 만들었습니다. 드로나는 무수한 화살로 하늘을 덮어서 화살 이외에는 아무 것도 볼 수가 없었습니다. 드로나(Drona) 전차의 깃발만이 모든 사람들이 볼 수 있었는데, 전차들 속을 번개처럼 누비고 다녔습니다. 드로나는 케카야 왕자들을 괴롭혔고, 다음은 판찰라 왕을 혼내 주고 이어 유디슈티라 부대로 달려들었습니다. 그러자 비마와 아르주나와 시니의 손자와 드라우파디 아들들이 함성을 지르며 그들의 활로 드로나(Drona)를 덮었습니다. 황금 깃을 단 수천의 드로나 화살들이 코끼리들과 말들을 관통하여 땅에 박혔습니다. 그러고 나서 드로나(Drona)는 사티아키와 비마, 아르주나와 아비마뉴와 드루파다, 카시 왕의 부대와 보병들을 공격하니 그는 대지를 비추는 태양과 같았습니다. **황금 전차를 몰았던 드로나는 막강한 공을 세우며 수천의 판다바 무사들을 죽이고 나서 결국 자신은 드리슈타듐나(Dhrishtadyumna)에게 살해를 당했습니다. 정말 세우기 어려운 공적을 달성하고 드로나는 잔인한 판다바와 판찰라들에게 살해를 당했습니다. 전장에서 스승[드로나]이 살해를 당한 것을 보고, 하늘에서 소동이 일었습니다.** 하늘에서 "쳇, 저런." 같은 큰 소리가 났습니다. 신들과 피트리들(Pitris)이 그들의 친구인 드로나가 살해를 당했기 때문입니다. 승리를 거둔 판다바들은 사자 같은 함성을 질러 땅을 흔들었습니다.

드리타라슈투라가 말했다. -어떻게 판다바들과 스린자야들이 그토록 무기에 달통한 드로나를 다 죽일 수가 있었는가? 전차가 망가졌는가? 아니면 주의를 못해서 화살을 맞았나? 어떻게 드리슈타듐나(Dhrishtadyumna)가 무적의 영웅을 죽일 수 있었는가? 드로나를 지켜 줄 무사는 없었는가? 영역을 이탈하여 홀로 있다가 살해를 당했는가? 그런 큰일을 당하기에는 어떤 영명한 존재가 그에게 힘이 나게 해야 했을 것이다. 드로나를 생각하니 나는 정신이 혼미(昏迷)하다. 잠깐 이야기를 멈춰라. 산자야.

바이삼파야나(Vaisampayana)가 말했다. -그렇게 산자야(Sanjaya)의 이야기를 들은 드리타라슈트라는, 아들의 승리 희망이 사라져 땅바닥에 쓰러졌습니다. 그래서 그에게 찬물을 뿌리고 부채질을 했습니다. 한창 그렇게 했더니 왕의 정신이 겨우 회복이 되었습니다.

드리타라슈트라가 말했다. -그의 분노로 비슈마와 드로나를 쓰러뜨린 유디슈타라는 그 융성이 무궁한 것이다. 그래서 정의(正義)가 유디슈타라 측에 넘어가고 내 아들을 적대하기에 이르렀다. 슬프다. 너무 독하다. 나는 다 망했다. 돌이킬 수도 없다. 이것이 내 생각이다. 우리에게 피할 수 없는 재난이 발생한 그대로를 모두 말해 보라.

산자야가 말했다. -모두 말씀을 드리겠습니다. 어떻게 판다바와 스린자야들에게 그 드로나가 죽음을 당했는지 제가 아는 것을 모두 말씀 드리겠습니다. 드로나(Drona)가 사령관이 된 다음 모든 군사들이 있는 가운데 대왕의 아들에게 말했습니다.

"오 왕이시여, 그대의 목표를 달성하기 위해 비슈마가 떠난 다음 나에게 사령관 직으로 영광을 주었습니다. 그대가 가장 바라는 소원이 무엇인지 우선 말해보시오." 두료다나 왕이 카르나와 두사사나 그리고 다른 사람들과 상의한 다음 스승 드로나에게 말했습니다.

"선생님께서 제게 좋은 것을 주시려면, 전차 무사 중에 그 유디슈타라를 산 채로 제게 데려다 주십시오." 그 말을 들은 드로나(Drona)는 다음과 같이 말했습니다.

"대왕이 쿤티 아들[유디슈타라]의 '생포'만을 원한다고 하니 정말 칭찬 받을 만한 일입니다. 대왕은 다른 소망이 없다는 말씀이시지요? 오 두료다나여, 당신은 전략을 잘 알고 계시군요. 그런데 왜 유디슈타라의 죽임을 원하지 않습니까? 사실 **'유디슈타라 왕이 정말 죽기를 바라는 적(敵)은 세상에 없다.'**는 점은 놀라운 일입니다. 유디슈타라를 살려두라 하시니 말씀드립니다. 그렇다면 그대가 그대의 종족의 절멸을 막으시거나, 아니면 판다바들을 전투로 패배를 시켜서, 그들에게 왕국을 되돌려 주고 '형제 관계'를 복원하십시오. 그 영리한 왕자[유디슈타라]의 탄생은 상서로웠습니다. 진실로 유디슈타라를 '아자타사트루(Ajatasatru, 적이 없는 사람)'라고 사람들이 불렀으니, 당신까지도 그에게 사랑을 보였습니다." 드로나가 그렇게 말하니, 두료다나는 평소에 자신이 품고 있는 생각을 말했습니다. 대왕의 아들은 기쁨에 넘쳐 말했습니다.

"오 선생님, 전쟁에서 그 쿤티의 아들을 죽여도 승리는 제 것이 못 됩니다. 만약 유디슈타라가 죽으면 의심할 것도 없이 아르주나는 우리 모두를 다 죽일 겁니다. 신들도 그들은 죽일 수 없습니다. 그럴 경우 우리는 없습니다. **그러나 유디슈타라는 약속을 지킵니다.** 살려두어 '주사위 노름'으로 그를 또 한 번 패배 시키면, 판다바들은 다시 숲으로 들어갈 것입니다. 왜냐 하면 판다바들은 다 유디슈타라에게 복종을 하기 때문입니다. 그 승리가 효력을 낼 것 가장 확실합니다. 그래서 제게 유디슈타라를 생포해 주시라는 겁니다." 이 비뚤어진 두료다나의 목적을 확인한 드로나는 잠깐 생각에 잠겼다가 다음과 같이 말했습니다.

"만약 아르주나가 유디슈타라를 지키지 않는다면, 대왕은 이미 유디슈타라를 잡았다고 생각해도 됩니다. 말하자면 아르주나는 신들과 아수라와 인드라가 연합을 해도 이길 수가 없습니다. 무슨 수를 써서든지 아르주나를 유디슈타라 곁에서 치워[떼어 놓아]주십시오. 아르주나가 물러가면 유디슈타라는 이미 잡혔다고 생각하면 됩니다."

산자야가 계속했다. -드로나(Drona)가 그 조건 하에 유디슈타라 생포를 약속하니, 대왕의 어리석은 아들들은 유디슈타라가 이미 잡혔다고 생각을 했습니다. 두료다나는 드로나(Drona)도 역시 판두들을 편애(偏愛)하고 있음을 알았습니다. 드로나가 약속을 지키지 않을 수 없도록, 두료다나는 회의 중에 그 '도로나의 약속'을 공개했습니다. 그러자 드로나가 '유디슈타라를 생포하겠다.'는 약속은 전군(全軍)이 다 알게 되었습니다.

산자야가 말했다. -드로나가 '유디슈타라를 생포하겠다.'고 약속을 했다는 소식을 들은 대왕의 군사들은 사자 같은 함성을 지르고 활시위 소리를 내고 소라고둥들을 불었습니다. 그러나 유디슈타라는 첩자(諜者, 간첩)를 통해 '드로나의 의도'를 다 알게 되었습니다. 그래서 유디슈타라는 형제와 왕들을 모아놓고 말했습니다.

"오 범 같은 용사들이여, '드로나의 생각'을 들었지요. 그러므로 그와 같은 방법의 그 목표의 달성은 막아야겠습니다. 드로나는 명백히 그와 같은 제한 된 조건[유디슈타라에게서 아르주나를 분리해 준다는 조건]으로 맹세를 했습니다. 그래서 내 근방에서 싸워서 두료다나의 목적 달성을 막아야겠습니다." 아르주나가 말했습니다.

"드로나 선생님은 나를 이길 수 없으므로, 나는 형님 보호를 포기하지 않을 겁니다. 차라리 제가 싸우다가 죽겠습니다. 두료다나는 결코 목표를 달성할 수 없습니다. 제가 살아 있는 한 두료다나는 땅이 두 조각이 난다고 해도 성공할 수 없습니다."

산자야가 계속했다. -그리고 나서 소라고둥들과 북과 심벌즈들이 판다바 진영에서 울려 퍼졌습니다. 그리고 그들은 사자 같은 함성을 질렀습니다. 판다바들의 활 시위 소리와 박수 소리는 하늘 나라에까지 이르렀습니다. 그래서 대왕의 부대들도 그렇게 하고 전투 대형으로 갖추었습니다. 그래서 머리털을 서게 하는 무서운 전투가 판다바들과 쿠루들, 드로나와 판찰라들 사이에 벌어졌습니다. 스린자야들은 비록 용감하게는 싸웠으나, 드로나가 지키고 있는 군대에 타격을 줄 수는 없었습니다. 그리고 무찌르는 힘이 막강한 대왕의 아들[두료다나]도 아르주나가 지키고 있는 군대에 타격을 줄 수가 없었습니다. 그래서 드로나는 판다바 진영[유디슈타라 스린자들]을 마음대로 할 수 있다고 생각했습니다. 드로나가 사방으로 발사한 무서운 화살에 유디슈타라 군사들은 놀랐습니다. 정말 드로나는 수백 개의 햇살로 하늘을 덮고 있는 태양 같았습니다. 그래서 다나바들(Danavas, 악귀들)이 인드라 신을 감히 쳐다 볼 수 없었듯이 판두 군사들도 전투 중에 드로나를 바로 볼 수도 없었습니다.

산자야가 말했다. -그래서 드로나가 판다바 왕들을 혼란에 빠뜨리며 그것을 돌파하는 것이 숲에 나무들을 불태우듯 했습니다. 힘찬 무사가 황금 전차를 몰고 성난 불길처럼 그들 군사를 죽이니 스린자야들은 공포에 떨었습니다. 드로나의 활시위 소리는 그대로 천둥이었습니다. 공포의 드로나 화살은 전차무사들과 기병들과 코끼리 전사들을 차례로 쓰러뜨리기 시작했습니다. 쏜살 같이 달리는 그의 전차에서 그 황금의 활은 먹구름 속의 번갯불이었습니다. 그래서 수천의 전차무사들이 저승으로 갔습니다. 드로나가 여기서 저기서 호전적인 군사들을 짓밟고 있을 때, 유디슈티라 앞장을 선 그 억센 무사들을 사방에서 그 드로나에게 달려들었습니다. 그것을 본 대왕의 군사도 달려왔습니다. 그래서 머리털이 서는 전투가 일어났습니다. 사기술이 능한 사쿠니(Sakuni)는 사하데바에게 달려들어 날카로운 화살로 마부와 깃발과 전차를 향해 공격했습니다. 그러나 사하데바는 별로 성냄이 없이 날카로운 화살로 사쿠니의 깃발과 활 마부를 꺾고, 그에게 60발의 화살을 쏘아주었습니다. 이에 사쿠니는 철퇴를 잡고 전차에서 뛰어내려 사하데바의 마부를 쓰러뜨렸습니다. 영웅적인 두 전차무사는 산마루처럼 마주섰습니다. 열 대의 드리슈타듐나의 화살을 받은 드로나는 그에게 열 대의 화살을 되갚아 쏘았습니다. 드리슈타듐나는 다시 드로나에게 수많은 화살을 쏘았습니다. 비마는 비빈사티(Vivinsati)를 날카로운 화살로 공격했습니다. 그러나 비빈사티(Vivinsati)는 흔들림 없어 놀라웠습니다. 그런데 비빈사티(Vivinsati)는 갑자기 비마의 말들과 깃발과 활을 못 쓰게 만들었습니다. 이에 모든 군사들이 비빈사티의 무공(武功)을 우러렀습니다. 그러나 비마는 그 전투에서 그 용맹을 막을 수 없었습니다. 그는 철퇴로 비빈사티(Vivinsati)의 말들을 죽였습니다. 그러자 억센 비빈사티(Vivinsati)는 칼과 방패를 잡고 전차에서 뛰어내렸습니다. 그리고 코끼리가 코끼리에게 달려들 듯이 비마에게 달려들었습니다. 영웅적인 살리아는 시간을 낭비하듯 웃고 있다가 나쿨라에게 많은 화살을 쏘아 그를 성나게 했습니다. 그러나 용감한 나쿨라는 아저씨[살리애의 말을 죽이고 우산과 깃발과 마부를 꺾고 그의 소라고둥을 불었습니다. 크리파와 싸우던 드리슈타케투는 크리파가 다양한 화살로 공격을 가하자 드리슈타케투는 세 발의 화살로 깃대를 꺾었습니다. 그래서 크리파는 많은 화살을 드리슈타케투에게 쏘았습니다. 사티아키는 잠깐 웃다가 크리타바르만의 가슴에 장전(長箭)을 박았습니다. 그리고 이어 70발의 화살을 쏘고, 또 다시 많은 화살을 쏘았습니다. 그러나 보자(Bhoja)의 무사 드리슈타케투는 사티아키에게 70발의 화살로 맞대응을 했습니다. 빠른 바람으로는 산을 움직일 수 없듯이 크리타바르만은 사티아키를 흔들 수가 없었습니다. 세나파티(Senapati)는 수사르만(Susarman)에게 심각한 공격을 감행했습니다. 수사르만도 세나파티의 어깨를 공격했습니다. 비라타(Virata)는 그의 마트시아(Matsya) 전사들의 도움을 받아 비카르타나(Vikartana) 아들에 대항을 했습니다. 그래서 마트시아(Matsya) 왕의 전공(戰功)은 놀라웠습니다. 드루파다 왕은 바가다타와 맞붙었습니다. 바가다타는 두루파다 왕과 마부와 깃발을 많은 직격 화살로 공격했습니다. 그러자 드루파다는 화가나 직격 화살로 마부의 가슴을 쏘았습니다. 소마다타의 아들[부리스라바스]과 시칸딘은 모두 무기 사용에 능해 모든 사람들이 공포를 느낄 정도로 치열하게 싸웠습니다. 용감한 부리스라바스는 시칸딘을 화살로 덮었습니다. 이에 시칸딘도 소마다타의 아들[부리스라바스]에게 90발의 화살을 쏘았습니다. **억센 락샤사들(Rakshasas) 히딤바 (Hidimba)의 아들과 알람부샤(Alamvusha)도 서로 잡으려고 놀랍게 싸웠습니다.** 그들은 백가지 요술을 부리며 서로 뽐내고 서로 잡으려 했습니다. 빠른 말의 전차에 무장을 한 파우라바(Paurava) 는 아비마뉴를 향해 싸우자고 함성을 질렀습니다. 그래서 파우라바(Paurava)와 아비마뉴의 싸움이 시작되었습니다. 파우라바는 아비마뉴를 화살 소나기로 덮었습니다. 그러자 아비마뉴는 파우라바 의 깃발과 우산과 활을 쏘아 땅으로 떨어뜨렸습니다. 그리고 아비마뉴는 파우라바에게 일곱 발, 마부와 말에게 다섯 발의 화살을 쏘았습니다. 그처럼 그 부대원을 기쁘게 한 아비마뉴는 사자 같은 함성을 거듭 질렀습니다. 그러고 나서 아비마뉴는 급히 파우라바의 목숨을 앗으려고 다시 화살을 활에 얹었습니다. 그것을 본 하리디카(Haridika)의 아들이 두 개의 화살로 아비마뉴의 활과 화살을 잘랐습니다. 그러자 아비마뉴는 부러진 활을 버리고 칼과 방패를 잡았습니다. 아비마뉴는 방패를 잡고 칼을 휘두르고 달려가 사우라바의 전차로 뛰어 올라 함성을 질렀습니다. 전차에 오른 아비마 뉴는 파우라바의 머리털을 잡고 마부를 발로 차 죽이고 칼로 깃대를 꺾었습니다. 아비마뉴는 파우 라바를, 가루다(Garuda, 靈鷲)가 뱀을 잡듯 했습니다. 모든 왕들이 보는 앞에서 머리 뽑힌 파우라 바는 사자에게 잡힌 황소 같았습니다. 파우라바가 그처럼 아비마뉴에게 잡혀 엎드려 끌려가는 모 습을 보고도 자야드라타는 그것을 막을 수가 없었습니다. 결국 자야드라타가 칼과 방패를 잡고 함성을 지르며 전차에서 뛰어내렸습니다. 그러자 아비마뉴는 그 신두 왕[자야드라타]을 보고 파우 라바를 버려두고 매[鷹]처럼 빠르게 땅으로 내려 왔습니다. 적들이 창과 언월도를 휘두르니, 아비마 뉴는 칼로 자르고 방패로 막았습니다. 그리고 아비마뉴는 큰 칼과 방패를 높이 들고 자야드라타에 게 달려들었습니다. 사자 같은 두 사람은 칼과 방패를 잡고 싸웠는데 두 사람의 용맹은 꼭 같았습 니다. 두 사람은 날개가 달린 산과 같았습니다. 자야드라타는 아비마뉴가 칼로 공격을 하자 그의 방패를 공격했습니다. 그러자 자야드라타의 큰 칼이 아비마뉴 방패를 찔러 그것을 힘으로 끌어 당겼습니다. 그래서 자야드라타의 칼이 부러지자 급히 여섯 발짝을 물러서서 눈을 번뜩이며 그의 전차로 올라갔습니다. 그렇게 칼의 대결이 끝나자 아비마뉴도 자신의 전차로 올라갔습니다. 그러 자 많은 쿠루의 왕들과 군사들이 아비마뉴를 포위했습니다. 그러나 억센 아비마뉴는 자야드라타에 게 칼과 방패를 흔들며 커다란 함성을 질렀습니다. 자야드라타를 패배시킨 아비마뉴는 세상을 비 추는 태양처럼 카우라바 군사를 무찌르기 시작했습니다. 그러자 그 전투에 살리아는 불같은 철 화살을 아비마뉴에게 쏘니 그는 가루다(Garuda) 같이 솟아 올라 그것을 칼집에서 칼을 뽑듯이 붙 잡았습니다. 그 놀라운 행동과 무한한 힘을 본 모든 왕들이 사자 같은 함성을 질렀습니다. 그러고 나서 아비마뉴는 뱀 같은 화살로 살리아 마부를 쏘아 전차에서 떨어뜨렸습니다. 그러자 비라타 드루파다 드리스타케투 유디슈티라 사티아키 케카야 비마 등 모두가 "최고다! 최고다!"를 연발했습 니다. 그러나 대왕의 아들들은 좋아하는 적들을 보고만 있을 수 없었습니다. 그래서 아비마뉴를 산허리에 구름처럼 화살로 덮었습니다. 그리고 나서 살리아는 화를 내어 아비마뉴에게 달려들었습니다.

드리타라슈트라가 말했다. -오 산자야여, 그대는 많은 개별 전투를 자세히 말해 주었다. 그것들을 들었으니, 옛날 신과 악귀 전쟁 같은 모든 사람들이 감탄을 했던 쿠루와 판다바 간에 전투를 듣고 싶다. 소소한 다툼 이야기는 흥미가 없으니, 살리아와 아비마뉴 이야기를 말해보라.

산자야가 말했다. -마부가 살해된 것을 본 살리아는 철퇴를 들고 전차에서 내렸습니다. 그러자 비마가 거대 철퇴를 들고 그 살리아에게 달려갔습니다. 아비마뉴도 무시무시한 철퇴를 들고 살리아에게 "덤벼라! 덤벼!"라고 했습니다. 그러나 용감한 비마는 아르주나에게 비켜나 있어라고 말하고, 살리아에게 나아가니 살리아는 산 같이 우뚝 서 있었습니다. 살리아는 호랑이가 코끼리를 노려보듯이 비마를 노려 보며 그에게 다가갔습니다. 그러자 수천의 트럼펫 소리와 소라도둥소리와 함성이 들리며 "브라보, 브라보" 소리가 수백 명의 판다바들과 카우라바들이 상대를 향하며 외쳤습니다. 마다라 왕 살리아를 빼고는 감히 비마와 대적할 수 있는 왕은 없었고, 비마 말고는 살리아의 철퇴를 막을 자도 없었습니다. 대마와 황금으로 묶은 무시무시한 비마의 철퇴는 보는 사람들을 즐겁게 했고, 역시 선명하게 빛나는 살리아의 철퇴도 놀라웠습니다. 둘 다 황소 같이 소리를 지르며 전투를 시작했습니다. 둘은 철퇴를 휘두르며 동시에 대결을 했습니다. 철퇴 끼리 서로 부딪쳐 불꽃이 튀었습니다. 계속 철퇴끼리 부딪쳐서 불을 토하는 뱀 같았습니다. 그러다가 두 영웅은 꽃이 핀 킨수카(Kinsukas)처럼 피범벅이 되었습니다. 천둥 같은 철퇴 소리는 사방에 들렸습니다. 살리아는 오른쪽을 공격하기도 하고 왼쪽을 공격하기도 했는데, 비마는 천둥으로 갈라진 산처럼 가만히 서 있었습니다. 그러다 둘 다 철퇴를 치켜들고 상대를 향해 내려쳤습니다. 그러서 둘은 인드라의 지팡이처럼 다 넘어졌습니다. 그러자 크리타바르만이 급히 살리아에게 달려가 기절한 살리아를 자기 전차에 싣고 그 전장을 떠났습니다. 술 취한 사람처럼 비틀거리며 비마는 눈을 번뜩이며 손에 철퇴를 잡고 일어섰습니다. 그러자 대왕의 아들들은 살리아가 도망한 것을 보고 비마가 무서워 떨기 시작했습니다. 그래서 코끼리들과 보병들과 기갑병들과 전차부대들이 현장에서 떠나니 판다바들은 드리타라슈트라들을 크게 무찔렀습니다.

산자야가 말했다. -대왕의 군사들이 크게 무너지는 것을 보고 용감한 브리샤세나(Vrishasena, 카르나의 아들)가 그의 유명한 무기를 들고 홀로 막기 시작했습니다. 브리샤세나는 사방으로 수천의 화살을 쏘니 마치 여름의 태양과 같았습니다. 그래서 바람에 쓰러진 나무들처럼 전차병과 기병들이 쓰러졌습니다. 막강한 전차 무사 브리샤세나는 수천의 말들과 코끼리들과 전차병들 쓰러뜨렸습니다. 두려움도 없는 그 무사를 보고 나쿨라의 아들 사타니카(Satanika)가 브리샤세나에게 달려들어 열 발의 화살을 적중시켰습니다. 그러나 브리샤세나는 사타니카의 활을 꺾고 그의 깃대를 잘랐습니다. 이에 다른 드라우파디 아들들이 그들의 형제를 구하러 달려들었습니다. 그래서 브리샤세나에게 화살 소나기를 퍼 부었습니다. 역시 그 드라우파디 아들들을 향해 드로나의 아들(아스와타만)이 달려들었습니다. 브리샤세나와 아스와타만은 구름이 비를 뿌리듯 화살을 퍼부었습니다.

이에 판다바들이 그들의 공격에 대항을 하고 나왔습니다. 그래서 또 다시 신들과 악귀들 간의 전쟁 같은 머리털이 서는 치열한 전투가 벌어졌습니다. **그래서 비마와 카르나와 크리파와 드로나와 드로나의 아들과 프리샤타의 아들과 사티아키가 서로 싸운 그 전장은 유가(Yuga)의 종말에 만물을 파괴하는 태양 같이 빛났습니다.** 그러자 유디슈티라 측의 왕들이 넘치는 바다처럼 커다란 함성을 지르자 대왕의 전차무사들이 도망을 치기 시작했습니다. 붉은 말 전차를 모는 드로나가 코끼리처럼 화가 나서 판다바 군을 뚫고 들어가 유디슈티라에게 달려들었다. 그래서 유디슈티라는 드로나에게 칸카(Kanka) 깃털이 달린 날카로운 화살을 쏘았습니다. 그러나 드로나는 유디슈티라 화살을 꺾고 그에게 성급하게 달려들었습니다. 그래서 유디슈티라의 수레바퀴보호자 쿠마라(Kumara)가 넘치는 바다에 육지처럼 드로나를 막았습니다. 쿠마라(Kumara)가 드로나를 막아내는 것을 보고 "잘한다. 잘한다."라는 커다란 함성이 터져 나왔습니다. 쿠마라(Kumara)는 드로나의 가슴에 화살 하나를 박아놓고 사자 같은 함성을 질렀습니다. 그리고 드로나를 향해 많은 화살을 쏘았습니다. 그러자 드로나는 그 쿠마라(Kumara)를 죽였습니다. 그리고 판다바군 속으로 파고 들어가 사방을 전차로 누비며 돌아다녔습니다. 드로나(Drona)는 시칸딘에게 12발의 화살을 박아주고, 우타마우자(Uttamaujas)에게 20발, 나쿨라에게 다섯 발, 사하데바에게 일곱 발, 유디슈티라에게 열두 발, 드라우파디 아들들에게 각각 세 발, 사티아키에게는 다섯 발, 마트시아 왕에게는 열 발, 화살을 쏘며 차례로 최고 판다바 전차 무사들을 짓밟았습니다. 그리고 나서 드로나(Drona)는 유디슈티라를 생포하려고 그에게 다가갔습니다. 그러자 유간다라(Yugandhara)가 그 억센 전차 무사 드로나에게 태풍에 불린 바다처럼 달려들었습니다. 그러나 드로나는 유디슈티라에게 수많은 억센 직격 화살을 쏘고 그 유간다라(Yugandhara)를 광두(廣頭) 말편자 화살로 쓰러뜨렸습니다. 그러자 비라타, 드루파다, 카이케야야 왕자들, 사티아키, 시비, 비아그라다타(Vyaghradatta), 판찰라 왕드리슈타둠나, 용감한 싱가세나(Singhasena) 등이 그 유디슈티라를 구하려고 드로나(Drona)에게 무수한 화살을 쏘며 그를 포위했습니다. 판찰라 왕자 비아그라다타(Vyaghradatta)가 드로나에게 50발의 날카로운 화살을 적중시키니 군에서 함성이 터졌습니다. 그러자 싱가세나(Singghasena)가 급히 함성을 지르며 드로나를 가슴을 화살로 공격했습니다. 그러자 드로나는 눈을 둥그렇게 뜨고 크게 박수를 치며 싱가세나(Singghasena)에게 달려들었습니다. 그리고 나서 드로나는 두 발의 광두 화살로 싱가세나(Singghasena)와 비아그라다타(Vyaghradatta)의 목을 베었습니다. 그리고 드로나(Drona)는 그의 화살 소나기로 다른 판다바 무사들을 저지하며 유디슈티라 전차 앞에 죽음의 신처럼 버티고 서 있었습니다. 그러자 유디슈티라 군사 속에 큰 소리가 들렸습니다. "왕이 죽는다." 드로나(Drona)가 유디슈티라 가까이에 섰습니다. 그래서 모든 무사들이 드로나의 용맹을 보고 말했습니다.

"오늘이 드리타라슈트라 왕자가 왕관을 쓰기에 성공할 날이다. 바로 이 순간에 드로나는 유디슈티라를 붙잡아, 확실히 우리와 더불어 두료다나에게 갈 것이다." 그러한 순간에 아르주나가 피로 강물을 만들며 그곳에 도착하였습니다. 갑자기 아르주나가 도착하여 드로나(Drona)를 그의 화살 그물로 막으며, 그 드로나 군사들을 혼란에 빠뜨렸습니다. 너무 많은 화살을 아르주나가 쏘아 아르주나를 볼 수도 없었습니다. 하늘도 땅도 방향도 없는 화살 천지를 만들었습니다. 정말 간디바의 구사재[아르주나]는 명성 그대로였습니다. 그러자 드로나와 두료다나는 군사를 철수할 수밖에 없었습니다. 그러자 판다바들과 스린자야들과 판찰라들이 기쁨에 넘쳐 아르주나를 태양처럼 우러러 칭송했습니다. 적들을 물리친 다음 아르주나도 기쁨을 지니고 케사바와 군사들을 이끌고 그 막사(幕舍)로 돌아갔습니다.[2]

_____→

(a) '마하바라타(*The Mahabharata*)' 시인[힌두 바라문]에 놀라운 점이 한 두 가지가 아니지만 '주사위 노름'으로 펼친 이야기가 바로 그 극점(極點)을 보여주고 있다.

(b) '마하바라타(*The Mahabharata*)'에 '다르마(Dharma, 도덕) 왕'이라는 유디슈티라(Yudhishthira)는 노름꾼 사쿠니(Sakuni)와 '내기 노름판'을 벌려 '왕국'과 '형제'와 '아내'와 '자신'까지 잃고 '노예'로 전락(顚落)했다고 하니, 그러한 사람은 오늘날 상식으로 말하면, '**금치산자(禁治産者)' '자기 결정권을 행사할 수 없는 자' '보호자가 꼭 필요한 사람', '정신적 불구자'에 해당한 자이다**.

(c) 그런데 '마하바라타(*The Mahabharata*)'에서는 그가 '이상(理想)적인 군주' 유디슈티라(Yudhishthira)라고 그 '이야기판'을 펼치고 있다.

그런데 다른 한 편에 두료다나(Duryodhana) 일파는 그러한 유디슈티라(Yudhishthira)의 성격상 허점을 파고 들어가 그 '부귀영화'만 취하면 그만이라는 사고방식으로 '천하의 통치자'가 되겠다고 '마하바라타(*The Mahabharata*)' 전쟁을 일으켜 '16억 이상의 인명'을 죽였다는 이야기이다.

(d) '마하바라타(*The Mahabharata*)'에서 비슈마가 '평화와 화해'를 말한 것은 '비겁한 행동'이 결코 아니었고, 두료다나(Duryodhana) 일당의 '부귀를 탐함'이 정말 '얼마나 야비한 행동들인지'를 낱낱이 공개를 하였다.

(e) 그러므로 비슈마의 '간곡한 평화 화해 부탁'을 저버린 '두료다나 일당'은 세상에 더 이상 있어서는 아니 될 무리임을 자기들 스스로가 입증을 한 셈이다.

(f) 두료다나(Duryodhana)들은 일단 그 '비슈마 가면(假面)'으로 버티다가, 다시 '드로나 가면(假面)'으로 지속적인 살상 전을 펼치며 '노리는 것은 오직 부귀에 대한 허황된 꿈'이었으니 정말 '얼마나 불쌍한 악당들'인가.

(g) '마하바라타(*The Mahabharata*)'가 '절대신' 만들기에 과연 성공을 했는지는 알 수 없지만, '악당(惡黨) 명시하기'에는 확실히 성공하였다.

즉 '모든 인간을 다 죽이고서라도, 온 세상 부귀는 반드시 내 것으로 만들어야 하겠다.'는 자를 인간 사회에 더 이상 머물게 해야 할 이유는 없기 때문이다.

---

2) K. M. Ganguli (Translated into English Prose from the Original Sanskrit Text), *The Mahabharata of Krishna-Dwaipayana Vyasa*, Munshiram Manoharlal Publisher Pvt. Ltd. New Delhi, 2000, -**Drona Parva**- pp. 1~16, 18, 25~37

제105장 열 둘째 날의 전투 -목숨을 건 결사대

산자야가 말했다. -양군(兩軍)은 모두 자기네들의 막사(幕舍)로 돌아가 휴식을 취했습니다. 군사를 철수하고 드로나(Drona)는 마음이 우울하여 두료다나를 보고 말했습니다.

"앞서 내가 말했듯이 아르주나(Arjuna)가 유디슈티라(Yudhishthira) 곁에 있으면, 신이라고 할지라도 유디슈티라를 생포할 수 없습니다. 군사들이 다 아르주나에게 대항을 했어도, 아르주나는 모든 우리의 의도를 좌절시켰습니다. 크리슈나와 아르주나는 무적(無敵)입이다. 그러나 아르주나 전차를 유디슈타라 곁에서 철수 시키면 유디슈타라는 그냥 잡힐 것입니다. 아르주나를 도발시켜 현장에서 일단 빼내면 내가 바로 판다바 진영으로 들어가 드리슈타듐나가 있어도 유디슈타라를 생포하겠습니다. 유디슈타라가 순간만 내 앞에 있어도 나는 그를 생포할 것입니다. 그 공은 어떤 승리보다 더욱 값진 것입니다."

산자야가 말했다. -드로나의 그 말을 듣고 트리가르타 족(Trigartas)의 왕과 그의 형제들은 두료다나에게 다음과 같이 말했습니다.

"오 대왕이시여, 우리는 항상 '간디바 구사자[驅使者 -아르주나]'에게 창피만 당해왔습니다. 우리가 그놈에게 아무런 상해도 입히지 않았는데, 그는 항상 우리에게 엄청난 상처를 주었습니다. 그 온갖 굴욕들을 상상하면 우리는 분노로 불이 붙어 밤에 잠도 이룰 수 없습니다. 운이 좋게도 그 아르주나가 다시 그 무기를 가지고 우리 앞에 나설 것입니다. 그러면 우리 마음속에 있는 바를 성취하게 될 것이니, 이제 그것을 우리가 하기로 결심을 했습니다. 아르주나를 전쟁터에서 끌어내어 그를 우리가 잡겠습니다. <u>오늘은 이 세상에서 아르주나가 없어지든지 트리가르타들(Trigartas)이 없어지든지 할 것입니다. 우리는 그것을 진정으로 당신 앞에 맹세합니다. 이 맹세는 틀림이 없습니다." 그래서 사티아라타(Satyaratha), 사티아바르만(Satyavarman), 사티아브라타(Satyavrata), 사티에슈(Satyeshu), 사티아카르만(Satyakarman) 5형제는 1만대의 전차 무사와 함께 전장에서 그 두료다나 앞에서 '맹세'를 하였습니다.</u> 그리고 말라바족(Malavas), 1천대의 전차를 가진 툰디케라족(Tundikeras), 마벨라카족(Mavellakas), 랄리타족(Lalithas)과 함께 프라스탈라(Prasthala) 왕 수사르만(Susarman)과 1만대의 전차와 형제들을 대동한 마드라카족(Madrakas)과 여러 곳에서 모인 1만대의 전차가 그 '맹세'를 하는 곳으로 몰려 왔습니다. 그래서 각자 '자기를 불사를 준비'를 하고 쿠루 들녘에 풀로 만든 노끈과 갑옷을 준비하였습니다. 그리고 정결한 버터를 몸에 바르고 풀 노끈으로 감고 외투를 걸치고 활을 잡았습니다. 이러한 영웅들이 수십만으로, '이 세상에 할 일'을 접고 '저 세상'으로 갈 각오를 한 사람들이었습니다. 그들은 전쟁터에서 죽을 각오로 명예와 승리를 다짐하고 바라문들에게 풍성하게 선물을 주고 오직 희생정신으로 공평하게 싸울 준비를 마친 사람들이었습니다. 황금과 소들과 옷을 모두 바라문들에 희사하고, 전장에서 불로 죽을 각오를 서로 이야기했습니다. 그래서 그들은 '불'을 곁에 두고 굳은 그 맹세를 했습니다. 그들은 아르주나를 잡을 것을 맹세하고 그들은 큰 소리로 말했습니다.

"이에 '맹세'를 지키지 않은 자는 술 취한 사람이고, 스승의 아내를 간통한 자이고, 바라문의 재물을 훔친 자이고, 임금의 은혜를 저버린 자이고, 호의(好意)를 지닌 친구를 죽인 자이고, 방화범이나 다름없는 자이다. 아르주나를 잡지 못 하여, 우리가 죽어도 두려울 것이 없다. 만약 우리가 세상에서 가장 어려운 그 일을 성취해 낸다면 우리는 우리가 가장 바라던 경지를 획득할 것이다." 이 말을 마치고 그 영웅들은 '아르주나'를 부르며 전장의 남쪽으로 향했습니다. 아르주나는 그들의 도전을 받고 유디슈타라에게 말했습니다.

"물러설 수 없는 소환(召喚)입니다. 그들은 죽음을 각오하고 저와 싸우자고 부릅니다. 저는 저 도전을 참고 견딜 수 없습니다." 유디슈타라가 말했습니다.

"아우야, 드로나(Drona)의 결심을 들었지. 네가 그 맹세를 무너뜨리고 있다. 드로나는 힘이 세다. 드로나는 '유디슈타라를 생포하겠다.'고 맹세했다." 아르주나가 말했습니다.

"오늘은 사티아지트(Satyajit)가 형님의 보호자입니다. 사티아지트(Satyajit)가 살아 있는 한 드로나는 형님을 맘대로 못 할 것입니다. 그러나 사티아지트(Satyajit)가 죽으면 모든 우리 군사들이 다 형님을 응호하려 해도 형님은 남아 있을 수가 없을 겁니다."

산자야는 계속했다. -유디슈타라 왕은 아르주나의 요구를 허락했습니다. 그래서 유디슈타라는 아르주나를 포용하고 애정 어린 눈으로 보았습니다. 그리고 다양한 당부를 했습니다. 그 유디슈타라 보호 준비를 마친 다음에 아르주나는 주린 사자가 사슴 떼를 보았듯이 달려 갔습니다. 그러자 두료다나 군사들은 아르주나가 떠나가는 것을 보고 유디슈타라 생포 기대감에 열광했습니다. 그래서 양군(兩軍)은 우기(雨期)에 갠지스 강과 사라유(Sarayu) 강처럼 넘쳐 부딪쳤습니다.

산자야가 말했다. -그 <u>삼사프타카(Samsaptakas, -'잡지 못하면 내가 죽으리.'라는 決死隊)</u>는 맹세 이후에는 기쁨으로 충만하여 그 자리로 돌아가 전차를 가지고 반월 모양으로 정렬했습니다. 그래서 사람들 중에 호랑이 같은 아르주나가 그들을 향해 오는 것을 보고 기쁨에 넘쳐 함성을 질렀습니다. 그 소리는 하늘과 사방에 가득했습니다. 그리고 탁 트인 평야이기에 메아리 같은 것은 없었습니다. 그들이 용기백배해 있는 것을 보고 아르주나는 약간 미소를 지으며 크리슈나에게 다음과 같이 말했습니다.

"저 트리가르타들(Trigarta brithers)을 보십시오. 그들이 패배해 마땅히 울어야 때에 즐거워하고 있으니, 그들은 떼 지어 갈 수 있는 영역[지옥]으로 갈 것입니다." 그렇게 말한 아르주나는 트리가르타들(Trigartas)이 진을 치고 있는 곳으로 갔습니다. 아르주나는 데바다타(Devadatta) 소라고동을 힘차게 불었습니다. '삼사프타카들(Samsaptakas, 決死隊)' 전차무사들은 겁을 먹고 조용히 기다리고 있었습니다. 모든 동물들도 죽은 듯이 조용했습니다. 그러다가 그들을 오줌을 싸고 피를 토했습니다. 정신이 남아 있는 무리들이 대열을 찾아 아르주나에게 활을 쏘기 시작했습니다. 신속하게 용맹을 보일 수 있는 아르주나는 그들의 화살이 도착하기 전에 몇 개의 화살로 그것들을 차단했습니다. 그러자 그들은 화를 내어 아르주나와 케사배[크리슈나]에게 소나기 같은 화살을 퍼부었습니다. 그리고 나서 그들은 숲 속에 꽃 핀 나무에 벌들이 몰려들듯이 아르주나에게 달려들었습니다. 그래서 30발을 화살을 받은 아르주나는 그 황금 화살들로 장식을 되어 새롭게 떠 오른 태양 같았습니다. 그러자 아르주나는 '광두 화살(broad-headed shaft)'로 수바후(Suvahu), 수다르만(Sudharman), 수단완(Sudhanwan)의 가죽 울타리를 찢으니, 수바후(Suvahu)가 열 발의 화살로 아르주나를 공격했습니다. 그러자 아르주나는 수단완(Sudhanwan)의 활을 꺾고 그의 말들을 죽였습니다. 그리고 그의 목을 베었습니다. 대장이 쓰러지니 졸개들은 겁을 먹고 도망을 쳤습니다. 그러자 아르주나는 어둠을 물리치는 태양 같이 화살 소나기를 퍼부었습니다. 아르주나가 그 직격 화살들로 공격을 가하자 그들은 겁먹은 사슴 떼처럼 우두커니 서 있었습니다. 이에 화가 난 트리가르타 왕이 말했습니다.

"용사들이여, 도망가지 말라. 겁낼 것이 없다. 모든 군사들이 보는 앞에서 두료다나 왕에게 우리가 무어라고 '맹세'를 했는가? 우리가 이 전투에서 겁쟁이들이라고 세상에 웃음거리가 되어야겠는가? 그러기에 우리 힘껏 싸우자." 그렇게 말하고 자기 소라고둥을 불어대자 그 삼사프타카(Samsaptakas)들은 다시 전장으로 되돌아 왔습니다.

산자야가 말했다. -그 결사대들(Samsaptakas, 決死隊)이 되돌아오는 것을 보고 아르주나는 바수데바에게 말했습니다.

"오 흐리시케사(Hrishikesa)여, 저 삼사프타카들(Samsaptakas, 決死隊)이 있는 곳으로 말을 모십시오. 그들이 삶을 포기했으니, 나는 그들을 저승으로 보내줄 수밖에 없습니다." 크리슈나가 아르주나 말대로 그들에게 전차를 몰아가니, 삼사프타카들(Samsaptakas, 決死隊)은 아르주나 전차를 포위하고 그에게 화살 소나기를 퍼부었습니다. 그래서 그들 사이에 분쟁은 화살이 가려서 볼 수도 없었습니다. 그러자 아르주나는 힘을 배가해서 힘껏 간디바를 잡았습니다. 그리고 **데바다타(Devadatta) 소라고둥을 불고, 거대 군사를 죽일 수 있는 트라슈트라(Trashtra)를 발사했습니다. 이에 아르주나와 바수데바의 수천의 분할된 형상을 이루었습니다. 그 분할된 형상들 그 아르주나로 [잘못]알고, 저희들이 저희들을 무찔렀습니다.**

"이놈이 아르주나다!" "이 놈이 고빈다다!" "저놈들이 판두 아들놈[아르주나]이고 야두 족속[크리슈나]이다." 정신을 잃고 그런 소리를 외치며 서로가 서로를 죽였습니다. 그 삼사프타카들(Samsaptakas, 決死隊)은 수천 발의 화살을 서로를 향해 쏘며 함께 저승으로 갔습니다. 그러자 아르주나는 랄리티아(Lalithya) 말라바(Malava) 마벨라라카(Mavellaka) 트리가르타(Trigarta) 전사들에게 자신의 화살을 쏘았습니다. 이에 그들도 아르주나에게 다양한 화살로 공격을 행했습니다. 다시 화살로 덮여 아무도 볼 수가 없게 되었습니다. 그들의 화살에 덮여 아르주나와 크리슈나가 죽은 것으로 알고 기뻐서 소리를 지르며 소라고둥들을 불고 북을 치고 심벌즈를 울리며 사자 같은 함성을 질렀습니다. 그러자 땀에 흠뻑 젖은 크리슈나가 아르주나에게 말했습니다.

"오 파르타여, 어디에 있소? 살아 있기는 한가요? 나는 [화살들 때문에]그대도 볼 수가 없소."

이 크리슈나의 말을 듣고 아르주나는 '바야비야(Vayavya) 무기'로 적들에게 화살을 퍼부었습니다. 그러자 바유(Vayu, 그 무기를 관리하는 신)가 말들과 코끼리들과 전차부대로 된 삼사프타카들(Samsaptakas, 決死隊)을 마른 나무 잎들처럼 만들어버렸습니다. 그러자 아르주나는 그들에게 수십만 개의 화살을 쏘았습니다. 그래서 땅바닥에는 시체들이 널려 있고, 아르주나의 전차는 유가(Yuga)의 종말에 루드라(Rudra)의 전차처럼 빛났습니다. 그렇게 아르주나가 그 삼사프타카들(Samsaptakas, 決死隊)와 격렬하게 싸우고 있을 적에 선봉에 선 드로나(Drona)는 유디슈티라를 향해 돌진 했습니다. 그래서 많은 병사들이 유디슈티라 생포 욕심에 적극적이었습니다. 그래서 전투는 극열하게 되었습니다.

아르주나가 삼사프타카들(Samsaptakas, 決死隊)를 무찌르려고 유디슈티라 곁을 떠난 다음 드로나는 유디슈티라를 생포하려고 그 선봉에 섰습니다. 유디슈티라가 드로나의 진세를 보니, '가루다(Garuda, 靈鷲)진'이었습니다. 이에 유디슈티라는 '반원형(半圓형, the form of a semi-circle) 진'을 쳤습니다. 드로나는 그 가루다 진의 부리에 드로나 자신을 배치했습니다. 그리고 두료다나 왕으로 그 머리를 삼고 외사촌들로 그를 보호하게 하고, 크리타바르만과 크리파로 그 가루다의 눈을 삼았습니다. 그리고 부타사르만(Bhutasarman), 크셰마사르만(Kshemasarman) 카라카크샤(Karakaksha) 칼링가들(Kalingas) 싱갈라들(Singalas) 동방족, 수드라들(Sudras), 아비라들(Abhras), 다세라카족(Daserakas), 사카족(Sakas), 야바나족(Yavanas), 캄보자족(Kambojas) 항사파다족(Hangsapada) 수라세나족(Surasenas) 다라다족(Daradas) 마드라족(Madras) 칼리케야족(Kalikeyas)으로 가루다의 목을 이루었습니다. 그리고 부리스라바(Bhurisravah)와 살리아 소마다타 발리카가 악샤우히니(Akshaunhini)가 보호를 하게 하여 그 우익(右翼)을 삼았고, 빈다 아누빈다 수다크시나(Sudakshina) 캄보자 왕 아스와타만으로 좌익을 삼았습니다. 가루다의 등[배휘]에는 칼링가족(Kalingas), 암바슈타족(Amvashthas), 마가다족(Magadhas) 파운드라족(Poundras) 마드라카족(Madrakas) 간다라족(Gandaras) 사쿠나족(Sakunas) 동방족, 고산족, 바사티족(Vasatis)이 자리를 잡았습니다. 그 꼬리 부분에 카르나(Karna)와 그의 아들과 친척 친구가 자리를 잡고 자야드라타와 비마라타와 삼파티, 그리고 자야족(Jayas) 보자족(Bhojas) 부민자야(Bhuminjaya) 브리샤(Vrisha) 크라타(Kratha) 니샤다족(Nishadhas) 왕이 옹위를 했습니다. 그래서 드로나가 이룬 그 진형은 보병과 말들과 전차 코끼리 태풍이 밀어올린 물결 같았습니다. 그러자 유디슈티라는 그 초인적인 존재[드로나]가 친 진을 보고 격파하기 어려울 같아 프리샤타의 아들[드리슈타듐나]에게 말했습니다.

"오 왕이여, 저렇게 적들이 진을 쳤다고 해도 내가 잡히게 해서는 안 됩니다." 드리슈타듐나가 말했다.

"최고의 맹세자이시여, 드로나가 아무리 애를 써도 당신은 드로나의 지배하에 들어갈 수가 없습니다. 오늘 제가 드로나와 그 부하들을 다 막을 터이니, 제가 살아 있는 한에는 걱정을 마십시오. 그 어떤 상황에서도 드로나는 전투에서 나를 이길 수 없습니다."

산자야가 계속했다. -그 말을 해 놓고 억센 드루파다의 아들[드리슈타듐나]은 비둘기 색 말이 끄는 전차를 몰아 화살을 쏘며 드로나에게 달려들었습니다. **드로나는 앞서 드리슈타듐나에 대한 흉조(凶兆 -'드루파다 왕의 아들은 죽일 수 없다.')를 생각하며 드로나는 금방 우울해졌습니다.** 그것을 본 대왕의 아들 두르무카(Durmukha)가 드로나(Drona)를 생각하여 드리슈타듐나에게 달려들었습니다. 그래서 드리슈타듐나와 대왕의 아들 두르무카 사이에 격렬한 전투가 벌어졌습니다. 그래서 프리샤타의 아들은 급히 두르무카를 화살 소나기로 덮고 드로나도 화살 소나기로 막았습니다. 드로나가 저지된 것을 보고, 두르무카는 드리슈타듐나에게 달려들어 구름 같은 화살 소나기를 퍼부었습니다. 그렇게 드리슈타듐나와 두르무카가 싸우고 있는 동안, 드로나는 유디슈타라를 돕는 왕들을 살해했습니다. 바람이 구름덩이를 쓸 듯이 드로나는 유디슈타라 군사들을 흩었습니다. 순간에 전투가 정상적으로 이루지게 되었습니다. 분노한 사람들은 아군과 적군의 구분도 없어졌습니다. 추측과 '군호(軍號)'로 알 수 있을 뿐이었습니다. 깃발을 든 전차들과 코끼리들과 말들이 구름덩이 아래 학의 떼들과 같았습니다. 이어 격전이 벌어졌습니다. 전장에는 수 많은 동물의 시체와 잘린 사람들과 옷과 갑옷 우산 깃발들이 피에 젖어 널려 있었습니다. 모든 군사들이 화살에 덮인 그 치열한 전투 속에서 드로나(Drona)는 적들을 혼란에 빠뜨리며 유디슈타라에게 돌진 했습니다.

산자야가 계속했다. -드로나(Drona)는 유디슈타라가 곁에 있는 것을 보고 엄청난 화살들을 그냥 감수(甘受)했습니다. 그런데 유디슈타라 군사들 가운데서 억센 코끼리 떼 중의 리더 코끼리가 사자 공격을 당했듯이 커다란 소동이 벌어졌습니다. 용맹의 사티아지트(Satyajit)가 그 드로나(Drona)를 보고 유디슈타라를 생포하려는 그 드로나에게 달려들었습니다. 드로나와 판찰라 왕재[사티아지트] 간에 싸움이 시작되니 인드라 신과 발리(vali) 싸움처럼 양군이 동요를 했습니다. 그러자 사티아지트가 드로나(Drona)를 날카로운 화살로 공격을 하고 그 마부에게 뱀 같은 화살 다섯 대를 박아 기절을 시켰습니다. 그리고 사티아지트는 이어 드로나의 말들에게 열 발의 화살을 쏘고 드로나의 마부 파르슈니(Parshni)에게 열 발의 화살을 쏘았습니다. 그래서 사티아지트는 군의 선봉에서 드로나의 전차를 한 바퀴 돌았습니다. 화가 난 사티아지트가 드로나의 깃발을 꺾으니, 드로나(Drona)는 사티아지트를 죽이려고 결심했습니다. 드로나는 사티아지트의 활을 꺾고 그에게 열 개의 화살을 쏘았습니다. 이에 사티아지트는 다른 활을 잡아 드로나에게 칸카(Kanka) 깃털을 단 화살 30발을 발사했습니다. 그 사티아지트와 드로나의 전투를 보고, 판다바 군사들은 함성을 지르며 윗도리들을 벗어 흔들었습니다. 그러자 억센 브리카(Vrika)가 드로나의 가슴을 향해 60발의 화살을 쏘았습니다. 그 공적은 몹시 놀라운 것이었습니다. 그러자 드로나(Drona)는 두 눈을 크게 뜨고 온 힘을 다해 화살 소나기를 퍼부었습니다. 그래서 드로나는 사티아지트와 브리카의 활을 꺾고, 여섯 개의 화살로 브리카와 그의 말과 마부를 다 죽였습니다. 그러자 사티아지트는 더욱 강한 다른 활을 잡아 드로나와 그 마부와 말과 깃발을 공격했습니다. 이렇게 판찰라 왕자에게 엄청나게 당하면서도 드로나는 그 왕자의 행동을 막을 수가 없었습니다. 왜냐하면 그 화살들이 너무나 급히 드로나를 공격하기 때문입니다. 그래서 드로나는 사티아지트의 말들과 깃발과 활과 마부에게 계속을 화살 소나기를 쏟아 부었습니다. 활이 부려져도 최고의 무기에 능통한 사티아지트는 적색 말을 모는 드로나(Drona)와 격투를 계속했습니다. 사티아지트가 계속 힘이 넘치는 것을 본 드로나는 초승달 화살로 사티아지트의 목을 잘랐습니다. 그 최고의 전사가 죽자 유디슈티라는 드로나(Drona)가 무서워 빠른 말들로 도망을 쳤습니다. 그러자 판찰라들과 케카야족과 체디족 카루샤족 코살라족이 유디슈티라를 구하려고 드로나에게 달려들었습니다. 드로나는 그들을 솜덩이를 불사르듯 죽였습니다. 그러자 마트시아족(Matsyas)의 왕의 아우 사타니카(Satanika)가 드로나에게 달려들었습니다. 사타니카는 드로나의 마부와 말에게 여섯 발의 화살을 쏘아주고, 함성을 질렀습니다. 그리고 사타니카(Satanika)는 드로나를 화살 소나기로 덮었습니다. 이에 드로나는 면도날 같은 화살로 사타니카의 목을 베며 함성을 질렀습니다. 그래서 마트시아족(Matsyas)도 도망을 했습니다. 마트시아족을 물리친 드로나는 체디족, 카루샤족, 카이케야족, 판찰라족, 스린자야족, 판두들을 차례로 물리쳤습니다. 숲을 불사르는 불 같은 드로나를 보고 스린자야들은 무서워 떨었습니다. 무섭게 빠른 솜씨로 쏘아댄 드로나의 화살은 코끼리들 말들 전차무사들 코끼리 기병들을 쓸 듯이 죽였습니다. 그래서 유디슈티라를 선두로 한 판다바 무사들을 그 죽음의 신 같은 드로나를 사방에서 포위했습니다. 드로나는 정말 그의 빛으로 세상의 모든 것을 그슬리는 태양과 같았습니다. 그 때 대왕 군사의 왕들과 왕자들은 무기를 들고 그 영웅[드로나]을 지원하고 있었습니다. 그런데 시칸딘(Sikhandin)이 드로나에게 다섯 대의 직격 화살을 날렸습니다. 그리고 크샤트라다르만(Kshatradharman)이 그에게 20발을 쏘고, 바수데바(Vasudeva)가 다섯 발을 쏘았습니다. 우타마우자(Uttamaujas)는 세 발, 크샤트라데바(Kshatradeva)는 다섯 발, 사티아키는 100 발, 유다마뉴(Yudhamanyu)는 아홉 발을 쏘았습니다. 유디슈티라는 드로나에게 열두 발을 쏘고, 드리슈타듐나는 열 발, 체키타나는 세 발의 화살을 쏘았습니다. 그러자 포기할 수 없는 목표를 지닌 코끼리 같은 드로나는 판다바 전차 부대를 넘어 드리다세나(Dridhasena)를 쓰러뜨렸습니다. 겁이 없는 크세마(Kshema)왕에게 접근하여 드로나는 아홉 발의 화살을 쏘아 전차에서 떨어져 죽게 하였습니다. 판다바 군대 중앙으로 들어간 드로나는 사방을 종횡하며 자신은 보호할 필요도 없었습니다. 그런 다음 드로나는 시칸딘에게 열두 발, 우타마우자에게는 20 발을 쏘았습니다. 그리고 드로나는 바수데바에게 '광두 화살'을 쏘아 그를 저승으로 보냈습니다. 드로나는 크세마바르만에게 80발을 쏘고, 수다크시나에게는 26발을 쏘았습니다. 그리고 드로나는 '광두 화살'로 크샤트라데바(Kshatradeva)를 쓰러뜨렸습니다. 드로나는 유다마뉴에게 64발, 사티아키에게 30발을 쏘고 급히 유디슈티라에게 접근했습니다. 그러자 유디슈티라는 빠른 말들을 몰아 도망을 쳤습니다. 그러자 판찰라들이 드로나에게 달려들었습니다. 드로나는 판찰라 왕자와 마부와 말들을 다 죽였습니다. 이에 판찰라 왕자가 쓰러지니 "드로나 잡아라! 드로나 잡아라!"라는 함성이 들렸습니다. 억센 드로나는 판찰라들과 마트시아족 카이케아족 스린자야족 판다바들을 짓뭉개었습니다. 쿠루군의 지원을 받은 드로나는 그 다음 사티아키, 체키타나의 아들, 세나빈두, 수바르차들과 많은 다른 왕들을 물리쳤습니다.

드리타라슈트라가 말했다 -격전 끝에 판다바들이 드로나에게 격파되었을 때에 그 드로나에게 대항할 자는 없었는가? 안타깝다, 호랑이 같고 코끼리 같던 그 드로나가 전장에서 쓰러지다니. 적들을 위협하며 두료다나게 도움을 주려 했던 그처럼 유명한 크샤트리아가 어디에 또 있을 것인가? 오 산자야여, 누가 그 드로나에게 감히 접근한 자가 있었느냐?

산자야가 말했다. -드로나가 판찰라와 판다바들을 물리치자 그것을 본 카우라바들은 사자 같은 함성과 각종 악기를 불고 두드리며 소란을 피웠습니다. 도망친 판다바들을 본 두료다나는 기쁨에 싸인 친척과 친구들 가운데서 카르나에게 말했습니다.

"오 라다(Radha)의 아들[카르나]이여, 판찰라들이 강력한 궁사(弓師, 드로나)에게 사자에게 쫓긴 사슴 신세가 되었습니다. 이것은 다시 얻을 수 없는 기회입니다. 오 카르나여! 그 악귀들[판다바, 판찰라들]이 오늘 드로나 맛을 제대로 보았을 것입니다! 그 판두 아들[유디슈티라]은 왕국의 꿈이 사라졌을 겁니다." 카르나가 말했습니다.

"**억센 무사는 목숨이 붙어 있는 한 전장을 떠나지 않습니다**. 그리고 우리들의 사자 같은 함성으로도 [판다바 판찰라들을]막을 수 없습니다. 판다바들을 전투로 이길 수 없습니다. 억센 전차 무사들을 다시 비마(Bhima)가 이끌게 할 것입니다. 그래서 드로나를 포위할 것입니다. 모든 무기를 동원하여 드로나를 막을 겁니다. 그러면 우리가 급히 드로나가 있는 그 지점으로 가 그를 죽이려는 것부터 우선 막아야 합니다."

산자야가 계속했다. -그 카르나 말을 듣고 두료다나는 그 아우들을 데리고 드로나의 전차를 향해 달려갔습니다.

드리타라슈트라가 말했다. -오 산자야여, 드로나와의 대항전에 그 비마에게 누가 맞섰느냐?

산자야가 말했다. -얼룩말들을 몰아 비마가 나아가니, 사티아키도 은색 말을 달려 나섰습니다. 유다마뉴(Yudhmanu)와 드리슈타듐나도 나섰습니다. 드리슈타듐나의 아들 크샤트라다르만(Kshatradharman)과 시칸딘의 아들 크샤트라데바(Kshatradeva)도 나섰습니다. 나쿨라(Nakula) 우타마우자(Uttamaujas) 사하데바(Sahadeva)도 나섰습니다. 유디슈타라 왕 뒤에는 판찰라 왕족이 따르고 있었습니다. 위대한 궁사 사우타비(Sautabhi)와 비라타(Virata), 카이케야들과 시칸딘, 드리슈타케투가 함께 했습니다. 그래서 드루파다 왕이 드로나를 향해 진격했습니다. 두 코끼리 떼의 대장 같은 두 노장(老將)의 대결은 무서웠습니다. 빈다와 아누빈다는 마트시아족 왕과 대결을 했습니다. 마트시족과 케카야족의 대결은 무서웠습니다. 부타카르만(Bhutakarman)은 드로나를 보고 도망을 쳤으며, 나쿨라의 아들 사타니카(Satanika)가 나아가니 화살 소나기를 쏟았습니다. 사타니카는 '광두 화살'로 부타카르만의 목을 베었습니다. 비빈사티는 드로나를 향해 돌격하는 수타소마(Sutasoma)를 막았습니다. 대왕의 아들 비마라타(Bhimaratha)는 여섯 개의 철 화살로 살와(Salwa)와 말들과 마부를 죽였습니다. 안가다(Angada)는 드로나에게 돌진하는 우타마우자를 막았습니다.

그 사자들의 대결도 무서웠습니다. 위대한 궁사 두르무카는 드로나에게로 달려드는 푸루지트 (Purujit)를 막았습니다. 카르나는 케카야 5형제가 드로나에게 달려드는 것을 보고 화살 소나기로 저지했습니다. 대왕의 아들 두르자야(Durjaya) 자야(Jaya) 비자야(Vijaya)는 닐라(Nila)와 카시족 (Kasis) 왕과 자야트세나(Jayatsena)를 막았습니다. 정말 예전에 보도 듣도 못했던, 드로나를 두고 잡느냐 지키느냐를 놓고 그 무사들 간에 무서운 전투가 벌어졌습니다.

드리타라슈트라가 말했다. -오 산자야여, 그렇게 나뉜 양군(兩軍)은 어떻게들 싸웠으며, 아르주나와 삼사프타카들(Samsaptakas, 결사대)의 싸움은 어떻게 되었느냐?

산자야가 말했다. -군사들이 서로를 향해서 진격할 적에 대왕의 아드님 두료다나는 비마에게 돌진을 했습니다. 코끼리가 코끼리에게 대항을 하듯 비마도 카우라바 코끼리 부대에게 덤벼들었습니다. 전쟁에 능하고 억센 비마는 금방 그 코끼리 부대를 무너뜨렸습니다. 산 같이 거대한 코끼리는 비마의 화살로 등을 돌렸습니다. 구름덩이를 모는 바람처럼 비마는 카우라바 코끼리 부대를 그렇게 완패시켰습니다. 그래서 비마는 솟아 오른 태양처럼 그 코끼리들을 향해 화살을 쏘았습니다. 이에 화가 난 두료다나는 비마를 향해 날카로운 화살을 날렸습니다. 그러자 비마는 분노에 붉어진 눈으로 두료다나를 죽이려고 날카로운 화살을 많이 쏘았습니다. 이에 두료다나도 햇빛 같은 많은 화살로 대응을 했습니다. 그러자 비마는 광두 화살로 두료다나의 활을 꺾고 코끼리 그림과 보석으로 장식한 두료다나의 깃발을 잘랐습니다. 그처럼 괴로움을 겪는 두료다나를 보고 앙가족 (Angas) 왕이 코끼리를 타고 비마와 대적하려고 왔습니다. 이에 비마는 그 코끼리를 향해 장전(長箭)을 쏘니 그 화살은 코끼리를 뚫고 나가 땅에 박혔습니다. 그래서 그 코끼리는 벼락 맞은 언덕처럼 쓰러졌습니다. 코끼리가 쓰러지니, 그 믈레차(Mleccha) 왕도 땅으로 떨어졌습니다. 비마는 그 왕의 머리를 '광두 화살'로 베었습니다. 그 앙가족 왕이 죽자 그 부대는 모두 도망을 쳤습니다. 군사들이 사방으로 도망을 하니, 프라그지오티샤족(Pragjyotishas) 왕이 코끼리를 몰아 달려들었습니다. 그 화가 난 코끼리는 앞발과 상아로 비마를 삼킬 듯이 달려들어, 비마의 전차 말들을 공격했습니다. 그런데 비마는 안잘리카베다(Anjalikabedha)란 방법을 알고 있었습니다. 그 코끼리 몸뚱이 아래로 가 비마는 주먹으로 그 코끼리를 공격하기 시작했습니다. 이에 그 코끼리는 돌림판(옹기 제작 기구)처럼 빙글 돌았습니다. 코끼리 1만 마리의 힘을 지닌 비마가 그 코끼리를 공격하니 그 수프라티카(Supratika, 락샤사) 코끼리는 비마를 상아로 넘어뜨렸습니다. 그 코끼리는 비마의 목을 잡아 죽이려 했습니다. 그러나 코끼리 코를 비틀어 풀려난 비마는 다시 그 거대 코끼리 몸통 아래로 가서 그 코끼리가 비마의 무기에 내려앉기를 기다렸습니다. 비마는 재빠르게 그 코끼리에서 도망쳐 나왔습니다. 그런데 모든 군사들 사이에는 소동이 일었습니다. "아, 비마가 그 코끼리에게 죽었다." 그 코끼리에 놀란 판다바 왕들이 비마가 기다리는 그 장소로 달려갔습니다. 한편 유디슈티라 왕은 비마가 죽었다고 생각하고 판찰라들의 도움을 받아 바가다타(Bhagadatta)를 포위하고 있었습니다. 유디슈티라는 바가다타(Bhagadatta)를 포위하고 그에게 수십만 발의 날카로운 화살들을 쏘았습니다. 그러자 고산족(高山族)의 그 바가다타(Bhagadatta) 왕은 그의 갈고리로 그 화살들을 막고 자신의 코끼리를 몰아 판다바들과 판찰라들을 죽이기 시작했습니다. 정말 그 늙은 바가다타(Bhagadatta)가 세운 공은 감탄할 만했습니다. 그러자 다사르나족(Dasarnas) 왕이 바가다타의 큰 코끼리에 달려들어 그 옆구리를 공격했습니다. 엄청난 크기의 두 코끼리 싸움은 날개 달린 산들의 싸움이었습니다. 그런데 바가다타 왕의 코끼리가 다사르나족(Dasarnas) 왕 코끼리 옆구리를 찢어 즉사를 시켰습니다. 그러나 바가다타 왕은 앉은 자리에서 떨어지려는 다사르나족(Dasarnas) 왕에게 일곱 개의 창을 던져 죽였습니다. 유디슈티라는, 화살 박힌 그 바가다타왕을 전차 무사들로 사방을 포위했습니다. 포위가 된 채로 코끼리를 타고 있는 바가다타 왕은 짙은 숲으로 둘러싸인 불타는 산봉우리 같았습니다. 바가다타 왕은 화살을 퍼부어 대는 맹렬한 전자무사들로 둘러싸여서도 겁도 내지 않았습니다. 그런데 바가다타는 그 거대 코끼리를 몰고 유유다나(Yuyudhana) 전차를 향해 돌진을 했습니다. 그래서 그 거대 코끼리는 유유다나(Yuyudhana, 시니의 손자)의 전차를 멀리 던져버렸습니다. 그러나 유유다나(Yuyudhana)는 순간 목숨을 건졌습니다. 그의 마부는 서둘러 사티아키를 따라가 그 곁에 섰습니다. 그러는 동안 그 코끼리는 포위를 하고 있는 전차들에게 달려들어 모든 왕들을 쓰러뜨리기 시작했습니다. 갑자기 달려든 그 코끼리에 놀란 전차 무사들은 그 코끼리를 다중(多重)의 힘을 지닌 존재로 생각했습니다. 정말 그 코끼리를 탄 바가다타는 아이라바타(Airavata)를 무찌른 인드라 신 같이 판다바들을 무찔렀습니다. 판찰라들이 사방으로 도망을 치자 그들의 코끼리들과 마들은 엄청난 소란을 피웠습니다. 바가다타가 판다바군을 그렇게 쳐부수자 화가 난 비마는 다시 그 바가다타 왕에게 달려들었습니다. 그러자 바가다타 왕의 코끼리는 달려든 비마의 말들에게 코로 물을 뿌려 비마를 싣고 도망치게 만들었습니다. 크리티(Kriti)의 아들 루치파르반(Ruchiparvan)은 자신의 전차를 몰아 그 바가다타에게 달려들어 화살 소나기를 퍼부으며 죽일 듯이 공격을 했습니다. 그러자 바가다타는 루치파르반(Ruchiparvan)에게 직격 화살을 쏘아 그를 죽였습니다.

영웅적인 루치파르반(Ruchiparvan)이 쓰러지자 아비마뉴와 드라우파디의 아들과 체키타나, 드리슈타케투, 유유트수도 그 코끼리의 위협을 받았습니다. 그래서 그 코끼리를 잡으려고 그 모든 무사들이 커다란 함성을 지르며 구름이 비를 퍼붓듯이 화살을 쏘았습니다. 능란한 그 바가다타가 뒤꿈치 갈고리 발톱으로 조정하는 그 코끼리는 코를 앞으로 뻗치고 눈과 귀를 고정하고 유유트수의 말들을 짓밟아 말과 마부를 죽였습니다. 이에 유유트수는 전차를 버리고 급하게 도망을 쳤습니다. 그러자 판다바들은 또 다시 함성을 지르며 화살 소나기를 퍼부었었습니다. 그 때 대왕의 아들이 화를 내어 아비마뉴 전차를 향해 돌진했습니다. 그러는 동안 자신의 코끼리를 타고 적에게 화살을 날리는 바가다타는 대지에 빛을 뿌리는 태양과 같았습니다. 그러자 아비마뉴는 바가다타에게 열두 발의 화살을 쏘았고, 유유트수는 열 발, 드라우파디 아들들은 각각 세 발, 드리슈타케투는 세 발의 화살을 쏘았습니다. 그러자 그 코끼리는 햇살에 뚫린 구름 덩이 같았습니다. 화살 공격을 받은 그 코끼리는 앞 이빨로 그 무사들을 쓰러뜨리기 시작했습니다. 소를 치는 사람이 숲에서 막대기로 소떼를 몰듯이 바가다타는 거듭 판다바들을 무찔렀습니다. 독수리들의 공격을 받은 까마귀들처럼 소리치며 도망하는 판다바 군사들의 소란이 들렸습니다. 그 갈고리로 조정을 받은 코끼리는 날개를 단 산이었습니다. 그래서 적들에게 공포를 심었으니, 파도를 체험한 상인들 같았습니다.

산자야가 말했다. -대왕께서는 제게 아르주나에 관해 물으셨습니다. 바가다타가 전투를 수행하며 일으킨 먼지와 군사들의 울부짖는 소리를 듣고 아르주나는 크리슈나에게 말했습니다.

"오 마두(Madhu)의 살해자여, 프라그지오티사족(Pragjyotishas) 왕[바가다타]이 그 코끼리를 타고 전투를 하고 있는 것 같습니다. 이 비명은 틀림없이 바가다타가 만들고 있습니다. 우리 말고는 그를 막을 자가 없습니다. 어서 그곳으로 갑시다." 이 아르주나의 말에 크리슈나는 바가다타가 판다바 군을 무너뜨리는 그 지점으로 말을 몰았습니다. 아르주나가 바가다타를 향해 가는 동안 1만 4천 명의 삼사프타카(Sansaptaka, 결사대)는 1만 명의 고팔라들(Gopalas)을 그 전장으로 돌아오게 하였습니다. 바가다타에게 격파된 판다바 군을 본 아르주나는 다른 한 편으로 삼사프타카(Sansaptaka, 결사대)와도 싸워야 한다는 두 가지 생각으로 나뉘었습니다. 아르주나는 고민하다가 삼사프타카(Samsaptaka, 결사대)와 싸우기로 마음을 먹었습니다. 인드라의 아들[아르주나]은 방향을 삼사프타카(Samsaptaka, 결사대)에게로 다시 돌렸습니다. 두료다나와 카르나의 생각도 그 아르주나를 죽이고 싶어 했습니다. 그래서 대적(對敵) 자를 두 배로 늘렸습니다. 그래서 억센 삼사프타카들(Sansaptaka, 결사대)은 수 천의 직격 화살들을 아르주나에게 쏘았습니다. 그 화살들 때문에 아르주나나 크리슈나나 말들이나 전차나 아무 것도 볼 수가 없었습니다. 이에 크리슈나는 땀을 흘리고 정신을 잃었습니다. 이에 아르주나는 그들 모두를 멸할 브라흐마(Brahma) 무기를 발사했습니다. 이에 수만의 무기와 깃발과 기병들과 마부들과 전차무사들이 땅바닥으로 쓰러졌습니다. 거대한 코끼리들도 아르주나의 화살을 받아 주인을 잃고 땅바닥으로 쓰러졌습니다. 아르주가 싸우는 모습을 본 마다바(Madhava)는 놀라 두 손을 모으고 말했습니다.

"오 파르타여, 나는 그대의 공적이 사크라(Sakra)나 야마(Yama)도 보여 줄 수가 없는 것으로 생각합니다. 나는 오늘 그대가 수십만의 삼사프타카들(Samsaptakas, 결사대)를 다 물리친 것을 보았습니다." 삼사프타카들(Samsaptakas, 결사대)를 물리친 아르주나는 크리슈나에게 말했습니다. "이제 바가다타에게로 갑시다."

산자야가 말했다. -크리슈나는 아르주나의 말에 따라 그 드로나 부대가 있는 곳으로 갔습니다. 아르주나가 드로나가 있는 곳으로 향하는 도중에 수사르만(Suarman)이 그 형제들과 함에 아르주나에게 싸움을 걸고 나왔습니다. 이에 아르주나는 크리슈나에게 말했습니다.

"오 크리슈나여, 수사르만(Suarman)이 그 형제들과 함께 나와 싸우자고 합니다. 우리 군사들이 부서지고 있는데 나는 삼사프타카들(Samsaptakas, 결사대)과 싸워야 했습니다. 내가 어떻게 해야 할까요?" 아르주나의 그 말을 듣고 크리슈나는 전차 방향을 돌려 그 트리가르타 왕이 있는 곳으로 왔습니다. 그래서 아르주나는 일곱 발의 화살을 수사르만에게 쏘고 두 발로 활과 깃발을 자르고, 다시 여섯 발로 트리가르타 왕의 형제들을 다 저승으로 보냈습니다. 그러자 수사르만은 뱀 같은 철 화살을 아르주나에게 쏘고 바수데바에게 창을 던졌습니다. 아르주나는 세 발의 화살로 그 화살을 꺾고 다시 세 발로 창을 자르고 그 화살 소나기로 수사르만을 기절시켰습니다. 그러고 나서 맹렬히 앞으로 나아갔습니다. 짚 더미를 태우는 불처럼 억센 전차 무사들을 무찌르며 아르주나는 전진을 했습니다. 그래서 아르주나는 그 바가다타 왕이 있는 곳에 도착했습니다. 아르주나는 먹잇감을 덮치는 가루다와 같았습니다. **대왕의 아들이 목적 달성을 위해 '속임수의 주사위 노름'을 했던 그 잘못의 결과로 크샤트리아들이 다 망하게 된 것입니다.** 아르주나의 등장으로 동요된 대왕의 군사들은 바위에 부딪친 배와 같았습니다. 그러자 일만 명의 용감한 무사들이 아르주나 잡기를 결심했습니다. 불굴의 정신으로 그 억센 전차무사들은 아르주나를 포위했습니다. 60살 먹은 화난 코끼리가 연(蓮) 줄기들을 밟듯이 아르주나는 대왕의 군사를 부수었습니다. 그래서 그 군사들이 죽자 바가다타 왕은 그 코끼리를 타고 그 아르주나를 향해 달려들었습니다. 이에 아르주나는 그 전차를 타고 그 바가다타를 맞았습니다. 바가다타는 인드라처럼 그 코끼리를 타고 아르주나에게 화살 소나기를 퍼부었습니다. 그러나 아르주나는 그 화살이 와 닿기 전에 그것들을 자기 화살로 다 저지했습니다. 화살 소나기가 소용없게 된 바가다타는 더욱 두꺼운 화살 공격을 편 다음 자신의 코끼리로 아르주나와 크리슈나를 부수려고 달려들었습니다. 코끼리가 달려드는 것을 본 아르주나는 급히 그 코끼리가 그 왼쪽으로 오게끔 전차 방향을 틀었습니다. **그래서 아르주나는 바가다타와 그 코끼리를 등 뒤에서 잡을 기회를 얻었으나, 공정한 전쟁 규칙을 생각하여 [등 뒤에서 죽이는] 그 방법은 쓰지 않았습니다.**

드리타라슈트라가 말했다. -화가 난 아르주나는 바가다타를 어떻게 했느냐? 바가다타는 아르주나에게 무엇을 행했느냐?

산자야가 말했다. -아르주나와 프라그지오티사족[바가다타] 왕과의 접전이 시작되니 모든 사람들이 그들이 죽음의 문턱에 이르렀다고 생각했습니다. 바가다타는 자기 코끼리 목에 걸터앉아 아르주나에게 화살 소나기를 퍼부었습니다. 바가다타는 크리슈나에게 많은 화살을 쏘았습니다. 그러자 아르주나는 바가다타의 활을 꺾고 코끼리를 지키는 보조사(補助士)를 죽였습니다. 그러자 바가다타는 14개의 창을 던지니 아르주나는 그것들을 다 세 조각을 내었습니다. 아르주나의 화살로 극도의 괴로움을 겪던 코끼리는 갑옷도 찢어지고 그 가슴으로 물이 흘러내리는 산과 같았습니다. 그러자 바가다타 왕은 바수데바에게 철 화살을 쏘았습니다. 그 화살도 두 동강이 났습니다. 그 다음 아르주나는 바가다타의 깃발과 우산을 자르고 열 발의 화살을 더 쏘았습니다. 이에 바가다타는 격노했습니다. 바가다타는 함성을 지르며 아르주나 머리를 향해 창을 던졌습니다. 이에 아르주나는 창을 피했습니다. 그리고 바가다타에게 말했습니다. "마지막으로 이 세상을 보아라." 다시 바가다타가 저항을 하자 아르주나는 그 활을 꺾고 72발의 화살을 쏘았습니다. **화가 난 바가다타는**

주문(呪文, Mantras)을 외고 그 갈고리를 바이슈나바(Vaishnava)로 만들어 아르주나에게 던졌습니다. 모든 존재를 죽이는 그 무기를 케사바가 그의 가슴에 받았습니다. 이에 아르주나는 케사바에게 말했습니다.

"오 티도 없는 분이시여. 고정(固定)하십시오. 당신은 말만 몰면 됩니다. 당신은 내가 활과 화살로 신들과 악귀들과 인간들의 세계를 다 정복할 수 있다는 것을 알지 않습니까." 이에 케사바는 말했습니다.

"오 파르타여, 내게는 이 세상을 지키는 네 가지 모양이 있습니다. 내 자신을 나누어 세상을 착하게 만듭니다. **첫째는 금욕을 실행하고, 둘째는 세상의 선악을 살피고, 셋째는 인간 세상에 태어나 실천으로 참여하고, 넷째는 천년 동안 잠드는 것입니다.** 천 년 간의 잠에서 깨어나면 사람들에게 봉사를 하는 것입니다. 때가 온 줄 아는 대지(大地)가 그 아들에게 그 바이슈나바(Vaishnava) 무기를 주어 신들이나 악귀들의 공격을 막기를 축원했습니다. 오 파르타여, 바가다타는 바로 나의 무기를 획득한 것입니다. 인드라와 루두라(Rudra)도 그 무기를 피할 수 없습니다. 저 큰 악귀가 그 무기를 사용해서 내가 막았으니, 어서 바가다타를 죽이시오." 이렇게 케사바가 말하자 아르주나는 화살 구름으로 바가다타를 제압하고 장전(長箭)을 바가다타 코끼리 이마에 꽂았습니다. 천둥벼락 같은 그 화살은 코끼리는 남편 말을 듣지 않는 여인처럼 바가다타의 명령을 거부했습니다. 사지가 마비된 그 거대 코끼리는 비명을 지르고 죽었습니다. 이에 아르주나는 초승달 화살로 바가다타의 가슴을 뚫었습니다. 그래서 바가타는 그 거대 코끼리에서 바람에 날리듯 땅으로 떨어졌습니다.

산자야가 말했다. -아르주나가 바가다타를 죽였더니, 간다라(Gandhara) 왕의 두 왕자 브리사카(Vrishaka)와 아찰라(Achala)가 싸움을 걸어왔습니다. 두 영웅적인 궁사(弓師) 형제는 아르주나의 앞뒤에서 성급하게 날카로운 화살로 공격을 해 왔습니다. 아르주나는 예리한 화살로 브리사카(Vrishaka)의 말과 마부와 활과 깃발을 못 쓰게 만들었습니다. 그리고 아르주나는 수발라(Suvala)의 아들[사쿠니]이 앞장을 선 간다라(Gandhara) 군사들을 화살 구름으로 괴롭혔습니다. 이어 아르주나는 5백의 영웅적 간다라(Gandhara) 군사를 저승으로 보냈습니다. 그러자 브리사카(Vrishaka)와 아찰라(Achala) 두 형제가 같은 전차를 타고 아르주나에게 화살 소나기를 퍼 부었습니다. 무적의 두 왕자는 자기 힘만 믿고 아르주나를 공격하니, 아르주나는 단 발의 화살로 두 왕자를 다 죽였습니다. 대왕의 아들들은 아르주나가 무적의 외삼촌들을 죽이는 것을 보고 그에게 화살 비를 퍼부었습니다. 재주 많은 사쿠니(Sakuni)도 자기 형제들이 죽은 것을 보고 두 영웅[아르주나, 크리슈나]을 향해 요술을 부렸습니다. 사타그니(Sataghnis) 캄파나(Kampanas) 날리카(Nalikas) 등 온갖 무기와 군사들을 동원하여 아르주나를 포위하고 그에게 대들었습니다. **그래서 사쿠니(Sakuni)는 그의 요술로 당나귀들과 낙타들과 물소 호랑이 사자 사슴 표범 곰 늑대 독수리 까마귀들을 그 아르주나를 향해 돌진하게 했습니다. 그러나 아르주나는 천상의 무기를 다 알고 있어서 그들을**

쉽게 다 물리쳤습니다. 아르주나가 아디티아(Aditya) 무기를 쓰자 사쿠니의 요술이 다 멈추었습니다. 그러자 사쿠니는 저속한 악당처럼 군사들 속으로 도망쳐 숨었습니다. 그러자 아르주나는 카우라바 왕들에게 화살 구름을 펼쳤습니다. 대왕 아들들은 두 줄기로 나뉘었으니, 한 줄기는 드로나에게로 도망을 치고 또 한 줄기는 두료다나에게로 향했습니다.

드리타라슈트라가 말했다. -오 산자야여, 우리 군사들이 완패를 당했을 적에 그대 마음은 어떠했는가? 대열이 무너지고 도망을 했을 적에는 정말 난감(難堪)했을 것이다.

산자야가 말했다. -대왕의 군사들이 무너졌으나, 세상에 영웅들이 대왕의 아들[두료다나]을 돕기를 원했고, 드로나를 따랐습니다. 무서운 통과 속에 군사들은 사령관[드로나]을 따랐고, 판다바에게 대항을 하여 유디슈티라를 얻을 수 있는 거리에 이르렀습니다. 비마와 산티아키 드리슈타듐나가 주의 못 하는 틈을 타서 쿠루의 리더들이 판다바들을 쓰러뜨렸습니다. 판찰라들이 외쳤습니다. "드로나다, 드로나다!" 그러나 대왕의 아들들은 "드로나를 지켜라. 드로나를 지켜라."라고 소리쳤습니다. 다른 편에서는 외쳤습니다. "드로나 잡아라. 드로나 잡아라." 쿠루들과 판다바들은 드로나를 놓고 도박을 벌리는 것 같았습니다. 드리슈타듐나가 판찰라들을 앞장서서 드로나를 뭉개려 했습니다. 전장에서 적대자가 상대를 고를 때는 기준이 없었습니다. 싸움은 무서웠습니다. 영웅들은 대적을 하며 고함들을 쳤습니다. 대왕의 군대는 판다바들을 무서워 떨게는 못 했습니다. 그러나 판다바들은 적들의 대열을 한사코 흔들려고 했습니다. 판다바들은 평소 드로나에게 겸손 했지만, 전장에서는 드로나를 잡으려고 목숨들을 걸었습니다. 나이가 든 사람도 그러한 전투는 보지도 듣지도 못 한 전투였습니다. 적들이 흔들고 밀려내서 쿠루 군사에 무서운 소란이 일었습니다. 드로나가 수천 기(騎)를 이끌고 판다바 진영에 이르러 그의 날카로운 화살로 군사들을 무찔렀습니다. 이에 드리슈타듐나는 그 드로나를 막았습니다. 그러나 드로나와 균형을 이루지는 못했습니다. 그러자 판다바 군의 닐라(Nila)가, 쿠루 진영의 군사들을 마른 풀 더미를 태우듯이 무찔렀습니다. 이에 드로나가 닐라에게 말했습니다.

"오 닐라여, 그대는 무엇을 얻으려고 불같은 화살로 군사를 죽이는가? 나와 싸우고 나를 공격하라." 그러자 닐라는 아스와타만을 화살로 공격했습니다. 갑작스런 닐라의 공격을 당한 그 드로나의 아들은 세 개의 화살로 닐라의 활과 길발과 우산을 갈랐습니다. 칼과 방패를 잡고 급히 전차에서 뛰어내린 닐라는 나는 새처럼 아스와타만의 목을 베려 달려들었습니다. 그러나 드로나의 아들은 '광두 화살(broad-headed shaft)'로 닐라의 목을 잘랐습니다. 판다바 전차 무사들은 생각했습니다.

"아깝다. 어찌해서 인드라의 아들[아르주나]은 오지 않는가! 남녘 전장에서 그 결사대와 싸움은 언제 끝날 것인가?"

산자야가 말했다. -브리코다라[비마]는 판다바 군사들의 살육을 막을 수 없었습니다. 비마는 발리카(Valhika)에게 60발의 화살을 쏘고 카르나에게 열 발의 화살을 쏘았습니다. 그러자 드로나는 비마를 잡으려고 즉시 날카로운 직격 화살을 쏘았습니다. 그리고 카르나는 비마에게 열두 발을 쏘았고,

이어 아스와타만은 일곱 발, 두료다나는 여섯 발의 화살을 쏘았습니다. 그러자 억센 비마는 드로나에게는 50발, 카르나에게는 열 발을 쏘았습니다. 그리고 두료다나에게는 열두 발, 드로나에게 다시 여덟 발의 화살을 쏴 주고 커다란 함성을 질렀습니다. 그 접전에서 용사들은 생명에 난폭해져 있었습니다. 아자타사트루(Ajatasattru)는 비마를 돕기 위해 적들에게 많은 화살을 쏘았습니다. 마드리의 쌍둥이 아들과 유유다나를 선봉으로 한 다른 무사들도 최고의 궁사들이 보호하고 있는 드로나 군사들을 격파하려고 달려들었습니다. 그러나 드로나는 그 억센 전사들 앞에 태평이었습니다. 그들의 왕국들도 던져버리고 모든 죽음에 대한 두려움을 버리고 대왕의 군사들은 판다바 군사들을 향해 전진을 했습니다. 기병(騎兵)은 기병과, 전차 무사는 전차 무사와 맞붙었습니다. 화살에는 화살, 검(劍)에는 검, 도끼에는 도끼로 서로 맞섰습니다. 무서운 접전은 엄청난 학살을 낳았습니다. 코끼리들은 코끼리들 끼리 서로 충돌했습니다. 어떤 사람은 코끼리 등에서 떨어지고, 어떤 사람은 말 등에서 떨어졌습니다. 결국 싸움이 격렬 해져서 결국 서로 구분을 할 수도 없었습니다. 군사들이 일으킨 먼지가 전장을 뒤덮었습니다. 그러자 판다바 사령관은 말했습니다. "이 순간이 그 때다." 라고 외치며 언제나 늠름(凜凜)한 영웅들을 신속하게 이끌었습니다. 그 명령에 따라 억센 판다바들은 백조들이 호수를 향하듯이 드로나의 전차를 향해 돌진을 했습니다. "잡아라." "물러서지 말라." "무서워 말라." "죽여라." 이러한 격노한 목소리가 드로나의 전차 근방에까지 들렸습니다. 그러자 드로나와 크리파, 카르나, 드로나의 아들, 자야드라타 왕, 빈다와 아누빈다, 살리아가 그 판두 무사들에 대응을 하고 나왔습니다. 드로나의 화살 공격을 받고서도 고상한 무사정신을 지닌 판찰라와 판다바 무사들은 그 드로나를 피하지 않았습니다. 그러자 드로나는 화를 내어 수백 발의 화살을 쏘아 체디족과 판찰라와 판다바들을 죽였습니다. 드로나의 활시위 소리와 박수 소리가 사방에 들렸습니다. 그것들은 천둥처럼 사람들을 겁먹게 했습니다. 그러는 동안 삼사프타카들(Samsaptakas, 결사대)을 무찌른 아르주나가, 드로나가 판다바들을 무찌르고 있는 곳으로 급히 달려 왔습니다. 피로 이루어진 거대 호수가 서로 겹쳐, 삼사프타카들(Samsaptakas, 결사대)를 무찌른 그 화살로 격렬한 소용돌이를 이루었습니다. 아르주나가 그의 무기로 쿠루 군을 무찌르는 모습은 유가(Yuga)의 마지막에 불타는 태양과 같았습니다. 아르주나는 착한 무사들의 실천을 생각하여 땅에 쓰러져 있거나, 후퇴를 하거나, 싸울 의사가 없는 병사들은 공격하지 않았습니다. 쿠루 병사들의 소란스러움을 듣고 카르나를 그들을 지켜주려고 "겁 내지 말라."고 외치며 아르주나를 향해 나아갔습니다. 그리고 나서 카르나는 아그네야(Agneya) 무기를 생각해 냈습니다. 그러나 아르주나는 카르나가 발사한 그 화살 소나기를 자신의 화살로 필요 없게 만들어 버렸습니다. 카르나는 자신에 저항하는 아르주나를 향해 함성을 지르며 많은 화살을 쏘았습니다. 그러자 드리슈타듐나와 비마와 사티아키가 그 카르나에게 달려들었습니다. 그래서 그들은 화살 세 발씩을 카르나에게 안겼습니다. 그러나 카르나는 아르주나를 자신의 화살 소나기로 저지하며 세 개의 화살로 세 무사들[드리슈타듐나, 비마, 사티아키]의 활들을 잘라버렸습니다. 그러자 그들은 뱀처럼 화가나서 카르나의 전차를 향해 함성을 질렀습니다. 즉시 날카로운 뱀 같은 화살들이 카르나의 전차로 날아갔습니다. 억센 카르나는 그 화살들을 자신의 세 개의 화살로 막고, 동시에 아르주나에게 많은 화살을 쏘고 나서 함성을 질렀습니다. 아르주나는 사투룬자야 (Satrunjajya)와 비파타(Vipatha)를 죽였습니다. 드리타라슈트라들이 보는 앞에서 수타(Suta)의 아들 3형제 외사촌들이 저 세상으로 갔습니다. 그리고 비마는 가루다처럼 자신의 전차에서 뛰어 내려와 카르나를 따르는 15명의 무사를 칼로 죽였습니다. 그리고 비마는 다시 전차로 올라가 활을 잡고 카르나에게는 열 발, 마부와 말들에게 다섯 발의 화살을 쏘았습니다. 그래서 말들과 코끼리들과 보병들이 서로 붙어 싸워서 **그 두려움이 군사들이 식인종들의 축제, 육식의 축제를 열었습니다.** 정말 야마 왕국의 인구가 크게 늘어났습니다. 그러는 동안에 해는 서산(西山)의 잠자리에 들었고, 양쪽 군사들도 서서히 그들의 막사로 돌아갔습니다.[3]

———✈

(a) '마하바라타(*The Mahabharata*)'의 이 장에서는 소위 '**삼사프타카(Samsaptakas, -決死隊)**'의 등장은 주목할 만하다. 왜냐하면 이러한 '전투 부대'는 이후 인류 전쟁사에 자주 등장하는 '용사(勇士)'의 맹세가 되었기 때문이다.

(b) 그리고 트리가르타들의 '삼사프타카(Samsaptakas, -決死隊)'가 아르주나와 싸우며, '**그들 동료를 아르주나와 크리슈나로 착각하여 서로 무찔렀다.**'는 대목도 '정신 나간 전쟁 참여자'를 제시했다는 점에 역시 크게 주목을 해야 한다. 한 마디로 이것은, 구약['이사야(*Isaiah*)' x ix)]에, "내여호 왜는, **이집트인들이 이집트인과 서로 싸우게 할 것이고, 각각 그 형제와 싸우고, 이웃과 다투게 할 것이다. 도시는 도시와 싸울 것이고, 왕국이 왕국과 싸우게 할 것**이다."라는 것과 동일한 교란 방식으로, '절대신[크리슈나, 아르주나]'의 유사한 '상대 적(相對 敵) 제압 방식'이라는 점에서 그렇다.

(c) 이러한 '[피아(彼我)의 구분 없이]무조건 죽기 살기 식 투쟁'은 이후에도 제시되었으니, '야두(Yadu) 족의 멸망[드와라카의 멸망]'에서 생긴 '광란(狂亂)'이 그것이다.[제118장 참조]

(d) '트리가르타(Trigarta) 전사(戰士)들'이 이룬 '삼사프타카들(Samsaptakas, 決死隊)'란, 나관중(羅貫中) '통속연의(通俗演義)'에 '방덕 관우 결사전'과 유사하다.['방덕이 관을 메고 와 관우와 결사전을 펼치다(龐德擡櫬戰關公)']

제106장 열 셋째 날의 전투 -아비마뉴의 분투(奮鬪)

산자야가 말했다. -아르주나의 측량할 수 없는 용맹으로 드로나의 맹세가 실패했고 유디슈티라는 잘 보존이 된 결과 대왕이 군사들은 패배했다는 생각이 들었었습니다. 드로나의 허락으로 전장에서 돌아온 군사들은, 전장에서 겪은 굴욕을 생각하며 모든 사람들이 칭찬하는 아르주나의 장점과

---

3) K. M. Ganguli (Translated into English Prose from the Original Sanskrit Text), *The Mahabharata of Krishna-Dwaipayana Vyasa*, Munshiram Manoharlal Publisher Pvt. Ltd. New Delhi, 2000, **-Drona Parva-** pp. 38~76

케사바의 아르주나에 대한 우정 이야기를 했습니다. **다음 날 아침에 두료다나는 모든 군사들이 듣는 앞에서 우울한 모습으로 건방지게 드로나에게 다음과 같이 말했습니다.**

"오 최고의 활력을 주시는 분이시여, 의심할 것도 없이 당신은 당신께서 마땅히 쳐부수어야 할 사람들을 위해 우리들을 가만히 앉아만 있게 만들었습니다. 당신은 유디슈티라가 잡힐 수 있는 거리에 있었음에도 잡지 않은 겁니다. 당신이 잡겠다고 했던 그 적[유디슈티라]은 당신의 눈에 한 번 잡혔다 하면 판다바들과 신들이 그를 도와준다고 해도 도망을 칠 수 없습니다. 당신이 제게 준 '맹세'에 감사합니다. 그러나 지금 당신은 그 '목적'을 향해 행동을 하지 않습니다. 당신처럼 고귀한 사람들은 다 그들이 헌신을 하고 있는 그 희망을 위조(僞造)로 돌리는 법이 없습니다." 드로나(Drona)는 두료다나의 이 말에 크게 수치심을 느끼며 말했습니다.

"그렇게 말하면 안 됩니다. 나는 그대가 바라는 바를 달성하려고 항상 애를 쓰고 있습니다. 신들과 악귀들과 간다르바들과 약샤사들과 나가들과 락샤사들의 3계도, 아르주나가 지키면 격파할 수 없습니다. **고딘바(Govinda, 크리슈나)가 있는 곳에 창조주(the Creater of the universe)가 계시고, 아르주나가 있는 곳에 유익한 명령이 있습니다.** 오 왕이여, 달리 할 수는 없습니다. 오늘 나는 판다바 영웅 중에 가장 억센 전차 무사 한 사람을 잡을 것입니다. 오늘은 신들도 격파할 수 없는 진을 칠 것입니다. 그러나 수단을 써서 전장에서 아르주나를 이끌어 내야 합니다."

산자야가 계속했다. -드로나가 그 말을 한 다음에 한 번 더 '삼사프타카들(Samsaptakas, 결사대)'이 그 전장의 남쪽으로 아르주나를 끌고 가기로 했습니다. 그래서 아르주나와 결사대의 대결은 알 수도 들을 수도 없게 했습니다. 다른 한편 드로나는 그 진(陣)을 화려하게 쳤습니다. 판두 형제들의 조카들 중에 가장 나이가 많은 아비마뉴(Abhimanyu)가 사령관 자리에 있었습니다. 수천의 영웅들을 잡고 세우기 힘든 어려운 공적을 세웠던 아비마뉴는 여섯 영웅에게 포위가 되었습니다. 결국 두사사나(Duhsasana)의 아들에게 굴복하여 아비마뉴는 죽었습니다. 그래서 대왕의 군사들은 크게 기뻐했으나, 판다바들은 크게 슬퍼했습니다. 아비마뉴를 잡은 다음 대왕의 군사들은 숙소로 돌아 왔습니다.

드리타라슈트라가 말했다. -오 산자야여, 아비마뉴가 죽었단 말을 들으니, 내 가슴이 찢어지는 듯했다. 어린 아이에게까지 서슴없이 공격을 하게 한 입법자의 '크샤트리아의 의무'가 독하기도 하다. 그 아이를 죽이기 위해 얼마나 많은 무사들이 동원이 되었던가? 그 엄청난 힘의 아비마뉴가 우리 진영을 꿰뚫었을 때에 우리들의 무사는 어떻게 행동을 하였는지를 말해 보라.

산자야가 말했다. -판두 5형제의 치열한 전투는 신들도 당할 수 없었습니다. **정의감과 행동과 가문과 지성과 성취와 명성과 번창함에서 유디슈티라만한 사람도 없습니다.** 진리와 정의에 헌신하고 욕망을 통제하는 유디슈티라 왕은 항상 바라문을 숭배하며 항상 하늘을 즐기고 있습니다. 말세에 죽음의 사자와 용감한 라마(Rama)와 **비마(Bhimasena)**, 이 셋은 동등합니다. **파르타(아르주나)**는 항상 자기 말(맹세)을 성공시켜 세상에 그와 같은 사람은 없습니다. 공손한 나쿨라와 경전을 아는 사하데바가 다 뛰어났습니다. **크리슈나의 좋은 점과 판두들의 좋은 점을 아우른 존재는 아비마뉴밖에 없었습니다.**

드리타라슈트라가 말했다. -오 수타(Suta, 산자야)여, 나는 그 '아비마뉴'가 어떻게 전장에서 살해되었는지를 알고 싶다.

산자야가 계속했다. -오 대왕이시여, 슬픔을 참으며 기다리십시오. 드로나는 원형진(圓形陣)을 쳤습니다. 거기에는 대왕 측의 사크라(Sakra) 같은 왕들을 배치하였습니다. 그들은 깃발이 모두 황금 깃발들이었습니다. 그들의 수가 1만 명이었습니다. 두료다나가 그 왕들의 중앙에 머물렀습니다. 그리고 그 두료다나를 카르나 두사사나 크리파가 호위를 하고 두료다나는 머리에 백양산(白陽傘)을 쓰고 야크 꼬리 부채를 들어 천상의 주인처럼 빛났습니다. 쿠루 군사의 앞머리에 사령관 드로나는 솟아오른 태양이었습니다. 그리고 신두 왕, 아스와트만, 대왕의 30명의 아들, 자야드라타, 살리아, 부리스라바가 있었습니다.

산자야가 말했다. -드로나가 지키고 있는 그 무적의 진을 향해서 아르주나는 비마를 선봉으로 삼아 진격을 하였습니다. 그래서 사티아키, 체키타나, 드리슈타듐나, 쿤티보자, 드루파다, 아비마뉴, 크샤트라다르만, 브리하트크샤트라, 드리슈타케투, 체디 왕, 나쿨라, 사하데바, 가토트카차, 유다마뉴, 시칸딘, 우타마우자, 비라타, 드리우파디 5형제, 시수팔라의 아들, 카이케야들, 수천의 스린자야족들이 드로나와 싸우러 나섰습니다. 그러나 드로나는 무서움이 없이 그들이 근접을 하자 두터운 화살 소나기로 그들을 막았습니다. 드로나 군사들의 힘은 너무 놀라워 판찰라들과 스린자야들은 드로나에게 접근을 할 수 없었습니다. 그래서 유디슈티라는 아비마뉴에게 말했습니다.

"오 조카여, 아르주나가 보이질 않아 우리가 어떻게 저 원형진을 깨뜨려야 할지 모르겠구나. 너나 아르주나가 뚫을 수 있을 터인데. 아비마뉴여, 어서 군사를 이끌어 드로나의 진을 깨뜨려라." 아비마뉴가 말했습니다.

"승리를 위해 제가 드로나의 진을 깨뜨리겠습니다. 저는 저런 진 깨뜨리는 법을 아버지께 배웠습니다. 재난이 덮치면 못 올지도 모르겠습니다." 유디슈티라가 말했습니다.

"일단 저 진을 깨뜨리면 우리 모두가 네가 갔던 길을 따라갈 것이다. 전투에서 너는 아르주나와 똑 같다. 네 진을 뚫고 들어가면 우리가 따라가며 너를 지켜주겠다." 비마도 거들어 말했습니다.

"내가 너를 따라가겠다. 그리고 드리슈타듐나와 사티아키와 판찰라들과 프라바드라카들도 따라 갈 것이다. 네가 그 진을 한번 깨뜨리면 계속 들어가 그 내부에 무사들을 죽일 것이다." 아비마뉴가 말했다. "제가 불에 뛰어드는 곤충이 될 지라도 드로나의 진을 돌파할 것입니다. 저는 오늘 우리 외숙크리슈나과 어머니를 즐겁게 해드릴 것입니다. 오늘 모든 사람들은 내가 무찌르는 거대 군사들을 구경하게 될 것입니다. **만약 나와 대적한 자가 살아 도망을 한다면 내가 파르타와 수바드라 아들이라는 것을 모르게 버려둔 처사입니다. 만약 전 크샤트리아 족을 여덟 조각으로 만들지 못 하면 나는 '아르주나의 아들'로 생각하지 않겠습니다.**" 유디슈티라가 말했습니다.

"이 범 같은 용사들이 너를 지켜 줄 것이다. 수바드라의 아들이여, 힘을 내라."

산자야가 계속했다. -그 유디슈티라의 말을 듣고 아비마뉴는 마부에게 말했습니다. "어서 드로나 군사를 향해서 말을 모시오."

산자야가 말했다. -마부가 아비마뉴에게 말했습니다.

"당신은 그동안 축복을 누려왔고, 판다바들은 그대에게 무거운 짐을 지웠습니다. 그것을 감당할 수 있을 지는 당신이 아시겠지만, 전투를 하지 않을 수 없게 되었습니다. 드로나는 최고 무기의 선생입니다. 그러나 당신은 귀하게 자라 전투를 해 본적이 없습니다."그 마부의 말을 들은 아비마뉴는 웃으며 말했습니다.

"오 마부여, 드로나는 누구인가? 크샤트리아들의 광범한 집합은 또 무엇인가? 천군(天軍)을 이끌고 아이라바타(Airavata)를 탄 사크라(Sakra)라 할지라도 나는 싸울 것이다. 나는 저 크샤트리들을 걱정도 하지 않는다. 저 군사들을 다 합해도 내 16분의 일도 안 된다." 아비마뉴가 그 말을 마치고 마부에게 말했습니다. "어서 드로나를 향해 달려라." 아비마뉴가 앞장을 서서 판다바들이 오는 것을 보고, 드로나가 모든 카우라바들을 대동하고 나왔습니다. 그래서 아비마뉴는 코끼리 무리에 달려 든 사자와 같았습니다. 그래서 군사들은 아비마뉴가 그들의 진을 뚫으려고 애를 쓰는 동안은 즐거웠습니다. 그래서 갠지스 강이 바다에 들어갈 때처럼 순간 소용돌이가 있었습니다. 거기에서 공방(攻防)을 벌어는 전투는 치열했습니다. 그래서 드로나가 보는 앞에서 아르주나의 아들[아비마뉴]는 그 원형진(圓形陣)을 깨뜨리고 진입을 했습니다. 그래서 코끼리들과 기병과 전차부들이 그들 속으로 들어온 아비마뉴를 포위했습니다. 다양한 악기와 함성과 무기들을 두들기며 사자 같은 함성을 질렀습니다. "서서히, 서서히" "가지마라. 기다려라. 덤벼라." "이 놈이 그 원수 놈이다." 웃음 소리, 말발굽소리, 전차 바퀴 소리를 내며 그 아비마뉴에게 달려들었습니다. 그러나 날랜 솜씨를 지닌 억세 아비마뉴는 달려드는 적들을 다 죽였습니다. 날카로운 화살에 급소를 공격 받아 무사들은 어쩔 줄을 모르고 쓰러졌습니다. 그래서 아비마뉴는 쿠사(Kusa) 풀을 베어 눕히듯 무사들을 베어 땅 바닥에 깔았습니다. 그렇게 해서 수천의 무사들이 죽었습니다. 정말 아비마뉴는 세 개의 눈을 가진 마하데바(Mahadeva)가 악귀들을 무찔렀듯이 대왕의 3군[전차무사, 코끼리 무사, 기병]을 무찔렀습니다.

산자야가 말했습니다. -아비마뉴가 대왕의 군사들을 죽이는 것에 화가 난 두료다나는 자신이 직접 그 아비마뉴에게 달려들었습니다. 드로나는 왕들이 아비마뉴를 피하는 것을 보고, 카우라바 전사들에게 말했습니다.

"왕[두료다나]을 구하라. 아비뉴는 우리들이 보는 앞에서 대항을 한 모든 무사들을 죽였다. 어서 가서 쿠루 왕[두료다나]을 구하라." 그러자 억센 무사들이 두료다나를 지키려고 그를 감쌌습니다. 그리고 드로나, 드로나의 아들, 크리파, 카르나, 그리타바르만, 수발라의 아들, 브리하드발라, 마드라 왕, 부리(Bhuri), 부리스라바, 살라, 파우라바, 브리샤세나가 모두 아비마뉴에게 화살 소나기를 퍼부었었습니다. 그들은 그 화살 소나기로 두료다나를 구해냈으나, 아비마뉴는 공격을 멈추지 않았습니다. 아비마뉴는 그들에게 화살을 계속 쏘며 사자 같은 함성을 질렀습니다. 이에 드로나가 앞장을 선 거대 전차무사들은 아비마뉴를 향해 화살 소나기를 쏟아 부었습니다. 그러나 아비마뉴는 그것들을 쳐냈습니다. 정말 놀라운 솜씨였습니다. 이렇게 싸우는 동안 어느 누구도 그 전장을 떠나는 사람은 없었습니다. 그 치열한 전투 동안에 두사하(Duhsaha)는 아홉 발, 두사사나는 열두 발, 크리파는 세 발, 드로나는 열일곱 발의 화살을 아비마뉴에게 쏘았습니다. 그리고 비빈사티는 70발, 크리타바르만은 일곱 발, 브리하드발라는 여덟 발, 아스와타만은 일곱 발, 부리스스라바는 세 발, 마드라 왕은 여섯 발, 사쿠니는 두 발, 두료다나는 세 발의 화살을 쏘았습니다. 그러나 용감한 아비마뉴는 마치 춤을 추듯이 그들에게 각각 화살 세 발씩을 되돌려 주었습니다. 아비마뉴의 말들은 가루다(Garuda)와 같고 바람처럼 달렸습니다. 아비마뉴는 급히 아스마카(Asmaka) 왕을 막아섰습니다. 아스마카 왕은 아비마뉴에게 열 발의 화살을 쏘아주고 "기다려, 기다려."고 했습니다. 그러자 아비마뉴는 잠깐 웃고나서 열 개의 화살로 아스마카의 말을 죽이고, 바부를 죽이고 깃발을 꺾고, 두 팔과 목을 잘라 땅바닥으로 떨어지게 했습니다. 아스마카 왕이 아비마뉴에게 이렇게 죽자 아스마카족(Asmakas)은 흔들려 전장을 빠져나갔습니다. 그러자 카르나, 크리파, 드로나, 드로나의 아들, 간다라 왕, 살라, 살리아, 부리스라바, 크란타, 소마다타, 비빈사티, 부리샤세나, 수세나, 쿤다베딘, 프라타르다나, 브린다라카, 랄리티아, 프라바후, 드리갈로차나, 두료다나가 아비마뉴에게 화살 소나기를 퍼부었습니다. 그러자 아비마뉴는 그 무사들의 직격 화살들 맞고, 카르나에게 모든 갑옷을 뚫을 수 있는 화살을 쏘았습니다. 그래서 그 화살은 카르나의 갑옷을 뚫고 나갔습니다. 카르나는 그 화살을 받고 지진이 날 때처럼 흔들렸습니다. 그리고 나서 아비마뉴는 수세나(Sushena) 드리갈로차나(Drighalochna) 쿤다베딘(Kundavedhin) 세 사람의 무사를 죽였습니다. 그러자 카르나가 아비마뉴를 25 발의 화살로 공격을 했습니다. 그리고 아스와타만은 20 발, 크리타바르만은 일곱 발의 화살을 쏘았습니다. 아비마뉴는 화살을 쏘며 전장을 달렸습니다. 모든 군사들은 아비마뉴를 올가미를 갖춘 야마(Yama)로 생각했습니다. 아비마뉴가 근접한 살리아에게 화살 소나기를 퍼 부었습니다. 그리고 사자 같은 함성을 질렀습니다. 살리아가 아비마뉴 화살에 치명상을 입어 전차 바닥에 쓰러져 기절을 했습니다. 살리아가 아비마뉴 화살을 받아 전차 바닥에 눕자 드로나가 보는 앞에서 군사들은 도망치기 시작했습니다. 그러자 **아비마뉴는 피트리(Pitris) 차라나(Charanas) 시다(Siddhas) 신들과 지상 만물의 축복을 받으며 정결한 버터를 태우는 제사 불처럼 전장에서 칭송이 되었습니다.**

드리타라슈트라가 말했다. -아비마뉴가 그의 직격(直擊) 화살로 우리의 최고 전사들을 짓밟을 때에 우리 무사들을 그를 어떻게 막았느냐?

산자야가 말했다. -드로나가 지키고 있는 전차부대를 어떻게 용맹의 아비마뉴가 무너뜨렸지 들어보십시오. 마드라 왕[살리아]이 아비마뉴의 화살을 받고 정신을 잃고 기절을 하자, 살리아의 아우가 화를 내어 아비마뉴에게 활을 쏘며 달려들었습니다. 그러자 아비마뉴는 날랜 솜씨로 그 대적자의 말과 마부를 죽였습니다. 너무도 빨라 사람들이 볼 수도 없었습니다. 그 전사도 죽어 땅으로 떨어지는 모습은 태풍으로 산이 무너지는 듯했습니다. 그의 부하들은 사방으로 도망을 쳤습니다. 그 모습을 본 모든 사람들이 "최고다, 최고!"라고 큰 소리들을 질렀습니다. 살리아의 아우가 그렇게 사망을 하고나니, 그 부하와 친척들이 그 지역[살고 있는 나라]의 이름을 외치며 분노를 품고 아비마뉴에게 달려들었습니다. 전차부대 코끼리와 기병들과 보병들이 다 동원이 되었고, 그 무기들이 날카로웠습니다. 그들은 활시위를 당기 사자 같은 함성을 지르며 박수를 치며 아비마뉴를 겁주며 달려들었습니다. 그들은 말했습니다. "너는 오늘 살아서는 못 나간다." 그 말은 들은 아비마뉴는 잠시 웃다가, 그들 첫째로 공격을 가한 자에게 먼저 화살을 쏘아주었습니다. 아비마뉴는 다양한 화살을 쏘며 유연하게 싸웠습니다. 지고 있는 무거운 짐[大軍]을 무시하고 걱정도 없이 가을의 태양 같이 활을 쏘았습니다.

드리타라슈트라가 말했다. -오 산자야여, **아비마뉴 혼자서 내 아들[두료다나]의 전군(全軍)을 막아 냈다는 말을 듣고 내 마음은 수치스럽고도 기쁘다**. 더욱 자세 이야기를 해보라.

산자야가 말했다. -화륜(火輪) 같이 무서운 속력으로 아비마뉴는 드로나, 카르나, 살리아, 드로나의 아들, 크리타바르만, 보자족, 브리하드발라, 두료다나, 소마다타, 사쿠니와 여러 왕들과 왕자들과 군사들을 화살로 꿰뚫었습니다. 그렇게 아비마뉴가 살육을 행하는 동안 그는 어디에나 다 있다는 생각이 들 정도였습니다. 그러한 아비마뉴의 모습을 보고 대왕의 군들은 거듭 무서워 떨었습니다. 그러한 아비마뉴의 모습을 보고, 드로나는 그가 대왕의 아들이나 된 것처럼 기쁜 목소리로 크리파에게 말했습니다.

"저기 유디슈티라와 나쿨라, 사하데바, 비마와 친척들과 처가 족속들이 몰려와 그 선두에 아비마뉴를 두고 전투에 개입도 않고 구경꾼들처럼 보고 있습니다. **나는 아비마뉴 같은 궁사(弓師)는 없다고 생각합니다**. 그가 원하면 방대한 마필을 죽일 수 있을 터인데, 어떤 이유에서인지 그렇게 하지는 않고 있습니다." 이렇게 드로나가 아비마뉴에 대해 자기의 반가운 느낌을 말하는 것을 들은 대왕의 아들[두료다나]은 카르나와 발리카 왕과 두사사나와 다른 무사들에게 말했습니다. "모든 크샤트라의 스승님[드로나]께서 아비마뉴를 아예 잡을 생각이 없으시다. 아무도 목숨을 갖고 스승님으로부터 도망을 칠 수는 없다. 이를 어찌하면 좋겠는가? 내가 진실로 말한다. 아비마뉴는 드로나의 제자 아르주나의 아들이다. 그래서 스승님이 그 어린 것을 지켜주고 있다. 드로나의 보호를 받은 아르주나는 용감하다. 그러나 그는 자신의 생각['나를 당할 자는 없다.']을 즐기는 바보일 뿐이다. 그러기에 즉시 없애야 한다." 이 쿠루 왕의 말을 듣고 무사들은 분노하여 아비마뉴를 잡고자 하였습니다. 특히 두사사나가 그 두료다나의 말에 다음과 같이 말했습니다.

"저 아비마뉴를 내가 잡았다고 하면 두 크리슈나[바수데바와 아르주나]가 정말 허망하여 이 세상을 떠날 것입니다. 두 크리슈나가 없어졌다는 말을 들으면 판두의 다른 아들과 친구들도 절망해 죽을 것이고, 그러면 모든 적들을 잡을 수 있습니다. 내가 저놈을 해치우겠습니다." 이 말을 하고 두사사나는 화가 난 코끼리처럼 아비마뉴와 격렬하게 싸우기 시작했습니다.

산자야가 말했다. -그래서 아비마뉴는 화살로 망가진 몸을 가지고 웃으며 두사사나에게 말했습니다. "운 좋게도 너 독한 놈을 만나게 되었다. 너는 의(義)를 버렸고, 허명(虛名)을 탐하여 싸웠다. 회당(會堂)에서 거친 말로 유디슈타라를 성나게 했고, '**사쿠니의 속임수 주사위 노름**'으로 오직 승리에만 미쳤다. 왕국을 빼앗은 죄 값을 치러야 할 때가 되었다. 도망치지 말라. 너는 목숨을 지니고는 못 간다." 이렇게 말한 아비마뉴는 두사사나를 저 세상으로 보내려고 불같은 화살을 쏘았습니다. 화살이 두사사나의 어깨에 적중하여 뱀처럼 파고들었습니다. 이에 아비마뉴는 25발의 화살을 더 쏘았습니다. 두사사나는 전차 바닥에 쓰러져 정신을 잃었습니다. 그러자 마부가 두사사나를 싣고 전장을 떠났습니다. 그 모습을 보고 판다바들과 판찰라들이 사자 같은 함성을 지르고 악기들을 두들겼습니다. 그들의 인정사정 아랑곳하지 않는 적이 패배한 것을 보고 드라우파디 다섯 아들과 아스윈 쌍둥이, 사티아키, 체키타나, 드리슈타듐나, 시칸딘, 케카야, 드리슈타케투, 마트시아들, 판찰라들, 스린자야들, 유디슈타라가 앞장을 판다바들은 기쁨에 넘쳤습니다. 그래서 그들 모두가 드로나 진을 격파하려고 돌진을 했습니다. 그래서 무서운 전투가 벌어졌습니다. 모두가 승리를 열망하는 불퇴전(不退轉)의 용사들이었습니다. 무서운 접전이 진행되는 동안, 두료다나가 카르나에게 말했습니다.

"보십시오. 영웅적인 두사사나도 아비마뉴에게 굴복을 당하고, 판다바들도 억센 사자들처럼 아비마뉴를 구하려고 달려들고 있습니다." 이 말에 카르나는 분을 내어 화살 소나기를 아비마뉴에게 퍼 부었습니다. 그러나 아비마뉴는 드로나를 향해 돌진하며 카르나에게는 73 발의 화살을 쏘았습니다. 아무도 아비마뉴의 드로나로의 행진을 막지 못 했습니다. 그러자 카르나가 1백 발의 화살을 발사하여 아비마뉴의 최고 무기[활]들을 빼앗았습니다. 비록 카르나의 공격을 받았으나, 아비마뉴는 고통을 모르는 신과 같았습니다. 아비마뉴는 날카로운 화살로 다시 카르나를 공격하기 시작했습니다. 아비마뉴는 금방 카르나의 우산, 깃발, 마부와 말들을 못 쓰게 만들었습니다. 그러자 카르나는 아비마뉴에게 다섯 발의 직격 화살을 쏘았습니다. 아비마뉴는 그것을 받고도 겁내지 않았습니다. 아비마뉴는 화살 하나를 쏘아 카르나의 활을 자르고 깃발을 땅에 떨어뜨렸습니다. 카르나가 곤경에 처한 것을 보고 카르나의 아우가 달려왔습니다.

산자야가 말했다. -카르나의 아우가 고함을 치며 카르나와 아비마뉴 사이에 끼어들었습니다. 카르나의 아우는 열 개의 화살로 아비마뉴와 우산과 깃발과 마부와 말을 공격했습니다. 그러자 아비마뉴는 날개 달린 화살 하나로 카르나 아우의 목을 베어 땅바닥으로 떨어뜨렸습니다. 아우가 죽은 것을 보고 카르나는 괴로웠습니다. 아비마뉴는 그의 화살로 카르나를 전장에서 퇴장시키고, 다른 궁사들에게 달려들었습니다. 카르나가 아비마뉴 화살에 전장에서 도망친 것을 보고 카우라바 대열은 무너졌습니다. 하늘은 아비마뉴 화살로 덮였습니다. 아비마뉴가 그렇게 살육을 감행하자 신두 왕[자야드라타]을 제외하고는 전장에 남아 있는 사람이 없었습니다. 그러자 아비마뉴는 소라고둥을 불고 그 신두 왕[자야드라타]에게 도전을 했습니다.

드리타라슈트라가 말했다. -아비마뉴가 카우라바 군사들 속으로 뚫고 들어 왔을 적에 그를 따라 온 유디슈티라 무사들은 없었는가?

산자야가 말했다. -아비마뉴의 백부(伯父)들[유디슈티라, 비매은 아비마뉴를 구해 내려고 아비마뉴가 만들었던 통로를 따라 전진을 했었습니다. 그 영웅들이 몰려오는 것을 보고 대왕의 군사들은 도망을 쳤으나, 신두 왕 자야드라타(Jayadratha)가 그 부하들과 더불어 아들을 구하려는 아르주나를 막았습니다.

드리타라슈트라가 말했다. -산자야여, 아들을 구하려는 화난 판다바들을 그 신두 왕[자야드라타]이 혼자 막기에는 정말 힘이 들었을 것이다. 무슨 용맹으로 신두 왕은 판다바들을 막았는지 말해보라.

산자야가 말했다. -드라우파디를 욕보이려 했을 적에 자야드라타는 비마에게 혼이 났습니다[제65장]. 날카로운 굴욕감에서 자야드라타는 '서원(誓願)'을 갖고 독한 금욕을 행했습니다. 감각을 억제하고, 주림을 참고 더위와 목마름을 견뎌 정맥들이 솟아올랐습니다. 베다를 외고 마하데바(Mahadeva) 신께 경배를 올렸습니다.[금욕 고행의 효과] 그래서 그 '서원(誓願)'으로 자야드라타는 신 앞에 엎드려 두 손을 모으고, 신에게 빌었습니다. "저 혼자서 용맹의 판두 아들을 다 저지하게 해주옵소서." 그러자 신이 "오 쾌활한 남자여, 나는 그대가 혼자서 아르주나만 빼고 판두 네 형제들은 막을 수 있음을 허락한다." 그래서 자야드라타는 그 '서원(誓願)'의 결과로 천상의 무기로 전 판다바들을 막을 수 있었습니다.

산자야가 말했습니다. -대왕께서 자야드라타 용맹을 물으시니, 자세히 말씀을 드리겠습니다.

산자야가 말했다. -자야드라타가 판두 형제들을 저지하고 있을 때에, 아비마뉴는 자신의 화살 소나기로 달려드는 카우라바 병사들을 막고 있었습니다.

드리타라슈트라가 말했다. -오 수타여, 그대가 내게 한 이야기는 한 사람과 많은 사람들이 싸워서 아비마뉴의 용맹이 놀라워 믿을 수 없을 정도이다. 두료다나가 아비마뉴에게 어떻게 격퇴를 당했고 1백 명의 왕들이 살해를 당한 다음에 우리 군사들은 아비마뉴에게 어떻게 대항을 했는가?

산자야가 말했다. -아비마뉴는 두사사나 아들에게 열 발의 화살을 쏘고 큰 소리로 말했습니다. "전투는 그만둬라. 네 아비도 겁쟁이처럼 도망을 했다. 너는 오늘 내게 죽었다." 아비마뉴는 그에게 장전(長箭)을 쏘았습니다. 드로나의 아들이 세 개의 화살로 그 화살을 막았습니다. 아비마뉴는 그 드로나의 아들은 놔두고 살리아에게 아홉 발의 화살을 쏘았습니다. 그래서 살리아의 활을 꺾고 살리아의 마부를 죽였습니다. 그리고 아비마뉴는 철 화살 여섯 발을 또 쏘았습니다. 이에 살리아는 그 전차를 버리고 다른 전차로 올라갔습니다. 그리고 나서 아비마뉴는 사트룬자야(Satrunjaya) 찬드라케투(Chandraketu) 마하메가(Mahamegha) 수바르차(Suvarchas) 수리아바사(Suryabhasa) 다섯 무사를 죽였습니다. 그리고 수발라의 아들[사쿠니]을 공격했습니다. 수발라의 아들[사쿠니]은 세 발의 화살을 아비마뉴에게 쏘고 나서 두료다나에게 말했습니다.

  "**우리 모두 달려들어 저 한 놈을 잡읍시다. 일대일로 대결하면 다 죽습니다.**"[交戰 規則이 깨짐]
카르나가 드로나에게 말했습니다. "아비마뉴가 우리 군사들을 짓밟고 있습니다. 그를 잡을 방법을
말씀해 주시지요." 드로나가 말했습니다.

  "**경계심을 가지고 아비마뉴를 보면, 어느 누구가 과연 저 사람을 따를 수 있겠는가? 그는 사방
으로 전차를 몰고 달려 다닌다. 그런데 어느 누구가 조금이라도 그를 추적할 수 있을 것인가?
사자 같이 가볍고 신속한 동작들을 보라. 그러기에 아비마뉴의 전차 달리기는 나를 크게 기쁘게
했다. 억센 화살로 지평선의 모든 것을 향하는 그의 날랜 솜씨는 아르주나보다 못 할 것이 없다.**"
이 드로나의 말을 들은 카르나는 아비마뉴의 화살 고통을 생각하며 드로나에게 거듭 호소했습니다.

  "아비마뉴의 화살이 너무나 괴로워도 저는 제가 여기에 있어야 함은 **제가 무사(武士)이기 때문
입니다.** 남쪽으로 간 그들[크리슈나, 아르주나]이 불과 같다 할지라도, 지금은 저 아비마뉴의 화살
이 제 정신을 시들게 만듭니다." 그렇게 호소를 하자 드로나는 웃으며 카르나에게 말했습니다.

  "아비마뉴는 젊고 용맹스럽습니다. 그의 갑옷은 꿰뚫을 수가 없고 그 아비는 나에게 갑옷 착용
법을 배웠습니다. 그대가 할 수 있는 날카로운 화살로 그의 활을 꺾고, 말 고삐들을 자르고 말들을
죽이고, 마부들을 죽이세요. 그렇게 만들어 전투를 못 하게 되면 그때에 공격을 행하는 것입니다.
전차를 빼앗으려면 활부터 빼앗아야 합니다." 드로나의 이 말을 듣고, 카르나는 즉시 아비마뉴의
활을 잘랐다. 그러자 크리타바르만은 말들을 죽였고, 크리파는 두 마부를 죽였습니다. 다른 사람들
도 모두 다양한 화살을 아비마뉴에게 집중해 쏘았습니다.[카르나가 단독으로 해야 할 방법을 말했
을 뿐인데, 결국 사쿠니의 공격 방법-'一對多'가 되었음] 여섯 명의 궁사(弓師)들이 한 사람에게 화
살 소나기를 퍼부은 것이었습니다. 그래서 활도 전차도 없어졌으나 [무사 중에]멋쟁이 아비마뉴는
칼을 잡고 전차에서 뛰어 하늘로 솟아올랐습니다. 엄청난 힘과 속력으로 날개 달린 가루다
(Garuda)처럼 날았습니다. 그래서 그 궁사(弓師)들은 하늘을 쳐다보며 싸워야 했습니다. 그러자
드로나가 활을 쏘아 아비마뉴의 칼을 조각내었습니다. 카르나는 아비마뉴의 방패를 조각냈습니다.
칼과 방패를 빼앗긴 아르주나는 하늘에서 땅으로 내려 왔습니다. 아비마뉴는 그의 전차 바퀴를
들고 드로나에게 돌진했습니다.

  산자야가 말했다. -바퀴를 손에 든 아비마뉴에 놀란 왕들은 그 바퀴를 1백 조각을 만들었습니다.
그러자 아비마뉴는 다시 철퇴를 들었습니다. 그리고 아스와타맨[드로나의 아들]에게 달려들었습니
다. 천둥 같은 철퇴를 든 아비마뉴를 보고, 급히 그것을 피해 전차에서 내려 세 번을 뛰었습니다.
**그의 철퇴로 아스와타만의 말과 마부를 죽인 아비마뉴는 화살이 몸에 박혀 고슴도치(a porcu-
pine)처럼 되었습니다.** 그리고 나서 아비마뉴는 수발라의 아들 칼리케이아(Kalikeya)와 그를 따르
는 간다라(Gandhara) 무사 70명을 죽였습니다. 그리고 두사사나의 아들 전차로 달려가 전차와 말
을 죽였습니다. 그러자 용맹을 지닌 두사사나의 아들은 아비마뉴에게 달려들며 "잠깐, 잠깐!"이라

고 말했습니다. 그래서 두 영웅은 서로 죽이려고 싸움을 시작을 했습니다. **쿠루의 강자(强者) 두사사나의 아들은 철퇴로 아비마뉴를 쳤습니다. 그래서 아비마뉴는 정신을 잃고 땅바닥에 쓰러졌습니다.** 그래서 코끼리처럼 적진을 누비던 아비마뉴는 죽었습니다. 그 쓰러진 영웅을 대왕의 군사들은 포위를 했습니다. 아비마뉴는 꺼진 불과 같고 서산(西山)에 진 해, 바다로 들어간 강물과 같았습니다. 억센 대왕의 전차 무사들은 사자 같은 함성을 질렀습니다. **영웅적인 아비마뉴가 전장에 누워 있는 것을 보고, 하늘에 있는 여러 신들과 다양한 존재들이 말했습니다. "슬프다. 드로나와 카르나가 앞장을 선 6명의 무사들이 한 무사를 죽이다니. 그 행동들은 잘못 된 것이다."** 아비마뉴가 쓰러지자 대왕의 군사들은 기쁜 소식들을 전했고, 판다바들은 우울 속에 빠졌습니다. 아비마뉴가 쓰러지자, 판다바들은 유디슈티라가 보는 앞에서 도망을 쳤습니다. 그래서 유디슈티라는 용사들에게 말했습니다. "물러서지 않고 싸우다 죽었던 아비마뉴는, 확실하게 하늘로 갔다. 무서워 말고 적들을 무찌르자." 그래서 판다바 용사들은 그들의 정신을 다시 찾았습니다.

산자야가 말했다. -아비마뉴가 살해를 당한 다음 판다바 무사들은 유디슈티라 왕을 중심으로 앉았습니다. 그리고 그들은 그들의 슬픔을 되씹으며, 정신들을 아비마뉴에게 집중했습니다. 억센 조카의 죽음에 유디슈티라는 다음과 같이 탄식했습니다.

"슬프다, 아비마뉴여. 드로나 진을 뚫겠다는 내 욕심 때문이었다. 두사나나의 아들에게 죽음을 당하다니. 크리슈나와 아르주나를 보면 내가 무어라고 말을 할 것인가! 슬프다. 오늘 우리는 우리 조카를 위험에서 구해내지도 못 하였다. 드리타라슈트라들은 그들이 큰 힘을 가졌다고 해도, 큰 공포에 사로잡힌 것이다. 그 아들을 죽여 놓았으니, 아르주나가 저 카우라바를 멸할 것이다. **더러운 상담자[사쿠니]를 끼고 사는 비열한 두료다나가, 카우라바들의 완패를 맛보고 비탄 속에 죽음을 당할 것은 명명백백한 일이다.**"

산자야가 말했다. -대 선사(禪師, Rishi) 크리슈나 드와이파이아나[비아새가 유디슈티라를 찾아왔습니다. 그 비아사는 유디슈티라게 말했습니다.

"오 유디슈티라여, 그대는 모든 지식에서 선생입니다. **수많은 적들을 죽인 용감한 젊은이[아비마뉴]는 하늘로 올라갔습니다. 죽음은 누구나 피할 수가 없습니다.**"

산자야가 말했다. -살육의 무서운 하루가 지나가고 해가 지니 아름다운 저녁 황혼이 펼쳐졌습니다. 양군은 모두 자기들 막사로 돌아갔습니다. 아르주나는 그 많은 삼사프타카들(Samsaptakas, 결사대)을 무찌르고 승리의 전차를 타고 막사로 돌아왔습니다. 돌아오는 길에 아르주나는 눈물로 목이 메어 고빈다에게 말했습니다.

"오 케샤바여, 왜 제가 무서워지고 말이 떨리는지요? 나쁜 징조에 사지에 힘이 빠집니다." 바수데바가 말했습니다.

"형제와 친구들은 다 잘 있습니다. 작은 일이 생겼을 것이나, 염려하지 마시오."

산자야가 말했다. -크리슈나와 아르주나가 막사로 들어갔습니다. 그들이 판다바들을 보니 모두가 우울하고 슬픔에 빠져 있었습니다. 그리고 아비마뉴가 보이지 않으므로 아르주나가 말했습니다.

"모두가 얼굴들은 창백하고 아르주나가 없군요. 나는 드로나가 원형진(圓形陣)을 쳤다고 들었습니다. 나는 아비마뉴에게 진의 진입(進入)은 가르쳤으나 탈출(脫出)을 가르쳐주지 못했습니다. 틀림없이 피로 목욕을 하고 땅바닥에 누웠을 겁니다." 크리슈나도 유유트수(Yuyutsu)가 듣는 중에 이 말을 했습니다.

"아이를 죽여 놓았으니 무슨 기쁨이 있겠습니까? 진정으로 그들이 슬퍼해야 할 시간이 오는데, 케사바와 아르주나를 거슬러 놓고 기뻐서 사자 같은 함성을 질러 무엇 하겠습니까? 적들은 이 간악한 행동에 대한 죄 값을 반드시 치를 겁니다." 아르주나가 말했습니다. "맹세합니다. 내일 내가 자야드라타를 죽일 겁니다. 내일 해가 질 때까지 그 악당을 못 잡으면, 내가 불 속으로 들어갈 것입니다."

산자야가 말했다. -아르주나가 신두 왕[자야드라타]을 죽일 것을 맹세하니, 바수데바가 아르주나에게 말했습니다. "나와 상의도 없이, 그대는 '내가 신두 왕을 죽이겠다!'고 맹세를 했습니다. 너무 성급했습니다. 내가 두료다나 캠프에 첩자(諜者, 스파이)를 보내놓았습니다. 그들 첩자들이 내게 올 터이니 그들의 정보를 가지고 드리타라슈트라들이 들리도록 큰 소리를 쳐야 할 겁니다." 그 때 수요다나[두료다나] 상담자들은 [아비마뉴를 죽여 놓고 아르주나의 보복을 생각하여] 작은 동물들처럼 겁을 내고 있었습니다. 자야드라타 왕은 자기 막사에서 우울함에 빠져 있었습니다. 자야드라타는 수요다나[두료다나]에게 말했습니다.

"나를 자기 아들의 살해자라고 생각한 아르주나는 내일 나와 전투를 할 겁니다. 그가 나를 죽이겠다고 맹세를 했답니다! 그의 맹세는 신들도 막을 수가 없습니다. 그러기에 내일 전투에서 나를 지켜주셔야 합니다! 이 점을 고려하여 적절하게 대비를 해 주십시오! 오 쿠루의 희망이시여. 당신이 전투에서 저를 지키지 못 하리라 생각하시면 제가 집으로 돌아가게 허락을 해 주십시오!" 그렇게 말하자 두료다나도 우울해져서 그의 고개를 떨어뜨렸습니다.

산자야가 말했다. -바수데바와 아르주나는 뱀들처럼 한 숨을 쉬며 밤에 잠을 이루지 못 했습니다.[4]

4) K. M. Ganguli (Translated into English Prose from the Original Sanskrit Text), *The Mahabharata of Krishna-Dwaipayana Vyasa*, Munshiram Manoharlal Publisher Pvt. Ltd. New Delhi, 2000, -**Drona Parva**- pp. 76~93, 95, 98, 101~108, 137, 139, 142, 145, 148

'용맹을 자랑하는 아비마뉴'5) '아비마뉴가 적들에게 포위되다.'6)

───────→

(a) '마하바라타(*The Mahabharata*)' 이야기는 당시의 황제 '자나메자야(Janamejaya)'에게 들려준 이야기로서, 그들의 선조 '쿠루들과 판다바들의 전쟁에 판다바 중심의 이야기'이고 그 중에서도 '크리슈나와 아르주나 중심의 이야기'인데, 역시 그들의 정신이 거듭 통일된 존재가 '아비마뉴(Abhimanyu)'이다.

(b) 서사자 바이샴파야나가 서술을 행하고 있는 청취하는 주체는 당시의 황제 자나메자야인데, 그 자나메자야는 아비마뉴의 직계 손자였다.

(c) 이 장에서는 소위 왕자들의 무예교사로 지정이 되어 '스승'으로 자타가 공인을 하고 있는 드로나(Drona)가 흉악한 악당 두료다나에게 군 '사령관 직'을 받아 놓고, '심정적으로는 아르주나를 긍정'하면서 그의 '최고의 제자 아르주나'의 아들 '아비마뉴를 잡는 방법'을 카르나와 두사사나에게 가르쳐 결국 그를 죽게 만들었다는 이야기가 주된 화제다.

(d) 이 장에서는 [배약의 사기꾼] 악의 편을 들어서, 그 '탁월한 무예'의 드로나(Drona)도 '전쟁에 마비된 정신 상태'로 돌아가 구제받을 수 없는 '오직 살육' '오직 죽음' 하나로 통일이 되었다는 '세상의 종말의 상황'을 '마하바라타(*The Mahabharata*)'는 더욱 명백히 가르쳐 주고 있다. ['위대한 판결 기준 -절대 신'을 상실하면 '자잘한 개인기' 따위는 결국 아무 의미가 없음]

제107장 열 넷째 날의 전투 -자야드라타를 잡다.

산자야가 말했다. -크리슈나와 아르주나(Daruka)는 서로 대화를 하며 그 밤을 뜬 눈으로 새웠습니다. 날이 밝으니 유디슈티라가 자리에서 일어났습니다. 유디슈티라는 데바키의 아들[크리슈나]과 아르주나에게 인사를 했습니다. 비라타와 비마와 드리슈타듐나, 사티아키 등 모든 크샤트리아들이

───────────

5) Wikipedia, 'Abhimanyu' -'Abhimanyu showing his talent in Battle'
6) S. Jyotirmayananda, *Mysticism of the Mahabharata*, Yoga Jyoti Press, 2013, p. 172 'Abhimanyu surrounded by the enemy.'

유디슈티라를 찾아 와 자리에 앉았습니다. 거기에 크리슈나와 유유다나(Yuyudhana)도 있었습니다. 여기에서 유디슈티라가 크리슈나에게 말했습니다.

"오직 당신께 의지하여 우리는 전투에 승리하고 영원한 행복을 추구하고 있습니다. 당신은 우리가 나라를 빼앗기고 갖은 고초를 겪었던 것을 다 알고 계십니다. 오늘도 슬픔과 분노의 바다에서 우리를 구해주십시오." 그렇게 유디슈티라가 크리슈나에게 말하자 크리슈나가 대답을 했습니다.

"하늘나라를 포함한 온 천지에 다난자야(Dhananjaya, 아르주나) 같은 궁사(弓師)는 없습니다. 사자가 황소를 잡듯이 당신들의 적들을 다 잡을 겁니다. 아르주나가 커다란 불길처럼 드리타라슈트라 아들들의 군사를 삼킬 것이라고 나는 생각합니다. 바로 오늘 자야드라타를 '돌아올 수 없는 나그네'로 떠나보낼 것입니다. 오 유디슈티라여, 오늘 인드라를 포함한 신들이 자야드라타를 엄중하게 지킨다고 할지라도 그를 야마(Yama)의 도시로 보낼 겁니다."

산자야가 말했다. -유디슈티라와 크리슈나가 그런 말을 나누고 있는 사이에 거기로 아르주나가 찾아왔습니다. 유디슈티라는 자리에서 일어나 그 아르주나를 포옹했습니다. 아르주나는 자신이 '3목신(三目神, three-eyed god)'을 만났던 이야기를 전사들에게 들려주었습니다. 모든 무사들은 "훌륭하십니다. 훌륭하십니다."라고 말했습니다. 유유다나, 케사바, 아르주나는 왕께 인사를 하고 유디슈티라 처소에서 출발을 했습니다. 아르주나가 그 오른쪽에 유유다나(Yuyudhana)를 보고 말했습니다.

"오 유유다나여, 오늘 전투에서 내 승리는 확실합니다. 모든 상서로운 조짐이 나타났습니다. 그래서 나는 오늘 자야드라타가 있는 곳으로 갈 겁니다. 그렇지만 유디슈티라 왕을 보호하는 것도 나의 제외될 수 없는 임무입니다. 억센 그대가 왕의 보호자가 되어 주십시오. 내가 왕을 지키듯이 왕을 지켜주시오. 세상에서 당신을 이길 사람은 없습니다. 당신이 그 책임을 져야 내가 자야드라타를 죽일 수 있습니다. 나를 걱정하지 마십시오. 당신은 왕을 지키는 데만 전념하시오. 바수데바 있는 곳에 내가 있고, 그에게나 나에게는 어떤 어려움도 없습니다." 이렇게 아르주나가 말하자 사티아키가 "그렇습니다."라고 말했습니다.

드리타라슈트라가 말했다. -오 산자야여, 그대는 말[이야기]하기에 달통을 하였다. 아비마뉴가 살해되었을 적에 네 마음은 어떠했는가? 간디바를 소유한 아르주나는 우리 군사들이 그를 막아낼 수 없다. 두료다나와 카르나는 무슨 대책이 있었는가? 두사사나와 사쿠니는 무엇을 했는가? **내 아이들이 전투에서 함께 망한 것은, 사악한 두료다나의 행동 때문이다. 두료다나는 탐욕의 길을 걸어 통치권에 눈이 멀고 바보가 되어 울화 속에 판단력과 이성을 잃었다.** 두료다나는 어떤 대책을 세웠는지, 잘했는지 못 했는지도 말해보라.

산자야가 말했다. -조용히 말씀을 들어보십시오. **큰 잘못은, 대왕이 저질렀습니다.** 강물이 들녘을 휩쓸어 간 다음에는 제방을 막아야 소용이 없듯이, 대왕의 탄식도 소용이 없습니다. 오 바라타의 황소시여, 고정하십시오. **대왕께서 앞서 유디슈티라를 억류해 놓고 대왕의 아들들이 그 주사위 노름을 하지 않았더라면, 이 재난이 대왕께 올 이유가 없습니다.** 그리고 전투가 처음 시작이 되었을 적에, 대왕께서 양쪽의 분노를 막으셨다면 이 재변이 대왕께 올 까닭도 없습니다. 그리고 앞서 쿠루들을 시켜서 '불복종의 두료다나'를 없앴으면 이 재앙이 역시 대왕께 올 이유가 없습니다. 그 어떤 조치라도 행했더라면, 판다바들과 판찰라들과 브리슈니들이 대왕의 잘못을 알 수가 없습니다. 카우라바들을 제외하면 정말 누가 크리슈나와 아르주나와 사티아키와 비마를 거스르겠습니까?

산자야가 말했다. -드로나는 전투를 위해 진을 치기 시작했습니다. 드로나는 소라고동을 불고 민첩하게 말을 몰아 군사들을 정돈했습니다. 군사들이 정돈을 마치자 바라드와자(Bharadwaja)의 아들[드로나]이 자야드라타(Jayadratha)에게 말했습니다.

"오 신두 왕이시여, 용감한 전차 무사 카르나와 아스와타만과 살리아와 브리샤세나가 10만 명의 기병과, 6천의 전차부대와 1만 4천의 코끼리 부대, 갑옷을 입은 2만 명의 보병을 거느리고 우리 뒤 12마일 거리에까지 펼쳐져 있습니다. **바사바(Vasava)를 선봉으로 한 신들이라도 당신을 공격할 수는 없습니다. 그런데 판다바 따위야 말할 필요가 있겠습니까? 안심하시오.**" 드로나가 그렇게 말하자 자야드라타는 안심을 했습니다. 자야드라타는 많은 간다라(Gandhara) 무사들을 거느리고 드로나가 지목해준 지점으로 나갔습니다. 자야드라타의 말들도 야크 털과 황금으로 장식을 하였고, 7천의 마필(馬匹)과 신두의 동종(同種) 기병이 자야드리타와 함께 하고 있었습니다. 자야드라타의 아들 두르마르샤나(Durmarshana)는 1천 5백의 코끼리 부대를 대동하고 그 군대의 선봉에 섰습니다. 대왕의 두 아들 두사사나(Duhsasana)와 비카르나(Vikarna)는 자야드라타의 성공을 위해 선봉 중앙에 자리를 잡았습니다. 드로나가 잡은 진형(陣形)은 일부는 '사카타(Sakata, 車形) 진'이고 일부는 '원형(circle) 진'으로 길이는 48마일, 폭은 20마일이었습니다. 드로나 스스로가 그 진을 이루어 수많은 왕들과 무수한 전차들과 기병과 보병들을 제자리에 배치를 했습니다. 그 진(陣) 배후에는 또 하나의 격파할 수 없는 '로터스(lutus) 진'이 있었습니다. 그 '로터스(lutus) 진' 안에 다시 침형(鍼形, 바늘)진을 이루었으니, 그 안에 드로나가 자리 잡았습니다. 그 바늘의 입[부리] 부분에는 크리타바르만을 배치했습니다. 그 뒤에는 캄보자 왕과 자라산다을 배치했고, 그들 다음에는 두료다나와 카르나가 자리를 잡았습니다. 그들 뒤에는 그 '사카타(Sakata, 車形) 진'의 머리를 보호하는 10만 명의 '결사대(unreturning heroes)'를 배치했습니다. 그들 모두 뒤에 그 '침형(鍼形, 바늘)진' 다른 한쪽에 자야드라타 왕이 거대 군사들로 감싼 중에 자리를 잡았습니다. 그 '사카타 (Sakata, 車形) 진' 입구에 드로나가 있었고, 드로나 뒤에 보자(Bhojas) 왕이 그 드로나를 보호하고 있었습니다. 드로나는 흰 갑옷에 투구를 쓰고 넓은 가슴 억센 팔에 대궁(大弓)을 잡고 있었습니다.

산자야가 말했다. -쿠루 군사들이 배열을 마치니, 커다란 함성이 터졌습니다. 북소리가 들렸고, 군사들의 소음과 악기 소리 소라고동 소리가 울리며 끔찍한 함성이 머리털을 곤두서게 했습니다. 수천 마리의 까마귀들이 아르주나 전차 앞을 날았습니다. 갖가지 동물들이 무서운 울음을 울고 불길한 자칼들도 전장에 나타나 울부짖었습니다. 나쿨라의 아들 사타니카(Satanika)와 드리슈타듐나 두 무사가 판다바 진형을 만들었습니다. 대왕의 아들 두르마르샤나(Durmarshana)는, 1천의 전차와 1백의 코끼리, 3천의 기병, 1만의 보병을 거느리고 전 군사들의 맨 앞에 자리를 잡고 말했습니다.

"넘치는 바다에 대륙처럼 오늘 나는 간디바(Gandiva) 구사자(驅使者, 아르주나)를 막을 것이다. 사람들은 돌이 돌에 부딪치는 듯한 아르주나와 나의 전투를 구경하게 될 것이다. 나 혼자서 저 판다바들을 다 막을 것이다."

아르주나도 화살들이 몰려올 그 군사들의 선봉에 자리를 잡고 소라고둥을 불었습니다. 크리슈나도 유명한 '판차자니아(Panchajanya) 소라고둥'을 불었습니다. 그 소라고둥에 대왕의 군사들은 몸이 떨리고 정신들이 나갔습니다. 천둥소리에 만물이 놀라듯이 대왕의 군사들은 그 소라고둥 소리에 놀랐습니다. 아르주나가 말했습니다.

"오 흐리시케사여, 두르마르샤나(Durmarshana)가 있는 곳으로 말을 모십시오. 코끼리 부대를 공격할 작정입니다."

산자야는 계속했다. -사비사친(Savysachin, 아르주나)의 그 말에 따라 케사바는 두르마르샤나(Durmarshana)가 있는 곳으로 갔습니다. 일대다(一對多)의 무서운 전투가 시작되었습니다. 아르주나는 구름덩이가 산허리에 소나기를 뿌리듯이 적들을 향해 화살 소나기를 퍼부었습니다. 호전적인 대왕의 무사들도 크리슈나와 아르주나를 향하여 화살 비를 퍼부었습니다. 이에 아르주나는 앞장을 선 무사들의 목을 화살로 쳤습니다. 금방 땅바닥에는 머리통과 사지들이 널렸습니다. 무사들의 목들이 팔미라(palmyra) 열매들이 떨어지듯 했습니다. 그 용감한 무사들은 아르주나의 공격을 피할 수 없었습니다. "이놈이 파르타다." "파르타가 어디 있어?" "파르타가 여기에 있다." 그처럼 대왕의 무사들의 생각은 온통 파르타[아르주나]에게 집중이 되어 있었습니다. **정신 나간 대왕의 무사들은 온 세상에 파르타[아르주나]로 가득 찼다고 생각했습니다.** 대왕의 군사들은 서로가 서로를 치며 자기 스스로를 치기도 했습니다. 영웅들이 정신을 잃고 고함을 지르고 피를 뒤집어쓰고 친구와 친척들 이름을 불렀습니다. 대왕의 군사들이 있던 전장은 쓰러진 코끼리들이 언덕들을 이루었습니다. 중천에 뜬 해를 쳐다볼 수도 없었듯이 화가 난 아르주나는 쳐다 볼 수도 없었습니다. 그래서 대왕 아들[두르마르샤나]의 군사들은 무너지고, 무서워 도망을 쳤습니다.

드리타라슈트라가 말했다. -우리 군의 선봉이 아르주나에게 무너졌을 때, 그 아르주나에게 대항을 한 영웅은 누구인가? 아니면 투지(鬪志)일랑은 버리고 다 그 '사카타(Sakata, 車形) 진' 속으로 들어갔는가?

산자야가 말했다. -아르주나가 공격을 퍼부을 때는 아무도 그를 쳐다 볼 수도 없었습니다. 그러자 대왕의 아들 두사사나가 그 지경의 군사들을 보고 화가 나 아르주나를 향해 달려갔습니다. 용맹의 두사사나는 황금 갑옷을 입고 세계를 삼킬 듯이 코끼리 부대로 아르주나를 포위했습니다. 그러자 아르주나는 사자 같은 함성을 지르고 자신의 화살로 그 코끼리 부대를 무찌르기 시작했습니다. 정말 아르주나는 시간에 따라 이동을 하는 태양과 같았습니다. 간디바가 울릴 때마다 사람과 코끼리들이 죽어갔습니다. 그렇게 아르주나에게 무찔러진 두사사나 군사들도 도망을 쳤습니다.

산자야가 말했다. -두사사나를 물리친 아르주나는 신두 왕[자야드라타]를 잡으려고 드로나를 향해서 나아갔습니다. 아르주나는 크리슈나가 일러준 대로 두 손을 모으고 드로나에게 다음과 같이 말했습니다.

"오 브라흐마나시여, 스와스티(Swasti)라고 말하여 저를 축복해 주소서. 저는 당신의 너그러움으로 이 '불능 통(不能 通)의 진문(陣門)'을 통과하고 싶습니다. 당신은 저에게 아버지와 같고 유디슈티라와 같고 크리슈나와 같습니다! 당신의 보호에 아스와타맨[드로나의 아들]이 보답을 하고 있듯이, 저도 당신의 보호에 보답을 합니다. 최고의 분이시여, 당신의 은혜로 저 '신두 왕[자야드라타]'을 잡고 싶습니다. 오 어르신이여. 제 맹세가 이루어짐을 보소서."

산자야가 계속했다. -아르주나가 드로나에게 그렇게 말하자 드로나는 웃으며 말했습니다.

"오 비바트수(Vibhatsu)여, 그대가 나를 무찌르지 않고서는 그 자야드라타를 무찌를 수가 없다." 이렇게 말하고 드로나는 아르주나의 전차와 말들과 깃발과 마부를 향해 날카로운 화살 소나기를 퍼부었습니다. 그러자 아르주나는 드로나의 화살을 자기 화살로 막으며 더욱 억센 화살을 쏘아주었습니다. <u>크샤트리아의 의무(Kshatriya duties)를 알고 있는 드로나에게 아홉 발의 화살을 쏘았습니다.</u> 드로나는 자신의 화살로 아르주나의 화살을 꺾고, 드로나는 크리슈나와 아르주나에게 불과 같은 화살을 쏘았습니다. 그러자 아르주나가 드로나의 활을 꺾으려 하자 드로나는 아르주나의 활줄을 잘라버렸습니다. 그리고 드로나는 말과 깃발과 마부를 공격했습니다. 그리고 아르주나에게 많은 화살을 쏘았습니다. <u>그러자 아르주나는 드로나에게 화살 하나를 쏘듯이 600 발의 화살을 쏘아주었습니다. 이어 700발을 더 쏘아주고, 1천 발의 화살로 저항을 못 하게 만들고 1만 발을 또 쏘았습니다.</u> 그 화살들은 드로나 진영의 많은 무사들을 죽였습니다. 모든 전법(戰法)을 알고 있는 아르주나는 많은 사람들과 말들과 코끼리들을 죽였습니다. 그러자 드로나는 바수데바에게 다섯 발의 화살을 쏘았습니다. 그리고 아르주나에게 73발을 쏘고, 깃발을 향해 세 발을 쏘았습니다. 그리고 나서 용맹의 드로나는 순간에 아르주나에게 그를 볼 수도 없이 화살을 퍼부었습니다. 그러자 바수데바가 아르주나에게 말했습니다.

"오 파르타여, 시간을 낭비할 필요가 없습니다. 더욱 중요한 임무[자야드라타에 대한 공격]가 기다리고 있습니다." 그래서 아르주나는 드로나를 버려두고 앞으로 진격을 했습니다. 그러자 드로나가 아르주나를 향해 말했습니다. "오 판두의 아들이여, 그대가 어디로 향하든, 적(敵)을 무찌르지 않고 떠남이 그 [크샤트리아의] 진정인가?" 아르주나가 말했습니다.

"당신은 내 스승이요, 적이 아닙니다. 나는 당신의 제자이고 아들 같은 사람입니다. 세상에 당신을 이길 자는 없습니다."

산자야가 계속했다. -그렇게 말한 아르주나(Vibhatsu)는 카우라바 군사들을 향하여 돌진했습니다. 아르주나의 그 돌진에 유다마뉴(Yudhamanyu)와 우타마우자(Uttamaujas)가 전차 바퀴보호 투사로 동행을 했습니다. 그런데 자야와 크리타바르만, 캄보자 왕이 아르주나를 가로막고 나왔습니다. 그리고 그들은 1만의 전차부대를 대동하였습니다. 아비사하족(Abhshahas) 수라세나족(Sura-senas) 시비족(Sivis) 바사티족(Vasatis) 마벨라라카족(Mavellakas) 릴리티아족(Lilithyas) 카이케이아족(Kaikeyas) 마드라카족(Madrakas) 고팔라족(Gopalas) 캄보자족(Kamvojas)은 모두 용감한 족속인데, 드로나가 카우라바 군의 전면에 배치를 했습니다. 달려드는 적들에 대해 전쟁에 달통한 아르주나는 아들이 죽은 슬픔을 불 지르며 전군을 삼킬 듯이 마주섰습니다. 대왕의 전군은 자야드라타를 잡으려는 아르주나에게 대항을 했습니다.

산자야가 말했다. -아르주나가 최고의 전차 무사들에게 저지를 당하고 있을 적에 드로나는 급히 그 아르주나를 추격해 왔습니다. 그러나 아르주나를 태양이 햇빛을 발하듯이 날카로운 화살들을 발사했습니다. 그래서 말들과 기사(騎士)와 코끼리들이 쓰러졌습니다. 우산이 꺾이고 전차 바퀴가 떨어져 나갔습니다. 전투가 격해지니, 카우라바들끼리 서로 공격을 했습니다. 아르주나는 직격 화살을 쏘아 적들을 흔들었습니다. 아르주나의 백말들은 급히 뒤따라온 드로나의 붉은 말들에게 달려들었습니다. 그러자 드로나는 25발의 화살로 아르주나를 공격했습니다. 이에 아르주나는 화살을 날려 그것을 막았습니다. **아르주나는 무적의 브라흐마(Brahma) 무기를 불러내어 드로나의 공격을 막았습니다**. 드로나 전투 기술은 놀라워 아르주나는 한 개의 화살도 드로나에게 적중 시킬 수 없었습니다. 엄청난 힘의 아르주나는 자신을 향해 퍼붓는 화살 소나기를 그 **브라흐마(Brahma) 무기**로 막아냈습니다. 그러자 드로나는 25발의 화살을 백마들에게 쏘았습니다. 그리고 바수데바에게 70발의 화살을 쏘았습니다. 그러자 아르주나는 잠깐 웃고 나서 날카로운 화살을 드로나에게 계속해서 쏘았습니다. 마이나카(Mainaka) 산처럼 움직이지 않는 드로나를 피해, 아르주나는 크리타바르만과 보자(Bhojas) 왕 수다크시나(Sudakshina) 사이로 들어갔습니다. 그러자 보자(Bhojas) 왕은 당장 열 발의 화살을 아르주나에게 쏘았습니다. 그러자 아르주나는 그 보자(Bhojas) 왕에게 1백 발의 화살을 쏘았습니다. 그리고 세 발을 더 쏘아 그를 망연자실(茫然自失)하게 만들었습니다. 그러했음에도 보자(Bhojas) 왕은 21발의 불같은 화살을 아르주나와 바수데바에게 쏘았습니다. 아르주나는 크리타바르만의 활을 꺾고, 역시 21발의 화살을 쏘아주었습니다. 그러자 크리타바르만은 다른 활을 잡아 아르주나 가슴에 다섯 발을 쏘고, 다시 또 다섯 발을 쏘았습니다. 이에 아르주나는 크리타바르만의 가슴에 아홉 발을 쏘았습니다. 그러자 크리슈나는 시간을 낭비해서는 안 된다고 생각했습니다. "크리타바르만에게 사정 두지 마시오. 그를 잡아야 합니다." 그러자 아르주나는 화살로 크리타바르만을 정신없이 만들고 캄보자 군 속으로 뚫고 들어갔습니다. 그러자 크리타바르만은 화가 났습니다. 크리타바르만은 유다마뉴(Yudhamanyu)에게 세발, 우타마우자(Uttamaujas)에게 네 발의 화살을 쏘았습니다. 두 왕자는 크리타바르만에게 각각 열 발의 화살을 되돌려 쏘았습니다. 다시 세 발씩을 더 쏘아 크리타바르만의 깃발과 활을 갈랐습니다. 그러는 동안에 아르주나는 그 호전적은 군사들 속으로 들어갔습니다. 그러나 두 왕자 유다마뉴(Yudhamanyu)와 우타마우자(Uttamaujas)는 크리타바르만과 용감하게 싸우고 있었습니다. 그러나 아르주나는 크리타바르만이 공격 범위 밖에 있었으므로 크리타바르만을 죽이지는 않았습니다. 아르주나가 전진을 계속하자 용감한 스루타유다(Srutayudha) 왕이 대궁(大弓)을 잡고 달려들었습니다. 그는 아르주나에게 세 발, 크시슈나에게 70발의 화살을 쏘았습니다. 면도날 화살로 아르주나의 깃발을 향해서도 쏘았습니다. 이에 아르주나는 90발의 직격 화살을 쏘았습니다. 스루타유다(Srutayudha)는 아르주나의 용맹을 당할 수 없었습니다. 다시 스루타유다(Srutayudha)가 77발의 화살을 쏘니, 아르주나는 그의 활을 꺾고 그의 가슴에 일곱 발의 화살을 박았습니다. 그러자 화가 난 스루타유다(Srutayudha)는 아르주나에게 아홉 발의 화살을 쏘았습니다. 그러자 아르주나는 그에게 수천 발의 화살을 쏘았습니다. 그래서 스루타유다(Srutayudha)의 말과 마부를 죽이고, 70발의 화살을 그게 쏘아주었습니다. 그러자 스루타유다(Srutayudha)는 전차를 버리고 철퇴를 들고 아르주나에게 달려들었습니다. 영웅적인 스루타유다(Srutayudha) 왕은 파르나사(Parnasa) 강을 어머니로 한 바루나(Varuna)의 아들이었습니다. 그 어머니가 바루나에게 말했습니다. "당신의 아들이 하늘의 무기를 소지하여 세상에서 죽지 않도록 서원(誓願, boon)을 하고 싶습니다. 이 아이를 전투에서 죽지 않도록 해 주십시오." 이 말에 바루나(Varuna)는 그 아들에게 주문(呪文)과 철퇴를 주었습니다. 그리고 말했습니다. "이 철퇴는 싸우지 않는 사람에게 휘둘러서는 아니 된다. 만약 그럴 경우 자신을 해치게 된다. 적을 향해서만 써야 한다." 운명의 때가 온 것입니다. 스루타유다(Srutayudha)는 그 명령을 어겼습니다. 그는 그 철퇴를 자나르다나(Janardana, 크리슈나)에게 휘둘렀습니다. 크리슈나가 그 어깨에 그 철퇴를 맞았습니다. 철퇴는 빈디아(Vindhya) 산을 스치는 바람결이었습니다. 그 철퇴는 즉시 스루타유다(Srutayudha) 자신을 죽여 땅 바닥에 쓰러뜨렸습니다. 모든 궁사들이 그것을 보았습니다. 그 스루타유다(Srutayudha)가 죽은 것을 보고 모든 주요 무사들이 도망을 쳤습니다. 그러자 캄보자 왕의 아들 수다크시나(Sudakshina)가 아르주나에게 달려들었습니다. 아르주나가 일곱 발의 화살을 쏘니 그것들은 수다크시나(Sudakshina)를 관통했습니다. 그래도 수다크시나(Sudakshina)는 아르주나에게 열 발의 화살을 적중시켰습니다. 그러자 아르주나는 수다크시나(Sudakshina)의 활을 꺾고, 깃발을 걷어냈습니다. 그리고 두 발의 광두(廣頭) 화살을 더 쏘았습니다. 그러나 수다크시나(Sudakshina)는 또 다시 세 발의 화살을 쏘고 사자 같은 함성을 질렀습니다. 그리고 불같은 화살을 또 쏘았습니다. 그 화살은 아르주나를 뚫고 나갔습니다. 아르주나는 기절을 했으나, 금방 정신을 회복했습니다. 아르주나는 칸카(Kanka) 깃털이 달린 열네 발의 화살을 수다크시나(Sudakshina)와 그의 말들과 깃발, 활을 향해 쏘았습니다. 그리고 나서 아르주나는 화살로 수다크시나(Sudakshina)의 전차를 박살내고 그 가슴에 또 하나의 화살을 꽂았습니다. 그러자 수다크시나(Sudakshina)는 땅바닥에서 숨을 거두었습니다. 그러자 대왕의 아들 군사들은 도망을 쳤습니다.

산자야가 말했다. -수다크시나(Sudakshina)와 스루타유다(Srutayudha)가 쓰러지는 것을 보고 화가 치민 대왕의 무사들은 거세게 아르주나에게 달려들었습니다. 아비샤하족(Abhishahas) 수라세나족(Surasenas) 시비족(Sivis) 바사티족(Vasatis)은 아르주나에게 화살 소나기를 퍼부었습니다.

그러자 아르주나는 단번에 6백 발의 화살로 그들을 무찔렀습니다. 그래서 그들은 범에게 쫓긴 작은 동물들이었습니다. 그들이 아르주나를 다시 포위를 하니, 아르주나는 간디바로 달려드는 무사들의 목을 떨어뜨렸습니다. 전장에 빈틈도 없이 머리통들이 널렸고, 까마귀와 독수리 떼가 구름처럼 몰려 왔습니다. 스루타유스(Srutayus)와 아츄타유스(Achyutayus)도 분을 내어 아르주나에게 도전을 했습니다. 그들도 아르주나에게 화살 소나기를 퍼부었습니다. 그 화살들은 호수를 덮고 있는 구름 덩이 같았습니다. 스루타유스(Srutayus)가 날카로운 창으로 아르주나를 공격했습니다. 그래서 아르주나는 기절을 했습니다. 그래서 케사바는 망연자실했습니다. 그러자 아츄타유스(Achyutayus)는 아르주나를 날카로운 화살로 공격을 했습니다. 그래서 화살들은 아르주나의 상처에 초(醋)를 붓는 듯한 효과를 내어 아르주나는 깃대를 잡고 일어섰습니다. 그러자 아르주나를 잡겠다는 거대한 함성이 들렸습니다. 아르주나가 정신을 잃은 것을 보고 크리슈나도 근심에 휩싸였습니다. 그러자 케사바는 아르주나를 위로해 달렸습니다.

그러자 스루타유스(Srutayus)와 아츄타유스(Achyutayus)는 아무 것도 보이지 않을 정도로 화살 소나기를 퍼부었습니다. 그러는 동안 아르주나는 다시 정신을 회복하였습니다. **케사바를 덮고 있는 화살과, 불덩이 같은 두 적들을 보고, 아르주나는 사크라(Sakra) 무기를 생각해 냈습니다.** 그 무기로 수천 발의 화살을 쏟아냈습니다. 그래서 그 화살들로 스루타유스(Srutayus)와 아츄타유스(Achyutayus)를 공격했습니다. 그러자 스루타유스(Srutayus)과 아츄타유스(Achyutayus)는 아르주나의 화살을 맞아 무기와 머리통들을 빼앗겼습니다. 그들은 커다란 나무가 바람에 쓰러진 것 같았습니다. 그리고 나서 아르주나는 두 왕들의 부하 50명의 전차무사도 물리치고 바라타 최고의 무사들을 죽이며 다시 돌진을 했습니다. 스루타유들(Srutayus)과 아츄타유들(Achyutayus)의 죽음을 보고 그들의 아들 니야타이우스(Niyatayus)와 디르가유스(Dirghayus)가 분함을 못 참고 아르주나에게 달려들어 아버지들의 재난에 앙갚음을 하려 했습니다. 아르주나는 그 자리에서 그들을 직격 화살로 야마(Yama)가 있는 곳으로 보냈습니다. 그러자 수천의 앙가족(Angas) 코끼리 부대가 그 코끼리 힘을 믿고 아르주나를 포위했습니다. 두료다나의 명령을 받고 많은 서쪽과 남쪽의 왕들과 칼링가족(Kalingas)의 왕들이 산 같은 코끼리를 타고 아르주나를 포위했습니다. 그러나 아르주나는 간디바의 화살로 대적자들의 목과 팔을 공격했습니다. 전쟁터에 금방 잘린 목들과 팔들이 흩어졌습니다. 무사들은 나무에 앉았던 새들처럼 떨어졌습니다. 코끼리들도 수천의 화살들을 맞고 엎드려 우기(雨期)에 산에서 빗물이 흘러내리듯 피를 쏟았습니다. 코끼리를 탄 많은 믈레차들(Mlecchas)은 기괴한 모습으로 죽어 넘어져 있었습니다. 그리고 야바나족(Yavanas) 파라다족(Paradas) 사카족(Sakas) 발리카족(Valhikas)도 무찔러졌습니다. 간디바에서 발사된 화살들은 나는 메뚜기 떼처럼 하늘을 날았습니다. 아르주나는 간디바로 모든 믈레차들(Mlecchas)을 죽였습니다. 아르주나는 피로 강물을 이루고 보병들과 말들 전차들과 코끼리 시체가 제방(堤坊)을 이루었습니다. 아르주나는 다시 바라타 주인 속으로 뚫고 들어갔습니다. 그러자 암바슈타족(Amvashthas)의 왕 스루타유스(Srutayus)가 저지를 하고 나왔습니다. 그러자 아르주나는 칸카(Kanka) 깃털을 단 날카로운 화살로 스루타유스의 말들을 쓰러뜨렸습니다. 그러자 스루타유스는 철퇴를 잡고 달려들었습니다. 아르주나는 그 철퇴를 못 쓰게 만들고 다른 날개 달린 화살로 스루타유스의 목을 베었습니다.

산자야가 말했다. -급히 달려온 드로나에게 두료다나는 말했습니다.

"아르주나는 방대한 군사들을 뚫고 이미 지나갔습니다. 아르주나는 다음번에도 대 학살을 벌릴 것입니다. 그 점을 고려하여서 아르주나의 '자야드라타 죽기'는 막아야 합니다. 당신이 우리의 유일한 도피처이십니다. 아르주나는 화난 불길처럼 마른 풀을 불태우듯 우리 군사들을 죽이고 있습니다. **나는 우리 군사가 매우 허약하다고 생각합니다. 나는 정말 군사들이 없습니다. 나는 당신[드로나]께서도 판다바들을 돕는다는 생각이 듭니다. 제가 무엇을 해야 할 지도 모르겠습니다.** 저의 온 힘을 다하여 당신을 기쁘게 하려고 했습니다. 그러나 당신은 그것을 생각하지도 않습니다. 오 무궁한 용맹을 지닌 분이시여, 우리는 헌신을 했으나, **당신은 우리의 행복을 추구한 적이 없습니다. 당신은 판다바들만 좋아하고 우리들에게는 어려운 일만 안겼습니다.** 우리들과 생활을 하면서도 우리들에게 해만 끼치십니다. 저는 당신이 면도날에 꿀을 발라놔도 모릅니다. 당신께서 판다바들을 막아달라는 우리의 소망을 못 들려주신다면 신두 왕[자야드라타]이 제 나라로 돌아가겠다는 것을 막을 수도 없습니다. 아르주나의 공격 범위 내에 들면 도망갈 수도 없습니다. 제 말씀에 노여워 마시고 부디 신두 왕[자야드라타]을 지켜주소서." 드로나가 말했습니다.

"그대 말에 틀린 것은 없소. 그대는 내 아들 아스와타만처럼 사랑스럽습니다. 오 왕이시여, 지금부터 내 말대로 하시오. 모든 마부들 중에 크리슈나가 최고입니다. 그의 말들은 말 중에 최상입니다. 작은 틈이라도 생기면 아르주나는 빠르게 돌파를 합니다. 그가 앞서 달리면서 2마일 뒤에 수많은 병사들을 쓰러뜨리는 것을 보지 않았습니까? 나이가 들어 나는 그렇게 빨리 갈 수는 없습니다. 그리고 전 판다바 군사는 우리 선봉에 다가와 있습니다. 유디슈티라도 잡아야 합니다. 그래서 나는 모든 크샤트리아가 있는 앞에서 [유디슈티라을 잡겠다는]맹세를 했습니다. 오 왕이여, 유디슈티라는 아르주나가 떠난 채로 그 군 선두에 있습니다. 그러기에 나는 아르주나와 싸우면서도 우리 군문(軍門)을 떠날 수 없었습니다. 적절히 지원을 받으며 당신의 적[아르주나]과 싸워야 합니다. 그대는 세상의 왕입니다. 명예를 지켜서 적을 물리치십시오. 어서 아르주나가 있는 곳으로 가십시오." 두료다나가 말했습니다.

"오 선생님, 어떻게 제가 최고의 무기를 구사는 아르주나에게 대항을 할 수 있겠습니까? 저의 체면을 좀 지켜주십시오." 드로나가 말했습니다.

"아르주나는 무적입니다. 그러나 나는 그대가 아르주나를 막을 수 있게 하겠습니다. **내가 그대의 황금 갑옷 속의 그대 몸을 전투에서 어느 누구도 건드리지 못 하게 묶어 놓겠습니다. 그대가 오늘 악귀들이나, 천신들이나 약샤사들이나 우라가들이나 락샤사들이 몰려와 싸움을 벌려도 무**

서워 마십시오. 어느 누구의 화살도 그대를 뚫지 못 할 것입니다. 그 갑옷을 입고 어서 성난 아르주나를 좇아가십시오."

산자야가 말했다. -드로나는 그 말을 하고나서 물을 만지며 주문(呪文, Mantras)을 외고 급히 그 최고의 갑옷을 두료다나에게 입혔습니다. 드로나는 말했습니다.

"신들과 바라문들이 그대를 축복합니다."

산자야가 말했다. -태양이 아스타(Asta) 산꼭대기로 향할 때에 태양의 열기가 감소되었고 그 날이 가기를 재촉했습니다. 병사들은 일부는 쉬고 일부는 싸우고 일부는 다시 싸우러 복귀를 했습니다. 군사들은 승리를 원하며 그렇게 전투를 했습니다. 아르주나와 바수데바는 신두 왕자야드라타티이 있는 곳으로 향해 계속 전진을 했습니다. 아르주나는 그의 전차에 서서 2마일이 떨어진 곳에서 전차가 그 지점에 도착한 것처럼 활을 쏘았습니다. 흐르시케사(Hrishikesa, 크리슈나)는 가루다나 바람처럼 전차를 몰았습니다. 한편 선봉에 선 빈다와 아누빈다는 아르주나를 맞았습니다. 아르주나가 지쳐 있는 것을 보고 아르주나에게 60발, 크리슈나에게 70발, 말들에게 1백 발의 화살을 쏘았습니다. 그러자 아르주나는 그들 모두의 급소(急所)에 아홉 발의 직격 화살을 꽂았습니다. 그러자 두 형제는 화살 소나기로 아르주나와 바수데바를 덮고 사자 같은 함성을 질렀습니다. 이에 아르주나는 두 개의 광두(廣頭) 화살로 두 형제의 활을 꺾고 나서 두 개의 깃발도 꺾었습니다. 선 빈다와 아누빈다는 급히 다른 활을 잡아 다시 공격을 했습니다. 그러나 아르주나는 또 그들의 활을 꺾고 다른 화살로 말들을 죽이고 마부들을 죽였습니다. 그리고 나서 아르주나는 화살로 빈다의 목을 쳤습니다. 화가 난 아누빈다가 철퇴로 바수데바의 머리를 쳤습니다. 그러나 바수데바는 마이나카(Mainaka) 산처럼 꿈쩍하지 않았습니다. 그러자 아르주나는 여섯 개의 화살로 사지를 끊어 아누빈다도 죽였습니다. 두 왕자가 죽은 것을 본 그 군사들은 수백 발의 화살을 쏘며 달려들었습니다. 그들을 금방 멸한 아르주나는 겨울철에 시든 풀잎을 사르는 불과 같았습니다. 그렇지만 그들은 힘을 회복하여 아르주나를 포위하고 함성을 질렀습니다. 그러자 아르주나는 크리슈나에게 말했습니다. "우리 말들이 화살을 맞고 지쳐 있는데, 신두 왕은 아직 멀리 있습니다. 말을 쉬게 하고 박힌 화살을 뽑아줍시다."라고 하니 크리슈나는 "그럽시다."라고 했습니다. 아르주나가 말했습니다.

"제가 군사들을 막을 터이니, 당신께서는 할 일만 하십시오."

산자야가 말했다. -아르주나는 간디바를 잡은 다음 전차에서 내려 땅 바닥에 우뚝 섰습니다. 땅바닥으로 내려 온 아르주나를 보고 군사들은 함성을 지르며 화살 소나기를 퍼부었습니다. 강력한 아르주나는 그들을 무수한 화살로 덮었습니다. 그래서 말들과 코끼리들은 피를 뒤집어쓰고 비명을 질렀습니다. 크리슈나가 아르주나에게 말했습니다.

"이 전쟁터에 말들이 마실 우물이 없습니다." 크리슈나가 그렇게 말하자 아르주나는 즉시 "여기 샘이 있습니다."라고 그 무기로 샘을 만들어 말들을 마시게 했습니다.['샘 만들기 선수' 아르주나] 바수데바가 말했습니다.

"그 수요다나[두료다나]가 우리를 넘어갔습니다. 그것은 놀라운 일입니다. 그를 당할 전차무사는 없습니다. 그래서 전투로 그를 무찌르기는 어렵습니다. 두료다나가 판다바를 그르치게 했던 뿌리입니다. 두료다나는 지금 화살이 닿을 거리 안에 있습니다. 악당들의 뿌리를 잘라야 합니다."

산자야가 계속했다. -크리슈나의 그 말에 아르주나가 말했습니다.

"그렇게 하겠습니다. 다른 군사들을 무시하고 두료다나가 있는 곳으로 전진하세요. 내 용맹을 펼쳐 우리 왕국을 빼앗아 즐긴 그 악당의 목을 자를 것입니다." 그렇게 말하고 두 영웅은 말들을 재촉했습니다. 대왕의 아들[두료다나]은 아르주나와 크리슈나를 보고도 겁을 내지 않았습니다. 그래서 대왕의 무사들은 두료다나를 반기었고, 두료다나는 아르주나와 크리슈나에게 맞서려고 나섰습니다. 두료다나와 아르주나가 맞붙게 되니 모든 무사들이 구경을 하게 되었습니다. 커다란 함성을 지르고 나서 두 영웅은 그들의 소라고둥들을 불었습니다. 모든 카우라바들은 슬픔을 느끼며 대왕의 아드님이 신정한 불 아가리로 들어갔다고 생각했습니다. 대왕의 무사들은 아르주나와 크리슈나의 즐거운 모습을 보고, "대왕이 돌아가신다. 대왕이 돌아가신다."고 무서워 소리쳤습니다. 이에 두료다나는 말했습니다.

"두려워 말라. 내가 이놈들을 저승으로 보내줄 테다." 그렇게 말하고 나서 아르주나에게 말했다. "파르타[아르주나]여, 그대가 지녔다는 모든 용맹을 당장 다 내게 보여 보라. 내가 그대의 남자다운 모습을 보고 싶다."

산자야가 말했다. -그렇게 말한 두료다나는 아르주나에게 치명적인 세 발의 화살을 쏘았다. 다시 네 발을 말들에게 발사했다. 바수데바의 가슴에 열 발을 쏘고, 채찍을 잘라 땅에 떨어뜨렸습니다. 그러자 아르주나는 지체 없이 깃을 단 열 네 발의 화살을 두료다나에게 쏘았습니다. **그런데 그 화살들은 두료다나 갑옷을 못 뚫고 퉁겨나왔습니다.** 아르주나는 화살이 소용없는 것을 알고 다시 열네 발을 다시 쏘았습니다. 그것들도 두료다나의 갑옷은 무용하게 만들었습니다. 아르주나의 29발의 화살이 무산된 것을 보고 크리슈나가 말했다.

"이전에 못 보았던 현상입니다. 천둥 같은 그대 화살이 효력을 잃다니." 아르주나가 말했다.

"드로나가 두료다나에게 저 갑옷을 입혔습니다. 드로나가 저 갑옷을 알고 있습니다. 비록 저 같은 갑옷으로 싸고 있다고 해도 나는 저 두료다나를 잡을 겁니다. 비록 저 갑옷이 신비롭다고 해도 내 화살에 두료다나는 못 견딜 겁니다."

산자야가 계속했다. -아르주나가 그렇게 말하고 화살에 주문을 외고 활줄에 그것을 올렸더니, 드로나 아들(아스와타만)이 아르주나가 발사한 화살들을 못 쓰게 만들어버렸습니다. 아르주나는 크리슈나에게 말했습니다.

"이 무기는 두 번 쓸 수가 없습니다. 그럴 경우 나와 우리 무사들이 죽입니다." 그동안에 두료다나는 뱀 같은 화살 아홉 발을 쏘고, 화살 소나기를 퍼부었습니다. 그것을 보고 대왕의 군사들은 기쁨에 넘쳤습니다. 악기를 두들기고 사자 같은 함성을 질렀습니다. 화가 난 아르주나는 두료다나의 말과 두 마부를 죽여 버렸습니다. 그리고 용감한 아르주나는 두료다나의 활을 꺾고 손가락 가리개를 찢었습니다. 그러고 나서 전차를 부셔버렸습니다. 그러고 나서 아르주나는 쿠루 왕의 손바닥을 꿰뚫었습니다. 그러자 많은 무사들이 그를 구하려고 달려 왔습니다. 그러자 아르주나는 그들을 무찌르기 시작했습니다. 그래서 수백의 전차무사들과 코끼리들이 사지가 잘려 땅바닥에 쓰러졌습니다. 그러자 크리슈나가 말했습니다.

"힘을 다해 활을 당기시오. 내가 나의 소라고둥을 불겠습니다." 그래서 간디바 활시위소리와 소라고둥 소리에 쿠루의 병사들은 강자나 약자나 땅바닥에 넘어졌습니다.

산자야가 말했다. -대왕의 무사들은 아르주나와 크리슈나를 잡고 싶어 서로 다투며 황급히 달려들었습니다. 부리스라바스와 살라, 카르나, 브리샤세나, 자야드라타, 크리파, 마다라족 왕, 아스와타만의 8인의 억센 무사들은 하늘도 삼킬 듯 번쩍이는 전차무사들이었습니다. 그들은 천둥을 동반한 구름처럼 아르주나에게 화살 소나기를 퍼부었습니다. **그들은 하늘과 땅 바다에 들리도록 그들의 소라고둥을 들어 불었습니다. 그러자 신들 중의 최고 존재[크리슈나, 아르주나]도 소라고둥을 들어 하늘과 땅과 바다에 이르도록 불었습니다.** 아르주나의 소라고둥은 '데바다타(Devadatta)'이고 크리슈나의 소라고둥은 '판차자니아(Panchajanya)'였습니다. 두료다나와 그 8명의 최고 무사가 자야드라타를 지키기 위해 아르주나를 포위했습니다. 드로나의 아들[아스와타만]이 바수데바에게 73발을 쏘고, 아르주나에게 광두 화살 세 발, 길발과 마들에게 다섯 발을 쏘았습니다. 아르주나는 크리슈나 피격을 보고 그 아스와타만에게 1백 발을 쏘았습니다. 그리고 카르나에게 열 발, 브리샤세나에게 세 발을 쏘아주고, 살리아의 활을 꺾었습니다. 그러자 살리아가 다른 활을 잡아 아르주나를 공격했습니다. 그리고 브리스라바스는 날카로운 세 발의 화살을 아르주나에게 쏘았고, 카르나는 아르주나에게 32발, 크리슈나에게 일곱 발을 쏘았습니다. 그리고 자야드라타는 73발을 쏘았고, 크리파는 열 발을 쏘았습니다. 마드라족의 왕은 아르주나에게 열 발을 쏘았고, 드로나의 아들은 아르주나에게 60발의 화살을 쏘았습니다.

산자야가 말했다. -최고의 무사들인 야바나족(Yavanas)과 캄보자족(Kamvojas)을 물리친 유유다나(Yuyudhana)는 대왕의 군사들을 헤치고 아르주나를 향해 갔습니다.

산자야가 말했다. -드로나는 두사사나 전차가 자기 곁에 있는 것을 보고 말했습니다. "오 두사사나여, 어찌하여 전차들이 모두 도망을 쳤는가? 그들이 왕인가? 신두의 왕이 아직 살아 있는가? 그대는 억센 왕자(王子)다. 무엇 때문에 전투에서 도망을 치겠는가?"

드리타라슈트라가 말했다. -아르주나의 전차 주변에 비마와 카르나의 전투는 얼마나 격렬했는가? 앞서 카르나는 비마를 격퇴한 적이 있다. 오 산자야여, 그 싸움에 누가 이겼는지 자세히 말해보라.

산자야가 말했다. -비마는 카르나를 젖혀 두고 크리슈나와 아르주나가 있는 곳으로 향하고 싶었습니다.

드리타라슈트라가 말했다. -오 산자야여, 비마와 카르나가 어떻게 싸웠는지 말해 보라.

산자야가 말했다. -대왕의 아들들이 죽은 것을 보고 용맹의 카르나는 살 희망을 잃었습니다. 비마가 대왕의 아들들을 죽이는 것을 보고 카르나는 죄책감을 느꼈습니다. 그런데 비마는 카르나에 대한 불쾌감을 기억하며 카르나에게 날카로운 화살을 퍼부었습니다.

드리타라슈트라가 말했다. -**오 수타여, 산자야여, 지금 우리를 덮치는 그 통탄할 만한 결과는 정말 나의 잘못이었다.** 그렇지만 내가 어떻게 해야 좋겠느냐? 오 산자야여, 나는 다시 냉정을 찾았으니, 어떻게 살육이 행해졌는지를 말해보라. 오 산자야여. 날이면 날마다 나의 명예의 불길은 꺼져 가고 있다. 위대한 우리의 무사들이 다 넘어지는구나.

산자야가 말했다. -무적의 사트와타(Satwata)가 달려드는 것을 보고 아르주나는 그를 향해 나갔습니다. 아르주나는 그에게 말했습니다. "오늘 너를 보게 되어 반갑다. 도망가지 마라." 아르주나와 용감하게 싸우던 그 사트와타(Satwata)의 무기도 다하자, 바수데바는 아르주나에 말했습니다.

"최고의 궁사 사티아키가 전투에 가담했다가 전차를 빼앗긴 것을 보시오. 오 아르주나여, 그대의 제자 사티아키를 구하시오." 크리슈나와 아르주나가 말하고 있는 동안, 멀리서 "아" "안 돼."의 함성 소리가 터졌습니다. 부리스라바스(Bhurisravas)가 그 사티아키를 힘껏 공격하여 땅바닥에 쓰러뜨렸습니다. 그리고 코끼리를 사자가 끌 듯이 부리스라바스(Bhurisravas)는 그 사티아키를 끌고 사트와타들(Satwatas) 속으로 끌고 갔습니다. 그리고 부리스라바스(Bhurisravas)은 칼을 뽑아 사티아키의 목을 베려했습니다. 아르주나가 크리슈나에게 말했습니다.

"내 눈[마음]이 신두들에게 집중이 되어 저 사티아키를 볼 수 없었습니다. 그렇지만 내가 지금 야다바 무사[사티아키]를 구해내겠습니다." 아르주나가 간디바를 잡았습니다.

산자야가 말했다. -사티아키의 목을 베려던 부리스라바스(Bhurisravas)의 칼은 땅으로 떨어졌습니다. 쿠루 무사들은 자신이 그 사티아키를 놓친 것처럼 아르주나에게 욕을 퍼부었습니다. 부리스라바스(Bhurisravas)는 말했습니다. "쿤티의 아들아. 너는 나와 싸우지도 않고, 내 앞에 나타나지도 않으면서 내 무기를 못 쓰게 하는구나."

산자야가 말했다. -죽음의 천둥소리 같은 아르주나의 활시위 소리를 듣고 대왕의 군사들은 허리케인을 만난 바다 같이 흔들렸습니다. 아르주나는 그렇게도 날랜 솜씨로 놀라운 무기를 구사했습니다. 그러한 아르주나는 우기(雨期)에 비를 뿌리는 무지개를 동반한 구름 같이 빛났습니다. 아르주나가 쏟아낸 화살 강물에 병사들은 물에 잠긴 황소들이었습니다. 아르주나 화살들은 빗나간 것이 없었습니다. 아르주나는 자야드라타를 향해 전진하며 그에게 64발의 화살을 쏘았습니다. 그러자 자야드라타에게 달려드는 아르주나를 보고 대왕의 군사들은 모두 그 전투에서 물러섰습니다. 사실상 전사들은 '자야드라타 생명에 대한 희망'을 포기했습니다. 그 전투에 끼어든 대왕의 무사들은 무서운 아루주나의 공격을 받았습니다. **아르주나는 자야드라타를 향해 계속 진격을 했습니다. 그러면서 드로나의 아들에게 50발, 브리샤세나에게 세 발, 크리파에게 아홉 발, 살리아게 열여섯**

발, 카르나에게 32 발을 쏘아주었습니다. 그리고 신두 왕[자야드라타]에게 64발의 화살을 쏘고, 아르주나는 사자 같은 함성을 질렀습니다. 그러나 공격을 당한 '신두 왕'은 독수리 같이 억센 화살을 아르주나 전차를 향해 쏘았습니다. 그러고 나서 간디바를 향해 세 발 더 쏘고, 아르주나를 여섯 발의 화살로 공격했습니다. 그리고 자야드라타는 아르주나 말들을 향해 여덟 발의 화살을 쏘고, 깃발을 향해 한발을 쏘았습니다. 그러자 아르주나는 그 자야드라다의 화살들을 중간에 꺾고, 동시에 두 개의 화살로 자야드라타의 마부를 죽이고, 자야드라타의 깃발을 꺾었습니다. 그러는 동안에 금방 해가 졌습니다. 그러자 바수데바가 아르주나에게 말했습니다.

"아직 자야드라타와 6명의 전차 무사가 살아 있습니다. 계속 싸우지 않으면 신두 왕을 잡을 수 없습니다. 그래서 내가 요가(Yoga)의 힘으로 태양을 잠깐 감추었습니다. 그래서 신두 왕은 해가 졌다고 생각할 것입니다. 그러면 그 악귀[자야드라타]는 자신을 숨기지 않을 것입니다. 이 기회를 살려 그를 공격하세요. 해가 이미 졌다고 생각하는 그 기회를 놓쳐서는 안 됩니다." 이 케사바의 말을 듣고 아르주나는 말했습니다. "명심하겠습니다." 그리고 나서 **크리슈나는 어둠을 만들었던 하리(Hari)를 다시 불러 어둠을 치우게 했습니다.** 대왕의 무사들은 해가 이미 진 것으로 생각하고, 그 아르주나가 죽을 것이라는 생각하고 기쁨에 넘쳐 있었습니다. 그들은 모두 머리를 뒤로 젖히고 서 있었습니다. 자야드라타도 그렇게 하고 있었습니다. 그런데 그 신두 왕이 해를 보고 있을 적에, 크리슈나가 아르주나에게 말했습니다.

"신두 왕이 해를 다시 보고 있습니다. 두려움을 버리고 지금이 바로 저 악당을 잡을 때입니다. 어서 목을 베어 그대의 맹세를 실현하시오." 케사바가 그렇게 말하자 아르주나는 그 태양이 빛을 발하듯 대왕의 군사들을 무찌르기 시작했습니다. 아르주나는 크리파에게 20발, 카르나에게 60발, 살리아, 두료다나에게 각각 여섯 발씩을 쏘아주고, 부리샤세나에게 여덟 발, 신두 왕[자야드라타]에게 60발을 쏘고, 자야드라타에게 달려들었습니다. 불길처럼 달려드는 아르주나를 보고 자야드라타를 지키던 무사들은 몹시 당황하였습니다. 그래서 모든 무사들이 그를 향해 화살 소나기를 퍼부었습니다. 그러자 아르주나도 화를 내어 두터운 화살 천막을 만들었습니다. 그러자 남은 대왕의 무사들은 신두 왕[자야드라타]을 버리고 무서워 도망을 쳤습니다. 그들은 놀라서 다른 사람들이 도망치는 것을 볼 틈도 없었습니다. 그처럼 대왕의 무사들을 무찌른 아르주나는 자야드라타를 지키는 카르나, 드로나의 아들, 크리파, 살리아, 부리샤세나, 두료다나를 공격했습니다. 그들은 아르주나의 화살 공격을 받을 때마다 고통을 겪어야 했습니다. **신성한 주문(呪文, mantra)으로 행해진 인드라의 벼락같은 아르주나의 화살들은 어떠한 저항도 소용이 없었습니다.** 그 활[간디바]의 시위소리는 하늘나라까지 들렸습니다. 바수데바는 다시 독려했습니다.

"아르주나여, 어서 신두 왕의 목을 자르세요. 아스타(Asta) 산에 해가 지고 있습니다. 자야드라타 아버지는 세상에 유명한 브리닥크샤트라(Vriddhakshatra, 악귀)입니다." 크리슈나의 그 말을 듣고, 아르주나가 화살을 쏘니, 매(鷹)가 나무 꼭대기에 새를 잡듯 자야드라타의 목을 베었습니다. 그런데 **아르주나는 그 머리에 화살을 계속 쏘아 자야드타의 머리통이 땅에 떨어질 수 없게 했습니다. 아르주나는 원수들과 친구들을 생각하며, 그 자야드라트의 머리통을 사만타판차카(Saman-tapanchaka) 한계 밖으로까지 밀어 올렸습니다.**

드리타라슈트라가 말했다. -아르주나에게 그 신두 왕[자야드라타]이 죽은 다음 우리 군사들은 어떻게 하였는가?

산자야가 말했다. -아르주나가 자야드라타를 죽인 것을 보고, 크리파가 분을 내어 아르주나에게 화살 소나기를 퍼부었습니다. 드로나의 아들도 아르주나에게 날카로운 화살을 쏘았습니다. 아르주나는 그 화살들에 지독한 아픔을 느꼈습니다. 그러나 아르주나는 크리파와 드로나의 아들[아스와타만]을 죽일 생각은 없었습니다. 아르주나는 크리파와 아스와타만의 활만 못 쓰게 만들었습니다. 아르주나는 부드럽게 활을 쏘았으나, 크리파는 힘을 잃고 전차 바닥에 주저앉았습니다. 그 마부가 크리파가 기절한 것을 죽은 것으로 알고 그 전장에서 빠져나갔습니다. 크리파가 도망을 치니, 아스와타만도 겁이 나서 도망을 했습니다. 그러자 아르주나는 그 화살에 크리파가 기절을 하자 미안한 마음에 탄식을 했습니다.

"대현(大賢) 비두라께서 미리 이것을 아시고 수요다나[두료다나] 탄생에 '이 아이를 처단하라. 그로 인해 구루에게 커다란 재앙이 올 것이다.'라 하셨는데, 슬프다. 그 말씀대로 대로 되는구나."

산자야가 계속했다. -그처럼 아르주나가 나타나며 기뻐하는 판다바 병사들과 함께 크리슈나는 그의 판차자니아 소라고둥을 불었습니다.

산자야가 말했다. -아르주나가 자야드라타를 죽인 다음 크리슈나는 유디슈티라에게 말했습니다.

"오 왕중의 왕이시여, 다행히 당신의 원수가 잡혔고, 당신의 융성이 더 하게 되었습니다." 그 말을 듣고 유디슈티라는 그 전차에서 내려와 기쁨에 눈물을 흘리며, 크리슈나와 아르주나를 포옹했습니다. 그리고 말했습니다.

"억센 전차무사들이시여, 나는 천행(天幸)으로 적을 무찌른 당신들을 다시 보게 되었습니다. **크리슈나시여, 당신이 나를 행복에 넘치게 했습니다. 적들을 슬픔의 바다에 던져졌습니다. 당신은 온 세상의 주인이십니다. 당신의 성취는 3계 없는 일입니다. 오 고빈다여, 옛날 인드라가 악귀들을 정복했듯이 우리는 당신으로 은혜로 적들을 정복할 것입니다.**"

산자야가 말했다. -대왕의 아들 수요다나[두료다나]는 신두 왕[자야드라타]이 망함에 얼굴을 눈물로 적시며 어금니가 부러진 뱀처럼 한숨을 쉬며 슬픔에 잠겼습니다. 전장에서 아르주나와 비마와 사트와타의 무서운 활략을 보고 두료다나는 낙담을 하고 눈물을 흘렸습니다.

드리타라슈트라가 말했다. -자야드라타가 망한 것을 보고 그대의 생각은 어떠했는가? 그 두료다나의 말에 드로나는 어떻게 말을 하였는가?

산자야가 말했다. -부리스라바스(Bhurisravas)와 신두 왕이 살해를 당한 다음 대왕의 군사들은 통곡을 하며 대왕의 아들[두료다나]의 말을 다 무시했습니다. 수백 명의 왕들이 죽었기 때문입니다.

대왕의 아들의 호소를 듣고 드로나도 슬펐습니다. 드로나는 생각에 잠겼다가 고통스럽게 말했습니다.

"오 두료다나여, 어찌하여 그대는 그렇게 모진 말의 화살로 나를 공격하는가? 나는 앞서 그대에게 아르주나는 전투로 이길 수 없다고 말을 이미 밝혔소. 아르주나의 보호를 받은 시칸딘(Sikhandin)이 비슈마를 죽여서 아르주나의 용맹은 이미 검증이 된 것입니다. 그에 앞서 비두라가 판다바들의 [무적의]속성을 말했으나, 그대는 그 말들을 납득하지 못했습니다. **비두라가 눈에 눈물을 담고 그대에게 했던 '평화 주장의 말'을 그대는 듣지 않았습니다.** 판다바들을 주사위 속임수로 이겨 놓고 그대는 사슴 가죽을 걸쳐 그들을 숲으로 보냈습니다. 나 말고 세상에 어떤 바라문이 덕을 쌓아온 그들[판두들]을 잡는데 가담을 하겠습니까? 그들[판두들]은 내 자식과 같습니다.[모두 드로나의 제자들임] 드리타라슈트라의 동의 하에 그대는 사쿠니와 더불어 판다바들의 분노에 불을 질렀습니다. 두사사나와 카르나는 부채질을 했지요. 바라문들은 항상 선물에 감사합니다. 바라문들은 그대를 존중할 것입니다. 바라문들은 불들입니다. 나의 경우도 호전적인 적들을 무찌를 것입니다. 오 두료다나여, 할 수 있다면 가서 그 군사들을 지키시오. 쿠루들과 스린자야들이 성나 있으니, 밤중이라도 싸울 것입니다." 이 말을 마친 드로나는 판다바들을 향해 진격했습니다. 카르나가 두료다나에게 말했습니다.

"드로나를 너무 탓하지 맙시다. 저 바라문[드로나]는 목숨을 돌보지 않고 그 힘과 용맹에 따라 싸우고 있습니다. 오 수요다나여, **우리가 힘을 다해 싸웠는데도 신두 왕[자야드라타]이 죽은 것은 운명(Fate)입니다.** 당신과 우리가 최고의 노력을 했으나, 운명이 우리를 와해시키고 우리를 향해 웃어주지 않았습니다. 쿠루의 왕이여, 당신은 지혜가 모자란 것도 아니고 잘 못 한 것이 없습니다. 행동의 결론은 운명이 내립니다. 만물이 잠들어 있을 때에 운명은 자기 목적을 위해 자지 않고 깨어 있습니다. 당신의 왕들은 방대하고[여러 고장에서 왔고] 무사들은 많습니다. 전투가 시작이 되면 판두들의 적은 군사와 우리의 많은 군사 맞붙으면 많은 쪽이 유리합니다. 나는 단지 그 '운명'이 우리의 노력을 좌절시키는 것을 두려워할 뿐입니다."

산자야가 말했다. -야간 저투가 격렬하게 진행되는 동안, 소마카 족(Somakas)을 대동한 판다바들은 드로나에게로 돌격했습니다. 그러자 드로나는 날랜 화살로 카이케야족(Kaikeyas)과 드리슈타듐나의 아들들을 저 세상으로 보내버렸습니다.

산자야가 계속했다. -이 말을 들은 가토트카차(Ghatotkacha)는 자기 아들의 죽음에 노기를 띠고 아스와타만(Aswtthaman)에게 다가가 말했습니다.

"드로나 아들아, 기다려, 기다려. 아그니 아들이 크라운차(Krauncha)를 잡았듯이 내가 오늘 너를 죽여야겠다." 아스와타만이 말했다. "아들아, 다른 사람들과 싸워라. 그대는 천상의 용맹을 지녔다. 오 히딤바(Hidimva)의 아들이여, 아버지와 아들이 다투는 것을 옳지 않다.[아스와타만이 비마와 '배움의 형제'라는 의미] 자기에게 화가 나면, 자신도 죽일 수 있어."

산자야가 말했다. -판다바들의 왕이 분노에 부풀어 오른 것을 본 대왕의 아들 두료다나는 카르나에게 말했습니다.

"오 카르나여, 우리 군사들은 판찰라, 카이케이아, 마트시아, 판다바들에게 완전 포위가 되었습니다. 모두 성나 씩씩거리는 뱀과 같습니다. 판다바들은 승리를 노리며 기쁨에 그르렁거리고 방대한 판찰라들은 사크라(Sakra)의 용맹입니다." 카르나가 말했습니다.

"만약 인드라가 아르주나를 구하러 올 지라도, 나는 그 '아르주나'를 잡을 겁니다. 내 말은 진실입니다. 내가 저 판두 아들과 판찰라를 잡아 당신께 승리를 올리겠습니다. 오 카우라비아시여, 내가 살아 있으니, 걱정하지 마소서. 내가 판찰라와 판다바들을 함께 고슴도치들(porcupines)을 만들고 세상의 당신 것으로 올려 드리겠습니다."

산자야가 계속했다. -카르나의 그 말을 듣고 크리파가 잠시 웃고 있다가 그에게 말했습니다.

"오 카르나여, 당신의 말씀은 훌륭합니다. 만약 당신처럼 '말'로 성공을 한다면 이 쿠루들 중의 황소[두료다나]는 그 보존의 역량을 가졌다고 해야 할 것입니다. 오 카르나여, 그대는 쿠루 왕 앞에서 너무 자랑을 하고 있으나, 그대의 용맹은 입증된 것이 별로 없고, 결과도 그러합니다. 우리는 여러 번 전투에서 그대와 아르주나가 마주치는 것을 목격했습니다. 그렇지만 매번 그대는 판다바들에게 패했습니다. **크샤트리아란 명성을 '팔뚝'으로 말합니다. 바라문들이 '말'로 행합니다. 아르주나는 활로 보여주는데, 카르나는 공중에 성곽을 쌓았습니다.** 누가 그 아르주나를 감당합니까?" 그러자 카르나는 다음과 같이 말했습니다.

"영웅이란 농사를 짓는데 비와 같고 밭을 가는 말들과 같습니다. **나는 그들의 어깨에 무거운 짐을 졌던 영웅들이나, 전장에서 용감한 말을 하는 영웅들이 무엇을 잘못한 것인지 모르겠습니다.** 마음으로 문제를 감당하려고 하면 운명이 그를 처단할 것입니다. 나는 그 거대한 짐을 원하고 항상 결의(決意)를 속에 있습니다. 오 바라문이여, 만약 내가 판다바들과 크리슈나를 잡고 함성을 지르면 당신은 어찌 하렵니까? 나는 오늘 전투에서 크리슈나와 아르주나의 연합을 무찌를 결심입니다! 그래서 큰 소리를 친 것이었습니다. 내가 큰 소리를 친 결과를 보십시오. 나는 그 판두 아들을 잡고, 가시 없는 세상을 두료다나에게 바칠 겁니다." 크리파가 말했다.

"오 수타의 아들이여, 그대는 항상 두 크리슈나와 유디슈티라를 무시하는 말만 해왔습니다. 오 수타의 아들이여, 그대는 전투에 투기(投企)적인 사우리(Sauri) 같은 점을 지니고 있습니다." 이에 다시 카르나가 말했습니다.

"오 바라문이시여, 당신의 말씀은 옳습니다. 두료다나와 드로나, 사쿠니, 두르무카, 자야, 두사사나, 브리샤세나, 마드라 왕, 그리고 당신[크리파], 소마다타, 드로나 아들, 비빈사티는 전투에 신들도 없앨 것입니다. 그들이 전장에 두료다나의 승리를 위해 판다바들을 잡으면, 그들이 강하다고 할지라도 승부가 어떨지는 알 수 없습니다. 오 바라문이여, 적들도 수십만이 죽었습니다. 양측이 군사가 다 크게 감소했습니다. 나는 판다바들의 용맹을 모르겠습니다! 나는 온 힘을 다해 두료다나를 위해 싸울 것입니다. 승리는 운명에 달렸습니다."

산자야가 말했다. -카르나가 자기 아저씨[크리파]에게 모욕적인 언사를 한 것에 대해, 아스와타만 [드로나의 아들]이 언월도를 들고 그 카르나에게 달려들었습니다. 쿠루 왕[두료다나]의 면전에서 사자처럼 달려들었습니다. 아스와타만은 말했습니다. "이 천한 사람아, 크리파는 아르주나가 소유한 도덕을 말하였다. 너는 이해도 못 하고 용감한 우리 아저씨에게 악담을 했다. 긍지와 무례로 세상의 다른 궁사들을 무시했다. 그대가 보는 앞에서 자야드라타가 죽었는데, 너의 무기와 용맹은 무얼 했는가? 천한 자여, 내가 지금 바로 너의 머리부터 잘라야겠다."

산자야가 계속했다. -그렇게 말하고 아스와타만이 카르나에게 달려드니, 두료다나 왕과 크리파가 드로나의 아들을 만류했습니다. 그러자 카르나가 말했습니다.

"못난 녀석. 이 바라문 녀석은 제가 용감하다고 생각하고 있습니다. 오 쿠루 왕이시여, 그를 내버려 두어 나와 겨뤄보게 두소서." 아스와타만이 말했다. "수타의 아들아, 나에게 용서를 빌어라. 팔구나[Phalguna, 아르주나]가 너의 긍지를 잠잠하게 할 것이다." 두료다나가 말했습니다. "오 아스와타만, 참으시오. 용서가 되었습니다. 그대는 수타의 아들[카르나]에게 화를 내서는 아니 됩니다. **그대와 카르나, 크리파, 드로나, 마드라 왕, 수발라의 아들에게 지금 무거운 짐이 지워져 있습니다.** 분함을 버리세요. 저기에 모든 판다바들이 '라다의 아들[카르나]'과 싸우려고 달려오고 있습니다."

산자야가 계속했다. -왕이 그렇게 드로나의 아들을 달래자 그는 분함을 참고 카르나를 용서했습니다.

드리타라슈트라가 말했다. -팔구나[Phalguna, 아르주나]는 화가 나서 유가(Yuga) 종말에 파괴자가 되었는데, 카르나는 어떻게 했는가? 카르나는 항상 아르주나를 부수는데 자신감을 말했었다. 카르나는 아르주나를 만나 어떻게 했는가?

산자야가 말했다. -아르주나를 본 카르나는 코끼리가 코끼리에게 달려들 듯이, 날개 달린 직격 화살들을 쏘며 성급하게 대들었습니다. 그러나 파르태[아르주나]도 직격 화살로 덮었습니다. 아르주나는 카르나의 날랜 손을 막을 수 없었습니다. 아르주나는 카르나에게 30 발의 직격 화살을 쏘았습니다. 그리고 장전(長箭)으로 왼팔 목을 공격했습니다. 그러자 카르나의 활이 손에서 떨어졌습니다. 그러자 억센 카르나는 다시 한 번 더 아르주나를 화살 소나기로 덮었습니다. 그러자 아르주나는 잠깐 웃고, 자기 화살로 카르나의 화살들을 막았습니다. 카르나와 아르주나의 싸움은 놀라웠습니다. 아르주나가 카르나의 활을 꺾었습니다. 그리고 아르주나는 많은 광두(廣頭) 화살로 카르나의 말 네 마리를 죽였습니다. 그리고 아르주나는 마부까지 목을 잘랐습니다. 그러자 카르나는 전차에서 뛰어 내려 크리파의 전차로 올라갔습니다. 카르나가 패배한 것을 본 대왕의 무사들은 사방으로 도망을 쳤습니다. 도망치는 그들을 보고 두료다나 왕이 그들을 막으며 말했습니다.

"영웅들이여, 도망치지 마시오. 용감한 크샤트리아는 전장에 남아야 합니다. 내가 저 파르태[아르주나]와 일전을 펴겠다." 그렇게 말을 하고 화가 난 두료다나는 아르주나에게 달려들었습니다. 그러자 아스와타만이 두료다나에게 달려가 말했습니다.

"오 간다리의 아들이여, 내가 살아 있는 한 전투에는 나서지 마십시오. 나를 버리고 저는 당신께 충성을 바치고 있습니다. 파르타 무찌르는 것을 너무 걱정하지 마세요. 오 수요다나여, 여기에 그냥 계십시오." 두료다나가 말했습니다.

"아버지[드로나]도 판두들을 아들 같이 생각했소. 그대도 항상 참견을 해 왔소. 내가 불행하여 그대는 전투에서 용맹을 보이지 않았소. 억센 용사여, 파르타의 화살에 우리 군사는 무너져 도망을 치고 있소. 어서 저 판다바와 판찰라를 막으시오."

산자야가 말했다. -아스와타만은 대왕의 아들에게 말했습니다.

"오 두료다나여, 판다바 형제들은 나와 아버지를 사랑했고, 우리들도 그들을 사랑합니다. **그러나 전투에서는 아닙니다.** 우리는 우리의 능력에 따라 전투에 목숨은 돌아보지 않고 용감하게 싸웁니다. 나와 카르나와 살리아, 크리파, 흐리디카(Hridika)의 아들은 순식간에 판다바를 무찌릅니다. 판다바들도 카우라바 왕들을 무찌릅니다. 내가 당신[두료다나]을 위해 판찰라, 소마카, 카이케아, 판다바들과 싸우면 그들은 사자에게 놀란 소떼처럼 도망을 칠겁니다. 오늘 유디슈티라는 나의 용맹을 보면 아스와타만이 세상에 가득하다고 여길 겁니다. 나는 판찰라들과 소마카들이 살아 도망을 못 하도록 만들겠습니다." 그렇게 말을 하고 그 억센 전사는 전투를 하러 전진을 했습니다. 그리고 판찰라들과 카케이아들에게 말했습니다.

"억센 무사들이여, 내 몸을 공격해보라. 당신들의 날랜 솜씨로 냉정하게 나와 겨뤄봅시다." 그 말을 듣고 대적자들은 소나기를 퍼붓는 구름처럼 드로나의 아들을 화살로 공격을 했습니다. 그런데 그 화살 소나기를 막아낸 드로나의 아들은 드리슈타듐나와 판두 아들들이 보는 앞에서 용감한 무사 10명을 사살했습니다. 그러자 전투를 하던 판찰라와 소마카들이 사방으로 도망을 쳤습니다. 그것을 보고 드리슈타듐나가 드로나의 아들에게 달려들었습니다. 드리슈타듐나는 드로나의 아들에게 말했습니다.

"우리 스승의 이 미련한 아들놈아, 용감한 무사들을 죽여 무엇을 할래? 네가 원한다면 내가 너를 죽여주마. 도망가지 마라." 이렇게 말을 하고 용맹의 드리슈타듐나는 드로나의 아들에게 억센 화살을 쏘았습니다. 화가 난 아스와타만은 말했습니다. "드리슈타듐나야, 숨지 말고 잠깐 기다려라. 내가 너를 저승을 보내주마." 그렇게 말하고 아스와타만은 드리슈타듐나에게 화살 소나기를 퍼부었습니다. 그러자 드리슈타듐나는 싸움이 어려운 줄을 알고 말했습니다. "오 바라문이여, 너는 나와 나의 맹세를 모르지? 이 무식한 놈아! 내가 드로나를 먼저 잡으려고, 드로나가 살아 있어서 너를 살려두는 거다. 이 밤이 지나고 새벽이 오면 우선 너의 아비를 잡고 너를 저승으로 보내주마. 너는 생명을 가지고 나에게서 도망 갈 수 없다. **바라문의 실천을 내버리고 크샤트리아로 행세하는 그 바라문[드로나]은 모든 크샤트라들이 죽일 수 있다.** 오 열등한 사람이여." 드리슈타듐나의 그 조롱에 아스와타만은 있는 화를 모두 내어 말했다. "기다려라, 기다려." 그는 뱀처럼 드리슈타듐나를 노려보며 화살 소나기를 퍼부었습니다. 그러나 드리슈타듐나는 흔들이지 않았습니다. 그러고 나서 드로나의 아들은 드리슈타듐나에게 달려들어 활과 깃발과 우산 마부를 꺾고 말들을 죽였습니다. 그리고 나서 수십만 화살을 쏘았습니다. 그러자 판찰라들과 스린자야들은 도망을 쳤습니다. 그러자 드로나의 아들은 사자 같은 함성을 질렀습니다.

산자야가 말했다. -그러자 유디슈티라와 비마와 아르주나가 드로나의 아들을 포위했습니다. 그것을 보고 두료다나는 드로나의 도움을 받아 그 판다들에게 대항전을 펼쳤습니다. 그래서 무서운 전투가 벌어졌습니다. 유디슈티라는 많은 암바슈타족, 말라바족, 방가족, 시비족, 트리가르타족을 무찔렀습니다. 비마도 역시 아비사하족, 스라세나족과 다른 크샤트리들을 물리치며 땅을 피로 물들였습니다. 아르주나는 야우데야족, 고산족 마드라카족을 말라바족을 무찔렀습니다. 드로나 전차 주변에까지 "죽여라." "무서워 말고 쳐라." "찔러라." "잘라라."라는 함성이 들렸습니다. 드로나는 바야비아(Vayavya) 무기를 주변의 적을 무찌르니, 태풍으로 구름덩이들을 모는 듯했습니다. 그래서 드로나에게 쫓긴 판찰라들은 비마와 아르주나에게 달려가 의지했습니다.

산자야가 말했다. -치열한 전투가 계속되는데, 어둠이 전장을 덮어 대적자들이 상대방을 볼 수 없었습니다. 그래서 대적자들은 사방으로 흩어졌습니다. 대적 자들은 깨지고 사방으로 흩어져 완전히 우울했습니다.

드리타라슈트라가 말했다. -판다바들에게 짓밟힌 심정들은 어떠했는가? 어둠이 감싸서 판다바들과 우리군은 볼 수가 없었는가?

산자야가 말했다. -왕들의 명령으로 등불을 켰습니다. 유디슈티라는 자신의 군사들에게 말했습니다. "드로나에게 공격을 집중하라." 그래서 판찰라들과 소마카들은 무서운 함성을 지르며 드로나에게 달려갔습니다.

산자야가 말했다. -카르나는 드로나를 향해 달려드는 사하데바를 막았습니다. 사하데바는 카르나에게 아홉 발의 화살을 쏘고 나서 다시 아홉 발을 더 쏘았습니다. 카르나는 사하데바에게 1백 발을 쏘아주고 그 활줄을 끊었습니다. 아르주나는 알람부샤(Alambusha)에게 여섯 발을 쏘고 다시 열 발을 화살을 쏘아 깃발을 꺾었습니다. 다른 화살로 마부를 죽이고, 활을 꺾고, 말들을 죽였습니다. 알람부샤(Alambusha)가 다른 활을 잡았으나, 아르주나는 그것도 조각을 만들었습니다. 그리고 나서 아르주나는 그 락샤사 왕자에게 네 발의 화살을 쏘았습니다. 그러자 락샤사들은 도망을 쳤습니다. 아르주나는 드로나가 있는 곳으로 향했습니다.

산자야가 말했다. -그 치열한 전투 중에 드리슈타듐나가 드로나에게 돌진을 했습니다. 드로가 드로나는 잡을 듯이 달려드니 양군은 태풍이 밀어 올린 바다처럼 서로를 맞았습니다.

산자야가 말했다. -전투에서 살육을 감행하는 비마를 보고 바수데바가 가토트카차에게 말했습니다. "억센 용사여, 지금 카르나를 버리고 빨리 알라유다(Alayudha)를 잡아야 합니다. 카르나는 뒤에 죽여도 됩니다." 크리슈나의 그 말을 듣고 가토트카차는 카르나를 버리고 알라유다(Alayudha)에게 달려들었습니다.

드리타라슈트라가 말했다. -카르나가 한 사람을 죽일 수 있는 화살을 지니고 있다면 왜 그는 그것을 아르주나에게 쓰지 않고 있는가? 아르주나가 죽으면 우리가 왜 승리를 못 할 것인가? 오 산자야여, 만약 가토트카차가 카르나를 죽인다면 판다바들은 큰 이득을 본 것이다. 그러나 카르나가 가토트카차를 죽이면, 카르나의 화살 상실로 역시 그들은 큰 이익을 얻을 것이다. 대 지혜 바수데바는 판다바들을 위해 카르나가 가토트카차를 죽이게 할 것 같다.

산자야가 말했다. -**카르나가 성취하려는 욕망을 알고 있는 크리슈나는 그 락샤사 왕자[가토트카차]에게 카르나와 홀로 맞붙게 하여, 카르나의 치명적인 화살을 소용없이 만들었습니다. 오 대왕이시여, 모두 '대왕의 잘못(thy evil policy)'입니다.**

드리타라슈트라가 말했다. -내 아들은 싸우기를 좋아한다. 상담자들은 모두 바보들이다. 그놈은 지혜가 없다. 아르주나를 잡을 수단이 소용이 없게 되었구나. 아 수타[마부]야, 왜 너도 대 지혜를 지니고 있으면서도 카르나에게 그것을 일깨우지 않았는가?

산자야가 말했다. -정말 두료다나와 사쿠니와 제[산자야]와 두사사나가 그 문제를 밤마다 생각을 했습니다. 그래서 우리는 카르나에게 말했습니다.

"오 카르나여, 다른 무사들은 젖혀놓고 우선 아르주나를 잡아야 합니다. 그래야 우리가 판두 아들들을 누르고 판찰라를 노예처럼 부릴 수 있습니다. 크리슈나는 판다바들의 뿌리이고, 파르타[아르주나]는 그 줄기입니다. 프리타의 다른 아들들은 가지이고, 판찰라들은 그 잎들입니다. 오 수타의 아들이여." **만약 카르나가 크리슈나[아르주나와 크리슈나를 함께 묶은 말임]를 잡으면 전 세상이 다 대왕 것이 됩니다. 크리슈나가 땅바닥에 눕는다면 산들과 숲들이 대왕 것이 됩니다. 우리는 매일 아침 일어나면 신들의 왕 앞에 그 같은 결심을 했습니다. 그러나 전투를 할 때 카르나는 그 결심을 망각했습니다.**

산자야가 계속했다. -용맹 무적의 사티아키가 카르나에 관해 크리슈나에게 말했습니다. "오 크리슈나여, 카르나가 아르주나를 잡을 결심에 있다면 그 카르나가 왜 '무적의 화살'를 쓰지 않는 겁니까?" 바수데바가 말했습니다.

"두사사나, 카르나, 사쿠니, 자야드라타, 두료다나가 앞장을 서서 그 문제를 자주 의논했습니다. 카르나에게 그들은 말했습니다. '오 카르나여, 그 화살은 다른 사람에게 쓰지 말고 아르주나나 크리슈나에게 써야 합니다.' 이에 카르나도 동의를 하고 '그렇게 합니다.'라고 했습니다. 그러나 **나[크리슈나]는 항상 그 카르나를 '망연자실(茫然自失)'하게 만들고 있습니다.** 그것이 카르나가 그 치명적인 화살을 아르주나에게 쓰지 못 한 이유입니다. 내가 아르주나의 죽음을 못 막는다면, 나는 잠도 못 자고 즐거움도 없습니다. 그 화살이 가토트카차에게 사용되어 더 이상 소용없게 되면, 내가 아르주나를 죽음의 문턱에서 구해 낸 것입니다. **나는 나의 아버지, 어머니, 우리 자신, 형제, 내 생명까지도, 전투에서 아르주나의 보호처럼 중하게 생각하지를 않습니다.** 3계에 어느 것보다 더욱 가치 있는 것이 있다고 해도 나는 아르주나가 없으면 그것을 취하지 않을 겁니다. 그 락샤사가토트카챠가 아니면 누구도 카르나를 못 당합니다."

드리타라슈트라가 말했다. -카르나와 두료다나와 사쿠니가 그 일을 그르친 것을 알겠다. 망할 운명이다. 초개(草芥) 같은 가토트카챠를 죽이고 바사바(Vasava)의 중요한 화살을 잃었으니, 카르나와 내 아들들과 왕들은 이미 다 저승으로 가겠구나.[7]

'원형진(圓形陣) 속에서 홀로 싸우고 있는 아비마뉴[좌측]에게 접근하려는 판다바들[우측]을 코끼리를 탄 자야드라타[중앙]가 막고 섰다.'[8] '자야드라타를 죽인 아르주나'[9]

(a) '마하바라타(The Mahabharata) 전쟁' 제14일째 전투 '자야드라타의 죽음'에는, 각별한 절대재[절 대신]의 위력을 보였다.

(b) 즉 '아직 더 싸워서 그 자야드라타를 꼭 잡아야 할 일이 남아 있는데, 해가 지는 상황이 생겼다는 것'이 그것이다. 만약 그러한 상황에 '밤'이면 '내가 오늘[그 14일째 전투에서] 자야드라타를 해가 지기 전에 잡겠다.'는 아르주나의 맹세는 헛것이 된다.

이에 크리슈나는 "아직 자야드라타와 6명의 전차 무사가 살아 있습니다. 계속 싸우지 않으면 신두 왕을 잡을 수 없습니다. 그래서 내가 **요가(Yoga)의 힘으로 태양을 잠깐 감추었습니다.** 그래서 신두 왕은 해가 졌다고 생각할 것입니다. 그러면 그 악귀[자야드라타]는 자신을 숨기지 않을 것입니다. 이 기회를 살려 그를 공격하세요. 해가 이미 졌다고 생각하는 그 기회를 놓쳐서는 안 됩니다." 그래서 그 크리슈나는 어둠을 만들었던 '하리(Hari)'를 다시 불러 어둠을 치우게 했다는 것이다.

이러한 **'크리슈나의 능력'에 힌두(Hindu)들을 박수를 치고 반겼을 것이니, 이것은 '신약'에 '예수의 부활 승천'에 맞먹는 '절대 신의 놀라운 역사(役事)' 일예인 것이다.**

7) K. M. Ganguli (Translated into English Prose from the Original Sanskrit Text), *The Mahabharata of Krishna-Dwaipayana Vyasa*, Munshiram Manoharlal Publisher Pvt. Ltd. New Delhi, 2000, -**Drona Parva**- pp. 159~165, 167~185, 359~360, 362~370, 373, 378, 383, 385, 390, 393, 412, 414, 418, 420, 422~424

8) Wikipedia, 'Jayadratha' -'Abhimanyu fights the Kauravas in the chakrayudha (left); while Jayadratha on the elephant on the right prevents the Pandavas from aiding Abhimanyu.'

9) Wikipedia, 'Jayadratha' -'Arjuna Kills Jaydhratha with Pashupatastra'

(c) 그래서 아르주나의 '아비마뉴 살해 대한 복수심'은 제대로 달성하게 되었는데, 시인[詩人], 산자야
는 다음과 같이 그 '자야드라타 처단' 광경을 서술했다.
'아르주나가 화살을 쏘니, 매(鷹)가 나무 꼭대기에 앉은 새를 잡듯 자야드라타의 목을 베었습니
다. 그래서 아르주나는 그 [자야드라타의] 머리통에 화살을 계속 쏘아 자야드차의 머리통이 땅에
떨어질 수 없게 했습니다. 아르주나는 원수들과 친구들을 생각하며, 그 자야드라트의 머리통을
사만타판차카(Samantapanchaka) 한계 밖으로까지 밀어 올렸습니다.'

(d) 이처럼 소원을 성취하기 위해 아르주나는 그 크리슈나를 받들어 모셨고, 그 크리슈나의 지는 해
를 잡아 두고 시간을 연장해 '아르주나의 복수'를 완수하게 했다는 것이다.

(e) 이처럼 '마하바라타(*The Mahabharata*)' '절대신[그리슈나]'과 '건국 시조 크샤트리아[아르주나]'는
완벽하게 '성공적인 왕국 건설'에 힘을 모았으니, **어느 후손[황제]이 그 '절대 신'을 받드는 '바라
문[사제] 말을 무시할 수 있을 것인가?**

(f) 작품 '마하바라타(*The Mahabharata*)' 시작부터 두료다나 등 쿠루 형제들은 그 '카르나의 용맹'에
의존해 뽐내며 행악(行惡)을 자행하였고, 그 카르나 역시 인드라 신에게서 허락 받은 '필살(必殺)
의 무기'를 믿고 있었다. 그런데 '크리슈나의 신력(神力)'은 결국 그 카르나의 정신을 혼미하게
만들어 그 '무기'까지 '히딤바의 아들'[가토트카차]에게 허비(虛費)하게 만들었다는 것이니, 여기에
서 다시 한 번 '절대신 교과서' '절대 신의 사제(司祭) 사랑' 그 '마하바라타(*The Mahabharata*)의
정체성(正體性)'이 명시된 셈이다.

(g) 나관중(羅貫中)의 '통속연의(通俗演義)'에 관우(關羽)가 형님 유비와의 형제 약속을 중시하여 형
님을 찾아 나선 길에 소위 '오관참장(五關斬將, 다섯 관문의 수장을 죽이고 통과함)'을 행하고
황하(黃河)에 이르렀다는 장면[第六卷 美髥公千里走單騎]은 역시 명장 아르주나(Arjuna)가 사랑하
는 아비마뉴를 죽인 원흉 자야드라타(Jayadratha)를 '단 하루 동안에 잡겠다.'는 맹세를 해 놓고
수천만의 군중(軍中) 속에 '두르마르샤나' '두사사나' '드로나' '크리타바르만' '스루타유다' '두료다
나' 대장들의 저지를 끝내 물리치고 목적 달성을 해냈다는 그 아르주나(Arjuna)의 '맹세'와 '용맹'
을, 관우(關羽)에게 적용한 결과이다.

제108장 열 다섯째 날의 전투 -드로나의 사망

산자야가 말했다. -그 때에 성이 난 상태에서 두료다나가 드로나에게 말로 도발을 하며 말했습니다.
"판두들은 비정하고 닳고 닳아 목표에 확실하여 어떤 자비도 소용이 없습니다. 당신[드로나] 마
음에 드는 것을 행하려고, 우리는 그 판두들을 내버려 두는 친절을 그들에게 베풀었습니다. 그러나
피곤했던 판두들은 더욱 강해졌습니다.[자기의 잘못을 남에게 씌우는 고약한 드로다나의 버릇의
발동이다.] 판다바들을 당신의 보호를 받으며 지속적으로 강대해졌습니다. 모든 천상의 무기는 당
신 소유의 '브라흐마(Brahma)무기'에 종속됩니다. 판다바들이나 우리 군, 아니 세상의 궁사(弓師)
중에 전투에서 당신을 이길 자는 없습니다. 당신은 세상의 모든 무기를 알고 당신의 천상의 무기는
3계의 신들과 아수라들과 간다르바들을 멸할 수 있습니다. 판다바들도 당신을 무서워하고 있습니
다. 그러나 당신께서 그들이 당신의 제자라고 용납하시니 저의 불행입니다."

산자야가 계속했다. -대왕의 아들이 드로나를 그처럼 비판하고 화를 나게 하자, 드로나는 두료다나에게 다음과 같이 말했습니다.

"오 두료다나여, 내 비록 늙었지만, 나는 전투에서 나의 모든 힘을 다하고 있소. 사람들이 무기를 잘 모르지만, 나는 알고 있소. 승리를 위해 나는 적들을 무찔러 나에게 야비한 행동이 생기지 않도록 하겠습니다. 그대의 생각이 옳건 그르건 간에, 명령을 따르겠습니다. 달리는 할 수 없고, 판찰라들을 죽이는데 내가 맹세했던 바를 보여드리겠습니다. 그대는 아르주나가 전투에 지쳐 있다고 생각합니다. 오 억센 카우라바여, **아르주나가 화가 나면 간다르바, 약샤샤, 락샤사도 당할 수 없습니다. 그것은 그대도 알고 있습니다.** 히라니아푸라(Hiranyapura)에 거주하는 수천의 거인 족(Danavas)을 아르주나는 물리쳤습니다. 어떻게 인간이 그를 감당하겠습니까?"

산자야가 계속했다. -그처럼 아르주나를 칭송하는 드로나에게, 두료다나는 다시 말했습니다.

"나와 두사사나, 카르나, 사쿠니가 오늘 바로 그 아르주나를 잡겠습니다." 드로나는 두료다나의 그 말을 듣고 웃으며 말했습니다.

"행운이 있기를 빕니다. 크샤트리아들 중에 그 크샤트리아[아르주나]를 그 누가 잡습니까? 그 '보물을 간직한 주님(富의 神)'도, 인드라도 야마도 아수라 우라가 락샤사도 아르주나는 잡을 수 없습니다. 그대가 그 적대감의 뿌리이니, 그대가 아르주나를 대항해야 합니다. 일찍이 회당(會堂)에서 **'오 아버지, 저와 카르나와 두사사나가 저 판두 아들들을 잡을 것입니다.'**라고 했던 말은 모였던 사람들이 다 들었습니다.[맹세했던 대로 실천을 하라.] 그대의 그 맹세를 이루소서. **크샤트리아의 의무(the duties of a Kshatriya)를 지켜야 합니다.** 그대는 자선을 행했고, 원하는 것을 먹었고, 원하는 부를 모두 획득했습니다. 그대는 어떤 빚도 지지 않았습니다. 하려는 바를 모두 행했으니, 두려워 마십시오." 이 말을 마치고 전투는 다시 시작이 되었습니다.

산자야가 말했다. -그 밤의 4분의 3[새벽 3시]이 지나니 쿠루들과 판두들은 전투 시작의 기쁨으로 고조 되었습니다. 이어 수리애[Surya, 태양]의 마부 아루나(Aruna)가 약한 달빛을 뿌리며 하늘을 구리 빛으로 만들었습니다. 그러자 동녘은 태양의 붉은 빛으로 붉어졌습니다. 그러자 **쿠루와 판다바 왕들은 전차와 말들과 수레에서 내려와 두 손을 모으고 서서 태양을 향하여 새벽 기도를 했습니다.** 쿠루 군사들은 각각 소마카들과 판다바들과 판찰라들 대항 군사들로 나뉘었습니다. 그 쿠루 군사들이 둘로 나뉜 것을 보고 마다바(Madhava, 크리슈나)가 아르주나에게 말했습니다.

"대항할 적은 왼쪽에 있고, 드로나가 이끄는 부대는 오른쪽에 있습니다." 그 말을 듣고 아르주나는 왼쪽 군사를 향했습니다. 선봉에 선 비마가 말했습니다.

"오 아르주나여, **크샤트리아 부인들이 그 아들을 둔 '목적 달성 시간'이 왔다.** 이 때에도 승리를 달성하지 못 하면 정말 불쌍한 놈이다. 용맹을 보여라. 그 진리와 번영과 도덕과 명예에 진 빚들을 갚아라! 최고의 전차무사여, 적진을 뚫어서 그들을 너의 오른쪽으로 몰아붙여라."

산자야가 계속했다. -비마와 케사바의 그러한 주장에 아르주나는 드로나와 카르나를 견제하며 사방으로 적을 막기 시작했습니다. 카우라바의 무사들도 성난 불길처럼 적을 막았습니다. 두료다나와 카르나 사쿠니가 아르주나에게 화살 소나기를 퍼 부었습니다. 아르주나는 자기의 화살로 그것들을 소용없게 만들었습니다. 아르주나는 엄청난 가벼운 손놀림으로 모든 무사들에게 화살 열 발씩을 안겼습니다. 하늘은 먼지로 덮이었고, 화살 소나기가 쏟아졌습니다. 병사들은 거의 장님이 되었습니다. 적과 아군을 구분할 수도 없게 되었습니다. 먼지로 병사들은 추측과 호명(呼名)으로 싸움을 했습니다. 죽은 말들과 사람과 코끼리들이 산언덕 같았습니다. 그러자 드로나는 그 전장에서 물러나 그 북쪽에 자리를 잡아 연기 없는 불과 같았습니다. 드로나가 전장에서 북쪽으로 옮겨간 것을 보고 판다바 군사들은 떨기 시작했습니다. 빛나는 드로나의 모습을 보고 판다바들은 놀라 흔들렸습니다. 특히 드로나의 화살 공격을 받은 판찰라들은 계속 전투를 행했습니다. 드루파다와 비라타가 드로나에게 대들었습니다. 두루파다의 세 손자 궁사들도 나서서 드로나에게 맞섰습니다. 드로나는 화살 세 개로 두루파다의 세 손자들을 잡았습니다. 그 다음 드로나는 체디(Chedis)와 카이케야(Kaikeyas) 스린자야(Srinjayas)를 무찔렀습니다. 드로나는 그런 다음 전 마트시아들(Matsyas)을 무찔렀습니다. 그러자 화가 난 드루파다와 비라타는 드로나에게 화살 소나기를 퍼부었습니다. 드로나는 그 화살들을 자신의 화살로 막았습니다. 화가 난 드로나는 그것에 복수를 하려고, 드루파다와 비라타를 그 화살로 덮었습니다. 드로나는 광두 화살로 두 대적 자들의 활을 꺾어 버렸습니다. 그러자 비라타가 그 드로나를 죽이려고 열 발의 화살을 쏘았습니다. 드루파다는 뱀 같은 화살을 드로나의 전차를 향해 쏘았습니다. 그런데 드로나는 자신의 화살로 비라타와 드루파다 화살을 소용없이 만들었습니다. 그리고 나서 <u>드로나는 드루파다(Drupada)와 비라타(Virata)에게 광두 화살을 쏘아 그들을 저승으로 보냈습니다</u>. 그러자 드리슈타듐나가 그 드로나에게 화가 나 모든 무사들의 귀에 들리도록 큰 소리로 말했습니다.

"<u>만약 오늘 드로나(Drona)가 살아서 도망을 친다면, 내게는 '종교'도 '크샤트리아'도 '브라흐마'도 없습니다</u>.[모든 것을 걸고 드로나를 잡겠다는 선언임]" 그 다짐을 한 판찰라 왕자[드리슈타듐나]는 자기 부대를 이끌고 드로나를 향해 전진했습니다. 판찰라들은 드로나의 한 쪽을 공격하고 아르주나는 드로나의 다른 쪽을 공격했습니다. 두료다나와 카르나와 사쿠니는 우선 순위를 '드로나의 보호'에 맞추었습니다. 드로나를 막강한 무사들이 보호하고 나서자 드로나는 볼 수도 없게 되었습니다. 그러자 화가 난 비마가 드리슈타듐나에게 세 발의 화살을 쏘았습니다. 비마는 말했습니다.

"드루파다의 아들로 태어나 무기에 달통했다는 사람이 적을 앞에 두고 보고만 있는 크샤트리아가 다 있는가? 천하에 왕들 앞에 아비와 자식을 죽인 원수를 두고 그 적에게 그처럼 무관심한 자가 어디에 있겠는가? 저기에 드로나는 타오르는 불길이다. 불의 화살과 활로 모든 크샤트리아들을 불사르고 있다. 그가 판다바들도 멸할 것이다. 내가 드로나와 싸울 터이니, 너는 여기에 서서 내가 싸우는 것을 구경이나 하라." 이 말을 마치고 비마는 드로나(Drona)의 진영으로 뚫고 들어가 무리들을 무찌르기 시작했습니다. 그러자 판찰라 왕자 드리슈타듐나도 그 거대 적진으로 뚫고 들어가 드로나(Drona)와의 전투를 개시했습니다. 전투는 치열했습니다. 그날 해 뜰 무렵에 일어난 그와 같이 치열한 전투를 우리는 보지도 듣지도 못했습니다. 전차들이 서로 뒤엉켰습니다. 시체들이 전장에 널려 있었습니다. 어떤 병사들은 다른 병사에게 달려들어 죽이고, 어떤 병사를 달아나는 병사의 등을 공격했습니다.

산자야가 계속했다. -어떤 병사들은 해가 뜨기 전부터 싸움을 시작했다가 해가 올라온 다음에까지 그 싸움을 계속했습니다. 소라고동 소리, 북치는 소리, 코끼리 소리, 활시위 소리 등 떠드는 소리가 하늘까지 들렸습니다. 보병들이 달리는 소리, 무기 떨어뜨리는 소리, 말 울음 소리, 전차 굴러가는 소리, 고함소리가 끔찍 했습니다. 치열하고 무서운 전투가 계속 되는 동안 먼지로 가득한 구름이 일어 카루라바들이나 판찰라들이나 판다바들을 구분할 수 없게 되었고, 하늘도 땅도 구분할 수 없게 되었습니다. 전사(戰士)들은 승리의 욕망에 적들이나 친구 손에 닿는 대로 죽였습니다. 올라간 먼지가 비가 되어 뿌리니, 코끼리들과 말들 전차무사와 보병들이 피로 목욕을 했습니다. 그러자 두료다나, 카르나, 두사사나 4명의 카우라바들은 4명의 판다바들과 대적을 하였는데, 두료다나와 그 형제들은 나쿨라 사하데바와 붙었습니다. 카르나는 비마를 상대로 싸웠고, 아르주나는 드로나(Drona)와 싸워서 **모든 군사들은 그 무서운 전투를 구경했습니다**. 두료다나와 나쿨라는 동일한 분노와 복수욕을 지니고 있었는데, 나쿨라는 수백 발의 화살을 두료다나게 쏘았습니다. 두료다나는 화가 치밀어 나쿨라에게 대응 사격을 했습니다. 두료다나는 나쿨라의 화살 공격을 받으면서 맞대응 사격을 행하니, 모든 군사가 두료다나에게 박수를 쳤습니다.

산자야가 말했다. -그러자 두사사나가 땅을 흔드는 전차를 몰고 사하데바에게 달려들었습니다. 그러자 사하데바는 광두 화살로 두사사나 마부의 머리를 잘랐습니다. 사하데바의 행동이 너무 빨라 두사사나도 그 군사도 마부의 목이 잘린 줄을 몰랐습니다. 고삐를 잡은 사람이 없으니, 말들은 제 맘대로 달렸습니다. 뒤늦게 그것을 안 두사사나는 자신이 말고삐를 잡고 전투에 임하는 능함을 보였습니다. 그러자 사하데바는 이번에는 말들에게 화살을 쏘았습니다. 화살을 맞은 말들은 방향 없이 전차를 끌고 달렸습니다. 두사사나는 활을 내려놓고 말고삐들을 잡았다가, 고삐를 내려놓고 다시 활을 잡았습니다. 그러는 동안에 사하데바는 화살들로 두사사나를 덮었습니다. 그러자 카르나가 두사사나를 구하려고 그 지점으로 달려 왔습니다. 이에 브리코다래비마가 카르나에게 뱀 같은 광두 화살 세 발을 카르나의 가슴에 꽂았습니다. 카르나는 가던 길을 멈추고 비마를 날카로운 화살로 공격했습니다. 이에 비마와 카르나의 격전이 시작되었습니다. 그들은 무서운 속력으로 달려들어 서로를 향해 고함을 질렀습니다. 그들은 너무 근접을 해서 활로 쏠 수도 없었습니다. 비마는 날쌔게 철퇴를 잡아 카르나의 전차를 공격했습니다. 그러자 용감한 카르나도 철퇴를 들어 비마의 전차를 공격했습니다. 그러나 비마는 카르나의 철퇴를 자신의 철퇴로 막았습니다. 그리고 비마는 더 무거운 철퇴를 잡아 카르나를 향해 쳤습니다. **카르나는 수많은 화살을 그 철퇴를 향해 쏘아 그 철퇴는 다시 비마를 향해 날아와 비마의 거대한 깃발을 쓰러뜨렸습니다.** 그리고 비마의 마부도 기절을 했습니다. 이에 비마는 미친 듯이 화가 나 카르나에게 아홉 발의 철(鐵) 화살을 쏘아 카르나의 깃발과 활과 가죽 울타리를 잘랐습니다. 그러자 카르나는 무적의 황금 활을 잡아 비마의 말들과 두 마부를 죽였습니다. 전차가 망가진 비마는 급히 산봉우리에서 뛰어내린 사자처럼 나쿨라의 전차로 올라갔습니다. 그러는 동안 드로나(Drona)와 아르주나의 싸움은 모든 사람들을 무서워 떨게 만들었습니다. 정말 드로나(Drona)와 아르주나의 대전(大戰)은 천상의 매[鷹] 두 마리가 뱀을 두고 서로 싸우는 형국이었습니다. 아르주나를 잡으려고 드로나가 행한 묘법은 아르주나도 역시 맞대응을 했습니다. 드로나는 아르주나에게 주도권을 잡는데 실패를 하자 드로나는 '아인드라 (Aindra)' '파수파타(Pasupata)' '트바슈트라(Tvashtra)' '바야비아(Vayavya)' '야미아(Yamya)' 무기도 동원했습니다. 그 무기들이 드로나의 활을 통해 발휘되자마자 아르주나는 그것들을 금방 저지해 버렸습니다. **천상의 무기가 다 아르주나에게 저지되자, 드로나는 마음속으로 박수를 보냈습니다.** 유명한 전투 무사들 앞에서 그렇게 아르주나에게 저지를 당한 드로나는 잠시 망설이고 있었습니다. 그러자 수천의 천신들과 간다르바들과 신령들 시다들(Siddhas)이 하늘에서 보고 있었습니다. 아프사라들(Apsaras)과 약샤들(Yakshas)과 락샤사들(Rakshasas)도 구름처럼 몰려와 보고 있었습니다. **드로나와 파르타의 격렬한 다툼은 천상에까지 들렸습니다.** 그러자 드로나(Drona)가 아르주나와 신들을 괴롭히는 무기 '브리흐마(Brahma)'를 썼습니다. 그러자 대지와 산과 물과 숲이 흔들렸습니다. 격렬한 바람도 일었습니다. 모든 카우라바와 판다바의 대적 자들도 공포에 휩쓸렸습니다. 이에 아르주나는 태평하게 자신의 '브리흐마(Brahma)'로 그것을 무효로 돌리니, 모든 동요가 가라앉았습니다. 드로나와 아르주나의 전투가 계속되는 동안 아무 것도 서로 구분되는 바가 없었습니다.

산자야가 말했다. -보병과 기병과 코끼리들이 무서운 살상 극을 벌이고 있는 동안, 두사사나는 드리슈타듐나와 전투를 했습니다. 황금 전차에 오른 두사사나에게 화살 공격을 받은 판찰라 왕자[드리슈타듐내는 두사사나의 말들을 공격했습니다. 그래서 두사사나는 더 이상 그 앞에 버틸 수가 없었습니다. 그 때에 크라타바르만이 그 드리슈타듐나를 저지하고 나왔습니다. 나쿨라와 사하데바는 불 같이 드로나를 향해 전진하는 드리슈타듐나의 뒤를 따랐습니다. 대왕의 네 무사들[두료다나, 카르나, 두사사나, 사쿠니]과 판다바들의 세 무사들[드리슈타듐나, 나쿨라, 사하데바]은 격렬하게 싸우기는 했으나, 부당한 것은 없었습니다. 드리슈타듐나는 엄청난 속도로 무기들을 사용하여, 대왕의 군사들이 나쿨라와 사하데바를 저지하고 있는 동안 드로나를 향하여 돌진을 했습니다. 무적의 판찰라 왕자[드리슈타듐내가 드로나를 향해 달려가는 것을 보고, 쌍둥이와 접전을 벌리던 두료다나가 화살이 쏟아지는 그 [드로나가 있는]지점으로 달려갔습니다. 그러자 사티아키가 급히 두료다나에게 달려들었습니다. 그러자 두료다나는 평소 좋아했던 사티아키에게 말했습니다.

"오 친구여, 창피스럽다. 복수심을 갖다니. 너의 무기가 나를 겨눌 때부터 나도 너를 겨루었다. 슬프다. 어린 시절들의 행동들이 무의미하게 되었다." 사티아키는 날카로운 화살을 잡으며 웃으며 말했습니다. "여기는 토론 장소도 아니고 우리가 함께 놀았던 스승집도 아니다. **스승에게까지 싸우는 것이 크샤트리아들의 쓸모(the usage of Kshatriyas)이다.**" 이렇게 말하고 사티아키는 생명도 돌보지 않고 두료다나에게 달려들었습니다. 싸움을 하는 두 영웅은 코끼리와 사자 같았습니다. 사티아키는 재빠르게 쿠루 왕에게 50발을 쏘고, 20발을 또 쏘고, 다시 열 발의 화살을 쏘았습니다. 그러자 대왕의 아들은 잠시 웃다가 30 발의 화살을 쏘아주었습니다. 그리고 면도날 같은 화살로 사티아키의 활을 잘라버렸습니다. 굉장히 가벼운 손놀림으로 사티아키는 더욱 강한 활을 잡아 두료다나에게 화살 소나기를 퍼부었습니다. 그 화살들은 두료다나를 죽일 수도 있는 것들이었으나, 두료다나가 그것들을 막아내니 군사들이 기쁨에 함성을 질렀습니다. 그러자 사티아키가 두료다나에게 화살 소나기를 퍼부으니 두료다나는 굉장한 고통을 느끼고 다른 전차로 몸을 숨겼습니다. 잠깐 휴식을 취한 다음에 두료다나는 사티아키에게 화살 소나기를 퍼부어 주었습니다. 사티아키도 지지 않고 두료다나 전차를 향해 화살을 퍼부었습니다. 그 빠른 화살이 주변에 떨어져 불길이 숲을 태울 때처럼 커다란 함성이 사방에서 들려왔습니다. 사티아키가 두료다나보다 더욱 힘이 있었습니다. 카르나가 두료다나를 구하러 달려왔습니다. 억센 비마는 카르나의 의도를 저지하지 못 했습니다. 비마는 카르나에게 달려들어 무수한 화살을 쏘았습니다. 그러나 카르나는 그 화살들을 쉽게 막아내고, 비마의 활을 꺾었습니다. 그러자 비마는 화가 나서 철퇴를 잡고 카르나의 활과 깃발 마부를 망가뜨렸습니다. 비마는 전차 바퀴도 깨뜨렸습니다. 그러나 카르나는 그 전차에 그대로 서서 산처럼 흔들림이 없었습니다. 그러한 비마의 용맹에도 카르나는 다양한 무기로 막아내고 있었습니다. 그러자 주변에서 그 다툼에 개입하여 유디슈티라는 판찰라와 마트시아 전차 무사들에게 말했습니다.

"그들[사티아키, 비마]은 우리의 목숨이고, 우리의 대장이고 위대한 힘의 소유자들이시다. 왜들 정신을 놓고 바라보고만 있는가? 두려움을 쫓아버리고 크샤트리아의 의무를 생각하고 이기거나 죽여서 목표를 달성하라." 이렇게 유디슈티라 왕의 독려를 받은 전차 무사들은 드로나를 향해 달려갔습니다. 그래서 판찰라들은 한 쪽을 담당하여 드로나에게 화살을 퍼부었고, 다른 쪽은 비마가 앞장을 서서 드로나에게 대항을 했습니다. 판다바군에는 세 비뚤어진 억센 전차무사가 있었으니, 그들은 비마, 나쿨라, 사하데바였습니다. 그들이 아르주나에게 큰 소리로 외쳤습니다. "오 아르주나여, 어서 달려가 드로나 주변에서 쿠루들을 쫓아버리세요. 보호막이 사라져야 판찰라들이 쉽게 드로나를 잡을 것입니다." 그렇게 말하자 아르주나는 갑자기 카우라바들에게 달려들었고, 드로나는 드리슈타듐나가 앞장을 선 판찰라들에게 달려들었습니다. 정말 드로나가 사령관이 된 그 제 5일은 엄청난 속도로 살육이 진행 되었습니다.

산자야가 말했다. -드로나는 판찰라들을 무수히 죽였으나, 판다바들은 드로나를 무서워하지 않았습니다. 판찰라와 스린자야들은 드로나를 잡으러 드로나에게 달려들었습니다. 크고 강렬한 함성을 그들은 외쳤는데, 드로나는 자신을 포위한 판찰라와 스린자야들을 화살로 무찔렀습니다. 판찰라들을 무찌르는 드로나를 보고 판다바들은 공포에 휩싸였습니다. 그래서 승리할 희망도 없어졌습니다. 그들은 서로 말했습니다.

"드로나(Drona)가 우리 군사를 다 죽이는 것 아니야? 아르주나가 그와 싸우지 않으니, 대적할 사람도 없네." 쿤티의 아들들이 드로나의 화살로 고전하는 것을 본 케사배크리슈나는 아르주나에게 말했습니다.

"저 최고의 궁새드로나는 바사바(Vasava)가 앞장을 선 천신들도 못 당합니다. 그렇지만, 무기를 내려 놓으면 보통 인간도 죽일 수 있습니다. **기계(奇計, a contrivance)를 써서 드로나가 우리 군사를 죽이지 못 하게 만들어야 합니다**. 아들 아스와타만(Aswatthaman)이 쓰러졌다고 하면, 드로나는 싸움을 포기할 것입니다. 사람을 시켜 '아스와타만(Aswatthaman)이 죽었다.'고 소문을 내세요." 그러나 아르주나는 그 크리슈나의 충고를 받아들이지 않았습니다. 다른 사람들은 다 찬성했습니다. 유디슈티라가 그것을 어렵게 수용했습니다. 그러자 억센 비마가 철퇴로 말라바족(Malavas)의 왕 인드라바르만(Indravarman) 소속의 '아스와타만(Aswatthaman)' 이름의 '코끼리'를 철퇴로 쳐서 죽였습니다. 그리고 비마가 드로나에게 다가가 "아스와타만이 죽었다."고 큰 소리로 외쳤습니다. 그 비마의 불쾌한 말을 듣고 드로나의 사지(四肢)는 모래 둑처럼 무너졌습니다. 그러나 드로나(Drona)는 아들의 용맹을 생각하며 곧 그 말이 거짓임을 알았습니다. 그래서 드로나는 정신을 가다듬고 드리슈타듐나를 잡으려고 그에게 칸카 깃털이 달린 화살 일천 발을 쏘았습니다. 그러자 힘 좋은 2천의 판찰라 무사들이 그들의 화살로 드로나를 덮었습니다. 화살로 덮인 드로나의 전차는 보이지도 않았습니다. 드로나는 그 '브라흐마(Brahma) 무기'로 그 판찰라들의 화살을 막았습니다. 화가 난 드로나는 다시 소마카족을 공격했습니다. 크샤트리아들이 태풍에 휩쓸린 나무처럼 죽어 넘어졌습니다. 2천의 판찰라 전차 무사들을 살해한 드로나는 그대로 연기 없는 타오르는 불길이었습니다. 드로나는 광두 화살로 바수다나(Vasudana)의 목을 자르고, 마트시아족 5백 명, 코끼리 6천 마리, 말 1만을 죽였습니다. 드로나(Drona)가 크샤트리들을 그렇게 죽이는 것을 본 신령들(Rishis)이 그 드로나를 천국으로 데려가려고 그에게 말했습니다.

"**그대는 부당한 전투를 하였소. 죽을 때가 되었습니다. 오 드로나(Drona)여, 무기를 내려놓고 여기에 있는 우리들을 보시오. 이후부터는 극도로 잔인한 행동은 취할 수 없습니다. 오 드로나(Drona)여, 더 이상 지상에 있지 마시오. 그렇게 죄를 지어서는 아니 됩니다.**" 신령들의 그 말을 듣고 비마가 '아들이 죽었다,'고 말하고, 비마 앞에 있던 드리슈타듐나를 보니, 드로나는 극도로 우울하게 되었습니다. 극도로 우울해진 드로나(Drona)는 유디슈티라를 향해 아들 아스와타만이 죽었는지 살았는지를 물었습니다. 드로나는 유디슈티라는 거짓말을 안 한다고 굳게 믿고 있었습니다. 이에 앞서 드로나(Drona)를 아는 고빈대크리슈나가 유디슈티라에게 말했습니다.

"정말 드로나(Drona)가 앞으로 반나절을 더 살면 우리 군은 전멸입니다. 그러므로 거짓말이 참말보다 훌륭합니다." 고빈다와 유디슈티라가 대화를 하고 있는 동안, 비마가 유디슈티라에게 말했습니다.

"승리를 위해서 고빈다의 충고를 받아들이십시오." 유디슈티라는 거짓말을 무서워하나 승리를 하고 싶어서 유디슈티라는 드로나에게 "**아스와타만은 죽었는데, 그는 코끼리와 [명칭 상]구분이 될 수가 없는 존재였습니다.**"라고 말했다. 그 유디슈티라의 말을 듣고 드로나는 절망에 빠졌습니다.

산자야가 말했다. -드로나가 큰 근심과 슬픔으로 거의 정신을 잃고 있는 것을 본 드리슈타듐나는 드로나에게 달려들었습니다. **그 드리슈타듐나는 그 아버지 드루파다가 '희생 헌주(獻酒) 수용자' 로부터 대제(大祭)에서 그 드로나 멸망을 이미 획득해 놓은 상태에 있었습니다.**(That hero had, for the destruction of Drona, been obtained by Drupada, that ruler of men, at a great sacrifice, from the Bear of sacrificial libations) 드리슈타듐나는 드로나를 잡겠다는 욕심에, 천둥 같은 시위 소리가 나는 활에 뱀 같은 화살을 그에 조준하였습니다. 그 화살은 보고 군사들은 세상의 종말이 왔다고 생각했습니다. 드리슈타듐나의 그 화살이 자기를 겨눈 것을 보고 드로나는 그 육신의 종말의 시간이 왔다고 생각했습니다. **드로나는 그 화살을 막을 준비를 했습니다. 그러나 '드로나의 무기'는 더 이상 작동을 하지 않았습니다.** 드로나의 무기는 나흘 동안과 하루 밤 동안에 끊임없이 작동을 계속하여 그 힘이 다 소진(消盡)된 것입니다. 만기(滿期)가 되어 그의 화살들도 바닥났습니다. 화살이 떨어지고, 아들은 죽었다고 하고, 천상의 무기도 말을 듣지 않아 신령들의 요구대로 드로나는 활을 내려놓았습니다. 그리고 다시 힘을 축적해 보았으나, 드로나는 이전처럼 싸울 수가 없었습니다. 드로나는 앙기라(Angira)라는 천상의 무기로 드리슈타듐나에게 대항을 했습니다. 드로나는 화가 나서 두터운 화살 소나기로 덮고 화살을 부수고 마부를 죽였습니다. 그러자 드리슈타듐나는 다른 활을 잡아 드로나의 가슴 복판에 화살들을 박았습니다. 반쯤 정신이 나간 상태에서 드로나는 드리슈타듐나의 철퇴와 칼만 빼고 모든 무기를 박살내었습니다. 그러자 드리슈타듐나는 철퇴를 잡아들었습니다. 드로나는 화살로 드리슈타듐나의 철퇴를 부수었습니다. 드리슈타듐나는 칼과 방패를 잡았습니다. 드리슈타듐나는 드로나의 화살 공격을 피하며 싸우는 그들은 고기 덩이를 놓고 다투는 매와 같았습니다. 드로나는 화살로 드리슈타듐나의 칼과 방패까지 부셨습니다. 그 다음 드로나는 드리슈타듐나를 잡으려고 바로 그에게 화살을 쏘았습니다. 그러나 그 화살을 사티아키가 열 발을 화살을 쏘아 무산시켰습니다. 그 때는 두료다나와 카르나가 그것을 보고 있을 때, 사티아키는 드로나에게 굴복할 번한 드리슈타듐나를 구해냈습니다.

산자야가 말했다. -사티아키의 영웅적인 모습을 보고 크리파와 카르나가 그에게 날카로운 화살 공격을 폈습니다. 그러자 유디슈티라와 나쿨라와 사하데바와 비마가 사티아키를 보호했습니다. 카르나와 크리파와 두료다나가 모두 사티아키에게 화살 소나기를 퍼부었습니다. 그러나 사티아키는 그 화살을 자신의 화살로 저지하며, 자신의 천상의 무기로 두료다나와 그 무사들에게 대항을 하였습니다. 이에 유디슈티라는 무사들에게 말했습니다.

"위대한 전차무사들이여, 드로나를 향해 힘들을 내시오. 저기에 드리슈타듐나가 드로나와 맞붙어 싸우고 있습니다. 드리슈타듐나가 오늘 분명히 드로나를 잡을 것입니다. 드로나를 잡는데 힘을 합칩시다." 이 같은 유디슈티라 명령이 떨어지자, 억센 스린자야 전차무사들은 모두 드로나를 잡으러 달려들었습니다. 드로나는 자신이 죽을 것을 알고 급히 그 무사들에게 대항을 했습니다. 그때에 지진이 일어나고 거센 바람이 불고 별들이 떨어졌습니다. 전차들도 울부짖고 말들도 눈물을 흘렸습니다. 드로나는 그의 힘이 다 빠진 것 같았습니다. 드로나는 공평하게 싸우고 싶었습니다. 그런데 억센 비마가 그 드리슈타듐나에게 달려가 그를 자신의 전차에 태우고 말했습니다.

"저 드로나와 싸울 자는 당신밖에 없습니다. 어서 잡으시오. 그것이 당신의 의무입니다." 비마가 그렇게 말하자 드리슈타듐나는 새로 강궁(强弓)을 잡고 나섰습니다. 드로나와 드리슈타듐나는 다시 싸우기 시작했습니다. 드리슈타듐나는 드로나의 모든 무기를 부수고, 드로나를 지키던 바사티(Vasatis) 시비(Sivis) 발리카족(Valhikas)을 무찔렀습니다. 정말 드리슈타듐나는 태양처럼 빛났습니다. 그러나 드로나는 다시 드리슈타듐나의 활을 꺾고 그에게 많은 화살을 쏘았습니다. 그러자 비마가 드로나의 전차를 붙잡고 그에게 말했습니다.

"바라문 중에 악당들이 그 본분에 불만을 가졌을 지라도 이처럼 크샤트리들을 죽인 적이 없었습니다. **생명을 존중하는 것이 덕목 중에 으뜸입니다.** 바라문은 그 도덕의 뿌리입니다. 당신이 아시듯이 당신이 브라흐마(Brahma)를 제일 잘 아십니다. 오 바라문이여, 왜 부끄러움도 모르십니까? 유디슈티라 왕이 [아들이 죽었다고] 말했습니다. 의심하지 마십시오." 이렇게 비마가 드로나에게 말하자 드로나는 활을 내려놓고 큰 소리로 말했습니다. "오 카르나여, 크리파여, 두료다나여, 거듭 이르노니, 전투에 신중하라. 판다바들의 공격에 조심하라. 나는 나를 생각하여 나의 무기를 내려놓는다." 그 말을 마치고 드로나는 큰 소리로 아스와타만을 찾았습니다. 드로나는 무기를 버리고 전차 바닥에 앉아 요가(Yoga)에 들어갔습니다. 그 기회를 탄 드리슈타듐나는 칼을 잡고 전차에서 뛰어내려와 드로나에게 달려들었습니다.

드로나 자신이 무기를 버렸으므로, 드로나는 아주 조용한 상태였습니다. 드로나는 정신을 최고신 비슈누에 모았습니다. 정말 드로나가 하늘로 향할 적에 영원한 두 개의 태양이 있었습니다. 드로나가 요가에 들어가서 그 드리슈타듐나가 자기 곁에 서 있는 줄도 몰랐습니다. **오직 우리 '다섯 사람' 이 드로나가 요가(Yoga) 속에 최고 축복의 경지로 가는 것을 보았습니다. 그 다섯은 내[산자야] 와 아르주나, 드리슈타듐나와 아스와타만과 유디슈티라였습니다.** 드리슈타듐나는 칼로 드로나의 목을 베었습니다. **드로나를 죽인 드리슈타듐나는 기쁨에 넘쳐 칼을 휘두르며 사자 같은 함성을 질렀습니다.** 드리슈타듐나는 드로나를 죽인 다음 피를 뒤집어쓰고 땅바닥으로 내려 왔습니다. 그러고 나서 드리슈타듐나는 드로나의 커다란 머리통을 대왕의 무사들 앞에 던졌습니다. 그러자 그 드로나의 머리를 본 대왕의 군사들은 사방으로 도망을 쳤습니다. 드로나가 죽자 쿠루들과 판다바들과 스린자야들이 다 우울해져서 급히 전장을 떠났습니다. 대왕의 무사들은 드로나가 쓰러짐에 생명을 빼앗긴 듯했습니다. 쿠루들은 패배한 미래를 생각하며 세상을 다 빼앗긴 듯했습니다.

산자야가 말했다. -쿠루들은 판다바들 힘의 우월함으로 보고 눈물을 흘리며 공포로 떨었습니다.

드리타라슈트라가 말했다. -최고의 유덕한 드로나가 드리슈타듐나에게 부당하게 살해를 당했는데, 아들 아스와타만은 어떻게 말을 했는가?

산자야가 말했다. -드리슈타듐나의 부당한 부친 살해 소식을 듣고 아스와타만은 슬픔과 분노로 천지를 흔들 듯했습니다.

산자야가 말했다. -5일 간의 격전을 치른 다음에 드로나는 천국으로 갔습니다.[10]

'쿠루크 셰트라 전쟁'[11]

'드로나가 쿠루 군 사령관으로 임명되다.'[12] '아스와타만이란 코끼리가 비마에 의해 살해를 당하다.'[13] '드로나의 죽음'[14]

10) K. M. Ganguli (Translated into English Prose from the Original Sanskrit Text), *The Mahabharata of Krishna-Dwaipayana Vyasa*, Munshiram Manoharlal Publisher Pvt. Ltd. New Delhi, 2000, -**Drona Parva**- pp. 430~453, 457, 484, 492

11) V. Ions, *Indian Mythology*, Paul Hamlin, 1967, pp. 122~123 'The battle of Kurukshetra'

12) Wikipedia, 'Drona' -'Dronacharya became the Chief Commander of the Kuru Army for 5 days of the war.'

13) Wikipedia, 'Aswatthaman' -'Bhima kills an elephant named Asvatthama'

14) Wikipedia, 'Drona' -'Death of Dronacharya'

(a) '마하바라타(*The Mahabharata*)'에 명시된 힌두(Hindu)의 가장 큰 특징은, '결과(結果) 중시' '사후(死後) 중심주의' '내세주의(來世主義)'이다. 그러므로 '마하바라타(*The Mahabharata*)' 이야기 전개에서도 '이야기 전반(全般)개략'과 거듭거듭 선악의 결과를 판단하여 개관하고, 그리고 전투 가 구체적으로 제시되기 전에 그 '사령관의 죽음'이 미리부터 소개하여 그 '결과(結果)'를 알게 하였다.

(b) 그리고 '사건 전개 방법'은 소위 '인과(因果) 관계'가 주요 사건에 관계하지 않은 곳이 없으니, 더욱 쉽게 말하면 **'원수 갚기'가 무서운 '보복전'을 이루어 엄청난 살상전이 되었다는 것이 그 '인과론'의 요핵(要核)을 이루고 있다.**

(c) 비슈마에 대한 시칸딘의 원수 갚기가 그것이고, 드로나에 대한 드루파대드리슈타듐내 원수 갚기 가 그것이고 아스와타만의 '아버지[드로나] 원수 갚기' 그 '쿠루크세트라 전쟁 전체'를 이루었음이 그것이다.

(d) 시인 산자야(Sanjaya)는 서술하기를 -드로나는 광두 화살로 바수다나(Vasudana)의 목을 자르고, 마트시아족 5백 명, 코끼리 6천 마리, 말 1만을 죽였습니다. 드로나(Drona)가 크샤트리들을 그렇게 죽이는 것을 본 신령들(Rishis)이 드로나를 천국으로 데려가려고 그에게 말했습니다. "그대는 부당한 전투를 하였소. 죽을 때가 되었습니다. 오 드로나(Drona)여, 무기를 내려놓고 여기에 있는 우리들을 보시오. 이후부터는 극도로 잔인한 행동은 취할 수 없습니다. 오 드로나(Drona)여 더 이상 지상에 있지 마시오. 그렇게 죄를 지어서는 아니 됩니다."-라고 했다. 그러하므로 인간들을 '절대신'을 믿고 '가르침' 대로 행하면 하늘의 신들도 항상 도울 채비가 되었다고 밝힌 셈이다.

(e) 더구나 크리슈나를 '드로나의 대량 살상' 살상을 염려하여 드로나의 기를 꺾기 위해 코끼리 한 마리를 '아스와타만(Aswatthaman-드로나의 아들)'이라 명명(命名)해 놓고 그것을 비마가 살해하게 하며 '아스와타만(Aswatthaman)이 비마에게 살해들 당했다.'는 소문을 퍼뜨린 것은 **'명칭'으로 '실제 사물을 대신했던 힌두의 관념만능주의'**를 다시 뒤집은 것으로 그 일을 크리슈나 주도하여 판두들이 따르게 했다는 것은 '힌두 철학의 관념주의 일색'에 '과학적 사고'가 아울러 포함된 것만큼이나 특별한 경우이다.

(f) 이것은 '크리슈나의 사상'일 뿐만 아니라 역시 그를 따르는 바라문의 기발한 상상의 결과이니 '최고 크샤트리애[판두 아들들]'는 물론이고 그 '크리슈나'를 모든 사람들이 추종을 하지 않을 수 없게 하고 있는 것이 바로 '마하바라타(*The Mahabharata*)'이다.

(g) 거듭 말하거니와 이 '마하바라타(*The Mahabharata*)'를 읽으면 문학의 개별 장르[서정시, 서사시, 극시의 논의뿐만 아니라 '문학과 역사(歷史)의 구분' '문학과 철학(哲學)의 구분' '문학과 종교(宗敎)의 구분'이 무의미하게 되니, 소위 인간의 인문학이 '마하바라타(*The Mahabharata*)'에는 함께 종합된 상황이라고 해야 할 것이다.[원시시대는 사실상, '신'과 '왕', '왕=신' 이야기만 있었다.]

8. 카르나의 책(Karna Parva)

제109장 열 여섯째 날의 전투 -카르나가 사령관이 되다.

옴(Om)! 최고의 남성 나라야나(Narana)와 나라(Nara)께 인사를 드리며 여신 사라스와티(Saraswati)와 자야(Jaya)께도 인사드리옵니다.

바이삼파야나가 말했다. -드로나가 죽은 다음은 두료다나를 선두로 한 모든 무사들이 근심에 찬 마음으로 드로나의 아들[아스와타만 -Aswatthaman]을 찾았습니다. 그들은 슬픈 마음으로 아스와타만을 중심으로 둘러앉았습니다. 경전에 쓰인 대로 인사를 나누고, 밤이 되었으므로 왕들은 자기 막사(幕舍)로 돌아갔습니다. 그 엄청난 살상으로 왕들은 잠을 이룰 수가 없었습니다. 카르나와 두료다나, 드로나의 아들, 사쿠니는 잠을 잘 수 없었습니다. 네 사람은 두료다나 막사(幕舍)에서 판다바들에게 당한 고통에 대해 생각을 했습니다.

산자야가 말했다. -위대한 궁사 드로나가 쓰러짐에 대왕의 아들은 정신들을 잃었습니다. 서로를 처다보며 말이 없었습니다. 그것을 보고 대왕의 군사들은 슬픔에 당황하여 공연히 하늘만 처다보았습니다. 그러자 두료다나가 군사들에게 말했습니다.

"나는 당신들의 무력을 믿고 판다바들과의 전투를 시작했습니다. 그러나 드로나가 쓰러짐에 전망이 어둡습니다. 관련된 무사들이 전투에 많이 죽었습니다. 전투를 시작하면 무사(武士)란 이기느냐 죽느냐입니다. 그러함에 드로나의 사망이 무슨 이상한 일이겠습니까? 싸움이 벌어지면 모두 도망을 쳤습니다. 우리는 이제 억센 궁사 '카르나'가 천상의 무기를 사용하는 것을 보게 될 것입니다! 겁먹은 아르주나는 항상 사재카르내를 보고 도망치는 '새끼 사슴'이었습니다. 일상적인 전투에서 비마는 코끼리 1만 마리의 힘을 발휘했고 가토트카차도 1천 가지 천상의 무기를 갖고 있다고들 합니다. 오늘은 그 무적의 힘과 기술을 카르나와 아스와타만에게서 보게 될 것입니다. 오늘은 판두 아들들이, 비슈누와 바사바(Vasava)와 같은 아스와타만과 카르나의 용맹을 맛보게 될 것입니다. 일대일로 판두 군사들과 싸울 여러분들은, 그것을 합치는 일까지 할 수가 있겠습니까! 각자의 싸움들에 힘을 쓰십시오." 그 말을 마치고 두료다나는, 카르나(Karna)를 쿠루 사령관으로 삼았습니다. 명령을 받은 억센 전차 무사 카르나는 커다란 함성을 지르고 적과 치열하게 싸웠습니다. 카르나는 스린자야들(Srinjayas)과 판찰라들(Panchalas)과 케카이아들(Kekayas)과 비데하들(Videvas)을 크게 무찔렀습니다. 카르나의 활에서 벌과 같이 날개를 단 화살이 수없이 쏟아져 나왔습니다. **카르나는 판찰라와 판다바 수천의 무사들을 죽이는 용맹을 보였으나, 마지막에 아르주나에게 살해를 당했습니다.**

바이삼파야나가 말했다. -그 말을 듣고 드리타라슈트라는 아들 두료다나가 이미 죽었다고 생각하며 슬픔의 극점에 도달했습니다.

산자야가 말했다. -산타누 아들 비슈마는 열흘 만에 죽었고, 이어 드로나는 닷새 만에 죽었고, 이어 카르나가 죽었습니다. **억센 왕자 비빙사티(Vivingsati)는 아나르타(Anarta) 무사 수백 명을 죽이고 살해를 당했고, 비카르나(Vikarna) 왕자도 전차와 무기를 빼앗긴 채로 크샤트리아 의무를 생각하며 죽었습니다. 두료다나의 잘못에 앙심을 품은 비마가 그들을 살해를 했습니다.** 위대한 힘을 지닌 빈다(Vinda)와 아누빈다(Anuvinda)는 세우기 어려운 공적을 남기고 죽었습니다. 그 영웅[카르나]은 신두(Sindu)의 열 개 왕국의 흔들었는데, 아르주나에게 죽었습니다. 두료다나는 비마에게 죽었습니다. 크리타족의 왕은 아르주나에게 살해를 당했고, 소마다타(Somadatta)의 아들 브리스라바스(Bhurisravas)는 사티아키에게 죽었습니다. 암바슈타(Amvashtha)왕 스루타유스(Srutayus)도 아르주나에게 죽었습니다. **대왕의 아들 무적의 두사사나(Dussasana)는 비마에게 죽었습니다.** 수천의 놀라운 코끼리 부대를 이끈 수다크시나(Sudakshina)는 아르주나에게 죽었습니다. 수백 명의 적을 무찌른 코살라족(Kosalas) 왕도 아르주나에게 죽었고, **대왕의 아들 치트라세나(Chitrasena)는 비마에게 죽었습니다.** 마드라(Madras) 왕의 아우는 아르주나에게 죽었고 카르나의 아들 브리사세나(Vrishasena)도 아르주나에게 죽었습니다. 스루타유스(Srutayus)는 아르주나에게 죽었고, 살리아의 아들 루크마르타(Rukmaratha)는 사하데바에게 살해 되었습니다. 늙은 왕 바기라타(Bhagiratha)와 카케이아(Kakeyas) 왕 브리하트샤트라(Vrihatkshatria)도 죽었습니다. 바가다타(Bhagadatta)의 아들은 매 같은 나쿨라에게 죽었고, 대왕의 조부 발리카(Valhika)는 비마에게 죽었습니다. 자라산다(Jarasandha)의 아들 자야트세나(Jayatsena)는 아르주나에게 죽었고, **대왕의 아들 두르무카(Durmukha)와 두사하(Dussaha)는 비마에게 죽었습니다.** 두르마르샤나(Durmarshana) 두르비사하(Durvisaha) 두르자야(Durjaya)도 죽었고, 수타(Suta) 신분의 브리샤바르만(Vrishavarman)도 비마에게 죽었습니다. 억센 1만 코끼리 부대를 이끌었던 파우라바(Paurava)왕은 아르주나에게 죽었고, 2천 명의 바사티족(Vasatis)의 강 타격대와 수라세나족(Surasenas), 아비사하족(Abhishahas) 철갑병과 시비족(Sivis)의 전차무사, 칼링가족(Kalingas)도 죽었습니다. 고쿨라(Gokula) 출신 영웅들도 사비아사친(Savyasachin, 아르주나)에게 죽었습니다. 수천의 스레니들(Srenis)과 삼사프타카들(Samsaptakas)도 아르주나에게 죽었습니다. 대왕의 처남 브리사카(Vrishaka)와 아칼라(Achala)는 사비아사친(Savyasachin)에게 죽었습니다.

드리타라슈트라가 말했다. -그대는 판다바 군사들이 죽인 사람들만 말을 하구나. 이번에는 우리 쿠루 군사사들이 죽인 판다바들을 말을 해보라.

산자야가 말했다. -용맹의 쿤티들(Kuntis)과 나라야나들(Narayanas)과 발라바드라들(Valabhdras)이 비슈마(Bhishma)에게 살해를 당했습니다. 사티아지트(Satyajit)는 드로나(Drona)에게 죽었고, 판찰라들(Panchalas)과 비라타(Virata)왕과 드루파다(Drupada)왕이 드로나에게 죽었습니다. 아비마뉴(Abhimanyu)가 포위를 뚫지 못 하고 죽었고, 억센 궁사 브리하타(Vrihata)가 두사사나에 의해 살해되었고, 치트라세나(Chtrasena)를 사무드라세나(Samudrasena)가 죽었습니다. 닐라(Nila)

와 비아그라다타(Vyaghradatta)를 아스와타만(Aswathaman)이 죽였습니다. 치트라유다(Chtrayud-ha)와 치트라요딘(Chitrayodhin)은 비카르나(Vikarna)가 죽였고, 카이케야족(Kaikeyas) 왕이 형제 카이케야(Kaikeyas)에 의해 살해되었습니다. 고산(高山)의 자나메자야(Janamejaya)는 대왕의 아들 두르무카(Durmukha)에게 죽음을 당했습니다. 로차마나(Rochamana) 형제는 드로나에게 죽었고, 사비아사친(Savyachin, 아르주나)의 두 외삼촌 푸루지트(Purujit)와 쿤티보자(Kuntibhoja)는 드로나가 죽였고, 카시족(Kasis)의 아비부(Abhibhu)는 바수다노(Vasudano)의 아들이 죽였습니다.

드리타라슈트라가 말했다. -오 산자야여, 나의 최고 무사들이 다 죽었을 때 나는 나머지 우리 군사가 패하리라고 생각했다! 비슈마와 드로나가 죽었을 때, 내가 내 생명을 지니고 있다고 한들 어디에 쓰겠냐? 1만 마리 코끼리와 같은 위대한 힘을 지닌 카르나의 죽음도 나는 막을 수가 없다. 오 수타마부, 산자야여, 최고의 영웅들이 다 죽었는데, 누가 아직 살아 있는지 말해보라.

산자야가 말했다. -먼 거리에까지 활을 쏠 수 있는 드로나의 아들[아스와타만]이 남아 있습니다. 키르타바르만(Kirtavarman)이 있고, 아르타이아나(Artayna)의 아들과 사라드와트(Saradwat)의 아들 가우타마(Gautama), 카이케이아족(Kaikeyas) 왕의 아들이 있습니다. 대왕의 아들[두료다나]도 쿠루의 영웅이고, 두료다나는 위대한 힘을 지니고 있어서 많은 왕 중에서도 구름을 헤치고 나온 태양과 같습니다.

드리타라슈트라가 말했다. -그대는 우리 편과 적들 중에 살아 있는 사람들을 진술하였다. 이로 보면 나는 쉽게 어느 쪽이 이길 지를 그것으로 알 수 있겠다.

바이삼파야나가 계속했다. -위의 말을 할 때 드리타라슈트라는 최고의 전사들이 죽었고, 군사들의 적은 일부가 남을 것을 알고 슬픔에 마음이 크게 흔들렸습니다. 드리타라슈트라는 마침내 기절을 했습니다. 드리타라슈트라의 정신이 일부 돌아오자 산자야에게 말했습니다. "그 지독한 재난을 듣고 내 마음이 크게 요동을 쳤구나. 내 감각이 혼미하고 사지가 마비되는 것 같구나." 그 말은 하고서 드리타라슈트라는 다시 정신을 잃고 쓰러졌습니다.

산자야가 말했다. -세상 사람들은 대왕님을 아름다움이나 출생에서나 절제에서나 학식에서 나후샤(Nahusha)의 아들 야야티(Yayati)와 같다고 생각하고 있습니다. 정말 위대한 신령(Rishi)처럼 유식하고 최고로 성공하셔서 왕관까지 쓰셨으니, 기운을 차리시고 슬퍼하지 마셔야합니다.

드리타라슈트라가 말했다. -운명(Destiny)은 지고(至高)하여 노력도 소용이 없으니, 살라(Sala) 나무같은 카르나(Karna)가 전장에서 죽었구나. 오 산자야여, 드로나가 사망한 다음에 카우라바들과 적들[판다바들] 사이에 일어났던 전투를 다 말해보아라.

산자야가 말했다. -억센 궁사 드로나가 쓰러진 다음에, 카우라바들은 도망을 쳤고, 아르주나는 그 대열을 가다듬고 그 형제들과 더불어 전장에 머물러 있었습니다. 아르주나가 전장에 남아 있는데 자신의 군사들이 도망치는 것을 본 두료다나는 커다란 용기로 그 군사들을 집합시켰습니다. 군사들을 원위치로 불러 세운 대왕의 아들 두료다나는 판다바 군사들과 시간이 있는 한까지 오랜 동안 싸웠습니다. 저녁 황혼이 다가 올 무렵에 두료다나는 군사들을 철수시켜 그 캠프로 들어갔습니다. 그리고 카우라바들은 비싼 침대와 장(長)의자에 천신들처럼 걸터앉아 그들의 전략을 의논했습니다. 그러자 두료다나는 그 억센 궁사들에게 부드럽게 다음과 같이 말했습니다.

"최고의 지성을 지닌 여러분께서는 지체 없이 바로 의견을 내 주십시오. 이 상황에서 왕들께서는 무엇이 필요하고 더욱 간절한 것은 무엇입니까?"

산자야가 말했다. -두료다나가 이렇게 말하자 '드로나의 아들[아스와타만]'이 말했습니다. "**열정과 기회와 기술과 전략 이것들은 목적을 달성할 수 있는 수단이라고 알려져 있습니다. 그러나 그것들은 운명(運命, Destiny)에 매달려 있습니다.** 천신(天神)들과 같은 전략과 충성심과 성취를 행하신 우리 편의 억센 전차무사들이 살해를 당하셨습니다. 그렇다고 해도 우리는 승리를 포기할 수는 없습니다. 모든 그 수단들이 바르게 행해졌다고 해도 운명도 거기에 맞아야 합니다. **그러기에 우리는 우리 중에 모든 것을 성취한 '카르나(Karna)'를 우리 군사들의 사령관으로 삼아야 합니다.** 카르나를 우리의 사령관으로 삼으면 우리는 적들을 물리칠 것입니다. 카르나는 위대한 힘을 지니고 있습니다. 야마(Yama)신도 당할 수 없는 카르나는 적의 격퇴를 자신하고 있습니다." 드로나의 아들[아스와타만]로부터 이 말을 듣고 카르나에게 커다란 희망이 모아졌습니다. 그러자 두료다나는 아스와타만(Aswatthaman)의 말을 듣고 기쁨에 넘쳐 라다(Radha)의 아들[카르나]에게 말했습니다. "오 카르나여, 내가 그대의 용맹을 알고 있고, 위대한 우정을 당신은 내게 베풀었소. 오 억센 용사여, 몇 마디 말을 덧붙이겠소. 사람들도 이 말을 들으면 군사들도 당신을 [사령관으로] 원할 것입니다. 당신은 위대한 지혜를 갖추었고, 우리의 최고 도피처였습니다. 두 분의 아티라타들(Atirathas, 비슈마와 드로나)이 별세했습니다. 당신이 우리의 사령관이 되어 주시오. 당신은 그 분들보다 더욱 억셉니다. 그 위대한 궁사들은 노쇠(老衰)한 상태였고, 모두 다 다난자야[아르주나]에게 기울어져 있었습니다. 두 영웅들[비슈마, 드로나]은 나의 존중을 받았습니다. 판두 아들들과 할아버지[비슈마]의 관계를 지켜보는 가운데 비슈마께서 열흘간의 무서운 전쟁을 이끄셨습니다. 당신 자신이 무기를 내려놓은 상태에서 시칸딘(Sikhandin)을 앞세운 아르주나와의 전투에서 용감한 비슈마는 살해를 당하셨습니다. **그 위대한 궁사[비슈마]가 화살 침대에 누운 다음 드로나를 사령관으로 추천한 사람은 당신[카르나]이었습니다. 그런데 그분[드로나]도 프라타의 아들들[판두들]의 사정(私情)을 두어 나는 '사제지정(師弟之情, 스승과 제자 사이의 정리)'로 생각을 했습니다. 그 노인[드로나]도 [비슈마보다] 더욱 빠르게 드리슈타듐나가 죽였습니다. 이런 생각에서 비추어 볼 때, 나는 그대만한 전사(戰士)가 없다고 생각합니다.** 그대의 용맹은 살해된 두 최고 용사가 측량할 수 있는 바가 아닙니다. 의심을 할 것도 없이, 당신은 우리에게 승리를 안겨 줄 것입니다. 앞서도 그대는 중간과 마지막에 우리를 챙겨주었습니다. 이 전투에 사령관로서의 책임을 맡아 주시오. 천상의 무적의 스칸다(Skanda) 신처럼 드리타라슈트라 군사들을 지켜주십시오. 그대가 전장에서 적들을 무찌르는 것을 보면, 비슈누를 보고 악귀들이 도망을 치듯 판다와 판찰라들은 도망을 갈 것입니다."

산자야가 계속했다. -비슈마와 드로나가 죽은 마당에, 대왕의 아들은 그 카르나가 판다바들을 물리치리라는 큰 희망이 생겼습니다. 그 희망을 간직하고 두료다나가 카르나에게 말을 했던 것입니다. 카르나가 말했습니다.

"오 간다리(Gandhari)의 아들이여, 앞서 나는 그대의 면전에서 '내가 판다바들과 그들의 아들과 자나르다나(Janardana, 크리슈나)를 무찌를 것이다.'라는 말을 했는데, 이제 그대의 사령관이 되게 되었습니다. 그 문제는 의심을 하지 마시고 안심하십시오. 판다바들은 이미 다 무찔러졌다고 생각을 하십시오."

산자야가 계속했다. -그렇게 말하자 두료다나 왕은 천상의 신들이 스카나다(Skanada)를 존중하듯 모든 왕들과 함께 일어서 카르나를 군 사령관으로 축하를 하였습니다. 그래서 두료다나를 선두로 절차에 따라 사령관 임명식을 행했습니다.

드리타라슈트라가 말했다. -오 산자야여, 사령관에 임명된 다음 카르나는 무엇을 하였는가?

산자야가 말했다. -카르나의 취향을 알고 있는 대왕의 아들은 즐거운 음악대(隊)를 배치했습니다. 새벽이 오기를 기다리며 "정열(整列), 정열(整列)" 크게 떠드는 소리가 들렸습니다. 그리고 그 대소동은 엄청나서 하늘까지 닿아 코끼리 부대와 전차 무사와 보병과 기병들이 갑옷을 입고 마구(馬具)를 채우며 병사들이 활발하게 서로 대화를 하는 소리가 들렸습니다. 그리고 나서 카르나는 태양 같이 번쩍이는 전차에 황금 활을 잡고 백색 깃발에 학(鶴) 같은 말들이 전차를 끌게 하여 1백 개의 화살 통에 화살을 채우고 많은 보조 활과 창들을 실었습니다. 그렇게 준비를 마치고 전장에 나타난 카르나는 자신의 소라고둥을 불었습니다. 황금 그물로 장식을 하고 무서운 황금 활을 흔들었습니다. **어둠을 쫓는 태양과 같이 그 전차에 앉아 있는 접근할 수도 없는 억센 전차무사 카르나를 보고, 카우라바 군(軍) 중에 누구도 비슈마와 드로나가 죽었던 것을 생각하는 병사는 없었습니다.** 카르나는 자신의 소라고둥으로 방대한 카우라바 군사들을 재촉을 하여 이끌어 내었습니다. 카르나는 '악어(Makara) 진형'으로 진을 치고 카르나는 판다바들을 향하여 진격했습니다. 카르나는 그 '악어(Makara) 진형'의 코끝에 자신이 자리를 잡았고, 그 눈의 자리에 용감한 사쿠니(Skuni)와 억센 전차 무사 울루카(Uluka)를 두었습니다. 머리 부분에는 드로나의 아들[아스와타맨]을 배치했고, 목 부분에는[두로다나] 어머니 쪽 형제들[왕자들]을 배치했습니다. 중앙에는 두료다나 왕을 두고 거대 군사가 옹위(擁衛)를 하게 했습니다. 그리고 좌각(左脚)은 나라야나 군사를 거느린 크리타바르만을 배치했고, 우각(右脚)은 무적의 고타마(Gotama) 아들을 두고 억센 트리가르타들(Trigartas)과 남부의 궁사들을 거느리게 했습니다. 그리고 뒤쪽의 좌각(左脚)은 마드라들(Madras)을 거느린 살리아를 배치했고 뒤쪽 우각(右脚)은 1천의 전차부대와 3백의 코끼리 부대가 옹위하는 수세나(Sushena)를 배치했습니다. 그리고 꼬리 부분에는 치트라(Chitra)와 치트라세나(Chitrasena) 형제가 거대 군사를 이끌게 했습니다. 카르나가 이처럼 전장으로 나오자 유디슈티라 왕은 아르주나를 향해 말했습니다.

"파르타여, 카르나가 저 드리타라슈트라 군사를 어떻게 억센 전차무사들의 보호를 받게 진을 쳤는지 보아라! 드리타라슈트라 군사들에서 강한 무사들을 다 죽였고 남은 자들은 초개(草芥) 같은 무리들뿐이었다! 유일한 대 궁수 카르나가 남아 있다. 저 카르나는 3계의 신들과 아수라들과 간다르바들과 킨나라들과 대사(大蛇)들도 이길 수가 없다! 네가 그를 오늘 잡으면 승리는 아르주나 너의 것이다! 12년 간 내 가슴에 박혔던 그 가시도 오늘 뽑힐 것이다. 그것을 생각하여 너의 생각대로 진(陣)을 치도록 하라." 형 유디슈티라의 그 말을 듣고 아르주나는 '반달 진(陣)'을 쳤습니다. 왼쪽에는 비마를 두고 오른쪽에는 드리슈타듐나를 배치했습니다. 중앙에는 아르주나가 자리 잡고 배후에는 유디슈티라 왕과 나쿨라와 사하데바가 있었습니다. 판찰라의 두 왕자 유다마뉴(Yudhama-nyu)와 우타마우자(Uttamaujas)는 아르주나 전차 바퀴 보호자를 삼았습니다. 아르주나를 지키기 위해 모두 잠시도 주의(注意)를 게을리 하지 않았습니다. 남은 왕들은 그들의 열정과 결심에 따라 각자의 위치를 배정했습니다. 그와 같이 대군(大軍)의 진을 친 판다바들과 대왕의 궁사들은 전투를 생각하고 있었습니다. 두료다나와 대왕의 아들들은 카르나가 진을 치는 것을 보고 판다바들은 이미 죽었다고 생각했습니다. 유디슈티라 역시 판다바들의 진을 보고 드리타라슈트라들과 카르나는 이미 잡혔다고 생각했습니다. 그러자 소라고둥들과 케틀드럼과 작은 북과 큰 북, 심벌즈를 크게 불고 두들기었습니다. 용감한 무사들의 사자 같은 함성도 터져 나왔습니다. 거기에 말들의 울음소리와 코끼리들이 툴툴거리는 전차 바퀴소리도 요란했습니다. 그때 진열의 선두에 갑옷을 입고 자리 잡은 카르나를 본 사람은 아무도 드로나의 상실(喪失)을 생각하지 않았습니다. 양군은 지체 없이 살상의 전투에 돌입했습니다. 카르나와 아르주나 두 영웅은 서로 노기(怒氣)를 띠고 그들의 부대 속에서 가다 서다를 했습니다. 양군이 서로를 향해 진격했으므로 기쁨에 춤추는 것 같았습니다. 양쪽 날개들로부터 전차 무사들이 싸우러 달려 나왔습니다. 그러자 사람들과 코끼리들 기마병들과 전차 무사들이 상대를 파괴하는 전투가 시작되었습니다.

산자야가 말했다. -사람들[보병]과 전차들과 기병(騎兵)들과 코끼리들의 육신들을 서로 부수기 시작했습니다. 대적 자들은 상대들을 초승달 화살이나 광두(廣頭) 화살 면도날 같은 화살과 도끼로 대적 자들의 목을 쳤습니다. 왕들이 공격을 당해 죽자, 비마를 선두로 한 판두들이 적들[카우라바들]에게 대항을 하기 시작했습니다. 드리슈타듐나와 시칸딘과 5명의 드라우파디의 아들과 프라바드라카족(Prabhdrakas)과 사티아키와 드라비다(Dravida) 병력을 이끈 체티카나(Chekitana) 등이었습니다. 그리고 다른 무사들 즉 치디족(Chedis) 판찰라족(Panchalas) 카이카야족(Kaikayas) 카루샤족(Karushas) 코살라족(Kosalas) 칸치족(Kanchis) 마가다족(Maghadhas) 무사들도 달려들었습니다. 군의 중간에 비마가 코끼리 목에 올라앉아 많은 코끼리 병사들에 둘러싸여 대왕의 군사를 향해 진격해 왔습니다. 무장을 한 그 코끼리 부대는 바위를 그 꼭대기에 얹은 우다야(Udaya) 산 같았습니다. 멀리서 그 코끼리를 본 크세마두르티(Kshemadhurti, 종족의 왕)가 자신도 코끼리를 타고 즐겁게 비마를 향해 달려갔습니다. 그래서 산 같은 두 마리 코끼리가 대결을 펼쳤습니다. 햇살같이 빛나는 창을 들고 서로 큰 함성을 질렀습니다. 그들은 코끼리를 몰아 잠시 돌아 나뉘었다가 활을 잡고 상대를 공격하기 시작했습니다. 사자 같은 함성을 지르며 활을 쏘는 두 사람은 군사들을 즐겁게 했습니다. 서로 화살로 상대의 활을 꺾고 다시 서로 화살 소나기를 퍼 부었습니다. 그런데 크세마두르티(Kshemadhurti)가 순간에 비마의 가슴 중앙을 창으로 찌르고 다른 여섯 발을 추가해 놓고 함성을 질렀습니다. 창으로 몸을 찔려 화가 난 비마는 덮개 틈 사이로 들어온 햇빛 같이 변했습니다. 그래서 비마는 철 화살을 크세마두르티(Kshemadhurti)에게 쏘았더니, 그 쿨루타족(Kulutas) 왕[크세마루티]은 그 창같은 화살을 열 발의 화살로 자르고 비마에게 60발의 화살을 쏘았습니다. 그러자 비마는 천둥 같이 소리가 나는 활을 잡아 큰 소리를 지르며 적의 코끼리를 향해 다시 화살을 쏘았습니다. 그러자 그 코끼리는 억제함도 소용없이 바람에 불린 구름처럼 전장을 떠났습니다. 그러자 비마의 코끼리는 도망치는 그 코끼리를 추적했습니다. 용감한 크세마두르티(Kshemadhurti)는 자기 코끼리를 제지하여 달려오는 비마 코끼리에게 화살을 쏘았습니다. 그리고 크세마두르티는 비마의 활을 꺾은 다음 코끼리를 화살로 괴롭혔습니다. 화가 난 크세마두르티는 비마와 그의 코끼리를 향해 장전(長箭)을 쏘았습니다. 그러자 거대한 비마의 코끼리가 쓰러지니, 비마는 그 코끼리에서 뛰어 내려 철퇴를 들고 그 죽은 코끼리 앞에 섰습니다. 그런 다음 크세마두르티의 코끼리를 철퇴로 쳤습니다. 그런 다음 비마는 무기를 들고 달려는 크세마두르티도 쳤습니다. 공격을 당한 크세마두르티는 벼락 맞은 사자처럼 그 코끼리 곁에 죽었습니다. 쿨루타족(Kulutas) 왕[크세마루티]이 살해를 당한 것을 보고 대왕의 군사들은 도망을 쳤습니다.

산자야가 말했다. -그러자 억센 궁사 카르나는 그의 직격 화살로 판다 군사를 무찌르기 시작했습니다. 판다바의 위대한 전차 무사들도 카르나가 보고 있는 면전에서 두료다나 군사를 공격했습니다. 카르나 역시 그 전투에서 햇살 같은 화살을 쏘아 판다바 군사를 죽였습니다. 그래서 카르나의 화살을 받은 코끼리들은 비명을 지르며 사방을 돌아다녔습니다. 카르나가 그처럼 군사들을 죽여대자 나쿨라가 카르나에게 달려들었습니다. 그리고 비마는 아스와타맨[드로나의 아들]에게 달려들었습니다. 사티아키는 카이카야 왕자 빈다와 아누빈다를 저지했습니다. 치트라세나(Chitrasena) 왕은 달려 오는 스루타카르만(Srutakarman)에게 대항했습니다. 그리고 프라티빈디아(Prativindhya)는 치트라(Chitra)를 상대했습니다. 두료다나는 유디슈티라에게 달려들었습니다. 드리슈타듐나는 크리파와 싸웠고, 시칸딘은 크리타바르만과 붙었습니다. 수르타키르티(Srutakirti)는 살리아와 싸웠고, 사하데바는 대왕의 아들 두사사나와 싸웠습니다. 카이카야 두 왕자는 사티아키를 화살 소나기로 덮으니, 사티아키도 그들에게 같이 대응을 했습니다. 그 영웅적인 형제는 사티아키 가슴을 숲 속 코끼리가 어금니로 공격하듯 쳤습니다. 정말 그 두 형제는 화살로 사티아키를 온 힘을 다해 공격했습니다. 그러나 사티아키는 그들을 화살 소나기로 저지를 하고 있었습니다. 사티아키는 그들의 활을 꺾으니, 그들은 다른 활들을 잡아 사티아키를 향해 쏘았습니다. 두 형제가 쏜 화살은 칸카(Kanka)와 공작새 깃털이 달린 화살이었습니다. 그러자 무적의 사티아키는 분을 내어 활을 다시 잡아 날카로운 화살로 아누빈다(Anuvinda)의 목을 잘랐습니다. 아우가 죽자 억센 형 빈다(Vinda)는 모든 카이카야들(Kaikayas)과 함께 사티아키를 공격했습니다. 빈다(Vinda)는 사티아키에게 60발의 화살을 쏘고 "기다려, 기다려!"라고 큰 소리로 말했습니다. 이어 카이카야들(Kaikayas)이 사티아키에게 수천 발의 화살을 쏘았습니다. 화살을 맞은 사티아키는 온 몸이 상처를 입어 꽃이 핀 킨수카(Kinsuka) 나무처럼 되었습니다. 사티아키는 빈다(Vinda)에게 25발의 화살을 쏘았습니다. 그리고 나서 두 영웅은 상대방 활을 꺾었습니다. 그리고 이어 상대의 마부와 말들을 죽이고 서로 달려가 칼로 싸웠습니다. 그들은 방패를 잡고 칼로 싸웠습니다. 사티아키는 빈다(Vinda)의 방패를 두 조각을 내었습니다. 역시 빈다도 사티아키의 방패를 그렇게 만들었습니다. 사티아키는 빈다에게 '측격(側擊, 90도 자세를 바꾼 공격)'을 행했습니다. 결국 그 카이케야 왕자빈다는 두 조각이 나 벼락 맞은 산처럼 되었습니다. 그 왕자를 살해한 사티아키는 급히 유다마뉴(Yudha-manyu) 전차로 올라갔습니다. 거기에서 다시 무기를 공급 받은 사티아키는 거대 병력 카이카야들(Kaikayas)을 무찌르기 시작했습니다.

산자야가 말했다. -스루타카르만(Srutakarman, 사하데바의 아들)은 전투에서 치트라세나(Chitrasena, 드리타라슈트라의 아들) 왕자에게 50발의 화살을 쏘았습니다. 그 치트라세나는 스루타카르만에게 아홉 발의 직격 화살을 쏘고, 마부에게 다섯 발의 화살을 안겼습니다. 이에 화가 난 스루타카르만은 치트라세나에게 날카로운 화살을 쏘아 커다란 아픔을 안겨 기절을 했습니다. 그러자 스루타카르만은 90발의 화살을 추가했습니다. 치트라세나는 의식을 회복하여 광두 화살로 스루타카르만의 활을 꺾고 일곱 발의 화살을 쏘아댔습니다. 그러자 스루타카르만은 다른 활을 잡아 화살들의 물결로 치트라세나가 [피를 흘려] 화환을 걸친 듯 만들었습니다. 치트라세는 급히 적의 가슴에 반격을 가하며 "기다려, 기다려라!"라고 말했습니다. 스루타카르만도 그 화살을 맞아 붉은 피를 흘렸습니다. 스루타카르만은 화가 나 3백 발의 날개 달린 화살을 치트라세나에게 쏘아 그를 덮었습니다. 그리고 다른 광두(廣頭) 화살을 쏘아 치트라세나의 목을 잘랐습니다. 왕자가 죽은 것을 본 그의 군사들은 스루타카르만에게 달려들었습니다. 이에 스루타카르만은 야마(Yama)처럼 그 군사들을 무찔렀습니다. 스루타카르만은 도망치는 군사들을 화살로 공격을 했습니다. 프라티빈디아(Prati-vindhya, 유디슈티라의 아들)는 치트라(Chitra, 드리타라슈트라의 아들)에게 다섯 발, 마부에게 세 발, 깃발을 향해 한 발의 화살을 쏘았습니다. 치트라세나는 프라티빈디아의 팔과 가슴에 아홉 발의 광두 화살을 쏘았습니다. 그러자 프라티빈디아는 치트라세나 활을 화살로 자르고 그에게 다섯 발의 화살을 안겼습니다. 그러자 치트라세나는 적에게 불같은 화살을 쏘았습니다. 그러나 프라티빈디아는 유성 같은 그 화살을 세 토막을 내었습니다. 그 화살이 소용없게 되자 치트라는 황금 망이 달린 철퇴를 들어 그 프라티빈디아를 쳤습니다. 그 철퇴를 맞고 프라티빈디아의 말들과 마부가 죽었습니다. 그의 전차에서 내려온 프라티빈디아는 황금 지팡이를 치트라에게 던지니 치트라는 그것을 잡아 프라티빈디아에게 다시 던졌습니다. 불같은 화살로 프라티빈디아의 우측 팔을 공격하였습니다. 그러자 프라티빈디아는 분을 내어 치트라를 잡으려고 그에게 창을 던졌습니다. 그 창을 맞고 치트라는 쓰러졌습니다. 치트라가 살해된 것을 보고 대왕의 군사들은 프라티빈디아에게 달려들었습니다. 그들은 태양을 덮은 구름 같았습니다. 그러나 억세 프라티빈디아는 사크라(Sakra, 인드라)가 악귀를 물리치듯 대왕의 군사를 물리쳐 바람이 구름 덩이를 몰 듯 했습니다. 대왕의 군사들은 사방에서 죽고 도망을 쳤습니다. 그러나 드로나의 아들[아스와타만]은 홀로 억센 비마에게 달려들었습니다.

산자야가 말했다. -최고의 힘을 지닌 드로나의 아들[아스와타만]은 가벼운 솜씨로 비마에게 화살 공세를 펼쳤습니다. 아스와타만은 비마에게 90발의 화살을 쏘았습니다. 화살 공격을 받은 비마는 아스와타만에게 수천 발의 화살을 쏘고 나서 사자 같은 함성을 질렀습니다. 비마의 화살들을 자기의 화살로 막은 아스와타만은 세 개의 화살로 비마의 앞이마를 공격했습니다. 화살 공격을 받은 비마는 비가 씻어간 산봉우리 같았습니다. 그런데 아스와타만은 비마에게 다시 수백 발의 화살을 쏘았으나, 그것을 산을 흔들려는 바람결 같았습니다. 비마는 오히려 즐거움을 느끼며 아스와타만에게 수백 발의 화살을 쏘았습니다. **그래서 두 영웅는 세상의 종말에 세상을 불태우려고 돋은 두 개의 태양과 같았습니다.** 서로 기량을 발휘해서 싸우는 두 영웅은 한 쌍의 호랑이 같았습니다. 그러한 끔찍한 전투가 계속 되는 중에 아스와타만은 그의 우측에 있는 비마에게 산을 휩싸는 구름 같이 수백 발의 화살을 쏘았습니다. 그래서 비마는 그 적의 승리 신호를 무시할 수가 없었습니다. 그들은 그들의 전차를 다양하게 몰며 전진과 후퇴를 반복했습니다. 그러다가 아스와타만은 억센 무기를 생각해 내었습니다. 그러나 비마는 자기 무기로 아스와타만에게 대항을 했습니다. 그런데 세상 멸망의 때에 무서운 혜성이 나타나듯 무서운 무기가 나타났습니다. 그들이 쏜 화살들은 대왕 군사 주변에 빛을 내며 서로 부딪쳐 떨어지는 유성(流星)처럼 하늘을 덮었습니다. 화살들이 서로 부딪쳐 불꽃이 일었습니다. 힘의 비마와 기술의 아스와타만의 대결이었습니다. **그래서 하늘의 신들에게서 사자 같은 함성이 터졌습니다. 두 전사[비마와 아스와타만]의 상상할 수도 없는 전투 기량을 보고 빽빽이 몰린 시다들(Sidhas)과 차라나들(Charnas)도 놀라운 심경들이었습니다.** 신들과 시다들과 차라나들과 신령들은 그들을 칭송해 말했습니다. "훌륭하다. 억센 드로나의 아들이여. 훌륭하다. 오 비마여." 그러는 동안 두 영웅들은 서로에게 상처를 주었습니다. 눈들은 붉어지고 분노에 입술이 떨렸습니다. 이를 갈며 입술들을 물었습니다. 분노에 찬 그들은 상대를 잡으려고 화살을 쏘았습니다. 불을 뿜는 두 개의 화살은 두 사람에게 다 적중이 되었습니다. 두 대결 자들은 다 자기 전차의 바닥에 주저앉았습니다. 아스와타만의 마부는 아스와타만이 기절한 것으로 알고 모든 군사들이 보는 앞에서 그 전장을 빠져나갔습니다. 역시 비마의 마부도 전차를 몰아 전장을 빠져나갔습니다.

드리타라슈트라가 말했다. -산자야여, 아르주나와 삼사프타카들(Samsaptakas, 트리가르타족, 결사대)과의 전투, 다른 왕들과 판다바들의 전투, 아스와타만과 아르주나의 투쟁담도 말해 보라.

산자야가 말했다. -대양(大洋)과 같은 그 삼사프타카들(Samsaptakas, 결사대)을 뚫고 들어간 아르주나는 그 광막한 깊이를 태풍처럼 흔들었습니다. 아르주나는 광두(廣頭) 화살로 억센 전사들의 목을 베며, 연꽃 줄기를 자르듯 적을 무찔렀습니다. 아르주나의 수천의 화살들은 다 저승으로 보내는 화살들이었습니다.

산자야가 말했다. -아르주니와 아스와타만의 대결은 금성(Sukra)과 태양신(Vrihaspati)의 싸움 같았습니다.

산자야가 말했습니다. -그러는 동안 판다바 군의 북쪽 부분에서 전차와 코끼리들과 기마병과 보병들이 악귀 단다다라(Dandadhara)에게 무찔러지듯 커다란 함성의 들려 왔습니다. 케사바는 전차의 방향을 돌리며 아르주나에게 말했습니다. "마가다 왕이 코끼리를 지녀서 용맹을 당할 사람이 없습니다. 그 힘과 용맹에서 바가다타(Bhagadatta)보다 못 하지 않습니다. 그를 먼저 잡은 다음에 삼사프타카들(Samsaptakas, 트리가르타족)을 멸해야 할 것입니다." 그래서 아르주나는 단다다라(Dandadhara)가 있는 곳으로 갔습니다. 그 마가다 왕은 모든 행성(行星)들 중에 머리 없는 케투(Ketu)처럼 코끼리 갈고리를 잡고 무자비하게 세상을 파괴하는 혜성과 같습니다. 악귀(Danava)처럼 코끼리를 타고 그 활로 수천의 전차들과 기병 코끼리 보병들을 죽였습니다. 그러자 아르주나는 급히 그 코끼리 왕에게 달려들었습니다. 그 단다다라(Dandadhara)는 아르주나에게 12발의 화살을 쏘고 크리슈나에게는 열여섯 발, 말들에게는 세 발의 화살을 쏘고 나서 큰 함성을 지르고 반복해 웃었습니다. 그러자 아르주나는 광두 화살을 쏘아 활을 꺾고 깃발을 자르고 코끼리 몰이꾼과 그 보호병을 사살했습니다. 이에 자나르다나(Janardana, 크리슈나)를 그 상아로 짓이기려고 코끼리를 바람처럼 몰고 온 단다다라(Dandadhara)는 아르주나에게 수많은 창을 던졌습니다. 그러자 아르주나는 세 발의 면도날 같은 화살로 코끼리 다리 같은 적의 팔들과 보름달 같은 머리를 끊었습니다. 그리고 아르주나는 적의 코끼리를 향해 수백 발의 화살을 쏘았습니다. 그랬더니 그 코끼리는 고통에 천둥 같은 소리를 지르고 뛰어 돌아다니다가 벼락 맞은 산꼭대기처럼 쓰러졌습니다. 그 형님이 쓰러지자 그 아우 단다(Danda)가 히말라야 산 꼭대기에 눈처럼 흰 상아를 단 코끼리를 타고 다시 아르주나를 잡으러 출전했습니다. 단다(Danda)는 자나르다나에게 세 개의 창을 꽂고 아르주나에게 다섯 개의 창을 던지고 함성을 질렀습니다. 그러자 아르주나는 화살로 단다(Danda)의 두 팔을 잘랐습니다. 이어 수많은 화살로 그 코끼리도 죽이니, 호전적인 그 군사들이 무너졌습니다. 그래서 아르주나는 다시 그 삼사프타카들(Samsaptakas)에게로 향했습니다.

산자야가 말했다. -곡선의 궤도를 가는 수성(水星, Mercury)처럼 지슈누(Jishnu, 아르주나)는 많은 삼사프타카들(Samsaptakas, 결사대)을 죽였습니다.

드리타라슈트라가 말했다. -오 산자야여, 그대는 앞서 세상에 유명한 영웅 판디아(Pandya)를 내게 언급했는데, 그 전투에서는 그 언급이 없었다. 그 위대한 영웅의 용맹과 기량 정신 힘과 긍지를 자세히 말해 보라.

　산자야가 말했다. -비슈마와 드로나와 크리파와 드로나의 아들과, 카르나와 아르주나와 자나르 다나(크리슈나)가 최고의 무사로서 전술(戰術)에서 달통한 것은 대왕도 알고 계신 바이지만, 그 판디아(Pandya)는 그 무사들보다 자기가 더 훌륭하다고 생각을 하고 있었습니다. 판디아(Pandya) 는 비슈마와 카르나와 같다는 것도 수용하지 않았습니다. 그리고 그 정신은 바수데바와 아르주나 아래라고도 생각하지 않았습니다. 파괴 신처럼 화가 난 판디아(Pandya)는 카르나의 군사들도 무찔 렀는데, 판디아(Pandya)의 공격을 받은 군사들은 도공(陶工)의 바퀴처럼 돌기 시작했습니다. 판디 아는 군사들을 화살로 바람이 구름을 흩어 버리듯이 했습니다. 판디아(Pandya)는 풀린다족 (Pulindas)과 카사족(Khasas) 발리카족(Valhikas) 니샤다족(Nishadas) 안다카족(Andhakas) 탕가 나족(Tanganas) 남부족(Southerners) 보자족(Bhojas)을 죽였습니다. **그러한 판디아를 향해 드로 나의 아들[아스와타만]이 달려들었습니다.** 드로나의 아들이 판디아를 향해 말했습니다. "연꽃 눈 을 지니신 왕이시여, 그대의 출생은 고상하고 학식도 위대하십니다. 당신은 힘과 용맹이 인드라 신과 같습니다. 나는 전투에서 당신 같은 용맹을 보질 못 했습니다. 안다카(Andhaka)가 삼목(三目) 신과 싸울 때처럼 활을 쏘아 보시지요."라고 말했습니다. 판디아(Pandya)는 "그렇게 하마."라고 대답했습니다. 그러자 드로나 아들은 "쳐봐라."라고 돌격을 하니, 판디아(Pandya)는 그에게 미늘이 달린 화살을 쏘았습니다. 그러자 드로나 아들은 잠깐 웃다가 불같은 화살을 그에게 쏘았습니다. 그리고 나서 아스와타맨[드로나의 아들]은 열 개의 화살을 쏘았습니다. 그러나 판디아(Pandya)는 아홉 개의 화살을 걷어내었습니다. 그리고 판디아(Pandya)는 네 개의 화살로 아스와타만의 말을 죽이고, 다시 그의 화살들을 꺾고 활줄을 잘랐습니다. 그러자 드로나의 아들은 마부가 다른 말로 바꾸는 동안 수천발의 화살을 그에게 쏘았습니다. 드로나의 아들의 화살들이 무궁하게 발사되는 것을 알면서도 판디아(Pandya)는 그것들을 다 조각으로 만들었습니다. 판디아(Pandya)는 아스와 타만의 전차바퀴 보호병 두 명을 죽였습니다. 판디아(Pandya)의 빠른 솜씨를 안 드로나의 아들은 비를 뿌리듯 화살을 쏘나 그 화살들을 저지했습니다. **그렇게 하여 드로나의 아들은 여덟 수레의 화살들을 다 쏘아 없앴습니다.** 그리고 나서 드로나의 아들은 판디아(Pandya)의 네 마리 말들을 죽였습니다. 그리고 화살 하나로 판디아(Pandya)의 마부를 죽이고, 다른 초승달 화살로 판디아 (Pandya)의 전차를 부셨습니다. 그러는 동안 카르나가 달려와 판다바 코끼리 부대에게 달려들어 그들을 쳐 부셨습니다. 억센 궁사 드로나의 아들은 판디아(Pandya)의 전차(戰車)를 못 쓰게 만들었 지만, 그를 죽이지는 않았습니다. 그 때에 거대한 코끼리 한 마리가 판디아(Pandya)를 향해 달려 왔습니다. 판디아(Pandya)는 사자처럼 그 친구 코끼리 목에 걸터앉았습니다. 그리하여 그 고산족 왕은 드로나 아들에게 창을 던지며 고함을 질렀습니다. "너는 죽었다. 너는 죽었어." 이에 아스와타 만(Aswatthaman)은 밟힌 뱀처럼 화가나 사신(死神)의 채찍 같은 화살 열네 발을 쏘아 그 코끼리 네 개의 다리와 목을 베고 세 개로 그 왕의 팔과 목을 치고, 여섯 개로 판디아(Pandya) 왕을 따르는

6명의 전차 무사(武士)를 죽였습니다.

드리타라슈트라가 말했다. -판디아(Pandya)가 살해를 당하고 카르나가 적을 무찌르고 있을 적에 아르주나는 무엇을 하였는가?

산자야가 말했다. -판디아(Pandya)가 망한 다음 크리슈나는 아르주나에게 말했습니다. "나는 왕과 다른 판다바들이 전투에서 물러서는 것을 못 봤습니다. 아스와타만이 이겼다면 카르나가 스린자야들[유디슈티라 군사]을 죽이어 대학살이 진행될 것입니다." 그 말을 듣고 아르주나는 크리슈나에게 말했습니다.

"오 흐리시케사여, 말들을 빨리 모세요." 그래서 거기에는 다시 치열한 전투가 일어났습니다. 쿠루들과 판다바들은 대접전이 벌어져 판다바 군사는 비마가 선봉에 서고 쿠루 군사들은 카르나가 선봉에 섰습니다. **전투가 개시되어 저승[야마의 왕국]에 인구가 넘쳤습니다.** 수많은 병력이 소리치고 활을 쏘고 카르나[아디라라타의 아들]는 판찰라 전차 영웅 2천을 저승으로 보냈습니다. 카르나는 코끼리 떼가 연꽃 연못을 망가뜨리듯 적진을 휘저었습니다. 카르나는 적진으로 파고 들어가 날카로운 화살로 대장들을 죽였습니다. 병사들의 방패와 잘려 땅바닥에 널렸습니다. 카르나의 화살은 쏘는 것마다 적들을 죽였습니다. 마부가 그의 말들을 몰듯이 카르나는 적들의 생명을 재촉했습니다. 사자가 사슴 떼를 뭉개듯이 그의 화살이 닿는 곳에 있는 판두와 스린자야와 판찰라들을 다 무찔렀습니다. 그러자 판찰라들의 대장[드리슈타듐나]과 드라우파디 아들과 쌍둥이, 유유다나가 연합하여 카르나에게 대항을 했습니다. 쿠루들과 판찰라와 판두들이 전투를 할 때는 자기네 생명은 불고하고 상대를 공격했습니다. 전차병은 전차병을, 코끼리 군사는 코끼리 병사를, 보병은 보병을, 기병(騎兵)은 기병을 상대하여 쓰러뜨렸습니다. 깃발들과 머리통들, 우산들 코끼리들 몸통과 팔들이 잘려 땅바닥에 널렸습니다.

산자야가 말했다. -많은 코끼리 무사들의 두료다나의 명령으로 분기를 품고 드리슈타듐나에게 달려들었습니다. 동방족(Easterners) 남방족(Southernerns) 앙가족(Angas) 방가족(Vangas) 푼드라족(Pundras) 마가다족(Magadhas) 탐랄리프타카족(Tamraliptakas) 메칼라족(Makalas) 코샬라족(Koshalas) 마드라족(Madras) 다샤나족(Dasharnas) 니샤다족(Nishadas) 칼링가족(Kalingas)이 그 전투에 연합하여 판찰라에게 화살들을 쏟아 부었습니다. 드리슈타듐나는 그들이 쏜 화살 소나기에 덮였습니다. 드리슈타듐나는 열여덟 발의 화살을 맞았습니다. 그 드리슈타듐나를 보고 군사들이 구름처럼 몰려왔습니다. 그러자 나쿨라와 사하데바와 드라우파디의 아들들과 프라바드라카(Prabhadrakas)와 사티아키와 시칸딘과 체키타나 같은 용사들도 그 코끼리 병사들을 향하여 화살 소나기를 퍼부었습니다. 믈레차(Mlecha) 전사들의 조정에 따르는 그 노한 코끼리들은 코를 늘어뜨리고 보병과 기병과 전차 병사를 짓밟았습니다. 그러자 사티아키는 그 앞에 다다른 방가족 왕의 코끼리에게 장전(長箭)을 박아 쓰러뜨렸습니다. 그리고 사티아키는 다른 화살을 잡아 그 코끼리에서 뛰어내리는 왕의 가슴에 박았습니다. 그는 땅바닥에 쓰러졌고, 사하데바는 산처럼 달려온 푼드라(Pundra) 코끼리에게 세 발의 화살을 쏘아 깃발을 꺾고 운전자와 병사를 죽였습니다. 그러나 나쿨라는 사하데바를 이어 앙가족 왕에게 세 발의 장전과 그 코끼리를 향해 1백 발의 화살을 쏘았습니다. 그러자 앙가족 왕은 나쿨라에게 8백의 창을 날렸습니다. 나쿨라는 그것들을 다 토막을 내었습니다. 그런 다음 나쿨라는 초승달 화살로 적의 목을 베었습니다. 이에 그 믈레차(Mlecha) 왕은 그 코끼리와 함께 땅바닥에 누웠습니다. 왕이 쓰러진 것을 보고 앙가족의 코끼리 전사들은 나쿨라를 향하여 돌진해 왔습니다. 그리고 많은 메칼라족(Makalas) 코샬라족(Koshalas) 마드라족(Madras) 다샤나족(Dasharnas) 니샤다족(Nishadas) 칼링가족(Kalingas) 탐랄리프타카족(Tamra-liptakas)도 나쿨라를 잡으려고 달려들었습니다. 그러자 판두들과 판찰라 소마카들의 나쿨라를 구름처럼 포위한 적을 향해 돌격했습니다. 그래서 다시 치열한 전투가 벌어졌습니다. 사하데바는 64발의 화살을 쏘아 여덟 마리의 거대 코끼리와 기사(騎士)들을 죽였습니다. 나쿨라도 역시 많은 코끼리들을 죽였습니다. 그래서 드리슈타듐나와 사티아키와 드라우파디 아들들과 프라바드라카와 시칸딘은 그 거대 코끼리들에게 화살 소나기를 퍼부었습니다. 그래서 산 같이 거대한 코끼리들이 벼락을 맞은 산봉우리처럼 쓰러졌습니다. 그 호전적은 군사들의 면전에서 그들 코끼리 부대를 멸한 것을 보고 강물에 쓸린 듯 도망을 쳤습니다.

산자야가 말했다. -사하데바가 대왕의 군사를 무찌르고 있을 적에 두사사나가 그에게 달려들었습니다. 그들의 무서운 대결을 보고 모든 전사들이 윗옷을 벗어 흔들며 사자 같은 함성을 질렀습니다.[원래 '競技'처럼 진행된 '전투'였음] 사하데바가 먼저 두사사나의 가슴에 화살 하나를 쏘고, 이어 70발을 쏘고, 마부에게 세 발을 쏘았습니다. 그러자 두사사나(Dussasana)는 사하데바의 활을 꺾고 73발의 화살을 그 가슴에 쏘았습니다. 그러자 화가 난 사하데바는 칼을 뽑아 대왕 아들[두사사나]의 전차를 향해 던졌습니다. 그 거대한 칼은 두사사나(Dussasana)의 활을 자르고 뱀처럼 땅으로 떨어졌습니다. 그러자 사하데바는 다른 활을 잡아 두사사나에게 치명적인 화살을 날렸습니다. 두사사나는 예리한 칼로 그 화살을 조각내고 그 날카로운 칼을 사하데바에게 던졌습니다. 그 칼은 사하데바를 쓰러뜨렸습니다. 그러자 두사사나는 즉시 64발의 화살을 사하데바 전차를 향해 쏘았습니다. 그러나 사하데바는 그 화살들 다 막아냈습니다. 그리고 나서 사하데바는 두사사나에게 많은 화살을 쏘았습니다. 두사사나가 그 화살을 다 막아내고 사자 같은 함성을 지르니, 온 세상이 울리듯 했습니다. 그리고 나서 두사사나는 아홉 발의 화살을 쏘아 사하데바와 마부를 공격했습니다. 이에 용맹의 사하데바는 무서운 화살을 활에 메겨 힘껏 두사사나에게 쏘니, 그 화살을 두사사나의 갑옷과 몸을 뚫고 땅바닥에 박혔습니다. 그러자 두사사나는 기절해고, 마부는 급히 화살 공격을 피했습니다. 판두 아들[사하데바]이 쿠루 전사를 무찌르는 것을 보고 두료다나 군사는 사방으로 도망을 쳤습니다.

산자야가 말했다. -나쿨라가 카우라바 군사를 무찌르고 있으니, 카르나가 그를 저지하고 나왔습니다. 그러자 나쿨라는 카르나에게 말했습니다. "오 악당이여, 오랜 만에 신들이 도와 너를 만나게 되었다. 너는 증오와 분쟁의 뿌리이니, 오늘 내가 너를 잡아 내 마음에 열병을 고쳐보겠다."
나쿨라가 그렇게 말하자 카르나는 그에게 말했습니다. "오 용사를 나를 공격해보라. 우리는 사나이 다움을 증명할 필요가 있다. 이 전투에서 약간의 공만 세워도 너는 자랑스러울 것이다. **용맹으로 싸우는 영웅이란 뻐기는 법이 없다. 내게 너의 힘을 다 해보라. 내가 너의 뻐김을 잠재워 주겠 다.**" 카르나는 그렇게 말하고 즉시 열 발의 화살을 나쿨라에게 쏘았습니다. 그러자 나쿨라는 뱀 같은 화살 80발을 쏘아주었습니다. 그러자 위대한 궁사 카르나는 그것들을 자신의 화살로 막아내 고 나쿨라에게 30발을 쏘았습니다. 그 화살들은 뱀처럼 뚫고 나갔습니다. 그러자 나쿨라는 카르나 에게 20발을 쏘고 마부에게 세 발을 쏘았습니다. 그리고 나서 나쿨라는 카르나의 활을 잘랐습니다. 나쿨라는 잠깐 웃고 나서 그 활이 없어진 카르나에게 3백 발의 화살을 쏘았습니다. 카르나가 나쿨 라에게 그렇게 당하는 것을 보고 모든 무사들은 깜짝 놀랐습니다. 그러자 카르나는 다른 활을 다시 잡아 나쿨라의 어깨에 다섯 발을 쏘았습니다. 그러자 나쿨라는 다시 일곱 발을 쏘아 카르나 활에 달린 뿔피리를 잘랐습니다. 그러자 카르나는 더욱 강한 활로 나쿨라의 주변 하늘을 화살로 채웠습 니다. 화살은 수많은 불나비나 메뚜기 같았습니다. 나쿨라의 화살로 공격을 당한 대왕의 무사들도 바람에 밀린 구름처럼 흩어졌습니다. 양군(兩軍)이 이처럼 두 무사[나쿨라와 카르나]의 천상(天上) 의 무기로 무찔리자 그 범위에서 떠나 멀리 서서 구경꾼들이 되었습니다. 그러자 카르나가 분을 내어 나쿨라를 완전히 화살로 차단을 했습니다. 그러나 나쿨라는 아무 고통도 없었습니다. 그러자 카르나는 나쿨라의 활을 자르고, 마부를 쓰러뜨리고, 나쿨라의 말들을 죽였습니다. 그리고 나서 카르나는 나쿨라의 전차를 부수고 바퀴보호자를 죽이고, 철퇴와 칼과 방패까지 부셨습니다. 이에 전차와 말과 무기들을 빼앗긴 나쿨라는 불같은 쇠도리깨(bludgeon)를 들고 급히 전차에서 내려왔 습니다. 카르나는 그 나쿨라의 도리깨도 박살을 냈습니다. 카르나는 나쿨라에게 많은 화살을 쏘았 습니다. 아픔이 밀려오자 나쿨라나는 갑자기 도망을 쳤습니다. 카르나는 반복해 웃으며 나쿨라에 게 화살을 쏘았습니다. 카르나는 나쿨라에게 말했습니다.

"**말이 무슨 소용이 있는가. 나에게 공격을 당하면서도 즐겁게 떠들 수가 있는가? 위대한 힘을 지닌 우리 쿠루와는 다시 싸우지 말라. 어서 크리슈나와 아르주나 있는 곳으로 가 숨어라.**" 카르 나는 그렇게 말을 하고 나쿨라를 내버려 두었습니다. **도덕을 아는 용감한 카르나는 이미 죽음의 문턱에 든 나쿨라를 죽이지 않았습니다. 쿤티의 말을 기억하며 카르나는 나쿨라를 살려 보냈습 니다.** 나쿨라는 큰 수치심을 느끼며 유디슈티라 전차를 향해갔습니다. 카르나에게 할퀸 나쿨라는 형의 전차로 올라가 항아리 속에 갇힌 뱀처럼 슬픔에 불타며 한숨을 쉬었습니다. 한편 카르나는 나쿨라를 물리치고 급히 달 같이 흰 말들을 몰아 판찰라들에게로 향했습니다. 거기에 판다바들은 쿠루 지도재[카르나]의 전차가 판찰라들을 향해 오는 것을 보고 큰 소동이 일었습니다. 카르나는 해가 중천(中天, 正午)에 이를 때까지 대량 살상 전을 폈습니다. 많은 판찰라 전차 무사들이 도망을 치고 말들과 마부와 전차가 죽고 부서져 있었습니다. 용감한 카르나는 퇴각하는 무사들을 쫓아가며 화살들을 쏘았습니다. 정말 위대한 힘을 지닌 카르나는 중천에 솟은 태양처럼 어둠을 쫓고 만물을 태울 듯했습니다.

산자야가 말했다. -두료다나의 방대한 군사를 무찌른 **유유트수(Yuyutsu, 드리타라슈트라의 아들로 판두들에게 합세한 자)**를 향해 울루카(Uluka)가 달려들며 말했습니다. "기다려라, 기다려." 유유트수(Yuyutsu)는 날개 달린 억센 화살을 울루카에게 산봉우리를 향해 인드라 신이 벼락을 치듯이 공격을 했습니다. 화가 난 울루카는 유유트수(Yuyutsu)의 활을 꺾고, 그에게 미늘 달린 화살을 쏘았습니다. 유유트수(Yuyutsu)는 부러진 활을 버리고 더욱 억센 활로 울루카에게 60발의 화살을 쏘았습니다. 유유트수(Yuyutsu)는 울루카의 마부에게도 공격을 퍼부었습니다. 그러자 화가 난 울루카는 유유트수(Yuyutsu)에게 20발의 금 화살을 쏘고, 그의 깃발을 잘랐습니다. 정신을 잃을 정도로 화가 난 유유트수(Yuyutsu)는 울루카의 가슴에 다섯 발의 화살을 박았습니다. 그러자 울루카는 유유트수(Yuyutsu) 마부의 목을 베었습니다. 그 다음에는 말들을 죽이고 유유트수(Yuyutsu)에게 다섯 발의 화살을 쏘았습니다. 크게 상처를 입은 유유트수(Yuyutsu)는 다른 전차로 향했습니다. 유유트수(Yuyutsu)를 물리친 울루카(Uluka)는 급히 다른 판찰라들과 스린자야들에게로 달려갔습니다. **대왕의 아들 스루타카르만(Srutakarman)은 순식간에 사타니카(Satanika)를 말도 마부도 전차도 없이 만들었습니다.** 그러나 억센 무사 사타니카는 말도 없는 전차에서 철퇴를 스루타카르만에게 던졌습니다. 그 철퇴는 대왕 아들의 말과 전차를 박살냈습니다. 그러자 두 영웅은 대결을 피하고 스루타카르만은 비빙수(Vivingsu)의 전차로 올라가고 사타니카는 프라티빈디아(Prativindhya) 전차로 올라갔습니다.

산자야가 말했다. -크리파는 숲 속에서 사자와 싸웠던 사라바(Sarabha)처럼 드리슈타듐나를 막았습니다.

드리타라슈트라가 말했다. -오 산자야여, 나는 그대에게서 내 아들이 겪었던 가슴 아픈 이야기를 들었노라. 그날 오후의 전투는 어떻게 되었는가?

산자야가 말했다. -다른 전차로 바꾸어 탄 두료다나는 유디슈티라를 보고 독을 품은 뱀 같이 화가 나서 마부에게 말했습니다. "머리에 우산을 쓰고 있는 저 판두 왕이 있는 곳으로 어서 가자." 그러자 비마가 유디슈티라에게 말했습니다. "이 놈을 대왕이 잡을 수는 없습니다." 이에 유디슈티라는 공격을 멈췄습니다. 그 때에 크리타바르만(Kritavarman)이 위기에 빠진 두료다나에게 달려갔습니다. 그러자 비마가 철퇴를 집어들어 크리바르만(Kritavarman)에게 던졌습니다.

산자야가 말했다. -카르나를 선봉에 둔 대왕의 무사들은 신들과 악귀들의 싸움처럼 질수 없는 싸움에서, 싸우고 후퇴하고를 반복했습니다. 코끼리들과 보병들과 전차들과 기병들 소라고둥들이 아우성치며 흥분이 되어 도끼 칼 다양한 무기로 서로를 죽였습니다. 그러자 두료다나가 이끄는 대왕의 군사들은 모두 사티아키(Satyaki)에게 달려들었습니다. 이에 사티아키는 천둥 같은 함성을 질렀습니다. 그러자 카르나가 햇빛 같은 화살로 사티아키를 공격했습니다. 사티아키도 카르나에게 뱀 같은 화살을 퍼부었습니다. 그러자 대왕의 군사에 소속인 아티라타들(Atirathas)이 그 사티아키에게 달려들었습니다. 그러자 드루파다 아들[드리슈타듐내이 앞장을 선 바다 같은 방대한 군사들이 전장에서 도망을 쳤습니다. 그 때에 보병들과 전차들과 기병들과 코끼리들에게 대량 학살이 일어났습니다. 아르주나와 케사바가 대왕의 군사에게 달려들어 그 살상을 멈추게 했습니다. 쿠루 군사들은 천둥 같이 소리를 내며 자신들을 향해 달려오는 그 전차를 보고 우울해졌습니다. 아르주나가 그의 전차에서 간디바로 하늘을 화살로 채웠습니다. 태풍이 구름을 몰듯이 아르주나는 그 활로 파괴를 행했습니다. 코끼리들과 기병들과 보병들을 아르주나는 저승으로 보냈습니다. 그러자 **두료다나가 혼자서 야마 같은 아르주나에게 달려들어 직격 화살로 공격을 했습니다. 그러자 아르주나는 일곱 발의 화살로 두료다나의 활과 마부와 말들과 깃발을 꺾고, 다른 한 발로 두료다나의 우산을 꺾었습니다. 그 기회에 아르주나는 두료다나에게 생명을 앗을 수 있는 화살을 쏘았습니다. 그러나 드로나의 아들[아스와타맨이 그 화살을 일곱 조각을 만들었습니다. 그러자 아르주나는 드로나 아들의 활을 꺾고 그의 말들을 죽이고, 크리파의 활을 꺾었습니다. 아르주나는 두사사나의 활을 꺾고 카르나에게 달려들었습니다. 이에 카르나는 급히 사티아키와의 대결을 포기하고 아르주나에게 세 발, 크리슈나에게 20발의 화살을 쏘았습니다.** 수많은 활을 쏘고도 카르나는 지칠 줄을 몰랐습니다. 그러자 사티아키가 달려와 99발의 화살을 쏘았고, 다시 한 번 일백 발의 화살을 쏘았습니다. 그리하여 판두의 모든 무사들이 카르나를 공격하기 시작했습니다. 유다마뉴, 시칸딘, 드라우파디 아들들, 프라바드라카, 우타마우자, 유유트수, 쌍둥이, 드리슈타듐나, 체디족(Chedis), 카루샤족(Karushas), 마트시아족(Matsyas), 카이케이아족(Kaikeyas), 유디슈티라가 모두 '카르나'를 잡겠다는 결심으로 달려들었습니다. **카르나는 자신의 화살로 쏟아지는 화살들을 막으며, 바람이 그 길을 막는 나무들을 쓰러뜨리듯이 공격자들을 흩었습니다.** 화가 난 카르나는 코끼리와 보병 기병들을 닥치는 대로 무찔렀습니다. 카르나의 공격을 받은 대부분의 판다바 군사들은 무기들을 잃었거나 사지가 망가져 그 전장을 떠났습니다. 이에 아르주나는 카르나의 화살들을 소용없게 만들며 하늘과 땅의 천지사방을 화살로 채웠습니다. 아르주나의 화살은 불 몽둥이들이었습니다. 눈 깜짝할 사이에 카우라바의 보병, 기병, 전차병, 코끼리 병사들은 공포의 고함을 지르며 정신을 잃었습니다. 많은 코끼리들 말들 사람들이 죽고 상처를 입고 무서워 도망을 쳤습니다. 대왕의 군사들이 그처럼 승리를 갈망하고 있을 적에 태양은 산 속으로 들어갔습니다. 먼지 때문에 어두워져서 아무것도 보이지 않았습니다. 억센 카우라바 궁사들은 밤 전투를 무서워하여 그 전장을 떠났습니다. 낮이 다하여 카우라바들이 물러가자 즐겁게 승리를 거둔 파르타들은 악기로 적들에게 야유를 보내며 크리슈나(Achyuta)와 아르주나에게 박수를 보냈습니다. 영웅들이 군사를 철수한 다음 모든 군사들과 왕들이 판다바들에게 축복을 올렸습니다.

드리타라슈트라가 말했다. -아르주나는 자기 맘대로 너희들을 다 죽일 수 있을 것 같구나. 정말 아르주나가 맘을 먹으면 사신(死神, Destroyer)도 싸움에서 그를 못 이길 것 같구나. 아르주나 단

한 사람이 전 세상을 복속시켰다. 단일한 용맹으로 세상의 왕들을 다 굴복시켰다. 쿠루들을 욕할 수가 없을 것 같다. 그 쿠루들은 그[아르주나]와 같은 무사와 싸우는 것만으로 칭찬을 받아야 마땅하다. 오 수타[마부]여, 그 다음 두료다나는 어떻게 했는지를 말해보라.

산자야가 말했다. -적들에게 상처를 당하고 넘어지고 무기와 마필을 잃은 카우라바들은 의논을 하려고 그들의 막사로 돌아왔습니다. 그들은 이빨이 빠진 뱀들 같았습니다. 카르나는 화가 난 뱀처럼 한숨을 쉬며 두료다나를 보며 말했습니다. "아르주나는 항상 신중하고 억세고 유능하고 지성을 갖추었습니다. 거기에다가 기회가 오면 바수데바는 아르주나에게 무엇을 해야 할지를 다 일깨워줍니다. 오늘은 그의 갑작스런 화살 소나기에 우리가 속았습니다. 그러나 내일은 내가 모든 그들의 목표를 다 좌절시켜 놓겠습니다." 카르나가 이렇게 말하자 두료다나는 "그렇게 합시다."라고 말하고 모든 왕들의 휴식을 허락했습니다.[15]

'카르나' '카르나(왼쪽)가 가토트카차(중앙)를 아르주나(오른쪽)가 보는 앞에서 살해했다.'[16]

———→

(a) 마하바라타(*The Mahabharata*)' 서술자(바리삼파야나, 산자야, 마르칸데야)는 선(善)한 자의 중심에 판두 5형제를 두고 그 핵심으로 '비슈누'의 화신 '크리슈나'에게 온 관심을 집중하게 만들었다.

(b) 이에 대해 1백 명의 드리타라슈트라 왕의 아들 중심에 두료다나(Duryodhana)를 두고 그의 가장 친한 친구 **카르나(Karna)는** 항상 그 두료다나를 마음 편하게 달래주고 그 용맹으로 두료다나의 배약(背約) 욕심을 부추기고 '악(惡)'을 돕는 쪽으로 제시된 '마하바라타(*The Mahabharata*)'에 사실상의 최고 악당이다.

(c) 그런데 보편적인 논리로 '악(惡)'이 명시되지 못 하면 '선(善)'이 왜 어떻게 선한 것인지도 불분명하다. 그런데 '마하바라타(*The Mahabharata*)'에는 드리타라슈트라, 두료다나, 카르나, 사쿠니, 두두사사나, 자야드라타 5악(惡)으로 말썽이 생기게 되었다.

15) K. M. Ganguli (Translated into English Prose from the Original Sanskrit Text), *The Mahabharata of Krishna-Dwaipayana Vyasa*, Munshiram Manoharlal Publisher Pvt. Ltd. New Delhi, 2000, -**Karna Parva**-pp. 1, 4~14, 19~33, 37~39, 42~56, 62~68
16) Wikipedia, -'Karna' -'Karna kills Ghatotkacha as Arjuna watches'

(d) 그러나 그들 '행악(行惡)'의 지속을 가능하게 했던 존재가 바로 카르나였고, '마하바라타(*The Ma-habharata*)'는 그 카르나의 억압에 초점이 맞춰진 상태였다.

(e) 카르나는 앞서 크리슈나로부터 판두형제들의 맏형[쿤티가 낳은 첫 번째 아들]임을 일깨우고 그 판두들과 합칠 것을 간곡히 요청을 받았으니[제76장], 자신을 알고 보살펴 준 두료다나와 마부(馬夫)인 양부(養父)를 잊을 수 없다고 자신의 분명한 태도를 밝혔다.

(f) 그런데 '마하바라타(*The Mahabharata*)'의 전체적, 전제는 '현세무시' '육체무시' '천국제일' '절대신' '일방주의'을 깔고 있으나, 그것은 '살아 있는 이승의 사회의 평화 유지'를 위한 불가피한 조처라는 점도 아울러 감안하지 않으면 안 된다.

(g) 즉 카르나(Karna)가 '양(養)부모'를 공경하고, 자기[능력]을 높이 평가한 두료다나에게 '충성'을 바치는 것까지는 잘못이 없었다.

(h) 그러나 '공손하게 주어진 제도에 순응'을 못하고, '타고난 거친 성격' 그대로 윗사람[비슈마]를 능멸하고 쿠루와 판다바 형제의 화해를 앞장서서 반대하고 사쿠니의 사기행각을 만류하기는커녕 그에 한 발 앞서나가 그것을 조장하고 더구나 판두 형제의 '13년 고행'을 무시하고 '배약(背約)'을 선동했던 것은 용서받을 수 없는 범죄 행각이었다.

제110장 열 일곱째 날의 전투 -카르나의 사망

드리타라슈트라가 말했다. -오 수타여, 모두 정신들이 카르나에게 쏠려 있는데, 두료다나는 어떻게 했는가?

산자야가 말했다. -오 왕이시여, 그 주사위 노름과 그 밖의 일에서 대왕의 잘못된 행각을 생각해 보십시오, 그 행동들은 이미 저질러졌습니다. 그러나 지난 행동들을 생각해 봐야 합니다. 그 결과가 지금 열매로 닥쳐오고 있습니다. 배웠음에도 대왕은 대왕의 행동이 좋을지 나쁠지를 생각하지 않았습니다. 여러 번 대왕은 대왕의 판다바들과 전쟁에 반대하는 충고를 들으셨습니다. 그러나 어리석음으로 그 충고를 거절했습니다. 대왕은 무거운 죄를 판두 아들에게 진 것입니다. 그래서 무서운 살육이 온 것입니다. 그러나 모든 것은 지나갔습니다. 슬퍼하지 마십시오. 닥쳐오는 무서운 살육에 대해 자세히 들어보십시오. 새벽이 오자 카르나는 두료다나를 찾아가 말했습니다.

"오 왕이시여, 나는 오늘 판두 아들과 전투를 하게 될 것입니다. **내가 그를 죽이든지, 그가 나를 죽이든지 할 것입니다. 나와 파르타 사이에 생겼던 다양한 사건의 결과로 그동안 아르주나와 나의 대결은 없었습니다!** 이 말은 나의 지성으로 행한 말입니다. 파르타를 잡지 않으면 돌아오지 않을 겁니다. 우리 군이 최고의 무사들을 빼앗겼고, 내 전장에서 막을 것이므로, 파르타는 내게 도전을 할 터인데, 사크라(Sakra)가 내게 준 화살은 그[아르주나]에게는 없습니다. 이제 무엇이 유리한 점인 지를 아셨을 것입니다. 천상 무기로 보면 아르주나나 나나 비슷합니다. 전투력이나 동작의 속도나 쏜 화살의 범위나 기량이나 명중률에서 아르주나는 나를 따라 올 수 없습니다. 신체력이나 용맹에서나 무기에 대한 지식과 목표를 추구함에 있어서 아르주나는 나를 따라올 수 없습니다. **비자야(Vijaya)라는 나의 활은 모든 무기 중에 최고입니다. 그 활은 인드라를 위하여 천상의 장**

인(celestial artificer) 비샤카르만(Vishakarman)이 만들었습니다. 그 활로 인드라가 악귀들을 이겼습니다. 그 활 시위소리에 십방(十方)의 악귀들이 없어집니다. 모두가 존중하는 그 활을 사크라(Sakra)가 브리구(Bhrigu)의 아들[Rama]에게 주었고, 브리구의 아들이 내게 주었습니다. 그 활로 나는 아르주나와 싸울 겁니다. 그 비자야(Vijaya)는 간디바보다 훌륭합니다. 나는 오늘 아르주나를 잡아 당신과 당신 친구들을 즐겁게 할 작정입니다. 아르주나의 마부(馬夫)는 고빈다입니다. 나는 그를 싫어합니다. 살리아(Salya)가 크리슈나보다 훌륭하고, 나는 아르주나보다 훌륭합니다. 판두 아들들이 전투에서 나를 향해 오면 나는 그들을 격퇴시킬 겁니다. 신들과 악귀들도 전투에서 나를 당할 수 없습니다. 판두 아들들을 말해 무엇 하겠습니까?'

산자야가 말했다. -이에 두료다나는 겸손하게 마드라족의 왕[살리아]에게 다가가 애정을 가지고 말했습니다.

"오 마드라 왕이시여, 당신은 견고하십니다. 카르나를 위해서 나에게 말씀해 주시기를 간청합니다. 당신은 무적이시니, 나는 당신께 간청합니다. 당신과 함께 라다의 아들[카르나]도 적들을 무찌를 것입니다. 당신 말고는 카르나 말고삐를 잡을 자가 없습니다. 당신은 전투에서 바수데바와 동등하십니다. 마헤스와라(Maheswara)를 지켜주는 브라흐마처럼 카르나를 지켜주십시오. 브리슈니들이 위험에서 판두 아들을 돕듯이, 오 마드라족의 왕이시여, 오늘 라다의 아들[카르나]을 지켜주소서."

산자야가 계속했다. -두료다나의 이 말을 들은 살리아(Salya)는 화가 잔뜩 났습니다. 살리아(Salya)는 눈썹을 찡그리고 그의 팔들을 휘두르고 화난 눈을 굴리며 혈통과 부와 학식과 힘을 자랑하며 말했습니다.

"오 간다리의 아들이여, 당신은 나를 모욕(侮辱)했습니다. 의심이나 조심성도 없이 '마부(馬夫)를 하라.'고 요청을 하십니다. 카르나를 우리의 위로 생각하여 그를 그토록 치켜세우십니다. 그러나 **나는 전투에서 카르나와 내가 동등하다고 여기지도 않습니다.** 오 왕이시여, 적을 무찌르는데 더 큰 지분을 내게 맡기지 않으시면 내가 왔던 곳으로 돌아가겠습니다."

산자야가 계속했다. -그렇게 말을 한 살리아(Salya)는 화가 나서 왕들의 회의장을 떠나려 했습니다. 그러나 대왕의 아들은 사랑과 배려에서 부드럽게 살리아(Salya)에게 말했습니다. "오 살리아여, 당신 말씀은 다 옳습니다. 그러나 내 목적은 분명합니다. 카르나가 당신보다 우수하지도 않고 내가 당신을 의심한 것도 아닙니다. 마드라 왕이시여, 거짓말은 하지 마십시오. 당신은 적을 향한 미늘 달린 화살이십니다. 그래서 '땅위에 살리아'라는 이름을 얻으셨습니다. 라다의 아들[카르나]이나 나나 용맹에서 당신을 따를 수 없습니다. 그래서 나는 당신을 골랐던 것입니다. 당신은 말[馬]들에 관해서는 크리슈나보다 훌륭하십니다." 이에 살리아(Salya)가 말했습니다.

"오 간다리의 아들이여, 모든 군사들이 있는 속에서 당신은 나를 데바키(Devaki)의 아들[크리슈나]보다 훌륭하다 하시니, 감사를 드립니다. 당신의 간청대로 판두 아들과 전투에서 라다 아들의 마부가 되겠습니다." 카르나가 말했습니다.

"오 마드라 왕(Salya)이여, 당신은 케사바가 판다바에게 행했듯이 우리를 위해 애를 쓰셨습니다." 살리아(Salya)가 말했습니다.

"자책(自責)과 자칭(自稱)과 험담(險談)과 과찬(過讚) 이 네 가지의 행동은, 존경을 받는 사람들이 취할 바가 아닙니다. 오 무적의 용사여, 나는 신중한 인드라처럼 위험을 알아서 그것들을 피하도록 하겠습니다. 당신이 파르타와 전투를 하려 할 때 나는 당신의 말고삐를 잡을 겁니다. 오 수타[馬夫]의 아들이여, 염려하지 마십시오." 두료다나가 말했습니다.

"오 카르나여, 당신의 마부 마드라 왕(Salya)이 크리슈나보다 훌륭합니다. 천신들의 왕 인드라의 마부 마탈리(Matali)처럼 살리아가 오늘 당신의 마부가 되었습니다. 마드라 왕이 마부가 되었으니, 전투에서 확실하게 판다바들을 무찌를 것입니다."

산자야가 계속했다. -아침이 되어 두료다나는 다시 한 번 더 살리아에게 말했습니다.

"오 마드라 왕이여, 카르나의 말고삐를 잡아 그대의 보호로 라다의 아들은 아르주나를 무찌를 것입니다." 이 말에 살리아가 대답했습니다. "그렇게 될 것입니다." 살리아가 그 전차로 다가가니 카르나는 즐거워 마부[살리아]에게 말했습니다. "오 마부여, 어서 준비를 합시다." 살리아는 하늘나라 궁전처럼 승리의 전차를 꾸며 카르나에게 보여 주며 말했습니다. "축하합니다. 승리 하소서." 카르나는 곁에 서 있는 마드라 왕[살리아]에게 "전차를 탑시다."라고 했습니다. 살리아가 자리를 잡은 것을 보고 카르나는 구름을 헤치고 떠오른 태양과 같이 그 전차에 올랐습니다. 두 영웅은 수리아(Surya, 태양신)와 아그니(Agni, 불의 신) 같았습니다. 두료다나가 말했습니다. "오 아디라타(Adhiratha)의 아들[카르나]이여, 나는 두 영웅[비슈마, 드로나]이 아르주나와 비마를 잡을 것이라고 믿었습니다. 그 분들이 못 세웠던 것을 당신은 이룰 겁니다. 유디슈티라를 생포하거나 아르주나와 비마와 쌍둥이를 잡으십시오. 축하드립니다. 승리는 당신 것입니다. 판두 아들 군사들을 재[恢]로 만드소서." 그러나 수천 개의 나팔들과 수만 개의 북들이 천둥처럼 울렸습니다. 두료다나의 그 말을 듣고 카르나는 살리아에게 말했습니다.

"오 살리아여, 아르주나와 비마와 쌍둥이 유디슈티라를 잡으러 갑시다. 나는 오늘 수십만 화살을 쏘아 아르주나에게 내 힘을 보여주겠습니다." 살리아가 말했습니다.

"오 수타의 아들이여, 왜 당신은 모든 무기에 달통한 판두 아들들을 그렇게 낮잡아 보십니까? 그들은 물리칠 수 없는 행운에 무적의 용사입니다. 라다의 아들이여, 천둥 같은 간디바 시위소리를 들으시면 그 같은 말을 못 할 겁니다. 당신이 하늘에 구름 같은 다르마의 아들[유디슈티라]과 쌍둥이를 보시면 그런 말씀은 못 하실 겁니다."

산자야가 말했다. -그러한 살리아(Salya)의 말을 무시하고 카르나는 말했습니다.

"가십시다."

산자야가 말했다. -억센 카르나가 전투를 하려고 자리를 잡자 카우라바들은 기쁨에 함성을 질렀습니다.

산자야가 말했다. -카르나는 자기 군들을 기쁘게 한 다음에 그가 만나는 모든 판다바 군사들에게 말했습니다. **"오늘 아르주나를 내게 알려준 사람에게는, 그가 원하는 모든 것을 상(賞)으로 주겠다."** 카르나는 소라고둥을 잡고 멋있게 불었습니다. 살리아(Salya) 말했습니다.

"오 수타의 아들이여, 오늘 아르주나를 보겠다고 [아르주나의 소재를 알준 사람에게]'황금마차'를 주어버리면 안 됩니다. 재보(財寶)의 왕처럼 부(富)를 쓰는 것은, 우매한 한 행동입니다. 당신은 오늘 쉽게 아르주나를 보게 될 것입니다. 아르주나와의 싸움에 이기려면 정렬된 군사들 속에서 보호를 받으며 모든 전사들의 도움이 있어야 합니다. 생명을 지키시려면 내말을 들으십시오." 카르나가 말했습니다.

"내 무기의 힘에 의지하여 나는 아르주나를 찾고 있습니다. 아무도 내 결심을 막을 수 없습니다."

산자야가 계속했다. -카르나의 그 결의(決意)에 살리아(Salya)는 말했습니다. "억센 아르주나의 칸카(Kanka)[깃을 단] 화살이 당신을 찾아오면 그와 만난 것을 탄식하게 될 것입니다. 오 카르나여, 당신은 사자를 무시하는 자칼(jakal)입니다. 당신은 항상 자칼(jakal)이고 아르주나는 항상 사자(lion)입니다."

산자야가 말했다. -그처럼 살리아(Salya)에게 힐책(詰責)을 당한 카르나는 화살 같은 아픔을 느끼며 화가 나 다음 같이 말했습니다.

"오 살리아(Salya)여, 훌륭한 분이시여. 그렇지만 당신은 별로 훌륭하지 못 하십니다. 좋은 점과 나쁜 점을 어떻게 판별하십니까? 아르주나의 무기와 용맹은 나도 알고 있습니다. 나는 불 앞에서 곤충처럼 행동하지는 않을 겁니다. 나는 피를 마시는 날카로운 '화살'이라는 '입'을 지니고 있습니다.[살리아의 말이 독하다는 질책임] 그것은 갑옷과 뼈를 뚫습니다. **내가 화가 나면 메루(Meru) 산도 뚫을 겁니다. 그 화살은 아르주나와 크리슈나 말고는 아무에게도 쏘지 않습니다.** 정말입니다. 들어 보세요. 일천 명의 바수데바나 몇 백 명의 아르주나도 나는 단숨에 잡을 겁니다. 당신은 혀나 묶어 두시오."

산자야가 계속했다. -그러자 곁에 있던 두료다나가 카르나를 친구로 타이르고, 살리아에게는 두 손을 모으고 간청을 하여 더 이상 언쟁(言爭)을 못 하게 했습니다. 그러자 살리아(Salya)는 전차를 적에게로 돌렸고, 카르나는 빙긋 웃으며 말했습니다.

"가십시다."

드리타라슈트라가 말했다. -오 산자야여, 라다의 아들[카르나]은 드리슈타듐나와 비마가 선봉에 나선 신들과 같은 판다바 군에 대항하여 어떻게 진(陣)을 쳤는가? 누가 우리 진에 날개를 맡았는가? 카르나가 유디슈타라를 향해 나갈 적에 아르주나는 어디에 있었는가?

산자야가 말했다. -오 대왕이시여, 크리파와 마가다(Magadhas)가 우익(右翼)을 이루었습니다. 사쿠니와 울루카(Uluka)가 간다라(Gandhara) 기병을 이끌고 카우라바 군을 오른쪽에서 보호했습니다. 3만 4천의 삼사프타카(Samsaptakas, 결사대) 전차무사들 중앙에 대왕의 아들[두료다나]이

자리를 잡아 카우라바 군의 왼쪽을 보호했습니다. 그들의 왼쪽에 캄보자족(Kamvojas) 사카족(Sakas) 야바마족(Yavanas)의 전차들과 기병과 보병들이 카르나의 명령 하에 있었습니다. 중앙 머리에 카르나가 그의 아들과 함께 자리를 잡았습니다. 억센 두사사나는 거대한 코끼리 목에 올라서 외사촌 형제들의 보호를 받으며 그 군의 뒤에 섰습니다. 마드라카족(Madrakas)과 케카야족(Kekayas)이 보호를 했습니다. 아스와타만과 억센 전차 무사들은 그 군의 뒤를 따랐습니다. 그 진(陣)은 브리하스파티(Vrihaspati, 태양 신)의 기획으로 사령관[카르나]이 친 것입니다. 유디슈티라 왕은 호전적인 군사들의 머리에 카르나를 보고 아르주나에게 말했습니다.

"아르주나여, 카르나가 전투 대형을 이루었다. 날개에다가 날개를 더했구나. 저 진을 보고 대응 진을 쳐야겠다." 그 말에 아르주나는 두 손을 모고 대답했습니다. "다 말씀대로 행했습니다. 제가 저들을 쳐부수겠습니다." 유디슈티라가 계속 말했습니다. "너는 카르나를 상대하고, 비마는 두료다나를 막고 나쿨라는 비르샤세나를 상대하고 사하데바는 사쿠니를 막고, 사타니카는 흐리디카의 아들을 상대하고 판디애[드리슈타듐나]는 드로나 아들을 막도록 하라. 나는 크리파와 싸울 것이고, 드리우파디 아들과 시칸딘은 나머지 드리타라슈트라들을 상대하게 하라."

산자야가 계속했다. -그러한 유디슈티라 말에 아르주나는 "그렇게 하겠습니다."라고 말했습니다. 케사바와 아르주나가 전장으로 나오는 것을 보고 살리아(Salya)가 카르나에게 말했습니다.

"저기 흰 말들을 멍에 하여 크리슈나와 나와 있습니다. 바수데바와 아르주나가 동일한 전차에 올라 있습니다. 오 카르나여, 당신이 저 아르주나를 잡으시면 당신이 우리의 왕이십니다. 아르주나는 결사대의 도전을 받으며 그들을 향해 달려가고 있습니다. 아르주나는 대 학살을 감행할 것입니다." 그렇게 말한 살리아(Salya)에게 화를 내며 카르나는 말했습니다.

"파르태[아르주나]가 결사대(決死隊) 속에 휩쓸려 있습니다. 구름 속에 있는 태양 같아서 보이지도 않습니다. 무사들의 바다 속에 빠졌으니, 보이지도 않습니다. 아르주나는 죽을 겁니다." 살리아(Salya)가 말했습니다.

"물(크리슈나)과 함께 있는 바루나(아르주나)를 누가 잡겠습니까? 누가 바람을 잡고 바닷물을 다 마시겠습니까? 저기에 드리슈타듐나도 있습니다. 사티아키도 달려오고 있습니다." 두 영웅[살리아와 카르나]이 대화를 하고 있을 때에 갠지스(Ganga) 강과 야무나(Yamuna) 강이 합쳐 흐르듯이 양군은 어우러져 격렬하게 싸웠습니다.

드리타라슈트라가 말했다. -오 산자야여, 양군(兩軍) 어울려 싸울 적에 아르주나는 결사대(決死隊)를 어떻게 공격했고, 카르나는 아르주나를 어떻게 했는가?

산자야가 말했다. -방대한 판다바 군사들은 드리슈타듐나를 머리로 삼았습니다. 드라우파디 아들들이 그 곁에 섰습니다. 그 결사대를 향하여 아르주나는 달려갔습니다. 아르주나는 전차와 말 보병 코끼리들을 닥치는 대로 화살로 무찔렀습니다. 가담한 병사가 수십만이었습니다. 결사대는 아르주나의 전차를 깊은 전차들의 소용돌이 속에 빠뜨렸습니다. 그러나 아르주나는 성난 루드라

(Rudra)처럼 적들을 무찔렀습니다. 판찰라들, 체디들, 스린자야들과 대왕의 군사 간에 전투가 격렬했는데, 불패의 크리파와 크리타바르만과 사쿠니는 그 전투에서 억센 코살라족, 카시족, 마트시아족, 카루사족, 카이카야족, 수라세나족을 거느리고 즐겁게 전투에 참여했습니다. **그 전투는 크샤트리아(Kshatriya, 무사 계급) 바이샤(Vaisya, 평민 계급) 수드라(Sudra, 노예 계급)의 참가 영웅들의 죽음을 명예롭게 하는 대 살육 전쟁이었습니다.**[살육 전쟁 예찬] 그러는 동안 많은 쿠루의 영웅과 억센 마드라카 전사들의 지원을 받은 두료다나와 그 형제들은 유디슈티라 군사와 유리한 전투를 하고 있었습니다. 수천의 적들을 무찌르며 카르나는 자기 친구들을 즐겁게 해 주었습니다.

드리타라슈트라가 말했다. -오 산자야여, 카르나는 어떻게 판다바 군사 속으로 돌입했으며 유디슈티라를 공격하였는가? 그 카르나를 누가 막았는가?

산자야가 말했다. -드리슈타듐나가 파르타들의 선봉에 선 것을 보고 카르나가 사정없이 판찰라들을 공격한 것입니다. 판찰라들은 백조가 바다로 오듯이 달려왔는데, 카르나가 달려든 것입니다. 그래서 양군의 소라고둥이 쩌렁쩌렁 울리고 수천의 북들이 울렸습니다. 천지에 소란이 펴졌습니다. 카르나가 분을 내어 마가바트(Maghavat)가 악귀를 치듯이 판다바들을 무찌르기 시작했습니다. 카르나는 활을 쏘며 판다바들 속으로 들어가며 프라드라카(Prabhadrakas) 무사 77명을 죽였습니다. 그러고 나서 카르나는 25발의 화살로 판찰라들을 죽였습니다. 체디들에게는 수십만 발의 화살을 쏘아 죽였습니다. 그러는 동안에 판찰라들은 그를 포위했습니다. 카르나는 무적의 화살로 바누데바(Bhanudeva) 치트라세나(Chitrasena) 세나빈두(Senavindu) 타파나(Tapana) 수라세나(Surasena) 다섯 판찰라 무사들을 죽였습니다. 그러자 열 명의 판찰라 무사들이 카르나를 포위하였습니다. 카르나를 그들도 금방 다 죽였습니다. 카르나의 전차 바퀴 지킴이로 수세나(Sushena)와 사티아세나(Satyasena)도 죽음을 무릅쓰고 싸웠습니다. 카르나의 큰 아들 브리샤세나(Vrishasena)는 아버지 배후를 감당하고 있었습니다. 그러자 드리슈타듐나와 사티아키와 다섯 드라우파디의 아들들과 브리코다라, 자나메자야, 시칸딘, 쌍둥이가 그 카르나에게 달려들었습니다. 그들은 카르나에게 소나기 같은 화살을 퍼부었습니다. 아버지를 구하려고 카르나의 아들들은 판다바들에게 저항을 했고, 대왕의 영웅 무사들도 판다바의 공격에 맞섰습니다. 바퀴 지킴이 수세나(Sushena)가 비마의 활을 잘랐습니다. 그리고 비마의 가슴에 화살 일곱 발을 쏘아주고 큰 함성을 질렀습니다. 이에 힘의 비마는 다른 강궁을 잡아 수세나(Sushena)의 활을 꺾고 그에게 열 발을 쏘아주고 순식간에 카르나에게 70 발의 화살을 쏘았습니다. 그리고 다른 열 발의 화살로 여러 카르나의 친구들이 보는 앞에서 카르나의 다른 아들 바누세나(Bhanusena)를 죽이고 말들과 마부와 깃발을 공격했습니다. 그래서 카르나의 아들을 죽인 비마는 다시 한 번 대왕의 군사들을 공격했습니다. 크리파와 카르바르만(Karvarman)의 활들을 꺾고 그들을 괴롭혔습니다. 비마는 역시 두사사나에게 세 발의 철 화살을 쏘아주고, 사쿠니에게 여섯 발을 쏘고, 울루카(Uluka)와 그의 아우 파타트리(Patatri)의 전차를 못 쓰게 만들었습니다. 그 다음 카르나의 바퀴 지킴이 수세나(Sushena)를 보고 "너는 죽었다."고 말하고 화살을 겨냥했습니다. 그러나 카르나가 비마에게 세 발을 쏘아 활을 자르며 비마를 공격했습니다. 그러자 비마는 다른 활을 잡아 수세나(Sushena)를 공격했습니다. 그러나 카르나를 그 활도 자르고 비마를 죽이려고 73발의 화살을 쏘았습니다. 그러자 수세나(Sushena)는 나쿨라의 가슴에 다섯 발을 쏘았습니다. 이에 나쿨라는 20발을 쏘고 함성을 지르며 카르나를 놀라게 했습니다. 그러자 억센 수세나(Sushena)는 다시 나쿨라의 활을 꺾었습니다. 화가 난 나쿨라는 수세나(Sushena)에게 아홉 발을 쏘았습니다. 이에 나쿨라는 사방으로 화살을 쏘아 수세나(Sushena)의 마부를 죽이고 활을 꺾으니, 수세나(Sushena)는 나쿨라에게 60발, 사하데바에게 일곱 발을 쏘았습니다. 사티아키는 세 발로 브리샤세나[카르나의 장남]의 마부를 죽이고 광두 화살로 그를 공격하고 그 말들에게 일곱 발을 쏘았습니다. 이어 사티아키는 브리샤세나의 깃발을 찢고 세 발을 쏘니 브리샤세나는 그의 전차에서 정신을 잃었습니다. 그러나 금방 일어섰습니다. 사티아키에게 마부와 말과 깃발이 못 쓰게 된 브리샤세나는, 칼과 방패를 잡고 그에게 달려들었습니다. 그러나 사티아키는 화살로 브리샤세나의 칼과 방패를 다시 부셨습니다. 이에 두사사나가 전차와 무기를 잃은 브리샤세나를 자기 전차에 태우고 그 지점에서 떠나 다른 전차에 태웠습니다. **다른 전차에 오른 브리샤세나[카르나의 장남]는 드라우파디 다섯 아들에게 70발을 쏘고, 유유다나에게 다섯 발, 비마에게 64발, 사하데바에게 다섯 발, 나쿨라에게 30발, 사타니카에게 일곱 발, 시칸딘에게 열 발, 유디슈티라에게 일백 발을 쏘았습니다.** 그러면서 브리샤세나는 카르나의 뒤쪽을 계속 지켜주었습니다. 드리슈타듐나는 앞서 두사사나를 아홉 발의 철 화살을 아홉 번 공격을 해하여 마부와 말과 전차를 빼앗고 열 발의 화살로 두사사나를 공격했었습니다. 그런데 그 두사사나는 완전히 갖춘 다른 전차로 그 카르나 부대에서 판다바들과 싸웠습니다. 그런데 **드리슈타듐나는 카르나(Karna)에게 열 발을 쏘고, 드라우파디 아들들도 열 발을 쏘았고, 유유다나 일곱 발, 비마는 64발, 사하데바 일곱 발, 나쿨라 30발, 스타니카 일곱 발, 시칸딘 열 발, 유디슈티라 일백 발을 쏘았습니다. 그러자 카르나는 그들에게 열 발씩 되돌려 주었습니다.** 모두가 카르나의 용맹과 날랜 활솜씨에 놀랐습니다. 카르나는 체디족의 불퇴전의 용사 전차 30대를 부수고, 유디슈티라에게 많은 화살을 쏘아주었습니다.

드리타라슈트라가 말했다. -오 산자야여, 전투에서 라다의 아들[카르나]이 비마에게 패배를 했으니, 두료다나는 그 다음 어떻게 하였는가?

산자야가 말했다. -카르나가 대전(大戰)에서 등을 돌리는 것을 보고 두료다나는 아우들에게 말했습니다.

"어서 가서 라다의 아들[카르나]을 구하여라. 비마 때문에 지금 곤경에 처해 있다." 명령은 받**은 왕자들이 비마에게 달려들었습니다. 그들은 스루타르반(Srutarvan) 두르다라(Durddara) 카르타(Kartha) 비비투트수(Vivitsu) 비카타(Vikata) 소마(Soma) 니샹긴(Nishangin) 카바신(Kavashin) 파신(Pasin) 난다(Nanda) 우파난다카(Upanandaka) 두스프라다르샤(Duspradharsha) 수바후(Suvahu) 바타베가(Vagaveta) 수바르차사(Suvarchasas) 다누르그라하(Dhanurgraha) 두**

르마다(Durmada) 잘라산다(Jalasandha) 살라(Sala) 사하(Saha)였습니다. 거대 전차 군사들을 대동한 그 억센 왕자들은 비마의 사방을 포위했습니다. 그들은 전 방향에서 화살 소나기를 비마에게 퍼부었습니다. 그렇게 괴로움을 당한 억센 비마는 금방 5백 명의 무사를 거느린 50명의 전차 무사들을 다 죽였습니다. 화가 난 비마는 광두 화살로 비비투트수(Vivitsu)의 목을 베었습니다. 형제가 죽은 것을 본 왕자들은 비마에게 다 달려들었습니다. 비카타(Vikata)와 사하(Saha)는 태풍에 넘어진 두 그루 나무 같았습니다. 그리고 비마는 한 순간도 주저함이 없이 카르타(Kartha)를 죽이고, 나머지 왕자들도 다 죽였습니다. 군사들이 동요할 적에 비마는 난다(Nanda)와 우파난다카(Upanandaka)를 죽였습니다. 왕자들이 살해된 것을 본 카르나는 우울한 마음으로 비마가 있는 곳으로 달려왔습니다. 끔찍한 소음과 함께 카르나와 비마의 싸움이 다시 터졌습니다. 비마는 왕자들이 보는 앞에서 카르나에게 날개 달린 화살 소나기를 카르나에게 퍼부었습니다. 그러자 카르나는 직격으로 아홉 발의 광두 철 화살을 비마에게 쏘았습니다. 이에 카르나의 공격을 받은 무서운 용맹의 비마는 일곱 발의 화살을 카르나에게 되갚아 주었습니다. 그러자 카르나는 독을 품은 뱀처럼 비마에게 화살 소나기를 퍼부었습니다. 카르나는 비마에게 25발의 화살을 쏘고 다시 한 발로 비마의 깃발을 꺾고 다른 광두 화살로 마부를 죽였습니다. 그런 다음 날개 단 화살로 비마의 활을 꺾고 비마의 전차를 못 쓰게 만들었습니다. 바람의 신 같은 비마는 철퇴를 잡고 전차에서 뛰어 내려 대왕의 군사들을 무찌르기 시작했습니다. 비마는 순간에 7백 마리 코끼리들을 죽였습니다. 이에 동물들은 다 무서워서 도망을 쳤습니다. 그러나 무사들은 다시 코끼리와 말들을 몰고 구름 같이 달려와 비마를 포위했습니다. 인드라 신이 벼락으로 산봉우리들을 쓰러뜨리듯이 사쿠니 소속의 코끼리 52 마리를 죽였습니다. 그리고 비마는 전차 1백 대와 보병 수백 명을 죽였습니다. 대왕의 군사들은 비마가 무서워 사방으로 도망을 쳤습니다. 그러자 사쿠니는 3천의 기병을 비마를 향해 몰고 왔습니다. 비마는 거침없이 그들에게 달려들어 철퇴를 휘둘렀습니다. 큰 바위에 코끼리 떼가 공격을 당한 것 같았습니다. 이처럼 사쿠니의 3천 기병들을 죽이고 비마는, 다른 전차를 몰아 카르나에게 달려갔습니다. 그러는 동안 카르나는 화살 소나기로 유디슈타라를 덮고 유디슈타라의 마부를 쓰러뜨렸습니다. 그러자 카르나는 유디슈타라가 도망치는 것을 보고 그를 추적하며 깃을 단 화살을 계속 발사했습니다. 화가 난 비마가 왕을 추적하는 카르나에게 화살 소나기를 퍼 부었습니다. 순간 카르나는 유디슈타라 추격에서 등을 돌려, 날카로운 화살로 다시 비마를 공격했습니다. 그러자 사티아키가 비마의 전차 곁에서 카르나에게 공격을 개시하였습니다. 사티아키의 공격을 받으면서도 카르나는 비마에게 달려들었습니다.

산자야가 말했다. -코살라족(Kosalas) 나라야나(Narayana) 무사들이 이룬 결사대(Samsaptakas) 크샤트리아들은, 아르주나 간디바의 활시위 소리에 그렇게 많이 쓰러지고 있었다.

산자야가 말했다. -그러자 크리타바르만, 크리파, 드로나의 아들, 카르나, 울루카, 사쿠니, 두료다나와 그 형제들은 그 판두 아들의 위협으로 바다에 깨어진 배와 같은 쿠루 군사들을 보고 그것을 구하려고 달려들었습니다. 순식간에 전투는 격렬하게 전개가 되었습니다. 크리파의 화살 소나기가 스린자야들을 덮었습니다.

드리타라슈트라가 말했다. -판다바들과 스린자야들의 우리 군사와의 예측할 수 없는 대결에 아르주나는 언제 왔었고, 어떻게 싸웠는가?

드리타라트라가 말했다. -오 산자야여, 비마에게 우리 군사들이 전투에서 패배했을 적에 두료다나와 사쿠니는 무어라고 했나? 카르나 크리파 크리타바르만 드로나의 아들 두사사나는 무어라고 하였는가? 맹세를 하였던 카르나는 어떻게 했으며 무엇을 했는가?

산자야가 말했다. -그날 오후에 대 용맹의 카르나는 비마의 면전에서 모든 소마카들을 무찌르기 시작했습니다. 큰 힘의 비마도 드리타라슈트라 군사들을 무찌르기 시작했습니다. 카르나가 마부 살리아에게 말했습니다. "판찰라들에게로 갑시다." 비마에게 군사가 절단 내는 것을 보고 카르나를 다시 한 번 살리아에게 말했습니다. "판찰라에게 집중을 하게 해 주세요." 이에 살리아는 체디족, 판찰라족, 쿠라샤족에게로 전차의 말들을 몰아갔습니다. 억센 군사들을 뚫고 살리아는 카르나가 원하는 지점에 즐겁게 이르렀습니다. 범의 가죽을 덮고 구름처럼 나타난 그 전차를 보고, 판두들과 판찰라들은 겁을 먹었습니다. 천둥 같이 울리는 마차 소리는 그 무서운 전장을 흔들었습니다. **수만 발의 카르나 화살은 수십만 명의 판다바 군사들을 죽였습니다.** 무적의 카르나가 그 같은 공적을 이루었으나, 판다바의 억센 궁사들은 카르나를 포위했습니다. 시칸딘, 비마, 드리슈타듐나, 나쿨라, 사하데바, 드라우파디의 다섯 아들, 사티아키가 카르나에게 화살 소나기를 퍼부어 그를 잡으려 했습니다. 사티아키는 카르나에게 20발을 쏘았고, 시칸딘은 25발, 드리슈타듐나는 일곱 발, 드라우파디 아들들은 64발, 사하데바는 일곱 발, 나쿨라는 1백 발을 쏘았습니다. 비마는 카르나의 어깨에 90발의 직격 화살을 쏘았습니다. 대 역사(力士) 카르나는 그들을 비웃으며 그들에게 각각 다섯 발의 화살을 쏘아주고, 사티아키의 활과 깃발을 꺾고, 그 가슴에 아홉 발의 화살을 박았습니다. 그리고 비마에게는 30발의 화살을 박았습니다. 광두 화살로 사하데바의 깃발을 꺾고, 다른 세 발의 화살을 사하데바 마부에게 쏘았습니다. 순식간에 드라우파디 아들들의 전차를 못 쓰게 만들었습니다. 그렇게 그 영웅들이 싸움에 등을 돌리게 한 다음 카르나는 판찰라와 체디족 가운데 억센 전차 무사들을 무찔렀습니다. 누구의 지원도 없이 홀로 카르나는 모든 판다바 전사들을 막았습니다.

산자야가 말했다. -그러는 동안 아르주나는 많은 군사들을 물리쳤으나, 피의 강물을 만들고 있는 수타의 아들[카르나]을 보았습니다. 사람의 머리통들이 돌덩이들처럼 구르고, 코끼리들과 말들이 언덕을 이루었습니다. 시체가 가득한 곳에 까마귀 독수리들이 소리쳤습니다. 아르주나는 바수데바에게 말했습니다.

"오 크리슈나여, 저기 카르나의 깃발이 보입니다. 비마와 다른 무사들이 그[카르나]와 싸우고, 판찰라들은 무서워 도망을 치고 있습니다. 두료다나는 머리에 양산을 쓰고 카르나와 함께 판찰라들을 무찌르고 있습니다. 크리파, 크리타바르만, 드로나의 아들이 두료다나를 감싸고 있고, 그들을 카르나가 지키고 있습니다. 오 크리슈나여, 살리아가 카르나의 말고삐를 잡고 전차를 이끌고 있습니다. 저 억센 무사에게로 갑시다. **카르나를 이 전투에서 죽이지 못 하면 나는 돌아가지 않을 겁니다.** 그렇지 않으면 저 카르나가 파르타들과 스린자야들의 억센 무사들을 전멸시킬 겁니다." 그렇게 말하자 케사바가 말들을 몰아 카르나에게로 가서 카르나와 아르주나 대결이 되었습니다. 아르주나의 마차소리는 비슈누의 천둥소리 같았습니다. 크리슈나의 마부에 아르주나가 나타나는 것을 보고 살리아는 카르나에게 말했습니다.

"백마들을 몰고 크리슈나가 옵니다. 당신이 찾던 간디바를 들도 있는 사람도 옵니다. 당신이 오늘 그를 죽이면 우리에게 큰 복이 오게 됩니다. 오 카르나여, 그가 우리의 대장을 향해 오고 있습니다. 항상 아르주나를 즐겁게 하는 브리슈니족[크리슈나] 공격에 전력을 발휘하십시오." 카르나가 말했습니다.

"당신은 지금 당신의 일상적 명예욕에서 나에게 동조하고 있는 것 같습니다. 나는 다난자야[크리슈나]가 무섭지 않습니다. 오늘 나의 무력(武力)과 기술을 보셨죠? 나의 단손으로 오늘 억센 판다바 무사들을 무찔렀듯이 저 두 크리슈나[아르주나와 바수데바]도 그렇게 합니다! 내가 맹세하건대 저 두 영웅을 잡지 않으면 전장을 떠나지 않을 겁니다. 내가 저들을 이 전장에 잠들게 만들 겁니다. 전투에 승리는 불확실한 법이지만, 오늘 나는 저들을 잡아 내 목표를 달성하겠습니다." 살리아가 말했습니다.

"모든 위대한 무사들이 저 아르주나가 다 무적이라고들 합니다. 그런데 크리슈나의 보호까지 받으면 누가 그를 무찌르겠습니까?" 카르나가 말했습니다.

"내가 들었던 바로는 아르주나처럼 우수한 전차 무사는 세상에 없다고 합니다! 나의 용맹을 보시오. 그와 같은 아르주나라고 할지라도 나는 전투에 자신이 있습니다. 오 살리아여, 나 말고 누가 아르주나와 크리슈나에게 대항을 하겠습니까? 곧 놀랍고 두 번 다시 볼 수없는 아름가운 전투가 열릴 겁니다. 내가 저들을 무찌르던 그들이 나를 이기든 할 겁니다." 카르나는 살리아에게 그 말을 해주고 천둥 같은 함성을 질렀습니다. 그 다음 키르나는 두료다나에게 나아가 인사를 하고 그 왕자와 크리파와 크리타바르만 간다르바 왕과 보병과 기병과 코끼리 병사들에게 말했습니다.

"지상의 왕들이여, 바수데바와 아르주나에게 달려들어 모든 출구를 막아 그들이 지치도록 여러분들이 짓이겨 놓으면 내가 그들을 쉽게 잡을 겁니다." 그러자 최고의 무사들은 "그렇게 하겠습니다." 대답을 하고 아르주나를 죽이려고 달려갔습니다. 그 억센 전차무사들이 카르나의 명령대로 아르주나에게 수없이 화살을 쏘며 공격을 했습니다. 거대한 바다가 엄청난 모든 강물들을 수용하듯이 아르주나는 전투에서 그 모든 무사들을 수용했습니다. 아르주나의 적들은 아르주나가 쏘는 활도 볼 수가 없었습니다. 보병과 기병 코끼리 병사들은 아르주나가 쏜 화살에 쓰러져 죽은 병사들만 보였습니다. 태양을 바로 볼 수 없듯이 카우라바들은 아르주나의 간디바를 볼 수도 없었습니다. 억센 무사들이 발사한 화살을 자신의 화살 소나기로 막은 아르주나는 잠시 웃다가, 무수한 화살로 카우라바들을 공격했습니다. 쟈이슈타(Jyaishtha)와 아샤다(Ashadha) 달 사이에 강렬한 햇빛이 물을 말리듯이 적의 화살을 막으며 대왕의 군사들을 없앴습니다. 그러자 크리파와 보자족(Bhojas) 왕과 두료다나가 달려가 활을 쏘았습니다. 드로나의 아들도 활을 쏘아 억수 같은 비처럼 화살을 퍼부었습니다. 그러나 아르주나는 그 화살들을 빠르게 막아내고 적들의 가슴에 각각 세 발의 화살을 안겼습니다. 아르주나의 화살은 쟈이슈타(Jyaishtha)와 아샤다(Ashadha) 달 사이에 강렬한 햇빛 같았습니다. 그러자 드로나의 아들[아스와타만]은 아르주나에게 열 발, 케사바에게 세 발, 말들에게 네 발, 깃발을 향해 많은 화살을 쏘았습니다. 그에 대해 아르주나는 세 발을 쏘아 적의 활을 꺾고, 면도날 화살로 마부의 머리를 자르고, 말들에게 네 발을 더 쏘고, 다른 세 발의 화살로 깃발을 꺾고 드로나의 아들[아스와타만]을 전차에서 떨어뜨렸습니다. 그러자 **드로나의 아들은 화를 내어, 보석 다이아 황금으로 장식한 억센 뱀 같은 타크샤카(Takshaka) 몸처럼 빛나는 다른 활을 잡았습니다**. 드로나의 아들은 땅 바닥에서 서서 활을 쏘며 대항을 했습니다. 그러자 선봉에 선 억센 무사 크리파와 보자(Bhoja)와 그의 아들이 대항을 해 오며 검은 구름 같은 화살 소나기를 퍼부었습니다. 아르주나는 자신의 화살 소나기로 크리파 등의 화살을 막았습니다. 일천 개의 팔을 지닌 카르타비리아(Kartavirya) 같은 능력을 지닌 아르주나는 크리파의 활과 말들과 깃발과 마부를 공격했습니다. 크리파의 활은 꺾이고, 깃발은 꺾이고 수 천 발의 화살로 공격을 당했습니다. 아르주나는 이어 대왕의 으르렁거리는 아들[두료다나]의 깃발과 활을 꺾었습니다. 그런 다음 크리타바르만의 말들을 죽였고, 깃발도 꺾었습니다. 그러자 강둑이 터지는 것처럼 방대한 대왕의 주장(主將)들은 무너졌습니다.

그러자 케사바는 아르주나의 전차를 그의 오른쪽에 갖다 대었습니다. 그러자 억센 무사 시칸딘, 사티아키, 쌍둥이가 아르주나 방향으로 전진을 하며 적을 공격하여 무서운 함성을 질렀습니다. 그러자 쿠루 영웅들과 스린자야들은 서로 맞붙어 엄청난 살육을 감행했습니다.

산자야가 말했다. -아르주나는 비마를 구하려고 카르나 군사를 피했습니다. 계속된 아르주나의 화살 소나기는 하늘을 덮었고, 대왕의 군사들을 죽였습니다. 전장은 쓰러진 무사들과 잘린 시체들과 무기들이 널려 있었습니다. 아르주나는 구름 덩이를 통과 한 태양처럼 태풍이 거대한 바다를 흔들 듯이 다르타라슈트라 군사들을 무찔렀습니다. 간디바에서 발사된 다양한 무기[화살]는 유성과 벼락처럼 대왕의 군사들을 불 질렀습니다. 아르주나의 화살에 뭉개지고 불타고 혼란에 빠진 대왕의 주장들은 숲에서 불길에 놀란 짐승처럼 사방으로 도망을 쳤습니다. 쿠루들을 물리친 다음 무적의 아르주나는 순식간에 비마가 있는 곳에 이르렀습니다. 아르주나는 비마를 만나 이야기를 나눈 다음, 유디슈티라 몸에 박힌 화살들을 뽑아내고 그가 편안해진 다음에 그 간의 일을 말씀드렸습니다. 비마가 떠나자 아르주나는 다시 전차 소리를 요란히 울리며 적들을 향해 출발했습니다. 그래서 아르주나는 대왕의 아들 두사사나의 아우 10명의 무사들에게 포위를 당했습니다. 그러자 바수데바는 전차를 몰아 그들을 오른편에 자리를 잡게 했습니다. 그래서 아르주나가 그들을 쉽게 야마의 처소(저승)로 보내게 만들었습니다. 아르주나의 전차가 다른 방향으로 향하자 그들을 아르주나에게 다 달려들었습니다. 그러나 곧 아르주나는 순간에 초승달 화살로 깃발과 말과 화살을 자르고, 땅바닥에 떨어진 열 명의 목을 잘랐습니다.

산자야가 말했다. -원숭이 깃발을 단 아르주나가 전진을 계속하니, 90명의 카우라바 전차 무사들이 엄청나게 빠른 말들을 몰아 아르주나에게 달려들었습니다. 그들을 아르주나를 두고 무서운 맹세를 결사대들이었습니다. 그러나 크리슈나는 그 무사들에게는 관심이 없어서 전차를 황금과 진주 그물로 덮고 카르나의 전차를 향해 엄청난 속도로 몰아갔습니다. 90명의 결사대들은, 카르나를 향해 달리는 아르주나를 좇아가며 그에게 화살 소나기를 퍼부었습니다. 그러자 아르주나는 날카로운 화살로 마부와 활과 깃발을 자르고 그들을 다 죽였습니다. 그 다음에 전차병과 코끼리 병사들과 기마병들이 달려들었습니다. 대왕 아들들의 더 큰 병력이 보병과 기병과 코끼리 부대를 이끌고 길을 막고 나왔습니다. 억센 카우라바 궁사들은 활과 창과 철퇴와 언월도로 무장을 했습니다. 어둠을 무찌르는 태양처럼 아르주나는 하늘에서 쏟아진 비처럼 화살을 쏘아 적들을 무찔렀습니다. 그러자 1만 3천의 코끼리를 탄 믈레차(Mlacchas) 병력들이 두료다나의 명령으로 아르주나의 옆구리를 공격해 왔습니다. 아르주나는 인드라가 벼락으로 산봉우리를 치듯이 코끼리들을 공격했습니다. 날개 달린 화살 공격을 받은 거대 코끼리들은 화산 불이 붙은 산봉우리 같았습니다. 간디바 활시위 소리가 나는 곳에 보병들과 기병 코끼리 병사들의 울부짖은 소리가 들렸습니다. 간디바가 울리 중에, 코끼리, 말들은 사방으로 도망을 쳤습니다. 수천의 전차들이 하늘의 구름처럼 사라졌습니다. 억센 아르주나는 혼자서 그를 공격했던 기병 전차병 코끼리 병사들을 다 무찌른 것입니다. 그러자 비마는 아르주나가 3군(騎병, 車병, 象병)의 거대 군사를 상대해 싸우며 자신과 싸우던 카우라바 전차 무사들을 버려진 것을 보고 아르주나의 전차가 있는 지점으로 달려갔습니다. 그러는 동안에 거대 살육이 행해진 다음에 카우라바 병력은 극히 약해져서 도망을 쳤고, 비마는 아르주나를 향해 다가갔습니다.

산자야가 말했다. -쿠루들이 백마의 아르주나에 놀란 다음에, 수타의 아들 카르나는 판찰라 아들들을 태풍이 구름을 몰 듯 무찔렀습니다.

산자야가 말했다. -신들도 저항할 수 없는 넘치는 바다 같이 함성을 지르며 달려오는 거대한 카르나를 보고 바수데바가 아르주나에게 말했습니다.

"오 다난자야여, 살리아를 마부로 한 백마의 전차 무사가 그대와 싸우려고 저기 달려옵니다. 냉정해야 합니다. 카르나의 잘 차린 전차를 보세요. 그대 말고는 아무도 카르나의 화살을 막을 수 없습니다. <u>그리고 그대는 신(神) 중의 신인 시바(Siva)께 감사를 해 왔습니다. 오 파르타여, 신 중의 신 삼지창을 든 그 신이 인드라 아수라를 잡듯이 카르나를 죽이시오. 번성이 그대와 함께 하고 그대가 승리합니다.</u>" 아르주나가 말했습니다.

"오 크리슈나여, 나의 승리는 확실합니다. 세상의 주인이신 당신과 함께 승리를 즐거워 할 것을 의심할 것도 없습니다. 오 고빈다여, 오늘 팔구나[아르주나]가 카르나를 못 잡으면 돌아가지 않습니다."

산자야가 말했다. -아들 브리샤세나(Vrishasena)가 죽은 것을 보고 카르나는 눈물을 흘렸습니다. 힘의 카르나는 구리 색 붉은 눈으로 아르주나와 전투를 하러 나갔습니다. 그래서 두 대의 전차는 해 달과 같았습니다. **카르나와 다난자자야가 서로 싸우려는 것을 보고 사크라(Sakra)가 말했습니다. "아르주나가 카르나를 이기게 해야겠다." 그러나 수리아(Surya)는 말했습니다. "정말 카르나가 아르주나를 이기게 해야 한다." 신들도 서로 다투었습니다.** 신들은 파르타 편이었고, 악귀들은 카르나 편이었습니다. 많은 최고 영웅들이 아르주나 바수데바와 카르나 살리아에게 다가가니, 각자는 소라고둥을 불었습니다. 전투가 개시되니, 모든 사람들은 공포에 휩쓸렸습니다. 말들이 다른 말들을 향해 울었습니다. 케사바의 날카로운 눈이 살리아(Salya)를 쏘아보았습니다. 살리아(Salya)도 케사바를 쏘아보았습니다. 그러나 바수데바가 살리아를 [눈으로] 격파하자, 아르주나도 [눈으로] 카르나를 격파했습니다. 그러자 카르나(Karna)가 웃으며 살리아게 말했습니다.

"오 전우여, 오늘 전투에서 파르타가 나를 죽이면, 그 다음 당신은 무엇을 할지를 말 해보시오." 살리아가 말했습니다.

"그대가 죽으면, 내가 크리슈나와 아르주나를 죽이겠습니다." 다시 한 번 살리아는 말했습니다. "오 카르나여, 오늘 아르주나가 당신을 죽이면, 내가 마다바와 팔구나를 내가 잡겠습니다."

산자야가 계속했다. -아르주나도 고빈다에게 비슷한 질문을 했습니다. 그러나 크리슈나는 웃으며 말했습니다.

"태양도 그의 자리로 돌아가고, 땅도 천 갈래로 갈라질 수 있고, 불길도 식을 수 있습니다. 오 다난자야여, 그러한 일이 생기면 세상의 종말이 온 것입니다. 그러면 나는 본래의 내 무기로 저 카르나와 살리아를 잡을 겁니다." 크리슈나의 말을 들은 아르주나는 말했습니다.

"살리아와 카르나가 함께 내게 덤벼도 결코 나를 당할 수 없습니다. 오 자나르다나여! 오 고빈다여, 오늘 당신은 꽃 핀 나무가 노한 코끼리에게 부러지듯이 카르나가 내게 꺾인 것을 보게 될 것입니다."

산자야가 말했다. -그러는 동안 **하늘나라에는 신들과 나가(Nagas)와 아수라(Asuras) 시다(Siddhas) 약샤(Yakshas) 간다르바(Gandharvas) 락샤사(Rakshasas) 신령(Rishis) 성자(sages) 가루다들(Garuda and his progeny)도 놀라운 광경을 기다리고 있었습니다.** 사람들도 거기에 모였습니다. 카우라들은 악기를 울리고 소라고둥을 불고 사자 같은 고함을 지르며 상대 적을 무찌르기 시작했습니[바와 판다바 전사]다. 두 무적의 용사 카르나와 아르주나는 최상의 억센 무기를 불러내어 인드라와 잠바(Jambha, 악귀)와 같이 서로 맞붙어 보병 기병 코끼리 무사들을 무찌르기 시작했습니다. 두 영웅에게 괴로움을 당한 병사들은 숲 속에서 사자 공격을 받은 동물들처럼 도망을 쳤습니다. 그러자 두료다나와 보자족 왕과 사쿠니, 크리파, 사라드와타 딸의 아들 다섯 전차 무사가 화살을 쏘며 아르주나에게 달려들었습니다. 그러나 아르주나는 자신의 화살로 활들과 전통(箭筒), 말, 코끼리, 마부, 전사들을 자르며 카르나에게 열두 발의 화살을 안겼습니다. 그러자 일백 대의 전차와 일백의 코끼리와 수많은 사카(Saka)와 투카라(Tukhara)와 야바나(Yavana) 기사(騎士)들이 일제히 아르주나를 죽이려고 달려들었습니다. 아르주나는 신속하게 자신의 화살로 적들의 무기를 부수고 그 탁월한 무기로 말과 코끼리 전차들을 공격하여 땅바닥에 뉘었습니다. **그 때 하늘에서는 신들은 천국의 나팔을 불었습니다. 그 나팔 소리는 아르주나의 칭송과 혼합되었습니다. 미풍을 타고 향기로운 꽃비(floral showers)가 아르주나 머리 위에 내렸습니다.** 그것을 본 신들과 사람들은 경이감으로 가득했습니다. 대왕의 아들 두료다나와 카르나는 고통도 경이감도 느끼지 못 했습니다. 그러자 드로나의 아들이 부드럽게 두료다나의 손을 잡으며 말했습니다.

"**오 두료다나여, 기뻐하소서! 판다바들과 화해해야 합니다. 싸울 필요가 없습니다.** 싸움은 창피스러운 일입니다! 브라흐마와 같은 무기를 사용한 스승[드로나]도 살해를 당했습니다. 비슈마도 살해를 당했습니다. **판두 아들과 왕국을 영원히 나누어 통치하십시오. 내가 설득을 하면 아르주나는 내 말을 들을 겁니다. 자나르다나도 적대감은 없습니다.** 유디슈티라는 항상 착합니다. 비마는 내 말을 듣습니다. 쌍둥이도 마찬가지입니다. 당신과 판다바들 간에 평화가 오면 만물이 덕택을 누립니다. 아직 살아 있는 왕들을 제 집들로 보내십시오. 당신이 내 말을 듣지 않으면 적에게 무찔러져 슬픔으로 불타게 될 겁니다." 그 말을 듣고 두료다나는 잠시 생각에 잠겼습니다. 깊은 한숨을 쉬고 난 두료다나는 우울한 심정으로 말했습니다.

"오 친구여, **그 고약한 비마가 범처럼 두사사나를 죽이며 했던 말이 아직도 생생합니다. 당신도 그 말을 들었습니다. 어떻게 그들과 평화를 합니까**? 아르주나도 카르나와의 싸움을 못 참을 겁니다. 아르주나는 오늘 지쳐 있습니다. 카르나가 곧 그를 죽일 겁니다." 두료다나는 그렇게 말하고 군사들에게 명령했습니다. "화살을 가지고 적들에게 돌격하라. 머뭇거릴 필요가 없다."

산자야가 말했다. -그래서 소라고둥을 불고 북을 쳐서 카르나가 아르주나가 대결을 하게 되었습니다. 두 영웅은 히말라야 코끼리들처럼 화가 나 있었습니다. 모두 암 코끼리를 놓고 싸우는 성숙한 코끼리들이 그 어금니로 싸우는 것 같았습니다. 그러자 크리슈나(Somakas)가 큰 소리로 아르주나에게 말했습니다.

"드리타라슈트라 아들의 왕국 희망인 카르나의 목을 어서 베시오." 대왕의 무사들도 동일한 말을 카르나에게 했습니다.

"오 카르나여, 전진하여 아르주나를 잡으세요. 판두의 아들들을 영원히 숲으로 보내버려야 합니다." 그러자 카르나는 아르주나에게 억센 화살 열 발을 꽂았습니다. 아르주나도 카르나의 가슴에 열 발을 쏘았습니다. 카르나와 아르주나는 날개가 달린 많은 화살로 서로를 짓이겼습니다.

산자야가 말했다. -아르주나의 화살 때문에 도망을 친 카우라바들은 힘이 넘치고 번쩍이는 아르주나의 무기를 지켜보고 있었습니다. 아르주나는 카르나와 그의 전차와 말들을 화살로 덮었습니다.

수많은 화살이 박힌 카르나는 꽃이 핀 카르니카라(Karnikakaras)로 덮인 산꼭대기 같았습니다. 카르나도 아르주나에게 화살 소나기를 퍼부었습니다. 카르나는 냉정함을 회복하여 아르주나에게 뱀 같은 화살 열 발을 쏘고 크리슈나에게 여섯 발을 쏘았습니다. 그러자 아르주나는 인드라의 벼락같은 활을 쏘려 했습니다. 그 때에 카르나의 죽음의 시간이 다가와서 카르나에게 말했습니다. "땅이 그대의 전차 바퀴를 삼키고 있다!" 카르나의 전차가 브라흐마나 저주로 비틀거릴 때, 라마에게서 얻은 무기도 더 이상 빛나지 않고 뱀 같은 화살도 아르주나에게 꺾이니, 카르나는 우울해졌습니다. 그 재난을 견딜 수가 없어서 팔을 흔들며 카르나는 '정의(正義, righteousness)'를 욕하기 시작했습니다.

"정의(正義)에 길들여 있는 사람들은 정의(正義)가 그 정의(正義)로운 사람들을 지켜준다고 말하고 있다. 우리는 항상 견디고 최선을 다하고 정의(正義)를 실천하는 것으로 알고 있다. 그러나 그 정의(正義)가 그것에 봉사하는 우리를 도리어 파괴하고 있다. 그래서 정의(正義)가 항상 그 숭배자들을 보호하는 것은 아니라고 생각한다." 그 불평을 하고 있는 동안에 카르나는 아르주나의 화살 공격으로 크게 흔들리게 되었습니다. 카르나의 말들과 마부도 평상의 위치를 벗어나 있었습니다. 카르나는 중요 부분에 공격을 당해서 그가 행하는 것에 대해서는 무관심하고, 전투에서의 정의(正義, righteousness) 욕하기를 반복하였습니다. 카르나는 크리슈나 팔에 세 발, 아르주나에게 일곱 발을 쏘았습니다. 그러자 아르주나는 열일곱 발의 인드라의 불벼락 같은 힘으로 직격으로 공격했습니다. 그 화살들은 카르나를 관통하고 나가 땅에 박혔습니다. 그 충격에 카르나는 흔들리며 카르나는 최고의 힘을 발휘했습니다. 카르나는 '브라흐마(Brahma)' 무기를 불러내었습니다. 그 '브라흐마(Brahma)' 무기를 본 아르주나는 적절한 주문(呪文, mantras)과 함께 '인드라' 무기를 불러내었습니다. 그래서 간디바는 급류 같은 화살 비를 퍼부었습니다. 거대한 힘을 지닌 그 화살들은 카르나 전차 주변에 그대로 가해졌습니다. 억센 전차 무사 카르나는 그 화살들을 자기 앞에서 모두 소용없게 만들었습니다. 그 무기가 그처럼 무용하게 된 것을 본 크리슈나는 아르주나에게 말했습니다.

"파르타여, 더 고급의 무기를 발사하시오. 카르나가 그대 화살들을 소용없게 해 버렸소." 아르주나는 다시 주문과 함께 '브라흐마(Brahma)' 무기로 카르나를 공격했습니다. 그러자 카르나는 자기의 화살로 아르주나의 활줄을 잘랐습니다. 카르나는 재차 삼차 사차 오차까지 활줄을 잘랐습니다. 카르나는 열한 번까지 활줄을 끊었습니다. 카르나는 1만의 화살을 쏠 수 있었으나, 아르주나 활에는 일백 개의 활줄이 있는 것은 몰랐습니다. 아르주나는 뱀 같은 화살로 카르나를 덮었습니다. 그러나 카르나는 아르주나의 무력(無力)하게 만들며 자신의 용맹을 뽐내고 있었습니다. 그러나 크리슈나가 아르주나에게 말했습니다.

"카르나에게 다가가 더욱 고급의 무기를 쓰시오." 그래서 아르주나는 분을 내어 '라우드라(Raudra)' 무기를 통합한 천상의 무기를 발사하려 하니, 그 순간에 땅이 카르나의 수레바퀴 하나를 삼켰습니다. 카르나는 급히 전차에서 내려와 잠긴 바퀴를 두 팔로 잡아 큰 힘으로 들어 올리려 했습니다. 카르나는 빠진 수레를 네 손가락[굵기]의 높이까지 들어 올렸습니다. 바퀴가 빠진 것을 보고 화가 난 카르나는 아르주나에게 말했습니다.

"파르타여, 오 파르타여. 잠긴 이 바퀴를 들어 올릴 때까지 잠깐만 기다려라. 내 바퀴가 빠진 것을 보았으니, 비겁자나 행할 수 있는 [나를 공격하여 죽이려는]목적일랑은 버려라. <u>정의(正義, righteousness)의 가르침을 생각하여 잠깐만 기다려라. 판두의 아들이여!</u>"

산자야가 말했다. -그러자 바수데바가 카르나에게 말했습니다.

"<u>오 라다의 아들이여, 다행스럽게도 그대가 그 '도덕'을 생각하였소! 천박한 사람들이 곤경에 처하면 제 잘못은 생각하지 않고 섭리(攝理, Providence)를 욕합니다.</u> 그대와 수요다나와 두사사나와 사쿠니가 회당(會堂)의 밝은 대낮에 드라우파디 옷을 남김없이 벗기었습니다. 오 카르나여, 그때에 그대의 도덕심의 발동은 없었습니다. 회당에서 주사위에 능한 사쿠니가 유디슈티라를 이겼을 적에 그대의 '도덕'은 어디에 있었습니까? 두료다나가 그대와 상의하여 비마에게 독약을 먹었을 적에 그대의 도덕은 어디에 있었습니까? 13년 숲 속을 유랑을 마친 다음에도 그대는 판다바들에게 왕국을 돌려주지 않았습니다. 그때 당신의 도덕은 어디에 가 있었습니까? 두사사나 마음대로 드라우파디 옷을 벗겨놓고 있을 적에 웃었던 당신의 도덕은 그때에 어디에 있었습니까? 드라우파디가 그 거처에서 끌려 나왔을 적에 그대는 그것을 말리지도 않았습니다. 그대는 드라우파디 공주에게 '판두들은 졌다. 그들은 지옥으로 떨어졌다. 다른 남편을 골라라!'라고 능멸(凌蔑)하며 즐거워하였습니다. 도덕은 어디로 갔나요? 왕국을 탐내어 간다르바 왕[사쿠니]에 의지하여 판다바들을 노름판으로 부를 적에 그대의 도덕은 어디에 있었나요? 억센 전차 무사들이 소년 아비마뉴를 포위하여 죽일 적에 당신의 그 때의 '도덕'은 어디로 갔습니까? 그 도덕을 지금 말한들 무엇 하겠습니까? 오 수타여, 그 도덕으로 살려고 하지 마세요. 판다바들은 그들 힘과 그들 친구들의 도움으로 왕국을 되찾을 겁니다. 항상 도덕의 보호를 받고 있는 판두 아들의 사자 같은 손으로 드리타라슈트라들은 망할 것입니다."

산자야가 말했다. -바수데바가 그렇게 말하자 카르나는 부끄러워 머리를 숙이고 말이 없었습니다. 분노로 입술을 떨며 카르나는 활을 들어 아르주나와 싸움을 시작했습니다. 그러자 바수데바가 아르주나에게 말했습니다.

"오 억센 자여. 천상의 무기로 저 카르나를 어서 치시오." 그러자 아르주나는 분노에 차서 아그니(Agni)를 불러내어 그 무기를 카르나에게 사용했습니다. 카르나는 바루나(Varuna)무기로 그것을 해소시켰습니다. 카르나는 화살로 하늘을 덮었습니다. 아르주나는 바야비아(Vayavya)무기를 사용했습니다. 그러자 카르나는 불같은 화살을 잡았습니다. 그 화살은 사크라(Sakra)의 벼락같은 화살이었는데, 그것은 아르주나의 가슴을 뚫고 나갔고, 바수데바에게도 깊은 상처를 안겼습니다. 아르주나는 간디바를 손에서 떨어뜨릴 정도였습니다. 카르나는 바퀴를 두 팔로 들어 올리려 했으나 실패했습니다. 그러는 동안 아르주나는 정신을 회복하여 안잘리카(Anjalika)라는 죽음의 채찍을 들었습니다. 바수데바가 말했습니다.

"전차를 끌어내기 전에 어서 적의 목을 치시오." 아르주나는 면도날 같은 화살로 카르나의 깃발을 잘랐습니다. 그날 오후에 아르주나는 '안잘리카(Anjalika)'로 카르나의 목을 베었습니다. 목이 잘린 카르나는 땅바닥으로 넘어졌습니다. 쓰러진 카르나의 몸에서 빛이 나와 하늘의 태양을 관통했습니다. 아르주나가 카르나를 죽인 것을 본 판다바들은 그들의 소라고둥을 크게 불었습니다. 크리슈나와 아르주나도 소라고둥을 불었습니다.

산자야가 말했다. -카르나와 아르주나 싸움으로 군사들이 으스러진 것을 본 살리아(Salya)는 다 부셔진 상태로 돌아갔습니다. 카르나와 전차들과 기병 코끼리들이 없어진 것을 본 두료다나는 눈물을 흘리며 한숨을 지었습니다. 화살이 찔리고 피로 목욕한 카르나를 보려고 무사들이 와서 둘러섰습니다. 대왕의 무사들과 판다바 무사들이 함께 있었는데, 어떤 사람은 즐거워하고 어떤 사람은 무서워하고 어떤 사람은 슬퍼하고, 어떤 사람은 놀라워 했습니다. 카우라바 중에 다른 사람은 아르주나가 억센 카르나를 죽였다는 것을 알고 갑옷과 장식과 무기가 흩어져 있는 것을 보고 무서워 도망을 쳤습니다. 비마는 하늘까지 흔드는 거대한 함성을 지르며 겨드랑이를 치고 뜀뛰기를 하고 춤추며 드리타라슈트라들을 놀라게 했습니다. 소마카들과 스린자야들도 그들의 소라고둥을 불었습니다. 멍멍한 정신으로 살리아는 깃발을 잃은 전차로 두료다나에게 달려가 말했습니다.

"코끼리 병사들과 기병 전차 무사들이 살해를 당했습니다. 카르나와 아르주나의 오늘 전투는 마땅히 없었어야 했습니다. **카르나는 오늘 강하게 두 크리슈나[바수데바와 아르주나]를 공격했습니다. 그러나 운명(Destiny)은 파르타가 이끌었습니다.** 운명은 판다바들을 지켜주고 우리를 약하게 만들었습니다. 목표를 달성하려 했던 영웅들이 살해를 당했습니다. 슬퍼하지 마십시오. 운명입니다. 성공을 계속할 수는 없는 일이니, 너그럽게 생각하십시오." 살리아의 그 말을 듣고 자기를 돌아보며 두료다나는 우울해져서 한숨을 지었습니다.

드리타라슈트라가 말했다. -카르나와 아르주나의 대결 속에 전장에서 도망을 쳤던 쿠루와 스린자야 왕들은 어떻게 되었는가?

산자야가 말했다. -카르나가 몰락함에, 대왕의 어떤 전사도 군대와 용맹에 의존하는 자는 없었습니다. 그들의 은신처[카르나]를 아르주나가 빼앗아 바다에 배가 파손되고 뗏목도 잃은 상인들 같았습니다. 최고의 영웅이 죽자 군사들은 혼란에 빠져 대왕의 아들들도 무서워 도망을 쳤습니다. 수천의 군사들이 무서워 도망치는 것을 보고 두료다나는 마부에게 말했습니다. "파르타가 활을 잡고 있는 한에는 나는 그냥 통과할 수 없다. 아르주나와 고빈다와 비마를 잡아 카르나에게 진 빚을 갚아야겠다." 왕의 그 말을 들은 마부는 말을 천천히 몰았습니다. 그러자 2만 5천의 보병들이 전투를 준비했습니다. 그러자 비마와 드리슈타듐나의 4군[步병, 騎병, 象병, 車병]이 화살로 그들을 공격했습니다. 공정한 전투의 규칙을 알고 있는 브리코다라[비마]는 전차에서 내려와 그 보병들과 싸웠습니다.

산자야가 말했다. -살리아가 두료다나에게 말했습니다.

"사람, 말. 코끼리들 시체가 덮고 있는 이 전장을 보십시오. 오 두료다나여, 군사들을 후퇴시키십시오! 우선 당신의 캠프로 돌아갑시다! 해도 지고 있습니다." 두료다나에게 그 말을 한 살리아는 슬픔에 넘쳐 더 할 말이 없었습니다. 그러나 두료다나는 눈물을 흘리며 "카르나여, 오 카르나여!"라고 말했습니다. 그러자 드로나 아들[아스와타맨]이 앞장을 선 모든 왕들이 두료다나를 위로시키며 막사로 돌아갔습니다. 뒤돌아보니 아르주나의 높은 깃발은 승리로 불타는 듯 빛나고 있었습니다.

산자야가 말했다. -대왕의 아들[두료다나]이 살리아의 말에 따라 군사를 철수했는데, 크리타바르만도 철군을 시켰고, 사쿠니도 캠프로 돌아왔습니다. 크리파도 캠프로 돌아왔습니다. 정말 카르나가 넘어진 것을 알고 모든 카우라바들은 도망을 쳤고, 공포에 떨며 눈물로 목이 잠겼습니다.

산자야가 말했다. -카르나가 살해되고 카우라바 군사들이 도망을 친 다음 크리슈나는 아르주나를 포옹하며 말했습니다.

"오 쿤티의 아들이여, 그대가 카르나를 잡았습니다. 오늘 대지는 주사위 노름에 이겨 드라우파디를 비웃던 카르나의 피를 마셨습니다. 오 막강한 무사여, 적들에게 맡겨진 세상을 조심스럽게 받으시오."

산자야는 계속했다. -케사바의 말을 들은 유디슈티라가 크리슈나를 경배하며 말했습니다.

"축하드립니다. 축하드립니다. 오 억센 분이시여, 파르타가 당신을 마부로 얻었으니, 초인적인 공적을 이룬 것은 놀랄 일도 아닙니다."[17]

'백조 까마귀 이야기로 카르나를 조롱하는 살리아' '카르나의 마차 바퀴가 부러지다.'[18] '아르주나가 카르나를 죽이다'[19]

17) K. M. Ganguli (Translated into English Prose from the Original Sanskrit Text), *The Mahabharata of Krishna-Dwaipayana Vyasa*, Munshiram Manoharlal Publisher Pvt. Ltd. New Delhi, 2000, -**Karna Parva**- pp. 68~, 87~89, 92~96, 112~121, 129~131, 134, 136, 159, 196, 204~205, 207~214, 216, 227~228. 231~237, 243, 249~257, 259, 261, 264~266
18) Wikipedia, 'Salyas' -'Shalya insulting Karna by telling the story of a swan and crow.' -'Karna's wheel is stuck'
19) Wikipedia, 'Arjuna' -'Arjuna kills Karna'

(a) '마하바라타(*The Mahabharata*)'는 '절대신 신앙'을 들고 나와 사실상 그것을 달성하는데도, 더 말할 것도 없이 그 지극정성을 다 바친 것이 바로 이 '카르나의 죽음 장(章)'에서 달성이 되었다.

(b) 카르나가 아르주나와 싸우다가 그 전차 바퀴가 땅속에 잠기자 아르주나에게 했던 말 '파르타여, 오 파르타여. **잠긴 이 바퀴를 들어 올릴 때까지 잠깐만 기다려라. 내 바퀴가 빠진 것을 보았으니, 비겁자나 행할 수 있는 [나를 공격하여 죽이려는]목적일랑은 버려라. 정의(正義, righteousness)의 가르침을 생각하여 잠깐만 기다려라. 판두의 아들이여!**'라는 것이 그것이다.

(c) [빠진 바퀴를 들어 올리괴그렇게 해서 다시 싸워 그 아르주나와 크리슈나를 잡으면 그 두료다나와 맘대로 천하를 호령하여 살겠다니 얼마나 우스운가. **힌두(Hindu)의 계관시인[비아새이 '개인주의' '세속주의' '뱀 대가리들'을 맘껏 조롱하기에 크게 성공을 하고 있는 대목이다.**

(d) 사실상 '마하바라타(*The Mahabharata*)' 전개로 이제까지 쌓아올린 그 '카르나(Karna)의 성격'으로 볼 때 그것은 그의 '크샤트리아 정신'에 어울리지 않은 것이었다.[카르나는 평소 '말'을 비웃고 '힘과 무기'를 앞세웠음]

(e) 그러나 그 동안 카르나가 '사족(蛇族)' 두료다나(Duryodhana)에게 충성 바치기에 여념이 없었던 것을 고려하면 그러한 '우스운 생명의 구걸'도 결코 '카르나의 말'이 아니라고도 할 수 없다.

(f) 어떻든 이 '인생 경영'이라는 큰 문제에서 왜 꼭 그 카르나의 경우만 문제일 것인가? 즉 '선(善)과 악(惡)'의 커다란 구분, 더욱 구체적으로 '약속의 이행과 배반' '맹세의 실현과 이탈' '은혜를 앎과 망각'의 구분된 두 문제에서, '일방적인 자기 욕심 채우기'로 나가 마음대로 '폭력'을 발휘하면 '작은 변명'을 행해도 그에 어울리지 않는 경우가 바로 카르나의 경우였다.

(g) 작품 '마하바라타(*The Mahabharata*)'에서 '카르나의 사망'은, '쿠루들의 멸망'이고 '마하바라타(*The Mahabharata*) 전쟁의 종료'를 의미한다.

(h) '마하바라타(*The Mahabharata*) 전쟁' 18일 동안에 드리타라슈트라와 판두 양측에 진정한 화해를 촉구했던 3명의 명사(名士)가 있었으니, 그 **첫째는 비슈마(Bhishma)였고, 둘째는 드로나(Drona)였고, 셋째는 드로나의 아들 아스와타만(Aswatthaman)이었다.** 그들은 모두 일차 '드리타라슈트라' 쪽으로 묶여 있었지만 오히려 '판두들'을 이해하고 '평화'를 촉구했던 자로 전쟁 문학 '마하바라타(*The Mahabharata*)'의 탁월성을 보여주고 있는 대목이다. 그들은 역시 당시 최고의 용맹들을 보였던 존재들로 '그들 화해 충고의 불통(不通)'은 오히려 **두료다나와 카르나 멸망의 당위성을 입증하는 근거**'가 되고 있다.

9. 살리아의 책(Salya Parva)

제111장 열 여덟째 날의 전투 -두료다나의 최후

옴(Om)! 최고의 남성 나라야나(Narana)와 나라(Nara)께 인사를 드리며, 여신 사라스와티(Saras-wati)와 자야(Jaya)께도 인사드리옵니다.

자나메자야가 물었다. -아르주나(Savysachin)가 카르나를 죽인 다음 가우라바 군의 남은 군사들은 어떻게 했습니까? 판다바 군사들이 더욱 강성해진 때에, 수요다나[두료다나]는 무엇을 했습니까?

바이삼파야나가 말했다. -카르나가 쓰러진 다음에 드리타라슈트라의 아들 수요다나[두료다나]는 슬픔과 절망의 바다에 빠졌습니다. 그는 탄식을 했습니다. "슬프다 카르나여, 오 슬프다 카르나여." 카르나의 죽음을 생각하며 왕들이 경전의 말씀으로 위로를 해도 두료다나는 마음의 안정을 찾지 못 했습니다. 운명과 인과(因果)의 막강함을 느끼며 두료다나는 전의(戰意)를 다졌습니다. **살리아(Salya)를 사령관으로 삼고 잔여 군사를 이끌고 전장으로 나갔습니다. 쿠루들과 판다바들 간에 전투가 터졌습니다. 그런데 살리아(Salya)가 이끄는 쿠루군은 대학살을 당하여 나머지 군사를 잃고 그 날[18일 째 되는] 정오(正午)에 살리아는 유디슈티라에게 죽임을 당했습니다. 친구와 친척을 다 잃은 두료다나는 그 전장에서 도망을 쳐서 적들이 무서워서 그는 깊은 호수 속으로 뚫고 들어갔습니다. 그날 오후에 비마는 막강한 무사들로 그 호수를 포위하고 두료다나를 불러 나오게 하여 힘으로 그 두료다나를 즉시 죽였습니다.**

두료다나 살해된 다음에 쿠루의 세 전차무사들[아스와타만, 크리파, 크리타바르맨]은 가슴에 분함을 품고 그날 밤에 판찰라 군사들을 죽였습니다. **그 다음날 아침에 그 캠프를 출발한 산자야(Sanjaya)가 쿠루 서울[하스티나푸라]로 들어갔습니다.** 산자야(Sanjaya)는 자기 팔들을 올리고 떨며 궁중으로 들어갔습니다. 울며 말했습니다. "오 대왕이시여, 우리 군사들은 전멸을 당했습니다. 시간[운명]의 힘은 막강했습니다. 사카라(Sakara)처럼 억센 우리 동맹군을 판다바들이 다 죽였습니다." 산자야가 달려와 비보(悲報)를 들은 사람들은 소리쳐 울며 말했습니다. "오 왕이시여! 온 도시 사람들이 두료다나의 죽음을 듣고 비탄에 빠져 정신을 잃고 미치광이가 되었습니다."

산자야(Sanjaya)는 왕의 침전(寢殿)으로 들어가 그 드리타라슈트라를 만났습니다. 바라타 왕[드리타라슈트라]은 며느리와 왕비 간다리와 비두라와 친구 친척과 함께 있었습니다. 산자야가 왕께 말했습니다. "범 같은 [드리타라슈트라]왕이시여, 제가 산자야(Sanjaya)입니다. 마드라의 왕 살리아, 사쿠니, 울루카, 모든 결사대들과 캄보자들과 사카족, 믈레차족, 산악족, 야바마족, 동방족, 남방족, 서방족, 왕들과 왕자들과 두료다나가 모두 다 죽었습니다. 두료다나는 허벅다리가 부서져 죽었습니다. 드리슈타듐나와 시칸딘, 우타마우자, 유다마뉴, 프라바드라카, 판찰라들, 체디족, 대왕의 아들들, 드라우파디 아들, 카르나의 아들 브리샤세나도 죽었습니다. 모든 사람[보병]과 코끼리들도 다 죽었고, 전차무사 기병들이 다 죽었습니다.

판다바 측에 7명이 살았으니, 판다바 5형제와 바수데바(Vasudeva)와 사티아키(Satyaki)가 그들이고, 드리타라슈트라 중에는 3명이 남았으니, 크리파(Kripa)와 크리타바르만(Kritavarman), 드로나의 아들[Aswatthaman]입니다. 시간은 두료다나와 판다바를 향한 그의 적대감으로 이 세상을 다 멸망시켜 버렸습니다."

바이삼파야나가 계속했다. -산자야가 전한 그 참혹한 이야기를 듣고 드리타라슈트라 왕은 땅바닥에 쓰러지고, 이어 비두라, 강다리도 쓰러졌습니다.

바이삼파야나가 말했다. -드리타라슈트라왕은 깨어나 다음과 같이 말했습니다.

-오 수타여, 판다바들이 아무도 죽지 않았다고 하니 정말 놀랍구나. 내 아들들이 다 망했다는 말을 듣고도 내 마음은 끄떡없으니 '벼락의 정수(精髓)'인가 보구나. 산자야여, 화가 난 비마가 1백 명의 내 아들을 다 죽일 적에 내가 어떻게 그것을 견딜 수 있겠느냐? 나는 그 혹독한 말에 견딜 수가 없구나. 오 가발가나(Gavalgana) 아들이여, 누가 사령관 살리아(Salya)의 전차 바퀴 지킴이었고, 누가 그 배후(背後)를 지켰는가? 살리아와 두료다나를 누가 어떻게 죽었는가? 어떻게 판다바들과 크리슈나 사티아키, 그리고 크리파, 크라타바르만, 아스와타만은 살아남게 되었는지 자세히 말해보라.

산자야가 말했다. -카르나(Karna)가 죽은 다음 대왕의 아들은 사자 앞에 사슴 떼와 같았습니다. 두료다나가 아스와타만(Aswatthaman)에게 말했습니다. "오 스승님의 아들이여, 오늘은 당신이 우리의 최고 은신처입니다. 우리가 판다바들을 무찌르는데 누가 우리 군의 사령관이 되어야 할지 말씀해주시오."

드로나 아들[아스와타만]이 말했습니다. "살리아(Salya)를 우리군의 사령관으로 하십시오. 가문이나, 용맹에서나, 힘으로나, 명성으로나, 신체적으로나 가장 우수합니다. 그를 사령관으로 삼으면 신들이 무적의 스칸다(Skanda)를 삼아 승리를 했듯이 우리가 승리를 얻을 것입니다." 드로나 아들이 그렇게 말하자 모든 왕들이 살리아(Salya)를 둘러싸고 '승리'를 외쳤습니다. 왕들은 전투를 결심하고 큰 기쁨을 느꼈습니다. 그러자 두료다나가 전차에서 내려와 살리아(Salya) 앞에 두 손은 모으고 말했습니다. "친구들에게 헌신(獻身)하는 분이시여, 지혜로운 사람들이 진짜 친구인지 가짜 친구인지를 구분하는 시간이 왔습니다. 용감하신 당신이 우리군 선봉에 사령관을 맡아주십시오. 당신이 전장에 임하시면 판다바들과 판찰라들이 우울하게 될 것입니다."

살리아(Salya)가 대답했습니다. "쿠루의 왕이시여, 당신이 제게 행하라 명령하신 것을 성취해 내겠습니다. 제가 소유한 생명과 부와 왕국을 당신께 바치겠습니다."

두료다나가 말했습니다. "오 외숙(外叔)이시여, 최고의 전차무사이시여. 스칸다(Skanda)가 신들을 지켜주었듯이 우리 군을 지켜주십시오."

산자야가 말했다. -쿠루 왕[두료다나]의 그 말을 듣고 용감한 살리아(Salya)는 말했습니다. "억센 두료다나여, 당신은 두 크리슈나[아르주나와 바수데바]를 알고 계십니다. 그러나 그들은 무력에서 서로 다릅니다. 그러나 그네들은 힘에 있어서 나를 당할 수가 없습니다. 그러함에 다른 판다바들이야 말해서 무엇 하겠습니까? 내가 화가 나면, 신들과 악귀들로 된 온 세상과의 전투일지라도 내가 앞장을 서서 싸울 수 것입니다. 내가 군의 사령관이 되면 나는 파르타들과 소마카들의 연합을 무찌르겠습니다. 오 두료다나여, 의심하지 말기 바랍니다."

그래서 두료다나 왕은 군중(軍中)에서 경전에 있는 대로 살리아(Salya)에게 지체 없이 '축성 수(祝聖 水)'를 뿌렸습니다. 살리아에게 군 통수권이 부여되니, 군중에서 사자 같은 함성이 터지고 다양한 악기들을 두들기고 불었습니다. 모든 군사들이 살리아 왕을 칭송하며 말했습니다. "오 왕이시여, 승리는 당신 것입니다. 억센 무기를 들어 드리타라슈트라들이 적이 없는 세상을 통치하게 하소서. 당신은 신들과 악귀들의 3계 연합군도 무찌르실 터인데 소마카들과 스린자야들은 말할 것도 없습니다." 이렇게 칭송하니 절제가 모자란 사람들은 감당할 수도 없는 큰 기쁨을 느꼈습니다.

살리아(Salya)가 말했습니다. "오늘 내가 판찰라들과 판다바들을 모두 죽이든지, 아니면 그들에게 내가 죽으면 나는 하늘나라로 갈 겁니다. 오늘 내가 거침없이 전장을 달리는 것을 보여드리겠습니다. 오늘 저 판다바 군사를 완패시켜 놓겠습니다."

산자야가 말했다. -살리아(Salya)가 사령관으로 임명되니, 대왕의 군사 중에 어느 누구도 카르나 때문에 슬퍼하는 사람은 없어졌습니다. 정말 군사들은 즐겁게 되어 살리아(Salya)의 힘으로 파르타들을 다 잡았다고 생각을 했습니다.

대왕 군사들의 함성을 듣고, 유디슈티라 왕은 모든 크샤트리아들이 듣고 있는 가운데 크리슈나에게 말했습니다. "살리아(Salya)가 드리타라슈트라 아들에 의해 사령관이 되었습니다. 오 마다바여, 어떻게 해야 하겠습니까?"

그러자 바수데바는 왕에게 말했습니다. "내가 저 아르타야니(Artayani)를 알고 있으니, 용맹과 힘을 갖고 영리하여 전술에 능하고 날랜 솜씨를 갖고 있습니다. 나는 살리아(Salya)가 비슈마, 드로나 카르나와 동일하거나 더 우수하다고 생각합니다. 저 마드라 왕[살리아]은 사자와 코끼리 같은 용맹을 지녀 '세상 파괴자' 자신과도 같습니다. 저 살리아를 잡을 자는 당신[유디슈티라] 말고는 없다고 생각합니다. 마가바트(Maghavat)가 삼바라(Samvara)를 잡았듯이 오늘 저 살리아(Salya)를 죽이세요. 전투로 저 살리아를 잡으면 승리는 당신 것입니다. 당신 앞에 그 '크샤트리아 의무'를 간직하고, 저 마드라 왕[살리아]을 잡으십시오."

산자야가 말했다. -두료다나가 명령을 내렸습니다. 왕의 명령에 따라 병사들은 모두 전투 준비를 했습니다.

드리타라슈트라가 말했다. -나는 비슈마와 드로나와 카르나의 몰락에 대해 이미 다 들었다. 이제 살리아(Salya)와 두료다나의 몰락을 말해 보라. 오 산자야여, 정말 유디슈티라가 어떻게 살리아(Salya)를 죽였느냐? 그리고 비마는 어떻게 두료다나를 죽였느냐?

산자야가 말했다. -전투가 시작되어 판다바 군사들에 의해 자기네 군사들이 무너진 것을 본 살리아(Salya)가 그의 마부를 향해 말했습니다. "저기 유디슈티라가 그 머리에 우산을 쓰고 있다. 어서 저곳으로 가자. 내 힘을 보여 주겠다. 파르타들은 내 앞에 서 있을 수 없다." 그래서 살리아(Salya)의 마부는 유디슈티라가 서 있는 지점에까지 전진했습니다. 살리아(Salya)는 그 억센 판다바 주인[유디슈티라]에게 덤벼들었습니다. 살리아는 혼자서 넘치는 바다를 막아내는 대지(大地)와 같았습니다. 거대 판다바군은 달려온 바다를 산이 대하듯 조용히 서 있었습니다. 카우라바들은 그들의 사령관 살리아가 전장에 서 있는 것을 보고 목숨을 걸고 달려와 전열(戰列)을 이루어서, 피가 개울물처럼 흐르는 끔찍한 전투가 개시되었습니다. 무적의 나쿨라(Nakula)는 치트라세나(Chitrasena, 카르나의 아들)를 상대했습니다. 치트라세나는 먼저 광두화살로 나쿨라의 활을 잘랐습니다. 이어 나쿨라의 앞이마를 공격했습니다. 그리고 나서 나쿨라의 말들도 죽였습니다. 깃발과 마부도 쓰러뜨렸습니다. 나쿨라는 칼을 잡고 전차에서 사자 같이 뛰어 내려 걸어서 돌진을 하니, 치트리세나는 화살공격을 했습니다. 용맹의 나쿨라는 그 화살들을 자신의 방패로 막았습니다. 나쿨라는 모든 군사들이 보고 있는 앞에서 치트라세나 전차로 올라가 치트라세나의 목을 베어버렸습니다. 그러자 카르나의 다른 두 아들 수세나(Sushena)와 사티아세나(Satyasena)가 나쿨라에게 화살 공격을 했습니다. 나쿨라는 사티아세나(Satyasena)에 이어 수세나(Sushena)를 죽이니 남은 군사들은 도망을 쳤습니다. 그러나 용감한 살리아(Salya) 사령관은 그 군사들을 감쌌습니다. 그 장군들을 모아, 살리아는 사자 같은 함성을 지르며 활시위를 당겼습니다. 그래서 대왕의 군사들은 즐거운 마음으로 적들을 향해 나아갔습니다. 그러자 사티아키와 비마와 쌍둥이가 유디슈티라를 선봉에 두고 사자 같은 함성을 질렀습니다. 그리고 화살들을 쏘며 다양한 고함들을 질렀습니다. 대왕의 군사들을 살리아를 에워싸고 전투태세로 섰습니다. 그래서 싸움이 개시되어 양쪽 모두 죽기 살기로 다시 싸웠습니다. 원숭이 깃발의 판두 아들[아르주나]도 가세했습니다. 드리슈타듐나가 앞장을 전 군사들도 달려들었습니다. 판다바들에게 압도가 되어, 카우라바 대장들은 해볼 도리가 없어졌습니다. 그래서 군사들은 앞뒤 사방을 구분할 수도 없었습니다. 대왕의 장군들은 판다바 전차 무사들을 닥치는 대로 무찔렀습니다. 판다바 장군들도 수십만의 화살을 쏘며 공격을 했습니다. 양군(兩軍)은 극도로 흥분하여 서로 짓밟아 죽였습니다.

억센 살리아가 천둥 같은 함성을 질렀습니다. 살리아게 공격을 당한 판다바 군사들은 유디슈티라를 향해 도망을 해 왔습니다. 살리아는 날쌘 솜씨로 유디슈티라를 향해 날카로운 화살 소나기를 퍼부었습니다. 살리아가 보병들과 기병들로 성급하게 공세를 취한 것을 본 유디슈티라는 그를 날카로운 화살로 그들을 저지하였습니다. 그러자 살리아(Salya)는 독뱀 같은 무서운 화살을 쏘았습니다. 그 화살은 유디슈티라를 관통하고 땅에 박혔습니다. 그러자 화가 난 비마가 살리아(Salya)에게 일곱 발의 화살을 쏘고, 사하데바가 다섯 발, 나쿨라가 열 발을 쏘았습니다. 드라우파디 다섯 형제는 살리아(Artayani)에게 화살 소나기를 퍼부었습니다. 살리아가 공격을 받고 있는 것을 본 크리타바르만과 크리파가 그를 도우려고 그 지점으로 달려갔습니다. 울루카와 사쿠니와 아스와타만과 대왕의 아들[두료다나]도 살리아(Salya)를 감쌌습니다. 크리타바르만이 비마에게 세 발을 쏘고 화살 소나기로 덮었습니다. 화가 난 크리파는 드리슈타듐나에게 많은 화살을 쏘아주었습니다. 사쿠니는 드라우파디 아들들과 싸움이 붙었고, 아스와타만은 쌍둥이를 그 싸움 상대로 했습니다. 두료다나는 아르주나를 상대로 하여 많은 화살로 공격을 했습니다. 그런데 보자(Bhojas) 왕[크리타바르맨이 비마의 말들을 죽였습니다. 말들이 죽은 비마는 전차에서 철퇴를 가지고 내려와 천둥을 부리는 파괴 신(Destroyer)처럼 싸웠습니다. 살리아(Salya)가 비마 앞에서 사하데바 말들을 죽였습니다. 그러자 사하데바는 칼로 살리아(Salya)의 아들을 죽였습니다. 크리파는 다시 드리슈타듐나와 싸웠습니다. 아스와타만은 드라우파디 아들들에게 열 발의 화살을 쏘았습니다. 철퇴를 잡은 비마는 크라타바르만의 말과 전차를 박살냈습니다. 그러자 크리타바르만은 전차에서 뛰어내려 도망을 쳤습니다. 화가 난 살리아(Salya)는 많은 소마카들과 판다바들을 죽이고 유디슈티라에게 날카로운 화살을 쏘아 괴롭혔습니다. 그러자 용감한 비마가 입술을 물고 살리아(Salya)를 잡으려고 철퇴를 고쳐 잡았습니다. 싸움에 이골이 난 비마는 살리라(Salya) 네 마리 말들을 죽였습니다. 그러자 살리아(Salya)는 창을 들어 비마의 가슴에 박고 함성을 질렀습니다. 그 창은 비마의 몸을 꿰뚫었습니다. 그러나 비마는 그 창을 뽑아내어 그것을 살리아(Salya)의 마부에게 던져서 그를 쓰러뜨렸습니다. 이에 살리아는 우울하게 그의 전차에서 내려와 비마를 노려보았습니다. 살리아는 비마에게 놀라 몸을 떨며, 자신의 철퇴를 잡아 비마를 향해 던졌습니다.

산자야가 계속 전했다. <u>-이에 양쪽 군사들은 두 사람의 최고 전차무새살리아, 비마의 싸움을 응원했습니다. "최고다. 최고!" 살리아를 빼고는 아무도 비마를 상대할 사람은 없었습니다. 역시 비마를 빼고는 철퇴로 살리아와 겨룰 자는 없었습니다</u>. 두 대적 자는 황소처럼 으르렁거리며 원으로 돌며 공중으로 솟았습니다. 철퇴들이 서로 부딪칠 때마다 불꽃들이 튀었습니다. 철퇴를 들어 서로 공격을 할 때는 천둥 같은 소리가 울렸습니다. 철퇴들이 너무 억세게 부딪친 결과 두 영웅은 동시에 쓰러졌습니다. 그러자 크리파가 그 살리아(Salya)를 붙들어 자신의 전차에 싣고 전장을 피했습니다. 그러나 눈 깜짝할 사이에 비마는 일어나 술 취한 듯 철퇴를 휘둘렀습니다. 그러자 대왕의 영웅적인 전사들은 북을 울리며 판다바들과 전투를 다시 시작했습니다. 대왕의 군사들의 선봉에 선 두료다나는, 판다바들을 향해 돌격을 했습니다. 두료다나는 그 판다바 영웅 중에서 체키타나(Chekitana) 가슴에 창을 던져 죽였습니다. 체키타나(Chekitana)가 죽은 것을 본 카우라바들은 계속 수없이 화살을 퍼부었습니다. 정말 판다바들은 승리를 하려고 대왕 부대의 모든 방향을 막았습니다. 크리파와 크리타바르만 사쿠니는 그들의 선봉에 살리아(Salya)를 두고 유디슈티라와 싸웠습니다. 두료다나는 드리슈타듐나와 싸웠습니다. 두료다나는 3천 전차부대에 드로나의 아들[아스와타맨을 선봉으로 삼아 아르주나(Vijaya)와 싸웠습니다. 모두가 공포와 생명에의 욕심을 버리고 오직 승리를 위해 싸웠습니다.

산자야가 말했다. -대왕의 군사들은 살리아를 선봉에 세우고 파르타들을 향하여 급히 달려들었습니다. 비록 고통을 당하면서도 치열한 대왕의 군사들은 수적(數的)인 우세 속에서 판다바들을 쉽게 흔들 수가 있었습니다. 쿠루들의 공격을 당한 판다바들은 두 '크리슈내아르주나와 바수데배'가 보고 있는 앞에서 그 비마에게로 도망을 쳤습니다. 화가 난 아르주나가 크리파와 크리타바르만에게 화살 소나기를 퍼부었습니다. 사하데바는 사쿠니(Sakuni)에게 대항했습니다. 나쿨라는 살리아 옆구리를 훑어보았습니다. 드라우파디 5형제는 수많은 왕들을 상대로 싸웠고, 시칸딘은 도로나 아들에게 달려들었습니다. 유디슈티라는 선봉에 선 살리아에게 대항을 했습니다. 쿠루와 판다바 어느 누구도 물러서는 병사는 없었습니다. 그 때 살리아는 유디슈티라 부근에 토성(土星)이 달 주변에 머물 듯이 있었습니다. 살리아는 유디슈티라를 독뱀 같은 화살을 쏘며 비마에게 화살 소나기를 퍼부으며 달려들었습니다. 살리아가 날쌘 솜씨에 무기에 달통한 것을 보고 양군(兩軍)이 모두 크게 환호했습니다. 살리아(Salya)의 맹공을 당한 판다바군은 도망을 치며, "멈추어라. 멈춰!"라는 유디슈티라 명령도 소용이 없었습니다. 살리아게 살육을 당한 군사들을 보고 유디슈티라는 화가 치밀었습니다. 유디슈티라는 자신의 용맹을 발휘하여 살리아를 공격하기 시작했습니다. 정말로 '이기기 아니면 죽기' 결심으로 결전에 임했습니다. 유디슈티라가 "살리아를 내가 잡겠다."는 맹세를 하니 판찰라들은 소라고둥을 불고 북을 치면서 좋아했습니다. 그러자 대왕의 아들[두료다내]과 살리아(Salya)는 그 유디슈티라 공격을 감당하게 되었습니다. 용맹을 뽐내며 살리아가 유디슈티라에게 화살 소나기를 퍼부었습니다. 두료다나도 드로나에서 배운 기량(伎倆)을 [유디슈티라에게]자랑을 했습니다. 그래서 두료다나의 활솜씨도 보통이 아니었습니다. 살리아(Salya)와 유디슈티라는 고깃덩이를 앞에 놓은 두 마리 호랑이 같이 서로를 짓이겼습니다. 억센 힘을 지닌 비마가 두료다나의 가슴에 공격을 퍼부었습니다. 이에 대왕의 아들[두료다내]은 전차 바닥에 주저앉았습니다. 두료다나가 기절을 하자, 비마는 다시 한 번 날카로운 화살로 그 마부의 목을 쳤습니다. 마부가 죽자 두료다나 전차에 말들은 정처 없이 맘대로 달렸습니다. 이에 쿠루 군사 속에서 거대한 함성이 일어났습니다. 아스와타만과 크리파, 크리타바르만이 두료다나를 구하려고 그 두료다나 전차을 뒤따라갔습니다. 그러자 쿠루 군사들은 크게 요동을 쳤습니다. 두료다나를 따르던 무사들은 크게 겁을 먹었습니다. 그 때에 간디바를 부리는 아르주나는 그들을 화살로 공격하여 죽이기 시작했습니다. 그러자 분노가 오른 유디슈티라는 바람처럼 달리는 말로 살리아에게 달려들었습니다. 눈을 크게 뜨고 분노에 찬 유디슈티라는 수십만 발의 날카로운 화살로 무사들을 죽였습니다. 그에 대항한 무사는 벼락 맞은 산봉우리 같았습니다. 유디슈티라는 살리아(Salya)에게 말했습니다. "기다려, 기다려." 유디슈티라의 무서운 모습을 보고 모든 대왕의 무사들은 겁을 먹었습니다. 그러나 살리아(Salya)는 유디슈티라를 향해 계속 전진을 했습니다. 양군은 분노하여 서로 소라고둥을 불었습니다. 살리아(Salya)는 유디슈티라를 화살 소나기로 덮었습니다. 유디슈티라도 그렇게 했습니다. 살리아와 유디슈티라는 서로를 짓이여 꽃이 핀 킨수카(Kinsuka) 나무 같이 피범벅이었습니다. 그들을 본 병사들은 누가 이길지 아무도 알 수 없었습니다.

산자야가 말했다. -더욱 강한 활을 잡은 살리아(Salya)는 유디슈타라를 공격하고 사자 같은 함성을 질렀습니다. 그리고 나서 살리아는 구름의 신이 비를 뿌리듯이 모든 병사들을 향해 급류 같이 화살을 퍼부었습니다. 사티아키에게 열 발을 쏘고, 비마에게 세 발을 쏘고, 사하데바에게는 많은 화살을 쏘고 유디슈타라에게는 더욱 많은 화살을 쐈습니다. 그리고 다른 기병들과 전차 무사들과 코끼리들에게도 사냥꾼 같이 활을 쏘았습니다. 그 때 살리아는 유디슈타라에게 급히 화살 일곱 개를 더 쏘았습니다. 그러자 유디슈타라도 역시 무서운 아홉 발의 화살로 대응을 했습니다. 두 전차 무사는 상대방 전차를 향해 화살을 쏘아 덮었습니다. 살리아가 다시 유디슈타라 가슴에 불같은 화살을 쏘았습니다. 공격을 받은 유티슈타라는 날카로운 화살을 쏘아주었습니다. 순간 정신을 가다듬은 살리아는 붉은 눈으로 1백 발의 화살을 쏘았습니다. 이에 유디슈타라는 살리아(Salya)의 가슴을 쏘고 여섯 발의 화살로 황금 갑옷을 공격했습니다. 살리아는 활을 당겨 두 발의 날카로운 화살로 유디슈타라의 활을 잘랐습니다. 그러자 유디슈타라는 더욱 무서운 활로 살리아(Salya)에게 날카로운 화살 공격을 펼쳤습니다. 살리아는 아홉 발의 화살을 쏘아 비마와 유디슈타라의 갑옷을 뚫어 팔을 공격했습니다. 그리고 면도날 같은 화살로 유디슈타라 활을 또 잘랐습니다. 그 때에 크리파가 여섯 발의 화살로 유디슈타라의 마부를 죽였습니다. 살리아는 네 발의 화살로 유디슈타라 말들을 죽였습니다. 그리고 나서 살리아는 유디슈타라 호위군들을 공격했습니다. 유디슈타라가 곤경에 처하자 비마가 화살로 살리아의 활을 꺾고 두 발의 화살을 꽂았습니다. 비마는 다른 화살로 살리아 마부의 목을 쳤습니다. 화가 난 비마는 살리아의 말들도 죽였습니다. 비마가 살리아에게 1백 발의 화살을 쏘니, 살리아(Salya)는 망연자실(茫然自失)했습니다. 이 때 비마는 다른 화살로 살리아의 갑옷을 찢었습니다. 살리아(Salya)는 칼과 방패를 잡고 전차에서 뛰어 내려 유디슈타라를 향해 돌진했습니다. 살리아가 성급하게 돌진하는 것을 본 드리슈타듐나와 시칸딘과 드라우파디 5형제 시니(Sini)의 손재[사티아키]가 그 살리아(Salya)에게 함께 달려들었습니다. 그러자 비마는 열 발의 화살로 살리아의 방패를 잘랐습니다. 그리고 다른 괭두 화살로 살리아의 칼을 잘랐습니다. 그리고 나서 비마는 기쁨의 함성을 질렀습니다. 유디슈타라는 앞에 와 있는 살리아(Salya)에게 달려들었습니다. 살리아(Salya)는 결국 유디슈타라의 공격을 받아 죽게 되었습니다.

산자야가 말했다. -살리아(Salya)가 죽은 다음 살리아의 부하 1만 7천의 전차무사들은 전장에 그대로 남아 있었습니다. 두료다나는 언덕 같은 거대한 코끼리를 타고 머리에는 양산을 얹고 야크 꼬리 부채를 부치며, "전진하지 마라. 전진하지 마."를 외쳤다. 두료다나는 그렇게 말했지만, 그 전사들은 유디슈타라를 잡겠다는 생각에 판다바 무리 속으로 달려 들어갔습니다. 두료다나에게 충성을 바친 용사들이 활을 당기며 그 판다바들과 싸웠습니다. 그러는 동안에 그들은 살리아(Salya)가 [유디슈타라에게] 죽었다는 것을 알고 그 유디슈타라에게 달려들어 유디슈타라는 괴로움을 겪고 있었습니다. 그런데 아르주나가 전차 바퀴 소리를 울리며 간디바 활을 쏘며 그 자리에 나타났습니다.

산자야가 말했다. -살리아가 죽고 난 다음에는 두료다나도 그 싸움을 외면(外面)하게 되었습니다. 유디슈티라가 살리아(Salya)를 죽인 다음에 대왕의 군사들은 건너야 할 바다 앞에 바로 배가 깨진 상황이었습니다.

산자야가 말했다. -판다바들을 거대 적들을 무찌르고 있는데, 사쿠니(Sakuni)가 7백 명의 잔병(殘兵)을 이끌고 다시 나타났습니다. 사쿠니(Sakuni)는 병사들에게 말했습니다. "그대, 적의 섬멸(殲滅)자들이여. 즐겁게 싸웁시다! 위대한 전차무사이신 왕은 어디 계신가?" 병사들이 대답했습니다. "저기 보름달 같은 거대한 우산이 빛나는 곳, 천둥 같은 굉음이 들리는 거대 전차에 계십니다. 급히 돌파해 들어가시면 쿠루 왕을 뵐 수 있습니다!" 사쿠니는 용감한 무사의 그 말을 듣고 영웅들이 몰려 있는 그곳으로 갔습니다. 사쿠니(Sakuni)가 전차 무사들의 중앙에 머무르고 있는 두료다나를 보고 말했습니다. "오 왕이시여, 저 판다바들의 전차 무사들을 무찌르소서. 그들 기병들은 내가 무찔렀습니다. 유디슈티라는 목숨을 걸지 않고는 이길 수 없습니다! 저 전차부대가 무찔러지면 우리가 모든 코끼리 병사들과 보병들을 잡겠습니다." 사쿠니(Sakuni)의 그 말을 들은 대왕의 무사들은 승리를 해야 한다는 열망에 즐겁게 판다바 군사를 향해 돌진했습니다. 그들은 활을 잡고 사자 같은 함성을 질렀습니다. 다시 한 번 격렬한 활시위 소리와 박수 소리가 요란했습니다. 그들이 몰려오는 것을 보고 아르주나는 크리슈나에게 말했습니다. "저 군사들의 가운데로 말들을 몰고 가세요. **내가 오늘 끝장을 보이겠습니다. 오늘이 양군(兩軍) 대전(大戰) 개시 18일 째입니다!** 저 군사들 속으로 갑시다. 나는 오늘 두료다나를 잡겠습니다. 유디슈티라의 선(善)을 위해 내가 해야 할 바를 하겠습니다."

산자야가 계속했다. -간디바를 소지한 아르주나는 적들의 [승리하겠다는]목표들을 좌절시켜 놓았습니다. 아르주나가 발사한 화살은 엄청난 힘을 지녔고, 끊임이 없어 구름비로 쏟아 부은 급류(急流)였습니다. 그처럼 아르주나의 공격을 받은 군사들은 두료다나가 보는 앞에서도 도망을 쳤습니다. **판찰라 왕자 드리슈타듐나와 시칸딘과 사타니카[나쿨라의 아들]도 적을 무찌르고 있었는데, 대왕의 아들[두료다나]은 달려드는 드리슈타듐나를 향해 화살 소나기를 퍼부었습니다. 그리고 나서 두료다나는 서둘러 드리슈타듐나의 팔과 가슴에 많은 화살을 박았습니다. 화가 난 드리슈타듐나는 두료다나의 전차 말들을 다 죽여 버렸습니다. 그리고 다른 화살로 마부의 목을 잘랐습니다. 그래서 전차가 못 쓰게 된 두료다나는 다른 말을 타고 멀리 후퇴를 했습니다.** 두료다나가 사쿠니(Sakuni) 있는 지점으로 갔습니다.

산자야가 말했다. -그 코끼리 부대가 판두들에게 다 망한 다음, 비마는 [두료다나의]잔여 군사들을 무찔렀습니다. **대왕의 살아남은 아들들이 함께 비마에게 달려들 때에, 두료다나는 볼 수가 없었습니다. 두르마르샤나(Durmarshana) 스루타나(Srutana) 자이트라(Jaitra) 부리발라(Bhuri-vala) 라비(Ravi) 자야트세나(Jayatsena) 수자타(Sujata) 두르비샤하(Druvishaha) 두르비모차나**

(Durvimochana) 두슈프라다르샤(Dushpradharsha) 스루타르반(Srutarvan)이 그들이었습니다. 함께 비마에게 달려들어 사방을 차단했습니다. 비마는 다시 전차로 올라가 날카로운 화살을 쏘기 시작했습니다. 비마는 먼저 두르마르샤나(Durmarshana) 목을 치고, 다음은 스루타나(Srutana) 자이트라(Jaitra) 부리발라(Bhurivala) 라비(Ravi) 자야트세나(Jayatsena) 수자타(Sujata) 드루비샤하(Druvishaha) 두르비모차나(Durvimochana) 두슈프라다르샤(Dushpradharsha) 스루타르반(Srutarvan)를 차례로 다 죽였습니다.

산자야가 말했다. -대왕의 아들 두료다나와 수다르사(Sudarsa)는 아직 카우바라 기갑 부대들 중에 살아남아 있었습니다. 그 기갑부대 속에 두료다나가 있는 것을 보고 크리슈나가 아르주나에게 말했습니다. "거대한 적들이 다 죽었습니다. **크리파와 크리타바르만과 아스와타만이 저 두료다나 곁에 있습니다.** 두료다나 군사를 무찌른 판찰라 왕재드리슈타둠내는 프라바드라카들(Prabhadrakas) 가운데 있습니다. 오 파르타여, 저기 두료다나가 그의 기갑부대 속에서 머리에 양산을 쓰고 주변을 살피고 있습니다! 어서 놈을 잡아 그대의 목표를 달성하시오." 크리슈나가 그렇게 말하자 아르주나가 말했습니다. "대부분 드리타라슈트라의 아들들은 비마가 죽였습니다. 사쿠니의 5백 기병이 아직 남아 있고, 전차가 2백대 남았습니다. 코끼리가 1백이고 보병이 3천이 남아 있습니다. 두료다나가 이 세상에서 도망칠 곳은 없습니다. 가십시다. 내가 그들을 다 잡겠습니다." 비마와 아르주나와 사하데바가 전차를 몰고 활들을 들고 달려오는 것을 보고, 사쿠니가 그 판다바들에게 대항하며 나왔습니다.

산자야가 말했다. -보병과 기병과 코끼리들의 맞싸움이 진행되는 동안 사쿠니는 사하데바에게 달려들었습니다. 사쿠니는 사하데바에게 수많은 화살을 쏘았습니다. 그 때 울루카는 비마를 상대로 그에게 열 발을 쏘았습니다. 그러는 동안 사쿠니는 비마에게 세 발을 쏘고 사하데바에게는 90발을 발사하여 화살로 덮었습니다. 그러자 화가 난 비마와 사하데바가 즉각 수백 발의 화살로 대응을 했습니다. 그러자 전장은 죽은 말들과 사람들과 부셔진 방패와 창, 칼, 화살, 전통(箭筒)들이 널려 있게 되었습니다. 바라타 군사들이 푹 줄어들자 판다바들은 기운이 더욱 넘쳐 힘차게 카우라바들을 계속 죽였습니다. 용감한 사쿠니가 그의 창으로 사하데바의 머리를 공격하니, 사하데바는 그만 전차 바닥에 주저앉았습니다. 그러한 사하데바를 보고 용감한 비마가 전 쿠루 군사를 막고 나섰습니다. 비마는 수십만의 화살을 적들에게 쏘아놓고 비마는 역시 사자 같은 함성을 질렀습니다. 그 함성에 놀라 사쿠니 부하들은 도망치기 시작했습니다. 이에 두료다나가 도망치는 병사들을 향해 말했습니다. "**크샤트리아들이여, 무식한 행동을 멈추어라. 도망을 치면 어떻게 하자는 것이냐? 전투에서 물러나지 않고 목숨을 버리면 명예를 성취하고, 사후에 천국을 즐기는 것이다.**" 왕의 격려를 받은 사쿠니의 부하들은 다시 방향을 틀어 죽음을 목표로 삼았습니다. 잠시 휴식을 취한 사하데바가 사쿠니에게 열 발을 쏘고, 말들에게 세 발을 쏘았습니다. 사하데바는 다른 화살로 사쿠니의 활을 잘랐습니다. 이에 사쿠니는 다른 활을 잡아 나쿨라에게 60발을 쏘고, 비마에게 일곱 발을 쏘았습니다. 용감한 사하데바는 광두(廣頭) 화살로 울루카(Uluka)의 목을 쳤습니다. 사쿠니 (Sakuni)는 자기 아들이 죽은 것을 보고 눈물에 목이매어 [싸움을 만류했던]비두라(Vidura) 말을 생각했습니다. 잠깐 눈물을 흘리며 생각에 잠겼던 사쿠니(Sakuni)는 세 발의 화살을 사하데바에게 쏘았습니다. 사하데바는 자신의 화살로 그것들을 막으며 다시 사쿠니의 활을 꺾었습니다. 활이 꺾긴 사쿠니(Sakuni)는 언월도(偃月刀)를 사하데바에게 던졌습니다. 사하데바는 그것을 화살로 쉽게 두 동강을 내었습니다. 사쿠니(Sakuni)는 다시 철퇴를 던졌습니다. 그러나 그 철퇴는 목표에 도달하지 못 하고 땅에 떨어졌습니다. 사쿠니(Sakuni)는 다시 화살을 날렸으나, 그것도 세 토막이 났습니다. 그러자 사쿠니(Sakuni)가 곤경에 빠지자 그 군사들이 다 도망을 쳤습니다. 사쿠니도 그들과 함께 도망을 쳤습니다. 그런데 **사하데바는 사쿠니가 간다라(Gandharas) 기갑 부대의 보호를 받으며 아직도 승리를 기대하고 있다는 것을 알았다.** 사하데바는 사쿠니(Sakuni)에게 말했습니다. "이 바보야, 나와 싸우며 '크샤트리아의 의무'를 생각하다니! 너는 회당(會堂)에서 '주사위 속임수'를 즐기었다. 네 행동의 업보(業報)를 받아라. 내가 오늘 너를 잡을 것이다." **사하데바는 즉시 사쿠니에게 달려들었습니다. 사하데바는 사쿠니에게 열 발을 쏘고 말들에게 네 발을 쏘았습니다. 그러고 나서 사쿠니의 양산을 자르고 깃발과 활을 자르고 나서 사하데바는 사자 같은 함성을 질렀습니다. 그러고 나서 사하데바는 다시 화살 소나기를 사쿠니에게 퍼부었습니다. 사쿠니는 사하데바에게 창을 던졌습니다. 사하데바는 즉시 그 창을 화살로 두 도막을 내었습니다. 이어 사하데바는 그의 광두 화살로 사쿠니의 목을 쳤습니다.** 그 때에 대왕의 아들들은 전차 코끼리 기병 보병이 완전히 무너져서 놀라 도망을 치기에 정신이 없었습니다.

드라타라슈트라가 말했다. -전장에서 판두 아들들이 카우라바 군사를 모두 죽인 다음에 살아남은 크리타바르만(Kritavarman) 크리파(Kripa) 용감한 드로나의 아들[아스와타맨]은 무엇을 했는가? 그 고약한 두료다나는 무엇을 했는가?

산자야가 말했다. -[전장에 따라와 있던]**크샤트리아들의 부인들은 탈출을 했고 카우라바 군 캠프(막사)는 완전히 텅 비어서, 그 세 전차 무사들[크리타바르만, 크리파, 아스와타맨]는 고민(苦悶)으로 가득했습니다.** 판두 아들의 승리의 함성을 들으며, 3명의 무사들은 전장에 남아 있을 수가 없어서 두료다나 왕을 구하러 호수(湖水)로 향했습니다. 유디슈티라와 그 형제들은 두료다나를 잡으려고 전장 수색에 나섰습니다. 그러나 판다바 형제들은 그 두료다나를 찾아보았지만, 그를 찾을 수가 없었습니다. **두료다나는 손에 철퇴를 잡고 급히 그 전장을 빠져나와, 자신의 요술(妖術, by the aid of his power of illusion)로 그 호수를 얼게 만들어 그 속으로 숨었습니다.** 결국 판다바 군사들의 말과 코끼리들이 너무 힘들어서 그들은 막사로 돌아가 쉬고 있었습니다. **판두 형제들이 그들 막사로 돌아 간 다음 크리파와 아스와타맨과 크리타바르만은 천천히 그 호수로 향했습니다. 왕이 그 속에 누워있는 그 호수로 다가가서 그들은 그 속에 잠든 왕을 향하여 말했습니다.** "오 대왕이시여, 나오셔서 우리와 함께 저 유디슈티라와 싸웁시다! 세상을 차지해서 쾌락을 얻든지, 천국으로 가든지 합시다! 오 두료다나여, 판다바 군사들도 당신이 다 멸망시켰습니다. 판다바들이 지금 살아 있다고 하더라도, 그 몸들이 다 망가져 있는 상태입니다. 당신이 우리를 보호하여 우리가 곁에 있는 한, 판다바들은 당신의 용맹을 당할 수 없습니다. 그러므로 어서 나오십시오!"

두료다나가 말했습니다. "다행히 판다바와 카우라바 살육의 전쟁에서 살아 돌아와 그대들을 만나게 되었소! 나는 잠깐 쉬고 허기를 달랜 다음 우리가 적을 맞아 그들을 격파하도록 합시다. 그대들도 피곤할 것이고 나도 크게 망가졌소! 판다바 군사들은 지금 힘이 넘치고 있습니다! 그래서 나는 지금은 싸우고 싶지는 않소! 그대들의 권고는 당연한 것이요, 그대들의 정신은 고상합니다! 그대들의 충성은 위대합니다! 오늘 밤은 쉬고 내일 그대들과 함께 적과 싸웁시다. 의심하지 마시오!"

산자야가 계속했습니다. -아스와타맨[드로나의 아들]이 말했습니다. "오 왕이시여, 일어나십시오. 적은 우리가 다 무찌르겠습니다. **나는 모든 나의 종교적 행위와 자질과 명상과 진실을 걸고 오늘 저 소마카들(Somakas)을 다 잡을 겁니다. 오늘 전투에서 판다바들을 죽이지 못하고 오늘 밤이 지나가면 내가 '제사(祭祀) 수행 결과로 획득하게 될 판다바 살해의 즐거움'을 내 스스로 포기하는 것이 됩니다. 모든 판찰라 죽이지 않고 '내 무기 사용의 연기(延期)'란 없습니다. 정말입니다."** 아스와타만과 두료다나가 이 말을 하고 있을 적에 사냥꾼들이 거기에서 그들의 대화를 듣고 있었습니다. 그 사냥꾼들은 날마다 비마(Bhimasena)에게 고기를 공급했던 자들이었습니다. 그 사냥꾼들이 호수 가에 숨어서 두료다나와 아스와타만의 대화를 다 들은 것입니다. **사냥꾼들은 두료다나가 호수 속에 있는 것을 확실하게 알았습니다.** 그런데 조금 전에 비마가 두료다나를 찾고 다녔던 것을 생각해 내고는 서로 말했습니다. "우리가 저 두료다나를 알려주면 판두 아들이 우리에게 상을 줄 것이다! 두료다나 왕은 확실히 여기에 있다. 우리 모두 유디슈티라 왕이 있는 곳으로 가서 두료다나가 이 호수 속에 숨어 있다고 말을 하자!" 그렇게 말을 하고 사냥꾼들은 판다바 막사로 향했습니다. 판다바들을 두료다나를 찾으려고 사방으로 염탐(廉探)군들(spies)을 보내 놓고 있었습니다. 그런데 사냥꾼들은 비마에게 달려가 그들이 들었던 대로 그 이야기를 전했습니다. 그러자 비마는 사냥꾼들에 푸짐하게 상을 주고, 유디슈티라 왕에게 말했습니다. "내게 고기를 공급하고 있는 사냥꾼들이 두료다나[있는 곳]를 찾아내었습니다. 두료다나는 지금 홀로 호수 속에 있습니다." 유디슈티라와 형제들은 기쁨에 넘쳐 자나르다나[크리슈나]가 앞장을 서서 그곳으로 갔습니다. 그러자 기쁨에 들뜬 판다바들과 판찰라들에서 엄청난 함성이 터져 나왔습니다. 무사들은 [두료다나를 잡을 희망에] 사자 같은 함성을 질렀습니다. 그래서 모든 크샤트리아들이 그 '드와이파야나(Dwaipayana) 호수'로 달려갔습니다. 소마카들은 반복해서 큰 소리로 말했습니다. "죄 많은 드리타라슈트라 아들을 찾았다!" 그 함성은 하늘에까지 도달했습니다. 그 유디슈티라 대군의 소란을 듣고 크리타바르만과 크리파와 아스와타맨[드로나의 아들]은 두료다나에게 말했습니다. "판다바들이 여기로 몰려옵니다. 우리는 잠시 여기를 떠납니다." 이 말을 들은 두료다나는 대답했습니다. "알았다." **두료다나는 '그의 요술로 얼린 호수(solidified them by his powers of illusion)' 속에 그대로 남아 있었습니다.** 그 세 사람의 무사들은, 그 호수에서 멀리 떨어진 반얀(Banian) 나무 그늘에 멈추었습니다. 그들은 크게 지쳤으나 두료다나 왕이 걱정되어 말했습니다. "억센 두료다나의 아들이 호수를 얼려서 그 바닥에 누워 있다. 판다바들이 싸우려고 거기로 온들 어떻게 싸울 것이며, 왕에게 무엇을 행할 수가 있겠는가?" 그렇게 말을 하고 크리파 등의 무사들은 전차에서 말을 풀어 쉬게 하고 잠시 쉴 차비를 했습니다.

산자야가 말했다. -3인의 전차 무사가 떠난 다음 두료다나가 쉬고 있는 그 호수에 판다바들이 도착했습니다. 드와이파야나(Dwaipayana, Vyasa) 호반(湖畔)에 도착한 판다바들은 두료다나가 숨어 있는 호수를 보았습니다. 그러자 유디슈티라가 크리슈나에게 말했습니다. "드리타라슈트라 아들이 이 호수에 요술을 부려놓은 것을 좀 보십시오. 호수에 요술을 걸어 그 속에 숨어 있습니다. 두료다나는 사람들을 염려할 필요가 없게 되었습니다. 요술(妖術, a celestial illusion)을 부려서 지금 호수 속에 있습니다! 속임수로 도망을 친 것입니다. 그러나 생명을 가지고는 나를 피할 수 없을 것입니다. 전장에서 천둥벼락을 부리는 재인드라 신라도 오늘은 죽게 될 것입니다."

크리슈나가 말했습니다. "그대가 가지고 있는 힘으로는, 두료다나가 쓰고 있는 이 방법을 이길 수 있습니다. 요술에 능한 사람은 요술로 잡아야 합니다. 이 호수에 대한 당신 요술의 힘으로 바로 요술의 두료다나를 잡으십시오. 오, 유디슈티라여, 당신의 용맹을 보이십시오!" 크리슈나의 말을 들은 유디슈티라는 잠시 웃고 있다가 두료다나에게 말했습니다. "오 수요다나[두료다나]여, 모든 크샤트리아를 망쳐놓고 그대의 종족도 전멸되는데, 무슨 까닭으로 이 물속으로 들어가 있는가? 어찌해서 그대만 살려고 오늘 이 호수 속으로 들어가 있는가? 수요다나여, 나와서 우리와 한판 붙자! **오 왕이여, 그대가 가지고 있던 긍지와 명예는 어디로 갔는가**, 이 호수에 요술을 걸어 이 안에 숨는다는 것인가? 그 동안 모든 사람들이 모여 들어 당신을 '영웅'이라고들 칭송하였다. 그러나 나는 모든 것이 완전히 거짓이라고 생각하니, 까닭은 그대가 이 호수 속에 그대를 숨겼기 때문이다. 오 왕이여, 그대는 나와서 한판 붙자. 그대는 크샤트리아 명문 출신이 아니었던가! 어떻게 자랑스러운 쿠루 족에 태어나, 전쟁터에서 겁을 내고 도망을 쳐서 이 호수 속에 그대를 숨기는가! **전쟁터에서 도망을 치는 것은 '영원한 크샤트리아의 의무'가 아니다.**(This is not the eternal duty of a Kshatriya.) 오 왕이여, 전투를 무서워하는 것은 명예를 존중한 사람들이 할 짓이 아니며, 하늘에 도달할 수도 없다! 이 전쟁을 끝내지 않고는 승리를 원해도 되질 않고 이 호수 속에 있다가 어떻게 그대의 아들과 형제와 할아버지 친척 친구 외숙의 죽음을 대하려 하느냐? 항상 자랑스러운 그대의 용기를 보였으나, 그대는 영웅도 아니다! 오 바라타여, 거짓으로 자신을 묘사하여 그대의 말을 듣고 그대가 영웅이라고 한 모든 사람은 오해를 했던 것이다! **영웅들은 결코 적을 보고 도망치지 않는다**! 그것이 아니면 오 영웅이여, 전투에서 도망을 친 그 용기에 대해 우리에게 말을 해보라. 오 왕이여, 두려움을 버리고 나와 싸우자! 오 수요다나여, 형제와 군사가 죽었는데도 정의로운 동기에서 혹시나 살겠다는 것인가! 오 수요다나여, 크샤트리아 의무를 수용한 사람은 이런 방식으로 행동하지는 않는다. 카르나에게 매달리고 사쿠니에게 의지하여 그들이 영원하리라 믿고 어리석게도 자신을 몰랐다. 그 같은 통탄할 악을 저질렀으니, 오 바라타여, 한판 붙자. 어떻게 그대처럼 전투에서 도망친 것으로 무엇을 가르칠 것인가? 분명히 그대는 자신을 망각하고 있다! 오 수요다나여, 남자다움은 어디로 갔으며, 그대가 아끼던 긍지는 어디로 갔는가! 그대의 무용(武勇)과 위대한 힘은 어디에 있는가? 그대 무기로의 성취는 어디에 있으며, 왜 지금 호수 속에 있는가? 나오라, 오 바라타여. 싸워서 그대의 '크샤트리아 의무'를 생각하라! 오 바라타여, 우리를 무찔러 넓은 세상을 통치하든지, 아니면 우리에게 죽어서 땅 바닥에 잠을 자든지 그렇게 하라! 이것이 영명한 창조주께서 내려주신 그대의 최고 의무이다. 진실로 경전에 전해진 대로 행하여 왕이 되라. 오 위대한 전차 무사여!"

산자야가 계속했다. -다르마의 아들(유디슈타라)이 이같이 말하자, 대왕의 아드님(두료다나)은 물속에서 다음과 같이 대답했습니다.

"왕이여, 생명에 대한 두려움이 생기는 것은 전혀 놀랄 일이 아니다. 그러나 내 경우는 내가 살려고 도망친 것이 아니다! 내 전차는 다 망가지고 전통(箭筒)도 없어지고 내 파르슈니(Parshni) 마부도 죽었다. 나는 한 사람도 없이 나 혼자다. 그래서 잠깐 쉬려는 것이다. **살려고 이러는 것이 아니고 두렵거나 슬퍼서 이 물 속에 있는 것도 아니다**! 내가 피로해서 그러한 것이다. 쿤티의 아들아, 잠깐 기다려라. 이 호수에서 나가면 네놈들 모두와 깨끗이 한판 붙어 주마."

유디슈타라가 말했습니다. "우리는 충분히 쉬었다. 한참 동안 우리는 그대를 찾고 다녔다. 이제 어서 나오라 수요다나여, 싸워보자! 전투로 우리 판다바들을 다 잡아, 그대가 이 왕국을 크게 만들든지, 우리들에게 죽어서 이 땅이 영웅들의 소유가 되든지 한번 싸워 보자!"

두료다나가 말했습니다. "쿠루 중에서 내가 왕권을 갖도록 원했던 자들은 이 전쟁터에서 모두 죽었다! 나는 '우수한 크샤트리아'이므로 더 이상 과부가 된 부인처럼 부(富)를 자랑하며 세상에 남아 있기를 원하지는 않는다. 그러나 오 유디슈트라여, 내가 자존심을 조금 구겼으나, 나는 아직도 너와 판찰라들과 판두들을 무찌르기는 것이 내 소망이다. 그러나 드로나 카르나 비슈마가 죽었으니, 전투할 필요도 없다! 이 세상은 이제 다 당신 것이다. **무슨 왕이 왕국을 그 친구들과 그 동맹들에게 나누어 주겠는가?** 나처럼 너희들에 의해 내 왕국이 박탈당했다면, [박탈을 했던 자가] 아들 형제 할아버지일지라도 세상에서 살고 싶은 자가 어디 있겠는가? 사슴 가죽을 걸치고 숲으로 은퇴를 할 것이다! 친구와 동맹들에게 빼앗겼으니, 나는 왕국에 욕심이 없다. 오 바라타여, 그대에게 내 친구들 동맹들 코끼리들을 다 강탈당하여, 이제 세상은 그대의 것이다. 그대는 즐겁게 세상을 향락할지어다. 나는 사슴 가죽을 뒤집어쓰고 숲으로 들어가겠다. 친구가 없어졌으니, 살맛도 없어졌다. 왕이여, 가서 당신이 원했듯이 무사도 성곽도 없이 가난한 왕들이나 다스려라."

산자야는 계속했다. -이 가슴 아픈 슬픈 말을 들은 영명한 유디슈티라는 아직도 물속에 있는 그 두료다나에게 말했습니다. "물속에서 그런 헛소리는 이제 그만하라. 나는 사쿠니처럼 그대 말이나 들어주는 사람이 아니다. 수요다나여, 그대는 나에게 이 세상을 선물로 주고 싶은 게로구나. 그러나 그대가 준 이 세상을 다스리고 싶지는 않다. 나는 너에게서 죄스럽게 받을 수는 없다. **선물을 받는 것은, 크샤트리아에게 부여(賦與)된 직무가 아니다! 나는 그래서 네가 포기한 넓은 이 세상을 소유한 것이 나의 소원은 아니다. 그래서 나는 전투로 너를 멸한 다음에 이 세상을 즐길 것이다. 그대는 지금 세상의 주인이다! 왜 지배권이 없는 것을 그대는 선물하려 하는가? 오 왕이여, 왜 그대는 정의(正義)를 알고 있고 종족의 번영을 바라던 우리가 마땅한 우리의 지분을 요구했을 때 그 땅을 주지 않았는가? 처음엔 억센 크샤트리아 요구를 거절하다가 왜 지금에 와서 땅을 내던지는가? 얼마나 바보 같은 짓인가?** 적에게 공격을 받은 왕이 그 왕국을 적에게 넘겨줄 왕이 어디에 있을 것인가? 쿠루의 아들이여, 오늘은 그대가 땅을 넘겨주기에 적당하지 않다. 통치도 못 한 땅을 어떻게 남에게 주겠다는 것인가? 전투로 나를 무찌르고 이 땅을 다스려라! 그대는 앞서 정확히 바늘만큼 한 땅도 주지 못하겠다고 말했다. 그런데 어떻게 해서 모든 땅을 내게 주겠다는 것인가? 어떻게 해서 이전에는 바늘만큼 한 땅도 버릴 수 없다고 했다가 지금은 모든 땅을 내버리려 하는가? **그처럼 번영을 누리며 다스리던 땅을 지니고 있다가 적들에게 그 땅을 그냥 내 주는 바보가 어디에 있겠는가?** 바보가 되어 그대는 그것의 부적절함을 모르고 있다. 비록 그대가 그 땅을 포기를 해도, 그대는 생명을 가지고 도망갈 수는 없다! **우리를 쳐부수고 왕이 되든지, 우리에게 죽어 극락으로 가든지 하라.** 만약 양쪽 다 살아남는다면 만인이 누가 이겼는지 의심할 것이다! 보기 드문 예견자여, 그대의 생명은 내게 달려 있다! 내가 달게 고통을 받으며 그대를 살려줘도 그대는 그대의 생명을 지킬 수가 없었다. 그대는 지난날 우리를 불태워 죽이려 했고, 뱀들과 독약으로 생명을 앗으려 했고, 강물 속에 던졌었다! 우리는 그릇되게 그대에게 왕국을 빼앗겼고, 독한 욕을 먹었고, 드라우파디는 능욕을 당했다. 오 불쌍한 악마여, 그래서 오늘은 너를 죽여야겠다. 나오라 나와 겨루어보자! 그것은 너에게도 이로운 일이다."

산자야는 계속했다. -이러한 압박 속에 판다바들은 승리감에 들떠서 반복해서 두료다나를 조롱했습니다.

드리타라슈트라가 말했다. -정말 그토록 책망이 되었으니, 항상 화를 잘 내는 왕자(두료다나)는 어떻게 행동을 했는가? 이전에는 전혀 다른 사람들의 권고들을 수용한 적이 없었지! 다 왕으로만 존중을 했었다! 그(두료다나)는 다른 사람의 그늘에 의지하여, 저의 비통함을 늘어놓았지, 그의 섬세한 자존심 때문에 태양의 작열(灼熱)함을 견디지 못했었다. 그런데 그러했던 그가 어떻게 적들의 말을 견딜 수 있겠는가? 오 산자여, 그대는 세상을 다 볼 수 있는 눈을 지녔으니 말해보라! 그렇게 판두 아들들에게 두료다나가 질책을 당하고 추종자를 잃고 그 고독한 자리에 숨어서 승리의 적들에게 조롱을 당하고 무어라고 했는지를 어서 다 말해보라.

산자야가 계속했다. -유디슈티라와 그 형제들에게 그런 책망을 들으며, 왕자(두료다나)는 그 혹독한 말을 듣고 비참해졌습니다. 뜨겁고 긴 한숨을 반복하다가 왕(두료다나)은 무기를 거듭 점검하고 결투를 행할 결심으로 물속에서 판두 아들에게 말했습니다.

"판다바들아, 너희는 친구와 전차와 동물들[말, 코끼리]도 다 남아 있다! 그러나 나는 전차도 코끼리 말들도 다 없어져서 기분이 나쁘다. 나 혼자서 부족한 무기로, 어떻게 전차를 지니고 잘 무장한 수많은 적들과 혼자 걸어 다니며 싸울 수 있겠는가? 그러나 유디슈티라여, 나와 한 번 붙어보자! 무기도 없고, 배고프고, 재난을 겪고, 사지가 망가지고 군사도 동물들도 없는 상태에서 많은 적과 싸워야 한다는 것은 적절하지 못 하다. 그러나 **나는 너나 비마나 아르주나나 바수데바 판찰라 형제나 쌍둥이나 유유다나, 네가 거느린 어떤 군사 누구라도 나는 조금도 무섭지 않다. 전투를 기다려라, 나 혼자 너희 모두를 상대해 주마! 모든 정의로운 사람들의 명예는 그 기초를 '정의'에 두고 있다. 정의와 명예를 안다는 너에게 말해 둔다. 이 호수에서 나가 너희 모두와 싸우겠다! 새벽에 태양이 모든 별빛을 잠재우듯이 나는 오늘 전차와 말을 지닌 너희 모두를 쳐부수겠다. 오늘은 영명한 크샤트리아들인 발리카, 드로나, 비슈마, 카르나, 자야드리타, 바가다타, 살리아와 내 아들, 사쿠니, 내 친구, 지지자들, 가족들에게 그 동안 내가 진 빚에서 벗어나는 날이다! 나는 오늘 너희를 내가 무찔러 '나의 빚'에서 벗어나도록 하겠다.**"

유디슈티라가 말했습니다. "오 수요다나여, **그대가 다행히 '크샤트리아의 의무'를 아는구나!** 다행히도 싸울 생각을 했구나! 다행히도 너는 쿠루족이고, 싸울 줄을 알고 단손으로 우리 모두를 상대하려 하구나! 우리 중에 한 사람과 싸우고 원하는 무기를 선택하라! 우리 모두는 여기에서 지켜보겠다! 오 영웅이여, 어느 누구든 원하여 싸워 이기면 그대는 왕이 될 것이다! 그렇지 못 하면 우리에게 죽어서 천국으로 갈 것이다!"

두료다가 말했습니다. "당신이 내가 한 사람을 상대로 싸우기를 허락을 한다면, 나는 철퇴를 선택하겠다. 당신들 중에 나를 도보(徒步)로 나를 상대할 자를 나오게 하고 철퇴를 들게 하라! 그 동안 전차를 타고서도 수많은 단둘만의 격전들이 있었다! 오늘 철퇴 지닌 놀라운 대결을 보아라! 사람들은 싸우는 동안 무기 교체를 원한다. 그러나 당신의 허락 하에 오늘 싸우는 방법을 [철퇴로만 싸우게] 바꾸게 되었다! 나는 오늘 철퇴로 당신의 모든 아우들을 무찌르고, 모든 판찰라들과 스린야야들과 당신이 소유하고 하고 있는 군사를 물리치겠다! 오 유디슈티라여, 나는 그가 설령 사크라(Sakra)일지라도 조금도 무섭지 않다!"

유디슈티라가 말했습니다. "나오라, 철퇴를 가지고 한 사람과 붙게 해주마! 비록 인드라 신이 그대 편이라도 오늘은 그대 명(命)을 끊어 놓겠다!"

산자야가 계속했다. -인중(人中)의 호랑이인 두료다나는, 유디슈티라의 [조롱하는]말에 참을 수가 없었습니다. 두료다나는 굴속에 머물러 있는 거대한 뱀처럼, 물속에서 무겁고 긴 호흡하였습니다. 거듭 말로 자극이 된 두료다나는, 최고의 말이 그 채찍을 못 참듯이 더 이상 참고 있을 수가 없었습니다. 큰 힘으로 물을 흔들며 두료다나는 호수에서 나온 왕 코끼리 같았습니다. 분노로 큰 호흡을 하며 황금으로 장식한 철퇴를 잡았습니다. 굳어진 물을 뚫고 철퇴를 메고 나온 대왕의 아들은 만물을 비추는 태양과 같았습니다. 큰 힘과 지성을 타고난 대왕의 아드님은 투척(投擲)기를 단쇠로 된 철퇴를 다루었습니다. 철퇴를 든 산마루 같고, 노한 눈으로 바라보는 삼지창을 휘두른 루드라(Rudra) 신[시바 신] 같은 두료다나를 보고, 사람들은 하늘에 빛나는 태양이라고 생각했습니다. 정말 모든 판찰라들은 두료다나를, 벼락을 구사한 사크라(Sakra)나 삼지창을 든 하라(Hara) 같이 바라보았습니다. 그러나 물속에서 나온 두료다나를 보고 모든 판다바와 판찰라들이 손을 모으고 좋아했습니다. 두료다나는 그 구경꾼들의 행동이 바로 자기를 해칠 것으로 생각했습니다. 분노의 눈을 굴리며 판다바들을 불태워 버릴 듯이 입술을 거듭 물며 말했습니다. "판다바들아, 너희는 나를 조롱했던 그 값을 치러야 할 것이다. 오늘 내가 너희를 판찰라들과 함께 지옥으로 보내주마!"

산자야는 계속했다. -호수에서 나온 두료다나는 철퇴를 들고 사지(四肢)는 피로 물들어 있었습니다. 기쁨에 소리치는 구름 속의 천둥 같은 소리로, 판다바들에게 '싸우자!'고 했습니다. 두료다나는 말했습니다. "유디슈티라여, 어서 덤벼. 한 무사가 여러 명과 싸우는 것은 공평하지 않다. 나는 다른 무기도 전차도 동물도 군사도 없고 사지는 망가져 있다! 하늘에 있는 신들도 무기 없이 홀로 싸우는 나를 볼 것이다. 나는 너희 모두와 싸울 것이다! 적합과 부적합은 네가 결판을 하라!"

유디슈티라가 말했습니다. "두료다나여, 그 [고독한] 아비마뉴를 많은 전차 무사들이 부당하게 달려들어 죽였던 것은 다 잊었는가? '크샤트리아의 의무(Kshatriya duties)'란 극도로 잔인하여 모든 고려가 없고, 털끝만큼의 인정도 없다! 만일 그렇지 않다면, 그러한 포위를 당한 상황에 있는 그 아비마뉴를 어떻게 죽일 수 있었던가! 그대들은 정의(正義)를 알고 있다! 그대들은 모두 영웅들이다! 그대들은 전투로 생명을 버린다! 정당하게 투쟁에 선언된 높은 목적이 사크라(Sakra) 영역을 획득하는 것이다! 만약 '많은 사람이 한 사람을 해칠 수 없다.'는 것이 그대들의 의무라면, 많은 사람들이 한 사람의 아비마뉴를 죽였던 사실은 그대의 말과 일치하고 있는가? 사람들은 곤경에 처할 때는 도덕을 망각한다! 그래서 사람들은 저 세상에 대문들도 닫혀 있다고 생각한다. 오 영웅이여, 갑옷을 입고 허리띠를 묶어라! 누구든지 골라라. 그리고 다섯 명의 판다바 중에 그대가 대적하기를 원하는 그를 죽이면 나는 그대를 왕으로 인정한다! 그렇지 않고 죽음을 당하면 천국으로 갈 것이다! **너의 목숨만 빼고 우리는 너의 소망을 인정하마.**"

산자야가 계속했다. -그러자 두료다나는 그의 몸을 황금 갑옷으로 감싸고, 황금 투구를 썼습니다. 오 대왕이시여, 정말 대왕의 아들 두료다나는 전쟁터에 임해서 판다바들에게 말했습니다. "5형제 중에 나와 싸울 자는 철퇴를 잡고 나와라. 누구든 나오라! 내가 여기에서 결판을 내주겠다! 나의 철퇴를 맞설 자는 없을 것이다! 나처럼 공정하게 싸울 자도 없을 것이다! 나와 싸울 자는 철퇴를 잡아라!"

산자야가 말했다. -두료다나가 반복해서 말하고 있는 동안에 화가 난 바수데바는 유디슈티라에게 말했습니다. "오 유디슈티라여, 당신이 '우리 중에 한 사람을 죽이면 [두료다나를] 쿠루의 왕으로 삼겠다.'고 한 말은, 얼마나 경솔한 말인가. 두료다나가 그대나 아르주나, 나쿨라, 사하데바를 선택하겠는가? 비마를 잡기 위해 13년 동안 철퇴 연습을 하였습니다. 그렇다면 우리의 전쟁 목표가 성공을 하겠습니까? 오 왕이여, 그대는 말에서 너무 성급했습니다. 이 순간에는 브리코다라(비마)와 두료다나와의 격투가 있을 뿐입니다. 브리코다라(비마)의 철퇴 솜씨는 대단한 것이 아닙니다! 그래서 당신은 결국 '당신과 사쿠니의 악마 게임'을 또 한 번 허락을 한 셈입니다! 비마는 힘과 용맹을 지녔습니다! 그러나 수요다나[두료다나]는 기술을 확보했습니다! 힘과 기술의 대결에서는 항상 기술을 가진 자가 우위를 점합니다! 그러한 적에게 당신은 쉽고 편안한 자리를 제공했습니다! 당신은 스스로 어려운 위치를 잡아서 결과적으로 우리는 큰 위험에 처하게 되었습니다! 세상에 누가 그의 적들을 다 죽이고, 하나 남아 있을 적에게 통치권을 던져 내버리고 어려움 속으로 들어가겠습니까? 나는 오늘날 그가 신(god)일지라도 세상에서 철퇴로 무장한 두료다나를 무찌를 그런 사람은 없다고 생각합니다. 당신이나, 비마, 나쿨라, 사하데바, 아르주나도 두료다나와 공정하게 싸워 이길 수 없습니다! 두료다나는 큰 기술을 확보하고 있습니다! 그러한 적(敵)에게 '싸우자, 그대의 철퇴를 선택하여 그대가 우리 중에 한 사람을 죽이면, 그대는 왕이 될 것이다.'란 말을 어떻게 할 수가 있습니까? 만약 두료다나가 우리 중에 브리코다라를 선택하여 그와 공평하게 싸운다면 우리가 과연 승리할 지는 의심스럽게 됩니다. 틀림없이 판두와 쿤티의 아들들은 왕권을 즐길 운이 없습니다. 판두 아들들은 평생을 숲 속에 유랑하며 사유하며 보낼 팔자입니다!"

비마가 말했습니다. "마두의 살해자[크리슈나]여, 야두족의 기쁨[바수데바]이시여, 염려하지 마소서! 도달하기 어려웠던 그 '적대감의 종말'을 오늘 보여 드리겠습니다! 틀림없이 전투로 수요다나를 무찌르겠습니다! 그것이 정의(正義)의 유디슈티라의 승리를 확정하는 것입니다! 이 나의 철퇴는 두료다나 철퇴보다 한 배 반이나 무겁습니다! 오 마다바[크리슈나]여, 근심하지 마십시오! 나는 철퇴로 싸웁니다! 오 자나르다나[크리슈나]여, 대결을 구경해 보십시오! 당신[크리슈나]은 수요다나를 칭송했지만, 나는 온갖 무기를 갖고 있는 신들을 포함한 3계와도 싸울 것입니다!"

산자야는 계속했다. -브리코다라(비마)가 그렇게 말하자 바수데바는 기쁨에 넘쳐 그를 치켜세우며 말했습니다. "오 억센 무사여, 그대에 의지하여 정의(正義)의 왕 유디슈티라는 모든 적을 무찌르고 빛나는 융성을 회복할 것이요! 그대는 전쟁터에서 모든 드리타라슈트라 아들들을 무찔렀소! 그대 앞에 많은 왕들과 왕자들과 코끼리들이 죽음을 당했소! 오 판두의 아들이여, 끔찍한 전쟁터에서 칼링가족(Kalingas), 마가다족(Magadhas) 카우라바족(Kauravas) 서부족(Westerners) 간다라족(Gandharas)이 다 없어졌소! 오 쿤티의 아들이여, 그리고 나서 그대가 두료다나를 잡으면, 비슈누 신이 사치(Sachi) 왕에게 행했던 것처럼 정의(正義)의 왕 유디슈티라에게 천하(天下, the earth with her oceans)가 바로 부여될 것이요! 한심한 드리타라슈트라 아들[두료다나]은 그대를 맞아,

운명(殞命)을 당하게 될 것이요! 그대는 그대의 맹세로 두료다나의 뼈를 부러뜨릴 것이요! 그러나 프리타의 아들이여, 두료다나의 아들과 싸우면서는 항상 신중해야 합니다! 두료다나는 기술과 힘을 겸비하여 항상 전투를 즐겼습니다!" 그러고 나서 이어 사티아키가 비마의 용맹을 칭송하고, 판찰라 들과 판두 아들들도 비마의 맹세를 칭송했습니다. 그런 다음에 비마가 유디슈티라에게 말했습니다. "이 격투에서 제가 저 두로다나와 싸웁니다! 저 악당은 나를 이길 수 없습니다! 저는 오늘, 아르주 나가 앞서 그 칸다바(Khandava) 숲을 불로 태웠듯이 제 가슴에 충만한 수요다나에 대한 분노를 그에게 다 토(吐)할 것입니다! 저는 오늘 형님의 가슴에 그토록 오래도록 박혀 있는 화살을 제가 뽑아 던지겠습니다! 오 대왕이시여, 행복하소서, 제가 이 악당을 이 철퇴로 죽일 것입니다! 오 무구 (無垢)한 분이시여, 오늘 당신이 지녔던 영광의 부(富)를 이 비마가 되찾아 드리겠습니다! 오늘 수 요다나는 목숨도 번영도 왕국도 끝장이 납니다! 오늘 드리타라슈트라 왕이 자기 아들이 죽었다는 소식을 들으면, 사쿠니가 제안했던 우리를 향한 모든 잘못을 생각해 볼 것입니다!" 이렇게 말하고 비마는 자리에서 일어났습니다. 큰 힘을 지닌 두료다나의 외침에 참을 수가 없어서 비마는 노한 코끼리처럼 달려갔습니다. 판다바들이 두료다나를 보니, 철퇴로 무장을 하여 카일라사(Kailasa) 산 봉우리 같았습니다. 두료다나는 어떤 공포나 경고, 고통, 걱정도 없었습니다. 두료다나를 보고 비 마가 말했습니다. "드리타라슈트라 왕과 네가 우리에게 잘못 했던 것을 생각해보라! 바라나바타 (Varanavata)에서 생겼던 일을 생각해 보라! 드라우파디가 회당(會堂)에서 능욕당한 것과 유디슈티 라가 사쿠니 제안에 주사위 노름에 어떻게 졌던가를 생각해 보라! 사악한 자여, 순진한 파르타족 (Parthas)에게 얼마나 잘못 했던 것을 알아야 한다! 영명한 바라타의 어르신[비슈메]께서 너를 위해 싸우시다가 화살 침상에 누워계신다! 드로나 역시 죽었다! 카르나, 살리아, 사쿠니도 전장에서 죽었 다. 그대의 형제들, 아들들도 죽었다! 역시 불퇴전(不退轉)의 왕들도 죽었다! 드라우파디 머리채를 잡았던 악당[두사사나]도 죽었다! 너만 아직 혼자 살았으나, 너는 우리 종족을 멸망시킨 악당이다! 너는 오늘 내 철퇴에 죽는다! 오늘 내가 너의 모든 자존심을 진압해 주겠다. 그리고 역시 너의 왕권에 대한 희망을 깨뜨려 놓을 것이니, 판두 아들에게 행한 그대 비행(非行)의 대가를 지불하라!"

두료다나가 말했습니다. "무슨 말이 많은가? 오늘 한바탕 붙어보자! 브리코다라, 네가 원하는 대로 죽여주마! 악당아, 왜 철퇴를 들고 있는 나를 보지 않는가? 나의 철퇴는 히마바트(Himavat)가 소유한 무시무시한 철퇴다. 내가 이 무기[철퇴]를 지녔으니 나를 대적할 자가 세상 어디에 있겠는 가? 공정한 투쟁은, 결과만을 위한 것이 아니다! 너는 나의 잘못을 모두 말했지만, 이제까지 너는 털끝만큼도 나를 도저히 어찌 할 수가 없었다! 내가 힘을 발휘하여, 내가 너희를 숲으로 보내버렸 고, 자취를 감추고 종살이를 하게 했던 것이다! 너의 친구들과 동맹들도 피살을 당했다. 우리의 손실은 서로가 동등하다! 만약 이 전투에서 내가 진다면 크게 찬양을 받을 만한 것이다. 그렇지만 오늘날까지 공정한 전투에 나는 패한 적이 없다. 네가 속임수로 나를 이긴다면 너의 불명예는 영원 할 것이다. 너의 행위는 틀림없이 부당하고 더러운 것이다. 쿤티의 아들놈아, 쓸데없는 고함은 지르지 말라! 지금 전투에서 네가 지닌 힘을 한 번 보여 봐라!" 두료다나의 이 말을 들은 판다바들과 스린자야들(Srinjayas)은, 승리감이 고취되어 크게 박수를 쳤습니다. 박수를 쳐서 화난 코끼리를 자극하는 사람들처럼, 모든 사람들은 두료다나 왕을 기쁘게 해 주었습니다. 거기에 있던 코끼리들도 툴툴거리며 인정을 하였고, 말들도 반복해 울었습니다. 판다바들의 무기들은 승리에의 열망으로 저절로 빛났습니다.

산자야가 말했다. -격렬한 전투가 시작되려 하니, 판다바 형제들도 자리에 앉고, 두 영웅이 스승이었던 **라마(Rama, Valadeva, son of Rohoni, 케사바의 형님)도 다라수(多羅樹) 깃발과 '보습무기'를 가지고 그 지점에 도착했습니다.** 그 라마(Rama)를 보고 판다바들과 크리슈나는 반갑게 그를 영접하고 인사를 했습니다. 인사들을 마치고 크리슈나는 라마(Rama)에게 말했습니다. "라마여, 당신 두 제재[비마와 두료다나]의 격투에 기량을 보십시오!" 그러자 라마(Rama, Valadeva, son of Rohoni, Rohini)는 그 눈으로 [그의 아우]크리슈나와 판다바들과 두료다나와 철퇴로 무장을 하고 있는 쿠루족을 보더니, 다음과 같이 말했습니다.

"내가 집을 나온 지 42일이 되었습니다.['크루크셰트라 전쟁'이 터지기 약 일 개월 전] 푸샤(Pushya) 별자리에서 출발하여 스라바나(Sravana) 별자리 아래로 돌아왔습니다. 나는 두 제자의 철퇴 격투를 한번 보고 싶습니다!"

그 때 그 격투 장에 철퇴로 무장을 한 두 영웅 두료다나와 브리코나다[비마]의 모습은 찬란했습니다. 유디슈티라 왕이 보습 무기를 소지한 라마(Rama, Valadeva)를 껴안으며 그에게 안부를 물으며 환영한다고 말했었습니다. 위대한 궁사인 두 크리슈나들[아르주나와 바수데배도 인사하고 껴안았습니다. 마드리의 두 아들과 5명의 드라우파디의 아들도 인사를 했습니다. **비마와 두료다나도 철퇴를 높이 들며 발라데바(Valadeva, 라마, son of Rohoni)에게 인사를 올렸습니다. 다른 왕들도 환영을 하며 라마(Valadeva)에게 말했습니다. "오 억센 무사이시여, 이 대결을 지켜 봐 주소서." 측량할 수 없는 힘을 지닌 발라데바(Valadeva, 라마, son of Rohoni)는 모든 크샤트리아들에 다정히 답례를 했습니다.**

그리고 나서 유디슈티라는 발라데바(Valadeva, 라마, son of Rohoni)에게 다음과 같이 말했습니다. "오 라마시여, 끔찍한 두 형제의 대결을 지켜봐 주소서!" 그처럼 두 투사들의 축복을 받은 발라데바(Valadeva)는 그들 속에 자리를 잡았습니다. 푸른 복장과 공정한 안색으로 발라데바는 왕들속에 착석하니, 수많은 별들을 거느린 빛나는 달과 같았습니다. 그러자 머리털을 세우는 무서운 대결이 펼쳐졌습니다.

자나메자야(Janamejaya)가 말했다. -쿠루와 판다바 전쟁이 터지기 전에 발라데바(Rama)는 케사바와 더불어 브리슈니족을 이끌고 드와라카(Dwaraka)를 떠났었습니다. 발라데바가 아우 케사바에게 말했습니다. "나는 드리타라슈트라 아들들이나 판두 아들들 어느 편도 돕지 않고 내가 좋아하는 데로 가겠다!"고 하고, 떠났었습니다. 그런데 어떻게 발라데바가 그 지점으로 찾아 왔고, 어떻게 그 전투를 보았는지 자세히 말해주시오.

바이삼파야나(Vaisampayana)가 말했다. -판다바들이 우팔라비아(Upalavya)에 자리를 잡고, 평화를 위해 케사바를 드리타라슈트라 앞으로 파견했었습니다. 그래서 케사바는 하스티나푸라(Hastinapura)로 가서 진실하고도 은혜로운 말들을 전했습니다. 그러나 앞서 말씀드렸듯이 그 말씀을 두료다나는 수용하지 않았습니다. 평화 상담에 실패한 크리슈나는 우팔라비아(Upalavya)로 돌아 왔었습니다. 그리고 크리슈나는 판다바들에게 말했었습니다. "운명적으로 카우라바들은 내 말을 무시했습니다! 나와 더불어 푸샤(Pushya) 별자리 아래서 출발하여 전쟁터로 갑시다!" 그 뒤에 양측에 군사들이 전쟁터로 집결하니, 발라데바가 아우 크리슈나에게 말했습니다. **"마두의 살해자 [크리슈나여]여, 우리는 함께 쿠루들을 돕도록 하자."** 그러나 크리슈나는 발라데바의 그 말을 듣지 않았습니다. 그래서 **발라데바는 가슴 속에 분노를 품고 사라스와티(Saraswati)로 순례를 떠났습니다. 발라데바는 모든 야다바족(Yadavas)을 거느리고 마이트라(Maitra)라는 성군(星群)과의 접속 하(下)에 출발하였습니다. 그러자 보자(Bhoja)왕[크리타바르만 -Kritavarman]은 두료다나 편에 섰습니다.** 크리슈나는 유유다나(Yuyudhana)를 대동하고 판다바들과 함께 했습니다. 크리슈나는 판다바들을 선봉에 세우고 쿠루들에게 대항을 했습니다. 발라데바는 그 하인에게 명했습니다. "순례에 필요한 모든 것, 즉 성화(聖火)와 우리 사제들을 데려오라. 금 은 암소 예복 말 코끼리 전차 노새 낙타를 챙겨라. 사라스와티(Saraswati)를 향해 급히 떠나야겠다!" 명령을 내린 발라데바는 '쿠루들에게 큰 재난[쿠루크셰트라 대전]'이 있는 동안에 순례(巡禮)를 떠나 있었습니다.

드리타라슈트라가 말했다. -오 산자야여, 그 발라데바가 철퇴 싸움 지점에 이르렀을 때에 두료다나와 비마는 어떻게 싸웠느냐?

산자야가 말했습니다. -발라데바가 온 것을 확인한 용맹스런 두료다나는 기쁨에 넘쳤습니다. 보습 영웅을 보고 왕 유디슈티라는 자리에서 일어서서 안부를 물었습니다. 그러자 발라데바(Rama)는 부드럽고 자애로운 대답을 해 주었습니다. **"나는 신령들(神靈, Rishes)에게서 쿠루크셰트라(Kurukshetra)는 최고로 신성하고 죄악을 씻는 하늘과 같은 장소로, 신들과 신선과 바라문들이 경배하는 곳으로 들었습니다! 이 들녘에서 전투에 참가하다가 [자기의]신체를 벗어난 영혼들은 천상(天上)을 성자(Sakra)와 함께 누린다고 합니다!** 나는 그걸 위해서 속히 사만타판차카(Samantapanchaka)로 오게 된 것입니다. 신들의 세계에서는 그곳이 만물을 창조한 브라만의 북쪽 제단이라고 합니다! **3계에서 가장 신성한 이곳에서 전투로 죽은 사람은 확실하게 천국을 획득합니다!"**

두료다나가 갑옷을 입고 큰 철퇴를 잡고 나아가니, 천상(天上)의 신들이 "최고다 최고야!"라고 말했습니다. 기쁨에 넘친 쿠루 왕을 보려고 차라나들(Charanas)이 바람처럼 달려왔습니다. 판다들에게 포위된 두료다나는 노한 코끼리 같이 진격했습니다. 그 영역이 소라고둥 소리, 북소리, 영웅들의 함성으로 가득했습니다. 갑옷을 입고 거대한 철퇴를 든 비마는 억센 가루다(Gruda) 형상이었습니다. 투구를 쓰고, 황금갑옷을 걸치고 입가를 핥으며 분노의 붉은 눈으로 거친 숨을 쉬는 대왕의 아들[두료다나]은 전장에서 황금 수메루(Sumeru) 같이 빛났습니다. 철퇴를 든 두료다나는 비마를 노려보며 그에게 코끼리처럼 달려들었습니다. 비마도 역시 철퇴를 잡고 사자가 사자에게 달려들듯 맞붙었습니다. 두료다나와 비마가 철퇴를 치켜드니 높은 두 개의 산봉우리가 싸우는 것 같았습니다. 그 발라데바(Rama)의 제자들답게 그들은 기량들이 비슷하여 마야(Maya)와 바사바(Vasava) 신 같았습니다. 둘은 상대를 향해 독을 토(吐)해 내는 성난 뱀이었습니다. 바라타 족의 두 호랑이는 거대한 용맹을 품고 있었습니다. 철퇴로 맞붙으니, 두 마리 사자같이 서로 무적이었습니다. 두 영웅은 발톱과 이빨을 자랑하는 호랑이었습니다. 그들은 건널 수 없는 대양(大洋)처럼 달려와 서로 맞부딪쳤고, 태양처럼 솟아 빛났습니다. 두 억센 전차 무사는 천둥을 울리며 비를 뿌리는 동쪽과 서쪽에서 일어난 구름과 같았습니다. 두 영웅은 세상이 망할 적(the hour of the universal dissolution)에 솟아 오른 두 개의 태양이었습니다. 둘은 서로 기쁨에 넘쳤으니, 서로 싸울만한 상대로 생각을 했습니다. 그런데 두료다나가 유디슈티라, 크리슈나, 발라데바(Rama)에게 자랑을 해서 말했습니다.

"카이케야(Kaikeyas), 스린자야(Srinjayas) 판찰라(Panchalas)들의 보호를 받으며 최고의 왕들과 여러분들이 함께 앉아 보는 앞에서 나와 비마 사이의 전투가 시작되었습니다!" 그 두료다나의 말을 듣고, 사람들은 전투 신청(申請)이 된 것으로 생각했습니다.[서로 전투 상대를 긍정하는 일] 그 다음 왕들의 거대한 무리가 착석(着席)하니, 하늘의 신들처럼 눈부시게 보였습니다. 그 왕들의 중앙에 그 발라데바(Rama)가 앉아 주변의 경배를 받았습니다.

드리타라슈트라 왕이 말했다. -내 아들은 11개 군단의 대장(大將)이었다! 모든 왕들에게 명령을 내렸고, 세상에 통치권을 가졌다! 그러했는데 지금은 보호자가 없구나! 슬프다, 자신이 철퇴를 매고 걸어서 그 전장으로 가다니! 그것이 운명이 아니고 무엇이랴? 슬프다, 내 아들이 느낀 슬픔이 얼마나 컸었겠느냐!- 이 말을 하고 나서 드리타라슈트라 왕은 너무 괴로워 잠잠해졌습니다.

산자야가 말했다. -강렬한 바람이 큰 소리를 내며 불기 시작하였고 흙비가 쏟아졌습니다. 그래서 주위가 음울(陰鬱)에 휩싸였습니다. 사방에 벼락이 치고 큰 혼란에 빠져 병사들[구경꾼들]의 머리카락이 솟았습니다. 수백 개의 별들이 떨어지고 커다란 소음으로 세상이 떠들썩했습니다. 일식이 일어나고 땅과 숲 나무들이 크게 요동을 쳤습니다. 산봉우리들이 내려앉았습니다. 온갖 동물들이 사방으로 달렸습니다. 무서운 자칼들(jackals)이 울부짖었습니다. 비마가 형 유디슈티라에게 말했습니다. "수요다나의 사악한 혼이 전투에서 나를 이길 수 없나 봅니다. 나는 오늘, 아르주나가 칸다바(Khandava) 숲을 불태웠듯이, 이 쿠루의 왕에게 나의 분노를 토(吐)할 것입니다! 제가 오늘 형님 가슴에 박힌 화살을 뽑아드리겠습니다! 오늘 저 쿠루의 악당을 죽이고 형님의 목에 명예의 화환을 걸어드리겠습니다! 그가 다시는 그 '코끼리 도시[하스티나푸라]'로 못 오도록 만들어 놓겠습니다. 두료다나는 우리가 잠들었을 때 뱀들을 풀어 놓았고, 먹을 음식에 독약을 넣었고, 프라마나코티

(Pramanakoti) 강에 우리 몸을 던졌고, 밀랍(蜜蠟) 궁(宮)에 우리를 불태우려 했고, 회당(會堂)에서 모욕을 주었고, 우리의 재산을 강탈하였고, 우리를 숲 속에 은둔하도록 만들었습니다. 그 비통함을 내가 오늘 끝장냅니다! 그가 우리에게 빚진 것을 다 갚도록 하겠습니다!"

대왕의 아드님이 말했습니다. "허풍이 무슨 소용이냐? 이 나쁜 놈아, 행동으로 보여주마. 빨리 덤벼라!" 두료다나의 그 말을 듣고 왕들이 박수를 쳤습니다.

산자야가 말했다. -불굴의 두료다나가 고함을 지르며 사납게 비마에게 달려들었습니다. 그들은 뿔로 다툰 두 마리 황소였습니다. 그들의 철퇴가 부딪쳐 천둥벼락 같은 소리를 내었습니다. 인드라 (Indra)신과 프랄라다(Prahlada)신 싸우는 것 같았습니다. 사지(四肢)가 피로 물들어 꽃이 핀 킨수카(Kinsukas)였습니다. 크고 끔찍한 격투가 진행되니 하늘에 [철퇴가 서 부딪혀] 반딧불이 몰려오 듯 했습니다. 한동안 격렬한 싸움이 진행이 되어 두 무사는 피로하게 되었습니다. 잠시 쉰 두 영웅 은 철퇴를 다시 잡고 서로 상대방 치기를 시작했습니다. 서로 암 코끼리를 차지하려는 코끼리 같이 싸웠습니다. 두료다나와 브리코다라(비마)를 보고 있는 사람들은 누가 이길지는 알 수가 없었습니 다. 구경꾼들은 두 사람이 철퇴를 치켜든 모습이 야마(Yama)의 몽둥이나 인드라(Indra)의 벼락같 다고 생각했습니다. 비마가 철퇴를 휘두르며 크고 끔찍한 소리를 질렀습니다. 비마는 적을 보고 무적의 성급함으로 철퇴를 휘두르니, 두료다나는 깜짝 놀랐습니다. 정말 브리코다라[비마]는 그의 경력대로 최고의 광경을 연출했습니다. 스스로를 지키며 달려들어 상대방을 짓이기는 것이 고기 덩어리를 놓고 다투는 두 마리 고양이였습니다. 비마는 다양한 기량을 보여주었습니다. 비마는 아 름다운 선회를 행하며 진격하며 후퇴를 하였습니다. 비마는 놀라운 역동성으로 (철퇴로) 공격하고 (적의 공격을) 막아냈습니다. 비마는 적에게 달려들어 오른쪽으로 돌기도 하고 왼쪽으로 돌기도 했습니다. 비마는 적을 유인하려 계략을 썼습니다. 비마는 공격을 준비하고 우뚝 서서 적의 공격을 기다렸습니다. 비마는 상대 적을 선회하며 그의 선회는 막았습니다. 비마는 허리를 굽히고 높이 뛰며 상대 적의 공격을 피했습니다. 비마는 정면으로 상대적을 공격하기도 하고 도망가는 적의 뒤통수를 갈기기도 했습니다......비마가 전장을 돌고 있을 때에 두료다나는 순간에 비마의 옆구리 를 쳤습니다. 두료다나의 공격을 당한 비마는 무거운 자신의 철퇴를 빙빙 돌렸습니다. 비마가 철퇴 를 돌리는 것을 본 두료다나는 비마를 철퇴로 다시 쳤습니다. 두료다나의 철퇴가 굉음을 발했습니 다. 수요다나[두료다나]의 힘이 다시 한 번 비마를 누르는 듯했습니다. 그러자 비마의 무거운 철퇴 가 연기와 불꽃을 내며 작열했습니다. 비마 철퇴를 돌리는 것을 보고 두료다나도 멋지게 철퇴를 높이 들어 돌렸습니다. 투료다나에서 생긴 바람으로 판두와 소마카들의 가슴에 큰 두려움이 생겼 습니다. 두 철퇴가 부딪쳐 나는 소리는 천둥같이 사방에 울렸습니다. 비마가 돌리는 무적의 철퇴는 지축을 흔들었습니다. 두료다나도 보고만 있지는 않았습니다. 수요다나는 좌측 만다라(mandala) 법을 써서 철퇴를 돌려 비마의 머리를 쳤습니다. 이렇게 공격을 당한 비마는 놀란 구경꾼들 앞에 흔들리지 않았습니다. 그처럼 격렬한 공격에 한 치도 흔들리지 않는 비마의 놀라운 인내력에 모든 사람들이 박수를 쳤습니다. 두료다나는 비마를 당황하게 만든 다음, 비마의 가슴을 공격했습니다. 두료다나의 공격을 받은 비마는 멍멍해져 어떻게 할 줄을 몰랐습니다. 순간 소마카들과 판다바들은 크게 실망을 했습니다. 두료다나의 그 공격에 화가 난 비마는 화난 코끼리[두료다나]에게 달려든 사자였습니다. 쿠루 왕[두료다나]에게 달려든 비마는 철퇴 사용에 성공하여 두료다나에게 적중시켰습니다. **비마가 두료다나의 옆구리를 공격했습니다. 그 공격에 놀란 두료다나는 땅바닥에 쓰러져 무릎을 꿇었습니다.** 두료다나가 무릎을 꿇자 스린자야들(Srinjayas)이 일제히 함성을 질렀습니다! 함성을 들은 두료다나는 화가 치밀었습니다. 두료다나는 억센 뱀처럼 숨을 몰아쉬며 일어나 비마를 불태울 듯이 노려보며 그에게 달려들어 비마의 앞이마를 공격했습니다. 그러나 비마는 산처럼 한 치도 움직이지 않았습니다. 이렇게 공격을 당한 비마는 한없이 피를 흘렸습니다. 그 다음 비마는 철퇴를 잡고 천둥 같은 함성을 지르며 두료다나를 향해 힘껏 내려쳤습니다. 비마의 공격을 받은 두료다나는 태풍에 뿌리 뽑힌 거대한 살라(Sala) 나무처럼 넘어져 사지를 떨었습니다. 두료다나가 땅바닥에 엎드린 것을 본 판다바들은 너무나 기뻐서 큰 함성을 질렀습니다. 의식을 회복한 두료다나는 호수에서 나온 코끼리 같았습니다. 분노로 뭉친 그 전차무사[두료다나]는 자기 앞에 서 있는 비마를 공격했습니다. 이에 사지에 힘이 빠진 비마는 땅위에 쓰러졌습니다. 그의 힘으로 비마를 땅에 누인 두료다나는 사자 같은 함성을 질렀습니다. 벼락 같은 철퇴로 두료다나는 비마의 갑옷을 찢었습니다. 그러자 천국의 신들과 아프사라들(Aprasas)이 동요(動搖)하는 큰 소리가 들렸습니다. 땅바닥에 엎드린 비마를 보고, 판다바들은 커다란 공포에 휩쓸렸습니다. 순간 다시 정신을 차린 비마가 피로 얼룩진 얼굴을 닦으며 일어섰습니다. 접전이 계속 되는 동안 브리코다라[비마]는 계략으로 두료다나에게 기회를 주는 듯했습니다. 전투에 능한 억센 브리코다라[비마]는 다가오는 적에게 갑자기 철퇴를 던졌습니다. 철퇴가 날아오는 것을 보고 두료다나는 급히 피해서 비마의 철퇴는 빗나가 땅에 떨어졌습니다. 그 공격을 피한 두료다나는 자신의 철퇴로 비마를 공격했습니다. 그 공격을 받은 비마는 피를 흘리고 멍청하게 된 듯했습니다. 그러나 두료다나는 그 순간에 비마가 그렇게 다친 줄을 몰랐습니다. 심각한 고통이 엄습했으나, 비마는 견디며 참았습니다. 그래서 두료다나는 비마가 움직이지 않고 반격을 준비하는 것으로 알았습니다. 그래서 두료다나는 거듭 비마를 공격하지 않았습니다. 잠깐 쉬고 비마는 곁에 서 있는 두료다나에게 달려들었습니다. 비마가 공격해 오는 것을 보고 두료다나는 그것을 피하려고 아바스타나(Avasthana)라는 묘책을 쓰려고 결심했습니다. **그래서 두료다나는 비마를 속이려고 위로 점프를 하려 했습니다. 그러나 비마는 적의 의도를 완전히 간파(看破)하고 있었습니다. 그래서 사자 같은 함성을 지르며 그에게 달려들어 처음 시도를 피하려고 점프를 했던 두료다나의 허벅다리를 철퇴로 갈겼습니다. 벼락같은 힘을 지닌 비마의 철퇴는 두료다나의 허벅다리를 부러뜨렸고, 두료다나는 땅바닥에 쿵 소리를 내며 쓰러졌습니다.** 그 때 강력한 바람이 굉음(轟音)을 내며 불기 시작했습니다. 흙비가 쏟아졌습니다. 대지와 나무와 산들이 흔들렸습니다. 세상에 모든 왕들의 머리였던 그 영웅이 쓰러지자,

커다란 소리를 내며 거친 바람이 불고 벼락이 자주 떨어졌습니다. **정말 대지의 주인이 망하자 거대한 별들이 하늘에서 떨어졌습니다.** 피 같은 소나기가 내렸으니, 그것은 마가바트(Maghavat) 신이 아들의 멸망을 보고 그렇게 했던 것입니다! 하늘에서 약사(Yakshas)와 락샤사(Rakshasas) 피사차(Pisachas)들이 낸 커다란 소리가 들렸습니다. 그 무서운 소리에 수천의 동물들과 새들이 사방에서 놀라 소리쳤습니다. 두료다나가 쓰러짐에 말과 코끼리 사람들도 크게 소리쳐 울었습니다. 그리고 역시 소라고둥과 북소리 심벌즈도 울렸습니다. 대왕의 아드님[두료다나]이 쓰러짐에 머리 없는 귀신들이 놀라운 모습으로 땅을 덮고 춤추며 다녔습니다. 무기를 잡고 있는 무사들도 대왕의 아들이 쓰러짐에 무서워 떨었습니다. 호수와 우물들이 피를 토해 냈습니다. 갑자기 강물들이 거꾸로 흘렀습니다. 두료다나가 쓰러지니, 여성들이 남자처럼 보이고 남자가 여자처럼 보였습니다! 이 놀라운 전조(前兆)를 보고, 판찰라와 판다바들은 걱정에 휩싸였습니다. 신들과 간다르바들(Gandharvas)이 갈 곳으로 떠나고 사촌간의 무서운 전투를 말했습니다. 시다(Siddhas)와 차라나들(Charanas)도 두 사자[비마, 두료다나]에게 박수를 보내며 돌아갔습니다.

산자야가 말했다. -두료다나가 태풍에 뿌리가 뽑힌 거대한 살라(Sala) 나무처럼 땅바닥에 쓰러지니 판다바들은 기쁨에 넘쳤습니다. 성난 코끼리가 사자에게 쓰러지듯 두료다나 왕이 쓰러지는 것을 보고 소마카들(Somakas)은 놀라 머리털이 섰습니다. 두료다나를 쓰러트린 다음 용맹의 비마는 그에게 말했습니다. "이 악당아, 회당(會堂)에서 드라우파디를 옷을 벗겨놓고 너는 웃었지? 이 바보야, 너는 우리를 '암소야, 암소야!'라고 불렀지! 그 모욕(侮辱)에 대한 결과이다!" 이 말을 하면서, 비마는 왼쪽 발로 두료다나 머리를 발로 찼습니다. 분노에 붉은 눈으로 비마는 또 말을 반복했습니다. 치열한 적대감의 목표에 도달한 브리코다라[비마]는 다시 천천히 유디슈타라, 스린자야, 다난자야, 마드리의 두 아들에게 말했습니다. "이들은 드라우파디를 회당(會堂)으로 끌고 와 옷을 벗겼습니다. 판두 아들에게 살해된 드리타라슈트라들을 보십시오. 그 악당들이 우리를 '알맹이 빠진 씨'라고 욕을 했는데, 우리는 그들을 물리쳤습니다. 우리는 천국으로 가든 지옥으로 가든 그것은 문제도 아닙니다!" 비마는 땅바닥에 엎드린 발로 차며 두료다나에게 그 말을 다시 했습니다. 소마카족의 많은 무사는 비마의 행동[머리를 발로 차는 행동]에 다 동의하지는 않았습니다. 브리코다라[비마]가 두료다나를 쓰러뜨린 다음, 떠벌리고 미친 듯이 춤을 추니, 유디슈타라가 비마에게 말했습니다.

"너는 두료다나에게 너의 원수를 갚았다. 너의 맹세를 달성했다. 이제 그만 멈추어라. 오 비마여, 그대의 발로 그의 머리를 짓이기지는 말라. 두료다나는 왕이고 너의 혈족이다. 그는 망했다. 너의 행동은 옳지 못 하다. 두료다나는 11개 군단의 왕이다. 그는 너의 형제이니, 그에게 네가 행한 것은 옳지 못 하다. 사람들은 너 비마를 '의인(義人)이다.'라고 했다. 그렇다면 그 왕에게 왜 이렇게 모욕을 줘야 하느냐?"

유디슈타라는 비마에게 이렇게 말하고, 다시 두료다나에게 말했습니다. **"노여워하거나 슬퍼하지 말라. 틀림없는 전과(前過)의 열매를 그대가 거둔 것일 뿐이다.** 그대의 잘못으로 엄청난 재난이 초래되었으니, 탐욕, 긍지 어리석음에서 온 것이다. 그대는 이 세상을 떠났다! 그대는 천국에 그대의 처소를 가질 것이다! 그렇지만 우리는 지옥[이승]으로 갈 사람들이니, 아픈 슬픔을 더 견뎌 야 할 것입니다! 드리타라슈트라 왕의 자부(子婦)나 손부(孫婦)들은 과부가 되어 우리를 저주할 것이다." 이렇게 말한 유디슈티라는 깊은 탄식에 빠졌습니다.

드리타라슈트라 말했다. -수타(Suta)여, 쿠루 왕[두료다나]이 부당하게 공격당한 것을 보고 억센 발라데바는 어떻게 말했는가? 모든 규칙을 알고 있는 발라데바는 그 경우에 어떻게 말했느냐!

산자야가 말했다. -허벅지에 공격이 가해진 것을 보고, 발라데바(Baladeva)는 엄청 화가 났습니다. 보습 무기를 높이 들고 슬픈 목소리로 말했습니다.

"에잇 비마 녀석, 에잇 비마 녀석! 공정하게 싸우면서 배꼽 아래를 공격하다니! 철퇴 싸움에 브리 코다라(비마)처럼 싸우는 놈은 처음 보았다! 배꼽 아래 다리는 공격을 할 수 없는 법이야. 그것은 협약으로 내려온 규칙이다. 그런데 비마가 화가나 그 협약을 망각했던 거야! 제 좋을 대로 해버린 거지." 그래서 발라데바는 보습을 높이 들고 비마를 향해 달려갔습니다. **무기를 치켜든 그 발라데 바의 모습은 각종 무기로 얼룩진 거대한 카일라사(Kailasa) 산맥이었습니다. 그러나 인정미 넘치 는 케사바(크리슈나)가 그 발라데바를 두 팔로 감쌌습니다.** 이 야두 (Yadu)족의 두 영웅[발라데바 와 크리슈나]은 그때 저녁 하늘에 해와 달처럼 아름다웠습니다! 노한 발라데바의 분노를 가라앉히 려고 케사바는 말했습니다.

"여섯 가지 진군(進軍)이 있습니다. 자신의 진군(進軍), 친구들의 진군(進軍), 친구의 친구 진군 (進軍), 적의 부패[를 향한 진군(進軍)], 적의 친구 부패[를 향한 진군(進軍)], 저의 친구의 친구 부패 [를 향한 진군(進軍)]가 그것입니다. **용맹의 판다바들은 우리들과 태생(胎生) 친구들입니다. 그들 은 우리 고모(姑母)님의 아들입니다! 적(敵)들에게 모진 고통을 받았습니다. '맹세(盟誓, Vow)' 를 이루는 것은 의무입니다.** 앞서 비마는 여러 사람들 앞에서 그가 두료다나의 다리를 철퇴로 부셔놓겠다고 맹세했습니다. 위대한 마이트레야(Maitreya) 신선도 두료다나를 향해 -비마가 철퇴 로 네 허벅다리를 부술 것이다.-라고 일찍이 저주(咀呪)했습니다. 비마에게는 잘 못이 없습니다. 화내지 마세요. 우리와 판다바들의 관계는 태생의 피에 기초하여 우리의 마음을 잡고 있습니다. 화내지 마십시오!"

그 바수데바[크리슈나]의 말을 듣고 도덕률에도 밝은 발라데바는 말했습니다.

"착한 사람은 도덕에 훈련이 되어 있다. 그러나 도덕은 항상 두 가지 사항과 부딪치는데, '이익에 대한 욕심'과 '쾌락에 대한 욕심'이 그것이다. 도덕과 이익, 도덕과 쾌락에 갈등이 없는 사람은 누구 나 항상 큰 행복을 획득한다. 비마가 흔들어 놓은 결과로 나는 혼란스럽다. 고빈대[크리슈나]여, 말을 해보라."

이에 크리슈나가 말했습니다. "형님은 항상 분노를 뺀 정의로움에의 헌신(獻身)을 말하십니다. 참으시고 화내지 마십시오. 칼리(Kali) 시대가 왔습니다. 판두의 아들[비마]는, [두료다나의]죄 값을 받고 그들의 맹세를 이행한 것입니다."

산자야가 계속했다. -케사바에게 이 [正義에 대한]거짓말을 듣고 바라데바는 화를 못 내고 그냥 즐겁게 되었습니다. 발라데바는 회중(會衆)에게 말했습니다.

"정의로운 정신 수요다나[두료다나] 왕이 불공정하게 살해를 당해서, 판두의 아들[비마]은 '사기꾼 무사'로 비난 받을 것이요! 다른 한편 두료다나의 정의로운 정신은 영원한 축복을 받을 것입니다! **드리타라슈트라 왕의 아들 두료다나는, 공정(公正)한 무사였습니다. 전투 희생자를 위해 모든 것을 정리했고[전투가 터지게 만들고], 희생[제사] 전장에 처음 의례를 준비했고, 마지막으로 적 (敵)들이 품은 불로 인해 [자신의 신체에서]해방이 되었고, 마지막 영광 획득을 명시한 그 목욕재 계(沐浴齋戒, ablutions)로서 공정한 그 희생[제사]을 완수했습니다.**"['제사=죽음'의 美化]

이 말을 마친 발레다바는 흰 구름 마루 같은 그의 마차에 올라 드와라카(Dwaraka)로 향했습니다. 판찰라들과 브리슈니들과 판다바들은, 그 발라데바가 드와라카(Dwaraka)로 떠나 우울했습니다. 그러자 바수데바[크리슈나]가, 머리를 숙이고 번민에 싸인 유디슈티라에게 다가가 말했습니다.

"유디슈티라라여, 왜 그대는 부당한 행동을 인정했습니까? 정신없이 쓰러진 두료다나를 그처럼 비마가 발로 차 죽였던 것을 인정한 것입니다. 도덕률을 잘 아시면서 무관한 그 행동에 왜 증언을 행하십니까?"

유리슈타라가 대답했습니다. "크리슈나여. 분노로 브리코다라[비마]가 왕의 머리를 발로 찬 것에 나는 동의할 수 없었고, 나는 원래 우리 종족의 절멸을 좋아하지 않습니다! 드리타라슈트라의 아들 들은 항상 우리에게 속임수를 써왔습니다. 그는 독한 말을 우리에게 지껄여 왔습니다. 그들은 우리를 추방했고, 그래서 비마의 마음에 큰 슬픔이 있었습니다! 그것을 생각하며 [비마가 발로 차는 것을]무관심하게 보았습니다! 지혜를 잃고 탐욕에 노예가 된 시기심의 두료다나를 잡았으니, 비마는 그것이 정의(正義)이건 불의(不義)이건 우선 자기 하고 싶은 대로 행한 것입니다."

산자야가 계속했다. -유디슈타라가 바수데바에게 그렇게 말하자, 바수데바는 어렵게 말했습니다. "그러면 그렇지요!" 유디슈타라의 말을 들은 다음 바수데바는 결국 비마 행동에 공감을 하였고 자애롭게 비마가 격투에서 행한 모든 행동에 찬성을 했습니다. 격투에서 두료다나를 눕힌 분노의 비마는 가슴에 기쁨이 넘쳐 손을 모으고 유디슈타라에게 절을 올렸습니다. 그가 거둔 승리의 기쁨과 자랑스러움에 눈을 크게 뜨고, 형님께 말씀을 올렸습니다.

"**오늘부터 온 천하(天下)가 당신의 것입니다.** 더 이상 소란이 생길 일이 없으며 가시 같은 존재들은 다 제거되었습니다! 오 군주이시여, 천하를 다스리고 명령을 내릴 임무를 돌아보소서! 천하에 주인이시여, 반감(反感)을 가진 자나, 속임수로 반감(反感)을 조성한 자나, 속이는 악당은 제가 그냥 쳐서 땅바닥에 뉘일 겁니다. 두사사나(Dussasana)를 필두(筆頭)로 독한 말을 했던 자, 사쿠니 (Sakuni)를 비롯한 당신의 적(敵)들이 모두 섬멸(殲滅)되었습니다! 어떤 적(敵)도 없이, 풍성한 보석과 땅과 숲과 산악들이 모두 당신 앞에 왔습니다."

유디슈타라가 말했습니다.

"적대감은 종식(終熄)되었다! 수요다나 왕은 멸망했다! 우리는 크리슈나 말씀에 따라 천하를 평정하였다! 다행히도 어머니[쿤티]께도 빚을 갚았고 어머니 원한도 풀었다! 무적의 용사[비마]여, 행운으로 우리는 승리를 했고, 그대 적은 이제 없어졌다!"

드리타라슈트라가 말했다. -오 산자야여, 비마에게 두료다나가 죽은 것을 보고, 판다바들과 스린자야들은 무엇을 하였는가?

산자야가 말했다. -사자가 야생 코끼리를 잡듯이 격투로 비마가 두료다나를 무찌른 것을 보고, 판다바들과 크리슈나는 기쁨에 넘쳤습니다. 판찰라들과 스린자야들 역시 쿠루 왕[두료다나]이 쓰러지니 윗옷을 벗어 흔들며 사자 같은 함성을 질렀습니다. 대지도 그 기뻐하는 무사들로 흔들릴 지경이었습니다. 어떤 사람은 활시위를 당기어 소리를 내고, 어떤 사람은 소라고둥을 불고, 다른 사람은 북을 치고 어떤 사람은 뛰어다니고, 어떤 사람은 큰 소리로 웃기도 했습니다. 많은 영웅들이 비마에게 다음과 같이 말했습니다.

"당신이 가장 어렵고 무서운 일을 오늘 격투에서 해내셨습니다. '위대한 무사 쿠루 왕'을 당신이 꺾었습니다. 모두 다 인드라신이 브리트라(Vritra)를 이기는 것으로 생각했습니다! 오 브리코다라[비마]여, 다양한 동작과 묘책을 구사하는 영웅 두료다나를 당신 말고 누가 과연 이겨내겠습니까? 당신은 아무도 이룰 수 없는 그 목표에 도달하였습니다."

영웅들이 즐겁게 그런 말을 나누고 있을 때에 바수데바는 말했습니다.

"왕들이시여, 적(敵)을 무찌름에 그런 독한 말을 반복하는 것은 옳지 않습니다. 사악한 사람은 이미 죽었습니다. 그 죄 많고 염치없고 시샘 많은 두료다나는, 현명한 친구들의 충고도 무시하는 간악한 사람들에게 둘려 싸여서 비두라, 드로나, 크리파, 산자야의 주장을 듣지 않고, 판두의 아들들이 부모에서 받은 '지분(支分)의 간청'도 거절하다가 결국 죽음을 당했습니다. 이제 그 악당에게는 친구도 적도 다 필요가 없게 되었습니다. 이제 평화의 숲을 소유한 이[천하의 왕]가 거친 숨을 몰아쉴 이유도 없습니다. 왕들이시여, 어서 전차에 오르시오, 우리는 그 평화의 숲으로 가야 합니다! 다행이도 그 악당이 그 무리들과 함께 멸망되었습니다."

이 크리슈나의 비난을 들은 두료다나는 화가 나서 일어났습니다. 두 팔로 자신을 괴고 엉덩이로 앉아서 눈을 흘겨 바수데바를 노려보았습니다. 반쯤 몸을 세운 두료다나는 독이 오른 뱀 같았습니다. 참을 수 없는 저미는 고통을 무시하고, 두료다나는 바수데바[크리슈나]에게 말의 비수(匕首)를 던졌습니다.

"칸사(Kansa)의 종놈 새끼, 부끄러움도 없구나. 내가 그처럼 부당하게 공격을 당했는데 그게 규칙에 맞는 승리라는 것이냐? 네놈이 비마에게 내 허벅다리를 공격해라고 그 놈에게 시킨 것이다! 수천의 왕들이 공정하게 싸우는데, 갖가지 부당한 방법으로 그들을 죽여 놓고 부끄러움도 모르고 뉘우칠 줄고 모른단 말이냐? 너보다 사악한 자가 어디에 있는가? 너는 가장 부당한 방법을 써서,

의무에 충실한 많은 왕들을 네가 죽게 만들었다!"

바수데바가 말했습니다.

"간다리(Gandhari)의 아들이여, 그대는 그대가 만든 죄 많은 길로 인해 그대의 형제와 아들과 친척과 친구와 추종자들이 죽었다! 그대의 악행 때문에 비슈마와 드로나가 죽었다. 카르나도 네 편을 들다가 죽었다. 오 어리석은 자여, 탐욕으로 나의 충고도 너는 듣지 않았다. 판다바들에 부친의 지분(支分)을 나누어 주어라고 했더니, 사쿠니(Sakuni)와 상의해서 너는 거절을 했었지! 네가 비마에게는 독약을 먹였지! 판다바들과 그 어머니가 있는 '라크(蜜蠟) 궁궐'에 죽어라고 불을 질렀지! 노름판을 벌려 놓고 회당(會堂)에서 야즈나세나(Jajnasena, 두루파다 왕) 딸을 욕보였지! 염치도 없는 사람이라고. 그러니 그대는 죽어 마땅하다! 사쿠니를 동원하여 서투른 유디슈타라를 잘도 속여먹었지! 그래서 너는 지금 죽는 거다! 혼자인 나이 어린 아비마뉴를 포위해 놓고, 너는 그를 잡았다! 너는 더 살 필요가 없다! 너는 은혜로운 말도 듣지 않는다! 통제할 수 없는 시기심에 노예가 되고 탐욕에 목말라 너는 부당한 행동을 일삼았다! 이제 너의 행동 업보(業報, the consequences)를 받은 것이다."

두료다나가 말했습니다.

"나도 공부를 해서, 법(法)에 따라 상(賞)을 주며, 천하를 다스리고, 적들을 제압했다! 나 같은 행운이 누구에게 있었는가! **그 종말, 크샤트리아들에게 의무로 정해져 있는 법(法), 싸우다 죽는 것은 내 것이 되었지 않느냐**? 그러기 나와 같은 행운이 어디에 있는가? 인간의 쾌락은 신들에게도 가치가 있고, 다른 왕들은 얻기가 어려웠는데 그것은 모두 나의 것이었다. 나는 최고의 번성(蕃盛)을 나는 획득했다! 그렇다면 나처럼 운 좋은 사람이 어디 있는가? 오 영원한 영광재크리슈내여, 나의 지지자들과 내 아우들과 더불어 나는 천국으로 갈 것이다! **이룰 수 없는 목표, 슬픔으로 찢어진 목표를 가지고 너희의 생각대로 이 불행한 세상에서 살아보라**!"[厭世主義가 기본 전제임])

산자야는 계속했다. -**현명한 쿠루 왕[두료다나]의 그 말이 끝나자 하늘로부터 향기로운 꽃비가 내렸습니다.**(a thick shower of fragrant flower fell from the sky.) 간다르바들(Gandharvas)은 매력적인 음악을 연주했습니다. 아프사라들(Apsaras)은 두료다나 왕의 영광을 합창으로 노래했습니다. 시다들(Siddhas)은 큰 소리로 "두료다나 왕 만세!"를 외쳤습니다. 향기롭고 감미로운 바람이 사방에서 불어왔습니다. 사방이 깨끗한 창공처럼 되었습니다. **두료다나에게 제공된 그 놀라운 사실을 보고 바수데바를 선두로 한 판다바들은 부끄럽게 되었습니다.** 보이지 않는 곳에서 비슈마, 드로나, 카르나, 브리스라바들(Bhurisravas)이 부당하게 죽었다는 외침을 듣고, 판다바들은 슬픔에 울었습니다. 판다바들이 번민과 슬픔에 싸인 것을 본 크리슈나는 북소리 같은 목소리로 말했습니다.

"그들은 정말 무기 사용에 빠른 전차 무사였습니다. 그대들이 온 용맹을 다해도 공정하게는 이길 수 없었습니다. 두료다나도 공정(公正)하게는 잡을 수 없었습니다. 비슈마가 앞장 선 군대도 마찬

가지입니다. **당신들을 돕고 싶은 생각에서 내가 계속 힘을 불어넣어 그들을 다양한 방법으로 죽이게 만들었습니다. 내가 전투에서 그러한 속임수를 쓰지 않았더라면, 당신들이 승리할 수 없고, 왕국도 부귀도 마찬가지입니다.**['절대 신의 힘'의 확인과 주입] 그들 네 사람은 고매한 무사들로 세상에 아티라타들(Atirathas)로 알려졌습니다. 그 대지(大地)의 섭정(攝政, the Regent of Earth)들은 공정하게 싸워서는 잡을 수가 없었습니다. 역시 드리타라슈트라 아들[두료다나]도 비록 지쳤으나, 철퇴로 이길 수 없습니다. 속임수로 적을 이긴 것을 신경 쓰지 마시오! **많은 적을 상대할 때는 기계(奇計)가 효과적입니다.** 신(神)들이 아수라들을 쳐부술 때도 같은 방법을 썼습니다. 우리는 승리를 했습니다. 밤이 되었으니, 우리 막사(幕舍)로 갑시다. 우리의 말과 코끼리들도 쉬게 해야 합니다."[절대신(비슈누)=善=正義라는 논리임]

그 바수데바의 말을 들은 판다바들과 판찰라들은 기쁨에 넘쳐 사자 같은 함성을 질렀습니다.

산자야가 말했다. -모든 왕들은 소라고동을 불며 기쁨에 넘쳐 막사(幕舍, 캠프)로 향했습니다. 판다바들이 야영지로 갈 때, 유유트수(Yuyutsu) 사티아키(Satyaki) 드리슈타듐나(Dhrishtadyumna) 드라우파디의 다섯 아들들이 따라갔습니다. 다른 궁사(弓師)들은 우리[쿠루] 막사로 향했습니다. 그런데 파르타(Parthas)가 두료다나의 막사로 들어가니, 주인이 없는 자리가 관객 떠난 경기장 같이 빛났습니다. 정말 그 가설 건물[두료다나의 막사]은 축제를 치렀던 도시, 코끼리 없는 호수 같았습니다. 그 다음 여인과 과부와 나이 든 상담자가 몰려 왔습니다. 두료다나와 다른 영웅들은 황색 옷을 입고 두 손을 모으고 공손하게 그 늙은 상담자들을 맞았습니다. 쿠루 왕의 막사에 도착한 판다바들은 그들의 전차에서 내렸습니다. 그 때 케사바는 절친한 친구 아르주나에게 말했습니다. "간디바(Gandiva)와 '두 개의 무궁(無窮) 전통(箭筒)'을 이리 내려놓으시오. 내가 그것들을 압수(押收)를 합니다. 다난자야(Dhananjaya, 아르주나)여! 그것[압수]이 당신에게도 좋습니다." 아르주나는 명령대로 따랐습니다. 그 다음 지성의 크리슈나는 말고삐를 놓고 아르주나의 전차에서 내려왔습니다. 바수데바가 아르주나의 전차에서 내려오자 아르주나 전차 꼭대기에 '천국의 원숭이(the celestial Ape)' 맨틀(mantle, 깃발)도 사라졌습니다. 그리고 앞서 드로나와 카르나가 그들의 천상의 무기로 불을 질렀던 [아르주나의] 전차 꼭대기에 갑자기 불이 붙어 재로 변했습니다. 아르주나의 전차, 말, 멍에, 활과 화살 통이 재가 되었습니다. 이 광경에 판두 아들들은 놀랐습니다. 이에 아르주나가 두 손을 모으고 다정한 목소리로 크리슈나에게 말했습니다. "오 고빈다(Govinda)여, 무슨 까닭에서 전차를 불질러버리십니까? 무슨 일을 생각하셨습니까? 당신이 생각하신 것은 모두 제가 다 따릅니다. 모두 말씀해 주소서."

바수데바가 말했다.

"오 아르주나여, 그 전차는 각종 무기로 손상이 되었소. 그 전차는 내가 타고 있었기에 부서지지 않았던 것이요. 앞서 브라흐마(Brahma, 天神)의 무기로 손상이 되었기에 나의 폐기로 재[恢]가 된 것입니다."[모두 '절대자 -비슈누'의 소유임]

그 다음 케사바는 유디슈티라를 포옹하며 말했습니다.

"운 좋게 그대는 승리를 획득했습니다. 운 좋게도 적들이 궤멸되었습니다. 파괴의 전장에서 운 좋게도 비마 아르주나 마드리의 두 아들이 목숨을 건졌습니다. 어서 할 일을 행하십시오. 아르주나와 함께 우파플라비아(Upaplavya)로 가서 나에게 꿀과 평상의 음식을 올리며 말하세요. '주여, 크리슈나여, 이 다난자야가 당신의 형제이고 친구입니다! 그러니 모든 위험에서 지켜주소서.' 그 말에 나는 '그러할 것이다.'라고 할 것입니다.['제사'를 시킨 자와 그 수용가 동일한 자=절대 신임] 저 사비아사친(Saviasachin[아르주나])은 내 보호를 받아 왔습니다. 오 왕 중의 왕이시여, 진정한 용맹의 영웅은 무서운 격전을 치르면서도 아직 생명이 붙어 있는 '당신 형제들'입니다."

그 크리슈나의 말에 유디슈티라는 말했다.

"어찌하여 드로나와 카르나가 천신의 무기를 휘두르도록 하셨습니까! 그들의 멸망은 분명히 당신의 은혜였습니다! 파르타(아르주나)는 격렬한 전투에서 물러서지 않았고, 나도 경우마다 상서로운 힘을 획득했습니다. 우팔라비아(Upalavya)에서 대 신선 크리슈나 드와이파야나(Krishna Dwaipayana, 비아사)는 나에게 **크리슈나가 있는 곳에 정의(正義)가 있고, 크리슈나가 있는 곳에 승리(勝利)가 있다**[Thither is Krishna where righteousness is, and thither is victory Krishna is!]고 말해주었습니다."

산자야는 계속했다. -그런 대화를 마친 다음에 그 영웅들은 [두료다나의] 막사로 들어가 군자금(軍資金)과 보석과 재물을 획득했습니다. 그들은 역시 금 은 보석 수많은 남녀종들을 획득했습니다. 무궁한 부를 얻은 그들은 기뻐서 소리쳤습니다. 동물들에게 실어 놓고 판다바들과 사티아키(Satyaki)는 잠깐 쉬고 있었습니다. **바수데바가 말했습니다. "오늘 밤 우리는 캠프 밖에서 행복을 누리며 머물러야 하겠지요?" 판다바들과 사티아키는 그것을 상서(祥瑞)로운 일로 알고 "그렇게 하시지요."** 대답을 하고 바수데바를 동반하고 캠프에서 밖으로 나갔습니다.

판다바들은 적들을 피해 신성한 오가바티(Oghavati) 강둑에 이르러 거기에 그 밤을 보낼 장소를 잡았습니다. 판두들과 사티아키는 '하스티나푸라'로 케사바를 파견했습니다. 케사바가 떠날 때, 판다바들은 바수데바[크리슈나]에게 부탁을 했습니다. "아들들을 다 잃어 의지(依持) 없는 간다리(Gandhari)를 우선 안심을 시켜 주십시오."

자나메자야가 말했다. -무슨 이유로 판다바들이 바수데바를 간다리(Gandhari, 두료다나의 생모)에게 보냈습니까? 크리슈나가 평화를 위해 카우라바들에게 갔다가 실패하여 전쟁이 났습니다. 그런데 무슨 이유로 크리슈나는 또 그 '하스티나푸라'로 갔습니까?

바이삼파야나가 말했다. -비마는 정당하게 두료다나를 꺾었으나, 사실상 두료다나의 불공정한 살해[허벅지 공격]를 목격한 유디슈티라는 걱정이 되었습니다. "그녀(간다리)가 독한 고행을 하면 3계(三界)가 다 사라질 것이다. 어떻게 간다리의 진노(震怒)를 잠재울 것인가?" 생각다 못해 바수데바에게 말했습니다.

"우리 왕국은 가시밭입니다....야다바 족의 축복자(delighter of the Yadavas, 크리슈나)여. 당신의 지혜가 그 간다리(Gandhari)를 잠잠하게 할 것입니다."

유디슈타라 왕의 그 말을 듣고 크리슈나는 마부 다루카(Daruka)를 불러 말했습니다. "마차를 대기하라!" 서둘러 쿠루 도시로 갔습니다. 케사바는 궁궐로 들어갔습니다. 케사바는 드와이파야나 자나르다나[비아사]를 보았고, 비아사와 드리타라슈트라의 발[足]들을 안았습니다. 케사바는 조용히 간다리에게도 인사했습니다. 케사바는 드리타라슈트라 손을 잡으며 울음을 터뜨렸습니다. 잠시 울다가 눈물을 닦고 드리타라슈트라에게 말했습니다.

"과거(過去)와 미래(未來)를 아시는 바라타시여! 대왕께서는 시간의 경과를 잘 알고 계십니다. 대왕이 아시다시피 판두 아들은 크샤트리아의 절멸(絶滅)을 막으려고 많이 참았습니다. 만약 형제들이 이해를 했더라면, 그 유디슈티라는 [두료다나]형제들과 평화롭게 지냈을 것입니다. 그들은 주사위 노름에 지고 유랑(流浪)을 했습니다. 변장을 하고 숨어 살기도 했습니다. 전쟁 직전에 내가 와서 모든 사람들이 있는 가운데 대왕께 '다섯 개 마을'만을 달라고 호소도 했습니다. 노탐(老貪)으로 대왕은 내 요구를 모두 다 거절했습니다. 대왕의 잘못으로 모든 크샤트리아들은 절단이 났습니다! 운명입니다. 판다바들의 잘못을 나무라지 마십시오. 오 쿠루의 호랑이시여, 판다바들을 향해 악감을 갖지 마소서. 모든 것을 고려하고 당신의 죄를 생각하여 판다바들을 용서하옵소서."

이렇게 드라타라슈트라 왕에게 말을 한 크리슈나는, 슬픔에 잠긴 간다리(Gandhari)를 향해 말했습니다. "수발라(Suvala)의 딸이시여, 상서로운 부인이시여, 세상에는 당신 같은 부인은 없습니다! 승리를 탐내는 그 두료다나에게, 여왕께서는 말씀을 하셨죠? '이 *바보야, 내 말 들어라. 정의(正義) 가 있는 곳에 승리가 있다.*' 오 여왕이시여, 그 말씀이 지금 바로 성취가 되었습니다. 그것을 아신 다면, 슬픔이 있을 수 없습니다! 판다바들에게 앙심(怏心)을 갖지 마소서. 당신 고행(苦行)의 결과로 당신은 만물을 불사를 수도 있습니다."

바수테바의 이 말을 들은 간다리는 말했습니다.

"케사바여, 당신의 말씀과 같이 나는 슬픔에 불타 불안했습니다! 그러나 자나르다나여, 당신 말을 듣고 보니 이제 안정이 되었습니다. 장님[盲人]인 왕께서는 판두 형제들이 당신의 의지처가 되었습니다!"

이렇게 말하고 간다리는 옷으로 얼굴을 가리고 큰 소리로 울기 시작했습니다. 그러자 케사바는 간다리와 드리타라슈트라을 위로를 시켰는데 그 때 케사바는 드로나 아들[아스와타만]이 '생각한 악'을 감지하게 되었습니다. 그래서 서둘러 비아사의 발에 머리를 대고 인사를 올리고, 케사바는 드리타라슈트라에게 말했습니다.

"저는 떠납니다. 쿠루의 어른이시여. 슬퍼하지 마십시오! 드로나의 아들[아스와타만]이 악심(惡心)을 품고 있습니다. 그래서 서둘러 지금 일어섭니다. 드로나 아들이 오늘 밤에 판다바들을 죽일 계획을 꾸몄습니다."

그 말을 듣고 간다리와 드리타라슈트라는 케사바에게 말했습니다.

"어서 가서 판다바들을 지켜주세요. 다시 만납시다." 케사바와 마부 다루카는 떠나고 나서, 비아사가 드리타라슈트를 안심시켰습니다. 일을 마친 바수데바는 판다바들을 만나러 떠나 판다바들을 만나 보았습니다.

드리타라슈트라가 말했다. -산자야여, 허벅다리가 깨지어지고 땅바닥에 엎드린 채로 머리를 발로 밟힌 두료다나는 무어라고 하였는가? 두료다나는 판두 아들들에게 뿌리 깊은 분노가 있었다. 그 큰 재난을 당하고서 두료다나가 무어라고 하였는가?

산자야가 말했다. -허벅다리가 부서진 채 먼지를 뒤집어쓰고 늘어진 머리털을 모으며 눈으로 사방을 살폈습니다. 머리털을 모으기도 어려워 두료다나는 뱀처럼 탄식했습니다. 분노의 눈물을 흘리며 두료다나는 노한 코끼리처럼 팔로 땅을 쳤습니다. 늘어진 머리털을 흔들며 이빨을 갈며 유디슈타라를 비난했습니다.

"아 슬프다, 비슈마 카르나 사쿠니 드로나 살리아 키르타바르만을 소유했던 나, 나까지 이 지경에 이르렀구나! 시간(時間)은 누구나 어찌할 수 없다! 나는 11개 군단의 대장이었다."[1]

'카우라바 군 사령관에 임명된 살리아'[2] '살리아를 죽이는 유디슈타라'[3]

1) K. M. Ganguli (Translated into English Prose from the Original Sanskrit Text), *The Mahabharata of Krishna-Dwaipayana Vyasa*, Munshiram Manoharlal Publisher Pvt. Ltd. New Delhi, 2000, -**Salya Parva**- pp. 1~6, 7, 15~19, 24~33, 40~45, 64, 66~77, 82~98, 150~175
2) Wikipedia, 'Salya' -'Salya is anointed as the commander-in-chief of the Kaurava army'
3) Wikipedia, 'Salya' -'Yudhishthira kills Salya with Shakti Spear of Shiva'

'호수 속에 숨은 두료다나를 찾아낸 판다바들'[4) '비마와 두료다나의 최후 대결'5)

(a) 이 '마하바라타(The Mahabharata)' '18일째 전투'는 각별한 의미를 띠고 있으니, 이 '마하바라타(The Mahabharata) 전쟁'을 유발했던 원흉 두료다나(Duryodhana)가 그 최후를 맞은 정황이 구체적으로 소개되고 있기 때문이다.

(b) 그 동안 두료다나가 크게 믿고 의지했던 비슈마 드로나 카르나 살리아 사쿠니까지 다 없어지니, 그는 그 '드와이파야나(Dwaipayana) 호수'로 달려가 '자신의 요술(妖術, by the aid of his power of illusion)로 그 호수를 얼게 만들어 그 속으로 숨었다.'는 것이다.

(c) 그러한 아들의 마지막 모습을 보고 받은 아비 드리타라슈트라는 '**항상 화를 잘 내는 왕자(두료다나)는 어떻게 행동을 했는가? 이전에는 전혀 권고들을 수용한 적이 없었지! 다 왕으로 존중을 했던 거지! 그(두료다나)는 다른 사람의 그늘에 의지하여, 저의 비통함을 늘어놓았지, 그의 섬세한 자존심 때문에 태양의 작열(灼熱)함을 견디지 못했었지.**'라고 평소 그 아들의 행동 결정 상황을 회고 했다. 이제 '결단의 시기'가 온 것이다.

(d) 유디슈타라의 거듭된 '깨끗한 한 판 승부' 요구에 두료다나는 마침내 물 밖으로 나와 비마와 철퇴를 들고 싸운 결과 그 '비마의 분투'로 죽게 되었다는 이야기이다.

(e) 두료다나(Duryodhana)가 최후의 결투를 피할 수 없게 한 것은 유명한 '크샤트리아의 의무' 문제였으니, 그 흉악한 두료다나도 '나는 11개 군단의 대장이었다.'는 긍지 속에 있었다. 이 문제[긍지, 자존심]를 빼면 '왜 그가 왕인지' '왜 그가 크샤트리아인지'도 모르는 '본분 망각'의 '바보[유디슈티라]가 두료다나에게 행했던 욕설'일 뿐이다.

(f) '마하바라타(The Mahabharata)'는 그 가르치는 바가 다양하다 할 수 있지만, 모든 크샤트리아들[王族]에게는 '**크샤트리아 의무(the duties of Kshatriya)**'를 가르치고 있다는 점이 제일 뚜렷한 특징인데, 그것은 바로 이 '18일째 전투' '두료다나의 최후'로 그 극점을 보여주었다.

(g) 그리고 전체적인 '마하바라타(The Mahabharata)'의 주지(主旨)는 '절대 신에의 복종 귀의' 문제,

4) S. Jyotirmayananda, *Mysticism of the Mahabharata*, Yoga Jyoti Press, 2013, p. 204 'The Pandavas discover Duryodhana hiding in a lake.'
5) Wikipedia, 'Duryodhana' -'The final battle between Bhima and Duryodhana'

'최고 크샤트리아의 바라문 만들기'인데, 이 제 '18일째 전투'에서도 '유디슈티라와 크리슈나의 대화'로 그것이 뚜렷이 반복이 되고 있다.

(h) 즉 그 크리슈나의 힘으로 '라자수야 대제'까지 치른 유디슈티라는 [그 크리슈나가 방심한 사이에] '사쿠니와 노름 판'에 끌려가 '13년 고행 시간'을 겪었다. 그래서 '전쟁'으로 결판을 내어 마지막 '승리'를 눈앞에 둔 상황에서 유디슈티라는 그 두료다나를 향하여 '**싸우자, 그대의 철퇴를 선택하여 그대가 우리 중에 한 사람을 죽이면, 그대는 왕이 될 것이다.**'라는 쓸데없는 맹세를 하여 '수억 명이 참살된 전쟁 승리' 무효화 하는 '주사위 노름판'에서처럼 그 방만함을 보인 것이라고 지적을 하였다.

이러한 크리슈나의 지적은 '천하의 패자(霸者)'된 유디슈티라가 결코 '자기 힘으로만으로 그 황제의 자리에 가간 것이 아니다.'란 것을 입증한 것으로 그 지적은 '크샤트리아의 바라문[사제] 만들기'의 한 가지 가르침이었다.

(i) 그리고 비마(Bhima)가 그 두료다나(Duryodhana)와 철퇴로 싸우면서 '비마가 두료다나의 배꼽 아래를 공격했던 것'과 '넘어진 두료다나 머리통에 발길질을 했던 것'에 대해 오히려 죄책감에 빠져 있을 적에 크리슈나는 '그 대지(大地)의 섭정(攝政, the Regent of Earth)들[두료다나를 도왔던 명장들]은 공정하게 싸워서는 잡을 수가 없었습니다. 역시 드리타라슈트라 아들[두료다나]도 비록 지쳤으나, 철퇴로 이길 수 없습니다. 속임수로 적을 이긴 것을 신경 쓰지 마시오! **많은 적을 상대할 때는 기계(奇計)가 효과적입니다.** 신(神)들이 아수라들을 쳐부술 때도 같은 방법을 썼습니다.'라는 것으로 자잘한 죄책감에서 해방되게 해 주었다.['절대 신에의 복종'이 '정의'임]

(j) 한 편 크리슈나의 형(兄) **발라바드라 라마(Balabhadrarama)**가 '비마와 두료다나 투쟁 현장'에 나타나 그들의 마지막 싸움을 관전(觀戰)하다가 비마가 두료다나에게 ['투쟁의 규칙]에 어긋난] '배꼽 아래'를 공격함에 '불쾌'를 나타냈다는 것은, 소위 '몇 억 명의 살상 전쟁의 원흉 -두료다나'를 섬멸하는 과정에 자자잘한 규칙에 얽매인 그 '소인배 기질[모자란 우스꽝스런 견해]'을 공개한 것이니, '우주의 진실'을 세우는데 하등 거론이 될 만한 자질이 없음을 명시한 부분이다.[드리타라슈트라도 그것을 '한(恨)'으로 여겼음]

10. 잠든 무사들의 책(Sauptika Parva)

제112장 아스와타만의 결의(決意)

옴(Om)! 최고의 남성 나라야나(Narana)와 나라(Nara)께 인사를 드리며 여신 사라스와티(Saraswati)와 자야(Jaya)께도 인사드리옵니다.

산자야가 말했다. -그 때 그 영웅들[크리타바르만, 크리파, 아스와타만]은 함께 남쪽을 향해 나아갔습니다. 해가 질 무렵 그 영웅들은 쿠루 야영(野營)지 가까이 도착했습니다. 말들을 풀어 놓고, 그들은 너무나 놀랐습니다. 조심스레 한 숲으로 들어갔는데, 그곳은 야영을 하는 곳과 멀지 않은 곳이었습니다. 날카로운 무기로 무장을 하고 있는 판다바들을 생각하며 심호흡을 하였습니다. 시끌벅적한 승리의 판다바 형제들의 떠드는 소리를 들으며, 그들은 무서워 동쪽으로 도망을 했습니다. 얼마간 길을 더 가다가 말들이 지치고 그들도 목이 말랐습니다. 분노와 복수심으로 그들의 왕이 살해된 것을 참을 수 없었습니다. 그러나 그들은 잠깐 쉬게 되었습니다.

드리타라슈트라가 말했다. -비마가 달성한 공적을 내가 신용할 없는 것은, 내 아들[두료다나]은 코끼리 천 마리 힘을 지녔기 때문이다. 철석같은 그 왕[두료다나]을 어떤 놈도 감히 죽일 수는 없지! 슬프다, 내 아들이 판다바들에게 죽음을 당하다니! 오 산자야여, 틀림없이 내 마음은 강철인가 보다. 일백 명의 아들이 다 죽었다는 것을 알고도 부서지지도 않는구나! 슬프다, 우리 부부에게 자식들이 없어진 것보다 더한 곤경이 무엇이겠는가! 그러나 그 두료다나가 부당하게 쓰러진 다음 크리타바르만(Kritavarman)과 크리파(Kripa)와 드로나(Drona)의 아들[아스와타만]은 어떻게 무엇을 하였는가?

산자야가 말했다. -그들[크리타바르만(Kritavarman)과 크리파(Kripa)와 아스와타만(Aswatthaman)]은 멀리 가지 않아, 나무와 넝쿨들이 욱어진 짙은 숲을 만나 거기에 멈추었습니다. 잠깐 쉬고는 그 숲 속으로 들어가 말들도 쉬게 했습니다.....나무그늘에 쉬다가 그 무사들은 그 숲에서 가장 높은 나무 하나를 보았습니다. 무사들은 전차에서 내려 말들을 풀어 놓고, 무사들은 몸을 정결하게 하고 저녁 기도를 했습니다. 태양은 아스타(Asta) 산에 이르러 천지(天地)에 밤이 찾아왔습니다. 행성(行星)과 별들이 반짝이는 하늘은 수를 놓은 듯이 장관을 연출했습니다. 낮에 움직인 자들이 잠들 때에 밤에 움직이는 것[짐승들]은 돌아다니며 맘대로 소리를 질렀습니다. 밤에 돌아다니는 동물들의 소리가 끔찍스러웠습니다. 육식 동물은 마음껏 먹었고, 밤이 깊어 갈수록 무서웠습니다. **그 때, 크리타바르만(Kritavarman)과 크리파(Kripa)와 드로나(Drona)의 아들[아스와타만]은 슬픔에 넘쳐 주저앉았습니다. 그 반얀(banian) 나무 아래서 쿠루들과 판다바들의 싸움 이야기를 나누고 있었습니다.** 너무도 피곤하여 그들은 땅바닥에 누었습니다. 크리타바르만(Kritavarman)과 크리파(Kripa)는 잠이 들었습니다. 그러나 드로나(Drona)의 아들[Aswatthaman]은 분노와 경배(敬拜)로 잠을 못 이루고 뱀처럼 한숨을 쉬고 있었습니다. 그 영웅은 눈으로 숲을 훑어보았습니다.

다양한 동물들이 모인 그 숲을 보다가 드로나의 아들은 까마귀들이 날아와 덮고 있는 거대한 반얀(banian) 나무를 보았습니다. 그 반얀 나무에는 수 천 마리의 까마귀가 밤에 쉬고 있었습니다. 각각 걸터앉아 그 까마귀들은 편하게 잠들어 있었습니다. 그러나 까마귀들은 잠을 자는데, 갑자기 아스와타만(Aswatthaman, 드로나의 아들)은 거기에 무서운 모습의 올빼미 한 마리가 나타나는 것을 보았습니다. 괴상한 울음과 거대한 몸집 푸른 눈 황갈색 깃털에 커다란 코와 긴 발톱을 지녔습니다. 가루다(Gruda, 靈鷲) 같은 속력으로 조용히 반얀(banian) 가지에 접근하여 그 하늘의 감시자는 반얀 가지에 내려앉아 잠든 까마귀를 죽였습니다. 그 올빼미는 날카로운 발톱으로 까마귀들의 날개와 머리를 잘랐습니다. 엄청난 힘으로 드로나 아들 앞에서 그 올빼미는 까마귀들을 죽여 댔습니다. 죽은 까마귀의 사지(四肢)와 몸뚱이가 그 반얀 나무를 수북하게 덮었습니다. 까마귀들을 죽인 올빼미는 적을 죽인 사람처럼 기쁨에 넘쳐 있었습니다. 그 올빼미의 행동을 보고 드로나의 아들은 생각에 잠겼다가 그 올빼미를 보고 자신의 행동 방향을 잡고 혼자 말했습니다.

"이 올빼미가 바로 내게 싸우는 방법을 알려주는구나. 적을 격퇴함에 내가 행동을 개시할 시간이 왔다! 판다바놈들을 내가 다 잡아야겠다. 이런 시(詩)들도 있지 : *적이란 배가 고플 때나, 상처를 받았을 때나, 먹을 때나, 쉴 때나, 막사에 쉴 때나, 불문(不問)하고 항상 무찔러야 하느니라. 너희 는 같은 방법으로 잠들었을 때, 대장이 없을 때, 실수가 생겼을 때 같은 방법으로 처분될 수도 있느니라.*"

드로나 아들은 그렇게 생각하고, 밤을 타 잠자는 판다바들과 판찰라들을 주멸(誅滅)할 것을 결심 했습니다. 그 사악(邪惡)한 결심을 하고, 반복해서 실행을 맹세하며 이미 잠이 든 크리타바르만 (Kritavarman)과 크리파(Kripa)를 깨웠습니다. 잠에서 깨어난 두 무사는 아스와타만(Aswattha- man, 드로나의 아들)의 계획을 들었습니다. 그들은 [계획이 너무나 비겁하고]부끄러워 할 말이 없 었습니다. 잠깐 생각해 보다가 아스와타만은 눈물을 흘리며 말했습니다. "위대한 두료다나 왕을 위해 우리 군사들은 판다바들을 향해 적대감을 높여 왔으나, 거의 살해를 당했다. 두료다나 왕은 11개 군단의 주인이었으나, 비마와 많은 악당들에게 꺾이었다. 악당 브리코다라[비마]에게 또 다른 간계[奸計]가 개입하여, 브리코다라는 넘어진 대왕의 머리를 발로 차기까지 하였다! 그 때 판찰라들 은 큰 함성을 지르고 함박 웃음을 터뜨렸다. 그들은 소라고둥을 불고 북을 치며 좋아했다! 판다바 들은 엄청난 살육을 감행하여 살아남은 자는 우리 셋뿐이다. 나는 그것[夜間의 살해]을 시간(Time) 이 우리에게 제공한 유 일한 반전(反轉)의 기회라고 생각한다. 진짜 이번이 그것을 행할 마지막 기회다. 비록 판다바들이 그러한 공적을 세웠을지라도 이것[夜間의 살해]이 그 공적의 업보(業報)가 될 것이다. 당신들이 마비되어 생각이 없다면, 사람들은 이 재앙을 보고 우리에게 무엇이 가장 적절한 일이라고 말을 하겠는가."

크리파가 말했다. "당신 말은 잘 알겠소. 하지만 내 말도 들어보시오. 인생은 그 노력(努力, Exertion)과 운명(運命, Destiny)에 달렸소. 우리 행동은 그 '노력'만으로 성공할 수 없소. 무슨 결과로 구름은 산에 비를 뿌립니까? 구름은 무엇 때문에 밭에는 비를 내리지 않습니까? **운(運)이 없을 때의 노력과, 운 좋을 때의 노력 부족은, 모두 얻은 것이 없게 마련입니다.**....스스로 분별할 수 없는 사람은 그 친구와 상의해야 합니다. **그 같은 사람은 이해력(understanding)과 겸허(humility)와 번영(prosperity)을 지니게 마련입니다. 사람의 행동은 거기에 뿌리를 두어야 합니다.** 드리타라슈트라와 간다리 비두라를 찾아가서 우리가 무엇을 해야 할지 물어봅시다."

산자야가 말했다. -크리파의 도덕과 이해(利害) 행불행(幸不幸)론을 듣고 아스와타만은 슬픔에 압도되었습니다. 이에 아스와타만은 불타는 슬픔으로 독한 결심을 품고 말했습니다. "이해력은 사람마다 다르게 마련이다. **모든 사람은 자기가 남보다 더 영리하다고 생각하고 있다.** 모든 사람은 자기의 이해력을 존중하고 그것을 칭송한다.....사람들의 판단력은 시간의 영향 속에 바뀌고 서로 대립한다. 더구나 특히 인간 지성의 다양함 때문에 판단력은 다를 수밖에 없다.....판찰라들을 죽이면 나는 마음의 평화를 얻을 것이다. 오늘 판찰라들을 다 죽여서 판두 아들들을 괴롭게 할 것이다...오늘 저녁, 잠에 빠진 판찰라들을 다 죽여서 행복을 얻고 내 의무를 다할 것이다."

산자야가 계속했다. -그렇게 말을 마치고 용맹의 아스와타만(Aswatthaman, 드로나의 아들)은 전차를 몰고 적들에게 가려 했습니다. 그러자 크리타바르만과, 크리파가 말했습니다. "뭐 하려고 말을 전차에 채우는가? 우리는 내일까지 함께 행동을 해야 한다. 우리는 그대와 생사고락(生死苦樂)을 같이 할 것이다. 그러한 행동은 그대가 우리를 불신하는 것이다."

아스와타만(Aswatthaman, 드로나의 아들)은 아버지의 죽음을 생각하며 그의 결심을 그들에게 말했습니다.

"우리 아버지[드로나]가 무기를 내려놓고 있을 적에, 드리슈타듐나가 살해를 감행하였다. 그래서 나는 오늘밤 동일한 상태에서 그 놈을 죽일 것이다. 사악한 드리슈타듐나가 오늘 사악한 방법으로 살해를 당할 것이다."

그 말을 하고 아스와타만은 전차를 몰아가니, 크리파와 크리타바르만도 그를 뒤따라 갔습니다.

드리타라슈트라가 말했다. -오 산자야여, 드로나의 아들[아스와타만]이 캠프 문에 멈췄을 때, 크리파와 크리타바르만은 무엇을 했는가?

산자야가 말했다. -크리타바르만과 크리파를 데리고 아스와타만(Aswatthaman, 드로나의 아들)은 그 캠프 문으로 다가갔습니다. 아스와타만(Aswatthaman)는 거기서 머리카락이 솟는 일월(日月)같이 빛나는 입구를 지키는 거대한 괴물을 보았습니다. 그 허리 부분은 호랑이 가죽을 두르고, 윗도리는 검은 사슴 가죽을 걸치고 있었습니다. 그는 길고 큰 무기로 무장했습니다. 그는 어깨를 감고 있는 안가다(Angadas) 뱀도 지니고 있었습니다. 그의 입은 불타고 있었고, 이빨이 무서웠습니다. 그의 얼굴에는 수천 개의 눈이 있었고, 그의 몸은 이루 말할 수도 없었습니다. 산 같은 모습은 수천 조각으로 찢어질 것 같았습니다. 불타는 불꽃이 그 입과 코 귀 수천 개의 눈에서 나오는 것 같았습니다. 그 불꽃으로부터 수십만의 흐리쉬케사들(Hrishikesas)이 소라고동과 원반 철퇴로 무장을 하고 쏟아져 나왔습니다. 그 온 세상을 놀라게 하는 존재를 보고도, 아무 동요 없이 아스와타만(Aswatthaman)은 그를 천상의 무기로 뒤덮었습니다. 그런데 그 괴물[that being]은 아스와타만(Aswatthaman)이 쏜 화살을 다 삼켜버렸습니다. 바다바(Vadava) 신의 불이, 대양의 물을 삼켰듯이 아스와타만이 쏜 화살을 삼켰습니다. 화살 공격이 허사임을 안 아스와타만(Aswatthaman)은 그에게 불같은 긴 화살을 쏘았습니다. 그 화살은 그 존재에 부딪쳐 조각난 것이 마치 태양에 부딪친 별똥별 같았습니다. 그러자 아스와타만(Aswatthaman)은 즉시 칼집에서 언월도(偃月刀)를 뽑았습니다. 드로나 아들이 그 존재에게 언월도를 휘둘렀습니다. 그 언월도는 몽구스(mongoose, 고양이 과 동물)가 구멍으로 숨는 듯했습니다. 화가 난 아스와타만(Aswatthaman)은 철퇴를 휘둘렀습니다. 그 존재는 철퇴 역시 삼켰습니다. 결국 모든 무기를 상실한 아스와타만(Aswatthaman)은 눈을 들어 보니 모두가 자나르다나(Janardana, 크리슈나) 상(像)들이었습니다. 아스와타만(Aswatthaman)는 그 놀라운 형상을 보고 크리파의 말을 생각하며 파랗게 질려 말했습니다.

"친구의 은혜로운 충고를 듣지 않으면 뉘우치게 되는구나...나는 삼지창으로 무장한 기리샤(Girisha, 시바 신) 보호를 받아야겠다."

산자야가 말했다. -드로나의 아들은 그렇게 생각하며 전차에서 내려와 두 손을 모으고 최고신[시바 신] 앞에 머리를 숙였습니다. 그리고 말했습니다.

"저는 피에르케(Fierce) 스타누(Sthanu) 시바(Siva) 루드라(Ruddra) 사르바(Sarva) 이사나(Isana) 이스와라(Iswara) 그리샤(Girisha)라는 신의 보호를 원합니다. 우주의 창조자가 도울 것을 원합니다. 오, 신이시여! 견디기 어려운 고통을 벗어나기 위해, 저는 순수 중에 순수이신 당신께 5원소(元素)로 된 제 몸을 바치오니 거두어주옵소서!"

그 결심이 목적 성취의 소망의 결과임을 알아 고매(高邁)한 드로나 아들 앞에 황금 제단이 나타났습니다. 그 제단 위에 사방으로 빛을 뿌리는 활활 타는 불이 나타났습니다. 역시 코끼리나 산 같이 보이는 억센 존재들이 나타났습니다. 그들은 산토끼 멧돼지 낙타 말 자칼 암소 곰 고양이 호랑이 표범 까마귀 앵무새 얼굴과 같았습니다.........억센 아스와타만(Aswatthaman)은 아무 겁도 없이 그들을 바라보았습니다. **드로나의 아들[아스와타만]은 활과 도마뱀 가죽 장갑을 끼고 마하데바(Mahadeva)에게 스스로를 제물로 바쳤습니다. 제사를 지냄에 활은 불쏘시개고 화살은 국자이고 억센 정신은 제주(祭酒)였습니다. 드로나의 아들은 주문(mantras)을 외며 희생으로 자신의 영혼을 올렸습니다. 치열한 제사를 올리며 손을 모은 아스와타만(Aswatthaman)은 말했습니다.**

"오 신이여, 저는 앙기라(Angiras) 가문에 태어나서, 이 불에 제 혼을 제주(祭酒)로서 붓습니다. 이 희생을 헌납해 주소서! 오 우주의 정신이시여, 이 고통의 시간 속에 제 자신을 제물(sacrificial victim)로 올립니다! 만물이 당신께서 비롯했고, 만물은 당신께 돌아갑니다! ......"

드리타라슈트라가 말했다. -드로나의 아들이 적의 캠프를 향했을 적에, 크리파와 크리타바르만(Kritavarman)은 그냥 잠자코 있었는가? 나는 더 들어 보아야 알겠지만, 그들은 적을 무서워해 몰래 도망하지는 않았는가? 아니면 소마카들(Somakas)과 판다바들의 그 캠프를 짓이긴 다음 전투를 치르고 두료다나(Duryodhana)가 걸었던 길을 갔는가? 그 영웅들이 땅바닥에서 잠들었다가 판찰라들에게 살해당했는가, 아니면 공을 세웠는가? 산자야여, 다 상세하게 말해보라.

산자야가 말했다. -고매한 드로나 아들[아스와타만]이 캠프로 갔을 때, 크리파와 크리타바르만은 그 캠프 문 앞에서 기다리고 있었습니다. 그들을 보고 아스와타만은 기쁨에 넘쳐, 그들에게 속삭였습니다.

"당신 두 사람만 있으면, 모든 크샤트리아를 절멸할 수 있다! 판다바들은 지금 잠에 취해 있다. 내가 지금 캠프로 야마(Yama)처럼 진입할 것이다. 너희 둘이 있으니, 어떤 놈도 살아 도망갈 수 없다."

이 말을 하고 아스와타만은 두려움을 버리고 널따란 파르타의 캠프로 들어갔습니다. 아스와타만은 문이 없는 곳을 뚫고 들어갔습니다. 그는 그 캠프 안에서 조심스럽게 드리슈타듐나의 영역으로 다가갔습니다. 드로나의 아들은 **드리슈타듐나**가 침대에 잠들어 있는 것을 보았습니다. 아스와타만은 잠들어 있는 드리슈타듐나를 발로 찼습니다. 발에 채인 왕(드리슈타듐나)은 잠에서 깨어나 자기 앞에 있는 드로나의 아들을 금방 알아보았습니다. 왕[드리슈타듐나]이 침상에서 일어나자, 아스와타만은 그의 머리채를 잡아 그를 땅바닥에 뉘이고 두 손으로 눌렀습니다. 그러나 왕[드리슈타듐나]은 졸음과 공포에 아스와타만을 향해 힘을 쓸 수가 없었습니다. 아스와타만은 몸부림치는 왕의 목과 가슴을 발로차서, 짐승 잡듯 죽여 버렸습니다. 드리슈타듐나는 손톱으로 아스와타만을 할퀴며 숨넘어가는 소리로 말했습니다.

"스승의 아들이여, 지체 말고 무기로 죽여주오! 그대의 행위로 내가 정의(正義)의 영역으로 가게 해주오!"

그렇게 말하고 드리슈타듐나는 숨을 거두었습니다. 그 흐릿한 드리슈타듐나의 말을 듣고, 아스와타만은 말했습니다.

"악당아, 스승을 죽인 자들은 죽이는 장소가 따로 없는 법이다.[어느 곳에서나 죽여도 된다는 의미] 너는 무기로 죽일 가치도 없어!"

아스와타만이 드리슈타듐나를 죽이고 있는 동안, 그 막사에 있는 모든 아내들과 경비병들이 잠에서 깨어났습니다. 그들은 초인적인 힘을 지닌 왕[드리슈타듐나]을 누르고 있는 존재를 초자연적인 존재로 알고 무서워서 소리도 못 냈습니다. 아스와타만은 드리슈타듐나를 그렇게 저승으로 보낸 다음, 그 처소를 나와 모든 영중을 향해 함성을 지르며, 전차를 다른 캠프로 몰았습니다. 아스와타만이 떠난 다음 여인들과 경비병들은 방성대곡(放聲大哭)했습니다. 그 울음소리에 잠든 무사들이 잠에 깨어나 갑옷을 입고 달려와 우는 이유를 물었습니다. 여인들은 말했습니다. "락샤사(Rakshasa)인지 사람인지 모릅니다. 저렇게 판찰라 왕[드리슈타듐나]을 죽였습니다." 그 말에 무사들이 드로나의 아들을 포위했습니다. 아스와타만은 루드라(Rudra) 무기로 그들을 모두 살해했습니다. 그들을 죽인 다음 아스와타만은 우타마우자(Uttamaujas)가 침대에 잠들어 있는 것을 보았습니다. 드로나의 아들은 그의 목과 가슴을 발로 차 고통으로 몸을 꼬고 있을 적에 그를 죽였습니다. 유다마뉴(Yudhamanyu)는 전우가 락샤사[아스와타만]에게 살해된 것을 보고 철퇴로 아스와타만의 가슴을 쳤습니다. 아스와타만은 그에게 달려들어 그를 잡아 땅바닥에 누이고 짐승 잡듯 죽이니, 유다마뉴는 비명을 지르며 죽었습니다. 유다마뉴를 그렇게 죽인 다음 아스와타만은 잠들어 있는 다른 무사들을 향해 나갔습니다. 드로나의 아들은 모든 무사들을 짐승 잡듯 죽였습니다. 아스와타만은 칼로도 죽였습니다. 잘든 칼로 전투원들과 말 코끼리들도 죽였습니다. '시간'이 보낸 '죽음 자체(Death himself)'처럼 보였습니다. 아스와타만은 세 종류의 칼로 적들을 죽이며 피로 목욕을 했습니다. 잠에서 깨어난 사람들은 들리는 큰 소리에 모두 바보가 되었습니다. 크샤트리아들은 아스와타만을 락샤사로 알고 눈을 감았습니다. 그 무서운 형상으로 그 캠프를 전차로 야마처럼 누비다가 끝내 드라우파디의 아들들과 소마카(Somakas)의 아들을 보았습니다. 소란으로 깨어나 드리슈타듐나가 살해된 것을 안 그 드라우파디 아들들은 활로 무장을 하고 드로나의 아들에게 화살 소나기를 퍼부었습니다. **시칸딘(Sikandin)**과 프라바드라카(Prabhadrakas)가 잠에 깨어 앞장을 서서 드로나의 아들을 공격했습니다. 드로나 아들은 그들을 죽이려고 커다란 함성을 질렀습니다. 아버지 죽음을 생각하며 아스와타만은 분노에 넘쳤습니다. 전차에서 내려와 거칠게 적들을 향해 돌진했습니다. 빛나는 방패를 잡고 천상의 칼을 잡고 억센 아스와타만은 드라우파디 아들들을 땅바닥에 죽이기 시작했습니다. 드로나 아들[아스와타만]은 프라티빈디아(Prativindhya)의 복부를 공격해 죽여 땅에 쓰러뜨렸습니다. 용감한 수타소마(Sutasoma)는 창으로 드로나 아들[아스와타만]을 공격했으나, 아스와타만은 칼로 수타소마의 팔을 자르고 다시 허리를 공격했습니다. 이에 수타소마는 쓰러지고 그 목숨이 끊겼습니다. 나쿨라의 아들 사타니카(Satanika)는 두 손으로 전차 바퀴를 잡고 그것으로 아스와타만의 가슴을 공격했습니다. 이에 아스와타만은 힘을 내 그 사타니카를 공격하여 그의 머리를 잘라버렸습니다. 가시 돋친 곤봉을 잡은 스루타카르만(Srutakarman)이 아스와타만에게 달려들어 그의 왼쪽 이마를 쳤습니다. 아스와타만은 칼로 스루타카르만의 얼굴을 쳤습니다. 얼굴이 망가진 스루타카르만은 땅에 쓰러져 죽었습니다. 이 소란 속에 전차 무사인 영웅 스루타키르티(Srutakirti)가 아스와타만에게 화살 소나기를 퍼부었습니다. 방패로 화살 소나기를 막으며 아스와타만은 적의 몸통을 잘랐습니다. **비슈마(Bhishma)의 살해자, 억센 시칸딘(Sikandin)이 프라바드라카들(Prabhadrakas)을 거느리고 각종 무기를 들고 사방에서 몰려와 아스와타만을 포위했습니다.** 시칸딘은 활로 아스와타만의 양미간(兩眉間)을 맞혔습니다. 이에 화가 난 드로나의 아들은 시칸딘에게 달려 들어 그를 칼로 두 토막을 냈습니다. 시칸딘을 죽인 아스와타만은 분노에 가득하여 프라바드라카족(Prabhadrakas)에게로 향했습니다. 아스와타만은 비라타의 남은 병력에도에게도 달려들어 드루파다(Drupada) 왕의 아들 손자 부하들을 차례로 죽였습니다. 소란스러움에 수십만의 판다바 궁수가 잠에서 깨어났습니다. 어떤 사람은 다리를 잘렸고, 다른 사람은 엉덩이를 잘리고 허리를 잘려, 아스와타만은 '시간'이 풀어놓은 도살자처럼 질주했습니다. 땅바닥은 코끼리 말에 짓밟힌 듯 형태를 알아 볼 수 없는 사람들과 고통을 호소하는 사람들로 뒤덮였습니다. 많은 사람들이 큰 소리로 말했습니다. "무슨 일인가?" "그 사람은 누구인가?" "무슨 소란인가?" "누가 이렇게 했는가?" 그런 비명 속에서 드로나의 아들은 그들의 도살자가 되었던 것입니다........아스와타만은 걷지 않았던 길로 다니며, 만물을 재[灰]로 만든 유가(Yuga)의 마지막 불꽃 같았습니다. 그 맹세대로 마음껏 살상을 저지르며, 미답(未踏)의 길을 밟아 가며 드로나의 아들은 아버지가 살해당한 슬픔을 잊었습니다. 판다바 캠프는 드로나의 아들이 들어설 때는 잠에 빠져 무덤처럼 고요했습니다. 야간 도살을 마치고 다시 한 번 조용하게 되었을 때 아스와타만은 캠프를 빠져나와 두 친구를 만났고, 기쁨으로 그의 공적을 말하고 그들을 즐겁게 해 주었습니다. 두 친구는 그들도 그 캠프 대문에서 수천 명의 판찰라들과 스린자야들을 죽였다고 알려주었습니다.

드리타라슈트라가 말했다. -드로나의 아들은 왜 그 승리를 두료다나에게 안겨주지를 못 했는가? 무엇 때문에 악한 두료다나가 피살당한 뒤에야 아스와타만은 그렇게 하였는가? 말해 보아라!

산자야가 말했다. -아르주나에 대한 두려움 때문에, 아스와타만은 그러한 공을 세울 수 없었습니다. 파르태아르주나[와 케사배크리슈나], 사티아키(Satyaki)가 없었기 때문에 드로나의 아들은 성공할 수 있었습니다. 그 영웅들이 있었다면 누가 그들을 대적할 수 있겠습니까? 아스와타만이 성공할 수 있었던 것은 사람들이 모두 잠을 자고 있었기 때문입니다.

산자야가 말했다. -모든 판찰라들과 드라우파디 아들을 죽인 쿠루의 세 영웅[아스와타만, 크리파, 크리타바르맨]은, 두료다나가 적에게 쓰러진 그 지점에 함께 도착을 했습니다. 그들은 숨이 끊긴 왕을 보고 전차를 내려와 두료다나를 둘러쌌습니다. 쿠루 왕[두료다나]은 허벅다리가 부셔진 채로 누워있었습니다. 피를 토하고 눈을 감고 있었습니다. 두료다나는 수많은 육식동물들이 둘러싸고 있었는데, 늑대와 하이에나들은 멀지 않은 곳에서 그 육신을 먹으려고 기다리고 있었습니다. 그는 애써 육식 동물의 잔치를 막고 있었습니다. 두료다나는 고통 속에 땅바닥에 몸부림을 치고 있었습니다. 피로 목욕을 하고 땅바닥에 누워있는 왕을 보고 유일한 생존자인 세 영웅들[아스와타만, 크리파, 크리타바르맨]은 슬픔에 넘쳐 왕의 곁에 앉았습니다. 세 사람의 무사에 둘러싸인 피를 뒤집어쓰고 뜨거운 숨을 쉬는 억센 쿠루 왕은 세 개의 불길에 둘러싸인 제단(祭壇)과 같았습니다. 부당하게 역경에 빠진 왕[두료다나]을 보고, 세 영웅은 참을 수 없는 슬픔에 울었습니다. 손으로 얼굴에 피를 닦아주며, 전장에 누워있는 왕이 듣는 중에 다음과 같은 탄식을 했습니다.

크리파가 말했습니다. "11개 군단의 대장인 두료다나 왕이 적들의 공격을 받고 피투성이가 되어 땅바닥에 잠든 것은 운명입니다. 생각해 보세요 그분은 철퇴를 좋아했습니다. 전장에서 철퇴를 놓은 적이 없었습니다. 하늘에 오르시게 된 지금까지 철퇴는 이 무사를 떠나지 않았습니다. 수백 명의 왕들이 무서워 부복(俯伏)했던 그가, 지금은 육식 동물들에게 둘러싸여 있습니다. 앞서는 모든 바라문들이 이 왕의 자선(慈善)을 기다렸습니다. 슬프다 오늘은 육식 동물들이 그 몸을 먹겠다고 기다리고 있습니다!"

산자야가 계속했다. -아스와타만은 다음과 같이 탄식했습니다. "왕 중에 호랑이시여, 만인이 당신이 최고의 궁사(弓師)라고 일컬었습니다. 부(富)의 주인이시니, 비마가 어떻게 당신의 잘못을 알겠습니까? 당신은 억세고 능력을 보유하셨습니다. 비마는 바로 악당입니다. '시간(時間)'이 세상에서 가장 그 힘이 세므로, 비마가 당신을 공격한 것입니다....나는 그대[두료다나]의 스승[드로나]께 경배(敬拜)를 올리려고, 내가 그 드리슈타듐나를 죽였습니다. 당신 앞서 하늘로 간 발리카(Valhika)와 신두족(Sindhus)의 왕과 소마다타(Somadatta), 브리스라바들(Bhurisravas)을 껴안아 주소서. 그들을 안아 주시고 그들의 안부(安否)도 물어주소서."

산자야가 계속했다. -아스와타만이 다시 말했습니다. "**두료다나여, 아직 목숨이 없어지지 남았다면 이 말을 기쁘게 들으시오. 판다바들 측에서는 7명이 살아남았고, 드리타라슈트라들 측에서는 우리 3명이 살아남아 있습니다. 판다바들의 7명은 5형제와 바수데바 사티아키(Satyaki)가 살아남았고, 우리 측은 나[아스와타만]와 크리파와 크리타바르만입니다.** 모든 드라우파디의 아들과 드리슈타듐나의 아들은 내가 다 잡아 죽였습니다. 역시 모든 판찰라들이 살해되었고, 마트시아 족도 마찬 가지입니다. 오 바라타 왕이시여, 그녀들이 행했던 것에 대한 나의 복수를 보십시오! 판다바들은 이제 후손이 없어졌습니다! 잠들었을 때 그 캠프에 있는 사람과 동물은 내가 다 무찔렀습니다. 오 대왕이시여, 밤에 그들의 캠프로 들어가 내가 악당 드리슈타듐나를 짐승 잡듯이 없앴습니다."

두료다나가 그 즐거운 그 말을 듣고 정신이 돌아와 대답했습니다.

"**비슈마도 카르나도 아버님[드로나]도 못 이루었던 대공(大功)을, 그대와 크리파와 크리타바르만이 해내었군요. 판다바 사령관을 잡고 신칸딘을 죽였으니, 나는 그 마가바트(Maghavat)와 동등하오. 잘했소! 잘 사시오! 천국에서 다시 봅시다!**"

이 말을 하고 쿠루 왕은 잠잠해졌습니다. 살해된 모든 친척들에 대한 슬픔을 던지고, 두료다나는 숨을 거두었습니다. 육신은 땅에 남았지만, 두료다나의 혼령은 신성한 하늘로 올라갔습니다. 세 영웅은 거듭 왕을 포옹하며 눈여겨 간직했습니다. 그들은 그들의 전차에 올랐습니다. **그 애처로운 드로나 아들의 탄식을 듣고 나[산자야]는 첫 새벽에 이 도시[하스티나푸라]로 왔습니다.** 이처럼 쿠루 군과 판다바 군들은 없어졌습니다. **대왕의 잘못으로 무서운 대학살이 일어났습니다.** 대왕의 아드님이 천국에 올라간 다음, 나는 그 신령[두료다나]이 없어져 슬펐습니다.

바이삼파야나가 계속했다. -아들의 죽음을 들은 드리타라슈트라는 긴 한숨을 쉬고 큰 고민에 빠졌습니다.

바이삼파야나가 말했다. -그 밤이 지나간 다음 드리슈타듐나(Dhrishtadyumna)의 마부가 그 '취침 중의 대학살' 소식을 유디슈티라(Yudhishthira) 왕에게 아뢰었습니다.

마부가 말했습니다. "오 왕이시여, 드라우파디의 아들들이 드루파다(Drupada, 드리슈타듐나)의 아이들과 함께 간밤에 캠프에서 잠자다가 모두 피살을 당했습니다. 잔인한 크리타바르만, 크리파,

아스와타만이 대왕의 캠프를 완전히 박살을 냈습니다. 제가 유일한 생존자입니다. 저는 크리타바르만이 정신없을 때, 겨우 도망을 쳐 나왔습니다." 이 말을 들은 유디슈티라는, 아들들을 잃은 슬픔에 그냥 땅바닥에 쓰러졌습니다. 사티아키가 달려가 그 왕을 안았습니다. 비마와 아르주나 마드리의 두 아들은 그들의 무기를 들었습니다. 정신을 되찾은 왕은 큰 고통을 느끼며 말했습니다. "슬프다, **우리가 적들을 무찔렀더니, 결국 우리가 적들에게 다시 무찌름을 당하는구나!**[因果應報로 해석] 사건의 경과를 다 알기가 어려울 것이나 패한 적들이 승리를 했구나! 우리는 승리 속에 있다가 역시 망하게 되었구나! 우리가 형제와 친구, 스승, 아들, 지지자 친척 상담자를 모두 죽였더니, 마지막에는 우리가 당하는구나....나는 드라우파디 왕비를 슬퍼한다. 그녀는 오늘부터 슬픔의 바다에 빠지겠구나. 형제와 아들과 아버지를 살해당하고 쓰러져 못 일어날 것이다. 슬프다, 얼마나 놀랍겠는가? 학살자 아들과 형제를 죽인 슬픔에 그녀는 불에 태운 것 같이 될 것이다."

유디슈티라는 깊은 탄식에 빠졌다가 왕은 나쿨라에게 말했다. "가서 드라우파디 왕비와 그 모계 권속을 데려오라." 왕의 명령을 받은 나쿨라는 급히 마차를 몰아 판찰라 왕비들과 함께 있는 드라우파디가 있는 곳으로 갔다. 나쿨라를 보내 놓고 유디슈티라 왕은 슬픔에 빠져 동료들을 데리고 아들들의 전쟁터로 향했습니다. 왕이 치열한 전투가 행해진 저주의 장소로 가 보니 몸이 망가졌거나 목이 잘린 아들, 지지자, 친구들이 피투성이가 되어 땅바닥에 널려 있었습니다. 놀라움으로 그들을 본 유디슈티라는 크게 괴로워하며 통곡을 하다가 정신을 잃고 땅에 쓰러졌는데, 그의 종자(從者)들도 그러했습니다.

바이삼파야나가 말했다. -오 자나메자야여! 아들들과 손자들과 친구들이 모두 살해된 것을 본 왕의 정신은 슬픔에 압도되었습니다. 정신없이 떨며 눈에 눈물이 고이자 친구들이 그를 위로했습니다. 그 때 나쿨라가 빠르게 심부름을 행하여 태양 같은 마차에 드라우피디 왕비를 태우고 유디슈티라가 쓰러져 있는 곳에 도착했습니다. 드라우파디 왕비는 우파플라비아(Upaplavya)에 거주를 하고 있었습니다. 모든 아들이 학살되었다는 비통한 소식을 듣고 그녀는 크게 흔들렸습니다. 플랜테인(plantain) 나무처럼 흔들리며 유디슈티라 앞에 도착한 드라우파디는 슬픔에 쓰러졌습니다. 땅에 엎드린 그녀를 보고 화가 난 브리코다라(Vrikodara, 비마)가 달려가 그녀를 붙잡아 일으켜 세웠습니다. 비마의 위로를 받으며 그녀는 울기 시작했습니다. 드라우파디가 유디슈티라에게 말했습니다.

"다행히 대왕은 온 세상을 획득했으니, 크샤트리아 의무를 다한 용감한 아들들이 죽은 다음에도 세상을 즐기실 것입니다. 다행히 대왕의 생각은 성난 코끼리를 닮은 수바라드라(Subhadra) 아들[아비마뉴]처럼 살지는 않으셨습니다. 오 프리타의 아들이시여, 드로나의 아들이 잠든 영웅들을 죽였다는 말을 듣고 나는 지금 슬픔의 불 속에 있습니다. 드로나의 아들과 그 추종자들이 이 악의 업보를 받지 않으면 그들의 분노에 내 생명을 지키지 못 할 것입니다. 판다바 형제들이시여, 제 말을 들으소서!"

이 말을 하고 드라우파디는 유디슈티라 왕 곁에 앉았습니다. 이에 유디슈티라가 왕비에게 말했습니다. "자애로운 부인이시여, 그대는 도덕을 꿰고 있어, 왕비의 아들들과 형제들도 고상한 죽음을 획득했습니다. 그들을 슬퍼할 이유가 없습니다. 드로나의 아들[아스와타만]은 추측컨대 먼 숲으로 갔습니다. 왜 그를 꼭 잡아 죽여야 한다고 생각하십니까?"[이미 '달통'을 해 있는 유디슈티라 말]

드라우파디가 말했습니다. "**제가 들으니, 드로나의 아들은 태어날 때 그 머리에 보석을 지니고 나왔다고 합니다. 그 악당을 잡으면 저에게 그 보석을 보여 주십시오. 그 보석을 대왕의 머리에 올려놓고 저는 (슬픔을) 참고 살겠습니다. 그것이 저의 결심입니다.**" 이렇게 유디슈티라에게는 말을 해 놓고 그 다음 드라우파디는 비마에게 다가가 그에게 최고 목표를 말했습니다. "오 비마여, 크샤트리아의 의무를 아시죠? 그래서 당신은 저를 구하러 오셨습니다. 마가바트(Maghavat)가 삼바라(Samvara)를 잡았듯이, 그 악당[아스와타만]을 잡아주세요. 세상에 당신의 용맹을 당할 자는 없습니다. 비라타(Virata) 시의 큰 재앙에서 판다바들의 은신처가 된 당신은, 세상에 유명합니다. 이제 드로나의 아들[아스와타만]을 잡으면 당신도 행복할 것입니다." 이 애절한 왕비의 탄식을 들은 억센 비마는 힘을 억제할 수 없었습니다. 비마는 드로나의 아들을 잡을 것을 결심하고 지체 없이 나쿨라(Nakula)를 마부 삼아 황금 마차를 타고 무기를 손에 들었습니다. 질풍처럼 말을 달려 나갔습니다. 비마가 판다바 캠프를 나가 운 좋게 아스와타만(Aswatthaman)의 전차가 갔던 길을 뒤따라갔습니다.

바이삼파야가 말했다. -비마가 출발한 다음 바수데바가 유디슈티라 왕에게 말했습니다. "비마가 아들들이 살해된 슬픔을 억누르지 못 하고 드로나의 아들[아스와타만]을 죽이려고 혼자 전장으로 갔습니다. 비마가 큰 어려움을 당할 터인데 왜 격려를 하지 않았습니까? 브라흐마시라(Brahmasira)라는 드로나가 그 아들에게 전한 무기는, 온 세상도 다 없앨 수 있는 무서운 무기입니다. 본의 아니게[분별없이] 드로나는 그 무기에 대한 지식을 아스와타만에게 전했습니다. 드로나는 그 아들이 차분하지 못함을 알고 있었습니다. 모든 것을 알고 있는 드로나는 아들에게 말했습니다. '**큰 위험이 닥칠지라도 이 무기[브라흐마시라(Brahmasira)]를 사람에게 써서는 아니 된다.**' 조금 있다가 다시 '너는 정당한 길을 걷지 않을 것 같구나.' 아버지[드로나]의 그 격렬한 말을 들은 아스와타만은 [드로나가 알고 있는]모든 무기 학습에 절망하여, 세상을 방랑하기 시작했습니다. 그러다가 당신[유디슈티라]이 숲 속에 유랑하고 있을 적에, 아스와타만은 드와라카(Dwaraka)로 와서 거기에서 살며 브리슈니들(Vrishnis)의 존중을 받았습니다. 드와라카에 살던 어느 날 아스와타만이 나를 찾아 와 웃으면서 말했습니다. '크리슈나여, 신들과 간다르바들이 존중하는 브라흐마시라(Brahmasira)라는 무기를 지금 내가 가지고 있습니다. 그 무기와 교환하여 적들을 멸할 수 있는 당신의 원반(原盤, discus)을 제게 주시지요.' 아스와타만은 손바닥을 모으며 나의 원반을 간청했습니다. 아스와타만은 나를 즐겁게 하려고 말했습니다. '신들, 다나바들(Danavas), 간다르바들(Gandharvas), 사람들, 새들, 뱀들 모두가 내 힘과 같지는 않습니다. 나는 활과 화살과 원반과 철퇴를 가지고 있습니다. 나는 당신이 원하신다면 무엇이나 드리겠습니다. 나에게 주실 무기가 없으셔도, 이 무기들을 당신은 쓰실 수 있습니다.' 이렇게 말하며 영명한 드로나의 아들은 나를 도발하며 나의 원반을 간청했습니다. 내가 아스와타만에게 '가져가시오.' 말했습니다. 이렇게 말하자 아스와타만은 즉시 일어나 왼손으로 그 원반을 잡았습니다. 그러나 그[아스와타맨]는 그 원반이 놓여 있는 지점에서 그 무기를 한 치도 움직일 수가 없었습니다. 그러자 아스와타만은 그것을 다시 오른손으로 움직여 보려 했으나, 역시 그것을 움직일 수 없었습니다. 이에 드로나의 아들은 금방 우울해졌습니다. 아스와타만은 애를 써보다가 결국 포기를 했습니다. 그가 생각을 접은 다음에 내가 그에게 말했습니다. '세상에 나에게는 팔구나(Phalguna, 아르주나) 같은 친구는 없습니다. 나는 그에게 아내와 자식을 포함해 세상에 못 줄 것이 없습니다. 힘센 라마(Rama)도 내게 [원반을 달라는]그런 말을 한 적이 없습니다. 가다(Gada)와 삼바(Samva)도 마찬가지입니다. 그대는 바라타족 스승[드로나]의 아드님이시고, 전 야바다족의 높은 존경을 받고 있습니다. 묻겠습니다. 그 무기를 갖고 누구와 함께 하렵니까?' 내가 그렇게 묻자 드로나의 아들[아스와타맨]은 말했습니다. '<u>시들지 않는 영광 크리슈나이시여, 먼저 인사를 올리고, 당신과 싸우는 것이 내 의도입니다.(it was my intention to fight thee.) 내가 그 원반을 얻었더라면 천하에 무적입니다. 이룰 수 없는 소망이었으니, 오 고빈다여. 나는 당신을 떠납니다. 그 원반보다 무서운 무기는 이 세상에 없습니다.'</u>[절대자 크리슈나 소유 무기 칭송] 이렇게 말을 하고 나서 그 드로나의 아들은 많은 말들에게 많은 부와 여러 종류의 보석을 싣고 드와라카(Dwaraka)를 떠났습니다. 드로나의 아들은 노기등등하고 잔인합니다. 아스와타만은 '브라흐마시라(Brahmasira)'를 알고 있으니, 브리코다라(비마)가 그 무기를 막아내야 합니다."

바이삼파야나가 말했다. -그 말을 마치고 크리슈나는 자신의 무기를 챙기어 그 전차에 올랐습니다......그를 뒤따라 아르주나와 유디슈티라도 같은 수레에 올랐습니다......무서운 속도로 달려 비마를 따라가 비마를 만났으나, 치열하게 적을 향해 돌진하는 비마를 멈추게 하지는 못 했습니다. <u>비마는 많은 신령들 가운데 앉아 있는 비아사(Vyasa)를 보았습니다. 그리고 비마는 그들 곁에 앉아 있는 드로나의 아들[아스와타만]을 보았는데, 아스와타만은 먼지를 뒤집어쓰고, 쿠사(Kusa) 풀로 만든 옷을 입고 버터를 마구 바르고 앉아 있었습니다. 비마가 활을 잡고 화살을 장전(裝塡)하여 아스와타만에게 돌진하니, 드로나의 아들은 "기다려, 기다려!"라고 말했는데, 크리슈나의 수레에 두 형제[크리슈나와 아르주나]가 있는 것을 보고 아스와타만은 크게 동요가 되어 죽음의 때가 가까운 것을 알았습니다. 아스와타만은 아버지에게서 받은 무기[브라흐마시라(Brahmasira)]를 생각했습니다. 아스와타만은 왼손으로 풀잎 옷을 벗고, 큰 걱정에 빠져 고유의 만트라(mantras, 呪文)로 그 풀잎 옷을 천상(天上)의 무기로 바꾸었습니다. 아스와타만은 화가나 말했습니다. "내가 판다바들을 죽여주마." 그 말을 마치고 드로나 아들은 세상을 놀라게 할 그 무기를 발사했습니다. 그 풀잎 옷에서 생긴 불은, 세상의 종말에 파괴의 신 야마(Yama)가 3계를</u>

멸할 수 있는 것처럼 보였습니다.

바이삼파야나가 말했다. -바로 그 처음에서부터 아스와타만의 의도를 다 알고 있던 크리슈나는, 아르주나에게 말했습니다. "오 아르주나여, 드로나가 가르쳐준 그대가 가지고 있는 천상의 무기를 쓸 때가 되었습니다. 모든 무기를 무용지물로 만드는 그 무기를 바로 지금 발사하세요." 이렇게 케사바가 말하자 아르주나는 재빠르게 수레에서 내려와, **스승의 아들과 자신과 형제들에게 선(善)을 생각하며, 아르주나는 제신(諸神)들에게 경배를 하며 말했습니다. "아스와타만의 무기는 내 무기 앞에 무용지물이다!" 그 무기는 만물을 파괴하는 불이었습니다. 역시 아스와타만의 발사한 무기도 거대한 불길로 타올랐습니다.** 수많은 천둥소리가 들렸습니다. 수천 개의 별동별이 떨어졌습니다. 모든 생물들이 무서워 떨었습니다. 전 우주가 소란과 불길로 가득했습니다. 그러자 두 위대한 신령인 나라다(Narada-만물의 혼)와 비아사(Vyasa-바라타 왕들의 할아버지)가 그 [아르주나와 아스와타만의]두 무기로 3계(三界)가 불타는 것을 보고 거기에 모습을 드러내었습니다. 두 신령은 두 영웅[아스와타만과 아르주나]을 잠잠하게 하려 했습니다. 모든 의무에 달통하고 만물의 안녕을 생각하는 두 영명한 신령은 불을 뿜는 두 무기의 중간에 섰습니다. 힘으로 어쩔 수 없는 두 신령은 두 개의 불타는 불이었습니다. 두 신령은 말했습니다. "이 전투를 하고 있는 전차무사는 모든 무기 사용법을 알고 있다. 그러나 그 무기를 인간을 향해 쓰지는 못 한다. 얼마나 경솔한 짓인가?"

바이삼파야나가 말했다. -불길 같은 두 신령의 광망(光芒)을 보고, 아르주나는 재빠르게 천상의 화살을 멈추기로 결심했다. 그리고 두 손을 모으고 두 신선에게 말했다. "신 같은 분이시여! 나는 드로나 아들의 악행은 그 무기의 힘으로 장차 우리를 다 삼킬 것이기에 적의 무기를 무력화(無力化)기 위해 사용하고 있습니다. 우리의 복락(福樂)도 3계의 존재와 함께 합니다." 그 말을 하고나서 아르주나는 자기 무기를 내려놓았습니다. 그 '무기의 취소'는 신령들도 무척 어려운 일이었습니다. 인드라 신과 아르주나를 빼고는 한 번 발사된 그 무기는 취소 할 수가 없었습니다. 그 무기는 브라흐마(Brahma)의 힘에서 솟은 것이었습니다. **만약 바라문의 맹세를 찬양하지 않는 사람이 그것을 발사한 다음 회수하려면, 그 무기는 발사 자 자신의 머리를 부수고, 그와 더불어 모든 장비도 망가지는 것이었습니다.** 아르주나는 '맹세를 살피는 바라문'이었습니다. 희귀한 무기를 획득하고서도 극도로 위험 상황에서도 아르주나는 그 무기를 결코 다 쓰지는 않았습니다. 진리에 대한 맹세를 준수하는 아르주나는 어르신들께 복종하여 '그 무기 취소'에까지 성공을 했습니다. 그러나 드로나 아들[아스와타만]은 두 신령들이 자기 앞에 서 있는 것을 보고도 그 무서운 무기를 취소할 수가 없었습니다.[취소하는 방법을 몰랐습니다.] 그 무기를 취소 할 수 없었던 '드로나의 아들'은 비아사를 향해서 말했습니다.

"저는 비마가 두려워 내가 살려고 이 무기를 발사했습니다. 오 성인이시여, **비마는 거짓 행동[부당한 행동]으로 두료다나를 살해했습니다.** 이에 그 부정한 놈을 향해 이 무기를 발사했습니다.

이 천상의 무기로 판다바들을 멸해 주소서. 어찌 되었든 그 판다바들을 멸해 주시고, 이 무기는 판두 아들들의 생명을 빼앗을 것입니다. 저는 화가 나서 악행을 저질렀습니다. 저는 판다바들을 멸하려고 이 무기를 들었습니다."

비아사가 말했다. "아가야, 아르주나도 브라흐마시라(Brahmasira) 무기를 알고 있다. 아르주나는 너를 파괴하려고 그 무기를 든 것이 아니다. 아르주나는 너의 무기를 저지하려고 사용한 것이다. 아르주나는 그 무기를 이미 포기했다. **너의 아버지[드로나]의 훈도를 받아 브라흐마 무기를 획득했지만, 아르주나는 크샤트리아의 의무를 버리지 않았다.** 아르주나는 그러한 인내심과 정직성을 지녔다. 더구나 그는 모든 무기에 달통해 있다. 무슨 이유로 그 형제들을 다 죽이려 하느냐? **일단 그 브라흐마시라(Brahmasira)로 맞붙은 지역은 12년간 한발(旱魃)이 되어 구름이 물 한 방울 내리지 않는다.** 그래서 아르주나는 생명들을 위해서 그것을 사용하지 않았고, 그대의 무기를 막았던 것이다. 판다바들은 지켜져야 한다. 너도 너를 지켜라. 왕국도 역시 지켜져야 한다. 그러므로 너의 천상의 무기 사용을 중지하라. 그대 마음속에 분노를 버리고, 판다바들을 안전하게 해라. 그 사악한 행동으로 유디슈타라 성왕(聖王)을 이길 수는 없다. **너의 머리 위에 그 보석을 그들에게 줘라. 그것을 얻으면 판다바들은 너를 살려 줄 것이다!**" 드로나 아들[아스와타만]이 말했습니다. "이 내 보석은 판다바들과 카우라들이 벌어들인 모든 부(富)보다 더욱 값비싼 것입니다. 이 보석을 착용한 자는 무기(武器) 질병 기아(飢餓)의 공포가 없습니다. 신들과 다나바(Danavas) 나가(Nagas)에 대한 두려움도 없습니다. 도둑을 맞을 염려도 없습니다. 그것들은 저의 덕목들입니다. 저는 그 보석과 떠날 수 없습니다. 그러나 이제 당신이 말하시는 바를 제가 행할 뿐입니다. 여기에 그 보석이 있습니다. 제 자신입니다. 그러나 치명적인 무기가 된 풀잎은 판다바 여인들의 모태(母胎)와 같습니다. 왜냐하면 이 무기는 억세고 무적이기 때문입니다. 저는 천상의 무기를 발사했으므로 그것을 취소할 수 없습니다. 제가 이 무기를 판다바 여인들의 모태(母胎)로 돌리겠습니다. 당신의 명령에 따라 저는 분명히 판다바들에게 복종합니다." 비아사가 말했습니다.

"그렇다면 다른 생각을 하지 말라. 그 무기를 판다바 여인들의 모태(母胎)로 던져라."

바이삼파야나가 계속했다. -비아사의 말씀을 듣고 드로나의 아들은 그 무기를 판다바 여인들의 모태(母胎)로 던졌습니다.

바이삼파야나가 말했다. -드로나의 아들[아스와타만]이 그 무기를 판다바 여인들의 모태(母胎)로 전진 것을 안 흐리쉬케사(Hrishkesa, 크리슈나)는 기쁜 마음으로 아스와타만에게 말했습니다. "독실한 바라문의 맹세[아스와타만]로 우파플라바아(Upaplavya)에 아르주나의 며느리 비라타의 딸아 비마뉴의 체에게서 **쿠루 가계(家系)가 끊기게 되었는데, 아들이 태어나리라. 그 아들은 파리크시트(Parikshit)라 부르게 될 것이다.**' 그 독실한 사람의 말은 이루어질 것이고 판다바들은 파리크시트(Parikshit) 후손을 갖게 될 것이고 사트와타(Satwata) 족의 시조가 될 것이다." 크리슈나가 그 말을 하고 있을 때, 화가 난 드로나의 아들은 말했다. "오 케사바여, 판다바들에 편드는 것은 일어나지 않을 것입니다. 내 말은 그대로 이행(履行)이 될 뿐입니다. 이 무기는 크리슈나 당신이 보호하려는 비라타 딸의 모태에 있는 태아(胎兒)에게 바로 떨어질 것입니다."

크리슈나가 말했습니다. "그 강력한 무기가 떨어지면 소용이 없다는 것이 아니다. 태아는 죽을 것이다. 그러나 죽었다가 다시 살아나 오래 살 것[크리슈나의 말은 그대로 현실인]이다! 그대가 이미 알고 있듯이 모든 현자들은 네가 비겁한 악당임을 다 알고 있다! 항상 악행을 더 하여 그대는 어린이까지 다 죽였다. 그래서 너는 죄 값을 치러야 한다. **3천년 동안 친구도 말할 상대도 없이 지상을 방랑할 것이다. 이 악당아, 인간 속에 네가 있을 장소는 없다. 피와 고름 냄새를 풍기며 접근할 수 없는 숲과 쓸쓸한 황무지가 바로 너의 처소이다**! 영웅적인 파리크시트(Parikshit)는 베다를 배우고 독실한 맹세를 훈련하고, 사라드와트(Saradwat) 아들에게서 모든 무기를 얻어 크샤트리아 의무를 준수하는 정의로운 왕으로 60년간 세상을 통치할 것이다.[죄 값을 치르고 다시 인간의 태어남] **고약한 놈아! 너의 무기로 [그 태아가]불탈지라도, 내가 되살려 나의 권위와 진리를 보여줄 것이다**."

비아사가 말했습니다. "너는 착한 바라문의 출생이라 하지만, 우리를 무시하며 너는 독한 행동을 보였다. 그래서 틀림없이 영명한 크리슈나의 말씀같이 크샤트리아의 관례에 따라 실현이 될 것이다."[절대 신의 귀의(Yoga)를 가르침]

아스와타만이 말했습니다. "성자시여, 저는 모든 사람 속에 당신과 더불어 살겠습니다. 그 영명 분의 말씀대로 이루게 해주소서!"

바이삼파야나가 계속했다. -그리고 나서 드로나의 아들은 자기의 보석(寶石)을 고매(高邁)한 판다바들에게 양여(讓與)하고 그들 앞에서 숲으로 향했습니다. 적들을 멸한 판다바들은 고빈다(Govinda)와 비아사(Vyasa)와 나라다(Narada)를 최고로 받들고 프라야(Praya) 맹세를 기다리고 있는 드라우파디에게로 돌아왔습니다.〉

바이삼파야나가 계속했다. -날아가 듯이 말들을 몰아 캠프로 돌아온 영웅들은 슬픔에 빠져 있는 드라우파디 왕비를 보았습니다. 판다바들과 케사바는 그들의 전차에서 내려 그녀에게 다가가 그녀를 둘러싸고 앉았습니다. 유디슈티라 왕의 요구로 억센 비마가 천상의 보석을 그녀에게 건네주며 말했습니다.

"사랑스런 부인이시여, 이 보석은 이제 당신 것입니다. 아들의 살해자는 망했습니다. 모든 슬픔을 털고 일어나 '크샤트리아의 부인'[용감하게 죽을 수 있는 남성의 부인]으로서의 임무를 생각하세요. 바수데바께서 평화의 사절로 우파플라비아를 떠날 적에 오 소심한 여자여, 그대는 앞서 그분[바수데바께] '**오 고빈다여, 왕이 평화를 원하시기에 저는 남편도 아들도 형제도 당신마저 없습니다**!'라고 말했었소. 그처럼 독한 말을 크리슈나[바수데바]에게 했었소. 그대의 말을 생각해 보는 것이 크샤트리아 관행에 맞는 것이요. 우리 통치에 장애물인 악당 두료다나는 없어졌소. 나는 살아 있는 두사사나(Dussasana)의 피를 마셨소. 우리는 적들이 그 죄 값을 치르게 했소. 사람들을 더 이상 우리를 견책(譴責, 잘못했다고 나무람)할 수 없소. 드로나 아들[아스와타만]을 쳐부수었으나, 바라문으로 석방하여 우리는 우리 스승[드로나]께 우리의 존경을 표했소. 오 여신이여, 아스와타만의 '명예'를 앗았으나, '육체'는 살려두었습니다. 그 아스와타만은 이 보석을 우리에게 바치고 그의 무기를 버렸습니다."

드라우파디 말했습니다. "저는 우리가 받은 상처에 대한 보상을 원했을 뿐입니다. 스승님의 아들은 스승님처럼 존경을 합니다. 이 보석은 우리 왕[유디슈티라]의 머리에 묶어 두소서." 그래서 그 보석은 드라우파디의 소망에 따라 왕의 머리에 두고 스승님의 선물로 생각했습니다. 최고의 천상 보석을 올린 권세의 왕은 달이 뜬 산봉우리 같았습니다. 아들들을 잃은 슬픔을 당했으나, 드라우파디 왕비는 마음의 힘으로 '복수의 맹세'를 접었습니다.

바이삼파야나가 말했다. -세 사람의 전차 무사에 의해 취침 중에 전 군사들이 살해당한 후에 유디슈티라는 바수데바에게 말했습니다. "오 크리슈나여, 전장에서는 별 재주도 없는 아스와타만이 어떻게 억센 전차무사들을 살해할 수 있었습니까?...무엇을 행해서 혼자서 우리군의 살해에 성공을 할 수 있었습니까?"

크리슈나가 말했습니다. "드로나의 아들은 신들의 최고인 마하데바(Mahadeva)의 도움을 추구했습니다. 그래서 성공을 했던 것입니다. 마하데바(Mahadeva)가 맘을 먹으면 불사성(不死性)도 부여할 수 있습니다. 기리샤(Girisha, 마하데바)가 그런 용기를 제공하여 인드라의 저지에도 성공할 수 있었습니다. 나는 만물의 시작과 중간과 끝인 마하데바를 잘 압니다. 우주가 그의 힘으로 움직입니다. 권세의 할아버지(마하데바)는 루드라(Rudra)에게 '빨리 생명을 만들어라.'고 했습니다. 황갈색의 루드라는 '그렇게 하겠습니다.' 대답하고 루드라는 물속으로 뛰어들어 생명의 감각적 약점으로 인해 오랜 동안 고행을 했습니다. 할아버지[마하데바]는 루드라를 기다리다가 당신의 의지로 만물을 창조하는 또 다른 존재를 만들었습니다. 기리샤(Girisha)가 물에 뛰어드는 것을 보고 그 제2 존재가 아버지를 보고 말했습니다. '제 앞에 태어난 존재가 없으면 제가 생명들을 창조하겠습니다!' 아버지가 말했습니다. '너에 앞선 존재는 없다. 스타누(Sthanu)가 물로 들어갔다. 신경 쓰지 말고 생명을 창조하라!' 그래서 많은 생명이 창조되었고, 닥샤(Daksha)는 네 가지 종류의 인간[4종성]을 창조했습니다. 그러나 창조가 이루어지자마자 배고픔에 아버지를 삼키려고 몰려갔습니다. 브라흐마가 창조한 제2의 존재는 그들 자식들을 피해서 아버지[브라흐마]에게 호소했습니다. '저를 살려주소서, 저들에게도 먹을 것을 내리소서!' 그러자 <u>브라흐마는 향초와 식물(植物)과 야채를 먹이로 내리고, 강자(强者)들에게 약자들을 생존의 수단으로 삼도록 분양을 해 주었습니다.</u>(Then the Grandsire assigned herbs and plants and other vegetables as their food, and unto those that were strong he assigned the weaker creatures as the means of sustenance.) 그들의 생존이 분할되니 새로 창조된 존재들은 그들이 원하는 곳으로 갖고, 즐겁게 그들의 종족과 뭉쳤습니다. 사람들이 많아지자 브라흐마는 첫 아들이 태어난 물을 보고 즐거웠습니다. 이에 루드라(Rudra)

는 화가 나서 지상에서 창조의 손을 사라지게 해버렸습니다. 영원한 브라흐마는 루드라를 부드러운 말로 달랬습니다. '오 사르바(Sarva)여, 그렇게 오래도록 물속에서 무엇을 하느냐? 무슨 이유로 지상에서 창조의 손길을 감추었나?' 이 물음에 루드라는 말했습니다. '모든 생명을 창조한 이가 있는데, 내 손을 어디에 쓰겠습니까? 저의 고행으로 그 사람들을 위해 먹을 것을 창조했습니다. 이 향초와 식물들도 그것들을 먹고 사는 사람들처럼 번성할 것입니다.' 이렇게 말을 하고 바바(Bhava, 루드라)는 화를 내며 혹독한 고행을 하러 멘자바트(Menjavat) 산 아래로 우울하게 떠났습니다."

크리슈나가 역시 말했습니다. "크리타 유가(Krita yuga)가 끝난 다음에 신들은 베다에 말한 대로 제사(sacrifice)를 행할 의도로 준비를 했습니다. 신들은 정결한 버터와 필요한 것을 모았습니다. 그리고 신들은 그들의 제사에 있어야 할 것을 생각했을 뿐만 아니라 희생 공물(供物)을 그들이 결정을 해야 했습니다. 진실로 루드라(Rudra)를 모르고 신들은 그 몫을 스타누(Sthanu) 신에게 넘겼습니다. 천신들이 희생이 될 수 없는 스타누(Sthanu) 신에게 몫을 넘기는 것을 보고 스타누(Sthanu)는 사슴 가죽을 착용하고 활을 만들어 그 희생을 없애려 했습니다. 희생에는 4가지가 있으니, 로카(Loka)희생, 의례 희생, 가축 희생, 감사 희생이 그것입니다. 이 4가지 희생에서 우주가 생겼습니다. 카파르딘(Kapardin)이 처음 물질을 사용했고 활(bow)을 제작했고, 4 종류의 희생도 만들었습니다. 그 활의 길이는 5큐빗(5X45cm)이었습니다. 신성한 주문(呪文) 바샤트(Vashat)가 그 고리를 이루었습니다. 희생으로 된 네 가지 부분은 그 활의 치레(장식)입니다. 그러자 화가 난 마하데바는 활을 들고 신들이 희생을 치르고 있는 지점으로 갔습니다. 루드라가 그 활로 무장을 하고 바라문 차림으로 거기에 온 것을 보고 지신(地神)도 움츠리고 산악도 흔들렸습니다. 바람도 멈추고 불도 붙였으나 타오르지 않았습니다. 별들도 창공에서 걱정이 되어 방황하기 시작했습니다. 태양도 빛이 감소되었고, 달도 아름다움을 잃었습니다. 온 천국이 음울(陰鬱)에 휩싸였습니다. 천신들이 어찌 해야 할 바를 몰랐습니다. 희생은 불타지 않았습니다. 모든 신들이 공포에 빠졌습니다. 그러자 루드라가 품속에 날카로운 화살로 희생을 꿰뚫었습니다. 사슴의 형상을 한 희생이 불의 신과 함께 도망을 쳤습니다. 그 모습으로 하늘로 올라가니, 희생은 아름답게 빛났습니다. 그러나 루드라는 하늘까지 그를 추적했습니다. 희생이 도망을 친 다음에 신들은 그들의 빛을 잃었습니다. 정신을 잃은 신들은 멍청하게 되었습니다. 그러자 3목(目)의 마하데바(Mahadeva)는 그의 활로 사비트리(Savitri)의 무기를 깨뜨리고 바가(Bhaga)의 눈과 푸사나(Pushana) 이빨들을 뽑았습니다. 그러자 신들도 도망을 치고 몇 가지 희생들도 그러했습니다. 푸른 목의 루드라는 신들의 동요(動搖)를 보고 웃으며 활의 뿔을 휘둘러 그들을 마비시켰습니다. 신들은 울음보를 터뜨렸습니다. 신들의 요구로 활줄이 끊어졌습니다. 활줄이 끊기자 활이 직선으로 되었습니다. 그러자 신들은, 활을 잃은 신중의 신[마하데바에게 희생을 가지고, 권세의 그 신을 지키고 그를 즐겁게 하려고 노력했습니다. 즐겁게 된 마하데바는 자신의 분노를 물에 던졌는데, 불[火]로 상정(想定)된 그 분노는 그것을 끄는

데 물을 사용했습니다. 그리고 나서 마하데바(Mahadeva)는 사비트리에게는 무기를, 바가에게는 눈을, 푸사나에게는 이빨들을 되돌려 주었습니다. **마하데바는 희생물도 회복해 주었습니다.** 세상은 다시 한 번 안정을 찾고 건강해졌습니다. 신들은 정결한 버터의 신주(神酒)를 마하데바께 올렸습니다. 오 왕이시여, 마하데바(Mahadeva)가 화가 날 때 온 세상은 요동을 칩니다. 마하데바가 즐거우면 만물이 안정됩니다. 엄청난 힘의 마하데바(Mahadeva)를 아스와타만이 즐겁게 해드렸습니다. 그래서 아스와타만이 억센 대왕의 아들들을 멸할 수 있었습니다. 아스와타만은 판찰라와 그의 추종자들도 멸할 수 있었습니다. **드로나의 아들이 그 일을 한 것이 아니라 마하데바의 은혜로 그렇게 된 것입니다.**(It was not Drona's son that accoplished that act. It was done through the grace of Mahadeva.)[지존 마하데바=비슈누=크리슈나][1]

'올빼미를 탄 야마(Yama) 신'[2)] '반얀(榕樹) 나무'[3)]

'아르주나에게 체포를 당하여 드라우파디에게 끌려 온 아스와타만'[4)]

---

1) K. M. Ganguli (Translated into English Prose from the Original Sanskrit Text), *The Mahabharata of Krishna-Dwaipayana Vyasa*, Munshiram Manoharlal Publisher Pvt. Ltd. New Delhi, 2000, -**Sauptika Parva**- pp. 1~7, 11~20, 23, 27~41

2) G. Devi, *Hindu Deities Thai Art*, International Academy of Indian Culture, 1996 p. 105 'Yama on an owl'

3) P. Thomas, *Epics, Myths and Legends of India*, Bombay, 1980, Plate 184 'The Banyan tree'

(a) '마하바라타(*The Mahabharata*)'에서 그 '지존(至尊)의 노래(Bhagavat Gita)'와 더불어 반드시 거듭 확인을 해야 할 부분이 바로 **'잠든 무사들의 책(Svastika Parva)'** '아스와타만의 결의(決意)[제112장]'이다.

즉 '절대신 크리슈나의 제자 아르주나'와 '반란자 드로나의 아들[아스와타맨'에 대한 구체적인 '무력[힘]의 비교'가 그것이다. **'세상 통치'는 마땅히 '자애 자비(사랑)의 통합'으로 달성해야 하지만, '반란자에 대한 완벽한 제어(制御)'가 없으면 '공염불(空念佛, 空 祈禱)'이라는 점이 바로 그것이다.**

(b) 그 요점을 거듭 요약하면, '힌두교' '불교' '기독교'는 공통으로 '절대신'을 옹호하는 '절대주의'로 그 '절대자와 하나 됨'에 공통 목표를 둔 '절대주의(Absolutism)'이지만, '불교' '기독교'는 그 '절대신의 설명[해설]'에서 '추상적 관능을 말하고 무기(武器) 사용 능력'은 완전히 삭제 생략을 해버렸다. 그래서 '깨달음의 세계[불교]' '사랑의 세계[기독교]'로만 오로지 전념을 하게 하여, 그 '현실주의(現實主義, Secularism)'을 철저하게 부정을 하고 소위 '관념주의(Idealism)' '관념 철학' 범위 내에 머무르게 하였다.

(c) 그런데 힌두의 '마하바라타(*The Mahabharata*)'에는 '크샤트리아의 의무'와 더불어 '절대자의 무기 확보'가 이처럼 선명하게 제시 되었으니, 이것이 '5천 이상[힌두가 想定한 연대]의 역사'를 관통하여 현대에도 그대로 통하고 있는 '세계 지배 원리'이다. 이것이 다른 한편 힌두 '마하바라타(*The Mahabharata*)'가 고집하고 있는 그 '현실주의(現實主義, Secularism)'이다.

(d) 그러면 중국(中國)의 **'충효(忠孝) 존중'의 '실존주의' '현실주의(現實主義, Secularism)'를 어떻게 정리가 되는가? 중국(中國)의 '충효(忠孝) 존중'의 '실존주의' '현실주의(現實主義, Secularism)'는 '인간 존재의 출발점의 긍정'이라는 명백히 '세계 철학사'에서 그 '절대주의' 맞은편에 축(軸)을 이루고 있으나, '불교' '기독교'와 동일하게 '힘[무력, 무기]의 강조'는 엄연히 억제[삭제]되어 있다.**

(e) 중국(中國)의 '도가(道家)'적 작품 '수호전(水滸傳)'에 '힘의 대결'을 보이고 있으나, '힘[무기]의 절대주의'[정권 교체]는 역시 없다.

(f) 그래서 힌두의 '마하바라타(*The Mahabharata*)' '잠든 무사들의 책(Svastika Parva)' '아스와타만의 결의(決意)[제112장]' 항목은, **'힘과 무기의 절대주의'를 이미 5천 년 전에 확보한 '힌두 바라문의 안목'**이라는 점에서 계속 주목 해야 할 대목이다.

---

4) Wikipedia, 'Asvatthaman was arrested and brought to Draupadi by Arjuna'

11. 부인들의 책(Stree Parva)

제113장 통곡하는 여인들

옴(Om)! 최고의 남성 나라야나(Narana)와 나라(Nara)께 인사를 드리며 여신 사라스와티(Saraswati)와 자야(Jaya)께도 인사드리옵니다.

자나메자야가 말했다. -두료다나가 망하고 무사들도 역시 망한 다음에, 드리타라슈트라 왕은 그 소식을 듣고 무엇을 했으며, 유디슈티라 왕은 무엇을 했습니까? 그리고 쿠루 군에 3명의 생존자는 어떻게 되었습니까? 악담의 상호 비난 다음에 무엇이 일어났는지, 산자야가 맹인 왕에게 말 했던 이야기를 들려주십시오.

바이삼파야나가 말했다. -100명의 아들을 잃은 드리타라슈트라 왕은 슬픔에 말할 힘도 없었습니다. 큰 지성을 지닌 산자야(Sanjaya)가 대왕에게 다가가 말했습니다. "대왕이시여, 왜 슬퍼하십니까? 슬픔은 아무 의미가 없습니다. 18개 군단(Acshauhinis)이 모두 죽음을 당했습니다. 세상은 황량하여 텅 비게 되었습니다. 다양한 지역에 왕들이 몰려와 아드님을 도왔으나, 모두 죽었습니다. 마땅히 할아버지 아들 손자 친척 친구 스승의 장례식을 치러야 합니다."

바이삼파야나가 말했다. -오 자나메자야여, 비두라(Vidura)의 말은 비치트라비리아(Vichitravirya)의 아들[드리타라슈트래에게는 감로수(甘露水) 같은 것이었습니다. 비두라(Vidura)가 말했습니다. "왕이시여, 일어나소서. 왜 땅바닥에 엎드려 계십니까? 모든 생명의 끝이라고 할지라도 고정하십시오. **만물이 다 멸망을 당하고, 최고(하늘-죽음)를 얻은 다음에는 다시 하강을 하게 마련입니다.**[힌두의 세계관….사람들은 그 행동의 결과를 받게 마련입니다. 사람은 자신의 행동 결과가 기쁨이나 슬픔이 될 때까지 가서는 아니 됩니다. 현명한 대왕 같으신 분이 도덕과 행복의 뿌리를 손상하고 지식에도 맞지 않은 죄악에 빠져서는 아니 되옵니다."

드리타라슈트라가 말했다. -오 위대한 지혜여! 내 슬픔은 탁월한 그대의 말로 다 물러갔다. 아끼는 사람이 악을 행하거나 죽어 생기는 슬픔을 현인들은 어떻게 극복하는지 알려주오.

비두라가 말했다. -슬픔과 기쁨에서 평정(平靜)을 회득한 사람은 슬픔과 기쁨을 피하는 방법을 씁니다. 우리들이 걱정을 하고 있는 것들은 모두 덧없는 것들입니다. 세상은 힘없는 플랜테인(plantain, 바나나 류) 식물 같습니다. 그래서 **현자나 우자(愚者)나, 부자나 빈자(貧者)가 모두 걱정을 하면서 살과 힘줄이 쭈그러들 때까지 살다가 화장장(火葬場)에서 잠을 자는 겁니다.**

자나메자야가 물었다. -비두라가 떠난 다음에 드리타라슈트라는 무엇을 했습니까? 그리고 유디슈티라는 무엇을 했습니까? 크리파 등은 어떻게 되었습니까?

바이삼파야나가 말했다. -두료다나와 그의 군사들이 다 죽은 다음에 산자야(Sanjaya)는 드리타라슈트라에게로 돌아갔습니다.

산자야(Sanjaya)가 말했다. -두료다나에게 모였던 만국(萬國)의 왕들이 모두 대왕의 아들들과 더불어 저승으로 갔습니다. 대왕의 아들은 지속적으로 판다바들과 '화평(和平)'을 권유를 받았으나, 그의 호전성을 고집하다가 끝내 세상을 몰살당하게 만들었습니다. 오 왕이시여, **이제 대왕의 아들들과 손자들과 부로(父老)들의 장례식을 치르셔야 합니다.**

바이삼파야나가 말했다. -산자야의 그 끔직한 말을 듣고 드리타라슈트라는 죽은 사람처럼 땅바닥에 넘어져 미동(微動)도 없었습니다. 이에 모든 일에 밝은 비두라가 달려가 말했습니다.

"오 왕이시여, 슬퍼하지 말고 일어나십시오. 그것[죽음]은 모든 생명의 마지막 도착 지점입니다.(this is the final end of all creatures.) 처음부터 생명들은 없는 법입니다. 잠시 있습니다. **크샤트리아가 천국에 가는 방법은, 전쟁터에서보다 더 좋은 곳은 없습니다.** 전사(戰死)했던 그들은 다 고매한 크샤트리아들이고, 그들은 고도의 행운 상태에 이르렀습니다.(They have attained to a high state of blessedness.) 그들을 슬퍼하지 마세요. 안심을 하십시오. 슬픔에 빠지시면 아니됩니다."

바이삼파야나가 말했다. -비두라의 말을 듣고, 드리타라슈트라는 그의 마차를 대기시켰습니다. 그리고 명했습니다. "빨리 간다리(Gandhari)를 데려 오라. 바라타 부인들과 쿤티도 데려 와라." 사리에 밝은 비두라(Vidura)에게 명령을 내리게 하고, 자신은 자신의 마차에 올랐습니다. 간다리와 쿤티와 왕가의 부인들이 왕의 명에 따라 그 출발 지점에 도착하니, 왕은 그녀들을 기다리고 있었습니다. 슬픔에 떨며 그녀들은 왕 앞에 모였습니다. 그들은 서로 다가가 슬픔에 커다란 통곡을 터뜨렸습니다. 그러자 그 여인들보다 더한 고통을 느끼는 비두라(Vidura)가 그녀들을 위로했습니다. 기다리고 있는 마차에 부인들을 실은 뒤에 비두라는 그들과 함께 그 도시에서 출발을 했습니다. 그 때에 모든 쿠루 집집에서 통곡 소리들이 터져 나왔습니다. 어린이들을 포함한 전 도시가 슬픔에 싸였습니다. 남편들의 사망에 어떻게 할 수도 없었습니다. 머리들을 풀고, 장식을 버린 부인들은 단출한 복장으로 나아갔습니다. 정말 그녀들은 인도자를 잃은 사슴들 같았습니다. 서로 손을 잡고 아들과 형제와 스승을 부르며 통곡했습니다. 유가(Yuga)의 종말에 세상 파멸의 마지막 장면 같았습니다. 보통 때의 부인들은 남편들 앞에서도 공손하여 얼굴들을 붉혔으나, 이제 얇은 옷을 걸치고 시어머니 앞에서도 부끄러워하지 않았습니다. 앞서는 작은 슬픔에도 서로들을 위로했습니다. 이제는 슬픔에 멍청이가 되어 서로 곁눈질도 하지 않았습니다. 수천의 울부짖는 여인들에 둘러싸여, 드리타라슈트라 왕은 우울하게 도시를 빠져나와 급히 전쟁터로 향했습니다. 장인(匠人) 장사군 바이샤들 온갖 정비공들이 왕의 뒤를 따랐습니다. 쿠루 족을 덮친 대량 살상에 부인들은 슬픔에 울어 그들 속에 나오는 통곡 소리가 온 세상을 찢는 듯했습니다. 하스티나푸라 시민들도 그 여인들의 옆에서 울었습니다.

바이삼파야나가 말했다. -**드리타라슈트라가 2 마일을 못 가서 3인의 전차무사 크리파(Kripa), 아스와타만(Aswatthaman), 크리타바르만(Kritavarman)을 만났습니다.** 세 명의 무사는 눈먼 왕의 모습을 보고 슬픔에 한숨지으며 눈물에 목매어 왕에게 말했습니다. "임금님, 왕자님은 가장 어려운 공을 세우고 부하들과 천국으로 갔습니다. 두료다나 군사 중에서는 오직 우리 세 사람이 살아 도망을 했습니다. 나머지는 다 죽었습니다." 이렇게 말을 하고 크리파는 간다리에게 말했습니다. "아드님들이 많은 적을 무찌르며 용감히 싸우다가 쓰러졌습니다. 영웅 중에 돌아온 사람은 없습니다. **예부터 전쟁터에서 오직 무기로 죽은 사람만이 '광명의 세계'를 획득하다고 했으니, 그들은 빛나는 모습으로 천신들처럼 천국(天國)을 즐길 것입니다.** 그러므로 슬퍼하지 마십시오. 왕비시여, 적 판다바들도 좋을 게 없습니다. 아스와타만이 앞장을 서서 우리가 그들에게 행했던 것을 들어 보십시오. 아드님[두료다나]이 비마에게 부당하게 살해를 당한 것을 알고, 우리는 잠든 판다바들을 다 죽였고, 모든 판찰라들을 다 잡았습니다. 드루파다의 아들, 드라우파디 아들도 모두 죽었습니다. 적들의 아들들은 죽었으나 우리 세 사람은 그들과 맞설 수가 없습니다. 그들은 우리를 추적하여 복수를 하려고 할 겁니다. 우리가 학살을 행하여, 머물러 있을 수 없습니다. 왕비님, 용서하소서. **슬퍼하지 마소서. 대왕[두료다나]은 불굴의 용기로 [크샤트리아의 의무의] 부름에 응했습니다. 여왕께서도 그 '크샤트리아의 의무'를 생각하셔야 합니다.**"

크리파와 크리타바르만과 아스와타만은 차마 드리타라슈트라 왕에게서 시선을 거두지 못 하고 갠지스 강 둑으로 말을 몰아 떠났습니다. 걱정스런 마음에서 그곳으로 3인의 무사는 다시 서로 헤어지기로 했습니다. **크리파는 하스티나푸라(Hastinapura)로 떠났고, 크리타바르만은 자기 나라[드와라카]로 돌아갔고, 아스와타만은 비아사 성소(聖所)로 향했습니다.** 판다바들에 대항한 세 영웅들은 각각 자기가 선택한 장소로 갔으나, 역시 [판두 형제들에 대한 공포감을 느끼며 서로들에게 눈길을 보냈습니다. 해가 뜨기 전에 세 무사들은 왕을 만났고, 해가 오른 다음에 그들 각자의 처소로 향했습니다. 이런 다음에 판두 아들들은 아스와타만(드로나의 아들)을 만나 용맹을 보이고, 그를 패배시켰던 것입니다.

바이삼파야나는 말했다. -학살을 당한 다음에 유디슈티라 왕은 백부(伯父, 아저씨) 드리타라슈트라가 [장례식의 행하러] 하스티나푸라를 출발했다는 소식을 들었습니다. 유디슈티라는 형제들과 함께 그 아저씨[드리타라슈트라]를 만나려 출발했습니다. 쿤티의 아들들은 크리슈나 뒤를 따랐고, 그 뒤를 유유다나(Yuyudhana)와 유유트수(Yuyutsu)가 따랐습니다. 드라우파디 왕비도 판찰라 부인들을 대동했습니다. 유디슈티라는 갠지스 강둑 가까이에 물수리처럼 떼 지어 울고 있는 바라타 여인들을 보았습니다. 금방 유디슈티라를 슬픔에 온갖 말을 늘어놓는 수천의 부인들이 둘러 싸였습니다.

"정의롭다는 왕은 어디에 있습니까? 할아버지 형제들 스승 아들 친구를 죽였는데, 도대체 진리와 자비는 어디에 있습니까? 비슈마 드로나 자야드라타가 다 살해 되었으니 마음이 편안하십니까? 할아버지, 형제들, 아비마뉴, 드라우파디 아들들이 죽었는데, 그 통치권은 무엇에 쓰시렵니까?"

그 물수리 떼 같은 여인들을 지나, 유디슈티라는 드리타라슈트라 아저씨 발아래 인사를 올렸습니다. 예법에 따라 인사를 드리며 판다바 형제들은 아저씨께 각자 자신의 이름을 말했습니다. 드리타라슈트라는 아들들을 잃은 슬픔이 넘쳐서, 판두의 큰 아들은 어쩌지 못하고 마지못해 껴안았습니다. 사악한 드리타라슈트라는 유디슈티라를 안고는 몇 마디 위로의 말을 했습니다. **그러나 드리타라슈트라는 불타는 자신의 분노를 불태우려고 비마를 기다리고 있었습니다. 비마를 향한 고약한 그의 의도를 확인해 보려고, 크리슈나는 즉시 비마를 이끌어 내고 그 드리타라슈트라 앞에 '쇠로 만든 동상(an iron statue)'을 그 대신 들어 밀었습니다. 크리슈나는 처음부터 그 드리타라슈트라의 마음을 알아 판두 아들[비마]의 당황에 대비를 했던 것입니다. 드리타라슈트라는 철(鐵)비마를 실제 사람으로 생각하여 두 팔의 엄청난 힘으로 포옹하여 그 동상을 가루로 만들었습니다. 일만 마리 코끼리 힘을 타고난 왕은 그 '철 동상'을 가루로 만들었습니다. 그러나 드리타라슈트라의 가슴도 멍이 들고 피를 토하기 시작했습니다.** 피에 젖은 드타라슈트라는 파리자타(Parijata) 나무처럼 땅바닥에 누어 자빠졌습니다. 마부 산자야(Sanjaya)가 왕을 일으켜 그에게 위로의 말을 했습니다.

"이러시면 안 됩니다." 그러자 드리타라슈트라 왕은 [비마를 자신이 죽인 줄 알고]크게 울며 말했습니다. "슬프다, 비마여. 오 슬프다 비마여!" 드리타라슈트라의 분노가 가시고 비마에게 미안하게 생각을 안 바수데바는 다음과 같이 말했습니다.

"오 드리타라슈투라시여, 슬퍼하지 마소서. 대왕은 비마를 죽이지는 않았습니다. 대왕이 부순 것은 '철 동상'이었습니다. 세상에 당신의 힘을 당할 사람은 없습니다. 비록 아드님들이 죽어 마음이 슬프다고 할지라도, 대왕의 마음은 정도(正道)에서 벗어나셨습니다. 비마를 살해해 보았자 대왕께는 아무 득(得)도 없습니다. 그러므로 평화에 동참하고, 슬퍼하지 마소서!"

바이삼파야나가 말했다. -남자 종이 와서 드리타라슈트라 왕을 물로 닦았습니다. 그런 다음 크리슈는 다시 말했습니다.

"대왕께서는 베다와 경전(經典)을 다 읽으셨습니다. 옛 역사도 들었고, 왕의 의무도 알고 계십니다. 그리고 지혜도 겸비하셨습니다. 그런데 만인(萬人)을 제압할 분노를 잘 못 행하시면 되겠습니까? 나는 이미 대전(大戰)에 앞서 대왕께 말씀을 드렸고, 비슈마 드로나 비두라 산자야도 ('화해를 해야 한다.'고) 같이 생각을 했었습니다. 그러나 대왕은 우리들의 충고를 듣지 않았습니다.....대왕의 잘 못을 돌아보시고, 사악한 아들[두료다나]도 생각해 보십시오. 판두 아들들은 순수합니다. 그러나 너무 혹독하게 대왕과 아드님들에게 박해(迫害)를 당해 왔습니다."

바이삼파니아가 말했다. -크리슈나 말을 듣고 드리타라슈트라가 말했습니다.

"옳은 말씀입니다. 다행히 비마가 내 품에 오지 않아 보호가 되었습니다. 그러나 지금 나는 그 분노에서 벗어났습니다. 모든 왕들이 죽고 내게 아들도 없으니, 판두 아들들에게 나를 의탁할 수밖에 없습니다." 이 말을 마치고 드리타라슈트라는 비마, 아르주나, 마드리의 두 아들을 차례로 안아주며 울며 안심시키고 축복을 해 주었습니다.

바이삼파야나가 말했습니다. -드리타라슈트라 명에 따라 판다바 형제들은 케사배크리슈나를 대동하고 간다리(Gandhari)를 보러 갔습니다. 죄 없는 간다리는 1백 명의 아들을 죽인 유디슈티라 욕을 하고 있었습니다. 그녀의 판다바들에 대한 그녀의 악감을 알고 있는 사티아바티(Satyavati)의 아들[비아새은 처음부터 [며느리인] 그녀[간다리]을 달래려고 마음먹었습니다. 그 신선은 성스럽고 깨끗한 '갠지스 강 물로 목욕한 다음 그곳으로 갔습니다. 위대한 고행의 자질을 갖춘 생명에 이로운 말을 해온 그 신선은 적당한 순간에 며느리 간다리에게 말했습니다.

"이번을 악담(惡談)을 행하는 기회로 생각하지는 말거라. 오히려 너의 용서를 보이는 기회로 삼삼아야 할 것이다. 간다리여! 마음속에 화평을 지녀야 한다. 입에서 나온 말을 주의를 해야 한다. 승리를 원했던 너희 아들은 전투가 지속되는 18일간 매일 '오 어머니, 제가 적을 이길 수 있도록 기도해주세요.' 했을 때 너는 아들에게 **'정의(正義)가 있는 곳에 승리가 있다.'**라고 말해주었었다. 오 간다리여, 네가 평소에 거짓말을 했던 것을 나는 보지 못했다. 너는 항상 인간의 선(善)을 수용했었다. **판두 아들들은 지금 확실히 승리를 했고, 더욱 큰 정의(正義)의 척도(尺度)가 되어 있다.** 너는 이미 용서(容恕)의 덕목을 알고 있다. 정의를 알고 있었으니, 불의는 잠재워야 하느니라." 그 말을 듣고 간다리가 말했습니다.

"성인[비아새]이시여, 판다바들에게 악감은 없고, 그들이 세상에서 없어지기를 원하지도 않습니다. 그러나 제 아들이 죽어서 제 마음이 크게 흔들리고 있습니다. 저는 쿤티가 그판다바들을 보호하듯이 저도 그 판다바들을 보호해야 한다고 저는 알고 있고, 드리타라슈트라도 나처럼 그들을 보호해야 할 것입니다...그런데 **비마가 두료다나와 다툴 적에 두료다나가 기량이 우수했음에도 비마는 두료다나의 배꼽 아래를 공격 했습니다. 그것이 제가 분(忿)한 일입니다. 어떻게 영웅들이 자기가 살겠다고 [규칙을 엄수해야 할]의무를 져버릴 수 있단 말입니까?**"

바이삼파야나가 말했다. -그 간다리의 말을 들은 비마는, 다음 말로 그 간다리를 달랬습니다. "**제게 옳은 행동이냐 그른 행동이냐 하는 것은, 저를 지키기 위한 위험의 정도[내 지키기]가 그 표준이었습니다.** 그러했으므로 부디 저를 용서해 주시기 바랍니다. 당신의 억센 아드님은 전투에서 정당하고 공정하게는 꺾을 수 없습니다. 그 점에 대해서는 제가 정말 잘못 했습니다. 그러나 그에 앞서 그 두료다나는 유디슈티라를 부당하게 곤욕을 치르게 했었습니다. 그리고 두료다나는 우리를 항상 속였었습니다. 그것이 바로 저의 불공정한 방법까지 부른 것입니다. 오 여왕님이시여, 그래서 제가 그렇게 할 수밖에 없었던 것입니다. 제게 잘못을 모두 전가(轉嫁)하지는 마소서. 이전에 잘못했던 아드님들을 만류하지 못 하시고, 무고한 저희들을 비난하면 되겠습니까?"

간다리가 말했습니다. "무적(無敵)의 그대는, 이 늙은이의 아들 1백 명을 살해했습니다. 어찌해서 이 눈먼 부부를 위해 그중 죄가 가벼운 한 명이라도 남겨둘 여유가 없었습니까? 그대가 별 탈 없이 살고, 내 아들을 다 죽었다고 해도 그대가 그 싸움에서 끝까지 정당했다면 제게 한(恨)은 없습니다."

바이삼파야나가 계속했다. -비마에게 그 말을 해 놓고, 간다리는 아들 손자를 죽인 것에 화가 치밀어 유디슈티라를 찾았습니다. "왕(유디슈티라)은 어디에 있습니까?" 그녀가 부르니 유디슈티라는 몸을 떨며 두 손을 모으고 간다리 앞에 나아가 부드러운 말로 다음과 같이 말했습니다.

"여신(女神)이시여, 당신의 아들을 다 죽인 독한 유디슈티라가 여기에 대령(待令)했습니다. 제가 세상 사람들을 다 죽였으니, 당신의 욕을 받아 마땅합니다. 오 질책(叱責)해 주소서! 저는 생명도 왕국도 부귀도 더 이상 소용이 없습니다. 친구들을 다 죽여 놓았으니, 제가 세상에 큰 바보임이 입증되었습니다."

유디슈티라는 간다리 앞에 큰 한숨을 쉬고 두려움에 더 말이 없었습니다. 사리(事理)를 알고 식견을 지닌 그 '쿠루 여왕(간다리)'은, 그녀의 눈이 입은 옷에서 발아래 엎드린 유디슈티라의 발가락 끝에 눈이 갔는데 [유디슈티라는] 당장 쓰러질 것 같았습니다. 왕은 발가락에 고통을 느끼기 시작했습니다. 그것을 본 아르주나는 바수데바 곁으로 그 자리를 옮겼고, 다른 판두들도 어찌 할 줄을 모르고 있던 자리에서 옮겼습니다. 그러자 간다리는 노여움을 버리고, [큰]어머니로서 판다바들을 안심시켰습니다.

그 간다리의 허락은 얻은 판다바들이 그 다음 쿤티에게로 가니, 쿤티는 한동안 근심에 찬 얼굴로 물끄러미 그네들을 바라보다가 옷으로 얼굴을 가리고 울기 시작했습니다. 울고 난 다음 프리타(쿤티)는 아들들의 몸에 수많은 상처를 보았습니다. 그녀는 그들을 거듭 거듭 껴안으며 아들들을 위로해 주었습니다. 아들들을 다 잃은 드라우파디는 맨땅바닥에 누워 탄식했습니다. "존경하는 시어머님, 아비마뉴와 손자들은 어디로 갔습니까? 저처럼 우리 아이들을 다 빼앗기면 이 왕국을 무엇에 쓸 작정입니까?" 쿤티가 쓰러진 드라우파디를 일으키며 위로를 시켰습니다. 그 다음 쿤티는 판찰라의 왕비들을 이끌고 더 큰 슬픔에 빠져 있는 간다리 앞으로 갔습니다. 간다리는 영리한 며느리(드라우파디)를 보고, 말했습니다.

"예야, 너무 슬퍼하지 마라. 나도 너만큼이나 괴롭다. **이 큰 재난이 어쩔 수 운수(運數, Time)였다. 엄청난 살상이 인간의 자의(自意, the voluntary agency)에로 생긴 것이 아니다.** 크리슈나의 '평화에의 탄원'이 실패했기 때문이다.... 전쟁에 망했어도, 슬퍼해서는 안 된다. 나도 너만큼이나 [슬픔을 참기개어렵다. 네가 그처럼 행동을 하면 누가 우리를 위로하겠느냐? 오직 내[간다리] 잘못으로 우리 쿠루 족에게 큰 손상이 왔다."

바이삼파이나가 말했다. -간다리는 마음에 들지 않은 바수데바의 말을 듣고 속이 흔들렸으나, 참고 있었습니다. 이에 드리타라슈트라가 유디슈티라에게 말했습니다. "오 판두의 아들아, 그대는 전장에서 죽은 사람과 살아 도망을 했던 사람을 알고 있겠구나."

유디슈티라가 대답했습니다. "16억 6천 2만 명이 죽었고, 2만 4천 1백 65명이 도망을 쳤습니다."

드리타라슈트라가 말했다. -최고의 용사들은 무엇을 목표로 하였는가?

유디슈티라가 대답했습니다. "전투에 몸을 즐겁게 던진 그 진정으로 용맹스런 전사(戰士)들은 다 인드라 신의 경지를 획득하고 있었습니다. 다 '죽음'을 필연적인 것으로 알고 용사들은 즐겁게 전투에 참가했으니, 모두 다 그 '간다르바들(Gandharvas)'과 친구였습니다."

드리타라슈트라가 말했다. -오 아들아, 그대는 무슨 지혜의 힘으로 고행에 달통한 왕처럼 그렇게 백사(百事, 모든 일)를 알고 있는가? 오 억센 아들이여, 내가 기탄(忌憚)없이 다들을 터이니, 예기를 해보아라.

유디슈티라가 말했습니다. "대왕의 명령으로 숲 속을 방랑하는 동안에 성소(聖所)에 체류할 것을 소망했습니다. 그 때 저는 천상의 신령 로마사(Lomasa)를 만나 지식에 대한 제2차의 능력을 획득 했습니다."

드리타라슈트라가 말했다. -친구가 있건 없건 사망자들은 화장(火葬)이 필요한가? 장례인도 성화 (聖火)도 없는 시신들을 우리는 어떻게 해야 하겠느냐? 우리는 해야 할 일이 많다. 장례를 행해야 할 사람은 누구이냐? 오 유디슈티라여, 그들이 독수리나 새들의 먹이가 된 그네들도 그들의 행한 덕목[크샤트리아 의무 준수]으로 천국을 획득할 수 있느냐?

바이삼파야나가 말했다. -드리타라슈트라가 그렇게 말하자 유디슈티라는 수다르만(Sudharman) 과 다움미아(Dhaumya) 산자자(Sanjaya) 비두라(Vidura) 유유트수(Yuyutsu) 인드라세나(Indra-sena)를 향하여 말했습니다.

"수천의 피살된 사망자의 장례도 마땅히 치러 주어야 합니다. 그러기에 당초에 돌볼 사람이 없는 자들은 [전장에서 집으로 돌려 보내] 죽지 않도록 조처 해야 합니다!"

유디슈티라 왕의 명령에 따라 비두라(Vidura) 산자자(Sanjaya) 수다르만(Sudharman) 다움미아 (Dhaumya) 인드라세나(Indrasena) 등은 샌들과 알로에, 장례에 쓰일 나무, 정갈한 버터와 기름, 향료, 예복, 거대한 장작더미와 부서진 전차와 각종 무기들과 살해된 왕들을 화장할 준비를 하였습니다. 두료다나와 백 명의 형제, 살리아, 부리스라바족의 왕, 자야드라타 왕, 아비마뉴, 두사사나의 아들, 라크슈마나, 드리슈타케투 왕, 브리한타 왕, 소마다타, 스린자야들, 크셰마단완 왕, 비라타, 드루파다, 시칸딘, 드리슈타듐나, 유다마뉴, 우타마우자, 코살라 왕, 드라우파디 아들들, 사쿠니, 아찰라, 브리샤카, 바가다타 왕, 카르나와 그의 아들, 케카야 왕자들, 트리가르타 무사들, 가토트카 차, 바카의 형제들, 알람부샤, 잘라산다 왕, 수십만 명의 왕들 시체데 화장이 거행되었습니다. 유명 인사 시신의 화장이 행해질 때에는 어떤 이는 사마(Samas)를 노래했고, 어떤 이는 망자를 향한 탄식을 말했습니다. 커다란 소란으로 모든 사람들이 멍멍하게 된 밤이었습니다. 장례 불길은 밝게 빛나는 행성 같았습니다. 아주 먼 지역에서 온 사자(死者)들은 유디슈티라의 명령에 따라 엄청난 시신들이 비두라(Vidura)의 주관으로 마른 장작더미 위에 쌓아올려져 화장이 치러졌습니다. 장례 를 치른 다음에 유디슈티라 왕은 드리타라슈트라를 앞장세우고 갠지스 강으로 향했습니다.

바이삼파야나가 말했다. -상서로운 성수(聖水)가 넘쳐흐르는 갠지스 강가에 이르러, 사람들은 장식과 허리띠와 윗도리들을 벗었습니다. **슬픔에 소리쳐 울던 쿠루의 여인들은 죽은 아버지, 손**

자, 형제, 친척, 아들, 남편들에게 헌수(獻水, 물을 올림)를 했습니다. 의무를 알고 있는 여인들은 망자들의 친구들에게도 헌수를 했습니다. 영웅들의 아내들은 그네들의 영웅들이 쉽게 갠지스 강에 수용되는 의례를 행했습니다. 갠지스 강반(江畔)은 과부들이 떼를 이루어 슬픔과 우울의 바다 같았습니다.[1]

'드리타슈트라의 탄식'[2] '비마의 가상(假像)을 공격하는 드리타라슈트라'[3] '화장(火葬)'[4]

———→

(a) 인간의 '역사'에서 '전쟁'처럼 격변(激變)을 초래한 경우는 없다. 그런데 힌두의 바라문들은 이 '마하바라타(*The Mahabharata*)'를 통해 '영원한 인류 전란의 전모'를 남김없이 요약을 했다.

(b) 이 '마하바라타(*The Mahabharata*)'에서 보인 '승자(勝者)'들을 대표한 유디슈티라는 '제가 바로 전 사망자들의 죄인입니다.'는 자세를 견지하였다. '진정한 승자'가 아니면 취할 수 없는 그 넉넉한 자세를 이 '마하바라타(*The Mahabharata*)'의 저자들[바라문들]은 깨끗이 정리해 가르치고 있다.['상대'를 '노예'로 삼은 예는 더욱 큰 전쟁의 불씨를 스스로 간직해 둔 처사임]

(c) 특히 '과부가 된 여인들'의 경우는 '제1차, 제2차 세계대전'을 치른 유럽의 화가들도 문제를 삼았던 것에 반드시 주목을 해야 한다.[뒤샹의 '신선한 과부(1920)' 달리의 '나폴레옹의 코(1945)' 등]

(d) 그리고 유디슈티라는 백부(伯父) 드리타라슈트라 왕에게 보고하기를 전쟁에 **16억 6천 2만 명이 죽었고, 2만 4천 1백 65명이 도망을 쳤습니다.**'라고 보고를 했던 것[사실 그 숫자를 믿을 수는 없으나]은 '마하바라타(*The Mahabharata*)' 저자의 '철저하게 생각하기 표준'으로 역시 주목을 받아 마땅하다.

---

1) K. M. Ganguli (Translated into English Prose from the Original Sanskrit Text), *The Mahabharata of Krishna-Dwaipayana Vyasa*, Munshiram Manoharlal Publisher Pvt. Ltd. New Delhi, 2000, -**Stree Parva**- pp. 1, 3, 5, 6, 13~23, 40~42
2) Wikipedia, 'Dhritarashtra' -'Dhrutarastra Lament'
3) Wikipedia, 'Dhritarashtra' -'The blind Dhritarashtra attacks the statue of Bhima'
4) P. Thomas, *Epics, Myths and Legends of India*, Bombay, 1980, Plate 165 'Cremation'

12. 평화의 책(Santi Parva)- I

제114장 '등극(登極)'을 진심으로 사양한 유디슈타라

옴(Om)! 최고의 남성 나라야나(Narana)와 나라(Nara)께 인사를 드리며 여신 사라스와티(Saraswati)와 자야(Jaya)께도 인사드리옵니다.

바이삼파야나가 말했다. -판두 아들들과 비두라 드리타라슈트라 바라타의 부인들은 모든 친구와 친척들에게 물[水]의 봉납(奉納)을 행하며 갠지스 강반(江畔)에 거주했습니다. 판두의 아들들은 1개월(個月) 동안 지속되는 애도(哀悼) 기간을 보내려고 도시 밖에서 거주를 했습니다. 유디슈타라가 봉납(奉納) 의례를 마치자, 많은 성자들이 그를 찾아와 축하해 주었습니다. 그들 중에는 **비아사(Vyasa) 나라다(Narada), 데발라(Devala), 데바스타나(Devasthana) 칸와(Kanwa)도 있었습니다.** 그들은 모두 자신의 우수 학도(學徒)들을 거느리고 왔습니다. 그 위대한 신선들은 비싼 카펫에 자리를 잡고 앉았습니다. 그 성스런 바기라티(Bhagirathi) 강둑에서 큰 슬픔에 잠겨 있는 왕 중의 왕[유디슈타라]께 수천의 바라문들이 위로를 올렸습니다. 나라다(Narada)가 먼저 유디슈타라 왕에게 말했습니다.

"오 유디슈타라여, 마다바(Madhava)의 은혜와 당신의 무력(武力)을 통해, 온 세상이 정의롭게 되었습니다. 운이 좋게도 그대는 무서운 전쟁터에서 목숨을 건지셨습니다. 크샤트리아의 의무를 아시는 판두의 아드님이시여, 기쁘지 않습니까? 모든 적이 없어졌는데, 기쁘지 않습니까? 그 영광을 지니셨으니, 슬픔으로 당신을 더 이상 괴롭히지는 마십시오."

유디슈타라가 말했습니다. "크리슈나의 억센 힘과 바라문들의 은혜와 비마와 아르주나의 용맹(勇猛)을 통해 온 세상이 나에게 복종하고 있습니다. 그러나 탐욕이 무서운 친척들의 학살을 가져 왔다는 그 생각이, 내 마음에 큰 슬픔을 주고 있습니다. 수바드라(Subhadra, 아르주나의 부인)의 아들[아비마뉴]과 드라우파디의 아들들이 죽었으니, 이 승리는 내게 광채(光彩)가 없습니다..... 왕국을 탐내어 나도 모르게 형제를 죽이는 전쟁의 원흉이 되었습니다. 그것이 저의 사지(四肢)가 솜 덩이처럼 불타게 만들고 있는 것입니다. 아르주나도, 비마도 쌍둥이도 그것[나의 죄책감]을 모르고 있습니다."

바이삼파야나가 말했다. -그 말을 하고나서 신선 나라다가 [죄책감에 빠져 있는 유디슈타라를 위로를 하다가] 침묵에 잠기니 유디슈타라는 사유에 빠졌습니다.

비마가 말했습니다. "왕이시여, 대왕의 이해력은 베다의 어리석은 낭송(朗誦)자처럼 진리를 모르는 장님입니다. '왕들[크샤트리아들]의 임무'를 비난한다면 형님은 세월을 허송했을 것이고, 드리타라슈트라들의 파멸도 전혀 오지 않았을 것입니다. 용서와 동정 자비 살상 기피가 '크샤트리아의 의무 길을 걷는 사람들'에게는 다 소용없는 것입니까? 그것이 당초 형님의 의도임을 알았더라면 우리는 무기도 들지 않고 살상도 하지 않았을 겁니다. 만약 그러한 일만 옳다면 우리는 이 몸이 파괴될 때까지 그냥 거지로 살아야 했을 겁니다. 세상의 왕들과의 무서운 전투도 생기지 않았을 겁니다. '건강을 위한 식사'라는 것을 모두 다 알고 있습니다. 정말 동물과 식물들은 건강한 사람들의 식품들입니다. '크샤트리아의 의무'를 알고 있는 현자들은 세상의 통치권을 가지고 살상도 행한다고 선언을 해 왔습니다. 우리의 왕국 앞에 있던 죄악의 무리는 우리에게 모두 멸망을 당했습니다. 오 유디슈티라여, 그들이 멸망되었으니, 정당하게 천하를 통치하소서. **우리가 왕국을 사양함은, 물을 얻으러 샘을 파다가 진흙탕을 만난 꼴이고, 꿀을 얻으러 나무에 올랐다가 송장을 만난 꼴이고, 목적지에 도달하지 못 하고 돌아온 행인(行人, 나그네) 격입니다**……그 모든 생명들이 그 천성으로 살아가는 세상을 보십시오. 행동을 포기한 사람은 성공할 수 없습니다."

아르주나도 말했습니다. "이제 적들이 없어졌으니, 정의(正義)를 아시는 형님은 영원한 지혜를 불러 모아 넓은 세상을 통치해야 합니다."

나쿨라도 말했습니다. "형님은 크샤트리아 의무를 준수하여 형님의 용맹으로 세상을 복속시켰습니다. 형님은 하늘 같은 높은 경지에 이르렀습니다. 슬픔에 빠져 있으면 안 됩니다."

사하데바가 말했습니다. "모든 대상을 버리면 성공할 수 없습니다. 형님은 저희의 아버지, 보호자, 스승이십니다. 일관되지 못 한 저의 말씀을 용서하십시오."

바이샴파야나가 말했다. -드라우파디도 거기에 거들었습니다. 비마가 맏형에게 거듭 말했습니다. "형님은 모든 의무를 알고 계십니다. 우리는 형님하시는 대로 행했습니다. 그러나 -아무 것도 말하지 않겠다! 아무 것도 말하지 않겠다!-하시는 것에 우리는 도저히 따를 수 없습니다."

유디슈티라가 말했습니다. "오 비마여, 그대는 '이승의 선(善)'에 집착하여, 왕권을 탐하고 있다. 욕망에 벗어나고 희비(喜悲)를 극복하고 고요를 획득하면 행복하게 될 것이다. 무궁의 세계를 다스릴 왕은 하나의 위(胃)밖에 없는 사람이다. 그렇다면 그 왕의 인생을 왜 너는 칭송하는가? 희열을 어쩔 수 없는 그 욕망을, 정말 전 인생을 통해 계속 쌓아올릴 수는 없다. 연료를 마시는 불은 그것이 다할 때까지 불탄다. 비마, 너는 우선 너의 위(胃)부터 정복을 하도록 하라."

크리슈나(Devasthana)도 [왕위를 사양하는 유디슈티라를] 만류 했습니다. 비아사가 말했습니다.

"경전에 선언된 최고의 영역은 가정(家政)의 의무에 의존하고 있습니다. 그대는 모든 의무들을 알고 있으니, 가정의 의무도 알 것입니다. 신들과 빈객(賓客)과 하인(下人)이 가정생활을 이끄는 그 가장(家長)에 의존하고 있습니다."

유디슈티라가 말했습니다. "오 성인이시여, 이 세상의 통치권과 다양한 쾌락이 내 마음에 어떤 기쁨도 제공하지 못 합니다. 다른 한편 그 가족을 잃은 저미는 슬픔이 저의 가슴을 먹어치우고 있습니다. 남편과 자식들을 잃은 저 통곡 소리를 들으면 저는 도무지 안정을 회복할 수 없습니다."

바이샴파야나가 말했다. -유디슈티라가 아르주나에게 말했습니다.

"오 파르타여, 너는 부자보다 더 훌륭한 것이 없어서, 빈자(貧者)는 천국도 행복도 소망의 달성도 없다고 말을 하는구나. 그러나 그것은 진실이 아니다. 많은 사람들이 '베다'의 탐구로 희생을 통해, 성공의 왕관을 쓴다고 알고 있다. 많은 성자들은 '고행'을 통하여 영원한 천국을 얻기 위해 헌신을 하고 있다. 오 쿤티의 아들이여, 너는 부자 중에 최고의 부자이다! 세상에 없는 부를 소유한 현자를 생각해야 한다. **그 부(富)로 제사를 행해야 할 사람은, 신앙과 더불어 부(富)를 포기한다. 획득한 것으로 자선(慈善)을 행하는 사람은 쾌락을 위해 소비하는 것이 아니다. 그런 쾌락에 소비를 하면 부를 축적한들 무슨 소용이 있겠는가?** 그들의 의무에 빗나간 사람들에게 돈을 뿌리는 잘 못된 사람들은 똥과 먼지 속에 일백년을 살아야 한다. 자선을 받을 만한가 그렇지 않는가를 분별을 해야 한다. 그러기에 자선도 어려운 문제이다."

자나메자야가 말했다. -화살 침대에 누우신 바라타족의 할아버지께서는 어떻게 육신을 벗으셨고, 무슨 요가(Yoga)를 행하셨습니까?

바이삼파야나가 말했다. -태양이 동지(冬至, solstitial point)를 지나자마자 그의 북쪽 코스로 들어가니, 비슈마(Bhishuma)의 관심은 [육체를 떠난]독립된 혼(魂, soul)으로 들어갔습니다. 많은 바라문들에게 둘러싸여 무수한 화살이 박힌 그 영웅의 몸은 빛을 뿌리는 수리아(Surya) 자신이었습니다. 비아사(Vyasa) 나라다(Narada) 데바스타나(Devasthana) 아스마카 수만투(Asmaka Sumantu) 자이미니(Jaimini) 파일라(Paila) 산딜리아(Sandilya) 데바라타(Devarata) 마이트레야(Maitreya) 아시타(Asita) 바시슈타(Vasishtha) 카우시카(Kausika) 하리타(Harita) 로마사(Lomasa) 아트리(Atri)의 아들 브리하스파티(Vrihaspati) 수크라(Sukra) 치아바나(Chyavana) 사나트쿠마라(Sanatkumara) 카필라(Kapila) 발미키(Valmiki) 툼부루(Tumvuru) 마우드갈리아(Maudgalya) 라마(Rama) 트리나빈두(Trinavindu) 피팔라다(Pippalada) 바유(Vayu) 카시아파(Kasyapa) 마리치(Marichi) 다우미아(Dhaumya) 울루카(Uluka) 바스카리(Bhaskari) 푸라나(Purana) 크리슈나(Krishna) 수타(Suta)가 둘러섰습니다. 위대한 성자들에게 둘러 싸인 쿠루의 영웅[비슈마]는 밤 중에 별들에게 둘러 싸인 달과 같았습니다.

비슈마가 말했습니다. **"오 크리슈나여, 최고의 존재이시여, 당신을 칭송하고자 올리는 이 말을 기뻐하소서. 당신은 순수하고 순수자체이십니다. 당신은 만물을 초월하신 분이십니다. 사람들이 '그 분(THAT)'이라는 이이십니다. 당신은 최고의 주인이십니다. 내 온정성을 다하여 당신에게 은신처를 추구합니다. 오 우주의 정신이시며 만물의 주님이시여! 당신은 시작도 끝도 없습니다. 당신은 높은 중에 가장 높은 브라흐마(Brahma)이십니다. 신들이나 신령들도 당신을 모릅니다. 나라야나(Narayana, Hari)라는 신성한 창조만이 당신을 알고 있습니다. 그 나라야나를 통해서 신령들과 시다들, 큰 나가들, 신들, 천상의 신령들이 당신을 조금 알고 있습니다. 당신은 최고 중에 최고이시고 불변이십니다. 온 세상 만물이 당신 안에 있고 당신에고 돌아갑니다....당신은 만물이 당신에게 매달리는 최고의 주님이십니다. 오 자나르다나여, 제물로서 제가 당신께 올리는 경배(敬拜)를 가납(嘉納)하옵소서! 베다들은 나라야나(Narayana)에게 헌납(獻納)됩니다. 고행**

도 나라야나에게 바쳐집니다. 신들도 나라야나에게 헌신을 하니, 만물을 항상 나라야나입니다."

바이삼파야나가 말했다. -크리슈나의 도덕과 혜택의 말씀을 듣고 비슈마는 다음과 같이 말했습니다.

"오 온 세상의 주인이시여, 오 시바(Siva)시여, 나라야나(Narayana)시여, 시들지 않는 영광이시여, 내가 기쁨에 넘쳐 당신께 사뢰는 말을 들으소서. 세상에 행해진 일이거나 행해지고 있는 일이거나, 당신의 지혜로움에서 진행이 되는 것입니다. 오 신이시여! 신들의 주인[절대신] 앞에서, 하늘의 문제 논의에 능(能)한 사람은 당신 앞에 도덕과 쾌락과 이익과 구원과 해설 강론에 능(能)한 자입니다. 오 마두(Madhu)의 살해자이시여, 내 마음은 화살 상처로 극도 동요(動搖)가 되고, 사지는 허약합니다. 나의 이해력도 선명하지 못 하고 독약과 불같은 화살들로 인해 말할 힘도 없습니다. 오 영원한 우주 창조자 크리슈나여, 스승 앞에 제자 같은 제가 어떻게 말씀을 드리겠습니까?"

바수데바가 말했습니다. "그대의 말은 쿠루 족의 최고자로서 위대한 힘, 위대한 영혼, 위대한 인내, 백사(百事)에 능통한 사람의 말이로다. 오 비슈마여, 불멸의 영광이여. 나의 소망과 은혜로 [앞으로] 불편함과 멍멍함과 고통과 배고픔과 목마름이 그대를 이기지는 못하게 할 것이다. 오 강가의 아들이여, 그대의 인지와 기억력에 흐려짐이 없을 것이다. 이해력도 시들지 않고, 정신은 욕망과 어둠에서 벗어나 구름을 벗어난 달처럼 항상 착할 것이다. 그대가 생각을 하면 의무와 도덕과 복락에 관련된 모든 문제를 꿰뚫을 것이다. 무궁한 힘을 지닌 그대 천상의 안목을 얻을 지니, 피조물의 사방을 알게 될 것이다. 지혜의 눈으로 맑은 물에 물고기처럼 모든 피조물을 기억해 낼 것이다."

바이삼파야나가 계속했다. -비아사 같은 대 신령이 '찬송'으로 크리슈나를 찬미(讚美)했습니다. 4계 천상의 꽃비가 크리슈나와 비슈마와 판두 아들들이 있는 곳에 쏟아졌습니다.

바이삼파야나가 말했다. -그 말을 마치고 비슈마가 잠잠해졌을 때, 유디슈티라 등은 집으로 돌아왔습니다.

바이삼파야나가 계속했다. -비슈마의 그 말을 듣고 유디슈티라의 마음은 굉장히 즐거웠습니다. 절대 신이 말씀하셨습니다. "금욕에 성실한 너희 신들과 신선들은 바라문과 친구이고 [나는] 모두를 환영하며 이 말을 해 둔다. 나는 3계의 선(善)에 관련된 너희 마음을 알고 있다. 나는 너희의 힘과 예견력을 증진해 주겠다. 너희 신들은, 나를 생각하며 '고행(penances)'을 계속하라. 최고의 존재들이여, 너희가 수행한 '고행의 열매'를 즐기어라. 그 브라만은 세상의 주인이다. 부여된 무상(無上)의 권능으로 만물의 할아버지다. 너희가 최고의 신들이다. 나의 영광을 위해 '제사(sacrifices)'에 정신을 집중해라. 너희가 수행하는 그 제사로 너희에게 공여된 것을 너희는 나에게 바칠 것이다. 피조물의 주인들이여, 그러면 나는 너희가 너희 선을 행할 너희 권역을 각각 내가 나눠 줄 것이다."

바이삼파야가 계속했다. -신들 중의 신 절대자의 이 말을 듣고 신들과 위대한 신선과 바라문들은 머리털이 서는 기쁨으로 가득했습니다. 그들은 당장 베다에 정해진 대로 비슈누를 찬양한 제사를 행하였다.………그네들[신, 신선, 바라문]이 이렇게 찬송을 하자 권세를 지닌 '만물의 최고 주인(the Supreme Lord of all)'은 하늘나라에서 신들에게 말씀하셨다. "제사로 제공한 제물들은 나에게 모두 도착하였다. 나는 너희에게 만족하고 있다. 너희에게 원하는 모든 것을 상으로 제공할 것이다."[1]

'비슈마가 화살 침대에 누워 지혜를 전하다.'[2]

─────→

(a) '마하바라타(*The Mahabharata*)'는 '위대한 바라타 족 이야기' 즉 '절대 신[크리슈나]과 그 신되[판두 형제]'가 어떻게 '배약(背約)과 사기(詐欺)의 뱀 무리'들 박멸하고 새로운 세계를 열었는가?'에 대한 구체적이고 확실한 보고서이다.

(b) '절대 신과 함께 전쟁'을 행했고 '절대 신과 함께 이룬 전쟁 이야기'을 시종 일관 강조하는 작품이 '마하바라타(*The Mahabharata*)'이다.

(c) 그러므로 '마하바라타(*The Mahabharata*)'는 '현명하고 용감하고 너그러운 판두 5형제'는 바로 '비슈누 화신 크리슈나'의 직계 제자가 되어 '크리슈나 도덕'을 세상에 전파했고, '땅의 인연' '육신에의 숙명'으로 드리타라슈트라 아들과 함께 했던 '비슈마'도 마지막 그 '크리슈나'에게 귀의를 했다는 이야기가 '**평화의 책(Santi Parva)**'의 요점이다.

(d) '하늘나라(영혼의 세계)'란 '육체(지상, 현세)의 세계'에 대한 대비어(對比語)로, 힌두들은 '마하바라타(*The Mahabharata*)'에서 '만물을 창조한 절대자' '절대신'을 두었고, 그가 인간 세상에 나타나 '혁명(전쟁)'을 주도했다고 증언을 해 놓았다.

(e) '마하바라타(*The Mahabharata*)'는 이 '**평화의 책(Shanti Parva)**'을 통해 '전쟁의 목표는 재화(財貨)의 획득'이고 '진정한 바라문 정신'는 '**고행(penances)**' '**제사(sacrifices)**'임을 거듭 밝혔다.

───────────────

1) K. M. Ganguli (Translated into English Prose from the Original Sanskrit Text), *The Mahabharata of Krishna-Dwaipayana Vyasa*, Munshiram Manoharlal Publisher Pvt. Ltd. New Delhi, 2000, -**Santi Parva** I - pp. 1~2, 8, 15, 17, 19, 21, 22, 23, 28, 30, 36, 40, 44, 47, 48, 92~93, 98, 107~108, 365, 379 ; -**Santi Parva** Ⅲ- pp. 145~146

2) S. Jyotirmayananda, *Mysticism of the Mahabharata*, Yoga Jyoti Press, 2013, p. 228 'Bhishma imparts his wisdom lying the bed of arrows.'

(f) 판두 5형제는 모두 탁월한 '크샤트리아들'로 그들의 용맹으로 천하를 제압했지만, 역시 장형 유디슈티라의 정신이 탁월하고 마지막 쿠루들에게 절대적인 권위를 보였던 '비슈마(Bhishma)'가 확실하게 '크리슈나'에게 귀의하는 것을 모범으로 '완벽한 절대 신에의 귀의'로 '마하바라타(*The Mahabharata*)'가 거듭 통일을 보이고 있다.

(g) 중국(中國)의 장자(莊子)가 보이고 있는 '중국(中國)의 요(堯) 임금의 왕위 사양[巢父許由 이야기]' 이야기는 장자(莊子)가 바로 이 '마하바라타(*The Mahabharata*)' '유디슈티라 이야기'를 참조해 만들었으나 소위 '크샤트리아의 의무'라는 '심각한 문제'를 충분히 고찰하지 않은 것[이후 도교들의 공통된 약점]이고, 중국 송(宋)나라 주돈이(周敦頤, 1017~1073) 이후의 '도학(道學)의 추구'에서 비로소 '크샤트리아들[역대 황제들]의 그늘'에서 벗어난 '학문의 탐구' 즉 힌두 바라문 식의 '종교적 사제로서의 정신 추구'가 행해졌다는 점은 크게 주목을 해야 한다.

(h) **'마하바라타(*The Mahabharata*)'의 이 '평화의 책(Shanti Parva)'은 그 힌두(Hindu)들에게 '왜 바라문이 크샤트리아들보다 높은가?'에 대한 해답이 다 갖추어져 있으니, 인류 사회는 '전쟁'보 '평화'를 지켜야 하고, '평화 수호 정신'이 바로 '바라문의 뜻'이고 '절대자의 뜻'이기 때문이다.**

(i) 그러한 측면에서 '마하바라타(*The Mahabharata*)'의 '평화의 책(Shanti Parva)'는 그 힌두 사제들이 인류를 향해 그들의 '탁월한 정신'을 과시하고 있는 '마하바라타(*The Mahabharata*)' 중에서 가장 위대한 부분이라고 할 수 있다.

13. 교훈의 책(Anusasana Parva)

제115장 비슈마(Bhishma)의 가르침

옴(Om)! 최고의 남성 나라야나(Narana)와 나라(Nara)께 인사를 드리며 여신 사라스와티(Saraswati)와 자야(Jaya)께도 인사드리옵니다.

유디슈티라가 비슈마에게 물었다. "할아버지, 왕으로서 해야 할 무엇입니까? 이승과 저승 일에 성공을 하려면 어떻게 해야 합니까?'

비슈마가 말했다. "오 바라타여, 바라문을 숭배하는 것이니라."

비슈마가 말했다. -"바라문을 항상 모셔야 하느라. 바라문은 항상 왕을 위해 소마(Soma, 甘露水)를 간직하고 그것을 사람들에게도 베풀고 있다. [창조의]할아버지를 섬기고자 하는 사람은 항상 그들을 섬기고 있다. 천신의 주인 바사바(Vasava)로부터 만물의 평화와 행복이 흘러나오듯이 왕국의 평화와 행복은 바라문으로부터 흘러나온다. 브라흐마의 빛이고 순수한 행동의 바라문들이 계속 왕국에 태어나게 하라. 그리고 모든 적을 물리치는 크샤트리아들도 정착을 하게 해야 할 것이다. 이 말은 나라다(Narada)께서 내게 주신 말씀이다. 오 왕이여, 바라문의 가르침에 따라 도덕과 정의와 맹세를 지키는 왕족보다 높은 존재는 세상에 없다. 그와 같은 행동이 다 축복이다. 바라문들에게 드리는 제사는 신들에게 드리는 것이다. 브라흐마(Brahma)보다 높은 존재는 없다. 바람, 물, 땅, 하늘 사방의 모든 것이 브라흐마의 몸으로 들어가고 브라흐마가 그것을 드신다. 브라흐마가 즐거워하시면 신들도 좋아한다. 바라문을 즐겁게 하는 자는 죽지도 않는다. 바라문을 섬긴 자는 최고의 목표에 도달한다. 브라흐마는 만물을 창조하는 제사의 주인이시다... 브라흐마는 우주가 생성 되어 어디로 돌아가는지를 알고 계신다. 브라흐마는 천국으로 길과 다른 곳의 길을 다 알고 알고 계신다."

바이삼파야나가 말했다. -판다바 왕[유디슈티라]은, 영웅적 남편과 아들을 잃은 여인들에게 풍성한 선물을 안겼습니다. 유디슈티라는 그의 왕국을 회복하여 왕위에 앉았습니다. 유디슈티라 왕은 모든 문제에 대해 다양한 선(善)한 의지의 발동으로 확신을 가지고 행해나갔습니다. 무엇보다 종교적인 그는 바라문들과 군사 장교들과 지도급 시민들의 기본 복지 기금 마련에 열정을 보였습니다.

유디슈티라는 서울에서 50일을 보내고 할아버지 비슈마 어르신께서 세상과 작별할 것이라고 지정하신 시간을 생각했습니다. 유디슈티라는 태양이 그의 남방 코스를 끝내고 북방 코스를 시작한 것을 알고[夏至가 다가온 것을 알고], 수많은 사제들을 거느리고 유디슈티라는 하스티나무라를 출발하였습니다. 유디슈티라는 많은 정갈한 버터와 화환과 향과 비단옷과 나무 샌들과 비슈마를 화장(火葬)할 장작을 준비했습니다. 다양한 값비싼 꽃과 보석도 준비했습니다. 드리타라슈트라를 앞장세우고 간다리와 쿤티와 그의 형제들 크리슈나와 비두라 유유트수 유유다나나 거대 행렬을 이루어 예찬자들과 시인들이 찬송을 하며 행진을 했습니다. 비슈마 화장할 불을 그 행렬은 지니고 있었습니다. 그래서 **그들은 비슈마가 화살 침대에 누워 있는 그 지점에 도착했습니다.** 유디슈티라는 비아사와 나라다와 아시타 등이 대기를 하고 있는 것을 보았습니다. 유디슈티라는 무사들이 화살 침대 주변을 지키고 있는 것도 보았습니다. 유디슈티라와 형제들은 수레에서 내려 비슈마 할아버지께 인사를 올렸습니다. 그 다음 비아사를 선두로 한 신선들께도 인사를 했습니다. 유디슈티라가 대동한 사제들도 할아버지 바라문[비아새]과 비슷했습니다. 유디슈티라는 비슈마가 화살 침대에 누워 있는 곳으로 다가가니, 신령들[사제들]이 화살 침대를 둘러 감쌌습니다. 그런 다음 유디슈티라는 형제들을 대표하여 화살 침대에 누워있는 강가의 아들에게 말했습니다.

"오 자나비(Janhavi)강의 아드님이시여! 저는 유디슈티라 왕입니다. 아직 저의 말이 들리시면 제가 무엇을 해드릴지 말씀하십시오. 화장(火葬)할 불을 가지고 왔습니다. 당신께서 지정하신 시간을 기다려 왔습니다. 모든 지파(支派)의 스승님들과 바라문들과 우리 형제와 당신 아드님 드리타라슈트라가 모두 여기에 모였고, 바수데바도 와 계십니다. 당신의 눈을 뜨시고 그들을 보소서! 당신이 명하신대로 모든 것이 준비되었습니다."

바이샴파야나가 계속했다. -유디슈티라가 그렇게 말하자 강가의 아드님[비슈마]은 눈을 뜨고 모든 바라타족이 그를 둘러싸고 도열(堵列)해 있는 것을 보았습니다. 그러고 나서 비슈마는 유디슈티라의 강한 손을 잡고 우레 같은 목소리로 말했습니다.

"오 쿤티의 아들이여, 운 좋게도 그대가 그대의 상담자들과 여기를 왔구나. 오 유디슈티라여, 수천의 햇살을 만드는 신성한 태양이 그 북쪽 코스를 시작하였다. 내가 이 화살 침상에 누운 지 58일 째이다. 내가 이 날카로운 화살침대에 누워 있는 기간이 1백년과 같구나. 유디슈티라여, 음력(陰曆) 마가(Magha)의 달이 왔다. 그 달이 다시 14일 간을 비추었고, 그 4분의 1을 넘었구나." 이렇게 비슈마는 유디슈티라에게 말하고, 비슈마(Bhishma)는 드리타라슈트라와 그 종자(從者)들에게 말했습니다.

"오 왕이여, 의무를 알고 있는 그대여. 모든 그대의 의심은 부(富)와 관련이 되어 있었다. 그대는 지식이 많은 바라문들을 가지고 있었다. 4 베다도 너는 알고 있다. 오 쿠루의 아들이여, **슬퍼하지 말라. 다 예정된 것이 일어난 것이다.** 섬 출신의 신령[비아새]의 신들에 관한 이야기도 너는 들었다. 유디슈티라와 그 형제들은 너의 아들과 같다. 종교적 의무로 보아 너는 판두 아들을 보호하고 길렀다. 그들은 항상 어른들을 받드는데 헌신했다. 유디슈티라 왕은 순수한 정신을 지녔다. 그는 항상 그대에게도 복종을 하였다! 유디슈티라는 자비심을 지니고 살상에 반대하였다. 유디슈티라는 어른들과 스승에게 헌신을 하였다. 그러나 **그대의 아들들은 다 흉악했다.** [드리타라슈트래] 너의 아들들은 탐욕과 분노로 뭉쳤다. 시기심에 휘둘려 악행을 저질렀다. 그 아들들을 슬퍼할 필요가 없다."

바이샴파야나가 말했다. -비슈마는 드리타라슈트라에게 그렇게 말하고 바수데바를 향해 말했습니다.

"오 신 중의 신이시여, 당신은 모든 신들과 악귀들의 경배(敬拜)를 받으십니다. 당신은 당신의 걸음으로 3계를 포괄하십니다. 소라고둥과 원반(原盤)과 철퇴를 구사하시는 당신께 인사를 드립니다. 당신은 금신(金身)이시고, 푸루샤(Purusha, 실행자)이시고, 만물의 창조주이시고, 광대무변(廣大無邊)이십니다. 저는 앞서 어리석은 두료다나에게 **'크리슈나가 있는 곳에 정의(正義)가 있고, 정의가 있는 곳에 승리가 있다.'** 라고 말하며 바수데바에 의지하여 판두들과 화해하라고 권유했습니다. 저는 정말 반복해서 '지금이 화해할 기회다.'라고 거듭 거듭 일렀으나, 어리석은 두료다나는 내 말을 듣지 않았습니다. 세상에 대 학살을 치르고 결국 그도 죽었습니다. 오 영명하신 분이시여, 천상의 신령 나라다(Narayana)와 고행의 비아사(Vyasa)가 내게 말했습니다. **'당신과 아르주나는, 옛 신령 나라야나(Narayana)와 나라(Nara)가 인간으로 오신 겁니다.'** 오 크리슈나여, 제가 제 육신을 벗게 허락해 주소서. 제가 최고의 목표에 도달하게 하옵소서."

바수데바가 말했습니다. "오 비슈마여, **이 세상에 초월해야 할 죄를 남겨둠이 없이 [천상의] 바수(Vasus) 지위를 다시 회복하도록 해주겠다.** 오 성자여, 그대는 아버지[산타누 왕]께 효성을 행하였다. 그래서 그대는 제2의 마르칸데야(Markandeya)와 같다. 당신의 쾌락[의 논리]에 매달린 그대의 죽음은, 그대의 노예[육신]가 그대의 쾌락을 알고 있는 것과 동일하다!"

바이삼파야나가 계속했다. -강가의 아들[비슈마]은 드리타라슈트라와 판바들에게 말했습니다. "나는 이제 죽고 싶다. 나를 이제 보내다오. **너희는 진리를 얻기에 힘을 써라. 진리가 최고의 힘이다. 너희는 바라문의 정의로운 행동과 항상 함께 하고, 고행에 헌신하고, 잔인한 행동을 피하고, 영혼을 통제하라.**"

비슈마는 유디슈티라에게 또 말했습니다. "오 왕이여, 모든 바라문들, 특히 지혜를 지닌 스승님들, 제사를 돕는 사제들을 그대가 알아서 사랑을 베풀어 주어라."

바이삼파야나가 말했다. -그 말을 한 다음 산타누 아들[비슈마]은 잠잠해지셨습니다. 그 다음 비슈마는 요가를 행하며 한숨을 내쉬었습니다. 그 요가의 결과로 숨을 거두었습니다. 그 호흡이 통제되어 외부로 [숨이]나오지 못 했습니다. 결국 그것은 머리를 뚫고 하늘로 올라갔습니다. 천상의 케틀드럼이 연주되었고 꽃비(floral showers)가 내렸습니다. 시다들(Sidhas)과 신령들이 즐겁게 소리쳤습니다. "최고다. 최고다!" 비슈마의 생명 호흡은 유성처럼 하늘로 솟아 영원의 존재가 되었습니다. 그런 다음 판다바들과 비두라는 다량의 나무와 향료로 '화장'을 거행하게 되었습니다. 유유트수와 다른 사람들은 준비에 구경꾼으로 서 있었습니다.

유디슈티라와 비두라가 비슈마의 신체를 비단 천과 화환으로 감았습니다. 유유트수는 훌륭한 양산으로 그것을 덮었습니다. 비마와 아르주나가 한 쌍 순백(純白)의 야크꼬리를 들었습니다. 마드리의 두 아들은 그들의 손에 두 개의 투구를 들었습니다. 유디슈티라와 드리타라슈트라는 쿠루족 왕[비슈마]의 발끝에 서서 팔미라 부채를 들고 조용히 부채질을 했습니다. 비슈마의 화장(火葬)이 엄수되었습니다. 많은 헌주(獻酒)가 제사 불에 부어졌습니다. 사만들(Samans)의 가수들이 사만들을 노래했습니다. 강가의 시신이 화장된 다음 쿠루의 최고 자들은 신선들을 대동하고 성 바기라티

(Bhagirathi, 갠지스) 강으로 향했습니다. 비아사 나라다 아스타 크리슈나 바라타 족의 부인들과 거기에 참가했던 하스티나푸라 시민들이 그들 뒤를 따랐습니다.

그 성스러운 강물에 도착하여 강가의 아드님께 물을 올렸습니다. 바기라티(Bhagirathi, 갠지스) 여신이 헌수(獻水)를 행한 다음 강에서 모습을 드러내 울며 슬픔을 토했습니다. 여신은 통곡하며 쿠루들에 말했습니다.

"내 아들을 공경한 너희는 내 말을 들어보라. 충성스런 행동과 기질 지혜를 지니고 왕가에 탄생한 내 아들은 모든 종족의 어른들의 후원자였다. 그는 부친께 효행을 하고 높은 맹세를 했었다. 그는 천상의 무기를 지닌 자마다그니(Jamadagni)족의 라마(Rama)도 이길 수 없었다. 슬프다 시칸딘이 그를 살해하였구나. 내 눈에 내 아들이 없어도 깨지지 않은 내 가슴은 무쇠가 분명하다."

탄식에 빠진 그 여신의 말을 듣고 크리슈나가 여신을 위로했습니다. "오 상량한 분이시여, 안심하소서. 당신의 아드님은 '최고의 복지'로 올라갔습니다. 그는 큰 힘을 지닌 바수(Vasus)신 중에 하나였습니다. 저주를 받아 인간으로 태어났고, 당신이 그를 슬퍼할 필요가 없습니다. 크샤트리아의 의무에 따라 전장에서 다난자야(Dhananjaya, 아르주나)에 의해 살해되었습니다. 그는 시칸딘에게 죽은 것이 아닙니다. 천신들의 주인도 손에 활을 잡고 있는 비슈마를 죽일 수는 없습니다. 오 아름다운 신이시여. 당신의 아드님은 하늘로 갔습니다. 모든 신들이 모여도 당신의 아들은 죽일 수 없었습니다. 그 쿠루의 아들을 슬퍼하지 마세오. 당신의 아들은 하늘로 갔습니다. 가슴 속에 열기를 버리십시오."

바이삼파야나가 계속했습니다. -크리슈나와 비아사의 말을 듣고, 강가(Ganga)는 평정을 회복했습니다. 거기에 모인 왕들은 그 강신이 떠나기를 크리슈나가 허락을 할 때까지 그 여신을 찬송했습니다.[1)]

---→

(a) '마하바라타(*The Mahabharata*)' 이야기는 '천국 중심' '절대신 중심' '영혼 중심'의 이야기이다.

(b) 원래 '천신(天神)'이었던 8명의 바수들(Vasus)이 여신 강가(Ganga)와의 인연으로 인간으로 태어났는데, 그 여신의 아들 중의 하나가 비슈마(Bhishma)였고[제17장] 뒤에 '쿠루크셰트라 전쟁'에서 두료다나 왕자를 도왔으나, 역시 천신(天神)인 나라야나(Narayana, 크리슈나)와 나라(Nara, 아르주나)와 싸워 패배했다는 이야기가 '마하바라타(*The Mahabharata*)'이다.

(c) 그래서 이 '**비슈마(Bhishma)의 가르침**' 항의 주지(主旨)는 그가 비록 '본래 쿠루의 제1 어르신'으로 아손(兒孫)들이게 '싸우지 말고 화해를 하고 함께 잘 지내라.'고 권고를 계속했으나 드리타라슈트라들이 무시하고 듣지 않았으나, 그는 결국 '절대 신의 화신 크리슈나'를 확실하게 알아보아 마지막 그에게 귀의를 했다는 증언이 '교훈의 책'이다.

---

1) K. M. Ganguli (Translated into English Prose from the Original Sanskrit Text), *The Mahabharata of Krishna-Dwaipayana Vyasa*, Munshiram Manoharlal Publisher Pvt. Ltd. New Delhi, 2000, -**Anusasana Parva**-Part I, pp. 1, 158, 159 ; Part II, 393~397

14. 말 제사(祭祀)의 책(Aswamedha Parva)

제116장 '말 제사(祭祀)'의 의미

옴(Om)! 최고의 남성 나라야나(Narana)와 나라(Nara)께 인사를 드리며 여신 사라스와티(Saraswati)와 자야(Jaya)께도 인사드리옵니다.

바이샴파야나가 말했다. -드리타라슈트라 왕이 비슈마의 영혼에 물을 올린 다음에 유디슈티라는 드리타라슈트라 왕을 앞세우고 갠지스 강둑으로 올랐습니다. 그런데 드리타라슈트라 왕은 눈에 눈물이 번지더니 사냥꾼에게 공격을 당한 코끼리처럼 그 강둑에서 강물로 떨어졌습니다. 그러자 크리슈나의 지시를 받은 비마(Bhima)가 물에 잠긴 드리타라슈트라 왕을 건져 올렸습니다. 크리슈나가 말했습니다. "이러시면 안 됩니다." 유디슈티라도 걱정스러워 땅바닥에 주저앉아 거듭 한숨을 쉬었습니다. 유디슈티라가 슬픔으로 낙심한 것을 보고 판다바들은 드리타라슈트라 왕을 둘러싸고 앉았습니다. 높은 지성과 지혜의 안목을 지닌 드리타라슈트라가 말했습니다.

"쿤티의 아들이여, 일어나라. 그대는 그대가 해야 할 일이 따로 있다. 쿤티의 아들아, 크샤트리아 법에 따라 이 세상을 통어(統御)해야 한다. 그대는 그대의 형제 친구들과 함께 세상을 즐겨야 한다. 나는 그대가 왜 슬퍼하는지 그 까닭을 알 수 없다."

바이샴파야나가 말했다. -지혜로운 드리타라슈트라 왕이 그렇게 말하니, 분별력을 지닌 유디슈티라는 잠자코 있었습니다. 그러자 크리슈나가 유디슈티라에게 다가가 말했습니다.

"사람이 별세한 조상[바슈매]에게 과도하게 슬퍼하면, 사제(司祭)에게 그만큼 적절한 희생과 보상이 있어야 합니다....당신 같은 높은 지성은 이처럼 행동해서는 아니 됩니다. 당신 아셔야 할 것은 '마땅히 행해야 할 일'이 따로 있다는 것입니다. 그리고 비슈마 드와이파야나[비아사] 나라다 비두라의 말씀들도 고려를 해야 합니다. 그래서 우둔한 길을 걸어서는 아니 되고 조상의 길을 좇아 왕국을 맡으셔야 합니다. 그것이 하늘이 그를 위해 밝혀놓은 것을 크샤트리아가 확실하게 획득해야 합니다...전쟁으로 살해된 사람들을 거듭 생각하는 것은 현명하지 못 합니다."

바이샴파야나가 말했다. -비아사의 놀라운 이야기가 끝나자 바수데바도 거듭 유디슈티라 왕에 말했습니다.

"**마음이 비뚤어진 사람은 파멸이요, 정직한 사람은 주님(Brahman)께로 갑니다. 그것이 진정한 지혜로운 사람들의 목표이고 대상이라면, 거기에 무슨 방해가 있을 것입니까?** 당신의 업보(業報, Karma)가 아직 사라지지 않았고, 당신의 적들이 복종하지 않고 있으니, 그것은 당신의 육체 속에 숨어 있는 그 적들을 당신이 아직 모르기 때문입니다."

바이샴파야나가 말했다. -그와 같은 말씀들로 친구와 친척들을 잃은 유디슈티라는 대 성인들의 위로를 받았습니다. 그래서 유디슈티라 황제는 친구들과 바라문 신들(Devas)의 장례식을 치른 다음 천하 사해(四海)를 그의 통치 아래 두었습니다. 그리고 비아사 나라다 등의 성자의 말씀으로 냉정해진 마음으로, 그 쿠루 족의 왕[유디슈티라]은 그 왕국의 통치권을 회복했습니다.

자나메자야가 물었다. -판다바들이 왕국을 찾고 안정을 찾았을 때, 바수데바와 아르주나는 무엇을 했습니까?

바이삼파야나가 말했다. -크리슈나와 아르주나는 판다바들이 천하를 얻고 안정을 찾은 것을 보고 크게 만족했습니다. 그들은 천상의 인드라처럼 그림 같은 숲과 산 같은 탁상지(卓上地), 성지(聖地) 호수 숲 등을 여행했습니다.

바이삼파야나가 말했다. -판다바들이 서울 가까이 이르렀다는 소식을 듣고 바수데바는 그의 막료(幕僚)들을 대동하고 그들을 맞으러 갔습니다. 그래서 그들은 모두 함께 하스티나푸라로 돌아왔습니다. 사람들의 목소리와 수레 소리가 천지에 가득 찼습니다. 판두들과 그의 동료는 그 보물들을 선두에 두고 서울로 들어왔습니다. 절차에 따라 드리타라슈트라의 발아래 인사를 드리고 그들의 이름을 사뢰었습니다. 그 다음 간다리, 쿤티, 비두라에게 인사했습니다. 그 다음 **영웅들은 놀랍고 놀라운 대왕[자나메자야]의 아버지[파리크시트(Pariksit)] 탄생 이야기를 들었습니다. 위대한 지성 바수데바의 행적을 듣고 공경을 받을만한 크리슈나에게 경배를 올렸습니다.**['죽은 아이 살려 내기' -제16장, 제113장] 며칠이 지난 다음 비아사가 하스티나푸라로 왔습니다. 쿠루의 귀족들이 그에게 모두 인사를 올렸습니다. 브리슈니와 안다카 사람들도 그 비아사에게 인사를 올렸습니다. 많은 주제에 대해 이야기를 한 다음 유디슈티라가 비아사에게 말했습니다.

"성자시여, 당신의 은혜로 얻은 이 보물을 '말 제사(the horse-sacrifice)'로 알려진 대제(大祭)에 헌납(獻納)을 해야겠습니다. 우선 당신의 허락을 원합니다. 우리 모두는 당신[비아사]과 크리슈나의 처분을 따라 왔습니다."

비아사가 말했습니다. "오 왕이여, 그렇게 하십시오. '말 희생제'를 행해 신을 섬기는 데는 많은 비용이 듭니다. **말 희생제는 '모든 죄악의 세제(洗劑)'입니다(The horse-sacrifice is a cleanser of sins).** 그 희생으로 모든 신들을 숭배하면 대왕은 백가지 죄악을 확실하게 다 벗을 것입니다."

바이삼파야나가 계속했다. -이 말씀을 들은 쿠루왕 유디슈티라는 '말 희생제'를 위한 준비에 정신을 집중했습니다. 비아사의 말씀을 들은 다음 왕은 바수데바에게 가서 말했습니다. "지존(至尊)이시여, 당신을 낳으신 여신 데바키(Devaki)는 행운의 어머니로 알려져 있습니다! 꺼지지 않은 영광이시여, 당신의 권세로 우리는 다양한 쾌락을 즐기고 있습니다. 온 세상이 당신의 용맹과 지혜에 복종하고 있습니다. 그러시므로 당신 자신이 [우리가] 그 '입사식(入社式, the rites of initiation)'을 거쳐야 하는 그 원인이십니다. 당신의 우리의 최고의 스승이시고 우리의 주인이십니다. 당신이 희생제를 행해주시면 저는 백가지 죄악을 벗을 겁니다. 당신이 '제사'이십니다. 당신은 불멸이십니다. 당신은 모든 것, 당신은 '정의'이시고, 프라자파티(Prajapati, 창조주)이시고, 만물의 목표시고, 저의 확실한 결론이시기도 합니다."

바수데바가 말했다. "그대가 말하는 그대로다. 오 적(敵)들의 견책(譴責)자여. 그것은 나의 확실한 결론이기도 하다. 쿠루의 영웅 속에서, 그대 정의(正義)의 결론 속에서 그대는 오늘의 영광 속에 빛나고 있다. 모든 사람들은 그 그늘 아래 있다. 그대가 우리의 왕이며 어른이다. 내 마음으로 허락하노니 그 제사로 신들을 경배(敬拜)할 찌어다. 그대는 그대 맘대로 지명하라. 그대가 성취하라. 이른 것을 모두 이루어주겠노라. 그대가 제사 자(祭祀者)이면 비마와 아르주나 마드라바티(Madravati)의 두 아들도 제사자(祭祀者)이다."

바이샴파야가 말했다. -크리슈나가 그렇게 말하니, 유디슈티라는 비아사에게 인사를 올리고 말씀을 드렸습니다. "그 제사에 관해 당신께서 먼저 아셔서 제게 때가 되었다고 하셨습니다. 이번 제사를 전적으로 당신께 일임합니다." 비아사가 말씀하셨습니다.

"쿤티의 아드님이여, 나와 파일라(Paila)와 야즈나발키아(Yajnavakya)가 틀림없이 적절 시간에 모든 의례를 수행할 것입니다. 그대를 가입시키는 의례는 차이트라(Chaitra)달[힌두의 정월] 보름에 수행할 것입니다. 제사에 필요한 것을 준비합시다. 말[馬]에 관한 지식과 바라문들의 구전을 바탕으로 제사에 쓰일 말을 선별 점검하여 제사를 성공적으로 마치도록 해야 할 것입니다. 경전(經典)이 명(命)한 대로 그 말[馬]을 풀어 보내 그 말이 온 천하를 돌아다니며 당신의 영광을 보여주게 해야 합니다. 오 왕이시여!"

바이샴파야나가 말했다. -비아사가 그렇게 말하자 유디슈티라 왕은 "그렇게 하시지요."라고 대답했다. 그렇게 해서 그 제사를 위한 모든 준비를 마쳤습니다. 그러자 비아사가 유디슈티라 왕에게 말했습니다.

"우리는 대왕을 위한 제사 준비를 마쳤습니다. **말 희생제에 쓰일 스피아(Sphya, 말 살해에 쓰일 칼)와 쿠르차(Kurcha, 쿠사 풀 묶음)와 다른 기구들은 모두 황금으로 만들었습니다. 오늘부터 말[馬]을 놓아 보내 경전에 쓰인 대로 세상을 돌아다니게 하십시오. 그 말이 천하를 돌아다니게 해야 합니다.**" 유디슈티라가 말했습니다. "오 성사이시여, 당신의 계획대로 그 말이 제 맘대로 세상을 편답(遍踏)하게 놓아 보내소서. 그 말이 맘대로 세상을 돌아다니도록 보호를 해야 할 것입니다."

바이샴파야나는 계속했다. -왕이 그렇게 말하자 비아사는 말했다. "비마의 아우 지슈누(Jishunu, 아르주나)가 인내와 모든 것을 제압할 수 있어서 그 말을 뒤따라가며 지켜야 할 것입니다. 아르주나가 '세상 정복(征服)'을 놓고 경쟁을 벌이는 겁니다. 아르주나가 그 말을 따르게 해야 합니다. 그 아르주나의 몸은 신과 같고 종교와 세속을 알고 있고, 그는 공부를 다 끝냈습니다." 비아사가 그렇게 말하니, 유디슈티라는 팔구나(Phalguna, 아르주나)가 그 말[犧牲馬]과 동행을 하게 했습니다. 유디슈티라는 말했습니다.

"오 아루주나여, 그 말[馬]을 보호하라. 그대 말고는 보호할 자가 없노라. **그대에게 왕들이 대적(對敵)을 해오면, 전쟁을 피하고 너의 용맹만을 보이도록 하라. 그리고 그들을 '우리 제사(祭祀)'에 초청을 해 다 불러 오도록 하라. 오 억센 자여, 가서 그들과 우리와의 친선(親善)을 도모하도**

록 하라."

바이삼파야나는 계속했다. -정의(正義)의 왕 유디슈티라는 아우 사비아사친(Savyasachin, 아르주나)에게 그렇게 말하고 비마와 나쿨라에게는 '수도(하스티나푸라) 경비'를 맡겼습니다. 그리고 '사하데바(Sahadeva)에게는 손님 접대 일'을 맡겼습니다.

바이삼파야나가 말했다. -제사(祭祀) 시간이 다가오자 모든 왕들(Ritwijas)이 '말 희생제'에 초대되었습니다. 유디슈티라 왕이 희생 동물의 번제(燔祭)를 마치고 나니 참석한 왕들 중에 크게 빛이 났습니다. 말 제사를 위해 기른 그 말은 경전(經傳)의 말씀대로 '석방(釋放)'되었습니다. 입사(入社, initiation)를 마친 유디슈티라 왕은 목에 건 황금 화환이 불타듯 아름다웠습니다. 검은 사슴 가죽을 윗옷으로 걸치고 지팡이를 잡고 자색 비단 옷을 입어 제2의 창조주가 제단(祭壇) 위에 앉아 있는 것 같았습니다. 참석한 왕들도 비슷한 복장을 하였습니다. 아르주나 역시 타오르는 불 같이 빛났습니다. 유디슈티라 명령대로 검은 사슴의 잡종인 그 말[馬]을 뒤따라가기 위해, 아르주나는 흰 말들이 자신의 마차를 끌게 하였습니다. 아르주나는 간디바를 거듭 당겨보고 도마뱀 가죽의 방패막이를 만져보며 '희생(犧牲) 마(馬)'의 뒤를 따를 생각에 기뻤습니다. 어린 아들을 동반한 하스티나푸라 시민들은 출발 전의 아르주나 모습을 보러 그 지점으로 몰려왔습니다. 몰려온 시민들이 너무나 빽빽하여 불이 날 정도였습니다. 떠드는 소리는 하늘에 닿을 지경이었습니다. 시민들은 말했습니다.

"저분이 쿤티의 아들이시고 굉장한 활[간디바]을 소지한 분이란다."

"무사히 다녀오시게 부디 축복을 내려주옵소서."

"사람들이 너무 몰려서, 아르주나는 볼 수도 없군요. 그러나 가공할 활줄 소리를 내는 간디바 활은 보이는군요. 세상에 그를 모르는 지역이 없을 터이니, 그가 돌아오면 보게 될 것입니다." 이러한 시민들의 말들이 들렸습니다. 야즈나발키아(Yajnavalkya)의 제자가 파르타(Partha, 아르주나)와 더불어 그 영웅을 위한 상서로운 의례에 참석을 했었습니다. 베다에 정통한 많은 바라문들과 크샤트라들도 왕의 명령에 따라 의례에 동참을 했습니다.

그 의례를 마친 다음 그 말은, 판다바들이 이미 정복해 놓은 땅을 제 맘대로 휘젓고 돌아다녔습니다. **말의 방랑 과정에서, 아르주나와 왕들 사이에 크고 놀라운 전쟁이 있었습니다.** 제[바이삼파야나]가 그것을 욍자나메자야께 모두 말씀 드리겠습니다. 천하를 돌아다니는 그 말은 북쪽에서 동쪽으로 향했습니다. 그 말[희생 매]은 수많은 나라를 제 맘대로 갈고 다녔고, 아르주나의 백마(白馬)들은 전차를 끌고 서서히 그 말의 뒤를 따랐습니다. 쿠르쿠셰트라(Kurukshetra) 전장에서 싸우다 아르주나에게 목숨을 잃은 왕들의 친척은 셀 수도 없었습니다....오 티 없는 자나메자야 왕이시여, 그 중 중요 전투만 말씀드리겠습니다.

바이삼파야나가 말했다. -왕관 머리띠를 한 아르주나는 트리가르타족(Trigartas) 후손과의 전쟁이 있었습니다. 희생제를 올리려고 아르주나의 말[犧牲馬]이 그들 영지(領地)로 들어왔다는 소식을 듣고, 그곳 영웅들이 갑옷을 입고 나와 아르주나를 포위했습니다. 좋은 말이 끄는 전차에 올라 그들의 등에는 전통(箭筒)을 메고 그 말을 포위해 잡으려 했습니다. 아르주나는 인내하며 부드러운 말로 그들을 막았습니다. 그들은 아르주나의 말을 무시하고 그들의 화살로 아르주나를 공격했습니다. 아르주나는 웃으며 말했습니다. "그만해라, 이 못된 놈들아. 목숨을 아껴라." 출발을 할 때에 유디슈티라 왕은 이전에 쿠루쿠셰트라(Kurukshetra) 전장에 죽은 '그 가족의 크샤트리아들은 죽이지 말라.'는 간곡한 명령이 있었습니다. 아르주나는 그 명령을 생각하며 트리가르타들에게 서로 '참자'고 요청을 했습니다. 그러나 그들은 아르주나의 그 경고를 무시했습니다. 그러자 아르주나는 비웃음을 지으며, 트리가르타족(Trigartas)의 왕 수리아바르만(Suryavarman)에 결국 무수한 화살을 날려 그를 납작하게 만들었습니다. 그러나 트리가르타 무사들은 그들의 전차를 몰고 아르주나에게 달려들었습니다. 그러자 수리아바르만은 아르주나에게 수백발의 화살을 날리며 솜씨를 자랑했습니다. 다른 궁사들도 왕을 따라 화살을 퍼부었습니다. 아르주나는 무수한 화살을 날려 화살 구름을 차단하고 그들을 쓰러뜨렸습니다. 수리아바르만의 아우 케투바르만(Ketuvarman)이 형을 위해 아르주나에게 대들었습니다. 아르주나는 날카로운 화살을 쏘아 케투바르만을 죽였습니다. 케투바르만이 쓰러지는 것을 보고 억센 전차 무사 드리타바르만(Dritavarman)이 아루주나에게 달려들었습니다. 드리타바르만의 날랜 솜씨를 보고 구다케사(Gudakesa)는 너무 기뻤습니다. 인드라의 아들[아르주나]은 그 젊은 궁사가 자기를 집중 공격하는 바람에 그를 볼 수도 없었습니다. 잠깐 그 영웅이 기량을 뽐낼 기회를 주고 나서 아르주나는 웃으며 그 뱀처럼 화난 젊은이와 싸웠습니다. 억센 아르주나는 젊은 드리타바르만(Dhritavarman)의 용맹을 보고 반가워 그를 죽이지는 않았습니다. 아르주나는 그 생명을 빼앗고 싶지 않았으나, 드리타바르만은 불타는 화살로 아르주나를 공격했습니다. 그 화살은 아르주나 손을 관통하여 간디바가 땅에 떨어지게 했습니다. 드리타바르만은 그 전장에 큰 소리로 웃었습니다. 그에 아르주나는 화가 나서 손에 피를 닦고 다시 활을 잡아 화살 비를 퍼부었습니다. 그러자 사방에서 아르주나의 묘기에 함성이 터져 하늘을 떠들썩하게 만들었습니다. 야마(Yama)처럼 화가 난 아르주나를 보고 트리가르타 무사들은 드리타바르만을 구하러 아르주나를 포위했습니다. 적들에게 포위를 당한 아르주나는 더욱 화가 나 단단한 쇠 화살로 최고의 무사들을 향해 여덟 발과 열 발을 발사했습니다. 그러자 트리가르타 무사들은 도망치기 시작했습니다. 퇴각하는 그들을 보고, 아르주나는 맹독성의 뱀 같은 무서운 화살을 퍼부어 주며 큰 소리로 웃어주었습니다. 트리가르타족의 무사들은 아르주나의 화살 공격으로 정신없이 사방으로 도망을 했습니다. 그리고 결국 그들은 아르주나에게 항복하여 "우리는 당신의 종입니다. 당신께 항복합니다. 명령을 내리십시오, 명령대로 하겠습니다."라고 했습니다. 그 항복의 말을 듣고 아르주나는 그들에게 말했습니다. "왕들이여, 너희 생명을 지키고 내 초청의 명령을 받아라."

바이삼파야나가 말했다. -그 다음 그 희생(犧牲) 마(馬)는 프라그지오티사(Pragjyotisha) 지역으로 들어가 거기를 돌아다니기 시작했습니다. 그러자 전장에서 용감하기로 유명한 바가다타(Bhagadatta)의 아들이 아르주나를 대적하러 나왔습니다. 바즈라다타(Vajradatta) 왕은 자기 영토에 희생마(馬)가 도착한 것을 보고 그것을 저지할 목적으로 싸움을 시작했다. 바가다타 왕자는 도시에서 나와 자신의 땅으로 향하고 있는 그 말을 되돌아가게 괴롭혔습니다. 그것을 보고 아르주나는 간디바를 늘여 적을 순간에 공격했습니다. 간디바 화살에 놀란 바가다타 왕자는 그 말을 놔주고 도망을 쳤습니다. 왕자는 도시로 다시 들어가 갑옷으로 무장을 하고 코끼리를 타고 나왔습니다. 그 억센 전차 투사는 머리에 백 양산을 쓰고 손에는 우유 빛 야크 꼬리 부채를 들었습니다. 우매하게 아르주나에게 대적을 하고 나온 것입니다. 그 왕자는 산만큼이나 큰 코끼리를 타고 돌진했습니다. 코끼리는 흥분하여 액체를 쏟았는데, 큰 비가 내리는 듯했습니다. 철 갈고리를 든 왕자를 실은 코끼리는 하늘에도 솟을 듯했습니다. 달려드는 코끼리를 보고 아르주나는 그 왕자를 등 뒤에서 공격하려고 땅으로 내려왔습니다. 바즈라다타(Vajradatta)는 불같은 광두(廣頭) 화살들을 아르주나를 향해 발사했습니다. 그러나 아르주나는 간디바로 화살을 발사하여 그 화살들을 두 토막이나 세 토막으로 잘라버렸습니다. 광두 화살이 조각난 것을 본 바가다타 왕자는 급히 다른 화살을 연이어 발사했습니다. 더욱 화가 치민 아르주나는 황금 날개가 달린 화살을 더욱 빠르게 바가다타 왕자를 향해 쏘았습니다. 바즈라다타(Vajradatta)는 그 화살에 맞아 땅바닥으로 떨어졌습니다. 그러나 의식은 남아 있었습니다. 그 코끼리로 기어 올라가 아르주나를 향해 많은 화살을 쏘았습니다. 아르주나는 독뱀과 같은 화살을 그 왕자를 향해 날렸습니다. 코끼리에 그 화살이 꽂혀 거대한 코끼리는 산에서 개울물이 쏟아지듯 피를 흘렸습니다.

바이삼파야나가 말했다. -이러한 아르주나와 왕자 간의 전쟁은 3일 계속되어 일백 명의 희생자를 내었습니다. 4일째 되는 날에 바즈라다타(Vajradatta)는 큰 소리로 웃으며 아르주나를 향해 말했습니다.

"오 아르주나여, 잠깐만 기다려라. 너는 결코 나를 죽일 수 없다. 내가 너를 죽여 우리 아버지 물[水] 의례[제사를 벗어야겠다. 우리 아버지는 네 아비와 친구였는데[바가다타는 인드라와 친구란 말], 네가 우리 아버지를 죽였다. 너는 소년인 나와 싸워야 할 것이다!" 이렇게 말을 하고는 아르주나를 향해 그 코끼리를 돌진시켰습니다. 그 왕자의 코끼리는 아르주나에게 소나기처럼 액체를 퍼부으며 입으로부터 괴성을 질렀습니다. 그 코끼리 돌격을 당한 아르주나는 당당하게 땅 위에 섰습니다. 밀려오는 바다를 막는 해안처럼 아르주나는 화살을 쏘았습니다. 아르주나의 무용(武勇)에 놀란 그 코끼리 왕은, 화살을 맞아 고슴도치(porcupine)처럼 되어 저지가 되었습니다. 코끼리가 저지를 당하자 바가다타 아들은 아르주나를 향해 독화살을 쏘았습니다. 아르주나의 화살은 그 화살들을 소용없게 만들었습니다. 다시 코끼리를 몰고 달려드니 아르주나는 정말 불같은 화살을 힘을 다해 발사하니 치명상을 입은 그 짐승[코끼리]은 벼락 맞은 산꼭대기처럼 땅바닥에 쓰러졌습니다. 바즈라다타(Vajradatta)의 코끼리가 땅바닥에 눕자 아르주나는 그 왕에게 말했습니다.

"진실로 나를 두려워하지 마시오. 억센 유디슈티라 왕께서는 나를 보내면서 '왕들을 살해하지 말고 적대 행위가 없어진 왕들을 유디슈티라 말 희생제에 초청을 하라.'는 우리 형님의 말씀을

받들어, 나는 그대들을 살해할 수 없습니다. 오 왕이여, 일어나시오. 그대의 도시로 돌아가시오. 오는 차이트라(Chaitra) 달 보름날 유디슈티라 왕 제사에 참석을 해야 합니다." 아르주나의 그 말에, 바가다타의 아들은 "그렇게 하겠습니다."라고 대답했습니다.

바이삼파야나가 말했다. -쿠르크셰트라 전투에서 살아남은 사인다바족(Saindhavas)과 아르주나 간의 전투도 있었습니다. 백마들이 그들 경내로 들어왔다는 소식을 듣고 그 크샤트리들은 아르주나에게 대항하였습니다. 그 악독한 무사들은 비마의 아우 아르주나에게는 공포감도 없었습니다. 그 크샤트리아들은 오직 이기겠다는 생각에 아르주나에게 대항하여 아르주나가 서 있는 가까운 지점에까지 와서 아르주나를 포위하였습니다. 그들의 가족과 이름과 다양한 공적을 말하며 아르주나에게 화살 비를 쏟아 부었습니다. 코끼리 떼가 갈 길을 막듯이 아르주나를 포위하고 격파하려 했습니다. 그들은 전차에 올라 앉아 아르주나 가는 길에 버티고 서 있었습니다. 니바타카바차족(Nivatakavachas)과 삼사프타카족(Samasaptakas, 결사-대족)과 신두족(Sindus)의 왕을 죽인 그 영웅[아르주나]을 향해 공격을 해 왔습니다. 1천대의 전차와 1만 마리의 말로 철통 같이 포위를 하고 그 무사들은 의기양양 했습니다. 전장에서 그 무적의 아르주나를 상상하며 그들은 화살 소나기를 퍼부었습니다. 그래서 아르주나는 구름에 가린 태양과 같았습니다. **쿤티의 아들이 그처럼 화살로 고통을 받고 있는 것을 보고 3계에서 '오' '저런' 소리가 들렸고, 태양도 빛을 뿌려주기 시작했습니다. 그러자 무서운 바람이 일기 시작하여 라후(Rahu)가 태양과 달을 모두 삼켰습니다. 많은 유성들이 태양 원반을 치다가 다른 방향으로 갔습니다. 산악의 왕 카일라사(Kailasa)가 흔들기 시작했습니다. 천상의 7 신선과 다른 신선들도 공포에 사로잡혀 슬픔에 떨며 뜨거운 한숨을 쉬었습니다.** 하늘에서 유성들은 달 원반도 쳤습니다. 사방이 연기로 가득한 이상한 일들이 생겼습니다. 붉은 구름을 인드라의 활이 이 끝에서 저 끝까지 재더니 살과 피를 땅에다 퍼부었습니다. 그 영웅[아르주나]이 화살 소나기에 압도 되었을 때에 그러한 양상이 전개되었습니다. 그 화살 소나기에 압도된 아르주나는 얼이 빠졌습니다. 간디바도 손에서 풀리고, 가죽 방패막이도 흘러 내렸습니다. 아르주나가 정신을 잃자 사인다바 무사들은 기회를 노치지 않고 또 다른 무수한 화살을 쏘았습니다. **프리타의 아들[아르주나]이 의식을 잃은 것을 보고 신들이 겁이 나서 그를 위한 축복을 강구했습니다. 회생시키는 천상의 일곱 신선은 아르주나가 승리를 하도록 조용히 개입 했습니다. 결국 천상의 신들이 아르주나에게 힘을 불어 넣자 천상의 무기[간디바]에 달통한 그 영웅은 산[山]처럼 다시 일어났습니다.** 아르주나는 거듭 활줄을 당겼습니다. 활줄 소리는 힘찬 기계 소리 였습니다. 비를 뿌리는 푸란다라(Purandara) 신처럼 권세의 아르주나는 적들에게 화살 소나기를 안겼습니다. 그 화살을 맞은 사인다바 무사와 대장들은 메뚜기 떼에 덮인 나무들처럼 보이지도 않았습니다. 그들은 간디바 소리에 놀라 도망을 쳤습니다. 그들은 눈물을 흘리며 탄식했습니다. 아르주나는 수레를 몰아 화살을 맞은 무사들 속으로 들어갔습니다. 벼락을 사용하는 위대한 인드라 신처럼 마법 같이 생산되는 화살을 사방으로 쏘았습니다. 그는 강력한 햇살로 구름을 없애는

가을 태양 같았습니다.

바이삼파야나가 말했다. -간디바의 구사재[아르주나]는 전장 터에 히마바트(Himavat)처럼 부동 (不動)으로 섰습니다. 사인다바(Saindhava) 무사들은 다시 전투태세를 가다듬어 아르주나에게 화살 비를 퍼부었습니다. 아르주나는 웃으며 부드럽게 말했습니다. "용맹을 다해 나를 무찔러 보라. 그러나 너희가 어떤 방법을 써도 너희에게만 큰 재앙이 올 뿐이다. 내가 너희 모두와 싸우며 그 화살 구름을 다 소용없이 만들었다. 너희가 빨리 싸움을 그만두지 않으면 나는 너희 자존심을 짓밟지 않을 수 없다." 이렇게 말한 아르주나는 형님[유디슈티라] 말씀 -너에게 대항해 오는 크샤트리아들을 죽이지 말거라. 그렇지만 그들이 (자원해서) 너에게 패배하도록 하라.[방어만 하라.]-을 생각했습니다. 그래서 아르주나는 그 [적들의]압박을 생각해보기 시작했다. '형님께서 그렇게 부탁을 하셨지만 적들이 내게 대항을 해 오면 죽이지 않을 수 없다. 그러나 형님의 말씀을 그냥 거짓으로 만들어 버리지는 말자.' 이렇게 결론을 내린 아르주나는 그 사인다바들(Saindhavas)에게 말했다.

"내가 너희를 생각해서 이른 말이다. 너희가 나를 공격하러 왔을지라도 나는 너희를 죽이고 싶지는 않다. 나에게 부상을 당한 사람은 살려주겠다. 내 말을 듣겠다면, 너희 좋을 대로 행하라. 달리 행동을 하면 너희는 큰 재앙과 공포에 직면할 것이다." 이렇게 말을 하고는 그들과 싸움을 시작했습니다. 적들도 승리 욕에 불탔습니다. 사인다바들(Saindhavas)의 화살 비를 아르주나는 그것들이 도착하기 전에 자신의 화살로 모두 막아냈습니다. 결국 아르주나가 최고로 화가나 광두(廣頭)화살로 달려드는 무사들을 쓰러뜨렸습니다. 많은 사람이 도망을 치고, 많은 사람이 달려들고, 역시 많은 사람들이 동작을 멈추었고, 대양(大洋)처럼 요동을 치며 소란스러웠습니다. 아르주나의 무궁한 힘에 살해를 당하면서 그들은 각자의 기량(技倆)대로 도전을 해 왔습니다. 아르주나는 사인다바들 (Saindhavas)의 동물들은 다 죽었습니다. 아르주나는 그의 날카로운 화살로 사인다바(Saindhava) 무사들의 혼을 빼게 만들었습니다. 그러자 드리타라슈트라의 딸 두살라(Dussala)가 그네들의 군사가 아르주나에게 당하고 있는 줄을 알고 그녀의 손자를 팔에 안고 아르주나에게 왔습니다. 그 아이는 자야드라타(Jayadratha)의 손자이고, 수라타(Suratha)의 아들이었습니다. 그 용감한 왕자는 모든 사인다바(Saindhava) 무사들을 지키기 위해 그의 전차를 타고 외조부(外祖父) 앞으로 나갔습니다. 여왕[두살라(Dussala)]은 아르주나 앞에 도착하여 울음을 터뜨렸습니다. 권세의 아르주나는 그녀를 보고 활을 거두었습니다. 아르주나는 활을 버리고 누이를 맞아 그녀를 위해 무엇을 해야 할지를 물었습니다. 여왕은 아르주나에게 말했습니다.

"오 바라타의 어른이시여, 이 아이는 당신 누이[두살라(Dussala)]의 아들의 아들입니다. 인사 올립니다. 오 파르타여, 그를 보옵소서."

아르주나가 그 누이[두살라(Dussala)]에게 "아들[수라타(Suratha)]은 어디에 있습니까?" 두살라가 말했습니다. "아버지[자야드라타(Jayadratha)]의 피살을 괴로워하다가 이 아이 아버지[수라타(Suratha)]는 죽었습니다. 오 다난자야[아르주나]여, 수라타(Suratha)는 아버지가 당신에게 살해되었음을 들었습니다. 그런데 희생 말을 앞세우고 당신이 왔다는 소식을 듣고 금방 쓰러져 숨을 거두었습니다. 땅바닥에 엎드린 그를 생각하여 제가 이 아이를 지켜주시라고 여기에 그를 데리고 나왔습니다." 이 말을 마치고 여왕은 깊은 슬픔에 빠졌습니다. 아르주나도 우울했습니다. 고개를 숙였습니다. 우울한 그 누이[두살라(Dussala)]가 말했습니다. "이 아이를 보십시오. 두료다나와 자야드라타는 잊어버리세요. 이 아이에게 자비(慈悲)를 보이소서." 아르주나가 대답했습니다. "더러운 귀신, 허영에 왕국을 탐낸 두료다나는 창피스런 사람입니다! 그 때문에 친척들이 다 저승으로 갔습니다." 이렇게 말하고 아르주나는 그 누이를 위로하여 안정을 찾게 했습니다. 두살라(Dussala)는 모든 무사들에게 명령을 내려 전장에서 물러나도록 했고, 아르주나에게 존경을 바치도록 명령을 내렸습니다. 그리고 그녀의 왕궁으로 향했습니다. 그래서 아르주나는 다시 제 뜻대로 방랑을 하는 그 말의 뒤를 따라갔습니다. 그 말[희생마]은 결국 마니푸라(Manipura) 왕 경내(境內)에 도달했습니다.

바이삼파야나가 말했다. -마니푸라(Manipura)의 왕 바브루바하나(Vabhruvahana)는 그의 경내에 아버지 아르주나가 도착했다는 말을 듣고 선두(先頭)에 보물과 바라문들을 앞세우고 공손하게 찾아왔다. 그러나 '크샤트리아 의무(the duties of Kshatriya)'를 생각한 아르주나는 마니푸라(Manipura)의 왕[크샤트리아 복장이 아님]을 보고 말했다. "그대의 이 행동은 [크샤트리아에게]어울리지 않구나. 너는 '크샤트리아 의무'를 명백히 버린 것이다. 내가 여기에 이른 것은 유디슈티라 왕의 희생마를 지키기 위해서이다. **아들아, 너의 영지 안에 이른 나를 보고도 왜 싸우려 생각하지를 않는가? 어리석은 그대가 나는 창피스럽다. 크샤트리아 의무를 버린 네가 창피스럽다!** 내가 여기를 싸우려고 네게 왔는데 나를 평화롭게 대하는구나! 나를 평화롭게 맞을 걸 보니, 너는 여자다. 불쌍한 생각을 하고 있다. 내가 왔으면 너의 무력으로 내가 무기를 버리게 만드는 것이 너에게 마땅한 행동이다." 남편[아르주나]이 그렇게 말했던 것을 안 뱀 왕의 딸 **울루피(Ulupi)**는, 그것을 참을 수가 없어서 그 지점에서 땅 속으로 들어가 그 지점에 도착했습니다. 그녀는 그녀의 아들이 고개를 숙이고 완전 우울하게 서 있는 것을 보았습니다. 그 왕은 거듭 그와 '싸우자.'는 아버지의 질책(叱責)을 받고 있었습니다. 울루피(Ulupi)가 아들 왕에게 말했습니다. **"너의 어미가 '뱀의 딸'임을 알라. 아들아, 내 명령을 따라라. 그래야 네가 큰 영광을 얻는다. '아버지와 싸워라.' 그는 전장에서 무적이다. 그러면 틀림없이 그가 너를 반길 것이다."** 이처럼 왕 바브루바하나(Vabhruvahana)는 그 백모[伯母, 울루피(Ulupi)]의 독려를 받았습니다. 그래서 결국 바브루바하나는 아르주나와 싸우기로 결심했습니다. 황금 갑옷과 투구를 쓰고 수백 개의 전통(箭筒)을 준비한 전차에 올랐습니다. 그 전차는 전투 준비를 갖추었고, 말들은 생각처럼 빨리 달리는 것들이었습니다. 바브루바하나(Vabhruvahana)는 아버지와 싸우려고 달려갔습니다. 아르주나가 보호하고 있는 그 '희생마'를 바브루바하나가 잡았습니다. 아르주나는 그 말이 잡힌 것을 보고 기쁨에 넘쳤습니다. 아르주나는 땅바닥에 선 채로 전차에 앉아 있는 아들의 전진에 대항했습니다. 왕은 온갖 화살 소나기로 아르주나를 괴롭혔습니다. 부자(父子)간의 전투였습니다. 바브루바하나는 웃으며 화살로 아르주나 어깨를 공격했습니다. 날개를 단 그 화살은 뱀이 개미언덕을 뚫듯이 뚫고 나갔습니다. 아픔을 느끼며 잠시 멈췄다가 아르주나는 힘을 내어 아들을 칭찬했습니다. "훌륭하다. 치트랑가다(Chitrangada)의 아들이여! 너의 재주를 보니 너무 즐겁구나. 아들아 이 화살을 네게 날린다. 도망가지 말고 싸우자." 이 말을 마치고 아르주나는 화살 소나기를 퍼부었습니다. 그러나 바브루바하나 왕은 그의 광두(廣頭) 화살로 모두 두 토막 세 토막을 내버렸습니다. 그러자 파르타는 그의 날카로운 화살로 왕의 전차에 팔미라 본뜬 황금 깃발을 꺾어버렸습니다. 아르주나는 웃으며 왕의 수레를 끄는 거대한 말들을 죽였습니다. 왕은 그의 전차에서 내려와 화를 내어 맨 걸음으로 싸웠습니다. 아르주나는 아들의 도전을 반기며 더욱 그를 심하게 괴롭혔습니다. 바브루바하나는 아버지[아르주나]가 자기를 대면할 수 없도록 하리라 생각하며 날개 달린 화살을 독한 뱀과 같은 화살을 쏘았습니다. 그 화살은 아르주나 몸에 박혀 큰 고통을 주었습니다. 아들의 화살에 아르주나는 기절을 해 땅바닥에 쓰러졌습니다. 아버지가 쓰러지자 그 아들도 정신을 잃었습니다. 아들의 졸도는 금방 회복이 되어 아버지를 죽인 슬픔을 느꼈습니다. 그는 다시 화살 구름 공격을 받았습니다. 그래서 바브루바하나는 전투의 선봉으로 땅의 포옹을 받았습니다. 치트랑가다(Chitrangada)는 남편이 살해를 당하고 아들이 땅바닥에 쓰러졌다는 말을 듣고 거대한 정신의 동요(動搖)로 전장을 [원상태로] 되돌렸습니다. 슬픔으로 가슴을 불태우며 격렬하게 하게 우는 동안 마니푸라(Manipura) 왕의 어머니[치트랑가다는 죽은 남편[아르주나]을 보았습니다.

바이삼파야나가 말했다. -치트랑가다(Chitrangada)는 엄청난 슬픔에 정신을 잃고 땅바닥에 누웠습니다. 다시 정신이 든 치트랑가다(Chitrangada)가 뱀 왕의 딸 울루피(Ulupi)를 보고 말했습니다.

"오 울루피여, 상승(常勝)의 내 남편이 유년(幼年)의 아들에게 죽었습니다. 다난자야(Dhananjaya-아르주나)가 그대를 거스른 일이 있으면 용서하시오. 내가 그대에게 호소하노니, 그 영웅을 살려내소서. 정의의 여인이여, 그대는 자비도 알고 있습니다. 축복 받은 이여, 그대는 3계(三界)에 유명(有名)합니다. 당신의 남편 때문에 내 아들이 죽었는데 슬퍼하지도 않습니까? 뱀 왕의 딸이여, 나는 내 아들이 죽은 것에는 슬픔이 없습니다. 나는 내 남편이 아들에게 이 환대를 받았다는 것이 슬픕니다." 울루피(Ulupi) 여왕에게 그렇게 말을 하고 치트랑가다(Chitrangada)는 땅 바닥에 누워 있는 그의 남편에게 나아가 말했습니다.

"여보, 일어나세요. 당신은 쿠루 왕(유디슈티라)의 사랑을 받고 계십니다. 여기에 당신의 그 말[犠牲 馬]이 있습니다. 희생 마는 제가 자유롭게 했습니다. 오 권세자여, 이 유디슈티라 희생 말을 당신이 뒤따라가야만 합니다. 왜 아직까지 누워계십니까? 쿠루족의 희망이시여, 제 목숨도 당신께 달렸습니다. 어떻게 다른 목숨을 살리는 사람이 자기 목숨은 던지십니까? 울루피여, 보소서. 이 착한 모습에 내 남편이 땅바닥에 누워 있습니다."

바이삼파야나는 계속했다. -탄식을 멈추고 우울해진 여왕은 남편을 무릎 위에 올려놓고 한숨을 쉬며 아들의 정신이 돌아오기를 기다렸습니다. 그러자 바브루바하나(Vabhruvahana) 왕이 정신을 차려 보니, 어머니가 전장으로 와 앉아 있었습니다. 왕[바브루바하나]이 그녀에게 말했습니다. "고귀하게 자라신 어머께서 남편이 땅바닥에 엎드려 있는 것보다 그 무엇이 더욱 고통스럽겠습니까? **최고의 무사인 그 분[아르주나]을 제가 쓰러뜨렸습니다...뱀들의 왕의 따님[어머니, 치트랑가다]이시여, 보소서 제가 그 아버지를 살해 했습니다. 정말 어머니의 뜻에 따라 그것을 이룩했습니다. 오늘부터 저는 아버님이 걸었던 그 길[크샤트리아 의무의 길]을 가지 않을 수 없습니다.**" 왕은 그렇게 말하고 슬픔에 이렇게 외쳤습니다.

"만물이여 내 말을 들어보라. 어머니도 들어보세요. 자야(Jaya, 아르주나)께서 나를 일으켜 세우지 않았던들 전장에 앉아서 늙었을 것입니다. 내가 아버지를 죽였으나, 나는 살겠다는 욕심은 없었습니다. ....정의의 혼을 지닌 그 분은 나를 만든 분입니다. 내가 구원을 어떻게 받을 수 있겠습니까?" 이렇게 탄식한 바브루바하나(Vabhruvahana) 왕은 스스로 굶어 죽기로 맹세를 했습니다.

바이삼파야나가 계속했다. -바브루바하나(Vabhruvahana) 왕과 치트랑가다(Chitrangada)가 그처럼 괴로워하는 것을 본 울루피(Ulupi)는 죽은 사람을 살려내는 '보석'을 생각해냈습니다. 그 보석은 뱀들의 큰 도피처인데 생각이 거기에 도달했습니다. 울루피는 '보석'을 가지고 전투부대가 서 있는 전장으로 달려가 말했습니다. "오 아들아, 일어나라. 슬퍼할 것 없다. 지슈누(Jisunu, 아르주나)는 너에게 죽은 것이 아니다. 이 영웅은 인간이나 신들이 이길 수 없는 존재로 유명한 아버지를 생각하여 환상을 제시하여 너를 속였을 뿐이다...오 아들아 너의 도전에는 아무 잘못도 없다. 사크라(Sakra, 인드라)도 아버지[아르주나]와 싸워 이길 수 없다. 천상의 보석을 내가 가지고 왔다. **뱀들이 죽으면 그것으로 항상 되살려 놓는다. 이 보석을 아버지 가슴에 놓아라. 그러면 '판두의 아드님'이 되살아 나는 것을 너는 보게 될 것이다.**" 그래서 아들은 그 '보석'을 아르주나 가슴에 놓았습니다. 그 보석이 가슴에 놓이자 권세의 아르주나는 되살아났습니다. 그는 눈을 뜨고 긴 잠을 잤던 것처럼 일어났습니다. 아버지가 일어나자 바브루바하나(Vabhruvahana)는 그를 공경했습니다. **아르주나가 일어나자 천상에서 꽃비가 내리고 케틀드럼이 울리고 천둥 같은 음악이 퍼졌습니다.** 아르주나는 바브루바하나를 포옹하고 그의 머리를 맡았습니다. 아르주나는 치트랑가다와 울루피도 보았습니다. 아르주나가 물었습니다. "이 전장에서 왜 모든 것이 슬프고 놀랍고 즐겁게 보이는가? 무엇 때문인지 말해보라. 왜 그대 어머니는 왜 전장에 나왔는가? 울루피는 왜 왔는가? 나는 네가 나의 명령으로 나와 싸웠던 것은 알겠다. 그러나 여성들이 나타난 까닭을 모르겠구나." 아르주나의 질문에 왕은 "울루피(Ulupi)에게 물어 보십시오."라고 말했다. 아르주나가 말했습니다.

"쿠루의 며느리여, 무슨 일로 여기를 왔는가? 마니푸라 왕의 어머니가 전장에 나타난 까닭은 무엇인가? 오 뱀의 딸이여, 나도 바브루바하나도, 전장에 여자가 불필요한 상처를 입는 것을 바라지 않는다." 이에 뱀 왕의 딸[울루피(Ulupi)]은 웃으며 말했습니다.

"당신도 나를 거스르지 않았고, 바브루바하나도 잘못이 없습니다. 치트랑가다도 내게 시녀처럼 항상 공손합니다. 어떻게 내가 여길 왔는지 화내지 말고 들으세요. 정말 저는 머리 숙여 감사드립니다. 이 모든 것은 당신을 위해 제가 행한 것입니다. 바라타 왕들의 대전(大戰)에서 당신[아르주나]은 부당한 방법으로 산타누 왕의 아들[비슈마]을 살해했습니다. **내가 만든 것[바브루바하나가 당신을 죽인 것]은 그대의 속죄(贖罪)를 위한 것이었습니다.** 당신이 전쟁 중에 비슈마를 쓰러뜨린 것이 아닙니다. 비슈마는 시칸딘(Sikhandin)과 얽혔습니다. 그의 도움으로 당신은 산타누 아들[비슈마]를 쓰러뜨렸습니다. 만약 당시의 죄에 대한 속죄 없이 죽는다면 그 죄 때문에 틀림없이 지옥에 떨어집니다. **당신의 아들이 행한 것이 그 당신의 죄에 대한 속죄입니다.** 저는 그 말을 강가(Ganga)의 친구였던 바수들(Vasus)에게 들었습니다.....산타누의 아들 비슈마는 다난자야[아르주나]에게 살해될 것이다......다난자야의 축복 받은 그의 아들[바브루바하나]이 그를 땅바닥에 누일 것이다...내가 그것을 알고 그 '바수들(Vasus)의 저주'를 이렇게 풀었습니다...제가 잘못 한 것은 없습니다. 그런데 당신이 어떻게 나를 비난할 수 있겠습니까?" 울루피의 말을 듣고 아르주나(Vijaya)는 즐거워서 그녀에게 말했습니다.[因果應報]

"오 여신이시여, 당신이 행하셨던 모든 것을 제 맘에 꼭 맞습니다." 그렇게 말한 다음 아르주나는 아들 바브루바하나에게 "오 왕이여, 오는 차이트라(Chaitra) 달[正月] 보름에 유디슈티라 왕의 말 제사가 있을 터이니 어머니와 어르신과 막료를 데리고 오너라." 이에 왕은 울며 "명령대로 행하겠습니다."라고 말했습니다.

바이삼파야나가 말했다. -희생 마는 '해내(海內, the whole Earth bound by ocean)'를 두루 돌아다녔습니다. 말을 따르는 아르주나는 방향을 쿠루 서울로 틀었습니다. 제 맘대로 돌아다니며 그 말은 **라자그리하(Rajagriha)**에 갔습니다. 희생 마를 본 영웅적인 사하데바(Sahadeva)의 아들은 크샤트리아 법대로 전투를 개시했다. 메가산디(Meghasandhi)는 활과 가죽 방패를 갖추어 전차에 올라 맨땅에서 있는 아르주나를 향해 돌진했다. 메가산디(Meghasandhi)는 별 재주도 없으면서 아동 같은 생각에서 다음과 같이 말했다. "돌아다니는 이 말[희생 마]은 여성들의 보호를 받고 있는데, 내가 그 말을 가져가겠다. 우리 아버지는 너를 전장에서 가르치지 못했지만 내가 너를 가르쳐주마. 내가 너를 공격할 터이니, 공격하라." 이렇게 말을 하니, 아르주나는 잠시 웃다가 말했습니다.

"나를 막으며 그 말[희생마]에 저항하는 것은, 우리 큰 형님께서 나에게 내린 '명령'에 대한 저항이다. 너도 알고 있을 것이다. 힘을 다해 나를 공격해 보라." 이 말에 마가다(Magadha) 왕은 천 개의 눈을 가진 인드라 신처럼 아르주나에게 화살 소나기를 퍼부었습니다. 이에 아르주나는 그 도전자가 발사한 화살들을 무력화 하였습니다. 그리고 나서 원숭이 깃발의 영웅[아르주나]은 뱀같은 화살을 쏘았습니다. 이렇게 날아간 화살들은 왕의 몸과 마부를 제외한 깃발과 깃대 전차 말들에게 적중되었습니다. 마가다 왕은 아르주나가 그의 몸을 피해 활을 쏜 줄도 모르고 그의 용맹으로 안전할 줄 알고는 파르타를 향해 많은 화살을 쏘았습니다. 마가다 왕의 공격을 당한 아르주나는 봄철에 피어난 꽃핀 팔라사(Palasa) 같이 빛났습니다. 아르주나는 마가다 왕을 죽일 생각이 없었는데 마가다 왕은 그러한 공격을 가한 것이었습니다. 아르주나는 화가 나 활을 늘여 왕의 말들을 죽이고 마부의 목을 쳤습니다. 면도날 같은 화살로 마가산디의 거대 활과 가죽 방패, 깃발 깃대를 차례로 못쓰게 만들었습니다. 마가다 왕은 크게 화가 나 철퇴를 들고 아르주나에게 달려들었습니다. 이에 아르주나는 깃털을 단 화살을 쏘아 그 황금 철퇴를 조각내었습니다. 아르주나는 왕의 전차와 활과 철퇴를 부셨으나 그 목숨은 공격하고 싶지 않았습니다. 아르주나는 우울해진 영웅에게 말했습니다.

"오 아들아, 너는 크샤트리아 도리를 충분히 보여주었다. 오 왕이여, 어린 나이에도 전투로 그것을 충분히 발휘했다. 나는 유디슈티라 왕의 '도전하는 왕들을 죽이지 말라.'는 명령을 받았다. 그것이 비록 그대가 내게 도전을 했으나, 아직 살아 있는 까닭이다." 그 말을 듣고 마가다 왕은 아르주나 앞으로 가 두 손을 모으고 공손하게 말했습니다. "제 가 졌습니다. 축하를 드립니다. 전투를 계속할 수 없습니다. 제가 무엇을 해야 할지 명령을 내리십시오." 아르주나는 그에게 말했습니다. "차이트라 (Chaitra)'차이트라(Chaitra)²'의 보름날[正月]의 보름날, 우리 임금의 '말 제사'에 참석하라." 이렇게 말하자 사하데바의 아들은 "그렇게 하겠습니다."라고 말했습니다.

그 다음 '희생 마'는 제 마음 대로 해안을 따라 방가족(Bangas) 푼드라족(Pundras) 코살라족 (Kosalas) 나라를 찾아갔습니다. 그래서 아르주나는 그 지역에서 수많은 믈체차(Mlchecha) 군사들을 차례로 격파했습니다.

바이삼파야나는 말했다. -희생 마는 **체디족(Chedis)**의 아름다운 도시에 도착했습니다. 시수팔라 (Sisupala, 앞서 크리슈나에게 살해되었음)의 아들 사라바(Sarabha)가 전투의 선봉으로 나와서 예절을 다했습니다. 사라바(Sarabha)의 공경을 받으며 그 최고의 말은 카시족(Kasis) 앙가족(Angas) 코살라족(Kosalas) 키라타족(Kiratas) 탕가나족(Tanganas)의 영지를 지났습니다. 이 모든 영역에서 마땅한 공경을 받으며 아르주나는 그 방향을 돌렸습니다. 아르주나는 다사르나족(Dasarnas)의 고장으로 향했습니다. 왕은 억센 치트랑가다(Chitrangada)로 무적이었습니다. 치트랑가다(Chitranga-da)와 아르주나 사이에 무서운 전투가 터졌습니다. 결국 그를 지배하에 두고, 아르주나는 에칼라비아 (Ekalavya)의 아들 니샤다(Nishada) 왕의 영지로 나갔습니다. 니샤다 왕은 전장에서 아르주나를 맞았습니다. 니샤다 왕과 아르주나의 접전은 너무나 격렬하여 머리카락을 곤두서게 했습니다. 무적의 아르주나가 니샤다를 패배시켰습니다. 니샤다를 복종시킨 아르주나는 다음으로 남쪽 바다로 향했습니다. 그 지역에서는 아르주나와 드라비다족(Dravidas) 안드라족(Andhras) 억센 마히샤카족 (Mahishakas) 콜와(Kolwa) 고산족(高山族)이 있었습니다. 아르주나는 그들을 복속시키고 수라슈트라족(Surashtras) 나라로 향했습니다. 아르주나는 고카르나(Gokarna)에 도착하여 프라바사 (Prabhasa)로 갔습니다. 다음은 브리슈니(Vrishni)족 영웅들이 지키는 드와라바티(Dwaravati)의 아름다운 도시로 들어갔습니다. 쿠루 왕의 아름다운 '희생 마'가 도착했을 때 야다바의 젊은이들은

---

2) '차이트라(Chaitra)'란 음력(陰曆, 달[月] 표준 달력)을 기준으로 한 것으로, 보통 현재[陽曆]의 '3~4월'에 성립되는 힌두(Hindu)의 '정월(正月, the first month)'이다. 그런데 한반도(韓半島) 무속(巫俗)에서는, '정월(正月) 대보름의 축제'를 가장 크게 생각하여 '달집태우기' '잡곡 찰밥[까마귀 밥]' 등 '불 숭배 제전'을 행했고, 역시 '삼국유사'의 **'사금갑(射琴匣)'**, 허균의 '남궁선생전(南宮先生傳)' 등에도 그 힌두의 '정월 대보름[上元] 축제' 영향들이 명시되어 있다.

나와 그 최고의 말에 대항해 힘을 사용하려 했으나, 우그라세나(Ugrasena) 왕이 젊은이들을 제지하여 그들의 생각을 막았습니다. 그 브리슈니(Vrishnis)와 안다카족(Andhakas)의 왕은 바수데바[아르주나의 외삼촌]와 함께 궁궐을 나와 그 쿠루 영웅을 정중히 맞았습니다. 아르주나보다 연장인 두 대장은 아르주나를 축하해 주었습니다. 그들의 허락을 받아 아르주나는 말이 이끄는 대로 향했습니다. 그 '희생 마'는 서부 바닷가를 따라가다가 결국 인구와 물자가 넘치는 '**5수(五水, the five waters) 고장'에 이르렀습니다. 거기에서 말[희생마]은 간다라족(Gandharas)의 나라**로 향했습니다. 말은 거기에 도달해서도 맘대로 돌아다니니 아르주나는 그 말의 뒤를 좇았습니다. 그런데 간다라족(Gandharas)의 왕은 판다바들에게 원한을 품었던 **사쿠니(Sakuni)의 아들**이었습니다.

바이삼파야나가 말했다. -사쿠니의 아들은 억센 전차무사로 거대 군사를 이끌고 곱슬머리 아르주나에게 대항을 하였습니다. 그 군사는 코끼리 말 전차를 구비했고, 많은 깃발도 들었습니다. 사쿠니를 죽였던 복수심에 불타서 활로 무장한 그들은 파르타(Partha, 아르주나)에게 달려들었습니다. 무적의 비바트수(Vibhatsu, 아르주나)는 조용히 타일렀습니다. 그러나 그들은 '유디슈티라 왕의 은혜로운 말씀'을 듣지 않았습니다. 아르주나는 좋은 말로 만류했으나 그들은 분노에 휩쓸려 희생 마를 포위했습니다. 그에 아르주나는 화가 났습니다. 아르주나가 간디바를 들어 면도날처럼 날카로운 화살들을 불같이 발사하니 수많은 간다라족 무사들의 목이 잘렸습니다. 파르타(아르주나)가 살육을 행하는 동안 그 간다라들은 '그 말'을 놔주고 겁을 먹고 도망을 쳤습니다. 그러나 아르주나는 그를 사방에서 포위하고 있는 그 간다라 대적 자들을 활로 목을 끊었습니다. 간다라 무사들이 이렇게 살해될 때에 왕[사쿠니의 아들]이 판두 아들[아르주나]에 대항을 하고 나왔습니다. 그에게 아르주나는 말했습니다.

"유디슈티라의 명령으로 나는 왕들을 죽이지 않으려 합니다. 공연히 싸우다가 패배를 자초하지 마시오." 이 말을 들은 사쿠니 아들은 미련스럽게 그 말을 무시하고 아르주나를 향해 수많은 화살을 날렸습니다. 그러자 아르주나는 초승달 화살로 적의 두건(頭巾)을 잘라버렸습니다. 아르주나의 대전(大戰) 때 자야드라타(Jayadratha) 목을 그렇게 쳤듯이 아주 먼 거리에서 그렇게 했습니다. 그 재주를 보고 모든 간다라 무사들은 공포에 떨었습니다. 아르주나는 간다라들이 충분히 다 알도록 그 왕에게 넉넉히 무용(武勇)을 보였습니다. 그러자 간다라족의 왕은 전장에서 도망치기 시작했습니다. 놀란 사슴 떼와 같았습니다. 놀란 간다라들은 정신을 잃고 도망치지도 못 했습니다. 어느 누구도 아르주나의 용맹을 당할 수가 없었습니다. 그러자 간다라 왕의 어머니[太后]가 훌륭한 아르기아(Arghya)로 차려입고 그 나라의 노련한 장관들을 대동하고 아르주나를 찾아왔습니다. 그녀는 그 아들에게 더 이상 싸우지 말라 명령을 내리고 지칠 줄 모르는 아르주나의 노고에게 감사했습니다. 권세의 아르주나는 그녀를 존중하였고 간다라들을 향해 친절함을 보였습니다. 아르주나는 사쿠니 아들을 위로하며 말했습니다.

"나에게 적대감을 갖지 마시오. 당신들은 나의 형제들이요. 간다리(Gandhari) 어머니와 드리타라슈트라 왕을 생각하여 그대 목숨을 살려 둔 것입니다. 무사들이 목숨을 잃었으나 그런 일이 다시 생기지 않도록 합시다. 당신은 차이트라(Chaitra) 달[正月] 보름날 '우리 임금의 말 제사'에 참석을 해야 합니다."

바이삼파야나가 말했다. -그 말을 남기고. 아르주나는 다시 방랑하는 '희생 마'의 뒤를 따라나섰습니다. 희생 마는 이제 **코끼리 이름을 본뜬 도시[하스티나푸라]**로 향했습니다. 유디슈티라 왕은 시신(侍臣)에게서 '그 말이 돌아온다'는 소식을 들었습니다. 그리고 아르주나도 건강하고 원기왕성하고 기쁨에 넘쳐 있다는 소식도 들었습니다. 간다라족의 나라와 그 밖의 지방에서 세운 아르주나의 공적을 듣고 유디슈티라 왕은 극도로 기뻤습니다. 한편 왕은 2주일 전의 마가(Magha) 달 12일이 되니, 천문(天文)이 상서로움을 알아 비마 나쿨라 사하데바 등의 형제를 불러 비마(Bhima)에게 말했습니다.

"오 비마여, 아우(아르주나)가 희생 마와 더불어 돌아오고 있다. 제사 날이 가까웠다. 희생 마도 준비되어 있다. 마가(Magha) 달 보름날도 오고 있다. 오 브리코다라(비마)여, 그 달이 시작된다. 그러므로 베다에 숙달한 바라문들이 말 제사의 성공을 위해 돌보게 해야 할 것이다." 비마는 곱슬머리 아르주나가 돌아올 것이라는 말을 듣고 즐거웠습니다. 비마는 제사 방법을 아는 사람들[바라문]과 함께 제사를 지낼 장소와 건물을 마련하려고 나섰습니다. 비마는 제사를 행할 적절한 장소를 선택했습니다. 거기에 수많은 건물이 세워졌고, 넓은 길을 마련했습니다. 비마는 그곳에 수백 채의 건물을 세웠습니다. 건물 표면을 보석으로 장식을 하고 다양한 구성은 다 황금으로 만들었습니다. **기둥이 세워지고 황금으로 장식을 하고 제사 장소에는 높고 넓은 승리의 아치[紅霓, 무지개]들이 세워졌습니다.**[최초의 凱旋門] 이 모든 것들이 황금으로 세워졌습니다. 비마는 제사 행사를 보러 많은 나라에서 찾아올 왕과 부인들의 아파트도 마련을 하였습니다. 역시 모든 지역에서 찾아 올 바라문들이 머무를 집도 마련을 했습니다. 그리고 비마는 왕의 명령에 따라 천하의 모든 왕들에게 제사 소식을 전할 사자(使者)도 출발을 시켰습니다. **최고의 왕들이 쿠루 왕의 제사 축하를 하려고 당도했습니다. 그리고 왕림(枉臨)한 왕들은 각각 다 많은 보석과 여종과 말과 무기들을 소지하고 왔습니다.** 그 건물 속에 투숙한 왕들의 떠드는 소리가 하늘에 닿을 정도였고, 으르렁거리는 바다와 같았습니다. 유디슈티라 왕은 제사를 보러 온 왕들에게 다양한 음식과 음료와 좋은 침대를 제공했습니다. 그리고 동반한 동물들에게 줄 옥수수 사탕수수 우유를 공급할 마구간도 마련을 했습니다. 유디슈티라 왕의 제사에는 바라문(Brahman)으로 통칭되는 수많은 성자들(Munis)도 참석했습니다. 살아 있는 모든 최고의 사람들이 그의 제자들을 대동하고 그 제사에 참석 했습니다. 쿠루 왕은 그 모두를 수용했습니다. 유디슈티라 왕은 모든 긍지를 버리고 배정된 숙소에 머무른 손님들의 요구에 응했습니다. 제사를 위한 모든 준비가 완료 되었습니다. 그것을 들은 세심한 왕은 형제와 하객 모두와 함께 기뻤습니다.

바이삼파야나가 말했습니다. -유디슈티라 왕이 대제(大祭)를 시작할 즈음에는 많은 주장과 제안이 있었습니다. 비마는 초청된 왕들 자신을 신(神)으로 알 정도로 탁월한 제사 준비를 했습니다. 왕들은 황금의 승리 아치[紅霓]들을 구경하고 침상과 의자와 기물들과 다양한 지역에서 모인 군중을 보았습니다. 수많은 항아리 그릇 가마솥 물병과 뚜껑과 덮개들을 보았습니다. 금이 아닌 것은 없었습니다. 많은 제사 말뚝도 경전(經典)에 정한 대로 세웠습니다. 왕들은 모든 육지 동물과 수생 동물들을 그곳에서 볼 수 있었습니다. 그리고 수많은 암소 노파 수중 동물 맹수 각종 조류 각종 난생 태생의 동물과 곤충들의 표본과 수많은 동식물을 볼 수 있었습니다. 제사 장소가 동물들과 암소 곡식으로 장식된 것을 본 초청을 받은 왕들은 모두 감탄할 뿐이었습니다. 엄청난 양의 신선한 고기가 바라문들과 바이샤[평민들]를 위해서도 준비되었습니다. 그리고 식사가 끝난 10만 명의 바라문들은 북과 심벌즈를 쳤습니다. 그래서 많은 사람들이 식사를 하며 북과 심벌즈 음악을 들었습니다. 날이면 날마다 그렇게 했습니다. 산덩이 같은 음식이 제공 되었습니다.

바이삼파야나가 말했다. -베다에 정통한 천하의 왕들이 다 도착한 것을 보고 유디슈티라 왕이 비마에게 말했다. "왕림한 왕들에게 인사를 하자, 왕들은 최고의 존중을 받을 만하다." 유디슈티라 왕이 그렇게 말하자 비마는 두 쌍둥이 아우의 도움을 받아 그 명령대로 실행을 하였습니다. 인중(人中)에 최고인 고빈다(Govinda, 크리슈나)는 발라데바(Valadeva)를 앞세우고 참석을 했습니다. 고빈다는 유유다나(Yuyudhana) 프라듐나(Pradyumna) 가다(Gada) 니사타(Nisatha) 삼보(Samvo) 그리타바르만(Kritavarman)을 대동했습니다. 비마는 그들에게 최고 존경을 표했습니다. 그 다음 그 왕들은 그들에게 배정된 보석으로 장식한 궁궐에 들어갔습니다. 유디슈티라와 이야기를 나눈 끝에 고빈다는 많은 전투로 쇠약해진 아르주나에 관해 물었습니다. 유디슈티라는 크리슈나에게 아르주나에 관해 거듭 (다른 소식을) 물었습니다. 그 우주 만물의 주(主)[크리슈나]는 유디슈티라에게 아르주나에 관한 이야기를 시작했습니다.

"오 왕이시여, 내가 신뢰하는 드와라카(Dwaraka) 왕이 나를 찾아왔습니다. 그가 아르주나를 만나 보았는데 아르주나는 많은 전투로 무척 지쳐있었다고 말했습니다. 그 왕은 내게 억센 무새[아르주나]가 우리 가까이 왔다고 보고를 했습니다. 말 제사를 성공적으로 치르셔야 하겠습니다." 이렇게 바수데바가 말하자 유디슈티라 왕이 말했습니다.

"오 마다바(Madhava)시여, 다행히도 아르주나는 안전하게 돌아왔습니다. 야다바들의 기쁨이시여, 그 [아르주나]문제를 판두 형제들에게 어떻게 말해야 할 지 제게 밝혀주십시오," 이에 크리슈나가 말했습니다. "나의 대왕(代王, 드와라카 왕)은 파르타[아르주나]의 말을 기억해 내게 보고를 했습니다. '오 크리슈나여, 때가 되어 많은 왕들이 오게 되면 카우라바 왕 유디슈티라는 이 말을 꼭 해야 할 것입니다. 그 왕들에게 인사를 할 적에 우리를 위해 '최고의 존경'을 표해야 할 것입니다. 왕은 [베다에서 언급한 희생제] 아르기아(Arghya)와 같은 '대학살'을 막아야 한다는 것입니다. 크리슈나도 이에 동의를 해야 합니다. 왕들이 악감정이 있다고 해도 사람들의 학살이 반복되게 해서는 아니 됩니다. 나의 형님께 이 아르주나의 말을 꼭 전해 주십시오. 나의 사랑하는 아들 마니푸라(Manipura)의 왕 바브루바하나(Vabhruvahana)도 제사에 참석할 것입니다. 그분[크리슈나]은 나에게 관심을 가지고 나를 돕고 있습니다.'" 크리슈나의 이 말을 듣고 유디슈티라 왕은 다음과 같이 말했습니다.

"오 크리슈나여, 좋은 말씀을 하셨습니다. 감로수(甘露水) 같은 말씀에 제 마음은 기쁨에 넘칩니다. 오 권세자여, 흐리시케사(Hrishikesa)시여, 저는 아르주나가 세상의 왕들과 셀 수도 없이 싸웠다고 들었습니다. 무슨 이유에서 파르타는 항상 안락(安樂)을 외면하는 겁니까? 아르주나는 너무나 지적(知的)입니다. 그래서 제 마음은 너무나 아픕니다. 내가 일이 귀찮아질 때는 항상 아르주나를 생각합니다. 그 판두들의 기쁨[아르주나]은 정말 비참할 정도로 부지런합니다. 그의 신체는 모든 상서(祥瑞)로움을 갖추었습니다. 하지만 오 크리슈나여, 항상 불행을 견디며 몸에 남은 결과는 무슨 의미입니까? 아르주나는 과도한 불행을 참아왔습니다. 저는 아르주나의 몸에서는 어떤 비난할 점도 찾을 수 없습니다. 설명해 주십시오. 듣겠습니다." 이렇게 유디슈티라가 말하자 크리슈나는 오랜 동안 생각에 잠겼습니다. 그리고 나서 다음과 같이 말했습니다. "**나는 아르주나의 광대뼈가 조금 높다는 것 외에 흉한 모습은 없습니다. 그것은 아르주나가 오랜 동안 길 위(여행 중)에 있었기 때문입니다. 나는 정말 아르주나가 불행하게 되었다고는 생각하지 않습니다.**" 크리슈나는 유디슈티라 왕에게 그렇게 대답하고, 브리슈니 왕들에게도 그렇게 말을 했습니다. 그러나 드라우파디 왕비는 (아르주나의 약점을 말하는 것에) 화가 나서 크리슈나를 의심의 눈으로 보았습니다. 크리슈나는 그 드라우파디의 모습을 금방 이해했습니다. 비마와 다른 쿠루들과 제사 사제들은 아르주나가 희생마의 추적에 성공했을 모두 기뻐했습니다. 사람들이 아르주나에 대해 이야기하고 있을 때, 특사(特使)가 아르주나의 소식을 가지고 왔습니다. 특사는 쿠루 왕께 인사를 올린 다음 아르주나가 도착한다고 전하였다. 이 소식을 듣고 왕의 눈에는 기쁨의 눈물이 넘쳤습니다. 좋은 소식을 가져온 그 사자에게 큰 선물이 주어졌습니다. 그 이틀 뒤에 '쿠루 최고 영웅'이 도착함에 굉장한 소리가 들려 왔습니다. 쿠루의 대장이 온 것입니다. 그 말[희생 마]은 아르주나 가까이에서 달리며 그 발굽에서 먼지가 일어나니 하늘에서 우차이스라바(Uchchaisravas)가 내려온 듯 아름다웠습니다. 아르주나가 다가옴에 즐거워 소리치는 많은 시민들의 말이 들렸습니다.

"오 파르타여, 위험을 벗어났습니다. 당신과 유디슈티라 왕께 찬사를 보냅니다! 그 누구가 아르주나 말고 천하를 방랑하다가 다시 돌아올 수가 있겠습니까? 이것은 옛날에 없던 일입니다. 앞으로의 왕들도 이루기 어려운 공적입니다. 이제 당신이 그 공(功)을 이루셨습니다."

그러한 이야기를 들으며 아르주나의 마차는 제사 장(場)으로 들어 왔습니다. 그러자 아르주나를 맞으러 드리타라슈트라 왕을 선두로 유디슈티라 왕이 그 각료를 대동했고 크리슈나가 나왔습니다. 아르주나는 드리타라슈트라 왕의 발아래 인사를 드리고 다음 유디슈티라와 비마와 인사를 하고 케사바(Kesava)를 껴안았습니다. 그들 모두의 환영을 받은 억센 영웅의 모습은 배를 잃은 선원이 파도에 밀려 바닷가에 이른 것 같았습니다. 그러는 동안 바브루바한(Vabhruvahan)왕도 그 어머니들(치트랑가다와 울루피)과 함께 쿠루 서울에 도착했습니다. 그 왕은 쿠루 어른들에게 인사를 올리고 참석한 왕들과도 차례로 인사를 했습니다. 그리고 바브루바한 왕은 할머니 쿤티의 처소로 갔습니다.

바이삼파야나가 말했다. -판다바 궁전으로 들어간 그 억센 왕[바브루바한(Vabhruvahan)]은 부드러운 인사를 할머니께 드렸습니다. 그러자 치트랑가다(Chitrangada) 여왕과 카우라비아(Kauravya)의 딸[Ulupi]도 공손히 쿤티와 드라우파디에게 나아갔습니다. 그리고 그들[바브루바한 일행]은 수바드라(Subhadra) 등 다른 쿠루 부인들을 만났습니다. 쿤티는 그들에게 보석과 값진 선물을 주었습니다. 두 부인[치드랑가다, 울루피]도 숙소를 잡고 억센 바브루바한(Vabhruvahan) 왕에 합당한 침상과 시트도 사용할 수 있게 했습니다. 그리고 나서 절차에 따라 바브루바한(Vabhruvahan) 왕은 드리타라슈트라 왕도 만났습니다. 유디슈티라와 비마와 다른 판다바들도 만났으나, 바브루바한 왕은 겸손하게 절을 올렸습니다. 판두 형제들은 젊은 왕을 껴안아주고 많은 선물을 주었습니다. 그 다음 마니푸라(Manipura) 왕은 크리슈나에게 공손히 나아갔습니다. 크리슈나는 마니푸라 왕에게 황금 전차(戰車)를 선물했고 훌륭한 말까지 주었습니다. 셋째 날이 되자 성인 비아사(Vyasa)는 유디슈티라에게 말했습니다.

"쿤티의 아들이여, 오늘부터 제사가 시작됩니다. 때가 되었습니다. 사제들이 인도할 것입니다. 제사(祭祀)의 행동거지(行動擧止)에 잘못이 없어야 할 것입니다. **제사(祭祀)에는 많은 양의 황금이 드는데, 그래서 '황금 제사[돈 먹는 제사, the sacrifice of profuse gold]'라고 합니다. 왕이시여, 그러므로 이 제사에서는 세 곱의 닥시나(Dakshina, 제사를 주도한 사제에 주는 선물)를 마련하셔야 합니다. 그래서 이 제사의 크기를 세 곱을 만들어야 합니다. 그래야 바라문들이 만족을 할 것입니다. 오 왕이시여, 엄청난 선물로 세 곱의 말 제사의 이로움을 얻고 나면 친척을 죽인 죄로부터 벗어날 것입니다.** 말 제사를 끝내면서 행한 목욕(沐浴)은 최상의 이익을 얻는 최고 정화(淨化)입니다. 그 이익은 당신 쿠루 족의 것입니다." 비아사가 그렇게 말씀하자 유디슈티라는 말 제사를 위한 딕샤(Diksha, 시작 의례)에 돌입했습니다. 베다에 정통한 사제들은 모든 의례를 순서대로 준비했습니다. 의전 수행의 최고 자를 프라바르기아(Pravargya)라 하고 다른 사람은 다르마(Dharma)라 하는데, 아비샤바(Abhishava, 소마 액을 추출하여 응축시키는 의례)를 거친 바라문들입니다. 소마(Soma)를 마신 최고의 바라문은 경전에 따라 사바나(Savana)를 수행합니다. 그 제사에는 우울한 자나, 거지 기자(飢者) 비탄자(悲嘆者) 천박자(淺薄者)가 올 수는 없습니다. 유디슈티라 왕 명에 따라, 비마는 먹기를 원하는 자들에게 쉴 새 없이 음식을 공급했습니다. 제사 말뚝을 세울 때가 되니, 여섯 개의 빌와(Vilwa) 말뚝과 여섯 개의 카디라(Khadira) 말뚝, 여섯 개의 사라바르닌(Saravarnin) 말뚝을 세웠습니다. 왕의 명령에 따라 비마는 아름답게 보이기 위해 황금 말뚝들을 세웠습니다. 왕족들이 제공하는 좋은 천으로 장식을 해 놓으니, 그 말뚝들은 인드라와 천상의 일곱 신들 같았습니다. **경전에 따라 유식한 사제들이 신들에게 배정이 된 대로 동물들과 새들을 그 말뚝에 묶었습니다. 경전에 언급된 황소들과 수중 동물들이 그 말뚝에 매달려졌습니다. 유디슈티라 왕의 제사에는 '희생 마'를 포함한 300마리의 동물들이 말뚝에 묶이었습니다.** 그 제사(祭祀)는 너무나 아름다워 천상의 신선들이 축복을 하고 간다르바들(Gandharvas)이 합창하고 다양한 아프사라들(Apsaras)이 즐겁게 춤추는 듯했습니다. 그 제전(祭典)의 사방에 금욕의 왕들인 바라문들이 자리를 잡고 있었습니다. 거기에는 최고의 제사장 비아사(Vyasa)의 제자들이 매일 그곳에 나타났습니다. 비스와바수(Viswavasu)와 치트라세나(Chitrasena) 등의 악사(樂師)도 있었습니다.

바이삼파야나가 말했다. -사제들은 절차에 따라 제사 지낼 다른 동물들을 요리한 다음에, 경전에 따라 전 세상을 방랑했던 말[馬]을 제물로 바칩니다. 사제들은 경전에 가르친 대로 그 말을 갈라놓고 세 가지 요건 -주문(呪文, Mantra), 일[목적, things], 헌신(devotion)-을 갖추어 그 동물 가까이 앉았습니다. 그리고 바라문들은 냉정한 정신으로 그 말의 골수(骨髓)를 들어 방법에 따라 요리를 했습니다. 유디슈티라 왕과 그의 아우들은 경전에 따라 그 요리를 냄새 맡으며 모든 죄악을 씻었습니다. 그 말의 남은 사지(四肢)는 16명의 대 사제(司祭)들에 의해 불에 던져집니다. 이렇게 황제의 희생제를 마친 다음에 영명한 비아사와 제자들은 왕을 크게 칭송했습니다. **유디슈티라 왕은 바라문들에게 1백억 루피의 황금 니슈카(nishka)를 주고, 비아사에게 온 천하(天下)를 다 주었습니다.** 그 땅을 받은 비아사(Vyasa)는 유디슈티라 왕에게 말했습니다. "최고의 왕이시여, 대왕이 내게 주신 천하(天下)는 대왕께 다시 돌려드립니다. 왕께서는 나에게 바라문들이 바라는 부(富)를 내리셨으니, 그 땅은 내게 소용이 없습니다." 유디슈티라 왕은 말했습니다.

"위대한 말 희생제에 임명된 바 그 닥쉬나(Dakshina, 제사장이 받는 품삯)는, 이 대지(大地)입니다. 그래서 나는 그 바라문들에게 아르주나가 정복했던 천하(天下)를 제공했습니다. 최고의 바라문들이시여, 나는 숲으로 들어 갈 것입니다. 당신들이 이 세상을 나누어 가지십시오. 정말 차투르호트라(Chaturhotra) 희생을 그렇게 치렀듯이, 이 천하를 각각 네 등분을 하십시오. 지금 '바라문들의 것이 된 천하'에 저는 욕심이 없습니다. 유식한 바라문들께서는 항상 저와 저의 형제들을 위해 축복을 하셨었습니다."

유디슈티라 왕이 이 말을 했을 때, 형제들과 드라우파디는 "그렇습니다."라고 말했습니다. 그 말은 큰 소동을 일으켰습니다. **그 때 천국(天國)에 보이지 않는 목소리가 말했습니다. -최고다! 최고다!-** 했습니다. 수많은 바라문이 소리치며 환호했습니다. 비아사가 바라문들 앞에서 그를 칭송하며 말했습니다. "그대가 내게 천하(天下)를 주었으나, 나는 그대에게 다시 되돌려 주었습니다. 그대는 바라문들에게 황금을 주었습니다. 천하(天下)는 당신 겁니다." 그러자 바수데바가 유디슈티라 왕에게 말했습니다. "대왕이 행했던 대로, 영명(靈明)한 비아사도 말씀을 하는군요."

쿠루 족의 최고인 황제는 '말 희생'에 '백만냥(兩)의 금화'라는 최고의 닥시나(Dakshina, 바라문에게 주는 謝禮品)를 주었습니다. 비아사는 그 거금(巨金)을 4등분하여 희생제를 주도한 사제(司祭)에게 나누어주었습니다. '천하의 값'으로 '말 제사'로 치른 유디슈티라는 죄를 씻고 그 형제들과 더불어 하늘의 신임을 얻었습니다. 바라문들은 역시 유디슈티라의 허락을 받아 희생제를 치르며 쓰인 다양한 황금 장식과 아치와 말뚝 그릇들을 그대로 나누어 가졌습니다. 바라문들은 그들이 원하는 바를 크샤트리아 바이샤 수드라들이 바친 부[富, 닥시내]에서 취했습니다. 이처럼 유디슈티라 사례(謝禮)

에 즐거워진 바라문들은 그들의 처소로 돌아갔습니다. 영명한 비아사는 사례금[닥시내중에 '당신 지분(支分)의 황금'을 바로 쿤티(Kunti)에게 주었습니다.[3]

'유디슈티라의 말 제사를 위해 희생마를 따르는 아르주나'[4]

'힌두의 달력'[5] −행성들과 조디악(zodiac, 12궁)의 기호들[6]

---

3) K. M. Ganguli (Translated into English Prose from the Original Sanskrit Text), *The Mahabharata of Krishna-Dwaipayana Vyasa*, Munshiram Manoharlal Publisher Pvt. Ltd. New Delhi, 2000, -**Aswamedha Parva**- pp. 1~2, 17, 20, 21, 122~154
4) Wikipedia, 'Arjuna Follows the Horse for Yudhishthira's Ashwamedha'

'힌두의 만신(萬神)'

———→

(a) '마하바라타(*The Mahabharata*)'는 '절대 신에의 귀의(歸依)'를 권유하는 문학이고, '바라문(婆羅門) 문학'이고, '크샤트리아 길들이기 문학'이고 그 가장 중요한 의례(儀禮)로 **'말 제사(祭祀)'**를 제시해 보였다.

(b) 그 '말 제사(祭祀)'는 황제만이 거행할 수 있는 제사였는데, **그것은 '크샤트리아가 건설한 왕국'을 '바라문에게 헌납하기' 형식으로, '크샤트리아의 바라문 귀속 의례', '크샤트리아의 절대신 용납의 의례(儀禮)'였다.**

(c) 사실상 '최고의 크샤트리아'가 아니면 '무력을 휘두르는 황제'가 될 수 없는 것이 상대(上代) 사회의 보편적[자연적]인 현상이었지만, 힌두(Hindu)는 거기[건국 과정]에다 '절대신[비슈누, 크리슈나] 의도'를 치밀하게 배치하여, 그 **'최초의 건국[최초의 혁명]'부터 오직 '절대 신의 뜻'이라고 전 '마하바라타(*The Mahabharata*)'를 통해 강조하였다.** 그래서 '그 통일 국가'도 응당 '절대신[최고 바라문]'에게 올려야 하고 그러한 '절대 신에의 왕국 헌납'이라는 구체적인 경과를 의례로 연출해 보인 것이 바로 이 '말 제사(祭祀)'이다. 역사적으로 **'로마 제국(Roman Empire)'이 '사제[敎皇] 중심 왕국'이 된 까닭은, 이 '마하바라타(*The Mahabharata*)' 영향** 속에 그렇게 된 것임은 속일 수도 없고, 속일 필요도 없는 명백한 사실이다.

(d) 그런데 여기서 다른 한편, 가장 먼저 살펴야 할 사항이 그 **'제사에 제물(祭物)로 쓰일 그 말[馬]**[7] 의 의미이다. 그 말은 간단하게, **'희생(犧牲) 마(馬)'-온 세상을 마음대로 휘젓고 돌아다녔던 말-그 말이란 바로 '세상을 정복했던 정복자(征服者) 그 정복자 자신'**이라는 점이다.

(e) 즉 **'희생(犧牲) 마(馬)'='정복자 자신'**이니, 그 자신이 세상 평화를 위해 **'제물(祭物, 犧牲)'**이 되었다는 진술은 바로 '완벽한 요가(Yoga, 신에의 귀의) 방법'을 구체적으로 설명을 하고 있다.

(f) '신약 성경'의 경우 '세상의 왕' '왕들 중의 왕'이라는 '세상 최고의 존재'라는 구체적인 의미[크샤트리아 기능]의 제시는 생략이 되었으나, 이 '마하바라타(*The Mahabharata*)'의 '말 제사의 의미'와 연합할 때 그 [最高의 왕]이라는 의미는 더욱 명백하게 드러나게 되니, **'마하바라타(*The Mahabharata*)'에 '말 제사'의 의미는, '신약 성경'의 그 '예수의 희생'과 통합되어 고려가 될 때, 그 '인류학적 의미[완벽한 요가(Yoga, 신에의 귀의) 방법]'는 다 드러나게 된다.**

---

5) P. Thomas, *Epics, Myths and Legends of India*, Bombay, 1980, Plate 168 'Planets and signs of the Zodiac'

6) 행성들 : 1.수리아(Surya) 2.브라하스티파티(Brahaspati) 3.케투(Ketu) 4.라후(Rahu) 5.부다(Budha) 6.망갈라(Mangala) 7.찬드라(Chadra) 8.사니(Sani) 9.수크라(Sukra) 조디악의 기호들 : Ⅰ메사(Mesha). Ⅱ브리사바(Vrishabha). Ⅲ미툰(Mithun). Ⅳ키르크(Kirk). Ⅴ시나(Sinha). Ⅵ카니아(Kanya). Ⅶ툴라(Tula). Ⅷ브리치카(Vrichika). Ⅸ다누(Dhanu). Ⅹ마카라(Makara). Ⅺ쿰바(Kumbha). Ⅻ메나(Meena).

7) **'야즈나 나라야나(Yajna Narayana)** : 베다에서 제사(희생물)로 간주되는[前提된] 비슈누(Vishnu conceived in the Vedas as sacrifice)' -M. Mohanty, *Origin and Development of Vishnu Cult*, Pratibha Prakashan, Delhi, 2003 'Glossary'

(g) 판두 5형제는 한결같이 '크리슈내비슈누l에의 사랑과 존중과 숭배'로 일관된 모습을 보였는데, '세상을 마음대로 종횡했던 말l최고 영웅=황제l 자체의 제사(희생)'가 '말 제사(희생)'의 의미이다. 다시 말해 **최고의 왕'부터 한갓 신(God)을 위한 '일시적 제물(祭物)'일 뿐이라는 사고의 명시**이니, 이것이 바로 '힌두의 법과 사회 제도의 출발점l起點l'이고, 도착점이었다. 그리고 그것은 '사제(司祭) 주도의 사회' '절대 신 중심의 최고 의례(儀禮)' 그것이고, 이것의 의미가 더욱 구체화 된 경우가 '신약 성경'의 '예수의 희생'이다.

(h) 이러한 측면에서도 '마하바라타(*The Mahabharata*)'의 종교 철학적인 의미는 거의 절대적이다.

(i) 특히 '아르주나'가 그 아비를 환대(歡待)하는 아들도 오히려 비웃고, **죽기 아니면 살기로의 크샤스트리아의 의무'를 명시했다.** 즉 '최고 제물(祭物)의 자격 검증'에는, 기존 '인간관계'는 문제가 아니고, 오직 '공정한 최고의 승부l최강자 고르기l'가 있을 뿐이라는 '힌두(Hindu)의 무자비한 검증 기준의 거듭 명시' 되었다. 이는 '크샤트리아l왕족l 자신'이 결정할 문제가 전혀 아니고, 모든 '바라문의 절대적 지지를 받을 수 있는l받아야 할l 진정한 실력자 탄생 기준'이니, 그렇지 못 할 경우는 '두료다나처럼 사기술l주사위 노름l로 천하를 차지한 악당'이라는 '힌두 믿음'을 그대로 '마하바라타(*The Mahabharata*)'에는 온전히 다 담아내고 있다.['최고신'='최고 황제'='최고 제사'='최고 제물l犧牲馬l'='요가(Yoga) 사제(司祭)']

(j) 그 '크샤트리아'의 대표 유디슈티라와 '바라문(바라문, 사제)'의 대표 비아사(Vyasa)가 '세상 천하'를 놓고 서로 사양(辭讓)하는 모습은 '태평성대'를 극치를 여는 모습 그대로였으니, 중국의 '열자(列子)'에 있는 바 '소부허유의 문답'은 천자 위(位)를 아들이 아닌 다른 순(舜)에게 물려준 요(堯)의 역사적 사실을 바탕으로 만들어낸 이야기인데, **힌두의 '유디슈티라와 비아사(Vyasa)의 권력 사양(辭讓)' 정말 '크샤트리아'와 '사제(바라문)'의 문답이라는 측면에서 '서양 역사의 요약'이라고 할 만하다.**[중국의 경우 '크샤트리아 피 흘린 정복 담이 생략이 되었던 것을 그 크샤트리아의 역할 생략이라는 측면에서 '예수의 이야기'와 유사하다.]

(k) '마하바라타(*The Mahabharata*)'의 한없이 장황(張皇)한 논설은, 이 **말 제사(祭祀)의 책(Aswamedha Parva)** 속에 묵묵히 사건만 제시되었으니, '그것l제사의 의미l을 능히 느껴 알아 볼 수 있는 자'가 비로소 그 '바라문(바라문)'들과 동행(同行) 할 수가 있다. 그러함에 [알던 모르던 그 능력에 의한 것이니] 설명이 따로 있을 이유도 없다.['바라문의 傲慢' 바로 그것임]

(l) 오승은의 '서유기(西遊記)'에 영웅 '손오공(孫悟空)'이 천축국(天竺國) '뇌음사(雷音寺)' 도착까지 겪었다는 '108난(難)'이란 바로 아르주나가 겪었던 '말 제사 초청 과정'을 그대로 본뜬 것임을 주목해야 한다.

즉 현장(玄奘)이 '중국에 대승경(大乘經)을 가져옴'은 '위대한 복음(福音)와 그 축제'를 예비한 것으로 그것은 '처음부터 성공이 확실한 외형상의 고난의 행군일 뿐'이라는 가장 절대적인 의미 상동 점을 '그 밖의 자잘한 상사(相似)들'로 덮을 수 없다는 점에서 그렇다.

즉 그 '아르주나의 간디바'가 간단하게 '손오공의 여의봉'으로 교체되었고, '힌두 대보름 말 제사의 축제를 위한 아르주나의 투쟁 경과'가 '부처님의 축제를 위한 손오공l사제-선교사l의 투쟁 경과'로 바꾸어 놓은 것이 바로 '서유기(西遊記)'이다.

15. 은둔의 책(Asramavasika Parva)

제117장 드리타라슈트라 왕이 숲으로 떠나다.

옴(Om)! 최고의 남성 나라야나(Narana)와 나라(Nara)께 인사를 드리며 여신 사라스와티(Saras-wati)와 자야(Jaya)께도 인사드리옵니다.

자나메자야가 말했다. -왕국을 획득한 다음에 유디슈티라 왕은 드리타라슈트라를 어떻게 모셨습니까?

바이삼파야나가 말했다. -그들의 왕국으로 돌아온 판다바들은 드리타라슈트라를 윗 자리에 모시고, 비두라(Vidura) 산자야(Sanjaya) 유유트수(Yuyutsu)가 시중을 들게 했습니다. 판다바들은 15년 동안 늙은 왕[드리타라슈트라]에게 자문(諮問)을 받았습니다. 이렇게 판다바들의 존중을 받으며 암비카(Amvika)의 아들[드리타라슈트라]은 행복하게 여생(餘生)을 보냈습니다. 쿠루 왕국에 살고 있는 사람들은 유디슈티라 왕과 두료다나의 아버지[드리타라슈트라] 사이의 친근함에 어떠한 변화도 감지할 할 수 없었습니다. 드리타라슈트라는 사악한 아들[두료다나]을 생각하면 마음속에 비마에 대한 적대감을 어찌 할 수 없었습니다. 비마 역시 그러 했습니다. 비마는 몰래 늙은 왕에게 무례한 짓을 했습니다. 하인들을 통해 그 아저씨[드리타라슈트라] 말을 듣지 말라고 했습니다. 과거 늙은 왕이 잘못 했던 것을 생각하여, 어느 날 비마는 친구들 앞에서 드리타라슈트라와 간다리가 듣도록 자기 겨드랑이를 철썩 철썩 치면서, 두료다나와 카르나 두사사나에 대한 감정을 억압하지 못하고 말했습니다. "각종 무기로 싸울 줄을 안다는 장님 왕의 아들들을 나는 내 무쇠 같은 양팔로 다 저 세상으로 보내버렸지. 내 팔은 코끼리 다리 같지. 잡힌 놈은 모두 죽었어."

비마의 그 말을 듣고, 드리타라슈트라 왕은 우울해졌으나, 왕비 간다리는 '시간'의 가르침을 알아 비마의 말을 다 믿지 않았습니다. 그 후 15년이 지났습니다. 드리타라슈트라 왕은 비마의 '말 화살(the wordy darts)'로 실망하고 슬펐습니다. 물론 유디슈티라와 아르주나와 쿤티와 드라우파디와 쌍둥이는 그것을 모르고 드리타라슈트라가 소망에 따라 시중을 들었습니다. 그런데 어느 날 드리타라슈트라(Dhritarashtra)는 그의 궁중 친구들에게 말했습니다.

"쿠루족이 어떻게 망했는지는 당신들도 잘 알고 있습니다. 모두 내 잘못이었소. 어리석은 내가 사악한 두료다나를 세워놓고 쿠루들을 통치하게 했더니, 바수데바는 내게 말했습니다. '이 악당[두료다나]과 그 친구와 상담자들을 죽이십시오.' 나는 그 중대한 말을 듣지 않았습니다. 비두라와 비슈마 드로나 크리파도 같은 말을 했습니다. 비아사 산자야 간다리도 말이 같았습니다. 그러나 자식 사랑에, 나는 그 충고를 따르지 않았습니다. 그리고 나의 잘못 생각은 지금 15년이 경과했고, 나는 내 죄를 벗을 것을 생각하고 있습니다. 내 아들 1백 명이 전장에서 죽었으나, 그들은 크샤트리아 의무를 생각하고 죽었으니, 그들을 슬퍼하지는 않습니다." 그리고 나서 드리타라슈트라는 유디슈티라 왕에게 말했습니다.

"오 아들아, 나는 그동안 행복하게 잘 살았다. 나는 많은 선물도 받았구나. 그대는 정의(正義)의 사람으로 정의(正義)에 종사했다. 왕이란 만물의 우두머리이다. 그래서 그대에게 말한다. 내 그대의 허락을 받아 넝마를 걸치고 숲 속에서 살려고 한다. 간다리와 숲에서 같이 지내며 항상 그대를 축복할 것이다." 유디슈티라가 말했습니다.

"당신께서 슬퍼하시니, 저도 즐겁지 않습니다. 잘못을 꾸짖어주십시오. 주의를 못했던 것을 질책해 주십시오. 저와 저의 형제들은 당신이 슬픔으로 고통을 받고 단식을 행하고 맨땅바닥에 거(居)하시겠다는 것을 이해할 수 없습니다." 드리타라슈트라가 말했습니다.

"쿠루의 왕이여, 오 아들아. 내 마음은 확고하다. 그동안 왕의 보호와 존중을 오래도록 받았구나. 나는 늙었다. 숲으로의 은퇴를 허락하라." 비아사가 말했습니다.

"드리타라슈트라 왕은 노경에 이르렀습니다. 내[비아사]와 왕[유디슈티라]이 이 세상의 주인이 그가 목표로 삼고 있는 배死滅]를 허락하도록 합시다. 그의 길을 막지 맙시다. **그것은 왕가(王家) 성자의 최고 의무입니다. 왕가의 사람들은 기꺼이 전장에서나 숲에서 죽음이 경전(經典)에 합당합니다.**"

바이삼파야나가 계속했습니다. -그 말을 한 비아사는 그 노왕(老王, 드리타라슈트라)를 달래었습니다. 그러자 유디슈티라는 말했습니다. "그렇게 하십시오."

바이삼파야나가 말했다. -유디슈티라 왕의 허락을 받은 드리타라슈트라 노왕은 간다리를 데리고 당신의 궁으로 향했습니다. 힘이 빠져 느린 동작이 늙은 코끼리 떼의 대장 같았습니다. 그 드리타라슈트라를 비두라와 산자야와 크리파가 그 뒤를 따랐습니다. 내전(內殿)으로 들어간 드리타라슈트라는 많은 최고 바라문들과 인사를 나누고 식사를 했습니다. 범사(凡事)를 다 아는 간다리와 쿤티에게 그녀들의 며느리들은 다양한 용품(用品)을 제공하며 경배를 올렸습니다. 드리타라슈트라가 식사를 마친 다음에 비두라 등도 식사를 했고, 판다바들도 아침 식사를 마치고 드리타라슈트라 왕 곁으로 갔습니다. 그러자 드리타라슈트라는 유디슈티라 왕의 등을 만지며 말했습니다.

"그대는 왕국의 8부(eight limbs, -법, 판결, 보좌관, 서기관, 천문관, 재정관, 불, 물)를 통수(統帥)하는데 빈틈이 없었노라. 거기에는 무엇보다 정의로움이 우선이었다. 그대는 지성과 학식을 겸했다. 새벽에 일어나 행해야 일을 챙기고 행해야 할 것을 의논하였다. 그대는 변장한 염탐꾼[스파이]을 놓아 정보를 수집했었다. 유디슈티라여, 너는 너의 태만(怠慢, laches)을 주의 하고 적들의 태만도 살펴야 한다. 그대 왕국의 사람들은 그들 직업을 알아 그대의 선(善)에 봉사하니, 적절하게 호의를 베풀어야 할 것이다."

바이삼파야나가 말했다. -늙은 드리타라슈트라 왕이 [왕궁에서 나가 숲으로 떠나니] 시민과 지역 주민은 잠시 정신 나간 사람들처럼 서 있었습니다. 그들이 잠잠해진 것을 안 드리타라슈트라 왕은 슬픔에 목이 메어 말했습니다.

"나는 비아사 어르신과 유디슈티라 왕으로부터 숲으로 은퇴하는 문제에 허락을 받았습니다. 나와 간다리는 머리를 숙이고 간청을 하여 허락을 얻었습니다."

바이삼파야나는 계속했다. -쿠루 왕의 가련한 말을 듣고, 몰려 왔던 시민들은 사랑스런 아들이 떠날 때처럼 울었습니다.

바이삼파야나가 말했다. -그 밤이 지내고서 드리타라슈트라는 비두라를 유디슈티라 궁으로 되돌려 보냈습니다. 왕궁에 도착한 비두라는 유디슈티라 왕께 말했습니다.

"드리타라슈트라 왕이 숲으로 돌아갈 일차 의례를 마쳤습니다. 카르티카(Kartika) 보름날에 숲으로 떠납니다. 드리타라슈트라 왕이 대왕께 약간의 비용(費用)을 요청하십니다. 드리타라슈트라 왕은 비슈마와 드로나, 소마다타, 발리카, 그의 아들들과 지지자들의 위령제(Sraddhha)를 행하고 싶어 하십니다." 이 말은 들은 유디슈티라와 판두 형제들은 모두 기쁘게 찬성을 했습니다. 비마만 불평이었습니다. 아르주나가 고개를 숙이고 비마에게 말했습니다.

"비마 형, 앞서 우리 아버지께서도 숲에 은퇴해 있었습니다. 드리타라슈트르 왕이 죽은 친척과 지지자들의 저승 행복을 빌고자 하니 허락을 해 주십시오. 우리가 구걸을 행했는데, 오늘은 그가 우리에게 구걸하니 시간이 그렇게 만들었습니다." 비마가 말했습니다.

"팔구나여, 비슈마 장례식은 우리가 행해야 하고 소마다타 왕과 드로나의 장례도 마찬 가지이다. 쿤티 어머니는 카르나가 행해야 할 것이다.[비마의 카르나에 대한 적대감 발동임] 드리타라슈트라 왕이 위령제(Sraddhha)를 하게 할 수는 없다." 아르주나가 말했습니다.

"오 비마여, 나는 더 할 말은 없습니다. 드리타라슈트라 왕은 모든 점에서 우리의 존중을 받으실 만합니다. 선을 추구하는 사람들은 선한 사람들이니, 그들이 잘못 했던 것은 생각을 말고 그들이 간직한 장점을 생각합시다." 아르주나의 그 말을 들은 유디슈티라는 비두라에게 말했습니다.

"쿠루 왕께 아들들과 비슈마와 그 밖에 사람들의 장례에 필요할 경비는 원하시는 대로 드리겠다고 전하십시오."

바이삼파야는 말했다. -비두라의 말을 들은 드리타라슈트라 왕은 유디슈티라와 아르주나의 행동에 기뻤습니다.

바이삼파야나가 말했다. -드리타라슈트라와 간다리는 숲으로 출발하기 전에 판다바 형제들을 불렀습니다. 바라문이 작은 의례를 행한 다음에 카르티카(Kartika) 달 보름날 이었습니다. 드리타라슈트라는 매일 모신 불을 소지(所持)하고 있습니다. 드리타라슈트라는 사슴 가죽을 걸치고 며느리들을 대동하고 그 궁궐을 떠났습니다. 비치트라비리아(Vichitravirya) 왕자[드리타라슈트래가 떠날 적에 판다바와 카우라바 여인들이 큰 소리로 울기 시작했습니다. 드라타라슈트라가 거주했던 궁궐은 다양한 화초를 길렀습니다. 드리타라슈트라는 모든 하인들에게 선물을 주고 여정(旅程)에 올랐습니다. 유디슈티라 왕은 눈물에 목이 메어 "오 왕이시여, 어디로 가십니까?"라고 말하고 기절을 했습니다. 아르주나는 슬픔에 한 숨을 거듭 쉬었습니다. 비마와 아르주나, 쌍둥이, 비두라, 산자야,

크리파, 다우미아(Dhaumia)와 바라문들이 드리타라슈트라 왕의 뒤를 따랐습니다. 쿤티가 앞장을 서고, 눈을 붕대로 감은 간다리가 그녀의 어깨에 손을 얹고 걸었습니다. 드리타라슈트라는 간다리의 어깨에 손을 얹고 있었습니다. 드라우파디(Draupadi)와 카우라바의 며느리 우타라(Uttara)와 치트랑가다(Chitrangada) 등 여인들이 모두 드리타라슈트라 왕을 계속 따라갔습니다. 슬픔에서 우는 소리가 암 물수리 떼 소리 같았습니다. 그러자 시민들의 부인들도 거리로 쏟아져 나왔습니다. 드리타라슈트라의 이별에 모든 하스티나푸라 사람들은 앞서 판다바들이 '주사위 노름'에 져서 숲으로 떠날 때처럼 우울했습니다.

바이삼파야나가 말했다. 쿤티가 숲으로 들어가려는 굳은 의지를 보이자 판다바 집 부인들은 크게 탄식을 했습니다. 그러자 판다바들은 드리타라슈트라 왕을 순회하고 인사를 하고 돌아갔습니다. 그러자 드리타라슈트라 왕이 자기를 간다리와 비두라에게 의지를 하고 말했습니다. "유디슈트라 왕 태휘쿤티는 돌아가게 합시다. 그 아들들의 번성을 버리고 왜 바보처럼 불편한 숲으로 갈 것인가?" 그 말을 듣고 간다리가 쿤티에게 말했으나, 그녀의 결심을 바꿀 수가 없었습니다. 결국 프리타의 아들들과 그 부인들이 돌아가고 유디슈트라 왕이 드리타라슈트라와 숲으로 여행을 계속했습니다.

바이삼파야나가 말했다. -비두라의 말에 따라 드리타라슈트라 왕은 성스러운 바기라티(Bhagir-ati) 강둑에 거주를 정했습니다. 거기는 많은 바라문들이 자기들의 거주를 정하고 있는 곳이었고, 많은 크샤트리아와 바이샤, 수드라들도 늙은 왕을 보러 왔습니다. 드리타라슈트라 왕은 그들의 중앙에 앉아서 왕은 그들을 즐겁게 했습니다. 바라문과 그 제자들은 극진히 왕을 섬겼으나, 왕은 그들을 다 거절했습니다. 밤이 되니 왕과 간다리는 강으로 내려가 목욕재계(沐浴齋戒, ablutions)를 했습니다.

바이삼파야나가 말했다. -쿠루 왕이 숲으로 은퇴하자 판다바들은 그들 어머니를 생각하고 우울했습니다. 하스티나푸라 시민들도 깊은 슬픔에 잠겼습니다.

바이삼파야나가 말했다. -어머니께 효성을 바쳤던 영웅적 판다바들은 슬픔에 극도로 시달리게 되었습니다. 슬픔으로 괴로워진 그들은 다른 것에서도 즐거움을 이끌어 낼 수 없었습니다. 늙은 왕 부부와 어머니를 생각하면 판두 아들들은 근심으로 가득했습니다. "아들들이 없는 그 왕과 왕비는 맹수들이 우글거리는 숲에서 어떻게 사실까." 이에 사하데바가 말했습니다. "운이 좋으면 고행을 하시는 쿤티를 뵐 수 있을 것 같습니다."

사하데바의 그 말을 들은 드라우파디 왕비가 왕에게 말했습니다. "오 대왕이시여, 궁중에 모든 여인들이 쿤티와 간다리와 시아버지를 뵙고 싶어 합니다." 이에 왕이 명령을 내렸습니다. "내가 숲 속에 거하시는 드리타라슈트라 왕을 찾아뵈어야 하겠다. 전차와 코끼리들의 출동 준비를 하라."

바이삼파야나가 말했다. -아르주나가 선봉에 선 영웅들의 보호를 왕 유디슈트라는 출발을 했습니다. 그 쿠루의 왕들은 서서히 나아가 강과 호수의 강둑에 휴식을 취했습니다. 유디슈트라의 명령으로 유유트수(Yuyutsu)와 다우미아(Dhaumya)가 그 도시[하스티나푸래를 지키고 있었습니다. 유디슈티라 왕은 서서히 쿠르크셰트라(Kurukshetra)에 도착하여 야무나(Yamuna) 강을 건넜고, 멀리서 드리타라슈트라의 그 은둔(隱遁)지를 바라보았습니다. 모든 사람들이 기쁨에 소리를 치며 즐거워했습니다.

바이삼파야나가 말했다. -먼 곳에서 그들 수레에서 내린 판다바들은 걸어서 드리타라슈트라 왕의 은둔(隱遁) 숲으로 향했습니다. 판다바들은 사슴 떼가 풍성하고 바나나 식물이 욱어진 드리타라슈트라 성소에 도달했습니다. 엄격한 맹세로 고행을 행하는 고행자들도 호기심에서 도착한 판다바들을 보러왔습니다. 유디슈티라 왕은 눈물을 흘리며 그들에게 물었습니다. "우리 쿠루 종족의 어르신은 어디 계십니까?" 그들은 드리타라슈트라 왕이 야무나 강에 목욕재계하고 '공화(供華, 꽃을 바침)' '공수(供水, 물을 올림)'하러 갔다고 대답했습니다. 함께 그곳으로 걸어가는데, 사하데바가 앞서 달려가 쿤티의 발을 붙들고 통곡을 했습니다.

바이삼파야가 말했다. -유디슈티라 왕과 그 형제들이 드리타라슈트라 은둔지에 도착하니, 각지에 모인 훌륭한 금욕 자들이 말했습니다. "이 중에 그 유명하신 유디슈티라, 비마, 아르주나, 쌍둥이, 드라우파디는 어떤 분이십니까." 그러자 산자야(Sanjaya)가 상세히 소개를 했습니다.

드리타라슈트라가 말했다. -오 유디슈티라여, 그 동안 그대와 형제들과 시민과 백성들은 잘 있었는가. 장관과 공무원 장로 스승님들은 안녕한가?

바이삼파야나가 계속했다. -유디슈티라가 말했습니다.

"마음의 평화와 자제와 선정(禪定)에 진전이 계셨는지요? 배고픔이나 불편은 없으셨는지요? 과일들은 갖추어 있는지요. 비두라는 어디에 갔습니까? 나는 산자야도 평화롭고 행복하기를 바라고 있습니다."

바이삼파니야가 말했다. -판다바들은 그 드리타라슈트라의 은둔지에서 그 밤을 보냈습니다. 그 밤이 지난 다음 유디슈티라는 아우들을 대동하고 그 은둔지를 구경하러 나섰습니다. 유디슈티라는 성화(聖火)가 타오르고 있는 많은 제단과 금욕자들과 신에게 헌주(獻酒)를 올리는 것을 보았습니다. 그 제단에는 과일과 [식용]나무뿌리 꽃들이 바쳐져 있었습니다. 정갈한 버터 연기가 솟아오르고 있었습니다. 사슴 떼는 두려움도 없이 지켜보거나 여기 저기 쉬고 있었습니다. 수많은 새들이 지저귀고 있었습니다. 모든 숲이 공작새와 다튜하(Datyuhas), 코킬라(Kokilas) 휘파람새 노래로 가득했습니다. 유디슈티라는 소지하고 간 금욕의 황금 항아리나, 구리 그릇, 사슴 가죽, 나무 국자들을 선물했습니다. 유디슈티라는 트리타라슈트라, 간다리, 어머니 쿤티가 [亡者들의] 제사를 지낸 다음 편히 있는 것을 보았습니다.

바이삼파야나가 말했다. -쿠루 왕의 허락으로 판다바들과 그 군사들과 부인들은 다양한 음식과 음료를 공급 받으며 그 숲에서 행복한 일 개월을 보냈습니다. 기간이 다할 무렵에 비아사(Vyasa)가 그곳에 왔습니다. 비아사는 드리타라슈트라에게 말했습니다.

"오 왕 중의 왕이여, 나는 그대가 그대 가슴에 품고 아끼는 대상 자식들에 대해 애를 태우고 있음을 아노라. 간다리의 슬픔과 쿤티에게 있는 슬픔, 드라우파디와 수바다라에게 있는 슬픔도 나는 알고 있다. 내가 이 모임[은둔 지]에서의 만남의 소식을 듣고 내가 이곳으로 왔노라. 오 카우라바의 주인이여, 내가 그대의 의심을 벗겨주겠노라. **오늘, 신들과 간다르바와 모든 신령들을 다년간 (多年間) 확보한 나의 힘으로 너희에게 보여주겠다.** 너희 소망을 내게 말하면 오늘 들어주겠노라. 나는 너희 소망을 들어줄 정도의 힘이 있다. 내 금욕의 결과를 보라." 드리타라슈트라가 잠깐 생각에 잠겼다가 말했습니다.

"저는 정말 운이 좋습니다. 제가 당신의 호의를 얻은 것은 행운입니다. 내 인생은 오늘 왕관을 쓰게 된 것입니다. 저는 당신 모두와 만남에 성공을 했습니다. 백가지 악에서 내가 정화(淨化)되어 모든 여러 분을 모시게 된 것입니다. 죄 없는 분이시여, 저의 종말과 내세에 아무런 두려움이 없습니다. 저는 제 아이들을 사랑했고, 그들에 대한 기억을 소중하게 간직하고 있습니다. 그러나 내 마음은 나쁜 아들의 잘못에 고통을 겪고 있습니다. 고통과 슬픔으로 마음에 평화가 없습니다. 오 아버지[비아사가 아버지임]시여, 굽어 살펴주소서."

바이삼파야나가 계속했다. -그 드리타라슈트라와 간다리와 쿤티, 드라우파디와 수바다라의 슬픔을 다 들었습니다. 비아사가 말했습니다.

"축복 받은 간다리여, 그대는 오늘 밤 잠든 사람들이 일어나듯 그대의 아들들과 형제들과 친구 친척을 보게 될 것이다. 쿤티도 카르나(Karna, 장남)를 볼 것이고, 수바르다나는 아비마뉴를, 드라우파디는 다섯 아들과 친정 아버지, 친정 형제를 보게 될 것이다. 그대들은 그 용사들을 슬퍼하지 말라. **그네들은 '크샤트리아의 실천(practices of Kshatriyas)'을 행함에 몸을 바쳐 그 목표에 도달하였다.** 쿠르크셰트라 전장에서 죽음을 맞은 그들 모두가 신(神)들과 간다르바, 아프사라(Apsaras) 피사차(Pisachas) 구히아카(Guhyaka) 락샤사(Rakshasas)의 지위를 획득했다. 너희는 이 전쟁터에서 죽은 모든 자들을 보게 될 것이다."

바이삼파야나가 계속했다. -비아사의 그 말씀을 듣고 거기에 있는 모든 사람들은 사자 같은 함성을 지르며 바기라티(Bhagirathi, 갠지스) 강으로 향했습니다. 드리타라슈트라와 모든 장관, 판다바들, 그리고 거기에 모인 신령들과 간다르바들도 즉시 출발을 했습니다. 갠지스 강둑에 도달한 그 사람들의 바다는 각자 편안하게 자리를 잡았습니다. 그들은 죽은 왕자들을 보기 위해 성스런 강물에 목욕하고 저녁 의례를 마치고 그 밤이 오기를 1년만큼이나 길게 보냈습니다.

바이삼파야나 말했다. -밤이 오자 모든 사람들은 저녁 의례를 마치고 비아사에게 갔습니다. 드리타라슈트라도 몸을 깨끗하게 정신을 가다듬어 판다바들과 신령들과 함께 앉았습니다. 왕실의 부녀자들도 간다리와 함께 앉았고, 시민들과 주민들도 함께 했습니다. 갠지스 강에 목욕을 마친 비아사는 모든 사망한 무사 즉 다양한 지방에서 몰려와 판다바 편이나 카우라바 편에서 싸웠던 모든 망자(亡者)들을 불렀습니다. 이에 귀를 먹먹하게 만드는 '대소동'이 강물 속에서 들렸으니, 그것은 앞서 쿠루군사들과 판다바 군사들이 질렀던 함성과 같았습니다. 그 다음에 비슈마와 드로나가 앞장을 선 그 왕들과 군사 수천 명이 갠지스 강에서 일어섰습니다. 그들 속에는 비라타와 드루파다의 아들과 군사들, 드라우파디의 아들들, 수바다라의 아들, 가토트카차, 카르나, 두료다나, 사쿠니, 두사사나를 필두로 한 드리타라슈타라의 아들들, 자라산다의 아들, 바가다타, 자라산다, 부리스라바, 살라, 살리아, 브리샤세나, 락슈마나 왕, 드리슈타듐나의 아들, 시칸딘의 아들들, 드리슈타케투, 아찰라, 브리샤카, 알라유다, 발리카, 소마다타, 체카타나가 있었습니다. 그들 모두가 갠지스 강에서 나왔는데, 빛나는 모습들이었습니다. 왕들은 의복을 갖추어 입고 전장에서 싸우던 전차에 깃발도 가지고 있었습니다. 그들은 모든 적대감과 긍지 분노 시기심에서 벗어나 있는 상태였습니다. 간다르바들(Gandharvas)이 찬송을 노래하고 시인들이 그들의 행동을 칭찬했습니다. 승복(僧服)을 입고 화환을 걸고 아프사라(Apsaras) 악단을 대동하고 있었습니다. [사티아바티 아들]비아사의 위대한 금욕과 고행의 힘으로 드리타라슈트라에게 천상의 모습이 제공된 것입니다. 위대한 명예를 지닌 간다리는 전장에서 죽은 그의 모든 아들들을 보았습니다. 거기에 모인 모든 사람들이 머리털이 서는 놀라운 현상을 보고 놀랐습니다.

바이삼파야나가 말했다. -비아사가 행한 상서로운 방법으로 분노와 시기와 모든 죄악을 벗어나니 모든 사람들이 행복해졌고, 하늘에 신들처럼 보였습니다. 아들이 부모를 만나고 아내가 남편, 형제가 형제, 친구가 친구를 보았습니다. 판다바들도 기쁜 마음으로 카르나와 수바다라의 아들[아비마뉴]과 드라우파디 아들들을 만났습니다. 모든 적대감을 버리고 친선과 화평을 이루었습니다. 그 밤 내내 그들은 큰 행복 속에 지냈습니다. 그 크샤트리아들은 그들이 느낀 행복감으로 천국 그 자체를 알게 되었습니다. 그렇게 그 밤을 보내고 그 영웅들과 부인들은 포옹하고 나서 그들이 왔던 곳으로 되돌아갔습니다. 비아사가 그 무리를 해산시켰습니다. 정말 눈 깜짝할 사이에 사람들의 시각에서 자취를 감추었습니다. 그 고매한 사람들[의 영령들]은 갠지스 강 속으로 들어가 그들 처소로 갔습니다. 일부는 신들의 영역으로 돌아가고 약간은 브라흐만(Brahman) 영역으로 가고, 일부는 바루나(Varuna) 영역으로, 일부는 쿠베라(Kuvera) 영역으로, 일부는 수리아(Sur- ya) 영역으로 돌아갔습니다. 락샤사(Rakshasas)와 피사차(Pisachas) 중에는 우타라쿠루(Uttara- Kurus) 지역으로 향하기도 했습니다. 나머지 악단(樂團)들은 신들 사회로 돌아갔습니다.

바이삼파야나가 말했다. -행위는 멸할 수 없습니다. 신체들은 행동의 결과물입니다. 위대한 기본 요소들은 만물의 주(the Lord of all beings)와 통일이 되어 영원합니다.

바이삼파야나가 말했다. -드리타라슈트라 왕은 결코 자신의 아들들을 볼 수 없었으나, 신령들의 도움으로 시각을 회복하여 처음으로 자신과 닮은 그 아들들을 볼 수 있게 된 것입니다.

바이삼파야나가 말했다. -그 놀라운 광경을 목격한 다음 드리타라슈트라는 그의 슬픔을 떨쳐버리고 자신의 처소로 돌아왔습니다. 일반 사람과 바라문들도 그들의 장소로 돌아갔습니다. 판다바들과 그의 부인들은 드리타라슈트라 은둔지로 돌아왔습니다. 유디슈티라가 말했습니다.

"대왕과 간다리께서는 저를 보내주시지만, 제 마음은 당신들게 묶이어 있습니다. 슬픔이 가득한데 어떻게 제가 당신 곁을 떠나겠습니까? **그러나 저로서는 당신들의 고행(苦行)을 방해할 수도 없습니다. 고행(苦行)보다 더 높은 것은 없습니다.**"

바이삼파야나가 말했다. -판다바들이 드리타라슈트라 왕의 은둔 지를 다녀온 2년 뒤에, 천상의 신선 나라다(Narada)가 유디슈티라를 찾아왔습니다. 유디슈티라는 나라다 신선과 인사를 나눈 다음 "무엇을 도와드릴까요?" 여쭈었다.

나라다(Narada)가 말했다. -...쿠루크셰트라에서 돌아온 다음 쿤티와 드리타라슈트라는 갠지스 강 원천(Gangadwara)으로 나갔습니다. 그 지성(知性)의 왕[드리타라슈트라]은 성화(聖火)를 지니고, 간다리, 며느리 쿤티 마부 산자야와 바라문들을 대동했습니다. 부를 소유하셨음에도 부왕[드리타라슈트라]은 엄혹한 고행을 실천하였습니다. 입에 조약돌을 물고 숨만 쉬고 말씀이 없었습니다. 엄혹한 속죄에 돌입하여 모든 고행자들의 존경을 받았습니다. 간다리도 물로만 살았고, 쿤티도 그렇게 했습니다....어느 날 드리타라슈트라는 갠지스강 꼭대기에 이르렀습니다. 그 강에 목욕을 하고 목욕재계를 마친 다음 돌아오려 생각했습니다. 바람이 크게 일어났습니다. 숲에 강한 불길이 일어났습니다. 그 불은 모든 것을 불살랐습니다.....왕은 불길이 번져 오는 것을 보고 마부 산자야에게 말했습니다. **'산자야, 불길이 닿지 않는 곳으로 너는 피하라. 우리는 이 불을 안아 최고의 목표에 도달했다고 알면 된다.'** 이에 산자야가 말했습니다. '대왕이시여, 이것은 성스러운 불이 아니니, 재난일 뿐입니다. 그렇지만 불길을 피할 방도를 알 길이 없습니다. [그렇지만] 대왕은 말씀대로 지고의 목표에 이르실 것입니다.' 왕이 다시 말했습니다. **'이 죽음은 우리에게 재난일 수 없다. 우리는 생각대로 집을 나섰다. 금식을 하는 고행자들에게 물, 불, 바람은 모두 반가운 것이다. 지체를 말고 빨리 떠나라.'** 이 말씀을 하고 드리타라슈트라 왕은 정신을 집중했습니다. 왕은 간다리 쿤티와 함께 동쪽으로 몸을 향했습니다. 산자야는 왕의 주변을 맴돌며 말했습니다. '대왕이시여, 대왕은 당신의 정신으로 당신을 제사지내십니다.' 간다리와 쿤티도 그대로 머물러 있었습니다. 왕은 불길을 맞았고, 산자야는 그 불길을 피했습니다. 나(나라다)는 갠지스 강둑의 금욕주의자 속에서 그 산자야(Sanjaya)를 보았습니다.[1]

---

1) K. M. Ganguli (Translated into English Prose from the Original Sanskrit Text), *The Mahabharata of Krishna-Dwaipayana Vyasa*, Munshiram Manoharlal Publisher Pvt. Ltd. New Delhi, 2000, -**Asramavasika Parva**- pp. 1~9, 11, 18, 20~26, 29, 33~37, 39, 41~42, 44~45, 48~55, 58~59

'유디슈티라에게 작별을 고하는 드리타라슈트라'[2] '숲으로 들어가는 쿤티, 드리타라슈티라, 강다리'[3]

'떠도는 혼령들을 부르는 비아사'[4] '바기라티 강'[5] '히말라야 기원의 바기타라 강'[6]

---- ✈

(a) '마하바라타(*The Mahabharata*)'의 '은둔의 책(Asramavasika Parva)'[제117장]에서 가장 주목을 해야 할 부분은, **비아사(Vyasa)**가 주도했다는 **바기라티(Bhagirathi, 갠지스) 강가 굿판**[慰靈祭] 문제이다.

(b) 이 장면을 토대로 '힌두의 현실적 시조(始祖)'는 명백히 그 **비아사(Vyasa)**로서 그는 크샤트래[드리타라슈트라와 판두와 비두라의] '아버지'이며, 역시 움직일 수 없는 '바라뮌[司祭]'라는 점이 그 것이다.

즉 '쿠르크셰트라 전쟁 주도자'는 크리슈나(비슈누 신)이지만, 그 신을 받들고 인간 사회의 평화 화해를 주도했던 자는 [나이를 초월한] 비아사였다는 점은 무엇보다 주목을 해야 한다. ['사제 기

---

2) Wikipedia, 'Dhritarashtra' -'Dhitrastra say yudhisthira about his renounce'

3) Wikipedia, 'Dhritarashtra' -'Kunti leading Dhritarashtra and Gandhari as she goes to the forest in exile'

4) S. Jyotirmayananda, *Mysticism of the Mahabharata*, Yoga Jyoti Press, 2013, p. 238 'Sage Vyasa invokes the presence of the departed souls.'

5) Wikipedia, 'Bhagirathi River'

6) Wikipedia, 'the Himalayan headwaters of the Bhagirathi river'

능'의 막강함)

소위 '위령제(慰靈祭)'는 '죽은 자의 영혼'을 달래는 것과 '살아남은 자들의 슬픔'을 달래는 '축제'이고, 그것을 위대한 신령 비아사(Vyasa)가 주도했고, 그 비아사가 바로 '마하바라타(*The Mahabharata*)'의 저자로 통했던 점은 모든 '신비주의'를 단방에 다 밝히는 요긴한 열쇠이다.

(c) 한 마디로 '마하바라타(*The Mahabharata*)'의 '비아사'는 '절대 신' '천상' '인간' '저승'을 한데 아우르고, 경우에 따라 '인간을 이롭게 하는 주체'이니, 인류 '최초의 사제(司祭)'로 지목이 될 수 있는 존재이다.

(d) 더욱 쉽게 풀어 말하면 바로 그 '비아사(Vyasa)'의 '정신'을 통해 '절대 신'과 '그의 권능과 법(法)' '천국의 모습' 그에 따른 '제사' '인간들의 계급과 의무 교육'이 마련되게 마련이니, **'비아사의 제자 그룹 -바라문 족의 역할과 기능'**이 '마하바라타(*The Mahabharata*)'처럼 온전히 남아 있는 문헌은 없다.

(e) 한반도에 고대 문화로 상정된 **'무격(巫覡) 문화'**는 '불교' '기독교'에 선행(先行)했던 힌두의 '마하바라타(*The Mahabharata*) 문화'임을 거듭 확실하게 될 필요가 여기에 있다.

16. 동호회(同好會)의 책(Mausala Parva)

제118장 크리슈나의 사망과 드와라카의 함몰(陷沒)

옴(Om)! 최고의 남성 나라야나(Narana)와 나라(Nara)께 인사를 드리며 여신 사라스와티(Saraswati)와 자야(Jaya)께도 인사드리옵니다.

바이삼파야가 말했다. -전쟁이 끝난 지 36년이 되는 해에, 유디슈티라 왕은 이상한 징조들과 마주쳤습니다. 강하고 건조한 바람이 사방에서 일어서 자갈돌을 날리는 변이 났습니다. 새들이 오른쪽에서 왼쪽으로 무리를 지어 선회하였습니다. 대강(大江, 갠지스)이 반대 방향으로 흘렀습니다. 지평선은 항상 안개로 덮여 있었습니다. 별똥별이 불타며 땅으로 떨어졌습니다. 태양은 항상 먼지를 뒤집어 쓴 듯 뿌옇게 보였습니다. 태양이 오르는데, 낮에 거대한 발광체와 서로 겹쳐 머리 없는 몸통처럼 보였습니다. 태양과 달의 주변에 매일 강렬한 빛이 원으로 두르고 있었습니다. 그들 원은 3색(色)이었습니다. 그 가장자리는 검은 재(灰)빛이었습니다. 이러한 조짐들에 사람들의 마음은 근심에 싸였습니다. **그런 다음 조금 지나서 쿠루 왕 유디슈티라는 쇠막대기 결과로 '브리슈니들의 대량 학살 소식(the wholesale carnage of the Vrishnis)'을 들었습니다.** 유디슈티라는 바수데바와 라마만 생명을 구했다는 소식을 듣고, 판두들이 어떻게 해야 할지 회의를 열었습니다. 판두 아들들은 '**바라문의 견책(譴責)으로 브리슈니들이 멸망을 당했다**'는 이야기를 듣고 큰 근심에 휩싸였습니다. **크리슈나의 죽음은 바다가 말랐다는 이야기처럼 판다바 영웅들은 믿을 수가 없었습니다.** 쇠막대기 사건을 보고받고 판다바들은 비탄에 휩쓸렸습니다. 사실 그들은 절망에 주저앉았습니다.

자나메자야가 말했다. -어떻게 크리슈나 앞에서 안다카들(Andhakas)과 브리슈니들(Vrishnis)의 전차무사들이 죽음을 당했습니까?

바이삼파야나가 말했다. -대전(大戰) 후 36년이 지났을 때에 브리슈니들에게 대재앙(大災殃)이 몰려왔습니다. 시간(Time)의 강요로 '그 쇠막대기(the iron bolt)'로 망하게 되었습니다.

자나메자야가 말했다. -브리슈니(Vrishnis)와 안다카(Andhakas)와 보자들(Bhojas)의 영웅들이 누구의 저주로 멸망을 했습니까? 자세히 말해 주십시오.

바이삼파야나가 계속했다. -어느 날 사라나(Sarana, 로히니의 아들)도 포함된 브리슈니 영웅들은, 비스와미트라(Viswamitra) 칸와(Kanwa) 나라다(Narada)가 드와라카(Dvaraka)에 도착한 것을 보았습니다. 신들에 의한 응징의 채찍으로, '삼바(Samva, 크리슈나의 아들)를 여인'으로 둔갑시켜 그 금욕의 신선들에게 말했습니다.

"이 사람은 막강한 힘을 지닌 바브루(Vabhru)의 아내입니다. 아들을 낳기를 원하는데, 신선들이시여, 이 사람이 출산을 확실히 하겠습니까?" 그 속이는 말들 듣고 선사들은 말했습니다.

"삼바(Samva)라는 이 바수데바의 아들은, 브리슈니들(Vrishnis)과 안다카들(Andhakas)을 멸망시킬 쇠막대기를 낳을 겁니다. 사악하고 독한 자들이여, 긍지에 도취하여 있으나, 그 쇠막대기가 라마(Rama, 발라데바)와 크리슈나(Janarddana)만 빼고 종족들을 멸할 것이다. 보습으로 무장한 영웅[라마]은 몸을 버리고 대양(大洋)으로 들어갈 것이고, 자라(Jara)라는 사냥꾼이 땅바닥에 누워있는 크리슈나를 화살로 꿰뚫을 것이다." 악독한 사람들에게 속임을 당한 것을 참으며 충혈 된 눈으로 서로를 보며 그렇게 말했습니다.

그렇게 말을 하고 선사(仙師)들은 케사바(크리슈나)를 보러갔습니다. 어떤 일이 생겼는지를 알고 있는 크리슈나는 모든 브리슈니들을 불러 그것을 알려주었습니다. 위대한 지성으로 종족의 운명을 알고 있는 크리슈나는, '정해진 것(that which was destined)'이 올 뿐이라고 했습니다. 크리슈나는 그렇게 말한 다음 그 저택으로 들어갔습니다. 그 우주의 주인[크리슈나]은 다른 조처를 취하지 않았습니다. 그 다음날이 되자 삼바(Samva, 크리슈나의 아들)는 정말 쇠막대기를 낳았습니다. 브리슈니들(Vrishnis)과 안다카들(Andhakas)은 그것을 불살라 재[灰]로 만들었습니다. 삼바(Samva)가 낳은 그 '쇠막대기'는 '거대한 죽음의 사자(使者)'처럼 생각되었습니다. 그 사실이 국왕(Ugrasena, 마투라 왕)에게 보고가 되었습니다. 왕은 고민을 하다가 '그 쇠막대기를 가루로 만들라.'고 했습니다. 고용된 사람들은 '그 가루'를 바다에 던졌습니다. 크리슈나와 라마는 그날부터 모든 브리슈니들(Vrishnis)과 안다카들(Andhakas)은 '술을 만들지 말라.'고 명령을 내리고, 몰래 술을 빚을 경우 그 가족들까지 '사형'이라고 알렸습니다. 그 어길 수 없는 명령에 시민들은 '술 빚는 것'을 자제했습니다.

바이삼파야나가 말했다. -브리슈니들(Vrishnis)과 안다카들(Andhakas)이 이처럼 임박한 재난에 대비하여 자제를 하고 있는데, '시간(죽음)의 형상'은 매일 시민들의 집을 돌아다녔습니다.[時間의 신격화] 그(시간(죽음)의 형상)는 무섭고 치열한 형상이었습니다. 그는 '대머리에 검은 황갈색'이었습니다. 가끔 그는 집안 들여다보다가 브리슈니들의 눈에 띄었습니다. 브리슈니들의 억센 궁사(弓師)들이 수십만 발의 화살을 그에게 쏘았으나, 그를 맞히지 못했으니, 그는 만물의 파괴자였기 때문입니다. 날마다 거센 바람이 불었고, 브리슈니들(Vrishnis)과 안다카들(Andhakas)의 멸망의 조짐이 나타났습니다. 거리는 '쥐들'이 우글거렸습니다. 까닭도 없이 질그릇 항아리들이 깨어졌습니다. 사리카(sarika) 새들이 브리슈니들 집들에 모여와 울었습니다. 이 '새들의 울음소리'는 밤낮으로 잠시도 멈추지 않았습니다. 올빼미 울음소리가 들렸고, 염소들이 재칼들의 울음소리를 흉내 내어 울었습니다. 죽음(시간)의 강요로 많은 붉은 발의 흰 새들이 나타났습니다. 비둘기들이 브리슈니들 집에 보였습니다. 당나귀가 송아지를 낳고 코끼리가 노새를 낳았습니다. 고양이가 개를 낳고, 생쥐가 몽구스를 낳았습니다. 브리슈니들은 죄를 짓고도 부끄러워할 줄을 몰랐습니다. 사람들은 '바라문과 신들'을 무시했습니다. 스승과 노인을 우습게 만들었습니다. 오직 라마와 자나르다나(크리슈나)만 달리 행동했습니다. 남편들은 아내를 속였고, 아내는 남편을 속였습니다. 불을 붙이면 불길은 왼쪽으로 향했습니다. 더러 불길은 푸르거나 붉은 색이었습니다. 해가 뜨거나 질 때 '머리 없는 몸통들'이 해를 둘러싸고 있는 듯했습니다. 주방(廚房)에서 깨끗이 마련한 음식이 먹으려면 온갖 벌레가 생겨 있었습니다. 그 바라문들(선사들)이 나타났던 수많은 사람들이 쿵쾅거리며 달려 가는 소리를 분명히 들었으나, 아무도 소리의 원인을 설명을 못 했습니다. 별자리가 행성들과 반복해 부딪혔습니다. 야다바들은 별의 모습도 몰랐습니다. 소라고둥이 집에서 울리니, 당나귀 소리와 끔찍한 목소리가 사방으로 퍼졌습니다. 시간(죽음)의 그 같은 저주의 조짐이 보이자 크리슈나(Krishna)는 야다바들(Yadavas)을 불러 말했습니다.

"14번째 태음(太陰)월을 15번째 태음월로 라후(Rahu)가 다시 만들어 내었다. 그런 날에 바라타 들의 대전(大戰)이 터졌다. 그것이 다시 생겨서, 우리는 망할 것이다."

크리슈나는 그 시간(죽음)의 조짐들이 간다리(Gandhari, 드리타라슈트라 왕비)가 아들과 친척 을 잃고 슬픔에 불타서 행했던 말[저주] '그 36년이 되었음(the thirty-sixth year had come)'을 알고 말한 것입니다. 그 현상은 양 대군카우라바와 판다바 군이 전투를 하려고 마주섰을 때 유디 슈티라가 목격했던 현상과 완전히 동일한 것이었습니다. 바수데바는 '간다리의 말들'이 실현되고 있음을 견디며, 그렇게 말했던 것입니다. 바수데바는 브리슈니들에게 성수(聖水)로 향해 순례를 행할 것이라고 명령을 내렸습니다. 그 명령은 바로 시행이 되어 브리슈니들은 대양에 목욕을 하려 고 해안가를 따라 여행했습니다.

바이삼파야는 말했다. -그 때에 브리슈니(Vrishni) 여인들은 밤마다 꿈에 '검은 얼굴에 흰 이를 지닌 여인'이 그들의 처소 드와라카(Dwaraka)로 들어와서 그녀들의 몸에서 행운의 실띠를 빼앗아 두르고 큰 소리로 웃으며 돌아다녔습니다. 남자들은 '무서운 독수리가 집으로 들어와 화덕에 몸을 감추는 꿈'들을 꾸었습니다. 무서운 락샤사(악귀)들이 장식품과 우산 깃발 무기들을 들고 가는 것 이 보였습니다. **브리슈니들(Vrishnis)이 보는 앞에서 아그니 신이 제공한 크리슈나의 강철 원반 이 허공중으로 올라갔습니다. 다루카(Daruka, 크리슈나의 馬夫)가 보는 앞에서 태양처럼 빛나던 전차를 거기에 멍에를 지고 있던 말들이 끌고 가버렸습니다. 사이비야(Saivya) 수그리바(Sugri-va) 메가푸슈파(Meghapushpa) 발라하카(Valahaka) 네 마리 말들은, 생각처럼 빠른 속도로 그 전차(戰車)를 끌고 가 대양(大洋)에 내다 버렸습니다.** 대표적인 영웅 크리슈나와 아르주나의 그 전차의 대기(大旗)는 가루다(Garuda, 靈鷲)와 팔미라(palmyra)를 본뜬 것으로 대표적으로 두 영웅 들이 존중했던 것인데, 브리슈니(Vrishnis)와 안다카들(Andhakas)에게 성수(聖水)를 향해 밤낮으 로 순례를 떠나라고 말했던 그 아프사라들(Apsaras, 天上의 님프들)이 가져가 버렸습니다. 이상 한 이들 조짐이 보이고 들리니, 억센 브리슈니들(Vrishnis)과 안다카들(Andhakas)의 전차(戰車) 무 사(武士)들은 그들의 전 가족을 대동하고 성수(聖水)를 향해 순례를 떠나고 싶었습니다. 그들은 다양한 종류의 식품과 와인과 고기를 준비했습니다. 브리슈니(Vrishnis)와 안다카들(Andhakas)의 부대는 마차와 말과 코끼리를 타고 드와라카(Dwaraka)를 출발했습니다. 그래서 그 야다바들

(Yadavas)이 프라바사(Prabhasa)로 가서 거기에다가 그들의 처소를 정하고, 거기서 각자 먹을 것과 마실 것 등 풍성한 공급을 행했습니다. 야다바들(Yadavas)이 해안가에 그들의 처소를 잡았다는 소식을 듣고 최고의 현인 우다바(Uddhava)는 그곳으로 와 작별 인사를 했습니다. **크리슈나는 두 손을 모으고 우다바(Uddhava)에게 인사를 했습니다. 그러나 그 현인의 세상을 떠날 결심을 보고 브리슈니 족의 멸망이 가까웠다는 것을 크리슈나는 알았으나, 그를 막을 생각이 없었습니다.** 브리슈니(Vrishnis)와 안다카들(Andhakas)의 전차 무사들에게 [멸망의]때가 가까워서 우다바(Uddhava)가 대 장정(長征)을 떠나는 것을 보고, 사람들은 전 우주가 광명으로 가득한 것을 느꼈습니다. 최고의 바라문들을 위해 준비한 와인과 음식은 원숭이들에게 주었습니다. 그 힘 좋은 무사들의 술 마시기의 주요 행태는 , 해안가 프라바사(Prabhasa)에서 고조되기 시작했습니다. 전 들녘이 수 백 개의 나팔 소리가 퍼지고, 춤꾼과 배우들로 넘쳤습니다. 크리슈나의 바로 그러한 모습에 라마(Rama, Balabhadra)는 **크리타바르만(Kritavarman)** 유유다나(Yuyudhana) 가다(Gada)와 함께 마셨고 바브루(Vabhru)까지 똑같이 먹고 마셨습니다. 술에 취한 유유다나(Yuyudhana)는 다양한 웃음을 지으며, 그 회중(會衆)에서 **크리타바르만(Kritavarman)**을 능멸해 말했습니다.

"오 흐리디카(Hridika)의 아들이여, 잠에 빠진 이미 죽은 사람들을 죽인 그런 크샤트리아가 세상 어디에 있겠는가?" 유유다나(Yuyudhana)가 이 말을 했을 때 최고의 전차 무사 프라듐나(Pradyumna)는 박수를 치며 역시 **크리타바르만(Kritavarman)**을 무시했습니다. 그에 몹시 화가 난 크리타바르만은 그의 왼손으로 사티아키(Satyaki, 크리슈나의 馬夫)를 가리키며 말했습니다.

"영웅을 말하는 그대는 어떻게 전쟁터에 무심코 앉아 있는 무기 없는 부리스라바족(Bhurisravas)을 그토록 잔인하게 죽일 수 있었는가?" 이 말을 들은 케사바(Kesava, 크리슈나)는 노한 눈으로 **크리타바르만(Kritavarman)**을 한 번 훑었습니다. 그러자 사티아키는 크리슈나에게 크리타바르만이 어떻게 사트라지트(Satrajit, 크리슈나의 丈人)의 시아만타카(Syamantaka) 보석을 빼앗았는지 말했습니다. 그 말을 들은 사티아바마(Satyabhama, 크리슈나 4명 妻 중의 하나)가 분노의 눈물을 흘리며 케사바에게 다가가 그의 무릎에 앉아 크리타바르만을 향한 분노에 불을 질렀습니다. 그러자 사티아키(Satyaki, 크리슈나의 馬夫)가 노하여 일어서며 말했습니다.

"오 이 간사한 악당아, 나는 정말 맹세를 한다. 드로나(Drona)의 아들놈[아스와타만]을 도와 잠든 틈에 5명의 드라우파디의 아들과 드리슈타듐내[판다바 사령관]와 시칸딘을 죽인 이 나쁜 놈아! 너 크리타바르만의 인생과 영광은 이미 다 끝났다." 그 말을 해 놓고 사티아키는 크리슈나의 앞에서 칼로 **크리타바르만**의 머리를 잘라버렸습니다. 그 공을 세운 유유다나는 거기에 있는 다른[크리타바르만의] 사람들을 쓰러뜨리기 시작했습니다. 흐리시케사(Hrishikesa, 비슈누 신 -크리슈나)는 더 이상의 불행을 막아보려고 달려갔습니다. 그러나 그 때 그들에게 몰아닥친 심술로 보자족(Bhojas)과 안다카족(Andhakas)은 마치 한 사람처럼 그 사티아키를 포위하였습니다. 크리슈나는 '시간(운명, 죽음)'의 성격을 알아 사방에서 분노를 품고 사티아키에 달려드는 영웅들을 보고도 노함도 없이 우두커니 그냥 서 있었습니다. 운명과 술에 취해서 그들이 먹었던 냄비들을 가지고 유유다나(Yuyudhana)를 치기 시작했습니다. 사티아키(Satyaki)가 피살당하게 됨에, 유유다나(Yuyudhana)는 극도로 분노하여 보자족(Bhojas)과 안다카족(Andhakas)에 포위된 사티아키를 구하려고 돌진을 했습니다. 무기와 힘을 지닌 두 영웅[사티아키, 유유다내은 대단한 용맹으로 싸웠습니다. 그러나 역경(逆境)을 못 이겨 두 영웅은 크리슈나 면전에서 살해를 당했습니다. **자신의 아들과 마부가 살해된 것에 크리슈나는 화가 나서 해안가에 자라난 '에라카(Eraka) 풀 한줌'을 꺾어들었습니다. 한 움큼의 풀은 벼락같이 무서운 '쇠막대기'로 변했습니다. 그것으로 크리슈나는 자기 앞에 있는 모든 사람들을 죽였습니다. 그러자 안다카족(Andhakas) 보자족(Bhojas) 사이네야족(Saineyas) 브리슈니족(Vrishnis)은 시간(Time)의 강요로 무서운 아수라장 속에서 서로를 공격했습니다.** 그런데 그들 중 누구든지 화를 내어 그 '에라카(Eraka) 풀잎'을 몇 잎 잡아들면 무서운 '벼락의 쇠막대기'로 바뀌었습니다. 거기에 자란 모든 풀잎은 무서운 쇠막대기로 변했습니다. 그것은 바라문들의 맹렬한 비난을 받은 저주에 기인한 것이었습니다. 풀잎 하나를 던지면 완전히 뚫을 수 없는 것도 뚫고 나갔습니다. 사실상 모든 풀잎이 벼락같은 힘의 쇠막대기가 되었습니다. 아들이 아버지를 죽이고, 아버지가 아들을 죽였습니다. 술에 취한 그들은 서로를 쓰러뜨렸습니다. 쿠쿠라들(Kukuras)과 안다카들(Andhakas)은 마주해 서로 죽이는 것은, 불로 달려든 곤충들이었습니다. 그들이 서로 붙어 싸우고 있었으므로, 누구 하나도 싸움에서 도망갈 수도 없었습니다. 종말의 시간이 왔다는 것을 안 모든 것을 보고 있었습니다. 삼바(Samva) 차루데슈나(Charudeshna) 프라듐나(Pradyumna) 아니루다(Aniruddha)가 죽은 것을 보고 마다바(Madhava, 크리슈나)는 화가 났습니다. 가다(Gada)가 땅바닥에 죽어 있는 것을 보고 더욱 화가 났습니다. 그러자 크리슈나는 브리슈니들(Vrishnis)과 안다카들(Andhakas)을 몰살시켰습니다. 억센 바브루(Vabhru) 왕과 다루카(Daruka)가 그것을 알고 크리슈나에게 말했습니다.

"오 성자시여, 당신은 많은 사람들을 죽이셨습니다. 라마(Rama)가 갔던 곳으로 가시지요. 우리도 그 분이 앞서 가셨던 곳으로 가기가 소원입니다."

바이삼파야나가 말했다. -그리고 나서 케사바와 바브루(Vabhru), 다루카(Daruka)는 그곳을 떠났습니다. 바브루(Vabhru)와 다루카(Daruka)는 한적한 곳에서 나무를 기대고 생각에 잠겨 있는 크리슈나를 보았습니다. 크리슈나는 다루카(Daruka)에게 명했습니다.

"쿠루들(Kurus)에게 가서 파르타(Partha, 아르주나)에게 '야두들의 대 학살'을 전하라. 바라문들의 저주로 야다바들(Yadavas)이 멸망했다고 전하고 '빨리 이곳으로 오라'고 하여라." 명을 받은 다루카(Daruka)는 슬픔에 정신없이 마차를 달려 쿠루들의 도시로 향했습니다. 다루카가 떠나자 케사바는 바브루(Vabhru)에게 명했습니다. "너는 빨리 가서 부인들을 보호하라. 부(富)에 유혹된 도둑들을 막아야 할 것이다." 명을 받은 바브루(Vabhru)는 친척들의 피살로 우울하고 아직 술도 덜 깼으나 출발을 하였습니다. 바브루(Vabhru)가 케사바 곁에 잠시 머무르다가 멀리 떠나자마자, 한 사냥꾼의 나무망치에 붙어 있던 쇠막대기가 갑자기 야다바 족의 유일한 생존자(바브루)에게 발사되었습니다. 그래서 바브루(Vabhru)도 살해를 당해 '바라문들의 저주'에 함몰 되어버렸습니다. 바브루(Vabhru)가 살해된 것을 알고 케사바는 그 형님[발라라마]께 말했습니다.

"오 라마(Rama)여, 내가 부인들을 가족들의 보호 아래 두고 올 때까지 여기서 기다려주세요." 드와라바티(Dwaravati) 도시로 들어가서 크리슈나가 아버지에게 말했습니다.

"아버지께서 아르주나가 올 때까지 우리 집안의 여자들을 지켜주세요. 숲 자락에서 라마(Rama)가 저를 기다리고 있습니다. 저는 오늘 라마(Rama)를 만날 겁니다. '야두 족의 대량 살상'을 제가 행했습니다. 앞서 저는 쿠루족의 최고 크샤트리아들이 학살을 겪게 했습니다.[因果설] 이 야다바 도시에 야두는 없습니다. 숲으로 들어가 라마(Rama)와 고행을 행할 것입니다." 이 말을 하고 크리슈나는 아버지 발에다가 머리를 대고 나서, 급히 그곳을 떠났습니다. 그런 다음 부인들과 아이들의 통곡 소리가 들렸습니다. 잠자던 부인들의 통곡소리를 듣고 발걸음을 돌려 그녀들에게 말했습니다. "아르주나가 올 것이다. 그가 너희를 위로해 줄 것이다." 그런 다음 케사바는 숲으로 향하여 조용한 곳에 앉아 있는 라마(Rama)를 보았습니다. 케사바는 **라마(Rama)가 요가(Yoga)를 행하며 그의 입에서 거대한 뱀을 토해내고 있는 것을 보았습니다. 뱀의 색깔은 백색이었습니다. 오랜 동안 거주해 왔던 인간의 육체를 떠난 뱀 나가(Naga)는, 머리가 일천 개고, 크기가 산덩이 같고 붉은 눈들을 지녔는데, 바다를 향한 길을 따라 출발했습니다. 바다는 많은 천상의 뱀들과 신성한 강물이 있어서 그(Naga)를 공손히 수용했습니다. 바다는 많은 천상의 뱀들과 많은 성스런 강물들을 영광스럽게 받아 왔습니다. 거기에는 카르코타카(Karkotaka) 바수키(Vasuki) 타크샤카(Takshaka) 프리투스라바(Prithusravas) 바루나(Varuna) 쿤자라(Kunjara) 미스리(Misri) 산카(Sankha) 쿠무다(Kumuda) 푼다리카(Pundarika) 고매한 드리타라슈트라(Dhritarashtra) 흐라다(Hrada) 크라타(Kratha) 시티칸타(Sitikankantha) 차크라만다(Chakramanda) 아티샨다(Atishanda) 두르무카(Durmukha) 암바리샤(Amvarisha) 왕 바루나(Varuna)가 있었습니다. 바다는 나가(Naga) 뱀에게 발 씻을 물을 올리고 평상적인 인사를 나누며 공경을 다했습니다.** ['뱀의 편을 드는 사람'은 근본이 '뱀 종족'이라는 전제를 입증한 말임] 형[Rama]이 이처럼 인간 세계를 떠난 다음 만물의 종말을 알고 있는 바수데바[크리슈나]는 잠시 그 호젓한 숲을 걸었습니다. 바수데바는 그냥 땅바닥에 주저앉았습니다. 바수데바는 지난 날 '간다리(Gandari)가 말했던 것[36년 후 생길 일]'도 다시 생각을 해보았습니다. 바수데바는 신선 두루바사(Duruvasas)가 했던 말도 생각났습니다. 바수데바는 브리슈니들(Vrishnis)과 안다카들(Andhakas)의 멸망에 앞선 쿠루들의 살해를 회상하며 자신도 세상을 떠날 시간이 왔다는 생각이 들었습니다. 그리고 요가로 자신의 감성을 통제하였습니다. 감성과 말과 정신을 통제하며 크리슈나는 고도(高度)의 요가(Yoga) 자세로 누었습니다. **그 때 자라(Jara)라는 사냥꾼이 사슴을 찾아 거기로 왔습니다. 그 사냥꾼은 요가를 행하며 땅에 누워있는 케사바를 사슴으로 잘못 알고 그의 발뒤꿈치를 활로 쏘았습니다.** 자라(Jara)가 다가와 보니 어떤 황색 옷을 입은 사람이 요가를 하고 있는데 많은 무기를 소지하고 있었습니다. **자라 (Jara)는 자신이 죄인이 되었음을 알고 공포에 사로잡혀 케사바의 발을 만졌습니다. 케사바는 사냥꾼을 안심시키고 하늘로 오르니, 온 하늘이 빛으로 가득했습니다.** 케사바가 하늘(Heaven) 나라에 도착하니 바사바(Vasava) 쌍둥이 아스윈(Aswins) 루드라(Rudra) 아디타(Adityas) 바수 (Vasus) 비스데바(Viswdevas) 무니(Munis) 시다(Siddhas)와 간다르바(Gandharvas)와 아프사라 (Apsaras) 중에 뛰어난 존재들이 나와 그를 맞았습니다. 만물의 창조자이고 파괴자이고 요가 (Yoga)의 수용자이신 영명하고 막강한 나라야나(Narayana)는 광명으로 하늘을 가득 채우고 그의 무량(無量)의 영지(inconceivable region)에 도착했습니다. 그러고 나서 크리슈나는 신들과 (천상 의)신선들과 차라나들(Charanas)과 간다르바들(Gandharvas)과 많은 아름다운 아프사라들(Apsaras)과 시다들(Siddhas)과 사디아들(Saddhyas)을 만났습니다. 모두 다 겸손하게 크리슈나를 존중 했습니다.

바이삼파야나가 말했다. -케사바의 명령을 받고 쿠루들을 향해 달려간 다루카(Daruka)는 아르주 나에게 브리슈니들이 어떻게 서로들을 그 쇠막대기로 죽였는지 알렸습니다. 브리슈니족(Vrishnis) 보자족(Bhojas) 아다카족(Andhakas) 쿠쿠라족(Kukuras)이 다 죽었다는 말을 듣고, 판다바들은 슬 픔으로 몸을 불사르며 크게 동요되었습니다. 케사바의 절친한 친구인 아르주나는 형제들에게 인사 를 하고 '외숙(外叔, maternal uncle, 크리슈나)'을 보러 출발했습니다. 아르주나가 다루카(Daruka) 와 드와르카(Dwarka)로 와보니, 과부(寡婦)들의 도시였습니다. 파르타(아르주나)가 그녀들을 지키 러 온 것을 알고 그녀들은 모두 통곡을 터뜨렸습니다. **6만 명의 부인(婦人)들이 바수데바 가족과 결혼을 했습니다.** 그녀들은 아르주나의 도착을 알자마자 대성통곡했습니다. 크리슈나가 없어 보호 를 상실한 그 아들과 그녀들을 보니, 아르주나는 눈물이 저절로 쏟아졌습니다. 드와라카(Dwaraka) 강물은 부리슈니와 안다카들의 [피]물이 되고, 말들은 물고기들의 밥이 되고 마차들은 뗏목을 이루 었습니다. 악기소리 마차 소리는 물결에 묻혔고, 집과 저택과 광장은 호수 같이 조용했습니다..... 라마와 크리슈나는 두 마리의 억센 악어였습니다. 그 기분 좋은 강물은 아르주나에게 시간의 그물 에 달고 있는 바이타라니(Vaitarani, 지옥의 강물) 같았습니다...드와라카 도시의 그 모습과 크리슈 나 족의 과부들을 보고 **아르주나는 통곡을 하다가 땅바닥에 쓰러졌습니다.** 그러자 크리슈나의 부인 사티아(Satya)와 루크미니(Rukmini)도 그 아르주나 곁에 쓰러져 울었습니다. 그런 다음 그녀 들은 아르주나를 일으켜 황금 의자에 앉혔습니다. 부인들은 아르주나를 둘러싸고 앉아 그들의 감 정을 말했습니다. 아르주나는 그녀들을 위로하고 외삼촌[크리슈나]를 찾으러 출발했습니다.

바이삼파야나가 말했다. -아르주나는 고매(高邁)한 영웅 '아나카둔두비(Anakadundubhi, 크리슈 나의 탄생 시에 天鼓가 울렸다는 점에서 얻은 명칭)'가 땅바닥에 누워있는 것을 보고 슬픔에 불붙었 습니다. 아르주나는 울며 외삼촌의 발을 만졌습니다. 아나카둔두비(Anakadundubhi, 크리슈나)는 외조카(아르주나)의 머리 냄새를 맡고 싶었으나 실패했습니다. 노 장사(老壯士, 크리슈나)는 팔로 파르타를 껴안고 아들 손자 형제 손자 친구들을 생각하며 큰 소리로 통곡을 했습니다. 바수데바가 말했습니다.

"오 아르주나여, 내가 판두들을 만나지 못 했던들, 누가 지상의 왕들과 백배나 되는 다이티아들(Daityas, 티탄 족)을 이겨냈겠는가? **나는 아직 살아 있다! 나에게는 죽음이 없는 것을 알찌어다!** 오 파르타여. 그대가 사랑했던 두 영웅[유유다나(Yuyudhana), 프라듐나(Pradyumna)]의 실수로 브리슈니들은 멸망당했다. 브리슈니(Vrishnis)의 중에서도 아티라타(Atirathas, 마누의 아들)로 여긴 두 영웅은 그대가 긍지에 있었던 그 버릇대로 말을 했던 것이, 오 다난자야(Dhananjaya, 아르주나)여, 부르슈니 멸망에 주원인이 되었다! 오 아르주나여, 나는 시니(Sini)의 아들[사티아 키]과 흐리디카(Hridika)의 아들[크리타바르만(Kritavarman)]을 비난하지 않는다. **명백하게 신선(神仙, Rishis)들의 저주가 그 유일한 원인이다. 우주의 주인[크리슈나]이......어떻게 신선들이 힘껏 주장하는 저주로서의 대재앙(大 災殃)에 대해, 무관심할 수 있겠는가?** 나라다(Narada, 신선)도 성자들(Munis)도 이 불멸의 신 무죄의 고빈다(Govinda)를 알고 있다. 아, 힘 있는 비슈누[크리슈나 자신]로서도 혈족의 붕괴를 보고도 막을 수가 없었다니! ....오, 판두의 아들이여, 그대는 운 좋게 나를 만났노라. 오 파르타여, 크리슈나가 말했던 것을 모두 이루었노라. 모든 여인, 모든 부, 이 왕국은 이제 그대들 것이다. 판다들은 살아 있지만 나는 지금 생명을 버려야 한다는 것을 나는 알고 있노라."

바이삼파야나가 말했다. -외숙(外叔)의 말을 듣고 크게 우울해진 비바트수(Vibhatsu, 아르주나)가 바수데바에게 말했습니다. "아저씨, 저는 브리슈니 영웅[크리슈나]이 떠나시면, 세상에 남은 그 여인들과 친척들을 볼 수 없 것 같습니다. 그 점은 왕[유디슈티라]이나 비마(Bhimasena)나 사하데바(Sahadeva) 나쿨라(Nakula) 야즈나세니(Yajnaseni)도 마찬가지입니다. 유디슈티라 왕도 떠날 때가 되었습니다. 우리의 떠날 시간이 가까웠습니다. **당신은 시간의 경과를 누구보다 잘 아십니다. 저는 우선 브리슈니 여인들과 어린이 노인들을 인드라프라스타(Indraprastha)로 옮겨 놓겠습니다.**" 외숙(外叔, 크리슈나)에게 그렇게 말을 하고 아르주나는 다루카(Daruka)에게 말했습니다.

"나는 빨리 브리슈니 어르신들을 만나야겠다."

아르주나는 크리슈나가 죽게 된 것을 너무나 슬퍼하며, 수다르마(Sudharma)라는 야다바들의 대궐로 들어갔습니다. 아르주나가 자리에 앉으니, 시민과 바라문과 장관들이 달려와 아르주나를 둘러쌌습니다. 그러자 파르타는 말했습니다.

"**내가 브리슈니들과 안다카들의 나머지 사람들을 이끌어, 이 도시를 떠나가겠습니다. 바다가 곧 이 도시를 삼킬 것입니다. 모든 마차를 준비하고 당신들의 살림살이를 챙기시오. 이 바즈라(Vajra, 크리슈나의 손자)가 사크라프라스타(Sakraprastha, 인드라프라스타)에서 당신들의 왕이 될 것입니다. 오늘부터 7일 후 해가 뜨면 출발을 하겠습니다. 준비를 게을리 하지 말아야 합니다.**"

아르주나가 그렇게 말하자 모든 사람이 살겠다는 욕심에서 열심히 준비를 서둘렀습니다. 아르주나는 케사바 저택에서 그 밤을 보냈습니다. 그런데 **아르주나는 갑자기 큰 슬픔과 멍멍함으로 압도되었는데, 그 새벽이 되자 바수데바는 그 요가(Yoga)의 힘으로 '최고의 목표[昇天, 사망]'를 획득했습니다. 가슴이 미어지는 울음소리가 바수데바 저택을 울렸으니, 우는 부인들의 소리였습니다.** 바수데바 부인들은 꽃무늬 장식을 때내고 머리를 풀었습니다. 그녀들은 손으로 가슴을 치며 탄식했습니다. 데바키(Devaki) 바드라(Bhadra) 로히니(Rohini) 마디라(Madira)는 그녀들의 남편에게 몸을 던졌습니다. 그러자 파르타[아르주나]는, '외숙[外叔, 크리슈나의 몸'을 사람들의 어깨로 끄는 비싼 수레에 실었습니다. 그 수레를 드와라카 시민과 지역 사람들이 뒤를 따르며 사망한 영웅을 애도했습니다. 그 크리슈나를 실은 수레 앞에는 **크리슈나가 생전에 달성했던 '말 희생제 결과'로 그 머리에 얹었던 우산(雨傘)**이 있었고, 그리고 그가 날마다 섬겼던 타오르는 불과 불을 모시는 사제(司祭)가 섰습니다. 그 영웅[크리슈나]을 실은 수레 뒤에는 장식을 때낸 부인들이 따랐고, 수천의 여인들과 수천의 그 며느리들이 옹위하고 따랐습니다. 장례식은 크리슈나가 살았을 적에 좋아했던 장소에서 치러졌습니다. 네 명의 아내는 장작더미에 올라 그 남편과 함께 재가 되었습니다. 아르주나가 향목(香木)에 불을 붙였습니다. 징례식이 끝난 다음 브리슈니와 안다카의 아동들과 여인들은 바즈라(Vajra, 크리슈나의 손자)가 앞장을 서서 행해야 도리를 제대로 보인 아르주나에게 봉물로 물[水]을 올렸습니다. 다음 아르주나는 브리슈니들이 살해되었던 장소로 향했습니다. 시체들이 여기저기 널려 있는 것을 보고, 아르주나는 극도로 우울했습니다. 그러나 아르주나는 무엇을 해야 할지 알았습니다. 바라문들의 저주로 에라카(Eraka) 풀잎으로 된 쇠막대기로 살해된 영웅들의 시체를 원로의 말에 따라 장례식을 치렀습니다. 아르주나는 '스라다(sraddha) 의례'까지 마친 다음 7일째 되는 날 아침에 급히 자기의 수레에 올랐습니다. 브리슈니 영웅의 과부(寡婦)들은 송아지 노새 낙타가 끄는 수레에 올라 통곡을 하며 아르주나 뒤를 따랐습니다. 부리슈니의 하인 마부 전차무사들도 그 행진을 따랐습니다. 안다카(Anadhaka)와 브리슈니 아이들도 모두 아르주나를 따랐습니다. 바수데바의 첩(妾, harem)들이었던 6만 명의 여인들과 크리슈나의 손자 바즈라(Vajra)를 지키며 바라문들과 크샤트리아 바이샤 수드라들도 출발을 했습니다. 보자(Bhoja) 브리슈니(Vrishni) 안다카(Andhaka) 족의 과부들도 따라나서니 그 수가 몇 백만이었습니다. 모든 사람들이 출발을 한 다음 상어와 악어들의 집인 대양(大洋)이 드와라카(Dwaraka)로 넘쳐 남은 모든 것을 휩쓸었습니다. 대양은 지상에 있을 것을 모두 덮었습니다. 드와라카(Dwaraka) 시민들은 더욱 빨리 달리며 말했습니다. "운명의 저주가 엄청나구나!" 드와라카(Dwaraka)시를 버린 아르주나는 서서히 행진을 하여 즐거운 시내가 흐르는 아름다운 숲과 산들이 있는 곳으로 갔습니다. 막강한 아르주나는 **'다섯 개의 시내가 있는 고장'**에 이르러, 곡식과 암소 다른 동물들이 풍성한 땅의 중앙에 거대한 야영장을 세웠습니다. 프리타의 아들[아르주나] 혼자서 주인 없는 과부들을 호위하는 것을 알아낸 도둑들은, 약탈의 충동이 났습니다. 그래서 그 악당들은 흑심을 가지고 서로 의논했습니다.

"궁사(弓師)는 한 사람뿐이다. 애들과 노인을 죽여 버리자. 아르주나가 호위하며 우리를 무시하고 있고, 브리슈니 전사(戰士)들도 힘이 없는 존재들뿐이다." 수천 명의 그 도둑들은 강도짓을 하려고 브리슈니 행렬로 달려들었다. 시간의 저주에 강요된 그들은 큰 무리를 지어 사자 같은 함성을 지르며 죽이려 달려들었습니다. 아르주나는 추종자들과 함께 행진을 공격하는 강도들이 있는 곳으로 갔습니다. 잠깐 웃고 나서 아르주나는 강도들에게 말했습니다.

"불쌍한 악당들, 살고 싶으면 멈춰라. 내 화살이 너희 몸을 뚫으면 후회할 것이다." 이 말을 하였으나, 말을 무시하고 도둑들은 아르주나를 공격해 왔습니다. 그러자 아르주나는 거대한 활줄을 당겨 전투가 개시되었습니다. 아르주나는 천상(天上)의 무기를 생각했으나, 그것은 그의 생각에 떠오르지 않았습니다. 격렬한 전투 앞에서 강력한 무기도 없고 천상의 무기도 나타나지 않아 아르주나는 크게 부끄러웠습니다. 보병과 코끼리 전사 전차 사를 포함한 브리슈니 군사는 브리슈니 부인들을 약탈하려 강도들을 막는데 실패했습니다. 그 강도들은 숫자가 굉장히 많았습니다. 강도들은 다른 곳도 공격을 하였습니다. 아르주나는 최선을 다해 막았으나, 성공할 수가 없었습니다. 브리슈니 전사들 앞에서 많은 부인들이 끌려갔고, 한편 다른 여자들은 그녀들의 생각대로 도둑들을 따라 도망을 쳤습니다. 막강한 아르주나는 브리슈니 하인들의 도움을 받아 간디바의 화살로 도둑들을 공격했습니다. 그러나 그의 화살이 바닥났습니다. 화살이 바닥난 것을 안 아르주나는 슬픔에 고통스러웠습니다. 이제 아르주나는 활의 뿔을 잡고 적을 공격했습니다. 그러나 강도들은 아르주나가 보는 앞에서 브리슈니 안다카 여인들을 빼앗아 달아났습니다. 막강한 아르주나는 그것을 모두 '운명'임을 알았습니다. 천상의 무기도 나타지 않고 힘도 빠지고 활도 말을 안 듣고 화살도 떨어짐에 아르주나는 슬픔으로 큰 한 숨을 쉬었습니다. 그 모두가 운명임을 알고 아르주나는 극도로 우울해 졌습니다. 이전의 그가 지녔던 힘이 사라진 것을 알고 아르주나는 더 이상의 노력을 포기했습니다. 나머지 브리슈니 여인들과 재보(財寶)를 가지고 아르주나는 쿠르크셰트라(Kurukshetra)에 이르렀습니다. 브리슈니 유민을 이끌고 나와 아르주나는 완전 다른 장소에 도시를 건립을 했습니다. 아르주나는 거기 마르티카바트(Marttikavat)에 크리타바르만(Kritavarman)의 아들을 왕으로 세우고 보자(Bhoja) 왕의 과부들을 함께 살게 했습니다. 나머지 아동 노인 여인들을 호위하여 아르주나는 영웅들이 건설했던 인드라프라스타(Indraprastha)에 살게 했습니다. 아르주나는 사랑스런 유유다나(Yuyudhana)의 아들과 노인과 아동 여인들과 함께 사라스와티(Saraswati) 강둑에 인드라프라스타를 세워서 바즈라(Vajra, 크리슈나 손자)가 거기를 통치하게 했습니다. 그러자 아크루라(Akrura) 과부들은 숲으로 가기를 원했습니다. 바즈라(Vajra)가 나서서 거듭 그만두기를 권했으나, 그녀들은 그 말을 듣지 않았습니다. 루크미니(Rukmini), 간다라(Gandhara)왕자 비(妃), 사이비아(Saivya), 하이마바티(Haimavati), 잠바바티(Jamvabati) 왕비는 장례식 장작더미로 올라갔습니다. 사티아바마(Satyabhama) 등 다른 크리슈나 부인들은 숲으로 들어 고행을 시작했습니다. 그녀들은 과일과 풀뿌리로 살며 하리(Hari)에서 명상하며 시간을 보냈습니다. 히말라야를 넘어가 칼리파

(Kalipa)라는 곳에 그녀들의 거주를 정했습니다. 드와라바티(Dwaravati)에서부터 아르주나를 따랐던 사람들은 바즈라(Vajra)에게 넘겨졌습니다. 이 모든 일을 행한 뒤에 아르주나는 눈물을 흘리며 '**비아사(Vyasa) 수련장**'으로 들어갔습니다. 거기에 비아사는 편안하게 앉아 있었습니다.

바이삼파야나가 말했다. -아르주나가 성소(聖所)로 들어가서 조용한 곳에 앉아 있는 비아사를 보았습니다. 아르주나가 다가가 말했습니다. "아르주나입니다." 비아사는 반갑게 맞으며 말했다. "어서오너라!" 아르주나가 큰 한숨을 쉬고 수심에 잠긴 것을 보고 비아사가 말했습니다.

"물벼락을 맞았느냐? 바라문을 죽였느냐? 전쟁에 졌느냐? 생기가 없구나. 나는 네가 누구에게 패배했다는 이야기를 들은 적이 없다. 왜 이토록 우울하냐? 허물없이 말해보아라." 아르주나가 말했습니다.

"크리슈나와 라마가 하늘로 갔습니다. 바라문들의 저주로 브리슈니 영웅들이 다 죽었습니다. 보자(Bhoja)와 안다카(Andhaka) 브리슈니(Vrishni) 영웅들이 서로 싸워 서로 남김없이 서로들을 죽였습니다. 그들은 에라카(Eraka) 풀잎[이 변한 쇠막대기]으로 상대를 죽였습니다. 뒤틀린 시간의 저주를 보십시오. 50만의 억센 전사들이 죽었습니다. 서로가 서로를 죽였습니다. '사릉가(Sarnga) 사용자[크리슈나]의 죽음'은 바다가 마르고, 산이 이동하고, 하늘이 무너지고 불이 꺼진 것처럼 믿을 수 없는 일입니다. 브리슈니 영웅들을 잃고 보니, 이 세상에 살고 싶지 않습니다. 더욱 가슴 아픈 일은 내가 보는 앞에서 수천의 브리슈니 부인들을 '다섯 시내 고장'에서 아비라족(Abhiras)에게 빼앗겼다는 사실입니다. 활을 잡았으나 이전 같지 않았습니다. 무기에 힘이 빠져버렸습니다. 화살도 바닥이 났습니다. 소라고둥을 불며 원반을 지닌 무궁한 정신[크리슈나]은 없어졌습니다. 아 고빈다(Govinda)의 떠남, 슬픔 속에 나는 무엇으로 이 생(生)을 이끌어야 합니까? 비슈누[크리슈나]가 세상을 떠났다는 소식을 듣고 저의 눈은 어두워져 만물이 보이지 않습니다." 비아사가 말했습니다.

"바라문들의 저주로 브리슈니 안다카의 억센 전차 무사들이 죽었구나. 그러나 **그들의 멸망을 슬퍼하지 말라. 그것은 이미 정해져 있었다**(That which has happened had been ordained). 그것은 그 무사들의 운명이었다. **크리슈나는 전투에 자신이 있었으나, 그것을 감수(甘受)해야 했다. 고빈다(Govinda)는 우주 만물의 행로를 바꿀 수 있으나, 바라문들의 저주 앞에 무엇을 할 수 있었겠느냐? 크리슈나는 세상의 짐을 덜어줬으나, 이제 육신을 벗어나 [천상의] 높은 지위를 획득했다.** 그대[아르주나]도 비마와 더불어 신들의 위대한 업적을 달성하였다. 이제 너희가 세상을 떠날 때가 되었다. 그것[죽음]도 너희에게 은혜로운 것이다. 이해력과 용맹과 선견지명도 융성의 날에는 발동을 하지만, 그들도 역경(逆境)을 당하면 사라진다. 너희 모두가 최고의 목표[죽음]을 획득할 시간이 왔다."

바이삼파야나가 계속했다. -비아사의 이 말씀을 듣고 아르주나는 그분의 허락을 얻은 다음 하스티나프라로 돌아갔습니다. 그리고 유디슈티라에게 가 브리슈니에게 일어났던 일을 보고했습니다.[1]

'야다바 남성들이, 방문한 성자들을 속이다.'2) '야다바 들의 멸망'3)

'드와라카(Dwaraka, Dwarka, Dvaraka)'4) '발라라마의 죽음'5)

'드와라카ー현재의 구자라트 지역의 바닷가' '드와라카(ー대문이 달린 도시)'6)

---

1) K. M. Ganguli (Translated into English Prose from the Original Sanskrit Text), *The Mahabharata of Krishna-Dwaipayana Vyasa*, Munshiram Manoharlal Publisher Pvt. Ltd. New Delhi, 2000, -**Mausala Parva**- pp. 1~16

2) S. Jyotirmayananda, *Mysticism of the Mahabharata*, Yoga Jyoti Press, 2013, p. 242 'Yadava men attempt to deceive the visiting sages.'

3) Wikipedia, 'The end of the Yadava Clan'

4) 'Dvaraka'

5) P. Thomas, *Epics, Myths and Legends of India*, Bombay, 1980, Plate 58 'Death of Balarama'

6) Wikipedia, 'Dvaraka-near the sea in modern era Gujarat', 'Vew of Daraka(the gated city)'

'크리슈나의 세상 이별'[7] '아르주나가 바수데바[크리슈나 생부]에게 야다바들과 크리슈나 소식을 전하다.'[8]

'드바라카디사 사원' '루크미 여신 사원'[9]

———→

(a) 힌두(Hindu)의 절대신 '옴' '비슈누' '화신(化身)'이라고 거듭 강조된['평화의 책' 비슈마 증언 참죄 '크리슈나'에 관한 서술은 서사시 '마하바라타(*The Mahabharata*)'의 핵심 중의 핵심이다. 그러한 측면에서 이 **'동호회(同好會)의 책(Mausala Parva)'**도 '마하바라타(*The Mahabharata*)'의 최고의 명장면이다.

(b) 즉 '절대신'의 대신으로 이 세상에 와 온갖 고초(苦楚)를 이기고 스스로가 '심판 전쟁의 주도자'임을 현실 속에 명시했던 그 '영웅 중에 영웅'의 '종말'을 서술해 놓은 것이 바로 이 **'동호회(同好會)의 책(Mausala Parva)'**이기 때문이다.

(c) 크리슈나의 육신은 '화장(火葬)' 되었다. 예수 그리스도의 경우는 '부활 승천'했던 것으로 '신약'의 '계관 시인'들은 기록을 하였다.
'화장(火葬)' 문화는 '힌두 문화'이고 '육체 존중(보존) 문화'는 '이집트와 중국 문화'이다. 이점에서 '힌두 전통을 계승한 불교문화'와 '이집트 영향을 받은 기독교 문화'가 일단의 차별을 보이고 있다.

(d) 그렇지만, 더욱 근본적인 측면에서 '육체[뱀] 경멸, 영혼 존중' 대 원칙에서 '기독교'와 '불교'는 동일하고 **본래 유대인(猶太人)은 '야두(Yadu, Yadava)'라는 지적**은 가장 유념을 해야 할 사항이다. 왜냐하면, 이 차이와 동질성이 명시된 다음에, 유대인의 '역사적 [오류의]고집'이 조금 그 합리

7) S. Jyotirmayananda, *Mysticism of the Mahabharata*, Yoga Jyoti Press, 2013, p. 247 'The departure of Krishna'
8) Wikipedia, 'Arjuna tells Vasudeva about the destruction of Yadavas and Krishna's message'
9) Wikipedia, 'Dwarakadhisa Temple' 'Rukmini Temple'

주의를 회복할 수 있는 기회가 비로소 확보되기 때문이다.

(e) '힌두교'와 '기독교'의 가장 큰 유사성은, '뱀[육신]의 경멸', '제사(Sacrifice) 존중', '절대신 존중', '천국제일주의'이다. 그러므로 '마하바라타(*The Mahabharata*) 문화'와 '기독교 문화'가 가장 유사한 종교이다.

(f) 한편 '마하바라타(*The Mahabharata*)' 중국(中國)의 영향은 우선 '장자(莊子)'에서 확인되는 소위 '도교(道敎) 문화'이고, 그 다음은 송(宋)나라 주돈이(周敦頤)를 필두로 한 '도학(道學) 운동' '힌두 바라문 학습 운동'이다.['氣發理乘一途說' 항 참조]

(g) 그 **'야두(Yadu, Yadava)'**의 영웅 크리슈나가 **'발뒤꿈치' 공격**을 받아 사망했다는 크리슈나의 이야기는 희랍 '트로이 전쟁' 영웅 아킬레스(Achilles)가 역시 **'발뒤꿈치' 공격**을 당해 사망을 했다.는 이야기를 만들었다.

(h) 중국의 '도교 문화 권'의 서사문학 '수호전(水滸傳)'에는 특별히 '양산박(梁山泊) 영웅의 죽음'을 장(章)을 두어 이 '마하바라타(*The Mahabharata*)'의 '드와라카(Dwaraka)'와 유사하게 꾸며졌음은 유의할 만하다.

17. 대장정(大長征)의 책(Mahaprasthanika Parva)

제119장 히말라야 등반(登攀)을 결심한 판두 형제들

옴(Om)! 최고의 남성 나라야나(Narana)와 나라(Nara)께 인사를 드리며 여신 사라스와티(Saraswati)와 자야(Jaya)께도 인사드리옵니다.

자나메자야가 말했다. -브리슈니와 안다카 족 영웅들 사이의 쇠막대기 대결과 크리슈나의 승천(昇天)을 들었습니다. 판다바들은 어떻게 했습니까?

바이삼파야나가 말했다. -'브리슈니들의 대 학살' 소식을 듣고 카우라바[유디슈티라] 왕의 정신은 세상을 떠나고 있었습니다. 유디슈티라는 아르주나에게 말했습니다.

"위대한 지성이여, 시간(Time)은 자기의 솥에다가 모든 존재를 요리를 하고 있구나. 시간의 인연으로 일어날 일을 생각해 본다. 시간은 그것을 네게 보여주었다." 이렇게 말하고 유디슈티라는 "시간, 시간!"을 반복 되뇌었습니다. 아르주나와 비마와 쌍둥이의 결의(決意)를 확인한 다음 '이 세상과의 이별'을 결심하고 유유트수(Yuyutsu, 드리타라슈트라 왕 아들 중에 유일한 생존자)를 불렀습니다. 유디슈타라는 아저씨 드리타라슈트라의 바이샤[평민] 아내 출생의 아들[유유트수(Yuyutsu)]에게 일단 그 왕국을 물려주고, 그 다음[시간이 지나면] 파리크시트(Parikshit, 아비마뉴의 아들, 아르주나의 손자, 자나메자야의 아버지)를 왕위에 앉힐 생각을 했습니다. 유디슈티라는 수바드라(Subhadra, 아르주나의 부인)에게 말했습니다.

"그대의 손자[파리크시트(Parikshit)]가 쿠루들의 왕이 될 것이다. 야두 족의 생존자 바즈라(Vajra, 크리슈나의 손자)가 파리크시트를 하스티나프라에서 왕으로 받들 것이고, 바즈라는 사크라프라스타(Sakraprastha)를 다스릴 것이다. 불의(不義)를 마음에 두지 말라." 이렇게 말을 하고나서 유디슈티라 형제들은 외숙(外叔) 바수데바(크리슈나)와 라마[靈前]에 물을 올렸습니다. 그리고 유디슈티라 왕은 죽은 친척들의 제(祭, Sraddhas)를 올렸습니다. 그리고 왕은 많은 맛있는 음식으로 비아사(Vyasa) 나라다(Narada) 마르칸데이아(Markandeya) 야즈나발키아(Yajnavalkya)를 대접했습니다. 드라우파디 이름으로 유디슈티라 왕은 최고의 바라문[비아사]에게 수많은 보석과 옷과 마을과 소와 말 수레와 10만 명의 여비(女婢, female slaves)를 주었습니다. 시민들을 불러 놓고 크리파(Kripa)를 스승으로 삼고 파리크시트(Parikshit)를 그 제자로 삼게 했습니다.[高麗의 '국사(國師)' '왕사(王師)'의 예는 힌두 기원임] 그 다음 유디슈티라는 모든 국노(國老)들을 다시 소집했습니다. 유디슈티라 왕은 그들에게 자신의 사임(辭任) 의사를 전달했습니다. 시민들과 주민들은 왕의 사임(辭任) 소식을 듣고 근심에 싸여 그것에 반대를 했습니다. "그럴 수 없습니다." 시민들은 왕께 그렇게 호소했습니다. 시간의 변화를 알고 있는 국왕[유디슈티라]은 시민들의 호소를 듣지 않았습니다. 의로운 정신을 지니고 있는 왕은 시민들을 설득했습니다. 그리고 나서 왕은 '이 세상을 떠나기'로 결심했습니다. 아우들도 역시 동일한 결심을 했습니다. 그 다음 왕은 모든 장식을 버리고 나무껍질로 만든 옷을 걸치었습니다. 비마와 아르주나, 쌍둥이, 드라우파디도 그렇게 했습니다. 종교적 예비 의례를 마친 다음 그들은 그들의 성화(聖火, sacred fires)를 물에 던졌습니다. 부인들은 '왕자들[판두들]의 변장(變裝)'을 보고 큰 소리로 울었습니다. 시민들은 지난 날 판두들이 노름에 졌을 때 서울을 떠날 적의 6명[판두 5형제와 드라우파디]의 그 모습을 다시 보았습니다. 그러나 판두 형제들은 오히려 '퇴임의 전망'에 즐거워했습니다. 원로들과 주민들은 유디슈타라 왕의 의도를 알고 '브리슈니들의 몰락'을 보았으므로 어떤 다른 방도로 그들을 즐겁게 할 수도 없었습니다.

　5형제에 드라우파디와 '개 한 마리'가 동행하여 그 '일곱'이 여행에 돌입했습니다. 유디슈타라가 그 선두에 서서 하스티나푸라를 떠났습니다. 왕가의 부인들과 시민들이 얼마 동안 동행을 했습니다. 그러나 어느 누구도 왕에게 그 의도를 만류하는 사람은 없었습니다. 도시의 사람들을 돌아가고 크리파(Kripa) 등은 유유트수(Yuyutsu)를 중심에 두었습니다. 뱀 왕의 딸 울루피(Ulupi)는 갠지스 강 물속으로 들어갔습니다.[투신이 아님] 치트랑가다(Chitragada) 왕비는 마니푸라(Manipura) 서울로 떠났습니다. 파리크시트(Parikshit)의 할머니 등 부인들은 그[파리크시트]를 중심에 두었습니다. 그러는 동안 고매한 판두 형제들과 드라우파디는 준비가 된 것을 알고 그들의 방향을 동쪽으로 잡았습니다. **요가(Yoga)를 실행하며 '포기(抛棄)의 종교'를 배우기를 결심하고 여러 고장과 강과 바다를 횡단했습니다.** 유디슈타라가 앞장을 서고 그 다음이 비마, 다음이 아르주나, 그 다음이 쌍둥이, 그 다음이 드라우파디였습니다. 판다바들이 숲으로 떠날 적에 '개 한 마리'가 그들을 뒤따랐습니다. 행진 중에 영웅들은 '홍색 바다'에 이르렀습니다...그 다음 '소금 바다' 북쪽 해안을 거쳐 판다바들은 남서쪽으로 향했습니다. 그 다음 서쪽으로 향하여 **바다가 되어 있는 '드바라카(Dwaraka)'를 보았습니다.** 방향을 다시 북쪽으로 바꾸어 행진을 계속했습니다. 요가(Yoga)를 준수(遵守)하며 그들은 전 세계를 돌아다닐 작정이었습니다.

　바이삼파야나가 말했다. -요가(Yoga)에 전념한 절제의 왕자들[판두들]은 거대한 산 히말라야(Himavat)를 바라보았습니다. 히말라야(Himavat)를 오르며 거대한 사막도 보았습니다. 그리고 최고봉 '메루(Meru) 산'도 보았습니다. 모두 요가에 전념하여 전진을 하는데, 드라우파디가 땅에 넘어졌습니다. 비마가 형님께 말했습니다.

　"왕비는 죄가 없는데 땅바닥에 쓰러진 이유는 무엇입니까?" 유디슈타라가 대답했다.

　"**우리 모두처럼 왕비는 다난자야(Dhanajaya, 富의 정복자, 부자)를 편애했는데, 그 결과이다.**" 바이삼파야나는 계속했다. -그렇게 말을 하고 유디슈타라는 계속 걸었습니다. 그 다음에는 사하데바(Sahadeva)가 쓰러졌습니다. 그가 쓰러지는 것을 보고 비마는 왕에게 말했습니다.

　"그는 겸손하게 우리 모두에게 봉사만 했는데, 마드라바티(Madravati) 아들은 왜 쓰러졌습니까?" 유디슈타라는 대답했습니다.

　"그[사하데바(Sahadeva)]는 지혜가 자기와 동일한 자가 없다고 생각했다. 그 잘못으로 쓰러진 것이다."

바이삼파야나는 계속했다. -사하데바를 거기에 두고 유디슈티라 왕은 형제들과 함께 계속 나아갔는데, 거기에는 '개[犬]'도 동행을 하고 있었습니다. 드라우파디와 사하데바가 쓰러진 다음 나쿨라(Nakula)도 쓰러졌습니다. 나쿨라가 쓰러진 것을 보고 비마가 말했습니다.

"이 아우는 의(義)에 부족함이 없었고 우리의 명령을 받들었는데 나쿨라(Nakula)가 쓰러졌습니다." 이에 유디슈티라는 말했습니다.

"나쿨라(Nakula)는 의로운 정신이었고 지성을 소유했다. 그러나 어느 누구도 자기처럼 미남은 아니라는 생각을 했다. 그래서 쓰러진 것이다. 인간에게 주어진 바는 '참는 것'이라는 점을 알아야 한다." 그 다음은 아르주나가 쓰려졌습니다. 비마가 왕께 말했습니다.

"저는 아르주나가 거짓을 말한 것은 들은 적이 없습니다. 누구의 잘못으로 쓰러진 것입니까?" 유디슈티라가 말했다.

"아르주나는 단 하루에 우리들의 적을 다 무찌르겠다고 말했다. 영웅심으로 그렇게 말했으나, 그렇게 하지는 못 했다. 그래서 쓰러진 것이다. 아르주나는 모든 다른 궁사들(弓師)을 무시했다. 번성을 바라는 자는 그러한 감상에 있어서는 아니 된다."

바이삼파야나는 말을 계속했다. -그렇게 말하고 왕은 행진을 계속하는데, 비마가 쓰러졌다. 쓰러진 비마는 왕에게 말했습니다.

"보십시오, 당신의 아끼는 이 비마가 쓰러졌습니다. 내가 쓰러지는 이유도 말해주소서." 유디슈타라가 말했다.

"너는 대식가(大食家)이다. 힘을 자랑하며 그대가 먹을 때는 남 생각은 하지도 못했다. 그래서 너는 쓰러진 것이다." 이렇게 말을 하고 유디슈티라는 뒤를 보지도 않고 행진을 계속했다. 유디슈티라의 유일한 동반자는 '그 개'가 되었습니다.

바이삼파야나가 말했다. -사크라[Sakra, 인드라 신]가 큰 소리를 내며 수레를 몰고 와 유디슈티라에게 타라고 말했습니다. 형제들이 땅바닥에 쓰러진 것을 본 유디슈티라 왕은 일천 개의 눈[眼]을 가진 그 신에게 말했습니다.

"내 형제들은 여기에 모두 쓰러져 있습니다. 나는 그들과 함께 가야 합니다. 그들이 없으면 하늘나라로도 나 홀로 갈 수는 없습니다. 왕비도 위로를 해주셔서 함께 가게 허락해 주소서." 사크라[Sakra, 인드라 신]가 말했습니다.

"그대는 하늘나라에서 당신의 형제들을 볼 겁니다. 그들은 벌써 가 있습니다. 정말 드라우파디도 만날 것입니다. 바라타의 왕이여, 슬퍼하지 마소서. 인간의 육체를 던져버리고 천국에 왔습니다. 그대가 생각하듯이 바로 당신의 그 육체 속에서[형상으로] 천국에 갑니다." 유디슈티라가 말했습니다.

"과거와 현재의 주인이시여, '이 개'는 저에게 충성을 다했습니다. 이 개가 저와 함께 갈 수 있다면 감사하겠습니다." 사크라[Sakra, 인드라 신]가 말했습니다.

"십방(十方) 세계로 뻗은 나와 동일한 불사성은 최고의 성공이고 천국의 행복인데 그대는 그것을 오늘 얻었소. '그 개'를 버리시오. 거기에는 잔인함이란 없소." 유디슈티라가 말했습니다.

"천 개의 눈을 가진 당신이여, 정의를 행한 분이시여. 정당한 행위를 하다가 부당한 행동을 저지르기는 어렵습니다. 내게 헌신한 것을 내가 버리는 것은 행하고 싶지 않습니다." 인드라가 말했습니다.

"개와 더불어 온 사람들을 위한 천국은 없습니다. 더구나 크로다바사들(Krodhavasas)은 그러한 사람들을 잡아냅니다. 그것을 감안하여 유디슈티라여, 그 개를 버리세요. 잔인함이란 없습니다." 유디슈티라가 말했습니다.

"충성한 자를 버리는 것은 영원한 죄악이라고 합니다....내 인생이 끝날 때까지 나는 그것을 포기할 수 없습니다." 인드라가 말했습니다.

"선물과 희생들과 신주(神酒)가 성스러운 불에 부어진 것을 알면 개는 크로다바사들(Krodhava-sas)이 데려갑니다. 그 개를 버리세요. 그 개를 버려야 신의 경지로 들어갑니다. 형제를 버리고 드라우파디를 버리고 그대의 행동으로 신의 경지를 확보했습니다. 왜 그렇게 어리석습니까? 당신은 모든 것을 버리셨습니다. 그런데 왜 개를 버리지 못 합니까?" 유디슈티라가 말했습니다.

"살아있는 한 나는 버리지 않습니다. 오 인드라여, **'보호를 찾는 자를 거절함'과 '여성을 살해함'과 '바라문의 물건을 훔친 것'과 '친구를 해치는 것' 이 네 가지 것은 '충성을 바쳤던 자'를 버리는 것과 동일합니다.**"

바이삼파야나가 계속했다. -유디슈티라 왕의 주장을 듣고 정의의 신 인드라는 마음이 즐거워서 부드러운 목소리로 칭찬을 섞어 말했습니다.

"현재 이 경우에 충성을 바친 개를 생각하여 [유디슈티라 왕은] 이 개를 거절하기보다는 천국행 마차를 거부하고 있소. 천국에도 당신처럼 유덕한 신은 없소. 바라타여, 더할 나위 없이 행복한 곳[천국]은 바로 당신 것이오. 당신은 최고의 목표 그 천국을 얻었소."

바이삼파야나가 말했다. -그 다음 다르마(Dharma) 사크라(Sakra) 마루트(Maruts) 아스윈(Aswins)과 다른 신들과 천상의 신선들은 유디슈티라를 수레에 태워 하늘나라로 향했습니다. 승리의 왕관을 쓰고 그 신들은 모든 곳을 맘대로 갈 수 있는 마차를 탄 것입니다. 유디슈티라 왕은 그 마차를 타고 우주를 밝히는 빛을 뿌리며 하늘로 올라갔습니다. 그러자 신들이 모인 가운데 나라다(Narada) 신이 말했습니다.

"**여기에 있는 모든 왕족 성자들은 유디슈티라 왕과 같은 상승[천국 도착]에 성공을 이루었습니다. 그의 명성과 부의 빛으로 세상을 지배했고, 하늘에서도 자기의 육체를 얻었습니다. 판두 아들[유디슈티라] 말고는 그것에 성공한 존재는 없습니다.**" 나라다의 그 말을 듣고 유디슈티라 왕은 거기에 모인 신들과 성왕들에게 인사를 하고 말했습니다.

"**지금 나의 형제가 있는 곳이 행복한 곳이던 비참한 곳이던, 나는 그곳으로 가는 것이 내 소원**

입니다. 다른 어떤 곳도 제 소원이 아닙니다." 왕의 이 말을 들은 최고신 푸란다라(Purnadara, 인드라 신)는 그 말에 놀라 말했습니다.

"천국에 살게 됨은 그대의 선행의 결과입니다. 왜 그대는 아직도 인간의 사랑에 연연하는가? 그대는 어떤 누구도 달성하지 못 했던 대성공을 거두었습니다. 당신 형제들은 더할 수 없는 행복의 영역을 얻기에 성공을 했습니다. 인간의 사랑들이 아직도 그대에 닿아 있습니다. 여기는 천국입니다. 신들의 영역을 획득한 천국의 신선들과 시다들(Siddhas, 신령 -semidivine being)을 보시오."

그러나 큰 지성(知性)의 유디슈티라는 다시 한 번 주장했습니다.

"오 다이티아들(Daityas)의 정복자이시여, 저는 형제와 떨어져 있는 곳은 싫습니다. 저를 형제들이 간 곳으로 보내주십시오. 저를 드라우파디(Draupadi)가 간 곳으로 보내주십시오."[10]

'판다바들의 장정(長征)에 드라우파디가 먼저 쓰러지다.'[11] '유디슈티라가 개를 위해 천국(天國)행을 거절하다.'[12]

(a) '마하바라타(*The Mahabharata*)' 저작자(시인)는 '마하바라타(*The Mahabharata*)' 전개에서 세상의 다양한 사건들을 빠짐없이 제공하면서도 그 '해결 방식'과 '결론[가르침]'이 하나로 통일이 되어 있으니, '육신(肉身)'에는 '고행(苦行)'을 부과하고 '정신(精神)'에는 '도덕'을 생각하게 하여 마지막 '절대 신과 합치게 하는 것이니, 그것을 '판두 5형제'를 통해 보여주고 있다.

(b) '마하바라타(*The Mahabharata*)' **대장정(大長征)의 책(Mahaprasthanika Parva)**'도 같은 방법이니, '판두 5형제의 히말라야 등반(登攀) 결심'은 '숲 속으로의 은퇴'를 달리 표현한 것이다. 그리고 '유디슈티라 일행'에 동참했던 **그 '개'는 바로 유디슈티라의 아버지 '다르마(Dharma)의 변신(變身)'으로 '유디슈티라의 도덕성'을 시험하려 동참했던 존재**로 밝혀진다.[제120장 참조]

---

10) K. M. Ganguli (Translated into English Prose from the Original Sanskrit Text), *The Mahabharata of Krishna-Dwaipayana Vyasa*, Munshiram Manoharlal Publisher Pvt. Ltd. New Delhi, 2000, -**Mahaprasthanika Parva**- pp. 1~7

11) Wikipedia, 'Draupadi' -'Draupadi falls as the Pandavas proceed.'

12) S. Jyotirmayananda, *Mysticism of the Mahabharata*, Yoga Jyoti Press, 2013, p. 258 'Yudhishthira renounces heaven for the sake of his dog.'

(c) 이 장에서 특히 주목을 해야 할 부분은 힌두들이 전제한 '우주관'이니, 신이 하늘에서 추방을 당하면 '인간으로 태어나 거주'하다가 늙어 죽으면 '하늘'로 올라간다는 '영혼 순환'으로 보였다는 점이다.

(d) 그리고 유디슈타라와 인드라의 대화에서 볼 수 있는바, 인간 정신의 '집착'과 '초월'의 상반된 두 감정의 조정 문제이다. 유디슈타라는 확실하게 했다. **'충성을 바친 개라도 살아 있으면 집착하는 것이 죄가 아니지만, 형제라고 일단 죽으면 어쩔 수 없다**[초월].'는 생각에 있었다.

(e) '최고의 도덕'도 보통 사람들도 다 알아들을 수 있는 내용들이다. 특히 힌두들이 고집했던 부분이 '고행(苦行)'인데, 힌두 사회에서 일반적으로 행해진 **'숲으로의 은퇴'는**, 소위 '고려 장(高麗 葬)'의 **원형**으로 주목을 해야 할 것이다.

(f) 중국(中國) 식 '현실주의' '[儒敎式]충효 정신'을 국시(國是)로 삼은 '조선왕조(朝鮮王朝)'부터 그 '고려장(高麗葬)'을 '흉악한 폐륜(廢倫)'으로 규탄하기에 이르렀으나, '절대 신' '천국' '절대 신에의 귀의(歸依, Yoga)'로 단련된 '절대주의자들'은 마땅한 '자기 선택'으로 존중이 되었던 것임을 역시 이 '마하바라타(*The Mahabharata*)'를 통해 확인할 수 있다.

18. 승천(昇天)의 책(Svargarohana Parva)

제120장 천국(天國)에 도달한 크샤트리아들

옴(Om)! 최고의 남성 나라야나(Narana)와 나라(Nara)께 인사를 드리며 여신 사라스와티(Saraswati)와 자야(Jaya)께도 인사드리옵니다.

자나메자야가 말했다. -천국을 얻었다면 판다바 할아버지들과 드리타라슈트라 아들들은 어느 지역을 얻었습니까? 알고 싶습니다.

바이삼파야나가 말했다. -유디슈티라 왕이 천국에 도착해 보니, 두료다나(Duryodhana)가 성공하여 훌륭한 의자에 앉아 있었습니다. 두료다나는 태양처럼 빛을 내며 모든 영광을 안고 있는 듯이 보였습니다. 그는 역시 빛을 내는 많은 신들과 정의로운 사디아들(Sadhyas)과 친구였습니다. 두료다나의 번성을 보고 유디슈티라는 노하여 그 모습에 등을 돌렸습니다. 유디슈티라는 그와 함께 한 신들에게 큰 소리로 말했습니다.

"나는 두료다나처럼 탐욕스럽고 식견이 없는 자와 '지복을 누리는 곳[천국]'을 같이 할 수 없소. 두료다나가 우리를 숲으로 보내 괴롭혔고, 우리가 친구와 친척과 세상 사람들을 죽이게 만들었소. 유덕한 판찰라 왕비 드라우파디가 원로(元老)들이 모인 회당으로 끌려 간 것이 그자 때문이었소. 신들이여, 나는 수요다나(Suyodana, 두료다나)꼴을 보고 싶지 않습니다. 나는 형제들이 있는 곳으로 가겠습니다." 나라다(Narada)가 웃으며 말했습니다.

"오 왕이여, 그럴 수는 없습니다. 천국에 있는 동안, 모든 원한은 없습니다. 두료다나 왕에 대해서는 말씀하지 마십시오, 내 말을 들어 보세요. **두료다나(Duryodhana) 왕은 천국에 있습니다. 그는 천국을 이루고 있는 신들과 왕들의 숭배를 받고 있습니다.** 전쟁의 불길로 그의 몸이 흩어져 (전쟁의)영웅들이 획득하는 목적(천국)을 얻었습니다. **당신과 당신의 형제들은 진정한 지상(地上) [사람들 속]의 신들로, 그 박해를 당하게 되어 있었습니다.** 그렇지만 두료다나는 그 크샤트리아 정신의 실천으로 그 천국의 영역을 획득했습니다. 그대가 '노름'을 하면서 마음에 근심이 없듯이, 이 지상의 왕은 무서운 전투 상황을 두려워하지 않습니다. 그래서 당신도 '노름'을 하면서 드라우파디의 고통을 생각하지 않았던 것이지요. 당신 친척들의 행동 결과로 생긴 다른 사람들의 근심을 당신은 생각도 하지 않은 것입니다. 천국의 관례에 따라 공손하게 두료다나와 만나야 합니다. 오 왕이여, 여기는 천국입니다. 천국에는 적대감이란 없습니다." 나라다(Narada)가 그렇게 말을 했지만 유디슈티라 왕은 형제들의 소식을 물으며 말했습니다.

"만약 천국이 두료다나 같은 불의의 악귀(惡鬼)를 수용한다면, 그는 친구와 세계의 파괴자로서 전 세상에 탐을 내어 세상의 말들과 코끼리와 인간들이 다 망하게 했으니, 분노에 불탔던 우리들은 우리의 상처를 어디에서 위로를 받아야 합니까? 나는 고매한 영웅들이 획득한 영역, 고귀한 맹세를 하고 약속을 지키고 진실하고 탁월한 용기를 지닌 형제가 있는 영역을 원합니다. 전쟁터에서 마감하게 된 카르나(Karna)와 드리스타듐나(Dhrishtadyumna) 사티아키(Satyaki) 등 크샤트리아 정신으로 죽은 왕들은 어디에 있습니까? 저는 천국에서 그들을 보지 못 했습니다. 오 나라다여, 나는 비라타(Virata) 드루파다(Drupada) 드리슈타케투(Dhrishtaketu) 시칸딘(Sikhndin) 판찰라(Panhala) 왕자 드라우파디의 아들과 아비마뉴(Abhimanyu)를 만나고 싶습니다." 유디슈티라는 계속해 말했습니다.

"전장에서 그 몸이 흩어진 그 호랑이 같은 용맹의 위대한 전차 무사들은 어디에 있습니까? 그 위대한 전차 영웅들이 천국으로 왔다면 신들이 알 것이니, 내가 그들을 관리해야 할 것입니다. 상서롭고 영원한 이 영역[천국]에 그들이 없다면 나는 천국에 머무를 수 없을 것입니다." 신들이 말했습니다.

"당신이 진정 그곳으로 가고 싶다면 지체 말고 가십시오. 신들의 왕 명령이시니, 당신 생각대로 행하도록 돕겠습니다."

바이삼파야나는 계속했다. -그렇게 신들이 말하자 천국의 사자(使者)가 말했습니다. "**유디슈티라 왕의 친구와 친척들을 보여드리겠습니다.**" 그 다음 그 천사 앞장을 서고 왕은 뒤를 따랐습니다. 그 통로는 악한 행동을 했던 사람들이 걸었던 불길한 길이었습니다...썩은 시체가 여기 저기 널려 있습니다...왕은 행진을 하며 온갖 생각이 떠올랐습니다...왕은 악으로 고통을 받는 사람도 보았습니다. 유디슈티라는 천사에 물었습니다.

"이 길을 얼마나 더 가야합니까? 아우들은 어디에 있습니까? 신들의 영역에 관해 알고 싶습니다." 이 유디슈티라 왕의 말을 들은 천사는 가던 길을 멈추고 말했습니다.

"당신의 [선택한] 길이 이처럼 먼 거리입니다. 천신들이 제게 명하기를 멀리 갔다가 당신이 지치면 함께 돌아오라고 명했습니다." 그러나 유디슈티라는 너무나 우울하고 더러운 악취에 정신까지 멍멍했습니다. 돌아가기로 결심을 하고 유디슈티라는 그의 발길을 돌렸습니다. 슬픔에 괴로워하며 왕은 돌아왔습니다. 그 순간 애달픈 탄식이 사방에서 터져 나왔습니다.

"다르마의 아들이여, 성왕이시여, 우리를 위해 잠시 여기에 머무르소서. 그대가 오심에 시원한 바람이 일고, 향기로운 향기를 얻게 되었습니다. 우리의 위대한 위로이고 행복이었습니다. 프리타의 아드님이시여, 잠시만이라도 여기에 더 머무르소서. 당신이 머무르시는 동안 우리를 괴롭히는 고통은 없습니다." 이 같이 가련한 목소리를 왕은 그 영역에 모든 말을 들었습니다. 그 탄식의 말을 들은 유디슈트라가 큰 소리로 외쳤습니다.

"아, 얼마나 괴로우십니까?" 그렇게 말하고 왕은 묵묵히 섰습니다. 그 말은 앞서 그들의 호소를 몰랐던 유디슈트라는 말했습니다.

"당신은 누구십니까? 왜 여기에 계십니까?" 이렇게 묻자 그들은 대답했습니다.

"나는 카르나입니다."

"저는 비마입니다."

"저는 아르주나입니다."

"저는 나쿨라입니다."

"저는 사하데바입니다."

"저는 드리슈타듐나입니다."

"저는 드라우파디예요."

"우리는 드라우파디 아들들입니다." 그 장소에 맞은 그 외침을 듣고 유디슈티라는 자신에게 물었습니다.

"이 무슨 얄궂은 운명인가? 그 고상한 자들[판두 형제]에게 무슨 죄가 있단 말인가? 카르나는 무슨 죄며 아들들은 무슨 죄인가? 그들의 처소가 악취가 진동하고 비통의 지역인가? 의로운 그들에게 돌려진 죄가 무엇인지 알 수 없구나. 드리타라슈트라의 아들 수요다나가 무엇을 잘해서 그와 그들의 종자(從者)들에게 번성의 자리를 주었는가? ....나는 잠을 자는가? 깨어 있는가? 의식인가 무의식인가? 머리가 고장이 났는가?" 슬픔에 압도되고 불안에 휩싸여서 오랜 동안 유디슈티라 왕은 생각에 잠겨 있었습니다. 그리고 나서 유디슈티라 왕은 크게 화가 났습니다. 천사에게 말했습니다.

"고통 받은 내 형제가 있는 여기가 그들의 마땅한 자리라면, 나는 여기에 머물고 신들이 있는 곳으로 돌아가지 않겠다." 유디슈티라가 그렇게 말하자, 그 천사는 신들의 왕이 있는 곳으로 돌아갔습니다. 그 천사는 인드라이게 유디슈티라의 그 말을 전했습니다.

바이삼파야나가 말했다. -유디슈티라 왕이 거기에 머물러 있자, 금방 인드라를 앞세운 신들이 그 지점으로 왔습니다. 의로운 신들이 쿠루 왕 유디슈티라가 있는 그 장소로 그를 보러 온 것입니다. **빛나는 신들이 와 유디슈티라 왕의 고상한 행동에 축성(祝聖)하자 그 지역을 지배하던 어둠이 사라졌습니다.** 죄를 저질렀던 사람들의 고통도 없어졌습니다. 그토록 무섭게 보였던 바이타라니(Vaitarani) 강과 험한 살말리(Salmali)와 쇠 물병과 바위들도 사라졌습니다. 쿠루 왕이 보았던 역겨운 시체들도 동시에 사라졌습니다. 그리고 향기로운 미풍이 신들의 존재로 불어오기 시작했습니다. 마루트(Maruts) 인드라(Indra) 바수(Vasus) 아스윈(Aswins) 사디아(Saddhas) 루드라(Rudras) 아디티아(Adityas) 시다(Siddhas) 위대한 신선 등, 하늘의 신들이 모두 유디슈티라 왕이 있는 곳으로 왔습니다. 그리고 나서 신들의 왕 인드라는 유디슈티라 왕을 위로해 말했습니다.

"환영합니다. 유디슈티라 왕이여, 환영합니다. 그 환상은 이제 끝이 났습니다. 그대는 성공을 했습니다. 복락이 영원한 곳이 당신 것입니다. 화내지 말고 내 말을 들으소서. 모든 왕들은 일단 모두 지옥으로 갑니다. 지옥은 착한 왕과 나쁜 왕으로 넘칩니다. 처음 선행의 결과를 즐긴 사람은 이후에는 지옥을 견뎌야 합니다. 한편 처음 지옥을 견딘 사람은 이후에 천국을 틀림없이 즐기게 됩니다. 죄가 많은 사람은 천국을 먼저 즐깁니다. 그래서 왕이여, 그대가 선을 행하고자 하여, 내인드라는 당신을 먼저 지옥에 보내 구경하게 하였소. 그대는 가식으로 '드로나(Drona)를 그의 아들

제4권 드와라카의 함몰 233

문제'에서 속게 만들었소.[제15일째 전투] 그래서 역시 그대는 거짓으로 지옥 구경을 한 것입니다. 그대 다음으로 비마와 아르주나 드라우파디도 [나의]속임수로 죄악의 장소에 모습을 보인 것입니다. 그대를 도운 모든 왕들과 전투에 살해당한 자들은 모두 천국을 얻었습니다. 와서 그들을 보소서. **카르나(Karna)는 천국 획득에 성공했습니다. 슬퍼하지 마시오. 그대 곁에 나타난 형제와 다른 사람들도 보시오. 모두가 극락의 장소를 얻었습니다.** 마음속에 두려움을 버리시오. 처음 잠깐 동안의 비참함을 견디었으니, 이제부터는 당신은 나와 함께 행복을 즐기고 슬픔과 고통을 버리십시오. 당신의 속죄와 보시(布施)로 획득한 이 극락세계를 즐기십시오. 깨끗한 복장과 빼어난 장식의 신들과 간다르바들과 천상의 아프사라들(Apsaras)이 당신의 행복을 도울 것입니다. 속죄의 열매를 즐기십시오. 유디슈티라여, 그대의 영역은 왕들보다 위에 있습니다. 그것은 프리타의 아들 하리스찬드라(Harischandra, 태양족의 왕)의 지위와 같습니다. 기쁨의 장소에 드소서. 거기에는 성왕(聖王) 만다트리(Mandhatri), 바기라타(Bhagiratha) 왕, 두슈만타(Dushmanta)의 아들 바라타(Bharata)도 있습니다. 거기에는 하늘의 강물도 흐르니, 3계(三界)를 신성하게 하고 축성(祝聖)합니다. 그것을 하늘의 갠지스(Ganga)라 합니다. 거기에 뛰어들어 당신은 당신 영역으로 갈 것입니다. 그 강물에 목욕을 마친 다음 당신은 당신의 인간적 성질을 버리게 됩니다. 정말 그대의 슬픔과 고통을 극복하고 모든 적대감을 벗어나게 됩니다." 신들의 왕 인드라가 유디슈티라에게 그렇게 말한 다음, 다르마(Dharma) 신이 아들[유디슈티라]에게 말했습니다.

"아들아, 너는 나를 향한 헌신과 말의 진실성과 용서와 자제로 나를 기쁘게 하였다. 그것[지옥 체험]은 네게 준 나의 제3의 시험이었다. 너는 너의 본성과 이성으로부터 방향을 바꾸지 못하는구나. 이에 앞서 나는 너를 '**드와이타(Dwaita) 숲에서 질문**'으로 너를 시험했을 적에 너는 그 호수로 두 개의 불 막대기를 찾으러 내게 왔었지. 너는 그것을 잘 해냈었다. 그리고 '**나는 다시 개 한 마리로 변장**'을 해서 또 한 번 그대를 시험했었다. 그리고 '**형제와 드라우파디가 몰락한 것[지옥에 떨어진 것]**'이 그 세 번째 시험이었다. 너는 형제들을 위해서 지옥에 있겠다고 하였다. 오 최고로 축성된 이여, 그대는 깨끗하게 되었다. 죄를 벗었으니, 행복이다. 오 프리타의 아들이여, 그대의 형제들이 겪어야 할 지옥 같은 것은 없다. 모든 것이 내가 만든 환영(幻影)이었다. 모든 왕들은 지옥을 구경하게 마련이다. 아르주나 비마 등의 영웅이 오랜 동안 지옥에 복역할 까닭이 없다. 드라우파디도 마찬가지이다. 3계를 흐르는 갠지스 강(Ganga)를 보아라." 이 같은 말씀을 들은 다음 대왕[자나메자야]의 할아버지(유디슈티라)는 다르마와 다른 신들과 함께 나아갔습니다. 하늘의 강 갠지스에 목욕을 하고 신선들의 축성을 받으며 인간의 몸을 버렸습니다. 천상의 모습으로 변한 유디슈티라는 목욕을 마친 결과로 모든 그의 원한과 슬픔을 버렸습니다. 신들에 호위를 받은 유디슈티라 왕은 그 지점을 출발하였습니다. 다르마(Dharma)신을 대동한 유디슈티라 왕은, 판다바들과 드리타라슈트라들이 각각 존중을 받고 있는 곳에 도착했습니다.

바이삼파야나는 말했다. -그처럼 신들의 칭송을 받으며 유디슈티라 왕이 있는 곳으로 마루트들

(Maruts)과 신선들이 왔습니다. 유디슈티라는 브라흐마(절대신) 상의 고빈다(Govinda)를 보았습니다. 전에 보았던 모습과 닮았습니다. 고빈다는 영웅적 팔구나(Phalguna)로 장식하고 역시 불타는 광채를 지니고 있었습니다. 고빈다는 유디슈티라를 보고 예로 맞았습니다. 다른 장소에서 유디슈티라는 카르나(Karna)를 보았는데, 그 최고 무기 사용자는 열두 개의 태양처럼 빛났습니다. 다른 곳에서 유디슈티라는 위대한 힘의 비마세나를 보았는데, 마루트들(Maruts) 중에서 빛을 내고 있었습니다. 비마(세나)는 바람의 신들과 나란히 앉아 있었습니다. 비마는 정말 아름다운 하늘의 형상이었고, 비마는 최고의 성공(천국)을 획득했습니다. 아스윈(Aswins, 쌍둥이 신) 영역에서 유디슈티라는 나쿨라와 사하데바를 보았는데, 자신의 광채로 빛을 내고 있었습니다. 유디슈티라는 역시 목에 연꽃 화환을 두른 판찰라(Panchala)의 공주[드라우파디]를 보았습니다. 천국을 획득하여 태양 같은 빛을 내고 있었습니다. 유디슈티라 왕은 갑자기 그녀에게 묻고 싶었습니다. 그러자 영명한 인드라가 유디슈티라에게 말했습니다.

"이재[드라우파디]는 스리(Sree)입니다. 당신들을 위해 드루파다(Drupada)의 딸로 태어났으나, 여자의 태(胎)에서 생겨난 이가 아니라 맑은 향기를 지녀 세상을 즐겁게 할 수 있는 바탕을 지니고 태어났습니다. 당신들의 행복을 위해 시바(三枝槍의)신이 창조했습니다. 다섯 명의 축복 받은 간다르바들(Gandharvas)이 바로 드라우파디와 당신들의 아들들입니다. 간다르바들(Gandharvas)의 왕 드리타라슈트라를 보십시오. 당신 아버지의 형님이지요. 당신의 맏형 수리아의 아들은 라다(Rada)의 아들로 알려져 있습니다. 그는 수리아(Surya)와 친구로 돌아다닙니다. 최고의 존재[절대신, 크리슈나]를 보십시오. 브리슈니의 억센 전차 무사들과 사티아키(Satyaki)가 있습니다. 억센 궁사 아비마뉴도 보십시오. 쿤티와 마드리와 부부인 억센 궁사(弓師) 판두도 있습니다. 당신의 아버지[판두]는 좋은 마차를 타고 자주 내[인드라]게 옵니다. 바수들(Vasus)과 함께 있는 비슈마(Bhishma)를 보십시오.[비슈마의 前身은 천상의 바수였음] 브리하스파티(Vrihaspati) 곁에 있는 당신의 스승 드로나(Drona)를 아시겠죠? 전쟁 중에 당신 편에 섰던 왕들은 간다르바들(Gandharvas)이나 약샤들(Yakshas)이나 다른 신들과 걷고 있습니다. 약간의 사람들은 구히아카(Guhyakas) 지위를 얻기도 했습니다. 육신을 던진 사람들이 말과 생각과 행동을 통해 천국을 획득합니다."

자나메자야가 말했다. -비슈마, 드로나 같은 고매한 분과 드리타라슈트라 왕과 비라타, 드루파다, 산카, 우타라, 드리슈타케투, 자얏세나, 사티아지트 왕, 두료다나의 아들, 사쿠니, 카르나의 아들, 자얏드라타 왕, 가토트카차 같은 영웅들은 천국에 머무른 기한이 얼마나 되나요? 그들도 영원한 자리가 있습니까? 그들의 행동 결과로 얻은 것이 언제 종료가 됩니까?

가객이 말했다. -이 왕의 질문에 그 신선[바이삼파야나]은 비아사(Vyasa)의 허락을 얻은 다음에 대답했습니다.

바이삼파야나가 말했다. -모든 사람이 다 자신의 행동 결과로 '자신의 본성으로 돌아올 수 없는 것[輪回로부터 해방됨]'이 아닙니다. 그럴 수도 있고 그렇지 않을 수도 있습니다. 그것은 신들의 신비(mystery)입니다. 비아사가 말씀하신 바에 의하면, **그 '고대의 금욕 자[Parasara의 아들]'는 높은 맹세들을 살피고 무한한 통찰력으로 전지전능하여 모든 행동들에 따른 결과를 알고 있다고 합니다.** 비슈마(Bhishma)는 바수들(Vasus)의 지위를 얻었습니다. 드로나(Drona)는 앙기라사(Angirasa)의 후손인 브리하스파티(Vrihaspati)에게로 갔습니다. 크리타바르만(Kritavarman)은 마루트들(Maruts)에게로 갔습니다. 프라듐나(Pradyumna)는 그가 나왔던 사나트쿠마라(Sanatku-mara)로 들어갔습니다. 드리타라슈트라의 경우 천국 취득을 알 수 없으니[못했으니], 그는 보물[財寶]의 왕이었기 때문입니다. 유명한 간다리(Gandhari)도 남편의 경우와 같았습니다.[천국에 못 왔다.] 판두는 두 아내와 함께 위대한 인드라 처소로 왔습니다. 바라타 드루파다 드리슈타케투 니샤타 아크루라 삼바 바누캄파 비두라타 부리스라바, 살라, 부리 왕, 칸사, 우그라세나, 바수데바, 우타라, 산카는 모두 신(神)이 되었습니다. 억센 바르차(Varchas)라는 소마(Soma)의 아들이 아비마뉴[아르주나의 아들]가 되었는데, 크샤트리아의 의무를 다하여 죽어서 소마(Soma)에게로 갔습니다. 카르나는 수리아에게로 갔습니다. 노름꾼 사쿠니(Sakuni)는 드와파라(Dwapara)가 삼켰고, 드리슈타듐나는 불의 신에게로 갔습니다. 드리타라슈트라의 아들들은 모두 맹렬한 라크샤사들(Rakshasas)이었습니다. 죽음과 무기로 축성(祝聖)을 받아 천국 획득에 성공했습니다. 유디슈티라 왕과 형제들은 정의(正義)의 신으로 들어갔습니다. 영명한 아나타(Anata, 발라라마)는 지하로 향했습니다. 할아버지[절대신의 명령으로 요가(Yoga)의 도움으로 대지를 지탱하고[떠받들고] 있습니다. 바수데바[크리슈나]는 나라야나(Narayana)라는 신들 중의 신이었습니다. 그래서 바수데바[크리슈나]는 나라야나에게로 갔습니다. 1만 6천의 여인이 바슈데바와 결혼을 했습니다. 시간이 오자 그녀들은 사라스와티(Saraswati) 강에 뛰어들었습니다. 그래서 그녀들은 육신을 벗고 천국으로 올라갔습니다. 그녀들은 아프라사들(Aprasas)이 되어 바수데바에게 나아갔습니다. 가토트카차[비마의 아들] 등 쿠루크셰트라 전쟁터에 죽은 전차 무사들은 신들과 약샤사의 지위를 획득했습니다. 두료다나 편에 섰던 무사들은 [근본이] 락샤사들(Rakshas)이라고 합니다. 죽은 사람[무사들은 그들의 영역을 획득했습니다.

가객(歌客, Sauti, 우그라스라바)이 말했다. -이 말을 듣고 자나메자야 왕은 놀라움으로 가득 찼습니다. 제사 사제들이 희생제를 끝내고 점검을 하려 남아 있었습니다. 뱀들을 구해낸 아스티카(Astika)는 기쁨이 넘쳤습니다. 자나메자야 왕은 모든 바라문들에게 엄청난 선물을 주며 감사했습니다. 왕의 이러한 존중을 받으며 사제들은 그들의 처소로 돌아갔습니다. 왕 자나메자야는 그 바라문들과 이별하고 탁샤실라(Takshasila)에서 하스티나푸라로 돌아왔습니다.[1]

---

1) K. M. Ganguli (Translated into English Prose from the Original Sanskrit Text), *The Mahabharata of Krishna-Dwaipayana Vyasa*, Munshiram Manoharlal Publisher Pvt. Ltd. New Delhi, 2000, -**Svargarohana Parva**- pp. 1~10

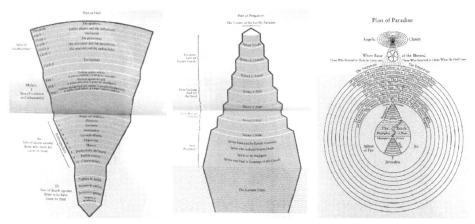

'지옥(地獄)도' '연옥(煉獄)도' '천국(天國)도'[2]

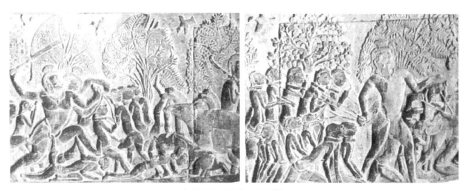

'지옥의 다양한 모습들'[3]

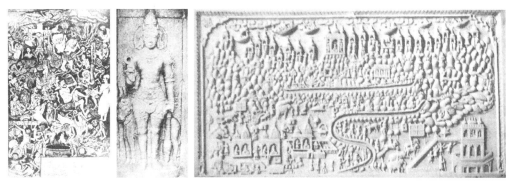

'지옥의 고통'[4] '야마 신'[5] '성소(聖所) 그림'[6]

2) R. Kirkpatrick(Translated by), Dante Alidhieri *The Divine Comedy*, Penguin Books, 2006 'Plan of Hell' 'Plan of Purgatory' 'Plan of Paradise'

3) V. Roveda, *Khmer Mythology*, Bangkok River Books, 1997, plate 70. 'Various scenes from Hell'

4) P. Thomas, *Epics, Myths and Legends of India*, Bombay, 1980, Plate 166 'Tortures of Hell'

5) P. Thomas, *Epics, Myths and Legends of India*, Bombay, 1980, Plate 168 'Yama'

6) V. Ions, *Indian Mythology*, Paul Hamlin, 1967, p. 138 'A symbolic representation of a Jain holy place'

(a) '마하바라타(*The Mahabharata*)'는, '절대신 중심주의' '천국 중심주의' '내세중심주의' '이승 부정' '육신 부정' '금욕 제일주의' 문학이다.

(b) '마하바라타(*The Mahabharata*)'는 '걱정 폐기' '고민 초월' '생사 초월' '절대주의' 문학이다. 그러기에 나면서 '육신의 애착'을 지닌 모든 존재에게 '도달해야 할 지고한 목표'를 가르치는 최고 문학으로 힌두는 '마하바라타(*The Mahabharata*)'의 연대를 5천년 이상으로 상정(想定)하고 있다.

그러나 현전하는 '마하바라타(*The Mahabharata*)'를 확인해 볼 때 이후의 많은 자료들이 혼입(混入)되어 있어 '역대 바라문들의 지속적인 첨삭(添削)'을 충분히 짐작할 수 있다.

(c) 그러나 이 '마하바라타(*The Mahabharata*)'가 전제하고 있는 '영혼불멸' '천국중심' '이승 부정' 등의 사고는 모두 인류 최고(最古) 문학 '베다(Veda)'부터 있었던 전제들이니, 그 기초를 바탕으로 삼고 있는 '힌두교 경전 대표'인 '마하바라타(*The Mahabharata*)의 존재'는 그대로 그 '힌두 경전의 종합'임은 아무도 부정할 수 없다.

(d) 힌두들은 이 '마하바라타(*The Mahabharata*)'의 가르침으로 인도를 통일했고, '세계의 상고 시대 역사'를 이루었으니, 이 '마하바라타(*The Mahabharata*)'의 올바른 인식이 바로 인류 '인문학의 출발'이라고 알아야 한다.

(e) 그리고 이 '마하바라타(*The Mahabharata*)의 맹신(盲信)'은 기타 종교의 맹신과 동일한 그 '개인적 취향'으로는 어찌 할 수 없는 노릇이지만, **현대인의 기본 전제는 '과학 정신'이 있을 뿐이다**.

(f) 그 **'과학 정신'**과 이 **'마하바라타(*The Mahabharata*) 정신'**의 동행이 바로 '동시주의(同時主義, Simultaneism)'이다. 이 '동시주의'는 '절대 신과 인간' '전체와 개인' '영혼과 육체' '절대주의와 현실주의'를 다 포괄한 동시주의이니, 현대인은 이 '마하바라타(*The Mahabharata*)'를 확인한 다음에 그 '위대한 동시주의(同時主義, Simultaneism)'도 그 전모를 비로소 다 확인하게 될 것이다.

(g) 작은 문제이지만, 단테의 '신곡(神曲)'이 '마하바라타(*The Mahabharata*)' **'승천(昇天)의 책(Swargarohanika Parva)**'을 기독교식으로 바꾸어 놓은 것이라는 점은 이야기 거리도 못 된다.

왜냐하면 '불경' '희랍 신화' '이집트 신화' '성경'이 모두 '범어 힌두 문화권'에 오로지 의존이 확인된 마당에, 단테의 '신곡(新曲)' 거론은 '바닷가에 조개껍질' 정도의 문제이기 때문이다.

(h) 그리고 처음 '마하바라타(*The Mahabharata*)'가 '가객(歌客, Sauti, 우그라스라바)'[제1장 참조]의 말로 시작했다가 역시 그의 말로 끝내는 것은 이 '마하바라타(*The Mahabharata*)'의 '말 속의 말'로 이루어진 **'언어 절대주의[만능주의]'**로 역시 주목을 해야 한다.

(i) 이 **'언어 절대주의[만능주의]'**는 희랍[理念, Ideal]과 중국 송(宋)대의 '도학(道學) 사상[言箴]'으로 정착했음에도 주목해야 한다.

다다 혁명 운동과 마하바라타
Movement Dada & *The Mahabharata*

제5권 비슈누 태양족의 이동

〈'크리슈나가 독뱀 칼리야(Kaliya)를 제압하다'¹⁾, '이 모자이크는 희랍 코린트(Corinth) 박물관에 전시되어 있는 것이다...
주 크리슈나(Lord Krishna)가 소들을 이끌며 나무 아래서 다리를 꼬고 피리를 부는 모습이다.'²⁾〉

---

1) P. Thomas, *Epics, Myths and Legends of India*, Bombay, 1980, Plate 204 'Krishna Subduing Kaliya'
2) P. N. Oak. *World Vedic Heritage*, New Delhi, 1984, p. 526

1. 개관(槪觀)

'마하바라타(*The Mahabharata*) 문화'는 그대로 한민족(韓民族)을 포함한 세계 유수(有數) 종족(種族)들을 선도(先導)했던 가장 확실한 상대(上代)의 '절대주의(Absolutism) 문화 사상'이었다.

그런데 역시 지구촌의 여러 종족(種族)들의 공통 특징은, 다들 **무조건 자기 종족 최고주의[인간 본래의 자기도취 취향]'에 빠져 '여타(餘他) 다른 종족들의 다른 생각들 무시하기', '독자적인 특징 자랑'에 몰입하여 사소한 몇 가지 '색 다른 점'을 침소봉대(針小棒大)하여 '자기들만의 자랑'에 늘 태평(太平)**이었다.

즉 인류 공통의 '마하바라타(*The Mahabharata*) 문화권' 내(內)에 들어 있으면서도, 몇 가지 신체적 특징이나 의식주(衣食住)의 차별, 또는 의례(儀禮)적 몇 가지 사례를 앞세워 '자기네 종족이 최고' '가기들만이 최고 종족' '자기 종교 습관 최고'의 망상(妄想)에 젖어 '여타 사상 종교 종족 무시하기'하기에 다투어 열을 올리며 날과 밤을 보냈다.

그래서 지구촌 인간 종족들은, 함께 약속이나 한 듯이 '특정 자기네 종족 제일주의[민족주의]'를 교육했고 '자기네 땅 최고' '자기네 종족 최고주의'를 주입(注入)한 나머지, **사해동포주의' '지구촌 한 가족'의 위대한 세계화 정신에는 언제나 한 걸음 멀리 있어 오히려 부족한 아쉬움이 있게 마련이었다.** 그 결과 빚어진 대표적인 참화(慘禍)가 '제1차 제2차 세계 대전'이었다.

그런데 '마하바라타(*The Mahabharata*)'는, '절대신[크리슈나]'를 받들었던 그 판두 5형제들이 '배약(背約)과 사기집단인 집단 드라타라슈트라 아들들'을 어떻게 그 '혁명전쟁'을 통해 '응징(膺懲)'했는지를 밝힌 '최고(最古)의 전쟁' 문학이다.

인간(人間)은 숙명적으로 '육신(뱀)과 더불어 정신[절대신]을 받들어야 하는 부조리(不條理) 속의 인간들'이기에, 이 '마하바라타(*The Mahabharata*)'는 단순히 '상고(上古)시대에 행해진 준엄한 인간 자격 평가에 대한 상세한 보고(報告)'일 뿐만 아니라, 육신(肉身, 뱀)으로 연명하며 그 도덕(신)을 받들지 않을 수 없는 인간에 내린 영원한 '절대 신의 경종(警鐘)'이고, 지속적으로 자신들의 모습을 거기에 비추어 살펴야 할 '영원한 참회의 거울'이다.

그렇다면 오늘날에도 이 '마하바라타(*The Mahabharata*)'를 그대로 다 적용을 할 수 있는가? 그러나 '마하바라타(*The Mahabharata*)' '신비주의(神秘主義)'는 확실하게 모두 다 '절대 신(神)[도덕] 교육'을 위한 방편이라는 다 알게 되었으니, 그것의 수용 여부는 오히려 각 개인 각자가 판별해야 할 사항이다.

오늘날의 시대정신은 '과학 정신' '자유정신' '평등정신' '평화정신'이다. 그 속에서 역시 진행형인 '마하바라타(*The Mahabharata*)에서처럼 사기(詐欺)와 배약(背約)의 무리들과의 전쟁'이 있다. 그리고 **인간 개별 정신의 순화(醇化)** 문제는 그대로 각 개인들의 과제로 남겨져 있으니 '마하바라타(*The Mahabharata*)'에서 '뱀[육신, 욕망문제]'는 엄연한 '인간 각자의 자기극복[克己復禮]'의 숙제(宿

題)로 거듭 점검과 근신(勤愼)들을 해야 할 사항이다.

'마하바라타(*The Mahabharata*)'는 인류가 소지한 '상고(上古) 시대 문화'를 간직한 유일한 저술로서, 우선 그것을 바탕으로 '**불교**'는 그 '바라문(사제)들의 절대 신과 하나 되기'로 정착을 했고, '**기독교**'는 그 '절대 신의 아들 되기'로 그 정면을 드러내게 되었다. 그러나 '불교'와 '기독교'가 모두 본래의 그 '마하바라타(*The Mahabharata*) 정신'을 어김없이 계승을 하면서도, 너무 '대중(大衆)화' '간소화' '축약'을 단행한 나머지 본래 '마하바라타(*The Mahabharata*)'에서 상세하게 펼친 '**왕[크샤트리아]의 바라문[사제] 만들기**' 즉 '국왕의 도덕 교육'이라는 본래의 중차대(重且大)한 모습까지 생략을 단행하여 '그 역사적 변전'을 다 알 수 없게 만들어 버렸다.

그러나 <u>오늘날 지상(地上)에 남아 있는 종족들은 과거 왕족이나 귀족이 아닌 사람이 오히려 드물게 되었기에</u>, '마하바라타(*The Mahabharata*)'가 제대로 보여주고 있는 '크샤트리아의 의무'와 '크샤트리아[武士]들의 세상 통치'가 다 '그네들 조상 이야기'이고 역시 '자기 자신들을 위한 이야기'로 못 믿을 이유도 없게 되었다. 그래서 원래 '마하바라타(*The Mahabharata*) 문화' 자체인 그 '신화(神話)' '전설(傳說)'을 그대로 다 믿고 간직하고 있는 종족들이 바로 **한국인**, 일본인, 이집트인, 희랍인, 유태인, 로마인[독일인 영국인]이었고, 그 '마하바라타(*The Mahabharata*) 문화'에 공유의 족속들이다.

더욱 놀라운 사실은 '마하바라타(*The Mahabharata*)'에 전제된 '신들의 처소(處所)' '메루 산[Mt. Meru]'은, 극히 사변(思辨)적인 '얀트라(Yantra, Mandala)'로 도형화(圖形化) '수자화(數字化)'가 단행되었는데, 그 <u>힌두(Hindu)의 '얀트라(Yantra, Mandala)'를 바탕으로 당초 힌두(Hindu)의 건축가 드라비드(Dravid, Druid)가 '피라미드'를 설계했고, 역시 그 '얀트라(Yantra, Mandala)'를 바탕으로 희랍의 피타고라스(Pythagoras)가 그의 '수학적 원리[피타고라스 정리]'에 선착(先着)을 했다는 사실이다.</u>

뿐만 아니라 '마하바라타(*The Mahabharata*)' '지존(至尊)의 노래(Bhagavat Gita)'에 제시된 '행성(行星)론' '4원소[地水火風]설' '계급론'을 바탕으로 플라톤 등 희랍의 철학자들이 각자의 '철학적 견해'를 마련했으나, 거의 다 힌두(Hindu) '바라문의 사고(思考) 영역'에 그 1차 근거를 둔 것이었다. 그리고 힌두의 '행성(行星) 발견'을 바탕으로 코페르니쿠스(Copernicus, 1473~1543)의 '지동설(地動說)' 이론이 나왔고, 갈릴레이(G. Galilei, 1564~1642) 케플러(J. Kepler, 1571~1630) 뉴턴(I. Newton, 1642~1720)이 이론들이 연달아 나왔다는 것은 오늘날의 상식이다.

'현대 과학 문명'은, 뉴턴(I. Newton)의 '만유인력 이론의 공표(프린키피아, 1687)'와 볼테르의 '역사철학(1765)'과 칸트의 '순수이성비판(1781)', 후고 발의 '다다 혁명 운동(1916)'으로 일반화된 그 '과학적 사고(思考)'를 인류의 '보편적 표준 정신'으로 삼고 있다.

어찌 그뿐이랴? '마하바라타(*The Mahabharata*)'의 바라문들은 이미 상고 시대에 '인간 욕망(慾望, Desire)'의 뿌리들' 즉 '탐욕' '호색' '경쟁' '독점' '지배' '패왕(霸王)'의 기질을 남김없이 다 공개(公

開) 총괄하여 그것들이 다 그 '뱀(Snake, 肉身) 속성'임을 깨끗하게 앞서 요약을 행하였다.

그래서 '마하바라타(*The Mahabharata*)'는 그것들[육신의 속성들]의 '억압' '인내' '극복'을 바로 '**고행(苦行) 최고주의**'로 정착을 시켰고 나아가 그것들을 다시 '염세주의' '허무주의' '절대 신에의 귀의'로 연결해 놓았으니, '마하바라타(*The Mahabharata*)'는 현대 '정신분석학'과 프랑스의 '자연주의 문학'을 앞서 달성한 셈이 되었다.

이러한 측면에서 오늘날 '마하바라타(*The Mahabharata*)'의 독서는, 종교 사상의 심화된 이해와 '도덕' '과학정신' '사해동포주의' 학습 완료를 위한 요긴한 그 지름길이다.

그러므로 이미 확실하게 된 '크리슈나(비슈누) 문화의 영향권 확인'만으로, 여타 기존의 '고집스런 폐쇄주의들'은 이제 다 시원스럽게 모두들 청산을 행해도 무방(無妨)하다 할 것이다.

2. 이집트인

소위 서구(西歐) '계몽주의(Enlightenment)' 이전의 '인생관' '세계관' '국가 사회 운영 방법'은 문제 그대로 '신비주의(神秘主義, Mysticism)'가 전 세계를 휩쓸었다. 그것은 **살아 있는 신[국왕, 最高司祭]을 중심으로 한, 그 '사제(司祭) 중심'의 '힌두이즘(Hinduism)' 일색(一色)이었다.**

이집트는 그 힌두(Hindu)와 지리적으로나 인종적 문화적(언어적, 梵語 문화권) 교류가 빈번 했던 곳으로, 그 '선진 문명'을 먼저 확보한 힌두(Hindu)들이 넘쳐와 일찍부터 그[이집트] 문명을 운영해 왔던 사실이 오늘날 낱낱이 다 밝혀지고 있는 형편이다. '고대 이집트(3150~30 b. c.) 문화'의 특징은 '천혜(天惠)의 농업 천국'으로 '세계 최고(最古, 最高) 곡물 부자나라'로서 그 주변국들에게 소문이 천하에 재주꾼들이 그 파라오 앞에 나가 자기 재주를 자랑하며 '영주(永住)'를 소망했다. 제일차적으로 '품팔이 노동자들'부터 크게는 '왕국을 휘어잡을 무사들[크샤트리아들, 傭兵]' '각종 선교사(宣敎師)'들이 다 몰려들었으니, 그 주요 종족은 바빌로니아 시리아 소아시아에서 몰려 온 '아리안(Aryan)'이었으니, '고대 이집트(3150~30 b. c.) 문화'는 농부(農夫)만 '이집트 원주민 정신[오시리스 이시스 정신]'을 간직했고, '파라오'는 문자 그대로 '세계 종족을 향해 열려 있던 특수 상황'이었다. 한 마디로 '고대 이집트(3150~30 b. c.) 문화'는 '파라오 문화'인데, 그 '지배 영역[나일 강 유역]'은 고정이 되어 있었으나 그 문화의 선도자(先導者) '파라오'는 최초의 정복자[제1왕조 開創者] '메나(Mena, Narmer)'부터 이방인(異邦人)이었다.[1][다양한 '미라'의 보존으로 확실히 다 입증이 되

---

1) Donald A. Mackenzie, *Egyptian Myth and Legend*', Bell Publishing Company, 1978(1913), pp. 35~36 '능수능란한 사람들이 상부[남부] 이집트에 나타났다. 그들은 아라비아를 통해 왔는데, 그들은 태고의 문화를 흡수했던 자들로 초기 바빌로니아 사람들 속에서는 정착할 수가 없었다. 그들은 낮은 홍해(Red Sea)의 끝자락을 건넜고, 직접적으로 사막 길을 넘었거나 혹은 아비시니아(Abyssinia) 고지대를 통과해 푸른 풀과 나무로 덮인 나일(Nile)

고 있음」

1) 이집트의 신

"이집트 여신 '이시스(Isis)'는 베다의 '우샤(Ushas)'이다. 동일하게 이집트의 신 '프타(Ptah)'는 범어(梵語)로 우주의 아버지를 뜻하는 신 '피타(Pita)'이다. 이집트의 신 '세브(Seb)'는 힌두의 '시바(Shiva)'이다. 이집트의 '하르(Har)' 신은, 범어로 '주(主) 시바'이다. 이집트의 신 '베스(Bes)'는 베다 전통의 '비슈누(Bishunu)', '비슈누(Vishnu)'이다. 이집트의 '아톤(Aton)'은 범어로 '아트만(Atman)'이다.

이집트 학자 부게(Budge) 박사에 의하면, **고대 이집트인은 '위대한 유일신'을 신앙했는데, 저절로 창조되었고 전능이고 영원하고 우주의 창조라 하였다. 그를 '네트르(Nethr)' 즉 '이름 없는 신'라고 한다고 했다.** 그러나 '네트르(Nethr)'는 범어로 '눈[目]'을 말하고 만물을 보는 '신'에게 적용한 것이다. 그리고 '네트라(Nethra)'는 역시 범어 '네티(Neti)' 신을 말하는 것이니 '그것은 없음[神은 구체적인 대상이 없음]'을 잘못 발음한 것이다."[2]

———✈

(a) 인류의 '신(神)'은 '힌두교' '불교' '기독교' 신 문제로 충분히 알려져 있고, 더구나 그 '3교'는 힌두(Hindu)의 '마하바라타(*The Mahabharata*)'에 다 있음을 명백히 될 필요가 있다.

(b) 힌두(Hindu)들은 '신(神)' 개발에 역대 바라문 지성들이 총동원이 되었는데, 그 결과가 '마하바라타(*The Mahabharata*)'와 '지존(至尊)의 노래(Bhagavat Gita)'로 정착한 것이다.

(c) 아직 독서가 폭넓게 행해지지 못 한 상태에서 '지역적' '종족적' '신앙적' 편견에 사로 잡혀 '저서(著書)'를 행할 경우, '이집트 학자 부게(Budge) 박사' 정도의 결론이 최선이고, 잘못을 범할 경우 자기 '지역' '종족' '신앙' 우월주로 휘두르게 되니, 그 최악의 경우가 '게르만 우월주의' '개신교 우월주의' '자기 제일주의'에 빠진 불행한 헤겔(Hegel)이 있었다.

(d) 그것을 '치료하는 요긴한 처방'이 바로 이 '마하바라타(*The Mahabharata*)'와 '지존(至尊)의 노래(Bhagavat Gita)'를 우선 읽고 살펴보는 일이다.[모르면 '무식'으로 용감함]

2) '뱀' 이야기

"이집트인들은 [코브라] **세슈(Shesh)가 땅을 떠받들고 있어,** 암소와 거대 영역의 땅이 힌두 인처럼 '세슈(Shesh)'라는 거대 코브라 일당이 그 균형을 이루고 있다고 믿었다...그 '세슈(Shesh)'가

___

강 계곡으로 들어왔다.....그 침략자들은 호루스 매 의례(Horus-hawk cult) 태양 숭배자들이었다. 그러나 그들은 오시리스 곡신 숭배자들도 포용하였다.'

2) P. N. Oak. *World Vedic Heritage*, New Delhi, 1984, p. 612 'Vedic Theogony'

땅을 하늘 높이 받들고 있다는 생각이 '우주 공상(空想)'이다...범어로 '세슈(Shesh, 코브라)'는 역시 '나머지' '잉여'를 의미하고 있다."[3)]

"모리스(T. Maurice)['힌두의 예술 과학의 역사(*The History of Hindostan, its Arts and its Science*)'322면]는 크리슈나와 무서운 '뱀 칼리아 나가(Kaliya Naga)와 투쟁'을 언급하였고 '묵시록' 에 대해 -아기 구세주와 독을 품은 뱀과 가장 주목할 만한 모험이었는데, 구세주는 뱀을 시켜 상처 를 독을 빨아내게 했을 뿐만 아니라 그 동물이 물러간 다음에도 저주를 반복하여 벼락을 맞게 했기 때문이다.....'인도의 전설'과 '아랍의 전설'이라 할 수 있는 '코란', 그리고 '묵시록'은 긴밀한 관계를 갖고 있기 때문이다.-라고 하였다."[4)]

'투트 앙크 아멘(Tut ankh amen, b.c. 1332~1323)'[5)] '코브라', '피카소의 상(1947)'[6)]

———✈

(a) 앞서 살폈듯이 '마하바라타(*The Mahabharata*)'에서처럼 '뱀(코브라) 이야기'가 떠들썩하게 전개 된 문헌은 세계 없으니, 그것은 '절대신' '비슈누(Vishnu)' 자신의 형상이라는 점에 더욱 심각한 의미를 지니고 있는데, 그 '변용(變容) 무한성'을 역시 자랑하고 있는 바다.['비슈누(크리슈나) 관 련 용어' 참조]

(b) 소위 '마하바라타(*The Mahabharata*)' 전쟁은, **'뱀[육신, 욕망, 탐욕] 존중 문화'에 대한 '혁명전쟁'** 이었는데, 그러한 측면에서 그것은 바로 '힌두(Hindu) 바라문'이 처음 주도한 '신의 심판[전쟁]'이 고 '[인류 최초]혁명 운동'이었다.

(c) 그 **'혁명전쟁'은, '뱀[육체] 속에 함몰(陷沒)된 인간 정신'을 '신(정신)을 존중할 줄 아는 인간 변 혁[심판]'으로** 먼저 해석을 한 선각자들도 그 '힌두(Hindu) 바라문들'이었다.

(d) 이 '마하바라타(*The Mahabharata*)'에는 원래 '뱀 종족'으로 天神 헌신한 '위대한 뱀들'을 여럿 거론하고 있으니, 그들은 이름만 '뱀'일 뿐 물론 엄연한 '인간[족속에 경멸'로 행해진 것이다.[제11 장 참조]

3) P. N. Oak, *World Vedic Heritage*, New Delhi, 1984, pp 607, 612
4) P. N. Oak, *World Vedic Heritage*, New Delhi, 1984, p. 607
5) Wikipedia, 'Tut ankh amen'
6) R. Descharnes, *Salvador Dali; The Work The Man*, Harry N Abrmas, 1980, p. 308 'Portrait of Picasso(1947)'

(e) 더욱 주목해야 할 사항은 '이집트 왕'의 상(像)들이 그 '코브라 상'으로 장식을 행했다는 사실이다.

(f) 초현실주의 화가 S. 달리는 '이집트 왕'과 '피카소의 탐욕'을 동등하다고 비판을 했는데, '코브라의 갈기'로 그 공통성을 도출했는데, 그것은 **'이집트 국왕 자신'이 '비슈누(Vishnu) 신의 아들'임을 과시한 '황금 왕관 장식물'**이다.

(g) 인간은 '육신'을 지니고 있는 한 그 '탐욕[뱀]성'을 버릴 수 없지만, 오히려 '고행' '인내'로 그것을 극복하려는 노력이 '절대 신에의 귀의' '요가(Yoga)'라고 '마하바라타(*The Mahabharata*)'와 '지존(至尊)의 노래(Bhagavat Gita)'에서는 반복 설명을 하고 있다.

3) 황소[소] 숭배

"이[아래] 동상은 고대 이집트의 '황소 숭배'를 나타낸 것이다.

인도에서 '황소 숭배'는 '카르나타크(Karnatak)'와 '안드라(Andhra)' 지역의 많은 사원에 남아 있다. 인간을 위해 농경(農耕)의 힘과 우유를 제공하는 신의 가호(加護)로서 황소와 암소의 숭배는 베다 식 신에 대한 감사 찬송의 일부이다."[7]

'황소에게 경배하는 국왕'[8]

_____✈

(a) 힌두(Hindu) '마하바라타(*The Mahabharata*)'의 특징은 **'만신(萬神, Pantheon)' 사상에서 '유일신'으로 나가는 '인류 종교의 총화(總和)'라는 엄청난 사실을 그대로 보여 주고 있다**는 점이다.

(b) '지적 현실적 힘의 소유자[독재자]'의 특징은, '일사불란(一絲不亂)한 질서'를 '아름답다.'고 칭송을 늘어놓는데, 사실상 생명이 일차로 거부 대상은 바로 '획일화한 질서(秩序)'에 기피(忌避, 자유)'를 제일로 전제하고 있다. 이 '질서(秩序)'와 '자유(自由)' 양극 속에 인류를 포함한 모든 생명이 함께 있다.

(c) 그러므로 인간이 창조한 종교는 무엇보다 그 '일사불란(一絲不亂)한 질서'를 우선하지 않을 수 없지만, 생명은 '종교 자체'도 인류의 다양성에 맞춰 '종교의 자유' '사상의 자유'를 선언하지 않을

---

7) P. N. Oak. *World Vedic Heritage*, New Delhi, 1984, p. 167
8) P. N. Oak. *World Vedic Heritage*, New Delhi, 1984, p. 167

수 없게 되었는데, 힌두(Hindu)의 '마하바라타(*The Mahabharata*)'는 속편하게 '유일신'과 '만신(萬神)'을 공유하는 '사상의 자유'를 사실상 먼저 승인하고 있었다.

(d) 힌두(Hindu)는 '절대신(비슈누, 크리슈나)'뿐만 아니라 '코끼리 신' '황소(암소) 신' '말신' '악어 신' '독수리 신' '뱀 신' '산(山)신' '해신' '저승 신' '태양신' '불 신' '바람신' '도덕 신' 등에다가 수많은 '경력'에 따른 '찬송의 명칭(名稱, 명칭 자체가 祈禱 讚頌임)'을 끝도 없이 붙여 놓았다.

(e) 그러므로 그 '힌두(Hindu)' 아닌 여타 종교에서 몇 가지 특징으로 '힌두(Hindu)'에 대항 논리를 펴는 것'은 그야 말로 '포크레인 앞에서 삽질하기'이다.

(f) 그리고 '범어'와 '힌두(Hindu)' 문화가 너무나 오래도록 광범위 하게 펼쳐져 그 근본을 파면 팔수록 그 '범어와 힌두(Hindu) 문화'를 당할 수 없게 되었다.

(g) '역사(歷史)적 탐구'는 '과학'이고 '입증'이고 '상식'이고 '시간 속에 변전(變轉)의 추구'이다. 그래서 **'세계사'는 '인류 공동의 관리 대상'이고 어느 특정 지역이나, 종족, 기호(嗜好), 사상에는 오히려 무관(無關)하게 '전 인류의 공동 복지'를 목표로 하고 있고, 앞으로도 인류가 함께 관리 강화해야 할 '공동의 지식 원(知識 源)'이다.**

(h) 그래서 '각국의 역사' 서술은 그 '세계사 영역의 일부'인 '지역(地域)사' '종족사(種族史)'로 그 마땅한 자리를 찾지 않을 수 없는 것이 오늘날 '지구촌(地球村)'의 현실이다.

4) '스핑크스(Sphinx)'

"토마스 모리스(Thomas Maurice, 1754~1824)는 그의 책 '힌두의 예술 과학의 역사(*The History of Hindostan, its Arts and its Science*)'에서 -인류의 분화와 확산이 생겼고, 이집트로 들어가 식민지를 만들었고, '사자와 인간을 종합한 스핑크스 나라(the Sphinx of the country, partly of a lion and partly of a human being)'라는 인도의 신화적 디자인을 낳았는데, 그것은 인도 기원의 '[비슈뉘화신(化身, Avatar)'에 근거한 것이다.-라고 했는데...푸리(Puri)에 있는 자가나트(Jagannath) 사원의 스핑크스 이미지로 '이집트 스핑크스'가 베다 신상(神像)임을 말한 것이 그 모리스(T. Maurice)의 고찰이다."

"'스핑크스(Sphinx)'는 범어로 '시마(Simhas, 獅子)'이다. 원래 'p'음은 'psychology'에서처럼 묵음(默音)이다."[9)]

9) P. N. Oak. *World Vedic Heritage*, New Delhi, 1984, pp. 605, 615

'피라미드와 스핑크스 상'10)

_____✈

(a) 서구(西歐)에서 '중세(中世) 사회'을 열었던 기독교도들은 독특한 '선민(選民)의식' '절대신' '크샤트리아의 굴복'을 성공적[?]으로 '백인 우월주의' '희랍 우월주의' '서구 우월주의'를 지속하며 그 '범어(梵語)'와 힌두(Hindu) 문화 무시'에 잠시 의기양양하였다.

(b) 그러나 힌두(Hindu)의 '마하바라타(The Mahabharata)' 같은 저서는 무시하여 읽지도 안 했고[라틴어 성경'도 '사제 교육용'으로 일반인에게 거의 무관한 책이었음], 설영 읽어 알고 있어도 더불어 말할 사람이 없는 '폐쇄주의' 사회였다.

(c) 세계에 '시민 사회'가 열린 동기는, '뉴턴' 이후 '과학 사상'과 '정보의 공유' '소통' '자유' '평등' 이론이 일반화된 이후의 일이다.

(d) 그러기에 그 뉴턴(I. Newton, 프린키피아-the Principia, 1687), 볼테르(Voltaire, 역사철학-The Philosophy of History, 1765), 칸트(I. Kant, 순수이성비판 -The Critique of Pure Reason 1781)를 거친 다음에야 모리스(T. Maurice, 1754~1824)가 위와 같은 주장을 할 수 있게 되었으니, 그 '모리스의 탐구'는 단지 '있었던 사실(事實) 밝히기' '세계사 제대로 쓰기'의 일환(一環)일 뿐이다.

(e) 사살 상 모리스의 '탐구'는 '기독교 중심 서구사회'에는 기막힌 뉴스거리였을 것이나[오늘날 기독교들에도 역시 그러할 수밖에 없음] 힌두(Hindu)의 '마하바라타(The Mahabharata)'를 읽은 후의 독자에게는 '당연한 진술' '상식의 복원(復原)' 정도의 일이다.[**비슈누의 10대 化身 중에 '5 나라시마(Narasimha, 사람사자) 화신' 참조**]

5) '피라미드' 설계자

"이 드루이드(Druid), 즉 건축가 드라비드(Dravid)가 이집트 피라미드를 기획했다.

샌들을 신고 손에는 범어 베다 식 건축 설계도를 반쯤 펼치고 있다. S. K. 아이양가르(S. K. Aiyangar, 1871~1946)의 '이집트 신화 전설(Egyptian Myth and Legend)[398면]과 '끊어진 고리들(Long Missing Links)[56면]에 실려 있다."

"'피라미드(Pyramid)'에서도 '피(Py)'는 묵음(默音)이니, 라마(Rama)에 헌납된 건축이기 때문이다."11)

_____

10) P. N. Oak. *World Vedic Heritage*, New Delhi, 1984, p. 615

'피라미드 설계자 드라비드(Dravid, Druid)'[12] '신전 거축에 표준이 된 라마 얀트라(Rama Yantra)'[13]

(a) 이집트의 '피라미드(Pyramid)'는 단순히 이집트인들의 '역사적 유물'이 아니라, '서구문명' '인류 문명의 시원(始元)'을 말하는 것으로 모든 사람들의 관심이 모아졌던 중대한 기념물이다. 그런데 **그 '피라미드(Pyramid)'의 설계자가 힌두(Hindu)의 건축가 드라비드(Dravid, Druid)라는 사실** 은 그 '스핑크스 해명'만큼이나 서구인의 상식을 뒤엎는 일이다.[기독교 일색으로 누천년을 교육 당한 결과임]

(b) 그러나 당초에 힌두(Hindu)가 앞서 일반화한 '수(數)'의 상징과 '기하학적 도형[점, 원, 지선, 삼각 형, 사각형]'과 '얀트라(Yantra, Mandala, 신의 거주지, -神殿)'를 고려하면 '피라미드'의 비밀은 다 풀리게 되어 있다.

(c) 즉 **'피라미드(Pyramid)'는, 힌두(Hindu)의 '얀트라(Yantra, Mandala, 신의 거주지, -神殿)'를 바 탕으로 '절대 왕권'을 휘두른 이집트 황제가 제작한 '신전(神殿, 무덤)'일 뿐이다.**

(d) 그리고 **'서구 과학 문명의 할아버지' 피타고라스(Pythagoras)가 바로 이 힌두(Hindu)의 '수(數)' 의 상징'과 '얀트라(Yantra, Mandala, 신의 거주지, -神殿)'를 중심으로 그 이론을 출발시켰다는 사실**의 확인은 모든 '과학도'의 마땅한 상식이 되어야 한다.['科學 史'의 출발점]

6) '1천년 후 부활' 설

"허영(虛榮)은 그 대가를 치르는 법이다. 이집트 고대 왕들의 야심이 그것이니, 그들이 자신의 아버지와 자신을 위해 훌륭한 피라미드를 세워야 했다. 노예제(奴隷制)로 노동력을 확보하고, 그리 고 '미신'에 의한 것이니, 코카마틴스(Chocamatins) 코엔(Choen) 이집트 사제(司祭)가 영혼이 1천 년 기간이 지난 다음에 자기 자신으로 몸으로 되돌아온다고 사람들을 설득 하였던 것이다. 이집트

11) P. N. Oak, *World Vedic Heritage*, New Delhi, 1984, pp. 613, 615
12) P. N. Oak, *World Vedic Heritage*, New Delhi, 1984, p. 163
13) F. W. Bunce, *The Yantras of Deities*, D. K. Printworld, New Delhi, 2001, p. 181 'Rama Yantra 1'

인은 육체가 천년 동안 썩지 않기를 원했고, 그 같은 이유에서 그렇게 세심히 방부(防腐)처리 되고, 모든 재난에 대비하여 열어 볼 수 없는 거대 바위 속에 보관 하였다. 이집트인과 왕들은 상처가 낫는 시간을 고려하여 무덤을 만들었을 것이다. 자기 육체의 보존은 모든 인간의 소망 사항이다. 현존하는 이집트 미라는, 4천 년 동안 묻혀 있었다. 시체들이 피라미드처럼 견딜 힘이 있었다.

그 '천년 후 부활론(the opinion of a resurrection after ten centuries)'은, 이집트인의 제자(弟子)들인 희랍인들에게 수용(收容)이 되었고, 로마 사람들은 그것을 다시 희랍인에게서 배웠다. 우리는 엘레우시나(Eleusina)의 이시스(Isis)와 케레스(Ceres)의 신비한 그 '부활론(resurrection)'을 아에네아드(Aeneid) 제6권에서 확인할 수 있다.

'그러나 천년이 지나서야/ (그토록 오래 罰과 贖罪가 지속하다가)/ 모든 혼(魂)의 무리는 신(神)에게 이끌려/ 레타에안 강(Lethaean)의 홍수를 마시게 되네./ 그들의 지난 노역(勞役)에 몸서리쳐지는 세월을/ 어루만져 적시는 망각의 강물을 들이키네.'

그 후에 '부활론(復活論)'은 기독교인들에게 소개되었고, 그들이 '천년의 통치론'으로 정착을 하였다. '천년왕국 논자들(Millenarians)'은 우리 시대에까지 이어지고 있다. 그처럼 많은 설(說)들이 온 세상에 유행을 하고 있다. 이것이 그 피라미드 세우기를 기획했던 바의 설명으로 충분할 것이다. 우리는 이집트인들이 그들 건축에 행했던 (司祭들의) 말을 반복해서는 안 된다. 나(볼테르)는 '인간 오성(悟性)의 역사'만 고찰을 하고 있다."[14]

_____→

(a) 대 천재(天才) 볼테르(Voltaire)는 물론 '마하바라타(*The Mahabharata*)'를 읽지 않은 상태에서 '베다(Veda)'만 읽고도 '서구 문명의 기원이 인도 있다.'는 중대한 결론에 선착했다.

(b) 오늘날처럼 '정보(情報)의 홍수 시대'에 더구나 '마하바라타(*The Mahabharata*)'를 확인 사람은 그 '과학'을 바탕으로 '세계사 서술이 비로소 가능하게 되었음'을 긍정하게 되고 그 '과학 사(科學史)'의 줄기 속에 각 종족 지역사가 '재(再) 비판 정착해야 할 운명'이라는 점도 알게 되었다.

(c) 이집트의 **'천년 후 부활론(the opinion of a resurrection after ten centuries)'은, '육신(肉身) 존중[집착, 미라 제작] 수용'이라는 점에서 '육신(肉身) 경멸'이라는 힌두(Hindu)의 사상과는 일부 차이**가 있다. ['母神-女神-聖母 존중'과 관련된 사상]

(d) 그러나 '영혼불멸' '절대신'의 문제를 그대로 수용하는 마당에는 '힌두 사상의 영역'을 벗어난 것이 아니고, '일천년'이란 역시 힌두(Hindu) '개벽(開闢) 연대기[Yuga] 활용'[15] 내의 사고방식이다. [제59장 참조]

(e) 그 **'1천년 후 부활론'**을 편 '코카마틴스(Chocamatins) 코엔(Choen) 이집트 사제(司祭)'는, 힌두(Hindu)의 '칼리 유가(Kali yuga)'를 부연한 것이다.

---

14) Voltaire, *The Best Known Works of Voltaire*, The Book League, 1940, pp. 405~406 'XX. Egyptian Monuments'

15) T. Regarajan, *Glossary of Hinduism*, Oxford & IBH Publishing Co., 1999, p. 620 'Yuga : Krita yuga(4000), Tera yuga(3000), Dwapara yuga(2000), Kali yuga(1000)'

7) 태양신 '라(Ra)'

"바빌로니아 신앙과 더불어 성장한 사회는 이집트 북부 정착 자들에게 영향을 나타냈다. 그 태양 숭배 종교가 전 이집트에 퍼졌다. 원시 피톰(Pithom, Tum의 집)에서부터 온(On, Heliopolis, 라 신앙 중심지)까지 나아갔고, 그것이 라툼(Ra-Tum)으로 신성시되었고, 저지대 이집트 왕국의 수도(首都)였다.[제3장]"[16]

(a) 힌두(Hindu)의 '마하바라타(*The Mahabharata*)'는 힌두의 '수리아(Surya)' 희랍의 '아폴로(Apollo)' 이집트의 '라(Ra)'가 그 세부적인 기능은 다르지만, 모두 '태양 절대신'의 속성임을 명시하고 있다.

(b) 이집트의 '라(Ra)' 문제는 앞서 '온(On, Heliopolis, 라 신앙 중심지)'의 명칭에서 볼 수 있듯이 '옴(Om)'은 힌두의 주신(主神)이고 역시 '태양'은 그의 주요 상징이다.

(c) 그에 대해 '피톰(Pithom, Tum의 집)'은 '뱀, 악어, 용'신의 도시임을 말하고 있으나, 그들도 결국 은 절대 신의 창조물이고 그 절대 신의 통제 하에 있다는 것이 '힌두 바라문(婆羅門)'의 기본 전제 이다.

8) 매[鷹]신 '호루스(Horus)'

"세트(Set)를 무찔러야 한다고 말하니, 호루스는 그의 사악한 아저씨와 추종자들을 이집트에서 몰아내겠다고 그 앞에서 맹세를 하였다. 그런 다음 호루스(Horus)는 군사를 모아 전투를 행하려고 진군을 했다. 그러나 호루스(Horus)는 오시리스와 이시스에 충성을 바치는 종족들을 지켰는데, 세트(Set)는 다시 동쪽 국경을 공격했다. 도망칠 수밖에 없게 된 그 찬탈자[세트(Set)]는 비통한 큰 소리로 울부짖었다. 세트(Set)는 자루(Zaru)에 머무르고 있었는데, 거기에서 최후의 결전(決戰)이 있었다. 여러 날 동안 전투를 했고, 호루스(Horus)는 한 쪽 눈을 잃었다. 그러나 세트(Set)를 더욱 비참하게 죽였고, 세트(Set)는 결국 그 무기와 함께 이집트 왕국에서 사라졌다. [제2장]"[17]

(a) '세트(Set)와 호루스(Horus)의 대결', '뱀과 독수리[매]의 대결' '악마와 선신의 대결' '육체와 영혼 의 대결'이다. 힌두가 앞서 그렇게 명시했다.

(b) '호루스(Horus)'는 힌두의 '가루다(Garuda)'이고, 불교의 '가릉빈가(迦陵頻伽, Kalavinka)'[아미타 경] '금시조(金翅鳥)'[法苑珠林] '묘시조(妙翅鳥)'이고, '세트(Set)'는 육신에 얽힌 존재 −욕망의 추구 자'의 상징적 대표자이다.

---

16) Donald A. Mackenzie, *Egyptian Myth and Legend*', Bell Publishing Company, 1978(1913), p. 35
17) Donald A. Mackenzie, *Egyptian Myth and Legend*', Bell Publishing Company, 1978(1913), p. 22

(c) 모두 절대 신의 피조물이나, '절대신'을 따를 것인가 '욕망을 따르는 악귀'가 될 것인가는 스스로 결단을 내릴 사항이라고 '힌두 사제'는 고만(高慢)하게 '선언'['지존(至尊)의 노래(Bhagavat Gita)'] 하고 있다.

9) 저승사자 '아누비스(Anubis)'

"길을 여는 재칼(jakal, dog) 머리의 신 **아누비스(Anubis)**가 침묵 속에 영혼의 고백을 들은 오시리스 앞으로 그 영혼을 인도한다. 사자가 들어가도 아무 말이 없다. '사자의 왕[오시리스]'는 높은 왕좌에 앉아 있다. 왕관을 쓰고 한 손에는 홀장(笏杖)을 쥐고 다른 손엔 도리깨를 잡았다. 오시리스는 사자의 최고 판관(判官)이다. 그의 앞에는 사자의 심장을 다는 진짜 저울이 있다.... 떨리는 침묵 속에 순례재[사자의 영혼]은 다시 고백을 행한다. 오시리스는 말이 없다. 떨리는 속에 영혼은 저울에 달리는 심장 무게를 살피는 중에 진리와 정의 여신 마트(Maat)가 타조의 깃털을 반대편 저울에 올린다. -[제7장]"[18]

'심판(審判)의 광경 : 사자(死者)의 심장이 달리고[秤] 있다.'[19]

———→

(a) '고대 이집트(3150~30 b. c.)'는 당시 세계 최고 부자 나라로 '현세주의'가 너무나 완고하여 '구구한 추상 이론'을 애써 개발할 필요가 없었고, 그저 '힌두 바라문 선교사들의 말[이론]'을 편리하게 가져다 쓰는 것이 태고(太古) 적부터 익숙했다.

---

18) Donald A. Mackenzie, *Egyptian Myth and Legend*', Bell Publishing Company, 1978(1913), p. 100
19) 심판자는 오시리스[Osiris -백색 관과 복장을 한 자]이고, 그 뒤에 이시스(Isis) 넵티스(Nepthys)가 서 있다. 호루스(Horus)와 아누비스(Anubis)가 두 사람의 사자(死者)를 이끌고 있다. 토트(Thoth)가 저울눈을 보고 아누비스(Anubis)가 균형을 맞추고, 판결이 부정적으로 날 경우 괴물이 그 사자(死者)를 부수려고 기다리고 있다. 그림 상단에 심판법정을 둘러싸고 있는 42명의 신들 중의 일부가 경배를 올리고 있다. -파피루스 '사자(死者)의 서(서)' *-Book of the Dead*에서

(b) '마하바라타(*The Mahabharata*)' '제120장 천국(天國)에 도달한 크샤트리아들'에서는 '유디슈티라 일행'에 동참했던 그 '개'는 바로 유디슈티라의 아버지 '다르마(Dharma)의 변신(變身)'으로 '유디슈티라의 도덕성'을 시험하려 동참했던 존재로 밝혀졌다.

(c) 힌두의 경전에 '개'는 그 '주체[死者]의 도덕성을 측정하는 방편(方便)'이 되었는데, 이집트 **'아누비스(Anubis)'**의 역할은 한 마디로 '저승사자'이다. 모두 '사지(死地)에로의 동행자'라는 의미를 지니고 있으나, 이집트의 **'아누비스(Anubis)'**는 주로 평민을 대동한 것으로 전제가 되었는데, '마하바라타(*The Mahabharata*)'에서는 '최고의 군주 도덕의 표준 재[유디슈티라]'라는 엄청난 차이가 있다.

(d) 그 **'아누비스(Anubis)'**가 '개(jakal, dog) 가면'을 착용하고 있음은 '마하바라타(*The Mahabharata*)'에 유디슈티라가 '정의(正義) 신[Dharma]'이 '개'로 변용되어 동행한 것과 관련된 '동물 상징의 수용'임을 알 필요도 있다.[이집트인은 중국인처럼 '현실주의'가 기본이고, 그 밖의 사항은 모두 '수입된 것들'이다.]

10) '용(龍)의 살해자', 람세스 Ⅱ세

"세티(Seti) Ⅰ세의 아들, 람세스 Ⅱ세(Ramesses Ⅱ the Great, 1279~1213 b. c.)는 대표적인 히타이트 신처럼 원뿔 모자를 쓰고, 거기에 긴 끈을 느리었고, 역시 태양 원반을 이고 있는 호루스(Horus)처럼 날개를 달기도 했다. 유리를 박은 작은 명판(名板)에 "놀라운 신"이 "거대한 창으로 뱀을 찌르는" 그림을 담았다. **그 뱀은 명백히 소아시아 코리키안(Corycian) 동굴의 폭풍 괴물이며 희랍의 태풍 신으로 제우스(Zeus)나 헤라클레스(Hercules)가 죽인 괴물이다.**[온전한 힌두이즘으로 통일이 됨] 희랍 작가들은 이집트인들이 말하는 "분노한 세트(Set)"를 티폰(Typhon)으로 말을 했다. 타니스(Tanis)의 수테크(Sutekh) 신은 히타이트(Hittite)의 용 살해와 호루스(Horus)와 라(Ra)의 그것들을 연결하고 있다.……호루스(Horus)와 소아시아 용 살해 이야기 연합은 호루스(Horus)의 기원을 아동 신 하르포크라테스(Harpocrates, Her-pe-khred)에서 추적할 수 있다."[20]

———→

(a) '뱀 살해' '용 살해'는 '절대 신' 또는 그 대행자[化身]의 '최고 임무' '영원 목표'이니, 그것이 바로 '신(God)의로의 탄생'을 의미하고 있다.

(b) 이집트와 중국(中國)의 공통점은 모두 움직일 수 없는 '현실주의(Secularism)' '실존주의(Existentialism)' 위에 그 '신비주의' '영웅주의' 수식어로 그 '힌두이즘'을 빌려 쓰고 있다는 사실이다.

(c) 쉽게 말하여 '용을 살해한 람세스 Ⅱ세'란 이집트 파라오로서 '최초로 완전한 시리아 정복'을 단행했다는 점이니, 여기에서 '뱀'은 역사적으로는 '시리아'인 셈이다.

(d) 이집트인은 이렇게 '현실주의' '실존주의'를 움직이지 않은 상태에서 '절대신' '태양신'을 '파라오 자기 자신' 자칭하고, 그러한 존호(尊號)를 올렸다는 사실을 확실하게 알 필요가 있다.

---

20) Donald A. Mackenzie, *Egyptian Myth and Legend*', Bell Publishing Company, 1978(1913), p. 340

3. 희랍인

　포콕(E. Pococke)의 '희랍 속의 인도(India in Greece)'는 '범어(梵語) 힌두(Hindu) 문화'가 어떻게 '희랍 중심의 서구 문화'에 절대적인 영향을 주었는지를 거의 다 밝히고 있다. 거기에다가 이미 명시된 바를 몇 가지 보충을 하여 서술해 보면 대략 다음과 같다.

1) 헤라클레스 12대 노역(勞役)

　"(1) 첫 번째 노역 : 네메아(Nemea)의 괴물 사자를 죽였다. //(2) 두 번째 노역 : 레르나(Lerna) 호수의 뱀 히드라(Hydra)를 잡았다.// (3) 세 번째 노역 : 에우리스테우스(Eurystheus) 여신에게 케리네이아(Ceryneia)의 사슴을 생포해 주다.// (4) 네 번째 노역 : 에우리스테우스에게 수퇘지를 산 채로 잡아 주다.// (5) 다섯 번째 노역 : 아우게아(Augeas) 왕 마구간을 청소했다.// (6) 여섯 번째 노역 : 스팀팔리아(Stymphalian) 식인 새들(食人鳥)을 죽였다.// (7) 일곱 번째 노역 : 크레타(Creta)의 황소를 굴복시켰다.// (8) 여덟 번째 노역 : 디오메데스(Diomedes)의 암말들을 되찾아 오다.// (9) 아홉 번째 노역 : 아마존 여왕의 허리띠를 가져오다.// (10) 열 번째 노역 : 게리온(Geryon)의 소떼를 획득하다.// (11) 열한 번째 노역 : 헤스페리데스(Hesperides) 황금 사과를 훔쳐오다.// (12) 열두 번째 노역 : 저승의 삼두견(三頭犬)을 잡다."[21]

―――――→

　(a) 소위 위에 제시된 '헤라클레스의 노역들(Labours of Hercules)'이란 '마하바라타(*The Mahabharata*)' 영웅 신 '크리슈나(Krishna) 소년 청년 시절 이야기'는 점의 확인이 필요하고 요긴한 사항이다.

　(b) 크리슈나(Krishna)의 '아동 청년 시절'의 특징은 ① **힘이 장사(壯士)였다.** ② **'악마퇴치'가 그의 주무(主務)였다.** ③ **기본 업종(業種)은 '목동(牧童)'이었다.** ④ **'여성[여신]들의 요구'를 다 들어주었다.** ⑤ **하늘나라 물건도 '지상[드와라카]'으로 운반을 해왔다.** ⑥ **'신령스런 독수리 가루다(Garuda)'를 타고 다녔다.** 등으로 요약할 수 있다.

　(c) 위에서 헤라클레스의 (7) '황소 제어'는 크리슈나의 ① **장사(壯士) 성격**과 관련된 것이고, 헤라클레스의 (5) 마구간 (8) 암말 (10) 소떼 이야기는 크리슈나의 ③ **'목동(牧童) 경력'**과 관련된 것이고, 헤라클레스의 (3) 사슴 (4) 수퇘지 (9) 허리띠 이야기는 크리슈나의 ④ **'여성 배려'**의 장기(長技)을 그대로 반영한 것이다. 더구나 헤라클레스의 (1) 사자 (2) 뱀 (12) 삼두견(三頭犬) 이야기는 크리슈나의 본래 속성 ② **'악마 퇴치'**와 관련된 것이고, 헤라클레스의 (11) '황금 사과' 이야기는 크리슈나가 인드라의 ⑤ **하늘나라 물건의 물건 '천화수(天花樹)'를 드와라카(Dwaraka)로 뽑아왔다**는 이야기의 아류(亞流)이고, 헤라클레스의 (6) '식인(食人) 새' 이야기는 ⑥ **신령스런 가루**

―――――――――――――――――

21) Wikipedia, 'Labours of Hercules'

다(Garuda) 이야기를 덜 신비스럽게 만든 정도이다.

(d) '헤라클레스 신화'가 크리슈나 이야기의 '모방 신화'이라는 것을 가장 확실하게 밝혀주고 있는 점은 **헤라클레스는 '왕' '정복자' '전승자' '절대신'의 지고(至高)한 위치가 고정되지 못 한 어중간한 형태로 머물러 있다는 점**이다. 즉 '무한한 힘'은 지니고 있으나, 그에게 고정적 '직함(職銜)'의 결여(缺如)'는, 역시 ['인도의 식민지'로서 아직 그 독자성을 아직 확보하지 못한] 희랍 사회의 미숙(未熟)한 특성을 그대로 보여주고 있고 할 수 있다.

(e) 더욱 포괄적인 측면에서 '**헤라클레스의 노역들**'은 힌두의 '크샤트리애[무사 족, 왕족]' 특장(特長)들이며, 그 존중의 전통을 그대로 보여주고 있는 신화들이다.

2) 호메로스 '일리아스'

"트로이 전쟁(Trojan War)의 시작과 끝 : '일리아스(Ilias)'는 사실 10년간에 걸친 트로이 전쟁의 마지막 1년, 그 중에서도 끄트머리의 51일을 다루고 있다. 비록 '일리아스' 자체는 아킬레우스(Achilleus)가 싸움을 거부하는 데서 시작해 그가 헥토르(Hektor)를 죽이는 장면까지로 이루어져 있기는 하나, 여기서 우리는 한 발짝 더 나아가 트로이 전쟁 전체를 살펴 볼 필요가 있다.

어느 성대한 결혼식에 불화(不和)의 신 에리스(Eris)가 초대받지 못하는 데서 이야기는 시작된다. 화가 난 에리스는 결혼식장에 '가장 아름다운 여신에게'라고 쓰여 있는 황금 사과를 떨어뜨립니다. 이에 둘째가라면 서러워할 만큼 자존심이 세던 세 여신 헤라(Hera), 아테네(Athenae), 아프로티테(Aphrodite)가 그 사과가 자신의 것이라 다투기 시작합니다. **신들의 왕 제우스(Zeus)는 골치가 아파졌다.** 그래서 가장 아름다운 여신에 대한 판단을 인간들 중 가장 잘 생긴 트로이의 왕자 파리스(Paris)에게 맡깁니다.

선택권을 쥔 파리스(Paris) 왕자 앞에 세 여신들은 선물 공세를 펼친다. 헤라는 '부귀영화와 권세'를, 아테네는 '승리와 명예'를, 아프로티테는 '세상에서 가장 아름다운 여인'을 주겠다고 파리스(Paris)를 유혹했다. 파리스(Paris)가 잘 생긴 인물값을 했기 때문인지, 아니면 생각이 짧아서인지는 모르지만 그는 주저 없이 아프로티테를 선택하여 '**세상에서 가장 아름다운 미녀 헬레네(Helene)'가 있는 스파르타로 갔습니다.** 그리고 이미 스파르타의 왕비였던 헬레네를 유혹해 '트로이(Troy)'로 데리고 왔다. 이에 스파르타를 비롯한 전 그리스 군이 연합하여 트로이로 향했으니 이것이 '트로이 전쟁'이었다.

트로이 전쟁은 '그리스 연합군'과 '트로이 동맹군'이 대규모로 맞붙은 세계 대전이었다. 그러니 연합군 내부에서도 이해관계에 따라 갈등이 있을 수 있었다. 그리고 바로 그리스군 총 사령관 아가멤논(Agamemnon)과 영웅 아킬레우스 사이에서 심각한 갈등이 일어났다. 권력자 아가멤논이 아킬레우스의 여자를 빼앗아갔기 때문이었다. 그 일에 분노한 아킬레우스는 더 이상 싸움에 나서지 않겠다고 선언을 한다. 최고의 전사를 잃은 그리스로서는 상당한 타격이었다.

이때를 놓칠세라 트로이는 헥토르 왕자를 선봉으로 해서 그리스를 강력히 압박합니다. 며칠째

수세에 몰린 그리스군은 트로이군의 공격을 막아내기 급급했다. 그 심각한 위기에도 아킬레우스는 여전히 참전을 거부하고 있었다. 보다 못한 그리스군은 아킬레우스의 단짝 친구였던 파트로클로스(Patroclus)에게 아킬레우스의 갑옷을 입고 대신 싸움터에 나와 달라고 요청을 하였다. 아킬레우스의 존재만으로도 그리스군은 사기가 오를 수 있기 때문이었다.

아킬레우스의 갑옷을 입은 파트로클로스를 보고 그리스군은 반짝 힘을 내어 전세를 역전시키는데 성공하지만, 이것은 모두 제우스(Zeus) 신이 짜놓은 각본이었다. 결국 파트로클로스(Patroclus)는 헥토르 왕자의 창에 찔려 전사(戰死)를 당한다. 싸움을 외면하다가 단짝 친구를 죽음으로 내몬 아킬레우스는 그 때서야 트로이를 향한 그의 분노는 폭발했다. 그는 성난 사자처럼 전장으로 달려가 헥토르를 비롯한 트로이군을 무찔렀다. 아킬레우스를 막을 길 없었던 트로이는 성 안으로 후퇴해 성문을 걸어 잠갔다.

긴 전쟁을 마무리한 것은 유명한 '트로이 목마(木馬)'였다. 그리스 군은 정예 병사들을 숨긴 거대한 목마(木馬)를 해변에 놓아둔 채 후퇴한 것처럼 위장(僞裝)을 했다. 승리감에 도취된 트로이는 그 목마(木馬)를 기념 삼아 성 안으로 가져오는데, 밤이 되어 목마(木馬)에서 쏟아져 나온 정예 병사들이 트로이 성문의 빗장을 엽니다. 그날 밤, 그리스 군의 기습으로 10년에 걸친 트로이 전쟁은 막을 내린다."22)

———✈

(a) '트로이 전쟁'에서는 **세상에서 가장 아름다운 미녀 헬레네(Helene)**'가 문제 되었는데, '마하바라타(*The Mahabharata*)'에서는 당초에 불(火) 속에서 태어난 두루파다 왕의 공주 '드라우파디(Draupadi)'는 역시 '천하에 제일 미인'으로 판두 5형제의 공동(共同)처가 되었는데, 역시 4촌 두료다나(Dhuryodana)와 두사사나(Dusassana)가 앞장을 서서 '곤욕(困辱)'을 겪게 하여 끝내는 전쟁으로까지 번졌다는 것이 그 주요 쟁점이었다. [모두 '미인'이 주요 쟁점이 된 전쟁]

(b) '희랍' '트로이' 전쟁에서는 최고신 제우스(Zeus)는 '희랍'편을 들어 승리하게 했는데, '마하바라타(*The Mahabharata*) 전쟁'에는 '판두 형제들' '드리타라슈트라 형제들' 전쟁에서 '최고신 크리슈나'는 물론 '판두 형제들'을 편들어 승리하게 했다.

(c) '마하바라타(*The Mahabharata*) 전쟁'과 '트로이 전쟁' 모두 '도덕 승리 전쟁'이었다.

(d) '마하바라타(*The Mahabharata*)'와 '일리아스'는 '비아사(Vyasa)'와 '호메로스(Homeros)'로 그 저자가 명시되어 있으나, 오히려 여러 사람들의 손이 작용한 소위 '적층문학(積層文學)'으로 이해가 되고 있다.

(e) '마하바라타(*The Mahabharata*)'와 '일리아스'는 모두 '전쟁 문학'이면서 아울러 '역사적 사실'을 담고 있고, '힌두'와 '희랍인'의 강력한 동질성을 보인 것으로 입증이 되었다.['절대신' '전쟁' '욕망의 대립 극복·심판'의 공통성]

---

22) 한재우, '불멸의 고전 일리아스' (抄引)

3) 피타고라스

"누구나 알듯이 **피타고라스(Pythagoras, b. c. 580~500)**는 '만물(萬物)은 수이다(all things are numbers)'라고 말했다. 이 진술은 현대적 관점에서 해석하면 무의미하지만, 더 확인해 보면 무의미한 것도 아니다……우리는 지금도 입방이나 평방이라는 말을 사용하는데 이것은 피타고라스에서 유래한 용어이다. 그는 직사각형, 삼각형 수, 사각뿔 같은 용어도 사용했는데, 이것들은 문제된 모양을 만들기(더욱 자연스럽게 말해 '짐작하기') 위해 필요한 자갈돌들이다. 그는 세계가 원자들로 구성되며, 물체는 갖가지 모양으로 배열된 원자들로 이루어진 분자들에 의해 형성된다고 전제했던 듯하다.[평방형, 직방형을 단위로 삼아 세계를 계량화-計量化했다.]

피타고라스와 그의 직계 제자들의 가장 위대한 발견은 '직각삼각형에 관한 정리(the proposition about right-angled triangles)', 즉 직각에 닿는 두 변의 제곱의 합은 나머지 변의 제곱과 같다는 진리이다."[23]

(a) 앞서 밝혔듯이 **피타고라스(Pythagoras)**는 '인류 과학문명의 할아버지'이다. 쉽게 말하여 뉴턴의 '만유인력의 공식'은, 케플러의 '행성 운동의 법칙(1609)', 갈릴레오의 '낙체(落體, 가속도)의 법칙(1632)'에 그 '피타고라스(Pythagoras) 정리'를 적용해 도출한 것이기 때문이다.

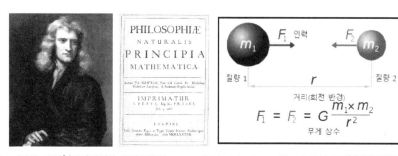

'뉴턴(I. Newton (1643-1727)' '프린키피아 초간 본(Title page of Principia, first edition (1686/1687)' '만유인력의 법칙(Newton's law of universal gravitation)'

(b) 힌두(Hindu)가 가지고 있던 '수학적 기하학적 자료'는 다음과 같은 것이다.
"1(One)=근본, 단자(單子), 제일원리, 통일, 절대자, 할아버지(Primordial One), 영적 균형, 신(神), 낮, 광명, 태양(Ravi, Surya), **점(點)이나 원(圓)**."[24]
"2(Two)=이중성, 대립, 양극, 다양함, 창조 상징, 모성, 밤, 어둠, 왼쪽, 달, 악행(evil deeds)대 선행(good deeds), 물질적 선물 대(對) 영적 선물, 좌우(左右), 하늘과 땅, 밤과 낮, 두 개의 눈,

---

23) B. Russell, *History of Western Philosophy*, George Allen & Unwin Ltd, 1961, p. 54 ; 서상복 역, 러셀 서양철학사, 2009, p. 75
24) F. W. Bunce, F. W. Bunce, *The Yantras of Deities*, D. K. Printworld, New Delhi, 2001, p. 3

젖가슴, 여성 상징 수, **선으로 연결된 두 개의 점**, 연꽃잎 두 장."25)

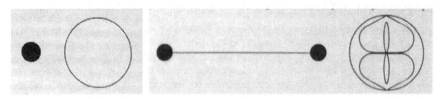

'점과 원', '직선'

"3(Three)=신의 가족(아버지, 어머니, 아기), 다양함의 통일, 남성, 이성(理性), 낮, 빛, 태양, 힌두
신앙의 수(數), 3신[브라흐마, 비슈누, 시바], 3계(三界), 3시(과거, 현재, 미래), 세 가지 목표(도
덕, 지향, 쾌락), 행성 목성, **삼각형**"26)

"4(Four)=완성, 완벽, 우주의 영들로 균형 잡힌 창조의 유체(流體), 하늘나라, 네 가지 기초, 4베
다, 하늘의 네 신강(神江)에서 온 네 개의 유선(乳腺), 비슈누의 원반, 4천왕, 사계(四季), 4원소,
4방(方), 절대 신의 상징 **사각형**, 네 개 꽃잎의 얀트라."27)

'삼각형' '사각형'

(c) 힌두(Hindu)의 이러한 '수(數) 상징'은 자연스럽게 피타고라의 '만물(萬物)은 수이다(all things
are numbers)'라는 생각을 가능하게 했고, 나아가 그의 **'피타고라스 정리'도 다음과 같은 '얀트라
(Yantra)'를 바탕으로 '사유의 결과'라는 점을 의심할 필요가 없다.**

'도판8 -암바 마타 얀트라', '도판18 -발라 트리푸라 얀트라', '도판61 -망갈라 얀트라'28)

---

25) Ibid, pp. 3-4
26) Ibid, p. 4
27) Ibid, pp. 4~5
28) F. W. Bunce, *The Yantras of Deities*, Ibid, p. 53 'Plate 8 -Amba Matta Yantra'; p. 73 'Plate 18 -Bla tripura

(d) '전통'과 '학습'과 '지속적의 축적'의 결과로 오늘날 '수학'과 '과학'이 있게 되었으니, 그 '불세출의 천재들의 행렬의 선두 그 피타고라스' 앞에는 유서(由緖) 깊은 '신(God)의 처소(神殿)=기하학적 도형(圖形)'이 먼저 자리를 잡고 있었다.[힌두 婆羅門들의 사유 결과임]

4) 플라톤의 '힌두이즘'

① **영혼불멸(靈魂不滅, Immortality)** -"소크라테스가 마지막 순간에 보여준 침착함은 '영혼불멸 신앙(his belief in immortality)'과 밀접한 관계가 있으며, '파이톤(Phaedo)'은 순교자 한 사람의 죽음뿐만 아니라 나중에 그리스도교에 스며든 많은 학설을 설명하기 때문에 중요한 가치를 지닌다. 성 바울로(St Paul)와 교부들의 신학은 대체로 직접이든 간접적이든 '파이돈'의 사상에 유래하기 때문에, 플라톤을 무시하면 도저히 이해할 수 없다."[29]

─────→

(a) 위의 러셀의 설명은 한 마디로 '힌두에 뿌리를 둔 서양 종족'이 그것을 무시하고 어떻게 구차스러운 '희랍[플라톤]주의'에 집착하고 있는가를 한 눈에 볼 수 있게 하고 있다.

(b) 한 마디로 **러셀의 '서양철학사(*History of Western Philosophy*)'는, 헤겔의 '법철학' '역사철학'에 의해 주도된 어처구니없는 '서구우월주의' '백인우월주의'에 젖어 있었던 바를 다 극복하지 못하고 '자기 얼굴에 침 뱉기'를 거듭 연출하고 있는 상황이다.**

(c) 그 사실은 이렇다. 원래 '힌두(Hindu)의 영혼불멸'에 기초하여 '전 기독교 문화가 있게 되었다.'는 거대한 대 전제를 무시하고 오직 '희랍[플라톤]주의'에 골몰하여 '성 바울로(St Paul)와 교부들의 신학은 대체로 직접이든 간접적이든 '파이돈(Phaedo)'의 사상에 유래하기 때문'이라는 러셀의 진술이 그것이다.

(d) **세상에 '바보'는 타고난 성질이 아니라, '정보(情報)를 가진 자 앞에 정보(情報)가 없는 자의 자세'일 뿐이다.**

(e) 세상을 가르친 **'서양철학사(*History of Western Philosophy*)'를 쓴 러셀이나, '역사철학'을 쓴 헤겔을 '바보'로 만든 것은, 피타고라스(Pythagoras, b. c. 580~500)**가 먼저 종사한 '마하바라타(*The Mahabharata*)'와 '지존(至尊)의 노래(Bhagavat Gita)'를 확보해 놓고 있는 그 힌두(Hindu)를 무시하고 '자기[서구 백인]들 잘난 것 자랑'에 빠져 있기 때문이다.

러셀도 '플라톤의 말'이 바로 '성 바울로(St Paul)와 교부들의 신학'을 무시할 수 없다고 했으니, 이것이 오늘날 반드시 시정되어야 할 '지역주의' '종족주의' 폐습(弊習)이다.

(f) 더구나 **'백인우월주의'에 앞서 '마하바라타(*The Mahabharata*)'에는 '흑인 우월주의'가 명시되어 있으니, '우선 알아야 함[情報 확보]이 인간 행동의 기본 조건'이라는 점은 이에 거듭 확인이 되고 있다.**

Yantra'; p. 159 'Plate 61 -Mangala Yantra'

29) B. Russell, *History of Western Philosophy*, George Allen & Unwin Ltd, 1961, p. 147 ; 서상복 역, 러셀 서양철학사, 2009, pp. 200~201

② 윤회(輪回, transmigrations) -"조물주(Creator)가 태양을 만들어서 생물들이 셈하는 방법을 배우게 되었고, 누구나 생각하듯 낮과 밤의 연속이 없었더라면 수를 생각하지 못 했으리라....

........(티마이오스-Timaeus 말의 의하면) 만약 인간이 착하게 살다 죽으면 그는 별에서 행복하게 살게 된다. 그러나 악하게 살면 다음 생에 여자로 태어날 것이다. 만약 남자(혹은 여자)가 악행(evil-doing)을 거듭하면 '다음 생(the next life)'에 짐승이 되어 마침내 이성이 승리를 거두는 날까지 윤회(輪回, transmigrations)를 거듭한다. 조물주는 어떤 영혼들은 지구에 이르게 하고, 어떤 영혼들은 달에 이르게 하고, 어떤 영혼들은 다른 행성이나 별에 으르게 하고 나서, 영혼들에게 제각기 맞은 육체를 빚으라고 신들에게 명했다."30)

_____✈

(a) 플라톤이 '희랍의 대표적 철학자'로 부상(浮上)한 것은 '마하바라타(The Mahabharata)'의 숙지(熟知)'로 다 설명이 되고 있다.

(b) '정보(情報)를 아끼는 사람'은 먼저 '신뢰할 만한 정보원(情報源)'을 고집하게 마련인데, 플라톤의 경우는 누구보다 '피타고라스(Pythagoras, b. c. 580~500)'가 그 철학의 안내자였고, 그 '피타고라스(Pythagoras, b. c. 580~500)'는 '힌두(Hindu)의 태양족'이다.

(c) '희랍이 인도의 식민지'라는 사실은 이미 제출된 학자들의 저서만으로 다 입증이 되어 있다. 그러므로 '희랍' '로마' 문화는 그 속에 이해를 하면 더욱 온전한 사실로 쉽게 나갈 수 있다.

③ 정의(正義) -"'정의'는 모든 사람이 각자 자기의 몫을 일하고 남의 일에 참견하지 않는 데서 실현된다고 한다. 국가는 상인 계급, 보조계급, 수호자 계급이 각각 자기 몫을 일하고 다른 계급의 일에 간섭하지 않으면 정의롭다.(each does his owen job without interfering with that other classes.)"31)

_____✈

(a) 플라톤도 온통 아는 것이 '마하바라타(The Mahabharata)'와 '지존(至尊)의 노래(Bhagavat Gita)'에서 얻은 것이니, 힌두(Hindu)의 '사종성(四種姓, 바라문, 크샤트리아, 아니샤, 수드라)'를 '절대 신(God)'의 명령으로 강조를 하였다.

(b) 그리고 '절대 신이 있는 곳에 정의(正義)가 있다.'고 반복해서 강조를 했으니, 헤겔의 구차스런 '게르만 종족주의' '제국주의' '자기희생'을 다 포괄하고도 오히려 '인류 전체를 감싸는 정의(正義)'을 펼쳤으니, '정보 부족의 헤겔'은 우리들이 오래도록 '부끄러운 얼굴'의 '본보기'로 삼을 만하다.

---

30) B. Russell, *History of Western Philosophy*, George Allen & Unwin Ltd, 1961, pp. 158~9 ; 서상복 역, 러셀 서양철학사, 2009, pp. 215~6

31) B. Russell, *History of Western Philosophy*, George Allen & Unwin Ltd, 1961, pp. 129~130 ; 서상복 역, 러셀 서양철학사, 2009, p. 176

④ '**동굴의 비유**' -"'이념 세계는 물체들이 햇빛에 드러날 때 보게 되는 세상(the world of ideas what we see when the object is illuminated by the sun)'인데 반해서, 일시적인 사물의 세계는 어둑어둑해서 물체를 혼동하게 되는 세상이다. '눈(eye)'은 '영혼(soul)'에 비유되고 태양은 '빛의 근원으로서 진리 선(the source of light, to truth or goodness)'에 비유된다.

'영혼은 눈(eye)과 같다네. 영혼은 진리와 존재가 훤히 드러나는 곳을 응시할 때 지각하고 판단하면서 지성의 능력을 발휘하지. 그러나 생성하고 소멸하는 불확실한 곳을 볼 때면 영혼은 더듬더듬 먼저 의견을 하나 내놓았다가 다음에 다른 의견을 내놓게 되어 지성의 능력을 발휘하지 못한다네.....이제 자네가 인식 대상에 진리를 부여하고 인식 주체에게 인식 능력을 부여하는 바탕을 선의 이념(the idea of good)이라 부르고 학문의 근원(the cause of science)이라 생각하기 바라네.'"[32]

"'그럼 이제 우리는 본성이 얼마나 깨달음(覺, enlightenment)되었는지 깨달음이 되지 않았는지 보여주는 비유(a figure)를 한 가지 들어보겠네. 보게! 지하 동굴(den)에서 사는 사람들이 있단 말일세. 모닥불 빛 쪽으로 입구가 나 있고, 빛은 동굴을 따라 깊숙이 퍼져나가지. 그들은 어릴 적부터 여기서 살았고, 다리와 목이 사슬에 매여서 움직이지 못한 채로 머리를 돌릴 수도 없으니, 앞만 볼 수밖에 없지. 그들 뒤쪽으로 그들 뒤 위쪽으로 멀리 모닥불이 활활 타고 불빛과 죄수들(prisoners) 사이에 길게 솟아 있다네. 자네가 동굴 안을 들여다본다면 그 길을 따라 나직하게 서 있는 담이 보일 터인데, 인형극 놀이꾼들이 인형들 그림자가 비치게 그들 앞쪽에 쳐놓은 영사막 같은 거라네.'

'알겠습니다.'

'담을 따라 갖가지 그릇, 나무나 돌이나 다른 재료로 만든 조각상 동물상들을 나르는 사람들이 단에 비친다는 말인데, 상상이 되는가? 어떤 사람들은 말을 하고 지나가고 다른 사람들은 아무 말 없이 지나가기도 하지.'

'좀 이상야릇한 비유인데 정말 이상한 죄수들이군요.'

'죄수들이 바로 우리들과 비슷하다는 말일세. 그들은 불빛 맞은편에 비친 자기 그림자나 다른 사람의 그림자만 보는 셈이라네.'"[33]

"플라톤의 이념 이론에는 명백해 보이는 오류가 많다. 하지만 오류가 있더라도 이념 이론은 철학의 발전 과정에 중대한 진전을 이루는데, 보편자 문제(the problem of universals)를 지지한 최초의 이론이며 형태가 다양하게 바뀌면서 오늘날까지 전해졌기 때문이다. 이에 대해 설명할 때 초기 이론이 조잡하다 해도 독창적인 면을 간과해서는 안 된다."[34]

---

32) B. Russell, *History of Western Philosophy*, George Allen & Unwin Ltd, 1961, p. 140 ; 서상복 역, 러셀 서양철학사, 2009, p. 191

33) B. Russell, *History of Western Philosophy*, George Allen & Unwin Ltd, 1961, pp. 140~141 ; 서상복 역, 러셀 서양철학사, 2009, pp. 191~2

34) B. Russell, *History of Western Philosophy*, George Allen & Unwin Ltd, 1961, p. 141 ; 서상복 역, 러셀

(a) 러셀의 '서양철학사(*History of Western Philosophy*)' '고대 철학 부문'은 '플라톤 철학'이 그 주류를 이루었다. 그 중에서 플라톤의 '국가(國家)' 명시된 플라톤의 '철인(哲人) 통치'로 '플라톤의 탁월한 생각'으로 역대 서양 사상가들의 칭송을 받아온 바였다.

(b) 그런데 플라톤의 '동굴의 비유'는 불타(Buddha)의 '각[覺, Enlightenment]'에 관한 설명이니, 플라톤의 '철인 정치'란 '부처님의 세상 통치'를 말한 것이다.

(c) 러셀은 이에서도 그것을 플라톤의 '독창적인 면'이라고 하고 있으니, 그 '힌두 무시'가 만들어낸 '영국의 고집쟁이 러셀'을 세상에 다 자신이 공개하고 있는 말이다.

(d) 러셀이 유독 플라톤의 '이념(Idea)'에 강조를 하고 있으나, 그 '이념'이란 바로 '부처의 마음속에 자리를 잡은 언어[단에]'일 뿐이니, 그것도 힌두(Hindu) 바라문들의 '언어 만능주의' 내에서 고찰이 되어야 하고 '플라톤의 독창성' 운운은 역시 불필요한 수사이다.

⑤ **4원소(元素)** - "4원소인 불(fire), 공기(air), 물(water), 흙(earth)은 제각기 겉보기에 따라 수로 나타내며, 연비례 관계를 맺어 예컨대 불과 공기의 비는 공기와 물의 비와 같고 물과 흙의 비와 같다. 신은 세계를 창조할 때 4원소를 모두 사용했으므로 세계는 완벽하게 만들어져 나이를 먹어도 병들지 않는다."[35]

(a) 희랍에는 '플라톤' 말고도 '탈레스(Thales)' '헬라클레이토스(Heraclitus)' 등을 거론하고 있는데, 그들의 주장은 모두 역시 '마하바라타(*The Mahabharata*)'와 '지존(至尊)의 노래(Bhagavat Gita)'에 있는 내용들이다.

(b) 그것을 역(逆)으로 '희랍인에게서 힌두들의 학습'을 고려해 볼 수 있으나, '힌두(Hindu)'와 '범어(梵語, Sanskrit)' 파급 범위를 고려하면 이미 '서구 모든 종족 언어'에 깊이 침투하여 더 이상 그 '힌두 영향 권'이라는 결론에 머뭇거릴 하등의 이유가 없다.

⑥ **선(善, the Good)** - "플라톤은 '선(善, On the Good ($\Pi \varepsilon \rho \grave{\imath} \ \tau \grave{\alpha} \gamma \alpha \theta o \widetilde{v}$))에 다하여' 강론하기를 '선(善)이란 근본적으로 존재론적인 원리상 일자(一者, One, Unity, $\tau \grave{o} \ \overset{\text{}}{\varepsilon} \nu$)와 같다.'고 말했다....아리스크세누스(Aristoxenus)는 그 일을 다음과 같이 설명한다. '모든 사람들은 인간들에게 좋다고 생각하는 것, 부(wealth) 건강(good health) 체력(physical strength) 놀라운 행복(wonderful happiness)을 기대하게 마련이다. 그러나 수학적 표현은 수와 기하학적 형상 천문학이 나올 것인데, 마지막에 선(善)이란 말은 한 결 같이 어떤 부류는 무시하고 다른 사람들은 거부하는 완전히 예상하지 못 한 이상한 것이 될 것이라 나는 생각한다.'.....'플라톤에 의하면 만물의 제일 원리

서양철학사, 2009, p. 192

35) B. Russell, *History of Western Philosophy*, George Allen & Unwin Ltd, 1961, p. 158 ; 서상복 역, 러셀 서양철학사, 2009, p. 214

는, 이념들은 그 자체가, 거대하고 왜소한 하나이고 영원한 이중적인 것이다.'……플라톤의 형이상학적 선(善) 이론에 대해, 사람들은 아리스토텔레스의 설명에 동의하고 있다. '형이상학'에서 아리스토텔레스는 말하고 있다. '이념들(the Forms)은 만물의 근원이다. 플라톤은 그들 요소(elements)가 만물의 요소이다. 그러기에 물질적 원리(material principle)는 만물의 크고 작은 것이다.[즉 the Dyad-두 가지] 그리고 본질은 일자(一者, One, Unity, τὸ ἕν)에 가담한다. 그래서 수자는 많고 작은 것에서 유래하고 하나에 관련된다.' '이러한 점에서 플라톤이 두 가지 원인만 동원했던 것이 명백하게 된다. 즉 본질적인 것(the essence)과 물질적 원인(the material cause)이 그것이다. 왜냐하면 이념들(the Forms)은 만물 중에 본질의 원인이 되고, 일자(一者, the One, 神)가 이념들(the Forms) 중에 원인이기 때문이다. 플라톤은 물질적 바탕이 감각적 사물의 원인이라고 말하고, 이념들(the Forms) 가운데 일자(一者, the One, 神)는 거대한 것과 미소한 것의 이중적인 것이다. 나아가 플라톤은 이 두 가지 요소를 선(good)과 악(evil)으로 나누었다.'"[36]

———✦

(a) 힌두(Hindu) '마하바라타(*The Mahabharata*)'와 '지존(至尊)의 노래(Bhagavat Gita)' 문화는 한 마디로 '절대 신(God) 문화'이다.

(b) 그것을 수용하면 '과거 인류의 모든 것'이 제 자리를 잡게 된다.

(c) '절대신'이 바로 '생명' '죽음' '정의(正義)' '승리' '진' '선' '부(富)'라고 힌두들은 '마하바라타(*The Mahabharata*)'와 '지존(至尊)의 노래(Bhagavat Gita)'에서 거듭거듭 강조를 하였다.

5) 제우스, 아폴로, 디오니소스, 아킬레스, 아틀라스, 라오콘

① **제우스** -"인드라(Indra) : '베다'에서는 인드라가 일급(一級) 신이다. 인드라는 형태를 맘대로 바꾸는 신이고, 그의 무기로 벼락(thunderbolt)을 지니고 있다."[37]

———✦

(a) 포콕(E. Pococke)은 그의 '희랍 속의 인도(*India in Greece*)'에서 '희랍 고대 문명=힌두 고대 문명'의 공식을 운용했는데, 그것으로 이미 중요한 '세계사' 첫 장을 마련할 수 있었다.

(b) 그것은 '힌두의 신 만들기=희랍의 신 만들기'이다.

(c) 힌두(Hindu)는 그들의 '만신(萬神)'을 그대로 '마하바라타(*The Mahabharata*)'에 다 드러내었다.

② **아폴로** -"수리아(Surya) : 태양신이다. 베다의 3대 신의 하나이고 빛과 온기의 원천으로 숭배된다. 수리아의 마부(馬夫)는 아누라(Anura)이고, 그의 도시는 비바스와티(Vivaswati)이다. 거기에

---

36) Wikipedia, 'Plato'
37) T. Regarajan, *Glossary of Hinduism*, Oxford & IBH Publishing Co., 1999, p. 191 'Indra'

는 태양의 사원이 있고, 그 태양을 숭배하고 있다."[38]

'태양신'[39]

_____→

(a) 힌두(Hindu)의 '수리아(Surya)'가 희랍의 '아폴로'라는 사실은 가장 명백하고 증거가 엄청나다.

(b) 원래 인더스 강 상류에 자리 잡은 '바라문' '크샤트리아'들이 물길로 중동(中東), 이집트, 희랍, 로마, 영국까지 퍼졌다는 것이 포콕(E. Pococke)이 주장하는 그 대강이니, 그것은 '영국인의 조상 확인 작업'의 일환이었다.

(c) 그것은 '지역적' '종족적' '사상적' '폐쇄주의'를 극복하고 '사실(事實, 史實) 확인'일 뿐이니, 그로써 인류 공영의 '마하바라타(The Mahabharata)'와 '지존(至尊)의 노래(Bhagavat Gita)'를 확인하지 않을 수 없는 것이다.

③ **디오니소스** - "시바(Siva) : 베다에는 시바 신이 없고, 루드라(Rudra)가 나오는데, 그 루드라가가 발달 확장이 된 신이다. 시바(Siva)는 다른 이름으로 '무서운 아고라(Aghora)', '신성한 바브루(Babru)', **'하현달 찬드라세카라(Chandra-sekhara)'**, '갠지스 강 창조자 강가다라(Ganga-dhara)', **'산신(山神) 기리사(Girisa)'**, '왕 하라이사나(Hara Isama)', '머리털을 걸치고 있는 자타다라(Jata-dhara)', '흐르는 물의 모습 잘라무르티(Tala-murti)', **'시간 칼라(Kala)'**, '위대한 시간 칼란(Kalan)', '위대한 주님 마헤사(Mahesa)', **'죽음의 파괴자 므리툰자이(Mritunjay)'**, **'동물들의 왕 파수파티(Pasupati)'**, **'복신 산카라(Sankara)'**, '길신 사드시바(Sadsiva)', '견고한 스타누(Sthanu)', '3목의 트리아바카(Tryabaka)', '치열한 우르가(Urga)', '불운의 눈 비루파크샤(Virupaksha)', '만물의 주(主) 비스와나타(Viswanatha)' 등이 그 별명이다. 시바(Siva)는 파르바티(Parvati)와 결혼하여 두 아들이 있으니, 무르가(Murga)왕과 간네사(Ganesa) 왕이 그들이고, 시바(Siva)는 손에 악기(樂器)

38) T. Regarajan, *Glossary of Hinduism*, Oxford & IBH Publishing Co., 1999, p. 477 'Surya'
39) J. Schmidt, *dictionnaire de la mythologie grecque et romaine*, Librairie Larousse, Paris, 1965, p. 144 'Helios'

를 들고 있다.”[40)

_____✈

(a) 힌두의 신 가운데 역시 세계적인 영향력을 과시하고 있는 신이 '시바(Siva)'였다.

(b) 위에서는 하나 생략이 된 '시바(Siva)'의 특징은 '삼지창(三枝槍) 신'이다.

(c) 위에서 '산신(山神) 기리사(Girisa)' '시간 칼라(Kala)', '죽음의 파괴자 므리툰자이(Mritunjay)', '동물들의 왕 파수파티(Pasupati)', '복(福)신 산카라(Sankara)'은 희랍의 '디오니소스 신'과 일치하고 있다. 특히 '손에 악기(樂器)를 들고 있다.'는 특징은 '술의 신'이라는 특징과 연합할 수 있는 성질임은 주목을 해야 한다.

(d) '시간, 죽음, 파괴, 전쟁'과 관련된 사항은 가장 주목을 해야 할 사항이다.['사망'의 신]

④ **아킬레스** -“아킬레스는 트로이 전쟁 중에 트로이 성문 밖에서 영웅 헥토르를 죽인 것으로 유명하다. 아킬레스의 죽음은 '일리아드'에 밝혀져 있지 않지만, **아킬레스는 트로이 전쟁이 끝날 무렵에 파리스(Paris)가 화살이 발뒤꿈치에 맞아 죽은 것으로 일관되어 있다. 후기의 전설(스타티우스 시)은 아킬레스 어머니 테티스(Thetis)가 아동 아킬레스를 불사신(不死身)으로 만들기 위해 그를 스틱스(Styx)강에 담글 적에, 어머니는 아킬레스의 발뒤꿈치를 잡아 그 부분이 제외되었다.**”[41)

“[크리슈나는] 요가로 자신의 감성을 통제하였습니다. 감성과 말과 정신을 통제하며 크리슈나는 고도(高度)의 요가(Yoga) 자세로 누었습니다. 그 때 자라(Jara)라는 사냥꾼이 사슴을 찾아 거기로 왔습니다. 그 사냥꾼은 요가를 행하며 땅에 누워있는 케사바를 사슴으로 잘못 알고 **그의 발바닥**을 활로 쏘았습니다.”-['크리슈나(Krishna)의 일생' 참조]

'아킬레스'[42) '크리슈나의 세상 이별'[43)

40) T. Regarajan, *Glossary of Hinduism*, Oxford & IBH Publishing Co., 1999, p. 448 'Siva'

41) Wikipedia, 'Achilles'

42) J. Schmidt, *dictionnaire de la mythologie grecque et romaine*, Librairie Larousse, Paris, 1965, p. 15 'Achille'

43) S. Jyotirmayananda, *Mysticism of the Mahabharata*, Yoga Jyoti Press, 2013, p. 247 'The departure of Krishna'

_____✈

(a) 희랍 '트로이 전쟁의 영웅 아킬레스' 죽음은, 유일한 약점 '발뒤꿈치'를 공격 받아 사망한 것으로 되었는데, 힌두(Hindu) '마하바라타 전쟁 영웅' 크리슈나(Krishna)는 "신령 두르바사스(Durrva-sas)의 보호가 미급한 영역[발바닥]"의 공격을 받아 사망했다는 것이다.['크리슈나' 일생 참조]

(b) '희랍인'과 '힌두' 서로를 분리해 놓으면 난해(難解) 하지만, 힌두의 최고신 '크리슈나 이야기'를 전제하면, 그리고 **'마하바라타(*The Mahabharata*)'가 최초의 '절대신 교육 교과서'**였음을 알면 모든 것들이 금방 다 해결이 난다.[당초에 '통합' '종합'이 전제된 의도적 배치이므로]

(c) 그러나 '희랍 신화'는 통일이 없고, '변전이 무성(茂盛)'하기에 그것은 '희랍어' 속에 '범어(梵語)의 재구(再構)'만큼이나 어려운 작업이다.

(d) 그러나 일단 '마하바라타(*The Mahabharata*)'를 숙독하면, 세계에 '신비주의'는 '유일신에로의 귀의 -요가(Yoga)'를 말함으로 가장 쉬운 답을 처음부터 제공을 하여 곁으로 빗나갈 틈을 주지 않고 있다.

⑤ **아틀라스** -"아틀라스는 티탄(Titan) 사람으로 티탄 통치 이후에 영원히 하늘을 받들라는 저주를 받았다. 그러나 여러 장소 연합하여 아틀라스는 아프리카 서북쪽(모로코, 알제리, 튀니지)의 '아틀라스 산맥'과 동일시되고 있다."[44]

⑥ **라오콘** -"라오콘은 트로이의 사제였다. 두 아들과 더불어 신들이 보낸 거대 뱀의 공격을 받았다."[45]

⑦ **메두사** -"메두사(Medusa)는 머리털이 독사로 된 날개 달린 여인으로 묘사가 된다. 영웅 페르세우스(Perseus)에 의해 살해 된다."[46]

'아틀라스'[47] '라오콘(Laokoon)'[48] '메두사(Medusa)'[49]

44) Wikipedia, 'Atlas'
45) Wikipedia, 'Laocoon'
46) Wikipedia, 'Medusa'
47) J. Schmidt, *dictionnaire de la mythologie grecque et romaine*, Librairie Larousse, Paris, 1965, p. 55 'Atlantide'
48) E. Tripp, *Reclams Lexikon der antiken Mythologie*, Philipp Reclam jun. Stuttgart, 1981,
49) E. Tripp, *Reclams Lexikon der antiken Mythologie*, Philipp Reclam jun. Stuttgart, 1981, p. 333

────✈

(a) 인류가 소유한 모든 '신비주의' 절대 신을 믿게 하려는 '힌두(Hindu) 바라문들[선교사]'이 만들어 낸 것이니, 그들은 세계 지구촌 곳곳으로 퍼져나가 그 '영혼불멸을 소식[福音, Goog News]' 전하여 대환영을 받고 '절대 신에로 안내재[司祭]'들이 되었다.

(b) 그래서 **지역적 종족적 다양성은 일부 지니지만**, 그 원본[유일신의 귀의]은 동일하여 '다다 혁명 운동' 이전의 **전 세계 문화를 통일하고 있었다.**

(c) 그러므로 그 '신비주의' 주체는 '사제(신)의 이야기'가 주류를 이루고 있게 마련이었지만, 그 신의 반대편 '악마[악귀]'의 속성은 그 '그 사제(신)의 정체성(正體性)'을 명시하기 위해 빠질 수 없는 것은 가장 쉽게 '빛[신]과 어둠[악마]의 대립'으로 말함이 그것이다.

(d) 그런데 '절대신[사제] 이야기' '악귀[뱀] 이야기'를 가장 성대하게 펼쳤던 종족이 힌두(Hindu)이고 그 문헌이 '마하바라타(The Mahabharata)'와 '지존(至尊)의 노래(Bhagavat Gita)'이다.

(e) 그래서 '절대신[사제]'이 왜 그 '사제'인지, '악귀[뱀]'가 왜 '악귀'인지를 다 밝혀 놓은 저서가 '마하바라타(The Mahabharata)'다. '절대신 크리슈나 강조'와 '뱀 두료다나 형제들' '전쟁 이야기'를 펼쳐 보이며, '정의' '승리' '혁명'의 주인공으로 '크리슈나'를 한껏 떠받들게 만들어 놓았다.

(f) 그런데 역시 '마하바라타(The Mahabharata)'의 **뱀[악귀] 이야기'도 끝없이 전개하여, 그것은 '현세존중' '욕망 존중' '약속 배반' '거짓말하기[兵法의] 대장' '살인자' '제사[은공] 망각'의 왕으로 '뱀 이야기'를 전개 하였다. 사실상 '절대 신'과 '악마 뱀'이 '지금 살아 있는 인간 개별 실존 내부' 문제라는 것을 깨닫지 못 하면, 이야기를 천번 만번 듣고 외고 있어도 결코 하나도 '알았다.'고 말 할 수 없다.**

(g) 희랍의 '아틀라스' '라오콘' 이야기도 그 '마하바라타(The Mahabharata)'의 '[인격 신격화한]뱀 이야기' 내부에 반드시 조회(照會)를 거쳐야 할 이야기이다.[제11장 뱀 왕 바수키의 대책]

(h) 즉 절대신 브라흐마 앞에 뱀 '세샤(Sesha)'가 '만물의 주인이시여, 말씀대로 땅덩어리를 고정하겠습니다. 제 머리 위에 땅덩이를 이고 있겠습니다.'라고 했던 그 맹세에 무관하게 결코 '아틀라스' 신이 따로 만들어진 것이 아니라는 사실의 확인이 중요하다.

(i) 그리고 '두 아들과 더불어 신들이 보낸 거대 뱀의 공격을 받았다.'는 '라오콘' 이야기도 만찬가지이니, '신과 뱀의 친밀성' 즉 '비슈누(뱀을 침대 삼아 잠든 비슈누)'를 제외하고 다 이해될 수 없는 이야기들이다.

(j) 악마 '메두사(Medusa)' 이야기는 전형적인 '악마퇴치' 설화이다.-['크리슈나(Krishna)의 일생' 참조]

4. 유대인

소위 '힌두교'와 '불교'와 '기독교'의 공통점은, '절대 신(God)에의 귀의(歸依)'라는 공통점을 지니고 있는데, '**힌두교**'는 '고행'과 '제사' '헌신'을 강조하고 있음에 '**불교**'는 유독 '깨달음'을 강조하고 있고, '**기독교**'는 '예수가 제물이 되었음을 믿음'이 강조가 되어 결국 서로 '수행'에 큰 차이를 보이고 있으나, 그 3교의 '할아버지'가 '**힌두교**'임을 알면 '**불교**'와 '**기독교**'의 난해 점은 거의 다 해결을 보게 된다.

이러한 종교상의 '난해'에 대한 해답이 '마하바라타(*The Mahabharata*)'를 통해 다 볼 수 있는 것은 '**힌두교**'는 초기 종교 발생의 실마리를 감추지 않고 다 드러내고 있다는 점에서 그러하다. 즉 기독교의 '예수 희생 강조[제사 만능 주의]'는 힌두 비슈누(Vishnu)의 '제물로서의 비슈누' 모습을 유독 강조하고 있으니, 그것만을 때 놓고 보면 '일반 신도들의 이해'가 쉽지 않게 되었다.['제사'의 필요와 수용 대상을 다 알 때까지 시간이 걸리게 되어 있음]

1) '야두(Yadus)'와 유대인

"유대주의자, 시온주의자라는 가명(假名)으로 알려진 유대인은 주 크리슈나 종족의 야두족(Yadus)이다. 그들은 마하바라트(Mahabharat) 전쟁 이후 분열과 무정부의 결과로 그곳에서는 살 수가 없어 드와라카(Dwaraka) 왕국을 떠나야 했던 사람들이다.

그 지역에 남은 22개 종족 중에 열 개의 종족이 북쪽으로 갔다가 재난을 만나 폐사하였다.

12개의 종족 중 약간의 부족이 현재 이라크 시리아 팔레스타인 이집트 희랍 러시아로 알려진 지역에 정착을 하였다. 그 대 탈출은 5743년 전에 행해졌었다."[1]

──✈

(a) '마하바라타(*The Mahabharata*)'를 읽어 보면 원래 '절대신[비슈누]의 화신(化身) 크리슈나'가 '야두족(Yadus)'으로 '추리(상상)'를 하는 것은 자연스런 현상이다.

(b) 즉 '**마하바라타**(*The Mahabharata*)'는 '**절대 신**'이 인간으로 내려 와 '**도덕, 양심, 정의를 세우기 위해**', '**배약**(背約) **사기 타락 욕망의 뱀 종족**[**드리타라슈트라와 그 아들들**]**을 멸망시킨**' 그 '**혁명 전쟁**'을 주도하여 성공시킨 주인공 영웅이 바로 '**크리슈나**(Krishna)'**란 존재라고 말하고 있을 뿐이다.**

(c) 그러므로 그 '마하바라타(*The Mahabharata*)'에서는 '절대 신이 지켜주는 자'와 '절대 신이 심판을 행하는 대상[악마, 뱀]'이 명백히 되어, '마하바라타 전쟁'을 보고 알건 모르건 그저 '읽으면[들으면] 유익하다.'는 말을 반복하고 있는 경우이다.

(d) 그런데 기독교의 경우는 '십자가에 못 박히신 예수께서 3일 만에 부활 승천하셨음.'을 믿으라 하고, '그분의 보배 피로 인류의 죄가 사(赦, 容恕)해졌다.'는 믿으라고 하나, 쉽게 다 믿을 수가 없게 되어 있다.['무슨 죄'인지, 그것(예수의 피)으로 '무슨 죄가 없어지는지' 등]

(e) 그런데 '마하바라타(*The Mahabharata*)'에서는 그것[제사의 의미]을 귀찮을 정도로 반복 설명하여 '왜 제사가 필요한지'를 알게 하려고 성의(誠意) 다하였다.['뱀'의 속성 명시]

(f) '알기에 앞서 믿어라.'라는 것이 기독교 사제의 권유이지만, '살펴본다.' '따져 본다.'는 것은 '선악(善惡)의 판별'도 '행동 주체의 기본 사항'이다.

───────────

1) P. N. Oak. *World Vedic Heritage*, New Delhi, 1984, p. 527

2) 히브리어(Hebrew)

"유대인의 언어는 히브리어로 알려져 있다. '유대문헌 백과사전'에는 단지 부분적 해설만을 행하고 있다. 백과사전은 첫음절 '헤(He)'는 '신의 이름의 생략'이라 해설하였다. 이 책은 정말 옳은 해설이나, 신의 이름이 무엇인지를 밝히는 데는 실패하고 있다. 명백하게 그 신의 이름은, 크리슈나(Krinshna)와 같은 헤리(Heri)이다."

"그 책은 역시 '브루(brew)' 해설도 잘못하고 있다. '브루(brew)'는 범어로 '언어'라는 용어이다. 결론적으로 '히브리어(**Hebrew**)'란 주(主) 헤리(Heri) 다시 말해 '크리슈나(Krishna) 말씀(언어)'을 의미한다. '주 크리슈나의 말'은 인도의 수많은 고대 범어 기록 속에 기록되어 있는 바로서, 크리슈나가 범어를 사용했다는 사실은 널리 알려져 있다.

유대인(Jews) 즉 '주 크리슈나의 예두 족(the Ye du tribes of Lord Krishna)'은, 5742년 전에 원시 범어가 말해진 드와라카(Dwaraka) 지역을 떠났는데, 발음이 바뀌고 어휘가 섞이고 추가되어 오늘날 히브리어가 된 것이다."[2]

_____✦

(a) 위의 진술자는 '**범어(梵語, Sanskrit)**'로 '유대인 언어(Hebrew)'를 '주 크리슈나의 말(Lord Krishna's words)'라고 해설을 하여 '야두인'이 '유대인'이라는 논리를 계속 밀고 나가려 했다.

(b) 그런데 '마하바라타(*The Mahabharata*)'에는 여러 종족들이 소개되어 있으나 그들의 '의사소통'에는 불편함이 있었다는 지적은 없고, 오히려 '코끼리' '뱀 왕' '산 신' '강신' '태양신'과도 자연스럽게 대화를 펼치는 장면이 제시되어 있으니, 그들은 모두 '**범어(梵語, Sanskrit)**'로 두루 통했음을 기정사실로 하였다.

(c) 그러므로 왜 '야두인'이 말이 '**범어(梵語, Sanskrit)**'가 아닐 수 있는가?

3) 유대인의 상징[國旗]

"이른바 '다윗의 별'이라 부르는 유대인의 상징은 탄트라 베다 상징(Tantric Vedic symbol)이다. '탄트라 베다 상징'은 하나는 꼭지점을 북으로 향하고 다른 하나는 남쪽으로 향하는 두 개의 삼각형이 맞물린 것으로 되어 있다. 이 상징은 집을 청소한 다음에 매일 아침 활석가루 다자인으로 모든 힌두 가정 집 앞에 그려졌다. 이 모형은 랑가왈리(Rangawali) 또는 랑골리(Rangoli)로 알려져 있다. '다윗(다비드)'이름도 범어로는 '데비-드(Devi-d)'이니, '모신(母神)의 은혜가 부여됨'이란 의미이다. 뉴델리에 세워진 여신의 사원인 후마윤(Humayun) 무덤 외벽 상단에 그 기호가 새겨져 있다."[3]

---

2) P. N. Oak. *World Vedic Heritage*, New Delhi, 1984, pp. 529~530
3) P. N. Oak. *World Vedic Heritage*, New Delhi, 1984, p. 530

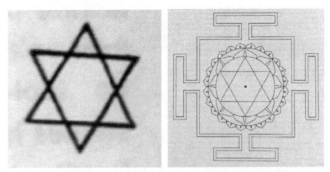

'다윗의 별(David's Star)'4) '두르가 얀트라(Durga Yantra)'5)

(a) 볼테르는 그의 '역사철학'에서 '브라만의 십계명(the Brahmans' ten commandments)'6)을 언급하였다.
(b) 이미 '힌두교'와 '기독교'의 크게 같은 점에 의견의 일치를 본 셈이니, 구체적인 차이점을 아는 것이 필요하다.

4) 시온주의(Zionism)

① **선택된 종족** : "유대인은 자기네들을 '신이 선택한 종족'이라 부른다. 이 전통은 '주 크리슈나의 야두 족속'에 속한다는 사실에서 생긴 것이다. 그래서 유대인은 '야다바스(Yadavas)'로 알려졌다. 세속적 발음이 'Y'에서 'J'로 바뀌었기 때문에 '야바다스(Yadavas)'는 '자바다스(Judavas)'로 바뀌었고, 그래서 주다이스트(Judaists)가 된 것이다. 인도에는 그와 같은 이름의 다양성이 많이 있는데, '야다브(Yadav)' '자다브(Jadhav)' '자데야(Jadeja)'와 같은 성씨에 대한 사례들이 그것이다."7)

② **시온주의(Zionism)** : "시온이즘은 범어로 '신의 추종' '신의 집단'을 뜻하는 '데반이즘(devansim)'이다. 범어의 'D'는 자주 'Z'음으로 변했는데, '데반이즘(devansim)'이 '시온이즘'으로 발음되었다."8)

③ **탈무드** : "유대인의 법과 전설을 기록한 문헌이 범어 이름 탈무드이다. '탈(Tal)'은 손바닥을 의미하고 '무드(Mud, Mudra)'는 각인 즉 그 위에 적은 것이다. 탈무드는 종려나무 잎 기록을 의미한다. 그 명칭은 종려나무 잎에 기록한 옛 베다 기록을 뜻한다. 유대인은 명백히 그와 같이 범어 문서를 작성했고, 드와라카 지역에 재난 이후에 고향을 떠났다."9)

---

4) P. N. Oak. *World Vedic Heritage*, New Delhi, 1984, p. 530
5) F. W. Bunce, *The Yantras of Deities*, D. K. Printworld, New Delhi, 2001, p. 105 'Durga Yantra'
6) Voltaire, *The Best Known Works of Voltaire*, The Book League, 1940, pp. 397 'ⅩⅥ. Of India'
7) P. N. Oak. *World Vedic Heritage*, New Delhi, 1984, p. 630
8) P. N. Oak. *World Vedic Heritage*, New Delhi, 1984, p. 531
9) P. N. Oak. *World Vedic Heritage*, New Delhi, 1984, p. 531

(a) 위의 오악(P. N. Oak)의 논의는 그 '유대인'이나 '성경'을 폄훼(貶毁)하려는 지적이 아니다. 오직 더욱 포괄적인 시각을 제공하고 있을 뿐이다.

(b) 오악(P. N. Oak)은 그 '마하바라타(*The Mahabharata*)'에서 '절대 신 크리슈나 소속의 야두족(Yadus)'을 토대로 '절대 신' '성경'으로 유럽에 '기독교'를 펼친 유대인들에 대한 보충 자료를 제공하고 있을 뿐이다.

(c) 어떻든 '절대 신' '신비주의'는 '힌두교' '불교' '기독교' 3교가 공유하고 있는데, 그 중에 '힌두교'가 그 '다양성' '포괄성' '원시성[고행, 뱀, 크샤트리아의 의무]'에서 여타의 종교를 다 포괄하고도 남음이 있다.

5) '약속 받은 땅'

① **약속 받은 땅** : "유대인이 약속 받은 땅은 가나안이었다. 왜냐하면 주 크리슈나는 '가나(Kanha)'로 알려졌기 때문이다. '크리슈나 신의 땅'은 가나안이다."

② **신관(神觀)** : "모세가 사막에서 보았다는 '**불기둥 속에 주님**(the Lord amidst a column of **smoke and fire**)'의 모습은 '지존(至尊)의 노래(Bhagavat Gita)'에 그려진 바와 같은 주 크리슈나가 쿠루크세트라에서 아르주나에게 제시해 보인 거대한 형식으로의 특별한 신상임이 명백하다."

③ **갈릴리, Galilee** : "'갈릴리'란 용어는 범어로 가발라야 즉 크리슈나가 그의 농장에서 큰 소가 될 때까지 기르는 난드(Nand)에 속한 암소 보호 구역이다. 유사하게 나자렛은 난드라스(즉 난드의 마차)이고, 베들레헴은 발트살담(Vasaldham), '사랑스런 아이의 집'을 의미한다."

④ **동산(東山, Eastern Hill)** : "팔각형의 예루살렘 크리슈나 사원(현재 바위 위에 반구형 지붕으로 알려져 있고, 회교 사원으로 사용된 것임)은 동쪽은 변함없이 베다 전통의 취향이므로 동쪽에 세워진다. 팔각형 역시 베다 선호 형이고 성소의 형상이다."[10]

(a) 위의 오악(P. N. Oak)의 진술은 간단하게 유대인의 '절대신[여호와-Jehovah]'는 바로 '그리슈나(Krishna, Vishnu)'라는 이야기 전개 방식이다.

(b) 그래서 '불기둥 속에 주님(the Lord amidst a column of smoke and fire)' 이야기는 '마하바라타(*The Mahabharata*)'에서 **아르주나 앞에 크리슈나가 스스로가 그 '절대자'임을 입증해 보인 '비스바루파(visvarupa, 절대신 의 모습)'**이라는 것은 독자들은 쉽게 납득을 할 수 있다.

(c) 오악(P. N. Oak)의 '갈리리(Galilee)' '예루살렘' 해설도 이미 '체득 한 그 방법[포콕(E. Pococke)의 방법]'에 의한 것이니, 다 납득할 만하다.['범어(梵語) 공통 문화'는 점에서]

(d) 그리고 '팔각형의 예루살렘 [크리슈나] 사원'은 '신의 거주지[神殿] 건축의 표본 '얀트라'에 의한

---

10) P. N. Oak. *World Vedic Heritage*, New Delhi, 1984, pp. 530~532

것이니, 역시 의심할 수 없는 사항이다.

6) 창세기의 '뱀'

"땅이 혼돈하고 공허하며 흑암이 깊고 신의 혼령(Spirit of God)이 수면에 운행하시니라.(창세기 1장-2절)"

"여호와 하나님이 동방에 에덴을 창설하시고(창세기 1-8) 강이 에덴에서 발원하여 동산을 적시고 거기서부터 갈라져 네 근원이 되었으니(창세기 2-10)"

"여호와 하나님이 지으신 들짐승 짐승 중에 뱀이 가장 간교하여 하더라. 뱀이 여자에게 물어가로 되 하나님이 참으로 동산 모든 나무의 실과를 먹지 말라 하시더냐.(창세기 3-1) 여자가 뱀에게 말하되 동산 나무 실과를 우리가 다 먹을 수 있으나(창세기 3-2) 동산 중앙에 있는 나무의 실과는 하나님의 말씀에 너희는 먹지도 말고 만지지도 말라 너희가 죽을까 하노라 하셨느니라.(3-3) 뱀이 여자에게 이르되 너희가 절대 죽지 아니하리라.(창세기 3-4)"

"하나님이 자기 형상으로 사람을 지었음이니라(창세기 9-6)"

"내가 내 무지개를 구름 속에 두었나니 이것이 나의 세상과의 언약의 증거니라.(창세기 9-13)"

------→

(a) '구약'의 첫머리 '태초 우주 형상'은 그대로 **'사야나 비슈누(Sayana Vishnu : 사리를 튼 세샤 (Shesha) 뱀 위에 누운 비슈누)'**를 상상하면 더욱 구체적이고 온전하게 된다.['무형'보다 '유형'이 구체적이다.]

(b) 유대의 '에덴'은 희랍의 '올림포스 산' 힌두 '메루(Meru) 산' 불교의 수미산(須彌山), 단군 신화의 '삼위태백(三危太伯)'과 동일한 '신이 거주했던 산'이다.

(c) 그곳에서 '4개의 강물'이 흘러나왔다는 세계관[우주관]은 역시 '힌두'와 공유하고 있는 '우주관'이다.

(d) 여기[태초]에서 '아담' '이브'의 '타락[죽음]'에 근본 원인을 제공했다는 그 '뱀'이 등장하고 있다.

(e) 거듭 요약컨대 **'뱀'은 인간의 '육체' '욕망' '탐욕' '거짓' '원죄(原罪)'의 형상화로 일찍부터 힌두 바라문의 '탄압[苦行]'의 대상이고, 힌두의 주(主) 크리슈나가 '마하바라타(The Mahabharata) 전쟁'을 통해 그들을 섬멸 심판했던 '죄악[악마]의 주체'**이다.

(f) 그런데 '창조신' '비슈누(크리슈나)'가 그 '뱀들'과 '친구' '친척'이었다는 '모순(矛盾) 된 진술'은, **인 간 개개인이 '악마를 따르는 육체(精神)'와 '절대신 의 따르는 정신(精神)' 아울러 평생 운영을 해야 한다는 엄연한 '현실(實存)'에 근 거를 둔 것**이니, 이것이 바로 '다다(Dada)'의 동시주의(Simultaneism)' 그것이다.

(g) 위에서 절대신(여호와)은 '무지개'를 그 **'비스바루파(visvarupa, 절대신 의 모습)'**로 명시하여 '신의 언약 실행의 징표'로 말했다.['불기둥'보다는 쉽게 자주 접할 수 있는 '신의 징표'임]

7) 출애굽기의 '모세의 지팡이'(뱀-Ananta, Sheshanaag)

"여호와께서 모세와 아론에게 일러 가라사대(출애굽기 7장-8절) 바로(Pharaoh)가 너희에게 이적 (異蹟, a miracle)을 보이라 하거든 너는 아론에게 명하여 너의 지팡이를 바로(Pharaoh) 앞에 던지라 하라 그것이 뱀이 되리라(출애굽기 7-9) 바로(Pharaoh)도 술사(sorcerers)를 술법을 행하여(출애굽기 7-11) 각 사람이 지팡이를 던지매 뱀이 되었으나 아론의 지팡이가 그들의 지팡이를 다 삼키니라.(출애굽기 7-12)"

"[여호와께서 모세에게 일러 가라사대] 네 손의 가호(加護)와 네 미간(眉間)의 표(a reminder on your forehead)를 삼고 여호와의 율법으로 네 입에 있게 하라. 이는 여호와께서 능하신 손으로 너를 애굽에서 인도(引導)하여 내셨음이니(출애굽기 13-9)"

"여호와께서 그들 앞에 행하사 낮에는 구름기둥으로 그들을 인도하시고 밤에는 불기둥(the pillar of fire)으로 그들에게 비추사 주야로 행진하게 하시니(출애굽기 13-21) 낮에는 구름기둥 밤에는 불기둥이 백성 앞에서 떠나지 아니 하니라.(출애굽기 13-22)"

- (a) '모세의 지팡이'는 '이적(異蹟, a miracle)의 지팡이'로 해석이 분분하지만, 사실상 '절대신(여호와, 비슈누)의 살려내는(生命) 권능의 지팡이'이니, 가장 쉽게 '뱀의 지팡이'일 뿐이다.
- (b) 우선 '먹여 살려 놓고 그 뒤에 [하나님]교육을 행해야 하니' 그 '뱀의 권능[기능]'을 '절대신의 증명'을 위해 없어서는 안 될 요소이다.
- (c) 즉 '마하바라타(*The Mahabharata*)'에서 그 '뱀들[드리타라슈트라 아들들]'이 없었다면 절대신 '크리슈나'가 그가 '심판의 절대신'임을 어떻게 세상에 가르치며 '신약'에 예수가 그 '유다'가 없었다면 그 '십자가에 달려 제물(祭物)이 된 사랑의 신상(神相)'을 입증할 수 있었을 것인가?
- (d) 이것이 '빛'과 '어둠', '선(善)'과 '악(惡)', '영(靈)'과 '육(肉)', '신'과 '악마'의 영원한 대립 구조이니, 그들은 오히려 서로의 공존 속에 그 존재들이 더욱 드러나게 된다.
- (e) '여호와께서 능하신 손으로 너를 애굽에서 인도(引導)하여 내신' 증거로 '양미간의 표시'는 힌두교, 불교, 기독교가 [절대 신에의 귀의를 가르치는]공통점이다.[제87장, 제89장 참조]

8) '여호수아'와 '여리고'

"여호와께서 여호수아(Joshua)에 이르시되 여리고(Jericho)와 왕과 그 용사들을 네 손에 붙였으니......제사장들이 양각(羊角) 나팔을 길게 불고 백성들이 크게 외치면 성벽이 무너져 내릴 것이다...(여호수아 6장-2, 5절)"

"이에 백성은 외치고 제사장들이 나팔을 불어......성벽이 무너져 내린지라...(여호수아 6-20)"

(a) '구약에서 그 가나안의 여리고(Jericho) 정복에서 '여호와'의 '여호수아(Joshua)' 훈도(訓導)는 마하바라타(*The Mahabharata*)'에서 크리슈나(Krishna)가 비마(Bhima)를 앞세워 마가다(Maga-dha) 왕 자라산다(Zarasandha)를 잡았다는 이야기와 똑 같다.[제43장]

(b) 마하바라타(*The Mahabharata*)에서 크리슈나(Krishna)는 비마(Bhima)와 아르주나를 일일이 구체적으로 지시를 하여 억센 마가다(Magadha) 왕 자라산다(Zarasandha)를 잡았는데, 여호와도 그 '여호수아(Joshua)'를 세밀하게 이끌어 가나안의 '여리고(Jericho)' 성을 정복하였다.

(c) '구약에서는 '여호와'와 '여호수아(Joshua)'의 대화 전달자를 생략해 버렸는데, 마하바라타(*The Mahabharata*)에서는 눈앞에서 함께 도모하는 크리슈나를 제시하여 더욱 구체적이다.

(d) '마하바라타(*The Mahabharata*)'에서 크리슈나는 판두 형제들을 위한 '역사(役事)하는 절대 신'이었음에 대해 '여호수아(Joshua)'가 앞장을 선 '여리고(Jericho)' 전쟁은 '모습을 감춘 절대신'이라는 차이가 있다.

(e) 그러나 '마하바라타(*The Mahabharata*)'의 마가다(Magadha) 왕 자라산다(Zarasandha)를 잡았던 이야기나 '여리고(Jericho) 전쟁'이나 '절대 신'이 편을 들고 있는 쪽이 승리를 했고, 그 '서술자계 관시인'도 '절대 신을 존중하는' 절대주의자라는 확실한 공통점을 지니고 있다.

9) 예수의 탄생과 승천

"그때에 해산할 날이 차서(2-6) 맏아들을 낳아 강보로 싸서 구유에 뉘었으니 집에 있을 방이 없었기 때문이다.(2-7) 그 무렵 목자(牧者)들이 양떼를 지키고 있었는데(2-8) 주(主)의 사자(使者)가 주(主)의 영광이 저희를 두루 비춤에 크게 무서워하는지라(2-9) 천사가 이르되 무서워 말라 내가 온 백성에게 미칠 큰 기쁨의 좋은 소식을 너희에게 전하노라.(2-10)[누가복음]"

"예수께서 나아와 일러 가라사대 하늘과 땅의 모든 권세를 내게 주셨으니(28-18) 너희는 가서 모든 족속으로 제자를 삼아 아버지와 아들과 성령의 이름으로 세례를 주고(28-19) 내가 너희에게 분부한 모든 것을 가르쳐 지키게 하라. 볼찌어다. 내가 세상 끝까지 너희와 항상 함께 있으리라 하시니라.(28-20)[마태복음]"

_____✈

(a) '신약에 제시된 '예수 행적과 말씀 승천'에 대한 서술은 의외로 '마하바라타(*The Mahabharata*)'와 많이 겹쳐 있다. 특히 판두 5형제 중 '유디슈티라'의 탄생, 말, 행적은 예수의 그것과 많이 겹쳐 있다.

(b) 그것의 제작 '선후(先後)'를 따져 '어느 것이 먼저인가?'를 말하는 것은 '종교'를 존중하는 방법이 아니고, 그것은 '힌두교'와 '기독교'의 '절대신 지향'이 크게 유사'하다고 봄이 정답이다.

(c) 그렇다면 '기독교'와 '힌두교'의 차이점은 무엇인가? 즉 '마하바라타(*The Mahabharata*)'와 '성경'의 차이점은 '마하바라타(*The Mahabharata*)'가 '전쟁 이야기' '신의 세상 심판 이야기'임에 대해,

'성경'은 장대한 '구약'을 '예수의 희생'이 중심이 된 '신약'에 축약하여 '제물(祭物)의 된 예수'에 궁극의 초점을 맞추었다는 점이다. 그러한 측면에서 '성경'은 '집약적'임에 대해, '마하바라타(*The Mahabharata*)'는 '방만(放漫)'하다 할 수 있다.

(d) 그래서 '마하바라타(*The Mahabharata*)'는 원래 '다신(多神)'이 어떻게 존재했고, '유일신(唯一神)'이 어떻게 창조되었는지 그 구체적인 경위를 다 드러내고 있다.

(e) 즉 '마하바라타(*The Mahabharata*)' 기록의 '원시성'은 인류의 '원시적 사고'를 다 드러내고 있다. 그래서 '마하바라타(*The Mahabharata*)'는 '인류 할아버지 나라' '힌두(Hindu) 문명'을 그대로 알려 주는 보고(寶庫)이다.

5. 로마(이탈리아)인

사실상 '로마(이탈리아)'은 '희랍인' '유대인' 문화를 빼면 남을 것이 별로 없지만, 엄연한 그 '마하바라타(*The Mahabharata*) 문화'를 독자적으로 간직한 증거들이 뚜렷했던 종족이다.

1) '로마' '폼페이' '시바'

"'로마(Rome)'는 베다의 신 '라마(Rama)'에서 유래하였다.

라마(Rama, 신)는 세계 곳곳에서 로마(Rome)왕국에서처럼 이상화 되어 있다.[이집트에서는 '라마(Rama) 1세'가 '라메시스(Ramesis) 1세'인 것처럼]"

"원숭이 왕 발리(Vali)가 아우 수그레브(Sugreev)의 처 타라(Tara)를 납치하는 그림은, '라마(Rama) 문화'를 나타내는 그림이다."

"로마 영사(領事) 폼페이(Pompey)가 앞이마에 '베다 식 샌들 마크(Sandal mark)'를 착용한 것은 고대 이탈리아가 '베다 세계'의 일부였음을 말하고 있다."

"주(主) 시바(Siva)가 볼로냐(Bologna) 광장에 세워져 있다. '삼지창(trident)'과 어깨에 '두 마리 뱀'이 제시되어 있다."[11]

---

11) P. N. Oak. *World Vedic Heritage*, New Delhi, 1984, pp. 781, 806, 815

'원숭이 왕 발리(Vali)의 아우 수그레브(Sugreev)의 처 타라(Tara)를 납치' '앞이마에 '베다 식 샌들 마크(Sandal mark)'를 착용한 폼페이(Pompey)' '볼로냐(Bologna) 광장의 시바(Siva)'

───────➤

(a) 오악(P. N. Oak)의 해설은 전적으로 '범어(梵語, Sanskrit)' 실력으로 가능한 것이다. 그리고 그것 은 고대 '세계 문화어'로서의 '힌두 문명'이 일반화 했던 그 재구(再構)일 뿐이다.

(b) 오악(P. N. Oak)은 기존의 연구가 F. 쿠몽(Franz Cumont, 1868~1947)과 S. K. 아이양가르(S. K. Aiyangar, 1871~1946)의 저서를 인용하고 있다.

(c) '로마 영사(領事) 폼페이(Pompey)' 언급에 이어 **'볼로냐(Bologna) 광장의 시바(Siva) 신상'**의 지 적은 모두 '포콕(E. Pococke)[희랍 속의 인도(*India in Greece*)]'과 동계의 연구 방식이다.

(d) 결정적인 승리는 역시 **'볼로냐(Bologna) 광장의 시바(Siva) 신상(神像)**'은 '삼지창의 신'으로 그 '힌두 문화'를 세계에 명시한 '신(神)'이다.

(e) 위의 도자기 그림 '원숭이 왕 발리(Vali)의 아우 수그레브(Sugreev)의 처 타라(Tara)를 납치' 그림 은 '라마의 다리 건설'[제66장]의 아류(亞流)이다.

2) 단테의 '신곡(神曲)'

"단테 알리기에리의 신곡 1부인 지옥편에 대한 서술. 단테의 지옥이라고도 불린다. 신곡 중에서 가장 인기가 많은 부분이자 지옥을 소재로 한 작품 중에서 가장 유명하다. 지옥에는 단테가 개인적 으로 싫어하던 사람이나 그의 정치적 라이벌도 많이 들어있다(…). 심지어 이 글을 쓸 당시에는 아직 살아 있었는데도 영혼은 이미 지옥에 있다고 묘사하기도 한다. 단테가 지옥의 몇몇 죄인들에 게 동정심을 보이는 것도 특징. 반대로 몇몇 죄인들에겐 꼴 좋다는 식으로 비웃어주기도 한다. 지옥의 최하층에는 마왕 루키페르가 파묻혀 있다. 루키페르는 그 입에 3명의 악인을 물고 있는데, 가운데에 물려있는 것은 이스카리옷 유다이고, 양 옆에는 카이사르를 암살한 브루투스와 카시우스 가 물려 있다. 루키페르의 몸을 타고 올라가 지옥을 빠져나가고 나면 연옥산이 있다. 잘 이해가 안 될 수도 있는데, 루키페르의 몸이 지구 한 가운데에 있어서 아래 방향이 바뀌는 것으로 나온다. 작중 단테도 이 부분에서 약간 헷갈려한다. 연옥산을 오르는 내용이 연옥편이다. 연옥산을 오른 다음에는 베르길리우스와 헤어지고 대신 베아트리체를 만나 그녀와 함께 천국을 여행하게 된다.”

　“베르길리우스와 단테는 대지의 중심에서 빠져나와 다시 햇살을 받으며 연옥(煉獄, Purgatorio)의 불을 저장한 산에 이른다. 연옥도 몇 개의 구역으로 나뉘어 있으며, 속죄자들은 자신의 죄를 깊이 통찰함으로써 정화될 수 있는 기회를 얻는다. 그들의 죄는 용서받을 수 없는 것이 아니다. 연옥의 구조는 피라미드와 같은 형태로 각 층은 일곱 가지의 대죄, 즉 교만, 질투, 분노, 나태, 탐욕, 탐식, 색욕에 할당되어 있다. 참회가 늦었던 자들은 연옥에 바로 입장할 수 없고, 연옥의 바깥에서 그 세월만큼 기다려야 한다. 문지기 천사는 P 일곱 개를 단테의 이마에 새겨준다. 이것은 '죄'를 뜻하는 'Pecatti'의 머릿글자로, 대죄가 일곱 가지이기 때문에 일곱 개를 새긴 것이다. 단테가 각 층을 통과할 때마다 천사들이 하나씩 지워준다. 지옥편에 비해 평화로운 분위기로 그려져서 그렇지, 방법 자체만 놓고 보면 지옥편 못지 않게 그로테스크한 형벌도 있다”

　“천국은 옛 유럽인들의 믿음에 따라 지구를 둘러싸고 있는 여러 겹의 하늘로 이루어진 것으로 묘사되며, 각각의 죄에 따라 벌을 받는 지옥과 연옥처럼 각각의 선에 따라 행복을 누리고 있다.”[12]

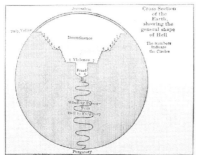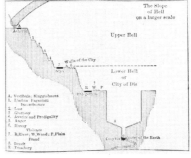

'단테' '지옥 그림'[13]

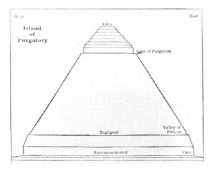

'연옥, 천국 그림'[14]

---

12) 나무위키, '단테 신곡 -지옥 연옥 천국'(抄引)
13) Dante Alighieri, *La Divina Commedia*, D. C. Heath and Company, 1933, pp. ⅰ, ⅶ
14) Dante Alighieri, *La Divina Commedia*, D. C. Heath and Company, 1933, p. ⅷ

(a) 단테(A. Dante, 1265~1321)의 '신곡(神曲, Divine Comedy)'는 '마하바라타(*The Mahabharata*)' 의 '18, 승천(昇天)의 책(Svargarohana Parva)'[제120장]을 그대로 적용한 것이다.

(b) 단테는 '유디슈티라(Yudhishthira)'의 '지옥' '연옥' '천국'의 기행(紀行) 그대로 '신약'의 예수를 절 대 신의 자리에 두고 그 '유디슈티라(Yudhishthira)' 위치에 단테 자신을 두었으니, **단테의 '신곡 (神曲, Divine Comedy)'은 당시 '로마'를 중심으로 '힌두(Hindu) 문화 지우기 운동'이 어떻게 벌어졌는지를 보여주는 대표적인 작품이다.**

(c) 그러면 왜 그 '힌두(Hindu) 문화 지우기 운동'이 펼쳐졌을까? 그것은 쉽게 '유대인의 선민(選民) 의식'과 관련된 것이니, '마하바라타(*The Mahabharata*)'의 '야두족(Yadus)'의 '천신(天神)족'의 특 성이다.

(d) 모세['출애굽'의 모세 형상은 '드와라카에서 야두들(Yadus)을 이끌어낸 아르주나 모습'이다.]에게 약속했다는 '요르단 강 서쪽 가나안 지역'의 고집에서 볼 수 있듯이 '여타 족종족의 무시'는 오히 려 '힌두(Hindu) 바라문들'의 기본 속성이었다.

(e) 그래서 '희랍인'은 '희랍 플라톤 등 그 바라문[제우스 계관시인, 사제] 중심으로 힌두와 다른[구분 된] 문화를 펼치려 했듯이 '로마'에서는 그 '힌두' '희랍인'과 다른 '로마인'의 특성을 보인 문학이 단테의 '신곡(神曲, Divine Comedy)'이었다.

(f) 그러나 일단 그들 양측(兩側: 힌두와 희랍인, 힌두와 로마인) 초월해 전후 사실을 고려해보면 '이집트' '희랍' '로마'에서 '힌두 문화 감추기'는 그들의 '콤플렉스'를 오히려 드러내는 형국이었으니, 모든 문화는 '원시 선대(先代)'에서도 그것을 완전 벗어난 것이 없다는 놀라운 '역사(歷史) 전개 원리'를 단테(A. Dante, 1265~1321)는 '신곡(神曲, Divine Comedy)' 제작에서 그대로 다 보여 주고 있다.

(g) 한 마디로 **단테의 '신곡(神曲)'은 그 '기독교의 흥성과 쇠망'을 아울러 제시하고 있으니**, 힌두 '마하바라타(*The Mahabharata*)' 시인에게는 단테는 성공했을지 모르지만 니체의 '차라투스트라' 의 가르침이 행해진 이후에는 영국의 밀턴과 더불어 '두 바보(two of the greatest fools that ever lived, an Italian and Englishman.)'로 조롱이 되었다.[15]

(h) 특히 단테가 추정했던 **'천국(天國)' '에덴(Eden)'이, '지상(地上)의 첨단(尖端)'으로 상정된 것은 힌두(Hindu)가 상상했던 '히말라야' '메루(Meru)' '수미산(須彌山)'과 동일한 곳**이라는 점은 각별 히 주목을 해야 한다.

6. 영국인

영국인은 '**힌두→희랍→로마→영국**'의 가장 뚜렷한 연관 관계를 자랑하고 있는 나라다. '마하바 라타(*The Mahabharata*, 기원전 3100년)'의 힌두(Hindu)는 인도 내에서의 '정복 국가 건설 담'이었

---

15) 아일랜드 출신 **영국의 극작가** 버나드 쇼(G. Bernard Shaw, 1856~1950)의 '범인(凡人)과 초인(Man and Super-man)'

는데, 그 힌두(Hindu)는 이후 '이집트' '희랍' '로마'가 서구 문명의 주류를 이루었다고 이후 사가(史家, 볼테르, 포콕 등)는 논증(論證)을 행하였다. 그런데 그 가장 뚜렷한 증거는 '힌두(Hindu)의 크샤트리아 전통'을 영국(英國)의 '기사(騎士) 이야기'는 그대로 계승했던 점이다.

1) '크샤트리아'의 나라, 영국

"'**앙굴의 나라(Angul Country)**' -옥스퍼드 영어 사전에 '앵글(Angle)'을 '앙굴 족(The race of people of Angul)'로 설명하고 있다. 범어(梵語)로 '앙굴리 스탄(Anguli-Sthan)'은 '손가락 크기의 나라'라는 의미이다."

"'**브리튼(Britain)**' -'브리튼(Britain)'이란 범어(梵語)로 '브리하트 스탄(Brihat-Sthan)' '큰 섬'이란 뜻이다."

"'**영국의 설날(New Year day)**' -1752년까지 영국의 설날(New Year day)은 3월 25일이었는데, 힌두 기원의 설날이다."[제118장 말 제사의 의미'에서 반복 제시된 '차이트라(Chaitra)의 보름날'이란 한국의 '정월 대보름'과 같은 의미이다.]

"'**제이비어(Xavier)**' -영어 'X'는 범어(梵語)로 '크샤(ksha)'를 나타낸다. '제이비어(Xavier)'는 범어(梵語) '크샤트리아(Xatriya)' 무사계급이다. '제이비어(Xavier)'는 범어(梵語) '크샤트리아 비어(Xatriya vir)' 크샤트리아 무사의 축약이니, 힌두(Hindu)의 크샤트리아가 영국을 다스렸다는 이야기이다."

"'**스코틀랜드(Scotland)**' -'크샤트리아(Kshatriya)'의 축약이 '크슈트라(kshutra)'이니, '스코틀랜드(Scotland)'는 사실상 '크슈트라 랜드'이다. 범어(梵語) '크슈트라(kshutra)'가 영어 '스코트(Scot)'가 되었다."

"'**공작새 그림**' -'공작새'는 열대지방의 새로 '베다 유럽'에 인기 있는 새였다. 대영 박물관에 전시된 이 그림은 영국에서 출토된 것이다."

"'**만(卍)자 무늬와 연꽃 그림**' -대영박물관에 전시된 '만(卍)' 자 무늬와 '여덟 잎 연 꽃'은 베다식이다."[16]

---

16) P. N. Oak. *World Vedic Heritage*, New Delhi, 1984, pp. 843, 855, 857, 891, 893

'공작새 그림' '만(卍) 자 무늬와 연꽃'

————✈

(a) 오악(P. N. Oak)은 '베다 문화'의 자취를 설명함에 있어서 유럽의 나라[종족]뿐만 아니라 세계의 나라[종족]의 '베다 문화 영향'을 말함에 흔들림이 없지만, 특히 '영국(英國)' 경우 편안하고 자신 (自信)을 보이고 있으니, 그 영국이 오랜 동안 '인도 식민지'를 경영했고, 그들의 '선진(先進) 학자 들'들이 '동양학(東洋學, 힌두 연구)'에 많은 업적을 내었고, 그 오악(P. N. Oak) 역시 그들의 방법 과 업적에 크게 동의를 하고 있는 형편이기 때문이다.

(b) 오악(P. N. Oak)은 위에서 '앵글(**Angle**)' '브리튼(**Britain**)' '제이비어(**Xavier**)' '스코틀랜드(**Scot-land**)'을 '범어(梵語, Sanskrit)'에 조회(照會)하여 그 중요한 의미를 추적하였다.

(c) 그 오악(P. N. Oak)의 언급 중에 '과거 영국은 힌두(Hindu)의 크샤트리아가 다스렸다.'는 진술은 각별히 주목을 요하는데, **그것은 사실상 그 '힌두' '이집트' '희랍' '로마'도 동일한 상황일 수밖에 없으나, 그 '명목(名目, 명분)'은 계속 '사제[절대신] 중심'으로 앞장을 세웠다는 점이 역시 그 '힌두의 뚜렷한 전통'을 계승한 것이기 때문이다.**

(d) 그 **'방법[크샤트리아 중심의 국가 운영이지만, 그 名分은 항상 절대자에게 돌림]'은 5천년[쿠루 크셰트라 전쟁 이후 5000년] 동안 반복해 온 '서구인 통치 방법'** 그것이다.

(e) 즉 '마하바라타(*The Mahabharata*)'에서 '쿠르쿠셰트라 전쟁'에 승리를 거둔 판두 5형의 맏형 유 디슈티라가 사제(司祭) 비아사(Vyasa)에게 '천하'를 통째로 넘겼다는 사실이 그것이다.[제116장 말제사의 의미]

(f) 사실상 영국은 힌두(Hindu)의 '마하바라타(*The Mahabharata*)' 방법으로 스페인 이후 '세계 식민 지'를 관리하였다.['절대신'으로 회유하고 '무력'으로 제압을 하는 방법 -그 '先後'는 문제가 되지 않음]

2) 아서 왕(King Arthur)과 원탁기사

"예언자 멀린이 어렸을 때 잉글랜드는 보르티겐 왕이 다스리고 있었는데, 성을 지으려고 하자 자꾸 주춧돌이 무너져 내렸고, 이에 멀린은 "성을 지을 땅의 지하 깊숙한 곳에 **용 2마리**가 살고 있기 때문"이라고 말했다. 인부들이 땅을 파자 **붉은 용과 흰 용**이 싸움을 벌이기 시작했는데, 멀린은 "2마리의 용은 왕위의 계승자인 선왕의 동생 우서와 펜드래곤의 침입을 나타냅니다." 라고 예언한다. 멀린의 예언대로 보르티겐 왕을 죽이고 펜드래곤이 왕위에 올랐는데, 펜드래곤이 전쟁에서 죽자 우서가 왕위를 이어받았다. 그 후 아서는 우서 펜드래곤이 콘월의 영주 틴타젤 공의 아내 이그레인을 겁탈해서 태어났고, 그 후 멀린을 통해 엑터 경이라는 기사에게 맡겨져 그의 아들로 성장하게 된다. 자신의 출생을 모른 채 소년으로 성장한 아서는 '이 검을 뽑는 자야말로 잉글랜드의 왕이다.' 라는 글귀가 적혀 있는 바위에 꽂혀 있는 검을 뽑고 제후와 귀족들의 인정을 받은 후 국왕이 된다. 이후 아서 왕은 전투 중에 그 **전설의 검**을 부러트리는데, 칼이 부러진 후 멀린이 아서 왕을 어떤 호수로 데려가고, 그 호수의 요정에게 엑스칼리버를 받는다. 바위에 꽂혀 있던 검은 명검이지만, **기사도(騎士道)에 어긋난 싸움**을 할 때 부러졌다고 한다.

후에 성배를 찾기 위해 부하들을 보냈고, 부정을 저지른 랜슬롯을 쫓아 프랑스로 간 사이 자신의 아들인 모드레드(Mordred)가 반란을 일으켰고 그에 나라는 파탄나고 결국 그와 싸워 죽인 후 힘이 다해 쓰러진다. 그 후 **아서 왕**은 신하인 베디비어 경에게 "엑스칼리버를 호수에 던져 넣으라."고 명령한다. 베디비어 경이 엑스칼리버를 호수에 던지자, 물속에서 손 하나가 쑥 나와 검을 받아들더니 다시 호수 속으로 사라졌다. 그리고 나서 아서 왕은 아발론으로 떠났으며, "**영국이 나를 필요로 할 때 다시 돌아오겠다.**"는 말을 남긴다."[17)]

"원탁(圓卓, Round Table)이란 아서가 결혼 선물로 받았던 100명이 둘러앉을 수 있는 둥근 탁자를 칭하는데, 앉는 위치에 지위의 구별이 없는 게 특징이다. 하지만 이 원탁에는 **성배 탐색 임무를 수행하는 13인의 기사들을 위한 지정석**이 있다. 그리고 그 지정석에 앉는 사람들을 총칭해 원탁의 기사들이라 부른다. **원탁의 기사 중에는 아서 왕 본인도 끼어있다.** 또한, 원탁에는 '위험한 13번째 자리' 한 군데가 비어 있어, '선한 기사'가 오기 전까지는 그 누구도 앉을 수 없도록 되어 있다. 만약 그가 오기 전에 다른 이가 앉으면 그는 즉사한다(...). 이는 **유럽에서 13은 불길한 숫자로써, '예수'를 배신한 유다가 최후의 만찬 때 13번째로 앉은 자리이기 때문이다.** 13번째 자리에 앉는 자격은 '유다의 죄가 덮어질 정도로 선한 인품을 가진 자'여야만 했고 이 선한 기사의 최종 선발 자는 갤러해드가 된다."[18)]

———→

(a) 영국의 '아서 왕과 원탁 기사 이야기' 역시 힌두의 '마하바라타(*The Mahabharata*)'를 기초로 '기독교 문화로의 정착' 과정을 보여 주고 있어 흥미롭다.

(b) '두 마리 용' 이야기는 힌두의 '뱀 이야기'의 지속이고, '검(劍) 이야기'는 '무기 존중' '무기 신비화'의 그 힌두 이야기 방식 그대로다.

---

17) 위키나무, '아서왕 전설'-[抄引]]
18) 위키나무, '원탁기사'-[抄引]]

(c) '검이 부러진 것[무기의 폐기]' 문제는 '마하바라타(*The Mahabharata*)'에서 아르주나의 '간디바 무력화(無力化)'와 동일하다.

(d) '원탁의 모임'은 역시 '마하바라타(*The Mahabharata*)'에서 '크리슈나와 판두 5형제의 모임'을 그 원본(原本)으로 삼고 있는데, 그것을 '예수와 열두 제자 이야기'와 '아서왕 원탁 기사들'과의 종합 이 거듭 어긋난 것['무력의 신 -크리슈나' '사랑의 신 -그리스도' 相衝]은 벌써 '도덕 일방주의'가 유럽에서 먼저 붕괴되었던 것을 아울러 명시하고 있다.

(e) 여하튼 **'크샤트리아(Kshatriya) 중심 국가 운영과 바라문(기독교 사제)의 명분' 양대(兩大) 축**은 '영국의 식민지 지배 방법'에 빼놓을 수 없는 두 개의 축이 '아서 왕(King Arthur)과 원탁기사 이야기' 속에도 이미 기정사실이 되어 있었다.

(f) 특히 '기사도' 문제는 '마하바라타 전쟁' 마지막 날['18일째 전투']에 '비마(Bhima)' '두료다나 (Dhuryodana)'의 철퇴 전투에서 큰 문제로 등장을 했다.

(g) 그런데 '마하바라타(*The Mahabharata*)'에서 이미 '자잘한 전투 규칙[騎士道]'들은 '절대신[크리슈 나]의 위대한 의도를 바꿀 수 없음'으로 먼저 판결을 해 놓고 있는 상황이었다.

3) 해적 왕, '드레이크'

"1543년의 2월(혹은 3월), 프랜시스 드레이크(Sir Francis Drake, 1543~1596)는 남부 잉글랜드 데본의 타비스톡(Tavistock)에서, 에드먼드 드레이크(Edmund Drake)와 메어리 밀웨이(Mary Mylwaye)의 사이에 12명의 자식 가운데 장남으로 태어났다. 농민이었던 아버지 에드먼드 드레이크는 프로테스탄트로서 후에 목사가 되었다. 열 살을 넘겼을 무렵부터 이미 인근의 늙은 선장 밑에서 항해에 종사했다. 선장으로부터 근면함을 인정받고 그의 배를 물려받은 드레이크는 배를 팔아 새로운 여행을 떠났다.

친척 존 홉킨스 밑에서 노예무역에 종사하던 그는 1568년 자신의 배를 가진 선장이 되었다. 그 후로도 존 홉킨스의 선단에 참가했는데, 베라크루스 부근에서 에스파냐 해군의 기습을 받고 선단은 거의 괴멸 상태가 되어, 드레이크는 목숨만 겨우 건져 영국으로 돌아왔다. 이 경험은 훗날 드레이크의 **'전 생애에 걸친 에스파냐에 대한 복수심'**을 품게 했다.

1569년에 메어리 뉴먼(Mary Newman)과 결혼했다(메어리는 12년 후에 죽었다). 1570년 이후부터 드레이크는 서인도 제도의 에스파냐 선박이나 식민지 마을을 습격하는 등의 해적 활동을 시작했다. 1573년에는 파나마에서부터 금·은을 운송하던 **'에스파냐 선박들을 습격해 막대한 재보'**를 손에 넣었다.

1577년 11월, 배수량 약 300t의 갤리온선 골든 하인드 호(Golden Hind)를 중심으로 한 다섯 척의 함대를 이끌고 플리머스 항을 출항, 대서양에서 마젤란 해협을 거쳐 태평양까지 진출해, 칠레나 페루 연안의 에스파냐 식민지나 배를 덮쳐 다시 한 번 막대한 재보를 약탈했다.(그 중에는 에스파냐 왕의 재보를 실은 카카푸에고 호 등도 있었다.) 카카푸에고 호에는 은 26t, 금 80파운드, 화폐와 장식품 13상자 등 모두 20만 파운드 상당의 재물이 적재되어 있었다고 여겨지며, 이 보물을 옮겨 싣는 데만 5일이 걸렸다고 한다....그 후, 태평양을 가로질러 모루카 제도, 나아가 인도양에서 희망봉을 돌아 영국으로 귀국함으로써 페르디난드 마젤란에 이은 두 번째의 세계 일주를 달성했다. 또한 이 도중인 1578년에 혼 곶과 드레이크 해협을 발견했다. 1580년 9월, 유일하게 살아남은 골든 하인드 호가 프리마스 항에 귀항했고, 항해 중에 얻은 금 은 재보는 영국 여왕 엘리자베스 1세에게 바쳐졌다. 이는 **30만 파운드를 넘는 것으로 당시 잉글랜드의 국고 세입을 훨씬 넘는 것이었다**. 에스파냐 측에서는 드레이크의 처벌을 요구했지만, 엘리자베스 1세는 오히려 그를 영국 해군의 중장으로 임명함과 동시에 훈장을 수여(제독의 칭호)했다. 1581년에는 플리머스의 시장으로 선출되지만, 에스파냐와의 국교 악화로 다시 바다로 돌아와 에스파냐령에 대한 공격을 지휘했다. 이때 여왕은 영국 해군의 병력까지 직접 내주면서 드레이크의 해적질을 대놓고 도와줬고, 이것이 에스파냐의 왕 펠리페 2세가 '무적함대' 아르마다 함대를 내세워 영국을 공격하게 되는 계기가 되었다고 한다. 1585년에 엘리자베스 시덴햄(Elizabeth Sydenham)과 재혼했다. 1587년에는 카디스 만에서 에스파냐 함대를 습격했고, 1588년의 아르마다 해전에서 찰스 하워드를 사령관으로 하는 영국 함대의 부사령관으로서 잉글랜드 함대의 실질적인 지휘를 맡아, **화약과 기름을 싣고 불을 붙인 배를 적의 함대로 보내는 해적 식 전법을 통해 당시 '무적함대'라 불리던 에스파냐 함대를 궤멸시켰다**. 그러나 하워드 제독과의 갈등으로 드레이크는 부제독 자리에서 해임된다. 드레이크는 하워드 제독의 명령을 무시하고 독단적으로 행동했으며, 약탈에 몰두하다가 자신의 함대를 잃어버렸다. 하지만 그가 약탈한 금을 엘리자베스 1세에게 바친 덕분에, 실질적으로 전쟁을 감당할 능력이 없어 파산 위기에 몰렸던 영국 왕실의 재정은 당시 징발된 상선과 군사에게 후한 급료를 줄 수 있을 정도로 풍족해졌고, 이 때문에 드레이크를 실질적인 전쟁의 최고 공로자라고 보기도 한다. 드레이크의 뱃사람으로서의 경력은 그가 오십 줄에 접어들 때까지 이어졌다. 1595년의 에스파냐령 아메리카와의 싸움에서 괴멸적인 피해를 입은 뒤, 푸에르토리코의 산 후안의 싸움에서 패배한다. 산 펠리페 델 모로 섬(Fort San Felipe del Morro)에서 에스파냐 출신의 포격수가 드레이크가 탄 배를 향해 대포를 쏘았지만, 드레이크는 살아남았다. 1596년, 에스파냐의 인디아스 함대가 피난처를 찾고 있던 파나마의 포르토벨로 해안에서 멀리 떨어진 곳에 정박하고 있던 중 그는 죽었다. 사인은 이질(痢疾)에 의한 병사였고 그때 그의 나이는 55세였다. 죽기 직전에는 병상에서 갑옷을 입으려고 하는 등 정신착란 상태를 보였다고 한다(죽을 때 멋있게 죽고 싶었던 것이라고도 한다). 생에 자식은 없었으며, 시신은 납으로 만든 관에 넣어져 포르토벨로 부근의 바다에 수장(水葬)되었다."[19]

---

19) 위키백과, '프렌시스 드레이크'-[抄录]]

'드레이크(42세 때)'[20) '드레이크가 몰던 골든 하인드[모조품]'[21) '드레이크 보석'[22)

'캘리포니아에 정박한 드레이크[옷 벗은 인디안이 공물을 바치고 있다.]'[23) '엘리자베스 여왕으로 기사(騎士) 작위를 받는 드레이크'[24)

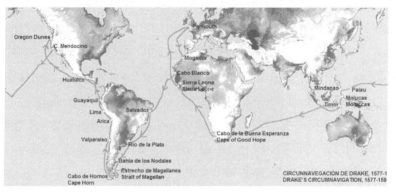

'드레이크의 세계일주도'[25)

20) Wikipedia, Francis Drake -'reverse of Drake Jewel'
21) Wikipedia, Francis Drake -'Golden Hind'
22) Wikipedia, Francis Drake -'Drake Jewel'
23) Wikipedia, Francis Drake -'Drake's landing in California'
24) Wikipedia, Francis Drake -'Drake receives knighthood from Queen Elizabeth'

——✈

(a) '프랜시스 드레이크(Sir Francis Drake, 1543~1596)'는 '역사적인 인물'이고 '제해권(制海權)' 스페인에서 영국으로 돌리는데 중요한 역할을 했던 인물이다.

(b) **그는 분명한 '해적(海賊)'이었으나 '엘리자베스 왕조'에 크게 기여를 하여 '작위(爵位)'를 받은 사람으로 더욱 유명하다.**

(c) 그러한 '영국 정부[엘리자베스 왕조]의 행태'에 대해 '유럽의 여러 나라 시인 예술가[마그리트 등]들'은 영국을 비판했으나, '힘[무기]의 우월성'을 강조한 힌두(Hindu)의 '크샤트리아의 의무'를 어느 나라보다 숙지를 하고 있는 곳이 영국이었다.['천연자원'에 기댈 수 없는 불리한 환경 조건임]

(d) '해적(海賊)'에게 작위(爵位)를 수여함'은 영국의 '지정학(地政學)적 이유'로 불가피한 것이었으나, 역(逆)으로 **'도덕(절대자)' '육신(세속인)'의 양대(兩大) 행동 기준에서 '도덕보다는 물질[돈]'을 존중하는 경향을 보여,** 뉴턴 이래 '과학 존중'이 더욱 열을 올리게 된 것은 물론이다.

(e) 그러한 '현실주의(Secularism)'는 영국의 학자들의 탐구에도 주류를 이루었으니, 세계의 곳곳에 영국의 식민지[아메리카, 아프리카, 인도, 오세아니아]가 선 것은 그러한 '국익 우선주의' '철학[존 로크, 러셀]' '경제학[아담 스미스]' '역사학[토인비]' 논리와 저서가 나왔고, 세계가 그 '영국 공부'에 열을 올리고 있다는 사실도 무시할 수 없다.

(f) 당초에 힌두의 '마하바라타(*The Mahabharata*)'에서는 기껏 해야 '인도 내부에서 행한 공물(貢物) 문제'였는데 영국은 마침내 '지구촌(地球村, The Global Villages)'을 상대로 펼쳤다는 그 차이가 있다.

4) 매켄지의 '출애굽(Exodus) 연대(年代)' 확정(確定)

① '출애굽(Exodus)'의 연대(年代) -"언제 이스라엘의 '출애굽(Exodus)'이 행해졌는지는 이견이 분분하다. 일부 권위자들은 [제18왕조 토트메스(Thothmes, 1520~1492 b. c.) Ⅰ세가 행한]이집트에서 힉소스(Hyksos)의 추방과 일치한다고 생각하고 있다."[26]

'제18왕조 토트메스(Thothmes, 1520~1492 b. c.) Ⅰ세', '도널드 알렉산더 매켄지(Donald Alexander Mackenzie, 1873~1936)'

---

25) Wikipedia, Francis Drake -'A map of Drake's route around the world'

26) Donald A. Mackenzie, *Egyptian Myth and Legend*', Bell Publishing Company, 1978(1913), p. 272

(a) '도널드 알렉산더 매켄지(Donald Alexander Mackenzie, 1873~1936)'는 볼테르(Voltaire)의 '역사철학(*The Philosophy of History*, 1765)' 포콕(E. Pococke)의 '희랍 속의 인도(*India in Greece*, 1851)'를 이어 '이집트의 신화 전설(*Egyptian Myth and Legend*, 1913)'을 씀으로 '서양사(西洋史)'의 전개를 더욱 구체화했다.

(b) 매켄지(D. A. Mackenzie)는 20세기 현대 영국의 사학자로서 이집트 피라미드 '명문(銘文)' 왕들의 미라 보관 상자 속에 전했던 '파피루스' 기록들을 수집 종합하여 그 동안 미궁(迷宮)에 빠져 있던 '이집트 사(史)'를 온전하게 복원했다.

(c) 매켄지(D. A. Mackenzie)는 특히 '로마'의 일부, '기독교 종주국'인 영국의 시민으로서 '과학주의' '사해동포주의' '종교적 편향성 지양(止揚)' '개별 종족의 인정' '정치적 군사적 의미 긍정' '경제 우선주의'를 그대로 지속했음은 그대로 볼테르 포콕 정신의 계승의 지위를 그대로 고수한 것이었다.

(d) 매켄지(D. A. Mackenzie)의 '이집트의 신화 전설(*Egyptian Myth and Legend*, 1913)'에 최고 정점(頂點)은 '**출애굽(Exodus) 연대(年代) 확인(確認)**'인데, 매켄지(D. A. Mackenzie)는 그 연대를 '<u>제18왕조 토트메스(Thothmes, 1520~1492 b. c.) Ⅰ세</u>' 때라고 명시했다.

② **이집트로 들어간 야두 족(Yadu)** -"유대인 역사가 요세푸스(Josephus, 47~100)는 힉소스(Hyksos)가 '이스라엘 후손'이라고 믿었고, 마네토(Manetho, 3세기 b. c. '이집트 史' 작성)가 했던 말을 인용했다. '힉소스(Hyksos)는 우리나라[이집트]를 침략한 야비한 족속으로 전쟁도 없이 쉽게 차지했다. 그들은 도시에 불을 지르고 신들의 사원을 파괴하고 갖은 만행으로 사람들을 괴롭혔다. 힉소스(Hyksos)의 지배 기간 동안 그들은 용병으로 전쟁을 행했고, 모든 종족을 말살하려 했다.... 그 외래 인을 **힉소스(Hyksos)**라고 했으니 **목동 왕들**이라는 뜻이다.'"27)

'마네토(Manetho, 기원전 3세기, 이집트 史 작성자)'28) '요세푸스(Josephus, 47~100)'
'푸루소탐 나게슈 오악(Purushottam Nagesh Oak, 1917~2007)'

---

27) Donald A. Mackenzie, *Egyptian Myth and Legend*)', Bell Publishing Company, 1978(1913), p. 254
28) '(기원전 3세기에 활략한 이집트 사학자 저서로 이집트 사-Aegyptiaca' -History of Egypt가 있다.)An Egyptian priest that flourished in the third century BC, Manetho wrote 'Aegyptiaca' (History of Egypt), which provided a detailed history of his homeland to the Hellenic world.' -'마네토 델피 전작집(*Delphi Complete Works of Manetho*)'

_____✈

(a) 매켄지(D. A. Mackenzie)가 '이집트의 신화 전설(*Egyptian Myth and Legend*, 1913)'을 쓰는데 가장 크게 참고한 저서는 이집트 사가(史家) 마네토(Manetho)의 저술과 유대인 사학자 요세푸스(Josephus, 47~100)의 저작이다.

(b) 매켄지(D. A. Mackenzie)는 단순히 마네토(Manetho)와 요세푸스(Josephus)의 기록을 반복했던 것이 아니라 그 '출애굽(Exodus)' 2세기 이전부터 행해진 '[유대인을 포함한]아시아인들의 이집트로의 이주(移住)에 초점을 맞추었는데, 당시 이집트의 역사 전개에 일대 격변을 가져온 것이 소위 **'힉소스(Hyksos)의 이집트 정복'**이었다.

(c) 매켄지(D. A. Mackenzie)는 그 '힉소스(Hyksos)'를 유대인을 포함한 '유목민' **'목동 왕들'** [이집트의 '대모(大母, The Great Mother)'신에 대해] '위대한 아버지(The Great Father)' 신을 받드는 족속으로 설명을 했다.

(d) 인도의 역사가 푸루소탐 나게슈 오악(Purushottam Nagesh Oak, 1917~2007)은 그의 '세계의 베다 유산(*World Vedic Heritage*)'에서 **유대인 유대주의자 시온주의자 야두(Yadu)는 마하바라타 전쟁 이후 드와르카(Dwarka)를 떠났다...그 대 탈출은 5743년 전[5734-1984=3759 b. c.]이다.**"[29]라고 말했다.

(e) 이에 마네토(Manetho)와 요세푸스(Josephus) 매켄지(D. A. Mackenzie) 오악(P. N. Oak)의 설을 종합하면 **'절대신, Om, 위대한 아버지'를 받드는 유대인(Yadu)은 소아시아 고산지대에 머물다가 그 '힉소스(Hyksos) 침공' 이전부터 '식량이 풍부한 이집트'로 들어갔다는 것이다.**

③ **'힉소스(Hyksos)의 이집트에로의 유입(流入)'** -"직접적인 원인은 유목민들이 "신선한 숲과 목초지"를 찾아 넘쳐들어 온 것이 그 직접적 원인이니, 아라비아(Arabia) 투르키스탄(Turkestan) 이란(Iranian) 고원의 '건조기'에는 목초가 더욱 부족해지기 때문이다. 한 번 힘으로 추진된 이민은 추방으로 이어졌다. 그 운동은 어떤 지역에서는 지속적 투쟁이었고, 최고 호전적인 종족이 점차 그 기세를 늘리는 정복자가 되었다. 또 하나 종족 이동 이유는 인구의 증가였다. 조상의 땅에 인구가 넘칠 때 잉여의 인간들은 "물결"을 이루었다....바빌로니아와 이집트로 들어온 유목민들(Nomads)은 건조기(乾燥期)에 생긴 갑작스럽고 강열한 이동으로 그 나라의 "전초기지 사람들"이 되었다. 힉소스(Hyksos)의 이집트 정복은 이 "건조기(乾燥期)"와 연동된 것이다....힉소스(Hyksos)의 소망은 히타이트 수테크(Sutekh) 숭배를 확립하는 것이었으니, 그것이 공물(貢物)을 받아먹은 외국 군사력이라는 것을 암시하고 있다....힉소스(Hyksos)의 이집트 침공에 약간 앞서 히타이트들(Hittites)은 바빌론을 침공하여 함무라비(Hammurabi) 왕조를 멸망시켰다. 그러나 그 히타이트들(Hittites)은 정복의 결과를 누리지는 못 했다. 엘람(Elam) 산맥에 카시트들(Kassites)이 바빌로니아 북부를 점령하고 확실히 그 히타이트들(Hittites)을 축출했기 때문이다. 카시트들(Kassites)의 기원은 명확하지 않다. 그러나 말을 타고 전차를 탄 아리안(Aryans -인도 이란인)의 무리와 연합을

---

29) P. N. Oak. *World Vedic Heritage*, New Delhi, 1984, p. 527 'Hindu Origin of Jew'

했다. 이것이 최초의 역사상 인도 유럽인의 출현이다(This is the first appearance in the history of the Indo European people)."[30]

_____✈

(a) 매켄지(D. A. Mackenzie)의 역사 서술의 3대축은 '경제(먹을 것)' '군사력(힘)' '사상(종교)'였다. 이것은 영국 엘리자베스 왕조 이후 '제국주의' '팽창주의'에 기본 노선(路線)인데, 이것은 원래 힌두(Hindu)의 '마하바라타(*The Mahabharata*)'에서 연유한 것이다.

(b) 한 마디로 이집트 역사상 최장(2백년)의 지배를 행한 '힉소스(Hyksos)'는 '아시아 족' '아버지 신 족' '유일신 족' '기마(騎馬) 족[목동 족]' '호전(好戰)족'이라고 매켄지(D. A. Mackenzie)는 설명을 했다.

(c) 매켄지(D. A. Mackenzie)는 그 '힉소스(Hyksos)'와 '유대인'의 관계에 신중을 기했으나, 그 '유대인의 특징'을 그 '사상성[父神 숭배]' '지역성[아시아 족]'으로 크게 묶어 설명은 했다.

④ '아페파(Apepa) 파라오'와 '세케네느라(Sekenenra) 영주(領主)' -"대영박물관에는 흥미로운 파피루스가 보관 되어 있으니, 힉소스(Hyksos)가 이집트인들에게 수테크(Sutekh) 신 숭배를 강요해서 그들의 봉기(蜂起)에 직접적 원인을 제시하고 있는 민담(民譚)이 있다....'세케네느라(Sekenenra)왕은 남쪽의 왕이다....[병참(兵站)의] 도시에는 불순한 아시아 족들이 있었고, 아페파(Apepa)는 아바리스(Avaris)에 왕이었다. 그들은 그 땅에서 제 맘대로 행하여 이집트에 좋은 것을 모두 즐겼다. 수테크(Sutekh) 신은 아페파(Apepa)의 주님이니, 그는 수테크(Sutekh) 신만을 섬기고, 그를 위해 튼튼한 사원을 세웠다....그는 매일 수테크(Sutekh) 신에게 제사를 지내고 공물을 바친다... 그 아페파(Apepa)가, 남부의 도시 테베(Thebes)의 왕 세케네느라(Sekenenra)에게, 여러 유식한 서기관과 긴 회합 끝에 작성한 문서를 소지한 사자를 보냈다...아페파 왕 라(King Ra Apepa)는 그대에게 말한다. : 물소들(hippopotami)을 테베 시의 연못으로 놔 보내라. 짐(朕)은 그 물소들(hippopotami)의 소리 때문에 낮이나 밤이나 잠을 잘 수가 없노라.'"[31]

30) Donald A. Mackenzie, *Egyptian Myth and Legend*', Bell Publishing Company, 1978(1913), pp. 256~7, 262, 266
31) Donald A. Mackenzie, *Egyptian Myth and Legend*', Bell Publishing Company, 1978(1913), pp. 272, 273, 274

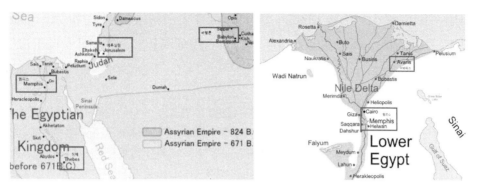

'아바리스(Avaris)와 테베(Thebes)'

(a) 매켄지(D. A. Mackenzie)는 그동안 미지근하게 하게 추정해 온 '이스라엘의 출애굽(Exodus) 연대(年代)'를 대영 박물관에 보관된 이집트 '파피루스' 문서에 명시된 **'아바리스(Avaris)의 아페파(Apepa) 파라오와 테배(Thebes)의 세케네느라(Sekenenra) 영주(領主) 간의 알력(軋轢)'**을 해독해 냄으로써 마침내 그 '구체적인 출애굽(Exodus) 연대(年代)'를 명시할 수 있게 되었다.

(b) 문제는 발단은 '남성 신 유일 신'을 받드는 **'아바리스(Avaris)의 아페파(Apepa) 파라오'**가 '여성 신 다신(多神)들'을 받드는 **'테배(Thebes)의 세케네느라(Sekenenra) 영주(領主)'**에게 행한 '종교 사상적 불만의 토로'가 그 발단이 되었다는 것이다.

(c) '지배 족' '아시아 족' '힉소스(Hyksos)'를 대표하는 **'아바리스(Avaris)의 아페파(Apepa) 파라오'**와 '피지배 족' '이집트인'을 대표하는 **'테배(Thebes)의 세케네느라(Sekenenra) 영주(領主)'**의 대결은 결국 **'이집트인의 독립 전쟁 운동'** 변질이 되었다고 매켄지(D. A. Mackenzie)는 '파피루스' 문건을 근거로 설명을 해 보였다.

⑤ **'이집트 독립의 영웅', 세케네느라(Sekenenra)** -"우리가 세케네느라(Sekenenra)를 테바 왕의 이름으로 생각할 경우, 그의 미라는 데르 엘 바하리(Del El Bahari)에서 발견이 되었는데, 지금은 카이로 박물관에 있다. 그 고대 민담이 간직한 영광스러우나 비극적인 죽음을 당한 이집트 종족의 영웅은 스코틀랜드 윌리엄 월리스(William Wallace) 경처럼 자유와 독립을 원하는 이집트인들에게 열광의 대상이다. 세케네느라(Sekenenra)는 전쟁터에서 죽었다. 그는 이집트 군가들의 선봉에서 서서 무적의 용기로 억센 힘을 발휘했다. 가장 용맹스런 부하들과 함께 힉소스(Hyksos) 군사를 관통했다. 그러나 "부하들이 하나씩 쓰러져"...결국 세케네느라(Sekenenra)가 혼자 남게 된다. 세케네느라(Sekenenra)는 포위를 했다...세케네느라(Sekenenra) 앞에 있는 무사들은 다 죽었으니, 아무도 그의 공격을 감당할 수 없었다. 그러나 한 아시아 무사가 그 왼쪽으로 기어들어가 그의 전부(戰斧)를 휘둘러 측면을 공격했다. 세케네느라(Sekenenra)는 비틀거렸다. 또 다른 아시아 사람이 오른쪽으로 뛰어들어 그 앞이마를 공격했다. 세케네느라(Sekenenra)가 쓰러지기 직전에 앞서 공격을 가한 자가 다시 공격을 행해서 영웅의 왼쪽 머리를 도끼로 쳤다. 힉소스(Hyksos)는 승리에

소리쳤다. 그러나 이집트인들은 실망하지 않았다. 그러나 이집트인은 세케네느라(Sekenenra) 죽음에 복수를 하기 위해 노도(怒濤)처럼 달려갔다...그 영웅의 죽음은 헛된 것이 아니었다."

_____→

   (a) '테배(Thebes)의 세케네느라(Sekenenra) 영주(領主)'는 간교한 '아시아 족'에게 피살당했으나, 이집트인은 '용기백배'하여 힉소스(Hyksos)를 무찔러 '독립 전쟁'을 승리로 이끌었다는 것이다.
   (b) 그래서 그 '세케네느라(Sekenenra)'는 '이집트 독립 영웅'이 되어 현재 이집트 카이로 박물관에 '그 손상된 시신'이 미라로 제작되어 보관되고 있다.
   (c) 뿐만 아니라 '세케네느라(Sekenenra)'의 세 아들은 왕이 되었고, 막내는 제18왕조의 파라오 '아메스(Ahmes) Ⅰ세'가 되었다.

  ⑥ 세케네느라(Sekenenra)의 아들 아메스(Ahmes) Ⅰ세 -"그 세케네느라(Sekenenra)의 왕비 아호텝(Ah-hotep)은 정통(正統)의 공주로서 1백세에 이르도록 살았다. 그녀의 세 아들들이 연달아 왕이 되었고, 힉소스(Hyksos)에 대항하는 전쟁을 계속했다. 그 중에 가장 어린 아들이 아메스(Ahmes) Ⅰ세이고 그가 제18왕조의 최초 파라오이다."

_____→

   (a) '독립 전쟁의 영웅 세케네느라(Sekenenra)' 왕비 아호텝(Ah-hotep) 1백세가 넘도록 장수를 해서 남편의 '정신'을 아들들에게 불어넣어 그 '힉소스(Hyksos)의 전쟁'을 독려하고 있었다.
   (b) 그러므로 이집트인들의 경우로 보면 그 '세케네느라(Sekenenra)'와 그 부인과 아들들은 바로 '이집트 독립 전쟁의 혼들'이 된 셈이다.

  ⑦ 아바리스(Avaris)를 떠난 24만명의 힉소스(Hyksos) -"그 아메스(Ahmes) Ⅰ세를 이어 파라오가 된 토트메스(Thothmes, Thummosis)는 공격으로 그 아바리스(Avaris)를 이주시키려 했으나, 실패했다. **바로 그 때 토트메스(Thothmes)는 '축출'의 불가능성에 절망하여, 만약 힉소스(Hyksos)가 평화롭게 아바리스(Avaris)를 떠나면 그들이 항복한 조건[평화로운 移住]을 제공하겠다고 하였다. 그 조건은 수용이 되어 남녀와 아동 24만이 그 아바리스(Avaris)를 비워 주고 국경을 넘어 시리아로 떠났다. 마네토(Manetho)는 말하기를 힉소스(Hyksos)는 이후 유대(Judea)로 가 예루살렘(Jerusalem)을 건설했는데, "힉소스(Hyksos)는 아시리아를 무서워했기" 때문이라고 했다.** 그러나 우리가 살폈듯이 아시리아 인들은 그 때에 동방에서 지배세력을 획득하지 못 했을 때이다. 마네토(Manetho, or Josephus)는 잘 못 알고 있었다. 이방신 인드라(Indra) 미트라(Mithra) 바루나(Varuna)를 숭배하는 공포의 아리안(Aryans)이 미타니(Mitanni)에 출현해 있었다."[32]

(a) 그 이집트인의 '힉소스(Hyksos)와의 전쟁' 결론이 토트메스(Thothmes, Thummosis) Ⅰ세의 그 아바리스(Avaris)에서 '힉소스(Hyksos)의 평화로운 이주[출애굽(Exodus)] 보장'이었다.

(b) 이후 힉소스(Hyksos)는 '시리아' **유대(Judea)**'로 들어가 **예루살렘(Jerusalem)**'을 건설했다는 것은 마네토(Manetho)와 요세푸스(Josephus) 매켄지(D. A. Mackenzie)의 공통된 견해이다.

⑧ **말[馬]의 사육(飼育)과 전차(戰車)의 이용** -"이 시기[요셉(Joseph)이 이집트에 이르러 高官이 되었던 시기]에 말[馬]이 이집트인에게 알려진 것은 흥미로운 점이다....이집트인의 군사적 승리는 대체로 그 아리안들(Aryans)이 서방에 소개한 그 말[馬]의 사용에 큰 힘을 얻은 것이다. 새로운 전쟁 방법을 이집트인들이 채용한 것이다. 제18왕조 무사들이 기념비나 무덤에 그려질 적에 화가들은 엄격한 통제 속에 최고로 훈련되고 잘 단련된 남성들을 모델로 삼고 있다."[33]

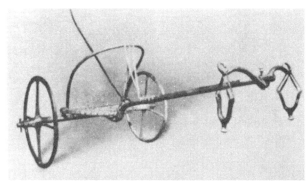 

'이집트 전차(戰車)' '전차(戰車)를 몰고 있는 이집트 왕(Seti Ⅰ)'

'이집트 보병(步兵)'

32) Donald A. Mackenzie, *Egyptian Myth and Legend*', Bell Publishing Company, 1978(1913), pp. 277~8.
33) Donald A. Mackenzie, *Egyptian Myth and Legend*', Bell Publishing Company, 1978(1913), pp. 270, 278.

(a) 매켄지(D. A. Mackenzie)는 원래 '말[馬]의 사육(飼育)'과 '전차(戰車)'를 몰랐던 이집트인에게 '말[馬]의 사육(飼育)'과 '전차(戰車) 사용법'을 가르친 사람들은 '아시아인'이라고 자세히 설명을 했다.

(b) 그 '전차(戰車)의 활용' 사례는 힌두(Hindu)의 '마하바라타(*The Mahabharata*)'에 무한정 강조가 되었던 사항이다.[매켄지(D. A. Mackenzie)가 '이집트의 신화 전설'을 쓸 당시까지는 아직 힌두(Hindu)의 '마하바라타(*The Mahabharata*)'를 읽지 못 했다.]

(c) 원래 '말[馬]의 사육(飼育)'과 '전차(戰車) 사용법'을 몰랐던 이집트인이 그것들을 그 '힉소스(Hyksos)'에게 배워 역시 그것을 바탕으로 '성공적 독립 전쟁'을 수행했다는 '이집트 역사 전개'는 흥미로운 점이다.

7. 독일인

독일은 로마시대에는 오히려 '로마 변방 족' 무시를 당했으나, 뒤에 '플라톤 철학' '기독교 신학'을 열심히 탐구하여 '과학 철학자' 칸트(Kant)와 보수주의자 '게르만 계관시인' 헤겔(Hegel)을 배출했고, 역시 다시 그에 반발한 '차라투스트라' 니체(F. Nietzsche)를 배출하였다.

그들 중에 힌두(Hindu)의 '마하바라타(*The Mahabharata*) 문화' 영향권 온전하게 포괄된 자가 헤겔(Hegel)이고 그 특징적 경향을 드러내면서 아예 현대 '다다 혁명 운동(Movement Dada)'의 원조(元祖)를 자칭하고 나선 이가 니체(F. Nietzsche)이다.

1) 헤겔의 '군국주의(軍國主義)'

① '절대 군국주의(軍國主義)' -"현재는 '장미'이며 '십자가'이다. -좀 표현을 바꾸어 보면 이것은 다음과 같은 뜻이 될 수도 있다.

<u>여기에 장미가 있다. 여기기서 춤추어라.</u>

그러므로 결국 자각적 정신으로서의 이성과 현존하는 상태 속의 현실성을 뜻하는 이성과의 사이에 존재하는 것, 다시 말해서 첫 번째 이성을 두 번째 이성과 분리시킴으로써 그것이 이 이 두 번째에 해당하는 현존하는 현실성으로서의 이성 속에서 충족될 수 없도록 한다는 것, 이것은 오직 개념으로까지의 해방, 승화되지 못한 채 한낱 추상에 얽매여 있음을 나타내는 것일 뿐이다. 이성을 현재라는 십자가에 드리워진 장미로 인식하는 가운데 이 현재 속에서 즐거워한다는 것(To recognize reason as the rose in the cross of the present and thereby to delight in the present), 바로 이러한 이성적 통찰이야말로 현실과의 유화(宥和), 화해를 뜻하거니와 결국 철학은 개념적으로 파악하면서도 또한 실체적인 것 속에서 주관적 자유를 유지하는 가운데 결코 특수적이거나 우

연적인 것이 아닌 즉자대자적인 것 속에서 그의 주관적 자유를 간직하고자 하는 내적인 요구를 어떻게든 싹터 오르게 하려는 사람으로 하여금 그렇듯 현실성과 유화, 화해하도록 해주는 것이다."-'법철학 서문'34)

——→

　(a) 헤겔은 뉴턴, 볼테르, 칸트의 '근대 사상 전개'에 반대한 소위 '보수(保守) 신학자'이다.
　(b) 헤겔은 '신학교'를 나온 '목사'로서 '중세 시대'를 넘어 '과학 시대' '평등 시대' '평화 시대'로 향하는 세계적인 추세에 맞서서 '신권(神權) 통치'를 이상화하는 '개신교 신학'의 아버지이고, 독일 보수 '게르만 종족주의'를 완성한 '계관(桂冠)시인'으로서 이후 '제2차 세계 대전'까지 '게르만 통치론 표준'으로 역할을 하였다.
　(c) 그런데 헤겔의 '결함'은 모든 '계관시인'들이 역시 그러했듯이 '자기 종족 우월주의' '자기 소속 신앙의 제일주의'에 몰입하여 '천하제일주의'에 나아가 거리낌 없는 '전쟁 옹호론'에 빠졌다는 점이다.
　(d) 앞서 살폈듯이 플라톤의 '전쟁(武士) 옹호'는 힌두 '마하바라타(The Mahabharata)' 크리슈나의 주장과 연관을 가지고 있는데, 플라톤은 그것을 감추고 '소크라테스의 말(국가)'로 그냥 대체해 말을 했다.
　(e) 그런데 헤겔은 역시 '이집트, 희랍, 로마 전통'을 계승한 '선진(先進)의 게르만'을 훈도(訓導)한다는 입장에서 진술한 '법철학' 서문에서 **현재는 '장미'이며 '십자가'이다.**'란 논리를 폈다. 이것은 플라톤의 말과 예수의 말과 행적을 합친 것으로 '목사 헤겔의 확신'이지만 그것은 모두 '마하바라타(The Mahabharata)' '지존(至尊)의 노래(Bhagavat Gita)'에서 크리슈나가 가르쳤던 '크샤트리아 의무' 내의 문제라는 점은 확실하게 되어야 한다.[헤겔은 '마하바라타(The Mahabharata)'와 '지존(至尊)의 노래(Bhagavat Gita)'를 확인하지 못 했다.]

　② **미네르바의 부엉이** -"이제 이 세계는 어떻게 있어야만 하는가라는 데 대한 가르침과 관련하여 한마디 한다면, 그러한 교훈을 받아들이기 위한 철학의 발걸음은 언제나 느리다고 하는 것이다. 세계의 사상(思想)으로서의 철학은 현실이 그의 형성과정을 완성하여 스스로를 마무리하고 난 다음에라야 비로소 시간 속에 형상화 된다. 바로 이와 같은 개념이 가르쳐 주는 이것을 역사도 또한 필연적으로 가르쳐 주고 있으니, 즉 그것은 현실이 무르익었을 때에 비로소 관념적인 것은 실재적인 것에 맞서서 나타날 뿐만 아니라 또한 전자는 후자의 실재적인 세계를 그의 실체 속에서 파악하는 가운데 이를 하나의 지적인 왕국의 형태로서 구축하게 된다는 것이다. 그리하여 철학이 자기의 회색빛을 또 다시 회색으로 칠해 버릴 때면 이미 생의 모습은 늙어버리고 난 뒤일 뿐이니 결국 이렇듯 회색을 가지고 다시 회색 칠을 한다 할지라도 이때 생의 모습은 젊어지는 것이 아니며 다만 인식되는 것일 뿐이다. 미네르바의 부엉이는 황혼이 깃들 무렵에야 날기 시작한다.'서문'35)"

---

34) G. W. F. Hegel(translated by H. B. Nisbet), *Elements of Philosophy of Right*, Cambridge University Press, 1991, pp. 21~2 'Preface' ; 헤겔(임석진 역), 법철학, 지식산업사, 1989, p. 34 '서문'
35) G. W. F. Hegel(translated by H. B. Nisbet), *Elements of Philosophy of Right*, Cambridge University Press, 1991, p. 23 'Preface' ; 헤겔(임석진 역), 법철학, 지식산업사, 1989, pp. 35~6 '서문'

'미네르바 신상' '미네르바 부엉이'[36]

(a) 헤겔의 '글쓰기 방법'은 '마하바라타(*The Mahabharata*)'나 '성경'의 '계관시인들'처럼 항상 확실하고 분명하게 말을 하고 있는 것이 특징인데 이 '법철학' '서문'은 그 말에 감동을 받아 인용자가 많음을 볼 수 있다.

(b) 그러나 이미 칸트가 모든 사람에게 부탁을 했듯이 '각자가 스스로 판단해야 할 의무'가 있는 현재에는 '정보(情報)의 확보 활용'이 문제인데, 헤겔은 불행하게도 '희랍'과 '기독교' 쪽 열어놓고 놓고 그밖에 지역의 영역은 '야만' '무식 문화'로 조롱을 하며 '플라톤의 군국주의 철학'을 예수의 '희생'과 통합하여 천하에 당할 것이 없는 '헤겔의 군국주의'를 말하며 아주 '서정적으로' '황혼의 미네르바 부엉이'를 읊었다.

(c) 그런데 그 '부엉이[올빼미]'는 '마하바라타(*The Mahabharata*)'의 '복수의 아스와타만의 올빼미[부엉이]'이에 연유해 희랍의 '미네르바(Minerva) 신상(神像)' '미네르바 부엉이(Minerva's owl)'이 만들어졌음에도 그 근본을 무시하고 '게르만 제일주의' '신과 합치한 자신(헤겔)'['정신현상학']을 선전하기에 여념이 없었으니, 그 동안 그 '독선(獨善)'을 아무도 막을 수가 없었다.

(d) 이 '독(毒)한 헤겔의 말'을 그대로 믿고 막무가내 **히틀러는 '제2차 세계대전'을 이탈리아 일본(日本)과 한패가 되어 일으켰다는 것은 '최근의 세계사'의 가장 중요한 가르침이 되었다.**['獨善주의들의 패망']

③ **공동체(共同體) 안에 희생(犧牲)** - "참된 제사(희생)는 우리가 거룩한 공동체 안에서 하나님과 하나 되기 위하여 거행하며 그로써만이 우리가 복 받을 수 있는 최고선 및 목적에 모든 일이다."
['신국론, 10권 6장'][37]

(a) 헤겔 이전 플라톤 이후에 '군국주의' 이론에 가담을 한 사람은 '신국(*The City of God*, 426)'을

36) Wikipedia, 'Minerva's owl'
37) St. Augustine(Translated by M. Dods), *The City of God*, The Modern Library, 1950, Book Ⅹ 6. p. 309
   ; 아우구스티누스(추인해 역), 신국론, 동서문화사, 2013, 10권 제6장 p. 451

저술한 아우구스티누스(A, Augustinus, 354~430)이다. 아우구스티누스(A, Augustinus)의 논조는 플라톤 표현보다 더욱 노골적으로 '마하바라타(*The Mahabharata*)' '지존(至尊)의 노래(Bhagavat Gita)'의 말하기 방법을 그대로 '기독교 주의'에 적용하고 있다.

(b) 즉 '제사(희생)' '하나님과 하나 되기' '최고선' 주장이 모두 '지존(至尊)의 노래(Bhagavat Gita)'에서 크리슈나가 아르주나에게 말했던 그대로이다.

(c) '무엇'을 '왜' 감추려 하는가? 그 '독선(獨善)'을 맹자(孟子) '곤궁한 사람의 처신 법[窮則獨善其身, 곤궁할 때는 자기 혼자라도 착하면 된다.]'라고 했음에 대해, 헤겔은 '온 세상의 정복' '세계사'를 말하는 위치에서 그 '옹졸한 독선(獨善, 選民) 논리'를 앞세웠으니, 그것은 '만인(萬人)의 노예화' '인류의 예속'이라는 가공할 논리라는 것이 '과학 문명의 일반화[천국 허위 판명]'으로 어쩔 수 없이 '극복'이 되었다.['칸트 철학의 승리']

(d) 목사 헤겔의 '희생 제일주의'는 '기독교의 제사만능주의'로만 이해를 한 것이지만, 그것이 당초에 힌두(Hindu)의 '마하바라타(*The Mahabharata*)' '지존(至尊)의 노래(Bhagavat Gita)'에 명시된 '제사(祭祀, Sacrifice) 의무론'을 확인하는 순간에, **헤겔(Hegel)이 앞장서 주장한 '백인우월주의' '서구우월주의' '기독교 우월주의' '개신교 우월주의' '게르만 우월주의' '목사 헤겔 자신의 참칭 신(僭稱 神)의 우월주의'는 다 흔적도 없이 사라지고, '제1차 제2차 세계 대전의 원흉(元兇)'이란 피할 수 없는 흉악한 몰골만 남게 된다.**

2) 니체의 '차라투스트라'

① **독수리와 뱀** -"태양이여 그대는 나의 동굴을 10 동안 비춰줬지만, 나와 나의 독수리, 뱀이 없었다면 지쳤으리라.

- For ten years hast thou climbed hither unto my cave : thou wouldst have wearied of thy light and of the journey, had it not been for me, mine eagle, and my serpent."[38]

'시바 신'[39] '시바 신'[40] '시바 신'[41]

---

38) F. Nietzsche (translated by R. J. Hollingdale), *Thus Spoke Zarathustra*, Penguin Classic, 1961, p. 3

_____ ✈

(a) 볼테르를 이은 '니체(F. Nietzsche)의 혁명'은 '현대 사회' '과학 사회' '시민 사회' '평등 사회'로의 지향이라는 점을 알아야 한다.

(b) 니체는 평생토록 '마하바라타(*The Mahabharata*)' '지존(至尊)의 노래(Bhagavat Gita)'의 노래를 역시 확인하지 못 했고 '희랍'과 '성경' 지식이 거의 모두였다. 그러므로 위의 '독수리[제우스]' '뱀[창세기]' 비유는 모두 니체가 [근본 힌두의 확인 없이] 실로 독창적으로 행한 것이다.

(c) 무엇이 독창적인가? '<u>뱀의 긍정</u>'이 니체의 독창적인 영역이다. 이것[뱀]을 S. 프로이트(S. Freud)는 '무의식(無意識, Unconsciousness)'라고 지목을 한 셈이다.

(d) 이것은 '정신(精神, 의식, Spirit, Mind, Conscious) 제일주의' '사상 제일주의'를 모두 수정하게 하여 '새로운 인류 문화'를 열었던바 그것이다.

(e) **제우스의 '독수리'는 힌두의 '가루다(Garuda)'의 변용이다.** 물론 절대 신의 '사제' '옹호자'에 대한 비유이다. 그 **'독수리'와 '뱀[原罪]'의 긍정[용납]이 바로 '다다 혁명 운동'의 동시주의(同時主義)**이니, 그것은 '개인[차라투스트라] 내부'의 문제이며 동시에 '인류 전체의 해방'에 관련된 것이다. 그래서 '차라투스트라[니체]'는 역시 '새로운 불씨를 전하는 재[프로메테우스]'로 자임(自任)을 했다.

② **차라투스트라와 불** -"그때 당신은 당신의 재(ashes)를 가지고 산(山)으로 갔다. 이제 골짜기로 불을 옮기려 하는가? 방화의 파멸(the incendiary's doom)이 두렵지 않은가?

- Then thou carriedst thine ashes into the mountains : wilt thou now carry thy fire into the valleys ? Fearest thou not the incendiary's doom ?"[42]

'독수리에게 간(肝)을 뜯기며 벌을 받는 프로메테우스'[43]

---

39) K. K. Klosteraier, *A Survey Hinduism*, State University of New York Press, 1989, p. 250 'Siva, the Great Yogi'

40) Navin Khanna, *Indian Mythology through the Art and Miniatures*, New Delhi, 2013, p. 114 'Siva'

41) G. Michel, *Hindu Art and Architecture*, Thames & Hudson, 2000, p. 133

42) F. Nietzsche (translated by R. J. Hollingdale), *Thus Spoke Zarathustra*, Ibid, p. 4

43) J. Pinsent, *Greek Mythology*, Peter Bedrick Books, 1982, p. 59 'Prometheus punished by the eagle eating

(a) 니체는 '마하바라타(*The Mahabharata*)'를 읽지 않았다. 그러나 '희랍 신화'는 모두 그 힌두의 '마하바라타(*The Mahabharata*)' 문화와 동일한 족속들이 만들었다.['희랍 속의 인도' 참조]

(b) 쉽게 말하여 힌두(Hindu) '아그니(Agni) 신'의 중대성을 빼 놓으면, '절대신'은 금방 곤경에 빠진다는 것이 '마하바라타(*The Mahabharata*)' 이야기이다.[제8장]
그런데 희랍에서는 그 '불'을 인간에게 제공한 '영웅'으로 '프로테우스 이야기'를 만들었는데, 그 '절대 신의 반대한 혁명의 차라투스트라'를 역시 '프로메테우스 이야기'로 말했으니, 그것은 '뱀[육신, 욕망, 무의식]의 옹호'가 그 골자이다.

(c) 그 '뱀' '독수리' '태양절대신' '불'의 비유를 알게 되면, 니체의 '세계 철학사의 전개'에 어떤 의미를 갖는지를 다 알게 된다.['볼테르' '프로이트'와 더불어 다다 혁명 운동의 3대 哲人 중 한 사람]

(d) 그리고 니체가 자신을 꼭 '독수리에게 간(肝)을 쪼이는 고통의 프로메테우스'로 비유한 것도 그의 '신병(身病)'에 기인한 것이라는 것을 알면 더욱 선명한 이해에 접근할 수 있다.

③ **'허무주의'를 졸업한 '차라투스트라'** -"내가 말하는 것은 다가올 다음 2세기 역사이다. 나는 다가오고 있는 것을 말하고 달리 올 수는 없는 것이다..........유럽 최초의 완전 허무주의자(F. 니체)가 지금 그 '허무주의 전체'를 살고서, 그것을 끝내고 자신의 뒤와 밖에다 그것을 두고 있다.

- What I relate is the history of the next two centuries. I describe what is coming, what can no longer come differently: *the advent of nihilism*.......as the first perfect nihilist of Europe who, however, has even now lived through the whole of nihilism, to the end, leaving it behind, outside himself."[44]

(a) '허무주의(nihilism)'는 중요한 '종교적 전제'이고 힌두(Hindu) 시인들은 '운명' '시간' '시바(Siva) 신'으로 말하였다.

(b) 힌두(Hindu) 시인은 '현세 부정' '내세주의' '영혼불멸' '절대주의' '일원론' '육신 경멸' '고행(苦行)주의'를 일반화 하여 '전 세계 고대 중세 사회'를 풍미(風靡)하는 위력을 과시했고, 불교 기독교가 그 영역 내에 있었다.

(c) 그에 대해 니체는 '현세 긍정' '육체[건강] 존중' '과학 존중' '가치의 재평가'를 주장하여 '현대 사회의 주도 이념'을 '뱀(욕망)' '독수리(억압)'의 동시주의로 말하였다.

④ **차라투스트라와 뱀 독수리 태양** -"차라투스트라가 그것을 마음속으로 말하고 있을 때 태양은 정오가 되었다. 차라투스트라는 새의 날카로운 소리를 들었으므로 문득이 쳐다보았다. 그렇다

---

his liver'

44) F. Nietzsche (W. Kaufmann & R. J. Hollingdale-Translated by), *The Will to Power*, Vintage Books, 1968, p. 3 [1887년 11월~1888년 3월 기록]

보라! 독수리 한 마리가 공중에 원을 그리며 먹이가 아닌 친구로 뱀 한 마리를 걸고 있었다. 차라투 스트라는 말했다. '그들은 내 동물이다.' 마음으로 반기며 '태양 아래 자장 자랑스러우며 가장 지혜 로운 동물이 정찰(偵察)을 하는구나. 그들은 차라투스트라가 아직 살아 있는지를 살피려 하고 있 다. 나는 인간 사이에 사는 것이, 동물 사이에 사는 것보다 위험한 것을 알았고, 차라투스트라는 위험 속에 있다. 나의 동물들이여 나를 인도하라.'

- This had Zarathustra said to his heart when the sun stood at noon-tide. Then he looked inquiringly aloft,-for he heard above him the sharp call of a bird. And behold ! An eagle swept through the air in wide circles, and on it hung a serpent, not like a prey, but like a friend: for it kept itself coiled round the eagle's neck. "They are mine animals," said Zarathustra, and rejoiced in his heart. "The proudest animal under the sun, and the wisest animal under the sun,—-they have come out to reconnoitre. They want to know whether Zarathustra still liveth. Verily, do I still live ? More dangerous have I found it among men than among animals; in dangerous paths goeth Zarathustra. Let mine animals lead me !"[45]

'R. 쉬타이너(1855~1917) 작(作) F. 니체와 기록보관소 스케치(1898)'[46]

———→

　(a) 니체(F. Nietzsche)는 방대한 저서를 남겼으나, 그것을 한 마디로 요약하면 '차라투스트라 말'이다.
　(b) 그 '차라투스트라'가 자신을 설명하는 말로 동원한 것이 '뱀'과 '독수리'인데, 그 '뱀' '독수리'는 이 '마하바라타(The Mahabharata)'의 '뱀' '독수리'와 상통(相通)한 것이다.
　(c) 즉 '마하바라타(The Mahabharata)'의 '뱀' '독수리'는 종족적 개체적 '선악(善惡)의 판별'에서 생긴 비유임에 대해, 니체(F. Nietzsche)는 그것을 '개인 사유 주체 내부 문제'로 바로 축약해 고찰했다 는 측면에서 '과학적(정신분석적) 중요한 전제'에 앞서 도착을 했던 부분이다.['프로이트'는 사실 상 '니체의 직계 제자'임]

———————

45) F. Nietzsche (translated by R. J. Hollingdale), *Thus Spoke Zarathustra*, Ibid, pp. 21~2
46) R. J. Benders und S. Oettermann, *Friedrich Nietzsche Chronik in Bildern und Texten*, Carl Hanser Verlag, 2000, p. 804 Elisabeth Foester Nietzsche an Rudolf Steiner, 3. Juli 1898

⑤ '축복'으로의 '죽음' -"인생과의 작별은, 오디세우스가 나우시카와 행했던 것처럼 연연(戀戀)하기보다는 축복 속에 행해야 할 것이다.

- One should part from life as Ulysses parted from Nausicaa blessing it rather than in love with it."[47]

_____✦

(a) '죽음'의 문제는 모든 종교에서 대답을 해야 하는 '제1의 질문'이다.

(b) 힌두교 불교 기독교가 모두 **'나나 그대나 저들 왕들이 없던 때가 없었고, 우리 모두가 이후에도 없을 수가 없다**(It is not, I or you or those rulers of men never were, or that all of us shall not hereafter be.)[제82장 '지존(至尊)의 노래(Bhagavat Gita)' I] '크리슈나 말씀'을 공유하고 있는 형편인데, 니체(F. Nietzsche)는 '실존(實存, 육체) 중심'의 '영원 회귀(Eternal Recurrence)'를 말하였다. 즉 '후손들이 있는데, 무엇을 슬퍼하느냐?'고 말하였다.

(c) 이것이 과거 '신권통치(神權統治, Theocracy)'와 과학적 '실존주의(實存主義, Existentialism)'의 차이 점이다.

(d) '다다 혁명 운동(Movement Dada)'은 칸트와 니체 이후의 실존주의 과학주의 운동이고, 특히 니체(F. Nietzsche)의 '뱀(욕망)' '독수리(억압)'의 '동시주의(同時主義, Simultaneism)'는 구체적인 '개인의 행동 결정'에 양대 축(軸)으로 사실상 태초부터 명시가 되어 있던 바였다.

(e) 가령 **'마하바라타(*The Mahabharata*)'의 경우도 '드리타라슈트라 아들들'은 그 '뱀'의 전제이고, '판두 아들들'은 그 '독수리[가루다]'의 대신이니, 판결의 크리슈나는 '절대 정신[신]'이니 니체(F. Nietzsche)의 경우로는 '차라투스트라[태양, 초인, 프로메테우스]'가 그이다.**

(f) 그러면 그 '니체(F. Nietzsche)'와 과거 '사제(司祭)'의 차이점은 무엇인가? '사제'는 일방주의로 '신에의 귀의(Yoga)'를 강조했음에 대해, **니체(F. Nietzsche)는 모든 것을 '각 개인'에게 그 '동시주의(同時主義, Simultaneism)'로 개방 일임하였다는 사실이다.**[칸트도 '개인들의 **시비 판정의 의무**를 강조했음'] 이러한 측면에서 니체(F. Nietzsche)는 3교중에 특히 '불교'에 크게 근접하게 된다. 즉 불타(佛陀)는 결국 **'자기가 그 불타(佛陀)임을 알라.'**는 중요한 전제를 두고 그것의 '깨달음[覺, Enlightenment]'을 강조했기 때문이다.['梵我一如']

⑥ 인간 속에 있는 **신(神)의 종자(種子)** -"그래서 나는 거듭 말한다./ '신의 종자가 우리 속에 있나니,/ 신(神)들이란 바로 우리 방랑시인, 성자, 영웅들이다!'/ 나는 신(神)이니, 마치 버질(Virgil)이 신(deus)이라 한 것처럼, 후손(後孫)들이 나를 신(神)이라 불러 불사신(不死神) 속에 나를 모시리라./ 차라투스트라가 이렇게 말했다.(And so I repeat : The seeds of godlike power are in us still ; Gods are we Bards, Saints, Heroes, if we will! I am a god, and just as Virgil was called deus posterity will call me deus and enshrine my name among the immortals. Thus Spake Zarathustra)"[48]

_____

47) F. Nietzsche (translated by R. J. Hollingdale), *Thus Spoke Zarathustra*, Ibid, p. 90

(a) 니체(F. Nietzsche)는 본인이 이러한 설명을 좋아하던 싫어하든 기존한 [헤겔 등의] 종교 철학 서적을 읽은 것은 확실하다. 왜냐하면 위에서 전제한 바 '신의 종자가 인간 속에 있다.'는 전제는 역시 '3교'의 출발점이 되고 있기 때문이다.

(b) 여기에서 잠깐 급한 걸음을 쉬며 다시 생각을 해야 할 사항이, '3교'의 교조(크리슈나, 석가모니, 예수)가 '생존' 시에는 '그 신'과 '평상인'이 함께 이승에 공존 동거(同居)했던 것으로 '그 제자들[사제, 시인들]'은 전하고 있다.

(c) 그런데 최소한 그 '3교의 개조(開祖, 창시자)'는 '절대신'의 자리에 있고, '현대인'는 '장차 썩을 육신'에 다 의지를 하고 있는 형편이라는 그 시대적 거리[사실상 생각의 거리]가 문제다.['신(神)과의 동행'과 '과학(科學)과의 동행'의 차이]

(d) 현대인은, 그 ['판별의 의무'를 강조한]칸트와 ['동시주의'를 각 개인에게 일임한] 니체와 동행할 수밖에 없는 존재들인데, 사실상 그 밖에 '논의들'이란 개인의 '취향(趣向) 정도의 문제'가 되었다.

8. 중국인

중국(中國) 문화의 특징은 한 마디로 '현실주의' '실존주의'로서 그것은 '요순(堯舜)' 시대부터 기자(箕子) 공자(孔子) 주희(朱熹) 거쳐 소위 '유교(儒敎)사상'으로 5천년의 전통을 자랑하고 있는 바다. 그래서 힌두(Hindu)의 '마하바라타(*The Mahabharata*) 문화'와 그 변종인 '불교(佛敎)'의 영향 속에서도 **그 중국(中國) 고유(固有)의 '현실주의' '실존주의' '개인주의' 우선을 무너뜨릴 수 없었다.**

힌두(Hindu)의 '마하바라타(*The Mahabharata*)' 문화는 사실상 주(周)나라 말기(末期) '전국시대(戰國時代)'에부터 무시할 수 없는 엄청난 영향력을 확인을 할 수 있다. 그러나 그것의 궁극적인 목적 '절대 신에의 귀의(歸依)[Yoga]'로 정착을 못했고, **(a) 쇠망할 왕조의 불길한 조짐(幽王 시절, 褒姒의 탄생 담에 등장한 '검은 큰 자라(玄黿, black lizard)' 이야기), (b) 사족(士族)의 '정신적 고만(高慢)'을 명시하는 수단(莊子의 大鵬, 大椿 이야기)이었거나, (c) 일개 크샤트리아의 '무용담(項羽의 힘[力拔山]과 劉邦의 斬蛇 神話)'**으로 동원된 것이 그 대표적인 사례였다.-['크리슈나(Krishna)의 일생' 참조]

이것은 '크샤트리아(Kshatriya) 독재시대'에 '사제(司祭) 문화의 완벽한 거세(去勢)'를 말하는 것이니, 그 '사제(司祭)들의 나약함'을 일찍부터 중국에 주지 사실로 되어 있었다는 이야기다.['육체 우선', '현실주의' 팽배가 이집트 경우와 동일함]

중국의 5경(五經 -詩經, 書經, 易經, 禮記, 春秋)은 대체로 공자(孔子, 기원전 551~479)가 편찬

---

48) F. Nietzsche(translated by Oscar Levy), *My Sister and I*, A M O K Books, 1990, p. 178

한 것으로, '신비주의' 완전 제거가 그 기본 방침이었다.[오직 易經에 일부 남아 있으나, 모두 비유로 쓰인 경우이다.]

이러한 '신비주의 타파'는 '후 공자(後孔子)'라 일컬어지는 **주희(朱熹, 1130~1200)**에 의해 거듭 엄격하게 통제가 되었으나, '무비판적인 민간인(民間人)' 중심으로 '신비주의'의 성행(盛行)은 어찌할 수 없었으니, **힌두(Hindu)의 '마하바라타(*The Mahabharata*)'의 영향은 이미 전국시대(戰國時代, 기원전 404~230)[1]부터 크게 유행했던 자취를 확인할 있다.** 장자(莊子, 기원전 369?~286)의 '대붕(大鵬)' '대춘(大椿)' '열자(列子)' '소부(巢父) 허유(許由)' 이야기 등은 5경(五經 -詩經, 書經, 易經, 禮記, 春秋)에서는 자취도 없는 맹랑(孟浪)한 이야기들이다.[중국에서는 그들에게 '道家'란 명칭을 부여했음]

더구나 중국의 최고 명궁(名弓)으로 알려진 **유궁 후(有窮后) 예(羿)**는 신하 한착(寒浞) 또는 제자 방몽(逢蒙)에 의해 살해된 것으로 알려져 '숭문언무(崇文偃武, -예를 숭상하고 무력을 천시함)'를 강조한 사례로 활용이 되었다.

그러므로 간단히 말해서, **'중국 문헌(文獻)상에 신비주의'는 모두 다 힌두(Hindu)의 '마하바라타(*The Mahabharata*)'에서 연유한 것**이었다. 그 '신비주의'는 모두 '뱀' 가루다(독수리, 巨大 鳥類)'가 주종을 이루는 '최고 무력(武力)'을 자랑하는 왕(神)'의 화려한 종속물 이야기였다.

중국에도 '뱀(女媧, 伏羲)신화' '거북(자라) 신화' '가루다' '반얀 나무' 등 '힌두 신비주의' 영향을 볼 수 있으나 모두 위의 세 가지 유형[(a)(b)(c)] 내부 문제로 축소 조정을 당했다.

1) 장자(莊子)의 '남화경(南華經)'

① **곤(鯤)과 붕(鵬)과 천지(天池)** -"북극 바다에 물고가 있는데 그 이름을 곤(鯤)이라 하였다. 곤의 길이는 몇 천 리나 되는지 알 수가 없었다. 그것이 변하여 새가 되면 그 이름을 붕(鵬)이라고 하는데, 붕의 등도 길이가 몇 천리나 되는지 알 수가 없었다. 붕이 떨치고 날아오르면 그 날개는 하늘에 드리운 구름과도 같았다. 이 새는 태풍이 바다 위에 불면 비로소 남극의 바다로 옮아갈 수 있게 된다. 남극의 바다란 바로 천지(天池)인 것이다.

'제해(齊諧)'라는 책은 괴상한 일들을 기록한 것이다. '제해'에 '붕이 남극 바다로 옮아 갈 적에는 물을 쳐서 3천리나 튀게 하고, 빙빙 돌며 회오리바람을 타고 9만 리나 올라가며, 6개월을 날아서야

---

1) 서주(西周)의 멸망(기원전 403년) 이전의 기록은 공자(孔子)에 의해 '신비주의'로 규정된 것은 '혹세무민(惑世誣民)' 진술로 일단 엄격히 제약이 되었던 것은 최고 서적으로 지목되고 있는 '서경(書經)' '춘추(春秋)'에 신화적인 요소는 완전히 제거가 되었던 점으로 확인할 수 있다. 그런데 사마천의 사기(史記)부터는 저자가 민간에 흩어져 있는 자료를 '역사 서술의 자료'로 보태었던 것을 스스로 명시하고 있는데[伯夷列傳 참조], 전체적으로 '신비주의 배격'을 주조(主潮)로 했으나, 스스로 시인(詩人)적 상상력의 발동으로 '서주(西周)의 멸망' '진(秦)의 멸망' '한(漢)의 흥기'에 힌두(Hindu)의 '마하바라타' 서술 방법을 원용하였다.

쉬게 된다.'고 하였다."[2]

_____✈

(a) 이것은 '마하바라타(*The Mahabharata*)'의 '가루다(Garuda, 靈鷲)' 이야기이다. 그 증거는 '하늘나라 연못[天池]'이란 단어가 명시하고 있으니, 처음부터 '실존주의(Existentialism)' '현세주의(Secularism)'였던 중국에서 '마하바라타(*The Mahabharata*)'의 '하늘나라 중심 이야기' '가루다 이 이야기'를 전해들은 것이다.

(b) 그리고 '길이는 몇 천 리나 되는지 알 수가 없었다.'는 '곤(鯤)'은 바로 힌두(Hindu) 식 과장이다.

(c) 더욱 확실한 증거는 '곤(鯤)'이 변해서[化而爲] '붕(鵬)'이 되었다는 진술이니, 그 힌두 '생각(spirit, mind) 만능주의'를 역시 발동해 보인 것이다.

(d) 그런데 여기 명백히 짚어져야 할 사항이, **힌두(Hindu)의 '마하바라타(*The Mahabharata*)'는 '절대 신에의 귀의(歸依)'라는 목표를 둔 '과장'이었음에 대해, 장자(莊子)는 '실존의 과시' '자기 자신의 과시'로 비유를 행했다**는 사실이다.

(e) 그렇지만 '힌두의 절대자'와 '개인의 정신'은 역시 불가피하게 상호 연관 관계에 있으므로, 그것을 '하나의 정신'으로 통합해 운영 '동시주의(同時主義)'를 펼쳤던 사람이 F. 니체(Nietzsche)였다. 즉 중국인 장자는 '자기 [高慢한]정신'을 자랑했음에 대해, 힌두는 '육신[물고기, 뱀] 부정' '절대 신 존중'의 '희생[제사] 정신'으로 일관했다는 커다란 차이가 중국(中國)와 힌두(Hindu) 문화의 구분 점인데 '남화진경(南華眞經, 장자)'의 위의 진술은 그 점을 다 드러내고 있다.

② **명령(冥靈)과 대춘(大椿)** - "초(楚)나라의 남쪽에 명령(冥靈)이란 나무가 있는데, 오백 년을 한 봄으로 삼고 오백년을 한 가을로 삼는다고 한다. 태고의 대춘(大椿)이란 나무가 있었는데, 팔천 년을 한 봄으로 삼고 팔천년을 한 가을로 삼았다고 한다.

그리고 팽조(彭祖)는 지금까지도 오래 산 사람으로 특히 유명하다. 보통 사람들이 그에게 자기 목숨을 견주려 한다마면 슬픈 일이 되지 않겠는가?"[3]

_____✈

(a) 인간의 '수명(壽命)'은 각자의 최고 관심사이다. 그것에 대해 힌두의 '마하바라타(*The Mahabharata*)'에서는 확실하게 분명하게 결론을 내 놓고 있었다.['靈魂不滅', '절대 신의 나라 常存] 그 문제에 대해 장자는 아직 해답을 얻지 못 한 상태에 있었다.

(b) 장자(莊周)는 '마하바라타(*The Mahabharata*)'를 중국의 '실존주의(Existentialism)' '현세주의(Secularism)'로 수용하려 했다.

(c) 그러므로 '실존(육체, 뱀) 무시' '영혼 존중', '실존 순간' '영혼 무궁'의 힌두의 '절대주의'를 장자(莊周, 기원전 369-286)는 아직 이해할 마음의 태세에 있지는 않았다.

---

2) 莊周 김학주 역, 장자, 을유문화사, 2000, pp. 11~12
3) 莊周 김학주 역, 장자, 을유문화사, 2000, pp. 35~36

(d) 사실상 장자(莊周)는 '마하바라타(*The Mahabharata*)'의 '영육(靈肉) 구분(區分)'의 사변(思辨)에 이르지 못하고 중국 식 '실존주의' 범위 내에서 그의 '마하바라타(*The Mahabharata*)' 과장을 '주체(莊周 자신) 존중' 범위 내에서 이해하려 한 것이다.

(e) 장자(莊周)의 '명령(冥靈)과 대춘(大椿)' 이야기는 '마하바라타(*The Mahabharata*)'의 '온 세상을 삼키고 있는 소년의 형상으로 바로 그 **반얀 나무** 앉아 있는 그 동일한 무궁한 존재(seated on **the branch of that very banyan** the same Being of immeasurable energy in the form of a boy swallowed up the whole world)'에서 유래한 이야기에 근거를 두고 있다. [제59장 '신(神)의 일부'인 세상 만물]

(f) '초(楚)나라의 남쪽 현실적으로 확인할 수 있는 대상이 아니라, '절대신[창조주] 수용'과 더불어 '알아야 할[믿어야 할] 나무'일 뿐이다.

③ **열자(列子) 지인(至人) 신인(神人) 성인(聖人)** -"열자(列子)는 바람을 타고 다니는데 두둥실 날렵하였다. 그는 한 번 나서면 15일 만에야 돌아왔다. 그는 바람이 부는 것이 순조로운가 그렇지 않은가에 대해서는 마음 졸이는 일이 없었다....

만약 하늘과 땅의 참 모습을 타고서 날씨의 변화를 부림으로써 무궁(無窮)함에 노니는 사람이 있다면, 그는 또 어디에 의지하는 데가 있는가? 그러므로 지인(至人)은 자기가 없고, 신인(神人)은 이룬 공이 없고, 성인(聖人)은 이름이 없다고 하는 것이다."[4)]

─────✈

(a) 장자(莊周)는 확실히 '마하바라타(*The Mahabharata*)'의 '크리슈나(Krishna)' '아르주나(Arjuna)' 이야기를 명백히 들었다. 그가 열자(列子) 지인(至人) 신인(神人) 성인(聖人)의 단어를 함께 거론한 것은 '하늘나라 중심' '내세 중심' 담론을 펼친 점이 그것이다.

(b) 장자(莊周)는 그 '마하바라타(*The Mahabharata*)' 이야기 크게 관심을 보이고 있으나, 물론 반신반의(半信半疑)하고 있다.

(c) 중국은 '요순(堯舜)' '기자(箕子)' '공자(孔子)' '사마천(司馬遷)'을 경과하며 확실한 '현실주의' '실존주의'가 그 주류(主流)를 이루고 있다.

④ **요(堯)임금과 허유(許由)** -"요(堯)임금이 천하를 허유(許由)에게 물려주고자 하여 말했다. '해와 달이 나와 있는데 횃불을 켜지 않는다 해도 그 빛을 내는 일이 어렵지 않겠습니까? 철에 맞는 비가 왔는데 여전히 물을 준다면 논밭에 미치는 효과 있어 도로(徒勞)가 되지 않겠습니까? 선생님이 즉위(卽位)하시면 천하가 다스려질 터인데도 제가 그대로 주인 노릇을 하고 있습니다. 제 스스로 결함이 있다고 여기고 있으니 부디 천하를 받아 주시기 바랍니다.'

허유(許由)가 대답했다. '당신이 천하를 다스려 천하는 이미 다스려졌습니다. 그런데도 제가 당

---

4) 莊周 김학주 역, 장자, 을유문화사, 2000, p. 38

신을 대신한다면 명분을 위한 일이 되지 않겠습니까? 명분이란 사실 부수물과 같은 것입니다. 제가 부수물을 위해야 되겠습니까? 뱁새는 깊은 숲 속에 둥우리를 친다고 해도 한 개의 나뭇가지를 사용할 따름이며, 두더지가 황하의 물을 마신다 해도 그것은 배를 채우는 데 지나지 않는 것입니다. 돌아가 쉬십시오. 임금님! 저는 천하를 맡는다 하더라도 소용이 없습니다.'"[5]

_____→

(a) 이 '요(堯)임금과 허유(許由)' 이야기는 중국에 너무나 떠들썩하여 역시 그 장자(莊周)의 이름도 훤자(喧藉)하게 하였다.

(b) 그러나 이 '요(堯)임금과 허유(許由)' 이야기도 '마하바라타(*The Mahabharata*)'를 지은 힌두(Hindu) 바라문들이 만들어 낸 이야기이다.['書經' '史記'에는 없는 이야기]

(c) 더구나 이 이야기는 당초 '마하바라타(*The Mahabharata*) 혁명전쟁'을 펼친 다음 처음 왕이 된 '유디슈티라'가 진심으로 할아버지 비사사에게 '세상 통치'를 위임할 때 행한 말이다.[제114장 '말 제사(祭祀)'의 의미]

(d) **그리고 힌두의 '마하바라타(*The Mahabharata*)'에서 그렇게 강조된 '크샤트리아의 의무(the duties of Kshatriya)'를 생략한 '불교' '기독교' '유교'의 잘못은 이후 현실적인 국왕의 '역사적 현장에서 분리'를 단행한 것**으로, 이후 '현장에서 진행된 실질적 역사(歷史)'를 떠나 '명분(名分) 중심의 공리공론(空理空論)'을 가중하는 결과를 초래하였다.

(e) 즉 오직 '막강한 군사력'으로 보장을 받은 '천하의 통치'를, '한가한 곳에 나눈 말잔치'로 대신할 수는 없는 것이다.

(f) 원래 '마하바라타(*The Mahabharata*)'에서 보인 유디슈티라의 언행은, 문자 그대로 '크샤트리아(Kshatriya, 국왕)의 바라문(司祭) 만들기의 표본'으로 제시된 것이었다.

(g) 그런데 장자(莊周)의 '요(堯)임금과 허유(許由)' 이야기는 아무런 '정치적 현실적 힘'이 없는 '단순 사유(思惟) 족[이상 세계 추구 자들]' '턱도 없는 자존심 과시'들일 뿐이다.[堯가 舜을 발탁할 때도 事前에 치밀한 점검이 행해졌음]

⑤ **막고야산(藐姑射山) 신인(神人)** -"견오(肩吾)가 연숙(連叔)에게 물었다. '나는 접여(接輿)의 말을 들은 적이 있습니다만, 하도 크고 끝이 없고 나가기만 하고 돌아올 줄은 모릅니다. 나는 그의 말에 놀라서 두려워지고, 그것이 마치 은하(銀河)처럼 끝없는 듯이 느껴졌습니다. 너무 크고 엄청나서 상식에 벗어나는 것이었습니다.'

연숙(連叔)이 말하였다.

'그가 한 말이란 대체 어떤 것이었소?'

'막고야산(藐姑射山)에 신인(神人)이 살고 있었답니다. 살갗은 얼음이나 눈과 같고 나긋나긋하기가 처녀와 같았는데 오곡(五穀)을 먹지 않고 바람과 이슬을 마셨으며, 구름을 타고 용을 몰면서 이 세상 밖에 노닐었다 합니다. 그의 신기(神氣)가 한데 엉기게 되면 만물이 상하거나 병드는 일이

---

5) 莊周 김학주 역, 장자, 을유문화사, 2000, p. 40

없고 곡식들도 잘 여문다는 것입니다. 나는 그래서 허황하다 여기고 믿지 않았습니다.'

연숙(連叔)이 말했다.

'그렇겠소. 장님은 무늬의 아름다움과 상관이 없고 귀머거리는 악기의 소리와 관계가 없는 것이요. 어찌 오직 형체에만 장님 귀머거리가 있겠소? 큰 장마물이 하늘에 닿는다 해도 물에 빠지지 않으며 큰 가뭄에 쇠와 돌이 녹아 흐르고 흙과 산이 탄다고 해도 뜨거움을 느끼지 않소. 그는 티끌이나 때 또는 곡식의 쭉정이 같은 것으로도 요임금 순임금을 만들어 낼만 한데 어찌 물건을 위하여 어떤 일을 하려 들겠소?'[6]

_____→

(a) '막고야산(藐姑射山)에 신인(神人)' 이야기는 '마하바라타(*The Mahabharata*)'의 '메루(Meru) 산'의 절대신 '브라흐마(비슈누, 크리슈나)' 이야기이다.

(b) 원래 '현실주의' '실존주의'에 익숙한 사람이 '절대신' 이야기에 당혹할 수밖에 없는데, 장자(莊周)는 위에서 견오(肩吾) 연숙(連叔) 접여(接輿) 3자의 대화를 통해 힌두(Hindu)의 '절대신'을 소개하고 있다.

(c) '오곡(五穀)을 먹지 않고 바람과 이슬을 마셨으며, 구름을 타고 용을 몰면서 이 세상 밖에 노닐었다.'는 전술은 '절대신[브라흐마, 크리슈나]의 행방'을 가리키고, '홍수'와 '가뭄'에 위협을 느끼지 않는다는 진술은 역시 '절대신'의 '초능력'을 진술한 것이다.

(d) 그리고 '티끌이나 때 또는 곡식의 쭉정이 같은 것으로도 요임금 순임금을 만들어 낸다.'는 것은 '창조주'를 처음 소개하는 말이다.

(e) 위의 진술이 꼭 힌두(Hindu)의 '마하바라타(*The Mahabharata*)'라고 지적한 이유는, 그 **창조주**를 **'자연 신(神)'이 아니라 '인격신(人格神)'으로 그 창조주를 설명했다는 점에서 그 힌두(Hindu)의 사제[婆羅門] 사상이 중국에 전해진 것**이 확실하다 할 것이다.

2) 사마천의 '사기(史記)'

'사기(史記)' -사마천(司馬遷, 기원전 145~86)은, 중국 민간에 이미 힌두(Hindu)의 '마하바라타(*The Mahabharata*)'가 크게 유행하여 이미 퍼져 있어 역사상 '주요 인물의 이야기'로 개입해 있는 것을, 자신의 '사기(史記)' 사료(史料)로 채용하였다는 특징을 지니고 있다.

① **유왕(幽王)과 포사(褒姒)** -"예전에 하후씨가 쇠락했을 때 신룡(神龍) 두 마리가 하제(夏帝)의 뜰에 머물며 '우리는 포(褒)의 선왕들이다.'라고 말했다. 하제(夏帝)가 점을 치니, 용 두 마리를 죽이거나 쫓아버리거나 머무르게 하거나 모두 불길하다는 점괘가 나왔다. 다시 점을 치니 용의 타액(唾液)을 받아서 보관하면 길할 것이라 했다. 그리하여 제물을 올리고 간책(簡策)에 글을 지어서

_____

6) 莊周 김학주 역, 장자, 을유문화사, 2000, p. 42

용에게 기원하자 용은 사라지고 타액만 남아 상자에 넣고 땅에 남은 흔적을 없앴다. 하(夏)가 망하자 이 상자는 은(殷)에 전해졌고, 은(殷)이 망하자 주(周)에 전해졌는데, 3대에 이르기까지 감히 상자를 열어보지 못 했다. 여왕(厲王) 말년에 이르러서 상자를 열어 보았는데, 그 타액이 뜰에 흘러서 지워지지 않았다. 이에 여왕(厲王)이 여자들을 발가벗겨 큰 소리로 떠들게 하자 타액(唾液)은 '검은자라(玄黿)'로 변해서 왕의 후궁(後宮)으로 기어들어갔다. 그때 후궁에 있던 6~7세가량의 어린 계집종이 그 자라와 마주쳤다. 그녀가 성년이 되자 남자와의 접촉이 없이 아이를 낳자, 두려워서 그 아이를 버렸다. 선왕(宣王) 때 어린 여자애들이 부르는 동요에 '산뽕나무로 만든 활과 기(箕)로 만든 화살 주머니가 주(周)를 망하게 하리라.'라는 노래가 있었다. 당시 선왕(宣王)이 이 노래를 듣고 그 활과 화살주머니를 파는 부부를 잡아 죽이게 했다. 그 부부가 밤에 도망을 하다가 후궁 계집종이 낳아서 버린 이상한 아이가 길에 있는 것을 발견하였다. 밤에 아이 우는 소리를 들으니, 슬프고 불쌍해서 아이를 거두어 포(褒)로 달아났다. 포(褒)나라 사람이 유왕(幽王)에게 죄를 짓자 어린 종이 버렸던 여자를 왕께 바쳐서 속죄를 청하였다. 이 버려진 여자는 포나라에서 성장하였으므로 포사(褒姒)라고 불렀다. 유왕(幽王) 3년에 왕은 그 포사(褒姒)에게서 아들 백복(伯服)을 얻었다. 유왕(幽王)은 왕후 신후(申后)와 태자 의구(宜臼)를 폐하고 포사(褒姒)를 왕후로 아들 백복(伯服)을 태자로 세웠다. 그러자 태사 백양(伯陽)은 '화근이 생겼지만 어쩔 수가 없구나!'라고 탄식했다. 포사는 잘 웃지 않아 유왕은 여러 가지 방법으로 그녀를 웃게 하려고 했으나 그래도 웃지 않았다. 유왕은 봉수(烽燧)와 대고(大鼓)를 만들어서, 적이 오면 봉화를 올리게 하였다. 어느 날 유왕이 봉화를 올려 제후들이 모두 달려왔지만 적군이 없자 드디어 포사가 크게 웃었다. 이에 유왕은 기뻐서 여러 차례 봉화를 올렸다. 그 후에는 신용을 잃어 제후들은 봉화를 올려도 오지 않았다."[7]

———✈

(a) '현실주의(Secularism)자' '실존주의(Existentialism)자'로 성현의 반열에 오른 자가 중국의 공자(孔子)였다. 공자(孔子)는 위로는 '요순(堯舜)' '우탕문무주(禹湯文武周)'의 역대 통치자의 계통을 바로 잡았을 뿐만 아니라, 철학적으로 인간 각개인의 실존(肉身)의 존재를 가능하게 했던 '부모(父母)' '국가(國家)'를 먼저 받드는 것을 행동방향으로 생각하게 하였다. 그리하여 그 **충효(忠孝) 정신**으로 소위 중국(中國)의 '사제(司祭) 문화'를 확립하여 많은 후진을 양성하여 소위 유교(儒敎)의 개조(開祖)가 되어 이후 모든 '문인(시인, 역사가)들'은 그 '공자(孔子)의 말씀'을 표준으로 '생각의 바탕'를 삼았다.

(b) 그리하여 사마천(司馬遷)도 역시 그 '공자(孔子)의 제자'임을 자임하는 터였다.

(c) 그런데 공자(孔子)는 소위 '괴력난신(怪力亂神, 괴상하고 폭력적이고 혼란스런 신비주의)' 이야기는 입에 담지는 않는 것을 그 기본자세로 견지를 하여, 사마천도 그 공자(孔子)를 존중하여 그의 저술에도 그러한 태도를 견지하려 했다.

---

7) 사마천 정범진 역, 史記 本紀, 까치, 1994, pp. 94~95

(d) 이러한 공자(孔子)의 태도에 대해, 힌두의 '마하바라타(*The Mahabharata*)'는 바로 소위 '절대신 제일주의' '육신(뱀) 무시'로 나가 그 강조를 그 '대극 점(對極點)'에 두었다.

(e) **바로 이것이 서구(西歐)의 '절대주의'와 중국의 '충효(忠孝) 사상'이 서로 차이를 보이는 점이고, 그것은 힌두(Hindu)와 중국(中國)의 차이점, '절대주의'와 '실존주의'의 차이점이다.**

(f) 그런데 '힌두의 절대주의'는 시작부터 '육체 무시[고행 최고주의]'로 나가 중국의 '현실주의' '실존 주의'를 그대로 두질 않고 공략[힌두교 布敎]에 나선 결과 벌써 '실존주의'를 의심하고 반쯤 '절대 주의'로 나가 있는 장자(莊周, 기원전 369-286)와 같은 사상가가 나오게 하였다.

(g) 그리고 중국(中國)에서 '진시황(秦始皇)'의 천하 통일'은 기존한 중국의 '사제(司祭) 문화'를 뿌리째 흔들리게 했으니, 소위 **'분서갱유(焚書坑儒, 사제들을 땅에 묻고 그 서적을 불태움)'은 그대로 '황제 제일주의[크샤트리아 제일주의]'로 나가 '인명 경시' '도덕론 무용론(無用論)' '전략 폭력 만능주의'에 이르게 했다.**

(h) 힌두(Hindu)는 그의 초기 '마하바라타(*The Mahabharata*)'에서부터 소위 '크샤트리아의 의무'를 강조하고, '크샤트리아의 사제(司祭) 만들기'에 공을 들여 그 '절대주의 문화 정착'에 공을 드렸다.

(i) 그런데 공자의 '신비주의(괴력난신(怪力亂神) 부정'은 오히려 '무력 제일주의' '전략제일주의'로 치 달아 현실적으로 '사제(司祭) 문화 부정'을 낳은 결과가 바로 진시황(秦始皇, 259~210 b. c.)의 **'분서갱유(焚書坑儒)'**였다.

(j) 이러한 분위기에서 '진시황 문화의 반성(反省)의 문화' 즉 '사제 문화의 복원(復原) 운동'과 맞물린 시기에 바로 사마천은 그 '사기(史記)'를 작성하였으니, 그 힌두(Hindu)의 '절대주의(신비주의)'에 대해서도 엄격하게 하는 것이 능사가 아님을 알게 되었다.[시대적 반성의 기간]

(k) 여하튼 그 사마천(司馬遷)은 공자 계승의 위치에 있음에도 힌두(Hindu) 식 '신비주의'를 인정하고 쓴 부분이 바로 '유왕(幽王)과 포사(褒姒) 이야기'이다.

(l) 이 사마천의 **'유왕(幽王)과 포사(褒姒) 이야기' 바로 힌두 비슈누(Vishnu) '제2 쿠르마(Kurma, 거북) 화신(化身) 담(談)' 유(類)**이다.

(m) 원래 글재주가 탁월했던 사마천은 역시 힌두의 신비주의를 원용함으로써 더욱 많은 독자를 확보 한 것이 사실이다. 그리고 그것은 그 '유교 문화'에 비판적인 장자(莊周)와 더불어 새로운 '중국의 서사(敍事)문화'를 이루게 되었다.[중국의 계관시인]

(n) 즉 역사가 사마천은 거의 '1천 년 전'에 '하제(夏帝)의 뜰'에 나타난 '용(龍)의 말'을 긍정하고 들어 가야 했으니[그 '龍'이 중국어를 말했다는 이야기], 그냥 **'마하바라타(*The Mahabharata*)'를 쓴 비아사(Vyasa)와 산자야(Sanjaya)의 '서술 방식'을 부지불식간에 긍정을 해 버린 셈이다.**

② **조룡(祖龍)** -"[秦始皇 36년] 사자(使者)가 관동(關東)에서 밤에 화음(華陰), 평서(平舒) 길을 가는데, 어떤 사람이 벽옥(璧玉)을 쥐고 사자를 막으며 말하기를 '나를 대신하여 호지군(滈池君)에 게 갖다 주게.'라고 하더니, 이어서 '금년에 조룡(祖龍)이 죽을 걸세.'라고 말했다. 사자가 그 까닭을 묻자 그 벽옥을 놓고 갑자기 사라져버렸다."[8]

---

8) 사마천 정범진 역, 史記 本紀, 까치, 1994, p. 176

(a) 진시황의 '사제(司祭) 무시 정책'은 실로 무서운 결과를 가져왔으니, 소위 공자(孔子)의 '충효 사상'이 극히 현실적이면서 '도덕적 억압' '육체적 억압'을 느슨하게 만들었을 뿐만 아니라 완전한 그 '현세주의' 피해는 '황제 제일주의'로 나가 황제의 '무소불위(無所不爲)의 대권(大權)'을 억압하는 제어(制御)장치를 상실하게 만들었다는 점이다.

(b) 힌두(Hindu)의 사제는 그것[대권의 억압, 견제]에 민감하여 '태초의 전쟁'이라는 **'마하바라타(The Mahabharata) 혁명전쟁'**에서부터 '크샤트리아 대권을 바라문[司祭]에게 넘기기'를 그 기본 목적으로 삼았다.

(c) 역시 중국(中國)인의 힌두에 대한 가장 큰 약점은, 힌두는 처음부터 그 범위가 '3계[하늘, 땅, 지해'에 관심을 펼쳤는데, 유교의 '충효'는 '우리 부모, 우리나라' 챙기기에 급급했다. 그리하여 중국인이 생각한 '천하(天下)'라는 것도 '황하유역'에 국한된 것이고, 그것도 서울[낙양, 장안 등]에서 떨어진 그 거리를 기반으로 차별화[문화적 차별화]를 행했으니, 중국인 사방의 '오랑캐(東夷, 西戎, 南蠻, 北狄)'라는 존재도 오늘날은 모두 중국 영역내의 지역적 차별화에 불과한 문제라는 사실도 밝혀지게 되었다.

(d) 그러한 상황에서 '진시황'은 '서쪽 오랑캐' 출신으로 최고 '통일 제국'을 건설하여 그 '무식한 크샤트리아의 폭압'을 혹독하게 펼쳤다.

(e) 그러므로 '사제 무시의 진시황 탄생', 더욱 정확하게는 '이사(李斯) 조고(趙高) 전횡(專橫)'은 중국 '사제 문화의 취약성'에 기인한 것이었다.['실존주의' '현세주의'의 지나친 발동]

(f) **사제 시인 사마천은 '사기(史記)' 전편을 통해 그 '진시황'을 가장 통렬하게 비판했는데,** 그 '폭군 진시황'의 특징을 '무분별한 살상행위' '만리장성 축조' '아방궁 건설' '기준이 없는 주관적 임의적 행동' '터무니없는 장생불사 욕심' '죽음의 수용 거부'로 명시 하였다.

(g) 그러면서 사마천은 역시 힌두의 신비주의 방식으로 '진시황'을 '뱀의 우두머리[祖龍]'로의 명칭을 사용했다.['전설'의 수용임] 한 마디로 진시황은 '독한 뱀'일 뿐이라는 힌두(Hindu) 식으로 명명을 수용한 셈이다.[사마천(司馬遷)은 물론 '마하바라타(The Mahabharata)'를 확인한 처지는 아니었고, 이미 수용된 '힌두 문화'를 추인하는 정도였음.]

③ **역발산(力拔山)의 항우(項羽)** -"항왕(項王)의 군대는 해하(垓下)에서 방벽을 구축하였는데, 군사는 적고 군량은 떨어진 데다 한군(漢軍)과 제후의 군대에게 여러 겹으로 포위되어 있었다......항왕(項王)은 밤중에 일어나서 장중(帳中)에서 술을 마셨다. 항왕(項王)에게는 우(虞)라는 이름의 미인이 있었는데 항상 총애를 받으며 시종(侍從)하였다. 또 추(騅)라는 이름의 준마가 있었는데, 그는 항상 이 말을 타고 다녔다. 이에 항왕(項王)은 강개한 심정으로 비통함을 노래하여 스스로 시를 지어 읊었다.

　　힘은 산을 뽑을 수 있고, 기계는 온 세상을 덮을 만하건만
　　시운이 불리하여 추(騅) 또한 나가지 않는구나.
　　추(騅)가 나가지 않으니, 어찌해야 하는가?
　　우(虞)여, 우(虞)여, 그대를 어찌해야 좋을까?"9)

(a) 진시황[李斯]의 '기존 사제(司祭) 문화의 폐기 조처[焚書坑儒]'는 이후 역으로 힌두(Hindu)의 '마하바라타(*The Mahabharata*)' 문화의 확장 기회를 가져 왔으니, 그것은 그 진나라 쇠망기에 나타난 두 영웅 항우(項羽)와 유계(劉季)를 모두 '크리슈나(Krishna)'와 동등시했다는 점이 그것이다.

(b) 인간의 '글쓰기 재능'은 누구나 그 '신비주의(mysticism)'를 쉽게 긍정하게 마련인데, 사마천(司馬遷)은 <u>그 힌두 바라문(婆羅門)의 '말하기 방법'을 여지없이 수용한 결과가 천하장사(壯士) '항왕(項王, 項羽)'의 '힘은 산을 뽑을 수 있다(力拔山)'는 말이었다.</u> 힌두 '마하바라타(*The Mahabharata*)'의 주인공 '크리슈나(Krishna)'는 고바르다나(Govardhana) 산을 우산처럼 뽑아들어(uprooted and held) 사람들이 폭우 피해를 막았고, 사람들은 그 아래 모여 은신을 했다.'[-'크리슈나(Krishna)의 일생' 3) 청년 수학(修學) 시절' 참죄

그 '크리슈나의 힘 자랑'이 확실하게 항우[項羽]의 그것에 활용이 된 것이다.['시인의 말하기 방법'의 수용]

(c) 그러나 그 '항우(項羽)'는 '힘만 세었을 뿐, 지혜는 모자랐다.'는 서술이 역시 그 사마천의 진술이니, 그의 종말은 '마하바라타(*The Mahabharata*)'의 반(反) 영웅 두료다나보다 그 종말이 낫다고 할 수 없게 되었다.

(d) 특히 '죽음을 앞둔 마당'에게 '일개 여인에게 슬픔의 토로'는, 사실상 그 '영웅'이 못됨을 역시 입증하고 있는 사항이다.[아동의 정신 상태]

(e) 그러한 미성숙의 '무사 -크샤트리아-의 횡포'는 이미 '진시황의 횡포'로 진저리를 친 상태에 있는 셈이었으니, '바보 사제[范增]'나 따라 붙어 그 '패배 예상'을 가능하게 했다.

④ **유계참사(劉季斬蛇)** - "고조(高祖)는 정장(亭長)의 직무로 인해서 현(縣)을 위하여 역도(役徒)들을 역산(酈山)으로 인솔한 적이 있었다...... 고조(高祖)는 술을 술을 마신 다음 한밤중에 늪지의 작은 길을 지나면서 한 사람을 시켜서 앞길을 살펴보게 하였다. 앞서 가던 이가 돌아와 보고하기를 '앞에 큰 뱀이 길을 막고 있으니 되돌아가십시오.'라고 하였다. 그러자 술에 취한 고조(高祖)는 '장사(壯士)가 가는 길에 무엇이 두렵겠는가?'라며 앞으로 나가더니 검을 뽑아 뱀을 쳐서 죽였다. 뱀은 두 동강이 났고, 길이 뚫렸다. 다시 몇 리 길을 걸은 고조는 술에 취해 더 이상 걷지 못하고 길에 누웠다. 뒤처져서 오던 사람이 뱀이 죽은 곳에 이르렀을 때, 한 노파가 한밤중에 통곡하는 것을 보고 왜 통곡을 하느냐고 물었다. '어떤 사람이 내 아들을 죽였기에 이렇게 통곡을 하는 것이오.'라고 노파는 대답했다. '당신 아들은 무엇 때문에 살해되었나요?' 하고 물으니, 노파는 '내 아들은 백제(白帝)의 아들입니다. 뱀으로 변해서 길을 막고 있었는데(化爲蛇當路) 지금 적제(赤帝)의 아들에게 참살을 당했으니, 그래서 통곡하는 것입니다.'라고 하였다. 그는 노파가 허황된 말을 하고 있다고 여겨 혼내주려고 하자 노파는 갑자기 사라져버렸다. 뒤처져 오던 사람이 고조가 누웠던 곳에 도착하니, 고조는 술에서 깨어나 있었다. 그가 고조에게 방금 있었던 일을 이야기하자 고조는

---

9) 사마천 정범진 역, 史記 本紀, 까치, 1994, p. 247

내심 기뻐하며 뱀 죽인 것을 자랑스럽게 여겼다. 수행하던 모든 사람들은 더더욱 고조(高祖)를 경외하게 되었다."[10]

'장자(莊子)' '포사(褒姒)'[11] '항우(項羽)' '유방(劉邦)' '복희(伏羲) 여와(女媧)'

(a) 사마천은 '사기(史記)'를 지을 당시 그 '마하바라타(*The Mahabharata*)'의 '**<u>뱀 문화 극복 혁명</u>**'을 다 이해하고 있었다고는 말할 수 없지만, 최소한 한 나라 시조가 된 유계(劉季)가 '뱀 문화 극복의 주인공 크리슈나'처럼 '도덕 정치'를 펴 달라는 '백성들의 소망'은 사마천 자신의 서술로도 충분히 개진이 되었던 바다.

(b) 앞서 밝혔듯이 크리슈나의 '뱀 문화 극복' 상징은 이미 크리슈나가 그의 소년 시절 ' 독사 **칼리야(Kaliya)를 제압했다.**'는 이야기에 명시된 바로 '더욱 엄청난 뱀들을 물리친 전쟁 -쿠루크셰트라 전쟁'을 예견케 하는 일관된 이야기들이다.

(c) 사실상 시인[역사가]이 '뱀[육신] 문화 극복'도 모르면 아직 시인으로서 그 '알파'가 부족한 것이고, 그것의 온전한 집행이 '절대 신에의 순종'임을 '마하바라타(*The Mahabharata*)'의 모든 진술로 말하고 있다.[특히 '제66장 약샤의 시험을 통과한 유디슈티라' 참조]

(d) 그러나 중국인은 그 [절대 신 기준의]힌두와 정 반대 지점[육체 현실 존중]에서 고수(固守)했지만, 이 양대 지점('절대주의' '실존주의')이 세계철학의 두 지점이고 그것이 오히려 한 개인의 의식(意識, 인식) 속에 문제될 수밖에 없다는 필연적인 근거에서 '다다 혁명 운동자들'은 그것을 '동시주의(同時主義)'라고 했다.

(e) 사실상 '진시황의 폭압'으로 넋이 나간 중국의 사제[지식인]들은 '한(漢)나라 건국'과 함께 그 충효 정신으로 '행동 철학'을 구비(具備)했으니, 중국인의 행동철학 종합이 바로 나관중(羅貫中)의 '삼국지통속연의'였다.

3) '사신(四神)' '복희(伏羲)' '신농(神農)'

전한(前漢) 시대부터 유행한 사신(四神) -청룡(비슈누의 뱀), 백호(사자-Siva 변신), 주작(가루다 변신), 현무(거북 변신)-은 힌두의 '비슈누'와 그 소속의 신들[Avatars]이, 중국(한국)의 사방 신(四方

---

10) 사마천 정범진 역, 史記 本紀, 까치, 1994, pp. 256~257
11) 顏希源, 百美新詠圖傳, 圖傳 四十七 '褒姒'

神)으로 변용 정착한 것이다.

① **사신(四神)** -"사상(四象) : 사신(四神)은 동(東) 청룡(青龍), 남(南) 주작(朱雀), 서(西) 백호(白
虎), 북(北) 현무(玄武)이다. 각 신위(神位)는 4방(方)과 4계(季)와 개별 특성을 지니고 있다. 정신적
종교적 신념을 상징하고 동 아시아 문화에 중요한 역할을 해 왔다."[12]

'여신(Lakshmi)을 둘러싸고 서수(瑞獸)들'[13]

——✈

(a) 중국(中國)은 요순(堯舜) 우탕(禹湯) 기자(箕子) 공자(孔子) 사마천(司馬遷)의 '현실주의' '실존주
의'를 일찍부터 '기본 철학'으로 이어 왔으니, 그것은 간단히 **공자(孔子)가 '괴력난신(怪力亂神)'은
입에도 담지 않았다**는 것으로 명시되었다.

(b) 그런데 미증유의 폭군 진시황(秦始皇)이 등장하여 이사(李斯)의 말을 수용하여 기존한 모든 '지식
인[사제]의 말[서적]'을 불태우고 선비를 생매장하여 '사제(司祭) 문화 박멸(撲滅)'을 시도하였으니,
그것은 일차적으로 기존한 '현실주의' '실존주의'의 한계점을 명시하는 것이기도 했다.

(c) 이에 이미[莊周의 저서 '南華眞經'] 수입이 되어 있던 힌두(Hindu)의 '마하바라타(The
Mahabharata)' '절대신 주의'가 민간에 확산되기 시작했으니, 그 과정에서 힌두(Hindu)의 비슈누
(Vishnu)가 중국(中國)식으로 변용되어 표현된 것이 소위 '**사신(四神)**'이었다. 그러므로 '청룡(青
龍)'이란 비슈누(Vishnu) 뱀 '바수키(Vasuki)'에다가 중국 식 색깔 상징을 첨가한 것이고, '주작(朱

---

12) Wikipedia, 'Four Symbols'
13) K. K. Klosteraier, *A Survey Hinduism*, State University of New York Press, 1989, p. 281 'Lakshmi surround
by auspicious objects'

雀)'이란 크리슈나의 수레 '가루다(Garuda)'에다가 역시 붉은빛을 첨가한 것이고, '백호(白虎)'란 바로 시바(Siva)의 상징이고, '현무(玄武)'란 역시 비슈누의 '쿠르마(Kurma, 거북)'에 중국 식 흑색(黑色)을 첨가한 것이다.['五行 五色-靑黃黑白赤']

(d) 힌두(Hindu)는 '감각(感覺, Sense[肉身])'을 무시하는 경향을 보였는데, 중국은 **기자(箕子)의 '홍범구주(洪範九疇)'**에서부터 '오행(五行, 金木水火土)' '오미(五味, 辛酸鹹苦甘)' '오색(오색, 白靑(綠)黑赤(朱)黃'의 '감성(感性) 철학' '현실철학' '실존주의'를 확립하였다.

(e) 기자(箕子) 공자(孔子) 사마천(司馬遷)이 확립한 중국의 '현실주의' '실존주의'는 소위 '충효(忠孝) 정신'으로 요약이 되어 오늘날까지 거의 절대적인 의미를 발휘하고 있다.

(f) 그런데 그 '진시황(秦始皇)의 폭거'는 일찌감치 그 '현실주의' '실존주의'의 한계점을 드러낸 것으로, 역시 민간인 중심으로 '신비주의-절대주의'를 유행하게 만든 결과가 '한대(漢代)에 유행한 신비주의'이다.[정확하게는 힌두 선교사의 선교 결과임]

(g) 그것은 소위 당시 선비들[지식인들]이 '힘센 항우(項羽)'로부터 등을 돌리고 '부드러운 고조(高祖, 劉季)'를 응원했던 것은, 힌두(Hindu) 식으로 말하면 **망나니 크샤트리아[진시황, 祖龍]'에게 이미 봉변(逢變)을 당한 뼈아픈 교훈**에서 그러했던 것이다.

② **복희(伏羲)** -"태호 복희씨(太皥伏羲氏) 또는 포희씨(庖犧氏)는 중국 삼황 중 하나이다. 전설에서 복희는 인류에게 닥친 대홍수 시절에 표주박 속에 들어가 있던 덕분에 되살아날 수 있었다고 하는데, 다시 살아났다는 의미로 복희라고 칭했다고 전한다. '복희'란 희생(제사에 쓰이는 짐승)을 길러 붙여진 이름이다. 성씨는 풍(風)으로 전해진다."[14])

_____✈

(a) 중국의 '복희(伏羲)'는 사실상 '한대(漢代)' 이전으로 소급하려는 것은 극히 자연스런 유추이나, 역시 '무식한 소치'이다.

(b) 즉 '현실주의' '실존주의'에 넉넉한 사람은 '하늘나라 이야기' '태고(太古) 이야기'는 '한담(閑談)' 이상의 의미가 없기 때문이다.

(c) '복희(伏羲)'는 '사람 머리에 뱀의 몸[蛇神人首]'라고 설명이 되었으니, 역시 그 비슈누(Vishnu) 형상을 기본 전제로 삼은 것이다.

(d) 한 마디로 **뱀 이야기'를 힌두(Hindu)처럼 '육신(욕망의 덩어리, 억압의 궁극적 대상)'으로 정밀하게 적용하고 그것의 극복을 실천[苦行]하며 그것[극복]을 '최고의 미덕(美德, 도덕)'으로 가르친 종족은 세계 어디에도 없고,** 역시 이 '마하바라타(*The Mahabharata*)'를 빼고는 어디에서도 그 확실한 근거를 확인할 수가 없다.

(e) 그래서 '뱀=사람=신'의 등식에 책임을 질 종족은 힌두(Hindu) 밖에 없고, 그래서 '모든 뱀 이야기'는 '힌두 문화 영향' '모든 신비주의[절대주의]'도 역시 '힌두 문화'라는 단정이 가능하다.['인간의 이야기'를 떠난 '신들의 세계'는 처음부터 성립할 수 없는 논리]

(f) 여하튼 인류가 가지고 있는 '절대신 이야기' '뱀 이야기' 근원은 다 이 '마하바라타(*The Mahabhar-*

_____
14) 위키 백과, '복희(伏羲)'

ata)'에서 찾으면 된다.

③ **신농(神農)** "신농씨는 농업을 최초로 발명하여 전파했을 뿐 아니라, 보습과 쟁기를 발명하고, 집을 짓고 불을 채취하는 법, 마을을 이루어 모여 살고 혼인하는 법, 가축을 사육하고 식량을 저장하는 법, 도기(陶器)를 굽고 방직(紡織)하는 법, 약초를 활용하는 법 등을 창안하고 널리 가르친 신령스런 인물로 알려져 있다. 농사짓는 방법을 최초로 창안하고 가르쳤기 때문에 '선농(先農)'이라고도 부르며, 곡식을 저장하는 방법을 창안하고 가르쳤기 때문에 '선색(先嗇)'이라고도 칭한다. 약초를 사용하는 방법도 최초로 알아냈기 때문에 의약의 신으로도 숭배되었다. 또한 후대에는 오행(五行) 중 화(火)를 다스리고 여름을 주관하는 천상의 상제(上帝)로도 인식되어 '염제(炎帝)'로 별칭되기도 하였다. 화와 여름을 주관하는 천상의 관리인 화정(火正) 축융(祝融)이 염제 신농씨를 보좌하였다."[15]

───→

(a) 앞서 오악(P. N. Oak)는 이집트인의 **'황소[소] 숭배'**가 힌두(Hindu)에서 기원했음을 말하였다.

(b) 중국의 '신농(神農)'은 '사람의 몸 소의 머리[人身牛首]'로 형상화된 신이다.

(c) 힌두의 '마하바라타(*The Mahabharata*)'에서는 '[암]소의 살해'를 '살인(殺人)'과 동등한 범죄로 '금기(禁忌)' 삼고 있다. '유목민(遊牧民)사회'에서 '소의 절대적 효용성'을 감안한 '소의 존중'이다.

(d) 그러나 중국인의 경우 '신(神)'으로의 숭배'는 쉽지 않은 문제이니, 그것이 바로 우스꽝스런 '괴력난신(怪力亂神)'의 대표적인 예(例)이기 때문이다.

(e) 역시 중국에서는 그 힌두(Hindu)의 영향 속에 한대(漢代) 이후에 생성된[긍정된] 문화일 것이다.

4) 나관중의 '삼국지통속연의(三國志通俗演義)'

나관중(羅貫中, Luó Guànzhōng, 1330~1400)의 '삼국지통속연의(三國志通俗演義)'[16]는 그 '진시황(秦始皇)의 폭거' 이후에 중국(中國) 지식인들이 고심해서 '창조해 온 도덕[충효] 문화'의 결집이고, '실제 역사'와 긴밀한 관계를 지니는 '서사문학'이지만, 역시 **그 막강한 힌두(Hindu)의 '마하바라타(_The Mahabharata_)의 영향'** 속에 모처럼 '행운의 작가'에 의해 비로소 일반화된 것이라는 점에는 각별한 주목을 요하는 사항이다.

나관중(羅貫中)은 힌두(Hindu)의 '마하바라타(*The Mahabharata*)'에 그 '절대 신 옹회[절대주의]'에 주인공 '크리슈나(Krishna)'를 필두로 한 유디슈티라(Yudhishthira) 비마(Bhima) 아르주나(Arjuna)를, '삼국지통속연의(三國志通俗演義)' 속에 '제갈양(諸葛亮)' '유비(劉備)' '장비(張飛)' '관우

───────────────

15) 위키 실록사전, '신농(神農)'
16) 古本小說集成, 上海古籍出版社, 1990, 三國志通俗演義

(關羽)'로 그 성격을 고정시키고, **중국 식 '실존주의(忠孝思想)'**를 제대로 펼쳐 보인 중국 식 '마하바라타(*The Mahabharata*)'에 제작에 성공을 거둔 사례이다.

① **황건적(黃巾賊)과 유비 관우 장비** -"제1권 -황건적을 물리치고 영웅들이 처음 공을 세우다 (第一卷 劉玄德斬寇立功)"

──────→

(a) 나관중(羅貫中)이 힌두(Hindu)의 '마하바라타(*The Mahabharata*)'를 통해 가장 크게 깨달은 사항 은 '마하바라타(*The Mahabharata*)' 서술자 **'산자야 Sanjaya)'의 소위 작가의 '전지적(全知的) 시 점(視點)**[Analytic or omniscient author tells story, entering thoughts and feelings]'[17]의 확보가 그것이었다.

(b) 중국의 표준의 공자(孔子)는 '서술을 행하며 조작하지는 않는다.(述而不作)'이라는 역사 서술의 엄격한 기록의 원칙을 말해 놓았다. 그런데 '마하바라타(*The Mahabharata*)' 서술자 '산자야 Sanjaya)'는 '과거와 현재와 미래의 모든 일에 관해 눈앞에 있는 일처럼 아는(possessing a knowledge of the past, the present, and the future, and seeing all things as if present before his eyes) 가발가나(Gavalgana)의 아들 산자야(Sanjaya)'[18]가 처음부터 끝까지 18일 간의 '쿠르 크셰트라 전쟁(Kurukshetra War)' 전쟁 상황(狀況)을 장님 왕 드라타라슈트라(Dhritarashtra)에 게 보고했던 그 '마하바라타(Mahabharata)' 이야기 방식을 고스란히 '삼국지통속연의(三國志通俗 演義)'에 철저하게 활용을 하였다.

(c) 즉 '삼국지통속연의(三國志通俗演義)' 서술자 나관중(羅貫中)은, 완전히 그 '산자야(Sanjaya)'의 시 각을 자기의 [서사능력발휘] 발판으로 삼아, '모든 사건들을 바로 눈앞에 펼치듯' 사건을 전개 할 수 있었으니, 이것은 소위 중국(中國) 서사문학의 전개에 실로 파천황(破天荒)의 혁명적 사건으 로, 한자(漢字) 문화권에서는 나본(羅本, '貫中') 이 그것을 감당하였고, 그것은 역시 그 '마하바라 타(*Mahabharata*)' 이야기 방식이었다는 점이다.[완전한 虛構의 달성]

(d) 나관중(羅貫中)은 유비 3형제와 황건적의 대결을, "며칠도 지나지 않아서 황건적의 장수 정원지 (程遠志)가 5만의 병력을 이끌고 탁군으로 쳐들어 왔다는 첩보가 들어 왔다. 태수 유언은 추정에 게 유비 등 3인과 500명의 군사를 이끌고 가서 적을 격파하라고 명하였다. 유비 등은 기꺼이 군사를 이끌고 앞장서 나갔다. 대흥산(大興山) 아래 이르러 황건적과 마주쳤다. 황건적들은 머리 털을 산발하고 모두 노란 수건을 이마에 두르고 있었다. 유비가 말을 타고 앞으로 나가니 왼쪽에 관우가 있고 오른쪽에 장비가 섰다. 유비가 채찍을 들어 황건적을 향해 꾸짖었다.

'국가를 반역한 도둑들아! 빨리 항복을 해라.'

정원지(程遠志)는 크게 노해서 먼저 부장 등무(鄧茂)를 출전시켰다. 장비가 장팔사모를 잡고 바 로 나아가 창을 들어 등무(鄧茂)의 가슴을 찔렀다. 등무는 뒤집혀 말 아래로 떨어졌다. 정원지는 등무가 죽은 것을 보고 말을 박차고 칼을 휘두르며 장비에게 달려들었다. 이에 관우가 큰 칼을 휘두르며 말을 달려 나갔다. 정원지는 갑작스런 관우의 출현에 놀라 손을 쓰지 못하고 관우의

---

17) C. Brooks R. P. Warren, *Understanding Fiction*, Appleton -Century -Crofts Inc. 1951, p. 148
18) K. M. Ganguli, Ibid, Bhishma parva, section XⅢ p. 29

칼에 맞아 몸이 두 동강이 났다."라고 서술했다.

(e) 이러한 장면 전개는 나관중(羅貫中) 이전에는 어느 누구도 써본 적이 없었으니 '역사 서적'에는 나올 수 없는 '황건적 주장 부장' '장비의 사용 무기' '격살 순서'는 서술자가 앞선 '마하바라타(*The Mahabharata*)'의 '산자야 Sanjaya)' 시각으로 그려낸 결과이다.

(f) 나관중(羅貫中)은 기존한 중국 식 역사를 크게 존중하여 '삼국지통속연의(三國志通俗演義)'을 시작하는 각 권(卷)의 첫 머리에 '진수(陳壽)의 사전(史傳)을 나관중(羅貫中)이 순서대로 엮는다.'[19]라고 하여 진수(陳壽)의 '삼국지(三國志)'를 표준으로 한다는 사실을 거듭 명시했고, 나관중(羅貫中)은 그것을 '다시 편집 나열하고[編次]' '뜻을 첨가 하고[演義]' '여러 사람들의 입맛에 맞추었다.[通俗]'고 공식적 변명을 행했으나, 더욱 결정적인 것은 **나관중(羅貫中) 자신이 '마하바라타(*The Mahabharata*)'의 '산자야 Sanjaya)의 서술 방식'을 사용했다는 사실이다.**

(g) 여기에 한 가지 부연할 사항은 중국 한나라 말기에 일어난 '**황건적(黃巾賊, 황색 수건을 쓴 도둑들)**'은 중국의 '황노(黃老, 黃帝 노자 -道敎) 숭배자'라고 알려졌으나 사실은 힌두(Hindu)의 '마하바라타(*The Mahabharata*)'의 '크리슈나(Krishna, 黃色이 그의 공식 복장임)'의 '절대주의'를 따르는 '**중국식으로 변질된 크리슈나 신도(信徒)들**'일 뿐이었다.[제59장 참조]

(h) 그런데 나관중(羅貫中)은 엄연히 중국 원래 사상인 '현실주의' '실존주의' '충효사상'을 '제갈양(諸葛亮)'과 유비(劉備) 3형제를 통해 펼쳤다는 점에 그 '마하바라타(*The Mahabharata*)'와는 그 대극(對極)점에 자리를 잡고 있었다.

② **이숙과 여포** -"제1권 -이숙(李肅)이 황금과 적토마(赤兎馬)로 여포(呂布)를 꾀여 오다.(第一卷 -呂布刺殺丁建陽)"

————✈

(a) 힌두(Hindu)의 '마하바라타(*The Mahabharata*)'에 영웅들이 토벌(討伐)하지 않을 수 없는 악당은 두료다나(Duryodhana) 카르나(Karna) 사쿠니(Sakuni)이다. 그 중에 제일 악당은 두료다나(Duryodhana)로 먼저 '**카르나(Karna)의 무술**'을 탐내어 그 카르나(Karna)를 '앙가 왕'으로 책봉하여 영원히 자기편으로 만들었다.['제29장']
그리하여 '판두 형제들'은 전쟁을 통해 반당(叛黨)을 토벌했다는 것이 '마하바라타(*The Mahabharata*)'의 전 내용이다.

(b) 그런데 나관중(羅貫中)의 '연의(演義)'에는 동탁(董卓)에 이은 조조(曹操)가 천하에 '무사(武士, 크샤트리아)들'을 모아 '천자(天子)'를 곁에 두고 권력을 휘둘렀다는 내용이 그 전부이다.

(c) 그 표본적인 나관중(羅貫中)의 '연의(衍義)'에서 '흉적(凶賊) 동탁'과 '간웅 조조'의 '무사(武士, 크샤트리아) 영입 사례 이야기 중 하나'가 '이숙(李肅)이 여포(呂布) 꾀여 오기'이다.

(d) 물론 '여포(呂布)'는 역사적 인물이나, '동탁을 포악'을 도운 '부친 살해' 오명(汚名)을 뒤집어쓰고 죽을 때까지 그것이 조롱의 대상으로 나관중(羅貫中)의 '연의(演義)'에서 더욱 자세히 부연되었다.

---

19) 古本小說集成, 上海古籍出版社, 1990, 三國志通俗演義, '晉平陽候陳壽史傳 後學羅本貫中編次'

③ 왕윤(王允)과 초선(貂蟬) -"제2권 왕윤(王允)이 초선(貂蟬)을 이용해 동탁과 여포를 싸우게
만들다.(第二卷 -司徒王允說貂蟬)"

──────✈

(a) 힌두(Hindu)는 '마하바라타(*The Mahabharata*)'에서 '절대신' 주장과 동등한 위치에서 인간의 '소
유의 쟁점'을 **드라우파디(Draupadi)**란 여성을 만들어 놓고 엄청난 '마하바라타(*The Mahabhara-
ta*) 전쟁 이야기'를 펼쳤다.

(b) 그 '드라우파디(Draupadi)'는 보는 사람마다 소유의 충동을 일으키고, 그녀는 '5명의 판두 형제'
이외에는 항상 '복수심'을 발동하여 결국 그녀가 '쿠루크셰트라(Kurukshetra) 전쟁'이 끝날 때까
지 지속 적으로 그 전쟁의 중심부에 자리를 잡고 있었다.

(c) 희랍의 '트로이 전쟁'은 물론 다른 지역에 다른 역사적 배경을 갖은 것이나, '세상에서 가장 뛰어
났다는 미모의 여성' '소유의 문제'에 역시 '도덕적 시시비비를 가리는 전쟁'이라는 측면에서 '마하
바라타(*The Mahabharata*)' 전쟁과 다른 것이 없다.

(d) 중국(中國)의 여성관은 조금 달랐다. 중국 역대 미인 계보는 하(夏)나라 매희(末姬) 은(殷)나라
달기(妲己) 주나라 포사(褒姒), 오나라 서시(西施)가 '연의(演義)의 초선(貂蟬)' 이전의 미인들로
이름 높았으나, 모두다 소속 국왕의 정치를 문란하게 만들어 나라를 망하게 한 주체로 지목이
되어 있었다.

(e) 그런데 '초선(貂蟬)'의 성격은 조금 달라 권력의 핵심 '동탁과 여포'를 쪼개어 나누는 역할을 한나
라 충신 왕윤(王允)의 부탁을 받고 그러했다는 것으로 나관중(羅貫中)은 이야기를 엮었는데, 사실
그러한 이야기 전개 방식은 '마하바라타(*The Mahabharata*)' 이야기 서술재Vyasa 등기가 지칠 줄
모르고 반복했던[써먹었던] 것을 '나관중(羅貫中)도 초선(貂蟬)'을 써먹어 크게 성공을 했다.

(f) 그 '초선(貂蟬)'의 역할 결과로 동탁는 '흉포한 독재자'임이 명시되었고, 여포는 '아비도 몰라보는
엉터리 바보'가 되었다. 이것은 중국(中國) 식 '여성 집착에 대한 온당한 결론'이었다. 그런데 **힌
두와 희랍인의 경우는 '여성'이 누구에 소속이 되건 '힘의 적용으로 차지하거나 빼앗기기'도 하
지만, '절대신'에게 그 '소유의 판정 권'은 일찍부터 모두가 있다는 입장이다.**

(g) 나관중(羅貫中)은 그 '초선(貂蟬)'의 문제가 가라앉은 다음에도 '미인(美人)들'을 동원하여 폭도
동탁 여포에 이어 간웅(奸雄) 조조의 위상(位相)도 '미인(美人)들' 때문에 저상(沮喪)이 되게 하였다.

(h) 어떻든 '드라우파디(Draupadi)'와 '초선(貂蟬)'의 공통점 차이점은 '절대주의 힌두 문화'와 '실존주
의[충효주의]' 중국 문화의 차이만큼 큰 차이이다.
이 문제는 단순한 '여성' 문제를 넘어 '인간의 현실적인 소유의 문제' 핵심 사항이니, 신중(愼重)한
접근이 필요하다. 이 문제는 '개별 실존의 실현'에 직결이 되어 있으니, 소위 '절대 신'을 지향하는
존재들이 '무소유' '독신(獨身)'을 당연시하는 것은 역시 힌두(Hindu) 바라문의 기본자세[금욕주의
출발점]이기도 하다.[제68장]

④ 유비와 도겸(陶謙) -"제3권 도겸(陶謙)이 세 번이나 서주(徐州)를 유비에게 주려하다.(第三卷
-陶恭祖三讓徐州)"

(a) '마하바라타(*The Mahabharata*)'의 '유디슈티라(Yudhishthira)의 황제 위 사양[제112장]'은 '크샤트리아의 브라만 족의 귀속'을 명시하는 것으로 역시 '힌두(Hindu)[사제]의 긍지'를 명시하는 것이고, 그들의 '정신 승리'를 명시한 '인류의 향한 가르침'이다.

(b) 그 '황제 사양 문제'를, 먼저 장주(莊周)가 '요(堯)와 소부(巢父) 문답'으로 중국의 현실주의 입장에서 고려하였다.

(c) 그런데 나관중(羅貫中)은 그 문제를 잠시 '도겸(陶謙)과 서주(徐州)와 유비(劉備)' 이야기에 적용하였다. 그래서 그 '유비(劉備)의 착함'을 드러내고 조조의 '간특함'을 상대적으로 크게 부각에 성공을 했다.

(d) 그러한 상세한 사실이 기존 기록에 다 있는 것이 아니라는 점에 역시 그 '마하바라타(*The Mahabharata*)'를 학습한 결과이다. '도겸(陶謙)'은 '비라타(Virata) 왕'과 유사하다.[제69장]

⑤ **손책과 태사자** -"제3권 손책(孫策)과 태사자(太史慈)가 크게 싸우다.(第三卷 孫策大戰太史慈)"

(a) '연의(演義)'를 읽은 독자는 이 '손책(孫策)과 태사자(太史慈) 대결'에 놀라지 않을 수 없으나, 역시 '마하바라타(*The Mahabharata*)'의 아르주나(Arjuna)와 시바(Shiva) 신의 대결을 보고 다시 놀라게 된다.[제52장]

(b) '마하바라타(*The Mahabharata*)'에서 '무사들의 만남'은 그 '인사(人事)가 싸움'이다. 우선 '우열(優劣)' '선후(先後)'의 자리와 순서를 정해야 했기 때문이다.

(c) '마하바라타(*The Mahabharata*)'의 최고의 영웅 아르주나(Arjuna)와 시바(Shiva) 신은 '목숨을 다 던져버린 크샤트리아의 모범' 전투였다.

(d) '연의(演義)'에서 태사자(太史慈)는 주유(周瑜)와 더불어 손책(孫策)을 도와 오(吳)나라를 세운 명장이다. 실제 사실에 기초한 나관중(羅貫中)의 기록을 그대로 인정하더라도, '마하바라타(*The Mahabharata*)'의 표현 수법은 역시 손색이 없는 **아르주나(Arnjuna)의 크샤트리아 정신의 실천**이라는 독자적인 영역으로 온전하게 항상 그대로 있을 것이다.

⑥ **오관참장(五關斬將)** -"제6권 관우가 유비를 찾아 홀로 다섯 관문을 통과하다.(第六卷 美髥公千里走單騎))

(a) 나관중(羅貫中)의 '연의(演義)'를 잠깐 들었던 사람이 '마하바라타(*The Mahabharata*)'를 읽으면 금방 '크리슈나(Krishna)' '유디슈티라(Yudhishthira)' '비마(Bhima)' '아르주나(Arjuna)'를, '제갈양(諸葛亮)' '유비(劉備)' '장비(張飛)' '관우(關羽)'의 등식을 쉽게 짐작하게 되어 있다.

(b) 그런데 더욱 구체적으로 따져보면 '관우의 가장 흥미로운 무용담'이 그 '아르주나(Arjuna) 이야기'

와 관련이 되어 있다.

(c) 관우(關羽)가 형님 유비를 찾아서 조조와 작별을 하고 소위 '오관참장(五關斬將, 다섯 관문의 수장을 죽이고 통과함)'을 행하고 황하(黃河)에 이르렀다는 것은 그 관우의 '충절' '용맹'을 과시한 '연의(演義)'의 최고 명장면(名場面)이라 할 수 있다. 그에 앞서 '마하바라타(*The Mahabharata*)'에는 최고의 무사 아르주나는 자신과 절친한 크리슈나의 누이 수바드라 사이에서 태어난 아들 아비마뉴가 적진 중에서 무참히 살해된 것을 알고 원흉 자야드라타(Jayadratha)을 '단 하루 동안에 잡겠다.'는 맹세를 했다. 수천만의 군중(軍中) 속에 '두르마르샤나' '두사사나' '드로나' '크리타바르만' '스르루타유다' '두료다나' 대장들의 저지를 물리치고 목적 달성을 해냈다는 아르주나의 무용담[제107장]을 나관중(羅貫中)은 '통속연의'에서 바로 관우의 충절과 용맹 입증으로 활용하였다.

(d) '통속연의(通俗演義)'의 중국 식 '충절(忠節)'과 '마하바라타(*The Mahabharata*)'의 '절대신'과의 동행(同行)은 근본적인 그 도착점이 확실하게 다르지만, **관우(關羽)와 아르주나(Arjuna)는 '맹세한 바'를 자신의 '용기와 무력'으로 깨끗이 입증했다**는 측면에서 함께 '명장면(名場面)'을 이루었다.

(e) 중국(中國)의 '실존주의'와 힌두와 서구(西歐)의 '절대주의'는 '세계철학사'의 양대(兩大) 기둥이면서 모든 인간이 크게 의지를 해 온 신념(信念)의 양극이다.

(f) '실존주의'와 '절대주의'는 아직도 서로를 부정하며 '홀로 온전함'을 과시하고 있는 형편이나, **모든 인간이 사실상 이 두 가지 사상을 벗어날 수 없는 것이 '과학주의' '동시주의(同時主義, Simultainism)'이다.**

(g) 즉 '실존주의'를 버리면 '생각할 바탕[근거]'을 상실하고, '절대주의'를 버리면 '실존의 지향점'을 버리게 되어 그 '실존'에 욕을 먹이게 된다. **중국(中國)의 '실존주의'의 위기는 '진시황의 폭정'이었고, 서구(西歐)의 '절대주의'가 만들어낸 한계점이 '제1차, 제2차 세계대전'이다.**

⑦ **장비 고함 소리** -"제9권 장비가 장판교에서 조조 군사에게 호령을 하다.(第九卷 張翼德據水斷橋)"

⎯⎯⎯⎯✦

(a) '연의(演義)'에 '장비(張飛)'는 관우의 용맹과 지성에는 못 미치나 '솔직함' '직선적인 성격'이 여러 독자의 마음을 잡고 있다. 보통 '연의(演義)'에서 '장비(張飛)'의 성격은 '쾌활한 사람의 통쾌한 말(快人快語)'라고 하여 '실존주의 확신 자'로 부각이 되어 있다.

(b) '마하바라타(*The Mahabharata*)'에서 '아르주나(Arjuna)'는 '천신(天神)'과 가까움에 대해 '비마(Bhima)'는 '원숭이 사람' 하누만(Hanuman)이 그 형님으로 제시되었다.[제56장]

(c) 그런데 '비마(Bhima)'는 코끼리들을 능가한 힘에 '천둥 같은 고함'이 큰 특징인데, 역시 그 성격을 나관중은 '장판교에서 조조 군사들에게 호령을 한 장비(張飛)'로 정착을 시켜 명성을 얻고 있다.

⑧ **제갈양(諸葛亮)의 설전(舌戰)** -"제9권 제갈양(諸葛亮)이 오(吳)나라 선비들과 설전(舌戰)을 펼치다.(第九卷 諸葛亮舌戰群儒)"

(a) 나관중의 '연의(演義)'의 출발점은 제갈양(諸葛亮)의 '출사표(出師表)'이고 그것을 토대로 '충효 소설'로 사상적 지향점을 명시하고 있는데, 유비가 행했다는 '삼고초려(三顧草廬)'는 이 '출사표(出師表)'에도 명시가 되었으니, 그가 역시 나관중의 '연의(演義)'의 주인공일 수밖에 없다.

(b) 그런데 '마하바라타(The Mahabharata)'는 '크리슈나(Krishna)' '천상(天上)의 절대신'이 인간 속에 거주하며 그 '쿠루크셰트라 전쟁'을 주도하여 완전 승리를 거두게 했다는 것이다.

(c) 물론 그 '크리슈나(Krishna)'와 '제갈양(諸葛亮)'의 차이점이, '힌두 서구 문화'와 '중국 문화'를 구분해 주고 있는 '종교적 사상적 문학적 초점'이다. 구체적인 '성현'으로 분류를 해보면 '크리슈나(Krishna)'로 대표되는 존재는 '불타' '소크라테스' '예수'이고, '제갈양(諸葛亮)'과 동행한 현인은 '기자(箕子)' '공자' '사마천'이다.

(d) '마하바라타(The Mahabharata)'에서 '크리슈나(Krishna)'는 '심판자' '전쟁 독려 자' '평화주의자'의 다양한 면모를 보이면서도 역시 자기를 믿고 신뢰하는 '판다바 형제들'을 위해 사실상의 적굴(賊窟) 하스티나푸라로 직행하여 드리타라슈트라들에게 '판두 형제들과의 약속을 이행하라.'고 웅변으로 말하였다.[제76장]

(e) 나관중(羅貫中)은 '연의(演義)'에서 자신의 '충효(忠孝) 사상'에 대한 논리를 그 '제갈양(諸葛亮)'의 입을 통해 '전쟁을 무서워하는 오(吳)나라 선비들'을 질타하였다. 그러며 '유비의 삼고초려(三顧草廬)'를 비웃는 '오나라 선비들의 충효 정신'을 일깨우며 유리한 지역적 군사적 위치에 있으면서도 '조조와 화해하려는 썩은 정신'에 '불의 타협보다 오히려 죽음을 택하는 유비(劉備)의 정의(正義)와 충절'을 드높게 칭송했다.

(f) 이처럼 나관중(羅貫中)이 '연의(演義)'에서 과시한 '제갈양(諸葛亮)의 웅변'은 '마하바라타(The Mahabharata)'에서 '크리슈나(Krishna) 웅변'과 상통하고 있다.

⑨ **영토 확보 전** -"제11권 마양(馬良)의 헌계(獻計)로 영릉(零陵) 계양(桂陽) 무릉(武陵)을 취하다.(第十一卷 趙子龍智取桂陽)"

(a) '마하바라타(The Mahabharata)'에서 모처럼 '부왕(父王-판두)의 지분(支分)'을 확보한 유디슈티라는 천하의 패자(霸者)가 행할 수 있는 '라자수야 대제(大祭)'을 소원하니, 크리슈나는 그를 위해 먼저 강자 '자라산다'를 잡아 주었다.[제43장]

(b) 그런 다음에 유디슈티라의 아우 4형제는 힌두(Hindu)의 전영역의 정복에 나서 '최고의 공물(貢物)'을 확보하여 그 소망의 '라자수야 대제(大祭)'를 성공적으로 수행을 하였다.[제44장]

(c) '연의(演義)'에서 나관중은 그동안 조조에게 비참할 정도로 쫓겨 다니다가, 모처럼 '적벽대전(赤壁大戰)'에서 크게 이기고 바로 그 다음에 시작했다는 것이 '영릉(零陵) 계양(桂陽) 무릉(武陵) 장사(長沙) 취하기'였는데, 조운 장비 관우가 차래로 등장하여 성공적으로 정복을 단행했다고 서술을 하였다.

(d) 물론 나관중의 '연의(演義)'에는 일단 '사실[史實, 事實]에 의거한 이야기'라 할지라도 그 '쟁점 부각 방법'이나 '전개 방식'이 완전히 '판다바 형제들의 세상 평정'[제44회] 그대로이다.

⑩ **동작대(銅雀臺) 활쏘기 대회** -"제12권 조조가 동작대(銅雀臺)에서 잔치를 열다.(第十二卷 曹操大宴銅雀臺)"

(a) '마하바라타(*The Mahabharata*)' 이야기에서 무대책으로 추방된 형제들에게 드루파다(Drupada) 왕이 개최한 '딸의 남편 고르기 대회'에서 '아르주나가 발휘한 활솜씨'는 그야말로 '영웅' 자질을 자랑한 통쾌한 승리였는데, 나관중을 이를 모처럼 영주(領主, 서주 태수)가 되었으나 원술의 미움을 사 곤경에 처한 유비 3형제를 여포(呂布)가 '특유의 활솜씨'로 구해냈다는 것으로 1차 써먹었다. [제4권 여포가 원문에서 창끝을 쏘다(第四卷 呂奉先轅門射戟)]

(b) 그러나 공식적인 '활쏘기 대회'는 '동작대(銅雀臺) 武藝 잔치'이니, 이러한 '활쏘기 이야기'는 중국 문헌 어디에도 없는 것으로 나관중의 '마하바라타(*The Mahabharata*)' 원용의 사례(事例)이다.

⑪ **방덕(龐德)의 결사전** -"제15권 방덕(龐德)이 관을 준비하게 하여 관우(關羽)와 결사전을 펼치다.(第十五卷 龐德擡櫬戰關公)"

(a) 나관중(羅貫中)의 '연의(演義)'에서 역시 독자들을 놀라게 한 것은 '방덕(龐德)이 관을 들려 관우(關羽)와 결사전'을 펼쳤다는 장면이다. '연의(演義)'에서 '방덕(龐德)'은 촉(蜀)의 마초(馬超)와 가까운 맹장(猛將)으로 조조에게 항복을 했던 존재로 부각이 되어 있다. 관우(關羽)는 결국 '방덕(龐德)'을 생포했으나, 연이은 전투에 힘이 약해져 '최후의 순간'으로 접어든다는 것이 '연의(演義)'의 서술이다.

(b) 그런데 '마하바라타(*The Mahabharata*)'에도 아르주나(Arjuna)에 대해 목숨을 걸고 사생 결판을 내겠다는 '결사대'가 있었다.[제105장]

⑫ **복파장군(伏波將軍)에의 제사** -"제18권 제갈양(諸葛亮)의 꿈에 복파장군 마원(馬援)이 나타나 사당에 제사를 올리다.(第十八卷 諸葛亮六擒孟獲)"

(a) 나관중(羅貫中)의 '연의(演義)'에서 '제사(祭祀)'를 올려 큰 행운을 잡았다는 예는 '손씨(孫氏) 일가(一家)' 손견(孫堅)은 동탁이 불 지르고 떠나버린 낙양(洛陽)에 궁궐을 정리하고 '제사(祭祀)'를 올리고 '천자의 옥새(玉璽)'를 얻었다고 했고, 그 아들 손책(孫策)은 광무제(光武帝) 사당에 제사를 올리고 '강동(江東)'을 차지하게 되었다는 것이다.

(b) 그런데 '제사(祭祀)'를 '인간들의 의무'로 강조한 '크리슈나(Krishna)', 그 제사의 수용자인 절대신 '크리슈나(Krishna)'도 전투에 어려울 때 역시 '제사'를 올렸고, 궁지에 몰린 아스와타만도 '제사'를 올려 마지막 복수의 기회를 잡았다는 것이다.[힌두의 '제사 만능주의']

(c) 그런데 '칠종칠금(七縱七擒)의 신화적 전투 기록'을 보였다는 제갈양(諸葛亮)의 행적에도 '제사'를

올렸다는 기록을 두었다.

⑬ **목록대왕(木鹿大王)의 요술(妖術)** -"제18권 제갈양(諸葛亮)이 요술(妖術)을 부린 목록대왕(木鹿大王)을 요술(妖術)로 물리치다.(第十八卷 諸葛亮七擒孟獲)"

_____✈

(a) 소위 '괴력난신(怪力亂神) 이야기'를 금기로 내세운 '공자[중국] 문명' 속에, 그리고 그 이념의 실천자의 표준으로 삼은 '제갈양(諸葛亮)의 행적' 속에 이른바 '요술(妖術)'을 동원한 '연의(演義)' 작가 나관중(羅貫中)은 틀림없이 그 '마하바라타(*The Mahabharata*)'를 영향 속에 있었던 점을 도저히 부정할 수 없을 정도로 명시하는 부분이 바로 그 '제갈양(諸葛亮)의 요술(妖術)'이, 역시 요술(妖術)쟁이 목록대왕(木鹿大王)'을 이겼다는 내용이다.

(b) 누구나 인간이 '어느 인물 찬양에 심취하다보면' 그를 '절대자 위치'로 끌어 올리게 되는 허점에 들게 마련이다. '연의(演義)' 작가 나관중(羅貫中)이 '제갈양(諸葛亮) 칭송 결과가 빚은 실수가 바로 '요술(妖術)쟁이 목록대왕(木鹿大王) 퇴치 이야기'이다.

⑭ **조운의 무사(武士) 정신** -"제19권 중원(中原) 정벌에 나서는 제갈양(諸葛亮)이 조운(趙雲)을 이제 그만 [나이 들었으니]쉬게 하자고 하니, 조운(趙雲)은 '대장부가 전쟁터에 죽은 것은 행복'이라고 굳이 선봉(先鋒)을 자원했다.(第十九卷 孔明初上出師表)"

_____✈

(a) 나관중(羅貫中)의 '연의(演義)'에서 조운(趙雲)처럼 '불패의 영웅주의'를 과시한 무사는 없다.

(b) 나관중(羅貫中)은 '마하바라타(*The Mahabharata*)'에서 '절대 신의 복종[제사]' 다음으로 강조된 그 '크샤트리아의 의무' 문제를 온통 이 '조운(趙雲)'으로 명시하였는데, 원래 '크리슈나(Krishna)'가 '아르주나'에 명시했던 '크샤트리아의 의무'를 '조운(趙雲)'의 입을 통해 명시하게 했다.

⑮ **종회(鍾會) 강유(姜維) 등애(鄧艾)의 죽음** -"제24권 강유(姜維)는 자기도 모르는 사이에 성도(成都)가 함락 당하니 종회(鍾會)에게 거짓 항복을 하고 먼저 등애(鄧艾)를 잡고 결국 등애(鄧艾) 종회(鍾會) 강유(姜維)가 모두 죽음을 맞았다.(第二十四卷 姜維一計害三賢)"

_____✈

(a) 힌두의 '마하바라타(*The Mahabharata*)'에서 역시 놀라운 점은 '무사들의 대량(大量) 죽음'이니, '아스와타만의 결의'[제110장]와 '드와라카의 함몰'[116장]이 그것이다.

(b) '연의(演義)' 작가 나관중(羅貫中)은 '충절의 고향' '제갈양(諸葛亮)의 나라' '촉(蜀)나라 성도(成都)의 함락'을, 마지막 '촉나라 정벌하러 파견된 등애(鄧艾) 종회(鍾會)를 이끌어 그들과 함께 죽은 강유(姜維)의 죽음'으로 그 끝을 장식했다.

5) '수호전(水滸傳)' Ⅰ-'송사(宋史)'

'수호전(水滸傳)'은 '삼국지연의'와 더불어 중국 사상사에 양대(兩大) 산맥을 이루고 있다. 역시 그 힌두(Hindu)의 '마하바라타(*The Mahabharata*)'의 영향을 그대로 수용한 것인데, 그 이야기의 발단(發端)은 '송사(宋史)'와 '대송선화유사(大宋宣和遺事)' '수호전(水滸傳)'의 상호 관련 자료들의 조합으로 그 구체적인 사항들을 확인할 필요가 있다.['문화 사상'의 상충과 대립과 경과의 이해에 필수적인 사항임]

① 송강(宋江)과 장숙야(張叔夜) -"휘종(徽宗) 선화(宣和) 3년, ...회남(淮南) 도적 송강(宋江) 등이 회양군(淮陽軍)을 침범(侵犯)하여 장군을 보내 체포했고, 또 다시 경동(京東)과 강북(江北)을 범해서 초(楚) 해주(海州)로 들어가 지주(知州) 장숙야(張叔夜)에게 명령을 내려 불러 항복하게 했다.[宋史, 22권]"[20]

"송강(宋江)이 하삭(河朔)에서 일어나 십군(十郡)을 차지하여 관군이 그 창봉(槍棒)을 당할 수가 없었는데, 소문에 도적들이 해주(海州)에 이를 것이라고 하여 장숙야(張叔夜)가 첩자(諜者)를 시켜 도적들의 향방을 알아보게 했더니, 도적들이 바다 가를 따라가 큰 배 10여척을 빼앗아 노획(鹵獲) 물을 싣고 탈출하려 한다는 것이었다. 이에 결사대 1천 명을 모아 성 가까이 매복시켜 놓고 빠른 병사들을 동원 바다쪽을 막는 전술을 펴며 이미 감추어 두었던 병사와 합세해서 불로 그 배들을 불살라버렸다. 그래서 도적들이 싸울 생각들이 없어졌는데 이에 복병(伏兵)들이 그 기회를 타 나머지 적들을 잡았더니 송강(宋江)도 항복을 하였다.[宋史, 354권]"[21]

_____→

(a) '수호전(水滸傳)'은 도둑 '송강(宋江)'과 그를 따른 '108명 영웅들의 이야기'로 되어 있는데, 중국(中國) 송(宋)나라 휘종(徽宗) 때의 사건을 배경으로 했다고 하나 사실상 실제 '사실'에 명목(名目)을 취했을 뿐인데, 위에서는 '도둑 宋江(송강)'이 천자의 부름으로 '항복'을 했다는 기록으로 일단 그 '수호전(水滸傳)'의 명색을 유지했다.

(b) 그리고 '송강(宋江)이 하삭(河朔)에서 일어나 십군(十郡)을 차지하여 관군이 그 창봉(槍棒)을 당할 수가 없었다.'는 진술은 역시 자칫 하면 새로운 왕조의 황제가 될 수 있었다는 의미를 지니고 있다. 사실상 중국(中國)은 '공자' '사마천'의 '현실주의'가 지배하여 어떤 사람[種族]이건 일단 그 영토를 지배하는 자를 최고 통치자로 긍정을 하는 주의였다.

(c) 그런데 '송강(宋江)'의 경우는 일단 도둑의 우두머리였다가 뒤에 '항복[귀순]'을 했다는 색다른 경우였다.

---

20) 施耐庵 撰, (足本) 水滸傳, (臺北) 世界書局, 2011, p. 4 '水滸傳考' 再引
21) 施耐庵 撰, (足本) 水滸傳, (臺北) 世界書局, 2011, p. 4 '水滸傳考' 再引

② **주면(朱勔)의 화석강(花石綱)** -"주면(朱勔)은 소주(蘇州) 사람이다. 아비는 주충(朱沖)이었는데 교활하고 지모(智謀)가 있었다. 원래 집안이 보잘 것이 없어서 사람에게 고용(雇用)이 되었으나, 성격이 억세고 순종하지 않아 등에 매질을 당하는 죄를 받은 적이 있었고, 이웃 마을로 구걸을 해야 할 형편이었다. 그런데 우연히 이인(異人)을 만나 돈과 방서(方書, 道家의 책)를 얻었다. 다시 고향으로 돌아와 약방(藥房)을 차렸는데, 약을 먹은 사람들이 즉시 효험을 얻었다. 사람들이 몰려와 집안이 부유하게 되었고, 곡식과 채소의 모종밭을 운영하여 떠돌이들과 사귀어 명성을 얻었다.

채경(蔡京)은 전당(錢塘)에 살고 있었는데, 소주(蘇州)를 지나다가 승려들의 사원(寺院)을 짓고 싶었으나, 건립비용이 거만(鉅萬, 만의 만)이었다. 승려들이 말하기를 '주충(朱沖)이 아니면 감당을 못 할 겁니다.' 채경(蔡京)이 군수(郡守)에게 부탁하여 군수가 주충(朱沖)을 불러 채경(蔡京)이 만나 그에게 사정 이야기를 하니 주충(朱沖)은 그 비용을 혼자 감당하겠다고 했다. 며칠 말미를 갖고 채경(蔡京)에게 사원 세울 장소를 물색하게 하여 금방 큰 나무 수천 그루를 뜰아래 쌓았다. 채경(蔡京)이 크게 놀라 그 주충(朱沖)의 그릇을 알아보고 그 주충(朱沖)과 아들 주면(朱勔)을 동관(童貫, 군 사령관) 소속의 군인 명부에 끼워 넣어 함께 벼슬을 하도록 주선을 했다.

휘종(徽宗)이 화석(花石, 꽃과 돌)에 관심을 보이니, 채경(蔡京)은 이듬해 주면(朱勔)을 불러 주충(朱沖)에게 그 사실을 알리니, 주충(朱沖)은 절강(浙江)의 진기한 화석(花石)을 구해다가 휘종(徽宗)에게 바쳤다. 처음에는 회양목[黃楊] 세 그루를 바치니 휘종(徽宗)이 칭찬을 했다. 뒤에는 해마다 2~3번 바치는 공물(貢物)의 품목이 57에 이르렀다. **정화(政和, 1111~1117)년 간에는 극성을 이루어 회수(淮水)와 변수(汴水)에 배들이 꼬리를 이었으니, 일컫기를 '화석강(花石綱)'이라 했다.** 소주(蘇州)에다가 공물(貢物) 집합 장소를 두고 황제의 내탕금(內帑金, 개인 돈)을 자기 호주머니 돈처럼 썼으니 수백만금에 이르렀다. 휘종(徽宗)은 연복궁(延福宮)에 간악(艮嶽)을 만들고 기이한 화초 식물로 가득 채웠다. 휘종(徽宗)이 주면(朱勔)을 방어사(防禦使)로 발탁하니 [송나라] 동남부의 자사(刺史) 군수(郡守) 여러 사람이 그 문하에 배출이 되었다.

서주(徐鑄) 응안도(應安道) 왕중굉(王仲閎) 등이 앞장을 서서 현관(縣官)들이 공물(貢物)을 감당하게 하여 크게 백성들에게서 앗아갔으니, 털끝만한 것도 사지[구매]하지 않은 것이 없었다. 백성들도 돌이나 나무 감상을 좋아하게 되었다. 그럴 경우 건장한 병사를 시켜 황봉(黃封)표지를 이용하여 즉시 빼앗고, 그렇지 못 할 경우는 지키게 했다가 조금이라도 불손하면 불공(不恭)죄로 다스리고 집과 담을 부수고라도 그것들을 취해 갔다. 그래서 사람들이 조금이라도 이상한 물건을 보면 '재수 없는 것'이라고 손가락질을 했고, 빨리 없애지 못 한 것을 무서워했다.

일찍이 태호(太湖)에서 돌 하나를 얻었는데, 높이가 4장(丈)이었다. 그 돌을 큰 배에 싣고 인부가 수천 명이 동원 되어 여러 고을을 지나가며 수문(水門)과 교량(橋梁)이 부서지고 성곽을 뚫고 지나가 서울에 도착하니 휘종(徽宗)은 그 돌에게 '신운소공석(神運昭功石)'이란 명칭을 하사했다. 먹고 사는 도로들이 잘려나갔고, 상인들의 배에 공물(貢物)-황제에게 바치는 물건을 실어 뱃사공도 기세

등등하니, 사람들은 눈으로 서로 볼 뿐이었다. 병사들이 공물(貢物) 운반 인부들을 지휘를 해도 오히려 병사가 부족할 정도였다. 이에 채경(蔡京)이 걱정을 하게 되었다. 그래서 조용히 휘종(徽宗)에게 그 극심한 자를 말리도록 말했더니, 휘종(徽宗)은 식량 운반선(船)을 못 쓰게 하고 개인 소유를 빼앗거나 사는 집의 훼손을 못 하게 하는 등 열 가지 사항을 금지하는 칙령을 내렸다. 그리고 주면(朱勔)과 채유(蔡攸) 등 6인의 공물만 인정하고 나머지 다 폐지하였다. 이로부터 주면(朱勔)의 수탈은 적어졌다.

그러나 사태는 이미 심각해져서 소주(蘇州)에 손노교(孫老橋)는 황제의 명령이라고 하여 다리 동쪽을 매입하고 황제가 자기에게 내렸다고 하여 수백 가구를 5일 이내에 이사를 가게 하여 고을 아전들이 강제 집행을 하니 백성들은 도로에 내몰려 울부짖었다. 그리하여 **신소전(神霄殿)을 세우고 청화제군(靑華帝君) 상(像)을 그 속에 모시어 초하루와 보름에 감사(監司) 도읍리(都邑吏)들이 예배를 올리게 했다.** 선비가 찾아오면 먼저 예배를 올리고 그런 다음에 자사(刺史)를 통해 주면(朱勔)에게 말하도록 했다. 그리고 조림(趙霖)을 시켜 36 포구(浦溆)를 개설했는데 세울 때마다 크게 성공을 했으나, 큰 추위가 몰려와 인부들이 죽어 나갔으나 조림(趙霖)은 오직 주면(朱勔)에게 잘 보이려고 더욱 혹독하게 인부들을 다루어 오월(吳越) 지방에 사람들은 고통을 견디지 못 했다. 휘주(徽州)에 노종원(盧宗原)은 전고(錢庫)가 바닥이 났으나 주면(朱勔)의 일에 열성을 내어 주면(朱勔)의 동산과 연못이 궁궐 같았고, 의복, 장식 수레가 황제 같았고, 공물(貢物) 운송을 빙자하여 군사 수천 명을 모아 자신을 옹위하게 했다. 주면(朱勔)의 여현(汝賢)은 지방 관리를 불러 턱으로 가리키고 눈으로 포섭을 하니 모두 달려가 그 명령을 받으니 이러한 민폐가 20년 계속되었다.

방랍(方臘)이 '주면(朱勔)을 잡겠다.'는 명목으로 반란을 일으키니, 동관(童貫, 군 사령관)이 군사를 발동시켰다. 휘종(徽宗)은 꽃나무 바치는 것을 폐지하고 주면(朱勔) 부자(父子)와 아우 조카를 벼슬에서 추방시키니 백성들이 다 좋아 했다. 그래서 그 방랍(方臘)의 반란이 평정이 되니, 주면(朱勔)은 다시 휘종(徽宗)의 뜻을 얻어 그 명성이 치솟았다. 미천한 사람들은 문 앞에서 시중들기를 기다렸고, 직비각(直秘閣)에서 전학사(殿學士)까지 만나기를 원했고, 맘에 들지 않은 사람들은 발길을 돌렸다. 그래서 당시 사람들은 '동남(東南)에 소조정(小朝庭)이 있다'고 말할 정도였다. 휘종(徽宗)의 말년에는 주면(朱勔)을 더욱 가까이 하고 신임하여, 궁중에 지내며 황제의 뜻을 전달했고 수주(隨州) 관찰사 경원군(慶遠軍) 승선사(承宣使)를 역임했고, 연산(燕山)의 공(功)을 천자께 아뢰고, 영원군(寧遠軍) 절도사 예천관(醴泉觀)사를 추천 임명되게 했고, 온 집안이 모두 벼슬을 하여 세상 사람들이 모두 그에게 분노하였다.

정강(靖康, 欽宗) 때의 난리에, 주면(朱勔)이 계책을 내어 천자를 모시고 남쪽으로 가 자신의 집에 모시려 했다. 흠종(欽宗)이 어사(御史)의 말을 들어 주면(朱勔)을 고향으로 돌아가게 하고 그 주면(朱勔)의 추천을 받은 관리들을 다 파면시키고, 그의 전 재산을 몰수하고 사신을 보내 그를 목 베었다."[22]

(a) '송사(宋史)'의 기록재[계관시인]는 물론 공자(孔子)와 사마천(司馬遷)을 제대로 학습한 '현실주의' '실존주의'를 표방한 당대[元代]의 최고 지식인들이었다.

(b) 그 '송사(宋史)'에서 인물 '주면(朱勔)'을 살피는 일은 기본 사항인데, 그가 대 혼란의 휘종(徽宗) 시대에 문제의 '화석강(花石綱)'을 운영하여 '천하 대란(大亂)'의 불씨를 키웠기 때문이다.

(c) 그런데 그 '송사(宋史)'를 기록한 유교주의자들은 그 '주면(朱勔)'을 '아부하여 황제의 총애를 받은 사람[佞幸]' 부류에 포함시켜 위와 같은 구체적인 사건을 제시했다.

(d) 그 '화석강(花石綱)' 인부 속에 '수호전(水滸傳)'의 주요인물들이 포함이 되었었다고 '대송선화유사(大宋宣和遺事)' 작가는 거기에 부연을 했다.

(e) 그런데 위의 '주면(朱勔)' 이야기 중에 우리가 주목을 해야 할 사항은 그 '주면(朱勔)'이 바로 '신소전(神霄殿)'을 세우고 청화제군(靑華帝君) 상(像)을 그 속에 모시어 초하루와 보름에 감사(監司) 도읍리(都邑吏)들이 예배를 올리게 했다.'는 지적이다.

(f) 이것은 '주면(朱勔)' 자신이 이미 그 힌두(Hindu) '마하바라타(*The Mahabharata*)' '절대신 숭배'에 깊이 들어가 있었고, 그것을 포교하는 입장에 있었던 점이다. 그리고 '주면(朱勔)'의 아비 주충(朱沖)이 '이인(異人)'을 만나 돈과 방서(方書, 道家의 책)를 얻었다.'는 진술은 일차적으로 중국의 '도가(道家)'류로 집안을 분류한 것이지만, 앞서 살폈듯이 중국 도가(道家)의 기원은 힌두의 '마하바라타(*The Mahabharata*)' '절대신 숭배'이니, 그 사상적 대립은 결국 '<u>유교의 현실주의</u>'와 '<u>힌두의 절대주의</u>' 양대(兩大) 사상으로 수렴이 된다.

(g) 그런데 이후에도 중국에서는 역대 '역대 크샤트리아[집권한 武士]'들은 '공자를 존중한 시인들'을 무시할 수 없고 그들과 연합을 해야 했다. 왜냐 하면 그들[武士]의 평생 기록은 역시 '유교적 현실주의자들 손'에 맡겨질 운명이었기 때문이다.

(h) 그런데 그 '유교적 현실주의재[계관시인]들의 말'인 그 '송사(宋史)'에서는 그 '주면(朱勔)'을 '세상 화란(禍亂)의 근본'으로 저주를 행했다.

(i) 그런데 '집권[천하통일]'까지는 사실상 '어떤 수단을 쓰던' 상관이 없으나, 일단 천자(황제)가 되어 그 아들에게 자리를 넘겨줄 때에는 최소한 '유교적 현실 도덕주의'를 긍정해 한다는 점이 역시 중대한 교훈이다.['진시황제의 횡포'가 남긴 교훈]

(j) 위의 기록으로 보아 문제의 '주면(朱勔)'은 '마하바라타(*The Mahabharata*)' 식 '절대신 숭배자'로서 독특한 그의 '경영술'로 휘종 당대를 풍미한 존재였다.

(k) 힌두(Hindu)들도 '바라문' 계급의 형성에 맘대로 가입을 할 수 없는 엄청난 방벽을 두었지만, 중국(中國)의 '계관시인' 자격 획득에도 힌두(Hindu)들도 '바라문 계급 입사(入社)'만큼이나 까다로운 조것이 기다리고 있었으니, 우선 구비해야 할 조건이 (a) '뛰어난 글[말]재주'에 (b) 엄정한 '역사적 판결기준'과 아울러 (c) '현재[기록 당대]의 황제'에 맘에 들어야 한다는 조건이 기다리고 있으니, 특히 (b) (c) 항은 겹치기가 어려운 모순된 상황이기도 했다.

③ **방랍(方臘)의 반란** -"방랍(方臘)은 목주(睦州) 청계(靑溪) 사람이다. 대대로 알촌현(堨村縣)에 살았는데, '<u>비뚤어진 방법[左道]</u>'로 여러 사람들을 현혹(眩惑)하게 했다. 처음 당(唐) 영휘(永徽,

---

22) (元) 脫脫 等撰, 宋史, 中華書局, 1985, pp. 13684~13686 '佞幸' - '朱勔'

650~655) 년간에 목주(睦州) 여인(女人) 진석진(陳碩眞)이 반란을 일으켜 자칭 '문가황제(文佳皇帝)'라고 하여 그곳은 천자(天子)의 기틀인 만년루(萬年樓)가 있다고 전해 왔는데, 방랍(方臘)은 그것을 빙자한 논리로 자기 스스로 그것을 믿었다. 그 알촌현(堨村縣)은 재동현(梓桐縣)과 방원현(幫源縣)에 연이어 산골 깊이 자리잡아 사람과 물자가 풍부했고, 부자 상인들의 왕래가 많았다.

오나라 지방은 주면(朱勔)의 '화석강(花石綱)' 운영으로 괴로움을 겪어서 집집마다 원망이 쌓여 있는 판에 방랍(方臘)은 백성들이 괴로워하는 것을 보고 가만히 가난하고 할 일 없는 사람들을 모아 무리를 이루었다. 선화(宣和) 2년 10월 방랍(方臘)이 반란을 일으키니, 자칭 '성공(聖公)'이라 일컫고 연호를 '영락(永樂)'이라 하고 관리와 장수를 두고 두건(頭巾)으로 무리를 구분하였는데, 홍건(紅巾)부터 여섯 개 등급을 두었다. 활과 화살, 갑옷과 투구가 없어도 오직 귀신의 속임수로 선동하여 사는 집을 불 지르고 금품과 자녀를 약탈하고 양민을 위협하여 반란 군사에 편입을 시켰다. 태평하게 전쟁을 모르고 살던 사람들이 북소리 징 소리를 듣고 두 손을 모으고 반군의 명령에 따라 10일 못 되어 반란군이 수만 명이 되었다. 식갱(息坑)에서 채준(蔡遵)을 격파하여 죽이고, 11월에는 청계(青溪)를 함락 시키고 12월에는 목주(睦州) 흡주(歙州)를 함락시키고 남으로 구주(衢州)를 함락시키고 군수 팽여방(彭女方)을 죽이고 북으로 신성(新城) 동여(桐廬) 부양(富陽)을 약탈하고 항주(杭州)로 진격하여 위협하니, 군수가 도망을 쳐서 함락되고 제직사(制置使) 진건(陳建)과 염방사(廉訪使) 조약(趙約)을 죽이고 6일 동안 불을 질러 죽은 자는 셀 수도 없었다.

휘종(徽宗)이 크게 놀라 동관(童貫)과 담진(譚稹)을 선무제치사(宣撫制置使)로 삼고 군사 15만을 보내…2월 청하언(淸河堰)에서 수륙(水陸)에서 일제히 공격을 감행하여…4월에 방랍(方臘)은 재동현(梓桐縣) 석굴(石窟)에서 생포되고 도둑 7만이 죽었다."[23]

_____✈

(a) 방랍(方臘)은, 그 '**주면(朱勔)**'의 국정 농간으로 백성들의 불만이 쌓이자 그것을 기회로 '살인과 반란'을 일으킨 대표적 악인(惡人)으로 지목이 되었는데, '**송사(宋史)**'의 기록자는 시기와 장소 인물들의 명칭과 숫자를 제시해 믿을 수 있는 정보로 확보하였다.

(b) 그런데 이러한 기록을 토대로 다시 그 '**대송선화유사(大宋宣和遺事)**'에 변개(變改)가 이루어졌으니, 그 '방랍(方臘) 반란'의 평정(平定) 자가 '**송사(宋史)**'에서는 '동관(童貫)'과 담진(譚稹)'으로 명시되었는데, '선화유사'에서는 그 평정자가 '송강(宋江)'으로 바뀌었다.

(c) 역시 또 하나 빠뜨릴 수 없는 사항이, 그 문제의 '방랍(方臘)'이 "**비뚤어진 방법[左道]로 여러 사람들을 현혹(眩惑)하게 했다.**'는 지적이다

(d) '방랍(方臘)'은 '붉은 두건(紅巾)[태양 숭배]'을 쓴 무리를 이끌었는데 한(漢)나라 말기에 일어난 '황건적(黃巾賊)'은 사실상 '황색 옷을 상용한 크리슈나 존중'과 관련된 것이고, '방랍(方臘)'의 반란'은 그 '절대주의' '신비주의'에 뿌리를 두고 있다는 사실이다.

---

23) (元) 脫脫 等撰, 宋史, 中華書局, 1985, pp. 13659~13660 '宦者 三' '方臘'

(e) 즉 중국의 역대 왕들은 그 '사제(司祭, 계관시인)'를 '유교적 현실주의' 표준으로 양성을 했지만, 서민 대중들 특히 '반(反) 왕조[반정부] 인사들'은 여지없이 모두 그 '절대주의' '마하바라타(The Mahabharata)' 사상을 수용했고 그것을 그 '반란'의 수단으로 삼았다.

③ **양전(楊戩)의 특기(特技)** -"양전(楊戩)은 어릴 적에 궁중(宮中)에서 급사(給使, 잔심부름꾼)로 지내면서 후원(後苑)의 일을 주관하며 윗사람들의 뜻을 잘 헤아려 살피었다. 숭녕(崇寧, 1102~1106)때부터 날마다 총애가 더하여 내시성(內侍省) 입명당(立明堂) 주정내(鑄鼎鼐) 대성부(大晟府) 용덕궁(龍德宮)의 일을 모두 관장 감독하였다.

정화(政和) 4년 창화군(彰化軍) 절도사(節度使)가 되어 그 권세가 양사성(梁師成)과 비등했다."[24]

———→

(a) '윗사람들의 뜻을 잘 헤아려 살피는' **'양전(楊戩)'**의 능력은 **'송사(宋史)'**에서 서술재[개관시인]의 별 호오(好惡) 없이 평서된 셈이나, 이후 **'대송선화유사(大宋宣和遺事)'**에서부터는 엄청난 '반역 사적 부정부패 초점'으로 부상(浮上)했으니, 그것은 **'수호전(水滸傳)'**의 대(大) 간물(奸物) **'고구(高俅)'**와 한패가 되어 휘종(徽宗)의 방탕을 돕는데 앞장을 섰던 사람으로 부각을 시켰다.

(b) 물론 **'대송선화유사(大宋宣和遺事)'**는 이 **'송사(宋史)'**의 서술을 바탕으로 이야기를 만들었으나, 그 방법과 사상은 이미 '마하바라타(The Mahabharata)' '절대신'에 나아가 있었다.

④ **송용신(宋用臣)** -"송용신(宋用臣)의 자(字)는 정경(正卿), 개봉(開封) 사람이다. 사람됨이 생각이 정밀하고, 힘이 억세었다. 신종(神宗) 동서 부(東西府) 서울 성곽을 축조할 때와 상서성(尙書省) 태학(太學) 원묘(原廟)를 건립할 때와 낙수(洛水)를 이끌어 변수(汴水)로 통하게 하는 큰 공사를 다 감독하였고, 성품이 민첩하여 천자의 명령을 전달하며 여러 곳을 방문하였다. 같은 무리들이 벼슬이 오르니, 조정에 염치없는 자들이 송용신(宋用臣)에게 아첨하여 그 권세가 떠들썩했다. 송용신(宋用臣)은 노력 끝에 등주(登州) 방어사(防禦使)가 되었고, 선정사(宣政使) 벼슬이 추가 되었다. 원우(元祐, 1086~1094 哲宗 연간) 초년에 논자(論者)가 그 죄를 따져 황성사(皇城使)로 강등을 당했고 저주(滁州) 태평주(太平州)에 주세(酒稅) 감독으로 귀향 조처 되었다. 원우(元祐) 4년 영선관(靈仙觀)을 주관했고, 소성(紹聖, 1094~1098 철종 연간) 초년에 조정에서 백관(百官)들을 정렬을 시키는데 그 순서와 자리 매김을 하는 압관(押官)으로 불러들였다가 영주(瀛州) 자사(刺史)로 나갔다.

휘종(徽宗)이 즉위하여 채주(蔡州) 관찰사(觀察使)로 옮기었다가 궁중에 부도지(副都知)가 되었고, 영태릉(永泰陵) 묘지기를 하다가 능(陵) 아래서 죽었다. <u>사후(死後)에 안화군(安化軍) 절도사에 추증되었고, 시호(諡號)를 '희민(僖敏)'이라 했다. 그 시호(諡號)를 논할 적에 천자께서 '공은 오래도록 외직에 수고가 하였다.[念公之勞 久徙于外]'라는 것을 생각하여 '광평송공(廣平宋公)'으로 하</u>

---

24) (元) 脫脫 等撰, 宋史, 中華書局, 1985, p. 13664 '宦者 三' '楊戩'

려 했는데, 풍직(豊稷)이 아뢰기를 '공(公)이란 호칭은 덕망 있는 노인을 말하고, 오래도로 외직에 수고 했다는 말은 주공(周公)께 올렸던 말이니, 적절하지 않습니다.'라고 해서 '광평송공(廣平宋公)'이란 시호를 접었는데, 잘한 일이다."[25]

_____✦

(a) '송사(宋史)'에 제시된 이 '송용신(宋用臣)'에 대한 기록은 방대한 전 '송사(宋史)'에 유학자들이 무시하는 환관(宦官) 조(條)에서 불과 몇줄에 불과하지만, 실제 '송용신(宋用臣)'의 공적은 중국 최고의 이상적인 왕조 주(周)나라 주공(周公)에 해당함을 보여주고 있다.

(b) 즉 '송용신(宋用臣)'은 비록 환관으로 궁중에 취직을 해 있었지만, '사람됨이 생각이 정밀하고, 힘이 억세었다. 신종(神宗) 동서 부(東西府) 서울 성곽을 축조할 때와 상서성(尙書省) 태학(太學) 원묘(原廟)를 건립할 때와 낙수(洛水)를 이끌어 변수(汴水)로 통하게 하는 큰 공사를 다 감독하였고, 성품이 민첩하여 천자의 명령을 전달하며 여러 곳을 방문하였다. 같은 무리들이 벼슬이 오르니, 조정에 염치없는 자들이 송용신(宋用臣)에게 아첨하여 그 권세가 떠들썩했다.'는 기록은 실제적인 송(宋)나라 정치적 문화적 기초는 바로 이 '송용신(宋用臣)'에 의해 제대로 정착되었음을 뚜렷이 보여주고 있다.

(c) 그것은 역시 그 환관에게 '시호(諡號)'를 주는 과정에서 명시되었으니, 그 '송용신(宋用臣)'의 평생 행적을 생각하여 바로 '주공(周公) 행적'을 생각했다는 것은, 사실 그 '송용신(宋用臣)'의 송(宋)나라 왕조를 위한 평생 행적이 그 주(周)나라 주공(周公)과 맞먹는 행적이었다는 점이 휘종의 숨김 없는 생각이었다는 점이다.

(d) 그런데 더욱 그 '송용신(宋用臣)'의 행적에 감동을 부르는 것은 그 시호(諡號)를 논한 자리에서 원래 천자의 생각을 반영한 '광평송공(廣平宋公)'이란 시호는 [주공의 행적에 비유되어] 부당하다는 '풍직(豊稷)'의 주장이 수용되었고, '송사(宋史)'를 기록한 사관(史官)도 그 풍직(豊稷)의 논의가 옳다고 거들었다는 점이다.

(e) 원래 중국 문화를 열었다고 할 수 있는 공자(孔子)는 '춘추(春秋)'를 제작할 때 '한 글자'로 왕의 평생 치적을 평가했고, 사실(事實)을 기록할 때는 '담담히 서술하고 조작을 하지 않는다.(述而不作)'이라는 방법을 제시해 놓았고, 사마천(司馬遷)은 그 '사기(史記)'에 그 시호를 줄 때 구체적인 글자 사용법을 미리 정해 놓고 있었는데, 중국의 역대 '계관시인들'은 역시 그 기준을 지켜야 한다고 생각했다.

(f) 그런데 힌두(Hindu)의 '마하바라타(The Mahabharata)' 문화는 '절대신(절대신) 숭배'를 위해서는 못할 말이 없고, '세상에 없는 이야기'를 못 만들 이유가 없었다.

(g) 그래서 '대송선화유사(大宋宣和遺事)' 작자는 이 '송용신(宋用臣)'의 '정밀하고 억세고 민첩한' 그 성품과 체질만 그대로 두고, 그에 다시 '신비주의'로 '송강(松江)'의 행적 이야기'로 다시 보태 엮어 만들어 내어 '운명적 절대 영웅'으로 끌어 올렸다.

(h) 이 '송용신(宋用臣)'을 표준으로 '수호전(水滸傳)'에서는 한결같이 **'처자(妻子)가 없는 자[宦者]들로서 오직 왕조(王朝)를 위한 막대한 헌신'**을 그 '108 영웅'의 공통된 덕목으로 채용했다.

---

25) (元) 脫脫 等撰, 宋史, 中華書局, 1985, pp. 13641~13642 '宋用臣'

6) '수호전(水滸傳)' Ⅱ -'대송선화유사(大宋宣和遺事)'

시내암(施耐庵)의 '수호전(水滸傳)'에 영향을 준 저서로 '대송선화유사(大宋宣和遺事)'를 거론한 것은 거의 상식(常識)이 되어 있는 상황이지만, 이미 장주(莊周) 사마천(司馬遷)부터 개입된 '마하바라타(*The Mahabharata*)'의 엄청난 영향은 이 '대송선화유사(大宋宣和遺事)'에도 더욱 활발히 작동을 하였다. 그것은 '대송선화유사(大宋宣和遺事)'에 포함된 '신비주의'가 모두 '마하바라타(*The Mahabharata*)' '도가(道家)'의 영향으로 알면 된다.

① **도둑이 된 양지(楊志) 일당** -선화(宣和) 4년 1월....앞서 주면(朱勔)은 '화석강(花石綱)'을 운영하여 양지(楊志), 이진의(李進義), 임충(林冲), 왕웅(王雄), 화영(花榮), 시진(柴進), 장청(張靑), 서녕(徐寧), 이응(李應), 목횡(穆橫), 관승(關勝), 손립(孫立) 12명을 그 지사(指使, 감독자)로 삼고 있었다. 태호(太湖) 등 지방으로 인부들을 이끌고 가서 '화석(花石)'을 서울[京城]로 운반을 해 왔는데, 그 12명은 [한문]글자를 알아 '의형제(義兄弟, 서로 맹세한 형제)'가 되었다. 그래서 재액(災厄, 어려운 일)을 당하면, 서로 돕기로 맹세를 했다. 이진의(李進義) 등 10명은 이미 그 '화석(花石)'을 가지고 서울[京城]로 돌아왔는데, 양지(楊志)는 영주(潁州)에 머물며 손립(孫立)을 기다리고 있었다. 그런데 거기에다 날이 궂어 눈까지 내렸다.

차 끓이는 중의 집에 연기 펄펄 피어나고(亂飄僧舍茶煙滋)

술 많은 누각에도 술의 힘이 나질 않네(密酒歌樓酒力微)

양지(楊志)는 오지 않는 손립(孫立)을 가다리는데, 하늘은 눈까지 내리고, 나그네 길에 돈도 없어 먹지도 못해서, 양지(楊志)는 보도(寶刀)를 팔기로 작정하고 '칼 사시오.'를 외쳤으나 사자는 사람이 없었다. 그런데 저물녘에 어떤 못된 젊은 놈이 그 보도(寶刀)를 사겠다고 하여 서로 시비가 붙었는데, 양지(楊志)는 그자에게 그 칼을 휘둘러 그의 목이 땅에 떨어졌다. 당장 양지(楊志)는 체포가 되어 옥에 갇혔는데, 제판을 받을 적에 양지(楊志)가 자세한 사정을 글로 적어 올렸더니, 태수(太守)가 판결을 내렸다.

'양지(楊志)는 비록 그 죄가 무거우나, 그 장상(情狀)이 가엽구나. 출신을 지우고 위주(衛州) 군성(軍城)으로 유배하라.'

양지(楊志)는 태수 판결을 받고 두 사람의 호위를 받아 위주(衛州) 교관(交管)으로 가게 되었다. 그런데 그 출발을 할 무렵에 어떤 덩치가 큰 사람이 '어, 양지사(楊志使)!'를 크게 불러 양지(楊志)가 그를 바라보니, 바로 손립(孫立)이었다. 손립(孫立)이 크게 놀라 '무슨 죄를 지었는가?'를 물으니 양지(楊志)는 그간 사정을 자세히 말하고 일단 서로 헤어졌다. 손립(孫立)은 자기 때문에 양지(楊志)가 죄를 범했고, 이미 '결의형제(結義兄弟)'를 맺어 서로 액난(厄難)을 구하자' 했기에, 바로 그날 밤에 서울[京城]로 달려가 이진의(李進義)와 상의 하여, 11명이 황하(黃河) 가로 먼저 가서 그 양지(楊志)가 지나가기를 기다리고 있었다. 그래서 그들은 호송 군사를 죽이고, 태행산(太行山)으로 들

어가 산적(山賊)이 되었다.[26]

_____✦

   (a) 힌두(Hindu)의 '마하바라타(*The Mahabharata*)' 문화에서는 '절대신[비슈누]'의 화신(化身)에 대항하는 자는 모두 '악귀(惡鬼, Asura)'였음에 대해, 중국(中國)에는 '천자(天子)'를 거스른 존재는 '잡아야 할 도적'이지만, 그가 '천자(天子)'로 등극(登極)'을 하면 이전에 그에게 대항했던 자들이 '도둑'으로 규정이 되게 된다.

   (b) 그런데 '대송선화유사(大宋宣和遺事)'의 '도둑들'은 **그들의 무력을 바로 천자(天子)가 인정해 주어 그들과 화해(和解)한 경우**'라는 특별한 사례였다.

   (c) 이 경우를 힌두(Hindu)의 '마하바라타(*The Mahabharata*)' 경우로 되돌려 보면 '천신(天神)'과 '악귀(惡鬼)'의 구분이 없어진 것만큼이나 혼란스러운 것이다.[그래서 '바른 釋明'이 절대 필요한 부분임]

  ② **조개(晁蓋)가 건설한 양산박(梁山泊)** -그런데 이 양지(楊志)의 일에 앞서 선화(宣和) 2년 5월, 북경유수(北京留守) 양사보(梁師寶)는 십만 관(貫)의 금주(金珠) 진보(珍寶)로, 현위(縣尉) 마안국(馬安國)을 시켜 6월 1일 채태사(蔡太師)의 생일 축하를 하게 하였다. 그 마(馬) 현위(縣尉) 일행은 오화영(五花營) 밭 언덕 수양버들 그늘 아래 쉬고 있는데, 마침 갈증(渴症)이 났다. 그 때 8명의 덩치 좋은 사람들이 한 개의 술통을 가지고 와 앞에 놓고 쉬고 있었다. 마(馬) 현위(縣尉)가 그들에게 말했다. "그 술 팔지 않겠소?" 거한(巨漢)들이 말했다. "이 술맛은 기가 막힙니다. 더위 식히기에는 딱 그만이니, 나리님들[官人]이 한번 마셔보겠습니까?" 마(馬) 현위(縣尉)는 배도 고프고 목이 말라 두 병을 사서 일행이 한 잔씩 마시고 나니 만사가 다 좋고, 다 마시고 나니 눈이 빙글 돌고 머리가 어질하여 천지를 모르고 쓰러졌다. 그래서 농(籠) 속에 금주(金珠) 보패(寶貝) 단필(段疋) 등은 8명의 덩치 큰 사람들이 다 가져가고 그 술통만 남겨두었다. 밤이 되어서야 마(馬) 현위(縣尉) 일행은 술에 깨어나 보니, 물건은 다 없어지고 술통이 있을 뿐이었다. 수행원에게 그 술통을 들려서 남낙현(南洛縣)으로 달려가 평소 알고 있던 윤대량(尹大諒)을 만나 전후 사건을 이야기하였다. 윤대량(尹大諒)은 '그 술통이 어디에서 사용한 술통인지를 알면 도적들의 행방을 추적할 수 있다.'고 했다. 그래서 그 술통을 들고 살펴보니, 위쪽에 '주해화가(酒海花家)' 네 글자가 적혀 있었다. 집사(緝事) 왕평(王平)이 오화영(五花營) 앞마을에 술파는 집 깃발에 '주해화가(酒海花家)' 네 글자를 보고 바로 그 술집으로 들어가 주인 화약(花約)을 체포하여, 장대년(張大年)에게 심문을 받게 했다. 화약(花約)은 사실대로 말했다. "3일전 낮 정오 무렵에 8명의 덩치 큰 사람들이 나타나 우리 집으로 와 술을 마시고 산신당[嶽廟]에 사를[焫] 향(香)과 술 한통을 사 가지고 갔습니다." 장대년(張大年)이 다시 물었다. "그 8명의 덩치 큰 자들의 이름을 아느냐?" 화약(花約)이 말했다. "그들 두목

_____
26) 大宋宣和遺事, 上海 商務印書館, 1925, 元集, pp. 37~38

이 운성현(鄆城縣) 석갈촌(石碣村)에 머무르고 있으니, 그 이름을 조개(晁蓋)라 하고, 사람들은 그를 '철천왕(鐵天王)'이라 부릅니다. 오가량(吳加亮) 유당(劉唐) 진명(秦明) 완진(阮進) 왕통(阮通) 완소칠(阮小七) 연청(燕靑) 등을 그 부하로 거느리고 있습니다." 장대년(張大年)이 화약(花約)을 시켜 그가 알고 있는 바를 글로 쓰게 하니, 그 보고서 속에 운성현(鄆城縣)에 그들의 뿌리가 있음이 드러났다. 그런데 그 문서를 본 압사(押司, 체포 조장) 송강(宋江)은, 그날 밤 바로 사람을 보내 조개(晁蓋) 등에게 알려 그들이 도망을 치게 했다. 송강(宋江)은 날이 밝아서야 동평(董平)에게 문서를 주며 30명을 거느려 조개(晁蓋) 일당을 체포하게 했으나, 어떻게 동평(董平)이 조개(晁蓋) 일당을 체포할 수 있을 것인가?

그물을 치기 전에 새들은 도망했고(網羅未設禽先遁)

함정을 겨우 파놓으니 범은 멀리 숨었구나.(機阱纔張虎已藏)

행인(行人)으로 변장한 조개(晁蓋)는 밤중에 도망을 쳤는데, 뒤 늦게 동평(董平)은 조개(晁蓋)의 집을 포위하고 들어가 조개(晁蓋)의 아버지 조태공(晁太公)을 잡아 갔다. 체포를 담당한 동평(董平) 일행이 관가로 가던 도중에 어떤 덩치가 큰 사람을 만났는데, 신체(身體)가 빼어나고 온 몸이 푸른 색으로 그 손에는 강철(鑌鐵) 대도(大刀)를 들고 말하기를 "내가 바로 '철천왕(鐵天王)'이다." 말하고 조태공(晁太公)을 이끌고 가버렸다. 동평(董平)은 다시 활잡이들을 이끌고 왔으나, 그 조개(晁蓋)는 어디로 갔는지도 알 수가 없었다. 조개(晁蓋) 등 8명이 채태사(蔡太師) 생일 선물을 빼앗은 것은 결코 작은 사건이 아니었다. 그리고 지난 날 양지(楊志) 등 12인과의 약속도 버릴 수가 없어서 조개(晁蓋) 등은 태행산(太行山) 양산박(梁山泊)으로 가 산적(山賊)이 되었다.[27]

_____→

(a) 여기에서 주목을 해야 할 사항이 '**태행산(太行山) 양산박(梁山泊)으로 간 산적(山賊)들의 최종 거취 문제**'이다.

(b) 앞서 확인 했듯이 '양산박(梁山泊)으로 간 산적(山賊)들'은 역사적으로 '휘종 천자(天子) 부름'을 입어 벼슬을 받고, '다른 도적들'을 물리치고 '절도사(節度使)' 등의 벼슬을 받았다는 것이다.

(c) 사실상 '36명의 양산박(梁山泊) 산적(山賊)들'은 이미 '하늘이 구체적인 문서로 밝힌 영웅들'이니, 그 중에 '송강(宋江)'은 사실상 '천자(天子)'에도 등극'할 힘을 확보하고 있었는데, 그냥 '절도사(節度使)'로 눌러앉았다는 이야기이다.

(d) 중국(中國)의 '현실주의' '실존주의'를 표준으로, '**인간의 최고 성취'는 '출세(出世)하여 고향(故鄕) 찾아가기**'로 작정이 되어 있었다.['漢高祖' 시대부터 명시된 사항임]

(e) 하지만 일단 그 힌두(Hindu)의 '마하바라타(*The Mahabharata*) 정신[절대주의]'을 계승한 '도교(道敎) 정신'에서 작가는 어떻게 결론을 낼 것인가가 역시 '그 사상(思想) 귀추'의 핵심이다. 그런데 '절도사(節度使)'로 조정 결론을 낸 것이 '대송선화유사(大宋宣和遺事)' 작가 정신이다.

---

27) 大宋宣和遺事, 上海 商務印書館, 1925, 元集, pp. 38~40

③ 송강(宋江)이 염파석(閻婆惜)을 죽이다. -"하루는 조개(晁蓋)가 그 송강(宋江)이 자기를 구해준 은혜를 생각하여 유당(劉唐)에게 금비녀 한 쌍을 가지고 송강에게 감사의 뜻을 전하게 했다. 송강은 그 금비녀를 받고 마음이 내키지 않아 창기(倡妓) 염파석(閻婆惜)에게 주어버렸다. 그 사건이 치밀하지 못해서 끝내 염파석(閻婆惜)이 그 비녀의 내력을 알게 되었다. 그런데 송강(宋江)은 그 부친이 위독하다는 소식을 듣고 자기 사정을 관(官)에 알리고 휴가를 얻어 집으로 가는 도중에, 두천(杜千)과 장잠(張岑)을 만났는데, 그들은 송강(宋江)과 알고 지낸 사이였다. 그들은 강가에서 물고기 잡이로 생활을 하고 있었다. 그리고 체구가 엄청난 색초(索超)를 만나 함께 술자리를 같이 했다. 또 조개(晁蓋)를 잡으러 갔다가 실패하고 볼기를 맞은 동평(董平)도 그 자리를 같이 했다. 그런데 그 색초(索超)가 송강(宋江)에게 말했다. "저는 죽을죄를 몇 번씩이나 저질러 산으로나 들어가야겠습니다.[山賊이 되겠다는 의미]" 이에 송강(宋江)은 편지를 적어 그들이 양산박(梁山泊)으로 조개(晁蓋)를 찾아 가게 하였다. 송강(宋江)은 집으로 돌아와 의사를 불러 아버지를 치료하였다. 그리고 다시 운성현(鄆城縣) 본업으로 복귀를 하였다. 그런데 송강(宋江)은 우연히 옛 염파석(閻婆惜)이 오위(吳偉)와 함께 있는 것을 보았는데, 염파석(閻婆惜)은 송강을 거들떠보지도 않고 그 오위(吳偉)와 사랑에 빠져 있었다. 이에 송강(宋江)은 분노가 치밀어 칼을 뽑아 염파석(閻婆惜)과 오위(吳偉)를 다 죽이고 벽 위에 4구시(句詩)를 적었다. 송강(宋江)의 뜻은 무엇인지 '형집(亨集, 다음 권)'을 보면 시로 알 수 있다."[28]

_____→

(a) 그런데 문제는 '제왕의 능력'을 지닌 주인공 '송강(宋江)'이 '살인 사건'에 연루가 되었다는 명백한 진술이 '대송선화유사(大宋宣和遺事)'에는 명시가 되어 있고, 나머지 '양산박(梁山泊) 산적(山賊)'들도 경우가 비슷하다.

(b) 그런데 중국(中國) '3대[夏殷周] 왕국'의 건설 자들은 다 '폭군(暴君)'의 학정(虐政)'을 견디지 못 백성들이 찾아와 돕고 정벌에 나서면 '대그릇 밥과 병에 든 간장[簞食壺漿]'으로 '영웅의 군사들'을 영접해 왕이 된 경우라고 '계관시인'들은 일컬어 왔다.

(c) 그런데 '대송선화유사(大宋宣和遺事)'의 '36명의 양산박(梁山泊) 산적(山賊)'들은 쉽게 말하여 힌두(Hindu)의 '마하바라타(The Mahabharata) 정신[절대주의]' 신봉자들이다.

(d) 그들이 '천서(天書)'로 확인한 사항은 '불세출(不世出)'의 용맹과 상호 우정[형제애]'라는 천정운수(天定運數)의 하늘이 저정해 놓은 영웅들이라는 것이다.

(e) 그것으로 얻은 결과가 '절도사(節度使)' 이하 '벼슬'이라니, 중국 속말로 '용두사미(龍頭蛇尾)'가 되었다.

④ 천서(天書)를 얻은 송강(宋江) -

---

28) 大宋宣和遺事, 上海 商務印書館, 1925, 元集, pp. 40~41

"염파석을 죽였으니, 대궐까지 다 알겠네.(殺了閻婆惜 寰中顯姓名)

그놈을 잡으려면, 양사박으로 찾아오라.(要捉兜身者 梁山泊上尋)

그때 운성현(鄆城縣) 현감도 사태를 다 파악하고, 첩순검(帖巡檢) 왕성(王成)에게 활잡이들을 대거 동원하여 송강(宋江)의 집으로 달려가 송강(宋江)을 잡으려 하니 송강(宋江)은 집 뒤에 구천현녀(九天玄女) 사당 속으로 그 몸을 숨겼다. 그리하여 왕성(王成)은 송강(宋江)의 아버지를 잡아갔다. 송강(宋江)은 왕성(王成)의 군사들이 물러 간 것을 확인하고 그 사당을 나오며 현녀낭랑(玄女娘娘)에게 감사의 절을 올렸더니, **향(香)을 사르는 탁자 위에 문서(文書) 떨어지는 소리가 들렸다.** 송강(宋江)이 그 문서를 들어 살펴보니, 그것이 '천서(天書)'임을 바로 알 수 있었다. 4구(四句) 시(詩)가 있었고, 36명의 성명이 적혀 있었다. 그 4구(四句) 시(詩)는 다음과 같았다.

나라는 송씨(宋氏)에게 망하겠고(國破因山木[宋])

무기들은 강(江)이 모두 부리겠네.(兵刀用水工[江])

하루아침에 장군들을 다 거느려(一朝充將領)

온 세상에 그 위엄 떨치리라.(海內聳威風)

송강(宋江)이 읽고 나니 입맛이 써서 다시 생각해 보니, "이 4구(四句) 시(詩)는 내 말이다." 싶었다. 그래서 그 '천서(天書)'를 더 자세히 살펴보니, 36명의 장군 이름이 있었다.

-지다성(智多星) 오가량(吳加亮), 옥기린(玉麒麟) 이진의(李進義), 청면수(靑面獸) 양지(楊志), 혼강룡(混江龍) 이해(李海), 구문룡(九紋龍) 사진(史進), 입운룡(入雲龍) 공손승(公孫勝), 낭리백도(浪裏百跳) 장순(張順), 벽력화(霹靂火) 진명(秦明), 활염라(活閻羅) 완소칠(阮小七), 입지태세(立地太歲) 완소오(阮小五), 단명이랑(短命二郎) 완진(阮進), 대도(大刀) 관필승(關必勝), 표자두(豹子頭) 임충(林冲), 흑선풍(黑旋風) 이규(李逵), 소선풍(小旋風) 시진(柴進), 금창수(金槍手) 서영(徐寧), 박천조(撲天鵰) 이응(李應), 적발귀(赤髮鬼) 유당(劉唐), 일당직(一撞直) 동평(董平), 삽시호(揷翅虎) 뇌횡(雷橫), 미염공(美髯公) 주동(朱同), 신행태보(神行太保) 대종(戴宗), 새관색(賽關索) 왕웅(王雄), 병위지(病慰遲) 손립(孫立), 소이광(小李廣) 화영(花榮), 몰우전(沒羽箭) 장청(張靑), 몰차란(沒遮攔) 목횡(穆橫), 낭자(浪子) 연청(燕靑), 화화상(花和尙) 노지심(魯智深), 행자(行者) 무송(武松), 철편(鐵鞭) 호연작(呼延綽), 급선봉(急先鋒) 색초(索超), 변명이랑(拚命二郎) 석수(石秀), 화강공(火舡工) 장잠(張岑), 모착운(摸着雲) 두천(杜千), 철천왕(鐵天王) 조개(晁蓋)- 송강(宋江)이 인명(人名)을 읽고 나니 그 끝에 행서(行書)로 -천서(天書) 천강원(天罡院) 36 맹장(猛將)은 호보의(呼保義) 송강(宋江)을 우두머리로 삼아 충의(忠義)를 널리 행하고 간사한 무리를 죽일 것이다.-라고 적혀 있었다.

송강(宋江)은 성명을 확인하고 나서 양산박(梁山泊)에 24인과 송강(宋江) 자신을 포함하여 25인이 되니, 이에 송강(宋江)은 다시 주동(朱同) 뇌횡(雷橫) 이규(李逵) 대종(戴宗) 이해(李海) 등 9인을 이끌고 바로 양산박(梁山泊)으로 들어갔다. 송강(宋江)이 형님 조개(晁蓋)를 찾으니, 조개(晁蓋)는 벌써 죽고 오가량(吳加亮)과 이진의(李進義)가 두령이 되어 있었다. 송강(宋江)이 9명의 역사(力

士)를 데려온 것을 본 오가량(吳加亮) 등은 기쁨을 이기지 못했다. 송강(宋江)이 그 '천서(天書)'를 들고 오가량 등에 설명을 하니, 오가량은 형제들과 함께 송강(宋江)을 수령(首領)으로 추대를 하였다. 양산박(梁山泊) 채내(寨內)에 24명이 있었는데 조개(晁蓋)가 죽어 23명이 되었고, 송강(宋江)이 9인을 보태어 32명이 되어 바로 그날 소를 잡아 대회를 열고 '천서(天書)'에 따라 이름을 점검하니, 오직 4명이 부족하였다. 오가량(吳加亮)이 송강(宋江)에게 말했다. "조개(晁蓋) 형님이 죽을 때에 말하기를 '정화(政和)년간[1111~1117]에 동악(東嶽)에 향을 사르고 꿈을 꾸었는데, 寨에 모인 영웅이 36이 되면 충의를 행하고 국가를 지킬 수 있다.'는 계시가 있었답니다." 송강(宋江)이 말하기를 "이 모임에 3인이 빠져 있으니, 화화상(花和尚) 노지심(魯知深), 일장청(一丈青) 장횡(張橫), 철편(鐵鞭) 호연작(呼延綽)이 그들이다." 그 때 잔치를 끝내고 각 장군들이 억센 병사들을 거느려 주(州)와 현(縣)을 겁략(劫掠, 약탈)하였다. 불을 지르고 사람들을 죽이며 회양(淮陽) 경서(京西) 하북(河北) 3로(路) 2주(州) 80여현(縣)을 약탈하여 자녀(子女)를 빼앗음이 엄청났다. 조정(朝廷)에서는 호연작(呼延綽)으로 장수로 삼아 투항해 온 이횡(李橫) 등의 군사로 송강(宋江)을 잡으려 했으나, 싸울 때마다 패배했다. 조정에서 그에게 엄중한 문책을 행하려 하니, 호연작(呼延綽)은 이횡(李橫)과 함께 조정을 배반하고 송강(宋江)과 한패가 되었다. 그 때에 승려였던 노지심(魯知深)도 반란에 가담하여 송강(宋江)에게 가서 36인이 다 채워졌다."[29]

———✈

   (a) 앞서 확인했듯이 중국(中國)은 '사후(死後)세계' '천국(天國)'을 기약하지 않고, 어디까지나 '현실 주의' '실존주의'이다.
   (b) 그래서 엄연히 '도교 사상' '마하바라타(*The Mahabharata*) 정신'으로 달성한 이야기도 결국은 '현세의 벼슬 최고'의 가치관이 전부였다는 사실이다.
   (c) '현세의 벼슬 최고'는 '잘 먹고 잘 살기' 그 '마하바라타(*The Mahabharata*)'를 저술한 '바라문'으로 돌아갈 경우 정확히 '**뱀 정신의 옹호**' 그것밖에 없는 상황이 당시 중국(中國) 송대(宋代)의 '전반적인 가치관'이었다는 점이다.
   (d) 즉 중국에서 '최고 악행(惡行)은 살인'이고, 그 다음으로 문제된 것이 '배약(背約) 사기(詐欺) 등 범죄'임은 힌두도 역시 그럴 수밖에 없다. 그러나 힌두(Hindu)는 도덕적으로 더욱 세밀하게 밝혀 이 '마하바라타(*The Mahabharata*)'부터 '뱀[육신]의 무시' '영혼[신] 존중'의 혹심한 '도덕[苦行] 수행'을 가르치고 그것을 일반화 하고 있었다.
   (e) 그러한 결과 힌두 '마하바라타(*The Mahabharata*)'의 '엄혹한 도덕 지향'은 중국에서 '도교'라는 것으로 행해지면서 오직 '출세 영달의 방편'으로 완전히 바뀌어 있었음을 확인할 수 있다.

  ⑤ **장숙야(張叔夜)가 찾아오다.** -"하루는 송강(宋江)이 오가량(吳加亮)에게 말했다. "우리 36명의 장군들이 이미 그 숫자가 채워졌으니, 동악(東嶽)이 지켜 준 은혜를 잊지 말아야 하고 다시 찾아

---

29) 大宋宣和遺事, 上海 商務印書館, 1925, 亨集, pp. 1~4

가 치성(致誠)을 올리고 각자의 소망을 빌기로 하자." 택일(擇日)을 해서 출발을 할 때에 송강은 깃발에 4구 시(詩)를 적었다.

　　올 때도 36명, 갈 때도 36명 (來時三十六 去後十八雙)

　　한 명만 빠져도, 고향 찾지 않으리. (若還少一個 定是不還鄉)

　송강(宋江) 등 36 장군들은 황금 화로에 향(香)을 사르며 소원을 빌었다. 조정에서는 다른 방법이 없어서 그들 이름을 지목하여 송강(宋江) 등을 달래어 불렀다. 장숙야(張叔夜)란 장군이 있었으니, 대대로 장군을 배출한 집안의 후손이었다. 그가 36인을 송조(宋朝)에 귀순(歸順)하게 하여 그들은 대부(大夫)로 임명이 되어 각 지방에 순검사(巡檢使)가 되어 나갔다. 그래서 3로(路)에 도적이 없어졌는데, 뒤에 송강(宋江) 등은, 방랍(方臘)을 평정하여 절도사(節度使)에 임명이 되었다."[30]

───→

(a) 중국의 '현실주의' '실존주의'는 오늘날의 '과학적 인생관' '과학적 세계관'에 비추어 볼 때 '현대화'를 그 힌두(Hindu)보다 확실하게 앞서 확보를 했으나, '진정한 도덕(道德, 절대신) 정신의 실현' 문제에는 태만(怠慢)하고 '끝없는 방종(放縱)'에서 구제될 수가 없었으니, 그 대표적인 사례가 '대송선화유사(大宋宣和遺事)'에 등장한 '엉터리 군주(君主)' '휘종(徽宗) 천자(天子)'의 모습이다.

(b) 한 마디로 '휘종(徽宗) 천자(天子)'는 장숙야(張叔夜)를 파견한 순간에 '천자의 기능'을 완전 상실했다. 힌두의 위대한 저서 '마하바라타(The Mahabharata)'는 '배약(背約)'과 '사기(詐欺)' 군주 두료다나(Duryodhana)를 어떻게 응징을 행했는가에 대한 경과를 구체적이고 확실하게 밝혀 실로 '억만대 귀감(龜鑑)'이 되게 하였다.

(c) 그런데 '천자(天子)'일 수 없는 '천자(天子)', 그 황당한 천자에게 '적당히 넘어가 화해(和解)해 준 무사들의 이야기'가 소위 '대송선화유사(大宋宣和遺事)'였다.

(d) 그 '천자(天子)'에 그 '도둑들' 이야기이니, **획득된 것은 '상호 부귀영화'이고 사라진 것은 '바른 생(生)의 지침(指針)' '바른 가치관' '정의(正義)의 실현'에 대한 '가시지 않은 갈증(渴症)'이다.**

　⑥ **고구(高俅)와 양전(楊戩)** -선화(宣和) 5년 7월 1일 새벽 문무백관(文武百官)이 궁궐에 다 모여 천자(天子)에게 조회를 드리려고 기다리고 있었다....휘종(徽宗)은 장상영(張商英)의 표문을 읽고 기분이 나빠 그에게 말했다. "경(卿)이 아뢴 바를 보니, 충성스런 말이다. 지금 송강(宋江)이 산동(山東)과 하북(河北)에서 반란을 일으키고 방랍(方臘)이 형초(荊楚)와 호남(湖南)에서 반란을 일으키고 요성(妖星)이 연북(燕北)에 나타나 천하가 떠들썩하다. 어느 때나 천하가 조용해질 것인가? 생각을 숨김없이 말하니 고마운 일이다." 천자가 말을 마치자 조신(朝臣)들은 물러갔다. 천자는 말을 마치니 조신들도 물러갔다. 휘종(徽宗)은 내전으로 들어 왔으나 장몽웅(張夢熊)과 장상영(張商英)의 표문(表文)을 읽고 근심에 차서 천추정(千秋亭)에 앉아 있었다. 그 때 평장(平章) 고구(高

───────────────

30) 大宋宣和遺事, 上海 商務印書館, 1925, 享集, pp. 4~5

俅)와 어사(御使) 양전(楊戩)이 곁에서 모시고 있었다. 휘종(徽宗)이 고구(高俅) 등을 돌아보며 말했다. "짐(朕)이 귀하기로는 천자(天子)이고, 부(富)로는 4해(四海)를 가지고서, 신하들이 아뢰는 말을 들어보면 내가 덕(德)이 모자라 이런 글이 올라오고 세상이 시끄럽다싶어 일거일동(一擧一動)을 천자라도 마음대로 할 수가 없구나." 이에 고구(高俅)가 말했다. "폐하는 임금이시고 상영(商英)은 신하입니다. 임금은 하늘이 내시고 신하는 사물에 연유한 존재입니다.[君由天而臣由物] 하늘은 만물을 태어나게 하고 역시 엄숙히 죽일 수 있습니다. 상영(商英)의 목숨은 폐하의 손에 달려 있습니다. 지푸라기 같은 말에 무슨 신경을 쓰십니까? 인생은 흰 말이 문틈으로 지나는 것 같이 빨리 가 때에 따라 즐기지 못 하고 늙으면 슬픔뿐입니다. 요(堯)임금 우(禹)임금 탕(湯)임금 주공(周公)이 천하 통치에 애를 썼다고 하지만 그 분들은 지금 어디에 계십니까? 또한 유왕(幽王)이 포사(褒姒)를 총애하고 초왕(楚王)은 장대(章臺)를 세우고 명황(明皇)은 양비(楊妃)를 사랑했고, 한제(漢帝)가 비연(飛燕)을 아꼈고, 후주(後主)가 옥수(玉樹) 후정(後庭)의 노래를 지었던 일, 수양제(隋煬帝)가 비단 줄로 배를 끌며 장강(長江)에서 놀았고, 아침마다 노래와 춤이고 날마다 피리 소리 비파 소리였습니다.

인생은 덧없어서 빠르기가 베틀에 북이라. (人生如過隙 日月似飛梭)

백년이 순간이니, 아니 놀고 어이 하리? (百年彈指過 何不日笙歌)

폐하께서는 왜 '행락(行樂)'을 생각하지 않으십니까? 왜 저희가 꼭 그것을 말씀드려야 하고, 스스로는 고민만 하고 계십니까? 선인(先人)들은 말했습니다. '오늘 술로 오늘 취(醉)하고, 내일 근심은 내일 당하자.' 폐하께 근심과 위험이 닥치시면 저희 몸이 가루가 되도록 폐하의 은덕에 보답을 하겠습니다." 휘종(徽宗)은 그 말을 듣고 크게 기뻐했다.[31]

_____✈

(a) '휘종(徽宗) 천자(天子)'에게 '고구(高俅)와 양전(楊戩)'은 '마하바라타(The Mahabharata)' 두료다나(Duryodhana)에게 사쿠니(Sakuni)같은 괴물이다.

(b) '마하바라타(The Mahabharata)'의 두료다나(Duryodhana)와 사쿠니(Sakuni)는 '상대 적(敵, 판두들)'을 격파하려 노력했음에 대해 '어리석은 휘종(徽宗)'는 '천하의 통치'는 '골치가 아파 마음'에 없는데 '고구(高俅)와 양전(楊戩)'은 '인생은 허무하니 맘껏 즐기는 것'이 제일 잘사는 것이라고 권유했다고 '대송선화유사(大宋宣和遺事)' 작가는 서술했다.

(c) '대송선화유사(大宋宣和遺事)' 작가는 분명히 '시적 재능'을 지니고 있고, '설득력 있는 문장'을 서술하고 있는 것으로 보아 '중국 역대 반란을 유발한 암주(暗主) 이야기'를 그대로 그 휘종(徽宗)에게 고스란히 적용을 했다.

(d) 그러함에도 중국 천하에는 '정의(正義) 실현 군사는 없었다.'고 결론을 내고 있으니, 소위 '백약(百藥) 무효(無效) 사회 상황'이 '대송선화유사(大宋宣和遺事)'에는 그대로 제시된 셈이다.

_____

31) 大宋宣和遺事, 上海 商務印書館, 1925, 亨集, pp. 5~8

7) '수호전(水滸傳)' III -시내암(施耐庵)

'수호전(水滸傳)'은 그 '마하바라타(*The Mahabharata*)'를 중국식으로 변용을 해 놓은 중국(中國)식(式) '마하바라타(*The Mahabharata*)'이다. '중국(中國) 식(式)'이란 '현실주의' '실존주의'를 그 우선으로 두고 '하늘나라' '꿈' '귀신' '몽환(夢幻)의 사건'을 그 ' 현실 위주의 사실에 보조(補助)'로 활용을 했던 방식이다. 즉 작품 '수호전(水滸傳)'은 중국의 '영토' '천자' '역사'라는 세 가지 태두리 내부에서 성립된 변종(變種)의 '마하바라타(*The Mahabharata*) 문학'이다.

① **홍태위(洪太尉)와 복마지전(伏魔之殿)** -"송(宋) 나라 인종(仁宗) 가우(嘉祐) 3년 3월 3일 황제의 조회(朝會)에서 재상(宰相)과 참정(參政)이 서울에 전념 병 창궐(猖獗)을 아뢰어 세금을 낮추고 죄인을 사면하고 병마를 물리치는 기도를 행해도 소용이 없었다. 이에 범중엄(范仲淹)이 '사한천사(嗣漢天師, 하늘을 받드는 도사)를 불러 나천대초(羅天大醮, 하늘에 올리는 큰 제사)를 올려야 한다.'고 황제께 말했다. 이에 황제는 태위(太尉) 홍신(洪信)을 시켜 강서(江西) 용호산(龍虎山)가서 장천사(張天師)를 모셔오게 했는데, 홍신(洪信)이 그곳에 도착했을 때 그 장천사(張天師)는 미리 그 사실을 알고 서울로 떠났다. 이에 홍신(洪信)은 용호산에 상청궁(上淸宮)을 구경하다가 '복마지전(伏魔之殿)'을 그 건물의 잠금 쇠를 부수고 들어가 보니 '돌 거북' 위에 비석이 세워져 있었다. 홍신(洪信)은 주지(主旨)의 만류에도 불구하고 그 '돌 거북'을 치우고 인부들을 시켜 그 밑을 파헤쳤더니 무서운 굉음이 들리고 검은 구름이 피어올라 금빛이 사방으로 흩어졌다. 놀란 홍신(洪信)이 주지에게 '어찌 된 일이냐?'고 물으니 주지(主旨) 진인(眞人)은 말했다. '옛날 통현진인(洞玄眞人)께서 이곳에는 천강성(天罡星) 36원(員)과 지살성(地煞星) 72좌(座) 108의 마왕(魔王)이 갇혀 있다고 하셨는데, 그들이 도망을 쳤다면 사람들을 괴롭게 할 겁니다.' ─설자(楔子, 문턱 시작) 장천사(張天師)가 '전념 병 물리치기 기도'를 올리고, 홍태위(洪太尉)가 잘못 하여 마귀들을 도망치게 했다.[楔子 張天師祈禳瘟疫 洪太尉誤走妖魔]"[32]

_____✈

(a) 시내암(施耐庵)의 '수호전(水滸傳)'은 이미 중국식으로 정착해 있는 '도교(道敎)'의 용어를 많이 활용했지만, 자신의 바로 '마하바라타(*The Mahabharata*)'을 창작의 근본에 두고 기존한 '송사(宋史)'와 '대송선화유사(大宋宣和遺事)' 서술을 토대로 다시 이야기를 펼쳤다.

(b) 그 '수호전(水滸傳)'의 첫머리를 이루는 '설자(楔子)'의 중요한 사건은 '나천대초(羅天大醮, 하늘에 올리는 큰 제사)' 실행 문제와 '108의 마왕(魔王)'의 탈출'이다.

(c) '마하바라타(*The Mahabharata*)'에서 제일 강조된 바는 **절대 신의 향한 제사(祭祀)**'이고, 그 다음 강조된 바가 '**크샤트리아의 의무(the duties of Kshatriya)**'인데, 작품 '수호전(水滸傳)'은 **훈련이**

---

32) 施耐庵 撰, (足本) 水滸傳, (臺北) 世界書局, 2011, pp. 1~6 '楔子.'

덜된[忍耐心이 부족한] 크샤트리아들[락샤사-Rakshasa] 이야기'이다.

② **고구(高俅)가 전수부 태위(殿帥府太尉)가 되다.** -"의탁할 곳이 없었던 부랑아(浮浪兒) 고구 (高俅)는 철종(哲宗) 황제 누이 남편 왕진경(王晉卿)의 하인으로 들어가 그의 비위를 맞추어 신임을 얻고, 그래서 그 왕진경(王晉卿)의 심부름 차 궁정에 들어갔다. 그 때 고구(高俅)는 공놀이 중인 단왕(端王) 앞에 '공차기 실력'을 보였다. 그것이 인연이 되어 역시 고구(高俅)는 그 단왕(端王)을 다시 열심히 받들었는데, 그 철종 황제가 죽으니, 자식이 없어 그 아우인 단왕(端王)이 황제의 자리 에 앉으니 그가 휘종(徽宗)이었다. 이에 고구(高俅)는 반년이 못 가서 '전수부 태위(殿帥府太尉, 천자 친위대 사령관)'이 되었다.

고구(高俅)가 전수부 태위(殿帥府太尉)로 부임하는 날, 공리(公吏) 위장(衛將) 도군(都軍) 금군 (禁軍) 마보인(馬步人)이 다 와서 참배를 올렸는데, '팔십만 금군(禁軍) 교두(敎頭) 왕진(王進)'은 없었다. 고구(高俅)가 무슨 까닭이냐고 물으니, 15일 전부터 몸이 아파 출근을 못 하고 있다는 설명 을 듣고 고구(高俅)는 즉시 왕진(王進)을 끌어다가 놓고 말했다. '너희 아비는 도군(都軍) 교두(敎 頭) 왕승(王昇)이라. 본래 길거리에서 봉술(棒術)을 보이며 약(藥)을 팔았다. 네가 무슨 무예가 있 겠느냐?' 고구(高俅)는 좌우에 명하여 왕진을 매로 다스리라고 명령을 하였으나, '취임 날'이니 용서 를 해야 한다고 빌었다. 이에 겨우 용서를 받아 집으로 돌아온 왕진(王進)은 생각 끝에 연안부(延安 府)로 떠날 것을 결심했다. -제1회 왕교두(王敎頭)는 연안부(延安府)로 도망을 치고, 사진은 살던 마을에서 큰 전투를 치렀다.[第一回 王敎頭私走延安府 九紋龍大鬪史家村]"[33]

_____✈

(a) 떠돌이 아첨꾼, '고구(高俅)'가 오직 그 '공차기' 기술로 송 '휘종(徽宗)'의 총애를 받아 '천하의 병 권(兵權)'을 잡고 '팔십만 금군(禁軍) 교두(敎頭) 왕진(王進)'을 잡아다 놓고 호령을 했다는 이야기 는, 그대로 '마하바라타(The Mahabharata)'의 '두료다나(Duyodhana)' '사쿠니(Sakuni)' 오직 '주 사위 노름(dice-play)'으로 천하의 영웅 유디슈티라(Yudhishthira) 등 5명의 장군과 드라우파디를 옷을 벗겨 능멸한 것과 같은 현장으로 모든 '세상 도둑질'의 기막힌 현장을 중국 송(宋)나라 '쇠망 한 왕조[替天]'의 표본 사례로 시내암(施耐庵)은 그 **수호전(水滸傳)**'의 첫머리에 제시 하였다.

(b) 앞서 '송사(宋史)'에는 **고구(高俅)** 이름은 없고, '위 사람들의 뜻을 잘 헤아려 살피는' **양전(楊戩)** 이 그 '열전'에 나타나 있는데, '대송선화유사(大宋宣和遺事)'에서는 고구(高俅)'와 **양전(楊戩)**'이 동시에 제시되었고, 이후 시내암(施耐庵)의 **수호전(水滸傳)**'에서는 그 **양전(楊戩)** 이야기를 뒤로 하고 아부꾼 **고구(高俅)**를 그 악당의 표본으로 내세웠다.

③ **체천행도(替天行道) (1)** -"양산박(梁山泊)으로 들어간 송강(宋江)은 주위의 만류도 뿌리치고

---

33) 施耐庵 撰, (足本) 水滸傳, (臺北) 世界書局, 2011, pp. 2~4 '第一回'

부친을 모셔오러 운성현(鄆城縣)으로 갔더니 이미 체포조(逮捕組)가 깔려 고묘(古廟)로 도망을 쳤는데, 거기에서 청의동선(靑衣童仙)의 안내로 구천현녀(九天玄女)에게로 인도 되었는데, 그녀는 송강에게 말했다. '성주(星主)에게 천서(天書) 세권을 전하노라. 성주(星主)는 쇠한 하늘에 도덕을 행하되[替天行道] 충성과 의리로 국가를 지키고 백성을 편안하게 하며 거짓을 없애고 정의를 세우도록 하라. 옥제(玉帝)께서 성주(星主)의 마심(魔心)이 남아 도행(道行)이 온전하지 않아 하방(下方, 인간 세상)으로 내치신 것이니, 머지않아 자부(紫府)로 그대를 부를 터이니 게으름을 피우지 말라. 그대가 다시 죄를 짓고 풍도(酆都)에 떨어지면 나도 구해낼 도리가 없다. 이 세 권의 천서를 잘 읽어보라.(宋星主 傳汝三卷天書 汝可替天行道 爲主全忠仗義 爲臣輔國安民 去邪歸正 玉帝因爲星主魔心未斷 道行未完 暫罰下方 不久重登紫府 切不可分毫懈怠 若是他日 罪下酆都 吾亦不能救汝 此三卷之書 可以善觀熟視)' —제41회 송강(宋江) 운성현에 돌아와, 구천현녀에게서 천서 3권을 받다.[第四十一回 還道村受三卷天書 宋公明遇九天玄女]"[34]

_____→

(a) '수호전(水滸傳)'을 접할 때 가장 신중해야 할 어구가 '체천행도(替天行道)'라는 어구(語句)이다. 사전(辭典)의 의미를 존중하면 <u>**쇠망한 세상에 도덕을 행하다.**</u>'이니, 여기에서 '쇠망한 세상(**替天**)'이란 '휘종(徽宗)'이 다스리고 있는 당시 송(宋)나라'를 가리키고, '도덕을 행한다.(**行道**)'는 위에서 제시된 '송강(宋江)' 등이 충성과 의리로 국가를 지키고 백성을 편하게 하며 거짓을 없애고 정의를 세우도록 해라는 하늘의 명령'[天書에 명시된바]이다.

(b) 그런데 '**수호전(水滸傳)**'을 읽은 독자들은, <u>**송강(宋江)의 행도(行道, 도덕을 행함)-'충성과 의리로 국가를 지키고 백성을 편하게 하며 거짓을 없애고 정의를 세우도록 하는 일'을 결코 쉽게 이해를 할 수 없음이**</u> 문제이다.

(c) 즉 송강(宋江)을 중심으로 펼친 108명의 주요 성격은, '엄청난 체력과 힘'을 바탕으로 하고 거기에 무예(武藝)까지 능통하여 '<u>**살인(殺人)'을 밥 먹듯이 행하는 무리들에게 도대체 '무슨 도덕'이 따로 있을 것인가의**</u> 문제가 그것이다.

(d) 그러나 이러한 유(類)의 질문은 오늘날 '이미 평등 사회가 이룩된 현대 시민의 일상적인 생각'이고, 그 비아사(Vyasa)의 '마하바라타(*The Mahabharata*)'나, 시내암(施耐庵)의 '**수호전(水滸傳)**' 시대는 다 같이 '<u>**개벽(開闢)을 주도(主導)한 영웅 신들', '건국(建國) 시조(始祖)' 중심 영웅들의 이야기임을**</u> 명심해야 한다.

(e) '마하바라타(*The Mahabharata*)'의 주인공 크리슈나(Krishna)는 그 이야기 전달자(계관시인)는 그 크리슈나(Krishna)에게 도전했던[진로를 막았던] 모든 존재들을 아예 '악마들(devils)'로 규정을 했고, 그 '마하바라타(*The Mahabharata*) 전쟁' 중에 희생자들도 역시 그러한 규정을 면할 수 없게 만들어 놓았다.

(f) 그런데 시내암(施耐庵)의 '**수호전(水滸傳)**'은 '송(宋)나라 휘종(皇帝) 황제 연간'이라는 역사적 연대를 배경으로 한 '이야기'라는 특성을 지니고 있다.

---

34) 施耐庵 撰, (足本) 水滸傳, (臺北) 世界書局, 2011, pp. 278~281 '第四十一回'

(g) 그렇지만 시내암(施耐庵)은 그 '마하바라타(*The Mahabharata*)' 영웅 크리슈나(Krishna)처럼 송강(宋江)을 '하늘[브라흐매]이 정한 운명대로 살 수밖에 없었던 별들의 주인[星主]'으로 지정[작정]을 해 놓고 이야기를 전개하고 있다는 그 점을 망각(妄覺)하면, 시내암(施耐庵)의 **'수호전(水滸傳)'**은 시작부터 결코 용인(容認)[납득]이 될 수 없다.

(h) 즉 시내암(施耐庵)의 **'수호전(水滸傳)'** 속에서 주인공 송강(宋江)은 **'세계 인류 역대 제왕의 황제 되기' 방법을 솔직하게 다 털어 놓고[공개하고] 실제 '황제 되기는 사실상 깨끗이 포기했다는 인고(忍苦)의 영웅 이야기'**이니, 이처럼 솔직한 이야기는 세상에 없다.['역대 황제가 오직 그 도덕 정신으로 최고위에 올랐다는 것'은 다 '계관시인들의 수사(修辭)'임을 '마하바라타(*The Maha-bharata*)'에 남김없이 다 공개 되어 있다.]

(i) 그래서 시내암(施耐庵)의 **'수호전(水滸傳)'**에서는 그 '황제 후보자'가 어떻게 그 '최고 크샤트리아들을 규합했는가?'를 상세히 밝혀 놓은 책이므로, 그 '마하바라타(*The Mahabharata*)'보다 더욱 [그러했던 측면에서는]독자들에게 솔직한[구체적인] 면모를 공개를 한 셈이다.[오직 '크샤트리아의 힘'으로 세상이 정복된다.]

(j) 즉 시내암(施耐庵) '수호전(水滸傳)' 속에서 <u>송강(宋江)은 크리슈나(Krishna)처럼 하늘이 이미 정해 놓은 운명적 역할에 더해, 역대 중국의 영웅 유비(劉備)의 정직함에 조조(曹操) 포용력과 송대(宋代)의 최고 현인 '송용신(宋用臣)'의 재덕(才德)까지 추가된 정말 영웅 중의 영웅이었다.</u>

④ **체천행도(替天行道)** (2) -"고렴(高廉, 고구의 조카)이 고당주(高唐州)에 지부(知府)로 부임하여 병마(兵馬)까지 관장을 하고 있었는데, 고렴(高廉)의 처남 은천석(殷天錫)이 권세를 믿고 시진(柴進)의 숙부(叔父) 시황성(柴皇城) 집을 둘러보고 탐을 내어 '당장 집을 비워라.'는 엉터리 요구를 하다가, 그를 거절하는 시황성(柴皇城)에게 폭행을 가하여 사경(死境)에 이르게 만들었다. 이에 영웅 이규(李逵)가 그 은천석(殷天錫)을 죽이고 양산박(梁山泊)으로 도망을 쳐 결국 송강(宋江)과 고렴(高廉)의 전쟁으로 번지게 되었다. 고렴(高廉)은 300명의 '비천신병(飛天神兵)'을 거느리고 나와 송강(宋江)의 군사들과 맞섰다. 그런데 그 고렴(高廉)이 '요술(妖術)'을 부려 송강 군사들에게 대항을 해 오니 송강은 계주(薊州)로 사람을 보내 공손승(公孫勝)을 초빙해와 그 고렴(高廉)을 결국 잡았다.[第五十一回, 第五十二回, 第五十三回]"[35]

_____→

(a) 휘종(徽宗) 황제의 총애를 받은 '고구(高俅)'의 폐해는 다시 그 일문(一門)의 횡포로 이어져, '고구(高俅)'의 조카 고렴(高廉)이 고당주(高唐州)에 지부(知府)로 부임하여 병마(兵馬)까지 관장을 하고 있었는데, 그의 처남 은천석(殷天錫)이 시진(柴進)의 숙부(叔父) '시황성(柴皇城)이 대대로 살아왔던 집을 그냥 비워라.'라고 했다가 그를 거절하니 폭행 살인을 했다는 것이 그 '쇠망한 하늘'의 더욱 구체인 현장이었다.

---

35) 施耐庵 撰, (足本) 水滸傳, (臺北) 世界書局, 2011, pp. 349~369 '第五十一回, 第五十二回, 第五十三回'

(b) '마하바라타(*The Mahabharata*)'에서는 두료다나의 횡포를 견디지 못한 판두 형제가 전쟁으로 대응을 하지만, '수호전(水滸傳)'에서는 이 '고렴(高廉, 고구의 조카)'과 '송강(宋江)의 양산박 무리'와의 '전쟁'이 비로소 시작이 된다.

(c) '마하바라타(*The Mahabharata*) 전쟁'에서 두료다나와 한패가 되었던 매부 '자야드라타' 외삼촌 '사쿠니'가 온갖 요술로 크리슈나 아르주나에게 대항을 해 오지만, '수호전(水滸傳)'에 그 '고렴(高廉)'도 신병(神兵)을 거느리고 요술(妖術)을 부려 송강(宋江) 등 양산박 영웅들을 곤경에 빠뜨려 송강(宋江)은 공손승(公孫勝)을 초빙해와 그 '고렴(高廉)'을 진압했다는 것이다.

(d) 이 '고렴(高廉)과 송강(宋江) 전쟁'이 작품 수호전(水滸傳) 속의 가장 어려운 전투였다.

(e) 당초에 '마하바라타(*The Mahabharata*) 전쟁'은 '온 세상 차지하기 전쟁'으로 번졌는데, '수호전(水滸傳) 속의 고렴(高廉) 송강(宋江) 전쟁'은 기껏해야 '허약한 황제의 아부 꾼 조카와의 전쟁'에 그쳤다는 점은 역시 주목을 하지 않을 수 없다.['최고 총치자의 결정 문제'가 아니라 '국가 경영 내부 부조리 문제']

(f) 그래도 수호전(水滸傳)은 당초 '대송선화유사'에서 목표로 삼은 '출세하여 고향가기'보다는 '훨씬 큰[높은] 시각'을 발동했는데, 그것은 역시 그 '마하바라타(*The Mahabharata*)'를 더욱 가까이 적용한 결과였다.

⑤ **체천행도(替天行道)** (3) -"태위(太尉) 고구(高俅)는 조카[고렴(高廉)]의 죽음에 천자에게 직접 양산박 도적을 잡을 것을 주청(奏請)하고, 호연작(呼延灼) 한도(韓滔) 팽기(彭玘)에게 마군(馬軍) 3천, 보군(步軍) 5천을 주어 양산박을 소탕하게 하고 '굉천뢰(轟天雷)'를 부리는 포수(砲手) 능진(凌振)까지 주선하여 승전보(勝戰報)를 전하도록 조처를 했다. 그래서 호연작(呼延灼)은 초반에 승리하여 상(賞)까지 받았으나, 이어 팽기(彭玘)가 양산박 군에 잡혀가고 뒤에 포수(砲手) 능진(凌振)도 잡혀 가게 되었는데, '항복'을 주저하는 능진(凌振)에게 송강(宋江)의 구호 '체천행도(替天行道)'를 말하게 하여 항복을 하게 했다. 그리하여 천하의 명장이라 소문이 난 그 '호연작(呼延灼)'도 전세가 불리하여 청주성(靑州城)을 지키고 있다가 결국 오용(吳用)의 전략으로 생포를 당했다.[第五十四回, 第五十五回, 第五十六回, 第五十七回]"[36]

———✈

(a) '수호전(水滸傳)'에 108 영웅들은 '국가에서 제대로 훈련을 시켜 적절한 처소에 벼슬을 주어 썼던 인물이거나 아직 쓰지 못했던 무사들'이라는 공통된 특징을 지니고 있다.

(b) 시인 시내암(施耐庵)은 그것을 바로 '쇠약한 하늘[替天]'이라고 규정을 했다. '양산박 108 영웅'의 공통 특징은 '(a) **억센 힘**' '(b) **굳은 의리**' '(c) **정직(正直)**' '(d) **무 처자(無 妻子)**'이다. 그런데 네 가지 특징 중에 '(d) **무 처자(無 妻子)**'의 특징은 그 '송사(宋史)'에 칭송된 '송용신(宋用臣)의 덕행'을 표준으로 마련한 '금욕(禁慾)'의 특징으로 '마하바라타(*The Mahabharata*)'의 [13년간의]'금욕(禁慾)' '고행(苦行)'을 다른 측면에서 변용하고 있는 사항이다.

---

36) 施耐庵 撰, (足本) 水滸傳, (臺北) 世界書局, 2011, pp. 369~394 '第五十四回, 第五十五回, 第五十六回, 第五十七回'

(c) 그러므로 송강(宋江)은 '양산박 108영웅'을 그 '천서(天書)'에 의거 '함께 행도(行道)의 무리'에 가입시키는 경우라는 독특한 행보(行步)를 보였는데, 이점도 '마하바라타(*The Mahabharata*)'에서 먼저 행해 보인 '정해진 운명 따라 인생 경영하기 방식'이었다.[天書 명단에 포함이 되어 있으면 벌써 '친구 형제'로 포섭의 대상임]

(d) 그런데 그 송강(宋江)은 '당시의 천자(휘종)'와는 다른 편 양산박(梁山泊)에 근거를 두고 '영웅 형제 모아 들이기'에 종사를 했을 뿐이라는 입장에 있었다.

⑥ **체천행도(替天行道)** (4) -"북경(北京) 대명부(大名府)를 약탈당한 양중서(梁中書)는, 동경(東京) 태사(太師) 채경(蔡京)에게 사정을 알려 그 채경(蔡京)이 황제에게 그 일을 보고하고 단정규(單廷珪) 위정국(魏定國) 두 장군을 추천하여, 그들이 양산박(梁山泊) 토벌 대장으로 내려온다는 사실이 그 송강(宋江)에게도 전해졌다.

이에 송강(宋江)은 앞서 항복을 해온 관승(關勝)을 출전 시켰는데 그 단정규(單廷珪) 위정국(魏定國) 두 장군은 관승(關勝)과의 대결 전에 그 관승(關勝)을 향해 '배반광부(背叛狂夫)'라고 욕을 퍼부었다. 이에 관승(關勝)은 '두 장군의 말씀은 틀렸습니다. 지금 황제는 혼암(昏暗)하여, 간신(奸臣)과 친해야 등용이 되고 원수는 꼭 갚으려 하지만, 우리 송공명(宋公明)은 체천행도(替天行道)를 행하며 두 장군을 모셔오라 하니 우리 함께 양산박으로 갑시다.'라고 말했다. 그런데 뒤에 그중 단정규(單廷珪)가 양산박 군에 먼저 생포를 당했는데, 단정규(單廷珪) 역시 그 남은 위정국(魏定國)을 찾아가 '이제 조정이 밝지 못 해서 천하(天下)가 크게 어지럽고, 사악한 무리들이 권세를 휘두르니, 우리 송공명에게 귀순을 했다가 뒤에 거짓을 버리고 정의로 돌아가면[去邪歸正] 어떻겠소?'라고 설득하여 결국 뜻을 같이 하게 되었다.[第六十六回]"[37]

———✈

(a) 황제의 '양산박(梁山泊) 격파' 명령을 받고 온 명장들이 모두 '송강(宋江)의 108 형제 채우기'에 기여(寄與)를 했다는 작품 수호전(水滸傳) 서술 방법은, '휘종 황제 조정(朝廷) 빈 집 만들기'에 성공을 거둔 셈이니, '그것을 꼭 [천자와의]전쟁을 통해 입증을 해야 할 것인가?'라는 입장에 있었던 존재가 시내암(施耐庵)의 작가 정신이었다.

(b) 그러므로 수호전(水滸傳)의 작가 시내암(施耐庵)은 그 '마하바라타(*The Mahabharata*)'의 시인처럼 '모두다 하늘의 명령이고 운수'라는 독특한 '인생관'과 '세계관'도 공유를 한 셈이다.

(d) 시내암(施耐庵)이 유독 '108'이란 수를 고집하고 있음은, 이미 '불교와 연합하고 힌두 정신[숫자 상징, 36X3=108] 연장'일 뿐이다.

④ **하늘 문이 열리다.** -"송강(宋江)이 다시 동평(東平)과 동창(東昌)을 격파하고 영웅들을 점검해 보이니, 108명이었다. 그래서 그들을 불러 놓고 말했다. '우리가 그동안 서로 마음을 합해서

---

37) 施耐庵 撰, (足本) 水滸傳, (臺北) 世界書局, 2011, pp. 445~451

싸우면 이기고 공격하면 취했습니다. 그래서 예로부터 지금까지 없던 공적을 이루었습니다. 우리가 하늘을 향해 큰 제사를 올리어 감사를 표하면 어떻겠소?' 모두가 찬성을 해서 4월 15일 기해서 7주야(晝夜)를 연이어 제사를 지냈더니, 7일째 되는 밤 12시에 비단 깁 찢는 소리가 들리더니 서북(西北) 건방(乾方)에 '하늘 문이 열린다.' '하늘눈이 열린다.'는 소리가 들리더니, 돌비석 하나가 내려왔는데 거기에 108명의 이름이 빠지지 않고 다 정확하게 적혀 있었다.

그래서 송강(宋江)은 길일(吉日)을 택하여 또 제사를 지냈다. 송강(宋江)은 영웅들과 맹세했다. '우리는 영원토록 어려움에 서로 돕고 생사를 같이 합시다.' 밤늦게까지 술 마시고 각 처소로 돌아갔다.

그날 밤 노준의(盧俊義)가 꿈을 꾸었는데, 꿈속에 엄청난 키 큰 사람이 나타나 '나는 계강(稽康)이다. 대송황제를 위해 너희를 잡으러 왔다. 너희 스스로 결박하여 내 손을 쓸 필요도 없을 것이다.' 이에 노준의(盧俊義)가 그에게 무기를 사용하려 해도 무기가 못 쓰게 되었다. 계강(稽康)이 큰 소리로 말했다. '죽어 마땅한 도적들아, 너희를 살려 두면 무슨 법으로 세상을 다스리겠는가.'라고 꾸짖고 '회자(劊子, 칼잡이)는 어디 있느냐?'고 소리치니 216[108X2]명의 칼잡이가 벽의(壁衣)에서 달려나와 송강(宋江) 일당을 처형했다. -제70회 충의당(忠義堂)에서 천문(天文)을 수령하고, 양산박 영웅들이 악몽에서 벗어나다.[忠義堂石受天文 梁山泊英雄驚惡夢]"[38]

_____✦

(a) 시내암(施耐庵) '**수호전(水滸傳)**'의 마지막 부분은 모든 서사문학의 진술이 그러하듯 제일 신중하게 경청(傾聽)해야 할 부분이다.

(b) '나천대초(羅天大醮, 하늘에 올리는 큰 제사)'를 마쳤으니, 그들의 '위대한 꿈'이 성취될 단계에 왔는데, 마침내 '하늘 문(天門)'이 열리고 '승천(昇天)'을 해야 할 시간이다.

(c) 그 때 그들에게 '사형 집행 담당관' '계강(稽康)'이 나타나 송강(宋江) 등을 '죽어 마땅한 도적들'이라 규정하였다.

(d) 여기에 독자는 신중하게 새겨야 할 것이니, 온 세상은 '무력'이나 '폭력'으로 통치하는 하는 것이 아니라 '개인의 육신을 버리고 법을 존중하는 그 마하바라타의 유디슈티라'가 바로 적당한 '세상의 주인' 자격이 있음은 가장 주목을 해야 한다.

(e) 한 마디로 '아내와 자식'을 두고 세상 경영에 나선 일은, '부정부패 안일(安逸)'을 끊을 수 없으므로 그저 어느 누가 통치해도 일반인 경우이다.

(f) 그러나 '끊임없이 까닭 없는 충동적 살인'을 보인 '이규(李逵)'와 동행(同行) 운명으로 정해진 송강(宋江) 경우도, 그 '사형(死刑)'이 가장 마땅한 것이라고 시내암(施耐庵)은 판결을 내리고 있는 셈이다.

(g) 그러면 그 시내암(施耐庵)과 비아사(Vyasa)를 통합한 '이상적인 통치자'는 '자연의 이치에 합당한 유디슈티라, 요순(堯舜) 같은 분'이니, 그분들의 공통점은 '육체(뱀)'을 이긴 초월 정신 길렀던 분'

_____
38) 施耐庵 撰, (足本) 水滸傳, (臺北) 世界書局, 2011, pp. 467~474 '第七十回'

이니, 항상 술 밥 잔치를 일삼는 '송강(宋江)' '오용(吳用)' 무리로는 어림도 없는 수작이라는 결론이다.

(h) 그러므로 송(宋)나라 휘종(徽宗)이 고구(高俅) 같은 간신을 길러 그에 분노한 '송강(宋江)' '오용(吳用)' 등은 단지 '마하바라타(*The Mahabharata*)' 비마 아르주나 정도에도 못 미쳐 사실상 '세상을 다스릴 덕'은 오히려 형편없이 부족했다는 결론이다.

(i) '**수호전(水滸傳)**'을 쓴 중국의 시인 시내암(施耐庵)과 '마하바라타(*The Mahabharata*)'를 썼다는 비아사(Vyasa)는 그 역사적 관점이나 철학적 관점에서 이규(李逵)와 동급[형제]인 '송강(宋江)'의 소위 '체천행도(替天行道)' 문제는 이 정도의 선에서 마무리가 되어야 할 것이다.

(j) '**수호전(水滸傳)**' 첫머리 '설자(楔子, 문턱)'에서 언급했던 '108마왕'의 문제도 이 정도의 결론이어야 수미(首尾)가 일치될 것이니, '**수호전(水滸傳)**'의 '108영웅'은 '진정한 육신(肉身, 뱀)의 극복 정신'을 덜 배운['인괴[忍苦]'를 모르는] 무리들[락샤사-Rashasa]로, 진정으로 '정신[도덕]의 위대성'을 덜 배운 크샤트리아들'일 뿐이다.

(k) 앞서 '대송선화유사(大宋宣和遺事)' 작가는 '송강(宋江)' 등이 '벼슬 얻어 고향 가는 것' 그 '촌(村) 사람들의 꿈 이야기'를 시내암(施耐庵)은 '진정한 이상적 통치자[宋江]'으로까지 생각하도록 만들었으니, 시내암(施耐庵)은 중국 도교(道敎) 형태로 바꿘 '마하바라타(*The Mahabharata*)'를 크게 수용했으나, 시내암(施耐庵) 당대까지 이미 굳어져 있는 '충성과 의리로 국가를 지키고 백성을 편하게 하라.'[九天玄女의 가르침]는 것이 주제이니, 중국 식 '현실주의' '실존주의' 범위 내의 문제로 '**수호전(水滸傳)**'의 주제를 한정하였다.[이미 '지역주의' '종족주의'로 흘러 있음]

⑤ **양산박(梁山泊)** -"굉천뢰(轟天雷) 능진(凌振)이 그 '양산박(梁山泊)'을 향하여 세 개의 포대를 만들었으니, 풍화포(風火砲) 금륜포(金輪砲) 자모포(子母砲)를 세웠다는 말을 듣고 송강(宋江)은 근심에 빠졌다. 오용(吳用)이 말했다. '근심하지 마십시오. 우리 산채(山寨, 梁山泊)는 사방이 물로 싸여 성곽이 물에서 멀리 있으니, 설령 비천(飛天) 포화를 쏜다고 해도 성에 이르지 못 할 겁니다. (這個不妨 我山寨四面都是水泊 港沒甚多 宛子城 離水又遠 縱飛天火砲 如何能彀打得到城邊)' -第五十四回 高太尉大興三路兵 呼延灼擺布連環馬"[39]

"양산박(梁山泊)에 조개(晁蓋) 두령(頭領)이 사망을 하여 여행 중인 북경(北京) 대명부(大名府) 용화사 승려 대원(大圓)을 초빙해 도량을 열고 명복(冥福)을 빌었다. 그런데 그 승려 대원(大圓)이 송강(宋江)에게 '옥기린(玉麒麟)을 아느냐?'라고 물었다. 이에 송강은 천서(天書)에 그 함자(銜字)를 생각해내 '이 사람만 얻으면 천하의 군마를 다 얻은 셈이다.'라고 탄식을 하니, 오용(吳用) 당장 이규(李逵)를 대동하고 북경(北京) 대명부(大名府)로 향했다. 오용(吳用)은 점쟁이로 가장하여 노준의(盧俊義)에게 접근하여 그의 사주(四柱, 生年月日時)를 묻고, '사주(四柱)에 혈광지재(血光之災, 피를 볼 운수)가 끼어 칼 아래 죽으리라.'고 예언을 했다. 이에 노준의(盧俊義)가 피할 방도를 물으니, 오용은 **동남(東南)쪽 손방(巽方) 1천리 밖으로 나가면 목숨을 건지겠다.[只除非去東南方異地**

---

39) 施耐庵 撰, (足本) 水滸傳, (臺北) 世界書局, 2011, p. 374 '第五十四回'

<u>上一千里之外</u>'라고 말하며 구체적인 내용을 시로 풀어 노준의(盧俊義)가 받아 적게 하였다. '갈대 꽃 숲 조각배에(蘆花叢裏一片舟)/ 영웅들 그 속에 노닐고 있네(俊傑俄從此地遊)/ 옳은 선비 이 이치를 알았다면(義士 若能知此理)/ 제 몸 살펴 이 근심 벗어나리.(反躬逃難可無憂)' —제60회 오용이 꾀를 내어 옥기린을 속였다.[第六十回 吳用智賺玉麒麟]"[40]

_____ ✈

(a) 처음 '선화유사(宣和遺事)'에서는, 당초 '양산박(梁山泊)'을 <u>조개(晁蓋) 등은 태행산(太行山) 양산박(梁山泊)으로 가 산적(山賊)이 되었다.</u>'고 서술을 하였다.

그런데 작품 '수호전(水滸傳)'에 '양산박(梁山泊)'은 <u>작가 시내암(施耐庵) 자신이 그 오용(吳用)의 입을 통해 [위에서처럼] 고려(高麗) 개성(開城) 앞바다에 있는 강화도(江華島, 江都)임을 명시하고 있다.</u>[노준의(盧俊義)가 거주하고 있는 <u>북경(北京)의 동남쪽 천리 밖의 섬</u>이란 바로 江華島인데, 그 노준의(盧俊義)는 그 말을 쉽게 알아듣고 그 '梁山泊'으로 바로 찾아왔음]

(b) 역대 중국 왕조와 한반도 정부와의 관계에서, 고려(高麗)와 조광윤(趙匡胤)의 송(宋) 왕조처럼 친밀한 관계를 지닌 적이 없을 정도로 송(宋)나라와 고려(高麗)는 밀접해 있었으니[41], 그러한 사실을 시인 시내암(施耐庵)이 모를 까닭이 없고, 더구나 고려(高麗) 왕조에서는 몽고(蒙古)에 침략을 해 왔을 적에 권신(權臣) 최이(崔怡, 崔瑀) 등의 주장으로 강화도(江華島, 江都)로 들어가(高宗 39, 1232, -南宋 理宗 紹定 5), 39년 간 끈질긴 '항몽전(抗蒙戰)'을 펼쳤던 곳이다. 원종(元宗)은 일단 출륙(出陸)을 했으나 배중손(裵仲孫) 김통정(金通精) 등 소위 '<u>삼별초(三別抄)</u>' 무리는 이후 진도(珍島) 제주(濟州)까지 진출하여 원종(元宗) 14년(南宋 度宗 咸淳 9 1273)까지 항전을 계속했다.[42]

'수호전(水滸傳)' 작품 내에서도 '제주(濟州)'는 '<u>양산박(梁山泊)</u>'과 같은 이름으로 쓰였던 것은 우연한 일치가 전혀 아니고, <u>시인 시내암(施耐庵)이 '고려의 항몽(抗蒙) 정신'을 '도덕 실천[行道]'의 역사적 사실로 높이 샌수용한</u> 결과였다.

(c) 시내암(施耐庵)은 처음부터 '빛나는 고려(高麗)의 항몽(抗蒙) 투혼의 강화도(江華島)'를 바로 자신의 '수호전(水滸傳)' 108명의 영웅들의 최고 '<u>체천행도(替天行道) 정신'의 본 고장[梁山泊]</u>으로 작정(作定)을 하고 그의 작품 '수호전(水滸傳)'을 쓰기 시작하였다.

즉 시내암(施耐庵)이 작품 '수호전(水滸傳)'의 중심 주제로 내세운 그 '체천행도(替天行道)'의 '실체(實體)'는, '양산박(梁山泊)'의 본고장이 '충절(忠節)'의 고향 강화도(江華都)'라는 점을 확인한 다음에야, 비로소 '동방(東方) 지구촌의[蒙古 지배] 역사'를 소재로 한 대작(大作) '수호전(水滸傳)' 본 모습은 제대로 다 납득하게 된다.

원래 시인들이란, 자신 작품의 주인공들에게 '자기 스스로의 정신'을 바로 싣는 법이니, 당시 '송(宋)나라 천자의 쇠약[替天함]'에 오히려 '고려 삼별초(三別抄)의 항몽(抗蒙)의 도덕 실천[行道, 忠情]'을 그 '양산박(梁山泊. 江華島) 영웅의 도덕 정신'으로 환원(還元)하여 자신의 대작(大作) '수호

---

40) 施耐庵 撰, (足本) 水滸傳, (臺北) 世界書局, 2011, pp. 407~409 '第六十回'

41) 중국 '송(宋)나라'와 '고려(高麗)'의 친밀도는 정지상(鄭知常)의 '송인(送人)'시로 입증이 되어 있다.[이제현의 '櫟翁稗說' 참조]

42) 이병도, 新修 국사대관, 보문각, 1955, pp. 249~256

전(水滸傳)'을 통해 마음껏 시위(示威)하기에 이른 것이다.

(d) 그런데 '수호전(水滸傳)'의 그 '양산박(梁山泊)'은, 역시 '마하바라타(*The Mahabharata*)'의 영웅 크리슈나(Krishna)의 도시 **드와라카(Dwaraka)**와 크게 유사하게 되었으니, 종장(終場)에 무사(武士)들은 무기로 서로를 죽이고 마침내 그 도시는 물속에 잠겼다는 '영웅[크리슈나, 宋江] 몰락의 도시'로 영원한 '추억(追憶)의 도시'가 된 점이 그것이다.

8) 오승은(吳承恩)의 '서유기(西遊記)'

작품 '서유기(西遊記)'에 주인공 손오공(孫悟空)은 힌두 '마하바라타(*The Mahabharata*)'의 '가루다(Garuda)'와 '하누만(Hanuman)' 행적을 그 '손행자[孫行者]'에게 적용했으니 유명한 그의 '여의봉(如意棒)'란 힌두의 '생각 만능주의'에 기초한 것이고 손오공(孫悟空)의 무한 위험 돌파는 '마하바라타(*The Mahabharata*)'의 '아르주나 식 위험 돌파'이고 '서유기(西遊記)'에 '여래불(如來佛)'은 '마하바라타(*The Mahabharata*)'의 '크리슈나' 대신이다.

① **서유기(西遊記)의 손오공(孫悟空)** - "서유기(西遊記)는 중국 명나라 시기의 장편소설이다. 전 100회로, 오승은(吳承恩, 1500-1582)의 작품으로 알려져 있다... 삼장법사(三藏法師)가 천축(天竺)으로 가는 길을 답파하여 중국에 경전을 구하여 온다는 이야기의 골자는 당의 고승인 현장(玄奘, 600-664)의 역사적 장거 실록으로 현장의 '대당서역기(大唐西域記)', 혜립(慧立)의 '대자은사 삼장법사전(大慈恩寺三藏法師傳)' 등에 따른 것으로, 소설의 대부분(제13-100회)은 요마(妖魔)에서 발을 씻은 손오공(孫悟空), 저오능(猪悟能), 사오정(沙悟淨)의 세 제자가 연달아 나타나고 기상천외의 요마들과 갖가지 싸움을 벌이는 '81난(難)'의 이야기이다. 토속의 환담(幻談)에 문인의 각색이 첨가되어 공상 세계가 확대되었을 뿐만 아니라, 세태(世態) 인정(人情)을 파헤치고 정치의 비판에까지 이르는 성숙된 인간학이 담겨 있다.... 서두 부분(제1-9회)은 오공의 전신인 제천대성(齊天大聖)이 천계(天界)를 대혼란에 빠뜨리는 통쾌한 이야기로서 여래(如來)의 법력(法力)에 의한 조복(調伏)에서부터 서천취경(西天取經)으로 연결되는데, 제천대성이라는 요원(妖猿)에 대해서는, 인도에서 나온 것으로 생각되고 있는 원장 오공(猿將悟空)과 별개의 전승(傳承)을 외국의 소설이나 설화에서 찾아볼 수가 있다. 이 소설에도 그 긴 형성사(形成史)를 증명할 자료가 몇 가지 남아 있으며, 가장 주목할 것으로 '대당삼장취경시화(大唐三藏取經詩話)' 3권이 있다. 남송의 간본(刊本)으로 추정되며, 매우 간략한 행문(行文)이면서도 백의수재(白衣秀才) 모습의 '후(=원숭이) 행자(行者)'가 삼장법사를 도와 신통력(神通力)을 발휘하는 이야기를 17회에 걸쳐서 엮고 있다. 그 후 명초 양경현(楊景賢)의 희곡 '서유기'에 이르러 소설의 줄거리는 이미 대강 완성되었다고 할 수 있다."[43]

---

43) 위키백과, '서유기(西遊記)' 초인(抄引)

'여래불(如來佛)' '손오공' '삼장법사'[44]

———✈

(a) **'여래불(如來佛)'은 힌두(Hindu) '마하바라타(_The Mahabharata_)'에 명시된 절대신 비슈누의 제 9 화신(化身)이다.**[크리슈나(Krishna)의 일생 - '9. 부다(Buddha) 화신(化身)' 참조]

(b) '인간인 삼장법사' 서역 길을 도운 '손오공' '저팔계' '사오정' '용마'가 서역(西域) 취경(取經) 길을 도와 더욱 높은 경지를 확보했다는 이야기는, '**절대 신과 하나 되기(Yoga)**'를 강조한 '마하바라타 (_The Mahabharata_)' 식 사고(思考) 내의 상상이다.

(c) 삼장법사 서역 행에 대표적으로 활략을 편 **손오공(孫悟空)**은 '마하바라타(_The Mahabharata_)'의 **'하누만(Hanuman)'**과 **'가루다(Garuda)'**의 능력을 합친 그 변용이다.

(d) 손오공의 대표적인 무기 **'여의봉(如意棒)'**은 힌두(Hindu) '마하바라타(_The Mahabharata_)'에 널려 있는 **'생각 만능주의'**를 하나의 '무기'에 적용한 것이다.

(e) 삼장법사 일행이 서역 길에 겪었다는 '81난' 이야기는 '마하바라타(_The Mahabharata_)' '말제사의 책(Anusasana Parva)'[제116회]에서 '아르주나가 희생(犧牲)마 추적'에서 보인 '**그 극복이 확실한 고난의 행군(行軍) 이야기**'를 단지 '불교식 신비주의'로 바꾼 것이다.

(f) 당(唐)태종의 신하 '위징(魏徵)'이 깨어 있을 때는 태종의 신하, 잠들었을 때는 천신이란 사고는 힌두 '마하바라타(_The Mahabharata_)'의 '영혼[정신] 제일주의'를 중국식으로 바꾼 것으로, 한(漢) 나라 이후 성행한 '도교(道敎) 식 인생관 세계관'이다.

(g) '서유기(西遊記)'에서 손오공(孫悟空)이 당초 '돌(石)' 속에서 탄생했다는 것은 '마하바라타(_The Mahabharata_)' 식 '영웅 신의 탄생' 방법이다.['관념' '불' '그릇' 속에서 영웅과 미녀가 출현했음]

(h) '서유기(西遊記)'에서 손오공의 유학 중에 수렴동을 차지하려 했다는 '혼세마왕(混世魔王)' 경유는 '마하바라타(_The Mahabharata_)'에서 비마(Bhima)에게 격퇴를 당한 악귀 '히딤바'나 '바카'의 경우 와 같다.[제32장, 제33장]

(i) 손오공이 용궁에서 '신진철여의봉(神珍鐵 如意棒)'을 획득했다는 것은 아르주나가 불의 신에게 '간디바(Gandiva)'를 획득했다는 이야기와 동일하다.[제39장]

(j) '부처님이 천축뇌음사(天竺 雷音寺)에 계신다.'는 표현은, '마하바라타(_The Mahabharata_)'에서 '바 라문들'이 '**모든 신들'이 그 '사제(司祭)와 함께 영원히 있다.'**는 위대한 발명을 먼저 온전하게

---

44) 吳承恩., 西游記, (中國)吉林文史出版社, 1995, '如來佛' '孫行者' '唐僧'

다 명시한 것인데, 그것을 '서유기(西遊記)' 저자는 그대로 그 '서유기(西遊記) 제작'에 적용하였다.

(k) '불교'에 '관음보살(觀音菩薩)'이란 바로 '기독교'에 '성령(聖靈)'이니, '마하바라타(*The Mahabharata*)'에는 벌써 그 '바라문[비아새의 정신'으로 명시를 하였다.['생각'만 하면 바로 '출현'함]

(l) '홍복사(洪福寺)'에 현장법사(玄裝法師, 三藏法師), 오행산(五行山)에 손오공, 복룽산(福陵山)에 저오능(猪悟能)과 용(龍) 유사하(流沙河)에 사오정(沙悟淨) 등 '5자(五者)'가 중심이 되어 당(唐)나라에 '대승(大乘)법'을 전했다는 이야기는, '마하바라타(*The Mahabharata*)'에서 절대신 크리슈나가 유디슈티라, 아르주나, 비마, 나쿨라, 사하데바를 '5인의 영웅들'을 시켜서 '힌두(Hindu) 세계를 평정'했다는 이야기와 동일한 이야기이다.

(m) 그리고 서역(西域) 길 '10만 8천리'란, 힌두의 '얀트라(Yantra)' 수 '108=(36X3)'의 변용이다.

(n) '서유기(西遊記)'는 사실상 '부처님의 중국 정복', '불교의 중국 포교(布敎) 성공담'인데, '서유기(西遊記)'는 '마하바라타(*The Mahabharata*)' 전개를 더욱 단순화하여 힌두 '크리슈나' 세상 정복 이야기를 '부처님의 교리 당(唐)나라에 전하기'로 바꾼 것일 뿐이다.

그동안 그 중 탁월한 해결사(解決士) '손오공이 겪었던 81난(難)'은, 앞서 말한 '아르주나의 희생마(犧牲 馬) 추적'[제116회]을 그대로 적용한 것이니, 아르주나는 이미 탁월한 무기로 세상을 다 평정해 놓은 상태에서, 단지 의례상(儀禮上)의 '말 제사[평화의 잔치]'를 치르기 위해 '죽기 살기의 고난(苦難)의 행군(行軍)했다.'는 그 동기(動機)의 '유사성'에서 그러하다.[어느 경우나 '포교(布敎)'란 그대 '복음(福音)의 전파'이니, '살상의 전쟁을 앞세울 까닭'이 없다.]

(o) 아르주아의 '말 제사[祝祭] 소식의 전달'이 '무서운 전쟁을 수반했다.'는 논리나, '부처님 복음(福音)의 당(唐)나라 수용'에 '엄청난 전쟁들을 감내(堪耐)해야 했다.'는 전제는, '과거 사제 문화의 권위주의'에 비롯된 그 '선교사들의 고난'을 전달하고 있는 그 증언들이다.

9. 일본인

'각국의 역사'는 각 '지역의 역사'이다. 그러한 모든 지역 모든 자료들이 합하여 비로소 '전 세계 인류의 역사'가 이루어진다. 그들 각 종족의 '고유의 지성들의 힘'으로, '자기들과 세계인을 향해 말하는 바들[각국의 역사들]'이니, 그들의 고유 취향과 가치관 세계관 우주관을 피력하는 것으로 인류의 종교 사상 문화의 일부이고, 역시 그들 고유(固有)의 '가치관의 총화'이다.

이러한 측면에서 '각국의 역사' '지역의 역사'는 확실하게 세계사의 일부이며 역시 개별 종족 역사이니, 이 두 가지 측면[개별 국사와 세계사의 두 가지 眼目]을 다 존중이 될 때 세계사는 그 바른 방향을 잡게 되어 있다.

그러므로 '개별 종족 사'는 한 가문(家門)의 족보(族譜)처럼 소중할 것이니, 그것이 어떻게 서술이 되었던 그 '개별 종족 가문의 문제로 치부'할 수 있으나, '세계사'의 경우는 '인류 과거의 과학적 근거이며 미래를 향해 운영을 해 나갈 공동 규칙 마련과 행동 방향에 유일한 인류의 지식 원(知識 源)'이므로 인류의 합당한 이성적 눈으로 계속 감시 보충 강화해 나가지 않을 수 없는 '인류 공통의 정보(情報) 원천'이다.

그러므로 '개별 국가 역사'는 그 고유의 가치를 인정하는 것은 '종교의 자유'처럼 인간 개인 생활 보장처럼 당연한 것이나, 그것에는 아울러 '객관적' '보편적' '과학적' 검증과 안목이 동행할 필요가 꼭 있어야 하는 것이니, 오늘날처럼 '지구촌(地球村)'이 '일일(一日) 생활권'으로 들어 온 마당에는 '조상 대대로 살고 있는 땅'이라고 해도 '무관(無關) 국외(局外)인'라도 막을 수 없는 세계가 전개 되고 있으니, '국외인(局外人)의 금지'는 그 지역 사람 역시 '다른 외지(外地)로의 관심과 방문과 거주 금지'를 그대로 감내(堪耐)해야 하는 '쇄국 폐쇄 고립의 원시문화'를 자원하는 꼴이되기 때 문이다.

그러므로 모든 지역의 지니는 '지역(地域) 사' '종족(種族) 사'는 세계인에게 공개 검증을 받아야 하고, 소위 '지구촌 운영의 시각 제공자'들은 역시 그 특정 '지역(地域) 사' '종족(種族) 사'의 검증을 병행해야 함은 역시 그들의 기본적 의무일 것이다.

'일본인'은 언어적으로 중국인(中國人)보다는 '한국인'과 가깝고, 지역적으로는 한국인보다는 중 국(中國)에서 한 발 더 멀리 떨어져 있다. 그러한 관계로 '한문화(漢文化)' 습득에는 과거 한국인보 다는 한 발 늦을 수밖에 없었는데, 일본인의 일찍부터 '역사'에 관심을 가져 **고사기(古事記)' '서기 (書記)'**라는 두 문헌을 마련하여 지니고 있었다.

1) '고사기(古事記, 712)'

① **안만여(安萬侶, 야스마로)의 고사기(古事記) 제작 동기** -"엎드려 생각건대, 황제폐하(일본 元 明천황, 재위 707~715)께서는 하나를 얻어 빛을 두로 비추시고 셋에 능통하시어 백성을 올바르게 보살피십니다....

이름은 문명(文命, 중국 禹王)보다 높고, 덕은 천을(天乙, 중국 湯王)보다 뛰어나시다 할 것입니 다. 그리하여 구사(舊辭)에 잘못이 있음을 애석하게 생각하시어 선기(先紀)의 잘못 된 것을 바로잡 기 위해 화동(和銅) 4년(711) 9월 18일 신(臣) 야스마로(安萬侶)에게 '히에다아래(稗田阿禮)가 읽는 칙어구사(勅語舊辭, 천황에게 알리는 과거 천황들의 이력 -일본사)를 정리 기록하여 헌상하라.' 하 셨기에 삼가 명을 받들어 자세히 이를 채록했습니다....

모두 합하여 세 권을 기록하여 신(臣) 야스마로(安萬侶)가 삼가 바치옵니다.

화동(和銅) 5년 1월 28일 정5위 상훈(上勳) 5등 태조신(太朝臣) 야스마로(安萬侶) 올림"[45]

―――→

(a) 일본의 '원명(元明)천황' 때의 '계관시인' 야스마로(安萬侶)는 당대의 최고 지식인으로 중국(中國)

---

45) 安萬侶 노성환 역, 古事記. 예전사, 1990, 상권, pp. 26~27

의 '한문(漢文)'으로 된 중국의 '역사서[史記]'를 이미 다 읽었던 것을 확인할 수 있다.

(b) 야스마로(安萬侶)는 당대 '원명(元明)천황'의 신하로서, 5개월 정도의 기간에 '고사기(古事記)'를 완성했던 것으로 보아 감히 일본(天皇) '천황 교육용 지침서(指針書)'를 마련할 정도로 '높은 지덕(知德)을 겸비한 존재'였고 존중 받았던 사람으로 추지(推知)할 수 있다.

(c) 그 '원명(元明)천황'에 대한 야스마로(安萬侶)는, 바로 '마하바라타(The Mahabharata)'에서 황제 '자나메자야(Janamejaya)'에 대한 '바이삼파야나(Vaisampayana)'와 같은 존재이다.

(d) 그러나 이미 '한문화(漢文化)'를 체득한 야스마로(安萬侶)는, 그 연대(年代)와 자신의 신분을 명시하는 것도, '사실(事實)을 존중하는 사학도'의 태도를 보인 바로 주목을 요하는 사항이다.['힌두 문화'는 처음부터 '연대가 무시된 '常住' '常在'의 문화임.-'절대주의' 특징임]

(e) 그런데 이 야스마로(安萬侶)는 자기가 받들고 있는 그 '천황'을 향해 '이름은 문명(文命, 중국 禹王)보다 높고 덕은 천을(天乙, 중국 湯王)보다 뛰어나시다.'라고 했던 것은, 자기 '황제에 대한 존중'을 넘어 '중국 문명의 비하(卑下)'도 일부 포함된 것이라는 점에 주목을 해야 한다.

(f) 즉 일상 평상의 경우로는 그 **'외국어 학습'은 우선 '그 나라의 문화의 긍정과 존중'도 수반하게 마련인데**, 시인 야스마로(安萬侶)는 자기가 모시고 있는 그 '천황[여왕]' 앞에서 '중국의 하은(夏殷)의 시조(始祖)보다 당신이 더욱 훌륭하다.'고 왜 꼭 말을 해야만 했을까의 문제가 그것이다. 이것은 그 말의 사실 여부를 떠나, **그 말이 과장(誇張) 정도가** '중국(中國) 사가(史家)의 말하기 방법'과는 사뭇 다르다 할 것이다.

(g) 이를 그 '야스마로(安萬侶)의 의식'으로 직핍(直逼)하여 지적하면, 그는 이미 중국의 '현실주의(실존주의)'와는 사뭇 다른 문화 '절대 신 문화' '힌두(Hindu)의 바라타 문화['마하바라타(The Mahabharata)']'에 크게 기울어 있었기 때문이다.

힌두(Hindu)의 '절대주의(Absolutism)'는 '현실[육신] 부정' '영혼 존중'으로 그 중국의 '현실주의' '실존주의' 문화와는 크게 어긋나 있었는데, 야스마로(安萬侶)는 이미 '힌두(Hindu) 정신이 팽배한 열도(列島) 사회 상황'에서 '한문(漢文) 공부를 한 사람'으로서 드러낸 바가 '중국 무시'로 일부 노출이 된 것이라고 할 수 있다.[이것은 전(全) '고사기(古事記) 기술 내용'으로 충분히 확인될 수 있는 사항임]

② **여러 신들의 출현** - "하늘과 땅이 처음 나누어지자 세 명의 신이 시조가 되었고, 두 명의 신이 만물을 생성하는 부모가 되었습니다. [세 명의 신들이] '눈'을 씻어, '해'와 '달'이 나타났고, 바닷물에 목욕을 하셔서 많은 신들이 출현했습니다....'거울'을 걸고 '구슬'을 뱉어 내어 대대로 왕통을 계승하였고, 칼을 씹고 뱀을 퇴치함으로써 신들의 번영을 이루었습니다....'천안하(天安河, 아메노야스가와)'라는 강에서 서로 의논하여 천하를 평정하고 '소병(所浜, 오바마)'이라는 곳에 교섭하여 국토를 평정했습니다....그리하여 '향인기명(香仁岐命, 호노니니기미꼬토)'이 비로소 '고천수(高千穗, 타카치호)'라는 산봉우리로 내려왔고, '신무천황(神武天皇)'은 '추진도(秋津島, 아키즈시마)'를 돌아보았습니다. '곰'이 나타났을 때 하늘이 칼을 고창(高倉, 타카쿠라지)에서 내려주셨고, '꼬리 달린 사람'을 만나고 '큰 새'의 안내를 받아 '길야(吉野, 요시노)'로 들었습니다. 또 춤을 추게 하여 적의 물리쳤고 노래를 듣고 적을 평정했습니다."[46]

___→

(a) 안만여(安萬侶, 야스마로)의 '고사기(古事記)'는, 한 마디로 '일본의 '마하바라타(*The Mahabhara-ta*)'이다.

(b) 우선 천지 창조를 맡은 일본의 '3신'은, 힌두(Hindu)의 '옴(Om) 신'의 일본 식 변형이고, '고천수(高千穗, 타카치호) 산'이란 일본의 '메루(Meru) 산'이다.

(c) '거울' '눈' 태양 '달'은 힌두의 '마하바라타(*The Mahabharata*)'에 연유한 닮고 단 비유이다. ['거울'은 자신과 '절대 신 -태양을 객관적으로 비교할 수 있는 도구 -'눈'이다.]

(d) 특히 '뱀을 죽임(斬蛇) 이야기'는 신중을 기해야 하는 화제인데, 이후 안만여(安萬侶, 야스마로)는 어떻게 그 의미를 부여했는지 주목을 해야 한다.

③ **태양신과 비슈누 신** -"하늘나라에 3신은 천지어중주신(天之御中主神, 주인 신) 고어산소일신(高御産巢日神, 태양 아비 신) 신산소일신(神産巢日神, 태양 어미 신)이다...그리고 이 때 국토는 생성되지 않아 물에 떠 있는 기름처럼 해파리처럼 떠 있을 때 생겨난 신의 이름은 우마지아사가비비고지신(宇摩志阿斯訶備比古遲神)이다. 그리고 그 다음 신은 천지상립신(天之常立神)이다...그 다음 출현한 신은 국지상립신(國之常立神)이다...다음으로 생겨난 신은 풍운야시신(豊雲野神, 풍년의 신)이다. 그 다음 생겨난 신은 우비지이신(宇比地邇神)이고 그 다음은 수비지이(須比智邇神, 지혜 신) 여신이다. 다음으로 각익신(角杙神, 움트게 하는 신) 활익신(活杙神, 무성하게 하는 신) 의부두능지신(意富斗能地神, 부자되게 하는 신) 대두내변신(大斗乃辨神) 어모타류신(於母陀琉神) 아야가지고니신(阿夜訶志古泥神) 이야나기신(伊耶那岐神) 이야나미신(伊耶那美神)이 차례로 나왔다."[47]

___→

(a) 안만여(安萬侶, 야스마로) 시인은, '하늘나라에 3신은 천지어중주신(天之御中主神, 주인 신) 고어산소일신(高御産巢日神, 태양 아비 신) 신산소일신(神産巢日神, 태양 어미 신)이다.'라고 말했는데, 힌두(Hindu)는 주인 신으로 '브라흐마'를 두고 있고, 태양(太陽) 신으로 '수리아(Suria)'를 두고 있는데, 안만여(安萬侶, 야스마로)는 '고어산소일신(高御産巢日神, 태양 아비 신) 신산소일신(神産巢日神, 태양 어미 신)'을 더욱 분화하여 스스로들이 그 '태양 족[Surya 족]'임을 명시하고 있다.

(b) 그리고 힌두(Hindu)의 '마하바라타(*The Mahabharata*)' 시인과 안만여(安萬侶, 야스마로) 시인이 크게 유사한 점은 '천지 만물에 인격신(人格神)' 두어 운영했던 힌두(Hindu) 식 '신 만들기' 방법이 그것이다.

(c) '신의 명칭 제작 방법'도 그 힌두와 동일하여, 그 해당 신의 기능(機能, 職能)의 '한자 식 명명' 또는 '일본어 식' 소임 명칭을 그대로 '신의 이름'으로 부른 것인 역시 그 **힌두(Hindu)처럼 '인간의 소용[상상]에 따른 신의 설립'**임을 입증하고 있다.

---

46) 安萬侶 노성환 역, 古事記. 예전사, 1990, 상권, pp. 15~16
47) 安萬侶 노성환 역, 古事記. 예전사, 1990, 상권, pp. 32~33

(d) 특히 '우마지아사가비비고지신(宇摩志阿斯訶備比古遲神)'은 바로 '잠이 든 비슈누 신(Sayana Vishnu)'의 변용임을 알 필요가 있다.

(e) 이로써 '태양족(Solar race, 多神敎徒)'의 이동으로 '상대(上代) 세계사'를 설명한 포콕(E. Pococke)의 '입증[희랍 속의 인도(India in Greece)] 이론'은, 서구(西歐)의 '이집트' '희랍' '로마'뿐만 아니라 '중국'과 '일본 열도'에도 여지없이 적용되었음은 주목을 해야 할 사항이다.

(f) 즉 힌두(Hindu)의 '잠이 든 비슈누 신(Sayana Vishnu, 창조신)'의 문제는 '인류 신화 해명'에 일차적인 열쇠가 되는 태초(太初)의 신상(神像)이다.

(g) 안만여(安萬侶, 야스마로) 시인의 '고사기(古事記)'도 '일본의 종족'이 어떻게 존재하게 되었는가에 대한 이유를 말하는 것이 우선이므로 '창조신' 이야기를 피해 갈 수 없으니, '모든 신의 존재'는 일차 '창조신'이 있고 난 그 다음의 문제이기 때문이다.

(h) '창조'에도 역시 힌두(Hindu)가 그 으뜸을 이루었으니, 힌두 '생각(개념)' '언어'가 즉시 '존재(Being)'와 '신(神)' 바꿈을 그 '마하바라타(The Mahabharata)'에서 자랑을 하고 있다.[그렇지 못할 경우는 생각 주체의 '한계성'으로 그렇게 된 것임]

(i) 그러므로 안만여(安萬侶, 야스마로) 시인이 보여준바 '신이 입으로 뱉고 대소변을 보는 행위'가 바로 '창죄출산 행위'라고 한 것은 그 '태양족 신 만들기' '존재 창조'의 방법 그것이다.

④ 이야나기명(伊耶那岐命)과 이야나미명(伊耶那美命) -"여러 천신들이 이야나기명(伊耶那岐命, 이자나키노미꼬토)와 이야나미명(伊耶那美命, 이자나미노미코도) 두 신에게 명하여 '떠 있는 국토를 고정시켜 단단하게 만들어라.'라 명하고 천소모(天沼矛, 아메노누보꼬) 창을 주어 위임하니 두 신은 천부교(天浮橋)라는 다리에서 그 창으로 바닷물을 휘저어 창끝에서 떨어지는 바닷물이 쌓여 섬이 되었다.....두 신은 섬으로 내려와 '신성한 기둥'을 세우고 부부가 되어 여러 신을 탄생하였다."[48]

———✈

(a) 시인 안만여(安萬侶, 야스마로)는 이미 일본 속에 유포된 힌두(Hindu)의 '마하바라타(The Mahabharata)' 전개 방식을 적용하되, '준(准) 대륙(大陸) 힌두들의 이야기'를 다시 일본 열도 속에 배열해야 했으므로 '원리[신 만들기]'는 동일했으나 어디까지나 '일본 열도'에 맞추어 전개하지 않을 수 없는 상황이었다.[모든 司祭들은 운명적으로 '그 지역 존중 적응'에 실패하면 '존립 자체'부터 흔들렸음]

(b) 위에 제시된 이야나기명(伊耶那岐命, 이자나키노미꼬토)와 이야나미명(伊耶那美命, 이자나미노미코도) 남녀 신은 사실상 일본 식 '아담과 이브'이지만, 먼저 '천소모(天沼矛, 아메노누보꼬) 창'를 소지했다는 측면에서 힌두(Hindu)의 유명한 시바(Shiva) 신 부부와 겹친다. '무기(武器)'를 소지한 신은 힌두(Hindu)의 '마하바라타(The Mahabharata)'에 '크리슈나' '아르주나'가 유명하지만, 그 보다 '삼지창(三枝槍)'의 시바 신은 전 세계적으로 가장 널리 퍼져 있는 최고 인기가 높은 신이다.

---

48) 安萬侶 노성환 역, 古事記. 예전사, 1990, 상권, pp. 37~48

(c) 그리고 그 이야나기명(伊耶那岐命, 이자나키노미꼬토)와 이야나미명(伊耶那美命, 이자나미노미코도) 두 신이 내려 온 장소에 '**신성한 기둥[天之御柱]**'이 있었다고 했으니, 그곳에 천계(天界) 인간계(人間界)가 연결되는 장소로서, 기독교의 '에덴'이고, 힌두 '메루(Meru)산'이고 단군(壇君)의 '삼위태백(三危太伯)'이다.['높은 산'='하늘 기둥'='구름 기둥']

(d) 시인 안만여(安萬侶, 야스마로)는 '한문(漢文) 공부'하며 이미 '중국 역사'를 알게 되어 많은 이야기를 간추리고 있지만, **일본인 자체 구성 종족(種族)이 힌두(Hindu)의 '태양족'이므로[또는 시인 안만여의 소속 신앙이 '절대주의'로] 그 바탕을 빼놓고 달리 '고사기(古事記)'를 지을 이유도 없었다.**

⑤ **불의 신, 가구토신(迦具土神, 카구쯔찌노가미)** -"이야나미명(伊耶那美命, 이자나미노미코도) 여신은, 화지야예속남신(火之夜藝速男神, 火之迦具土神) 불의 신을 탄생시키면서 그 자궁을 손상으로 죽게 되었다. 이에 이야나기명(伊耶那岐命, 이자나키노미꼬토)는 '아내를 자식과 바꾼다는 것은 생각도 못 했다.'고 탄식했다."[49]

────✈

(a) 그 동안 힌두(Hindu)의 '마하바라타(*The Mahabharata*)'를 빼놓고, '희랍 신화' '일본 신화' '기독교 신화' '불교 신화'를 묵인했던 것은 그 '차단(遮斷) 완고한 정신적 고집'과 '지역적 고립 문화' '인간의 속편한 게으름'을 믿어 마냥 '속 편하게' 허송을 했기 때문이다.

(b) 그러나 오늘날 '과학화' '기계화' '정보(情報) 공유' '지구촌(地球村)' 시대에 어떻게 그 구차스런 '신비주의'가 어떻게 버틸 수 있을 것인가?

(c) 시인 안만여(安萬侶, 야스마로)는 이 '**불의 신, 가구토신(迦具土神, 카구쯔찌노가미)**' 이야기만으로도 그가 갈 곳 없는 '마하바라타(*The Mahabharata*)'를 존중한 힌두주의자(Hinduist)임을 다 드러내고 있다.[제8장]

(d) 세상에 '불을 숭배한 족속'으로도 그 힌두(Hindu)를 감당할 족속이 없었으니, 시인 안만여(安萬侶, 야스마로) 불의 신 이야기는 그대로 '마하바라타(*The Mahabharata*)'의 '불의 사제' 이야기 그대로다.

(e) 힌두는 이미 '불=태양=양육=보호=귀의(歸依)=절대신'의 철학적 종교적 의미까지를 다 완료하여 정비를 해 놓고 특별히 '배화교(拜火敎)'를 두고 있는데, 시인 안만여(安萬侶, 야스마로) 단지 '불의 신 탄생 담'을 인용했을 뿐이다.

⑥ **황천국(黃泉國)** -"이야나기명(伊耶那岐命, 이자나키노미꼬토)이 죽은 아내 이야나미명(伊耶那美命, 이자나미노미코도)를 찾아 황천국(黃泉國)으로 갔다....그러나 이야나기명(伊耶那岐命)는 흉한 아내 이야나미명(伊耶那美命, 이자나미노미코도) 모습에 놀라 황천국(黃泉國)를 도망쳐 나왔는데, 아내 이야나미명(伊耶那美命)은 남편의 태도에 실망하여 '하루에 1천 명의 사람을 죽이겠다.'고 말하니, 남편 이야나기명(伊耶那岐命)는 '하루에 1천 5백의 산실을 짓겠다.'고 말했다."[50]

───────────

49) 安萬侶 노성환 역, 古事記. 예전사, 1990, pp. 상권, 48, 54

_____✈

(a) 시인 안만여(安萬侶, 야스마로)는 그 '일본의 태양족'이 소유한 '변이(變異)된 힌두 이야기'를 '힌두의 이야기[간편한 신 만들기] 원리'로 엮어 놓은 것이 바로 '고사기(古事記)'를 편찬한 것이다.

(b) 즉 '마하바라타(*The Mahabharata*)'에 크리슈나는 창조의 신 비슈누의 화신으로 많은 자녀를 소유하였으니, 바로 '고사기(古事記)'의 **'이야나기명(伊耶那岐命, 이자나키노미꼬토)신'**이다. 그리고 '마하바라타(*The Mahabharata*)'에는 황천[저승]을 맡은 신은 완전히 다른 '야마(Yama)'가 있는데, '고사기(古事記)'에서는 바로 이야나미명(伊耶那美命)은 남편의 태도에 실망하여 '하루에 1천 명의 사람을 죽이겠다.'고 공언을 하여 그녀가 저승 신으로 변하였다.

이것이 소위 '마하바라타(*The Mahabharata*)' 원리에 따른 **'일본인들의 신 만들기 현장'**이다.

(c) 힌두의 신 크리슈나(Krishna)도 '요술'의 '소라고둥' **'판카자니아(Pancajanya)'** 힘으로 '저승[황천국, 잠부(Jambu) 섬]'를 방문하여 스승의 '죽은 아들'을 찾아 데리고 나와서 '학은(學恩)'을 갚았다.['크리슈나 일생' 참조]

⑦ **목욕재계(沐浴齋戒)** - "이야나기명(伊耶那岐命, 이자나키노미꼬토)은 말했다. '나는 부정하고 더러운 나라[黃泉]를 다녀왔으므로 몸을 씻어야겠다.' 그래서 '목욕재계(沐浴齋戒)'를 했다. 던져버린 지팡이에서 충립선호신(衝立船戶神), 허리띠에서 도지장유치신(道之長乳齒神)이 나오고 이어 주머니, 윗옷 바지 관 팔찌 등에서 12명의 신이 탄생하였다.

여러 명의 신을 창조한 이야나기명(伊耶那岐命)은 말했다. '나는 아이를 많이 낳았지만, 마지막에 3명의 존귀한 자식을 얻었다.'고 말하고 목에 걸었던 구슬을 천조대어신(天照大御神, 아마테라스오호미가미)에게 주며 말했다. '너는 천상계를 다스려라.' 다음에 월독명(月讀明, 쯔쿠요미노미꼬도)에게는 '너는 야지식국(夜之食國, 제사를 지내는 지상국)을 다스려라.'했고, 다음에 건속수좌지남명(建速須佐之男命, 타께하야스사오노미코토)에게는 '너는 해원(海原, 바다)을 다스려라.'고 말했다."[51]

_____✈

(a) '이야나기명(伊耶那岐命, 이자나키노미꼬토)'은 그대로 '일본(日本)의 비슈누(Vishnu)'이다. 그런데 원래 힌두(Hindu)의 그 '비슈누(Vishnu)'는 '브리흐마(Brahma)' 시바(Shiva)와 그 기능이 수시로 바뀌어 일정하지 않다.['비슈누 관련 용어' 참조]

(b) '일본의 비슈누(Vishnu)' '이야나기명(伊耶那岐命, 이자나키노미꼬토)'도 실제 '절대신'으로서 '천지 창조를 주관한 신'의 성격을 지녔다.

(c) 즉 '이야나기명(伊耶那岐命, 이자나키노미꼬토)'이 '천국' '지상' '해상'을 분담시켰음이 그것이다.

(d) 특히 '월독명(月讀明, 쯔쿠요미노미꼬도)'에게 '야지식국(夜之食國, 제사를 지내는 지상국)'을 맡겼다는 시인 안만여(安萬侶, 야스마로)의 진술은 '제사(祭祀) 중시'의 힌두 문화를 그대로 전하는

---

50) 安萬侶 노성환 역, 古事記. 예전사, 1990, 상권, pp. 58~60
51) 安萬侶 노성환 역, 古事記. 예전사, 1990, 상권, pp. 65~67

말로 '지상(地上)의 왕[司祭]'의 마땅한 도리[의무]를 명시하는 것이다.

(e) 그 동안 '고사기(古事記) 해설'은 참조할 만하나, 그 해설 방식이 기껏해야 중국 도교(道敎) 지식을 그 해설 방식으로 삼고 있으니, 한 마디로 '구두 신고 발가락 긁기[隔靴搔癢]'이다. 힌두(Hindu)의 '마하바라타(*The Mahabharata*)'를 읽고 나면 일본인이 왜 그들의 역사['日本書紀'등]에 '죽기 살기'로 매달리는지 그 이유까지 다 이해할 수가 있게 된다.

(f) 사실 원조인 힌두(Hindu)의 '마하바라타(*The Mahabharata*)'를 빼놓고 이야기를 하니, 그들은 자신들이 [하늘나라가 아닌] '서쪽의 힌두(Hindu) 기원'을 몰랐고, 주변국 사람들(중국인, 한국인)도 그들의 '천신(天神)'족 주장에 무척 피곤하였다. 그러나 그러한 오해를 이 힌두(Hindu)의 '마하바라타(*The Mahabharata*)'는 깨끗이 다 해명하고도 남음이 있다.

(g) 그러므로 시인 안만여(安萬侶, 야스마로)의 진술이 힌두의 '바이삼파야나' 진술 방식이라는 알 때까지는 그 일본인들도 그 '신비주의 망상(妄想)'에서 결코 자유로울 수 없다.

(h) 한 마디로 이야나기명(伊耶那岐命)이 행했다는 그 **'목욕재계(沐浴齋戒)'** 의미도 그 '마하바라타(*The Mahabharata*)'에 거듭거듭 상세하게 해명을 하고 있으니, 무슨 '천신' '지신' '태양 신'의 탄생이 따로 문제가 될 것인가.[제55장 참조]

⑧ **천조대어신(天照大御神, 아마테라스오호미가미)과 수좌지남명(須佐之男命, 스사노오미꼬토)** -"이야나기명(伊耶那岐命)의 명을 받은 세 명의 신중에 건속수좌지남명(建速須佐之男命)만은 명을 받은 영역으로 가지 않고 가슴까지 수염이 자랄 때까지 울고 있었다. 이에 이야나기명(伊耶那岐命)이 까닭을 물으니, '어머니 나라'에 가고 싶다고 대답을 했다. 이에 화가난 이야나기명(伊耶那岐命)은 수좌지남명(須佐之男命)을 추방하였다.

그리하여 수좌지남명(須佐之男命)은 천조대어신(天照大御神)을 찾아가 말했다. '우리가 서약을 하고 후손을 만듭시다.'고 말을 하여 천조대어신(天照大御神) 칼을 수좌지남명(須佐之男命)은 구슬을 입에 넣었다가 뱉어 각각 '3명의 신'과 '다섯 명의 신'을 만들었다.

이에 수좌지남명(須佐之男命)은 천조대어신(天照大御神)에게 '내가 이겼다.' 큰소리를 치며 난폭한 행동을 했다."[52]

————→

(a) 힌두(Hindu)의 '마하바라타(*The Mahabharata*)'에는 '남존여비(男尊女卑)'가 명시되었다. 그런데 천조대어신(天照大御神)과 수좌지남명(須佐之男命) 이야기에는 남성의 난폭성이 드러나 있다.

(b) 앞서 말했듯이 힌두의 창조는 '생각'으로 창조를 보이고 있음에 대해 일본에는 '사물을 입에 넣어 뱉음'을 '창조 행위'로 전제했다.

(c) 앞서 살핀 바와 같은 힌두(Hindu)는 단지 '생각' '불' '그릇'을 통해 영웅호걸과 미인을 오직 '제사(祭祀)' 통해 다 획득을 했다는 것이 바로 '마하바라타(*The Mahabharata*)' 식 창조이다.

⑨ **천조대어신(天照大御神)의 피신** -"천조대어신(天照大御神)이 수좌지남명(須佐之男命)의 난폭

---

52) 安萬侶 노성환 역, 古事記. 예전사, 1990, 상권, pp. 73~84

행위를 보고 천석옥호(天石屋戶, 아메노이와야토) 속으로 몸을 감추었다. 그러자 고천원(高天原)은 어두워졌고, 위원중국(葦原中國)도 암흑세계가 되었다.

그리하여 온갖 대책을 세워 기원(祈願)한 결과 천상의 신들이 크게 웃었다.

그러자 천조대어신(天照大御神)이 이상하게 여겨 천석옥호(天石屋戶, 아메노이와야토)에서 나왔더니 고천원(高天原)과 위원중국(葦原中國)이 다시 밝아졌다. 그리하여 신들은 수좌지남명(須佐之男命)을 하늘나라에서 추방을 했다."53)

──────→

(a) 힌두의 '마하바라타(The Mahabharata) 문화'의 가장 큰 전통은, '만물의 인격화(신격화)'와 '제사 만능주의'이다.

(b) 그리고 힌두는 '일식 신(日蝕神 라후라)'을 두어 일식(日蝕)을 설명했는데, 일본은 '천조대어신(天照大御神)'이 잠깐 몸을 숨긴 것으로 설명을 했다.

(c) '마하바라타(The Mahabharata)'에서는 '불을 모신 사제'가 판결을 잘못하여 '아내 납치 사건'에 항의하여 자취를 감추어 '제사에 차질을 빚었다는 이야기가 소개되었는데, 일본인은 대담하게 태양을 '인격신'으로 의미를 부여했다.[제8장 참조]

(d) 그러나 힌두(Hindu)는 벌써 태양에게 '108개의 이름'을 붙여 그것을 통해 어려움을 극복하려는 시도가 있었다.[제50장 참조]

(e) 일본인 스스로 '태양족'임을 강하게 주장하면서 그 신에게 여성[누이]의 의미를 추가하고 있으나, 역시 힌두처럼 '제사 만능주의'에서 그 해결 방법을 찾았다.

⑩ **오곡(五穀)의 기원** -"하늘에서 추방된 수좌지남명(須佐之男命)은 대기도비매신(大氣都比賣神, 오호케쯔히메)은 '입' '코' '엉덩이'에서 먹을 꺼내 먹을 것을 바치니, 수좌지남명(須佐之男命)은 그것을 알고 요리 만든 신을 죽이니, 살해당한 신의 몸에서 '누에', '볍씨', '조' '콩' 등의 곡식 씨앗이 나왔다."54)

──────→

(a) '마하바라타(The Mahabharata)'의 힌두 사회는 '유목민(遊牧民) 사회'와 '수렵(狩獵)사회'를 기반으로 삼고, 힌두 사회 브라만은 '젖을 제공하는 암소'를 생명줄로 알아 '소를 살해함'을 '살인'과 동등한 '금기(禁忌)'로 알았다.

(b) 힌두(Hindu)의 '곡식 관련 이야기'는 '제58장 마누와 물고기' 이야기에 나온다.

(c) 일본인은 힌두의 '신 만들기' 방법을 존중했듯이 '먹거리 공급'에도 관심을 가졌으나, 힌두가 '광대한 평원'을 바탕으로 '수렵(狩獵)' '목축업'을 바탕으로 그에 관련된 신화를 만들었음에 대해, 일본인 '농경(農耕)사회 중심' 신화를 만들었던 것은 한국인과 유사했다.

───────────────

53) 安萬侶 노성환 역, 古事記. 예전사, 1990, 상권, pp. 85~87
54) 安萬侶 노성환 역, 古事記. 예전사, 1990, 상권, p. 92

⑪ 수좌지남명(須佐之男命, 스사노오미꼬토)의 '팔우 대사(八俣 大蛇)' 퇴치 -"지상으로 추방된 수좌지남명(須佐之男命)은 출운국(出雲國) 조발(鳥髮)이라는 곳에서 딸을 사이에 놓고 울고 있는 늙은 부부를 보았다. 우는 이유를 물었더니, '팔우 대사(八俣 大蛇, 야마타오로찌)가 8명의 딸 중에 7명을 잡아먹고 마지막 딸을 바쳐야하기에 울고 있다.' 말했다. 수좌지남명(須佐之男命)는 독한 술을 준비하게 해 그 뱀을 죽이고 그 뱀의 꼬리에 감춘 칼을 얻었는데, 그 칼이 초나예(草那藝, 쿠사나기)이다."[55]

_____ ✈

(a) '수좌지남명(須佐之男命, 스사노오미꼬토)의 팔우대사(八俣大蛇) 퇴치'는 '마하바라타(*The Mahabharata*)'에서 '비마(Bhima)가 악귀 바카 퇴치'[제33장]와 동일한 이야기이다.

(b) 그런데 '뱀의 살해'는 세계적으로 널리 퍼진 '크리슈나 영웅담'의 재탕(再湯)들이다.['크리슈나 일생' 참조]

(c) 앞서 살폈듯이 '뱀'은 궁극적으로 '원죄'의 상징인데, '마하바라타(*The Mahabharata*)'의 단일 주제는 바로 '뱀 종족의 퇴치'로 요약이 되고 있다.

(d) 희랍에서는 '메두사 퇴치', 중국에서는 '유계의 뱀 죽이기[劉季斬蛇]'로 나타났고, 일본에서는 '수좌지남명(須佐之男命)의 팔우대사(八俣大蛇) 퇴치'로 나타났지만, 힌두의 크리슈나가 '칼린디(Kalindi) 강에 칼리야(Kaliya) 독뱀 퇴치'를 행했다는 것이 그 원본(原本)이다.

(e) 즉 크리슈나는 자신이 그 '잠이 든 비슈누 신(Sayana Vishnu)' 화신(化身)으로서 그 '뱀의 속성'을 하나의 큰 특징으로 지니고 있는 상황에서, '그 뱀[육신 존중] 무리들의 멸살(滅殺)'로서 '진정한 혁명가의 진면목' '천상 [정신]세계의 승리'를 최초로 명시한 존재였다.

(f) 그런데 온 '세상의 평화'가 <u>기독교들은 그것이 '예수가 흘린 피'로 '제사를 올린 결과'라고 주장하고 있는 형편이고, 불교도는 '깨달음으로 마귀[육신]를 제압하는 일'로 가르치고 있지만, 원본은 '크리슈나의 뱀 잡기 전쟁' -'마하바라타(*The Mahabharata*) 전쟁[큰 제사, 큰 혁명]' 이야기가 가장 성대하고 구체적으로 달성된 그 보고서이다.</u>['뱀'이 정체를 밝혀 주고 있음]

⑫ 천조대어신(天照大御神, 아마테라스오호미가미)과 이이예명(邇邇藝命, 니니노미꼬토) -"천조대어신(天照大御神)은 위원중국(葦原中國, 아시하라노나카쯔쿠니)에 지속적 관심을 보여 천보비신(天菩比神, 아메노호히노가미) 천약일자(天若日子, 타카미무스히) 건어뇌신(建御雷神, 타케미카즈찌)을 거듭 파견하여 마침내 평정에 성공하였다. 그래서 천조대어신(天照大御神)과 고목신(高木神) 사이에 태어난 태자 '정승오승승속일천인수이명(正勝吾勝勝速日天忍穗耳命, 마사카쯔아카쯔카찌하야히아메노오시호미미노미꼬도)'에게 명하여 위원중국(葦原中國)을 다스리게 했더니, 그 태자는 자신의 아들 '천이기지국이기지천진일고일자번능이이예명(川邇岐志國邇岐志天津日高日子番能邇邇藝命, 아메니키시쿠니니키시아마츠히꼬히꼬호노니니기노미꼬도)'을 추천하였다.

_____

55) 安萬侶 노성환 역, 古事記. 예전사, 1990, pp. 상권, 94~95

그리하여 '**천조대어신(天照大御神, 아마테라스오호미가미)**'은 그 태자의 아들 '**이이예명(邇邇藝 命, 니니노미꼬토)**'에게 천아옥명(天兒屋命) 포도옥명(布刀玉命) 천우수매명(天宇受賣命) 이사허리 도매명(伊斯許理度賣命)과 옥조명(玉祖命) 등의 다섯 부족 수장을 거느리게 하고, '구슬' '거울' 칼 [草那藝劍]'을 소지시켜 그 이이예명(邇邇藝命, 니니노미꼬토)에게 말했다. '이 거울을 나의 혼으로 생각하고, 사금신(思金神, 오모히카네)이 내 제사를 맡게 하라.'고 명하여 '위원중국(葦原中國, 아시 하라노나카쯔쿠니)'으로 내려 보냈다."[56]

_____→

(a) 이와 같은 '천조대어신(天照大御神)과 이이예명(邇邇藝命)' 이야기는 비슈누 크리슈나의 '마하바 라타(*The Mahabharata*)' 이야기를 그대로 모방하였으니, 천조대어신(天照大御神)은 비슈누에 해 당하고, 이이예명(邇邇藝命)은 바로 크리슈나이고 '5부 족장'은 세상을 평정한 '판두 5형제'의 대 신(代身)들이다.

(b) 천조대어신(天照大御神)이 이이예명(邇邇藝命)에게 자신의 대신으로 '거울'을 주었다는 것은 그 '이이예명(邇邇藝命)' 자신이 바로 천조대어신(天照大御神)이라는 논리로, '마하바라타(*The Ma-habharata*)'에서는 크리슈나가 바로 그 비슈누의 화신(化身)을 처음부터 끝까지 반복해 말한 것 을 안만여(安萬侶) 시인은 '거울'이라는 물건을 통해 힌두의 화신 이론을 간단히 대체했다.

(c) 그리고 크리슈나는 엄청난 보물(보석)을 물 쓰듯이 했는데, 그것을 '구슬'로 대체했고, 크리슈나는 자신의 고유 무기 '원반'을 소지하고 있었는데, 이이예명(邇邇藝命)에게는 '칼[草那藝劍]'이 주어졌 다는 것이다.

(d) 그 크리슈나와 함께 전쟁을 주도했던 아르주나의 '간디바'는 너무 유명한데[수렵문화], 일본에서 는 '칼[草那藝劍]'이 숭배된 것은 그 종족적 지역적 상황[농경 문화] 변화에 따른 것이나, '화신(化 身) 이론' '무리[5부 족장] 상징' '무기 존중'은 힌두의 '마하바라타(*The Mahabharata*)'의 완전한 반복이다.

(e) 그런데 이에 각별하게 주목을 해야 할 점은 앞서 천조대어신(天照大御神)의 '위원중국(葦原中國, 아시하라노나카쯔쿠니)' 평정 명을 받은 그 천약일자(天若日子, 타카미무스히)가 명령을 어기어 죽음에 조문을 갔던 '아지지귀고일자근(阿遲志貴高日子根, 아지시키타카히꼬내)'를 천약일자(天若 日子)의 아비와 아내가 그를 보고 '나의 자식은 죽지 않고 있다. 나의 남편은 죽지 않고 있다.'[57]고 말하여 그 '아지지귀고일자근(阿遲志貴高日子根)'을 화내게 했다는 이야기는 천조대어신(天照大御 神)의 '거울' 제공 이야기와 더불어 '혈족결혼' '동족결혼' '혈통보존'의 원시 결혼 풍속을 반영하고 있는 바로 원래 인도의 서북쪽 '바라타족(Bharatas)'에 기원한 바로['마하바라타(*The Mahabhar-ata*)'에도 '혈족혼'이 반복 제시되어 있음] 이후 이집트, 일본, 신라에까지 지속이 된 '왕족(천신 족) 결혼 결과'로 '형제자매 친족'의 얼굴이 쉽게 식별할 없게 된 결과를 말한 것이다.['혈통보존'의 원시적 방법임]

(f) 더구나 천조대어신(天照大御神)의 아들과 손자의 이름이 한없이 길게 되었던 것은 당초에 공식적

_____

56) 安萬侶 노성환 역, 古事記. 예전사, 1990, 상권, pp. 142~170
57) 安萬侶 노성환 역, 古事記. 예전사, 1990, 상권, p. 131

으로 '태양'이 108개의 이름을 갖고 크리슈나가 20개의 이름을 갖고 '아르주나'가 10개의 이름을 가져 그 존재의 위대함을 과시했던 것과 간련된 것이다.

(g) 특히 아르주나는 그 이름의 유래까지 길게 설명이 되어 있는데[제70장 우타라 왕자와 아르주나] 그 천조대어신(天照大御神)의 아들 손자 이름에도 '승(勝, 승리)' '일천(日天, 절대신)' '인(忍, 견딤)' '수(穗, 풍요)' '명(命, 신의 명령)' '이(邇, 절대자와 하나임, 如來)'가 호용(好用) 반복됨은 **절대 신과 하나로, 신의 명령으로 이 세상에 태어나서, 전쟁에 승리하고 영원한 풍요를 가져올 위대한 신의 아들**'이라는 의미이니, 이것이 역시 그 마하바라타의 크리슈나 정신의 계승이다.

⑬ **신무천왕(神武天皇)의 동정(東征)** -"신무천황(神武天皇, 神倭伊波禮毘古命)이 동정(東征, 동쪽 지방의 정벌)에 나섰는데 웅야(熊野, 쿠마노)에서 '곰'을 만나 쓰러졌는데, 고창하(高倉下, 타카쿠라지)가 좌사포도(佐士布都, 사지후쯔), 옹포도(甕布都, 미카후쯔) 포도어혼(布都御魂, 후쯔노미타마)이라는 칼을 바쳐 신무천황이 그 칼을 잡았더니, 쓰러진 군가들까지 다 일어났다. 신무천황은 하늘 나라 고목대신(高木大神, 타카기노오호카미)의 말을 듣고 그가 보낸 까마귀 팔지조(八咫鳥, 야타카라스)의 안내를 받아 동정(東征)을 계속하여 꼬리 달린 사람 정빙록(井氷鹿, 이히카)도 만났다."[58]

_____ ✈

(a) '신무천왕(神武天皇)의 동정(東征)'은 하늘이 처음부터 내려다보시고 하늘이 시키고 제시하며 항상 주도하시는 사업이니 실패할 까닭이 없는 싸움이다.

(b) 당초에 힌두(Hindu)의 '마하바라타(*The Mahabharata*)' 전쟁은 절대 신[크리슈나]이 주도한 전쟁이지만 역시 '하늘의 신들'도 계속 그 전쟁에 관심을 보이고 '핀잔'과 '꽃비'를 내려 신들의 뜻을 개별 사건 전개에 명시하였다. 그러한 전개 방식을 시인 안만여(安萬侶, 야스마로)는 일본인의 최초 역사 '고사기(古事記)'에 그대로 적용을 하였다.

(c) 한 마디로 '신무천왕(神武天皇)'의 승리를 위해 천조대어신(天照大御神, 아마테라스오호미가미) 제공한 칼 **좌사포도(佐士布都, 사지후쯔), 옹포도(甕布都, 미카후쯔) 포도어혼(布都御魂, 후쯔노미타마)**'은 바로 크리슈나의 '원반[圓盤, Disk]'이며 아르주나(Arjuna)의 '간디바(Gandiva)' 그것이다.

(d) 그리고 고목대신(高木大神, 타카기)이 파견했다는 '까마귀 팔지조(八咫鳥, 야타카라스)'는 크리슈나(비슈누)를 실어 날랐다는 힌두의 가루다(Garuad)의 변형일 뿐이다. 힌두의 '라마(Rama) 이야기'에도 '까마귀'가 등장한다.[제66장]

(e) 시인 안만여(安萬侶, 야스마로)는 '그 칼'이 석상신궁(石上神宮)에 보존이 되어 있다고 구체적으로 '증언'을 하고 있으니, 그 '증언 방식'도 '절대주의자들'에게 이미 넘쳐 있는 방식이다.

(f) 그리고 '꼬리 달린 사람' 정빙록(井氷鹿, 이히카)의 언급은, 정확히 힌두(Hindu)에 인기 있는 '원숭이[하누만 이야기]' 방식이다. 이밖에 안만여(安萬侶, 야스마로)가 동원한 '꿩' '토끼' '상어' '가마우지[鵜]'의 의인화(擬人化, 또는 神化)를 감행했으나, 이들도 역시 이미 '마하바라타(*The Mahabharata*)'에 널려 있는바 그 '개' '사슴' '악어' '소' '코끼리' '사자' '말' 모든 동물의 '의인화(擬

---

58) 安萬侶 노성환 역, 古事記. 예전사, 1990, 중권, pp. 17~27

人化, 또는 神化' 정신 속에서 행해진 것이다.

(g) 그러므로 그 신무천황이 벌렸다는 '동정(東征)'은 역시 크리슈나 '판두 5형제'가 주도했다는 그 '쿠르크셰트라 전쟁 이야기'의 축소판이다. 즉 '**인간들의 전쟁**'에 하늘이 직접 개입을 했다는 '**전개 방식'의 그것**'이니, 시인 안만여(安萬侶, 야스마로)는 이렇게 그 '일본 열도 문화'가 그대로 '힌두(Hindu) 발원'임을 다 털어놓은 셈이다.

(h) 그런데 여기서 짚지 않을 수 없는 한 가지 사항은 시인 안만여(安萬侶, 야스마로)는 스스로 '고사기(古事記)' 기록을 행하고 기록 수단[漢文]을 학습하면서 얻은 '중국 상고(上古)시대 건국의 왕[湯王, 周武王]' 등에게 일본 '천황(天皇)의 신성함'에 도저히 비교할 수 없다는 태도를 견지했다. 한마디로 일본인 힌두의 '절대주의'로, '현실주의' '실존주의'의 '**중국 문화 무시하기**'로 일관했다. 그러한 이유는 '일본 문화'에 앞서 '절대 신 존중' '**힌두(Hindu) 문화['마하바라타(_The Mahabharata_)' 문화]**'를 보면 저절로 다 해명이 되는 사항이다.

(i) '**힌두(Hindu) 문화['마하바라타(_The Mahabharata_)' 문화]**'란 무엇인가? '영혼 존중 육체 무시' '절대신 존중, 여타 존재 무시' '절대 신 귀의 최선' '현세주의(Secularism) 무시' '내세존중 현세 무시' 문화이다.

그런데 앞서 확인했듯이 기자(箕子)와 공자(孔子)가 세워 논 '중국 문화'는 '현실 존중' '부모 존중'의 '충효사상(忠孝思想)'이 그 지도자들의 주된 사상이고, '삼국지연의(三國志演義)' 이후에 더욱 고착되었다.

(j) 간단히 말해, **사실(事實)을 덮거나 왜곡하려는 마음의 '역사 서술'은 다 실패하였다.** 힌두(Hindu)의 '마하바라타(_The Mahabharata_)' 문화의 무시와 외면 은폐(隱蔽)는 서구(西歐)에서 뿐만 아니라 중국(中國) 일본(日本)에서도 그 편의에 따라 왜곡(歪曲)과 오용(誤用)이 행해졌다.

(k) 진실로 '역사정신' '과학정신' '동시주의'는 속일 필요수가 없는 것이고, 만약 그것[속임]이 개입하게 될 때는 누구의 제재가 없어도 저절로 '없어질 것'을 다 알고 있다.

(l) 그래서 이러한 힌두(Hindu)의 '절대주의'는 궁극적으로 '절대 신에의 귀의'를 가르친다는 긍정적인 면[공동체 정신]을 명백히 지니고 있음에도, 그 '일방주의'는 그 '신비주의 옹호[절대자의 연계, 무기 자랑, 同族 제일주의]'로 즉시 '귀족주의' '전쟁 옹호' '국수주의(國粹主義)'에 바로 연동 동행되게 되어 있으니, 그 대표적인 사례가 '제2차 세계 대전'에 '추축국(樞軸國)'으로 명시된 '독일' '일본' '이탈리아'의 호전적인 모습이었다.['사생결단의 세계대전' 不辭]

2) '일본서기(日本書紀, 720)'

'일본서기(日本書紀)' 작성자들은 8년 앞서 작성된 '**시인 안만여(安萬侶, 야스마로)**'의 '**고사기(古事記)**'에 대해 비판적인 시각을 보이고 있으니, 첫째는 중국의 사마천(司馬遷)의 '사기(史記)'의 기록 방식을 표준으로 하여 '본기(本紀)'에 '기(紀)'를 표준으로 그 제목을 '**일본서기(日本書紀, 720)**'라 하였고, 연월(年月)을 구체화하여 시간적 지역적 인물의 구체화를 시도하였다. 그리고 조야(粗野)한 표현을 원만한 표현으로 바꾸고 신들의 명칭도 많이 바꾸었으나, 원래 그 **힌두(Hindu)의 '마하바라타(_The Mahabharata_)' 식 사건은 거의 손을 대지 못하고 그대로 계승을 하고 있다.**

이러한 '**고사기(古事記)**'와 '**일본서기(日本書紀)**'의 차이점은 근본이 '태양족[수리아족]'이었기에

'시인 안만여(安萬侶, 야스마로)'의 서술을 부정할 수가 없었으나, 역시 한문화(漢文化)의 학습으로 '새로운 정신'에의 도입도 역시 막을 수가 없었던 것이 '일본서기' 기술자들의 상황이다.

　그러한 상황은 한국에서는 '삼국사기(三國史記, 고려 인종 23년, 1145)'가 먼저 기술되어 있었으나, '삼국유사(三國遺事)'도 없을 수 없다는 측면에서 공존하게 된 정신적 상황이 그 일본과 완전 공통이다. 즉 원래 힌두 '태양족' 문화에 '한(漢)문화의 수용'이라는 두 가지 뚜렷한 정신적의 공존, 그것은 '힌두의 절대주의'와 '중국의 실존주의(충효정신)'의 대립이 세계 사상(종교)사에 양대 지주이고, 그것을 중심으로 그 양자를 공유하는 것은 인류가 공유한 것이 '동시주의' 그것인데, 한국은 중국의 '실존주의'에 더욱 기울었고, 일본은 힌두의 '절대주의'에 더욱 기울어 있는 상황이었다.

　① **천지개벽(天地開闢)** -"개벽의 초에 국토가 떠 움직이는 것이, 말하자면 노는 물고기가 물 위에 떠도는 것과 같았다. 이때 천지 가운데 하나의 물체가 생기었다. 그 형상은 갈대 싹[葦芽]과 같았는데 곧 국상입존(國常立尊, 구니노도고다치노미고도) 신이 되었다."[59]

———→

　(a) '천지 만물의 창조자'는 태초에 계셨고, 영원토록 항상 계신다는 것이 소위 '절대신' '절대주의'를 지향하는 사람들의 기본 신조(信條)이다.

　(b) **'고사기(古事記)'**에서는 '우마지아사가비비고지신(宇摩志阿斯訶備比古遲神)'과 '천지상립신(天之常立神)'을 구분하여 순차적으로 생성을 소개 하였는데, **'일본서기(日本書紀)'**는 그 '절대 신'을 '국상입존(國常立尊)'이라고 축약하고 '노는 물고기가 물 위에 떠도는 것과 같았다.'는 표현으로 그가 힌두(Hindu)의 '잠이 든 비슈누 신(Sayana Vishnu)'와 동일한 존재임을 명시하고 있다.

　(c) 그리고 '항상 계신다(常立)'란 표현으로 '시공(時空)을 초월한 신'임을 명시했으니, 중국 식 '삼황오제(三皇五帝) 이야기'로는 감당하기 어려운 힌두의 크리슈나처럼 '삼라만상의 창조자' '운영자이며 주인'을 계승한 존재가 그 **'일본서기(日本書紀)'**의 머리를 차지하고 있다.

　(d) '국(國)' 글자(字)를 앞세움은 '지역주의'의 발동의 결과이다. 힌두의 '절대 신'이 '지역주의' '종족주의'로 변질이 되면서 20세기에 소위 '제국주의(Imperialism)'로 둔갑했다는 점은 명심을 해야 할 사항이다.

　(e) <u>'천지 만물을 창조하고 주관하고 마지막 거두어가는 절대신'이 유독 어떤 종족이나 지역 사람을 편애(偏愛)한다는 '선민(選民)사상'은, 헤겔(Hegel)을 채용한 '히틀러 나치 군사정권의 붕괴'로 그 막을 내리게 되었다.</u>

　② **천조대신(天照大神)의 탄생** -"이장낙존(伊奘諾尊)과 이장염존(伊奘冉尊)이 말했다. '우리가 대팔주국(大八洲國)을 낳았는데, 천하의 주인이 될 자를 낳지 않을 것인가?'라고 하며 천조대신(天照大神)과 월독존(月讀尊) 소잔명존(素戔嗚尊, 스사노오노미고도)을 낳았다."[60]

---

59) 田溶新 譯, 日本書紀, 一志社, 1989, p. 1

───↗

(a) '고사기(古事記)'에 이야나기명(伊耶那岐命)과 이야나미명(伊耶那美命)의 두 부부신은 힌두 (Hindu) 창조신 비슈누의 화신 크리슈나의 행적과 많이 비슷하지만[여러 신의 창조자라는 점에서], '일본서기(日本書紀)'에서는 이장낙존(伊奘諾尊)과 이장염존(伊奘冉尊)으로 바뀌었고, 특히 이후 일본 역사를 주도한 천조대신(天照大神)과 월독존(月讀尊) 소잔명존(素戔鳴尊)을 탄생시킨 존재들이라는 측면에서 주시(注視)를 해야 한다.

(b) '일본서기(日本書紀)' 기록자는 '고사기(古事記)'의 내용을 수용하면서 다른 '변종(變種)의 유사(類似) 이야기'를 모두 제시하였다. 이러한 '일본서기(日本書紀, 720)' 기록자 태도는 8년 앞서 제작된 '고사기(古事記, 712)' 기록자의 경쟁의식을 볼 수 있어 흥미롭다.

(c) 우선 '고사기(古事記)'와 '동일 신들'에 대한 다른 명칭의 부여는 '일본서기(日本書紀)'의 권위를 높이려는 것이고, '고사기(古事記)' 기록자를 '여타의 군소 시인(詩人)들 위치'로 끌어내리려는 의도를 명시한 것이다.

(d) 그리고 '일본서기(日本書紀)'에 다른 '다른 계통의 신비적 이야기'를 소개한 것은 '신약 성경'이 '네 제자들의 서로 다른 시각의 기술'을 공인하고 있듯이, 그 '신비한 이야기들'이 틀림없는[의심할 수 없는] '사실(事實)임'을 고집하는 의미도 따로 있다.

(e) 사실 힌두(Hindu)의 '마하바라타(The Mahabharata)'도 계속 '바라문(詩人)들'이 추가했던 것을 공인하고 있는 형편[積層文學]이고, 그 '엄청난 신비주의의 용인(容認)' 자체가 '절대 신의 귀의 수단'이라는 하나의 목표로 다 정당화가 행해졌다.

(f) 어떻든 안만여(安萬侶, 야스마로) 시인의 '고사기(古事記, 712)'의 제작과 더불어 일본 '문화[문학, 역사, 철학계]'에는 '백가쟁명(百家爭鳴)의 시대'가 되어 갔음을 '일본서기(日本書紀)' 작가는 그러한 감추어진 동기(動機)들을 일부 드러낸 셈이다.

③ **불의 신(神) 가우돌지(軻遇突智)** -"이장염존(伊奘冉尊)이 불의 신(神) 가우돌지(軻遇突智, 가구쯔치)를 낳다가 사망하였다."[61]

───↗

(a) '일본서기(日本書紀)' 서술자가 그 안만여(安萬侶, 야스마로) 시인과 명백히 차이점을 보이고 있는 부분은 '고사기(古事記)'에는 '성적(性的) 묘사'를 거침없이 행하고 있는데['마하바라타(The Mahabharata)'에서도 역시 그러했음] '일본서기(日本書紀)' 서술자는 그것을 극도로 제한 또는 삭제를 단행했다는 점이다.

(b) 이것은 당시에 일본에서는 외국 서적이 아니면 서적이 없는 형편이었고, '**사서(史書)가 황족의 유일의 교육 도서**'라는 특수성을 뒤늦게 감안 조처였다.

(c) 그 대표적인 사례가 '불의 신' 탄생에 따른 그 '모신(母神) 사망의 경위 제시'가 문제되었다.

(d) 이처럼 전하기 '어려운 사정'을 갖고 있는 '불[태양]의 신의 탄생' 자체를 다 부정할 수 없었던

---

60) 田溶新 譯, 日本書紀, 一志社, 1989, pp. 7~8
61) 田溶新 譯, 日本書紀, 一志社, 1989, p. 9

것은, 원래 '배화교(拜火敎)'가 주류를 이루었던 '힌두(Hindu) 전통'을 부정할 할 수 없는 '태생적 기질' 때문이었다.['태양족들'의 기본 속성, 제55장 참조]

④ **3주(三柱) 자신(子神)의 임무 부여** - "이장낙존(伊奘諾尊)이 3주(三柱)의 자신(子神, 자녀 신들)에게 말했다. '천조대신(天照大神)은 고천원(高天原)을 다스리고 월독명(月讀命)은 청해원조(靑海原潮)를 다스리고 소잔명존(素戔鳴尊)은 천하를 다스려라.'"[62]

———✈

(a) 힌두(Hindu) 3신(브라흐마, 비슈누, 시바)는 서로 역할이 분할되어 있으면서도 '하나의 신(비슈누 신)'으로 편의에 따라 통합을 보이고 있고, 비슈누 신의 화신 크리슈나 역시 통일되는 편리한 신상(神像)이 다 마련이 되어 있다.['비슈누(크리슈나) 관련 용어' 참조]

(b) 그런데 '고사기(古事記)'와 '일본서기(日本書紀)'에는 역시 그 힌두 전통에서 생성된 '3' 또는 '5'를 존중하여 이장낙존(伊奘諾尊)은 다시 '3대신'을 창조하여 '하늘'과 '바다' '천하'를 나누어 주었다고 말했다.['일본서기' 시인들이 단행한 '신들의 교통정리'임]

(c) 여기에서는 '고사기(古事記)'에는 '천조대어신(天照大御神)' '월독명(月讀明)' '수좌지남명(須佐之男命)'이 제시되었는데, '일본서기(日本書紀)'에는 수좌지남명(須佐之男命)'이 '소잔명존(素戔鳴尊)'으로 크게 그 이름을 달리하고 있는데, 그 이름 제작 경위가 그 명칭 속에 반영이 되었으니, '원래 난폭한 성품[素戔]' '울보 신[鳴尊]'이라고 불렀음이 그것이다. 이 '신 이름 제작 방식'도 역시 그 힌두(Hindu)에서 배운 방법이다.

⑤ **천조대신(天照大神)과 천석굴(天石窟)** - "소잔명존(素戔鳴尊)의 포악에 질린 천조대신(天照大神)이 천석굴(天石窟)로 숨어 세상이 암흑이 되었다. 여러 신들이 대책을 강구하였다."[63]

———✈

(a) 누이 천조대신(天照大神)과 울보 남동생 소잔명존(素戔鳴尊) 이야기는 '고사기(古事記)'와 '일본서기(日本書紀)'에 다 빠짐없이 소개가 되었는데, 여기에서도 '고사기(古事記)'에 대한 '일본서기(日本書紀)'의 우월의식은 거듭 되고 있다.

(b) 그 '고사기(古事記)'에서는 천조대신(天照大神)이 천석굴(天石窟)로 숨어 당황한 신들을 온갖 조처[우스갯짓까지]를 다 행하여 천신들이 크게 웃으니 천조대신(天照大神)이 무슨 일인가 호기심을 발동하게 했다는 대목을 '일본서기(日本書紀)'에서는 '삭제(削除) 흔적'을 남기고 없었다. '신성한 천신(天神) 앞에 무슨 장난질이냐?'라는 판단에서일 것이다.

⑥ **소잔명존(素戔鳴尊)의 대사(大蛇) 퇴치** - "소잔명존(素戔鳴尊)은 벌을 받아 출운국(出雲國) 파

———

62) 田溶新 譯, 日本書紀, 一志社, 1989, p. 36
63) 田溶新 譯, 日本書紀, 一志社, 1989, pp. 48~49

천(簸川)으로 내려왔다. 그런데 각마유(脚摩乳)에게서 식인(食人) 뱀 팔기대사(八岐大蛇)에 대한 호소를 듣고 그 뱀을 잡고 그 꼬리에서 초치검(草薙劍)을 얻어 천조대신(天照大神)에게 바쳤다.”[64]

(a) 신들의 ‘소잔명존(素戔鳴尊)의 처벌’을 두고 **‘일본서기(日本書紀)’** 서술자는 ‘당연한 일’로 신들의 판결에 편을 들었다.

(b) 힌두의 ‘마하바라타(*The Mahabharata*)’에는 전쟁의 마지막 제18일에 ‘비마’와 ‘두료다’가 철퇴로 대결을 펼치면서 비마가 두료다나의 ‘배꼽 아래’를 공격해 ‘온당한 크샤트리의 대결 방법’을 따르지 않은 것이 문제가 되었다. 그러나 ‘절대 신에의 복종 여부’가 문제이지 ‘시시한 개별 문제’는 상관없다는 ‘위대한 교리’에 앞서 나가 있었다.
이러한 측면에서 **‘일본서기(日本書紀)’** 기록자는 ‘절대 신’ 이름만 취하고, ‘현실적 목적 달성’에 절대 신을 이용하는 힌두의 변방(邊方) 족 특성을 감추지 못 했다고 할 수 있다.

(c) 그 ‘힌두의 변방(邊方) 족 특성’이라는 것이, ‘절대신 신앙’ 여부와는 비교적 관계가 소원한 ‘무기(武器) 존중’ ‘무기(武器)의 신비화’는 여지없이 반복 명시하고 있는 점이 그것이다.

(d) 힌두의 ‘마하바라타(*The Mahabharata*)’에 가장 유명한 무기 아르주나의 ‘간디바(Gandiva)’는 18일 전투가 끝난 다음 저절로 기능이 만료되었다. 그러나 **‘고사기(古事記)’** 와 **‘일본서기(日本書紀)’** 에서는 ‘뱀의 꼬리’에서 획득한 ‘신검(神劍)’은 영원토록 유효하다고 ‘하늘 창고’에 저장을 해 두고 있다. [‘신비주의’ ‘절대주의’ 증언들은 ‘마하바라타(*The Mahabharata*)’ 이후 다들 씩씩했음]

⑦ **위원중국(葦原中國)의 평정** -“천조대신(天照大神)의 아들 정재오승승속일천인수이존(正哉吾勝勝速日天忍穗耳尊, 마사가아쓰가치하야비아메노)은 아들 천진언언화경경저존(天津彦彦火瓊瓊杵尊, 아마쓰히고히고호노니니기노미고도)을 낳았다. 천조대신(天照大神)은 그 손자를 위원중국(葦原中國)을 다스리게 하려고 천수일명(天穗日命) 경진주신(經津主神) 무옹퇴신(武甕槌神)을 파견하여 위원중국(葦原中國)을 결국 평정하였다.”[65]

(a) 천조대신(天照大神)이 지속적으로 관심을 표명한 ‘위원중국(葦原中國)’이란 ‘갈대[葦]’로 대표되는 일본의 4개 본섬을 지칭하고 있다.

(b) 그런데 그 ‘4개 섬’의 농산물 수산물로만 견디기로는 일찍부터 턱도 없이 부족했다. 이에 한반도(韓半島)와 중국의 동부 해안에 손을 뻗친 것은 오직 그 ‘경제적 곤핍(困乏)’에 기인한 것이나, 그럴수록 그 섬들에 대한 애착집착은 더했던 것으로 보인다.

(c) 이 일본(日本)과 가장 혹사한 경우가 영국(英國)이었다. 영국은 일찍부터 ‘항해 기술’과 ‘전투력’을 길러 ‘세계 식민지 운영’에 그 왕초가 되었다.

---

64) 田溶新 譯, 日本書紀, 一志社, 1989, pp. 55~56
65) 田溶新 譯, 日本書紀, 一志社, 1989, pp. 66~70

(d) 영국의 경우 절대 신은 '유대인들이 소유한 성경의 신'이었으니, 힌두(Hindu)의 '마하바라타(*The Mahabharata*)'가 그 원본이기는 마찬 가지이나, '식민지의 건설' '운영 관리'에서는 그 '노련함(?)'에서는 영국이 앞섰다. 그러나 '제2차 세계 대전' 이후 그러한 '지구촌 운영 방식'은 거의 다 폐기(廢棄)가 된 셈이다.

⑧ **신무천황(神武天皇)의 동정(東征)** -"신무천황(神武天皇)은 갑인(甲寅)년 10월 5일에 동정(東征)에 올랐다. 그런데 진언 국신(珍彦 國神)이 자진해서 길을 인도하겠다고 나섰다. 천황은 동정(東征)을 계속하여 이듬해 6월에는 명초읍(名草邑)에 이르고 다시 웅야(熊野) 황파진(荒坡津)에 도착했는데, 여신(女神)이 독기를 토하여 사람들이 병들어 누웠다.

천조대신(天照大神)이 그것을 알고 무옹뇌신(武甕雷神)에 도우라고 하여 그 뇌신(雷神)이 고창(高倉)에게 칼을 천황에게 주게 했고, 천조대신(天照大神)은 다시 두팔지오(頭八咫烏)를 보내 신무천황(神武天皇)은 동정(東征)에 성공하였다."[66]

———✈

(a) 여기에서도 '일본서기(日本書紀)'의 기록자는 '고사기(古事記)'의 기록자를 능가하려는 노력의 결과가 역연(亦然)하다.
(b) 우선 '일본서기(日本書紀)'의 기록자는, '고사기(古事記)'의 기록자보다 구체적인 신무천황(神武天皇)의 동정(東征) 일정(日程)과 장소를 명시하여 '구체적인 역사적 사실'로 수용하게 하려 하였다.
(c) 이러한 '일본서기(日本書紀)'의 기록자 태도는 당연한 것으로 그것이 한국의 '3국통일'이나, '후3국의 통일' 같은 움직일 수 없는 '역사적 사실 전개 소개'가 그 목적이었기 때문이다.
(d) 그래서 '일본서기(日本書紀)'의 기록자는 '고사기(古事記)' 기록자가 남겨 놓은 '꼬리 달린 사람' 이야기는 일단 감추었다.
(e) 그런데 '더욱 엄청난 사건의 전개' -'인간들 간에 전쟁'에 '신들이 직접 개입(介入)을 행했다.'는 정말 태곳적 힌두(Hindu)의 '마하바라타(*The Mahabharata*)' 시인의 이야기 방법을 '연대와 장소'를 명시하고 행한 '일본의 역사 전개'에 써 먹었다는 것은 아무래도 '일본인의 절대신 좋아하기 근성(根性)'으로 이해를 해야 할 것이다.

10. 한국인

이동(移動)과 개척(開拓)의 '기마 족(騎馬 族)' '항해 족(航海 族)'에게는 힌두(Hindu)의 '절대주의(Absolutism)'처럼 요긴한 것이 없었다. 일찍부터 힌두(Hindu)들은 **'영혼불멸(靈魂不滅)'의 '옴(Om) 신의 절대주의'**을 믿어 우선 자신들부터 그 '죽음의 공포'에서 벗어났고, 역시 '우주 삼라만

---

66) 田溶新 譯, 日本書紀, 一志社, 1989, pp. 106~111

상을 창조하고 지배하는 3신[브라흐마, 비슈누, 시바]'으로 그 원주민들을 가르쳐 그들의 '정신적
지도자[司祭]' 또는 '왕'이 되었던 사례(事例)가 그것이다.

이러한 힌두(Hindu)의 '마하바라타(*The Mahabharata*)' 정신이 전 세계 '상고(上古)시대 문화'를
지배했는데, '한반도(韓半島)'은 그 '지형(地形)적 특수성[3면이 바다로 힌두의 '항해 족' '기마족'의
접근을 용이하게 하였고, 역시 현실주의 中國과 지리적으로 연이어 있음]'으로 그 모든 역사적 변천
을 유감없이 상세히 다 간직하고 있어, 오늘날 '지구촌' 중에 그 유사(類似) 종족이 없는 유일한
나라이다.[한반도(韓半島)는 모든 인류 사상 종교의 '박물관'임]

즉 **'한민족(한국인)'은 그 역사는 당초 힌두(Hindu)의 '마하바라타(*The Mahabharata*) 정신'에
서 출발을 하였다.** 그 다음은 그 '마하바라타(*The Mahabharata*)'의 지류인 '불교 사상'으로 대체가
되었다. 그러다가 통일신라 이후 중국(中國)의 '현실주의' '실존주의'를 수용하기 시작하여 조선 왕
조에서는 '유교'의 '현실주의' '실존주의' 일색이 되었다. 그 이후는 '일본(日本)의 절대주의' 36년의
'식민지 지배'를 겪었고, 1945년 해방 이후에는 '자유 시민 사회' '과학시대'를 열어 오늘에 이르렀음
이 그것이다.

한국인[韓半島]은 일찍부터 힌두(Hindu)의 '마하바라타(*The Mahabharata*) 정신을 학습하여 다
수(多數)의 '신산(神山)'[태백산, 금강산, 한라산, 구지봉, 마니산과 '성소(聖所, Asylum, 점집, 사
원)-만신전(萬神殿)' '사제(巫覡과 승려)'들' 탄생 운영했던 '절대주의' 신앙(信仰)의 나라였다.

'단군신화'의 '태백산(太伯山)'은 틀림이 없는 '삼신산(三神山, Om 산, 브라흐마 산)'이고, '금강산
(金剛山)'은 '인드라 산(Indra 山, 벼락[金剛杵] 산)'이고, '한라(Hala)산'은 '보습 산[Balarama 산]'이
고 '구지봉(龜旨峯)'은 '쿠르마(Kurma) 산' '비슈누 산'이고, '마니(摩尼, Mani) 산'은 '보석 산'이다.

최초의 문화는 '영혼불멸'의 힌두(Hindu)의 '절대주의 문화'였으니, 그 구체적이고도 확실한 역사
적 보고(報告)가 바로 고구려(高句麗) '광개토왕릉비문(廣開土王陵碑文, 장수왕 2년, 414)'이다. 이
고구려(高句麗) **'광개토왕릉비문(廣開土王陵碑文)'**을 통해 한국인의 고대 문화는 확실하게 힌두
(Hindu)의 '마하바라타(*The Mahabharata*)' 문화였음을 증명하고 있다.

그리고 태고(太古) 적부터 그 세계적인 그 '인류의 교류(交流)'가 있었음을 혜초(慧超)는 그의 **'왕오
천축국전(往五天竺國傳)'**을 통해 소중한 증거를 남기었다. [혜초는 '왕복(往復, 갔다가 다시 돌아옴)'의
기록'을 남겼으나, '가거나' '오는' 반쪽 여행자나, 기록을 남기지 않은 자들은 셀 수 없었을 것임]

이에 일연(一然, 金見明)은 그동안 한반도에 잔존한 '마하바라타(*The Mahabharata*) 문화'를 그
의 **삼국유사(三國遺事)'**에 온전하게 거두어 한국인의 '고대사' 인식에 그 '길잡이'가 되게 했다.

간단히 말하여 한국의 고대 문화는 '무속(바라문, 巫覡, *The Mahabharata*) 문화'였고, 그것을 사실대
로 기록해 놓은 것이 바로 고구려(高句麗) '광개토왕릉비문(廣開土王陵碑文, 장수왕 2년, 414)'이고,
중국(中國) 산동(山東) 반도의 '무씨사(武氏祠)' 화상석(畫像石)의 '단군신화'가 입증을 하고 있다.

그런데 그 이후에 중국(中國)의 '충효(忠孝)'를 강조한 '실존주의(Existentialism)' '현세주의(secularism)'인 유교(儒敎, Confucianism) 문화로 대체(代替)가 이루어졌으니, 그 유교 문화의 연원은 신라의 설총(薛聰, 神文王 대 활동)부터 본격적으로 시작이 되어 최치원(崔致遠)의 중국 유학과 김부식(金富軾)의 '삼국사기(三國史記)'에서 이미 정부의 주도적 정책은 '유교 사상'이 그 바탕에 있었고, 조선왕조의 개국(開國)부터는 모든 선비들이 유학에 힘을 기울였으나, 일부 문인(文人)은 역시 '도가(道家)'으로 모습으로 변한 힌두의 '마하바라타(*The Mahabharata*)' 문화에 강력한 취향을 보이고 있었다.

1) 광개토왕릉비문(廣開土王陵碑文, 414)

고구려(高句麗) '광개토왕릉비문(廣開土王陵碑文, 장수왕 2년, 414)'은 한국의 고대 문화가 그대로 힌두(Hindu)의 '마하바라타(*The Mahabharata*)' 문화였음을 입증하고 있다.

광개토왕릉비문(廣開土王陵碑文) -"아! 옛날 시조 추모(鄒牟)왕이 나라를 세우셨다. 왕은 북부여에서 나셨으며, 천제(天帝)의 아들이고 어머니는 하백(河伯)의 따님이시다. 알을 가르고 세상에 내려오시니, 날 때부터 성스러우셨다. 떠나 남쪽으로 수레를 타고 내려오다가 길이 부여(夫餘) 엄리대수(奄利大水)를 지나게 되어 왕이 그 나루에서 말했다. "나는 황천(皇天)의 아들이며 어머니는 하백(河伯)의 따님인 추모(鄒牟)왕이다. 나를 위하여 갈대를 연결하고 거북이들을 떠올려라." 그 말에 따라 즉시 갈대가 연결되고 '거북'들이 떠올랐다. 그리하여 강을 건너 비류곡(沸流谷) 홀본(忽本) 서쪽 산 위에 성을 쌓고 도읍을 세우셨다. 추모(鄒牟) 왕은 왕위에 낙이 없었는데 하늘이 황룡을 내려 보내 왕을 맞으니, 홀본(忽本) 동쪽 언덕에서 황룡이 왕을 태우고 하늘로 올라갔다. 세자로서 고명(顧命)을 받은 유류왕(儒留王)은 도(道)로써 나라를 다스렸고, 대주류왕(大朱留王)은 왕업을 계승하였다."[67]

'제2 비슈누 화신(化身)인 거북'[68]

67) 최남선 편, 三國遺事, 민중서관, 1946, '新訂 三國遺事 附錄' pp. 3~4 '高句麗 廣開土王陵碑'

(a) 고구려(高句麗) 시조 '추모(鄒牟, 朱蒙)왕'의 기록은 '마하바라타(*The Mahabharata*)'에 제시된바 라마(Rama)의 요구로 날라(Nala)가 건설한 '**라마의 다리(Rama's bridge)**' 건설담의 적용이다.[제 66장, 참조]

그러나 그보다 더욱 확실한 것은 '추모(鄒牟, 朱蒙)왕'이 '엄리대수(奄利大水)'를 건널 때 나타났다 는 '거북'이 '**제2 비슈누 화신(化身)인 거북(Kurma(Tortoise) Second Incarnation of Vishnu)**' 라는 점을 '광개토왕릉비문(廣開土王陵碑文) 작성자[고구려 계관시인]'는 확신으로 전제를 하였다 는 사실이다.

당초에 '마하바라타(*The Mahabharata*)'에서 '**쿠르마 거북(Kurma, Tortoise)**'은 '만다라 산을 등 에 지고 견뎠던 그 거북'이었다. 그러므로 '추모(鄒牟, 朱蒙)왕을 실은 전차(戰車)' 정도는 문제도 아니라는 논리에 있었다.[제9장, 참조]

(b) 아내를 약탈당한 '라마(Rama)'는 원숭이 왕들을 시켜 '인도와 실론 섬' 사이에 다리를 건설 했는 데[제66장], '추모(鄒牟, 朱蒙)왕의 다리 놓기 성공 사례' 명시는 어머니 하백녀(河伯女)의 힘일 뿐만 아니라 '**태양 족(Suryas)**' '**쿠르마(Kurma, Tortoise)토템 족**'의 한반도(韓半島) 정착을, 움 직일 없는 사실로 입증하고 있는 바다. 이 '**거북(Kurma, Tortoise)토템 족**'은 그대로 '가락국기 (駕洛國記)'에서도 '진술 방법'을 달리해서 '**수로왕(首露王, Surya 왕, 태양 족) 도래(渡來)**'를 명시 하고 있다.

(c) 이 '**제2 비슈누 화신(化身)인 거북(Kurma(Tortoise) Second Incarnation of Vishnu)**이야기'를 토대로 '[불교 고승(高僧)들의 행적 비]를 '돌 거북' 위에 세우게 되었고, 중국(中國)에서는 그 '비 슈누 수호신'으로 4신이 형성이 되었고, 역시 '현무(玄武, 북쪽 물 거북 신)'로 자리매김이 되었던 것도 이에 거듭 확인이 필요한 사항이다.[신라 태종무열왕의 공적비도 그 '돌 거북 -비슈누 화신' 이 그의 등에 지고 있게 설계가 되었다.]

중국(中國) '실존주의' '현실주의'가 힌두(Hindu)의 '절대주의'를 계속 거부하도록 [통일 신라 이후 과거제도 등]교육을 행했지만, 그 '절대주의'의 중국 식 수용이 이른바 '도교(道敎)'이니, **사실상 '지구촌(地球村) 해변(海邊, 江邊) 바닷길' 모두가 그 힌두(Hindu)의 '마하바라타(*The Mahabharata*)' 일색으로 알면 된다.**[E. 포콕의 '희랍 속의 인도'의 주지(主旨)임]

(d) 그 '**태양[Surya] 족**' '**쿠르마(Kurma, Tortoise)토템 족**'들이 명백히 압록강(鴨綠江) 하구(河口)로 처음 진입을 했다는 사실은, 역시 그 '광개토왕릉비(廣開土王陵碑)'가 세워진 곳이 바로 압록강(鴨 綠江) 변이라는 것으로 넉넉히 추지할 수 있다.

(e) 그리고 '혁거세(赫居世)' 신화나 '가락국기(駕洛國記)'에 명시된 수로왕 이야기에 거듭 반복되는 '태양족' 이야기들은, 그대로 '한반도 고대 문화'의 연원(淵源)이 바로 힌두의 '마하바라타(*The Mahabharata*)' 문화였음을 입증하고 있는 바다.

(f) 일본(日本)의 안만여(安萬侶, 야스마로)의 고사기(古事記, 712)는 '광개토왕릉비(廣開土王陵碑)' 건립보다 298년 뒤의 일이고, 그 '라마(Rama)의 다리 건설 이야기'도 '오끼(淤岐)섬 토끼의 바다

---

68) P. Thomas, *Hindu Religion Customs and Manner*, Bombay, 1971, Plate 46 'Kurma(Tortoise) Second Incarnation of Vishnu' ; Navin Khanna, *Indian Mythology through the Art and Miniatures*, New Delhi, 2013, p. 81 'Churning the Ocean Milk'

건너기'[69] 이야기로 축소되어 있는 형편이다.['신앙심'의 결핍 반영] 그런데 고구려 '추모(鄒牟, 朱蒙)왕의 엄리대수(奄利大水) 건너기 이야기'는 '마하바라타(*The Mahabharata*)'의 '만다라(Mandala) 산을 그 등에 지고 견딘 거북의 무한 힘'을 긍정하지 않으면 결코 이해가 될 수 없는 그 '힌두교 본론 수용'을 동시에 요구하고 있는 그 '원천적 절대주의 기록' 방식이다.[제9장 참조]

2) 혜초(慧超) '왕오천축국전(往五天竺國傳, 727)'

혜초(慧超, 704~787)의 '왕오천축국전(往五天竺國傳, 727)'에서 우선 가장 주목할 만 한 점은 '상고(上古) 시대'부터 '인류의 바닷길은 지구 끝까지 이어져 있었다.'는 보고(報告)였다는 사실이다.

혜초(慧超)가 그 천축국(天竺國)을 방문했을 때에 이미 인도 전역에 '불교'가 많이 퍼져 있었고, 오직 '인더스 강(辛頭大河)' 서쪽과 북쪽으로 '마하바라타(*The Mahabharata*) 문화'가 밀려나 있었다는 사실을 '왕오천축국전(往五天竺國傳)'은 알려 주고 있다.

독실한 [도교에 기울어진]불교도로서 20대 초반에 인도를 방문한 혜초(慧超)는, 그 '마하바라타(*The Mahabharata*) 문화'가 '인더스 강(辛頭大河)' 상류[建馱羅, Gandhara]와 인더스 강 서쪽 '페르시아(波斯國)'과 '아라비아(大寔國)'에 큰 세력을 떨치고 있었고, 그 '아라비아(大寔國)인'들은 중국(中國)의 곤륜국(崑崙國, 西藏 新疆)과 무역(貿易)을 행했고, 중국의 남동(南東) 항(港) '광주(廣州 홍콩)'에서부터 서쪽 바다[홍해 지중해] 무역(貿易) 권을 장악했고, 육(肉)고기를 좋아하고, '하늘을 섬기며 불교를 모른다.'고 보고(報告)를 행했던 것은 무엇보다 주목을 해야 할 사항이다.[이후 '世界史의 전개'로 볼 때]

① 혜초(慧超)의 '왕오천축국전(往五天竺國傳)' -"혜초(慧超, 704~787)의 '왕오천축국전(往五天竺國傳)'은, 신라 승려 혜초가 성덕왕18(719)년 16세 때 중국에 유학했다가 인도 출신의 밀교 승(密敎 僧) 금강지(金剛智, 바즈라보디Vajrabodhi)를 광주(廣州, 현재, 홍콩)에서 만나 그를 스승으로 모셨고, 그 스승의 권유로 개원(開元) 11년(723년) 광주(廣州)를 떠나 바닷길을 통해서 인도로 구법 여행을 떠났다. 약 4년 동안 인도와 서역(西域)의 여러 지역을 순례하고 개원 15년(727년) 11월 당시 안서도호부(安西都護府)가 있던 '구자(쿠차Kucha)'를 거쳐 장안(長安)으로 돌아왔다."[70]

---

69) 노성환 역, 古事記. 예전사, 1990, 상권, pp. 105~105
70) 불광미디어; 위키백과 : '혜초 왕오천축국전' -왕오천축국전은 1908년 프랑스 탐험가 폴 펠리오(Paul Pelliot, 1878~1945)가 구입한, 중국 돈황(敦煌)의 막고굴(莫高窟) 장경동(藏經洞) 석굴 안의 문서 더미에서 발견됐다. 펠리오는 그 해[1908] 돈황에서 장경동을 지키던 도사 왕원록에게 사경류 1,500여권 24상자 등을 사들여 프랑스로 보냈고, 그 중에서 왕오천축국전을 발견, 1909년 12월 파리 소르본대학에서 발견 사실을 공개했다. 저자 혜초가 신라 출신 승려라는 것은 1915년 일본 불교학자 **다카구스 준지로**(高南順次郎)에 의해 처음 밝혀졌다'

'혜초 5천축기행도(慧超五天竺紀行圖)'[71]

✈

(a) 혜초(慧超)의 '왕오천축국전(往五天竺國傳)'의 역사적 의미는 힌두(Hindu)의 '마하바라타(*The Mahabharata*)' 문화의 현장 확인에 큰 의미를 지닌다.

(b) 혜초(慧超)가 인도 여행 천축국(天竺國)의 여러 문화를 살필 적에 우선 '불교의 삼보(三寶, 佛法僧)'이 존중되는 지역들을 살폈으니, 그는 확실한 '불교도'였다.

그렇지만 여행에서 돌아온 혜초(慧超)가 이후에 이전의 '밀교승 금강지(金剛智, 바즈라보디 Vajrabodhi)' 다시 모시었다는 전기(傳記)적 사실과 '하옥녀담기우표(賀玉女潭祈雨表, 옥녀담에 비를 내려주십사 빌었던 표문)' 등을 제작했던 것으로 미루어 볼 때, **혜초(慧超)는 중국 도가(道家)적 성격에 크게 기울어진 '절대주의' 신봉자였음을 알 수 있다.**

(c) 혜초(慧超)는 당시 '신라의 야심찬 젊은이'로서, '인도 왕복 여행을 했고 그 기록까지 남긴 행운의 인생'이었다. 그러나 그의 '왕오천축국전(往五天竺國傳)'에 보고된 사항은, 당시 '중국(中國)과 신라(新羅)의 사상적 편향(偏向)성'을 아울러 보여주고 있으니, 혜초(慧超)는 당시 중국의 중요 사회 사상인 '유교(儒敎)'나 **힌두(Hindu)의 '마하바라타(*The Mahabharata*)'에는 완전한 문외한(門外漢)**이었다는 사실이다.

(d) 그러했음에도 혜초(慧超)가 그의 '왕오천축국전(往五天竺國傳)'에서 **'인더스 강[辛頭大河]' 서쪽의 '페르시아(波斯國)' '아라비아(大寔國)'인'들이 소유하고 있는 '마하바라타(*The Mahabharata*) 문화' 확인과 보고(報告)는 정말 놀랄 만한 사건이다.**

왜냐하면 '고대의 문화의 폐쇄성'은 전 인류가 공통이었는데, **혜초(慧超)는 '불교'와 '유교'의 한계를 넘어서 '육(肉)고기'를 좋아하고, '무릎을 꿇지 않고' '무역으로 황금'을 모으고 육로(陸路)와 해로(海路) 통해 장사[상업]하기를 좋아하고, '하늘을 섬기[事天]는 족속' '마하바라타(*The Mahabharata*) 문화'를 명백히 확인[報告]했다는 사실이 그것이다.**

(e) 즉 혜초(慧超)는 이미 중국 동해안, 한반도, 일본에 이미 앞서 널리 퍼져 있었던 그 '마하바라타(*The Mahabharata*) 문화'는 까맣게 모르고, 힘들고 험난한 천축국(天竺國)들의 여행 끝에 그 힌두(Hindu) 고유의 '육식(肉食)'에 '하느님'을 믿는 '마하바라타(*The Mahabharata*) 문화' '대식국(大寔國, 아라비아)의 문화'에 놀라움을 금치 못하고 있었기 때문이다.

---

71) 이석호 역, 往五天竺國傳, 을유문화사, 1970, pp. 73~74

② **시비가왕(尸毘迦王)** -"또 가시미라국(迦葉彌羅國)으로부터 서북쪽으로 산을 사이에 두고 한 달을 가면 간다라(建駄羅, Gandhara)에 도착한다....이 나라 왕은 돌궐족(突厥族)이나 삼보(三寶, 佛法僧)를 매우 공경한다....이 나라 왕은 매년 두 번씩 무차대제(無遮大祭)를 연다.....성(城)은 辛頭大江(Indus River)을 굽어보는 북안(北岸)에 위치하고 있다. 이 성(城)으로 서쪽으로 3일 동안 가면...카니시카(葛諾歌, Kaniska) 절이 있다.... 또 이 성(城)의 동남쪽에 마을이 있는데, 곧 부처가 과거에 시비가왕(尸毘迦王, Sivika)이 되어 비둘기를 놓아 보낸 곳이다.[석가가 부처가 되기 전에 帝釋이 매가 되고 婆羅門이 비둘기가 되어 왕에게 살려 달라 애원한 것을 수용하여 부처가 되었다는 故事 -智度論 35]"72)

─────✈

(a) 혜초(慧超)가 '왕오천축국전(往五天竺國傳)'에서 '불타'의 유적지를 우선적으로 확인했던 것은 그의 '일차적 여행 목표'로서 당연한 것이나, 불타(佛陀)의 전생(前生)인 '시비가왕(尸毘迦王, Sivika)'이 '비둘기를 놓아 보낸 설화(說話)'도 불교도로서는 결코 빼 놓을 수 없는 중요한 이야기다. 그래서 혜초(慧超)는 다른 '불교 성지(聖地)' 더불어 '시비가왕(尸毘迦王, Sivika)과 비둘기 전설'이 남아 있는 곳을 방문했다고 기록하였다.

(b) 그런데 '마하바라타(*The Mahabharata*)'[제54장, 참조]에는 더욱 포괄적으로 '우시나라 왕과 매와 비둘기 이야기'로 소개되고 있다.

(c) 이에 '힌두교'와 '불교'는 그들의 선후(先後)를 떠나 그들의 공통점은, '육신 억압' '생명 존중' '영혼 불멸' '절대자에의 귀의'라는 공통의 입지와 목표 지점을 공유하고 있다는 사실이다.

(d) '불교'에서는 '세상을 도덕'을 다 초월한 '절대재[석가모니]의 행적'으로 자랑을 하고 있는 형편이나, 힌두(Hindu)는 오히려 '목숨을 부지(扶持)하려고 도망 온 피난 자를 살려 줌'을, '사제(司祭)들의 공통된 마땅한 자세'로 요구했던 것은 오히려 '모든 종교의 할아버지로서 힌두(Hindu)'라는 거대 관점에서 주목을 할 필요가 있다.['성소의 운영'은 역시 '기독교 성당(교회)'에서도 행해지고 있음]

(e) 즉 **'목숨을 보존하러 도망 온 피난 자를 지켜 주는 곳'으로 한반도[馬韓]에서도 널리 행해진 그 '소도(蘇塗)' 풍속은 중국(中國)에까지 떠들썩했는데, 그것은 이미 한반도에 들어온 힌두 '마하바라타(*The Mahabharata*) 문화'의 가장 확실한 표징 중의 하나이다.**

③ **마한의 소도(蘇塗)** -"(馬韓 사람들이) 귀신을 믿기 때문에 고을마다 한 사람을 뽑아 세워서 천신(天神)의 제사를 주장하게 하는데, 이 사람을 천군(天君)이라고 부른다. 또 이들 여러 나라에는 각각 따로 마을을 두고 있는데, 이것을 소도(蘇塗)라고 한다.

큰 나무를 세우고, 거기에 방울과 북을 매달아 놓고 귀신을 섬긴다. 사방에서 도망해 온 사람들은 여기에 와 돌아가지 않는다.

이들은 훔치기를 좋아하여 그들이 소도(蘇塗)를 세운 뜻은 마치 불가에서 절을 세우는 것과 같은

───────────────

72) 이석호 역, 往五天竺國傳, 을유문화사, 1970, pp. 53~55

점도 있으나, 그 실행한 바에는 선악에 차이점이 있다. 그 북쪽 지방의 군(郡)에 가까운 모든 나라는 약간 예절을 알고 이와 반대로 먼 곳에 사는 백성들은 바로 죄수와 같아서 노비끼리 서로 모여 산다.(信鬼神 國邑各立一人 主祭天神 名之天君 又諸國各有別邑 名之爲蘇塗 立大木縣鈴鼓 事鬼神 諸亡逃其中 皆不還之 好作賊 其立蘇塗之義 有似浮屠 而所行善惡有異 其北方近郡 諸國差曉禮俗 其遠處 直如囚徒奴婢相聚)"[73]

'충남 청양 정산 오릿대'[74) '충남 공주 반포 짐대'[75) '충남 공주 탄천 짐대'[76)

'충북 옥천 동이 솟대'[77) '전북 부안 솟대'[78) '전남 화순 동복 짐대'[79) '전남 장성 동화 짐대'[80)

73) 陳壽, 三國志, 文淵閣 四庫全書, 臺灣商務印書館, 二五四 册, pp. 234-524
74) 장승 솟대 신앙(충남지방), 국립민속박물관, 1991, p. 4
75) Ibid, p. 6
76) Ibid, p. 7
77) 충북지방 장승 솟대 신앙, 국립민속박물관, 1994
78) 전북지방 장승 솟대 신앙, 국립민속박물관, 1994
79) 전남지방 장승 솟대 신앙, 국립민속박물관, 1996
80) Ibid, p. x

———✈

(a) 중국(中國) 진수(陳壽, 232~297)는 그의 '삼국지(三國志)'에서 한국(馬韓)의 '솟대(蘇塗)'에 대해 위와 같은 기록을 남겼다.

'인류를 향한 선(善)을 행함'에 무슨 종파와 특별한 방법이 따로 있을 것인가? 힌두의 '마하바라타(The Mahabharata)'는 정확하게 서기 279년 이전에 한반도 '소도(蘇塗) 문화'를 정착시켜 그 '문화적 선진(先進)성'을 과시하고 있다.

(b) 과거 '형벌(刑罰) 문화'는, '교도(敎導)' '훈육(訓育)'의 문화이기보다는 '복수(復讐)'와 '처벌'과 보상의 문화였다. 즉 '눈에는 눈' '이[齒]에는 이'로 벌함을 가장 공평한 것으로 알았다.

(c) 그런데 '힌두(Hindu) 사제(司祭) 바라문'이 개발한 이 '소도(蘇塗) 문화'는 오히려 그 천년의 시간을 뛰어넘은 '생명 사랑의 표준'으로 그 찬란한 빛을 발하고 있다.

(d) 그것은 '육신(肉身) 자체가 죄악의 덩어리'임을 확실히 알고 있었던 그 영명한 '힌두(Hindu) 사제(司祭) 바라문'들이 아니고서는 당초에 생각해 낼 수 없는 '생명 사랑의 구극의 지점'이 바로 그 '소도(蘇塗) 문화'이다.

④ **대식국(大寔國, Arabia)** -"토화라국(吐火羅國)으로부터 서쪽으로 한 달을 가면 페르시아波斯國]에 도착한다. 이 나라 왕은 전에 대식국(大寔國)을 지배했었다....그런데 대식국(大寔國) 사람들이 반란을 일으켜 페르시아 왕을 죽이고 왕이 되었다.....**대식국(大寔國) 사람들은 무역을 좋아하여 항상 서해(西海)로 항해를 하고 남해로 돌아가 '사자국[실론 섬]'까지 가서 보물을 가져 온다.....그리고 곤륜국(崑崙國, 西藏, 新疆)까지 가서 금을 무역해 오고 또 그들은 중국(中國)까지 항해를 하는데, 광주(廣州, 홍콩, 혜초의 인도 기행 출발 지점)까지 가 비단 실 솜을 무역해 온다. 그 나라 사람들은 살생(殺生)을 좋아하고 하느님을 섬기되 불법(佛法)을 모른다.**[人愛殺生 事天不識佛法]......그들은 손으로 살생을 해서 먹어야 무한 복을 받는다고 한다. 그 나라 사람들은 살생을 좋아하고 하느님을 믿으나 불법(佛法)은 알지 못 한다. 그 나라 법에 무릎을 꿇고 절하는 법이 없다.[國法無有跪拜法也]......대식국(大寔國) 동쪽으로 안국(安國) 조국(曹國) 사국(史國) 석라국(石騾國) 미국(米國) 강국(康國)이 있는데 대식국(大寔國) 통치하에 있고, 또 이 여섯 나라는 '조로아스터(火祆敎, 拜火敎)'를 섬기며 불법(佛法)을 알지 못 한다.[六國總事火祆 不式佛法]"[81]

———✈

(a) 혜초(慧超)가 '왕오천축국전(往五天竺國傳)'의 가치를 논하는 이 중에 '육로(陸路) 육로' '육로(陸路) 해로(海路)' '해로(海路) 해로(海路)' '해로(海路) 육로(陸路)'를 구분하여 논하는 이도 있었으나, 오늘날 세계 문명의 전개를 볼 때 혜초(慧超)의 '왕오천축국전(往五天竺國傳)'의 비교할 수 없는 가치는, **'마하바라타(The Mahabharata) 문화'가 그대로 보존되어 있는 '대식국(大寔國, Arabia)에 대한 그 충격적인 보고**'이다.['마차바라타 문화'-Aryan 문화 소개]

---

81) 이석호 역, 往五天竺國傳, 을유문화사, 1970, pp. 60~63

(b) 그 대식국(大寔國, Arabia)사람들을 젊은 혜초(慧超)의 눈으로 볼 때, 쉽게 납득할 수도 없는 '육(肉)고기를 즐기고' '상업과 항해를 좋아하고' '금 모으기' '하느님 모시기[事天]'가 다 이해할 수 없는 '야만인'으로 파악이 되었다는 점이다. 그러한 '혜초(慧超)의 시각'은 당시 '중국인들[불교도 도교들]의 시각' '신라인들의 생각'을 반영하고 있는데, 사실상 이러한 '혜초(慧超)의 시각'은 오늘날도 일부 지속이 되고 있는 '보편적 시각의 거부[독선적 시각의 고수]'하는 '지식인의 자기 성곽 쌓기가' 엄존하고 있다는 사실이다.

(c) '학문'을 해본 사람은 누구나 다 체험을 하게 마련이지만, 우선 그 초기의 '출발점'은 항상 '일개인' '한 지역' '한 종족'의 문화를 자랑하고 그 고집함에서 시작이 있게 마련이지만, 결국은 '인류 공통의 안목', '인류를 공통 선(善)을 향한 실행', '과학적 인생관', '과학적 세계관'에서 멀리 있는 것들[소론, 의견은 결국 '소용이 없는 도로(徒勞)'일 뿐]라는 사실은 두 번 다시 말할 것도 없다.

(d) 혜초(慧超)의 '왕오천축국전(往五天竺國傳)' 마지막 가치는, '자기 생각의 그 반대편[大寔國]'에도 상당한 '시간과 정력을 기우렸다는 사실'이다. 이것이 '미래 지향의 한반도(韓半島) 문화를 열어가는 기본 방침'이니, 당시로서는 혜초(慧超)가 열어놓은 당대(當代) '최선진의 그 도착 고지(高地)'였다.

3) 일연(一然, 金見明) '삼국유사(三國遺事, 1289)'

일연(一然, 金見明, 1206~1289)은, '고사기(古事記)'를 적은 일본의 계관시인 안만여(安萬侶, 야스마로)와 동일한 힌두(Hindu)의 '마하바라타(*The Mahabharata*)' 사상에 있었으나, 통일 신라 설총(薛聰) 이래 김부식(金富軾)의 '삼국사기(三國史記)'까지 이미 크게 세력을 떨치게 된 중국의 '유교주의' 기세에 눌리어 '힌두의 절대주의'와 '유교의 실존주의' 사이에 고심한 저서가 그의 '삼국유사(三國遺事)'이다.

그렇다면 '일연의 고민'이란 무엇인가? 원래 [힌두의] '절대 신'은 시간 공간을 초월해 '상주(常住)의 절대자'인데, 중국(中國)의 '실존주의'는 우선 '그 연대(年代)'와 '그 지역' '그 종족[인물]'의 구체적으로 믿을 만한 과거의 사실 등을 그 '역사 서술['日本書紀'에도 반영되어 있는 모순임] 기초'로 삼고 있는 형편이었다.

이 '절대 신의 무한 상주(常住) 문제와 '역사적 구체성의 요구' 이 두 가지의 근본적 상충(相衝)이 '삼국유사(三國遺事)' 속에 그대로 드러나 있다.

즉 '무한 상주(常主)'의 절대 신앙의 존재'를 '구체적 개별 시간 속'에 분리 적용하며 고심한 저서가 일연의 '삼국유사(三國遺事)'이다.[그 이전 3국 시대 史家 -'계관시인들'의 공통 고심]

그러므로 '삼국유사' 등장인물은 '역사적 인물'이면서 동시에 '절대신'과 관련이 있는 존재로 부각되어 있는 '모순된 영웅들'이 한반도 내의 '3국의 건국 시조 이야기'의 특징이다.

김부식은 그 '신비주의' 속성을 많이 지우고[감추고] 그의 '삼국사기'를 기술하려 했음에 대해, 일연은 오히려 그 '절대주의 옹호 정신' 옹호에 용기를 내어 그 '신비주의'를 '삼국유사'에 [이미 서술이 되어 있는] 그대로 다 거두어 들였다. 그래서 '삼국유사'는 자연스럽게 그 힌두(Hindu)의 '마하바라타(*The Mahabharata*)' 식 '신비주의' 속에 남아 있게 되었다.

'삼국유사'에 명시된 힌두 식 '크샤트리아'로는 '동명왕' '수로왕' '탈해왕'이 그들이고, '단군' '혁거세'는 힌두 식 '사제(바라문) 문화의 탄생'을 보여주고 있다.

① **기이서(紀異敍)** -"대체로 옛 성인은 예악(禮樂)으로 나라를 일으키고, 인의(仁義)로 가르쳐 '괴력난신(怪力亂神)'은 말하지 않았다. 하지만 제왕(帝王)이 일어날 때는 보통 사람들과는 다른 일들이 있었고, 그런 다음에 큰 변화를 타 대권을 잡았고 대업을 이루었다.

그래서 황하(黃河)와 낙수(洛水)에서 도서(圖書)가 나와 성인들이 글쓰기를 시작하였고, 복희(伏羲)와 신농(神農)과 소호(少昊)의 신비한 탄생과 한(高祖)의 '참사(斬蛇)이야기'도 생긴 것이다. 그 이후의 신비한 일들을 어떻게 다 기록할 것인가?

그러므로 3국의 시조가 신비함 속에 태어난 것이 어찌 꼭 괴상한 일인 것인가? 그래서 그 '신비한 일[神異]'을 책의 첫머리에 싣는 뜻이 거기에 있는 것이다."[82]

---✈

(a) 일연(一然, 金見明, 1206~1289)은 그의 '삼국유사(三國遺事)' 편찬 의도를 위와 같이 명시하였다. 일연(一然)은 이미 '절대주의'를 몸에 익힌 힌두(Hindu)의 '마하바라타(*The Mahabharata*) 문화'를 정신 속에 크게 수용하고 있는 일급(一級) 사제(司祭)로서 '삼국유사(三國遺事)'를 편찬 한 것이다.
일연(一然)은 사실상 '불교도'라고 하지만, **한국[고려]에서 균여(均如) 대사이후 크게 성행한 '화엄사상(華嚴思想, 깨달음 제일주의)'보다는 힌두(Hindu)의 '마하바라타(*The Mahabharata*) 문화[歸依 信仰 중심 문화]'에 크게 동조**를 했으니, 그것은 자신의 견해를 피력한 '기이서(紀異敍)'에 위에서처럼 분명히 되었다.

(b) 그렇지만 일연(一然)은 일본의 계관시인 안만여(安萬侶, 야스마로)의 '고사기(古事記)'와는 역시 그 차이를 보이고 있으니, 그 '안만여(安萬侶, 야스마로)'는 중국의 건국 사조 '우왕(禹王)' '탕왕(湯王)'의 이름을 거론하며 자신이 모시고 있는 '일본 원명(元明)천황'이 그들보다 훌륭하다는 '계관시인의 기질'을 보였음에 대해, **일연(一然)은 중국에 일반화 되어 있는 '도교(道敎)류의 신화들'을 그 근거로 제시하며 '삼국 시대의 신비주의가 왜 꼭 이상한 일일 것인가?'라고 더욱 신중(愼重)한 태도를 견지하였다.**

(c) 여기에서 역시 먼저 확인을 해 두어여 할 두 가지 사실은, 일연(一然)의 '삼국유사(三國遺事)'는 그 안만여(安萬侶, 야스마로)의 '고사기(古事記)'와는 달리 '기존한 기록들을 수집(收集)했다.'는 태도를 견지 했고[사실상 안만여(安萬侶, 야스마로)의 '고사기(古事記)'도 그 '이야기 수집'이 우선이었을 것임], 거기에다 일연(一然)은 다시 '수집한 기록들을 중국의 역사 연대에 대입하여' 그것을 '역사적 토대 속'에서 납득시키려 했던 점이다.
원래 힌두(Hindu)의 '마하바라타(*The Mahabharata*)'는 '시간과 공간을 초월한 절대신'이 '그 탁

---

82) 최남선 편, 三國遺事, 민중서관, 1946, p. 33

월한 무기로 인간의 악을 평정한 이야기', '그 [사제]아들이 영원히 세상 지배를 약속한 경우'라는 그 '절대주의'였는데, 일본(日本)의 안만여(安萬侶, 야스마로)의 '고사기(古事記)'는 그것에 충실하여 별로 그 '원칙'에 이탈한 사항이 [한국의 일연(一然)에 비해] 없었다.

(d) 그런데 일연(一然)은 '**괴력난신(怪力亂神)을 말하지 않는 것은 나[일연(一然)]도 알고 있지만 그 신비주의를 다 괴상한 일로 외면하는 것은 옳지 않다.**'는 소극적인 태도를 보였던 점[안만여(安萬侶, 야스마로)와 구분되는 점]이다.

그래서 일연(一然)은 '삼국유사(三國遺事)'의 '마하바라타(The Mahabharata)' 식 이야기를 굳이 중국(中國)의 연대기에 끼어 넣어 말하려고 하였다.[중국 문화의 더욱 강력한 영향 속에 전개된 '마하바라타(The Mahabharata) 식 이야기']

(e) 그러나 이 일연(一然)의 '삼국유사(三國遺事)'를 통해 우리는, '**한민족(韓民族, 바라문과 王族, 문화의 선도자들)의 기원(起源)**'은 중국(中國) 한족(漢族)과는 크게 다르고, '**일본(日本) 태양 족**'과 많이 유사한 '**힌두(Hindu) 바라타 문화**'을 일찍부터 신봉했던 '**동일한 태양 족(Surya 족)**'이라는 **중요한 사실을 확인할 수 있게 된다.**

(f) '**역사(歷史)**'는 단순한 감정 이전에 '있었던 사실(事實)'이고, '모든 사람들의 이야기[사실]'를 문제 삼는 것이 아니라 **오직 '중심 지배 족(왕족, 사제 족)의 역사'라는 것은 이미 '인류가 소지한 역사책들'이 다 인정을 하고 있는 사항이다.** 그러므로 상대적으로 앞선 연대에 '한국사'를 기록한 김부식의 '삼국사기(三國史記)'는 '공자(孔子)' '맹자(孟子)' '사마천(司馬遷)'을 표준으로 삼아 그 '신비한 사건들'은 거의 인정할 수가 없었다.

(g) **거듭 밝히거니와 힌두(Hindu)의 '마하바라타(The Mahabharata) 문화'는 '절대주의' 문화이고, 중국의 '공자(孔子)' '사마천(司馬遷)'이 정착 시킨 문화는 '현실주의' '실존주의' 문화이다.** 그런데 통일 신라[설총(薛聰)의 '中國 九經의 번역'] 이후는 '관리 등용 방법[讀書三品科]'이 모두 '유교의 경전 학습'을 기준으로 바뀌게 하였으니, 사실상 그 힌두(Hindu)의 '마하바라타(The Mahabharata) 문화'는 '지식인의 학습 대상'에서 밀려나 오직 '불승(佛僧)들'에 의해 그 명맥(命脈)을 유지하는 정도 그친 것이다.

② **고조선(古朝鮮)** -"'위서(魏書)'에 말하기를 '2천 년 전에 단군왕검(壇君王儉)이 있었는데 아사달(阿斯達)에 도읍을 정하고 나라를 세워 조선(朝鮮)이라 했으니, 요(堯)임금과 같은 시기이다.'라고 했다.

'고기(古記)'에 말하기를 '옛날 환인(桓因, 帝釋)의 서자(庶子) 환웅(桓雄)이 인간 세상에 내려가기를 소망하였다. 아버지가 아들의 뜻을 알아 하늘에서 아래로 삼위태백(三危太伯)을 보고 -널리 인간을 이롭게 할 수 있겠다.(弘益人間, benefiting the people)-싶어 환웅에게 천부인(天符印) 3개를 주어 내려가 다스리게 하였다.

환웅(桓雄)은 무리 3천명을 이끌고 태백산(太伯山) 꼭대기 신단수(神壇樹) 아래로 내려와 그곳을 신시(神市)라 하였으니, 그가 환웅천왕(桓雄天王)이다. 풍백(風伯) 우사(雨師) 운사(雲師)를 거느려 세상의 곡식과 생명과 질병과 형벌과 선악(善惡) 등 360여 가지의 일을 주관하게 하였다.

그 때에 곰 한 마리와 호랑이 한 마리가 같은 굴속에 살며 환웅천왕(桓雄天王)에게 -사람이 되게 해 주십시오.- 빌었다. 이에 환웅천왕(桓雄天王)은 신령스런 쑥 한 줌과 마늘 20개를 주며 말했다. -너희가 이것을 먹고 햇빛을 1백일 보지 않으면 사람이 될 것이다,- 곰과 호랑이는 그것을 먹고 견디어 곰은 그것을 잘 지키어 사람이 되었으나, 호랑이는 견디지 못하여 사람 되기에 실패하였다.

그런데 웅녀(熊女)는 혼인할 곳이 없어 매양 신단수 아래로 찾아가 자식을 갖게 해 달라고 빌었다. 환웅천왕(桓雄天王)은 잠깐 변하여 곰과 혼인을 해서 그 웅녀가 아들을 낳았으니 단군왕검(壇君王儉)이라 했다. 요(堯)임금 50년 경인년(庚寅年)에 즉위하였다. 평양성(平壤城)에 도읍하고 조선(朝鮮)이라 불렀다. 다시 서울을 백악산(白岳山) 아사달(阿斯達)로 옮겼고, 그곳을 궁홀산(弓忽山)이라 했으니, 지금의 미달(彌達)이다. 1천5백년을 다스리다가 주 무왕(周 武王)이 즉위하여 기묘년(己卯年)에 기자(箕子)를 조선(朝鮮)에 봉하니 단군(壇君)은 장당경(藏唐京)으로 옮겼고, 뒤에 아사달(阿斯達)의 산신(山神)이 되었으니 수명이 1908세였다."[83]

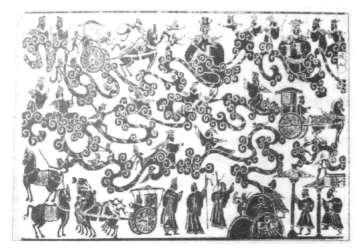

'3위 태백도(三危太伯圖)'[84]

'환웅하강도(桓雄下降圖)'[85]

83) 최남선 편, 三國遺事, 민중서관, 1946, pp. 33~34
84) 김재원, 단군신화의 신연구, 탐구당, 1982, '도판 제1'
85) 김재원, 단군신화의 신연구, 탐구당, 1982, '도판 제3 上'

'가화혼인도(假化婚姻圖)'[86]

'악마퇴치도(惡魔退治圖)'[87]

'천하통치도(天下統治圖)'[88]

------------✈

(a) 위에 인용된 '고기(古記)'의 기록자는 완전히 힌두(Hindu)의 '마하바라타(*The Mahabharata*)' 시
인의 정신과 말하기 방법을 그대로 사용하고 있는 힌두(Hindu)의 '세계관' '신관' '인간관'을 함께
다 보여주고 있다.

위의 '**3위 태백도(三危太伯圖)**'는 그 '단군신화' 연결한 것은 대체로 옳은 것이었으니, 중국(中國)
지식인들은 '도교(道敎)'를 정신적으로 경멸하고 있는 처지였고, 중국의 '도교(道敎)' 역시 '해양
교류 문화' 즉 힌두(Hindu)의 '마하바라타(*The Mahabharata*)'가 그것을 선도(先導)했기 때문이다.

(b) **'마하바라타(*The Mahabharata*)'의 핵심 사상은 '절대 신 중심' '하늘나라 중심' '내세 중심'에
'고행 중시' '현세 멸시' '계율 중시'이다**. 그런데 위 '**고조선(古朝鮮)**'[古記]은 기록자는 그것을 거
의 빠짐없이 온전하게 다 드러내어 명시하고 있다.

(c) 우선 '환인(桓因, 帝釋)'은 '하늘을 지배'하고 '천지 만물의 창조와 육성 귀속'을 주관하는 자임은

86) 김재원, 단군신화의 신연구, 탐구당, 1982, '도판 제3 下'
87) 김재원, 단군신화의 신연구, 탐구당, 1982, '도판 제4 上'
88) 김재원, 단군신화의 신연구, 탐구당, 1982, '도판 제4 下'

물론이다. 그 '명칭'은 지역과 종족 종교에 따라 명칭들을 지니고 있으나, 힌두(Hindu)는 그것을 통칭하여 '옴(Om)'이라 했다.

(d) 그러면 '환인(桓因, 帝釋)의 서자(庶子)'라는 진술에 왜 '적자(嫡子)' '장자(長子)'가 아니고 그 '서자(庶子)'인가의 문제는 '마하바라타(The Mahabharata)'의 '천국 제일주의', '인간 멸시', '허무주의' '염세주의'에 관련된 것으로 '절대주의(Absolutism)'의 다른 표현일 뿐이다.['제17장' 참조]

사실 그 '천국 제일' '절대주의(Absolutism)'는, '힌두'뿐만 아니라 이후 '불교' 기독교'도 에서도 그 생각[천국 중심]을 먼저 수용하지 않으면, 다 쉽게 납득이 될 수 없다.

즉 '천국의 환희[최고 기쁨]'를 외면하고 굳이 '인간 세상을 탐내는 환웅(桓雄)'은 '천국 중심 환인(桓因, 帝釋) 생각'에 한참이나 멀어져 있는 신이다.

(e) 그런데 그 '환인(桓因, 帝釋)'이 인간 세상을 내려다보니 '삼위태백(三危太伯)'이 눈에 띄었다는 것이다. 이 **'삼위태백(三危太伯)'은 틀림없이 힌두의 '메루(Meru) 산'이고 희랍의 '올림포스 산'이고, 불교의 '수미산(須彌山)'이고 기독교의 '에덴동산'이다.**

위의 '3위 태백도(三危太伯圖)'에서 '태백산(太伯山)'이 구름 줄기가 박힌 '삼원(三圓)'으로 제시된 것은 '삼신(三神, Om 신)'의 산이고 '제신(諸神)'이 모인 장소[神市]'라는 것을 가리키고 있다.

(f) '환인(桓因, 帝釋)'은 '환웅(桓雄)'이 거기에서 널리 인간을 이롭게 할 수 있겠다.(弘益人間)'고 생각을 했다고 하는데, 이 구절이 바로 '마하바라타(The Mahabharata)'의 최고신 '비슈누[크리슈나] 신의 뜻'이니, 널리 살피지 않으면 그가 설영 '천재'라고 해도 어떻게 다 알겠는가?

'마하바라타(The Mahabharata)'[제2장]에는, '육덕(六德, the six attributes)'을 지닌 세상의 교사인 **브라흐마(Brahma, 절대신)**께서 '드와이파이아나(Dwaipayana, 비아사)'의 고뇌를 알고서 '드와이파이아나(Dwaipayana)'가 있었던 곳으로 가서 그 성자를 위로하고 **사람들을 이롭게 하라 하셨습니다(benefiting the people, 弘益人間)**'라고 명시하고 있다.[바라문을 통한 '인간 교육 중시']

(g) **'환웅하강도(桓雄下降圖)'**는 세계 최고(最古)의 그 유례가 없는 '절대 신'의 하강도이다. 즉 '환웅천왕'이 무리 3천명을 이끌고 태백산(太伯山) 꼭대기 신단수(神壇樹) 아래로 내려와 그곳을 신시(神市)라 하였으니, 그가 환웅천왕(桓雄天王)이다. 풍백(風伯) 우사(雨師) 운사(雲師)를 거느려 세상의 곡식과 생명과 질병과 형벌과 선악(善惡) 등 360여 가지의 일을 주관하게 하였다.' 이야기는 '동북아시아' 권에 '천지창조' 이야기'이니, 다른 말을 붙인 사람은 아직 '마하바라타(The Mahabharata)'를 자세히 검토하지 않은 죄밖에 없다.

(h) 힌두의 최고 미덕은 '고행(苦行)'이고 '제사(祭祀)'인데 그것은 '절대 신에 위의(歸依)하는 요가(Yoga)'로 직통하는 최고의 수단이다.

그런데 아직 '짐승의 수준'인 '곰과 '호랑이'가 '사람이 되게 해 주십시오.'라고 빌어 '신령스런 쑥 한 줌과 마늘 20개'를 주며 1백일 동안 햇빛을 보지 않고 견디면 사람이 되리라고 환웅(桓雄)은 말하였다. 즉 '고행(苦行) 능력 시험'이었다. 그 '고행'이 '절대 신의 아들[司祭]'이 된다는 원칙은 '마하바라타(The Mahabharata)'의 기본 전제이다.

(i) 힌두는 일찍부터 '뱀'부터 모든 동물들에게 '인격(신격)'을 부여 했을 뿐만 아니라 '무생물' 추상적인 관념[도덕 원리]'까지도 편의에 따라 다 '인격(神格)을 부여해 놓고' 명령을 하고 받는 방법을 취하고 있다. 힌두는 저급한 동물은 '신의 저주로 죄 값을 치르는 복역(服役) 중인 신'으로 보는 경우가 **'고행(苦行) 제일주의'**의 일반적 사고였다.

(j) 그리고 **'가화혼인도(假化婚姻圖)'**에서 '두 개의 용(龍)의 머리'를 바닥에 대고 있는 모습은 바로

'무지개[虹蜺]'로 신(빛)의 은총을 받은 '웅녀(熊女)'의 상징['2']는 여성 상징이다. 즉 그림 속에 '한웅(桓雄)'은 단지 수레에 올라 종고(鐘鼓)를 울리는 상황인데, 그 '한웅(桓雄)' 앞에는 그 황홀한 '무지개가 펼쳐졌다는 이야기'이다.

'빛'은 바로 '신의 은총(恩寵)'으로, '고주몽(高朱蒙)' 신화에 더욱 구체적으로 언급이 되어 있다.

(k) **'악마퇴치도(惡魔退治圖)'**에서 좌측에 칼을 잡고 있는 존재가 바로 '단군(壇君)'으로, 그 '악귀 퇴치'를 주도 하고 있다. 그런데 이것은 역시 '역대(歷代) [절대 신의 아들]사제(司祭, 巫覡)'의 공통 모습이다.

즉 원시 사회에서는 단순히 '절대 신(神)의 편인가, 악귀(惡鬼)의 편인가'의 '양자택일(兩者擇一)'이 있을 뿐이니, '절대 신의 편'이 아니면 모두 '악귀[뱀]의 편'이라는 것이 그 '마하바라타(*The Mahabharata*)'가 세워 놓은 '대경대법(大經大法)'이다.

'인간 중에 신을 향해 최고의 봉사와 헌신을 올리는 자'가 마지막 '절대 신과 하나 되는 최고의 영광을 누린다.'고 그 **'지존(至尊)의 노래(Bhagavat Gita)'**에 명시 되어 있으니, 두 말을 하면 잔소리다.

특히 이 '한국판 천지창조 이야기'에 '힌두' '희랍' '일본'에까지 끈질기게 따라다닌 '무기 자랑' '힘 자랑' '벼락 신'의 언급이 없는 그것은 '천신의 권위를 우습게 드러내는 원시적 권세 자랑'이기 때문이다. 간단히 말해 손바닥을 뒤집듯이 '노(怒)한 생각' 하나로 천지 만물을 심판할 수 있는 주인[절대 신]에게 무슨 '벼락' '활' '칼' 무기들을 새삼스럽게 거론될 것인가?

그러한 측면에서 '고기(古記)'의 **'고조선(古朝鮮)'** 신화는 그 '원시성'을 벗었으나, 역사적으로 '후대에 된 서술'이라는 것을 역시 숨길 수 없게 되었다.['삼국유사'가 드러내고 있는바 특히 '중국의 고대사 연대 제시' -堯임금 연대기 등'은, '漢文 학습 과정'에서 생긴 '고기(古記)' 기록자 등의 '中國 콤플렉스' 반영이다.]

(l) **'천하통치도(天下統治圖)'**에서는 '오른편에 말을 타고 있는 존재'가 '단군왕검(壇君王儉)'이다. 그 '단군왕검(壇君王儉)'이 1908세 장수(長壽)를 누리다가 '아사달(阿斯達)의 산신(山神)'이 되었다는 진술도 역시 '마하바라타(*The Mahabharata*)' 식 진술이니, 그 '개벽[開闢] 연대기'를 '4천년' '3천년' '2천년' '1천년' 등으로 나누어 생각했던 그 힌두(Hindu) 식 '연대기 적용' 결과이다[89].[제59장 참조]

(m) 그리고 '고기(古記)' 서술 방식 전체가 그대로 '확신에 찬 담담 서술형'이니, 이것도 완전히 힌두(Hindu) '마하바라타(*The Mahabharata*)'에서 그 '산자야(Sanjaya)의 말투'이니, 정확하게 분명하게 말하여 '듣는 자'를 그 눈앞에 보여주듯 일깨우는 방식이다.

그 산자야(Sanjaya)의 '말하기 방법'은 '힌두'와 '불교' '기독교'에서 다 같이 써먹고 있는 그 계관시인들의 '말하기 방법'이다.

③ **동명왕(東明王)** -'"고기(古記)'에 말하기를 전한(前漢) 효선제(孝宣帝) 신작(神雀) 3년 4월 8일 천제(天帝)가 흘승골성(訖升骨城)으로 오룡거(五龍車)를 타고 내려와 서울을 세우고 왕이라 나라 이름을 북부여(北扶餘)라 했는데, 이름이 해모수(解慕漱)였다. 아들을 낳아 부루(扶婁)라 했는데,

---

89) T. Rengarajan, *Glossary of Hinduism*, Oxford & IBH Publishing Co., 1999, p. 620 'Krita yuga(4000)' 'Treta yuga(3000)' 'Dwapara yuga(2000)' 'Kali yuga(1000)'

'해(解)'가 성이었다. 왕은 뒤에 상제(上帝)의 명령으로 서울을 동부여(東扶餘)로 옮기었다. 동명제(東明帝)는 북부여(北扶餘)에서 일어났는데 서울을 졸본주(卒本州)에 두고 졸본부여(卒本扶餘)라 했으니, 고구려의 시조이다.

　북부여(北扶餘) 왕 해부루(解扶婁) 정승 아란불(阿蘭弗)의 꿈에 천제(天帝)가 내려와 말했다. '앞으로 나의 아들 손자가 여기에 나라를 세울 것이니 너희는 동해(東海) 가로 피하라.'라 했다. 해부루(解扶婁)가 아들을 얻으려고 제사를 지냈는데, 탄 말이 곤연(鯤淵)에 이르러 큰 돌을 보고 눈물을 흘렸다. 왕이 괴상하게 여겨 사람을 시켜 돌을 치웠더니, 황금 개구리[金蛙] 같은 아기가 있었다. 왕이 반겨 '하늘이 내게 아들을 주신 것이다.'라고 데려와 길러 '금와(金蛙)'라 하였다. 해부루(解扶婁)가 죽으니 '금와(金蛙)'가 왕이 되었고, 그 다음에는 대소(帶素)에게 전했는데, 지황(地皇, 王莽) 3년에 고구려 대무신왕이 공격하여 대소(帶素)를 죽이니 나라가 없어졌다.

　고구려는 바로 '졸본부여(卒本扶餘)'이다. 시조(始祖)는 동명성제(東明聖帝)이고 성은 '고(高)' 이름은 '주몽(朱蒙)'이다. 앞서 부여(北扶餘) 왕 해부루(解扶婁)는 동부여(東扶餘)로 피해 갔고 '금와(金蛙)'가 왕위를 계승했는데, 그 때 한 여인을 태백산(太伯山) 남쪽 우발수(優渤水)에서 만났다. '누구냐?'고 물었더니, '저는 하백(河伯)의 딸로 이름을 유화(柳花)라 합니다. 아이들과 놀이를 나왔는데 한 남자가 나타나 자기가 천제(天帝)의 아들 해모수(解慕漱)라 하고 나를 웅신산(熊神山) 아래 압록(鴨淥) 물가 집으로 데리고 가 서로 사귀었는데 떠나고 소식이 없습니다. 부모가 나를 중매쟁이 없이 남자를 따랐다고 책망을 하여 이곳으로 추방을 했습니다.' '금와(金蛙)'가 이상하게 생각하여 그 유화(柳花)를 집안에 가두었더니 해가 나타나 피해도 그녀를 비추어 아기를 가져 낳았는데 알을 낳았는데 다섯 되 들이 정도의 크기였다.……그 알을 싸서 따뜻한 곳에 두었더니 껍질을 깨고 아기가 나왔다. 생김새가 영특하여 7세가 되니 스스로 활과 화살을 만들어 백발백중(百發百中)이었다. 풍속에 활을 잘 쏜 사람을 '주몽(朱蒙)'이라고 불렀는데, 그것이 이름이 되었다. 금와(金蛙)에게는 7명의 아들이 있었는데, 주몽(朱蒙)과 더불어 놀았으나, 재주가 주몽(朱蒙)에 미치지 못 했다. 금와(金蛙)의 큰 아들 대소(帶素)가 '주몽(朱蒙)은 사람에게서 난 자가 아니니 빨리 도모하지 않으면 화근이 될까 두렵습니다.'라고 했다. 금와(金蛙) 왕은 귀담아 듣지 않았다. 주몽(朱蒙)을 시켜 말을 돌보게 했더니, 주몽(朱蒙)은 '뛰어난 말'을 알아보아 그 뛰어난 말에는 적을 것을 작게 먹여 마르게 하고 노둔한 말을 살지게 길렀다. 금와(金蛙) 왕은 살진 말을 자신이 타고 마른 말을 주몽(朱蒙)에게 주었다. 금와(金蛙) 왕과 아들이 함께 주몽(朱蒙)를 해치려 하니 유화(柳花)가 주몽에게 말했다. '나라 사람들이 너를 해치려 하니 어딘들 못 가랴? 빨리 떠나라.' 이에 주몽(朱蒙)은 오이(烏伊) 등 3인을 데리고 탈출을 해 가다가 '엄수(淹水)'에 이르렀다. 이에 주몽(朱蒙)이 물을 향하여 '나는 천제(天帝)의 아들이고 하백(河伯)의 손자이다. 이제 도망해 가는 길에 추격하는 자가 뒤따르니 어떻게 할 것인가?' 이에 물고기와 자라가 다리를 이루었는데 주몽(朱蒙)이 물을 건넌 다음 다리는 없어졌다. 뒤따르는 말들은 건널 수가 없었는데, 주몽(朱蒙)은 졸본주(卒本州)에 이르러 그곳을 서울로 정했다. 그 때 나이가 12세였고, 한(漢) 효원황제(孝元皇帝) 건소(建昭) 2년에 왕이 되었다. 이 고구려가 전성기에는 210508호(戶)였다.”[90]

_____✈

(a) 이 '고주몽(高朱蒙) 건국 이야기'는 바로 '마하바라타(*The Mahabharata*)'에서 드리타라슈트라 (Dhritarashtra)의 아들 '두료다나(Duyodhana)'를 금와(金蛙) 왕과 그의 아들 '대소(帶素)'에 대응시키고, 고주몽(高朱蒙)을 아르주나(Arjuna)에 비긴 완전한 그 **마하바라타(*The Mahabharata*) 의 축약판(縮約板)**이다.

(b) 원래 '마하바라타(*The Mahabharata*)의 전쟁'은 '뱀 종족에 대한 하늘의 심판'으로 의미를 갖는데, '고주몽(高朱蒙) 건국 이야기'는 모세가 '이집트 탈출 이야기' 정도로 끝을 낸 점도 역시 주목을 요하는 사항이다.[제66장]

(c) '물 건너기' '다리 놓기' 이야기는 역시 마하바라타(*The Mahabharata*)에 나오는데, 모세는 홍해(紅海)를 나누어 건넜다 하고, 안만여(安萬侶, 야스마로)는 토끼가 '상어'를 동원했다고 하고, '고기(古記)' 기록자는 '물고기와 자라가 이룬 다리'를 말을 타고 달렸다고 주장을 하며 끄떡도 없다. [확신으로 말함] 그것은 결국 '절대 신의 위력'을 말하는 것이니, 이것이 그 '절대주의'의 정면(正面)이다.

(d) 여기에서 역시 주목을 해야 할 사항이 '천제(天帝)' '해모수(解慕漱, 太陽)' '고주몽(高朱蒙)'이 동일시되고 있으니, '고주몽(高朱蒙)'은 고구려의 시조이면서 역시 '하느님 아들' '태양의 아들' 등식에 두었으니, 멀리는 크리슈나(Krishna)의 모습과 크게 겹치고, 가까이는 일본 '천황(天皇)'과 크게 동일하니 이것이 바로 힌두(Hindu) '마하바라타(*The Mahabharata*)' 식 '상고사(上古史) 전개'였다.

(e) 이러한 '일컬음'은 모두 '자존심' '자기 자랑' '위대한 목표 설정'에 온 것이니, 꼭 탓할 필요는 없을 것이다.

(f) 그러나 **다 스스로들이 '하늘의 존재를 자칭'하여 '뱀들을 물리치겠다고 대전(大戰)들을 벌린 경우가 제1차, 제2차 세계대전'이라는 역사적 사실까지를 감안하면**, 누가 '신들의 후손'이라는 무리들의 이야기를 '잠깐 흥미로운 이야기'로 웃어넘길 수 있을 것인가.

(g) 이에 확실히 하고 나아가야 할 기본 사항이 소위 **'한민족(韓民族)'은 그 '절대 신' '절대신 받들기'를 일찍부터 익숙하여서, '결코 고행(苦行) 마다하지 않은 사람들'이 '한민족의 주류'였다는 사실이다.** 그리고 그 기원은 힌두(Hindu)의 '마하바라타(*The Mahabharata*)'에 있고, 그 경위의 구체적 경로의 파악과 입증함이 '한국 상고사(上古史)'의 모든 것이라는 점이다.

④ **혁거세(赫居世)** -"진한(辰韓)의 땅에 여섯 촌락이 있었으니, 1은 알천(閼川)에 양산촌(楊山村)이니 촌장은 알평(謁平)이니 이씨(李氏)의 할아버지이고, 2는 돌산(突山) 고허촌(高墟村)이니 촌장은 소벌도리(蘇伐都利)이니 정씨(鄭氏)의 할아버지이고, 3은 무산대수촌(茂山大樹村)이니 촌장은 구례마(俱禮馬)이니 손씨(孫氏)의 할아버지이고, 4는 취산진(觜山珍) 지촌(支村)이니 촌장은 지백

---

90) 최남선 편, 三國遺事, 민중서관, 1946, pp. 39~41

호(智伯虎)이니 최씨(崔氏)의 할아버지이고, 5는 금산(金山) 기리촌(加里村)이니 촌장은 지타(祇沱)이니 배씨(裵氏)의 할아버지이고, 6은 명활산(明活山) 고야촌(高耶村)이니, 촌장은 호진(虎珍)이니 설씨(薛氏)의 할아버지이다. 노례왕(弩禮王) 9년 6촌의 이름을 고치고 6개의 성(姓)을 주었다.

전한(前漢) 지절(地節) 1년 3월 초하루에 6부(部)의 할아버지가 아들 형제들을 데리고 알천(閼川) 언덕에 모여 의논했다. '우리에게는 우리를 다스릴 군왕이 없다. 그래서 백성들이 다 제 마음대로이고 하고 싶은 대로만 한다. 유덕한 분을 찾아 군왕으로 모시는 것이 어떤가.' 그래서 높은 곳에 올라 남쪽을 바라보니 양산(楊山) 아래 나정(蘿井) 곁에 이상한 기운이 있어 번개가 치는듯했다. 백마(白馬) 한 마리가 엎드려 절하는 모습을 하고 있어 찾아 가보니 붉은 알이 하나 있었다. 말은 사람을 보고 길게 울고 하늘로 올라갔고 그 알을 깨고 사내아이를 얻으니 모양과 자세가 아름답고 놀라왔다. 동천(東泉)에 목욕하니 몸에서 광채가 났고 새들이 춤을 추고 천지가 진동하고 이월(日月)이 맑았다. 그래서 이름을 '혁거세왕(赫居世王, 세상을 밝히시는 왕)'이라 했다. 당시 사람들이 다투어 축하해 말했다. '천자(天子)를 모셨으니, 덕이 있는 여군(女君)도 짝으로 모셔야 합니다.' 그날 사량리(沙梁里) 알령정(閼英井) 가에 계룡(鷄龍)이 있었는데 왼쪽 옆구리에서 동녀(童女)를 낳았다. 얼굴은 빼어나게 아름다웠으나 입술이 닭의 부리였다. 월성(月城) 북쪽 시내에서 목욕을 시켰더니 그 부리가 떨어졌다. 그래서 그 시내를 발천(撥川)이라 했다. 남산 서쪽 산언덕에 궁실(宮室)을 지어 두 성스런 어린이를 받들었다. 남아는 알에서 나와 그 형상이 백(瓠) 같아 성씨를 박(朴)이라 했고, 여아는 우물 이름을 따라 알영(閼英)이라 했다. 두 성인(聖人)이 13세가 되던 오봉(五鳳, 漢 孝宣帝) 1년 왕위에 올라 나라이름을 서라벌(徐羅伐)이라 했다. 뒤에 신라(新羅)로 고쳤고, 나라를 61년 간 다스렸다. 왕은 하늘로 올라갔는데 몸은 7일 뒤에 땅으로 흩어 떨어졌다. 왕후도 역시 죽었다. 나라 사람들이 혁거세 왕의 시체를 모아 장례를 치르러 하니 큰 뱀이 나타나 못 하게 말렸다. 그래서 오릉(五陵)에 장사를 지냈고, 그래서 사릉(蛇陵)이라고도 한다."[91]

————✈

(a) 이 '혁거세(赫居世)' 이야기에 확실한 '마하바라타(*The Mahabharata*)' 영향은, '붉은 알 앞에 꿇어 엎드린 백마(白馬)'라는 진술이다. '하늘을 날아다니는 백마(白馬)'란 '절대신' '비슈누의 말'이니, 그 말이 그 앞에 꿇어 엎드린 존재는 그 '비슈누 신' 말고는 다른 존재가 있을 수 없다.

(b) 그러므로 '붉은 알'은 '비슈누의 상징'인 '태양과 같은 것이고, 그 알 속에는 '절대 신'의 '화신(化身)' 있었다는 이야기이다.

(c) 그리고 역시 주목을 해야 할 사항이 '알영(閼英)'이 태어났을 때 입이 '새의 부리'였다는 진술이다. 이것은 '알영(閼英)'의 혁거세에 대한 역할이 '절대신'에 대한 '가루다(Garuda)' 식 보조를 행할 운명으로 나온 존재라는 이야기이다.

(d) 그리고 더욱 주목을 해야 할 대상이 혁거세 승천 이후에 출현했다는 '큰 뱀'의 돌출이다. 이 '큰

91) 최남선 편, 三國遺事, 민중서관, 1946, pp. 43~45

뱀'은 물론 '마하바라타(*The Mahabharata*)'의 절대 신 임무 수행에 빠질 수 없는 '악마적 속성'의 명시이다. 즉 '혁거세(赫居世)'가 61년 간 통치를 했다고 하더라도 원래 6촌장에 걱정했던 '제 마음대로이고 하고 싶은 대로만 행하는 사람들'이 완전히 다 '개과천선(改過遷善)' 했다고는 볼 수 없으니, 그 '큰 뱀'이란 '마하바라타(*The Mahabharata*)'에서 명시했듯이 '신의 가르침'을 받들 지 않은 '사회 악의 상징이다.

(e) 실로 '혁거세(赫居世)' 이야기는 단편적인 '상징'으로 '사건 전개'를 생략된 채로 제시되어 있지만, '절대신' '태양신' '혁거세(赫居世)'가 그 '가루다(Garuda, 闕英)'의 도움을 받으며 61년 간 통치했 다는 온전한 이야기를 다 담고 있다.

(f) 무릇 '인류가 지니고 있는 모든 신화'는 바로 이 '마하바라타(*The Mahabharata*)'에 조회를 한 다음에 그 '바른 의미'를 획득할 수 있으니, 원래 그 **'힌두(Hindu)'가 긍정적이든 부정적이든 처 음 '절대 신' '절대주의'를 개발 보급했을 뿐만 아니라, '이집트 신화' '희랍신화' '팔만대장경' '성경 신화'를 관통하여 다 해명이 되는 '모든 신화 사례와 이론'을 다 확보해 놓고 있는 '세계문 화의 원산지(原産地)'이기** 때문이다.

(g) '총체적인 힌두(Hindu) 신화 속에, 모든 지역적 종족적 계파적 개별 신화가 출현했다.'는 대 전제를 수용을 해야 '인류의 시끄러운 신화 논쟁들의 정답'에 도달하게 되니, **'절대신' '사제(司祭)- 제자-아들' '악마' '구원' '해탈'의 그 중요 문제들이 제 자리를 획득하게 된다.**

(h) 이에 '가장 어려운 골통들'이 '터무니없는 배타주의' '독선주의'를 고집하고 있으니, 그들은 정말 '그들 신의 뱃속에 아직도 그 뱀이 들어 있는 지'를 반드시 확인해 보아야 한다.[힌두는 '뱀'도 신의 부름을 받으면 위대한 임무를 행했다고 확실히 밝히고 있다.]

⑤ 김알지(金閼智) - "영평(永平, 孝明帝) 3년 8월 4일 호공(瓠公)이 밤에 월성(月城) 서쪽 마을에 갔는데 시림(始林)에서 큰 광명을 보았다. 붉은 구름이 하늘에서 땅으로 드리우더니 그 구름 속에 '황금 궤(黃金櫃)'가 있었는데, 그 '황금 궤'가 나무 가지에 걸려 빛이 그 궤 속에서 나오고 있었다. 그리고 역시 '하얀 닭'이 그 나무 아래서 울고 있었다. 이 광경이 탈해왕(脫解王)에게 전해져 왕이 시림(始林)으로 가서 그 궤를 열게 하였더니, 남자 아이가 누워 있다가 즉시 일어났다. 그 풍속의 말[신라 말]에 따라 '알지(閼智, 알라, 아기)'라는 이름을 얻었다. 왕이 수레에 싣고 대궐로 데리고 왔더니, 새들도 기뻐하며 날뛰며 뒤따라왔다. 탈해왕(脫解王)이 길일(吉日)을 택하여 태자로 삼았 으나, 뒤에 파사(婆娑)에게 사양을 하여 왕위에는 오르지 않았고 '금궤(金櫃)'에서 나왔으므로 '금씨 (金氏)'가 되었다."[92]

---

92) 최남선 편, 三國遺事, 민중서관, 1946, pp. 45~49

'태초에 비슈누 신이 앉아 있었던 반얀 나무 숭배'[93] '김알지(金閼智) 강탄도(降誕圖)'[94]

(a) 한반도(韓半島)에서 '고기(古記)' 유(類)의 기록을 남긴 사람들은 '마하바라타(*The Mahabharata*)'에서 그 '마르칸데야(Markandeya)'의 증언'[제59장]을 공인하는 입장에 있었음을 먼저 확인할 필요가 있다. 즉 한국 관련 '고대 신화[단군, 주몽, 혁거세, 김알지, 김수로]'는 '새로운 개벽(開闢) 시대의 전개[**칼리 유가(Kali Yuga)**]'의 전개 정도로 우주관을 정해 놓고 있었다.

(b) 즉 '자재자(自在者, Self-existent)인 할아버지(Primordial Being) 만물의 주(Creator of all) 창조주(Framer of all things) 자나르다나(Janardana, 크리슈나)'는 항상 그대로 있고, 각 지역이 그 지역에 적당한 '절대자'의 화신(化身)들을 모셔 그 지역 종족을 통치하게 하신다는 '우주관'의 바탕 속에 이루어진 '건국신화' 유형이 그것을 말하고 있다.

(c) 호공(瓠公)이 시림(始林)에서 처음 본 '황금 궤(黃金櫃)', '김알지(金閼智) 탄생 담'은, '마하바라타(*The Mahabharata*)'에서 '세상이 물로 잠겼을 때에 나[마르칸데야(Markandeya)]는 홀로 그 홍수(洪水) 속을 헤치며 방황하였으나, 쉴 곳이 없었습니다. 그런데 얼마 후에 그 홍수(洪水)가 넘치는 속에 '커다란 반얀 나무(a vast and wide extending banian tree) 한 그루'를 보았습니다. 오 바라타여, 나는 그 멀리 뻗은 반얀 나무 가지에 달린 천상의 침상에, 소라껍질을 깔고 앉은 연꽃 같은 눈을 지닌 달덩이 같은 소년을 보았습니다.'라는 진술과 크게 유사하다. '나무에 걸린 황금 궤 속의 소년' 이야기는, 명백히 '김(金)씨의 시조'와 '인류의 시조(始祖)'를 등격(等格)에 두고 행한 진술이기 때문이다.

(d) 그 '마르칸데야(Markandeya)'가 유디슈티라에게 행한 이전 이후의 진술은 [삼국유사]에 생략된 상태이지만 앞서 '혁거세 이야기'에서처럼 '자재자(自在者, Self-existent) 할아버지(Primordial Being) 만물의 주(Creator of all) 창조주(Framer of all things) 자나르다나(Janardana)의 분신(分身)'으로 '김알지(金閼智)'가 전제되어 있는 것임은 물론이다.

(e) 이러한 측면서 '**단군' '고주몽' '혁거세' '김알지' 신화가 공통으로 힌두(Hindu) 비슈누(Vishnu)를 앞세운 '창조신 관련' '절대주의 사상'을 그 바탕에 깔고 있고, 이것이 소위 '한민족(韓民族)'이라는 종족, 언어, 사상, 종교의 근본**이라는 점을 확실하게 될 필요가 있다.

---

93) P. Thomas, *Hindu Religion Customs and Manner*, Bombay, Plate 55 'Worshipping the Banyan tree'
94) 慶州金氏族譜 '金閼智大輔公 降誕圖'

⑥ **사금갑(射琴匣)** -"신라 21대 비처왕(毘處王, 炤智王) 10년에 천천정(天泉亭)에 갔었다. 그 때 까마귀와 쥐[子]가 나와 울더니, 쥐가 사람 말로 '**까마귀 가는 곳을 따라가 보시오.**'라고 했다. 왕이 말[午]을 탄 사람에게 명하여 그 까마귀 뒤를 따르도록 했는데, 그 말을 탄 사람이 남쪽 피촌(避村)에 이르러 두 마리 돼지[亥]가 싸우는 그것을 보다가 그 까마귀 행방을 놓치고 길 가에 서성거리고 있었다. 그 때 한 노인이 연못에서 나와 글을 올렸는데, 그 겉봉에 '이 봉을 열면 두 사람이 죽고, 열지 않으면 한 사람이 죽는다.[開見二人死 不開一人死]'라고 적혀 있었다. 말을 탄 그 사람이 그 글을 왕께 올리니, '열어서 두 사람이 죽기보다는 열지 않고 한 사람이 죽는 것이 낫겠다.'고 왕이 말했다. 그 때 일관(日官)이 '두 사람은 보통 사람이고, 한 사람은 왕입니다.'고 말했다. 왕이 그 말을 듣고 열어 보니 '금갑을 쏘아라.[射琴匣]'이라 적혀 있었다. 왕이 곧 궁중으로 들어가 거문고 갑(匣)을 쏘았다. 그 갑 속에는 내전(內典) 분향수도승(焚香修道僧)이 궁주(宮主)와 사통(私通)을 하고 있었었다. 이에 두 사람은 사형에 처해졌다. 이런 일이 있었던 뒤로 나라 풍속에 정월(正月) 상해(上亥), 상자(上子), 상오(上午)일에 행동을 삼가고 15일에는 오기일(烏忌日)이라 해서 찰밥을 지어 제사를 지냈으니, 지금까지 지속이 되고 있다. 우리말(俚言)로 이것을 '달도(怛忉, 설)'라 하니, 슬퍼하고 조심하여 모든 것을 삼가고 꺼린다는 뜻이다. 또 그 노인이 나타난 연못을 '출서지(出書池)'라 했다."95)

───→

(a) '삼국유사' '**사금갑(射琴匣)**'은 짧은 이야기이지만, 사실상 힌두(Hindu)의 '마하바라타(*The Mahabharata*)' 전 이야기의 단초(端初)를 여기에 다 드러내고 있으니, 그 주요 단어가 '말하는 쥐' '까마귀' '일탈한 궁주(宮主)' 문제 등이 그것이다.

(b) '사람의 말을 하는 쥐'는 '마하바라타(*The Mahabharata*)'에 편만(遍滿)한 '만물의 신성화'로 물론 '성스러운 신수(神獸) 이야기'로 우리가 이제까지 '중국(中國)인의 달력[月曆]'이라 우리가 믿고 있는 '쥐(子)' '소(丑)' '범(寅)' '토끼(卯)' '용(辰)' '뱀(巳)' '말(午)' '양(未)' '원숭이(申)' '닭(酉)' '개(戌)' '돼지(亥)'는 사실상 '힌두의 만신(萬神, Pantheon)'에서 유래한 '천상(天上)의 태양(Surya, 炤知王) 등[天干]과 관련된 지상(地上)의 성수(聖獸)들[地支]라는 사실이 그것이다. [참조 : '힌두의 달력'96) -행성들과 조디악(zodiac, 12궁)의 기호들97), '여신(Lakshmi)을 둘러싸고 서수(瑞獸)들'98)]

(c) 특히 '까마귀'는 '절대신[Surya, 태양왕]과 관련된 '이미 불에 탔고 다시 탈 수 있는' '숯덩이 새'

---

95) 최남선 편, 三國遺事, 민중서관, 1946, pp. 55
96) P. Thomas, *Epics, Myths and Legends of India*, Bombay, 1980, Plate 168 'Planets and signs of the Zodiac'
97) 행성들 : 1.수리아(Surya) 2.브라하스티파티(Brahaspati) 3.케투(Ketu) 4.라후(Rahu) 5.부다(Budha) 6.망갈라 (Mangala) 7.찬드라(Chadra) 8.사니(Sani) 9.수크라(Sukra) 조디악의 기호들 : Ⅰ 메사(Mesha). Ⅱ 브리사바 (Vrishabha). Ⅲ 미툰(Mithun). Ⅳ 키르크(Kirk). Ⅴ 시나(Sinha). Ⅵ 카니아(Kanya). Ⅶ 툴라(Tula). Ⅷ 브리치카 (Vrichika). Ⅸ 다누(Dhanu). Ⅹ 마카라(Makara). Ⅺ 쿰바(Kumbha). Ⅻ 메나(Meena).
98) K. K. Klosteraier, *A Survey Hinduism*, State University of New York Press, 1989, p. 281 'Lakshmi surround by auspicious objects'

'새까만 새' '절대신[불, 빛의 신] 사자(使者)'로서 힌두의 '가루다(Garuda)' 이집트의 '호루스[매]' '불사조(Phoenix)' 희랍의 '제우스 독수리' '유대인의 비둘기' 중국의 '대붕(大鵬)' '주작(朱雀)' '鳳凰'과 동류인 한국의 '신조(神鳥)'이다.[참조, '三足烏']

(d) '삼국유사' '사금갑'의 까마귀는 '광명의 군주[태양왕, 毘處王, 炤智王]' 연동이 되어 그 '신화적 체계'를 제대로 간직하고 있다.

(e) 그리고 '일탈한 궁주(宮主)' 이야기는 '원시적 왕권 교체'의 뿌리[母權 社會]를 드러내고 있는 것으로, 그것의 확대된 형식이 **'라마의 다리 건설**(제66장)'이었고, 그것[不祥事]을 사전(事前)에 방지하는 방법이 '정월(正月)' '설날(怛切)의 행사[조심하기]'의 궁극의 의미라는 이야기이다.

(f) '까마귀 제삿날[오기일(烏忌日)]'은 한국인의 '천신 제(天神祭)' '일월 제(日月祭)' '상원 제(上元祭)'로 힌두(Hindu)의 '천신제사'에 그대에 직통하고 있는 사항이다. 즉 '1년의 시작' '삶의 시작' '삶 자체'가 바로 그 '제사의 연속'이라는 그 '절대주의(Absolutism)', '지존(至尊)의 노래(Bhagavat Gita)' 주지(主旨)가 여기['사금갑(射琴匣)' 죄에 거듭 명시되어 있다.

⑦ **처용랑(處容郎)** 1 -"제49대 헌강왕(憲康王) 때는 서울부터 시골까지 연이은 집들에 초가집이 없었고, 길거리에는 음악과 노래 소리가 끊이지 않았다. 날씨도 순조로웠다. 그런데 헌강왕(憲康王)이 개운포(開雲浦)로 놀러갔다가 돌아오는 길에 물가에서 쉬고 있었는데, 갑자기 구름 안개가 일어나며 길이 어두워졌다. 왕이 괴상하게 생각하여 신하들이에게 물으니, 일관(日官)이 아뢰기를 '이것은 동해 용왕의 짓입니다. 좋은 일을 행해서 풀어야 합니다.'라고 했다. 그래서 왕은 담당 신하에게 '용을 위해 가까운 곳에 불사(佛寺)를 짓도록 하라.'고 말하자 구름 안개가 걷히어 그곳을 '개운포(開雲浦)'라고 부르게 되었다. 동해 용왕이 기뻐하여 일곱 아들을 이끌고 왕의 수레 앞에 나타나 왕의 덕을 칭송하며 춤추고 노래하였다. 그 아들 중 하나가 어가(御駕)를 따라와 서울로 와서 왕을 보좌했는데 이름을 '처용(處容)'이라 했는데, 왕은 그를 계속 서울에 묶어두려고 미인(美人)으로 아내를 삼게 하고 급간(級干)이란 벼슬도 주었다. '처용(處容)'는 무척 아름다워 역신(疫神)이 그녀를 사모해서 사람 모습으로 둔갑을 하고 밤에 처용의 집으로 가서 처와 함께 잤다. 처용이 밖에서 집에 도착하여 그 잠자리에 두 사람이 있는 것을 보았다. 이에 노래를 부르고 춤을 추며 물러났다....그러자 역신(疫神)이 제 모습을 드러내고 처용 앞에 무릎을 꿇고 말하기를 '제가 공(公)의 아내를 사모하여 이에 범했으나 공이 화내지 않으시니 감격했습니다. 맹세코 이 다음부터는 공의 얼굴 그림만 보아도 그 집에는 들어가지 않겠습니다.' 그래서 온 나라 사람들이 처용(處容)의 화상(畫像)을 걸어 놓고 '사악한 귀신을 물리치고 경사스러움을 맞아들이려 했다.[辟邪進慶]'"[99]

---

99) 최남선 편, 三國遺事, 민중서관, 1946, p. 88

'자간나트(Jagannath) 사원의 주재(主宰) 신들'[100], '물소 마귀를 잡는 여신'[101] '삼지창(三枝槍)'[102]

(a) '한민족(韓民族)'이 소유한 신화 중에 '처용(處容) 설화'만큼 인기 있는 이야기 없을 정도이다. 그 동안 이에 대한 '많은 고찰'은 '그 나름의 논리와 관점'을 지니고 있어 경청할 만하지만, 더욱 '거시적 안목' 다시 말해 '마하바라타(*The Mahabharata*)'라는 '신화의 본고장'을 확인한 다음에 보다 넉넉한 안목을 획득할 수 있다.

(b) '처용(處容) 설화'에 걸림돌은 '동해 용왕' '처용' '미인(美人)' '역신(疫神, 전염병 마귀)'이라는 막강한 수수께끼들이 그것이었다.

(c) 힌두(Hindu)는 그것들을 다 부술 수 있는 방법을 그 '마하바라타(*The Mahabharata*)'에 온전하게 다 마련을 하였으니, 우선 '미인(美人)'이란 '사람'이나 '귀신'이나 가릴 것이 없이 탐을 내는 존재여서 '최고의 무력'을 소지한 존재도 항상 '피탈(被奪) 위험'에 놓일 수밖에 없다는 '미인(美人) 제일주의'가 '마하바라타(*The Mahabharata*)'에서처럼 뚜렷이 되어 있는 경우는 없으며, 그 이야기[방법]를 토대로 희랍의 '트로이 전쟁'도 전개가 되었던 것은 상식이 되어야 할 사항이다. 여기에 '**남의 부인 빼앗기=전쟁 불가피론**'으로 전제가 된 것은 그 '마하바라타(*The Mahabharata*)'부터 명시가 된 바다.

(d) 그런데 '한민족(韓民族) 신화' 속에 '미인(美人) 이야기'는 대표적인 것이 '수로부인(수로부인(水路夫人)'과 '처용의 처' 이야기가 있는데, 모두 힌두와 희랍에 준엄한 도덕적 잣대를 마련한 '**남의 부인 빼앗기=전쟁 불가피론**'란 것은 온데간데없고, '수로부인(水路夫人)'의 경우 남편 '순정공(純貞公)'은 기절해 쓰러졌고[顚倒躄地][103], '처용의 경우'는 '춤추며 물러났다.[歌舞而退, 진술 그대로의 直譯임]' 한마디로 '미인(美人)을 지킬 힘[무력]이 없는 존재들이 천하에 제일가는 미인(美人)을 소유한 그 결과이다. '납치 범행'의 주체는 '해룡(海龍)'과 '역신(疫神)' 모두 악귀(惡鬼)의 무리다.

(e) 그러면 '마하바라타(*The Mahabharata*)'와 희랍의 '미인(美人)'과 '한반도 신화 속의 미인'의 공통성은 없는가? 그녀들의 뚜렷한 공통성은 '도덕과는 무관한 존재들'이라는 점이 그것이다. 힌두(Hindu) 법의 제정자 크리슈나는 '**세상의 부(富)와 여성은 다 최고 크샤트리아의 소유**'라고 명시

---

100) Navin Khanna, *Indian Mythology through the Art and Miniatures*, New Delhi, 2013, p. 27 'The Presiding Deities in the temple of Jagannath'

101) K. K. Klosteraier, *A Survey Hinduism*, State University of New York Press, 1989, p. 262 'The Goddess Slaying the Buffalo Demon'

102) 무구(巫具)-이보형 소장

103) 최남선 편, 三國遺事, 민중서관, 1946, p. 78

했으니, 그것은 힌두뿐만 아니라 중국(中國)까지도 그 법의 아래에 있었다.

(f) 즉 '법의 준수'를 요구할 수 있는 존재[최고신] 앞에, '피조물들'은 다 절대자에게 '부복(俯伏)'하는 법이니, '마하바라타(*The Mahabharata*)'는 준엄하게 '불만이 있으면 힘으로 겨루어 보라.'라는 것이 소위 '크샤트리아의 의무'이다.

(g) 그런데 그 '마하바라타(*The Mahabharata*)'는 또 하나 중요한 전제로 그 '최고 크샤트리아의 브라만 사제] 만들기'가 역시 '가장 중요한 전제'로 되어 있다. 그런데 '한민족(韓民族) 신화'에서는 그 힌두의 엄청난 현실주의 '크샤트리아의 의무' 항목을 생략하고, '바라문 족'이 소유한 '미인(美人) 이야기'로 비약한 것이 바로 **처용(處容) 설화**'이다.['武器 칭송' '전쟁 생략'이 한국 신화의 특징임]

(h) 그러므로 그것이 원래의 뜻과는 무관하게 '[제사를 존중하는 사제주의] 허약한 유대인들의 이야기'와 '평화를 애호하는 불교식 금욕주의 한민족(韓民族)의 신화'가 결론적으로 맞아 떨어지고 있는 점이기도 하다. 그들은 각각 '지구 저편'에 서로 멀리 떨어져 있지만, '금욕주의' '고행'을 최고의 미덕(美德)으로 표준을 삼았으니, '처용의 해탈(解脫)'과 '예수의 헌신(獻身)'이 어떻게 다를 것인가?

(i) 그러한 '처용'과 '예수'를 쉽게 동일시할 수 없는 그 중간 지점에 '박염촉(朴厭觸)의 죽음'이 자리를 잡고 있다.

⑧ **거타지(居陁知)** -"[진성여왕 대에] 왕의 막내아들 아찬(阿湌) 양패(良貝)가 이 당나라에 사신으로 갈 때에 후백제(後百濟)의 해적들이 진도(珍島)에서 길을 막는다는 말을 듣고 궁사(弓士) 50명을 뽑아 따르게 했다. 배가 곡도(鵠島)에 이르니 바람과 파도가 크게 일어나 10여 일을 묵게 되었다. 었다. 양패(良貝)가 걱정이 되어 점을 쳐보게 했다. 그러했더니 '섬 안에 신비로운 연못이 있으니 제사를 올리는 것이 좋겠습니다.'라고 말했다. 이에 못 위에 제물을 차려 놓으니 연못의 물이 한 길이 넘게 치솟아 올랐다. 그날 밤 꿈에 노인이 나타나 양패(良貝)에게 말했다. '활을 잘 쏘는 한 사람을 이 섬에 남겨 주십시오. 그러면 순풍을 얻을 겁니다.' 양패(良貝)가 꿈에서 깨어나 주변 사람들에게 물었다. '누구를 남겨 놓을 것인가?' 여러 사람들이 말했다. '목간(木簡) 50개를 만들어 각자 이름을 적어 물에 던져 시험해 보시지요.' 양패(良貝)가 그 말을 따랐다. 군사 중에 거타지(居陁知)란 자가 있었는데 그의 목간이 물속에 잠겼다. 그래서 그를 남겨두기로 했더니 순풍이 일어 배는 막힘이 없이 떠났다. 거타지(居陁知)가 근심 속에 섬에 남았는데 어떤 노인이 연못에서 나와 거타지(居陁知)에게 말했다. '나는 서해 신입니다. 항상 해가 돋을 때에 어떤 중[沙彌]이 하늘에서 내려와 주문(呪文)을 외며 이 못을 세 바퀴 돌면 우리 부부와 아이들은 물위로 뜨게 됩니다. 그러면 그 중은 우리 자식들의 잡아 간장(肝腸)을 먹어치웁니다. 이제 우리 부부와 딸 하나가 남았습니다. 네일 아침에 또 올 것이니, 당신이 도와 주셔야겠습니다.' 거타지(居陁知)가 말했다. '**활쏘기는 자신 있습니다.(弓矢之事吾所長也) 명령대로 하겠습니다.**' 노인이 감사를 표하고 물속으로 사라졌다. 거타지(居陁知)는 몸을 숨겨 기다리고 있었다. 다음날 동쪽이 밝아 오니 과연 중이 나타나 주문을 외며 늙은 용의 간을 취하려 했다. 그 때 거타지(居陁知)가 그 중을 화살로 명중을 시켰다. 그러

했더니 중은 즉시 늙은 여우로 변해 땅바닥에 쓰러져 죽었다. 그리고 나니 노인이 나타나 거타지(居陁知)에게 말했다. '공(公)의 도움으로 우리 목숨을 건지게 되었습니다. 내 딸을 아내로 맞으시지요.' 거타지(居陁知)가 말했다. '주신다면 받겠습니다. 정말 저의 소원입니다.' 노인은 자기 딸을 꽃으로 변화시켜 품속에 간직하게 하고 두 마리 용에게 명하여 거타지(居陁知)를 받들어 사신의 배를 따라가 배를 호위해 당(唐)나라에 들어가도록 했다. 당나라 사람들은 신라의 배를 두 마리 용이 끌고 오는 것을 보고 황제에게 아뢰었다. 황제가 말했다, '신라의 사신 중에 비상한 사람이 있구나.' 잔치를 베풀고 여러 신하들 위의 자리에 앉히고 금백(金帛)으로 상을 주었다. 신라로 돌아온 거타지(居陁知)는 품속에 꽃을 꺼내서 아내로 삼았다."[104]

──✈

  (a) '거타지(居陁知) 이야기'는 '마하바라타(*The Mahabharata*)'의 '악귀 히딤배[제32장]' '악마 바카를 격퇴하대[제33장]' '라마의 다리 건설[제66장]'에 관련된 이야기이다.
  (b) '결혼[제32장]' '악마퇴치[제33장]' '무한한 변신과 만물의 인격화[제66장]'가 복합적으로 작동되었다.
  (c) 그 중에서 '서해 신'과 '여우'가 '노인' '승려'로 변모된 '만물의 인격화'는 힌두의 가장 중요한 '신화 만들이 방법'인데 바로 이 '거타지(居陁知) 이야기'에 제대로 다 활용이 되었고, '인간의 식물(植物)화[꽃가지로의 변전]'까지 달성되었다.
  (d) 그리고 '거타지(居陁知) 이야기'에 제시된 '악마퇴치 담'은 그대로 '고려 국조 신화[作帝建 신화]'가 되었으니, 과거의 '계관시인들'이 얼마나 쉽게 '마하바라타(*The Mahabharata*)'의 위력을 실감했는지는 사마천의 '사기(史記)'에서부터 보여 주고 있는 바다.

  ⑨ **염촉멸신(厭髑滅身)** -"원화(元和, 唐, 憲宗) 연간에 남간사(南澗寺) 중 일념(一念)이 '촉향분례불결사문(觸香墳禮佛結社文)'을 지었는데 그 대략은 다음과 같다.

  법흥왕은 자극전(紫極殿)에서 왕위에 올라 동쪽 지역을 살펴보고 말했다. '옛날 한(漢)나라 명제(明帝)는 꿈에 감응을 받아 불법(佛法)을 동으로 전했는데, 나는 왕위에 올라 백성들을 위해 그들이 복을 닦고 죄를 없앨 곳을 마련하고자 하노라.' 이에 여러 조신(朝臣)들은 왕의 뜻을 헤아리지 못하고 '나라의 대의(大義)'를 말할 뿐 절을 짓겠다는 왕의 뜻을 따르지 않자 왕은 탄식했다. '나는 덕이 없이 왕위에 올라 위로는 음양의 조화를 이루기에 모자라고 아래로는 백성들의 즐거움을 주지 못 하여 정사(政事)를 보는 여가에 불교에 마음을 붙였으니 누가 나와 함께 일을 하랴?' 그 때 박염촉(朴厭髑)이 있었는데 나이 22세로 '사인(舍人)'으로 근무를 하고 있었다. 그가 왕의 뜻을 읽어 아뢰었다. '제가 듣기에 옛 사람은 천한 사람에게도 방법을 물었다고 합니다. 제가 큰 죄를 무릅쓰고자 합니다.' 왕은 '네가 할 바가 아니다.'라고 말했다. 이에 '사인(舍人)'이 말했다. '나라를 위해서는 몸을 바치는 것이 신하의 절개이고, 임금을 위해서는 목숨을 바치는 것이 백성의 곧은 일입니

───────────────

104) 최남선 편, 三國遺事, 민중서관, 1946, pp. 89~91

다. 거짓말을 했다고 저의 목을 베시면 여러 사람들이 굴복하여 대왕의 말씀을 거스르지 못 할 것입니다.' 왕이 말했다. '살을 베어 저울에 달아 새 한 마리를 살렸고, 피를 뿌리고 목숨을 버려 일곱 마리 짐승을 구했다.[解肉枰軀 將贖一鳥 洒血摧命 自怜七獸] 나의 뜻은 사람들을 이롭게 하려는 것인데 어찌 죄 없는 사람을 죽일 수 있겠는가?' 사인(舍人)이 말했다. '버리기 어려운 것이 목숨이지만, 제가 저녁에 죽어 불교가 아침에 행해진다면 임금님께서는 길이 평안하실 겁니다.' 이에 대왕은 일부러 위의(威儀)를 정제하고 동서쪽에 풍도(風刀) 남북쪽에 상장(霜仗)을 벌려 놓고 묻기를 '경등(卿等)은 내가 절을 지으려 했는데 정말 고의로 지체시키며 어렵게 만들었는가?' 신하들은 벌벌 떨며 손으로 동쪽 서쪽을 가리키니, 왕이 사인(舍人)을 향해 크게 꾸짖었다. 사인(舍人)이 아무 대답도 하지 않으니 왕은 사인(舍人)의 목을 베어 죽여라 명했다. 유사(有司)가 묶어 관아(官衙)에서 내려갔다. 그래서 옥리(獄吏)가 사인(舍人)의 목을 베자 흰 젖이 한길이나 솟아올랐고, 하늘이 어두워졌다.”[105]

---- →

(a) 힌두(Hindu)의 '마하바라타(*The Mahabharata*)'가 '절대 신에의 귀의(歸依)[Yoga]'를 처음부터 끝까지 강조하고 있다는 점에서 '절대주의'에 정상(頂上)을 차지하고 있다.

(b) 요가의 기본은 '인생을 그냥 신에 올림[獻身]'이니, 그것을 그대로 표준으로 삼고 있는 경우가 '예수를 따르는 기독교'이고, 불교도 '절대자(帝釋, 부처님)를 향하여 그와 하나 되기'를 기본 종지(宗旨)로 삼고 있다.

(c) 신라 법흥왕 때 '이차돈(異次頓, 박염촉(朴厭觸)'의 순교(殉敎)는 '예수의 순교'가 알려지기 전에 '한민족(韓民族)의 식자층(識字層)'은 모르는 사람이 없을 정도의 유명한 이야기였다.

(d) 그러한 '순교(殉敎) 이야기'는 여러 가지 이야기를 더욱 파생시켰으나, '가장 빨리 절대자와 하나되기'라는 그 방법으로 제시된 것도 역시 이 '마하바라타(*The Mahabharata*)' '지존(至尊)'의 노래(Bhagavat Gita)' 속에 명시가 되어 있다.

(e) 플라톤은 '소크라테스의 죽음'을 감동적으로 엮어 '희랍 문화의 표준'을 마련했지만, 힌두(Hindu)의 '마하바라타(*The Mahabharata*)'는 '천국 제일' '윤회' '이승 무시' 사고를 바탕으로 그 '절대 신의 귀의'를 가르쳤는데, 이 '박염촉(朴厭觸)의 순교(殉敎)'는 단순히 '법흥왕에의 충절'이 강조되었으나, 궁극적으로 힌두의 '요가(Yoga)의 용감한 실천'일 뿐이다.

(f) 그 희랍인들이 뒤늦게 '소크라테스의 죽음'의 '참혹함'을 알게 된 것은 오직 '현실주의 아테네 애국자' 플라톤의 '극한적 [생사대립 구조 제시]'로 명시되어 깨닫게 된 것이고, 사실상 '영혼불멸' '생사 무관'의 경지를 당연시하는 [힌두의 사제] 입장에서는 별 이상한 일도 아니다.

(g) '삼국유사' 문화를 바탕은 완전히 힌두(Hindu)의 '마하바라타(*The Mahabharata*)' 문화이니, 그 이전에 이미 한반도에 '원주민'이 있었다고 해도 처음 '문화'의 씨앗은 명백히 힌두(Hindu)의 '바라타족(*The Bharatas*)' 뿌렸음은 그 '창조신화'가 말을 해주고 있다.

(h) 거듭 요약하거니와 **'한민족(韓民族)의 뿌리 문화'**는 '사제(司祭) 중심의 바라타 문화'이다.

---

[105] 최남선 편, 三國遺事, 민중서관, 1946, pp.125~127

(i) 그런데 힌두의 '고행주의' 불교의 '금욕주의' '기독교의 제사 중심' 그 구극에 힌두(Hindu)의 '마하바라타(*The Mahabharata*)'가 있다는 사실을 '박염촉(朴厭觸)의 순교(殉教)'를 말하는 '촉향분례불결사문(觸香墳禮佛結社文)' 기록자 일념(一念)이 바로 '살을 베어 저울에 달아 새 한 마리를 살렸다.[解肉枰軀 將贖一鳥]'는 '우시나라 매와 비둘기 이야기'[제54회]를 알고 이야기 하고 있으니, '불교' '기독교' '절대주의'가 다 힌두(Hindu)의 '마하바라타(*The Mahabharata*)'에 기원한 것임을 수용하면 개별 종교의 특수성을 넘어 인간 보편의 '절대주의'를 다 이해할 수 있을 것이다.

⑩ **가락국기(駕洛國記)** -"천지가 처음 생긴 이래 이 지역에는 국가가 없었다. 그럴 때에 아도간(我刀干) 여도간(汝刀干) 피도간(彼刀干) 오도간(五刀干) 유수가(留水干) 유천간(留天干) 신천간(神天干) 오천간(五天干) 신귀간(神鬼干) 9간(干)이 있었다. 이 추장들이 백성들을 거느렸으니 모두 1백호에 7만 5천 명이었다.

후한(後漢) 광무제(光武帝) 건무(建武) 18년 3월 계욕(禊浴)일에 북쪽 구지(龜旨)에서 사람을 부르는 이상한 소리가 들렸다. 2~3백 명의 사람이 있었는데 모습은 없고 말소리만 들리는데 '여기에 사람이 있는가?' 9간 등이 대답하기를 '우리가 있습니다.' 다시 말하기를 '내가 있는 이곳은 어딘가?' 9간 등이 대답하기를 '구지봉입니다.'라고 했다. 또 말하기를 '하늘이 나에게 명하여 이곳을 다스려 나라를 새롭게 하는 임금이 되라 하여 여기로 내려 올 것이다. 너희는 산봉우리를 흙을 파서 뿌리면서 면서 -거북아, 거북아. 우리 임금을 내 놓아라 내놓지 않으면 구워 먹겠다.-라고 노래하고 춤을 추면 그것이 왕을 맞는 환영 방식이다.' 구간 등이 그 말과 같이 모두 기뻐하고 노래를 부르며 우러러 보았더니 얼마 있지 않아 '붉은 노끈[紫繩]'이 하늘에서 땅에 닿았다. 노끈 끝을 살폈더니 붉은 보자기로 황금 상자를 쌌는데 열어보니 태양 같은 황금알이 여섯 개 있었다. 모든 사람들이 즐거워하여 함께 엎드려 백배를 올리고 다시 보자기에 싸서 안고 와 아도간(我刀干)의 집 자리에 두고 사람들은 흩어졌다. 하루를 지나 다음날 사람들이 다시 모였는데 여섯 개의 알이 아기로 되어 있었다. 용모가 씩씩하여 여러 사람들이 절을 올렸다. 날마다 자라 10여 일만에 키가 9척으로 은(殷)의 탕(湯王) 같았고, 얼굴은 한(漢) 고조(高祖) 같고 요순(堯舜) 같았는데 보름날 즉위 했는데 처음 나타났다고 하여 이름을 수로(首露)라 하였다. 나라를 대가락(大駕洛), 또는 가야(伽耶)라 했다. 6 가야(伽耶)의 하나였는데 나머지 다섯은 5가야(伽耶) 왕이 되었다."[106]

⎯⎯→

(a) 한반도에 있는 '창조[시조]신화' 중에 이 **가락국기(駕洛國記)**'처럼 뚜렷하게 힌두의 '비슈누(Vishnu) 정신'을 상세히 반영하고 있는 것은 없다. 그 주요 동기는 '원주민'과 '거북[龜](**Kurma, Tortoise)토템 족**'과 '가야(伽耶)'와 '황금[김씨]' '수라(**Sura, 首露, 태양족**)'라는 요소가 온전히 다 결합을 하고 있는 신화적 보고(報告)라는 점에서 그렇다.[제21장 참조]

---

106) 최남선 편, 三國遺事, 민중서관, 1946, pp. 108~109

(b) 힌두(Hindu)의 '마하바라타(*The Mahabharata*)'에서 신들의 '인간 사(事) 개입'은 당연한 일'로 간주되어, 그것을 읽고 난 다음 이 '가락국기(駕洛國記)'를 읽게 되면 하나도 문제될 게 없는데, 그 '힌두와 단절된 한반도 문화'라는 폐쇄적 시각으로는 '눈 가리고 보물찾기' 식으로 시간만 허송할 뿐이다.

즉 힌두(Hindu)의 '마하바라타(*The Mahabharata*)' 문화가 일찍부터 '세계 신비주의' '절대주의'를 다 장악한 사실을 긍정하는 순간에 모든 '신비주의 문학'은 제자리를 잡게 되어 있다.[그 '개별 신화의 특성'까지 명시하며]

(c) '마하바라타(*The Mahabharata*)'에서는 '하늘의 목소리'를 극히 보편화 하여 수시로 인간에게 그 '신의 말씀'을 전하고 '잘한 일'에는 '꽃 비'를 내려 칭찬도 행하는 것을 상시(常時)로 가동했다.['천국 중심 문화']

(d) 그러므로 '가락국기(駕洛國記)' 신화의 경우에도, 원주민 '9간(干) 등'에게 '여기에 사람이 있는가?'란 질문은 물론 '절대 신의 말씀'으로 그 지역에 '왕'을 주고 싶은 절대 신[비슈뉘의 '홍익인간(弘益人間)의 정신'의 발동이다.

(e) 그리고 '거북을 보고 왱君長, 首領]을 내놔라.'한 것은 그 '비슈누 화신(化身)' '제2 쿠르마(Kurma, 거북) 화신' '불탑'에서 '돌 거북'으로 극히 일반화된 그 '비슈누 신상(神像)'일 뿐이다. 그러므로 '군장(君長)을 내 놓지 못한 거북은 차라리 구워먹다.' 진술은 가까운 '반구대(盤龜臺)' 이름에서도 확인할 수 있듯이 '거북'은 단순히 '식용(食用)'일 뿐이니, '군장(君長)을 내려주지 못한 거북', '절대 신의 영검이 없는 거북'은 '군장(君長)의 제공하겠다는 말하는 주체[거북 비슈뉘와는 확실히 다르다는 '절대 신의 가르침'이 그 속에 전제 되어 있다.['군장(君長)의 필요'는, 그 '통치자'의 생각만이 아니라 '피치자(被治者)' '통치자'의 합일로 가능했다는 점도 주목을 해야 한다.]

(f) '왕금 알' '황금 상자'는 모두 '태양족 상징'으로 그 '절대 신'의 후손이 바로 '황금(黃金)씨' '김씨[金氏]'라는 논리이니, 이것이 '한국에 가장 많은 인구'를 점하고 있는 '김 씨들의 유래 이야기'이다. 그러므로 그 '신화적인 요소'를 다 버리고라도 남은 하나의 진실은 그들의 기원이 원래 '힌두 바라타 족'에 있었다는 사실이다.

(g) 그리고 <u>고구려의 '고주몽(高朱蒙)'도 역시 '절대신' '태양족'이니, 한반도는 처음부터 '절대 신의 문화'라는 점도 이에 거듭 명백하게 되어야 할 사항이다.</u>

⑪ **가야(Gaya, 伽耶)** -"가야(Gaya)라는 악귀가 고행을 시작했다. 고행(苦行)의 강도(强度)가 증가하여 신들도 신경이 쓰여서 비슈누(Vishnu)를 찾아가 '가야 아수라' 위협에서 지켜달라고 요청을 하였다. 비슈누 신은 '그렇게 하마.'고 약속을 했다. 그러했음에도 가야의 고행(苦行) 정도는 날마다 더해졌다. 그러자 비슈누가 그 가야에게 현신(現身)하니, 가야는 '세상에서 제일가는 성소(聖所)'를 마련해 달라고 자기의 서원(誓願)을 말했다. 브라흐마와 다른 신들은 가야의 힘과 용맹을 두려워하여 [가야를 포기하게 할 심산으로] 브라흐마가 비슈누에게 가야의 몸 위에서 '희생제'를 치르게 요구해 보라고 했다. 브라흐마가 그렇게 말을 했더니 가야는 그렇게 하라고 아예 땅바닥에 드러누웠다. 브라흐마가 가야의 머리 위에서 희생제를 시작하며 가야의 몸이 조용해야[평정을 유지해야] 공물(供物)을 올릴 것이라고 말했다. 브라흐마가 그렇게 말하자 비슈누는 '다르마 신(Dharmadeva)'을

불러 말했다. '신석(神石, a divine stone)을 그 가야(Gaya) 몸 위에 올리고 모든 신들이 그 돌 위에 앉게 하라. 그러면 나는 내손으로 그 신들을 내가 들고, 그 돌 위에 나도 앉을 것이다.'

'다르마 신'이 비슈누 명령대로 행하고 나서 비슈누가 그 돌 위에 앉았더니, 가야 몸의 흔들림은 멈추었다. 그래서 브라흐마는 넉넉한 공물을 제공했다.[공물'은 주는 것과 받는 것이 같음] 그로부터 가야(Gaya)의 이름이 붙은 그곳은 '성지(聖地, a Holy Tirtha)'가 되었다. 희생제를 치르고 나서 브라흐마는 제사를 주관했던 바라문들에게 그 희생제의 닥시나(daksina, 수고비)로 가야의 사원 내에 땅 20000 야드(Yards)와 55개 마을과 황금 산과 젖과 꿀이 흐르는 강과 금과 은으로 지은 저택도 주었다. 그러나 선물을 받은 브라만들은 무식하고 심술궂은 자들로 변했다. 그래서 강물은 [젖과 꿀 대신에] 물이 흘렀다. 바라문들은 불운에 탄식하며 다시 브라흐마 앞에 엎드렸다. 그러자 브라흐마는 다음과 같은 말로 위로했다. '가야(Gaya)의 바라문들아, 해와 달이 존재하는 한 이 가야 성지(聖地)가 너희를 먹여 살릴 것이다. 이 가야를 방문한 자가 공물(供物)을 올릴 것이고, 죽은 자들의 의례를 행할 것이다. 백대에 걸친 조상들의 영혼이 지옥을 벗어나 천국의 지복(至福)을 누릴 것이다.'

그래서 가야(Gayatirtha)는 유명하게 되었다. -아그니 경전(Agni Purana) 144장"[107]

----->

(a) 힌두(Hindu)의 '가야(Gaya, 伽耶) 설화' 확인이 유독 한반도에 '역사적 지역적 종족적 사실'의 확인이라는 점에 역시 놀랍다. 이 '가야(Gaya, 伽耶) 설화'도 '비슈누 신'과 '고행(苦行) 대가(大家)' '가야(Gaya, 伽耶)'의 '서원(誓願)'에 불가피하게 연결하여 고찰할 수밖에 없다.

(b) 원래 비슈누 신은 그 '가야(Gaya, 伽耶)의 고행(苦行)'의 대가로 이른바 '황금 산과 젖과 꿀이 흐르는 강과 금과 은으로 지은 저택'을 허락했다는 이야기는 '성경'의 '가나안 복지 이야기'가 아니라 한반도 남쪽 오가야(五伽耶)에 대한 기원설화이다.

(c) 그런데 그 '가야 사원(寺院)'의 바라문[司祭]들이 태만하고 무식해져 그 제공되었던 '엄청난 닥시나(dakshina, 바라문에 대한 수고비 또는 그 반대 급부)'를 비슈누 신이 일단 철회를 했다가 뒤늦게 뉘우치니 그 절대 신이 그 사제(司祭)들에게 **해와 달이 존재하는 한 이 가야 성지(聖地)가 너희를 먹여 살릴 것이다. 이 가야를 방문한 자가 공물(供物)을 올릴 것이고, 죽은 자들의 의례를 행할 것이다. 백대에 걸친 조상들의 영혼이 지옥을 벗어나 천국의 지복(至福)을 누릴 것이다.'** 라고 약속을 했다.

(d) 이 절대 신[비슈누 신]을 신봉하는 사람들이 한반도에 역시 '가야'의 '사원'과 '나라'를 세웠으니, 역시 한반도는 그 '비슈누 절대신 신봉자 문화'라는 것을 '힌두의 신화'와 '삼국유사'가 입증을 하고 있다.

---

107) Vettam Mani, *Puranic Encyclopaedia -A Comprehensive Work with Special Reference to the Epic and Puranic Literature*, Motilal Banarsidass Publishers Delhi, 1975, p. 288 'Gaya, Gayatirtha'

⑫ **처용랑(處容郞) 2 : 고려시대 처용가(處容歌)** - "신라 성대 거룩한 시대/ 천하태평 나후(羅侯)의 덕/ 처용 아비여/ 이로써 인생에 말씀은 안 하셔도/ 이로써 인생에 말씀은 안 하셔도/ 삼재(三災)와 팔난(八難)이 단번에 없어지도다./ 아아, 아비의 모습이여. 처용 아비의 모습이여/ 머리 가득 꽃을 꽂아 기우신 머리에/ 아아, 목숨 길고 멀어 넓으신 이마에/ 산의 기상 무성하신 눈썹에/ 자비로우신 눈에/ 바람 부는 뜰처럼 우그러지신 귀에/ 복사꽃같이 붉은 모습에/ 오향(五香) 맡으시어 우묵하신 코에/ 아아, 천금을 머금어 넓으신 입에/ 백옥 유리같이 흰 이에/ 사람들이 칭송하여 복스러운 턱에/ 칠보를 못 이기어 숙어진 어깨에/ 경사(慶事) 너무 많아 늘어진 소매에/ 슬기 모이어 유덕하신 가슴에/ 복(福)과 지(智)를 다 갖추어 부르신 배에/ 태평을 함께 즐겨 기나긴 다리에/ 계면조(界面調) 맞추어 춤추며 도는 넓은 발에/ 누가 만들어 세웠는가? 누가 지어 세웠는가?/ 바늘도 실도 없이, 바늘도 실도 없이/ 처용 아비를 누가 만들어 세웠는가?/ 많고 많은 사람들이여/ 열두 나라가 모이어 만들어 세웠으니/ 아아, 처용 아비의 많고 많은 사람들이여./ 버찌야, 오얏아, 녹리야/ 빨리 나와 나의 신코를 매어라/ 아니 매면 나릴 것이다, 궂은 말/ 신라 서울 밝은 달밤에 새도록 놀다가/ 돌아와 내 자리를 보니 다리가 넷이로다./ 아아, 둘은 내 것이거니와, 둘은 누구의 것인가?/ 이런 때에 처용 아비가 보시면/ 열병 신(熱病神) 따위야 횟감이로다./ 천금을 줄까? 처용 아비여/ 칠보를 줄까? 처용 아비여/ 천금도 칠보도 다 말고/ 열병 신(熱病神)을 나에게 잡아 주소서/ 산이나 들이나 천리 먼 곳으로/ 이 처용 아비를 피해 가고 싶다./ 아아, 그것이 열병 대신의 소망이다."[108]

———→

(a) '고행'으로 승리하고 '제사'로 '절대 신과 하나 되고' 그 '영웅적 행적의 결과'로 인간은 '병마(病魔)를 이기고 행복하게 산다.'는 신념은 원래 그 힌두(Hindu)들의 사고였다.

(b) 그런데 어찌되었던 그 '병마(病魔)의 신(疫神)이 항복'하여 '공의 얼굴 그림만 있어도 이후 절대로 그 댁은 침입을 하지 않겠습니다.'라는 약속의 바로 '악귀를 항복 받은 그 절대신 위력'을 반기게 되었는데, 그 구체적인 기록이 바로 '악학궤범(樂學軌範)'에 실려 있는 '처용가(處容歌)'이다.

(c) '처용'을 굳이 '절대신'으로까지 올린 것은 '병마(疫神)'는 '대량 학살'로 이어지는 바로 '인간 생명 구하기'에 '절대신'의 위력이 소용이 없다면 근본적으로 그 '존재 이유'를 망실하는 최고의 '천신 불행'으로 이어지기 때문이다.

(d) 그런데 위의 '처용가(處容歌)'의 내용은 한결같이 '말로 처용 얼굴 그리기' '처용 치켜세우기' '처용 칭찬' '역신(疫神, 病魔) 멸시'로 이어졌으니, 역시 힌두(Hindu)의 방법 그대로이다.['무격'='바라문']

(e) '힌두(Hindu)의 방법'이란 '크리슈나(Krishna)'가 연출해 보였다는 '비슈바르파(Vishvarupa, 우주 형상)'이 제시가 그것이니, 크리슈나는 그 '비슈바르파(Vishvarupa)'로 '사제들의 믿음'을 북돋아 '절대 신 신앙'의 지키게 했던 것은 역시 '유대인 절대 신의 자기 증명'이기도 한데, 한국의 '무속인

108) 양주동, 여요전주, 을유문화사, 1947, pp. 140~200

(巫俗人)'은 일찌감치 '처용 형상 짓기 노래(處容歌)'로 그 '비슈바루파(Vishvarupa)' 효력을 발휘하려 했다는 사실이 그것이다.

4) 이이(李珥) '기발이승일도설(氣發理乘一途說, 1572)'

중국 송(宋)나라 주돈이(周敦頤, 1017~1073)에서부터 시작된 성리학(性理學)은 당초 힌두(Hindu) 바라문(婆羅門)의 '만달라(Mandala, Yantra) 철학'[제57회]을 중국 음양(陰陽) 오행(五行)의 '현실주의' '실존주의' 철학으로 전용 적용하여 발흥한 것인데 그 구체적인 증거는 주돈이(周敦頤)의 '애연설(愛蓮說)' '태극도설(太極圖說)'이다. 그리하여 주돈이(周敦頤)는 정호(程顥) 정이(程頤) 장재(張載)를 제자로 두었고 그들은 다시 주희(朱熹, 1130~1200)에게 전하여 중국 성리학을 일단 마무리 되게 하였다.

그 성리학이 조선조에 전해져 조광조(趙光祖) 이황(李滉) 서경덕(徐敬德) 등이 그에 종사하여 각자의 이론들을 가졌다.

그런데 이이(李珥, 1536~1584)는 1572년 성혼(成渾, 1535~1598)에게 준 편지를 통해 '**기발이승일도설(氣發理乘一途說)**'을 상세하게 펼쳤는데, 그것은 **전 성리학 체계는 물론이고, 힌두(Hindu)의 '절대신' 불교의 '공(空)' 기독교의 '하나님[천국]' 사상을 판명(判明)하게 통합하여 그 이론이 세계 철학의 정상(頂上)임을 명백히 말하고 있다.**

즉 힌두(Hindu)의 '마하바라타(*The Mahabharata*)'를 기점으로 불교 기독교와 플라톤(Platon) 헤겔(Hegel)의 '국가주의 철학'이 있게 되었음에 대해, 중국(中國)에서는 기자(箕子) 공자(孔子) 사마천(司馬遷)을 이은 '현실주의(Secularism)' '실존주의(Existentialism)'이 송나라 주희(朱熹, 1130~1200)에 의해 '성리학'으로 일단 마무리가 되었는데, 그것을 더욱 구체적으로 펼쳐 모두 아우르고 있는 조선조 이이(李珥)의 회심(會心)의 이론이 바로 '**기발이승일도설(氣發理乘一途說)**'이다.

이 기발이승일도설(氣發理乘一途說)은 소위 '과학철학[정신분석학]'과 직결될 뿐만 아니라 힌두와 기독교의 '인격신'을 말끔히 납득하게 했고 현대 과학철학의 출발점을 마련한 칸트(1724~1808)의 '순수이성비판(1781)'보다 200년을 앞선 '과학철학'이라는 점에 크게 주목을 요한다.[제87장 참조]

① 무극(無極)이 태극(太極)이다. -"무극(無極)이면서 태극(太極)이니, 움직여서 양(陽)이 생기고 고요해서 음(陰)이 생겼다...양(陽)이 변하고 음(陰)과 합해서 그것이 5행(水火木金土)에 퍼져서 4시(춘하추동)가 운행된다. 양(陽) 음(陰)은 하나의 태극이고, **태극은 무극(無極)이다.**.....성인(聖人)은 천지와 더불어 그 덕을 합하였고...군자(君子)는 그 도(道)를 닦으니 길(吉)하고, 소인(小人)은 거스르니 흉(凶)하다...시작에 근원(原)하여 끝으로 돌아가니(反), 위대하도다 역(易)의 이치여!"[109]

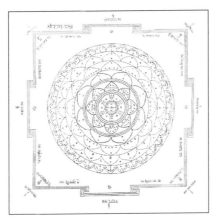

'라마 얀트라'[110]

————✈

(a) 주돈이(周敦頤, 1017~1073)가 이 '태극도설(太極圖說)'로 명시한 바는 힌두(Hindu)의 '마하바라타(*The Mahabharata*)'의 철학(종교)을 중국(中國)의 '현실주의(Secularism)' '실존주의(Existentialism)'으로 전용(轉用)하였다는 점이다. 중국(中國)의 '현실주의(Secularism)' '실존주의(Existentialism)'는 우선 기자(箕子)가 명시한 '5행(水火木金土)'과 복희(伏羲) 문왕과 관련된다는 '역(易)'을 거론했음이 그것이다.

(b) 그렇다면 힌두(Hindu)의 '마하바라타(**The Mahabharata**)'에서 가져온 것은 무엇인가? 그것은 '무극(無極, Nothing)'이라는 도식(圖式)이다. 주돈이(周敦頤)는 그것을 원(圓)으로 나타냈는데 그것은 불교의 '공(空)'의 상징이고 역시 '절대자=이치'의 상징인데 역시 힌두(Hindu)의 '만달라(Mandala, Yantra)'에 기원한 것이다.

(c) '양의(兩儀)' '5행'[2, 5] 등 수(數)의 상징도 힌두(Hindu)의 '원(圓)' 절대자의 상징의 연장(延長)이다. "1(One)=근본, 단자(單子), 제일원리, 통일, 절대자, 할아버지(Primordial One), 영적 균형, 신(神), 낮, 광명, 태양(Ravi, Surya), **점(點)이나 원(圓)**."[111]

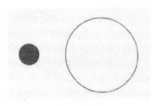

'점과 원'

(d) 주돈이(周敦頤)는 기존 중국의 '현실주의(Secularism)' '실존주의(Existentialism)'에 철학에 힌두

109) 古文眞寶 後集, 세창서관, 1969, p. 185 '太極圖說'
110) K. K. Klosteraier, *A Survey Hinduism*, State University of New York Press, 1989, p. 270 'Rama Yantra'
111) F. W. Bunce, *The Yantras of Deities*, D. K. Printworld, New Delhi, 2001, p. 3

(Hindu)의 '절대주의'를 적용하여 기존 철학에 '혁명'을 일으켰으니, 주돈이(周敦頤)는 기존 중국의 '현실주의' '실존주의'에 힌두(Hindu)의 '정신(情神, Mind)'를 첨가하여 중국의 '현실주의'에 '힌두의 바라문(婆羅門) 정신 운동' '절대주의'를 삽입하였다.

(e) 즉 주돈이(周敦頤)가 말한 '성인(聖人)' '군자(君子)'는 중국 고유의 용어이지만, 그것이 힌두의 '정신' 문제와 연합을 하면서 '성인(聖人)'을 힌두(Hindu)의 '신령(神靈, Rish)'에, '군자(君子)'를 힌두(Hindu)의 '바라문(婆羅門)'에 바로 대입하였다.

(f) 왜 그렇게 될 수밖에 없었던 이유는 주돈이(周敦頤)이가 '성인(聖人)'을 세상의 중심에 두고 '군자(君子)'를 그 성인을 지향한 존재로 명시하고 그 '성인(聖人)'이 '해와 달과 더불어 그 밝음을 합하셨고(日月合其明), 사계절과 더불어 그 차례를 합하셨고(四時合其序) 귀신과 더불어 그 길흉을 합하셨다(鬼神合其吉凶)'고 진술하여 사실상 그 '성인(聖人)'이 '절대신'의 역할을 다 한 것으로 밝혔던 점이 그것이다.

(g) 힌두(Hindu)의 '신령(神靈, Rish)'도 그러한 기능을 가지고 있는 것으로 되어 있으나, 기존한 중국의 성인 공자(孔子) 등은 '자기가 그러한 권능을 지녔다.'고 한 번도 자칭한 적이 없기 때문이다. 한 마디로 **주돈이(周敦頤)는 중국(中國)의 모든 '학문 하는 사람(君子)들'에게 힌두(Hindu)의 '바라문(婆羅門) 식 학습 방법과 목표'를 제시했던 사람이다.**

(h) 이 말을 객관적으로 입증하고 있는 말이 '애연설(愛然說)'[112]에서 '국화' '모란' '연꽃'을 제시하며 '국화=은일(隱逸)' '모란=부귀' '연꽃=군자(君子)'로 설명하고 있는데, **'힌두 문화의 상징'이 바로 '연꽃'**이라는 점이다.

(i) 그러나 주돈이(周敦頤)의 '태극도설(太極圖說)'은 힌두의 '절대주의'와 중국의 '현실주의'를 봉합(縫合)해 놓은 것으로, 해결할 문제가 태산이었다.

(j) 그 가장 큰 문제가 힌두의 '현실적인 절대신'을 어떻게 '실리적인 중국 현실'에 요구할 것이며, 그 다음으로 '고행(苦行)의 힌두 바라문'을 중국의 지식인들에게 어떻게 요구할 것인가가 근본 문제였다.

② **인심(人心)과 도심(道心)** -"인심(人心)은 위태롭고, 도심(道心)은 희미하다.(人心惟危 道心惟微)"[113]

———✈

(a) 그런데 그 '태극도설(太極圖說)'을 말한 주돈이(周敦頤)가 정호(程顥, 1032~1085) 정이(程頤, 1033~1107) 장재(張載, 1020~1077)를 제자로 두었고 그들은 다시 주희(朱熹, 1130~1200)에게 전하여 중국 성리학(性理學)을 일단 마무리되게 하였다.

(b) 중국 성리학(性理學)은 이 주희(朱熹)에 의해 완성된 것으로 되어 그가 중국의 대표적인 유가(儒家) 경전 '4서 3경'에 구체적인 해설을 붙여 그것을 후세인의 '유가의 교과서'로 알고 있다.

(c) 주희(朱熹)은 주돈이(周敦頤) 이후 선배들의 말을 자세히 살피어 '근사록(近思錄)'을 지었을 뿐만 아니라 '하루아침에 다 통했고.[一朝豁然貫通 -大學]' 경험을 밝혔는데, 이것은 불교도(佛敎徒)의

---

112) 古文眞寶 後集, 세창서관, 1969, p. 184 '愛蓮說'
113) 원본 중용(中庸), 덕흥서림, 1958, p. 1 '中庸 章句序'

'깨달음'과 서로 다르면서도 역시 유사한 점이 있다.

(d) 유사한 점이란 '탐구자의 스스로의 마음속에 쌓인 의문들'이 일시에 해결된 순간이라는 점에서 비슷하나, 불교도(佛敎徒)의 '깨달음'은 '불경 속의 의문점들'일 수밖에 없는데 '주희(朱熹)의 깨달음'은 '불경과 유교 경전의 통합에서 생긴 의문점들의 해소'가 될 수밖에 없다.

(e) 어떻든 '주희(朱熹)의 성리학(性理學)'은 조선 왕조에서도 막강한 영향력을 발휘했고, 그 추종자들을 두었는데, 위에 인용한 '**인심(人心) 도심(道心) 논의**'도 유명하여, 기존한 전통 사회에 '불승(佛僧)들에게 복을 빌던 사회 풍조'에 그대로 '청신(淸新) 학습의 목표'로 등장했던 명제(命題)였다.

(f) 가장 평이하게 말해, 주희(朱熹)의 '**인심(人心) 도심(道心) 논의**'는 서구(西歐) 계몽주의 이후의 S. 프로이트(Freud)의 '무의식(Unconscious)'과 그 '억압(Suppression)'의 문제에 직통할 정도로 '현대적'이다.

즉 '인심(人心)'은 타고난 동물적 본능 그것이고, '도심(道心, 도덕의 마음)'은 '훈련된 행동' '억제된 정신'을 말하기 때문이다.

(g) 그러한 이 주희(朱熹)의 발언에 힌두(Hindu)의 '바라문(婆羅門)' 같은 점은 무엇인가? 공자(孔子)도 '극기복례(克己復禮)'를 말했지만, 주희(朱熹)는 '인심(人心, 동물적 속성)'과 '도심(道心, 도덕의 마음)'을 본격적으로 대비하여 그것의 훈련을 독려하는 입장이었는데, 힌두들은 '육신'을 '뱀'으로 더욱 확실하게 무시 분리해 놓고 있었다.

(h) 중국의 '현실주의(Secularism)' '실존주의(Existentialism)'는 우선 각자의 육신(肉身) 사고(思考)의 출발점으로 생각하여 '그 육신의 존재(存在)'에 우선 감사하여 그것을 가능하게 한 '부모'를 존중하고[孝] 그것의 지속을 보장한 '국가'에 충성[忠]을 바친다는 것이 그 기본 사상이다.

(i) 그러므로 '고행(苦行)'과 '제사'에 절대적 의미를 두고 있는 '절대주의' '절대 신에의 영원한 귀의(Yoga)'는 원리상 큰 상충을 서로 가지게 마련이었는데, 그러한 '현실주의' '실존주의' 성행 속에 '실존의 억압' '도덕의 실천' 문제는 '희미하다.'는 것은 어쩔 수 없는 것이었다.

그렇지만 소위 '도학' '성리학'을 지향하는 무리는 최소한[또는 최대한] 그 '억압(도덕) 실천'을 단행하지 않을 수 없는 것이다.

(j) 그래서 중국에서는 '지독한 고행(苦行)' 결코 '최고의 미덕(美德)'이 될 수 없었고 '적절한 훈련' '적당 억압'이 강조된 것이 '중용(中庸)'이니, 중국에서는 '충효(忠孝)'가 최고 가치 실현이었고, 힌두가 절대적 가치를 부여한 '고행(苦行)' '지나치면 오히려 부족한 것과 같다.[過猶不及]'으로 지탄의 대상이었다.

(k) 그렇다면 당초 주돈이(周敦頤)가 선언한 '힌두의 바라문(婆羅門) 정신 운동' '도학(道學) 옹호'은 어디로 갔는가? 그것은 과거 '예절 중심' '말솜씨[詩文] 자랑'에서 그 강조점을 '**정신 수련**' '**마음 탐구**'로 방향을 튼 것이 커다란 변화였다.

(l) 즉 '청빈(淸貧)'을 생활화하고 '도덕 추구에 골몰함'[安貧樂道]은 주돈이(周敦頤) 이전에도 사례가 있었으나, 송(宋)나라 이후 '선비 사회'에서는 공개적인 '벼슬하기 만류'가 널리 행해졌으니, 그것은 주돈이(周敦頤)와 주희(朱熹)의 '성리학(性理學) 보급'으로 더욱 일반화 된 것이다.

③ **심성정도(心性情圖)** -"성(性)이란 이(理)이니, 발동하지 않을 때는 모두 착하다....기질(氣質)은 청탁(淸濁) 수박(粹駁)으로 크게 달라 같은 것이 없다....마음이 발동하면 감정이 되니 '희로애구애오

욕(喜怒哀懼愛惡欲)'이 '인의예지(仁義禮智)'의 시작이 되면 선(善)이다....그러나 '희로애구애오욕(喜怒哀懼愛惡欲)'이 '인의예지(仁義禮智)'에 반(反)하여 그것을 해치게 되면 그것이 악(惡)이다."114)

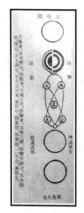 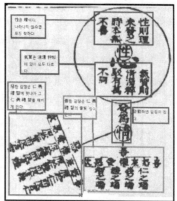

'태극도(太極圖)'115) '심성성도(心性情圖)'116)

_____✈

(a) 우선 주돈이(周敦頤)의 '태극도(太極圖)'와 이이(李珥)의 '심성성도(心性情圖)'를 비교해 볼 때, 주돈이(周敦頤)의 '태극도(太極圖)'는 그 '태극도설(太極圖說)'의 내용을 그림으로 나타내려 했음에 대해, 이이(李珥)의 '심성성도(心性情圖)'는 그 '태극[圓]' 속에 '성리(性理)' 기질(氣質)'을 다 넣어 놓고 그것이 '발동'이 되는 것을 '감정'이라 규정하고 그것이 '사단(四端, 인의예지)'로 발동되면 '선(善)'으로 규정을 했고, 그 감정이 '사단(四端, 인의예지)에서 빗나감'을 '악(惡)'으로 그려 오직 '도덕의 실행' 쪽을 확대하여 구체화했다.

(b) 그리고 '성(性)이란 이(理)니, 발동하지 않을 때는 모두 착하다'라고 하여 '성선설'을 그대로 인정하였다.

(c) 마음의 바탕인 '기질(氣質)은, 맑기도 하고 흐리기도 순수하기도 섞이기도 하여 모든 사람이 다 다르다'고 설명했다.

(d) 그리고 둥근 원 내부를 모두 '마음[心]' '이치[理]' 기질[氣]'로 포괄하여 '정신세계'가 '우주만물의 세계'이고 '신(神)의 세계'임을 명시하였다.

④ **이기설(理氣說)** -"이기설(理氣說)은 인심(人心) 도심(道心)에 일관되어 있습니다....**의(理)는 형이상자(形而上者, 형태를 초월한 것)이고, 기(氣)는 형이하자(形而下者, 구체적인 형태를 가지고 있는것)입니다.** 과불급(過不及)을 살피어 절제하는 것이 도심(道心, 도덕의 정신)입니다."117)

---

114) 李珥 李篪衡 역, 栗谷全書, 한국정신문화연구원, 1987, p. 49 '答成浩原' -'心性情圖'
115) 古文眞寶集, 세창서관, 1969, p. 185 '太極圖說'
116) 李珥 李篪衡 역, 栗谷全書, 한국정신문화연구원, 1987, p. 49
117) 李珥 李篪衡 역, 栗谷全書, 한국정신문화연구원, 1987, pp. 64, 65 66 '答成浩原'

_____ ✈

(a) 1189년 주희(朱熹)가 명시했던 '인심(人心) 도심(道心)'은 이후 조선 왕조 선비들의 '도학(성리학)공부'에 크게 논쟁거리가 되었는데, 그것은 더욱 보편적인 **'이기설(理氣說)'**로 당시 조선조의 선비들의 중요한 논쟁의 대상이 되었다.

(b) 그 **'이기설(理氣說)'**에서 과연 '이(理)'가 무엇이 '기(氣)'란 무엇인가의 '개념규정'이 먼저 있어야 하는데, 이이(李珥)는 1572년 성혼(成渾)에게 '이(理)'는 형이상자(形而上者, 형태를 초월한 것)이고, 기(氣)는 형이하자(形而下者, 구체적인 형태를 가지고 있는 것)입니다.'라고 정의하였다.['易'의 인용] '성리학' '도학'은 '형이상학(形而上學)' '도학' '이학(理學)' '성학(性學)'이다.

(c) 그런데 이이(李珥)는 성혼(成渾)에게 자기 알아 터득한 것을 성혼에게 일반적으로 '전달'하는 형식을 취했으므로 원래 주돈이(周敦頤)의 '태극도설(太極圖說)'처럼 탐구자가 다시 근본부터 따져 살펴 자기 것(앎)이 될 때까지는 '시간'이 걸리게 마련이고, 나아가 그 당초 '논리'의 옳고 그름을 알기까지는 얼마나 '힘'과 '열정' '시간'이 요함은 소위 '철학적 명제'들이 다 갖고 있는 불가피한 사항들이니, 가장 간편한 방법은 '가르치는 주체의 말을 빨리 수용하는 것'이 급선무이다.

(d) 그렇다면 '이(理)'란 문자 그대로 '이치' '원리'이고, '기(氣)'란 우리의 눈앞에 펼쳐져 있는 '만물(萬物)'이다.

(e) 그런데 이이(李珥)는 '과불급(過不及)을 살펴에 절제하는 것이 도심(道心, 도덕의 정신)입니다.'라고 하여 '중용(中庸)'을 찾는 것이 '도덕 정신'이라고 규정하였다. 그렇다면 무엇과 무엇 사이의 '중용'인가? 그 대립적은 속성으로 미루어 '이기심(利己心)' '이타심(利他心, 희생정신)' 사이의 중용(中庸)이다.

앞서 확인한 **'박염촉의 죽음(厭觸滅身)'**은 거기에 '중용(中庸)을 잘 지켜졌는가?'란 질문에는 마지막 '결정의 주체' 그 '마음'이 '중용' '비중용'의 판단 표준이었음을 알 수 있다.[박염촉은 최고의 희생정신으로 최고의 제사, 최고의 축복을 받고 있는 셈이다.]

⑤ **말[馬]과 사람의 비유** -"성인(聖人)의 혈기(血氣)도 일반인과 마찬가지입니다....비유하자면 말[馬]의 성질이 유순해도 말[馬]만을 믿을 수 없습니다. 일반 사람들은 기품이 순하지 못 하면 인심(人心)이 발할 때에 도심(道心)이 주재를 못 하면 악(惡)이 됩니다.....순하지 않은 말[馬]이라도 가만히 있을 때는 양순한 말과 다를 바 없으니.... 발동을 하지 않으면 일반인도 성인(聖人)과 다를 바 없습니다."[118]

_____ ✈

(a) 위에서 이이(李珥)는 '성인(聖人)의 혈기(血氣)도 일반인과 마찬가지입니다.'라고 했는데 이 발언은 1572[선조 5년]년이니 '임진왜란(1593)'이 나기 21년 전이다. '혈기(血氣)'란 '육체' '욕망'의 다른 표현인데 그것이 '인심(人心)' 말[馬]'로 비유된 것이다.

(b) 우선 간단히 말하면 각자의 '몸'은 '말'이니, '이성'을 지닌 사람이 살면서 타고 다니는 '말[馬]'과 같다는 비유이다.

---

118) 李珥 李箎衡 역, 栗谷全書, 한국정신문화연구원, 1987, pp. 69, 70 '答成浩原'

(c) 모든 사람들이 '육체[氣]'를 지니고 있으니, 그것을 어떻게 '몰고 다닐 것인가?'가 문제인데, 앞서 주희가 '인심(人心)은 위태롭고, 도심(道心)은 희미하다.'라고 했음은 '사람의 혈기는 위태롭고, 억압하는 이성은 희미해지기 쉽다.'라고 했으니, '육신'을 아예 '뱀'으로 전제한 힌두(Hindu) 바라문에 비교를 하면 많이 '육신 긍정'을 하고 있음은 '몸뚱이' '육신'을 기점으로 그것을 세상에 있게 부모에게 복종하괴[孝] 그 '몸뚱이'가 먹고 살아가는 터전을 제공하는 고장[나라]을 위해 정성을 모으는 것[忠]을 최고의 덕목(德目)으로 지정해 놓은 그 '현실주의' '실존주의' '중국 문화' 속에 철학자 이이(李珥)가 있었기 때문이다.

(d) 그러므로 '혈기[말]'는 멸시 조롱 탄압이 능사가 아니고, 어떻게 '잘 훈련을 시켜 함부로 날뛰지 못 하게 하고 도덕(道心)을 따르게 할 것인가'가 궁극의 문제라는 것이다.

(e) 그러므로 여기에 거듭 확실하게 될 필요가 있는 바는, 힌두 불교 기독교는 '사후세계' '천국' '극락'에 갈 것에 '전념하라.'는 가르침이 그 종교의 주지(主旨)임에 대해 유교(儒敎)는 '현세주의' '실존주의'라는 거점이 항시 명시가 되고 있다는 점이다.

(f) 위에서 이이(李珥)가 '발동을 하지 않으면 일반인도 성인(聖人)과 다를 바 없습니다.'라고 한 것은 그 '인의예지'를 표준으로 둘 때 '감정'과 '행동'을 발동시키지 않을 때는 성인이나 일반이나 마찬가지라는 이야기다.

⑥ **기(氣)와 이(理)** -"이(理)와 기(氣)는 서로 떠나지 않아 흡사 한 물건 같으나, 그 차이는 이(理)는 무형(無形)이고 기(氣)는 유형(有形)이며, 이(理)는 무위(無爲)이고 기(氣)는 유위(有爲)입니다. 무형(無形) 무위(無爲)가 주(主)가 되는 것이 이(理)이고, 무형(無形) 무위(無爲)의 기(器)가 되는 것이 기(氣)입니다. 이(理)는 무형이고 기(氣)는 유형이므로 이(理)는, 통(通)하고 기(氣)는 국한되는 것이며, 이(理)는 무위(無爲)이고 기(氣)는 유위(有爲)이므로 기(氣)가 발(發)하면 이(理)가 타는 것입니다.[氣發理乘]"[119]

——→

(a) 위의 부분은 크게 주의를 집중해야 할 부분이니, 이이(李珥)의 '이기설(理氣說)'에 본론에 해당하기 때문이다.

(b) 이이(李珥)는 '이(理)는 무형(無形)이고 기(氣)는 유형(有形)이며, 이(理)는 무위(無爲)이고 기(氣)는 유위(有爲)입니다. 무형(無形) 무위(無爲)가 주(主)가 되는 것이 이(理)이고, 무형(無形) 무위(無爲)의 기(器)가 되는 것이 기(氣)입니다.'라고 말하였다.

(c) 이 말을 주돈이(周敦頤)의 '태극(太極, 원형)'으로 돌아가 생각해 보면, '빈 공간[태극]'으로 전제된 '이(理)'를 '무형(無形)' '무위(無爲)' '주(主)'이라고 했음은 그대로 힌두의 '절대자' 불교의 '불타'와 동일한 지점이 되게 마련이다. 더욱 구체적으로 밝혀 '절대 신' '하나님' 없는 곳이 없는 그분'은 이이(李珥)는 '주인인 이치[원리, 性理]'라는 전제이니, 힌두 불교 기독교 유교가 '통합'된 '절대자'의 지점이 명시된 그 지점이다.

(d) 그래서 '기(氣)' 즉 유형(有形) 유위(有爲), 즉 만물의 존재와 운동 변화에는 항상 그 위에 '이성[理

---

119) 李珥 李箎衡 역, 栗谷全書, 한국정신문화연구원, 1987, p. 81 '答成浩原'

性)'이 걸터앉아 있게 마련이란 주장이 이이(李珥)의 '기(氣)가 발(發)하면 이(理)가 탄다는 주장 [氣發理乘說]'이라는 설명이다.

(e) 이이(李珥)의 '기발이승(氣發理乘)'의 문제는 힌두 불교 기독교 유교를 통합한 '절대자' '불타' '하나님'의 존재를 다 아우른 '태극'론으로 각별히 주목을 해야 할 지점이다.

(f) 그래서 **오늘날 '과학적 추구'는, 그 '개별 사물[氣, 器]에 올라앉아 있는 오직 그 원리(原理)에 대한 탐구'이니, '한 탐구 자가 자신의 시간과 혈기를 다 바쳐 제사(祭祀)를 올려도, '신(神, 원리)이 과연 나타나실 지'는 알 수가 없는, 실로 지난(至難)한 '그 절대 신[이치] 한 번 뵙기 운동'일 뿐이다.**

(g) 이이(李珥)의 '기발이승(氣發理乘)'의 문제는 오늘날 '과학 철학'으로 손색이 없으니, '기도' '찬송'을 떠나 어디에나 있고, 언제나 있어 왔고, 영원히 만물을 지배하고 하고 하게 되는 그 '절대자' 결론에 이이(李珥)가 앞서 도달한 셈이다.

⑦ **기발이승일도설(氣發理乘一途說)** - "기발이승일도설(氣發理乘一途說)은 혹원혹생설(惑原惑生說, 근원-理과 탄생-氣 이야기), 인신마족(人信馬足) 마종인의설(馬從人意說)과 서로 통하고 있습니다....기발이승일도설(氣發理乘一途說)은 본원(性理, 絶對者)을 추구하는 논리입니다."[120]

————✈

(a) '이성'은 어디에나 있고, 따르지 않은 위반자에게 바로 스스로 그 '육신'에 제제가 오게 마련이다.

(b) 이이(李珥)의 '기발이승일도설(氣發理乘一途說)'은 힌두(Hindu)의 '절대 신에의 귀의(Yoga)'에서 시작된 인류의 '절대자 추구'들 중에 '최근의 정보(情報)'로 길이 간직할 만하다.

(c) 이이(李珥)의 '기(氣, 器)'는 모든 '감성적 대상(Sensible Objects)'이고 '이(理)'란 그 '기(氣, 器)'에 작용하고 있는 '모든 원리(Principles, Reason)'이니, 모든 '인간 사회 문제'와 '자연 과학적 탐구 추진'도 이 '기발이승일도설(氣發理乘一途說)'로 다 해명이 된다.

(d) 이미 살폈듯이 주돈이(周敦頤)의 '태극도설'이 힌두(Hindu)의 '얀트라(Yantra)'를 '유교'의 현실주의에 적용하여 '송(宋)'나라 도학(道學) 운동은 일찍부터 '왕족[크샤트리아]'을 '브라만[사제]'의 지휘아래 확보한 그 '마하바라타(The Mahabharata)' 학습 운동이었다.

(e) 그런데 이이(李珥)는 그 양자(兩者) 장점을 즉시 통합한 '과학철학'의 일성이 바로 '기발이승일도설(氣發理乘一途說)'이었다.

(f) 힌두 '마하바라타(The Mahabharata)' 종교 사상 과학은 정말 탁월한 것으로 '세계 인류 문명'의 할아버지, 시발점으로 그것이 바로 '역사적 시발점'이기도 하지만, 그 '마하바라타(The Mahabharata)'의 치명적 '결점'은 '만물의 인격화' '만물의 신격화'라는 것이다.

(g) 하지만 그 '위대한 힌두(Hindu)'에 맞서 있는 정신은, **모든 '이치' '도덕' '물체'를 무조건 '인격화' '신격화'하여 인간의 맘대로 어떻게 할 수는 없다**는 엄연한 '탈(脫) 인격화' '탈(脫) 신격화'의 '냉철한 비판 정신' 그것이다.

즉 엄연한 그 **'탈(脫) 인격화' '탈(脫) 신격화'가 바로 '현대화' '과학화'의 출발점**이다.

---

120) 李珥 李箎衡 역, 栗谷全書, 한국정신문화연구원, 1987, pp. 83, 84 '答成浩原'

⒣ 조선조 '이이(李珥) 선생'은 냉철한 이성으로 '만대'에 이어갈 '과학철학'을 '기발이승일도설(氣發理乘一途說)' 일곱 글자로 요약하여 소위 '감성(感性, 물자체)'와 '이성(순수이성)' 이원론(二元論)을 세계최초로 확립했다.

⒤ 더 구체적으로 말을 해 보면 칸트의 '순수이성비판(1781)'에 '감성의 상대자 물자체(the things in themselves)'란 바로 이이(李珥) 선생의 '기(氣, 器)'이고, 칸트의 '오성(悟性, Understanding)' '이성(理性, Reason)'이란 이이 선생의 '성(性)' '리(理)'에 해당한다.121) 이이 선생의 '기발이승일도설(氣發理乘一途說, 1572)'122)은, 칸트의 '순수이성비판(1781)'에 비해 200년을 앞선 '과학철학'이었다.

⒥ 소위 '과학철학'이란 '기(氣, 감성, 물자체)'를 바탕으로 한 '이(理, 理性, 悟性)'를 논한 2원론(dualism)이 기본 전제이니, 이것이 이이(李珥)과 칸트(Kant)가 확인한 '과학철학'의 시발이다.

⒦ 힌두(Hindu) '마하바라타(The Mahabharata)' 이후 오늘날까지 떠들썩한 '영혼불멸' 문제는 '기(氣, 감성, 물자체)'의 영역을 결여한 논의로 '과학적 논의'가 시작부터 성립할 수 없다.

5) 허균(許筠)의 '남궁선생전(南宮先生傳, 1608)' '홍길동전'

허균(許筠, 1569~1618)은 힌두(Hindu)의 '마하바라타(The Mahabharata)'와 직접적인 관계가 없는 듯하지만, 당초에 그 '마하바라타(The Mahabharata)' 영향 속에 있었던 중국의 '도가(道家)'가 탄생했고, 역시 그와 절대적 연관 속에 '수호전(水滸傳)' '서유기(西遊記)'가 제작이 되었는데, 허균(許筠)은 '한학(漢學)의 대가'로서 그 '도가(道家)'가 한국 사회에 별로 떨치지 못함을 이상하게 생각하였다.['남궁선생전(南宮先生傳)']

허균(許筠)은 사실상 '수호전(水滸傳)' '서유기(西遊記)'를 통해 간접적인 힌두(Hindu)의 '마하바라타(The Mahabharata)'를 본 셈이지만, 허균(許筠)은 그 '절대주의'를 신봉하여 그 성패 여부를 '정신력' '견딤(인내, 고행) 능력'의 여부 문제로 확신을 하고 있는 '절대주의자'였다. 그래서 그의 '남궁선생전(南宮先生傳)'과 '홍길동전(洪吉童傳)'은 '마하바라타(The Mahabharata)'와 '수호전(水滸傳)' '서유기(西遊記)'을 동시 놓고 볼 때 허균(許筠)의 사상 종교는 다 드러나게 된다.

허균(許筠)은 중국(中國)에서는 오히려 시들해진 힌두(Hindu) 바라문[Vyasa 등]의 '장생불사(長生不死)'에 관심을 보인 것이 '남궁선생전(南宮先生傳)'이고, '크리슈나 등의 혁명 정신'을 보인 것이 '홍길동전(洪吉童傳)'이니, 이 '홍길동전(洪吉童傳)'이 그 '수호전(水滸傳)'을 모방했다고 앞서 지적한 이식(李植, 1584~1647)의 발언은 이식(李植)의 혜안을 자랑하고 있는 바123)이다.

---

121) I. Kant(translated by J. M. D. Meiklejohn), *The Critique of Pure Reason,* William Benton, 1980, p. 26 'Of Space' ; 칸트(윤성범 역), 순수이성비판, 을유문화사, 1969, p. 78 '공간론' -'감성의 참된 상관자는 물자체(物自體)이다.'

122) I. Kant(translated by J. M. D. Meiklejohn), *The Critique of Pure Reason,* William Benton, 1980, p. 36 'Of the Division of General Logic' ; 칸트(윤성범 역), 순수이성비판, 을유문화사, 1969, p. 98 '일반 논리학의 구분에 관하여' -'眞理란 認識과 그 對象이 일치하는 것이다.'

123) 李植, 澤堂集, 경문사, 1982, p. 525

모든 '사실(事實)'과 '정보(情報)'에 대해 우리는 '바른 판단을 해야 할 의무'가 있다고 한 칸트의 지적은 '자유(自由)를 인지 수호 집행해가는 정신들의 선결 요건'이다.

허균(許筠)의 '남궁선생전(南宮先生傳)'과 '홍길동전(洪吉童傳)'의 독서와 수용에도 빠질 수 없는 충고이다.

① **남궁두(南宮斗)의 절망** - "남궁선생은 전라도 임피(臨皮) 사람으로 을유년 사마(司馬) 시험에 장원하여 서울에 살며 시골 농장을 첩(妾)에게 관리하게 했다. 그런데 그 첩(妾)이 7촌 조카와 사귄 것을 안 남궁두(南宮斗)는 화가 치밀어 그들을 죽여 관에 붙들려 갇혔으나, 처(妻)가 옥리(獄吏)를 매수하여 남궁두(南宮斗)를 탈출시켰으나, 아내와 딸이 옥에 갇혀 죽고 남궁두(南宮斗) 집은 폭삭 망하였다."[124]

(a) 유독 시내암(施耐庵)의 **'수호전(水滸傳)'**에서는 '살인(殺人)=양산박 직행(梁山泊 直行)' 공식을 두고 있는데, **남궁두(南宮斗)가 '첩(妾)과 7촌 조카'를 죽였던 행적**은 '대송선화유사(大宋宣和遺事)'에서부터 명시된 108 영웅의 두목 송강(宋江)이 **'창기(倡妓) 염파석(閻婆惜)'을 죽이고 '양산박(梁山泊)'으로 들어갔다는 부분**과 일치하고 있다.

(b) '인간 사회'에 천만 가지 사건 속에 시인(詩人)의 '관심의 발동'은 외부 천만가지 사건이 다 문제가 되는 것이 아니고 '그 시인(詩人)의 인생관 세계관 가치관'과 연결되고 있는 것이니, '작중(作中) 인물'이 바로 '시인 자신의 인생관 가치관의 실현'이라는 전제는 아주 명백한 전제이다.

② **남궁두의 치상산(雉裳山) 도착** - "남궁두(南宮斗)는 도망을 다니다가 무주(茂主) 치상산(雉裳山)에 들어가 한 장노(長老)를 만나 연단(鍊丹, 신선 되기)을 시도하여 성공할 무렵에 '대성(大成)'을 욕심내다가 도리어 실패를 하였다."[125]

→

(a) 힌두(Hindu)의 '마하바라타(*The Mahabharata*)' 시인(詩人) 가장 전 인류의 시인(詩人, 또는 詩人 후보자 지망생)에게 크게 가르치고 있는 사항은, 우선 '말하기 방법'에서 **모든 사실을 구체적이고 명백하게 말하여 바로 눈앞에 전개된 광경**으로 말하라는 것이다.

(b) 즉 '마하바라타(*The Mahabharata*)'의 시인 '산자야(Sanjaya)'는 '눈 먼 드리타라슈트라 왕'에게 오늘날 '텔레비전'으로 중계를 하듯이 그 '마하바라타 전쟁 현장'을 보고 하였는데, 그 방법을 중국(中國)의 나관중(羅貫中) 시내암(施耐庵) 오승은(吳承恩)이 다 써먹었는데, 조선(朝鮮)의 천재 시인 허균(許筠)이 왜 그것 쓰기에 주저할 것인가?

(c) 허균(許筠)은 '정시(廷試, 과거에 합격하여 근무 중인 벼슬아치들의 문장 경쟁시험)' 여러 번 장원

---

124) 李家源 역, 李朝漢文小說選, 보성문화사, 1978, pp. 30~33
125) 李家源 역, 李朝漢文小說選, 보성문화사, 1978, pp. 43~41

을 하였고, 중국에서 '수석 장원'을 '주지번(朱之蕃)'이 조선 사절로 왔을 조정에서는 귀향 중인 허균을 불러 그를 맞게 했다는 사실은 유명하다.

(d) 허균(許筠)의 '삼국지' '수호전' '서유기' 독서는 그 시인들의 '말하기 방법'을 이미 다 체득한 상태이니, 허균(許筠)의 '당시 사람들에 전기(傳記) 쓰기'는 바로 '마하바라타(*The Mahabharata*)'의 '산자야(Sanjaya)' 방법이었고, 사상도 '도교의 절대주의'에 크게 기울어 있으니, '힌두의 절대주의'에 '내용[절대 신앙]'과 '형식[말하기 방법]'을 다 갖추게 되었다.

③ **장노(長老)의 자기소개** -"그 장노(長老)가 자기를 소개하기를 자기는 안동 권씨(權氏)로 송(宋)나라 희녕(熙寧) 2년(1069)에 태어나 나병(癩病)으로 버림을 당했는데 우연히 산속에서 약초를 얻어먹고 도교 경전을 얻어 읽어 동국(東國) 삼도(三道)의 귀신을 통령하며 500년 가까이 살았는데 이제 돌아가야 할 때라고 말하였다. 남궁두(南宮斗)가 그 연단(鍊丹) 성공의 증거를 보여 달라고 하니 황금빛이 나는 그 배꼽 아래 단전(丹田)을 열어 보이니, 금빛이 들보에까지 비추었다."126)

_____✈

(a) 그 남궁두(南宮斗)가 전북(全北) 부안(扶安)에 귀향 와 있는 허균에게 들려준 그 <u>**'권장로(權長老) 이야기'**</u>는 중국 '도가(道家)의 사상'이기 이전에 '마하바라타(*The Mahabharata*)'의 원저자로 알려진 신선 '비아사(Vyasa)'가 그 원형이고, 더욱 일반적으로는 오늘까지 존속하고 있는 <u>**'무속인(巫俗人)'이 그 전통의 충실한 계승자**</u>이다.

(b) 그리고 더욱 근본적으로 앞서 살폈던 바와 같이 한국의 '모든 김씨'와 '김해(金海) 허(許)씨'는 근본이 모두 '태양 절대신[비슈누] 후예'라는 것은 '마하바라타(*The Mahabharata*)'를 읽고 나서야 깨달을 수 있는 사항이다.[허균은 '陽川' 허씨임]

(c) 이처럼 '한국인들의 주요 사상 기반[체질]'이 '절대주의'이니, 그것을 어떻게 '현실'로 이끌어 교육을 할 것인가 문제만 남아 있을 뿐이다.

(d) 허균(許筠)이 남궁두(南宮斗)의 입을 빌어 소개하고 있는 '권장로(權長老)의 연단(鍊丹) 성공담'은, '마하바라타(*The Mahabharata*)'의 '감로수[아므리타] 획득 이야기'[제9장]만큼이나 중대한 이야기이다.

(e) 남궁두(南宮斗)가 요구했다는 그 <u>**'권장로(權長老)의 단전(丹田) 공개'**</u>는 '마하바라타(*The Mahabharata*)'에서 '우타라 왕자에게 아르주나의 신분 공개'[제69장] 크리슈나의 '비슈바르파(Vishvarupa)'[제90장]와 맞먹는 사건이다.['절대 신' 근거 증언]

④ **제사 광경의 목격** -"남궁두(南宮斗)가 그 장노(長老)에게 '통령하는 귀신들'을 구경하게 해달라고 부탁을 했더니, 그 장노(長老)는 그 다음 해 대보름날에 초제(醮祭)를 온갖 귀신들을 그 남궁두(南宮斗)가 구경할 수 있게 해주었다."127)

---

126) 李家源 역, 李朝漢文小說選, 보성문화사, 1978, pp. 42~45
127) 李家源 역, 李朝漢文小說選, 보성문화사, 1978, pp. 45~50

(a) '남궁선생전(南宮先生傳)'을 이루고 있는 세 가지 중대 사건은 '남궁두의 살인'과 '권장로(權長老)의 단전(丹田) 공개' 그리고 '나천대초(羅天大醮, 하늘에 올리는 큰 제사)'이다.

(b) 특히 힌두(Hindu)의 '제사(祭祀) 의미'는 절대적인데, 한국에서는 이 '남궁선생전(南宮先生傳)'에 서처럼 자세히 거론 된 문헌이 없다.

(c) 허균(許筠)은 그 의미의 긍정과 부정을 떠나, 한국에서 '최고의 도교 신봉자' '신비주의 옹호자'가 되었다.

(d) 그러므로 그 허균(許筠)에게 '도술' '장생불사' '변신술' '분신(分身)'은 그 개인의 능력과 노력 여하에 달린 '당연한 일'로 수용이 되었다.

(e) 시내암(施耐庵)의 **'수호전(水滸傳)'**은 이 '나천대초(羅天大醮, 하늘에 올리는 큰 제사)' 행하려는 송나라 왕조의 기획 도중에 [홍태위가 잘못] '108마왕들'을 풀어 도망치게 한 것으로 시작하고 그 **'수호전(水滸傳)'**의 끝은 108명의 도둑들이 행한 그 '나천대초(羅天大醮, 하늘에 올리는 큰 제사)'로 끝을 내었으니, 결론적으로는 힌두(Hindu)의 '마하바라타(*The Mahabharata*)' 정신에 빗나간 것이 없다.

(f) 그런데 허균(許筠)의 '나천대초(羅天大醮, 하늘에 올리는 큰 제사)' 공개에는 '마하바라타(*The Mahabharata*)'에서 명시된 '제물(희생 마, 크샤트리아들의 상징)'이 누락되어 있으므로 '그 온전한 종교적 의미[크샤트리아의 바라문 화]'는 다 명시되지 못 했지만, 그 '절대주의의 무한정 수용 자세'는 이미 확보된 상태이다.[중국의 '도교'와 '힌두'의 근본적 차이점은 **도교'가 '현실적 목적 달성'에 치중하고 '절대 신과의 합일(Yoga)'은 뒷전이라는 점**이다.]

⑤ **남궁두와 허균의 만남** -"이후 남궁두(南宮斗)는 하산(下山)하여 그의 노복이 있는 해남(海南)서 다시 결혼하여 살았는데, 허균이 만역(萬曆) 무신(戊申, 1608) 가을에 공주(公州)에서 파직을 당하고 부안(扶安)에 가 있는데 선생이 찾아왔다. 그의 나이 80인데 47~8세 정도로 젊어 보였다."[128)]

(a) 조선조(朝鮮朝) 최고 '도교 신봉자'는 구체적인 시간['만역(萬曆) 무신(戊申, 1608)'] 장소['부안(扶安)']와 역사적 인물['허균, 남궁두']을 명시하여 그 '남궁선생전(南宮先生傳)'을 '역사(歷史)'로 이해하게 하려 했다.

(b) 그러나 이러한 '남궁선생전(南宮先生傳)'을 통해 [우리개] 알아야 할 사실은 그 허균의 이야기는 바로 '허균의 희망 가치관 우주관의 보고(報告)'라는 사실이다.

(c) 허균(許筠)의 소망 사항은 바로 시내암(施耐庵)의 **'수호전(水滸傳)'**에서 발휘된 송강(宋江) 등 '108 영웅들'의 행적이었으니, 허균(許筠)은 그의 '남궁선생전(南宮先生傳)'으로 그 도교의 절대주의로 '홍길동전' 서술의 기반을 확실하게 밝혀놓은 셈이다.

⑥ **홍길동의 무사[크샤트리아] 기질** -"천고 영웅, 일대 호걸의 상을 지닌 홍길동"[129)]

---

128) 李家源 역, 李朝漢文小說選, 보성문화사, 1978, pp. 51~53

_____ ✈

(a) 허균(許筠)의 '남궁선생전(南宮先生傳)'이 그의 '도교주의'를 명시했다면, 작품 **'홍길동전(洪吉童傳)'은 허균(許筠)의 '현실적 소망'을 명시한 작품**이다.[원래는 분명히 '한문본'이었을 것이나, '현전 국문 본'은 단지 '그 원형을 보충하고 있는 것'으로 만족할 수밖에 없다.]

(b) 앞서 일부 확인한 사항이지만, 허균(許筠)은 '생존 인물' '역사적 인물'이 아닌 경우는 '전기'를 쓰지 않은 경우는 시내암(施耐庵)의 **수호전(水滸傳)**의 기초 원본으로 알려진 '대송선화유사(大宋宣和遺事)'가 기존한 '송사(宋史)'를 바탕으로 '도교 식 이야기'로 전개했던 점과 동일하다.

(c) 즉 '조선왕조실록'에는 '강도 홍길동(洪吉同) 이야기(燕山 2년 윤 3월 27일, 28일; 6년 10월 22일; 11월 6일; 11월 28일; 12월 29일; 중종 2년 12월 28일; 선조 21년 1월 己丑' 확실히 되어 있는데 역시 전남 장성군(長城) 황룡면 아곡리(아치실) 홍길동 생가에 '길동(吉同)의 우물'이 남아 있고, 길동의 아버지가 '무등산(無等山)을 삼키는 꿈'을 꾸고 길동을 낳았는데 '길동은 축지법(縮地法)'으로 앞에 보이는 '무등산(無等山)까지 단 두 걸음'에 갔다는 이야기들이 전한다.

⑦ **살인(殺人) 출가** -"홍길동이 둔갑법(遁甲法)을 쓰고 진언(眞言)을 염(念)하여 요술(妖術)로 자객(刺客) 특재(特才)를 죽이고 도적들의 소굴로 들어가 '바위 들기'로 그 수괴(首魁)가 되다."[130]

_____ ✈

(a) 시내암(施耐庵)의 **수호전(水滸傳)**은 '살인(殺人)=양산박 직행(梁山泊 直行)' 공식을 두었는데 그 '송강(宋江) 행적'을 홍길동(洪吉童)에게도 그대로 적용하였다.

(b) 홍길동(洪吉童)이 '도적의 괴수'가 된 것은 '원시적인 힘 자랑- 바위 들기'였으니, '도둑의 대장에 무슨 순서가 필요한가?'는 원래 그 '송강(宋江)의 신념'이었다.

(c) 그런데 홍길동(洪吉童)이 구사한 '둔갑법(遁甲法)' '진언(眞言)' '요술(妖術)'은 그 '마하바라타(The Mahabharata)'에 널려 있는 방법이다. 즉 '둔갑법(遁甲法)'은 힌두(Hindu)들이 '모든 대상의 의인화'를 기초로 '인간 정신' '사슴' '악어' '뱀' '물고기' '사자' '거북'의 형상과 동일시가 '서유기(西遊記)'에서는 '손오공의 변신'으로 활용되었고, '가락국기'에서는 '수로왕' '석탈해'의 재주 경쟁으로 나타났다. 그리고 '진언(眞言)'이란 바라문 고유의 '만트라(Mantra)'이고, '요술'이란 '마하바라타(The Mahabharata) 전쟁'에 주요 영웅들의 상용화한 전쟁 수행 방법이었다.

⑧ **해인사 약탈** -"홍길동이 주도하여 해인사를 약탈하다."[131]

_____ ✈

(a) 홍길동의 **해인사 약탈**은 '대송선화유사(大宋宣和遺事)'에서 조개(晁蓋) 등이 행한 '채태사(蔡太師)의 생일 축하 선물 약탈'과 같은 '단순한 강도 행각'으로 [결백한 행동으로]변명의 근거가 없는

---

129) 李離和 註解, 홍길동전, 아세아문화사, 1980, pp. 8~9
130) 李離和 註解, 홍길동전, 아세아문화사, 1980, pp. 10~15
131) 李離和 註解, 홍길동전, 아세아문화사, 1980, pp. 15~17

것이다.

  (b) '강도 홍길동의 행각'을 그대로 연출한 것이다.

  (c) 그러 했음에도 그에 동조한 송강(宋江)에게는 '36명의 영웅들을 명시한 천서(天書)'를 제공하여 '미래'를 예언하였다는 것이다.

  (d) 이러한 방법은 '통속연의'에서 '황건적 괴수' 장각(張角) 등이 행했던 방법이라는 점도 유의 할 필요가 있다.[중국에서 '도교'는 힌두의 '절대주의' '현실적 목적달성'으로 편용(便用)이 되었음.]

⑨ **활빈당(活貧黨) 행수(行首)** -"홍길동이 자호(自號)를 '활빈당(活貧黨)'이라고 무의지빈(無依至貧)한 자를 구제하였다."[132]

———✦

  (a) 시내암(施耐庵)의 **수호전(水滸傳)** 송강(宋江)의 구호(口號)가 '체천행도(替天行道, 쇠약한 세상에 도덕의 실천)'였음에 대해 홍길동은 '활빈당(活貧黨, 가난한 자를 돕는 무리들)'라고 더욱 구체적인 방향 제시가 되었다.

  (b) 무릇 모든 '전쟁'까지 포함한 '혁명 운동'은 그 '도덕성'이 명시되어 비로소 그 '서사 시인의 뜻'에 동조할 수 있게 되는데, '마하바라타(The Mahabharata)'의 '뱀을 물리치는 위대한 도덕의 승리'로 먼저 대승을 거두었다.

이에 나관중은 '통속연의(通俗演義)'에 역시 '충효의 실존주의'로 역시 대승을 거두었다. 이에 대해 시내암(施耐庵)의 **수호전(水滸傳)** 송강(宋江)의 구호(口號)는 '체천행도(替天行道, 쇠약한 세상에 도덕의 실천)' 그 '혁명 구호'가 사실상 선명하지 못 했다.

  (c) 그런데 허균이 이끌어낸 것은 '활빈당(活貧黨, 가난 물리치기 무리)'라는 조금 구체적인 테마를 이끌어 내게 되었다.

⑩ **함경 감영(監營) 습격** -"함경감영을 습격하고 감영을 습격한 자는 '활빈당 행수 홍길동'라고 밝혔다."[133]

———✦

  (a) 홍길동(洪吉童)이 **함경 감영(監營) 습격**을 습격했다는 것은, 시내암(施耐庵)의 **수호전(水滸傳)** 송강(宋江)이 '북경(北京) 대명부(大名府) 약탈'과 같은 의미를 지니고 있다. 그것은 최고의 실권자 '국왕' '천자'의 '통치'에의 도전이기 때문이다.

  (b) 즉 도둑의 두목 '홍길동(洪吉童)' '송강(宋江)'이 어떻게 자신들의 행동을 변명하고 논리를 세울 것인가가 마지막 문인데, 시내암(施耐庵)의 **수호전(水滸傳)**에서는 천자 휘종(徽宗)이 고구(高俅) 아부자에게 휘둘린 것을 크게 잡았고, '홍길동(洪吉童)'의 '집안에의 천대(賤待)'를 억울하게 생각했다.

---

132) 李離和 註解, 홍길동전, 아세아문화사, 1980, pp. 17~18
133) 李離和 註解, 홍길동전, 아세아문화사, 1980, pp. 17~18

ⓒ 어떻든 그 엄청난 '힘의 소유자' '홍길동(洪吉童)'과 '송강(宋江)'이 어떻게 '처세(處世)하는가 문제'에서 '최고의 권력자'와 맞서는 행위가 '함경감영 습격'과 '북경(北京) 대명부(大名府) 약탈'이었다.

⑪ **8도의 홍길동** -"여덟 길동이 8도를 횡행하며, 호풍환우(呼風喚雨) 술법을 하니 8도에서 왕에게 장계(狀啓)를 올리었다."[134]

_____✈

ⓐ '8도의 홍길동(洪吉童)' 문제는 이미 '조선왕조실록'의 '강도 홍길동(洪吉同) 이야기(燕山 2년 윤 3월 27일, 28일; 6년 10월 22일; 11월 6일; 11월 28일; 12월 29일; 중종 2년 12월 28일; 선조 21년 1월 己丑)'로도 가능할 수 있는 이야기나 특히 '서유기'의 손오공의 '분신술(分身術)'을 들 수도 있으나, '송강(宋江)'의 의리(의리, 동료사랑)'은 '함께 살고 함께 죽자.' 각별한 의미를 지니고 있었는데 이것을 물론 '마하바라타(The Mahabharata)' 유슈티슈티라의 '형제 사랑' '영원히 함께 한다.'와 동일한 정신이다.['요술'에 따라 다수의 '아르주나'로 보이게도 했음-제105장]

ⓑ '대송선화유사(大宋宣和遺事)'에서 송강(宋江)은 '올 때도 36명, 갈 때도 36명(來時三十六 去後十八雙) 한 명만 빠져도, 고향 찾지 않으리. (若還少一個 定是不還鄉)'라고 읊어 '동지애'의 지고한 정신을 구현했는데, 홍길동은 서유기(西遊記) 방식 '분신술'을 발동하였다.

⑫ **포도대장 이흡(李洽)** -"왕이 홍길동 문제로 크게 걱정을 하니 포도대장 이흡(李洽)이 홍길동 체포를 자원하고 나서 군사들과 문경(聞慶)에 만나기로 하고 복장을 달리하여 주점에서 쉬고 있을 적에, 홍길동이 접근하여 '그 길동을 내가 잡아주겠다.'고 속여 적굴로 유인하여 포대에 넣어 북악산 나무에 매달아 '홍길동 잡기'를 스스로 포기를 하게 만들었다."[135]

_____✈

ⓐ 시내암(施耐庵)의 **'수호전(水滸傳)'**의 두목 '송강(宋江)'의 주요 업무'는 '천하에 말썽꾸러기 108영웅 다 모으기'였는데 그 작업은 '대송선화유사(大宋宣和遺事)'에서 '천서(天書)' '36명'에서 크게 늘어난 형국이었다. 그 이유는 간단하다. '대송선화유사(大宋宣和遺事)'에서 '송강(宋江)'의 주요 희망'은 '벼슬 얻어 고향 가기' '출세하여 고향 가기'로 '송강(宋江)'의 목적 달성'은 '절도사(節度使)가 되었던 것'으로 다 달성된 바다.

ⓑ 그런데 시내암(施耐庵)의 **'수호전(水滸傳)'**은 소위 '체천행도(替天行道, 쇠약한 세상에 도덕의 실천)' 문제였다. 더욱 크고 원대하게 되었으나, 힌두(Hindu)의 '마하바라타(The Mahabharata)'의 '도덕의 승리'와는 그래도 거리가 남았다.

ⓒ 송강(宋江)의 주요 방법은 '세상의 영웅 모으기[영웅은 다 宋江의 형제들임-108 魔王-108 락샤사(Rakshasa)]'였다.

---

134) 李離和 註解, 홍길동전, 아세아문화사, 1980, p. 22
135) 李離和 註解, 홍길동전, 아세아문화사, 1980, pp. 20~23

(d) 홍길동(洪吉童)의 '포도대장 이흡(李洽) 포박'은 사실상 '송강(宋江)의 형제 모으기 방법'이나, [중 국보다 상대적으로]좁은 조선(朝鮮)'에서는 그 '홍길동(洪吉童)의 힘'만으로 넉넉했다는 진술이다.

⑬ **병조판서 제수(除授)** - "신하 중에 한사람이 '길동이 병조판서를 주면 조선(朝鮮)을 떠나겠다 고 하니 그 때를 길동을 타서 잡으십시오.' 말하니 임금이 '병조판서를 주겠노라.' 4대문에 써 붙이 니 길동이 대궐로 들어와 임금께 인사를 올리고 나갈 적에 참복했던 칼잡이들이 그를 잡으려 하니 홍길동은 하늘로 솟아올라 자취를 감추었다."[136]

_____✈

(a) 홍길동이 '병조판서'를 원했던 것은 역시 그 시내암(施耐庵)의 '**수호전(水滸傳)**'과 유사한 점이다. 조선왕조에서 '홍길동'을 빼놓고 국가를 운영하는 문제는 완전 '불능'에 빠졌다는 문제가 그것이 다. 송(宋)나라 휘종(徽宗) 황제가 오로지 '고구(高俅)'에 의존하여 송강(松江) 등과 다투어 이기 려 했던 것과 크게 유사하기 때문이다.

(b) '**수호전(水滸傳)**'에 그 '고구(高俅)'가 추천한 장군 호연작(呼延灼)도 역시 그 108명의 영웅 중에 한 사람이었다고 시내암(施耐庵)은 그 '**수호전(水滸傳)**'을 엮었으니, 그것은 도교적 운명론에 그 러한 것이고, 더욱 근본적으로는 힌두의 '마하바라타(*The Mahabharata*)'에 확실하게 된 '인연설' 에 근거를 둔 것인데, 어떻든 '홍길동 문제'를 해결할 수 없었던 조선의 왕은 송(宋)나라 휘종(徽 宗)이 '송강(宋江)의 문제'에 손을 든 것과 동일하다.

(c) 그리고 '홍길동'이 공중을 날아다님은 '서유기(西遊記)'에 손행자(孫行者) 크리슈나의 '가루다 (Garuda)' 와 같은 능력발휘인데, '**수호전(水滸傳)**'에서 '고구(高俅)'의 조카 '고렴(高廉)'도 신병 (神兵)을 거느리고 요술(妖術)을 부려서, 송강(宋江)은 공손승(公孫勝)을 초빙해 와 그 '고렴(高 廉)'을 진압했으니, '신비주의'가 가득함은 역시 '홍길동전'과 '**수호전(水滸傳)**'이 동일하다.

(d) 그런데 홍길동이 '병조판서'를 원한 것은 '**대송선화유사(大宋宣和遺事)**'에서 송강(松江)이 '절도사 (節度使)' 벼슬을 수요한 것과 유사하다. 그러나 시내암(施耐庵)의 '**수호전(水滸傳)**'에서는 '쇠망한 세상(替天)에 도덕을 행한다.(行道)'는 구호를 내걸었으니, 송강(松江)이 천자(天子)가 되든지 중 국을 떠나든지 해야 했는데, 그들은 '자결(처형)'을 받은 것으로 마무리를 했다. 그래서 '홍길동전' 에 홍길동도 두 갈림 길에서 '율도국 건설[해외 망명]'으로 결정을 본 것이니, 그 점에서도 시내암 (施耐庵)의 '**수호전(水滸傳)**'과 동일한 점이다.

⑭ **율도국(硉島國)** - "길동이 조선(朝鮮)을 떠나 남경(南京)으로 가다가 율도국(硉島國)에 이르러 거기에 살 것을 작정하고 무리를 이끌고 가서 황제가 되어 33년을 다스리다가 72세 나이에 죽었 다."[137]

---

136) 李離和 註解, 홍길동전, 아세아문화사, 1980, pp. 30~31
137) 李離和 註解, 홍길동전, 아세아문화사, 1980, pp. 33~40

(a) 시내암(施耐庵)의 '수호전(水滸傳)'에서 '양산박(梁山泊)'은 '마하바라타(*The Mahabharata*)'에서 '드와라카(Dwaraka)'와 동등한 의미를 지니고 있다. 그래서 송강(松江)은 부족하나마 그 크리슈나(Krishna)와 동등한 지위를 칭하게 되었다.[하늘이 미리 정해둔 영웅]

(b) 그런데 '홍길동전'에서 길동이 율도국(硉島國)에서 왕이 되고 조선에 조공을 했다는 유의 서술은 '운명적인 영웅'에서 '조선주의' '종족주의'로 좁아졌음은 부정할 수 없는 현상이 되었다.

(c) 즉 당초에 '마하바라타(*The Mahabharata*)'에서는 '인간 죄악을 심판하는 정의의 실현'이라는 위대한 명제가 있었는데, 그것을 전제한 시내암(施耐庵)의 '수호전(水滸傳)'에는 '황제의 신하 등용에 대한 불만'으로 축소되었고, '홍길동전'에서는 '가정 속의 불만'이 '해외탈출'로 이어지는 구구한 이야기로 변질되었다.

(d) 어떻든 시인(작가)는 스스로 처한 '정신적 사회적 상황' 속에 그 작품을 이루고 있으니, 현전한 '국문 본 홍길동전'이 당초 허균의 '홍길동전[한문본]'과 꼭 같을 수는 없지만, 그 결말이 왜소하게 되었음은 자못 아쉬운 일이다.

6) 한국인의 5대(大) 사적지(史蹟地)

힌두(Hindu) '마하바라타(*The Mahabharata*)'의 정독(精讀)을 통해 확인할 수 있는 한국 역사의 5대 사적지(史蹟地)는, ① 중국(中國) 산동성(山東省) 가상현(嘉祥縣)의 '단군(壇君) 하강(下降) 신적(神蹟)' ② 중국(中國) 길림성(吉林省) 집안현(輯安縣)의 '광개토왕릉비(廣開土王陵碑)' ③ 신라(新羅)의 '서라벌(徐羅伐, 慶州)' ④ 가야(伽倻, 金海)의 '구지봉(龜旨峰)' ⑤ 고려(高麗)의 '강화도(江華都, 江華島)'이다.

'한국인의 5대(大) 사적지(史蹟地)'

(a) ① 중국(中國) 산동성(山東省) 가상현(嘉祥縣) '무씨사(武氏祠)' 화상석(畫像石) '단군(壇君) 하강 (下降) 신적(神蹟)'은, 세계 최고(最古)의 '**절대신[옴(Om), 帝釋, God] 중심의 인간 통치(統治)**'를 온전히 담은 '단군(檀君, 壇君) 고기(古記)'의 엄연한 역사적 자취를 제대로 간직하고 있다. 정말 산동성(山東省) 가상현(嘉祥縣) '무씨사(武氏祠)'는 비록 오늘날은 외국에 있지만(中國 歷史 와는 사실상 無關한) 천고(千古)에 드문 자취가 한국인의 문헌 속에 유일하게 전하는 바를 실증하 고 있는 '**한국인의 제1 성소(聖所)**'이다. 이로써 한국인은 그대로 '**부동(不動)의 천신 족(天神族)**' 임이 제대로 입증을 하고 있다.

(b) 그리고 힌두(Hindu) '마하바라타(*The Mahabharata*) 전쟁'은 명궁수(名弓手) 아르주나(Arjuna) 와 비슈누(Vishnu)의 화신 크리슈나(Krishna)가 두료다나(Duyodhana) 무리와 싸운 경과 보고서 인데, 그것을 본보기로 하여 '고구려 고주몽(高朱蒙, 善)과 금와(金蛙, 惡)의 대결'은 진술이 되고 있다. '광개토왕릉비문(廣開土王陵碑文)'에는 그 '고주몽(高朱蒙)'이 '부여(夫餘) 엄리대수(奄利大 水)'를 건널 적에 '거북이들 떠올라 다리를 놓았다.'는 진술이 있다. 이것은 상대(上代)에 '**절대신 [Om신, 태양신, 사제, 계관시인]**'과 연동된 '**정복자 크샤트리아(Kshatriya, 武士, 주몽)**'의 행각 을 그대로 보여준 기록이 ② 중국(中國) 길림성(吉林省) 집안현(輯安縣)의 '광개토왕릉비문(廣開 土王陵碑文)'은 현존하는 '한국인 최고(最古)의 기록물'이다.['이스라엘의 출애굽(Exodus)'과 동일 한 진술이다.]

(c) 혁거세(赫居世)와 김알지(金閼智)는 역시 '절대신[비슈누, 태양신]'의 아들로 힌두(Hindu) '**마하 바라타(*The Mahabharata*)' 속에 그 구체적인 경로가 다 제시되어 있는 천신(天神)**'의 아들들로 특별히 ③ '신라(新羅)'의 서라벌(徐羅伐, 慶州)로 하강한 신들'이라는 지역적 차이만 있다.

(d) ④ 가야(伽倻, 金海)의 '구지봉(龜旨峰)'은 '비슈누 화신(化身)' '제2 쿠르마(Kurma, 거북) 화신' 김수로(金首露) 왕 이야기를 간직한 곳으로, '태양신' '비슈누' 가야(Gaya, 伽倻) 신화가 종합된 '원시 사(原始 史)'로서 '**힌두 브라만(司祭, Gaya)과 크샤트리아(Kshatriya, 武士)의 한반도에로 의 도래(到來)에 대한 가장 명백한 그 경과보고서**'이다.

(e) ⑤ 고려(高麗)의 '강화도(江華都, 江華島)'는 고종(高宗, 1232~1273)이 39년 간 끈질긴 '독립 전쟁' 을 펼쳤던 곳으로, 중국 명대(明代)의 문호(文豪) 시내암(施耐庵)은 그 '수호전(水滸傳)'에서 '충절 (忠節)의 고장' '양산박(梁山泊)'으로 전제했다. '강화도(江華都, 江華島)'는 '**한국인 고유의 불굴의 독립 정신**' 제대로 보여주고 있는 역사적 성지(聖地)이다.['수호전(水滸傳)' 항 참조]

참고문헌

K. M. Ganguli (Translated into English Prose from the Original Sanskrit Text), *The Mahabharata of Krishna-Dwaipayana Vyasa*, Munshiram Manoharlal Publisher Pvt. Ltd. New Delhi, 2000

M. N. Dutt, Mahabharata, Parimal Publications, 2004

Vettam Mani, *Puranic Encyclopaedia -A Comprehensive Work with Special Reference to the Epic and Puranic Literature*, Motilal Banarsidass Publishers Delhi, 1975

T. Regarajan, *Glossary of Hinduism*, Oxford & IBH Publishing Co., 1999

St. Augustine(Translated by M. Dods), *The City of God*, The Modern Library, 1950

R. J. Benders und S. Oettermann, *Friedrich Nietzsche Chronik in Bildern und Texten,* Carl Hanser Verlag, 2000

F. W. Bunce, *The Yantras of Deities*, D. K. Printworld, New Delhi, 2001

C. Brooks R. P. Warren, *Understanding Fiction*, Appleton -Century -Crofts Inc. 1951

Dante Alighieri, *La Divina Commedia*, D. C. Heath and Company, 1933

R. Descharnes, *Salvador Dali; The Work The Man*, Harry N Abrmas, 1980

G. W. F. Hegel(translated by H. B. Nisbet), *Elements of Philosophy of Right*, Cambridge University Press, 1991

S. Jyotirmayananda, *Mysticism of the Mahabharata*, Yoga Jyoti Press, 2013

I. Kant(translated by J. M. D. Meiklejohn), *The Critique of Pure Reason*, William Benton, 1980

Navin Khanna, *Indian Mythology through the Art and Miniatures*, New Delhi, 2013

K. K. Klosteraier, *A Survey Hinduism*, State University of New York Press, 1989

Donald A. Mackenzie, *Egyptian Myth and Legend*', Bell Publishing Company, 1978(1913)

G. Michel, *Hindu Art and Architecture*, Thames & Hudson, 2000

F. Nietzsche (translated by R. J. Hollingdale), *Thus Spoke Zarathustra*, Penguin Classic, 1961

F. Nietzsche (W. Kaufmann & R. J. Hollingdale-Translated by), *The Will to Power*, Vintage Books, 1968

F. Nietzsche(translated by Oscar Levy), *My Sister and I*, A M O K Books, 1990

P. N. Oak. *World Vedic Heritage*, New Delhi, 1984

J. Pinsent, *Greek Mythology*, Peter Bedrick Books, 1982

B. Russell, *History of Western Philosophy*, George Allen & Unwin Ltd, 1961

J. Schmidt, *dictionnaire de la mythologie grecque et romaine*, Librairie Larousse, Paris, 1965

P. Thomas, *Hindu Religion Customs and Manner*, Bombay, 1971

E. Tripp, *Reclams Lexikon der antiken Mythologie*, Philipp Reclam jun. Stuttgart, 1981

Voltaire, *The Best Known Works of Voltaire*, The Book League, 1940

慶州金氏族譜

古文眞寶集, 세창서관, 1969

古本小說集成, 上海古籍出版社, 1990, 三國志通俗演義

김재원, 단군신화의 신연구, 탐구당, 1982

大宋宣和遺事, 上海 商務印書館, 1925

서상복 역, 러셀 서양철학사, 2009

사마천 정범진 역, 史記 本紀, 까치, 1994

施耐庵 撰, (足本) 水滸傳, (臺北) 世界書局, 2011

아우구스티누스(추인해 역), 신국론, 동서문화사, 2013

安萬侶 노성환 역, 古事記. 예전사, 1990

양주동, 여요전주, 을유문화사, 1947

吳承恩, 西游記, (中國)吉林文史出版社, 1995

李家源 역, 李朝漢文小說選, 보성문화사, 1978

이병도, 新修 국사대관, 보문각, 1955

李植, 澤堂集, 경문사, 1982

李珥 李篪衡 역, 栗谷全書, 한국정신문화연구원, 1987

李離和 註解, 홍길동전, 아세아문화사, 1980

莊周 김학주 역, 장자, 을유문화사, 2000

田溶新 譯, 日本書紀, 一志社, 1989

陳壽, 三國志, 文淵閣 四庫全書, 臺灣商務印書館

최남선 편, 三國遺事, 민중서관, 1946

脫脫 等撰, 宋史, 中華書局, 1985

칸트(윤성범 역), 순수이성비판, 을유문화사, 1969

헤겔(임석진 역), 법철학, 지식산업사, 1989

慧超 이석호 역, 往五天竺國傳, 을유문화사, 1970

역평(譯評)자 후기

　'마하바라타(*The Mahabharata*)'는 소위 '**역사(歷史)**'와 '**신화(神話)**'가 만나는 그 신비한 지점을 대대적으로 공개하고 있다.

　그래서 바로 이 '마하바라타(*The Mahabharata*)'의 확인 통해 비로소 우리 한국인(韓國人)의 옛 역사 종교 사상의 근원(根源)을 다 이해할 수가 있고, 전 인류 문명의 '공통 출발점'이 바로 이 힌두(Hindu)의 '마하바라타(*The Mahabharata*)'에 있다는 것을 알게 된다.

　'마하바라타(*The Mahabharata*)'는 '절대신'을 신앙했던 그 '사제(바라문)들'이 창조했던 문화이고, 인류 종교 역사 신화 과학의 출발점이다.

　'마하바라타(*The Mahabharata*)'는 최초로 그 '절대자의 뜻'으로 '강력한 사기(詐欺)와 배약(背約)의 무리[뱀들]'가 어떻게 박멸 되었는지를 구체적으로 보여 주고 있는 '최초 혁명전쟁 이야기'일 뿐만 아니라, 영원히 끝날 수 없는 '인간 육신(肉身)의 약점을 비판하며, 신을 향한 도덕 정신'을 일깨우고 있는 '인류 문명의 최고(最高) 쟁점'을 앞서 다 공개하고 있는 '세계문화유산 제1호'이다.

　한반도(韓半島)에서도 결코 지울 수 없는 이 '마하바라타(*The Mahabharata*)'의 '절대주의(Absolutism)'를 표준으로 종교 사상의 역사 사상의 출발하여 '단군신화' '주몽신화' '혁거세 신화' '김알지 신화' '가락국기'가 다 이 '마하바라타(*The Mahabharata*)' 문화와 엄연히 연결되어 있다.

　그러했음에도 우리가 이 '마하바라타(*The Mahabharata*)'의 영향을 망각하고 있었던 것은 중국(中國)의 '현실주의' 즉 중국의 '요순(堯舜)' '기자(箕子)' '공자(孔子)' '사마천(司馬遷)'의 '현실주의(Secularism)' '실존주의(Existentialism)'로 크게 방향을 선회했던 결과로 그러했음을 우리 '한국사'는 다 보여주고 있다.

　오늘날 '세계화의 시대'에, 이 '마하바라타(*The Mahabharata*)'의 독서보다 더욱 요긴한 정보(情報)는 없으니, 이것이 '인류 공통 조상에 관한 정보'이기 때문이다.

　모름지기 '각국(各國)의 사상 역사 문화'는 마땅히 '세계사의 전개' 속에 살펴야 그 진가(眞假)와 본질을 더욱 확실하게 알 수 있으니, 그 문제에 대한 일차 해답은 바로 이 '마하바라타(*The Mahabharata*) 독서'로 획득될 수 있다.

　'한국인'은 이미 운명적으로 '세계 인류와 더불어 세계사를 함께 써가야 할 그 주체 종족'으로 부각이 되어 버렸다. 그러한 측면에서 이 '마하바라타(*The Mahabharata*)'는 '과거의 한국사' '세계사를 아는 것이 문제가 아니라 앞으로 '지구촌 운영'에 '지남(指南)'임을 독자는 다 알게 될 것이다.

2019년 6월 30일

추수자(秋水子)

| 지은이 소개 |

정상균(Jeong Sang-gyun)

약력 : 문학박사 (1984. 2. 서울대)
　　　 조선대학교, 서울시립대학교 교수 역임

논저 : 다다 혁명 운동과 희랍 속의 인도
　　　 다다 혁명 운동과 헤겔 미학
　　　 다다 혁명 운동과 볼테르의 역사철학
　　　 다다 혁명 운동과 니체의 디오니소스주의
　　　 다다 혁명 운동과 예술의 원시주의
　　　 다다 혁명 운동과 문학의 동시주의 ('2013년 대한민국학술원 우수학술도서' 선정)
　　　 다다 혁명 운동과 이상의 오감도
　　　 한국문예비평사상사
　　　 한국문예비평사상사 2

역서 : 澤宙先生風雅錄
　　　 Aesthetics of Nonobjective Art

다다 혁명 운동과 마하바라타
Movement Dada & *The Mahabharata*

초판 인쇄 2020년 6월 1일
초판 발행 2020년 6월 15일

지 은 이 | 정상균
펴 낸 이 | 하운근
펴 낸 곳 | 學古房

주   소 | 경기도 고양시 덕양구 통일로 140 삼송테크노밸리 A동 B224
전   화 | (02)353-9908 편집부(02)356-9903
팩   스 | (02)6959-8234
홈페이지 | http://hakgobang.co.kr
전자우편 | hakgobang@naver.com, hakgobang@chol.com
등록번호 | 제311-1994-000001호

ISBN 979-11-6586-080-6 93100

값 : 100,000원